D1732131

Kulartz · Kus · Portz · Prieß
Kommentar zum GWB-Vergaberecht
4. Auflage

Kulartz · Kus · Portz · Prieß

Kommentar zum GWB-Vergaberecht

herausgegeben von

Dr. Hans-Peter Kulartz, Mag.rer.publ., Rechtsanwalt in Düsseldorf, Lehrbeauftragter an der Hochschule Koblenz; **Dr. Alexander Kus**, Rechtsanwalt in Mönchengladbach; **Norbert Portz**, Beigeordneter des Deutschen Städte- und Gemeindebundes; **Dr. Hans-Joachim Prieß**, LL.M., Rechtsanwalt in Berlin.

bearbeitet von

Heinz-Peter Dicks, Vors. Richter des Vergabesenats am OLG Düsseldorf; **Dr. Kerstin Dittmann**, 1. Vergabekammer des Bundes, Bundeskartellamt; **Prof. Dr. Klaus Eschenbruch**, Rechtsanwalt in Düsseldorf, Lehrbeauftragter an der RWTH Aachen; **Dr. Alexander Fandrey**, Rechtsanwalt in Düsseldorf; **Lutz Hänisch**, Richter am OLG Brandenburg, stellv. Vors. des Kartell- und Vergabesenats; **Dr. Friedrich Ludwig Hausmann**, Rechtsanwalt in Berlin; **Dr. Franz Josef Hölzl**, Rechtsanwalt in Berlin; **Dr. Hans-Peter Kulartz**, Mag.rer.publ., Rechtsanwalt in Düsseldorf, Lehrbeauftragter an der Hochschule Koblenz; **Dr. Alexander Kus**, Rechtsanwalt in Mönchengladbach; **Dr. Christine Maimann**, Richterin am Vergabesenat, OLG Düsseldorf; **Christian Möllenkamp**, Vizepräsident des Landgerichts Rostock, vormals Richter am Vergabesenat des OLG Rostock; **Hans-Peter Müller**, Dipl. Verwaltungswirt, Bundesministerium für Wirtschaft und Energie; **Christine Ohlerich**, LL.M. (Nottingham), 1. Vergabekammer des Bundes, Bundeskartellamt; **Dr. Marc Opitz**, Rechtsanwalt in Frankfurt a. M.; **Norbert Portz**, Beigeordneter des Deutschen Städte- und Gemeindebundes; **Dr. Hans-Joachim Prieß**, LL.M., Rechtsanwalt in Berlin; **Dr. Hendrik Röwekamp**, Rechtsanwalt in Düsseldorf; **Dr. Matthias Simonis**, Legal & Compliance Consultant, Berlin; **Matthias Steck**, Vorsitzender der Vergabekammer Südbayern, Regierung von Oberbayern, München; **Guido Thiele**, 2. Vergabekammer des Bundes, Bundeskartellamt; **Olaf Ulbrich**, Direktor des AG Rostock, vormals Richter am Vergabesenat des OLG Rostock; **Dr. Frank Verfürth**, Rechtsanwalt in Mönchengladbach; **Dr. Gerung von Hoff**, LL.M., Rechtsanwalt in Berlin; **Jörg Wiedemann**, Richter am OLG Naumburg; **Matthias Wiese**, Vors. Richter am OLG Celle, Vergabe- und Kartellsenat; **Markus Zeise**, LL.M., 2. Vergabekammer des Bundes, Bundeskartellamt.

4. Auflage 2016

Werner Verlag 2016

Bibliografische Information der Deutschen Bibliothek

Die Deutsche Bibliothek verzeichnet diese Publikation in der Deutschen Nationalbibliografie; detaillierte bibliografische Daten sind im Internet über http://dnb.ddb.de abrufbar.

ISBN 978-3-8041-5462-9

www.wolterskluwer.de
www.werner-verlag.de

Umschlagkonzeption: futurweiss kommunikation, Wiesbaden
Satz: Innodata, Noida, Indien
Druck: Williams Lea & Tag GmbH, München

Gedruckt auf säurefreiem, alterungsbeständigem und chlorfreiem Papier.

Vorwort

Die Vorauflage des Kommentars stammt aus dem Jahr 2013. Seitdem ist das Vergaberecht erneut grundlegend reformiert worden. Die jüngste Reform hat ihren Ursprung in dem Richtlinienpaket der Europäischen Union des Jahres 2014. Die neu erlassenen Richtlinien zur klassischen Auftragsvergabe, Sektorenauftragsvergabe sowie zur Konzessionsvergabe waren bis zum 18.04.2016 in den Mitgliedsstaaten umzusetzen. Wichtige Neuerungen sind die grundsätzliche verpflichtende Verwendung elektronischer Kommunikationsmittel, der Wegfall der vor dem Hintergrund der Binnenmarktrelevanz bestehenden Unterscheidung in »vorrangige« und »nachrangige« Dienstleistungen und damit verbunden die Schaffung eines Sonderregimes für »soziale und andere besondere Dienstleistungen« sowie die »Erweiterung« des Vergaberechts um soziale, ökologische, innovative Aspekte. Die Konzessionsvergaberichtlinie führt die bisher in der klassischen Vergaberichtlinie normierte Vergabe von Baukonzessionen und die erstmals normierte Vergabe von Dienstleistungskonzessionen in einem Regelwerk zusammen.

Der deutsche Gesetzgeber hat zwischenzeitlich die Umsetzung des europäischen Richtlinienpakets zu einer umfassenden Umstrukturierung des Vergaberechts genutzt. Neben den vergaberechtlichen Grundprinzipien sowie dem Anwendungsbereich werden die grundlegenden Vorgaben zum Vergabeverfahren in erheblich stärkerem Maße im GWB verankert als bisher.

Die Grundgliederung des 4. Teils des GWB in ein Kapitel 1 (Vergabeverfahren) und ein Kapitel 2 (Nachprüfungsverfahren) ist erhalten geblieben. Infolge der Verankerung wesentlicher Verfahrenselemente im GWB sowie die Notwendigkeit der grundlegenden Berücksichtigung von Elementen der Sektoren- sowie der Konzessionsrichtlinie wurde jedoch eine tiefere Untergliederung des Kapitels 1 erforderlich. Neue Regelungen, welche bereits in der Rechtsprechung des Europäischen Gerichtshofes ihren Niederschlag gefunden hatten, sind schließlich dazu gekommen (In-House-Vergabe, interkommunale Kooperation, Vertragsänderung und Kündigung). Insgesamt sind der Umfang des 4. Teils des GWB und der entsprechende Umfang der einschlägigen vergaberechtlichen Einzelnormen erheblich gewachsen.

Neben diesen sehr umfangreichen Rechtsänderungen hat sich auch in der Rechtsprechung weiterhin erhebliches getan. Zahlreiche Leit-Entscheidungen des europäischen Gerichtshofes, der nationalen Vergabesenate, des Bundeskartellamts sowie auch der übrigen Vergabekammern sind zwischenzeitlich hinzugekommen, welche den Rechtsinhalt des GWB-Vergaberechts neu bzw. näher konkretisieren.

Wie in den Vorauflagen ist auch in seiner 4. Auflage Ziel des Kommentars, begründete praxisnahe Problemlösungen für vergaberechtliche Fragestellungen zu bieten. Die Autoren sind allesamt seit vielen Jahre anerkannte Vergaberechtsexperten, überwiegend aus der Richterschaft, den Vergabekammern und der einschlägigen Anwaltschaft. Neu hinzugekommen sind u.a. mehrere Richter mit längerer Vergabesenatserfahrung.

Die Herausgabe eines praxis- und handlungsorientierten Kommentars ist auch das Ziel des vorliegenden Werkes. Die Herausgeber danken allen Kommatoren für ihr ausgewöhnliches Engagement und die sehr gute Zusammenarbeit. Der Dank gilt auch wiederum dem Verlag, insbesondere Frau Bettina Walter für die sehr gute Betreuung bei der Entstehung dieser 4. Auflage des Kommentars.

Mai 2106   Die Herausgeber

Inhaltsverzeichnis

Inhaltsverzeichnis

Abkürzungsverzeichnis

a.A.	anderer Ansicht
AA	Auswärtiges Amt
a.a.O.	am angegebenen Ort
a.E.	am Ende
a.F.	alte Fassung
AbfG	Abfallgesetz
ABlEG	Amtsblatt der Europäischen Gemeinschaften
Abs.	Absatz
Abschn.	Abschnitt
AG	Aktiengesellschaft
AGB	Allgemeine Geschäftsbedingungen
AHO	Ausschuss der Verbände und Kammern der Ingenieure und Architekten für die Honorarordnung e.V.
Alt.	Alternative
Anh.	Anhang
AöR	Archiv des öffentlichen Rechts
ARGE	Arbeitsgemeinschaft
ARS	Allgemeines Rundschreiben
Art.	Artikel
BAK	Bundesarchitektenkammer
BAnz.	Bundesanzeiger
BauGB	Baugesetzbuch
BauR	Zeitschrift für das gesamte öffentliche und private Baurecht
Bay	Bayern
BayObLG	Bayerisches Oberlandesgericht
Bay.VwBl.	Bayerisches Verwaltungsblatt
BB	Der Betriebs-Berater
Bd.	Band
BDA	Bund Deutscher Architekten
BDB	Bund Deutscher Baumeister, Architekten und Ingenieure e.V.
BDI	Bundesverband der Deutschen Industrie
BDU	Bundesverband Deutscher Unternehmensberater e.V.
BFB	Bundesverband der Freien Berufe e.V.
BGB	Bürgerliches Gesetzbuch
BGBl.	Bundesgesetzblatt
BGH	Bundesgerichtshof
BGHZ	Entscheidungen des Bundesgerichtshofs in Zivilsachen
BHO	Bundeshaushaltsordnung
BIngK	Bundesingenieurkammer
BKR	Baukoordinierungsrichtlinie
BMAS	Bundesministerium für Arbeit und Soziales
BMBF	Bundesministerium für Bildung und Forschung
BMEL	Bundesministerium für Ernährung, Landwirtschaft und Verbraucherschutz
BMF	Bundesministerium der Finanzen
BMI	Bundesministerium des Innern
BMJ	Bundesministerium der Justiz
BMUB	Bundesministerium für Umwelt, Naturschutz, Bau und Reaktorsicherheit
BMVI	Bundesministerium für Verkehr, und digitale Infrastruktur
BMWi	Bundesministerium für Wirtschaft und Energie
BR	Bundesrat
BRAK	Bundesrechtsanwaltskammer
Brdb	Brandenburg
BT	Bundestag

BVerfG	Bundesverfassungsgericht
BVerfGE	Entscheidungen des Bundesverfassungsgerichts
BVerwG	Bundesverwaltungsgericht
B-W	Baden-Württemberg
bzw.	beziehungsweise
CEN	Comité Européen de Normalisation = Europäisches Komitee für Normung
CENELEC	Europäisches Institut für Elektrotechnische Normung
c.i.c.	culpa in contrahendo
CN	Combined Nomenclature
CPA	Classification of Products by Activity
CPC	Central Product Classification
CPV	Common Procurement Vocabulary
DAB	Deutsches Architektenblatt
ders.	derselbe
d.h.	das heißt
DIB	Deutsches Ingenieurblatt
dies.	dieselben
DIN	Deutsches Institut für Normung
Diss.	Dissertation
DKR	Dienstleistungskoordinierungsrichtlinie
DLR	Dienstleistungsrichtlinie
DÖV	Die Öffentliche Verwaltung
Drucks.	Drucksache
DStbV	Deutscher Steuerberaterverband
DVA	Deutscher Vergabe- und Vertragsausschuss für Bauleistungen
DVBl.	Deutsches Verwaltungsblatt
ECU	European currency unit = Europäische Währungseinheit
EDV	Elektronische Datenverarbeitung
EFCA	European Federation of Engineering Consultants Association
EG	Europäische Gemeinschaft
EGV	Vertrag zur Gründung der Europäischen Gemeinschaft
Einl.	Einleitung
EN	Europäische Normen
EStG	Einkommensteuergesetz
ETS	Europäische Telekommunikationsnorm
ETSI	Europäisches Institut für Telekommunikationsnormen
EU	Europäische Union
EuGH	Europäischer Gerichtshof
EuR	Europarecht
EURATOM	Europäische Atomgemeinschaft
EUZW	Europäische Zeitschrift für Wirtschaftsrecht
EWG	Europäische Wirtschaftsgemeinschaft
EWR	Europäischer Wirtschaftsraum
f.	folgende
ff.	fortfolgende
Fn.	Fußnote
GATT	General Agreement on Tariffs and Trade
GbR	Gesellschaft bürgerlichen Rechts
GD	Generaldirektion
gem.	gemäß
GewO	Gewerbeordnung
GG	Grundgesetz
ggf.	gegebenenfalls

GmbH	Gesellschaft mit beschränkter Haftung
GO	Gemeindeordnung, Geschäftsordnung
GPA	Government Procurement Agreement
GRW	Grundsätze und Richtlinien für Wettbewerbe auf den Gebieten der Raumplanung, des Städtebaus und des Bauwesens
GVG	Gerichtsverfassungsgesetz
GWB	Gesetz gegen Wettbewerbsbeschränkungen
GWB-E	GWB-Entwurf
HD	Harmonisierungsdokumente
Hess	Hessen
HGrG	Gesetz über die Grundsätze des Haushaltsrechts des Bundes und der Länder (Haushaltsgrundsätzegesetz)
h.M.	herrschende Meinung
HOAI	Honorarordnung für Architekten und Ingenieure
Hrsg.	Herausgeber
HS	Harmonized System of the Customs Cooperation Council
Hs.	Halbsatz
IBR	Immobilien- und Baurecht
IDA	Interchange of Data between Administrations
i.d.F.	in der Fassung
i.d.R.	in der Regel
i.S.d.	im Sinne der/des
i.S.v.	im Sinne von
i.V.m.	in Verbindung mit
KAG	Kommunalabgabengesetz
KG	Kammergericht, Kommanditgesellschaft
KMU	Kleine und mittlere Unternehmen
KVR	Richtlinie 2014/23/EU (Konzessionsvergaberichtlinie)
LG	Landgericht
LHO	Landeshaushaltsordnung
lit.	Buchstabe
LKR	Lieferkoordinierungsrichtlinie
MBl.	Ministerialblatt
Mio.	Millionen
Mrd.	Milliarden
MüKo	Münchener Kommentar
m.V.a.	mit Verweis auf
m.w.N.	mit weiteren Nachweisen
NACE	Nomenclature statistique des Activités économiques dans la Communauté Européenne
NBP	Nutzerbedarfsprogramm
Nds	Niedersachsen
Nds.KHG	Niedersächsisches Kommunalhaushaltsgesetz
n.F.	neue Fassung
NJW	Neue Juristische Wochenschrift
NpV	Nachprüfungsverordnung
Nr.	Nummer
NRW	Nordrhein-Westfalen
NVwZ	Neue Zeitschrift für Verwaltungsrecht
NWA	Nutzwertanalyse
OLG	Oberlandesgericht

OVG	Oberverwaltungsgericht
pFV	positive Forderungsverletzung
pVV	positive Vertragsverletzung
RBBau	Richtlinien für die Durchführung von Bauaufgaben des Bundes im Zuständigkeitsbereich der Finanzbauverwaltungen
Rd.Erl.	Runderlass
Rdn.	Randnummer
RdSchr.	Rundschreiben
RMR	Rechtsmittelrichtlinie
Rn.	Randnummer
RP	Rheinland-Pfalz
Rs.	Rechtssache
RVG	Gesetz über die Vergütung der Rechtsanwältinnen und Rechtsanwälte
S.	Seite, Satz
Schl.-H.	Schleswig-Holstein
scil.	das heißt
SFH	Schäfer/Finnern/Hochstein, Rechtsprechung zum privaten Baurecht
SIMAP	Système d'Information pour les Marchés Publics
SKR	Sektorenrichtlinie
Slg.	Sammlung der Rechtsprechung des EuGH
sog.	so genannte/r/s
SRL	Richtlinie 214/25/EU (Sektorenvergaberichtlinie)
SRMR	Sektorenrechtsmittelrichtlinie
SZR	Sonderziehungsrecht
TED	Tenders Electronic Daily
TS	Technische Spezifikation
u.a.	unter anderem
UA	Unterausschuss
u. Ä.	und Ähnliches
UN	United Nations
UWG	Gesetz gegen den unlauteren Wettbewerb
VBI	Verband Beratender Ingenieure
VDI	Verein Deutscher Ingenieure
VergabeR	Vergaberecht, Zeitschrift für das gesamte Vergaberecht
VFA	Verband Freischaffender Architekten
VG	Verwaltungsgericht
vgl.	vergleiche
VgR	Vergaberecht Zeitschrift für das gesamte Vergaberecht
VgRÄG	Vergaberechtsänderungsgesetz
VgV	Vergabeverordnung
v.H.	vom Hundert
VHB	Vergabehandbuch für die Durchführung von Bauaufgaben des Bundes im Zuständigkeitsbereich der Finanzbauverwaltungen
VK	Vergabekammer
VOAI	Vergabeordnung für Architekten- und Ingenieurleistungen
VOB	Vergabe- und Vertragsordnung für Bauleistungen
VOB/A	Allgemeine Bestimmungen für die Vergabe von Bauleistungen
VOB/B	Allgemeine Vertragsbedingungen für die Ausführung von Bauleistungen
VOF	Vergabeordnung für freiberufliche Leistungen
VOL	Vergabe- und Vertragsordnung für Leistungen
VOL/A	Allgemeine Bestimmungen für die Vergabe von Leistungen
VOL/B	Allgemeine Vertragsbedingungen für die Ausführung von Leistungen

VO PR	Verordnung PR Nr. 30/53 für die Preise bei öffentlichen Aufträgen
Vorb.	Vorbemerkung
VRL	Richtlinie 2014/24/EU (Vergaberichtlinie)
VÜA	Vergabeüberwachungsausschuss
VV	Vergütungsverzeichnis zum RVG
VwGO	Verwaltungsgerichtsordnung
VwKostG	Verwaltungskostengesetz
VwVfG	Verwaltungsverfahrensgesetz
WPK	Wirtschaftsprüferkammer
WTO	World Trade Organization
WuW	Wirtschaft und Wettbewerb
z.B.	zum Beispiel
ZDH	Zentralverband des Handwerks
ZfBR	Zeitschrift für deutsches und internationales Baurecht
ZfIR	Zeitschrift für Immobilienrecht
Ziff.	Ziffer
ZIP	Zeitschrift für Wirtschaftsrecht
ZPO	Zivilprozessordnung
z.T.	zum Teil
ZVgR	Zeitschrift für deutsches und internationales Vergaberecht
z.Zt.	zur Zeit

Literaturverzeichnis

Alexy	Theorie der juristischen Argumentation, 4. Aufl. 2001
Ax/Sattler	Schutzmechanismen für den Mittelstand im deutschen Vergaberecht, 1999
Ax/Schneider/Bischoff	Vergaberecht 2006, Kommentar zu den Regierungsentwürfen vom 18. und 29.03.2005
Baumbach/Lauterbach/Albers/ Hartmann	Zivilprozessordnung (ZPO), Kommentar, 74. Aufl. 2016
Bayer/Franke/Opitz	EU-Vergaberecht, 2001
Bechtold	Kartellgesetz, Gesetz gegen Wettbewerbsbeschränkungen (GWB), Kommentar, 8. Aufl. 2015
Bergmann	Die Vergabe öffentlicher Aufträge und das In-house-Geschäft, 2004
Boesen	Vergaberecht, Kommentar zum 4. Teil des GWB, 2. Aufl. 2002
Burgi	Die Dienstleistungskonzession ersten Grades, 2004
ders.	Energieerzeugungsunternehmen als Sektorenauftraggeber nach der Energierechtsreform, Bochumer Forschungsberichte zum Berg- und Energierecht, 2002
Byok/Jaeger	Kommentar zum Vergaberecht, Erläuterungen zu GWB und VgV, 3. Aufl. 2011
Crass	Der öffentliche Auftraggeber, Eine Untersuchung am Beispiel der öffentlich-rechtlichen Kreditinstitute und Energieversorgungsunternehmen, 2004
Dieckmann/Scharf/ Wagner-Cardenal	Vergabe- und Vertragsordnung für Leistungen (VOL) Teil A: VOL/A, 2013
Dreher/Motzke	Beck'scher Vergaberechtskommentar, 2. Aufl. 2013
Döring	Die öffentlich-rechtlichen Rundfunkanstalten als öffentliche Auftraggeber, Festgabe für Steffen Kraus, 2003, S. 275 bis 283
Duden	Das Synonymwörterbuch, Ein Wörterbuch sinnverwandter Wörter, 6. Aufl. 2014
Düsterdiek/Röwekamp	VOL/A und VOL/B, Kurzerläuterungen für die Praxis, 6. Aufl. 2010
Emmerich	Kartellrecht, 13. Aufl. 2014
Engelhardt/App	VwVG, VwZG, Kommentar, 10. Aufl. 2014
Erdl	Der neue Vergaberechtsschutz, Baurechtliche Schriften, Band 49, 2002
Fandrey	Tariftreue- und Vergabegesetz Nordrhein-Westfalen, 2014
Feuerich/Weyland	Bundesrechtsanwaltsordnung, 9. Aufl. 2016
Fischer/Noch	Europäisches Vergaberecht, Entscheidungssammlung
Forum Vergabe e.V.	Vergaberecht 2004, Teilband II: Europäisches und internationales Recht, Textsammlung, Schriftenreihe des Forum Vergabe e.V., Heft 21
Franke/Kemper/Zanner/ Grünhagen	VOB Kommentar Bauvergaberecht – Bauvertragsrecht – Bauprozessrecht, 5. Aufl. 2013
Gerold/Schmidt	Rechtsanwaltsvergütungsgesetz, 22. Aufl. 2015
Goebel	Gesamtwirtschaftliche Aspekte im vorl. Vergaberechtsschutz, 2008
Graef	Rahmenverträge bei der Vergabe von öffentlichen Aufträgen, De Lege Lata und De Lege Feranda, S. 561
Hattig/Maibaum,	Praxiskommentar Kartellvergaberecht, 2. Aufl. 2014
Heiermann	Die Parallelausschreibung im Vergaberecht, Festschrift für Jagenburg, 2002, S. 265
Heiermann/Riedl/Rusam	Handkommentar zur VOB, Rechtsschutz im Vergabeverfahren, 13. Aufl. 2013
Heiermann/Zeiss	juris PraxisKommentar Vergaberecht, 4. Aufl. 2013
Hertwig	Praxis der öffentlichen Auftragsvergabe, 5. Aufl. 2015
Heuvels/Höß/Kuß/Wagner	Vergaberecht, Gesamtkommentar zum Recht der öffentlichen Auftragsvergabe, 2013

Immenga/Mestmäcker	Wettbewerbsrecht, GWB, Kommentar zum Deutschen Kartellrecht, 5. Aufl. 2014
Ingenstau/Korbion	VOB Teile A und B, Kommentar, 19. Aufl. 2015
Kapellmann/Messerschmidt	VOB Teile A und B, Kommentar, 5. Aufl. 2015
Kapellmann/Vygen	Jahrbuch Baurecht 1998-2013
Kemper/Hesshaus	Möglichkeiten und Grenzen von Auftraggebergemeinschaften
Koch/Rüßmann	Juristische Begründungslehre, 1982
Kopp/Ramsauer	VwVfG, Kommentar, 16. Aufl. 2015
Kopp/Schenke	VwGO, Kommentar, 21. Aufl. 2015
Korbion	Vergaberechtsänderungsgesetz, Kommentar, 1999
Kraus	Zum vergaberechtlichen Begriff des funktionalen öffentlichen Auftragge-bers in der Rechtsprechung des EuGH, Festschrift für Jagenburg, 2002, S. 407 f.
Kreßner	Auftragssperre im Vergaberecht, 2006
Kulartz/Marx/Portz/Prieß	Kommentar zur VOL/A, 3. Aufl. 2013
Kulartz/Marx/Portz/Prieß	Kommentar zur VOB/A, 2. Aufl. 2014
Kulartz/Opitz/Steding	Vergabe von IT-Leistungen, 2. Aufl. 2015
Kulartz/Steding	IT-Leistungen: fehlerfreie Ausschreibungen und rechtssichere Vertragsinhalte, 2002
Kus	Die Diskussion über Wirtschaftsethik und ihr Einfluss auf das Privatrecht, 1991
Kus/Verfürth	Einführung in die VOB/A, 4. Aufl. 2013
Kuß	VOB Teile A und B, 3. Aufl. 2003
Lampe-Helbig/Wörmann	Handbuch der Bauvergabe, 2. Aufl. 1995
Langen/Bunte	Kommentar zum deutschen und europäischen Kartellrecht, 12. Aufl. 2014
Larenz/Canaris	Methodenlehre der Rechtswissenschaft, 3. Aufl. 1995
Leinemann	Die Vergabe öffentlicher Aufträge, 5. Aufl. 2011
Leinemann/Weihrauch	Die Vergabe öffentlicher Aufträge, 1999
Ley/Wankmüller	Die neue VOL/A, 1. Aufl. 2010
Loewenheim/Meessen/ Riesenkampff	Kartellrecht, 2. Aufl. 2009
Matthey	Das Recht der Auftragsvergabe in den Sektoren unter besonderer Berücksichtigung der deutschen Elektrizitätswirtschaft, 2001
Maunz/Dürig	Grundgesetz (GG), Kommentar, Loseblatt
Motzke/Pietzcker/Prieß	Beck'scher VOB-Kommentar, Teil A, 2. Aufl. 2009
Müller-Henneberg/Schwartz/ Benisch/Axster/Autenrieth	Gesetz gegen Wettbewerbsbeschränkungen (GWB) und europäisches Kartellrecht, Gemeinschaftskommentar, 4. Aufl. 1980
Müller-Wrede	GWB-Vergaberecht, 2. Aufl. 2014
Müller-Wrede	Kommentar zur VOF, 5. Aufl. 2014
Müller-Wrede	Sponsoring und Vergaberecht, Festschrift für Thode, 2005, S. 431 f.
Müller-Wrede	Vergabe- und Vertragsordnung für Leistungen – VOL/A, 4. Aufl. 2014
Münchener Kommentar	zur Zivilprozessordnung (ZPO), 4. Aufl. 2012
Münchener Kommentar	zum Europäischen und Deutschen Wettbewerbsrecht (Kartellrecht) Bd. III: Beihilfen- und Vergaberecht, 2011 (MüKo-KartellR Bd. III)
Noch	Vergaberecht kompakt, 6. Aufl. 2015
Palandt	Bürgerliches Gesetzbuch (BGB), Kommentar, 74. Aufl. 2015
Plenarprotokoll	zur 230. Sitzung des Bundestages vom 23.04.1998, veröffentlicht in Schriftenreihe des Forum Vergabe, Heft 6, 1998
Prieß	Handbuch des europäischen Vergaberechts, 3. Aufl. 2005
Prieß/Hausmann/Kulartz	Beck'sches Formularbuch Vergaberecht, 2. Aufl. 2011
Prieß/Lau/Kratzenberg	Festschrift für Fridhelm Marx, 2013
Pünder/Prieß/Arrowsmith	Self-Cleaning in Public Procurement Law, 2009
Pünder/Schellenberg	Vergaberecht, Kommentar, 2. Aufl. 2015
Reidt/Stickler/Glahs	Vergaberecht, Kommentar, 3. Aufl. 2011
Riedl/Sußbauer	Rechtsanwaltsvergütungsgesetz 10. Aufl. 2015

Röwekamp/Fandrey	Die Binnenmarktrelevanz öffentlicher Auftragsvergaben, 2. Aufl. 2015
Säcker/Rixecker/Oetker/Limperg	Münchener Kommentar zum BGB, Band 1, 7. Aufl. 2015
Schönke/Schröder	Strafgesetzbuch, 29. Auflage 2014
Soergel/Siebert	Bürgerliches Gesetzbuch mit Einführungsgesetz und Nebengesetzen, Kommentar
Staudinger	Kommentar zum Bürgerlichen Gesetzbuch mit Einführungsgesetz und Nebengesetzen, 1993 ff.
Stelkens/Bonk/Sachs	Verwaltungsverfahrensgesetz, 8. Aufl. 2014
Tietgens	Die Vergabe von Versicherungsdienstleistungen nach dem Kartellvergaberecht durch kommunale Auftraggeber, 2004
Von Hayek	Recht, Gesetzgebung und Freiheit, Band 1: Regeln und Ordnung, Band 3: Die Verfassung einer Gesellschaft freier Menschen, 1980/81
Weyand	Praxiskommentar Vergaberecht, 4. Aufl. 2013
Willenbruch/Bischoff	Kompaktkommentar Vergaberecht, 2008
Willenbruch/Wieddekind	Kompaktkommentar Vergaberecht, 3. Aufl. 2014
Wirner	Kommunale Wohnungsunternehmen als öffentlicher Auftraggeber im Sinne der EG-Vergaberichtlinien, 2003
Wittek	Das In-house-Geschäft im EG-Vergaberecht, 2004
Wittig	Wettbewerbs- und verfassungsrechtliche Probleme des Vergaberechts, Baurechtliche Schriften, Band 51, 1999
Ziekow/Völlink	Vergaberecht, Kommentar, 2. Aufl. 2013
Zöller	Zivilprozessordnung (ZPO), Kommentar, 31. Aufl. 2014

Gesetz gegen Wettbewerbsbeschränkungen (GWB)

In der Fassung der Bekanntmachung vom 26. Juni 2013 (BGBl. I S. 1750, 3245), zuletzt geändert durch Gesetz vom 17. Februar 2016 (BGBl. I S. 203)

– Auszug –

Teil 4 Vergabe von öffentlichen Aufträgen und Konzessionen

Einführung

A. Ein Stein fügt sich an den nächsten

Führte das Vergaberecht in Deutschland in den ersten 50 Jahren seiner Existenz ein eher beschau- 1
liches und von nicht allzu häufigen Veränderungen geprägtes Dasein im mütterlichen Schoß des Haushaltsrechts, stellt man für die darauffolgenden Jahrzehnte Gegenteiliges fest. Es reihte sich förmlich ein Stein der Reform vergaberechtlicher Vorschriften an den nächsten. Seit Erlass der ersten europäischen Vergaberichtlinie, der RL 71/305 vom 26.07.1971 über die Koordinierung der Verfahren zur Vergabe öffentlicher Bauaufträge[1] folgte fünf Jahre später zunächst die RL 77/62 vom 21.12.1976 über die Koordinierung der Verfahren zur Vergabe öffentlicher Lieferaufträge.[2]

Danach ging es ab dem Beginn der 1990er Jahre, gemessen am sonst üblichen Schneckentempo 2
demokratischer Gesetzgebung,[3] mit nahezu lichtgleicher Geschwindigkeit Schlag auf Schlag. Zunächst wurde die RL 90/531/EWG des Rates vom 17.09.1990 betreffend die Auftragsvergabe durch Auftraggeber im Bereich der Wasser-, Energie- und Versorgungsunternehmen sowie im Telekommunikationssektor[4] erlassen, die bereits drei Jahre später durch die RL 93/38/EWG des Rates vom 14.06.1993 zur Koordinierung der Auftragsvergabe durch Auftraggeber im Bereich der Wasser-, Energie- und Verkehrsversorgung sowie im Telekommunikationssektor[5] (Sektorenvergabekoordinierungsrichtlinie) abgelöst wurde. Diese wurde durch die RL 98/4/EG des Europäischen Parlaments und des Rates zur Änderung der RL 93/38/EWG zur Koordinierung der Auftragsvergabe durch Auftraggeber im Bereich der Wasser-, Energie- und Verkehrsversorgung sowie im Telekommunikationssektor[6] geändert.

Ebenfalls im Juni 1993 wurden die Verfahren zur Vergabe öffentlicher Lieferaufträge durch die RL 3
93/36/EWG des Rates über die Koordinierung der Verfahren zur Vergabe öffentlicher Lieferaufträge

---

1 ABl. Nr. L 185 vom 16.08.1971, S. 5.
2 ABl. Nr. L 13 vom 15.01.1977, S. 1.
3 Frei nach Helmut Schmidt.
4 ABl. Nr. L 297 vom 29.10.1990, S.1.
5 ABl. Nr. L 199 vom 09.08.1993, S. 84.
6 ABl. Nr. L 101 vom 01.04.1998, S. 1.

vom 14.06.1993[7] sowie die Verfahren zur Vergabe öffentlicher Bauaufträge durch die RL 93/37/ EWG des Rates zur Koordinierung der Verfahren zur Vergabe öffentlicher Bauaufträge[8] neu geregelt.

4   Im Jahr 1992 wurde die Vergabe öffentlicher Dienstleistungsaufträge durch die RL 92/50/EWG des Rates über die Koordinierung der Verfahren zur Vergabe öffentlicher Dienstleistungsaufträge vom 18.06.1992[9] in den Richtlinienkanon aufgenommen.

5   Bereits 1997 wurden die Richtlinien über die Koordinierung der Verfahren zur Vergabe öffentlicher Lieferaufträge, öffentlicher Dienstleistungsaufträge und öffentlicher Bauaufträge sowie die Sektorenvergabekoordinierungsrichtlinie durch die RL 97/52/EG des Europäischen Parlamentes und des Rates vom 13.10.1997 zur Änderung der Richtlinien 92/50/EWG, 93/36/EWG und 93/37/ EWG über die Koordinierung der Verfahren zur Vergabe öffentlicher Dienstleistungs-, Liefer- und Bauaufträge[10] geändert, bevor sie dann durch das Richtlinienpaket[11] der Europäischen Kommission im Jahr 2004 abgelöst wurden.

6   Nach Erlass des Richtlinienpaketes besann sich die Europäische Kommission das rasante Tempo des Erlasses vergaberechtlicher Vorschriften auf den Bereich Umweltschutz/Ökologie auszudehnen. Sie erließ hier eine ganze Reihe von Richtlinien, die auch vergaberechtsrelevante Normen beinhalteten:
– RL 2006/32/EG des Europäischen Parlaments und des Rates vom 05.04.2006 über Energieeffizienz und Energiedienstleistungen (Energiedienstleistungsrichtlinie),[12]
– RL 2009/33/EG des Europäischen Parlaments und des Rates vom 23.04.2009 über die Förderung sauberer und energieeffizienter Straßenfahrzeuge (Richtlinie »Saubere Fahrzeuge«)[13],
– RL 2010/30/EU des Europäischen Parlaments und des Rates vom 19.05.2010 über die Angabe des Verbrauchs an Energie und anderen Ressourcen durch energieverbrauchsrelevante Produkte mittels einheitlicher Etiketten und Produktinformationen,[14]
– RL 2012/27/EU des Europäischen Parlaments und des Rates vom 25.10.2012 zur Energieeffizienz und zur Änderung der Richtlinien 2009/125/EG und 2010/30/EGE und zur Aufhebung der Richtlinien 2004/8/EG und 2006/32/EG (Energieeffizienzrichtlinie).[15]

7   Schließlich weitete die Europäische Kommission ihren vergaberechtlichen Einfluss auch im Bereich der Verteidigungs- Sicherheitsbeschaffungen aus, indem sie im Jahr 2009 die RL 2009/81/EG des Europäischen Parlaments und des Rates vom 13.07.2009 über die Koordinierung der Verfahren zur Vergabe bestimmter Bau-, Liefer- und Dienstleistungsaufträge in den Bereichen Verteidigung und Sicherheit und zur Änderung der Richtlinien 2004/17EG und 2004/18/EG[16] erließ.

8   Der Erlass all dieser Richtlinien zog in den Mitgliedstaaten – natürlich auch in Deutschland – umfangreiche Umsetzungsprozesse nach sich. War dies für den Gesetzgeber schon eine Herausforderung, dürfte es für die betroffenen Rechtsanwender schon fast eine Überforderung bedeutet haben.

9   Der rasante Prozess mit der enormen Zunahme an Vorschriften kann wohl nur mit der Einstein'schen Relativitätstheorie erklärt werden:

---

7   ABl. Nr. L 199 vom 09.08.1993, S. 1.
8   ABl. Nr. L 199 vom 09.08.1993, S. 54.
9   ABl. Nr. L 209 vom 24.07.1992, S. 1.
10 ABl. Nr. L 328 vom 28.11.1997, S.1.
11 RL 2004/17/EG des Europäischen Parlaments und des Rates vom 31.03.2004 zur Koordinierung der Zuschlagserteilung durch Auftraggeber im Bereich der Wasser-, Energie- und Verkehrsversorgung sowie der Postdienste (ABl. Nr. L 134 vom 30.04.2004, S. 1) sowie RL 2004/18/EG des Parlaments und des Rates vom 31.03.2004 über die Koordinierung der Verfahren zur Vergabe öffentlicher Bauaufträge, Lieferaufträge und Dienstleistungsaufträge (ABl. Nr. L 134 vom 30.04.2004, S. 134).
12 ABl. Nr. L 114 vom 27.04.2006, S. 64.
13 ABl. Nr. L 120 vom 15.05.2009, S. 5.
14 ABl. Nr. L 153 vom 18.06.2010, S. 1.
15 ABl. Nr. L 315 vom 14.11.2012, S. 1.
16 ABl. Nr. L 216 vom 20.08.2009, S. 76.

Will man Masse beschleunigen, braucht man Energie. Je mehr Energie man aufwendet, umso grö- 10
ßer wird die Beschleunigung. Erreicht man irgendwann Lichtgeschwindigkeit, führt weitere Ener-
giezufuhr nicht mehr zu weiterer Beschleunigung, denn schneller als das Licht geht es nicht. Die
Energie wird in Masse umgewandelt.

Dies wird durch die jüngste Reform der europäischen Richtlinien[17] nahezu bestätigt. Es gibt nicht 11
nur eine völlig neue Richtlinie, nämlich die zur Konzessionsvergabe, sondern auch die beiden übrigen Richtlinien zur klassischen und zur Sektorenauftragsvergabe haben nicht unerheblich an Volumen und Regelungsdichte zugenommen.

Die ständigen und in rasantem Tempo erfolgenden Veränderungen aus Brüssel ließen das nationale 12
Vergaberecht nicht unberührt. Jede europäische »Reform« zog eine nationale nach sich mit der
Folge, dass stets in Feinmechaniker Art das deutsche Vergaberechtssystem um die europäischen
Strukturen »verfeinert«[18] wurde.

Ohne rot zu werden, darf behauptet werden, Vergaberechtler oder Beschaffer wird man nicht in fünf 13
oder fünfzig Wochen. Vielmehr braucht es eine Nacht, neun Monate und etwa 30 Jahre Erfahrung[19].

B. Hintergrund

Unter dem Recht der Vergabe öffentlicher Aufträge lässt sich die Gesamtheit derjenigen Vorschrif- 14
ten und Regeln verstehen, die
– dem Staat seinen Untergliederungen oder sonstigen öffentlichen Auftraggebern
– beim Kauf von Gütern oder bei der Inanspruchnahme sonstiger Leistungen am Markt mittels
  eines entgeltlichen Vertrags
– eine bestimmte Vorgehensweise vorschreiben.[20]

Vergaberecht ist die Gesamtheit der Normen, die ein Träger öffentlicher Verwaltung oder eine im 15
vorstaatlichen Bereich angesiedelte öffentliche Einrichtung bei der Beschaffung der sachlichen Mittel und Leistungen, die er zur Erfüllung seiner Aufgaben benötigt, zu beachten hat.[21]

Entsprechend der neuen europäischen Konzessionsvergaberichtlinie 2014/23/EU kommt nun auch 16
die Vergabe von Bau- und Dienstleistungskonzessionen hinzu.

Traditionell ist das Vergaberecht in Deutschland dem Haushaltsrecht zugeordnet, welches die Vor- 17
schriften zur Aufstellung und zur Abwicklung des Etats einer öffentlich-rechtlichen Körperschaft
beinhaltet. Haushaltsgrundsätzegesetz, Bundes- und Landeshaushaltsordnungen (§§ 55 BHO,
LHO), die Haushaltsordnungen aller möglichen öffentlich-rechtlichen Körperschaften ebenso
wie Gemeindehaushaltsordnungen schreiben Verhaltens- und Vorgehensweisen beim öffentlichen
Einkauf vor.[22] Bezwecken diese (vergaberechtlichen) Vorschriften doch die sparsame und mittel-
schonende Verwendung öffentlicher Finanzen. So war das haushaltsrechtliche Vergaberecht mit
den damaligen Verdingungsordnungen für Bauleistungen (VOB/A) und Liefer-/Dienstleistungen
(VOL/A) als reines Innenrecht, quasi als Selbstbindungsrecht der Verwaltung ohne Außenwirkung

---

17 RL 2014/23/EU der Europäischen Kommission und des Rates vom 26.02.2014 über die Konzessionsvergabe, RL 2014/24/EU des Europäischen Parlaments und des Rates v. 26.02.2014 über die öffentliche
   Auftragsvergabe und zur Aufhebung der Richtlinie 2004/18/EG, RL 2014/25/EU der Europäischen Kommission und des Rates v. 26.02.2014 über die Vergabe von Aufträgen durch Auftraggeber im Bereich der
   Wasser-, Energie- und Verkehrsversorgung sowie der Postdienste und zur Aufhebung der RL 2004/17/EG
   (ABl. Nr. L 94 vom 28.03.2014, S. 1 ff.).
18 So insbesondere die 6. GWB-Novelle (VergRÄndG v. 29.05.1998, BGBl. I Nr. 59 vom 02.09.1998);
   GWB 2009.
19 Frei nach Helmut Schmidt.
20 Dr. Ziekow in: Ziekow/Völlink, Vergaberecht, 2. Auflage, München 2013.
21 Dr. Marx m.w.N. in: Kulartz, Marx, Portz, Prieß, Kommentar zur VOL/A, 2. Auflage, Köln 2011, Einleitung, Rn 1.
22 Dr. Jasper/Dr. Marx in: Vergaberecht, Beck-Texte im dtv, München 2014.

ausgestaltet. Subjektive Rechte konnten durch die Vertragspartner des Auftraggebers nicht hergeleitet werden.

18 Mit dem Erlass der der ersten europäischen Vergaberichtlinie, der RL 71/305 vom 26.07.1971 über die Koordinierung der Verfahren zur Vergabe öffentlicher Bauaufträge und der temporeichen Entwicklung des europäischen Vergaberechts nahm auch dessen Einfluss, insbesondere Zweck und Ziel betreffend, in Deutschland immer mehr zu und überlagerte die hergebrachte haushaltsrechtliche Zielsetzung.

19 Die genannte »haushaltsrechtliche Lösung« war jedoch letztendlich zur Umsetzung der europäischen Vorgaben nicht zulässig. Nachdem der EuGH die deutsche Umsetzung der Vergabe- und Rechtsmittelrichtlinien als nicht gemeinschaftsrechtskonform verworfen hatte[23] hat der deutsche Gesetzgeber das Vergaberecht grundlegend überarbeitet.[24] Mit der 6. GWB-Novelle wurde das ab festgelegter europäischer Schwellenwerte[25] verbindlich anzuwendende europäische Vergaberecht im Rahmen der sogenannten »wettbewerblichen Lösung« als Teil 4 in das Gesetz gegen Wettbewerbsbeschränkungen (GWB) integriert und damit dem Wettbewerbsrecht zugeordnet. Die Gesetzgebungskompetenz des Bundes leitet sich insbesondere aus Artikel 74 Absatz 1 Nummer 11 GG (Recht der Wirtschaft) ab.[26] Mit der Neuordnung wurden auch die Ziele des europäischen Vergaberechts in deutsches Recht übernommen:
- Öffnung des europäischen Binnenmarktes für öffentliche Aufträge,
- Herstellung von Chancengleichheit innerhalb des Binnenmarktes für potenzielle Bieter um öffentliche Aufträge,
- Vergabe öffentlicher Aufträge in wettbewerblichen, transparenten und Damit verbunden ist das Recht (auf der Basis der sogenannten »Rechtsmittelrichtlinien«[27]) der Bewerber/Bieter, im kon-

---

23 EuGH Rs. C-433/93, Kommission gegen Deutschland, Slg. 1995, I-2303.

24 Dr. Marx in: Kularz, Marx, Portz, Prieß, Kommentar zur VOL/A, 2. Auflage, Köln 2011, Einleitung, Rn 8.

25 Zuletzt festgelegt durch: Delegierte Verordnung (EU) 2015/2170 vom 24.11.2015 zur Änderung der Richtlinie 2014/24/EU des Europäischen Parlaments und des Rates im Hinblick auf die Schwellenwerte für Auftragsvergabeverfahren (ABl. Nr. L 307 vom 25.11.2015, S. 5); Delegierte Verordnung (EU) 2015/2171 vom 24.11.2015 zur Änderung der Richtlinie 2014/25/EU des Europäischen Parlaments und des Rates im Hinblick auf die Schwellenwerte für Auftragsvergabeverfahren (ABl. Nr. L 307 vom 25.11.2015, S. 7); Delegierte Verordnung (EU) 2015/2172 vom 24.11.2015 zur Änderung der Richtlinie 2014/23/EU des Europäischen Parlaments und des Rates im Hinblick auf die Schwellenwerte für Vergabeverfahren (ABl. Nr. L 307 vom 25.11.2015, S. 9); Verordnung (EU) 2015/2340 der Kommission vom 15.12.2015 zur Änderung der Richtlinie 2009/81/EG des Europäischen Parlamentes und des Rates im Hinblick auf die Schwellenwerte für Auftragsvergabeverfahren (ABl. Nr. L 330 vom 16.12.2015, S. 14); Verordnung (EU) 2015/2341 der Kommission vom 15.12.2015 zur Änderung der Richtlinie 2014/17/EG des Europäischen Parlamentes und des Rates im Hinblick auf die Schwellenwerte für Auftragsvergabeverfahren (ABl. Nr. L 330 vom 16.12.2015, S. 16); Verordnung (EU) 2015/2342 der Kommission vom 15.12.2015 zur Änderung der Richtlinie 2014/18/EG des Europäischen Parlamentes und des Rates im Hinblick auf die Schwellenwerte für Auftragsvergabeverfahren (ABl. Nr. L 330 vom 16.12.2015, S. 18).

26 S. Gesetzentwurf der Bundesregierung – Bundesratsdrucksache 367/15 vom 14.08.2015, Begründung, Allgemeiner Teil, IV Gesetzgebungskompetenz: Die Gesetzgebungskompetenz des Bundes beruht auf Artikel 74 Absatz 1 Nummer 11 GG (Recht der Wirtschaft), Artikel 74 Absatz 1 Nummer 16 GG (Verhütung des Missbrauchs wirtschaftlicher Machtstellung, Artikel 74 Absatz 1 Nummer 1 GG (gerichtliches Verfahren).

27 Richtlinie 89/665/EWG des Rates vom 21.12.1989 zur Koordinierung des Rechts und Verwaltungsvorschriften für die Anwendung der Nachprüfungsverfahren im Rahmen der Vergabe öffentlicher Liefer- und Bauaufträge sowie der Richtlinie 92/13/EWG des Rates vom 25.02.1992 zur Koordinierung der Rechts- und Verwaltungsvorschriften für die Anwendung der Gemeinschaftsvorschriften über die Auftragsvergabe durch Auftraggeber im Bereich der Wasser-, Energie- und Verkehrsversorgung sowie im Telekommunikationssektor in der Fassung der Richtlinie 2007/66/EG des Europäischen Parlaments und des Rates vom 11.12.2007 zur Änderung der Richtlinien 89/665/EWG und 92/13/EWG des Rates im Hinblick auf die Verbesserung der Wirksamkeit der Nachprüfungsverfahren bezüglich der Vergabe öffentlicher Aufträge.

kreten Verfahren überprüfen zu lassen, ob der Auftraggeber die relevanten Verfahrensregeln zur öffentlichen Auftragsvergabe auf der Grundlage des GWB Teil 4 eingehalten hat. Dieses Recht ist als subjektives Recht (Anspruch) des Bewerbers/Bieters ausgestaltet und kann im Rahmen von Nachprüfungsverfahren vor den jeweils zuständigen Instanzen der Vergabekammer und des Oberlandesgerichts geltend gemacht werden.

Das nationale Vergaberecht hat sich weiterentwickelt von einem mittelschonenden zu einem wirt- **20** schaftlichen, ökonomischen Instrumentarium des öffentlichen Einkaufs. Diese Weiterentwicklung ist berechtigt. Das Beschaffungswesen spielt in den Volkswirtschaften der Mitgliedstaaten eine bedeutende Rolle. Die öffentliche Hand in Europa wendet etwa 18% des BIP für Liefer-, Bau- und Dienstleistungsaufträge auf. Das öffentliche Beschaffungswesen kann angesichts dieses Volumens als wirkungsvoller Hebel für die Verwirklichung eines Binnenmarktes dienen, der intelligentes, nachhaltiges und integratives Wachstum fördert.[28]

C. Struktur des Vergaberechts in Deutschland

Durch die Integrierung des europäischen Vergaberechts in das GWB (Wirtschaftsrecht) und den **21** Verbleib des »unterschwelligen« Vergaberechts im Haushaltsrecht ist das Vergaberecht in Deutschland zweigeteilt. Ab den EU-Schwellenwerten gelten gemäß Teil 4 GWB die Regeln des europäischen Vergaberechts. Diese sind umgesetzt im Teil 4 GWB[29] sowie den Rechtsverordnungen Vergabeverordnung (VgV),[30] Sektorenverordnung (SektVO),[31] Vergabeverordnung Verteidigung und Sicherheit (VSVgV)[32] und den Vergabe- und Vertragsordnungen VOB/A,[33] VOF[34] und VOL/A.[35]

Der so gestufte Aufbau der vergaberechtlichen Vorschriften vom Gesetz über die Rechtsverordnun- **22** gen zu den Vergabe- und Vertragsordnungen wird als »Kaskade« bezeichnet.

Die drei Vergabe- und Vertragsordnungen VOB, VOF und VOL bilden die unterste Stufe der **23** Kaskade. Sie beinhalten das eigentliche »Vergabeverfahrensrecht«. Ihre Erarbeitung erfolgt in den Vergabe- und Vertragsausschüssen.[36] Hier sitzen paritätisch Vertreter der öffentlichen Auftragge-

---

28 KOM (2011)896/2 vom 20.12.2011, Vorschlag für eine Richtlinie des Europäischen Parlaments und des Rates über öffentliche Auftragsvergabe, Begründung.

29 Gesetz gegen Wettbewerbsbeschränkungen in der Fassung der Bekanntmachung vom 26. Juni 2013 (BGBl. I S. 1750, 3245), zuletzt geändert durch Artikel 5 des Gesetzes vom 21. Juli 2014 (BGBl. I S. 1066).

30 Verordnung über die Vergabe öffentlicher Aufträge (Vergabeverordnung-VgV) in der Fassung der Bekanntmachung vom 11. Februar 2003 (BGBl. I S. 169), zuletzt geändert durch Artikel 1 Siebte ÄndVO vom 15.10.2013 (BGBl. I S. 3584).

31 Verordnung über die Vergabe von Aufträgen im Bereich des Verkehrs, der Trinkwasserversorgung und der Energieversorgung (Sektorenverordnung-SektVO) vom 23. September 2009 (BGBl. I S. 3110), zuletzt geändert durch Artikel 7 Gesetz zur Neuregelung des gesetzlichen Messwesens vom 25.07.2013 (BGBl. I S. 2722). Die SektVO regelt ausschließlich die Vergabe öffentlicher Aufträge durch Sektorenauftraggeber im Zusammenhang mit einer Sektorentätigkeit in den Bereichen Verkehrs-, Trinkwasser- und Verkehrsversorgung.

32 Vergabeverordnung für die Bereiche Verteidigung und Sicherheit (Vergabeverordnung Verteidigung und Sicherheit-VSVgV) vom 12. Juli 2012 (BGBl. I S. 1509), geändert durch Artikel 8 Gesetz zur Neuregelung des gesetzlichen Messwesens vom 25.07.2013 (BGBl. I S. 2722). Die VSVgV regelt die Vergabe von Liefer- und Dienstleistungen im Bereich Verteidigung und Sicherheit. Diesbezügliche Vergaben von Bauleistungen erfolgen nach den Vorschriften des dritten Abschnitts der VOB/A (der VOB/A-VS).

33 Vergabe- und Vertragsordnung für Bauleistungen (VOB)-Teil A-Allgemeine Bestimmungen für die Vergabe von Bauleistungen – Ausgabe 2012 – vom 31. Juli 2009 (BAnz Nr. 155, ber. 2010 Nr. 36), zuletzt geändert durch Nr. I Änd. der VOB/A Abschnitt 1 und Änd. der VOB/B vom 26.06.2012 (BAnz. AT 13.07.2012 B3).

34 Vergabeordnung für freiberufliche Dienstleistungen (VOF) vom 18. November 2009 (BAnz. Nr. 185a).

35 Vergabe- und Vertragsordnung für Leistungen (VOL) Teil A und Teil B vom 20. November 2009 (BAnz. Nr. 196a, ber. 2010 S. 755).

36 Der Deutsche Vergabe- und Vertragsausschuss für Bauleistungen (DVA) erarbeitet die Verfahrensregeln der VOB für die Vergabe öffentlicher Bauleistungen. Den Vorsitz hat das Bundesministerium für Umwelt,

ber (Aus Bund, Ländern und Kommunen/Kommunale Spitzenverbände) sowie der Auftragnehmer (Vertreter deren Wirtschafts- und Bauverbänden) und des Gesetzgebers in Person des zuständigen Bundesressorts, welches auch den jeweiligen Vorsitz inne hat, zusammen und erarbeiten gemeinsam die Verfahrensvorschriften für die Vergabe öffentlicher Aufträge.

24   Ihrer Rechtsnatur nach sind die Vergabe- und Vertragsordnungen private Regelwerke.[37]

25   Während die VOF nur für den Bereich ab der EU-Schwellenwerte gilt, sind VOB/A und VOL/A in jeweils zwei bzw. drei Abschnitte gegliedert. Deren Abschnitt 1 ist für den Bereich unterhalb und deren Abschnitt 2 («EU«) für den Bereich ab der EU-Schwellenwerte anzuwenden. Darüber hinaus kennt die VOB/A seit der Umsetzung der europäischen RL 2009/81/EG für verteidigungs- und sicherheitsrelevante Vergaben im Jahr 2012 noch einen dritten Abschnitt, der die Vergaben von Bauleistungen im Bereich Verteidigung und Sicherheit regelt (VOB/A-VS).

26   Der strukturelle Aufbau der Vergabe- und Vertragsordnungen ist als »Schubladenprinzip« (jeder Abschnitt entspricht einer Schublade) bekannt.

27   Die Anwendungsverpflichtung der Abschnitte 1 von VOB/A und VOL/A ergeben sich dem Grunde nach aus dem Haushaltsrecht von Bund und Ländern. Grundvorschrift ist § 55 BHO[38] sowie die entsprechenden §§ 55 der Länderhaushaltsordnungen (LHOen) mit ihren dazugehörigen Verwaltungsvorschriften. Je nach Bundesland werden die 1. Abschnitte der Vergabe- und Vertragsordnungen durch Rechtsverordnung oder durch Erlass in Kraft gesetzt. Während die VOB flächendeckend gilt, besteht für die VOL nicht in allen Bundesländern eine Anwendungsverpflichtung auch für Kommunen.

28   Die Anwendungsverpflichtung der VOF sowie der Abschnitte 2 von VOL/A, und VOB/A ergibt sich durch jeweils einen statischen Verweis in der VgV bzw. der VSVgV für den dritten Abschnitt der VOB/A. Hierdurch wird den Vergabe- und Vertragsordnungen eine Rechtsnormqualität, d.h. Allgemeinverbindlichkeit und Außenwirkung, zugebilligt.[39]

D. Die Reform des Vergaberechts 2014/2016

I. Europäische Vorgaben

29   Die jüngste Reform des Vergaberechts in Deutschland hat ihren Ursprung in dem Richtlinienpaket der Europäischen Union des Jahres 2014.[40] Die neu erlassenen Richtlinien zur klassischen Auftragsvergabe, Sektorenauftragsvergabe sowie zur Konzessionsvergabe waren bis zum 18.04.2016 in den Mitgliedstaaten umzusetzen.

30   Die Strategie Europa 2020 für intelligentes, nachhaltiges und integratives Wachstum[41] verlangte vom öffentlichen Auftragswesen:

Naturschutz, Bau und Reaktorsicherheit (BMUB); der Deutsche Vergabe- und Vertragsausschuss für Liefer- und Dienstleistungen (DVAL) ist zuständig für die Verfahrensregeln im Bereich der VOL, also für Liefer- und Dienstleistungen unter Vorsitz des Bundesministeriums für Wirtschaft und Energie (BMWi). Die Erarbeitung der Regeln für freiberufliche Dienstleistungen in der VOF erfolgte seit der Umsetzung des EU-Legislativpakets 2004 (RL 2004/17/EG und RL 2004/18/EG) unter Einbeziehung der unmittelbar betroffenen Kreise der öffentlichen Auftraggeber und Fachverbände unter dem gemeinsamen Vorsitz von BMUB und BMWi.

37 Dr. Dreher in: Immenga/Mestmäcker, Wettbewerbsrecht, Vierter Teil, Vergabe Öffentlicher Aufträge, 5. Auflage, München, 2014, Vorbemerkung Vor §§ 97 ff., Rn 73.

38 Bundeshaushaltsordnung vom 19. August 1969 (BGBl. I S. 1284), zuletzt geändert durch Artikel 8 Absatz 10 Gesetz vom 3. Dezember 2015 (BGBl. I S. 2178).

39 Dr. Dreher m.w.N. in: Immenga/Mestmäcker, Wettbewerbsrecht, Vierter Teil, Vergabe Öffentlicher Aufträge, 5. Auflage, München, 2014, Vorbemerkung Vor §§ 97 ff., Rn 73.

40 ABl. Nr. L 94 vom 28.03.2014.

41 Mitteilung der Kommission vom 3. März 2008 – KOM(2010)2020.

– Die Verbesserung der Rahmenbedingung für Unternehmen auf dem Gebiet der Innovation unter vollem Rückgriff auf nachfrageseitige politische Maßnahmen;
– die Unterstützung des Übergangs zu einer ressourcenschonenden und emissionsarmen Wirtschaft, z.B. durch die Förderung eines umweltfreundlichen öffentlichen Auftragswesens;
– die Verbesserung des Unternehmensumfelds, insbesondere für innovative KMU.

Darauf entschied sich die Europäische Kommission, die vorhandenen Instrumentarien des öffentlichen Auftragswesens in Gestalt der Richtlinien RL 2004/17/EG und 2004/18/EG zu modernisieren und setzte sich u.a. folgende Ziele:[42]   31
– Effizienzerhöhung der Allokation öffentlicher Mittel durch Erreichen eines optimalen Preis-Leistungs-Verhältnisses bei der öffentlichen Auftragsvergabe;
– Herstellung größtmöglichen Wettbewerbs und gleicher Bedingungen für die Wettbewerber;
– Erhöhung der Verfahrenseffizienz durch gestraffte Vergabeverfahren;
– Stärkung der Teilnahmemöglichkeit von kleineren und mittleren Unternehmen
– bessere Nutzung der öffentlichen Auftragsvergabe zur Erreichung gesellschaftlicher Ziele wie Umweltschutz, Energieeffizienz, Innovationsförderung sowie soziale Ziele unter dem Stichwort »Umsetzung strategischer Ziele«.

Die beiden Richtlinien für das klassische sowie das Sektorenvergaberecht wurden völlig neu überarbeitet. Eine dritte Richtlinie kam hinzu. Diese regelt künftig die Vergabe von Bau- und Dienstleistungskonzessionen. In die Reform nicht einbezogen waren die Richtlinie für Verteidigungs- und Sicherheitsvergaben(RL 2009/81/EG) sowie die Rechtsmittelrichtlinien (i.d.F.d. RL 2007/66/EG).   32

Schwerpunkte der Überarbeitung waren   33
– Verbesserung der Verfahrenseffizienz,
– Vereinfachung und Straffung der Vergabeverfahren,
– Schaffung von mehr Rechtssicherheit,
– Umsetzung strategischer Ziele.

Bereits an diesen Schwerpunkten sind die Zielkonflikte der Novellierung abzulesen. Während eine Verbesserung der Verfahrenseffizienz und die Straffung der Vergabeverfahren mit übersichtlicheren und weniger Regeln als bisher einhergehen sollte, ist mehr Rechtssicherheit und vor allem die Umsetzung zusätzlicher, insbesondere der strategischen Ziele ohne ein Mehr an Normen nicht zu haben.   34

Im Ergebnis führte die Überarbeitung zu einem Aufwuchs von 10 Artikeln bei der klassischen Vergaberichtlinie (jetzt insgesamt 94 Artikel) und von 27 Artikeln bei der Sektorenvergaberichtlinie (jetzt insgesamt 102 Artikel). Die Konzessionsvergaberichtlinie besteht aus 55 Artikeln. Rechnet man diese hinzu, so kommt man insgesamt auf ein Plus von 92 Artikeln.   35

An **inhaltlichen Neuerungen** sind folgende Regelungen hervorzuheben: 36
– Grundsätzliche verpflichtende Verwendung elektronischer Kommunikationsmittel im Rahmen der gesamten Kommunikation und des Informationsaustausches während des Vergabeprozesses
– Wegfall der vor dem Hintergrund der Binnenmarktrelevanz bestehenden Unterscheidung in »vorrangige« und nachrangige« Dienstleistungen;
  • Schaffung eines Sonderregimes für »Soziale und andere besondere Dienstleistungen« mit einem wesentlich höheren Schwellenwert und wesentlich erleichterten Verfahrensregeln als Kompensation;

---

42 Grünbuch über die Modernisierung der europäischen Politik im Bereich des öffentlichen Auftragswesens, KOM(2011) 15 endgültig, vom 27.01.2011; s. auch: Erwägungsgrund 2 RL 2014/24/EU.

– Strategische Vergabe (sozialer, ökologischer und innovativer Art) als Grundsatz der Auftragsvergabe,
  • im Rahmen der Festlegung von Zuschlagskriterien,
  • unter Einbeziehung des Produktionsprozesses,
  • unter Einbeziehung der Auftragsausführung;
– Erweiterung der Ausschlusstatbestände im Falle der Nichteinhaltung sozial- oder umweltrechtlicher nationaler Vorschriften;
– Normierung der Möglichkeit zur »Selbstreinigung« um nach einem Ausschluss wieder an Vergabeverfahren teilnehmen zu dürfen;
– Straffung der Verfahrensdauer durch Verkürzung der Mindestfristen;
– Stärkung der Verfahrenseffizienz durch Einführung einer Einheitlichen Europäischen Eigenerklärung als vorläufigen Eignungsnachweis;
– Erweiterte Möglichkeiten zur Wahl des Verhandlungsverfahrens;
– Angleichung der Verfahrensvoraussetzungen für das Verhandlungsverfahren und den Wettbewerblichen Dialog
– Erweiterung des Verfahrenskanons um die »Innovationspartnerschaft«;
– Aufweichung des Grundsatzes der strikten Trennung von Eignungs- und Wertungskriterien;
– Grundsatz des Zuschlags auf das wirtschaftlichste Angebot auf der Grundlage des besten Preis-Leistungsverhältnisses;
– Schaffung von mehr Rechtssicherheit durch die Normierung von durch die Rechtsprechung entwickelter Grundsätze zu
  • Inhouse Vergaben und Interkommunaler Kooperation,
  • Auftragsänderungen während der Vertragslaufzeit;
– Normierung von Kündigungsmöglichkeiten des Auftraggebers im Falle rechtswidrigen Zustandekommens des öffentlichen Auftrags.

37 Zwar blieb die freie Wahl der Verfahrensart im Sektorenvergaberecht erhalten, gleichwohl jedoch wurden viele Regelungen der klassischen Auftragsvergabe übernommen. Dies hat bedauerlicherweise zu einer erheblichen Zunahme der Regelungsdichte im Sektorenbereich und damit zu einer Einschränkung der bisherigen Flexibilität der Sektorenauftraggeber geführt.[43] Dies gilt umso mehr, als Sektorenauftraggeber nun im Gegensatz zu bisher vollumfänglich an die Vorschriften des Konzessionsvergaberechts gebunden sind.

38 Sowohl für die klassische als auch die Sektorenvergaberichtlinie findet sich neuerdings in Artikel 1 die Darstellung des Regelungsbereiches. Ohne den Anwendungsbereich der Richtlinien damit erweitern zu wollen wird zunächst der Begriff der Auftragsvergabe definiert. Artikel 1 Absatz 2 erwähnt dabei ausdrücklich, dass zur Auftragsvergabe eine Auswahlentscheidung des Auftraggebers gehört. Nicht geklärt wird jedoch, ob dies auch für den Begriff des öffentlichen Auftrages gelten soll, der im Wortlaut unverändert geblieben ist.[44]

39 Es wird weiter klargestellt, dass insbesondere nur diejenigen öffentlichen Ausgaben abgedeckt werden, die für den Erwerb von Bauleistungen, Lieferungen oder Dienstleistungen im Wege eines öffentlichen Auftrags getätigt werden. Unter Erwerb ist dabei auch die Erlangung des Nutzens der jeweiligen Leistung zu verstehen.[45]

40 Die Konzessionsvergaberichtlinie führt die bisher in der klassischen Vergaberichtlinie normierte Vergabe von Baukonzessionen und die erstmals normierte Vergabe von Dienstleistungskonzessionen in einem Regelwerk zusammen.

---

43 Hans-Peter Müller in: Soudry – Hettich, Das neue Vergaberecht, Kapitel: Die neue Sektorenrichtlinie, II Allgemeiner Überblick, Köln, 2014.
44 Hierzu auch Müller in: Soudry – Hettich, Das neue Vergaberecht, Kapitel: Die neue Sektorenrichtlinie, III Anwendungsbereich, Köln, 2014.
45 Erwägungsgrund 4 RL 2014/24/EU; Erwägungsgrund 6 RL 2014/25/EU.

Die Richtlinie sieht vor, dass der Konzessionsgeber das Verfahren zur Wahl des Konzessionsnehmers 41
unter Einhaltung der Grundsätze der Gleichbehandlung, der Nichtdiskriminierung, der Transparenz und der Verhältnismäßigkeit frei gestalten kann. Die Konzessionsvergaberichtlinie macht u.a. Vorgaben zur Bekanntmachung zu vergebender Konzessionen (Konzessionsbekanntmachung) und zu vergebenen Konzessionen (Zuschlagsbekanntmachung). Daneben gewährt sie »Zuschlagsgarantien«. Danach legt der Konzessionsgeber objektive Kriterien fest, die gewährleisten, dass die Konzessionsvergabe unter Einhaltung der oben genannten Grundsätze erfolgt und die Angebote unter wettbewerbsmäßigen Bedingungen bewertet werden.

II. Umsetzung in deutsches Recht

Die nationale Umsetzung der europäischen Reform 2014 wurde durch das Eckpunktepapier der 42
Bundesregierung[46] eingeleitet. Das Vergaberecht soll im Rahmen der Umsetzung des EU-Reformpakets einfacher, überschaubarer und anwenderfreundlicher werden. Angesichts der Zunahme an europäischen Regeln eine fast unlösbare Aufgabe, könnte man meinen.

Nun liegt die Umsetzung dieses Beschlusses auf dem Tisch. Ein neuer Teil 4 des GWB[47] ist vom 43
Parlament verabschiedet, die dazugehörigen Rechtsverordnungen[48] sind erlassen.

Wie angekündigt hat der deutsche Gesetzgeber die Umsetzung des europäischen Richtlinienpakets 44
zu einer umfassenden Umstrukturierung des Vergaberechts genutzt. Mit seinem neuen Regelungskomplex hat der Bund in weit größerem Umfang von seiner Gesetzgebungskompetenz für das »Recht der Wirtschaft« nach Artikel 74 Absatz 1 Nummer 11 GG Gebrauch gemacht als bislang.[49]

Im Kern besteht die Umstrukturierung aus zwei Elementen: 45
1. Neben den vergaberechtlichen Grundprinzipien sowie dem Anwendungsbereich werden die grundlegenden Vorgaben zum Vergabeverfahren in erheblich stärkerem Maße im GWB verankert als bisher,
2. die Kaskade wird auf der untersten Stufe verschlankt indem die VOL/A und die VOF in die damit als Rechtsverordnung aufgewertete VgV integriert werden.

Die Grundgliederung des GWB Teil 4 in ein Kapitel 1, Vergabeverfahren und ein Kapitel 2, Nach- 46
prüfungsverfahren, ist erhalten geblieben. Infolge der Verankerung wesentlicher Verfahrenselemente im GWB wurde jedoch eine tiefere Untergliederung des Kapitels 1 erforderlich.

Leitgedanke dieser tieferen Untergliederung war einerseits der chronologische Ablauf des Vergabe- 47
verfahrens und andererseits die Konzentrierung der Vorschriften der unterschiedlichen Bereiche des klassischen Vergaberechts und der besonderen Bereiche Sektorenvergaberecht, Verteidigung und Sicherheit sowie Konzessionsvergabe in einem eigenen Abschnitt. Damit soll es dem Anwender leichter möglich sein, die für die konkrete Vergabe erforderlichen Vorschriften aufzufinden.

Dem Grunde nach entspricht dieser Aufbau dem hergebrachten Schubladenprinzip der bisherigen 48
Vergabe- und Vertragsordnungen.

Abschnitt 1 des Kapitels 1 enthält die Vorschriften zu den vergaberechtlichen Grundsätzen (Wett- 49
bewerb, Transparenz und Gleichbehandlung), die Definitionen der unterschiedlichen Auftraggeber, die Definition der Sektorentätigkeiten, des öffentlichen Auftrags, der Konzession sowie Rahmenvereinbarungen und (Planungs-)Wettbewerbe, den Anwendungsbereich in Form der Regelung zu den EU-Schwellenwerten sowie der Allgemeinen Ausnahmen.

---

46 Eckpunkte zur Reform des Vergaberechts, Beschluss des Bundeskabinetts, vom 07.01.2015.
47 Gesetz zur Modernisierung des Vergaberechts-VergRModG vom 18.12.2015, BGBl. I, S. 203 vom 23.02.2016.
48 S. Verordnung zur Modernisierung des Vergaberechts-VergRModVO, BGBl. I S. 624 vom 12.04.2016.
49 Burgi in: NZBau 2015, 597, 600.

50   Die sich insbesondere aus der klassischen und der Sektorenvergaberichtlinie ergebende grundsätzlich verpflichtende Verwendung elektronischer Kommunikationsmittel im Rahmen der gesamten Kommunikation und des Informationsaustausches während des Vergabeprozesses wurde in die Grundsatzvorschrift des § 97 GWB aufgenommen. Dies unterstreicht die besondere Bedeutung, die auch der Bundesgesetzgeber der elektronischen Abwicklung der Vergabeverfahren beimisst.

51   Der Auftraggeberbegriff wurde zwar inhaltlich nicht verändert, jedoch entsprechend der den Richtlinien geschuldeten Unterschiede neu strukturiert und in drei Vorschriften aufgeteilt. Damit fällt die Abgrenzung insbesondere zwischen dem öffentlichen (klassischen) Auftraggeber und dem Sektorenauftraggeber wesentlich leichter als bisher.

52   Nicht aufgegriffen hat der Gesetzgeber die klarstellenden Regelungen der Artikel 1 der klassischen und der Sektorenvergaberichtlinie zur Auftragsvergabe. Die damit verbundene Frage, ob es zur Erfüllung eines öffentlichen Auftrages auf das Merkmal einer Auswahlentscheidung ankommt bleibt genauso unbeantwortet wie die Abgrenzung zu einfachen Zulassungssystemen, bei denen gerade keine Auswahlentscheidung getroffen wird.[50]

53   Bei den Ausnahmen sind die neuen Regelungen zu den vergaberechtsfreien Inhouse-Vergaben und der Interkommunalen Kooperation hinzugekommen. Die Vorgaben der Richtlinien wurden praktisch 1:1 übernommen.

54   Die Ermächtigungsnorm für die zu erlassenden Rechtsverordnungen zur Regelung der Verfahrensdetails wurde mit § 113 GWB überarbeitet und in Bezug auf den Ermächtigungsumfang konkretisiert.

55   Allerdings hat sich der Deutsche Bundestag im Rahmen der Parlamentsbehandlung des Gesetzesentwurfs vorbehalten, dass die Rechtsverordnungen vor der Zuleitung an den Bundesrat dem Bundestag zuzuleiten sind (Parlamentsvorbehalt).[51] Der Bundestag hat dann drei Sitzungswochen die Möglichkeit, über die Rechtsverordnungen zu befinden. Der Vorbehalt ist insoweit ungewöhnlich, als ein solcher vom Grundgesetz nicht vorgesehen ist. Gleichwohl wird dem Bundestag als oberstem demokratisch legitimiertem Repräsentanten zugebilligt, solch einen Vorbehalt beschließen zu dürfen. Er dient allerdings nicht der Verfahrenseffizienz, eher im Gegenteil. Konsequenterweise hätte der Bundestag ein vollständiges und separates Bundesvergabegesetz beschließen sollen.

56   Ergänzend zu den bereits bestehenden Rechtsverordnungen und der notwendig gewordenen Konzessionsvergabeverordnung wird auf der Grundlage des neuen § 114 GWB eine Statistikvergabeverordnung geschaffen. Die Vorschrift ermöglicht es erstmals, flächendeckend belastbare Zahlen und Daten zum öffentlichen Auftragswesen in Deutschland, unabhängig (!) vom EU-Schwellenwert abzufragen. Damit sollen einerseits zukünftige gesetzliche Entscheidungen zum Vergabewesen auf substanziellere Grundlage gestellt und andererseits die Berichtspflichten gegenüber der Europäischen Kommission erleichtert werden. Allerdings geht der Gesetzgeber damit über die ihm durch die neuen Richtlinien auferlegten Verpflichtungen hinaus und durchbricht den in dem Eckpunktbeschluss der Bundesregierung festgelegten 1:1 Umsetzungsgrundsatz. Gleichwohl war die Maßnahme bereits im Eckpunktbeschluss angekündigt.

57   Die in § 114 Absatz 2 GWB vorgesehene Verordnungsermächtigung im Bereich der Statistik ist von dem Parlamentsvorbehalt nicht umfasst. Dieser betrifft ausschließlich die Rechtsverordnungen nach § 113 GWB.

58   Abschnitt 2 regelt die Vergabe öffentlicher Aufträge durch öffentliche Auftraggeber. Er dient der Verankerung der wesentlichen Verfahrenselemente der öffentlichen Auftragsvergabe im Gesetz.

---

50 Hierzu ausführlich Dr. Hattenhauer/Wilke in: ZfBR, 7/2015, 662 ff.
51 Deutscher Bundestag, Drucksache 18/7086 vom 16.12.2015, Beschlussempfehlung und Bericht des Ausschusses für Wirtschaft und Energie zu dem Gesetzentwurf der Bundesregierung – Drucksache 18/6281 –.

Zunächst finden sich hier die Vorschriften zu den Verfahrensarten sowie den besonderen Instru- 59
menten wie der Rahmenvereinbarung, dem Dynamischen Beschaffungssystem der elektronischen
Auktion und den elektronischen Katalogen.

Was bei der Umsetzung des EU-Legislativpaketes des Jahres 2004 noch nicht möglich war, ist dem 60
Gesetzgeber diesmal gelungen: Das Offene Verfahren und das Nichtoffene Verfahren stehen als
Vergabeverfahren gleichrangig nebeneinander und damit künftig zur Auswahl des Auftraggebers.
Dies entspricht den Vorgaben der Richtlinie 2014/24/EU. Hinnehmen müssen hat der Gesetzgeber
dafür jedoch die Aufnahme des Grundsatzes der Wirtschaftlichkeit in § 97 Absatz 1 GWB.

Auch die Leistungsbeschreibung und die Eignung werden geregelt. Die Komponenten der Eignung 61
wurden an die Systematik der klassischen Vergaberichtlinie angepasst. Die Elemente der Zuverlässigkeit und der Gesetzestreue, die die Richtlinie in dieser Form nicht kennt, sind entfallen. Geeignet
sind nun Bewerber/Bieter, die die geforderte Fachkunde und Leistungsfähigkeit besitzen und nicht
aufgrund zwingender oder fakultativer Ausschlussgründe ausgeschlossen wurden.

Die Anwender müssen sich zumindest bis zu einer Reform des Unterschwellenvergaberechts daran 62
gewöhnen, dass sich der dortige Eignungsbegriff anders definiert. Der Begriff der Zuverlässigkeit
bleibt hier weiterhin ein vom Bewerber/Bieter zu erfüllender Bestandteil der Eignung.

Nicht mehr untergesetzlich, sondern nun prominent im Gesetz selbst finden sich die Ausschluss- 63
gründe einschließlich der neuen Regelungen zur Selbstreinigung.

Die Regelungen zum Zuschlag wurden aus der Grundsatzvorschrift des § 97 GWB herausgelöst 64
und in Abschnitt 2 umfangreicher angelegt. Erstmals wird normativ festgelegt, sich das wirtschaftlichste Angebot nach dem besten Preis-Leistungsverhältnis bestimmt und dass zu dessen Ermittlung
auch qualitative, umweltbezogene oder soziale Aspekte berücksichtigt werden können.

Regelungen zur Auftragsausführung schließen sich an. Besonderen Wert hat der Gesetzgeber hier 65
auf die Einhaltung der Pflichten des Auftragnehmers zur Entrichtung von Steuern und Sozialabgaben gelegt. Das gleiche gilt für arbeitsrechtliche Vorschriften und die Zahlung durch Gesetz oder
allgemeinverbindlicher Tarifverträge vorgeschriebener Mindestlöhne.

Die Länder behalten in § 129 GWB die Befugnis, durch Landesgesetze eigene Vorgaben zur Auf- 66
tragsausführung machen zu dürfen.

Bei der Vergabe von öffentlichen Aufträgen über soziale und andere besondere Dienstleistungen 67
stehen den Auftraggebern nach ihrer Wahl die üblichen Vergabeverfahren zur Verfügung. Damit
bleibt der Gesetzgeber hinter den Spielräumen der Richtlinien zurück. Die zulässige Möglichkeit,
beispielsweise Verfahrensregeln festzulegen, die lediglich auf die Einhaltung der Grundsätze der
Transparenz und Gleichbehandlung der Wirtschaftsteilnehmer abstellen, bleibt ungenutzt.

Die Vorschrift des § 131 GWB zur Vergabeöffentlicher Aufträge über Personenverkehrsleistungen 68
im Eisenbahnverkehr ergibt sich nicht aus der Umsetzungsverpflichtung der neuen EU-Vergaberichtlinien. Sie schreibt lediglich die sich im Wesentlichen aus der Verordnung (EG) Nr. 1370/2007
des Europäischen Parlaments und des Rates vom 23. Oktober 2007 über öffentliche Personenverkehrsdienste auf Schiene und Straße und zur Aufhebung der Verordnungen (EWG) Nr. 1191/69
und (EWG) Nr. 1107/70 des Rates[52] ergebende geltende Rechtslage fort.

Absatz 3 der Norm war im parlamentarischen Prozess lange umstritten. Der Regierungsentwurf sah 69
vor, dass der öffentliche Auftraggeber im Falle eines Betreiberwechsels der Personenverkehrsleistung
vom ausgewählten Betreiber verlangen kann, die beim bisherigen Betreiber Beschäftigten zu übernehmen und ihnen die Rechte gemäß § 613a BGB zu gewähren, wenn ein demgemäßer Übergang
erfolgt wäre.

---

52 ABl. Nr. L 315 vom 03.12.2007, S. 1.

70   Der Bundestag hat aus der »kann-Regelung« eine »soll-Regelung« gemacht.[53]

71   Neu gesetzlich geregelt sind auch die Regelungen zu vergaberechtsfreien Auftragsänderungen während der Vertragslaufzeit sowie zur Vertragskündigung in besonderen Fällen, nämlich dann, wenn der öffentliche Auftrag rechtswidrig zustande gekommen ist.

72   Zu den Auftragsänderungen während der Vertragslaufzeit hat sich der Gesetzgeber gegenüber der klassischen und der Sektorenvergaberichtlinie für eine andere Systematik entschieden.

73   Die Grundsatzregel[54] der Richtlinien besagt, dass ein neues Vergabeverfahren bei anderen als den aufgeführten Ausnahmetatbeständen im Falle einer Auftragsänderung erforderlich ist. Dabei ist die Tatsache, ob eine Änderung unwesentlich ist, eine von mehreren möglichen Tatbestandsvoraussetzungen.[55]

74   Demgegenüber regelt § 132 Absatz 1 GWB den Grundsatz, dass jede »wesentliche« Änderung einer Neuausschreibung bedarf und definiert diese. Von diesem Grundsatz losgelöst regeln die Absätze 2 und 3 weitere, von der Frage der »Wesentlichkeit« unabhängige Ausnahmetatbestände.

75   Abschnitt 2 wird abgeschlossen durch die Regelungen zur Informations- und Wartepflicht sowie zur Unwirksamkeit im Falle des Verstoßes gegen die vorgeschriebene Informations-/Wartepflicht oder bei Vertragsschluss ohne der gesetzlich geforderten Transparenzpflicht zu genügen.

76   Eine bisher nicht umgesetzte Vorschrift aus den Rechtsmittelrichtlinien[56], nach der der Auftraggeber unter bestimmten Voraussetzungen eine Unwirksamkeit des Vertrages vermeiden kann, wurde nunmehr in § 135 Ansatz 3 GWB umgesetzt.

77   Abschnitt 3 beinhaltet die besonderen Bereiche des Sektorenvergaberechts (Unterabschnitt1), der Vergabe von verteidigungs- oder sicherheitsspezifischen öffentlichen Aufträgen (Unterabschnitt 2) und die Vergabe von Konzessionen (Unterabschnitt 3).

78   Bei genauerer Betrachtung der Unterabschnitte 1 und 2 stellt man fest, dass neben den Regelungen zu besonderen Ausnahmen und den Verfahrensarten keine weiteren materiellen Vorschriften vorhanden sind. Vielmehr wird zurückverwiesen auf die Vorschriften über die Vergabe öffentlicher Aufträge durch öffentliche Auftraggeber in Abschnitt 2. Die mit dieser Verweisungstechnik gewollte Vermeidung von Doppelregelungen führt allerdings dazu, dass der Anwender in den Unterabschnitten keine vollständigen und in sich geschlossenen Regelungen vorfindet sondern – entgegen der Begründung zu dem gewählten Aufbau – gleichwohl an verschiedenen Stellen im Gesetz Orientierung suchen muss. Damit dürften sich die angepriesenen Vorteile der Struktur[57] zumindest hier neutralisieren.

79   Ähnliches gilt auch für den Unterabschnitt 3, der lediglich neben den zu den Unterabschnitten 1 und 2 erwähnten Regelungen noch materielle Vorschriften zur Zuschlagserteilung enthält.

III. Fazit

80   Mit der Neuregelung des GWB Teil 4 wird das gesetzlich geregelte Vergaberecht auf neue, breitere Füße gestellt. Erstmals werden die vergaberechtlichen Eckpfeiler stärker und umfangreicher im

---

53 S. im Einzelnen: Deutscher Bundestag, Drucksache 18/7086 vom 16.12.2015, Beschlussempfehlung und Bericht des Ausschusses für Wirtschaft und Energie zu dem Gesetzentwurf der Bundesregierung – Drucksache 18/6281 –.

54 S. Artikel 72 Absatz 5 RL 2014/24/EU und Artikel 89 Absatz 5 RL 2014/25/EU.

55 Nach anderer Ansicht – dem Richtlinienwortlaut nach aber nicht zutreffend – enthält Artikel 72 Absatz 5 der Vergaberichtlinie die Rechtsfolge einer »wesentlichen« Vertragsänderung (Christian Müller in: VergabeR 5-2015, 652, 661).

56 S. Artikel 2 d RL 89/665/EWG und 92/13/EWG in der Fassung der RL 2007/66/EG.

57 S. Gesetzentwurf der Bundesregierung (Bundesratsdrucksache 367/15 vom 14.08.2015), Vorblatt, B. Lösung.

Gesetz verankert als bisher. Das ist gut so, denn dies spiegelt die gestiegene Bedeutung des Vergaberechts als eigenständiges und vom eigentlichen Wettbewerbsrecht unabhängiges Rechtsgebiet wider, dem eigentlich ein eigenes Regelwerk zuständen.

Eine weitergehende Reform, hin zu einem eigenständigen bundesweiten Vergabegesetz ist nicht 81 zustande gekommen. Angesichts des Aufwuchses an europarechtlichen Vorgaben wäre ein solches mehr als wünschenswert gewesen. Somit bleiben die im GWB verankerten Verfahrensregeln unvollständig und werden in den zu erlassenden Rechtsverordnungen detailliert aber zum Teil auch duplizierend ausgestaltet. Dabei besteht die Gefahr von Redundanzen.

Die VOB blieb im »Oberschwellenbereich« als Vorschrift für die Vergabe öffentlicher Bauleistungen 82 erhalten. Für die Beibehaltung wurden u.a. die Besonderheiten sowie die Struktur von VOB/A, VOB/B und VOB/C als vollständiges, die Verfahrensregeln (Teil A), privilegierte, weil ausgewogene Allgemeine Vertragsbedingungen (Teil B) sowie Technische Bestimmungen (Teil C) umfassendes Regelwerk ins Feld geführt.

Diese als »politischer Kompromiss« bezeichnete Entscheidung führt leider zu einer Beibehaltung 83 von struktureller Komplexität, auch wenn als weiteres Argument die traditionelle Bedeutung der Bauvergaben in Deutschland ins Feld geführt wird.[58] Für den Rechtsanwender kommt erschwerend hinzu, dass sich die Gliederungsstrukturen von VgV und VOB extrem unterscheiden.

Das Nichtaufgreifen der neuen Richtlinienregelung, jeweils in Artikel 1 der klassischen Sektoren- 84 vergaberichtlinie, zur Auftragsvergabe durch den Gesetzgeber ist bedauerlich. Die Chance, gesetzgeberische Vorgaben bezüglich der Frage zu machen, ob das Merkmal der Auswahl zum öffentlichen Auftrag dazu gehört oder nicht, wurde vertan. Sie muss nun vom EuGH geklärt werden.[59]

Man hätte es dem Gesetzgeber ebenfalls nicht verdenken können, wenn er die ihm von den Richt- 85 linien belassenen Spielräume z.B. bei der Vergabe sozialer und anderer besonderer Dienstleistungen großzügiger wahrgenommen hätte. Zwar dürfte im Bereich der Sektorenauftragsvergabe die Vergabe von sozialen und anderen besonderen Dienstleistungen keine allzu große Praxisrelevanz haben, doch die Möglichkeit der freien Verfahrenswahl bringt gerade hier keinerlei Zusatznutzen, da die freie Verfahrenswahl im Sektorenbereich ohnehin gilt. Ob nach der Gleichstellung des Offenen Verfahrens und des Nichtoffenen Verfahrens ein spürbarer Zusatznutzen im klassischen Vergabebereich erreicht wird, muss sich zeigen.

Schließlich bleibt ein weiterer Wermutstropfen: Es ist dem Gesetzgeber nicht gelungen, den enor- 86 men Aufwuchs der europäischen Vorschriften im Zaum zu halten. Im Gegenteil. Betrachtet man über den Teil 4 des GWB hinaus auch die weiteren Vorschriften – die 4 Rechtsverordnungen und die erhalten gebliebene VOB mit ihren drei Abschnitten – muss man leider feststellen, dass es in allen Regelwerken zusammen nach der Neuregelung über 150 vergaberechtliche Einzelnormen mehr gibt als vorher.

Alles in allem jedoch war der Gesetzgeber diesmal wesentlich mutiger als in der Vergangenheit. Er 87 hat das GWB-Vergaberecht in weiten Teilen in die richtige Richtung, nämlich hin zu einem in sich geschlossenen Vergabegesetz weiterentwickelt.

---

58 Verordnung zur Modernisierung des Vergaberechts-VergRModVO, Bundesrat, Drucksache 87/16 vom 29.02.2016, Vorblatt.
59 S. OLG Düsseldorf NZBau 2014, 654 ff.

Kapitel 1 Vergabeverfahren

Abschnitt 1 Grundsätze, Definitionen und Anwendungsbereich

§ 97 Grundsätze der Vergabe

(1) Öffentliche Aufträge und Konzessionen werden im Wettbewerb und im Wege transparenter Verfahren vergeben. Dabei werden die Grundsätze der Wirtschaftlichkeit und der Verhältnismäßigkeit gewahrt.

(2) Die Teilnehmer an einem Vergabeverfahren sind gleich zu behandeln, es sei denn, eine Ungleichbehandlung ist aufgrund dieses Gesetzes ausdrücklich geboten oder gestattet.

(3) Bei der Vergabe werden Aspekte der Qualität und der Innovation sowie soziale und umweltbezogene Aspekte nach Maßgabe dieses Teils berücksichtigt.

(4) Mittelständische Interessen sind bei der Vergabe öffentlicher Aufträge vornehmlich zu berücksichtigen. Leistungen sind in der Menge aufgeteilt (Teillose) und getrennt nach Art oder Fachgebiet (Fachlose) zu vergeben. Mehrere Teil- oder Fachlose dürfen zusammen vergeben werden, wenn wirtschaftliche oder technische Gründe dies erfordern. Wird ein Unternehmen, das nicht öffentlicher Auftraggeber oder Sektorenauftraggeber ist, mit der Wahrnehmung oder Durchführung einer öffentlichen Aufgabe betraut, verpflichtet der öffentliche Auftraggeber oder Sektorenauftraggeber das Unternehmen, sofern es Unteraufträge vergibt, nach den Sätzen 1 bis 3 zu verfahren.

(5) Für das Senden, Empfangen, Weiterleiten und Speichern von Daten in einem Vergabeverfahren verwenden Auftraggeber und Unternehmen grundsätzlich elektronische Mittel nach Maßgabe der aufgrund des § 113 erlassenen Verordnungen.

(6) Unternehmen haben Anspruch darauf, dass die Bestimmungen über das Vergabeverfahren eingehalten werden

A. § 97 Abs. 1

I. Vorbemerkung

Wie gewohnt wählt der Gesetzgeber als Einstieg in die Vorschriften des GWB Teil 4 zur Vergabe **1** öffentlicher Aufträge die Normierung der Allgemeinen Grundsätze zum Vergaberecht. Allerdings fallen beim ersten Hinsehen nicht unerhebliche Veränderungen im Wortlaut gegenüber der bisherigen Norm auf.

War in der Vorgängernorm noch die Rede von der Beschaffung von Waren, Bau- und Dienstleis- **2** tungen, heißt es nun, dass Öffentliche Aufträge und Konzessionen vergeben werden.

Statt Vergabeverfahren heißt es jetzt Verfahren. **3**

Der Begriff des Auftraggebers kommt in Absatz 1 nicht mehr vor. Dafür finden sich neben den **4** Grundsätzen Wettbewerb und Transparenz nun zwei zusätzliche Grundsätze: Wirtschaftlichkeit und Verhältnismäßigkeit.

Eine gesetzliche Regelung der Grundsätze Wettbewerb, Transparenz und Gleichbehandlung gibt es **5** seit der Vergaberechtsmodernisierung zum 1. Januar 1999.[1] Mit der seinerzeitigen Modernisierung wurde das europäische Vergaberecht und damit auch dessen Vergabegrundsätze in Deutschland umgesetzt. Untergesetzlich fanden sich die Grundsätze des Wettbewerbs und der Gleichbehandlung

---

1 VergRÄndG vom 01.01.1999 (BGBl. I S. 730).

in den damaligen Verdingungsordnungen VOB/A (Vergabe von Bauleistungen) und VOL/A (Vergabe von Liefer- und Dienstleistungen).

6 Der neuaufgenommene, dem Haushaltsrecht entstammende Grundsatz der Wirtschaftlichkeit spielgelte sich bisher in den Vergabe- und Vertragsordnungen vor allem in den Vorschriften der Markterkundung sowie des Zuschlags wider.

7 Nach der jüngsten Reform ist bekanntlich nur die VOB/A[2] erhalten geblieben. Hier finden sich die besagten Grundsätze noch in § 2 Absatz 1 Nummer 2 VOB/A. Die ab der EU-Schwellenwerte geltenden Vorschriften § 2 EU Absatz 2 VOB/A sowie § 2 VS Absatz 2 VOB/A wurden an die Grundsatznorm des GWB angeglichen.

II. Europarechtliche Vorgaben

8 Die europäischen Vergaberichtlinien[3] sind getragen von den Vergabegrundsätzen des Wettbewerbs, der Transparenz, der Nichtdiskriminierung sowie der Verhältnismäßigkeit, die letztlich auf den AEUV[4] zurückzuführen sind. Durch die Richtlinien soll gewährleistet werden, dass die Grundsätze praktische Geltung erlangen und das öffentliche Auftragswesen für den Wettbewerb geöffnet wird.[5] Konkret geben sie den Auftraggebern vor, alle Wirtschaftsteilnehmer in gleicher, nicht diskriminierender Weise zu behandeln und transparent und verhältnismäßig zu handeln.[6]

9 Der Grundsatz der Verhältnismäßigkeit fand sich bislang lediglich in den Erwägungsgründen der Vorgängerrichtlinie.[7] Mit der Novellierung ist er unmittelbar in die Richtlinien eingeflossen.

III. Bedeutung

10 Es war das Europarecht, welches auch im Vergaberecht ein Umdenken erforderte. Schon im früheren EG-Vertrag galten Warenverkehrs- und Dienstleistungsfreiheit sowie das Diskriminierungsverbot. Entsprechend wurden 1998 mit der Neuregelung des Vergaberechts[8] auch die europäischen Grundsätze umgesetzt.[9]: Wettbewerb, Transparenz Gleichbehandlung und nun auch der Grundsatz der Verhältnismäßigkeit. Daneben wird der sich nicht unmittelbar aus den europäischen Vergaberichtlinien ergebende Grundsatz der Wirtschaftlichkeit normiert.

11 Mit diesen Grundsätzen werden die Voraussetzungen für einen ungehinderten Leistungsaustausch im europäischen Binnenmarkt für das öffentliche Auftragswesen geschaffen. Gelichzeitig stellt der Gesetzgeber sicher, dass die öffentliche Beschaffung in einer Weise erfolgen kann, die einerseits den teilnehmenden Unternehmen essenzielle Verfahrensgarantien gewähren um die angestrebten Ziele Wettbewerb und Marktöffnung zu erreichen und dass andererseits dem öffentlichen Auftraggeber ein Instrumentarium zum wirtschaftlichen Einkauf an die Hand gegeben wird.

---

2 Vergabe- und Vertragsordnung für Bauleistungen (VOB/A und VOB/B) – Ausgabe 2016 – vom 7. Januar 2016, BAnz AT 19.01.2016 B3.
3 Richtlinie 2014/23/EU (ABl. Nr. L 94 vom 28.03.2016, S. 1), Richtlinie 2014/24/EU (ABl. Nr. L 94 vom 28.03.2014, S. 94), Richtlinie 2014/25/EU (ABl. Nr. L 94 vom 28.03.2014, S. 243).
4 Vertrag über die Arbeitsweise der Europäischen Union, konsolidierte Fassung vom 26. Oktober 2012, (ABl. C 326, S. 47-390).
5 Erwägungsgrund 1 Richtlinie 2014/24/EU.
6 S. Artikel 18 Absatz 1 Richtlinie 2014/24/EU.
7 Erwägungsgrund 2 Richtlinie 2004/18/EG.
8 Gesetz zur Änderung der Rechtsgrundlagen für die Vergabe öffentlicher Aufträge vom 26.08.1998, BGBl. I S. 2512.
9 Vgl. Fehling in: Pünder/Schellenberg, Vergaberecht, Baden Baden, 2015, § 97 Rn. 7 und 10.

IV. Anwendungsbereich und Inhalt

Bislang kannte die Norm ein persönliches (öffentlicher Auftraggeber) und ein sachliches Element 12
(Beschaffung von Waren, Bau- und Dienstleistungen). Damit wurden die nachfolgenden Vorschriften des GWB in den notwendigen systematischen Zusammenhang gestellt.[10]

Die neue Vorschrift verzichtet auf das persönliche Element und legt lediglich fest, dass öffentliche 13
Aufträge im Wettbewerb und im Wege transparenter Verfahren vergeben werden. Dadurch stehen
die nachfolgenden Grundsatzregeln des Abschnittes 1 nun insgesamt zunächst nur nebeneinander.
Der notwendige systematische Zusammenhang erschließt sich erst später in der Zusammenschau
ab Abschnitt 2.

Der sachliche Aspekt bezieht sich nach dem neuen Wortlaut auf die Vergabe öffentlicher Aufträge. 14
Der bisherige Wortlaut, die »Beschaffung« von Waren, Bau- oder Dienstleistungen findet sich nicht
mehr. Dies ist nicht unproblematisch, gilt der Beschaffungscharakter doch als wesentlich für die
öffentliche Auftragsvergabe.[11]

Auch die neue Vergaberichtlinie spricht in den Erwägungsgründen nicht mehr, wie noch die Vor- 15
gängerrichtlinie[12] vom *Beschaffung*swesen sondern vom *Auftrags*wesen. Dieser »Wortwechsel« in
den Richtlinien ist insofern unproblematisch, als die neuen Richtlinien den Begriff des *Erwerbs*[13]
einführen um die Auftragsvergabe – ohne den Anwendungsbereich zu erweitern – selbst klarer zu
definieren.[14] Inhaltlich bleibt der Beschaffungscharakter über den Begriff »Erwerb« erhalten.

Die neuen Vergaberichtlinien 2014/24/EU und 2014/25/EU legen im Gegensatz zu ihren Vor- 16
gängerrichtlinien im jeweiligen Artikel 1 Absatz 1 unmittelbar ihren Anwendungsbereich fest. In
Artikel 1 Absatz 2 wird klarstellend der Begriff der Auftragsvergabe als der Erwerb im Wege eines
öffentlichen Auftrags von Bau-, Liefer- oder Dienstleistungen bezeichnet. Der Erwerb erfolgt durch
einen oder mehrere öffentliche Auftraggeber von einem oder mehreren Wirtschaftsteilnehmern, die
von diesen öffentlichen Auftraggebern ausgewählt werden.

Der deutsche Gesetzgeber ist auf die Bestimmung des Artikels 1 Absatz 2 der klassischen wie auch 17
der Sektorenvergaberichtlinie im Rahmen der Richtlinienumsetzung nicht eingegangen. Die Frage,
ob ein Auswahlprozess Bestandteil des öffentlichen Auftrages ist oder nicht, bleibt damit zunächst
weiter unbeantwortet.[15]

Bezogen auf die Veränderung im GWB stellt sich die Frage, ob der Beschaffungscharakter keine 18
oder nur noch eine untergeordnete Rolle spielen sollte. Die Gesetzesbegründung äußert sich hierzu
nicht. Da die Richtlinien selbst ihren Anwendungsbereich sowie den Begriff des öffentlichen Auftrags nicht verändern,[16] kann man nur hieraus den Schluss ziehen, dass materielle Änderungen mit
dem geänderten Gesetzeswortlaut nicht verbunden sein sollen und auch künftig ein öffentlicher
Auftrag nur dann vorliegt, wenn das fragliche Rechtsgeschäft Beschaffungscharakter aufweist.[17]

Infolge der Neuregelung des Konzessionsvergaberechts durch die Konzessionsvergaberichtli- 19
nie 2014/23/EU[18] kommt als weiteres sachliches Element die Vergabe von Konzessionen hinzu.

---

10 Ziekow in: Ziekow/Völlink, Vergaberecht, Kommentar, München, 2013, § 97 Rn. 1.
11 S. Eschenbruch in: Kulartz/Kus/Portz, Kommentar zum GWB-Vergaberecht, § 99 Rn. 15 f.
12 Erwägungsgrund 2 Richtlinie 2004/18/EG (ABl. Nr. L 134 vom 30.04.2004, S. 164.
13 S. Artikel 1 Absatz 2 Richtlinie 2014/24/EU.
14 S. Erwägungsgrund 4 Richtlinie 2014/24/EU, Artikel 1 Absatz 2 Richtlinie 2014/24/EU.
15 Im Einzelnen hierzu: OLG Düsseldorf Beschl. v. 13.08.2014 – VII-Verg 13/14; Brackmann, in: NZBau
   2014, 529 sowie befürwortend zur Frage des Auswahlelements als Tatbestandsmerkmal des öffentlichen
   Auftrags: Dr. Hattenhauer/Wilke, in: ZfBR, 7/2015, 662 ff.
16 S. Erwägungsgrund 4 Richtlinie 2014/24/EU sowie Artikel 2 Absatz 1 Nummer 5 Richtlinie 2014/24/EU.
17 Zum Beschaffungscharakter, Ziekow in: Ziekow/Völlink, Vergaberecht, Kommentar, München, 2013, §
   99 Rn. 42.
18 ABl. Nr. L 94 vom 28.03.2014, S. 1.

Umfasst nach der neuen Konzessionsvergaberichtlinie sind sowohl Baukonzessionen, die bislang in der Richtlinie 2004/18/EG geregelt waren[19] als auch die nun neu erfassten Dienstleistungskonzessionen. Auch die neue Konzessionsvergaberichtlinie spricht in Artikel 1 Absatz 1 von der »Beschaffung« im Wege von Konzessionen.

V. Verfahren

20   Der bisherige Begriff »Vergabeverfahren« wird nicht mehr verwendet. Stattdessen heißt es »Verfahren«. Dieser Umstand ist der Tatsache geschuldet, dass das GWB den Begriff des Vergabeverfahrens nun anderweitig gebraucht: Als Oberbegriff der unterschiedlichen Arten der Verfahren (früherer Begriff: Arten der Vergabe[20]), in denen öffentliche Aufträge vergeben werden können wie beispielsweise das Offene Verfahren oder das Nichtoffene Verfahren.

Die in Absatz 1 geregelten Vergabegrundsätze gelten ausschließlich im Rahmen eines Verfahrens zur Vergabe öffentlicher Aufträge.

21   Formell beginnt ein Verfahren zur öffentlichen Auftragsvergabe mit der Absendung der Bekanntmachung zur Veröffentlichung durch das Amt für Veröffentlichungen der Europäischen Union.[21] Materiell kann ein Verfahren auch schon früher beginnen, nämlich dann, wenn der Auftraggeber beginnt, eine geplante Maßnahme zu konkretisieren indem er beispielsweise ein Vorhaben organisatorisch und planerisch einleitet. Da alle Maßnahmen des öffentlichen Auftraggebers im Rahmen einer Auftragsvergabe grundsätzlich der Nachprüfbarkeit unterliegen, geht die herrschende Meinung von einem materiellen Verständnis des Verfahrensbeginns aus.[22] Auftraggeber müssen also bereits mit der organisatorischen und planerischen Konkretisierung eines Beschaffungsvorhabens vollständig die Verfahrensregeln beachten.

Seinen Abschluss findet das Verfahren durch den Zuschlag, also die vergaberechtliche Annahme des Angebotes, durch welche der Vertrag zustande kommt.

VI. Wettbewerb

22   Das Mittel zum Zweck der öffentlichen Auftragsvergabe ist die Herstellung von Wettbewerb. Dieser ermöglicht es dem öffentlichen Auftraggeber, zu den besten Konditionen einzukaufen und gewährt potentiellen Anbietern einen freien Zugang zu den öffentlichen Beschaffungsmärkten.[23]

23   Die Richtlinien gestalten die Verfahren, sodass der öffentliche Auftraggeber Angebote miteinander vergleichen und aufgrund objektiver Kriterien das günstigste Angebot auswählen kann.[24] Der Wettbewerbsgrundsatz konkretisiert sich also in den Vorschriften des Vergaberechts. Er kann deshalb als Zielsetzung und Kontrollmaßstab verstanden werden.[25]

24   Ob der Wettbewerbsgrundsatz herangezogen werden kann, eigenständige, normative Grundsätze zu formulieren oder er eher als integrierendes Ziel auslegungsunterstützend wirkt, wird zum Teil in Frage gestellt und mit der Rechtsprechung des EuGH begründet, der bei der Ausfüllung verbleibender Lücken regelmäßig nicht auf das Wettbewerbsprinzip, sondern in der Tat auf die Gebote der Gleichbehandlung, Nichtdiskriminierung und Transparenz zurückgreift.[26]

---

19   S. Artikel 56 bis 65 Richtlinie 2004/18/EG.
20   S. § 101 GWB a.F.
21   S. OLG München v. 19.07.2012 Verg 8/12, NZBau 2012, 658, 660.
22   Dreher m. w. N. in: Immenga/Mestmäcker, Wettbewerbsrecht, München 2014, § 97 Rn. 16.
23   Summa in: Heiermann/Zeiss, Vergaberecht, Saarbrücken, 2013, § 97 Rn. 54.
24   EuGH Urt. v. 07.10.2004 – C 247/02-Sintesi, NZBau 2004, 685 Rn. 37.
25   Höfler in: NZBau 2010, 73, 78.
26   Ziekow m. w. N. in: Ziekow/Völlink, Vergaberecht, Kommentar, München, 2013, § 97 Rn. 6 ff.

Seine Ausprägung findet der Wettbewerbsgrundsatz zum Beispiel im Verbot von Vergaben ohne 25
vorgeschriebene Ausschreibung (De facto Vergaben). Hier strebt der Auftraggeber erst gar keinen
Wettbewerb an.

Die Pflicht des Auftraggebers zur produktneutralen Gestaltung der Leistungsbeschreibung verhindert eine unzulässige Beeinträchtigung des Wettbewerbs. Dies gilt gleichermaßen für die Pflicht des
Auftraggebers, zur Reduzierung von Bewerber- oder Bieterkreisen objektive und nicht diskriminierende Kriterien festzulegen und bekanntzumachen.

Allerdings ist der öffentliche Auftraggeber nicht verpflichtet, Wettbewerbsvorteile, die sich ein 26
Unternehmen am Markt im Wettbewerb erarbeitet hat oder die ihm zulässigerweise staatlicherseits
gewährt werden, im Vergabeverfahren auszugleichen. Dem Vergaberecht kommt hier keine Kompensationsrolle zu.

Der Wettbewerbsgrundsatz ist mit den weiteren Vergabegrundsätzen eng verflochten. Dies gilt 27
beispielsweise in Bezug auf den Geheimwettbewerb, der wesentliches und unverzichtbares Kennzeichen einer Auftragsvergabe im Wettbewerb zwischen den teilnehmenden Bietern ist.[27] Hier existiert
allerdings ein nicht hinweg zu denkender Konflikt mit dem Grundsatz der Transparenz. Dieser lässt
sich nur so auflösen, dass zunächst der den jeweils anderen Grundsatz paralysierende Grundsatz
zurückstehen muss. Das bedeutet in diesem Fall den Vorrang des Geheimwettbewerbs, da eine
absolute Transparenz in Form der Kenntnis der Konkurrentenangebote den Wettbewerb nicht
nur beschränkt sondern verhindert und sich der Transparenzgrundsatz damit ad absurdum führt.

VII. Transparenz

Öffentliche Auftragsvergabe muss für die Beteiligten über- und durchschaubar sein. Sonst wäre sie 28
»nichtöffentlich«. Nur wenn der potenzielle Bieterkreis erfährt, was, wann, wie, wo und auf welche
Art und Weise der öffentliche Auftraggeber beschaffen will, ist ein Verfahren transparent. Und nur
so wird der der öffentliche Auftraggeber auch die Offerten über die benötigte Leistung erhalten, die
er tatsächlich will.

Die reine Pflicht zur Bekanntmachung ist das Geringste am Transparenzgebot. Hinter dem Trans- 29
parenzgebot steht vor allem, dass das Vergabeverfahren für die Beteiligten in allen seinen Phasen
von der ersten Bekanntmachung bis zu seiner Entscheidung (Zuschlag) nachvollziehbar und kontrollierbar ist.[28]

Der Bieter muss im Vorhinein einschätzen können, welche Chancen er hat (»ex-ante-Transparenz«); 30
die Nachvollziehbarkeit der einzelnen Schritte im Vergabeverfahren ist unverzichtbare Voraussetzung für die Nachprüfbarkeit (»ex-post-Transparenz«).[29]

Seine Ausprägung findet das Transparenzgebot zunächst in umfassenden Veröffentlichungs- und 31
Bekanntmachungspflichten. Die Europäische Kommission hat dem in besonderer Weise Rechnung
getragen. Sie hat zur Bekanntmachung öffentlicher Aufträge im Rahmen einer EU-Verordnung[30]
»Standardformulare« erlassen, die von den Auftraggebern zwingend zu verwenden sind. Ebenfalls
anzuwenden ist von den öffentlichen Auftraggebern das »Gemeinsame Vokabular für das öffentliche Auftragswesen/CPV«[31] bei der Ausschreibung.

---

27 Vgl. OLG Düsseldorf v. 04.02.2013 – VII-Verg 31/12, NZBau 2013, 321, 324.

28 Summa in: Heiermann/Zeiss, Vergaberecht, Saarbrücken, 2013, § 97 Rn. 58 m. w. N.

29 Höfler in: NZBau 2010, 73, 76.

30 Durchführungsverordnung (EU) Nr.2015/1986 vom 11. November 2015 zur Einführung von Standardformularen für die Veröffentlichung von Vergabebekanntmachungen für öffentliche Aufträge (ABl. Nr. L 296 vom 12.11.2015, S. 1).

31 Verordnung (EG) Nr. 213/2008 vom 28. November 2007 zur Änderung der Verordnung (EG) Nr. 2195/2002 des Europäischen Parlaments und des Rates über das gemeinsame Vokabular für öffentliche Aufträge/CPV (ABl. Nr. L 74 vom 15.03.2008, S. 1.

32   Von herausragender Bedeutung ist das Transparenzgebot im Rahmen der Information über die beabsichtigte Zuschlagsentscheidung. § 134 GWB verpflichtet die Auftraggeber, diejenigen Bieter zu informieren, deren Angebote nicht berücksichtigt werden sollen. Inhalt der Information müssen Angaben zum Namen des erfolgreichen Bieters sowie zu den Gründen, die zur Ablehnung des Angebots geführt haben, sein. Ein Vertragsschluss darf grundsätzlich nicht vor Ablauf von 15 Kalendertagen nach Absenden der Information erfolgen.

33   Genauso bedeutsam ist in diesem Zusammenhang die Dokumentationspflicht des Auftraggebers. Er hat das gesamte Verfahren und alle wesentlichen Entscheidungen laufend und in nachvollziehbarer Weise zu dokumentieren. Eine Verletzung dieser bedeutenden Pflicht geht stets zu Lasten des Auftraggebers. Ist nämlich eine Heilung des Dokumentationsmangels nicht möglich, ist das Verfahren ab dem betroffenen Verfahrensschritt zu wiederholen.[32]

34   Weitere Ausprägungen sind, dass der Auftraggeber alle Eigenschaften der von ihm geforderten Leistung in der Leistungsbeschreibung festzulegen und bekannt zu machen hat. Er muss alle relevanten Eignungskriterien angeben einschließlich der entsprechenden Nachweise, die er fordern will. Das Gleiche gilt für die Zuschlagskriterien einschließlich deren Gewichtung und Bewertungsmatrizen.

VIII. Wirtschaftlichkeit

35   Raus aus dem Haushaltsrecht, rein ins Haushaltsrecht. So könnte man auf den ersten Blick meinen, liest man diesen Grundsatz. Es erscheint befremdlich, einen haushaltsrechtlichen Grundsatz herausragend im Wettbewerbsrecht zu verankern, zumal im Vergaberecht die Pflicht zur »wirtschaftlichen« Entscheidung bereits prominent u.a. im Rahmen der Zuschlagsregelungen vorgegeben ist.

Um etwas Licht ins Dunkel zu bringen, lohnt sich ein Blick auf die Entstehungsgeschichte der Aufnahme des Wirtschaftlichkeitsgrundsatzes an dieser Stelle:

36   Bereits bei der Umsetzung der Vorgängerrichtlinien des Jahres 2004 hatte das Bundeswirtschaftsministerium den Versuch unternommen, gemäß den Richtlinienvorgaben das Offene Verfahren und das Nichtoffene Verfahren gleichrangig im GWB auszugestalten. Dies ist seinerzeit an Widerständen im Rahmen der Abstimmungsprozesse im Gesetzgebungsverfahren gescheitert.

37   Im jüngsten Umsetzungsprozess hat das Bundeswirtschaftsministerium mit dem Entwurf eines Gesetzes zur Vergaberechtsmodernisierung[33] den Vorschlag erneut eingebracht. Diesmal mit (scheinbar) mehr Erfolg. Die Gleichrangigkeit des Offenen Verfahrens und des Nichtoffenen Verfahrens war nur mit dem Zugeständnis der Aufnahme des Grundsatzes der Wirtschaftlichkeit ins GWB zu erreichen. Hierfür wird die Auffassung ins Feld geführt, durch den Vorrang des Offenen Verfahrens würde eine größtmögliche Transparenz des Beschaffungsmarkts erreicht und dies dem Gebot der Wirtschaftlichkeit am besten entspreche.[34]

38   Abgeleitet wird der haushaltsrechtliche Wirtschaftlichkeitsgrundsatz aus Artikel 114 Absatz 2 GG. Danach prüft der Bundesrechnungshof die Rechnung sowie die Wirtschaftlichkeit und Ordnungsmäßigkeit der Haushalts- und Wirtschaftsführung.

39   Zu beachten ist freilich, dass sich aus dem Wirtschaftlichkeitsgebot keine inhaltlichen Aufgabenprioritäten ableiten lassen. Der verfassungsmäßige Gehalt des Wirtschaftlichkeitsgebots konzentriert sich im Wesentlichen darauf, eine möglichst sparsame Zielerreichung zu verlangen.[35]

---

32   S. Conrad in: Gabriel/Krohn/Neun, Handbuch des Vergaberechts, Kapitel 7, § 34, Rn. 43 m. w. N.
33   Gesetzentwurf der Bundesregierung zur Modernisierung des Vergaberechts – Vergaberechtsmodernisierungsgesetz-VergRModG – Deutscher Bundestag, Drucksache 18/6281 v. 08.10.2015.
34   Hierzu Dreher m. w. N. in: Immenga/Mestmäcker, Wettbewerbsrecht, München 2014, § 101, Rn. 77.
35   Kube in: Maunz/Düring/Kube, GG Artikel 110, Rn. 153 f. m. w. N.

Verankert wurde der Wirtschaftlichkeitsgrundsatz im Haushaltsrecht. § 7 der Bundeshaushaltsord- 40
nung (BHO)[36] schreibt vor, dass bei der Ausführung des Haushaltes, also bei der Ausgabe der Finanzmittel, die Grundsätze der Wirtschaftlichkeit und Sparsamkeit zu beachten und für alle finanzwirksa-
men Maßnahmen angemessene Wirtschaftlichkeitsuntersuchungen durchzuführen sind.

Wirtschaftlichkeitsuntersuchungen sind Instrumente der zur Umsetzung des Grundsatzes der Wirt- 41
schaftlichkeit. Beispielsweise sind bei Beschaffungen einzelwirtschaftliche Wirtschaftlichkeitsuntersuchungen durchzuführen.[37]

In geeigneten Fällen ist privaten Anbietern die Möglichkeit zu geben, darzulegen, ob und inwie- 42
weit sie staatliche Aufgaben oder öffentlichen Zwecken dienende wirtschaftliche Tätigkeiten nicht
ebenso gut oder besser erbringen können. (Interessenbekundungsverfahren).[38]

Zur Durchführung einer Markterkundung hat der Bundesfinanzminister Richtlinien[39] (s. Inte- 43
ressenbekundungsverfahren) entwickelt, die von den öffentlichen Auftraggebern (des Bundes) zu
beachten sind. Das Ergebnis des Interessenbekundungsverfahrens ist im Rahmen einer Wirtschaftlichkeitsuntersuchung mit den sich bietenden staatlichen Lösungsmöglichkeiten zu vergleichen,
um eine wirtschaftliche Bewertung zu gewährleisten. Ergibt sich daraus die Wirtschaftlichkeit der
privaten Lösung, ist ein Vergabeverfahren unter Berücksichtigung der Ergebnisse des Interessenbekundungsverfahrens vorzusehen.[40]

Die prominente Platzierung des Grundsatzes könnte zu der Vermutung Anlass geben, dass er quasi 44
als eine oberste Instanz und haushalterischer Wächter des Vergabeverfahrens Anspruch auf einen
eigenständigen Regelungsgehalt erhebt. Dies würde bedeuten, dass sich auch ein regelgerecht erteilter Zuschlag auf das wirtschaftlichste Angebot abschließend am Grundsatz der Wirtschaftlichkeit
messen lassen müsste. Ebenso könnte dies dann auch auf die Wahl des Vergabeverfahrens – selbst
bei Gleichrangigkeit der Verfahren oder Wahlfreiheit des Auftraggebers – zutreffen. Auch die Frage,
ob das dem Auftraggeber zugestandene Ermessen bei der Nachforderung von Unterlagen nach §
56 Absätze 2 bis 4 VgV sich auf Null reduziert und er folglich bei dem Bieter mit dem ansonsten
wirtschaftlichsten Angebot nicht vorgelegte Unterlagen nachfordern muss, wäre dann mit einem ja
zu beantworten.

In gleicher Weise würde der Grundsatz der Wirtschaftlichkeit für Auftragsvergaben im Sektorenbe- 45
reich, im Bereich Verteidigung und Sicherheit sowie der Vergabe von Konzessionen gelten. Im Sektorenbereich und bei der Konzessionsvergabe sind jedoch auch Auftraggeber betroffen, die keinerlei
haushaltsrechtlichen Vorgaben unterworfen sind.

In § 7 BHO heißt es, dass der Grundsatz der Wirtschaftlichkeit zu beachten ist. Dies bedeutet eine 46
aktive Ausrichtung der Verwaltung auf ein Handeln, dass an der bestmöglichen Ressourcennutzung
orientiert ist. Demgegenüber heißt es in Absatz 1, dass der Grundsatz der Wirtschaftlichkeit bei
der Auftragsvergabe zu wahren ist. Der Wortlaut ist gegenüber der haushaltsrechtlichen Norm
weniger streng. Eine aktive Ausrichtung des Auftraggebers wird nicht verlangt, vielmehr soll er bei
der Auftragsvergabe nicht gegen diesen Grundsatz verstoßen. Dies legt nahe, dass es sich um einen
zu wahrenden Programmsatz in der Form eines »erhobenen Zeigefingers« handelt. Die Begründung

---

36 Bundeshaushaltsordnung vom 19. August 1969 (BGBl. I S. 1284, geändert durch Artikel 8 Absatz 10 des
   Gesetzes vom 3. Dezember 2015 (BGBl. I S. 2178).
37 VV-BHO zu § 7, in Kraft ab 10.07.2015, Ziffer 2, Wirtschaftlichkeitsuntersuchungen.
38 VV-BHO zu § 7, in Kraft ab 10.07.2015, Ziffer 3, Interessenbekundungsverfahren.
39 Rundschreiben des BMF v. 24.09.2012-IIA3-H 1005/07/0002-2012/0864353 zu Interessenbekundungsverfahren. Sie sollen es den Behörden ermöglichen, die eigene (optimierte) Aufgabenwahrnehmung unverbindlich mit privaten Lösungsalternativen zu vergleichen. Im Unterschied zum Vergabeverfahren ermöglichen sie dem Staat, vor einer grundsätzlichen Entscheidung über eine private Aufgabenwahrnehmung
   unverbindlich den Markt zu erkunden und damit auch neue und andere Wege der Aufgabenerfüllung/
   Zweckverwirklichung in den Entscheidungsprozess mit einzubeziehen.
40 VV-BHO zu § 7, in Kraft ab 10.07.2015, Ziffer 3, Interessenbekundungsverfahren.

zu § 97 Absatz 1 des Gesetzentwurfs bestätigt dies: Der Grundsatz der Wirtschaftlichkeit gilt »*als allgemeiner Grundsatz*«.[41] Ihm kommt damit die Bedeutung einer Auslegungshilfe zu.

Dafür spricht ebenfalls die individuelle Umsetzung des Wirtschaftlichkeitsgrundsatzes an elementaren Schaltstellen im Vergabeverfahrensrecht vor allem der VgV und der SektVO.

47   Hier ist das Zuschlagsgebot auf das wirtschaftlichste Angebot[42] als wesentlicher Anker des Wirtschaftlichkeitsgrundsatzes im Vergaberecht zu nennen. Nicht allein der Preis, sondern das beste Preis-Leistungs-Verhältnis soll die Entscheidungsgrundlage der Auftragsvergabe bilden. Diese prominente Verankerung bei allen Aspekten der Angebotswertung und des Zuschlages[43] spricht gegen einen eigenständigen Regelungsgehalt des Grundsatzes.

48   Auch im Rahmen der Markterkundung[44] findet der Grundsatz der Wirtschaftlichkeit besondere Beachtung innerhalb des konkreten Vergabeverfahrens. Sie ist das vergaberechtliche Gegenüber der haushaltsrechtlichen Wirtschaftlichkeitsuntersuchung. Durch sie verschafft sich der Auftraggeber einen Überblick über den Markt um herauszufinden, ob die von ihm nachgefragte Leistung überhaupt angeboten wird und wenn ja, zu welchen Konditionen. Die Markterkundung erfolgt unter Beachtung der Grundsätze der Gleichbehandlung, Nicht-Diskriminierung und Transparenz. Sie darf nicht zu einem Vertragsabschluss führen sondern ist ein hiervon abgegrenzter Verfahrensschritt u.a. zur Wahrung des Grundsatzes der Wirtschaftlichkeit.

49   Die haushaltsrechtlichen Vorgaben zur Beachtung des Wirtschaftlichkeitsprinzips sind also bereits im Vorfeld des eigentlichen Vergabeverfahrens angesiedelt und entsprechend vorher abzuhandeln. Darüber hinaus ist kein Platz, den Regelungsgehalt des Wirtschaftlichkeitsgrundsatzes als allgemeinen Programmsatz auszudehnen und jede Verfahrensentscheidung des Auftraggebers mit dem Risiko eines Verfahrensfehlers am Wirtschaftlichkeitsprinzip zu messen.

50   Die Gleichrangigkeit des Offenen und Nichtoffenen Verfahrens und damit die Wahlfreiheit des Auftraggebers zwischen den beiden Verfahren ist nicht durch den Wirtschaftlichkeitsgrundsatz bedroht. Im Gegenteil. Durch die Feststellung der Wirtschaftlichkeit einer privaten Lösung, sprich öffentliche Vergabe des Auftrags, die wie dargestellt im Vorfeld anhand des Wirtschaftlichkeitsgrundsatzes zu treffen ist, wird im Falle eines Vergabeverfahrens diesem die Wirtschaftlichkeit quasi eingehaucht.

51   Die Frage der Ermessensreduzierung bei der Nachforderung von Unterlagen ist folglich ohne Rückgriff auf den Wirtschaftlichkeitsgrundsatz zu lösen: Zunächst einmal gewährt z.B. die VgV dem Auftraggeber das Recht, bereits bei der Veröffentlichung festzulegen, ob er überhaupt nachfordern will oder nicht.[45] Will er von vornherein nicht nachfordern, geht dies unter Umständen zu Lasten des wirtschaftlichsten Angebots. Das wäre dann so hinzunehmen. Hält sich der Auftraggeber die Nachforderung offen, wird er im Falle der Nachforderung sein ihm eingeräumtes Ermessen fehlerfrei ausüben müssen. Dieses übt er gegenüber den Bewerbern/ Bietern im Vergabeverfahren aus. Also hat er ausschlaggebend die vorrangig anzuwendenden Maßstäbe der Gleichbehandlung und der Nichtdiskriminierung, nicht aber der Wirtschaftlichkeit zu beachten.

Abschließend sei erwähnt, dass der Wirtschaftlichkeitsgrundsatz bei der Wahl der Verfahrensart indirekt auch Beachtung dadurch findet, dass das Verhandlungsverfahren ohne vorherige Bekannt-

---

41   Gesetzentwurf der Bundesregierung zur Modernisierung des Vergaberechts – Vergaberechtsmodernisierungsgesetz-VergRModG – Deutscher Bundestag, Drucksache 18/6281 v. 08.10.2015, Begründung zu § 97 Absatz 1.
42   S. § 127 Absatz 1 GWB.
43   S. § 127 GWB.
44   S. § 28 VgV und § 26 SektVO.
45   S. § 56 Absatz 2 Satz 2 VgV.

Müller

machung – also ein Verfahren ohne vorherige Transparenz – nur in abschließend aufgeführten Ausnahmefällen zulässig ist.

Alles in allem bleibt im Ergebnis kein Raum für eine eigenständige Anwendung der Wirtschaftlichkeit als Prüfinstanz. Die Bedenken, hier handle es sich um einen Trojaner zur Einführung des Haushaltsrechts in das Wettbewerbsvergaberecht durch die Hintertür sind unbegründet.

IX. Verhältnismäßigkeit

Der in Artikel 5 Absatz 4 EUV normierte Grundsatz der Verhältnismäßigkeit gilt zunächst als 52 Handlungsgrenze für Maßnahmen der europäischen Organe Darüber hinaus kommt das Verhältnismäßigkeitsprinzip in den unterschiedlichsten Bereichen des Unionsrechts zur Anwendung und kann als eines der tragenden Querschnittsprinzipien der Unionsrechtsordnung bezeichnet werden.[46] Entsprechendes gilt für die Vergabe öffentlicher Aufträge nach den europäischen Vergaberichtlinien, die im Einklang mit den im AEUV niedergelegten Grundsätzen zu erfolgen hat.[47]

Entsprechend dem Maßstab des § 5 Absatz 4 EUV ist das Handeln eines Organs dann verhältnismäßig, wenn die getroffenen Maßnahmen inhaltlich wie formal nicht über das zur Erreichung der Ziele der Verträge erforderliche Maß hinausgehen. Der anzulegende Prüfungsmaßstab[48] ist dreigeteilt: Eine Maßnahme ist nur dann verhältnismäßig, wenn sie geeignet, erforderlich und angemessen ist.

Geeignet ist eine Maßnahme, wenn der angestrebte Erfolg durch sie erreicht oder mindestens gefördert wird.

Erforderlich ist eine Maßnahme, wenn der Erfolg nicht auch durch ein anderes, milderes Mittel erreichbar ist.

Angemessen ist eine Maßnahme, wenn mögliche Nachteile und der angestrebte Erfolg in einem vernünftigen Verhältnis zueinander stehen (Verhältnismäßigkeit im engeren Sinne).

Als allgemeiner Rechtsgrundsatz – basierend auf den Rechtsordnungen der Mitgliedstaaten – ist das Verhältnismäßigkeitsprinzip in ständiger Rechtsprechung des EuGH auch als ungeschriebener Bestandteil des Unionsrechts anerkannt.[49]

Nachdem das Prinzip explizit Aufnahme in die neuen Richtlinien gefunden hat,[50] hat es sich auch der deutsche Gesetzgeber nicht nehmen lassen, den Grundsatz im Rahmen der Richtlinienumsetzung ebenfalls gesetzlich an prominter Stelle zu installieren.[51]

Auch hier stellt sich die Frage, ob dem Grundsatz ein eigenständiger Regelungsinhalt zukommt und er damit als oberste Prüfungsinstanz wie ein Damoklesschwert über jeder Verfahrensentscheidung des Auftraggebers schwebt.

Das Verhältnismäßigkeitsprinzip zählt nach der Rechtsprechung des EuGH zu den allgemeinen 53 Grundsätzen des Unionsrechts, und zwar auch dann, wenn den handelnden Stellen Ermessensspielraum zur Verfügung steht.[52] Es gilt wie beim Grundsatz der Wirtschaftlichkeit: Das Verhältnismäßigkeitsprinzip ist eine Zielvorgabe an der sich das Handeln der jeweiligen Organe auszurichten hat. Damit dies geschieht, findet sich die Vorgabe zur Wahrung der Verhältnismäßigkeit in etlichen

---

46 Trstenjak/Beysen in: EuR 3-2012, 265.
47 Erwägungsgrund 1 Richtlinie 2014/24/EU.
48 Vgl. Trstenjak/Beysen m. w. N. in: EuR 3-2012, 269 f.
49 Calliess in: Calliess/Ruffert, EUV/AEUV, 4. Auflage 2011, EUV Art. 5, Rn. 45, m. w. N.
50 Artikel 18 Absatz 1 Richtlinie 2014/24/EU, Artikel 36 Absatz 1 Richtlinie 2014/25/EU, Artikel 3 Absatz 1 Richtlinie 2014/23/EU.
51 S. § 97 Absatz 1 GWB.
52 Ziekow m. w. N. in: Ziekow/Völlink, Vergaberecht, Kommentar, München, 2013, § 97 Rn. 47.

Verfahrensvorschriften der Richtlinien selbst.[53] Folglich erübrigt sich ein eigener Regelungsgehalt im Rahmen der gesetzlichen Grundsatzvorschrift.

54 Die besagten Richtlinienvorschriften wurden auch in deutsches Recht übernommen und verleihen der Verhältnismäßigkeit als Gegenstand der jeweils individuellen Regelungen unmittelbar Geltung.[54] Es bedarf keiner abschließenden Generalabsolution der Entscheidungen des Auftraggebers im Vergabeverfahren auf der Basis des Verhältnismäßigkeitsgrundsatzes. Dies bestätigt auch die Gesetzesbegründung. Die Aufnahme des Verhältnismäßigkeitsgrundsatzes erfolgte klarstellend[55] und ist folglich als Auslegungsmaxime zu verstehen.

B. § 97 Abs. 2

I. Einleitung

55 Ein weiterer elementarer Grundsatz neben dem in Abs. 1 geregelten Wettbewerbs- und Transparenzgrundsatz ist der Gleichbehandlungsgrundsatz. Zwischen diesen drei Grundsätzen besteht ein weitgehender Gleichlauf und eine enge Verzahnung: die Transparenz des Verfahrens soll die Gleichbehandlung der Bieter überprüfbar machen, die Gleichbehandlung den gleichförmigen, unverfälschten Wettbewerb der Bieter untereinander ermöglichen, was wiederum Transparenz voraussetzt, um vergleichbare Angebote zu erhalten.[56]

56 Die Vergaberechtsreform 2016 hat den Gleichbehandlungsgrundsatz nahezu unverändert gelassen. Lediglich aus der »*Benachteiligung*« im letzten Halbsatz wurde eine »*Ungleichbehandlung*« der Teilnehmer, so dass sich semantisch der Fokus marginal von den dem Bieter (drohenden oder entstandenen) Nachteilen auf die unterschiedliche Behandlung durch den Auftraggeber vorverlagert hat. Eine echte inhaltliche Änderung sollte nach dem Willen des Gesetzgebers damit jedoch nicht verbunden sein.[57]

57 Europarechtlich ist der Gleichbehandlungs- (oder auch Nichtdiskriminierungsgrundsatz[58]) schon in Art. 18 des Vertrages über die Arbeitsweise der Europäischen Union (AEUV) angelegt, wonach unbeschadet besonderer Bestimmungen der Verträge in ihrem Anwendungsbereich jede Diskriminierung aus Gründen der Staatsangehörigkeit verboten ist.[59] Daraus folgt das generelle Verbot der offenen, wie auch der versteckten Diskriminierung, da der EuGH in ständiger Rechtsprechung[60] den Gleichbehandlungsgrundsatz unabhängig von der Staatsangehörigkeit auch bei rein innerstaatlichen Vorgängen anwendet.[61] Art. 34 AEUV garantiert darüber hinausgehend die Warenverkehrsfreiheit und damit den Zugang aller für die Beschaffung in Betracht kommenden Produkte,

---

53 U.a. Richtlinie 2014/24/EU: Artikel 19 Absatz 2 (Bedingungen zur Auftragsdurchführung von Bietergemeinschaften müssen verhältnismäßig sein), Artikel 42 Absatz 1 (Technische Spezifikationen müssen in Bezug auf Wert und Ziele des Auftragsgegenstandes verhältnismäßig festgelegt werden), Artikel 57 Absatz 3 (Absehen von einem zwingenden Ausschluss, wenn dieser unverhältnismäßig wäre), Artikel 67 Absatz 4 (Willkürverbot bei der Festlegung der Zuschlagskriterien).

54 U.a. im GWB: § 122 Absatz 4 (angemessenes Verhältnis der Eignungskriterien zum Auftragsgegenstand), § 123 Absatz 5 (Absehen von einem zwingenden Ausschluss), § 127 Absatz 4 (Willkürverbot bei der Festlegung der Zuschlagskriterien).

55 Gesetzentwurf der Bundesregierung zur Modernisierung des Vergaberechts – Vergaberechtsmodernisierungsgesetz-VergRModG – Deutscher Bundestag, Drucksache 18/6281 v. 08.10.2015, Begründung zu § 97 Absatz 1.

56 EuGH Urt. V. 19.06.2008 – C-454/06; Lux in: Müller-Wrede, VOL/A-Kommentar, 4. Aufl. 2014, Rn. 37 zu § 2 EG VOL/A.

57 Vgl. Gesetzesbegründung S. 68, BT-Drs. 18/6281 vom 08.10.2015.

58 Lux in: Müller-Wrede, VOL/A-Kommentar, 4. Aufl. 2014, Rn. 36 zu § 2 EG VOL/A.

59 Konsolidierte Fassung, bekanntgemacht im ABl. EG Nr. C 115 v. 09.05.2008, S. 47, in Kraft getreten am 01.12.2009.

60 EuGH Urt. v. 25.04.1996 – C-87/94; Urt. v. 13.10.2005 – C-458/03.

61 Vavra in: Kulartz/Marx/Portz/Prieß, Kommentar zur VOL/A, 3. Aufl. 2014, Rn. 6 zu § 2 EG VOL/A.

Art. 56 AEUV die Dienstleistungsfreiheit der Wirtschaftsteilnehmer und Art. 49 AEUV ihre Niederlassungsfreiheit. Art. 2 der Richtlinie 2004/18/EG verlangt entsprechend ihre nichtdiskriminie-
rende Behandlung bei der öffentlichen Auftragsvergabe. Art. 18 der Richtlinie 2014/24/EU geht
darüber noch hinaus, indem er in seinem Abs. 1 UAbs. 1 S. 2 von der nach S. 1 untersagten künstlichen Einschränkung des Wettbewerbs immer dann ausgeht, wenn das Vergabeverfahren mit der
Absicht konzipiert wurde, bestimmte Wirtschaftsteilnehmer auf unzulässige Weise zu bevorzugen
oder zu benachteiligen. Entsprechende Vorschriften finden sich auch in der Konzessionsrichtlinie
2014/23/EU (dort. Art 3 Abs. 1) bzw. der Sektorenrichtlinie 2014/25/EU (dort. Art. 36 Abs. 1).
Nach der ständiger Rechtsprechung des Europäischen Gerichtshofs erfordert der Grundsatz der
Nichtdiskriminierung bzw. Gleichbehandlung, dass vergleichbare Sachverhalte nicht unterschied-
lich und unterschiedliche Sachverhalte nicht gleich behandelt werden, es sei denn, dass eine solche
Behandlung objektiv gerechtfertigt ist.[62]

Im deutschen Verfassungsrecht ergibt sich das Gebot der Gleichbehandlung aus Art. 3 GG. Obwohl 58
es sich bei der Vergabe öffentlicher Aufträge um Fiskaltätigkeit handelt, sind die Grundrechte auch
auf diesen Bereich der öffentlichen Verwaltungstätigkeit anwendbar.[63]

In den nationalen vergaberechtlichen Normen hat der (allgemeine) Gleichbehandlungsgrundsatz 59
neben § 97 Abs. 2 GWB auch in die Vergabeverordnungen bzw. die VOB/A Eingang gefunden,
vgl. etwa § 2 EU Abs. 2 VOB/A, § 12 KonzVgV. Daneben sind Spezialausprägungen an zahlreichen
Stellen vorhanden, vgl. z.B. § 31 Abs. 1 und 6 VgV/§ 7 EU Abs. 1 und 2 VOB/A [eindeutige und
erschöpfende Leistungsbeschreibung, Produktneutralität], § 43 Abs. 2 S. 1 VgV [Gleichbehand-
lung von Bietern und Bietergemeinschaften][64], § 51 Abs. 1 S. 2 VgV / § 3b EU Abs. 2 Nr. 3 VOB/A
[diskrimierungsfreie Kriterien zur Begrenzung der Bewerber im Teilnahmewettbewerb], § 56 Abs. 2
S. 1 VgV / § 16a VOB/A [Diskriminierungsfreiheit bei der Nachforderung von Unterlagen] etc.
Der Gleichbehandlungsgrundsatz des § 97 Abs. 2 GWB und seine speziellen Ausprägungen verkör-
pern sämtlich bieterschützende Rechte im Sinne des § 97 Abs. 6 GWB.

II. Inhalt

Das Gebot der Gleichbehandlung der Bieter verfolgt im Wesentlichen zwei grundlegende Ziele. 60
Zum einen soll es der Gefahr einer Günstlingswirtschaft bzw. **willkürlicher Entscheidungen** des
öffentlichen Auftraggebers gegenüber bestimmten Bietern begegnen.[65] Zum anderen kann der
Wettbewerb um das wirtschaftlichste Angebot nur auf der Grundlage eines *»level-playing-field«*,
d.h. mit identischer Informationslage der Bieter erreicht werden, weil nur dann deren Angebote –
gemessen an den zuvor bekannt gegebenen Zuschlagskriterien – in jeder Hinsicht miteinander
vergleichbar sind und somit die Chancengleichheit gewährleistet wird.[66] Nicht hingegen verlangt
das Gebot der Gleichbehandlung eine absolute Identität der Ausgangslage oder der zu bewertenden
Leistung der Bieter. So ist es etwa bei (teil-)funktionalen Leistungsbeschreibungen durchaus denkbar, dass von den Bietern unterschiedliche Qualitätslevel in Bezug auf die nachgefragte Leistung
angeboten werden, ohne dass das Nichtdiskrimierungsgebot tangiert wäre. Das Wettbewerbsum-
feld für das jeweilige Vergabeverfahren ergibt sich aus der Sicht des öffentlichen Auftraggebers;
dieser ist lediglich verpflichtet, die von ihm nachgefragte Leistung eindeutig und so erschöpfend zu
beschreiben, dass alle Bieter vom gleichen Verständnis ausgehen können. Der Anspruch der Bieter

---

62 EuGH Urt. v 10.10.2013 – C-336/12.
63 (h.M.) vgl. Schranner in: Ingenstau/Korbion, VOB-Kommentar, 18. Aufl. 2015, Rn. 79 zu § 2 VOB/A;
  Weiner in: Gabriel/Krohn/Neun, Handbuch des Vergaberechts, Rn. 41 zu § 97 GWB; Ziekow in: Ziekow/
  Völlink, Vergaberecht, 2. Aufl. 2013, Rn. 18 zu § 97 GWB; Dreher in: Immenga/Mestmäcker, Wettbewerbsrecht Band 2 GWB Teil 2, 5. Aufl. 2014, Rn. 72 zu § 97 GWB.
64 Vgl. zur Bewertung von Referenzen eines Bietergemeinschaftsmitglieds: OLG Düsseldorf Beschl. v.
  17.12.2014 – VII-Verg 22/14; 1. VK Bund Beschl. v. 16.06.2014 – VK 1-38/14.
65 EuGH Urt. v 12.03.2015 – C-538/13; Hessischer VGH Urt. v 15.10.2014 – 9 C 1276/13.T.
66 EuG Urt. v 19.03.2010 – T-50/05; VK Brandenburg Beschl. v. 19.12.2013 – VK 23/13.

auf Gleichbehandlung besteht insoweit allein darin, dass ihre Angebote an denselben Kriterien gemessen werden und sie dieselben Anforderungen erfüllen müssen, nicht jedoch darin, dass absolute Gleichheit auf jeder Ebene bestehen muss.[67]

61 Auch wenn der Wortlaut des § 97 Abs. 2 GWB als Schutzsubjekt (erst) den »*Teilnehmer an einem Vergabeverfahren*« ausweist, soll damit nach herrschender Meinung nicht zum Ausdruck gebracht werden, dass der Gleichbehandlungsgrundsatz in zeitlicher Hinsicht erst ab dem formalen Beginn des Vergabeverfahrens greift. Vielmehr ist eine Benachteiligung von Wirtschaftsteilnehmern auch schon bei der Vorbereitung von Ausschreibungen denkbar und untersagt.[68] Das Diskriminierungsverbot greift daher bereits bei der Definition des Beschaffungsbedarfs und bei der Erstellung der Vergabeunterlagen, insbesondere der Leistungsbeschreibung. Der Gleichbehandlungsgrundsatz findet insofern eine gesonderte Ausprägung in dem Gebot der eindeutigen und erschöpfenden Leistungsbeschreibung.[69] Er ist während des **gesamten Vergabeverfahrens** von dessen Einleitung, über die Verfahrensführung bis hin zur Wertung der Angebote auf allen Wertungsstufen und letztlich dem Abschluss des Verfahrens durch die Zuschlagserteilung bzw. die Aufhebung[70] zu beachten. Der Auftraggeber darf keinen Bewerber bzw. Bieter hinsichtlich der Informationsgewährung bevorzugen oder benachteiligen.[71] Dies bedeutet insbesondere, dass alle Teilnehmer dieselben Vergabeunterlagen erhalten müssen. Es ist vom Auftraggeber zu gewährleisten, dass er die Antworten auf die Bieterfragen allen interessierten Unternehmen zur Verfügung stellt.[72] Die Bewerber bzw. Bieter haben einen Anspruch darauf, dass ihre Teilnahmeanträge bzw. Angebote gleichförmig und -mäßig geprüft und bewertet werden, sie denselben Fristen unterliegen und an sie dieselben Anforderungen gestellt werden.

62 Durch den Terminus »*Teilnehmer am Vergabeverfahren*« soll auch nicht der personelle Geltungsbereich auf tatsächlich teilnehmende Unternehmen beschränkt werden. Auch lediglich potentiell interessierte Wirtschaftsteilnehmer können sich auf das Gleichbehandlungsgebot stützen. Dies betrifft insbesondere den Fall, dass ein öffentlicher Auftraggeber ohne Durchführung eines formellen Vergabeverfahrens den Vertrag im Wege einer sog. **De-facto-Vergabe** schließt.[73] Der Begriff des »*Teilnehmers*« ist daher im materiellen Sinne zu verstehen, so dass jegliche Beschränkung, Behinderung oder Unterbindung der Teilnahmemöglichkeiten – unabhängig von der Durchführung eines formalen Vergabeverfahrens – am Gebot der Gleichbehandlung zu messen ist.[74]

63 Nach § 97 Abs. 2 HS 2 GWB ist die Ungleichbehandlung dann erlaubt, wenn sie aufgrund dieses Gesetzes ausdrücklich geboten oder gestattet ist. D.h. die Ungleichbehandlung muss sich entweder aus dem GWB selbst ergeben oder jedenfalls auf das GWB zurückzuführen, d.h. durch die Verordnungsermächtigungen bzw. im letzten Schritt der vergaberechtlichen Kaskade durch den Anwendungsbefehl des 2. Abschnitts der VOB/A in § 2 VgV gedeckt sein. Eine insoweit **gestattete Ungleichbehandlung** durch das GWB selbst liegt etwa in der »*vornehmlichen Berücksichtigung*« mittelständischer Interessen gemäß § 97 Abs. 4 S. 1 GWB, die nach S. 2 zu einer Bevorzugung bei der Konzeption der Ausschreibung durch Losaufteilung führt. Eine weitere Diskriminierung erlaubt

---

67 1. VK Bund Beschl. v. 27.11.2009, VK 1 – 200/09.
68 EuGH Urt. v 05.12.2000 – C-16/98; BGH Beschl. v. 01.02.2005 – X ZB 27/04 (zur Wahl des Vergabeverfahrens); Vavra, in: Kularts/Marx/Portz/Prieß, Kommentar zur VOL/A, 3. Aufl., 2014, Rn. 23 zu § 2 VOL/A.
69 Vgl. § 121 GWB, § 31 Abs. 1 VgV, § 7 Abs. 1 Nr. 1 VOB/A, § 28 Abs. 1 SektVO, § 15 Abs. 2 VSVgV, § 15 Abs. 1 S. 2 KonzVgV; 2. VK Bund Beschl. v. 23.09.2015 – VK2-89/15.
70 OLG Düsseldorf Beschl. v. 12.01.2015 -VII-Verg 29/14; Beschl. v. 28.01.2015- VII-Verg 31/14 und Beschl. v. 15.07.2015 – VII-Verg 11/15.
71 2. VK Bund Beschl. v. 30.08.2013 – VK 2-70/13.
72 2. VK Bund Beschl. v. 11.09.2002 – VK 2-42/02.
73 EuGH Urt. v. 05.10.2000 – C-16/98; Fehling in: Pünder/Schellenberg, Vergaberecht, 2. Aufl. 2015, Rn. 75 zu § 97 GWB; a.A. OLG Jena Beschl. v. 20.06.2005 – 9 Verg 3/05.
74 EuGH Urt. v. 23.12.2009 – C-376/08.

auch § 55 SektVO,[75] wonach der öffentliche (Sektoren-)Auftraggeber eines Lieferauftrags Angebote zurückweisen kann, bei denen der Warenanteil zu mehr als 50 Prozent des Gesamtwertes aus Ländern stammt, die nicht Vertragsparteien des Abkommens über den Europäischen Wirtschaftsraum sind und mit denen auch keine sonstigen Vereinbarungen über gegenseitigen Marktzugang bestehen (sog. Drittlandklausel). Eine Diskriminierung aufgrund der Herkunft eines Bieters ist zwar grundsätzlich untersagt; ausweislich der Gesetzesbegründung zur Novelle 2016 wird ausdrücklich nicht zwischen Bietern aus EU- Staaten und aus Nicht-EU-Staaten unterschieden.[76] Davon wird aus Gründen der Reziprozität jedoch in diesem Ausnahmefall im Sektorenbereich abgewichen.[77]

Als Ausnahme vom Gleichbehandlungsgebot werden zum Teil auch die neuerdings als *»strategi-* **64** *sche Ziele«* bezeichneten, (vormals) vergabefremden Kriterien angesehen, jedenfalls soweit sie durch § 97 Abs. 4 S. 3 GWB a.F., jetzt § 129 GWB zugelassen werden.[78] Ist der öffentliche Auftraggeber jedoch schon aufgrund seiner Bindung an Recht und Gesetz gehalten, gesetzliche Vorgaben als Auftragsausführungsbedingungen bei der Vergabe von den Bietern zu verlangen, gelten diese ohnehin unterschiedslos für die Bieter. Darüber hinaus müssen sich die zugrundeliegenden Bundes- oder Landesgesetze ihrerseits an Art. 3 GG bzw. den unionsrechtlichen Diskriminierungsverboten messen lassen, so dass es sich bei den Auftragsausführungsbedingungen um keine echte Ausnahmen vom Gebot der Gleichbehandlung handelt.

III. Ausprägung des Gleichbehandlungsgrundsatzes

Als besonders praxisrelevant[79] in Bezug auf den Gleichbehandlungsgrundsatz haben sich in der **65** Rechtsprechung folgende Konstellationen herauskristallisiert:

1. Diskriminierungsfreie Behandlung von Wirtschaftsteilnehmern

Der öffentliche Auftraggeber wählt die Unternehmen anhand objektiver Kriterien aus, die allen **66** interessierten Unternehmen gleichermaßen zugänglich sein müssen.[80] Eine Ungleichbehandlung etwa zulasten ausländischer oder auch nicht-ortsansässiger Bieter läuft diametral dem Grundanliegen des Vergaberechts zuwider: der Schaffung von Durchlässigkeit bei der öffentlichen Auftragsvergabe mit dem Ziel, den Binnenmarkt in der Europäischen Union herzustellen oder wenigstens zu fördern. Differenzierungskriterien, die – und sei es auch nur mittelbar – eine Diskriminierung aufgrund der **Staatsangehörigkeit** oder des Sitzes des Unternehmens bewirken, sind daher generell unzulässig.[81] Dies gilt sowohl im Rahmen der Eignungsprüfung, wie auch bei Aufstellung der Zuschlagskriterien: Weder darf einem Unternehmen generell die Teilnahme aufgrund einer dem Auftraggeber *»nicht genehmen«* Herkunft verwehrt, noch darf die Beurteilung der Wirtschaftlich-

---

75 In Umsetzung von Art. 85 Abs. 2 der Sektorenrichtlinie 2014/25/EU.
76 Vgl. Gesetzesbegründung S. 68, BT-Drs. 18/6281 vom 08.10.2015.
77 Zur Frage, inwieweit die HOAI eine Ungleichbehandlung »aufgrund dieses Gesetzes« ermöglicht, vgl. Kus in Vorauflage (3.Aufl. 2014), Rn. 49 zu § 97 GWB a.F. Eine Sonderrolle nimmt auch § 14 Abs. 2 BVFG ein, der – obwohl er nicht auf das GWB zurückzuführen ist – eine Ungleichbehandlung gestattet. Als fortgeltendes Recht aus dem Jahr 1953 kann es indes nicht von später in Kraft getretenen GWB gedeckt sein und gilt mithin parallel zu § 97 Abs. 2 GWB; Lux in: Müller-Wrede, VOL/A-Kommentar, 4. Aufl. 2014, Rn. 39 zu § 2 EG VOL/A.
78 Vgl. Fehling in: Pünder/Schellenberg, Vergaberecht, 2. Aufl. 2015, Rn. 83 zu § 97 GWB und Kus in: Vorauflage (3. Aufl. 2014); Rn. 49 zu § 97.
79 Eine vollständige Erfassung aller Konstellationen denkbarer Ungleichbehandlung an dieser Stelle würde den Rahmen der Kommentierung sprengen. Insofern wird auf die jeweiligen Kommentierungen bei den einzelnen Paragrafen des GWB, der Vergabeverordnungen bzw. der VOB/A verwiesen.
80 Vgl. § 46 Abs. 1 SektVO.
81 OLG Düsseldorf Beschl. v. 26.07.2002 – VII-Verg 28/02; BayObLG, Beschl. v. 20.12.1999 – Verg 8/99; 3. VK Bund Beschl. v. 12.11.2009 – VK 3 – 208/09, VK Brandenburg Beschl. v. 23.11.2004 – VK 58/04; vgl. auch 1. VK Sachsen Beschl. v 03.12.2004 – 1/SVK/104-04.

keit seines Angebots hiervon determiniert werden.[82] Derartig diskriminierende Eignungs- und/oder Zuschlagskriterien weisen keinerlei sachlichen Bezug zum Auftragsgegenstand auf und sind daher grundsätzlich vergaberechtswidrig. So darf der Auftraggeber von ausländischen Bietern auch keine umfangreicheren Zuverlässigkeitsnachweise oder höhere Sicherheiten als von »*nationalen Bietern*« verlangen.[83] Ebenso muss ein ausländisches Unternehmen nicht Mitglied in einem nationalen Berufsverband sein, um sich beteiligen zu dürfen.[84] Die Neutralitätspflicht in Bezug auf die Staatsangehörigkeit gilt selbst dann, wenn im Rahmen eines nationalen Konjunkturförderprogramms der Zuschlag an einen (EU-)Ausländer ergehen soll und damit der Zweck des nationalen Programms gerade nicht erreicht wird.[85]

67   Standortbedingte, indes kalkulationsrelevante Unterschiede, wie z.B. unterschiedliche Hebesätze bei der Gewerbesteuer oder niedrigere Steuern im Ausland, sind ebenfalls hinzunehmen und dürfen nicht gegenüber den »diskriminierten« nationalen/regionalen Bietern vom Auftraggeber nivelliert werden.[86] Dem öffentlichen Auftraggeber ist es – trotz einer regionalpolitisch verständlichen Motivation – verwehrt, die Forderung aufzustellen, einen gewissen Teil der zu vergebenden Arbeiten von ortsansässigen Subunternehmern erbringen zu lassen.[87] Ebenso wenig darf der öffentliche Auftraggeber durch außergewöhnlich niedrige Eignungsanforderungen seine Eigengesellschaft protegieren, um ihr eine Teilnahme am Vergabeverfahren zu ermöglichen.[88]

68   Dem Auftraggeber ebenfalls verwehrt ist die Aufstellung von Eignungsanforderungen, die nicht oder jedenfalls nicht in der **Anforderungshöhe** mit dem Auftragsgegenstand korrelieren, vgl. § 122 Abs. 4 S. 1 GWB.[89] Denn der Auftraggeber darf nicht über zu hohe Mindestanforderungen Ausschlussgründe konstruieren, die letztlich zu einer Verengung des Wettbewerbs führen. So darf er sich zwar (vgl. Art. 58 Abs. 3 UAbs. 1 und 2 der Richtlinie 2014/24/EU, § 45 Abs. 2 VgV, § 6a EU Nr. 2 UAbs. 2 VOB/A) von den Wirtschaftsteilnehmern einen bestimmten Mindestjahresumsatz nachweisen lassen. Dessen Höhe darf jedoch das Zweifache des geschätzten Auftragswerts nicht übersteigen, außer in hinreichend begründeten Fällen, die etwa spezielle, mit der Wesensart der Bauleistungen, Dienstleistungen oder Lieferungen einhergehende Risiken betreffen.[90]

69   Ist der **Teilnahmewettbewerb** abgeschlossen und wurde die Eignung eines Bewerbers vom Auftraggeber verneint, darf dem Unternehmen aus Gründen der Gleichbehandlung mit den anderen Auftragsinteressenten nicht mehr Gelegenheit gegeben werden, seine Chancen im Wettbewerb nachzubessern. Dies liefe auf eine gleichheitswidrige Bevorzugung des mangels Eignung abgelehnten Bewerbers hinaus, wenn man ihm nach Ablauf der Teilnahmefrist die Möglichkeit einräumte, den vom Auftraggeber benannten Grund für die Ablehnung zu beseitigen und seine Eignung noch nachträglich herzustellen. Die anderen Bewerber können sich insoweit auch auf den Vertrauensschutz berufen.[91]

---

82 EuGH Urt. v. 19.06.2003 – C-315/01; 1. VK Sachsen Beschl. v. 19.11.2001 -1/SVK/119-01; Maibaum in: Hattig/Maibaum, Praxiskommentar Kartellvergaberecht, 2. Aufl. 2014, Rn. 97 zu § 97 GWB.
83 Ehricke in: Münchner Kommentar zum Europäischen und Deutschen Wettbewerbsrecht (Kartellrecht Band 3), 2011, Rn. 57 zu § 97 GWB.
84 Hailbronner in: Byok/Jaeger, Kommentar zum Vergaberecht, 2011, Rn. 206 zu § 97 GWB.
85 3. VK Bund Beschl. v. 12.11.2009 – VK3-208/09; Hausmann/von Hoff in: Kulartz/Marx/Portz/Prieß, Kommentar zur VOB/A, 2. Aufl. 2014, § 6 VOB/A, Rn. 9.
86 OLG Koblenz Beschl. v. 28.10.2009 – 1 Verg 8/09 und Beschl. v. 05.09.2002 – 1 Verg 2/02; OLG Naumburg Beschl. v. 05.12.2008 – 1 Verg 9/08; VK Südbayern Beschl. v. 05.06.2013 – Z3-3-3194-1-12-03/13.
87 EuGH Urt. v. 03.06.1992 – C-360/89.
88 OLG Celle Beschl. v. 02.12.2010 – 13 Verg 12/10.
89 OLG Düsseldorf, Beschl. v. 19.12.2012 – VII-Verg 30/12, 1. VK Bund Beschl. v. 13.12.2013 – VK1-109/13, 2. VK Sachsen-Anhalt Beschl. v. 10.06.2009 – VK 2 LVwA LSA – 13/09; Einzelheiten siehe Rdn. 35 ff. zu § 122 GWB, vgl. auch § 21 Abs. 2 S. 2 VSVgV.
90 Zu den Einzelheiten vgl. Kommentierung zu § 45 VgV in Kulartz (u. a.), Kommentar zur VgV.
91 2. VK Bund Beschl. v. 12.06.2015 – VK2-31/15; vgl. auch BGH Beschl. v. 07.01.2014 – X ZB 15/13.

Schließlich darf der Auftraggeber, nachdem die grundsätzliche Eignung der Bieter im Rahmen der 70 Eignungsprüfung bejaht wurde, beim Angebotsvergleich auf der vierten Wertungsstufe kein »*Mehr an Eignung*« berücksichtigen.[92] Die Wirtschaftlichkeit des Angebots soll gerade nicht von den unterschiedlichen Eigenschaften der Unternehmen, sondern allein von der angebotenen Leistung abhängen. Der EuGH hat in mehreren Urteilen dementsprechend entschieden, dass als Zuschlagskriterien Kriterien ausgeschlossen sind, die nicht der Ermittlung des wirtschaftlich günstigsten Angebots dienen, sondern die im Wesentlichen mit der Beurteilung der fachlichen Eignung der Bieter für die Ausführung des betreffenden Auftrags zusammenhängen.[93] Von diesem Grundsatz ist der EuGH jedoch bei der Beurteilung der Zusammensetzung eines Teams und dessen Bewertung in Bezug auf die berufliche Qualifikation und Erfahrung abgewichen und hat entschieden, dass unter bestimmten Voraussetzungen auch Eignungsmerkmale bei der Wirtschaftlichkeitsprüfung angewendet werden dürfen.[94] Denn Art. 53 Abs. 1 Buchst. a) der Richtlinie 2004/18/EG bestimme, dass das wirtschaftlich günstigste Angebot »*aus Sicht des öffentlichen Auftraggebers*« zu ermitteln sei und räume diesem dadurch einen größeren Ermessensspielraum ein, was durch die Betonung des »besten Preis/Leistung-Verhältnisses« für die Entscheidung über den Zuschlag in Erwägungsgrund 46 noch verstärkt werde.[95] Außerdem seien die Kriterien, die die öffentlichen Auftraggeber für die Bestimmung des wirtschaftlich günstigsten Angebots berücksichtigen könnten, in Art. 53 Abs. 1 Richtlinie 2004/18/EG nicht abschließend aufgezählt. Letztlich schreibe Art. 53 Abs. 1 Buchst. a) der Richtlinie 2004/18/EG daher nur vor, dass die Zuschlagskriterien mit dem Auftragsgegenstand zusammenhängen müssten, was auch bei der Qualifikation des eingesetzten Personals der Fall sein könne. Dies gelte insbesondere, wenn die Dienstleistung, die Gegenstand des Auftrags sei, einen intellektuellen Charakter aufweise, wie etwa bei Fortbildungs- und Beratungsdienstleistungen. Das OLG Düsseldorf ist dieser Entscheidung des EuGH gefolgt und hat ebenfalls die Möglichkeit eines »*Mehr an Eignung*« bei intellektuellen Leistungen bejaht.[96] Diese Möglichkeit ist nunmehr in § 58 Abs. 2 S. 2 Nr. 2 VgV[97] auch ausdrücklich vorgesehen. Danach kann die Ermittlung des wirtschaftlichsten Angebots auch anhand der Organisation, Qualifikation und Erfahrung des mit der Ausführung des Auftrags betrauten Personals erfolgen, wenn die Qualität des eingesetzten Personals erheblichen Einfluss auf das Niveau der Auftragsausführung haben kann.[98] Dies gilt nicht nur bei intellektuellen Dienstleistungen, sondern aufgrund entsprechender Umsetzung in der VOB/A unterschiedslos auch für den Baubereich.[99]

Letztlich ist es nach dem Gleichbehandlungsgrundsatz erforderlich, dass die Bieter bei Erstellung 71 ihres Angebots wissen, anhand welcher Kriterien die Wirtschaftlichkeit vom Auftraggeber bewertet werden wird. Der Auftraggeber muss daher Zuschlagskriterien bekannt geben, die es dem Bieter ermöglichen, sein Angebot optimal auszurichten. Unzureichend ist es daher, eine Beurteilung von Leistungskonzepten anhand etwa des **Schulnotensystems** oder einer dreistufigen Erwartungserfüllung (Angebot erfüllt die Anforderungen »sehr gut«, »durchschnittlich«, »gar nicht«) anzukündigen. Derartige Systeme lassen – selbst unter Berücksichtigung des dem Auftraggeber insoweit zustehenden Beurteilungsspielraums – den Bieter im vagen und ermöglichen dem Auftraggeber willkürliche

---

92 BGH Urt. v. 15.04.2008 – X ZR 129/06, Sporthallenbau; vgl. auch 1. VK Bund Beschl.v. 16.06.2014, VK1-38/14, nachfolgend OLG Düsseldorf Beschl. v. 17.12.2014 – VII-Verg 22/14; sowie 1. VK Bund Beschl. v. 13.06.2014 – VK1-34/14, nachfolgend OLG Düsseldorf Beschl. v. 05.11.2014 – VII-Verg 21/14.

93 Vgl. EuGH Urt. v. .01.2008 – C-532/06, Rn. 30, sowie daran anschließend Urt. v. 12.11.2009 – C-199/07.

94 EuGH Urt v. 26.03.2015 -C-601/13.

95 Vgl. Art. 47 Abs. 1 Buchst. a Richtlinie 2009/81 für verteidigungs- und sicherheitsrelevante Aufträge.

96 Beschl. v. 29.04.2015 – VII-Verg 35/14 und Beschl. v. 21.10.2015 – VII-Verg 28714.

97 Vgl. auch Vorgängerregelungen in § 4 Abs. 2 S. 2 bis 4 VgV und § 5 Abs. 1 S. 2 bis 4 für nachrangige Dienstleistungen des Anhangs I B bzw. freiberufliche Leistungen.

98 Vgl. auch 1. VK Bund Beschl. v. 10.12.2015 – VK1-108/15 und 1. VK Bund Beschl. vom 11.09.2015, VK 1-84/15.

99 Vgl. Umsetzung in: § 16d EU Abs. 2 Nr. 2 S. 2 lit. b) VOB/A.

Zuschlagsentscheidungen. Dies ist nicht mit dem Gleichbehandlungsgrundsatz zu vereinbaren.[100] Es versteht sich von selbst, dass nicht nur die Festlegung der Zuschlagskriterien, sondern auch deren Anwendung nichtdiskriminierend erfolgen muss. Dem Auftraggeber ist es daher etwa verwehrt, ein bekannt gegebenes Zuschlagskriterium unangewendet zu lassen[101] oder umgekehrt Zuschlagskriterien zu verwenden, die vorher nicht bekannt gegeben worden waren.[102] Ebenso gleichheitswidrig ist es, einen Bieter nicht auszuschließen, obwohl er nicht die aufgestellten Mindestanforderungen einhält[103] oder dessen Angebot von den Vergabeunterlagen abweicht.[104] Auch muss auf identische Bedingungen für die Durchführung von Teststellungen geachtet werden.[105] Nur bei vollumfänglich vergleichbaren, d.h. den vom Auftraggeber festgelegten Vorgaben vollumfänglich entsprechenden Angeboten, ist sichergestellt, dass im Rahmen der Angebotswertung tatsächlich das sich in einem diskriminierungsfreien Wettbewerb als wirtschaftlichstes erweisende Angebot bezuschlagt wird.[106] Das Gleichbehandlungsgebot wird letztlich durch unzulässige Nachverhandlungen nach Angebotsabgabe, um z.B. ein aus formellen oder preislichen Gründen unannehmbares Angebot doch noch zuschlagsfähig zu machen, ebenso verletzt, wie die beabsichtigte Zuschlagserteilung auf ein nicht zugelassenes Nebenangebot.[107]

2. Wettbewerbsvorsprünge einzelner Bieter/Bewerber

a) Projektantenproblematik

72   Die Vorbefassung eines Unternehmens mit dem Auftragsgegenstand, im Regelfall durch die Beratung oder sonstige Unterstützung des Auftraggebers, führt im Fall seiner späteren Beteiligung am Vergabeverfahren als Bewerber oder Bieter zu der Frage, ob er als sog. **Projektant** aufgrund eines Verstoßes (auch) gegen den Gleichbehandlungsgrundsatz vom weiteren Verfahren ausgeschlossen werden muss.[108] Nach der früheren Rechtsprechung führte eine derartige Vorbefassung des Bieters zu seinem Ausschluss, wenn der Informationsvorsprung vom Auftraggeber nicht ausgeglichen werden konnte.[109] Denn ein faires Vergabeverfahren war aufgrund des Vorsprungs nicht mehr denkbar. Allerdings ist ein genereller Ausschluss, ohne das über die Möglichkeit eines Ausgleichs des Vorsprungs oder den Nachweis, dass kein Wettbewerbsvorteil im konkreten Fall eingetreten ist, nach der Rechtsprechung des EuGH unverhältnismäßig.[110] Es obliegt daher zunächst dem Auftraggeber, die (potentielle) Wettbewerbsverzerrung im Vorfeld zu beseitigen. Hierzu ist es erforderlich, das gesamte Sonderwissen des Projektanten in Bezug auf die Vergabe in die Vergabeunterlagen einfließen zu lassen.[111] Entsprechend sieht auch § 7 VgV vor, dass der öffentliche Auftraggeber zunächst angemessene Maßnahmen zu ergreifen hat, um sicherzustellen, dass der Wettbewerb durch die Teilnahme des vorbefassten Unternehmens nicht verzerrt wird.[112] Dies kann neben der Weitergabe

---

100   OLG Düsseldorf Beschl. v. 21.10.2015 – VII-Verg 28/14, Beschl. v. 16.12.2015 – VII-Verg 24/15 und VII-Verg 25/15.

101   VK Nordbayern Beschl. v. 10.02.2009 – 21.VK-3194-53/09.

102   BGH Urt. v. 03.06.2004 – X ZR 30/03.

103   1. VK Bund Beschl. v. 25.05.2004 – VK1-51/04; 1. VK Bund Beschl. v. 10.05.2001 – VK – 11/01.

104   2. VK Bund Beschl. v. 08.01.2016 – VK2-127/15.

105   1. VK Bund Beschl. v. 26.06.2015 – VK1-47/15; vgl. auch OLG Düsseldorf Beschl. v. 07.07.2010 -VII-Verg 22/10, Beschl v. 02.03.2005 -VII-Verg 70/04.

106   2. VK Bund Beschl. v. 21.10.2015 – VK2-97/15.

107   OLG Saarbrücken Beschl. v. 29.05.2002 – 5 Verg 1/01, OLG Düsseldorf Beschl. v. 07.01.2002 – VII-Verg 36/01; OLG Düsseldorf Beschl. v. 25.07.2002 – VII-Verg 33/02; VK Nordbayern Beschl. v. 07.06.2002 – 320.VK-3194-17/02; 2. VK Bund Beschl. v. 20.06.2002 – VK 2 – 28/02.

108   Zu den Einzelheiten vgl. Bearbeiter in: Kulartz zu § 7 VgV Rn. 1 ff.

109   Thüringer OLG Beschl. v. 08.04.2003 – 6 Verg 9/02; OLG Düsseldorf Beschl. v. 16.10.2003 VII-Verg 57/03; EuGH Urt. v. 03.03.2005 – C-34/03.

110   EuGH Urt. v. 03.03.2005, C-21/03 und 34/03; OLG Brandenburg Beschl. v. 22.05.2007, Verg W 13/06.

111   3. VK Bund Beschl. v. 28.01.2005 – VK3-221/04.

112   Ebenso: § 7 SektVO, § 10 Abs. 2 VSVgV.

Zeise

der relevanten Informationen an die anderen Teilnehmer des Vergabeverfahrens auch die Einräumung großzügigerer Fristen für den Eingang der Angebote bzw. Teilnahmeanträge bedeuten. [113] Vor einem Ausschluss muss dem Projektanten zusätzlich die Möglichkeit gegeben werden nachzuweisen, dass seine Beteiligung an der Vorbereitung des Vergabeverfahrens den Wettbewerb im konkreten Vergabeverfahren selbst nicht verzerren konnte. [114]

b) (Wissens-)Vorteile des Vorauftragnehmers

Die Verpflichtung der Vergabestelle, den Auftrag in einem fairen Wettbewerb zu vergeben, beinhal- 73 tet demgegenüber nicht die Pflicht zur Schaffung identischer Ausgangsbedingungen. Unternehmen haben Stärken und Schwächen, sind lange im Markt oder aber Newcomer und stellen sich aufgrund des (idealerweise) zwischen ihnen bestehenden (Geheim-)Wettbewerbs u.U. höchst unterschiedlich auf. Diese **unterschiedliche Ausgangssituation** muss im Vergabeverfahren nicht künstlich nivelliert werden, um jegliche wirtschaftliche Ausnutzung eines möglicherweise bestehenden Marktvorteils zu verhindern. Denn es liefe jedenfalls dem Wettbewerbsprinzip des § 97 Abs. 1 GWB zuwider, wenn man die Vorteile eines Unternehmens per se als Nachteile der anderen auffasste. Derartige Vorsprünge sind vielmehr regelmäßig Ausfluss der unternehmerischen Tätigkeit und wurden somit im Wettbewerb erworben. Es ist letztlich Sache der Unternehmen, wie erfolgreich sie sind, auf welche technischen Verfahren sie sich am Markt spezialisieren oder auch, wo sie ihren Sitz gewählt haben. Wenn dies letztlich dazu führt, dass ein Unternehmen in einem Bereich strategisch oder auch in Bezug auf seine Lage zum Leistungsort besser aufgestellt ist als andere, so ist dies grundsätzlich hinzunehmen. [115]

Dies gilt auch für den Fall, dass sich der **Vorauftragnehmer** an der Neuausschreibung einer Vergabe 74 beteiligt. [116] Zwar hat der Vorauftragnehmer unzweifelhaft einen Informationsvorsprung vor anderen potentiellen Wettbewerbern, da er die Gegebenheiten beim Auftraggeber bereits kennt. Dies ist allerdings in Bezug auf den Vorauftragnehmer immer der Fall. Umgekehrt zeigt die Praxis, dass sich gerade der Vorauftragnehmer seiner Sache oft sehr sicher ist und daher in qualitativer Hinsicht weniger innovativ bzw. preissensitiv agiert. Ein generelles Bewerbungsverbot des bisherigen Auftragnehmers ist daher weder rechtlich geboten noch tatsächlich erforderlich. [117] Unternehmen mit Informationsvorsprung vor den übrigen Bietern sind zur Einreichung eines Angebots daher grundsätzlich zuzulassen. Allerdings hat der öffentliche Auftraggeber, wenn der Vorsprung auf ihn zurückzuführen ist und nicht auf der generellen unternehmerischen Leistung des Vorauftragnehmers beruht, [118] wie bereits oben bei der Projektantenproblematik angesprochen, geeignete Maßnahmen zum Schutze der anderen Bieter zu treffen, d.h. bestehende Informationsvorsprünge auszugleichen, um einen echten Wettbewerb zu ermöglichen. Nur ausnahmsweise, namentlich wenn sich der der Vorsprung gerade nicht durch Informationen ausgleichen lässt, kommt ein Ausschluss in Betracht. [119] Analog ist auch ein Kostenvorteil durch einen oder mehrere – erbrachte oder noch laufende – Aufträge oder dadurch, dass die Mitarbeiter bereits vor Ort auf der Baustelle sind, nicht zu beanstanden. [120]

---

113 1. VK Bund Beschl. v. 01.09.2005 – VK1-98/05; Diringer VergabeR 2010, 361 (366).

114 Vgl. auch 3. VK Bund Beschl. v. 24.05.2012 – VK3-45/12; VK Sachsen Beschl. v. 15.02.2011 – 1/SVK(052-10). OLG Celle Beschl. v. 14.04.2016 – 13 Verg 11/15.

115 Hanseatisches OLG Bremen Beschl. v. 09.10.2012 – Verg 1/12; OLG Koblenz Beschl. v. 22.07.2014 – 1 Verg 3/14.

116 OLG Düsseldorf Beschl. v. 05.12.2012 – VII-Verg 29/12; 1. VK Bund Beschl. v. 08.04.2011 – VK 1-14/11; vgl auch EuGH Urt. v. 25.01.2001 – C-172/99.

117 3. VK Bund Beschl. v. 16.07.2010 – VK 3-66/10.

118 Zu diesem Erfoprdernis: Müller-Wrede, GWB-Vergaberecht, 2. Aufl. 2014, Rn. 22 zu § 97 GWB.

119 EuGH Urt. v. 03.03.2005 – C-34/03; OLG Düsseldorf Beschl. v. 04.05.2009 – VII-Verg 68/08 und Beschl. v. 13.08.2008 – VII-Verg 28/08.

120 BayObLG Beschl. v. 03.07.2002 – Verg 13/02; OLG Düsseldorf Beschl. v. 21.01.2002 – VII-Verg 45/01; 2. VK Bund Beschl. v. 18.11.2004 – VK 2-169/04.

75   Es ist oft Folge eines Nachprüfungsverfahrens, dass ein Verfahrensbeteiligter (Antragsteller und/oder Beigeladene) einen Informationsvorsprung aufgrund der im Rahmen der **Akteneinsicht** gewonnenen Erkenntnisse erlangt. Erhält er etwa Einblick in die Bewertung seines Angebots einschließlich der Begründung, warum welcher Punktwert seitens des Auftraggebers vergeben wurde, kann er – bei Zurückversetzungsbedürftigkeit des Verfahrens – bei der Überarbeitung seines Angebots dieses Wissen für dessen Optimierung nutzen. Andere Bieter haben demgegenüber diese Möglichkeit mangels Beteiligung am Nachprüfungsverfahren nicht. Wenn ein öffentlicher Auftraggeber jedoch weiß, dass die Bieter unterschiedliche Kenntnisse über Aspekte haben, die für die Angebotserstellung hilfreich und damit für die Erhöhung ihrer Zuschlagschancen förderlich sind, ist er verpflichtet, den Informationsstand der Bieter auszugleichen. Anderenfalls ist die gebotene Gleichbehandlung der Bieter in einem wettbewerblichen und transparenten Vergabeverfahren i.S.d. § 97 Abs. 2 GWB nicht mehr gewährleistet.[121]

c) Teilnahme staatlich subventionierter Wirtschaftsteilnehmer

76   Die Teilnahme an einem Vergabeverfahren von Bietern, die rechtmäßige **staatliche Beihilfen** erhalten haben, begegnet im Hinblick auf die Ungleichbehandlung von Bietern, die sich nicht staatlich subventioniert dem Wettbewerb stellen müssen, keinen durchgreifenden vergaberechtlichen Bedenken. Würde man diese Unternehmen generell vom Vergabeverfahren ausschließen, käme die Gewährung einer Beihilfe faktisch einem Wettbewerbsverbot für die Teilnahme an Vergaben des öffentlichen Sektors gleich. Dies würde jedoch im Regelfall dem Sinn der Beihilfe zuwiderlaufen.[122] Wenn der Auftraggeber allerdings feststellt, dass ein Angebot eines subventionierten Bieters ungewöhnlich niedrig ist, so ist zu prüfen, ob dieser nachweisen kann, dass ihm die staatliche Beihilfe rechtmäßig gewährt wurde. Nur wenn die Rechtmäßigkeit der Beihilfe von ihm nicht belegt werden kann, ist der Ausschluss wegen des ungewöhnlich niedrigen Preises möglich. Den Ausschluss muss der öffentliche Auftraggeber darüber hinaus der Europäischen Kommission mitteilen (§ 60 VgV, § 16d EU Abs. 1 Nr. 3 VOB/A, § 54 Abs. 4 SektVO, § 33 Abs. 3 VSVgV).[123]

3. Gebot der Produktneutralität

77   Die Warenverkehrsfreiheit des Art. 34 AEUV verlangt auch, dass grundsätzlich alle für die Bedarfsdeckung in Betracht kommenden Erzeugnisse oder Materialien um den öffentlichen Auftrag konkurrieren können dürfen. Eine – verdeckte oder offene, unmittelbare oder mittelbare – Vorfestlegung auf eine bestimmte Marke oder ein **konkretes Produkt** konterkariert die Beteiligungsmöglichkeiten von Wirtschaftsteilnehmern und greift daher in ihre Grundfreiheiten ein. Marktöffnung und Innovation können nur erreicht werden, wenn die Diversität technischer Lösungen Eingang in die Beschaffung findet.[124] Daher darf in der Leistungsbeschreibung nicht auf eine bestimmte Produktion oder Herkunft, Verfahren oder gewerbliche Schutzrechte, Typen oder Ursprung verwiesen werden, wenn dies zu einer Ungleichbehandlung eines (potentiellen) Teilnehmers führt (vgl. Art. 42 Abs. 4 Richtlinie 2014/24/EU, § 31 Abs. 6 VgV, § 7 EU Abs. 2 VOB/A).[125] Solche Verweise sind jedoch ausnahmsweise dann zulässig, wenn der Auftragsgegenstand anderenfalls nicht hinreichend genau und allgemein verständlich beschrieben werden kann; dann ist der Verweis auf das konkrete Produkt etc. jedoch mit dem Zusatz »*oder gleichwertig*« zu versehen; oder wenn eine sonstige sachliche Rechtfertigung durch den Auftragsgegenstand vorliegt. Da bei dessen Bestimmung der öffentliche Auftraggeber die ihm zustehende Definitionshoheit ausübt, ist die Diskriminierung einzelner Wirtschaftsteilnehmer hinzunehmen, solange der öffentliche Auftraggeber den Beschaffungsbedarf

---

121   1. VK Bund Beschl. v. 11.08.2014 – VK 1-54/14.
122   Diehr in: Reidt/Stickler/Glahs, Vergaberecht, 3. Aufl. 2011, Rn. 43 zu § 97; Koenig/Hentschel NZBau 2006, 289 (290).
123   Vgl. § 60 VgV.
124   Vgl. Erwägungsgrund 74 der Richtlinie 2014/24/EU.
125   Vgl. § 31 VgV.

anhand von tatsächlich vorliegenden, gegebenenfalls unter Beweis zu stellenden sachlichen und auftragsbezogenen Gründen willkürfrei bestimmt hat.[126]

C. § 97 Abs. 3

I. Die Bedeutung der Regelung

Bisher war als zentrales Ziel einer jeden Beschaffung allein das aus dem Haushaltsrecht hergeleitete 78 Streben nach Wirtschaftlichkeit (und – ungenannt – nach einem sparsamen Einsatz öffentlicher Mittel) in den Grundsätzen des Verfahrens der Vergabe öffentlicher Aufträge verankert (vgl. § 97 Abs. 5 GWB 2009). Die möglichst wirtschaftliche Bedarfsdeckung war wiederum nur das Mittel zur Ermöglichung einer mit den Grundsätzen der sparsamen Haushaltsführung zu vereinbarenden Erfüllung der eigenen, öffentlichen Aufgaben. Die Verfolgung weiterer politischer Ziele, wie die hier genannten Aspekte der Qualität und der Innovation der nachgefragten Leistungen sowie soziale und umweltbezogene Aspekte fanden nach und nach lediglich in vergaberechtlichen Einzelregelungen Berücksichtigung, und zwar regelmäßig erst auf der Ebene der Vergabe- und Vertragsordnungen[127], bei sektorspezifischen Vorgaben des Unionsrechts, welche einer raschen Umsetzung in das nationale Recht bedurften, z.T. auch in den einzelnen Vergabeverordnungen[128] und nur hinsichtlich der politisch besonders umstrittenen Möglichkeit der Verfolgung sozialer, ökologischer und innovativer Aspekte im Rahmen der zusätzlichen Anforderungen für die Auftragsausführung in einem Bundesgesetz (vgl. § 97 Abs. 4 S. 2 GWB 2009). Schon aus dem unterschiedlichen Rang der Vorschriften ergab sich ohne weiteres, dass im Rahmen von Verfahren zur Vergabe öffentlicher Aufträge alle anderen Aspekte dem Grundsatz der Wirtschaftlichkeit unterzuordnen zu waren.

Nunmehr hat die Verfolgung weiterer Ziele mittels der öffentlichen Auftragsvergabe **eine deutliche** 79 **Aufwertung**[129] erfahren. Mit der Aufnahme weiterer Ziele der Beschaffung neben der Wirtschaftlichkeit (vgl. Abs. 1 S. 2) in die gesetzliche Vorschrift über die Grundsätze des Verfahrens hat der Bundesgesetzgeber diese Aspekte als Zwecke der Beschaffungstätigkeit umfassend legitimiert. Der bisher in der Literatur und in der Rechtsprechung verwendete **Begriff der vergabefremden Kriterien**, der ohnehin zunehmend unscharf geworden war, hat spätestens mit dieser Regelung seine Berechtigung vollständig verloren. Es ist zweifelhaft, ob der bisher ebenfalls verwendete **Begriff der sekundären Ziele** des Verfahrens noch angemessen ist. Dem gegenüber trägt der **Begriff der strategischen Ziele** dem vom Gesetzgeber gewollten Charakter der Regelung besser Rechnung. Dem Gesetzgeber ging es um die Einbeziehung strategischer Ziele bei der Beschaffung und um die Erhöhung der Nachhaltigkeit der Beschaffung, wie sowohl die unionsrechtlichen Vorgaben[130] als auch die Gesetzesmaterialien zum GWB[131] zeigen.

Die Regelung **soll** zu Verbesserungen in der Vergabepraxis führen, insbesondere im Hinblick auf 80 eine nachhaltige und verantwortungsvolle Beschaffung, auf die Einhaltung der Grundprinzipien der internationalen Arbeitsorganisation (ILO), auf einen wirksamen Umweltschutz, auf einen verantwortungsvollen Umgang mit öffentlichen Finanzmitteln und auf eine angemessenen Berück-

---

126 Vgl. nur st. Rspr. des OLG Düsseldorf Beschl. v. 22.05.2013, VII-Verg 16/12; Beschl. v. 09.01.2013, VII-Verg 33/12; Beschl. v. 01.08.2012, VII-Verg 10/12; Beschl. v. 27.06.2012, VII-Verg 7/12; Beschl. v. 08.06.2011, VII-Verg 2/11; Beschl. v. 15.06.2010, VII-Verg 10/10; Beschl. v. 03.03.2010, VII-Verg 46/09; Beschl. v. 17.02.2010, VII-Verg 42/09; hierzu auch Frister VergabeR 2011, 295, 300 ff.
127 Vgl. §§ 6 EG Abs. 9, 7 EG Abs. 6 und 7, 16 EG Ab. 7 VOB/A 2012, §§ 7 EG Abs. 10 und 11, 8 EG Abs. 5, 19 EG Abs. 9 VOL/A 2009; §§ 5 Abs. 7 und 8, 6 Abs. 5 VOF 2009, abweichend von diesem Regelungsprinzip bereits SektVO 2009.
128 Vgl. §§ 4 Abs. 4 bis 6b und 7 bis10, 6 Abs. 2 bis 6 VgV 2012.
129 Vgl. Burgi NZBau 2015, 597, 599.
130 Vgl. nur ErwG 95 f. VKR.
131 Vgl. Gesetzesentwurf der Bundesregierung v. 14.08.2015, BR-Drs. 367/15, S. 76 zu Absatz 3; Beschlussempfehlung und Bericht des Ausschusses für Wirtschaft und Energie v. 16.12.2015, BT-Drs. 18/7086, S. 13; Erklärung der Fraktionen der CDU/CSU und SPD zu den Grundsätzen der Vergabe.

sichtigung des technischen Fortschritts. Die Entscheidung über den konkreten Umfang und die Art der Berücksichtigung bleibt dabei dem öffentlichen Auftraggeber überlassen. Die tatsächlichen Auswirkungen der Vorschrift sollen einer Evaluierung unterzogen werden.

81   Mit der Aufnahme der weiteren Zwecke in die Regelung der allgemeinen Grundsätze des Verfahrens wird zwar deren Berücksichtigung in allen Phasen des Verfahrens als statthaft eröffnet, zugleich muss aber die Rechtmäßigkeit jeder einzelnen Maßnahme des Auftraggebers zur Umsetzung dieser Zwecke in einem Verfahren einerseits an den in Abs. 1 S. 2 genannten Grundsätzen der Wirtschaftlichkeit und insbesondere der Verhältnismäßigkeit und andererseits an den Konkretisierungen der nachfolgenden gesetzlichen Regelungen (Abs. 3 »nach Maßgabe dieses Teils«) zu erweisen sein.

82   Schließlich ist auf die **kompetenzrechtliche Bedeutung** der Regelung hinzuweisen. Mit der Regelung des Abs. 3 sowie den nachfolgenden Konkretisierungen im GWB hat der Bundesgesetzgeber in weit größerem Maße von seiner konkurrierenden Gesetzgebungskompetenz nach Art. 74 Abs. 1 Nr. 11 GG Gebrauch gemacht als bislang. Soweit nunmehr der Bundesgesetzgeber Regelungen über strategische Ziele der Beschaffung begründet hat, besteht keine Gesetzgebungskompetenz der Bundesländer mehr; dies dürfte nicht ohne Auswirkungen auf die jeweiligen Landesvergabegesetze bleiben.[132]

II. Die Entstehung der Vorschrift

83   Die Regelung des Abs. 3 hat keine direkte Entsprechung **im Unionsrecht**.

84   In der politischen Vorgabe zur Transformierung des Unions- in das nationale Vergaberecht, den »Eckpunkten zur Reform des Vergaberechts«[133], wurde als dritte Leitlinie der Umsetzung in das deutsche Rechts formuliert:

85   *»-Soziale, ökologische und innovative Aspekte sollen im Einklang mit dem Wirtschaftlichkeitsgrundsatz gestärkt werden.«*

86   Der **Entwurf der Bundesregierung**, mit welchem das Gesetzgebungsverfahren eingeleitet worden ist, ist hinsichtlich der Regelung in Abs. 3 wie folgt begründet worden:

87   *»Durch die Richtlinien 2014/23/EU, 2014//EU und 2014/25/EU wird die Einbeziehung strategischer Ziele bei der Beschaffung umfassend gestärkt. In jeder Phase eines Verfahrens, von der Definition der Leistung über die Festlegung von Eignungs- und Zuschlagskriterien bis hin zur Vorgabe von Ausführungsbedingungen können qualitative, soziale, umweltbezogene oder innovative (nachhaltige) Aspekte einbezogen werden. Mit Blick auf die Beschaffung energieverbrauchsrelevanter Waren oder die Berücksichtigung der Belange von Menschen mit Behinderung bei der Definition der Leistung sind vom öffentlichen Auftraggeber sogar zwingende Vorgaben zu machen. Diesem Umstand trägt § 97 Absatz 3 Rechnung, indem bereits bei den Grundsätzen der Auftragsvergabe auf diese Möglichkeit für den Auftraggeber hingewiesen wird. Die konkrete Ausgestaltung der Möglichkeiten zur Einbeziehung strategischer Ziele erfolgt bei den jeweiligen gesetzlichen Einzelvorschriften sowie in den Rechtsverordnungen, die auf der Grundlage dieses Teils erlassen werden.«*[134]

88   Diese Begründung ist im Rahmen der 936. Sitzung des Bundesrates wie folgt ergänzt worden:

89   *»Der Regierungsentwurf stärkt die strategische Beschaffung und betont die Bedeutung gerade sozialer und ökologischer Aspekte. Das ist unser gemeinsamer Anspruch. Nachhaltigkeit wird zum Grundsatz des Vergaberechts erhoben. Niemand kann danach mehr von vergabefremden Aspekten sprechen. Allerdings würden wir – das ist etwas, wo wir aufpassen müssen – durch eine Soll-Vorschrift*

---

132 Ebenso Burgi NZBau 2015, 597, 599.
133 Beschl. des Bundeskabinetts v. 07.01.2015, abrufbar über www.bmwi.de/DE/Themen/Wirtschaft/Oeffentliche-Auftraege-und-Vergabe/reform-des-vergaberechts.html.
134 BR-Drs. 367/15, S. 76.

den Ermessensspielraum der Auftraggeber sehr einengen; denn eine Abweichung im Einzelnen müsste begründet werden. ...

Soziale und ökologische Aspekte nach den finanziellen Möglichkeiten und den Umständen des Einzelfalls zu berücksichtigen versteht sich von selbst. ... «[135]

Eine Ergänzung des Abs. 3 durch Aufnahme des Beschaffungszwecks der Barrierefreiheit[136] fand keine Mehrheit[137] und wurde abgelehnt. Ebenfalls abgelehnt wurden Entschließungsanträge, welche u.a. auf eine zwingende Regelung zur Berücksichtigung sozialer und ökologischer Aspekte im Verfahren gerichtet waren.[138]   90

III. Europarechtskonformität

An der Unionsrechtskonformität bestehen keine Zweifel, denn der Inhalt von Abs. 3 steht im Einklang mit den Zielsetzungen und Erwägungsgründen der Richtlinien. Nach Maßgabe der hier vertretenen Auslegung der Vorschrift wird der Grundkonflikt zwischen den strategischen Zielen der Beschaffung und den anderen Grundsätzen der öffentlichen Auftragsvergabe angemessen erfasst und gelöst.   91

IV. Beschreibung der Zielkonflikte

Die Einführung von qualitativen und innovativen sowie sozialen und ökologischen Aspekten als legitime Zwecke der öffentlichen Auftragsvergabe widerspricht dem früheren reinen wettbewerbspolitischen Grundsatz der neutralen Beschaffung; ihr liegt die Vorstellung zugrunde, dass ein moderner Staat seine Handlungsinstrumente, zu denen auch die fiskalischen Tätigkeiten gehören, möglichst zur Erreichung verschiedener Ziele zu nutzen sucht.[139] Die hieran geübte Fundamentalkritik, wonach die Durchsetzung insbesondere von umwelt- und sozialpolitischen Zielstellungen über allgemeinverbindliche sektor- bzw. ressortspezifische Rechtsvorschriften erfolgen solle und hierfür eine Instrumentalisierung des öffentlichen Beschaffungswesens unter Inkaufnahme der Beeinträchtigung ihrer ursprünglichen Zielstellung, der Einzelwirtschaftlichkeit, abzulehnen sei[140], darf inzwischen als eine im demokratischen Willensbildungsprozess nicht mehrheitsfähige Ansicht angesehen werden.   92

Wird aber mit der Beschaffung nicht nur ein zentrales Ziel – die Einzelwirtschaftlichkeit aus Sicht des Auftraggebers – verfolgt, sondern der Beschaffungsprozess für die Verfolgung weiterer Zwecke – der Förderung von Nachhaltigkeit im qualitativen, sozialen und ökologischen Sinne sowie der Förderung von Innovationen – eröffnet, so können sich Konflikte zwischen diesen jeweils legitimen Zielen ergeben.[141]   93

Zunächst ist darauf zu verweisen, dass die Beschaffung qualitativ höherwertiger oder innovativer und ggf. sogar noch im vorkommerziellen Stadium befindlicher Leistungen sowie die Berücksichtigung sozialer und ökologischer Aspekte in der Leistungsbeschreibung, in der Auswahl und Gewichtung der Zuschlagskriterien oder bei der Festlegung zusätzlicher Anforderungen an die Auftragsaus-   94

---

135 Vgl. Plenarprotokoll 936 v. 25.09.2015, S. 332, Wortmeldung des Parlamentarischen Staatssekretärs im Bundesministerium für Wirtschaft und Energie Uwe Beckmeyer.

136 Vgl. Empfehlungen der Ausschüsse v. 11.09.2015, BR-Drs. 367/1/15, S. 1 zu Ziffer 1: »In Art. 1 § 97 ist dem Absatz 3 folgender Satz 2 anzufügen: ›In allen Phasen des Vergabeverfahrens ist auf eine barrierefreie Ausgestaltung zu achten.‹ ... «

137 Vgl. Plenarprotokoll des Bundesrats 936 v. 25.09.2015, S. 333, Abstimmung zu Ziffer 1.

138 Vgl. Plenarprotokoll des Deutschen Bundestags 18/146 v. 17.12.2015, S. 14428, Abstimmungen zu den Entschließungsanträgen BT-Drs. 18/7090 und 18/7092.

139 Vgl. Egger, Europäisches Vergaberecht, 2007, Rn. 1297 f.

140 So z.B. Stellungnahme des BDI zum Regierungsentwurf v. 16.09.2015, S. 3 zu Artikel 1, § 97 Abs. 3 GWB.

141 Vgl. nur Ziekow in: Ziekow/Völlink, Vergaberecht, 2. Aufl. 2013, § 97 Rn. 108 ff.

führung die konkrete Beschaffung **verteuert**. Nicht in jedem Falle steht dieser Kostensteigerung ein konkreter Nutzen des Auftraggebers i.S. einer einzelwirtschaftlichen Betrachtung gegenüber. Ein gleicher Effekt kann durch die Bestimmung besonderer Eignungsanforderungen an die Teilnehmer am Verfahren der öffentlichen Auftragsvergabe bewirkt werden, weil sowohl die Kosten der zur Erfüllung dieser Anforderungen erforderlichen Umsetzungsmaßnahmen als auch die Kosten jeder Zertifizierung des Unternehmens in deren Gemeinkostenkalkulation einfließen.

95 Durch die Bestimmung zusätzlicher Leistungsanforderungen, Zuschlagskriterien, Eignungskriterien oder Ausführungsbedingungen erhöht sich zudem der **Arbeitsaufwand des öffentlichen Auftraggebers** im Vergabeverfahren selbst – dort im Hinblick auf die Prüfung und Wertung der Angebote – und in der Auftragsausführungsphase – im Hinblick auf die Kontrolle der Einhaltung der Vertragsabreden. Diese zusätzlichen Arbeitsaufwendungen sind bei einzelwirtschaftlicher Betrachtung als mittelbare Beschaffungskosten anzusehen.

96 Sowohl eine Erhöhung des unternehmensbezogenen als auch des leistungsbezogenen Anforderungsprofils einer Beschaffung ist geeignet, einzelne an sich geeignete Unternehmen mit wettbewerbsfähigen Angeboten von einer Teilnahme an der Ausschreibung abzuhalten, weil der Aufwand zur Teilnahme als zu hoch empfunden wird oder es tatsächlich ist. Damit kann der **Wettbewerb beschränkt** werden, im Übrigen insbesondere zu Lasten von klein- und mittelständischen Unternehmen, deren Interessen nach § 97 Abs. 4 bei der Auftragsvergabe vornehmlich zu berücksichtigen sind.

97 Schließlich können überhöhte unternehmens- oder leistungsbezogene Anforderungen unter Berufung auf Abs. 3 in Extremfällen auch **eine diskriminierende Wirkung** entfalten, wenn sie ohne ausreichende sachliche Rechtfertigung den Kreis der potenziellen Teilnehmer beschränken.

98 Daher besteht die Herausforderung der neuen Regelung darin, dass öffentliche Auftraggeber bei der Verfolgung der in Abs. 3 genannten strategischen Zwecke von Beschaffungen rational und sachlich begründete Konzepte entwickeln, welche zu einem angemessenen Ausgleich der widerstreitenden Interessen im Einzelfall führen. Insoweit kommt auch dem in Abs. 1 S. 2 im Vergaberecht erstmals ausdrücklich normierten Grundsatz der Verhältnismäßigkeit eine besondere Bedeutung zu.

V. Regelungsgehalt

99 Adressat der in Abs. 3 geregelten Grundsätze ist unzweifelhaft der öffentliche Auftraggeber, weil er das Verfahren der Vergabe gestaltet.

100 Abs. 3. sieht vor, dass die genannten strategischen Aspekte der Beschaffung bei der Vergabe »**berücksichtigt werden**«; diese Formulierung ist hinsichtlich des darin enthaltenen Anwendungsbefehls nicht eindeutig und daher auslegungsbedürftig. Nach der hier vertretenen Auffassung eröffnet die Vorschrift die Möglichkeit der Berücksichtigung dieser Aspekte bei der Auftragsvergabe und impliziert keinen Anwendungszwang.

101 Der Begriff des Berücksichtigt-werdens beschreibt in semantischer Hinsicht einen Ist-, keinen Soll-Zustand. Ohne Zusätze, wie »immer« bzw. »stets« oder »manchmal« oder andere temporale Adverbien, ist ein Rückschluss auf die Häufigkeit des Soll-Zustandes Spekulation. Sollten diese Aspekte zwingend bzw. jedenfalls grundsätzlich bei jeder Vergabe anzuwenden sein, wäre dies eindeutig durch den Wortlaut »sind ... zu berücksichtigen« bzw. »müssen ... berücksichtigt werden« – ggf. mit der Einschränkung »grundsätzlich« – erreicht worden. In weiterer Abschwächung hätte die Formulierung »soll ... berücksichtigt werden« verwendet werden können. Eine solche Formulierung ist nicht gebraucht worden. Andererseits wäre der hier vertretene Regelungsgehalt mit der Wendung »können/dürfen ... berücksichtigt werden« klarer zum Ausdruck gekommen.

102 Die hier vertretene Auffassung gründet sich vor allem auf die Gesetzesmaterialien: Der oben zitierten Begründung des Regierungsentwurfs sowie der Ergänzung dieser Begründung im Gesetzgebungsverfahren und der Ablehnung der auf die Einführung einer zwingenden Berücksichtigung gerichteten Entschließungsanträge ist eindeutig zu entnehmen, dass es dem Gesetzgeber um die

Schaffung zusätzlicher Handlungsmöglichkeiten der öffentlichen Auftraggeber ging und nicht um einen Eingriff in dessen aus der Beschaffungsautonomie abgeleiteten **Bestimmungsrecht**.

Der öffentliche Auftraggeber hat bei der Bestimmung des Auftragsgegenstandes, der Festlegung 103 von Zuschlagskriterien und ihrer Gewichtung, der Auswahl von Bewerbungsbedingungen und der Festlegung von besonderen Bedingungen für die Ausführung des Auftrags grundsätzlich ein weites Auswahlermessen,[142] welches dem Vergaberecht schon deswegen nicht unterliegt, weil dessen Ausübung der Einleitung eines förmlichen Vergabeverfahrens zeitlich und sachlich vorgelagert ist. Grenzen des Bestimmungsrechts des öffentlichen Auftraggebers ergeben sich regelmäßig aus allgemeinverbindlichen Rechtsvorschriften außerhalb des Vergaberechts[143], für deren Prüfung in einem vergaberechtlichen Nachprüfungsverfahren eine vergaberechtliche Anknüpfungsnorm erforderlich ist[144]; sie können sich aber auch aus den Grundsätzen des Vergabeverfahrens ergeben, soweit diese durch die Fortwirkung der Auswahlentscheidung auf die Durchführung des Vergabeverfahrens beeinträchtigt sein können[145]. Die Gesetzesmaterialien lassen erkennen, dass der Bundesgesetzgeber sich bei der Regelung neuer Grundsätze des Verfahrens einer einzelfallunabhängigen zwingenden Vorgabe enthalten wollte.

Dem entspricht schließlich in systematischer Hinsicht, dass der Gesetzgeber die neuen Grundsätze 104 des Abs. 3 lediglich »**nach Maßgabe dieses Teils**«, d.h. nach Maßgabe der weiteren gesetzlichen Bestimmungen im 4. Teil des GWB und nach Maßgabe der aufgrund der im GWB enthaltenen Ermächtigungen geschaffenen Rechtsverordnungen, in Kraft setzen wollte. Der Verweis auf die Beschränkung der qualitativen, innovativen, sozialen und ökologischen Aspekte durch weitere vergaberechtliche Bestimmungen zeigt, dass die Vorschrift keinen eigenständigen unmittelbaren Anwendungsbefehl beinhaltet.

VI. Abschließende Aufzählung

Der Gesetzgeber hat die in die allgemeinen Grundsätze des Verfahrens aufgenommenen Beschaffungs- 105 zwecke enumerativ, d.h. im Einzelnen aufzählend, formuliert; bereits aus dieser Regelungstechnik ergibt sich ohne weiteres, dass es sich um eine abschließende, keiner ergänzenden Gesetzesauslegung zugängliche Regelung handelt. Dieser Befund wird bestätigt durch das oben geschilderte Gesetzgebungsverfahren und insbesondere die Ablehnung der Ergänzung der Vorschrift durch weitere Aspekte. Dieser Befund schließt nicht aus, dass in vergaberechtlichen Einzelregelungen in den Verordnungen auch weitere Aspekte z.B. als Zuschlagskriterien als zulässig anerkannt werden können.

---

142 Vgl. in der nationalen Rechtsprechung z.B. OLG Düsseldorf, Beschlüsse v. 17.02.2010, VII-Verg 42/09 »ISM-Funk«, v. 03.03.2010, VII-Verg 46/09 »Kleinlysimeter«, v. 14.04.2010, VII-Verg 60/09, v. 09.01.2013, VII-Verg 26/12 »interkommunale Netzgesellschaft«, v. 12.02.2014, VII-Verg 29/13 »Hochschulverwaltungssoftware«, v. 27.05.2015, VII-Verg 2/15 »TNFa-Inhibitoren«; OLG Koblenz, Beschlüsse v. 10.06.2010, 1 Verg 3/10 »Verkehrssicherungsmaßnahmen«, v. 04.02.2014, 1 Verg 7/13 »Integrationsfachdienste«, v. 22.07.2014, 1 Verg 3/14 »Sperrmüll«; OLG Karlsruhe, Beschl. v. 25.07.2014, 15 Verg 4/14 »Schülerbeförderung I«; Thüringer OLG, Beschl. v. 25.06.2014, 2 Verg 1/14 »Abstands- und Geschwindigkeitsmessanlage«; OLG Celle, Beschl. v. 19.03.2015, 13 Verg 1/15 »Rettungswachen Lünne und Werlte«; OLG München, Beschl. v. 09.04.2015. Verg 1/15 »Schallschutzwand«; OLG Frankfurt, Beschl. v. 18.09.2015, 11 Verg 9/15 »Elektronisches Fahrgeldmanagement« in der unionsrechtlichen Rechtsprechung z.B. EuGH, Urt. v. 22.10.2015, C-552/13 »Grupo Hospitalario SA./. Departamento de Sanidad del Gobierno Vasco«

143 Z.B. BGH, Urt. v. 01.10.2014, VII ZR 344/13 »Stoffpreisgleitklausel«; OLG Rostock, Beschl. v. 06.03.2009, 17 Verg 1/09 »kommunaler Altpapieranteil«.

144 Vgl. OLG Düsseldorf, Beschl. v. 01.08.2012, VII-Verg 105/11 »Abfallentsorgungskonzept«.

145 Vgl. OLG Naumburg, Beschlüsse v. 23.04.2009, 1 Verg 7/08 »Rettungsdienste IV«, v. .06.2010, 1 Verg 4/10 »Postdienstleistungen«, v. 20.09.2012, 2 Verg 4/12 »Finanzamt«; OLG Koblenz, Beschl. v. 22.07.2014, 1 Vwerg 3/14 »Sperrmüll«.

VII. Bieterschutz

106 Bei jeder vergaberechtlichen Vorschrift stellt sich die Frage, ob die Norm den Teilnehmern an einem Verfahren bzw. den am Auftrag interessierten Unternehmen (*im Folgenden einheitlich: die Bieter*) einen subjektiven Anspruch auf Einhaltung i.S. von § 97 Abs. 6 GWB verschafft, also **bieterschützend** ist. Diese Frage ist hier nicht einheitlich zu beantworten.

107 Grundsätzlich haben die Bieter im Verfahren keinen Anspruch darauf, dass der öffentliche Auftraggeber eine ihren Erwartungen entsprechende Bestimmung seines Beschaffungsbedarfs vornimmt.[146]

108 Die Ausübung des Bestimmungsrechts durch den öffentlichen Auftraggeber kann subjektive Rechte eines oder mehrerer Bieter dann beeinträchtigen, wenn die Umsetzung der Entscheidung in einem Verfahren der öffentlichen Auftragsvergabe mit dem dann zu beachtenden Regelungswerk kollidiert, insbesondere, wenn sie gegen (andere) Grundsätze des Verfahrens verstößt. Insoweit kommen das Gleichbehandlungsgebot des § 97 Abs. 2, das Wettbewerbsgebot des § 97 Abs. 1 S. 1 und insbesondere der Grundsatz der Verhältnismäßigkeit nach § 97 Abs. 1 S. 2 in Betracht.

D. Berücksichtigung mittelständischer Interessen (§ 97 Abs. 4)

I. Allgemeines

109 Die jetzige Regelung besteht seit 2009. Dort war es der Abs. 3 des § 97. Im Rahmen der umfassenden GWB-Novelle 2016[147], die eine Umsetzung der neuen europäischen Vergaberichtlinie 2014/24/EU vom 26.02.2014, in Kraft getreten am 17.04.2014[148] sowie der Konzessionsrichtlinie 2014/23/EU und der Sektorenrichtlinie 2014/25/EU zum Zwecke hat, wurde der »Mittelstandsparagraph« nicht verändert, sondern wurde nunmehr zum Abs. 4 des § 97 GWB. Lediglich in Satz 3 der Vorschrift wurde neben dem öffentlichen Auftraggeber auch der Sektorenauftraggeber aufgenommen (»Wird ein Unternehmen, das nicht öffentlicher Auftraggeber oder Sektorenauftraggeber ist ...«). Eines der wesentlichen politischen Ziele der GWB-Novellierung 2009 war die Stärkung des Mittelstandsschutzes. Zur Altfassung 1999 hatten viele mittelständische Unternehmen die ihrer Auffassung nach zu wenig mittelstandsgerechte Ausgestaltung der Auftragsvergaben beklagt, ebenso wie eine zunehmende Praxis der Bündelung von Nachfragemacht und Zusammenfassung teilbarer Leistungen.[149] Die Altfassung lautete:

110 *Mittelständische Interessen sind vornehmlich durch Teilung der Aufträge in Fach- und Teillose angemessen zu berücksichtigen.*

111 Die Stärkung der Interessen des Mittelstandes sollte durch die neue Fassung 2009 erreicht werden, wobei quasi in letzter Minute mit Blick auf ÖPP-Projekte die Pflicht zur grundsätzlichen Losvergabe auf private Unternehmen in Satz 3 der Vorschrift übertragen wurde:

112 *Mittelständische Interessen sind bei der Vergabe öffentlicher Aufträge vornehmlich zu berücksichtigen. Leistungen sind in der Menge aufgeteilt (Teillose) und getrennt nach Art oder Fachgebiet (Fachlose) zu vergeben. Mehrere Teil- oder Fachlose dürfen zusammen vergeben werden, wenn wirtschaftliche oder technische Gründe dies erfordern. Wird ein Unternehmen, das nicht öffentlicher Auftraggeber ist, mit der Wahrnehmung oder Durchführung einer öffentlichen Aufgabe betraut, verpflichtet der Auftraggeber das Unternehmen, sofern es Unteraufträge an Dritte vergibt, nach Satz 1 bis–3 zu verfahren.*

113 Die ersten beiden Sätze haben bei genauer Betrachtung und Berücksichtigung der Vergaberechtsprechung seit Inkrafttreten des Vergaberechtsänderungsgesetzes am 01.01.1999 keine wirklich

---

146 Vgl. z.B. OLG Düsseldorf, Beschl. v. 14.04.2009, VII-Verg 60/09.
147 Gesetz zur Modernisierung des Vergaberechts (Vergaberechtsmodernisierungsgesetz-Verg RModG) vom 25.09.2015, BT-Drs. 18/7086.
148 Amtsblatt der Europäischen Union, L 94/65.
149 Gesetzesbegründung BT-Drs. 16/10117 13.08.2008, zu Nr. 2 (§ 97) a.

entscheidende Änderung hervorgebracht.[150] Dies ist bei der Übertragung der grundsätzlichen Losvergabepflicht auf private Auftragnehmer, die Nachunternehmeraufträge vergeben, schon anders zu beurteilen, da sie erstmals die gesetzliche Pflicht haben, dann, **wenn** sie Nachunternehmeraufträge vergeben wollen, sie diese nicht mehr nach freiem Belieben gewerkeweise gebündelt zusammenstellen können, sondern sich nach Maßgabe der Sätze 1–3 des § 97 Abs. 3 GWB Gedanken machen müssen, und ebenso mittelständische Interessen nunmehr vornehmlich berücksichtigen müssen, als Folge der Wahrnehmung oder Durchführung einer öffentlichen Aufgabe.

Mittlerweile ist seit 2009 diese Mittelstandsregelung stärker in den Fokus vergaberechtlicher   114
Auseinandersetzungen getreten. Zum einen wird zunehmend das **Selbstbestimmungsrecht** des öffentlichen Auftraggebers bei der Festlegung des **Beschaffungsbedarfs** hervorgehoben, dem auch die Entscheidung unterliegen soll, »vorgezogen« vor der Beurteilung einer grundsätzlich losweisen oder ausnahmsweise zusammengefassten Vergabe seitens des Auftraggebers festlegen zu können, ob eine Losaufteilung sich überhaupt mit seinem Beschaffungsbedarf verträgt.[151] Auch stellt man mittlerweile die starke **Konturenlosigkeit** des Begriffs »**Mittelständische Interessen**« fest und verlangt zu Recht verstärkt eine für insbesondere die Vergabestelle praxisgerechte »Definition« zur sicheren Handhabung, wann in welchen Branchen welche Teillose und/oder Fachlose zu bilden sind.[152] Auch hat die Vergaberechtsprechung zu einer besseren »Definition« der Begriffe Teil- und Fachlos geführt.[153] Auf der Ebene der Vergabeordnungen wurde in deren Neufassungen 2012 zwar ein gewisser textlicher Gleichklang mit der Gesetzesformulierung in § 97 Abs. 3 GWB hergestellt, vgl. § 2 Abs. 2 VOL/A-EG a. F. sowie § 5 Abs. 2 VOB/A-EG, jedoch nur bei den europaweiten Vorschriften. Die nationalen Vorschriften, § 5 Abs. 2 VOB/A bzw. § 2 Abs. 2 VOL/A a. F. waren textlich etwas anders. Das war letztlich kein großes Auslegungsproblem, ist jedoch jetzt mit der Neufassung der Vergabeverordnung 2016 ebenfalls beseitigt, da es nämlich keine eigenständige VOL/A mehr gibt. Es existiert also lediglich die Vorschrift des § 97 Abs. 4 GWB für europaweite Auftragsvergaben, und im Baubereich der wortidentische § 5 Abs. 2 VOB/A-EG und die nur textlich, aber inhaltlich nicht abweichende Vorschrift für den nationalen Baubereich § 5 Abs. 2 VOB/A.

---

150 S. hierzu Kus, Losvergabe und Ausführungskriterien, NZBau 2009, 21 ff.

151 Siehe insbesondere OLG Düsseldorf v. 01.08.2012, Verg 10/12 – »Warnsystem«; v. 27.06.2012, Verg 7/12 – »Fertigspritzen«; v. 17.01.2013, Verg 35/12, NZBau 2013, 329 – »Loslimitierung«; v. 21.10.2015; Verg 28/14 – »Verschlusssachenauftrag«; v. 17.02.2010, Verg 42/09 – »ISM-Funk«; v. 25.04.2012, Verg 100/11 – »EDV-Hard- und Software«; OLG München v. 09.04.2015, Verg 1/15, NZBau 2015, 446; OLG Naumburg v. 14.03.2013, 2 Verg 8/12; OLG Brandenburg v. 27.11.2009, Verg W 15/08 – »Fluggastterminal«; Scharen GRUR 2009, 345 ff.; Jaeger ZWeR 2011, 365; Manz/Schönwälder NZBau 2012, 465; OLG Schleswig v. 30.10.2012, 1 Verg 5/12 – »Postdienstleitungen«; siehe dazu sowie insbesondere den **vergaberechtlichen Prüfungsstandort** im Einzelnen unter Ziffer III.1.

152 Dienstleistungsauftrag des Bundesministeriums für Wirtschaft und Technologie (Projekt IC4-020815-39/12) zur Frage, wie § 97 Abs. 3 GWB hinsichtlich der Pflicht zur Aufteilung eines öffentlichen Auftrages in Teillose rechtsicher in die Beschaffungspraxis überführt werden kann, was insbesondere an dem Begriff »Mittelständische Interessen« bzw. »Mittelstand« anknüpft. Siehe nur die indifferente Entscheidung des OLG Karlsruhe v. 06.04.2011, 15 Verg 3/11 – »Glasreinigung«, sowie die Entscheidung des OLG Düsseldorf v. 21.03.2012, VII Verg 92/11, NZBau 2012, 515 – »Abschleppfahrzeuge«; dazu im Einzelnen unter Ziffer II.

153 Siehe insbesondere die Entscheidungen des OLG Düsseldorf v. 11.07.2007, VII-Verg 10/07 – »Lärmschutzwände I«; v. 11.01.2012, VII-Verg 52/11 (und 16.06.2011, VII-Verg 52/11, Eilentscheidung), VergabeR 2012, 658 – »Glasreinigung 2«; v. 21.03.2012, VII-Verg 92/11 (und Eilentscheidung v. 11.11.2011), NZBau 2012, 515 – »Abschleppfahrzeuge«; OLG Schleswig v. 30.10.2012, 1 Verg 5/12 – »Postdienstleistungen«; siehe im Einzelnen dazu unter Ziffer III 2.

1. Entstehungsgeschichte

a) Zur Altfassung 1999

115   Nach der Altfassung des § 97 Abs. 3 GWB waren mittelständische Interessen vornehmlich durch Teilung der Aufträge in Fach- und Teillose angemessen zu berücksichtigen.

116   Vor dieser Gesetzesregelung gab es bereits in den Verdingungsordnungen VOB/A und VOL/A (heute Vergabe- und Vertragsordnungen) diverse Regelungen zum Schutz des Mittelstandes. U.a. war dies bezogen auf Bauleistungen insbesondere **§ 4 Nr. 2 und 3 VOB/A** a.F. Nach § 4 Nr. 2 VOB/A a.F. sollen umfangreiche Bauleistungen möglichst in Lose geteilt und nach Losen vergeben werden (Teillose), während nach § 4 Nr. 3 VOB/A a.F. Bauleistungen verschiedener Handwerks- oder Gewerbezweige in der Regel nach Fachgebieten oder Gewerbezweigen getrennt zu vergeben waren (Fachlose), wobei aus wirtschaftlichen oder technischen Gründen mehrere Fachlose auch zusammen vergeben werden durften. Diese Vorschriften dienten bereits ausdrücklich dem Schutz mittelständischer Interessen.[154]

117   Im Regierungsentwurf des Vergaberechtsänderungsgesetzes waren mittelstandsschützende Aspekte zunächst nicht enthalten. Erst der Bundesrat hatte vorgeschlagen, dass »mittelständische Interessen angemessen zu berücksichtigen sind«.[155] Die Art und Weise, **wie** dies geschehen sollte, nämlich zum Beispiel durch Teilung der Aufträge in Fach- und Teillose, war zunächst weniger von Interesse; der Bundesrat wollte vielmehr im Hinblick auf die Gesetzesregelung des § 97 Abs. 4 a.F. GWB klarstellen, dass mittelständische Interessen gerade nicht zu den vergabefremden Aspekten hinzuzurechnen sind. Außerdem sollte der Grundsatz der Mittelstandsfreundlichkeit Gesetzesrang erhalten. Die Bundesregierung stimmte dem Vorschlag des Bundesrates nicht zu, und verwies auf die Vergabeverordnung und die Verdingungsordnungen, die bereits die Interessen des Mittelstands nach Ansicht der Bundesregierung angemessen berücksichtigten.[156] Auf einen entsprechenden Änderungsantrag der SPD-Fraktion[157] und einen Vorschlag des Wirtschaftsausschusses hin, ferner auf Drängen von Vertretern der Bauverwaltungen wegen der Befürchtung eines Anstieges der GU-Vergabe zulasten mittelstandsfreundlicher Vergaben bei einem Fehlen einer gesetzgeberischen Betonung, beschloss schließlich der Bundestag die vorherige Fassung.[158] Damit war ein »Leerlaufen« der gesetzestechnisch nachrangigen Regelungen in der VOB/A und der VOL/A ausgeschlossen. **Verfassungsrechtliche Bedenken** gegen diese **Bevorzugung einer spezifischen Sondergruppe** »Mittelstand« bestanden nicht. Das **BVerfG** hatte bereits entschieden, dass auch im Hinblick auf den Gleichheitsgrundsatz des Art. 3 Abs. 1 GG die Förderung des Mittelstandes ein legitimes wirtschaftspolitisches Ziel ist.[159] Im europäischen Ausland gibt es in den jeweiligen Vergaberechtsgesetzen jedoch kein vergleichbares Pendant, sondern allenfalls die allgemeine Vorgabe, Aufträge zu unterteilen.[160]

118   **Europarechtswidrig** war die Regelung des § 97 Abs. 3 a.F. GWB ebenfalls nicht, wie das **OLG Düsseldorf** in seiner Entscheidung v. 08.09.2004[161] im Hinblick auf das Diskriminierungsverbot des Art. 3 Abs. 2 der Dienstleistungsrichtlinie 92/50/EWG festgestellt hat. Große Unternehmen würden durch das Gebot einer losweisen Vergabe nicht diskriminiert werden, da sie sich nach wie vor um den Auftrag bewerben könnten; es werde lediglich der Wettbewerb erweitert, zu gleichen

---

154   Külpmann in: Kapellmann/Messerschmidt VOB-Kommentar § 4 Rn. 5; Ax/Sattler ZVgR 1999, 231 ff.
155   BR-Drucks. 646/97 07.11.1997.
156   BT-Drucks. 13/9340 S. 48.
157   BT-Drucks. 13/10441.
158   BR-Drucks. 13/10328 01.04.1998; Plenarprotokoll zur 230. Sitzung des Bundestages v. 23.04.1998, veröffentlicht in der Schriftenreihe des Forum Vergabe e.V., Heft 6 1998 7.7–21120.
159   BVerfG 17.07.1961 1 BvL 44/55, ergangen auf Vorlegungsbeschluss des LVG Hannover 22.06.1955 A I 78/55 NJW 1961, 2011, 2015; vgl. Külpmann in: Kapellmann/Messerschmidt § 4 Rn. 8.
160   Siehe nachfolgend Ziffer 2.3 »Ausländische Regelungen«.
161   Verg 38/04 NZBau 2004, 688; VergabeR 2005, 107 m. Anm. Stickler; siehe hierzu Dreher NZBau 2005, 427.

Bedingungen für alle Wettbewerber.[162] Die am 01.04.2004 in Kraft getretenen europäischen Vergaberichtlinien[163] hatten daran nichts geändert, da sie im Gegenteil zu den vorherigen Vergaberichtlinien für mittelstandsschützende Aspekte sogar offener sind.[164]

War also die **Bevorzugung mittelständischer Interessen** verfassungs- wie auch europarechtlich   119
grundsätzlich zulässig, stellte sich jedoch die Frage, welche **Intensität** die Berücksichtigung annehmen durfte, angesichts der Tatsache, dass das Vergaberecht nach längerer Diskussion gerade deshalb
in das Kartellrecht (GWB) aufgenommen worden ist, um die **Wettbewerbsbezogenheit** des Vergaberechts besonders hervorzuheben. Das **Wettbewerbsprinzip bzw. der Schutz des Wettbewerbs als
Institution** sollte als Kernprinzip auch des Vergaberechts und damit einhergehend eine **besondere
Beachtungspflicht** der öffentlichen Vergabestellen besonders betont werden.[165]

b) Zur Fassung 2009

Trotz der schon vorhandenen Betonung des Mittelstandes durch die Existenz der Altfassung 1999   120
des § 97 Abs. 3 GWB sah der Gesetzgeber es aufgrund vieler Klagen von mittelständischen Unternehmen für erforderlich an, die Norm mit dem Ziel einer weiteren Stärkung der mittelständischen
Interessen umzuformulieren. Die **Bundesregierung** begründete ihren am 13.08.2008 vorgelegten
Gesetzentwurf wie folgt:[166]

> *Der bisherige § 97 Abs. 3 verpflichtet jeden Auftraggeber, bei der Vergabe eines Auftrages oberhalb der*   121
> *EG-Schwellenwerte mittelständische Interessen angemessen zu berücksichtigen. Dies soll bislang vor-
> nehmlich durch Teilung der Aufträge in Fach- und Teillose geschehen. Trotz dieser Regelung beklagen
> mittelständische Unternehmen die vielfach wenig mittelstandsgerechte Ausgestaltung der Auftrags-
> vergaben. Bündelung von Nachfragemacht und Zusammenfassung teilbarer Leistungen seien zuneh-
> mende Praxis. Auch scheint die Zunahme elektronischer Beschaffungsformen diese Tendenz zu beför-
> dern. Gerade bei der öffentlichen Auftragsvergabe, die vielfach mit einer marktstarken Stellung eines
> Auftraggebers einhergeht, ist es im Interesse der vorwiegend mittelständisch strukturierten Wirtschaft
> geboten, auf mittelständische Interessen bei der Ausgestaltung der Vergabeverfahren besonders zu ach-
> ten, um so die Nachteile der mittelständischen Wirtschaft gerade bei der Vergabe großer Aufträge mit
> einem Volumen, das die Kapazitäten mittelständischer Unternehmen überfordern könnte, auszu-
> gleichen. Die Mittelstandsklausel des § 97 Abs. 3 wird daher in ihrer Wirkung verstärkt. Dies soll
> dadurch verwirklicht werden, dass eine Losvergabe stattzufinden hat. Nur in begründeten Ausnahme-
> fällen kann davon abgewichen werden, wenn wirtschaftliche oder technische Gründe dies erfordern.
> Verfahren öffentliche Auftraggeber nach dieser Vorschrift, so haben sie aktenkundig zu begründen,
> dass die gesetzlichen Voraussetzungen erfüllt sind.*

Diese Begründung bezog sich auf eine Neufassung, die zunächst nur in den jetzigen Sätzen 1–3   122
bestand, also der grundsätzlichen Vorgabe, mittelständische Interessen vornehmlich bei der Vergabe
öffentlicher Aufträge zu berücksichtigen, sowie in der Regel aufzuteilen und ausnahmsweise zusammenzufassen. Die Beachtung dieser Grundsätze durch Private bei deren Nachunternehmerauftrags-
vergaben gem. Satz 3 der heutigen Regelung war noch nicht vorgesehen.

In der anschließenden öffentlichen Anhörung von Sachverständigen in der 71. Sitzung des Aus-   123
schusses für Wirtschaft und Technologie wurde diese Fassung kontrovers als entweder zu schwach
oder zu weitgehend eingestuft. Während der Sachverständige Dr. Alexander Barthel vom Zentralverband des Deutschen Handwerks e.V. (ZDH) die Regelung so interpretierte, dass die Gesamtvergabe nach wie vor von Anfang an ins Auge gefasst werden könne, wenn nur berechtigte wirt-

---

162 OLG Düsseldorf NZBau 2004, 688.
163 Vergabekoordinierungsrichtlinie VKR 2004/18/EG v. 31.03.2004 sowie Sektorenrichtlinie (VKSR)
      2004/17/EG v. 31.03.2004.
164 Siehe dazu I. 2.
165 Siehe dazu I. 4.
166 BT-Drucks. 16/10117 13.08.2008, zu Nr. 2 (§ 97) a.

schaftliche und technische Gründe dafür sprächen, und sich deshalb für eine noch stärkere Fassung aussprach, weil schließlich eine Fach- und Teillosgesamtvergabe bis zu 20 % teurer als eine Fach- und Teillosvergabe sei, befürchtete der Sachverständige Michael Werner vom Hauptverband der Deutschen Bauindustrie e.V. (HDB) eine Verkennung des Begriffes des Mittelstandes sowie einen zukünftigen Zwang zur generellen Losaufteilung mit der Folge, dass beispielsweise bei der Beschaffung von Fenstern die Bestandteile Glas, Rahmen und Beschläge getrennt ausgeschrieben werden müssten.[167] Der Bundesverband der Deutschen Industrie e.V. (BDI) meinte indes, die bisherige Regelung sei ausreichend, bedürfe jedoch einer konsequenteren Umsetzung.[168]

124   Den Gesetzesentwurf der Bundesregierung hatte der Berichterstatter Reinhard Schultz des Ausschusses für Wirtschaft und Technologie wie folgt kommentiert:

125   *Zudem soll das Vergaberecht künftig verstärkten Bedürfnissen mittelständischer Unternehmen gerecht werden. Schon nach geltendem Recht ist der Mittelstand durch die Teilung der Aufträge in Fach- und Teillose zu berücksichtigen. Damit es für kleinere und mittlere Unternehmen leichter wird, sich um größere öffentliche Aufträge erfolgreich zu bewerben, sind öffentliche Aufträge in Zukunft regelmäßig in Losen zu vergeben. Eine Gesamtvergabe soll nur noch dann zulässig sein, wenn eine Aufteilung unwirtschaftlich oder aus technischen Gründen unmöglich ist. Damit werden Nachteile des Mittelstandes bei der Vergabe großer Aufträge mit einem Volumen, das die Ressourcen der Mittelstandsunternehmen überfordern könnte, ausgeglichen und die Mittelstandsklausel gestärkt.[169]*

126   Der Ausschuss empfahl schließlich die heutige Gesetzesfassung inklusive der Losvergabepflicht für Private bei Nachunternehmervergaben und begründete dies nur kurz wie folgt:

127   *Die Losvergabe verlangt keine marktunübliche Trennung der Aufträge in Einzelteile. Die Aufteilung in Fachlose braucht selbstverständlich von vornherein nur zu erfolgen, wie dies marktüblich ist. Marktunüblich wäre es beispielsweise, Fenster in Rahmen, Scheiben, Griffe und Beschläge zu trennen. Marktüblich ist die Aufteilung von Autobahnen in Streckenabschnitte. Computer können marktüblich getrennt nach Rechner, Eingabegeräten und Monitor beschafft werden. Um mittelstandfreundliche Auftragsvergaben auch im Rahmen einer Öffentlich-Privaten-Zusammenarbeit sicherzustellen, muss, sofern das Unternehmen Unteraufträge vergibt, diese Unterauftragsvergabe miterfasst werden. Zu diesem Zweck wird der ursprüngliche Auftraggeber verpflichtet, entsprechende vertragliche Regelungen zu treffen.[170]*

128   Diese Fassung wurde vom Bundestag und schließlich vom Bundesrat verabschiedet.

c) Zur Fassung 2016

129   § 97 Abs. 4 GWB 2016 entspricht wortgleich dem bisherigen § 97 Abs. 3 GWB, mit der einzigen Ergänzung, dass in Satz 3 der Vorschrift neben dem öffentlichen Auftraggeber auch der Sektorenauftraggeber aufgenommen ist (Unteraufträge-Regelung). Inhaltlich ist damit keine Änderung gegenüber der Fassung 2009 beabsichtigt. Danach sind, so die Gesetzesbegründung[171] die Interessen mittelständischer Unternehmen vornehmlich zu berücksichtigen, indem öffentliche Aufträge in Form von Losen vergeben werden müssen, sofern nicht eine Gesamtvergabe aus wirtschaftlichen oder technischen Gründen erforderlich ist. Damit geht die Regelung zwar über die von Art. 46 der

---

167   Wortprotokoll über die öffentliche Sachverständigenanhörung im Ausschuss für Wirtschaft und Technologie Nr. 16/71 v. 13.10.2008.

168   Bericht des Abgeordneten Reinhard Schultz über die öffentliche Anhörung der Sachverständigen, Beschlussempfehlung und Bericht des Ausschusses für Wirtschaft und Technologie (9. Ausschuss) v. 17.12.2008 – BT-Drucks. 16/11428.

169   Beschlussempfehlung und Bericht des Ausschusses für Wirtschaft und Technologie v. 17.12.2008, Bericht des Abgeordneten Reinhard Schultz, II zu Nr. 1, BT-Drucks. 16/11428.

170   Begründung des Ausschusses für Wirtschaft und Technologie zu § 97 Abs. 3, BT-Drucks. 16/11428 17.12.2008.

171   Gesetzesbegründung zu § 97 Abs. 4 GWB, Drucksache 367/15 vom 25.09.2015.

Richtlinie 2014/24 EU, in Kraft getreten am 17.04.2014, geforderte bloße Begründungspflicht zur Losaufteilung hinaus. Art. 46 Abs. 4 der Richtlinie 2014/94/EU stellt aber klar, dass strengere Anforderungen an die Losaufteilung – wie sie im GWB seit jeher vorgesehen werden – zulässig sind[172].

Inhaltlich hat sich an der Intention der Regelung gegenüber der Fassung 2009 nichts geändert, gilt insoweit also das zur Entstehungsgeschichte der Fassung 2009. **130**

2. Rechtsanwendung

a) Richtlinienkonforme Auslegung

Bei der **Auslegung** des § 97 Abs. 3 GWB sind die Aussagen der **EG-Vergaberichtlinien** zu berück- **131** sichtigen, **sog. richtlinienkonforme Auslegung.**[173] Aus Art. 288 AEUV (vormals Art. 249 Abs. 3 EGV) i.V.m. dem Gebot der Gemeinschaftstreue, Art. 4 Abs. 3 AEUV (vormals Art. 10 EGV), ergibt sich die Verpflichtung der Mitgliedsstaaten, den EG-Richtlinieninhalt so wirksam wie möglich in das nationale Recht überzuleiten, und die Pflicht für alle innerstaatlichen Stellen wie auch der Rechtsprechung, nationales Umsetzungsrecht nach den Vorgaben der Richtlinien auszulegen. Eine lediglich am nationalen Vergaberecht ausgerichtete (grammatikalische, systematische, historische und teleologische) Auslegung muss zu einem mit dem Ziel der EG-Richtlinien zu vereinbarenden Auslegungsergebnis kommen, um den Grundsatz der praktischen Wirksamkeit der Richtlinien (**Effet Utile**) nicht zu behindern, wobei die richtlinienkonforme Auslegung freilich im klaren Wortlaut des nationalen Gesetzes seine Grenze findet.[174] Für die nationalen Regelungsspielräume ist freilich zunächst hinsichtlich jeder einzelnen EG-Richtlinienbestimmung zu fragen, ob diese **Mindestnormcharakter** hat oder abschließend ist. Das nationale Recht darf in jedem Fall inhaltlich nicht hinter den Richtlinienvorgaben zurückbleiben.[175] Diese **Auslegungsgrundsätze** an den EG-Vergaberichtlinien gelten auch schon **vor** deren etwaiger Umsetzung in nationales Recht sowie im Fall nicht ordnungsgemäßer und fristgerechter Umsetzung.[176]

b) Aussagen der europäischen Vergaberichtlinien

aa) Vergabekoordinierungsrichtlinie (VKR) 2004

Heranzuziehende Aussagen aus der **VKR** finden sich in Ziff. 32 und **insbesondere Ziff. 9** der **132** **Begründung zur VKR:**

---

172 Vgl. die Gesetzesbegründung a.a.O.
173 BGH 12.06.2001 X ZR 150/99 »U-Bahn-Waggons« VergabeR 2001, 293, 296 = NZBau 2001, 637; allgemein zur Notwendigkeit der richtlinienkonformen Auslegung, vgl. Bayer/Franke/Opitz EU-Vergaberecht Rn. 31 ff.; Suhr, Richtlinienkonforme Auslegung im Privatrecht und nationale Auslegungsmethodik 213 ff.
174 Ständige EuGH-Rechtsprechung, vgl. EuGH 20.09.1988 Rs. 31/87 »Beentjes«; NJW 1990, 1414; 19.04.1994 Rs. C-331/92 »Gestion Hotelera« NVwZ 1994, 990; 17.09.1997 C-54/96 »Dorsch Consult« WuW 1997, 923 = NJW 1997, 3365; 24.09.1998 Rs. C-76/97 »Walter Tögel« NVwZ 199, 169; 04.03.1999 Rs. C-258/97 EuZW 1999, 320; 18.06.2002 Rs. C-92/00 »Hospital Ingenieure« NZBau 2002, 458; BGH 12.06.2001 X ZR 150/99 (Hamburg) »U-Bahn-Waggons« NZBau 2001, 637 ff. = VergabeR 2001, 293, 296.
175 Siehe EuGH 22.06.1988 Rs. C-103/88 »Fratelli Constanzo/Stadt Mailand« Slg. 1989, 1839 Rn. 20 ff.
176 EuGH 17.09.1997 »Dorsch Consult« WuW 1997, 923; BGH »U-Bahn-Waggons« NZBau 2001, 637 ff. = VergabeR 2001, 293, 296; »Testpreis-Angebot« NJW 98, 2208, 2210; OLG Düsseldorf, VergabeR 2015, 241; VergabeR 2015, 184-»Patientenprogramm«; OLG Koblenz 25.02.2015, Verg 5/14; OLG Schleswig 04.11.2014, VergabeR 2015, 228; Müller-Wrede VergabeR 2004, 567/568; ders. VergabeR 2005, 693, 694; Ehricke EuZW 99, 553; näher zu den Folgen der Nichtumsetzung und der nicht ordnungsgemäßen Umsetzung der EG-Vergaberichtlinien siehe Bayer/Franke/Opitz EU-Vergaberecht Rn. 34 ff.

133   Begründungserwägung Ziff. 32:

134   *Um den Zugang von kleinen und mittleren Unternehmen zu öffentlichen Aufträgen zu fördern, soll-*
       ten Bestimmungen über Unteraufträge vorgesehen werden.

135   Begründungserwägung Ziff. 9:

136   *Angesichts der für die öffentlichen Bauaufträge kennzeichnenden Vielfalt der Aufgaben sollte der*
       öffentliche Auftraggeber sowohl die getrennte als auch die gemeinsame Vergabe von öffentlichen
       Aufträgen für die Ausführung und Planung der Bauvorhaben vorsehen können. Diese Richtlinie
       bezweckt nicht, eine gemeinsame oder eine getrennte Vergabe vorzuschreiben. Die Entscheidung über
       eine getrennte oder die gemeinsame Vergabe des öffentlichen Auftrags **muss** *sich an* **qualitativen und**
       wirtschaftlichen Kriterien *orientieren, die in den einzelstaatlichen Vorschriften festgelegt werden*
       können.

137   Aufgrund dieser Regelung ist festzuhalten, dass die alte EG-Vergaberichtlinie trotz des allgemeinen
       Gleichheitsgrundsatzes in Art. 2 VKR, nach dem der öffentliche Auftraggeber alle Wirtschaftsteil-
       nehmer gleich und nicht diskriminierend zu behandeln hat, der etwaigen **Bevorzugung mittel-**
       ständischer Interessen durch mitgliedsstaatliche, nationale Vergaberegeln **neutral** gegenübersteht,
       da in Ziff. 9 der Begründung zur VKR die gemeinsame und die getrennte Vergabe für gleichrangig
       eingestuft wird, und flankierend hierzu gemäß Ziff. 32 der Begründung der Zugang von kleinen
       und mittleren Unternehmen zu öffentlichen Aufträgen gefördert werden kann, wenn auch bloß
       durch das etwaige nationale Gebot, zwingend Nachunternehmervergaben vorzusehen. Folglich
       stellt die Regelung des § 97 Abs. 3 GWB auch im Blickfeld der Vergabekoordinierungsrichtlinien
       keinen Richtlinienverstoß dar.[177] Dies gilt auch für die Regelung in Satz 3, private Auftragnehmer,
       die eine öffentliche Aufgabe wahrnehmen oder durchführen, zu verpflichten, die mittelständischen
       Vorgaben der Sätze 1–bis 3 des § 97 Abs. 3 GWB bei etwaigen Unterauftragsvergaben an Dritte
       zu beachten. Denn eine solche Förderung gerade über Bestimmungen über Unteraufträge sieht
       Ziff. 32 der Begründungserwägung zur VKR ausdrücklich vor. Eine Europarechtswidrigkeit der
       Neuregelung dürfte daher nicht zu verzeichnen sein.

138   **Wenn** aber wie in § 97 Abs. 3 GWB geschehen eine Auftragsaufteilung grundsätzlich vorgeschrie-
       ben wird, so gibt die neunte Begründungserwägung zwingend (»muss«) vor, dass sich diese an **qua-**
       litativen und wirtschaftlichen Kriterien zu orientieren hat. Das war bei der Altfassung **wichtig** im
       Hinblick auf die Tatsache, dass § 97 Abs. 3 a.F. GWB konkrete Kriterien für die Auftragsteilung gar
       nicht vorgegeben hat. Solche konkreten Kriterien befanden sich vielmehr in den entsprechenden
       Regelungen der nachrangigen Vergabe- und Vertragsordnungen, § 4 Nr. 3 VOB/A a.F. (heute § 5
       Abs. 2 VOB/A-EG), mit seinen »wirtschaftlichen oder technischen Gründen« als Voraussetzung
       für die ausnahmsweise zusammengefasste Vergabe von Losen. Zu Zeiten der Altfassung war es
       daher grundsätzlich möglich, **weitere** qualitative Kriterien für eine Auftragserteilung heranzuzie-
       hen, außerhalb der »wirtschaftlichen oder technischen Gründe« nach § 4 Nr. 3 VOB/A a.F., bzw.
       der Zweckmäßigkeitsgründe nach § 5 VOL/A a.F.[178] Ein Rückgriff auf solche anderen qualitativen
       Kriterien ist nun nicht mehr möglich, da der Sache nach die »wirtschaftlichen oder technischen
       Gründe« des § 4 Nr. 3 VOB/A a.F. als Voraussetzung für eine ausnahmsweise zusammengefasste
       Vergabe von Losen nunmehr als **ausdrückliche Ausnahmekriterien** in den Gesetzesrang durch Auf-
       nahme in die Sätze 2 und 3 des § 97 Abs. 3 GWB übernommen worden sind. Der Sache nach hat
       diese Konzentrierung auf rein wirtschaftliche oder technische Gründe aber **keine Auswirkungen**
       auf die Praxis der Vergaberechtsprechung, weil diese sich **ohnehin** bei ihrer Rechtsprechung zur
       Losvergabe an den Voraussetzungen der Regelungen der Vergabe- und Verdingungsordnungen, § 4
       Nr. 3 VOB/A a.F. bzw. § 5 VOL/A a.F. orientiert hatte. Es gab keine Entscheidung, die von diesen
       Kriterien absah, und den weiter gefassten Normenbereich des § 97 Abs. 3 (unter etwaiger Berück-

---

177 So das OLG Düsseldorf explizit im Hinblick auf Art. 3 Abs. 2 der alten Dienstleistungsrichtlinie 92/50/
     EWG NZBau 2004, 688.
178 Vgl. nur Kus in: Kulartz/Marx/Portz/Prieß, Kommentar zur VOL/A, § 5, Rn. 3.

sichtigung der qualitativen und wirtschaftlichen Kriterien gemäß der 9. Begründungserwägung der VKR) bei seiner Entscheidung herangezogen hatte. **Von daher** dürfte die Aufnahme der seit jeher schon in § 4 Nr. 3 VOB/A a.F. **vorhandenen** Ausnahmekriterien der »wirtschaftlichen oder technischen Gründe« in die Neufassung des § 97 Abs. 3 Satz 2 und 3 GWB auch nicht wirklich zu einer Stärkung des Mittelstandsschutzes geführt haben, da die Rechtsprechung diese Kriterien sowieso schon berücksichtigt hatte.

Im Hinblick auf die neunte Begründungserwägung der VKR mit ihrer Vorgabe, sich bei der Losaufteilung an qualitativen und wirtschaftlichen Kriterien zu orientieren, sind die »technischen oder wirtschaftlichen Gründe« der deutschen Neufassung europarechtskonform gewählt.   139

Zu Zeiten der Altfassung 1999 konnten qualitative Kriterien wie ein **alleiniger zeitlicher Aspekt** der vorgesehenen Ausführungs- oder besser Realisierungsfrist eines Bauprojektes und der sich daran anknüpfenden, richtigen Einschätzung, dass eine **starke Verzögerung des Bauvorhabens** allein Grund genug für ein Absehen von einer losweisen Auftragserteilung bzw. eine zusammengefasste Vergabe sein könne, ohne Weiteres mit dem weiten Anwendungsbereich des § 97 Abs. 3 a.F. GWB begründet werden.[179]   140

Nunmehr sind zeitliche Aspekte zwar nicht auszublenden, müssen sie jedoch **wirtschaftliche Auswirkungen** haben, um als Grund für eine zusammengefasste Vergabe von Losen weiter herhalten zu können. Zumeist dürfte dies jedoch der Fall sein, da starke Verzögerungen von Bauvorhaben schlechterdings zumeist mit Kostennachteilen einhergehen.[180] Näheres siehe Rdn. 88, 91.   141

bb) Vergaberichtlinie (VR) 2014/24/EU

Gegenüber der VKR hat die neue Vergaberichtlinie 2014 ihre neutrale Stellung zum Mittelstandsschutz etwas aufgegeben, und zwar in Richtung einer Losvergabe. Art. 46 VR regelt die Unterteilung von Aufträgen in Losen. Die Vorschrift lautet: 142

Art. 46 Abs. 1: Die öffentlichen Auftraggeber können einen Auftrag in Form mehrerer Losen vergeben sowie Größe und Gegenstand der Lose bestimmen. Außer bei Aufträgen, deren Aufteilung gemäß Abs. 4 des vorliegenden Artikels verbindlich vorgeschrieben worden ist, geben die öffentlichen Auftraggeber die wichtigsten Gründe für ihre Entscheidung an, keine Unterteilung in Lose vorzunehmen; diese Begründung wird in die Auftragsunterlagen oder den Vergabevermerk nach Art. 84 aufgenommen.   143

(2) Die öffentlichen Auftraggeber geben in der Auftragsbekanntmachung oder in der Aufforderung zur Interessensbestätigung an, ob Angebote nur für ein Los oder für mehrere oder alle Lose eingereicht werden können. Die öffentlichen Auftraggeber können, auch wenn Angebote für mehrere oder alle Lose eingereicht werden dürfen, die Zahl der Lose beschränken, für die ein einzelner Bieter einen Zuschlag erhalten kann, sofern die Höchstzahl der Lose pro Bieter in der Auftragsbekanntmachung

---

179 So der Sache nach OLG Düsseldorf 08.09.2004, XII-Verg 38/04 »Gebäudemanagement« NZBau 2004, 688.

180 So deutlich jetzt BGH 11.05.2009, VII ZR 11/08, NZBau 2009, 370 ff. – »Autobahnzubringer BAB 113«; 3x v. 10.09.2009, XII ZR 82/08 (KG), NZBau 2009, 777 – »Strompreise«; VII ZR 152/08 (OLG Hamm), NZBau 2009, 771 – »Ausbau BAB 1«; VII ZR 255/08 (OLG Stuttgart), NZBau 2009, 781 – »Bahnanlagen Stahlpreis«; v. 26.11.2009 (OLG Saarbrücken), NZBau 2010, 102 – »Brückenbauwerk BAB 6«; 2 x v. 22.07.2010, VII ZR 213/08, NZBau 2010, 622 – »Ist-Kosten/EU-Recht«; VII ZR 129/09, NZBau 2010, 628 – »Schadensersatz«, mit nachfolgend OLG Celle v. 25.05.2011, 14 U 62/08, IBR 2011, 393 – »Preissteigerungsindex«; v. 25.11.2010 – VII ZR 201/08, IBR 2011, 65 – »Modifiziertes Angebot/Zweifel«; v. 08.03.2012, VII ZR 202/09, IBR 2012, 247 – »Ist-Kosten«; v. 06.09.2012, VII ZR 193/10, NZBau 2012, 694 – »Modifizierter Zuschlag/Kein Zweifel«. Danach trägt der öffentliche Auftraggeber das Vergabeverfahrensrisiko mit den zeitlichen Risiken, und ist Mehrvergütungsansprüchen des AN nach § 2 Abs. 5 VOB/B analog ausgesetzt – die er allenfalls im Verhandlungsverfahren »verhandeln« könnte.

oder in der Aufforderung zur Interessensbestätigung angegeben wurde. Die öffentlichen Auftraggeber geben die objektiven und nicht diskriminierenden Kriterien oder Regeln in den Auftragsunterlagen an, die sie bei der Vergabe von Losen anzuwenden gedenken, wenn die Anwendung der Zuschlagskriterien dazu führen würde, dass ein einzelner Bieter den Zuschlag für eine größere Zahl von Losen als die Höchstzahl erhält.

(3) Die Mitgliedstaaten können bestimmen, dass in Fällen, in denen ein einziger Bieter den Zuschlag für mehr als ein Los erhalten kann, die öffentlichen Auftraggeber Aufträge über mehrere oder alle Lose vergeben können, wenn sie in der Auftragsbekanntmachung oder in der Aufforderung zur Interessensbestätigung angegeben haben, dass sie sich diese Möglichkeit vorbehalten und die Lose oder Losgruppen angeben, die kombiniert werden können.

(4) Die Mitgliedstaaten können Abs. 1 Unterabsatz 2 umsetzen, indem sie die Vergabe von Aufträgen in Form von getrennten Losen unter Bedingungen vorschreiben, die gemäß ihren nationalen Rechtsvorschriften und unter Beachtung des Unionsrechts zu bestimmen sind. In diesem Fall finden Abs. 2 Unterabsatz 1 und – gegebenenfalls – Abs. 3 Anwendung.

144   Dazu heißt es in den Begründungserwägungen Nr. 78 und Nr. 79 der VR zusammengefasst, dass die öffentliche Vergabe an die Bedürfnisse von KMU (kleine und mittelständische Unternehmen) angepasst werden sollte. Zu diesem Zweck und um den Wettbewerb zu stärken, sollten öffentliche Auftraggeber insbesondere ermutigt werden, große Aufträge in Lose zu unterteilen. Dies könnte auf einer quantitativen Grundlage erfolgen, so dass die Größe der Einzelaufträge jeweils der Kapazität der kleineren oder mittleren Unternehmen besser entspricht, oder auf einer qualitativen Grundlage gemäß den verschiedenen involvierten Gewerken und Spezialisierungen, so dass der Inhalt der Einzelaufträge stärker an die Fachsektoren der KMU angepasst wird, oder gemäß den unterschiedlichen aufeinanderfolgenden Projektphasen. Dabei sollte es den **Mitgliedstaaten überlassen** bleiben, in ihren Bemühungen um Förderung der Teilnahme von KMU am öffentlichen Beschaffungsmarkt hierüber noch hinauszugehen, indem sie den Geltungsbereich der Verpflichtung zur Prüfung der Frage, ob eine Aufteilung von Aufträgen in Lose sinnvoll ist, dadurch auf kleinere Aufträge ausdehnen, dass sie öffentliche Auftraggeber verpflichten, die **Entscheidung**, Aufträge nicht in Lose aufzuteilen, zu **begründen**, oder dass sie eine Aufteilung in Lose unter bestimmten Bedingungen verbindlich vorschreiben. Zu demselben Zweck sollte es Mitgliedstaaten auch freistehen, Direktzahlungen an Unterauftragnehmer vorzusehen. (So Begründungserwägung 78). Werden Aufträge in Lose unterteilt, so sollten gemäß der Begründungserwägung 79 die öffentlichen Auftraggeber beispielsweise zur Wahrung des Wettbewerbs oder zur Gewährleistung der Versorgungssicherheit die Zahl der Lose, für die ein Wirtschaftsteilnehmer ein Angebot unterbreiten kann, begrenzen dürfen.

145   Damit hat sich – erstmals – das europäische Vergaberichtlinienrecht dafür entschieden, eine Förderung von KMU durch Losaufteilung zu empfehlen. Mehr ist es nicht, da den Mitgliedstaaten freisteht, die Einzelheiten zu regeln, oder darüber hinauszugehen, was das GWB seit jeher getan hat, wenn es zunächst in der Altfassung 1999 vorgeschrieben hat, mittelständische Interessen vornehmlich durch Teilung der Aufträge zu berücksichtigen, und seit der Fassung 2009 dies verbindlich durch den Grundsatz der Losvergabe vorgibt. Da, wie es auch die Gesetzesbegründung zu § 97 Abs. 4 GWB festhält, die deutsche Regelung strenger als die europäische Regelung des Art. 46 VR ist, orientiert sich die öffentliche Auftragsvergabe national lediglich an § 97 Abs. 4.

146   Die Möglichkeit des Art. 46 Abs. 2 VR, eine Loslimitierung vorzusehen, gab es im deutschen Vergaberecht schon durch die Vergaberechtsprechung[181]. Für die Loslimitierung gibt es nunmehr eine Gesetzesregelung in § 30 VgV Fassung 2016.

---

181   Siehe dazu Rn. 74 der Vorauflage; OLG Düsseldorf, VergabeR 2013, 605 ff. – »Sozialversicherungspflichtiges Personal«.

c) Ausländische Regelungen

Im europäischen Ausland gibt es in den jeweiligen Vergaberechtsgesetzen im Ergebnis kein ver- **147** gleichbares Pendant zu § 97 Abs. 3 GWB, welches in derart starkem Maße die Förderung des Mittelstandes im Fokus hat. So hat sich z.B. **Großbritannien** (ohne Schottland) in den Public Contracts Regulations 2006 darauf beschränkt, die Vorgaben der EU-Vergaberichtlinien im Hinblick auf das Recht der Losaufteilung im Wortlaut exakt umzusetzen. Das heißt, es existiert keinerlei rechtliche Verpflichtung der Auftraggeber zur Losaufteilung. Gleiches gilt für die **Niederlande**, die in dem Besluit aanbestedingsregels voor overheidsopdrachten (BAO) und dem Besluit aanbestedingen speciale Sectoren (BASS) jeweils nur die in den europäischen Richtlinien vorgegebenen Regelungen zur Schwellenwertberechnung im Fall einer Losaufteilung umsetzen, ohne aber eine Pflicht zur Losaufteilung zu normieren. In **Belgien** sieht Art. 18 Abs. 2 des Vergabegesetzes nur die Möglichkeit vor, dass bei einer Losaufteilung auch auf die Vergabe eines Teils dieser Lose nachträglich verzichtet werden kann. Eine Verpflichtung zur Losaufteilung besteht ebenfalls nicht.

EU-Mitgliedstaaten, deren Rechtsordnungen wie Deutschland ebenfalls eine Pflicht zur Losbildung **148** kennen, sind dagegen z.B. Frankreich, Österreich und Luxemburg: In **Frankreich** stellt Art. 10 Abs. 1 Satz 1 des Code des marchés publics den Grundsatz auf, dass zur Förderung eines möglichst breiten Wettbewerbs um den Auftrag grundsätzlich eine Aufteilung des Auftrages in Lose stattzufinden hat. Die Zahl der Lose und deren Zuschnitt bestimmt der Auftraggeber unter Berücksichtigung unter anderem der Struktur des betreffenden Wirtschaftszweigs. Dabei hat der Auftraggeber nach der Rechtsprechung des Conseil d'Etat einen Beurteilungsspielraum, der von den Gerichten nur auf schwerwiegende Beurteilungsfehler kontrolliert werden darf (CE, 21.05.2010, Commune d'Ajaccio, n° 333737). In **Österreich** bestimmt das Bundesgesetz über die Vergabe von Aufträgen (Bundesvergabegesetz 2006) in § 22 Abs. 1, dass Leistungen gemeinsam oder getrennt vergeben werden können. Für die gesamte Vergabe von Leistungen sind nach § 22 Abs. 1 Satz 3 wirtschaftliche oder technische Gesichtspunkte, wie z.B. die Notwendigkeit einer einheitlichen Ausführung oder einer eindeutigen Gewährleistung maßgebend. Nach der Rechtsprechung des Verwaltungsgerichtshofs (VwGH) kann der öffentliche Auftraggeber selbst entscheiden, ob er ein Vergabevorhaben, das in der Erbringung gleichartiger Leistungen in einem sachlichen und zeitlichen Zusammenhang besteht, nur in einem (an einen einzigen Bieter) oder getrennt in Form von Losen (an verschiedene Bieter) vergeben will. Zur Begründung verweist der VwGH auf den 9. Erwägungsgrund der VKR, wonach die Richtlinie nicht bezweckt, eine gemeinsame oder eine getrennte Vergabe vorzuschreiben (VwGH, Erkenntnis v. 08.10.2010, 2007/04/0188). In **Luxemburg** kennt das Vergabegesetz (Loi du 25 juin 2009 sur les marchés publics) in Art. 10 Abs. 1 Satz 1 die Möglichkeit einer Aufteilung eines öffentlichen Auftrages in Fachlose (professions) oder Teillose (lots). Untergesetzlich bestimmt die Verordnung v. 03.08.2009 zur Ausführung des Vergabegesetzes in Art. 8 Abs. 1 den Grundsatz der Gesamtvergabe, dies allerdings unter Berücksichtigung der jeweils angesprochen Gewerbe, Industrien oder Berufen, also eine Regelung, die der Fachlosvergabe nach deutschem Recht ähnlich ist. Art. 8 Abs. 2 der Verordnung bestimmt nur für umfangreiche Aufträge über Bauleistungen, Lieferungen oder Dienstleistungen, dass diese in Teillose aufgeteilt getrennt vergeben werden können.

3. Landesgesetzliche Regelungen

Verschiedene Landesgesetze sehen eine Mittelstandsförderung vor: **149**
- **Baden-Württemberg:** Gesetz zur Mittelstandsförderung v. 19.12.2000, GVBl. 2000, 745, zuletzt geändert durch Art. 7, 8. Anpassungsverordnung v. 25.01.2012 (GVBl. S. 65), nebst Mittelstandsrichtlinien für öffentliche Aufträge – MRöA v. 06.08.2003, GABl. 2003, S. 591
- **Bayern:** Gesetz über die Förderung der mittelständischen Unternehmen sowie der Freien Berufe (Mittelstandsförderungsgesetz-MfG) v. 20.12.2007 (GVBl. S. 926)
- **Brandenburg:** Gesetz zur Förderung des Mittelstandes im Land Brandenburg (Brandenburgisches Mittelstandsförderungsgesetz – BbgMFG) v. 08.05.1992 (GVBl. I S. 166)
- **Bremen:** Bremisches Gesetz zur Sicherung von Tariftreue, Sozialstandards und Wettbewerb bei öffentlicher Auftragsvergabe (Tariftreue- und Vergabegesetz) v. 24.11.2009 (Brem. GBl. S. 476)

- **Hamburg:** Hamburgisches Vergabegesetz (HmbVgG) v. 13.02.2006 (HmbGVBl. S. 57) sowie Gesetz über die Förderung der kleinen und mittleren Unternehmen und der in der Wirtschaft tätigen Freien Berufe (Mittelstandsförderungsgesetz Hamburg – MFG-Hamburg, v. 02.03.1977 (HmbGVBl. S. 55)
- **Hessen:** Hessisches Vergabe- und Tariftreuegesetz (HVTG) v. 19.12.2014 (GV Bl. 354)**Mecklenburg-Vorpommern:** Vergabegesetz Mecklenburg-Vorpommern-VgG M-V v. 07.07.2011, GVOBl. M-V S. 411 (dort § 4 Berücksichtigung mittelständiger Interessen); Mittelstandsförderungsgesetz v. 14.12.1993, GVBl. 1994, S. 3, nebst Richtlinie für die verstärkte Beteiligung mittelständischer Unternehmen bei der Vergabe öffentlicher Aufträge v. 30.06.2003, V 330–611-20–03.06.20/007
- **Niedersachsen:** Niedersächsisches Tariftreue- und Vergabesetz – NTVergG v. 31.10.2013, Nds. GVBl. S. 259 (dort § 9 Förderung kleiner und mittlerer Unternehmen); Gesetz zur Förderung kleinerer und mittlerer Unternehmen v. 30.04.1978, Nds. GVBl., S. 377, zuletzt geändert durch Gesetz v. 20.11.2001, Nds. GVBl., S. 701
- **Nordrhein-Westfalen:** Gesetz über die Sicherung von Tariftreue und Sozialstandards sowie fairen Wettbewerb bei der Vergabe öffentlicher Aufträge (Tariftreue- und Vergabegesetz Nordrhein-Westfalen – TVgG-NRW) v. 10.01.2012.
- **Rheinland-Pfalz:** Mittelstandsförderungsgesetz v. 09.03.2011 (GVBl. S. 66)
- **Saarland:** Mittelstandsförderungsgesetz – MFG v. 21.07.1976, ABl. des Saarlandes, S. 841, geändert durch Gesetz v. 14.05.1986, ABl. des Saarlandes S. 509; nebst Mittelstandsrichtlinien Öffentliches Auftragswesen – MÖA v. 13.06.1978, GMBl. Saar 1978, S. 462, zuletzt geändert durch Gemeinsamen Erlass v. 06.02.1986, GMBl. Saar, S. 223.
- **Sachsen:** Sächsisches Vergabegesetz v. 14.02.2013, GVBl. S. 109
- **Sachsen-Anhalt:** Landesvergabegesetz-LVG LSA v. 19.11.2012, GVBl. LSA S. 536 (dort § 3 Mittelstandsförderung); Mittelstandsförderungsgesetz (MVG) v. 27.06.2001, GVBl., S. 230
- **Schleswig-Holstein:** Tariftreue- und Vergabegesetz Schleswig-Holstein – TTG v. 31.05.2013, GVOBl. Schleswig-Holstein S. 239 (dort § 3 Abs. 7); Gesetz zur Förderung des Mittelstands (Mittelstandförderungs- und Vergabegesetz – MFG) v. 19.07.2011 (GVOBl. Schl.-H. S. 244)
- **Thüringen:** Thüringer Gesetz über die Vergabe öffentlicher Aufträge (Thüringer Vergabegesetz – ThürVgG) v. 18.04.2011 (GVBl. S. 69)

150 Auf die Einzelheiten dieser Mittelstandsförderungsgesetze der verschiedenen Länder kann an dieser Stelle nur verwiesen werden. Nach dem »Rüffert-Urteil« des EuGH[182] sind die Bundesländer wieder verstärkt dazu übergegangen, Tariftreue- und Vergabegesetze zu erlassen. Diese enthalten aber nur zum Teil gleichzeitig auch mittelstandsfördernde Regelungen, wie z.B. eine schlichte Umsetzung des § 97 Abs. 3 GWB für Auftragsvergaben unterhalb der sogenannten Schwellenwerte (nationale Auftragsvergaben). So sind bislang nur die Länder Bayer, Hessen und Sachsen noch ohne (neues) Vergabe- und Tariftreuegesetz, und in Planung befinden sich solche Gesetze in Baden-Württemberg und Sachsen-Anhalt. Alle anderen Länder haben ein eigenes Tariftreue- und Vergabegesetz.[183]

151 **Mittelstandsfördernde Regelungen** enthalten dabei nur die Vergabegesetze von Bremen, Hamburg, Nordrhein-Westfalen und Thüringen, die von Berlin, Niedersachsen, Saarland und Sachsen (derzeit) nicht. Weil es ein mit sehr weitreichenden Folgen für die Wirtschaft versehenes Gesetz ist, wird hier exemplarisch das **Tariftreue- und Vergabegesetz NRW** mit seiner mittelstandsfördernden Aussage angeführt.[184] Zunächst gilt das TVgG-NRW für alle öffentliche Auftraggeber im Land Nordrhein-Westfalen, wobei auf den Auftraggeberbegriff des § 98 GWB abgestellt wird, und für alle Auftragsvergaben im Bau-, Liefer- und Dienstleistungsbereich im Sinne des § 99 GWB, wobei für einzelne Regelungen nur gewisse, relativ niedrige Mindestschwellenwerte wie 20.000,00 gelten. In § 3 TVgG-NRW sind die allgemeinen und verbindlichen Grundsatzpflichten niedergelegt, wie

---

182 EuGH v. 03.04.2008 C-346/06, VergabeR 2008, 478.
183 Vgl. im Einzelnen Meißner VergabeR 2012, 301, 303.
184 Das frühere Mittelstandsgesetz NRW v. 08.07.2003 ist im Jahr 2008 außer Kraft gesetzt worden.

die generelle Pflicht zur Bekanntmachung bzw. Veröffentlichung von beabsichtigten Auftragsvergaben sowie durchgeführten Auftragsvergaben. **Mittelstandsfördernde Regelungen** finden sich in § 3 Abs. 6 bis 8 TVgG-NRW. Während § 3 Abs. 7 TVgG-NRW nur einen bloßen, deklaratorischen Hinweis auf die Grundsätze der Fach- und Teillosvergabe nach § 97 Abs. 3 GWB sowie der Vergabeordnungen, auch unterhalb der Schwellenwerte für nationale Auftragsvergaben, enthält, sieht § 3 Abs. 6 TVgG-NRW die **grundsätzliche Verpflichtung** vor, bei Beschränkten und Freihändigen Vergaben auch kleinere und mittlere Unternehmen zur Angebotsabgabe **aufzufordern**. Außerdem dient die Bekanntmachung aller öffentlichen Ausschreibungen der öffentlichen Auftraggeber des Landes NRW auf www.vergabe-nrw.de dem Zweck, eine verstärkte Teilnahme von kleinen und mittleren Unternehmen zu erreichen (bloße Soll-Vorgabe, aber Pflicht für Landesbehörden NRW), § 3 Abs. 8 TVgG-NRW. Das TVgG-NRW **stärkt** also über § 97 Abs. 3 GWB hinaus den Mittelstand, weil die öffentlichen Auftraggeber des Landes NRW bei Beschränkten und Freihändigen Vergaben kleine und mittlere Unternehmen nicht völlig außer Acht lassen dürfen.

4. Charakter der Norm

a) Subjektives Bieterrecht/Schutzbereich

§ 97 Abs. 4 GWB enthält keinen bloß allgemein gehaltenen Programmsatz, sondern ein **konkretes**   152
Gebot an den öffentlichen Auftraggeber, mit einem korrespondierenden, subjektiven Bieterrecht auf Beachtung der Losvergabe.[185] Das subjektive Bieterrecht steht auch **größeren Unternehmen** zu. Denn die Grundsätze über die Losvergabe dienen nicht ausschließlich der Förderung mittelständischer Interessen. Vielmehr sind diese Grundsätze auch Ausprägungen des Wettbewerbs- und Wirtschaftlichkeitsgebots nach § 97 Abs. 1.[186] Der **Schutzbereich der Norm** ist daher nicht auf kleine und mittlere Unternehmen beschränkt.[187] Wäre dies so, dann würde im Ergebnis dem Mittelstandschutz eine **höhere Bedeutung** zukommen als dem Wettbewerbs- und Wirtschaftlichkeitsgebot. Das GWB hat dies aber umgekehrt formuliert, denn nach § 97 Abs. 1 GWB beschaffen die öffentlichen Auftraggeber nach Maßgabe der folgenden Vorschriften, und so auch nach Maßgabe des § 97 Abs. 4 GWB, im Wettbewerb. Der Wettbewerbsgedanke steht also (neben dem Transparenzgebot und dem Gleichbehandlungsgebot, § 97 Abs. 2 GWB) an primärer Stelle. Als (deutsche) Besonderheit sind mittelständische Interessen dabei nur, aber immerhin, »vornehmlich« zu berücksichtigen, § 97 Abs. 4 Satz 1 GWB. Der Mittelstandsschutz ist also in die Grundprinzipien des Wettbewerbs, der Transparenz und der Gleichbehandlung **eingebettet**. Folglich hat nicht der Wettbewerbsgedanke hinter den Mittelstandsschutz zurückzutreten, sondern, wenn überhaupt, allenfalls umgekehrt. Mit anderen Worten ist es richtig, wenn der **BGH** ausführt, dass in § 97 Abs. 4 GWB die mittelständischen Interessen lediglich betont werden[188] und das **OLG Düsseldorf** ausführt, dass die losweise Vergabe von Aufträgen in erster Linie der Wettbewerbsförderung, der Gleichbe-

185 Einhellige Meinung: Bundeskartellamt 01.02.2001 VK 1–1/01; VK Magdeburg 06.06.2002 33 – 32571/07 VK 05/02 MD; VK Hessen 27.02.2003 69d VK – 70/2002; VK Arnsberg 31.01.2001 VK 2 – 01/2001; OLG Düsseldorf »Gebäudemanagement« NZBau 2004, 688; BGH v. 08.02.2011, X ZB 4/10, VergabeR 2011, 452 – »S-Bahn-Rhein/Ruhr«; OLG Düsseldorf v. 11.07.2007, VII-Verg 10/07 – »Lärmschutzwände 1«; v. 23.03.2011, Verg 63/10 – »Glasreinigung 1«; v. 21.03.2012, VII-Verg 92/11, NZBau 2012, 515 – »Abschleppfahrzeuge«; OLG Karlsruhe v. 06.04.2011, 15 Verg 3/11 – »Glasreinigung«; OLG Schleswig v. 14.08.2000, 6 Verg 2/2000; v. 13.10.2000, 6 Verg 4/2000; v. 30.10.2012, 1 Verg 5/12 – »Postdienstleitungen«; OLG Brandenburg v. 27.11.2008, Verg W 15/08; OLG Celle v. 26.04.2010, 13 Verg 4/10, VergabeR 2010, 661 – »PPP-Beratungsleistungen«; OLG Jena v. 06.06.2007, 9 Verg 3/07, VergabeR 2007, 677 – »PPP-Beratungsleistungen«.

186 OLG Düsseldorf v. 11.07.2007, Verg 10/07 – »Lärmschutzwand 1«; v. 22.10.2009, VII-Verg 25/09 – »Endoskopiegeräte« (hier offen gelassen); schließlich BGH v. 08.02.2011, VergabeR 2011, 452 – »S-Bahn Rhein/Ruhr«.

187 So aber Müller-Wrede NZBau 2004, 643, 647; Stickler in: Kapellmann/Messerschmidt, VOB-Kommentar, § 4 Rn. 55.

188 BGH a.a.O. – »S-Bahn Rhein/Ruhr«.

handlung sowie auch der Erhaltung eines breit gestreuten Marktes dient, der die wirtschaftlichen Beschaffungsmöglichkeiten langfristig sichert.[189] Würde man den Schutzbereich auf kleine bis mittelständische Unternehmen beschränken, wobei im Streitfall auch noch häufig die Abgrenzung zu Großunternehmen offen ist,[190] dann hätten Großunternehmen wie Generalunternehmer keine Chance, wenn sie sich beispielsweise bei einem Hochbauprojekt nur um den Rohbau bemühen und insoweit ein Angebot legen wollen, der öffentliche Auftraggeber aber alle Fachlose des Hochbauprojektes zusammengefasst und nicht in Losen ausschreiben möchte. Denn dem Generalunternehmer würde dann das subjektive Recht nach § 97 Abs. 4 GWB für das Nachprüfungsverfahren fehlen, die zusammengefasste Vergabe aller Fachlose darauf hin überprüfen zu lassen, ob nicht gemäß § 97 Abs. 4 Satz 2 GWB jedenfalls das Fachlos »Rohbau« gesondert auszuschreiben ist.

153   Dieses subjektive Recht gilt nach einer Entscheidung des **OLG Düsseldorf**[191] nicht bei der Ausschreibung von **Hilfsmittellieferungen durch gesetzliche Krankenkassen**. Die Vergabekammer hatte in erster Instanz mittelständische Interessen bei der Wertung in der Weise berücksichtigt sehen wollen, dass nur die zu den einzelnen Gebietslosen eingegangenen Angebote miteinander verglichen werden, während Angebote, die Loskombinationen (und entsprechende Rabattierungen) vorsahen, aus Gründen des Mittelstandsschutzes hingegen nicht gewertet werden dürften. Das OLG Düsseldorf folgte dem nicht, weil der Mittelstandsschutz nach § 97 Abs. 4 GWB in diesem speziellen Bereich des SGB V nicht ohne Weiteres anzuwenden sei. Denn § 127 SGB V stelle andere und **spezielle Vergabegrundsätze** für die Beschaffung von Hilfsmitteln durch gesetzliche Krankenkassen auf. So würden Zusammenschlüsse auf Nachfrage- wie auf Bieterseite, mithin Konzentrationen, ausdrücklich zugelassen. Die Auftragsvergabe selbst solle unter den Gesichtspunkten der Qualität der Hilfsmittel und der Beratung der Versicherten erfolgen; sie solle für eine wohnortnahe Versorgung der Versicherten sorgen. Auf spezifische Belange des Mittelstandsschutzes sei danach **keine Rücksicht** zu nehmen. Dass, wie die Vergabekammer gemeint hatte, in diesem Punkt zwischen den Vorgaben des Vergaberechts und des Sozialrechts eine praktische Konkordanz herzustellen sei, sei dem Gesetz nicht zu entnehmen.[192]

b) Mittelstandsschutz und Wettbewerb/Wirtschaftlichkeit

154   Teilweise wird die Berücksichtigung mittelständischer Interessen als **vergabefremder Aspekt** angesehen.[193] Dies deshalb, weil die Losaufteilung nicht primär an wettbewerblichen bzw. wirtschaftlichen Kriterien auszurichten ist, sondern rein wirtschaftlichen Interessen einer Sondergruppe, nämlich des Mittelstandes, dienen soll. Diese Auffassung dürfte sich aufgrund der Neufassung des § 97 Abs. 3 GWB Fassung 2009 nicht geändert haben, da diese eine Stärkung und keine Schwächung des Mittelstandsschutzes vorsieht. Die Klassifizierung »Vergabefremder Aspekt« ist letztendlich jedoch wenig hilfreich. Entscheidend ist, wie in der Sache der Mittelstandsschutz in den Wettbewerbsgedanken des § 97 Abs. 1 GWB »eingebettet« wird, sprich im Ergebnis im **Einzelfall** der Wettbewerb und damit die gewollte Wirtschaftlichkeit einer einzukaufenden Leistung des öffentlichen Auftraggebers gewahrt bleibt. Dem trägt die Rechtsprechung bereits dadurch Rechnung, dass im Rahmen der Abwägung für oder wider einer Losvergabe die Gründe für eine zusammengefasste Vergabe aller Lose nicht nur vertretbar oder anerkennenswert sein müssen, sondern **überwiegen** müssen, und das **Beschaffungsselbstbestimmungsrecht** des öffentlichen Auftraggebers bei dieser Abwägung

189 OLG Düsseldorf v. 11.07.2007, VII-Verg 10/07 – »Lärmschutzwände 1«; VK Bund v. 19.09.2001, VergabeR 2002, 72.
190 Zum Begriff Mittelstandsschutz unter Ziffer II.
191 OLG Düsseldorf 17.04.2008, VII-Verg 15/08.
192 OLG Düsseldorf a.a.O.
193 So z.B. BGH 17.02.1999 WuW/E Verg. 213, 217; »Krankenhauswäsche« NJW 2000, 137 = BauR 1999, 736, 740; Dreher in: Immenga/Mestmäcker GWB-Kommentar 3. Aufl. § 97 Rn. 67; Stickler in: Reidt/Stickler/Glahs Vergaberechtskommentar § 97 Rn. 11; Hailbronner in: Byok/Jaeger Kommentar zum Vergaberecht 2. Aufl. § 97 Rn. 219; a.A. Marx in: Beck'scher VOB-Kommentar § 97 Rn. 27; wohl auch Müller-Wrede in: Ingenstau/Korbion 15. Aufl. § 97 Rn. 20.

dazu führt, dass der Auftraggeber nicht verpflichtet ist, eine Ausschreibung auf Fach- oder Teillose so zuzuschneiden, dass bestimmte Wirtschaftsteilnehmer und deren einzelwirtschaftliche Interessen, sprich letztendlich jedes »mittelständische Interesse« bedient werden. Die Wirtschaftlichkeit des Projektes muss stets gewahrt bleiben, und braucht keine unwirtschaftliche Loszersplitterung vorgenommen zu werden, sodass es im Ergebnis hinzunehmen ist, wenn nicht jedes mittelständische Unternehmen in der Lage ist, auf ein Fach- oder Teillos hin anbieten zu können.[194] Mit dieser **Maßgabe** bleibt der Mittelstandsschutz im Ergebnis nicht (mehr) »vergabefremd«, da er gerade am Wettbewerbsgedanken und insbesondere am Wirtschaftlichkeitsgebot des § 97 Abs. 1 GWB **auszurichten** ist.

c) § 97 Abs. 4 Satz 2 u. 3: Wettbewerbsöffnung durch Auftragsteilung

In der Tat ist zunächst danach zu fragen, welchen primären Zielen das Vergaberecht dienen soll und   155
in welches gesetzliche Umfeld es mit dem Vergaberechtsänderungsgesetz am 01.01.1999 gestellt worden ist. Primäres Ziel des öffentlichen Vergaberechts ist aber seit jeher die Auftragserteilung zwingend im Wettbewerb, um im Rahmen dessen den haushalterischen Vorgaben und Zielen entsprechend möglichst **wirtschaftliche** Beschaffungen seitens der öffentlichen Hand erhalten zu können.[195] Die Beschaffung von Waren, Bau- und Dienstleistungen im Wettbewerb ist daher auch einer der **Kernprinzipien** des Vergaberechts (gemäß § 97 Abs. 1 GWB). Zur Betonung desselben und zur »Verschmelzung« und gleichartigen Zielausrichtung wurde das öffentliche Vergaberecht auch in die privaten Wettbewerbsregelungen, hier im vierten Teil, in das Gesetz gegen Wettbewerbsbeschränkungen (Kartellgesetz) am 01.01.1999 implantiert.[196] Es wurde gerade kein eigenständiges Vergabegesetz geschaffen.[197] Vielmehr sollte der Zusammenhang zum **freien Wettbewerb** als grundlegendem Wirtschaftsordnungsprinzip Deutschlands und dem diesem Prinzip Rechnung tragenden, gesamten Gesetzesgerüst »Wettbewerbsrecht« betont werden. Aus diesem Blickwinkel gesehen bedeutet die gesetzliche Betonung mittelständischer Interessen, die in der Fassung 2009 auch noch gestärkt werden sollte, vordergründig betrachtet zunächst eine **Bevorzugung einer Sondergruppe**,[198] gegenüber einer »spontanen Ordnung« freier Kräfte in einem freien Wettbewerb auf freien Märkten (im Sinne von v. Hayeks),[199] in der mehr oder weniger jegliche gesetzgeberische Regulierung und insbesondere Bevorzugung bestimmter gesellschaftlicher Gruppen vollkommen fremd ist. In dieser, freilich extrem neoliberalen Sichtweise bedeutet eine »gesetzliche Hilfestellung« bestimmter gesellschaftlicher Sondergruppen **immer** einen wettbewerbs**fremden** bzw. vergabe**fremden** Aspekt.

Dem ist jedoch entgegenzuhalten, dass sich die Bevorzugung des Mittelstandes in § 97 Abs. 4 Satz 2   156
und 3 GWB bereits in der Auftrags**teilung** erschöpft. Es wird gerade keine Bevorzugung bei der Auftrags**erteilung** vorgeschrieben, was in der Tat eine handfeste materielle Begünstigung darstellen würde, die nicht in eine liberale Wirtschaftsordnung passt. Klarstellend wurde daher bereits ausgeführt, dass eine besondere Berücksichtigung mittelständischer Interessen bei der Zuschlagsertei-

---

194 OLG Düsseldorf v. 11.07.2007, VII-Verg 10/07 – »Lärmschutzwand 1«; v. 22.10.2009, VII-Verg 25/09 – »Endoskopiegeräte«; v. 25.11.2009, Verg 27/09 – »Lärmschutzwände 2«; v. 23.03.2011, Verg 63/10 – »Glasreinigung 1«; v. 11.01.2012, VII-Verg 52/11, VergabeR 2012, 658 – »Glasreinigung 2«; v. 21.03.2012, VII-Verg 92/11, NZBau 2012, 515 – »Abschleppfahrzeuge«; v. 25.04.2012, Verg 100/11 – »EDV-Hard- und Software«; OLG Schleswig v. 30.10.2012, 1 Verg 5/12 – »Postdienstleistungen«; OLG Karlsruhe v. 06.04.2011, 15 Verg 3/11 – »Glasreinigung«.
195 Statt aller Lampe-Helbig/Wörmann Handbuch der Bauvergabe 2. Aufl. Rn. 63 ff.
196 Stockmann ZWeR 2003, 37, 39, 41 ff., 46.
197 Stockmann ZWeR 2003, 37, 39, 41 ff., 46.
198 Vgl. hierzu Kus, Die Diskussion über Wirtschaftsethik und ihr Einfluss auf das Privatrecht S. 63 ff., 131 ff.
199 Von Hayek Recht, Gesetzgebung und Freiheit, Bd. 3 »Wettbewerb als Entdeckungsverfahren« S. 100 ff. sowie Bd. 1 »Regeln und Ordnung« Kap. II.

lung dem Wettbewerbsprinzip des § 97 Abs. 1 GWB widersprechen würde.[200] Mittelstandsschutz heißt nur mittelstands**gerechte** Vergabe in Form der Auftrags**teilung**, nicht dagegen mittelstands-**bevorzugende** Auftrags**zuteilung**, wie *Burgi* zu Recht hervorgehoben hat.[201] Die Beschränkung auf die grundsätzliche Pflicht zur bloßen Auftrags**teilung** bedeutet daher im Kern ganz im Sinne des Wettbewerbs lediglich eine **Verbreiterung** der Wettbewerbsmöglichkeiten, d.h. sie dient gerade der Schaffung von Wettbewerb.[202] Es wird letztlich nur die **Wettbewerbsteilnahmemöglichkeit** gegen-über einer größeren Masse von Unternehmen, nämlich auch den mittleren und kleineren Unter-nehmen, eröffnet. So gesehen entspricht das Gebot der Auftragsteilung letztlich aber der primären Zielsetzung des Vergaberechts, einen möglichst breiten Wettbewerb und Kampf um den Auftrag zu eröffnen. Denn der Wettbewerb um den (zerteilten) Auftrag selbst bleibt erhalten, da inso-weit alle Bewerber und Bieter die gleichen Chancen haben und der Wettbewerb nicht durch eine Bevorteilung der mittelständischen Unternehmen bei der Wertungsentscheidung zugunsten des Zuschlages – dafür ist nach wie vor das Kriterium der **Wirtschaftlichkeit** maßgebend – beeinträch-tigt bzw. zerstört wird.[203] Diesem »Zusammenspiel« zwischen Mittelstandsschutz, Wettbewerb und Wirtschaftlichkeit hat, wie oben unter Ziffer I.4. b bereits ausgeführt die **Vergaberechtsprechung** zutreffend dahin gehend aufgelöst, dass der Mittelstandsschutz bzw. die mittelständischen Interes-sen sich an dem Grundprinzip des Wettbewerbs und der Wirtschaftlichkeit einer jeden Einkaufs-maßnahme der öffentlichen Hand auszurichten hat, und nicht umgekehrt. Nur in diesem Sinne ist die Verfolgung mittelständischer Interessen in einem Vergaberecht nicht mehr als »vergabefremd« anzusehen, weil eine **Harmonisierung** im Sinne einer praktischen Konkordanz erfolgt. Wenn eine Losaufteilung zwar **jedem** mittelständischen Unternehmen gerecht werden würde, im Ergebnis aber eine **unwirtschaftliche** Loszersplitterung darstellen würde, so hat das mittelständische Interesse im Ergebnis **zu weichen**.[204] Es wird also richtigerweise im Sinne der **Wirtschaftlichkeit** einer Maß-nahme bei bestehendem Wettbewerb nicht jedes mittelständische Interesse in einer Ausschreibung bedient, mithin keine mittelstandsbevorzugende Auftragszuteilung (auf der 4. Wertungsstufe der Wirtschaftlichkeit) vorgenommen.

157 Dieser **Normencharakter** der Sätze 2 und 3 des § 97 Abs. 4 GWB – Wettbewerbsöffnung durch bloße Auftragsteilung – ist trotz des politischen Willens, mit der Neufassung 2009 den Mittel-standsschutz zu stärken, im Ergebnis nicht verändert worden. Das ergibt sich aus dem Vergleich der Altregelung mit der Neuregelung: Schon vor dem erstmaligen Inkrafttreten des § 97 Abs. 3 GWB am 01.01.1999 galt zunächst über die §§ 4 Nr. 3 VOB/A a.F. bzw. 5 Nr. 1 VOL/A a.F. der **Grundsatz** der getrennten Vergabe von Fach- und Teillosen eines Gesamtauftrages (»Projektes«), welcher **nur in Ausnahmefällen** zugunsten einer zusammengefassten Vergabe mehrerer oder aller Teil- und/oder Fachlose durchbrochen werden konnte, wenn die erforderlichen Voraussetzungen hierfür vorlagen.[205] Bei Bauleistungen waren dies stets wirtschaftliche oder technische Gründe

---

200 BGH 17.02.1999 X ZR 101/97 (KG) »Krankenhauswäsche« NJW 2000, 137, 140; BGH v. 08.02.2011, VergabeR 2011, 452 – »S-Bahn Rhein/Ruhr«; VK Bund 08.01.2004 VK 1–117/03; VK Düsseldorf 22.10.2003 VK – 29/2003-L; Dreher in: Immenga/Mestmäcker § 97 Rn. 76; Hailbronner in: Byok/Jaeger § 97 Rn. 225; Bechtold GWB-Kommentar § 97 Rn. 15.

201 Burgi NZBau 2006, 606, 607.

202 Dreher in: Immenga/Mestmäcker § 97 Rn. 115; Hailbronner in: Byok/Jaeger § 97 Rn. 225; OLG Schleswig 13.10.2000 – 6 Verg 4/2000 IBR 2001, 38; BGH 17.02.1999 X ZR 101/97 (KG) »Krankenhauswäsche« NJW 2000, 137 ff.; Müller-Wrede in: Ingenstau/Korbion § 97 Rn. 20; OLG Düsseldorf 08.09.2004 VII – Verg 38/04 »Gebäudemanagement« NZBau 2004, 688; Otting/Tresselt VergabeR 2009, 584; Ziekow in: Ziekow/Völlink, VergabeR, § 97 GWB, Rn. 61; Frenz VergabeR 2011, 13, 15; a.A. OLG Düsseldorf v. 15.06.2000, NZBau 2000, 440 – »Euro-Münzplättchen III«; v. 07.12.2011, VII Verg 99/11, VergabeR 2012, 494 – »Krankenkassen«; LSG NRW v. 30.01.2009, L 21 KR 1/08 SFB.

203 Müller-Wrede in: Ingenstau/Korbion § 97 Rn. 20; OLG Düsseldorf 08.09.2004 VII-Verg 38/04 »Gebäu-demanagement« NZBau 2004, 688.

204 Siehe die Ausführungen in Ziffer I.4.b und die dortige Rechtsprechung insbesondere des OLG Düsseldorf.

205 Siehe nur OLG Schleswig v. 14.08.2000, 6 Verg 2/2000; v. 13.10.2000, 6 Verg 4/2000 (»vertretbare Gründe« für eine ausnahmsweise zusammengefasste Vergabe); OLG Düsseldorf v. 11.07.2007, VII-Verg

(§ 4 Nr. 3 VOB/A a.F.), bei der Vergabe von Lieferleistungen Zweckmäßigkeitserwägungen (§ 5 Nr. 1 VOL/A a.F.).[206] Es sei nur an die berühmten »Stahlschutzplanken-Fälle« erinnert, in denen von den Vergabeüberwachungsausschüssen bzw. Landgerichten die zusammengefasste Vergabe von Autobahnbau und flankierender Leitplankeninstallation mit Blick auf die fehlende Begründung hierfür in der zweiten Hälfte der 90er Jahre untersagt wurde.[207] Die spätere, mittelstandsschützende Gesetzesregelung des § 97 Abs. 3 GWB a.F. hatte daran **im Ergebnis**, wie eine heutige Nachbetrachtung der zwischenzeitigen Vergaberechtsprechung seit dem 01.01.1999 zu dieser Regelung zeigt, praktisch nichts verändert. Denn die Norm sah für die Berücksichtigung mittelständischer Interessen **ebenso** eine Auftragsteilung in Fach- und Teillose vor. Dies war aber nur der – freilich vorrangige – Hauptanwendungsbereich, wie das Wort »vornehmlich« in der Altfassung zeigt, sodass **daneben** andere Wege der Berücksichtigung mittelständischer Interessen möglich waren.[208] Davon wurde in der Praxis aber entweder kein Gebrauch gemacht, oder der Gebrauch wie beispielsweise die Bildung von mittelständischen Bietergemeinschaften als Alternative zur Losaufteilung für nicht ausreichend erklärt.[209]

Die **Neuregelung** des § 97 Abs. 4 Satz 2 und 3 GWB lässt nun im Gegensatz zur Altregelung zwar **nur noch** die Auftrags**teilung** als (einzigen) Weg des Mittelstandsschutzes zu. Andere Wege hatte es wie gezeigt **in der Praxis** aber **gar nicht gegeben**, sodass insoweit zugunsten der Stärkung eines Mittelstandsschutzes der Sache nach nichts gewonnen oder verloren ist. Es ist auch nicht so, dass durch die Neufassung die Bildung von Teil- oder Fachlosen nach Satz 2 der Vorschrift stets **zwingend** ist, wie dies einige Stimmen im Rahmen der frühen Gesetzesdiskussion noch befürchtet hatten. Denn wenn dies so wäre, würde **Satz 3** der Regelung praktisch leer laufen, wonach im Ausnahmefall (doch) eine zusammengefasste Vergabe bei Vorliegen von wirtschaftlichen oder technischen Gründen zulässig ist. Der dritte Satz beschreibt lediglich die seit jeher geltende Ausnahmemöglichkeit einer Zusammenfassung mehrerer Teil- oder Fachlose, wenn die seit jeher von der Rechtsprechung im Bauleistungsbereich gemäß § 4 Nr. 3 VOB/A a.F. bzw. heute § 5 Abs. 2 VOB/A-EG bekannten »wirtschaftlichen oder technischen Gründe« dafür vorliegen. Mit anderen Worten: Es gilt nach wie vor das **alte Regel-Ausnahme-Schema (des § 4 Nr. 3 VOB/A).** Satz 2 umschreibt die Regel der Auftragsteilung, Satz 3 die Ausnahme der zusammengefassten Vergabe in begründeten Fällen. So wird es auch seit der Neufassung des § 97 Abs. 3 GWB Fassung 2009 in der Vergaberechtsprechung gehandhabt. Im Einzelfall ist entscheidend, ob ausnahmsweise eine zusammengefasste Vergabe aller Fach- bzw. Teillose (oder Gebietslose) zulässig ist.[210]

Ob insoweit das Regelprinzip im Sinne des gesetzgeberischen Ziels, durch die Regelung 2009 den Mittelstandsschutz zu **verstärken**, dadurch erreicht wird, dass im Gesetz die in § 4 Nr. 3 VOB/A a.F.

158

159

10/07 – »Lärmschutzwand 1« zur Altfassung des § 97 Abs. 3 GWB mit der Heranziehung der Tatbestandsvoraussetzungen des § 4 Nr. 3 VOB/A a.F. »Technische Gründe«; v. 25.11.2009, Verg 27/09 – »Lärmschutzwände 2«, mit ebenfalls einer umfassenden Abwägung nach den Tatbestandsvoraussetzungen des § 4 Nr. 3 a.F. VOB/A.

206 Soweit der BGH ursprünglich bei § 5 Nr. 1 VOL/A die zusammengefasste Vergabe als den Grundsatz und die getrennte Vergabe der Fach- und Teillose als die Ausnahme ansah, war dies spätestens durch die vorrangige Vorschrift des § 97 Abs. 3 a.F. GWB ins Gegenteil verkehrt, siehe Rdn. 86.

207 Siehe die Nachweise bei Kus, Anh. VergabeR zu § 631 ff. im Nomos-BGB-Großkommentar, Dauner-Lieb u.a., Rn. 34, Fn. 66 ff.

208 Vgl. die Kommentierung in der Vorauflage, Rn. 34 ff.

209 OLG Düsseldorf, VergabeR 2004, 511 – »Aus- und Fortbildung«; NZBau 2004, 688 – »Gebäudemanagement«; a.A. OLG Schleswig 14.08.2000, 6 Verg 2/2000; VK Bund, VergabeR 2001, 143.

210 Z.B. OLG Düsseldorf seit Beschl. v. 30.11.2009, VII-Verg 43/09 – »Frequenzwechsel«; v. 23.03.2011, Verg 63/10 – »Glasreinigung 1«; v. 21.03.2012, VII-Verg 92/11, NZBau 2012, 515 – »Abschleppfahrzeuge«; OLG Karlsruhe v. 06.04.2011, 15 Verg 3/11 – »Glasreinigung«; v. 04.04.2012, 1 Verg 2/11, NZBau 2012, 598 – »Glasreinigung LK Neuwied«; OLG Schleswig v. 30.10.2012, 1 Verg 5/12 – »Postdienstleistungen«; Manz/Schönwälder NZBau 2012, 466; BGH v. 08.02.2011, VergabeR 2011, 452 –»S-Bahn Rhein-Ruhr«.

vorhandenen Worte »in der Regel« **fehlen**,[211] dürfte ebenso zweifelhaft sein wie die Frage, ob die Ausnahmemöglichkeit des Satzes 3 dadurch weiter **eingeschränkt** wird, dass wirtschaftliche oder technische Gründe nicht nur »gegeben« sein müssen, sondern »erforderlich« sein müssen (» ... dies **erfordern**«.). Wirklich greifbar wäre eine solche Verstärkung der Regel und gleichermaßen Schwächung der Ausnahme jedenfalls nicht. Es reicht für eine zusammengefasste Vergabe (nach wie vor) völlig aus, wenn technische oder wirtschaftliche Gründe dafür vorliegen, wie der Sachverständige Dr. Barthel in der öffentlichen Sachverständigenanhörung vor dem Ausschuss für Wirtschaft und Technologie[212] mit seinen Worten, »dass die Gesamtvergabe von Anfang an ins Auge gefasst werden kann, wenn berechtigte wirtschaftliche oder technische Gründe dafür sprechen« völlig zutreffend einschätzte. Die **Gesetzesbegründung** hat hieran nichts geändert. Zwar hat der Berichterstatter des Ausschusses für Wirtschaft und Technologie den Gesetzentwurf der Bundesregierung so interpretiert, dass eine Gesamtvergabe nur noch dann zulässig sein soll, wenn eine Aufteilung unwirtschaftlich oder aus technischen Gründen **unmöglich** ist, was jedenfalls für die technischen Gründe eine Möglichkeit zur Zusammenfassung von Losen praktisch leer laufen lässt, da eine technische Unmöglichkeit so gut wie gar nicht vorkommen dürfte. Diese Einschätzung des Willens der Bundesregierung findet sich aber in **deren** Gesetzesbegründung v. 13.08.2008[213] nicht wieder, da es dort nur heißt, dass »eine Losvergabe stattzufinden hat (und) nur in begründeten Ausnahmefällen davon abgewichen werden kann, wenn wirtschaftliche oder technische Gründe dies erfordern.« Von einer technischen Unmöglichkeit war nicht die Rede. So hat denn auch die Begründung des Ausschusses für Wirtschaft und Technologie zu ihrer etwas geänderten Fassung des § 97 Abs. 3 durch Aufnahme des Satzes 4 **keine** Vorgabe für nähere Inhalte der wirtschaftlichen oder technischen Gründe enthalten. Sie hat sich nur mit der Frage befasst, wann eine Trennung über das Ziel hinausschießen würde, nämlich zu kleinteilig und damit auch marktunüblich sein würde, wenn man beispielsweise die Beschaffung von Fenstern in die Lose Rahmen, Scheiben, Griffe und Beschläge aufteilen würde.[214] Die **Praxis** hat schließlich die gesetzgeberisch gewollte »Verstärkung« der Regel auch nicht aufgenommen, sondern orientiert sich richtigerweise nach wie vor am **Einzelfall**. Insbesondere findet keine völlige Zurückdrängung der Ausnahme einer zusammengefassten Vergabe statt, auch wenn die dafür maßgebenden Gründe nicht mehr lediglich »vertretbar« im Sinne der früheren Rechtsprechung des OLG Schleswig sein dürfen,[215] und nicht nur anerkennenswert, sondern den Gründen für eine Losvergabe **überwiegen** müssen.[216]

160 **Letztendlich** dürfte also nach wie vor noch die Stichhaltigkeit der wirtschaftlichen und/oder technischen Gründe **im Einzelfall** von entscheidender Bedeutung sein. So handhabt es jedenfalls die Praxis. Auch einer etwaigen Auslegung des Wortes »mehrere« in Satz 3 in der Weise, dass eben nur mehrere, aber nicht alle Lose eines Projektes zusammengefasst werden dürfen, dürfte im Ergebnis eine Absage zu erteilen sein, da auch bei gleichem Wortlaut der Vergabeordnungsregelung des § 4 Nr. 3 VOB/A a.F. bislang **niemand** auf die Idee einer solchen Auslegungsvariante gekommen ist. Im Ergebnis dürfte insoweit also **keine nennenswerte Stärkung des Mittelstandsschutzes** durch die Neuregelung eingefahren sein. Die zusammengefasste Vergabe aller Lose an einen Generalunternehmer oder Generalübernehmer wird nicht wirklich weiter zurückgedrängt.

---

211 In der Nachfolgeregelung des § 5 Abs. 2 Satz 2 VOB/A sind die Worte »in der Regel« gestrichen worden, weil die Regelung – richtigerweise – dem Wortlaut des § 97 Abs. 3 GWB insoweit angepasst worden ist.

212 Wortprotokoll über die öffentliche Sachverständigenanhörung zu den Vorlagen des Gesetzesentwurfes der Bundesregierung etc., zur 71. Sitzung des Ausschusses für Wirtschaft und Technologie, Protokoll Nr. 16/71.

213 BT-Drucks. 16/10117, zu Nr. 2, § 97 a.

214 Begründung des Ausschusses für Wirtschaft und Technologie zu § 97 Abs. 3, v. 17.12.2008, BT-Drucks. 16/11428.

215 So noch OLG Schleswig v. 14.08.2009, 6 Verg 2/2000 und v. 13.10.2000, 6 Verg 4/2000.

216 So die ständige Vergaberechtsprechung des OLG Düsseldorf, dazu im Einzelnen unten Ziffer III.3.b.

d) § 97 Abs. 4 Satz 1: Wettbewerbsfremde Mittelstandsbevorzugung?

§ 97 Abs. 4 Satz 2 und Satz 3 GWB beschreiben »lediglich« das seit jeher (in der Vergaberechtspre-   161
chung) geltende »alte« **Regel-Ausnahme-Schema. Satz 1** der Neuregelung beschreibt nun, dass mittelständische Interessen **bei der Vergabe** öffentlicher Aufträge **vornehmlich** zu berücksichtigen sind.
Diesem Satz muss eine **eigenständige Bedeutung** zukommen, anderenfalls man ihn auch hätte
weglassen können. Liegt die Bedeutung nun darin, dass im Gegensatz zur Altregelung mittelständische Interessen nicht nur bloß »vornehmlich« zu berücksichtigen sind, sondern nunmehr **betont**
wird, dass dies, und das ist neu, »bei der **Vergabe** öffentlicher Aufträge« geschehen soll? Bedeutet
dies, dass über das (alte) Regel-Ausnahme-Prinzip in Satz 2 und Satz 3 **hinaus** mittelständische Interessen nicht nur durch Auftragsteilung, sondern auch bei der »Vergabe« der öffentlichen Aufträge,
d.h. bei der Entscheidung über die Auftragszuteilung nach Abschluss des Wertungsverfahrens »vornehmlich« berücksichtigt werden sollen? Die Gesetzesbegründung gäbe für eine solche Auslegung
jedenfalls nichts her. **Im Gegenteil**, nach ihr geht es nur um die Berücksichtigung von mittelständischen Interessen, so wörtlich, bei der **Ausgestaltung** der Vergabeverfahren, also der Sache nach
bei der Vorbereitung des Projektes in der Art und Weise, **dass überhaupt** grundsätzlich Teil- und
Fachlose gebildet werden. Es dürfte damit also bei dem **mittelstandsschützenden** Effekt durch
bloße Auftragsteilung in Teil- und Fachlose geblieben sein. So fallen auch die Entscheidungen der
Vergabesenate seit der Neufassung des § 97 Abs. 3 GWB 2009 aus. Es gibt, soweit ersichtlich,
keine Entscheidung, die nur ausschließlich auf Satz 1 der Vorschrift des § 97 Abs. 3 GWB abhebt.
Eine andere Auffassung, die die vornehmliche Berücksichtigung des Mittelstandes bei der Auftragszuteilung vorsehen würde, würde eine handfeste **Bevorzugung** der Sondergruppe »Mittelstand«
bedeuten, und damit im Ergebnis eine überaus fragwürdige **materielle** Sondergruppenbegünsti-
gung. **Dann** wäre die Mittelstandsregelung in § 97 Abs. 4 (Satz 1) GWB in der gesamten Wettbewerbsordnung und insbesondere dem gesamten Kartell- und Wettbewerbsrecht, in dass das Vergaberecht als 4. Teil des GWB (nach wie vor) implantiert ist, in der Tat wettbewerbs**fremd** und damit
vergabe**fremd**. Soweit ist aber jedenfalls der Gesetzgeber bei der Neufassung in seiner Begründung
nicht gegangen. **Vielmehr** soll die mittelstandsverstärkende Wirkung durch **Satz 1** der Neuregelung
nach der Gesetzesbegründung einer **Bündelung von Nachfragemacht** aufseiten des öffentlichen
Auftraggebers entgegenwirken. Das ist jedenfalls der einzige Grund, der sich in den Gesetzesmaterialien finden lässt, in dem es dort heißt, dass bezogen auf die Altregelung vielfach mittelständische
Unternehmen die wenig mittelstandsgerechte Ausgestaltung der Auftragsvergaben beklagt hätten,
und insoweit die Bündelung von Nachfragemacht in der Praxis zugenommen habe, der Auftraggeber nunmehr aber im Interesse der vorwiegend mittelständisch strukturierten Wirtschaft auf deren
Interessen bei der **Ausgestaltung** der Vergabeverfahren besonders zu achten hätte.[217] Eine solche
Nachfragebündelung erfolgt beispielsweise durch die Gründung von **zentralen Beschaffungsstellen**
in Form von Zweckverbänden oder öffentlich-rechtlichen Vereinbarungen nach dem jeweiligen
Gesetz über die kommunale Zusammenarbeit. So werden beispielsweise Datenverarbeitungszen-
tralen von Kommunen gegründet, und mit der Aufgabe versehen, IT-Beschaffungen für ihre Mitglieder gesammelt durchzuführen.[218] Kartellrechtlich ist dies unter besonderen Voraussetzungen
zulässig.[219] Zusammengefasste Einkaufsmaßnahmen **reduzieren** aber die potenzielle Anzahl von
Wettbewerbsverfahren, weisen also einen inhärenten mittelstandsfeindlichen Aspekt auf.[220] Gehen
folglich durch Nachfragebündelung viele Aufträge/Projekte in ein einziges auf, so kann die Verstärkung des Mittelstandsschutzes aufgrund dieses explizit in der Gesetzesbegründung angesprochenen
Missstandes »Bündelung von Nachfragemacht« nur bedeuten, dass dieser Nachfragebündelung
mindestens dadurch entgegengewirkt wird, dass in solchen Fällen eine Losvergabe praktisch ausnahmslos stattzufinden hat.

---

217 Gesetzesbegründung der Bundesregierung v. 13.08.2008 zu Nr. 2, § 97a, BT-Drucks. 16/10117.
218 Siehe die Fälle des OLG Celle 14.09.2006, Verg 2/06 und 3/06, VergabeR 2007, 79 ff. und 86 ff.
219 BGHZ 101, 72 – »Krankentransporte«; VergabeR 2004, 193 – »Kommunale Einkaufsgemeinschaft
     Feuerlöschzüge«.
220 Burgi NZBau 2006, 694.

e) § 97 Abs. 4 Satz 4: Losvergabepflicht für Private

162 Zunächst gar nicht vorgesehen, wurde quasi in letzter Minute auf Empfehlung des Ausschusses für Wirtschaft und Technologie eine grundsätzliche Losvergabepflicht für Private bei ihrer beabsichtigten Weiterbeauftragung von Nachunternehmern in **Satz 4** der Neuregelung im Jahr 2009 aufgenommen. Wird ein (privates) Unternehmen, das nicht öffentlicher Auftraggeber ist, mit der Wahrnehmung oder Durchführung einer öffentlichen Aufgabe betraut, verpflichtet der Auftraggeber das Unternehmen, sofern es Unteraufträge an Dritte vergibt, nach Satz 1 bis 3 der Neuregelung zu verfahren, also das »alte« Regel-Ausnahme-Prinzip **anzuwenden**. Der Sache nach sollte damit der Befürchtung begegnet werden, der Mittelstand würde bei der Auftragsvergabe von sog. ÖPP-Projekten (Öffentlich-Private-Partnerschaft, d.h. Projekte, bei denen der Auftragnehmer im Extremfall auch die Finanzierung und den Betrieb übernimmt) praktisch leer ausgehen, und die Aufgaben der Planung, Ausführung, Finanzierung und des Betriebs immer zusammengefasst an ein Unternehmen oder Konsortium übertragen werden. Hier dürfte das eigentliche **Schwergewicht** der Neuregelung liegen. Private werden nunmehr per Gesetz mit der Pflicht belegt, Mittelstandsschutz zu betreiben. **Europarechtlich** ist dies mit Blick auf die 32. Begründungserwägung der VKR und die Begründungserwägung 78 und 79 zu Art. 46 VR 2014/24/EU, siehe oben, nicht zu beanstanden, da die Förderung des Mittelstandes durch Regelungen bei der Unterauftragsvergabe in der Begründungserwägung gerade genannt wird. Kartell- bzw. wettbewerbsrechtlich scheint es jedoch zweifelhaft, die Geschäftspolitik privater Unternehmen bei ihrer Auswahl und Handhabung der Erteilung von Unteraufträgen an Nachunternehmer politisch mit Blick auf Mittelstandsschutz durch die Vorgabe, grundsätzlich so weit wie möglich in Lose aufzuteilen und nur ausnahmsweise Nachunternehmeraufträge zusammenzufassen, steuern zu wollen, nachdem zuvor diesbezüglich völlige Entscheidungs- und Handlungsfreiheit der Privaten bestand. Näheres s. Rdn. 95 ff.

II. Mittelständische Interessen (Begriff »Mittelstand«)

163 Die Schwierigkeit des § 97 Abs. 4 GWB besteht u.a. auch darin, dass die Norm gleich zwei unbestimmte bzw. besonders wertausfüllungsbedürftige Rechtsbegriffe[221] verwendet, nämlich die »mittelständischen Interessen«, die »vornehmlich« bei der Vergabe von Aufträgen zu berücksichtigen sind.

164 Auf europäischer Ebene hat die **Kommission** zwar versucht, die kleinen und mittleren Unternehmen zu definieren, wonach maßgeblich drei Kriterien sein sollen: weniger als 250 Beschäftigte und Jahresumsatz von max. 40 Mio. Écu oder eine Jahresbilanzsumme von max. 27 Mio. Écu und eine Unabhängigkeit in dem Sinne, dass das Unternehmen nicht zu 25 oder mehr Prozent des Kapitals oder der Stimmanteile in Besitz oder im gemeinsamen Besitz mehrerer nichtmittelständischer Unternehmen stehe.[222] Ein »**starres**« Verständnis des Mittelstandsbegriffs dürfte aber nach der allgemeinen Schrumpfung von Architektur- und Planungsbüros in den letzten Jahren ggf. sogar dazu führen, dass selbst die verbliebenen großen Architekturbüros gemäß der vorgenannten Definition als Mittelständler einzustufen wären, mithin auf dem Planungsmarkt **jedes Unternehmen** Mittelständler wäre und daher eine Auftragserteilung stets nicht notwendig und die Vorschrift des § 97 Abs. 4 GWB leer laufen würde. Das dies nicht zutreffen kann, liegt auf der Hand. Von daher ist der Mittelstandsbegriff auch **nicht absolut**, sondern **relativ** bezogen auf den **relevanten Markt** zu bestimmen, in dem die Beschaffung vorgenommen werden soll.[223] Die **Struktur des jeweiligen Beschaffungsmarktes**, um den es geht,

---

221 Zum Begriff besonders wertausfüllungsbedürftiger Rechtsbegriffe siehe Larenz Methodenlehre der Rechtswissenschaft S. 166 ff.

222 Empfehlung der Kommission v. 03.04.1996, betreffend die Definition der kleinen und mittleren Unternehmen, ABl. EG 1996 Nr. L 107 S. 4.

223 Dreher in: Immenga/Mestmäcker § 97 Rn. 78; Müller-Wrede NZBau 2004, 643 ff.; VK Magdeburg 06.06.2002 – 33 – 32571/07 VK 05/02 MD.

ist im Einzelfall entscheidend, weshalb die Vergabestelle die Zahl der Marktteilnehmer, ihre Größe hinsichtlich Umsatz, Beschäftigten, Finanzkraft etc. und weiterer Merkmale berücksichtigen muss.[224]

In der Vergaberechtsprechung hat man mittlerweile die starke Konturenlosigkeit des Begriffs **»mittelständische Interessen«** näher beleuchtet, und ist seitdem die Frage, was unter »mittelständischen Interessen« bzw. »dem Mittelstand« zu verstehen ist, insbesondere in Abgrenzung zu größeren Unternehmen, **streitig.** So sagt das **OLG Karlsruhe,**[225] dass für die Bestimmung des Begriffes des Mittelstandes nicht auf die Struktur des jeweiligen Marktes abgestellt werden könne. Denn der Begriff des Mittelstandes sei ein allgemein gebräuchlicher, volkswirtschaftlicher Begriff, der kleine und mittlere Unternehmen im Unterschied zu Kleinstunternehmen einerseits und Großunternehmen andererseits bzw. nach Leitung und Verantwortlichkeit des Eigentümers beschreibt, ohne dabei eine exakte Abgrenzung vorzunehmen. Der Begriff werde vielmehr allgemein für Unternehmen verwendet und differenziere nicht nach einzelnen Wirtschaftszweigen. Die EU-Kommission definiere die kleinen und mittleren Unternehmen nach Umsatz und Anzahl der Mitarbeiter auch nur zum Zweck der Zuteilung von Fördermitteln. Für einen **eigenständigen** Mittelstandsbegriff in § 97 Abs. 4 Satz 1 GWB gäbe es keine Anhaltspunkte, sodass auf den allgemein gebräuchlichen Begriff des Mittelstandes zurückzugreifen sei, also letztendlich ein **»statisches Verständnis«** in Anlehnung an die »Größenordnungsdefinition« der EU-Kommission. Letztendlich bedeute dies, so das OLG Karlsruhe, ein Abstellen auf die **(absolute) Größe und Leistungsfähigkeit der Unternehmen des betroffenen Wirtschaftszweigs.** Um mittelständische Interessen gemäß § 97 Abs. 4 GWB einordnen zu können, seien solche **festen, objektivierbaren Größen** heranzuziehen, wie z.B. der Jahresumsatz, nicht aber die Anzahl der Mitarbeiter, da diese auch für den jeweils ausgeschriebenen Auftrag gesondert eingestellt werden könnten.

Der **BGH** hat dies in seiner Entscheidung »S-Bahn Rhein/Ruhr« noch offen gelassen, weil in dem von ihm zu beurteilenden Markt des Schienenpersonennahverkehrs mittelständische Interessen von vornherein nur durch die Bildung von Losen gefördert werden können.[226]

Das **OLG Düsseldorf** sieht in der abstrakten »Definition des Mittelstandes« durch die EU-Kommission richtigerweise nur einen ersten Anhaltspunkt. Zusätzlich sind die **konkreten Marktverhältnisse** zu berücksichtigen, weil sich der Ressourceneinsatz (notwendiges Kapital, Mitarbeiterzahlen) in den **verschiedenen Branchen** stark unterscheide. Unternehmen, die beispielsweise im Reinigungsgewerbe tätig werden wollen, benötigen einen ganz anderen Kapitalstock als Unternehmen im Verkehrsgewerbe oder gar in der Rüstungsindustrie. Diesen Unterschieden müsse auch die Definition des Mittelstandes Rechnung tragen. Letztendlich sei mit Blick auf die Entscheidung des BGH »S-Bahn Rhein/Ruhr« im konkreten Einzelfall zu berücksichtigen, ob der Loszuschnitt angesichts der **konkreten Marktverhältnisse** dazu führe, dass nur wenige oder gar nur ein Bieter Angebote einreichen können.[227] Das **OLG Schleswig** orientiert sich ebenso wie das OLG Düsseldorf nicht an einem absoluten, mit Zahlen für Umsatz und Mitarbeiter gemäß Definition der

165

166

167

---

224 Dreher in: Immenga/Mestmäcker § 97 Rn. 109; **Streitig,** vgl. Antweiler VergabR 2006, 637, 641; Dreher NZBau 2005, 427, 428; OLG Schleswig v. 30.10.2012, 1 Verg 5/12; OLG Karlsruhe v. 06.04.2011, 15 Verg 3/11; OLG Düsseldorf v. 21.03.2012, VII-Verg 92/11, NZBau 2012, 515 – »Abschleppfahrzeuge«.

225 Beschl. v. 06.04.2011, 15 Verg 3/11 – »Glasreinigung«.

226 BGH v. 08.02.2011, VergabeR 2011, 452 – »S-Bahn Rhein/Ruhr«.

227 OLG Düsseldorf v. 21.03.2012, VII-Verg 92/11, NZBau 2012, 515 – »Abschleppfahrzeuge«; ebenso bereits VK Bund v. 04.03.2009, VK 2-202/08 und 205/08; VK Magdeburg v. 06.06.2002, 33-32571/07 VK 05/02; Baumeister/Kirch NZBau 2001, 653, 655; Migalk VergabeR 2006, 651 zu einem Forschungsprojekt, inwieweit in untersuchten deutschen Gebieten mittelständische Interessen bei der Vergabe tatsächlich berücksichtigt wurden; **a.A.** Antweiler VergabR 2006, 641, der abstrakte Umsatz- und Mitarbeiterzahlen zur erleichterten Einordnung der Unternehmen bevorzugt.

EU-Kommission festzulegenden Mittelstandsbegriff, sondern am Einzelfall, das heißt der **Struktur des jeweiligen Marktes bzw. den konkreten Marktverhältnissen.**[228]

168   Die Bestimmung des Mittelstandsbegriffs bzw. der mittelständischen Interessen im Sinne des § 97 Abs. 4 GWB nach Maßgabe des **Einzelfalles**, das heißt damit nach der Struktur des jeweils relevanten Marktes, ist der Vorzug zu geben. Nur ein solcher **relativer Mittelstandsbegriff** wird den Marktgegebenheiten in der jeweiligen Branche auch gerecht. Nur eine solche an den jeweiligen Marktverhältnissen ausgerichtete Festlegung ist im Übrigen auch mit der »Definition« eines **Fachloses** in Einklang zu bringen. Auch hier findet keine »statische« Begriffsbestimmung statt, sondern wird jeweils im Einzelfall betrachtet, ob und inwieweit sich aufgrund der ständig wandelnden Marktverhältnisse bereits ein Fachlos herausgebildet hat oder nicht.[229] Entscheidend ist doch, dass nach dem Sinn und Zweck des Mittelstandschutzes die Beteiligung spezialisierter Fachunternehmen möglichst gefördert wird, und eine Beteiligung möglichst vieler Unternehmen an einem Vergabeverfahren erreicht werden soll,[230] ohne bei einer zu intensiven Aufteilung zu einer unwirtschaftlichen Zersplitterung zu führen. Dem würden absolute Grenzen mit einer mehr oder weniger strikten Abgrenzung zwischen Mittelstand und Großunternehmen nicht gerecht werden. Ohnedies hätte dies nur zum Ergebnis, dass dann – wohl – Großunternehmen keinen Schutz nach § 97 Abs. 4 GWB in Anspruch nehmen dürften. Das würde aber zu nicht tragbaren Ergebnissen führen. Denn es muss einem Großunternehmen unbenommen bleiben, die zusammengefasste Vergabe aller Fach- bzw. Teillose beispielsweise eines Hochbauprojektes rügen und von der Nachprüfungsinstanz überprüfen lassen zu können, **wenn** das Großunternehmen vorhat, sich nur für einen Teilbereich, beispielsweise das Fachlos »Rohbau« zu bewerben. Vor diesem Hintergrund ist letztendlich auch nicht so richtig ersichtlich, wohin eine Festlegung in dem vorgenannten Streit, wie der Begriff des Mittelstandes bzw. der mittelständischen Interessen zu »definieren« ist, führen soll. Denn dem Ziel der Mittelstandsförderung wird am ehesten eine Einzelfallbetrachtung gerecht, also die Betrachtung der Struktur des jeweiligen Marktes, der wandelbaren Marktverhältnisse zur Festlegung eines Fachloses, unter Berücksichtigung des Wirtschaftlichkeitsgebots bzw. der Vermeidung einer unwirtschaftlichen Loszersplitterung.

III. Konkret benannter Fall der Bevorzugung: Teilung der Aufträge in Fach- und Teillose (§ 97 Abs. 4 Satz 2 und 3)

169   Bevor auf die Einzelheiten der Tatbestandsvoraussetzungen einer Teilung der Aufträge in Fach- und Teillose einzugehen ist, ist das mittlerweile insbesondere seit 2009 stärker in den Fokus vergaberechtlicher Auseinandersetzungen geratene **Selbstbestimmungsrecht** des öffentlichen Auftraggebers bei der Festlegung des **Beschaffungsbedarfs** zu betrachten. Bereits seit der Entscheidung des **OLG Jena** v. 06.06.2007[231] wird sozusagen »**vorgezogen**« vor einer Prüfung der möglichen zusammengefassten Vergabe nach dem Regel-Ausnahme-Schema geprüft, ob nicht **von vornherein**

---

228 OLG Schleswig v. 30.10.2012, 1 Verg 5/12 zu Gebietslosen/Regionallosen (Teillosen) und weiteren Fachlosen im Postdienstleistungssektor, v. 25.01.2013, 1 Verg 6/12, NZBau 2013, 395 – »Wachsender Postdienstleistungssektor.«

229 Sehr instruktiv in den Fällen »Lärmschutzwände 1 + 2« sowie »Glasreinigung 1 + 2« des OLG Düsseldorf 11.07.2007, VII-Verg 10/07 – »Lärmschutzwände 1«; v. 25.11.2009, Verg 27/09 – »Lärmschutzwände 2«, v. 23.03.2011, Verg 63/10 – »Glasreinigung 1«; v. 11.01.2012, VergabeR 2012, 658 – »Glasreinigung 2«; v. 21.03.2012, NZBau 2012, 515 – »Abschleppfahrzeuge«; des Weiteren OLG Schleswig v. 30.10.2012, 1 Verg 5/12 – »Postdienstleistungen«; OLG Schleswig vom 25.01.2013, 1 Verg 6/12, NZBau 2013, 395 – »Wachsender Postdienstleistungsmarkt«; OLG Koblenz v. 16.09.2013, 1 Verg 5/13 – »Sammeltonnen«; OLG München v. 09.04.2015, Verg 1/15, NZBau 2015, 446 – »Lärmschutzwände«; OLG Naumburg v. 14.03.2013, 2 Verg 8/12 – »Rettungsdienste«; VK Köln v. 06.10.2014, VK VOL 21/2013 – »Notfallrettung«; VK Lüneburg v. 08.08.2014, VgK – 22/2014, »Estrich- und Schleifarbeiten«.

230 So BGH v. 08.02.2011, VergabR 2011,452 – »S-Bahn Rhein/Ruhr«.

231 NZBau 2007, 730 – »PPP-Beratungsleistungen«.

der Beschaffungsgegenstand nach Maßgabe der Beschaffungsbedarfsbestimmung des Auftraggebers einer Losvergabe entgegensteht (sogenannte Zwei-Stufen-Prüfung). Hinzu kommt, dass **generell**, das heißt nicht nur bei der Beurteilung einer Losvergabe oder zusammengefassten Vergabe, das **Beschaffungsselbstbestimmungsrecht** oder auch die Autonomie des öffentlichen Auftraggebers bei der Bestimmung seines Beschaffungsbedarfs verstärkt in den Fokus gerückt ist, mit der heute festzustellenden Maßgabe, dass sozusagen »vorgezogen« vor den Regeln des Vergaberechts dem öffentlichen Auftraggeber »erlaubt« wird, seinen Bedarfsgegenstand willkürfrei in der notwendigen Art und Weise festzulegen, **sodass** das Vergaberecht selbst darauf im Rahmen seiner Vergaberechtsregeln keinen weiteren Einfluss mehr nehmen kann. Es stellt sich die **Frage**, ob ein solches **Beschaffungsselbstbestimmungsrecht** des öffentlichen Auftraggebers auch im Rahmen der **Losvergabe nach § 97 Abs. 3 GWB** Anwendung finden kann, mit der Folge, von vornherein eine Losvergabepflicht letztendlich im Einzelfall **obsolet** werden zu lassen. Darauf gehen wir nachfolgend zunächst ein, bevor wir auf die eigentlichen **Tatbestandsvoraussetzungen** des § 97 Abs. 3 Satz 2 GWB zu sprechen kommen.

1. »Vorgezogenes« Beschaffungsselbstbestimmungsrecht?

Erstmals das **OLG Koblenz** hatte in seiner Entscheidung »Westerwaldnetz«[232] in Bezug auf das   170 Recht des öffentlichen Auftraggebers, vor einer zu startenden Auftragsvergabe im Vergabeverfahrens seinen **Beschaffungsbedarf** festzulegen, den bekannten Satz geprägt »Der öffentliche AG entscheidet, **was** er haben will und **wie** er es haben will«. Daran knüpften sich zahlreiche Vergaberechtsentscheidungen an, die seit dem **zunehmend** die Autonomie des Auftraggebers zur Festlegung seines Beschaffungsbedarfs bzw. sein **Beschaffungsselbstbestimmungsrecht** hervorheben, mit der Maßgabe, dass diese Entscheidung, welcher Gegenstand oder welche Leistung mit welcher Beschaffung und mit welchen Eigenschaften im Vergabeweg beschafft werden soll, allein dem öffentlichen Auftraggeber obliegt, und weder die Bieter noch die Vergabenachprüfungsinstanzen dazu berufen sind, dem Auftraggeber eine von seinen Vorstellung abweichende Beschaffung von Waren und Leistungen vorzuschreiben oder gar aufzudrängen.[233] Das **OLG Jena** hatte dies im Rahmen der Beurteilung einer zusammengefassten Vergabe von »PPP-Beratungsleistungen« aufgegriffen, und daraus eine sogenannte **Zwei-Stufen-Prüfung** entwickelt.[234] Vorauszuschicken sei, so das OLG Jena, dass das primäre Ziel des Vergaberechts, die Ermöglichung eines wirtschaftlichen Einkaufs durch die öffentliche Hand, auch bei der Beurteilung der tatsächlichen Chancen von mittleren und kleinen Unternehmen für eine Auftragsbewerbung im Sinne des § 97 Abs. 4 GWB nicht aufgegeben zu werden braucht, sondern vielmehr die belastbare Grenze der notwendigen Auftragsteilung bilde. Denn nicht die Unternehmensinteressen im relevanten Markt seien vorrangig zu betrachten, sondern primär die wirtschaftlichen Einkaufsinteressen der öffentlichen Hand. Deshalb sei (sozusagen vorgezogen) in einem **ersten Schritt** zunächst danach abzugrenzen, ob das der Ausschreibung zugrunde gelegte Leistungsprofil der Gestaltungsfreiheit der Vergabestelle unterfällt, oder ob innerhalb dieses Dispositionsrahmens eine weitere Zerlegung in Teil- bzw. Fachlose möglich wäre, und damit die mittelstandsschützenden Anforderungen des § 97 Abs. 4, Abs. 2 GWB bzw. der Gleichbehandlungsgrundsatz zum Tragen kämen. Maßgebend für diese Abgrenzung seien die mit dem Beschaffungsprojekt verfolgten **Ziele und Zwecke im Rahmen einer funktionalen Betrachtung**. Ergäben diese, dass die benötigte Leistung auch in Form einer Losvergabe erbracht werden könnte, so ist erst dann auf der **zweiten Stufe** der dann erforderlich werdenden Einzelfallabwägung zu untersuchen, ob die Vergabestelle sich gegebenenfalls auf besondere Gründe stützen könne, wonach sie zur Vermeidung erheblicher Nachteile dennoch von einer losweisen Vergabe absehen dürfe. Tragender Gesichtspunkt dieser **Zwei-Stufen-Prüfung** sei es, dass es zunächst im Ansatz jeder Vergabestelle **freistehe**, die auszuschreibende

---

232 VergabeR 2002, 617, 627 = NZBau 2002, 699, 703.

233 So OLG Düsseldorf v. 14.04.2005, VII Verg 93/04, NZBau 2005, 532, 533 = VergabeR 2005, 513 – »Software Smallworld«.

234 OLG Jena v. 06.06.2007, 9 Verg 3/07, NZBau 2007, 730 = VergabeR 2007, 677 – »PPP-Beratungsleistungen«.

Leistung nach ihren individuellen Vorstellungen zu bestimmen und **nur in dieser** – den autonom bestimmten Zwecken entsprechenden – Gestalt dem Wettbewerb überhaupt erstmals zu öffnen. Die Vergabestelle befinde deshalb grundsätzlich zunächst einmal alleine darüber, welchen Umgang die zu vergebene Leistung im Einzelnen haben soll, und ob gegebenenfalls mehrere Leistungsuntereinheiten gebildet werden, die gesondert zu vergeben und vertraglich abzuwickeln sind. Der Mittelstandsschutz und der Grundsatz der Chancengleichheit kleinerer Unternehmen stoße insoweit an seine **Grenze**, insofern der öffentliche Auftraggeber zumindest solche Interessen nicht zu opfern brauche, die er **nur** in Gestalt einer **Gesamtvergabe** überhaupt zu erreichen vermöge.[235] Fazit des OLG Jena ist es, dass ausschließlich die Vergabestelle den Gegenstand der Leistung bestimme und eine Zerlegung in einzelne Teil- und Fachlose dann **von vornherein nicht in Betracht komme**, wenn damit der mit dem Beschaffungsprojekt verfolgte, **übergeordnete Zweck** überhaupt nicht erreicht werden könne, bzw. dieser gefährdet wäre. Das OLG Jena prüft also in zwei Schritten wie folgt:

– Zunächst prüft die Vergabestelle, ob eine Zerlegung des Auftrages in Teil- bzw. Fachlose bei funktionaler Betrachtung überhaupt sinnvoll und mit dem Beschaffungsvorhaben unter Berücksichtigung des Beschaffungsselbstbestimmungsrechtes des öffentlichen Auftraggebers vereinbar, das heißt **machbar** ist (Schritt 1).

– Erst wenn eine Fachloszerlegung machbar ist, **muss** sie nach dem Regel-Ausnahme-Schema des § 97 Abs. 3 GWB auch erfolgen, **es sei denn**, es liegen ausnahmsweise **wirtschaftliche oder technische Gründe** für eine gemeinsame Vergabe vor. (Schritt 2)

171 Andere Vergabesenate haben sich dieser Zwei-Stufen-Prüfung angeschlossen.[236] In der Literatur wird dies sogar zu einer Drei-Stufen-Prüfung ausgeweitet.[237]

172 Diese »vorgezogene« Betrachtung des Beschaffungsselbstbestimmungsrechts des öffentlichen Auftraggebers, hier im Rahmen einer Zwei-Stufen-Prüfung, bedeutet im Ergebnis die **Umkehrung** des Regel-Ausnahme-Schemas bei einer Losvergabe nach § 97 Abs. 4 GWB und den nachgeordneten Vergabeordnungen, z.B. § 5 Abs. 2 VOB/A-EG.

173 Der Begriff des **Beschaffungsselbstbestimmungsrechts** des öffentlichen Auftraggebers und sein **vergaberechtlicher Standort**, nämlich »vorgezogen« vor die gesamten Vergaberechtsregeln (des GWB und der Vergabeordnungen), wird außerhalb des Themas der Losvergabe/zusammengefassten Vergabe **insbesondere** bei der Frage der **Leistungsbestimmung** und der produktoffenen bzw. produktbezogenen Ausschreibung erörtert, aber auch im Rahmen der Frage einer ausnahmsweise erlaubten »Direkt-Vergabe« an ein bestimmtes Unternehmen im Rahmen eines Verhandlungsverfahrens ohne vorangeschalteten Teilnahmewettbewerb,[238] vgl. § 3 Abs. 5 Nr. 3 VOB/A-EG bzw. § 6 Abs. 2 Nr. 3 SektVO. Besonders bei der **Leistungsbestimmung**, also der **konkreten Bedarfsbestimmung** vor dem Start eines Vergabeverfahrens, betont die Vergaberechtsprechung zunehmend die Autonomie des öffentlichen Auftraggebers, wobei diese Erörterung **im Rahmen** der Vergaberechtsvorschriften zugunsten einer produktoffenen Ausschreibung, § 7 Abs. 8 VOB/A-EG stattfindet.[239] In diesen Entscheidungen ging es immer um die **Abgrenzung** zwi-

---

235 OLG Jena a.a.O. mit Verweis auf OLG Jena NZBau 2006, 735 – »Anna Amalia«.

236 OLG Celle v. 26.04.2010, 13 Verg 4/10, VergabeR 2010, 661 = NZBau 2010, 715 – »PPP-Beratungsleistungen«, bereits zu § 97 Abs. 3 GWB Fassung 2009; OLG Brandenburg v. 27.11.2008, Verg W 15/08 – »Brandschutztechnik«.

237 Manz/Schönwälder NZBau 2012, 466.

238 Siehe OLG Düsseldorf v. 01.08.2012, Verg 10/12, VergabeR 2012, 846 – »Wartungssystem«; v. 22.05.2013, Verg 16/12, VergabeR 2013, 744 – »Verwaltungssoftware«

239 OLG Koblenz VergabeR 2002, 617, 627 – »Westerwaldnetz«; OLG Düsseldorf VergabeR 2005, 513 – »Software Smallworld«; OLG München v. 28.06.2007, Verg 7/07 – »Schulzentrum Fernmeldetechnik«; VergabeR 2008, 114 – »Digitalkalenderuhr Polizeipräsidium«; OLG Düsseldorf v. 10.12.2008, Verg 51/08 – »Nebenangebot Fräsasphalt«; v. 22.10.2009, IBR 2009, 733 – »Endoskopiegeräte«; v. 30.11.2009, Verg 41/09 – »Ausschreibungsänderungen«; v. 17.02.2010, IBR 2010, 222 – »ISM-Funk«; VergabeR 2010, 1012 – »Planungsfabrikate«; OLG Stuttgart BauR 2008, 567 – »Fabrikat Freudenberg

Kus

schen dem Gebot der produktneutralen Ausschreibung einerseits und dem Bestimmungsrecht des Auftraggebers andererseits, mithin um die Frage, **inwieweit** der öffentliche Auftraggeber sozusagen »vorgezogen« vor das Vergaberecht den Beschaffungsbedarf selbst bestimmen darf, und wo im Hinblick auf das im Vergaberecht selbst niedergelegte **Gebot der produktneutralen Ausschreibung** andererseits seine **Grenzen** der Bestimmungsfreiheit liegen. Das **OLG Düsseldorf** hat dies zuletzt dahin gehend festgehalten, dass die Beschaffungsentscheidung für ein bestimmtes Produkt, eine Herkunft, ein Verfahren oder dergleichen der freien Wahl bzw. **Bestimmungsfreiheit** des Auftraggebers unterliegt, deren **Ausübung** dem Vergabeverfahren **vorgelagert** ist. Diese Wahl müsse zunächst einmal getroffen werden, um überhaupt eine Nachfrage zu bewirken. Das Vergaberecht regele demnach nicht, **was** der öffentliche Auftraggeber beschafft, sondern **nur die Art und Weise** der Beschaffung. Einer besonderen **vergaberechtlichen Ermächtigungsgrundlage** bedürfe die Bestimmung des Auftragsgegenstands durch den Auftraggeber dabei nicht, weil sich diese aus der **Vertragsfreiheit** ergäbe. Die vergaberechtlichen **Grenzen der Bestimmungsfreiheit**, die beispielsweise das Gebot der produktneutralen Ausschreibung mit den vergaberechtlichen Vorschriften aufzeige, werde seitens des öffentlichen Auftraggebers unter vier Voraussetzungen eingehalten, nämlich dann, sofern

– die Bestimmung durch den Auftragsgegenstand sachlich gerechtfertigt ist

– vom Auftraggeber dafür nachvollziehbare objektive und auftragsbezogene Gründe angegeben worden sind und die Bestimmung folglich **willkürfrei** getroffen worden ist,

– solche Gründe tatsächlich vorhanden (festzustellen und notfalls erwiesen) sind, und

– und die Bestimmung andere Wirtschaftsteilnehmer nicht diskriminiert.

Bewege sich die Bestimmung in diesen Grenzen, gelte der Grundsatz der Wettbewerbsoffenheit der Beschaffung nicht mehr uneingeschränkt.[240] Andere Vergabesenate haben diese Auffassung übernommen.[241] Die Literatur folgt dem zum Teil, zum Teil wird dies kritisch betrachtet.[242] 174

Im Rahmen der hier in Rede stehenden **Frage**, ob ein solches »vorgezogenes« Beschaffungsselbstbestimmungsrecht des öffentlichen Auftraggebers entweder im Rahmen der oben angesprochenen Zwei-Stufen-Prüfung (oder sogar Drei-Stufen-Prüfung) oder **generell** vom Verständnis des Selbstbestimmungsrechts her den Mittelstandsschutz bzw. eine grundsätzlich Losvergabe sozusagen »aushebeln« kann, ist zunächst festzuhalten, dass das **OLG Düsseldorf** bei seinen Entscheidungen nach § 97 Abs. 3 GWB a.F. zwar dieses Leistungsbestimmungsrecht des öffentlichen Auftraggebers immer wieder betont hat, jedoch bei diesem Thema (noch) keine Festlegung dergestalt getroffen hat, dass hier auch ohne eine besondere Ermächtigungsgrundlage die **Vertragsfreiheit** dem öffentlichen Auftraggeber ermögliche, grundsätzlich den Beschaffungsbedarf »vorgezogen« vor den Vergaberechtsregeln so zu bestimmen, dass eine Losvergabe von vornherein ausscheidet. Vielmehr wurde das Leistungsbestimmungsrecht nur sozusagen »innerhalb« der Prüfung des § 97 Abs. 3 GWB a.F. und der entsprechenden Regeln der Vergabeordnungen betont.[243] 175

---

oder gleichwertig«; OLG Frankfurt ZfBR 2004, 486 – »Schnittstellenrisiko/Leitfabrikate«; VK Bund v. 10.05.2010, VK 3 42/10; v. 21.06.2012, VK 3-57/12; schließlich OLG Düsseldorf v. 27.06.2012, Verg 7/12, IBR 2012, 663 – »Fertigspritzen«; v. 01.08.2012, Verg 10/12, VergabeR 2012, 846 – »Warnsystem«; OLG München v. 09.09.2010, Verg 10/10 – »Bestuhlung«; OLG Celle v. 22.05.2008, 13 Verg 1/08 – »Ultraschallsystem«.

240 So OLG Düsseldorf v. 01.08.2012, Verg 10/12, VergabeR 2012, 846 – »Warnsystem«.

241 z.B. OLG München v. 09.04.2015, Verg 1/15, NZBau 2015, 446 – »Lärmschutzwände«; OLG Naumburg v. 14.03.2013, 2 Verg 8/12 – »Notfallrettungsdienst«.

242 Für eine vorgezogene Beschaffungsselbstbestimmung z.B. Scharen GRUR, 2009, 345; kritisch hingegen Jaeger ZWeR 2011, 365.

243 OLG Düsseldorf v. 11.07.2007, VII-Verg 10/07 – »Lärmschutzwände 1«; v. 25.11.2009, Verg 27/09 – »Lärmschutzwände 2«; v. 30.11.2009, VII-Verg 43/09 – »Frequenzwechsel«; v. 11.01.2012, VII-Verg 52/11, VergabeR 2012, 658 – »Glasreinigung 2«; v. 25.04.2012, Verg 100/11 – »EDV-Hard- und Software«.

176 Bei diesem **Standort** des Beschaffungsselbstbestimmungsrechts bzw. Leistungsbestimmungsrecht des öffentlichen Auftraggebers **im Rahmen der Prüfung nach § 97 Abs. 4 GWB** muss es nach diesseitiger Auffassung auch bleiben. Es ist zwar wichtig und richtig, das Recht des öffentlichen Auftraggebers zur Selbstbestimmung seines Beschaffungsbedarfes zu **betonen**, und ihm **im Rahmen** der Abwägung zwischen einer grundsätzlich zu erfolgenden Losvergabe und ausnahmsweise möglichen Gesamtvergabe einen je nach Einzelfall bedeutsamen **Stellenwert** zukommen zu lassen. Jedoch gibt es gerade bei der Frage »Losvergabe oder zusammengefasste Vergaben« keinen dogmatischen Grund, auch nicht im Wege der obigen Zwei-Stufen-Prüfung, die Ebene der Vergaberechtsregeln und seiner Tatbestandsvoraussetzungen des § 97 Abs. 4 Satz 2 GWB zu verlassen, und die Frage »vorgezogen« vor das Vergaberecht im Rahmen des zumeist konturenlosen Beschaffungsselbstbestimmungsrechts schon abschließend zu lösen. Denn **anders** als bei der Frage der **konkreten Leistungsbestimmung** geht es hier nicht um das »Ob« der Beschaffung, sondern schon um das inhaltliche »**Wie**«. Wenn der öffentliche Auftraggeber einen Beschaffungsbedarf ermittelt, und ihn näher konkretisiert, bevor er ein Vergabeverfahren startet, dann legt er in diesem Stadium natürlich insbesondere die zu beschaffende **Leistung** an sich fest, und dies auch schon konkreter. **Hier** gibt es die vom OLG Düsseldorf und anderen Vergabesenaten angesprochene Problematik der vorgezogen vor dem Vergaberecht festgelegten Bedarfsbestimmung durch den öffentlichen Auftraggeber und dem vergaberechtlichen Gebot der produktneutralen Ausschreibung. Hier gibt es dieses **Spannungsfeld** zwischen dem Beschaffungsselbstbestimmungsrecht, das vorgezogen »vor die Klammer« des Vergaberechts bestimmt wird, und der **nach** dem Beginn des Vergabeverfahrens zu betrachtenden Vergaberechtsregel des Gebots der produktneutralen Ausschreibung, niedergelegt in einer gesonderten Vergaberechtvorschrift der Vergabeordnungen, z.B. § 7 Abs. 8 VOB/A-EG. Bei der Frage einer Losvergabe ist dies hingegen anders. Denn hier geht es nur um die konkrete Art und Weise bzw. das »Wie« der Beschaffung.²⁴⁴ Der öffentliche Auftraggeber hat sich (längst) entschieden, einen Bedarf zu decken, und er hat das Vergabeverfahren begonnen. **Wie** er die in seinem Rahmen festgelegte Leistung beschafft, nämlich entweder zusammengefasst von einem einzigen Unternehmer, oder in mehreren Losen von mehreren Unternehmern, ändert nichts am Leistungsgegenstand selbst und auch nichts an der Entscheidung, diesen Bedarf zu decken bzw. diese Leistung zu beschaffen. Folglich besteht auch kein (dogmatischer) Bedarf bzw. Grund, diese Entscheidung, wie ein exakt festgelegter Leistungsbedarf beschafft wird, nämlich in Losen oder zusammengefasst, vorgezogen bzw. **außerhalb des Vergaberechts und seinen Regeln**, hier des § 97 Abs. 4 GWB bzw. der nachgeordneten Vergabeordnungen, festlegen zu wollen. Es bestünde im Gegenteil die Gefahr, dass damit die Vergaberechtsregeln und ihre Tatbestandsvoraussetzungen selbst **ausgehöhlt** werden, weil trotz der obigen »Definition« des Beschaffungsselbstbestimmungsrechts des öffentlichen Auftraggebers in der Entscheidung des OLG Düsseldorf »Warnsystem« eine doch recht große Konturenlosigkeit verbleibt, flankiert mit der Feststellung, dass **dogmatisch** das Beschaffungsselbstbestimmungsrecht so gar nicht recht überzeugend festgemacht werden kann. Das OLG Düsseldorf hat dies mit der »Vertragsfreiheit« begründet, was nicht recht überzeugend ist. Es ist deshalb nicht überzeugend, weil es ja Vergaberechtsregeln **gibt**, wie hier des § 97 Abs. 4 GWB, die mit ihren Tatbestandsvoraussetzungen genau abgrenzen, wann vergaberechtlich etwas erlaubt ist und wann nicht. Und die Vergaberechtsprechung hat zu allen Tatbestandsvoraussetzungen des § 97 Abs. 4 GWB eine detaillierte Abwägung und Begründung gefunden, wann ausnahmsweise eine zusammengefasste Vergabe erlaubt ist, und nicht in der Regel die Fachlosvergabe bzw. Teillosvergabe (in Gebietslosen, Regionallosen oder Ähnliches) erfolgen muss. Es **bedarf** daher keiner dogmatisch zweifelhaften Vorverlagerung dieser Prüfung **außerhalb** des Vergaberechts, **zumal** damit regelmäßig das vom Vergaberecht vorgegebene **Regel-Ausnahme-Schema** auch umgekehrt werden würde. Denn wenn der öffentliche Auftraggeber gemäß der Zwei-Stufen-Prüfung zunächst einmal willkürfrei bestimmen darf, dass nur eine ganzheitliche Beratungsleistung bei einem PPP-Projekt »aus einer Hand« für ihn sinnvoll ist, dann bleibt im Ergebnis für den Abwägungsprozess nach dem Vergaberecht selbst, hier § 97 Abs. 4 Satz 2 GWB, kein Raum mehr. Und es ist durchaus nicht unmöglich, sondern letztendlich nur eine Frage

---

244 So im Ergebnis auch OLG Schleswig v. 30.10.2012, 1 Verg 5/12 – »Postdienstleistungen«.

der genauen Leistungsabgrenzung, PPP-Beratungsleistungen, das heißt die Beratung in rechtlicher, finanzieller und technischer Hinsicht, »fachlosbezogen« auf die entsprechenden, verschiedenen Professionen (Rechtsberatung etc.) aufzuteilen.[245] Mit anderen Worten kann die Zwei-Stufen-Prüfung im Rahmen des § 97 Abs. 4 GWB bzw. eine »vorgezogene« Beurteilung des Beschaffungsselbstbestimmungsbedarfes im Ergebnis auch eine **Umgehung des Vergaberechts** darstellen, da diese Prüfung **außerhalb** des Vergaberechts selbst stattfindet, und das Regel-Ausnahme-Schema der grundsätzlichen Losvergabe und ausnahmsweise zu erfolgenden Gesamtvergabe **umkehrt**.

Nach alledem ist daher festzuhalten, dass eine »vorgezogene« Prüfung der zusammengefassten Vergabe nach Sinn und Zweck des Beschaffungsgegenstandes, z.B. nach Zwei-Stufen-Prüfung, abzulehnen ist, und vielmehr »stattdessen« das selbstverständlich **zu beachtende** Beschaffungsbestimmungsrecht des Auftraggebers **innerhalb** des Vergaberechts **im Rahmen** der Abwägung bzw. der Tatbestandsvoraussetzungen einer Losvergabe oder ausnahmsweise zu erfolgenden Gesamtvergabe **betont** bzw. **berücksichtigt** werden kann. Dadurch werden das vergaberechtlich und GWB gesetzlich vorgegebene Regel-Ausnahme-Schema und auch der grundsätzliche Mittelstandschutz beibehalten, und nicht ins Gegenteil verkehrt. 177

2. Fachlose/Teillose

Fachlose sind Gewerke bzw. genauer gesagt Bauleistungen verschiedener Handwerks- oder Gewerbezweige. Der Begriff entstammt § 4 Nr. 3 Satz 1 VOB/A a.F.. Der Deutsche Vergabe- und Vertragsausschuss für Bauleistungen (DVA), zuständig für die Fortentwicklung der VOB, hat im Jahr 2000 ein Positionspapier zu Fach- und Teillosen veröffentlicht.[246] Darin werden nicht nur die bei Bauleistungen gängigen Fachlose nach Gewerken benannt, sondern mit vielen Beispielen eine in technischer Hinsicht mögliche Zusammenfassung von Gewerken beschrieben. Welche Leistungen zu einem Fachlos gehören, bestimmt sich danach nach den gewerberechtlichen Vorschriften und der allgemein oder regional üblichen Abgrenzung.[247] Dabei ist auch zu untersuchen, ob sich für spezielle Arbeiten mittlerweile ein **eigener Markt herausgebildet hat**.[248] Die Regelung des § 97 Abs. 4 Satz 2 GWB definiert Fachlose als Leistungen getrennt nach Art oder Fachgebiet, was das Gleiche beinhaltet. Für das Bestehen eines Fachloses spielt es keine Rolle, ob das betreffende Fachunternehmen die Leistungen ganz oder teilweise selbst ausführt oder durch einen Nachunternehmer erbringen lässt. Werden bestimmte Teilleistungen regelmäßig einem Nachunternehmer überlassen, kann dies jedoch ein Argument dafür sein, die Vergabe gesplitteter Fachlose ausnahmsweise zuzulassen.[249] Der Begriff »Fachlos« ist damit nicht statisch. Vielmehr verändert er sich mit den wandelnden Marktverhältnissen. Das ist nach Sinn und Zweck des Gebots einer Vergabe nach Fachlosen auch nachvollziehbar. Denn zum einen dient sie dem Ziel einer fachlich hochstehenden Auftragsdurchführung, das durch eine – bei einer Fachlosvergabe erleichterten – Beteiligung spezialisierte Unternehmen gefördert werden. Zum anderen erleichtert sie die Beteiligung möglichst vieler Unternehmen an dem Vergabeverfahren, was auch Ziel des § 97 Abs. 3 GWB ist.[250] Beiden Zwecken wird eine **Auslegung im Einzelfall** 178

---

245 Siehe dazu die Entscheidungen OLG Jena und OLG Celle, jeweils a.a.O. – »PPP-Beratungsleistungen«.

246 NZBau 2000, 555 ff.

247 OLG Düsseldorf 11.07.2007, Verg 10/07; Heiermann u.a., VOB-Kommentar, § 4 Rn. 14.

248 OLG Düsseldorf 11.07.2007, Verg 10/07, für Lärmschutzarbeiten (Gründungs- und Errichtungsarbeiten von Lärmschutzwänden); OLG München v. 09.04.2015, Verg 1/15, NZBau 2015, 446 – »Lärmschutzwände«; OLG Naumburg v. 14.03.2013, 2 Verg 8/12 – Notfallrettungsdienst«; OLG Koblenz v. 16.09.2013, 1 Verg 5/13 – »Sammeltonnen«; OLG Schleswig v. 25.01.2013, 1 Verg 6/12, NZBau 2013, 395 – »Aufwachsender Postdienstleistungsmarkt«; VK Köln v. 06.10.2014, VK VOL 21/2013 – »Sonderbedarf Rettungsdienst«; VK Lüneburg v. 08.08.2014, VgK – 22/2014 – »Estrich- und Schleifarbeiten.

249 OLG Düsseldorf v. 11.07.2007, Verg 10/07 – »Lärmschutzwände 1«; OLG Düsseldorf v. 25.11.2009, Verg 27/09 – »Lärmschutzwände 2«.

250 OLG Düsseldorf v. 23.03.2011, Verg 63/10 – »Glasreinigung 1«, mit Verweis auf BGH v. 08.02.2011, VergabeR 2011, 452 – »S-Bahn Rhein/Ruhr«.

am ehesten gerecht, die die **aktuellen Marktverhältnisse** in den Blick nimmt. Die Feststellung, ob eine bestimmte Tätigkeit Gegenstand eines Fachloses geworden ist, kann bei sich im Umbruch befindlichen Marktverhältnissen für den Auftraggeber schwierig sein. Angesichts dessen, dass bereits eine **Markterforschung** zum Zwecke der Fachlosabgrenzung mit Aufwand verbunden sein kann und eine Ausschreibung für den öffentlichen Auftraggeber noch handhabbar sein muss, ist es nicht unzulässig, wenn er sich bei seiner Entscheidung davon leiten lässt, wie er nach seinen **bisherigen Erfahrungen** einen möglichst großen Bieterkreis ansprechen kann. Je mehr Unternehmen (noch) Gesamtleistungen aus einer Hand anbieten, desto eher kann es gerechtfertigt sein, von einer bis ins Kleinste zu erfolgende Fachlosvergabe absehen zu können. Es ist dann z.B. möglich, die Unterhalts-, Grund- und Glasreinigung insgesamt, dann allerdings in Gebietslosen (Teillosen) aufgeteilt, zu vergeben, und die vorgenannten Fachlose nicht jeweils einzeln auszuschreiben.[251] Arbeiten in Zusammenhang mit der Errichtung einer Lärmschutzwand sind geeignet, ein Fachlos zu bilden, weil sie ausreichend abgrenzbar sind. Es hat sich hierfür ein Markt gebildet, auf dem Anbieter solche Arbeiten als eigenständigen Auftrag übernehmen. Gleichzeitig sind diese Arbeiten nicht untrennbar mit anderen verflochten.[252] Für die Feststellung, ob hinsichtlich einer bestimmten, vom öffentlichen Auftraggeber nachgefragten Leistung grundsätzlich die Bildung eines **eigenständigen Fachloses** geboten ist, ist insbesondere von Belang, ob – bezogen auf wettbewerbsrelevante Umstände – ein **eigener Anbietermarkt seit längerem besteht oder sich gerade herausgebildet hat.** Für die Frage einer rechtmäßigen Losbildung kommt es also auf die Besonderheiten des konkreten, vom öffentlichen Auftraggeber in Anspruch genommenen Markts in der vom öffentlichen Auftraggeber definierten Bedeutung an. Allein der Umstand, dass der geringere Anforderungen an die Leistungsfähigkeit stellende Leistungsbereich des qualifizierten Krankentransports als »Geschäftsfeld« unter Umständen wirtschaftlich attraktiver sein mag, führt jedenfalls noch nicht zur Notwendigkeit einer gesonderten Fachlosbildung.[253] Die in der Vergaberechtsprechung vielfach umstrittene **Glasreinigung** ist inzwischen ein eigener, von den allgemeinen Reinigungsarbeiten abgegrenzter Markt. Die Gebäudereinigung teilt sich in organisatorischer Hinsicht, im Hinblick auf Qualifikation und Entlohnung des eingesetzten Personals sowie im Marktauftritt und in der Wahrnehmung der Marktgegenseite in zwei voneinander getrennte Fachbereiche der Glas- und Unterhaltsreinigung auf. Nach dem Wegfall des Meisterzwanges im Jahr 2004 haben sich viele Kleinunternehmen ausschließlich auf Glasreinigung spezialisiert. Das Segment der Unterhaltsreinigung wird im Wesentlichen von großen Unternehmen in der Branche abgedeckt, die zum Teil ausschließlich in diesem Bereich arbeiten, zum Teil neben der Unterhaltsreinigung durch eigene, von der Unterhalts- und anderen Spezialreinigungssparten getrennte Abteilungen auch Glasreinigungsarbeiten ausführen. Dagegen beschränken sich die in der Branche tätigen Kleinunternehmen aus Gründen der Wettbewerbsfähigkeit im Allgemeinen ausschließlich auf die Glasreinigung selbst. Während kleine Unternehmen Unterhaltsreinigungsleistungen wegen des hohen Wettbewerbs- und Kostendrucks kaum konkurrenzfähig anbieten können, sind sie aufgrund der für die Glasreinigung geltenden Qualitätsanforderungen und Kalkulationsgrundlagen in der Lage, diesen Bereich der Gebäudereinigung zu bedienen. Da das in der Glasreinigung eingesetzte Personal tariflich höher eingestuft ist, und die Mitarbeiter im Regelfall als Ganztagskräfte eingesetzt werden, können auf Glasreinigung spezialisierte Unternehmen sich nicht zugleich erfolgreich um Aufträge für Unterhaltsreinigung bewerben. Glas- und Unterhaltsreinigungsarbeiten sind auch in Unternehmen, die beide Bereiche durch eigenes Personal anbieten, im Allgemeinen organisatorisch getrennt, weil die Dienstleistungen eigenständig akquiriert, beauftragt und durch unterschiedlich qualifiziertes und entlohntes Personal ausgeführt werden. Kleinbetriebe sind nahezu vollständig auf die Glasreinigung spezialisiert. Bei mittleren Betrieben stellt die Glasreinigung ebenfalls einen bedeutenden Umsatzfaktor dar, weil auch diese sich regelmäßig nicht in konkurrenzfähiger Form um die Unterhaltsreinigung größe-

---

251 So OLG Düsseldorf v. 23.03.2011, Verg 63/10 – »Glasreinigung 1«.
252 OLG München v. 09.04.2015, Verg 1/15, NZBau 2015, 446 – »Lärmschutzwände«.
253 OLG Naumburg v. 04.03.2013, 2 Verg 8/12 – »Notfallrettungsdienst«.

rer öffentlicher Gebäude bewerben, sondern allenfalls sehr kleine Objekte reinigen können. Die getrennte Vergabe von Unterhalts- und Glasreinigungsarbeiten ist in der Praxis der Normalfall, die zusammengefasste Vergabe beider Fachbereiche dagegen die Ausnahme. In dieser intensiven Art und Weise hat das **OLG Düsseldorf** die **Fachlosbestimmung** im Einzelfall vorgenommen.[254]

In ähnlich intensiver Begründungsart gehen andere Nachprüfungsinstanzen vor.[255] Notfallrettungs- **179** dienst, qualifizierter Krankentransport und ein erweiterter Rettungsdienst im Katastrophenfall sind wegen der weitgehend gleichen Anforderungen an technische und personelle Ausstattung nicht als unterschiedliche Fachlose anzusehen, zumal dann, wenn der Gesetzgeber bereits eine gesetzliche Trennung zwischen den Anbietermärkten Luft-, Wasser- und bodengebundener Rettung vorgenommen hat.[256] Auch die Lieferung von Sammeltonnen für Altpapier ist (noch) kein eigenständiges Fachlos im »Mülltonnenmarkt«.[257] Im Jahr 2013 war der Markt für Postdienstleistungen noch im Aufwuchs befindlich, so dass von gesonderten Fachlosen für Brief- und Paketbeförderung (noch) nicht die Rede sein konnte.[258] Hat der Auftraggeber bei der Ausschreibung von Notfallrettungs- diensten auch einen Sonderbedarf für Aufgaben des erweiterten Rettungsdienstes im Falle eines Massenunfalles, begründet dieser Sonderbedarf nur aufgrund des entsprechend personellen und sachlichen Vorhalteaufwandes noch kein eigenes Fachlos.[259]

Teillose sind nach der Neuregelung »in der Menge aufgeteilte Leistungen«. Es bedeutet die räum- **180** liche Aufteilung einer Gesamtleistung, was nicht nur bei größeren Einzel- oder Gesamtbaupro- jekten in Betracht kommt, wie z.B. mehrere Strecken- oder Bauabschnitte beim Autobahnbau.[260] Maßgebend für die Frage, ob in Teillose aufgeteilt werden **kann**, ist das konkrete Bauprojekt und die Frage, ob und inwieweit eine Aufteilung in die beteiligten Sparten der Bauwirtschaft im Hinblick auf eine praktische Bauausführung zweckmäßig ist.[261] In der Gesetzesbegründung wurde der Befürchtung vorgebeugt, die nunmehrige und gewollte Stärkung des Mittelstands- schutzes würde eine weitgehende Zersplitterung der Aufträge in (fragwürdige) Teillose bedeu- ten, beispielsweise der Beschaffung von Fenstern durch die Lose Rahmen, Scheiben, Griffe und Beschläge. Unabhängig davon, dass eine solche Losaufteilung im Ergebnis eine unwirtschaftliche Zersplitterung darstellen würde, war dies laut Gesetzesbegründung auch nicht gewollt, da eine solche Aufsplittung auch marktunüblich wäre. **Teillose** können vielfältiger Natur sein. Bei größe- ren Bauprojekten sind dies zumeist **Bauabschnitte**, bei einer räumlichen Unterteilung **Gebiets- lose bzw. Regionallose**.[262] Auch für die Teillosbildung gelten die gleichen Grundsätze wie für die Fachlosbildung, nämlich diejenigen, durch eine Teillosbildung mittelständischen Unternehmen zunächst die Möglichkeit zu eröffnen, sich mit Aussicht auf Erfolg an einem Vergabeverfah- ren beteiligen zu können, **ohne** damit zugleich gezwungen zu sein, **jedem** am Markt befindli- chen Unternehmen eine Beteiligung zu ermöglichen. Denn eine Ausschreibung muss nicht auf bestimmte Unternehmen zugeschnitten sein, und muss vor allen Dingen nicht zu einer unwirt-

254 OLG Düsseldorf v. 11.01.2012, VII-Verg 52/11 – »Glasreinigung 2«.
255 OLG München v. 09.04.2015, Verg 1/15, NZBau 2015, 446 – »Lärmschutzwandarbeiten«; OLG Naum- burg v. 04.03.2013, 2 Verg 8/12 – »Notfallrettungsdienst«; OLG Koblenz v. 16.09.2013, 1 Verg 5/13 – »Sammeltonnen«.
256 OLG Naumburg v. 14.03.2014, 2 Verg 8/12.
257 OLG Koblenz v. 16.09.2013, 1 Verg 5/13 – »Sammeltonnen«.
258 OLG Schleswig v. 25.01.2013, 1 Verg 6/12, NZBau 2013, 395.
259 VK Köln v. 06.10.2014, VK VOL 21/2013.
260 Vgl. hierzu VK Halle 24.02.2000 – VK Hal 02/00 ZVgR 2000, 124, 128; Schreiner in: Ingenstau/ Korbion § 4 VOB/A Rn. 8.
261 Vgl. Müller-Wrede NZBau 2004, 643, 645.
262 OLG Düsseldorf v. 23.03.2011, Verg 63/10 – »Glasreinigung 1«; v. 11.01.2012, VII-Verg 52/11, NZBau 2012, 324 – »Glasreinigung 2«; v. 21.03.2012, VII-Verg 92/11, NZBau 2012, 515 – »Abschlepp- fahrzeuge«; v. 30.11.2009, VII-Verg 43/09 – »Frequenzwechsel«; v. 25.04.2012, Verg 100/11 – »Drucker«; OLG Schleswig v. 30.10.2012, 1 Verg 5/12 – »Postdienstleistungen«; OLG Koblenz v. 04.04.2012, 1 Verg 2/11, NZBau 2012, 598 – »Glasreinigung Landkreis Neuwied«.

schaftlichen, kleinsten Loszersplitterung führen.[263] Es ist mithin »mit Augenmaß« im Einzelfall zu bestimmen, ob der Loszuschnitt angesichts der konkreten Marktverhältnisse dazu führen würde, dass nur wenige oder gar nur ein Bieter Angebote einreichen können.[264] Zur gesetzlich gewollten Mittelstandsförderung reicht es dabei nicht aus, lediglich auf die Möglichkeit zur Bildung von Bietergemeinschaften oder Arbeitsgemeinschaften zu verweisen. Vielmehr muss generell verlangt werden, dass sich aus der betreffenden Branche ein mittelständisches Unternehmen auch außerhalb einer Bietergemeinschaft um den Auftrag bewerben kann. Das würde verfehlt werden, wenn sich für einen Auftrag oder auch ein **Gebietslos** lediglich eine Arbeitsgemeinschaft bewerben könnte bzw. wenn ein mittelständisches Einzelunternehmen nicht mehr in der Lage wäre, auch nur eines der Gebietslose zu bedienen.[265]

181   Ein Teillos ist die Zerlegung eines Bauvorhabens in **quantitativ** abgrenzbare Teilleistungen, im Gegensatz zum Fachlos, welches die Zerlegung eines Bauvorhabens in **qualitativ** abgrenzbare Fachgebiete/Gewerbezweige bedeutet. In diesem Sinne ist ein Teillos ein bloßer Unterfall des Oberbegriffes »Los« und dient lediglich der rechtstechnischen Abgrenzung zum Fachlos. Es beschreibt insoweit den Inhalt einer kohärenten, nicht weiter zerlegbaren Leistung.[266]

182   Selbstverständlich können **Fachlose** und **Teillose** bei einem Projekt auch zusammenfallen, sprich sich die Frage stellen, ob nach einer Aufteilung in Teillose wie insbesondere Gebietslosen oder Regionallosen **zusätzlich** noch eine Aufteilung in **Fachlose** erfolgen kann oder muss. **Beides** ist im Sinne des § 97 Abs. 4 Satz 2 GWB immer zu prüfen.[267] Denn in rechtlicher Hinsicht stehen Teil- und Fachlosvergabe **selbstständig** nebeneinander, das heißt eine erfolgte Teillosvergabe lässt das gegebenenfalls bestehende Erfordernis einer Fachlosvergabe nicht entfallen.[268] Dennoch kann hier eine **Gesamtbetrachtung** erfolgen, mit der Maßgabe, dass die Bildung von Teillosen **ohne** die Bildung zusätzlicher Fachlose schon ausreichend sein kann, wenn damit jedenfalls mittelständische Unternehmen in die Lage versetzt werden, sich um den ausgeschriebenen Auftrag mit Aussicht auf Erfolg bewerben zu können.[269] So reicht auch eine Unterteilung in fünf Gebietslose aus, wenn eine weitere Unterteilung in Fachlose im Ergebnis zu unwirtschaftlich werden würde bzw. eine unwirtschaftliche Loszersplitterung darstellen würde.[270] Dies war der Fall des OLG Düsseldorf »Glasreinigung 1«, in dem der Gesamtauftrag, der in fünf Teillose aufgeteilt wurde, 250.000,00 brutto ausmachte, und das Fachlos der Glasreinigung höchstens 9.000,00 bzw. 1/20 des Gesamtauftrages. Anders jedoch das OLG Düsseldorf in der weiteren Entscheidung »Glasreinigung 2«[271] in dem vier Teillose gebildet wurden, das Fachlos Glasreinigung aber immerhin schon 6 % des Gesamtauftrages bzw. absolut gesehen 37.000,00 per anno ausmachte.

---

263 OLG Düsseldorf v. 21.03.2012, NZBau 2012, 515 – »Abschleppfahrzeuge«; OLG Schleswig v. 30.10.2012, 1 Verg 5/12 – »Postdienstleistungen«, v. 25.01.2013, NZBau 2013, 395.

264 OLG Düsseldorf a.a.O. mit Verweis auf BGH v. 08.02.2011, VergabeR 2011, 452 – »S-Bahn Rhein/Ruhr«.

265 OLG Schleswig a.a.O. – »Postdienstleistungen«; OLG Düsseldorf a.a.O. – »Abschleppfahrzeuge« sowie OLG Düsseldorf v. 21.07.2010, VergabeR 2010, 955.

266 OLG Jena 15.07.2003 6 Verg 7/03 S. 6 IBR 2003, 629.

267 Siehe OLG Düsseldorf »Glasreinigung 1 + 2« sowie »Abschleppfahrzeuge« a.a.O., sowie OLG Schleswig »Postdienstleistungen« a.a.O.

268 OLG Schleswig a.a.O. – »Postdienstleistungen« sowie OLG Koblenz NZBau 2012, 598 – »Glasreinigung Landkreis Neuwied«.

269 OLG Schleswig a.a.O. – »Postdienstleistungen«.

270 So im Fall OLG Düsseldorf v. 23.03.2011, Verg 63/10 – »Glasreinigung 1«.

271 OLG Düsseldorf 11.01.2012, NZBau 2012, 234.

3. Berücksichtigung mittelständischer Interessen durch Auftragsteilung

a) Grundsatz der Auftragsteilung (§ 97 Abs. 4 Satz 2)

§ 97 Abs. 4 GWB nennt zur Berücksichtigung mittelständischer Interessen explizit den Fall der **183** Auftragsteilung. Die Auftragsteilung nach **Satz 2** ist der **Grundsatz**, die zusammengefasste Vergabe mehrerer Fachlose nach **Satz 3** demgegenüber die **Ausnahme**[272] (**Regel-Ausnahme-Verhältnis**). In seiner Entscheidung v. 17.02.1999 hatte der BGH zu § 5 VOL/A a.F. noch die Ansicht vertreten, die Vergabe nach Losen sei der begründungspflichtige Ausnahmefall und die zusammengefasste Vergabe die Regel.[273] Danach sei ein Auftrag nur dann aufzuteilen, wenn festgestellt werden könne, dass dies die Bewerbung kleiner und mittlerer Unternehmen ermögliche. Diese Auffassung ist aufgrund der mittlerweile geltenden Gebotsnorm des § 97 Abs. 4 GWB und seines geschilderten Regel-Ausnahme-Prinzips nicht mehr aufrechtzuerhalten. Der Gesetzgeber hat den grundsätzlichen Vorrang der Losvergabe normiert.[274]

b) Ausnahme der zusammengefassten Vergabe (§ 97 Abs. 4 Satz 3)

Ausnahmsweise kann der öffentliche Auftraggeber nach Satz 3 jedoch von einer Losaufteilung **184** absehen, wenn nach einer **Interessenabwägung**, innerhalb derer dem öffentlichen Auftraggeber ein **Beurteilungsspielraum** zusteht, **technische und/oder wirtschaftliche Gründe** für eine einheitliche Auftragsvergabe sprechen.[275] Die zusammengefasste Vergabe darf aber nicht dazu führen, dass im Ergebnis nur ein einziger Bieter für die Auftragsvergabe in Betracht kommt, wenn es demgegenüber bei einer losweisen Vergabe möglich wäre, jedenfalls einige Lose im Wettbewerb auch an andere Bieter erteilen zu können. Denn es verstößt gegen den **Wettbewerbsgrundsatz des § 97 Abs. 1 GWB**, wenn in einer Ausschreibung die an und für sich mögliche losweise Vergabe mehrerer Leistungen nicht vorgenommen wird, und deshalb im Ergebnis nur ein einziger Bieter für die Auftragsvergabe in Betracht kommt, weil ein Teil der Leistung nur von diesem Bieter erbracht werden kann.[276]

Mehraufwendungen der Vergabestelle in organisatorischer Hinsicht, wie beispielsweise ein erhöh- **185** ter Koordinationsaufwand, hat der öffentliche Auftraggeber aufgrund der mittelstandsfördernden Entscheidung des Gesetzgebers zugunsten des Vorrangs der Losvergabe grundsätzlich hinzuneh-

---

272 Vgl. zur Altfassung nur Müller-Wrede NZBau 2004, 643, 644 m.w.N.; einhellige Auffassung, siehe nur OLG Düsseldorf 11.07.2007, Verg 10/07, IBR 2008, 234.

273 BGH 17.02.1999 X ZR 101/97 (KG) »Krankenhauswäsche« NJW 2000, 137 = BauR 1999, 736, 740.

274 Müller-Wrede NZBau 2004, 643, 644; mittlerweile allgemeine Auffassung, siehe nur OLG Düsseldorf v. 11.07.2007, Verg 10/07 – »Lärmschutzwände 1«; OLG Schleswig v. 30.10.2012, 1 Verg 5/12 – »Postdienstleistungen«; OLG Brandenburg v. 27.11.2008, Verg W 15/08 – »Brandschutztechnik«; OLG Koblenz v. 04.04.2012, NZBau 2012, 598 – »Glasreinigung Landkreis Neuwied«.

275 OLG Düsseldorf 08.09.2004 VII-Verg 38/04 »Gebäudemanagement« NZBau 2004, 688, 689; 11.07.2007, Verg 10/07, IBR 2008, 233; BGH, NJW 2000, 137 = BauR 1999, 736 – »Krankenhauswäsche«; Antweiler VergabeR 2006, 637, 647.

276 OLG Celle 24.05.2007, 13 Verg 4/07. Ausgeschrieben war die Lieferung von Abfallbehältern europaweit im Offenen Verfahren, und zwar Behälter in den Größen 40 Liter bis 1.100 Liter. Eine Losaufteilung in verschiedene Behältergrößen war nicht vorgesehen. Für die 40 Liter-Behälter sollte nur das von der Firma S. patentierte System zum Einsatz kommen, was den Wettbewerb für den gesamten Auftrag auf ein einziges Bieterkonsortium beschränkte, da mangels Losbildung andere potenzielle Bieter für die anderen Behälter-Größen nicht zum Zuge kommen konnten. Das OLG Celle hob die Ausschreibung wegen Verstoßes gegen den Wettbewerbsgrundsatz nach § 97 Abs. 1 GWB auf. Bei einer Ausschreibung, die mehrere, nicht losweise ausgeschriebene Leistungen zum Gegenstand habe, sei Voraussetzung für einen echten Wettbewerb im Sinne von § 97 Abs. 1 GWB zumindest, dass die Ausschreibung **so gestaltet** ist, dass nicht eine oder mehrere der in ihr erforderten Leistungen nur einem Bieter erbracht werden können. Sei nämlich eine losweise Vergabe ausgeschlossen, könne auch in den Bereichen kein Wettbewerb stattfinden, in dem ein solcher an und für sich möglich wäre.

men.[277] Ebenso wenig wie ein erhöhter Koordinationsaufwand auf Seiten des Auftraggebers bezüglich der verschiedenen Gewerke kann deshalb eine Vermeidung von Gewährleistungsschnittstellen bzw. der Durchsetzung von Mängelansprüchen als Argument für eine Gesamtvergabe herangezogen werden.[278] Anders ist es allerdings, wenn diese Gründe mit konkret projektbezogenen bzw. auftragsbezogenen **Besonderheiten** einhergehen, also **nicht** bloß allgemeiner Natur sind.[279] So können es beengte Verhältnisse am Bauort sein, mit der Maßgabe, dass bei einer getrennten Losvergabe mehrere Auftragnehmer sich gegenseitig in die Quere kommen würden, oder besondere Behinderungen durch die Lage der Baustelle mitten in einer Wohnbebauung, flankiert durch behördlich angeordnete Auflagen zum Lärmschutz[280] Eine **Gesamt- oder zusammengefasste Vergabe** darf danach nach dem in § 97 Abs. 3 GWB zum Ausdruck gebrachten Willen des Gesetzgebers aus Gründen der Mittelstandsförderung nur in **Ausnahmefällen** stattfinden.[281] Das **Regel-Ausnahme-Verhältnis** macht deutlich, dass sich der Auftraggeber **trotz** seiner ihm zustehenden **Einschätzungsprärogative**[282] nach dem Normzweck bei der Entscheidung für eine zusammengefasste Vergabe in besonderer Weise mit dem Gebot einer Fach- oder Teillosvergabe und den dagegen sprechenden Gründen auseinanderzusetzen hat. Im Rahmen der dem Auftraggeber obliegenden Ermessensentscheidung bedarf es deshalb einer **umfassenden Abwägung der widerstreitenden Belange**, als deren Ergebnis die für eine zusammenfassende Vergabe sprechenden Gründe nicht nur anerkennenswert oder vertretbar sein müssen,[283] sondern **überwiegen** müssen.[284] Für das **Maß des Überwiegens** lassen sich dabei keine allgemeinen Regeln aufstellen, sondern allenfalls Orientierungshilfen geben. So können regelmäßig die mit einer fachlos- oder gewerkeweisen Vergabe **typischen**, allgemein verbundenen Ausschreibungs-, Prüfungs- und Koordinationsmehraufwendungen sowie ein höherer Aufwand bei Gewährleistungen eine Gesamtvergabe für sich allein nicht rechtfertigen. Denn dabei handelt es sich um einen Fachlosvergaben immanenten und damit **typischerweise** verbundenen Mehraufwand, der nach dem Zweck des Gesetzes in Kauf zu nehmen ist und bei der Abwägung grundsätzlich unberücksichtigt zu bleiben hat. Anders kann es sich freilich bei **Synergieeffekten** verhalten, die aus prognostischer Sicht durch eine zusammenfassende Vergabe zu erwarten sind.[285] Umgekehrt ist indes genauso wenig zu fordern, eine Fachlosausschreibung müsse generell unverhältnismäßige Kostennachteile mit sich bringen und/oder zu einer starken Verzögerung des Beschaffungsvorhabens führen. Es können auch einfache, jedenfalls nicht vernachlässigbare Kostennachteile oder Verzögerungen **genügen**. Tendenziell wird ein Überhang an Gründen für eine zusammengefasste Vergabe aber umso geringer sein dürfen, desto mehr die Projektaufgabe als solche, und zwar hinsichtlich ihres Umfangs oder ihrer Komplexität, ohnehin schon besonderen, insbesondere erschwerenden Anforderungen unterliegt.[286]

---

277 Külpmann in: Kapellmann/Messerschmidt § 4 VOB/A Rn. 44; Dreher in: Immenga/Mestmäcker § 97 Rn. 85; Hailbronner in: Byok/Jaeger § 97 Rn. 219; VÜA Bayern 02.05.1996 VüA 6/96, 9 ff.

278 Dreher in: Immenga/Mestmäcker § 97 Rn. 85; Hailbronner in: Byok/Jaeger § 97 Rn. 219; OLG Düsseldorf 08.09.2004 VII-Verg 98/04 »Gebäudemanagement« NZBau 2004, 688, 690.

279 OLG Düsseldorf v. 11.07.2007, VII Verg 10/07 – »Lärmschutzwände 1«; OLG Naumburg v. 04.03.2013, 2 Verg/12 – »Notfallrettungsdienst«; OLG München v. 09.04.2015, 1/15, NZBau 2015, 446 – »Lärmschutzwände«.

280 OLG Düsseldorf v. 11.07.2007, VII – Verg 1007; OLG München v. 09.04.2015, Verg 1/15, NZBau 2015, 446 –»Lärmschutzwände«.

281 So bereits OLG Düsseldorf NZBau 2004, 688, 689 – »Gebäudemanagement«; v. 11.07.2007, VII-Verg 10/07 – »Lärmschutzwände 1«; Thüringer OLG v. 06.06.2007, VergabeR 2007, 677, 679 – »PPP-Beratungsleistungen«; OLG Brandenburg VergabeR 2009, 652, 657 – »Brandschutztechnik«.

282 Dazu bereits OLG Düsseldorf v. 11.07.2007 – »Lärmschutzwände 1«.

283 So noch ursprünglich das OLG Schleswig v. 14.08.2000, 6 Verg 2/2000; v. 13.10.2000, 6 Verg 4/2000; dagegen mit bereits höheren Anforderungen für eine zusammengefasste Vergabe im Beschl. v. 13.10.2012, 1 Verg 5/12 – »Postdienstleistungen«.

284 OLG Düsseldorf v. 25.11.2009, Verg 27/09 – »Lärmschutzwände 2«; ständige Rechtsprechung des OLG Düsseldorf seitdem.

285 So OLG Düsseldorf im Fall v. 11.07.2007, VII-Verg 10/07 – »Lärmschutzwände 1«.

286 OLG Düsseldorf v. 25.11.2009, Verg 27/09 – »Lärmschutzwände 2«; v. 21.03.2012, NZBau 2012, 515 – »Abschleppfahrzeuge«.

Der Maßstab der rechtlichen Kontrolle ist freilich beschränkt. Die Ermessensentscheidung des Auf- **186** traggebers ist von den Vergabenachprüfungsinstanzen nur darauf zu überprüfen, ob sie auf vollständiger und zutreffender Sachverhaltsermittlung und nicht auf einer Ermessensfehlbetätigung, namentlich auf **Willkür**, beruht. Dabei ist von den Vergabenachprüfungsinstanzen auch zu beachten, dass das Vergaberecht nicht nur Bieterrechte eröffnet, sondern auch eine wirtschaftliche und den vom öffentlichen Auftraggeber gestellten Anforderungen entsprechende Leistungsbeschaffung gewährleisten soll. Der öffentliche Auftraggeber als Nachfrager hat durch seine Ausschreibung nicht bestimmte Märkte oder Marktteilnehmer zu bedienen. Vielmehr bestimmt allein der Auftraggeber im Rahmen der ihm übertragenen öffentlichen Aufgaben den daran zu messenden Beschaffungsbedarf und die Art und Weise, wie dieser gedeckt werden soll. Am Auftrag interessierte Unternehmen haben sich darauf einzustellen. Nicht aber hat der öffentliche Auftraggeber Ausschreibungen so zuzuschneiden, dass sich bestimmte Unternehmen, auch wenn dies für sie ein wirtschaftlicher Vorteil wäre, daran beteiligen können.[287]

In diesem Rahmen sind die **Anforderungen** an die ausnahmsweise erlaubte zusammengefasste Ver- **187** gabe gesteckt.

aa) Wirtschaftliche Gründe

Nach dem primären Ziel des Vergaberechts, einen Auftragswettbewerb zur Erzielung möglichst **188** wirtschaftlicher Einkäufe durchzuführen, vgl. § 97 Abs. 1 GWB, bestimmt in erster Linie das **Kriterium der Wirtschaftlichkeit** über die ausnahmsweise gegebene Möglichkeit einer zusammengefassten Vergabe. Um eine Gesamtvergabe daher gut vertretbar begründen zu können, müssen am **konkreten** Bauprojekt konkrete, einfache, nicht zwingend schon **unverhältnismäßige Kostennachteile** im Fall einer Auftragsaufteilung in Lose nachgewiesen werden.[288] Die Heranziehung von Erfahrungssätzen aus anderen vom öffentlichen Auftraggeber bereits durchgeführten Bauprojekten sind nicht maßgebend und können die notwendige Prüfung und Berechnung von Kostennachteilen des in Rede stehenden, zu vergebenden Auftrages nicht ersetzen.[289] Dagegen können aus wirtschaftlichen oder technischen Gründen bestehende Schwierigkeiten, die nach Art und Ausmaß **typischerweise**, also **nicht** bezogen auf das konkrete Projekt, mit der Vergabe von Fachlosen verbunden sind, eine Gesamtvergabe nicht rechtfertigen, siehe oben. An sich plausible Gründe, wie etwa die Entlastung des Auftraggebers von der Koordinierung, der Vorzug, nur einen Vertragspartner zu haben oder die einfachere Durchsetzung von Gewährleistungsansprüchen sind damit nicht geeignet, einen Ausnahmefall zu begründen.[290] **Ausnahmsweise** kann aber auch ein **erhöhter Aufwand zur Koordinierung der Bauarbeiten** ein (wirtschaftlicher) Grund für eine zusammengefasste Vergabe sein. Dem öffentlichen Auftraggeber steht insoweit eine **Einschätzungsprärogative** zu. Im Einzelfall kann der Wegfall einer Koordinierungsebene eine effiziente, ggf. sogar zu **Zeitgewinn** führende Bauablaufgestaltung durch die Möglichkeit der flexiblen Reaktion auf die konkreten organisatorischen und zeitlichen Bedingungen des Bauvorhabens fördern und damit zugleich das **Risiko einer Bauzeitverzögerung** reduzieren.[291]

---

287 OLG Düsseldorf a.a.O. »Lärmschutzwände 2«; sowie v. 23.03.2011 »Glasreinigung 1« und NZBau 2012, 324 – »Glasreinigung 2« sowie NZBau 2012, 515 – »Abschleppfahrzeuge«.

288 OLG Düsseldorf 08.09.2004 VII-Verg 38/04 »Gebäudemanagement« NZBau 2004, 688, 689; 11.07.2007, Verg 10/07; v. 25.11.2009 – »Lärmschutzwände 2«; v. 23.03.2011 – »Glasreinigung 1« (unwirtschaftliche Zersplitterung); Hailbronner in: Byok/Jaeger § 97 Rn. 158.

289 OLG Düsseldorf 08.09.2004 VII-Verg 38/04 »Gebäudemanagement« NZBau 2004, 688, 689.

290 OLG Düsseldorf 11.07.2007, Verg 10/07, mit dem Hinweis, dass die Vorschriften der § 4 Nr. 2 und 3 VOB/A (a.F.) leerlaufen würden, wenn zur Begründung einer Gesamtvergabe die Benennung solcher Schwierigkeiten ausreichte, die **typischerweise** mit jeder losweisen Ausschreibung verbunden sind. Das OLG Düsseldorf knüpft damit an die ständige Vergaberechtsprechung vor Inkrafttreten des Vergaberechtsänderungsgesetzes an, die die Vergabeüberwachungsausschüsse geprägt haben, und zwar insbesondere zu den sog. Stahlschutzplanken-Fällen.

291 OLG Düsseldorf 11.07.2007, Verg 10/07. In dem Fall waren die Synergieeffekte offensichtlich. Ohne jedes, auch in zeitlicher Hinsicht aufwendige, Koordinierungserfordernis könne der Straßenbauunterneh-

189 Die Zusammenfassung der Leistungsbereiche Notfallrettung und qualifizierter Krankentransport kann nicht nur in fachtechnischer Hinsicht begründet sein, weil eine Zusammenfassung eine Vereinheitlichung des Schutzkonzepts und der Organisation aller Rettungsdienstleistungen ermöglicht und die Entstehung von Doppelstrukturen vermeidet. Sie hat auch **wirtschaftliche Gründe**, wenn sie zu einer Gewährleistung des Gesundheitsschutzes der Bevölkerung zu angemessenen Kosten führt.[292]

190 Es ist weiter möglich, die Wirtschaftlichkeit einer zusammengefassten **GU-Vergabe** konkret durch eine sog. **Parallelausschreibung** (Leistungen werden zugleich alternativ in Fachlosen und als GU-Los ausgeschrieben) zu prüfen.[293] Diese Prüfung und Entscheidung hat zwangsläufig bereits vor der (europaweiten) Bekanntmachung zu erfolgen und hat demgemäß in Unkenntnis der tatsächlich eingehenden Angebotspreise auch einen gewissen Prognosecharakter, was letztlich den von der Rechtsprechung zugebilligten Beurteilungsspielraum bei der Entscheidung über die losweise oder zusammengefasste Vergabe auch rechtfertigt.

bb) Technische Gründe

191 Daneben können zusätzlich oder auch allein rein **technische Gründe** eine zusammengefasste Vergabe rechtfertigen.[294] Die Zulässigkeit dieses **technischen Kriteriums** ergibt sich aus der Natur der Sache. Denn wenn beispielsweise **technische Abhängigkeiten** beim Bauablauf in der Errichtung von Rohbau und Fassade (Systembau) bestehen, ergibt sich die zusammengefasste Vergabe beider Gewerke nahezu zwangsläufig. Dem kann nicht entgegengehalten werden, dass nur zum Zwecke einer losweisen Vergabe von den Gewerken »Rohbau und Fassade« der gestalterische Wunsch des Auftraggebers abgeändert werden müsste. Denn die Beschaffungs- und damit einhergehend auch die architektonische Gestaltungsidee des Auftraggebers steht selbstredend an erster Stelle, und braucht gesetzlich legitimierten, politischen Interessen an einer mittelstandsgerechten, losweisen Vergabe nicht zu weichen, wenn dies im Ergebnis nur dazu führen würde, dass der öffentliche Auftraggeber seine Beschaffungs- und Gestaltungsidee nicht mehr verwirklichen kann.[295] Wenn die gewünschte Architektur also technisch nicht anders als durch eine gemeinsame Vergabe von Gewerken an ein Unternehmen realisierbar ist, ist dies allein eine vertretbare Begründung für die zusammengefasste Vergabe. Eine **GU-/GÜ-Vergabe** (GU = Hauptunternehmer, der sämtliche für die Herstellung des Bauwerks erforderlichen Bauleistungen zu erbringen hat und wesentliche Teile davon selbst ausführt; GÜ = Hauptunternehmer, der sämtliche Bauleistungen durch Dritte erbringt) kann **technisch** mit der Notwendigkeit einer **teil-funktionalen** Leistungserbringung (GU übernimmt auch die Ausführungsplanung) oder **funktionalen** Auftragsvergabe (Übernahme auch aller Planungsleistungen; Funktionalausschreibung) i.S.d. § 7 Abs. 13 VOB/A-EG begründet werden, wenn nämlich im Sinne vorgenannter Vorschrift die Innovationskraft des Marktes für eine technisch, wirtschaftlich, gestalterisch und funktionsgerecht beste Lösung gefragt ist, weil sie sich dem öffentlichen AG nicht oder nur schwer mit der eigenen Planungsabteilung erschließt.[296] Wirtschaftlich kann sie am besten durch eine Parallelausschreibung begründet sein (siehe oben).

---

mer, so das OLG Düsseldorf, zeitgleich das Straßenfundament und die Gründungsfundamente erstellen. Würden dagegen auf dem relativ kleinen Bauabschnitt zwei Unternehmen Fundamentarbeiten ausführen müssen, wäre das Risiko von Zeitverlusten durch notwendige Abstimmungen und Koordination der Leistungen relativ hoch. So auch OLG München v. 09.04.2015, Verg 1/15, NZBau 2015, 446 – »Lärmschutzwände«; OLG Karlsruhe v. 27.03.2015, 15 Verg 9/14.

292 OLG Naumburg v. 14.03.2013, 2 Verg 8/12 – »Notfallrettungsdienst«.
293 So OLG Bremen 22.10.2001 – Verg 2/2001 IBR 2002, 33.
294 So z.B. OLG Düsseldorf v. 30.11.2009, VII-Verg 43/09 – »Frequenzwechsel«; v. 25.11.2009, Verg 27/09 – »Lärmschutzwände 2«; v. 22.10.2009, VII-Verg 25/09 – »Endoskopiegeräte«; v. 11.07.2007, VII Verg 10/07 – »Lärmschutzwände 1«.
295 OLG Jena NZBau 2007, 730; OLG Düsseldorf NZBau 2005, 532, 533; OLG Koblenz zum SPNV-Markt VergabeR 2002, 617, 627.
296 Kapellmann/Langen in: Kapellmann/Messerschmidt § 7 VOB/A Rn. 82.

Immer sind aber die Umstände des Einzelfalles maßgebend und genau zu prüfen. Die GÜ-Vergabe ist dabei **generell** gemäß § 6 Abs. 8 VOB/A-EG zulässig,[297] wobei dies schon früher stets keine Frage der Losaufteilung, sondern der Anwendung von § 8 Nr. 2 Abs. 1 und 3 VOB/A a.F. war.[298] Technische Gründe können auch **Wartungsgesichtspunkte** sein.[299] Auch die Zusammenfassung des Notfallrettungsdienstes im Grundbedarf und in einem Sonderbedarf für Massenunfälle (erheblich größerer personeller und sachlicher Vorhalteaufwand) ist ein einsatztaktischer bzw. technischer Gesichtspunkt zur einheitlichen Vergabe. Denn es wird auf die Notwendigkeit einer engen Vernetzung des Grundversion Sonderbedarfs bei einem Massenanfall von Verletzten und auf das sich daraus ergebende Erfordernis einer einheitlichen Disposition und Koordinierung beider Bereiche mit einem Zusammenwirken der verschiedenen Rettungskräfte abgestellt. Das ist ein konkret auftragsbezogener Synergieeffekt, und nicht eine Vermeidung eines bloßen Ausschreibungs-, Prüfungs- und Koordinierungsmehraufwandes mit einem höheren Aufwand bei Gewährleistungen.[300]

cc) Zeitliche Gründe mit wirtschaftlichen Auswirkungen

Ein weiteres qualitatives Kriterium ist die dem Auftraggeber zur Verfügung stehende **Bauzeit** oder besser der zur Verfügung stehende Realisierungszeitraum. So gibt es die durchaus nicht seltenen Fälle, in denen die Fertigstellung des Bauprojektes aus konkreten Umständen zwangsweise vorgegeben ist, z.B. bei der drohenden Stilllegung eines Verwaltungsgebäudes aufgrund soeben festgestellter gesundheitsgefährdender Ausstattung mit asbesthaltigen Materialien. Wenn in einem solchen Fall die Investitionsentscheidung nach gefestigter Budgetbereitstellung für ein neues Verwaltungsgebäude zu einem **Realisierungszeitraum** führt, der unter Berücksichtigung der vergabegerechten Fristen für das einschlägige Vergabeverfahren einerseits und des im Rahmen einer vernünftigen Prognose aufgestellten Planungs- sowie Ausführungszeitraums andererseits nur bei einer zusammengefassten Vergabe aller Gewerke eingehalten werden kann, so ist dies ein zeitlicher und auch **wirtschaftlich** handfester Grund für eine zusammengefasste Vergabe. Da nach zutreffender Rechtsprechung der öffentliche Auftraggeber zudem das Risiko der Verzögerung durch Nachprüfungsverfahren trägt,[301] und er diese Verzögerung daher bei seinem Realisierungszeitraum bereits

192

---

297 Seit EuGH 18.03.2004 C-314/01 »Siemens, Arge Telekom« NZBau 2004, 340, 342, Ziff. 42–44; Art. 2 Nr. 2b) ÖPP-Beschleunigungsgesetz v. 14.06.2005, wonach gemäß § 6 Abs. 2 Nr. 2 VgV n.F. »§ 8 Nr. 2 Abs. 1 und § 25 Nr. 6 VOB/A mit der Maßgabe Anwendung finden, dass der AN sich bei der Erfüllung der Leistung der Fähigkeiten anderer Unternehmen bedienen kann«.

298 Vgl. auch Dreher in: Immenga/Mestmäcker § 97 Rn. 86.

299 VK Bayern 16.04.2008 – 21.VK-3194–14/08.

300 VK Köln v. 06.10.2014, VK VOL 21/2013.

301 Grundlegend BGH 11.05.2009, VII ZR 11/08, IBR 2009, 310, 311 u. 312 – »Vergabeverfahrensrisiko«; s. weiter die nachfolgenden BGH-Entscheidungen in Fußnote 30; OLG Jena 22.03.2005 8 U 318/04 »Talsperren Leibis-Lichte« NZBau 2005, 341 ff.; VK Bund 24.01.2008, VK 3–151/07, Aufbürdung des NP-Risikos auf den AN würde ein ungewöhnliches Wagnis nach § 9 Nr. 2 VOB/A darstellen, was der AN mangels Kalkulierbarkeit nicht zu tragen hat. Das Risiko von Nachprüfungsverfahren trägt nach allgemeiner Auffassung der öffentliche Auftraggeber, grundlegend BGH a.a.O. – »Vergabeverfahrensrisiko«; OLG Jena, a.a.O. und BayObLG NZBau 2002, 689; OLG Hamm NZBau 2007, 312; LG Potsdam IBR 2006, 381; OLG Hamm 26.06.2008, VergabeR 2009, 92; LG Köln 17.07.2007, 5 O 22/07; KG NZBau 2008, 180 ff.; LG Hannover 20.02.2008 – 11 O 397/05; OLG Saarbrücken 13.05.2008, VergabeR 2009, 43; OLG Celle 25.06.2008, 14 U 14/08; OLG Oldenburg 14.10.2008 – 12 U 76/08; Kapellmann NZBau 2007, 401; Kapellmann/Messerschmidt/Planker, VOB-Kommentar, 2. Auflage 2007, A § 19, Rn. 21–25; Ingenstau/Korbion/Portz VOB-Kommentar, 16. Auflage 2007, A § 28, Rn. 16; Kniffka, Online-Kommentar zum BGB, § 631, Rn. 32–38; Palandt/Sprau, § 631, Rn. 28; Leinemann, Die Vergabe öffentlicher Aufträge, 3. Auflage 2004, 191; Bitterich NZBau 2007; Breyer/Bordinski VergabeR 2007, 38; Behrendt BauR 2007, 784; Schlösser ZfBR 2005, 733; Würfele BauR 2005, 1253; Heilfort/Zipfel VergabeR 2005, 38, a.A. nur Dabringhausen VergabeR 200, 176, nicht überzeugend.

mit berücksichtigen muss[302], ist die zusammengefasste Vergabe umso eher begründet, da weniger Nachprüfungsverfahren und daher eine nur geringere Verzögerungen drohen. Demgemäß sind also detailliert belegte **Verzögerungen eines Bauvorhabens** ein zulässiger Grund für eine zusammengefasste Vergabe,[303] wenn sie zugleich wirtschaftliche Nachteile bedeuten würden, und zwar **erst recht** dann, wenn die Verzögerung dazu führen würde, dass das Projekt gänzlich ad acta gelegt werden müsste, weil der zwingende Fertigstellungstermin nicht eingehalten werden kann. Dieser kann nämlich beispielsweise durch den Nutzer, auf den das Bauprojekt zugeschnitten ist, vorgegeben sein, der anderenfalls abspringen würde, oder aber auch durch einen Förderzeitraum, innerhalb dessen das Projekt realisiert sein muss, anderenfalls die Fördergelder für das Projekt entfallen. Insoweit sind zeitliche Gründe handfest mit **wirtschaftlichen Gründen** für eine zusammengefasste Vergabe verknüpft. Ein zeitlicher Aspekt mit wirtschaftlichen Auswirkungen kann im Einzelfall auch der **erhöhte Aufwand zur Koordinierung der Bauarbeiten** sein, der bei einer zusammengefassten Vergabe nicht anfallen würde. Dem Auftraggeber steht insoweit beim konkreten Bauvorhaben eine Einschätzungsprärogative zu, die zu plausiblen und nachvollziehbaren Ergebnissen führen muss.[304]

dd) Kombination von Gründen

193 Eine Kombination von technischen und wirtschaftlichen Gründen für eine zusammengefasste Vergabe kann sich auch aus der Übertragung der **Betriebsverpflichtung** auf den Auftragnehmer ergeben: Wenn der Investor eines öffentlichen Bauvorhabens für seinen Mieter über den Lebenszyklus des Gebäudes von beispielsweise 25 Jahren eine mehr oder weniger konstante Warmmiete »garantieren« soll bzw. selbst erzielen will, spricht vieles dafür, dass letztendlich nur eine einheitliche Vergabe von Betriebs-, Planungs- und auch Ausführungsleistungen sinnvoll ist, wenn nämlich die konstante Einhaltung einer Warmmiete eine entsprechenden Planung und Ausführung der Haustechnik und darüber hinaus weiterer Gewerke notwendig macht. Das gilt jedenfalls für all diejenigen Planungs- und Ausführungsleistungen, die zwingenden Einfluss auf die Betriebsphase haben. Mithin ist detailliert darzulegen, dass und warum optimale (wirtschaftliche) Betriebsbedingungen sich nur bei einer Planungs- und/oder Ausführungs- und Betriebsleistung aus einer Hand sinnvoll realisieren lassen. Wiederum braucht die »Beschaffungsnotwendigkeit« einer konstanten Warmmiete bzw. konstante Betriebskosten nicht dem gesetzgeberischen Willen nach einer Losaufteilung zu weichen, wenn die Beschaffungsnotwendigkeit im Wege der Losaufteilung überhaupt nicht machbar wäre.[305]

IV. Weitere Fälle der gebotenen Bevorzugung? (§ 97 Abs. 4 Satz 1)

194 Nach **Satz 1** sind mittelständische Interessen bei der Vergabe öffentlicher Aufträge vornehmlich zu berücksichtigen. Dieser Satz dürfte neben der grundsätzlichen Losvergabepflicht nach Satz 2 und 3 eine **eigenständige Bedeutung** haben. Anderenfalls hätte es auch bei der Altfassung verbleiben können, die ausdrücklich in einem einzigen Satz bestimmte und klärte, wie mittelständische Interessen zu schützen sind, nämlich (vornehmlich) durch Losteilung. Der Gesetzgeber hat erläutert, was er darunter beispielsweise versteht, nämlich (außerhalb der Losteilung) Maßnahmen zur Begegnung einer **Bündelung von Nachfragemacht** aufseiten des öffentlichen Auftraggebers. Siehe hierzu weiter oben Rdn. 79.

---

302 So ausdrücklich OLG Karlsruhe v. 27.03.2015, 15 Verg 9/14.

303 OLG Düsseldorf 08.09.2004 VII-Verg 38/04 »Gebäudemanagement« NZBau 2004, 688, 689; Hailbronner in: Byok/Jaeger § 97 Rn. 158; OLG München v. 09.04.2015, Verg 1/15, NZBau 2015, 446 – »Lärmschutzwände«.

304 OLG Düsseldorf 11.07.2007, Verg 10/07 – »Lärmschutzarbeiten 1«.

305 OLG Jena NZBau 2007, 730 – »PPP-Beratungsleistungen«; OLG Koblenz VergabeR 2002, 617, 627: »Der öffentliche AG entscheidet, was er haben will und wie er es haben will.«.

Der **Unterschied** zur Altfassung besteht darin, dass nach der Altfassung andere Möglichkeiten des **195**
Mittelstandsschutzes **statt** der Losaufteilung möglich waren, während nunmehr die Losaufteilung **in jedem Fall** nach Satz 2 und 3 geprüft werden muss, **und daneben** weitere Möglichkeiten
der vornehmlichen Berücksichtigung von mittelständischen Interessen. Das Wort »vornehmlich«
ist dabei im Sinne von »besonders« zu verstehen.[306] Nach der Neufassung kann der öffentliche
Auftraggeber sich also nicht damit begnügen, lediglich eine Losaufteilung statt einer zusammengefassten Vergabe vorzusehen, sondern er muss daneben weitere Maßnahmen zur Berücksichtigung von mittelständischen Interessen prüfen. Völlig offen ist jedoch, welche Qualität diese
haben müssen, bis auf die vom Gesetzgeber ausdrücklich in seiner Begründung benannte und
gewollte Beschränkung der Bündelung von Nachfragemacht aufseiten des öffentlichen Auftraggebers. Eine solche Maßnahme könnte beispielsweise die **Bildung von mittelständischen
Bietergemeinschaften** sein, und zwar insbesondere dann, wenn nach Prüfung die Losaufteilung
nicht infrage kommt, weil es im Projekt technische oder wirtschaftliche sinnvolle Gründe für
eine zusammengefasste Vergabe gibt. Der öffentliche Auftraggeber könnte dann in Verfahren
mit einem vorangeschalteten **Teilnahmewettbewerb** bekannt geben, dass er nicht ausschließlich Generalunternehmer/Generalübernehmer für die Angebotsphase (oder Dialogphase beim
Wettbewerblichen Dialog bzw. Verhandlungsphase beim Verhandlungsverfahren) zulasse, sondern mindestens ein oder zwei mittelständische Unternehmen oder gebildete mittelständische
Bietergemeinschaften »gesetzt« seien (, solange und soweit sie natürlich geeignet sind, wobei
die Eignungsanforderungen dann auch so gebildet sein müssten, dass sie von mittelständischen
Bietergemeinschaften erfüllt werden können).[307]

V. Losvergabepflicht privater Auftragnehmer (§ 97 Abs. 4 Satz 4)

Neu gegenüber der Altfassung ist seit 2009 die grundsätzliche Losvergabepflicht privater Auftrag **196**
nehmer, wenn sie mit der Wahrnehmung oder Durchführung einer öffentlichen Aufgabe betraut
werden. Sie haben dann, wenn sie Teilleistungen an Nachunternehmer weitervergeben wollen, das
Regel-Ausnahme-Prinzip nach Satz 2 und Satz 3 zu berücksichtigen, d.h. grundsätzlich Teil- oder
Fachlose zu bilden, und dürfen nur ausnahmsweise Lose zusammenfassen, wenn wirtschaftliche
oder technische Gründe dies erfordern. Der öffentliche Auftraggeber **hat** bei seiner Aufgabenübertragung auf einen privaten Auftragnehmer diesen entsprechend **zu verpflichten**. Das bedeutet, dass
der öffentliche Auftraggeber zukünftig bei jeder Aufgabenübertragung, die **im Rahmen** des Vergaberechts stattfindet, in seinen Verfahrensbedingungen mitzuteilen hat, dass er im Fall der Auftragserteilung dem Auftragnehmer die entsprechende Verpflichtung in Form einer **Vertragsbedingung**
auferlegen wird. Es bietet sich an, diese Bedingung generell in die **Zusätzlichen Vertragsbedingungen** (für gewöhnlich EVM ZVB) aufzunehmen.

Hintergrund der Neuregelung ist nach dem Gesetzgeber die angeblich erhebliche Benachteiligung **197**
von Mittelständlern bei der Vergabe von Aufträgen eines ÖPP-Projektes, siehe oben Rdn. 80. Nach
der Untersuchung des Deutschen Institutes für Urbanistik »PPP und Mittelstand«, die im Auftrag
der PPP Task Force im Bundesministerium für Verkehr, Bau- und Stadtentwicklung sowie der PPP-
Task Force im Finanzministerium des Landes Nordrhein-Westfalen im Januar 2008 erstellt wurde,
soll es jedoch so sein, dass auf der ersten (Hauptauftragnehmer-) Ebene die Beteiligung von KMU
im Hinblick **auf die Zahl der PPP-Projekte** ausreichend ist, nicht jedoch bei einer Betrachtung der
Investitionsvolumina der untersuchten 30 Projekte. Denn 81 % der PPP-Investitionsvolumina

---

306 So der Duden über sinn- und sachverwandte Wörter.
307 Nach der Altfassung war die Bildung von mittelständischen Bietergemeinschaften als Alternative zur
  Losaufteilung überwiegend für nicht ausreichend erachtet worden, vgl. OLG Düsseldorf 04.03.2004, Verg
  8/04 »Aus- und Fortbildung«, VergabeR 2004, 511; 08.09.2004, VII-Verg 38/04 »Gebäudemanagement«
  NZBau 2004, 688; OLG Schleswig v. 30.10.2012, 1 Verg 5/12 – »Postdienstleistungen«; OLG Karlsruhe v. 06.04.2011, 15 Verg 3/11 – »Gebäudereinigung«; a.A. früher OLG Schleswig 14.08.2006 Verg
  2/2000; VK Bund 01.02.2001 VK 1/1/01 VergabeR 2001, 143; Kulartz in: Heiermann/Riedl/Rusam,
  VOB-Kommentar, § 97 Rn. 37; Müller/Wrede NZBau 2004, 643, 646.

wurden in Projekten realisiert, in denen auf der ersten Ebene keine KMU einbezogen sind. Auf der zweiten und den nachfolgenden Ebenen, d.h. als Nachunternehmer, seien im Durchschnitt aber zwischen 70 und 80 % KMU eingebunden, wobei deutlich mehr als die Hälfte der Wertschöpfung der PPP-Projekte sogar in der Region verblieb.[308]

198   Es fragt sich, ob der Gesetzgeber mit seiner Norm das von ihm Gewollte in der **Praxis** auch erreichen kann. Für gewöhnlich wird es nämlich so sein, dass die von einer Bietergemeinschaft oder einem Generalunternehmer bei einem Projekt zu beteiligenden Nachunternehmer schon **vor Auftragserteilung** feststehen, und zwar nicht zuletzt deshalb, weil ja schließlich gemäß § 8a Nr. 10 VOB/A bereits im Stadium des Vergabeverfahrens **Verpflichtungserklärungen** beigebracht werden müssen, wenn es um Leistungen geht, auf die der Hauptauftragnehmer mit seinem Betrieb selbst nicht eingerichtet ist. Aber auch wenn es um Leistungen geht, für die keine Verpflichtungserklärung eines Nachunternehmers beigebracht werden muss, wird der Bieter bereits einen Nachunternehmer ausgesucht und um Legung eines Nachunterangebotes gebeten haben, um damit schließlich sein Gesamtangebot kalkulieren und im Vergabeverfahren auch unterbreiten zu können. Wenn also die Nachunternehmerseite durch den privaten Auftragnehmer schon vor der Zuschlagserteilung an ihn geklärt ist, und zwar in einer Art und Weise, die den Bieter auch rechtlich **bindet**, dann läuft die Losvergabepflicht nach § 97 Abs. 4 Satz 4 GWB im Ergebnis leer. Wenn allerdings, was in der Praxis auch häufig vorkommt, der Bieter die Nachunternehmervergabe vor Auftragserteilung noch offen gehalten hat, also beispielsweise mehrere Nachunternehmerangebote intern vorliegen hat, oder schlichtweg nach Auftragsvergabe erst in die Verhandlungen mit Nachunternehmern eintreten möchte, dann müsste er das Regel-Ausnahme-Prinzip der Losvergabe auch beachten. Es empfiehlt sich, die Vertragsklausel für die Losvergabepflicht nach § 97 Abs. 4 Satz 4 GWB so zu fassen, dass die Losvergabepflicht solange und soweit nicht greift, wie der Auftragnehmer nachweisbar vor Auftragserteilung bereits Nachunternehmer gebunden hat, wobei der Nachweis nur dann als erbracht gilt, wenn er vor oder jedenfalls bei Auftragserteilung erfolgt, was sich nach Empfang der positiven Nachricht über die beabsichtigte Auftragserteilung und während der Wartepflicht nach § 101a GWB anbietet.

199   Private Auftragnehmer können der neuen Losvergabepflicht also durch Abschluss von Vorverträgen mit allen für das Projekt vorgesehenen Nachunternehmern entgehen. Sie sind in dieser Phase vor Zuschlagserteilung nicht verpflichtet, die Grundsätze der Losvergabe nach Satz 2 und Satz 3 des § 97 Abs. 4 GWB zu beachten.

VI. Dokumentation

200   Die Erwägungen des Öffentlichen Auftraggebers zur Losaufteilung unterliegen der **Dokumentationspflicht**.[309] Denn es ist ein Gebot der **Transparenz des Vergabeverfahrens**, § 97 Abs. 1 GWB, dass der Öffentliche Auftraggeber den Gang und die wesentlichen Entscheidungen des Vergabeverfahrens in den Vergabeakten dokumentiert. Die Dokumentation dient dem Ziel, die Entscheidungen der Vergabestelle transparent und sowohl für die Nachprüfungsinstanzen als auch für die Bieter **überprüfbar** zu machen. Es genügt dabei nicht, dass der Vergabevermerk erst nach Abschluss des Vergabeverfahrens und der Zuschlagserteilung vorliegt. Vielmehr muss die Dokumentation aus Gründen der Transparenz und Überprüfbarkeit **zeitnah erfolgen und laufend fortgeschrieben werden**.[310] Das bedeutet keine unverzügliche, sondern lediglich eine zeitnahe Dokumentation, was beispielsweise bei einem laufenden Nachprüfungsverfahren heißt, dass der Auftraggeber die erst im Verlaufe des Nachprüfungsverfahrens zutage getretenen und von ihm beurteilten Umstände nach Abschluss des Verfahrens in einem (ergänzenden) Verga-

---

308   Untersuchung »PPP und Mittelstand« des Deutschen Institutes für Urbanistik aus Januar 2008, S. 102.
309   Grundlegend OLG Düsseldorf 17.03.2004 VII-Verg 1/04 NZBau 2004, 461, 462.
310   OLG Düsseldorf 17.03.2004 VII-Verg 1/04 NZBau 2004, 461; OLG Bremen 14.04.2005 Verg 1/2005 »Klinikum links der Weser« VergabeR 2005, 537, 541; OLG Naumburg 17.02.2004 1 Verg 15/03 »Krankenhaus-Catering« VergabeR 2004, 634, 640 = NZBau 2004, 403.

bevermerk niederlegt. Zum **Inhalt des Vergabevermerks** bestimmt § 20 VOB/A-EG a.F., dass die **einzelnen Stufen des Vergabeverfahrens**, die maßgeblichen Feststellungen und die Begründung der einzelnen Entscheidungen erfasst werden müssen. § 32 SektVO bestimmt allerdings nur den »Grundsatz«, dass die Dokumentation von Anbeginn fortlaufend bzw. zeitnah die einzelnen Verfahrensstufen, Maßnahmen und Entscheidungen wiedergeben soll, ohne wie § 20 VOB/A-EG a.F. die einzelnen Schritte konkret zu benennen. Demgegenüber fasst Art. 84 VR 2014/24/EU die Dokumentationspflicht sehr streng auf, weil sichergestellt werden soll, dass eine ausreichende Dokumentation zur Verfügung steht, um Entscheidungen in allen Stufen des Vergabeverfahrens zu begründen, z.B., so wörtlich, Dokumentation der **gesamten Kommunikation** mit Wirtschaftsteilnehmern und sämtlicher interner Beratungen (!), der Vorbereitung der Auftragsunterlagen, des Dialogs oder etwaiger Verhandlungen, der Auswahl und der Zuschlagserteilung, wobei die Dokumentation mindestens drei Jahre ab dem Tag der Vergabe des Auftrags aufbewahrt werden soll. § 8 Abs. 1 VgV 2016 hat diese sehr detaillierte Anforderung, sogar interne Beratungen zu dokumentieren, übernommen. Die Vergaberechtsprechung hat diese recht strengen Anforderungen an die Dokumentation (Vergabevermerk) schon zuvor aufgenommen.[311] Die im Vergabevermerk enthaltenen Angaben und die in ihm mitgeteilten Gründe für getroffene Entscheidungen müssen **so detailliert sein**, dass sie für einen mit der Sachlage des jeweiligen Vergabeverfahrens vertrauten Leser **nachvollziehbar** sind.[312] Kommt der öffentliche Auftraggeber seiner Dokumentationspflicht nicht oder nicht ordnungsgemäß nach, konnte nach früherer Vergaberechtsprechung darauf **allein** mit Erfolg ein Vergabenachprüfungsantrag gestützt werden, mit der Maßgabe, dass das Vergabeverfahren ab dem Zeitpunkt, in dem die Dokumentation unzureichend war, zu wiederholen war.[313] Der Mangel der Dokumentation der Erwägungen des Auftraggebers zur Losaufteilung konnte seinerzeit auch nicht dadurch behoben werden, dass die entsprechenden Angaben schriftsätzlich oder durch mündlichen Sachvortrag im Vergabenachprüfungsverfahren **nachgeholt** würden, da dadurch die Bedeutung und die Funktion des Vergabevermerks entwertet würden. Es wurde deshalb auch zur Vermeidung von etwaigen Manipulationsmöglichkeiten eine Heilung von Dokumentationsmängeln versagt.[314] Von diesem »**Aufhebungszwang**« des Vergabeverfahrens bzw. Zurückversetzung in den Stand bis zur ausreichenden Dokumentation sieht die **heutige Vergaberechtsprechung** aber richtigerweise ab. Das ist auf die Entscheidung des **BGH »S-Bahn Rhein/Ruhr«**[315] zurückzuführen, der es zulässt, dass von der Vergabestelle im Nachprüfungsverfahren vorgebrachte Erwägungsgründe grundsätzlich zu berücksichtigen sind. Nunmehr können nach dem Rechtsgedanken des § 114 Satz 2 VwGO (bzw. § 45 VwVfG) die für eine bestimmte Entscheidung maßgeblichen Erwägungen bzw. deren Dokumentation auch noch im Verlaufe des Nachprüfungsverfahrens **nachgeholt** werden, weil eine Aufhebung eines Vergabeverfahrens **allein** wegen dieser formellen Dokumentationsmängel keinen Sinn ergäbe.[316] Denn die Vergabestelle kann bei einer Aufhebung des Vergabeverfahrens allein aufgrund des Dokumentationsmangels im Vergabevermerk ein neues Vergabeverfahren mit den inhaltlich berechtigten Gründen **und** einer nunmehr ausreichenden Dokumentation

---

311 Vgl. nur VK Sachsen-Anhalt v. 19.03.2014, 3 VK LSA 08/14, IBR 2015, 159; OLG München v. 25.09.2014, VPR 2014, 292; VK Südbayern v. 24.10.2015, Z3-3,-3194-1-28-04/15; VK Lüneburg v. 29.10.2014, VgK 38/2014; OLG Düsseldorf v. 21.10.2015, Verg 28/14 – »Verschlusssachenauftrag«.

312 OLG Düsseldorf 17.03.2004 VII-Verg 1/04 NZBau 2004, 461, 462; ebenso 13.09.2001 Verg 4/01; 14.08.2003 Verg 46/03 »Monitore« VergabeR 2004, 232; BayObLG 01.10.2001 Verg 6/01 »Stiftungskrankenhaus« VergabeR 2002, 63, 96 = NZBau 2002, 584; 12.09.2000 Verg 4/00 VergabeR 2001, 65, 68; OLG Brandenburg 03.08.1999 6 Verg 1/99 NZBau 2000, 39, 44; Schäfer in: Beck'scher VOB-Kommentar § 30 Rn. 1.

313 OLG Frankfurt v. 28.11.2006, 11 Verg 4/06, NZBau 2007, 804.

314 OLG Düsseldorf NZBau 2004, 461, 462; OLG Bremen VergabeR 2005, 537 – »Klinikum links der Weser«; OLG Naumburg VergabeR 2007, 125, 129 ff. – »Fernstraßenprojekt«; OLG Celle VergabeR 2010, 669.

315 Beschl. v. 08.02.2011, X ZW 4/10, VergabeR 2011, 452.

316 OLG Düsseldorf v. 21.07.2010, NZBau 2010, 582; v. 23.03.2011, Verg 63/10 – »Glasreinigung 1«.

in gleicher Weise wiederholen. Dieser Umweg ist überflüssig.[317] Denn schließlich ist mit Blick auf die Dokumentationspflichten zu unterscheiden zwischen dem, was nach § 8 VgV 2016 im Vergabevermerk mindestens niederzulegen ist, und Umständen oder Gesichtspunkten, mit denen die sachliche Richtigkeit einer angefochtenen Vergabeentscheidung **außerdem nachträglich verteidigt** werden soll. Solche vorgetragenen Überlegungen auf ihre Stichhaltigkeit hin zu überprüfen, kann der Vergabestelle schwerlich generell unter dem Gesichtspunkt fehlender Dokumentation verwehrt werden. Der Auftraggeber kann im Nachprüfungsverfahren nicht kategorisch mit allen Aspekten und Argumenten präkludiert werden, die nicht im Vergabevermerk zeitnah niedergelegt worden sind. Vielmehr ist, soweit es die Frage der möglichen **Heilung** von Dokumentationsmängel im Vergabevermerk betrifft, einerseits zu berücksichtigen, dass insbesondere die zeitnahe Führung des Vergabevermerks die Transparenz des Vergabeverfahrens schützen und Manipulationsmöglichkeiten entgegenwirken soll, andererseits das Gesetz der Vergabekammer vorgibt, bei ihrer gesamten Tätigkeit darauf zu achten, dass der Ablauf des Vergabeverfahrens nicht unangemessen beeinträchtigt wird. Mit dieser dem vergaberechtlichen Beschleunigungsgrundsatz verpflichteten Regelung wäre es nicht vereinbar, bei Mängeln der Dokumentation im Vergabevermerk generell und unabhängig von deren Gewicht und Stellenwert von einer Berücksichtigung im Nachprüfungsverfahren gänzlich absehen zu wollen und stattdessen strikt eine Wiederholung der betroffenen Abschnitte des Vergabeverfahrens anzuordnen. Mit dieser Maßgabe ist es also für eine Vergabestelle möglich, die in einer Dokumentation festzustellenden Lücken durch Vortrag im Nachprüfungsverfahren zu schließen, solange und soweit nur nachvollziehbar Lücken geschlossen werden, und nicht ein gänzlich neuer und bislang unbekannter Sachverhalt vorgetragen wird.[318]

201 Ein Bieter kann seinen Nachprüfungsantrag **allerdings** nur dann auf eine fehlende oder unzureichende Dokumentation stützen, **wenn** sich die diesbezüglichen **Mängel gerade** auch auf seine Rechtsstellung im Vergabeverfahren **nachteilig ausgewirkt** haben können (**Kausalität**).[319] Wendet sich der Antragsteller mit seinem Nachprüfungsbegehren beispielsweise gegen die Angebotswertung, kann er sich in diesem Zusammenhang auf eine fehlerbehaftete Dokumentation nur insoweit berufen, wie diese gerade auch in Bezug auf die Wertung der Angebote unzureichend ist, d.h. die Angebotswertung anhand des Vergabevermerks nicht oder nicht hinreichend nachvollzogen werden kann.[320]

VII. Rechtsschutz

202 Zum **Rechtsschutz** allgemein siehe die Kommentierung zu §§ 155, 156 GWB. Bezogen auf § 97 Abs. 4 GWB haben die betroffenen Unternehmen ein subjektives Recht auf Einhaltung der Grundsätze über die Losvergabe nach § 97 Abs. 6 GWB.[321] Auch größere Unternehmen können sich auf die Pflicht des Auftraggebers zur losweisen Vergabe berufen, da die Grundsätze über die Losvergabe nicht ausschließlich der Förderung mittelständischer Interessen dienen, sondern vielmehr diese

---

317 OLG Düsseldorf a.a.O.
318 OLG Düsseldorf v. 21.10.2015, Verg 28/14 – »Verschlusssachenauftrag«; VK Rheinland-Pfalz v. 10.10.2014, VK 1 –25/14.
319 OLG Düsseldorf 17.03.2004 VII-Verg 1/04 NZBau 2004, 461, 62; 13.09.2001 Verg 4/01; BayObLG 01.11.2001 Verg 6/01 VergabeR 2002, 63, 69; 12.09.2000 Verg 4/00 VergabeR 2001, 65, 68; OLG Jena NZBau 2008, 77.
320 OLG Düsseldorf 17.03.2004 VII-Verg 1/04 NZBau 2004, 461, 642; OLG Bremen zur Bewertungsmatrix 14.04.2005 Verg 1/2005 »Klinikum links der Weser« VergabeR 2005, 537 ff.; OLG Celle zur Dokumentation der geforderten Erklärungen und Nachweise 03.03.2005, 13 Verg 21/04 IBR 2005, 276.
321 OLG Düsseldorf 08.09.2004 VII-Verg 38/04 »Gebäudemanagement« NZBau 2004, 688, 689; Bundeskartellamt 01.02.2001 VK 1–1/01 VergabeR 2001, 143, 144; VK Darmstadt 27.02.2003 69d VK 70/2002; VK Magdeburg 06.06.2002 33–32571/07 VK 05/02 MD; Bechtold GWB-Kommentar § 97 Rn. 15; Hailbronner in: Byok/Jaeger § 97 Rn. 155; Kullack in: Heiermann/Riedl/Rusam § 97 Rn. 35; Zdzieblo VergabeR 2002, 76.

Grundsätze auch Ausprägungen des Wettbewerbs- und Wirtschaftlichkeitsgebots nach § 97 Abs. 1 GWB sind, siehe oben Ziffer I.4 a.[322] Die Nachprüfungsinstanzen entscheiden, ob der Öffentliche Auftraggeber seinen Beurteilungsspielraum fehlerfrei ausgeübt hat, und zwar dahin gehend, ob es Unternehmen im relevanten Beschaffungsmarkt generell möglich ist, sich zu beteiligen. Das Recht auf Nachprüfung und damit die Antragsbefugnis im Sinne des § 160 Abs. 2 GWB steht allen Unternehmen zu, nicht nur kleinen und mittleren Unternehmen. Denn es ist im freien Wirtschaftsverkehr durchaus denkbar, dass auch Großunternehmen sich bei einem Bauprojekt nicht auf das ganze Projekt, sondern beispielsweise nur für ein Fachlos Rohbau bewerben wollen. Wenn der öffentliche Auftraggeber aber nur eine zusammengefasste Vergabe aller Gewerke bzw. Fachlose des Bauprojekts zulassen möchte, muss dem Unternehmen die Möglichkeit zustehen, dies zu rügen und vor den Nachprüfungsinstanzen auf die grundsätzlich zu erfolgende Fachlosaufteilung jedenfalls in das Fachlos »Rohbau« geltend zu machen. Es ist kein Grund ersichtlich, warum beispielsweise in einem solchen Fall das Großunternehmen den Grundsatz der losweisen Vergabe nach § 97 Abs. 4 GWB nicht geltend machen soll.

Der Verstoß gegen § 97 Abs. 4 GWB kann auch ohne einen vorherigen Teilnahmeantrag oder ein gelegtes Angebot im Vergabeverfahren geltend gemacht werden, wenn der Antragsteller geltend macht, gerade durch die gewählte Gesamtvergabe gehindert gewesen zu sein, sich an der Ausschreibung zu beteiligen.[323] Bei Vergabeverfahren mit vorgeschaltetem Teilnahmewettbewerb muss zwar die Rüge gemäß § 160 Abs. 3 Nr. 2 GWB innerhalb der Bewerbungsfrist erfolgen,[324] jedoch nicht bereits ein Nachprüfungsantrag gestellt sein. Denn der Beschleunigungsgrundsatz des § 167 GWB gebietet nicht die Einreichung eines Nachprüfungsantrages bis zum Ablauf der Frist für den Teilnahmewettbewerb, da das GWB insoweit keine planwidrige Lücke enthält, die eine analoge Anwendung des § 160 Abs. 3 GWB rechtfertigen könnte.[325] **203**

E. § 97 Abs. 5

I. Vorbemerkung

Elektronische Vergabe (e-Vergabe) bezeichnet den von der Bekanntmachung bis zur Bezahlung erfolgende Einsatz elektronischer Verfahren für Kommunikation und Vorgangsbearbeitung durch Einrichtungen des öffentlichen Sektors beim Einkauf von Waren und Dienstleistungen oder der Ausschreibung öffentlicher Arbeiten.[326] **204**

Damit umfasst die von der EU-Kommission selbst verstandene e-Vergabe nicht nur die Durchführung der Vergabe öffentlicher Aufträge mit elektronischen Mitteln sondern auch die dahinterliegenden Geschäftsprozesse einschließlich der finanziellen Abwicklung. Zum Teil wird auch die Abwicklung der Vertragsphase mit elektronischen Mitteln als »e-Vergabe im weiteren Sinne«[327] in den Begriff einbezogen.

Diesen weiten Begriff hatte der europäische Richtliniengeber allerdings nicht im Blick, als er sich dafür entschied, die öffentliche Auftragsvergabe im Wege elektronischer Mittel zum Vorrang zu erklären. Nicht umfasst sein von der verbindlichen Verwendung elektronischer Kommunikationsmittel sollte die elektronische Verarbeitung von Angeboten, deren elektronische Bewertung und automatische Verarbeitung. Eben so wenig sollte der Prozess nach Vertragsschluss oder die organisationsinterne Kommunikation des Auftraggebers unter die Verpflichtung fallen.[328] **205**

---

322 OLG Düsseldorf 11.07.2007, Verg 10/07.
323 So bereits OLG Düsseldorf »Gebäudemanagement« VergabeR 2005, 107.
324 OLG Brandenburg 18.12.2003 Verg W 8/03 »Abschiebungshafteinrichtung« VergabeR 2004, 773.
325 OLG Düsseldorf »Gebäudemanagement« VergabeR 2005, 107.
326 Mitteilung der EU-Kommission »Eine Strategie für die eVergabe«, KOM (2012) 179 final.
327 S. Dr. Schäfer in: Perspektiven der eVergabe, NZBau, 2015, 131 ff.
328 Erwägungsgrund 52 Richtlinie 2014/24/EU (ABl. Nr. L 94 vom 28.02.1014, S. 65).

206   Dementsprechend beziehen sich die Kommunikation und der Informationsaustausch mit elektronischen Kommunikationsmitteln ausschließlich auf das Verfahren zur Vergabe öffentlicher Aufträge gemäß den Richtlinien zur klassischen und Sektorenauftragsvergabe, sprich auf den Prozess des Vergabeverfahrens selbst.[329]

Die Konzessionsvergaberichtlinie[330] sieht eine grundsätzliche Verpflichtung zur Anwendung elektronischer Kommunikationsmittel nicht vor.[331]

II. Die Entstehung der e-Vergabe

207   Ursprünglich wurden Angebote schriftlich auf direktem Wege oder mit der Post übermittelt. Erst 1997 infolge einer durch das internationale Beschaffungsabkommen »Government Procurement Agreement« (GPA) der Welthandelsgemeinschaft WTO veranlasste Änderung der geltenden europäischen Vergaberegeln wurde diese traditionelle Regel mit Erlass der Richtlinie 97/52/EG vom 13. Oktober 1997[332] erweitert. Auslöser war die Einführung des Telefaxes und damit der Einstieg in die digitale Welt.

208   Ohne den Begriff »Elektronik« allerdings zu erwähnen, wurde den Mitgliedstaaten erlaubt zuzulassen, dass Angebote unter bestimmten Voraussetzungen, nämlich Vollständigkeit der Angebote, Wahrung der Vertraulichkeit der Angebote, Gewährleistung der Angebotsöffnung erst nach Ablauf der Angebotsfrist sowie erforderlichenfalls Bestätigung des Angebots durch eine beglaubigte Abschrift, *auf andere Weise* übermittelt werden dürfen.[333] Wenn man so will, der vergaberechtliche Urknall der e-Vergabe.[334]

III. Freiheit der Wahl der Kommunikationsmittel durch den öffentlichen Auftraggeber

209   Mit dem Legislativpaket[335] aus dem Jahre 2004 wurden die neuen elektronischen Kommunikationsmittel mit den hergebrachten Kommunikationsmitteln gleichgestellt.[336] Als wesentlichen Grundsatz enthielten die Regelungen die Wahlfreiheit des öffentlichen Auftraggebers bezüglich des zu verwendenden Übertragungsweges.[337] Die Wahl des Übertragungsweges von Mitteilungen oder der Übermittlung von Informationen erfolgte nach der autonomen Entscheidung des Auftraggebers. Die Richtlinien ließen hierzu den Postweg, die Übermittlung per Fax, die elektronische Übermittlung sowie eine Kombination der Mittel zu.

210   An dem Grundsatz der Wahlfreiheit hielt auch die später erlassene Richtlinie über Auftragsvergaben im Bereich Verteidigung und Sicherheit[338] fest.

---

329   S. Artikel 22 Absatz 1 Satz 1 Richtlinie 2014/24/EU, Artikel 40 Absatz 1 Satz 1 Richtlinie 2014/25/EU (Abl. Nr. L 94 vom 28.02.2014, S 243).

330   Richtlinie 2014/23/EU (ABl. Nr. L 94 S. 1 vom 28.02.2014).

331   S. Artikel 29 Richtlinie 2014/23/EU.

332   ABl. Nr. L 328 vom 28.11.1997, S. 1.

333   Artikel 15 Absatz 3 Richtlinie 93/36/EWG vom 14. Juni 1993 (ABl. Nr. L 199 vom 9. August 1993, S. 1), geändert durch Richtlinie 97/52/EG (ABl. Nr. L 328 vom 28. November 1997, S. 1).

334   Wankmüller in: Soudry – Hettich, Das neue Vergaberecht, Kapitel: Die elektronische Auftragsvergabe nach den neuen EU-Vergaberichtlinien, D.I. Der »Urknall« der e-Vergabe, Köln, 2014.

335   Das Legislativpaket bestand aus den neugefassten Richtlinien 2004/17/EG des Europäischen Parlaments und des Rates vom 31. März 2004 zur Koordinierung der Zuschlagserteilung durch Auftraggeber im Bereich der Wasser-, Energie- und Verkehrsversorgung sowie der Postdienste, ABl. Nr. L 134 vom 30.04.2004, S. 1 und der Richtlinie 2004/18/EG des Europäischen Parlaments und des Rates v. 31. März 2004 über die Koordinierung der Verfahren zur Vergabe öffentlicher Bauaufträge, Lieferaufträge und Dienstleistungsaufträge, ABl. Nr. L 134 vom 30.04.2004, S. 114.

336   Erwägungsgrund 35 Richtlinie 2004/18/EG.

337   Artikel 42 Absatz 1 Richtlinie 2004/18/EG, Artikel 48 Absatz 1 Richtlinie 2004/17/EG.

338   Richtlinie 2009/81/EG des Europäischen Parlaments und des Rates vom 13. Juli 2009 über die Koordinierung der Verfahren zur Vergabe bestimmter Bau-, Liefer- und Dienstleistungsaufträge in den Bereichen Verteidigung und Sicherheit, ABl. Nr. L 216 vom 20.08.2009, S. 76.

Müller

Weitere zentrale Vorgaben zur e-Vergabe waren die allgemeine Verfügbarkeit des gewählten Kom- 211
munikationsmittels, der Zugang der Wirtschaftsteilnehmer zum Vergabeverfahren durfte durch
die Wahl nicht beschränkt werden und die verwendeten Mittel sowie deren technische Merkmale
durften keinen diskriminierenden Charakter haben.[339] Hinzu kamen Regelungen zur Wahrung der
Vertraulichkeit sowie Mindestanforderungen an verwendete Sicherheitsstandards, wie etwa Ver-
schlüsselungen und die elektronische Signatur.

Die Umsetzung der europäischen Vorgaben erfolgte seinerzeit im in Deutschland bestehenden 212
vergaberechtlichen System. Sie wurden in die untergesetzlichen Vergabe- und Vertragsordnungen
VOB/A, VOL/A und VOF sowie die Sektorenverordnung und die Vergabeverordnung Verteidigung und Sicherheit integriert. Zugelassen wurde neben den genannten Möglichkeiten auch die
unmittelbare, direkte Übermittlung.[340] Vorgaben auf gesetzlicher Ebene erfolgten nicht.

IV. Richtlinienpaket der EU von 2014

Eine stärkere Nutzung von e-Vergabe-Systemen kann erhebliche Einsparungen für die Steuerzah- 213
ler bewirken. Die e-Vergabe kann insbesondere kleinen und mittleren Unternehmen das Leben
erleichtern, indem sie bei Ausschreibungen für mehr Transparenz und einen besseren Zugang sorgt
und die Kosten der Teilnahme an Ausschreibungen reduziert.[341] So wurde mit dem Erlass des
EU-Richtlinienpaketes[342] im Jahr 2014 die e-Vergabe zum stets anzuwendenden Standard erklärt.
Nicht mehr gleichrangig mit anderen zulässigen Kommunikationsmitteln, sondern von nun an
vorrangig gegenüber allen anderen Kommunikationsmitteln. Damit kommt eine über 15-jährige
Erfolgsgeschichte des öffentlichen Auftragswesens im europäischen Binnenmarkt zu ihrem (vorläufigen?) Höhepunkt.[343]

Die Konzessionsvergaberichtlinie verzichtet (noch?) auf eine solche Vorrangregelung. Sie überlässt 214
es zunächst dem Mitgliedstaat, die Verwendung elektronischer Mittel vorzugeben und lässt dem
Konzessionsgeber die Wahlfreiheit zwischen den zulässigen Kommunikationsmitteln.[344]

V. Nationale Umsetzung

Der nationale Gesetzgeber hat die Umsetzung der europäischen Vorgaben zur e-Vergabe aufge- 215
teilt. Während er den Grundsatz der verpflichtenden Anwendung elektronischer Kommunikationsmittel im Vergabeverfahren in § 97 Absatz 5 GWB regelt, nimmt er die Ausgestaltung der
Details in den jeweiligen Verfahrensvorschriften (VgV, SektVO und KonzessionsVgV) auf der
Grundlage einer gegenüber dem bisherigen GWB erweiterten Verordnungsermächtigung nach
§ 113 GWB vor.

Mit diesem Konstrukt nimmt der Gesetzgeber die Prioritätensetzung der europäischen Kommission 216
auf und bringt die e-Vergabe ins digitale Zeitalter.[345] Dadurch sollen für alle Beteiligten wesentliche
Effizienzsteigerungen im Vergabeverfahren und Kosteneinsparungen verbunden sein.

---

339 S. Artikel 42 Absätze 2 und 4 RL 2004/18/EG.
340 Die maßgeblichen Vorschriften waren § 11 EG VOB/A, § 11 VS VOB/A (für die Vergabe sicherheitsre-
     levanter Bauleistungen), § 13 EG VOL/A, § 8 VOF, § 5 SektVO, § 19 VSVgV (für die Vergabe sicher-
     heitsrelevanter Liefer- oder Dienstleistungen).
341 EU-Kommission, Pressemitteilung vom 20.04.2012, EuZW 2012, 406.
342 Richtlinie 2014/23/EU (ABl. Nr. L 94, vom 28.03.2014, S. 1); Richtlinie 2014/24/EU (ABl. Nr. L 94
     vom 28.03.2014, S. 65); Richtlinie 2014/25/EU (ABl. Nr. L 94 vom 28.03.2014, S. 243).
343 S. Artikel 22 Absatz 1 Richtlinie 2014/24/EU sowie Artikel 40 Absatz 1 Richtlinie 2014/25/EU.
344 Artikel 29 Absatz 1 Richtlinie 2014/23/EU.
345 Pressemitteilung des Bundesministeriums für Wirtschaft und Energie, 20.01.2016.

VI. Adressat und Inhalt

217 Die Vorschrift verpflichtet nach ihrem Wortlaut Auftraggeber und Unternehmen gleichermaßen zur grundsätzlichen Anwendung elektronischer Kommunikationsmittel. Die Einbeziehung von Unternehmen in den persönlichen Anwendungsbereich ist gemessen am persönlichen Anwendungsbereich der europäischen Vergaberichtlinien allerdings zu weitgehend.

218 Betrachtet man den Wortlaut der Richtlinienvorschriften,[346] so haben die Mitgliedstaaten zu gewährleisten, »dass die gesamte Kommunikation und der gesamte Informationsaustausch nach dieser Richtlinie, insbesondere die elektronische Einreichung von Angeboten unter Anwendung elektronischer Kommunikationsmittel« erfolgen.

219 Aus der Formulierung »nach dieser Richtlinie« folgt, dass als Adressaten der Norm nur die Adressaten der Richtlinie in Frage kommen. Artikel 1 der Richtlinien 2014/24/EU und 2014/25/EU benennen diesen Adressaten eindeutig: den Auftraggeber.

220 Die Betrachtung des Unterabsatzes 2 der Artikel 22 und 40 jeweils Absatz 1 der klassischen und der Sektorenvergaberichtlinie ergibt im Umkehrschluss dasselbe Ergebnis: Adressat der Vorschrift ist der Auftraggeber. Diese sind verpflichtet, elektronische Kommunikationsmittel vorzugeben. Auch der bisherige Grundsatz der Wahlfreiheit der Kommunikationsmittel spricht dafür. Herr des Verfahrens war (und ist) der Auftraggeber.

221 Die Vergaberichtlinien dienen nicht dazu, in Rechte von Unternehmen einzugreifen. Dies würde aber hier geschehen. Vielmehr sollen die Rechte der Unternehmen bei der öffentlichen Auftragsvergabe gestärkt werden. Die Einbeziehung des Begriffs »Unternehmen« kann also nur praktisch-deklaratorischer Natur sein. Nämlich in dem Sinne, dass Unternehmen (selbstverständlich) elektronische Mittel im Rahmen ihrer Teilnahme am Vergabeverfahren anzuwenden haben, soweit der Auftraggeber diese vorgibt.

Betroffene Auftraggeber sind solche im Sinne von § 98 GWB: Die »klassischen« Auftraggeber nach § 99 GWB, die Sektorenauftraggeber gemäß § 100 GWB sowie die Konzessionsgeber nach § 101 GWB.

222 Sachlich betroffen ist die Vergabe öffentlicher Aufträge sowie von Konzessionen. Umfasst sind auch verteidigungs- und sicherheitsspezifische öffentliche Aufträge. Nichts anderes ergibt sich aus den §§ 144 bis 147 GWB, die den speziellen Bereich der Vergabe verteidigungs- und sicherheitsspezifischer öffentlicher Aufträge ergänzend zum Abschnitt 1 des Teils 4 des GWB (Grundsätze, Definitionen und Anwendungsbereich) regeln. Zwar bleibt der Wortlaut des § 19 VSVgV unverändert, er steht aber dem Grundsatz des § 97 Absatz 5 GWB auch nicht entgegen. Der Wortlaut des § 19 Absatz 1 VSVgV wird künftig im Sinne des höherrangigen § 97 Absatz 5 GWB auszulegen sein. Das bedeutet, dass Auftraggeber im Bereich von Verteidigungs- und Sicherheitsvergaben grundsätzlich die Verwendung elektronischer Mittel für die Kommunikation und den Informationsaustausch vorzugeben haben.

Inhaltlich erfasst die Vorschrift das Senden, Empfangen, Weiterleiten und Speichern von Daten im Vergabeverfahren. Betroffen sind die Vergabeverfahren, die nach den Vorschriften des Teils 4 des GWB, also ab Erreichen der jeweils gültigen EU-Schwellenwerte durchzuführen sind.

223 Die elektronische Übermittlung von Informationen betrifft sämtliche Übermittlungsmöglichkeiten von Informationen mittels technischer Einrichtungen, wie beispielsweise das Senden von E-Mails. Umfasst ist ein Verfahren, bei dem elektronische Geräte für die Verarbeitung und Speicherung von Daten zum Einsatz kommen.[347]

---

346 Artikel 22 Absatz 1 Richtlinie 2014/24/EU und Artikel 40 Absatz 1 Richtlinie 2014/25/EU.
347 Verfürth in: Kulartz, Marx, Portz, Prieß, Kommentar zur VOL/A, Köln, 2011, § 13 EG Rn. 10.

Die neue Vorschrift beschränkt die bisherige Wahlfreiheit des Auftraggebers zwischen den bislang   224
gleichrangigen Kommunikationsmedien und räumt der Verwendung elektronischer Medien verpflichtenden Vorrang ein. Auftraggeber haben künftig grundsätzlich für den vollständigen Kommunikationsprozess sowie den Informationsaustausch die Verwendung ausschließlich elektronischer
Mittel vorzuschreiben.

Der Wortlaut »Senden, Empfangen, Weiterleiten, Speichern« ist nicht ganz unproblematisch. Das   225
»Senden«, »Empfangen« und »Weiterleiten« erfasst den gesamten Datenübermittlungsprozess, aus
der Sichtweise des jeweiligen Absenders (Senden, Weiterleiten) und des Empfängers (Empfangen)
von Daten. Dabei betrifft das Weiterleiten von Daten in der Regel die Übermittlung empfange-
ner Daten von einem Empfänger an einen weiteren Empfänger. Dies ist insoweit logisch, da die
Kommunikation bzw. der Informationsaustausch unter das Senden, Empfangen und Weiterleiten
subsumierbar ist. Bei der Speicherung von Daten, die zu den Begriffen dazu gehört, muss jedoch
differenziert werden.

Vor dem Hintergrund des eigentlichen Adressaten der Richtlinienvorschriften, nämlich den Auf-   226
traggeber ist es zunächst problematisch, den Unternehmen das Speichern von Daten mit elektronischen Mitteln vorzuschreiben. Unabhängig davon ist das Speichern von Daten streng genommen
nicht Bestandteil des Kommunikationsprozesses sowie des Informationsaustauschs.

Allerdings wird eine elektronische Kommunikation nur möglich sein, wenn Daten – z.B. in Form   227
von elektronischen Nachrichten – jederzeit aufrufbar und verfügbar sind. Dies geht natürlich nicht
ohne deren vorherige Speicherung. Diesbezüglich dienen die zu verwendenden elektronischen
Mittel auch der Speicherung von Daten.[348] Dies soll den Zugriff auf die Daten sowie deren Verfügbarkeit während der gesamten Kommunikation – also im Rahmen des konkreten Verfahrens
– sicherstellen.

Man wird demnach den Begriff »Speichern von Daten« so verstehen müssen, dass die vom Auf-   228
traggeber vorgegebenen elektronischen Mittel in der Lage sein müssen, die Daten im Rahmen
des Kommunikationsprozesses und Informationsaustauschs so »abzuspeichern«, dass sie abrufbar
und für den Kommunikationsprozess verfügbar sind. Davon zu unterscheiden ist das Speichern im
Sinne von Archivierung. Hierfür spricht auch die vom Gesetzgeber gewählte Begründung zu § 9
Absatz 1 der Vergabeverordnung.[349] Hier wird klargestellt, dass die Archivierung und Aufbewah-
rung der Daten eine Angelegenheit von Auftraggeber und Unternehmen selbst ist.

VII. Umfang der Verpflichtung zur elektronischen Kommunikation/zum elektronischen Informationsaustausch

Die wesentlichen Elemente der Kommunikation und des Informationsaustausches sind folgende:[350]   229
– Bekanntmachung: Der Vergabeprozess beginnt mit der Bekanntmachung, die elektronisch im
  Amtsblatt der Europäischen Union zu erfolgen hat;
– Verfügbarkeit der Vergabeunterlagen: Die Vergabeunterlagen sind unentgeltlich, uneinge-
  schränkt und vollständig elektronisch verfügbar zu machen;
– Austausch zwischen Bewerbern und Auftraggeber über zu klärende Fragen einschließlich der
  Benachrichtigung des Auftraggebers an nicht berücksichtigte Bewerber;
– Angebotsabgabe durch den Bieter
– Zuschlagserteilung: Zählt man auch die Mitteilung an nicht berücksichtigte Bieter zur Kommu-
  nikation/Informationsaustausch – dies wird man konsequenterweise tun müssen – , gehört die
  Zuschlagserteilung, bzw. die Mitteilung hierüber an den erfolgreichen Bieter dazu.

---

348 S. u .a. Art. 2 Absatz 1 Nr. 19 RL 2014/24/EU.
349 Verordnung zur Modernisierung des Vergaberechts Bundesrat, Drucksache 87/16 vom 29.02.16.
350 So auch Wankmüller in: Soudry – Hettich, Das neue Vergaberecht, Kapitel: Die elektronische Auftrags-
     vergabe nach den neuen EU-Vergaberichtlinien, E. Kommunikationsschritte im Vergabeverfahren, Köln,
     2014.

VIII. Elektronische Mittel

230   Elektronische Mittel sind diejenigen Instrumente, die eine Kommunikation oder einen Informationsaustausch auf elektronischem Weg ermöglichen. Die Richtlinien definieren sie als elektronische Geräte für die Verarbeitung (einschließlich digitaler Kompression = Reduzierung der zu speichernden Datenmenge um Speicherplatz zu sparen) und Speicherung von Daten, die über Kabel, per Funk, mit optischen Verfahren oder mit anderen elektromagnetischen Verfahren übertragen, weitergeleitet und empfangen werden.[351]

IX. Elektronische Kommunikations- und Informationsmittel

231   Von den elektronischen Mitteln zu unterscheiden sind die elektronischen Kommunikations- und Informationsmittel. Hierzu finden sich Informationsplattformen (z.B. die Plattformen des Bundes www.bund.de und der Europäischen Union für Ausschreibungen ted.europa.eu) aber auch Transaktionsplattformen die die vollständige Abwicklung eines Vergabeverfahrens einschließlich Kommunikation sowie Informationsaustausch zwischen Bewerbern/Bietern und Auftraggebern zulassen. Zu den elektronischen Kommunikations- und Informationsmitteln gehören auch so genannte Vergabemanagementsysteme, die dem Auftraggeber die vollständige interne digitale Verfahrensabwicklung der Auftragsvergabe ermöglichen.

X. Bieterschutz

232   Es stellt sich die Frage, ob die Norm bieterschützend ist und die verpflichtende Vorgabe durch den Auftraggeber zur Verwendung elektronischer Mittel zur Kommunikation und zum Informationsaustausch durch die zuständigen Instanzen nachprüfbar ist. Denkbar wäre z.B. ein Fall in dem sich ein Auftraggeber über die Verpflichtung zur Vorgabe elektronischer Mittel hinwegsetzt und traditionelle Mittel, beispielsweise den Postweg, vorgibt.

233   Die Einhaltung des § 97 Absatz 5 unterläge dann der Rechtsschutzgarantie des § 97 Absatz 6, wenn die verpflichtende Vorgabe zur Verwendung elektronischer Mittel zum Vergabefahren zu rechnen ist, denn § 97 Absatz 6 GWB gewährt den Unternehmen einen Anspruch darauf, dass die Bestimmungen über das Vergabeverfahren eingehalten werden.

234   Dies könnte aber in Frage stehen. Die Vorgabe zur Verwendung eines bestimmten, nämlich elektronischen Mittels zur Kommunikation ist streng genommen den Regeln des eigentlichen Vergabeverfahrens vorgelagert. Mit der Verpflichtung zur Verwendung elektronischer Mittel wird nämlich das Medium zur Durchführung des Verfahrens aber nicht das Verfahren selbst bestimmt.

235   Dafür spricht auch die bisherige Wahlfreiheit des Auftraggebers bezüglich der vorzugebenden Kommunikationsmittel. Denn schon bisher oblag es der autonomen Entscheidung des Auftraggebers, welches der zulässigen Kommunikationsmittel oder welche Kombination daraus er zur Durchführung des Vergabeverfahrens auswählte. Er war Herr des Verfahrens. Dies hat sich durch die neuen Vergaberichtlinien an dieser Stelle nicht geändert. Der Auftraggeber bleibt Herr des Verfahrens. Deshalb wird man im Ergebnis der Norm keine grundsätzliche bieterschützende Funktion zubilligen können.

236   Die Grenze ist jedoch da zu ziehen, wo infolge der Vorgabe des Kommunikationsmittels der Auftraggeber konkret potenzielle Bewerber oder Bieter benachteiligt, also der Gleichbehandlungsgrundsatz verletzt wird.[352]

---

351 S. Artikel 2 Absatz 1 Nummer 19 Richtlinie 2014/24/EU.
352 Vgl. Reichling in: Müller-Wrede, VOL/-Kommentar, Köln, 2010, § 13 EG, Rn. 10.

F. Anspruch auf Einhaltung der Bestimmungen über das Vergabeverfahren (§ 97 Abs. 6)

I. Einleitung

§ 97 Abs. 6 bildet gegenüber den das Nachprüfungsverfahren regelnden Vorschriften des Kapitels 2   237
(§§ 155 ff.) den zentralen materiell-rechtlichen Gegenpol des Vergaberechts. Die erstmals mit dem
Vergaberechtsänderungsgesetz 1999[353] in Deutschland eingeführte Vorschrift errichtet konstitutiv ein **subjektives Recht** der (Bieter-)Unternehmen auf Einhaltung der Bestimmungen über das
Vergabeverfahren durch den öffentlichen Auftraggeber. Aufgrund dessen ist die bis dahin vorherrschende, rein haushaltsrechtliche (binnenrechtliche) Betrachtung des Vergaberechts vorbehaltlos
aufgegeben worden. Der Gesetzgeber hat dadurch der Forderung des EuGH entsprochen, wonach
die EU-Richtlinienvorschriften (Bieter-)Unternehmen unter anderem vor Willkür des öffentlichen
Auftraggebers schützen sollen, ein solcher Schutz aber nicht wirksam zu erlangen ist, wenn sich das
Unternehmen, dem durch einen Rechtsverstoß Schaden droht, gegenüber dem Auftraggeber nicht
auf die Richtlinienvorschriften berufen und deren Verletzung vor den nationalen Gerichten geltend
machen kann.[354]

Das infolgedessen geschaffene subjektive Recht ist ein unerlässliches Element des **Primärrechts-**   238
schutzes, nämlich für den auf die Vornahme oder das Unterlassen einer Handlung in einem Vergabeverfahren gegen den öffentlichen Auftraggeber mit einem Nachprüfungsantrag geltend zu
machenden Bieteranspruch (vgl. § 156 Abs. 2). Im Fall einer Hauptsacheerledigung des Nachprüfungsverfahrens ist es genauso maßgebend für den Erfolg eines **Fortsetzungsfeststellungsantrags**
(§§ 168 Abs. 2 S. 2, 178 S. 3 – vormals §§ 114 Abs. 2 S. 2, 123 S. 3). Auf der anderen Seite ist das
Bestehen eines subjektiven Rechts eine Voraussetzung für den **Sekundärrechtsschutz**, mithin für
das Geltendmachen von Schadensersatzansprüchen nach §§ 1 Abs. 2, 311 Abs. 2, 280 Abs. 1, 823
Abs. 2 BGB oder nach § 181 GWB (vormals § 126).

II. Begriff des Unternehmens

Der Unternehmensbegriff ist weit zu verstehen.[355] Auch ein öffentlicher Auftraggeber[356] oder eine   239
öffentliche Einrichtung[357] können Unternehmen sein. Abs. 6 gewährt im Übrigen nicht nur »Bietern«, sondern allgemein »Unternehmen« einen Anspruch auf Einhaltung der Bestimmungen über
das Vergabeverfahren. Dazwischen liegt ein begrifflicher Unterschied, den das nationale Recht nicht
definiert, sondern über den im Wege einer richtlinienkonformen Auslegung des nationalen Rechts
aufzuklären ist. Nach Art. 2 Abs. 1 Nr. 11 Richtlinie 2014/24/EU[358] (beispielsweise) bezeichnet der
Ausdruck »Bieter« einen Wirtschaftsteilnehmer, der ein Angebot abgegeben hat. »Unternehmen«
sind in der Richtlinie nicht genannt, anstelle dessen aber »**Wirtschaftsteilnehmer**«. Ein solcher
ist nach Art. 2 Abs. 1 Nr. 10 der Richtlinie eine natürliche oder juristische Person oder öffentliche Einrichtung oder eine Gruppe solcher Personen und/oder Einrichtungen, einschließlich eines
vorübergehenden Zusammenschlusses von Unternehmen (zu einer Arge, Bietergemeinschaft), die
beziehungsweise der auf dem Markt die Ausführung von Bauleistungen, die Errichtung von Bauwerken, die Lieferung von Waren beziehungsweise die Erbringung von Dienstleistungen anbietet.
Das Unionsrecht gebraucht den Begriff »Unternehmen« nicht eigenständig, sondern nur inzident.
Das Unternehmen ist unionsrechtlich mit dem Ausdruck »Wirtschaftsteilnehmer« belegt. Der
Begriff des »Unternehmens« ist weiter zu verstehen als der des »Bieters«. Das »Unternehmen« oder
der »Wirtschaftsteilnehmer« kann auch dann einen Anspruch auf Einhaltung der Vergabebestim-

---

353 BGBl. I 1998, 2512, damals: § 106 Abs. 7 VergRÄG.
354 Vgl. EuGH Urt. v. 11.08.1995 – C-433/93, Rn. 19.
355 Vgl. auch EuGH Urt. v. 11.01.2005 – C-26/03, Stadt Halle, Rn. 40.
356 EuGH Urt. v. 13.06.2013 – C-386/11, Piepenbrock, Rn. 29 m.w.N.
357 EuGH Urt. v. 18.12.2014 – C-568/13, Azienda Ospedaliero-Universitaria di Careggi Firenze, Rn. 33 ff.
   m.w.N.
358 Die Richtlinien 2014/23 und 25/EU verhalten sich darüber nicht anders.

mungen haben, wenn es/er kein Angebot eingereicht hat und auch sonst keine Beteiligung am Vergabeverfahren gegeben ist.

240 So ist ein Unternehmen (Wirtschaftsteilnehmer) zum Beispiel aktivlegitimiert, wenn es – ohne sich mit einer Bewerbung oder einem Angebot an der Ausschreibung beteiligt zu haben – geltend macht, durch bestimmte Angaben oder Spezifikationen in den Bewerbungs- oder Auftragsunterlagen gehindert oder erheblich darin beeinträchtigt worden zu sein, mit einem chancenreichen Angebot oder einer entsprechenden Bewerbung an der Ausschreibung teilzunehmen.[359]

III. Einzuhaltende Bestimmungen

241 1. Der Anspruch bezieht sich dem Wortlaut nach auf die Einhaltung jeder das Verfahren regelnden Norm. Der Begründung zum Regierungsentwurf des VergRÄG 1999[360] zufolge sollen Unternehmen die Einhaltung der Bestimmungen über das Vergabeverfahren jedoch nicht uneingeschränkt, sondern nur insoweit zu beanspruchen haben, als die entsprechenden Vorschriften ihren **Schutz** als Bieter oder potentielle Bieter **bezwecken** (sog. Schutznormlehre). Insoweit besteht Einigkeit, dass jedenfalls solche Bestimmungen Abs. 6 unterfallen, die (auch) zum Schutz wohlberechtigter Interessen der am Vergabeverfahren teilnehmenden oder daran interessierten Unternehmen aufgestellt worden sind.[361] Mit dem Satz, im Sinn eines wirksamen gerichtlichen Rechtsschutzes sei eine weite Auslegung des Begriffs der nachprüfbaren Entscheidung geboten, hat sich der EuGH mittelbar für ein weites Verständnis des Schutzzwecks der Norm ausgesprochen.[362] Umgekehrt sollen sich Unternehmen mit Erfolg indes nicht auf die Einhaltung bloßer **Ordnungsvorschriften** berufen können.[363] Die Schutznormlehre wird mit Blick auf eine unionsrechtskonforme Umsetzung der Vergaberichtlinien kritisiert.[364] Die praktischen Auswirkungen sind eher gering.

242 So wird bei denjenigen Bestimmungen über das Vergabeverfahren, die auf einer **Umsetzung** von Vorschriften der **Vergaberichtlinien** beruhen, ein unternehmens- oder bieterschützender Charakter nicht zu verneinen sein.[365] Demgegenüber wirken andere Bestimmungen rein binnengerichtet; sie wenden sich allein an den öffentlichen Auftraggeber und sind nicht durch das Unionsrecht veranlasst.[366] Ihnen kommt eine bloße Ordnungsfunktion zu, ohne dass sie einen bieter- oder unternehmensschützenden Zweck haben.[367] Umgekehrt wird sich allgemein sagen lassen, dass solchen Bestimmungen über das Vergabeverfahren, deren Missachtung dazu führen kann, dass Unternehmen hinsichtlich ihrer **Chance, den Auftrag zu erlangen**, nachteilig betroffen sind, eine bieterschüt-

---

359 Vgl. EuGH NZBau 2004, 221, Rn. 28 und ständige Rspr. der Vergabesenate der OLG, vgl. u.a. BayObLG VergabeR 2003, 345; OLG München VergabeR 2007, 799; OLG Jena Beschl. v. 28.01.2004 – 6 Verg 11/03; OLG Jena VergabeR 2007, 677; OLG Düsseldorf NZBau 2008, 461; OLG Düsseldorf VergabeR 2008, 661, 663; OLG Düsseldorf Beschl. v. 18.06.2008 – VII-Verg 23/08 m.w.N.; OLG Düsseldorf VergabeR 2009, 619, 621; OLG Düsseldorf VergabeR 2012, 773, 774; OLG Naumburg VergabeR 2012, 55, 59; OLG Naumburg VergabeR 2012, 445, 454.
360 BT-Drucks. 13/9340, S. 14.
361 Vgl. die Begründung zum Regierungsentwurf des VergRÄG BT-Drucks. 13/9340, S. 14; BGH Beschl. v. 18.03.2003 – X ZB 43/02, S. 8/9.
362 EuGH Urt. v. 11.01.2005 – C-26/03, Stadt Halle, Rn. 31, 37 f.
363 Vgl. BT-Drucks. 13/9340, S. 14 sowie u.a. BayObLG Beschl. v. 12.12.2001 – Verg 19/01; OLG Düsseldorf Beschl. v. 02.12.2003 – Verg 67/03, S. 7; Beschl. v. 17.03.2004 – VII-Verg 3/04.
364 Vgl. Nachweise bei Dreher in: Immenga/Mestmäcker, Wettbewerbsrecht, Band 2 GWB/Teil 2, 5. Aufl., § 97 Rn. 402 ff.; Hailbronner in: Byok/Jaeger, Kommentar zum Vergaberecht, 3. Aufl., § 97 GWB Rn. 151; Stickler in: Reidt/Stickler/Glahs, Vergaberecht, Kommentar, 3. Aufl., § 97 GWB Rn. 42.
365 Brauer in: Kulartz/Kus/Portz, Kommentar zum GWB-Vergaberecht, 3. Aufl., § 97 Rn. 152.
366 So die Bestimmung in § 2 VOB/A-EU, wonach bei Bauaufträgen anzustreben ist, dass die ganzjährige Bautätigkeit gefördert wird.
367 So auch Brauer in: Kulartz/Kus/Portz, Kommentar zum GWB-Vergaberecht, 3. Aufl., § 97 Rn. 152; Dreher in: Immenga/Mestmäcker, Wettbewerbsrecht, Band 2 GWB/Teil 2, 5. Aufl., § 97 Rn. 406.

zende Wirkung nicht zu versagen ist, weil der Sinn des § 97 Abs. 6 gerade ist, den Unternehmen in einem derartigen Fall das materielle Recht zu geben, die Nachteile, die sich aus einem Verstoß gegen Bestimmungen über das Vergabeverfahren ergeben können, mit einem Nachprüfungsantrag zu bekämpfen.[368] Bei dieser Sichtweise fällt schwer, Bestimmungen über das Vergabeverfahren namhaft zu machen, die keine bieterschützende Wirkung haben, aber umso leichter, Normen, denen im vorgenannten Sinn ein Bieterschutz zuzuerkennen ist, aufzuzählen: Es sind dies in der vergaberechtlichen Kaskade prinzipiell sämtliche das Vergabeverfahren betreffenden Normen, zumal der für die Auslegung maßgebende Wortlaut des Abs. 6 daran keinerlei Einschränkung vornimmt.

2. Zu erwähnen bleibt eine in der obergerichtlichen Rechtsprechung bis heute zu verzeichnende 243 Meinungsdivergenz in der Frage, ob bei **Angeboten mit unangemessen niedrigem Preis** die Aufklärungspflicht des Auftraggebers und das Erfordernis, ein Angebot bei einem im Verhältnis zur Leistung ungewöhnlich oder unangemessen niedrigem Preis aus der Wertung zu nehmen,[369] bieterschützende Wirkung haben, m.a.W., ob Konkurrenten gegebenenfalls Aufklärung durch den Auftraggeber und unter Umständen sogar den Ausschluss des betroffenen Angebots in einem Nachprüfungsprozess erstreiten können.

Dazu ist bislang vertreten worden, die Pflicht des Auftraggebers, über unverhältnismäßig niedrige 244 Angebote aufzuklären, habe bieterschützenden Charakter nur für den Bieter, dessen Angebot von einem Ausschluss bedroht ist.[370] Was den Ausschluss eines Angebots mit unverhältnismäßig niedrigem Preis betrifft, sollen die entsprechenden Bestimmungen nach herkömmlicher Auffassung in erster Linie – im Effekt allein – den öffentlichen Auftraggeber schützen, der davor bewahrt werden soll, einen Vertrag mit einem Auftragnehmer abzuschließen, der in Ermangelung einer auskömmlichen Preiskalkulation in die Gefahr gerät, seinen Leistungsverpflichtungen nicht ordnungsgemäß nachkommen zu können.[371] Dagegen haben sich in der Rechtsprechung mehrheitlich Gegenstimmen erhoben, die sich für einen uneingeschränkten Bieterrechtsschutz ausgesprochen haben.[372] Für eine vermittelnde Lösung ist das OLG Düsseldorf eingetreten. Danach sollen die Preisprüfungsvorschriften der Vergabeordnungen neben einer grundsätzlich auftraggeberschützenden Wirkung ausnahmsweise dann einen Bieterschutz entfalten, wenn der Auftraggeber gehalten ist, das betreffende Angebot wegen einer bestimmten, anhand von Fallgruppen definierten wettbewerbsbeschränkenden Verhaltensweise des Bieters aus dem Wettbewerb zu nehmen.[373] Dem haben sich andere OLG angeschlossen.[374] Eine überwiegende Meinung ist nicht auszumachen.[375]

---

368 Vgl. auch BGH Beschl. v. 26.09.2006 – X ZB 14/06, Rn. 47 a.E.

369 Vgl. § 60 Abs. 1 VgV, § 16d VOB/A-EU (früher § 16 Abs. 6 Nr. 2 VOB/A-EG, § 19 Abs. 6 VOL/A-EG).

370 So OLG Düsseldorf Beschl. v. 28.09.2006 – VII-Verg 49/06; Beschl. v. 10.09.2008 – VII-Verg 50/08.

371 BayObLG Beschl. v. 12.09.2000 – Verg 4/00; OLG Düsseldorf Beschl. v. 19.12.2000 – Verg 28/00; OLG Jena Beschl. v. 05.06.2009 – 9 Verg 5/09.

372 OLG Celle Beschl. v. 30.04.1999 – 13 Verg 13/99, NZBau 2000, 105; OLG Celle Beschl. v. 16.12.2003 – 13 Verg 22/03; OLG Saarbrücken Beschl. v. 29.10.2003 – 1 Verg 2/03, NZBau 2004, 117; OLG Jena Beschl. 22.12.1999 – 6 Verg 3/99, NZBau 2000, 349; tendenziell ebenso BayObLG Beschl. v. 02.08.2004 – Verg 16/04; OLG München Beschl. v. 11.05.2007 – Verg 4/07.

373 Vgl. OLG Düsseldorf VergabeR 2001, 128; NZBau 2002, 627; Beschl. v. 28.09.2006 – VII-Verg 49/06; Beschl. v. 29.09.2008 – VII-Verg 50/08; Beschl. v. 09.05.2011 – VII-Verg 45/11; offen gelassen von OLG Düsseldorf Beschl. v. 31.10.2012 – VII-Verg 17/12.

374 OLG Koblenz Beschl. v. 15.10.2009 – 1 Verg 9/09; Beschl. v. 26.10.2005 – 1 Verg 4/05; OLG Naumburg Beschl. v. 02.04.2009 – 1 Verg 10/08; KG Beschl. v. 23.06.2011 – 2 Verg 7/10; OLG Celle Beschl. v. 18.12.2003 – 13 Verg 22/03; tendenziell auch OLG Bremen Beschl. v. .05.2006 – Verg 1/06.

375 Dass es in dieser Frage bislang zu keiner Divergenzvorlage an den BGH oder zu einem Vorabentscheidungsersuchen an den EuGH gekommen ist, erklärt sich weniger durch eine diesbezügliche Zurückhaltung der Obergerichte, denn durch einen Mangel an Gelegenheit. Für eine entsprechende Vorlage muss die Rechtsfrage (bieterschützende Wirkung) entscheidungserheblich sein. Jedoch scheitern Angriffe gegen die Preisangemessenheit in der Praxis zumeist daran, dass (bei zu unterstellendem Bieterschutz) ein unverhältnismäßig niedriges Preisangebot zu verneinen oder nicht festzustellen ist.

245   Doch ist festzustellen: Auch nach der sog. vermittelnden Ansicht des OLG Düsseldorf »schrumpft« ein Rechtsschutz gegen Niedrigangebote faktisch gegen Null. Die Ausnahmen, in denen das OLG Düsseldorf einen Bieterschutz zuerkennen will, kommen in der Praxis nicht vor. Oder sie lassen sich nicht zureichend darlegen und/oder nachweisen. Dies lässt darüber nachdenken, ob die Auffassung vom eingeschränkten Bieterschutz bei Niedrigpreisangeboten nicht immer allzu sehr noch vom überkommenen haushaltsrechtlichen Verständnis des Vergaberechts geprägt ist. Davon hat sich der Gesetzgeber mit dem Vergaberechtsänderungsgesetz 1999 jedoch abgewandt. Nach § 97 Abs. 6 haben Unternehmen ausnahmslos einen materiellen und prozessual durchsetzbaren Anspruch darauf, dass der Auftraggeber die Bestimmungen über das Vergabeverfahren einhält. Dazu zählen auch die Vorschriften über die Preisangemessenheitsprüfung und die Aufklärung, zumal deren fehlerhafte Handhabung dazu führen kann, dass Unternehmen hinsichtlich ihrer Chance, den Auftrag zu erlangen, spürbar benachteiligt werden, und dadurch eine Fallsituation eintritt, in der nach dem Zweck des § 97 Abs. 6 dem Unternehmen gerade auch das materielle Recht gewährt werden soll, die Nachteile, die sich aus dem Rechtsverstoß ergeben, mittels eines Nachprüfungsantrags abzuwenden.[376] Unabhängig davon hat der EuGH entschieden: Durch die der Preisprüfung geltenden Richtlinienvorschriften soll Willkür des öffentlichen Auftraggebers verhindert und ein gesunder Wettbewerb zwischen den Unternehmen gefördert werden.[377] All dies, die Wettbewerbsrelevanz unverhältnismäßig niedriger Angebote und die praktische Bedeutungslosigkeit der Ausnahmerechtsprechung des OLG Düsseldorf, gebietet, den Vorschriften über die Preisangemessenheitsprüfung uneingeschränkt einen bieterschützenden Charakter zuzumessen.[378]

246   3. Immer wieder kommt vor, dass sich Antragsteller in Vergabenachprüfungsverfahren auf eine **Verletzung außervergaberechtlicher Normen** durch den Auftraggeber berufen, zum Beispiel solcher des Abfallwirtschaftsrechts, des Kartellrechts (§ 1 GWB) oder des Patentrechts. Dabei handelt es sich naturgemäß nicht um Bestimmungen über das Vergabeverfahren. Vielmehr ist dann nach einer vergaberechtlichen **Anknüpfungsnorm** (Brückennorm) zu suchen, die dem Antragsteller einen Anspruch auf Einhaltung verleiht. Innerhalb derer ist der behauptete Rechtsverstoß gegen eine nicht vergaberechtliche Vorschrift **inzident** von den Nachprüfungsinstanzen zu überprüfen.[379]

---

376   Vgl. BGH Beschl. v. 26.09.2006 – X ZB 14/06, Rn. 47 a.E.
377   EuGH Urt. v. 29.03.2012 – C-599/10, Rn. 29.
378   So tendenziell auch Dreher in: Immenga/Mestmäcker, Wettbewerbsrecht, Band 2 GWB/Teil 2, 5. Aufl., § 97 Rn. 411.
379   Vgl. BGH Beschl. v. 18.06.2012 – X ZB 9/11 – Abfallwirtschaftsrecht; OLG Düsseldorf Beschl. v. 01.12.2015 – VII-Verg 20/15 m.w.N. – Patentrecht; Beschl. v. 09.11.2012 – VII-Verg 35/11 – wettbewerbsbeschränkende Abrede; Beschl. v. 01.08.2012 – VII-Verg 105/11 – Abfallwirtschaftsrecht; Beschl. v. 27.06.2012 – VII-Verg 7/12 – Kartellrecht.

§ 98 Auftraggeber

Auftraggeber im Sinne dieses Teils sind öffentliche Auftraggeber im Sinne des § 99, Sektorenauftraggeber im Sinne des § 100 und Konzessionsgeber im Sinne des § 101.

Die §§ 98, 99 GWB legen den **persönlichen Anwendungsbereich** des Kartellvergaberechts fest. **1** Die Normen regeln also die Frage, **wer** das Vergaberecht nach den §§ 97 ff. GWB **zu beachten hat.**

A. Zur Historie des Auftraggeberbegriffs

I. Haushaltsrechtliche Lösung

Vor der Umsetzung der europäischen Vergaberichtlinien in nationales Recht – bis November **2** 1993 – waren lediglich der Bund, die Länder und die Gemeinden sowie Sondervermögen des Bundes oder eines Landes und schließlich bundes- und landesunmittelbare juristische Personen des öffentlichen Rechts – die sog. **klassischen (staatlichen) Auftraggeber kraft Haushaltsrechts** – verpflichtet, Vergabevorschriften zu beachten.[1] Der Auftraggeberbegriff war daher institutionell geprägt (**institutioneller Auftraggeberbegriff/§48 HGrG**). Das Vergaberecht hatte vornehmlich haushaltsrechtliche Ziele – wie zum Beispiel die Durchsetzung von Sparsamkeit im öffentlichen Haushaltswesen.[2] Es hatte keinen bieterschützenden Charakter.

---

1 § 30 HGrG, § 55 BHO, vorläufige Verwaltungsvorschrift zur BHO, Gemeindehaushaltsverordnungen; dazu Kratzenberg NZBau 2009, 103 f.
2 Vgl. zur Historie des Vergaberechts Dietlein/Fandrey in: Byok/Jaeger GWB Einl. Teil A, Rn. 12ff.

3   Mit dem **2. Gesetz zur Änderung des Haushaltsgrundsätzegesetzes** v. **26.11.1993** wurde § 57a
HGrG in Kraft gesetzt. Die Norm sollte die inzwischen erlassenen europäischen Vergaberichtlinien
in die nationale Rechtsordnung überführen. § 57a Abs. 1 HGrG enthielt erstmals eine gesetzliche
Definition der **öffentlichen Auftraggeber**, die fortan das Vergaberecht zwingend beachten sollten.
Der Kreis der öffentlichen Auftraggeber wurde dabei – über die klassischen öffentlichen Auftraggeber hinaus – ausgedehnt.[3] Zum einen wurden die der öffentlichen Daseinsvorsorge zugeordneten,
staatlich beherrschten Unternehmen privater Rechtsform einbezogen, zum anderen in Umsetzung
der Sektorenrichtlinie in Sektorenbereichen tätige private Unternehmen, die ihre Tätigkeit auf der
Grundlage von besonderen oder ausschließlichen Rechten ausüben,[4] verpflichtet, die Vergabevorschriften zu beachten. Seither gilt ein **funktioneller Auftraggeberbegriff**.

II. Die wettbewerbsrechtliche Lösung

4   Mit dem **zum 01.01.1999** in Kraft getretenen **Vergaberechtsänderungsgesetz** (VgRÄG) wurden
die einschlägigen Vorschriften des EU-Vergaberechts **in das deutsche Wettbewerbsrecht** (die Vorschriften des GWB) übernommen. Seither war § 98 GWB die einschlägige Vorschrift, welche die
dem Vergaberecht unterworfenen öffentlichen Auftraggeber legal definierte. Inhaltlich stimmte die
Vorschrift weitgehend mit den früheren Regelungen in § 57a Abs. 1 HGRG überein.

5   Im März 2004 löste die **EU-Vergabekoordinierungsrichtlinie**[5] die früheren drei selbstständigen
Bau-, Liefer- und Dienstleistungsrichtlinien ab und definierte in Art. 1 Abs. 9 den persönlichen
Anwendungsbereich der Richtlinie (durch den Begriff des öffentlichen Auftraggebers) wie folgt:

---

3   Öffentliche Auftraggeber waren nach § 57a Abs. 1 HGrG:
   1. Gebietskörperschaften sowie deren Sondervermögen und die aus ihnen bestehenden Verbände;
   2. andere juristische Personen des öffentlichen und des privaten Rechts, die zu dem besonderen Zweck
      gegründet wurden, im Allgemeininteresse liegende Aufgaben nichtgewerblicher Art zu erfüllen, wenn
      Stellen, die unter Nr. 1 fallen, sie einzeln oder gemeinsam durch Beteiligung oder auf sonstige Weise
      überwiegend finanzieren oder über ihre Leitung die Aufsicht ausüben oder mehr als die Hälfte der
      Mitglieder eines ihrer zur Geschäftsführung oder zur Aufsicht berufenen Organe bestimmen. Das
      Gleiche gilt dann, wenn die Stelle, die einzeln oder gemeinsam mit anderen die überwiegende Finan-
      zierung gewährt oder die Mehrheit der Mitglieder eines zur Geschäftsführung oder Aufsicht berufenen
      Organs bestimmt wird, unter Satz 1 fällt;
   3. Verbände, deren Mitglieder unter Nr. 1 oder 2 fallen;
   4. Unternehmen in privater Rechtsform, die auf dem Gebiet der Trinkwasser- oder Energieversorgung oder
      des Verkehrs- oder Fernmeldewesens tätig sind, sowie Stellen, die unter Nr. 1 bis 3 fallen, auf sie einzeln
      oder gemeinsam einen beherrschenden Einfluss ausüben können;
   5. andere natürliche oder juristische Personen des privaten Rechts, die auf dem Gebiet der Trinkwasser-
      oder Energieversorgung oder des Verkehrs- oder Fernmeldewesens tätig sind und diese Tätigkeiten auf
      der Grundlage von besonderen oder ausschließlichen Rechten ausüben, die von einer zuständigen Be-
      hörde gewährt wurden;
   6. natürliche oder juristische Personen des privaten Rechts, in den Fällen, in denen sie für Vorhaben zu
      einem gemeinnützigen Zweck von Stellen, die unter Nr. 1 bis 3 fallen, Mittel erhalten, mit denen diese
      Vorhaben zu mehr als 50 v.H. finanziert werden;
   7. natürliche oder juristische Personen des privaten Rechts, die mit Stellen, die unter Nr. 1 bis 3 fallen,
      einen Vertrag über die Erbringung von Bauleistungen abgeschlossen haben, bei dem die Gegenleistung
      für die Bauarbeiten statt in einer Vergütung in dem Recht auf Nutzung der baulichen Anlage, ggf. zzgl.
      der Zahlung eines Preises besteht, hinsichtlich der Aufträge an Dritte;
   8. natürliche und juristische Personen des Privatrechts, die mit einer der in Nr. 1 bis 3 genannten Stellen
      einen Vertrag über die Erbringung einer Bauleistung durch Dritte, gleichgültig mit welchen Mitteln,
      gemäß den vom öffentlichen Auftraggeber genannten Erfordernissen, geschlossen haben.
4   Pietzcker Der persönliche und sachliche Anwendungsbereich des neuen Vergaberechts ZVgR 1999, 24, 25.
5   Richtlinie 2004/18/EU v. 31.03.2004 (ABl. L 134, 114).

Eschenbruch

(9)»Öffentliche Auftraggeber« sind der Staat, die Gebietskörperschaften, die Einrichtungen des öffent- 6
lichen Rechts und die Verbände, die aus einer oder mehreren dieser Körperschaften oder Einrichtungen
des öffentlichen Rechts bestehen.

Als »Einrichtung des öffentlichen Rechts« gilt jede Einrichtung, die

a) zu dem besonderen Zweck gegründet wurde, im Allgemeininteresse liegende Aufgaben nichtgewerb-
licher Art zu erfüllen,

b) Rechtspersönlichkeit besitzt und

c) überwiegend vom Staat, von Gebietskörperschaften oder von anderen Einrichtungen des öffent-
lichen Rechts finanziert wird, hinsichtlich ihrer Leitung der Aufsicht durch letztere unterliegt und
deren Verwaltungs-, Leitungs- oder Aufsichtsorgan mehrheitlich aus Mitgliedern besteht, die vom
Staat, von den Gebietskörperschaften und von anderen Einrichtungen des öffentlichen Rechts ernannt
worden sind.«

Die nicht erschöpfenden und nicht konstitutiven Verzeichnisse der Einrichtungen und Katego- 7
rien von Einrichtungen des öffentlichen Rechts, die die in Unterabsatz 2a), b) und c) genannten
Kriterien erfüllen, waren im Anhang III enthalten. Die Mitgliedsstaaten sollten der Kommission
regelmäßig die Änderungen ihrer Verzeichnisse bekanntgeben.

III. Gesetz zur Modernisierung des Vergaberechts 2009

Die Bundesregierung legte mit Beschluss vom **28. Juni 2006 Leitlinien für das künftige Verga-** 8
berecht fest. Mit dem **Gesetz zur Modernisierung des Vergaberechts (2009)** wurden die neuen
EU-Vergaberichtlinien sowie die neue Rechtsmittelrichtlinie 2007/66/EU in deutsches Recht überführt. Mit den Änderungen bei § 98 GWB sollten ausschließlich Anpassungen an das EU-Vergaberecht vorgenommen werden (1:1-Umsetzung). § 98 GWB hatte danach folgenden Wortlaut:

»§ 98 Auftraggeber 9

Öffentliche Auftraggeber im Sinne dieses Teils sind:

1. Gebietskörperschaften sowie deren Sondervermögen,

2. andere juristische Personen des öffentlichen und des privaten Rechts, die zu dem besonderen Zweck
gegründet wurden, im Allgemeininteresse liegende Aufgaben nichtgewerblicher Art zu erfüllen, wenn
Stellen, die unter Nr. 1 oder 3 fallen, sie einzeln oder gemeinsam durch Beteiligung oder auf sonstige
Weise überwiegend finanzieren oder über ihre Leitung die Aufsicht ausüben oder mehr als die Hälfte
der Mitglieder eines ihrer zur Geschäftsführung oder zur Aufsicht berufenen Organe bestimmt haben.
Das gleiche gilt dann, wenn die Stelle, die einzeln oder gemeinsam mit anderen die überwiegende
Finanzierung gewährt oder die Mehrheit der Mitglieder eines zur Geschäftsführung oder Aufsicht
berufenen Organs bestimmt hat, unter Satz 1 fällt,

3. Verbände, deren Mitglieder unter Nr. 1 oder 2 fallen,

4. natürliche oder juristische Personen des privaten Rechts, die auf dem Gebiet der Trinkwasser- oder
Energieversorgung oder des Verkehrs tätig sind, wenn diese Tätigkeiten auf der Grundlage von beson-
deren oder ausschließlichen Rechten ausgeübt werden, die von einer zuständigen Behörde gewährt
wurden, oder wenn Auftraggeber, die unter Nr. 1 bis 3 fallen, auf diese Personen einzeln oder ge-
meinsam einen beherrschenden Einfluss ausüben können; besondere oder ausschließliche Rechte sind
Rechte, die dazu führen, dass die Ausübung dieser Tätigkeiten einem oder mehreren Unternehmen
vorbehalten wird und dass die Möglichkeit anderer Unternehmer, diese Tätigkeit auszuüben, erheb-
lich beeinträchtigt wird. Tätigkeiten auf dem Gebiet der Trinkwasser- und Energieversorgung sowie
des Verkehrs sind solche, die in der Anlage aufgeführt sind,

5. natürliche oder juristische Personen des privaten Rechts sowie juristische Personen des öffentlichen
Rechts, soweit sie nicht unter Nr. 2 fallen, in den Fällen, in denen sie für Tiefbaumaßnahmen, für die

Errichtung von Krankenhäusern, Sport-, Erholungs- oder Freizeiteinrichtungen, Schul-, Hochschul-
oder Verwaltungsgebäuden oder für damit in Verbindung stehende Dienstleistungen und Auslobungs-
verfahren von Stellen, die unter Nr. 1 bis 3 fallen, Mittel erhalten, mit denen diese Vorhaben zu mehr
als 50 vom Hundert finanziert werden,

6. natürliche oder juristische Personen des privaten Rechts, die mit Stellen, die unter Nr. 1 bis 3 fallen,
einen Vertrag über eine Baukonzession abgeschlossen haben, hinsichtlich der Aufträge an Dritte.«

10   Das **Gesetz zur Modernisierung des Vergaberechts (2009)** führte zu keiner durchgreifenden Veränderung des Auftraggeberbegriffs, sondern beinhaltete vornehmlich Klarstellungen.[6]

IV. Gesetz zur Modernisierung des Vergaberechts 2016

11   Im **Jahre 2014** überarbeitete der Unionsrichtliniengeber mit einem **Legislativpaket die EU-Vergaberichtlinien** aus 2004. Das Modernisierungspaket umfasst die Richtlinie über die öffentliche
Auftragsvergabe (Richtlinie 2014/24/EU), die Richtlinie über die Vergabe von Aufträgen in den
Bereichen Wasser-, Energie- und Verkehrsversorgung sowie der Postdienste (Richtlinie 2014/25/
EU) und die Richtlinie über die Vergabe von Konzessionen (Richtlinie 2014/23/EU). Diese Richt-
linien waren bis zum 18. April 2016 in deutsches Recht umzusetzen. Art. 2 der Richtlinie für die
klassische Auftragsvergabe (Richtlinie 2014/24/EU) vom 26. Februar 2014 sieht in Art. 2 (1) zum
Auftraggeberbegriff folgende Bestimmung vor:[7]

12   *»Für die Zwecke dieser Richtlinie bezeichnet der Ausdruck*

1.»Öffentlicher Auftraggeber« den Staat, die Gebietskörperschaften, die Einrichtungen des öffentli-
chen Rechts oder die Verbände, die aus einer oder mehreren dieser Körperschaften oder Einrichtungen
des öffentlichen Rechts bestehen. In der Begründung der Richtlinie heißt es unter Ziff. (10):

»Der Begriff »öffentlicher Auftraggeber« und insbesondere der Begriff »Einrichtungen des öffentlichen
Rechts« sind wiederholt im Rahmen der Rechtsprechung des Gerichtshofes der Europäischen Union
überprüft worden. Um klarzustellen, dass der persönliche Geltungsbereich dieser Richtlinie unverän-
dert bleiben sollte, ist es angezeigt, die Begriffsbestimmung beizubehalten, auf die sich der Gerichtshof
selbst stützt und einige Erläuterungen, die im Rahmen dieser Rechtsprechung gegeben wurden, als
Schlüssel zum Verständnis der Begriffsbestimmung selbst aufzunehmen, ohne dass damit beabsich-
tigt wird, das Verständnis des Begriffs, so wie es in der Rechtsprechung dargelegt wurde, zu ändern.
Zu diesem Zweck sollte daher klargestellt werden, dass eine Einrichtung, die unter marktüblichen
Bedingungen arbeitet, gewinnorientiert ist und die mit der Ausübung ihrer Tätigkeit einhergehen-
den Verluste trägt, nicht als »Einrichtung des öffentlichen Rechts« angesehen werden sollte, da im
Allgemeininteresse liegende Aufgaben, zu deren Erfüllung sie geschaffen oder von deren Erfüllung sie
beauftragt worden sind, als von gewerblicher Art anzusehen sind.«

13   Im Zuge der Umsetzung der neuen EU-Vergaberichtlinien hat der deutsche Gesetzgeber die Struktur des GWB und der Vergabeverordnung überarbeitet. Im Rahmen der Überarbeitung kommt
dem neuen § 98 GWB die Aufgabe zu, als übergeordnete Kategorie den Begriff des Auftraggebers
im Sinne des 4. Teils zu definieren. Der Begriff umfasst alle Auftraggeber im Sinne der §§ 99 bis
101 GWB, nämlich öffentliche Auftraggeber im Sinne des § 99 GWB, Sektorenauftraggeber im
Sinne des § 100 GWB und Konzessionsgeber im Sinne des § 101 GWB. Mit der Neustrukturierung der Definition des öffentlichen Auftraggebers sollte die Übersichtlichkeit und Lesbarkeit für
den Rechtsanwender verbessert werden. Im Sinne einer übersichtlichen und klar strukturierten
Regelung sollte eine Trennung zwischen den Begriffen des öffentlichen Auftraggebers nach § 99
GWB und des Sektorenauftraggebers nach § 100 GWB vorgenommen werden. Der bisherige § 98
Nr. 4 GWB wurde deshalb in § 100 GWB überführt. Die Neustrukturierung wurde auch als

---

6   Vgl. insoweit Kratzenberg NZBau 2009, 103; Prieß/Hölzl NZBau 2009, 159 f.
7   Richtlinie 2014/24/EU des Europäischen Parlaments und des Rates vom 26. Februar 2014, Amtsblatt der
    Europäischen Union 28.03.2014, L94/65.

erforderlich angesehen, um die neue Richtlinie über die Vergabe von Konzessionen (Richtlinie 2014/23/EU) umzusetzen. Diese Richtlinie unterscheidet nämlich in ihrem Art. 6 und 7 zwischen »öffentlichen Auftraggebern« einerseits und »Auftraggebern, die einer Sektorentätigkeit nachgehen und zum Zwecke dieser Tätigkeit Konzessionen vergeben« andererseits.[8]

Dementsprechend sollte auch das nationale Recht eine klare Trennung zwischen den Auftraggeberkategorien vorsehen.

V. Abweichende Auftraggeberbegriffe

Rechten hat darauf hingewiesen, dass es im Beschaffungsbereich durchaus weiterhin relevante, von §§ 98 ff. GWB abweichende Auftraggeberbegriffe gibt. Dabei handelt es sich um folgende, in vielen Bereichen relevante eigenständige Auftraggeberbegriffe: **14**

– Der haushaltsrechtliche Auftraggeberbegriff nach § 48 HGrG spielt nach wie vor eine wichtige Rolle, weil ca. 80 % der öffentlichen Aufträge **unterhalb der Schwellenwerte** vergeben werden. Für diese ist nach wie vor das **Haushaltsrecht** von Bedeutung. Der haushaltsrechtliche Auftraggeberbegriff weicht allerdings vom vergaberechtlichen Auftraggeberbegriff ab, insbesondere im Hinblick auf juristische Personen des privaten Rechts, die grundsätzlich nicht an das Haushaltsvergaberecht gebunden sind.

– Bei **Unterschwellenvergaben** kommt (bei bestehender Binnenmarktrelevanz) das **EU-Primärrecht** zur Anwendung.[9] Unter Rückgriff auf die einschlägigen Regelungen des AEUV ergeben sich Modifikationen gegenüber dem Auftraggeberbegriff des § 98 GWB. Private Sektorenauftraggeber sind nicht an die Grundfreiheiten gebunden, bei den staatlich beherrschten Unternehmen bedarf es keiner Eingrenzung auf dem Allgemeininteresse dienende Betätigungen.[10]

– Zudem spielt das **Landesvergaberecht** eine immer größere Rolle, teilweise unabhängig vom maßgeblichen Schwellenwert des Beschaffungsvorhabens. Einige Landesvergabegesetze sehen dabei eigene Auftraggeberbegriffe vor, die an den Status einer Körperschaft des öffentlichen Rechts, an die Landesaufsicht über solche Körperschaften oder an die Anwendbarkeit des § 55 LHO anknüpfen.[11] Im Rahmen vergaberechtlicher Überprüfungen können deshalb durchaus unterschiedliche Auftraggeberbegriffe eine Rolle spielen. Für das materielle Vergaberecht des GWB und dem hiermit gewährleisteten Rechtsschutz kommt es indessen allein auf den Auftraggeberbegriff des § 98 GWB an.

B. Europarechtskonforme Auslegung des Auftraggeberbegriffs

Nach der Rechtsprechung des EuGH sind die nationalen Behörden und Gerichte verpflichtet, die den Anwendungsbereich der Vergabekoordinierungs- und Sektorenrichtlinie definierenden Kriterien (wie z.B. den Auftraggeberbegriff) **europarechtskonform auszulegen**. Dieses Auslegungsprinzip hat der EuGH in der Entscheidung »*Landeskrankenanstalten*« wie folgt konkretisiert: **15**

»Im Hinblick auf derartige Umstände hat der Gerichtshof in den Rn. 43 des Urteils Dorsch Consult und 25 des Urteils Tögel festgestellt, dass die sich aus einer Richtlinie ergebende Verpflichtung der Mitgliedstaaten, das in dieser vorgesehene Ziel zu erreichen sowie ihre Pflicht gemäß Art. 5 EGV, alle zur Erfüllung dieser Pflichten geeigneten Maßnahmen allgemeiner und besonderer Art zu treffen, allen Trägern öffentlicher Gewalt in den Mitgliedstaaten obliegen, und zwar im Rahmen ihrer Zuständigkeiten auch den Gerichten. Folglich hat ein nationales Gericht bei der Anwendung des nationalen Rechts – gleich, ob es sich um vor oder nach der Richtlinie erlassene Vorschriften handelt – dieses Recht so weit wie möglich anhand des Wortlautes und des Zwecks der Richtlinie   **16**

---

8 Vgl. Regierungsentwurf, S. 83.
9 Dazu EuGH »SC Enterprise Focused Solutions SRL/Spitalul Jude Tean de Urgenta Alba Iulia«, Urt. v. 16.04.2015, C-278/14, NZBau 2015, 383; EuG »Kohäsionsfondsrückforderungen« Urteil v. 29.05.2013 T 384/10 NZBau 2013, 648, 649.
10 Vgl. Rechten, Der Auftraggeberbegriff im Wandel, NZBau 2014, 667, 671.
11 Vgl. Rechten, a.a.O., 671.

auszulegen, um das mit der Richtlinie verfolgte Ziel zu erreichen und auf diese Weise Art. 189 Abs. 3 EGV nachzukommen.«[12]

17   In der Entscheidung *»Santex«* hat der EuGH ausgeführt:[13]

18   *» Wie sich nämlich aus der Rechtsprechung des Gerichtshofes ergibt, muss das nationale Gericht das nationale Recht, das es anzuwenden hat, **so weit wie möglich in Übereinstimmung mit den Anforderungen des Gemeinschaftsrechts auslegen.***

*Wenn eine solche konforme Anwendung nicht möglich ist, ist das nationale Gericht verpflichtet, das Gemeinschaftsrecht in vollem Umfang anzuwenden, um die Rechte, die dieses dem Einzelnen einräumt, zu schützen, indem es notfalls **jede Bestimmung unangewendet lässt,** deren Anwendung im konkreten Fall zu einem gemeinschaftsrechtswidrigen Ergebnis führen würde. (...) Auf der Grundlage der vorstehenden Erwägungen ist auf die erste Vorlagefrage zu antworten, dass die Richtlinie 89/665 dahin auszulegen ist, dass sie, wenn feststeht, dass ein öffentlicher Auftraggeber durch sein Verhalten die Ausübung der Rechte, die die Gemeinschaftsrechtordnung einem Unionsbürger einräumt, dem durch die Entscheidung dieses öffentlichen Auftraggebers ein Schaden entstanden ist, unmöglich gemacht oder übermäßig erschwert hat, die zuständigen nationalen Gerichte verpflichtet, die auf der Unvereinbarkeit der Ausschreibung mit dem Gemeinschaftsrecht beruhenden Rügen zuzulassen, die zur Stützung eines Rechtsbehelfes gegen diese Entscheidung geltend gemacht werden, indem die Gerichte ggf. von der nach nationalem Recht vorgesehenen Möglichkeit Gebrauch machen, die **nationalen Präklusionsvorschriften** außer Anwendung zu lassen, nach denen eine solche Unvereinbarkeit nach Ablauf der Rechtsbehelfsfrist gegen eine Ausschreibung nicht mehr geltend gemacht werden kann.«*

19   Diese Rechtsprechung hat der EuGH in der Entscheidung *»Koppensteiner«* nochmals bestätigt.[14] Nach der Rechtsprechung des EuGH sind bei der Auslegung der Unionsvorschriften nicht nur der Wortlaut, sondern speziell auch der **Zusammenhang** und die **Ziele** zu berücksichtigen, die mit der Regelung verfolgt werden.[15]

20   Wie aus den Formulierungen des EuGH deutlich wird, erschöpft sich der Terminus der europarechtskonformen Auslegung nicht ausschließlich darin, im Fall von Unklarheiten, Widersprüchlichkeiten oder Unvollständigkeiten des nationalen Rechts Auslegungshilfen zu geben. Vielmehr sollen die Vorschriften der Vergabekoordinierungsrichtlinie bzw. Sektorenrichtlinie sogar **explizit entgegenstehende Vorschriften** des nationalen Rechts **verdrängen.** Der nationale Richter ist ggf. gehalten, entgegenstehende Vorschriften des nationalen Rechts einfach unangewendet zu lassen. Dieses Verständnis einer Auslegung sprengt die Grenzen der Gesetzesauslegung nach nationalem Recht.[16]

21   In der Entscheidung *»Stadt Roanne«*[17] hat der EuGH in Bezug auf die Definition eines öffentlichen Bauauftrages festgestellt, dass dieser in den Bereich des Gemeinschaftsrechts fällt. Die rechtliche Qualifizierung des Vertrages nach dem Recht der Mitgliedstaaten sei für die Entscheidung, ob die Vereinbarung in den Geltungsbereich der Richtlinie falle, nicht maßgeblich. Entscheidend für die

---

12   Vgl. EuGH »Landeskrankenanstalten« WuW/E Verg. 207, 209 (1999); WuW 1997, 23 Rn. 40; in diesem Sinne auch Noch Vergaberecht kompakt Rn. 153; Möschel WuW 1997, 120, 123; EuGH »Tögel« WuW/E Verg. 139, 144 (1998).

13   Vgl. EuGH »Santex« WuW/E Verg. 736, 741 f. (2003) = VergabeR 2003, 305, 311 = NZBau 2003, 284 (287).

14   EuGH 02.05.2005 »Koppensteiner« NZBau 2005, 472 f.

15   Vgl. auch EuGH »Sociedad General de Autoris/Rafael Hoteles SL«, EuZW 2007, S. 81, 82.

16   Vgl. hierzu etwa Crass Der öffentliche Auftraggeber S. 57: »Die Grenzen der richtlinienkonformen Auslegung sind dort zu ziehen, wo der Wortlaut des nationalen Rechts dem Gemeinschaftsrecht eindeutig entgegensteht, wo das nationale Recht in seiner deutlichen Intention dem Gemeinschaftsrecht entgegensteht und wenn es im konkreten Fall kein interpretationsfähiges nationals Recht gibt.«.

17   Vgl. EuGH »Stadt Roanne« NZBau 2007, 185, 188 (Rn. 40).

Eschenbruch

Definition des öffentlichen Bauauftrages sei allein das Gemeinschaftsrecht, das keinerlei ausdrücklichen Verweis auf das Recht der Mitgliedsstaaten enthalte.

Die europarechtskonforme Auslegungsmethodik ist vom **BGH** auch **in nationales Recht transfor-** 22 **miert** worden. In der Entscheidung »*Quelle*« hat der **BGH** ausgeführt:

> »*Der von der Rechtsprechung des EuGH geprägte Grundsatz der **richtlinienkonformen Auslegung*** 23
> *verlangt von den nationalen Gerichten aber **mehr als bloße Auslegung im engeren Sinne**. Der Ge-*
> *richtshof ist bei der Verwendung des Begriffs ›Auslegung‹ nicht von der im deutschen Rechtskreis –*
> *anders als in anderen europäischen Rechtsordnungen – üblichen Unterscheidung zwischen Auslegung*
> *(im engeren Sinne) und Rechtsfortbildung ausgegangen. Auch die vom EuGH formulierte Einschrän-*
> *kung, nach der die richtlinienkonforme Auslegung nicht als Grundlage für eine Auslegung des nati-*
> *onalen Rechts contra legem dienen darf, bezieht sich **nicht auf die Wortlautgrenze**. Der Begriff des*
> *contra-legem-Judizierens ist vielmehr funktionell zu verstehen; er bezeichnet den Bereich, in dem eine*
> *richterliche Rechtsfindung nach nationalen Methoden unzulässig ist. Der Grundsatz der richtlinien-*
> *konformen Auslegung fordert deshalb auch, das nationale Recht, wo dies nötig und möglich ist, **richt-***
> ***linienkonform fortzubilden**. Daraus folgt das Gebot einer richtlinienkonformen Rechtsfortbildung*
> *durch teleologische Reduktion.*«[18]

In der Entscheidung »*Siepsa*« hat der EuGH des Weiteren darauf hingewiesen, dass der **Anwen-** 24 **dungsbereich der EU-Vergaberichtlinien** sowohl **funktionell** als auch **weit auszulegen** ist.[19] In Fortsetzung dieser Rechtsprechung hat der EuGH in der Entscheidung »*Kooperationsvereinbarung Spanien*«[20] entschieden, dass **Ausnahmen** von Vorschriften, welche die Umsetzung der Vergaberichtlinien gewährleisten sollen, **eng auszulegen sind**. Die Mitgliedsstaaten dürften daher weder Tatbestände schaffen, die den Vergaberechtsschutz über die in den Richtlinien genannten Vorschriften hinaus einschränken, noch weitere Tatbestände ergänzen, welche die Anwendung der strengeren Vergaberechtsverfahren nach EU-Recht beeinträchtigen könnten. Dabei obliegt es den Mitgliedsstaaten nachzuweisen, dass ihre Rechtsvorschriften eine getreue Umsetzung der in der Richtlinie ausdrücklich vorgesehenen Tatbestände darstellen.

Die Auslegung des EU-Rechts hat **autonom** und **einheitlich** zu geschehen. Das bedeutet, dass bei 25 Unklarheiten nicht ohne weiteres auf das nationale Verständnis einer Vorschrift zurückgegriffen werden kann.[21]

Die gemeinschaftliche Koordinierung der Verfahren zur Vergabe öffentlicher Aufträge soll nach 26 Auffassung des EuGH die Gefahr einer Bevorzugung einheimischer Bieter bei einer Auftragsvergabe und zugleich die Möglichkeit ausschließen, dass ein öffentlicher Auftraggeber sich von den Überlegungen leiten lässt, die mit dem in Rede stehenden Markt nichts zu tun haben.[22] Jeder Mitgliedsstaat sei am Besten in der Lage, im Lichte seiner spezifischen historischen, rechtlichen und wirtschaftlichen oder sozialen Erwägungen zu bestimmen, durch welche Situationen Verhaltensweisen begünstigt werden, die zu Missständen bei der Beachtung dieser Grundsätze führen können. Auch erschöpfende Regelungen des **Unionsrechts schließen es nicht aus**, dass Mitgliedsstaaten **ergänzende Vorschriften** erlassen, durch die gewährleistet werden soll, dass auf dem Gebiet der öffentlichen Aufträge die Grundsätze der Gleichbehandlung und der Transparenz beachtet werden.[23]

---

18 BGH »Quelle« ZIP 2009, 176, 177 = EuZW 2009, 155, 157.
19 Vgl. EuGH 16.10.2003 »Siepsa« VergabeR 2004, 182, 186 = WuW/E Verg. 853 (2004) = NZBau 2004, 223, 227.
20 Vgl. dazu EuGH 13.01.2005 »Kooperationsvereinbarung Spanien« NZBau 2005, 232 = WuW/E Verg. 1037, 1040 (2005) = VergabeR 2005, 176.
21 Vgl. EuGH, Kommission/Königreich Spanien, Rechtssache C-323/03 v. 09. März 2006.
22 EuGH »Michaniki/Ethniko« NZBau 2009, 133, 135.
23 EuGH Michaniki VergabeR 2009, 146, 149.

27 Auch weil der nationale, deutsche Gesetzgeber bemüht war, die europarechtlichen Vorgaben in Bezug auf die Auftraggebereigenschaft uneingeschränkt in das deutsche Recht umzusetzen, müssen bei der Auslegung des deutschen Vergaberechts die europarechtlichen Bestimmungen den Anwendungsbereich des Vergaberechts beachtet werden.[24] Die **Vorschriften über die Auftraggebereigenschaft** sind auch aus diesem Grunde **im Lichte der europarechtlichen Vorschriften auszulegen**.[25] Sie erfordern insbesondere ein europarechtskonformes Verständnis des Auftraggeberbegriffs.

28 Nach der Rechtsprechung des EuGH kann sich **der Einzelne** in all den Fällen, in denen die Bestimmungen von EU-Richtlinien inhaltlich als unbedingt und hinreichend genau erscheinen, **gegenüber dem Staat auf diese Richtlinien berufen**, wenn der Staat die Richtlinien nicht fristgemäß oder nicht ordnungsgemäß in nationales Recht umgesetzt hat.[26] Der EuGH hat konkret für die Vergaberichtlinien darauf hingewiesen, dass die Bestimmungen über den persönlichen und sachlichen Geltungsbereich der Vergaberichtlinien so unbedingt und so genau sind, dass sich ein Einzelner vor nationalen Gerichten auf sie berufen kann.[27] Das gelte insbesondere für die Vergabevorschriften in den Richtlinien, welche die Vergabeverfahren und die Durchführung von Wettbewerben, die gemeinsamen technischen und Bekanntmachungsvorschriften, die Teilnahme- sowie die Eignungs- und Zuschlagskriterien betreffen.[28]

29 Setzt der nationale Gesetzgeber die Vorschriften des EU-Vergaberechts hinsichtlich der bieterschützenden Normen nicht ordnungsgemäß um, können Betroffene **Schadensersatzansprüche** gegen den jeweiligen Mitgliedsstaat geltend machen.[29] Das gilt auch bei Konkurrentenklagen, bei denen sich eine Partei gegen einen nicht EU-richtlinienkonformen Wettbewerb von Unternehmen des öffentlichen Sektors wehrt.[30] In der Entscheidung »*Graz/Strabag AG*« hat der EuGH hervorgehoben, dass die Mitgliedsstaaten zwar befugt seien, die Rechtsschutzmöglichkeiten des einzelnen Marktteilnehmers in vergaberechtlichen Angelegenheiten auszugestalten. Sie dürften auch zur Gewährleistung einer zügigen Behandlung Ausschlussfristen vorsehen, um zu verhindern, dass Bewerber und Bieter jederzeit Verstöße gegen Vergabevorschriften rügen und dadurch den öffentlichen Auftraggeber zwingen könnten, das gesamte Verfahren erneut durchzuführen, um den Verstoß zu beheben. Sie hätten auch die Möglichkeit, nach Vertragsschluss die Befugnisse einer Nachprüfungsinstanz auf die Zuerkennung von Schadensersatz zu beschränken. Schadensersatz sei jedoch nur dann eine verfahrensmäßige Alternative zum Primärrechtsschutz, wenn die Ansprüche nicht von einem Verschulden des öffentlichen Auftraggebers abhängig gemacht würden.[31]

---

24 EuGH »Niederösterreichische Gebietskrankenkasse« WuW/E Verg. 139, 144 (1998); vgl. auch Crass S. 58: »Auf Kategorien und Begriffe des nationalen Rechts darf deshalb nur ausnahmsweise zurückgegriffen werden.«

25 Vgl. BGH 19.12.2000 NJW 2001, 1492; vgl. auch VÜA Bund Beschl. v. 20.11.1995 EzEG-VergR III 10: »Entscheidend für die Auslegung des § 97a Abs. 1 Nr. 2 HGrG ist der Sinn und Zweck dieser Regelung und ihrer europarechtlichen Vorgabe. Die EU-Vergaberichtlinien und die ihrer Umsetzung in deutsches Recht dienenden Regelungen des HGrG und der VgV haben den Zweck, im Bereich des Vergabewesens der öffentlichen Hand einen wettbewerblichen Ordnungsrahmen durchzusetzen oder zu sichern. Die Märkte, auf denen die öffentliche Hand als Auftraggeber auftritt, sollen insoweit durch ein rechtsförmiges, transparentes und diskriminierungsfreies Vergabeverfahren für Anbieter allgemein weiter geöffnet und damit der Wettbewerb über die nationalen Grenzen hinaus ausgedehnt und gesichert werden.«; OLG Brandenburg »Flughafen Berlin-Brandenburg« ZfIR 1999, 660, 665 = WuW Verg 231; Möschel WuW 1997, 120, 122; Pietzcker ZVgR 1999, 24, 25; Bechtold GWB § 98 Rn. 2.

26 Vgl. EuGH 28.10.1999 »Landeskrankenanstalten« WuW/E Verg. 207, 210 (1999) = NZBau 2000, 33, 35.

27 VÜA des Landes Hessen »Stadtbusverkehre« WuW/E Verg. 103, 104 (1998).

28 Vgl. EuGH 28.10.1999 »Landeskrankenanstalten« WuW/E Verg. 207, 210 (1999) = NzBau 2000, 33 (35).

29 EuGH »Alcatel Austria« WuW/E Verg. 262, 268 (1999); zur näheren Ausgestaltung der Staatshaftung bei offenkundig gegen Gemeinschaftsrecht verstoßenden Gerichtsentscheidungen vgl. EuGH NJW 2003, 3539.

30 EuGH, Finanzamt Eisleben/Feuerbestattungsverein Halle e.V., Urt. v. 08.06.2006, in der Rechtssache C-430/04.

31 EuGH »Graz/Strabag AG« Urt. v. 30.09.2010 C-314/09 NZBau 2010, 773.

Beachtet ein öffentlicher Auftraggeber das Vergaberecht nicht (de facto-Vergaben) und kommt es 30 trotzdem zu einem (wirksamen) Vertragsschluss, so bewirkt der Auslegungsgrundsatz der Sicherstellung der größtmöglichen praktischen Wirkung des Unionsrechts (Effet utile), dass dem Auftraggeber die Möglichkeit zustehen muss, den **Vertrag rückgängig zu machen.** Vertrauensschutz und die Grundsätze des allgemeinen Vertragsrechts können dem nicht entgegenstehen. Das nationale Vertragsrecht hat vielmehr zurückzutreten.³² § 133 GWB gewährt zugunsten des öffentlichen Auftraggebers entsprechende Kündigungsmöglichkeiten.

Bei der Auslegung nationaler Vorschriften haben die nationalen Gerichte das innerstaatliche Recht 31 so anzuwenden, dass es eine Übereinstimmung mit den allgemeinen Vorschriften des Unionsrechts wie Art. 49 AEUV und 56 AEUV ergibt. Ein nationales Gericht muss insbesondere das innerstaatliche Recht so anwenden, dass die Beachtung der **Transparenzpflicht** bei der Vergabe von Dienstleistungskonzessionen Berücksichtigung findet.³³

Der Grundsatz der Gleichbehandlung und das **Verbot der Diskriminierung** aus Gründen der 32 Staatsangehörigkeit, die in Art. 49 AEUV und 56 AEUV verankert sind sowie die daraus fließende Transparenzpflicht, verpflichtet die nationalen Behörden nicht in jedem Fall zur Kündigung eines Vertrages oder zu einer Unterlassungsanordnung. Es ist vielmehr Sache des innerstaatlichen Rechts, die Rechtsschutzmöglichkeiten, die den Schutz der dem Bürger aus dieser Pflicht erwachsenen Rechte gewährleisten sollen, so zu regeln, dass sie nicht weniger günstiger ausgestaltet sind als die entsprechenden innerstaatlichen Rechtsschutzmöglichkeiten und die Ausübung dieser Rechte nicht praktisch unmöglich machen oder übermäßig erschweren.³⁴

Das Unionsrecht verpflichtet einen öffentlichen Auftraggeber allerdings nicht, auf unbestimmte 33 Zeit oder für mehrere Jahre abgeschlossene Rechtsverhältnisse zu ändern, wenn diese Auftragsverhältnisse **vor Ablauf der Umsetzungsfrist** der einzelnen Richtlinien begründet worden sind.³⁵

Hinreichend konturierte Vorschriften des Vergabesekundärrechts sind auch gegenüber **privatrecht-** 34 **lich organisierten öffentlichen Auftraggebern** unmittelbar bindend.³⁶

C. Institutioneller und funktionaler Auftraggeberbegriff

Der haushaltsrechtliche Auftraggeberbegriff wurde auch als **institutionell** bezeichnet. Sein Anwen- 35 dungsbereich beschränkte sich auf den Staat und seine Untergliederungen (siehe Rdn. 2). Die europäischen Vergaberichtlinien haben zu einem Umdenken gezwungen. Öffentliche Auftraggeber sind seither nicht mehr nur Auftraggeber, die dem Staat oder seinen Untergliederungen zuzuordnen sind, sondern können **auch private Gesellschaften** sein.

In Umsetzung der speziellen vergaberechtlichen Vorgaben hatte der EuGH erstmals in der Sache 36 »*Beentjes*« entschieden, dass bei der Prüfung der Voraussetzungen des Begriffs des öffentlichen Auftraggebers auf eine **funktionelle Auslegung** abzustellen sei:³⁷

> »*Der in dieser Bestimmung verwendete Begriff des Staates ist **im funktionellen Sinne** zu verstehen.* 37
> *Das Ziel der Richtlinie, die die tatsächliche Verwirklichung der Niederlassungsfreiheit und des freien*
> *Dienstleistungsverkehrs auf dem Gebiet der öffentlichen Bauaufträge anstrebt, wäre gefährdet, wenn*
> *sie allein deswegen unanwendbar wäre, weil ein öffentlicher Bauauftrag von einer Einrichtung ver-*
> *geben wird, die geschaffen wurde, um ihr durch Gesetz zugewiesene Aufgaben zu erfüllen, die jedoch*
> *nicht förmlich in die staatliche Verwaltung eingegliedert ist.*«

---

32 Dazu EuGH, Kommission/Bundesrepublik Deutschland, VergabeR 2007, 597 f.; einschränkend OLG Karlsruhe Beschl. v. 12.11.2008 15 Verg 4/08 NZBau 2009, 404.
33 EuGH »Wall« Urt. v. 13.04.2010 C-91/08 VergabeR 2010, 643, Rn. 68 f.
34 EuGH »Wall« Urt. v. 13.04.2010 C-91/08 VergabeR 2010, 643, Rn. 68 f.
35 EuGH »Niederösterreichische Gebietskrankenkasse« WuW/E Verg. 139, 144 (1998).
36 EuGH »Portgás«, Urt. v. 12.12.2013, C-425/12, NZBau 2014, 182; dazu Röbke, NZBau 2014, 609.
37 EuGH 20.09.1988 »Beentjes« NVwZ 1990, 353.

38 In der weiteren Rechtssache »*Kommission Spanien*« hat der EuGH die Anforderungen seiner »**autonomen**« und »**funktionellen**« Auslegung des Auftraggeberbegriffs bestätigt und dabei auch herausgestellt, dass der jeweilige nationale Gesetzgeber nicht befugt und nicht in der Lage sei, privatrechtlich organisierte Gesellschaften, die unter öffentlicher Kontrolle stünden, durch wie auch immer geartete Rechtsakte dem Anwendungsbereich des Vergaberechts zu entziehen:

39 »*Der EuGH hat zu Art. 1b) Unterabsatz 2 der RL 93/37 bereits festgestellt, dass eine Einrichtung nur dann als eine Einrichtung des öffentlichen Rechts im Sinne dieser Bestimmung eingestuft werden kann, wenn sie alle drei dort genannten Tatbestandsmerkmale aufweist, nämlich ihre Gründung zu dem besonderen Zweck, im Allgemeininteresse liegende Aufgaben nichtgewerblicher Art zu erfüllen, Rechtspersönlichkeit und eine enge Verbindung mit dem Staat, Gebietskörperschaften und andere Einrichtungen des öffentlichen Rechts.*

Ferner hat der EuGH wiederholt entschieden, dass im Licht der doppelten Zielsetzung einer Öffnung für den Wettbewerb und der Transparenz, die mit den Richtlinien zur Koordinierung der Verfahren zur Vergabe öffentlicher Aufträge verfolgt wird, der Begriff Einrichtung des öffentlichen Rechts funktionell auszulegen ist. Der EuGH hat mit Blick auf diese doppelte Zielsetzung auch klargestellt, dass dieser Begriff in einem weiten Sinne aufzufassen ist.«

»*Geleitet von diesen Erwägungen hat sich der EuGH in st. Rspr. für die etwaige Einstufung verschiedener privatrechtlich organisierter Institutionen als Einrichtungen des öffentlichen Rechts ausschließlich auf die Nachprüfung beschränkt, ob die fragliche Institution die **drei kumulativen Tatbestandsmerkmale** des Art. 1b) Unterabsatz 2 der RL 92/50, 93/36 und 93/37 erfüllt, während er ihre Gründungsmodalitäten insoweit für irrelevant erachtete.*

*Aus diesen, in der Rspr. des EuGH entwickelten Grundsätzen folgt, dass die **privatrechtliche Rechtsform** einer Einrichtung **kein Kriterium** ist, das deren Einstufung als öffentlicher Auftraggeber im Sinne von Art. 1b) der RL 92/50, 93/36 und 93/37 und damit auch des Art. 1 Abs. 1 der RL 89/665 ausschließen könnte.*

Es ist weiterhin hervorzuheben, dass die praktische Wirksamkeit sowohl der RL 92/50, 93/36 und 93/37 als auch der RL 89/665 nicht uneingeschränkt gewährleistet wäre, wenn eine Einrichtung, die die drei vorgenannten Tatbestandsmerkmale erfüllt, bereits dadurch der Anwendung dieser Richtlinien entzogen werden könnte, dass sie in der für sie geltenden nationalen Rechtsordnung nach ihrer Rechtsform und der für sie einschlägigen Regelung dem Privatrecht untersteht.

Demnach kann der Begriff der Einrichtung des öffentlichen Rechts in Art. 1b) Unterabsatz 2 der RL 92/50, 93/36 und 93/37 nicht dahin ausgelegt werden, dass es dem Mitgliedstaat freistünde, kommerzielle Gesellschaften unter öffentlicher Kontrolle von vornherein vom persönlichen Anwendungsbereich dieser Richtlinien und damit auch der RL 89/665 auszunehmen.«[38]

40 In der Rechtssache »*Aigner*« hat der EuGH seine Rechtsprechung bestätigt und ausgeführt:

41 »*Nach diesen Bestimmungen bezeichnet der Ausdruck ›**Einrichtung des öffentlichen Rechts**‹ jede Einrichtung, die erstens zu dem besonderen Zweck gegründet wurde, im Allgemeininteresse liegende Aufgaben nichtgewerblicher Art zu erfüllen, zweitens Rechtspersönlichkeit besitzt und drittens überwiegend vom Staat, von den Gebietskörperschaften oder anderen Einrichtungen des öffentlichen Rechts finanziert wird oder hinsichtlich ihrer Leitung der Aufsicht durch Letztere unterliegt oder deren Verwaltungs-, Leitungs- oder Aufsichtsorgan mehrheitlich aus Mitgliedern besteht, die vom Staat, von den Gebietskörperschaften oder von anderen Einrichtungen des öffentlichen Rechts ernannt worden sind. Nach der Rechtsprechung des Gerichtshof müssten diese drei Tatbestandsmerkmale gleichzeitig vorliegen ...*

Da der Zweck der Gemeinschaftsrichtlinien auf dem Gebiet der öffentlichen Aufträge u.a. darin besteht, die Möglichkeit auszuschließen, dass eine vom Staat, von den Gebietskörperschaften und

---

38 Vgl. EuGH 15.05.2003 »Kommission Spanien« WuW/E Verg. 859, 860 f. (2003) = NZBau 2003, 450, 453; EuGH »Kooperationsvereinbarung Spanien« NZBau 2005, 232 = VergabeR 2005, 175 = WuW/E Verg. 1037 (2005).

*anderen Einrichtungen des öffentlichen Rechts finanzierte oder kontrollierte Stelle sich von anderen als wirtschaftlichen Überlegungen leiten lässt, ist der Begriff der ›Einrichtung öffentlichen Rechts‹ überdies **funktionell** zu verstehen«.*[39]

In der Entscheidung »Ärztekammer Westfalen-Lippe« hat der EuGH den Grundgedanken den funktionalen Auftraggeberbegriffs nochmals spezifiziert und ausgeführt: 42

»In allen dreien in Art. 1 Abs. 9 Unterabs. 2 c) der Richtlinie 2004/18 genannten alternativen   43 *Kriterien kommt eine **enge Verbindung mit den öffentlichen Stellen** zum Ausdruck. Eine solche Verbindung kann es den öffentlichen Stellen nämlich ermöglichen, die Entscheidungen der betreffenden Einrichtung im Bereich der Vergabe öffentlicher Aufträge zu beeinflussen, was die Möglichkeit mit sich bringt, dass andere als wirtschaftliche Überlegungen diese Entscheidung leiten und insbesondere die Gefahr besteht, dass einheimische Bieter oder Bewerber bevorzugt werden, wodurch Hemmnisse für den freien Dienstleistungs- und Warenverkehr geschaffen würden, die durch die Anwendung der Vergaberichtlinien gerade verhindert werden sollten.*

*Im Licht dieser Ziele ist **jedes dieser Kriterien funktionell** auszulegen, das heißt unabhängig von den formellen Modalitäten seiner Anwendung und muss so verstanden werden, dass es eine enge Verbindung mit öffentlichen Stellen schafft.«*[40]

Aufgrund des **funktionalen Auftraggeberbegriffs** in der durch den EuGH geprägten Auslegung[41]   44 ergeben sich folgende **praktische Konsequenzen:**
– Für den funktionellen Auftraggeberbegriff ist es nicht entscheidend, ob eine Einrichtung nach nationalem Recht dem öffentlichen oder privaten Sektor zuzuordnen ist;
– es ist zudem nicht erheblich, welche Rechtsform (gesellschaftsrechtliche Struktur) die Einrichtung im Einzelnen hat oder[42]
– es ist gleichgültig, ob eine staatliche Kontrolle über private Unternehmen unmittelbar oder mittelbar stattfindet;[43]
– gleichfalls ist es unerheblich, ob der Auftraggeber mit öffentlichen Mitteln gefördert wird (Ausnahme: § 99 Nr. 5 GWB)[44] oder
– ob der öffentliche Auftraggeber selbst als Leistungserbringer tätig sein will oder einen Teil des Auftrages auf einen Subunternehmer »durchleiten« will oder[45]
– ob der nationale Gesetzgeber die Absicht hat, bestimmte Auftraggeber aus dem Anwendungsbereich des EU-Vergaberechts auszuklammern.

D. Adressaten des primären Unionsrechts/die öffentlichen Unternehmen im Sinne von Art. 86 Abs. 1 EGV

Die Regeln der **EU-Vergaberichtlinien regeln** in ihrem Anwendungsbereich das maßgebliche Ver-   45 gaberegime für die öffentlichen Auftraggeber grds. **abschließend.** Primärrechtsschutz nach dem GWB ist daher nur eingeräumt, soweit der persönliche Anwendungsbereich nach §§ 98, 99 GWB eröffnet ist.

---

39 EuGH EuzW 2008, 342 = VergabeR 2008, 632 f.
40 EuGH »Ärztekammer Westfalen-Lippe« Urt. v. 12.09.2013, Az C-526/11 (»IVD«), NZBau 2013, 717 = VergabeR 2014, 20 ff.; dazu Heyne, NvWZ 2014, 621 f.
41 Vgl. auch EuGH 10.11.1998 »Gemeente Arnhem« WuW/E Verg. 161, 166 (1999); 17.12.1998 »Coillte Teoranta (Irland)« WuW/E Verg. 171, 174 (1999); 18.06.2002 »Hospital Ingenieure« WuW/E Verg. 651 (2002) = NZBau 2002, 458 = VergabeR 2002, 361; 16.10.2003 »Siepsa« WuW/E Verg. 853 (2003) = NZBau 2004, 223 = VergabeR 2004, 182.
42 EuGH 10.11.1998 »Gemeente Arnhem« WuW/E Verg. 161, 166 (1999); OLG München Beschl. v. 20.03.2013 »Digitalfunkgeräte«, Az Verg 17/13, VergabeR 2014, 700.
43 EuGH 17.12.1998 »Coillte Teoranta (Irland)« WuW/E Verg. 171, 174 (1999); so auch OLG Dresden NZBau 2004, 404.
44 EuGH »Heizkraftwerk München« WuW/E Verg. 1049, 1050 (2005) = VergabeR 2005, 57.
45 EuGH »Heizkraftwerk München« WuW/E Verg. 1049, 1050 (2005) = VergabeR 2005, 57.

46   Allerdings hat der EuGH immer wieder herausgestellt, dass bei Beschaffungsvorgängen auch außerhalb des Anwendungsbereichs der GWB-Vorschriften das EU-Primärrecht und dabei insbesondere die Grundfreiheiten nach Art. 63 (freier Kapitalverkehr), Art. 56 (Dienstleistungsfreiheit),
Art. 49 (Niederlassungsfreiheit) AEUV beachtet werden müssen. Daraus wird die Verpflichtung
zur Gleichbehandlung und Transparenz gegenüber Marktteilnehmern aus anderen Mitgliedsstaaten
abgeleitet.[46] Öffentliche Unternehmen im Sinne des Art. 106 Abs. 1 AEUV als Adressaten des
EU-Primärrechts haben deshalb auch bei dem Kartellvergaberecht nicht unterfallenden Beschaffungen Mindestanforderungen an wettbewerbsgerechte Verfahren zu beachten, soweit eine Binnenmarktrelevanz besteht. Das bezieht sich insbesondere auf
   – nicht dem Vergaberecht unterliegende Vermögensveräußerungen
   – Unterschwellenvergaben
   – Dienstleistungskonzessionen (jetzt im Rahmen einer eigenständigen Richtlinie für Konzessio-
     nen kodifiziert)
   – nichtprioritäre Dienstleistungsaufträge (bis 2016).[47]

47   Der Begriff des **öffentlichen Unternehmens** als Anknüpfungspunkt **für das EU-Primärrecht** unterscheidet sich teilweise von demjenigen des öffentlichen Auftraggebers nach § 98 GWB. Zum einen
ist der Begriff des öffentlichen Unternehmens insoweit weiter gefasst, als dass es keines Gründungszwecks zur Erfüllung im Allgemeininteresse liegender Aufgaben nicht gewerblicher Art bedarf.
Zum anderen ist der Begriff enger, als etwa staatlich beherrschte Sektorenauftraggeber nicht hierunter fallen.[48]

48   Um zu einer Anwendung der aus dem EU-Primärrecht hergeleiteten Gleichheits- und Transparenz-
grundsätze für Beschaffungen zu gelangen, bedarf es der Feststellung eines eindeutigen **grenzüberschreitenden Interesses**.[49] Dieses Merkmal könne anhand der Veröffentlichung einer Bekanntmachung im EU-Amtsblatt wie auch daraus abgeleitet werden, dass einzelne Bieter aus anderen
Mitgliedsländern stammen. Zur Wahrung des Gleichbehandlungs- und Transparenzgrundsatzes
gehört auch die Gleichbehandlung der Bieter im Hinblick auf Informationen zu Zuschlagskriterien, nicht jedoch notwendigerweise die Bekanntgabe der relativen Gewichtung einzelner Kriterien
im Vorhinein.[50]

E. Deutsche verfassungsrechtliche Implikationen

49   Das **Bundesverfassungsgericht** hat entschieden, dass die Vergabe eines öffentlichen Auftrags an
einen Mitbewerber grundsätzlich nicht den Schutzbereich der **Berufsfreiheit (Art. 12 Abs. 1 GG)**
eines erfolglosen Bewerbers berührt. Nichts anderes kann für solche Personen gelten, die lediglich
ein mittelbares Interesse an dem öffentlichen Auftrag haben, weil sie von den Vergaben an einen
bestimmten Bewerber wirtschaftlich profitieren würden. Wohl folgt nach der Auffassung des Bundesverfassungsgerichts aus dem **allgemeinen Gleichheitsgrundsatz**, dass bei der Auftragsvergabe
durch staatliche Stellen jeder Mitbewerber eine faire Chance erhalten muss, nach Maßgabe der für
den spezifischen Auftrag wesentlichen Kriterien und des vorgesehenen Verfahrens berücksichtigt
zu werden.

50   Von den Fällen der Grundrechte und sonstigen verfassungsmäßigen Rechte abgesehen, bestimmt
der **Gesetzgeber**, unter welchen Voraussetzungen dem Einzelnen ein Recht zusteht und welchen
Inhalt es hat. Entscheidungen der Fachgerichte, ob und in welchem Umfang eine solche von Art. 19

---

46   EuGH »Tele Austria« Urt. v. 07.12.2000, Az C-24/98; »Anav« Urt. v. 06.04.2006, Az C-410/04.
47   EuGH »Kommission Irland« Urt. v. 18.11.2010, Az C-226/09, NZBau 2011, 15; EuGH »SC Enterprise
     Focused Solutions SRL/Spitalul Jude Tean de Urgenta Alba Iulia«, Urt. v. 16.04.2015, C-278/14, NZBau
     2015, 383.
48   Ausführlich dazu Gabriel VergabeR 2009, 7 f.
49   Ausführlich hierzu Röwekamp/Fandrey Die Binnenmarktrelevanz öffentlicher Auftragsvergaben 2013,
     passim.
50   EuGH »Kommission Irland« Urt. v. 18.11.2010, Az C-226/09, NZBau 2011, 15.

Eschenbruch

Abs. 4 GG vorausgesetzte Rechtsposition im Einzelfall besteht, hat das Bundesverfassungsgericht nicht darauf zu überprüfen, ob die Gerichte die Bedeutung der Rechtsschutzgewährung erkannt und berücksichtigt haben und ob sie bei der Feststellung des Normeninhalts nicht willkürlich verfahren sind.[51]

F. Abschließende Regelungen in den §§ 98 ff. GWB/Selbstbindung des Auftraggebers

I. Kein kartellvergaberechtlicher Primärrechtsschutz bei irrtümlicher Annahme der Voraussetzungen des § 98 GWB

Der europäische **Auftraggeberbegriff** nach Art. 1 Nr. 9 der Vergabekoordinierungsrichtlinie ist – wie bereits näher erläutert (vgl. Rdn. 10 ff.) – **autonom und einheitlich auszulegen**. Entscheidend ist nur, ob die dort genannten drei maßgeblichen Tatbestandsmerkmale erfüllt sind. Einrichtungen, die sich hierunter nicht subsumieren lassen, sind keine öffentlichen Auftraggeber i.S.d. EU-Vergaberechts.   51

Für §§ 98, 99 GWB gilt Entsprechendes. Der **Auftraggeberkatalog** der Normen ist **abschließend**. Stellen, die nicht unter die sechs Auftraggeberkategorien fallen, sind keine öffentlichen Auftraggeber i.S.d. deutschen Kartellvergaberechts.[52] Die Tatbestandsvoraussetzungen sind **objektiv** festzustellen. Auf die Frage, ob die Vergabestelle bei der Prüfung der Bestandsvoraussetzungen subjektiv sorgfältig vorgegangen ist, kommt es nicht an.   52

Im Hinblick auf die im Einzelfall durchaus schwierige Feststellung der einzelnen Merkmale des Auftraggeberbegriffs stellt sich die Frage, ob ein öffentlicher Auftraggeber, der zu Unrecht von der Einschlägigkeit des Kartellvergaberechts ausgeht und eine nicht dem Vergaberechtsregime unterfallende Leistung öffentlich ausschreibt, hieran gebunden ist (sogenannte **Selbstbindung**). Insoweit gilt: 53

Unabhängig von einer etwa anzunehmenden materiell-rechtlichen Selbstbindung der Vergabestelle wird infolge der Durchführung eines öffentlichen Vergabeverfahrens **kein** staatlicher **Primärrechtsschutz** begründet. Das bedeutet, dass der Bieter dann, wenn der Auftraggeber versehentlich davon ausgeht, er sei öffentlicher Auftraggeber i.S.d. Kartellvergaberechts, kein **Nachprüfungsverfahren** vor Vergabekammern oder Vergabesenaten einleiten kann. Der vom Gesetzgeber vorgesehene **Bieterrechtsschutz ist nicht disponibel**.[53] Daran ändert auch die Einleitung eines formellen Ausschreibungsverfahrens sowie eine unrichtige »Rechtsmittelbelehrung« nichts.[54] Der bloße Anschein, dass   54

---

51 BverfG Beschl. v. 23.04.2009 1 BvR 3424/09 VergabeR 2009, 777.

52 Ziekow VergabeR 2003, 83; Dörr in: Dreher/Motzke Beck'scher VOB-Kommentar § 98 Rn. 22.

53 Allgemeine Auffassung OLG Stuttgart NZBau 2003, 340 = IBR 2002, 678: 1. VK des Bundes beim Bundeskartellamt Beschl. v. 02.05.2003 VK 1–25/03, Beschl. v. 24.04.2002 VK 2–12/02; VK Baden-Württemberg Beschl. v. 16.12.2009, Az 1 VK 63/09: »Maßgebend für die Anwendbarkeit der §§ 97 ff. GWB ist ausschließlich, ob die gesetzlichen Voraussetzungen für die Durchführung eines Vergabenachprüfungsverfahrens vorliegen. Eine Selbstbindung der Vergabestelle kann lediglich dazu führen, dass sich diese im Verlauf des Vergabeverfahrens an die Verfahrensbestimmungen zu halten hat. Hieraus kann jedoch nicht abgeleitet werden, dass damit ein Nachprüfungsantrag eröffnet wird«; auch VK Brandenburg Beschl. v. 15.06.2004 VK 18/04: »Eine ggf. anzunehmende Selbstbindung der Vergabestelle mag zwar dazu führen, dass diese sich im weiteren Verlauf des Vergabeverfahrens an die für eine europaweite Ausschreibung geltenden Verfahrensbestimmungen zu halten hat; hieraus kann jedoch nicht abgeleitet werden, dass damit auch ein Nachprüfungsverfahren durch die VK und den Vergabesenat eröffnet ist. Eine etwaige Selbstbindung des öffentlichen Auftraggebers beschränkt sich auf das eigene Verhalten, vermag jedoch nicht eine vom Gesetzgeber nicht vorgesehene Überprüfung der Rechtmäßigkeit des Vergabeverfahrens nach §§ 102 ff. GWB zu begründen.«; VK Baden-Württemberg beim Landesgewerbeamt Baden-Württemberg 05.08.2000 1 VK 31/03; VK Brandenburg 15.06.2004 VK 18/04; Ax/Schneider/Bischoff § 100 Rn. 28.

54 OLG Hamburg »Mediale Leistungen« Beschl. v. 31.03.2014, Az 1 Verg 4/13, VergabeR 2014, 665: Obgleich die Antragsgegnerin eine Auftragserteilung im Wege eines EU-Vergabeverfahrens eingeleitet

sich ein Auftraggeber an das Vergaberecht gebunden fühlt, kann somit den Primärrechtschutz im Hinblick auf die abschließenden Definitionen in § 98 GWB nicht begründen.[55]

55 Auch dann, wenn eine Institution/ein Unternehmen durch haushaltsrechtliche Vorgaben, etwa durch Zuwendungsbestimmungen, schuldrechtlich verpflichtet wird, Vergaberecht anzuwenden, führt dies nicht dazu, dass damit der Primärrechtsschutz eröffnet wird.[56]

56 Die fehlende Dispositionsmöglichkeit betreffend den Primärrechtsschutz schließt es indessen nicht aus, dass ein Bieter Nachprüfungsrechte verlieren kann, wenn er hierauf verzichtet.[57]

II. Materiell-rechtliche Bindungswirkung bei Bezugnahme auf ein bestimmtes Vergaberegime

57 Die Erkenntnis, dass der Primärrechtsschutz (mittels Nachprüfungsverfahren nach dem GWB) nicht der Parteidisposition unterliegt und daher nicht aufgrund einer Vereinbarung oder Selbstbindung der Rechtsweg zu den Vergabekammern eröffnet werden kann, ist von der Frage zu trennen, ob nicht die Vergabestelle durch Einleitung und Durchführung einer *»öffentlichen Ausschreibung«* materiell-rechtlich ein bestimmtes **vorvertragliches Vertrauensverhältnis** im Verhältnis zu Bietern begründet.[58] Auch ein Auftraggeber, der die Voraussetzungen der §§ 98, 99 GWB nicht erfüllt, aber Bietern gegenüber ankündigt, er wolle sich an die Vorschriften des öffentlichen Vergaberechts halten und entsprechendes Vertrauen enttäuscht, kann den Bietern nach den Grundsätzen über die c.i.c. (§ 311 Abs. 2, §§ 241, 280 BGB) haften. Für den Anwendungsbereich der VOB/A hat der BGH entschieden:

58 *»Erklärt ein Privater ohne Einschränkung, dass er eine Ausschreibung nach den Regeln der VOB/A durchführen werde, begründet er in gleicher Weise wie ein öffentlicher Auftraggeber einen Vertrauenstatbestand bei den Teilnehmern der Ausschreibung. Die Teilnehmer dürfen deshalb in einem solchen Fall auch bei der Ausschreibung eines Privaten darauf vertrauen, dass der Ausschreibende bei der Vergabe des Auftrags insgesamt die Regeln der VOB/A einhält. Wird dieses Vertrauen enttäuscht, können den Teilnehmern der Ausschreibung Schadensersatzansprüche nach den selben Grundsätzen zustehen, die für öffentliche Auftraggeber gelten.«*[59]

59 In dieser Entscheidung führt der BGH aus, dass dann, wenn eine Ausschreibung aufgehoben werde, ohne dass ein Aufhebungsgrund vorgelegen hat, der auf Ersatz auch des entgangenen Gewinns gerichtete Schadensersatzanspruch aus culpa in contrahendo nicht nur voraussetze, dass dem Bieter bei Fortsetzung des Verfahrens der Zuschlag hätte erteilt werden müssen, weil er das annehmbarste Angebot abgegeben habe; Voraussetzung sei vielmehr außerdem, dass der ausgeschriebene Auftrag tatsächlich erteilt worden sei. Jeder Bieter müsse mit der Möglichkeit rechnen, dass die Vergabe des Auftrags unterbleiben könne, da ein Anspruch auf Zustimmung nicht bestehe. Der Ersatz des Erfüllungsinteresses sei daher nur für den nach den Regeln des Vergaberechts zu bestimmenden Bestbieter denkbar, dem der tatsächlich vergebene Auftrag unter Verstoß gegen das Vergaberecht

---

hat, ist sie nicht gehindert, sich im Nachprüfungsverfahren auf den Standpunkt zu stellen, sie sei überhaupt kein öffentlicher Auftraggeber im Sinne von § 98 Nr. 2 GWB. Denn es kommt allein darauf an, ob die Voraussetzungen dieser Vorschrift bei objektiver Betrachtung erfüllt sind. Wäre die Antragsgegnerin kein öffentlicher Auftraggeber, wäre der Nachprüfungsantrag der Antragstellerin ungeachtet der europaweiten Ausschreibung unzulässig; OLG Stuttgart Beschl. v. 12.08.2002, 2 Verg. 9/02; OLG Celle Beschl. v. 05.09.2002, Az 13 Verg. 9/02; VK Baden-Württemberg Beschl. v. 19.04.2005 1 VK 11/05; 2. VK Bund Beschl. v. 23.05.2006, Az VK 2–114/05; Vergabekammer Düsseldorf Beschluss VK-14/2007-L v. 18.06.2007; VK Baden-Württemberg Beschl. v. 11.09.2006, Az 1 VK 53/06; OLG Celle »Weser-Dükers« Beschl. v. 08.08.2013, 13 Verg. 7/13, VergabeR 2014, 24, 26.

55 OLG Celle »Bistum« Beschl. v. 25.08.2011, Az 13 Verg 5/11, VergabeR 2012, 182, 184 – IBR 2012, 101.

56 VK Nordbayern Beschl. v. 23.07.2009, Az VK-3194-25; OLG Düsseldorf, Urt. v. 27.06.2014, 17 U 5/14.

57 VK Köln IBR 2009, 232.

58 Vgl. etwa OLG Dresden Urteil v. 13.08.2013 16 W 439/13 NZBau 2014, 250.

59 Vgl. BGH »Basisabdichtung« NZBau 2006, 456, 457 = VergabeR 2006, 889, 890 = NJW-RR 2006, 963, 964 = BauR 2006, 1140, 1141.

Eschenbruch

nicht erteilt wurde. Voraussetzung eines Schadensersatzanspruchs auf das Erfüllungsinteresse sei demnach nicht nur, dass die Ausschreibung unter Missachtung der Vergaberegeln aufgehoben worden sei, und dass dem Bieter bei Fortsetzung des Verfahrens der Zuschlag hätte erteilt werden müssen, weil er das annehmbarste Angebot abgegeben hätte, sondern darüber hinaus, dass der ausgeschriebene Auftrag tatsächlich erteilt worden sei.

Das OLG Dresden hatte einen ähnlichen Fall aus dem Anwendungsbereich der VOL/A zu entschei- 60
den und ausgeführt:

> *Ein Unternehmen, das in einem ausdrücklich so bezeichneten »beschränkten Vergabeverfahren« der* 61
> *Sache nach ausschreibungspflichtige Dienstleistungen zum Gegenstand einer europaweiten Ausschrei-*
> *bung macht, unterwirft die potenziellen Bieter und sich selbst auch den Regeln der VOL/A, wenn die*
> *Kriterien eines »öffentlichen« Auftraggebers nicht zutreffen. Es kann sich der Geltung dieses mit seiner*
> *eigenen Ausschreibung geschaffenen Rechtsrahmens nicht später dadurch einseitig entziehen, dass es*
> *in den Verdingungsunterlagen verlautbart, die Bieter hätten keinen Anspruch auf Einhaltung der*
> *Bestimmungen der VOL/A durch den Auftraggeber.«*[60]

Wenn der private oder öffentliche Auftraggeber Vergabebestimmungen, z.B. diejenigen der VOB/A 62
für ein Beschaffungsverfahren zugrunde legt, können die Bieter die Beachtung dieser Bestimmungen einfordern. Sie müssen aber Rechtsschutz vor den ordentlichen Gerichten nachsuchen und ggf
eine einstweilige Verfügung beantragen.[61]

III. Fehlende Dispositivität des Kartellvergaberechts im Übrigen

Der kartellvergaberechtliche Primärrechtsschutz kann auch nicht durch Klauseln in Vergabeunter- 63
lagen eingeschränkt werden. Dementsprechend sind alle **Bewerbungs- und Vergabebedingungen**,
die die weitere Teilnahme von Bietern am Vergabeverfahren davon abhängig machten, dass der
Bieter in bestimmter Form auf Primärrechtsschutz **verzichtet, unzulässig und unwirksam**.[62]

Das europäische Vergaberecht hindert die Mitgliedsstaaten allerdings nicht, ergänzende vergabe- 64
rechtliche Anforderungen zu definieren, die gewährleisten sollen, dass die Grundsätze der Gleichbehandlung und der Transparenz beachtet werden. Derartige **zusätzliche Anforderungen** dürfen allerdings nicht über das hinausgehen, was zur Erreichung dieses Ziels erforderlich ist. Ein
absolutes Verbot für Unternehmen, zwischen denen ein Abhängigkeitsverhältnis besteht oder die
miteinander verbunden sind, sich nicht gleichzeitig um einen Auftrag zu bewerben, ist jedoch
gemeinschaftsrechtswidrig.[63]

G. Einkaufskooperationen: Zusammenschlüsse von öffentlichen Auftraggebern zur zentralisierten Beschaffung

I. Vergaberechtliche Rahmenbedingungen

Öffentliche Auftraggeber gehen vermehrt dazu über, ihre **Nachfrage zu bündeln**. Dies geschieht 65
zum Teil in institutionalisierter Form (Gründung einer sog zentralen Beschaffungsstelle) oder aber
ad hoc. Hierfür zur Verfügung stehende Formen sind u.a. der Zweckverband, die öffentlich-rechtliche Vereinbarung nach dem jeweiligen Gesetz über die kommunale Zusammenarbeit oder auch
privat-rechtliche Vereinbarungen und dabei auch die »Hochzonung« der Zuständigkeit innerhalb
des Behördenaufbaus (z.B. Einkauf des Bedarfs für Polizeidienststellen nicht durch die Polizeidirek-
tion, sondern durch eine Stelle bei dem für die Polizei zuständigen Innenministerium).[64]

---

60 Vgl. OLG Dresden NZBau 2004, 404, 405 = ZfBR 2004, 598.
61 OLG Düsseldorf Beschl. v. 15.08.2011, Az 27 W 1/11.
62 OLG Naumburg Beschl. v. 05.12.2008, Az 1 Verg 9/08, EWR 2009, 155.
63 EuGH Urt. v. 19.05.2009, Az C-538/07, NVwZ 2009, 833, 834.
64 Vgl. Burgi NZBau 2006, 693, 694; Michallik VergabeR 2011, 683, 688.

66 Schon die Vergabekoordinierungsrichtlinie (2004) enthielt in den Erwägungsgründen 15 und 16 sowie in Art. 1 Nr. 10 und 11 Hinweise darauf, dass zentrale Beschaffungsstellen zulässig gewesen sind. In der Begründung der **Richtlinie 2014/24/EU** vom 26. Februar 2014 heißt es unter Ziff. 59:

67 *»Unionsweit zeichnet sich auf den öffentlichen Beschaffungsmärkten ein starker Trend zur Zusammenführung der Nachfrage der öffentlichen Beschaffer ab, wobei das Ziel darin besteht, Größenvorteile, u.a. eine Senkung der Preise und der Transaktionskosten, zu erzielen und das Beschaffungsmanagement zu verbessern und zu professionalisieren. Das kann erreicht werden durch **Sammelbeschaffungen** einer größeren Anzahl öffentlicher Auftraggeber oder durch Sammelbeschaffungen, bei denen über einen längeren Zeitraum hinweg ein bestimmtes Auftragsvolumen oder ein bestimmter Auftragswert erreicht wird. Die Zusammenführung und Zentralisierung von Beschaffungen sollte jedoch sorgfältig überwacht werden, um eine übermäßige Konzentration der Kaufkraft und geheime Absprachen zu verhindern und Transparenz und Wettbewerb sowie die Möglichkeit des Marktzugangs für KMU aufrechtzuerhalten.«*

68 Weiter heißt es in den Ziff. 69 bis 71:

69 *»(69) In den meisten Mitgliedstaaten kommen zunehmend zentralisierte Vergabeverfahren zum Einsatz. Zentrale Beschaffungsstellen haben die Aufgabe, entgeltlich oder unentgeltlich für andere öffentliche Auftraggeber Ankäufe zu tätigen, dynamische Beschaffungssysteme zu verwalten oder öffentliche Aufträge zu vergeben beziehungsweise Rahmenvereinbarungen zu schließen. Die öffentlichen Auftraggeber, für die eine Rahmenvereinbarung geschlossen wird, sollten sie für einzelne oder wiederkehrende Aufträge nutzen können. In Anbetracht der großen Mengen, die beschafft werden, können diese Verfahren zur Verbesserung des Wettbewerbs beitragen und sollten dazu beitragen, das öffentliche Auftragswesen zu professionalisieren. Daher sollte eine unionsweit geltende Definition des Begriffs der für öffentliche Auftraggeber tätigen **zentralen Beschaffungsstellen** festgelegt werden, und es sollte klargestellt werden, dass zentrale Beschaffungsstellen auf zwei unterschiedliche Arten tätig sind.*

*Sie sollten in der Lage sein, durch Ankauf, Lagerung und Weiterverkauf zum einen als Großhändler oder durch die Vergabe von Aufträgen, den Betrieb dynamischer Beschaffungssysteme oder den Abschluss von Rahmenvereinbarungen, die durch öffentliche Auftraggeber zu verwenden sind, zum anderen sollten sie in der Lage sein, als **Zwischenhändler** zu handeln. Eine derartige Rolle als Zwischenhändler könnte in manchen Fällen im Wege einer autonomen, ohne detaillierte Anweisungen seitens der betreffenden öffentlichen Auftraggeber erfolgenden Durchführung der jeweiligen Vergabeverfahren ausgeübt werden, in anderen Fällen im Wege einer nach den Anweisungen der betreffenden öffentlichen Auftraggeber, in deren Auftrag und auf deren Rechnung erfolgenden Durchführung der jeweiligen Vergabeverfahren.*

*Außerdem sollten die jeweiligen Zuständigkeiten der zentralen Beschaffungsstelle und der öffentlichen Auftraggeber, die ihre Vergaben über die zentrale Beschaffungsstelle abwickeln, für die Einhaltung der aus dieser Richtlinie erwachsenden Verpflichtungen durch geeignete Vorschriften geregelt werden. Obliegt die **Durchführung der Vergabeverfahren allein der zentralen Beschaffungsstelle, so sollte diese auch die alleinige und unmittelbare Verantwortung für die Rechtmäßigkeit der Verfahren tragen**. Führt ein öffentlicher Auftraggeber bestimmte Teile des Verfahrens durch, beispielsweise einen erneuten Aufruf zum Wettbewerb auf der Grundlage einer Rahmenvereinbarung oder die Vergabe von Einzelaufträgen auf der Grundlage eines dynamischen Beschaffungssystems, so sollte er auch für die von ihm durchgeführten Verfahrensschritte verantwortlich bleiben.*

*(70) Öffentlichen Auftraggebern sollte es gestattet sein, einen öffentlichen Dienstleistungsauftrag über die Ausübung zentralisierter Beschaffungstätigkeiten **an eine zentrale Beschaffungsstelle ohne Anwendung der in dieser Richtlinie vorgesehenen Verfahren zu vergeben**. Ferner sollte es gestattet sein, dass derartige öffentliche Dienstleistungsaufträge auch die Ausübung von Nebenbeschaffungstätigkeiten umfassen. Öffentliche Dienstleistungsaufträge für die Ausübung von Nebenbeschaffungstätigkeiten sollten, wenn sie nicht durch eine zentrale Beschaffungsstelle im Zusammenhang mit deren Ausübung zentraler Beschaffungstätigkeiten für den betreffenden öffentlichen Auftraggeber ausgeführt werden, im Einklang mit dieser Richtlinie vergeben werden. Es sei ebenfalls daran erinnert, dass diese*

Richtlinie nicht gelten sollte, wenn zentrale Beschaffungstätigkeiten oder Nebenbeschaffungstätigkeiten auf andere Weise als durch einen entgeltlichen Vertrag ausgeführt werden, der eine Beschaffung im Sinne dieser Richtlinie darstellt.

*(71) Eine Stärkung der Bestimmungen zu zentralen Beschaffungsstellen sollte auf keinen Fall die derzeitige Praxis einer gelegentlichen gemeinsamen Beschaffung verhindern, d.h. weniger institutionalisierte und systematische gemeinsame Beschaffungen oder die bewährte Praxis des Rückgriffs auf Dienstleister, die Vergabeverfahren im Namen und für Rechnung eines öffentlichen Auftraggebers und nach dessen Anweisungen vorbereiten und durchführen. Vielmehr sollten wegen der wichtigen Rolle, die gemeinsame Beschaffungen nicht zuletzt im Zusammenhang mit innovativen Projekten spielen können, bestimmte Merkmale gemeinsamer Beschaffungen eindeutiger gefasst werden. **Gemeinsame Beschaffungen können viele verschiedene Formen annehmen**; diese reichen von einer koordinierten Beschaffung durch die Erstellung gemeinsamer technischer Spezifikationen für Bauleistungen, Lieferungen oder Dienstleistungen, die durch mehrere öffentliche Auftraggeber beschafft werden, von denen jeder ein getrenntes Vergabeverfahren durchführt, bis hin zu Fällen, in denen die betreffenden öffentlichen Auftraggeber gemeinsam ein Vergabeverfahren durchführen und dabei entweder gemeinsam handeln oder einen öffentlichen Auftraggeber mit der Verwaltung des Vergabeverfahrens im Namen aller öffentlichen Auftraggeber beauftragen.*

***Führen mehrere öffentliche Auftraggeber gemeinsam ein Vergabeverfahren durch,** so sollten sie gemeinsam für die Erfüllung ihrer Verpflichtungen nach dieser Richtlinie verantwortlich sein. Werden jedoch nur Teile des Vergabeverfahrens von den öffentlichen Auftraggebern gemeinsam durchgeführt, so sollte die gemeinsame Verantwortung nur für die gemeinsam ausgeführten Teile des Verfahrens gelten. Jeder öffentliche Auftraggeber sollte lediglich für Verfahren oder Teile von Verfahren verantwortlich sein, die er selbst durchführt, wie die Vergabe eines Auftrags, den Abschluss einer Rahmenvereinbarung, den Betrieb eines dynamischen Beschaffungssystems, der erneute Aufruf zum Wettbewerb auf der Grundlage einer Rahmenvereinbarung oder die Festlegung, welche der Wirtschaftsteilnehmer, die Partei einer Rahmenvereinbarung sind, eine bestimmte Aufgabe erfüllen sollen.*«

Die **zentrale Beschaffungsstelle** ist nunmehr in Art. 2 (1) Nr. 16 legal definiert und Art. 37 der 70
Richtlinie 2014/24/EU enthält die unionsrechtlichen Vorgaben für zentrale Beschaffungstätigkeiten. Mitgliedsstaaten wird hierdurch erlaubt, festzulegen, dass Beschaffungen über zentrale Beschaffungsstellen stattfinden. Öffentliche Auftraggeber dürfen mithin Leistungen über zentrale Beschaffungsstellen einkaufen. Sie können außerdem, ohne dass damit ein dem Vergaberecht unterliegender Auftrag begründet wird, einen öffentlichen Dienstleistungsauftrag zur Ausübung zentraler Beschaffungstätigkeiten vergeben (Art. 37 Abs. 4).

Der **nationale Gesetzgeber** hat die zentralen Beschaffungsstellen in § 4 VgV geregelt: 71

»Gelegentliche gemeinsame Auftragsvergabe; zentrale Beschaffung 72

(1) Mehrere öffentliche Auftraggeber können vereinbaren, bestimmte öffentliche Aufträge gemeinsam zu vergeben. Dies gilt auch für die Auftragsvergabe gemeinsam mit öffentlichen Auftraggebern aus anderen Mitgliedsstaaten der Europäischen Union. Die Möglichkeiten zur Nutzung von zentralen Beschaffungsstellen bleiben unberührt.

(2) Soweit das Vergabeverfahren im Namen und im Auftrag aller öffentlichen Auftraggeber insgesamt gemeinsam durchgeführt wird, sind diese für die Einhaltung der Bestimmungen für das Vergabeverfahren gemeinsam verantwortlich. Das gilt auch, wenn ein öffentlicher Auftraggeber das Verfahren in seinem Namen und im Auftrag der anderen öffentlichen Auftraggeber alleine ausführt. Bei nur teilweise gemeinsamer Durchführung sind die öffentlichen Auftraggeber nur für jene Teile gemeinsam verantwortlich, die gemeinsam durchgeführt werden. Wird ein Auftrag durch öffentliche Auftraggeber aus verschiedenen Mitgliedsstaaten der Europäischen Union gemeinsam vergeben, legen diese die Zuständigkeit und die anwendbaren Bestimmungen des nationalen Rechts durch Vereinbarung fest und geben das in den Vergabeunterlagen an.

(3) Die Bundesregierung kann für Dienststellen des Bundes in geeigneten Bereichen allgemeine Verwaltungsvorschriften über die Einrichtung und die Nutzung zentraler Beschaffungsstellen sowie die durch die zentralen Beschaffungsstellen bereitzustellenden Beschaffungsdienstleistungen erlassen.«

73 Aus der Begründung des Verordnungsgebers zu § 4 VgV geht hervor, dass im Wesentlichen eine Stärkung der zentralen Beschaffungstätigkeit beabsichtigt ist. Die **derzeitige Praxis der gelegentlichen gemeinsamen** Beschaffung **soll nicht verhindert werden.** Gleiches gilt für die bisherige Praxis, dass öffentliche Stellen im Namen und auf Rechnung anderer öffentlicher Auftraggeber Beschaffungen durchführen können.

74 In der **Vergaberechtspraxis** wurden Einkaufskooperationen von den Vergabekammern und Oberlandesgerichten bereits in der Vergangenheit für zulässig gehalten:
– Auftragsbündelung bei Postdienstleistungen.[65]
– Bezirksfeuerwehrverband e.V. **mit der gemeinsamen Zwecksetzung der Deckelung eines Beschaffungsbedarfs.**[66]
– **Zentrale Stelle für den öffentlichen Personennahverkehr** in Niedersachsen.[67]
– Bündelung des Bedarfs für mehrere öffentliche Auftraggeber in einem oder mehreren (losweise aufgeteilten) Vergabeverfahren, das bzw. die von einer gemeinsamen Stelle (**GMSH**) geführt wird, ist vergaberechtlich unbedenklich – Beschaffung von Postdienstleistungen in Regionallosen.[68]
– **Kommunale Datenverarbeitungszentrale** für 49 kommunale Gebietskörperschaften.[69]
– **Selectvertrag** für Microsoft-Beschaffungen des Bundes als rahmenvertragliche Abrede mit der Zutrittsmöglichkeit für alle Behörden und Einrichtungen öffentlich-rechtlicher Körperschaften, Anstalten und Stiftungen.[70]
– Es ist durchaus möglich, dass sich mehrere Auftraggeber, z.B. **zwei öffentliche Auftraggeber** zwecks eines gemeinsam zu vergebenden Auftrages **zusammenschließen** und diesen Auftrag gemeinsam vergeben und auch das Vergabeverfahren gemeinsam durchführen.[71]
– Nach Auffassung der VK Brandenburg ist die **Ausschreibung** von Schienenpersonennahverkehrsleistungen **durch mehrere Bundesländer** zulässig.[72]
– Die VK Sachsen hat auch die gemeinsame Beschaffung im Schienenpersonennahverkehr durch einen **Zweckverband Verkehrsverbund** und ein Bundesland für zulässig gehalten.[73]
– Zentrale **Beschaffungsstelle der Justizbehörden** des Landes Sachsen-Anhalt.[74]
– Kommunale Einkaufsgemeinschaft – kommunale Dienstleistungsgesellschaft (**KDG**).[75]
– Ein Bundesland führt **Beschaffungen im Autobahnbau** für eigene Gebietslose, aber auch für Gebietslose weiterer Bundesländer aus.[76]

75 Im Fall einer **gemeinsamen Ausschreibung** durch verschiedene Bundesländer ist die Vergabekammer eines jeden infrage kommenden Landes zuständig.[77] Eine Vergabestelle kann Beschaffungen auch im Wege von **Rahmenverträgen zugunsten Dritter** durchführen, wenn der Dritte zumindest hinreichend bestimmbar ist.[78] Weil auch **Verträge zugunsten Dritter** möglich sind, muss aus der

---

65 OLG Schleswig Beschl. v. 25.01.2013, Az 1 Verg 6/12, NZBau 2013, 395, 396.
66 OLG München Beschl. v. 20.03.2013 »Digitalfunkgeräte«, Az Verg 17/13, VergabeR 2014, 700.
67 VK Lüneburg Beschl. v. 15.05.2008, Az VgK-12/2008.
68 OLG Schleswig Beschl. v. 30.10.2012, Az 1 Verg 5/12, ZfBR 2013, 69, 70.
69 OLG Celle Beschl. v. 14.09.2006, Az 13 Verg 3/06.
70 VK Düsseldorf Beschl. v. 23.05.2008, Az VK-07/2008-L.
71 VK Schleswig-Holstein, Beschl. v. 26.07.2006, Az VK-SH 11/06.
72 VK Brandenburg Beschl. v. 25.07.2006, Az 1 VK 27/06.
73 Ohne dies weiter zu thematisieren, 1. VK Sachsen Beschl. v. 05.02.2007, Az 1/SVK/125–06.
74 OLG Naumburg Beschl. v. 02.07.2009, Az 1 Verg 2/09.
75 OVG NRW Urt. v. 26.10.2010, Az 15 A 440.
76 1. VK Leipzig Beschl. v. 12.02.2010, Az 1 SVK/002.
77 OLG Koblenz 05.09.2002 NZBau 2002, 699; VK Baden-Württemberg 07.01.2003 1 VK 68/02; VK Brandenburg Beschl. v. 25.07.2006, Az 1 VK 27/06.
78 BayObLG NZBau 2005, 595, 596 = VergabeR 2005, 349, 355.

Ausschreibung – wie der Bekanntmachung – mit ausreichender Deutlichkeit hervorgehen, welche öffentlichen Auftraggeber als Teilnehmer am Wettbewerb auftreten wollen. Dabei ist auf den objektiven Empfängerhorizont abzustellen. Entscheidend kommt es daher in aller Regel darauf an, wer in der Bekanntmachung als öffentlicher Auftraggeber benannt ist.[79]

II. Auftragsbündelung als Kartellverstoß

Der Einsatz von zentralen Beschaffungsstellen zur Auftragsbündelung kann auch kartellrechtliche **76** Fragen aufwerfen. Die Begründung des Verordnungsgebers zu § 4 VgV weist ausdrücklich darauf hin:

>*Die kartellrechtlichen Grenzen der Zusammenarbeit bleiben unberührt.«* **77**

Dementsprechend sieht auch der zitierte Erwägungsgrund 59 der Richtlinie 2014/24/EU den Hin- **78** weis vor:

>*Die Zusammenführung und Zentralisierung von Beschaffungen sollte jedoch sorgfältig überwacht* **79** *werden, um eine übermäßige Konzentration der Kaufkraft und geheime Absprachen zu verhindern und Transparenz und Wettbewerb sowie die Möglichkeiten des Marktzugangs für KMU aufrecht zu erhalten.«*

Die Nachfragebündelung ist daher nicht dem freien Ermessen öffentlicher Auftraggeber überlassen. **80** Vielmehr ist das damit verbundene **Gefährdungspotenzial** an § 97 Abs. 3 GWB zu messen. Hiernach kann die Verpflichtung zur mittelstandsgerechten Auftragsvergabe berührt sein. Insbesondere die Kombination von zentraler Beschaffungsstruktur und Verzicht auf die Teilung in Fach- und Teillose hat einen erheblichen mittelstandsgefährdenden Effekt und ist daher ggf. unzulässig.[80] Die durch die Nachfragekonzentration entstehende Auftragsgrößenordnung kann dazu führen, dass eine Aufteilung in Fach- und Teillose geboten ist. Hierzu hat das OLG Schleswig entschieden, dass bei einer Auftragsbündelung des Bedarfs für mehrere öffentliche Auftraggeber das vergaberechtliche **Gebot der Losvergabe** (bezogen auf das Volumen aller gebündelten Aufträge) zur Anwendung zu bringen ist.[81]

Einzelne Vergabekammern haben deshalb die **kartellrechtliche Zulässigkeit** von Einkaufsge- **81** meinschaften öffentlicher Auftraggeber als Vorfrage geprüft. So hat etwa die Vergabekammer Baden-Württemberg in einem Vergabenachprüfungsverfahren, das eine gemeinsame Vergabe von 5 Bundesländern betraf, entschieden:

>*Zur vergaberechtlichen Beurteilung der Auftragsbündelung öffentlicher Auftraggeber ist davon aus-* **82** *zugehen, dass beim Rechtsschutz auf erprobte Begriffe und Verfahrensregeln des Kartellrechts Bezug genommen wird (Begr. Reg.E BT-Drucks. 13/9340 S. 13). Für die Umsetzung der EU-Vergaberichtlinien ist eine Konzeption im Rahmen des GWB gewählt worden, um dem gewandelten Verständnis der Vergaberegeln zu entsprechen und die wettbewerbliche Bedeutung des heutigen Vergaberechts zu betonen. Mit der gesetzlichen Regelung wird das Wettbewerbsprinzip verstärkt. Das Vergaberecht des GWB regelt die Beschaffung der öffentlichen Auftraggeber im Wettbewerb. Die Vergabe durch Organisation »größtmöglichen Wettbewerbs« sollte einerseits zu wirtschaftlichem Einkauf und zu sparsamer Verwendung öffentlicher Mittel führen, andererseits aber eine möglichst breite Beteiligung der Wirtschaft an der Versorgung der öffentlichen Institutionen gewährleisten.«*

---

79 Vergabekammer Schleswig-Holstein, Beschl. v. 26.07.2006, Az VK-SH 11/06.
80 OLG Schleswig Beschl. v. 25.01.2013, Az 1 Verg 6/12, NZBau 2013, 397; Burgi NZBau 2006, 693, 694; zustimmend Michallik VergabeR 2011, 683, 688.
81 OLG Schleswig Beschl. v. 30.10.2012, Az 1 Verg 5/12, ZfBR 2013, 69; OLG Schleswig Beschl. v. 25.01.2013, Az 1 Verg 6/12, NZBau 2013, 395, 396.

»Maßgebend sind die Bestimmungen über das Vergabeverfahren, die durch Verweisung in § 97 Abs. 7 GWB Rechtssatzqualität erlangt haben und die das Verfahren betreffenden Gebote des Wettbewerbs, der Transparenz und der Gleichbehandlung.

Die Feststellung der Unzulässigkeit von wettbewerbsbeschränkenden Verhaltensweisen richtet sich sowohl an Auftraggeber als auch an Auftragnehmer (Kaufhold/Mayerhofer/Reichl VOF § 4 Rn. 14). Dies gilt auch für eine Nachfragebündelung. Demgemäß ist bei der Feststellung wettbewerblicher Auswirkungen einer Nachfragebündelung sowohl auf die Nachfrage- als auch Anbieterseite abzustellen und nach der Rechtsprechung der Erlaubnistatbestand des § 4 Abs. 2 GWB auch auf die wirtschaftliche Tätigkeit der öffentlichen Hand anzuwenden.«

*»Im Rahmen des § 4 Abs. 3 VOF ist ein **kartellrechtlicher Verstoß** jedoch lediglich als Vorfrage dahingehend zu prüfen, ob ernsthafte Zweifel an der kartellvergaberechtlichen Zulässigkeit bestehen. Die Prüfung der kartellrechtlichen Zulässigkeit von Einkaufsgemeinschaften ist den **Kartellgerichten vorbehalten**. Fraglich ist, ob die missbräuchliche Ausnutzung einer marktstarken Stellung aufseiten des Auftraggebers grds. geeignet ist, den Vergabewettbewerb einzuschränken. Es kann davon ausgegangen werden, dass der Zusammenschluss der 5 Bundesländer zu einer Implementierungspartnerschaft zeitlich vor Beginn des nach materiellem Verständnis zu beurteilenden Vergabeverfahrens liegt. Jedoch kann ein aktueller Bezug der Schaffung der Implementierungspartnerschaft zu dem vorliegenden Vergabeverfahren ohne Weiteres hergestellt werden. Die Durchführung einer öffentlichen Ausschreibung durch eine Einkaufsgemeinschaft erscheint aber nicht per se vergaberechtswidrig. Das Verhalten des AG wäre im Nachprüfungsverfahren vor der Vergabekammer nur dann vergaberechtlich zu beanstanden, wenn ein etwaiger Kartellrechtsverstoß zu einem Vergabeverstoß im Sinne des § 104 Abs. 2 GWB führen würde, wenn also **konkrete Verletzungen vergaberechtlicher Bestimmungen** festgestellt werden könnten.*

Das ist nicht der Fall. Die Konzentration auf Nachfragerseite mag zwar die Konzentration auf Lieferantenseite fördern, sie führt jedoch nicht erkennbar zu einer Verletzung von Rechten nach § 97 Abs. 5 GWB durch Nichtbeachtung von Vergabevorschriften.«[82]

83   Ähnlich hat die Vergabekammer Bremen im Nachprüfungsverfahren betreffend die Einkaufskooperation eines städtischen Eigenbetriebsverbundes entschieden und Verstöße gegen das Kartellverbot sowie auch vergaberechtlicher Bestimmungen verneint.[83]

84   Das OLG Schleswig wie auch das OLG Düsseldorf **verneinen** die Möglichkeit, **Kartellverstöße innerhalb eines Vergabenachprüfungsverfahrens** zu prüfen.[84] Auch die 3. VK des Bundes hatte im Hinblick auf den Beschleunigungsgrundsatz entschieden, dass Unterlassungs- und Schadensersatzansprüche, die an eine angeblich unzulässige Kartellbildung bzw. an Diskriminierungstatbestände aufgrund marktstarker Stellung angeknüpft werden, auch dann ausschließlich vor den Kartellbehörden bzw. Zivilgerichten geltend zu machen sind, wenn sie sich in einem Vergabeverfahren ereignen. Die Vergabekammer sei hierfür nicht zuständig.[85]

85   *Dreher* hat die Thematik der Berücksichtigung anderer Rechtsgebiete als Vorfrage im Vergaberecht näher analysiert und für kartell- und gemeindewirtschaftsrechtliche Verstöße eine grundsätzliche Überprüfungsbedürftigkeit voraussetzungsabhängiger Rechtsverstöße aus anderen Rechtsbereichen bejaht.[86] Dies erscheint zutreffend, weil EuGH und Nachprüfungsinstanzen auch die kartellrechtliche Unbedenklichkeit von Bietergemeinschaften in Vergabeverfahren prüfen. Auch die Inziden-

---

82   VK Baden-Württemberg 07.01.2003 1 VK 68/02.
83   Vgl. Beschl. v. 06.01.2003 VK 5/02 Europakompakt 5/2003, 75; zu wettbewerbsbeschränkenden Abreden in Vergabeverfahren auch Jansen WuW 2005, 502.
84   OLG Schleswig, Beschl. v. 25.01.2013, 1 Verg. 6/12, NZBau 2013, 395, 396; OLG Düsseldorf »Feststellungsinteresse« NZBau 2002, 583.
85   3. VK des Bundes beim Bundeskartellamt Beschl. v. 24.02.2009, Az VK 3-224/08 mit umfassenden weiteren Nachweisen.
86   Dreher, NZBau 2013, 665.

tüberprüfung der Einhaltung von sonstigen Rechtsnormen wie etwa dem Tarifvertragsgesetz ist nach ständiger Rechtsprechung im Vergabeverfahren erforderlich.[87]

So obliegt es der Vergabestelle generell, im Rahmen des Vergabeverfahrens wettbewerbswidrige Ver- 86 haltensweisen zu bekämpfen. So kann etwa ein Nachprüfungsantrag unzulässig sein, wenn der Bieter aufgrund einer eigenen wettbewerbsbeschränkenden Abrede mit seinen Angeboten aus dem Vergabeverfahren auszuschließen gewesen wäre.[88]

III. Kommunalrechtliche Einschränkungen

Bei der Gründung kommunaler Beschaffungsgesellschaften durch Gebietskörperschaften muss 87 der Rechtsrahmen der einschlägigen Gemeindeordnungen über die wirtschaftliche Betätigung von Gemeinden berücksichtigt werden.

Für Nordrhein-Westfalen hat das OVG Münster entschieden, dass die einschlägigen Vorschriften 88 der Gemeindeordnung NRW (insbesondere §§ 107, 108 GO NRW) die Gründung einer kommunalen Beschaffungsgesellschaft nicht verbieten.[89]

Speziell bei der notwendigen Gründung von Tochtergesellschaften für die Umsetzung von ÖPP-Pro- 89 jekten kann sich die Frage stellen, ob ein Verstoß gegen das Gemeindewirtschaftsrecht vorliegt.[90]

H. Stellvertretung/Auseinanderfallen von Auftraggeber und Vergabestelle

Öffentlicher Auftraggeber und Vergabestelle müssen nicht identisch sein. Wenn Auftraggeber und 90 Vergabestelle auseinanderfallen, bestehen Zweifel, wer Adressat der Vorschriften über die öffentliche Auftragsvergabe und insbesondere eines Nachprüfungsverfahrens sein kann. In diesem Zusammenhang sind mehrere Fallkonstellationen denkbar:
– Beschaffung durch unselbständige Untergliederung eines öffentlichen Auftraggebers
– Beschaffung durch einen Bevollmächtigten des öffentlichen Auftraggebers
– Beschaffung aufgrund einer Ermächtigung im eigenen Namen für Rechnung des öffentlichen Auftraggebers
– Bundesauftragsverwaltung/Handeln öffentlicher Auftraggeber für andere öffentliche Auftraggeber

Im Einzelfall kann es Überschneidungen der vorbenannten Vertretungs- und Ermächtigungsvari- 91 anten geben.

Die grundsätzliche Zulässigkeit der Vertretung und auch der Ermächtigung zur Durchführung von 92 Beschaffungen für Dritte ist durch § 4 VgV klargestellt. In der Begründung heißt es dazu:

Die Stärkung der zentralen Beschaffungstätigkeit soll nicht die derzeitige Praxis einer gelegentlichen 93 *gemeinsamen Beschaffung verhindern. Gleiches gilt für die bisherige Praxis, dass öffentliche Stellen im Namen und auf Rechnung anderer öffentlicher Auftraggeber Beschaffungen durchführen.*

Eine entsprechende Vertretung/Ermächtigung kann jedoch vergaberechtliche Probleme aufwerfen: 94

I. Beschaffung durch ein Organ/eine Untergliederung des öffentlichen Auftraggebers

Ist die Vergabestelle eine **unselbstständige Untergliederung eines öffentlichen Auftraggebers**, etwa 95 ein Ministerium oder eine Behörde, werden deren Rechtsakte im Vergabeverfahren dem öffentlichen Auftraggeber unmittelbar zugerechnet. In einem derartigen Fall ist die benannte Vergabestelle

---

87 Vgl. etwa OLG Düsseldorf Beschl. v. 19.10.2015 VII Verg 30/13 NZBau 2016, 50 f.
88 Vgl. OLG Naumburg 15.03.2001 NZBau 2001, 579; OLG Naumburg Beschl. v. 02.07.2009, Az 1 Verg 2/09.
89 OVG NRW Urt. v. 26.10.2010, Az 15 A 440.
90 Vgl. dazu VK Niedersachsen Beschl. v. 19.11.2008, Az VGK 40/2008.

empfangszuständige Stelle für im Vergabeverfahren bzw. Nachprüfungsverfahren abzugebende Erklärungen.[91] So ist etwa der nichtselbstständige Landesbetrieb eines Bundeslandes als Behörde dem jeweiligen Bundesland zuzurechnen.[92]

96   Dessen ungeachtet kann sich ein Bieter mit einem Nachprüfungsantrag an die jeweilige Behörde als Antragsgegnerin wenden.[93]

97   Besonderheiten gelten bei **Stadtstaaten**. Für die Freie und Hansestadt Hamburg als Auftraggeber hat die Vergabekammer bei der Finanzbehörde der Freien und Hansestadt Hamburg entschieden, dass sowohl die Gebietskörperschaft Freie und Hansestadt Hamburg öffentlicher Auftraggeber sein kann wie auch die Bürgerschaft.[94]

II. Beschaffung durch einen Bevollmächtigten des öffentlichen Auftraggebers

98   Der **öffentliche Auftraggeber** kann sich bei der Durchführung einer Vergabe auch **rechtsgeschäftlich vertreten** lassen. In diesem Fall führt ein Dritter, der eine öffentliche oder private Einrichtung sein kann, das Vergabeverfahren **in fremdem Namen für Rechnung** des öffentlichen Auftraggebers aus. Der bevollmächtigte Vertreter ist insoweit nicht Vergabestelle.

99   Rechtsgeschäftlicher **Vertreter** kann etwa ein **anderer öffentlicher Auftraggeber**[95] oder eine Einkaufsgemeinschaft öffentlicher Auftraggeber sein.[96] Vertreter kann auch eine für den Einkauf zwischengeschaltete eigenständige private Rechtsperson (Konzerngesellschaft,[97] eine private Beschaffungsgesellschaft,[98] eine Projektmanagementgesellschaft[99] oder ein Versicherungsmakler[100]) oder eine Einkaufsgemeinschaft öffentlicher Auftraggeber (z.B. der Koordinator Rettungsdienst bei einem Landkreistag[101]) sein.

100   Auftraggeber sind nicht verpflichtet, Vergaben selbst (und/oder mit eigenen Untergliederungen) durchzuführen. Allerdings besteht in Vertretungsfällen die vergaberechtliche Verpflichtung, die **wesentlichen vergaberechtlichen** Verfahrensentscheidungen, insbesondere die Zuschlagsentscheidung, **eigenverantwortlich zu treffen** (und nicht durch einen Vertreter nach dessen Ermessen durchführen zu lassen).[102] Die Vergabestelle darf auch nicht alle Entscheidungen in einem Vergabeverfahren an einen Berater delegieren und die eigene Mitwirkung in dem Verfahren auf bloßes »Abnicken« beschränken. Vielmehr muss sie eigenverantwortlich über mögliche Ausschlussgründe und den Zuschlag entscheiden. Die Vergabestelle kann sich zwar von Dritten Informationen zur Bewertung der Angebote verschaffen, die sie in die Lage versetzen, die Angebote zu beurteilen. Dieser Aufgabe kann sie sich jedoch nicht entziehen. Eine Vergabestelle, die mit der Vorbereitung und Durchführung eines Vergabeverfahrens ganz oder teilweise eine dritte Stelle betraut, bleibt somit dennoch weiter im vollen Umfang für die Rechtmäßigkeit des Verfahrens verantwortlich.

---

91   So soll nach einem Beschluss der VK Magdeburg v. 06.04.1999 (61–32571/07 VK 2/99) die vergebende Stelle, nämlich ein Staatsbauamt, ausschließlich für Vergaberügen zuständig sein.

92   1. Vergabekammer des Landes Brandenburg Beschl. v. 05.07.2006, Az 1 VK 23/06.

93   VK Lüneburg, Beschl. v. 09.10.2015, VgK – 39/2015.

94   Vergabekammer bei der Finanzbehörde der Freien und Hansestadt Hamburg, Beschl. v. 13.04.2007, Az VgkFB 1/07.

95   Zur Durchführung eines Vergabeverfahrens für die Bund-Länder-Arbeitsgruppe »Deutsche Forschungsflotte (DLAG)« vgl. OLG Rostock NZBau 2003, 457 = VergabeR 2003, 321 f.

96   Vgl. dazu VK Stuttgart NZBau 2003, 351.

97   Vgl. für das Auftreten der Einkaufsabteilung der DB AG als Vertreterin der DB-Netz AG mit Prozessführungsbefugnis VK Bund VergabeR 2004, 365, 366.

98   OLG Düsseldorf »X-Unternehmensgruppe« Beschl. v. 13.04.2011 VII Verg 4/11 NZBau 2011, 372: GWQ Service-plus-AG als Vergabestelle für Krankenkassen.

99   OLG Dresden 29.05.2001 VergabeR 2001, 311.

100   OLG Düsseldorf 18.10.2000 VergabeR 2001, 45.

101   OLG Schleswig »Rettungswagen« Beschl. v. 15.04.2014 1 Verg 4/13 VergabeR 2014, 718.

102   OLG Dresden 29.05.2001 VergabeR 2001, 311; OLG Düsseldorf 18.10.2000 VergabeR 2001, 45.

Insbesondere Entscheidungen, bei denen die Ausfüllung eines Beurteilungsspielraums bzw. eine Ermessensausbildung notwendig ist, sind von der Vergabestelle selbst zu treffen.[103] Die Überschreitung der Vertretungsmacht oder auch des vergaberechtlich zulässigen Umfangs einer Aufgabendelegation durch den Vertreter beseitigt die Stellung des öffentlichen Auftraggebers als Rechtsträger des Vergabeverfahrens nicht.[104]

Wenn sich der Auftraggeber bei der Durchführung eines Vergabeverfahrens der Hilfe eines Dritten **101** bedient, wird **nur der Auftraggeber selbst**, der letztlich auch Vertragspartner sein soll, **vergaberechtlich verpflichtet**, sodass ein etwaiges Nachprüfungsverfahren nur diesem gegenüber eingeleitet werden kann.[105]

Schaltet ein öffentlicher Auftraggeber eine **Managementgesellschaft** ein, die selbstständig Beschaf- **102** fungen durchführt, so wird diese Managementgesellschaft als rein privates Unternehmen grundsätzlich nicht öffentlicher Auftraggeber (s. aber auch Rdn. 108).[106]

Hat der Auftraggeber einen Dritten (z.B. einen Projektsteuerer) mit der Durchführung eines Ver- **103** gabeverfahrens beauftragt und ist dieser während des Vergabeverfahrens wiederholt gegenüber den Bietern als Ansprechpartner »anstelle« des Auftraggebers aufgetreten, kann es zur **Wahrung der Rügefrist** genügen, wenn die Rüge bei dem beauftragten Dritten erhoben wird.[107]

III. Beschaffung aufgrund einer Ermächtigung im eigenen Namen aber für Rechnung des öffentlichen Auftraggebers

Fraglich ist, ob der den Beschaffungsbedarf auslösende öffentliche Auftraggeber auch verfahrens- **104** rechtlich öffentlicher Auftraggeber bleibt, wenn er einen **Dritten ermächtigt, in dessen eigenem Namen**, wenngleich **für Rechnung des öffentlichen Auftraggebers** tätig zu werden. Wie die zulässige Bildung von Einkaufsgemeinschaften (auch als selbstständige Rechtsträger) zeigt, lässt sich dem EU-Vergaberecht und auch dem deutschen Kartellvergaberecht ein Verbot der Beauftragung Dritter (privater oder öffentlicher Rechtsträger) mit der Durchführung einer Vergabe im eigenen Namen für den öffentlichen Auftraggeber nicht entnehmen.

Das europäische Vergaberecht gewährt weitgehende Freiräume in Bezug auf die Einschaltung (zen- **105** traler) Beschaffungsstellen, wie bei Rdn. 65 ff. im Einzelnen erläutert. Dies entspricht auch der Rechtsprechung des EuGH, nach der ein öffentlich-rechtlicher Auftraggeber seine Verantwortlichkeit für Vergabeverfahren nicht durch Organisationsakte abstreifen kann.[108] Der jeweilige Adressat des Vergaberechts ist daher materiell-wirtschaftlich zu bestimmen. Entscheidend ist, **wer die Chancen und Risiken des im Rahmen des Beschaffungsvorhabens** abgeschlossenen Vertrages **endgültig tragen** soll.

Dieser Auffassung ist etwa die 2. VK Bund beim Bundeskartellamt gefolgt und hat bei einer Ver- **106** gabe in eigenem Namen und für Rechnung eines öffentlichen Auftraggebers angenommen, dass das öffentliche Vergaberecht einschlägig ist. Im entschiedenen Fall hatte ein privates Reedereiunternehmen für die Bundesrepublik Deutschland im Zusammenhang mit der Anschaffung von Echoloten

---

103 1. VK Leipzig Beschl. v. 01.04.2010, Az 1/SVK/007; OLG Naumburg Beschl. v. 26.02.2004 Az 1 Verg 17/03; VK Brandenburg Beschl. v. 07.04.2006, Az 2 VK 10/06; OLG Celle Beschl. v. 07.06.2007, Az 13 Verg 5/07.
104 VK Arnsberg 31.05.2002 VK 7–10/2002.
105 BayOLG Beschl. v. 01.07.2003, Az Verg. 03/03; OLG Düsseldorf Beschl. v. 26.07.2002, Az 28/02; OLG Celle Beschl. v. 05.09.2002, Az 13 Verg. 9/02; VK bei der Bezirksregierung Düsseldorf Beschluss VK-44/2006-B v. 30.10.2006.
106 2. VK Bund Beschl. v. 04.05.2012, Az VK 2-130/11, ZfBR 2012, 817.
107 1. VK Leipzig Beschl. v. 01.04.2010, Az 1/SVK/007.
108 Vgl. EuGH »Kommission/Belgien« WuW/E Verg. 109, 111 (1998); kritisch dagegen Crass S. 61: »§ 98 Nr. 1 GWB ist jedoch nicht einschlägig, wenn eine rechtlich verselbständigte Vergabestelle mit der Durchführung des Bauvorhabens beauftragt wird und dabei selbst als Auftraggeber auftritt, also Aufträge im eigenen Namen vergibt.«.

für ein Forschungsschiff »*Meteor*« Beschaffungen durchgeführt. Die Reederei handelte dabei **im eigenen Namen aber für Rechnung der Bundesrepublik Deutschland**. Dementsprechend war aufgrund der mittelbaren Stellvertretung ein öffentlicher Auftrag anzunehmen. Auftraggeber war die Bundesrepublik Deutschland.[109] Eine **Entwicklungstreuhänderin** nach § 167 Abs. 1 BauGB kann als mittelbare Vertreterin für eine Kommune tätig werden. Nach Auffassung der Vergabekammer Baden-Württemberg wird in einem solchen Fall mittelbarer Stellvertretung beauftragt dem öffentlichen Auftraggeber zugeordnet, hier der maßgeblichen Kommune.[110]

107 Dieser Auffassung hat sich auch das OLG Düsseldorf in der Entscheidung »*Deutsche Schule Warschau*« angeschlossen und entschieden, dass der **Adressat des Vergaberechts materiell-wirtschaftlich zu bestimmen** sei. Entscheidend müsse sein, wer die Chancen und Risiken des im Rahmen des Beschaffungsvorhabens abgeschlossenen Vertrages endgültig tragen soll. Auf die Vergabe von deutschen Aufträgen deutscher öffentlicher Auftraggeber findet deutsches Vergaberecht Anwendung, auch wenn die Beschaffung durch einen Stellvertreter im Ausland für eine Maßnahme im Ausland durchgeführt wird.[111] Wird eine als juristische Person des Privatrechts organisierte **Entwicklungstreuhänderin**, die nicht als Auftraggeberin im Sinne des Vergaberechts qualifiziert werden kann, für eine Gebietskörperschaft tätig, und zwar als mittelbare Stellvertreterin einer Stadt, dann unterliegt die Vergabe dem GWG. Öffentliche Auftraggeberin ist die Gebietskörperschaft.[112]

108 Nicht zu folgen ist dagegen der Entscheidung des OLG Düsseldorf »*Werkstatt für behinderte Menschen*«, in der das OLG Düsseldorf entschieden hat, dass eine privatrechtlich organisierte und nicht öffentlich-rechtlich beherrschte GmbH dadurch zum öffentlichen Auftraggeber werde, dass sie sich im Rahmen eines Transfervertrages der Sozialhilfeträger zur Erbringung von Leistungen nach dem SGB und dabei zur Durchführung öffentlicher Ausschreibungen verpflichtet habe. Durch entsprechende Vereinbarungen kann eben keine Rechtsqualität eines öffentlichen Auftraggebers vermittelt werden.[113]

109 Im Einzelfall kann es schwierig sein festzustellen, ob eine mittelbare Stellvertretung in Bezug auf eine öffentliche Auftragsvergabe vorliegt. Dann muss geprüft werden, ob ein mittelbarer Stellvertreter ausschließlich oder zumindest primär oder überwiegend im Interesse des Vertretenen aufgetreten ist. Unter Berücksichtigung der maßgeblichen Interessenlagen ist abzugrenzen, ob der Normalfall einer Lieferkette vorliegt oder eine Beschaffung für den hinter der Vergabestelle stehenden öffentlichen Auftraggeber anzunehmen ist.[114] Wenn eine **Stadtwerkegesellschaft** in einem Hafengelände ein Containerterminal bauen will und dabei in eigenem Interesse handelt, ohne dass sie von der beherrschenden Kommune Vorgaben erhält oder eine finanzielle Erstattung stattfindet, rechtfertigt dies nicht den Schluss darauf, dass eine mittelbare Stellvertretung vorliegt.[115]

110 Irrt der Antragsteller über die **Passivlegitimation**, ist der Nachprüfungsantrag auszulegen. Soweit aus dem Nachprüfungsantrag abzuleiten ist, auf welche Ausschreibung sich das Nachprüfungsverfahren bezieht[116] bzw. gegen wen sich der Antrag in Wahrheit richtet, ist ein Antrag – ggf. entgegen

---

109 2. VK Bund Beschl. v. 23.05.2006, Az VK 2–114/05.
110 Vergabekammer Baden-Württemberg Beschl. 1 VK 37/13 v. 14.11.2013.
111 OLG Düsseldorf »Deutsche Schule Warschau« Beschl. v. 17.12.2012, Az VII Verg 47/12 VergabeR 2013, 515.
112 VK Baden-Württemberg Beschl. v. 14.11.2013, Az 1 VK 37/13, ZfBR 2014, 520.
113 OLG Düsseldorf Beschl. v. 15.07.2015 VII Verg 11/15; s. auch Rdn. 102.
114 1. VK des Bundes beim Bundeskartellamt Beschl. v. 23.03.2011, Az VK 1-12/11.
115 VK Mainz Beschl. v. 11.12.2008 VK 38/08 NZBau 2009, 470 mit zustimmender Anmerkung von Holle/Wohlrab NZBau 2009, 432.
116 OLG Rostock »PWC-Anlage« Beschl. v. 09.10.2013, Az 17 Verg. 6/13, VergabeR 2014, 442; OLG Celle Beschl. v. 06.06.2011, Az 13 Verg 2/11, VergabeR 2011, 783; OLG Düsseldorf Beschl. v. 14.09.2009, Az VII Verg 20/09, IBR 2010, 57; OLG Celle Beschl. v. 24.09.2014, Az 13 Verg 9/14, NZBau 2014, 784.

seinem Wortlaut – umzudeuten.[117] Darüber hinaus wäre ein Parteiwechsel im Nachprüfungsverfahren als Verfahrensänderung analog § 91a VwGO zulässig.[118]

Das im Zivilprozess anerkannte Institut der **gewillkürten Prozessstandschaft** findet auch in Rüge- und Nachprüfungsverfahren vor den Vergabekammern Anwendung.[119]   111

IV. Die im eigenen Namen aber für andere öffentliche Auftraggeber tätige öffentlich-rechtlich organisierte Vergabestelle

Für den Unterfall, dass ein **öffentlicher Auftraggeber in mittelbarer Stellvertretung** für einen anderen Auftraggeber tätig wird, ist noch nicht abschließend geklärt, ob neben dem ermächtigenden öffentlichen Auftraggeber auch die rechtlich selbstständige und im eigenen Namen handelnde Vergabestelle öffentlicher Auftraggeber ist.   112

– Umstritten war die Frage, wer bei der Vergabe von Bauleistungen im Rahmen von Bau- und Instandsetzungsarbeiten an einer Bundesautobahn – also im Rahmen einer **Bundesauftragsverwaltung** – Auftraggeber ist, die Bundesrepublik Deutschland oder das jeweilige Land. Die Frage **ist vom BGH entschieden** worden, der ausgeführt hat:

»*Die Vergabe von Bau- und Instandsetzungsarbeiten an einer Bundesautobahn … ist ein Gegenstand der Auftragsverwaltung nach Art. 85 ff. GG. Diese ist eine Form der* **Landesverwaltung**, *bei der die Länder Staatsgewalt ausüben und ihre Behörden als Landesorgane handeln, wobei dieses Handeln und die Verantwortlichkeit nach außen im Verhältnis zu Dritten stets Landesangelegenheit bleibt. Als öffentlicher Auftraggeber und Antragsgegner im vergaberechtlichen Nachprüfungsverfahren ist dementsprechend das jeweils betroffene Land anzusehen und nicht die Bundesrepublik Deutschland.*«[120]

Für den Fall der Beauftragung eines Unternehmens zu Straßenbauleistungen im Rahmen der Bundesauftragsverwaltung hatte die Vergabekammer des Freistaates Thüringen entschieden, dass die Bundesrepublik Deutschland **Straßenbaulastträger** und öffentlicher Auftraggeber sei. Daneben sei aber auch der Freistaat Thüringen öffentlicher Auftraggeber als derjenige, der im Auftrag und für Rechnung des Bundes (Bundesauftragsverwaltung) die Ausschreibung vorgenommen habe und das Verwaltungsverfahren durchgeführt.[121] Ähnlich hat die Vergabekammer des Landes Baden-Württemberg angenommen, dass die Auftragsverwaltung der Sache nach Länderverwaltung sei. Dem Land stehe die sogenannte Wahrnehmungsfunktion zu. Das Land vertrete den Bund in vermögensrechtlichen Angelegenheiten gerichtlich und außergerichtlich, sodass das Land materiell und verfahrensrechtlich Adressat des Vergaberechts sei.[122] Straßenbauamt und Amtsleiter seien dagegen jeweils als Vertreter tätig. Dagegen hatte etwa die 1. Vergabekammer Niedersachsen noch angenommen, dass im Rahmen der **Bundesauftragsverwaltung** gemäß Art. 85 GG vorgenommene Leistungen der Straßenbauverwaltung von dem Land für die Bundesrepublik Deutschland

---

117 Dazu 3. VK Bund beim Bundeskartellamt, Az VK 3–54/06, Beschl. v. 06.07.2006; VK Sachsen-Anhalt Beschl. 2 VK LSA 15/13 v. 18.12.2013.

118 VK bei der Bezirksregierung Düsseldorf Beschluss VK-44/2006-B v. 30.10.2006.

119 OLG München Beschl. v. 14.01.2015, Az Verg. 15/14, NZBau 2015, 575, 576.

120 BGH Beschl. v. 20.03.2014, Az X ZB 18/13, NZBau 2014, 310, 312; OLG Celle, VergabeR 2011, 783; a.A. Vergabekammer Niedersachsen beim Niedersächsischen Ministerium für Wirtschaft, Arbeit und Verkehr, Beschluss VgK-21/2007 v. 22.06.2007; zustimmend OLG München Beschl. v. 09.04.2015, Az Verg. 1/15; kritisch Hermann, VergabeR 2015, 531.

121 VK Thüringen beim Landesverwaltungsamt 13.02.2003 216–4002.20–003/03-EF-S; auch 3. Vergabekammer des Ministeriums für Wirtschaft, Arbeit und Tourismus Mecklenburg-Vorpommern, Az 3 VK 11/07 Beschl. v. 22.01.2008.

122 VK Baden-Württemberg 23.06.2003 1 VK 28/03; ähnlich VK Arnsberg 22.04.2005 VK 3/05: Das Land sei öffentlicher Auftraggeber und Vergabestelle; öffentlicher Auftraggeber sei auch der Bund; vgl. für NRW auch VK Arnsberg Beschl. v. 25.04.2005: öffentlicher Auftraggeber ist der Bund – Vergabestelle ist das Land NRW.

ausgeführt werden. Auftraggeber sei die Bundesrepublik Deutschland. Das Land, vertreten durch die Landesbehörde für Straßenbau und Verkehr, führe die Maßnahme für die Bundesrepublik Deutschland durch.[123]

– Die VK Leipzig hat entschieden, dass ein Bundesland (Freistaat Sachsen) als Vertreter der vom Bund beauftragten Länder im Rahmen des Autobahnbaus auch **Gebietslose anderer Bundesländer vergeben kann:**

>*Die Federführung eines mit der Auftragsverwaltung betrauten öffentlichen Auftraggebers eines Landes für die Vergabe eines nicht von seiner eigenen Zuständigkeit betroffenen Gebietsloses, das einen eigenen Beschaffungsvorgang darstellt, begründet keine eigene Zuständigkeit im Rahmen der Auftragsverwaltung. Die federführende Körperschaft handelt nur als Vertreter der im Rahmen der Auftragsverwaltung zuständigen Länder.«*[124]

– Wenn etwa ein Bundesland nach einem Landesgesetz zur Neuordnung des öffentlichen Personennahverkehrs eine zentrale Stelle für Beschaffungen betreffend den **öffentlichen Personennahverkehr** in privater Rechtsform gründet und die ihr obliegenden Aufgaben ausschließlich durch diese Stelle wahrnimmt, wird die entsprechende Gesellschaft selbst öffentlicher Auftraggeber im Sinne des § 98 Nr. 2 GWB.[125]
– Der Vergabeüberwachungsausschuss des Bundes hatte der **Bundesbaugesellschaft Berlin mbH** die Rechtsnatur einer öffentlichen Auftraggeberin zuerkannt.[126]
– Ähnliches soll gelten, wenn als Vergabestelle ein **selbstständiges Konzernunternehmen** in einem öffentlichen Unternehmensverbund auftritt, etwa in der Form einer Wirtschaftsförderungsgesellschaft und im eigenen Namen Aufträge vergibt.[127]
– Führen etwa **Bau- und Liegenschaftsbetriebe** eines Landes (hier NRW) als teilrechtsfähiges Sondervermögen eines Landes Vergaben im Rahmen ihrer Zuständigkeit durch, dann sind sie selbst öffentlicher Auftraggeber.[128]
– Der **Landesbetrieb Straßenbau NRW** ist nicht einem Sondervermögen gleichzusetzen, weil er nicht erwerbswirtschaftlich ausgerichtet ist. Er vertritt das Land NRW, sodass Antragsgegner im Nachprüfungsverfahren das Land NRW ist.[129]
– Das OLG Düsseldorf hat schließlich die von dem Bundesministerium für Verteidigung gebildete **Einkaufsgesellschaft** als öffentliche Auftraggeberin qualifiziert.[130]
– Die **Bundesrepublik Deutschland** wurde als maßgeblicher Auftraggeber in einem Fall angesehen, in dem sie einen sog. Handelspartnervertrag (**Select-Vertrag**) zur Beschaffung von Microsoft-Produkten mit lizenzierten Unternehmern abschließen wollte, obgleich das Beschaffungsvolumen nicht nur für den Bund selbst, sondern auch für beitretende weitere öffentliche Auftraggeber vorgesehen war. Die Mitregelung des Beschaffungsbedarfes Dritter beeinträchtige insoweit die Stellung als öffentlicher Auftraggeber nicht.[131]

---

123 Vergabekammer Niedersachsen beim Niedersächsischen Ministerium für Wirtschaft, Arbeit und Verkehr, Beschluss VgK-21/2007 v. 22.06.2007.
124 1. VK Leipzig Beschl. v. 12.02.2010, Az 1 SVK/002.
125 So führt das niedersächsische Gesetz zur Neuordnung des öffentlichen Personennahverkehrs (NNVG VK Lüneburg Beschl. v. 15.05.2008, Az VgK-12/2008) aus.
126 Vgl. etwa die Entscheidungen des VÜA Bund 1 VÜ 8/95, 1 VÜ 14/97 sowie 1 VÜ 15/97; vgl. auch VÜA Sachsen-Anhalt 19.06.1996 EzEG-VergR IV 14.6; VÜA Brandenburg 09.05.1996 »Heizkraftwerk Cottbus« EzEG-VergR IV 4.2.
127 Vgl. 2. VK Bremen 25.06.2003 VK 10/03.
128 OLG Düsseldorf VergabeR 2005, 107.
129 OLG Düsseldorf Beschl. v. 14.09.2009, Az Verg 20/09, IBR 2010, 75.
130 Vgl. OLG Düsseldorf NZBau 2003, 400, 401.
131 VK bei der Bezirksregierung Düsseldorf Beschluss VK-07/2008-L v. 23.05.2008.

Eschenbruch

V. Öffentlicher Auftraggeber beschafft Leistungen zur Verwendung durch einen Dritten

Es steht der Eigenschaft als öffentlicher Auftraggeber nicht entgegen, dass der öffentliche Auftrag- 113
geber eine Beschaffung nicht für sich selbst sondern für einen Dritten tätigt, soweit er damit im
weitesten Sinne eigene Beschaffungszwecke verfolgt. Es reicht grds. aus, dass der öffentliche Auftraggeber überhaupt Aufträge im eigenen Interesse vergibt, **zu welchen Zwecken** diese auch immer
dienen (vgl. auch Rdn. 76). Entscheidend ist somit, dass er Auftraggebererfordernisse für Beschaffungen definiert; gleichgültig ist, ob er die Beschaffung später Dritten überlässt oder unmittelbar
für sich selbst umsetzt.[132]

I. Internationale Organisationen als öffentliche Auftraggeber

§§ 98, 99 GWB erfassen **nationale öffentliche Auftraggeber**. Auch andere EU-Mitgliedsstaaten 114
erfüllen den Auftraggeberbegriff.[133]

Beschaffungen aufgrund **internationaler Abkommen** oder im Rahmen von Vergabeverfahren inter- 115
nationaler Organisationen sind in § 109 GWB vom Anwendungsbereich des Kartellvergaberechts
ausdrücklich ausgenommen.

Bemerkenswert ist, dass die **Organe der Europäischen Union** dem Vergaberecht nach den EU-Richt- 116
linien nicht direkt unterfallen. So wird die Vergabe öffentlicher Aufträge durch die Organe der
Union durch die Haushaltsordnung aus dem Jahr 2002 nebst Durchführungs- und Ergänzungs-
bestimmungen geregelt.[134] Diese Vergabebestimmungen sind den Leitgedanken der europäischen
Vergaberichtlinien nachgebildet. Art. 89 der Haushaltsordnung lautet etwa:

> »*Für öffentliche Aufträge, die ganz oder teilweise aus dem Haushalt finanziert werden, gelten die* 117
> *Grundsätze der Transparenz, der Verhältnismäßigkeit, der Gleichbehandlung und der Nichtdiskri-*
> *minierung.*«

Die materielle **Bindung der Organe der EU** an die Vergaberichtlinien führt jedoch nicht dazu, dass 118
die Rechtsakte vor nationalen Gerichten überprüfbar wären, etwa der kartellvergaberechtliche Primärrechtsschutz nach deutschem Recht nachgesucht werden könnte. Nachteilige Vergabeentscheidungen der Organe der Europäischen Union können von dem Bieter mit der **Nichtigkeitsklage
vor dem EuG** angefochten werden. Der Bieter kann auch Schadenersatzansprüche bei dem EuG
geltend machen.[135]

Die **Europäische Zentralbank** hat einen Rechtsrahmen für die gemeinsame Beschaffung durch 119
das Eurosystem für sämtliche nationalen Zentralbank-Mitgliedsstaaten eingerichtet (EPCO).
Der EPCO-Lenkungsausschuss kann in Absprache mit dem ECP-Rat aus dem Kreis der an dem
gemeinsamen Ausschreibungsverfahren teilnehmenden Zentralbanken die leitende Zentralbank
auswählen. Das Vergaberegime bestimmt sich nach den für die leitende Zentralbank geltenden
Vergabevorschriften.[136]

---

132 OLG Düsseldorf »Orthopädie-Schuhtechnik« VergabeR 2007, 622, 630; OLG Düsseldorf »Städtebau-
vertrag« VergabeR 2007, 634, 636 f.
133 VK Lüneburg Beschl. v. 30.09.2015 VgK 30/2015; aA wohl Ullrich Rechtsschutz in den Vergabeverfahren zwischenstaatlicher Organisationen in Deutschland VergabeR 2002, 331; OLG Celle »Weser-Dükers«
Beschl. v. 08.08.2013, 13 Verg. 7/13, VergabeR 2014, 24, 26.
134 Vgl. EU-Verordnung Nr. 1605/2002 sowie für die Durchführungsbestimmungen Nr. 2342/2002;
Anpassungsvorschrift EU-Verordnung Nr. 1261/2005, Nr. 1248/2006 und Änderungsverordnung
Nr. 1995/2006.
135 Dazu vgl. EuG »Strabag/Rat« WuW/E Verg. 757 (2003); vgl. EuG »Deloitte Business advisory NV«,
VergabeR 2007, 495, mit Anmerkung von Prieß/Gabriel.
136 Beschluss der Europäischen Zentralbank v. 27.01.2009, EZB 2009, Amtsblatt der Europäischen Union
v. 24.02.2009 L 51/10 – 2009/154/EU, sowie Beschluss der Europäischen Zentralbank v. 17.11.2008,
Amtsblatt der Europäischen Union v. 29.11.2008, Az L 319/76.

120   Mit der Leitlinie EZB/2004/18 hat die EZB den Regelungskanon des EU-Vergaberechts um eine weitere Facette für die Beschaffung von Eurobanknoten erweitert. Das EZB-interne Regelungswerk stellt klar, dass auch für diese Durchführung die speziellen Beschaffungsvorgaben der nationalen Zentralbanken die EU-Mitgliedsstaaten das EU-Vergaberecht uneingeschränkt anzuwenden haben.[137]

J. Anhang III der Vergabekoordinierungsrichtlinie als Auslegungshilfe

121   Aufgrund der nicht immer gewährleisteten Trennschärfe der Tatbestandsmerkmale für den öffentlichen Auftraggeber war ursprünglich jeder Mitgliedsstaat aufgefordert worden, ein Verzeichnis der Einrichtungen und Kategorien von Einrichtungen des öffentlichen Rechts einzureichen, die den Begriff des öffentlichen Auftraggebers erfüllen sollen. Die von den einzelnen Mitgliedern eingereichten und im Anhang III der vormaligen Vergabekoordinierungsrichtlinie (2004) veröffentlichten Verzeichniskataloge waren indessen ganz unterschiedlicher Qualität.

122   Die Bundesrepublik Deutschland hatte zum Anhang XI »Verzeichnis der Einrichtungen des öffentlichen Rechts und der Kategorien von Einrichtungen des öffentlichen Rechts nach Art. 1 Abs. 9 Unterabsatz 2 der Vergabekoordinierungsrichtlinie« – im Dezember 2008 – folgende Einrichtungen bekannt gegeben:

123   *»XIII. Deutschland*

Kategorien

Juristische Personen des öffentlichen Rechts

Die bundes-, landes- und gemeindeunmittelbaren Körperschaften, Anstalten und Stiftungen des öffentlichen Rechts, insbesondere in folgenden Bereich:

(1) Körperschaften

– *Wissenschaftliche Hochschulen und verfasste Studentenschaften*
– *Berufsständige Vereinigungen (Rechtsanwalts-, Notar-, Steuerberater-, Wirtschaftsprüfer-, Architekten-, Ärzte- und Apothekerkammern)*
– *Wirtschaftsvereinigungen (Landwirtschaft-, Handwerks-, Industrie- und Handwerkskammern, Handwerksinnungen, Handwerkerschaften)*
– *Sozialversicherungen (Krankenkassen, Unfall- und Rentenversicherungsträger)*
– *Kassenärztliche Vereinigungen*
– *Genossenschaften und Verbände*

(2) Anstalten und Stiftungen

Die der staatlichen Kontrolle unterliegenden und im Allgemeininteresse tätig werdenden Einrichtungen nichtgewerblicher Art, insbesondere in folgenden Bereichen:

– *Rechtsfähige Bundesanstalten*
– *Versorgungsanstalten und Studentenwerke*
– *Kultur-, Wohlfahrts- und Hilfsstiftungen*

Juristische Personen des Privatrechts

Die der staatlichen Kontrolle unterliegenden und im Allgemeininteresse tätig werdenden Einrichtungen nichtgewerblicher Art, einschließlich der kommunalen Versorgungsunternehmen:

– *Gesundheitswesen, Krankenhäuser, Kurmittelbetriebe, medizinische Forschungseinrichtungen, Untersuchungs- und Tierkörperbeseitigungsanstalten*
– *Kultur (öffentliche Bühnen, Orchester, Museen, Bibliotheken, Archive, zoologische und botanische Gärten)*

---

137 Gabriel/Voll NZBau 2015, 264, 268.

Eschenbruch

- *Soziales (Kindergärten, Kindertagesheime, Erholungseinrichtungen, Kinder- und Jugendheime, Freizeiteinrichtungen, Gemeinschafts- und Bürgerhäuser, Frauenhäuser, Altersheime, Obdachlosenunterkünfte)*
- *Sport (Schwimmbäder, Sportanlagen und Einrichtungen)*
- *Sicherheit (Feuerwehren, Rettungsdienste)*
- *Bildung (Umschulungs-, Aus-, Fort- und Weiterbildungseinrichtungen, Volksschulen)*
- *Wissenschaft, Forschung und Entwicklung (Großforschungseinrichtungen, wissenschaftliche Gesellschaften und Vereine, Wissenschaftsförderung)*
- *Entsorgung (Straßenreinigung, Abfall- und Abwasserbeseitigung)*
- *Bauwesen und Wohnungswirtschaft (Stadtplanung, Stadtentwicklung, Wohnungswesen, Wohnraumvermittlung)*
- *Wirtschaft (Wirtschaftsförderungsgesellschaften)*
- *Friedhofs- und Bestattungswesen*
- *Zusammenarbeit mit Entwicklungsländern (Finanzierung, technische Zusammenarbeit, Entwicklungshilfe, Ausbildung)«*[138]

Schon aus der Vergabekoordinierungsrichtlinie selbst ergab sich, dass die Auflistungen, auch der deutsche Katalog der öffentlichen Auftraggeber, **keinen konstitutiven Charakter** hatten. Denn es heißt in Art. 1 Abs. 9 der Vergabekoordinierungsrichtlinie im letzten Unterabsatz: 124

»*Die **nicht erschöpfenden Verzeichnisse** der Einrichtungen und Kategorien von Einrichtungen des öffentlichen Rechts, die in Unterabsatz 2a), b) und c) genannten Kriterien erfüllen, sind im Anhang III enthalten. Die Mitgliedsstaaten geben der Kommission regelmäßig die Änderungen ihrer Verzeichnisse bekannt.*« 125

Aus dem Hinweis der Richtlinie auf den nicht erschöpfenden Charakter der Verzeichnisse wird deutlich, dass auch Einrichtungen, die nicht im Katalog enthalten sind, öffentliche Auftraggeber sein können. 126

Der EuGH hatte in diesem Zusammenhang bereits judiziert: 127

»*Nach st. Rechtspr. besteht der Zweck der Gemeinschaftsrichtlinie über die Koordinierung der Vergabeverfahren für öffentliche Aufträge ferner darin, die Gefahr einer Bevorzugung inländischer Bieter oder Bewerber bei der Auftragsvergabe durch öffentliche Auftraggeber zu vermeiden und zugleich zu verhindern, dass sich eine vom Staat, von Gebietskörperschaften oder sonstigen Einrichtungen des öffentlichen Rechts finanzierte oder kontrollierte Stelle von anderen als wirtschaftlichen Überlegungen leiten lässt.* 128

In Anbetracht dieser beiden Ziele – Öffnung für den Wettbewerb und Transparenz – ist der Begriff der Einrichtung öffentlichen Rechts weit zu verstehen.

Ist also eine Einrichtung nicht im Verzeichnis in Anh. I der Richtlinie 93/37 aufgeführt, so ist in jedem Einzelfall ihre rechtliche und tatsächliche Situation zu untersuchen, um festzustellen, ob sie eine im Allgemeininteresse liegende Aufgabe erfüllt.«[139]

---

138 Vgl. dazu Entscheidung der Kommission v. 09.12.2008 zur Änderung der Anhänge der Vergaberichtlinien des Europäischen Parlaments und des Rates im Hinblick auf ihre Verzeichnisse der Auftraggeber und der öffentlichen Auftraggeber, Amtsblatt der Europäischen Union v. 24.12.2008, L 349/1.
139 EuGH 27.02.2002 »Truley« VergabeR 2003, 296, 301; vgl. auch OLG Rostock 01.06.2005 17 Verg. 3/05; vgl. auch Dreher NZBau 2005, 297, 298 mit ausführlichen Hinweisen; Mestwerdt/von Münchhausen ZfBR 2005, 659, 660.

129   Dementsprechend waren die von den Mitgliedsstaaten erstellten Listen **keineswegs verbindlich.**[140]

130   Schon die Auflistung in der Anlage III der Vergabekoordinierungsrichtlinie (2004) bot deshalb den Beteiligten lediglich einen gewissen **Orientierungsrahmen.** Sie hatte indessen **keinerlei konstitutive Bedeutung.** Die Aufnahme eines bestimmten Types öffentlicher Auftraggeber in dem Anhang III der Richtlinie beinhaltete auch **keine Vermutung** im rechtstechnischen Sinn, sondern allenfalls eine gewisse – rein deklaratorische – **Indizwirkung.**[141]

131   Die Richtlinie 2014/24/EU verweist nicht mehr auf den vormaligen Anhang III. Der europäische Richtliniengeber sieht alle Begriffsmerkmale des öffentlichen Auftraggebers im Richtlinientext selbst verankert und greift deshalb nicht mehr auf den Mitgliedsländern übermittelte Listen zurück. Die Auflistungen der Anlage 3 der ehemaligen Vergabekoordinierungsrichtlinie (2004) haben damit ihre Bedeutung verloren. Merkmale der öffentlichen Auftraggeberschaft müssen deshalb allein anhand der Begriffselemente des öffentlichen Auftraggebers festgelegt werden.

K. Regelungsinhalt des § 98 GWB (2016)

132   § 98 GWB hat nach der Vergaberechtsnovelle 2016 vornehmlich **übergeordneten Definitionscharakter.** Die Vorschrift definiert abschließend die Kategorien der öffentlichen Auftraggeber, die in den Folgevorschriften §§ 99 bis 101 GWB geregelt worden sind, nämlich:
– Öffentliche Auftraggeber im Sinne des § 99
– Sektorenauftraggeber im Sinne des § 100 und
– Konzessionsgeber im Sinne des § 101

133   Die **Aufzählung** ist **abschließend.** Andere Auftraggeber sind an die Regelungen des GWB zum Vergaberecht und zum Rechtsschutz nicht gebunden.

134   Die maßgeblichen Begriffsmerkmale der unterschiedlichen öffentlichen Auftraggeber sind in den Folgevorschriften enthalten. Der ehemalige Inhalt des § 98 a.F. GWB ist ganz überwiegend in den heutigen § 99 GWB aufgegangen. Die auf Sektorenauftraggeber hinweisenden Vorschriften sind in heute in § 100 GWB zu finden. Neu ist die Regelung der Konzessionsgeber im Sinne des § 101 GWB.

---

140   Vgl. auch Wollenschläger NZBau 2004, 655, 656; Mestwerdt/von Münchhausen halten die im Anhang vorgenommene Benennung für öffentliche Auftraggeber für verbindlich, ZfBR 2005, 659: ausführlich in diesem Sinne auch 3. VK Mecklenburg-Vorpommern, Beschl. v. 08.05.2007, Az 3 VK 04/07.
141   Für Indizwirkung: VK Münster 14.10.1999 VK 1/99; Dörr in: Dreher/Motzke § 98 Rn. 8; wohl eher für eine Vermutung: Dreher in: Immenga/Mestmäcker GWB 5. Aufl. 2014 § 98 Rn. 28; Seidel Festschrift für Heiermann S. 293, 306; Dreher DB 1998, 2579, 2583, formuliert: »Auch wenn die Liste rechtlich nicht konstitutiv ist, gibt sie doch in vielen Fällen Anhaltspunkte für das Vorliegen einer im Allgemeininteresse zu erfüllenden Aufgabe.«; Marx/Prieß in: Jestaedt Das Recht der Auftragsvergabe sprechen von einer »Leitlinie«; Heise LKV 1999, 210, 212: »Dieser Katalog ist jedoch weder abschließend noch konstitutiv, so dass Abgrenzungsprobleme bestehen bleiben.«; Pietzcker ZVgR 1999, 24, 25; für eine widerlegbare Vermutung ausführlich auch Wirner Kommunale Wohnungsunternehmen als öffentliche Auftraggeber im Sinne der EU-Vergaberichtlinie 2003 S. 63: »Umgekehrt erscheint es jedoch nicht vertretbar, die öffentliche Auftraggeberschaft im Einzelfall völlig losgelöst von Anhang I BKR zu untersuchen. Dann wäre Anhang I BKR sinnentleert und bedeutungslos, die darin enthaltenen Listen wären überflüssig. Wie der EuGH aber gerade auch für die Vergaberichtlinien festgestellt hat, kann nicht davon ausgegangen werden, dass der Gemeinschaftsgesetzgeber überflüssige Regelungen treffen wollte. Vielmehr ist nach dem Grundsatz ut re magis valeat quam pereat das Gemeinschaftsrecht so auszulegen, dass sämtliche Regelungen in ihrem Zusammenhang einen Sinn behalten.«; für eine Vermutung KG VergabeR 2003, 355, 356 sowie OLG Celle »Bistum« Beschl. v. 25.08.2011, Az 13 Verg 5/11, VergabeR 2012, 182 f. – IBR 2012, 101.

Vergaberecht 2016 - Überblick über die Rechtsquellen*

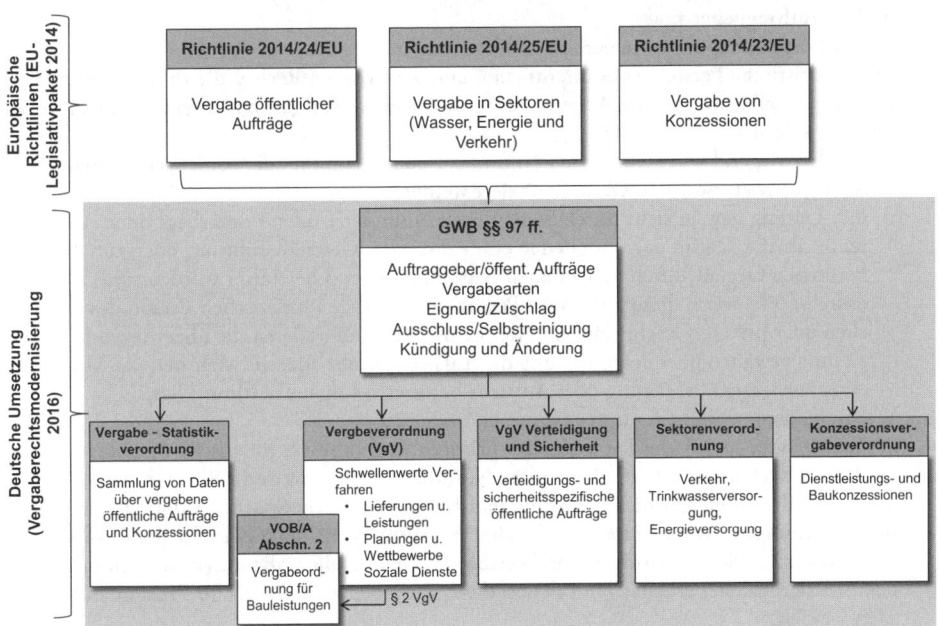

Vergaberecht 2016 - Die Vergabeverfahren

Verfahrensarten	öffentl. Auftraggeber, § 119 GWB	Sektorenauftraggeber, § 141 GWB	Konzessionsgeber, § 151 GWB	Verteidigungs- und Sicherheitsbereich, § 146 GWB
Offenes Verfahren, § 15 VgV	freie Wahl	freie Wahl	freie Wahl	freie Wahl
Nicht offenes Verfahren, § 16 VgV – mit Teilnahmewettbewerb				
Verhandlungsverfahren, § 17 VgV mit Teilnahmewettbewerb – ohne Teilnahmewettbewerb		nur, soweit gem. GWB gestattet	freie Wahl	
Wettbewerbl. Dialog, § 18 VgV	nur, soweit gem. GWB zugelassen	freie Wahl		nur, soweit gem. GWB gestattet
Innovationspartnerschaft, § 19 VgV**		nur, soweit gem. GWB gestattet		

Ausnahmen:
- §§ 130, 131 GWB: Bei **sozialen und besonderen Dienstleistungen** sowie **Personenverkehrsleistungen** und **Eisenbahnverkehr** stehen auch das Verhandlungsverfahren mit Teilnahmewettbewerb, der wettbewerbl. Dialog und die Innovationspartnerschaft zur freien Wahl zur Verfügung.
- Erweiterungen der zulässigen Wahl der Vergabeverfahrensart ergeben sich aus der **Vergabeverordnung**, insb. § 14 der Vergabeverordnung in Bezug auf Verhandlungsverfahren mit Teilnahmewettbewerb und ohne Teilnahmewettbewerb.
- Nach **§ 3 a Abs. 4, 5 VOB/A-EU** sind der wettbewerbliche Dialog wie bei einem Verhandlungsverfahren mit Teilnahmewettbewerb und die Innovationspartnerschaft mit dem Ziel der Entwicklung einer innovativeren Leistung zulässig.

**Badenhausen-Fähnle, VergabeR 2015, 734.

*Vgl. dazu Knauff NZBau 2016, 195.

§ 99   Öffentliche Auftraggeber

Öffentliche Auftraggeber sind

1. Gebietskörperschaften sowie deren Sondervermögen,

2. andere juristische Personen des öffentlichen und des privaten Rechts, die zu dem besonderen Zweck gegründet wurden, im Allgemeininteresse liegende Aufgaben nichtgewerblicher Art zu erfüllen, sofern

    a) sie überwiegend von Stellen nach Nummer 1 oder 3 einzeln oder gemeinsam durch Beteiligung oder auf sonstige Weise finanziert werden,

    b) ihre Leitung der Aufsicht durch Stellen nach Nummer 1 oder 3 unterliegt oder

    c) mehr als die Hälfte der Mitglieder eines ihrer zur Geschäftsführung oder zur Aufsicht berufenen Organe durch Stellen nach Nummer 1 oder 3 bestimmt worden sind; dasselbe gilt, wenn diese juristische Person einer anderen juristischen Person des öffentlichen oder privaten Rechts einzeln oder gemeinsam mit anderen die überwiegende Finanzierung gewährt, über deren Leitung die Aufsicht ausübt oder die Mehrheit der Mitglieder eines zur Geschäftsführung oder Aufsicht berufenen Organs bestimmt hat,

3. Verbände, deren Mitglieder unter Nummer 1 oder 2 fallen,

4. natürliche oder juristische Personen des privaten Rechts sowie juristische Personen des öffentlichen Rechts, soweit sie nicht unter Nummer 2 fallen, in den Fällen, in denen sie für Tiefbaumaßnahmen, für die Errichtung von Krankenhäusern, Sport-, Erholungs- oder Freizeiteinrichtungen, Schul-, Hochschul- oder Verwaltungsgebäuden oder für damit in Verbindung stehende Dienstleistungen und Wettbewerbe von Stellen, die unter die Nummern 1, 2 oder 3 fallen, Mittel erhalten, mit denen diese Vorhaben zu mehr als 50 Prozent subventioniert werden.

A. Einleitung

§ 99 GWB entspricht im Wesentlichen der Struktur des vormaligen § 98 GWB. Sektorenauftrag- 1
geber sind allerdings dort nicht mehr benannt. Sie sind jetzt in § 100 GWB geregelt. Außerdem ist
der ehemalige § 98 Nr. 6 GWB zu den Baukonzessionen in dem jetzigen § 101 GWB aufgegangen,
der Konzessionsvergaben einschließlich der Baukonzession regelt.

Die Regierungsbegründung zum Gesetz zur Modernisierung des Vergaberechts (2016) lautet: 2

Zu § 99 (Öffentliche Auftraggeber) 3

*§ 99 definiert nunmehr ausschließlich die öffentlichen Auftraggeber. Die Begriffe Sektorenauftragge-
ber und Konzessionsgeber werden in § 100 bzw. § 101 definiert.*

*Die Neustrukturierung der Definitionen des öffentlichen Auftraggebers verbessert die Übersichtlichkeit
und Lesbarkeit für den Rechtsanwender. Im Sinne einer übersichtlichen und klar strukturierten Rege-*

lung ist eine Trennung zwischen den Begriffen des öffentlichen Auftraggebers nach § 99 und des Sektorenauftraggebers nach § 100 angezeigt. Der bisherige § 98 Nummer 4 wird deshalb in § 100 überführt.

Die Neustrukturierung wird zudem erforderlich durch die Umsetzung der neuen Richtlinie über die Vergabe von Konzessionen (Richtlinie 2014/23/EU). Die Richtlinie 2014/23/EU unterscheidet in ihren Artikeln 6 und 7 zwischen »öffentlichen Auftraggebern« einerseits und »Auftraggebern«, die einer Sektorentätigkeit nachgehen und zum Zwecke dieser Tätigkeit Konzessionen vergeben, andererseits. Die Richtlinie 2014/23/EU behält diese Unterscheidung auch in den materiellen Regelungen bei. Diese Systematik erfordert auch im nationalen Recht eine klare Trennung zwischen diesen beiden Kategorien von Konzessionsgebern.

Der bisherige § 98 Nummer 6 GWB kann künftig entfallen. Die Regelung diente bislang der Umsetzung des Artikel 63 Absatz 1 der Richtlinie 2004/18/EG des Europäischen Parlaments und des Rates vom 31.3.2004 über die Koordinierung der Verfahren zur Vergabe öffentlicher Bauaufträge, Lieferaufträge und Dienstleistungsaufträge (ABl. L 134 vom 30.4.2004, S. 114). Eine vergleichbare Regelung ist in der neuen Richtlinie 2014/24/EU nicht mehr enthalten. Die Vergabe von Konzessionen ist nun abschließend in der Richtlinie 2014/23/EU geregelt, die ebenfalls nicht normiert, dass natürliche oder juristische Personen des privaten Rechts, die mit Stellen nach § 99 Nummern 1 bis 3 eine Baukonzession geschlossen haben, hinsichtlich der Aufträge an Dritte öffentliche Auftraggeber sein sollen.

Zu Nummer 1

§ 99 Nummer 1 entspricht dem bisherigen § 98 Nummer 1 GWB.

Zu Nummer 2

§ 99 Nummer 2 entspricht im Wesentlichen dem bisherigen § 98 Nummer 2 GWB. Die Vorschrift wurde zum besseren Verständnis neu strukturiert. Darüber hinaus wurde zum Zwecke der Angleichung Halbsätze 1 und 2 das Tatbestandsmerkmal »oder über die Leitung die Aufsicht ausübt« in Halbsatz 2 ergänzt. Halbsatz 2 regelt den Fall der vermittelten Staatsverbundenheit, in dem die Beherrschung nicht durch Gebietskörperschaften nach § 99 Nummer 1 oder deren Verbände nach § 99 Nummer 2 Halbsatz 1 erfolgt. Nach dem bisherigen Wortlaut des § 98 Nummer 2 Satz 2 GWB waren als Beherrschungstatbestände lediglich die »überwiegende Finanzierung« und die »Bestimmung der Mehrheit der Mitglieder eines zur Geschäftsführung oder Aufsicht berufenen Organs« vorgesehene Beherrschungstatbestand der »Ausübung der Aufsicht über die Leitung« war bislang in § 98 Nummer 2 Satz 2 GWB nicht enthalten. Da die Richtlinie 2014/24/EU in Artikel 2 Absatz 1 Nummer 4 hierbei keinen Unterschied macht, wird der neue Halbsatz 2 in § 99 Nummer 2 entsprechend angepasst.

Zu Nummer 3

§ 99 Nummer 3 entspricht dem bisherigen § 98 Nummer 3 GWB. +

Zu Nummer 4

§ 99 Nummer 4 entspricht im Wesentlichen dem bisherigen § 98 Nummer 5 GWB und betrifft bestimmte Bauvorhaben, die überwiegend von öffentlichen Auftraggebern gemäß § 99 Nummer 1 bis 3 subventioniert werden. Das Verb »finanzieren« wird durch »subventionieren« ersetzt. Damit wird § 99 Nummer 4 an den Wortlaut des Artikel 13 der Richtlinie 2014/24/EU angepasst, der insofern weiter zu verstehen ist als die bisherige Regelung in 3 98 Nummer 5 GWB. Nach Artikel 13 der Richtlinie 2014/24/EU kommt es nämlich in erster Linie nicht auf eine direkte Finanzierung durch einen öffentlichen Auftraggeber an. Entscheidung ist vielmehr, ob die Leistung als Subvention betrachtet werden kann. Der Begriff »subventionieren« beschränkt sich dabei nicht auf positive Leistungen, sondern umfasst auch sonstige Begünstigungen (zB Steuernachlässe, so EuGH, Urteil vom 26.9.2013, C 115/12, Frankreich/Kommission). Die Richtlinie über die Vergabe von Konzessionen (Richtlinie 2014/23/EU) und die Richtlinie über Vergabe von Aufträgen im Bereich der Wasser-, Energie und Verkehrsversorgung (Richtlinie 2014/25/EU) enthalten keine vergleichbare Regelung zu Artikel 13 der Richtlinie 2014/24/EU, so dass eine Umsetzung nur im Rahmen des § 99 erforderlich ist.

In der Richtlinie 2014/24/EU vom 26. Februar 2014 heißt es auszugsweise: 4

Artikel 2 Begriffsbestimmungen 5

(1) Für die Zwecke dieser Richtlinie bezeichnet der Ausdruck

1. *»Öffentlicher Auftraggeber« den Staat, die Gebietskörperschaften, die Einrichtungen des öffentlichen Rechts oder die Verbände, die aus einer oder mehreren dieser Körperschaften oder Einrichtungen des öffentlichen Rechts bestehen.*

    ...

4. *»Einrichtungen des öffentlichen Rechts« sind Einrichtungen mit sämtlichen der folgenden Merkmale:*

    a) *Sie wurden zu dem besonderen Zweck gegründet, im Allgemeininteresse liegende Aufgaben nichtgewerblicher Art zu erfüllen,*
    b) *sie besitzen Rechtspersönlichkeit und*
    c) *sie werden überwiegend vom Staat, von Gebietskörperschaften oder von anderen Einrichtungen des öffentlichen Rechts finanziert oder unterstehen hinsichtlich ihrer Leitung der Aufsicht dieser Gebietskörperschaften oder Einrichtungen oder sie haben ein Verwaltungs-, Leitungs- bzw. Aufsichtsorgan, das mehrheitlich aus Mitgliedern besteht, die vom Staat, von Gebietskörperschaften oder von anderen Einrichtungen des öffentlichen Rechts ernannt worden sind.*

In Erwägungsgrund (10) der Richtlinie heißt es: 6

Der Begriff »Öffentlicher Auftraggeber« und insbesondere der Begriff »Einrichtungen des öffentlichen 7
Rechts« sind wiederholt im Rahmen der Rechtsprechung des Gerichtshofs der Europäischen Union überprüft worden. Um klarzustellen, dass der persönliche Geltungsbereich dieser Richtlinie unverändert bleiben sollte, ist es angezeigt, die Begriffsbestimmung beizubehalten, auf die sich der Gerichtshof selbst stützt und einige Erläuterungen, die im Rahmen dieser Rechtsprechung gegeben werden als Schlüssel zum Verständnis der Begriffsbestimmung selbst aufzunehmen, ohne dass damit beabsichtigt wird, das Verständnis des Begriffs, so wie es in der Rechtsprechung dargelegt wurde, zu ändern. Zu diesem Zweck sollte daher klargestellt werden, dass eine Einrichtung, die unter marktüblichen Bedingungen arbeitet, gewinnorientiert ist und die mit der Ausübung ihrer Tätigkeit einhergehenden Verluste trägt, nicht als »Einrichtung des öffentlichen Rechts« angesehen werden sollte, da die im Allgemeininteresse liegenden Aufgaben, zu deren Erfüllung sie geschaffen oder mit deren Erfüllung sie beauftragt worden ist, als von gewerblicher Art anzusehen sind.

B. Gebietskörperschaften sowie deren Sondervermögen nach § 99 Nr. 1 GWB

§ 99 Nr. 1 GWB stellt zunächst klar, dass die sog. **klassischen öffentlichen Auftraggeber** (auch 8
staatliche Auftraggeber genannt) Adressaten des Vergaberechts sind. Es handelt sich um die Gebietskörperschaften und deren Sondervermögen.

Gebietskörperschaften sind die Bundesrepublik Deutschland, die Länder, die Regierungsbezirke, 9
die Landkreise[1] und die Städte bzw. Gemeinden.[2] Wenn eine Gebietskörperschaft als Vergabestelle

---

1 OLG Düsseldorf Beschl. v. 06.07.2011 VII Verg 39/11 NZBau 2011, 769 f.; entgegen der herrschenden Meinung, vgl. auch Werner in: Byok/Jaeger § 98 Rn. 17, nimmt etwa Crass S. 60 an, dass Landkreise keine Körperschaften mit geografischem Bezug seien. Es handele sich lediglich um Verbände von Gebietskörperschaften, die nach § 98 Nr. 3 GWB zu behandeln seien.
2 Vgl. auch EuGH VergabeR 2001, 380, 386 = NZBau 2001, 512, betreffend Kommunen; EuGH »Messe Köln« Urt. v. 25.10.2009 C 536/07 VergabeR 2010, 188, Rn. 52; OLG Brandenburg WuW/E Verg. 231 (1999) für die Bundesrepublik Deutschland und die Länder Berlin und Brandenburg; betreffend Handkreise vgl. etwa VK Arnsberg 18.07.2000 VK 2–07/2000; auch OLG Düsseldorf VergabeR 2001, 45; VK Münster 14.10.1999 VK 1/99; BayObLG 07.10.1999.

auftritt, ist diese immer als öffentlicher Auftraggeber zu qualifizieren, wie der EuGH in der Entscheidung »*Heizkraftwerk München*« verdeutlicht hat:

10   *Dem ist entgegenzuhalten, dass die lokalen Gebietskörperschaften nach Art. 1 Buchstabe b) der Richtlinie 92/50 per Definition öffentliche Auftraggeber sind. Aus der Rechtsprechung geht hervor, dass Art. 1 Buchstabe a) dieser Richtlinie nicht zwischen jenen Aufträgen unterscheidet, die ein öffentlicher Auftraggeber vergibt, um seine im Allgemeininteresse liegenden Aufgaben zu erfüllen und jenen Aufträgen, die in keinem Zusammenhang mit derartigen Aufgaben stehen. Ohne Bedeutung ist es auch, dass der öffentliche Auftraggeber selbst als Dienstleistungserbringer tätig sein will und dass der betreffende Auftrag in diesem Rahmen die Vergabe eines Teils der Tätigkeiten an Subunternehmer darstellt, denn es ist nicht ausgeschlossen, dass die Entscheidung des öffentlichen Auftraggebers über die Wahl dieses Subunternehmers auf anderen als wirtschaftlichen Überlegungen beruht.*[3]

11   Nach Art 2 (2) der Richtlinie 2014/24/EU umfassen »Gebietskörperschaften« Behörden, die nicht erschöpfend gemäß der Bezugnahme der Verordnung (EG) Nr. 1059/2003 des Europäischen Parlaments und des Rats unter NUTS 1 und 2 aufgeführt sind und sämtliche Behörden oder Verwaltungseinheiten, die unter NUTS 3 fallen, sowie kleinere Verwaltungseinheiten im Sinne der Verordnung (EG) Nr. 1059/2003.

12   Auch andere **EU-Mitgliedsstaaten** sind öffentliche Auftraggeber im Sinne des § 99 GWB.[4] Dafür spricht indiziell auch Erwägungsgrund 73 der Richtlinie 2014/24/EU, die von einer gemeinsamen Vergabe durch öffentliche Auftraggeber aus verschiedenen Mitgliedsstaaten ausgeht. Auch Art. 39 der Richtlinie 2014/24/EU regelt die Auftragsvergabe durch öffentliche Auftraggeber aus verschiedenen Mitgliedsstaaten.

13   Gebietskörperschaften können auch **Verbände** sein, sofern diese selbst als öffentlich-rechtliche Körperschaften ausgestaltet sind. Auch kommunale Zweckverbände, die als öffentlich-rechtliche Körperschaften ausgestaltet sind, unterfallen § 99 Nr. 1 GWB.[5] Im Übrigen ist für sie § 99 Nr. 3 GWB maßgeblich. Dementsprechend können die **Landschaftsverbände** in Nordrhein-Westfalen, Samtgemeinden in Niedersachsen, Verwaltungsgemeinschaften in Baden-Württemberg, Bayern, Sachsen etc. unmittelbar unter § 99 Nr. 1 GWB subsumiert werden.[6]

14   Eine Vergabe durch eine Gebietskörperschaft liegt auch vor, wenn deren **unselbstständige Organisationseinheiten**, wie z.B. gesetzgebende Organe, Ministerien oder Behörden eine Auftragsvergabe durchführen (vgl. auch Rdn. 59). Dazu gehören etwa:
– Gesetzgebungsorgane[7]
– Kommunale, fiduziarische, nicht rechtsfähige Stiftungen (nach Landesrecht),
– landeseigene Anstalten des öffentlichen Rechts[8]
– Versuchs- und Forschungsanstalten Milchwirtschaft[9]
– Bundesunmittelbare Anstalten öffentlichen Rechts, z.B. auch die Bundesnetzagentur[10]
– Bundesagentur für Arbeit als rechtsfähige und bundesunmittelbare Körperschaft des öffentlichen Rechts[11]

---

3 Vgl. EuGH »Heizkraftwerk München« WuW/E Verg. 1949 f. (2004) = VergabeR 2005, 57 f.; vgl. auch zur Problematik bei DSD-Leistungsverträgen Lotze/Pape WuW 2003, 364.
4 VK Lüneburg Beschl. v. 30.09.2015 VgK 30/2015.
5 Siehe dazu ausführlich Rdn. 243.
6 OLG Düsseldorf »Landschaftsverband Westfalen-Lippe« Beschl. v. 15.07.2015 VII Verg 11/15; Pietzcker ZVgR 1999, 24, 26; vgl. für die Landschaftsverbände in NRW § 2 LVerbO; dazu auch Korbion Vergaberechtsänderungsgesetz § 98 Nr. 1 Rn. 2, der zutreffend darauf hinweist, dass die Landschaftsverbände unter § 98 Nr. 1 GWB fallen.
7 EuGH »Vlaamse Rat« WuW/E Verg. 110 (1998).
8 BGH NJW 2001, 1492.
9 VÜA Bayern 17.11.1999 3/99.
10 VK Bund 26.05.2000 8/00 »Verlagsvertrag« = WuW/E 474 (2000).
11 Schröder VergabeR 2007, 418, 423.

- rechtlich unselbstständige Eigenbetriebe und Regiebetriebe,[12] z.B. ein nichtselbstständiger Landesbetrieb des Landes Brandenburg[13]
- nicht rechtsfähige Flurbereinigungskommissionen (Niederlande)[14]

Nicht zu den öffentlichen Auftraggebern gehören im Allgemeinen **politische Parteien**. Im Erwä- 15
gungsgrund 29 der Richtlinie 2014/24/EU heißt es:

> *Es sei darauf hingewiesen, dass diese Richtlinie nur für öffentliche Auftraggeber der Mitgliedsstaaten* 16
> *gilt. Daher fallen politische Parteien im Allgemeinen nicht unter ihre Bestimmungen, da es sich bei*
> *ihnen nicht um öffentliche Auftraggeber handelt. In einigen Mitgliedsstaaten können politische Parteien jedoch unter den Begriff »Einrichtungen des öffentlichen Rechts« fallen.*

Öffentliche Auftraggeber sind nach § 99 Nr. 1 GWB auch **Sondervermögen**. Hierbei handelt 17
es sich um nicht selbstständige oder bloß teilrechtsfähige Verwaltungsstellen, die eine haushaltsrechtliche und/oder organisatorische Verselbstständigung erfahren haben. Sie dienen der Ausgrenzung von besonderen Vermögensmassen zur besseren Aufgabenerfüllung von Gebietskörperschaften. Kennzeichnend für derartige Sondervermögen ist, dass Bestandteile des Vermögens von Gebietskörperschaften ausschließlich zur Erfüllung einzelner, **genau begrenzter Aufgaben** bestimmt sind und demgemäß getrennt von dem übrigen Vermögen verwaltet werden sollen.[15] Mit Rücksicht auf die wirtschaftliche Verselbstständigung werden für Sondervermögen i.d.R. **eigene Wirtschaftspläne** aufgestellt, die gegenüber den Haushaltsplänen der Gebietskörperschaften Sonderhaushaltspläne darstellen und insofern vom Prinzip der Einheit der Haushaltspläne abweichen.[16] **Beispiele** sind:
- Sondervermögen des Bundeshaushaltes, wie Bundeseisenbahn-Vermögen, ERP-Sondervermögen, Fonds Deutsche Einheit und der Ausgleichsfonds[17]
- früher – vor der Privatisierung – die großen ehemaligen Sondervermögen Bahn und Post
- Sondervermögen der Länder, etwa deren Bau- und Liegenschaftsbetriebe[18]

Speziell die **Eigenbetriebe der Kommunen** werden – soweit sie rechtlich nicht verselbstständigt 18
sind – unmittelbar den Gebietskörperschaften zugerechnet oder aber – soweit haushaltsrechtlich verselbstständigt – als Sondervermögen eines öffentlichen Auftraggebers behandelt.[19] Nicht der

---

12 Vgl. Wirner Kommunale Wohnungsunternehmen als öffentliche Auftraggeber im Sinne der EG-Vergabeberichtlinie 2003 S. 56: »Der Eigenbetrieb ist ein rechtlich unselbständiges Unternehmen ohne eigene Rechtspersönlichkeit. Eigenbetriebe werden als Sondervermögen verwaltet und sind ihrer Natur nach unselbständige Anstalten des öffentlichen Rechts, die allerdings im Innenverhältnis der Gemeinde organisatorisch weitgehend verselbständigt sind. Rechtsgrundlage für die Errichtung von Eigenbetrieben sind die auf Länderebene erlassenen Gemeindeordnungen sowie die zum Teil erlassenen Eigenbetriebsgesetze und Eigenbetriebsverordnungen. ... Regiebetriebe arbeiten im Gegensatz zu Eigenbetrieben primär für den eigenen Bedarf und stellen als Zusammenfassung technischer Mittel eine besondere Abteilung innerhalb der Gemeindeorganisation dar. Regiebetriebe sind im Gegensatz zu Eigenbetrieben keine wirtschaftlichen Unternehmen im eigentlichen Sinn, sondern organisatorisch, personell, haushalts- und rechnungstechnisch unselbständige Wirtschaftsunternehmen einer Gemeinde. Regiebetriebe sind im Ergebnis dadurch charakterisiert, dass sie nur eine Abteilung der Gemeindeverwaltung bilden.« Vgl. zu den Eigenbetrieben von Optionskommunen zum Fallmanagement und der Leistungsverwaltung betreffend ALG II-Empfänger auch VK Hessen Beschl. v. 27.04.2007 »Neue Wege«, Az 69d-VK 11/2007.
13 VK Brandenburg Beschl. v. 05.07.2006, Az 1 VK 23/06.
14 EuGH 20.09.1988 »Beentjes« NVwZ 1990, 353.
15 Dazu vgl. BGH NZBau 2001, 515; Werner in: Byok/Jaeger § 98 Rn. 20.
16 Vgl. Maunz in: Maunz-Dürig GG Art. 110 Rn. 34.
17 Vgl. Pietzcker ZVgR 1999, 24, 25.
18 Z.B. der Liegenschaftsbetrieb NRW, vgl. § 1 des Gesetzes zur Errichtung eines Sondervermögens »Bau- und Liegenschaftsbetrieb des Landes Nordrhein-Westfalen/Bau- und Liegenschaftsbetrieb NRW« v. 12.12.2000, GVBl. S. 754; so VK Düsseldorf Beschl. v. 29.03.2007, Az VK-08/2007-B; OLG Düsseldorf »Reinigungsdienstleistung« VergabeR 2005, 107.
19 Vgl. auch VK Hessen Beschl. v. 12.02.2008, Az 69d VK-01/2008: »Bei einem Eigenbetrieb handelt es sich um ein Sondervermögen«.

Eigenbetrieb selbst, sondern die hinter dem Eigenbetrieb stehende Körperschaft ist öffentlicher Auftraggeber. Eine Gemeinde, deren Stadtwerke als Eigenbetrieb eine Müllverbrennungsanlage betreiben, ist somit als Gebietskörperschaft nach § 99 Nr. 1 GWB an das Vergaberegime gebunden.[20] Nicht erfasst von § 99 Nr. 1 GWB werden selbstständige juristische Personen des öffentlichen und privaten Rechts,[21] und zwar unabhängig vom Umfang des etwaigen Kapitalanteils der öffentlichen Hand.[22] Sie haben einen eigenen Haushalt und werden deshalb haushaltsrechtlich nicht dem Sondervermögen einer bestimmten Gebietskörperschaft zugerechnet.

19   Wenn eine bestimmte Aufgabe dem Unternehmensgegenstand eines anderen Unternehmens als dem öffentlichen Auftraggeber zuzuordnen ist, ist gleichwohl auf den öffentlichen Auftraggeber abzustellen, wenn die Beschaffung auch dem öffentlichen Auftraggeber dient.[23]

C. Andere juristische Personen des öffentlichen und privaten Rechts im Sinne des § 99 Nr. 2 GWB

I. ABC – diskutierter öffentlicher Auftraggeber nach § 99 Nr. 2 GWB

20   Absatzförderungsfonds[24]
Bädergesellschaft[25]
Banken[26]
Bau- und Liegenschaftsbetrieb NRW[27]
Berufsgenossenschaft[28]
Bestattungsunternehmen[29]
Bewerbungskomitee Leipzig 2012 GmbH[30]
BImA Bundesanstalt für Immobilienaufgaben[31]
Bundesagentur für Arbeit[32]
Bundesdruckerei (vor Privatisierung);[33] Bundesdruckerei (nach Rückerwerb der Anteile)[34]
Bundesimmobiliengesellschaft mbH (BIG)[35]

---

20 So mit Recht Pietzcker ZVgR 1999, 24, 28.
21 EuGH »Coillte Teoranta (Irland)« WuW/E Verg. 171, 174 (1999).
22 Anders etwa VK Münster 19.11.1999 VK 1/99 betreffend eine GmbH, deren Anteile zu 100 % bei einem Landkreis lagen.
23 EuGH »Österreichische Staatsdruckerei« WuW/E Verg. 23, 27 (1998); vgl. dazu auch die Schlussanträge des Generalanwalts Philippe Leger v. 16.09.1997 in Sachen Österreichische Staatsdruckerei, Ziff. 100: »Bei einem Unternehmen, das einen Auftrag für die Durchführung von Bauarbeiten vergibt, die zu seiner eigenen Tätigkeit nichts beitragen, besteht offenkundig die Vermutung, dass es für Rechnung eines anderen handelt. Lässt sich feststellen, dass ein öffentlicher Auftraggeber dadurch begünstigt ist, findet das Gemeinschaftsrecht über öffentliche Aufträge der Natur der Sache nach Anwendung.«.
24 BKartA WuW 2000, 453, 454; Kollack in: Heiermann/Riedl/Rusam GWB § 98 Rn. 26.
25 VK Düsseldorf 11.02.2004 VK 43/2003-L; VK Brandenburg 04.04.2002 VK 12/02.
26 Vgl. Rdn. 202.
27 OLG Düsseldorf »Reinigungsdienstleistungen« VergabeR 2005, 107.
28 Kein öffentlicher Auftraggeber nach VK Rheinland-Pfalz Beschl. v. 01.02.2005 – VK 01/05; Dreher in: Immenga/Mestmäcker 5. Auflage 2014 § 98 Rn. 118.
29 EuGH »Truley« VergabeR 2003, 296.
30 Juris PK-VergR/Zeiss § 98 Rn. 148.
31 OLG Düsseldorf »Husaren-Kaserne Sontra« VergabeR 2008, 727 f.
32 Die Bundesagentur für Arbeit ist als rechtsfähige und bundesunmittelbare Körperschaft des öffentlichen Rechts (§ 367 SGB III) zu dem besonderen Zweck gegründet worden, im Allgemeininteresse liegende Aufgaben nichtgewerblicher Art wahrzunehmen, vgl. Schröder VergabeR 2007, 418, 423.
33 1. VK des Bundes beim Bundeskartellamt 18.10.1999 VK 1–25/99.
34 OLG Düsseldorf »Elektronischer Personalausweis« Beschl. v. 08.06.2011, Az VII Verg 49/11, VergabeR 2011, 843, 846 – NZBau 2011, 501 f.
35 EuGH »Koppensteiner« WuW/E Verg. 1102, 1103 (2005).

Bund-Länder-Arbeitsgemeinschaft »Deutsche Forschungsflotte«[36]

Datenverarbeitungsgesellschaft für Kommunen mit 49 kommunalen Gebietskörperschaften als Gesellschafter[37]

Datenverarbeitungszentrum von Kammern in der Rechtsform der GmbH[38]

Datenzentrale Baden-Württemberg (DZBW)[39]

DB-AG/DB-Netz[40]

Deutsche Gesellschaft zum Bau und Betrieb von Endlagern für Abfallstoffe (DBE)[41]

Deutsche Welle[42]

Deutscher Weinfonds[43]

Dienstleistungsholding[44]

DIG (Deutsche Investitions- und Entwicklungsgesellschaft)[45]

Einkaufsgemeinschaft[46]

Einkaufsgesellschaft der Bundeswehr[47]

Entsorgungsbetriebe (privatrechtlich organisiert)[48]/Entsorgungsgesellschaft in privater Rechtsform[49]

Entwicklungs- und Projektgesellschaft[50]

Fernwärmeversorgungsgesellschaft[51]

Feuerwehr (Bezirksfeuerwehrverband)[52]

Filmförderungsanstalt[53]

Flughafen[54]/Flughafenbetreiber[55]

Förderbank (öffentlich-rechtlich)[56]

Frankfurter Entsorgungs- und Service GmbH (FES) – zu verneinen[57]

Fundtierverwaltung[58]

---

36 VK Hamburg 25.07.2002 VgK FB 1/02: öffentlicher Auftraggeber nach § 98 Nr. 2, richtigerweise wohl § 98 Nr. 3 GWB.

37 OLG Celle Beschl. v. 14.09.2006, Az 13 Verg 3/06.

38 VK Baden-Württemberg 03.06.2002 1 VK 20/02.

39 EuGH »Kommission/Bundesrepublik Deutschland« Urt. v. 15.10.2009, Az C 275/08; Anstalt des öffentlichen Rechts, die auf gesetzlicher Grundlage den Gemeinden Baden-Württembergs Software zur Verwaltung der Kraftfahrzeugzulassung liefert, EuGH Urt. v. 15.10.2009 C 275/08 NZBau 2010, 63, 76.

40 VK Münster 09.03.2001 VK 1/01.

41 OLG Düsseldorf »Endlager Konrad« NZBau 2007, 733 f. = VergabeR 2007, 761 f.

42 Bei der Deutschen Welle handelt es sich um eine Anstalt des öffentlichen Rechts, die vom Bund finanziert wird und zu dem besonderen Zweck gegründet wurde, den gesetzlichen Programmauftrag, eine im Allgemeininteresse liegende Aufgabe nicht gewerblicher Art, zu erfüllen, 2. VK Bund Beschl. v. 03.04.2006, Az VK 2–14/06; auch Weyand IBR-online Kommentar § 98 Rn. 113.

43 Vgl. dazu Wagner/Raddatz NZBau 2010, 731, 734.

44 VK Brandenburg 28.01.2003 VK 71/02; zustimmend: Häfner in: Ax/Schneider/Bischoff 98 Rn. 7.

45 Kaltenborn/Nobis NZBau 2008, 681, 683.

46 Siehe oben § 98 Rdn. 65 ff.

47 OLG Düsseldorf NZBau 2003, 400.

48 EuGH »Universale Bau« VergabeR 2003, 141; OLG Düsseldorf »Avista« 09.04.2003 Verg. 66/02 = NZBau 2003, 162.

49 VK Münster 14.10.1999 VK 1/99; VK Baden-Württemberg 18.03.2004 1 VK 7/04.

50 EuGH »Varkans« VergabeR 2003, 420 422 f. = NZBau 2003, 396; Wilke ZfBR 2004, 141.

51 EuGH EuzW 2008, 642 = VergabeR 2008, 632 f.

52 OLG München Beschluss v. 20.03.2014, Verg 17/13, »Digitalfunkgeräte«, VergabeR 2014, 700, 707.

53 Vgl. dazu Wagner/Raddatz NZBau 2010, 731, 734.

54 VK Baden-Württemberg NZBau 2001, 406.

55 Vgl. Rdn. 280.

56 VK Stuttgart NZBau 2002, 173.

57 Vgl. EuGH »Wall« Urt. v. 13.04.2010 – C-91/08 VergabeR 2010, 643 f.

58 VK Thüringen 19.07.2001 216–403.20–010/01 NDH.

Fußballverein[59]
Gemeinde-Unfallversicherungsträger[60]
Gemeinsame Klassenlotterie der Länder[61]
Gemeinsamer Bundesausschuss[62]
Gesellschaft für Entwicklung, Beschaffung und Betrieb mbH (für die Bundeswehr/g.e.b.b)[63]
GFAW-Gesellschaft für Arbeits- und Wirtschaftsförderung des Freistaates Thüringen mbH[64]
Großmarkt[65]
GTZ (Deutsche Gesellschaft für technische Zusammenarbeit)[66]
Hafengesellschaft[67]
Holdinggesellschaft[68]
IHK[69]
Institut für das Entgeltsystem im Krankenhaus (InEK)[70]
Kammern für Freiberufler[71]
Kirchen[72]
Krankenhaus als Einrichtung öffentlichen Rechts[73] oder private Kapitalgesellschaft[74]
Krankenkasse[75]
Kreisklinik als Anstalt öffentlichen Rechts[76]
Kurbetriebsgesellschaft[77]
Lagergesellschaft[78]
Landeseigene Anstalt öffentlichen Rechts (Personenverkehr)[79]
Landeskrankenanstalten[80]
Lotterie-, Sportwett- und Spielbankgesellschaften der Länder/des Staates[81]
Messegesellschaft[82]
Multimediazentrum[83]

59 Vgl. Rdn. 235.
60 VK Rheinland-Pfalz Beschl. v. 01.02.2005, Az VK 1/05.
61 OLG Hamburg »Mediale Leistungen« Beschl. v. 31.03.2014, Az 1 Verg 4/13, VergabeR 2014, 665 = NZBau 2014, 659; dazu auch Rdn. 235.
62 2. VK Bund Beschl. v. 15.05.2009 VK 2-21/09; Weyand, VergabeR Teil I, Rn. 1523.
63 OLG Düsseldorf NZBau 2003, 400, 403.
64 OLG Jena NZBau 2001, 281, 282.
65 OLG Bremen 18.10.2001 Verg. 2/2001 Europakompakt 2002, 9.
66 VK Bund 11.09.2002 VK 2–42/02; ergänzend Kaltenborn/Nobis NZBau 2008, 681, 683.
67 OLG Bremen Beschl. v. 24.05.2006, Az Verg 1/2006, dort als Auftraggeberin nach § 98 Nr. 1 Satz 1 GWB beschrieben, obgleich als GmbH & Co. KG organisiert – ggf. auch Sektorenauftraggeber nach § 98 Nr. 4 GWB.
68 Vgl. Rdn. 92.
69 Vgl. Rdn. 243.
70 OLG Düsseldorf Beschl. v. 29.04.2015, Az Verg 35/14.
71 Vgl. Rdn. 243.
72 Vgl. Rdn. 201.
73 EuGH »Medipac« VergabeR 2007, 609, 613; vgl. auch Rdn. 216.
74 OLG Nürnberg NZBau 2004, 403.
75 Vgl. Rdn. 233 f.
76 Verwaltungsgericht München VergabeR 2008, 138, 143.
77 VK Lüneburg Beschl. v. 26.04.2007, Az VgK 16/2007.
78 EuGH »Lagerhaltung« WuW/E Verg. 315 (1999).
79 BGH NJW 2001, 1492.
80 EuGH »Landeskrankenanstalten« WuW/E Verg. 207 (1999).
81 VK Baden-Württemberg Beschl. v. 19.04.2005 1 VK 11/05: Mangels Nichtgewerblichkeit kein öffentlicher Auftraggeber; für die Eigenschaft des öffentlichen Auftraggebers: Wirner S. 128; ablehnend, weil gewerblich: Juris PK-VergR/Zeiss § 98 Rn. 154; vgl. dazu auch Rdn. 235.
82 EuGH »Ente Fiera« NZBau 2001, 403 = VergabeR 2001, 281.
83 OLG Naumburg VergabeR 2003, 360.

Nationale DFB Kulturstiftung WM 2006 gemeinnützige GmbH
Naturschutzbund Deutschland e.V. (verneint)[84]
Öffentlich-rechtliche Kreditversicherer[85]
Olympia-Bewerbungsgesellschaften; Gesellschaft für den deutschen Pavillon bei der Biennale; DFB-Kulturstiftung WM 2006, Wirtschaftsförderungsverein »1. FC Deutschland 06« oder ähnliche öffentlich-rechtlich gestützte Werbungs- und Organisationsveranstaltungen[86]
Politische Parteien[87]
Rechenzentrum, kommunales[88]
Religionsgesellschaften[89]
Rentenversicherungsträger[90]
Rettungsdienste als Körperschaft öffentlichen Rechts[91]
Rotes Kreuz[92]
Rundfunkanstalten[93]
Sozialwohnungs AG[94]
Sparkassen[95]
Sportverein[96]
Staatliche Lotteriegesellschaften[97]
Stadtreinigungs GmbH[98]
Stadtwerke (privatrechtlich organisiert)[99]
Stiftung (öffentlich-rechtliche)[100]
Stiftungen[101]
Strafvollzugsmanagement[102]
Studentenwerk[103]
Tiefwasserhafen-Ausbaugesellschaft[104]
Toll Collect GmbH[105]
Treuhandanstalt[106]
Universität[107]

---

84 VK Brandenburg Beschl. v. 13.12.2006.
85 Vgl. Rdn. 226.
86 JurisPK-VergR/Zeiss § 98 GWB Rn. 148.
87 Vgl. Rdn. 15.
88 VK Baden Württemberg 03.06.2002 1 VK 20/02.
89 Vgl. Rdn. 220.
90 Vgl. Rdn. 233 ff.
91 VK Süd-Bayern 10.09.2002 31–07/02.
92 BayObLG. IBR 2002, 676, Rdn. 235.
93 Vgl. Rdn. 214 f.
94 EuGH »EG/Französische Republik« NZBau 2001, 215 = VergabeR 2001, 118.
95 Vgl. Rdn. 220 f.
96 Vgl. Rdn. 235.
97 Vgl. VK Münster ZfBR 2002, 724; vgl. dazu Rdn. 235.
98 OLG Dresden 20 U 1544/03 NZBau 2004, 404 = ZfBR 2004, 598.
99 OLG Dresden NZBau 2004, 404 = ZfBR 2004, 598.
100 EuGH »Tragwerksplanung« WuW/E Verg. 325 (1999); BayObLG. NZBau 2000, 259.
101 Vgl. Rdn. 210 f.
102 EuGH »Siepsa« WuW/E Verg. 853 (2003) = NZBau 2004, 223 = VergabeR 2004, 182.
103 VÜA NRW 08.10.1999 132/84–43–9/99; vgl. auch Rdn. 235.
104 VK Lüneburg Beschl. v. 12.06.2007, Az VgK-23/2007.
105 Dazu Juris PK-VergR/Zeiss § 98 Rn. 153 sowie Zeiss/Günter EuZW 2004, 102.
106 Vgl. Rdn. 211.
107 EuGH »University Cambridge« WuW/E Verg. 371 (2000) = NZBau 2001, 218 = VergabeR 2001, 111; vgl. für eine Hochschule in der Trägerschaft einer rechtsfähigen Stiftung des öffentlichen Rechts gemäß § 55 NHG: VK Lüneburg Beschl. v. 14.06.2005 VgK-22/2005.

Universitätsinstitut[108]
Universitätskliniken[109]
Verkehrs AG[110]
Versorgungswerke von Selbstverwaltungsorganisationen[111]
Wasser- und Bodenverband[112]
Werkstatt für behinderte Menschen[113]
Wirtschaftsförderungsgesellschaft[114]
Wohnungsbaugesellschaft[115]
Zentrale Stelle für öffentlichen Nahverkehr in Niedersachsen[116]

1. Grundzüge

21 § 99 Nr. 2 GWB erweitert den Auftraggeberkreis über die so genannten klassischen öffentlichen Auftraggeber (Gebietskörperschaften) hinaus auf sonstige öffentliche Unternehmen und auch **privatrechtlich organisierte Einheiten der öffentlichen Hand.** Die Vorschrift ist für die Praxis von besonderer Bedeutung, weil sie den in den vergangenen Jahren stark ausgeweiteten Bereich der **Aufgabenprivatisierung** für das Vergaberecht erschließt. Die Wahl einer privaten Rechtsform soll keine Flucht aus dem Vergaberecht ermöglichen. Die Feststellung eines öffentlichen Auftraggebers nach § 99 Nr. 2 GWB setzt voraus:
(1) Vorliegen eigener Rechtspersönlichkeit in der Form juristischer Personen des öffentlichen oder privaten Rechts,
(2) die zu dem besonderen Zweck gegründet wurde, im Allgemeininteresse liegende Aufgaben nichtgewerblicher Art zu erfüllen;
(3) die juristische Person muss durch Gebietskörperschaften, deren Sondervermögen, Verbände von Gebietskörperschaften oder juristische Personen des öffentlichen oder privaten Rechts gemäß (1) und (2) durch Beteiligung oder auf sonstige Weise
 – überwiegend finanziert oder
 – über ihre Leitung beaufsichtigt oder
 – die Hälfte der Mitglieder ihrer Geschäftsführung oder zur Aufsicht berufenen Organe durch einen öffentlichen Auftraggeber bestimmt worden sein.

22 § 99 Nr. 2 GWB orientiert sich bei der Definition des Auftraggebertypes an der europarechtlichen Definition der »Einrichtung des öffentlichen Rechts« gemäß Art. 1 (9) der Vergabekoordinierungsrichtlinie. Die Umsetzung in deutsches Recht übernimmt zwar die Grundstruktur der europäischen Texte, ist jedoch in der sprachlichen Umsetzung unpräzise geblieben, sodass bei der Auslegung der ohnehin schwierig zu konturierenden Begriffe zusätzliche Problemlagen geschaffen werden. Eine Rückkoppelung zu den Definitionen der Einrichtung öffentlichen Rechts in der Vergaberichtlinie ist deshalb in vielen Fällen unabdingbar. Art. 2 Abs. 1 Nr. 4 der Richtlinie 2014/24/EU lautet:

23 *4. »Einrichtungen des öffentlichen Rechts« Einrichtungen mit sämtlichen der folgenden Merkmale:*

   a) Sie wurden zu dem besonderen Zweck gegründet, im Allgemeininteresse liegende Aufgaben nicht gewerblicher Art zu erfüllen,

---

108 VK Düsseldorf Beschl. v. 18.06.2007, Az VK-14/2007.
109 VK Baden-Württemberg 16.11.2004 VK 69/04; VK Baden-Württemberg Beschl. v. 16.12.2009, Az 1 VK 63/09.
110 VK Düsseldorf 14.03.2000 VK 4/2000-L.
111 Vgl. Rdn. 243.
112 Im Sinne des Wasserverbandsgesetzes NRW, VK Düsseldorf Beschl. v. 19.04.2007, Az VK-10/2007-B.
113 OLG Düsseldorf Beschl. v. 15.07.2015 VII Verg 11/15.
114 EuGH »Korhonen« NZBau 2003, 396; VK Stuttgart NZBau 2002, 173; VK Bremen 25.06.2003 VK 10/03 = VergabeR 2003, 420.
115 Vgl. dazu ausführlich Rdn. 276.
116 VK Lüneburg Beschl. v. 15.05.2008, Az VgK-12/2008.

b) sie besitzen Rechtspersönlichkeit und

c) sie werden überwiegend vom Staat, von Gebietskörperschaften oder von anderen Einrichtungen des öffentlichen Rechts finanziert oder unterstehen hinsichtlich ihrer Leitung der Aufsicht dieser Gebietskörperschaften oder Einrichtungen, oder sie haben ein Verwaltungs-, Leitungs- beziehungsweise Aufsichtsorgan, das mehrheitlich aus Mitgliedern besteht, die vom Staat, von Gebietskörperschaften oder von anderen Einrichtungen des öffentlichen Rechts ernannt worden sind;

Im Erwägungsgrund 10 der Richtlinie 2014/24/EU ist klarstellend der Hinweis enthalten: 24

Zu diesem Zweck sollte daher klargestellt werden, dass eine Einrichtung, die unter marktüblichen 25 *Bedingungen arbeitet, gewinnorientiert ist und die mit der Ausübung ihrer Tätigkeit einhergehenden Verluste trägt, nicht als Einrichtung des öffentlichen Rechts angesehen werden sollte, da die im Allgemeininteresse liegenden Aufgaben, zu deren Erfüllung sie geschaffen oder mit deren Erfüllung sie beauftragt worden ist, als von gewerblicher Art anzusehen sind.*

Alle vorgenannten drei Tatbestandsvoraussetzungen des § 99 Nr. 2 GWB bzw. Art. 2 Abs. 1 26 Nr. 4 der Richtlinie 2014/24/EU müssen **gleichzeitig vorliegen.**[117] Ein Unternehmen kann daher nicht bereits dann als öffentlicher Auftraggeber betrachtet werden, wenn es lediglich von einem öffentlichen Auftraggeber gegründet wurde, beherrscht wird oder seine Tätigkeiten mit Geldmitteln finanziert werden, die aus Tätigkeiten eines öffentlichen Auftraggebers fließen.[118] Auch der Umstand, dass der Staat die Mehrheit an einem Unternehmen hält oder das Unternehmen maßgebend zu beeinflussen in der Lage ist, kann **allein nicht** zu einer Qualifizierung des Unternehmens als öffentlicher Auftraggeber führen, da neben dem einflussbezogenen Kriterium auch das so genannte aufgabenbezogene Kriterium (Wahrnehmung von Allgemeininteressen) vorliegen muss. Dementsprechend kann der Staat – bis zu 100 % – Anteilseigner von Wirtschaftsunternehmen sein, ohne dass diese dem Vergaberecht unterliegen müssen. Zwar wird in solchen Fällen der staatliche Einfluss vermittelt, solange jedoch das Unternehmen nicht satzungsgemäß im Allgemeininteresse liegende Aufgaben wahrnimmt, kommt das Vergaberecht insoweit nicht zur Anwendung (vgl. auch Rdn. 129).

Das **Auftraggeberstatut kann sich während einer laufenden Vergabe verändern.** Leitet etwa ein 27 öffentlicher Auftraggeber i.S.d. § 99 Nr. 2 a) GWB ein Vergabeverfahren ein und entfallen die Tatbestandsmerkmale – zum Beispiel durch eine materielle Privatisierung – im Laufe des Vergabeverfahrens, ist für die Beurteilung der jeweiligen Vergabehandlung das in dem Zeitpunkt der Vergabehandlung maßgebliche Recht zugrunde zu legen.[119]

Der EuGH hat in der Entscheidung »Kommission/Niederlande« konkretisiert, dass grundsätzlich 28 diejenige Richtlinie anwendbar ist, die zu dem Zeitpunkt gilt, zu dem der öffentliche Auftraggeber die Art des Verfahrens auswählt und endgültig entscheidet, ob die Verpflichtung zu einem vorherigen Aufruf zum Wettbewerb für die Vergabe eines öffentlichen Auftrags besteht. Nur sofern nach dieser Entscheidung eingeleitete Verhandlungen wesentlich andere Merkmale aufweisen, als die zuvor geführten und damit den Willen der Parteien zur Neuverhandlung wesentlicher Vertrags-

---

117 EuGH »Truley« VergabeR 2003, 296, 300; »Kooperationsvereinbarung Spanien« NZBau 2005, 232 = VergabeR 2005, 176 = WuW/E Verg. 1037 (2005); »Kommission/Spanien« NZBau 2003, 450, 453; »Österreichische Staatsdruckerei« WuW/E Verg. 23, 27 ff. (1998); »Gemeente Arnhem« WuW/E Verg. 161, 163 (1999); so auch Dreher DB 1998, 2579, 2581.
118 EuGH »Österreichische Staatsdruckerei« WuW/E Verg. 23, 26 (1998); zustimmend auch Marx/Prieß in: Jestaedt Rn. 21; vgl. auch für einen Rettungszweckverband BayObLG VergabeR 2003, 563, 565.
119 In einem solchen Fall kann es zu einer Erledigung des Nachprüfungsverfahrens kommen, ggf. auch zu Vertrauensersatzansprüchen, wenn der öffentliche Auftraggeber ein Vergabeverfahren nach bestimmten Normen eingeleitet hat und alsdann die Auftraggeberqualifikation entfällt; so auch EuGH »Mödling« Urt. v. 10.11.2005 C-29/40.

bedingungen erkennen lassen, kann die Anwendung einer Richtlinie, deren Umsetzungsfrist nach dem Zeitpunkt des Erlasses dieser Entscheidung abgelaufen ist, gerechtfertigt sein.[120]

29   In der Entscheidung »University of Cambridge« hat der EuGH darauf hingewiesen, dass für das Vorliegen des Merkmals der überwiegenden Finanzierung der betreffenden juristischen Person durch staatliche Stellen nach § 99 Nr. 2, 1. Variante GWB nicht auf den Zeitpunkt der Auftragsvergabe, sondern auf den Beginn des Haushaltsjahres der juristischen Person abzustellen ist.[121] In der Entscheidung »Mödling« hat der EuGH deutlich gemacht, dass bei mehrstufigen Privatisierungsmaßnahmen auch spätere Ereignisse (»aufhellend«) berücksichtigt werden müssen, insbesondere wenn spätere Ereignisse den Rückschluss auf einen einheitlichen Vergabevorgang zulassen.[122]

30   Für die Bejahung der so genannten In-house-Voraussetzungen hat der EuGH in der Entscheidung »*Anav*« darauf hingewiesen, dass auch eine während des Verfahrens getroffene Entscheidung des öffentlichen Auftraggebers, private Beteiligungen an einer Einrichtung nicht mehr zuzulassen, bei einer Zurückverweisung im Vergabenachprüfungsverfahren berücksichtigt werden müsse.[123]

II. Juristische Personen des öffentlichen und des privaten Rechts

31   Der deutsche Gesetzgeber hat den europäischen Begriff der »Einrichtung des öffentlichen Rechts«, die Rechtspersönlichkeit besitzt mit »juristischen Personen des öffentlichen und privaten Rechts« übersetzt.

1. Personen öffentlichen und privaten Rechts

32   Der Wortlaut stellt klar, dass es nicht darauf ankommt, ob die jeweiligen Rechtssubjekte dem privaten oder öffentlichen Sektor zuzuordnen sind. Dementsprechend bedarf es im vorliegenden Zusammenhang auch keiner Differenzierungsbemühungen im Hinblick auf die Rechtsnatur der Gesellschaft und dem privaten oder öffentlich-rechtlichen Gründungsstatut. In näherer Ausgestaltung des funktionellen Auftraggeberbegriffs soll es eben nicht entscheidend sein, ob die Aufgabenerledigung in öffentlicher oder privater Form erfolgt.

2. Juristische Personen/Rechtspersönlichkeit

33   Die Begriffe »juristische Personen« und »Rechtspersönlichkeit« sind nach der deutschen juristischen Fachsprache nicht identisch. Der Begriff der Juristischen Person ist enger als derjenige der Rechtspersönlichkeit (für den eine bloße Teilrechtsfähigkeit genügen kann).

34   Fest steht zunächst, dass alle juristischen Personen des öffentlichen und privaten Rechts von der Anwendung des Kartellvergaberechts umfasst werden. Dies sind u.a.:

a) Juristische Personen des öffentlichen Rechts

35   Erfasst sind die **bundes-, landes- und gemeindeunmittelbaren Körperschaften, Anstalten und Stiftungen des öffentlichen Rechts** mit Ausnahme der Gebietskörperschaften und deren Sondervermögen, die bereits in § 99 Nr. 1 GWB geregelt sind. Nach Anhang III der Koordinierungsrichtlinie gehörten dazu etwa Einrichtungen wie Hochschulen, Kammern, Wirtschaftsvereinigungen, Sozialversicherungen, Versorgungsanstalten, Kultur-, Wohlfahrts- und Hilfsstiftungen. In der Praxis sind insbesondere die Kommunalunternehmen in der Rechtsform der Anstalt des öffentlichen Rechts von Bedeutung,[124] z.B. die Stadtreinigung Hamburg (SRH) als Anstalt öffentlichen Rechts.[125]

---

120   EuGH, Urteil v. 11.07.2013, Az C-576/10 »Kommission/Niederlande«, VergabeR 2013, 711.
121   EuGH »University of Cambridge« VergabeR 2001, 111; dazu ausführlich Ziekow VergabeR 2010, 861 f.
122   EuGH »Mödling« Urt. v. 10.11.2005 C-29/40 = VergabeR 2006, 47 f.
123   EuGH »Anav« VergabeR 2006, 488, 491.
124   Ein Überblick über entsprechende Organisationsformen in den einzelnen Bundesländern gibt Schröder NZBau 2003, 596.
125   Vgl. EuGH »Stadtreinigung Hamburg« Urt. v. 09.06.2009 C 480/06 NZBau 2009, 527, 528.

Eine als Anstalt des öffentlichen Rechts organisierte **Kreisklinik** ist öffentlicher Auftraggeber nach 36
§ 99 Nr. 2 GWB, da sie über eine eigene Rechtspersönlichkeit verfügt, als Kreisklinik auch im
Allgemeininteresse liegende Aufgaben des Gesundheitswesens wahrnimmt und als selbstständiges
Kommunalunternehmen finanziell unterstützt wird.[126] Entsprechendes gilt etwa für die **DZBW**,
eine Anstalt des deutschen öffentlichen Rechts, die auf gesetzlicher Grundlage den Gemeinden
Baden-Württembergs Software zur Verwaltung der Kraftfahrzeugzulassung liefert.[127]

Der Gemeinsame Bundesausschuss ist ein dem Bund zuzurechnender öffentlicher Auftraggeber im 37
Sinne des § 99 Nr. 2 GWB. Der Gemeinsame Bundesausschuss nimmt Aufgaben nach § 91 Abs. 1
Satz 2 SGB V wahr und dient der Festlegung verbindlicher Richtlinien für das Gesundheitswesen.
Die Finanzierung erfolgt durch die gesetzlichen Krankenkassen.[128]

b) Juristische Personen des privaten Rechts

Hierbei handelt es sich um **Aktiengesellschaften, Gesellschaften mit beschränkter Haftung,** 38
Genossenschaften, eingetragene Vereine etc.[129]

Juristische Personen des Privatrechts sind auch **eingetragene Vereine**, wie z.B. ein **Bezirksfeuer-** 39
wehrverband e.V.[130] oder Vereine zur Unterstützung, Förderung und Selbstevaluierung eines
integrierten und nachhaltigen Entwicklungsprozesses in der LEADER-Region.[131] Entsprechendes
gilt für einen **eingetragenen Verein**, der sich der Frühförderung und Behindertenhilfe verpflichtet
hat.[132] Ein eingetragener Verein, der die angewandte Forschung fördern soll und überwiegend von
Bund und Ländern finanziert wird, ist öffentlicher Auftraggeber.[133] Auch ein **altrechtlicher Verein**
nach den Landesgesetzen ist eine entsprechende juristische Person im Sinne des Vergaberechts.[134]

3. Handelsgesellschaften und Mischformen als »juristische Personen« im Sinne des § 99 Nr. 2 GWB

Handelsgesellschaften, wie **OHG, KG** aber auch Mischformen wie die **GmbH & Co. KG** und 40
vergleichbare Gesellschaftsformen sind keine juristischen Personen i.S.d. deutschen Gesellschafts-
rechts. Deshalb hatte der Vergabeüberwachungsausschuss Brandenburg im Fall »*Heizkraftwerk
Cottbus*« die Auftraggebereigenschaft einer **Kommanditgesellschaft** verneint. Die Argumentation
ist aufgrund der nicht präzisen Umsetzung der europäischen Vorgabe »Rechtspersönlichkeit« nachvollziehbar, kann jedoch nach heute allgemeiner Auffassung für die Auftraggeberqualifikation nicht
herangezogen werden. Handelsgesellschaften sind nach deutschem Recht teilrechtsfähig und können unter ihrer Firma Rechte und Verbindlichkeiten begründen (§§ 124 Abs. 1, 161 Abs. 2 HGB).
Unter ihrer Firma können sie auch rechtsgeschäftlich wirksame Beschaffungen durchführen und
dementsprechend im Markt als Auftraggeber auftreten. Deshalb kann ihnen beschaffungsrechtlich gesehen Auftraggeberqualität nicht aberkannt werden. Ihnen ist »Rechtspersönlichkeit« i.S.d.
EU-Vergaberechts zuzuerkennen. Die deutsche Formulierung in § 99 Nr. 2 GWB »juristische Personen« ist insoweit untechnisch zu verstehen und schließt Handelsgesellschaften nicht aus.[135] Der

---

126 Verwaltungsgericht München VergabeR 2008, 138, 143; 1. VK Südbayern Beschl. v. 29.04.2010, Az Z
3-3-3194/1-03-01/10.
127 EuGH »Kommission/Bundesrepublik Deutschland« Urt. v. 15.10.2009, Az C 275/08.
128 2. VK Bund Beschl. v. 15.05.2009 VK 2-21/09; Weyand, VergabeR Teil I, Rn. 1523.
129 Für den eingetragenen Verein VK Brandenburg Beschl. v. 28.03.2008, VK 6/08.
130 OLG München Beschl. v. 20.03.2014, Az Verg 17/13, »Digitalfunkgeräte«, VergabeR 2014, 700, 707;
VK Nordbayern Beschl. v. 19.10.2015 VK-3194-38/15.
131 VK Brandenburg Beschl. v. 07.04.2008, Az VK 7/08.
132 VK Nordbayern Beschl. v. 23.07.2009, Az VK-3194-25.
133 LG Stuttgart NJW-RR 2011, 1105.
134 OLG Brandenburg Beschl. v. 30.11.2004, Az VergW 10/04.
135 Vgl. OLG Bremen Beschl. v. 24.05.2006, Az Verg 1/2006 für eine GmbH & Co. KG; VK Münster
ZfBR 2002, 724, 733, mit ausführlicher Begründung; Diehr in: Reidt/Stickler/Glahs § 98 Rn. 20.

deutsche Gesetzgeber hätte besser – wie der österreichische Gesetzgeber – klargestellt, dass nicht eine juristische Person erforderlich ist, sondern eine Teilrechtsfähigkeit ausreicht.

41   Entsprechend ist das Merkmal »Juristische Person« bei **Partnerschaftsgesellschaften** und der **europäischen wirtschaftlichen Interessenvereinigung** (EWIV) zu bejahen.[136]

4. Die BGB-Gesellschaft als juristische Person des privaten Rechts

42   Der Bundesgerichtshof hat – nach jahrzehntelangem Meinungsstreit – zivilrechtlich auch die Teilrechtsfähigkeit der **BGB-Gesellschaft** anerkannt.[137] Für die insoweit bürgerlich-rechtlich anerkannte, teilrechtsfähige BGB-Gesellschaft kann vergaberechtlich nichts anderes gelten, als für die Handelsgesellschaften.[138] Inzwischen hat auch die Vergaberechtsprechung die BGB-Gesellschaft als möglichen öffentlichen Auftraggeber nach § 99 Nr. 2 GWB anerkannt.[139]

43   Nach Auffassung der VK Bremen ist die Gesellschaft Bürgerlichen Rechts ein Verband im Sinne von § 99 Nr. 3 GWB. Die dem Vergaberecht eigene funktionale Betrachtungsweise führe zu einer weiten Auslegung dieses Begriffs. Er umfasse Zusammenschlüsse aller Art, ungeachtet der jeweiligen Rechtsform.[140]

5. Gründungsgesellschaften als juristische Personen des privaten Rechts

44   Problematisch ist, ob Gesellschaften, die sich noch in einem **Gründungs- oder Vorgründungsstadium** befinden, schon als öffentlicher Auftraggeber qualifiziert werden können.

45   Als **Vorgesellschaft** bezeichnet man eine errichtete, aber noch nicht eingetragene Kapitalgesellschaft, mithin eine Kapitalgesellschaft im Gründungsstadium. Der Status der Vorgesellschaft beginnt mit dem Abschluss und Wirksamwerden des Gesellschaftsvertrages. Es ist heute in Praxis und Lehre anerkannt, dass die Vorgesellschaft einer Kapitalgesellschaft vollwertige Trägerin von Rechten und Pflichten sein kann. Sie ist bereits Trägerin des Unternehmens, hat eine eigene Firma und ist sogar grundbuchfähig, parteifähig und insolvenzfähig.[141] Im Hinblick auf die damit anerkannte weitgehende Gleichstellung mit der entstandenen juristischen Person können somit auch die Vorgesellschaften, wie Vor-GmbH oder Vor-AG, Adressat des Vergaberechts sein. Wenn dementsprechend eine Vorgesellschaft, deren Gesellschafter öffentliche Auftraggeber sind, öffentliche Aufträge erteilt, obgleich die Entstehungsvoraussetzungen der juristischen Person noch nicht vollständig erfüllt sind, wird die Gesellschaft gleichwohl als öffentliche Auftraggeberin qualifiziert werden können.[142] Soweit aus dem Wortlaut des § 99 Nr. 2 GWB abzuleiten sein sollte, dass die juristische Person bereits gegründet sein muss, wäre die Vorschrift europarechtskonform dahin auszulegen, sodass die fehlende Eintragung bzw. der letzte Entstehungsakt für die juristische Person nicht maßgebend sein kann.

46   Auch eine **Vorgründungsgesellschaft** einer juristischen Person oder die Vorgesellschaft einer OHG/ Gesellschaft bürgerlichen Rechts, die wiederum der Rechtsnatur nach OHG oder **Gesellschaft bürgerlichen Rechts** sein können,[143] sind als öffentliche Auftraggeber qualifizierbar.[144] Denn die

---

136 Vgl. Diehr in: Reidt/Stickler/Glahs § 98 Rn. 21.
137 Vgl. BGHZ 146, 341 = NJW 2001, 1056.
138 Vgl. so zutreffend auch VK Münster ZfBR 2002, 724, 733; Diehr in: Reidt/Stickler/Glahs § 98 Rn. 21; so auch Crass S. 72 unter Hinweis auf EuGH 1998 I-6821 Rn. 62.
139 OLG Düsseldorf Beschl. v. 06.07.2005, Verg 22/05; OLG Celle Beschl. v. 14.09.2006, Az 13 Verg 3/06; VK Bremen Beschl. v. 20.06.2012, Az 16-VK 1/12.
140 VK Bremen Beschl. v. 20.06.2012, Az 16-VK 1/12.
141 Schmidt in: Scholz GmbHG § 11 Rn. 27 ff.
142 Bechtold GWB § 98 Rn. 11, Dreher DB 1998, 2579, 2580, sofern die Auftragserteilung auch für die Zeit nach Gründung wirken kann und soll.
143 Vgl. Schmidt in: Scholz GmbHG § 11 Rn. 14.
144 So auch Crass S. 70.

Handelsgesellschaften und auch die BGB-Gesellschaft sind, da sie aufgrund anerkannter Teilrechtsfähigkeit öffentliche Aufträge auslösen können, bereits als »Rechtspersönlichkeit« bzw. »juristische Personen des öffentlichen oder privaten Rechts« anzusehen.

Nicht umfasst vom Wortlaut der Vergabekoordinierungsrichtlinie und des GWB ist allerdings eine **47** **natürliche Person**. Selbst wenn diese – auf welcher Grundlage auch immer – im Allgemeininteresse liegende Aufgaben nicht gewerblicher Art erfüllen sollte, kann sie nicht als »Einrichtung« oder »zu einem besonderen Zweck gegründete Rechtspersönlichkeit« qualifiziert werden werden (Ausnahme: § 99 Nr. 5).

6. Zu dem besonderen Zweck gegründet, im Allgemeininteresse liegende Aufgaben nichtgewerblicher Art zu erfüllen

a) Besonderer Gründungszweck

aa) Grundlagen

Sowohl nach dem Wortlaut von Art. 2 Abs. 1 Nr. 4 a) der Richtlinie 2014/24/EU wie auch § 99 **48** Nr. 2 GWB muss das Unternehmen **zu dem besonderen Zweck gegründet** worden sein, im **Allgemeininteresse liegende Aufgaben** nicht gewerblicher Art zu erfüllen. Die Begriffswahl »gegründet« ist nicht uneingeschränkt korrekt. I.S.d. funktionellen Auftraggeberbegriffs bedarf dieses Tatbestandsmerkmal einer extensiven Auslegung.

Entscheidend ist, ob die **objektive Ausrichtung** des Unternehmens auf eine bestimmte Tätigkeit **49** (Allgemeininteresse) und auf eine bestimmte Wettbewerbsform (nicht gewerblich) festgestellt werden kann.

Der EuGH hat in der Entscheidung »*Universale-Bau AG*« festgestellt, dass die **objektiv nachweis-** **50** **bare faktische Übernahme** entsprechender Tätigkeiten ausreicht und formuliert:

> *Auf die erste Frage ist demnach zu antworten, dass eine Einrichtung, die zwar nicht zu dem beson-* **51** *deren Zweck gegründet wurde, im Allgemeininteresse liegende Aufgaben nicht gewerblicher Art zu erfüllen, die jedoch später solche Aufgaben übernommen hat und diese seither tatsächlich wahrnimmt, das Tatbestandsmerkmal des Art. 1 Buchstabe b) Unterabsatz 2 erster Gedankenstrich der Richtlinie 93/37 erfüllt, um als Einrichtung des öffentlichen Rechts im Sinne dieser Bestimmung qualifiziert werden zu können, sofern die Übernahme dieser Aufgaben objektiv festgestellt werden kann.*[145]

Die Zwecksetzung muss lediglich **objektiv feststellbar** sein. Die Richtlinie stellt jedoch keine Anfor- **52** derungen an einen bestimmten Zeitpunkt oder eine bestimmte Dokumentation der Ausrichtung der wirtschaftlichen Aktivitäten des Unternehmens.

bb) Feststellungen des »Gründungszwecks« anhand der Satzung

Am einfachsten lässt sich der besondere »Gründungszweck« anhand des Satzungszwecks eines **53** Unternehmens feststellen. Wenn sich die Bezogenheit auf das Allgemeininteresse bereits aus dem Gründungszweck/der Gründungsurkunde ergibt, ist die Voraussetzung der besonderen Zwecksetzung erfüllt. Sie ist auch dann gegeben, wenn aufgrund einer späteren Satzungsänderung im Allgemeininteresse liegende Aufgaben nichtgewerblicher Art zum Unternehmensgegenstand werden. Die spätere Satzungsänderung steht also einem Gründungszweck i.S.d. § 99 Nr. 2 GWB gleich.[146]

---

145 Vgl. EuGH 12.12.2002 »Universale-Bau AG« VergabeR 2003, 141, 149 = NZBau 2003, 162 mit Anm. von Schabel.
146 So mit Recht auch Bechtold § 98, Rn. 14; a.A. wohl Korbion § 98 Rn. 3: »Entscheidend ist daher aber ihr besonderer Gründungszweck im Zeitpunkt der Gründung«.

Der Vergabeüberwachungsausschuss des Bundes hatte in der Entscheidung »Deutsche Post AG« ausgeführt:[147]

54   *Der Gründung im Sinne des § 57a Abs. 1 Nr. 2 HGrG steht die Übernahme des Unternehmens durch einen Mehrheitsgesellschafter, die Umfirmierung und der Beschluss eines neuen Gesellschaftsvertrages gleich, für die das GmbH-Gesetz mit der Eintragung ins Handelsregister die gleichen Wirksamkeitserfordernisse wie die Gründung vorsieht. Würde man den Begriff der Gründung im Sinne des § 57a Abs. 1 Nr. 2 HGrG von einer anderen Interpretation ausgehen, so würde man den Zweck des Gesetzes verfehlen, weil dann ein öffentlicher Auftraggeber durch die Übernahme und die anschließende Änderung des Unternehmensgegenstandes einer Gesellschaft mit der Tätigkeit dieser Gesellschaft außerhalb des durch § 57a Abs. 1 HGrG bezeichneten Schutzbereiches agieren könnte.*

55   Ob die Satzung den Unternehmenszweck auf öffentliche Interessen ausrichtet, ist nach objektiven Kriterien zu beurteilen.[148] Auf nur **vorgeschobene gewerbliche Zwecke**, die Tätigkeiten im allgemeinen Interesse in der Absicht verhüllen, zwingenden Rechtsvorschriften zu entgehen, darf nicht abgestellt werden. Maßgeblich ist das **tatsächlich** mit der Gesellschaftsgründung **verfolgte Ziel**.[149]

cc) Sonstige Dokumentationen des besonderen Gründungszwecks

56   Jede sonstige objektiv feststellbare Grundlage der tatsächlich ausgeübten Tätigkeit ist für die Feststellung der öffentlichen Auftraggeberschaft ausreichend. Wie sich schon aus der Gesetzeshistorie des Vergaberechtsänderungsgesetzes ergibt, kann sich die Verpflichtung auf das Allgemeininteresse auch aus den Normen ergeben, die einem Privatisierungsakt zugrunde liegen, insbesondere einer **gesetzlichen Aufgabenübertragung**. Maßgeblich können alle gesetzlichen oder vertraglichen Regelungen sein, welche die Rahmenbedingungen der Unternehmenstätigkeit festlegen.[150] Dabei kommt es nicht darauf an, dass die Zwecksetzung (auch der Zuweisungsakt/die Aufgabenübertragung) durch formales Gesetz erfolgt. Der EuGH hat in der Entscheidung »*Universale-Bau AG*« anerkannt, dass sich die Ausrichtung (der »Gründungszweck«) nicht im Gesellschaftsvertrag widerspiegeln muss, sondern es ausreicht, wenn diese(r) in einer getrennten Vereinbarung zwischen dem öffentlichen Auftraggeber und der Gesellschaft enthalten ist.[151] Mithin reicht jede **objektive Aufgabenzuweisung** eines Unternehmens zur Annahme eines besonderen Gründungszwecks aus. In der Entscheidung »*Universale-Bau AG*« hat der EuGH zudem herausgestellt, dass es schlichtweg **nicht auf die Rechtsform** der Bestimmung ankommt, welche die Aufgabenzuweisung regelt. Die Art der Rechtsgrundlage für die Tätigkeitsausübung ist unerheblich.[152]

57   Zur Bestimmung der öffentlichen Auftraggeberschaft kann **nicht starr auf den Wortlaut** der Satzung abgestellt werden. Vielmehr sind hierneben die tatsächlichen Umstände, unter denen ein Unternehmen am Markt agiert, festzustellen und bei der Qualifizierung, ob die öffentliche Auftraggeberschaft zu bejahen ist, zu berücksichtigen.[153]

---

147 VÜA Bund 24.04.1998 1 VÜ 15/98 WuW/E 249, 250 (1999) = IBR 2000, 586.

148 Korbion § 98 Rn. 3; eine Satzungsregelung, wonach die Gesellschaft auch die Absicht der Gewinnerzielung verfolgt, schließt die Verfolgung von Allgemeininteressen nicht aus, VK Münster 14.10.1999 VK 1/99.

149 Vgl. etwa Schlussanträge des Generalanwaltes Philippe Leger v. 16.09.1997 in der Sache Österreichische Staatsdruckerei S. I-17.

150 Vgl. Noch Rn. 155: »Die rechtliche Zweckbestimmung des Unternehmens kann sich zB auch aus gesetzlichen Regelungen ergeben. Insbesondere bei privaten respektive privatisierten Unternehmen sind, zB auch Verordnungen, Gründungsakte und Satzungen heranzuziehen.«.

151 EuGH »Universale-Bau AG« VergabeR 2003, 141, 149 = NZBau 2003, 162.

152 EuGH 12.12.2002 »Universale-Bau AG« VergabeR 2003, 141, 149 = NZBau 2003, 162.

153 VK des Landes Brandenburg Beschl. v. 03.04.2009, Az VK 8/09.

dd) Spätere Änderungen der Zwecksetzung (ohne Satzungsänderung)

Es steht einem Unternehmen frei, zu späterer Zeit den Tätigkeitszuschnitt wie auch die Wettbe- 58
werbsform zu ändern. Deshalb kann auch die besondere Zwecksetzung gemäß § 99 Nr. 2 GWB
mit dem Zeitablauf verloren gehen. Wird die Satzung entsprechend der tatsächlichen Aufgabenwahrnehmung des Unternehmens geändert, kann auf die insoweit geänderte Satzung abgestellt
werden (siehe Rdn. 108). Problematischer wird es dann, wenn der Satzungszweck nicht geändert,
die tatsächlich ausgeübte Tätigkeit jedoch eine andere Rechtsqualität erlangt. In diesen Fällen ist
entscheidend **auf die tatsächlich ausgeübte Tätigkeit** abzustellen. Es kommt dann nicht auf die
zum Zeitpunkt der Gründung übertragenen Aufgaben, sondern die im Zeitpunkt der Vergabe tatsächlich ausgeübte Tätigkeit an. Auch dies hat der EuGH in der Entscheidung »*Universale-Bau AG*«
herausgestellt:

> *Daraus ergibt sich, dass bei der Prüfung der Frage, ob eine Einrichtung den Tatbestand des Art. 1* 59
> *Buchstabe b) Abs. 2 erster Gedankenstrich der Richtlinie 93/37 erfüllt, auf die tatsächlich ausgeübte*
> *Tätigkeit abzustellen ist.*
>
> *Insoweit ist darauf hinzuweisen, dass die praktische Wirksamkeit der Richtlinie 93/37 nicht vollstän-*
> *dig gewährleistet wäre, wenn die Anwendung der Richtlinienregelung auf eine Einrichtung, die den*
> *Tatbestand des Art. 1 Buchstabe b) Unterabsatz 2 der Richtlinie erfüllt, allein deshalb ausgeschlossen*
> *sein könnte, weil die im Allgemeininteresse liegenden Aufgaben nicht gewerblicher Art, die die Ein-*
> *richtung erfüllt, ihr **nicht zum Zeitpunkt ihrer Gründung** übertragen wurden.*
>
> *Das gleiche Bestreben, die praktische Wirksamkeit des Art. 1 Buchstabe b) Unterabsatz 2 der Richt-*
> *linie 93/37 zu gewährleisten, steht auch einer Unterscheidung danach entgegen, ob die Satzung einer*
> *solchen Einrichtung an die tatsächlichen Änderungen ihres Tätigkeitsbereiches angepasst wurden oder*
> *nicht.*

In der Entscheidung »*Universale-Bau AG*« hat der EuGH bestätigt, dass die Qualifizierung als 60
öffentlicher Auftraggeber nicht dadurch infrage gestellt wird, dass das jeweilige Unternehmen auch
andere Tätigkeiten außerhalb des Allgemeininteresses wahrnehme und ausgeführt:

> *So hat der Gerichtshof auch in Rn. 26 des Urteils Mannesmann Anlagenbau Austria unter anderem* 61
> *in Bezug auf die Qualifizierung einer Einrichtung, die zu dem besonderen Zweck gegründet worden*
> *war, im Allgemeininteresse liegende Aufgaben nicht gewerblicher Art zu erfüllen, wobei sie jedoch*
> *auch gewerblichen Tätigkeiten nachging, festgestellt, dass die Voraussetzungen des Art. 1 Buchstabe b)*
> *Unterabsatz 2 erster Gedankenstrich der Richtlinie 93/37 nicht bedeutet, dass die betreffende Ein-*
> *richtung einzig und allein im Allgemeininteresse liegende Aufgaben nicht gewerblicher Art zu erfüllen*
> *hätte.*
>
> *Insbesondere hat der Gerichtshof, wie aus Rn. 25 des Urteils Mannesmann Anlagenbau Austria unter* 62
> *anderem hervorgeht, entschieden, dass es nicht darauf ankommt, dass die betreffende Einrichtung*
> *außer der Erfüllung der im Allgemeininteresse liegenden Aufgaben **noch andere Tätigkeiten** ausüben*
> *darf; entscheidende Bedeutung hat dagegen der Umstand, dass die Einrichtung weiterhin die Aufga-*
> *ben wahrnimmt, die sie als besondere Pflicht zu erfüllen hat.[154]*

Das OLG Düsseldorf hat in einem Beschl. v. 09.04.2003[155] hervorgehoben: 63

> *Nach dem Sinn und Zweck der Vorschrift, Einrichtungen wegen ihrer Zwecksetzung und ihrer zu-* 64
> *gleich vorhandenen Staatsgebundenheit zu erfassen, findet die Vorschrift auch dann Anwendung,*
> *wenn die Einrichtung **erst nach ihrer Gründung** im Allgemeininteresse liegende Aufgaben nicht ge-*
> *werblicher Art zur Erledigung **zugewiesen** werden. Unerheblich ist schließlich ebenso, welchen Anteil*
> *die Abfallentsorgungs- und Straßendienste der (...) am gesamten Tätigkeitsbereich der Antragsgegnerin*
> *ausmacht. Denn der Auftraggeber ist nicht schon dann öffentlicher Auftraggeber im Sinne von § 99*

---

154 EuGH 12.12.2002 »Universale-Bau AG« VergabeR 2003, 141, 149 = NZBau 2003, 162.
155 Vgl. OLG Düsseldorf 09.04.2003 Verg 66/02.

Nr. 2 GWB, wenn er überhaupt Aufgaben der fraglichen Art erfüllt. Der Umfang dieser Betätigung spielt für die Geltung des Vergaberechts keine Rolle.

65   Die Entscheidungen befassen sich mit dem Fall, dass ein öffentlicher Auftraggeber ohne entsprechende Satzungsänderung das **Tätigkeitsfeld erweitert.** Dann soll auf die tatsächliche Ausübung der Tätigkeit abgestellt werden können. Fraglich ist die Behandlung des umgekehrten Falls, nämlich die **Reduzierung der Tätigkeit** ungeachtet des weiter reichenden Satzungszwecks. Auch in dieser Fallgestaltung kann es nur auf die tatsächliche Ausübung der Unternehmenstätigkeit ankommen.[156] So hat etwa das OLG Karlsruhe entschieden, dass ein kommunales Wohnungsbauunternehmen, das zu früherer Zeit zur Abhilfe des Wohnungsmangels bei Sozialwohnungen gegründet worden war, das aber jetzt wie ein Bauträger agiere und dem Wettbewerb ausgesetzt sei, ungeachtet des unveränderten Satzungszwecks nicht mehr als öffentlicher Auftraggeber anzusehen sei.[157]

66   Die vorstehenden Grundsätze gelten auch dann, wenn ein Unternehmen die Geschäftstätigkeit ändert und fortan keinerlei Tätigkeiten im Allgemeininteresse mehr ausübt. Auch in einem solchen Fall bedarf es keiner bestimmten Dokumentation des Geschäftswillens nach außen. Die innere Willensrichtung der Gründer, in der Zukunft entsprechend zu verfahren, ist allerdings unerheblich.[158]

b) Mischtätigkeiten/Infizierungstheorie

67   Welchen Umfang die im Allgemeininteresse liegende Aufgabenerfüllung im Verhältnis zu den insgesamt wahrgenommenen Aufgaben des Unternehmens hat, ist nach der Auffassung des EuGH nicht erheblich. Es komme – anders als bei privaten Sektorenauftraggebern – nicht darauf an, welchen Umfang die Erfüllung der im Allgemeininteresse liegenden Aufgaben hat. Erst recht komme es nicht darauf an, ob rechtlich selbstständige Tochterunternehmungen oder sonstige verbundene Unternehmen auch gewerbliche Tätigkeiten ausüben.[159] Nach der vom EuGH entwickelten »Infizierungstheorie« führt auch eine nur teilweise Wahrnehmung von Allgemeininteressen dazu, dass die Gesamttätigkeit des Unternehmens vergaberechtlich umqualifiziert wird. Die Verpflichtung des Unternehmens auf Allgemeininteressen macht das Unternehmen daher auch dann zu einem öffentlichen Auftraggeber, wenn die Unternehmenstätigkeit auch in weiteren, nicht durch die Allgemeininteressen beeinflussten Geschäftsfeldern abgewickelt wird. In der Entscheidung »*Aigner*« hat der EuGH ausgeführt:

68   *»Zu ergänzen ist, dass dabei unbeachtlich ist, dass die betreffende Einrichtung nicht nur ihre im Allgemeininteresse liegende Aufgabe hat, sondern – in Gewinnerzielungsabsicht – auch andere Tätigkeiten ausübt, solange sie weiterhin die im Allgemeininteresse liegenden Aufgaben wahrnimmt, die sie als besondere Pflicht zu erfüllen hat. Welchen Anteil die in der Gewinnerzielungsabsicht ausgeübten Tätigkeiten an den Gesamttätigkeiten dieser Einrichtung ausmachen, ist für die Frage, ob sie als Einrichtung des öffentlichen Rechts zu qualifizieren ist, ebenfalls unerheblich.«*[160]

69   Zum Teil wird die Auffassung vertreten, dass es auf den Umfang der auf die im Allgemeininteresse ausgerichteten Aufgabenerfüllung nicht ankomme.[161] Allerdings sollte nicht jede noch so kleine

---

156   A.A. auch Dreher § 98 Rn. 10; Bergmann Die Vergabe öffentlicher Aufträge und das In-house-Geschäft S. 60.

157   OLG Karlsruhe IBR 2008, 670.

158   Crass S. 76.

159   EuGH »Gemeente Arnhem« WuW/E Verg. 161, 166 (1999).

160   EuGH »Aigner« EuzW 2008, 342, 345 = VergabeR 2008, 632, 637.

161   Weyand IBR-online Kommentar § 98 Rn. 71 mwH.

Aufgabenwahrnehmung mit verwaltungs- oder staatsrechtlichem Bezug ein Unternehmen insgesamt zu einem öffentlichen Auftraggeber machen. Vielmehr muss die dem Auftraggeber in Teilbereichen eingeräumte Sonderstellung ein solches Gewicht haben, dass sie tatsächlich geeignet ist, die Marktverhältnisse in irgendeiner Form zu beeinflussen.[162] Es bietet sich an, in diesem Kontext auf das wettbewerbsrechtliche Kriterium der sog. **Spürbarkeit** abzustellen. Dieses Kriterium ist nur dann erfüllt, wenn die Sonderstellung des Unternehmens einzelfallbezogen geeignet ist, eine Veränderung von Marktverhältnissen mit einer gewissen Wahrscheinlichkeit herbeizuführen.[163] Die Literatur hat sich teilweise dem hier entwickelten Vorschlag, auch in dem vergaberechtlichen Zusammenhang auf das wettbewerbsrechtliche Kriterium der Spürbarkeit abzustellen, angeschlossen.[164] *Jochum* formuliert insoweit zutreffend:

> *Im Hinblick auf das Erfordernis einer extensiven Anwendung des vergaberechtlichen Kontrollinstrumentariums ist die Schwelle der Geringfügigkeit dann als überschritten anzusehen, wenn die Erfüllung im Allgemeininteresse liegender Aufgaben mit Blick auf die Gesamtgeschäftstätigkeit des Unternehmens nicht mehr als Bagatelle angesehen werden kann.*[165]   70

Entscheidend ist somit die tatsächliche Ausrichtung auf das Allgemeininteresse, in der Regel verbunden mit einer **Staatsnähe des Unternehmens**.[166] Der EuGH hat etwa die Übernahme der Abfallbeseitigung als im Allgemeininteresse liegende Aufgabe qualifiziert.[167] Die Tätigkeit werde – wenn auch überwiegend durch private Gesellschaften abgewickelt – doch wesentlich durch Interessen öffentlicher Gesundheit und des Umweltschutzes bestimmt und gehöre damit zu denjenigen Aufgaben, die ein Staat von Behörden wahrnehmen lassen kann oder auf die er einen entscheidenden Einfluss behalten möchte.   71

In der Entscheidung »Österreichische Staatsdruckerei« hat der EuGH die Eigenschaft des öffentlichen Auftraggebers aus dem Vorhandensein von Ausschließlichkeitsrechten, der Kontrolle durch den Rechnungshof und aus der konkreten – staatsbezogenen – Geschäftstätigkeit abgeleitet. Diese Tätigkeit ergebe sich aus der engen Verbindung zum Staat bei der Herstellung von amtlichen Produkten, bei denen Sicherheits- und Geheimhaltungsvorschriften einzuhalten seien. Hier gehe es um die Erfüllung besonderer Pflichten. Nicht erforderlich sei, dass die Aufgabenübertragung durch formales Gesetz erfolge. Die Rechtsnatur des Zuweisungsaktes sei nicht entscheidend.[168]   72

Die Infizierung kann nur dadurch verhindert werden, dass die nicht durch Allgemeininteressen berührten Tätigkeiten **auf** eine **selbstständige Tochtergesellschaft ausgegründet** werden. Insoweit hat der EuGH klargestellt: 73

> *»Umgekehrt genügt der Umstand, dass ein Unternehmen, das zu einer Gruppe oder zu einem Konzern gehört, eine Einrichtung des öffentlichen Rechts ist, nicht, um alle Konzernunternehmen als öffentliche Auftraggeber anzusehen.«*[169] Die gesellschaftsrechtliche Ausgliederung der im Allgemein-   74

---

162 Das ist wohl auch der Grundgedanke von Noch Rn. 156, der von »gewissen Restbereichen« und einer »Gesamtbilanz« spricht.
163 Vergleiche zum Kriterium der Spürbarkeit Zimmer in: Immenga/Mestmäcker § 1 GWB Rn. 165 ff.
164 Siehe Crass S. 78; ablehnend zum Kriterium der Spürbarkeit: Bergmann S. 64.
165 Jochum NZBau 2002, 69, 73.
166 Bechtold § 98 Rn. 18; Dreher DB 1998, 2579 ff., 2583.
167 EuGH »Gemeente Arnhem« WuW/E Verg. 161, 165 (1999).
168 Vgl. Bechtold § 98 Rn. 17; EuGH »Gemeente Arnhem« WuW/E Verg. 161 ff. (1999).
169 EuGH »Gemeente Arnhem« WuW/E Verg. 161, 166 (1999); Heise LKV 1999, 210, 212, erläutert die Ausgliederungsthematik anhand eines Beispiels: »Betreiben die Stadtwerke einer Gemeinde als Eigenbetrieb eine Müllverbrennungsanlage, so ist die Kommune im Zusammenhang mit Aufträgen, die die Errichtung oder den Betrieb der Müllverbrennungsanlage betreffen, an das Vergaberegime gemäß § 98 Nr. 1 GWB gebunden. Einer solchen Bindung unterliegt die Gemeinde auch dann, wenn sie den Bereich der Müllverbrennung in eine gemeindeeigene GmbH umwandelt. Es sind dann die Voraussetzungen des § 98 Nr. 2 GWB erfüllt: Als Alleingesellschafterin beherrscht die Gemeinde die GmbH. Bei der

interesse liegenden Tätigkeitsbereiche aus vergaberechtlichen Gründen stellt keine unbeachtliche Umgehungsstrategie dar.

c) Allgemeininteresse

aa) Grundlagen

75   Art. 2 Abs. 1 Nr. 4 a der Richtlinie 2014/24/EU und § 99 Nr. 2 GWB verlangen als Qualifizierungsmerkmale des öffentlichen Auftraggebers die Verfolgung im **Allgemeininteresse** liegender Aufgaben **nicht gewerblicher Art**. Die Kriterien des Allgemeininteresses und der Nichtgewerblichkeit sind die wichtigsten Kriterien zur näheren Eingrenzung der dem Vergaberecht unterliegenden privaten Unternehmen. Die Begriffe sind nur unscharf konturiert und schwer voneinander abgrenzbar. Der EuGH hat in seiner früheren Rechtsprechung[170] vielfach die Anforderungen aus den Begrifflichkeiten des Allgemeininteresses und der Nichtgewerblichkeit vermengt. Hierdurch wurden die Abgrenzungsschwierigkeiten zusätzlich erhöht.

76   Richtig erscheint es, **zwischen beiden Begriffen zu trennen**, wie es der EuGH in seiner jüngeren Rechtsprechung auch ausdrücklich gefordert hat.[171] Hiernach geht es bei dem **Allgemeininteresse** um den **tätigkeitsbezogenen Aufgabenzuschnitt**, während es bei der **Nichtgewerblichkeit** um die **marktbezogene Wettbewerbsform** des jeweiligen Unternehmens geht.

77   Der Begriff **Allgemeininteresse** ist vom EU-Richtliniengeber nicht näher definiert worden.[172] Erst später hat die EU-Kommission erläutert:

78   *»Im Gegensatz zum Einzelinteresse ist das Allgemeininteresse das Interesse der Gemeinschaft oder einer zu einem bestimmten Zeitpunkt der gesellschaftlichen Entwicklung von den Regierungen oder den Behörden festgesetzten Gesamtheit.«*[173]

Müllbeseitigung handelt es sich traditionell um eine Aufgabe der Daseinsvorsorge, die auch wahrgenommen werden muss, wenn dabei dauerhafte Verluste entstehen, somit liegt sie im Allgemeininteresse. Dass möglicherweise Gewinne erzielt werden, macht die Tätigkeit grundsätzlich nicht zu einer gewerblichen. Dies folgt bereits aus der gesetzlichen Ausgestaltung der Abfallbeseitigung als Pflichtaufgabe. Sind jedoch Entwicklungen im Bereich der Abfallbeseitigung und -verwertung denkbar, die die Grenze zwischen den im Allgemeininteresse liegenden Aufgaben und privatwirtschaftlicher Tätigkeit verschwimmen lassen. Gründet eine Gemeinde dann eine juristische Person des Privatrechts allein zur Gewinnerzielung, unterliegt diese nicht mehr dem Vergaberegime. Allerdings dürfte in einem solchen Fall ein Verstoß gegen die entsprechenden kommunalrechtlichen Vorschriften, die die wirtschaftliche Betätigung von Kommunen begrenzen, vorliegen. In den Grenzen dieser Vorschriften dürfte es dagegen grundsätzlich möglich sein, durch Privatisierung und Ausgliederung zumindest in Teilbereichen die Anwendung der Vergaberegeln auszuschließen.«.

170   Vgl. etwa EuGH »Truley« VergabeR 2003, 296, 302 m.w.N.; auch Rdn. 107.

171   Vgl. dazu Rdn. 107.

172   Zum Meinungsstand betreffend die Auslegung dieses Kriteriums vgl. auch Heegemann ZBB 1995, 387, 389.

173   Dokument öffentliche Aufträge und Gemeinschaftsfinanzierung, Amt für amtliche Veröffentlichungen der europäischen Gemeinschaften, 1991, S. 55, zitiert nach Seidel Festschrift für Heiermann S. 293, 296; Pietzcker ZHR 162 (1998), 427, 445, führt aus: »Nun sind diese Begriffe höchst allgemeiner Art und werden in den Mitgliedsstaaten angesichts der unterschiedlichen Abgrenzung der Bereiche des Staatlichen und des Gewerblichen nicht einheitlich verstanden. In der deutschen Dogmatik hat der Begriff des Allgemeininteresses ebenso wie der des öffentlichen Interesses naturgemäß keine so klaren Konturen gewonnen, dass er gerade in den hier relevanten Grenzbereichen von großer Hilfe wäre. Ähnliches gilt für den Begriff der Gewerblichkeit, der im Steuerrecht, im Handelsrecht oder im Rahmen der Gewerbordnung jeweils eigene Akzente aufweist. Die Gewinnerzielungsabsicht mag eine Rolle spielen, zumal manche Betriebe der Daseinsvorsorge dauerhaft mit Verlust arbeiten, was das allgemeine Interesse an der Erfüllung der Aufgabe unterstreichen kann. Nicht selten und heute zunehmend verbinden sich aber auch öffentlicher Zweck und Gewinnerzielungsabsicht.«.

Der Begriff des Allgemeininteresses dürfte am ehesten mit dem deutschen verwaltungsrechtlichen 79
Begriff des **öffentlichen Interesses** gleichzusetzen sein.[174] Entscheidend ist, ob Gemeinwohlbelange
gefördert werden sollen.[175]

Entgegen einer in der Literatur vertretenen Auffassung muss die Tätigkeit **nicht unbedingt gesamt-** 80
gesellschaftlichen Interessen dienen.[176] Die Vergabekammer bei der Bezirksregierung Düsseldorf
hat zutreffend ausgeführt:

»*Damit ist die Erfüllung im Allgemeininteresse liegender Aufgaben festgelegt. Daran ändert sich auch* 81
*dadurch nichts, dass hier ein **regional begrenzter Kreis der Bevölkerung** angesprochen werden soll,*
da es einerseits den im Allgemeininteresse liegenden Aufgaben in der Regel immanent ist, dass sie sich
nicht global auswirken, andererseits aber auch keinerlei Nutzungsvorbehalte gegenüber ortsfremden
Gästen bestehen. Unerheblich ist, ob die angebotene Leistung auch privatwirtschaftlich am Markt zu
erhalten ist. Da es nahezu alle denkbaren Leistungen am Markt zu kaufen gibt, ist dies kein geeignetes
Abgrenzungskriterium. Maßgeblich ist allein die Förderung des Gemeinwohls.«

Diese Auffassung vertritt auch der EuGH, indem er die Fernwärmeversorgung für die Stadt Wien 82
als im Allgemeininteresse liegend angesehen hat. Die Beheizung eines **städtischen Ballungsgebietes**
mittels eines umweltfreundlichen Verfahrens zu sichern sei ein Ziel, das »unzweifelhaft« im Allgemeininteresse liege.[177]

Nach Auffassung des EuGH ist es auch unbeachtlich, dass derartige Aufgaben **auch von Privat-** 83
unternehmen erfüllt werden oder erfüllt werden können. Entscheidend sei, dass es sich um Aufgaben handele, die der Staat oder eine Gebietskörperschaft **aus Gründen des Allgemeininteresses**
im Allgemeinen selbst erfüllen oder bei denen er oder sie einen entscheidenden Einfluss behalten
möchte.[178]

Der EuGH hat in seinem Urteil »*Varkaus*« entschieden, dass die Tätigkeit **nicht direkt auf eine** 84
Besserstellung von Bürgern gerichtet sein muss, sondern auch das Ziel haben kann, Impulse für
den Handel zu geben, um Allgemeininteressen zu genügen:

»*Tätigkeiten, wie die der Beklagten können nämlich als im Allgemeininteresse liegende Aufgaben* 85
angesehen werden, wenn sie eine Impulswirkung für den Handel und die wirtschaftliche und soziale
Entwicklung der betreffenden Gebietskörperschaften haben, wobei die Ansiedlung von Unternehmen

---

174 So jetzt auch Hailbronner EWS 1995, 285; Bechtold § 98 Rn. 15; Seidel ZfBR 1995, 227, 228; dies. in:
Festschrift für Heiermann S. 293, 296.
175 VK Düsseldorf 11.02.2004 VK-43/2003-L.
176 Vgl. insbesondere Heegemann ZBB 1995, 387, 390: »Eine Lösung scheint hier ein ökonomischer Ansatz
zu liefern. Betrachtet man die ›Bedürfnisse des Allgemeininteresses‹ und deren Definition durch die
Kommission aus diesem Blickwinkel, dann stellt man eine weitestgehende Übereinstimmung mit den
›Gemeinschafts- oder Kollektivbedürfnissen‹ der Finanzwissenschaft fest. Diese rechnet zu den Kollektivbedürfnissen die Dienste der öffentlichen Verwaltung, des Rechtswesens, Schulen und Krankenhäuser, Landesverteidigung, Auslandsvertretung, Sozialversicherung etc. Ganz allgemein handelt es sich um
Bedürfnisse, die von einer Gesellschaft als Ganzes empfunden werden und der Wohlfahrt der Gesellschaft
als Ganzes zugerechnet werden. Es sind Bedürfnisse, die die Individuen als Teil der Gemeinschaft zu unterstützen sich verpflichtet fühlen. Ihre Befriedigung erfolgt mittels öffentlicher Güter bzw. meritorischer/
demeritorischer Güter, die im Gegensatz zu den rein privaten Gütern stehen, welche der Befriedigung von
Individualbedürfnissen dienen. Die Versorgung mit privaten Gütern wird durch die Marktmechanismen
gewährleistet. Demgegenüber funktioniert der Marktmechanismus bei der Verteilung öffentlicher Güter
bzw. meritorischer/demeritorischer Güter nicht ausreichend. Denn sie können und sollen eben gerade
nicht dem Auktionsprinzip des Marktes unterworfen werden. Typischerweise hat ihre Bereitstellung daher
gänzlich oder teilweise über das öffentliche Budget zu erfolgen.«; Kulartz VergabeR 1998, 25, 28: »Es
handelt sich mithin um Aufgaben im gesamtgesellschaftlichen Interesse.«; Noch Rn. 155 unter Hinweis
auf VÜA Brandenburg 25.05.1998 1 VÜA 6/96–2.
177 Zunächst noch EuGH »Aigner« EuzW 2008, 342, 344 = VergabeR 2008, 632 637.
178 EuGH »Aigner« EuzW 2008, 342, 344 = VergabeR 2008, 632 637.

auf dem Gebiet einer Gebietskörperschaft für diese häufig positive Auswirkungen im Hinblick auf die Schaffung von Arbeitsplätzen, die Erhöhung der Steuereinnahmen und die Steigerung von Angebot und Nachfrage bei Waren und Dienstleistungen hat.«[179]

86   Die Bundesrepublik Deutschland hatte die Anteile an der Bundesdruckerei nach einem fehlgeschlagenen Privatisierungsversuch zurückerworben, unter anderem, um mit der Bundesdruckerei »sensible« Druckaufträge durchführen zu lassen, speziell die Herstellung von Personalausweisen. Das OLG Düsseldorf hat das öffentliche Interesse an der Herstellung von sicheren Personalausweisen als eine im Allgemeininteresse liegende Aufgabe qualifiziert.[180]

bb) Staatliche Aufgabenwahrnehmung und weitere Vermutungstatbestände

87   Im Allgemeininteresse liegende Aufgaben, sind **insbesondere genuin staatliche Aufgaben**, die von einem Unternehmen übernommen werden.[181] Von der Übertragung staatlicher Aufgaben ist auszugehen, wenn dem Unternehmen hoheitliche Befugnisse übertragen werden sollen.[182] Entsprechendes gilt aber auch für die umfassenden Aufgabenstellungen der **Daseinsvorsorge**, wie sie etwa aufgrund sozialstaatlicher Fürsorge oder auf kommunaler Ebene in vielfältiger Hinsicht vorzufinden sind. Dabei handelt es sich insbesondere um die Bereiche Gesundheitswesen, Soziales, Sicherheit, Wissenschaft, Bildung und Kultur. Zu unterschiedlichen Ergebnissen kann es in den Randbereichen der Wahrnehmung von Allgemeininteressen kommen, insbesondere dann, wenn Entwicklungen in den wirtschaftlichen und sozialen Verhältnissen die Notwendigkeit unmittelbarer staatlicher Aktivitäten entfallen lassen. Dementsprechend kann eine heute noch dem Allgemeininteresse zugeordnete Aufgabe in wenigen Jahren bereits aus dem Anwendungsbereich des § 99 Nr. 2 GWB herausfallen. Deshalb muss im jeweils konkreten Fall geprüft werden, ob Unternehmen noch Allgemeininteressen in diesem Sinne wahrnehmen. Die Praxis hilft sich mit Vereinfachungs- und Vermutungsregeln.

88   Für eine Werkstatt für Menschen mit Behinderungen hat das OLG Düsseldorf entschieden, dass der Begriff des Allgemeininteresses zwar weder gemeinschaftsrechtlich noch nationalrechtlich definiert oder umschrieben worden sei. Er werde aber von der überwiegenden Meinung dahingehend verstanden, dass im Allgemeininteresse liegende Aufgaben solche sind, welche **hoheitliche Befugnisse**, die **Wahrnehmung der Belange des Staates** und damit letztlich **Aufgaben betreffen, welche der Staat selbst erfüllen** oder bei denen er einen entscheidenden Einfluss behalten möchte. Leistungen der **Rehabilitation und Förderung von Menschen** mit Behinderungen und insbesondere die auf Teilnahme am Arbeitsleben gerichteten Leistungen seien vom Staat zu erbringende Transferleistungen nach dem SGB IX, in dem soziale Leistungen für behinderte Menschen geregelt seien.[183]

89   So wird die Erfüllung **sozialpolitischer** und anderer **gesetzlicher Aufgaben** als im Allgemeininteresse liegend angesehen. Dazu sollen nach Auffassung des OLG Celle auch die Bereitstellung oder die Beschaffung der für die Durchführung dieser Aufgaben notwendigen IT-Infrastruktur gehören. Die Bereitstellung oder die Beschaffung der IT-Infrastruktur für die Kommunen verliere ihren Charakter als im Allgemeininteresse liegende Aufgabe nicht dadurch, dass die kommunalen Gesellschafter sich zu einem großen Teil auf eine privatrechtliche Gesellschaft ausgegliedert hätten.[184]

90   Soweit eine **juristische Person des öffentlichen Rechts** Beschaffungen vornimmt, spricht allerdings eine **tatsächliche Vermutung** dafür, dass die juristische Person zu dem besonderen Zweck gegründet

---

179   EuGH »Varkaus« VergabeR 2003, 420, 422 = NZBau 2003, 396, 397.

180   OLG Düsseldorf »Elektronischer Personalausweis« Beschl. v. 08.06.2011, Az VII Verg 49/11, VergabeR 2011, 843 – NZBau 2011, 501 f.

181   VÜA Bund 12 4.1995 1 VÜ 1/95 GW EzEG-VergabeR III 8, 10; VÜA Bund »Kraftwerkskomponente« VergAG, 27 ff.; VÜA Bund »Abrissarbeiten« VergAB, 58 ff.

182   So auch Dreher DB 1998, 2579, 2582.

183   OLG Düsseldorf Beschl. v. 15.07.2015 VII Verg 11/15.

184   OLG Celle Beschl. v. 14.09.2006, Az 13 Verg 3/06; auch OLG Düsseldorf Verg 2003, 435.

worden ist, im Allgemeininteresse liegende Aufgaben nichtgewerblicher Art auszuführen.[185] Dasselbe gilt, soweit der staatliche Einfluss in speziellen Rechtsvorschriften für eine bestimmte staatliche Aufgabenwahrnehmung ausdrücklich angeordnet wird.[186] In dem konkreten Tätigkeitsbereich dürfen die Marktkräfte nicht durch staatliche Stellen zugunsten bestimmter Auftraggeber verfälscht werden.[187] Davon wird aber zumeist auszugehen sein, wenn dem Auftraggeber **besondere oder ausschließliche Rechte** eingeräumt worden sind.

Bei **Auftraggebern**, die **in privater Rechtsform** organisiert sind, kann umgekehrt eine für das   91 Fehlen von Allgemeininteressen sprechende tatsächliche Vermutung eingreifen. Im Zusammenhang mit dem weiteren Kriterium »nichtgewerblicher Art« wird noch näher herauszuarbeiten sein, dass bei einer uneingeschränkten »Wettbewerbsausgesetztheit« des Unternehmens alles dafür spricht, dass die Voraussetzungen des § 99 Nr. 2 GWB nicht gegeben sind. Anders ist es indessen, wenn dem Privatunternehmen besondere, ggf. sogar staatliche Aufgaben übertragen worden sind. Bei privatrechtlichen Rechtsträgern ist nämlich grds. davon auszugehen, dass der Staat ihnen eine marktbezogene Sonderstellung nur schafft, wenn die Unternehmen nicht nur ihre Individualinteressen, sondern – zumindest auch – darüber hinausgehende Belange der Allgemeinheit verfolgen.[188] Auch bei einem privatrechtlich organisierten Verein, der Kulturbelange verfolgt, etwa die Erhaltung und Bewirtschaftung eines historisch bedeutsamen Bauwerks, liegt keine Verfolgung von Allgemeininteressen vor.[189]

cc) Die Wahrnehmung von Allgemeininteressen durch Tochter- und Holdinggesellschaften

Fraglich ist, ob im Falle der **Beherrschung eines Tochterunternehmens** durch einen öffentlichen Auf-   92 traggeber davon auszugehen ist, dass bei einer Tochtergesellschaft Aufgaben des Allgemeininteresses wahrgenommen werden. Ein derartiger »Durchgriff« im Hinblick auf die Aufgabenwahrnehmung von Allgemeininteressen wird zum Teil mit der Erwägung begründet, dass den öffentlich-rechtlichen Körperschaften bei der Erfüllung staatlicher Aufgaben weitgehende Wahlfreiheit zwischen öffentlich-rechtlichen und privatrechtlichen Formen zusteht, dies jedoch nicht von den vorhandenen öffentlich-rechtlichen Bindungen befreie.[190] Nimmt man jedoch die EuGH-Rechtsprechung ernst, wonach alle Begriffsmerkmale eines Auftraggebers bei dem jeweiligen Unternehmen vorliegen müssen,[191] kann allein die Verfolgung von Allgemeininteressen bei der Muttergesellschaft kein Anlass sein, auf eine entsprechende Aufgabenwahrnehmung auch bei der Tochtergesellschaft zu schließen. Die Muttergesellschaft kann sich auf die reine Beteiligungsführung beschränken und die Geschäftstätigkeit der Tochtergesellschaft – auch in Bereichen der Daseinsvorsorge – rein wettbewerblichen Prinzipien überlassen. Eine derartige »Aufgabenprivatisierung« ließe auf der Ebene der

---

185 Herrschende Auffassung vgl. Dreher in: Immenga/Mestmäcker 5. Auflage 2014 § 98 Rn. 72; Bechtold § 98 Rn. 16; Kullack in: Heiermann/Riedl/Rusam § 98 Rn. 12; Dreher DB, 1998, 2579, 2582, formuliert: »Rechtlich wird diese Vermutung getragen, zum Beispiel von den Anforderungen des Grundgesetzes und der Landesverfassungen, des Haushaltsrechts des Bundes, der Länder und der Gemeinden sowie von zahlreichen Gemeindeordnungen, wie die Gemeindeordnungen von Nordrhein-Westfalen und Rheinland-Pfalz, die die erwerbswirtschaftliche Betätigung durch selbständige Rechtsträger als Ausnahme und deren Begrenzung auch die Verfolgung öffentlicher Zwecke daher zur Regel erklären.«; Heiermann/Ax Rechtsschutz bei der Vergabe öffentlicher Aufträge Rn. 36, Bechtold § 98 Rn. 12, Marx/Prieß in: Jestaedt S. 20 formulieren: »Bei öffentlich-rechtlich verfassten Auftraggebern liegt zumindest eine starke Vermutung dafür vor, dass es sich um eine Einheit handelt, die zum Zweck gegründet wurde, Aufgaben im Allgemeininteresse wahrzunehmen.«; für eine entsprechende Vermutung auch Heise LKV 1999, 210, 211.
186 Pietzcker ZVgR 1999, 24, 27.
187 So auch Dreher DB 1998, 2579, 2583.
188 Vgl. dazu Kullack in: Heiermann/Riedl/Rusam § 98 Rn. 13; in diesem Sinne Dreher DB 1998, 2579, 2583.
189 VK Nordbayern, Beschl. v. 19.10.2015 21 VK 3194-38/15.
190 VÜA Bund »Abrissarbeiten« WuW/E Verg. AB 58 (62); ausdrücklich auch Dreher DB 1998, 2579, 2581.
191 Siehe dazu Rdn. 128 f.

Tochtergesellschaft eine Bindung an das Vergaberecht entfallen. Ein direkter »konzernrechtlicher Durchgriff« aus vergaberechtlicher Sicht findet somit nicht statt.[192]

93   Der EuGH hat die **Ausgliederung einer Tochtergesellschaft**, verbunden mit der Übertragung der gewerblichen Aufgaben ausdrücklich akzeptiert und der konzernrechtlichen vergabebezogenen »Infizierung« von Mutter- zur Tochtergesellschaft eine Absage erteilt.[193]

94   In der Praxis haben – gelegentlich auch aus vergaberechtlichen Gesichtspunkten – vielfältige Ausgliederungen stattgefunden. Wichtige Ausgliederungen hat es etwa bei der Neuorganisation der früheren Bundesvermögen in Deutsche Post AG und Deutsche Bahn AG gegeben.[194]

95   Der jeweilige **Tätigkeitsbereich der Tochtergesellschaft** muss daher singulär ermittelt und analysiert werden. Nur wenn dieser Tätigkeitsbereich der Wahrnehmung von Allgemeininteressen zuzurechnen ist, oder nach der Infizierungstheorie zumindest spürbare Tätigkeiten entsprechender Art ausgeübt werden, kommt eine Qualifizierung als öffentlicher Auftraggeber in Betracht. Dagegen hat etwa die VK Arnsberg zum **RAG-Konzern** angenommen, dass die intensive Konzernsteuerung aller Tochterunternehmen dazu führe, dass alle Konzernmitglieder zu öffentlichen Auftraggebern würden (hier Sektorenauftraggeber nach § 99 Nr. 4 GWB).[195]

96   Eine bloße Ausgliederung von im Allgemeininteresse liegenden Tätigkeiten führt indessen nicht automatisch zu einem »Abstreifen« des Vergaberechts, wenn die öffentliche Hand (Muttergesellschaft) **Pflichtaufgaben** wahrzunehmen hat und zur Erfüllung dieser Pflichtaufgaben Tochtergesellschaften einsetzt. Dann muss die öffentliche Hand ihre im Allgemeininteresse liegenden Aufgaben zwingend mithilfe der Tochtergesellschaft erbringen. In einem solchen Fall kann die Rechtsnatur der Tätigkeit der Tochtergesellschaft nicht anders beurteilt werden als die der Muttergesellschaft.

97   Diese Auffassung wird bestätigt durch die Entscheidung des OLG Düsseldorf »*Bekleidungsmanagement der Bundeswehr/Kampfstiefel*«. In dem der Entscheidung zugrunde liegenden Sachverhalt hatten das Bundesministerium der Verteidigung und das Bundesamt für Wehrtechnik und Beschaffung eine private GmbH unter Beteiligung von Investoren gegründet, welche Beschaffungen im Bekleidungswesen der Bundeswehr abwickeln sollten. Das OLG Düsseldorf hat ausgeführt:

98   *»Der bei der Gründung der Ag., einer juristischen Person des privaten Rechts (GmbH), verfolgte Zweck besteht darin, im Allgemeininteresse liegende Aufgaben zu erfüllen. Vonseiten des Bundes betrachtet, ist sie nämlich das Instrument, um eine im Grundgesetz verankerte eigene Aufgabe des Bundes – zu einem großen Anteil – zu erfüllen. Gemäß Art. 81 b) GG ist die Bundeswehrverwaltung »in bundeseigener Verwaltung« zu führen. Sie hat (unter anderem) die Aufgabe der* **unmittelbaren Deckung des Sachbedarfs der Streitkräfte**. *Dass diese Aufgabe bisher allein in der Hand der Bundeswehrverwaltung eine »im Allgemeininteresse liegende Aufgabe« (weil staatliche, der Aufrechterhaltung der Verteidigungsbereitschaft im Sinne des Art. 87a) Abs. 1 GG dienende Aufgabe) ist letztlich schlechterdings nicht zu bezweifeln. Sie verliert diesen Charakter nicht dadurch, dass sie nach dem Willen des Bundes im Zuge organisatorischer Maßnahmen zu einem großen Teil von einer staatlichen Behörde (BWB) auf eine juristische Person des privaten Rechts (Ag.) übertragen wird. (...) Dass die Ag. und die hinter ihr stehenden privaten Investoren bei der Erfüllung der ihr übertragenen Aufgaben – selbstverständlich – privatwirtschaftliche Ziele (Gewinnerzielung) verfolgen, ist daneben für*

---

192 Siehe dazu auch Rdn. 72; die Anforderungen sind von Pietzcker ZHR 162 (1998), 427, 446, sehr plastisch mit folgender Formulierung verdeutlicht worden: »Das Vergaberegime ist anzuwenden, wenn die staatlich beherrschte juristische Person des Privatrechts unter Beachtung aller Umstände nicht hinreichend durch die Kräfte des Marktes gesteuert wird, so dass mit staatlicher Einflussnahme – ›buy national‹ – gerechnet werden muss.«; vgl. auch Heiermann ZVgR 1999, 173, 182.

193 Vgl. EuGH »Mannesmann« NJW 1998, 3261; dazu auch Ziekow Die vergaberechtliche Auftraggebereigenschaft konzernverbundener Unternehmen, NZBau 2004, 181.

194 Vgl. dazu etwa Thode Zum vergaberechtlichen Status von juristischen Personen des Privatrechts ZIP 2000, 2, sowie Rn. 205 f.

195 VK Arnsberg Beschl. v. 13.06.2006, Az VK 10/06.

die Anwendung des § 99 Nr. 2 GWB unerheblich. Denn es kommt auf die Aufgaben an, mit denen (hier) der Bund die Ag. zur Erfüllung betraut hat und darauf, ob die Ag. zu diesem Zweck gegründet worden ist.«[196]

In ähnlicher Form hat das OLG Düsseldorf auch im Falle der Beschaffung von IT-Dienstleistungen durch die Bundeswehr über ein im Rahmen des sogenannten *Herkules-Vertragswerkes* gegründetes Konsortium entschieden und ausgeführt: 99

»Eine Kapitalgesellschaft, die nicht durch eine Beteiligung der öffentlichen Hand überwiegend finanziert wird, ist auch dann als öffentlicher Auftraggeber im Sinne von § 98 Nr. 2 GWB anzusehen, wenn die öffentliche Hand aufgrund vertraglicher Regelungen die Aufsicht über die Leitung der Gesellschaft ausübt.«   100

Aufgrund der vom Bund mit dem Herkules-Vertragswerk geschaffenen Struktur und aus der Zusammenschau aller Informations-, Teilhaber- und Eingriffsrechte des Bundes ergebe sich eine Kontrolldichte, aufgrund derer eine Aufsicht des Bundes über die Leitung gewährleistet sei, die es ihm ermögliche, die Entscheidungen des Konsortiums auch in Bezug auf öffentliche Aufträge zu beeinflussen.[197] Die Entscheidung des OLG Düsseldorf ist zum Teil kritisiert worden, weil eine Projektgesellschaft, die zur Erfüllung von Aufgaben gewerblicher Art gegründet wurde, kein öffentlicher Auftraggeber sein könne. Eine Leitungsaufsicht lasse sich auch nicht durch ein Vertragserfüllungscontrolling begründen.[198]   101

Die Wahrnehmung von Allgemeininteressen durch die Tochtergesellschaft einer Gebietskörperschaft, etwa einer Stadtwerke AG, ist anzunehmen, wenn diese in Bereichen der **Versorgung der Bevölkerung** mit Energie und Fernwärme oder aber Personalverkehr befasst ist. Diese Aufgaben sind der Daseinsvorsorge zuzurechnen und dienen Gemeinwohlinteressen. Speziell bei der Fernwärmeversorgung führt der »Anschluss- und Benutzungszwang« dazu, dass eine Tätigkeit im Allgemeininteresse anzunehmen ist. Schließlich folgt dies auch aus dem Umstand, dass in NRW nach § 107 Abs. 1 Nr. 1 Gemeindeordnung eine Kommune stets nur zur wirtschaftlichen Betätigung berechtigt ist, wenn ein dringender öffentlicher Zweck dies erfordert.[199]   102

Ob die Muttergesellschaft bzw. eine **Holdinggesellschaft** noch Allgemeininteressen wahrnimmt, muss ebenfalls gesondert für diese Gesellschaft festgestellt werden. Soweit eine Holdinggesellschaft rein privatrechtlich organisiert und eine auf den öffentlichen Sektor ausgerichtete Tochtergesellschaft allein als Kapitalbeteiligung hält, kann es – außerhalb des Bereichs der Wahrnehmung von öffentlichen Pflichtaufgaben – an der Ausrichtung auf Allgemeininteressen fehlen. Anders kann dies wiederum für Holdingkonstruktionen im öffentlichen Sektor zu entscheiden sein. Im Regelfall wird daher anzunehmen sein, dass eine (Zwischen-) Holdinggesellschaft als öffentlicher Auftraggeber zu qualifizieren ist, wenn sie einerseits vom Auftraggeber nach § 99 Nr. 1 und Nr. 3 GWB beherrscht ist und andererseits die Tochtergesellschaften ebenfalls die Tatbestände des § 99 Nr. 2 GWB erfüllen.[200] Hat jedoch ein öffentlicher Auftraggeber einen Teil seiner Wirtschaftstätigkeit in ein wettbewerbliches Umfeld ausgegliedert (z.B. auf eine Aktiengesellschaft), die im Wettbewerb Projektleistungen erbringt und diese wiederum eine privatrechtlich organisierte, aber im Allgemeininteresse tätige Tochtergesellschaft als reine Kapitalbeteiligung führt (z.B. auch mit dem Ziel der Desinvestition), wird hierdurch die Tätigkeit der Aktiengesellschaft als Holdinggesellschaft nicht automatisch vergaberechtlich infiziert.   103

---

196 Vgl. OLG Düsseldorf 30.04.2003 »Bekleidungsmanagement der Bundeswehr/Kampfstiefel« NZBau 2003, 400, 402 = WuW/E Verg. 778, 785 f. (2003) = VergabeR 2003, 435, 439 mit Anm. von Prieß; dazu Wagner/Wiegand NZBau 2003, 369 f.

197 OLG Düsseldorf »BWI Informationstechnik« Beschl. v. 19.06.2013, Az VII Verg 55/12, NZBau 2013, 653, 654 = VergabeR 2014, 158 f.

198 Roth NZBau 2013, 685 f.

199 Dazu OVG Münster »Fernwärme-Übernahme-Station« Urt. v. 20.04.2012, Az 4 A 1055/09, NZBau 2012, 589, 592 f.

200 So auch jurisPK-VergR/Zeiss § 98 Rn. 76.

104   Für eine Dienstleistungsholding hat etwa die Vergabekammer des Landes Brandenburg entschieden:[201]

105   *Die Gesellschaftsanteile der (...) werden zwar von der (...) Dienstleistungsholding GmbH gehalten,*
die selbst nicht dem § 98 Nr. 1 und Nr. 3 GWB unterfällt. Bei ihr handelt es sich aber um eine Stelle
im Sinne des § 98 Nr. 2 Satz 1 GWB, die vollständig von der Stadt (...) beherrscht und finanziert
und die nach § 98 Nr. 2 Satz 2 GWB den Stellen des § 98 Nr. 1 und Nr. 3 GWB gleichgestellt
wird. Die Dienstleistungsholding GmbH erfüllt auch im Allgemeininteresse liegende Aufgaben nicht
gewerblicher Art. Sie übernimmt lediglich anstelle der unter § 98 Nr. 1 GWB fallenden Stadt (...),
*die **Beteiligungsverwaltung** ihrer kommunalen Gesellschaften, u.a. der (...) die Gründung einer*
Holdinggesellschaft durch die Stadt (...) kann nicht zum Entfall der Auftraggebereigenschaft nach
§ 98 Nr. 1 führen, da das Vergabeverfahrensrecht der §§ 97 ff. GWB ansonsten unterlaufen würde.

dd) Beispielsfälle für Allgemeininteresse

106   Behebung von Parkplatznot[202]
Betrieb von öffentlichen Bädern[203]
Betrieb eines öffentlichen Verkehrsnetzes, insbesondere U-Bahn-Netzes[204]
Betrieb öffentlicher Telekommunikationsnetze/Angebot entsprechender Leistungen[205]
Deckung des Sachbedarfs der Bundeswehr[206]
Entsorgungsbetriebe[207]
Fernwärmeversorgung[208]
Förderung der Landwirtschaft
Frühförderung und Behindertenhilfe[209]
Gesundheitswesen/Krankenhausversorgung[210]
Herstellung von amtlichen Druckerzeugnissen, wie Personalausweise/Reisepässe/Führerscheine[211]
Müllentsorgung[212]
Öffentliches Rundfunkwesen[213]
Öffentlicher Verkehr (wie U-Bahn-Netze)[214]
Rentenversicherungswesen[215]
Schülerspezialtransporte[216]
Sicherstellung eines ausreichenden Glücksspielangebotes durch Veranstaltung von staatlichen
Klassenlotterien[217]

---

201   Vgl. VK Brandenburg beim Ministerium für Wirtschaft, Beschl. v. 28.01.2003 VK 71/02.
202   OLG Stuttgart NZBau 2002, 292.
203   VK Sachsen Beschl. v. 09.11.2006, Az 1/SVK/095/06.
204   BayOblG Beschl. v. 05.11.2002, Az Verg 22/02.
205   EuGH »Tele Austria« WuW/E Verg. 385 Tz 35.
206   OLG Düsseldorf »BWI Informationstechnik« Beschl. v. 19.06.2013, NZBau 2013, 653 = VergabeR
       2014, 158 f.
207   OLG Düsseldorf NZBau 2006, 662.
208   EuGH »Aigner« VergabeR 2008, 632 f.
209   VK Nordbayern Beschl. v. 23.07.2009, Az VK-3194-25.
210   OLG Naumburg Beschl. v. 17.04.2004, Az 1 Verg. 15/03.
211   EuGH »Mannesmann-Anlagenbau« WuW/E Verg. 23 Tz 24; OLG Düsseldorf »Elektronischer Personal-
       ausweis« Beschl. v. 08.06.2011, Az VII Verg 49/11, VergabeR 2011, 843, 846 – NZBau 2011, 501 f.
212   EuGH »Gemeente Arnhem« WuW/E Verg. 161, 166 (1999).
213   EuGH NZBau 2008, 130, 133.
214   BayOblG NZBau 2003, 342.
215   BayOblG »Landesversicherungsanstalt« WuW/E Verg. 1041.
216   OLG Düsseldorf »Schülerspezialverkehr Köln« VergabeR 2009, 905.
217   OLG Hamburg »Mediale Leistungen« Beschl. v. 31.03.2014, Az 1 Verg 4/13, VergabeR 2014, 665 =
       NZBau 2014, 659.

Sozialer Wohnungsbau[218]
Stadtentwicklung[219]
Strafvollzug[220]
Strafvollzugsanstalten[221]
Stromnetzbetrieb[222]
Universitäten und Bildungsstätten[223]
Verteidigung[224]
Wirtschaftsförderung[225]

d) Nichtgewerbliche Art

Problematisch ist, welche Bedeutung dem negativen Abgrenzungsmerkmal »**nichtgewerblicher** 107
Art« zukommt. Der EuGH hatte in seiner früheren Rechtsprechung die Begriffsmerkmale des »Allgemeininteresses« und der »nichtgewerblichen Art« zumeist gesamtheitlich und nicht als selbstständige Tatbestandsmerkmale geprüft.[226] Daraus kann jedoch nicht abgeleitet werden, dem Merkmal der »Nichtgewerblichkeit« fehle letztlich eine selbstständige Bedeutung oder im Vordergrund stehe allein das Kriterium »Allgemeininteresse«, wie etwa *Werner* angenommen hatte.[227] In der Entscheidung *Korhonen* hat der EuGH schließlich herausgearbeitet, dass es sich bei dem Merkmal der Nichtgewerblichkeit – unabhängig von der Wechselbezüglichkeit der einzelnen Tatbestandsmerkmale – um eine **selbstständig zu prüfende Tatbestandsvoraussetzung** handelt:[228]

Wie der EuGH bereits festgestellt hat, unterscheidet Art. 1 lit. b) Unterabsatz 2 Richtlinie 92/50 EWG 108
zwischen den im Allgemeininteresse liegenden Aufgaben nichtgewerblicher Art einerseits und den im Allgemeininteresse liegenden Aufgaben gewerblicher Art andererseits (es folgen Nachweise). Für eine sachdienliche Beantwortung der Vorlagefragen ist daher zunächst zu prüfen, ob die Tätigkeiten wie die im Ausgangsverfahren streitigen einer im Allgemeininteresse liegenden Aufgabe entsprechen, um sodann ggf. festzustellen, ob diese Aufgabe gewerblicher oder nichtgewerblicher Art ist.

Entsprechend der vom EuGH selbst vorgegebenen Prüfreihenfolge ist daher zunächst anhand der 109
tätigkeitsbezogenen Zielrichtung (Aufgabenstellung) des Unternehmens die Ausrichtung auf Allgemeininteressen festzustellen. In einem zweiten Schritt ist die Gewerblichkeit unter Berücksichtigung der maßgeblichen Wettbewerbsform objektiv zu ermitteln. *Wirner* hat anhand der unterschiedlichen Textfassungen der Vergabekoordinierungsrichtlinie herausgearbeitet, dass sich das Merkmal der Nichtgewerblichkeit nicht auf die wahrgenommenen Aufgaben, sondern auf den Charakter des Unternehmens bezieht, mithin die Wettbewerbsstellung angesprochen ist.[229]

Das OLG Düsseldorf hat in der Entscheidung »*Endlager Conrad*« ausgeführt: 110

*»Dieses Merkmal ist nach dem Wortlaut der Norm **auf die** im Allgemeininteresse liegende Aufgabe,* 111
***nicht jedoch auf die juristische Person** bezogen, die die Aufgabe erfüllt. Eine Gewinnerzielungsabsicht der juristischen Person schließt daher die Nichtgewerblichkeit der Aufgabe nicht per se aus. Sie*

---

218 EuGH »Kommission/Frankreich« WuW/E Verg. 407 Tz 45.
219 EuGH »Korhonen« NZBau 2003, 396 f.
220 EuGH Urt. v. 16.10.2003, Az C-283/00.
221 EuGH »Kommission/Spanien« WuW/E Verg. 853 Tz 85 f.
222 OLG München OLGR (München) 2005, 673.
223 EuGH »University of Cambridge« WuW/E Verg. 371 Tz 19.
224 OLG Düsseldorf NZBau 2003, 400.
225 EuGH »Korhonen« NZBau 2003, 396; VK Brandenburg Beschl. v. 01.10.2002, Az VK 53/02.
226 Vgl. etwa EuGH »Truley« VergabeR 2003, 296, 302; auch EuGH »Siepsa« WuW/E Verg. 853, 856 f. = VergabeR 2004, 182 = NZBau 2004, 223.
227 Vgl. Werner in: Byok/Jaeger § 98 Rn. 57; kritisch gegenüber Werner auch Ziekow VergabeR 2003, 483, 491.
228 Vgl. EuGH 22.05.2003 »Korhonen« NZBau 2003, 396, 398 = WuW/E Verg. 765, 769 (2003) = VergabeR 2003, 420.
229 Vgl. dazu Wirner S. 89 f.

wirkt sich lediglich dahin aus, dass, sofern die juristische Person sich unter den Bedingungen eines entwickelten Wettbewerbs betätigt, Gewinne erzielen will und die mit der Tätigkeit verbundenen Verluste trägt, die erwerbswirtschaftliche Zielsetzung des Betriebs eine Erfüllung von Aufgaben nicht-gewerblicher Art als weniger wahrscheinlich werden lässt. Davon kann jedoch nicht ausgegangen werden, wenn die juristische Person wettbewerbsrechtlich eine besondere Position, insbesondere eine risikolose Sonderstellung einnimmt.«[230]

112 In der Entscheidung »Korhonen« hat der EuGH einzelne Prüfkriterien benannt, die auch in der kurz zuvor ergangenen Entscheidung »Truley«[231] angesprochen worden waren und der etwas später verkündeten Entscheidung »Siepsa«[232] teilweise wiederholt worden sind. Auszugsweise heißt es in der Entscheidung »Korhonen«:[233]

113 *»Nach ständiger Rechtsprechung stellen Aufgaben, die auch anderer Art als durch das Angebot von Waren oder Dienstleistungen auf dem Markt erfüllt werden und die der Staat aus Gründen des Allgemeininteresses selbst erfüllt oder bei denen er einen entscheidenden Einfluss behalten möchte, in der Regel im Allgemeininteresse liegende Aufgaben nichtgewerblicher Art im Sinne von Art. 1 lit. b) der Gemeinschaftsrichtlinien über die Koordinierung der Verfahren zur Vergabe öffentlicher Aufträge dar. (...)*

*Vorliegend kann nicht ausgeschlossen werden, dass die Vergabe von Leistungen zur Förderung der Ansiedlung von Privatunternehmen auf dem Gebiet einer bestimmten Gebietskörperschaft aus den in Rn. 45 des vorliegenden Urteils angeführten Gründen als im Allgemeininteresse liegende Aufgaben nichtgewerblicher Art anzusehen ist. Ob dies tatsächlich der Fall ist, ist unter Berücksichtigung aller erheblichen rechtlichen und tatsächlichen Gesichtspunkte wie etwa der Umstände, die zur Gründung der betreffenden Einrichtung geführt haben und der Voraussetzungen, unter denen sie ihre Tätigkeit ausübt, zu beurteilen. (...) Dabei ist insbesondere zu prüfen, **ob die fragliche Einrichtung ihre Tätigkeit unter Wettbewerbsbedingungen ausübt,** denn das Vorliegen des Wettbewerbs kann, wie der EuGH bereits entschieden hat, darauf hinweisen, dass es sich um eine im Allgemeininteresse liegende Aufgabe gewerblicher Art handelt. (...) Aus dem Wortlaut des letztgenannten Urteils geht jedoch hervor, dass das Vorliegen eines entwickelten Wettbewerbs allein nicht auf das Vorliegen einer im Allgemeininteresse liegenden Aufgabe nichtgewerblicher Art schließen lässt. Dasselbe gilt für den Umstand, dass die betreffende Einrichtung Leistungen für bestimmte gewerbliche Unternehmen erbringt. Um zu dem genannten Schluss zu gelangen, müssen zusätzliche Gesichtspunkte berücksichtigt werden, wobei insbesondere zu prüfen ist, unter welchen Voraussetzungen die Einrichtung ihre Tätigkeit ausübt.«*

*Wenn die Einrichtung nämlich **unter normalen Marktbedingungen** tätig ist, Gewinnerzielungsabsicht hat und die mit ihrer Tätigkeit verbundenen Verluste trägt, dann ist es wenig wahrscheinlich, dass sie Aufgaben erfüllen soll, die nichtgewerblicher Art sind. In einem solchen Fall besteht auch kein Grund für die Anwendung der Gemeinschaftsrichtlinien über die Koordinierung der Verfahren zur Vergabe öffentlicher Aufträge, denn eine Einrichtung mit Gewinnerzielungsabsicht, die die mit ihrer Tätigkeit verbundenen Risiken selbst trägt, wird in der Regel keine Vergabeverfahren zu Bedingungen durchführen, die wirtschaftlich nicht gerechtfertigt sind.*

Nach ständiger Rechtsprechung besteht der Zweck dieser Richtlinie auch darin, die Gefahr einer Bevorzugung inländischer Bieter oder Bewerber bei der Auftragsvergabe durch öffentliche Auftraggeber zu vermeiden und zugleich zu verhindern, und dass sich eine vom Staat, von Gebietskörperschaften oder sonstigen Einrichtungen des öffentlichen Rechts finanzierte oder kontrollierte Stelle von anderen als wirtschaftlichen Überlegungen leiten lässt.

---

230 Vgl. OLG Düsseldorf »Endlager Conrad« NZBau 2007, 733, 734 = VergabeR 2007, 761, 762; ähnlich bereits OLG Düsseldorf »g.e.b.b.« NZBau 2003, 400, 402.
231 Vgl. VergabeR 2003, 296 f.
232 WuW/E Verg. 853 f. (2003) = VergabeR 2004, 182 = NZBau 2004, 223.
233 Vgl. NZBau 2003, 396, 399 = VergabeR 2003, 420.

Entscheidend ist somit immer eine **Gesamtbetrachtung,** anhand derer festzustellen ist, ob die 114
objektive Gefahr besteht, dass sich die **Einrichtung** bei der Vergabe öffentlicher Aufträge **von
anderen als rein wirtschaftlichen Überlegungen leiten lässt.** Der EuGH hat in der Entscheidung
»Aigner« hervorgehoben:

> *»(...) sind zur Klärung der Frage, ob die Aufgaben, die von der im Ausgangsverfahren in Rede ste-* 115
> *henden Einrichtung erfüllt werden, nichtgewerblicher Art sind, alle erheblichen rechtlichen und tat-*
> *sächlichen Gesichtspunkte, wie etwa die Umstände, die zur Gründung der betreffenden Einrichtung*
> *geführt haben und die Voraussetzungen, unter denen sie ihre Tätigkeit ausübt, zu berücksichtigen.*
> *Dabei ist insbesondere zu prüfen, ob die fragliche Einrichtung ihre Tätigkeit unter* **Wettbewerbsbe-**
> **dingungen** *ausübt.«*[234]

Wenn – so der EuGH – die Gründung einer Einrichtung nicht vorrangig zur **Erzielung von** 116
Gewinnen erfolgte, ist es zwar nicht ausgeschlossen, dass diese Tätigkeit zu Gewinnen in Form
von Dividendenzahlungen an Anteilseigner der Einrichtung führen kann, jedoch ist die Erzielung
solcher Gewinne nicht Hauptzweck der Einrichtung und stellt daher die Nichtgewerblichkeit nicht
infrage.[235]

Der EuGH hat auch den maßgeblichen **Referenzmarkt** näher definiert, anhand dessen festzustellen 117
ist, ob die fragliche Einrichtung ihre Tätigkeit unter Wettbewerbsbedingungen ausübt. Insoweit
ist unter Berücksichtigung der funktionellen Auslegung des Begriffs der Einrichtung öffentlichen
Rechts auf den Sektor abzustellen, für den die Gesellschaft gegründet wurde (im entschiedenen
Fall den Sektor der Versorgung mit Fernwärme durch Nutzung von Energie aus der Abfallverbren-
nung).[236] Wenn in einem solchen Sektor ein Monopol besteht, weil echte Konkurrenz im Hinblick
auf die Vorinvestition in ein Fernwärmesystem nicht zu erwarten ist, dann ist von der Nichtgewerblichkeit auszugehen.

Das OLG Hamburg hat seiner Entscheidung zur *gemeinsamen Klassenlotterie der Länder* unter 118
Bezugnahme auf die EuGH-Judikatur entschieden, dass der maßgebliche Referenzmarkt nach dem
Sektor bestimmt werde, für den die Einrichtung gegründet wurde. Der relevante Markt würde
dementsprechend **durch das gesamte mögliche Betätigungsfeld des Auftraggebers bestimmt.**
Dementsprechend befindet sich auch die gemeinsame Klassenlotterie der Länder in einem entwickelten Wettbewerb. Dieser Fall sei anders zu beurteilen als die Veranstaltung von Lotterie, Spiel
und Wettgeschäften in Nordrhein-Westfalen, wo ein organisierter Veranstalter eine Alleinstellung
im Land habe.[237]

Nach Auffassung des OLG Düsseldorf kommt es für die Annahme des Merkmals der Nichtgewerb- 119
lichkeit **nicht darauf an,** ob das Unternehmen in Gesamtheit, mithin in Bezug **auf alle Produkte**
einem Wettbewerb ausgesetzt sei. Wenn eine Institution bezüglich der Herstellung einzelner Güter
keinem Wettbewerb ausgesetzt ist, führe dies nach der Infizierungstheorie bereits dazu, dass die
Nichtgewerblichkeit insgesamt zu bejahen ist. Deshalb hat etwa das OLG Düsseldorf bezüglich der
Bundesdruckerei das Merkmal der Nichtgewerblichkeit bejaht, zumal in Bezug auf die Herstellung
von Personalausweisen, die dem Unternehmen ohne vergaberechtliche Bindung unter Hinweis auf
besondere Sicherheitsvorkehrungen übertragen worden sind, ein Wettbewerb ausgeschlossen sei.[238]

Das OLG Hamburg hat in der Entscheidung zur *gemeinsamen Klassenlotterie der Länder* ebenfalls 120
darauf hingewiesen, dass die Gewinnerzielungsabsicht nicht mit dem Argument verneint werden
könne, sie sei nicht der Hauptzweck, sie sei vielmehr das im Allgemeininteresse liegende Ziel, die

---

234 EuGH »Aigner« EuzW 2008, 342, 344 = VergabeR 2008, 632, 637.
235 EuGH »Aigner« EuzW 2008, 342, 344 = VergabeR 2008, 632, 637.
236 EuGH »Aigner« EuzW 2008, 342, 344 = VergabeR 2008, 632, 637.
237 OLG Hamburg »Mediale Leistung« Beschl. v. 31.03.2014, Az 1 Verg 4/13, VergabeR 2014, 665 = NZBau
     2014, 659; VK Münster Beschl. v. 24.06.2002, Az VK 3/02, ZfBR 2002, 724.
238 OLG Düsseldorf »Elektronischer Personalausweis« Beschl. v. 08.06.2011, Az VII Verg 49/11, VergabeR
     2011, 843 – NZBau 2011, 501 f.

Einsätze im Glücksspielmarkt zu kanalisieren. Denn in jedem Fall sei die Erzielung von Gewinnen das notwendige Zwischenziel zum verfolgten Hauptzweck.[239]

121   Das OVG Münster hat die Aufgabenwahrnehmung einer Stadtwerke AG im Bereich Fernwärmeversorgung schon deshalb als nicht gewerblich angesehen, weil die Stadtwerke AG als Tochterunternehmen einer Gebietskörperschaft nach der nordrheinwestfälischen Gemeindeordnung **nur öffentliche Zwecke** wahrzunehmen in der Lage sei. Die Aufgabenstellung sei auch dadurch charakterisiert, dass nicht allein die Gewinnerzielungsabsicht – wie bei der gewerblichen Tätigkeit – im Zentrum stehe, sondern auch weiter gehende Interessen der Gemeinschaft eine Rolle spielten. Das sei bei kommunalen Unternehmen der Daseinsvorsorge geradezu typischerweise der Fall. Diese Unternehmen könnten etwa die Versorgungsstruktur nicht alleine anhand betriebswirtschaftlicher Überlegungen steuern. Vielmehr werden Verluste in einigen Bereichen bewusst in Kauf genommen, die möglicherweise durch Gewinne in anderen Bereichen ausgeglichen werden (Quersubventionierung).[240]

122   Die Nichtgewerblichkeit ist daher nur dann zu verneinen (mithin Gewerblichkeit anzunehmen), wenn das jeweilige Unternehmen sich strategisch und operativ wie ein **normaler Marktteilnehmer**, u.a. mit der primären Absicht Gewinne zu erzielen in einem entwickelten Wettbewerb bewegt. Wie auch das OLG Naumburg festgestellt hat, muss festgestellt werden, ob die Einrichtung ganz oder zumindest teilweise außerhalb marktmäßiger Mechanismen operiert.[241] Das OLG Düsseldorf hat in der Entscheidung »*Bekleidungsmanagement der Bundeswehr/Kampfstiefel (g.e.b.b.)*« ebenfalls entscheidend darauf abgestellt, ob das Unternehmen sich außerhalb marktmäßiger Mechanismen bewegt oder über eine staatlich herbeigeführte marktbezogene Sonderstellung verfügt. Jedenfalls liege eine nichtgewerbliche Aufgabe vor, wenn diese auf anderer Art als durch Anbieten von Waren oder Dienstleistungen auf dem Markt erfüllt würde und die der Staat zum anderen aus Gründen des Allgemeininteresses selbst erfüllen oder bei denen er einen entscheidenden Einfluss behalten möchte.[242] Ähnlich hat das OLG Düsseldorf in der Entscheidung »*Endlager Conrad*« argumentiert.[243]

123   Schließlich hat das OLG Düsseldorf in der Entscheidung »Werkstatt für behinderte Menschen« entschieden:

124   »*Der Begriff der Nichtgewerblichkeit, der neben dem Allgemeininteresse einer **gesonderten Prüfung** zu unterziehen ist, ist weder gemeinschaftsrechtlich noch nationalrechtlich definiert, um festzustellen, ob die Aufgaben nichtgewerblicher Art sind, sind Umstände die zur Gründung der Gesellschaft geführt haben und die Voraussetzungen, unter denen sie ihre Tätigkeit ausübt, zu würdigen, wobei insbesondere das Fehlen einer Gewinnerzielungsabsicht, das Fehlen der Übernahme der mit der Tätigkeit verbundenen Risiken und die etwaige Finanzierung der Tätigkeit aus öffentlichen Mitteln zu berücksichtigen sind. Erforderlich ist eine **Gesamtbetrachtung**, anhand derer festzustellen ist, ob sich die juristische Person von anderen als rein wirtschaftlichen Überlegungen leiten lässt, wobei eine Gewinnerzielungsabsicht die Nichtgewerblichkeit nicht per se ausschließt.*«[244]

125   Für eine Werkstatt für behinderte Menschen hat das OLG Düsseldorf in dieser Entscheidung darauf abgestellt, dass die GmbH nach dem Gesellschaftsvertrag **steuerbegünstigten gemeinnützigen und mildtätigen Zwecken** diene und die überwiegenden Erträge auf Leistungsentgelten nach dem

239 OLG Hamburg »Mediale Leistungen« Beschl. v. 31.03.2014, Az 1 Verg 4/13, VergabeR 2014, 665 = NZBau 2014, 659.
240 Dazu OVG Münster »Fernwärme-Übernahme-Station« Urt. v. 20.04.2012, Az 4 A 1055/09, NZBau 2012, 589, 592 f.
241 Vgl. OLG Naumburg »Krankenhaus-Catering« NZBau 2004, 403, unter Hinweis auf Dietlein NZBau 2003, 136, 140.
242 Vgl. OLG Düsseldorf »Bekleidungsmanagement der Bundeswehr/Kampfstiefel« NZBau 2003, 400, 402 = WuW/E Verg. 778, 781 (2003).
243 NZBau 2007, 733, 734 = VergabeR 2007, 761, 762.
244 OLG Düsseldorf Beschl. v. 15.07.2015 VII Verg 11/15.

SGB IX und XII beruhten, so dass unternehmerische Risiken so gut wie ausgeschlossen seien.[245] Aus diesem Grund sei von einer Nichtgewerblichkeit auszugehen.

Einige **Gesichtspunkte** sind bei der Feststellung des Merkmals »nichtgewerblicher Art« – zumindest **126** alleine – nicht entscheidend:

- Unerheblich ist, ob eine Tätigkeit ausgeführt wird, die dem klassischen Gewerbebegriff des Verwaltungsrechts entspricht.[246]
- Genauso wenig entscheidend ist, ob die Tätigkeit als gemeinnützige qualifiziert werden kann oder als solche anerkannt ist.[247]
- Ebenso unerheblich ist, ob im steuerlichen Sinne eine Einordnung als Gewerbebetrieb oder gemeinnütziger Betrieb in Betracht kommt.[248]

Grundsätzlich unbedeutend ist auch der Umstand, dass sich die Tätigkeit des Unternehmens auf **127** **Güter** bezieht, **die auch von Privatunternehmen angeboten werden**. Das Fehlen von Wettbewerb ist deshalb keine Voraussetzung für die Annahme der Nichtgewerblichkeit. Wohl kann ein entwickelter Wettbewerb ein Indiz für das Vorliegen eines gewerblich tätigen Unternehmens sein.[249] Auch kann der Aspekt relevant sein, dass eine Gesellschaft mit öffentlich-rechtlichen Gesellschaften in umfassender Form kapitalisiert worden ist und daher Verluste mit Eigenkapital abdecken kann.[250]

Wenn eine Gesellschaft **nach ihrer Satzung keinen Gewinn erzielen soll** (weil sie vornehmlich **128** der IT-Versorgung ihrer beteiligten Kommunen dient) fehlt es von vornherein an der Gewerblichkeit.[251] Fehlt eine Gewinnerzielungsabsicht, verfolgt die Geschäftsführung aber eine wettbewerbliche Unternehmensführung anhand von Leistungs-, Effizienz- und Wirtschaftlichkeitskriterien, kann gleichwohl eine gewerbliche Aufgabe vorliegen.[252]

Andererseits ist allein das Bestehen einer Gewinnerzielungsabsicht nicht ausreichend für die Ver- **129** neinung der Nichtgewerblichkeit.[253] In der Entscheidung *»Siepsa«* hat der EuGH diese Rechtsprechung bestätigt und darauf aufmerksam gemacht, dass die **Gewinnerzielungsabsicht** insbesondere dann keine entscheidende Relevanz haben kann, wenn die Gewinnerzielung nicht das Hauptziel,

---

245 OLG Düsseldorf Beschl. v. 15.07.2015 VII Verg 11/15.

246 Vgl. schon VG Koblenz VgR 1997, 38: »Deshalb ist es, wie auch in dem vorliegenden Fall, unerheblich, ob das Unternehmen als rechtliche Einheit an sich den klassischen Gewerbebegriff erfüllt und in der Rechtsform einer GmbH oder AG betrieben wird. Nach Sinn und Zweck der Vergabevorschriften an sich und der SKR steht vielmehr die wahrgenommene Aufgabe im Vordergrund der rechtlichen Betrachtung, da in Deutschland schon von jeher Verwaltung und Daseinsvorsorge in Privatrechtsform grundsätzlich zulässig war und auch noch zulässig ist (§§ 85 ff. GewO).«; vgl. aber auch Seidel Festschrift für Heiermann S. 293, die auf den anderen Charakter als den eines Handels- bzw. Industrieunternehmens abstellen will; Lampe-Helbig/Wörmann Handbuch der Bauvergabe 2. Aufl. 1995 Rn. 28 wollen dem Zusatz keine Tatbestandsfunktion zuweisen; das Merkmal soll lediglich erläutern, dass die Wahrnehmung von Aufgaben im Allgemeininteresse keine wirtschaftliche Tätigkeit ist und zur Abgrenzung von Tätigkeiten diene, die von den ausschließlich erwerbswirtschaftlich tätigen Unternehmen vorgenommen werden; Korbion § 98 Rn. 3: »Eine nichtgewerbliche Tätigkeit lässt sich kaum mit dem deutschen Gewerberecht gleichsetzen.«

247 Vgl. dazu OLG Düsseldorf »Bekleidungsmanagement der Bundeswehr/Kampfstiefel« NZBau 2003, 400, 402 = WuW/E Verg. 778, 781 (2003), sowie VK Düsseldorf Beschl. v. 11.02.2004 VK 43/2003.

248 Ausführlich dazu VK Düsseldorf 11.02.2004 VK 43/2003.

249 So bereits EuGH »Truley« VergabeR 2003, 296, 302 = WuW/E Verg. 729, 733; »Korhonen« NZBau 2003, 396, 399 = WuW/E Verg. 765, 768 f. = VergabeR 2003, 420.

250 Dazu OVG Münster »Fernwärme-Übernahme-Station« Urt. v. 20.04.2012, Az 4 A 1055/09, NZBau 2012, 593.

251 Vgl. OLG Celle Beschl. v. 14.09.2006, Az 13 Verg 3/06; a.A. gegen das Abstellen auf die Gewinnerzielungsabsicht Dreher in: Immenga/Mestmäcker 5. Auflage 2014 § 98 Rn. 76.

252 EuGH Urt. v. 10.05.2001, Az C-223/99; Weyand IBR-Kommentar § 98 Rn. 57.

253 EuGH »Truley« VergabeR 2003, 296, 302 = WuW/E Verg. 729, 733; »Korhonen« NZBau 2003, 396, 399 = WuW/E Verg. 765, 768 f. = VergabeR 2003, 420.

sondern allenfalls mittelbarer Zweck zur Realisierung strategischer Unternehmensziele sein soll und zudem Anhaltspunkte dafür vorhanden seien, dass der Staat etwa auftretende Verluste ausgleichen würde.[254]

130 Das OLG Düsseldorf hat in der Entscheidung »*Bekleidungsmanagement der Bundeswehr/Kampfstiefel*« herausgestellt:[255]

131 *Zunächst ist darauf hinzuweisen, dass sich das Merkmal der »nichtgewerblichen Art« nach dem klaren Wortlaut der für die Rechtsanwendung in Deutschland maßgebenden Vorschrift des § 98 Nr. 2 GWB – entgegen der Ansicht der Ag. – auf die zu erfüllende im Allgemeininteresse liegende Aufgabe und nicht auf die juristische Person bezieht, die die Aufgabe erfüllen soll. Folglich ist die Anwendung der Norm nicht von vornherein auf solche juristischen Personen privaten Rechts beschränkt, deren Tätigkeit eine nichtgewerbliche, sondern zB Kraft ihrer Satzung eine gemeinnützige ist.*

*Die **Gewinnerzielungsabsicht**, die die juristische Person und deren Anteilseigner mit der (durch die Unternehmenstätigkeit bewirkten) Erfüllung der im Allgemeininteresse liegenden Aufgaben verbinden, schließt daher die Anwendung des § 98 Nr. 2 GWB nicht aus. Sonst kämen gerade die klassischen Organisationsformen der privatrechtlichen juristischen Person in Deutschland, die AG und die GmbH, mit denen man Gewinnerzielungsabsicht gewissermaßen als Wesenselement verbindet (so zutreffend Dietlein NZBau 2002, 136, 139), für § 98 Nr. 2 GWB grds. nicht in Betracht. Ein solches Auslegungsergebnis ließe sich aber mit dem Wortlaut der Vorschrift, die alle juristischen Personen des privaten Rechts ohne jede Einschränkung nach ihrer Organisationsform einbezieht, nicht vereinbaren. Im Übrigen steht die Auslegung, dass sich das Merkmal der »nichtgewerblichen Art« auf die zu erfüllende Aufgabe und nicht (unabhängig von der im Allgemeininteresse liegenden Aufgabe) auf die juristische Person bezieht im Einklang mit der Rechtsprechung des EuGH, wonach das Kriterium der nichtgewerblichen Art »den Begriff der im Allgemeininteresse liegenden Aufgabe präzisieren« solle. (...)*

In Anbetracht der singulären Aufgabe (...) spricht viel dafür, dass die Wertung der Vergabekammer, die Ag. unterscheide sich hinsichtlich ihrer unternehmerischen Risiken ganz wesentlich von anderen gewerblichen Unternehmen, ihre Aufgabenerfüllung vollziehe sich weitgehend außerhalb marktmäßiger Mechanismen und sie verfüge über eine staatlich herbeigeführte marktbezogene Sonderstellung, realistisch und richtig ist.

132 Für das Fehlen der Gewerblichkeit sprechen insbesondere Gesichtspunkte, die die **Gefahr einer nicht marktbezogenen Entscheidung über Beschaffungsvorgänge** des jeweiligen Unternehmens begründen. Das wäre etwa der Fall, wenn
– das Unternehmen aufgrund einer **besonderen Marktstellung**, etwa einer Beleihung, einer sonstigen staatlichen Aufgabenübertragung, z.B. auch mit einer Andienungspflicht/Überlassungspflicht nach § 13 KrW/AbfG über eine besondere Marktstellung verfügt;[256] die VK Baden-Württemberg hat die öffentliche Auftraggebereigenschaft einer staatlichen Lotterie (Sportwettgesellschaft) mangels Nichtgewerblichkeit verneint, obgleich ihr aufgrund des Staatsvertrags zum Lotteriewesen eine marktbezogene Sonderstellung eingeräumt worden war – die Entscheidung ist daher abzulehnen.[257]
– das Unternehmen verpflichtet ist, nach dem **Kostendeckungsprinzip** gemäß § 6 KAG zu arbeiten, etwa bei Eigenunternehmen der öffentlichen Hand;[258]

---

254 Vgl. dazu »Siepsa« WuW/E Verg. 853, 857 (2003) = VergabeR 2004, 182, 186 = NZBau 2004, 223, 227.
255 OLG Düsseldorf »Bekleidungsmanagement der Bundeswehr/Kampfstiefel« NZBau 2003, 400, 402 = WuW/E Verg. 778, 781 f. (2003); dazu auch Wagner/Wiegand NZBau 2003, 369.
256 Vgl. VK Münster 14.10.1999 VK 1/99.
257 VK Baden-Württemberg Beschl. v. 19.04.2005 1 VK 11/05; vgl. auch Rn. 88.
258 Vgl. VK Münster 14.10.1999 VK 1/99.

– das Unternehmen aus sonstigen Gründen davon ausgehen kann, dass **Verluste** von dem Staat oder sonstigen öffentlichen Auftraggebern **übernommen** werden und nicht selbst zu tragen sind, etwa im Fall öffentlicher Subventionierung oder Selbstkostenerstattung;[259]
– insbesondere dann, wenn eine Gesellschaft aufgrund eines bestehenden **Beherrschungsvertrages** einem **Insolvenzrisiko** nicht ausgesetzt ist, wird die Tätigkeit als nichtgewerblich einzustufen sein.[260]

Das **fehlende Insolvenzrisiko** kann ein **maßgeblicher Gesichtspunkt** zur Verneinung der Gewerb-   133
lichkeit sein. Das Insolvenzrisiko kann ausgeschlossen werden, wenn eine Gewährträgerhaftung nach einem Staatsvertrag besteht oder aber ein Gewinnabführungs- und Verlustausgleichsvertrag bestehe.[261] Dabei ist nicht entscheidend, ob es einen bindenden vertraglichen Mechanismus zum Ausgleich von Verlusten gibt, sondern ob nach der Einschätzung der Vergabekammer die staatliche Stelle einen etwaigen Konkurs verhindern würde.[262] Jedenfalls dann, wenn bereits aus Rechtsgründen eine Insolvenz nicht möglich ist (weil aufgrund einer Gewährträgerhaftung eine Insolvenzunfähigkeit anzunehmen ist), dann scheidet in jedem Fall eine gewerbliche Betätigung im Sinne des Vergaberechts aus.

In seiner Entscheidung zum *Herkules-Vertragswerk der Bundeswehr* hat das OLG Düsseldorf darauf   134
hingewiesen, dass auch durch Abschluss eines **Beschaffungsvertrages** das unternehmerische Risiko einer Gesellschaft derart gemindert sein kann, dass die Tätigkeit nicht mehr als gewerblich qualifiziert werden könne. Dies sei etwa anzunehmen, wenn eine hohe Planungssicherheit bestehe und das wirtschaftliche Risiko des Auftragnehmers allenfalls in Höhe einer Gewinnspanne bestehe.[263]

7. Besondere Staatsgebundenheit: Überwiegende Finanzierung/Aufsicht über die Leitung/ mehrheitliche Besetzung von Gesellschaftsorganen

Art. 2 Abs. 1 Nr. 4 c) der Richtlinie 2014/24/EU verlangt für die Qualifizierung einer Einrichtung   135
als öffentlicher Auftraggeber (als drittes Tatbestandsmerkmal):

c) sie werden überwiegend vom Staat, von Gebietskörperschaften oder von anderen Einrichtungen des   136
öffentlichen Rechts finanziert oder unterstehen hinsichtlich ihrer Leitung der Aufsicht dieser Gebiets-
körperschaften oder Einrichtungen, oder sie haben ein Verwaltungs-, Leitungs- beziehungsweise Auf-
sichtsorgan, das mehrheitlich aus Mitgliedern besteht, die vom Staat, von den Gebietskörperschaften
oder von anderen Einrichtungen des öffentlichen Rechts ernannt worden sind.

Das dritte Tatbestandsmerkmal der öffentlichen Auftraggeberschaft, das eine gewisse enge Bezie-   137
hung des Unternehmens zum Staat voraussetzt, gliedert sich nach der Vergaberichtlinie wiederum in drei Unteralternativen auf, die jeweils für sich allein ausreichen, um das dritte Tatbestandsmerkmal zu begründen. Der EuGH hat in der Entscheidung »OPAC« herausgestellt, dass die in der Vergabekoordinierungsrichtlinie genannten **drei Beherrschungsmerkmale alternativ** heranzuziehen sind und insbesondere eine im Prinzip gleichwertige Beeinflussung des Vergabeverhaltens eines Unternehmens durch die öffentliche Hand belegen:[264]

Wie der Generalanwalt in Rn. 48 seiner Schlussanträge dargelegt hat, muss die Aufsicht hinsichtlich   138
der Leitung im Sinne von Art. 1 lit. b) Unterabsatz II dritter Spiegelstrich der Richtlinie, da sie eines
der drei in dieser Vorschrift genannten Merkmale darstellt, eine Verbindung mit der öffentlichen

259 Vgl. auch EuGH »Siepsa« WuW/E Verg. 853, 857 = VergabeR 2004, 182, 186 = NZBau 2004, 223, 227.
260 OLG Hamburg »Messegesellschaft Hamburg« VergabeR 2007, 358.
261 OLG Hamburg »Mediale Leistung«, Beschl. v. 31.03.2014, Az 1 Verg 4/13, VergabeR 2014, 665, 671 = NZBau 2014, 659.
262 EuGH »Siepsa« NZBau 2004, 223; so auch OLG Hamburg »Mediale Leistung«, Beschl. v. 31.03.2014, Az 1 Verg 4/13, VergabeR 2014, 665, 671 = NZBau 2014, 659.
263 OLG Düsseldorf »BWI Informationstechnik« Beschl. v. 19.06.2013, Az VII Verg 55/12, NZBau 2013, 653, 654 = VergabeR 2014, 158 f.
264 EuGH »OPAC« NZBau 2001, 215, 217 = WuW/E Verg. 407, 409 (2001) = VergabeR 2001, 118, 120 f.

Hand schaffen, die der Verbindung gleichwertig ist, die besteht, wenn eines der beiden anderen alternativen Merkmale erfüllt ist, nämlich die Finanzierung überwiegend durch die öffentliche Hand erfolgt oder mehr als die Hälfte der Mitglieder, aus denen die Leitungsorgane der (...) bestehen, durch die öffentliche Hand ernannt werden.

139   In der Entscheidung »Oymanns« hat der EuGH darauf hingewiesen, dass wegen des alternativen Charakters der Tatbestandsmerkmale bereits das Vorliegen der überwiegenden Finanzierung ausreiche, um die Qualifizierung als öffentlicher Auftraggeber zu bejahen. Auf die weiteren Merkmale komme es nicht an.[265]

140   Der EuGH hat zudem in der Sache »Oymanns« klargestellt, dass die unterschiedlichen Beherrschungsvarianten **selbstständige** und alternative **Tatbestandsmerkmale** sind.[266] Daraus folgt, dass bei Bejahung eines der Merkmale, etwa der überwiegenden Finanzierung, nicht mehr zu prüfen ist, ob anderweitige Beherrschungsmittel gegeben sind. Die Tatbestandsmerkmale überwiegender Finanzierung und überwiegender Aufsicht seien selbstständige Kriterien, die auch gleichwertig nebeneinanderstünden. Ein Rangverhältnis zwischen den Kriterien bestehe nicht, auch nicht hinsichtlich der Zuständigkeitsfestlegung der jeweiligen Vergabekammer.[267]

141   Jedenfalls bezieht sich die Beherrschung nach dem Wortlaut sowohl der europäischen wie auch der nationalen Vergaberechtsvorschriften **auf die Aufgabenerfüllung** und nicht auf die jeweilige juristische Person.[268] Ob die einzelnen Beherrschungsmittel tatsächlich zu einer beschaffungsrechtlich erheblichen Einflussnahme führen, ist unerheblich. Im Hinblick auf die schutzzweckorientierte Auslegung reicht es aus, wenn die rechtlichen Grundlagen für eine tatsächliche Beherrschung gelegt sind.[269]

142   Von einer Beherrschung durch einen öffentlichen Auftraggeber kann allerdings nur ausgegangen werden, wenn die Leitungsmacht von einem öffentlichen Auftraggeber nach § 99 Nr. 1 bis 3 GWB ausgeht. Die Geschäftsanteile der Gesellschaft, die Leistungen ausschreibt, einem Caritasverband als Unterorganisation der katholischen Kirche, dann fehlt es an dem Merkmal der Staatsnähe und der Beherrschung.[270]

a) Überwiegende Finanzierung

143   Die Voraussetzung des Merkmals der überwiegenden Finanzierung sind in der Entscheidung des EuGH »*University of Cambridge*« im Einzelnen herausgearbeitet worden.[271] Hiernach ist von Folgendem auszugehen:
- Für die Feststellung der überwiegenden Finanzierung ist – anders als bei § 99 Nr. 5 GWB – nicht auf den konkret zu vergebenden Auftrag, sondern auf die Finanzierung der Einrichtung abzustellen, die öffentlicher Auftraggeber sein soll. Dabei sind **alle Mittel** zu berücksichtigen, **über die die jeweilige Einrichtung verfügt**, einschließlich derer, die aus gewerblicher Tätigkeit stammen.[272] Das bedeutet zunächst, dass nicht nur auf das Stamm- oder Grundkapital einer Gesellschaft abzustellen ist und dementsprechend für die überwiegende Finanzierung auch nicht genügt, dass die öffentliche Hand die Mehrheit des jeweiligen Kapitals gezeichnet hat. Denn das

---

265   EuGH »Oymanns« Beschl. v. 11.06.2009 C 300/07 NZBau 2009, 520 f.
266   EuGH »Oymanns« Urt. v. 11.06.2009 – Rs. C-300/07, VergabeR 2009, 744 = NZBau 2009, 520, 525, Rz 58.
267   1. VK des Bundes beim Bundeskartellamt Beschl. v. 18.12.2009, Az VK 1-209/09.
268   OLG Düsseldorf »Endlager Conrad« NZBau 2007, 733, 734 = VergabeR 2007, 761, 762; aA Crass S. 105.
269   Dazu ähnlich Crass S. 106.
270   OLG Düsseldorf Beschl. v. 15.07.2015 VII Verg 11/15.
271   Vgl. NZBau 2001, 218 f. = WuW/E Verg. 371, 374 = VergabeR 2001, 111, 114 f.
272   EuGH »University of Cambridge« NZBau 2001, 218, 221 = WuW/E Verg. 371, 375 (2001) = VergabeR 2001, 111, 114 f.; VK Nordbayern Beschl. v. 23.07.2009, Az VK-3194-25.

Stamm- oder Grundkapital ist in der Regel nur ein Bruchteil der Mittel, über die ein Unternehmen verfügt. Es reicht deshalb nach den Maßstäben, die der EuGH gesetzt hat, keineswegs aus, die Betrachtung auf das gezeichnete Kapital zu beschränken.[273]

– Der EuGH hat auch herausgestellt, dass nicht alle Zahlungen eines öffentlichen Auftraggebers eine besondere Unterordnung oder Verbindung zu begründen in der Lage sind. Vielmehr könnten nur finanzielle Leistungen, welche als Finanzmittel **ohne spezifische Gegenleistungen** die Tätigkeiten der betreffenden Einrichtungen finanzieren oder unterstützen, als öffentliche Finanzierung eingestuft werden. Daraus folge, dass Leistungen wie Fördermittel oder Zuwendungen zur Unterstützung der Forschung als Finanzierung durch einen öffentlichen Auftraggeber anzusehen sind. Das gelte selbst dann, wenn der Begünstigte einer solchen Finanzierung nicht unmittelbar die Einrichtung, sondern deren Nutzer sei. Zahlungen, die aber im Rahmen eines **klassischen Leistungsaustausches**, etwa im Rahmen eines Vertrages über Dienstleistungen einschließlich Forschungsarbeiten oder als Gegenleistung für andere Dienstleistungen wie Gutachten oder Veranstaltungen von Tagungen gewährt würden, stellten keine öffentliche Finanzierung i.S.d. Richtlinien dar.[274] Dementsprechend ist für die Feststellung der überwiegenden Finanzierung auf Kapitalbeiträge oder sonstige einseitige finanzielle Zuwendungen mit Subventionscharakter abzustellen.

– Wenn von einer **überwiegenden Finanzierung** gesprochen wird, muss der Begriff »überwiegend« **quantitativ** bestimmbar sein. Entscheidend ist dementsprechend, dass die öffentliche Finanzierung 50 %, also mehr als die Hälfte der Mittel des Unternehmens, ausmacht.[275] Dementsprechend heißt es im Erwägungsgrund der Richtlinie 2014/24/EU:

Desgleichen ist die Beziehung bezüglich der Herkunft der Finanzausstattung der betreffenden Einrichtung ebenfalls im Rahmen der Rechtsprechung überprüft worden, wobei u.a. klargestellt wurde, dass unter »überwiegend finanziert« eine Finanzierung in Höhe von mehr als der Hälfte zu verstehen ist, worunter auch Zahlungen von Nutzern fallen können, die nach den Vorschriften des öffentlichen Rechts auferlegt, berechnet und erhoben werden.

– Im Hinblick auf die Rechtssicherheit ist die Feststellung der überwiegenden Finanzierung einer Einrichtung auf **jährlicher Basis** vorzunehmen. Das Haushaltsjahr, in dem das Verfahren zur Vergabe eines bestimmten Auftrages ausgeschrieben werde, ist der für die Berechnung der Finanzierung dieser Einrichtung am besten geeignete Zeitpunkt, wobei die Berechnung auf der Grundlage der zu Beginn des Haushaltsjahres verfügbaren, ggf. auch nur veranschlagten Zahlen vorzunehmen ist. Die insoweit vorgenommene Feststellung ist alsdann für den entsprechenden Auftrag bis zum Abschluss des Vergabeverfahrens maßgeblich.[276]

In der Entscheidung *»Rundfunkanstalten«* hat der EuGH des Weiteren klargestellt: 144

– Dass das Vergaberecht **keine besonderen Anforderungen zur Art und Weise der Finanzierung** stellt. So verlangten die europäischen Vergaberechtsvorschriften nicht, dass die Tätigkeit der

---

273 A.A. Dreher in: Immenga/Mestmäcker 5. Auflage 2014 § 98 Rn. 97: »Ausreichend ist gemäß dem vorstehend genannten Kriterium aber auch jede mehrheitliche Beteiligung«; a.A. auch Crass S. 107, der allein die passive Inhaberschaft des Kapitalvermögens ausreichen lassen will; a.A. Häfner in: Ax/Schneider/Bischoff § 98 Rn. 15: »Die überwiegende Finanzierung ist schon dann gegeben, wenn eine passive Inhaberschaft der Kapitalmehrheit besteht.«.

274 EuGH »University of Cambridge« NZBau 2001, 218, 220 = WuW/E Verg. 371, 375 = VergabeR 2001, 111, 114 f.; für den Fall einer Reederei hat die 2. VK Bund – Beschl. v. 23.05.2006, Az VK 2–114/05 – angenommen, dass die Gegenleistung, die der Reeder für die Dienstleistung »Bereederung« erhält, möglicherweise öffentliche Gelder sind, da diese jedoch als Gegenleistung in einem Vertragsverhältnis gezahlt würden, dienen sie nicht der öffentlichen Finanzierung.

275 So auch EuGH »Rundfunkanstalten« NZBau 2008, 130, 132 = VergabeR 2008, 42, 46.

276 EuGH »University of Cambridge« NZBau 2001, 218, 221 = WuW/E Verg. 371, 376 = VergabeR 2001, 111, 114 f.; in der Literatur ist lediglich die Anknüpfung an den Beginn eines Haushaltsjahres kritisiert worden. Nach Maßgabe der Rechtssicherheit wäre es vorzuziehen gewesen, an das abgeschlossene Haushaltsjahr anzuknüpfen, vgl. Wirner S. 145 m.w.N.

fraglichen Gesellschaften direkt vom Staat oder einer anderen Einrichtung öffentlichen Rechts finanziert wird. Auch **indirekte Finanzierungsbeiträge** reichten aus.

– Die Auslegung des Begriffs der Finanzierung durch den Staat sei **zweckorientiert** danach zu entscheiden, dass sie eine vom Staat, von Gebietskörperschaften oder anderen Einrichtungen des öffentlichen Rechts finanzierte oder kontrollierte Stelle nicht von anderen als wirtschaftlichen Überlegungen leiten lassen soll. Deshalb sei auch eine Art der Finanzierung öffentlicher Rundfunkanstalten durch **Zwangsbeiträge** als Finanzierung durch den Staat in funktionellem Sinne zu verstehen. Die Rundfunkgebühr sei nämlich gesetzlich geregelt und nicht Ergebnis vertraglicher Prozesse. Sie würden auch hoheitlich durchgesetzt und seien unabhängig von einer spezifischen Gegenleistung.

– Es ist unerheblich, ob **die Finanzmittel den öffentlichen Haushalt durchlaufen**, der Staat also die Gebühr zunächst einzieht und die Einnahmen hieraus dann öffentlich-rechtlichen Funktionsträgern zur Verfügung stelle oder ob der Staat diesen das Recht einräume, die Gebühren selbst einzuziehen. Der Staat muss nicht selbst eine öffentlich-rechtliche oder privat-rechtliche Einrichtung schaffen oder benennen, die mit der Einziehung der Gebühr beauftragt wird.

– Die öffentlich-rechtliche Finanzierung müsse **nicht einen direkten Einfluss auf das Beschaffungswesen** nehmen. Es reiche aus, dass die Gefahr besteht, dass sich die finanzierte Einrichtung von anderen als wirtschaftlichen Überlegungen leiten lässt.

– Es muss sich auch **nicht um eine Finanzhilfe ohne spezifische Gegenleistung** handeln. Es reiche aus, wenn eine Einrichtung eine Finanzhilfe erhält, um den im öffentlichen Interesse liegenden Auftrag zu erfüllen. Ein direkter Einfluss der Finanzierung auf bestimmte Beschaffungen sei nicht relevant.[277] Auch mittelbare Finanzhilfen des Staates können den funktionalen Auftraggeberbegriff begründen.[278]

145 In der Entscheidung »*Oymanns*« hat der EuGH herausgestellt, dass **Finanzierungsbeiträge nicht unbedingt direkt vom Staat** oder einer anderen Stelle des öffentlichen Rechts finanziert werden müssen, um diese Voraussetzungen zu bejahen. Auch eine Art **indirekte Finanzierung**, wie sie etwa bei den **gesetzlichen Krankenkassen** vorliege, reiche aus, zumal die Beiträge der Versicherten nicht mit einer konkreten vertraglichen Gegenleistung verbunden seien.[279]

146 In der Entscheidung »*Ärztekammer Westfalen-Lippe*« hat der EuGH ebenfalls klargestellt, dass unter dem Begriff der Finanzierung

147 *ein Transfer von Finanzmitteln zu verstehen ist, der ohne spezifische Gegenleistung mit dem Ziel vorgenommen wird, die Tätigkeiten der betreffenden Einrichtung zu unterstützen.*

*Da dieser Begriff funktionell auszulegen sei, schließe das Kriterium der überwiegenden Finanzierung auch eine **mittelbare Finanzierungsweise** ein. Eine solche Finanzierung könne durch eine dem Grundsatz und der Höhe nach gesetzlich vorgesehene und aufgelegte Gebühr erfolgen, die keine Gegenleistung für die tatsächliche Inanspruchnahme der von den betreffenden Einrichtungen erbrachten Dienstleistungen durch die Gebührenschuldner darstellt und mittels hoheitlicher Befugnisse einbezogen wird. Auch der Umstand, dass die Einrichtung die Höhe der Beiträge, aus denen sie sich überwiegend finanziert, formal selbst festlegt, schließe das Vorliegen einer das genannte Kriterium erfüllenden mittelbaren Finanzierung nicht aus (dies ist etwa bei gesetzlichen Sozialversicherungskassen der Fall). Anders verhält es sich jedoch dann, wenn die staatliche Einrichtung nicht durch gesetzliche Regelungen in Bezug auf die Beiträge festgelegt sei, sondern insoweit über eine **erhebliche Autonomie** verfüge. Das gilt erst recht, wenn die Autonomie dadurch verstärkt werde, dass die Beitragsregelung von einer Versammlung beschlossen werde, die aus den Beitragspflichtigen selbst besteht.*[280]

---

277 EuGH »Rundfunkanstalten« NZBau 2008, 130, 133, 134 = VergabeR 2008, 42, 48.

278 Vgl. dazu auch Heuvels NZBau 2008, 166 mit weiteren Hinweisen.

279 EuGH »Oymanns« Beschl. v. 11.06.2009 C 300/07 NZBau 2009, 520 f.

280 EuGH »Ärztekammer Westfalen-Lippe« Urt. v. 12.09.2013, Az C-526/11 (»IVD«), NZBau 2013, 719 = VergabeR 2014, 23.; dazu Heyne NVwZ 2014, 621 f.

Wenn ein unabhängiges **Forschungsinstitut** lediglich Forschungsaufträge vergütet erhält, handelt   148
es sich um Finanzmittel, die eine **spezifische Gegenleistung** darstellen und somit nicht berücksichtigungsfähig sind. Erst recht werden in der Privatwirtschaft akquirierte Forschungsaufträge bei der
Feststellung einer überwiegenden öffentlichen Finanzierung nicht berücksichtigt.[281] Ein eingetragener Verein, der gemeinnützige Zwecke im Bereich der Frühförderung und Behindertenhilfe verfolgt und seine Leistungen mit 80 % öffentlichen Mitteln erbringt, ist gleichwohl kein öffentlicher
Auftraggeber, wenn die Mittel nur zu 30 % der Kostenerstattung dienen (Leistungsaustausch).[282]

Auch Entgelte, die z.B. **anerkannte Werkstätten** von einem Sozialhilfeträger auf der Grundlage   149
eines abgeschlossenen Austauschvertrages für die Übernahme konkreter Leistungen erhalten, sind
bei der Feststellung der überwiegenden Finanzierung durch den Staat zu berücksichtigen.[283]

Das OLG Düsseldorf hat in der Entscheidung »*Entgeltsystem*« besondere Staatsnähe mit folgender   150
Argumentation bejaht:

> *Die Antragsgegnerin wird mittelbar überwiegend durch eine öffentliche Stelle nach § 98 Nr. 1 GWB*   151
> *finanziert. Unter einer überwiegenden Finanzierung durch öffentliche Stellen ist ein Transfer von Fi-*
> *nanzmitteln zu verstehen, der ohne **spezifische Gegenleistung** mit dem Ziel vorgenommen wird, die*
> *Tätigkeiten der betreffenden Einrichtung zu unterstützen. Da dies aber nur funktional auszulegen ist,*
> *schließt das Kriterium der überwiegenden Finanzierung durch öffentliche Stellen auch eine mittelbare*
> *Finanzierungsweise ein.*[284]

> *ein Transfer von Finanzmitteln zu verstehen ist, der ohne spezifische Gegenleistung mit dem Ziel*
> *vorgenommen wird, die Tätigkeiten der betreffenden Einrichtung zu unterstützen.*

> *Da dieser Begriff funktionell auszulegen sei, schließe das Kriterium der überwiegenden Finanzie-*
> *rung auch eine **mittelbare Finanzierungsweise** ein. Eine solche Finanzierung könne durch eine dem*
> *Grundsatz und der Höhe nach gesetzlich vorgesehene und aufgelegte Gebühr erfolgen, die keine Ge-*
> *genleistung für die tatsächliche Inanspruchnahme der von den betreffenden Einrichtungen erbrachten*
> *Dienstleistungen durch die Gebührenschuldner darstellt und mittels hoheitlicher Befugnisse einbezo-*
> *gen wird. Auch der Umstand, dass die Einrichtung die Höhe der Beiträge, aus denen sie sich überwie-*
> *gend finanziert, formal selbst festlegt, schließt das Vorliegen einer das genannte Kriterium erfüllenden*
> *mittelbaren Finanzierung nicht aus (dies ist etwa bei gesetzlichen Sozialversicherungskassen der Fall).*
> *Anders verhält es sich jedoch dann, wenn die staatliche Einrichtung nicht durch gesetzliche Regelun-*
> *gen in Bezug auf die Beiträge festgelegt sei, sondern insoweit über eine **erhebliche Autonomie** verfüge.*
> *Das gilt erst recht, wenn die Autonomie dadurch verstärkt werde, dass die Beitragsregelung von einer*
> *Versammlung beschlossen werde, die aus dem Beitragspflichtigen selbst besteht.*[285]

Das Bayerische Oberlandesgericht hat in der Entscheidung »*Rotes Kreuz*« auf der Grundlage   152
der zuvor zitierten Rechtsprechung des EuGH entschieden, dass nicht die einzelne einschlägige
Beschaffungsart für die Feststellung überwiegender Finanzierung heranzuziehen sei, sondern **auf
die juristische Person insgesamt** abzustellen sei. Voraussetzung des § 99 Nr. 2 GWB sei nämlich,
dass eine staatliche Stelle das Unternehmen in finanzieller Hinsicht insgesamt beherrschen müsse.
Der staatliche Anteil aller Fördermaßnahmen hinsichtlich des Gesamtetats des Deutschen Roten
Kreuzes liege indessen bei etwa über 40 % und reiche dementsprechend nicht aus, um die Abhängigkeit i.S.d. § 99 Nr. 2 GWB zu begründen.[286]

---

281 VK Düsseldorf Beschl. v. 18.06.2007, VK-14/2007.
282 VK Nordbayern Beschl. v. 23.07.2009, Az VK-3194-25.
283 OLG Düsseldorf Beschl. v. 15.07.2015 VII Verg 11/15.
284 OLG Düsseldorf »Entgeltsystem« Beschl. v. 29.04.2015 VII Verg 35/14 BauR 2015, 678, 681.
285 EuGH »Ärztekammer Westfalen-Lippe« Urt. v. 12.09.2013, Az C-526/11 (»IVD«), NZBau 2013, 719 =
     VergabeR 2014, 23.; dazu Heyne NVwZ 2014, 621 f.
286 BayObLG »Rotes Kreuz« VergabeR 2003, 94, 96.

153   Das OLG Düsseldorf hat in seiner Entscheidung »*Bekleidungsmanagement der Bundeswehr/Kampf-stiefel*« darauf hingewiesen, dass die überwiegende Finanzierung auch darin bestehen könne, dass einem Unternehmen der ganz **überwiegende Teil des Personals** und der **sachlichen Betriebsgrund-lagen zur Verfügung gestellt** werde.[287]

154   Die Art und Weise der finanziellen Unterstützung ist letztlich gleichgültig. Auch Finanzzuwendun-gen in der Form **unentgeltlich zur Verfügung gestellter Grundstücke** sowie die öffentliche Förde-rung von Gebäuden, Anlagen und Maschinen können herangezogen werden. Im Hinblick auf die geschäftsjahrbezogene (haushaltsjahrbezogene) Betrachtung können jährliche **Abschreibungen** mit 6 % zugrunde gelegt werden.[288]

b) Über die Leitung die Aufsicht ausüben

aa) Allgemeine Anforderungen

155   Bei diesem Tatbestandsmerkmal geht es um eine direkte Beherrschung, indem nämlich eine Orga-nisationseinheit der öffentlichen Hand durch Aufsicht über ein Unternehmen dessen Vergabever-halten beeinflussen kann.

156   In der Entscheidung »*OPAC*« hat der EuGH zunächst allgemeine Rahmenbedingungen der **erfor-derlichen** Aufsicht hinsichtlich der Leitung wie folgt konkretisiert:[289]

157   *Was das dritte Merkmal angeht, das eine Einrichtung des öffentlichen Rechts kennzeichnet, ist zu prüfen, ob die verschiedenen Formen der Aufsicht, denen die SA HLM unterliegen, eine Verbindung dieser* **Einrichtungen mit der öffentlichen Hand** *schafft, die es dieser ermöglicht, die* **Entscheidun-gen** *dieser Einrichtungen in Bezug auf öffentliche Aufträge* **zu beeinflussen.***

Wie der Generalanwalt in Rn. 48 seiner Schlussanträge dargelegt hat, muss die Aufsicht hinsichtlich der Leitung im Sinne von Art. 1 lit. b) Unterabsatz II dritter Spiegelstrich der Richtlinie, da sie eines der drei in dieser Vorschrift genannten Merkmale darstellt, eine Verbindung mit der öffentlichen Hand schaffen, die der Verbindung **gleichwertig** *ist, die besteht, wenn eines der beiden anderen al-ternativen Merkmale erfüllt ist, wenn nämlich die Finanzierung überwiegend durch die öffentliche Hand erfolgt oder mehr als die Hälfte der Mitglieder, aus denen die Leitungsorgane der SA HLM bestehen, durch die öffentliche Hand ernannt werden.*

158   Diese Grundsätze hat der EuGH in der Entscheidung »*Adolf Truley GmbH*« wörtlich wiederholt.[290]

159   In Fortsetzung der Erwägungen in der Entscheidung »*OPAC*« führt der EuGH in der Entscheidung »*Adolf Truley GmbH*« weiter aus:

160   *In Anbetracht dieser Rechtsprechung lässt sich nicht annehmen, dass der Tatbestand der Aufsicht über die Leitung im Fall einer* **bloßen Nachprüfung und Kontrolle** *erfüllt ist, denn schon begrifflich erlaubt es eine derartige Kontrolle der öffentlichen Hand nicht, die Entscheidung der betreffenden Einrichtung im Bereich der Vergabe öffentlicher Aufträge zu beeinflussen.*[291]

bb) Gesellschaftsrechtliche Beherrschung

161   Fraglich ist in diesem Zusammenhang, ob die Aufsicht über die Leitung **allein aus einer gesell-schaftsrechtlichen Beherrschung** abgeleitet werden kann. So hatte etwa der VÜA Bund auf den aktien-konzernrechtlichen Beherrschungsbegriff abgestellt und bei einer Mehrheitsbeteiligung ent-

---

287 Vgl. OLG Düsseldorf NZBau 2003, 400, 404.
288 VK Düsseldorf Beschl. v. 18.06.2007, Az VK-14/2007-L.
289 EuGH »OPAC« NZBau 2001, 215, 217 = WuW/E Verg. 407, 409 (2001) = VergabeR 2001, 118, 120 f.
290 Vgl. EuGH »Adolf Truley GmbH« WuW/E Verg. 729, 735 (2003) = VergabeR 2003, 296, 303.
291 Vgl. EuGH »Adolf Truley GmbH« WuW/E Verg. 729, 735 (2003) = VergabeR 2003, 296, 303.

sprechend der Vermutung des § 17 Abs. 2 AktG angenommen, dass die notwendige Aufsicht gegeben sei.[292] Dem ist die Literatur zum Teil gefolgt.[293]

Das Abstellen auf den aktienrechtlichen Beherrschungsbegriff führt jedoch im vergaberechtlichen 162 Kontext nicht weiter.[294] Der **Richtlinientext** stellt nicht **ausdrücklich auf die Beteiligung** ab, **sondern** nur generell **auf die Aufsicht über die Unternehmensleitung.** Eine entsprechende Aufsicht kann zudem nur in Abhängigkeit von der Rechtsform festgestellt werden. Nur bei der GmbH wäre der direkte Einfluss der Mehrheits-Anteilseigner auf die Geschäftsführung ohne Weiteres möglich. Bei der Aktiengesellschaft lässt sich der Einfluss in der Regel nur über eine Aufsichtsratsmehrheit vermitteln, die aber von dem selbstständigen Tatbestandsmerkmal der dritten Alternative des Beherrschungstatbestandes gesondert erfasst wird. Zudem lässt sich der Entscheidung *»Truley«* des EuGH eine entgegenstehende Entscheidungstendenz entnehmen. In dem dort zur Entscheidung stehenden Sachverhalt gehörten die Geschäftsanteile der Gesellschaft einer 100 %igen Tochtergesellschaft der Stadt Wien. Die Stadt Wien war daher mittelbar nicht nur Mehrheitsgesellschafter, sondern Alleingesellschafter. Gleichwohl ließ der EuGH diesen Aspekt alleine nicht ausreichen, sondern stellte auf weitere Aspekte einer inhaltlichen Beherrschung durch spezielle gesellschaftsrechtliche Bestimmungen ab. Daraus wird abzuleiten sein:

Eine Beteiligung kann den erforderlichen Einfluss grds. nur vermitteln, wenn dem öffentlichen 163 Sektor **mehr als 50 % der Gesellschaftsanteile** gehören. Eine bloß paritätische Beteiligung von Aktionärs- oder Anteilsgruppen führt allein noch nicht zu einer Möglichkeit, ein Beschaffungsverhalten zu beeinflussen. Dies hat etwa die Vergabekammer Düsseldorf für die paritätischen Beteiligungsverhältnisse am Flughafen Düsseldorf mit Recht entsprechend entschieden.[295]

Die VK Baden-Württemberg hat die Voraussetzungen des § 99 GWB in einem Fall abgelehnt, in 164 dem die Anteile einer gemeinnützigen, im Gesundheitswesen tätigen GmbH zu 50 % von einem öffentlichen Auftraggeber (einem Universitätsklinikum) und zu 50 % von einer Tochtergesellschaft privater Krankenversicherer gehalten wird.[296]

Allerdings müssen die Geschäftsanteile mehrerer öffentlicher Auftraggeber, die sich an einem 165 Unternehmen beteiligen, zusammengerechnet werden.[297]

Nur ausnahmsweise kann die »Aufsicht über die Leitung« auch in Fällen bejaht werden, in denen 166 die öffentliche Hand **lediglich Minderheitsanteilseigner** ist. Auch dann ist eine Aufsicht über die Unternehmensleitung i.S.d. § 99 Nr. 2 GWB nicht ausgeschlossen.

Andererseits rechtfertigt allein die Mehrheitsbeteiligung nicht den Rückschluss auf die Annahme 167 einer Aufsicht über die Leitung. So hat der EuGH in der Entscheidung »Wall«[298] eine entspre-

---

292 VÜA Bund 12.04.1995 EzEG-VergR III 8 = »Kraftwerkskomponenten« WuW/E Verg. AB 29 (33):
»Der Begriff der einzelnen oder gemeinsamen Beherrschung ist nach den genannten Zielen und Zwecken des der Umsetzung der europarechtlichen Vorgaben dienenden deutschen Vergaberechts selbständig zu bestimmen. Wegen der in diesem Zusammenhang zentralen Bedeutung der Sicherung wirksamen Wettbewerbs kann bei dieser Begriffsbestimmung auf die Erfahrungen und Grundsätze des Kartellrechts zurückgegriffen werden, dem weitgehend parallele gesetzgeberische Zwecke zugrunde liegen. Dementsprechend muss es auch bei dem vergaberechtlichen Beherrschungsbegriff entscheidend darauf ankommen, ob der alleinige oder gemeinsame Einfluss auf das andere Unternehmen die Möglichkeit gewährt, diesem gegenüber die eigenen Vorstellungen über das Unternehmensverhalten, insbesondere das Beschaffungsverhalten durchzusetzen.«.
293 Vgl. Crass S. 108 f.
294 Ablehnend auch Bergmann S. 96 f.
295 VK Düsseldorf 20.05.2005 VK-47/2004-L.
296 VK Baden-Württemberg Beschl. v. 16.12.2009, Az 1 VK 63/09: In diesem Fall wurde der Geschäftsführer satzungsgemäß vom privaten Anteilseigner gestellt.
297 VK Düsseldorf 30.09.2002 VK-26/2002-L.
298 Urt. v. 13.04.2010 C-91/08 VergabeR 2010, 643 f., Rn. 60.

chende Beherrschung bei einer städtischen Tochtergesellschaft verneint, bei der die Gebietskörperschaft zwar 51 % der Gesellschaftsanteile besaß, Beschlüsse jedoch nur mit 3/4 der Stimmen getroffen und der Aufsichtsrat nur zu 1/4 von der Gebietskörperschaft bestellt wurde.[299]

168   In der Entscheidung »OPAC« hat der EuGH die gesetzliche Aufsicht über Sozialwohnungsbaugesellschaften ausreichen lassen und dabei insbesondere auf folgende Aspekte abgestellt:
   – Satzungsklauseln, die u.a. sehr detailliert den sozialen Unternehmensgegenstand regeln, einschließlich von Vorschriften zur Überwachung dieser Regeln;
   – die Aufsicht des Finanzministers und des Bau- und Wohnungsministers, wobei die Aufsicht nicht im Detail eingegrenzt ist;
   – Möglichkeit des Bau- und Wohnungsministers, die Auflösung der Gesellschaft auszusprechen und einen Abwickler zu bestellen sowie die Befugnis, die Leitungsorgane vorläufig ihres Amtes zu entheben und einen vorläufigen Verwalter zu benennen;
   – die Aufsicht in Bezug auf Unregelmäßigkeiten bezieht sich auch auf die allgemeine Geschäftspolitik und erschöpft sich nicht in einer Rechtmäßigkeitskontrolle;
   – weitere Kontrollbefugnisse stehen einer interministeriellen Dienststelle zu.

169   Alle diese Aspekte führten dazu, dass nach der Auffassung des EuGH keine bloße Überwachung der Einhaltung von Regeln der Geschäftsführung (im Rahmen einer nachprüfenden Kontrolle) vorlag, sondern dass direkter Einfluss auf die Geschäftspolitik, speziell auf das Beschaffungswesen, genommen werden konnte. Das sei aber ausreichend.

170   In der Entscheidung »Rundfunkanstalten« hat der EuGH für das Kriterium der Finanzierung klargestellt, dass ein **konkreter Einfluss auf einzelne Beschaffungsverfahren nicht notwendig sei**. Ein derart konkreter Einfluss müsse nicht nachgewiesen werden. Vielmehr reiche es aus, dass die Möglichkeit geschaffen werde, dass eine Einrichtung sich von anderen als wirtschaftlichen Erwägungen leiten lässt. Dementsprechend wird es auch für die Feststellung der öffentlich-rechtlichen Beherrschung nicht darauf ankommen, dass ein direkter Einfluss des Staates oder anderer öffentlicher Stellen auf die konkreten Beschaffungsprozesse nachgewiesen wird.[300]

171   Stets sind die gesellschaftsrechtlichen Verhältnisse im Detail zu bewerten, etwa die Frage, welche rechtsformspezifische Selbstständigkeit der Unternehmensleitung zugeordnet ist und inwieweit der konkrete Gesellschaftsvertrag beschaffungsrechtliche Vorgänge von der Zustimmung der Gesellschafter abhängig macht. Auch das Bestehen von **Beherrschungsverträgen** kann in diesem Zusammenhang eine Rolle spielen. So war für den EuGH in der Entscheidung »Adolf Truley« entscheidend, dass nach dem Gesellschaftsvertrag ein Kontrollamt berechtigt war, nicht nur den Jahresabschluss der Gesellschaft zu prüfen, sondern auch die laufende Geschäftsführung auf ihre ziffernmäßige Richtigkeit, Ordnungsgemäßheit und Sparsamkeit, Wirtschaftlichkeit und Zweckmäßigkeit. Es handelte sich um Aufsichtsrechte, die eine durchgängige aktive Aufsicht über die Leitung der Gesellschaft ermöglichen. Für diesen Fall hat auch der EuGH das Kriterium der Aufsicht über die Unternehmensleitung als erfüllt angesehen.[301]

172   Wenn ein Beherrschungsvertrag mit einem klassischen öffentlichen Auftraggeber abgeschlossen ist, ist das Merkmal der Aufsicht (vergaberechtliches Beherrschungskriterium) erfüllt.[302]

---

299   EuGH »Wall« Urt. v. 13.04.2010 C-91/08 VergabeR 2010, 643, Rn. 68 f.
300   EuGH »Rundfunkanstalten« NZBau 2008, 130, 133 = VergabeR 2008, 42, 48.
301   EuGH »Adolf Truley GmbH« WuW/E Verg. 729, 735 (2003) = VergabeR 2003, 296, 303.
302   OLG Hamburg »Messegesellschaft Hamburg« VergabeR 2007, 358, 361.

cc) Rechtsaufsicht und Fachaufsicht

Schon in der Entscheidung »*Adolf Truley*«[303] hatte der EuGH angenommen, dass die **bloße Rechts-** 173
aufsicht zur Begründung oder vergaberechtlicher Beherrschung nicht ausreicht. Es sei vielmehr
eine qualifizierte Fachaufsicht entscheidend:

> *Gerade zu dem Tatbestandsmerkmal der Aufsicht über die Leitung hat der EuGH entschieden, dass* 174
> *es nur erfüllt ist, wenn diese Aufsicht eine Verbindung mit der öffentlichen Hand schafft, die der Ver-*
> *bindung gleichwertig ist, die besteht, wenn eines der beiden anderen alternativen Merkmale erfüllt ist,*
> *nämlich dass die Finanzierung überwiegend durch die öffentliche Hand erfolgt oder das die Mehrheit*
> *der Mitglieder des Verwaltungs-, Leitungs- oder Aufsichtsorgans dieser Einrichtung, die es der öffent-*
> *lichen Hand ermöglichen, die Entscheidungen dieser Einrichtung im Bereich öffentlicher Aufträge zu*
> *beeinflussen, von der öffentlichen Hand ernannt wird.*

> *In Anbetracht dieser Rechtsprechung lässt sich nicht annehmen, dass der Tatbestand der Aufsicht über*
> *die Leitung im Fall einer bloßen* **nachprüfenden Kontrolle** *erfüllt ist, denn schon begrifflich erlaubt*
> *es eine derartige Kontrolle der öffentlichen Hand nicht, die Entscheidungen der betreffenden Einrich-*
> *tungen im Bereich der Vergabe öffentlicher Aufträge zu beeinflussen.*

In der Entscheidung »*Ärztekammer Westfalen-Lippe*« hat der EuGH hervorgehoben, dass eine **nach-** 175
trägliche allgemeine Rechtmäßigkeitskontrolle durch eine Aufsichtsbehörde keine entsprechende
vergaberechtlich relevante Aufsicht begründe. Dies gelte erst recht, wenn die Aufsichtsbehörde in
der Form tätig werde, dass sie die Entscheidung dieser Einrichtung über die Festlegung der Höhe
der ihre Finanzierung im Wesentlichen sicherstellenden Beiträge genehmigt und sich dabei auf die
Prüfung beschränkt, ob der Haushalt der betreffenden Einrichtung ausgeglichen ist.[304]

Das OLG Düsseldorf hat in seiner Entscheidung »*Bekleidungsmanagement der Bundeswehr/Kampf-* 176
stiefel«[305] an die Ausführungen des EuGH in Sachen »*OPAC*« angeknüpft und ausgeführt:

> *Die Vergabekammer hat auch zu Recht festgestellt, dass der Bund in einem für die Anwendung des* 177
> *§ 99 Nr. 2 GWB zureichenden Maße »über ihre (der Ag.) Leitung die Aufsicht ausübt«. Bei der gebo-*
> *tenen richtlinienkonformen Auslegung der Vorschrift unter Beachtung der Rechtsprechung des EuGH*
> *reicht es hierfür aus, dass nach den zwischen dem Bund und der Ag. bestehenden Regelungen in ihrer*
> *Gesamtheit eine Aufsicht durch den Bund von einem Ausmaß besteht, die es dem Bund ermöglicht,*
> *die Entscheidungen der Ag. (auch) in Bezug auf (öffentliche)* **Aufträge zu beeinflussen** *(vgl. EuGH*
> *NZBau 2001, 215, 217 f. – Kommission der EU-Frankreich). Das ist hier der Fall, wie sich vor-*
> *nehmlich aus folgenden Einzelregelungen ergibt, die dem Bund eine ständige Aufsicht und Kontrolle*
> *der Geschäftstätigkeit der Ag. einschließlich ihrer Leitungsebene ermöglicht.*

Das OLG hat dabei auf folgende Aspekte abgestellt: 178
– Vorschlagsrecht für ein Mitglied der dreiköpfigen Geschäftsführung und für zwei Mitglieder des
  sechsköpfigen Aufsichtsrates;
– Verpflichtung, vor jeder Aufsichtsratssitzung und Gesellschafterversammlung, Einvernehmen
  über Vorgehensweise und Beschlussgegenstände herbeizuführen;
– fakultativer, paritätisch zu besetzender beratender Gesellschafterausschuss;
– gesondertes Kontrollgremium mit 30 Mitarbeitern des Bundes, welches das Vertragserfüllungscontrolling mit hoher Kontrolldichte durchführen soll;
– Call-/Put-Option auf die Geschäftsanteile der Gesellschaft;
– im Rahmen der Feststellung von Vertragsverstößen Beweislastregeln mit Beweislastumkehr zum
  Nachteil des Geschäftspartners.

---

303 EuGH »Adolf Truley GmbH« WuW/E Verg. 729, 735 (2003) = VergabeR 2003, 296, 303.
304 EuGH »Ärztekammer Westfalen-Lippe« Urt. v. 12.09.2013, Az C-526/11 (»IVD«), NZBau 2013, 719 =
     VergabeR 2014, 23.; dazu Heyne NVwZ 2014, 621 f.
305 NZBau 2003, 400 = WuW/E Verg. 778, 781 f. (2003).

179   Die Entscheidung ist überzeugend. Hier hatten die Konzeptionäre versucht, eine privatisierte Einkaufsgesellschaft zu gründen, jedoch dem Staat letztlich (ohne Mehrheitsbeteiligung und ohne formelle Bestellungsrechte hinsichtlich der Mehrheit der Organe der Gesellschaft) weitestgehenden Einfluss zuzuweisen. Derartige halbherzige Privatisierungsbemühungen können nicht dazu führen, dass entsprechende Gesellschaften nicht mehr dem Vergaberecht unterliegen.[306]

180   Bezüglich des *Herkules-Vertragswerkes der Bundeswehr* hat das OLG Düsseldorf die besondere Staatsgebundenheit aus einer Reihe von Aspekten abgeleitet. Obgleich eine Minderheitsbeteiligung vorlag (49,95 %) wurde die staatliche Beherrschung angenommen, weil ein Gesellschafterausschuss gebildet worden war, der zwar keine Entscheidungs- und Weisungsbefugnisse hatte, allerdings in die Willensbildung einzubeziehen war. Außerdem bestand eine Call Option des Bundes, die diesen berechtigte, unter bestimmten Umständen die Geschäftsanteile der übrigen Gesellschafter zu übernehmen. Außerdem wurde ein paritätisch gebildeter Vergaberechtsbeirat eingesetzt, der ein Vetorecht hatte.[307]

181   In der Entscheidung »*Endlager Conrad*« hat das OLG Düsseldorf hervorgehoben, dass sich die Leitung aus einem **Kooperationsvertrag** ergeben könne. Das Erfordernis der Leitung gemäß § 99 Nr. 2 GWB sei dahin gehend zu verstehen, dass aufgrund der Gesamtheit der darüber getroffenen Regelungen eine Aufsicht mit einer Intensität bestehen muss, die es ermöglicht, die Entscheidungen des Beaufsichtigten gerade auch in Bezug auf die Vergabe von Aufträgen tatsächlich zu beeinflussen.[308]

182   Ist der Leitungsbegriff indessen funktionsbezogen, das heißt mit Blickrichtung auf die Beeinflussung der Beschaffungsvorgänge, dann ergibt sich hieraus Folgendes: Im Fall einer umfassenden **gesellschaftsrechtlichen Beherrschung** wird im Regelfall davon auszugehen sein, dass sich der beherrschende Einfluss auch auf das Beschaffungswesen durchsetzen wird. Auch eine gesellschaftsrechtliche Beherrschung unter 50 % kann im Ausnahmefall gleichwohl eine ausreichende Aufsicht über die Leitung beinhalten, wenn nämlich maßgeblicher Einfluss auf die Beschaffungsvorgänge genommen wird. Andererseits kann ausnahmsweise auch eine über 50 % hinausgehende gesellschaftsrechtliche Beherrschung keinerlei Aufsicht über die Leitung begründen, wenn nämlich im Einzelfall eine – auch in der Praxis wirksame – Weisungsungebundenheit in beschaffungsrechtlicher Hinsicht besteht.

183   Nach alledem steht fest, dass die klassische Rechtsaufsicht nach deutschen verwaltungsrechtlichen Kategorien nicht ausreicht, um einen wirklichen Einfluss auf das Beschaffungswesen einer Gesellschaft zu begründen. Zwar reicht im vorliegenden Zusammenhang grds. die **Möglichkeit einer nachhaltigen Kontrolle** aus. Diese wird allerdings allein durch eine Rechtsaufsicht nicht gewährleistet. Klassisches Beispiel für eine nicht ausreichende nachträgliche Kontrolle ist die Finanzkontrolle durch die Rechnungshöfe.[309] So begründet die staatliche **Rechtsaufsicht über Stiftungen** keine vergaberechtliche Beherrschung.[310]

184   Die **Abgrenzung** zwischen **Rechtsaufsicht** und **Fachaufsicht** ist jedoch weniger scharf, als dies die herrschende vergaberechtliche Meinung vermutet. Es handelt sich vielmehr um Extrempole auf einer Skala mit gleitenden Übergängen, wie *Kingreen* zutreffend formuliert.[311] Dementsprechend muss in jedem Einzelfall differenziert untersucht und bewertet werden, ob im Fall einer grds. auf Rechtsaufsicht reduzierten staatlichen Kontrolle nicht doch so intensive Kontrollraster vorgesehen

---

306   Vgl. dazu auch Roth VergabeR 2003, 397; Wirner ZfBR 2003, 494, 498; Prieß VergabeR 2003, 445; kritisch Wagner/Wiegand NZBau 2003, 369, 372.

307   OLG Düsseldorf »BWI Informationstechnik« Beschl. v. 19.06.2013, Az VII Verg 55/12, NZBau 2013, 656 = VergabeR 2014, 158 f.

308   OLG Düsseldorf »Endlager Conrad« NZBau 2007, 733, 734 = VergabeR 2007, 761, 762.

309   3. VK Bund Beschl. v. 03.05.2007, Az VK 3–31/07; auch Weyand IBR-online Kommentar § 98 Rn. 99.

310   VK Nordbayern Beschl. v. 19.10.2015 VK-3194-38/15.

311   Kingreen in: Pünder/Prieß Vergaberecht im Umbruch S. 99.

Eschenbruch

sind, dass eine Auswirkung auf das Beschaffungsverhalten nicht ausgeschlossen werden kann. Auch bei einer als solche bezeichneten Rechtsaufsicht kann deshalb eine ausreichende Kontrolle vorliegen; andererseits kann sie auch bei einer Fachaufsicht fehlen.[312]

In der Entscheidung »*Rotes Kreuz*« hat das Bayerische Oberlandesgericht darauf hingewiesen, dass 185 auch eine qualifizierte Rechtsaufsicht, wie sie etwa im BRK-Gesetz vorgesehen ist, noch nicht ausreicht, um eine entsprechende beschaffungsrelevante Aufsicht zu begründen. Denn auch die hiernach qualifizierte Rechtsaufsicht sei ausschließlich zur Vermeidung rechtswidriger Handlungen, also nachträglicher Überwachung ausgerichtet. Die Unternehmenspolitik und das Beschaffungswesen würden hierdurch nicht gesteuert.[313]

Ähnlich hat das Bayerische Oberlandesgericht in Sachen »*AOK Bayern*«[314] entschieden: 186

Die bloße Rechtsaufsicht ist keine Aufsicht im Sinne des § 99 Nr. 2 GWB. Der Grund hierfür liegt 187 *darin, dass eine juristische Person nur dann einem staatlichen Auftraggeber gleichzustellen ist, wenn die juristische Person in einer derartigen Weise staatsgebunden ist, dass zwischen der staatlichen Stelle und der juristischen Person praktisch kein Unterschied mehr besteht. Es kann dahinstehen, ob die Abhängigkeit der juristischen Person von einer staatlichen Stelle so stark ausgeprägt sein muss, wie es § 17 Abs. 1 AktG für das Gebiet der Privatwirtschaft formuliert, und ob deshalb diese Vorschrift entsprechend heranzuziehen wäre. Jedenfalls muss aber die staatliche Stelle einen solchen Einfluss auf den Auftraggeber ausüben können, dass sie die* **Beschaffungsvorgänge kontrollieren** *und entweder mitentscheiden oder zumindest auf andere Art und Weise ihre Vorstellungen durchsetzen und so die unternehmerische Vergabepolitik inhaltlich beeinflussen kann. Dies ist bei der Rechtsaufsicht nicht der Fall; sie beschränkt sich auf die Kontrolle, ob Recht und Gesetz eingehalten worden sind, ohne Einfluss auf die Zweckmäßigkeit unternehmerischer und wirtschaftlicher Entscheidungen nehmen zu können. Daher hält die herrschende Meinung in der Literatur und Rechtsprechung eine Rechtsaufsicht nicht für ausreichend; auch eine qualifizierte Rechtsaufsicht genügt nicht. (...)*

Das Bayerische Oberlandesgericht legt in diesem Zusammenhang dar, dass die Kontrollbefugnisse 188 nach dem SGB über eine klassische Rechtsaufsicht nicht hinausgehen. Insbesondere wird keine Überprüfung einzelner Unternehmensentscheidungen mit Beschaffungsbezug vorgenommen.[315]

Anders hat das Bayerische Oberlandesgericht allerdings in Bezug auf eine **Landesversicherungsan-** 189 **stalt** judiziert. Die Landesversicherungsanstalt werde so vom Staat gesteuert, dass sie quasi als Teil der staatlichen Verwaltung erscheine. Zwar habe die gesetzliche Rentenversicherung Selbstverwaltungsorgane, wobei das Selbstverwaltungsrecht von den Versicherten und den Arbeitgebern ausgeübt werde. Die Versicherungsträger unterstünden allerdings der staatlichen Aufsicht. Die Aufsicht sei zwar zunächst eine reine Rechtsaufsicht, die als solche keine Aufsicht i.S.d. § 99 Nr. 2 GWB begründen könne. Hier sei die Aufsicht allerdings so intensiv, dass das Selbstverwaltungsrecht sehr eng begrenzt sei. **Alle grundsätzlichen Entscheidungen** treffe der Staat. Nur im Rahmen der Ausführung der vorgegebenen finanziellen und rechtlichen Spielräume könne die Landesversicherungsanstalt selbstständig entscheiden. Anders als bei den Krankenversicherungen bestehe bei den Rentenversicherungen kein großer Spielraum für Selbstverwaltung. Die Krankenversicherungen könnten auch die Beiträge selbst festsetzen und damit den finanziellen Rahmen ihrer Wirtschaftstätigkeit. Bei den Rentenversicherungsträgern könne die Aufsichtsbehörde den Haushaltsplan selbst aufstellen.[316]

---

312 Vgl. zur Rechtsaufsicht als mögliche Grundlage für die Feststellung des vergaberechtlichen Kontrollkriteriums OLG Düsseldorf Beschl. v. 19.12.2007, Az Verg 51/07; Weyand IBR-online Kommentar § 98 Rn. 93.
313 BayObLG 10.09.2002 ZfBR 2003, 77, 78 = VergabeR 2003, 94, 96.
314 Vgl. BayObLG NZBau 2004, 623.
315 Vgl. BayObLG NZBau 2004, 623, 625 = WuW/E Verg. 1044, 1045 f. (2004); so auch 3. VK Mecklenburg-Vorpommern, Beschl. v. 08.05.2007, Az 3 VK 04/07.
316 Vgl. dazu BayObLG NZBau 2005, 173, 174 f. = WuW/E Verg. 1041, 1043 f.

190   In der Entscheidung »*Schuhwerk*« hat das OLG Düsseldorf in Bezug auf die gesetzlichen Krankenversicherungen darauf hingewiesen, dass die Krankenkasse zwar eine **gewisse Eigenständigkeit** aufweise und grds. nur einer Rechtsaufsicht unterworfen sei, jedoch einer periodischen und einzelfallbezogenen Prüfung der Geschäfts- und Rechnungsführung – auch hinsichtlich der Wirtschaftlichkeit der Tätigkeit – unterliege; außerdem sei der staatlichen Aufsichtsbehörde rechtzeitig ein Haushaltsplan vorzulegen. Dadurch könne die Aufsichtsbehörde einen umfassenden Einblick in die Tätigkeit und die finanzielle Ausstattung der Krankenkasse und somit Ansatzpunkte für aufsichtsrechtliche Maßnahmen gewinnen. Im Extremfall könne die Aufsichtsbehörde bei Nichtbesetzung von Organen oder Verweigerung satzungsgemäßen Tätigwerdens die Geschäftsführung selbst oder durch Beauftragte übernehmen. Nicht lebensfähige Krankenkassen kann sie mit anderen Krankenkassen verschmelzen oder schließen, sodass bei einer Gesamtschau der möglichen Aufsichtsmaßnahmen mehr als lediglich eine bloße Rechtsaufsicht vorliege.[317]

191   Bei einem gesetzlichen **Unfallversicherer** hat das OLG Düsseldorf darauf abgestellt, dass dieser nicht bloß einer reinen Rechtsaufsicht, sondern auch einer Fachaufsicht unterliege.[318]

c) Bestimmung mehr als der Hälfte der Mitglieder der zur Geschäftsführung oder zur Aufsicht berufenen Organe des Auftraggebers

192   Die Vorschrift bezieht sich auf die gesetzlichen **Vertretungs- und Aufsichtsorgane** (Vorstand und Aufsichtsrat bei der AG sowie Geschäftsführung bei der GmbH). Fraglich ist, ob fakultativ eingerichtete Organe einer Gesellschaft, speziell fakultative Aufsichts- oder Beiräte bei der GmbH ebenfalls hierunter fallen. Das wird dann anzunehmen sein, wenn sie nach der Ausgestaltung der Satzung/des Gesellschaftsvertrages der Gesellschaft Einfluss auf die Unternehmenspolitik und insbesondere das Beschaffungswesen haben. Die Bestellung der Mehrheit der Organe rein beratender Gremien genügt dagegen nicht.[319]

193   Die Hälfte der Organmitglieder ist rechnerisch einfach festzustellen. Eine **Parität reicht** nach dem Wortlaut sowohl der Vergabekoordinierungsrichtlinie wie auch § 99 Nr. 2 GWB **nicht aus**. Im Fall mitbestimmter Gesellschaften sind die Arbeitnehmervertreter jedenfalls dann rechnerisch nicht zu berücksichtigen, wenn die tatsächliche Unternehmenspolitik, speziell auch das Beschaffungsverhalten der Gesellschaft, durch die Kapitalanteilseigner bestimmt wird und nicht aufgrund der konkreten Interessen- und Gruppenbildung in den Organen die Arbeitnehmervertreter auch die geschäftspolitischen Belange einschließlich der beschaffungsrelevanten Tätigkeit der Gesellschaft nachhaltig mitbestimmen.

194   Für die Beherrschung i.S.d. § 99 Nr. 2 GWB genügt es, wenn entweder die Mehrheit der Mitglieder der Geschäftsführung **oder** des Aufsichtsorgans von dem öffentlichen Auftraggeber bestellt werden. Der Gesetzgeber geht davon aus, dass bereits die mehrheitliche Bestellung eines dieser Organe ausreicht, um den notwendigen Einfluss auf das Beschaffungsverhalten sicherzustellen.

195   Es kommt aber nicht nur darauf an, ob Satzung, Gesellschaftsvertrag oder Gesellschaftervereinbarungen bestimmte Entsendungsrechte vorsehen. Entscheidend ist auch, dass die Mehrheit der Mitglieder auch tatsächlich entsprechend ernannt/bestellt wird.

d) Mehrstufige vergaberechtliche Konzerngestaltungen der öffentlichen Hand

196   **Nach § 99 Nr. 2 Satz 2 GWB gilt das Gleiche**, wenn die Stelle, die einzeln oder gemeinsam mit anderen die überwiegende Finanzierung gewährt oder die Mehrheit der Mitglieder eines zur

---

317   OLG Düsseldorf »Schuhwerk« NZBau 2007, 525, 527 = VergabeR 2007, 623, 625 f.
318   OLG Düsseldorf Beschl. v. 22.06.2005, Az VII Verg 22/05.
319   Vgl. etwa Diehr in: Reidt/Stickler/Glahs § 98 Rn. 62; Dreher in: Immenga/Mestmäcker 5. Auflage 2014 § 98 Rn. 103; Crass S. 111: »Gremien, die keine organschaftliche Stellung haben oder entsprechende Rechte besitzen, fallen nicht unter § 98 Nr. 2 Satz 1 Halbsatz 2.«.

Geschäftsführung oder Aufsicht berufenen Organs bestimmt hat, unter Satz 1 fällt. Hierbei handelt es sich nur um eine Klarstellung dahin gehend, dass auch diejenige Stelle, die ihrerseits nach den vorstehenden Ausführungen als öffentlicher Auftraggeber nach § 99 Nr. 2 GWB zu qualifizieren ist, wiederum Tochterunternehmen oder Dritte durch überwiegende Finanzierung oder Beherrschung zu öffentlichen Auftraggebern umqualifizieren kann. Oder anders ausgedrückt: Auch diejenige juristische Person des öffentlichen oder privaten Rechts, die ihrerseits durch einen öffentlichen Auftraggeber nach § 99 Nr. 2 GWB i.S.d. Vorschrift beherrscht wird, unterfällt dem Vergaberecht (sog. Auftraggeberkette). Die Vorschrift will verhindern, dass die formalen Anknüpfungskriterien des § 99 Nr. 2 GWB durch Ausgliederungen oder Beteiligungsgesellschaften unterlaufen werden.[320]

III. Einzelfälle

1. Privatrechtlich organisierte Gesellschaften der öffentlichen Hand zur Umsetzung staatlicher Aufgaben

Die **Deutsche Gesellschaft zum Bau und Betrieb von Endlagern für Abfallstoffe** ist öffentliche Auftraggeberin im Sinne des § 99 Nr. 2 GWB. Sie ist zum Bau und Betrieb von Endlagern für Abfallstoffe gemäß § 9a Abs. 3 AtG von der Bundesrepublik Deutschland, vertreten durch das Bundesamt für Strahlenschutz (BfS) Salzgitter, auf der Grundlage eines Kooperationsvertrages tätig. Obgleich die Geschäftsanteile sich ausschließlich in privater Hand befinden, unterliegt die Gesellschaft der vom BfS ausgeübten Aufsicht des Bundes, die sich auch auf das Beschaffungswesen bezieht. Die Aufgabenstellung wird im Übrigen im Allgemeininteresse vorgenommen, da der Bund kraft seiner Gesetzgebungszuständigkeit die Einrichtungen von Anlagen zur Sicherstellung und zur Endlagerung radioaktiver Abfälle im Atomgesetz zu seiner eigenen Aufgabe gemacht hat. Schließlich liegt auch eine Tätigkeit nichtgewerblicher Art vor, da infolge des Kooperationsvertrages eine risikolose Sonderstellung ohne Wettbewerber anzunehmen ist.[321] Auch die zur Umsetzung von Beschaffungsvorgängen der Bundeswehr gegründete Gesellschaft für Entwicklung, Beschaffung und Betrieb mbH (**gebb**) ist öffentlicher Auftraggeber.[322]   **197**

Fraglich ist, ob eine privatrechtlich organisierte Gesellschaft, die nicht von einem öffentlichen Auftraggeber beherrscht wird, allein durch eine **Aufgabendelegation** zum öffentlichen Auftraggeber werden kann. Das OLG Düsseldorf hat angenommen, dass eine Werkstatt für behinderte Menschen in der Rechtsform der GmbH, die nicht durch öffentliche Auftraggeber beherrscht war (kirchliche Einrichtung), dadurch zum öffentlichen Auftraggeber wird, dass eine Vereinbarung über die Erbringung staatlich geschuldeter Transferleistungen im Sinne des SGB mit der Maßgabe erfolgt sei, etwaige Beschaffungen mittels öffentlicher Ausschreibungen durchzuführen. Das OLG Düsseldorf hat dazu ausgeführt: **198**

> *Der strittige Auftrag unterlag aber auch ungeachtet der zwischen dem Landschaftsverband und dem   **199*** *Antragsgegner vertraglich vereinbarten Ausschreibungspflicht dem Vergaberecht. Denn die Geltung des Vergaberechts unterliegt nicht der Disposition öffentlicher Auftraggeber. Entscheidet sich ein öffentlicher Auftraggeber, der zu* **sozialen Transferleistungen** *verpflichtet ist, die Erfüllung dieser Leistungen einer juristischen Person, die kein öffentlicher Auftraggeber nach § 98 GWB ist, zu übertragen, wird dem europäischen und nationalen Vergaberecht nur wirksam Geltung verschafft, wenn die juristische Person Aufträge, die sie ihrerseits zu vergeben beabsichtigt und die im Zusammenhang mit der Erfüllung der zur Erfüllung übernommenen öffentlich-rechtlichen Pflichten stehen, öffentlich ausschreibt. Dies ergibt sich aus dem Wettbewerbsgrundsatz, nach dem öffentliche Auftraggeber Waren-, Bau- und Dienstleistungen im Wettbewerb zu beschaffen haben und dieser Pflicht nicht dadurch entgehen können, dass sie ihrer eigenen Pflichterfüllungen im Wege der Direktvergabe auf Dritte übertragen. Dieser Rechtsgrundsatz liegt auch § 98 Nr. 6 GWB zugrunde, nachdem der Baukonzessionär öffentlicher*

---

320 Vgl. dazu auch Korbion, Vergaberechtsänderunggesetz, § 98 Rn. 10.
321 OLG Düsseldorf »Endlager Conrad« NZBau 2007, 733, 734 = VergabeR 2007, 761, 762.
322 OLG Düsseldorf NZBau 2003, 403.

Auftraggeber ist mit der Folge, dass er in Umsetzung seiner Nutzungsrechte aus der Baukonzession Aufträge an Dritte auszuschreiben hat. (...) Zur wirksamen Durchsetzung des EU-Primärrechts ist vielmehr erforderlich, Beschaffungen öffentlicher Auftraggeber zur Erfüllung öffentlicher Aufgaben in einen öffentlichen Wettbewerb zu stellen. Entschließt sich der Auftraggeber, die Aufgabenerfüllung auf einen Dritten zu übertragen, so verlagert er auch die Schnittstelle zum Vergaberecht auf den Dritten.[323]

200 Diese Entscheidung ist abzulehnen. Gerade weil die Gültigkeit des Vergaberechts nicht der Disposition öffentlicher Auftraggeber unterliegt, können diese auch nicht per Vertrag nicht-öffentliche Auftraggeber dem Vergaberecht unterstellen. Im entschiedenen Fall lag eine öffentliche Vergabe in mittelbarer Stellvertretung vor, so dass der hinter der privatrechtlichen Gesellschaft stehende öffentliche Auftraggeber Adressat des Nachprüfungsverfahrens gewesen wäre (§ 98 Rdn. 102, 108, 112).

2. Religionsgesellschaften

201 Nicht als öffentliche Auftraggeber im Sinne des § 99 GWB sind die **öffentlich-rechtlichen Religionsgesellschaften** anzusehen. Die Kirchen sind nicht Bestandteil des Staates. Zwar ist den Kirchen gemäß Art. 140 GG i.V.m. Art. 137 Abs. 6 Weimarer Reichsverfassung der öffentlich-rechtliche Sonderstatus erhalten geblieben. Seine Ausprägungen bestehen insbesondere in der eigenen Steuerhoheit und in einer eigenen Gerichtsbarkeit. Auch müssen nach Art. 137 Abs. 3 Satz 1 Weimarer Reichsverfassung die Schranken allgemeiner Gesetze beachtet werden. Die Kirchen sind aber durch Staatsferne gekennzeichnet. Sie verwalten ihre Mittel, die aus Steuereinnahmen kommen, selbstständig und unterliegen keiner fachlichen Kontrolle durch staatliche Organe. Insbesondere werden ihre eigenen Verwaltungsorgane nicht durch staatliche Mitglieder bestimmt.[324] Die Kirchen bilden also heute einen Teil der gesellschaftlichen Sphäre nichtverfasster Staatlichkeit, sie werden weder personell noch inhaltlich staatlich gelenkt, sodass es an den Voraussetzungen einer öffentlichen Auftraggeberschaft mangelt.[325]

202 Es ist auch zweifelhaft, ob aufgrund der **karitativen und sozialen Ausrichtung** der Kirchen auf eine Allgemeinwohlausrichtung im staatlichen Sinne geschlossen werden kann.[326] Mit ihrem Engagement im caritativen und sozialen Bereich verfolgen sie in erster Linie die Ziele ihrer eigenen Glaubens- und Wertegemeinschaft.[327] Selbst die staatliche Gewährleistung der eigenen Steuerhoheit kann deshalb nicht entscheidend ins Gewicht fallen, weil jedem Kirchenmitglied die Möglichkeit des Austritts zusteht. Hier ergibt sich ein entscheidender Unterschied gegenüber staatlichen Zwangskörperschaften (wie Gebietskörperschaften und Kammern). Selbst wenn aber eine Gemeinwohlorientierung anzunehmen wäre, fehlt es jedenfalls an der staatlichen »Beherrschung«.

203 Das OLG Celle hat etwa entschieden, dass ein **Bistum** kein öffentlicher Auftraggeber im Sinne des § 99 Nr. 2 GWB ist und dazu ausgeführt:

204 *Jedenfalls nämlich unterfallen öffentlich-rechtliche Religionsgemeinschaften und verwandte Einrichtungen, zu denen insbesondere auch Diözesen/Bistümer der katholischen Kirche gehören, nicht den juristischen Personen des öffentlichen Rechts im Sinne des § 98 Nr. 2 GWB. (...) Kirchen bilden*

---

323 OLG Düsseldorf Beschl. v. 15.07.2015 VII Verg 11/15.

324 In diesem Sinne auch VÜA Rheinland-Pfalz 25.08.1997 VÜ 7/96; Bechtold § 98 Rn. 27; Hailbronner EWS 1995, 285 ff., 290; Heiermann/Ax Rechtsschutz bei der Vergabe öffentlicher Aufträge; Thieme/Correll DVBl. 1999, 884, 899; im Ergebnis aber offen: Seidel Festschrift für Heiermann S. 293, 304, 305, differenzierend, wonach in Einzelbereichen, nämlich dort, wo ausnahmsweise eine Finanzierung durch staatliche Zuschüsse notwendig wird oder eine staatliche Aufsicht bezogen auf die Geschäftstätigkeit erfolgt, eine Adressatenschaft nach den EU-Richtlinien anzunehmen sei (Rn. 35).

325 VK Baden-Württemberg Beschl. v. 16.01.2009, Az 1 VK 65/09; Diehr in: Reidt/Stickler/Glahs § 98 Rn. 83; Pietzcker ZVgR 1999, 24, 28; Prieß Europäisches Vergaberecht 1995 S. 248 f.; Häfner in: Ax/Schneider/Bischoff § 98 Rn. 5; offen gelassen bei: Seidel ZVgR 1995, 227, 232 f.

326 So aber Marx/Prieß in: Jestaedt S. 42.

327 Schröder NZBau 2002, 260, 261.

Eschenbruch

einen Teil der Gesellschaft, nicht des Staates. Sie werden auch nicht personell oder inhaltlich staatlich gelenkt. Der öffentlich-rechtliche Rechtscharakter sollte Religionsgemeinschaften allein den vom Grundgesetz (Art. 140 GG, Art. 137 WRV) vorgefundenen staatskirchlichen Status quo gewährleisten. Insofern unterscheidet sich die Ausgangssituation auch von derjenigen, die der Entscheidung des EuGH zur öffentlichen Auftraggeberschaft des Bayerischen Rundfunks zugrundelag.[328]

Das OLG Düsseldorf hat sich der Auffassung des OLG Celle angeschlossen und angenommen, 205 dass ein Bistum kein öffentlicher Auftraggeber ist.[329] Auch in der Rechtsform eines eingetragenen Vereins organisierte **Caritasverbände**, die der Wohlfahrtspflege der katholischen Kirche dienen, sind keine öffentlichen Auftraggeber.[330]

Die Vergabekammer Nordbayern hat mit Beschl. v. 29.10.2001[331] für ein **Diakoniewerk** ausgeführt: 206

Die Qualifikation als Körperschaft des öffentlichen Rechts hat allerdings nicht die Funktion, das 207 *(...) der Staatsverwaltung einzugliedern. Art. 137 Abs. 5 WRV bezeichnet mit »Körperschaften« nicht eine verwaltungsrechtliche Institution der mittelbaren Staatsverwaltung. Die Kirchen und ihre Einrichtungen als Körperschaften des öffentlichen Rechts sind angesichts der religiösen und konfessionellen Neutralität des Staates nicht mit anderen öffentlich-rechtlichen Körperschaften zu vergleichen, die in den Staat organisatorisch eingegliederte Organisationen sind. Ihr öffentlich-rechtlicher Status bedeutet nicht nur eine Heraushebung über andere Religionsgemeinschaften und Einrichtungen, weil der Anerkennung als Körperschaft des öffentlichen Rechts die Überzeugung des Staates von besonderer Wirksamkeit der Kirche bzw. ihrer Einrichtungen, von ihrer gewichtigen Stellung in der Gesellschaft und der sich daraus ergebenden Gewähr der Dauer zugrunde liegt. Der kirchenrechtliche Status einer öffentlich-rechtlichen Körperschaft gewährleistet vielmehr den vom Grundgesetz vorgefundenen Status quo der traditionellen christlichen Kirchen.*

Der Staat beschränkt sich bei seiner Aufgabenerfüllung auf weltliche Ziele und setzt die begrenzten Mittel, die ihm von Verfassung wegen verfügbar sind, rational ein. Von dieser Pflichterfüllung geht § 99 Nr. 2 GWB aus. § 99 Nr. 2 GWB ist somit vor dem Hintergrund staatlicher Aufgabenerfüllung zu sehen. Die caritative Tätigkeit des (...) liegt jenseits dieses Wirkungskreises. Die caritative Grundfunktion religiöser Organisationen hat ihren Ursprung in dem kirchlichen Auftrag (...) und hat somit einen anderen Ursprung und andere Zwecke als die des Staates. Die andere Zwecksetzung hat zur Folge, dass das (...) nicht als Einrichtung qualifiziert werden kann, die im Sinne von 98 Nr. 2 GWB zu dem besonderen Zweck gegründet wurde, im Allgemeininteresse liegende Aufgaben nichtgewerblicher Art zu erfüllen.

Darüber hinaus wird die Vergabestelle auch nicht von Stellen, die unter § 99 Nr. 1 oder Nr. 3 GWB fallen, einzeln oder gemeinsam durch Beteiligung oder sonstige Weise überwiegend finanziert oder über ihre Leitung die Aufsicht ausgeübt oder haben solche Stellen mehr als die Hälfte der Mitglieder eines ihrer zur Geschäftsführung oder Aufsicht berufenen Organe bestimmt. Das (...) unterliegt weder in finanzieller noch in personeller Hinsicht einer staatlichen Beherrschung. Das (...) steht vielmehr unter der ausschließlichen bzw. überwiegenden Leitung und Aufsicht der Kirche.

Sowohl **kirchliche Ordensgemeinschaften** wie auch ein **Diakoniewerk** erfüllen somit nicht die 208 Qualität eines öffentlichen Auftraggebers.[332] Auch ein als Körperschaft öffentlichen Rechts organisierter **christlicher Verein**, der Altenwohnheime und Pflegeheime betreibt, ist kein öffentlicher Auftraggeber nach § 99 Nr. 2 GWB.[333] Auch eine **Wohnungsbaugesellschaft eines kirchlichen Trägers** ist kein öffentlicher Auftraggeber.[334]

---

328 OLG Celle »Bistum« Beschl. v. 25.08.2011, Az 13 Verg 5/11, VergabeR 2012, 182, 184 – IBR 2012, 101.
329 OLG Düsseldorf Beschl. v. 15.07.2015 VII Verg 11/15.
330 OLG Düsseldorf Beschl. v. 15.07.2015 VII Verg 11/15.
331 320. VK-3194–35/01.
332 Vgl. VK Nordbayern IBR 2001, 628, und IBR 2002, 89.
333 VK Baden-Württemberg IBR 2001, 136.
334 Vgl. Wirner S. 210 f.

209 Vor der Vergaberechtsnovelle 2009 bestand die Unsicherheit, ob dann, wenn **Religionsgemein-schaften** im Zusammenhang mit der Errichtung von **Krankenhäusern, Sport-, Erholungs- oder Freizeiteinrichtungen, Schul-, Hochschul- oder Verwaltungsgebäuden** überwiegend öffent-lich-rechtlich finanziert werden, diese unter § 99 Nr. 4 GWB fallen.[335] Die Vergabekammern Nordbayern und Baden-Württemberg hatten dies negiert.[336] Nach seinem Wortlaut galt nämlich § 99 Nr. 4 GWB nur für natürliche oder juristische Personen des Privatrechts. Die als öffentliche Körperschaften verfassten kirchlichen Einrichtungen erfüllen vom reinen Wortlaut der Norm diese Voraussetzungen nicht. Deshalb nahm etwa *Hartung*[337] an, die Gesetzeslücke könne nur durch den Gesetzgeber geschlossen werden. *Schröder*[338] hat sogar von einer bewussten Entscheidung des deutschen Gesetzgebers, nur privatrechtliche Einrichtungen einzubeziehen, gesprochen. Angesichts der erforderlichen europarechtskonformen Auslegung war jedoch schon nach der früheren Geset-zesfassung das Gegenteil anzunehmen. § 99 Nr. 4 GWB stellt indessen nicht auf die Rechtsnatur des Zuwendungsempfängers ab. Nach dem schon seit der Vergaberechtsnovelle 2009 festgestellten Gesetzeszweck unterfallen auch juristische Personen des öffentlichen Rechts der Vergabepflicht. Das bedeutet, dass bei überwiegender vorhabenspezifischer Finanzierung § 99 Nr. 4 GWB keines-wegs ausgeschlossen ist.[339]

3. Stiftungen

210 Stiftungen können öffentliche Auftraggeber nach § 99 Nr. 2 GWB sein. Entscheidend ist, ob sie die allgemeinen Tatbestandsmerkmale des § 99 Nr. 2 GWB erfüllen. Im Anhang III zur Verga-bekoordinierungsrichtlinie hat die Bundesrepublik Deutschland ausdrücklich darauf hingewiesen, dass bei Stiftungen eine staatliche Kontrolle konkret festgestellt werden muss. Diese Vorausset-zungen sind etwa für eine **Kreishospitalstiftung**, einer rechtsfähigen kreiskommunalen Stiftung des öffentlichen Rechts, vom Bayerischen Oberlandesgericht bejaht worden.[340] In der Entscheidung BGH »Altenheim« lag ebenfalls die Vergabe einer Stiftung als öffentlichem Auftraggeber zugrun-de.[341] Entsprechend hat die Vergabekammer beim Bundeskartellamt die GTZ des Bundes (**Ent-wicklungshilfestiftung**) als öffentlichen Auftraggeber gemäß § 99 Nr. 2 GWB qualifiziert.[342] Eine **Hochschule in der Trägerschaft einer rechtsfähigen Stiftung** des öffentlichen Rechts gemäß § 55 NHG ist öffentlicher Auftraggeber.[343]

211 Anders verhält es sich jedoch bei **privaten** und auch bei **kirchlichen Stiftungen**. Allein die Aufsicht nach dem Stiftungsgesetz vermittelt keine staatliche Beherrschung.[344]

212 Ein **altrechtlicher Verein** im Sinne von § 12 des Brandenburgischen Ausführungsgesetzes zum BGB, der ausschließlich kirchlich-diakonische Zwecke verfolgt und sich unmittelbar der Ausbildung von Schwestern und Pflegepersonal widmet, ist angesichts der karitativ-kirchlichen Ausrichtung kein öffentlicher Auftraggeber.[345]

---

335 Auch bei § 98 Nr. 5 sind juristische Personen des öffentlichen Rechts erfasst, soweit diese ausnahmsweise nicht unter die vorrangigen Alternativen des § 98 fallen, für die Religionsgesellschaften etwa Korbion § 98 Rn. 24.
336 IBR 2001, 628; IBR 2001, 136; IBR 2002, 89.
337 IBR 2002, 89.
338 NZBau 2002, 260, 262.
339 So auch Weyandt IBR 2001, 628, und Horn IBR 2001, 136; auch Korbion § 98 Rn. 24.
340 BayObLG »Tragwerksplanung« NZBau 2000, 259 f. = WuW/E Verg. 325 (2000) = BauR 2000, 557; ähnlich VK Südbayern 120.3–3194.11–14–09/99.
341 BGH »Altenheim« WuW/E Verg. 285 f. (2000) = BauR 2000, 254.
342 1. VK des Bundes beim Bundeskartellamt 11.09.2002 VK-2–42/02.
343 VK Lüneburg Beschl. v. 14.06.2005 VgK-22/2005.
344 VÜA Rheinland-Pfalz 25.08.1997 VÜ 7/96 EzEG-VergR IV Nr. 11.5; a.A. offenbar VÜA Hes-sen 16.10.1997 VÜA 2/96 EzEG-VergR IV Nr. 7.6; auch Noch Rn. 166; zur Anwendung des § 7 Nr. 6 VOL/A auf staatsferne Stiftungen vgl. OLG Koblenz Beschl. v. 23.11.2004 1 Verg 6/04.
345 OLG Brandenburg Beschl. v. 30.11.2004, Az VergW 10/04.

4. Treuhandanstalt und deren Liegenschaftsgesellschaften

Die frühere **Treuhandanstalt** sowie die **Bundesanstalt für vereinigungsbedingte Sonderaufgaben** 213
als deren Rechtsnachfolgerin sind vom VÜA des Bundes als öffentliche Auftraggeber (i.S.d. heutigen § 99 Nr. 2 GWB) qualifiziert worden.[346] Anders zu behandeln sind jedoch ggf. Tochtergesellschaften der Treuhandanstalt (vgl. zur selbstständigen Bewertung von Tochtergesellschaften Rdn. 130). Soweit nämlich die Treuhandanstalt ihren Privatisierungsauftrag umsetzt und von ihr gehaltene Unternehmen, die ihrerseits nicht mehr auf Allgemeininteressen verpflichtet sind, dem privaten Wettbewerb überlässt, entfällt auch die Bindung an das öffentliche Vergaberecht. So dürfte es liegen, wenn die Treuhandanstalt einzelne Teilaufgaben unter rein wettbewerblichen Vorgaben eigenständigen juristischen Personen des Privatrechts überlässt (wie die Liegenschaftsverwertung den rechtlich selbstständigen Liegenschaftsgesellschaften).

5. Öffentlich-rechtliche Rundfunkanstalten

a) Die historische Diskussion

Nicht abschließend geklärt war lange Zeit die Unterworfenheit der öffentlich-rechtlichen Rund- 214
funkanstalten unter das Kartellvergaberecht. Der deutsche Gesetzgeber hat **öffentlich-rechtliche Rundfunkanstalten** nicht als Adressaten des Vergaberechts angesehen. Ein früherer Vorstoß der EU-Kommission, öffentliche Rundfunkanstalten in die Liste der zur Anwendung der BKR verpflichteten Auftraggeber aufzunehmen, wurde aufgrund deutschen Einflusses zurückgezogen. Nunmehr sind öffentlich-rechtliche Rundfunkanstalten in der Liste der Anwendungsverpflichteten nicht mehr enthalten.[347] Der deutsche Gesetzgeber wollte die Rundfunkanstalten aus verfassungsrechtlichen Gründen nicht dem Vergaberecht unterstellen. Auch insoweit gab es schon bei Einführung des § 57a HGrG eine entsprechende Verlautbarung von Bundesregierung und Bundesrat. Die öffentlichen Rundfunkanstalten – so wird argumentiert – finanzierten sich nicht durch staatliche Zuwendungen, sondern durch Gebühren der Rundfunkteilnehmer und Werbung. Im Hinblick auf Art. 5 GG sei auch von einer Staatsferne auszugehen. Auch die Mehrheit der Vertreter in Verwaltungs-, Leitungs- und Aufsichtsorganen werde nicht überwiegend von Gebietskörperschaften bestellt, sondern setze sich pluralistisch zusammen. Schließlich gebe es auch keine uneingeschränkte staatliche Aufsicht. Ein überwiegender Staatseinfluss sei schon verfassungsrechtlich ausgeschlossen. Letztlich müsse sich die Rundfunkanstalt auch im freien Wettbewerb bewegen.

---

346 Vgl. VÜA Bund »Kraftwerkskomponenten« WuW/E Verg. AB, 27; auch VÜA Bund 20.11.1995 EzEG-VergR III 10: »Die Bundesanstalt für vereinigungsbedingte Sonderaufgaben ist als Rechtsnachfolgerin der Treuhandanstalt eine Stelle im Sinne vom § 57a Abs. 1 Nr. 2 HGrG. Die Treuhandanstalt ist durch Gesetz der Volkskammer der DDR vom 17.06.1990 (GBl. der DDR vom 22.06.1990) als Anstalt öffentlichen Rechts geschaffen worden. Sie hatte nach § 2 Abs. 1 dieses Gesetzes die Aufgabe, das volkseigene Vermögen zu privatisieren und zu verwerten. Nach Art. 25 Abs. 1 Satz 2 vom 09.08.1994 (BGBl. I S. 2062) wurde die Treuhandanstalt zu einer bundesunmittelbaren Treuhandanstalt des öffentlichen Rechts, deren Beteiligungen mittelbar Beteiligungen des Bundes darstellen. (...) Auch die übrigen Voraussetzungen des § 57a Abs. 1 Nr. 2 HGrG liegen vor. Bei der Erfüllung des der Treuhandanstalt erteilten gesetzlichen Auftrages, die Planwirtschaft der DDR in die soziale Marktwirtschaft zu überführen, handelt es sich um eine ›genuinstaatliche Aufgabe‹ (OVG Berlin 22.01.1991 NJW 1991, 715 f.) und damit jedenfalls um die Wahrnehmung von Allgemeininteressen im Sinne von § 57a Abs. 1 Nr. 2 HGrG (vgl. den Beschluss des VÜA Bund 12.04.1995 1 VÜ 1/95 »Kraftwerkskomponenten« S. 7 f.). Zudem bedient sich die Bundesanstalt für vereinigungsbedingte Sonderaufgaben ihrer Rechtsvorgängerin, der Treuhandanstalt, bei der Umstrukturierung der von ihr beherrschten Unternehmen zum Zwecke der Verwertung und insbesondere der Privatisierung öffentlicher Mittel. Auch beaufsichtigt und finanziert eine Stelle im Sinne von § 57a Abs. 1 Nr. 1 HGrG die Bundesanstalt für vereinigungsbedingte Sonderaufgaben. Nach Art. 1 Nr. 2b des Gesetzes zur abschließenden Erfüllung der verbliebenen Aufgaben der Treuhandanstalt obliegt die Fach- und Rechtsaufsicht dem BMF, das die Fachaufsicht im Einvernehmen mit dem BMWi und dem jeweils zuständigen Bundesministerium behandelt.«; in diesem Sinne auch Pietzcker ZVgR 1999, 24, 27.

347 Vgl. dazu Seidel Festschrift für Heiermann S. 293, 304.

215 Die VgV i.d.F. der 1. Verordnung zur Änderung der Vergabeverordnung v. 22.02.1994, sah in § 6 Abs. 4 ausdrücklich vor, dass sie keine Anwendung auf Aufträge findet, die von öffentlich-rechtlichen Rundfunkanstalten oder Rundfunkkörperschaften erteilt werden. Bei der Neufassung der VgV ist diese Vorschrift nicht mehr aufgenommen worden. Damit wollte der nationale Gesetzgeber aber nicht dartun, dass er fortan öffentlich-rechtliche Rundfunkanstalten als Adressaten des Vergaberechts erfassen wollte. Schon in den Empfehlungen des Bundesrates zum Entwurf des VgRÄG wird gerügt, dass eine ausdrückliche Ausklammerung der Rundfunkanstalten im neuen Vergaberecht nicht erfolgte.[348]

b) Die Entwicklung der Vergaberechtsprechung und die Entscheidung des EuGH

216 Die Qualifizierung der Rundfunkanstalten als öffentliche Auftraggeber durch die deutschen Nachprüfungsinstanzen war lange Zeit streitig. Die wohl vorherrschende Auffassung hat die Rundfunkanstalten auch in Deutschland von Beginn an dem Kartellvergaberecht unterworfen.[349] Zum Teil aber wurden die Rundfunkanstalten nicht als öffentliche Auftraggeber angesehen, weil sie teilweise staatsfrei ausgestaltet waren und der Staatseinfluss vergabeneutral ausgelegt ist.[350] Eine Reihe von Vergabekammern hatten gleichwohl die Eigenschaft der Rundfunkanstalten als öffentlich-rechtliche Auftraggeber im Sinne des GWB bejaht.[351]

217 In der Angelegenheit *BFI Holding/Gemeente Arnheim* hat jedoch der EuGH angenommen, dass der zunehmende Wettbewerb im Rundfunkwesen allein nicht genüge, um die Anwendbarkeit der Vergaberichtlinien zu verneinen.[352] Andere Länder hatten die Rundfunkanstalten im vormaligen Anhang III der Vergabekoordinierungsrichtlinie als Einrichtungen öffentlichen Rechts bezeichnet.

218 Das OLG Düsseldorf hat dem EuGH die Frage nach der Rechtsnatur der öffentlich-rechtlichen Rundfunkanstalten im vergaberechtlichen Sinne zur Entscheidung vorgelegt.[353] Der EuGH hat mit Urt. v. 13.12.2007 die öffentlich-rechtlichen **Rundfunkanstalten** in Deutschland **als öffentliche Auftraggeber** qualifiziert. In seiner Entscheidung hat er ausgeführt:
- Auch die Gebührenfinanzierung mittels einer im Gesetz festgesetzten Gebühr ohne konkrete Gegenleistung, wie sie für das deutsche System kennzeichnend sei, reiche aus, um eine überwiegende Finanzierung im Sinne des § 99 GWB zu begründen.
- Die Finanzierung durch den Staat setze auch nicht voraus, dass ein direkter Einfluss des Staates oder anderer öffentlicher Stellen auf einzelne Beschaffungsmaßnahmen verlangt werde.[354]

---

348 Empfehlungen des Bundesrates v. 27.10.1997, Drucks. 646/2/97.

349 VK 3–191/04: »Der ausgeschriebene Auftrag ist dem Bund als öffentlichem Auftraggeber zuzurechnen (§ 104 Abs. 1 § 98 Nr. 2 GWB), da es sich bei der Ag. als gemeinnützige Anstalt öffentlichen Rechts um eine juristische Person des öffentlichen Rechts mit eigener Rechtspersönlichkeit handelt (§ 1 Abs. 1 Gesetz über die (...)), die schon aufgrund ihrer in § (...) vorgesehenen garantierten Finanzierung durch den Bund staatsgebunden im Sinne des § 98 Nr. 2 GWB ist und gemäß § (...) zu dem besonderen Zweck gegründet wurde, im Allgemeininteresse liegende Aufgaben nichtgewerblicher Art zu erfüllen und diese auch seither wahrnimmt (gesetzlicher Programmauftrag).« Boesen § 98 Rn. 76; Dreher in: Immenga/ Mestmäcker 5. Auflage 2014 § 98 Rn. 149; Dörr in: Dreher/Motzke § 98 Rn. 108; Döring Festgabe Steffen Kraus 2003 S. 276 f.

350 Dreher NZBau 2005, 297, 302 f. mit umfassenden weiteren Nachweisen; Bechtold § 98 Rn. 26; Korbion § 98 Rn. 25 sowie auch die Vorauflage mit weiteren Hinweisen; Schneider-Freyermuth ZUM 2000, 564, 565 f.; Wirner S. 210 f.

351 3. VK des Bundes beim Bundeskartellamt Beschl. v. 19.10.2004, Az VK 3–191/04; VK Bremen Beschl. v. 01.02.2006, Az VK 1/06; VK Köln NZBau 2006, 268, 269; anderer Ansicht VK Hamburg Beschl. v. 25.07.2007, VK BSU 8/07.

352 EuGH »Gemeente Arnhem« WuW/E Verg. 161, 166 (1999); zustimmend Werner in: Byok/Jaeger § 98 Rn. 115.

353 Vgl. OLG Düsseldorf NZBau 2006, 731 = VergabeR 2006, 893 f.

354 Vgl. EuGH »Rundfunkanstalten« NZBau 2008, 130, 133 = VergabeR 2008, 42, 46 sowie dazu Franke/ Mertens VergabeR 2008, 52 f.; auch Heuvels NZBau 2008, 166 f.; vgl. auch Korthals NZBau 2006, 215; Handweiler/Dreesen EuzW 2007, 107.

Damit steht heute fest, dass die öffentlich-rechtlichen Rundfunkanstalten bei ihren Beschaffun- 219
gen grundsätzlich dem Vergaberecht unterfallen. Das gilt umso mehr für die Zeit ab der Neuordnung der Finanzierung des öffentlichen Rundfunkwesens mit Wirkung zum 01.01.2013. Denn die
Rundfunkbeiträge sind nunmehr geräte- und nutzerunabhängiger ausgestaltet worden.

6. Sparkassen, öffentlich-rechtliche Kreditinstitute/-versicherer und private Banken

Die Rechtsnatur **öffentlich-rechtlicher Sparkassen**, sonstiger **öffentlich-rechtlicher Kreditinsti-** 220
tute sowie auch **öffentlich-rechtlicher Versicherer** als öffentliche Auftraggeber nach dem Kartellvergaberecht war lange Zeit zweifelhaft. Die EU-Kommission vertrat seit jeher die Auffassung,
dass öffentlich-rechtliche Kreditinstitute und Wettbewerbsversicherer Adressaten des öffentlichen
Vergaberechts seien.[355] Der nationale Gesetzgeber hatte dies bei Abfassung der Vorgängervorschrift
des § 99 GWB jedoch anders gesehen[356] und seine Auffassung auch nach Verabschiedung des § 99
GWB nicht geändert. Dementsprechend hat die Bundesrepublik Deutschland die öffentlich-rechtlichen Kreditinstitute weder im Anhang I zur Baukoordinierungsrichtlinie noch im Anhang III
zur Vergabekoordinierungsrichtlinie als öffentliche Auftraggeber aufgeführt. Während ein Teil der
Literatur im Hinblick auf die Entstehungsgeschichte eine Qualifizierung als öffentlicher Auftraggeber verneinte,[357] wurde von einem anderen Teil der Literatur die öffentliche Auftraggeberschaft
wegen der Sonderbestimmungen wie Anstaltslast und Gewährträgerhaftung bejaht, welche die
öffentlich-rechtlichen Kreditinstitute und Kreditversicherer aus der Marktstellung der rein privaten
Banken und Kreditversicherer hervorhob.[358]

Im Hinblick auf die Sonderregelungen für die öffentlich-rechtlichen Kreditinstitute fanden Verstän- 221
digungen zwischen der EU-Kommission und der Bundesrepublik Deutschland (vertreten durch
die sogenannte Koch-Weser-Gruppe) statt. Nach einer ersten Verständigung am 17.07.2001 auf
das so genannte »Plattform-Modell« gelang eine abschließende Verständigung am 28.02.2002. Die
Anstaltslast für Sparkassen und Landesbank wurde dahin gehend ausgestaltet, dass Sparkassen und
Landesbanken für die Verbindlichkeiten mit ihrem gesamten Vermögen haften müssen. Die Insti-
tute sollen insolvenzfähig werden, der öffentliche Sektor nicht für Verbindlichkeiten haften. Der
Gewährträgerhaftung werden die bisherigen öffentlich-rechtlichen Träger zugunsten von Sparkassen und Landesbanken grds. nur noch bis zum 18.07.2005 nachkommen. Eine Sonderregelung galt
für Altverbindlichkeiten, deren Laufzeit nicht über den 31.12.2015 hinausging.[359] Im Anschluss an
die Verständigung mit der EU-Kommission hat eine **wettbewerbliche Neuorganisation** der deutschen Landesbanken und Girozentralen einschließlich des Sparkassenwesens stattgefunden. Zum

---

355 Vgl. Seidel Festschrift für Heiermann S. 293, 303.
356 Der Bundesrat stellte bereits bei den Beratungen zur Einführung des § 57a HGrG darauf ab, dass öffent-
     lich-rechtliche Kreditinstitute und Wettbewerbsversicherer nicht Adressaten des öffentlichen Vergabe-
     rechts sein sollten: »Eine Einbeziehung von öffentlich-rechtlichen Wettbewerbsversicherern und öffent-
     lich-rechtlichen Kreditinstituten würde zu einschneidenden Wettbewerbsverzerrungen führen. Eine solche
     Benachteiligung der öffentlich-rechtlichen Unternehmen, die keine Privilegien im Wettbewerb gegenüber
     den privaten Anbietern genießen, ist von der EU-Richtlinie 92/50/EWG des Rates vom 18.06.1992 nicht
     gedeckt.« Dem stimmte die Bundesregierung zu; vgl. BT-Drucks. 12/4636, 16/20.
357 Heegemann ZBB 1995, 387 ff., verneint auch mit Blickwinkel auf die Wettbewerbssituation die Anwend-
     barkeit des Vergaberechts auf öffentliche Finanzdienstleistungsunternehmen; so auch Thieme/Correll
     DVBl. 1999, 884, 889.
358 Dreher DB 1998, 2579, 2583 formuliert: »Dies dürfte zum Beispiel in Fällen der öffentlich-rechtlichen
     Kreditinstitute und Versicherer ein Problem sein, falls sie aufgrund von staatlicher Gewährträgerhaftung
     und Anstaltslast konkursunfähig und eigenkapitalbegünstigt sind und dadurch Ungleichheiten bezüglich
     wichtiger Wettbewerbsparameter entstehen.«; vgl. Bechtold § 98 Rn. 25; Heegemann ZBB 1995, 387;
     nach Pietzcker ZVgR 1999, 24, 28, spricht mehr dafür, die öffentlich-rechtlichen Kreditinstitute als Auf-
     traggeber nach § 98 Nr. 2 GWB anzusehen.
359 Vgl. Wiesel Sparkassen und Landesbanken auf dem Prüfstand des europäischen Wettbewerbsrechts
     ZBB 2002, 288 mit umfassenden weiteren Hinweisen; Füßer Gewährträgerhaftung zugunsten der öffent-
     lichen Kreditinstitute nach mit der EU-Kommission ZBB 2002, 300 f.

Teil wurde eine Privatisierung, zum Teil wurde eine Aufspaltung des Bankenwesens in einen öffentlichen und einen privaten Sektor vorgenommen.

222   Die **Landesbanken** und **Girozentralen** sind gleichwohl öffentliche Auftraggeber i.S.d. § 99 Nr. 2 GWB.[360] Dementsprechend sind folgende Organisationen als öffentliche Auftraggeber qualifiziert worden:
– Westdeutsche Landesbank Girozentrale und deren Tochtergesellschaft, die Westdeutsche Lotterie GmbH & Co. OHG[361]
– Landeszentralbank Baden-Württemberg[362]
– Landeskreditbank Baden-Württemberg – Förderbank sowie die L-Bank[363]
– Sächsische Aufbaubank – Förderbank[364]

223   Soweit im Rahmen der Neuordnung, wie z.B. in NRW, das öffentliche Auftragsgeschäft in einer neu gegründeten Landesbank, etwa der Landesbank NRW (NRW.BANK), zusammengefasst wird, handelt es sich nach wie vor um einen öffentlichen Auftraggeber.[365] Wenn allerdings das übrige Bankwesen der früheren Landesbanken ausgegliedert wird und die neuen Gesellschaften nach allgemeinen wirtschaftlichen Prinzipien wie Beteiligungen geführt und im Übrigen dem Wettbewerb nach den Grundsätzen des freien Marktes unterstellt werden, können die Einheiten nicht mehr als öffentliche Auftraggeber qualifiziert werden. Es fehlt hier das Merkmal der »Nichtgewerblichkeit«.[366]

224   Entsprechendes gilt für das **Sparkassenwesen**. Hier hat das OLG Rostock im Einzelnen aufgezeigt, dass zwar angesichts des Wortlautes der Landessparkassengesetze nach wie vor die Ausrichtung der Sparkassen auf die Allgemeininteressen nicht ausgeschlossen werden könne, diese jedoch regelmäßig (was anhand der Satzung festzustellen ist) entsprechend der Verständigungslösung zwischen EU und der Bundesrepublik Deutschland gewerbliche Tätigkeiten erbringen, weil sie angesichts des Auslaufens von Anstaltslast und Gewährträgerhaftung per 18.07.2005 in einem entwickelten Wettbewerb tätig sind. Das Merkmal der Nichtgewerblichkeit müsse daher verneint werden.[367]

225   Im Zusammenhang mit der **Finanzmarktkrise** kamen auch **private Banken** als öffentliche Auftraggeber in Betracht. Die zur Konjunkturstabilisierung erlassenen gesetzgeberischen Maßnahmen, wie etwa das Finanzmarktstabilisierungsgesetz, ermöglichen dem Staat weitgehende Eingriffe bis hin zur Verstaatlichung von Banken. Die öffentlich-rechtliche Beherrschung privater Banken ist deshalb in Deutschland kein Einzelfall mehr. Auch eine überwiegende Finanzierung kann anzunehmen sein, wenn die Kapitalisierung der jeweiligen Bank überwiegend durch die öffentliche Hand abgesichert wird.[368] Deshalb können auch private Banken öffentliche Auftraggeber nach § 99 Nr. 2 GWB sein. Im Einzelfall ist festzustellen, ob satzungsgemäß Allgemeininteressen wahrgenommen werden und ob eine Tätigkeit nichtgewerblicher Art vorliegt. Der Mehrheitseigner Bund hat bei einer Reihe von staatlich unterstützten Banken eine Ausrichtung auf bestimmte nationale Marktsegmente (Finanzierung des Mittelstandes in Deutschland) durchgesetzt. Soweit eine entsprechende Ausrichtung auf Allgemeininteressen festgestellt werden kann, wäre das Tatbestandsmerkmal zu bejahen. Aufgrund der Infizierungstheorie reicht es bereits aus, wenn in Teilbereichen Allgemeininteressen wahrgenommen werden. Entscheidender Gesichtspunkt für die Frage, ob eine öffentliche Auftraggeberschaft vorliegt oder nicht, ist jedoch das Kriterium der nichtgewerblichen Tätigkeit. Hier wird sich entscheiden, ob die jeweils betroffene Bank nach wie vor in einem rein

---

360   Vgl. Jochum Die deutschen Landesbanken und Girozentralen am Ende einer langen Tradition NZBau 2002, 69 f.
361   VK Münster ZfBR 2002, 724.
362   Vgl. 2. VK des Bundes beim Bundeskartellamt 30.06.1999 VK-2/14/99.
363   Vgl. VK Baden-Württemberg 06.06.2001 1-VK 6/2001.
364   VK Sachsen beim Regierungspräsidium Leipzig 19.04.2004 1/SVK/025–04.
365   Vgl. etwa zur Neuausrichtung der WestLB die Aktiengesellschaft AG Report 2002 Heft 10R, 396.
366   Zur Rechtslage ab 2005 vgl. auch Crass S. 183 f.
367   Vgl. OLG Rostock 15.06.2005 17 Verg. 3/05 WuW/E Verg. 1122 (2005).
368   Höfler/Braun NZBau 2009, 5, 7 f.

wettbewerblichen Umfeld tätig ist und sich allein nach Marktgesetzen verhält oder aber aufgrund der staatlichen Absicherung nicht mehr wie ein normaler Marktteilnehmer auftritt, sondern aufgrund eingeschränkter Insolvenzrisiken unabhängig von den Marktgesetzen agieren kann. Dies kann nur im Rahmen einer Einzelfallbeurteilung entschieden werden.[369] Ob etwa die Tätigkeit der Bank von einer gewerblichen in eine nicht gewerbliche umgeschlagen ist, kann nicht für sämtliche Stützungsmaßnahmen einheitlich entschieden werden, zumal nach dem FMStFV ein Anspruch auf Rettung besteht. Im jeweiligen Einzelfall ist auch festzustellen, ob die im Fall entsprechender Stützungsmaßnahmen begründeten Aufsichtsmaßnahmen mehr derjenigen einer Rechts- oder einer Fachaufsicht ähneln.[370]

Auch der **kommunale Schadensausgleich** westdeutscher Städte (KSA) als nichtrechtsfähiger Verein 226 ist ein öffentlich-rechtlicher Auftraggeber. Mitglied des kommunalen Schadensausgleiches können nur Gemeinden und Gemeindeverbände oder zu mehr als 50 % in kommunaler Beteiligung befindliche Unternehmen werden. Der kommunale Schadensausgleich dient ausschließlich der Versicherung spezifischer Risiken der öffentlichen Hand und ist nicht auf Gewinnerzielung ausgerichtet. Er ist zudem durch öffentliche Auftraggeber beherrscht.

7. Deutsche Bahn AG und Tochtergesellschaften

Die Auftraggeberqualität der Deutschen Bahn AG und ihrer Tochtergesellschaften war lange Zeit 227 streitig.[371] Infolge der Bahnreform und der Ausklammerung der Sektorenauftraggeber aus dem Anwendungsbereich der Richtlinie 2014/24/EU ergibt sich Folgendes: Die unternehmerischen Aktivitäten der Deutschen Bahn AG sind größtenteils den Sektorenaufträgen zuzuordnen. Die DB Netz AG, die DB Station & Service sind Sektorenauftraggeber. Sie stehen in keinem wirksamen Wettbewerbsverhältnis. Sofern die Beschaffungen keine sektorspezifischen Tätigkeiten enthalten, handelt es sich um im Rahmen fortbestehender Gemeinwohlaufträge tätige Unternehmen im Sinne des § 99 Nr. 2 GWB.

Dagegen sind die DB Reise- und Touristik AG, die DB Energie und die DB Telematik in einem 228 entwickelten Wettbewerb tätig und unterliegen nicht dem öffentlichen Vergaberecht. Dasselbe gilt für die DB Schenker Rail Deutschland AG.

8. Deutsche Post AG/Deutsche Postbank AG/Deutsche Telekom AG

Im Rahmen der deutschen Postreform I (1989) wurde die bis dahin als Sondervermögen des Bun- 229 des geführte **Deutsche Bundespost** in die Teilsondervermögen Deutsche Bundesamt, Postdienst, Postbank und Telekom aufgespalten. Im Rahmen der Postreform II (1994) wurden diese Teilsondervermögen in Aktiengesellschaften umgewandelt. Die einzelnen Aktiengesellschaften wurden nach und nach privatisiert. Das Briefmonopol wurde schriftlich in Deutschland per 31.12.2007 endgültig aufgehoben. Der Postbereich ist daher in Deutschland bereits ab 01.01.2008 vollständig liberalisiert. Die Deutsche Post AG ist daher kein öffentlicher Auftraggeber.

Die Tochter-Logistiksparte der Deutschen Post AG, die **DHL** Express Vertriebs GmbH & Co. 230 OHG bewegt sich im freien Wettbewerb.[372] Eine Ausschreibungspflicht bei dieser Gesellschaft besteht nicht.

Die **Deutsche Postbank AG** hat keine Monopol- bzw. Pflichtleistung mehr zu erbringen und steht 231 mit ihren Leistungen überall im Wettbewerb. Sie wurde auch nicht zu dem Zweck gegründet, im

---

369 Dazu auch Höfler/Braun NZBau 2009, 5 f.; Gabriel NZBau 2009, 282.
370 Gabriel NZBau 2009, 282.
371 Siehe dazu die Vorauflage § 98, Rdn. 201 f.
372 Die Entscheidung des Vergabeüberwachungsausschusses des Bundes, der noch von einer öffentlichen Auftraggeberschaft ausgegangen ist, ist überholt, Vgl. dazu VÜA Bund WuW/E 249, 250 (1999).

Allgemeininteresse liegende Aufgaben nicht gewerblicher Art zu erfüllen. Sie ist daher nicht öffentlicher Auftraggeber i.S.d. Vergaberechts.[373]

232   Die **Deutsche Telekom AG** nahm nach ihrer materiellen Privatisierung keinerlei mit Sonderrechten ausgestattete Aufgabenstellungen mehr wahr. Sie schied damit als öffentlicher Auftraggeber i.S.d. § 99 Nr. 2 GWB aus. Sie wurde vorübergehend als Sektorenauftraggeber angesehen.[374] Seit 2001 ist der Telekommunikationssektor aus dem Anwendungsbereich der EU-Sektorenrichtlinie herausgenommen worden.[375] Mit dem Gesetz zur Modernisierung des Vergaberechts ist die Anpassung auch im deutschen Vergaberecht nachvollzogen worden.[376] Die Deutsche Telekom AG unterliegt daher nicht den materiell-rechtlichen Vorschriften des Kartellvergaberechts.[377]

9. Gesundheit und Wohlfahrt: Die klassischen Bereiche der Daseinsvorsorge

233   Rechtsträger, die im Bereich der Daseinsvorsorge tätig sind, nehmen typischerweise Allgemeininteressen wahr. Dies gilt insbesondere für den Bereich der Gesundheitsversorgung der Bevölkerung.[378] Angesichts zunehmender wettbewerblicher Durchdringung auch des Bereiches privater Daseinsvorsorge ist indessen immer im Einzelfall festzustellen, ob die Tätigkeit des jeweiligen Wirtschaftsteilnehmers nicht nach allein marktwirtschaftlichen Gesetzen stattfindet. Schließlich muss im Einzelfall die vergaberechtliche Beherrschung durch den Staat festgestellt werden.

234   Nach Rechtsform und Aufgabenfeld existiert eine Vielzahl von Trägergesellschaften unterschiedlicher Rechtsformen und Aufgabenfelder. Anhang III der Vergabekoordinierungsrichtlinie gab vormals in gewissen Punkten Anhaltspunkte für die Klassifizierung als öffentlicher Auftraggeber. Insbesondere Sozialversicherungen (Krankenversicherungen, Unfall- und Rentenversicherungsträger), Kassenärztliche Vereinigungen, Versorgungsanstalten und Studentenwerke, Kultur-, Wohlfahrts- und Hilfsstiftungen sind ausdrücklich erwähnt. Dasselbe gilt schließlich für das Gesundheitswesen einschließlich Krankenhäuser, medizinische Forschungseinrichtungen und Kultur. Das öffentliche Gesundheitswesen und insbesondere die Bereitstellung von Krankenhäusern ist Aufgabe der Daseinsvorsorge und eine im Allgemeininteresse liegende Aufgabenstellung.[379]

235   Aus der Entscheidungspraxis der Gerichte und Vergabekammern sind folgende Entscheidungen erwähnenswert:
  – Gesetzliche **Rentenversicherungsträger** wie Landesversicherungsanstalten sind öffentliche Auftraggeber. Allgemeininteressenbindung und Nichtgewerblichkeit liegen auf der Hand. Problematisch ist die Voraussetzung staatlicher Beherrschung, weil im Organisationsrecht der Rentenversicherungsträger nur eine qualifizierte Rechtsaufsicht verankert ist. Eine bloße Rechtsaufsicht reicht in der Regel zur Annahme einer Beherrschung nicht aus (vgl. Rdn. 172 ff.). Im Anschluss an die EuGH-Entscheidung »Oymanns« zur gesetzlichen Krankenversicherung dürfte

---

373   Korbion § 98 Rn. 23; Möschel WuW 1997, 120, 123.
374   Vgl. auch Beschluss des VÜA Bund v. 08.09.1994 »Telefonhauben und -säulen« WuW/E Verg. AB 14: »Die Deutsche Bundespost Telekom unterliegt als Auftraggeber nach § 57a Abs. 1 Nr. 1 HGrG in ihrer Tätigkeit auf dem Gebiet des Fernmeldewesens bei Lieferaufträgen gemäß § 3 Abs. 1 Nr. 1 VgV, § 1b Nr. 2b letzter Absatz VOL/A den Bestimmungen des Abschnitts 3 der VOL/A, wenn sie nicht darlegt, welche bestimmten anderen Unternehmen in welchem bestimmten geographischen Gebiet und unter welchen im Wesentlichen gleichen Bedingungen die Möglichkeit haben, diese Dienste ebenfalls anzubieten. Eine Verweisung auf § 1 Abs. 1 Nr. 3 und § 4 der Telekom-Pflichtleistungsverordnung vom 16.09.1992 genügt hierfür nicht.«; Schlenke/Thomas BauR 1997, 412, 416; Korbion § 98 Rn. 23; für einen öffentlichen Auftraggeber: Thieme/Correll DVBl. 1999, 884, 889.
375   Vgl. im Einzelnen den 5. Erwägungsgrund der Sektorenrichtlinie v. 31.03.2004, Abl. L. 134 S. 1.
376   Die Gesetzesbegründung der Bundesregierung hat dies zu § 98 Nr. 4 GWB nochmals hervorgehoben.
377   Vgl. Diehr in: Reidt/Stickler/Glahs § 98 Rn. 91.
378   Vgl. Kingreen in: Pünder/Prieß Vergaberecht im Umbruch S. 95 mit umfassenden weiteren Nachweisen.
379   Vgl. OLG Nürnberg NVwZ 2004, 1028; vgl. auch Rdn. 87.

aber das Beherrschungskriterium der (indirekten) Finanzierung ausreichen, um auch bei den Rentenversicherungträgern die Qualifikation eines öffentlichen Auftraggebers anzunehmen.[380]

– Das Bayerische Oberlandesgericht hat die **Landesversicherungsanstalt** für Ober- und Mittelfranken als öffentlichen Auftraggeber nach § 99 Nr. 2 GWB qualifiziert.[381] Dabei hat das Bayerische Oberlandesgericht darauf abgestellt, dass das Selbstverwaltungsrecht der Versicherung sehr begrenzt sei. Alle grundsätzlichen Entscheidungen seien dem Staat vorbehalten. Ähnlich hat das OLG Düsseldorf wegen bestehender Fachaufsicht die Eigenschaft einer **gesetzlichen Unfallversicherung** als öffentlicher Auftraggeber bejaht.[382] Entsprechend hat die Vergabekammer Stuttgart mit Beschl. v. 27.12.2004 entschieden.[383] Auch die Vergabekammer bei der Bezirksregierung Lüneburg hat die Rechtsnatur einer Landesversicherungsanstalt als öffentlicher Auftraggeber i.S.d. § 99 Nr. 2 GWB bejaht.[384] Die Deutsche Rentenversicherung Nord ist als überwiegend vom Bund finanziert und damit öffentliche Auftraggeberin qualifiziert worden.[385] Zwar wird bei einer gesetzlichen Unfallversicherung die Finanzierung vollständig aus den Jahresbeiträgen der Mitgliedsunternehmen gedeckt. Indessen findet auch hier eine vollständige Finanzierung durch Zwangsbeiträge und eine enge Aufsicht statt.[386] Die Qualifizierung der gesetzlichen Unfallversicherung als öffentlicher Auftraggeber erstreckt sich auch auf die von den gesetzlichen Unfallversicherern getragenen Krankenhäuser.[387] Nicht zuletzt die Gemeinde-Unfallversicherungsträger, die primär für Arbeiter und Angestellte des öffentlichen Dienstes zuständig sind, stellen öffentliche Auftraggeber dar.[388]

Bei den gesetzlichen Berufsgenossenschaften ist zweifelhaft, ob bereits aufgrund der Finanzierung durch Zwangsbeiträge eine Qualifizierung als öffentlicher Auftraggeber angenommen werden kann. Dies wird im Hinblick auf die geringe staatliche Regelungsintensität und den Umfang der Rechtsaufsicht teilweise verneint (dazu Rdn. 222).[389]

– **Krankenkassen:** Nach der Entscheidung des EuGH »Oymanns« sind die gesetzlichen Krankenkassen in Deutschland als öffentliche Auftraggeber zu behandeln. Es liege eine überwiegende Finanzierung durch den Staat vor, wenn Tätigkeiten der gesetzlichen Krankenkassen hauptsächlich durch Mitgliedsbeiträge finanziert würden, die nach öffentlich-rechtlichen Regeln auferlegt, berechnet und erhoben würden.[390] Der EuGH bestätigt in allen Punkten die Argumentation des OLG Düsseldorf.[391] Das OLG Düsseldorf hatte in seinem Vorlagebeschluss darauf ver-

---

380 EuGH »Oymanns« Urt. v. 11.06.2009, Az C-300/07, VergabeR 2009, 744 f.; so auch Wagner/Raddatz NZBau 2010, 731, 732.

381 BayObLG WuW/E Verg. 1041, 1043 = NZBau 2005, 173, 174 = VergabeR 2005, 67, 69.

382 OLG Düsseldorf Beschl. v. 22.06.2005, Az VII Verg 22/05; zustimmend auch VK Düsseldorf Beschl. v. 31.08.2006, Az VK 38/2006-L.

383 Vgl. NZBau 2005, 176.

384 Beschl. v. 10.03.2003 203-VgK-01/203.

385 VK Schleswig-Holstein Beschl. v. 27.01.2009, Az VK-SH 19/08.

386 Dazu Mestwerdt/von Münchhausen ZfBR 2005, 659, 664; Wagner/Raddatz NZBau 2010, 731, 732.

387 Wagner/Raddatz NZBau 2010, 731, 732.

388 VK Rheinland-Pfalz Beschl. v. 01.02.2005, Az VK 1/05.

389 Wagner/Raddatz NZBau 2010, 731, 732.

390 EuGH »Oymanns« Urt. v. 11.06.2009 – Rs. C-300/07, VergabeR 2009, 744 = NZBau 2009, 520; dazu auch Kingreen NJW 2009, 2417; dazu auch Marx/Hölzl NZBau 2010, 31; zum Teil aA LSG Baden-Württemberg Beschl. v. 23.01.2009, Az L 11 WB 5971/08, VergabeR 2009, 452, welches die überwiegende Finanzierung verneint, allerdings von einer staatlichen Beherrschung ausgeht.

391 OLG Düsseldorf »Schuhwerk« NZBau 2007, 525 f. = VergabeR 2007, 622 f.; dazu auch OLG Düsseldorf »AOK-Rabattverträge« NZBau 2008, 194 f. = VergabeR 2008, 73 f.; VK Leipzig Beschl. v. 19.12.2008 Az 1/SVK/061–08; VK Düsseldorf Beschl. v. 31.08.2006, Az VK-38/2006-L; VK Bund Beschl. v. 27.08.2008, Az VK 1–102/08 sowie v. 16.12.2008, Az VK 1–156/08; VK Mecklenburg-Vorpommern Beschl. v. 25.01.2008, Az 2 VK 5/07; VK Lüneburg Beschl. v. 21.09.2004, Az 203-VgK-42/04; VK Hamburg bei der Finanzbehörde Beschl. v. 21.04.2004, Az VgKFB 1/4; VK Südbayern Beschl. v. 08.04.2004, 07-, 08-, 09-, 10-, 11-, 12–03/04; Mestwerdt/von Münchhausen ZfBR 2005, 659; Werner in: Byok/Jaeger § 98 Rn. 125.

wiesen, dass die gesetzlichen Krankenkassen Körperschaften des öffentlichen Rechts sind und nach §§ 1, 3 SGB V als Solidargemeinschaft zu dem besonderen Zweck gegründet wurden, die Gesundheit der Versicherten zu erhalten, wiederherzustellen oder ihren Gesundheitszustand zu verbessern. Die gesetzlichen Krankenkassen seien auch nicht gewerblich tätig, sie erbrächten ihre Leistungen nicht in Gewinnerzielungsabsicht, vielmehr beruhe ihre Finanzierung im Wesentlichen auf einer solidarischen, nicht risikobezogenen Finanzierung durch an die Entlohnung der Versicherten anknüpfende Versicherungsbeiträge. Ein geregelter Wettbewerb liege nicht vor, da ein Großteil der Leistungen gesetzlich vorgeschrieben sei und ein gesetzlicher Risikostrukturausgleich bestehe (ein Aspekt, der durch die Gesundheitsreform noch deutlicher hervortritt). Dementsprechend sei allenfalls die Frage der Staatsnähe durch öffentliche Finanzierung streitig. Hierzu führt das OLG Düsseldorf aus, dass im Anschluss an die Entscheidung des EuGH zu den Rundfunkanstalten auch die gesetzlich vorgeschriebene Beitragsfinanzierung ausreiche, um eine entsprechende Staatsnähe zu begründen. Immerhin sei 90 % der Bevölkerung in Deutschland kraft Gesetzes bei einer gesetzlichen Krankenkasse pflichtversichert. Zwar werde der Beitragssatz nicht durch den Staat, sondern durch die gesetzliche Krankenkasse festgesetzt. Die Höhe der Beiträge ist jedoch in gewissem Umfang auch rechtlich vorgegeben. Im Übrigen sei auch die Staatsnähe durch Aufsicht gegeben. Denn die gesetzliche Aufsicht gehe über eine reine Rechtsaufsicht hinaus. Insbesondere sei sie nicht auf eine bloß nachprüfende Kontrolle beschränkt.[392] Dieser Argumentation hatten sich eine Reihe von Vergabekammern und die Literatur angeschlossen.[393] Spätestens seit der Entscheidung »Oymanns« ist daher klar, dass gesetzliche Krankenkassen als juristische Personen des öffentlichen Rechts öffentliche Auftraggeber im Sinne des § 99 Nr. 2 GWB sind, zumal sie im Allgemeininteresse liegende Aufgaben nicht gewerblicher Art erfüllen. Hierbei werden sie überwiegend durch den Bund finanziert, nämlich durch die Bundesgesetze über die Pflichtversicherung der Krankenkassenmitglieder bzw. über den staatlichen Gesundheitsfonds.[394]

Im Hinblick auf die Funktion der Krankenkassen als Träger öffentlicher Verwaltung hat das BVerfG die Grundrechtsfähigkeit der Krankenversicherungen auch nach Einführung wettbewerblicher Elemente verneint.[395]

Lange Zeit war der Rechtsweg für vergaberechtliche Überprüfungen von Beschaffungen durch gesetzliche Krankenversicherungen umstritten. Der Gesetzgeber hatte zunächst mit Wirkung v. 18.12.2008 gemäß Gesetz zur Weiterentwicklung der Organisationsstrukturen als Rechtsmittelgericht die Landessozialgerichte bestimmt, welche fortan die Beschwerdeverfahren gemäß §§ 116 Abs. 3 GWB, 142 a SGG zu übernehmen hatten. Damit war eine gespaltene Rechtszuständigkeit für das zweitinstanzliche Verfahren begründet worden. Während in den übrigen Vergabenachprüfungsverfahren zweitinstanzliche Oberlandesgerichte tätig waren, ergab

---

392 So auch jüngst OLG Düsseldorf »Mesalazin« Beschl. v. 13.08.2014, Az VII Verg 13/14, NZBau 2014, 654, 657.

393 3. VK Bund Beschl. v. 18.12.2007, Beschluss VK 3–139/07; demgegenüber hatte das Bayerische Oberlandesgericht noch entschieden, dass das Selbstverwaltungsrecht der Versicherten relativ weitreichend gewährleistet sei und die Rechtsaufsicht allein keine ausreichende Grundlage für die Annahme einer staatlichen Beherrschung darstelle: BayObLG »AOK Bayern« WuW/E Verg. 1044, 1046 f. = NZBau 2004, 623, 625.

394 1. VK des Bundes beim Bundeskartellamt Beschl. v. 18.12.2009, Az VK 1-209/09; VK Baden-Württemberg Beschl. v. 16.01.2009, Az 1 VK 65/09; LSG Berlin-Brandenburg Beschl. v. 06.03.2009, Az LKR 72/09 ER, VergabeR 2010, 120; VK des Landes Brandenburg Beschl. v. 09.02.2009, Az VK 5/09; VK des Landes Berlin Beschl. v. 09.02.2009, Az VK 4/09; 2. VK des Bundes beim Bundeskartellamt Beschl. v. 26.05.2009, Az VK 230/09; dazu auch Dreher/Hoffmann NZBau 2009, 273 f.; 1. VK des Bundes beim Bundeskartellamt Beschl. v. 12.04.2009, Az VK 1-203/09; 3. VK des Bundes beim Bundeskartellamt Beschl. v. 25.07.2009, Az VK 3-139 sowie Beschl. v. 24.07.2009, Az VK 3-148/09 sowie Beschl. v. 24.02.2009, Az VK 3-224/08; VK Berlin Beschl. v. 09.02.2009 VK 4/09; 3. VK des Bundes beim Bundeskartellamt Beschl. v. 24.02.2009 VK 3-224/08; VK des Landes Brandenburg Beschl. v. 09.02.2009 VK 5/09.

395 BVerfG Beschl. v. 11.12.2008, Az 1 BvR 1665/09, NVwZ-RR 2009, 361.

sich für die Krankenkassenausschreibungen eine Sonderzuständigkeit der Landessozialgerichte. Die Zuständigkeitsbestimmung hatte nur 2 Jahre lang Bestand. Am 27.12.2010 wurde das am 01.01.2011 in Kraft getretene Gesetz zur Neuordnung des Arzneimittelmarktes in der gesetzlichen Krankenversicherung (Arzneimittelneuordnungsgesetz AMNOG) veröffentlicht. Hiernach wurden die bei den Landessozialgerichten anhängigen Verfahren wieder an die zuständigen Oberlandesgerichte übergeben, § 207 SGG. Die zweitinstanzliche Zuständigkeit bei Vergabestreitigkeiten anlässlich von Krankenhausausschreibungen liegt daher wieder einheitlich bei den Oberlandesgerichten.[396]

Auch der von den gesetzlichen Krankenkassen finanzierte weitere **Gemeinsame Bundesausschuss** nimmt als rechtsfähige juristische Person Allgemeininteressen im Gesundheitswesen wahr und ist öffentlicher Auftraggeber nach § 99 Nr. 2 GWB.[397]

– Das Bayerische Oberlandesgericht hat das Bayerische Rote Kreuz nicht als öffentlichen Auftraggeber angesehen. Das Bayerische Rote Kreuz als Körperschaft des öffentlichen Rechts nehme zwar im Allgemeininteresse liegende Aufgaben nichtgewerblicher Art wahr. Die Körperschaft werde jedoch nicht im vergaberechtlichen Sinne beherrscht. Öffentliche Zuwendungen machten keineswegs mehr als 50 % der Finanzmittel aus. Auch übten staatliche Stellen keine Aufsicht über die Leitung aus.[398]

Die Vergabekammer Südbayern hat in einem Beschluss vom 27.03.2014 die Entscheidung des Bayerischen Oberlandesgerichts in Frage gestellt und das Bayerische Rote Kreuz als öffentlichen Auftraggeber qualifiziert. Zwar sieht auch die Vergabekammer Südbayern eine überwiegende Finanzierung nicht gegeben, weil die überwiegenden Mittelzuflüsse aus entgeltlichen Leistungen herrührten. Auch die Aufsichtsbefugnisse des Bayerischen Staatsministeriums des Innern seien im Wesentlichen eine Rechtsaufsicht. Die Eingriffsrechte seien wegen der Unabhängigkeitsgrundsätze der Rot-Kreuz-Bewegung begrenzt. Es könne jedoch nicht außer Betracht bleiben, dass das Bayerische Rote Kreuz aufgrund verschiedener Tätigkeitsfelder wie dem Rettungsdienst und der Pflegeleistungen weiteren staatlichen Aufsichtsbefugnissen mit weiter reichenden Einflussmöglichkeiten unterworfen sei, so dass die Qualifizierung als öffentlicher Auftraggeber gerechtfertigt sei.[399]

– Der EuGH hat eine griechische **Krankenhausgesellschaft**, die eine dem Staat gleichgestellte Einrichtung des öffentlichen Rechts darstellt, als öffentlichen Auftraggeber qualifiziert.[400] Der EuGH ist in einer früheren Entscheidung »Landeskrankenanstalten« (eine österreichische Landeskrankenanstalten-Betriebsgesellschaft) ebenfalls von der Einschlägigkeit des EU-Vergaberechts ausgegangen.[401] Ein **Krankenhaus** in der Rechtsform einer GmbH, deren Anteile von einer Stadtgemeinde gehalten werden, ist öffentlicher Auftraggeber. Das Krankenhaus erfüllt nämlich im Allgemeininteresse liegende Aufgaben nichtgewerblicher Art.[402] Dasselbe gilt insbesondere, wenn eine gemeinnützige GmbH Trägerin eines städtischen Krankenhauses ist.[403] Das gilt erst recht bei einem Klinikum in der Form der Anstalt des öffentlichen Rechts, die nach ihrer Satzung gemeinnützige Zwecke verfolgt, öffentlich finanziert und beaufsichtigt wird.[404] Das Oberlandesgericht Naumburg hat schließlich eine **Krankenhausgesellschaft** in der Rechtsform einer privaten Kapitalgesellschaft, deren alleiniger Gesellschafter ein Landkreis gewesen ist, als öffentliche Auftraggeberin qualifiziert. Das Gesundheitswesen sei eine klassische im Allgemeininteresse liegende Aufgabe, wobei dies schon durch die Einzelbestimmungen des KHG initiiert

---

396 Vgl. im Einzelnen Gabriel VergabeR Sonderheft 2a 2011, 372 sowie Otting NZBau 2010, 734.

397 2. VK Bund Beschl. v. 15.05.2009 VK 2-21/09; Weyand VergabeR Teil I, Rn. 1523.

398 Vgl. BayObLG NZBau 2003, 348, 349 = VergabeR 2003, 94, 96 f.

399 VK Südbayern Beschl. v. 27.03.2014, Z 3-3-3194-1-01-01/14.

400 EuGH »Medipac« VergabeR 2007, 609, 614.

401 Vgl. EuGH WuW/E Verg. 207, 209 (1999).

402 2. VK Bremen Beschl. v. 15.11.2006, Az VK 2/06; zur Krankenhaus AG auch VK Lüneburg Beschl. v. 20.09.2011, Az VgK-41/2011, IBR 2012, 280.

403 VK Niedersachsen Beschl. v. 17.08.2009, Az VgK-36/2009.

404 1. VK Südbayern Beschl. v. 29.04.2010, Az Z 3-3-3194/1-03-01/10.

werde. Bei einem Krankenhaus in der Form eines **akademischen Lehrkrankenhauses** fehle es ebenfalls an einer Gewerblichkeit. Im Vordergrund stehe nicht die Ausübung von Wettbewerb. Das Insolvenzrisiko sei im Übrigen vom Landkreis übernommen worden.[405] Nach Auffassung des OLG Düsseldorf ist das **Institut für das Entgeltsystem im Krankenhaus (InEK)** öffentlicher Auftraggeber. Es liege eine mittelbare staatliche Finanzierung durch Bundesgesetz in Gestalt des KHG und demzufolge durch den Bund als eine öffentliche Stelle vor. Entscheidend abgestellt wird auf das pauschalierte Entgeltsystem (DRG-System), dem keine spezifischen Gegenleistungen gegenüberstünden.[406]

– Eine **Werkstatt für Menschen mit Behinderungen in der Rechtsform einer GmbH** (§ 142 SGB IX) erfüllt zwar Allgemeininteressen, ist jedoch gleichwohl nicht als öffentlicher Auftraggeber zu qualifizieren, wenn die wesentlichen Einnahmen aus entgeltlicher Tätigkeit erzielt werden und eine öffentlich-rechtliche Beherrschung aufgrund der Zugehörigkeit zur katholischen Kirche ausscheidet.[407]

– Der Vergabeüberwachungsausschuss NRW hat ein **Studentenwerk** als öffentlichen Auftraggeber qualifiziert.[408] Ähnlich ist die Vergabekammer Lüneburg betreffend eines nach § 68 NHG in der Rechtsform einer Anstalt des öffentlichen Rechts organisierten Studentenwerkes verfahren.[409]

– Nach der Entscheidung des EuGH »Siepsa« sind auch **Strafvollzugsanstalten** regelmäßig als Einrichtungen anzusehen, die § 99 Nr. 2 GWB unterfallen.[410]

– Der EuGH hat des Weiteren **Bestattungsunternehmen** als öffentliche Auftraggeber qualifiziert. Gegenstand der Entscheidung »*Adolf Truley*« war eine hundertprozentige Tochter der Wiener Stadtwerke Holding AG, die sich mit dem Bestattungswesen befasste. Eine Tätigkeit im Allgemeininteresse wurde bejaht. Ein örtlicher Wettbewerb in Wien konnte nicht festgestellt werden. Schließlich hat der EuGH die vergaberechtliche Beherrschung angesichts der hundertprozentigen gesellschaftsrechtlichen Beherrschung durch die Gebietskörperschaft bejaht.[411]

– In der Entscheidung »*Niederrheintherme*« behandelte die Vergabekammer bei der Bezirksregierung Düsseldorf eine private GmbH, welche **Einrichtungen zur Sportausübung** und Erholung zur Verfügung stellen sollte, als öffentlichen Auftraggeber. Die Gesellschaft diene Allgemeininteressen. Ein örtlicher Wettbewerb sei nicht festzustellen. Zudem werde die Gesellschaft zu 100 % über eine Gesellschaftsbeteiligung beherrscht.[412]

– Ein eingetragener **Verein**, der nach seiner Satzung keine Gewinnerzielungsabsicht verfolgt und sich der Förderung, der Errichtung und der Betreuung eines **Motorsport- und Freizeitzentrums** und dazugehörigen Einrichtungen und damit der regionalen Wirtschaftsförderung und -entwicklung verpflichtet hat, ist, wenn er durch Stellen, die unter § 99 Nr. 1 GWB fallen, beherrscht wird, öffentlicher Auftraggeber. Ein solcher Betreiber einer Rennstrecke muss daher grds. das Vergaberecht beachten.[413]

– Auch **Sportvereine**, insbesondere auch **Fußballvereine**, kommen als öffentliche Auftraggeber in Betracht. Bei Sport- und insbesondere Fußballvereinen finden sich in der Satzung zumeist Hinweise darauf, dass der Verein eine im Allgemeininteresse liegende Tätigkeit wahrnimmt und eine nichtgewerbliche Tätigkeit entfaltet. Maßgebliches Entscheidungskriterium für die Begründung der Eigenschaft als öffentlicher Auftraggeber ist daher die öffentlich-rechtliche Beherrschung/überwiegende Finanzierung. Allein die Gemeinnützigkeit lässt einen Rückschluss auf

---

405 Vgl. OLG Naumburg VergabeR 2004, 634 = IBR 2004, 335.
406 OLG Düsseldorf Beschl. v. 29.04.2015, Az Verg 35/14.
407 OLG Düsseldorf Beschl. v. 15.07.2015 VII Verg 11/15.
408 VÜA NRW 08.10.1999 132–84–43–9/99.
409 VK Lüneburg Beschl. v. 14.06.2005 VgK-22/2005.
410 Vgl. EuGH »Siepsa« WuW/E Verg. 853, 856 f. (2003) = NZBau 2004, 223, 227 = VergabeR 2004, 182, 186 f.
411 Vgl. EuGH »Adolf Truley« WuW/E Verg. 729, 732 f. = VergabeR 2003, 296, 299 f.
412 Vgl. VK Düsseldorf 11.02.2004 VK 43/2003.
413 Vgl. VK Brandenburg Beschl. v. 28.03.2008, VK 6/08: Der Betrieb der Renn- und Teststrecke sowie der Verkauf muss nicht steter öffentlicher Auftrag darstellen, sondern kann auch eine vergaberechtsfreie Dienstleistungskonzession sein.

das Vorliegen eines öffentlichen Auftraggebers nicht zu. In Österreich hatte der dort zuständige VwGH bereits die Frage zu entscheiden, ob ein **Fußballverein** aufgrund gewährter öffentlicher Finanzierungsmittel bei einem Stadionbau als öffentlicher Auftraggeber anzusehen sei. Dies wurde im Hinblick auf die nach der Satzung maßgebliche gewerbliche Tätigkeit verneint, zumal dem Fußballverein das Insolvenzrisiko nicht abgenommen worden war.[414] Immer ist aber in entsprechenden Fällen zu prüfen, ob nicht die öffentliche Auftraggeberschaft aus § 99 Nr. 5 GWB, aufgrund einer Objektfinanzierung herzuleiten ist.

– Mit Staatsvertrag der Bundesländer über die Gründung einer **gemeinsamen Klassenlotterie** wurde eine Anstalt öffentlichen Rechts gegründet, welche die ordnungsrechtliche Aufgabe der Sicherstellung eines ausreichenden Glücksspielangebotes durch Veranstaltung von staatlichen Klassenlotterien und ähnlichen Spielangeboten (Glücksspiele) wahrnehmen soll. Träger der Anstalt sind die Bundesländer, die ihre Rechte in der Gewährträgerversammlung wahrnehmen, wozu auch die Bestellung und Abberufung der Mitglieder des Vorstandes zählt. Das OLG Hamburg hat die gemeinsame Klassenlotterie der Länder als öffentlichen Auftraggeber im Sinne des § 98 Nr. 2 GWB bewertet. Das Allgemeininteresse der Aufgabe liege darin, dass der Zweck der Anstalt gemäß dem Staatsvertrag und der Gründungssatzung darin bestehe, die ordnungsrechtliche Aufgabe der Sicherstellung eines ausreichenden Glücksspielangebotes durch Veranstaltung von staatlichen Klassenlotterien und ähnlichen Spielangeboten wahrzunehmen. In der Sache gehe es darum, das bestehende Interesse an Glücksspielen von illegalen Angeboten auf legale Spielformen zu lenken. Das sei eine Aufgabe, die Gemeinwohl dienlichen Zwecken und damit dem Allgemeininteresse diene.[415] Wenngleich die gemeinsame Klassenlotterie der Länder in einem entwickelten Wettbewerb tätig ist und auch eine Gewinnerzielungsabsicht vorliege und selbst die Spieleinnahmen selbst finanziert würden, folge aus der Gewährträgerhaftung des Staatsvertrages die erforderliche staatliche Beherrschung.[416]

Während die Vergabekammer Münster hat mit Beschluss vom 24.06.2002 einen organisierten Veranstalter von **Lotto-, Spiel- und Wettgeschäften** in Nordrhein-Westfalen schon wegen der Alleinstellung im Bereich des Landes NRW als nichtgewerblich handelnd angesehen hatte,[417] hatte die VK Baden-Württemberg bei einer entsprechenden Lotterie, Sportwett- und Spielbankgesellschaft die öffentliche Auftraggeberschaft verneint.[418] 236

10. Bildungseinrichtungen

Universitäten sind grds. öffentliche Auftraggeber.[419] Das gilt auch für Hochschulen, die nach den Landesgesetzen in Trägerschaft einer rechtsfähigen Stiftung öffentlichen Rechts geführt werden.[420] 237

Entsprechendes gilt auch für Universitätskliniken.[421] **Ein Universitätsklinikum** als Anstalt des öffentlichen Rechts ist eine juristische Person, die zu einem besonderen Zweck gegründet wird, im Allgemeininteresse liegende Aufgaben nichtgewerblicher Art zu erfüllen. Ein Universitätsklinikum dient in der Regel seiner Satzung nach zum einen dem Fachbereich Medizin einer Universität, zum anderen übernimmt die Universitätsklinik Aufgaben der Krankenversorgung und verfolgt dabei Allgemeininteressen. Ein entsprechendes Universitätsklinikum ist als öffentlicher 238

---

414 VwGH v. 12.12.2007, Az 2006/0179–9.
415 OLG Hamburg »Mediale Leistung« Beschl. v. 31.03.2014, Az 1 Verg 4/13, VergabeR 2014, 665 = NZBau 2014, 659.
416 OLG Hamburg »Mediale Leistung« Beschl. v. 31.03.2014, Az 1 Verg 4/13, VergabeR 2014, 671 = NZBau 2014, 659.
417 VK Münster Beschl. v. 24.06.2002, Az VK 3/02, ZfBR 2002, 724.
418 VK Baden-Württemberg Beschl. v. 19.04.2005, Az 1 VK 11/05.
419 EuGH »University Cambridge« NZBau 2001, 218 = VergabeR 2001, 111.
420 VK Lüneburg Beschl. v. 14.06.2005, Az VgK-22/2005.
421 VK Baden-Württemberg Beschl. v. 16.11.2004, Az VK 69/04.

Auftraggeber zu qualifizieren, wenn es zumindest teilweise außerhalb marktmäßiger Mechanismen operiert.[422]

239   Eine Universitätsklinik als akademisches **Lehrkrankenhaus**, das Aufgaben in der Krankenversorgung wahrnimmt, betreibt Tätigkeiten nichtgewerblicher Art, wenn seine Kosten durch den Landeshaushalt zumindest im Wesentlichen gedeckt sind und kein Insolvenzrisiko besteht.[423] Die ausreichende Staatsnähe entsprechender Einrichtungen ist in der Regel gegeben, wenn das zuständige Ministerium nach den einschlägigen Landeshochschulgesetzen berechtigt ist, unmittelbar auf rechtswidrige Beschlüsse, Maßnahmen und Unterlassungen einzuwirken und eine Kooperationsvereinbarung mit der Universität der Genehmigung bedarf.[424]

240   Öffentliche Auftraggeber sind auch **Universitätsinstitute**, die einem oder mehreren Lehrstühlen einer Universität zugeordnet sind und damit der Aufsicht nach dem Hochschulgesetz bzw. Hochschulfreiheitsgesetz unterliegen. Anders sind jedoch ggf. sogenannte **An-Institute** zu behandeln. An-Institute sind privatrechtlich organisiert, wobei hinter dieser Organisationsform verschiedene Kombinationen von Staat, Universität, Trägervereinen, Professoren sowie Industrie stehen können. Besondere aufsichtsrechtliche Verhältnisse können sich dabei nur aus der vertraglichen Vereinbarung zwischen der Universität und dem An-Institut ergeben. Sofern im Einzelfall keine entsprechenden aufsichtsrechtlichen Befugnisse in einem Kooperationsvertrag niedergelegt sind, kann es der Beherrschung durch einen öffentlichen Auftraggeber fehlen. Zwar werden die Organe eines entsprechenden An-Institutes oftmals auch durch entsandte Vertreter öffentlicher Auftraggeber besetzt. Soweit allerdings aufgrund der Anzahl von gewählten Mitgliedern, welche aus dem privatrechtlichen Bereich stammen, eine durchgängige staatliche Einflussnahme nicht gesichert ist, fehlt es auch insoweit an einer entsprechenden Beherrschung. Zwar ist denkbar, dass entsprechende An-Institute überwiegend öffentlich-rechtlich finanziert werden. Dabei ist jedoch nur auf solche Finanzmittel abzustellen, die ohne spezifische Gegenleistungen im Forschungsbereich erbracht werden.[425]

241   In Deutschland existieren rund 4700 **private Schulen**. Als genehmigte private Schulen (sogenannte **Ersatzschulen**) erhalten diese Schulen regelmäßig einen Finanzausgleich vom Staat. Nach dem jeweils maßgeblichen Landesrecht können die Ersatzschulen Zuwendungen beantragen und werden nach den für sie maßgeblichen landesrechtlichen Vorschriften überwacht. In der Regel werden die Kosten der Ersatzschulen zu rund 2/3 über den staatlichen Finanzausgleich ersetzt, sodass in der Regel eine öffentliche Auftraggeberschaft im Sinne des § 99 Nr. 2 GWB unter dem Blickwinkel der überwiegenden öffentlichen Finanzierung vorliegt.[426] Zudem kann in Fällen von Schulbauten § 99 Abs. 5 GWB einschlägig sein.

242   Allerdings ist das Beherrschungskriterium nach dem **Hochschulfreiheitsgesetz NRW** vom 31.10.2006 in Nordrhein-Westfalen nicht mehr gegeben. Denn nach dem Hochschulfreiheitsgesetz können die Hochschulen weitestgehend frei agieren. Sie wurden aus der Fachaufsicht des Landes gelöst und ihnen wurden weitreichende Kompetenzen und die Verantwortung für Finanzpersonal und Organisationsentscheidungen übertragen. Weisungsmöglichkeiten des Landes hinsichtlich der Finanzierung und Wirtschaftsführung der Hochschulen bestehen nur noch bei deren drohender oder eingetretener Zahlungsunfähigkeit.[427] Die Qualifizierung als öffentlicher Auftraggeber kann jedoch aufgrund der weiteren Kriterien gegeben sein.

---

422   VK Düsseldorf Beschl. v. 30.10.2006, Az VK-44/2006-B; VK Baden-Württemberg Beschl. v. 16.12.2009, Az 1 VK 63/09.
423   VK Düsseldorf Beschl. v. 30.10.2006, Az VK-44/2006-B.
424   VK Düsseldorf Beschl. v. 30.10.2006, Az VK-44/2006-B.
425   VK Düsseldorf Beschl. v. 18.06.2007, Az VK-14/2007.
426   Trautner/Schäffer VergabeR 2010, 172.
427   OLG Düsseldorf Beschl. v. 22.05.2013, Az VII 16 Verg/12.

11. Berufsständische Zwangsverbände und deren Untergliederungen

Nicht ganz unproblematisch ist, ob die **Selbstverwaltungskörperschaften** des öffentlichen Rechts 243
für Freiberufler wie etwa Architekten-, Ärzte-, Apotheker-, Steuerberater-, Tierärzte-, Zahnärzte-,
Notar- und Rechtsanwaltskammern etc. dem öffentlichen Vergaberecht unterliegen. Bei den Selbstverwaltungskörperschaften ist in aller Regel ebenfalls eine mittelbare Beitragsfinanzierung, deren
Grundlagen gesetzlich festgeschrieben sind, festzustellen. Ihrer Rechtsnatur nach handelt es sich
zum Teil um öffentlich-rechtliche Körperschaften mit Zwangsmitgliedschaft. Der EuGH hat allerdings in seiner Entscheidung zur **»Ärztekammer Westfalen-Lippe«** den Standpunkt vertreten, dass
zwar eine mittelbare Finanzierung durch gesetzliche Beitragsfestlegung eine überwiegende Finanzierung im Sinne des Vergaberechts darstellen könne, allerdings dann etwas anderes gelte, wenn
die Einrichtung bei der Aufgabenbewältigung, insbesondere auch bei der Beitragsfestlegung, eine
erhebliche Autonomie habe. Das gelte insbesondere, wenn Beschlüsse hierzu von einer Versammlung erlassen werden, die aus dem Beitragspflichtigen selbst bestehe. Erst recht reiche die bloß
nachträgliche Rechtmäßigkeitskontrolle durch eine Aufsichtsbehörde, die lediglich einen ausge-
glichenen Haushalt sichere, nicht für eine entsprechende überwiegende Finanzierung.[428] Die Entscheidung des EuGH ist u.a. deshalb kritisiert worden, weil sie die tatsächlichen Einwirkungen von
Aufsichtsmaßnahmen nach § 28 Abs. 2 HeilberG NRW nicht zutreffend gewürdigt habe.[429]

Die Entscheidung zur Ärztekammer Westfalen-Lippe wird für viele andere berufsständische 244
Zwangsverbände Geltung haben. Immer ist aber der Umstand der staatlichen Einwirkungsmöglichkeit auf die Aufgabenbewältigung und insbesondere die Beitragsfestsetzung zu prüfen.[430] Auch
die **Anwaltskammern und Notarkammern** werden in aller Regel nach den Maßstäben des EuGH
nicht als öffentliche Auftraggeber anzusehen sein. Die Aufsichtsbehörden haben hier tendenziell
weniger Kompetenzen als bei den Ärztekammern.[431]

Dementsprechend werden die entsprechend ausgestalteten Kammern der Freiberufler wie auch 245
deren Untergliederungen, z.B. **Versorgungswerke**, in der Regel nicht als öffentliche Auftraggeber
qualifiziert werden können.[432]

Dagegen sind **Landwirtschaftskammern** öffentliche Auftraggeber. Landwirtschaftskammern über- 246
nehmen Aufgaben als Landesbeauftragte, welche durch eine Verwaltungskostenerstattung durch
den Staat finanziert werden. Hier liegt also eine direkte staatliche Mittelzuweisung vor. Diese überwiegt die mitgliedschaftliche Umlage deutlich.[433]

Ebenfalls problematisch ist die Einordnung der **Industrie- und Handelskammern** und der **Hand-** 247
werkskammern. Diese Kammern nehmen Allgemeininteressen wahr. Auch hier werden Zwangsbeiträge erhoben. Die Aufsicht des Staates beschränkt sich bei den Industrie- und Handwerkskammern indessen nicht auf eine klassische Rechtsaufsicht, sondern ist mit wesentlichen zusätzlichen
Eingriffsrechten ausgestattet, insbesondere mit weitgehenden Genehmigungserfordernissen bei Sat-
zungen/Satzungsänderungen und Bezirksänderungs- und Auflösungsrechten, sodass einiges für die
Annahme eines öffentlichen Auftraggebers spricht.[434] *Hausmann/Queisner* meinen allerdings, dass

---

428 EuGH »Ärztekammer Westfalen-Lippe« Urt. v. 12.09.2013, Az C-526/11 (»IVD«), NZBau 2013, 717 =
VergabeR 2014, 23; so bereits der Vorlagebeschluss OLG Düsseldorf »Ärztekammer« Beschl. v. 05.10.2011,
Az VII Verg 38/11, VergabeR 2012, 179 f.; dazu auch Steiling NZBau 2012, 146; Kokew NZBau 2014, 96.
429 Heyne NVwZ 2014, 621, 624.
430 Heyne NVwZ 2014, 621, 625; darunter bereits Eschenbruch/Hunger NZBau 2003, 471; Dreher NZBau
2005, 297, 302.
431 Heyne NVwZ 2014, 621, 625; Hausmann/Queisner VergabeR 2014, 1, 6; so auch Steiling NZBau 2012,
146; Kokew Kammermitteilungen RAK Düsseldorf 2/12, 157 f.
432 Vgl. dazu Eschenbruch/Hunger NZBau 2003, 471 ff.; Werner in: Byok/Jaeger § 98 Rn. 119 f.; Juris
PK-VergR/Zeiss § 98 Rn. 63; kritisch dazu mit dem Ergebnis der Unterwerfung unter das Vergaberecht
(für Ärztekammern) Steiling NZBau 2012, 146.
433 Dazu Heyne NVwZ 2014, 621, 625.
434 Für eine öffentliche Auftraggeberschaft vgl. Wagner/Raddatz NZBau 2010, 731, 733.

ungeachtet der potentiell höheren Eingriffsbefugnisse des Staates bei Industrie- und Handelskammern (im Vergleich zu Rechtsanwalts- und Notarkammern) keine überwiegend staatlich finanzierte öffentliche Auftraggeberschaft vorliegt.[435]

248   Die 3. VK Mecklenburg-Vorpommern hat die öffentliche Auftraggeberschaft einer Industrie- und Handelskammern verneint. Zwar hat es in der umfassenden Beratungsaufgabe der IHKen zumindest in Teilen einen im Allgemeininteresse liegenden Aufgabenkatalog gesehen. Die Funktion sei jedoch auf die Interessenvertretung für eine bestimmte Gruppe begrenzt. Es erscheine daher schon fraglich, ob die auch räumlich auf den jeweiligen Zuständigkeitsbezirk begrenzten Aufgabenwahrnehmungen mit dem Allgemeininteresse gleichgesetzt werden können. Jedenfalls seien sie aber nicht überwiegend öffentlich-rechtlich finanziert. Die überwiegende Finanzierung durch Zwangsbeiträge reiche insoweit nicht aus. Auch sei keine öffentlich-rechtliche Beherrschung gegeben. Die bloße Rechtsaufsicht begründe keine Aufsicht im Sinne des § 99 Nr. 2 GWB.[436] Dagegen hat die VK Baden-Württemberg eine Industrie- und Handelskammer in Baden-Württemberg wegen der bestehenden Zwangsmitgliedschaft und der Abhängigkeit vom Staat als öffentlichen Auftraggeber qualifiziert.[437]

249   Die deutschen **Berufsgenossenschaften** – insbesondere auch die gewerblichen Berufsgenossenschaften – unterliegen lediglich einer Rechtsaufsicht, so dass zweifelhaft ist, ob sie als öffentliche Auftraggeber qualifiziert werden können.[438] Die VK Südbayern hat allerdings entschieden, dass eine überwiegende öffentlich-rechtliche Finanzierung durch Beiträge vorliege.[439] Die Vergabekammer zieht dabei eine Parallele zu den gesetzlichen Krankenkassen. Auch die VK Sachsen hat entschieden, dass eine Industrie- und Handelskammer kein öffentlicher Auftraggeber sei, wenn eine erhebliche Autonomie bei der Bestimmung des Wesens, des Umfangs und der Modalitäten der zu erhebenden Beiträge bestehe und lediglich eine nachträgliche Kontrolle ihrer Tätigkeiten durch eine Rechtsauffassung erfolge.[440] Im konkreten Fall verwies die Vergabekammer auf die erhebliche Autonomie bei der Bestimmung des Wesens, des Umfangs und der Modalitäten der Beiträge, die weitgehend durch Entscheidungen der Vollversammlung nach dem IHKG ausgefüllt sei. Auch eine überwiegende staatliche Aufsicht könne nicht festgestellt werden, zumal eine bloße nachträgliche Kontrolle durch Rechtsaufsicht nicht ausreiche.

250   Auch bei anderen Wirtschaftsverbänden und Interessenvertretungen existieren staatlich geregelte Zwangsabgaben. Hier ist im Einzelfall festzustellen, ob die Voraussetzungen des § 99 Nr. 2 GWB gegeben sind. Das gilt etwa für die **Filmförderungsanstalt** und den **Deutschen Weinfonds**, die sich ebenfalls durch Zwangsabgaben finanzieren.[441]

12. Kommunale Versorgungsunternehmen/Stadtwerke

251   In der Anlage 1 zur BKR sind die **kommunalen Versorgungsunternehmen** ausdrücklich erwähnt. Sie erfüllen unzweifelhaft Aufgaben im Allgemeininteresse und sind nicht in einem entwickelten Wettbewerb tätig sowie zumeist öffentlich-rechtlich beherrscht.[442] Bei ihrer Qualifizierung als öffentlicher Auftraggeber muss allerdings genau zwischen der Auftraggebereigenschaft nach § 99 Nr. 2 GWB und derjenigen als private Sektorenauftraggeber differenziert werden.

---

435   Hausmann/Queisner VergabeR 2014, 1, 11; anders noch VK Baden-Württemberg Beschl. v. 17.12.2009, Az 1 VK 61/09.
436   3. VK Mecklenburg-Vorpommern, Beschl. v. 08.05.2007, Az 3 VK 04/07.
437   VK Baden-Württemberg Beschl. v. 28.12.2009, Az 1 VK 61/09, IDR 2010, 161.
438   VK Rheinland-Pfalz Beschl. v. 01.02.2005 VK 01/05; so auch Dreher in: Immenga/Mestmäcker 5. Auflage 2014 § 98 Rn. 118; aA Wagner/Raddatz NZBau 2010, 731, 732.
439   VK Südbayern Beschl. v. 07.03.2014 Z 3-3-3194-1-02-01/14, VPR 2014, 121.
440   VK Sachsen Beschl. v. 12.11.2015 I SVK 033-15.
441   Vgl. dazu Wagner/Raddatz NZBau 2010, 731, 734.
442   Vgl. auch Stellungnahme des Ausschusses der Regionen zum Grünbuch der Kommission, Ziff. 2.4.

Eschenbruch

§ 99 Nr. 2 GWB unterfallen im Wesentlichen **Entsorgungs- und Reinigungsunternehmen der** 252
öffentlichen Hand.[443] Diese werden typischerweise im Allgemeininteresse tätig. Zumeist ist auch
kein entwickelter Wettbewerb vorhanden, da die Unternehmen ihre Tätigkeit aufgrund besonderer ihnen übertragener Recht ausüben und die Kunden durch Anschluss- und Benutzungszwang
gebunden sind. Ob und inwieweit die öffentliche Hand die Unternehmen beherrscht, ist dabei im
Einzelnen festzustellen.

In der Rechtssache »*Aigner*« hat der EuGH die **Fernwärme Wien GmbH** als öffentliche Auftrag- 253
geberin qualifiziert. Die Beheizung eines städtischen Ballungsgebietes mittels eines umweltfreundlichen Verfahrens zu sichern, sei ein Ziel, das im Allgemeininteresse liege. In dem maßgeblichen
Marktsektor übe die Gesellschaft auch eine Art Monopol aus und sei dementsprechend nichtgewerblich tätig.[444]

Der EuGH hat sich in der Entscheidung »*Universale-Bau AG*« mit einer kommunalen **Versorgungs-** 254
gesellschaft befasst.[445] In dieser Entscheidung hielt es der EuGH insbesondere für unerheblich,
dass der ursprüngliche Gründungszweck der Gesellschaft nicht auf Allgemeininteressen ausgerichtet war. Das OLG Dresden hat schließlich einer aus den früheren **Stadtwerken** einer Gebietskörperschaft ausgegliederten Gesellschaft den Status nach § 99 Nr. 2 GWB zugewiesen. Die mittelbare
Beherrschung durch eine Gebietskörperschaft reichte insoweit aus.[446]

Soweit kommunale Versorgungsunternehmen als **Regiebetriebe von Gebietskörperschaften** auftre- 255
ten, ist die öffentliche Auftraggebereigenschaft schon nach § 99 Nr. 1 GWB zu bejahen. In privater
Rechtsform können sie nach § 99 Nr. 2 GWB als öffentliche Auftraggeber qualifiziert werden,
sofern die maßgeblichen Tatbestandsvoraussetzungen der Norm vorliegen. Speziell bei Tochterunternehmen von Stadtwerkegesellschaften muss im Einzelfall geprüft werden, ob bereits eine materielle Privatisierung in dem Sinne stattgefunden hat, dass entweder die Unternehmensausrichtung auf
das Allgemeininteresse fehlt, bzw. aufgrund zunehmenden Wettbewerbsdrucks eine Gewerblichkeit
anzunehmen ist oder es aber an einer Beherrschung durch eine Gebietskörperschaft fehlt (zur notwendigen Feststellung der Qualifizierungskriterien bei Tochtergesellschaften vgl. Rdn. 132).

13. Messegesellschaften/Großmärkte/Wirtschaftsförderungsgesellschaften

Nur einzelfallbezogen kann festgestellt werden, ob private Messegesellschaften bzw. Messebaugesell- 256
schaften, sofern sie sich im Besitz der öffentlichen Hand (Land/Stadt/IHK) befinden, als öffentliche
Auftraggeber nach § 99 Nr. 2 GWB zu qualifizieren sind. Zwar gehört das Markt- und Messeab-
halten seit altersher zu öffentlichen Aufgaben. Auch ist in der Regel die Tätigkeit entsprechender
Gesellschaften am Allgemeinwohl orientiert. Hinzu kommt, dass die Messegesellschaften oftmals
ohne öffentliche Zuschüsse gar nicht betrieben werden können.[447] Im weitesten Sinne kann die
Veranstaltung der Messen auch als Wirtschaftsförderung i.S.d. Anh. I zur BKR gewertet werden.[448]

Gleichwohl ist die Qualifizierung der Messegesellschaften als öffentliche Auftraggeber im Sinne 257
des § 99 Nr. 2 GWB nicht ohne Weiteres anzunehmen. Denn die Feststellung des Merkmals der
Nichtgewerblichkeit ist regelmäßig fraglich. Der EuGH hat in der Entscheidung »*Ente Fiera*« eine

---

443 Bechtold § 98 Rn. 37.

444 EuGH »Aigner« EuzW 2008, 342, 345 = VergabeR 2008, 632, 637.

445 Vgl. EuGH »Universale-Bau AG« VergabeR 2003, 141 f. = NZBau 2003, 162.

446 OLG Dresden NZBau 2004, 404 = ZfBR 2004, 598.

447 VK Düsseldorf »Messe Düsseldorf« Beschl. v. 21.03.2013 VK 33/2012-L, NZBau 2013, 534; Marx/Prieß
in: Jestaedt S. 38, 39 formulieren: »Dass die Abhaltung von Märkten und Messen zu den öffentlichen
Aufgaben gehört und im Regelfall nur durch den Einsatz erheblicher öffentlicher Mittel finanziert werden
kann, dürfte kaum noch zu bestreiten sein. Die potenzielle Erwirtschaftung von Überschüssen dient regelmäßig nur der Wahrnehmung des Schuldendienstes für die Darlehen der Gesellschafter.«; zustimmend
auch Korbion § 98 Rn. 27; Thieme/Correll DVBl. 1999, 884, 889.

448 Zutreffend Seidel Festschrift für Heiermann S. 293, 301, 302; so auch Heiermann/Ax Rn. 43; Bechtold
§ 98 Rn. 22.

Leitentscheidung im Fall der **Mailänder Messe** getroffen.[449] In dieser Entscheidung hat der EuGH in dem Erwägungsgrund Nr. 33 ausdrücklich hervorgehoben, dass die Tätigkeiten der Ausrichtung von Messeveranstaltungen, Ausstellungen und sonstigen vergleichbaren Vorhaben im Allgemeininteresse liegen. Allerdings hat der EuGH gleichwohl die öffentliche Auftraggeberschaft verneint, weil die Messegesellschaft, auch wenn sie keine Gewinnerzielungsabsicht verfolge, doch in einem entwickelten Wettbewerb tätig und insbesondere kein Mechanismus zum Ausgleich etwaiger finanzieller Verluste vorgesehen sei. Die Messegesellschaft trage damit selbst das wirtschaftliche Risiko ihrer Tätigkeit.

258   Für die **Messe Düsseldorf** hat die VK Düsseldorf das Merkmal der Nichtgewerblichkeit verneint. Die Messe Düsseldorf sei dem Wettbewerb unterworfen. Denn es komme nicht entscheidend darauf an, ob in räumlicher Nähe ein weiterer Messeplatz vorhanden sei oder ob es an anderen Messestandorten fast gleichartig ausgerichtete Messen gebe. Es sei vielmehr zu berücksichtigen, dass die Teilnahme an Messen für Unternehmen ein Marketinginstrument sei, welches im Hinblick auf die dadurch entstehenden Kosten und die Ansprache der Zielgruppe in Konkurrenz zu anderen Marketinginstrumenten attraktiv sein müsste. Verschiedene Leitmessen verdeutlichen, dass Messestandorte zudem auch untereinander in Wettbewerb stünden. Eine Art Monopol auf bestimmte Themen/Marktbereiche könne es nur faktisch geben, solange eine Messeveranstaltung so erfolgreich sei, dass kein Konkurrenzstandort aufkommen kann. Zudem sei die Messe Düsseldorf auch einem unternehmerischen Bestandsrisiko unterworfen. Die öffentlich-rechtlichen Gesellschafter hätten sich nicht zu einer Bestandsgarantie verpflichtet oder Insolvenz verhindernde Mechanismen wie Verlustausgleichsregelungen durch städtische Garantieverpflichtungen oder Bürgschaften vereinbart. Allein ein bestehendes öffentliches Interesse, eine Insolvenz zu vermeiden, könne nicht entscheidend sein.[450]

259   In Bezug auf die **Hamburg-Messe** hat das OLG Hamburg – unter Berücksichtigung der Kategorien aus der Entscheidung »*Ente Fiera*« des EuGH – die öffentliche Auftraggeberschaft bejaht. Auch wenn das Umfeld der Hamburg-Messe ebenso wettbewerblich geprägt sein dürfte wie dies nach den Feststellungen des EuGH bei der internationalen Messe Mailand der Fall gewesen sei, könne die Gewerblichkeit fehlen. Denn bei der Hamburg-Messe sei ein Verlustausgleich über einen bestehenden Gewinnabführungs- und -beherrschungsvertrag vorgesehen gewesen.[451] Auch in einer weiteren Entscheidung hat das OLG Hamburg die Messegesellschaft Hamburg als öffentlichen Auftraggeber angesehen. Die Beherrschung ergebe sich aufgrund des abgeschlossenen Beherrschungsvertrages. Der Beherrschungsvertrag schließe auch die Annahme einer gewerblichen Tätigkeit aus.[452]

260   Das Kammergericht hat schließlich die **Messe Berlin GmbH** als öffentlichen Auftraggeber qualifiziert. Es hat ausgeführt, dass das Land Berlin 99,7 % der Geschäftsanteile des Unternehmens und die Messegesellschaft in vielfältiger Hinsicht durch Gewinn- und Verlustverrechnung, Kostenerstattungen und Gewährung von weiteren Beiträgen auf der Basis einer Grundlagenvereinbarung (auch Zurverfügungstellung von Grundstücken) unterstütze, sodass faktisch kein echtes Insolvenzrisiko bestehe. Es sei deshalb eine Tätigkeit im Allgemeininteresse nichtgewerblicher Art anzunehmen.[453]

261   Die Vergabekammer **Baden-Württemberg** hat entschieden, dass die dort behandelte **Messebesitzgesellschaft** als öffentlicher Auftraggeber nach § 99 Nr. 2 GWB anzusehen sei. Ein entwickelter Wettbewerb im Konkurrenzverhältnis zu anderen Messegesellschaften könne nicht festgestellt werden.[454]

---

449   Vgl. EuGH »Ente Fiera« NZBau 2001, 403 f. = VergabeR 2001, 281.
450   VK Düsseldorf »Messe Düsseldorf« Beschl. v. 21.03.2013 VK 33/2012-L.
451   Vgl. OLG Hamburg NZBau 2004, 519.
452   OLG Hamburg VergabeR 2007, 258 mit Anm. Vagt = IBR 2007, 324.
453   KG »Messe Berlin GmbH« NZBau 2006, 725 f. = VergabeR 2006, 904 f. = IBR 2007, 87.
454   Vgl. dazu VK Baden-Württemberg 12.02.2002 1 VK 48/01.

Die Vergabekammer Bremen hat den **Großmarkt** in Bremen als öffentlichen Auftraggeber iSv § 99   262
Nr. 2 GWB qualifiziert. In Abgrenzung zur Entscheidung »*Ente Fiera*« des EuGH hat die Vergabekammer Bremen ausgeführt, dass bei Messen Entfernungen nicht die gleiche Rolle spielten wie für
Firmen des Großmarktes. Ein Großmarkt bediene im Wesentlichen einen lokalen Markt. Für diesen lokalen Markt sei zu prüfen, ob ein entwickelter Wettbewerb bestehe. Für Bremen konnte die
Vergabekammer feststellen, dass der Großmarkt nicht in einem wettbewerblich geprägten Umfeld
tätig sei.[455]

Auch **Wirtschaftsförderungsgesellschaften**, welche die öffentliche Hand beherrscht, sind regelmä-   263
ßig Einrichtungen, die im Allgemeininteresse liegende Aufgaben wahrnehmen. In Anknüpfung an
die Entscheidung des EuGH »*Ente Fiera*«[456] hat der EuGH in seiner Entscheidung »*Korhonen*«[457]
festgestellt, dass die Wirtschaftsförderung aufgrund ihrer Impulswirkung für den Handel und die
wirtschaftliche und soziale Entwicklung der betreffenden Gebietskörperschaft im Allgemeininteresse liege. Er hob dabei auf die Zielrichtung der Ansiedlung von Unternehmen auf dem Gebiet
einer Gebietskörperschaft und die positiven Auswirkungen im Hinblick auf die Schaffung von
Arbeitsplätzen, die Erhöhung von Steuereinnahmen und die Steigerung von Angebot und Nachfrage
bei Waren und Dienstleistungen ab. Auch für Wirtschaftsförderungsgesellschaften muss allerdings
im Einzelfall festgestellt werden, ob eine Aufgabe nichtgewerblicher Art wahrgenommen wird. In
Bezug auf das Merkmal der Gewerblichkeit führte der EuGH aus, dass dann, wenn die Einrichtung
unter normalen Marktbedingungen tätig sei, sie Gewinnerzielungsabsicht habe und die mit ihrer
Tätigkeit verbundenen Verluste selbst trage, die Ausübung gewerblicher Tätigkeit wahrscheinlich
sei. Eine abschließende Bewertung musste der EuGH in seiner Entscheidung nicht vornehmen.

Die Bundesrepublik Deutschland hat durch die ausdrückliche Aufnahme der Wirtschaftsförderung   264
in den Katalog des Anhangs III zur früheren Vergabekoordinierungsrichtlinie deutlich gemacht,
dass sie derartige Tätigkeiten als im Allgemeininteresse liegend annimmt. **Landesentwicklungs-
gesellschaften** sind regelmäßig öffentliche Auftraggeber.[458] Die Vergabekammer Stuttgart[459] hat
ein Wirtschaftsförderungsunternehmen, welches die Entwicklung und den Betrieb eines **Tech-
nologieparks** zum Geschäftsgegenstand hatte und Tochtergesellschaft einer öffentlich-rechtlichen
Förderbank gewesen ist, als öffentlichen Auftraggeber qualifiziert. Das OLG Koblenz ist davon
ausgegangen, dass eine **Wirtschaftsförderungs- und Strukturentwicklungsgesellschaft** eines Land-
kreises als öffentliche Auftraggeberin zu qualifizieren sei.[460] Das OLG Jena hat die **Gesellschaft
für Arbeits- und Wirtschaftsförderung** des Freistaates Thüringen mbH (GFAW) als öffentlichen
Auftraggeber behandelt.[461] Nach Auffassung des OLG Naumburg ist eine von einer Kommune zur
regionalen Wirtschaftsförderung im Bereich Medien und Technologie gegründete **Wirtschaftsförderungsgesellschaft** öffentlicher Auftraggeber.[462] In ähnlicher Form hatte bereits der VÜA Bayern[463] festgestellt, dass privatrechtlich organisierte Wirtschaftsförderungsgesellschaften des Staates
oder Kommunen regelmäßig öffentliche Auftraggeber seien. Die *VK Brandenburg* hat eine Wirtschaftsförderungsgesellschaft, die mit Zuwendungsmitteln aus der Gemeinschaft Aufgaben zur
Verbesserung regionaler Wirtschaftsstruktur touristische Basiseinrichtungen entwickeln sollte, als
öffentlichen Auftraggeber angesehen.[464]

455 VK Bremen NZBau 2002, 406, 407.
456 EuGH NZBau 2001, 403 = VergabeR 2001, 281.
457 EuGH NZBau 2003, 396, 399 = VergabeR 2003, 420, 423 f.
458 Vgl. dazu auch Bornheim/Fitterer VergabeR 2006, 37 f.
459 VK Stuttgart NZBau 2002, 173.
460 OLG Koblenz NZBau 2000, 445.
461 OLG Jena NZBau 2001, 281, 282.
462 OLG Naumburg »Multimediazentrum II« VergabeR 2007, 512 f.
463 VÜA Bayern Beschl. v. 16.11.1999 VÜA 5/99 IBR 2000, 207.
464 VK Brandenburg Beschl. v. 28.03.2008, Az VK 6/08.

265 Eine durch öffentliche Auftraggeber beherrschte **Freizeit- und Dienstleistungs GmbH & Co. KG**, die unter anderem eine **Stadthalle** betreibt, ist öffentlicher Auftraggeber.[465]

266 Das Oberlandesgericht Naumburg hat schließlich eine Beteiligungsgesellschaft privaten Rechts zur Errichtung eines **Zentrums für Forschungseinrichtungen** und Unternehmungen im Bereich Multimedia, die von Gebietskörperschaften beherrscht wird, als öffentlichen Auftraggeber eingeordnet.[466]

14. Kommunale Wohnungsbaugesellschaften/Sanierungsgesellschaften

267 Eine erhebliche Nachfrage nach Bau- und sonstigen Leistungen geht von kommunalen Wohnungsbauunternehmen aus, die etwa Ende 2002, mehr als rund 9 Mio. Wohnungen in der Bundesrepublik Deutschland verwalteten. Zum vorgenannten Zeitpunkt existierten in Deutschland 740 kommunale Wohnungsbauunternehmen und 47 öffentliche Wohnungsbaugesellschaften des Bundes und der Länder.[467] Kommunale Wohnungsbaugesellschaften sind zumeist als öffentliche Auftraggeber nach § 99 Nr. 2 GWB zu qualifizieren.[468] Ihre Satzungen und rechtlichen Rahmenbedingungen sind in der Regel auf die Deckung des **Wohnbedarfs schwächerer Bevölkerungsschichten** ausgerichtet, sodass das Merkmal des Allgemeininteresses regelmäßig zu bejahen ist.[469] Auch ist zumeist die öffentlich-rechtliche Beherrschung gegeben. Etwas anderes kann sich bei Wohnungsbaugesellschaften der Kirchen ergeben.[470] Problematisch ist allenfalls das Kriterium der Gewerblichkeit. Hier muss **im Einzelfall festgestellt** werden, dass sie **keinem entwickelten Wettbewerb** unterliegen, sondern noch eine Sonderbindung zur öffentlichen Hand aufweisen, etwa indem sie in Programme der Wohnraumförderung etc. einbezogen sind. Die Bundesrepublik Deutschland hatte kommunale Wohnungsbaugesellschaften als öffentliche Auftraggeber angesehen und im Anhang III zur früheren Vergabekoordinierungsrichtlinie ausdrücklich erwähnt.

268 Eine materielle Privatisierung mit der Folge des Ausscheidens der kommunalen Wohnungsbaugesellschaften aus dem Kreis der öffentlichen Auftraggeber ist dann möglich, wenn diese ihre Tätigkeit frei unter Marktgesichtspunkten entfalten (können) und nicht durch Unterstützung der öffentlichen Hand eine Sonderstellung geschaffen wird.[471]

269 Die Gerichte haben sich bereits mehrfach mit öffentlichen Wohnungsbauunternehmen beschäftigt:
– EuGH »OPAC«:[472] Der EuGH hatte sich mit einer **französischen Sozialwohnungsaktiengesellschaft** zu befassen. Der EuGH bejahte im Allgemeininteresse liegende Aufgaben nichtgewerblicher Art. Er prüfte, ob die staatliche Beherrschung im konkreten Fall gegeben war und kam zu dem Ergebnis, dass die Überwachung der Führung der Geschäfte nach allgemeinen gesellschaftsrechtlichen Grundsätzen alleine nicht ausreiche, um den vergaberechtlichen Beherrschungsbegriff zu bejahen.

---

465 VK Thüringen Beschl. v. 14.08.2008, Az 250–4002.20–1923/2008–014-GRZ.
466 Vgl. OLG Naumburg »Multimediazentrum« VergabeR 2003, 360.
467 Vgl. im Einzelnen Müller-Wrede/Greb VergabeR 2004, 565.
468 Zutreffend Seidel Festschrift für Heiermann S. 293, 301; Heiermann/Ax Rn. 42; Bechtold § 98 Rn. 33; Heise formuliert in LKV 1999, 210, 212: »Hinsichtlich Letzterer handelt es sich nach der neueren Rechtsprechung des EuGH nur dann um ›öffentliche Auftraggeber‹, wenn sie sich im überwiegenden Besitz der öffentlichen Hand befinden und aufgrund ihrer Satzung im Kernbereich staatlichen Wirkens, also insbesondere im Bereich des sozialen Wohnungsbaus tätig werden.«; so auch Thieme/Correll DVBl. 1999, 884, 889; Bechtold § 98 Rn. 21; Korbion § 98 Rn. 26: »Soweit sich Wohnungsbaugesellschaften im Rahmen des sozialen Wohnungsbaus betätigen und die betreffenden Bauvorhaben überwiegend von den in § 98 Nr. 1, 3 GWB Genannten finanziert werden, gelten sie nach § 98 Nr. 2 GWB als öffentliche Auftraggeber.«.
469 Dazu vgl. Wirner S. 193.
470 Wirner S. 213 f.
471 Vgl. Heise LKV 1999, 210, 212.
472 EuGH »OPAC« WuW/E 479, 407 f. = NZBau 2001, 215 f. = VergabeR 2001, 118 f.

- Kammergericht, Beschl. v. 06.02.2003:[473] Die Entscheidung betraf eine **Wohnungsbaugesellschaft in Berlin** in der Rechtsform der Aktiengesellschaft. Das Land Berlin hat 100 % des gesamten Kapitals gehalten. Die Nichtgewerblichkeit begründete das Kammergericht mit der Eingebundenheit in die vom Land Berlin gesteuerte Wohnraumförderung sowie der Ausgestaltung der Satzung.
- Kammergericht, Beschl. v. 11.11.2004:[474] Auch diese Entscheidung betraf ein **kommunales Wohnungsbauunternehmen** des Landes Berlin. Das Kammergericht stellte hinsichtlich der Gewerblichkeit wiederum darauf ab, dass das Land Berlin die Wohnungsunternehmen gerade nicht vollständig den Mechanismen des Marktes überlassen habe. Auch sei damit zu rechnen, dass das Land Berlin eine Insolvenz eines seiner Wohnungsbauunternehmen abwenden werde.
- Oberlandesgericht Schleswig, Beschl. v. 15.02.2005:[475] Das OLG Schleswig bejahte ebenfalls die Auftraggebereigenschaft i.S.d. § 99 Nr. 2 GWB für ein **kommunales Wohnungsunternehmen**. Es verneinte die Tätigkeit des Wohnungsunternehmens in einem entwickelten Wettbewerb aufgrund des Aufgabenzuschnittes im Bereich der städtischen Wohnungsbau- und Siedlungspolitik.
- Die Vergabekammer Schleswig-Holstein hat mit Beschl. v. 03.11.2004[476] ebenfalls eine **soziale Wohnungsbaugesellschaft** als öffentliche Auftraggeberin qualifiziert. Das Wohnungsbauunternehmen war von einer Stadt als Gebietskörperschaft geführt und finanziert worden. Die Stadt nahm dabei die Aufgabenstellung nach § 4 WoFG wahr. Im Hinblick auf die eindeutige satzungsmäßige Bindung der Wohnungsbaugesellschaft auf Zwecke der sozialen Wohnungsvorsorge sah die Vergabekammer den wachsenden wettbewerblichen Druck auch auf den Wohnungs- und Grundstücksmarkt als nicht erheblich genug an.
- Das OLG Brandenburg hat eine 100 % im städtischen Eigenbesitz stehende **Wohnungsbaugesellschaft** als öffentlichen Auftraggeber behandelt.[477]
- Das OLG Karlsruhe hatte die vergaberechtliche Stellung eines **kommunalen Wohnungsbauunternehmens** zu beurteilen, das im Jahr 1926 mit dem Ziel gegründet wurde, dem sozialen Wohnungsmangel abzuhelfen. Das Unternehmen war in privatrechtlicher Form organisiert. Die Anteile lagen allerdings bei einer Kommune, die auch die Aufsicht ausübte. Nach Auffassung des OLG Karlsruhe hatte sich der Gesellschaftszweck verändert. Die Gesellschaft sei heute wie eine private Wohnungsbaugesellschaft/Bauträger gewerblich tätig.[478]
- Die Vergabekammer des Landes Brandenburg hat im Fall eines 100 % im öffentlichen Anteilsbesitz stehenden **Wohnungsunternehmens** die Frage offen gelassen, ob das Unternehmen öffentlicher Auftraggeber sei, zumal das Unternehmen unter Marktbedingungen tätig werde und dementsprechend das Merkmal der Nichtgewerblichkeit im Einzelfall nachgewiesen werden müsse.[479]
- Die VK Niedersachsen hat eine **gemeinnützige Siedlungsgesellschaft** in der Rechtsform einer Gesellschaft mit beschränkter Haftung als öffentlicher Auftraggeber nach § 99 Nr. 2 GWB angesehen. Die Vergabekammer bejaht wie bei kommunalen Wohnungsbau- und Sanierungsgesellschaften das Merkmal des Allgemeininteresses unter Hinweis auf die Satzung des Unternehmens. Die Gewerblichkeit ergebe sich insbesondere aus der gesellschaftsvertraglich verankerten Ausgleichsverpflichtung der Gesellschafter.[480]
- Die VK Brandenburg verneint die Qualifikation eines **kommunalen Wohnungsunternehmens** in privatrechtlicher Form als öffentlicher Auftraggeber. Es könne nicht starr auf den

---

473 NZBau 2003, 346 = VergabeR 2003, 355 = IBR 2003, 560.
474 KG VergabeR 2005, 236, 237 = ZfBR 2005, 302 mit Anm. von Hausmann/Bultmann ZfBR 2005, 309.
475 KG ZfBR 2005, 313.
476 VK-SH 28/04.
477 OLG Brandenburg NZBau 2001, 645, 647.
478 OLG Karlsruhe »Immobilienversicherung« VergabeR 2009, 108 = IBR 2008, 670.
479 VK des Landes Brandenburg Beschl. v. 03.04.2009, Az VK 8/09.
480 VK Niedersachsen Beschl. v. 25.02.2010, Az VgK-82/2009.

Satzungszweck abgestellt werden. Vielmehr müsse das tatsächliche Auftreten des Unternehmens am Markt Berücksichtigung finden.[481]

270 Ein Sonderproblem stellt die im Zusammenhang mit § 99 GWB noch zu erörternde Frage dar, ob **Betriebskostenverträge** von kommunalen Wohnungsbaugesellschaften als öffentliche Aufträge qualifiziert werden können.[482]

271 Auch ein **Träger der Altlastensanierung** – entschieden für die hessische Altlastensanierungsträgerverordnung – ist als öffentlicher Auftraggeber i.S.d. § 99 Nr. 2 GWB zu qualifizieren, da er spezielle Aufgaben wahrnimmt, die eine öffentliche Zweckbindung ausweisen.[483] Die Vergabekammer des Landes Brandenburg hat mit Beschl. v. 12.05.2004[484] einen in der Rechtsform einer GmbH organisierten **Sanierungs- und Entwicklungsträger** als öffentlichen Auftraggeber nach § 99 Nr. 2 GWB qualifiziert. Die Vergabekammer stellte entscheidend darauf ab, dass eine Gebietskörperschaft mehr als 50 % des Stammkapitals hält und die Sanierungs- und Entwicklungsträgergesellschaft sich überwiegend durch Städtebauförderungsmittel finanziert. Die Vergabekammer Düsseldorf hat eine Gesellschaft, die sich mit der **marktreifen Neuerschließung von Gewerbestandorten** (hier ein Stahlwerk) befasste, als Auftraggeber nach § 99 Nr. 2 GWB angesehen. Die Vermeidung sogenannter Industrieruinen sei eine im öffentlichen Interesse liegende Aufgabe, die hier nichtgewerblich umgesetzt werde.[485]

272 Soweit öffentliche Auftraggeber Liegenschaften auf private Rechtsträger (Tochtergesellschaften) übertragen, damit diese sie bestmöglich vermarkten und dabei ggf. unter Marktbedingungen zu Immobilienprojekten entwickeln, sind die Verwertungs- und/oder Entwicklungsgesellschaften regelmäßig (aufgrund der gewerblichen Vorgehensweise) nicht dem Vergaberecht unterworfen.

15. Sonstige immobilienbezogene Aktivitäten gemischtwirtschaftlicher Unternehmen

273 In der Entscheidung »*Varkaus*« hat der EuGH entschieden, dass auch eine **Projektgesellschaft**, derer sich eine Gebietskörperschaft bedient, um Bauvorhaben zu realisieren, ungeachtet ihrer Rechtsform als öffentlicher Auftraggeber qualifiziert werden kann. Wirtschaftsfördernde Gesichtspunkte reichten aus, um das Allgemeininteresse zu begründen. Die Nichtgewerblichkeit wurde bejaht, weil Gebietskörperschaften über die Rekapitalisierung entsprechender Gesellschaften entscheiden würden. Der Umstand, dass die Gesellschaft die errichteten Gebäude nur an ein einziges Unternehmen vermieten wolle, stehe der Einstufung als Einrichtung des öffentlichen Rechts nicht entgegen.[486]

274 Eine private GmbH, die sich mit der **Vermietung und Verpachtung von Immobilien** befasst, wird nicht dadurch zum öffentlichen Auftraggeber, dass ihr ein Landkreis auf der Basis eines vormaligen Freistellungsbescheides Aufgaben zur Durchführung der Gefahrenabwehrmaßnahmen auf einem Grundstück gegen Kostenerstattung durch das Land überträgt.[487]

275 Das OLG Stuttgart hat eine städtische Tochtergesellschaft, die einen zuvor ausgegliederten Bereich »**Parkplatzbewirtschaftung**« einer Stadt übernommen hatte, als öffentlichen Auftraggeber qualifiziert. Die Verfolgung von Allgemeininteressen liege bei der Behebung öffentlicher Parkplatznot auf der Hand. Ein entwickelter Wettbewerb lasse sich konkret nicht feststellen. Dementsprechend sei § 99 Nr. 2 GWB zu bejahen.[488]

481 VK Brandenburg Beschl. v. 03.04.2009, Az VK 8/09, IBR 2009, 406.
482 Vgl. Rindtorff/Gabriel VergabeR 2004, 16 f.; vgl. auch § 99 Rn. 207.
483 VÜA Hessen 03.06.1998 1 VÜA 1/98 VergR 4/98, 48; dazu auch Noch Rn. 169.
484 VK Brandenburg 12.05.2004 VK 8/04.
485 VK Düsseldorf 31.03.2000 VK-5/2000-B.
486 Vgl. EuGH »Varkaus« VergabeR 2003, 420, 422 f. = NZBau 2003, 396, 397.
487 VK Brandenburg Beschl. v. 07.12.2010, Az VK 60/10, IBR 2011, 289.
488 Vgl. OLG Stuttgart Beschl. v. 09.08.2001 2 Verg. 3/01»Parkplatzgesellschaft«.

Öffentliche Planungsgesellschaften, die infolge formeller Privatisierung öffentlicher Planungsäm-   276
ter entstanden sind, unterliegen grds. auch dem Vergaberecht. Etwas anderes gilt nur dann, wenn
sich die neu gebildeten Einheiten unter allein marktwirtschaftlichen Gesichtspunkten wie private
Planungsunternehmen in einem entwickelten Wettbewerb bewegen (zu Projektentwicklungsgesell-
schaften vgl. auch Rn. 242).[489]

16. Weitere aus der Verwaltungsprivatisierung hervorgegangene private Unternehmen

Die verschiedenen Formen der Verwaltungsprivatisierung entziehen sich einer einheitlichen ver-   277
gaberechtlichen Beurteilung. Es ist jeweils im Einzelfall festzustellen, ob der öffentliche Auftraggeberbegriff noch erfüllt ist. Eine gewisse Typenbildung lässt sich anhand der im Verwaltungsrecht
entwickelten Privatisierungsformen herausarbeiten. Dabei wird typischerweise zwischen der reinen **Organisationsprivatisierung**, der **unechten Aufgabenprivatisierung** und der **echten Aufgabenprivatisierung** unterschieden.[490] Bei der reinen Organisationsprivatisierung wählt der Staat für
bestimmte (hoheitliche) Aufgaben eine private Organisationsform (i.d.R. eine juristische Person
privaten Rechts, so zum Beispiel eine Stadtwerke AG). Bei dieser Form der Privatisierung verbleibt
der Staat oder seine Untergliederung zu 100 % Inhaber der Geschäftsanteile der neu gegründeten Gesellschaft. Auch der Aufgabenbereich und somit die Ausrichtung auf Allgemeininteressen
bleibt unverändert. Bei einer derartigen Fallgestaltung bleibt das Vergaberegime unverändert. Die
bloße Organisationsprivatisierung reicht nicht aus, um die Vergabezwänge abzustreifen. Auch die
Gründung einer Eigengesellschaft als solche ist keine Rechtshandlung, durch die Aufträge erteilt
werden. Sie ist, wie sonstige Umstrukturierungen gesellschaftsrechtlicher Art, kein vergaberechtlich
relevanter Tatbestand.[491] Ein kommunales Verkehrsunternehmen, das zu dem besonderen Zweck
gegründet worden ist, um mit dem öffentlichen Personennahverkehr eine im Allgemeininteresse
liegende Aufgabe zu erfüllen, ist nach wie vor nicht in einem entwickelten Wettbewerb tätig, sodass
das Kartellvergaberegime anwendbar bleibt.[492]

Bei der echten und der unechten Aufgabenprivatisierung findet nicht nur eine rechtliche Verselbst-   278
ständigung der Aufgabenwahrnehmung statt, der Staat gibt hier auch seine Entscheidungsmacht
und die Lenkung der Geschäftspolitik auf Allgemeininteressen teilweise oder ganz auf. Bei der
echten Aufgabenprivatisierung wird die so gebildete Verwaltungseinheit gänzlich in die Privatwirtschaft entlassen. Der klassische Fall ist die vollständige Veräußerung eines vormals öffentlichen
Unternehmens.[493] Die echte Aufgabenprivatisierung führt in aller Regel zu einem Herausfallen des
Auftraggebers aus den Vergabezwängen.[494] Etwas anderes gilt allerdings für Unternehmen, die in
den Sektorenbereichen tätig sind.

Bei der **unechten Aufgabenprivatisierung** bleibt dagegen der staatliche Einfluss – wenn auch mit   279
ggf. gewichtigen Einschränkungen – erhalten. Hier kommt es im Einzelfall darauf an, ob die vergaberechtlichen Voraussetzungen – also die kumulativ erforderlichen Kriterien – der Wahrnehmung
von Allgemeininteressen und Nichtgewerblichkeit einerseits sowie Beeinflussungsmöglichkeit über
gesellschaftsrechtliche Beherrschung oder Finanzierung andererseits noch gegeben sind. Fallgestaltungen der Verwaltungsprivatisierung in der Form der unechten Aufgabenprivatisierung sind die
Problemfälle der Praxis.

---

489 Vgl. zu alledem Müller-Wrede VergabeR 5/1997, 29 ff.
490 Dazu umfassend Noch DÖV 1998, 623, 625 ff.
491 Kulartz »Eildienst« NRW 1999, 159.
492 VK Düsseldorf Beschl. v. 02.03.2007, Az VK-05/2007-L.
493 Noch DÖV 1998, 623, 626.
494 Vgl. auch Möschel WuW 1997, 120, 124.

17. Flughäfen

280 Flughafenbetreiber sind grds. Sektorenauftraggeber. Lediglich bei Durchführung von sektorenfremden Tätigkeiten kann eine Qualifizierung nach § 99 Nr. 2 GWB in Betracht kommen. Die Gewährleistung einer Versorgung der Bevölkerung mit Flughafenbetriebsleistungen liegt dabei im Allgemeininteresse.[495] Probleme bereitet üblicherweise das Merkmal der Gewerblichkeit bzw. Nichtgewerblichkeit. Entscheidend ist, ob die Flughafenbetreibergesellschaft in einem entwickelten Wettbewerb tätig ist und nach marktwirtschaftlichen Grundsätzen agiert. Dies kann ungeachtet der aus den Genehmigungserfordernissen resultierenden Quasi-Monopolstellung im sektoralen Umfeld der Fall sein, wenn eine Konkurrenzsituation zu anderen Flughäfen besteht und der Wettbewerb nicht durch
– Subventionen oder
– Garantieverpflichtungen
der öffentlichen Hand verzerrt wird.[496]

D. Verbände nach § 99 Nr. 3 GWB

281 Öffentliche Auftraggeber sind nach § 99 Nr. 3 GWB Verbände, deren Mitglieder unter Nr. 1 oder 2 fallen. Die Vorschrift entspricht dem früheren § 57a Abs. 1 Nr. 3 HGrG. In der Vergabekoordinierungsrichtlinie wird davon gesprochen, dass es sich um Verbände handelt »die aus einer oder mehreren dieser Körperschaften oder Einrichtungen des öffentlichen Rechts bestehen«.

282 In der Praxis hat es bislang keine wesentlichen Auslegungsprobleme in Bezug auf § 99 Nr. 3 GWB gegeben. Zwar kann ein Zweckverband auch bereits die Voraussetzungen des § 99 Nr. 1 GWB erfüllen, etwa wenn der Verband selbst eine Gebietskörperschaft ist (wie etwa die Landkreise). Auch kann § 99 Nr. 2 GWB erfüllt sein, sofern die Verbände eigene Rechtspersönlichkeit haben.[497] Letztlich kommt es auf die Abgrenzung für die Praxis nicht entscheidend an, weil für sämtliche drei Auftraggeberkategorien des § 99 Nr. 1 bis 3 GWB im Wesentlichen dieselben Vergabevorschriften gelten.[498] Auf die Art der internen Willensbildung des Zweckverbandes kommt es für die Anwendung des Vergaberechts ebenfalls nicht an. Nicht einmal für die Frage der Qualifizierung als Eigengeschäft (In-house) kann hierauf entscheidend abgestellt werden. Das OLG München hat in der Entscheidung »Digitalfunkgeräte« ausgeführt:

283 *Es ist insoweit einhellige Meinung, dass es auf eine genaue Abgrenzung zwischen § 98 Nr. 2 und Nr. 3 GWB nicht entscheidend ankommt, weil es bei allen Auftraggeberkategorien nicht zur Anwendung unterschiedlicher Vergabevorschriften kommt. § 98 Nr. 3 GWB kommt insoweit eine Auffangfunktion zu.*

§ 98 Nr. 3 GWB umfasst alle Kooperationen von öffentlichen Auftraggebern mit der gemeinsamen Zwecksetzung der Deckung eines Beschaffungsbedarfs. Hierbei kann es sich insbesondere auch um privatrechtliche Zusammenschlüsse handeln, etwa in der Form von Einkaufskooperationen oder um einen Zusammenschluss mehrerer Gebietskörperschaften im Rahmen einer Beschaffung.

Ein solcher Zusammenschluss liegt im konkreten Fall vor, da sich die in Ziff. 1 der Verdingungsunterlagen genannten Gebietskörperschaften gemäß der dortigen Formulierung mit dem Ziel zusammengetan haben, eine gemeinsame Beschaffung durchzuführen und sich hierfür des Verbandes als zentraler Vergabestelle zu bedienen.[499]

495 Dazu VK Brandenburg Beschl. v. 22.09.2008, VK 27/08.
496 So VK Brandenburg Beschl. v. 22.09.2008 VK 27/08, für die Flughafenbetreibergesellschaft FBS betreffend den Flughafen Schönefeld (Berlin).
497 Vgl. Dreher in: Immenga/Mestmäcker 5. Auflage 2014 § 98 Rn. 167.
498 Vgl. BayObLG NZBau 2002, 397, 399.
499 OLG München Beschluss v. 20.03.2014, Az Verg 17/13, »Digitalfunkgeräte«, VergabeR 2014, 700, 708.

Nach Auffassung des OLG München reicht die gemeinsame Zwecksetzung aus, um die Begrün- 284
dung des § 98 Nr. 3 GWB zu begründen. Anderenfalls wäre er auch zwecklos. Gleichzeitig weist
das OLG darauf hin, dass die Eigenschaft eines Verbandes als öffentlicher Auftraggeber nach § 98
Nr. 3 GWB nicht allein dadurch in Frage gestellt wird, dass dem Verband neben öffentlichen Auftraggebern auch andere Mitglieder angehören.

§ 99 Nr. 3 GWB umfasst **alle Kooperationen von öffentlichen Auftraggebern** nach § 99 Nr. 1 285
und Nr. 2 GWB mit gemeinsamer Zwecksetzung. Darunter fallen insbesondere kraft Gesetzes als
öffentlich-rechtliche Körperschaften ausgestaltete kommunale Zweckverbände.[500] Es kann sich aber
auch um rein privat-rechtliche Zusammenschlüsse[501] handeln, etwa in der Form von Arbeitsgemeinschaften, auch Einkaufskooperationen[502] und privat-rechtlichen Spitzenverbänden.[503]

Praxisbeispiele sind: 286
– Landschaftsverbände nach Art. 78 Abs. 1 LVNRW[504]
– Wasser- und Abwasserzweckverbände (z.B. Ager-Verbandsgesetz; Eifel-Ruhr-Verbandsgesetz;
  Emscher-Genossenschaftsgesetz; Gesetz über den Erftverband)[505]
– Abfallzweckverbände[506]
– Bezirksfeuerwehrverband[507]
– Entsorgungszweckverbände[508]
– Verkehrsverbunde,[509] VRR[510]
– Deichverbände[511]
– Verband von Krankenhausträgern[512]
– Planungsverbände[513]
– Wohlfahrtsverbände[514]
– Spitzenverbände öffentlich-rechtlicher Kammern[515]

---

500 Vgl. dazu Püttner Die öffentlichen Unternehmen S. 62; ergänzend kann etwa auf das Gesetz über den
    Kommunalverband Ruhrgebiet (KVRG) verwiesen werden, dazu auch OLG Düsseldorf »DAR« WuW/E
    Verg. 611, 616 (2002).
501 Vgl. Dürr in: Dreher/Motzke § 98 Rn. 116.
502 So hat das OLG Brandenburg WuW/E Verg. 231, 232 (1999) die im Zusammenhang mit der Ausschrei-
    bung des Flughafens Schönefeld auftretenden Gebietskörperschaften Bund, Länder und Stadt Berlin als
    Verband im Sinne des § 98 Nr. 4 GWB qualifiziert.
503 Bechtold § 98 Rn. 39; Korbion § 98 Rn. 11: »Das sind in der Regel öffentlich-rechtlich oder auch privat-
    rechtlich organisierte Zusammenschlüsse (...).«
504 Kingreen VergabeR 2007, 354.
505 Für einen Zweckverband zur Abwasserbeseitigung bayerischer Gemeinden: VK Südbayern Beschl. v.
    01.06.1999 120.3–3194; allgemein: Breuer Öffentliches und privates Wasserrecht Rn. 303; zur Auf-
    traggebereigenschaft eines Abwasserzweckverbandes vgl. VÜA Sachsen-Anhalt 19.06.1996 EzEG-VergR
    IV 14.6; VK Brandenburg 15.06.2004 VK 18/04; VK Baden-Württemberg 26.10.2000 1 VK 26/00 =
    IBR 2001, 217; Thüringer OLG »Wasserversorgung« VergabeR 2008, 653.
506 BayObLG WuW/E Verg. E 670 (2002); VK Lüneburg 18.03.2004 203 VgK-06/2004; VK Sach-
    sen 06.03.2000 1/SVK/11–00 und 29.05.2002 1/SVK/044–02 = IBR 2002, 622; BayObLG
    NZBau 2000, 481.
507 OLG München Beschl. v. 20.03.2014, Az Verg 17/13, »Digitalfunkgeräte«, VergabeR 2014, 700, 707.
508 OLG Düsseldorf NZBau 2006, 662 f.
509 VK Darmstadt NZBau 2006, 534 für einen Verkehrszweckverband; VK Rheinland-Pfalz 30.04.2002 VK
    6/02; VK Düsseldorf 18.04.2002 VK-5/2002/L.
510 OLG Düsseldorf »Kooperationsräume VRR und Niederrhein« Beschl. v. 21.07.2010 VII Verg
    19/10 NZBau 2010, 582.
511 OLG Düsseldorf IBR 2001, 440.
512 VK Münster 08.06.2001 VK 13/01.
513 Dürr in: Dreher/Motzke § 98 Rn. 119.
514 Dürr in: Dreher/Motzke § 98 Rn. 119.
515 Dürr in: Dreher/Motzke § 98 Rn. 119.

- Schulverbände[516]
- Der kommunale Schadensausgleich westdeutscher Städte (KSA) als nichtrechtsfähiger Verein[517]
- Rettungszweckverband[518]/Zweckverband für Rettungsdienst und Feuerwehralarmierung[519]
- Arbeitsgemeinschaften (ARGEn) zwischen kommunalen Trägern und örtlichen Agenturen für Arbeit (AA), wobei die ARGE die Aufgaben der örtlichen Agentur für Arbeit wahrnimmt, während die kommunalen Träger ihre Aufgaben auf die ARGE übertragen sollen. Die ARGE kann dabei in allen zulässigen Formen des Privatrechts und des öffentlichen Rechts errichtet werden, z.B. auch als öffentlich-rechtliche Gesellschaft auf der Grundlage der §§ 53, 61 Satz 2 SGB X i.V.m. § 705 BGB.[520]

E. Öffentliche Auftraggeber wegen überwiegender öffentlicher Finanzierung, § 99 Nr. 4 GWB

287   Nach § 99 Nr. 4 GWB sind öffentliche Auftraggeber:

288   *Natürliche oder juristische Personen des privaten Rechts sowie juristische Personen des öffentlichen Rechts, soweit sie nicht unter Nr. 2, in Fällen, in denen sie für Tiefbaumaßnahmen, für die Errichtung von Krankenhäusern, Sport-, Erholungs- und Freizeiteinrichtungen, Schul-, Hochschul- oder Verwaltungsgebäuden oder für damit in Verbindung stehende Dienstleistungen und Wettbewerbe von Stellen, die unter Nr. 1, 2 oder 3 fallen, Mittel erhalten, mit denen diese Vorhaben zu mehr als 50 % subventioniert werden.*

289   Die Vorschrift setzt Art. 13 der Richtlinie 2014/24/EU um. Dieser Artikel lautet:

290   *Die Bestimmungen dieser Richtlinie finden auf die Vergabe folgender Aufträge Anwendung*

    a) Bauaufträge, die zu mehr als 50% von öffentlichen Auftraggebern direkt subventioniert werden oder deren geschätzter Wert netto ohne Mehrwertsteuer mindestens 5.186.000,00 Euro beträgt, sofern diese Aufträge eine der folgenden Tätigkeiten umfassen:
      i) Tiefbauarbeiten gemäß der Auflistung in Anhang II,
      ii) Bauleistungen für die Errichtung von Krankenhäusern, Sport-, Erholungs- und Freizeitanlagen, Schulen und Hochschulen sowie Verwaltungsgebäuden;
    b) Dienstleistungsaufträge, die zu mehr als 50 % von öffentlichen Auftraggebern direkt subventioniert werden und deren geschätzter Wert ohne Mehrwertsteuer mindestens 207.000,00 Euro beträgt, wenn diese Aufträge mit einem Bauauftrag gemäß Buchstabe a verbunden sind.

    Die öffentlichen Auftraggeber, die die in Unterabsatz 1 Buchstaben a und b genannten Subventionen gewähren, stellen die Einhaltung dieser Richtlinie sicher, wenn der subventionierte Auftrag nicht von ihnen selbst oder von ihnen im Namen und für Rechnung anderer Stellen vergeben wird.

I. Natürliche und juristische Personen des privaten und öffentlichen Rechts

291   Die textliche Fassung des § 99 Nr. 4 GWB stellt klar, dass Adressat der Vorschrift sowohl natürliche und juristische Personen des privaten Rechts wie auch juristische Personen des öffentlichen Rechts sein sollen. Der frühere Streit darüber, ob öffentlich-rechtliche Körperschaften ebenfalls von § 99 Nr. 4 GWB umfasst werden sollten, hat damit seine Erledigung gefunden.[521] Erfasst sind neben den juristischen Personen (dazu Rn. 92) auch **natürliche Personen.**

---

516 Werner in: Byok/Jaeger § 98 Rn. 83.
517 Vgl. auch Rdn. 226.
518 OLG Dresden NZBau 2008, 594 = VergabeR 2008, 809.
519 OLG München »Zweckverband P« Beschl. v. 30.06.2011 Verg 5/09 NZBau 2011, 505 f.
520 Schröder VergabeR 2007, 418.
521 Vgl. dazu noch die 2. Auflage, Rn. 332.

Eschenbruch

II. Bauaufträge oder diesen zugeordnete Dienstleistungsaufträge

Für die Definition relevante Bau- und Dienstleistungsaufträge kann auf Art. 2 Abs. 1 Nr. 6 bis 9 der   292
Richtlinie 2014/24/EU verwiesen werden.

Nicht entscheidend ist daher, wie die Vertragsparteien den Vertrag überschreiben. Auch ein als   293
Mietvertrag bezeichnetes Mietkaufmodell, das zu mehr als 50 % öffentlich finanziert wird, fällt
unter § 99 Nr. 4 GWB.[522]

Wichtig ist, dass die Vorschrift Dienstleistungen und Auslobungsverfahren nur erfasst, wenn die   294
Dienstleistungen in Verbindung stehen mit einem Bauauftrag iSv Art. 8a) der Vergabekoordinierungsrichtlinie. Die Vorschrift findet deshalb keine Anwendung bei einem isolierten Dienstleistungsauftrag, der zu mehr als 50 % von einem öffentlichen Auftraggeber subventioniert wird.

Speziell der Text des Art. 13 der Richtlinie 2014/24/EU macht deutlich, dass es nicht aus-   295
reicht, wenn ein überwiegend subventionierter **Dienstleistungsauftrag** lediglich eine der in § 99
Nr. 4 GWB angesprochenen Vorhaben betrifft. Vielmehr muss auch das **Bauvorhaben** überwiegend finanziert sein. Die Vergabestelle, die etwa den Bau einer Schule ausschreibt, welche nicht
überwiegend subventioniert ist, muss dementsprechend überwiegend subventionierte Dienstleistungsaufträge, die mit diesem Vorhaben verbunden sind, nicht auf der Grundlage von § 99
Nr. 4 GWB vergeben.

Zwischen der Finanzierung und den in § 99 Nr. 4 GWB genannten Baumaßnahmen/Bauobjekten   296
muss ein Zusammenhang bestehen. Es reicht dementsprechend nicht aus, wenn die Schülerbeförderung subventioniert wird, nicht dagegen die Errichtung von Schulgebäuden.[523]

Darüber hinaus zeigt der Text in Art. 13 der Richtlinie 2014/24/EU, dass lediglich Dienstleis-   297
tungsaufträge betroffen sind, welche die EU-Schwellenwerte überschreiten. Überwiegend subventionierte **Dienstleistungsaufträge**, die sich **unterhalb der Schwellenwerte** bewegen, sind auch im
Fall überwiegender öffentlicher Finanzierung eines Vorhabens nach dieser Norm nicht kartellverga-
berechtlich ausschreibungspflichtig.

III. Überwiegende Finanzierung/überwiegende Subventionierung

Zur Konkretisierung des **Subventionsbegriffs** kann insbesondere auf das Rechtsregime der EU zum   298
Beihilferecht nach Art. 107 EGV zurückgegriffen werden.[524] Hinsichtlich der einzelnen Subventi-
onsarten wird zu unterscheiden sein. Entscheidend ist, ob das konkrete Vorhaben des Zuwendungsempfängers direkt subventioniert wird; die Frage, ob ein Unternehmen als solches überwiegend mit
öffentlichen Mitteln ausgestattet wird, ist demgegenüber nicht entscheidend.[525]

Wird ein **Projekt in Gesamtheit** gefördert, ohne dass die Fördermittel einzelnen Teilprojekten zuge-   299
ordnet werden, kommt es für die Feststellung der überwiegenden öffentlichen Förderungen auf
das Volumen der Fördermittel an der Gesamtbaumaßnahme an und nicht am Umfang einzelner
Module (Teilprojekte/Bauabschnitte).[526]

Zu den gesamten **Projektkosten** gehören neben den Positionen für die Indexierung und die Vorfi-   300
nanzierung auch die Umsatzsteuerbeträge. Auch sie werden durch öffentliche Zuschüsse mitabge-
deckt, sodass kein Anlass für entsprechende Abzüge besteht.[527]

---

522 Vgl. BayObLG 29.10.2004 Verg. 22/08.
523 VK Nordbayern Beschl. v. 23.07.2009, Az VK-3194-25.
524 So auch Dreher in: Immenga/Mestmäcker 5. Auflage 2014 § 98 Rn. 212; Diehr in: Reidt/Stickler/Glahs
     § 98 Rn. 127.
525 Vgl. auch BayOblG Beschl. v. 29.10.2004, Az Verg 22/04.
526 OLG Celle »Bistum« Beschl. v. 25.08.2011, Az 13 Verg 5/11, VergabeR 2012, 182, 184 – IBR 2012, 101.
527 OLG Celle »Bistum« Beschl. v. 25.08.2011, Az 13 Verg 5/11, VergabeR 2012, 182, 184 – IBR 2012, 101.

301   Bei den Kosten des Vorhabens sind mithin die gesamten Projektkosten einzubeziehen. Es kommt hierbei zum einen nicht auf die nach dem **Zuwendungsbescheid** benannten »förderfähigen Kosten« an, zum anderen sind aus der Kostenschätzung der Vergabestelle nicht einzelne Positionen abzuziehen. Auf den Begriff des Auftragswertes kommt es ebenfalls nicht an, da der Begriff des Vorhabens in § 99 Nr. 4 GWB weiter zu fassen ist.[528]

302   Der EuGH hat klargestellt, dass der Begriff »Subventionieren« nicht auf sogenannte positive Subventionen beschränkt werden könne. Der Begriff »**direkte Subvention**« beziehe sich auch nicht auf Personen, sondern auf das **jeweilige Bauwerk**. Dementsprechend seien auch mittelbare Vergünstigungen wie **Steuernachlässe** in direktem Zusammenhang zu dem in Rede stehenden Bauauftrag umfasst. Eine enge Auslegung des Begriffs sei nicht geboten und würde lediglich dazu führen, dass Auftraggeber die Richtlinie umgehen könnten.[529] § 98 Nr. 4 GWB (2016) hat den Begriff der überwiegenden Finanzierung durch den Begriff »zu mehr als 50 % subventioniert« ersetzt. Gemäß der Regierungsbegründung ist damit eine Anpassung an die europäischen Richtlinien erfolgt. Entscheidend sei dabei nicht, ob die Leistung als Subvention betrachtet werden kann. Der Begriff Subventionieren beschränke sich dabei nicht auf positive Leistungen, sondern umfasse auch sonstige Begünstigungen. Dies entsprach bereits einer herrschenden Auffassung der alten Rechtslage.[530]

303   Die **überwiegende Finanzierung** im Sinne des § 99 Nr. 4 GWB ist mithin **vorhabenspezifisch festzustellen**. Es kommt damit nicht darauf an, ob im gleichen Gesamtkomplex noch andere Vorhaben verwirklicht werden, welche nicht unter die in § 99 Nr. 4 GWB aufgezählten Alternativen fallen. Dies hat jedenfalls dann zu gelten, wenn das in § 99 Nr. 4 GWB aufgezählte Vorhaben nicht lediglich ein Annex zu dem geplanten Gesamtbau darstellt und es ohne Weiteres abgrenzbar ist. Sonst könnte die juristische Person als Auftraggeber das Vergaberecht leicht dadurch umgehen, dass sie an öffentlich geförderte Baumaßnahmen Gebäudekomplexe anderer Art anhängt.[531]

304   Im Gegensatz zu den Alternativen des § 99 Nr. 1 bis 4 GWB knüpft die Eigenschaft als öffentlicher Auftraggeber nicht an die generelle Funktion der juristischen Person, sondern an ein bestimmtes Vorhaben an. Es ist also durchaus möglich, dass **eine juristische Person für einige Bauvorhaben öffentlicher Auftraggeber ist und für andere nicht**.[532] Bei der überwiegenden Finanzierung sind nur die Mittel zu betrachten, die für die Errichtung der maßgeblichen Immobilie (Studentenwohnheim) vorgesehen sind. Ergänzende Förderungen, etwa für das betreute Wohnen, spielen ebenso wenig eine Rolle wie Aufwendungen für einen geplanten Copyshop oder andere nicht dem eigentlichen Hochschulbereich zurechenbare Gebäude.[533]

305   Ausschlaggebend für die Berechnung der überwiegenden Finanzierung ist der **Zeitpunkt der Ausschreibung**. Aus Gründen der Klarheit und Rechtssicherheit muss zu diesem Zeitpunkt feststehen, ob eine europaweite Ausschreibung stattzufinden hat oder nicht. Etwaige Änderungen im Laufe des Verfahrens können an die Eigenschaft oder die fehlende Eigenschaft als öffentlicher Auftraggeber nichts mehr ändern. Auf spätere Auszahlung kann es daher nicht ankommen, ausschlaggebend ist vielmehr, in welcher Höhe der Auftraggeber mit Fördermitteln bei seiner Gesamtkalkulation gerechnet hat.[534]

---

528   VK Nordbayern Beschl. v. 30.09.2015 21 VK-3194-33/15.
529   EuGH »Französische Republik, Europäische Union« Urt. v. 26.09.2013, C-115/12 P, NZBau 2014, 116, 119.
530   So auch Dürr in: Dreher/Motzke § 98 Rn. 168; Diehr in: Reidt/Stickler/Glahs § 98 Rn. 127; Werner in: Byok/Jaeger § 98 Rn. 100.
531   OLG München »Baustelleneinrichtung« Beschl. v. 10.11.2010, Az Verg 19/10, VergabeR 2011, 205, 208.
532   OLG München »Baustelleneinrichtung« Beschl. v. 10.11.2010, Az Verg 19/10, VergabeR 2011, 205, 208.
533   OLG München »Baustelleneinrichtung« Beschl. v. 10.11.2010, Az Verg 19/10, VergabeR 2011, 205, 208.
534   OLG München »Baustelleneinrichtung« Beschl. v. 10.11.2010, Az Verg 19/10, VergabeR 2011, 205, 208.

Eschenbruch

Wenn ein gemischt-wirtschaftliches, im Rahmen der Daseinsvorsorge tätiges privates Unternehmen ein Bauvorhaben betreibt und **Zuschussanträge** gestellt hat, im Hinblick auf die noch ausstehende Bescheidung der Zuschussanträge nicht feststeht, in welcher Höhe zu erwartende Mittel bewilligt werden, kann eine Qualifikation als öffentlich-rechtlicher Auftraggeber noch nicht angenommen werden.[535]

306

1. Zuschüsse

Werden dem Auftraggeber vorhabenspezifische verlorene Zuschüsse gewährt, sind diese in vollem Umfang rechnerisch zu berücksichtigen. Zu prüfen ist, ob derartige Zuschüsse alsdann mehr als 50 % der gesamten Objektfinanzierung ausmachen. Handelt es sich nicht um verlorene Zuschüsse, sondern um zurückzahlbare Zuschüsse, ist zu prüfen, ob nicht lediglich eine kreditbasierte Subventionierung vorliegt. Dann gelten die nachfolgenden Maßstäbe.

307

2. Subventionierung durch Kredite

Bei Krediten ist zunächst festzustellen, ob ein Kredit zu rein marktwirtschaftlichen Bedingungen gegeben worden ist. In diesem Fall scheidet eine Subvention aus. Bei marktunüblichen Kreditgewährungen ist weiter zu differenzieren:

308

a) Kredite mit subventionierten Kreditzinsen

Die Subventionierung besteht in diesen Fällen in einer Zinssubvention. Die Zinssubvention ist mittels des sogenannten Beihilfenäquivalentes festzustellen. Dieses bemisst sich aus der Differenz zwischen dem von der EU festgesetzten jeweiligen Referenzzinssatz im Vergleich zum tatsächlichen Marktzinssatz. Bei Darlehen entspricht das Beihilfeelement also dem Differenzbetrag zwischen dem von der EU als solchen bestimmten marktgerechten Zinssatz und dem tatsächlich gezahlten Satz, wobei die Berechnung des Beihilfeäquivalents nach der Abzinsungsmethode erfolgt.[536]

309

b) Subventionierung durch Übernahme von Bonitätsrisiken des Auftraggebers

Wenn nicht nur eine Zinssubvention stattfindet, sondern auch eine Subventionierung eines ansonsten nicht in vollem Umfang kreditwürdigen Auftraggebers, kann nicht ausschließlich auf die Zinsdifferenz zu einem Marktzins abgestellt werden. Je nach übernommenem Kreditrisiko kann es ausreichen, den Gesamtkredit mit einem Risikofaktor zu multiplizieren, der der Ausfallwahrscheinlichkeit entspricht oder aber den gesamten Kredit (wenn der Auftraggeber überhaupt nicht kreditfähig ist) in die Berechnung einzustellen. Insoweit gilt nichts anderes als bei Subventionierungen durch Bürgschaften und Garantien.[537]

310

c) Subventionierung durch Bürgschaften und Garantien

Auch die Zurverfügungstellung von Sicherheiten kann eine Subventionierung beinhalten. Es ist deshalb nicht stets erforderlich, dass direkt finanzielle Mittel zufließen. Für die Behandlung entsprechender Staatsbürgschaften oder Garantien und deren betragsmäßige Bewertung kann auf die Bürgschaftsmitteilung der EU v. 11.03.2000 abgestellt werden.[538] Hiernach ist nicht ohne Weiteres

311

---

535 VK Baden-Württemberg Beschl. v. 16.12.2009, Az 1 VK 63/09.
536 Vgl. Koenig/Kühling/Ritter EG-Beihilfenrecht S. 49, 64.
537 Im Einzelnen Koenig/Kühling/Ritter S. 64: Unter Umständen kann ein staatliches Darlehen oder eine Bürgschaft auch mit einer Beihilfenintensität von 100 % bewertet werden, und zwar dann, wenn ein ungesichertes Darlehen einem hoffnungslosen Unternehmen gewährt wird und die Prüfung ergibt, dass ein privater Kapitalgeber kein Kapital zugeführt hätte, charakterisiert die Kommission eine Zahlung als verlorenen Zuschuss.
538 Abgedruckt bei Koenig/Kühlung/Ritter S. 280.

auf die nominale Höhe der Bürgschaft oder der Beihilfe abzustellen, sondern in aller Regel auf die hierdurch erreichte Zinssubventionierung im Vergleich zum Marktzins (siehe oben Rdn. 316). Aber die mangelnde Bonität des Auftraggebers/Kreditnehmers kann höhere Ansätze rechtfertigen. Ist der Auftraggeber überhaupt nicht in der Lage, sich auf dem freien Kapitalmarkt Gelder zu beschaffen, dann kann die Absicherung in voller nominaler Höhe Subventionscharakter haben. In allen anderen Fällen ist ein sachangemessener Risikozuschlag zu bilden.

312   Entsprechend der EU-Bürgschaftsrichtlinie ist eine Subvention unter folgenden Voraussetzungen zu verneinen:
–   Der Auftraggeber/Kreditnehmer ist nicht in finanziellen Schwierigkeiten.
–   Der Auftraggeber/Kreditnehmer wäre grds. in der Lage, ohne Eingreifen des Staates auf den Finanzmärkten Gelder zu Marktbedingungen aufzunehmen.
–   Die Garantie (Bürgschaft) ist an eine bestimmte Finanztransaktion geknüpft und auf einen festen Höchstbetrag beschränkt, deckt höchstens 80 % des ausstehenden Kreditbetrages oder der sonstigen finanziellen Verpflichtung (ausgenommen Schuldverschreibungen und ähnliche Instrumente) und ist von begrenzter Laufzeit.
–   Es wird eine marktübliche Prämie für die Garantie gezahlt (diese berücksichtigt unter anderem die folgenden Faktoren: Betrag und Laufzeit der Garantie, vom Kreditnehmer gestellte Sicherheiten, Finanzlage des Kreditnehmers, Wirtschaftszweig und Perspektiven, Ausfallquoten und sonstige wirtschaftliche Gegebenheiten).

313   Zinsvergünstigungen etwa bei **KfW-Darlehen** oder aus **ERP-Programmen** können daher im Einzelfall subventionsrechtlichen Charakter haben. **Forfaitierungsmodelle** mit Einredeverzicht, Zwischenmietmodelle oder qualifizierte Heimfallklauseln, die Kommunalkreditkonditionen sichern sollen, haben in der Regel Subventionscharakter in Höhe der hierdurch erreichten **Zinsvergünstigung**. Wenn durch derartige Finanzinstrumente erst eine kapitalmarktübliche Kreditsicherung erreicht werden soll, ist dagegen auf den Nominalbetrag der Finanzierung abzustellen. Der Auffassung etwa von *Dreher*, dass § 99 Nr. 4 GWB auf indirekte Subventionierung über Bürgschaften usw. nicht anwendbar sei, kann nicht gefolgt werden. Sie widerspricht auch der von *Dreher* selbst vertretenen Auffassung, dass insoweit auf die beihilferechtlichen Kategorien abzustellen ist.[539] Selbst wenn allerdings nur die direkte Subventionierung erheblich wäre, müssten Gestaltungen wie etwa ein Mietkauf mit Verpflichtung zur Übernahme des zu errichtenden Gebäudes im Hinblick auf die Gleichstellung der einzelnen Vertragstypen durch das EU-Vergaberecht diesen Voraussetzungen unterfallen.[540]

314   Wichtig ist allerdings, dass die 50 %-Grenze für die Gesamtfinanzierung überschritten sein muss. Das heißt, die nach den vorstehenden Ausführungen zu berechnende Subvention muss mehr als die Hälfte der Projektfinanzierung ausmachen. Davon wird insbesondere bei **gemischten Finanzierungen** oft nicht auszugehen sein, etwa bei der Krankenhausfinanzierung, die auch auf Pflegesätzen beruht.[541] Auch hat die Umstellung der Finanzierung von Pflegeheimen von der Objektfinanzierung auf eine Trägerfinanzierung die Folge, dass viele vormals unter § 99 Nr. 4 GWB fallende Vorhaben in der Zukunft mangels überwiegender öffentlicher Subventionierung nicht mehr unter den Anwendungsbereich des § 99 Nr. 4 GWB fallen werden. Bei der Bemessungsgrundlage sind alle Projektkosten einzubeziehen, auch Grundstückskosten. Auf den Begriff des Auftragswerts im Sinne des Vergaberechts kommt es genausowenig an, wie auf die in einem Zuwendungsbescheid genannten »förderfähigen« Kosten.[542]

---

539   Vgl. Dreher in: Immenga/Mestmäcker 5. Auflage 2014 § 98 Rn. 213; in diesem Sinne auch Crass S. 133: »Im Gegenschluss scheiden Instrumente der indirekten Subventionierung aus.«.
540   BayObLG NZBau 2005, 234, 235 = VergabeR 2005, 74, 76 f.
541   Vgl. dazu Dreher in: Immenga/Mestmäcker 5. Auflage 2014 § 98 Rn. 213.
542   VK Nordbayern, Beschl. v. 30.09.2015 21 VK 3194-33/15.

3. Steuernachlässe

Auch baubezogene Steuernachlässe unterfallen dem Begriff des Subventionierens.[543]   **315**

IV. Betroffene Bauobjekte

§ 99 Nr. 4 GWB sowie Art. 13 der Richtlinie 2014/24/EU schränken den Anwendungsbereich der   **316**
Vorschrift auf einzelne **Vorhaben** ein, nämlich
– Tiefbaumaßnahmen
– Errichtung von Krankenhäusern
– Errichtung von Sporteinrichtungen
– Errichtung von Erholungseinrichtungen
– Errichtung von Freizeiteinrichtung
– Errichtung von Schulgebäuden
– Errichtung von Hochschulgebäuden
– Errichtung von Verwaltungsgebäuden

Der Wohnungsbau als solcher ist dagegen nicht umfasst.[544]   **317**

Die Aufzählung der Baumaßnahmen in § 99 Nr. 4 GWB ist abschließend.[545] Der Gesetzgeber wollte   **318**
bei Drittvergaben nicht alle zu mehr als 50 % von öffentlicher Hand finanzierten Bauvorhaben dem
Vergaberecht unterstellen, sonst hätte er dies ohne Weiteres in § 99 Nr. 4 GWB so formulieren können. Jedoch hat im Interessen einer wettbewerbskonformen und den Gleichbehandlungsgrundsatz
beachtenden Vergabe die Auslegung der verwendeten Begriffe nicht zu eng zu erfolgen; erfasst werden deshalb auch alle diejenigen Bauwerke, welche in **untrennbarem oder engem Zusammenhang**
mit den aufgezählten Bauwerken stehen, soweit sie auch Teile der staatlichen Daseinsvorsorge auf
dem Gebiet der in § 99 Nr. 4 GWB aufgezählten Bauwerke sind.[546]

Eine Einschränkung der betroffenen Bauaufträge als solche, die den herkömmlichen Bedarf öffent-   **319**
licher Körperschaften deckten, kommt nicht in Betracht.[547]

1. Tiefbaumaßnahmen

Tiefbaumaßnahmen lassen sich im Wesentlichen anhand des Anhangs II[548] der ehemaligen Verga-   **320**
bekoordinierungsrichtlinie wie folgt klassifizieren:

502.1	Allgemeiner Tiefbau
502.2	Erdbewegungsarbeiten und Landeskulturbau
502.3	Brücken-, Tunnel- und Schachtbau, Grundbohrungen
502.4	Wasserbau (Fluss-, Kanal-, Hafen-, Strom-, Schleusen-, Talsperrenbau)
502.5	Straßenbau (einschließlich spezialisierter Bau von Flugplätzen und Landebahnen)
502.6	Spezialisierte Unternehmen für Bewässerung, Entwässerung, Ableitung von Abwasser, Kläranlagen
502.7	Spezialisierte Unternehmen für andere Tiefbauarbeiten

Dazu gehören Arbeiten an Viadukten, Tunneln und Unterführungen, Rohrleitungen, Kabelnet-   **321**
zen, Schleusen, Unterwasserarbeiten, Spezialtiefbaumaßnahmen, Brunnen- und Schachtbau usw.

---

543 EuGH »Französische Republik, Europäische Union« Urt. v. 26.09.2013, C-115/12 P, NZBau 2014, 116,
     119.
544 Wirner S. 215.
545 OLG München »Baustelleneinrichtung« Beschl. v. 10.11.2010, Az Verg 19/10, VergabeR 2011, 205, 208.
546 OLG München »Baustelleneinrichtung« Beschl. v. 10.11.2010, Az Verg 19/10, VergabeR 2011, 205, 208.
547 EuGH »Französische Republik, Europäische Union« Urt. v. 26.09.2013, C-115/12 P, NZBau 2014, 116,
     120.
548 Verzeichnis der Berufstätigkeiten im Baugewerbe entsprechend dem allgemeinen Verzeichnis der wirt-
     schaftlichen Tätigkeiten in der Europäischen Gemeinschaft (NACE).

Speziell Sanierungsmaßnahmen im Zusammenhang mit der Neuerschließung von Grundstücken können hierunter fallen.[549]

2. Errichtung von Krankenhäusern, Sport-, Erholungs- oder Freizeiteinrichtungen, Schul-, Hochschul- oder Verwaltungsgebäuden

322   Zwar besteht Einvernehmen darüber, dass der Katalog in § 99 Nr. 5 GWB grds. **abschließend** ist.[550] Das bedeutet allerdings nicht, dass nicht die einzelnen Beispiels-Vorhaben i.S.d. Zweckrichtung der EU-Vergaberichtlinien **ausgelegt werden** können.[551]

323   Der EuGH sieht es im Rahmen der **historischen und systematischen Auslegung** nicht als zulässig an, den Begriff »Sport-, Erholungs- und Freizeiteinrichtungen« inhaltlich einzugrenzen, etwa darauf, dass diese einen kollektiven Bedarf der Nutzer erfüllen müssten.[552]

324   Die Vergabekammer Nordbayern hat indessen hervorgehoben, dass der **Bestimmtheitsgrundsatz** einer zu weiten Auslegung des § 99 Nr. 4 GWB Grenzen setze. Zweck der Vorschrift sei die Erfassung sogenannter Drittvergaben, in denen der Dritte gleichsam als verlängerter Arm des öffentlichen Auftraggebers auftrete. Es müsse sich um eine Delegation von Aufgaben handeln, die klassischer Weise im öffentlichen Interesse von öffentlichen Auftraggebern zu erfüllen sind.[553]

325   Weit auszulegen ist der Begriff der »Schul- und Hochschulgebäude«. Darunter fallen auch Studentenheime, Kindergärten, Altenheime.[554] Das OLG München hat entschieden:

326   *Nach diesen Grundsätzen sind unter die Hochschulgebäude auch die Studentenwohnheime zu rechnen. Sie hängen eng mit dem Hochschulbetrieb zusammen, da sie es einkommensschwachen Studenten bzw. ihren Eltern erlauben, ein Hochschulstudium unter annehmbaren Bedingungen zu finanzieren. Dieser Bereich liegt im Aufgabenbereich des Staates, der ein Interesse daran hat, einem möglichst breiten Spektrum der Bevölkerung ein Studium zu ermöglichen, um Bildungsreserven auszuschöpfen. (…) Studentenwohnheime dienen daher in erster Linie der Förderung des Studiums sowie Sportlerwohnheime der Ermöglichung des Hochleistungssports und Altenwohnheime der Ermöglichung eines finanzierbaren Wohnens im Alter, auch wenn alles unter dem Oberbegriff Sozialwohnungsbau gezogen werden kann. Entscheidend ist die Zweckbestimmung des Wohnungsbaus und nicht die Tatsache der Errichtung von Wohnraum als solche.[555]*

327   Auf dieser Grundlage hat das Bayerische Oberlandesgericht unter dem Begriff der **Schule** das gesamte Schulwesen subsumiert und deshalb **alle allgemeinbildenden und beruflichen Schulen** ohne Begrenzung auf bestimmte öffentliche Schularten § 99 Nr. 4 GWB unterstellt. Erfasst seien die in den jeweiligen nationalen Rechten traditionell vorhandenen Einrichtungen für die Bildung der Jugend, zu denen in Deutschland im Rahmen des dualen Ausbildungssystems herkömmlich auch die **Berufsschulen** in ihren unterschiedlichen Erscheinungsformen zu rechnen seien. Mit welcher Vertragsform dazu gehörende Gebäude errichtet würden, ob im Sinne eines Werk- oder typenzusammengesetzten Mietkaufvertrages sei unerheblich.[556] Ein Studentenwohnheim ist als Hochschulgebäude i.S.d. § 99 Nr. 4 auszulegen.[557] Nicht jedes Gebäude, in dem gelegentlich Unterrichtseinheiten abgehalten werden, ist ein Schulhaus. Entsprechendes gilt für den Begriff des

549   Vgl. VK Düsseldorf 31.03.2000 VK 5/2000-B.
550   Vgl. Dürr in: Dreher/Motzke § 98 Rn. 164; Diehr in: Reidt/Stickler/Glahs § 98 Rn. 123.
551   Crass S. 132; vgl. auch EuGH »Französische Republik, Europäische Union« Urt. v. 26.09.2013, C-115/12 P, NZBau 2014, 116, 120.
552   EuGH »Französische Republik, Europäische Union« Urt. v. 26.09.2013, C-115/12 P, NZBau 2014, 116, 120.
553   VK Nordbayern Beschl. v. 19.10.2015 21 VK-3194-38/15.
554   Vgl. auch Dürr in: Dreher/Motzke § 98 Rn. 166; vgl. auch jurisPK-VergR/Zeiss § 98 Rn. 223.
555   OLG München »Baustelleneinrichtung« Beschl. v. 10.11.2010, Az Verg 19/10, VergabeR 2011, 205, 208; auch VK Nordbayern Beschl. v. 30.09.2015 21 VK-3194-33/15.
556   Vgl. BayObLG NZBau 2005, 234, 235 = VergabeR 2005, 74, 76 f.
557   VK Nordbayern, Beschl. v. 30.09.2015 VK 3194 - 33/15.

Hochschulgebäudes.[558] Ein historisches Gebäude, welches auch von Schulklassen besichtigt wird, ist kein Schulgebäude.[559]

Der Begriff »**Errichtung**« i.S.d. § 99 Nr. 4 GWB darf nicht ohne Weiteres auf einen bloßen Neubau 328
reduziert werden. I.S.d. Oberbegriffs Bauauftrag nach Art. 13 der Richtlinie 2014/24/EU fallen hierunter grds. sämtliche Bauaufträge. Dementsprechend sind Rekonstruktionen, Sanierungen, insbesondere Bauen im Bestand, Modernisierungen ebenfalls unter den Begriff der Errichtung zu subsumieren.[560] Umfasst sind insbesondere auch Umbau- und Erweiterungsmaßnahmen.[561]

Zum **Krankenhausbau** gehört die gesamte Palette des Neubaus, der vollständigen oder Teilsanierun- 329
gen sowie der Umbauten.[562] Das OLG Düsseldorf hat Krankenhäuser im Sinne des § 98 Nr. 5 GWB neben den der medizinischen Akutversorgung verpflichteten Kliniken **alle Einrichtungen** angesehen, die auch **der Erbringung medizinischer Versorgung dienen** und dies bei **Altenheimen** bejaht.[563]

Dem (allerdings nicht rechtsverbindlichen) »Leitfaden der Europäischen Kommission zu den 330
Gemeinschaftsvorschriften für die Vergabe von öffentlichen Bauaufträgen«[564] sind folgende Ausle-
gungsgesichtspunkte zu entnehmen:

Es ist zu beachten, dass die Liste der Bauarbeiten, auf die diese Regelung anzuwenden ist, erschöpfend 331
ist, während die Liste der Objekte – Krankenhäuser, Sport-, Erholungs- und Freizeiteinrichtungen,
Schul- und Hochschulgebäude sowie Verwaltungsgebäude – eher hinweisenden Charakter hat und
die betreffenden Einrichtungen in Kategorien zusammenfasst. Eine restrikte Auslegung dieser Kate-
gorien würde dem Ziel der Richtlinie hinsichtlich der Verbesserung der Transparenz im öffentlichen
Auftragswesen zuwiderlaufen. So wären etwa Altersheime und Einrichtungen für Behinderte mit
Krankenhäusern gleichzustellen, wenn die betreffenden Einrichtungen in erster Linie dazu dienen,
Alten, Behinderten oder Kranken medizinische Leistungen zukommen zu lassen, und nicht nur,
Alte und Behinderte zu betreuen und nur gelegentlich mit kleineren Pflegeleistungen zu versorgen.

Freizeiteinrichtung ist als Sammelbegriff für alle Orte zu verstehen, die von der überwiegenden 332
Mehrzahl der Besucher während der Freizeit aufgesucht werden.[565]

Streitig wird beurteilt, ob kulturelle Einrichtungen, wie z.B. **Bühnen, Opernhäuser** oder **Museen,** 333
Ausstellungszentren, Bibliotheken oder **Theater** unter die Vorschrift zu subsumieren sind. Ent-
gegen einer in der Literatur vertretenen Auffassung handelt es sich entweder um Erholungs- oder
Freizeit- oder Bildungseinrichtungen. Es besteht kein Grund dafür, die Begriffe unnötig eng zu
interpretieren.[566] Eine **Kurverwaltungs GmbH** ist dementsprechend öffentlicher Auftraggeber im
Sinne des § 99 Nr. 5 GWB.[567]

---

558 VK Nordbayern, Beschl. v. 19.10.2015 21 VK-3194-38/15.
559 VK Nordbayern, Beschl. v. 19.10.2015, 21 VK-3194-38/15.
560 Vgl. VK Thüringen 17.04.2002 216–4002.20–008/02-SHL-S; dazu auch Thüringer OLG 30.05.2002 ZfBR 2002 mit Anmerkung von Wirner ZfBR 2002, 761 f.; BayObLG NZBau 2005, 234 = VergabeR 2005, 74, 75.
561 Vgl. Wirner ZfBR 2002, 761.
562 VK Lüneburg 23.02.2004 203 VgK-01/2004; VK Thüringen 17.04.2002 216/4002.20–008/02-SHL-S; Wirner ZfBR 2002, 761; VK Lüneburg 01.03.2000 203 VgK-02/2000.
563 OLG Düsseldorf Beschl. v. 13.01.2014, Az VII Verg 11/13.
564 Auszugsweise veröffentlicht in ZVgR 1998, 986 ff.
565 VK Nordbayern Beschl. v. 19.10.2015 21 VK-3194-38/15.
566 Zutreffend daher Diehr in: Reidt/Stickler/Glahs § 98, Rn. 123; a.A. Werner in: Byok/Jaeger § 98 Rn. 102; vgl. auch jurisPK-VergR/Zeiss § 98 Rn. 222: »Der Begriff der ›Sport-, Erholungs- und Freizeit-einrichtungen‹ ist extensiv (weit) auszulegen. Dazu sind beispielsweise Museen, Galerien, Theater, Opern, Open-Air-Spielstätten und sonstige Verwaltungsgebäude, Bibliotheken, Sport- und Freizeitschwimmbä-der und Sportstadien und -hallen zu rechnen.«
567 Vgl. etwa Weyand IBR-online Kommentar § 98 Rn. 166.

§ 100 Sektorenauftraggeber

(1) Sektorenauftraggeber sind
1. öffentliche Auftraggeber gemäß § 99 Nummer 1 bis 3, die eine Sektorentätigkeit gemäß § 102 ausüben,
2. natürliche oder juristische Personen des privaten Rechts, die eine Sektorentätigkeit gemäß § 102 ausüben, wenn
   a) diese Tätigkeit auf der Grundlage von besonderen oder ausschließlichen Rechten ausgeübt wird, die von einer zuständigen Behörde gewährt wurden, oder
   b) öffentliche Auftraggeber gemäß § 99 Nummer 1 bis 3 auf diese Personen einzeln oder gemeinsam einen beherrschenden Einfluss ausüben können.

(2) Besondere oder ausschließliche Rechte im Sinne von Absatz 1 Nummer 2 Buchstabe a sind Rechte, die dazu führen, dass die Ausübung dieser Tätigkeit einem oder mehreren Unternehmen vorbehalten wird und dass die Möglichkeit anderer Unternehmen, diese Tätigkeit auszuüben, erheblich beeinträchtigt wird. Keine besonderen oder ausschließlichen Rechte in diesem Sinne sind Rechte, die aufgrund eines Verfahrens nach den Vorschriften dieses Teils oder aufgrund eines sonstigen Verfahrens gewährt wurden, das angemessen bekannt gemacht wurde und auf objektiven Kriterien beruht.

(3) Die Ausübung eines beherrschenden Einflusses im Sinne von Absatz 1 Nummer 2 Buchstabe b wird vermutet, wenn ein öffentlicher Auftraggeber gemäß § 99 Nummer 1 bis 3
1. unmittelbar oder mittelbar die Mehrheit des gezeichneten Kapitals des Unternehmens besitzt,
2. über die Mehrheit der mit den Anteilen am Unternehmen verbundenen Stimmrechte verfügt oder
3. mehr als die Hälfte der Mitglieder des Verwaltungs-, Leitungs- oder Aufsichtsorgans des Unternehmens bestellen kann.

I. Ziel und Struktur der Vorschrift

1   § 100 GWB führt den **Begriff des Sektorenauftraggebers** ein. Wie sich aus § 103 Abs. 1 GWB und § 105 Abs. 1 i. V. m. § 101 Abs. 1 Nr. 2 u. 3 GWB ergibt, ist dieser Begriff für den Anwendungsbereich des 4. Teils des GWB mitbestimmend. Das eigentliche Ziel der Vorschrift ist es, den persönlichen Anwendungsbereich des Sektorenvergaberechts[1] zu definieren. Das Sonderregime des Sektorenvergaberechts hat seine europarechtliche Grundlage in der speziellen Richtlinie 2014/25/EU vom 26.02.2014.[2] Diese Richtlinie gilt für die Vergabe von Aufträgen durch Auftraggeber

---

1 Vgl. zu diesem Begriff Opitz in: Eschenbruch/Opitz SektVO, Einleitung – Teil 1, Rn. 1.
2 Richtlinie 2014/25/EU des Europäischen Parlaments und des Rates vom 26. Februar 2014 über die Vergabe von Aufträgen durch Auftraggeber im Bereich der Wasser-, Energie- und Verkehrsversorgung sowie der Postdienste und zur Aufhebung der Richtlinie 2004/17/EG, ABl.EU Nr. L 94/243 v. 28.03.2014.

in speziellen Wirtschaftssektoren, nämlich im Bereich der Wasser-, Energie- und Verkehrsversorgung sowie der Postdienste.[3] Im nationalen Recht finden sich die maßgeblichen Bestimmungen des Sektorenvergaberechts, die gegenüber dem allgemeinen Vergaberecht einige Privilegierungen enthalten,[4] in den §§ 136 – 143 GWB und in der aufgrund § 113 GWB erlassenen Verordnung über die Vergabe von Aufträgen im Bereich des Verkehrs, der Trinkwasserversorgung und der Energieversorgung (Sektorenverordnung – SektVO).

Während als »Sektorenauftraggeber« früher oft nur die Auftraggeber im Sinne von § 100 Abs. 1   2
Nr. 2 GWB (§ 98 Nr. 4 GWB a.F.) bezeichnet wurden,[5] ist der Begriff heute umfassend zu verstehen. Er überschneidet sich mit dem Begriff des »öffentlichen Auftraggebers« insoweit, als dass öffentliche Auftraggeber i.S.v. § 99 Nr. 1-3 GWB, die eine Sektorentätigkeit gemäß § 102 GWB ausüben, nach § 100 Abs. 1 Nr. 1 GWB ebenfalls als Sektorenauftraggeber bezeichnet werden.[6] Ein Auftraggeber kann daher **zugleich öffentlicher Auftraggeber und Sektorenauftraggeber** sein. Nach § 98 GWB werden öffentliche Auftraggeber, Sektorenauftraggeber und Konzessionsgeber unter dem Oberbegriff des »Auftraggebers« zusammengefasst. Das führt zu einem Begriffswandel, denn nach § 98 GWB a.F. galten alle Typen von Auftraggebern (einschließlich der Baukonzessionäre) als »öffentliche Auftraggeber«. Die Neustrukturierung der Definitionen des öffentlichen Auftraggebers soll die Übersichtlichkeit und Lesbarkeit für den Rechtsanwender verbessern.[7]

Der Kern der Vorschrift findet sich in § 101 Abs. 1 GWB. Dieser Absatz definiert die unter-   3
schiedlichen Typen von Sektorenauftraggebern. Die Absätze 2 und 3 der Vorschrift konkretisieren die Tatbestandmerkmale des »besonderen oder ausschließlichen Rechts« und des »beherrschenden Einflusses«, die in Abs. 1 Nr. 2 verwendet werden. Die Sektorentätigkeiten selbst werden in § 102 GWB beschrieben. Auf die Kommentierung hierzu wird verwiesen. Die Frage des »Ausübens« einer Sektorentätigkeit wird gesondert erörtert.[8]

II. Europarechtliche Grundlagen

§ 100 GWB beruht auf Art. 4 der Richtlinie 2014/25/EU, wobei der dort verwendete Begriff des   4
»öffentlichen Auftraggebers« in Art. 3 RL 2014/25/EU definiert wird, und zwar gleichbedeutend mit Art. 2 Abs. 1 Nr. 1 i. V. m. Nr. 4 der allgemeinen Vergaberichtlinie 2014/24/EU.[9] Der Begriff der »Einrichtungen des öffentlichen Rechts«, die zu den »öffentlichen Auftraggebern« zählen, wird in Erwägungsgrund 6 Richtlinie 2014/25/EU näher erläutert. Anders als in der allgemeinen Vergaberichtlinie 2014/24/EU wird in der Richtlinie 2014/25/EU auf eine weitere Differenzierung der öffentlichen Auftraggeber in zentrale Regierungsbehörden und subzentrale öffentliche Auftraggeber verzichtet. An diese Differenzierung knüpfen im Anwendungsbereich der Richtlinie 2014/24/EU unterschiedliche Schwellenwerte und die Möglichkeit der Mitgliedstaaten vorzusehen, dass die subzentralen öffentlichen Auftraggeber oder besondere Kategorien von ihnen einen Wettbewerbsaufruf mittels einer Vorinformation vornehmen können.[10] Weiter können die Mitgliedsstaaten nach der Richtlinie 2014/24/EU vorsehen, dass alle oder bestimmte Kategorien von subzentralen öffentlichen Auftraggebern die Frist für den Eingang von Angeboten im gegenseitigen Einvernehmen

---

3 Gemessen an der Anzahl der im EU-Amtsblatt veröffentlichten Auftragsbekanntmachungen macht die Auftragsvergabe in diesen Sektoren ca. 9% aus, gemessen am Wert der im EU-Amtsblatt veröffentlichten Auftragsbekanntmachungen ca. 19%, vgl. Europäische Kommission, Impact Assessment v. 20.12.2011, SEC(2011) 1585 final, S. 188.
4 Vgl. hierzu § 142 Rdn. 7 ff.
5 Diese werden z.T. auch »private Sektorenauftraggeber« genannt.
6 Diese werden zum Teil auch »staatliche Sektorenauftraggeber« genannt.
7 Begr. VergRModG, BT-Drs. 18/6281, S. 69.
8 Vgl. Rdn. 32.
9 Richtlinie 2014/24/EU des Europäischen Parlaments und des Rates vom 26. Februar 2014 über die öffentliche Auftragsvergabe und zur Aufhebung der Richtlinie 2004/18/EG, ABl.EU Nr. L 94/65 v. 28.03.2014.
10 Vgl. Art. 26 Abs. 5 UAbs. 2 Richtlinie 2014/24/EU.

zwischen dem Auftraggeber und den ausgewählten Bewerbern im nichtoffenen Verfahren festlegen können.[11] Alle diese Möglichkeiten bestehen für Sektorenauftraggeber, und zwar für alle Sektorenauftraggeber, in ähnlicher Weise ohnehin,[12] weshalb im Sektorenbereich auf eine Unterteilung in zentrale und subzentrale öffentliche Auftraggeber verzichtet werden konnte.

5   Die von § 100 Abs. 1 Nr. 2 lit. b GWB erfassten Sektorenauftraggeber werden nach Art. 4 Abs. 2 UAbs. 1 Richtlinie 2014/25/EU als »**öffentliche Unternehmen**« bezeichnet. Etwas konkreter als § 100 Abs. 1 Nr. 2 lit. b GWB bestimmt die Richtlinie allerdings, dass die Möglichkeit öffentlicher Auftraggeber, »*aufgrund der Eigentumsverhältnisse, der finanziellen Beteiligung oder der für das Unternehmen geltenden Bestimmungen unmittelbar oder mittelbar einen beherrschenden Einfluss*« auszuüben, für die Eigenschaft eines öffentlichen Unternehmens hinreichend und notwendig ist. Die Vermutungsregelung des § 100 Abs. 3 GWB findet sich nahezu wortgleich in Art. 4 Abs. 2 UAbs. 2 Richtlinie 2014/25/EU.

6   Die Kategorie der Sektorenauftraggeber, die ihre Sektorentätigkeit auf der Grundlage von **besonderen oder ausschließlichen Rechten** ausüben (§ 100 Abs. 1 Nr. 2 lit. a GWB) wird von Art. 4 Abs. 1 lit. b Richtlinie 2014/25/EU erfasst. Eine Definition der besonderen oder ausschließlichen Rechte enthält die Richtlinie in Art. 4 Abs. 3 UAbs. 1 und 2. Anders als die Vorschrift des § 100 Abs. 2 GWB, die sich zur Art des besonderen und ausschließlichen Rechts nicht verhält, sieht Art. 4 Abs. 3 UAbs. 1 Richtlinie 2014/25/EU allerdings vor, dass das besondere oder ausschließliche Recht von der zuständigen Behörde eines Mitgliedsstaats »*im Wege einer Rechts- oder Verwaltungsvorschrift*« gewährt wurde. Außerdem werden in Anhang II der Richtlinie 2014/25/EU – beispielhaft und nicht abschließend[13] – »sonstige Verfahren«, die nach bestimmten EU-Rechtsakten vorgesehen sind, genannt, die nicht zu besonderen oder ausschließlichen Rechten führen. Der deutsche Gesetzgeber hat den Anhang II der Richtlinie 2014/25/EU nicht in das GWB übernommen, verweist jedoch in der Gesetzesbegründung darauf.[14] Gemäß Art. 4 Abs. 4 Richtlinie 2014/25/EU ist die Kommission ermächtigt, Anhang II der Richtlinie zu ändern.

III. Entstehungsgeschichte

7   Als in den 70er Jahren die ersten Richtlinien zur Harmonisierung der Vergabe von Bau- und Lieferaufträgen erlassen wurden, bestanden in den Mitgliedsstaaten der EG unterschiedliche Ausgangssituationen. In einem Teil der Mitgliedsstaaten waren Versorgungsbetriebe in die öffentliche Verwaltung eingegliedert, in anderen Mitgliedsstaaten waren sie überwiegend in Unternehmen mit privater Rechtsform organisiert. Diese Ungleichheit hatte den Gemeinschaftsgesetzgeber zunächst dazu veranlasst, »Verkehrsträger«, »Versorgungsbetriebe für Wasser und Energie« und die »im Fernmeldewesen tätigen Einrichtungen« insgesamt von ihrem Anwendungsbereich auszunehmen.[15] Um eine möglichst einheitliche Rechtssituation in den Mitgliedstaaten herzustellen, sollte Anknüpfungspunkt der später, im Jahr 1990 verabschiedeten ersten Sektorenrichtlinie 90/531/EWG[16] nicht die Rechtsform des Auftraggebers und seine Einbindung in die staatliche Verwaltungsorganisation, sondern sein Tätigkeitsbereich sein. In den Erwägungsgründen 8–10 der Richtlinie 90/531/EWG heißt es dazu:

8   »*Die Ausklammerung dieser Bereiche [Anm.: die Bereiche Wasser, Energie und Verkehr und Telekommunikation] war vor allem deshalb gerechtfertigt, weil die Einrichtungen, die die jeweiligen Leistungen erbringen, teils dem öffentlichen Recht, teils dem Privatrecht unterliegen.*

---

11 Vgl. Art. 28 Abs. 4 Richtlinie 2014/24/EU.
12 Vgl. Art. 44 Abs. 4 lit. a und Art. 46 Abs. 2 UAbs. 2 Richtlinie 2014/25/EU.
13 Vgl. 8. Erwägungsgrund Richtlinie 2014/25/EU.
14 Vgl. Begr. VergRModG, BT-Drs. 18/6281, S. 71.
15 Vgl. Erwägungsgründe 5–7 Richtlinie 71/305/EWG vom 26.07.1971 und Erwägungsgründe 6–8 Richtlinie 77/62/EWG v. 21.12.1976.
16 Richtlinie 90/531/EWG v. 17.09.1990.

Um bei der Anwendung der Vergabevorschriften in diesen Sektoren eine wirkliche Marktöffnung und einen angemessenes Gleichgewicht zu erreichen, dürfen die Einrichtungen nicht allein aufgrund ihrer Rechtsstellung definiert werden.

In den vier erfassten Bereichen sind die zu lösenden Probleme ähnlich geartet, so dass sie in einem einzigen Rechtsinstrument geregelt werden können.«

Die Richtlinie 90/531/EWG erfasste mit dem Begriff des »öffentlichen Unternehmens« nach dama- 9 ligem Verständnis erstmals auch Unternehmen in privater Rechtsform.[17] Der Begriff der »Einrichtungen des öffentlichen Rechts«, der mit der Richtlinie 98/440/EWG vom 18.07.1998 eingeführt worden war, wurde damals noch nicht so interpretiert, dass auch Staatsunternehmen in privater Rechtsform erfasst werden.[18] Das ist heute anders. Eine scharfe Trennung zwischen den »öffentlichen Unternehmen« in privater Rechtsform und den »Einrichtungen des öffentlichen Rechts« lehnt der EuGH ab.[19] Heute ist vielmehr anerkannt, dass auch »Einrichtungen des öffentlichen Rechts« im Sinne des Gemeinschaftsrechts (d.h. öffentliche Auftraggeber nach § 99 Nr. 2 GWB) in privater Rechtsform organisiert sein können.

Obwohl die **Unterscheidung der »Sektorenauftraggeber« und der »öffentlichen Auftraggeber«** 10 durch die Weiterentwicklung des Auftraggeberbegriffs im Gemeinschaftsrecht daher **an Bedeutung eingebüßt** hat, war im Zuge der Modernisierung der europäischen Vergaberechtlinien frühzeitig entschieden worden, dass die seit 2004 bestehende Aufteilung zwischen einer allgemeinen Richtlinie für die Auftragsvergabe und einer besonderen Richtlinie für die Beschaffung in bestimmten Wirtschaftssektoren beibehalten werden sollte.[20] So hatte die Europäische Kommission am 20.12.2011 auch zwei getrennte Vorschläge für die nächste Generation der Europäischen Vergaberichtlinien vorgelegt.[21] Gleichwohl ist nicht zu verkennen, dass sich die Unterschiede zwischen dem allgemeinen Vergaberecht und dem Sektorenvergaberecht mit der im Jahr 2014 verabschiedeten neuen Generation der Europäischen Vergaberichtlinien noch einmal verringert haben. Es stellt sich daher durchaus die Frage, ob die verbleibenden Abweichungen – im Wesentlichen einige besondere Ausnahmen vom sachlichen Anwendungsbereichs,[22] die freie Wahl der Verfahrensart[23] und der höhere Schwellenwert, der für die Anwendung des EU-Vergaberechts in den Sektorenbereich gilt – es weiterhin rechtfertigen, zwei selbstständige, durchregulierte Vergaberegime aufrecht zu erhalten.

Die Bestimmung zum persönlichen Anwendungsbereich der Sektorenvergaberichtlinie in Art. 4 11 Richtlinie 2014/25/EU hat der Gemeinschaftsgesetzgeber nahezu unverändert aus Art. 2 der Vorgängerrichtlinie 2004/17/EG übernommen. Lediglich bei der Definition der besonderen oder ausschließlichen Rechte beginnt der letzte Halbsatz nun mit »wodurch« anstatt mit »und«, was einen stärkeren Kausalitätsbezug herstellt. Auch der Zusatz, dass Rechte, die in einem angemessen bekannt gegebenen und auf objektiven Kriterien beruhenden Verfahren gewährt werden, keine

---

17 Vgl. Schenke/Thomas BauR 1983, 38; Bornheim/Stockmann BauR 1994, 667.
18 Nach der Lieferkoordinierungsrichtlinie 77/62/EWG vom 21.12.1976 galten als »öffentliche Auftraggeber« der Staat, die Gebietskörperschaften, bestimmte im Anhang der Richtlinie aufgeführte juristische Personen des öffentlichen Rechts oder – in dem Mitgliedstaat, die diesen Begriff nicht kannten – dort aufgeführte »gleichwertigen Einrichtungen«.
19 Deutlich EuGH v. 13.01.2005 – Rs. C-84/03 »Kommission/Spanien« Rz. 29 ff.
20 Vgl. Wiedner/Spiegel, Europäische Vergaberichtlinien: Die nächste Generation, in: Prieß/Lau/Kratzenberg, FS für Friedhelm Marx, 2013, 819, 822; vgl. auch Europäische Kommission, Impact Assessment v. 20.12.2011, SEC(2011) 1585 final, S. 85 u. 160 f.; offener noch Grünbuch über die Modernisierung der europäischen Politik im Bereich des öffentlichen Auftragswesens – Wege zu einem effizienteren europäischen Markt für öffentliche Aufträge, KOM (2011) 15/4, S. 12 f.
21 Vorschlag für eine Richtlinie des Europäischen Parlaments und des Rats über die öffentliche Auftragsvergabe, KOM (2011) 896; Vorschlag für eine Richtlinie des Europäischen Parlaments und des Rates über die Vergabe von Aufträgen durch Auftraggeber im Bereich der Wasser-, Energie- und Verkehrsversorgung sowie der Postdienste, KOM (2011) 895.
22 Vgl. § 137 Abs. 1 Nr. 7 – 9, Abs. 2 sowie §§ 138 – 140 GWB.
23 Vgl. § 141 GWB.

»besonderen oder ausschließlichen Rechte« darstellen, sowie die Aufzählung solcher Verfahren in Anhang II Richtlinie 2014/25/EU waren in der Vorgängerrichtlinie 2004/17/EG nicht enthalten.[24] Die Idee, in einem Verzeichnis, möglichst alle in den Mitgliedsstaaten erfassten Sektorenauftraggeber namentlich aufzuführen,[25] verfolgt der Gemeinschaftsgesetzgeber dagegen nicht mehr. Das Verzeichnis der Vorgängerrichtlinie 2004/17/EG war ohnehin nicht erschöpfend[26] und konnte auch für die aufgeführten Auftraggeber nur eine Indizwirkung für das Vorliegen der Voraussetzungen eines Sektorenauftraggebers schaffen.

12   Im GWB war Art. 4 Richtlinie 2014/25/EU bzw. Art. 2 der Vorgängerrichtlinie 2004/17/EG bislang nicht 1:1 umgesetzt. Der persönliche Anwendungsbereich der Sektorenverordnung wurde durch die Verordnung selbst, nämlich durch § 1 Abs. 1 S. 1 SektVO a.F. bestimmt. In § 98 Nr. 4 S. 1 Hs. 1 GWB a. F. waren allerdings die beiden nun unter § 100 Abs. 1 Nr. 2 GWB zusammengefassten Kategorien von Sektorenauftraggebern beschrieben. Und § 98 Nr. 4 S. 1 Hs. 2 GWB a. F. entsprach fast wortgleich § 100 Abs. 2 S. 1 GWB. Die Vermutungsregel des § 100 Abs. 3 GWB fand sich bislang – systematisch völlig verfehlt – [27] in § 106 a Abs. 1 Nr. 3 Hs. 2 GWB a. F., eine Vorschrift zur Abgrenzung der Zuständigkeit der Vergabekammern. § 159 GWB Abs. 1 Nr. 3 Hs. 2 GWB hält daran unnötigerweise fest.

13   § 100 GWB wurde in der Fassung des Regierungsentwurfs verabschiedet. Änderungen gab es im laufenden Gesetzgebungsverfahren nicht mehr.

IV. Typologie der Sektorenauftraggeber

1. Sektorenauftraggeber nach Abs. 1 Nr. 1

14   § 100 Abs. 1 Nr. 1 GWB erfasst öffentliche Auftraggeber gemäß § 99 Nr. 1–3 GWB. Üben diese eine Sektorentätigkeit gemäß § 102 GWB aus, sind sie Sektorenauftraggeber. Sie wenden das Sektorenvergaberecht allerdings nur an, *soweit* sie Aufträge vergeben, die im Zusammenhang mit Tätigkeiten auf dem Gebiet der Trinkwasser- oder Energieversorgung oder des Verkehrs im Sinne von § 102 GWB stehen. Dies ergibt sich aus § 136 GWB (»...*zum Zweck der Ausübung einer Sektorentätigkeit...*«) und aus § 1 Abs. 1 SektVO. Soweit sie Sektorentätigkeiten ausüben, sind sie als Sektorenauftraggeber nicht nur berechtigt, sondern verpflichtet, bei Aufträgen, die der Ausübung dieser Tätigkeit dienen, das Sektorenvergaberecht anzuwenden.[28] Die sog. »Infizierungstheorie«, wonach eine Einrichtung, die mit einem – möglicherweise nur geringen – Teil ihrer Tätigkeit die Voraussetzungen für die Anwendung des Richtlinienrechts erfüllt, insgesamt, d.h. bei der Vergabe aller Aufträge ab bestimmtem Auftragswert die vorgeschriebenen Verfahren beachten muss, gilt im Sektorenbereich nicht.[29] Die **Qualifikation als Sektorenauftraggeber** bestimmt sich vielmehr nach den einzelnen Tätigkeitsbereichen des Auftraggebers und sie **ist daher teilbar oder »relativ«**.[30] Vergibt ein öffentlicher Auftraggeber i.S.v. § 99 GWB Aufträge, die anderen Zwecken als der Durchführung von Sektorentätigkeiten dienen (sektorenfremde Aufträge), gelten die allgemeinen Bestimmungen (§§ 115 ff. GWB, VgV, VOB/A 2. Abschnitt). In Abgrenzung zu den von § 100 Abs. 1

---

24   Ein Hinweis auf diese Einschränkung enthielt bislang allerdings schon Erwägungsgrund 25 Satz 3 der Vorgängerrichtlinie 2004/17/EG sowie die Explanatory Note CC/2004/33 der EU-Kommission v. 18.04.2004.

25   Vgl. Anhänge I–X der Sektorenrichtlinie 2004/17/EG.

26   Vgl. Art. 8 Richtlinie 2004/17/EG.

27   Vgl. kritisch Dreher in: Immenga/Mestmäcker, Wettbewerbsrecht Bd. 2, 5. Aufl., § 98 Rn. 204.

28   Das Sektorenvergaberecht kommt außerdem im Bereich der Trinkwasser- und Energieversorgung auch nur zur Anwendung, wenn der Auftrag nicht auf die Beschaffung der für die Sektorentätigkeit erforderlichen Rohstoffe gerichtet ist, vgl. § 137 Abs. 1 Nrn. 7 u. 8 GWB.

29   EuGH v. 10.04.2008 – Rs. C-393/06 »Aigner« Rz. 29 ff. Zur Ausübung einer Sektorentätigkeit im Konzernverbund vgl. Rdn. 33 ff.

30   Vgl. Opitz in: Eschenbruch/Opitz, SektVO, Einl. – Teil 1, Rn. 14; Opitz NZBau 2002, 19, 21; Dreher in: Immenga/Mestmäcker, Wettbewerbsrecht Bd. 2, 5. Aufl., § 98 Rn. 180.

Nr. 2 erfassten Sektorenauftraggebern können die Auftraggeber, die bereits von § 99 GWB erfasst sind und daher § 100 Abs. 1 Nr. 1 GWB unterfallen, als »Auch-Sektorenauftraggebern« bezeichnet werden. Für sie schafft § 100 GWB im Verhältnis zu den außerhalb der Sektorenvergabe geltenden Regelungen eine Privilegierung.

Aus der Rechtsprechung des EuGH ergibt sich, dass die Stellung als öffentlicher Auftraggeber nach § 99 Nr. 2 GWB nicht vorgefunden sein muss, um eine Auftraggebereigenschaft nach § 100 Abs. 1 Nr. 1 GWB zu begründen. Eine nichtgewerbliche Aufgabenerfüllung i.S.v. § 99 Nr. 2 GWB kann sich vielmehr auch erst aus der Tätigkeit des Auftraggebers im Verkehrs-, Trinkwasser- oder Energiesektor und einer dort bestehenden wettbewerblichen Sonderstellung ergeben.[31] Das führt bei Auftraggebern, die neben der Sektorentätigkeit auf einem Wettbewerbsmarkt tätig sind, allerdings zu dem paradoxen Ergebnis, dass Aufträge auf dem Wettbewerbsmarkt nach den strengeren allgemeinen Vergabevorschriften zu vergeben sind als die Aufträge, die im Zusammenhang der Sektorentätigkeit stehen.[32] **15**

In seinem begrenzten sachlichen Anwendungsbereich gilt das **Sektorenvergaberecht als spezielleres** – wenn auch nicht strengeres – **Vergaberecht vorrangig** vor den allgemeinen Vergaberechtsbindungen des öffentlichen Auftraggebers. Das ergibt sich heute ausdrücklich aus Art. 7 der Richtlinie 2014/24/EU. Diese Erkenntnis hat sich allerdings erst allmählich durchgesetzt[33] und bedurfte klarstellender Rechtsprechung des EuGH.[34] Die Gegenansicht[35] berief sich lange darauf, dass mit der zeitlich nachfolgenden Koordinierung des öffentlichen Auftragswesens in den Sektoren nicht bezweckt worden sei, den Anwendungsbereich der vorhandenen Richtlinien hinsichtlich einzelner bereits erfasster Auftraggeber zu beschneiden. Das trifft allerdings nicht zu, denn bereits die Richtlinie 90/531/EWG begründete einen Vorrang der Sektorenrichtlinie vor den klassischen Vergaberichtlinien.[36] Dieser Vorrang ist auch gerechtfertigt, da die Privilegierungen des Sektorenvergaberechts nicht auf eine bestimmte Organisation des Auftraggebers, sondern auf seine Tätigkeit in den Sektoren zurückzuführen sind. **16**

Die mit den Novellierungen der VOB/A im Jahr 1992 und der VOL/A im Jahr 1993 eingeführte, im Gemeinschaftsrecht nicht vorgesehene Aufspaltung des Sektorenvergaberechts in differenzierte Verfahrensordnungen mit strengere Verfahrensregeln für die im Sektorenbereich tätigen öffentlichen Auftraggeber (3. Abschnitte von VOB/A und VOL/A) und weniger strengen Verfahrensregeln für die im Sektorenbereich tätigen privaten Auftraggeber (4. Abschnitte von VOB/A und VOL/A),[37] wurde schon mit der Neufassung der Vergabeverordnung (VgV)[38] im Jahre 2001 durchbrochen[39] und dann mit dem Erlass der SektVO im Jahre 2009[40] ganz aufgegeben.

---

31 So aber EuGH v. 10.04.2008 – Rs. C-393/06 »Aigner« Rz. 41 ff.
32 Kritisch Opitz VergabeR 2014, 369, 372.
33 Vgl. insofern bereits EuGH v. 11.07.1991 – Rs. C-247/89 »Telefonzentrale Lissabon«, Slg. 1991 I-3659 Rz. 39 ff.; EuGH v. 07.12.2000 – Rs. C-324/98 »Telaustria« Rz. 31 ff.; EuGH v. 18.11.2004 – Rs. C-126/03 »Stadtwerke München« Rz. 21; Bayer/Franke/Opitz, EU-Vergaberecht, 2001, Rn. 96 ff.; Opitz NZBau 2002, 19, 21; Hertwig NZBau 2003, 545, 546 ff.; Prieß/Gabriel NZBau 2006, 685.
34 Vgl. EuGH v. 16.06.2005, verb. RS.C-462/03 und C-463/03 »Strabag« Rz. 37, 41 f.; EuGH v. 10.04.2008 – Rs. C-393/06 »Aigner« Rz. 58 f.
35 OLG München v. 20.04.2005 – Verg 8/05; BayObLG v. 05.11.2002 – Verg 22/02 VergabeR 2003, 186; VK Schleswig-Holstein v. 17.01.2006 – VK-SH 32/05; VK Brandenburg v. 28.01.2003 – VK 71/02.
36 Vgl. Art. 35 Richtlinie 90/531.
37 Diese Aufspaltung wurde damit begründet, dass die »privaten Sektorenauftraggeber« unternehmerisch agieren, während die »staatlichen Sektorenauftraggeber« nicht unter denselben Wettbewerbsbedingungen agieren, BT-Drucksache, Drucks 13/9340, S. 15. Zur alten Rechtslage Opitz in: Eschenbruch/Opitz, Rn. 20 f.; Gabriel in: MüKo, Europäisches und Deutsches Wettbewerbsrecht, Bd. 3, 2011, SektVO, Vorbemerkung Rn. 2.
38 VgV v. 09.01.2001, BGBl. I 2001, 110.
39 Die dritten Abschnitte von VOB/A und VOL/A galten fortan nur noch für die Tätigkeit von öffentlichen Auftraggebern in den Sektoren Trinkwasserversorgung, Häfen und Landverkehr, vgl. BRat-Drs. 455/1/00, S. 2.
40 Verordnung über die Vergabe von Aufträgen im Bereich des Verkehrs, der Trinkwasserversorgung und der Energieversorgung vom 23.09.2009 (SektVO), BGBl. I S. 3110.

17   Noch ungeklärt ist das Verhältnis von § 99 Nr. 4 zu § 100 Abs. 1 GWB. Der Fall, dass Sektorenauftraggeber nach § 100 Abs. 1 GWB von Stellen, die unter § 99 Nr. 1-3 GWB fallen, für bestimmte Vorhaben Mittel erhalten, mit denen diese Vorhaben zu mehr als 50 % subventioniert werden, ist nicht selten. Das betrifft insbesondere Tiefbaumaßnahmen bei der Errichtung von Leitungen oder Verkehrswegen. Zum Teil wird vertreten, dass in diesen Fällen § 99 Nr. 4 GWB Vorrang vor § 100 Abs. 1 Nr. 2 GWB genießt.[41] Das überzeugt jedoch nicht. Bei § 99 Nr. 4 GWB handelt es sich um eine von § 99 Nr. 1–3 GWB abgeleitete Auftraggeberstellung. Wenn öffentliche Auftraggeber gemäß § 99 Nr.1–3 GWB nach § 100 Abs. 1 Nr. 1 GWB in den Genuss kommen, bei Sektorentätigkeiten die privilegierenden Vorschriften des Sektorenvergaberechts anzuwenden, muss dies erst recht im Fall des § 99 Nr. 4 GWB gelten, wenn die subventionierte Maßnahme einer Sektorentätigkeit dient.[42]

18   Die rechtspraktische Frage, welche Regeln für die Beauftragung von Leistungen gelten, die sowohl der Sektorentätigkeit als auch der übrigen Tätigkeit eines Auftraggebers dienen[43] (z.B. bei der Beschaffung einer IT-Lösung), ist in § 112 GWB differenziert geregelt. Bei Verträgen, die zum Teil dem Sektorenvergaberecht und zum Teil dem Konzessionsvergaberecht unterliegen, gilt nach Maßgabe von § 111 Abs. 3 Nr. 3 GWB ein Vorrang des Sektorenvergaberechts.

2. Sektorenauftraggeber nach Abs. 1 Nr. 2

a) Ausgangspunkt

19   Mit § 100 Abs. 1 Nr. 2 GWB wird der persönliche Anwendungsbereich des 4. Teils des GWB über § 99 GWB hinaus erweitert. § 100 Abs. 1 Nr. 2 GWB betrifft natürliche oder juristische Personen des privaten Rechts, die eine Sektorentätigkeit gemäß § 102 GWB ausüben, wenn diese Tätigkeit entweder auf der Grundlage von besonderen oder ausschließlichen Rechten ausgeübt wird, die von einer zuständigen Behörde gewährt wurden (lit. a) oder wenn öffentliche Auftraggeber gemäß § 99 Nr. 1–3 GWB auf diese Personen einzeln oder gemeinsam einen beherrschenden Einfluss ausüben können (lit. b). Die letztgenannten Auftraggeber werden im Gemeinschaftsrecht als »öffentliche Unternehmen« bezeichnet. In Abgrenzung zu den »Auch-Sektorenauftraggebern« nach § 100 Abs. 1 Nr. 1 GWB kann bei den beiden von Nr. 2 erfassten Kategorien von Sektorenauftraggebern von »**Nur-Sektorenauftraggebern**« gesprochen werden.[44] Für diese folgt aus § 100 Abs. 1 Nr. 2 GWB eine konstitutive Verpflichtung zur Anwendung von Vergaberecht bei ihrer Beschaffungstätigkeit. Auch das allerdings nur, soweit der zu vergebende Auftrag den Zwecken einer Sektorentätigkeit im Sinne von § 102 GWB dient. Nur insoweit besteht eine Vergabepflicht. Das ergibt sich ausdrücklich aus § 137 Abs. 2 Nr. 1 GWB.

20   **Aufträge, die anderen Tätigkeiten als Sektorentätigkeiten dienen,** können von Auftraggebern nach § 100 Abs. 1 Nr. 2 GWB frei vergeben werden, und zwar auch von den in Nr. 2 lit. b erfassten – gewerblich handelnden – öffentlichen Unternehmen. Außerhalb der in § 102 GWB genannten, speziellen Wirtschaftssektoren sind nach § 99 Nr. 2 GWB nur die nichtgewerblich handelnden juristischen Personen des privaten Rechts unter den weiteren dort genannten Voraussetzungen dem Vergaberecht verpflichtet. Einschränkungen können sich allerdings durch Landesvergabegesetze ergeben. Zudem unterliegen auch öffentliche Unternehmen einer Grundrechtsbindung[45] und damit bei ihrer Beschaffungstätigkeit dem Gleichbehandlungsgebot des Art. 3 Abs. 1 GG, sofern man eine Grundrechtsbindung für das erwerbswirtschaftliche und fiskalische Handeln des Staates nicht grundsätzlich ausschließt. Die haushaltsrechtlichen Vorschriften über die öffentliche Auf-

41 Reider in: MüKo, Europäisches und Deutsches Wettbewerbsrecht, Bd. 3, 2011, § 98 GWB Rdn. 81; Dreher in: Immenga/Mestmäcker, Wettbewerbsrecht Bd. 2, 5. Aufl., § 98 GWB Rn. 239.
42 Wie hier Ziekow in: Ziekow/Völlink, Vergaberecht, 2. Aufl., § 98 GWB Rn. 147.
43 Dazu v. Franckenstein, NZBau 2000, 270.
44 Auf den Begriff der »staatsnahen« und »staatsfernen« Sektorenauftraggeber, der uneinheitlich verwendet wird, wird hier verzichtet.
45 Zur Grundrechtsbindung öffentlicher Unternehmen BVerfG v. 22.01.2011 – 1 BvR 699/06 »Fraport«.

tragsvergabe[46] gelten für öffentliche Unternehmen regelmäßig nicht. Ob bzw. inwieweit aus den Grundfreiheiten des AEUV Vergabepflichten für – gewerblich handelnde – öffentlichen Unternehmen bei ihrer Beschaffungstätigkeit außerhalb der Sektoren abgeleitet werden können, ist noch weitgehend ungeklärt.[47]

Beiden Fallgruppen des § 100 Abs. 1 Nr. 2 GWB ist gemeinsam, dass nicht nur **juristische Personen**, sondern auch **natürliche Personen** und damit auch Gesamthandgemeinschaften wie die Gesellschaft bürgerlichen Rechts, die offene Handelsgesellschaft oder die Kommanditgesellschaft ohne weiteres erfasst sind.[48] Die Frage, ob § 100 Abs. 1 Nr. 2 GWB über seinen Wortlaut hinaus auch juristische Personen des öffentlichen Rechts erfassen kann, könnte sich im Hinblick auf lit. a stellen, wenn nämlich eine solche juristische Person des öffentlichen Rechts von einer (anderen) zuständigen Behörde mit besonderen oder ausschließlichen Rechten zur Ausübung einer Sektorentätigkeit betraut wird. Für eine erweiternde Auslegung könnte das Anliegen der Sektorenrichtlinie sprechen, Auftraggeber »unabhängig von ihrer Rechtsstellung« zu erfassen.[49] In derartigen Fällen wird es allerdings regelmäßig so sein, dass durch das besondere oder ausschließliche Recht eine wettbewerbliche Sonderstellung begründet wird, die die Nichtgewerblichkeit der juristischen Person des öffentlichen Rechts im Sinne von § 99 Nr. 2 GWB indiziert. Sofern eine besondere Staatsgebundenheit nach Maßgabe von §§ 99 Nr. 2 lit a, b oder c GWB besteht, ergibt sich die Sektorenauftraggebereigenschaft dann schon nach § 100 Abs. 1 Nr. 1 GWB. **21**

b) Sektorenauftraggeber mit besonderen oder ausschließlichen Rechten

§ 100 Abs. 1 Nr. 2 lit. a GWB betrifft Fälle, bei denen einem Unternehmen durch die öffentliche Hand besondere oder ausschließliche Rechte zur Wahrnehmung einer Sektorentätigkeit gewährt worden sind. Wenn derartige Unternehmen Vergabepflichten unterworfen werden, liegen dem **zwei regulatorische Motive** zugrunde: Zum einen lässt sich anführen, dass die dem Unternehmen gewährten Rechte entweder als Monopolrechte den Wettbewerb ausschließen oder als besondere Rechte dem Inhaber eine wettbewerbsbezogene Sonderstellung gewähren, was dann zu unerwünschten Verhaltensspielräumen auch bei der Beschaffung führt. Das wettbewerbsöffnende Motiv kommt in den Erwägungsgründen 2 und 43 ff. der Richtlinie 2014/25/EU zum Ausdruck. Zum anderen ist die Sonderstellung staatlich veranlasst, weil die Sonderrechte durch Behörden, und damit von Stellen der öffentlichen Hand eingeräumt werden. Ein Auftraggeber, der im Wettbewerb derart privilegiert wird, ist einer besonderen Einflussnahme des Staates ausgesetzt,[50] so dass auch eine Einflussnahme auf die Beschaffungspolitik des Unternehmens nicht fernliegt. Das letztgenannte Motiv kommt in dem 1. Erwägungsgrund der Richtlinie 2014/25/EU zum Ausdruck, in dem darauf hingewiesen wird, dass die nationalen Behörden in den Sektoren nach wie vor auf vielfältige Weise Einfluss auf das Verhalten der Auftraggeber nehmen können. **22**

Die Besonderheit der Sektorenauftraggeber nach § 100 Abs. 1 Nr. 2 lit. a GWB besteht darin, dass Unternehmen erfasst werden, die nicht staatlich beherrscht oder finanziert werden. Der Umstand, dass das Vergaberecht in dieser Fallgruppe - und auch bei § 99 Nr. 4 GWB - auch »materiell Private« an förmliche Verfahren bei ihrer Beschaffungstätigkeit bindet, ist ein Grund dafür, weshalb das Vergaberecht nach den gängigen Abgrenzungstheorien nicht dem öffentlichen Recht zuzuordnen **23**

---

46 § 55 BHO und die entsprechenden Vorschriften der Landes- und kommunalen Haushaltsordnungen.

47 S. jedoch Gabriel VergabeR 2009, 7 ff.

48 Vgl. Dreher in: Immenga/Mestmäcker, Wettbewerbsrecht Bd. 2, 5. Aufl., § 98 GWB Rn. 183; Eschenbruch in: Kulartz/Kus/Portz, GWB-Vergaberecht, 3. Aufl., § 98 Rn. 260.

49 Vgl. Erwägungsgrund 19 Richtlinie 2014/25/EU; ferner Dreher in: Immenga/Mestmäcker, Wettbewerbsrecht Bd. 2, 5. Aufl., § 98 GWB Rn. 184.

50 Vgl. Gabriel in: MüKo, Europäisches und Deutsches Wettbewerbsrecht, Bd. 3, 2011, § 98 GWB Rdn. 47; Willenbruch/Wieddekind Vergaberecht, 3. Aufl., § 98 GWB Rdn. 90.

ist.[51] Dennoch erfasst das Vergaberecht auch nach § 100 Abs. 1 Nr. 2 lit. a GWB nicht sämtliche in den Versorgungssektoren tätigen privaten Unternehmungen. Mit zunehmender Liberalisierung der Sektorenbereiche agieren vor allem im Energie- und Verkehrssektor zunehmend Unternehmen in privater Hand, die ihre Sektorentätigkeit auch nicht auf der Grundlage besonderer oder ausschließlicher Rechte ausüben und die bei ihren Beschaffungen frei agieren können.

c) Öffentliche Unternehmen

24 § 100 Abs. 1 Nr. 2 lit. b GWB erfasst die natürlichen oder juristischen Personen des privaten Rechts, die eine Sektorentätigkeit gemäß § 102 GWB ausüben, wenn öffentliche Auftraggeber gemäß § 99 Nr. 1–3 GWB auf diese Person einzeln oder gemeinsam einen beherrschenden Einfluss ausüben können. Der Unterschied zwischen den »öffentlichen Unternehmen« i.S.v. § 100 Abs. 1 Nr. 2 lit. b GWB und den »öffentlichen Auftraggebern« i.S.v. § 99 Nr. 2 GWB, die bei Ausübung einer Sektorentätigkeit § 100 Abs. 1 Nr. 1 GWB unterfallen, liegt darin, dass erstere **gewerblich handeln**, während letztere nichtgewerblich tätig sind.[52] Eine Nichtgewerblichkeit liegt bereits vor, wenn der unternehmerisch handelnde Staat über eine marktbezogene Sonderstellung verfügt und er seine Tätigkeit nicht unter Wettbewerbsbedingungen ausübt.[53] Das Tatbestandsmerkmal der »im Allgemeininteresse liegenden Aufgabe« in § 99 Nr. 2 GWB bietet dagegen kaum Abgrenzungspotential, da auch eine Tätigkeit im Sektorenbereich der Erfüllung einer im Allgemeininteresse liegende Aufgabe dienen kann,[54] und auch regelmäßig dienen wird.[55] Ebenso stellen beide Vorschriften das Erfordernis einer besonderen Staatsnähe auf. Da die staatlich beherrschten nichtgewerblich tätigen Unternehmen bereits Sektorenauftraggeber nach § 100 Abs. 1 Nr. 1 GWB sind, beschränkt sich der Anwendungsbereich des § 100 Abs. 1 Nr. 2 lit. b GWB auf die öffentlichen Unternehmen, die – ohne eine wettbewerbsbezogene Sonderstellung – unter Wettbewerbsbedingungen handeln.

25 So gesehen ist die dogmatische Grundlage von § 100 Abs. 1 Nr. 2 lit. b GWB bzw. Art. 4 Abs. 2 Richtlinie 2014/25/EU schwach. Sie speist sich ausschließlich aus der Erwägung, dass die Mitgliedsstaaten durch Kapitalbeteiligungen oder etwa die Vertretung in Verwaltungs-, Leitungs- oder Aufsichtsgremien öffentlicher Unternehmen Einfluss auf das Verhalten dieser Unternehmen als Auftraggeber nehmen können.[56] Im allgemeinen Vergaberecht, bei den Einrichtungen des öffentlichen Rechts im Sinne von § 99 Nr. 2 GWB, führt jedoch erst das kumulative Vorliegen zweier Voraussetzungen zur Vergabepflichtigkeit: der besonderen Staatsgebundenheit, die Einflussnahmemöglichkeiten auf die Geschäftspolitik des Auftraggebers ermöglicht, *und* einer wettbewerbsbezogenen Sonderstellung. Will man eine staatliche Einflussmöglichkeit auf die Geschäftspolitik des Auftraggebers für sich genommen ausreichen lassen, um eine Verpflichtung zur Anwendung des Vergaberechts zu rechtfertigen, müsste man konsequenterweise auch auf das Merkmal der »Aufgabe nichtgewerblicher Art« bei den Einrichtungen des öffentlichen Rechts verzichten. Anders ausgedrückt: es ist fraglich, warum die Möglichkeit nationaler Behörden, auf das Beschaffungsverhalten öffentlicher Auftraggeber Einfluss nehmen zu können, nur in den Wirtschaftssektoren der Wasser-, Energie- und Verkehrsversorgung sowie der Postdienste zu Vergabepflichten führen soll, nicht jedoch in anderen Wirtschaftsbereichen wie etwa der Entsorgungswirtschaft. Eine **sinnvolle Weiterentwicklung des Auftraggeberbegriffs im europäischen Vergaberecht** wird darin liegen, die gewerblich handelnden öffentlichen Unternehmen von jeglicher Vergabeverpflichtung auszunehmen, jedoch Auftraggeber, die eine Wirtschaftstätigkeit (nicht nur in den Sektoren) auf der Grundlage von besonderen oder

---

51 OLG München v. 12.05.2011 – Verg 26/10; Dreher in: Immenga/Mestmäcker, Wettbewerbsrecht Bd. 2, 5. Aufl., Vor §§ 97 ff. Rn. 112 m. ausf. Nachw.
52 Gegen das »Hineinlesen« des Tatbestandsmerkmals der Nichtgewerblichkeit in § 98 Nr. 4 GWB a.F., VK Sachsen v. 09.12.2014 – 1/SVK/032 – 14.
53 Vgl. hierzu die Kommentierung zu § 99 GWB.
54 VK Bund v. 21.01.2004 –VK 2 – 126/03.
55 Vgl. etwa OVG Münster Urt. v. 20.04.2012, 4 A 1055/09, NZBau 2012, 589, 592 f. für die Fernwärmeversorgung.
56 Vgl. 1. Erwägungsgrund Richtlinie 2014/25/EU.

ausschließlichen Rechten ausüben, die von einer zuständigen Behörde gewährt wurden, in den Kreis der öffentlichen Auftraggeber aufzunehmen. Privilegierende Sonderregelungen in bestimmten Wirtschaftssektoren könnten dann gleichwohl aufrechterhalten bleiben.

Wie im Fall des § 99 Nr. 2 GWB ist es auch nach § 100 Abs. 1 Nr. 2 lit. b GWB nicht erforderlich, dass der Auftraggeber gemäß § 99 Nr. 1–3 GWB seinen Einfluss auf die betroffene juristische oder natürliche Person tatsächlich ausübt. Es reicht, wenn die Möglichkeit hierzu besteht. Auch kann der Einfluss, wie sich aus § 100 Abs. 3 Nr. 1 GWB ergibt, mittelbar ausgeübt werden. Deshalb können auch Tochter- oder Enkelgesellschaften öffentlicher Unternehmen Sektorenauftraggeber nach § 100 Abs. 2 lit. b GWB sein. **26**

Im Hinblick auf die Tätigkeit internationaler Versorgungskonzerne ist die Frage aufgekommen, ob eine Beherrschung durch eine Gebietskörperschaft i.S.v. § 99 Nr. 1 GWB auch dann vorliegt, wenn Gesellschafter des Versorgungsunternehmens ein ausländischer Staat ist. Diese Frage ist umstritten.[57] Die Vergabekammer Lüneburg hat sie bejaht.[58] Das OLG Celle hat hingegen Zweifel angemeldet, ob die Niederlande eine Gebietskörperschaft i.S.v. § 98 Nr. 1 GWB a.F. sein könne.[59]

Fraglich ist auch, ob der **beherrschende Einfluss** im Sinne von § 100 Abs. 1 Nr. 2 lit. b GWB notwendig gesellschaftsrechtlich vermittelt sein muss. Die Formulierung in Art. 4 Abs. 2 UAbs. 1 Richtlinie 2014/25/EU (»... *aufgrund der Eigentumsverhältnisse, der finanziellen Beteiligung oder der für das Unternehmen geltenden Bestimmungen unmittelbar oder mittelbar einen beherrschenden Einfluss ausüben können*«) spricht gegen diese Eingrenzung.[60] Deshalb ist auch der Beherrschungsbegriff des § 17 AktG, der einen solchen gesellschaftsrechtlich vermittelten Einfluss voraussetzt, nicht auf § 100 Abs. 1 Nr. 2 lit. b GWB übertragbar.[61] Die Beherrschungsmöglichkeit kann vielmehr auch durch eine (schuldrechtlich begründete) Unternehmensfinanzierung, unternehmensbezogene rechtliche Rahmenbedingungen (z.B. haushaltsrechtliche Genehmigungsvorbehalte) oder auch durch Unternehmensverträge begründet sein.[62] Die hierdurch vermittelten Einflussmöglichkeiten müssen allerdings geeignet sein, das Beschaffungsverhalten des im Sektorenbereich tätigen Unternehmens zu beeinflussen, weshalb Kontrollrechte, die eine lediglich nachträgliche Überprüfung unternehmerischer Entscheidungen ermöglichen, nicht genügen.[63] Auch zeigt Art. 4 Abs. 2 U Abs. 1 Richtlinie 2014/25/EU, dass aus rein faktischen oder wirtschaftlichen Abhängigkeiten keine Beherrschungsmöglichkeit folgt. **27**

Eine **paritätische Beteiligung** eines Auftraggebers nach § 99 Nr. 1–3 GWB begründet normalerweise, d.h. ohne dass weitere Umstände wie z.B. Unternehmensverträge hinzutreten, keine Beherrschungsmöglichkeit nach § 100 Abs. 1 Nr. 2 lit. b GWB.[64] Das gleiche gilt für **Minderheitsbeteiligungen**, und zwar auch im Fall der sogenannten negativen Alleinkontrolle. Von einer negativen Alleinkontrolle spricht man, wenn die Möglichkeit besteht, aufgrund des Minderheitsanteils einseitig bestimmte Unternehmensentscheidungen zu blockieren. Um das Beschaffungsverhalten eines Unternehmens im Sektorenbereich beeinflussen zu können, sind Möglichkeiten der positiven Einflussnahme erforderlich. Insofern dürfte für § 100 Abs. 1 Nr. 2 lit. b GWB jedenfalls in diesem **28**

---

57 Vgl. einerseits Diehl in: Müller-Wrede, GWB-Vergaberecht, 2. Auf., § 98 Rdn. 11; v. Strenge NZBau 2011, 17, 19; andererseits Opitz in: Prieß/Lau/Kratzenberg (Hrsg.), FS für Fridhelm Marx, S. 505, 516 ff.

58 VK Lüneburg v. 30.09.2015, VgK – 30/2015.

59 OLG Celle v. 08.08.2013 – 13 Verg 7/13.

60 A.A. unter Hervorhebung der Unterschiede zur besonderen Staatsgebundenheit nach § 98 Nr. 2 GWB a.F. Ziekow in: Ziekow/Völlink, Vergaberecht, 2. Aufl., § 98 GWB Rn. 141.

61 Dreher in Immenga/Mestmäcker, Wettbewerbsrecht Bd. 2, 5. Aufl., § 98 GWB Rn. 207; anders VÜA Bund v. 12.04.1995 WuW/E VergAB 34 »Kraftwerkskomponenten«; Ziekow in: Ziekow/Völlink, Vergaberecht, 2. Aufl., § 98 GWB Rn. 144.

62 Eschenbruch in: Kulartz/Kus/Portz, GWB Vergaberecht, 3. Aufl., § 98 Rn. 297.

63 Eschenbruch in: Kulartz/Kus/Portz, GWB Vergaberecht, 3. Aufl., § 98 Rn. 297.

64 VK Düsseldorf v. 20.05.2005 – VK-47/2004-B.

Punkt nichts anderes als für die Beherrschung nach § 17 AktG gelten.[65] Zwar hatte das OLG Düsseldorf in einer Entscheidung vom 30.04.2003,[66] die zu dem Merkmal der besonderen Staatsnähe in § 98 Nr. 2 GWB a.F. ergangen war, festgestellt, dass ein Unternehmen, das nur minderheitlich an einem Auftraggeber beteiligt ist, unter bestimmten Voraussetzungen in der Lage ist, dessen Entscheidungen in Bezug auf die Vergabe vom Aufträgen zu beeinflussen. Im konkreten Fall waren im Gesellschaftsvertrag bzw. in Begleitvereinbarungen jedoch Regelungen getroffen worden, die den Schluss zuließen, dass dem Minderheitsgesellschafter eine ständige Aufsicht und Kontrolle der Geschäfstätigkeit des Auftraggebers ermöglicht wird.

3. Bedeutung der Abgrenzung unterschiedlicher Typen von Sektorenauftraggebern

29   In praxi bedarf es meistens keiner genauen Abgrenzung der unterschiedlichen Kategorien von Sektorenauftraggebern. Steht der Auftrag im Zusammenhang mit einer Sektorentätigkeit, ist es insbesondere irrelevant, ob er von einem Auftraggeber vergeben wird, der neben der Eigenschaft nach § 100 Abs. 1 Nr. 2 lit. b GWB auch die Eigenschaften nach § 99 Nr. 2 GWB erfüllt, das heißt er im Allgemeininteresse Aufgabe nichtgewerblicher Art wahrnimmt.[67]

30   Dennoch kann auf die Differenzierung zwischen Auftraggebern nach § 100 Abs. 1 Nr. 1 GWB und 100 Abs. 1 Nr. 2 GWB nicht völlig verzichtet werden. Unnötigerweise geltend nach dem Willen des Gesetzgebers nämlich bestimmte Vorschriften des Sektorenvergaberechts nur für die Sektorenauftraggeber nach § 100 Abs. 1 Nr. 1 GWB als zwingend. Das betrifft die Anwendung der Ausschlussgründe nach § 123 GWB,[68] den Ausschluss von Unterauftragnehmern nach § 34 Abs. 5 S. 1 SektVO oder die Mitwirkungsverbote für Personen mit Interessenkonflikten nach § 6 Abs. 1 SektVO. Auch § 108 GWB gilt nicht für alle Sektorenauftraggeber (vgl. § 108 Abs. 8 GWB).

31   Eine andere Frage ist, ob das Sektorenvergaberecht für die Sektorenauftraggeber i.S.v. § 100 Abs. 1 Nr. 1 GWB anders auszulegen ist als für solche im Sinne des § 100 Abs. 1 Nr. 2 GWB. Der EuGH hat in der Vergangenheit den Charakter des Sektorenvergaberechts als »Sondervergaberecht« betont und sich daher für eine enge Auslegung seines Anwendungsbereichs ausgesprochen.[69] Das ist nachvollziehbar, soweit zugleich die Geltung strengerer Bestimmungen der allgemeinen Vergabevorschriften für Auftraggeber nach § 100 Abs. 1 Nr. 1 GWB in Rede steht.[70] Für Auftraggeber nach § 100 Abs. 1 Nr. 2 GWB, die in ihrem Beschaffungsverhalten ansonsten frei sind, schafft die Anwendung des Sektorenvergaberechts allerdings keine Erleichterung, sondern Beschränkung. Insofern ist eine enge Auslegung nicht angezeigt. Eine **normspaltende Auslegung** ist jedenfalls **abzulehnen**.[71]

4. Ausüben einer Sektorentätigkeit

32   Der Begriff des Sektorenauftraggebers setzt das Ausüben einer Sektorentätigkeit voraus. Eine Sektorentätigkeit übt nur derjenige aus, der **in den Sektorenbereichen operativ tätig ist**. Die bloße Wahrnehmung einer öffentlich-rechtlichen Gewährleistungsverantwortung für die Sektorentätigkeit oder ihre Finanzierung oder Organisation genügt für sich genommen nicht. Demzufolge sind Aufgabenträger, die zwar Strecken und Fahrpläne für den öffentlichen Personennahverkehr festlegen, die eigentlichen Verkehrsleistungen aber durch Verkehrsunternehmen durchführen lassen (bestellen),

---

65 Für § 17 AktG ist anerkannt, dass die Blockademöglichkeit eines Gesellschafters gegen Grundlagengeschäfte oder in Bezug auf strategische Unternehmensentscheidung für eine Beherrschung nicht ausreicht, vgl. Vetter in: Schmidt/Lutter, AktG 3. Aufl. 2015, § 17 Rn. 9; Schall in: Spindler/Stilz, Kommentar zum AktG, 3. Aufl. 2015, § 17 Rn. 27 jew. m. w. Nachw.

66 VII Verg 67/02.

67 Vgl. OLG Düsseldorf v. 24.03.2010 – VII Verg 58/09.

68 Vgl. § 142 Nr. 2 GWB.

69 EuGH v. 10.04.2008 – Rs. C-393/06 »Aigner« Rz. 27.

70 Vgl. oben Rdn. 14.

71 Opitz in: Eschenbruch/Opitz, SektVO, Einführung – Teil 1, Rn. 25; Dreher in: Immenga/Mestmäcker, Wettbewerbsrecht Bd. 2, 5. Aufl., § 98 Rdn. 81.

selbst keine Sektorenauftraggeber.[72] Ebenso hat das OLG Frankfurt am Main entschieden, dass eine Kommune, die die Wasserversorgung privatisiert hat und nun rekommunalisieren will, kein Sektorenauftraggeber ist.[73] Ein Auftrag, der der Rekommunalisierung einer Sektorentätigkeit dient, kann allerdings als ein der Sektorentätigkeit vorgreifender Auftrag angesehen werden.[74]

Durch die Verwendung des Präsens (ausüben) bleibt der Anwendungsbereich der Sektorenvergaberichtlinie für Auftraggeber, die noch keine Sektorentätigkeit ausüben, Aufträge aber im Hinblick auf die Aufnahme einer solchen Tätigkeit vergeben, weiterhin ungeklärt. Nach zutreffender Ansicht, ist ein Auftraggeber bereits dann an die Sonderregelungen des Sektorenvergaberechts gebunden, wenn er eine **Auftragsvergabe im Vorgriff auf die Ausübung einer Sektorentätigkeit** durchführt.[75] Das kann etwa der Fall sein, wenn der Auftraggeber zum Zeitpunkt der Auftragsvergabe noch nicht über die für die Sektorentätigkeit erforderliche Genehmigung verfügt.

5. Wahrnehmung von Sektorentätigkeiten durch Tochter- und Holdinggesellschaften

Zuweilen ist es schwierig, das Bezugssubjekt der Sektorentätigkeit zu bestimmen. Das gilt vor allem, wenn Auftraggeber Tochtergesellschaften (oder Enkelgesellschaften) einsetzen, um eine Sektorentätigkeit auszuüben. Wie sich aus der Judikatur des EuGH ergibt,[76] kennt das Vergaberecht **keinen konzerneinheitlichen Auftraggeberbegriff.**[77] Grundsätzlich verbietet es sich daher, bei der Ausübung einer Sektorentätigkeit durch eine Muttergesellschaft auf eine entsprechende Tätigkeit auch bei der Tochtergesellschaft oder umgekehrt zu schließen.[78] Die Voraussetzungen des § 100 Abs. 1 GWB sind auch bei verbundenen Unternehmen für jedes einzelne Unternehmen getrennt zu ermitteln.

Allerdings kann die von § 99 Nr. 2 GWB geforderte Staatsverbundenheit vermittelnder Natur sein und daher auch Tochter- oder Enkelgesellschaften erfassen,[79] was bei Sektorenauftraggebern nach § 100 Abs.1 Nr. 1 GWB relevant werden kann. Und auch bei Sektorenauftraggebern nach § 100 Abs. 1 Nr. 2 lit. b GWB genügt ein **mittelbar beherrschender Einfluss.**[80] Deshalb entfällt die Eigenschaft eines Sektorenauftraggebers nicht dadurch, dass ein Versorgungsunternehmen als Tochtergesellschaft einer (kommunalen) Zwischenholding agiert.[81] Außerdem ist es für die Anwendung des Sektorenvergaberechts auch nicht erforderlich, dass die Tochter- oder Enkelgesellschaft eine Kerntätigkeit im Sektorenbereich ausübt. Das Sektorenvergaberecht ist bereits dann anwendbar, wenn die Tochter- oder Enkelgesellschaft Hilfstätigkeiten im Hinblick auf die Versorgungsaufgabe wahrnimmt.[82] Das gilt auch

33

---

72 OLG Düsseldorf v. 21.07.2010 – Verg 19/10; OLG Düsseldorf v. 02.03.2011 – VII-Verg 48/10; OLG Düsseldorf v. 07.11.2012 – Verg 11/12 m. Anm. Opitz VergabeR 2013, 253; VK Rheinland-Pfalz v. 17.11.2014, VK 1 – 28/14 und im Ergebnis auch OLG Koblenz v. 25.03.2015, Verg 11/14; Opitz in: Eschenbruch/Opitz, SektVO, § 1 Rn. 153. Anders nun OLG Düsseldorf v. 23.12.2015 – VII-Verg 34/15 und zuvor wohl OLG Karlsruhe v. 09.10.2012 – 15 Verg 12/11.
73 OLG Frankfurt v. 30.08.2011 – XI Verg. 3/11, VergabeR 2012, 47. Im Ergebnis anders VK Münster v. 08.06.2012, VK 6/12 NZBau 2012, 521 u. OLG Düsseldorf v. 09.01.2013 – VII-Verg 26/12.
74 S. nachfolgend.
75 Vgl. OLG Brandenburg v. 03.08.1999 – 6 Verg 1/99, NZBau 2000, 39, 41.; OLG Brandenburg, 27.11.2008 – Verg W 15/08; Eschenbruch in: Kulartz/Kus/Portz, GWB-Vergaberecht, 3. Aufl. 2014, § 98 Rn. 286; Opitz in: Eschenbruch/Opitz, SektVO, § 1 SektVO Rn. 153.
76 Grundlegend EuGH v. 15.01.1998 – C-44/96 C-44/96 »Österreichische Staatsdruckerei«.
77 Zutreffend Ziekow NZBau 2004, 181.
78 Eschenbruch in: Kulartz/Kus/Portz, GWB-Vergaberecht, 3. Aufl. 2014, § 98 Rdn. 125 ff.; Stickler in: Prieß/Lau/Kratzenberg (Hrsg.) FS für Fridhelm Marx, 2013, 729, 732; anders VK Arnsberg v. 13.06.2006 – VK 10/06 und OLG Düsseldorf v. 09.04.2003 – VII-Verg 66/02.
79 Z.B. OLG Düsseldorf v. 30.01.2013, VII- Verg 56/12.
80 S. dazu Rdn. 26.
81 So im Ergebnis auch VK Brandenburg v. 28.01.2003, VK 71/02.
82 Vgl. § 102 GWB Rdn.11.

dann, wenn die Tochter- oder Enkelgesellschaft im Rahmen eines wettbewerblichen Vergabeverfahrens von der Muttergesellschaft mit der Wahrnehmung dieser Tätigkeiten für die Mutter betraut wurde.

34   Bei Sektorenauftraggebern nach § 100 Abs. 1 Nr. 2 lit. a GWB kann allerdings die Situation eintreten, dass die besonderen oder ausschließlichen Rechte, auf deren Grundlage der Auftraggeber tätig ist, nur den Kern der Sektorentätigkeit ausmachen, und Tochter- oder Enkelgesellschaften, die über keinerlei besondere oder ausschließliche Rechte verfügen, Sektorenhilfstätigkeiten wahrnehmen. Das OLG Düsseldorf hat insofern bereits im Jahr 2010 am Beispiel einer Flughafenbetreibergesellschaft entschieden, dass der Einsatz von Tochtergesellschaften nicht dazu führen darf, dass die Weitergabe des Auftrags an außenstehende Dritte vergaberechtsfrei wäre. In der Entscheidung heißt es:

> »Wenn sich allerdings eine Flughafenbetreibergesellschaft im Rahmen ihrer Sektorentätigkeit (Nutzung des Geländes als Flughafen) Tochtergesellschafter bedient, sind diese wiederum als Sektorenauftraggeber zu qualifizieren. Dem steht nicht entgegen, dass die Genehmigung nach § 38 Abs. 1 Nr. 1 LuftVZO nur einheitlich erteilt wird. Nicht entscheidend ist auch, dass derartige Tochterunternehmen in der Anlage X zur Richtlinie 2004/17/EG nicht benannt sind. Vielmehr sind auch Tochtergesellschaften der Vergabepflicht unterworfen. Ihr Einsatz darf nicht dazu führen, dass die Weitergabe des Auftrags an außenstehende Dritte vergaberechtsfrei wäre.«[83]

35   Schließlich ist darauf hinzuweisen, dass Sektorenauftraggeber das **Konzernprivileg nach § 138 GWB oder die Inhouse-Tatbestände nach § 108 Abs. 8 GWB** nicht dazu missbrauchen dürfen, Vergabepflichten zu umgehen. Das ist der Fall, wenn vergaberechtlich ungebundene Konzerngesellschaften als »Beschaffungsvehikel« für vergaberechtlich gebundene Unternehmen eingesetzt werden, indem sie Lieferungen und Leistungen im eigenen Namen und auf eigene Rechnung ohne förmliches Vergabeverfahren beschaffen und diese unter Anwendung der §§ 108 oder 138 GWB dann vergaberechtsfrei an Sektorenauftraggeber weiterreichen.[84]

Bei **Holdinggesellschaften** ist zu differenzieren. Bei reinen Finanzholdings scheitert die Qualifikation als Sektorenauftraggeber an der »Ausübung« einer Sektorentätigkeit.[85] Das gilt für alle Fälle des § 100 Abs. 1 GWB. Geht die Funktion der Holding über das Halten von Kapitalanteilen hinaus und unterstützt die Holding jedenfalls ihre Tochtergesellschaft(en) mit Stabsfunktionen bei der Wahrnehmung von Sektorentätigkeiten, nimmt sie selbst Sektorenhilfstätigkeiten wahr und ist sie insoweit auch selbst Sektorenauftraggeber.

V. Begriff der ausschließlichen oder besonderen Rechte

36   Auftraggeber, bei denen es sich weder um öffentliche Auftraggeber noch um öffentliche Unternehmen handelt, unterliegen den Bestimmungen des Sektorenvergaberechts nur insoweit, als sie eine Sektorentätigkeit aufgrund besondere oder ausschließlicher Rechte ausüben. Die Legaldefinition in § 100 Abs. 2 GWB geht auf Art. 4 Abs. 3 Richtlinie 2014/25/EU zurück, die ihrerseits den Definitionskern aus Art. 2 Abs. 3 der Vorgängerrichtlinie 2004/17 EG übernommen hat.[86] Mit der Legaldefinition der »besonderen oder ausschließlichen Rechte« im sekundären Gemeinschaftsrecht erübrigt sich ein Rückgriff auf Art. 106 AEUV (Ex-Art. 86 EGV), der diesen Begriff ebenfalls verwendet.

37   Bereits mit der Richtlinie 2004/17/EG war die **frühere Definition in Art. 2 Abs. 3 der Richtlinie 93/38/EWG**, wonach eine Tätigkeit auf der Grundlage von besonderen oder ausschließlichen

---

83   OLG Düsseldorf v. 24.03.2010, VII-Verg 58/09, NZBau 2010, 649, 650.

84   Vgl. Opitz in: Eschenbruch/Opitz Anhang zu § 1 SektVO Rn. 54. So wohl auch der Fall bei VK Arnsberg v. 13.06.2006 – VK 10/06.

85   So auch Stickler in: Prieß/Lau/Kratzenberg (Hrsg.) FS für Fridhelm Marx, 2013, 729, 734, allerdings mit der fragwürdigen Konsequenz, dass kommunale Holdinggesellschaften gleichwohl regelmäßig öffentliche Auftraggeber i.S. v. § 99 Nr. 2 GWB sind.

86   Der EuGH hatte diese Definition in der Entscheidung v. 25.10.2001, Rs. C-475/99 »Ambulanz Klöckner« vorbereitet.

Rechten vermutet wurde, wenn ein Auftraggeber durch Enteignungsverfahren oder Gebrauchsrechte begünstigt werden konnte oder er das Recht hatte, Einrichtungen auf, unter oder über dem öffentlichen Wegenetz anzubringen, **abgelöst** worden. Diese Vermutung war gerechtfertigt, so lange mit der Einräumung von Enteignungs-, Wegenutzungs- und sonstiger Gebrauchsrechten in den netzgebundenen Wirtschaftssektoren der jeweilige Netzversorger für das betreffende Versorgungsgebiet bestimmt wurde. Mit der Liberalisierung des Energie- und Verkehrssektors in Deutschland und der damit einhergehenden Trennung von Netzbetrieb und Versorgung besteht diese Zwangsläufigkeit jedoch nicht mehr. In den liberalisierten Sektoren sind Netzbetreiber, denen Enteignungs-, Gebrauchs- oder Wegenutzungsrechte zustehen, verpflichtet, jedermann nach sachlich gerechtfertigten Kriterien Netzzugang zu gewähren.[87] Das physische Netz verschafft dem Netzbetreiber – jedenfalls de jure – keine Allein- oder Sonderstellung im Hinblick auf die Versorgungstätigkeit.[88] Vor diesem Hintergrund ist heute allgemein anerkannt, dass **gesetzliche Enteignungs-, Gebrauchs- oder Wegenutzungsrechte**[89] **für sich genommen kein besonderes oder ausschließliches Recht** i.S.d. Vergaberechts begründen.[90] Und auch die Tatsache, dass ein Auftraggeber ein Netz mit Trinkwasser, Elektrizität, Gas oder Wärme versorgt, das seinerseits von einem Auftraggeber betrieben wird, der von einer zuständigen Behörde des betreffenden Mitgliedstaats gewährte besondere oder ausschließliche Rechte genießt, stellt für sich betrachtet noch kein besonderes oder ausschließliches Recht dar.[91] Grundsätzlich anders ist die Situation in den nicht-liberalisierten Sektoren der Trinkwasser- und Fernwärmeversorgung, in denen Netzbetrieb und Versorgung nicht getrennt sind. Der Trinkwassersektor und der Fernwärmesektor sind nach wie vor durch lokale und regionale – auf Wegenutzungsrechten und Konzessionen beruhende – Versorgungsmonopole gekennzeichnet.[92]

Das Wesen jedes ausschließlichen oder besonderen Rechts im Sinne Richtlinie 2014/25/EU liegt darin, dass der Auftraggeber sich bei seiner Tätigkeit aufgrund staatlicher Privilegierung außerhalb marktmäßiger Mechanismen bewegt, die wettbewerbsbezogene Sonderstellung also staatlich veranlasst ist.[93] Dies kommt in der Definition des § 100 Abs. 2 GWB zum Ausdruck, wenn verlangt wird, dass die Begründung des Rechts durch eine »**zuständige Behörde**« zu erfolgen hat. Die Zuständigkeit betrifft die Frage, welcher Verwaltungsträger und welches Verwaltungsorgan zur Wahrnehmung einer Verwaltungsaufgabe berufen ist.[94] Eine unzuständige Behörde kann ein Recht nicht legal gewähren.[95] Weitergehend sieht Art. 4 Abs. 3 UAbs. 1 Richtlinie 2014/25/EU vor, dass das besondere oder ausschließliche Recht von der zuständigen Behörde »*im Wege einer Rechts- oder Verwaltungsvorschrift*« gewährt wurde. Dabei bleibt unklar, ob insoweit auf den Rechtsgrund oder den Rechtsakt der Gewährung abgestellt wird. Man könnte hieraus sowohl ableiten, dass es einer spezialgesetzlichen Norm bedarf, die zur Einräumung des besonderen oder ausschließlichen Recht ermächtigt oder verpflichtet, als auch dass das besondere oder ausschließliche unmittelbar durch eine Rechts- oder Verwaltungsvorschrift (oder jedenfalls durch einen einseitigen Hoheitsakt) eingeräumt

38

---

87 So z.B. nach § 20 Abs. 1 EnWG, §§ 14 ff. AEG.

88 Vgl. auch Erwägungsgrund 25 Richtlinie 2004/17/EG. Eine natürliche Sonderstellung besteht allerdings weiterhin im Hinblick auf den Netzbetrieb, vgl. Gabriel in: MüKo, Europäisches und Deutsches Wettbewerbsrecht, Bd. 3, 2011, Anl. zu § 98 Nr. 4 GWB Rdn. 54 f.

89 Vgl. z. B. §§ 45 f. EnWG, § 22 AEG, § 28 LuftVG, §§ 41 I, 30 PBefG.

90 OLG Celle v. 08.08.2013 – 13 Verg 7/13; Dreher in: Immenga/Mestmäcker, Wettbewerbsrecht Bd. 2, 5. Aufl., § 98 GWB Rn. 105; Gabriel in: MüKo, Europäisches und Deutsches Wettbewerbsrecht, Bd. 3, 2011, § 98 GWB Rdn. 49 und 54.

91 Vgl. Erwägungsgrund 25 S. 2, Richtlinie 2004/17/EG. Anders noch Art. 2 Abs. 3 lit. b Richtlinie 93/38/EWG.

92 Vgl. zum Trinkwassersektor Gabriel in: MüKo, Europäisches und Deutsches Wettbewerbsrecht, Bd. 3, 2011, § 98 Rdn. 57 f.; Schröder NZBau 2012, 541, 543. Zum Fernwärmesektor s. § 102 Rdn. 28 ff.

93 Dreher in: Immenga/Mestmäcker, Wettbewerbsrecht Bd. 2, 5. Aufl., § 98 GWB Rn. 194; Gabriel in: MüKo, Europäisches und Deutsches Wettbewerbsrecht, Bd. 3, 2011, § 98 GWB Rdn. 47.

94 Maurer, Allgemeines Verwaltungsrecht, 18. Aufl., S. 548.

95 Schröder NZBau 2012, 541, 542.

sein muss. Beides, ist jedoch nicht der Fall.[96] Ersteres verbietet sich schon deshalb, weil die Aufgabenwahrnehmung der öffentlichen Verwaltung – gerade im Bereich der Daseinsvorsorge – nicht zwangsläufig einer gesetzlichen Grundlage bedarf.[97] Letzteres würde dem Grundsatz der freien Formenwahl des Verwaltungshandelns widersprechen und im Übrigen auch nicht der Formenvielfalt in den Mitgliedsstaaten Rechnung tragen. Ausreichend ist, dass die Behörde mit der Einräumung des besonderen und ausschließlichen Rechts zur Ausübung der Sektorentätigkeit eine öffentliche Aufgabe wahrnimmt, was regelmäßig der Fall sein wird. In welcher Form die zuständige Behörde das besondere oder ausschließliche Recht gewährt, ist unerheblich.[98] Insbesondere kann das Recht auch in privatrechtliche Verträge eingekleidet sein.[99] Aus diesem Grund geht auch mit der **Vergabe von Dienstleistungskonzessionen** im Sinne von § 105 Abs. 1 Nr. 2 GWB regelmäßig die Einräumung eines besonderen oder ausschließlichen Rechts einher,[100] sofern diese außerhalb wettbewerblicher Verfahren erfolgt.[101] Für den Begriff der Dienstleistungskonzession ist es nach zutreffender Ansicht ebenfalls nicht prägend, dass eine gesetzliche Ermächtigung zur Konzessionierung besteht oder die Konzession durch Hoheitsakt eingeräumt wird.[102] Zweifelhaft ist allerdings die Auffassung der Vergabekammer Niedersachsen, wonach schon die »dauerhaft lenkende und fördernde Duldung« eines bestehenden Oligopols (der Betreiber von Übertragungsnetzen für Strom i.S.v. § 3 Nr. 10 EnWG) der staatlichen Gewährung durch Rechts- oder Verwaltungsvorschrift inhaltlich gleichsteht.[103] Die Feststellung eines faktischen Oligopols bzw. regionalen Monopols kann zwar die Nichtgewerblichkeit i.S.v. § 99 Nr. 2 GWB und damit u.U. eine Stellung als Sektorenauftraggeber i.S.v. § 100 Abs. 1 Nr. 1 GWB begründen. Sie genügt jedoch nicht, um das Vorliegen eines besonderen oder ausschließlichen Rechtes festzustellen.

39 Bei einem **ausschließlichen Recht** ist die Tätigkeit aufgrund dieses Rechts in einem bestimmten geografischen Gebiet auf ein einziges Unternehmen beschränkt. Bei einem **besonderen Recht** ist die Tätigkeit in einem bestimmten geografischen Gebiet mehreren Unternehmen vorbehalten. »Vorbehalten« bedeutet jedoch nicht, dass die Tätigkeit anderer Unternehmen völlig ausgeschlossen ist. Wie sich aus § 100 Abs. 2 Satz 1 Hs. 2 ergibt, ist eine Privilegierung im Wettbewerb, durch die die Möglichkeit anderer Unternehmen, die Sektorentätigkeit auszuüben, »erheblich beeinträchtigt wird«, notwendig, aber auch ausreichend.[104] Dazu ist auch eine gewisse Dauer der ausschließlichen oder besonderen Rechtegewährung erforderlich.[105]

---

96 Tendenziell enger Dreher in: Immenga/Mestmäcker, Wettbewerbsrecht Bd. 2, 5. Aufl., § 98 GWB Rn. 198 »spezifische Staatlichkeit«.

97 Zur Frage des Vorbehalts des Gesetzes bei der Leistungsverwaltung, statt aller Jarass/Pieroth, GG, Art. 20 Rn. 51.

98 Eschenbruch in: Kulartz/Kus/Portz, GWB-Vergaberecht, 3. Aufl., § 98 Rn. 309; Schröder NZBau 2012, 541, 542; Diehl in: Müller-Wrede, GWB-Vergaberecht, 2. Aufl., § 98 Rdn. 126; Kuß in: Heuvels/Höß/Kuß/Wagner Vergaberecht, 2013, § 98 GWB Rdn. 68; Ziekow in: Ziekow/Völlink, Vergaberecht, 2. Aufl., § 98 GWB Rn. 139 Erwägungsgrund 19 Richtlinie 2014/25/EU »in beliebiger Form«.

99 VK Lüneburg v. 09.11.2012 – 203-VgK-24/2002; VK Köln v. 06.12,2002 – VK VOB 23/2002. Vgl. auch VÜA Brandenburg v. 09.05.1996 – 1 VÜA 3/96 »Heizkraftwerk Cottbus« EzEG-VergR IV 4.2, wonach der Abschluss einer Rahmenvereinbarung über die Versorgung mit Fernwärme entsprechend einer städtischen Satzung ausreicht.

100 Die Einräumung ausschließlicher oder besonderer Recht durch privatrechtliche Konzessionierung ablehnend Dreher in: Immenga/Mestmäcker, Wettbewerbsrecht Bd. 2, 5. Aufl., § 98 GWB Rn. 197 Holle/Wohlrab NZBau 2009, 432.

101 Dazu sogleich Rdn. 42.

102 Vgl. Opitz NVwZ 2014, 752, 756 m.w.Nachw.

103 VK Lüneburg v. 30.09.2015 – VgK – 30/2015.

104 Anders als § 100 Abs. 2 GWB leitet Art. 4 Richtlinie 2014/25/EU diesen HS. mit dem Wort »wodurch« ein, vgl. oben Rdn. 11.

105 Wieddekind in: Willenbruch/Wieddekind, Vergaberecht, 3. Aufl., § 98 GWB Rdn. 94.

Gewerberechtliche Genehmigungen wie zum Beispiel die nach § 4 EnWG oder § 6 AEG, die   40
zur Aufnahme des Betriebs eines Energieversorgungsnetzes[106] oder zur Erbringung von Eisenbahnverkehrsleistungen erforderlich sind, begründen ebenfalls keine ausschließlichen oder besonderen
Rechte. Bei diesen Vorschriften handelt es sich um präventive Verbote mit Genehmigungsvorbe-
halt. Es besteht ein Anspruch auf Erteilung der Genehmigung, wenn die Tatbestandsvoraussetzungen, die regelmäßig eine bestimmte Leistungsfähigkeit und Zuverlässigkeit sicherstellen sollen,
erfüllt sind. Die Möglichkeit, eine Genehmigung zu beantragen, steht jedermann offen.[107] Deshalb
begründet die Genehmigung auch keine besondere Wettbewerbsstellung.[108] Auch bei der Vergabe
von Trassen- oder Netznutzungsrechten (z.B. nach der Eisenbahninfrastruktur-Benutzungsverord-
nung – EIBV) ist diese Situation nicht grundsätzlich anders.[109] Besondere oder ausschließliche
Rechte sollen allerdings vorliegen, **wenn besondere Rahmenbedingungen dazu führen, dass in
einem geografisch definierten Bereich nur eine begrenzte Anzahl von Unternehmen tätig werden
kann.**[110] In diesem Fall verengen sich die genehmigungsrechtlichen Voraussetzungen, wenn bereits
einmal eine Bedarfsdeckung entstanden ist.[111] Vor diesem Hintergrund kann die Linienverkehrsgenehmigung im PBefG[112]aufgrund des sog. Verbots der Parallelbedienung gem. § 13 Abs. 2 Satz 1
Nr. 3 lit. a und b PBefG als besonderes Recht,[113] wenngleich nicht als ausschließliches Recht,[114]
einzuordnen sein. Ebenso hat das OLG Düsseldorf die Genehmigung von Flughafenbetreibern
gemäß § 38 Abs. 2 Nr. 1 LuftVZO als »besonderes oder ausschließliches Recht« qualifiziert, weil im
Rahmen des Genehmigungsprozesses die Belange der Raumordnung berücksichtigt und damit de
facto eine Bedürfnisprüfung durchgeführt wird.[115] Dieser Umstand dürfte auch für die Anlagenge-
nehmigung nach § 7 AtomG zutreffen und für die Planfeststellung von Eisenbahnbetriebsanlagen
nach § 18 AEG. Demgegenüber hat das OLG Celle betont, bei einem Planfeststellungsverfahren
handele es sich um ein der Standortfindung bzw. Raumnutzungsentscheidung dienendes Verwaltungsverfahren, dem (lediglich) die Funktion zukomme, im Wege der Abwägung der widerstreitenden öffentlichen und privaten Belange einen möglichst schonenden Ausgleich oftmals gegenläufiger
Interessen herbeizuführen und eine verbindliche Raumnutzungsentscheidung zu fällen. Das Planfeststellungsverfahren als solches gewähre einem Einzelnen keine Rechte.[116] In jedem Fall muss die
Frage der Rechtseinräumung bei beschränktem Bedarf allerdings unter Berücksichtigung von § 100
Abs. 2 Satz 2 GWB beantwortet werden.[117] Auch ein regional oder lokal begrenztes Monopol oder
Oligopol stellt kein zur Anwendung des Sektorenrechts führendes Wettbewerbshindernis mehr dar,
wenn es durch einen öffentlich bekannt gegebenen und inhaltlich transparenten Erwerbsvorgang
dem Wettbewerb unterstellt worden ist.[118] So ist es etwa, wenn eine Linienverkehrsgenehmigung

---

106 Für die Erzeugung von Strom oder den Handel damit besteht heute kein Genehmigungserfordernis mehr.
107 Ebenso Gabriel, in: MüKo, Europäisches und Deutsches Wettbewerbsrecht, Bd. 3, 2011, § 98 GWB
    Rdn. 53.
108 Ob das Recht »freiwillig« gewährt wird oder nicht ist hingegen unerheblich, anders Schröder NZBau
    2012, 541, 542.
109 Vgl. Opitz in Eschenbruch/Opitz, SektVO, § 1 Rn. 150.
110 OLG Düsseldorf v. 24.03.2010 – VII-Verg 58/09, wobei noch ungeklärt ist, ob insofern auf die Rechts-
    lage oder die tatsächliche Lage abzustellen ist.
111 Vgl. Eschenbruch in: Kulartz/Kus/Portz, GWB-Vergaberecht, 3. Aufl., Rn. 305 u. 307.
112 §§ 2, 9, 13, 42 PBefG.
113 Vgl. OLG Düsseldorf v. 02.03.2011 – Verg 48/10 »bestimmte Vorrechte«.
114 Das ist umstritten. Wie hier Opitz/Wittemann, Die Vergabe von öffentlichen Personenverkehrsdiensten
    mit Bussen nach dem novellierten Personenbeförderungsgesetz, in: v. Wietersheim (Hrsg.), Vergaben im
    ÖPNV, 2013, S. 135, 159; Otting/Olgemöller/Tresselt, Auftragsvergaben im Bereich Öffentlicher Per-
    sonenverkehrsdienste auf Schiene und Straße, in: Gabriel/Krohn/Neun, Handbuch des Vergaberechts,
    2014, S. 1241 f jew. m.w.Nachw. auch zur Gegenansicht.
115 OLG Düsseldorf v. 24.03.2010 – VII-Verg 58/09. Dem folgend VK Südbayern v. 25.11.2013 – Z
    3-3-3194-1-33- 09/13.
116 OLG Celle v. 08.08.2013 – 13 Verg 7/13.
117 Dazu sogleich Rdn. 42.
118 VK Lüneburg v. 30.09.2015 – VgK – 30/2015.

für die Beförderung mit Bussen im sog. Genehmigungswettbewerb nach § 13 Abs. 2b PBefG erteilt wurde.

41   Ob ein besonderes oder ausschließliches Recht vorliegt, ist anhand der für den jeweiligen Sektorenbereich einschlägigen Fachgesetze zu bestimmen.[119] Eine Ausschließlichkeitsstellung kann sich beispielsweise aus einem Anschluss- und Benutzungszwang ergeben, der ein einziges Unternehmen mit der Versorgungstätigkeit in einem Gemeindegebiet berechtigt und verpflichtet. Im Bereich der Sektoren findet sich der **Anschluss- und Benutzungszwang** heute vor allem noch bei der Fernwärmeversorgung und der Trinkwasserversorgung. Das OLG München hat das Vorliegen eines ausschließlichen Rechts auch für den Fall bejaht, dass ein Unternehmen aufgrund eines Staatsvertrags das Recht zur Nutzung eines Flusses für die Gewinnung von Wasserkraft durch einen Staatsvertrag eingeräumt wurde und damit faktische andere Unternehmen ausgeschlossen wurden, das Gewässer für den gleichen Zweck zu nutzen.[120] Für die Energieerzeugung bestehen heute grundsätzlich[121] keine besonderen oder ausschließlichen Rechte mehr, die die Möglichkeit anderer Unternehmen, diese Tätigkeit auszuüben, erheblich beeinträchtigen. Rein private Energieerzeugungsunternehmen unterfallen daher nicht mehr dem Anwendungsbereich des Sektorenvergaberechts.[122] Das gilt unabhängig von der Freistellungsentscheidung der Europäischen Kommission vom 24.04.2012.[123] Auch die Stellung als sogenannter Grundversorger i.S.v. § 36 Abs. 1 S. 1 EnWG beruht hingegen nicht auf einem ausschließlichen oder besonderen Recht.[124] Im Hinblick auf die Netzbetreiber im Bereich der Energieversorgung verbieten sich indessen pauschale Feststellungen. So ist insbesondere bei dem Abschluss qualifizierter Wegenutzungsverträge i.S.v. § 46 Abs. 2 GWB im Einzelfall zu prüfen, ob besondere oder ausschließliche Rechte zur Ausübung einer Sektorentätigkeit gewährt werden, wobei zu berücksichtigen ist, dass bereits der bloße Netzbetrieb eine Sektorentätigkeit darstellt.

42   Entsprechend Art. 4 Abs. 3 UAbs. 2 Richtlinie 2014/25/EU stellt § 100 Abs. 2 S. 2 GWB nunmehr klar, dass Rechte, die aufgrund eines Verfahrens nach den Vorschriften des Vergaberechts oder aufgrund eines sonstigen Verfahrens gewährt wurden, das angemessen bekannt gemacht wurde und auf objektiven Kriterien[125] beruht, keine besonderen oder ausschließlichen Rechte darstellen. Das gilt selbst dann, wenn das Unternehmen, das das Recht erhalten hat, durch die Einräumung des Rechts eine Sonderstellung im Wettbewerb erhält. Diese Regelung beruht auf dem grundlegenden ökonomischen Prinzip, dass »Wettbewerb im Markt« durch »**Wettbewerb um den Markt**« ersetzt werden kann.[126] Das kommt auch in der Gesetzesbegründung zum Ausdruck, wenn es dort heißt, die Anwendung des Vergaberechts sei entbehrlich, wenn »*schon bei der Gewährung der ausschließlichen und besonderen Rechte den Anforderungen an ein wettbewerbliches Verfahren genügt wurde.*«[127] Eine Verhaltensdisziplinierung wird durch den »Wettbewerb um den Markt« freilich nur dann bewirkt, wenn die Dauer der zu vergebenden Rechte begrenzt ist und das Verfahren zur Erlangung der Rechte daher

---

119 Schröder NZBau 2012, 541 ff.
120 OLG München v. 12.05.2011 – Verg 26/10.
121 Vgl. aber bzgl. der Genehmigung von Atomanlagen oben Rdn. 40.
122 Hackstein in: Eschenbruch/Opitz, SektVO § 1 Rn. 125; Hackstein N&R 2006, 141, 144; Diehl in: Müller-Wrede, GWB-Vergaberecht, 2. Aufl. § 98 Rdn. 113; Rosenkötter/Plantiko NZBau 2010, 78, 79; Orthmann VergabeR 2007, 565. 575; Burgi, RdE 2007, 145, 150; Schröder NZBau 2012, 541, 544.
123 Vgl. dazu § 102 Rdn. 26.
124 Näher Gabriel in: MüKo, Europäisches und Deutsches Wettbewerbsrecht, Bd. 3, 2011, § 98 GWB Rdn. 56; dem folgend Schröder NZBau 2012, 541, 544.
125 Vgl. zu diesem Begriff § 142 Rdn. 10.
126 Das Modell des »Wettbewerbs um den Markt« wird überwiegend dem englischen Sozialreformer Edwin Chadwick (1800–1890) zugeschrieben, vgl. Chadwick, Journal of Royal Statistical Society 1859, 381 ff. zitiert nach Demsetz, Journal of Law and Economics 1968, 55, 57. Deutschsprachig z.B. Borrmann, ZöGU 1999, 256 ff.; Blankart, WuW 2002, 340, 345; Cox in: Cox (Hrsg.), Daseinsvorsorge und öffentliche Dienstleistungen in der Europäischen Union, 2000, S. 73, 81 ff.; Snethlage, Privatisierung durch Ausschreibungsverfahren, 2001, S. 90 ff. u. 423 ff. jew. m. w. Nachw.
127 Vgl. Begr. VergRModG, BT-Drs. 18/6281, S. 71.

in periodischen Abständen wiederholt wird. Das ist bei der Interpretation der Vorschrift zu beachten. Ohne hierauf abzustellen bestimmt § 100 Abs. 2 Satz 2 GWB, dass öffentliche Aufträge und Konzessionen, die aufgrund eines Verfahrens nach den Vorschriften des 4. Teils des GWB vergeben werden, keine besonderen oder ausschließlichen Rechte begründen, wenn und soweit das Verfahren angemessen bekannt gemacht wurde und auf objektiven Kriterien beruht. Diese Voraussetzungen sind nicht gegeben, wenn der Auftrag oder die Konzession im Wege einer Inhouse-Vergabe erteilt wurde oder wenn die Auftrags- oder Konzessionsvergabe im Wege von **Verhandlungsverfahren ohne vorherigen Teilnahmewettbewerb** erfolgt ist. Auch Rechte, die in anderen objektiv bekannt gemachten und auf objektiven Kriterien beruhenden Verfahren gewährt werden, können nicht als besondere oder ausschließliche Rechte qualifiziert werden. Obwohl § 100 Abs. 2 S. 2 GWB und Art. 4 Abs. 3 UAbs. 2 Richtlinie 2014/25/EU insofern nicht ausdrücklich von einem »wettbewerblichen Verfahren« sprechen,[128] wird man aus dem Sinn und Zweck der Einschränkung und auch aus der Gesetzesbegründung zusätzlich das Erfordernis eines solchen wettbewerblichen Verfahrens ableiten müssen. Nur wenn es sich um ein von der zuständigen Behörde veranstaltetes Verfahren zur Rechtseinräumung handelt, das zu einer Auswahl unter konkurrierenden Anträgen oder Angeboten führt, erscheint es gerechtfertigt, das Vorliegen eines besonderen oder ausschließlichen Rechts zu verneinen. So ist es z.B. bei der wettbewerblichen Vergabe qualifizierter Wegenutzungsrechte nach § 46 Abs. 2 EnWG und auch bei der Vergabe von Dienstleistungskonzessionen zur Durchführung von ÖPNV/SPNV-Leistungen nach Art. 5 Abs. 3 VO 1370/2004. Bei Entscheidungen aufgrund der EG-Fusionskontrollverordnung (Verordnung Nr. 139/2004 des Rates) ist es nicht so.[129]

Für Sektorenauftraggeber nach § 100 Abs. 1 Nr. 1 oder Nr. 2 lit. b GWB spielt die Frage der **43** Rechteeinräumung keine Rolle. Liegen die Voraussetzungen von § 100 Abs. 1 Nr. 1 oder Nr. 2 lit. b GWB vor, bedarf es nicht zusätzlich der Feststellung besonderer oder ausschließlicher Rechte.[130] Vorschläge des Europäischen Parlaments, auch die öffentlichen Auftraggeber und öffentlichen Unternehmen von der Richtlinie 2014/25/EU auszunehmen, die eine Sektorentätigkeit auf der Basis von besonderen und ausschließlichen Rechten ausüben, die ihnen in einem transparenten und auf objektiven Kriterien beruhenden Verfahren gewährt wurden,[131] konnten sich im Gesetzgebungsverfahren nicht durchsetzen.[132]

VI. Beherrschungsvermutung

§ 100 Abs. 3 GWB konkretisiert § 100 Abs. 1 Nr. 2 lit. b GWB dahingehend, dass die Ausübung **44** eines beherrschenden Einflusses unter bestimmten Voraussetzungen vermutet wird. Die Vermutungstatbestände ähneln auf den ersten Blick den Voraussetzungen einer besonderen Staatsgebundenheit bei »Einrichtungen des öffentlichen Rechts«, die in § 99 Nr. 2 lit a bis c GWB aufgeführt sind, sind im Ergebnis jedoch enger als diese.[133] Die Ausübung eines beherrschenden Einflusses wird vermutet, wenn ein öffentlicher Auftraggeber gem. § 99 Nr. 1–3 GWB alternativ

1. unmittelbar oder mittelbar die Mehrheit des gezeichneten Kapitales des Unternehmens besitzt,
2. über die Mehrheit der mit den Anteilen am Unternehmen verbundenen Stimmrechte verfügt, oder
3. mehr als die Hälfte der Mitglieder des Verwaltungs-, Leitungs- oder Aufsichtsorganes des Unternehmens bestellen kann.

---

128 Vgl. jedoch Anhang II Satz. 2 lit. e Richtlinie 2014/25/EU.
129 Zumal bei diesem Verfahren auch die von Art. 4 Abs. 3 UAbs. 2 Richtlinie 2014/25/EU geforderte Publizität fehlt, vgl. VK Lüneburg v. 30.09.2015, VgK – 30/2015.
130 Eschenbruch in: Kulartz/Kus/Portz, GWB-Vergaberecht, 3. Aufl. 2014, § 98 GWB, Rn. 292.
131 Vgl. EP report on the proposal for a directive of the European Parliament and of the Council on procurement by entities operating in the water, energy, transport and postal services sectors v. 07.02.2013, Amendment No. 58.
132 Kritisch hierzu Opitz VergabeR 2014, 369, 372.
133 So begründet die »Finanzierung in sonstiger Weise« und die »Aufsicht über die Leitung« nach § 100 Abs. 3 GWB gerade keine Beherrschungsvermutung.

45 § 100 Abs. 3 GWB setzt die Vermutungsregelung des Art. 4 Abs. 2 UAbs. 2 Richtlinie 2014/25/ EU allerdings nicht ganz korrekt um. Nach der Richtlinie besteht eine Vermutung nämlich nicht nur bei »unmittelbarer oder mittelbarer« Mehrheit des gezeichneten Kapitals des Unternehmens, sondern auch bei lediglich mittelbarer Mehrheit der Stimmrechte oder mittelbarer Bestellung der Hälfte der Mitglieder des Verwaltungs-, Leitungs- oder Aufsichtsorganes des Unternehmens.

46 Die Beherrschungsvermutung wird auch dann erfüllt, wenn nicht ein einzelner, sondern mehrere öffentliche Auftraggeber nach § 99 Nr. 1 – 3 gemeinsam – unmittelbar oder mittelbar – die Mehrheit des gezeichneten Kapitales des Unternehmens besitzen, wobei unerheblich ist, ob diese Auftraggeber tatsächlich dazu in der Lage sind, ihre Gesellschafterrechte einheitlich auszuüben.[134] Bei Gesellschaften, die den Mitbestimmungsgesetzen unterfallen, ist davon auszugehen, dass sich die Mehrheit der Mitglieder des Aufsichtsorganes gem. der dritten Variante der Beherrschungsvermutung, nur auf die von den Anteilseignern zu bestellenden Mitgliedern bezieht.[135]

47 § 100 Abs. 3 GWB begründet nur eine Beherrschungsvermutung. Diese ist widerlegbar. An die Widerlegung der Vermutung sind allerdings hohe Anforderungen zu stellen, da es für die Eigenschaft eines Sektorenauftraggebers nach § 100 Abs. 1 Nr. 2 lit. b GWB ausreicht, dass das im Sektorenbereich tätige Unternehmen der Ausübung eines beherrschten Einflusses unterworfen werden *kann*.[136] Bei einem gesellschaftsrechtlich vermittelten Einfluss kommen zur Widerlegung etwa Stimmrechtsbeschränkungen, entsprechend ausgestaltete Stimmbindungsverträge oder Entherrschungsverträge in Betracht.[137] Die faktische Unmöglichkeit zweier Gesellschafter, ihre Gesellschafterrechte gleichgerichtet auszuüben, genügt nicht, um die Vermutung einer gemeinsamen Beherrschung zu widerlegen.[138]

§ 101 Konzessionsgeber

(1) Konzessionsgeber sind
1. öffentliche Auftraggeber gemäß § 99 Nummer 1 bis 3, die eine Konzession vergeben,
2. Sektorenauftraggeber gemäß § 100 Absatz 1 Nummer 1, die eine Sektorentätigkeit gemäß § 102 Absatz 2 bis 6 ausüben und eine Konzession zum Zweck der Ausübung dieser Tätigkeit vergeben,
3. Sektorenauftraggeber gemäß § 100 Absatz 1 Nummer 2, die eine Sektorentätigkeit gemäß § 102 Absatz 2 bis 6 ausüben und eine Konzession zum Zweck der Ausübung dieser Tätigkeit vergeben.

(2) § 100 Absatz 2 und 3 gilt entsprechend.

A. Einführung

1 § 101 Abs. 1 GWB definiert den Konzessionsgeber als eine von drei, in § 98 GWB aufgeführten Arten ausschreibungspflichtiger Auftraggeber. Die Vorschrift definiert den persönlichen Anwen-

---

134 VK Sachsen v. 09.12.2014 – 1/SVK/032 – 14.
135 Dreher in: Immenga/Mestmäcker, Wettbewerbsrecht Bd. 2, 5. Aufl., § 98 GWB Rn. 205; Pünder in: Pünder/Schellenberg, Vergaberecht, § 98 Rdn. 55; VK Sachsen v. 09.12.2014 – 1/SVK/032 – 14.
136 Vgl. Ziekow in: Ziekow/Völlink, Vergaberecht, 2. Aufl., § 98 GWB Rn. 145.
137 Dreher in: Immenga/Mestmäcker, Wettbewerbsrecht Bd. 2, 5. Aufl., einschränkend für den Ausschluss der Beherrschungsvermutung durch Entherrschungsverträge Eschenbruch in: Kulartz/Kus/Portz, GWB-Vergaberecht, § 98 GWB Rn. 197.
138 VK Sachsen v. 09.12.2014, 1/SVK/032 – 14.

dungsbereich bei der Vergabe von Konzessionen nach den Vorgaben in §§ 148 ff. GWB. Umgesetzt werden Art. 6 und Art. 7 der Konzessionsrichtlinie 2014/23/EU, die den Begriff Konzessionsgeber aber nicht enthalten. Letztlich dient die Definition der sprachlichen Vereinfachung, da es keine Konzessionsgeber gibt, die nicht zugleich auch nach anderen Vorschriften als Auftraggeber qualifiziert werden. Der Gesetzgeber erspart dem Anwender aber durch diese zwischengeschaltete Definition komplizierte Verschachtelungen in den Vorschriften zur Vergabe, da zahlreiche Vorschriften zwischen den einzelnen Arten von Konzessionsgebern unterscheiden (vgl. Rdn. 5 ff.). § 101 Abs. 2 GWB stellt lediglich klar, dass für die Definition des Konzessionsgeberbegriffs im Sektorenbereich auf die dortige Auslegung der Begriffe »besondere Rechte«, »ausschließliche Rechte« sowie »Ausübung eines beherrschenden Einflusses« zurückgegriffen wird.

B. Arten von Konzessionsgebern

Es wird zwischen drei Arten von Konzessionsgebern unterschieden: dem klassischen öffentlichen Auftraggeber gemäß § 99 Nr. 1 bis 3 GWB (Nr. 1), dem Sektorenauftraggeber gemäß § 100 Abs. 1 Nr. 1 GWB (Nr. 2) sowie dem Sektorenauftraggeber gemäß § 100 Abs. 1 Nr. 2 GWB (Nr. 3), soweit diese zum Zwecke dieser Tätigkeit Konzessionen vergeben. 2

Die Konzessionsgeber ohne Sektorenbezug nach § 101 Abs. 1 Nr. 1 GWB umfassen die normalen Auftraggeber gemäß § 99 Nr. 1 bis 3 GWB, also Gebietskörperschaften sowie deren Sondervermögen, andere juristische Personen, die zu dem besonderen Zweck gegründet wurden, im Allgemeininteresse liegende Aufgaben nichtgewerblicher Art zu erfüllen, und die eine staatliche Nähebeziehung aufweisen, sowie schließlich Verbände, deren Mitglieder sich von den vorgenannten Bezeichnungen erfassen lassen. Keine Konzessionsgeber im Sinne des GWB sind öffentliche Auftraggeber im Sinne des § 99 Nr. 4 GWB, also die mit öffentlichen Mitteln, bei einem der enumerativ aufgezählten Maßnahmen überwiegend subventionierte Auftraggeber (vormals Auftraggeber gemäß § 98 Nr. 5 GWB a.F. 3

Konzessionsgeber mit Sektorenbezug werden in § 101 Abs. 1 Nr. 2 GWB sowie § 101 Abs. 1 Nr. 3 GWB aufgeführt. Diese werden als Konzessionsgeber qualifiziert, sofern die Sektorenauftraggeber im Sinne des § 100 Abs. 1 Nr. 1 oder Nr. 2 GWB eine Konzession zum Zwecke der Sektorentätigkeit im Sinne des § 102 Abs. 2 bis Abs. 6 GWB vergeben. In diesem Fall fallen solche öffentlichen Auftraggeber somit nicht mehr unter § 101 Abs. 1 Nr. 1 GWB. Bewusst nicht geregelt ist damit die Vergabe von Konzessionen durch Sektorenauftraggeber im Bereich der Wasserversorgung (§ 102 Abs. 1 GWB). Der Gesetzgeber ist damit von der Richtliniensystematik abgewichen, die diese Unterscheidung nicht kennt. Er hat dabei aber die Intention der Konzessionsrichtlinie aufgegriffen, wonach Konzessionen im Bereich der Trinkwasserversorgung nicht von der Konzessionsrichtlinie erfasst sind.[1] Eine Notwendigkeit bestand hierfür angesichts der Spezialregelung in § 149 Nr. 9 GWB nicht. 4

C. Relevanz der Differenzierung

Wenngleich zahlreiche Vorschriften einheitlich für alle Arten von Konzessionsgebern gelten, ist die weitere Differenzierung zwischen den einzelnen Tatbeständen von Bedeutung für einzelne Vorschriften des GWB, insbesondere im Zusammenhang mit Ausnahmetatbeständen. So wird im GWB an den folgenden Stellen auf die Ausdifferenzierung Bezug genommen: 5

Die Ausnahme für öffentlich-öffentliche Zusammenarbeit gilt nach § 108 Abs. 8 GWB hinsichtlich der Vergabe von Konzessionen nur für Konzessionsgeber im Sinne des § 101 Abs. 1 Nr. 1 und 2 GWB, nicht aber für Konzessionsgeber im Sinne des § 101 Abs. 1 Nr. 3 GWB. Die im Sektorenbereich zentralen Ausnahmevorschriften zu verbundenen Unternehmen (§ 138 GWB), zu Vergaben im Zusammenhang mit Gemeinschaftsunternehmen (§ 139 GWB) sowie für unmittelbar dem Wettbewerb ausgesetzte Tätigkeiten (§ 140 GWB) gelten naturgemäß nur für die mit Sektorentätigkeit befassten Konzessionsgeber im Sinne des § 101 Abs. 1 Nr. 2 und Nr. 3 GWB (vgl. § 154 Nr. 5 bis Nr. 7 GWB). 6

---

1 Vgl. Art. 12 der Konzessionsrichtlinie 2014/23/EU.

7   Die in § 149 GWB geregelten Ausnahmetatbestände wirken in Teilen auch nur hinsichtlich der Konzessionsvergaben bestimmter Konzessionsgeber: So sind Dienstleistungskonzessionen freigestellt, die an einen Konzessionsgeber nach § 101 Abs. 1 Nr. 1 GWB oder § 101 Absatz 1 Absatz 1 Nr. 2 GWB aufgrund eines auf Gesetz oder Verordnung beruhenden ausschließlichen Rechts vergeben werden (§ 149 Nr. 6 GWB). Ferner ist das Vergaberecht nicht anzuwenden auf Konzessionen, die hauptsächlich dazu dienen, dem klassischen Konzessionsgeber im Sinne des § 101 Abs. 1 Nr. 1 GWB die Bereitstellung oder den Betrieb öffentlicher Kommunikationsnetze oder die Bereitstellung eines oder mehrerer elektronischer Kommunikationsdienste für die Öffentlichkeit zu ermöglichen (§ 149 Nr. 8 GWB). Sektorenkonzessionsgeber im Sinne des § 101 Abs. 1 Nr. 2 und Nr. 3 GWB können Konzessionen ohne Beachtung des GWB vergeben zwecks Durchführung ihrer Tätigkeiten in einem nicht der Europäischen Union angehörenden Staat in einer Weise, die nicht mit der physischen Nutzung eines Netzes oder geografischen Gebiets in der Union verbunden ist (§ 149 Nr. 11 GWB).

8   Bei den sonstigen Vorschriften, die im Rahmen der Konzessionsvergabe anzuwenden sind, wird ebenfalls weiter ausdifferenziert: So können Konzessionsgeber nach § 101 Abs. 1 Nr. 3 GWB zwar Unternehmen unter den Voraussetzungen des § 123 GWB (»Zwingende Ausschlussgründe«) ausschließen, sie müssen dies aber nicht, sondern genießen insoweit Ermessen (§ 154 Nr. 2 Buchstabe a GWB). Schließlich wird noch im Zusammenhang mit der Zuständigkeit der Vergabekammer des Bundes (§ 159 Abs. 1 GWB) auf diese Unterscheidung rekurriert.

§ 102 Sektorentätigkeiten

(1) Sektorentätigkeiten im Bereich Wasser sind
1. die Bereitstellung oder das Betreiben fester Netze zur Versorgung der Allgemeinheit im Zusammenhang mit der Gewinnung, der Fortleitung und der Abgabe von Trinkwasser,
2. die Einspeisung von Trinkwasser in diese Netze.
Als Sektorentätigkeit gelten auch Tätigkeiten nach Satz 1, die im Zusammenhang mit Wasserbau-, Bewässerungs- oder Entwässerungsvorhaben stehen, sofern die zur Trinkwasserversorgung bestimmte Wassermenge mehr als 20 Prozent der Gesamtwassermenge ausmacht, die mit den entsprechenden Vorhaben oder Bewässerungs- oder Entwässerungsanlagen zur Verfügung gestellt wird oder die im Zusammenhang mit der Abwasserbeseitigung oder –behandlung steht. Die Einspeisung von Trinkwasser in feste Netze zur Versorgung der Allgemeinheit durch einen Sektorenauftraggeber nach § 100 Absatz 1 Nummer 2 gilt nicht als Sektorentätigkeit, sofern die Erzeugung von Trinkwasser durch den betreffenden Auftraggeber erfolgt, weil dessen Verbrauch für die Ausübung einer Tätigkeit erforderlich ist, die keine Sektorentätigkeit nach den Absätzen 1 bis 4 ist, und die Einspeisung in das öffentliche Netz nur von dem Eigenverbrauch des betreffenden Auftraggebers abhängt und bei Zugrundelegung des Durchschnitts der letzten drei Jahre einschließlich des laufenden Jahres nicht mehr als 30 Prozent der gesamten Trinkwassererzeugung des betreffenden Auftraggebers ausmacht,

(2) Sektorentätigkeit im Bereich Elektrizität sind
1. die Bereitstellung oder das Betreiben fester Netze zur Versorgung der Allgemeinheit im Zusammenhang mit der Erzeugung, der Fortleitung und der Abgabe von Elektrizität,
2. die Einspeisung von Elektrizität in diese Netze, es sei denn,
   a) die Elektrizität wird durch den Sektorenauftraggeber nach § 100 Absatz 1 Nummer 2 erzeugt, weil ihr Verbrauch für die Ausübung einer Tätigkeit erforderlich ist, die keine Sektorentätigkeit nach den Absätzen 1 bis 4 ist, und
   b) die Einspeisung hängt nur von dem Eigenverbrauch des Sektorenauftraggebers ab und macht bei Zugrundelegung des Durchschnitts der letzten drei Jahre einschließlich des laufenden Jahres nicht mehr als 30 Prozent der gesamten Energieerzeugung des Sektorenauftraggebers aus.

(3) Sektorentätigkeiten im Bereich von Gas und Wärme sind

1. die Bereitstellung oder das Betreiben fester Netze zur Versorgung der Allgemeinheit im Zusammenhang mit der Erzeugung, der Fortleitung und der Abgabe von Gas und Wärme,
2. die Einspeisung von Gas und Wärme in diese Netze, es sei denn,
    a) die Erzeugung von Gas oder Wärme durch den Sektorenauftraggeber nach § 100 Absatz 1 Nummer 2 ergibt sich zwangsläufig aus der Ausübung einer Tätigkeit, die keine Sektorentätigkeit nach den Absätzen 1 bis 4 ist, und
    b) die Einspeisung zielt nur darauf ab, diese Erzeugung wirtschaftlich zu nutzen und macht bei Zugrundelegung des Durchschnitts der letzten drei Jahre einschließlich des laufenden Jahres nicht mehr als 20 Prozent des Umsatzes des Sektorenauftraggebers aus.

(4) Sektorentätigkeit im Bereich Verkehrsleistungen sind die Bereitstellung oder das Betreiben von Netzen zur Versorgung der Allgemeinheit mit Verkehrsleistungen per Eisenbahn, automatischen Systemen, Straßenbahn, Trolleybus, Bus oder Seilbahn; ein Netz gilt als vorhanden, wenn die Verkehrsleistung gemäß den von einer zuständigen Behörde festgelegten Bedingungen erbracht wird; dazu gehören die Festlegung der Strecken, die Transportkapazitäten und die Fahrpläne.

(5) Sektorentätigkeiten im Bereich Häfen und Flughäfen sind Tätigkeiten im Zusammenhang mit der Nutzung eines geografisch abgegrenzten Gebiets mit dem Zweck, für Luft-, See- oder Binnenschifffahrtsverkehrsunternehmen Flughäfen, See- oder Binnenhäfen oder andere Terminaleinrichtungen bereitzustellen.

(6) Sektorentätigkeiten im Bereich fossiler Brennstoffe sind Tätigkeiten zur Nutzung eines geografisch abgegrenzten Gebiets zum Zweck
1. der Förderung von Öl oder Gas oder
2. der Exploration oder Förderung von Kohle oder anderen festen Brennstoffen.

(7) Für die Zwecke der Absätze 1 bis 3 umfasst der Begriff »Einspeisung« die Erzeugung und Produktion sowie den Groß- und Einzelhandel. Die Erzeugung von Gas fällt unter Absatz 6.

1. Bedeutung der Vorschrift

1   Um den **Anwendungsbereich des Sektorenvergaberechts** zu bestimmen, knüpft das Gesetz an den Begriff der »Sektorentätigkeiten« an. Diese Tätigkeiten sind zunächst Voraussetzung für die Qualifikation eines Sektorenauftraggebers nach § 100 GWB. Außerdem finden auch die Sondervorschriften des Sektorenvergaberechts gem. § 136 GWB und § 1 Abs. 1 SektVO auf die Vergabe von öffentlichen Aufträgen und die Ausrichtung von Wettbewerben durch Sektorenauftraggeber nur insoweit Anwendung, als diese dem Zweck der Ausübung einer Sektorentätigkeit dienen.[1] Gleiches gilt für die Konzessionsvergabe durch Sektorenauftraggeber nach § 101 Abs. 1 Nr. 2 GWB. Die Sektorentätigkeiten waren bislang in einer Anlage zu § 98 Nr. 4 GWB a.F. definiert. Mit § 102 GWB sind sie nun in einem gesonderten Paragrafen erfasst, und zwar im Wasserbereich (Absatz 1), im Bereich Elektrizität (Absatz 2), im Bereich Gas und Wärme (Absatz 3),[2] im Bereich der Verkehrsleistungen des Landverkehrs (Absatz 4), im Bereich der Häfen und Flughäfen (Absatz 5) sowie im Bereich fossiler Brennstoffe (Absatz 6). Diese Aufzählung ist abschließend.[3]

2   Ein Sektorenauftraggeber kann **mehrere Sektorentätigkeiten** ausüben, für die er einen Auftrag vergibt, was normalerweise jedoch nicht zu Anwendungsproblemen führt. Schwieriger sind die Fälle zu behandeln, in denen ein Auftrag nur **zum Teil der Ausübung einer Sektorentätigkeit** dient, der Auftraggeber mit dem Auftrag daneben aber auch andere Tätigkeiten verfolgt. Diese Fälle werden von den §§ 111 und 112 GWB behandelt. Im Unterschied zu § 112 GWB erfasst § 111 GWB dabei Aufträge, bei denen die Anwendbarkeit unterschiedlicher Vergaberechtsregime daraus resultiert, dass der Auftrag verschiedene Beschaffungskomponenten umfasst. Die §§ 111 und 112 sind auch anzuwenden, wenn das Beschaffungsvorhaben zum Teil einer Sektorentätigkeit dient, die durch Beschluss der Kommission vom Vergaberecht freigestellt ist und zum Teil einer Sektorentätigkeit, bei der das nicht der Fall ist.[4] Auf die Kommentierung zu den §§ 111 und 112 GWB wird verwiesen.

3   Der Bestand der Sektorentätigkeiten, die zu einer Vergabepflicht führen, ist veränderbar. Das ergibt sich aus § 14 Abs. 1 GWB, der sog. »**Wettbewerbsklausel**«, die auf Art. 34 der Richtlinie 2014/25/EU beruht. Hiernach besteht keine Vergabepflicht für öffentliche Aufträge, die zum Zweck der Ausübung einer Sektorentätigkeit vergeben werden, wenn diese unmittelbar dem Wettbewerb auf Märkten ausgesetzt ist, die keiner Zugangsbeschränkung unterliegen. Die betreffende Tätigkeit kann dabei Teil eines größeren Sektors sein oder nur in bestimmten Teilen des betreffenden Mitgliedstaats ausgeübt werden. Die Wettbewerbsklausel ermöglicht eine dynamische Anpassung des Sektorenvergaberechts an veränderte Wettbewerbsverhältnisse. Wenn ein Auftraggeber mit seiner Tätigkeit im Wettbewerb steht, erscheint es nicht mehr angemessen, ihn den vergaberechtlichen Regulierungen zu unterwerfen, denn die Gefahr, dass er sich bei der Beschaffung von anderen als wirtschaftlichen Gründen leiten lässt, ist dann gering.[5] Die Feststellung, ob eine Sektorentätigkeit in einem Mitgliedstaat unmittelbar dem Wettbewerb auf Märkten ohne Zugangsbeschränkung ausgesetzt ist, ist der Europäischen Kommission vorbehalten. Nähere Bestimmungen zum Freistellungsverfahren enthalten § 3 SektVO und – bezüglich der Verfahrenskosten – § 140 Abs. 2 SektVO. Mit Beschluss vom 24.04.2012 hat die Europäische Kommission die Erzeugung und den Großhandel von Strom aus konventionellen Quellen in Deutschland von der Anwendung der Richtlinie

---

1 Zur Relativität der Qualifikation als Sektorenauftraggeber vgl. § 100 Rdn. 14.
2 In der Anlage zu § 98 Nr. 4 GWB a.F. waren bislang die Gas- und Elektrizitätsversorgung in Nr. 2 zusammengefasst und war die Wärmeversorgung getrennt davon in Nr. 3 geregelt.
3 Dreher in: Immenga/Mestmäcker, Wettbewerbsrecht Bd. 2, 5. Aufl., § 98 Rdn. 1 m. Verw. auf EuGH v. 18.11.2004 – Rs. C-126/03 Rdn. 21; Diehl in: Müller-Wrede, GWB-Vergaberecht, 2. Aufl., § 98 Rdn. 129.
4 Vgl. VK Sachsen v. 09.12.2014, 1/SVK/032 – 14 zu Art. 9 Abs. 2 u. 3 Richtlinie 2004/17/EG.
5 Vgl. Erwägungsgrund 43 Richtlinie 2014/25/EU.

2004/17/EG freigestellt, weil diese Tätigkeiten unmittelbar Wettbewerb ausgesetzt sind.[6] Die unter Geltung der Richtlinie 2004/17/EG getroffenen Freistellungsentscheidungen gelten fort.[7]

2. Europarechtliche Grundlagen

§ 102 GWB dient der Umsetzung von Kapitel II der Richtlinie 2014/25/EU. In diesem Kapitel 4 werden unter den Art. 8–14 die einzelnen Sektorentätigkeiten im Bereich von Gas und Wärme, Elektrizität, Wasser, Verkehrsleistungen, Häfen und Flughäfen, Postdiensten und der Förderung von Öl und Gas und der Exploration oder Förderung von Kohle oder anderen festen Brennstoffen definiert. Art. 7 der Richtlinie 2014/25/EU enthält gemeinsame Bestimmungen für verschiedene Sektorentätigkeiten. Die Art. 8, 9 sowie 11–14 der Richtlinie 2014/25/EU werden wortgleich auch in Anhang 2 der Konzessionsvergabe 2014/23/EU wiedergegeben. Der Sektorenbereich »Wasser« wird in der Konzessionsvergaberichtlinie nicht beschrieben, weil diese Richtlinie gem. ihrem Art. 12 die Vergabe von Konzessionen im Bereich der Wasserversorgung nicht erfasst.

Im **Vergleich zur Vorgängerrichtlinie 2004/17/EG** ist der Katalog der Sektorentätigkeiten in 5 der Richtlinie 2014/25/EG kaum geändert worden. Nur klarstellend[8] legt Art. 4 lit. a Richtlinie 2014/25/EU nun fest, dass der Begriff der »Einspeisung« von Gas, Wärme, Elektrizität oder Wasser in Versorgungsnetze nicht nur die Erzeugung (Produktion), sondern auch den Groß- und den Einzelhandel erfasst. Gemäß Art. 11 Richtlinie 2014/25/EG gilt außerdem die Exploration, d.h. die Suche nach Öl oder Gas, zukünftig nicht mehr als Sektorentätigkeit, da dieser Bereich nach Einschätzung des Gemeinschaftsgesetzgebers einem so starken Wettbewerbsdruck ausgesetzt ist, dass die durch die einschlägigen Unionsvergabevorschriften bewirkte Beschaffungsdisziplin nicht mehr erforderlich ist.[9] Die »Kälteversorgung« wurde trotz eines entsprechenden Vorschlags des Europäischen Parlaments nicht in den Katalog der Sektorentätigkeiten aufgenommen.[10] Im Verkehrsbereich wurde die Regelung des Art. 5 Abs. 2 Richtlinie 2004/17/EG gestrichen, wonach der Betrieb des öffentlichen Busverkehrs vom Anwendungsbereich der Richtlinie ausgenommen war, sofern für andere Unternehmen entweder allgemein oder für ein besonderes, geografisch abgegrenztes Gebiet die Möglichkeit bestand, die gleiche Aufgabe unter den gleichen Bedingungen wie der betreffende Auftraggeber zu übernehmen. In Deutschland hatte diese Bestimmung jedoch bislang ohnehin keine Bedeutung.[11] Art. 9 Richtlinie 2014/25/EU erfasst nunmehr die Bereitstellung von Flughäfen, See- oder Binnenhäfen oder anderen »Terminaleinrichtungen« während in Art. 7 lit. b RL 2004/17/EG noch von anderen »Verkehrs*end*einrichtungen« die Rede war.

Bis auf kleinere, eher redaktionelle Anpassungen sind die **Art. 7–12 und 14 Richtlinie 2014/25/** 6 **EU in § 102 GWB 1:1 umgesetzt** worden. Während in der Richtlinie im Bereich Wasser, Elektrizität sowie Gas und Wärme jeweils von der Bereitstellung *und* dem Betreiben fester Netze zur Versorgung der Allgemeinheit die Rede ist, spricht § 102 GWB von der Bereitstellung *oder* dem Betreiben fester Netze zur Versorgung der Allgemeinheit. Hierdurch kommt klarer zum Ausdruck, dass die Bereitstellung des Netzes und der Netzbetrieb alternative Sektorentätigkeiten darstellen. Die gemeinschaftsrechtliche Bestimmung, wonach im Landverkehr ein Netz als vorhanden gilt, wenn die Verkehrsleistung gemäß den von einer zuständigen Behörde festgelegten Bedingungen erbracht wird (Art. 5 Abs. 1 UAbs. 2 RL 2004/17/EG nun Art. 11 Abs. 2 RL 2014/25/EU) war bislang nicht in das nationale Recht umgesetzt, was durch eine richtlinienkonforme Auslegung

---

6 ABl. L 114/21 v. 26.04.2012. S. hierzu auch Rdn. 26.
7 Vgl. Erwägungsgrund 43 Richtlinie 2014/25/EU.
8 Vgl. Erwägungsgrund 23 Richtlinie 2014/25/EU.
9 Vgl. Erwägungsgrund 25 Richtlinie 2014/25/EU.
10 EP Report on the proposal for a directive of the European Parliament and of the Council on procurement by entities operating in the water, energy, transport and postal services sectors v. 07.02.2013, Amendment 59. Vgl. hierzu auch Erwägungsgrund 21 Richtlinie 2014/25/EU.
11 Vgl. Opitz in: Eschenbruch/Opitz, SektVO, § 1 Rn. 146.

korrigiert werden musste.[12] Nun ist mit § 102 Abs. 4 Hs. 2 GWB eine wortlautgetreue Umsetzung erfolgt. Schließlich verwendet § 102 Abs. 6 GWB anders als die Richtlinie 2014/25/EU den Begriff der »fossilen Brennstoffe«.

7   Art. 13 der Richtlinie 2014/25/EU zu den **Postdiensten** findet in § 102 GWB keine Entsprechung. Der deutsche Gesetzgeber hatte schon bei Umsetzung der Richtlinie 2004/17/EG davon abgesehen, die Bestimmungen zu den Postdiensten in das nationale Recht zu übernehmen. Dies geschah im Hinblick auf die Aufhebung des Briefmonopols der Deutsche Post AG Ende 2007 und die vollständige Liberalisierung des deutschen Postmarktes in der Bundesrepublik Deutschland.[13] Daran wird auch in § 102 GWB festgehalten. Ein weiterer Grund für die Nichtumsetzung der Bestimmungen des Postbereichs der Richtlinie 2014/25/EU ist, dass sich in Deutschland (derzeit) keine öffentlichen Auftraggeber und keine öffentlichen Unternehmen finden, die im Bereich der Postdienste tätig sind.[14]

8   Den **Telekommunikationssektor** hatte die Kommission aufgrund fortgeschrittener europäischer Liberalisierungs- und Harmonisierungsbemühungen bereits auf der Basis von Art. 8 alten Sektorenkoordinierungsrichtlinie 93/38/EWG vom Vergaberecht weitgehend freigestellt.[15] Seit der Ablösung dieser Richtlinie durch die Sektorenrichtlinie 2004/17/EG zählt die Telekommunikation nicht mehr zu den Sektorentätigkeiten.

3 Entstehungsgeschichte

9   Die Sektorentätigkeiten waren ursprünglich in den §§ 8 und 9 VgV a.F. definiert. Mit dem Gesetz zur Modernisierung des Vergaberechts von 2009 wurden sie in eine Anlage zu § 98 Nr. 4 GWB aufgenommen. Mit § 102 GWB erfolgt eine weitere Annäherung an den Wortlaut des Gemeinschaftsrechts. § 102 GWB weicht von der Anlage zu § 98 Nr. 4 GWB a.F. ab, indem die Regelung zur Trinkwasserversorgung im Zusammenhang mit Abwasserbeseitigung oder –behandlung an das Richtlinienrecht angepasst wurde.[16] Bei der Beschreibung der Sektorentätigkeiten im Bereich der Verkehrsleistungen in § 102 Abs. 4 GWB wird außerdem »das Erbringen von Verkehrsleistungen« nicht mehr erwähnt und wurde der Begriff der »Infrastruktureinrichtung« durch den des »Netzes« ersetzt. Außerdem ist der bislang in Anlage zu § 98 Nr. 4 GWB a.F. für den Busverkehr geltende Zusatz »im öffentlichen Personenverkehr im Sinne des Personenbeförderungsgesetzes« entfallen. Auch übernimmt § 102 Abs. 4 GWB nunmehr den klarstellenden Hinweis aus dem Gemeinschaftsrecht, wonach ein Netz als vorhanden gilt, wenn die Verkehrsleistung gemäß den von einer zuständigen Behörde festgelegten Bedingungen erbracht wird.[17] Bei der Flughafentätigkeit verzichtet § 102 Abs. 5 GWB auf einen Verweis auf die LuftVZO.

10   § 102 GWB ist in der Fassung des Regierungsentwurfs vom 08.10.2015[18] verabschiedet worden. Der Referentenentwurf wies zum Teil noch größere Unterschiede zur Richtlinie 2014/25/EU auf. So fehlte im Referentenentwurf die Ausnahme des § 102 Abs. 1 S. 3 GWB, während sich andererseits die Ausnahmen des § 102 Abs. 2 Nr. lit. a) und Abs. 3 Nr. 2 lit. a) auf alle Sektorenauftraggeber bezogen und nicht nur auf die »privaten Sektorenauftraggeber« i.S.v. § 100 Abs. 1 Nr. 2 GWB.

---

12 Vgl. Opitz in Eschenbruch/Opitz, SektVO, § 1 Rn. 149 ff.
13 Begr. VergRModG 2009 BT-Drucks. 16/10117 S. 17. Vgl. auch Huber/Wollenschläger VergabeR 2006, 431 f.; Wende in: MüKo, Europäisches und Deutsches Wettbewerbsrecht, Bd. 3, 2011, Anl. zu § 98 Nr. 4 GWB Rdn. 82 ff.
14 Begr. VergRModG 2016, BT-Drs. 18/6281, S. 88; so auch bereits Begr. SektVO, BR-Drucks. 522/09, S. 36.
15 Vgl. Mitteilungen der EG-Kommission v. 03.06.1999 (ABl. C 156/3), v. 13.03.2002 (ABl. C 64/10) und v. 30.04.2004 (ABl. C 115/3).
16 S. unten Rdn. 18.
17 Vgl. im Einzelnen Rdn. 34 und 39 ff.
18 BT-Drs. 18/6281.

4 Sektorentätigkeit und Sektorenhilfstätigkeit

Die einzelnen Sektorentätigkeiten sind nicht in einem technischen Sinne, sondern in einem 11
wirtschaftlich-funktionalen Sinne zu verstehen. Auf Tätigkeiten, die die Versorgungsaufgabe erst
ermöglichen oder sie unterstützen oder erleichtern, ist ebenfalls das Sektorenvergaberecht anzuwenden.[19] Für sie hat sich der Begriff der Sektorenhilfstätigkeiten gebildet.[20] Sie umfassen alles, was
zum reibungslosen Betrieb der Versorgungseinrichtung beiträgt und **von einem funktionierenden
und modernen Versorgungsunternehmen erwartet wird.**[21] Insofern dürfte es nicht zweifelhaft sein,
dass etwa die Versorgung mit Speisen und Getränken in Fernverkehrszügen oder die Bereitstellung
eines Kundenportals durch ein Energieversorgungsunternehmen der Sektorentätigkeit zuzurechnen
sind. Nach der Rechtsprechung zählt zur Sektorentätigkeit im Bereich Flughäfen so etwa nicht nur
der eigentliche Flugbetrieb auf den Start- und Landebahnen, sondern auch das Abschleppen von
Falschparkern an Flughäfen[22] oder die Bauüberwachung für Bauarbeiten an Flughäfen.[23] Weitere
Beispiele betreffen etwa den Bau von Verwaltungs- und Sozialgebäuden eines Sektorenauftraggebers[24] oder die Lieferung und Wartung einen Telefonanlage.[25] In Zweifelsfällen ist zu fragen, ob die
Sektorentätigkeit ohne die Hilfstätigkeit ausgeübt werden könnte und ob die Hilfstätigkeit ohne die
Sektorentätigkeit eine eigenständige wirtschaftliche Funktion erfüllen könnte.

5 Sektorentätigkeiten im Bereich Wasser (Abs. 1)

5.1 Allgemeines

In § 102 Abs. 1 GWB ist die Sektorentätigkeit im Bereich des Wassers geregelt. Satz 1 beschreibt 12
den **Grundtatbestand** der Norm mit zwei Alternativen. Nr. 1 betrifft die Bereitstellung oder das
Betreiben fester Netze zur Versorgung der Allgemeinheit im Zusammenhang mit der Gewinnung,
der Fortleitung und der Abgabe von Trinkwasser, Nr. 2 die Einspeisung von Trinkwasser in diese
Netze.

Unter **Trinkwasser** versteht man Süßwasser, das so hochgradig gereinigt wurde, so dass es für den 13
menschlichen Gebrauch geeignet ist,[26] insbesondere zum Trinken und zur Speisenzubereitung, aber
auch zur Reinigung des menschlichen Körpers und von Gegenständen, die mit Lebensmitteln oder
dem menschlichen Körper in Berührung kommen. Trinkwasser wird in Deutschland zumeist aus
dem Grundwasser durch Brunnen oder direkt aus Quellen gewonnen, zum Teil aber auch aus
Oberflächenwasser (aus Talsperrseen, Seen oder Flüssen), das aufbereitet wird. Meerwasserentsal-
zung ist in Deutschland (Insel Helgoland) die große Ausnahme.

5.2 Bereitstellung oder Betreiben fester Netze zur Versorgung der Allgemeinheit

Wenn § 102 Abs. 1 Satz 1 Nr. 1 GWB von der Bereitstellung oder dem Betreiben fester Netze zur 14
Versorgung der Allgemeinheit spricht, wird zunächst deutlich, dass nur Tätigkeiten der leitungsgebundenen Trinkwasserversorgung und nicht die Versorgung mit Trinkwasser in Tankfahrzeugen,
Flaschen oder anderen Behältern erfasst wird. Ein Netz setzt stets eine systematische und zweckbe-
zogene Verknüpfung einer Mehrzahl von Netzelementen voraus. Ein Netz zur »Gewinnung, Fort-

---

19 Eschenbruch in: Eschenbruch/Opitz, SektVO § 1 Rn. 203; Opitz in: Eschenbruch/Opitz, SektVO, Einl.
    Teil I, Rn. 14; Opitz NZBau 2002, 1921; anders Greb/Müller, Kommentar zur SektVO, § 1 Rn. 122, die
    einen »unmittelbaren Zusammenhang« mit der Sektorentätigkeit fordern.

20 Opitz in: Eschenbruch/Opitz, SektVO, Einl. Teil I, Rdn. 14.

21 So ausdrücklich Erwägungsgrund 25 Richtlinie 2014/23/EU mit dem Beispiel von Einzelhandelsgeschäf-
    ten, Verpflegung und Parkplätzen an Flughäfen.

22 OLG Düsseldorf v. 24.03.2002, VII Verg 98/09, NZBau 2010, 649, 650.

23 VK Sachsen v. 19.10.2010 – 1/SVK/037/10.

24 OLG Düsseldorf v. 21.05.2008, Verg 19/08.

25 VK Sachsen v. 09.12.2014, 1/SVK/032-14.

26 Vgl. RL 98/83/EG v. 03.11.1998 über die Qualität von Wasser für den menschlichen Gebrauch, ABl. L
    330/32.

leitung und Abgabe von Trinkwasser« besteht im Kern aus Pumpen, Behältern und Leitungen. Der **Begriff des Netzes** ist jedoch umfassend zu verstehen. Er umfasst alle technisch-funktional mit der Versorgungstätigkeit im Zusammenhang stehende Anlagen und Einrichtung. In dem Begriff des »festen Netzes« kommt zum Ausdruck, dass es sich um ein physisches Netz handeln muss.[27] Die Netzelemente können sich unter oder auf der Erdoberfläche befinden, wobei unerheblich ist, ob sie zivilrechtlich als Scheinbestandteil (§ 95 BGB) eines Grundstücks eingeordnet werden oder nicht. Der Begriff des »festen Netzes« setzt nicht voraus, dass die Netzelemente dauerhaft mit dem Erdboden verbunden sind.[28] Bei Anlagen, die nur für eine kurze Zeit errichtet werden, kann es aber am Merkmal des Netzes oder am Merkmal der »Versorgung der Allgemeinheit« fehlen.

15 Weiterhin müssen die Netze der **Versorgung der Allgemeinheit** dienen.[29] Das Tatbestandsmerkmal der »Versorgung der Allgemeinheit«, das auch die in § 102 Abs. 2 bis 4 GWB genannten Sektorentätigkeiten kennzeichnet, ist nicht im Sinne von »Daseinsvorsorge« bzw. als »Dienstleistung von allgemeinem wirtschaftlichen Interesse (Art. 106 Abs. 2 AEUV) zu verstehen und setzt daher nicht voraus, dass die Versorgung mit besonderen Gemeinwohlverpflichtungen verbunden ist. Es dient lediglich der Abgrenzung der Versorgung für bestimmte Benutzer oder Benutzerkreise[30] und ist folglich im Sinne von »Versorgung von Jedermann« (private Haushalte, Industrie, Landwirtschaft, öffentliche Abnahmestellen) zu interpretieren. Dies kann – jedenfalls wenn dies zu allgemeinen Bedingungen erfolgt – auch den Anschluss einzelner, abgelegener Grundstücke umfassen.[31] Eine Versorgung der Allgemeinheit scheidet aber dann aus, wenn ein Netz in erster Linie dazu dient, den Netzeigentümer oder -betreiber (oder mit diesen verbundene Unternehmen) mit Trinkwasser zu versorgen.

16 Als Sektorentätigkeit gilt nach § 102 Abs. 1 Satz 1 Nr. 1 GWB zunächst die **Bereitstellung oder das Betreiben** fester Netze zur Versorgung der Allgemeinheit im Zusammenhang mit der Gewinnung, der Fortleitung und der Abgabe von Trinkwasser. Unter dem Begriffspaar »Bereitstellung oder Betreiben« ist jede Form des Baus, der Unterhaltung, der Weiterentwicklung und der Betriebsführung des Netzes zu verstehen.[32] Wie sich aus der Verknüpfung »oder« ergibt, handelt es sich bei der »Bereitstellung« und dem »Betreiben« nicht um kumulative Voraussetzungen. Auch ist die Bereitstellung ist nicht auf die Errichtung bzw. den Bau des Netzes begrenzt, sondern umfasst sie auch das »Vorhalten« eines Netzes. In einzelnen Teilbereichen (z.B. Instandhaltung) können sich Bereitstellung und Betreiben daher überschneiden. Der Netzbetrieb setzt nicht notwendig voraus, dass der Betreiber auch Eigentümer des Netzes ist.[33] Es ist ausreichend, wenn der Betreiber die tatsächliche Verfügungsmacht über das Netz innehat, was zum Beispiel bei dem Pächter eines Netzes der Fall ist. Umgekehrt übt der Eigentümer, der sein Netz nur verpachtet, keine Sektorentätigkeit aus. Die Wahrnehmung einer rechtlichen Gewährleistungsverantwortung für die Bereitstellung oder den Betrieb einer öffentlichen Infrastruktur oder deren Finanzierung oder Organisation stellt für sich genommen ebenfalls keine Sektorentätigkeit dar.[34]

---

27 Vgl. in Abgrenzung hierzu die Netzdefinition im Verkehrsbereich Rdn. 36.
28 So aber Diehr in: Reidt/Stickler/Glahs, Vergaberecht, 3. Aufl., Anl. zu § 98 Nr. 4 Rdn. 4; Wieddekind in: Willenbruch/Wieddekind, Kompaktkommentar Vergaberecht, 3. Aufl., § 98 GWB Rdn. 79; Gabriel in: MüKo, Europäisches und Deutsches Wettbewerbsrecht, Bd. 3, 2011, Anl. zu § 98 Nr. 4 GWB Rdn. 2.; einschränkend bereits Weiß/Sudbrock in: Eschenbruch/Opitz, SektVO, § 1 Rn. 71.
29 Vgl. insofern auch § 50 Abs. 1 WHG, der die »der Allgemeinheit dienende Wasserversorgung« als »öffentliche Wasserversorgung« definiert.
30 So auch Dörr in: Dreher/Motzke, Beck'scher Vergaberechtskommentar, GWB, § 98, Rdn. 128.
31 Weiß/Sudbrock in: Eschenbruch/Opitz, SektVO, § 1 Rn. 73.
32 Vgl. etwa Weiß/Sudbrock in: Eschenbruch/Opitz, SektVO, § 1 Rn. 70.
33 Eschenbruch in: Kulartz/Kus/Portz, GWB-Vergaberecht, 3. Aufl., § 98 Rn. 268; Weiß/Sudbrock in: Eschenbruch/Opitz, SektVO, § 1 Rn. 75; Müller/Greb, SektVO, § 1 Rn. 56; Wieddekind in: Willenbruch/Wieddekind Kompaktkommentar Vergaberecht, 3. Aufl., § 98, Rdn. 79; Müller-Wrede GWB-Vergaberecht, 2. Aufl., § 98 Rdn. 134.
34 Vgl. hierzu § 100 Rdn. 32.

5.3 Zusammenhang mit anderen Tätigkeiten im Wasserbereich

§ 102 Abs. 1 Satz 2 GWB bestimmt, dass Tätigkeiten der Trinkwasserversorgung nach Satz 1   17
grundsätzlich auch dann als Sektorentätigkeiten gelten, wenn sie (Alt. 1) im Zusammenhang mit
Wasserbau-, Bewässerungs- oder Entwässerungsvorhaben oder (Alt. 2) im Zusammenhang mit der
Abwasserbeseitigung oder Abwasserbehandlung stehen. Insoweit hat die Vorschrift in erster Linie
eine klarstellende Funktion. Von einem **Zusammenhang mit Wasserbauvorhaben** ist beispielsweise
bei der Errichtung einer Talsperren oder eines Stausees auszugehen, wenn mit einem derartigen Vorhaben primär andere Zwecke – etwa die Gewinnung von Wasserkraft oder der Hochwasserschutz –
verfolgt wird. Ein **Zusammenhang mit einem Entwässerungsvorhaben** besteht etwa, wenn die
Trinkwassergewinnung ein Nebenzweck der Gewinnung landwirtschaftlicher Nutzflächen ist.[35]
Von einem Zusammenhang mit der Abwasserbeseitigung oder –behandlung ist beispielsweise bei
der gemeinsamen Verlegung von Trink- und Brauchwasserleitungen auszugehen. Der geforderte
Zusammenhang zwischen beiden Tätigkeitsbereichen kann unternehmerischer oder technischer
Natur sein.[36] Ein Zusammenhang mit der Abwasserbeseitigung oder –behandlung ist wohl nicht
auf die Fälle begrenzt, in denen Abwässer zur Nutzung als Trinkwasser aufbereitet werden.

Allerdings liegt eine Sektorentätigkeit in der 1. Alternative, d.h. bei Wasserbau-, Bewässerungs-   18
oder Entwässerungsvorhaben, nur vor, sofern die zur Trinkwasserversorgung bestimmte Wassermenge mehr als 20 Prozent der Gesamtwassermenge ausmacht, die mit den entsprechenden Vorhaben oder Bewässerungs- oder Entwässerungsanlagen zur Verfügung gestellt wird. Anders als die
Vorgängerregelung in der Anlage zu § 98 Nr. 4 GWB a.F. und nunmehr richtlinienkonform kennt
die 2. Alternative keine derartige Einschränkung.[37] Deshalb genügt bei der Abwasserbeseitigung
oder –behandlung jeglicher technischer oder unternehmerischer Zusammenhang mit der Trinkwasserversorgung, um die Tätigkeit insgesamt als Sektorentätigkeit zu qualifizieren. Systematisch
beinhaltet § 102 Abs. 1 Satz 2 GWB in beiden Alternativen eine Sonderregelung zu § 112 GWB.

5.4 Einspeisung von Trinkwasser

§ 102 Abs. 1 Satz 1 Nr. 2 GWB erfasst weiterhin die Einspeisung von Trinkwasser in feste Netze   19
zur Versorgung der Allgemeinheit. Der Begriff der »Einspeisung« wird in § 102 Abs. 7 GWB, der
auf Artikel 7 der Richtlinie 2014/25/EU beruht,[38] definiert. Er erfasst auch die »**Erzeugung und
Produktion**« von Trinkwasser und seine Einleitung. Das gilt unabhängig davon, ob der Erzeuger
Endverbraucher versorgt oder nicht. Zur »Erzeugung« gehört auch die »Entwicklung«, d. h. die
Errichtung einer angemessenen Infrastruktur für die künftige Erzeugung.[39] Wie sich aus § 102
Abs. 7 GWB ergibt, geht der Begriff der »Einspeisung« sogar noch über die Erzeugung hinaus und
erfasst er auch den **Groß- und Einzelhandel**. Ein Groß- oder Einzelhändler muss selbst kein Erzeu-
ger sein und auch selbst kein Versorgungsnetz betreiben. Er kann das Versorgungsgut von einem
Produzenten (oder Zwischenhändler) erwerben und in das Versorgungsnetz einspeisen lassen.
Mangels gesetzlich geregelter Durchleitungspflicht und wegen kommunalrechtlicher Anschluss-
und Benutzungszwänge besteht in Deutschland allerdings kein Markt für den bloßen Handel mit
leitungsgebundenem Trinkwasser. Auch ist darauf hinzuweisen, dass die Beschaffung von Wasser
durch Wasserversorgungsunternehmen gemäß § 137 Abs. 1 Nr. 7 GWB ohnehin nicht dem Vergaberecht unterworfen ist.

---

35 Vgl. Weiß/Sudbrock in: Eschenbruch/Opitz, SektVO, § 1 Rn. 80; Müller-Wrede, SektVO, § 1 Rn. 90.

36 Weiß/Sudbrock in: Eschenbruch/Opitz, SektVO, § 1 Rn. 79; Gabriel in: MüKo, Europäisches und Deut-
    sches Wettbewerbsrecht, Bd. 3, 2011, Anl. zu § 98 Nr. 4 GWB Rdn. 3.

37 Darauf hinweisend schon Gabriel in: MüKo, Europäisches und Deutsches Wettbewerbsrecht, Bd. 3, 2011,
    Anl. zu § 98 Nr. 4 GWB Rdn. 4.

38 Diese Vorschrift soll ausweislich Erwägungsgrund 23 Richtlinie 2014/25/EU nur klarstellenden Charakter
    haben.

39 Vgl. Erwägungsgrund 25 Richtlinie 2014/25/EU für die Erzeugung von Öl und Gas.

20 Im Hinblick auf die Einspeisung von Trinkwasser durch Trinkwassererzeuger enthält § 102 Abs. 1 S. 3 GWB eine Ausnahme für »**Selbstversorger**«, die mehr Trinkwasser fördern als sie verbrauchen. Nach dem Wortlaut von Satz 3 stellt die Einspeisung von Trinkwasser durch einen »privaten Sektorenauftraggeber« i.S.v. § 100 Abs. 1 Nr. 2 GWB unter drei näher bestimmten Voraussetzungen keine Sektorentätigkeit dar. Unter anderem muss die Erzeugung von Trinkwasser für eine Tätigkeit erforderlich sein, die keine Sektorentätigkeit nach den Absätzen 1–4 von § 102 GWB ist. So verstanden könnte die Ausnahme nur die Trinkwassererzeugung eines Sektorenauftraggebers erfassen, wenn dieser zugleich auch sektorenfremde Tätigkeiten ausführt und im Rahmen dieser sektorenfremden Tätigkeit Trinkwasser produziert und einspeist. Näher liegt jedoch eine Interpretation, wonach die Einspeisung von Trinkwasser durch einen Trinkwassererzeuger, der kein Sektorenauftraggeber nach § 100 Abs. 1 Nr. 1 GWB ist, unter den drei genannten Voraussetzungen keine Sektorentätigkeit darstellt, was dann zur Konsequenz hat, dass dieser Trinkwassererzeuger trotz etwaigem Vorliegen der übrigen Voraussetzungen des § 100 Abs. 1 Nr. 2 GWB kein Sektorenauftraggeber wird (z.B. Brauereien). Andernfalls würden nämlich insbesondere öffentliche Unternehmen i.S.v. § 100 Abs. 1 Nr. 2 lit. b GWB, die neben der sektorenfremden Tätigkeit auch eine Sektorentätigkeit wahrnehmen, gegenüber öffentlichen Unternehmen, die nur die sektorenfremde Tätigkeit wahrnehmen, privilegiert. Die folgenden drei Voraussetzungen müssen kumulativ vorliegen, damit eine Sektorentätigkeit verneint werden kann:

– Die Erzeugung von Trinkwasser muss für eine Tätigkeit erforderlich sein, die keine Sektorentätigkeit nach den Absätzen 1–4 von § 102 GWB ist. Ist sie für eine Sektorentätigkeit im Bereich der Häfen und Flughäfen oder im Bereich der fossilen Brennstoffe erforderlich (§ 102 Abs. 5 und 6 GWB) ist dies unschädlich.

– Es muss eine Abhängigkeit der in das öffentliche Netz eingespeisten Trinkwassermenge zu dem Eigenverbrauch des Auftragnehmers bestehen. Davon ist auszugehen, wenn die eingespeiste Trinkwassermenge bei erhöhtem Eigenverbrauch sinkt und sie bei vermindertem Eigenverbrauch steigt.

– Unter Zugrundelegung eines Durchschnitts der letzten drei Jahres inklusive des laufenden Jahres darf die Einspeisung in das öffentliche Netz nicht mehr als 30 Prozent der Gesamtmenge der Trinkwassererzeugung des Auftraggebers ausmachen.

21 Da die Trinkwassergewinnung in der Regel an den Verbrauch angepasst werden kann, dürften Überschüsse zur Einspeisung in das öffentliche Trinkwassernetz in der Praxis eine Ausnahme darstellen.[40]

6 Sektorentätigkeiten im Bereich Elektrizität (Abs. 2)

6.1 Allgemeines

22 Gegenstand des § 102 Abs. 2 GWB sind die Sektorentätigkeiten im Bereich der Elektrizität. **Elektrizität** ist der physikalische Oberbegriff für alle Phänomene, die ihre Ursache in ruhender oder bewegter elektrischer Ladung haben. Energie, die mittels der Elektrizität übertragen oder in elektrischen Feldern gespeichert wird, ist »elektrische Energie«. In der Umgangssprache wird elektrischer Energie meist als Strom bezeichnet. Elektrische Energie entsteht durch Umwandlung von primärer Energie, z.B. bei der Verbrennung fossiler Brennstoffe, bei der Kernenergie, der Windkraft oder der Photovoltaik.[41] Nach dem Grundtatbestand des § 102 Abs. 2 GWB erfasst die Sektorentätigkeit im Bereich der Elektrizität die Bereitstellung oder das Betreiben fester Netze zur Versorgung der Allgemeinheit im Zusammenhang mit der Erzeugung, der Fortleitung und der Abgabe von Elektrizität (Nr. 1) sowie die Einspeisung von Elektrizität in diese Netze. Ob die Sektorentätigkeit durch ein Energieversorgungsunternehmen im Sinne des EnWG ausgeübt wird, ist unerheblich.[42]

---

40 Zutreffend Weiß/Sudbrock in: Eschenbruch/Opitz, SektVO, § 1 Rn. 83.

41 Gabriel in: MüKo, Europäisches und Deutsches Wettbewerbsrecht, Bd. 3, 2011, Anl. zu § 98 Nr. 4 GWB Rdn. 14 m. w. N.

42 Willenbruch in: Willenbruch/Wieddekind, Kompaktkommentar Vergaberecht, 3. Aufl., § 1 SektVO Rn. 6; Gabriel in: MüKo, Europäisches und Deutsches Wettbewerbsrecht, Bd. 3, 2011, Anl. zu § 98 Nr. 4

6.2 Bereitstellung oder Betreiben fester Netze zur Versorgung der Allgemeinheit

Hinsichtlich des Begriffs des »festen Netzes« und der Begriffe »Bereitstellung oder Betreiben« kann 23
auf die Ausführungen zum Wasserbereich verwiesen werden.[43] Insbesondere setzt die Bereitstellung
oder Betreiben auch im Bereich der Elektrizität kein Netzeigentum voraus. Das **deutsche Stromnetz**
besteht aus dem Übertragungs- bzw. Transportnetz, das in der Regel mit einer Spannung von 230
kV oder 380 kV betrieben wird, und den engmaschigeren Verteilnetzen. Auf der Ebene der Ver-
teilnetze wird der Strom in Hoch-, Mittel- und Niederspannung übertragen. In den europäischen
Netzen hat sich eine Frequenz von 50 Hz durchgesetzt. Eine Besonderheit stellt das Bahnstromnetz
mit einer Frequenz von 16,7 Hz dar. Die unterschiedlichen Netze sind durch Umspannwerke miteinander verbunden.

Wie im Wasserbereich[44] muss auch im Bereich der Elektrizität die Bereitstellung oder das Betreiben 24
des Netzes der **Versorgung der Allgemeinheit** dienen. Bei den sog. Arealnetzen[45] ist zu differenzieren. Sie können der Versorgung der Allgemeinheit oder der Versorgung bestimmter Verbraucher
bzw. Liegenschaften dienen. Soweit ein geschlossenes Verteilernetz i.S.v. § 110 EnWG vorliegt,
dient dieses per Definition nicht der Versorgung der Allgemeinheit. Das gleiche gilt für Kundenanlagen bzw. Kundenanlagen zur betrieblichen Eigenversorgung i.S.v. § 3 Nr. 24 lit. a und b EnWG.
Das Contracting – wenn es nicht ohnehin mittels einer solchen Kundenanlage – erfolgt, erfüllt
ebenfalls nicht die Voraussetzungen einer Bereitstellung oder des Betreiben fester Netze der Versorgung der Allgemeinheit.[46] Und selbstverständlich stellt auch die Beschaffung von Strom zum
Eigenverbrauch keine Sektorentätigkeit dar.

6.3 Einspeisung von Elektrizität

Nach § 102 Abs. 2 Nr. 2 GWB ist weiterhin die Einspeisung von Elektrizität in feste Netze zur Ver- 25
sorgung der Allgemeinheit eine Sektorentätigkeit. Wie sich aus § 102 Abs. 7 GWB ergibt, der auf
Artikel 7 der Richtlinie 2014/25/EU beruht, ist der Begriff der »Einspeisung« weit zu verstehen und
erfasst er auch die **Erzeugung und Produktion sowie den Groß- und Einzelhandel.** Stromerzeuger
werden unabhängig davon erfasst, ob sie selbst Geschäftsbeziehungen zu Letztverbrauchern unterhalten. Bislang war fraglich, ob Energieerzeugungsunternehmen Sektorenauftraggeber sind, wenn
sie nicht selbst die Einspeisung übernehmen.[47] Mit der Klarstellung des Begriffs der »Einspeisung«
in § 102 Abs. 6 GWB, der sogar die Energiehändler umfasst, dürfte daran aber keine Zweifel mehr
bestehen. Ein Groß- oder Einzelhändler muss selbst kein Erzeuger sein und auch selbst kein Versorgungsnetz betreiben. Der Großhändler[48] kann Strom von einem Erzeuger (der Einzelhändler von
einem oder Groß- oder Zwischenhändler) erwerben und in das Versorgungsnetz einspeisen lassen.
Stromhandelsverträge verpflichten einen Lieferanten zur Einspeisung gewisser Energiemengen in
das öffentliche Stromnetz, während der Abnehmer dem Netz dieselbe Menge entnimmt. Aufgrund
der Liberalisierung der Strommärkte und der damit verbundenen Verpflichtung zur Gewährung
eines diskriminierungsfreien Netzzugangs (§ 20 EnWG) hat sich in Deutschland ein ausgeprägter
Markt für den Stromhandel entwickelt. Allerdings ist darauf hinzuweisen, dass die Beschaffung von
Energie durch Sektorenauftraggeber im Bereich der Elektrizität gemäß § 137 Abs. 1 Nr. 8 GWB
nicht dem Vergaberecht unterworfen ist. Der verbleibende Anwendungsbereich des Sektorenvergaberechts für Stromhändler dürfte in der Praxis daher keine besondere Relevanz haben.

GWB Rdn. 16. Die Definition der Elektrizitäts- und Gasversorgung in § 8 Nr. 2 VgV a.F. enthielt noch
einen Verweis auf Energieversorgungsunternehmen im Sinne des EnWG.

43 S. oben Rdn. 14 und 16.
44 S. oben Rdn. 15.
45 Der Begriff des Arealnetzes ist gesetzlich nicht definiert.
46 Im Ergebnis ebenso Gabriel in: MüKo, Europäisches und Deutsches Wettbewerbsrecht, Bd. 3, 2011,
Anl. zu § 98 Nr. 4 GWB Rdn. 40.
47 Vgl. etwa Eschenbruch in: Kulartz/Kus/Portz, GWB-Vergaberecht, 3. Aufl., § 98 Rn. 278.
48 Der Begriff des Großhändlers wird in § 3 Nr. 21 EnWG definiert.

26   Auf der Grundlage von Art. 30 Richtlinie 2014/17/EG (sog. Wettbewerbsklausel) hat die Europäische Kommission mit Beschluss vom 24.04.2012[49] zudem die **Erzeugung und den Großhandel von Strom**[50] **aus konventionellen Quellen** in Deutschland von der Anwendung der Richtlinie 2004/17/EG ausgenommen, weil diese Tätigkeiten unmittelbar Wettbewerb ausgesetzt sind.[51] Diese Tätigkeiten sind daher trotz § 102 Abs. 7 GWB nicht als Sektorentätigkeiten anzusehen. »Aus konventionellen Quellen erzeugter Strom« bedeutet nach dem Beschluss Strom, der nicht unter das EEG fällt. Er ist daher von den »erneuerbaren Energien« im Sinne des EEG abzugrenzen, der Wasserkraft einschließlich der Wellen-, Gezeiten-, Salzgradienten- und Strömungsenergie, Windenergie, solare Strahlungsenergie, Geothermie, Energie aus Biomasse einschließlich Biogas, Biomethan, Deponiegas und Klärgas sowie aus dem biologisch abbaubaren Anteil von Abfällen aus Haushalten und Industrie beschreibt. Die Kraft-Wärme-Koppelung wird – obwohl sie Abfallprodukt der konventionellen Stromproduktion sein kann – von der Freistellungsentscheidung der Europäischen Kommission nicht erfasst.[52]

27   Der Tatbestand der Einspeisung von Elektrizität in feste Netze zur Versorgung der Allgemeinheit wird außerdem durch die in § 102 Abs. 2 Nr. 2 lit. a und b GWB genannte **Ausnahme für Selbstversorger** beschränkt. Die Ausnahme betrifft die Einspeisung von überschüssigem Strom, der beispielsweise bei großen Industriebetrieben mit eigenen Kraftwerken entsteht. Nach den Voraussetzungen von lit. a und b, die kumulativ vorliegen müssen, stellt die Einspeisung Elektrizität durch einen »privaten Sektorenauftraggeber« i.S.v. § 100 Abs. 1 Nr. 2 GWB keine Sektorentätigkeit dar, wenn (a) die Erzeugung von Elektrizität für eine Tätigkeit erforderlich sein, die keine Sektorentätigkeit nach den Absätzen 1–4 von § 102 GWB ist,[53] (b) eine Abhängigkeit der in das öffentliche Netz eingespeisten Elektrizität zu dem Eigenverbrauch des Auftraggebers besteht, wovon auszugehen ist, wenn die eingespeiste Menge bei erhöhtem Eigenverbrauch sinkt und sie bei vermindertem Eigenverbrauch steigt,[54] und (c) die Einspeisung in das öffentliche Netz unter Zugrundelegung eines Durchschnitts der letzten drei Jahres inklusive des laufenden Jahres nicht mehr als 30 Prozent der Gesamtmenge der gesamten Energieerzeugung des Auftraggebers ausmachen. Auch in Bezug auf die Einspeisung von Überschussproduktion im Bereich Elektrizität liegt es nahe, die Ausnahme so zu verstehen, dass die Einspeisung von Elektrizität durch einen Energieerzeuger, der kein Sektorenauftraggeber i.S.v. § 100 Abs. 1 Nr. 1 GWB ist, unter den drei genannten Voraussetzungen keine Sektorentätigkeit darstellt und dies zur Konsequenz hat, dass dieser Energieerzeuger trotz etwaigem Vorliegen der übrigen Voraussetzungen des § 100 Abs. 1 Nr. 2 GWB erst gar kein Sektorenauftraggeber ist.[55]

7 Sektorentätigkeiten im Bereich Gas und Wärme (Abs. 3)

7.1 Allgemeines

28   § 102 Abs. 3 GWB beschreibt die Sektorentätigkeiten im Bereich der Gas- und Wärmeversorgung. Die Zusammenfassung der Gas- und Wärmeversorgung unter einem gemeinsamen Tatbestand entspricht der Richtlinie 2014/25/EU. Gleichwohl bestehen zwischen der Gasversorgung und der Versorgung mit Elektrizität größere Gemeinsamkeiten als zwischen der Gas- und der Wärmeversorgung. Während die Elektrizitäts- und Gasversorgung nämlich europaweit liberalisiert und nach einheitlichen Grundsätzen reguliert ist,[56] ist das bei der Wärmeversorgung nicht der Fall.

---

49   ABl. L 114/21.
50   Stromerzeugung und Großhandel bilden einen einheitlichen Markt.
51   S. oben Rdn. 3.
52   VK Sachsen v. 09.12.2014, 1/SVK/032-14.
53   Ist sie für eine Sektorentätigkeit im Bereich der Häfen und Flughäfen oder im Bereich der fossilen Brennstoffe erforderlich (§ 102 Abs. 5 und 6 GWB) ist dies unschädlich.
54   Gabriel in: MüKo, Europäisches und Deutsches Wettbewerbsrecht, Bd. 3, 2011, Anl. zu § 98 Nr. 4 GWB Rdn. 18.
55   Vgl. zum Wasserbereich oben Rdn. 20.
56   Das EnWG fasst unter dem Begriff der »Energie« Elektrizität und Gas, soweit sie zur leitungsgebundenen Energieversorgung verwendet werden, zusammen (vgl. § 3 Nr. 14 EnwG).

Nach dem Grundtatbestand von § 102 Abs. 3 GWB sind die Bereitstellung oder das Betreiben fes- 29
ter Netze zur Versorgung der Allgemeinheit im Zusammenhang mit der Erzeugung, der Fortleitung
und der Abgabe von Gas und Wärme Sektorentätigkeiten (Nr.1) und auch die Einspeisung von
Gas und Wärme in diese Netze (Nr. 2). Erfasst wird **nur die leitungsgebundene Versorgung mit
Gas und Wärme** (sog. Fernwärme). Fernwärme wird in Rohleitungen wasser- oder dampfbasiert
transportiert. Unter Gas wird sowohl natürlich vorkommendes Erdgas als auch künstlich erzeugtes
Gas verstanden, und zwar unabhängig von seinem Aggregatzustand.[57] Gas wird in Rohrleitungen
unter hoher Verdichtung transportiert, z.T. aber in flüssiger Form gespeichert. Die Belieferung mit
Flüssiggas in Tanks (Bulk) oder Flaschen stellt keine Sektorentätigkeit dar. Auch die netzgebundene
Kälteversorgung (Fernkälte) wird nicht erfasst.[58]

7.2 Bereitstellung oder Betreiben fester Netze zur Versorgung der Allgemeinheit

Hinsichtlich des Begriffs des »**festen Netzes**« und der Begriffe »**Bereitstellung oder Betreiben**« kann 30
auf die Ausführungen zum Wasserbereich verwiesen werden.[59] Insbesondere setzt die Bereitstellung
oder das Betreiben auch im Bereich der Elektrizität kein Netzeigentum voraus. Technisch-funktio-
nale Unterschiede bedingen, dass Fernwärmenetze meist lokal begrenzt sind, während das Gasver-
sorgungsnetz eine nationale bzw. sogar internationale Dimension aufweist.

Wie im Wasserbereich und im Elektrizitätsbereich[60] muss auch im Bereich von Gas und Wärme die 31
Bereitstellung oder das Betreiben fester Netze der **Versorgung der Allgemeinheit** dienen. Im Hinblick auf die Gasversorgung gilt insofern das zu geschlossenen Verteilernetzen und Kundenanlagen
i.S.d. EnWG ausgeführte entsprechend.[61] Soweit einzelne Liegenschaften, Gebäude oder Gewer-
bebetriebe durch sog. Blockheizkraftwerke (BHKW) mit Strom und Wärme versorgt werden, stellt
dies regelmäßig keine Versorgung der Allgemeinheit dar. Auch das sog. Wärme-Contracting erfüllt
nicht die Voraussetzungen einer Bereitstellung oder des Betreiben fester Netze der Versorgung der
Allgemeinheit. Und selbstverständlich stellt auch die Beschaffung von Gas oder Wärme zum Eigenverbrauch keine Sektorentätigkeit dar.

7.3 Einspeisung von Gas und Wärme

Nach § 102 Abs. 2 Nr. 2 GWB ist weiterhin die Einspeisung von Gas oder Wärme in feste Netze 32
zur Versorgung der Allgemeinheit eine Sektorentätigkeit. Wie sich aus § 102 Abs. 7 GWB ergibt,
der auf Artikel 7 der Richtlinie 2014/25/EU beruht, ist der Begriff der »Einspeisung« weit zu
verstehen und erfasst er die **Erzeugung und Produktion sowie den Groß- und Einzelhandel.**
Gas- oder Wärmeerzeuger werden unabhängig davon erfasst, ob sie selbst Geschäftsbeziehungen
zu Letztverbrauchern unterhalten. Demnach ist z.B. eine Gesellschaft zum Zwecke der Förderung
der Geothermie für die öffentliche Wasserversorgung als Sektorenauftraggeber zu qualifizieren.[62]
Ein Groß- oder Einzelhändler muss selbst kein Erzeuger sein und auch selbst kein Versorgungsnetz
betreiben. Was den Handel betrifft, **unterscheiden sich die Gas- und Wärmemärkte allerdings
erheblich.** Aufgrund der Liberalisierung der Gasmärkte und der damit verbundenen Verpflichtung zur Gewährung eines diskriminierungsfreien Netzzugangs (§ 20 EnWG) weist der deutsche
Gasmarkt neben den Erzeugern und Netzbetreibern eine Vielzahl von Marktakteuren in den Bereichen Speicherbetrieb und Handel aus. Dazu werden in Zukunft auch Importeure von Flüssiggas
(liquefied natural gas – LNG) zählen, das – in der Regel per Schiff angelandet – in küstennahmen

---

57 Hackstein in: Eschenbruch/Opitz, SektVO, § 1 Rn. 105.
58 So ausdrücklich Erwägungsgrund 21 Richtlinie 2014/25/EU. Bei der Versorgung mit Fernkälte, die in
    Deutschland eine Ausnahmeerscheinung ist, wird wie bei der Fernwärme Wärmeenergie transportiert,
    jedoch in umgekehrter Richtung.
59 S. oben Rdn. 14 und 16.
60 S. Rdn. 15 und Rdn. 24.
61 S. oben Rdn. 24.
62 OLG München v. 29.09.2009 – Verg 12/09.

Anlagen wiederverdampft und in das Gasnetz eingespeist wird. Im Bereich der Fernwärme spielt der Handel dagegen so gut wie keine Rolle. Traditionell handelt es sich bei Fernwärmeversorgern um vertikal integrierte Unternehmen, d.h. sie betreiben das Wärmeverteilnetz und liefern – zumeist eigens erzeugte – Wärme an die an das Netz angeschlossenen Abnehmer.[63] Anbieter von Fernwärme haben gegenüber etablierten Fernwärmenetzbetreiber und -lieferanten zwar grundsätzlich einen wettbewerbsrechtlichen Anspruch aus § 19 Abs. 1 i. V. m. Abs. 4 Nr. 4 GWB auf Mitbenutzung dessen Netzes, um eigene Kunden zu beliefern. Die Durchsetzung dieses Zugangsanspruchs steht jedoch unter dem Vorbehalt der technischen Machbarkeit sowie der Zumutbarkeit für den Netzbetreiber. Anders als Strom und Gas basiert die Fernwärme auf einem lokalen Kreislaufsystem mit Vor-und Rücklauf, in dem eine Wasser-oder Dampfeinspeisung Dritter technisch nicht einfach umzusetzen ist.[64]

33   Der Tatbestand der Einspeisung von Gas oder Wärme in feste Netze zur Versorgung der Allgemeinheit wird durch die in § 102 Abs. 3 Nr. 2 lit. a und b genannte Ausnahme beschränkt. Die Ausnahme erfasst die **Einspeisung von Nebenproduktion**. Nach den Voraussetzungen von lit. a und b, die kumulativ vorliegen müssen, stellt die Einspeisung von Gas oder Wärme durch einen »privaten Sektorenauftraggeber« i.S.v. § 100 Abs. 1 Nr. 2 GWB keine Sektorentätigkeit dar, wenn (a) sich die Erzeugung von Gas oder Wärme zwangsläufig aus einer Tätigkeit ergibt, die keine Sektorentätigkeit nach den Absätzen 1–4 von § 102 GWB ist,[65] (b) die Einspeisung nur darauf abzielt, diese Erzeugung wirtschaftlich zu nutzen, und (c) die Einspeisung in das öffentliche Netz unter Zugrundelegung eines Durchschnitts der letzten drei Jahres inklusive des laufenden Jahres nicht mehr als 20 Prozent des Umsatzes des Sektorenauftraggebers ausmacht.[66] Die Kraft-Wärme-Kopplung (KWK) stellt demzufolge grundsätzlich eine Sektorentätigkeit dar,[67] weil bei ihr Wärme neben der Erzeugung von Strom gewonnen wird, was eine Sektorentätigkeit nach § 102 Abs. 2 GWB ist. Auch in Bezug auf die Einspeisung der Nebenproduktion von Gas oder Wärme liegt es nahe, die Ausnahme so zu verstehen, dass die Einspeisung durch einen Gas- oder Wärmeerzeuger, der kein öffentlicher Auftraggeber i.S.v. § 100 Abs. 1 Nr. 1 GWB ist, unter den drei genannten Voraussetzungen keine Sektorentätigkeit darstellt und dies zur Konsequenz hat, dass dieser Erzeuger trotz etwaigem Vorliegen der übrigen Voraussetzungen des § 100 Abs. 1 Nr. 2 GWB erst gar kein Sektorenauftraggeber ist.[68]

8 Sektorentätigkeiten im Bereich Verkehrsleistungen (Abs. 4)

8.1 Allgemeines

34   Nach § 102 Abs. 4 S. 1 GWB sind Sektorentätigkeiten im Bereich »Verkehrsleistungen« die Bereitstellung oder das Betreiben von Netzen zur Versorgung der Allgemeinheit mit Verkehrsleistungen **per Eisenbahn-, automatischen Systemen, Straßenbahn, Trolleybus, Bus oder Seilbahn.** § 102 Abs. 4 S. 2 GWB übernimmt nunmehr den klarstellenden Hinweis aus dem Gemeinschaftsrecht,[69] wonach ein Netz als vorhanden gilt, wenn die Verkehrsleistung gemäß den von einer zuständigen Behörde festgelegten Bedingungen erbracht wird; wozu die Festlegung der Strecken, die Transportkapazitäten und die Fahrpläne gehören. Das Fehlen dieses Hinweises musste in der Vergangenheit durch richtlinienkonforme Auslegung geschlossen werden.[70]

---

63 BKartA, Sektoruntersuchung Fernwärme, August 2012, S. 13.
64 BKartA, Sektoruntersuchung Fernwärme, August 2012, S. 16.
65 Ist sie für eine Sektorentätigkeit im Bereich der Häfen und Flughäfen oder im Bereich der fossilen Brennstoffe erforderlich (§ 102 Abs. 5 und 6 GWB) ist dies unschädlich.
66 Anders als im Bereich der Elektrizität wird nicht auf gesamte Energieerzeugung des Auftraggebers abgestellt, sondern auf seinen – gesamten – Umsatz.
67 Zu den BHKW s. oben Rdn. 31.
68 Vgl. zum Wasserbereich Rdn. 20.
69 Vormals Art. 5 Abs. 1 UAbs. 2 Richtlinie 2004/17/EG, jetzt Art. 11 Abs. 2 Richtlinie 2014/25/EU.
70 Vgl. Opitz in: Eschenbruch/Opitz, SektVO, § 1 Rn. 149 ff.

§ 102 Abs. 4 GWB berührt zunächst die Tätigkeit von Eisenbahnen, wobei entsprechend § 2 AEG   35
zwischen Unternehmen differenziert werden kann, die Eisenbahnverkehrsleistungen erbringen
(EVU) und solchen, die Eisenbahninfrastruktur betreiben (EIU). Darüber hinaus ist die Tätigkeit
von Straßenbahnen betroffen, wozu nach der Definition des § 4 Abs. 2 PBefG auch Hoch- Unter-
grund- und Schwebebahnen zählen, soweit diese ausschließlich oder überwiegend der Beförderung von Personen im Orts- oder Nachbarschaftsbereich dienen. Auch das Gemeinschaftsrecht
differenziert zwischen den Eisenbahnen und den anderen schienengestützten Verkehrsträgern wie
Untergrund- und Straßenbahnen.[71] Neben der Bereitstellung und dem Betrieb von Seilbahnen, die
in den Verkehrsgesetzen der Länder geregelt wird, berührt die Definition von § 102 Abs. 4 GWB
schließlich den Personenverkehr mit Bussen (wozu Kraftomnibusse und Oberleistungsbusse) zählen. Der bislang in Anlage zu § 98 Nr. 4 GWB a.F. für den öffentlichen Personenverkehr mit Bussen
geltende Zusatz »im Sinne des Personenbeförderungsgesetzes« ist allerdings entfallen.

8.2 Bereitstellung oder Betreiben von Netzen zur Versorgung der Allgemeinheit

Nach der Definition der alten Sektorenkoordinierungsrichtlinie 93/38/EWG war nur in den Berei-   36
chen der Trinkwasser-, Elektrizitäts- und Gas- bzw. Wärmeversorgung sowohl das Bereitstellen als
auch das Betreiben eines Netzes eine Sektorentätigkeit. Im Bereich des Landverkehrs bezog sich
die Richtlinie 93/38/EWG hingegen nur auf das Betreiben von Netzen.[72] Ebenso war § 8 Nr. 4
lit. c VgV a.F. formuliert. Das führte zu der Diskussion, ob die Tätigkeit des **Schienenwegebaus**
überhaupt als Sektorentätigkeit zu qualifizieren sei. Schon seinerzeit war dies zu bejahen.[73] Heute
hat sich diese Diskussion erledigt, denn seit ihrer Neufassung im Jahr 2004 erfasst die Sektorenrichtlinie im Landverkehr ebenso wie in den anderen Sektorenbereichen sowohl die Bereitstellung
als auch das Betreiben von Netzen. Dem entspricht auch § 102 Abs. 4 GWB. Hinsichtlich des
Begriffspaars »Bereitstellung oder Betreiben« kann auf die Ausführungen zu den anderen Sektorenbereichen verwiesen werden.[74] Bei dem schienengebundenen Verkehr kann allerdings zwischen
dem **Betrieb des Schienennetzes und dem Verkehrsbetrieb**, d.h. dem Betrieb von Fahrzeugen
unter Nutzung des Schienennetzes, **unterschieden werden**.[75] Auf dem weitgehend liberalisierten
deutschen Eisenbahnverkehrsmarkt sind Eisenbahninfrastrukturunternehmen (EIU) verpflichtet,
Eisenbahnverkehrsunternehmen (EVU) nach Maßgabe der §§ 14 ff. AEG diskriminierungsfreien
Zugang zur Eisenbahninfrastruktur und den von ihnen angebotenen Leistungen zu gewähren. Sie
sind insbesondere verpflichtet – und hierin besteht die Parallele zu den liberalisierten Strom- und
Gasmärkten – Fahrzeuge eines jeden Verkehrsunternehmens auf dem Schienennetz »durchzuleiten«.
Anders liegen die Dinge im Bereich der Straßenbahnen. Hier fallen Infrastruktur- und Verkehrsbetrieb in der Regel zusammen und wird die Gesamtleistung durch vertikal integrierte Unternehmen
bereitgestellt. Während in der Anlage zu § 98 Nr. 4 GWB a.F. das »Erbringen von Verkehrsleistungen« noch ausdrücklich als Sektorentätigkeit erwähnt wurde, verzichtet § 102 Abs. 4 GWB hierauf.
Dies ist jedoch nur dem Bestreben einer 1:1-Umsetzung und einer Anpassung an den Wortlaut
der Richtlinie 2014/25/EU geschuldet und bewirkt keine inhaltliche Einschränkung.[76] Dass das

---

71 Vgl. z.B. Art 5 Abs. 6 VO 1370/2007.
72 Art. 2 Abs. 2 lit. c Richtlinie 93/38/EWG.
73 So im Ergebnis EuGH v. 16.06.2005 – verb. Rs. C-462 und 463/03 »Strabag«, EuGH v. 05.10.2000 – Rs.
    C-337/98 »Matra Transport« und schon Heiermann BauR 1996, 443; a.A. Knipper VergabeR 1997, 28 ff.
74 S. oben zum Wasserbereich Rdn. 16.
75 Vgl. Opitz in: Eschenbruch/Opitz, SektVO, § 1 Rn. 148.
76 Die – nicht konstitutiven – Anhänge IV und V der Richtlinie 204/17/EG SKR nannte als Sektorenauftrag-
    geber neben der Deutsche Bahn AG bislang alle anderen Unternehmen, »die Schienenverkehrsleistungen
    für die Öffentlichkeit gemäß § 2 Abs. 1 des Allgemeinen Eisenbahngesetzes vom 27. Dezember 1993 aus-
    führen« und alle Unternehmen, die »genehmigungspflichtige Verkehrsleistungen im öffentlichen Personen-
    verkehr im Sinne des Personenbeförderungsgesetzes v. 21. März 1961« ausführen.

Erbringen von Verkehrsleistungen unter bestimmten Voraussetzungen auch künftig als Sektorentätigkeit anzusehen ist, ergibt sich aus dem im Verkehrsbereich geltenden, erweiterten Netzbegriff.[77]

37 Im Vergleich zur Vorgängernorm, der Anlage zu § 98 Nr. 4 GWB a.F., verwendet § 102 Abs. 4 GWB nicht mehr den Begriff der »Infrastruktureinrichtung«, sondern den des Netzes. Insofern war zweifelhaft, ob in dem Bereitstellen oder Betreiben einer einzelnen Einrichtung bereits eine Sektorentätigkeit liegt. Der Begriff des Netzes erfasst zunächst alle technisch-funktional mit dem Verkehrsbetrieb in Verbindung stehende Anlagen. Bei Eisenbahnnetzen sind das neben dem Bahnkörper mit Brücken, Tunneln und Haltstellen etwa auch Betriebsleit- und Sicherheitssysteme und Energieversorgungsanlagen, und zwar mindestens die in Anhang I A der VO (EG) Nr. 851/2006 genannten.[78] Der Netzbegriff des Verkehrsbereichs unterscheidet sich jedoch von dem der Sektorenbereiche Wasser, Elektrizität sowie Gas und Wärme. § 102 Abs. 4 GWB spricht – anders als die Abs. 1–3 – ausdrücklich nicht von »festen Netzen« zur Versorgung der Allgemeinheit mit Verkehrsleistungen. Im Verkehrsbereich knüpft die Sektorentätigkeit daher nicht notwendig an die Existenz eines physischen Netzes an. Sie kann jedenfalls *auch* in der Bereitstellung oder dem Betreiben von **nicht-gegenständlichen, »rechtlichen« Verkehrsnetzen liegen.**[79] § 102 Abs. 4 S. 2 GWB stellt in Übereinstimmung mit dem Gemeinschaftsrecht daher klar: *»ein Netz gilt als vorhanden, wenn die Verkehrsleistung gemäß den von einer zuständigen Behörde festgelegten Bedingungen erbracht wird; dazu gehören die Festlegung von Strecken, Transportkapazitäten und die Fahrpläne.«* Werden nun unter diesen Voraussetzungen Verkehrsleistungen bereitgestellt bzw. Verkehre betrieben, liegt eine Sektorentätigkeit vor. Dahinter steht der Gedanke, dass der Staat mit regulatorischen Maßnahmen für den operativen Verkehrsbetrieb den Markteintritt von Wettbewerbern erschweren und für etablierte Verkehrsunternehmen eine wettbewerbliche Sonderstellung begründen kann, die die Gefahr begründet, dass Aufträge nach anderen als wirtschaftlichen Kriterien vergeben werden.

38 Auch im Verkehrsbereich muss das Netz der Versorgung der Allgemeinheit mit Verkehrsleistungen dienen. Die Europäische Kommission hat dieses Merkmal in der Vergangenheit im Sinne von » Verkehrsleistungen für Jedermann« interpretiert, die damit von Verkehrsleistungen für bestimmte Benutzerkreise (Werkverkehr, Charterverkehr, Chauffeur- und Taxidienste) abgegrenzt werden.[80]

8.3 Erbringung von Verkehrsleistungen gemäß behördlicher Bedingungen

39 Voraussetzung, um die »Erbringung von Verkehrsleistungen« als eine Sektorentätigkeit zu qualifizieren, ist, dass die Leistung aufgrund von staatlichen Bedingungen erbracht wird, wobei die in § 102 Abs. 4 GWB genannte Festlegung von Strecken, Transportkapazitäten und Fahrpläne wohl nur Beispiele für solche Bedingungen darstellen. Die eisenbahnrechtliche Genehmigung nach § 6 Abs. 1 S. 1 AEG, die als gebundene Entscheidungen jedem Unternehmen erteilt wird, das die gewerberechtliche Zuverlässigkeit und Sicherheit des Verkehrsangebots nachweist (Erlaubnisvorbehalt), ist hierfür nicht ausreichend. Und auch die Vergabe von Trassen (Gewährung von Zugang zur Eisenbahninfrastruktur nach § 14 AEG) stellt keine Bedingung i.S.v. § 102 Abs. 4 Satz 2 GWB dar. Sie erfolgt nicht **auf der Grundlage staatlicher Bedarfssteuerung.**[81] Anderes gilt aber wohl hinsichtlich der Linienverkehrsgenehmigung für den Verkehr mit Straßenbahnen und Kraft- und Oberleitungsbussen nach den Bestimmungen des PBefG. Denn diese Genehmigungen beinhalten auch eine Kontingentierung der Verkehre. Staatlicher Einfluss auf die operative Verkehrstätigkeit

---

77 Hierzu sogleich Rdn. 37.

78 VO (EG) Nr. 851/2006 v. 09.06.2006 zur Festlegung des Inhalts der verschiedenen Positionen der Verbuchungsschemata des Anhangs I der Verordnung (EWG) Nr. 1108/70 des Rates.

79 So auch die Europäische Kommission, Vorschlag für eine Richtlinie des Rates betreffend die Auftragsvergabe durch Auftraggeber im Bereich Wasser-, Energie- und Verkehrsversorgung, KOM (89) 377 endg. v. 11.10.1988, Nr. 24.

80 Vorschlag für eine Richtlinie des Rates betreffend die Auftragsvergabe durch Auftraggeber im Bereich Wasser-, Energie- und Verkehrsversorgung, KOM (89) 377 endg., 11.10.1988, Nr. 63).

81 Vgl. Opitz in Eschenbruch/Opitz, SektVO, § 1 Rn. 152.

wird ferner durch die gesetzlichen Genehmigungspflichten für Tarife (d.h. Beförderungsentgelte und Beförderungsbedingungen)[82] und für Fahrpläne[83] genommen und durch gesetzliche Beförderungspflichten[84] und Betriebspflichten.[85] Bei funktionalem Verständnis wird man davon ausgehen müssen, dass die Voraussetzungen der Sektorentätigkeit gem. Art. 11 Abs. 2 Richtlinie 2014/25/EU (§ 102 Abs. 4 S. 2 GWB) nicht nur durch die **einseitige Anordnung** staatlicher Regeln für die Erbringung von Verkehrsleistungen begründet werden können, sondern auch durch den **Abschluss** eines Verkehrsvertrags mit einer staatlichen Behörde bzw. durch **Erteilung einer Dienstleistungskonzession** über die Erbringung von Verkehrsleistungen, sofern dort – wie in der Regel – Vorgaben für den operativen Verkehrsbetrieb erfolgen. Dabei ist es für die Frage, ob der Auftragnehmer bzw. Konzessionsnehmer eine Sektorentätigkeit wahrnimmt unerheblich, ob der der Unternehmenstätigkeit zu Grunde liegende Verkehrsvertrag/die Konzession nach den Bestimmungen der §§ 97 ff. GWB oder im Wege der sog. »Direktvergabe« vergeben wurde.[86]

Werden die Bedingungen für die Erbringung der Verkehrsleistung andererseits vom Betreiber und vom Wettbewerb bestimmt, liegt keine Sektorentätigkeit vor.[87] So ist es etwa bei dem Taxiverkehr, dem Charterverkehr mit Bussen und Eisenbahnen oder dem Güterkraftverkehr. Auch der **Fernbusverkehr**[88] wird nicht aufgrund von staatlichen Bedingungen erbracht, sondern ist liberalisiert. Für den Fernbusverkehr gilt weder das sog. Verbot der Doppelbedienung[89] noch Genehmigungspflicht für Tarife oder Fahrpläne.[90] Die Betriebspflicht ist für den Personenfernverkehr mit Bussen auf drei Monate beschränkt.[91] Auch der **Schienengüterverkehr** ist nicht als Sektorentätigkeit einzuordnen.[92] Er unterliegt keinerlei behördlichen Bedingungen i.S.v. § 102 Abs. 4 S. 2 GWB mehr. Staatliche Vorgaben wie etwa der Kontrahierungszwang für nationale und grenzüberschreitende Transporte wurde im Zuge der Liberalisierung des Schienengüterverkehrs in Europa, die 1991 mit der europäischen Richtlinie 91/440/EG zur Entwicklung der Eisenbahnunternehmen begann und im Wesentlichen mit dem sog. zweiten Eisenbahnpaket aus dem Jahre 2004 abgeschlossen wurde, beseitigt.

Hinzuweisen ist darauf, dass Vergabe von **Dienstleistungskonzessionen über öffentliche Personenverkehrsdienste** im Sinne des § 1 des Personenbeförderungsgesetzes nach § 149 Nr. 12 GWB vom 4. Teil des GWB ausgenommen ist. § 149 Nr. 12 GWB setzt die Ausnahme des Artikels 10 Abs. 3 der Richtlinie 2014/23/EU um. Für diese öffentliche Personenverkehrsdienste im Sinne des § 1 PBefG gelten die Bestimmungen für die Vergabe von Konzessionen über Personenbeförderungsleistungen nach § 8b des Personenbeförderungsgesetzes und Artikel 5 Absatz 3 der Verordnung (EG) Nr. 1370/2007. Art. 5 Abs. 1 Satz 2 VO 1370/07 nimmt jedoch öffentliche Personenverkehrsdienste mit Bussen und Straßenbahnen vom Vergabeverfahren nach der VO 1370/2007 aus, sofern sie nicht die Form von Dienstleistungskonzessionen annehmen. Für solche Aufträge verbleibt es daher bei der Geltung des allgemeinen Vergaberechts.[93] Für öffentliche Aufträge und Dienstleistungskonzessionen über Personenverkehrsleistungen im Eisenbahnverkehr gelten die Sonderregelungen des § 131 und des § 154 Nr. 3 GWB.

40

41

---

82 § 12 Abs. 1 S. 1 AEG, § 39 PBefG.
83 § 40 PBefG.
84 § 10 AEG, § 22 PBefG.
85 § 11 AEG, § 21 PBefG.
86 Möglichkeiten der Direktvergabe eröffnet die VO 1370/2007.
87 EU-Kommission, »Leitfaden für die Anwendung der Richtlinie 2000/9/EG des Europäischen Parlaments und des Rates v. 20. März 2000 über Seilbahnen für den Personenverkehr«, S. 11.
88 Personenfernverkehr i.S.v. § 42a PBefG.
89 § 13 Abs. 2 Satz 1 PBefG.
90 Vgl. § 45 Abs. 2 PBefG.
91 § 21 Abs. 5 PBefG.
92 Opitz in: Eschenbruch/Opitz, SektVO, § 1 Rn. 157; Hölzl/Marx/Prieß VergabeR 2012, 425 ff.
93 Vgl. z.B. OLG Frankfurt v. 30.01.2014, 11 Verg 15/13.

8.4 Die Sektorentätigkeit der Deutsche Bahn AG

42 Das Vergaberecht kennt keinen konzerneinheitlichen Auftraggeberbegriff.[94] Daher ist die vergaberechtliche Einordnung der Deutsche Bahn AG als Holdinggesellschaft und ihrer Tochterunternehmen jeweils gesondert vorzunehmen. Hinsichtlich der Tätigkeit der **Eisenbahninfrastrukturunternehmen** des DB Konzerns (z.B. DB Netz AG, DB Station & Service AG, DB Energie GmbH) ist das Merkmal der Bereitstellung und des Betreibens von Netzen zur Versorgung der Allgemeinheit im Eisenbahnverkehr zweifellos erfüllt. Diese Unternehmen sind als Sektorenauftraggeber i.S.v. § 100 Abs. 1 Nr. 2 lit. b GWB zu qualifizieren. Das gleiche gilt für die DB Bahnbaugruppe GmbH, eine Tochtergesellschaft der DB Netz AG. Ihre Tätigkeit als Bauunternehmen ist auf die Bereitstellung des Eisenbahnverkehrsnetzes gerichtet. Eine andere Frage ist, ob die Eisenbahninfrastrukturunternehmen des DB Konzerns auch »im Allgemeininteresse liegende Aufgaben nichtgewerblicher Art« wahrnehmen,[95] so dass *auch* die Qualifikation als öffentlicher Auftraggeber und eine Eigenschaft als »staatlicher Sektorenauftraggeber« nach § 100 Abs. 1 Nr. 1 GWB vorliegt. Diese Frage war bis zum Jahre 2009 von großem Interesse, weil das nationale Recht die Verkehrsbereich tätigen »privaten Sektorenauftraggeber« und »staatlichen Sektorenauftraggeber« unterschiedlichen Regelungen unterwarf.[96] Mit Inkrafttreten der SektVO, die einheitlich für alle in den Sektoren tätigen Auftraggeber gilt, hat die Frage indessen an Bedeutung verloren.[97] Hinzu kommt, dass sich die Deutsche Bahn AG und ihre Eisenbahninfrastrukturunternehmen in einer freiwilligen Vereinbarung mit den Verbänden der deutschen Bauwirtschaft vom 12.12.2009[98] verpflichtet haben, bei Investitionen des Bundes in die Schieneninfrastruktur von bestimmten Privilegien der SektVO (insbes. der Wahl des Verhandlungsverfahrens) nur eingeschränkt Gebrauch zu machen.

43 Die **Eisenbahnverkehrsunternehmen** des DB Konzerns, die in der Bundesrepublik Deutschland im Bereich der Personenbeförderung tätig sind (DB Fernverkehr AG, DB Regio AG, etc.) sind ebenfalls als Sektorenauftraggeber i.S.v. § 100 Abs. 1 Nr. 2 lit. b GWB einzuordnen.[99] Diese Unternehmen sind auch spürbarem Wettbewerb durch andere öffentliche und privaten Eisenbahnverkehrsunternehmen sowie durch andere Verkehrsträger ausgesetzt, was gegen ihre Qualifikation als nichtgewerblich Unternehmen i.S.v. § 99 Nr. 2 GWB spricht.[100] Gleiches gilt für die regionalen **Busgesellschaften** des DB Konzerns.[101]

44 Die im Schienengüterverkehr tätigen Gesellschaften der DB AG (z.B. DB Cargo AG) üben keine Sektorentätigkeit aus.[102] Das gleiche gilt für die DB-Unternehmen in den Geschäftsbereichen des straßengebundenen Güterverkehrs, der Luft- und Seefracht sowie der Kontraktlogistik.

---

94 Vgl. § 100 Rdn. 33.

95 So für die DB Netz AG im Ergebnis VK Bund v. 21.01.2004 – VK 2-126/03 VergabeR 2004, 365; VK Bund v. 26.04.2005 – VK 2-27/05; VK Bund v. 20.08.2008 – VK1 108/08; vgl. hierzu auch Opitz in Eschenbruch/Opitz, SektVO, § 1 Rn. 155 m.w.Nachw.

96 Vgl. § 7 Abs. 1 und Abs. 2 VgV a.F.

97 Es bestehen mit § 108 GWB und § 142 Nr. 2 GWB jedoch weiterhin Sonderbestimmungen für »staatliche Sektorenauftraggeber« i.S.v. § 100 Abs. 1 Nr. 1 GWB.

98 Nun Anlage 10 der am 01.01.2015 in Kraft getretenen Leistungs- und Finanzierungsvereinbarung II (LuFV II) zwischen der Bundesrepublik Deutschland und den Eisenbahninfrastrukturunternehmen der Deutschen Bahn AG sowie der Deutschen Bahn AG (www.eba.de).

99 VK Bund v. 11.03.2004 – VK 1-151/03; VK Bund v. 20.05.2005 – VK 2-30/05.

100 Günther ZfBR 2008, 454. Gleiches gilt für Eisenbahnverkehrsgesellschaften der Länder, vgl. OLG Frankfurt v. 28.02.2006 – 11 Verg 15/05 und 16/05 VergabeR 2006, 382.

101 OLG Düsseldorf v. 08.05.2002 – Verg 8 -15/01; VK Düsseldorf v. 02.03.2007 – VK – 5/2007 – L; VK Münster v. 09.03.2001 – VK 1/01 – VK 8/01.

102 S. oben Rdn. 40.

9 Sektorentätigkeiten im Bereich Häfen und Flughäfen (Abs. 5)

Bei den Sektorentätigkeiten im Bereich Häfen und Flughäfen stellt das Gesetz nicht auf das Vor- 45
handensein eines Netzes oder einer physischen Infrastruktur ab, sondern – entsprechend Art. 12
Richtlinie 2014/25/EU – auf die **Nutzung eines geografisch abgegrenzten Gebiets**. Dies ist wohl
im Sinne von »Liegenschaft« zu verstehen. Die Nutzung muss mit dem Zweck erfolgen, für Luft-,
See- oder Binnenschifffahrtsverkehrsunternehmen, Flughäfen, See- oder Binnenhäfen oder andere
Terminaleinrichtungen bereitzustellen. Dass § 102 Abs. 5 GWB anders als bei den in den Absätzen 1–4 genannten Sektorentätigkeiten nicht von der »Bereitstellung oder dem Betreiben« spricht,
dient dazu, die eigentliche Verkehrstätigkeit mit Schiffen und Flugzeugen, hinreichend deutlich
abzugrenzen. Dies kommt auch in Erwägungsgrund 21 der Richtlinie 2014/24/EU zum Ausdruck,
wo klarstellt wird, dass Dienstleistungen im Bereich der Seeschifffahrt, Küstenschifffahrt oder Bin-
nenschifffahrt, also der **Verkehrsbetrieb, nicht in den Anwendungsbereich der Sektorenrichtlinie**,
sondern der allgemeinen Vergaberichtlinie fallen. Die Bereitstellung ist nicht auf die Errichtung des
Hafens oder Flughafens begrenzt, sondern umfasst auch das »Vorhalten« dieser Einrichtungen.[103]
So sprach auch die Richtlinie 93/38/EWG früher schlicht von dem Zweck der »*Versorgung von
Beförderungsunternehmen … mit Flughäfen*.« Mit der späteren Ersetzung des Begriffs »Versorgung«
durch »Bereitstellung« sollte keine inhaltliche Änderung des Anwendungsbereichs der Sektorenrichtlinie einhergehen.[104]

Der **Begriff des Seehafens** ist in einem weiten Sinne auszulegen und umfasst alle Infrastruktur 46
zur Ein- und Ausschiffung von Personen und zum Be- und Entladen auf dem Seeweg beförderter
Güter[105] oder beförderter Personen. Entsprechendes gilt für den **Begriff des Binnenhafens**. Neben
den Häfen werden entsprechend Art. 12 Richtlinie 2014/25/EU auch »andere Terminaleinrichtungen« erwähnt. Die Vorgängerrichtlinie 2004/17/EG verwendete hier den Begriff der »anderen Verkehrsendeinrichtungen«, was eine noch etwas deutlichere Abgrenzung zu den Binnenwas-
serstraßen, Schleusen oder Schiffshebewerken ermöglichte, die nicht erfasst werden.[106] Ebenfalls
nicht erfasst werden Freizeithäfen und Fischereihäfen, da die Vorschrift auf die Nutzung durch
»Verkehrsunternehmen« abstellt. Anders als der eigentliche Schiffsverkehr sind Schlepp-, Verhohl-
und Assistenzleistungen in Häfen Sektorentätigkeiten. Sie wurden in der Vergangenheit als Dienstleistungskonzession eingeordnet.[107] Auch die Bereitstellung von Hafenflächen (z.B. im Wege von
Erbbaurechten) mit der Verpflichtung, Güterverkehrszentren, Umschlagsterminals oder Logistik-
zonen zu errichten, zu betreiben oder zu unterhalten, erfolgt in praxi im Wege von Bau- bzw.
Dienstleistungskonzessionen.[108]

§ 102 GWB stellt bei den **Flughäfen** nun nicht mehr auf Flughafenunternehmen ab, die »*ins-* 47
*besondere eine Genehmigung nach § 38 Abs. 2 Nr. 1 der LuftVZO erhalten haben oder einer solchen
bedürfen*.«[109] Das Erfordernis einer Luftverkehrszulassung nach § 38 Abs. 2 Nr.1 LuftVZO war
problematisch, weil es nicht auf die Sektorenrichtlinie zurückzuführen war und Betreiber von Son-
derflughäfen nach § 38 Abs. 2 Nr. 2 LuftVZO ausschloss. Es stellte sich im Ergebnis daher als
unzulässige Verengung des Anwendungsbereichs der Sektorenrichtlinie dar.[110] Flughafenbetreiber

---

103 S. schon oben Rdn. 16.
104 Vgl. Hölzl in: MüKo, Europäisches und Deutsches Wettbewerbsrecht, Bd. 3, 2011, Anl. zu § 98 Nr. 4
      GWB Rdn. 70 m.w. Nachw.
105 EuGH v. 09.03.2006 – Rs. C-323/03, NZBau 2006, 386, 387 »Ría von Vigo«.
106 OLG Düsseldorf v. 21.04.2010 – VII Verg 55/09.
107 OLG Oldenburg v. 06.03.2012, 2 W 4/12.
108 Aufgrund fehlender Verpflichtung, ein Bauwerk zu errichten, eine Baukonzession verneinend VK Rhein-
      land-Pfalz v. 11.12.2008, VK 38/08 »Neubau Containerterminal«.
109 So die Formulierung in der Anlage zu § 98 Nr. 4 GWB a.F.
110 Eschenbruch in: Eschenbruch/Opitz, SektVO, § 1 Rn. 131 u. 133; Müller-Wrede, SektVO § 1 Rn. 99.
      Eine erweiterte Auslegung war bislang durch das Wort »insbesondere« möglich.

sind Sektorenauftraggeber nach 100 Abs. 1 Nr. 2 GWB (= § 98 Nr. 4 GWB a.F.).[111] Das ist für die Flughäfen Berlin-Schönefeld,[112] Düsseldorf,[113] Leipzig/Halle,[114] Stuttgart,[115] Frankfurt-Hahn[116] und Kassel-Calden[117] bereits entschieden worden. Ob Flughafenbetreiber zugleich auch Auftraggeber im Sinne von § 100 Abs. 1 Nr. 1 GWB sind, ist durchaus zweifelhaft. Für den Flughafen Berlin-Schönefeld hat die VK Brandenburg das Kriterium der Nichtgewerblichkeit nach § 98 Nr. 2 GWB a.F. (heute § 99 Nr. 2 GWB) jedenfalls die verneint.[118]

48 Für die Vergabe von Konzessionen über Bodenabfertigungsdienste an private Betreiber gelten nach der **Verordnung über Bodenabfertigungsdienste an Flughäfen (BADV)** spezielle Vergaberegeln.[119] Diese beruhen auf der Richtlinie 96/87/EG und genießen aufgrund ihrer Spezialität Vorrang gegenüber dem Vergaberecht.[120] Mit der Richtlinie 96/87/EG vom 15.10.1996[121] hat der europäische Gesetzgeber die Märkte für Bodenabfertigungsdienste an Flughäfen geöffnet. Die Umsetzung in deutsches Recht erfolgt mit dem Gesetz über Bodenabfertigungsdienste auf Flugplätzen vom 11.11.1997,[122] auf dem die Verordnung über Bodenabfertigungsdienste an Flughäfen (BADV)[123] beruht. Bodenabfertigungsdienste umfassen die administrative Abfertigung am Boden und deren Überwachung, die Fluggastabfertigung, die Gepäckabfertigung, die Fracht- und Postabfertigung, die Vorfelddienste, die Reinigungsdienste und den Flugzeugservice, die Betankungsdienste, die Stationswartungsdienste, die Flugbetriebs- und Besatzungsdienste, die Transportdienste am Boden sowie die Bordverpflegungsdienste. Der Zugang zu den Bodenabfertigungsdiensten richtet sich dementsprechend ausschließlich nach der BADV.[124]

49 Schwierigkeiten bereitet die vergaberechtliche Bewertung der Vermietung und Verpachtung von Einrichtungen des Flughafenbetreibers an Konzessionäre wie z.B. die Vermietung/Verpachtung von gastronomischen Einrichtungen oder Parkhäusern. Das gilt insbesondere dann, wenn die Vermietung und Verpachtung mit Betreiberpflichten verbunden ist. Wie sich aus Erwägungsgrund 25 der Konzessionsrichtlinie 2014/23/EU ergibt, umfassen die einschlägigen Tätigkeiten an Flughäfen auch Dienstleistungen für Fluggäste, die zum reibungslosen Betrieb der Flughafeneinrichtungen beitragen und von einem gut funktionierenden, modernen Flughafen erwartet werden, beispielsweise **Einzelhandelsgeschäfte**, Verpflegung und Parkplätze. Erwägungsgrund 23 deckt sich insofern auch mit der Kategorisierung der Flughafenaktivitäten durch den Beratenden Ausschusses für die Öffnung des öffentlichen Auftragswesens. Der beratende Ausschuss hatte in seiner 33. Sitzung

---

111 Eschenbruch in: Kulartz/Kus/Portz, Kommentar zum GWB-Vergaberecht, 3. Aufl., § 98 Rn. 285.

112 OLG Brandenburg v. 27.11.2008, Verg W 15/08; OLG Brandenburg v. 16.01.2007, Verg W 7/06; OLG Brandenburg v. 06.10.2006 – Verg W 6/06, VergabeR 2007, 529; auch OLG Brandenburg v. 03.08.1999 – 6 Verg 1/99, NZBau 2000, 39, 41;VK Brandenburg v. 22.03.2008, VK 27/08; VK Brandenburg v. 10.05.2010, VK 13/13.

113 OLG Düsseldorf v. 24.03.2010, VII Verg 58/05; VK Düsseldorf v. 20.05.2005, VK 47/2004-L.

114 VK Sachsen v. 21.03.2006, 1/SVK/012-06; VK Leipzig v. 09.03.2012, 1-SVK/003-12.

115 VK Baden-Württemberg v. 21.12.2000, 1 VK 32/00.

116 OLG Koblenz v. 15.09.2010, 1 Verg 7/10.

117 VK Hessen v. 18.04.2012, 69 d VK – 10/2012.

118 VK Brandenburg v. 22.09.2008, VK 27/08.

119 Hierzu ausführlich Eschenbruch in: Eschenbruch/Opitz, SektVO, § 1 Rn. 252 ff.

120 Vgl. Eschenbruch in: Eschenbruch/Opitz, SektVO, § 1 Rn. 283; Eschenbruch in: Kulartz/Kus/Portz, Kommentar zum GWB-Vergaberecht, 3. Aufl., § 98 Rn. 287; Boldt/Luft VergabeR 2015, 758; Giesberts/ Geisler, Kommentar zur BADV, § 7 Rn. 110; Stötzel in: Scholz/Moench, Flughäfen im Wachstum und Wettbewerb, 2007, S. 63; Hoffmann/Grabherr, Luftverkehrsgesetz, § 19 c. Rn. 31; VÜA Bayern v. 28.08.1998, VÜA 16/97, ZVgR 1998, 584; im Ergebnis auch VGH München v. 28.02.2003 – 20 AS 99.40032 und v. 21.07.1999 – 20 AS 99.40032.

121 ABl. L 272/36.

122 BGBl. I S. 2694.

123 BADV v. 10.12.1997, zuletzt geändert am 31.08.2015 (BGBl. I S. 1474).

124 VÜA Bayern v. 28.08.1998, VÜA 16/97 »Flugbetriebsstoffversorgung am Flughafen München«, ZVGR 1998, 584

vom 18.03.1992 die nicht unter die Sektorenaktivitäten fallenden Flughafentätigkeiten beispielhaft konkretisiert.[125] Hiernach sind Einzelhandel, Gaststättenbetrieb und Parkplatzbetrieb allerdings als relevant im Sinne der Sektorenrichtlinie zu beachten, soweit sie zum reibungslosen Funktionieren des Flughafenbetriebs beitragen. Es ist allerdings im Einzelfall zu prüfen, ob die Voraussetzungen einer Dienstleistungskonzession i.S.v. § 105 GWB gegeben sind. Bei der bloßen Vermietung und Verpachtung von Flächen – auch mit umsatzabhängiger Pacht oder Miete – ist das nicht der Fall.

10 Sektorentätigkeiten im Bereich fossiler Brennstoffe (Abs. 6)

§ 102 Abs. 6 GWB benennt die Sektorentätigkeiten im Bereich fossiler Brennstoffe. Eine Sek- 50
torentätigkeit liegt vor bei der Nutzung eines geografisch abgegrenzten Gebiets zum Zwecke der Förderung von Öl oder Gas (Nr. 1) oder der Exploration oder Förderung von Kohle oder anderen festen Brennstoffen. Die Exploration von Öl und Gas gilt heute nicht mehr als Sektorentätigkeit, weshalb die Exploration von der Förderung abzugrenzen ist. Der Begriff »Exploration« umfasst die Tätigkeiten, die durchgeführt werden, um festzustellen, ob Erdöl und Erdgas in einem bestimmten Gebiet vorhanden ist, und wenn dies der Fall ist, ob es gewerblich nutzbar ist.[126] **Förderung** bedeutet »Erzeugung« von Erdöl und Erdgas. Der Begriff »**Erzeugung**« ist so zu verstehen, dass er auch die »Entwicklung« umfasst, d. h. die Errichtung einer angemessenen Infrastruktur für die künftige Erzeugung (Ölplattformen, Rohrleitungen, Terminalanlagen usw.).[127] Anders als Art. 14 Richtlinie 2014/25/EU spricht § 102 Abs. 6 von »fossilen Brennstoffen«. Damit geht jedoch keine Einschränkung des Richtlinienrechts einher, denn nur fossile Brennstoffe werden »gefördert«. Die Gewinnung von Holz, Klärschlamm, Müll oder Biomasse als Brennstoff stellt daher keine Sektorentätigkeit dar. Als anderer fossiler, fester Brennstoff neben Kohle kommt wohl nur Torf in Betracht.

Seit einer Entscheidung der Europäischen Kommission aus dem Jahre 2004[128] besteht für deutsche 51
Auftraggeber im Bereich der fossilen Brennstoffe eine weitgehende Befreiung von den Vorschriften des Vergaberechts. Die Befreiung wurde später als Art. 27 in die Richtlinie 2004/17/EG übernommen und findet sich heute in Art. 33 der Richtlinie 2014/25/EU. Die bestehenden Verpflichtungen beschränken sich auf die Beachtung des Grundsatzes der Nichtdiskriminierung und der wettbewerbsorientierten Auftragsvergabe. Art. 33 der Richtlinie 2014/25/EU ist in § 143 GWB umgesetzt. Sofern § 143 GWB auch Sektorenauftraggeber betrifft, die Gas oder Öl aufsuchen, geht die Vorschrift allerdings ins Leere, da das Aufsuchen von Öl und Gas keine Sektorentätigkeit mehr darstellt.

Hinzuweisen ist auch darauf, dass die Beschaffung von Energie oder Brennstoffen (nicht nur fossile 52
oder feste Brennstoffe) zur Energieerzeugung durch Sektorenauftraggeber gem. § 137 Abs. 1 Nr. 8 GWB vom Vergaberecht freigestellt ist. Auf derartige Beschaffungen findet auch § 143 GWB keine Anwendung. Das folgt aus Abs. 1 Satz 3 dieser Vorschrift.

§ 103 Öffentliche Aufträge, Rahmenvereinbarungen und Wettbewerbe

(1) Öffentliche Aufträge sind entgeltliche Verträge zwischen öffentlichen Auftraggebern oder Sektorenauftraggebern und Unternehmen über die Beschaffung von Leistungen, die die Lieferung von Waren, die Ausführung von Bauleistungen oder die Erbringung von Dienstleistungen zum Gegenstand haben.

(2) Lieferaufträge sind Verträge zur Beschaffung von Waren, die insbesondere Kauf oder Ratenkauf oder Leasing, Mietverhältnisse oder Pachtverhältnisse mit oder ohne Kaufoption betreffen. Die Verträge können auch Nebenleistungen umfassen.

---

125 Auszugsweise abgedruckt in: Kulartz/Kus/Portz, Kommentar zum GWB-Vergaberecht, 3. Aufl., § 98 Rn. 289.
126 Erwägungsgrund 25 Richtlinie 2014/25/EU.
127 Erwägungsgrund 25 Richtlinie 2014/25/EU.
128 Entscheidung 2004/73/EG v. 15.01.2004, ABl. L 16/57.

(3) Bauaufträge sind Verträge über die Ausführung oder die gleichzeitige Planung und Ausführung

1. von Bauleistungen im Zusammenhang mit einer der Tätigkeiten, die in Anhang II der Richtlinie 2014/24/EU des Europäischen Parlaments und des Rates vom 26. Februar 2014 über die öffentliche Auftragsvergabe und zur Aufhebung der Richtlinie 2004/18/EG (ABl. L 94 vom 28.3.2014, S. 65) und Anhang I der Richtlinie 2014/25/EU des Europäischen Parlaments und des Rates vom 26. Februar 2014 über die Vergabe von Aufträgen durch Auftraggeber im Bereich der Wasser-, Energie- und Verkehrsversorgung sowie der Postdienste und zur Aufhebung der Richtlinie 2004/17/EG (ABl. L 94 vom 28.3.2014, S. 243) genannt sind, oder
2. eines Bauwerks für den öffentlichen Auftraggeber oder Sektorenauftraggeber, das Ergebnis von Tief- oder Hochbauarbeiten ist und eine wirtschaftliche oder technische Funktion erfüllen soll.

Ein Bauauftrag liegt auch vor, wenn ein Dritter eine Bauleistung gemäß den vom öffentlichen Auftraggeber oder Sektorenauftraggeber genannten Erfordernissen erbringt, die Bauleistung dem Auftraggeber unmittelbar wirtschaftlich zugutekommt und dieser einen entscheidenden Einfluss auf Art und Planung der Bauleistung hat.

(4) Als Dienstleistungsaufträge gelten die Verträge über die Erbringung von Leistungen, die nicht unter Absatz 2 und 3 fallen.

(5) Rahmenvereinbarungen sind Vereinbarungen zwischen einem oder mehreren öffentlichen Auftraggebern oder Sektorenauftraggebern und einem oder mehreren Unternehmen, die dazu dienen, die Bedingungen für die öffentlichen Aufträge, die während eines bestimmten Zeitraums vergeben werden sollen, festzulegen, insbesondere in Bezug auf den Preis. Für die Vergabe von Rahmenvereinbarungen gelten, soweit nichts anderes bestimmt ist, dieselben Vorschriften wie für die Vergabe entsprechender öffentlicher Aufträge.

(6) Wettbewerbe sind Auslobungsverfahren, die dem Auftraggeber aufgrund vergleichender Beurteilung durch ein Preisgericht mit oder ohne Verteilung von Preisen zu einem Plan oder einer Planung verhelfen sollen.

Eschenbruch

A. Grundzüge und Materialien

1   § 103 GWB regelt, **auf welche Beschaffungen das Vergaberecht überhaupt Anwendung findet.**
Die Vorschrift bestimmt mithin den **sachlichen Anwendungsbereich** des Vergaberechts.

2   § 103 GWB enthält eine **Legaldefinition der öffentlichen Aufträge.** Der Begriff des öffentlichen
Auftrages ist jedoch vorrangig nach Unionsrecht zu beurteilen. Soweit das nationale Recht hiervon
abweicht, setzt sich das Unionsrecht durch.[1]

3   Der Regierungsentwurf zu § 103 GWB enthält folgende Einzelbegründungen:

4   *»Zu § 103 (Öffentliche Aufträge, Rahmenvereinbarungen und Wettbewerbe)*

Zu Absatz 1

*§ 103 Absatz 1 definiert den Begriff des öffentlichen Auftrags und entspricht insofern inhaltlich dem
bisherigen § 99 Absatz 1 GWB. Kern der Definition des öffentlichen Auftrags ist, dass es sich um die
Beschaffung von Leistungen durch öffentliche Auftraggeber oder Sektorenauftraggeber handeln muss.
Der Unionsgesetzgeber hat in Erwägungsgrund 4 der Richtlinie 2014/24/EU darauf hingewiesen,
dass die zunehmende Vielfalt öffentlicher Tätigkeiten es erforderlich mache, den Begriff der Auftragsvergabe selbst klarer zu definieren. Diese Präzisierung als solche sollte jedoch den Anwendungsbereich
der neuen EU-Vergaberichtlinie im Verhältnis zu dem der Richtlinie 2004/18/EG nicht erweitern.
Nicht alle Formen öffentlicher Ausgaben sollten abgedeckt werden, sondern nur diejenigen, die für
den Erwerb von Bauleistungen, Lieferungen oder Dienstleistungen im Wege eines öffentlichen Auftrags getätigt werden. Fälle, in denen alle Wirtschaftsteilnehmer, die bestimmte Voraussetzungen erfüllen, zur Wahrnehmung einer bestimmten Aufgabe – ohne Selektivität – berechtigt sind, sollten nicht
als Auftragsvergabe verstanden werden, sondern als einfache Zulassungssysteme (z.B. Zulassungen
für Arzneimittel oder ärztliche Dienstleistungen). Daraus lässt sich schließen, dass die Zulassung von
Dienstleistungserbringern im sozialhilferechtlichen Dreiecksverhältnis nicht der Richtlinie 2014/24/
EU unterfällt. Gleiches gilt für die Zulassung von Pflegeeinrichtungen sowie die Feststellung der
fachlichen Eignung im Rahmen der Zulassung besonderer Dienste oder besonderer Einrichtungen.
Weiterhin hat der Unionsgesetzgeber in Erwägungsgrund 6 hervorgehoben, dass es den Mitgliedsstaaten freistehe, die Erbringung von sozialen oder anderen Dienstleistungen entweder als Dienstleistungen von allgemeinem wirtschaftlichem Interesse oder als nichtwirtschaftliche Dienstleistungen von
allgemeinem Interesse oder als eine Mischung davon zu organisieren. Der Unionsgesetzgeber stellt in
diesem Zusammenhang klar, dass nichtwirtschaftliche Dienstleistungen von allgemeinem Interesse
nicht in den Geltungsbereich der Richtlinie 2014/24/EU fallen.*

*Da künftig zwischen öffentlichen Auftraggebern nach § 99, Sektorenauftraggebern nach § 100 und
Konzessionsgebern nach § 101 unterschieden werden muss, ist die bisherige Definition entsprechend
anzupassen. Öffentliche Aufträge sind demgemäß Verträge sowohl von öffentlichen Auftraggebern
nach § 99 als auch von Sektorenauftraggebern nach § 100. § 103 Absatz 1 verweist nicht auf § 101,*

---

1   Vgl. EuGH »Stadt Roanne« NZBau 2007, 185, 188 Rn. 40.

Eschenbruch

da Auftraggeber nach § 101 keine öffentlichen Aufträge im Sinne des § 103 Absatz 1, sondern Konzessionen im Sinne des § 105 vergeben.

Im Unterschied zur bisherigen Definition fallen zudem Baukonzessionen künftig nicht mehr unter den Begriff des öffentlichen Auftrags. Vielmehr wird künftig zwischen der Vergabe von öffentlichen Aufträgen und der Vergabe von Konzessionen unterschieden. Konzessionen, einschließlich der Baukonzessionen, werden nunmehr abschließend in § 105 definiert.

Im Gegensatz zur Formulierung des bisherigen § 99 Absatz 1 GWB unterfallen Auslobungsverfahren, die zu Dienstleistungsaufträgen führen sollen, nicht mehr dem öffentlichen Auftragsbegriff. Damit wird im Einklang mit den Vergaberichtlinien klargestellt, dass es sich bei »Wettbewerben«, die im Sinne des Bürgerlichen Gesetzbuchs (BGB) Auslobungsverfahren darstellen, um ein eigenes Verfahren handelt, welches dazu dient, dem öffentlichen Auftraggeber einen Plan oder eine Planung zu verschaffen (s. Artikel 2 Absatz 1 Nummer 21 Richtlinie 2014/24/EU). Solche Wettbewerbe sind nunmehr in § 103 Absatz 6 definiert.

Formerfordernisse werden Verordnungsebene geregelt

Zu Absatz 2

§ 103 Absatz 2 entspricht dem bisherigen § 99 Absatz 2 GWB.

Zu Absatz 3

§ 103 Absatz 3 definiert den Begriff des Bauauftrags und passt den bisherigen § 99 Absatz 3 GWB an den neuen Richtlinientext an (Artikel 2 Absatz 1 Nummer 6 der Richtlinie 2014/24/EU).

§ 103 Absatz 3 sieht für die Definition des Bauauftrags entsprechend dem Richtlinientext wie bislang drei Alternativen vor. Alternative 1 betrifft Bauleistungen, die in Anlage II der Richtlinie 2014/24/ EU abschließend aufgenommen werden. Die dort aufgeführten Bauleistungen sind in der Praxis für die Abgrenzung von Bau- und Lieferaufträgen entscheidend. Schon heute zieht die Rechtsprechung vielfach den bisherigen Anhang I der Richtlinie 2004/18/EG (entspricht dem Anhang II der Richtlinie 2014/24/EU) zur Abgrenzung zwischen Bau- und Lieferaufträgen heran (z.B. OLG Düsseldorf, Beschluss vom 30.04.2014, VII Verg 35/13).

In der dritten Alternative (Erbringung der Bauleistung durch Dritte) wird nunmehr entsprechend Artikel 2 Absatz 1 Nummer 6 Buchstabe c der Richtlinie 2014/24/EU klargestellt, dass die Erbringung der Bauleistung gemäß den von einem öffentlichen Auftraggeber oder Sektorenauftraggeber genannten Erfordernissen voraussetzt, dass der betreffende Auftraggeber Maßnahmen getroffen hat, um die Art des Vorhabens festzulegen, oder zumindest einen entscheidenden Einfluss auf dessen Planung haben musste. Ob der Auftragnehmer das Bauvorhaben ganz oder zum Teil mit eigenen Mitteln durchführt oder dessen Durchführung mit anderen Mitteln sicherstellt, ist – wie in Erwägungsgrund 9 der Richtlinie 2014/24/EU klargestellt wird – unerheblich für die Einstufung der entsprechenden Bauleistung als Bauauftrag, solange der Auftragnehmer eine direkte oder indirekte rechtswirksame Verpflichtung zur Gewährleistung der Erbringung der Bauleistungen übernimmt.

Zu Absatz 4

§ 103 Absatz 4 entspricht dem bisherigen § 99 Absatz 4 GWB.

Zu Absatz 5

§ 103 Absatz 5 dient der Umsetzung der Definition der Rahmenvereinbarung gemäß Artikel 33 Absatz 1 Unterabsatz 2 der Richtlinie 2014/24/EU und Artikel 51 Absatz 1 Unterabsatz 2 der Richtlinie 2014/25/EU. Die Rahmenvereinbarung stellt selbst zwar keinen Beschaffungsprozess dar. Die Vergabe einer Rahmenvereinbarung im Wege eines Vergabeverfahrens hat jedoch zur Folge, dass die auf ihrer Grundlage erteilten Einzelaufträge einem vereinfachten Vergabeverfahren unterliegen können. Wie ein öffentlicher Auftrag unterliegt die Rahmenvereinbarung also wettbewerblichen Verfahrensregeln, vergleiche Artikel 33 Absatz 1 Unterabsatz 1 Richtlinie 2014/24/EU: »Die öffentlichen

Auftraggeber können Rahmenvereinbarungen abschließen, sofern sie die in dieser Richtlinie genannten Verfahren anwenden« und die Regelung der Einzelheiten eines Verzichts auf den Teilnahmewettbewerb in Artikel 33 Absatz 4 Buchstabe a) bis c). Aus systematischen Gründen empfiehlt es sich daher, die Rahmenvereinbarung im Zusammenhang mit dem Begriff des öffentlichen Auftrags zu regeln.

Zu Absatz 6

§ 103 Absatz 6 entspricht dem bisherigen § 99 Absatz 5 GWB. Im Einklang mit den Vergaberichtlinien findet nun aber der Begriff » Wettbewerbe« Verwendung. Die Einzelheiten für das Verfahren zur Ausrichtung von Wettbewerben gemäß Artikel 78 bis 82 der Richtlinie 2014/24/EU sowie Artikel 95 bis 99 der Richtlinie 2014/25/EU werden durch die aufgrund von § 113 erlassenen Verordnung der Bundesregierung mit Zustimmung des Bundesrates umgesetzt.«

5   Die Richtlinie 2014/24/EU enthält in Artikel 1 folgende Klarstellungen zum öffentlichen Auftrag:

6   *»Artikel 1 Absatz 2:*

Auftragsvergabe im Sinne dieser Richtlinie bezeichnet den im Wege eines öffentlichen Auftrags erfolgenden Erwerb von Bauleistungen, Lieferungen oder Dienstleistungen durch einen oder mehrere öffentliche Auftraggeber von Wirtschaftsteilnehmern, die von diesen öffentlichen Auftraggebern ausgewählt werden, unabhängig davon, ob diese Bauleistungen, Lieferungen oder Dienstleistungen für einen öffentlichen Zweck bestimmt sind oder nicht.

Absatz 1 Nummer 5:

»Öffentliche Aufträge« zwischen einem oder mehreren Wirtschaftsteilnehmern oder einem oder mehreren öffentlichen Auftraggebern schriftlich geschlossene entgeltliche Verträge über die Ausführung von Bauleistungen, die Lieferung von Waren oder die Erbringung von Dienstleistungen.

Absatz 1 Nummer 6:

»Öffentliche Aufträge« mit einem der folgenden Ziele:
a) Ausführung oder sowohl die Planung als auch die Ausführung von Bauleistungen im Zusammenhang mit einer der in Anhang II genannten Tätigkeiten.
b) Ausführung oder sowohl die Planung als auch die Ausführung eines Bauvorhabens.
c) Erbringung einer Bauleistung durch Dritte – gleichgültig mit welchen Mitteln – gemäß den vom öffentlichen Auftraggeber, der einen entscheidenden Einfluss auf die Art und die Planung des Vorhabens hat, genannten Erfordernissen.

Absatz 1 Nummer 7:

»Bauwerk« als Ergebnis einer Gesamtheit von Hoch- oder Tiefbauarbeiten, das seinem Wesen nach eine wirtschaftliche oder technische Funktion erfüllen soll.

Absatz 1 Nummer 8

»Öffentliche Lieferaufträge« öffentliche Aufträge mit Ziel des Kaufs, des Leasings, der Miete, der Pacht oder des Ratenkaufs mit oder ohne Kaufoption von Waren. Ein öffentlicher Lieferauftrag kann als Nebenarbeiten Verlege- oder Installationsarbeiten umfassen.

Absatz 1 Nummer 9

»Öffentliche Dienstleistungsaufträge« öffentliche Aufträge über die Erbringung von Dienstleistungen, bei denen es sich nicht um die in Nummer 6 Genannten handelt.

Absatz 1 Nummer 10

»Wirtschaftsteilnehmer« eine natürliche oder juristische Person oder öffentliche Einrichtung oder eine Gruppe solcher Personen und/oder Einrichtungen, einschließlich jedes vorübergehenden Zusammenschlusses von Unternehmen, die bzw. der auf dem Markt die Ausführung von Bauleistungen, die Errichtung von Bauwerken, die Lieferung von Waren bzw. die Erbringung von Dienstleistungen anbietet.«

In den Erwägungsgründen 8, 9, 14 und 15 der Richtlinie 2014 heißt es wie folgt: 7

»(8) Ein Auftrag sollte nur dann als öffentlicher Bauauftrag gelten, wenn er speziell die Ausführung   8
der in Anhang II aufgeführten Tätigkeiten zum Gegenstand hat, und zwar auch dann, wenn er sich
auf andere Leistungen erstreckt, die für die Ausführung dieser Tätigkeiten erforderlich sind. Öffent-
liche Dienstleistungsaufträge, insbesondere im Bereich der Grundstücksverwaltung, können unter
bestimmten Umständen Bauleistungen umfassen. Sofern diese Bauleistungen jedoch nur Nebenar-
beiten im Verhältnis zum Hauptgegenstand des Vertrags darstellen und eine mögliche Folge oder eine
Ergänzung des letzteren sind, rechtfertigt die Tatsache, dass der Vertrag diese Bauleistungen umfasst,
nicht eine Einstufung des öffentlichen Dienstleistungsauftrags als öffentlicher Bauauftrag.

Angesichts der für die öffentlichen Bauaufträge kennzeichnenden Vielfalt der Aufgaben sollten die
öffentlichen Auftraggeber jedoch sowohl die getrennte als auch die gemeinsame Vergabe von Aufträgen
für die Planung und die Ausführung von Bauleistungen vorsehen können. Diese Richtlinie bezweckt
nicht, eine gemeinsame oder eine getrennte Vergabe vorzuschreiben.

(9) Die Realisierung eines Bauvorhabens gemäß den von einem öffentlichen Auftraggeber genannten
Erfordernissen setzt voraus, dass der betreffende Auftraggeber Maßnahmen zur Definition der Art des
Vorhabens getroffen oder zumindest einen entscheidenden Einfluss auf dessen Planung gehabt haben
muss. Ob der Auftragnehmer das Bauvorhaben ganz oder zum Teil mit eigenen Mitteln sicherstellt,
sollte nichts an der Einstufung des Auftrags als Bauauftrag ändern, solange der Auftragnehmer eine
direkte oder indirekte rechtswirksame Verpflichtung zur Gewährleistung der Erbringung der Bauleis-
tungen übernimmt.

(14) Es sollte klargestellt werden, dass der Begriff »Wirtschaftsteilnehmer« weit ausgelegt werden sollte,
so dass er alle Personen und/oder Einrichtungen umfasst, die die Ausführung von Bauleistungen, die
Lieferung von Waren beziehungsweise die Erbringung von Dienstleistungen auf dem Markt anbieten,
ungeachtet der Rechtsform, die sie für sich gewählt haben. Somit sollten Unternehmen, Zweignie-
derlassungen, Tochterunternehmen, Personengesellschaften, Genossenschaften, haftungsbeschränkte
Gesellschaften, Universitäten, ob öffentlich oder privat, sowie andere Einrichtungen, bei denen es sich
nicht um natürliche Personen handelt, unter den Begriff »Wirtschaftsteilnehmer« fallen, unabhängig
davon, ob sie in jeder Beziehung als »juristische Personen« gelten oder nicht.

(15) Es sollte klargestellt werden, dass Gruppen von Wirtschaftsteilnehmern – auch wenn ihr Zusam-
menschluss nur vorübergehend erfolgt – an Vergabeverfahren teilnehmen können, ohne dass sie eine
bestimmte Rechtsform annehmen müssen. Soweit erforderlich, etwa wenn eine gesamtschuldnerische
Haftung verlangt wird, kann eine bestimmte Form vorgeschrieben werden, wenn solche Gruppen den
Zuschlag erhalten.«

B. Der öffentliche Auftrag nach § 103 GWB

I. Die Beschaffung

1. Grundvoraussetzung: Teilnahme am Markt

Der **Begriff des Auftrags** im Sinne des GWB und der europäischen Richtlinien ist autonom nach   9
dem Zweck des europäischen Vergaberechts, potenziellen Bietern den Zugang zu öffentlichen Aufträgen zu garantieren, die für sie von Interesse sind, auszulegen und daher funktional zu verstehen.[2] § 103 Abs. 1 GWB enthält dabei die Legaldefinition der öffentlichen Aufträge. Ungeachtet
der näheren Aufspaltung in einzelne Beschaffungsarten (Lieferaufträge, Bauaufträge, Dienstleistungsaufträge, Rahmenvereinbarungen und Wettbewerbe) hat der Gesetzgeber eine erschöpfende
Definition aller öffentlichen Beschaffungen angestrebt, die sich insbesondere in der Ausgestaltung
der **Dienstleistungsaufträge als Auffangtatbestand** zeigt. Durchberechnungen hat der umfassende

---

2 EuGH »Stadt Roanne« NZBau 2007, 185, Rn. 52f.; OLG Karlsruhe Beschl. v. 12.11.2008 15 Verg
4/08 NZBau 2009, 404, 405.

Ansatz des öffentlichen Auftrags durch die Anerkennung von vergabefreien Zulassungsverfahren und sozialen Dienstleistungen durch Freiwilligenorganisationen erfahren.

10   **Wesensmerkmal** des öffentlichen Auftrages nach § 103 Abs. 1 GWB ist die **Teilnahme** des öffentlichen Auftraggebers **am Markt**; diese Voraussetzung ist erfüllt, wenn der öffentliche Auftraggeber seine **interne Organisation verlässt, um Verträge mit außenstehenden Dritten abzuschließen.**[3] Der öffentliche Auftraggeber muss mit dem Ziel der Beschaffung von Wirtschaftsgütern zur Deckung am Marktgeschehen teilnehmen.[4]

11   **Keinen öffentlichen Auftrag** stellen Vorgänge dar, die nicht als entsprechende Teilnahme am Markt – als Deckung eines Bedarfs des öffentlichen Auftraggebers im weitesten Sinne – interpretiert werden können, wie etwa
   – Maßnahmen interner Organisation,
   – Wahrnehmung hoheitlicher Aufgaben,
   – Kooperationen öffentlicher Auftraggeber,
   – Veräußerung von Vermögen,
   – Zulassungsverfahren (»Open-House-Modell«).[5]

2. Der maßgebliche Zeitpunkt für die Feststellung eines öffentlichen Auftrags

12   Der EuGH hat entschieden, dass für die **Feststellung der einschlägigen Richtlinie** auf den Zeitpunkt abzustellen ist, zu dem der öffentliche Auftraggeber die Art des Verfahrens auswählt und endgültig entscheidet, ob die Verpflichtung zu einem vorherigen Aufruf zum Wettbewerb für die Vergabe eines öffentlichen Auftrags besteht. Es würde nämlich gegen den Grundsatz der Rechtssicherheit verstoßen, das anwendbare Recht anhand des Datums der Auftragsvergabe zu bestimmen, da dieses Datum das Ende des Verfahrens bezeichnet, während die Entscheidung des öffentlichen Auftraggebers für und gegen einen vorherigen Aufruf zum Wettbewerb in der Regel zu Beginn des Verfahrens getroffen wird. Nur wenn sich der Verfahrensgegenstand später wesentlich ändert und letztlich einer Neuverhandlung gleichkommt, könnte die Anwendung einer Richtlinie, deren Umsetzungsfrist nach dem Zeitpunkt des Erlasses der Entscheidung abgelaufen ist, gerechtfertigt werden.[6]

13   Für die Beurteilung des Vorliegens eines öffentlichen Auftrages im Nachprüfungsverfahren ist auf den **Zeitpunkt der Entscheidung der Nachprüfungsinstanzen** abzustellen. Umwandlungsklauseln in Verträgen, die vorsehen, dass im Fall der Qualifizierung als Dienstleistungsauftrag oder Dienstleistungskonzession eine andere vertragliche Lösung gesucht werden soll, können sich dementsprechend auf Nachprüfungsverfahren nur dann auswirken, wenn sie bereits umgesetzt sind. Dementsprechend sind derartige Umwandlungsklauseln in der Regel für die Beurteilung eines öffentlichen Auftrages ohne Belang.[7]

3. Bestimmung des Beschaffungsbedarfs und Monopolstellung/Ausschließlichkeitsrechte

14   Nach heute allgemeiner Auffassung ist die Bestimmung über den Beschaffungsgegenstand der Einleitung eines Vergabeverfahrens vorgelagert und unterliegt daher nicht dem Vergaberecht.[8] Allein

---

3   OLG Koblenz 20.12.2001 ZfBR 2002, 291, 292.
4   Bungenberg in: Loewenheim/Meessen/Riesenkampff GWB § 98 Rn. 11: Aus dem Sinn und Zweck des Vergaberechts, den Wettbewerb auf den öffentlichen Beschaffungsmärkten zu verstärken und auszunutzen, ihn aber nicht durch einseitige Interventionen zu verfälschen, sowie in der Daseinsvorsorge zuzurechnenden Bereichen die Nachfragemodalitäten zu regeln, folgt als grundsätzliches (unbeschriebenes) Wesensmerkmal des öffentlichen Auftrags die Teilnahme des Auftraggebers als Einkäufer auf dem (Beschaffungs-) Markt.
5   OLG Düsseldorf »Mesalazin« Vorlagebeschl. v. 13.08.2014 Verg 13/14 NZBau 2014, 654.
6   EuGH »Zentrum Doornakkers« NZBau 2013, 645, 648.
7   Thüringer OLG »Wasserversorgung« VergabeR 2008, 853, 857.
8   OLG Karlsruhe Beschl. v. 25.07.2014 15 Verg 4/14 IBR 2015, 274; OLG Düsseldorf »HIS inOne« Beschl. v. 22.05.2013 VII Verg 16/12 NZBau 2013, 650.

dem öffentlichen Auftraggeber wird die Beschaffungsfreiheit, Nachfrageautonomie und Dispositionsfreiheit zugewiesen und dieser bestimmt den Beschaffungsbedarf. Auf die **Erforderlichkeit** eines Beschaffungszwecks kommt es vergaberechtlich grundsätzlich nicht an.[9] Eine Nachprüfung darüber, ob der öffentliche Auftraggeber die von vornherein wirtschaftlichste Beschaffungslösung verfolgt, d.h. **ökonomisch** handelt oder eine zweckmäßige Beschaffung plant, erlaubt das Vergabenachprüfungsverfahren nicht.[10]

Nach Auffassung des OLG Brandenburg steht es jedem Auftraggeber frei, die auszuschreibende **15** Leistung **nach seinen individuellen Vorstellungen** zu bestimmen und nur nach dieser – den autonomen bestimmten Zwecken entsprechenden – Gestalt dem Wettbewerb zu öffnen. Er befindet deshalb grundsätzlich allein darüber, welchen Umfang die zu vergebende Leistung im Einzelnen haben soll und ob ggf. mehrere Leistungsuntereinheiten gebildet werden, die gesondert vergeben und vertraglich abzuwickeln sind.[11]

Der öffentliche Auftraggeber ist **nicht verpflichtet, bestimmte Marktteilnehmer** durch die Beschaf- **16** fung **zu bedienen**. Er ist auch nicht verpflichtet, den Marktteilnehmern bestimmte wirtschaftliche Bedingungen zu gewähren oder ihnen von vornherein wirtschaftliche Risiken der Auftragsausführung abzunehmen.[12]

Diese Grundsätze sind in jüngeren Entscheidungen allerdings eingeschränkt worden. Bereits 2010 **17** hatte das OLG Düsseldorf entschieden, dass die Beschaffungsentscheidung vergaberechtlich dahin gehend kontrolliert werden kann, ob sie auf **sach- und auftragsbezogenen Gründen** beruht. Eine weiter gehende Überprüfung, insbesondere auf sachliche Richtigkeit oder auf Nachvollziehbarkeit der Gründe, sei mit dem Bestimmungsrecht des Auftraggebers allerdings unvereinbar.[13] Im Jahr 2012 hat das OLG Düsseldorf seine Rechtsprechung nochmals geschärft und die Prüfmaßstäbe für die Beschaffung des Auftraggebers konkretisiert:[14]

»*Bei der Beschaffungsentscheidung für ein bestimmtes Produkt, eine Herkunft, ein Verfahren oder* **18** *dergleichen ist der öffentliche Auftraggeber im rechtlichen Ansatz ungebunden. Die Entscheidung wird erfahrungsgemäß von zahlreichen Faktoren beeinflusst, u.a. von technischen, wirtschaftlichen, gestalterischen oder solchen der (sozialen, ökologischen oder ökonomischen) Nachhaltigkeit. Die Wahl unterliegt der Bestimmungsfreiheit des Auftraggebers, deren Ausübung dem Vergabeverfahren vorgelagert ist. Sie muss zunächst einmal getroffen werden, um eine Nachfrage zu bewirken. Das Vergaberecht regelt demnach nicht, was der öffentliche Auftraggeber beschafft, sondern nur die Art und Weise der Beschaffung (es folgen Nachweise). Einer besonderen vergaberechtlichen Ermächtigungsgrundlage bedarf die Bestimmung des Auftragsgegenstandes durch den Auftraggeber nicht.*

---

9 VK Darmstadt Beschl. v. 04.09.2008 69 d-VK-30/08 NZBau 2008, 795, 797.

10 OLG Düsseldorf »OSV Anlage« Beschl. v. 15.06.2010 VergabeR 2011, 84 sowie OLG Düsseldorf Beschl. v. 27.07.2012 Verg 7/12 ZfBR 2012, 723; OLG Düsseldorf »Bebauungsplan« Beschl. v. 04.03.2009 VergabeR 2009, 799, 802; VK Nordbayern Beschl. v. 21.04.2009 21 VK-31/94-10/09; OLG München Beschl. v. 17.09.2007 Verg 10/07; OLG Koblenz Beschl. v. 13.06.2012 I Verg 2/12 NZBau 2012, 724: Der Auftraggeber ist berechtigt, das auftragsbezogene Eignungsprofil über Mindestanforderungen an die Leistungsfähigkeit zu definieren. Bei der Festlegung des auftragsbezogenen Eignungsprofils ist der Auftraggeber weitgehend frei. Die Grenze zur Rechtswidrigkeit ist erst überschritten, wenn die Forderung unzumutbar ist oder nicht mehr der Befriedigung eines mit Blick auf das konkrete Beschaffungsvorhaben berechtigten Informations- und/oder Prüfungsbedürfnisses dient, sondern ohne jeden sachlichen Grund ausgrenzend und damit wettbewerbsbeschränkend wird; so auch OLG Koblenz NZBau 2002, 699, 703; VK Bund Beschl. v. 08.01.2004, VK 1-117/03; a.A. wohl OLG Jena NZBau 2006, 735; dazu auch Laumann/Scharf VergabeR 2013, 539f.

11 OLG Brandenburg Beschl. v. 27.11.2008 VergW 15/08 NZBau 2009, 337.

12 OLG Düsseldorf »Mesalazin« Vorlagebeschl. v. 13.08.2014 Verg 13/14 NZBau 2014, 654.

13 OLG Düsseldorf Beschl. v. 17.02.2010 Verg 42/09 IBR 2010, 222.

14 OLG Düsseldorf Beschl. v. 01.08.2012 Verg 10/12 VergabeR 2013, 71 = ZfBR 2013, 63, 66; so auch OLG Düsseldorf »Hochschulverwaltungssoftware« Beschl. v. 22.05.2013 VII Verg 16/12 VergabeR 2013, 744; zum Spielraum bei der Definition des Beschaffungsbedarfs auch Braun, VergabeR 2013, 792, 794.

Sie ergibt sich aus der Vertragsfreiheit. Die danach im jeweiligen Fall vorgenommene Bestimmung des Beschaffungsgegenstands ist von den Vergabenachprüfungsinstanzen im Ausgangspunkt nicht zu kontrollieren.

Nichts desto weniger unterliegt die Bestimmungsfreiheit des Auftraggebers beim Beschaffungsgegenstand, und zwar im Interesse der von der Richtlinie 2004/18/EG angestrebten Öffnung des Beschaffungswesens der öffentlichen Hand für den Wettbewerb, aber auch der effektiven Durchsetzung der wahren Verkehrsfreiheit wegen (vgl. EuGH, Urt. v. 10.05.2012-C 368/10) bestimmten, durch das Vergaberecht gezogenen Grenzen. So schreibt (nach Maßgabe des Art. 23 Abs. 8 Satz 1 Richtlinie 2004/18/EG), auch für den Streitfall bedeutsam, § 8 Abs. 7 VOL/A-EG, vor, dass soweit dies nicht durch den Auftragsgegenstand gerechtfertigt ist, der Auftraggeber in technischen Anforderungen (in einem weit zu verstehenden Sinn) nicht auf eine bestimmte Produktion oder Herkunft oder ein besonderes Verfahren verweisen darf, wenn dadurch bestimmte Unternehmen oder Produkte ausgeschlossen oder begünstigt werden (gleichlautend u.a. § 7 Abs. 8 VOB/A). Die genannten Normen beschreiben abschließend die für die Bestimmungsfreiheit (oder die Determinierungsfreiheit, so OLG München) bestehenden Beschränkungen. Die Subsumtion des jeweiligen Sachverhalts unter die genannten Normen obliegt den nationalen Gerichten.

*Nach der dazu ergangenen Rechtsprechung des Senates (vgl. oben, insbesondere zuletzt OLG Düsseldorf Beschluss vom 27.06.2012 VII Verg 7/12, »Fertigspritzen« BA 5-7) sind die **vergaberechtlichen Grenzen** der Bestimmungsfreiheit des öffentlichen Auftraggebers indes **eingehalten**, sofern*

– *die Bestimmung durch den Auftragsgegenstand **sachlich gerechtfertigt** ist,*
– *vom Auftraggeber dafür nachvollziehbare **objektive oder auftragsbezogene Gründe** angegeben worden sind und die Bestimmung folglich wertefrei getroffen worden ist,*
– *solche **Gründe tatsächlich vorhanden** (festzustellen und notfalls erwiesen) sind*
– *und die Bestimmung andere Wirtschaftsteilnehmer **nicht diskriminiert**.*

Bewegt sich die Bestimmung in diesen Grenzen, gilt der Grundsatz der Wettbewerbsoffenheit der Beschaffung nicht mehr uneingeschränkt.... Der Auftraggeber ist nicht verpflichtet, die Beschaffungsentscheidung daran auszurichten, ob sie zum Unternehmenskonzept oder zur Leistungsfähigkeit jedes potentiellen, am Auftrag interessierten Unternehmens passt.«

19 Das OLG Düsseldorf hat in der weiteren Entscheidung »HIS inOne« diese Rechtsprechung weiter vertieft und ausgeführt:

20 *»Bei der Beschaffungsentscheidung für ein bestimmtes Produkt, eine Herkunft, ein Verfahren und dergleichen ist der öffentliche Auftraggeber im rechtlichen Ansatz grundsätzlich ungebunden, da das Vergaberecht und die §§ 99 ff. GWB nur die Art und Weise der Beschaffung regeln.*

Die vergaberechtlichen Grenzen der Bestimmungsfreiheit des öffentlichen Auftraggebers sind eingehalten, sofern die Bestimmung durch den Auftragsgegenstand sachlich gerechtfertigt ist, vom Auftraggeber dafür nachvollziehbare objektive und auftragsbezogene Gründe angegeben worden sind und die Bestimmung folglich willkürfrei getroffen worden ist, solche Gründe tatsächlich vorhanden (festzustellen und notfalls erwiesen) sind und die Bestimmung anderer Wirtschaftsteilnehmer nicht diskriminiert.«[15]

21 In der vorgenannten Entscheidung hat das OLG Düsseldorf dem Auftraggeber die Bestimmungsbefugnis eingeräumt, von Bietern die kostenlose **Zurverfügungstellung eines Quellcodes** und eines Datenbandmodells zu verlangen. Das OLG Düsseldorf hat es auch unbeanstandet gelassen, wenn die Vergabestelle aufgrund personeller, wirtschaftlicher und technischer Gründe die Weiterentwicklung bereits eingesetzter Software favorisiert und kein anderes Produkt nutzen will.[16]

---

15 OLG Düsseldorf »HIS inOne« Beschl. v. 22.05.2013 VII Verg 16/12 NZBau 2013, 650.
16 OLG Düsseldorf »HIS inOne« Beschl. v. 22.05.2013 VII Verg 16/12 NZBau 2013, 650.

Eschenbruch

Im Zusammenhang mit der Ausschreibung von Arzneimittelwirkstoffen hat das OLG Düsseldorf 22 ebenfalls entschieden, dass die Bestimmungsfreiheit des öffentlichen Auftraggebers im Vergabenachprüfungsverfahren hinsichtlich des Beschaffungsgegenstandes und der Bedingungen für die Auftragsvergabe zu respektieren sei.[17]

Der öffentliche Auftraggeber darf allerdings speziell durch die Festlegung des Vertragsbeginns und 23 des Zuschlagszeitpunkts den Zeitplan nicht derartig zuspitzen, dass eine aufgrund nachprüfbarer Tatsachen **nicht zu rechtfertigende Dringlichkeit** entsteht. Andererseits muss der Beschaffungsbedarf nicht in jeder Hinsicht formell endgültig legitimiert sein, wenn der öffentliche Auftraggeber davon ausgehen kann, dass die erforderlichen Haushaltsmittel zur Verfügung stehen und etwa bestehende Vorbehalte klar und unmissverständlich bekannt gibt.[18]

Die Entscheidungen des OLG Düsseldorf betrafen Fragen der Produktneutralität in Bezug auf 24 unterschiedliche technische Lösungsmöglichkeiten. Eine andere Variante der hier in Rede stehenden Frage des Bestimmungsrechts des Auftraggebers ergibt sich bei der **Festlegung bestimmter Standorte für eine Projektrealisierung,** die typischerweise ebenfalls den Wettbewerb zwischen unterschiedlichen Bietern beeinflussen kann. Diese Frage ist vom OLG Naumburg näher behandelt worden. Dieses hat festgestellt:[19]

»*Führt eine Festlegung im Rahmen der Bestimmung des Beschaffungsgegenstandes objektiv zu einer* 25 *erheblichen Beschränkung des Wettbewerbs (hier: Festlegung eines **räumlichen Bereichs,** innerhalb dessen sich der vom Bewerber beizustellende Baugrund befinden soll), so sind der Entscheidungsprozess und die Gründe der Festlegung zu dokumentieren.*

*Ist die Errichtung eines Verwaltungsgebäudes als Neubau in der Innenstadt eines Oberzentrums beabsichtigt und steht dem öffentlichen Auftraggeber ein geeignetes Baugrundstück dort selbst nicht zur Verfügung, darf er in der Ausschreibung nicht nur die Beistellung des Baugrunds durch den Bieter verlangen, sondern auch **Standorteingrenzungen** vornehmen, soweit dies nicht zu einer willkürlichen Beschränkung des Wettbewerbs bzw. zu einer Bevorzugung eines ortsansässigen Unternehmens führt.*

Existieren in dem eingegrenzten Standortbereich mindestens 4 Grundstücke, die objektiv für eine Bebauung in Betracht kommen, so verstößt die Bestimmung des Standortbereichs nicht gegen das Wettbewerbsprinzip. Eine weitergehende Markterkundung durch den öffentlichen Auftraggeber, etwa im Hinblick auf die Eigentumsverhältnisse an den betroffenen Grundstücken und auf die Möglichkeiten des Erwerbs dieser Grundstücke durch am Auftrag interessierte Unternehmen ist grundsätzlich nicht geboten.«

Wenn sich aber eine Kommune entscheidet, ein Grundstück für ein Verwaltungsgebäude, eine 26 Hochschule oder ein Theater in der Innenstadt zu suchen und dort nur ein bebauungsreifes Grundstück zur Verfügung steht, unterliegt diese Entscheidung nicht der Überprüfung nach dem Kartellvergaberecht. Die Kommune ist hier allerdings haushaltsrechtlichen und beihilferechtlichen Bindungen unterworfen. Bei der Definition eines Bedarfes ist der öffentliche Auftraggeber frei. Ob diese Bedarfsdefinition sinnvoll ist oder nicht, ist nicht von der Vergabekammer zu überprüfen.[20] Die **Standortvorgabe** eines Auftraggebers für eine Rettungswache ist aber nicht mehr vom Bestimmungsrecht des Auftraggebers gedeckt, wenn er ein Gebiet von 500 m in einer einzigen Straße mit wenigen potentiellen Grundstücken auswählt und der Auftraggeber diese Begrenzung nicht im Einzelnen und plausibel begründen kann.[21]

---

17 OLG Düsseldorf »Wirkstoff Tacrolimus« Beschl. v. 25.03.2013 VII Verg 6/13 VergabeR 2014, 27.
18 OLG Düsseldorf Beschl. v. 10.06.2015 Verg 29/14, ZfBR 2015, 725.
19 Vgl. OLG Naumburg »Finanzamt« Beschl. v. 20.09.2012 II Verg 4/12 VergabeR 2013, 55.
20 VK Baden-Württemberg Beschl. v. 31.03.2008, Az 1 VK 4/08.
21 OLG Celle Beschl. v. 19.03.2015 13 Verg 1/15.

27   Die Einhaltung **arbeitsstättenrechtlicher Vorgaben** kann in Bezug auf die Festlegung auf ein bestimmtes Produkt maßgeblich sein, auch wenn der Auftraggeber dabei »auf Nummer sich gehen will«.[22]

28   Im Rahmen der Bestimmungen des Beschaffungsbedarfs kann der Auftraggeber auch **Eignungsnachweise** fordern, die er zur Sicherstellung seines Erfüllungsinteresses für erforderlich hält.[23] Dem Bestimmungsrecht des Auftraggebers unterliegt auch die Wahl der **Vertrags- und Vergütungsformen**, für die das Vergaberecht keine Vorgaben macht.[24]

29   Hat der öffentliche Auftraggeber den Beschaffungsbedarf einmal zulässigerweise in der Form definiert, dass **nur ein potenzieller Bieter in Betracht kommt**, ist es ihm nach den einschlägigen Vergabeordnungen unter den dort genannten Voraussetzungen gestattet, Verhandlungsverfahren ohne vorherige Vergabebekanntmachung mit diesem einen Bieter durchzuführen. Immer ist aber zu prüfen, ob wirklich eine entsprechende Monopolsituation besteht und vom öffentlichen Auftraggeber nicht beseitigt werden kann. So hat etwa das OLG Düsseldorf in der Entscheidung »*Einkaufsstandort*«[25] formuliert:

30   »*Bei Abschluss des Vertrages vom 30.07.2007 war die Antragsgegnerin zu 1) nicht auf die Beigeladenen aus tatsächlichen Gründen festgelegt, es bestand insoweit kein »Monopol oder Ausschließlichkeitsrecht«. Die Beigeladenen waren auch nicht, auch nicht teilweise, Eigentümer des fraglichen Geländes. Sie hatten zwar mit einem Eigentümer einen Kaufvertrag geschlossen, der aber unter der aufschiebenden Bedingung einer planerischen Verwirklichung des Projektes der Beigeladenen stand. Es ist nichts dafür ersichtlich, dass es den Eigentümern der fraglichen Grundstücke gerade auf die Verwirklichung des Projektes der Beigeladenen ankam und dass bei einem Erfolg der Antragstellerin ihr der Erwerb der privaten Grundstücke nicht – möglicherweise in veränderter Form – hätte gelingen können. Auf die Frage, ob diese Vorschrift überhaupt Anwendung findet, wenn sich nur ein Teil der fraglichen Grundstücke in privater Hand befindet, kommt es nicht an.*« (das OLG Düsseldorf hatte sich insoweit auf § 3 a Nr. 6 Satz 1 c VOB/A bezogen).

31   Die Verpflichtung des öffentlichen Auftraggebers, eine entsprechende Monopolsituation zu beseitigen, besteht allerdings nicht unbegrenzt. Insbesondere muss er nicht sämtliche städtebaulichen Mittel ausschöpfen und ggf. zu Enteignungsverfahren schreiten, um diese zu beseitigen, wenn nach dem kommunalen Beschaffungsziel bestimmte terminliche Rahmenbedingungen vorgegeben sind, die ansonsten gefährdet wären oder aber entsprechende Verfahren mit erheblichen rechtlichen oder finanziellen Risiken belastet wären.

4. Beschaffungen von durch Ausschließlichkeitsrechten geschützte Güter

32   Ausschließlichkeitsrechte können auch in der Form von **Urheberrechten** von Architekten an ihren Planungsentwürfen bestehen. In dem Fall »*Elbphilharmonie*« hatte das Hanseatische Oberlandesgericht entschieden, dass ein Bestehen eines urheberrechtsschutzfähigen Entwurfes eines Architekten nicht ohne Weiteres die Durchführung eines Verhandlungsverfahrens ohne vorherige Vergabebekanntmachung nur mit diesem Bieter rechtfertige. Derartige Ausschließlichkeitsrechte werden nämlich erst dann maßgeblich, wenn sich der öffentliche Auftraggeber zuvor entschieden hat, den geschützten Entwurf auch zu realisieren. Da die Idee des Architekten, nicht den Kaispeicher zu einer Philharmonie umzubauen, sondern die Elbphilharmonie auf den Kaispeicher zu setzen, als solche keinen Urheberrechtsschutz genieße, hätte er die Planungsleistungen auch im Wettbewerb

---

22 VK Bund Beschl. v. 25.03.2015 VK 2-15/15 VPR 2015, 163.
23 OLG Düsseldorf »Patientenprogramm« Beschl. v. 19.11.2014 VII Verg 30/14 VergabeR 2015, 198.
24 OLG Koblenz »Integrationsfachdienste« Beschl. v. 04.02.2014 1 Verg 7/13 VergabeR 2014, 409.
25 OLG Düsseldorf »Einkaufsstandort« VergabeR 2008, 835, 841; vgl. auch Schotten VergabeR Sonderheft 2a 2010, 344, 349.

beschaffen können. Eine wirkliche Monopolstellung lässt sich deshalb nach der Auffassung des Hanseatischen Oberlandesgerichts aus Architektenentwürfen nicht ableiten.[26]

Der Inhaber eines Ausschließlichkeitsrechtes hat keinen Anspruch darauf, dass ein Vergabeverfah- 33
ren ohne öffentliche Vergabebekanntmachung durchgeführt wird. Wenn ein Ausschließlichkeitsrecht besteht, müssten Mitbieter ggf. als nicht hinreichend leistungsfähig ausgeschlossen werden.[27]

Der EuGH hat die Grenzen für Auftragsvergaben ohne vorherige öffentliche Vergabebekanntma- 34
chung eng gezogen. Er hat darauf hingewiesen, dass die Angewiesenheit auf einen ganz bestimmten Lieferanten sorgfältig festgestellt werden müsse. Dabei wäre es auch erforderlich, ernsthafte
Nachforschungen in Bezug auf Wettbewerber auf europäischer Ebene anzustellen. In Bezug auf
die in den einzelnen Vergabeordnungen enthaltenen Ausnahmetatbestände *»dringende und zwingende Gründe im Zusammenhang mit Ereignissen, die der betreffende öffentliche Auftraggeber nicht
vorhersehen konnte«*, vertritt der EuGH ebenfalls eine sehr restriktive Auslegung. Es müssen ein
unvorhergesehenes Ereignis, dringende und zwingende Gründe vorliegen, die die Einhaltung der
in den anderen Verfahren vorgeschriebenen Fristen nicht zulassen und zusätzlich muss ein Kausalzusammenhang zwischen den unvorhergesehenen Ereignissen und der sich daraus ergebenden
dringenden und zwingenden Gründen gegeben sein. Wenn ein öffentlicher Auftraggeber mehrere
Monate verstreichen lässt, ohne ein Ausschreibungsverfahren einzuleiten, liegen die Voraussetzungen nicht vor. Die Vergabestellen müssen nachweisen, dass es nicht möglich gewesen sei, zumindest
ein beschleunigtes, nicht offenes Verfahren durchzuführen.[28]

Nach Auffassung der 1. VK des Bundes kann indessen allein die **Willensrichtung eines Dritten**, der 35
auf die Auftragsabwicklung Einfluss nehmen kann, angesichts des Wettbewerbsgrundsatzes nicht
dazu führen, dass von einem Ausschließlichkeitsrecht gesprochen werden könne. Davon seien nämlich nur Tatbestände betroffen, die eigene Rechte des Auftragnehmers begründen würden. Dementsprechend stelle der Wunsch bzw. die Vorgabe eines Leihgebers von Kunst, einen bestimmten
Spediteur zu beauftragen oder anderenfalls die Überlassung der Leihgaben zu verweigern, keine
technische oder künstlerische Besonderheit dar, die das Absehen von einem Vergabeverfahren rechtfertigen könnte.[29]

5. Mittelherkunft

Nach der Rechtsprechung des EuGH unterscheiden die Vergaberichtlinien nicht zwischen öffentli- 36
chen Aufträgen, die ein öffentlicher Auftraggeber vergibt, um seine im Allgemeininteresse liegende
Aufgaben zu erfüllen, und solchen Aufträgen, die nicht im Zusammenhang mit diesen Aufgaben
stehen, wie etwa Erfüllung von Verpflichtungen, die öffentlichen Auftraggebern gegenüber ihren
Arbeitnehmern obliegen.[30]

Das Oberlandesgericht Düsseldorf hatte in seiner früheren Rechtsprechung (insbesondere der Ent- 37
scheidung *»DSD«*[31]) den Versuch unternommen, den Begriff des öffentlichen Auftrages einschränkend durch einen **Beschaffungsvorgang für eigene Zwecke** des öffentlichen Auftraggebers aus eigenen oder zugewiesenen Haushaltsmitteln zu beschränken.[32] Diesem eingeschränkt funktionalem
Beschaffungsbegriff, der an die haushaltsrechtliche Betroffenheit anknüpft, ist nicht zu folgen. Der

---

26 Hanseatisches Oberlandesgericht Beschl. v. 16.05.2006, Az 1 Verg 1/06.
27 OLG Düsseldorf »Alpha-Blocker« VergabeR 2009, 173, 175 sowie OLG Düsseldorf »ESP I« VergabeR
    2009, 176, 181.
28 EuGH »DZBW« Urt. v. 15.10.2009 C 275/08 NZBau 2010, 63, 76 = VergabeR 2010, 57.
29 1. VK Beschl. v. 03.09.2009 VK 1-155/09.
30 EuGH »Oulon Kau punki« Urt. v. 22.12.2010 C 215/09 NZBau 2011, 312, 313.
31 NZBau 2004, 400, 401 = VergabeR 2004, 624, 625f. mit Anmerkung von Kus VergabeR 2004, 627; auch
    VK Südbayern Beschl. v. 15.12.2003, Az 56-11/03.
32 NZBau 2004, 400, 401 = VergabeR 2004, 624, 625f. mit Anmerkung von Kus VergabeR 2004, 627; auch
    VK Südbayern Beschl. v. 15.12.2003, Az 56-11/03.

Rechtsprechung des EuGH, etwa in den Entscheidungen »*Stadt Halle*«[33] bzw. »*Heizkraftwerk München*«[34] ist zu entnehmen, dass die **Verwendung öffentlicher Mittel kein konstitutives Element** für das Vorliegen eines öffentlichen Auftrages ist. Aus der Entscheidung des EuGH »*Helmut Müller*« folgt, dass es nicht auf die haushaltsrechtliche Betroffenheit, sondern darauf ankommt, ob der öffentliche Auftraggeber mit seiner Tätigkeit am Markt ein unmittelbar wirtschaftliches Interesse verfolgt.[35] Dementsprechend ist ein öffentlicher Auftraggeber grundsätzlich ebenfalls an das Vergaberecht gebunden, **wenn** er sich um den Erhalt von eigenen Aufträgen bemüht.[36]

6. Relevante Beschaffungszwecke

38   Das OLG Düsseldorf hatte in der Vergangenheit – speziell im Zusammenhang mit Immobilienverkaufsgeschäften – einen **sehr weiten Begriff des öffentlichen Auftrages** vertreten. Für die Annahme eines öffentlichen Auftrages sei ein *gegenständlich, körperlich greifbarer Beschaffungsbedarf nicht erforderlich*. Es komme überhaupt nicht darauf an, aus welchen Gründen und in welchem Zusammenhang Beschaffungen durchgeführt werden. **Jedes irgendwie geartete Ziel** des öffentlichen Auftraggebers reiche in diesem Zusammenhang aus. Entscheidend sei, dass der öffentliche Auftraggeber überhaupt einen Auftrag vergibt, gleich aus welchen Gründen und welcher Verwendungszweck damit verfolgt werde.[37]

39   Der deutsche Gesetzgeber hatte die weite Definition des Beschaffungszwecks durch das OLG Düsseldorf – speziell anlässlich der Rechtsprechung zu den ausschreibungspflichtigen Immobiliengeschäften – als zu weitgehend empfunden und im Zusammenhang mit der Modernisierung des Vergaberechts 2009 eine Klarstellung in Abs. 3 des § 99 GWB eingefügt, sodass der entsprechende Absatz nunmehr heißt:

40   »*... oder einer dem Auftraggeber **unmittelbar wirtschaftlich zugutekommenden** Bauleistung durch Dritte gemäß den vom Auftraggeber genannten Erfordernissen.*«

41   § 103 Abs. 3 Nr. 1 GWB (2016) sieht ebenfalls eine entsprechende Klarstellung vor:

42   »*Ein Bauauftrag liegt auch vor, wenn ein Dritter eine Bauleistung gemäß den vom öffentlichen Auftraggeber oder Sektorenauftraggeber genannten Erfordernissen erbringt, **die Bauleistung dem Auftraggeber unmittelbar wirtschaftlich zugutekommt und** diese einen entscheidenden Einfluss auf Art und Planung der Bauleistung hat.*«

43   Der EuGH hatte in der Entscheidung »*Helmut Müller*« eine entsprechende Einschränkung des Beschaffungszwecks aus dem Begriff des entgeltlichen Vertrages abgeleitet und ausgeführt:

44   »*Eine solche Leistung muss nach ihrer Natur sowie nach dem System und den Zielen der Richtlinie 2004/18/EG ein **unmittelbares wirtschaftliches Interesse** für den öffentlichen Auftraggeber bedeuten.*

      Dieses wirtschaftliche Interesse ist eindeutig gegeben, wenn vorgesehen ist, dass der öffentliche Auftraggeber Eigentümer der Bauleistung oder des Bauwerks wird, die bzw. das Gegenstand des Auftrages ist.

      Ein solches wirtschaftliches Interesse lässt sich ebenfalls feststellen, wenn vorgesehen ist, dass der öffentliche Auftraggeber über einen Rechtstitel verfügen soll, der ihm die Verfügbarkeit der Bauwerke, die Gegenstand des Auftrags sind, im Hinblick auf ihre öffentliche Zweckbestimmung sicherstellt.«

---

33 EuGH 11.01.2005 »Stadt Halle« NZBau 2005, 111, 114f. = VergabeR 2005, 44, 49f.
34 EuGH 18.11.2004 WuW/E Verg. 1049, 1050 (2005) = VergabeR 2005, 57 = NZBau 2005, 49.
35 EuGH »Helmut Müller« Urt. v. 25.03.2010 C 451/08 NZBau 2010, 321, Rn. 49.
36 Ablehnend zur Entscheidung des OLG Düsseldorf auch Hausmann in: Pünder/Prieß Vergaberecht im Umbruch S. 69.
37 OLG Düsseldorf »Oer-Erkenschwick« VergabeR 2008, 229, 233; ähnlich OLG Karlsruhe, welches lediglich eine Beschaffung mit einer konkreten eigenen Zielsetzung verlangte, OLG Karlsruhe NZBau 2008, 537, 538.

Ein wirtschaftliches Interesse kann ferner in wirtschaftlichen Vorteilen, die der öffentliche Auftragge-
ber aus der zukünftigen Nutzung oder Veräußerung des Bauwerks ziehen kann, in seiner finanziellen
Beteiligung an der Erstellung des Bauwerks oder in den Risiken, die er im Falle eines wirtschaftlichen
Fehlschlagens des Bauwerks trägt, bestehen.... Daraus folgt, dass der Begriff öffentlicher Bauaufträge
im Sinne von Art. 1 Abs. 2 lit. B der Richtlinie 2004/18/EG voraussetzt, dass die Bauleistung, die
Gegenstand des Auftrages ist, im unmittelbaren wirtschaftlichen Interessen des öffentlichen Auftragge-
bers ausgeführt wird, ohne dass indessen erforderlich wäre, dass die Leistung die Form der Beschaffung
eines gegenständlichen oder körperlichen Objekts annimmt.«

Diese Voraussetzung des »*unmittelbaren wirtschaftlichen Interesses des Auftraggebers*« ist ein unge- 45
schriebenes aber unverzichtbares Tatbestandsmerkmal eines jeden öffentlichen Auftrages und daher
nicht nur im Rahmen des § 103 Abs. 3 GWB relevant.[38]

Die Entscheidung »*Helmut Müller*« des EuGH definiert abschließend die Eckpunkte des verga- 46
berechtlichen Beschaffungsbegriffs. Der öffentliche Auftraggeber muss mit der angestrebten Verfassung nicht das Ziel haben, eine bestimmte Ware oder ein bestimmtes Objekt gegenständlich/
körperlich zu erwerben. Er muss aber **unmittelbare wirtschaftliche Interessen** verfolgen. Daraus
ist abzuleiten:

– Wenn der öffentliche Auftraggeber den Erwerb einer bestimmten Ware oder eines bestimmten
  Objektes anstrebt, die er selbst verwenden will, sind die Voraussetzungen der Beschaffung unbe-
  streitbar gegeben
– Ein ausreichender Beschaffungszweck ist auch gegeben, wenn der öffentliche Auftraggeber mit
  der Beschaffung unmittelbar eigene Ziele verfolgt, etwa die Abwendung von Risiken, die sich
  ansonsten unmittelbar bei ihm niederschlagen
– Nicht ausreichend sind Zielstellungen, die allgemein mit der staatlichen Aufgabenstellung oder
  den Zielen der Daseinsvorsorge verbunden sind
– Wenn der öffentliche Auftraggeber etwa bei der Umsetzung von Baurechten lediglich städtebauliche Rahmenbedingungen definiert, wie etwa in Erschließungsverträgen, Durchführungs-
  verträgen nach § 12 BauGB, sonstigen städtebaulichen Verträgen nach § 11 BauGB oder in
  Erschließungsverträgen, fehlt grundsätzlich der beschaffungsrechtliche Bezug (soweit nicht im
  Einzelfall Übereignungsverpflichtungen in Bezug auf hergestellte Flächen vorgesehen sind)[39]
– Es ist unerheblich, ob der öffentliche Auftraggeber den Beschaffungsgegenstand selber nutzen
  will, wenn er einen entsprechenden Rechtstitel über die Verfügung erlangt
– Wenn der öffentliche Auftraggeber mithilfe des Auftrages bauliche Vorhaben direkt verwirkli-
  chen will und den Auftragnehmer letztlich für seine Rechnung arbeiten lässt, wie z.B. im Fall des
  EuGH »*Stadt Roanne*«, liegt ein öffentlicher Auftrag vor
– Dementsprechend ist in Fällen, in denen der Auftraggeber danach trachtet, die Ergebnisse des
  Herstellungsprozesses des Auftragnehmers nach Abschluss der Bauarbeiten selbst zu vereinnah-
  men, etwa infolge von Heimfallregelungen in Erbbaurechtsverträgen wie im Fall »*Teatro a la*
  Bicocca« ein ausreichender Beschaffungszweck gegeben[40]
– Zwar schließt das unmittelbare wirtschaftliche Interesse des öffentlichen Auftraggebers als notwendiges Begriffsmerkmal die Beschaffung für Dritte nicht aus. Aber auch hier muss der öffentliche Auftraggeber unmittelbar eigene wirtschaftliche Interessen verfolgen
– Tritt der öffentliche Auftraggeber lediglich als Co-Finanzierer auf, etwa bei der Unterstützung
  von PPP-Vorhaben durch die GTZ oder DIG, liegt die Unterstützung eines Drittvorhabens vor,
  sodass ein Beschaffungscharakter verneint werden kann[41]

---

38 Summa NZBau 2015, 330.
39 Anderer Ansicht, aber überholt OLG Düsseldorf »Husaren-Kaserne Sontra« NZBau 2008, 727, 733;
    OLG Düsseldorf »Alhorn« NZBau 2007, 530f.
40 EuGH NZBau 2011, 512 = VergabeR 2001, 380 Rn. 67, 68.
41 Kaltenborn/Nobis NZBau 2008, 681.

- Wird die Veräußerung von vorhandenem Vermögen mit einer Demontage-, Transport- oder Entsorgungsverpflichtung verbunden, kann ein beschaffungsrechtlicher Bezug bejaht werden[42]
- Die Vereinbarung von Rücktrittsrechten und Wiederkaufsrechten in Verträgen kann im Einzelfall eine Beschaffungsabsicht beinhalten, nämlich wenn es dem Auftraggeber wirklich darauf ankommt, im Rahmen der geplanten Beschaffung einen Rückfall von Leistungen auf ihn selbst zu bewirken. Die bloße vertragliche Vorsorge für das Fehlschlagen eines Vertrages reicht dagegen nicht aus.

II. Immobiliengeschäfte als öffentlicher (Bau-) Auftrag – eingekapselte Beschaffung

1. Grundlagen

47   Enthält ein grundsätzlich vergaberechtlich neutrales Rechtsgeschäft relevante Beschaffungen, wird von »eingekapselten Beschaffungen« gesprochen. Nach der ständigen Rechtsprechung des EuGH führt die »Einkapselung« grundsätzlich nicht dazu, dass der Beschaffungsvorgang dem öffentlichen Vergaberecht entzogen ist.[43]

48   In der Rechtssache »*Loutraki*« hatte der EuGH über die Anwendbarkeit der VKR auf einen gemischten Vertrag mit gesellschaftlichem Hintergrund zu entscheiden und dabei herausgestellt, dass Beschaffungen, die **bloße Nebensächlichkeiten** betreffen, die Unterstellung des gesamten Rechtsgeschäftes unter das öffentliche Vergaberecht nicht rechtfertigten. Der Erwerb der Anteile an einer Casino-Gesellschaft – so der EuGH – unterliege dem Vergaberecht nicht. Denn die damit verbundenen Dienstleistungen und Bauleistungen seien im konkreten Fall nur **Nebenleistungen** des Gesamtvertrages und könnten keinen beschaffungsrechtlich relevanten Vorgang begründen.[44]

49   In Abgrenzung dazu hat der EuGH in der Entscheidung »*Oulon Kau punki*« entschieden, dass eine solche Untrennbarkeit **nicht ohne Weiteres angenommen** werden könne. Insbesondere reiche es nicht aus, dass die Absicht der Vertragsparteien bestehe, die verschiedenen Teile eines gemischten Vertrages als untrennbar zu betrachten. Die Absicht müsse sich vielmehr auf **objektive Gesichtspunkte** stützen, die sie rechtfertigen und die Notwendigkeit begründen können, einen einheitlichen Vertrag abzuschließen. Lassen sich jedoch bei der Gründung eines Gemeinschaftsunternehmens einzelne Beschaffungsgegenstände, wie etwa Dienstleistungen im Bereich von Gesundheit und Wohlbefinden am Arbeitsplatz, trennen, dann sei insoweit eine Ausschreibung durchzuführen.[45] Bei der Gründung von öffentlich-rechtlichen Partnerschaften (IÖPP) mit eingekapselten Beschaffungen kann daher die Ausgestaltung eines Vertrages mit untrennbaren Regelungsinhalten eine wesentliche Rolle spielen.[46]

50   Andererseits hat der EuGH in der Entscheidung »*Acoset*« hervorgehoben, dass gerade bei der Umsetzung öffentlich-rechtlicher Partnerschaften (IÖPP) nicht notwendigerweise eine **formale Trennung** gesellschaftsrechtlicher Vereinbarungen von Beschaffungsvorgängen herbeigeführt werden müsse. Getrennte Ausschreibungen betreffend die Suche nach einem neuen Gesellschafter einerseits und die Beschaffung von Dienstleistungen andererseits müssten nicht vorgesehen werden, sofern die Auswahl unter Berücksichtigung der Gleichbehandlung und des Diskriminierungsverbotes erfolge. Dies bedeute auch, dass die Auswahl des privaten Gesellschafters auch nach den Fähigkeiten betreffend die Erbringung der »eingekapselten« Dienstleistung beurteilt werden müsse. Insoweit hat der EuGH ausgeführt:

51   *»Würde in einer solchen Situation ein **doppeltes Auswahlverfahren** – zunächst für den privaten Partner der gemischtwirtschaftlichen Gesellschaft und dann für die Vergabe der Konzession an diese –*

---

42 2. VK Bund Beschl. v. 24.07.2007 Az VK 2-69/07.
43 EuGH »Oulon Kau punki« Urt. v. 22.12.2010 C 215/09 NZBau 2011, 312, 313.
44 EuGH »Loutraki« NZBau 2010, 506.
45 EuGH »Oulon Kau punki« Urt. v. 22.12.2010 C 215/09 NZBau 2011, 312, 314; dazu von Donat NZBau 2011, 472.
46 Von Donat NZBau 2011, 472f.

verlangt, könnte dies aufgrund der Dauer solcher Verfahren und der Rechtsunsicherheit hinsichtlich der Vergabe der Konzessionen an den zuvor ausgewählten privaten Partner dazu führen, dass private Einrichtungen und öffentliche Stellen von der Gründung institutionalisierter öffentlich-rechtlicher Partnerschaften abgehalten werden.

Es ist klarzustellen, dass eine gemischt öffentlich-private Kapitalgesellschaft, wie sie im Ausgangsverfahren in Rede steht, während der gesamten Dauer der Konzession ihren Gesellschaftszweck unverändert beibehalten muss und dass eine wesentliche Änderung des Vertrages eine Verpflichtung zur Ausschreibung zur Folge hat.

Nach alledem ist auf die Vorlagefrage zu antworten, dass die Art. 43, 49 und 86 EG einer freihändigen Vergabe einer öffentlichen Dienstleistung wie der im Ausgangsverfahren fraglichen, die die vorherige Durchführung bestimmter Arbeiten mit sich bringt, an eine gemischt öffentlich-private Kapitalgesellschaft nicht entgegensteht, die eigens für die Durchführung dieser Dienstleistung und ausschließlich mit diesem Gesellschaftszweck geschaffen wird und bei der der private Gesellschafter mittels eines öffentlichen Ausschreibungsverfahrens ausgewählt wird, nachdem die finanziellen, technischen, operativen und verwaltungstechnischen Anforderungen, die die durchzuführende Dienstleistung betreffen sowie die Merkmale des Angebotes für die zu erbringende Leistung überprüft worden sind, sofern das fragliche Ausschreibungsverfahren den Grundsätzen des freien Wettbewerbs, der Transparenz und Gleichbehandlung entspricht, die nach dem Vertrag für Konzessionen gelten.«[47]

2. Die Rechtsprechung des EuGH zu Grundstücksveräußerungen mit Bauverpflichtungen

a) »Teatro a la Bicocca«

In der Entscheidung »*Teatro a la Bicocca (Mailänder Skala)*« hatte der öffentliche Auftraggeber   52
einen Investor mit der Herstellung bereits im Eigentum der öffentlichen Hand stehender bzw. in deren Eigentum zu überführender Erschließungsanlagen aus- bzw. zu bauen beauftragt. Auf einem im Eigentum des Investors stehenden Grundstück sollte dieser auf eigene Kosten ein **Theater nach den Vorgaben des öffentlichen Auftraggebers errichten** und dieses mitsamt dem Grundstück unentgeltlich auf die Stadt übertragen. Die hierfür aufgewandten Kosten sollte der Investor von einer Beitragspflicht für ein anderes in diesem Zusammenhang stehendes Bauobjekt abziehen. Zum damaligen Zeitpunkt ging es darum, einen derartigen öffentlich-rechtlichen Vertrag überhaupt als dem Vergaberecht unterliegend anzusehen, was der EuGH bejahte. Er bejahte auch die Entgeltlichkeit aufgrund der Verrechnungsmöglichkeit mit geschuldeten Beiträgen. Der EuGH stellte alsdann weiter fest, dass es zur Einhaltung der Richtlinienvorgaben nicht zwingend erforderlich sei, dass eine Kommune selbst ein Ausschreibungsverfahren durchführe. Die Wirksamkeit der Richtlinie, die die Möglichkeit sichern soll, dass jedes interessierte Unternehmen die Chance bekommt, sich um die Erbringung der Leistungen zu bewerben, sei auch dann gewahrt, wenn nach nationalem Recht der Bauträger dazu verpflichtet sei, eine EU-weite Ausschreibung bei der Beauftragung eines Dritten mit der Ausschreibung durchzuführen.[48] Unter dem hier in Rede stehenden Blickwinkel lag unzweifelhaft ein Bauauftrag vor. Ein privater Dritter hatte sein Grundstück für einen öffentlichen Auftraggeber zu bebauen und dieses mit dem bebauten Objekt an den öffentlichen Auftraggeber zu übertragen. Auch die Entgeltlichkeit war zwanglos zu bejahen.

b) »Stadt Roanne«

Weitere Klärungen brachte die Entscheidung des EuGH »*Stadt Roanne*«.[49] Dem EuGH lag ein   53
Sachverhalt zugrunde, bei dem eine Kommune (Stadt) einen privaten Projektentwickler mittels eines Geschäftsbesorgungsvertrages beauftragte, im eigenen Namen aber letztlich für Rechnung der Kommune ein Freizeitzentrum zu errichten, wobei **in mehreren Bauabschnitten** unter ande-

---

47 EuGH »Acoset« Urt. v. 15.10.2009 NZBau 2009, 804, 808.
48 EuGH NZBau 2001, 512 f.
49 EuGH NZBau 2007, 185.

rem ein **Multiplexkino** errichtet werden sollte. Die private Realisierungsgesellschaft sollte sich über die Veräußerung von Geschäftsräumen an Dritte sowie die Übertragung von baulichen Anlagen an die Kommune refinanzieren. Schließlich verpflichtete sich die Kommune als Gegenleistung für die Überlassung eines Parkplatzes, mehrere Millionen Euro zu zahlen. Die Vereinbarung hatte das Ziel, einen bis dahin gering geschätzten Stadtteil aufzuwerten. Am Projektende sollte eine Schlussabrechnung erfolgen. Alle im Zusammenhang mit der Maßnahme erzielten überschießenden Beträge waren an die Stadt zu zahlen, noch nicht verkaufte Anlagen und Grundstücke waren an diese zu verkaufen. Mit seinen Erwägungen in der Entscheidung »*Teatro a la Bicocca*« zur Problematik der Nachunternehmervergabe hielt sich der EuGH in der Entscheidung »*Stadt Roanne*« nicht weiter auf, sondern führte aus, dass schon auf der ersten Stufe ein öffentlicher Bauauftrag vorliege, wenn ein erster öffentlicher Auftraggeber einen zweiten öffentlichen Auftraggeber (der nicht die In-House-Voraussetzungen erfülle) die Errichtung eines Bauvorhabens übertrage. Jede andere Betrachtung würde zu einer Umgehung der europäischen Vergaberichtlinien Anlass geben. Für die Klassifizierung als öffentlicher Bauauftrag komme es auch nicht darauf an, inwieweit ein Unternehmen Bauleistungen selbst ausführe oder durch Subunternehmer ausführen lasse (Tz 38, 47, 62 des Urteils).

54   Des Weiteren judizierte der EuGH, dass der Begriff des Bauauftrages autonom nach den europäischen Richtlinien auszulegen sei. Im entschiedenen Fall sei ein Bauauftrag zu bejahen. Die **Errichtung des Freizeitzentrums** entspreche den von der Kommune in der Vereinbarung genannten Erfordernissen. Der Auftrag sei auch entgeltlich. Infolge der Vereinbarung eines Geldbetrages durch Überlassung des Parkplatzes und der Überlassung von Einnahmen aus der Veräußerung zu errichtender Bauwerke an Dritte, sei die Entgeltlichkeit »offenkundig«. Der Umstand, dass das Vertragswerk auch Elemente anderer öffentlicher Aufträge beinhalte, die über die Durchführung von Bauleistungen hinausgingen, führe nicht dazu, dass der Vertrag dem Anwendungsbereich der Richtlinie entzogen sei. Des Weiteren hat das Gericht klargestellt, dass es für die Annahme eines öffentlichen Bauauftrages nicht darauf ankommt, ob vorgesehen ist, dass der öffentliche Auftraggeber Eigentümer des gesamten Bauwerks oder eines Teils davon ist oder wird.

55   Beide Entscheidungen, sowohl die Entscheidung »*Teatro a la Bicocca*« wie auch »*Stadt Roanne*« betrafen klassische Bauaufträge, zum Teil in der Form des § 103 Abs. 3 GWB. Sie beinhalten die ausdrückliche Verpflichtung zur Bebauung eigener bzw. fremder Grundstücke und geben nur geringfügige Hinweise für die Behandlung von Grundstücksveräußerungen mit Festlegungen zur Abwicklung der späteren Bebauung durch einen Dritten, welche dieser im eigenen Vermarktungsinteresse vornimmt.

c) »Helmut Müller«

56   Auf das Entscheidungsersuchen des OLG Düsseldorf hat der EuGH in der Entscheidung »*Helmut Müller*« eine umfassende Grundlage für das Verständnis vergabepflichtiger Immobiliengeschäfte gelegt, in dem er ein **unmittelbares wirtschaftliches Interesse des öffentlichen Auftraggebers** verlangte und dabei klargestellt hat:
   – Ein unmittelbares wirtschaftliches Interesse ist eindeutig gegeben, wenn vorgesehen ist, dass der öffentliche Auftraggeber **Eigentümer der Bauleistung oder des Bauwerks wird**, die bzw. das Gegenstand des Auftrages ist.
   – Das unmittelbare wirtschaftliche Interesse ist auch gegeben, wenn vorgesehen ist, dass der öffentliche Auftraggeber über einen **Rechtstitel** verfügen soll, der ihnen die **Verfügbarkeit der Bauwerke**, die Gegenstand des Vertrages sind, **im Hinblick auf ihre öffentliche Zweckbestimmung sicherstellt.**
   – Das unmittelbare wirtschaftliche Interesse kann vorliegen, wenn der öffentliche Auftraggeber wirtschaftliche **Vorteile aus der zukünftigen Nutzung und Veräußerung** des Bauwerks ziehen kann.
   – Ein unmittelbares wirtschaftliches Interesse kann vorliegen, wenn der öffentliche Auftraggeber **an der Erstellung des Bauwerks finanziell beteiligt** ist sowie
   – Wenn der öffentliche Auftraggeber **Risiken** im Fall eines wirtschaftlichen Fehlschlagens des Bauwerks trägt.

Dabei verweist der EuGH nochmals auf die Entscheidung »*Stadt Roanne*« und hebt hervor, dass   57
auch eine Vereinbarung, nach der ein erster öffentlicher Auftraggeber einem zweiten öffentlichen
Auftraggeber die Errichtung eines Bauwerks überträgt, einen öffentlichen Bauauftrag darstellen
kann, unabhängig davon, ob vorgesehen ist, dass der öffentliche Auftraggeber Eigentümer des
gesamten Bauwerks oder eines Teils davon ist oder wird.[50] Gleichzeitig hat der EuGH klargestellt,
dass:

– Die bloße Ausübung von städtebaulichen Regelungszuständigkeiten im Hinblick auf die Verwirklichung des Allgemeininteresses ein unmittelbares wirtschaftliches Interesse des öffentlichen
  Auftraggebers nicht begründen könne. Die bloße Ausübung von städtebaulichen Regelungszuständigkeiten durch den öffentlichen Auftraggeber genüge nicht, um diese Voraussetzungen zu
  erfüllen. Insbesondere reiche es nicht aus, dass die Behörde Baupläne prüfe und in Ausübung
  ihrer städtebaulichen Regelungszuständigkeiten eine Entscheidung treffe.
– Auch eine Baukonzession liege nicht vor, wenn lediglich Eigentum übertragen werde. Der
  Eigentümer des Grundstücks sei nämlich berechtigt, dieses unter Beachtung der anwendbaren
  Rechtsvorschriften zu nutzen. Solange ein Wirtschaftsteilnehmer über das Recht auf Nutzung
  eines Grundstücks verfügt, das in seinem Eigentum steht, kann eine Behörde grundsätzlich
  keine Konzession über diese Nutzung erteilen.[51]

3. Hinweise zur nationalen Rechtsentwicklung

Das OLG Düsseldorf hatte den Beschaffungszweck weit verstanden und ein unmittelbares wirt-   58
schaftliches Eigeninteresse des öffentlichen Auftraggebers an der Beschaffung nicht verlangt und
daher alle denkbaren Immobiliengeschäfte, an denen der öffentliche Auftraggeber ein eigenes, wie
auch immer geartetes Interesse haben konnte – mit Ausnahme einer isolierten Grundstücksver-
äußerung – dem öffentlichen Vergaberecht unterstellt. Die Konsequenz war, dass praktisch die
gesamte öffentliche Immobilienverwertung in das Vergaberecht einbezogen wurde. Eckpunkte der
Entscheidungspraxis waren:
– OLG Düsseldorf »*Fliegerhorst Alhorn*« (Beschl. v. 13.06.2007)[52]
– OLG Düsseldorf »*Wuppertal-Vowinkel*« (Beschl. v. 12.12.2007)[53]
– OLG Düsseldorf »*Oer-Erkenschwick*« (Beschl. v. 06.02.2008)[54]
– OLG Düsseldorf »*Einkaufsstandort*« – Stollberg (Beschl. v. 30.04.2008)[55]
– OLG Düsseldorf »*Sportarena*« – Hamm-Werries (Beschl. v. 14.05.2008)[56]
– OLG Düsseldorf »*Husaren-Kaserne Sontra*« (Beschl. v. 02.10.2008)[57]

Dieser Rechtsprechung waren einige OLG's beigetreten, andere standen dem ablehnend entge-   59
gen.[58] Erwähnenswert sind folgende Entscheidungen:
– BGH »*Bieterverfahren*« (Beschl. v. 22.02.2008)[59]
– OLG München »*Baumarkt*« (Beschl. v. 04.04.2008)[60]
– OLG Bremen »*Windpark*« (Beschl. v. 13.03.2008)[61]

---

50 EuGH »Helmut Müller« Urt. v. 25.03.2010 C 451/08 NZBau 2010, 321, 324 Rn. 50 f.
51 EuGH »Helmut Müller« Urt. v. 25.03.2010 C 451/08 NZBau 2010, 321, 324 Rn. 57, 62.
52 NZBau 2007, 530f. = VergabeR 2007, 634.
53 NZBau 2008, 138 = VergabeR 2008, 99f.
54 NZBau 2008, 271 = VergabeR 2008, 229.
55 NZBau 2008, 461 = VergabeR 2008, 835f.
56 VergabeR 2008, 661.
57 OLG Düsseldorf Beschl. v. 02.10.2008, Az VII Verg 25/08; OLG Düsseldorf »Husaren-Kaserne Sontra«
    NZBau 2008, 727f.
58 OLG Karlsruhe »Lebensmittelverbrauchermarkt« VergabeR 2008, 826; OLG Bremen »Windpark«
    Beschl. v. 13.03.2008 VergabeR 2008, 558.
59 NZBau 2008, 407 = VergabeR 2008, 649.
60 VergabeR 2008, 665f.
61 VergabeR 2008, 558.

- VK Brandenburg (Beschl. v. 15.02.2008)[62]
- VK Darmstadt »*Stadthallendorf*« (Beschl. v. 05.03.2008)[63]
- VK Darmstadt »*Seniorenresidenz*« (Beschl. v. 04.09.2008)[64]

60 Die Alhorn-Rechtsprechung des OLG Düsseldorf hatte sich schnell überlebt. Auch der Meinungs-streit ist heute aufgrund der europarechtlichen und nationalen Rechtsentwicklung schlichtweg überholt. Nach einer entsprechenden Klarstellung in der Vergaberechtsnovelle 2009 (dort in § 99 Abs. 3 GWB a.F.) ist nunmehr in § 103 Abs. 3 GWB die Klarstellung enthalten:

61 *»Ein Bauauftrag liegt auch vor, wenn ein Dritter eine Bauleistung gemäß den vom öffentlichen Auftraggeber oder Sektorenauftraggeber genannten Erfordernissen erbringt, die Bauleistung dem Auf-traggeber **unmittelbar wirtschaftlich zugute kommt** und dieser einen entscheidenden Einfluss auf Art und planende Bauleistung hat.«*

62 Entscheidend ist dementsprechend, ob die Bauleistung auf unmittelbar wirtschaftliche Vorteile des öffentlichen Auftraggebers gerichtet ist. Für die in der Praxis relevanten Fallgestaltungen kommt es daher darauf an, ob diese Anforderungen erfüllt sind.

4. Vergaberelevante Immobiliengeschäfte

63 Zunächst ist darauf hinzuweisen, dass bei einer Verbindung von Elementen eines Grundstücks-kaufvertrages und eines Bauvertrages die gesamten Bestimmungen vergaberechtlich als Einheit zu werten sind.[65] Auch macht es keinen Unterschied, ob auf der Veräußererseite sowohl ein Eigentü-mer wie auch eine Kommune stehen, die im gemeinsamen Zusammenwirken die Veräußerung an den Dritten mit Zusagen in städtebaulicher Hinsicht erwirken.[66] Voraussetzung für eine wirksame Verknüpfung ist allerdings ein inhaltlicher und zeitlicher Zusammenhang zwischen beiden Verträ-gen. Dieser liegt nicht vor, wenn bei Abschluss des Grundstückskaufvertrages zwar die **Absicht, nicht aber die Verpflichtung besteht**, einen Bauauftrag abzuschließen.[67] Bloße Absichten, die keine verbindlichen Verpflichtungen begründen, genügen nicht den Anforderungen eines schriftlichen Vertrages im Sinne des Vergaberechts.[68]

a) Bloße Veräußerung von Immobilien

64 Der **bloße Verkauf** von Vermögenswerten wie unbebaute oder bebaute Grundstücke ist **kein ver-gaberechtlich relevanter Vorgang**. Dies hat der EuGH in der Entscheidung »*Helmut Müller*« expli-zit bestätigt.[69] Auch der BGH hatte in der Entscheidung »*Bieterverfahren*« bereits entsprechend entschieden.[70]

65 Der Umstand, dass die Bebauungszwecke des Erwerbers von dem öffentlichen Auftraggeber im Rahmen der städtebaulichen Regelungszuständigkeiten geprüft und genehmigt werden müssen, ändert an dieser Rechtslage nichts.[71]

---

62 NZBau 2008, 344 LS, Beschl. v. 15.02.2008, Az VK 2/08 = IBR 2008, 228.
63 NZBau 2008, 339.
64 NZBau 2008, 795.
65 OLG Düsseldorf Beschl. v. 27.10.2010 Verg 25/08 IBR 2011, 228.
66 Dazu auch den Fall EuGH »Helmut Müller« Urt. v. 25.03.2010 C 451/08 NZBau 2010, 321f.
67 OLG Düsseldorf Beschl. v. 27.10.2010 Verg 25/08.
68 EuGH »Helmut Müller« Urt. v. 25.03.2010 C 451/08 NZBau 2010, 321, 326 Rn. 88.
69 EuGH »Helmut Müller« Urt. v. 25.03.2010 C 451/08 NZBau 2010, 321, 324 Rn. 41.
70 BGH »Bieterverfahren« Beschl. v. 22.02.2008 NZBau 2008, 407 = VergabeR 2008, 649.
71 EuGH »Helmut Müller« Urt. v. 25.03.2010 C 451/08 NZBau 2010, 321, 324 Rn. 68.

b) **Verkauf von Grundstücken mit Bauverpflichtung zur Einhaltung bestimmter städtebaulicher Vorgaben**

Ein öffentlicher Bauauftrag setzt voraus, dass die Verpflichtung zur Erbringung von Bauleistungen 66
durchsetzbar/einklagbar ist. Verpflichtungen des Grundstückserwerbers sind nur insoweit relevant,
als sie rechtsverbindlich eingegangen und durchsetzbar sind.[72] Als durchsetzbarer Vertrag können
auch indirekte Bauverpflichtungen begriffen werden, die durch Rückkaufrechte, Rückauflassungs-
vormerkungen, Dienstbarkeiten, Heimfallklauseln, Baulasten usw. eine rechtswirksame Verpflichtung begründen. **Allein faktische Bauzwänge**, die nicht ohne Weiteres durchgesetzt werden können, reichen indessen nicht aus.[73]

Solange der öffentliche Auftraggeber **lediglich** allgemeine **städtebauliche Vorgaben** zur Verwirk- 67
lichung des Allgemeininteresses verfolgt, dienen diese nicht der unmittelbaren Befriedigung eines
eigenen wirtschaftlichen Interesses, sodass eine öffentliche Beschaffung nicht notwendig ist.[74] Es
müssen weitere Faktoren hinzu kommen, wie z.B. wirtschaftliche Vorteile des öffentlichen Auftraggebers aus der Nutzung des Bauwerks, eine **finanzielle Beteiligung** des Auftraggebers bzw. ein
Grundstücksverkauf unter Marktpreis oder eine **Risikoübernahme** des Auftraggebers für den Fall
eines wirtschaftlichen Fehlschlags.[75]

Wenn im Rahmen eines städtebaulichen Vertrages die Verpflichtung des Investors geregelt wird, 68
Parkplätze zu errichten, erfüllt dies gleichwohl nicht ein unmittelbares wirtschaftliches Interesse des
öffentlichen Auftraggebers, wenn die **Parkplätze** des öffentlichen Auftraggebers nicht zu Eigentum
übertragen oder zu seinen Gunsten ein anderes dingliches Recht begründet werden sollte, sondern
die Parkplätze entsprechend den baurechtlichen Bestimmungen den Nutzern und Besuchern eines
geplanten Einkaufszentrums zur Verfügung stehen sollten. Parkplätze bieten einem öffentlichen
Auftraggeber nur dann einen unmittelbaren wirtschaftlichen Vorteil, wenn sie von ihm selbst (etwa
als Behördenparkplatz) oder aufgrund eines Rechtstitels von der Öffentlichkeit genutzt werden sollen.[76] Der Umstand, dass die Parkflächen auch von Bewohnern umliegender Wohngebäude genutzt
werden können, führt nicht zu einer anderweitigen Betrachtung.

Wenn dem Investor im Rahmen eines städtebaulichen Vertrages zur Realisierung eines Einkaufs- 69
zentrums **Anpassungsmaßnahmen an vorhandenen Straßen** usw. auferlegt werden, führt dies nicht
zu einem unmittelbaren wirtschaftlichen Vorteil des öffentlichen Auftraggebers, wenn die Maßnahmen lediglich vorhabenspezifisch erwartete Verkehrsstörungen in Bezug auf die vorhandenen
öffentlichen Straßen vorbeugen sollen.[77]

Hat ein Investor im Rahmen eines Durchführungsvertrages nach § 12 BauGB im Zusammenhang 70
mit einem vorhabenbezogenen Bebauungsplan Unterhaltungs- und Verkehrssicherungspflichten
sowie die Überlassung und Erhaltung von Stellplätzen und **Anschlussarbeiten an Straßen** für die
Wiederherstellung von Geh- und Radwegen übernommen, begründet dies keinen ausschreibungs-
fähigen Bauauftrag.[78]

---

72 EuGH »Helmut Müller« Urt. v. 25.03.2010 C 451/08 NZBau 2010, 321, 324 Rn. 88; Jenn
   ZfIR 2010, 405, 409.
73 Tomerius ZfBR 2012, 338.
74 EuGH »Helmut Müller« Urt. v. 25.03.2010 C 451/08 NZBau 2010, 321, 324 Rn. 57; Losch VergabeR
   2013, 6 f.
75 **VK Baden-Württemberg** Beschl. v. 02.02.2015 1 VK 65/14.
76 OLG Düsseldorf »Hahn« Beschl. v. 09.06.2010 VII Verg 9/10.
77 OLG Düsseldorf »Hahn« Beschl. v. 09.06.2010 VII Verg 9/10.
78 OLG Schleswig Beschl. v. 15.03.2013 1 Verg 4/12 NZBau 2013, 453.

71   Ein öffentlicher Bauauftrag setzt voraus, dass die Verpflichtung zur Erbringung von Leistung und Gegenleistung **durchsetzbar/einklagbar** ist. Verpflichtungen des Grundstückserwerbers sind nur insoweit relevant, als sie rechtsverbindlich eingegangen und durchsetzbar sind.[79]

c) Verkauf von Grundstücken für den Sozialwohnungsbau

72   Der EuGH hat es grundsätzlich für möglich gehalten, dass die Veräußerung von Grundstücken an einen Erschließungsträger mit der Maßgabe, die errichteten Wohneinheiten im sozialen Wohnungsbau zu veräußern oder zu nutzen, grundsätzlich einen öffentlichen Bauauftrag darstellen könnte.[80]

d) Verkauf von Grundstücken mit Bebauungsverpflichtung zu eigenen Erwerbs- oder Nutzungszwecken

73   Wenn dem öffentlichen Auftraggeber ein Anspruch auf **Erwerb noch zu erstellender Bauwerke** eingeräumt werden soll, etwa um die öffentliche Zweckbestimmung sicherzustellen oder das Bauwerk der eigenen Nutzung zuzuführen, liegt ein öffentlicher Bauauftrag vor.[81]

74   Die relevanten Erwerbs- und Nutzungszwecke können in der Verpflichtung des Kaufinteressenten liegen, ein bestimmtes **Bauwerk für Nutzungen der öffentlichen Hand**, z.B. Schulen, Kindergärten, öffentliche Parkgaragen, Schwimmbäder oder Theater zu realisieren. Dagegen fehlt es an dem unmittelbaren eigenen wirtschaftlichen Interesse, wenn die Verpflichtung lediglich daran besteht, bestimmte Nutzungen für Dritte zu entwickeln, etwa Einzelhandelsflächen, Büro oder zu verkaufende Wohnungen.[82]

e) Verkauf von Grundstücken mit Bebauungsverpflichtung mit eigener finanzieller Beteiligung oder eigener Risikoeingehung

75   Nach der Entscheidung »*Helmut Müller*« kann das unmittelbare wirtschaftliche Interesse auch darin bestehen, wenn der öffentliche Auftraggeber **eine eigene zukünftige Nutzung** sicherstellen will oder sich **finanziell an der Erstellung** des Bauwerks **beteiligt** oder insoweit Risiken eingeht, die er im Fall eines wirtschaftlichen Fehlschlagens des Bauwerks trägt.[83]

76   Eine **finanzielle Beteiligung** oder eine Risikobeteiligung liegt insbesondere vor, wenn der öffentliche Auftraggeber einen Teil der Kosten des Bauvorhabens übernimmt oder für die Errichtung des Bauvorhabens Sicherheiten, z.B. in der Form von Bürgschaften stellt.[84] Ein finanzielles Risiko des öffentlichen Auftraggebers kann sich auch dadurch ergeben, dass er unmittelbar einen Teil der Baukosten trägt oder eigene Leistungen, etwa Erschließungsmaßnahmen, verbilligt zur Verfügung stellt oder Kaufpreisnachlässe gibt.[85]

77   Wenn in einem Vertrag über die Veräußerung von Grundstücken geregelt ist, dass eine Differenzzahlung (**Vertragsstrafe**) von dem Erwerber zu erbringen ist, wenn die Bebauungszwecke nicht innerhalb bestimmter Fristen realisiert werden, dann dient dies lediglich dazu, sicherzustellen, dass die erworbenen Grundstücke nicht zu Spekulationsobjekten werden. Hierdurch wird kein unmittelbarer wirtschaftlicher Vorteil des öffentlichen Auftraggebers begründet.[86]

---

79 EuGH »Helmut Müller« Urt. v. 25.03.2010 C 451/08 NZBau 2010, 321, 324 Rn. 88; Jenn ZfIR 2010, 405, 409.
80 EuGH »Eric Liebert u.a.« Urteil v. 08.05.2013 C-197/11 und C-203/11 VergabeR 2013, 695, 708.
81 EuGH »Helmut Müller« Urt. v. 25.03.2010 C 451/08 NZBau 2010, 321, 324 Rn. 51.
82 Jenn ZfIR 2010, 405, 407.
83 EuGH »Helmut Müller« Urt. v. 25.03.2010 C 451/08 NZBau 2010, 321, 324 Rn. 52.
84 Jenn ZfIR 2010, 405, 407.
85 Greim ZfBR 2011, 126, 128.
86 OLG München »Kasernengelände« Beschl. v. 27.11.2011 Verg 15/11 VergabeR 2012, 59, 63.

Auch die Veräußerung im Rahmen eines **Wohnbauförderungsprogramms** unterhalb des Verkehrs- 78
wertes an bauwillige Eigentümer begründet allein keine finanzielle Beteiligung oder ein Risiko des
wirtschaftlichen Fehlschlagens im Sinne der Entscheidung des EuGH »*Helmut Müller*«.[87]

Grundsätzlich kann aber auch der **Verkauf** des Grundstücks **unter Marktwert** eine finanzielle 79
Beteiligung des öffentlichen Auftraggebers begründen.[88] Bei der Frage, ob eine Veräußerung unter
Marktwert erfolgt, kann auf die Mitteilung der Kommission betreffend Elemente staatlicher Beihilfe bei Verkäufen von Bauten oder Grundstücken durch die öffentliche Hand zurückgegriffen
werden. Wenn das Grundstück in einem Umlegungsgebiet liegt, kann insoweit auf die vom Umle-
gungsausschuss festgesetzten Werte zurückgegriffen werden.[89]

So hat auch das OLG Schleswig angenommen, dass ein Kaufpreisnachlass oder der Verkauf eines 80
Grundstücks unter Verkehrswert eine **finanzielle** wirtschaftliche **Beteiligung** des öffentlichen Auftraggebers (Verkäufers) an einem zu errichtenden Bauwerk darstellen kann. Ob dies der Fall sei, sei
in vergaberechtlicher Hinsicht orientiert an den Kriterien zu beurteilen, die der (beihilferechtlichen)
Mitteilung der Kommission betreffend Elemente staatlicher Beihilfe bei Verkäufen von Bauten oder
Grundstücken durch die öffentliche Hand zu entnehmen sein. Danach wird aber eine **Abweichung**
von bis zu 5 % gegenüber dem festgelegten Marktwert toleriert. Innerhalb dieser **Toleranz** kann
auch keine Risikobeteiligung der öffentlichen Hand angenommen werden.[90]

Für § 103 Abs. 3 Nr. 1 GWB genügt es, wenn eine **Gesamtschau** ergibt, dass die Errichtung des 81
(den Erfordernissen des öffentlichen Auftraggebers entsprechenden) Bauwerks Voraussetzung für
den Entwurf des Eigentums an dem zu veräußernden Grundstück ist und dass die Nutzung des
Bauwerks nur nach den Erfordernissen des öffentlichen Auftraggebers möglich ist. Beide Voraussetzungen sind jeweils dann erfüllt, wenn sich aufgrund einer Prüfung der Gesamtumstände ergibt,
dass der Investor aufgrund rechtlicher, wirtschaftlicher und/oder tatsächlicher Gegebenheiten keine
andere Möglichkeit hat, als das den Erfordernissen des öffentlichen Auftraggebers entsprechende
Bauwerk zu errichten und entsprechend zu nutzen. Die Voraussetzungen sind dann nicht erfüllt,
wenn die Errichtung des Bauwerks aufgrund eines **bloßen Interessengleichklangs** zwischen Kommune und Investor zwar höchstwahrscheinlich, aber eben nicht verpflichtend ist. Dabei reicht es
aus, dass der Kaufvertrag an Bedingungen in Bezug auf die Bauleistung geknüpft oder aber ein entsprechendes Rücktrittsrecht enthält. Nicht ausreichend ist es, dass allgemeine Anforderungen an die
Bebauung in einem Durchführungsvertrag bzw. vorhabenbezogenen Bebauungsplan geregelt sind.
Genauso wenig schädlich wäre eine Vertragsstrafe, die den Auftragnehmer zwänge, die genauen
Anforderungen an die Baumaßnahme durch die öffentliche Hand umzusetzen. Entsprechendes
müsste gelten, wenn der Durchführungsvertrag den öffentlichen Auftraggeber zu einer entsprechenden Ersatzvornahme berechtigen würde. Solange dem Investor mehrere Realisierungsvarianten
zur Verfügung stehen, sind diese Voraussetzungen nicht erfüllt.[91]

Auch die Anmietung neu zu errichtender Immobilien kann als Bauauftrag im Sinne des Vergabe- 82
rechts qualifiziert werden. Ein **Mietvertrag** ist **ein Bauauftrag**, wenn der Auftraggeber eine wirtschaftlich unmittelbar zugutekommende Bauleistung durch Dritte gemäß den vom Auftraggeber
genannten Erfordernissen einfordert. Eine gemäß den vom Auftraggeber genannten Erfordernissen
zu erbringende Bauleistung liegt nach der Auffassung des OLG Düsseldorf vor, wenn er in der
Leistungsbeschreibung sowie im Raumbuch – das in den Vergabeunterlagen – zahlreiche detail-
lierende sowie qualifizierende Forderungen an das Projekt, an die Räume, deren Ausgestaltung,
Lage und Beschaffenheit stellt, so z.B. in Bezug auf Zugänge und Zufahrten, Fahrzeugabstellplätze,
Diensträume und Nebenräume, Polizeigewahrsam, die Technische Gebäudeausrüstung, Sicherheits-

---

87 OLG München »Kasernengelände« Beschl. v. 27.11.2011 Verg 15/11 VergabeR 2012, 59, 63.
88 OLG Düsseldorf »Hahn« Beschl. v. 09.06.2010 VII Verg 9/10.
89 OLG Düsseldorf »Hahn« Beschl. v. 09.06.2010 VII Verg 9/10.
90 OLG Schleswig Beschl. v. 15.03.2013 1 Verg 4/12 NZBau 2013, 453.
91 VK Darmstadt Beschl. v. 04.09.2008 69 b VK 30/80 NZBau 2008, 795, 798.

technik sowie Antennenanlagen, welche die Funktionalität für Polizeiaufgaben und Sicherheiten betreffen.[92]

83   Im Einzelfall kann auch ein Mietvertrag, mit dem **Umbaumaßnahmen** finanziert werden, hierunter fallen. Nach einem Anmieterlass der Innenverwaltung NRW ist zumindest bei einem Anteil von 20 % für Umbaukosten eine Ausschreibung vorzunehmen.[93]

84   *Grothmann/Tschäpe* verstehen die Abgrenzung zwischen dem unmittelbar wirtschaftlichen Interesse der Kommune und der Ausführung städtebaulicher Regelungszuständigkeiten enger. Nach *Grothmann/ Tschäpe* ist auch der Bau einer **Kindertagesstätte** ggf. als Folgelast einer Investorenlösung für eine großflächige Bebauung zu betrachten und deshalb kein unmittelbar öffentliches Interesse. Differenziert wäre die Angelegenheit nur dann zu betrachten, wenn auch Kinder aus anderen Wohngebieten diese Kindertagesstätte planmäßig nutzen würden.[94]

f) Bauleistungen durch Dritte, gleich mit welchen Mitteln »gemäß den vom öffentlichen Auftraggeber genannten Erfordernissen«, § 103 Abs. 3 Nr. 1 GWB

85   Nach § 103 Abs. 3 Nr. 1 GWB liegt ein Bauauftrag auch vor, wenn ein **Dritter** eine Bauleistung gemäß den vom öffentlichen Auftraggeber oder Sektorenauftraggeber **genannten Erfordernissen** erbringt, die Bauleistung dem Auftraggeber **unmittelbar wirtschaftlich zugute kommt** und diese einen **entscheidenden Einfluss auf Art und Planung** der Bauleistung **hat**.

86   Bei eingekapselten Bauverträgen muss es dem öffentlichen Auftraggeber auf einen unmittelbaren wirtschaftlichen Vorteil ankommen. Der bloße Umstand, dass die Behörden in Ausübung ihrer **städtebaulichen Regelungszuständigkeiten** bestimmte ihnen vorgelegte Baupläne prüfen oder eine Entscheidung in der Anwendung von Zuständigkeiten in diesem Bereich treffen, genügt nicht den Anforderungen.[95] Diese Anforderungen sind in Bezug auf Rahmen setzende Bebauungspläne nicht gegeben; bei einem **vorhabenbezogenen Bebauungsplan** mit projektbezogenen Einflussnahmen kann eine entsprechende Einflussnahme gegeben sein. Das gilt allerdings nicht, wenn sich die Tätigkeit auf die Auswahl von Entwürfen des Investors und die Übernahme dessen Nutzungsideen beschränkt.[96]

87   Bei der Abgrenzung mietvertraglicher und bauvertraglicher Verpflichtungen hat der EuGH auf den Hauptgegenstand des Vertrages abgestellt. Wenn ein **Mietvertrag** die Verpflichtung beinhaltet, ein Bauwerk zu errichten, komme § 103 Abs. 3 GWB zur Anwendung. In Bezug auf die vom öffentlichen Auftraggeber genannten Erfordernisse nach § 103 Abs. 3 GWB stellt der EuGH darauf ab, dass der öffentliche Auftraggeber sehr detaillierte Spezifikationen vorgegeben hat, die

88   »weit über die üblichen Vorgaben des Mieters für eine neue Immobilie einer gewissen Größe hinausgehen.«[97]

89   Diese **funktionale Betrachtungsweise** erscheint zutreffend. Vergleichsmaßstab ist derjenige Mieter eines neuen, ggf. im Bau befindlichen Objektes, der branchenübliche Mieteranforderungen vorgibt.

90   Was das weitere Kriterium »*Bauleistung gemäß den genannten Erfordernissen und entscheidendem Einfluss auf Art und Planung der Bauleistung*« angeht, hat der EuGH mit der Entscheidung »Pizzarotti« für Klarheit gesorgt:[98]

---

92   OLG Düsseldorf »Polizeiwache« Beschl. v. 07.08.2013 NZBau 2014, 57 = VergabeR 2014, 171 f.
93   Schönenbroicher NvWZ 2013, 903, 905.
94   Grothmann/Tschäpe ZfBR 2011, 442.
95   EuGH »Helmut Müller« Urt. v. 25.03.2010 C 451/08 NZBau 2010, 321, 324 Rn. 68.
96   Tomerius ZfBR 2012, 332, 338; Kühling NvWZ 2010, 1257, 1260.
97   EuGH »Messe Köln« Urt. v. 25.10.2009 C 536/07 VergabeR 2010, 188, 194, Rn. 58.
98   EuGH »Pizzarotti« Urt. v. 10.07.2014 C 213/13 NZBau 2014, 572, 574 = VergabeR 2014, 766, 770; vgl. dazu auch Hölzl NZBau 2015, 412 f.

»Wie die deutsche Regierung hervorgehoben hat, muss allerdings, damit ein »öffentlicher Bauauftrag« 91 im Sinne der Richtlinie 93/37 angenommen werden kann, die Errichtung des geplanten Gebäudes den vom öffentlichen Auftraggeber genannten Erfordernissen genügen.

*Dies ist der Fall, wenn der öffentliche Auftraggeber Maßnahmen ergriffen hat, um die **Merkmale der Bauleistung festzulegen oder zumindest entscheidenden Einfluss auf die Planung der Bauleistung nehmen.**«*

Der EuGH sieht es als ausreichend an, wenn ein Bieter einen festgelegten Anforderungsrahmen des 92 öffentlichen Auftraggebers umzusetzen hat. Der Fall betraf die rein funktionale Beschreibung der Bedarfsanforderungen des Nutzers. Der EuGH hat gemeint, dass allein auf dieser Grundlage ein ausreichender Einfluss auf die Planung des zu errichtenden Gebäudes gegeben ist. Der Umstand, dass der Vertrag die Verpflichtung enthält, das betreffende Bauwerk zu vermieten, sei demgegenüber unerheblich.

g) Sonstige Fälle

aa) Sale- and Lease-Back-Gestaltungen

Wenn ein öffentlicher Auftraggeber unter Berücksichtigung der besonderen Anforderungen für 93 entsprechende **Kommunalleasingkonstruktionen** ausnahmsweise eine Sale- and Lease-Back-Immobilienlösung sucht, unterliegt diese in der Regel nicht dem Vergaberecht. Eine entsprechende Sale- and Lease-Back-Lösung umfasst zum einen die Veräußerung des bisherigen Grundstücks, zum anderen dessen späteren Rückerwerb (wobei eine Bauverpflichtung nicht Gegenstand dieser Verträge ist). Das an den Leasinggeber übertragene Grundstück wird von diesem allerdings an den Leasingnehmer (öffentlichen Auftraggeber) rückvermietet. In dieser Konstellation beschafft der öffentliche Auftraggeber lediglich eine Finanzierung, auch wenn dies über den Abschluss eines Mietvertrages für eine öffentlich-rechtliche Nutzung erfolgt. Da die Finanzierungsbeschaffung gemäß § 116 Abs. 1 Nr. 4 und 5 GWB vom Vergaberecht genauso freigestellt ist wie der Abschluss eines Mietverhältnisses über bestehende Grundstücke, § 107 Abs. 1 Nr. 3 GWB, liegt auch dann ein nicht dem Vergaberecht unterfallendes Vorhaben vor, wenn bestimmte Nutzungszwecke eines öffentlichen Auftraggebers im Vertrag festgeschrieben werden. Die Auffassung von *Hertwig*, wegen der Nähe zur unbefristeten Konzession seien derartige Gestaltungen unzulässig, ist vergaberechtlich nicht haltbar.[99]

bb) Vermietung/Verpachtung

Die bloße **Vermietung/Verpachtung** eines Grundstücks/Gebäudes durch den öffentlichen Auftrag- 94 geber unterfällt nicht dem Vergaberecht. Das KG hat insoweit entschieden:

*»Der Abschluss eines **im Rahmen der Vermögensverwaltung** geschlossenen Pachtvertrages wird nicht 95 dadurch zu einem auf die Beschaffung einer Dienstleistung gerichteten Vertrag, dass der Pächter **Instandhaltungspflichten** übernimmt, deren Umfang sich zudem erst aus der vertraglichen Nutzung des Pachtgegenstandes ergeben. Die Übernahme von Instandhaltungspflichten, wie sie sich im Hinblick auf mitverpachtetes Inventar bereits aus § 582 Abs. 1 BGB ergibt, ist ersichtlich bloße Nebenfolge des Pachtvertrages, durch den der Verfügungsbeklagte in erster Linie den in seinem Eigentum stehenden Veranstaltungsort wirtschaftlich nutzen will. Dass der Abschluss eines Pachtvertrages dazu führt, dass der Verfügungsbeklagte von einem Teil seiner ihm ansonsten obliegenden Erhaltungspflichten befreit ist, mag ihm bei Erfüllung seiner im öffentlichen Interesse liegenden Aufgaben dienlich sein, reicht aber für die Übertragung öffentlicher Aufgaben nicht aus.*

Nach alledem ist in dem abzuschließenden Vertrag in Übereinstimmung mit seiner Bezeichnung ein bloßer Pachtvertrag zu sehen, mit dem keine Tätigkeiten des öffentlichen Auftraggebers übertragen

---

99 Vgl. Hertwig VergabeR 2010, 554, 561.

werden. Ein solcher Pachtvertrag, bei dem der Verpächter nicht als Nachfrager fremder Leistungen an den Markt tritt, sondern umgekehrt eigene Leistungen anbietet, ist ungeachtet dessen, dass er mit der Pacht eine Gegenleistung erzielt, kein vergaberechtlich relevanter Beschaffungsvorgang. Daran ändert auch der Umstand nichts, dass die Pacht aus dem durch die Nutzung des Pachtgegenstands zu erzielenden Entgelt gezahlt wird. Allein dadurch wird der Verpächter nicht zum Nachfrager der Leistung, mit der der Pächter seinerseits seine Leistungen erzielt. Das gilt auch bei Vereinbarung einer umsatzabhängigen Pacht.«[100]

96　**Anknüpfungspunkt für die Anwendung des Vergaberechts** können nur die **weiteren Konditionen** eines entsprechenden Vertrages sein.[101]

97　Wenn der öffentliche Auftraggeber ein Grundstück mit der Abrede **verpachtet**, dass der Pächter einen bestimmten Anteil mineralischer Abfälle durch eine **Anlieferungsverpflichtung** sichert, liegt ein beschaffungsrechtlicher Bezug vor.[102]

98　Wenn ein öffentlicher Auftraggeber ein Gemeindegrundstück für den Betrieb einer **Kompostierungsanlage** im Rahmen einer **entgeltlichen Nutzungsüberlassung** zur Verfügung stellt, kann ein unmittelbares wirtschaftliches Interesse fehlen. Dies hat die VK Bremen für einen Fall entschieden, in dem eine Kommune eine entsprechende Nutzungsüberlassung an einen Auftragnehmer eines Entsorgungsvertrages gewährt hatte. Die Vergabekammer stellte heraus, dass der Nutzungsvertrag selbst keine Bauverpflichtungen enthalte. Insbesondere könne allein die Vereinbarung über ein Sonderkündigungsrecht für den Fall der Rekommunalisierung ein unmittelbares Eigeninteresse nicht darstellen. Auch die bloße Möglichkeit eines Anlagenbaus ohne eine unmittelbare Verknüpfung mit dem Entsorgungsauftrag reiche nicht aus, um den Nutzungsüberlassungsvertrag als vergaberechtsrelevant zu qualifizieren.[103]

99　Wenn ein öffentlicher Auftraggeber mit einem Mietvertrag mit Bebauungsverpflichtung über allgemeine städtebauliche Ziele hinausgehende öffentlich-rechtliche Zwecke verfolgt, sieht jedenfalls das OLG Düsseldorf für eine einengende Auslegung im Sinne der EuGH-Entscheidung »*Helmut Müller*« keine ausreichende Grundlage.[104] Wenn ein öffentlicher Auftraggeber, der einen Mietvertrag mit Bauverpflichtung abschließt, seine Bedarfsanforderungen für den Bauträger/Verkäufer hinreichend klar definiert (sei es auch rein funktional), reicht dies aus, um eine Ausschreibungspflicht zu begründen.[105] **Der Bestellbau zur Miete ist ein öffentlicher Bauauftrag.**[106] Vorgaben für den Betrieb eines Freizeitzentrums können vergaberechtlich relevant sein.[107] Das OLG München hat angenommen, dass es nicht ausreiche, wenn die Vermietung/Verpachtung eines Geländes den allgemeinen Interessen der Daseinsvorsorge genüge, sondern es müssten nennenswerte und konkrete Vorteile des öffentlichen Auftraggebers im Bereich der Daseinsvorsorge angenommen werden.[108]

cc) Abgrenzung zu Dienstleistungskonzessionen im Detail

100　Soweit die Umsetzung der Bauleistung durch Dritte mittels eines Konzessionsmodells erfolgt, sind die Vorschriften über Konzessionen anwendbar, §§ 101, 105 GWB.[109]

100　KG »Waldbühne« Urt. v. 22.01.2015 2 U 14/14 NZBau 2015, 323, 325 = VergabeR 2015, 423, 427.
101　OLG Düsseldorf »Freizeitzentrum West II« Beschl. v. 28.03.2012 NZBau 2012, 518, 520.
102　BayObLG VergabeR 2003, 329, 331 = ZfBR 2003, 511, 512.
103　VK Bremen Beschl. v. 31.01.2013, Az VK 5/12.
104　OLG Düsseldorf »Freizeitzentrum West II« Beschl. v. 28.03.2012 NZBau 2012, 518, 520.
105　EuGH »Pizza Rotti« Urt. v. 10.07.2014 C 213/13 NZBau 2014, 572, 574 = VergabeR 2014, 766, 770.
106　VK Sachsen Beschl. v. 19.06.2015 1 SVK 009-15 VPR 2015, 251.
107　OLG Düsseldorf »Freizeitzentrum West II« Beschl. v. 28.03.2012 NZBau 2012, 518, 520.
108　Betreffend die Belieferung von Festwirten mit Getränken anlässlich eines Heimatfestes, OLG München Beschl. v. 22.01.2012 Verg 17/11.
109　Zur Dienstleistungskonzession vgl. etwa Müller NvWZ 2016, 266.

dd) Grundstücksbelastung

Der Grundstücksveräußerung steht auch die **Grundstücksbelastung** wie auch die Übertragung 101
schuldrechtlicher Nutzungsrechte gleich. So stellt etwa die Verpachtung von Grundstücksflächen an
Private kein Beschaffungsgeschäft dar.[110] Das gilt unabhängig davon, ob die Miete oder Pacht nach
festen Monatsbeträgen bemessen wird oder eine Umsatzmiete/Umsatzpacht ist und der öffentliche
Auftraggeber daher an den Erträgen partizipiert. Etwas anderes gilt nur, wenn er sich zusammen mit
dem Abschluss des Miet- oder Pachtvertrages Leistungen versprechen lässt, die einer Beschaffung
gleichstehen. Dazu reichen etwa Investitionen, die der Mieter/Pächter nach den Marktgegebenheiten üblicherweise bei entsprechenden Immobilien zu dessen Ausstattung vornimmt, nicht aus.
Auch genügt es nicht, wenn ein Mieter/Pächter sich verpflichtet, Instandhaltungs- und Bewirt-
schaftungsleistungen zu übernehmen, die sich auf das konkrete Objekt beziehen.

Die **Bestellung eines Erbbaurechts** mit der konkreten Verpflichtung, hierauf ein bestimmtes 102
Gebäude (etwa zur Daseinsvorsorge, z.B. Studentenwerke) zu errichten, hat zumindest dann, wenn
der öffentliche Auftraggeber Ankaufsgründe oder Heimfallgründe verlangt, die ihm eine wirtschaftliche Nutzung des Gebäudes (vor Ablauf der wirtschaftlichen Abnutzung) ermöglichen, beschaffungsrechtlichen Bezug. So hatte etwa die VK Nordbayern einen Miet- und Erbbaurechtsvertrag
zu beurteilen, der den Erbbauberechtigten zu Umbaumaßnahmen für ein geplantes Seniorenwohn-
heim verpflichtete. Die VK Nordbayern musste sich hinsichtlich der Qualifizierung nicht abschließend festlegen, da der Schwellenwert für Bauaufträge nicht erreicht war.[111]

ee) Investorenwettbewerbe in der Praxis

Für die Durchführung eines Investorenwettbewerbes existieren in der Zwischenzeit praktikable 103
Handlungsanweisungen.[112]

In der Regel werden derartige Investorenwettbewerbe mittels **Verhandlungsverfahren**, gelegent- 104
lich auch mit wettbewerblichem Dialog umgesetzt. Offene und beschränkte Vergabeverfahren sind
für diese Vorhaben ungeeignet. In der europaweiten Bekanntmachung sind die Eignungskriterien
anzugeben; zweckmäßigerweise sollen auch bereits die Zuschlagskriterien mit allen Unterkriterien
benannt werden. Während der Verhandlungen/des Wettbewerbs kann der Kreis der zur Angebots-
aufgabe aufgeforderten Bewerber sukzessive reduziert werden. Gerade die Investorenwettbewerbe
sind sehr bearbeitungsintensiv und bieten eine Vielzahl von Fallstricken, sodass von vornherein
auf Diskriminierungsfreiheit und Transparenz des Verfahrens geachtet werden muss. Beispiele für
Wertungsmatrixen sind in der Praxis vorgestellt worden.[113]

ff) Folgenbetrachtung

Bei Vorliegen eines »eingekapselten« öffentlichen Bauauftrages und Nichtdurchführung eines 105
entsprechenden Vergabeverfahrens kann sich die Nichtigkeit auch auf die Auflassung erstrecken
kann.[114]

Das OLG Düsseldorf hat darauf hingewiesen, dass auch dann, wenn die §§ 97ff. GWB auf ein 106
Grundstücksgeschäft nicht anwendbar sind, die öffentliche Hand in ihrer Entscheidung über den

---

110 Vgl. zur Verpachtung von gastronomischen Einrichtungen an Flughäfen VK Baden-Württemberg
NZBau 2001, 406; BayObLG VergabeR 2003, 329, 331 = ZfBR 2003, 511, 512.
111 VK Nordbayern Beschl. v. 27.03.2008, Az 21 VK-3194-48/07.
112 Vgl. dazu Städtetag Nordrhein-Westfalen/Städte- und Gemeindebund Nordrhein-Westfalen, Kommunale Grundstücksgeschäfte und Vergaberecht, 2. Auflage März 2008 sowie DStGB Dokumentation Nr. 79, Kommunale Immobiliengeschäfte und Ausschreibungspflicht, 2008; vgl. auch Pooth
VergabeR 2006, 601.
113 Siehe die vorgenannten Veröffentlichungen.
114 Dazu Brock ZfIR 2008, 445: Jenn/Pfeiffer ZfIR 2008, 234.

Vertragspartner nicht frei ist, sondern sowohl Art. 3 GG wie auch – bei Binnenmarktrelevanz – die Grundfreiheiten des AEUV-Vertrages zu berücksichtigen hat.[115]

107　Selbst einmal rechtskräftig ergangene Entscheidungen müssen von angerufenen Nachprüfungsinstanzen ergänzt oder rückgängig gemacht werden, um eine auf später vom EuGH vorgenommenen Auslegung der Vorschriften des europäischen Rechts Rechnung zu tragen, vgl. § 133 GWB.[116]

III. Der Verkauf von Gesellschaftsanteilen/eingekapselte Beschaffungen

108　Die Veräußerung von Geschäftsanteilen eines öffentlichen Auftraggebers an privatrechtlich organisierten Gesellschaften hat zunächst keine vergaberechtliche Bedeutung. Der Vorgang stellt keine Beschaffung dar.[117] Dass die bloße Abgabe eines Teils einer Gesellschafterstellung gleichwohl noch zu einer dauerhaften Verbundenheit der Gesellschafter und damit zu einer gewissen »Nähe« der Beteiligten führen kann, ändert an der Einordnung grundsätzlich nichts.[118] Das gilt auch dann, wenn Gesellschaftsanteile einer Gesellschaft an Private veräußert werden sollen, die Gemeinwohlbindungen unterliegen.[119]

109　Entscheidend ist vielmehr auch in diesem Zusammenhang, ob – ungeachtet des bestehenden gesellschaftsrechtlichen Geflechts – sich die Verbundenheit zu einem beschaffungsrelevanten Rechtsgeschäft verdichtet. Wie auch bei den Grundstücksveräußerungen kann die Anteilsveräußerung eine so genannte »eingekapselte« Beschaffung beinhalten. Dabei sind die vergaberechtlichen Kriterien bei den unterschiedlichen Veräußerungsgeschäften der öffentlichen Hand nach einheitlichen Maßstäben zu bemessen.[120]

110　Ist die Veräußerung von Geschäftsanteilen, wie bei Privatisierungsakten häufig, mit Beschaffungsakten verbunden, sei es, dass bereits ein entsprechender Vertrag besteht, der ohne neue Ausschreibung verlängert werden soll oder ein neuer Vertrag abgeschlossen wird, handelt es sich insgesamt um einen einheitlichen Vorgang, der als beschaffungsrelevant qualifiziert wird und daher dem Vergaberecht unterliegt. Folgende Beispiele ließen sich anführen:
- Privatisierung eines städtischen Entsorgungsbetriebes mit Veräußerung von Geschäftsanteilen.[121]
- Teilprivatisierung der Abwasserver und entsorgung im Rahmen einer Public-Private-Partnership.[122]
- Veräußerung von Anteilen an einer Hafen- und Bahnbetriebsgesellschaft, verbunden mit dem Abschluss über Dienstleistungen.[123]
- Gründung einer gemischt-wirtschaftlichen Gesellschaft zu dem Zweck, Leistungen für die Gesellschaft selbst zu erbringen.[124]
- Suche nach einem privaten Mitgesellschafter mit dem Ziel einer Privatisierung der Betriebsführung/Managementleistungen.[125]

115　OLG Düsseldorf Beschl. v. 27.10.2010 Verg 25/08.
116　EuGH »Pizza Rotti« Urt. v. 10.07.2014 C 213/13 NZBau 2014, 572, 574 = VergabeR 2014, 766, 770.
117　Frenz WRP 2006, 1216 mit weiteren Nachweisen; OLG Brandenburg NZBau 2001, 645, 646; Jaeger NZBau 2001, 6f.; Klein VergabeR 2005, 22, 25; Dietlein NZBau 2004, 475, 476; Krutisch NZBau 2003, 650, 651; Otting VergabeR 2002, 11, 12; Schröder NJW 2002, 1831.
118　Vgl. auch Braun VergabeR 2006, 657, 659; a.A. offenbar Kerssenbrock WuW 2001, 122, 123f.; Opitz, ZVgR 2000, 97, 116.
119　Frenz WRP 2006, 1216, 1218.
120　Groteluschen/Lübben VergabeR 2008, 169, 173.
121　VK Köln Beschl. v. 11.12.2001 VK 20/01 sowie VK Baden-Württemberg 18.07.2001 1 VK 12/01 und 24.01.2001 1 VK 34/00; vgl. auch OLG Dresden ZfBR 2004, 606, betreffend Teilprivatisierung des Eigenbetriebes Stadtentwässerung; VK Stuttgart NZBau 2001, 340, betreffend Entsorgungsvertrag.
122　VK Lüneburg NZBau 2002, 295; vgl. auch VK Thüringen Beschl. v. 17.02.2006, Az 360/4003.20-001/06-G-S; VK Schleswig Beschl. v. 17.08.2004, Az VK-SH 20/04.
123　OLG Düsseldorf »Hafen Krefeld« VergabeR 2008, 252, 254.
124　OLG Düsseldorf Beschl. v. 21.11.2007, Az Verg 32/07.
125　VK Düsseldorf Beschl. v. 14.05.2004, Az VK-7/2004-L/VK-8/2004.

　　　　　　　　　　Eschenbruch

– Vergabe einer Minderheitsbeteiligung an einer künftigen Klinikum-Service GmbH (PPP) – zugleich mit der Vergabe von Dienstleistungen.[126]

In der Entscheidung »*Mödling*« hatte der EuGH die Fallgestaltung zu beurteilen, dass eine österreichische Kommune zunächst eine 100 %ige Tochtergesellschaft mit der Erfüllung kommunaler Aufgaben beauftragt und sodann – nur 4 Wochen später – 49 % der Anteile an dieser Gesellschaft ohne Ausschreibung an einen Privaten veräußert. Das Gericht sah hierin einen öffentlichen Auftrag.[127]   111

Eine entsprechende Veräußerung mit eingekapselter Beschaffungswirkung muss ausgeschrieben werden, wenn die Verträge sachlich und zeitlich miteinander verknüpft sind.[128] Entgegen einer in der Literatur vertretenen Auffassung muss nicht nur die Beschaffungsmaßnahme, sondern das gesamte Vertragswerk ausgeschrieben werden.[129]   112

Nach der Entscheidung des EuGH »*Anav*« kommt es nicht darauf an, ob mit der Aufgabenübertragung bereits eine feststehende Veräußerung von Geschäftsanteilen verbunden ist. Es soll vielmehr ausreichen, dass die theoretische Möglichkeit besteht, dass ein privater Dritter entsprechend einem Vorhaben des öffentlichen Auftraggebers an dem Kapital des öffentlichen Unternehmens beteiligt wird.[130] In der Entscheidung »*Augusta*« hat der EuGH zudem entschieden, dass allein der Umstand, dass eine Gesellschaft zum Teil für privates Kapital offensteht, eine Qualifizierung nach In-House-Kriterien ausschließt.[131]   113

Ob ein hinreichender zeitlicher und inhaltlicher Zusammenhang zwischen der Anteilsveräußerung einerseits und der Auftragsbeziehung andererseits besteht, ist anhand der Beschlüsse der kommunalen Gremien wie auch der Verlautbarungen der einzelnen Entscheidungsträger zu entnehmen.[132] *Frenz* möchte die Anwendung des Vergaberechts durch die Definition eines hinreichend engen Bezuges zum Auftragsgegenstand in wirtschaftlicher (Schwerpunkt), zeitlicher (regelmäßig unter einem Jahr) bzw. sachlicher Hinsicht begrenzen.[133] *Frenz* schlägt vor, das zeitliche Kriterium auf ein Jahr als sachgerechte Regelgrenze zu beschränken.[134]   114

Die engste Verbindung zu einem Beschaffungsvorgang liegt vor, wenn bereits bei der Gründung einer Gesellschaft die Auftragserteilung durch den öffentlichen Auftraggeber vorhersehbar und inhaltlich konkretisiert ist.[135]   115

Dementsprechend scheidet eine Ausschreibungspflicht nur aus, wenn Anteilsveräußerung einerseits und Auftragserteilung andererseits nicht in einem inhaltlichen oder zeitlichen Zusammenhang stehen oder im Fall einer Übertragung einer Aufgabe auf eine öffentlich-rechtliche Gesellschaft eine Privatisierung zunächst offen gelassen war.[136]   116

Grundsätzlich ist auch jeder neue Vertragsabschluss als neue Auftragsvergabe anzusehen, auch wenn ein gleichbleibendes Ziel verfolgt wird. Dasselbe gilt für jede inhaltliche Änderung in Bezug auf den Vertragsgegenstand, die nicht als einseitige Option im Ursprungsvertrag bereits vorgesehen ist.[137]   117

---

126 VK Lüneburg Beschl. v. 05.11.2004, Az 203-VgK-48/2004.
127 EuGH VergabeR 2006, 47; NZBau 2005, 704.
128 EuGH VergabeR 2006, 47; VergabeR 2005, 704.
129 Anders aber Grotelüschen/Lübben VergabeR 2008, 169, 177.
130 EuGH »Anav« NZBau 2006, 326; dazu auch Frenz NZBau 2008, 673, 675.
131 EuGH »Kommission/Italien – Augusta« VergabeR 2008, 769, 773.
132 Frenz NZBau 2008, 673, 679.
133 Frenz NZBau 2008, 673f.
134 Frenz WRP 2006, 1216, 1219.
135 Säcker/Wolf WRP 2007, 282, 291.
136 Frenz WRP 2006, 1216, 1218.
137 Säcker/Wolf WRP 2007, 282, 293.

118 Die Verbindung von gesellschaftsrechtlichen Vereinbarungen mit einer Baukonzession oder einer Dienstleistungskonzession reicht aus, um einen ausreichenden beschaffungsrechtlichen Bezug zu vermitteln.[138]

119 Wenn **Gesellschaftsanteile** durch öffentliche Auftraggeber an Dritte **zur Sicherheit abgetreten** oder verpfändet oder »geparkt« werden, sind dadurch entsprechende Vorgänge nicht dem Vergaberecht entzogen. Vielmehr ist zu fragen, in welchem Kontext die Absicherungen oder das Parken geschieht. Wenn hiermit ein einheitliches Geschäft mit einem Beschaffungsbezug vorbereitet werden soll, sind auch diese singulären Akte eines Durchgangserwerbes, auch wenn sie sich auf die Veräußerung des Gesellschaftsanteils selbst beschränken, dem Vergaberecht nicht entzogen.[139]

120 **Beihilferechtliche Implikationen** können bei der Veräußerung von Geschäftsanteilen/Privatisierungen auftreten. So kann die Privatisierung zu Preisen unter dem Marktpreis den Tatbestand einer nach Art. 87 AEUV verbotenen Beihilfe an den Erwerber erfüllen. Werden Privatisierungen unter Verletzung des Beihilfeverbots durchgeführt, besteht das Risiko einer nachträglichen Überprüfung durch die Kommission, die eine Rückabwicklung anordnen kann. Um derartige Rückabwicklungen zu vermeiden, hat die Kommission in ihrem XXIII. Wettbewerbsbericht Leitlinien zur Privatisierung herausgegeben. Dort sind diejenigen Verfahren genannt, die aus der Sicht der Kommission zur Ermittlung eines objektiven Marktpreises führen:

121 *(1) Verkauf über die Börse*

Für die Kommission führt eine Privatisierung über die Börse zur Ermittlung eines objektiven Preises.

(2) Verkauf im Rahmen eines Bietverfahrens

Ein Verkauf im Rahmen eines offenen, transparenten und bedingungsfreien Bietverfahrens führt ebenso zur Ermittlung eines objektiven Marktpreises. Es besteht keine Notifikationspflicht, wenn an den Höchstbieter verkauft wird.

(3) Unabhängiges Wertgutachten

Dieses Verfahren wurde noch nicht im XXIII. Wettbewerbsbericht benannt. Auch hier kann infolge eines unabhängigen Gutachtens eine Notifikationspflicht ausscheiden.[140]

122 Die **Vermeidung einer Notifizierungspflicht in beihilferechtlicher Hinsicht** setzt deshalb in der Regel die Durchführung eines diskriminierungsfreien Vergabeverfahrens voraus. Insoweit ist eine zunehmende Durchdringung von Vergabe- und Beihilferecht bei Privatisierungsvorhaben zu beobachten.[141]

123 Auch das Haushaltsrecht fordert, dass staatliches Vermögen nur zum vollen Wert verkauft werden darf. Der volle Wert des Vermögensgutes kann in der Regel nur durch ein marktgerechtes Verfahren ermittelt werden.[142]

124 Der BGH hat in der Entscheidung »CEPS-Pipeline« die Grundsätze zur Behandlung von **Veräußerungsverträgen als Beihilfeverstöße** herausgearbeitet:[143]

125 *Wird bei der Veräußerung eines nur einmal vorhandenen Gegenstandes (Unikat) durch die öffentliche Hand auf ein bedingungsfreies Bieterverfahren verzichtet, kann nicht davon ausgegangen werden,*

---

138 Vgl. OLG Brandenburg 03.08.1999 »Flughafen Schönefeld« NVwZ 1999, 1142, 1145; Dreher NZBau 2002, 245, 247; Schröder NJW 2002, 1831; überholt für die Dienstleistungskonzession OLG Brandenburg 13.07.2001, 645f. = VergabeR 2002, 45f.
139 A.A. Dreher Public-Private-Partnerships und Kartellvergaberecht NZBau 2002, 245.
140 Vgl. Kristoferitsch EuZW 2006, 428, 429.
141 Vgl. Kristoferitsch EuZW 2006, 428, 429.
142 Vgl. auch Braun VergabeR 2006, 657, 659.
143 BGH Urt. v. 05.12.2012 I ZR 92/11 NZBau 2013, 591, 592.

dass ein für das Kaufobjekt tatsächlich gebotener Preis beihilfefrei ist. Vielmehr muss dann eine objektive Wertermittlung erfolgen.

Ein Verstoß gegen das behilferechtliche Durchführungsverbot führt weder nach Unionsrecht noch nach deutschem Recht zwingend zur Gesamtnichtigkeit des Kaufvertrages, durch den eine Beihilfe gewährt wird. Ist das Beihilfeelement ein zu niedriger Kaufpreis, reicht es zur Beseitigung des rechtswidrig erlangten Wettbewerbsvorteils aus, wenn vom Beihilfeempfänger die Zahlung des Unterschiedsbetrags zwischen dem vereinbarten und dem höheren beihilfefreien Preis zzgl. des bis zur Rückforderung entstandenen Zinsvorteils verlangt wird.

Der Kaufvertrag, der Beihilfeelemente enthält, kann nicht durch Vereinbarung einer Erhaltens- und Ersetzungsklausel mit beihilferechtskonformem Inhalt aufrecht erhalten werden, wenn keine konkreten Anhaltspunkte dafür bestehen, worauf sich die Parteien des Kaufvertrages bei – unterstellter – Nichtigkeit der Kaufpreisvereinbarung verständigt hätten.

IV. Keine Beschaffung bei binnenorganisatorischen Maßnahmen der öffentlichen Hand

Keinen Beschaffungscharakter haben zunächst bloße (Re-) Organisationsmaßnahmen innerhalb des öffentlichen Sektors. **126**

Das gilt insbesondere für die rein **formelle Privatisierung** (auch Organisationsprivatisierung genannt), etwa die Übertragung von staatlichen Aufgaben auf eine privat-rechtliche Organisation, die 100 %ig in staatlichem Anteilsbesitz steht.[144] Das ist etwa der Fall, wenn eine öffentlich-rechtliche Anstalt wie etwa die Bundesanstalt für Flugsicherung im Wege der formellen Privatisierung in die Deutsche Flugsicherungs-GmbH umgewandelt wird.[145] Im Regelfall handelt es sich bei der formellen Privatisierung um einen Gesellschaftsformwechsel, der keine Beschaffungen beinhaltet.[146] **127**

Die **materielle Privatisierung** – auch Aufgabenprivatisierung genannt – ist dadurch gekennzeichnet, dass sich der öffentliche Auftraggeber bestimmter Aufgaben vollständig entledigt und durch private Dritte erbringen lässt. Dies ist etwa der Fall, wenn der Hoheitsträger seine Anteile an einer Gesellschaft veräußert und dafür vom Anteilserwerber einen Kaufpreis erhält. Allein dieser Vorgang ist indessen ebenfalls keine Beschaffung am Markt.[147] Ein Unterfall dieser Konstellation ist der nachträgliche Wechsel im Gesellschafterbestand nach erfolgter (Teil-) Privatisierung.[148] Wenn die öffentliche Hand Aufgaben endgültig auf einen Dritten überträgt, ist dies nicht zwingend mit einem entgeltlichen Vertrag verbunden. Wohl kann es im Zusammenhang mit der materiellen Aufgabenprivatisierung zu einem Abschluss bzw. der Perpetuierung von bestehenden Vertragsbeziehungen über die Beschaffung von Leistungen im des § 103 GWB kommen. **128**

Die bloße Gründung eines **Gemeinschaftsunternehmens** allein führt ebenfalls noch nicht zu einem Beschaffungsvorgang.[149] Wenn allerdings ein Gesamtvorhaben verwirklicht werden soll und die Anteilsveräußerung bereits mit der klaren Zielsetzung erfolgt, auch Beschaffungen durchzuführen, dann ist der gesamte Vorgang ausschreibungspflichtig, wie der EuGH bereits in der Entscheidung »Stadt Mödlingen« entschieden hat.[150] **129**

---

144 Ganske in: Reidt/Stickler/Glahs § 99 Rn. 50; Dreher in: Immenga/Mestmäcker § 99 Rn. 23; Schotten/Hüttinger in: Dreher/Motzke § 99 Rn. 47 ff.; zu den vergaberechtlichen Umsetzungsproblemen bei Outsourcing-Prozessen vgl. auch Schabbeck VergabeR 2006, 679.

145 Scharf/Dierkes VergabeR 2011, 543, 544.

146 Dazu auch Scharf/Dierkes VergabeR 2011, 543, 544; Behr VergabeR 2009, 136.

147 Scharf/Dierkes VergabeR 2011, 543, 544; Behr VergabeR 2009, 136, 137.

148 OLG Naumburg Beschl. v. 29.04.2010 I Verg 3/10 VergabeR 2010, 979.

149 EuGH »Loutraki« Urt. v. 06.05.2010 C 145/08 NZBau 2010, 506 und »Mehiläinen« Urt. v. 22.12.2010 C 215/00 VergabeR 2011, 575.

150 EuGH Urt. v. 10.11.2005 C 29/04 NZBau 2005, 704; dazu Scharf/Dierkes VergabeR 2011, 543 f.

130   Wenn die Aufgabenprivatisierung in der Form der sogenannten **funktionalen Privatisierung** (Erfüllungsprivatisierung) geschieht, bedient sich ein öffentlicher Auftraggeber weiterhin eines Privaten, allerdings bei verbleibender Leistungsverantwortung im Außenverhältnis.[151] Der öffentliche Auftraggeber beschafft die Leistung des Privaten dann mittels eines öffentlichen Auftrages.

131   Die **Rekommunalisierung** ist grundsätzlich vergabefrei.[152] Sowohl bei der Aufgabenprivatisierung wie auch bei der Rekommunalisierung ist Voraussetzung für die Vergabefreiheit, dass entweder keine Auftragsbeziehungen begründet oder fortgeschrieben werden, die eine Beschaffung darstellen oder aber eine derartige Beschaffung ausschließlich im Verhältnis zu anderen rechtlich unselbstständigen Organisationseinheiten der öffentlichen Hand oder aber anderen rechtlich selbstständigen Organisationseinheiten der öffentlichen Hand nach Maßgabe der Rahmenbedingungen für vergabefreie Inhouse-Geschäfte umgesetzt wird.[153]

132   Die Vergabekammer Saarland hat ausgeführt:

133   *»Die **Verlagerung** oder **Rückverlagerung** von öffentlich-rechtlichen Kompetenzen von einer kommunalen oder staatlichen Stelle zu einer anderen, z.B. einer öffentlich-rechtlichen Vereinbarung, unterfällt mangels Beschaffungscharakter und damit in Ermangelung einer funktional und gewerbsmäßigen Teilnahme am Markt nicht dem Begriff des öffentlichen Auftrags im Sinne von § 99 Abs. 1 und Abs. 4 GWB, wenn die (Rück-)Verlagerung auf einer gesetzlichen Ermächtigung wie z.B. dem EVSG, beruht. Es handelt sich dann um einen dem Vergaberecht entzogenen Akt der Verwaltungsorganisation.*

Die Rückgängigmachung, das heißt die Rückverlagerung von übertragenen Aufgaben auf die Kraft Selbstverwaltungshoheit originär zuständige Kommune muss rechtlich entsprechend der zugrunde liegenden (Hin-)Verlagerung eingeordnet und behandelt werden. Auch hierbei geht es nicht um eine Beschaffungsmaßnahme, sondern um die Wiederherstellung der ursprünglichen verwaltungsorganisatorischen Zuständigkeit-/Kompetenzverteilung.«[154]

134   Auch der **Abschluss eines Gesellschaftsvertrages** des öffentlichen Auftraggebers mit einem weiteren öffentlichen oder privaten Gesellschafter unterfällt als solcher nicht dem Vergaberecht. Die Eingehung von Kooperationen zu einem gemeinsamen Zweck, einschließlich der damit bestehenden wechselseitigen Beitragsleistung zur Verfolgung der gemeinsamen Zwecke ist keine Beschaffung im Vergaberechtssinne.[155] Beschaffungsrechtlich relevant wird eine Gesellschaftsgründung mit einem privaten Partner nur dann, wenn neben die rein gesellschaftsrechtliche Ebene eine Beschaffungsebene tritt, die etwa darin besteht, dass von dem Mitgesellschafter Bauleistungen, Waren- oder Dienstleistungen bezogen werden, und zwar unabhängig davon, in welcher Rechtsform dies geschieht. Entsprechendes gilt für den Erwerb von bereits existierenden Geschäftsanteilen oder von Aktien.[156]

135   So hat etwa der EuGH in der Sache »Mödling« einen Beschaffungscharakter im Fall der **sukzessiven Anteilsveräußerung** (an einer Abfall GmbH) und Auftragserteilung bejaht. Der EuGH hat im Zusammenhang mit der Prüfung der Einheitlichkeit des Geschäftes herausgestellt, dass auch nachträglich bekannt werdende Ereignisse, welche eine umfassende Konstruktion indizierten, berücksichtigt werden müssten.[157]

---

151 Scharf/Dierkes VergabeR 2011, 545.

152 Vgl. dazu OLG Düsseldorf NZBau 2004, 58 = WuW/E 871 (2004); Michaels Vergabefreiheit der Rekommunalisierung von Entsorgungsleistungen NZBau 2004, 27f.; dazu ausführlich von Hoff VergabeR Sonderheft 2a 2013, 395.

153 Vgl. im Einzelnen Michaels NZBau 2004, 27 f.

154 VK Saarland Beschl. v. 24.10.2008, Az 3 VK 01/2008.

155 Dazu Jaeger NZBau 2001, 6f.; Hailbronner in: Byok/Jaeger § 99 Rn. 136; VK Stuttgart NZBau 2001, 340.

156 Vgl. Hailbronner in: Byok/Jaeger § 99 Rn. 136.

157 EuGH »Mödling« Urt. v. 10.11.2005 C-29/04 WuW/E 1163 (2005).

Auch die **bloße Verwertung von Vermögen der öffentlichen Hand** stellt keine Beschaffung dar. 136
Dementsprechend ist die Veräußerung von Sachvermögen, wie auch Grundstücken und Gesellschaftsanteilen grundsätzlich vergaberechtlich unerheblich. Etwas anderes gilt lediglich in Fällen
sogenannter eingekapselter Beschaffungen, wenn nämlich im Gesamtkonzept mit einem entsprechenden Veräußerungsvorgang Beschaffungsvorgänge abgewickelt werden sollen.

C. Verträge und Vertragsänderungen

I. Vertragliche Bindung

1. Der Vertragsbegriff

Nach § 103 Abs. 1 GWB sind öffentliche Aufträge **Verträge**. Der EuGH verlangt in Überein- 137
stimmung mit den EU-Vergaberichtlinien ebenfalls einen *»geschlossenen schriftlichen entgeltlichen
Vertrag«*.

Für die Auslegung dieses Merkmals kann **grundsätzlich** an den **zivilrechtlichen Vertragsbegriff** 138
angeknüpft werden: Verträge kommen durch Angebot und Annahme zustande, § 145 BGB. Im
Vergaberecht erfolgt die Annahme des Angebotes des Bieters i.d.R. durch den Zuschlag der Vergabestelle.[158] Auch wenn der Begriff des Vertrages aufgrund seiner Verankerung im EU-Recht nicht
alle Merkmale des § 145 BGB aufweisen muss, so setzt er doch das Einvernehmen zumindest zweier
Personen über die Erbringung von Leistungen voraus.[159]

Der **Erlass eines Bebauungsplans** ist kein Vertrag im vergaberechtlichen Sinne. Der Bebauungsplan 139
ergeht als Satzung, auf die Eigentümer oder sonstige Dritte keinen Anspruch haben. Der Bebauungsplan wird auch nicht dadurch zu einem Vertrag, dass er den Rahmen für einen möglicherweise
abzuschließenden Erschließungsvertrag setzt.[160] Auch eine **Baugenehmigung** als bloßer Verwaltungsakt ist kein Vertrag im vergaberechtlichen Sinne.[161]

Für das Vergaberecht ist die **Vertragsform grundsätzlich unerheblich**. Auch Verträge in Form eines 140
Vorvertrages, einer **Option** und **Rahmenverträge** unterliegen dem Vergaberecht. Dasselbe gilt für
Verträge zugunsten Dritter.[162] Es kommt nicht darauf an, wie der Vertrag überschrieben ist. So
kann auch eine »Betreuungsanweisung«, welche die Grundlage für die Durchführung eines Stadt-
busverkehrs sein sollte, als Dienstleistungsauftrag qualifiziert werden.[163] Nach Auffassung des BGH
ist der Anwendungsbereich des GWB nach Vertragsarten und Gegenständen prinzipiell umfassend
bestimmt. Lediglich Arbeitsverträge und die in § 107 GWB bezeichneten Verträge sind ausgenommen, wobei der Ausnahmekatalog als abschließend anzusehen ist.[164]

Ob ein Bauvertrag auf Grundlage einer **Leistungsbeschreibung** mit Leistungsverzeichnis oder einer 141
funktionalen Leistungsbeschreibung vergeben wird, ist für den Vertragsbegriff unerheblich.[165]

---

158 Vertragsschluss und Zuschlag können aber im Einzelfall auseinanderfallen VK Münster 14.10.1999 VK
    1/99.
159 OLG Düsseldorf »Bebauungsplan« Beschl. v. 04.03.2009 Verg 67/08 VergabeR 2009, 799 f.
160 OLG Düsseldorf »Bebauungsplan« Beschl. v. 04.03.2009 Verg 67/08 VergabeR 2009, 802.
161 Dazu offen gelassen bei OLG Düsseldorf »Bebauungsplan« Beschl. v. 04.03.2009 Verg 67/08 VergabeR
    2009, 799f.; anderer Ansicht Metz BauR 2009, 454 f.
162 Vergabekammer Schleswig-Holstein, Beschl. v. 26.07.2006, Az VK-SH 11/06; BayObLG NZBau 2005,
    595, 596 = VergabeR 2005, 349, 355; 1. VK Sachsen Beschl. v. 08.04.2011 1/SVK-002-11
    ZfBR 2011, 604.
163 OLG München »Stadtbusverkehr L« Beschl. v. 22.06.2011 Verg 6/11 NZBau 2011, 701 f.
164 BGH »Abellio Rail« Beschl. v. 08.02.2011 X ZB 4/10 NZBau 2011, 175, 177.
165 Vgl. etwa OLG Düsseldorf »Ausführungsplanung« Beschl. v. 11.12.2013 VII Verg 22/13 VergabeR 2014,
    401 f.

142 Vertrag in diesem Sinne kann auch die **Eingehung einer gesellschaftsrechtlichen Verbindung** sein, wenn – wie z.B. bei dem Beitritt zu einem Versicherungsverein auf Gegenseitigkeit – hiermit gleichzeitig ein Austauschverhältnis begründet werden kann.[166]

143 Ein Vertrag ist die von zwei oder mehreren Personen erklärte **Willensübereinstimmung** über die **Herbeiführung eines rechtlichen Erfolgs.** Sie setzt übereinstimmende Willenserklärungen der betroffenen Rechtssubjekte voraus. Diese Voraussetzung kann insbesondere auch durch eine **nicht förmliche,** auch **konkludente Abgabe** von Willenserklärungen erfüllt werden. Dafür reicht es auch aus, dass der Auftragnehmer die Leistungen aufgrund der Erteilung einer Genehmigung aufnimmt.[167] Entsprechendes gilt, wenn der Auftragnehmer das Angebot des Aufragnehmers, die Leistungen zu erweitern durch Ausführung der »aufgestockten« Leistungen **konkludent annimmt.**[168]

144 In der Entscheidung »*Helmut Müller*« hat der EuGH weiter konkretisiert, dass mit dem Begriff des Vertrages die Anwendung der Vorschriften des Unionsrechts auf die Vergabe von Aufträgen auf Rechnung des Staates und anderer Einrichtungen des öffentlichen Rechts bezweckt wird. Verpflichtungen, die sich aus dem Auftrag ergeben, müssen **rechtsverbindlich** sein. Mithin muss ihre **Erfüllung einklagbar** sein. Dabei werden mangels einer Regelung im Unionsrecht die Modalitäten für die Erfüllung solcher Verpflichtungen im Einklang mit dem Grundsatz der Autonomie dem nationalen Recht überlassen. Bloße **Absichten** stellen keine verbindlichen Verpflichtungen dar und können somit ein keiner Weise den Voraussetzungen eines schriftlichen Vertrages genügen.[169]

145 Auch **streitbeilegende Vergleiche** sind vom Vergaberecht nicht ausgenommen, sondern stellen entgeltliche Verträge dar.[170] Ist ein Vergleich geschlossen worden, kommt es für die Qualifizierung als Bau-, Liefer- oder Dienstleistung oder Konzession darauf an, zu welcher Auftragsform die engste Beziehung besteht.[171]

2. Für den Primärrechtsschutz ist noch kein endgültig wirksamer Vertragsschluss erforderlich

146 Die Voraussetzungen für die Einleitung eines Vergabeverfahrens sind **begrifflich weiter zu fassen** als ein Vertragsschluss im engeren Sinne. Das vergaberechtliche Nachprüfungsverfahren bezieht sich nicht auf bereits schon abgeschlossene Verträge, sondern betrifft vielmehr den auf den Vertragsschluss gerichteten Prozess.[172] Der öffentliche Auftraggeber hat im Vorfeld eines Vertragsschlusses zu prüfen, ob er ein Vergabeverfahren einzuleiten hat. Schließlich kommt es auch für das Nachprüfungsverfahren nicht darauf an, dass ein **Vertrag bereits geschlossen ist,** vielmehr hat insbesondere die Diskussion zu den De-facto-Vergaben gezeigt, dass schon das Vorstadium relevant ist, nämlich der nach außen in Erscheinung tretende Wille des öffentlichen Auftraggebers, eine Beschaffung durchzuführen.

147 Ein Vertrag ist erst das **Ergebnis des Beschaffungsprozesses.** Der öffentliche Auftraggeber muss eine entsprechende vertragliche Bindung **anstreben.**[173] Dementsprechend ist in materiell-rechtlicher Hinsicht zu prüfen, ob das Verhalten des öffentlichen Auftraggebers **auf eine vertragliche Bindung gerichtet** ist, ob er also erste Schritte eines Beschaffungsprozesses verwirklicht hat oder noch im Vorstadium, etwa einer bloßen Markterkundung tätig ist.

148 Da es somit für das Vergabeverfahrensrecht lediglich darauf ankommt, dass der öffentliche Auftraggeber bereits konkrete Beschaffungszwecke verfolgt, jedoch ein Vertrag noch nicht abgeschlossen sein muss, kommt es auch nicht darauf an, ob ein bereits abgeschlossener Vertrag zum Zeitpunkt

---

166 OLG Düsseldorf VergabeR 2006, 509, 514.
167 OLG Naumburg »Rettungswache W« Beschl. v. 22.12.2011 II Verg 10/11 NZBau 2012, 258.
168 OLG Schleswig Beschl. v. 28.08.2015 1 Verg 1/15 NZBau 2015, 718, 721.
169 EuGH »Helmut Müller« Urt. v. 25.03.2010 C 451/08 NZBau 2010, 321, 326, Rn. 46, 62, 88.
170 EuGH Urt. v. 14.11.2013 Rs. C-221/12 IBR 2014, 97.
171 Vgl. LG Münster Beschl. v. 11.08.2015 016 O 93/15 NZBau 2015, 727, 728.
172 3. VK des Bundes beim Bundeskartellamt Beschl. v. 25.02.2010 VK 3-9/10.
173 Vgl. etwa OLG Düsseldorf »Polizeiwache« Beschl. v. 07.08.2013 VII Verg 14/13 NZBau 2014, 57, 59.

der Einreichung eines Nachprüfungsantrages **wirksam** oder **unwirksam** ist.[174] Dementsprechend ist es auch gleichgültig, ob ein **genehmigungsbedürftiger Vertrag** vorliegt und noch Genehmigungen von Aufsichtsbehörden ausstehen.[175]

Zu berücksichtigen ist, dass ein unter zivilrechtlichen Gesichtspunkten **erloschenes Angebot** vom öffentlichen Auftraggeber ggf. noch angenommen wird.[176] Deshalb führt das Erlöschen von Angeboten aufgrund **abgelaufener Bindefrist** nicht automatisch zum Erlöschen des Primärrechtsschutzes.

149

Andererseits muss zumindest **ein Vergabeverfahren begonnen sein.** Die Vergabekammer ist nicht befugt, vorbeugend Ansprüche zu regeln, die ein erst künftig einzuleitendes Vergabeverfahren betreffen. Will ein Wirtschaftsteilnehmer eine bestimmte Tätigkeit des öffentlichen Auftraggebers in einem nicht eingeleiteten Vergabeverfahren erzwingen, muss er sich der Zivilgerichte bedienen.[177]

150

3. Abgrenzung zur Markterkundung

Vor Zustandekommen eines Vertrages definiert der öffentliche Auftraggeber seinen Beschaffungsbedarf und führt zu diesem Zweck ggf. Markterkundungen durch. Markterkundungsverfahren finden im **Vorfeld des Vertragsschlusses** selbst statt. Markterkundungsverfahren definieren die Grenze zum materiell zu bestimmenden Beginn eines Vergabeverfahrens. Sobald die Tätigkeiten des Auftraggebers das Stadium der Markterkundung verlassen, ist der Anwendungsbereich des Kartellvergaberechts eröffnet und Primärrechtsschutzmöglichkeiten bestehen.

151

Die Zulässigkeit einer Markterkundung ist nunmehr in § 28 VgV ausdrücklich geregelt. Die Vorschrift lautet:

152

» § 28 Markterkundung

153

(1) Vor der Einleitung eines Vergabeverfahrens darf der öffentliche Auftraggeber Markterkundungen zur Vorbereitung der Auftragsvergabe und zur Unterrichtung der Unternehmen über seine Auftragsvergabepläne und -anforderungen durchführen

(2) Die Durchführung von Vergabeverfahren lediglich zur Markterkundung und zum Zwecke der Kosten- oder Preisermittlung ist unzulässig.«

Markterkundungsverfahren sind zum Teil gesetzlich vorgesehen, etwa in der Breitbandrichtlinie.[178] Im Kern hat das Markterkundungsverfahren die Zielstellung, mögliche Bieter zu ermitteln und ein sachgerechtes Vergabeverfahren zu strukturieren.

154

Ein Vergabeverfahren beginnt noch nicht mit der Vornahme von Maßnahmen zur Markterkundung, von Machbarkeitsstudien und von vergleichenden Wirtschaftlichkeitsberechnungen und auch nicht durch Selbstauskünfte der Vergabestelle über künftige Beschaffungsvorhaben, z.B. im Rahmen eines sogenannten Beschafferprofils und auch nicht durch die Bekanntmachung einer Vorinformation.[179] Das OLG Celle hat entschieden, dass das materielle Verständnis vom Beginn des Vergabeverfahrens einen internen **Beschaffungsbeschluss des Auftraggebers** sowie eine nach **außen erkennbare Umsetzung,** der zufolge der Auftraggeber über die bloße Vorbereitung hinaus damit beginnt und dazu bestimmte organisatorische und planerische Maßnahmen ergreift, einen Auftragnehmer zu ermitteln., also z.B. Angebote einholt, Bietergespräche führt oder sogar gewertet und sich für ein Angebot entschieden hat. Der Auftraggeber muss über das Stadium bloßer Vorstudien des Marktes oder sonstiger rein vorbereitender Handlungen hinausgenannt sein. Während

155

---

174 OLG Düsseldorf »Equal« VergabeR 2002, 410; OLG Dresden »Standardsoftware II« WuW/E Verg. 384 (2000).

175 Vgl. OLG Frankfurt VergabeR 2005, 80, 82.

176 OLG Düsseldorf Beschl. v. 04.02.2009 Verg 70/08 ZfBR 2013, 289.

177 OLG Düsseldorf Beschl. v. 10.03.2014 Verg 11/14.

178 Vgl. etwa OLG München »Breitbandnetz« Beschl. v. 25.03.2011 Verg 4/11 VergabeR 2011, 606.

179 OLG Naumburg »Ersatzneubau Fußballstadion« Beschl. v. 08.10.2009 1 Verg 9/09 VergabeR 2010, 219.

nach diesen Grundsätzen Machbarkeitsstudien oder vergleichende Wirtschaftlichkeitsberechnungen nicht ausreichen, so genügen Maßnahmen des Auftraggebers, die nach außen wahrgenommen werden und geeignet sind, das leitende Unternehmen mit dem Ziel eines Vertragsschlusses zu ermitteln und auszuwerten.[180]

156 Für die **Abgrenzung** eines materiellen Vergabeverfahrens von einer bloßen Markterkundung ist darauf abzustellen, ob und inwieweit der öffentliche Auftraggeber den Beschaffungsvorgang organisatorisch und planerisch selbst eingeleitet und mit potenziellen Anbietern Kontakte mit dem Ziel aufgenommen hat, das Beschaffungsvorhaben mit einer verbindlichen rechtsgeschäftlichen Einigung abzuschließen. Wenn ein Auftraggeber Bieter um eine Präzisierung ihrer Angebote bittet und zu Vergabegesprächen einlädt, ist die Schwelle von der bloßen Markterkundung zur konkreten Beschaffung überschritten.[181]

157 Der EuGH hat herausgestellt, dass für das Vergaberecht bereits die dem Vertragsabschluss vorausgehende **Entscheidung** des öffentlichen Auftraggebers darüber, welchem Marktteilnehmer er einen Auftrag erteilen will, für das Vergaberecht von Bedeutung ist und nachprüfbar sein muss.[182]

158 Dementsprechend stellt auch der Abschluss eines **Handelspartner-Rahmenvertrages**, der noch keine Bestellungen enthält, jedoch bestimmte Vertragsgrundlagen für den Fall des Abrufes von Leistungen regelt, einen öffentlichen Auftrag dar.[183] Speziell Erscheinungsformen der Rahmenverträge zeigen, dass die Vertragsparteien nicht mit denjenigen Personen übereinstimmen müssen, die später einzelne Leistungen abrufen. Die europäischen Vergaberichtlinien verlangen schon nach ihrem Wortlaut nicht, dass die jeweiligen Vertragspartner von Rahmenvereinbarungen und Einzelverträgen identisch sein müssen.[184]

159 Eine Nachprüfbarkeit wegen Fehlens eines Vertrages ist lediglich dann nicht gegeben, wenn Handlungen betroffen sind, die eine bloße **Vorstudie** des Marktes darstellen oder die rein vorbereitend sind und sich im Rahmen der internen Überlegung des öffentlichen Auftraggebers im Hinblick auf die Vergabe eines öffentlichen Auftrags abspielen.[185]

160 Eine grundsätzlich zulässige Markterkundung kann insbesondere dann einer vergaberechtlichen **Überprüfung** zugeführt werden, wenn sie darauf hinausläuft, dass lediglich noch ein Produkt als geeignet angesehen wird. Denn bei der Fragestellung, ob ganz ausnahmsweise in Übereinstimmung mit dem öffentlichen Vergaberecht auf eine freihändige Vergabe gewechselt werden kann, weil nur noch ein Bieter in Betracht kommt, kann die Frage erheblich sein, ob die Vergabestelle eine sachgerechte Markterkundung durchgeführt hat. Insoweit kann es eine Rolle spielen, ob die Markterkundung bei Durchführung der Beschaffung noch aktuell war.[186]

161 Der EuGH hat zudem klargestellt, dass jede Maßnahme eines öffentlichen Auftraggebers, die im Zusammenhang mit einem öffentlichen Auftrag getroffen wird und Rechtswirkung entfalten kann, eine nachprüfbare Entscheidung darstellt, unabhängig davon, ob diese Maßnahme **außerhalb eines förmlichen Vergabeverfahrens** oder im Rahmen eines solchen Verfahrens getroffen wurde; zudem hält er fest:

---

180 OLG Celle »Rettungsdienst« Beschl. v. 30.10.2014, Az 13 Verg 8/14, NZBau 2014/780; Mutschler-Siebert/ Queisner, NZBau 2014, 535.
181 OLG München Beschl. v. 19.07.2012 Verg 8/12.
182 Vgl. dazu EuGH 11.01.2005 »Stadt Halle« NZBau 2005, 111, 113 f. = VergabeR 2005, 44, 49 = WuW/E Verg. 1025, 1028f. (2005).
183 Vergabekammer bei der Bezirksregierung Düsseldorf Beschluss VK-07/2008-L v. 23.05.2008.
184 OLG Düsseldorf »Schuhwerk« NZBau 2007, 525, 527 = VergabeR 2007, 622 f.; auch 3. VK Bund Beschl. v. 18.12.2007, Beschluss VK 3-139/07.
185 VK Saarland Beschl. v. 19.05.2006, Az 3 VK 03/2006.
186 VK Baden-Württemberg/Karlsruhe Beschl. v. 17.05.2010 1 VK 18/10.

Nicht nachprüfbar sind Handlungen, die eine bloße Vorstudie des Marktes darstellen oder die rein vorbereitend sind und sich im Rahmen derinternen Überlegungen des öffentlichen Auftraggebers im Hinblick auf die Vergabe eines öffentlichen Auftrags abspielen. **162**

Unerheblich sind dabei zunächst die Aufnahme von **Unternehmenskontakten** oder sonstigen öffentlichen Aktivitäten des öffentlichen Auftraggebers, die sich auf eine **Markterkundung** oder **Marktbeobachtung** ohne konkrete Beschaffungsinitiative beschränken. Mindestvoraussetzung für ein Vergabeverfahren ist die Feststellung, dass ein öffentlicher Auftraggeber eine bestimmte Maßnahme überhaupt durchführt, dass er hierzu hinreichend konkret bestimmte Aufträge an Dritte vergeben will und sich demgemäß die Frage stellt, wer den Auftrag erhalten soll.[187] **163**

Die vergaberechtliche Abgrenzung zu den so genannten bloßen Markterkundungen ist danach vorzunehmen, ob und inwieweit der öffentliche Auftraggeber einen Beschaffungsvorgang organisatorisch und planerisch bereits eingeleitet und Kontakte zu potenziellen Anbietern mit dem Ziel aufgenommen hat, das Beschaffungsvorhaben mit einer verbindlichen rechtsgeschäftlichen Einigung abzuschließen.[188] Speziell für Zwecke des Primärrechtsschutzes wird auf ein **materielles Verständnis** des Beschaffungsbegriffs abgestellt. Danach kann nicht mehr von einer bloßen Markterkundung gesprochen werden, sondern ist der Beginn eines konkreten Vergabeverfahrens jedenfalls dann anzunehmen, wenn sich der öffentliche Auftraggeber zur Deckung eines Bedarfs, also zur Beschaffung von Waren, Bau- oder Dienstleistungen entschlossen hat und mit organisatorischen und/oder planerischen Schritten – insbesondere (aber nicht nur) mit Kontakten zu potenziellen Anbietern – beginnt zu regeln, auf welche Weise (insbesondere auf welche Vergabeart) und mit welchen gegenständlichen Leistungsanforderungen das Beschaffungsvorhaben eingeleitet und durchgeführt und wie die Person oder der Personenkreis des oder der Leistenden ermittelt und dann mit dem Endziel eines verbindlichen Vertragsschlusses ausgewählt werden soll.[189] **164**

Befasst sich der öffentliche Auftraggeber im Vorfeld eines Vergabeverfahrens zunächst mit der Bildung eines **Einkaufskonsortiums**, dann ist diese Tätigkeit zunächst eine rein vorbereitende Handlung, die mit dem Verfahren der Bedarfsdeckung als solchem und seiner Einleitung noch nichts zu tun hat. Es liegt nicht einmal eine Markterkundung vor. Rechtsgeschäfte mit Beschaffungsbezug sind hiermit noch nicht verbunden.[190] **165**

Der EuGH hat auch die französischen Vorschriften zur Vergabe von sogenannten **Projektbestimmungsaufträgen** beanstandet. Hierbei handelt es sich um zweistufige Beauftragungen. Im Rahmen der ersten Stufe werden Auftragnehmer mit der Projektbestimmung beauftragt (Maßnahmen der Projektentwicklung, wie der Ergründung, Ausgestaltung und Präzisierung der Bedürfnisse des Auftraggebers). Aus den so gewonnenen Teilnehmern kann der Auftraggeber alsdann diejenigen Auftragnehmer auswählen, die für die Projektausführung in Betracht kommen. Dieses gestufte Vergabeverfahren hat der EuGH beanstandet, weil Unternehmen, die nicht Auftragnehmer eines Projektbestimmungsauftrages geworden sind, diskriminiert würden.[191] **166**

Noch keine konkrete Beschaffung, sondern der Markterkundung sind sogenannte **Andienungsverfahren** zuzuordnen, bei denen der öffentliche Auftraggeber seinen Beschaffungsbedarf in Medien darstellt (etwa mit Bedarfsprognosen usw.), um potenziellen Marktteilnehmern überhaupt die Möglichkeit zu geben, den Beschaffungsbedarf des öffentlichen Auftraggebers zu erkennen.[192] Der Bereich der Markterkundung wird allerdings verlassen, wenn ein öffentlicher Auftraggeber Ange- **167**

---

187 OLG Düsseldorf 20.06.2001 NZBau 2001, 696, 699; OLG Jena 22.11.2000 VergabeR 2001, 52, 54.
188 OLG Düsseldorf »Entsorgungswirtschaft« WuW/E Verg. 1005, 1007 (2004).
189 OLG Düsseldorf »Equal« VergabeR 2002, 409, sowie NZBau 2002, 583, 584 = WuW/E Verg. 659, 660; BayObLG NZBau 2003, 634.
190 Vgl. OLG Düsseldorf NZBau 2002, 583, 584 = WuW/E Verg. 659, 660.
191 EuGH Urt. v. 10.12.2009 C-299/08 NZBau 2010, 191, 193 f.
192 VK Bund Beschl. v. 01.02.2001 WuW/E Verg. 433 (2001).

bote mit verbindlichen Preisangaben anfordert.[193] Dementsprechend stellt es keine unzulässige Markterkundung, sondern einen auf Vertragsabschluss gerichteten Vorgang dar, wenn eine zentrale Beschaffungsstelle einen **Rahmenvertrag** vergeben will, dessen Einzelabrufe auch von Dritten vorgenommen werden können.[194]

168 Gerade bei Rahmenverträgen ergeben sich aber Abgrenzungsschwierigkeiten zu einem bloßen **Präqualifikationsvorgang.** So hatte ein dem Auswärtigen Amt unterstelltes Kulturinstitut Fortbildungskurse für ausländische Deutschlehrer gefördert und insoweit Stipendien an ausländische Sprachlehrer gewährt. Hiergegen wehrte sich ein Sprachinstitut im Inland, das ebenfalls Deutschkurse anbot. Die 1. VK Bund stellte in diesem Fall fest, dass in der Gewährung von Stipendien kein Auftragsverhältnis im Sinne des § 99 GWB zu sehen sei. Ein konkreter Vertragsinhalt lasse sich nicht feststellen. Bloße Zuwendungen (Pauschbeträge) seien von vertraglichen Entgelten abzugrenzen. Die rechtliche Ausgestaltung der Rechtsbeziehung zu den einzelnen Sprachlehrern erschöpfte sich in einem Zuwendungsverhältnis. Dagegen spreche nicht, dass ausdrücklich ein »Rahmenvertrag« geschlossen worden sei, in dem auch »Vertragsaufgaben« benannt waren. Denn maßgeblich sei der materielle Inhalt der eingegangenen Verpflichtungen. Diese aber enthielten keine ausreichend bestimmbare Dienstleistung.[195]

169 Wenn ein öffentlicher Auftraggeber **Rahmenverträge** ausschreibt, die die Ölreinigung von Bundesautobahnen nach Unfällen zum Gegenstand haben, sind diese auch dann als Dienstleistungsaufträge im Sinne des § 103 GWB zu behandeln, wenn der Auftragnehmer die Rechnung jeweils an Dritte, nämlich die Unfallverursacher, zu versenden hat.[196]

170 Bei den **Rabattverträgen** für Arzneimittel handelt es sich ebenfalls um Rahmenvereinbarungen, obwohl die Rabattverträge selbst noch nicht den eigentlichen Austauschvertrag beinhalten, sondern lediglich Bedingungen für Einzelverträge regeln, die zu einem späteren Zeitpunkt abgeschlossen werden s. dann auch Rdn. 175.[197]

171 Ein Vertrag, in welchem eine Gemeinde einer Brauerei das **Exklusivrecht** einräumt, einen Festwirt bei einer von einer Gemeinde veranstalteten Festwoche mit Bier zu beliefern und in welchem die Gemeinde ihrerseits sich dazu verpflichtet, dem Festwirt vertraglich aufzuerlegen, nur dieses Bier auszuschenken, stellt nach Auffassung des OLG München mangels Beschaffungsvorgang keinen öffentlichen Vertrag im Sinne des § 99 Abs. 1 GWB dar.[198] Die Entscheidung ist im Hinblick auf die vorstehend dargestellte Rechtsprechung zur Vergaberelevanz von Rahmenverträgen abzulehnen.

4. Stufenweise oder gestreckte Vertragsbindung

172 Bei einer **stufenweisen Vertragsbindung**, etwa infolge einer zunächst vorgesehenen Gesellschaftsgründung mit einem Partner und einem anschließenden Abschluss eines Beschaffungsvertrages, verlässt der öffentliche Auftraggeber bereits bei der Suche nach einem Vertragspartner (für die erste Stufe) den Bereich der Markterkundung.[199]

173 In der Entscheidung »*Mödling*« hat sich der EuGH gegen Umgehungsstrategien dergestalt gewendet, dass in künstlicher Form **Verträge aufgespalten** werden. Der entschiedene Fall betraf die Gründung einer Abfall GmbH, den Abschluss der Entsorgungsvereinbarung mit ihr und die Abtretung von Geschäftsanteilen. Für derartige Fälle hat der EuGH entschieden, dass die Vergabe des Auftra-

---

193 VK Hessen beim Regierungspräsidium Darmstadt 69 d.VK-09/2004.
194 Vgl. BayObLG »Integrierte Leitstelle« VergabeR 2005, 349, 355.
195 VK Bund Beschl. v. 03.08.2006, Az VK 1-49/06.
196 OLG Karlsruhe »Ölspurbeseitigung« Beschl. v. 16.12.2009 15 Verg 5/09 VergabeR 2010, 685.
197 VK Bund Beschl. v. 16.12.2008, Az VK 1-156/08.
198 OLG München Beschl. v. 22.01.2012 Verg 17/11 IBR 2012, 217.
199 VK Baden-Württemberg beim Landesgewerbeamt Baden-Württemberg Beschl. v. 24.01.2001 1-VK 34/00.

ges unter Berücksichtigung der Gesamtheit aller Schritte sowie im Hinblick auf die gesamtheitliche Zielrichtung zu prüfen ist und nicht anhand ihrer rein zeitlichen Abfolge.[200]

Schon die **verbindliche Ernennung von Auftragnehmern** für die zukünftige Erbringung bestimmter Leistungen kann als gegenseitiger Vertrag gelten, vorausgesetzt, dass beide Vertragspartner davon ausgehen, dass die Leistung auf Anfrage erbracht werden muss.[201] Selbst eine **Empfehlung** soll funktional als öffentlicher Auftrag anzusehen sein, wenn rein faktisch kein weiterer Wettbewerb vor der Bedarfsdeckung stattfinden würde.[202]   174

5. Zulassungsverfahren »Open-House-Modell«

Das OLG Düsseldorf hat in seiner Entscheidung »Mesalazin« die Auftragsqualität eines bloßen Zulassungsverfahrens im Zusammenhang mit Rabattvereinbarungen der Krankenkassen verneint. Das OLG Düsseldorf hat ausgeführt: 175

»Der Senat hält es nicht für ausgeschlossen, dass Auftragsvergaben in bloßen Zulassungsverfahren   176
(»Open-House-Modell«) nicht dem Vergaberecht unterfallen. Dem EU-Recht kann nicht entnommen werden, dass Aufträge nur in Form öffentlicher Aufträge zu vergeben sind. In seinem Urteil vom 10.09.2009 (WAZV Gotha, NZBau 2009, 729) hat der EuGH zum Verhältnis zwischen Dienstleistungsauftrag und Dienstleistungskonzession ausgeführt, EU-Recht schreibe nicht vor, dass Verträge zwingend in der Form dem Vergaberecht unterliegender öffentlicher Aufträge zu vergeben seien, wenn die rechtmäßige Alternative (dort Dienstleistungskonzession) besteht. ... Kann jedes geeignete Unternehmen ohne Probleme einen Vertrag mit dem Auftraggeber schließen, fehlt es an einer Auswahl des Auftraggebers mit den damit verbundenen Problemen der Diskriminierung und den Wirtschaftsteilnehmern, der das Vergaberecht gemäß Art. 2 und Erwägungsgrund 2 RL 2004/18/EG entgegenstehen will. Ist ein Vertragsschluss jederzeit rechtlich und tatsächlich möglich, entfällt ein Wettbewerbsvorteil für ein Unternehmen und es findet kein Wettbewerb statt.

Der Senat sieht seine Auffassung der Vereinbarkeit bloßer Zulassungsverfahren mit dem Unionsrecht durch Art. 1 II Art. 2 I Nr. 5 der am 17.04.2014 in Kraft getretenen RL 2014/24/EU vom 26.02.2014 in Verbindung mit Erwägungsgrund 4 gestützt. ... Erwägungsgrund 4 II RL 2014/24/ EU lautet: »... Des Weiteren gelten die Vorschriften für öffentliche Auftragsvergaben in der Regel nicht für .... Ebenso sollten Fälle, in denen alle Wirtschaftsteilnehmer, die bestimmte Voraussetzungen erfüllen, zur Wahrnehmung einer bestimmten Aufgabe – ohne irgendeine Selektivität – berechtigt sind, wie beispielsweise bei einer Auswahl durch Kunden und bei Dienstleistungsgutscheinsystemen, nicht als Auftragsvergabe verstanden werden, sondern als einfache Zulassungssysteme (z.B. Zulassungen für Arzneimittel);«

Der Senat sieht es zur Wahrung der mit Unionsrecht verfolgten Ziele als erforderlich an, ein vergaberechtsfreies Zulassungsverfahren nur unter Beachtung der in Art. 2 RL 2004/18/EG aufgeführten Grundsätze der Nichtdiskriminierung, Transparenz und Gleichbehandlung für zulässig zu erachten, weil sich das Gemeinschaftsrecht über europäisches Vergaberecht hinaus diesen Grundsätzen verpflichtet hat. Aus der Bindung öffentlicher Auftraggeber an das Diskriminierungsverbot ergeben sich verfahrensbezogene und materielle Anforderungen an die Auswahlentscheidung bei im Wettbewerb vergebenen öffentlichen Aufträgen. Das Auswahlverfahren muss so gestaltet werden, dass interessierte Unternehmen erkennen können, worauf es dem öffentlichen Auftraggeber bei der Auswahlentscheidung ankommt. Hierbei sind Transparenzerfordernisse zu beachten, die aus dem Diskriminierungsverbot folgen. Diesen Grundsätzen ist ein öffentlicher Auftraggeber auch und erst recht verpflichtet, wenn er von einer Auswahlentscheidung absehen und einen Auftrag in einem Verfahren vergeben will, das sich aus den Bindungen an europäisches Vergaberecht löst. Aus der aufrecht erhaltenen Bindung

---

200 EuGH »Mödling« VergabeR 2006, 47, 48.
201 Vgl. amtliche Begründung zur Dienstleistungsrichtlinie v. 06.12.1990 (von der Kommission vorgelegt) Rn. 24.
202 So Vergabekammer bei der Bezirksregierung Düsseldorf Beschl. VK-07/2008-L v. 23.05.2008.

an Gemeinschaftsrecht ergeben sich in einem solchen Fall ebenfalls verfahrensbezogene und materielle Anforderungen, die die Einhaltung der gemeinschaftsrechtlichen Ver- und Gebote sicherstellen. Ein vergaberechtsfreies Zulassungsverfahren genügt diesen Anforderungen nur, wenn es jede Selektivität in der Weise ausschließt, dass keinem Wirtschaftsteilnehmer ein irgendwie gearteter Wettbewerbsvorteil verschafft wird. Ein solcher Vorteil beschränkt sich dabei nicht auf wirtschaftliche Vorteile. Eine Diskriminierung und Ungleichbehandlung kann vielmehr bereits durch die Verfahrensgestaltung bewirkt werden und muss ausgeschlossen sein. Es stellt bereits einen Diskriminierung ermöglichenden Wettbewerbsvorteil von Wirtschaftsteilnehmern dar, wenn die Durchführung eines Zulassungsverfahrens nicht hinreichend publiziert wird, keine eindeutigen und klaren Regeln über den Vertragsschluss und den Vertragsbeitritt festgelegt werden, nur einer von ihnen auf den Inhalt des Vertrages Einfluss nehmen kann und Dritte nur die Wahl zwischen einem Vertragsbeitritt zu den von einem anderen für dessen Bedingungen bereits ausgehandelten Vertrag oder dem Verzicht auf eine Teilnahme bleibt und Vertragsschlüsse nicht dem in § 23 VOL/A-EG zum Ausdruck gebrachten Rechtsgedanken entsprechend im Nachhinein europaweit bekannt gemacht werden.«[203]

177   Dieser Auffassung war auch der nationale Gesetzgeber. In der Regierungsbegründung zu § 103 GWB heißt es dementsprechend auch:

178   *»Daraus lässt sich schließen, dass die Zulassung von Dienstleistungserbringern im sozialhilferechtlichen Dreiecksverhältnis nicht der Richtlinie 2014/24/EU unterfällt. Gleiches gilt für die Zulassung von Pflegeeinrichtungen sowie die Feststellung der fachlichen Eignung im Rahmen der Zulassung besonderer Dienste oder besonderer Einrichtungen. Weiterhin hat der Unionsgesetzgeber in Erwägungsgrund 6 hervorgehoben, dass es den Mitgliedsstaaten frei stehe, die Erbringung von sozialen oder anderen Dienstleistungen entweder als Dienstleistungen von allgemeinem wirtschaftlichen Interesse oder als nicht wirtschaftliche Dienstleistungen von allgemeinem Interesse oder als eine Mischung davon zu organisieren. Der Unionsgesetzgeber stellt in diesem Zusammenhang klar, dass nicht wirtschaftliche Dienstleistungen von allgemeinem Interesse nicht in den Geltungsbereich der Richtlinie 2014/24/EU fallen.«*

6. Interimsbeauftragungen

179   Auch bei einer bloß *»übergangsweisen Vergabe«* (**Interimsbeauftragung**) von Leistungen stellt sich die Frage, ob bereits eine relevante Beschaffung angenommen werden kann. Vielfach können öffentliche Vergabeverfahren nicht zeitgerecht begonnen oder abgeschlossen werden, ohne dass der öffentliche Auftraggeber dies zu vertreten hat. In einem solchen Fall ist ein öffentlicher Auftraggeber ggf. gezwungen, interimsweise einen der Bieter oder einen der Dritten im Wege einer freihändigen Vergabe für Teile des ausgeschriebenen Auftrages heranzuziehen. Auch diese Maßnahmen sind jedoch als öffentlicher Auftrag zu qualifizieren.[204] Ein Interimsauftrag ist kein wie auch immer gearteter Teil des ursprünglich ausgeschriebenen Auftrags, sondern ein zusätzlicher Auftrag, der auch hinsichtlich des Auftragswertes selbständig zu betrachten ist.[205] Nach der Auffassung des EuGH entzieht allein der Wille des Auftraggebers, eine bloße Interimsbeauftragung vorzunehmen, um nach einer Übergangszeit entsprechende Leistungen auszuschreiben, das entsprechende Vorhaben nicht dem Vergaberecht.[206]

180   Das OLG Koblenz hatte in der Entscheidung *»Regiopost«* formuliert:

---

203   OLG Düsseldorf »Mesalazin« Beschl. v. 13.08.2014, Az VII Verg 13/14, NZBau 2014, 654, 657 = VergabeR 2015, 34 f.

204   OLG Dresden »Aufnahmeeinrichtung« VergabeR 2008, 567, 570; OLG Brandenburg »Flughafen Berlin-Schönefeld I« NZBau 2007, 329, 332; VK Arnsberg Beschl. v. 25.08.2008, VK 14/08: Eine einjährige Interimsbeauftragung kann im Einzelfall im Bereich der Daseinsvorsorge nach § 3 a Nr. 2 d) VOL/A/§ 3 Nr. 4 f), ggf. auch § 3 Nr. 4 d) VOL/A zulässig sein, sodass eine Nichtigkeit nach § 13 VgV nicht anzunehmen ist.

205   OLG Koblenz »Regio Post« Beschl. v. 24.03.2015 Verg 1/15 NZBau 2015, 386.

206   EuGH »Oulon Kau punki« Urt. v. 22.12.2010 C 215/09 NZBau 2011, 312, 314.

»Ein Interimsauftrag, der darauf beruht, dass in einem durch ein Nachprüfungsverfahren verzögertes 181
Vergabeverfahren eine Zuschlagserteilung auf den Hauptauftrag unterblieb, stellt einen zusätzlichen
Auftrag dar, der auch hinsichtlich des Auftragswerts selbständig und losgelöst von dem Hauptauftrag
zu betrachten ist. Angesichts einer durchschnittlichen Dauer eines Vorabentscheidungsverfahrens beim
EuGH von ca. 16 Monaten, ist es nicht zu beanstanden, wenn der öffentliche Auftraggeber einen
vorzeitig kündbaren Interimsvertrag mit einer Laufzeit von 12 Monaten vorsieht.«[207]

Der Nachprüfung unterfallen entsprechende Interimsbeauftragungen allerdings nur, wenn der 182
Auftragswert den maßgeblichen **Schwellenwert** überschreitet. Für die Feststellung des Auftragswertes kommt es nicht auf den Auftragswert eines Ursprungsauftrags oder der insgesamt neu zu
beschaffenden Leistung, sondern lediglich auf den Wert der Interimsbeauftragung an. Dabei können Auftragswerte für gebündelte Beschaffungen mit mehreren Unternehmen, die miteinander
verbunden sind, zusammengerechnet werden.[208] Bei einem notwendigen eigenständigen Interimsauftrag handelt es sich dementsprechend um einen zusätzlichen Auftrag mit einem **eigenständi-**
gen Auftragswert. Werte von früheren Interimsaufträgen über gleichgelagerte Leistungen sind zur
Wertberechnung nur dann hinzuzurechnen, wenn der Auftraggeber in der Vergangenheit gegen das
Umgehungsverbot verstoßen hat.[209]

Die Notwendigkeit, ggf. Interimsaufträge ohne Primärrechtsschutz erteilen zu können, ist von 183
Marx/Hölzl in einem Aufsatz *»Interimsaufträge – schneller als das Vergaberecht erlaubt?«*[210] ausgiebig
untersucht worden. Die Verfasser heben darauf ab, dass es **keine** absolute **feste zulässige Laufzeit**
von Interimsaufträgen gibt und dass bei Überschreitung der Schwellenwerte die Anforderungen an
eine Direktvergabe nach den maßgeblichen Vergabeordnungen eingehalten werden müssen.

Problematisch ist insbesondere die Frage, ob Interimsaufträge auch angesichts einer vom Auftrag- 184
geber **selbst verschuldeten Dringlichkeit** (etwa Vergabefehlern oder nicht rechtzeitiger Einleitung
eines Vergabeverfahrens) im Wege der Direktvergabe vollzogen werden können. Im Bereich der
Daseinsvorsorge kann die Dringlichkeit einer Interimsvergabe auch dann gegeben sein, wenn sie
auf vom Auftraggeber zu vertretenden Umständen beruht.[211]

Da Bieter nicht nur durch den Zuschlag des Gesamtauftrages, sondern auch durch den **de** 185
facto-Teilvollzug gefährdet werden können, sofern eine freihändige Vergabe unabdingbar ist müssen nach Auffassung des OLG Dresden **sämtliche Bieter in eine ggf. erforderliche freihändische**
Vergabe einbezogen werden.[212] Auch nach der Auffassung des OLG Hamburg handelt es sich bei
einer sogenannten Interimsvergabe um einen öffentlichen Auftrag, der aber ggf. im Rahmen einer
freihändigen Vergabe erteilt werden darf. Allerdings seien diejenigen, die sich an einem vorangegangenen Vergabe- und Nachprüfungsverfahren beteiligt hätten, auch an dem Interimsverfahren zu
beteiligen. Dementsprechend dürfe der öffentliche Auftraggeber die Leistungen auch nicht ohne
Vorabinformation von interessierten Unternehmen vergeben. Da die befristete Leistung in der
Regel zum Ende eines Nachprüfungsverfahrens bereits abgelaufen ist, komme lediglich die Feststellung in Betracht, dass der interessierte Bewerber in seinen Rechten verletzt sei.[213] Zu beachten ist
aber immer, ob eine Vorabinformation der Bieter nach § 101 Abs. 2 GWB entfallen kann.

Differenzierter hat die VK Rheinland-Pfalz entschieden und ausgeführt: 186

---

207 OLG Koblenz »Regiopost« Beschl. v. 24.03.2015 Verg 1/15 NZBau 2015, 386 = VergabeR 2015, 620.
208 OLG Brandenburg Beschl. v. 06.03.2012 VergW 16/11; OLG Koblenz »Regiopost« Beschl. v. 24.03.2015
Verg 1/15 NZBau 2015, 386 = VergabeR 2015, 620.
209 OLG Koblenz Beschl. v. 24.03.2015 Verg 1/15.
210 NZBau 2010, 535.
211 OLG Frankfurt »Stadtbusverkehr« Beschl. v. 30.01.2014 11 Verg 15/13 VergabeR 2014, 547; VG Halle
Beschl. v. 31.05.2011 B 74/11 HAL.
212 OLG Dresden »Aufnahmeeinrichtung« VergabeR 2008, 567, 570; zustimmend 1. VK Leipzig
Beschl. v. 08.04.2011 1 SVK/002-11 ZfBR 2011, 604, 607.
213 OLG Hamburg VergabeR 2009, 97, 98.

187   »*Die Frage der Dringlichkeit einer Interimsvergabe orientiert sich an dem Zeitraum, den der Auftraggeber für die Vorbereitung der Ausschreibung, die Prüfung und Wertung der Angebote sowie die Vorabinformationen der beteiligten Bieter benötigt und an der Frist, die den Bietern für die Bearbeitung ihrer Angebote einzuräumen ist. Dem Auftraggeber ist regelmäßig ein Zeitraum von 3 Monaten zuzubilligen.*

Der Auftraggeber hat dem Wettbewerbsprinzip bei **Interimsvergaben stufenweise Geltung zu verschaffen.** *Bei Vergaben bis zu 3 Monaten kann der Bieterkreis auf ein Unternehmen beschränkt werden, bei Zeiträumen bis zu 1 Jahr sind grundsätzlich mindestens 3 Unternehmen zur Angebotsabgabe aufgefordert und bei Zwischenvergaben von mehr als 1 Jahr ist die Durchführung eines förmlichen Vergabeverfahrens erforderlich. Durch die stufenweise Erhöhung des Wettbewerbsprinzips soll den Belangen des Auftraggebers einerseits und den Belangen des Wettbewerbs andererseits adäquat Rechnung getragen werden.*«[214]

188   Zwar schützt das **Zuschlagsverbot** des § 169 Abs. 1 GWB einen Bieter nicht davor, dass ein Auftraggeber im Wege einer freihändigen Vergabe übergangsweise Teile des ausgeschriebenen Auftrages vergibt. Allerdings ist die Vergabekammer und auch der Vergabesenat in Anwendung des § 169 Abs. 3 GWB befugt, vorläufige Maßnahmen zu treffen.[215] Bei Interimsvergaben wird der Bieter allerdings mit seinem einstweiligen Rechtsschutzantrag nicht notwendigerweise Erfolg haben, da der wettbewerbsrechtliche Beseitigungsanspruch unter dem Vorbehalt der Verhältnismäßigkeit steht. Dementsprechend ist eine Rückabwicklung nur dann erforderlich, wenn nur so ein andauernder wettbewerbswidriger Zustand behoben werden kann. Bei entsprechenden Interimsbeauftragungen erscheint die Rückabwicklung für notwendige Zwischenbeauftragungen in der Regel nicht geboten.[216] Die Vergabekammern und -senate sind in der Regel nicht befugt, in Bezug auf Interimsvergaben Vorgaben zu machen und bestimmte Interimslösungen anzuordnen.[217]

189   Erhält ein Bieter den Zuschlag für eine Interimsbeauftragung, so kann er im Hinblick auf die eingeleitete europaweite Neuausschreibung nicht geltend machen, durch die Verpflichtung zur Neuausschreibung in seiner subjektiven Rechtsposition verletzt worden zu sein.[218]

7. Verpflichtung zur Nachunternehmervergabe

190   Ein öffentlicher Auftrag kann nicht deshalb verneint werden, weil der Auftragnehmer selbst verpflichtet ist/wird, bei Nachunternehmervergaben das öffentliche Vergaberecht anzuwenden. Nach der Auffassung des EuGH ist dies schon deshalb unzulässig, weil hierdurch einer Umgehung Tür und Tor geöffnet wäre. Denn es bestünde die Gefahr, dass jeder nachfolgende Auftrag nur einen Teil des Gesamtauftrages darstellt und dementsprechend unterhalb der Schwellenwerte läge.[219]

II. Vertrag versus hoheitlichem Handeln

1. Bloß organisatorische Maßnahmen

191   Andere als vertragliche Grundlagen reichen für die Begründung eines Auftrages im Sinne des Vergaberechts nicht aus. So unterfallen **Zuständigkeitszuweisungen an Behörden** oder innerhalb von Behörden oder Durchführungsorganisationen per Gesetz nicht dem Vergaberecht.[220] Auch die Verselbstständigung von Aufgaben durch Gründung von rechtlich selbstständigen Unternehmenseinheiten (z.B. Eigengesellschaften) und auch die **Delegation** von hoheitlichen Aufgaben als solche

---

214 VK Rheinland-Pfalz Beschl. v. 22.05.2014 VK 1-7/14.
215 OLG Brandenburg »Flughafen Berlin-Schönefeld I« NZBau 2007, 329, 332.
216 VK Leipzig Beschl. v. 08.04.2011 1 SVK/002-11 ZfBR 2011, 604, 607.
217 OLG Hamburg »Abwicklungsmanagement« Beschl. v. 14.12.2010 I Verg 5/10 NZBau 2011, 185 f. = VergabeR 2011, 614.
218 OLG Naumburg Beschl. v. 21.06.2010 I Verg 12/09.
219 EuGH »Roanne« VergabeR 2007, 183, 191.
220 Vgl. auch Dreher DB 1998, 2579, 2587.

fällt nicht hierunter. Kein Vertrag liegt auch vor im Fall **einseitiger Zuwendungen**, wie z.B. staatlichen Beihilfen, Kapitalausstattungen oder Haushaltstransfer, die den Empfänger erst in die Lage versetzen, bestimmte Tätigkeiten im öffentlichen Interesse auszuüben.[221] Ein Vertrag ist ebenfalls nicht anzunehmen, wenn eine Behörde Dienstleistungen durch ihre eigenen Angestellten erbringt. Die Vergaberichtlinien erfassen diesen Vorgang nicht, da kein Auftragsverhältnis vorliegt.[222]

2. Vertragsfreiheit und Verwaltungsakt

§ 103 Abs. 1 GWB unterscheidet nicht nach der Rechtsnatur des abzuschließenden Vertrages. Er 192
weist alle Rechtsgeschäfte allein deshalb dem GWB-Vergaberegime zu, weil der öffentliche Auftraggeber Leistungen durch einen Dritten für wünschenswert oder notwendig erachtet und dies zum Anlass nimmt, deren Erbringung auf vertraglichem Weg und nicht in anderer Weise, etwa durch einen Beleihungsakt sicherzustellen.[223]

Dementsprechend spielt es auch keine Rolle, wenn die **Beauftragung durch einen Verwaltungsakt** 193
erfolgt. Wenn dementsprechend auf der Grundlage eines Verwaltungsakts ein Vertrag begründet wird, liegt ungeachtet der Einbindung der Beauftragung in einen Verwaltungsakt ein Vertrag im Sinne des § 103 GWB vor.[224]

In der Entscheidung »*Asemfo/Tragsa*«[225] hat der EuGH die Vertragseigenschaft in Fällen verneint, 194
in denen **keine Vertragsfreiheit** besteht, die beauftragte Einrichtung vielmehr wie eine abhängige Untergliederung der öffentlichen Hand geführt wird. Ob und inwieweit es sich hier um einen selbstständigen Unterfall des In-House-Kriteriums handelt oder aber unabhängig hiervon die Vertragseigenschaft verneint werden kann, wie dies in der Entscheidungsbegründung »*Asemfo/Tragsa*« zum Ausdruck kommt, ist noch nicht abschließend geklärt.[226] Formuliert hat der EuGH wie folgt:

> »*Schließlich sind die Beziehungen der Tragsa zu diesen öffentlichen Körperschaften nach Art. 3 Abs. 6* 195
> *des königlichen Dekrets insoweit, als diese Gesellschaft deren Hilfsmittel und technischer Dienst ist,*
> *nicht vertraglicher Art, sondern haben in jeder Hinsicht einen internen, durch Abhängigkeit und*
> *Unterordnung gekennzeichneten Charakter.... Falls die Tragsa – was vom vorlegenden Gericht zu*
> *prüfen ist – weder im Hinblick auf die Ausführung eines von den zuständigen Behörden erteilten*
> *Auftrags, noch im Hinblick auf die für ihre Leistung geltenden Gebühren über irgendeinen Spielraum*
> *verfügt, ist die Voraussetzung für die Anwendbarkeit der Vergaberichtlinien, dass nämlich ein Vertrag*
> *besteht, nicht erfüllt.*«[227]

Wenn keine freiwillige zweiseitige Vereinbarung, sondern eine **einseitige (Verwaltungs-) Anwei-** 196
sung vorliege, könne ein Vertrag nicht bejaht werden. Das gelte insbesondere dann, wenn sie Aufträge auszuführen haben und dabei die Gebühren für ihr Tätigwerden nicht frei festlegen können.

Auch eine als solche überschriebene Kooperationsvereinbarung, die auf erste Sicht die Rechtsnatur 197
eines Vertrages aufweist, kann jedoch mangels vertraglicher Verhaltensspielräume der Beteiligten als **einseitige hoheitliche Maßnahme** zu qualifizieren sein. Dies hat der EuGH in der Rechtssache »*Asociacio 'n Professional*« weiter wie folgt präzisiert:

> »*Die spanische Regierung macht jedoch geltend, dass die Kooperationsvereinbarung wegen ihres* 198
> *instrumentellen und nicht vertraglichen Charakters nicht den Bestimmungen über die Vergabe öffent-*
> *licher Aufträge unterworfen werden könne. Denn Correos habe keine Möglichkeit, den Abschluss einer*

---

221 Amtliche Begründung zur DLR v. 06.12.1990 (von der Kommission vorgelegt) Rn. 25.
222 Amtliche Begründung zur DLR v. 06.12.1990 (von der Kommission vorgelegt) Rn. 26.
223 1. VK Leipzig Beschl. v. 08.04.2011 1 SVK 002-11 ZfBR 2011, 604, 607.
224 1. VK Leipzig Beschl. v. 08.04.2011 1 SVK 002-11 ZfBR 2011, 604, 607.
225 EuGH »Asemfo/Tragsa« NZBau 2007, 381, 385 = VergabeR 2007, 487, 494, Tz. 54.
226 Siehe dazu auch die Besprechung von Jennert in: NZBau 2007, 386, 387.
227 EuGH »Asemfo/Tragsa« NZBau 2007, 381, 385.

Kooperationsvereinbarung wie der im Ausgangsverfahren in Rede stehenden abzulehnen, sondern sei zu deren Annahme gezwungen.

*Wie in Rn. 54 dieses Urteils festgestellt worden ist, wäre nur dann, wenn die Kooperationsvereinbarung in Wirklichkeit **ein einseitiger Verwaltungsakt** wäre, der Verpflichtungen allein für Correos vorschriebe und der erheblich von den normalen Bedingungen des kommerziellen Angebotes dieser Gesellschaft abwiche, was zu prüfen Sache des vorlegenden Gerichtes ist, wäre zu schließen, dass eine solche Vereinbarung nicht unter die Gemeinschaftsbestimmungen für die Vergabe öffentlicher Aufträge fällt.«*[228]

199   Der EuGH stellt deshalb nicht allein auf den Begriff der verwaltungsrechtlichen Qualifikation eines Verwaltungsaktes ab. Er prüft zudem materiell-rechtlich, ob nicht im Kleide eines Verwaltungsaktes ein Vertragsabschluss vorliegt. **Entscheidend** ist dabei die Frage, inwieweit der Adressat des Verwaltungsaktes Einwirkungsmöglichkeiten auf den Inhalt hat.

200   Dementsprechend wird für den deutschen Rechtskreis teilweise angenommen, dass der Begriff des Vertrages bei Vorliegen rein öffentlich-rechtlicher Hoheitsakte (insbesondere **Verwaltungsakte**) nicht erfüllt ist.

– Die **Beleihung** mit öffentlichen Aufgaben als solche ist kein öffentlicher Auftrag.[229] Daran ändert sich auch nichts, wenn der Unternehmer/dessen Mitarbeiter entsprechend dem **Verpflichtungsgesetz** v. 02.03.1974 auf die ordnungsgemäße Aufgabenerfüllung verpflichtet werden.[230] So kann die Beleihung von Sonderabfallgesellschaften auf der Grundlage der Landesabfallgesetze und hierauf basierender Rechtsverordnungen als vergaberechtlich nicht relevante Beleihung aufgefasst werden.[231] Immer ist aber im Sinne der vorzitierten EuGH-Rechtsprechung zu prüfen, ob nicht in Wirklichkeit ein Vertragsverhältnis zugrunde liegt. Auch ist zu prüfen, ob nicht mit der Übertragung von Aufgaben auch – zumal konkludent – Vertragspflichten mit beschaffungsrechtlichem Charakter begründet werden sollen.[232]

– Der Ausnahmetatbestand der Beleihung wird auch im Zusammenhang mit der Auswahl von **Subventionsmittlern** nach § 44 Abs. 3 BHO herangezogen. Bund und Länder bedienen sich bei der Verwaltung von Fördermitteln vielfach privater Banken, die mit der treuhänderischen Verwaltung von Bundes- bzw. Landesmitteln beauftragt werden. In der Funktion beraten sich Förderinteressenten oft schon im Vorfeld der Antragstellung und sind ferner bei der fachlichen und finanziellen Überwachung der Mittelverwendung unterstützend tätig, indem sie etwa Zwischen- und Schlussverwendungsnachweise entgegennehmen und überprüfen. Derartige Geschäftsmodelle haben erhebliches finanzielles Gewicht. Sie werden auf der Grundlage der Beleihung abgewickelt, wobei Nr. 20.2 der Ende April 2006 in Kraft getretenen Verwaltungsvorschriften zur BHO (VV-BHO) vorsehen, dass die Beleihung nach § 44 Abs. 3 BHO künftig stets durch Verwaltungsakt und nicht durch öffentlich-rechtlichen Vertrag erfolgen soll. Gleichzeitig bestimmt die entsprechende Verwaltungsvorschrift, dass Voraussetzung für die Beleihung der Abschluss eines zivilrechtlichen Geschäftsbesorgungsvertrages sein soll, dem ein Vergabeverfahren vorauszugehen hat. Schon die Notwendigkeit des Abschlusses eines Geschäftsbesorgungsvertrages – man denke nur an die sicherlich vorhandenen Haftungsbegrenzungsvorschriften der privaten Banken – indiziert, dass keine bloße Beleihung durch Verwaltungsakt vorliegt, sondern ein umfassendes Vertragskonzept, bei dem die Beleihung lediglich eine Art öffentlich-rechtlicher Zuschlag darstellt. Ein kartellvergaberechtlicher Ausnahmetatbestand kann daher nicht angenommen werden.[233]

---

228 EuGH »Association Professional« VergabeR 2008, 196, 205.
229 BGH »Technische Hilfe« WuW/E Verg. 481 (2001); Zeiss DVBl. 2003, 435, 436.
230 Vgl. dazu auch VÜA Bund Beschl. v. 02.05.1996 EzEG-VergR III 15.
231 Vgl. Braun/Buchmann NZBau 2007, 691, 693.
232 Vgl. auch Braun/Buchmann NZBau 2007, 691 f.
233 Umfassend Burgi mit zum Teil anderer Auffassung in: NVwZ 2007, 383 f.

- Die Erteilung von **Prüfaufträgen für Sonderbauten** gemäß §§ 73 Abs. 2, 59 Abs. 3 Satz 1, Abs. 4 HessBauO ist hoheitlicher Natur. Das Vergaberecht findet nach der Auffassung des VGH Kassel somit keine Anwendung. Die Auswahl und Heranziehung von Prüfingenieuren steht im Ermessen der Bauaufsichtsbehörde, die dabei Art. 3 und 12 GG zu beachten hat.[234]
- Die Übertragung der Trägerschaft eines **ambulanten »Hilfen-Zentrums«** (AHZ) und der damit in Zusammenhang stehenden flächendeckenden Grundversorgung mit ambulanten Hilfen kann eine rein gesetzliche, nicht jedoch vertragliche Grundlage haben, sodass das Vergaberecht nicht zur Anwendung kommt.[235]
- Für die **Zuteilung von Frequenzen** durch die Bundesnetzagentur gelten gesonderte Vergabeverfahren nach dem TKG. Hiernach ist sowohl die Verfahrensart wie auch die Festlegung der Vergabebedingungen selbstständig anfechtbar.[236]

Teilweise wird allerdings die Relevanz der Umsetzung eines Auftrages mittels **Verwaltungsaktes**   201 ganz infrage gestellt. So ist etwa das OLG Naumburg der Auffassung, dass der EuGH das Vorliegen einer Genehmigung jedenfalls nicht als Hindernis für die Anwendbarkeit des europäischen Vergaberechts ansieht. Dies sei auch richtig, da das Vergaberecht nicht auf die gewählte Rechtsform abstellt. Das Gemeinschaftsrecht kenne ohnehin keine strikte Unterscheidung zwischen Verwaltungsakt und Vertrag. Dementsprechend unterfalle jede vertragliche Vergabe, auch wenn ihr eine öffentlich-rechtliche Genehmigung vorausgehen oder folgen müsse – selbst wenn die Genehmigung sie ersetze – grundsätzlich dem europäischen Vergaberecht.[237] Dem ist grundsätzlich zuzustimmen, zumal dann, wenn nicht hoheitliche Rechte ausgeübt werden. Das OLG Celle hat insoweit formuliert:

> *»Gegenstand der Beauftragung ist nicht die Ausübung öffentlicher Gewalt im Sinne von Art. 51*   202 *Abs. 1, Art. 62 AEUV. Nach gefestigter Rechtsprechung muss sich die in diesen Artikeln vorgesehene Ausnahmeregelung auf Tätigkeiten beschränken, die als solche **unmittelbar und spezifisch mit der Ausübung öffentlicher Gewalt verbunden** sind, was eine hinreichend qualifizierte Ausübung von Sonderrechten, Hoheitsprivilegien oder Zwangsbefugnissen voraussetzt. Einen solchen hoheitlichen Charakter hat die vorliegende in Frage stehende Entsorgungstätigkeit nicht, was von den Parteien dieses Rechtsstreits auch nicht geltend gemacht wird.«[238]*

Mit einem Vorlagebeschluss »B-Reinigungsgesellschaft mbH« hat das OLG Düsseldorf dem EuGH   203 die Frage vorgelegt, ob eine mandatierende Vereinbarung zwischen Hoheitsträgern als öffentlicher Auftrag verstanden werden kann und ob und inwieweit

- die nach § 23 NWGkG vorgesehenen **mandatierenden Vereinbarungen** mit Verpflichtung einzelner Behördenaufgaben auf die übrigen Beteiligten durchzuführen oder
- sogenannte **delegierende Vereinbarungen** (Übernahme einzelner Leistungen der übrigen Beteiligten durch einen Beteiligten mit der Folge des Zuständigkeitswechsels)

dem Vergaberecht unterliegen.[239] Soweit nicht ausnahmsweise die Grundlagen einer Inhouse-Ver-   204 gabe vorliegen, wird die vom OLG Düsseldorf aufgeworfene Frage zu bejahen sein; die weiterhin zur Entscheidung gestellte Frage, ob sogenannte Hilfsdienstleistungen von vornherein vergaberechtsfrei beauftragt werden können, ist dagegen zu verneinen.

Dementsprechend hat auch der EuGH in der Rechtssache »Piepenbrock« inzwischen entschieden: 205

> *»Wollen zwei öffentliche Einrichtungen einen Vertrag über Gebäudereinigungen schließen, der nicht*   206 *der Wahrnehmung einer Gemeinwohlaufgabe dient, eine Kostenübernahme und ein Kontrollrecht des*

---

234 VGH Kassel NZBau 2007, 593.
235 VK Rheinland-Pfalz Beschl. v. 20.03.2003, Az VK 31/02.
236 BVerfG Urt. v. 01.09.2009 6 C 4/09 NvWZ 2009, 1558.
237 OLG Naumburg Beschl. v. 04.11.2010 I Verg 10/10.
238 OLG Celle »Abfallwirtschaft Region H« Beschl. v. 17.12.2014 13 Verg 3/13 NZBau 2015, 178.
239 OLG Düsseldorf Beschl. v. 06.07.2011 VII Verg 39/11 NZBau 2011, 769, 771.

Auftraggebers beinhaltet sowie eine Delegationsmöglichkeit des Auftragnehmers an Dritte, handelt es sich um einen vergabepflichtigen Dienstleistungsauftrag.«[240]

207   In der Entscheidung »TU Hamburg-Harburg« hat der EuGH ebenfalls entschieden, dass **horizontale Geschäfte** zwischen öffentlichen Auftraggebern, soweit die Inhouse-Erfordernisse nicht vorliegen, öffentliche Aufträge im Sinne des Vergaberechts darstellen.[241] Auch das OLG Koblenz hat entschieden, dass eine Vereinbarung zwischen zwei kommunalen Gebietskörperschaften, die alle Tatbestandsmerkmale eines öffentlichen Auftrags erfüllt, nicht deshalb »vergabefrei« ist, weil sie eine delegierende Aufgabenübertragung beinhaltet.[242]

208   Auch die **innerstaatliche Übertragung von Kompetenzen** muss sich dementsprechend am Auftragsbegriff des § 103 GWB messen lassen. Wenn die Kompetenzübertragung Auftragscharakter beinhaltet und das »Inhouse-Privileg« nicht greift, kann die Vereinbarung nur als horizontale Zusammenarbeit öffentlicher Stellen vergaberechtsfrei sein. In diesem Fall ist es jedoch erforderlich, dass es sich um eine echte Zusammenarbeit der beteiligten Einrichtungen handelt und nicht nur um einen Austausch von Leistungen gegen Entgelt, wobei private Dritte, auch Tochterunternehmen einer der beteiligten Stellen, in die Zusammenarbeit nicht einbezogen sein dürfen.[243]

209   Für den Fall einer **vertikalen Zusammenarbeit** in Bezug auf die Einigung von Büro-, Verwaltungs- und Schulgebäuden, die mithin keine gemeinsame öffentliche Aufgabe betrifft, ist die Auftragsvergabe auch bei einer delegierenden Vereinbarung von der Anwendung des GWB-Vergaberechts nach der Auffassung des OLG Düsseldorf nicht befreit.[244]

210   **Bloße Genehmigungen**, die von Bietern eingeholt werden müssen, wie etwa bei der Durchführung eigenwirtschaftlicher Verkehre sind kein Beschaffungsvorgang im Sinne der Erteilung eines öffentlichen Auftrags.[245]

211   Auch bloße **Anweisungen** ohne vertragsrechtlichen Charakter können nicht ohne weiteres als öffentlicher Auftrag qualifiziert werden. So heißt es in Erwägungsgrund 34 der Richtlinie 2014/24/ EU:

212   *»Es kann vorkommen, dass eine Rechtsperson gemäß den einschlägigen nationalen Rechtsvorschriften als Instrument oder technischer Dienst für bestimmte öffentliche Auftraggeber tätig ist und verpflichtet ist, von diesen Auftraggebern erteilte **Anweisungen** auszuführen und dass sie keinen Einfluss auf die Vergütung ihrer Tätigkeit hat. Angesichts ihrer außervertraglichen Art sollte eine solche rein administrative Beziehung nicht in den Anwendungsbereich der Verfahren für die öffentliche Auftragsvergabe fallen.«*

3. Im Besonderen: Rettungsdienstleistungen

213   Die Vergabe von Rettungsdienstleistungen hat in der Vergangenheit die Nachprüfungsinstanzen intensiv befasst. Die Rechtslage hat sich infolge des Vergabemodernisierungsgesetzes (2016) dadurch geändert, dass die Ausnahmebestimmung des § 107 Abs. 1 weiter gefasst worden ist und viele Rettungsdienstleistungen aus dem Anwendungsbereich des GWB herausgenommen hat. Nicht mehr umfasst von der Vergabe öffentlicher Aufträge sind nämlich nach § 107 Abs. 1 Nr. 4:

214   *»Dienstleistungen des Katastrophenschutzes, des Zivilschutzes und der Gefahrenabwehr, die von gemeinnützigen Organisationen oder Vereinigungen erbracht werden und die unter die Referenznum-*

---

240   EuGH Urt. v. 13.06.2013, Az RsC-386/11 NZBau 2013, 522, VPR 2013, 5; Geitel NvWZ 2013, 765.
241   EuGH »TU Hamburg-Harburg« NZBau 2014, 668, 670.
242   OLG Koblenz Beschl. v. 03.12.2014 Verg 8/14 ZfBR 2015, 308.
243   Kunde NZBau 2013, 555, 557; Dierkes/Scharf VergabeR 2014, 752; Brockhoff VergabeR 2014, 625; dazu auch Vorlagebeschl. OLG Celle v. 17.12.2014 13 Verg 3/13.
244   OLG Düsseldorf »Zweckvereinbarung Gebäudereinigung II« Beschl. v. 06.11.2013 VII Verg 39/11 VergabeR 2014, 169.
245   OLG Naumburg »Wittenberger Modell« Beschl. v. 17.01.2014 2 Verg 6/13 VergabeR 2014, 480.

mern des Common Procurement Vocabulary (es folgt eine Aufzählung) mit Ausnahme des Einsatzes von Krankenwagen zur Patientenbeförderung fallen. Gemeinnützige Organisationen oder Vereinigungen im Sinne dieser Nummer sind insbesondere die Hilfsorganisationen, die nach Bundes- und Landesrecht als Zivil- und Katastrophenorganisationen anerkannt sind.«[246]

Auf die Kommentierung des § 107 Abs. 1 Nr. 4 wird daher an dieser Stelle verwiesen.   215

In der Entscheidung vom 11.12.2014 hatte der EuGH die Direktvergabe an Hilfsorganisationen   216
(Freiwilligenorganisationen) unter bestimmten Voraussetzungen gebilligt:
- Die Freiwilligenorganisationen müssen die – unionsrechtlich zu billigenden – Ziele verfolgen, auf denen eine nationale Direktvergabemöglichkeit beruht
- Die Freiwilligenorganisationen dürfen mit ihren Tätigkeiten keinen Gewinn erzielen. Es dürfen ausschließlich die tatsächlich entstandenen Kosten erstattet werden
- Die Freiwilligenorganisationen dürfen nur insoweit auf Erwerbstätige zurückgreifen, wie das für die Aufrechterhaltung ihres geregelten Betriebes erforderlich ist.[247]

Prieß hat darauf hingewiesen, dass diese Voraussetzungen für die in Deutschland tätigen Hilfsorga-   217
nisationen in der Regel nicht erfüllt sein werden, weil diese sich fast ausschließlich auf hauptamtliche Beschäftigte stützen. Die Quote ehrenamtlich Beschäftigter bei den Hilfsorganisationen sei
tendenziell niedrig. Der Regierungsentwurf enthält in der Begründung zu § 103 Abs. 1 GWB den
Hinweis, der Unionsgesetzgeber stelle allgemein in diesem Zusammenhang klar, dass nichtwirtschaftliche Dienstleistungen von allgemeinem Interesse nicht in den Geltungsbereich der Richtlinie
2014/14/EU fielen. Auch die bloße Zulassung von Dienstleistungserbringern im sozialhilferechtlichen Dreiecksverhältnis unterfalle nicht der Richtlinie 2014/24/EU. In der Zukunft wird auch
der jeweilige CPV-Code darüber entscheiden, ob der Ausnahmetatbestand vorliegt oder nicht.[248]

In der Entscheidung »*MedIval*« hat der EuGH hierzu entschieden: 218

> *»Ein System zur Regelung dringender Krankentransportdienste wie das im Ausgangsverfahren in Rede*   219
> *stehende, bei dem die zuständigen Behörden auf Freiwilligenorganisationen zurückgreifen können,*
> *muss allerdings tatsächlich zu dem sozialen Zweck und zu den Diensten der Solidarität und der*
> *Haushaltseffizienz beitragen, auf den dieses System beruht.*
>
> *In dieser Hinsicht dürfen die Freiwilligenorganisationen, wenn sie in diesem Rahmen tätig werden,*
> *keine anderen Ziele als die in den vorstehenden Randnummern des vorliegenden Urteils genannten*
> *verfolgen, mit ihren Leistungen keinen Gewinn erzielen – unbeschadet der Erstattung der variablen,*
> *festen und ständigen Kosten, die zur Erbringung dieser Leistungen erforderlich sind – und ihren*
> *Mitgliedern keine Gewinne erbringen. Im Übrigen ist der Rückgriff auf Erwerbstätige zwar zulässig,*
> *weil diese Organisation sonst in vielen Bereichen, in denen der Grundsatz der Solidarität selbstver-*
> *ständlich zur Anwendung kommen kann, praktisch nicht wirksam handeln können, doch müssen sich*
> *die genannten Organisationen bei ihrer Tätigkeit streng an die in den nationalen Rechtsvorschriften*
> *festgelegten Anforderungen halten.*
>
> *Nach dem allgemeinen unionsrechtlichen Grundsatz des Verbots des Rechtsmissbrauchs darf die*
> *Anwendung dieser Rechtsvorschriften nicht so weit ausgedehnt werden, dass sie missbräuchliche Prak-*
> *tiken der Freiwilligenorganisationen oder ihrer Mitglieder deckt. Die Tätigkeit der Freiwilligenor-*
> *ganisationen darf daher nur in dem Maße von Erwerbstätigen ausgeübt werden, wie es für ihren*
> *geregelten Betrieb erforderlich ist. Bei der Erstattung der Kosten ist darauf zu achten, dass nicht etwa*
> *unter dem Vorwand einer Freiwilligentätigkeit ein Erwerbszweck, und sei es nur indirekt, verfolgt*
> *wird und dass dem Freiwilligen lediglich die Kosten erstattet werden können, die er für die geleistete*

---

246 Dazu auch Jaeger NZBau 2014, 259; Huthig NZBau 2016, 3, 5; EuGH »Casta« Urt. v. 28.01.2016 NZBau 2016, 177, 181.
247 EuGH »Spezzino und Anpas« Urt. v. 11.12.2014 C 113/13 NZBau 2015, 377 = ZfBR 2015, 297; Prieß NZBau 2015, 343; Pattenhauer/Wilke, ZfBR 2015, 662.
248 Prieß NZBau 2015, 343.

Tätigkeit tatsächlich aufgewandt hat und zwar im Rahmen der von der jeweiligen Vereinigung vorab festgelegten Grenzen.«[249]

220   In der Zukunft wird genau zu unterscheiden sein, ob die Rettungsdienstleistung eine **klassische Dienstleistung** darstellt oder aber als **Dienstleistungskonzession** zu behandeln ist. Des Weiteren ist zu prüfen, ob ausnahmsweise ein bloßes Zulassungssystem vorliegt oder aber eine nichtwirtschaftliche Dienstleistung im oben genannten Sinne.

221   Auch bei den Rettungsdienstleistungen[250] hat die Abgrenzung von Vertrag und Verwaltungsakt eine Rolle gespielt. Unter dem Begriff Rettungsdienst werden die Notfallrettung (Rettungswagen, Notarzteinsatzfahrzeuge, Luftrettung) und der qualifizierte Krankentransport zusammengefasst.[251] Die Rettungsdienstleistungen sind landesspezifisch unterschiedlich als Konzessions- und/oder Submissionsmodell ausgestaltet.[252] Das **Konzessionsmodell**, das beispielsweise in Bayern ab 01.01.2009 zur Anwendung kommt, zeichnet sich dadurch aus, dass die Gebühren vom Bürger/Sozialversicherungsträger unmittelbar an den Leistungserbringer gezahlt werden. Das wirtschaftliche Risiko liegt hier beim Leistungserbringer. Dieser verpflichtet sich dazu, die Rettungsleistungen ohne Entgeltzahlung durch die Trägerkörperschaft zu erbringen. **Beim Submissionsmodell** trägt das wirtschaftliche Risiko die Körperschaft, die zur Erbringung der Rettungsleistungen verpflichtet ist (z.B. Kreis, Kommune oder Zweckverband). Sie finanziert sich durch die Gebührenerhebung bei Bürgern oder Kostenträgern (z.B. Krankenkassen) und zahlt dem mit der Leistungserbringung beauftragten privaten Dritten die vorher vereinbarten Entgelte. Dieses Modell ist in den meisten Bundesländern verbreitet, beispielsweise auch in Nordrhein-Westfalen. Zum Teil wird auch ein vergabefreies »Inhouse-Modell« realisiert, wonach Rettungsdienstleistungen durch eigene Einrichtungen, beispielsweise die Feuerwehr, erbracht werden.

222   Im Anschluss an die vergaberechtlichen Diskussionen sind in vielen Ländern **Überarbeitungen der Rettungsdienstleistungsgesetze** erfolgt. Nach wie vor existieren sowohl das Konzessionsmodell wie auch das Submissionsmodell. Das niedersächsische Rettungsdienstleistungsgesetz (NRettDG) gewährt der Vergabestelle sogar die **Wahl** zwischen kleinen oder mehreren Dienstleistungsaufträgen oder einer oder mehreren Dienstleistungskonzessionen.

223   Die in der Vergangenheit überwiegend vorhandene Sichtweise, wonach Rettungsdienstleistungen generell **hoheitlich** zu beurteilen sind und deshalb als Bestandteil öffentlicher Gewalt nicht dem Vergaberecht unterliegen, ist heute **überwunden**.[253]

224   Die im **Submissionsmodell** vergebenen Rettungsdienstleistungen sind nach der Auffassung des EuGH Dienstleistungsaufträge. Früher handelte es sich um sog. nachrangige Dienstleistungen des Anhangs 1 b. Art. 45 Abs. 1 EG i.V.m. Art. 55 EG, die die Ausübung staatlicher Gewalt von der Niederlassungsfreiheit und dem freien Dienstleistungsverkehr ausschließen, waren ungeachtet des Umstandes, dass einige Sonderrechte in Anspruch genommen würden, nicht einschlägig. Dementsprechend beanstandete der EuGH, dass die Bundesrepublik Deutschland im Rahmen der Vergabe von Aufträgen über öffentliche Notfall- und qualifizierte Krankentransportleistungen nach dem Submissionsmodell in den Bundesländern Sachsen-Anhalt, Nordrhein-Westfalen, Niedersachsen

249 EuGH »Casta« Urt. v. 28.01.2016 C-50/14 NZBau 2016, 177.
250 Ruthig/Zimmermann NZBau 2009, 485; Braun VergabeR Sonderheft 2a 2011, 384.
251 Lechleuthner VergabeR 2007, 366.
252 Schulte NZBau 2000, 272, 276.
253 OVG NRW VergabeR 2009, 161; OLG Düsseldorf NZBAu 2006, 595, 596f. = VergabeR 2006, 787, 788; OLG Celle NZBau 2000, 299, 300; OLG Naumburg VergabeR 2001, 134, 135f. = WuW/E Verg. 429f.; OLG Brandenburg NZBau 2005, 236 = VergabeR 2005, 99; BayObLG VergabeR 2003, 563f., OVG Lüneburg Beschl. v. 14.09.1999, Az 11 M 2747/99; VG Halle Beschl. v. 25.09.2008, Az III B 228/08; VK Sachsen-Anhalt Beschl. v. 08.07.2008, Az 1 VK LVwA09/08.

und Sachsen keine Bekanntmachung über die Ergebnisse des Verfahrens zur Auftragsvergabe veröffentlicht hatte.[254]

In der weiteren Entscheidung »*Rettungsdienst Stadler*« hatte sich der EuGH mit dem **Konzessionsmodell** zu befassen, welches vornehmlich in Bayern umgesetzt wurde. Der EuGH kam hier zu dem Schluss, dass entweder ein Dienstleistungsauftrag vorliege oder aber eine Dienstleistungskonzession. Wenn ein Vertrag über Rettungsdienstleistungen vorliege, bei dem die Vergütung des ausgewählten Wirtschaftsteilnehmers vollständig durch Personen sichergestellt werde, die von dem öffentlichen Auftraggeber, der den Vertrag vergeben hat, verschieden seien und dieser Wirtschaftsteilnehmer insbesondere aufgrund des Umstandes, dass die Höhe der Benutzungsentgelte für die betreffenden Dienstleistungen vom Ergebnis jährlicher Verhandlungen mit Dritten abhänge und er keine Gewähr für die vollständige Deckung der im Rahmen seiner nach den Grundsätzen des nationalen Rechts durchgeführten Tätigkeiten angefallenen Kosten habe und somit einem, wenn auch nur beschränkten Betriebsrisiko ausgesetzt ist, so müsse eine Dienstleistungskonzession angenommen werden. Diese werde zwar nach dem gegenwärtigen Stand des Unionsrechts von keinerlei Richtlinien erfasst. Ein Auftraggeber sei jedoch gleichwohl verpflichtet, die Grundregeln des AEU-Vertrages, insbesondere die Art. 49 AEUV und Art. 56 AEUV sowie die daraus fließende Transparenzpflicht zu beachten, wenn an dem betreffenden Vertrag ein eindeutiges grenzüberschreitendes Interesse bestehe.[255] Derartige Rettungsdienstleistungen fallen heute in den Anwendungsbereich der Konzessionsrichtlinie.[256]

Der BGH hatte schon zuvor auf Vorlage des OLG Dresden[257] entschieden, dass die Übertragung der **Notfallrettung** nach § 31 Abs. 1 SächsBRKG **kein hoheitlicher Akt** ist. Die Übertragung der Dienstleistungen möge Teil einer öffentlichen Aufgabe sein, was allerdings nichts daran ändere, dass der Vertrag sich über Leistungen verhält, zu denen ein Dritter aufgrund der vertraglichen Vereinbarung verpflichtet sein soll, was nach seiner Rechtsprechung zur Anwendung des § 103 GWB führe.[258] Auf die Frage, ob die Tätigkeiten dauernd oder zeitweise mit der Ausübung öffentlicher Gewalt verbunden seien, komme es nicht an. Die sich aus dem AEUV ergebende so genannte Bereichsausnahme beschränke sich nach dem Wortlaut und dessen Zweck darauf, die Mitgliedsstaaten in die Lage zu versetzen, Ausländer von den dort genannten Tätigkeiten im Inland fernzuhalten; ein Zwang für den nationalen Gesetzgeber sei damit nicht verbunden. Nach nationalem Recht bestehe keine entsprechende Ausnahme gemäß dem GWB-Vergaberegime. Eine Dienstleistungskonzession stelle die Übertragung von Rettungsdiensten nicht dar.[259] Nach Auffassung des OLG Naumburg ist der **öffentlich-rechtliche Vertrag** eines Aufgabenträgers des bodengebundenen Rettungsdienstes mit einem dritten Leistungserbringer nach den Vorgaben des SachsAnhRettDG 2006 n.F. als öffentlicher Dienstleistungsauftrag zu werten.[260]

In der Entscheidung »*Rettungsdienstleistungen II*« hat der BGH herausgestellt, dass **Schadensersatz** des Bieters bei einer fehlerhaften Vergabe von Rettungsdienstleistungen nach der Kodifikation der gewohnheitsrechtlichen Rechtsfigur der culpa in contrahendo durch das Schuldrechtsmodernisierungsgesetz nicht mehr daran anknüpft, dass der klagende Bieter auf die Einhaltung dieser Regeln durch den Auftraggeber vertraut hat, sondern dass hierfür auf die Verletzung von Rücksichtnahmepflichten durch die Missachtung von Vergabevorschriften abzustellen sei.[261]

225

226

227

---

254 EuGH Urt. v. 29.04.2010 C 160/08 VergabeR 2010, 617.

255 EuGH »Rettungsdienst Stadler« Urt. v. 10.03.2011 C 274/09 NZBau 2011, 239, 243; wie auch Vorlagebeschluss OLG München »Rettungszweckverband Passau« Beschl. v. 02.07.2009 Verg 5/09 VergabeR 2009, 281.

256 Müller NvWZ 2016, 266.

257 OLG Dresden »Notfallrettung I« NZBau 2008, 594f. = VergabeR 2008, 809 f.

258 BGH Urt. v. 01.12.2008, Az X ZB 31/08; NZBau 2009, 201 f.

259 BGH Urt. v. 01.12.2008, Az X ZB 31/08; NZBau 2009, 201 f.

260 OLG Naumburg »Rettungswache W« Beschl. v. 22.12.2011 II Verg 10/11 NZBau 2012, 258.

261 BGH »Rettungsdienstleistungen II« Urt. v. 09.06.2011 X ZR 143/10 NZBau 2011, 498.

228   Die **Eingliederung des privaten Rettungsdienstes** in die Trägerschaft des öffentlichen Rettungsdienstes ist nach der Auffassung des Bundesverfassungsgerichts als Eingriff in die Berufsfreiheit jedenfalls gerechtfertigt, wenn dies nach der nicht offensichtlich fehlsamen Einschätzung des Gesetzgebers eine Verbesserung bei dem Schutz der Bevölkerung, bei der Wirtschaftlichkeit der Leistungserbringung sowie hinsichtlich der Transparenz und Chancengleichheit im Verfahren zur Auswahl der Leistungserbringer erwarten lässt.[262]

4. Sozialhilfeleistungen

229   Die Problematik der Rettungsdienstleistungen steht in einem Kontext zu weiteren **sozialhilferechtlichen Leistungsvarianten**. Auch insoweit bestehen unterschiedliche Leistungserbringungsformen. Zum Teil werden Leistungen als klassische Sozialsubventionen durch Verwaltungsakte erbracht, etwa im **Jugendhilferecht** nach § 74 SGB XII bei ambulanten Leistungen. Insoweit kommt das Vergaberecht nicht zum Tragen.[263] Im Übrigen werden sozialhilferechtliche Leistungserbringungen über Dritte mithilfe öffentlich-rechtlicher Vereinbarungen abgewickelt, § 75 Abs. 3 SGB XII. Da von § 103 GWB sowohl private wie auch öffentlich-rechtliche Verträge umfasst werden, kommt das Vergaberecht hier grundsätzlich zur Anwendung.

230   Im Hinblick auf die Open-House-Rechtsprechung des OLG Düsseldorf (vgl. Rdn. 175) kann sich etwas anderes ergeben, wenn es um bloße die Zulassung von Dienstleistungserbringern im sozialhilferechtlichen Dreiecksverhältnis geht. Im Einzelfall kann auch – wie bei den Rettungsdienstleistungen – eine **nichtwirtschaftliche Dienstleistung** im Sinne der Entscheidung des EuGH vom 11.12.2014[264] vorliegen, bei der eine Direktvergabe möglich ist.

231   In der Regel liegen auch nicht die Voraussetzungen einer Dienstleistungskonzession vor, da das Bonitäts- und Insolvenzrisiko des Leistungsempfängers grundsätzlich der Träger übernimmt. Der Leistungserbringer hat allenfalls ein gewisses Kosten- und Auslastungsrisiko.[265]

232   Leistungen der **Grundsicherung für Arbeitssuchende** werden zwingend aufgrund von Vereinbarungen und nicht als Sozialsubventionen abgewickelt. Bei ihnen handelt es sich grundsätzlich um öffentliche Aufträge im Sinne des § 103 GWB zwischen den Trägern der Leistungen der Grundsicherung für Arbeitssuchende und Leistungserbringern. Dementsprechend ist vom Vorliegen eines öffentlichen Auftrages im Sinne des § 103 GWB auszugehen.[266]

233   **Nationale sozialrechtliche Bestimmungen** schließen die Vorschriften des GWB nicht aus, wenn die Voraussetzungen der §§ 97 GWB vorliegen.[267] Auch Vorschriften des Abfallrechts können die Vorschriften des EU-Vergaberechts nichts außer Kraft setzen.[268]

5. Sonstige Einzelfälle

234   **Business Improvement Districts (BID)** Sonderregelungen für bloße Verwaltungsakte gelten nicht bei der Gewährung öffentlicher Dienstleistungsaufträge im Bereich öffentlicher Personenverkehrsdienste nach der Richtlinie 1370/2007. Hier stellt Art. 2 i) der Verordnung ausdrücklich klar, dass die Konzessionserteilung auch durch einen einseitigen rechtsverbindlichen Akt, z.B. aufgrund eines Gesetzes oder einer Verwaltungsregelung für den Einzelfall ausreichen kann, um einen »öffentlichen Dienstleistungsauftrag« im Sinne dieser Richtlinie zu begründen (siehe dazu Rdn. 273).

---

262 BVerfG Beschl. v. 08.06.2010 1 BvR 2011/07 NZBau 2011, 124.
263 Vgl. Kingreen VergabeR 2007, 354, 356.
264 EuGH Urt. v. 11.12.2014 ZfBR 2015, 297.
265 Kingreen VergabeR 2007, 354, 357.
266 Schröder VergabeR 2007, 418, 425.
267 1. VK Sachsen Beschl. v. 08.04.2011 1/SVK-002-11 ZfBR 2011, 604.
268 EuGH »Müllverwertungsanlage Bonn« Urt. v. 21.01.2010 C 17/09 NZBau 2010, 326.

Auch private Initiativen zur Stadtentwicklung, nämlich so genannte **Business Improvement Dis-** 235
tricts (BID) können das Vergaberecht tangieren. Gemäß § 171 f BauGB können nach Maßgabe
des Landesrechts und unbeschadet sonstiger Maßnahmen nach dem Baugesetzbuch Gebiete festgelegt werden, in denen in privater Verantwortung standortbezogene Maßnahmen durchgeführt
werden. Diese Maßnahmen beziehen sich auf städtebauliche Ziele einer Kommune auf der Grundlage eines abgestimmten Konzeptes zur Stärkung/Entwicklung von Innenstädten, Stadtteilzen-
tren, Wohnquartieren und Gewerbezentren sowie sonstigen für die städtebauliche Entwicklung
bedeutsamen Bereiche. Zur Finanzierung der Maßnahmen können durch Landesrecht Regelungen
getroffen werden. Entsprechende BID-Gesetze sind in einigen Bundesländern inzwischen erlassen worden. Es handelt sich um ein Modell staatlich unterstützter privater Selbstorganisationen.
Grundstückseigentümer, Händler, Dienstleister, Gewerbetreibende usw. können ein Maßnahmen-
und Finanzierungskonzept zur Aufwertung eines so genannten Innovationsbereichs erarbeiten und
mit der zuständigen Behörde abstimmen. Parallel hierzu wird ein öffentlich-rechtlicher Vertrag
mit der Stadt abgestimmt, in dem sich der sogenannte Aufgabenträger zur Umsetzung verpflichtet. Soweit ein bestimmtes Quorum der Grundstückseigentümer dem Konzept zustimmt und ihm
nicht widerspricht, kann die Kommune den Maßnahmen- und Finanzierungsplan beschließen.
Sie erhebt alsdann von allen Grundstückseigentümern bzw. Gewerbetreibenden, die Vorteile aus
den Maßnahmen ziehen, eine Zwangsabgabe. Das Abgabenaufkommen steht nach Abzug einer
Verwaltungspauschale für die Gemeinde dem Aufgabenträger zu, der es treuhänderisch verwaltet
und hieraus sogar einen angemessenen Gewinn ziehen darf. Öffentliches Vergaberecht kommt bei
derartigen Konstellationen auf zwei Ebenen zum Zuge:
– Die Kommune schließt mit dem Aufgabenträger einen öffentlich-rechtlichen Vertrag ab. Soweit
   dieser Vertrag Auftragswerte betrifft, die oberhalb der Schwellenwerte liegen, muss der sogenannte Aufgabenträger im Wege einer öffentlichen Ausschreibung ermittelt werden. Denn die
   Kriterien des öffentlichen Auftraggebers und des öffentlichen Auftrages liegen vor. Insbesondere
   ist die Entgeltlichkeit gegeben, da der Aufgabenträger eine Vergütung für seine Tätigkeiten aus
   der Zwangsabgabe behalten darf und der Beschaffungsvorgang liegt auch auf der Hand, weil
   die Kommune sich die Zielstellungen des Maßnahmen- und Finanzierungskonzeptes zu eigen
   gemacht hat.
– Zweifelhaft ist, ob auch die Vergabe von Dienst- bzw. Werkleistungen durch den sogenannten
   Aufgabenträger wiederum dem Vergaberecht unterliegt. Auch das ist oberhalb der maßgeblichen
   Schwellenwerte zu bejahen, wenn die durch die Zwangsabgabe sichergestellten Mittel zu einer
   staatlichen Beherrschung im Sinne des § 99 Nr. 2 GWB in der Form überwiegender Finanzierung führen.[269]

Wenn ein öffentlicher Auftraggeber für einen anderen öffentlichen Auftraggeber entgeltliche Leis- 236
tungen in einem entwickelten Wettbewerb erbringt, ist das Vergaberecht unabhängig davon zu
beachten, ob es sich bei der interkommunalen Kooperation um eine delegierende oder mandatierende Aufgabenübertragung handelt.[270]

III. Schriftlichkeit

Während die EU-Vergaberichtlinien von »schriftlichen« Verträgen sprechen, sieht die Legaldefini- 237
tion des öffentlichen Auftrages in § 103 Abs. 1 GWB kein Schriftlichkeitsgebot vor.

Der Begriff »schriftlich« ist in Art. 1 Abs. 12 der Vergabekoordinierungsrichtlinie wie folgt defi- 238
niert: »Der Begriff »schriftlich« umfasst jede aus Wörtern oder Ziffern bestehende Darstellung, die
gelesen, reproduziert und mitgeteilt werden kann. Darin können auch elektronisch übermittelte
und gespeicherte Informationen enthalten sein.«

---

269 Vgl. Ganske VergabeR 2008, 15f. sowie Köster NZBau 2008, 300.
270 OLG Naumburg NZBau 2006, 58f.

239　Der EuGH hat entschieden, dass es jedenfalls ausreiche, wenn ein Vertrag überhaupt **unterzeichnet** worden sei, die sich aus gesetzlichen Vorschriften ergebende Bauverpflichtung (betreffend Sozialwohnungen) müsse sich aus dem Vertrag nicht ergeben.[271]

240　Diese unterschiedlichen Anforderungen an die Schriftlichkeit in Unionsrecht und in nationalem Recht hat ihre Basis darin, dass nach deutschem Recht – anders teilweise in ausländischen Rechtsordnungen – ein **wirksamer Vertrag** (auch im Anwendungsbereich des öffentlichen Vergaberechts) grundsätzlich **auch durch mündliche Vereinbarungen** zustande kommen kann. Der Schutz der Bieter würde weitgehend unterlaufen, wenn mündlich erteilte Aufträge von vornherein vom Vergaberegime befreit wären. Eine Schriftlichkeit ist daher nicht Voraussetzung für einen öffentlichen Auftrag i.S.d. § 103 Abs. 1 GWB.[272]

241　Die Voraussetzung einer übereinstimmenden Willenserklärung können auch durch eine **nicht förmliche**, auch **konkludente Abgabe** von Willenserklärungen erfüllt werden.[273] Verlängert etwa der öffentliche Auftraggeber eine Genehmigung, ohne den öffentlich-rechtlichen Vertrag über die Erbringung von Leistungen anzupassen und führt der Auftragnehmer die vorgesehenen Leistungen aus, reicht das konkludente Zustandekommen eines entsprechenden Vertrages im vergaberechtlichen Sinne aus.[274]

242　Das Merkmal der Schriftlichkeit spielt somit mangels Übernahme in das nationale Recht der Bundesrepublik Deutschland keine Rolle.[275]

243　Der EuGH hat etwa in der Entscheidung »*Teatro alla Bicocca*« ebenfalls keine besonderen Anforderungen an die Feststellung der Schriftlichkeit gestellt und es ausreichen lassen, dass nach übereinstimmender Auffassung ein Erschließungsvertrag schriftlich geschlossen werden solle.[276] In der Entscheidung »Eric Liebert u.a.« hat der EuGH auch darauf hingewiesen, dass sich sämtliche Vertragsbestandteile im Wege einer rechtsgeschäftlichen Einigung von einem schriftlichen Vertragstext abgedeckt sein müssen. Dementsprechend könnten auch öffentlich-rechtliche Rahmenbedingungen (wie ein flämisches Dekret) ergänzend berücksichtigt werden.[277]

IV. Entgeltlichkeit

1. Grundlagen

244　Das **Merkmal der Entgeltlichkeit** des Vertrages bezieht sich nach der Rechtsprechung des EuGH darauf, dass eine Gegenleistung durch die öffentliche Verwaltung für die Ausführung der Leistungen versprochen werden muss.[278]

271　EuGH Urt. v. 08.05.2013, Az RsC-197/11 RIW 2013, 546, 554.
272　OLG Naumburg Beschl. v. 22.12.2011 2 Verg 10/11 NZBau 2012, 358; OLG Düsseldorf »Stadtwerke B-GmbH« NZBau 2012, 50; BayObLG VergabeR 2001, 55; ausführlich auch Hailbronner in: Byok/Jaeger § 99 Rn. 59 ff.; Bungenberg in: Loewenheim/Meessen/Riesenkampff GWB § 99 Rn. 33; nach Prieß in: Jestaedt Das Recht der Auftragsvergabe S. 45, 46, geht somit das nationale Vergaberecht weiter als das europäische Vergaberecht. Die Abweichung sei jedoch nicht gemeinschaftsrechtswidrig, da die Vergaberechtslinien in ihrem Wirkungskreis eher ausgedehnt würden; für ein Schriftlichkeitserfordernis: Thieme/Correll DVBl. 1999, 884.
273　OLG Naumburg Beschl. v. 22.12.2011 2 Verg 10/11 NZBau 2012, 358.
274　OLG Naumburg Beschl. v. 22.12.2011 2 Verg 10/11 NZBau 2012, 360.
275　OLG Düsseldorf »Stoffgleiche Nichtverpackungen« Beschl. v. 28.07.2011 VII Verg 20/11 VergabeR 2012, 35, 39.
276　Vgl. EuGH »Teatro alla Bicocca« VergabeR 2001, 380, 389 = NZBau 2001, 512, 516 f.
277　EuGH »Eric Liebert u.a.« Urt. v. 08.05.2013 C-197/11 und C-203/11 VergabeR 2013, 695, 708.
278　EuGH »Stadt Mailand« VergabeR 2001, 380 = NZBau 2001, 512.

Für die Annahme der Entgeltlichkeit genügt der Umstand, dass zwar eine unmittelbare Entgeltzah- 245
lung des öffentlichen Auftraggebers an den Auftragnehmer nicht erfolgt, aber der Auftragnehmer
das **Recht erhält, Entgelte von Dritten zu erheben.**[279]

Ein Entgelt kann auch in der Zahlung eines **Geldbetrages als Gegenleistung** für die Überlassung 246
eines Parkplatzes liegen. Ein Entgelt kann auch in der Verpflichtung begründet sein, sich **an Ausgaben** für zu errichtende bauliche Anlagen **zu beteiligen.** Schließlich kann ein Entgelt darin liegen,
dass dem Auftragnehmer nach der geschlossenen Vereinbarung **Einnahmen aus der Veräußerung**
zu errichtender Bauwerke an Dritte zustehen.[280]

In Umsetzung der *»Helmut Müller«*-Doktrin hat der EuGH entschieden, dass die Bedingung des 247
entgeltlichen Charakters eines Vertrages die Prüfung impliziert, ob für die öffentlichen Auftraggeber an den von ihnen geschlossenen Verträgen ein **unmittelbares wirtschaftliches Interesse** besteht.
Dies hat der EuGH im Fall einer **Gehaltsumwandlung** der betrieblichen Altersversorgung bejaht,
da den öffentlichen Auftraggeber diese Maßnahmen finanziell entlasten.[281]

Die klassischen unentgeltlichen Verträge nach deutschem Recht, **Schenkung, Leihe** oder **Auftrag** 248
sind **keine entgeltlichen Verträge.**

Der entgeltliche Charakter des Vertrages impliziert, dass der öffentliche Auftraggeber, der einen 249
öffentlichen Bauauftrag vergeben hat, gemäß diesem Auftrag eine Leistung gegen eine Gegenleistung erhält. Eine solche Leistung muss nach ihrer Natur sowie nach dem System und den Zielen
der Richtlinie 2004/18/EG ein **unmittelbares wirtschaftliches Interesse** für den öffentlichen Auftraggeber begründen.[282]

2. Enger und weiter Entgeltlichkeitsbegriff

In Rechtsprechung und Literatur wurde in der Vergangenheit zum Teil ein **enger Entgeltbegriff** 250
vertreten. Dabei wurde auf die Vergütungsform abgestellt und ausgeführt, dass nur Geldleistungen
und nicht bloß **geldwerte Leistungen** als entgeltlich i.S.v. § 103 GWB qualifiziert werden könnten.[283] Zum Teil wird unter dem Blickwinkel der Herkunft der Mittel angenommen, dass eine
Entgeltlichkeit nur bejaht werden könne, wenn der öffentliche Auftraggeber Verbindlichkeiten **mit
Haushaltsmitteln** erfülle.[284] Der enge Entgeltbegriff lässt sich jedoch in keiner seiner Varianten
aufrechterhalten.

Die Rechtsprechung des **EuGH** legt einen **weiten Entgeltbegriff** zugrunde:

In dem Urteil *»Heizkraftwerk München«* hat der EuGH auch klargestellt, dass die Verwendung 251
öffentlicher Mittel kein konstitutives Element für das Vorliegen eines öffentlichen Auftrages sein
kann. Es sei insbesondere ohne Bedeutung, ob der öffentliche Auftraggeber selbst als Dienstleistungserbringer tätig sein will und dass der betreffende Auftrag in diesem Rahmen die Vergabe eines
Teils der Tätigkeiten an einen Subunternehmer darstelle.[285] Nach der Entscheidung des EuGH
»Stadt Mailand« können auch **mittelbare Zuwendungen** ausreichen, um den Entgeltbegriff zu
erfüllen. So hat der EuGH entschieden, dass auch die Erbringung von Leistungen gegen **Verzicht**

---

279 EuGH »Privater Rettungsdienst und Krankentransport Stadler« Urt. v. 10.03.2011 C 274/09 VergabeR
     2011, 430.
280 EuGH »Stadt Roanne« NZBau 2007, 185, 188 Rn. 45.
281 EuGH Urt. v. 15.07.2010 C 271/08 VergabeR 2010, 931; dazu Wagner/Weber Betriebsberater 2010, 2499.
282 EuGH »Helmut Müller« Urt. v. 25.03.2010 C 451/08 NZBau 2010, 321.
283 Werner/Köster NZBau 2003, 420.
284 Rindtorff/Gabriel VergabeR 2004, 16, 23; ähnlich OLG Düsseldorf »DSD« NZBau 2004, 400, 401 =
     VergabeR 2004, 624, 625 f.
285 EuGH »Heizkraftwerk München« WuW/E Verg. 1049, 1050 (2005) = VergabeR 2005, 57, 58 f. =
     NZBau 2005, 49.

der öffentlichen Hand, **Erschließungsbeiträge geltend zu machen**, den Entgeltlichkeitscharakter eines Vertrages nach den europäischen Vergaberichtlinien erfüllen kann.[286]

252   Der Entscheidung EuGH »*Carbotermo*«[287] ist zu entnehmen, dass es nicht darauf ankommt, **wer die Leistungen** aufgrund eines abgeschlossenen Vertrages **vergütet**, sei es die Körperschaft, sei es der öffentliche Auftraggeber, seien es Dritte als Nutzer von Dienstleistungen, die aufgrund von Konzessionen oder anderen von dem Auftraggeber eingegangene Rechtsbeziehungen erbracht werden. Es spielt auch keine Rolle, in welchem Gebiet die genannten Leistungen erbracht werden.

253   Auch Leistungen, die das beauftragte Unternehmen **von Dritten** in der Abwicklung des öffentlichen Vertrages **erhält**, sind bei der Entgeltbemessung zu berücksichtigen. Denn das Interesse eines potenziellen Bieters an einem entsprechenden Auftrag hänge ganz offensichtlich vom Gesamtwert aller ihm zufließenden Leistungen ab.[288] **Zahlungen** von **Dritten** können daher die Entgeltlichkeit des Vertrages begründen.

254   Auch die deutschen Nachprüfungsinstanzen gehen inzwischen durchgängig von einem **weiten Entgeltbegriff** aus.[289] Das OLG Naumburg hat ausgeführt:

255   *Nach der Rechtsprechung ist der Entgeltbegriff weit zu fassen. Er umfasst **jede Art von Vergütung, die** einen **geldwerten Vorteil** bedeutet. Eine Gewinnerzielung ist nicht erforderlich. Das weite Verständnis von der Entgeltlichkeit soll die vergaberechtspflichtigen öffentlichen Aufträge nur von vergabefreien Gefälligkeitsverhältnissen oder außerrechtlichen Beziehungen abgrenzen.*[290]

256   Es ist für die Annahme eines öffentlichen Auftrags unerheblich, ob die Gegenleistung des Auftraggebers kostendeckend oder gewinnbringend ist.[291]

257   Das Bayerische Oberlandesgericht hat klargestellt, dass die Gegenleistung des öffentlichen Auftraggebers für die vom Unternehmer erbrachte Leistung nicht aus einer Geldzahlung bestehen muss. Dem müsste **lediglich Geldwert** zukommen.[292]

258   Das OLG Düsseldorf hat formuliert:

259   *Der Entgeltbegriff ist weit auszulegen. Erfasst ist jede Art von Vergütung, die einen Geldwert haben kann. Voraussetzung ist demnach ein gegenseitiger Vertrag, der typischerweise auf den Austausch der beiderseitigen Leistungen gerichtet ist. Hierbei ist **gleichgültig, an wen die Leistung zu erbringen ist.***[293]

260   Des Weiteren hat das OLG Celle in der Entscheidung »*Alttextilien*« herausgestellt:

261   *»Der Begriff der Entgeltlichkeit ist weit zu verstehen und nicht auf die Zahlung eines Geldbetrages beschränkt. Entgeltlichkeit setzt **weder** eine synallagmatische Verknüpfung der Gegenleistung mit der Leistung des Auftragnehmers, noch eine Leistungsgewährung **unmittelbar aus eigenen (Haushalts-) Mitteln** des öffentlichen Auftraggebers voraus. Ausreichend ist jeder vom Auftragnehmer für die Leistung erlangte geldwerte Vorteil.«*[294]

---

286 EuGH »Stadt Mailand« VergabeR 2001, 380, 388 = NZBau 2001, 512, 516; OLG Naumburg NZBau 2006, 58, 62.

287 EuGH »Carbotermo« NZBau 2006, 452f. = VergabeR 2006, 487 zu Rn. 67.

288 EuGH »Stadt Roanne« NZBau 2007, 185, 189 Rn. 54 f.

289 OLG Düsseldorf NZBau 2004, 343; OLG Celle NZBau 2005, 51; OLG Frankfurt NZBau 2004, 692.

290 OLG Naumburg NZBau 2006, 58, 62.

291 OLG Koblenz »Abfallwirtschaftszentrum« Beschl. v. 03.12.2014 Verg 8/14 VergabeR 2015, 192, 194.

292 BayObLG VergabeR 2003, 329, 330 = ZfBR 2003, 511, 512.

293 OLG Düsseldorf Beschl. v. 22.09.2004 VII Verg. 44/04, Beschl. v. 08.09.2004 VII Verg. 35/04, auch OLGR 2004, 301f., ähnlich ZfBR 2004, 591, 592; VK Baden-Württemberg ZfBR 2003, 81; VK Süd-Bayern Beschl. v. 20.12.2002 50–11/02.

294 OLG Celle »Alttextilien II« Beschl. v. 08.09.2014 13 Verg 7/14 VergabeR 2015, 50.

Das Bayerische Oberlandesgericht und das OLG Düsseldorf haben ebenfalls klargestellt, dass für 262 ein vergabepflichtiges Geschäft zwar eine gegenseitige Verpflichtung notwendig ist, die Vertragspflichten müssen jedoch **nicht** notwendigerweise wechselseitig voneinander abhängig sein, indem sie in einer Art **Synallagma** stehen.[295] Demgegenüber hat etwa die VK Darmstadt angenommen, dass sowohl für Dienstleistungsaufträge wie auch für Dienstleistungskonzessionen das Vorliegen eines vertraglichen Synallagmas Voraussetzung sei.[296]

Auch eine Gegenleistung, die als **Sacheinlage** qualifiziert wird, begründet die Entgeltlichkeit im Sinne 263 des Vergaberechts.[297] Ein **Vergleich** zur Streitbeilegung stellt ebenfalls einen entgeltlichen Vertrag dar.[298]

Sind Angebote von Bietern mit geldwerten **gesellschaftsrechtlichen Nachschusspflichten** verbun- 264 den, müssen diese bei der Bestimmung der Gegenleistung berücksichtigt werden.[299]

Auch anstelle eines Geldbetrages **überlassene Nutzungen** (Überlassung eines Parkplatzes), gewährte 265 Rechte (Einnahmen aus der Veräußerung von errichteten Bauwerken) gegenüber Dritten geltend zu machen, sind als Entgelte zu betrachten.[300] Dementsprechend sind generell auch **Tauschverträge** als entgeltliche Verträge zu qualifizieren.

3. Zur Abgrenzung entgeltlicher und unentgeltlicher Leistungen im Einzelnen

Im Einzelfall kann es schwierig sein festzustellen, ob ein Vertrag entgeltlichen Charakter hat. Dabei 266 geht es u.a. um solche Verträge, bei denen die Gegenleistung, wie bei Konzessionsverhältnissen, nicht notwendigerweise in Geld besteht, sondern in der Übernahme von Aufgabenstellungen, bei denen der Auftragnehmer das Recht hat, gewisse Verwertungshandlungen im eigenen Namen und auf eigenes Risiko vorzunehmen und dabei Gelder von Dritten einzuziehen. Auch in diesen Fällen ist die Entgeltlichkeit wegen der mittelbaren finanziellen Begünstigung zu bejahen.
- Das OLG Düsseldorf hat bei der Übertragung eines Auftrages zur **Verwertung von Verlagsrechten** die Entgeltlichkeit bejaht.[301]
- Die Einräumung etwa des Rechts, **Leistungen der sozialpädagogischen Familienhilfe** mit der Befugnis zu übernehmen, hierfür eine Vergütung zu erhalten, die der Träger zwar einzieht, jedoch an den Unternehmer erstattet, beinhaltet einen entgeltlichen Vertrag.[302] Gleichwohl kann es sich im Einzelfall bei derartigen Verträgen um eine Dienstleistungskonzession handeln.[303] Entsprechend ist auch eine Vereinbarung nach § 93 Abs. 2 BSHG zwischen Sozialhilfeträger und Leistungserbringer ein entgeltlicher Vertrag.[304]
- **Rabattverträge** zwischen gesetzlichen Krankenkassen und Arzneimittelherstellern/-lieferanten sind in der Regel Dienstleistungsverträge in der Form von Rahmenverträgen.[305]

---

295 BayObLG VergabeR 2003, 329, 330; OLG Düsseldorf Beschl. v. 08.09.2004 VII Verg. 35/04, und Beschl. v. 22.09.2004 VII Verg. 44/04; offengelassen bei OLG Düsseldorf »AOK-Rabattverträge« NZBau 2008, 194, 196 = VergabeR 2008, 73, 75: Vorsorglich sei darauf hingewiesen, dass der Senat vertieften Überlegungen vorbehält, ob eine synallagmatische Verknüpfung überhaupt verlangt werden kann. Die Vorschrift des § 99 GWB ist richtlinienkonform entsprechend den Regelungen der VKR auszulegen. Es wäre eher Zufall, wenn das Begriffverständnis einer EU-Richtlinie von bestimmten national-rechtlichen Vorschriften geprägt wäre, solange nicht geklärt ist, dass ein vergleichbares Verständnis in sämtlichen EU-Mitgliedsstaaten besteht.
296 VK Darmstadt NZBau 2006, 534, 535.
297 EuGH »Oulon Kau punki« Urt. v. 22.12.2010 C 215/09 NZBau 2011, 312, 314, Tz. 42.
298 EuGH Urt. v. 14.11.2013 Rs. C-221/12 IBR 2014, 97.
299 OLG Düsseldorf VergabeR 2006, 508, 518 für den Versicherungsverein auf Gegenseitigkeit.
300 EuGH »Roanne« VergabeR 2007, 183, 189.
301 OLG Düsseldorf »Verlagsvertrag« WuW/E Verg. 350, 351 (2000).
302 OLG Düsseldorf 22.09.2004 VII Verg 44/04.
303 OLG Düsseldorf 22.09.2004 VII Verg 44/04.
304 OLG Düsseldorf 08.09.2004 VII Verg 35/04.
305 EuGH »Oymanns« Beschl. v. 11.06.2009 C 300/07 NZBau 2009, 520 f.

– Die Vergütung muss auch nicht in der Zahlung eines Preises, sei es durch den Auftraggeber oder einen Dritten bestehen. Gleich bedeutend ist die Überlassung von anderen **geldwerten Gegenständen**. Die Vergütung des Unternehmers kann beispielsweise auch in der Abtretung von **Grundstücken und Gebäuden** durch den öffentlichen Auftraggeber bestehen.[306]

– Strebt etwa eine Kommune an, sich einen möglichst großen Anteil an **Abfallmengen** zur höheren Auslastung einer Anlage (Deponie) zu sichern und überlässt sie dem Unternehmen zu diesem Zweck ein Grundstück gegen eine (reduzierte) Pacht, kann ausnahmsweise auch die als solche vergaberechtsfreie Grundstücksüberlassung den entgeltlichen Charakter des Vertrages begründen.[307]

– Das OLG Celle hatte hinsichtlich eines **Verwertungsvertrages** betreffend **Altpapiermengen** angenommen, dass die Entgeltlichkeit auch in der Übereignung werthaltiger Sachen bestehen könne und dementsprechend auch die Befugnis, die bei der Durchführung der Papiererfassung anfallenden Papiermengen zu verwerten, eine Entgeltlichkeit begründen könne.[308] In einer späteren Entscheidung hat das OLG Celle die Auffassung vertreten, bei einem Verwertungsvertrag über Altpapier sei kein entgeltlicher Charakter anzunehmen. Ein Entgelt für die stoffliche Verwertung könne allenfalls dann angenommen werden, wenn der öffentliche Auftraggeber dem Entsorgungsunternehmen über den Verkauf des Altpapiers gegen einen angemessenen Preis hinaus etwas zuwende.[309] Dieser Auffassung ist das OLG Düsseldorf mit Recht entgegengetreten und hat in einer Divergenzvorlage zum BGH die Rechtsauffassung geäußert, dass in entsprechenden Fällen von einem öffentlichen Auftrag auszugehen sei. Das Vertragsverhältnis sei ungeachtet seiner Überschrift als Kaufvertrag als **typengemischter Vertrag** zu qualifizieren. In Anlehnung an §§ 612 Abs. 1, 632 Abs. 1 BGB argumentierte das OLG Düsseldorf, dass zur Feststellung der Entgeltlichkeit maßgebend auf die Verkehrssitte abzustellen sei; gehörten Leistungen zum Beruf des Verpflichteten, könne im Allgemeinen nicht von einer unentgeltlichen Dienst- oder Werkleistung ausgegangen werden, es sei denn, dass dies besonders vereinbart werde. Auch im Hinblick auf die Altpapierverwertung spreche nichts für eine unentgeltliche Tätigkeit des Unternehmers. Vielmehr liege das Entgelt in der Überlassung des werthaltigen Altpapiers.[310]

267   Der Bundesgerichtshof hat inzwischen mit der Entscheidung »*Altpapierverwertung II*« den Beschluss des OLG Düsseldorf bestätigt und entschieden:[311]

268   *Wann ein Dienstleistungsauftrag im Sinne des § 99 Abs. 1 GWB vorliegt, kann nicht losgelöst vom Zweck des 4. Teils des Gesetzes gegen Wettbewerbsbeschränkungen beantwortet werden, der gemäß § 97 Abs. 1 GWB darin besteht, die Beschaffung von Dienstleistungen durch öffentliche Auftraggeber zu erfassen und zu regeln. Das rückt die Frage in den Vordergrund, ob der öffentliche Auftraggeber einen entsprechenden Bedarf hat und ob dieser mit dem abgeschlossenen Vertrag gedeckt werden soll. Da das Vergaberecht des 4. Teils des Gesetzes gegen Wettbewerbsbeschränkungen andererseits nicht der Durchsetzung sonstiger rechtlicher oder tatsächlicher Vorgaben dient, die ein öffentlicher Auftraggeber zu beachten hat, entscheidet darüber, ob ein Bedarf besteht und deshalb eine Dienstleistung beschafft werden soll, allein der öffentliche Auftraggeber. Sobald er einen tatsächlich bestehenden Bedarf erkennt oder auch nur meint, einen durch Dienstleistung zu befriedigenden Bedarf zu haben, den er nicht selbst decken will, kommt deshalb die Einordnung eines zu diesem Zweck geschlossenen Vertrages als Dienstleistungsauftrag im Sinne des § 99 Abs. 1 GWB in Betracht. (…) Der Feststellung, dass der am 27./28.04.2004 unterzeichnete Vertrag daher ein Dienstleistungsauf-*

---

306 Leitfaden öffentliches Auftragswesen in der europäischen Union ZVgR 1998, 386, 387.
307 BayObLG 27.02.2003 »Entsorgungspark Freimann« VergabeR 2003, 329, 331 = ZfBR 2003, 511, 512.
308 OLG Celle »Altpapierentsorgung« WuW/E Verg. 967, 968 (2004).
309 OLG Celle 01.07.2004 13 Verg. 8/04.
310 OLG Düsseldorf 27.10.2004 »Altpapierverwertung« VergabeR 2005, 90, 92 f. mit Anmerkung von Zirbes.
311 BGH 11.02.2005 VergabeR 2005, 328, 329; zustimmend VK Nordbayern Beschl. v. 09.09.2008, Az 21.VK-3194/42/08.

trag ist, steht nicht entgegen, dass die Antragsgegnerin und die Beigeladene die gegenseitigen Rechte und Pflichten mittels eines Kaufvertrages geregelt haben, weil sie das Altpapier als ein werthaltiges Gut angesehen haben und es deshalb an die Beigeladene gegen Entgelt veräußert werden soll. Denn § 99 Abs. 1 GWB stellt weder auf die zivilrechtliche Einordnung eines Vertrages noch darauf ab, ob in der Übernahme der Leistung im Sinne des § 99 Abs. 4 GWB, die von dem Unternehmen erbracht werden soll, ein wesentlicher oder gar Hauptzweck des Vertrages liegt. Der Vertrag muss lediglich Dienstleistungen zum Gegenstand haben. Gemäß der Erläuterung, die § 99 Abs. 4 GWB gibt, reicht es aus, dass der Vertrag sich überhaupt über Leistungen verhält, die das Unternehmen zu erbringen hat. Ob ein Vertrag gleichwohl ausnahmsweise Dienstleistungen dann nicht im Sinne von § 99 Abs. 1 GWB zum Gegenstand hat, wenn die vertragsgemäß von dem Unternehmen zu erbringende Leistung angesichts des rechtlichen und wirtschaftlichen Schwerpunkts des Vertrages nicht ins Gewicht fällt, braucht hier nicht abschließend entschieden zu werden. Angesichts des vor allem in § 97 Abs. 1 GWB zum Ausdruck kommenden Anliegens des in diesem Gesetz normierten Vergaberechtssystems, dass öffentliche Beschaffung, soweit sie nicht ausdrücklich ausgenommen ist, umfassend unter geregelten Wettbewerbsbedingungen erfolgt, könnte eine solche Ausnahme ohnehin nur in Fällen in Erwägung gezogen werden, in denen die Pflicht zur Dienstleistung völlig untergeordneter Natur ist und es deshalb ausgeschlossen erscheint, dass auch ihretwegen der Vertrag abgeschlossen worden ist. Ein solcher Fall ist hier jedoch nicht zu beurteilen. (…) Von Entgeltlichkeit eines Vertrages wird üblicherweise gesprochen, wenn der Empfänger einer versprochenen Leistung seinerseits eine (Gegen-)Leistung zu erbringen hat. Es ist nichts dafür ersichtlich, warum dies nicht auch hinsichtlich § 99 Abs. 1 GWB gelten solle. Vor allem erfordert die Vorschrift nicht, in Fällen, in denen die von dem Unternehmen übernommene (Dienst-)Leistung in der weiteren Behandlung eines Gutes von Wert liegt und in denen der öffentliche Auftraggeber – wegen dieser Eigenschaft – eine Bezahlung durch das Unternehmen erreichen kann, Entgeltlichkeit erst dann anzunehmen, wenn feststeht, dass und ggf. inwieweit bei der Höhe des von dem Unternehmen zu zahlenden Preises die Pflicht zur Erbringung der übernommenen (Dienst-)Leistung preismindernd berücksichtigt worden ist. Dabei kann dahinstehen, ob sich das bereits daraus ergibt, dass § 99 Abs. 1 GWB nicht von einem Entgelt für die (Dienst-)Leistung spricht, die der betreffende Vertrag zum Gegenstand hat, sondern von einem entgeltlichen Vertrag und es hiernach ausreichen könnte, dass ein Vertrag, der wenigstens u.a. Beschaffungszwecken dient, überhaupt eine geldwerte Gegenleistung des öffentlichen Auftraggebers vorsieht. Die Leistungen, die die Beigeladene vertragsgemäß zu erbringen hat, damit für die geordnete Altpapierverwertung Sorge getragen wird, lassen sich nämlich nicht von den kaufvertraglichen Komponenten trennen, welche die Antragsgegnerin und die Beigeladene hinsichtlich des betreffenden Altpapiers vereinbart haben. Der Vertrag mit seinen Komponenten ist vielmehr das wesentliche Mittel, deren sich die Antragsgegnerin bedient, um die gewünschte Dienstleistung zu erhalten. Die Altpapierverwertung einerseits und die Veräußerung des Altpapiers andererseits stellen nicht zwei voneinander trennbare Leistungsaustauschgeschäfte dar, die mehr oder weniger willkürlich in einem Rechtsgeschäft miteinander verbunden worden sind. Aus vergaberechtlicher Sicht ist der Verkauf des Altpapiers das rechtliche Gewand, in dem sich die Antragsgegnerin die Leistungen beschafft, die die ihr obliegende geordnete Altpapierverwertung sicherstellen oder zumindest fördern sollen, zumal der Erwerb des Altpapiers ein nachhaltiges Interesse der Beigeladenen an dessen (gewinnbringender) Verwertung begründet. Dass bei wirtschaftlicher Betrachtung die Kauf- bzw. Verkaufskomponente des Vertrages bei weitem im Vordergrund stehen mag, ist unerheblich. Denn § 99 GWB schließt nicht Veräußerungsgeschäfte der öffentlichen Hand von der Anwendung der Vorschriften des 4. Teils des Gesetzes gegen Wettbewerbsbeschränkungen aus. Ein Veräußerungsgeschäft kann lediglich als solches die Anwendbarkeit der Vorschriften nicht begründen. Ist es hingegen Mittel zur Beschaffung einer Leistung, ist der kaufrechtliche Aspekt des öffentlichen Auftrags ohne Bedeutung. Das entspricht auch dem Zweck des in § 97ff. GWB geregelten Vergaberechts. Denn auf diese Weise wird eine vollständige Erfassung aller Beschaffungsvorgänge erreicht, die für den öffentlichen Auftraggeber mit geldwertem Aufwand verbunden sind.

- Auch die »Übertragung im Sinne von Vermögenswerten von **Rücklagen für** eine **Rekultivierung**« kann entgeltlichen Charakter haben.[312]
- Der Begriff der Entgeltlichkeit umfasst auch Vorteile, die in der Eröffnung der Möglichkeit bestehen, **Gebühren bei Dritten einzuziehen.**[313]

269   Auch **Kostenerstattungen** unterfallen dem weiten Entgeltbegriff.[314] Der EuGH hat in der Entscheidung »Spezzino und Anpas« entschieden:

270   *Ein Vertrag kann nämlich nicht allein deswegen aus dem Begriff des öffentlichen Auftrags herausfallen, weil die darin vorgesehene Vergütung auf den **Ersatz der Kosten** beschränkt bleibt, die durch die Erbringung der vereinbarten Dienstleistung entsteht. Deshalb ist es ... unerheblich, ob die von den Behörden diesen Organisationen zu erstattenden Kosten nur die mit der Erbringung der betreffenden Leistung zusammenhängenden direkten Kosten umfassen oder sich auch auf einen Teil der allgemeinen Kosten erstrecken.*[315]

271   Der EuGH hat auch in der Entscheidung »Piepenbrock« bestätigt, dass eine Kostenerstattung das Entgeltlichkeitsmerkmal ausfüllen könne.[316]

272   Nach Auffassung des EuGH ist es nicht entscheidend, ob Verträge ohne **Gewinnerzielungsabsicht** geschlossen werden.[317] Den Entgeltlichkeitscharakter erfüllen mithin auch **Kostenerstattungsverträge.**

- Das gilt nicht nur dann, wenn in der Kostenerstattung eine Unternehmervergütung enthalten ist (dann liegt ohnehin ein klassisches Entgelt vor), sondern auch dann, wenn der Unternehmer lediglich die ihm entstandenen Aufwendungen erstattet erhält. Denn auch dann hat die Leistung einen Geldwert. Sie erfolgt nicht unentgeltlich.[318] Dementsprechend sind etwa der Abschluss betriebskostenrelevanter Leistungsverträge keineswegs unentgeltliche Vorgänge.[319]
- Bei **Kostenerstattungsverträgen** muss allerdings genau abgegrenzt werden, ob die öffentliche Hand lediglich einer (gesetzlichen) Verpflichtung nachkommt oder ob eine Kostenerstattung Bestandteil eines entgeltlichen Beschaffungsgeschäftes ist. Nicht ausreichend ist die Vereinbarung einer Kostenerstattung (z.B. in Bezug auf Planungskosten) für den Fall des Fehlschlagens eines Vertrages. Wenn die Vertragsparteien etwa ernsthaft die Veräußerung einer kommunalen Immobilie zum Zwecke der Projektentwicklung vereinbaren, führt grundsätzlich die vertragliche Regelung einer Kostenerstattung für den Fall des Misslingens nicht dazu, dass eine öffentliche Beschaffung angenommen werden kann. Etwas anderes gilt nur, wenn aufgrund der Vereinbarung der Chancen und Risiken letztlich angenommen werden muss, dass die öffentliche Hand über ein entsprechendes Vertragskonstrukt Bauleistungen von Dritten durchführen lassen will.
- **Sponsoring** kann im Einzelfall einen entgeltlichen Charakter haben. Sind Maßnahmen des Sponsorings indessen darauf beschränkt, dass der Sponsor Finanz-, Sach- oder Dienstleistungen einer Organisation zuwendet, um ausschließlich dessen sportliches, kulturelles, wissenschaftliches oder sonstiges bedeutsames gesellschaftliches Engagement zu stärken, ohne eine geldwerte Gegenleistung zu erhalten (außer etwa soziale Anerkennung etc.), liegt kein entgeltlicher Vertrag vor.[320] Auch **Versicherungsverträge** sind entgeltliche Verträge. Das gilt auch bei einem Versicherungsverein auf Gegenseitigkeit, bei denen öffentliche Auftraggeber für ihre Mitgliedschaft Beiträge erbringen. Ein klassischer **Austauschvertrag** müsse nicht vorliegen. Die im Wettbe-

---

312   EuGH »Casta« Urt. v. 28.01.2016 C-50/14 NZBau 2016, 177; OLG Naumburg NZBau 2005, 58, 62.
313   OLG Naumburg NZBau 2005, 58, 62.
314   OLG Düsseldorf »Zweckvereinbarung Gebäudereinigung II« Beschl. v. 06.11.2013 VII Verg 39/11 VergabeR 2014, 169, 170 mit weiteren Nachweisen.
315   EuGH »Spezzino und Anpas« Urt. v. 11.12.2014 C-113/13 NZBau 2015, 377, 380.
316   EuGH »Piepenbrock« Urt. v. 13.06.2013 C-386/11 VergabeR 2013, 686, 687.
317   EuGH »Spezzino und Anpas« Urt. v. 11.12.2014 C-113/13 NZBau 2015, 377, 380.
318   Vgl. etwa OLG Düsseldorf ZfBR 2004, 591, 592; OLG Düsseldorf Beschl. v. 22.09.2004 VII Verg. 44/04.
319   So auch KG VergabeR 2005, 236, 242; entgegen Rindtorff/Gabriel VergabeR 2004, 16.
320   Im Einzelnen Müller-Wrede Sponsoring und Vergaberecht S. 431 f.

werb angebotenen Versicherungsleistungen unterschieden sich nämlich nicht von denjenigen in anderer Rechtsform organisierter Versicherungsunternehmen. Die Wahl der Rechtsform des VVAG könne es nicht ermöglichen, öffentlichen Auftraggebern ohne Ausschreibung Versicherungsschutz zu gewähren.[321]

– Erschöpfen sich die **Leistungsbeziehungen** in einem Geld- oder Warenaustausch **innerhalb der Organisation eines öffentlichen Auftraggebers**, ist die Entgeltlichkeit zu verneinen.[322] Nicht entscheidend ist grundsätzlich auch, von wem der Leistende die Vergütung erhält. Auch wenn er sie von Dritten einzieht, kann ein entgeltlicher Vertrag vorliegen – sofern nicht ausnahmsweise eine vergaberechtsfreie Konzessionsgestaltung vorliegt.[323]

V. Private und öffentlich-rechtliche Verträge

1. Öffentlich-rechtliche Aufträge i.S.d. Vergaberechts

Während anfänglich noch Unsicherheiten darüber bestanden, ob öffentlich-rechtliche Verträge überhaupt dem Vergaberecht unterliegen können, ist diese Frage heute geklärt.[324] Denn der EuGH hat in der Entscheidung »*Teatro alla Bicocca*« klargestellt, dass öffentlich-rechtliche Verträge ebenso – sogar erst recht – unter den Auftragsbegriff des § 103 GWB fallen müssen. Für einen Erschließungsvertrag hat der EuGH ausgeführt: 273

> *Dass der Erschließungsvertrag dem öffentlichen Recht unterliegt und die Ausübung hoheitlicher* 274
> *Gewalt einschließt, steht entgegen der Auffassung der Bekl. und der Streithelferin das Ausgangsverfahren dem Vorliegen einer Vertragsbeziehung im Sinne von Art. 1 lit. a Richtlinie 93/97/EWG nicht entgegen, sondern spricht sogar dafür. In mehreren Mitgliedstaaten ist nämlich ein Vertrag zwischen einem öffentlichen Auftraggeber und einem Unternehmen ein verwaltungsrechtlicher Vertrag, der als solcher dem öffentlichen Recht unterliegt.*

Dabei soll es nach der Auffassung des EuGH auch nicht darauf ankommen, ob die öffentliche Verwaltung – wegen der Grundstücksbezogenheit eines Erschließungsvertrages – überhaupt die Möglichkeit hat, ihre Vertragspartner auszuwählen. Anderenfalls wäre die Errichtung eines Bauwerks, auf die die Richtlinie ebenfalls anwendbar wäre, dem gemeinschaftlichen Wettbewerb entzogen. Die Ersparung des ansonsten fälligen Erschließungsbeitrages reiche im Übrigen auch aus, um das Kriterium der Entgeltlichkeit zu begründen.[325] 275

---

321 BGH VersR 2009, 84, 86.

322 EuGH »Stadt Halle« VergabeR 2005, 44, 51: »Eine öffentliche Stelle, die ein öffentlicher Auftraggeber ist, hat die Möglichkeit, ihre im Allgemeininteresse liegenden Aufgaben mit ihren eigenen, administrativen, technischen und sonstigen Mitteln zu erfüllen, ohne gezwungen zu sein, sich an externe Einrichtungen zu wenden, die nicht zu ihren Dienststellen gehören. In einem solchen Fall kann von einem entgeltlichen Vertrag mit einer Einrichtung, die sich rechtlich von dem öffentlichen Auftraggeber unterscheidet, nicht die Rede sein.«.

323 Vgl. dazu Kingreen in: Pünder/Prieß S. 107: »Diese Diskussion ist vor einigen Jahren bereits im Rahmen der Dienstleistungsfreiheit (Art. 49, 50 EG) geführt und vom EuGH zu Recht in dem Sinne entschieden worden, dass es für den Begriff der Entgeltlichkeit auf die Person des Entgelterbringers nicht ankommt. Entscheidend ist, dass die Einrichtung sachlich ein Entgelt im vergaberechtlichen Sinne bekommt; unerheblich ist hingegen von wem. Zu fragen ist also, ob eine Vereinbarung zwischen Träger und Einrichtung existiert und der Inhalt der Vereinbarung zwischen Leistungsträger und Einrichtung sachlich auf die Leistung eines Entgeltes im vergaberechtlichen Sinne gerichtet ist.«.

324 OLG Düsseldorf »Nachbarschaftshilfe« NZBau 2004, 398, 399 = VergabeR 2004, 619, 621 = WuW/E Verg. 960, 962: »Die Qualifizierung eines Auftrages als privatrechtlich oder öffentlich-rechtlich ist für die Anwendung des Vergaberechts unmaßgeblich. Die EG-Vergaberichtlinie differenziert nicht zwischen privatrechtlichen und öffentlich-rechtlichen Verträgen. Der Begriff des Vertrages in § 99 Abs. 1 GWB ist richtlinienkonform dahin auszulegen, dass er auch öffentlich-rechtliche Verträge umfasst.«.

325 Vgl. EuGH »Teatro alla Bicocca« NZBau 2001, 512, 516 = VergabeR 2001, 380 mit Anmerkung von Müller-Wrede = ZfIR 2001, 666f. mit Anmerkung von Meißner.

276   In einer weiteren Entscheidung »*Roanne*«[326] hat der EuGH seine strenge Rechtsprechung zu den Erschließungsverträgen fortentwickelt und ausgeführt, dass die »*unmittelbare Erstellung einer Erschließungsanlage durch den Inhaber einer Baugenehmigung oder den durch einen genehmigten Erschließungsplan Berechtigten unter Abzug des Ganzen oder eines Teils des wegen der Baugenehmigung geschuldeten Beitrages, in einem städtebaurechtlichen Zusammenhang mit besonderen Merkmalen und einem spezifischen, von der Richtlinie 93/37 verschiedenen Zweck nicht genügt, um die unmittelbare Erstellung der Anlage dem Anwendungsbereich der Richtlinie zu entziehen, wenn deren Tatbestandsmerkmale erfüllt sind.*« Wenn dementsprechend die Absprachen betreffend Erschließungsarbeiten die in der Richtlinie aufgeführten Merkmale eines öffentlichen Bauauftrages erfüllten und insbesondere das in der Richtlinie verlangte vertragliche Element vorliege und die Schwellenwerte überschritten werden, müsse öffentlich ausgeschrieben werden.

277   Der Begriff des Vertrags in § 103 Abs. 1 GWB ist mithin **richtlinienkonform** dahin **auszulegen,** dass er auch **öffentlich-rechtliche Verträge** und Zweckvereinbarungen **umfasst.**[327] Die heutige Vergaberechtspraxis folgt im Grundsatz dieser EuGH-Entscheidung und hält die Differenzierung zwischen privater oder öffentlich-rechtlicher Verträge in richtlinienkonformer Auslegung nicht für geeignet, zu einem Ausschluss öffentlich-rechtlicher Verträge vom Vergabezwang zu gelangen.[328]

278   Die Einbeziehung öffentlich-rechtlicher Verträge in den Vertragsbegriff des § 103 GWB entspricht inzwischen dem **gesicherten nationalen Rechtsverständnis.** Nach Auffassung des BGH unterscheidet § 103 GWB nicht nach der Rechtsnatur des abzuschließenden Vertrages. Er weist Rechtsgeschäfte allein deshalb dem GWB-Vergaberegime zu, weil der öffentliche Auftraggeber Leistungen durch einen Dritten für wünschenswert oder notwendig erachtet und dies zum Anlass nimmt, deren Erbringung auf vertraglichem Wege und nicht in anderer Weise, etwa durch einen Beleihungsakt, sicherzustellen.[329]

279   In der Vergaberechtspraxis und -literatur wird lediglich noch thematisiert, ob einzelne öffentlich-rechtliche Vertragsverhältnisse **so durch hoheitliche Einflüsse in einem solchen Maße durchdrungen** sind, dass es am Merkmal des öffentlichen Auftrages fehlt. Das ist etwa angenommen worden bei Vereinbarungen zwischen öffentlichen und freien Jugendhilfeträgern zur Erfüllung von Aufgaben auf dem Gebiet der Jugendhilfe.[330]

2. Erschließungs- und städtebauliche Verträge

280   Die umfangreiche Diskussion zu den Erschließungsverträgen (dazu 3. Auflage § 99 Rn. 81/230) ist in der Zwischenzeit aufgrund des gesetzlich verankerten Kriteriums, wonach die Bauleistung **dem Auftraggeber unmittelbar wirtschaftlich zugekommen muss,** überholt. Unter Berücksichtigung dieses materiellen Kriteriums spielt auch die Unterscheidung zwischen dem echten und dem unechten Erschließungsvertrag keine entscheidende Rolle. Wenn ein Erschließungsträger im eigenen wirtschaftlichen Interesse oder fremde Grundstücke zur Bebauung erschließt und es lediglich darum geht, den städtebaulichen Anforderungen entsprechende Erschließungsanlagen für dieses Gebiet herzustellen, dann erfolgt unabhängig von der Art der Beitragserhebung durch den öffentlichen Auftraggeber oder den Erschließungsträger keine Bauleistung, die dem öffentlichen Auftraggeber unmittelbar wirtschaftlich zugute kommt.[331] Etwas anderes dürfte nur dann

---

326 EuGH »Kommission/Italien« VergabeR 2008, 501, 505.
327 OLG Naumburg NZBau 2006, 58, 60.
328 Vgl. etwa OLG Frankfurt 07.09.2004 VergabeR 2005, 80f.; BayObLG 28.05.2003 VergabeR 2003, 563, 565; OLG Düsseldorf ZfBR 2004, 591, OLGR 2004, 301, 303, sowie Beschl. v. 22.09.2004 VII-Verg. 44/04; OLG Brandenburg 01.09.2004 »Ruppiner Rettungsdienste« VergabeR 2005, 99, 102; Burgi NZBau 2002, 57, 62; Wilke ZfBR 2004, 141f.; Busch VergabeR 2003, 622; Pieper DVBl. 2000, 160; zurückhaltender Hailbronner in: Byok/Jaeger § 99 Rn. 35.
329 BGH Urt. v. 01.12.2008, Az X ZB 31/08; auch BGHZ 148, 55, 61.
330 VK Hamburg 04.08.2004 VgKFB 4/04.
331 Grothmann/Tschäpe ZfBR 2011, 442.

gelten, wenn die Kommune sich Erschließungsanlagen versprechen lässt, die über gesetzlich zwingende städtebauliche Anforderungen hinausgehen und somit eigene unmittelbar wirtschaftliche Zwecke verfolgt. Das ist aber noch nicht der Fall, wenn sich der Erschließungsträger verpflichtet, eine Straße zu bauen und erforderliche Spielplätze oder Kindertagesstätten zu errichten. Etwas anderes kann gelten, wenn über den konkreten Bebauungszusammenhang hinausgehende kommunale Interessen verfolgt werden, etwa Museen, Theater oder sonstige überregional relevante Bauvorhaben realisiert werden sollen, die keinen konkreten Bezug zum neuen Erschließungsgebiet darstellen.

Immer ist auch zu prüfen, ob nicht eine Bau- oder Dienstleistungskonzession vorliegt.[332]   281

Davon zu trennen ist die direkte Beauftragung von Bauunternehmen mit der Ausführung von   282
Erschließungsbaumaßnahmen. Insoweit liegen klassische Werkverträge vor.

In der Entscheidung »*PAI und LARAU Valencia*« hat sich der EuGH mit der Frage befasst, wann   283
ein Erschließungsvertrag überhaupt als Bauauftrag oder Baukonzession zu werten ist. In dieser Entscheidung hat der EuGH nicht feststellen können, dass die überwiegenden Elemente des Erschließungsvertrages diejenigen eines Bauvertrages sind. Er hob darauf ab, dass **diverse Management- und Planungsleistungen** umfasst seien und schließlich **Finanzierungs- und Garantieleistungen**, sodass der überwiegende bauliche Charakter des Erschließungsvertrages nicht feststehe. Eine Dienstleistung/**Dienstleistungskonzession** könne deshalb nicht ausgeschlossen werden.[333]

Für **städtebauliche Verträge** hat das OLG Schleswig vergabepflichtige öffentliche Bauaufträge   284
im Sinne des § 103 GWB grundsätzlich verneint. Weder ein Grundstückskaufvertrag noch der Durchführungsvertrag hierzu führten zu einer Qualifizierung als öffentlicher Bauauftrag, soweit sie nicht der Herstellung von Bauwerken (ggf. in Verbindung mit ihrer Planung) dienen, die dem öffentlichen Auftraggeber unmittelbar zugutekommen. Allein Festsetzungen in einem vorhabenbezogenen Bebauungsplan und Vereinbarungen in den damit verbundenen Verträgen nach §§ 11, 12 BauGB begründeten kein unmittelbares wirtschaftliches Interesse des Auftraggebers an einer Realisierung der allgemeinen planungsrechtlichen Zwecke dienenden Bauleistung. Ein Durchführungsvertrag dient regelmäßig der Umsetzung des vorhabenbezogenen Bebauungsplans, welcher im Rahmen der planungsrechtlichen Regelungsbefugnisse der Kommune liegt. Die Erfüllung der Durchführungspflicht ist grundsätzlich nicht einklagbar. Auch Vereinbarungen zur Übernahme von Planungs- und Erschließungskosten sind grundsätzlich von der planungsrechtlichen Regelung des § 12 Abs. 1 Nr. 1 BauGB gedeckt. Insoweit gilt nichts anderes als für städtebauliche Verträge. Die bloße Widmung neu erstellter Verkehrsflächen zum öffentlichen Gebrauch, stehe der Eigentumsübertragung an solchen Flächen nicht gleich. Die bloße Neuerrichtung im Rahmen eines Austausches von Anlagen begründe auch nicht ohne weiteres ein eigenes unmittelbares Interesse.[334]

Eine generelle Privilegierung des sogenannten Eigentümermodells[335] ist nach der Entscheidung   285
»*Roanne*« nicht möglich. Die Entscheidung befasst sich gerade auch mit der Fallgestaltung, dass eine Vereinbarung zwischen der öffentlichen Hand und einem privaten Eigentümer von Baugrundstücken geschlossen wird. Da es der öffentlichen Hand bei Abschluss der entsprechenden Erschließungsverträge auch auf die Übertragung der Erschließungsanlagen ankommen kann, kann die Einschlägigkeit des Vergaberechts auch nicht mit dem fehlenden Beschaffungszweck begründet werden.

---

332 EuGH »PAI und LARAU Valencia« Urt. v. 26.05.2011 C 306/08 NZBau 2011, 431 f. mit Anmerkung von Gertz; Busch VergabeR 2003, 622, 626 f.; Köster/Hefner NVwZ 2007, 410, 414.
333 EuGH »PAI und LARAU Valencia« Urt. v. 26.05.2011 C 306/08 NZBau 2011, 431f. mit Anmerkung von Gertz.
334 OLG Schleswig Beschl. v. 15.03.2013, Az 1 Verg 4/12 NZBau 2013, 453, 454 f.
335 Busch VergabeR 2003, 622, 628.

3. Weitere Praxisbeispiele für öffentlich-rechtliche Verträge

286   Praxisbeispiele für dem Vergaberecht unterliegende öffentlich-rechtliche Verträge sind:
   – Verträge über sozialhilferechtliche Leistungserbringung[336]
   – Verträge über die Leistungserbringung bei der Grundsicherung für Arbeitssuchende[337]
   – Verträge über die Erbringung von Rettungsdienstleistungen[338] (Die Beauftragung mit Durch-führung von Notfallrettung und Krankentransport gemäß § 31 Abs. 1 SächsBRKG geschieht in Form eines öffentlich-rechtlichen Vertrages, der die Voraussetzungen des § 99 Abs. 1 GWB erfüllt[339]).
   – Städtebauliche Verträge[340]
   – Erschließungsverträge[341]
   – Altpapierverwertungsaufträge nach Maßgabe von § 4 Abs. 1 KrW-/AbfG[342]
   – Rabattverträge der gesetzlichen Krankenkassen nach § 130a VIII SGB V[343]

D. Die Vertragsbeteiligten (öffentliche Auftraggeber/Unternehmen)

I. Allgemeine Anforderungen

287   Ein öffentlicher Auftrag liegt nur dann vor, wenn aufseiten der vergebenden Stelle ein »öffentlicher Auftraggeber« tätig ist und **auf der Seite des Auftragnehmers ein »Unternehmen«**. Der Begriff des öffentlichen Auftraggebers wird durch § 99 GWB definiert. Auf die Kommentierung zu dieser Vorschrift kann verwiesen werden.

288   Der Begriff des Unternehmens ist dagegen nicht legaldefiniert. Nach der Entscheidung des EuGH »*Stadt Roanne*«[344] kommt es darauf an, ob der Vertragspartner des öffentlichen Auftraggebers als auf dem Markt tätiger Wirtschaftsteilnehmer dasteht. Der Begriff Unternehmen bezeichnet mithin einen **Rechtsträger**, gleich welcher Rechtsform, **der sich wirtschaftlich betätigt**. Der Unternehmensbegriff ist weit auszulegen.[345] Hierbei kann es sich um natürliche oder juristische Personen handeln, die selbst Arbeiten ausführen, aber auch um ein solches Unternehmen, das auf fremde Fachkräfte oder fachliche Einrichtungen zurückgreift oder auch einer Gruppe von Unternehmen, gleicher Rechtsform. In der Entscheidung »Espace Trianon SA« hat der EuGH die Unternehmenseigenschaft einer **Gelegenheitsgesellschaft** bejaht.[346] Nach der Entscheidung des EuG »*Fenin*« ist der Begriff des Unternehmens im Sinne des EU-Wettbewerbsrechts weit zu verstehen und umfasst jede eine wirtschaftliche Tätigkeit ausübende Einrichtung unabhängig von ihrer Rechtsform und der Art ihrer Finanzierung.[347]

289   Auch **Bietergemeinschaften** sind »Unternehmen« im Sinne des GWB.

---

336   Kingreen VergabeR 2007, 354 f.
337   Schröder VergabeR 2007, 418.
338   OLG Düsseldorf NZBau 2006, 595 = VergabeR 2006, 787; OLG Dresden NZBau 2008, 594 f. = VergabeR 2008, 809 f.
339   Dazu VK Sachsen Beschl. v. 26.08.2008, Az 1 SVK/042-08.
340   EuGH »Kommission Italien« VergabeR 2008, 501, 505; Köster NVwZ 2007, 410.
341   EuGH »Kommission Italien« VergabeR 2008, 501, 505; Köster NVwZ 2007, 410.
342   VK Nordbayern Beschl. v. 09.09.2008, Az 21.VK-3194-42/08.
343   Vgl. auch BGH NZBau 2008, 662; BSG VergabeR 2008, 693 f.; LSG Baden-Württemberg NZBau 2008, 527 f. = NJW 2008, 3238 = VergabeR 2008, 529 f.; auch Röbke NVwZ 2008, 726 f.; Burgi NZBau 2008, 480 f.; Kraus VergabeR 2008, 1 f.
344   NZBau 2007, 185, 188 Rn. 44.
345   Vgl. auch zum materiellen Bieterbegriff Hoffmann NZBau 2008, 749.
346   EuGH »Espace Trianon SA« WuW/E 1145 (2005).
347   EuG »Fenin« WuW 2007, 407f.; vgl. auch BKartA WuW 2006, 1051 zur kartellrechtlichen Unternehmenseigenschaft.

Eine **Bietergemeinschaft** muss zulässig gebildet werden. Sie kann gegen § 1 GWB verstoßen, 290
wenn sie geeignet ist, die Marktverhältnisse durch Beschränkung des Wettbewerbs spürbar
einzuschränken. Eine kartellrechtlich erhebliche Kartellbildung liegt jedoch nicht vor, wenn
sich Mitglieder zu einer Bietergemeinschaft zusammenschließen, um in sinnvoller, arbeitstei-
liger Art zusammenzuarbeiten.[348] In subjektiver Hinsicht ist außerdem darauf abzustellen, ob
diese Zusammenarbeit eine im Rahmen wirtschaftlich zweckmäßiger und kaufmännisch vernünftigen Handelns liegende Unternehmensentscheidung darstellt. Dabei ist den beteiligten
Unternehmen eine Einschätzungsprärogative zuzuerkennen, die lediglich auf Vertretbarkeit zu
kontrollieren ist.[349]

KG und OLG Düsseldorf hatten in diesem Kontext die Auffassung vertreten, dass die Bildung einer 291
Bietergemeinschaft ohne Weiteres dem Tatbestand des § 1 GWB unterfällt und **nur im Ausnahmefall** eine **Rechtfertigung** möglich sei.[350] Die Auffassungen sind kritisiert worden.[351] Diese strenge
Sichtweise hat das OLG Düsseldorf inzwischen wieder aufgegeben und in einer Entscheidung vom
28.01.2015 ausgeführt:

> *Die Bildung einer Bietergemeinschaft und die Abgabe eines gemeinsamen Angebots kann freilich gegen* 292
> *§ 1 GWB verstoßen, wenn sie eine **spürbare Verhinderung**, eine **Einschränkung** oder Verfälschung*
> *des Wettbewerbs bezweckt und bewirkt. Die als Bieter auftretende Bietergemeinschaft muss daher*
> *grundsätzlich darlegen, dass ihre Bildung und Angebotsabgabe nicht gegen § 1 GWB verstößt. Die*
> ***Darlegung** muss jedoch nicht schon mit der Abgabe des Angebots erfolgen, weil gem. § 1 GWB nicht*
> *vermutet wird, dass eine Bietergemeinschaft eine Verhinderung, Einschränkung oder Verfälschung des*
> *Wettbewerbs bezweckt oder bewirkt. Die Bietergemeinschaft muss derartige Angaben vielmehr erst*
> *auf eine entsprechende Aufforderung des Auftraggebers machen und die Gründe für die Bildung der*
> *Bietergemeinschaft dartun und erläutern.[352]*

Grundsätzlich kann daher auch die Bildung einer Bietergemeinschaft eine unzulässige wettbewerbs- 293
beschränkende Abrede darstellen, wenn sich die Mitglieder der Bietergemeinschaft in demselben
Marktsegment gewerblich betätigen, dort (ansonsten) zueinander im Wettbewerb stehen und in der
Lage wären, sich – jeweils eigenständig – an Ausschreibungen zu beteiligen. Im Umkehrschluss folgt
daraus, dass eine Wettbewerbsbeschränkung dann nicht vorliegt, wenn den an der Bietergemeinschaft beteiligten Unternehmen (einzeln) eine Teilnahme an der Ausschreibung mit einem **eigenständigen Angebot** aufgrund betrieblicher oder geschäftlicher Verhältnisse nicht möglich ist und
erst der Zusammenschluss zu einer Bietergemeinschaft die Möglichkeit eröffnet, sich gemeinsam an
der Ausschreibung beteiligen zu können. In einem solchen Fall wird durch die Zusammenarbeit in
der Bietergemeinschaft der Wettbewerb nicht nur nicht beschränkt, sondern aufgrund des gemeinsamen Angebots erst ermöglicht und gestärkt.[353]

---

348 BGH BauR 1984, 302, 303; VK Sachsen Beschl. v. 19.07.2006, Az 1/S VK/059-06; Jäger/Graef
    NZBau 2012, 213; OLG Düsseldorf »Bietergemeinschaft I« Beschl. v. 09.11.2011 VII Verg 35/11
    VergabeR 2012, 628 f.; OLG Düsseldorf »Bietergemeinschaft II« Beschl. v. 11.11.2011 VII Verg
    92/11 VergabeR 2012, 632 f.
349 OLG Düsseldorf »Bietergemeinschaft I« Beschl. v. 09.11.2011 VII Verg 35/11 VergabeR 2012, 628 f;
    OLG Düsseldorf »Bietergemeinschaft II« Beschl. v. 11.11.2011 VII Verg 92/11 VergabeR 2012, 632 f.
350 KG »Sondervermögen Immobilien des Landes B« Beschl. v. 24.10.2013 Verg 11/13 NZBau 2013, 792 =
    VergabeR 2014, 179, 180; OLG Düsseldorf »Matrix Pflaster« Beschl. v. 17.02.2014 VII Verg 2/14
    VergabeR 2014, 560, 562.
351 Etwa Greb VergabeR 2014, 564; Overbuschmann VergabeR 2014, 634.
352 OLG Düsseldorf Beschl. v. 28.01.2015 VII Verg 13/14 NZBau 2015, 503, 505.
353 OLG Schleswig »Rettungswagen« Beschl. v. 15.04.2014 1 Verg 4/13 VergabeR 2014, 718, 722; vgl. auch
    OLG Düsseldorf »Berufsausbildungsmaßnahmen« Beschl. v. 17.12.2014 VII Verg 22/14 NZBau 2015,
    176, 177; OLG Düsseldorf »Matrix Pflaster« Beschl. v. 17.02.2014 VII Verg 2/14 VergabeR 2014, 560,
    562; OLG Karlsruhe »CMS-Software« Beschl. v. 05.11.2014 15 Verg 6/14 VergabeR 2015, 210, 220.

294   Erst recht ist es nicht ausgeschlossen, dass sich **konzernverbundene Unternehmen** an ein und demselben Vergabeverfahren beteiligen.[354] Ein Ausschluss von Bietern ist nicht bereits deshalb veranlasst, weil es sich bei einem Bieter um ein verbundenes Unternehmen im Sinne der §§ 15, 18 AktG handelt; denn eine unwiderlegbare Vermutung des Inhalts, dass Angebote verbundener Unternehmer für denselben Auftrag infolge der typischerweise bestehenden gesellschaftsrechtlichen, personellen und organisatorischen Verflechtung stets voneinander beeinflusst worden sind, existiert nicht. Die Vergabestelle hat, nachdem sie Kenntnis von der Verbundenheit von Unternehmen erlangt hat, zu prüfen und zu würdigen, ob der Inhalt der von den verbundenen Unternehmen abgegebenen Angebote durch sich aus der Verbundenheit ergebende Verflechtungen und Abhängigkeiten beeinflusst worden ist, wobei die Feststellung eines wie auch immer gearteten Einflusses für den Ausschluss dieser Unternehmen genügt.[355]

295   Beteiligen sich allerdings mehrere konzernverbundene Unternehmen mit unterschiedlichen Angeboten an einem Vergabeverfahren, besteht grundsätzlich eine **widerlegbare Vermutung** dafür, dass der **Geheimwettbewerb** zwischen ihnen **nicht gewahrt** ist. Der Auftraggeber hat die betroffenen Unternehmen regelmäßig aufzufordern, die sich aus der Verbundenheit ergebenden Bedenken an die Erhaltung des Geheimwettbewerbs auszuräumen. Den Unternehmen obliegt die Darlegung struktureller Umstände, die einen Wettbewerbsverstoß bereits im Ansatz effektiv verhindern.[356]

296   Einem öffentlichen Auftraggeber ist es nicht gestattet, im Rahmen der Verdingungsunterlagen zu einem Verfahren zur Vergabe des öffentlichen Auftrags einen Bieter, der sich auf Kapazitäten anderer Unternehmen stützt, dazu zu verpflichten, vor der Erteilung des Zuschlags mit diesem Unternehmen einen Kooperationsvertrag abzuschließen oder eine Personengesellschaft zu gründen.[357]

297   Kernproblem in diesem Zusammenhang bildet die Frage, ob und inwieweit Untergliederungen der öffentlichen Hand als Unternehmen qualifiziert werden können. Nach Abschluss des Vergabeverfahrens durch Zuschlag stellt sich die Frage, ob nicht die teilweise oder ganzheitliche Übertragung des Auftrages auf einen Dritten mit Zustimmung des Auftraggebers einer Neuvergabe gleichsteht. Auch diese Frage lässt sich nicht für alle Fallgestaltungen einheitlich beantworten. Es ist vielmehr zu differenzieren.

II. Öffentliche Unternehmen als Bieter im Vergabeverfahren – funktionaler Unternehmensbegriff

298   Schon in der Entscheidung »*Teckal*« hat der EuGH entschieden, dass die Vergaberichtlinien anwendbar sind, wenn ein öffentlicher Auftraggeber beabsichtigt, mit einer Einrichtung, die sich rechtlich von ihm unterscheidet, einen entgeltlichen Vertrag zu schließen, unabhängig davon, ob diese **Einrichtung** nun **selbst** ein **öffentlicher Auftraggeber** ist oder nicht.[358] In dem Fall »*Teckal*« war der Vertragspartner des öffentlichen Auftraggebers ein aus mehreren öffentlichen Auftraggebern bestehendes Konsortium, an dem auch der betreffende öffentliche Auftraggeber beteiligt war.

299   In der weiteren Entscheidung »*Stadt Halle*« hat der EuGH formuliert:[359]

---

354 VK Lüneburg IBR 2006, 468; VK Schleswig-Holstein Beschl. v. 10.07.2006, Az VK-SH 15/06; ausführlich zum Konzern im Vergabeverfahren Berstermann/Petersen VergabeR 2006, 740 f.; dazu umfassend auch EuGH »Serrantoni« Urt. v. 23.12.2009 C 376/08 NZBau 2010, 261; OLG Düsseldorf Beschl. v. 30.06.2010 VII Verg 13/10 NZBau 2011, 54; Gabriel NZBau 2010, 225.

355 OLG Düsseldorf »X-Unternehmensgruppe« Beschl. v. 13.04.2011 VII Verg 4/11 NZBau 2011, 371; BGH »Assitur« NZBau 2009, 607; dazu Hölzl NZBau 2009, 751.

356 OLG Düsseldorf »Konzernverbundene Unternehmen« Beschl. v. 13.04.2011 VergabeR 2011, 731, 735.

357 EuGH »Ostas Celtniks« Urt. v. 14.01.2016 C-234/14 NvWZ 2016, 295.

358 EuGH 18.11.1999 »Teckal« NZBau 2000, 90 = WuW/E Verg. 311 (2000).

359 Vgl. EuGH 11.01.2005 »Stadt Halle« NZBau 2005, 111, 115 = VergabeR 2005, 44.

»Eine öffentliche Stelle, die ein öffentlicher Auftraggeber ist, hat die Möglichkeit, ihre im Allge- 300
meininteresse liegenden Aufgaben mit ihren eigenen administrativen technischen und sonstigen
Mitteln zu erfüllen, ohne gezwungen zu sein, sich an externe Einrichtungen zu wenden, die nicht
zu ihren Dienststellen gehören. In einem solchen Fall kann von einem entgeltlichen Vertrag mit
einer Einrichtung, die sich rechtlich von dem öffentlichen Auftraggeber unterscheidet, nicht die
Rede sein. Die Gemeinschaftsvorschriften über das öffentliche Auftragswesen sind daher nicht
anwendbar.

Nach der Rechtsprechung des Gerichtshofes ist es nicht ausgeschlossen, dass es weitere Umstände gibt,
unter denen eine Ausschreibung nicht obligatorisch ist, auch wenn der Vertragspartner eine Ein-
richtung ist, die sich vom öffentlichen Auftraggeber rechtlich unterscheidet. Das gilt dann, wenn die
öffentliche Stelle, die ein öffentlicher Auftraggeber ist, über die fragliche Einrichtung eine ähnliche
Kontrolle ausübt wie über ihre eigenen Dienststellen und diese Einrichtung ihre Tätigkeit im Wesent-
lichen mit der oder den öffentlichen Stellen verrichtet, die ihre Anteile innehaben.«

In der Entscheidung *»Stadt Roanne«*[360] hat der EuGH nochmals bestätigt, dass **Unternehmer auch** 301
ein öffentlicher Auftraggeber sein kann. Ein öffentlicher Auftraggeber sei daher nicht von der Einhaltung der in der Richtlinie vorgesehenen Verfahren zur Vergabe öffentlicher Bauaufträge befreit,
nur weil er beabsichtige, den Auftrag mit einem zweiten öffentlichen Auftraggeber abzuschließen.
Diese Feststellung berühre im Übrigen nicht die Verpflichtung des zweiten öffentlichen Auftraggebers, seinerseits die in der Richtlinie vorgesehenen Ausschreibungsverfahren einzuhalten.[361] Der
Umstand, dass der zweite öffentliche Auftraggeber verpflichtet ist, den Auftrag in seiner Gesamtheit
an Subunternehmer zu vergeben und dabei die in der Richtlinie vorgesehenen Verfahren zur Vergabe von öffentlichen Aufträgen einhalten müsse, befreit die Vergabe auf der ersten Stufe nicht von
der Einhaltung der europäischen Vergabevorschriften.[362]

Der EuGH erkennt somit durchaus die öffentlich-rechtliche Organisationshoheit an. Das Verga- 302
berecht erzwingt insbesondere nicht die Privatisierung öffentlicher Aufgaben. Allein in der Entscheidungsgewalt der öffentlichen Hand liegt es, ob externe Beschaffungen vorgenommen werden.
Eine **Vergaberelevanz** tritt immer dann auf, wenn der öffentliche Auftraggeber **seine eigene interne**
Aufgabenorganisation verlässt, um Verträge mit Dritten abzuschließen.[363]

Inzwischen ist somit grundsätzlich geklärt, dass auch **Organisationseinheiten der öffentlichen** 303
Hand Unternehmen sein können.[364] Der EuGH hat in der Entscheidung *»ARGE Gewässerschutz«*
herausgestellt, dass die EU-Vergaberichtlinien anwendbar sind, wenn ein öffentlicher Auftraggeber, wie etwa eine Gebietskörperschaft, beabsichtigt, mit einer Einrichtung, die sich formal von
ihm unterscheidet und die ihm gegenüber eigene Entscheidungsgewalt besitzt, einen schriftlichen
entgeltlichen Vertrag über die Lieferung von Waren schließt, wobei unerheblich sei, ob diese Einrichtung selbst ein öffentlicher Auftraggeber ist.[365] In der Entscheidung *»Fabricon«* hat der EuGH
anhand des Gleichheitsgrundsatzes deutlich gemacht, dass die Vergaberichtlinien unabhängig
davon gelten, ob ein Auftrag an ein privates oder öffentliches Unternehmen vergeben werden
soll.[366] In der Entscheidung *»Stadtreinigung Hamburg«* hat der EuGH nochmals darauf hingewiesen, dass eine Anwendung der Vergaberichtlinie nicht davon abhängt, dass der Auftragnehmer eine
vom Empfänger der Leistung verschiedene Körperschaft öffentlichen Rechts ist.[367] In der Entschei-

---

360 EuGH NZBau 2007, 188, 189 Rn. 62.
361 EuGH »Stadt Roanne« NZBau 2007, 188, 189 Rn. 62; auch bereits EuGH »Teckal« NZBau 2000, 90,
    91 Rn. 45.
362 EuGH NZBau 2007, 185, 190.
363 Vgl. auch Müller VergabeR 2005, 436, 439; OLG Koblenz 20.12.2001 »Stadtbusverkehr« VergabeR
    2002, 148, 151.
364 Wolf VergabeR 2011, 27f.
365 EuGH »ARGE Gewässerschutz« VergabeR 2001, 28, 31 = NZBau 2001, 99, 101.
366 Vgl. EuGH »Fabricon« VergabeR 2005, 319, 325.
367 EuGH »Stadtreinigung Hamburg« Urt. v. 09.06.2009 C 480/06 NZBau 2009, 527, CZ 33.

dung »*Piepenbrock*« hat der EuGH dies ebenfalls bestätigt.[368] OLG Düsseldorf und OLG Frankfurt haben in Entsprechung zum funktionalen Auftraggeberbegriff auch den so genannten **funktionalen Unternehmensbegriff** geprägt.[369]

304   Ebenfalls erscheint geklärt, dass das Vergaberecht nicht zur Anwendung gelangt, wenn Aufgabenwahrnehmungen durch – rechtlich unselbstständige – Organisationseinheiten desselben öffentlichen Auftraggebers stattfinden. Das gilt insbesondere, wenn die Aufgaben auf entsprechende **Eigenbetriebe** übertragen werden.[370] Hierbei handelt es sich regelmäßig um unselbstständige Verwaltungseinheiten ohne eigene Rechtspersönlichkeit. Sie sind daher mit dem öffentlichen Auftraggeber rechtlich identisch; die Aufgabenübertragung verlässt nicht den Bereich des öffentlichen Sektors.[371] Diese Fallgestaltungen sind abzugrenzen von den sogenannten In-House-Vergaben nach § 103 GWB.

305   Das OLG Frankfurt hat formuliert:

306   »*Die Antragsgegnerin ist eine Gebietskörperschaft im Sinne des § 98 Nr. 1 GWB. Auch die Beigeladene, die die fraglichen Aufgaben mittels ihres Eigenbetriebes erledigen will, ist eine Gebietskörperschaft. In Bezug auf die von ihr durchzuführenden Leistungen ist sie aber auch als »Unternehmen« anzusehen. Dabei ist von einem* **weiten funktional zu verstehenden Unternehmensbegriff** *auszugehen. Er bezeichnet einen Rechtsträger, gleichgültig in welcher Rechtsform, der sich wirtschaftlich betätigt. Dazu gehören auch Rechtsträger, die ihrerseits die öffentlichen Auftraggebereigenschaften nach § 98 GWB erfüllen, die sich jedoch im konkreten Fall gewerbsmäßig mit der Erstellung der betreffenden Leistung befassen. (…)*

Auch das Handeln eines Hoheitsträgers stellt sich als dasjenige eines >Unternehmens< dar und ist an den Vergaberechtsvorschriften des GWB zu messen, wenn der Hoheitsträger seinen Aufgabenbereich verlässt und er sich funktional und gewerbsmäßig wie ein Marktteilnehmer verhält. Der Grundsatz der fairen und transparenten Vergabe von öffentlichen Aufträgen soll gewährleisten, dass unberechtigte Wettbewerbsvorteile für einzelne beteiligte Unternehmen ausgeschlossen werden. Maßgeblich für die Unternehmereigenschaft einer Kommune ist insbesondere, dass sich diese auf einem Markt betätigt, auf dem andere gewerbliche Unternehmen typischerweise ihre Leistung anzubieten pflegen und damit zu diesen in einen Wettbewerb tritt.«

307   Entsprechend hat das OLG Naumburg ausgeführt: Der Unternehmerbegriff i.S.d. § 99 Nr. 1 GWB erfasst alle sich wirtschaftlich betätigenden Rechtsträger, unabhängig davon, ob diese selbst auch öffentlicher Auftraggeber i.S.d. § 98 GWB sind. Dazu gehören auch Rechtsträger, die ihrerseits die öffentlichen Auftraggebereigenschaften nach § 98 GWB erfüllen, sich jedoch im konkreten Fall gewerbsmäßig mit der Erstellung der betreffenden Leistung befassen.[372]

308   Soweit nicht ausnahmsweise eine Inhouse-Gestaltung vorliegt (dazu § 109 GWB) darf ein öffentlicher Auftraggeber nicht ohne Ausschreibung einen öffentlichen Auftrag an ein verbundenes Unternehmen erteilen, das eigene Rechtspersönlichkeit hat. Das Verbot der internen Vergabe an selbstständige Tochtergesellschaften ohne förmliches Verfahren hat jedoch nicht zur Folge, dass der öffentliche Auftraggeber nunmehr sein Tochterunternehmen gar nicht beauftragen kann. Vielmehr kann sich das Tochterunternehmen an einer Ausschreibung beteiligen. Das gilt auch im Fall einer

---

368   EuGH »Piepenbrock« Urt. v. 13.06.2013 C-386/11 VergabeR 2013, 687, 688.
369   OLG Frankfurt VergabeR 2005, 80, 85, sowie OLG Düsseldorf NZBau 2004, 398, 399 = VergabeR 2004, 619, 621; WuW/E Verg. 960, 962.
370   Vgl. etwa OLG Düsseldorf »Nachbarschaftshilfe« NZBau 2004, 398 = VergabeR 2004, 619 = WuW/E Verg. 960 (2004): »Anders verhielte es sich, wenn lediglich eine verwaltungsorganisatorische Ausgliederung der Aufgabe in Rede stünde, etwa im Rahmen der Übertragung auf einen Eigenbetrieb der Ag. oder in der Gestaltungsform eines so genannten In-house-Geschäfts.«.
371   Noch etwas weiter gehender Wolf VergabeR 2011, 27, 39, der wohl auch Eigen- und Regiebetriebe ohne eigene Rechtspersönlichkeit erfasst wissen will.
372   OLG Naumburg WuW/E Verg 1185 (2006) = NZBau 2006, 58, 60.

100 %igen Tochtergesellschaft. Sie kann nur dann von Verfahren **ausgeschlossen** werden, wenn die Grundsätze eines **transparenten und diskriminierungsfreien Vergabeverfahrens** nicht gewährleistet sind, insbesondere Wettbewerbsvorsprünge nachgewiesen werden können.[373]

So sind insbesondere die öffentlich-rechtlichen **Versicherungsvereine auf Gegenseitigkeit** (Kommunalversicherer) als öffentliche Unternehmen angesehen worden, die sich bei öffentlichen Ausschreibungen von Versicherungsleistungen beteiligen dürfen.[374]   309

Die Frage, ob auch Organisationseinheiten der öffentlichen Hand so genannte »Unternehmen«   310 i.S.d. § 103 GWB darstellen können, erscheint somit im Grundsatz geklärt;[375] vergaberechtliche Fragen können jedoch aus der Sonderstellung des öffentlichen Auftraggebers als Bieter resultieren.

Problemstellungen ergeben sich insbesondere bei kommunalwirtschaftlicher Betätigung im Bereich   311
– der Abfallwirtschaft[376]
– Personenverkehrsdienstleistungen.

In der Verordnung Nr. 1370/2007 für die öffentlichen Personenverkehrsdienste finden sich Sonderregelungen über die Beteiligung von Untergliederungen öffentlicher Unternehmen, dort so genannte »interne Betreiber«, die sich grundsätzlich auch um öffentliche Aufträge bemühen können und in deren Verhältnis sogar eine Direktvergabe ausnahmsweise zulässig sein kann, Art. 5 Abs. 2 der Verordnung. Verfahrensfragen sind jetzt in § 131 GWB geregelt.   312

Außerdem ist das GWB nicht anwendbar auf **Dienstleistungsaufträge**, die an einen öffentlichen   313 Auftraggeber nach §§ 99 Nr. 1 bis 3 GWB vergeben werden, der ein auf Gesetz oder Verordnung beruhendes ausschließliches Recht hat, die Leistung zu erbringen, § 116 Nr. 6 GWB.

Der materielle Begriff des Unternehmens ist von nicht unerheblicher Bedeutung, weil auch der   314 **prozessuale Bieterbegriff** des Kartellvergaberechts hieran anknüpft.[377]

III. Beihilferecht und Vergaberecht (bei öffentlichen Unternehmen als Bieter)

In der Praxis kommt es nicht selten vor, dass **Bewerber um Aufträge Beihilfen erhalten**. Der Erhalt   315 der Beihilfe nimmt dem Vertrag jedoch nicht die Qualität eines öffentlichen Auftrags. Denn – so das OLG Karlsruhe – der öffentliche Auftraggeber beschafft sich dann eine Leistung, wenn ihm die Gegenleistung entweder unmittelbar zugutekommt oder mittelbar, wenn sie ihn bei der Erfüllung der ihm obliegenden Aufgaben unterstützt. Er beschafft sich eine Leistung auch dann, wenn er die ihm obliegende Daseinsvorsorge für die Bevölkerung sicherstellt, unabhängig davon, ob der Auftragnehmer eine Beihilfe in Form einer Anschubfinanzierung erhält.[378] Das Beihilferecht erfordert sogar oft die Durchführung eines Vergabeverfahrens, um die Vermeidung von Wettbewerbsverzerrungen bei Beantragung von Beihilfen sicherzustellen.[379] Fraglich ist, ob derartige Unternehmen wegen beihilfebedingter Wettbewerbsverzerrungen vom Verfahren auszuschließen sind.[380]

---

373 VK Bund Beschl. v. 20.08.2008, Az VK 1-111/08.

374 OLG Rostock VergabeR 2006, 520; OLG Düsseldorf VergabeR 2006, 509; dazu umfassend Trautner VergabeR 2006, 473f.

375 VK Lüneburg Beschl. v. 15.05.2008, Az VgK-12/2008.

376 Pape/Holz NvWZ 2007, 636ff.

377 Hoffmann NZBau 2008, 749.

378 OLG Karlsruhe »Breitbandausschreibung« Beschl. v. 14.11.2014 15 Verg 10/14 NZBau 2015, 506, 507.

379 Dreher NZBau 2008, 93, 96 unter Hinweis auf die einschlägigen Regelungen in den Förderbestimmungen; derselbe NZBau 2008, 154 f.; Müller VergabeR 2006, 592 f. auch zur Rückforderung/Aufhebung von Zuwendungsbescheiden; zur Kontrollkompetenz der Rechnungshöfe in diesem Zusammenhang Brune VergabeR 2006, 864f.

380 Vgl. dazu Hertwig VergabeR 2008, 589f., der annimmt, die Rechtsbereiche begrifflich abgrenzen zu können; dazu auch Brune, VergabeR 2006, 865, der darauf hinweist, dass es sich um grundsätzlich eigenständige Rechtsgebiete handelt.

316   Der EuGH hatte in der Entscheidung »*ARGE Gewässerschutz*«[381] entschieden, dass auch öffentliche Einrichtungen, die mit öffentlichen Mitteln finanziert werden oder Beihilfen erhalten, an einem Vergabeverfahren teilnehmen dürfen. Die Gleichbehandlung der Bieter werde nicht schon dadurch verletzt, dass ein öffentlicher Auftraggeber zur Vergabe öffentlicher Dienstleistungsaufträge Einrichtungen zulasse, die entweder von ihm selbst oder von anderen öffentlichen Auftraggebern Zuwendungen, gleich welcher Art erhalten, die es ihnen ermöglichen, zu Preisen anzubieten, die erheblich unter denen ihrer Mitbewerber liegen, die keine solchen Zuwendungen erhalten. Der EuGH verweist die privaten Wettbewerber darauf, sich direkt gegen eine ggf. ungerechtfertigte Subventionierung/Beihilfegewährung zu wenden. Der EuGH trennt grundsätzlich klar zwischen Vergaberecht und Beihilferecht.

317   In einer weiteren Entscheidung hat der EuGH präzisierend darauf hingewiesen, dass es **nicht zulässig** sei, öffentliche Einrichtungen, die Zuwendungen erhalten (Beihilfen erhalten), **von vornherein von** Vergabeverfahren **auszuschließen**:

318   »*Sowohl aus den Gemeinschaftsvorschriften als auch aus der Rechtsprechung des Gerichtshofs ergibt sich daher, dass jede Person oder Einrichtung als Bieter oder Bewerber auftreten darf, die in Anbetracht der in der Angebotsausschreibung festgelegten Bedingungen meint, dass sie den betreffenden Auftrag ausführen kann, selbst oder unter Rückgriff auf Subunternehmer, unabhängig von ihrem privatrechtlichen oder öffentlich-rechtlich Status und der Frage, ob sie auf dem Markt systematisch tätig ist oder nur gelegentlich auftritt oder ob sie aus öffentlichen Mitteln subventioniert wird oder nicht. Ob diese Einrichtung die Ausschreibungsbedingungen tatsächlich erfüllen kann, wird in einem späteren Verfahrensabschnitt geprüft.*«

319   Der EuGH hat dabei auch entschieden, dass Einrichtungen, die nicht in erster Linie der Gewinnerzielung dienen und nicht über eine Organisationsstruktur eines Unternehmens verfügen und nicht ständig am Markt tätig sind, wie etwa Universitäten und Forschungsinstitute sowie Gruppen von Universitäten und Behörden, an Verfahren zur Vergabe öffentlicher Dienstleistungsaufträge teilnehmen dürfen.[382] In der Entscheidung vom 18.12.2014 hat der EuGH darauf hingewiesen, dass subventionierte Unternehmungen nicht von vornherein von einer Ausschreibung ausgeschlossen seien, aber der Auftraggeber im Rahmen der Prüfung, ob das **Angebot ungewöhnlich niedrig** sei, die Subventionierung berücksichtigen müsse.[383]

320   Der EuGH hat sich dabei auf Art. 69 Abs. 4 der Richtlinie 2014/24/EU bezogen. Der Text lautet:

321   »*Stellt der öffentliche Auftraggeber fest, dass ein Angebot ungewöhnlich niedrig ist, weil der Bieter eine staatliche Beihilfe erhalten hat, so darf er das Angebot allein aus diesem Grund nur nach Rücksprache mit dem Bieter ablehnen, sofern dieser binnen einem von dem öffentlichen Auftraggeber festzulegenden ausreichenden Frist nicht nachweisen kann, dass die betreffende Beihilfe mit dem Binnenmarkt im Sinne des Artikel 107 AEUV vereinbar war. Lehnt der öffentliche Auftraggeber ein Angebot unter diesen Umständen ab, so teilt er dies der Kommission mit.*«

322   Dementsprechend ist die vormalige Auffassung, Beihilfen können einer Vergabe an ein gefördertes Unternehmen von vornherein nicht entgegenstehen, überholt. Der öffentliche Auftraggeber hat dementsprechend in jedem Einzelfall nachzuvollziehen, ob nicht ein ungewöhnlich niedriges Angebot eines Auftragnehmers vorliegt und dies auf einer unzulässigen Beihilfe beruht.[384]

323   Auch die nationalen Überprüfungsbehörden und Gerichte hatten angenommen, dass ein Ausschluss eines geförderten Unternehmens (Beihilfenehmer) allein aus dem Umstand einer Beihilfe

---

381 Vgl. EuGH NZBau 2001, 99 = WuW/E Verg. 390 f. = VergabeR 2001, 28 f.
382 EuGH Urt. v. 23.12.2009 C 305/08; siehe auch EuGH »Baranza und Venegono« Urt. v. 10.05.2012 C 357/10 NZBau 2012, 714.
383 EuGH »Universitaria di Careggi« Urt. v. 18.12.2014 C 568/13 VergabeR 2015, 158, 160; dazu Hübner VergabeR 2015, 154.
384 Hübner VergabeR 2015, 154.

nicht zu rechtfertigen sei.[385] Soweit die Vergabestelle allerdings ein ungewöhnlich niedriges Angebot feststellen könne, sei der Bieter zum Nachweis verpflichtet, dass eine etwa erhaltene Beihilfe rechtmäßig gewährt wurde. Der Bieter müsse dann nachweisen, dass er entweder eine Nichtbeihilfe, das heißt eine Förderung erhalten hat, die nicht als Beihilfe zu qualifizieren ist, oder es sich um eine genehmigte Beihilfe oder eine nach Freistellungsverordnungen bzw. den spezifischen Vorschriften im Bereich der Daseinsvorsorge rechtmäßige, nicht notifizierungsbedürftige Beihilfe handelt.[386] Zu beachten ist in diesem Zusammenhang stets, dass nach der »Altmark-trans«-Entscheidung des EuGH eine nicht notifizierungspflichtige öffentliche Infrastrukturförderung in aller Regel nur noch in Betracht kommt, wenn die Umsetzung mit förmlicher Ausschreibung geschieht.[387] Auch nach dieser Entscheidung trifft die Vergabestelle nur eine eingeschränkte Aufklärungs- und Hinweispflicht, nämlich dann, wenn Bedenken gegen die Angemessenheit der Preise wegen der staatlichen Beihilfe bestehen.[388] Bei Erhalt nicht notifizierter Beihilfen und hierauf beruhender ungewöhnlich niedriger Angebotspreise hat die Vergabestelle dem Bieter Gelegenheit zum Nachweis zu geben, dass die Beihilfe der europäischen Kommission angezeigt und von ihr genehmigt worden ist.[389]

In der Verordnung betreffend öffentliche Personenverkehrsdienste Nr. 1370/2007 wird in Bezug auf die Zulässigkeit von Ausgleichsleistungen für gemeinwirtschaftliche Verpflichtungen auf die Rechtsprechung des EuGH in der Rechtssache »*Altmark Trans*«[390] verwiesen. Alsdann heißt es in Erwägungsgrund 34/35:   324

> »*Ausgleichsleistungen für gemeinwirtschaftliche Verpflichtungen können sich im Bereich des Personenlandverkehrs als erforderlich erweisen, damit die mit öffentlichen Dienstleistungen betrauten Unternehmen gemäß festgelegten Grundsätzen und unter Bedingungen tätig sein können, die ihnen die Erfüllung ihrer Aufgaben ermöglichen. Diese Ausgleichsleistungen können unter bestimmten Voraussetzungen gemäß Art. 73 des Vertrages mit dem Vertrag vereinbar sein. Zum einen müssen sie gewährt werden, um die Erbringung von Diensten sicherzustellen, die Dienste von allgemeinem Interesse im Sinne des Vertrages sind. Um ungerechtfertigte Wettbewerbsverfälschungen zu vermeiden, darf die Ausgleichsleistung zum anderen nicht den Betrag übersteigen, der notwendig ist, um die Nettokosten zu decken, die durch die Erfüllung der gemeinwirtschaftlichen Verpflichtung verursacht werden, wobei den dabei erzielten Einnahmen sowie einem angemessenen Gewinn Rechnung zu tragen ist.*«   325

Aber nicht nur klassische Beschaffungen sind so abzuwickeln, dass keine Wettbewerbsverzerrung durch Beihilfen an Unternehmen stattfindet, vielmehr ist auch bei eingekapselten Beschaffungen, etwa Anteilsveräußerungen, dafür Sorge zu tragen, dass keine unzulässigen Beihilfen involviert sind.[391]   326

IV. Kommunalverfassungsrecht und Vergaberecht

Des Weiteren ist zweifelhaft, ob in einem Vergabeverfahren die Einhaltung **kommunalverfassungsrechtlicher Rahmenbedingungen** für die wirtschaftliche Betätigung von Kommunen, z.B. nach § 107 NWGemO, **geprüft** werden muss.[392]   327

---

385 VK Bund Beschl. v. 20.08.2008, Az VK 1-111/08.
386 Dazu im Einzelnen Koenig/Hentschel NZBau 2006, 289, 293.
387 Vgl. EuGH »Altmark trans« NZBau 2003, 503; dazu Dörr NZBau 2005, 617.
388 VK Bund Beschl. v. 20.08.2008, Az VK 1-111/08.
389 VK Bund Beschl. v. 20.08.2008, Az VK 1-111/08.
390 SLG 2003, I-7747.
391 Dazu im Einzelnen Jellinghaus VergabeR 2010, 574.
392 Schneider NZBau 2009, 352; Hertwig NZBau 2009, 355; Mann NvWZ 2010, 857.

328   Das OLG Düsseldorf[393] hatte entschieden, dass die Verpflichtung nach § 97 Abs. 1 GWB, Beschaffungen wettbewerbsgerecht durchzuführen, dazu Anlass geben müsse, Wettbewerbsverfälschungen nicht zuzulassen und ihnen auch keinen Vorschub zu leisten. Dementsprechend müsse auch **im Rahmen des Vergabeverfahrens geprüft werden**, ob eine Organisationseinheit der öffentlichen Hand die **Grenzen zulässiger wirtschaftlicher Betätigung** überschreite, etwa nach § 107 NWGemO. Die Interessen privatrechtlicher Unternehmen, die im Wettbewerb zu kommunalen Unternehmen stünden, seien in den Schutzbereich der Norm miteinbezogen. Dabei müssten die Grenzen der wirtschaftlichen Betätigung auch für Gemeindeverbände und Zweckverbände Geltung haben. Diese Auffassung hat das OLG Düsseldorf in einem weiteren Beschl. v. 29.03.2006 bestätigt, aber darauf hingewiesen, dass das Gericht keine Einzelheiten zu den kommunalverfassungsrechtlichen Vorschriften analysieren müsse. Jedenfalls komme § 107 GONW bei **Versicherungsvereinen auf Gegenseitigkeit** nicht zur Anwendung. Wie das OLG Düsseldorf haben auch andere Vergabesenate und -kammern die Einhaltung kommunalverfassungsrechtlicher Betätigungsverbote im Vergabeverfahren überprüft.[394]

329   In einer weiteren Entscheidung »*Schülerspezialverkehr Köln*« hat das OLG Düsseldorf seine Rechtsprechung nochmals bestätigt und auch fortgeführt.[395] **Prüfgesichtspunkt** für das OLG Düsseldorf ist hiernach einerseits das **vergaberechtliche Wettbewerbsprinzip**, andererseits die Prüfung der wirtschaftlichen Leistungsfähigkeit des Bieters, die durch einen Verstoß gegen ein kommunalwirtschaftliches Betätigungsverbot infrage gestellt werden könne. Die Fragen müssten von den Vergabenachprüfungsinstanzen vollumfänglich überprüft werden.

330   In der Entscheidung »*HMV Rohschlackeentsorgung*« hat das OLG Düsseldorf seine Rechtsprechung fortentwickelt und entschieden, dass **einzelne Merkmale der kommunalwirtschaftlichen Betätigungsverbote nicht im Detail geprüft** werden müssten. So sei der Begriff des öffentlichen Zwecks weit gefasst und der Kommune sei insoweit eine Einschätzungsprärogative zuzuerkennen, die von den Gerichten und den Nachprüfungsinstanzen nicht uneingeschränkt, sondern nur auf **grobe Fehleinschätzungen und Vertretbarkeit** zu überprüfen sei.[396]

331   Der BGH hat dagegen in einer **rein wettbewerbsrechtlichen Angelegenheit** »*Fliegende Bauten*«[397] entschieden, dass ein Verstoß gegen die kommunalverfassungsrechtlichen Vorschriften zu den Rahmenbedingungen der wirtschaftlichen Betätigung von Kommunen jedenfalls keinen drittschützenden Charakter i.S.d. Wettbewerbsrechts habe. Außerdem seien die entsprechenden Vorschriften auch kein Schutzgesetz i.S.d. § 823 Abs. 2 BGB. Diese Entscheidung hat der BGH kurze Zeit später in einem weiteren Urteil bestätigt.[398] Beide Entscheidungen betrafen allerdings keine Vergaberechtsstreite.

332   Die VK Münster hat die Übertragung dieser Entscheidungen des BGH auch für das Vergaberecht abgelehnt. Denn die Entscheidungen des BGH befassten sich ausschließlich mit dem UWG bzw. rein zivilrechtlichen Fragestellungen. **Für das Vergaberecht** müsse **allein entscheidend** sein, dass die Gemeinde in einen Markt eintritt und sich in einen Wettbewerb mit anderen Unternehmen begibt; dann **müsse sie sich auch korrekt** verhalten. Die Vergabekammer Lüneburg hat unter Anwendung des § 108 NGO entschieden, dass eine exterritoriale Tätigkeit kommunaler Unternehmen die gesetzlichen Betätigungsgrenzen nicht in jedem Einzelfall überschreiten müsse. Das gelte insbesondere dann, wenn die Abfallentsorgung in einem Nachbarkreis lediglich untergeordnete Bedeutung habe.[399] Entsprechendes soll bei der Betätigung einer Kommune auf dem Gebiet des öffentlichen

---

393   Vgl. u.a. OLG Düsseldorf 17.06.2002 NZBau 2002, 626f. = ZIP 2002, 1651; Ortner VergabeR 2009, 850.
394   Vgl. OLG Celle »Straßenbeleuchtung« NZBau 2006, 394f.; VK Freistaat Thüringen Beschl. v. 04.05.2009 007-SHK; VK Münster 04.10.2004 VK 21/04; VK Lüneburg 07.10.2003 203 VgK 2003.
395   OLG Düsseldorf »Schülerspezialverkehr Köln« VergabeR 2009, 905.
396   OLG Düsseldorf »HMB Rohschlageentsorgung« Beschl. v. 09.11.2011 VII Verg 35/11 NZBau 2012, 252.
397   Vgl. BGH 25.04.2002 VergabeR 2002, 467f.
398   BGH WM 2003, 1182.
399   Vgl. dazu VK Lüneburg 11.01.2001 203 VgK-19/00.

Eschenbruch

Personennahverkehrs gelten.[400] Das OVG Münster will entgegen der Spruchpraxis des OLG Düsseldorf die Zuständigkeit der Nachprüfungsinstanzen auf »**offensichtliche Fälle**« einer kommunalrechtlich unzulässigen Betätigung beschränken.[401]

Die Auffassungsunterschiede in der jüngeren Spruchpraxis führen allerdings nicht zu einer grundlegend unterschiedlichen Behandlung kommunalwirtschaftlicher Betätigungsverbote. Die Auffassung, dass derartige Betätigungsverbote im Vergaberecht überhaupt nicht berücksichtigungsfähig wären, wird bislang in der Judikatur nicht explizit vertreten. Meinungsunterschiede bestehen hinsichtlich der Prüfungsstandards. Hier nähern sich offenbar die Betrachtungsweisen an, wenn das OLG Düsseldorf tatbestandsbezogen – im Rahmen der Betätigungsverbote – prüft, ob die **Grenzen einer Einschätzungsprärogative** überschritten sind oder aber wie etwa das OVG Münster nur bei **offensichtlichen Verstößen** eine Berücksichtigungsfähigkeit annehmen will. Im Kern entspricht es der heute überwiegenden Auffassung, dass kommunalwirtschaftliche Betätigungsverbote auch im Rahmen des Vergaberechts überprüft werden müssen. Derjenige, der gegen ein kommunalrechtliches Betätigungsverbot verstößt, ist nicht leistungsfähig im Sinne des Vergaberechts. 333

V. Interkommunale Zusammenarbeit und Vergaberecht

1. Grundlagen

Lange Zeit entsprach es dem Selbstverständnis der Kommunen, beschaffungsrelevante Aufgabenübertragungen im Rahmen von Zusammenschlüssen – z.B. auf der Basis der Gesetze über die kommunale Gemeinschaftsarbeit, etwa NWGKG – als nicht vergaberelevant anzusehen. Heute steht fest, dass die **interkommunale Zusammenarbeit nicht von vornherein dem Vergaberecht entzogen** ist.[402] 334

Die Novellenvorschläge zum Vergaberecht (2005) sahen in § 99 Abs. 1 Satz 2 GWB eine Klarstellung vor, die lautete: 335

Ein öffentlicher Auftrag liegt nicht vor, wenn ein öffentlicher Auftraggeber nach § 98 Nr. 1, 2 oder 3 Liefer-, Bau- oder Dienstleistungen durch einen anderen öffentlichen Auftraggeber nach § 98 Nr. 1, 2 oder 3 erbringen lässt, sofern dieser Auftraggeber nicht am Markt für die einzukaufende Leistung tätig ist oder sein wird oder an ihm Private nicht beteiligt sind. 336

Ein entsprechender Textvorschlag war auch im Regierungsentwurf für die Modernisierung des Vergaberechts (2009) enthalten, ist jedoch schließlich aufgrund der Gesetzesberatungen entfallen. Mit der vorstehenden Formulierung wollte der nationale Gesetzgeber letztlich die Anforderungen aus dem Urteil »*Kommission/Spanien*« übernehmen. 337

Der EuGH hat regelmäßig darauf hingewiesen, dass eine öffentliche Stelle ihre im Allgemeininteresse liegenden Aufgaben mit ihren eigenen Mitteln und auch in Zusammenarbeit mit anderen öffentlichen Stellen erfüllen kann, ohne gezwungen zu sein, sich an externe Einrichtungen zu wenden, die nicht zu ihren Dienststellen gehören. Zudem steht es den öffentlichen Verwaltungen nach Nr. 1 der Mitteilung der Kommission zu Auslegungsfragen in Bezug auf die Anwendung der gemeinschaftlichen Rechtsvorschriften für öffentliche Aufträge und Konzessionen auf institutionalisierte öffentlich-private Partnerschaften (IÖPP) frei, eine Wirtschaftstätigkeit selbst auszuüben oder sie einem Dritten, beispielsweise einem im Rahmen einer öffentlich-privaten Partnerschaft gegründeten gesamtwirtschaftlichen Unternehmen, zu übertragen.[403] 338

---

400 VK Lüneburg Beschl. v. 31.08.2005 VgK-35/2005.

401 OVG Münster Beschl. v. 01.04.2008 15 B 122/08 NvWZ 2008/1031, dazu die Anmerkung des Richters am OVG Münster Schneider NZBau 2009, 352 sowie bereits OVG Münster NZBau 2005, 167.

402 Hertwig NZBau 2013, 278; Michaels/Kohler NZBau 2013, 282 betreffend Konzessionsverfahren, § 46 EnWG; Jennert NZBau 2010, 150; Spruwe EuZW 2009, 805f.; Krohn NZBau 2009, 222; Port VergabeR 2009, 702 f.

403 EuGH »Oulon Kau punki« Urt. v. 22.12.2010 C 215/09 NZBau 2011, 312, 313.

2. EuGH-Rechtsprechung

339 In der Entscheidung »*Kommission/Spanien*« hat der EuGH auch Kooperationsvereinbarungen zwischen Einrichtungen des öffentlichen Rechts dem Vergaberecht unterstellt.[404] Er hat insoweit die Grundsätze aus der »*Teckal*«-Entscheidung,[405] wonach der Vertrag zwischen einer Gebietskörperschaft und einer rechtlich von dieser verschiedenen Person grundsätzlich dem Vergaberecht unterliegt, bestätigt und ausdrücklich auf »Vereinbarungen zwischen Verwaltungen« übertragen. Unzulässig sei eine Regelung, wonach Beziehungen, gleich welcher Art, zwischen den öffentlichen Verwaltungen, ihren öffentlichen Einrichtungen und ganz allgemein die Einrichtungen des öffentlichen Rechts, die nichtgewerblicher Art sind, von vornherein vom Anwendungsbereich des EU-Vergaberechts ausgeschlossen werden.

340 Die Anforderungen, die infolge der Inhouse-Rechtsprechung des EuGH an interkommunale Kooperationen gestellt werden müssen, hat der EuGH in der Entscheidung »*Coditel Brabant*« näher konkretisiert.[406] Das Gericht hat insbesondere von dem grundsätzlichen Erfordernis abgesehen, dass ein einzelner öffentlicher Auftraggeber (hier Konzessionsgeber) über den Konzessionsnehmer eine Kontrolle wie über eine Dienststelle ausüben muss. Gegenstand der Entscheidung war nämlich die Erteilung einer öffentlichen Dienstleistungskonzession an eine interkommunale Genossenschaft. Hierzu stellte das Gericht fest:

341 *»Eine öffentliche Stelle hat nämlich die Möglichkeit, ihre im Allgemeininteresse liegenden Aufgaben mit ihren eigenen administrativen, technischen und sonstigen Mitteln zu erfüllen, ohne gezwungen zu sein, sich an externe Einrichtungen zu wenden, die nicht zu ihren Dienststellen gehören.*

Von dieser Möglichkeit für die öffentlichen Stellen, zur Erfüllung ihres gemeinwirtschaftlichen Auftrages auf ihre eigenen Mittel zurückzugreifen, kann in Zusammenarbeit mit anderen öffentlichen Stellen Gebrauch gemacht werden.

*Deshalb ist die Möglichkeit zuzulassen, dass **mehrere öffentliche Stellen**, wenn sie die Anteile an einer konzessionsnehmenden Einrichtung halten, der sie die Erfüllung eines gemeinwirtschaftlichen Auftrags übertragen, **ihre Kontrolle über diese Einrichtung gemeinsam ausüben**....*

Deshalb ist auf die dritte Frage zu antworten, dass in dem Fall, dass eine öffentliche Stelle einer interkommunalen Genossenschaft, deren Mitglieder sämtlich öffentliche Stellen sind, beitritt, um ihr die Verwaltung eines gemeinwirtschaftlichen Dienstes zu übertragen, die Kontrolle über die Genossenschaft durch die ihr angeschlossenen Stellen, damit sie als eine Kontrolle, die über deren eigene Dienststellen angesehen werden kann, von den angeschlossenen Stellen gemeinsam, ggf. mit Mehrheitsbeschluss, ausgeübt werden kann.«

342 Darüber hinaus ist die interkommunale Zusammenarbeit nach der Auffassung des EuGH nur im Rahmen der nachbehandelten *Inhouse-Gestaltung* (vgl. § 109 GWB) zulässig. Hiernach unterliegt der bloße Zusammenschluss zu interkommunalen Gesellschaften, wie etwa Genossenschaften, mit dem Ziel der zentralen Aufgabenerledigung innerhalb des Verbundes öffentlicher Unternehmen keinen vergaberechtlichen Bedenken.[407]

343 In der Entscheidung »*Stadtreinigung Hamburg*« hat der EuGH die Zusammenarbeit der Stadtreinigung Hamburg mit mehreren Landkreisen gebilligt, die das Ziel verfolgte, die wirtschaftlichen Grundlagen für die Errichtung einer Müllverbrennungsanlage (Ogenberger Damm) zu schaffen. Im Rahmen dieser Verträge verpflichteten sich die Landkreise, ihren Abfall einzubringen, sodass eine bestimmte Kapazität erreicht werden konnte. Für die Entsorgung war eine feste Vergütung zu

---

404 EuGH »Kommission/Spanien« NZBau 2005, 232, 233 = VergabeR 2005, 176, 177 f.
405 EuGH »Tecktal« NZBau 2000, 90, 91 = WuW/E Verg. 311 (2000).
406 EuGH »Coditel Brabant« NZBau 2009, 54 f.
407 EuGH Urt. v. 13.11.2008 C 324/07 »Coditel Brabant« NZBau 2009, 54 f.

Eschenbruch

zahlen. Der EuGH entschied, dass die vertraglichen Absprachen nicht dem Vergaberecht unterliegen und stellte klar:

»*Des Weiteren steht fest, dass der Vertrag zwischen der Stadtreinigung Hamburg und den betreffenden* 344
Landkreisen das Ergebnis einer Initiative der Vertragsparteien zur **interkommunalen Zusammenarbeit** *ist und Anforderungen enthält, mit denen sichergestellt werden kann, dass die Aufgabe der Abfallversorgung erfüllt wird*.…

Damit steht fest, dass der beanstandete Vertrag sowohl die Rechtsgrundlage als auch den Rechtsrahmen für die zukünftige Errichtung und den Betrieb einer Anlage bildet, die für die Erfüllung einer öffentlichen Aufgabe – der thermischen Abfallverwertung – bestimmt ist. Der Vertrag wurde ausschließlich zwischen öffentlichen Stellen ohne Beteiligung Privater geschlossen, sieht keine Vergabe evtl. erforderlicher Aufträge über den Bau und den Betrieb der Anlage vor und präjudiziert sie auch nicht.

Der Gerichtshof hat u.a. festgestellt, dass eine öffentliche Stelle ihre im Allgemeininteresse liegenden Aufgaben mit ihren eigenen Mitteln und auch in Zusammenarbeit mit anderen öffentlichen Stellen erfüllen kann, ohne gezwungen zu sein, sich an externe Einrichtungen zu wenden, die nicht zu ihren Dienststellen gehören.…

Jedoch ist festzustellen, dass zum einen das Gemeinschaftsrecht an öffentlichen Stellen für die gemeinsame Wahrnehmung ihrer öffentlichen Aufgaben **keine spezielle Rechtsform** *vorschreibt. Zum anderen kann eine solche Zusammenarbeit öffentlicher Stellen das Hauptziel der Gemeinschaftsvorschriften über das öffentliche Auftragswesen – einen freien Dienstleistungsverkehr und die Eröffnung eines unverfälschten Wettbewerbs in allen Mitgliedsstaaten – nicht in Frage stellen, solange die Umsetzung dieser Zusammenarbeit nur durch Überlegungen und Erfordernisse bestimmt wird, die mit der Verfolgung von im öffentlichen Interesse liegenden Zielen zusammenhängen und der in der Richtlinie 92/50/EWG genannte Grundsatz der Gleichbehandlung der Interessen gewährleistet ist, so dass kein privates Unternehmen besser gestellt wird als seine Wettbewerber.*«[408]

Für die Entscheidung des EuGH hat es keine Rolle gespielt, dass die öffentlichen Unternehmen 345 unterschiedlichen staatlichen Organisationsformen angehörten, etwa ein Stadtstaat und einzelne Landkreise.[409]

In der Entscheidung »*Sea*« hat der EuGH des Weiteren entschieden, dass die freihändige Vergabe 346 eines öffentlichen Dienstleistungsauftrages von einem öffentlichen Auftraggeber an eine vollständig im öffentlichen Eigentum stehende Gesellschaft zulässig ist, wenn der öffentliche Auftraggeber über diese Gesellschaft eine Kontrolle **wie über ihre eigenen Dienststellen** ausübt und die Gesellschaft ihre Tätigkeit im Wesentlichen für den öffentlichen Auftraggeber oder die öffentlichen Körperschaften, die ihre Anteile inne haben, verrichtet.[410]

In der Entscheidung »*Econord Spa*« hat der EuGH die bisherige Rechtsprechung vertieft und ver- 347 langt, dass in Fällen der gemeinsamen Beherrschung einer Gesellschaft durch öffentliche Auftraggeber zwar kein individuelles Kontrollrecht des einzelnen Auftraggebers gegeben sein muss, jedoch darf nicht nur ein **Mehrheitsaktionär die faktische Kontrolle** ausüben:[411]

»*Nach der Rechtsprechung kann bei Einschaltung einer von mehreren öffentlichen Stellen gemeinsam* 348
gehaltenen Einrichtung die »Kontrolle wie über die eigenen Dienststellen« von diesen Stellen gemeinsam ausgeübt werden, ohne dass es notwendig wäre, dass die Kontrolle von jeder von ihnen einzeln ausgeübt wird.

---

408 EuGH »Stadtreinigung Hamburg« Urt. v. 09.06.2009 C 480/06 NZBau 2009, 527, 528; dazu auch Portz VergabeR 2009, 702; dazu auch Wagner VergabeR 2011, 181, 183 f.
409 Wagner VergabeR 2011, 181, 183 f.
410 EuGH »Sea« Urt. v. 10.09.2009 C 573/07 NZBau 2009, 797 = VergabeR 2009, 882 f.
411 EuGH »Econord Spa« Urt. v. 29.11.2012 C 182/11 NZBau 2013, 55.

Infolge dessen kann einem Fall, in dem eine öffentliche Stelle einer Aktiengesellschaft mit vollständig öffentlichem Kapital als Minderheitsgesellschafterin beitritt, um dieser Gesellschaft die Verwaltung einer öffentlichen Dienstleistung zu übertragen, die Kontrolle, die die öffentlichen Stellen als Gesellschafter der Gesellschaft über diese ausüben, dann, wenn die Kontrolle von diesen Stellen gemeinsam ausgeübt wird, als Kontrolle wie über ihre eigenen Dienststellen angesehen werden.

Unter diesen Umständen ist es, wenn mehrere öffentliche Stellen eine gemeinsame Einrichtung zur Erfüllung einer gemeinsamen Gemeinwohlaufgabe einschalten, zwar nicht unbedingt erforderlich, dass jede dieser Stellen allein ein individuelles Kontrollrecht über diese Einrichtung hat, doch darf die über die Einrichtung ausgeübte Kontrolle nicht nur auf der Kontrollbefugnis der öffentlichen Stelle beruhen, die Mehrheitsaktionärin der betreffenden Einrichtung ist, da anderenfalls das Konzept der gemeinsamen Kontrolle ausgehöhlt würde.

Hat ein öffentlicher Auftraggeber innerhalb einer gemeinsam erhaltenen beauftragten Einrichtung eine Stellung inne, die ihm nicht die geringste Möglichkeit einer Beteiligung an der Kontrolle über diese Einrichtung sichert, würde damit nämlich einer Umgehung der unionsrechtlichen Vorschriften über öffentliche Aufträge und Dienstleistungskonzession Tür und Tor geöffnet, da ein rein formaler Beitritt zu einer solchen Einrichtung oder deren gemeinsamen Leitungsorgan diesen öffentlichen Auftraggeber von der Verpflichtung befreien würde, ein Ausschreibungsverfahren nach den Unionsvorschriften durchzuführen, obwohl er bei dieser Einrichtung in keiner Weise an der Ausübung der Kontrolle wie über eigene Dienststellen beteiligt wäre.«

349 Der EuGH hat im Rahmen der vorgenannten Entscheidung dem nationalen Gericht auferlegt zu prüfen, wie sich die Mitwirkungsrechte des einzelnen öffentlich-rechtlichen Gesellschafters darstellen und es ermöglichen, tatsächlich zur Kontrolle beizutragen.

3. Nationale Entscheidungen

350 Das OLG Düsseldorf[412] hatte in der Entscheidung »*Nachbarschaftshilfe*« herausgestellt, dass auch die Beauftragung einer Nachbarkommune dem Anwendungsbereich der §§ 97 ff. GWB unterfällt, wenn diese als »Unternehmen« i.S.d. § 99 GWB in Erscheinung tritt. Auch das Handeln eines Hoheitsträgers sei dasjenige eines »Unternehmens« und an den Vergabevorschriften des GWB zu messen, wenn der Hoheitsträger den ihm durch das öffentliche Recht zugewiesenen Aufgabenbereich verlasse und sich funktional und gewerbsmäßig wie ein Marktteilnehmer verhalte. In einer weiteren Entscheidung »*Zweckverband Regio-Entsorgung*«[413] hat das OLG Düsseldorf entschieden, dass die Bildung von **Zweckverbänden** grundsätzlich ausschreibungsfrei ist. Die im NRWGkG zugelassene Bildung von Zweckverbänden stelle eine Ausformung des kommunalen Selbstverwaltungsrechts und der Organisationshoheit der Gemeinden dar. Auf derartige Maßnahmen, welche lediglich die (interne) Verwaltungsorganisation betreffen, sei das Vergaberecht grundsätzlich nicht anzuwenden. Das Kartellvergaberecht sei jedenfalls ausgeschlossen, wenn lediglich Kompetenzen von einem Aufgabenträger auf einen anderen verlagert werden und dies auf einer gesetzlichen Ermächtigung beruhe. Dann handele es sich, auch wenn die Übertragung der Zuständigkeit auf einer Vereinbarung zwischen den beteiligten Verwaltungsstellen zurückzuführen sei, um einen dem Vergaberecht entzogenen Akt der Verwaltungsorganisation. In Bezug auf die Verwaltungsorganisation der Mitgliedsstaaten hätten die EG-Organe keine Normgebungskompetenz. Bei dem Recht des Zweckverbandes nach §§ 4 ff. NRWGkG handele es sich um spezifisches Verwaltungsorganisationsrecht der Bundesrepublik Deutschland. Machten Kommunen davon Gebrauch, sei Vergaberecht nicht anwendbar.

---

412 OLG Düsseldorf 05.05.2004 NZBau 2004, 398, 399 = VergabeR 2004, 619, 622 mit Anmerkung von Zirbes = WuW/E Verg. 960, 963 f. (2004).

413 OLG Düsseldorf (»Entsorgungszweckverband«) NZBAu 2006, 662; dazu auch Krohn NZBau 2006, 610 f.; Düsterdiek NZBau 2006, 618; Losch VergabeR 2006, 627 f.; Potthas/Klöck NZBau 2007, 496; Kasper VergabeR 2006, 839 f.; Frenz VergabeR 2006, 831 f.; Meißner VergabeR 2008, 403 f.

Mit seinem Beschluss »*Zweckvereinbarung Gebäudereinigung*« hat das OLG Düsseldorf dem EuGH 351 die Frage zur Entscheidung vorgelegt, ob auch ein Vertrag zwischen zwei Gebietskörperschaften ein öffentlicher Auftrag sei, wenn durch ihn eine begrenzte Zuständigkeit gegen Kostenerstattung übertragen werde, insbesondere dann, wenn die übertragene Aufgabe nicht die hoheitliche Tätigkeit als solche, sondern nur Hilfsgeschäfte betreffe.[414] In dem Beschluss hat das OLG Düsseldorf Zweifel geäußert, ob die bisherige Unterscheidung nach § 23 GkG NRW zwischen mandatierenden Vereinbarung und sogenannten delegierenden Vereinbarungen europarechtlich weiterhin relevant ist. Er hält es auch für zweifelhaft, ob in Bezug auf Hilfsleistungen Sonderregelungen zum Tragen kommen. Das OLG Düsseldorf will zudem Inhouse-Vergaben und kommunale Zusammenarbeit weiter gehend kombinieren und hat ausgeführt:[415]

> »*Es erscheint nicht von vornherein ausgeschlossen, Inhouse-Vergaben und kommunale Zusammenar-* 352 *beit derart zu kombinieren, dass eine Eigengesellschaft eines kommunalen Partners mit anderen Partnern zusammenarbeitet mit der Konsequenz, dass Umsätze, die bei dieser Zusammenarbeit erzielt werden, bei der Prüfung des Wesentlichkeitskriteriums nicht als Fremdumsätze zu werten sind. Das setzt jedoch voraus, dass die Zusammenarbeit im Wesentlichen öffentliche Aufträge betrifft.*«

In der weiteren Entscheidung »*IT-Tochterholding*« hat das OLG Düsseldorf entschieden, dass das 353 Kontrollkriterium bei einer Inhouse-Vergabe zwar durch die mittelbare Kontrolle über den Auftragnehmer mittels eines 0,94 %-Anteils an der Alleingesellschafter-Holding GmbH erfüllt sein kann, dass jedoch die ausgeübte Kontrolle nicht allein auf der Kontrollbefugnis eines dominierenden Mehrheitsgesellschafters beruhen dürfe.[416]

Der EuGH hat dies jedoch anders gesehen: 354

> »*Wollen zwei öffentliche Einrichtungen einen Vertrag über Gebäudereinigungen schließen, der nicht* 355 *der Wahrnehmung einer gemeinsamen Gemeinwohlaufgabe dient, eine Kostenübernahme und ein Kontrollrecht des Auftraggebers beinhaltet sowie eine Delegationsmöglichkeit des Auftraggebers an Dritte, handelt es sich um einen vergabepflichtigen Dienstleistungsauftrag.*«[417]

Nach Auffassung des OLG Naumburg enthält eine Zweckvereinbarung zwischen zwei Landkreisen 356 einen öffentlichen Dienstleistungsauftrag, soweit sie die entgeltliche Erbringung von Abfallentsorgungsdienstleistungen durch einen Landkreis für den anderen Landkreis beinhaltet. Dabei kommt es nicht darauf an, ob es sich bei der vertraglichen interkommunalen Kooperation um eine delegierbare oder mandatierende Aufgabenübertragung handelt.[418]

Nach Auffassung des OLG Düsseldorf bleibt die vom OLG Koblenz für den öffentlichen Personenver- 357 kehr bejahte vergaberechtsfreie kooperationsfreie Gemeinschaft sowie die vom Bayerischen Oberlandesgericht bejahte zulässige Zweckverbandslösung für Rettungsdienstleistungen durch die Rechtsprechung unberührt.[419] In inhaltlich übereinstimmender Form hat schließlich das OLG Frankfurt eine Kooperationsvereinbarung betreffend die Sammlung und Beförderung von Altpapier behandelt.[420]

4. Ergebnisse

Nicht vergaberechtsrelevant sind rein organisationsrechtliche Akte der öffentlichen Hand. Dies 358 umfasst sowohl die Organisation und Aufspaltung öffentlicher Organisationseinheiten in einzelnen Unternehmen, auch selbstständiger privater Rechtspersonen.

---

414 OLG Düsseldorf »Zweckvereinbarung Gebäudereinigung« Beschl. v. 06.07.2011 VII Verg 39/11 VergabeR 2012, 31.
415 OLG Düsseldorf »Stoffgleiche Nichtverpackungen« Beschl. v. 28.07.2011 VII Verg 20/11 VergabeR 2012, 35, 39.
416 OLG Düsseldorf Beschl. v. 30.01.2013, Az VII Verg 56/12 NZBau 2013, 327 f.
417 EuGH Urt. v. 13.06.2013, Az RsC-386/11 VPR 2013, 5.
418 OLG Naumburg WuW/E 1185 (2006) = NZBau 2006, 58 f. = VergabeR 2006, 88 f.
419 Vgl. OLG Koblenz NZBau 2002, 346 = VergabeR 2002, 148; BayObLG VergabeR 2003, 563.
420 OLG Frankfurt VergabeR 2005, 80, 85.

359   Auch die kommunale Zusammenarbeit in Form eines Zusammenschlusses von Kommunen zu Einkaufskooperationen (die der eigentlichen Beschaffung vorangehen)[421] sowie auch Zweckverbänden, die einer gemeinsamen Aufgabenerledigung und Beschaffung dienen,[422] berührt das Vergaberecht grundsätzlich nicht.

360   Im Übrigen ist die kommunale Zusammenarbeit, speziell bei einem Leistungsaustausch zwischen selbstständigen Einheiten der öffentlichen Hand, nur im Rahmen inzwischen **gesetzlich in § 108 GWB geregelten** Inhouse-Gestaltungen **zulässig**.

VI. Rekommunalisierung und Vergaberecht

361   Die Rekommunalisierung, welche die Integration einer vergaberechtlich nicht dem öffentlichen Sektor zuzurechnenden (z.B. bereits privatisierten) Organisationseinheit der öffentlichen Hand in den öffentlichen Sektor dergestalt beinhaltet, dass die **vergaberechtliche Selbstständigkeit wieder verloren** geht, unterliegt nicht dem Vergaberecht. Es handelt sich um einen Organisationsakt, der wie die vergaberechtsfreie (echte) materielle Privatisierung keinen Beschaffungscharakter hat.[423]

362   Wenn indessen die Aufgabenerledigung zwar in den kommunalen Raum zurückverlagert wird, aber nicht auf eine eigene Dienststelle oder Tochtergesellschaft einer Kommune, sondern auf eine andere Gebietskörperschaft, so kann es an den Voraussetzungen einer vergaberechtsfreien Rekommunalisierung fehlen.[424]

363   Auch die **Rückverlagerung** entsprechender Aufgaben mittels Verträgen kann wiederum einen Beschaffungsprozess darstellen, der an den Grundsätzen der Inhouse-Vergabe zu messen ist.[425]

364   Ein Beispielsfall für eine Rekommunalisierung ist etwa der Fall OLG Frankfurt »*Wasserversorgung*«.[426] In dem vom OLG Frankfurt entschiedenen Fall hatte eine Kommune nach einer kartellrechtlichen Beanstandung der Wasserpreise ihrer vormaligen Stadtwerke GmbH die Neuordnung der Wasserversorgung beschlossen und auf der Grundlage einen **Pacht- und Betriebsführungsvertrag** mit der privatisierten Stadtwerke-Tochter geschlossen. Das OLG Frankfurt entschied hierzu:

365   »*Die Auftragsvergabe ist auch nicht deshalb dem Vergaberechtsregime entzogen, weil es sich um eine Rekommunalisierung handelt. Zwar beabsichtigt die Antragsgegnerin die 1994 durchgeführte Privatisierung der Wasserversorgung unter Einschaltung der Beigeladenen rückgängig zu machen und künftig wieder öffentlich-rechtlich zu organisieren. Aber auch wenn die Rekommunalisierung das spiegelbildliche* **Gegenstück zu einer funktionalen Privatisierung** *darstellt und deshalb grundsätzlich nicht dem Vergaberecht unterliegt, gilt dies, wenn der Auftraggeber den Auftrag nicht auf sich selbst, sondern auf einen Dritten überträgt, nur, soweit bei der Aufgabenübertragung die Voraussetzungen eines Inhouse-Geschäftes vorliegen. Da nur 6 % des Gesamtumsatzes des Unternehmens auf den relevanten Wasserumsatz entfielen, kam die Inhouse-Lösung nicht zum Tragen. Unterhaltungs- und Instandhaltungspflichten waren auch nicht völlig unbedeutend, wie das OLG Frankfurt im Einzelnen ausgeführt hat.*«[427]

---

421   Siehe dazu § 98 Rdn. 41 ff.
422   Vgl. dazu im Einzelnen Hattig/Ruhland VergabeR 2005, 425, 434.
423   Vgl. OLG Düsseldorf NZBau 2004, 58; bestätigend OLG Düsseldorf NZBau 2004, 398, 399 = VergabeR 2004, 619, 621 = WuW/E Verg. 960, 962, sowie OLG Frankfurt VergabeR 2005, 80, 85; OLG Naumburg WuW/E 1185 (2006) = NZBau 2006, 58, 61; VK Saarland Beschl. v. 24.10.2008, Az 3 VK 02/2008.
424   OLG Naumburg WuW/E 1185 (2006) = NZBau 2006, 58, 61.
425   OLG Hamburg »Abwicklungsmanagement« Beschl. v. 14.12.2010 I Verg 5/10 NZBau 2011, 185 f. = VergabeR 2011, 614.
426   OLG Frankfurt »Wasserversorgung« Beschl. v. 30.08.2011 XI Verg 3/11 VergabeR 2012, 47.
427   OLG Frankfurt »Wasserversorgung« Beschl. v. 30.08.2011 XI Verg 3/11 VergabeR 2012, 47.

In einem Fall der Rekommunalisierung von Strom- und Gasnetze hatte eine Kommune Leistungen   366
der kaufmännischen und technischen Betriebsführung ausgeschrieben. Der Umstand, dass gleichzeitig ein privater Kooperationspartner mit der Aufgabenerfüllung einbezogen werden sollte, führte
dazu, dass ungeachtet des Rekommunalisierungsaspektes eine öffentliche Auftragsvergabe nach
§ 103 GWB anzunehmen war.[428]

E. Arten öffentlicher Aufträge

I. Grundlagen

§ 103 Abs. 1 GWB definiert die öffentlichen Aufträge weitgehend umfassend als Liefer-, Bau- und   367
Dienstleistungsverträge. Die mit der Richtlinie 2014/24/EU übereinstimmende Regelung enthält
eine grundsätzlich abschließende Definition und Abgrenzung zwischen den Aufträgen, die im Einzelfall durch die Anwendung unterschiedlicher Rechtsregime für die Durchführung von Beschaffungsmaßnahmen relevant werden kann.

§ 103 Abs. 1 GWB definiert die öffentlichen Aufträge als entgeltliche Verträge zwischen öffent-   368
lichen Auftraggebern oder Sektorenauftraggebern und Unternehmen *»über die Beschaffung von
Leistungen, die die Lieferung von Waren, die Ausführung von Bauleistungen oder die Erbringung von
Dienstleistungen zum Gegenstand haben.«*

Im Gegensatz zur früheren Rechtslage gehören die **Baukonzessionen** und die **Auslobungsverfah-**   369
ren, die zu Dienstleistungsaufträgen führen sollen, nicht mehr zum Begriff des öffentlichen Auftrages. Die Baukonzessionen sind infolge des Wegfalls des § 99 Abs. 6 GWB a.F. nunmehr gesondert
geregelt, nämlich in § 105 GWB. Die Auslobungen sind als Wettbewerbe nunmehr in § 103 Abs. 6
GWB angesprochen.

Dadurch wird der Begriff des öffentlichen Bauauftrages wieder enger an die europäische Vergabe-   370
richtlinie angelehnt. Die Richtlinie 2014/24/EU regelt in Art. 2 Abs. 1 Nr. 5:

> *»Öffentliche Aufträge zwischen einem oder mehreren Wirtschaftsteilnehmern und einem oder mehre-*   371
> *ren öffentlichen Auftraggebern schriftlich geschlossene entgeltliche Verträge über die Ausführung von*
> *Bauleistungen, die Lieferung von Waren oder die Erbringung von Dienstleistungen.«*

Nach wie vor stellt das **europäische Recht die Bauaufträge an die Spitze** der Aufzählung, während   372
der deutsche Gesetzgeber mit der Beschreibung der Lieferaufträge beginnt. Zudem knüpft Art. 1
Abs. 2 der Vergabekoordinierungsrichtlinie hinsichtlich der Qualifizierung der Bauaufträge und der
Dienstleistungsaufträge an die in den Anhängen I und II näher spezifizierten Leistungen an. Die **Lie-**
feraufträge werden in der Vergabekoordinierungsrichtlinie in gewisser Form **sekundär interpretiert.**

Für die Qualifizierung als öffentlicher Auftrag ist **unerheblich**, welcher **Rechtsnatur** der Vertragstyp   373
ist. Dementsprechend unterfallen den öffentlichen Aufträgen:
– klassische Austauschverträge, etwa in der Form von Kauf-, Werk- oder Dienstverträgen,
– typengemischte Verträge,
– zusammengesetzte Verträge,
– Vorverträge,[429]
– Rahmenverträge,[430]
– Optionsverträge,
– Sukzessivlieferungsverträge,
– Dauerschuldverhältnisse.

---

428 VK Münster »Münsterland Netzgesellschaft« Beschl. v. 08.06.2012 VK 6/12 NZBau 2012, 521.
429 Vgl. dazu VK Baden-Württemberg »Flughafen Stuttgart« NZBau 2001, 406, 408.
430 Zur Beschaffung durch Rahmenvereinbarungen: Gröning VergabeR 2005, 156f., sowie Haag/Degen
     VergabeR 2005, 164 f; Graef NZBau 2005, 561 f.; auch VK Münster »RRX-Modell« Beschl. v. 02.10.2014
     VK 13/14 NZBau 2014, 721.

374   So kommt es für den vergaberechtlichen Begriff des Bauauftrages auch nicht darauf an, dass die zu vergebende Leistung **nach deutschem Zivilrecht** möglicherweise **als Werklieferung** oder als schlichter Kauf anzusehen wäre. Es ist vielmehr ausschlaggebend, ob die zu beschaffenden Gegenstände mit dem damit auszustattenden Gebäude insoweit eine Einheit bilden, als sie zur Herbeiführung der Funktionsfähigkeit des Gebäudes erforderlich sind.[431]

375   Die **Klassifizierung** nach der Art des jeweiligen öffentlichen Auftrages **ist objektiv vorzunehmen.** Die Bezeichnung der rechtlichen Qualifikation eines Vertrages als **Mietvertrag** durch die Vertragsparteien verhindert nicht, dass ein Vertrag über die Anmietung schon nach den Erfordernissen des öffentlichen Auftraggebers noch zu errichtenden Gebäuden einen öffentlichen Bauauftrag darstellt.[432]

376   Ein **gemischter Vertrag**, dessen einzelne Teile untrennbar miteinander verbunden sind und somit ein unteilbares Ganzes bilden, ist im Hinblick auf seine rechtliche Einordnung in seiner Gesamtheit und einheitlich zu prüfen und auf der Grundlage der Vorschriften über öffentliche Aufträge, die den Teil regeln, der seinen Hauptgegenstand oder vorherrschenden Bestandteil bildet, zu untersuchen. Es reicht dabei nicht aus, dass die Absicht der Vertragsparteien, die verschiedenen Teile eines gemischten Vertrages als untrennbar zu betrachten, zum Ausdruck gebracht oder vermutet wird; diese Absicht muss sich vielmehr auf objektive Gesichtspunkte stützen, die sie rechtfertigen und die Notwendigkeit begründen können, einen einheitlichen Vertrag abzuschließen.[433] Einzelheiten hierzu sind nunmehr in § 112 GWB geregelt.

II. Lieferaufträge

377   Lieferaufträge sind nach § 103 Abs. 2 GWB Verträge zur Beschaffung von **Waren**, die insbesondere Kauf, Ratenkauf oder Leasing, Mietverhältnisse oder Pachtverhältnisse mit oder ohne Kaufoption betreffen. Die Verträge können auch Nebenleistungen umfassen.

378   **Waren** sind grundsätzlich bewegliche Gegenstände. Anhand des europarechtlichen Kontextes wird deutlich, dass diese im Wesentlichen durch die Abgrenzung von dem Begriff »Bauwerk« definiert werden müssen. »Bauwerk« ist nach Art. 2 Abs. 1 Nr. 7 der Richtlinie 2014/24/EU das Ergebnis einer Gesamtheit von Tief- und Hochbaumaßnahmen, das seinem Wesen nach eine wirtschaftliche oder technische Funktion erfüllen soll. Alles was also funktional auf die Erstellung eines Bauwerks ausgerichtet ist, unterfällt daher nicht den Lieferverträgen.

379   Der **Warenbegriff** für die Lieferleistung schließt auch **Anfertigungsverfahren** ein und gilt deshalb unabhängig davon, ob die betreffende Ware den Verbrauchern bereits im fertigen Zustand zur Verfügung gestellt oder nach deren Anforderungen hergestellt worden ist. Zur Lieferung gehört deshalb auch die individuelle Anpassung der Waren auf die Bedürfnisse des jeweiligen Kunden.[434]

380   Der öffentliche Lieferauftrag nach § 103 Abs. 2 GWB setzt somit einen Vertrag zur Beschaffung von Waren voraus. Wenn ein Auftragsverhältnis **über den reinen Austausch einer Ware gegen Vergütung hinausgeht**, verbleibt es gleichwohl bei einem Lieferauftrag, wenn die Lieferung von Baustoffen und Bauteilen ohne individuelle, auf das Bauvorhaben bezogene Be- und Verarbeitung vereinbart ist und damit keinen hinreichend engen funktionalen Zusammenhang mit der Erstellung eines Bauwerks hat. Werden etwa Einbauteile für ein Tonstudio geliefert, liegt zwar eine Vermischung von Liefer- und Bauleistungen vor, zumal die Waren eingebaut werden sollen. In diesen Fällen ist darauf abzustellen, für welchen Leistungsanteil der Wert überwiegt.

---

431 OLG Brandenburg »Planetarium« Beschl. v. 29.03.2012 VergW 2/12 VergabeR 2013, 49 f.
432 EuGH »Messe Köln« Urt. v. 29.10.2009 C 536/07 IBR 2009, 725.
433 EuGH »Oulon Kau punki« Urt. v. 22.12.2010 C 215/09 NZBau 2011, 312, 313 mit weiteren Nachweisen.
434 EuGH »Oymanns« Beschl. v. 11.06.2009 C 300/07 NZBau 2009, 520 f.

Ein Lieferauftrag ist insbesondere dann anzunehmen, wenn bei der Lieferung entsprechende Einbaukomponenten kein Neuausbau oder keine Erstinstallation bzw. kein Vollaustausch einer bestehenden Anlage vorliegt, sondern lediglich **Einzellieferungen für reparaturanfällige Teile vorgenommen** werden.[435]

Auch die **Installation eines Kommunikationssystems** macht einen Auftrag über die Lieferung und   381
Installation eines Kommunikationssystems an eine Universität noch nicht zu einem Bauauftrag. Nur die **Erstausstattung eines neu errichten Gebäudes**, das erst durch den Einbau einer Kommunikationsanlage im Sinne einer erstmaligen Herstellung des Bauwerks funktionsfähig würde, wäre als Bauleistung im Sinne der VOB/A anzusehen. Die Erneuerung/Modernisierung eines Kommunikationssystems bei gleichzeitiger Integration des vorhandenen Campus-/Kommunikationsnetzes stelle somit einen Lieferauftrag dar.[436] Auch die marktübliche Beleuchtung für ein Bauvorhaben ohne individuelle Anfertigung oder Bearbeitung im Hinblick auf die baulichen Gegebenheiten und ohne Montage oder Einbauarbeiten ist keine Bauleistung.[437] Im Übrigen stellt der Einbau elektronischer Anlagen nur dann interne Bauleistungen dar, wenn die technische Anlage lediglich in einem Bauwerk untergebracht sei, das Bauwerk aber auch ohne sie nach seiner Zweckbestimmung funktionsfähig ist.[438]

Hat der Auftraggeber die **betriebsbereite Errichtung** von Bauwerk mit einer speziellen technischen   382
Funktion ausgeschrieben, ist der Auftrag als Bauauftrag nicht als Lieferauftrag anzusehen.[439]

Der **Neueinbau von technischen Anlagen** in ein bestehendes Gebäude fällt unter den Begriff der   383
Bauleistung, wenn die Anlagen für ein funktionsfähiges Bauwerk erforderlich und von wesentlicher Bedeutung sind. Danach ist die Beschaffung eines Planetarium-Projektors und einer digitalen Ganzkuppelvideoprojektionsanlage für ein bestehendes Kuppelplanetarium als Bauauftrag anzusehen. Dies kann selbst dann gelten, wenn der Lieferanteil den Montageanteil überwiegt.[440]

Für die Qualifizierung der Lieferleistung **kommt es nicht auf** die Ausgestaltung von **Einzelheiten**   384
der Ware und des Preises an. Dass ein Preis nur indirekt (z.B. durch Rückvergütungen) geregelt ist, ist genauso wenig erheblich wie die Frage, wer die Ware in welcher Form körperlich ausliefert und aushändigt und wie, wann und an wen das Eigentum an der Ware übergeht. Das rechtliche Gewand, durch das der Lieferauftrag erteilt wird, ist unerheblich.[441] Genauso wenig ist entscheidungserheblich, wer bei rahmenvertraglichen Abreden die Entscheidung über Einzelabrufe fällt (z.B. bei Rabattverträgen der Krankenkassen).[442]

Unterschiedlich beurteilt wird die Frage, ob **Immobilien** ausnahmsweise Warencharakter haben   385
können. Bei Immobilien handelt es sich um unbewegliche Sachen. Bei einem Kaufvertrag über eine bereits erstellte Immobilie ist fraglich, ob diese als öffentlicher Bauauftrag qualifiziert werden kann.[443] Wie § 107 Abs. 1 Nr. 2 GWB zeigt, werden Kaufverträge über (bebaute) Immobilien den Dienstverträgen und nicht den Lieferverträgen zugeordnet. Die Frage kann indessen dahin stehen, da die Beschaffung von Immobilien bzw. Rechten an Immobilien ausdrücklich aus dem Kartellvergaberecht ausgeklammert ist.

Kennzeichnend für den Warenbegriff der Lieferaufträge ist der gegenständliche Bezug, nämlich die   386
Beschaffung eines Vor-, Zwischen- oder Endproduktes. Unerheblich ist der **Aggregatzustand** der

435 VK Südbayern Beschl. v. 03.09.2009 Z 3-3-3194-1-26-05/09.
436 1. VK des Saarlandes Beschl. v. 13.03.2010 1 VK 01.
437 OLG München Beschl. v. 28.09.2005 Verg 19/05.
438 VK Sachsen Beschl. v. 12.07.2007 1/SVK/049/07.
439 Brandenburgisches OLG Beschl. v. 20.04.2010 VergW 15/09.
440 OLG Brandenburg Beschl. v. 29.03.2012 VergW 2/12 VergabeR 2013, 49 f.
441 OLG Düsseldorf »AOK-Rabattverträge« NZBau 2008, 194, 196 = VergabeR 2008, 73, 75.
442 OLG Düsseldorf »AOK-Rabattverträge« NZBau 2008, 194, 196 = VergabeR 2008, 73, 75.
443 Vgl. dazu Hailbronner in: Byok/Jaeger § 99 Rn. 67 f.; lediglich auf bewegliche Sachen abstellend dagegen Schotten/Hüttinger in: Dreher/Motzke § 99 Rn. 66; Ganske in: Reidt/Stickler/Glahs § 99 Rn. 69.

Ware. Neben festen Gegenständen können auch solche in flüssiger oder gasförmiger Art geliefert werden.

387 Nach § 103 Abs. 2 Satz 2 GWB dürfen Lieferverträge auch **Nebenleistungen** aus anderen Beschaffungsvarianten enthalten. Nebenleistungen sind Leistungen, die z.B. mit der Auslieferung, der Installation, Inbetriebnahme und Instandhaltung einer Ware beauftragt werden können. Nebenleistungen dürfen kein solches Gewicht erlangen, dass sie nach den jeweiligen Besonderheiten der einschlägigen Verkehrskreise regelmäßig gesondert in Auftrag gegeben werden. Es darf sich nur um solche Leistungen handeln, die allenfalls untergeordnetes Gewicht haben. Der Schwerpunkt muss eindeutig bei der Lieferung liegen.[444]

388 Die **Montage und die Verteilung** von beschafften **Altpapiertonnen** stellen keinen von deren Lieferung abtrennbaren Beschaffungsvorgang dar. Wenn Müll-Tonnen nur deshalb ohne Achsen und Räder angeliefert werden, um den Transport zu vereinfachen, stellt die Montage und Verteilung der Tonnen an die einzelnen Haushalte keinen eigenständigen Beschaffungsgegenstand dar; es handelt sich um eine Lieferleistung.[445]

389 Dementsprechend unterfallen den Lieferaufträgen:
- Anmietung von Fotokopiersystemen[446]
- Beschaffung und Wartung von Fahrzeugen[447]
- Bereitstellung und Bewerbung von Nachrichtenmeldungen/Bereitstellung von Bild- und Tonmaterial[448]
- Energielieferverträge[449]
- Lichtlieferverträge[450]
- Lieferung von Digitalfunkgeräten[451]
- Lieferung von Handelswaren jedweder Art bis hin zu Computerprogrammen (Hard- und Software)[452]
- Lieferung und Montage elektronischer Ticketverkaufssysteme für Verkehrsunternehmen[453]
- Lieferung von Maschinen und Kraftfahrzeugen
- Lieferung von Einrichtungsgegenständen und Büromaterialien
- Lieferung von Erzen, Kohle, Baumaterialien
- Lieferung von Wasser, einschließlich Mineralwasser[454]
- Lieferung von Brennstoffen wie Erdöl, Benzin, Gas usw.[455]
- Lieferung von Inkontinenzartikeln[456]
- Lieferung von Kontrastmitteln für eine gesetzliche Krankenversicherung[457]
- Lieferung chemikalischer Zwischen- und Endprodukte
- Lieferung von Energie, Wärme, Strom[458]

---

444 Vgl. auch Schotten/Hüttinger in: Dreher/Motzke § 99 Rn. 66.
445 OLG Karlsruhe »Blaue Tonne« VergabeR 2009, 200, 201.
446 VK Arnsberg Beschl. v. 31.11.2009 VK 26/09.
447 VK Münster »RRX-Modell« Beschl. v. 02.10.2014 VK 13/14 NZBau 2014, 721.
448 OLG Düsseldorf Beschl. v. 21.05.2012 VII Verg 3/12.
449 Tschäpe ZfBR 2013, 547.
450 Dazu ausführlich Meiß VergabeR Sonderheft 2a 2011, 398 f.
451 OLG München, Beschluss v. 20.03.2014, Az Verg 17/13, »Digitalfunkgeräte«, VergabeR 2014, 700, 707.
452 Nicht jedoch Aufrüstung eines bestehenden EDV-Abrechnungsprogramms mit wesentlichen Implementierungsleistungen, vgl. VK Baden-Württemberg 03.06.2002 1 VK 20/02.
453 VK Düsseldorf 10.04.2000 VK 4/00-L.
454 Marx in: Motzke/Pietzcker/Prieß § 99 Rn. 25.
455 Vgl. dazu Donhauser VergabeR 2013, 531.
456 OLG Düsseldorf Beschl. v. 07.12.2011 VII Verg 99/11.
457 VK Bund Beschl. v. 30.08.2012 VK 1-91/12 ZfBR 2013, 119.
458 OLG Hamburg 04.11.1999 1 Verg. 1/99 zu Strombezugsverträgen; dazu auch Craushaar Europakompakt 1999, 133; auch VK Schleswig-Holstein zu einem Wärmeliefervertrag, Beschl. v. 26.07.2006, Az

- Herstellung von Drucksachen und Protokollen[459]
- Wärmelieferung[460]
- Lieferung von Arzneimitteln (bei Rabattverträgen mit gesetzlichen Krankenkassen)[461]
- Lieferung von Schulbüchern[462]
- Lieferung von Tausalz[463]
- Lieferung von Tonstudiobestandteilen und teilweisem Ersatz einer überholten Technik[464]
- Lieferung eines Telekommunikationssystems für eine Universität[465]
- Lieferung von Beleuchtungseinrichtungen für ein Bauvorhaben ohne komplexe Einbauleistungen[466]
- Lieferung von Banknoten[467]
- Lieferung von Patientenüberwachungsanlagen mit Monitoren[468]
- Lieferung von Kontrastmitteln[469]
- Lieferung von Getränkeautomaten einschließlich Wartung und Betrieb im Rahmen eines Vermietungsmodells[470]
- Kauf von Emissionszertifikaten[471]
- Versorgung mit in Apotheken hergestellten parenteralen Zubereitungen aus Fertigarzneimitteln in der Onkologie[472]
- Wärmeliefercontracting[473]

Die Beschaffung in der Form der Lieferung kann auch im Rahmen von Rahmenverträgen 390
erfolgen.[474]

III. Bauaufträge

Nach der früheren Fassung des § 99 Abs. 3 GWB waren Bauverträge Verträge, die entweder die 391
Ausführung oder die gleichzeitige Planung und Ausführung eines Bauvorhabens oder Bauwerks, das Ergebnis von Tief- oder Hochbauarbeiten ist und eine wirtschaftliche oder technische Funktion erfüllen soll, oder eine Bauleistung durch Dritte gemäß den vom Auftraggeber genannten Erfordernissen umfassen.[475] Mit der Neudefinition der Bauverträge in § 103 GWB ist eine mehr an die

VK-SH 11/06.
459 Vergabekammer bei der Finanzbehörde der Freien und Hansestadt Hamburg Beschl. v. 13.04.2007, VgkFB 1/07.
460 VK Schleswig-Holstein Beschl. v. 26.07.2006, Az VK-SH 11/06.
461 OLG Düsseldorf »AOK-Rabattverträge« NZBau 2008, 194, 196 = VergabeR 2008, 73, 75.
462 VK Schleswig-Holstein Beschl. v. 10.07.2006, Az VK-HS 15/06.
463 Laumann VergabeR 2011, 52.
464 VK Südbayern Beschl. v. 03.09.2009 Z 3-3-3194-1-26-05/09.
465 1. VK des Saarlandes Beschl. v. 13.03.2010 1 VK 01.
466 OLG München Beschl. v. 28.09.2005 Verg 19/05.
467 Prieß/Hölzl NZBau 2011, 65f.; OLG Düsseldorf Beschl. v. 27.10.2010 VII Verg 47/10; der BGH hat offengelassen, ob eine freie Vergabe in diesem Bereich möglich ist, vgl. BGH »Abellio Rail« Beschl. v. 08.02.2011 X ZB 4/10 NZBau 2011, 175, 177.
468 OLG Karlsruhe »Patientenüberwachungsanlagen« Beschl. v. 21.07.2010 XV Verg 6/10 VergabeR 2011, 87.
469 LSG NRW Beschl. v. 27.05.2010 L 21 KR 11/09.
470 EuGH »Kommission/Königreich der Niederlande« Urt. v. 10.05.2012 C-368/10 VergabeR 2012, 569.
471 Bei Emissionszertifikaten handelt es sich um übertragbare Berechtigungen im Sinne des Treibhausgas-Emissionshandelsgesetzes (TEHG); dazu Wagner NZBau 2007, 623f.
472 VK Brandenburg Beschl. v. 23.02.2010 VK 8/10.
473 OLG Naumburg Beschl. v. 27.02.2014 2 Verg 5/13 ZfBR 2014, 392, 394.
474 LSG NRW Beschl. v. 27.05.2010 L 21 KR 11/09.
475 So noch Stickler in: Reidt/Stickler/Glahs 2. Aufl. § 99 Rn. 25: »Eine Einrichtung nach den Erfordernissen des Auftraggebers liegt immer dann vor, wenn im Rahmen der Planung oder Ausführung ein wie auch immer geartete unmittelbare oder mittelbare Einwirkungsmöglichkeit des Auftraggebers bestand. Antizipiert der Bauherr hingegen die voraussichtlichen Bedürfnisse eines öffentlichen Auftraggebers und errich-

europäischen Richtlinien ausgerichtete Definition vorgesehen worden. Bauverträge sind nunmehr Verträge über die Ausführung oder gleichzeitige Planung und Ausführung

392   »*von Bauleistungen im Zusammenhang mit einer der Tätigkeiten, die in Anhang II der Richtlinie 2014/24/EU des Europäischen Parlaments und des Rates vom 26.02.2014 über die öffentliche Auftragsvergabe und zur Aufhebung der Richtlinie 2004/18/EG (Abl. L 94 v. 28.03.2014, S. 65) und Anhang I der Richtlinie 2014/25/EU des Europäischen Parlaments und des Rates vom 26.02.2014 über die Vergabe von Aufträgen durch den Auftraggeber im Bereich der Wasser-, Energie- und Verkehrsversorgung sowie der Postdienste und zur Aufhebung der Richtlinie 2004/17/EG (Abl. L 94 v. 28.03.2014, S. 234) genannt sind oder*

2. eines Bauwerks für den öffentlichen Auftraggeber oder Sektorenauftraggeber, das Ergebnis von Tief- oder Hochbauarbeiten ist und eine wirtschaftliche oder technische Funktion erfüllen soll.«

393   Ein Bauauftrag kann dementsprechend anhand von zwei selbständigen Voraussetzungen festgestellt werden. Wenn ein Zusammenhang zu Bauleistungen gemäß dem Anhang I bzw. II der EU-Richtlinien festgestellt werden kann, liegt ein Bauauftrag vor. Ist dies nicht der Fall, muss geprüft werden, ob der Vertrag ein Bauwerk für einen öffentlichen Auftraggeber oder Sektorenauftraggeber betrifft, das Ergebnis von Tief- oder Hochbauarbeiten ist und eine wirtschaftliche oder technische Funktion erfüllen soll. Beide Voraussetzungen sind in der Lage, den Begriff des Bauauftrages auszufüllen.

394   Die Neufassung des GWB hat dementsprechend für die Bauauftragsdefinition eine **direkte Verknüpfung** zum **Anhang II der Basisauftragsvergabe-** bzw. Anhang I der Sektorenauftragsvergabe-Richtlinie hergestellt. Wenn dementsprechend Leistungen beauftragt werden, die im Zusammenhang mit den dort genannten Tätigkeiten erbracht werden, steht fest, dass ein Bauauftrag
395   vorliegt:

Abschnitt F	Baugewerbe					
Abteilung	Gruppe	Klasse	Beschreibung	Anmerkungen	CPV Referenznr.
45			Baugewerbe	*Diese Abteilung umfasst:* Neubau, Renovierung und gewöhnliche Instandsetzung	45000000
	45.1		Vorbereitende Baustellenarbeiten		45100000

tet ein Gebäude, das auf diesen Auftraggeber zugeschnitten ist, in der Hoffnung, dass der Auftraggeber das Gebäude im Anschluss an seine Fertigstellung kaufen oder leasen würde, ohne dass ihm eine konkrete Möglichkeit der Einflussnahme eingeräumt wurde, liegt kein Bauauftrag vor. Das Gleiche gilt, wenn sich die Einflussmöglichkeit lediglich auf einige Details, wie beispielsweise den Innenausbau bezieht. Bei der Vermietung von neu errichteten Gebäuden versucht der Vermieter oftmals, den Wünschen des Mieters nach Raumaufteilung oder Ausstattung des Mietobjektes soweit wie möglich nachzukommen. Auch bei dem Ankauf oder dem Leasing eines Objektes, das bereits vorher von Dritten genutzt wurde, ist dies im Rahmen von Umbauarbeiten möglich. Ein solches Berücksichtigen von Mieter- oder Käuferwünschen führt jedoch nicht zur Einordnung des Vertrages als Bauauftrag. Hierzu ist vielmehr erforderlich, dass dem öffentlichen Auftraggeber bezüglich der Gestaltung der Bauarbeiten in Hinsicht auf deren Planung, Ausführung und ggf. auch den Fertigstellungszeitpunkt eine Stellung zukomme, die derjenigen des Bauherrn vergleichbar ist.«

Abschnitt F	Baugewerbe				
Abteilung	Gruppe	Klasse	Beschreibung	Anmerkungen	CPV Referenznr.
		45.11	Abbruch-, Spreng- und Enttrümmerungsgewerbe, Erdbewegungsarbeiten	*Diese Klasse umfasst:* Abbruch von Gebäuden und anderen Bauwerken Aufräumen von Baustellen Erdbewegungen: Ausschachtung, Erdauffüllung, Einebnung und Planierung von Baugelände, Grabenaushub, Felsabbau, Sprengen usw. Erschließung von Lagerstätten: Auffahren von Grubenbauen, Abräumen des Deckgebirges und andere Aus- und Vorrichtungsarbeiten *Diese Klasse umfasst ferner:* Baustellenentwässerung Entwässerung von land- und forstwirtschaftlichen Flächen	45110000
		45.12	Test- und Suchbohrung	*Diese Klasse umfasst:* Test-, Such- und Kernbohrung für bauliche, geophysikalische, geologische oder ähnliche Zwecke *Diese Klausel umfasst nicht:* Erdöl- und Erdgasbohrungen zu Förderzwecken (siehe 11.20) Brunnenbau (siehe 45.25) Schachtbau (siehe 45.25) Exploration von Erdöl- und Erdgasfeldern, geophysikalische, geologische und seismische Messungen (siehe 74.20)	45120000
	45.2		Hoch- und Tiefbau		45200000

Abschnitt F	Baugewerbe				
Abteilung	Gruppe	Klasse	Beschreibung	Anmerkungen	CPV Referenznr.
		45.21	Hochbau, Brücken- und Tunnelbau u.Ä.	*Diese Klasse umfasst:* Errichtung von Gebäuden aller Art, Errichtung von Brücken, Tunneln u.Ä. Brücken (einschließlich für Hochstraßen), Viadukte, Tunnel und Unterführungen Rohrfernleitungen, Fernmelde- und Energieübertragungsleitungen städtische Rohrleitungs- und Kabelnetze dazugehörige Arbeiten Herstellung von Fertigteilbauten aus Beton auf der Baustelle *Diese Klasse umfasst nicht:* Erbringung von Dienstleistungen bei der Erdöl- und Erdgasförderung (siehe 11.20) Errichtung vollständiger Fertigteilbauten aus selbst gefertigten Teilen, soweit nicht aus Beton (siehe Abteilungen 20, 26 und 28) Bau von Sportplätzen, Stadien, Schwimmbädern, Sporthallen und anderen Sportanlagen (ohne Gebäude) (siehe 45.23) Bauinstallation (siehe 45.3) sonstiges Baugewerbe (siehe 45.4) Tätigkeiten von Architektur- und Ingenieurbüros (siehe 74.20) Projektleitung (siehe 74.20)	45210000 außer: – 45213316 45220000 45231000 45232000
		45.22	Dachdeckerei, Abdichtung und Zimmerei	*Diese Klasse umfasst:* Errichtung von Dächern Dachdeckung Abdichtung gegen Wasser und Feuchtigkeit	45261000

Abschnitt F	Baugewerbe				
Abteilung	Gruppe	Klasse	Beschreibung	Anmerkungen	CPV Referenznr.
		45.23	Straßenbau und Eisenbahnoberbau	*Diese Klasse umfasst:* Bau von Autobahnen, Straßen und Wegen Bau von Bahnverkehrsstrecken Bau von Rollbahnen Bau von Sportplätzen, Stadien, Schwimmbädern, Tennis- und Golfplätzen (ohne Gebäude) Markierung von Fahrbahnen und Parkplätzen *Diese Klasse umfasst nicht:* Vorbereitende Erdbewegungen (siehe 45.11)	45212212 und DA03 45230000 außer: – 45231000 – 45232000 – 45234115
		45.24	Wasserbau	*Diese Klasse umfasst:* Bau von: Wasserstraßen, Häfen (einschließlich Jachthäfen), Flussbauten, Schleusen usw. Talsperren und Deichen Nassbaggerei Unterwasserarbeiten	45240000

Abschnitt F	Baugewerbe				
Abteilung	Gruppe	Klasse	Beschreibung	Anmerkungen	CPV Referenznr.
		45.25	Spezialbau und sonstiger Tiefbau	*Diese Klasse umfasst:*	45250000
				Spezielle Tätigkeiten im Hoch- und Tiefbau, die besondere Fachkenntnisse bzw. Ausrüstungen erfordern	45262000
				Herstellen von Fundamenten einschließlich Pfahlgründung	
				Brunnen- und Schachtbau	
				Montage von fremd bezogenen Stahlelementen	
				Eisenbiegerei	
				Mauer- und Pflasterarbeiten	
				Auf- und Abbau von Gerüsten und beweglichen Arbeitsbühnen einschließlich deren Vermietung	
				Schornstein-, Feuerungs- und Industrieofenbau	
				Diese Klasse umfasst nicht:	
				Vermietung von Gerüsten ohne Auf- und Abbau (siehe 71.32)	
	45.3		Bauinstallation		45300000
		45.31	Elektroinstallation	*Diese Klasse umfasst:*	45213316
				Installation oder Einbau von:	45310000
				Elektrischen Leitungen und Armaturen	außer:
				Kommunikationssystemen	– 45316000
				Elektroheizungen	
				Rundfunk- und Fernsehantennen (für Wohngebäude)	
				Feuermeldeanlagen	
				Einbruchsicherungen	
				Aufzügen und Rolltreppen	
				Blitzableitern usw. in Gebäuden und anderen Bauwerken	

Abschnitt F	Baugewerbe				
Abteilung	Gruppe	Klasse	Beschreibung	Anmerkungen	CPV Referenznr.
		45.32	Dämmung gegen Kälte, Wärme, Schall und Erschütterung	*Diese Klasse umfasst:* Dämmung gegen Kälte, Wärme, Schall und Erschütterung in Gebäuden und anderen Bauwerken *Diese Klasse umfasst nicht:* Abdichtung gegen Wasser und Feuchtigkeit (siehe 45.22)	45320000
		45.33	Klempnerei, Gas-, Wasser-, Heizungs- und Lüftungsinstallation	*Diese Klasse umfasst:* Installation oder Einbau von: Sanitäranlagen sowie Ausführung von Klempnerarbeiten Gasarmaturen Geräten und Leitungen für Heizungs-, Lüftungs-, Kühl- und Klimaanlagen Sprinkleranlagen *Diese Klasse umfasst nicht:* Installation von Elektroheizungen (siehe 45.31)	45330000
		45.34	Sonstige Bauinstallation	*Diese Klasse umfasst:* Installation von Beleuchtungs- und Signalanlagen für Straßen, Eisenbahnen, Flughäfen und Häfen Installation von Ausrüstungen und Befestigungselementen a.n.g. in Gebäuden und anderen Bauwerken	45234115 45316000 45340000
	45.4		Sonstiger Ausbau		45400000
		45.41	Anbringen von Stuckaturen, Gipserei und Verputzerei	*Diese Klasse umfasst:* Stuck-, Gips- und Verputzarbeiten einschließlich damit verbundener Lattenschalung in und an Gebäuden und anderen Bauwerken	45410000

Abschnitt F	Baugewerbe				
Abteilung	Gruppe	Klasse	Beschreibung	Anmerkungen	CPV Referenznr.
		45.42	Bautischlerei und -schlosserei	*Diese Klasse umfasst:* Einbau von fremdbezogenen Türen, Toren, Fenstern, Rahmen und Zargen, Einbauküchen, Treppen, Ladeneinrichtungen u.Ä. aus Holz oder anderem Material Einbau von Decken, Wandvertäfelungen, beweglichen Trennwänden u.ä. Innenausbauarbeiten *Diese Klasse umfasst nicht:* Verlegen von Parkett- und anderen Holzböden (siehe 45.43)	45420000
		45.43	Fußboden-, Fliesen- und Plattenlegerei, Raumausstattung	*Diese Klasse umfasst:* Verlegen von: Fußboden- und Wandfliesen oder -platten aus Keramik, Beton oder Stein Parkett- und anderen Holzböden, Teppichen und Bodenbelägen aus Linoleum auch aus Kautschuk oder Kunststoff Terrazzo-, Marmor-, Granit- oder Schiefer-Boden- oder Wandbelägen Tapeten	45430000
		45.44	Maler- und Glasergewerbe	*Diese Klasse umfasst:* Innen- und Außenanstrich von Gebäuden Anstrich von Hoch- und Tiefbauten Ausführung von Glaserarbeiten einschließlich Einbau von Glasverkleidungen, Spiegeln usw. *Diese Klasse umfasst nicht:* Fenstereinbau (siehe 45.42)	45440000

Abschnitt F	Baugewerbe				
Abteilung	Gruppe	Klasse	Beschreibung	Anmerkungen	CPV Referenznr.
		45.45	Sonstiger Ausbau a.n.g.	*Diese Klasse umfasst:* Einbau von Swimmingpools Fassadenreinigung sonstige Baufertigstellung und Ausbauarbeiten a.n.g. *Diese Klasse umfasst nicht:* Innenreinigung von Gebäuden und anderen Bauwerken (siehe 74.70)	4 5 2 1 2 2 1 2 und DA04 45450000
	45.5		Vermietung von Baumaschinen und -geräten mit Bedienungspersonal		45500000
		45.50	Vermietung von Baumaschinen und -geräten mit Bedienungspersonal	*Diese Klasse umfasst nicht:* Vermietung von Baumaschinen und -geräten ohne Bedienungspersonal (siehe 71.32)	45500000

Gemäß der 2. Alternative des § 103 Abs. 3 GWB liegt ein Bauauftrag vor, wenn die Verträge auf die Ausführung oder gleichzeitige Planung und Ausführung eines Bauwerks für einen öffentlichen Auftraggeber oder Sektorenauftraggeber das Ergebnis von Tief- oder Hochbauarbeiten ist und eine wirtschaftliche oder technische Funktion erfüllen sollen. Dies entsprach schon dem bisherigen Verständnis.[476] Nach Auffassung des EuGH ist in der **wirtschaftlichen oder technischen Funktion** des Ergebnisses der auszuführenden Leistungen ein **besonders zu prüfendes Tatbestandsmerkmal** zu sehen. Dieses ist allerdings erfüllt, wenn der Bauvertrag auf die Errichtung eines Freizeitzentrums gerichtet ist, weil dieses eine wirtschaftliche Funktion erfülle.[477]   396

Der Begriff des **Bauwerks** ist grundsätzlich **weit auszulegen**. Es sollen alle Arten von Bauleistungen umfassend einbezogen werden. Bei **Neubauvorhaben** wird – in Abgrenzung zu Lieferaufträgen – der Kreis der Leistungen, die unter Bauleistungen subsumiert werden können, regelmäßig weit gezogen und alles was zur Herstellung und späteren bestimmungsgemäßen Nutzung (Funktion) einer baulichen Anlage dient, als Bauleistung angesehen. Zu den Bauleistungen zählen insbesondere auch die Lieferung und Montage der für eine bauliche Anlage erforderlichen maschinellen und elektrotechnischen Anlagen und Anlagenteile sowie von kommunikations- und fernmeldetechnischen Vermittlungs- und Übertragungseinrichtungen. Entscheidend ist, dass das Bauwerk ohne   397

---

476 So auch VK Lüneburg 10.03.2004 203-VgK-04/04: »Dabei ist nicht zwingend erforderlich, dass der Dritte im Sinne des § 99 Abs. 3 GWB auch eigenes wirtschaftliches Risiko trägt. >Nach den Erfordernissen des Auftraggebers< heißt, dass der öffentliche Auftraggeber mindestens maßgeblichen Einfluss auf das Bauvorhaben ausübt. (…) Der Einstufung der ausgeschriebenen Leistung als Bauleistung steht auch nicht entgegen, dass die Auftraggeberin im Zuge des Vergabeverfahrens nunmehr die Beauftragung einer reinen Mitvariante favorisiert.«; vgl. auch VK Brandenburg Beschl. v. 05.04.2002, Az VK 7/02: Unter einem Bauwerk ist eine unbewegliche, durch Verwendung von Arbeit und Material in Verbindung mit dem Erdboden hergestellte Sache zu verstehen.
477 EuGH »Stadt Roanne« NZBau 2007, 185, 188 Rn. 41.

diese Anlagen noch nicht als vollständig fertiggestellt anzusehen ist. Unerheblich ist dagegen, ob sie wesentliche Bestandteile des Werks werden.[478]

398 Der Begriff des öffentlichen Bauauftrages ist nicht dahingehend einzuschränken, dass er auf die Befriedigung des herkömmlichen Bedarfs öffentlicher Körperschaften beschränkt ist.[479]

399 Das OLG Düsseldorf hat formuliert:

400 *»Der vergaberechtlich nicht definierte Begriff des Bauvorhabens ist weit zu verstehen, wie die umfangreiche und umfassende Aufzählung der Bautätigkeiten in den Anhängen I und XII anzunehmen gebietet. Als Bauvorhaben ist danach jedes Vorhaben anzusehen, eine bauliche Anlage (ein Bauwerk) zu errichten oder zu ändern. Bauliche Anlagen (Bauwerke) sind mit dem Erdboden verbundene oder auf ihm ruhende, **aus Bauprodukten hergestellte Anlagen**. Dabei muss es sich nicht notwendig um Gebäude handeln (dies ist ein Unterbegriff), mithin um überdachte Bauwerke mit Räumen, die betreten werden können und der Aufnahme von Menschen, Tieren oder Waren dienen. Bauliche Anlagen (Bauwerke) können z.B. auch **Werbeanlagen, Fahrradstellanlagen, Aufschüttungen und Abgrabungen** sowie im Streitfall ebenso eine **Deponieabdichtung und eine Photovoltaikanlage** sein.«*[480]

401 Nach der ständigen Rechtsprechung des EuGH braucht der Vertragspartner des öffentlichen Auftraggebers, um als mit einem öffentlichen Bauauftrag betrauter Unternehmer eingestuft zu werden, nicht in der Lage zu sein, die Leistung **unmittelbar mit eigenen Mitteln** zu erbringen.[481] Daraus folgt nach Auffassung des EuGH auch, dass es unwesentlich ist, ob der Auftragnehmer die Leistungen selbst ausführt oder durch Subunternehmer ausführen lässt.[482]

402 Wie der EuGH in der Entscheidung »*Stadt Roanne*«[483] klargestellt hat, kommt es für die Qualifizierung einer Vereinbarung als öffentlicher Bauauftrag nicht darauf an, ob vorgesehen ist, dass der öffentliche Auftraggeber **Eigentümer** des zu erstellenden gesamten Bauwerks oder eines Teils davon ist oder wird. Ausreichend ist vielmehr, dass sich ein Unternehmen vertraglich verpflichtet, für den öffentlichen Auftraggeber ein Bauwerk zu errichten, auch wenn dies dergestalt geschieht, dass das errichtete Bauwerk im Eigentum des Unternehmens entsteht.

403 Immer muss eine **Verpflichtung zur Ausführung von Bauleistungen** bestehen. Das gilt auch bei so genannten **eingekapselten Beschaffungen** wie z.B., Veräußerung von Grundstücken. Bloß faktische Zwänge und Einflussnahmen reichen insoweit nicht aus. Die Vereinbarung von Bedingungen gekoppelt mit Rückkaufsrechten oder ähnlichem lässt also den Tatbestand eines vergaberechtlichen Bauauftrages weder entfallen, noch begründet sie ihn. Vielmehr muss in jedem Fall ein auf die Durchführung einer Bauleistung gerichteter Vertrag vorliegen.[484]

404 Wenn ein Vertrag sowohl Elemente eines öffentlichen Bauauftrages wie Elemente eines öffentlichen Auftrags anderer Art aufweist, bestimmt der **Hauptgegenstand** des Vertrages, welche Rechtsvorschriften zur Anwendung gelangen.[485]

---

478 VK Brandenburg Beschl. v. 18.11.2009, VK 41/09.
479 EuGH »Französische Republik, Europäische Union« Urt. v. 26.09.2013, C-115/12 P, NZBau 2014, 116, 120.
480 OLG Düsseldorf »Photovoltaikanlagen D.« Beschl. v. 30.04.2015 VII Verg 35/13 NZBau 2014, 589, 590.
481 EuGH »Holst Italia« NZBau 2000, 149 Rn. 26; »Stadt Roanne« NZBau 2007, 185, 188 Rn. 38.
482 EuGH »Stadt Roanne« NZBau 2007, 185, 188 Rn. 38.
483 NZBau 2007, 185, 188 Rn. 47.
484 Auch Kühling JZ 2008, 1117.
485 EuGH »PAI und LARAU Valencia« Urt. v. 26.05.2011 C 306/08 NZBau 2011, 431f. mit Anmerkung von Gertz.

1. Verträge über die Ausführung von Bauleistungen

Der EuGH hat in der Entscheidung »*Elektrifizierungsarbeiten*« zunächst herausgestellt, dass es für   405
den Begriff des Bauwerks nicht entscheidend ist, im Rahmen welcher **Unternehmereinsatzform** die
Bauleistung erbracht wird, insbesondere ob ein Auftraggeber Bauaufgaben an einen oder mehrere
Unternehmen überträgt. Auch ist nicht entscheidend, ob das Vorhaben von mehreren Auftraggebern abgewickelt wird.[486]

In der Entscheidung »*Helmut Müller*« hat der EuGH ausgeführt, dass ein öffentlicher Bauauftrag   406
nicht voraussetze, dass die Bauleistung, die Gegenstand des Auftrags ist, in einem **gegenständlichen
oder körperlich zu verstehenden Sinn** für den öffentlichen Auftraggeber beschafft wird, wenn sie
diesem unmittelbar wirtschaftlich zugutekommt. Die Ausübung von städtebaulichen Regelungszuständigkeiten durch den öffentlichen Auftraggeber genüge indessen nicht, um diese Voraussetzung
zu erfüllen. Der Begriff öffentlicher Bauauftrag setze darüber hinaus voraus, dass der Auftragnehmer direkt oder indirekt die Verpflichtung zur Erbringung der Bauleistungen, die Gegenstand des
Auftrags sind, übernimmt und dass es sich um eine nach den im nationalen Recht geregelten Modalitäten einklagbare Verpflichtung handelt.[487]

Das Bayerische Oberlandesgericht hat darauf hingewiesen, dass auch für die Auslegung des   407
vormaligen § 99 Abs. 3 GWB entscheidend auf den Anhang zur EU-Vergaberichtlinie abzustellen ist. Nur soweit kein Widerspruch zum **gemeinschaftsrechtlich geprägten Begriff des
Bauauftrages** gegeben sei, könne auf die zu § 1 **VOB/A** entwickelte Kasuistik zurückgegriffen
werden.[488]

Der Begriff Bauleistung bezieht sich **nicht lediglich auf einen Neubau**. Vielmehr kommen alle Vari-   408
anten von Bauleistungen in Betracht. Dazu gehören insbesondere die Erneuerung und Ergänzung
bestehender Anlagen. Dementsprechend sind auch Leistungen der **Modernisierung**, Rekonstruk-
tion und **Sanierung** den Bauaufträgen zuzurechnen.[489] Unerheblich ist grundsätzlich auch, ob und
in welchem Umfang ggf. auftraggeberseitig **Materialbeistellungen** erfolgen.[490]

Nicht bedeutsam ist zudem, ob der jeweilige Bauleistungsauftrag zivilrechtlich als **Werkleistung**   409
einzustufen wäre. Selbst **Werklieferungen** oder schlichte Kaufverträge können infolge eines funkti-
onsbedingten Zusammenhangs der zu beschaffenden Gegenstände mit dem Gebäude als Bestandteil der Bauleistung anzusehen sein.[491] Auch **Dienstleistungsverträge** können sich auf Bauleistungen beziehen, obgleich die erfolgsorientierten Werkverträge dieses Marktsegment dominieren. Wie
aber schon die Zusammenfassung sämtlicher Planungsleistungen mit den Bauleistungen unter
§ 103 Abs. 3 GWB zeigt, ist die Rechtsnatur als Dienst- oder Werkvertrag für die Qualifizierung als
Bauauftrag nicht entscheidend.[492] Ein Vertrag über die Errichtung einer Restabfallbehandlungsan-
lage, der auch Lieferungen beinhaltet und vertragstypologisch als Werkliefervertrag zu qualifizieren
sein kann, ist ein Bauvertrag, wenn bei der vorgesehenen Übertragung der Planung, Ausführung
und Inbetriebnahme einer komplexen baulichen technischen Anlage der Erfolg der Herstellung des
Gesamtbauwerks **im Vordergrund** steht.[493]

---

486 EuGH »Elektrifizierungsarbeiten« NZBau 2001, 275, 278.
487 EuGH »Helmut Müller« Urt. v. 25.03.2010 C 451/08 NZBau 2010, 321 f.
488 BayObLG NZBau 2003, 340, 341; ebenso VK Brandenburg 26.11.2003 VK 72/03.
489 Vgl. BayObLG NZBau 2003, 340, 341, sowie VK Thüringen beim Landesverwaltungsamt
     Beschl. v. 17.04.2002 216–4002.20–008/02-SHL-S.
490 Vgl. OLG Düsseldorf Urt. v. 31.01.2001 U (Kart.) 9/00 betreffend Deichbauarbeiten.
491 OLG Dresden Urt. v. 02.11.2004 W Verg. 11/04 = VergabeR 2005, 258.
492 A.A. Korbion Vergaberechtsänderungsgesetz § 99 Rn. 5; so auch BayObLG NZBau 2000, 594: »Da nach
     der Begriffsbestimmung für die Annahme von Bauaufträgen Voraussetzung ist, dass sie das Ergebnis von
     Tief- oder Hochbauarbeiten zum Ziel haben, müssen derartige Verträge erfolgsbedingt, also werkvertrag-
     lich nach §§ 631ff. einzuordnen sein.«.
493 OLG Düsseldorf NZBau 2001, 106.

410   Für die Einordnung als Bauauftrag ist auch nicht entscheidend, ob ein zu erstellender Ausstattungs-gegenstand später **wesentlicher Bestandteil** des Gebäudes wird. Selbst der Vertrag auf Beschaffung bloßer **Zubehörteile** i.S.v. §§ 90ff. BGB kann vergaberechtlich zur Ausführung eines Bauwerks gehören, sofern diese zur Herbeiführung von dessen Funktionsfähigkeit dienen.[494] Dementsprechend sind Einbaumaßnahmen, mit denen eine **feste Verbindung** zwischen Ausstattungsgegenständen und Gebäude geschaffen werden soll, für die Bejahung einer Bauleistung **nicht entscheidend**.[495] Somit sind grundsätzlich alle Vertragstypen, die eine Leistung zum Gegenstand haben, welche in einem **Funktionszusammenhang** mit der Errichtung eines Bauvorhabens steht, geeignet, als Bauauftrag qualifiziert zu werden.

411   Auch **grundstücksbezogene Arbeiten**, wie Arbeiten, die im Zusammenhang mit der Beseitigung von Altmunition auf einem Truppenübungsplatz anfallen, sind als Bauleistungen anzusehen.[496]

412   **Arbeiten an Gewässern** zweiter Ordnung, wie z.B. auch Entfernung von Schlamm, Auflandungen, Krauten und Beseitigung sonstiger Abflusshindernisse sind deshalb als Bauaufträge zu werten.[497]

413   Das in der 2. Variante benannte Kriterium »*Ergebnis von Tief- und Hochbauarbeiten*« hat mehr deklaratorische Bedeutung. Es soll klarstellen, dass sowohl die unterirdischen wie auch oberirdischen Bauarbeiten ein Bauvorhaben ausmachen können. Das Merkmal zeigt gleichzeitig, dass der EU-Richtliniengeber von einer Zusammenfassung von Einzelleistungen ausgegangen ist. Dementsprechend ist alles, was zur Ausführung eines Bauvorhabens oder Bauwerks an Bauleistungen notwendig ist, unter dem Bauauftrag zu fassen. Die Begriffe Tief- und Hochbauarbeiten sollen keinerlei zusätzliche Abgrenzungsmerkmale zu anderen Bauleistungen schaffen.

414   Schließlich muss das Bauwerk eine **wirtschaftliche oder technische Funktion** erfüllen. Die Beschaffung von **Kunstwerken unterfällt dagegen** auch dann, wenn zu ihrer Herstellung Bauleistungen notwendig sind, dem Begriff Bauauftrag nicht.[498] Entscheidend ist die endgültige Nutzung des hergestellten Bauvorhabens.[499] Es geht ausschließlich um die wirtschaftliche oder technische Funktion. Deshalb kann ein noch so künstlerisch geprägter Bauentwurf eines Architekten – gleichgültig, ob urheberrechtlich geschützt oder nicht – als solcher die Freistellung vom Kartellvergaberecht nicht begründen.

415   Das OLG Düsseldorf hat des Weiteren angenommen, dass auch die noch **weitgehende Unbestimmtheit** von Leistungspflichten nicht der Annahme eines öffentlichen Bauauftrages entgegensteht. Damit ist aber nur gemeint, dass die Leistungspflichten nicht schon zu Beginn des Vergabeverfahrens im Einzelnen feststehen müssen. Jedenfalls muss der öffentliche Auftraggeber selbst – unerheblich zu welchem Zeitpunkt im Vergabeverfahren, ggf. auch durch Billigung von Planleistungen Dritter – einen konkreten baubezogenen Errichtungswillen festgelegt haben.[500] Nicht entscheidend ist auch die Frage, ob Planungs- und Bauleistungen **funktional** oder **gegenständlich ausgeschrieben** werden. Insbesondere bei **Generalplaner-** und **Generalunternehmerverträgen führt** eine funktionale Leistungsbeschreibung nicht dazu, dass eine entsprechende Beschaffung aus dem Anwendungsbereich des § 103 GWB herausfiele.[501]

416   Für die Bestimmung des maßgeblichen **Schwellenwertes** ist oftmals maßgeblich, ob sich die Vertragsleistungen auf ein Gesamtbauvorhaben oder einzelne Bauleistungen beziehen. Bei einem öffentlichen Bauauftrag ist zur Feststellung des Auftragswertes der **Gesamtwert der Arbeiten** zu

---

494 VÜA Bund v. 01.07.1987 1 VÜ/9/97 (Regalsystem für die deutsche Bibliothek in Frankfurt); Hailbronner in: Byok/Jaeger § 99 Rn. 84.

495 OLG Dresden Urt. v. 02.11.2004 W Verg. 11/04.

496 Vgl. VK Bund 08.08.2001 VK 2–22/01.

497 VK Sachsen-Anhalt Beschl. v. 21.02.2008 IBR 2008, 289.

498 Vgl. Korbion § 99 Rn. 6.

499 Vgl. auch Hailbronner in: Byok/Jaeger § 99 Rn. 81.

500 Vgl. dazu auch OLG Düsseldorf »Husaren-Kaserne Sontra« NZBau 2008, 727, 731.

501 Vgl. etwa OLG Düsseldorf »Stadtbad« Beschl. v. 12.06.2013 VergabeR 2013, 910.

veranschlagen, der die vom öffentlichen Auftraggeber etwaig bezahlten Geldbeträge und die von Dritten als Gegenleistung für die für ihre Rechnung errichteten Bauwerke geleisteten Beträge umfasst.[502] Ein Bauvorhaben kann mehrere Bauwerke umfassen. Insbesondere für die Bemessung des Schwellenwertes kommt es oftmals darauf an, ob ein Gesamtvorhaben ein einzelnes Bauvorhaben bzw. Bauwerk darstellt oder ob es sich um eine Summe von Einzelbauvorhaben/Bauwerken handelt, die vergaberechtlich jeweils getrennt zu behandeln sind. Komplexe Investitionsvorhaben sind dann nicht als einheitliches Bauvorhaben/Bauwerk anzusehen, wenn **die einzelnen baulichen Anlagen ohne Beeinträchtigung von Vollständigkeit und Benutzbarkeit getrennt voneinander errichtet werden können und somit funktional selbstständige Teilabschnitte darstellen** (wie z.B. Straßen eines Straßenrings usw.).[503] Das Ergebnis verschiedener Arbeiten kann schon dann als einheitliches Bauwerk eingestuft werden, wenn entweder dieselbe wirtschaftliche oder dieselbe technische Funktion erfüllt ist. Die Feststellung des Vorliegens einer identischen wirtschaftlichen oder technischen Funktion ist alternativ.[504]

Komplexe Bauvorhaben, die in **verschiedenen Phasen** realisiert werden, sind dann kein einheit- 417 liches Gesamtbauwerk mehr, wenn die unterschiedlichen baulichen Anlagen ohne Beeinträchtigung ihrer Vollständigkeit oder Benutzbarkeit auch getrennt voneinander errichtet werden können. Etwas anderes kann gelten, wenn Maßnahmen, die in einem engen funktionalen Zusammenhang stehen, auch in enger zeitlicher Reihenfolge ausgeschrieben werden.[505] Zwei Bauabschnitte sind vergaberechtlich als Einheit anzusehen, wenn sie losgelöst voneinander keine sinnvolle Funktion erfüllen.[506]

Ein Vertrag muss, um als öffentlicher Bauauftrag eingeordnet zu werden, Bauleistungen zum Inhalt 418 haben und die **Bauleistungen dürfen nicht von untergeordneter Bedeutung sein.** Ein **Erschließungsauftrag,** der auch Bauleistungen zum Gegenstand hat, ist nur dann als öffentlicher Bauauftrag einzuordnen, wenn diese Bauleistung den Hauptgegenstand des Vertrages bildet.[507] Das OLG Düsseldorf hat zum Schwerpunkt der maßgeblichen Leistungen ausgeführt:

»Nach der Rechtsprechung des EuGH bestimmt sich, wenn ein Vertrag zugleich Elemente eines Bau- 419 *auftrages und solche eines Auftrages anderer Art aufweist, die Rechtsnatur des Vertrages nach seinem Hauptgegenstand. Maßgebend für einen Bauauftrag ist, ob Bauleistungen den Hauptgegenstand des Vertrages bilden oder ob sie im Verhältnis zum Hauptgegenstand lediglich Nebenarbeiten sind. Dabei ist auf die **anteiligen Wertverhältnisse** nicht maßgeblich abzustellen. Sie geben lediglich **indizielle Anhaltspunkte** und eine erste Orientierung. Entscheidend ist die **funktionale Zuordnung** der Leistungen zum **jeweiligen Vertragstyp** und deren gegenständliche vertragliche Bedeutung.«*

Für die Errichtung einer Photovoltaikanlage mit rund 30 % Bauanteil auf einer Deponie hat das 420 OLG Düsseldorf in der vorgenannten Entscheidung einen Bauauftrag bejaht.[508]

Bei einem Vertrag, der zugleich Elemente eines öffentlichen Bauauftrages und Elemente eines Auf- 421 trags anderer Art aufweist, ist zur Bestimmung seiner rechtlichen Qualifizierung und der anwendbaren Vorschriften auf den Hauptgegenstand abzustellen.[509] Die Regelungen zum Vorrang der hauptsächlichen Tätigkeit einer Beauftragung ist nun in § 112 Abs. 3 GWB geregelt.

---

502 EuGH »Stadt Roanne« NZBau 2007, 185, 189 Rn. 53 f; OLG Düsseldorf »Husaren-Kaserne Sontra« NZBau 2008, 727, 728.

503 Vgl. dazu OLG Brandenburg Beschl. v. 20.08.2002, Az VergW 4/02.

504 EuG »Königreich Spanien/Europäische Kommission« Urteil v. 29.05.2013 T 384/10.

505 1. VK Leipzig Beschl. v. 14.09.2009 1/SVK/042/09.

506 KG Berlin Beschl. v. 27.01.2015 Verg 9/14.

507 EuGH Urt. v. 26.05.2011 C-306/08 VergabeR 2011, 693, 705.

508 OLG Düsseldorf »Photovoltaikanlagen D.« Beschl. v. 30.04.2015 VII Verg 35/13 NZBau 2014, 589, 590.

509 EuGH »Pizza Rotti« Urt. v. 10.07.2014 C-213/13 NZBau 2014, 572, 575.

422   Praxisrelevant ist die **Abgrenzung der reinen Lieferleistung** (mit oder ohne Nebenleistung) von der Bauleistung. Hier existiert eine Grauzone. Zu den Bauleistungen rechnen nämlich alle zu montierenden Bauteile, insbesondere die Lieferung und die Montage maschineller und elektrotechnischer Einrichtungen. Nicht jedoch den Bauleistungen zuzuordnen sind solche Einrichtungen, die überwiegend unabhängig von der Baumaßnahme beschafft werden und mit dieser nicht in einem engen funktionellen Zusammenhang stehen.

423   Das OLG München hat in diesem Zusammenhang formuliert:

424   *»Denn der Begriff der Bauleistung setzt sowohl nach der VOB/A als auch nach § 99 Abs. 3 GWB bzw. Art. 1 a und c BKR eine **Arbeitsleistung am Bauwerk** voraus. Hierzu zählen die **handwerklichen Leistungen** vor Ort. Je nach den Umständen des Einzelfalls kann auch die **Lieferung von Gegenständen**, die der Auftragnehmer den konkreten baulichen Verhältnissen anzupassen, vor Ort einzubauen oder zu montieren hat, eine Bauleistung sein. Aufträge die dagegen nicht über den reinen Austausch einer Ware gegen Vergütung hinausgehen, die insbesondere die **bloße Lieferung von Baustoffen und Bauteilen** ohne individuelle auf das Bauvorhaben bezogene Be- und Verarbeitung zum Gegenstand haben, haben keinen hinreichenden engen funktionalen Zusammenhang zu der Erstellung des Bauwerks. Sie zählen nicht zu den Bau-, sondern zu den Lieferaufträgen. Alleine der Umstand, dass eine Vergabestelle Beleuchtungskörper für ein bestimmtes Bauvorhaben verwenden will, genügt nicht. Eine über den Beschaffungsvorgang hinausgehende bauvertragliche Tätigkeit, die eine Zuordnung als Bauleistung rechtfertigen könnte, ist nicht gegeben.«*[510]

425   Der bloße Umstand, dass die Vergabestelle **Installationsarbeiten** am Bauvorhaben in einer **gesonderten Ausschreibung** derselben Firma übertragen hat, die auch die Waren (Beleuchtungskörper) geliefert hat, führt nicht dazu, dass eine Warenlieferung zur Bauleistung wird.[511]

426   Dementsprechend können normalerweise als Lieferleistungen anzusehende Beschaffungsmaßnahmen – aufgrund eines notwendigen oder zumindest nach dem Verständnis der Projektbeteiligten engen **Funktionszusammenhangs** mit der Bauleistung – in eine Bauleistung umzuqualifizieren sein.[512] Ein etwaiger hoher Lieferanteil nimmt dem Auftrag in derartigen Fällen nicht den Charakter eines Bauauftrages. Entscheidend ist, dass die auch mittels Montage- und Installationsarbeiten unter Einsatz bauhandwerklicher Leistungen zu bewirkende Herstellung eines Zustandes, in dem der Auftraggeber über eine betriebsbereite Immobilie verfügt.

427   Angesichts der zumeist nutzerorientierten Bauerrichtung, welche die Integration vielfältiger Lieferungen und Leistungen beinhaltet, spielt der **Funktionszusammenhang** eine große Rolle. In den allermeisten Fällen sind daher im Rahmen einer Um- oder Neubaumaßnahme eingebaute technische Anlagen und Einrichtungen als Bauleistungen zu vergeben. Aus der Spruchpraxis lassen sich folgende Beispiele nennen:
    –   Laboreinrichtung für ein neu zu errichtendes Laborgebäude 2 für Biotechnologie einer Fachhochschule? Bauleistung[513]
    –   Einbau von Schrankwänden und das Einpassen von Einbauküchen bei Umbau/Neubau eines Verwaltungsgebäudes? Bauleistung[514]
    –   Lichtzeichenanlagen einer Straße? Bauleistung[515]

---

510   OLG München VergabeR 2006, 238, 240.
511   OLG München VergabeR 2006, 238, 240.
512   Dazu OLG Dresden Urt. v. 02.11.2004 W Verg. 11/04.
513   1. VK Brandenburg Beschl. v. 01.02.2006, Az 1 VK 81/05.
514   Thüringer OLG 22.08.2002 6 Verg. 5/01.
515   BayObLG NZBau 2000, 594, 595; anders hat der EuGH in der Entscheidung »Elektrifizierungsarbeiten« NZBau 2001, 275f., im Hinblick auf die Organisation des französischem Straßen- und Verwaltungswesens einen unterschiedlichen Funktionszusammenhang gesehen und hat Stromversorgungsnetz und Straßenbeleuchtungsnetz als selbstständige Lieferleistungen qualifiziert.

- Wartungs- und Störungsbeseitigungsarbeiten an Lichtsignalanlagen? Bauleistung[516]
- Errichtung von 26 Richtfunktstationen in einem Bundesland? Bauleistung[517]
- Lieferung technischer Installationen, die für ein funktionsfähiges Bauwerk erforderlich sind, wie einen Planetariumsprojektor? Bauleistung[518]
- Elektroinstallation, Gebäudetechnik, Klimaanlagen? Bauleistung[519]
- Brandmeldeanlagen? Bauleistung[520]
- Telekommunikationssystem/Telefonsystem für einen Landtag? Bauleistung[521]
- Medizintechnik für Klinikumbau? Bauleistung[522]
- Nachrüstung einer Müllverbrennungsanlage mit Rauchgasreinigungsanlage und Notstromaggregat? Bauleistung[523]
- Baumpflegearbeiten an Bundesstraßen? Bauleistung[524]
- Gartenpflegearbeiten ohne nennenswerte Erdbewegungsarbeiten? keine Bauleistung[525]
- Beschaffung von Computern, Rechnern und Druckern für und im Zusammenhang mit einem Neubau? keine VOB/A-, sondern VOL/A-Leistung[526]
- Tischler-, Beschlags- und Verglasungsarbeiten? Bauleistung[527]
- Betriebsfertige Montage und Unterhaltung von Videoaufnahmesystemen im LZB-Gebäude? Bauleistung[528]
- Netzwerkkomponenten bei Errichtung eines Klinikums? Bauleistung[529]
- Entwicklung und Errichtung von Datenverarbeitungssystemen? Bauleistung[530]
- Lieferung marktüblicher Beleuchtung für ein Bauvorhaben ohne individuelle Anfertigung oder Bearbeitung? keine Bauleistung[531]
- Lieferung und Montage von Anlagenteilen für ein Unterdruckentwässerungssystem? Bauauftrag[532]
- Erdbewegungsarbeiten?[533]
- Aufzugssysteme für ein Hochhaus? Bauauftrag[534]
- Sicherheitseinrichtung für ein Gefängnis? Bauauftrag[535]
- Schlüsselfertiger Neubau einer 2-Feld-Sporthalle einschließlich Nebenräumen und Hausmeisterwohnung? Bauauftrag[536]
- Regalsystem für eine neu zu errichtende Bibliothek? Bauauftrag[537]
- Instandhaltung von Entwässerungsleitungen an einer Straße? Bauleistung[538]

---

516 BayObLG NZBau 2000, 594, 595.
517 Brandenburgisches OLG Beschl. v. 20.04.2010 VergW 15/09.
518 OLG Brandenburg Beschl. v. 29.03.2012 VergW 2/12 VergabeR 2013, 49 f.
519 BayObLG NZBau 2003, 340, 341.
520 BayObLG IBR 2002, 559.
521 VK Brandenburg 26.11.2003 VK 72/03.
522 Thüringer OLG VergabeR 2003, 98, 99.
523 VÜA NRW 18.03.1996 EzEG-Verg.RIV 10.2.
524 OLG Düsseldorf ZVgR 1999, 160f.
525 VK Bund Beschl. v. 29.03.2006, Az VK 3-15/06.
526 VK Südbayern 22.09.2003 41–08/03.
527 VK Halle ZVgR 2000, 129.
528 KG 03.11.1999 Kart. Verg. 3/99.
529 VÜA Bayern ZVgR 1999, 133.
530 »Kommission/Italien« EuGHE 1998, 4035 Rn. 17 f.; VÜA Brandenburg 30.01.1996 »Leitstellen« EzEG-VergR IV 4.1.
531 IBR 2005, 700.
532 VK Schleswig-Holstein Beschl. v. 30.08.2006, Az VK-SH 20/06.
533 VK Bund Beschl. v. 08.08.2001, Az VK 2-22/01.
534 OLG Thüringen Beschl. v. 22.08.2002, Az 6 Verg 5/01.
535 OLG Thüringen Beschl. v. 22.08.2002.
536 BGH »2-Feld-Sporthalle« Urt. v. 15.04.2008 X ZR 129/06 VergabeR 2008, 641.
537 Bei Einbauverpflichtung vgl. OLG Thüringen Beschl. v. 22.08.2002, Az 6 Verg 5/01.
538 VK Baden-Württemberg Beschl. v. 08.11.2002, Az 1 VK 54/02.

- Instandhaltungsarbeiten mit geringfügigem Instandsetzungsanteil? Dienstleistungsauftrag[539]
- Errichtung eines Radweges? Bauleistung[540]
- Natursteinarbeiten? Bauleistung[541]
- Photovoltaikanlage auf einer stillgelegten Abfalldeponie – Bauauftrag[542]

428   Geprüft werden muss in diesem Zusammenhang immer, ob die im Anhang I genannten **baugewerklichen Tätigkeiten** vorliegen. Das ist dann **nicht der Fall**, wenn **Einrichtungsgegenstände als Massenware** bestellt werden können, ohne dass spezielle bauliche Anpassungen notwendig sind, etwa beim Einkauf von Schreibtischen und Bürostühlen oder sonstigen Ausstattungsgegenständen. Dasselbe gilt, wenn erst lange Zeit nach der Fertigstellung neue Einrichtungen bestellt werden, die keine baulichen Änderungen erforderlich machen.[543]

429   Im Einzelfall kann auch die **Abgrenzung zwischen Bauleistung und Dienstleistung** zweifelhaft sein. Wenn Dienstleistungen den Hauptgegenstand ausmachen und Bauleistungen lediglich Nebenleistungen sind, dann liegt ein Dienstleistungsauftrag vor. Entsprechendes gilt für die Abgrenzung von Bauleistungs- und Dienstleistungskonzession.[544] Bei der Errichtung und dem Betrieb eines Breitbandnetzes kann die Betreiberleistung so im Vordergrund stehen, dass die Bauleistung lediglich eine Nebenleistung darstellt und der Gesamtvertrag daher als Dienstleistung bzw. Dienstleistungskonzession zu bewerten ist.[545]

430   Problematisch ist oftmals die **Abgrenzung von Wartungs- und Instandhaltungsarbeiten**. Wenn ein Gesamtauftrag vorliegt, der sowohl (im Schwerpunkt) Instandhaltungsarbeiten beinhaltet aber auch die Beseitigung von vorhandenen Mängeln durch Instandsetzungsarbeiten (mit einem Anteil von z.B. ca. 25 %), dann ist dieser Anteil von Bauarbeiten nicht ausreichend, um die Gesamtbeauftragung zu einem Bauauftrag zu machen. Vielmehr ist ein Dienstleistungsauftrag anzunehmen.[546] Instandhaltungsarbeiten sind nur dann als Bauleistungen im Sinne des § 1 VOB/A anzusehen, sofern sie für die Erneuerung und den Bestand baulicher Anlagen von wesentlicher Bedeutung sind. Entsprechendes muss gelten, wenn Instandhaltungsarbeiten zusammen mit einem Bauauftrag ausgeschrieben werden. Das heißt in der Regel Maßnahmen, die mit erheblichen Substanzeingriffen verbunden sind. Demgegenüber unterfallen reine Instandhaltungsarbeiten im Rahmen von Wartungsverträgen nicht den Bauleistungen. Auch reine Instandhaltungsmaßnahmen wie Reinigung, Pflege, Wartung und Beseitigung von Verschleißerscheinungen und kleinen Schäden werden daher nicht als Bauleistung qualifiziert.[547]

431   Die unterschiedlichen Begriffe **Bauwerk** und **Bauvorhaben** haben keine eigenständigen Abgrenzungsfunktionen. Sie stellen lediglich deklaratorisch klar, dass Leistungen nicht ein einzelnes Bauwerk betreffen müssen und auch schon in der Frühphase einer **Vorhabensentwicklung** relevant sein können.

2. Zusammengefasste Planungs- und Bauleistungen

432   Wie § 103 Abs. 3 Satz 1 GWB klarstellt, unterfallen dem Begriff des Bauauftrages nicht nur die reinen Bauleistungsaufträge, sondern auch kombinierte Verträge, die auch Planungsaufgaben beinhalten. Damit wird die Gesamtheit aller möglichen Bauleistungen erfasst, die hiermit in

539   VK Berlin Beschl. v. 02.06.2009 VKB 2 12.
540   VK Brandenburg Beschl. v. 25.04.2003, Az VK 21/03.
541   OLG Brandenburg Beschl. v. 14.09.2010 VergW 8/10.
542   OLG Düsseldorf »Photovoltaikanlagen D.« Beschl. v. 30.04.2015 VII Verg 35/13 NZBau 2014, 589, 590.
543   Vgl. Hailbronner in: Byok/Jaeger § 99 Rn. 82.
544   OLG Karlsruhe »Breitbandausschreibung« Beschl. v. 14.11.2014 15 Verg 10/14 NZBau 2015, 506, 507.
545   OLG Karlsruhe »Breitbandausschreibung« Beschl. v. 14.11.2014 15 Verg 10/14 NZBau 2015, 506, 507.
546   OLG Düsseldorf »Sicherheitsanlagen« VergabeR 2007, 200f.; OLG Düsseldorf IBR 2007, 44.
547   VK Bund Beschl. v. 31.07.2006, Az VK 2-65/06.

einem funktionalen Zusammenhang stehen. Ein solcher funktionaler oder technisch-funktionaler Gesamtzusammenhang ist nicht mehr gegeben, wenn einzelne Maßnahmen eigenständige Zwecke in baulicher Hinsicht erfüllen und zeitlich getrennt voneinander realisiert werden.[548]

Planungsleistungen können dabei alle Architekten- und Ingenieurleistungen im Zusammenhang **433** mit der Errichtung einer Immobilie sein. Ob sie als zusammengefasste Leistungen den Regelungen über die Bauvergaben unterliegen, ist **auftragsbezogen** zu bestimmen. Die Erwägungsgründe 78 zur Richtlinie 2014/24/EU regeln, dass der öffentliche Auftraggeber angesichts der die öffentlichen Bauaufträge kennzeichnenden Vielfalt der Aufgaben **sowohl eine getrennte als auch eine gemeinsame Vergabe** von öffentlichen Aufträgen für die Ausführung und die Planung der Bauvorhaben vorsehen kann. Die Vergabekoordinierungsrichtlinie bezwecke nicht, eine gemeinsame oder eine getrennte Vergabe vorzuschreiben. Die Entscheidung über eine getrennte oder die gemeinsame Vergabe von Planungs- und Bauaufträgen muss sich an qualitativen und wirtschaftlichen Kriterien orientieren, die in den einzelstaatlichen Vorschriften festgelegt werden könnten. In Deutschland ist insbesondere § 97 Abs. 4 GWB zu beachten.

Die Erwägung trägt der Erkenntnis Rechnung, dass es allgemeingültige Präferenzen für bestimmte **434** Modelle von Planer- und Unternehmereinsatzformen nicht gibt. Immer muss die für den Auftraggeber geeignete, auf das jeweilige Projekt zugeschnittene und den maßgeblichen Aufgaben entsprechende optimale Organisationsform gesucht werden. Deshalb kann der öffentliche Auftraggeber allein nach Zweckmäßigkeitsgesichtspunkten entscheiden, ob er Planungs- und Bauleistungen zusammenfasst. Fasst er diese zusammen, dann werden Planungs- und Bauleistungen eine Einheit und sind insgesamt als Bauauftrag auszuschreiben. Er kann jedoch das Projekt auch mit Einzelplanern und Einzelunternehmen realisieren. In diesem Fall müssen Planungsaufträge getrennt den von Bauaufträgen ausgeschrieben werden.

Zu den Planungsleistungen, die mit den Bauleistungen eine Einheit bilden können, gehören sämt- **435** liche Objekt- und Fachplanungsleistungen (insbesondere nach der HOAI), aber auch darüber hinausgehende Leistungen wie eine Fassadenplanung, ein projektspezifisches Facilitymanagement, Projektmanagementaufgaben, nicht aber hierunter fallende Gutachterleistungen usw.

3. Bauausführung durch Dritte

Nach § 103 Abs. 3 Satz 2 GWB liegt ein Bauauftrag auch vor, **436**

> *»wenn ein Dritter eine Bauleistung gemäß den von öffentlichen Auftraggeber oder Sektorenauftragge-* **437** *ber genannten Erfordernissen erbringt, die Bauleistung dem Auftraggeber unmittelbar wirtschaftlich zugutekommt und dieser einen entscheidenden Einfluss auf Art und Planung der Bauleistung hat.«*

§ 99 Abs. 3 GWB lehnt sich mit dieser Formulierung praktisch wörtlich an die Vorgaben der **438** EU-Koordinierungsrichtlinie (jetzt Art. 1 Abs. 2 g) Vergabekoordinierungsrichtlinie) an. Die frühere Definition dieses neuen Types öffentlicher Auftraggeber in § 57a Nr. 8 HGrG hatte mehr Verwirrung als Klarheit ausgelöst und wurde vom deutschen Gesetzgeber durch eine entsprechende Klarstellung in § 99 Abs. 3 Halbsatz 2 GWB a.F. ersetzt. Die Norm musste im Zusammenhang mit dem Ausnahmetatbestand des § 100 Abs. 5 GWB a.F. gesehen werden. Diese Vorschrift schloss die Anwendung des Vergaberechts in Bezug auf den Erwerb oder die Miete von oder Rechte an Grundstücken oder vorhandenen Gebäuden oder anderem unbeweglichen Vermögen ungeachtet ihrer Finanzierung aus.

Im Kern geht es bei § 103 Abs. 3 Satz 2 GWB darum, dass der öffentliche Auftraggeber nicht auf **439** Vertragsgestaltungen ausweichen soll, bei denen ein Dritter – **im eigenen Namen** – für ihn ein Bauvorhaben errichtet und damit das strenge Vergaberechtsregime für Bauvergaben umgangen wird. Die Norm hat folgende **Voraussetzungen:**

---

548 VK Brandenburg Beschl. v. 21.08.2009 VK 31/09.

- Erbringung der Bauleistungen durch Dritte
- gemäß den vom Auftraggeber genannten Erfordernissen
- die Bauleistung muss dem Auftraggeber unmittelbar wirtschaftlich zugutekommen und
- der Auftraggeber muss entscheidenden Einfluss auf Art und Planung der Bauleistung genommen haben.

440 **Dritter** kann zunächst jede von dem öffentlichen Auftraggeber **unabhängige private oder öffentliche Einrichtung** sein.

441 In den Fällen, in denen ein Bauträger oder auch ein Projektentwickler im eigenen Namen tätig wird, aber für Rechnung des Auftraggebers Leistungen erbringt, wie dies etwa in dem Fall »*Roanne*« des EuGH der Fall war, bedarf es eines Rückgriffs auf § 103 Abs. 3 GWB nicht. Denn in einem solchen Fall erbringt das betreffende Unternehmen selbst Bauleistungen für einen öffentlichen Auftraggeber.[549] Dabei ist nicht entscheidend, ob einzelne Bauabschnitte später an Dritte weiterveräußert werden sollen.

442 aa) Klassischer Anwendungsfall der Regelung ist der **Bauträgervertrag**, bei dem sich ein Unternehmer als Bauträger verpflichtet, ein Bauvorhaben für den Auftraggeber zu errichten, das er ihm entweder vor, während oder nach der Fertigstellung des Bauvorhabens übereignet. Umfasst von dieser Regelung sind weiterhin **verwandte Gestaltungen**, etwa:
- **Mietverträge über erst neu zu errichtende Gebäude**[550]
- Projektrealisierungen über **Leasinggestaltungen**, mit oder ohne Objektgesellschaften
- **Kommunalfonds**, die für öffentliche Auftraggeber Vorhaben realisieren
- **Public Private Partnership-Vertragsgestaltungen**, in deren Rahmen Bauvorhaben realisiert werden[551]
- so genannte **Generalübernehmerverträge** als Unterfälle von Bauträgergestaltungen, in deren Rahmen eine Projektgesellschaft für einen öffentlichen Auftraggeber ein Bauvorhaben errichtet[552]
- **Mietkaufverträge** über zu bebauende Immobilien[553]

443 Das OLG Düsseldorf hat in diesem Zusammenhang formuliert:

444 »*Als Auffangtatbestand, der die praktische Wirksamkeit der Vergaberichtlinie auch in Umgehungsfällen sicherstellen soll, regelt die dritte Variante vielmehr solche öffentlichen Bauaufträge, bei denen ein Bauwerk erstellt wird, das einer öffentlichen Zweckbestimmung unterliegt, der öffentliche Auftraggeber jedoch nicht selbst als Bauherr auftritt, sondern das Vorhaben im Auftrag und auf Rechnung des Auftragnehmers – von diesem verschiedenen Dritten ausgeführt werden soll. Als dieser Variante unterliegend werden im Schrifttum insbesondere Kauf-, Miet- oder Leasingverträge sowie Bauträgermodelle angeführt. Daraus geht hervor, dass die Auftragsbeziehung zwischen dem Auftraggeber und dem Auftragnehmer im Fall der dritten Variante, soll dieser zur Erfassung möglicher Umgehungen einen Sinn haben, nicht als Bauauftrag ausgestaltet sein und erst recht keine unmittelbare Verpflichtung des Auftragnehmers zur Herstellung des Bauwerks aufweisen.*

Die genannten Anwendungsbeispiele sind gemäß dem auf die Förderung des Wettbewerbs gerichteten Zweck der Richtlinie aber in keinem abschließenden Sinn zu verstehen. Der dritten Variante des § 99 Abs. 3 GWB unterfallen danach alle Aufträge, durch die mittels der vom öffentlichen Auftraggeber genannten Erfordernisse gewährleistet werden soll, dass das herzustellende Bauwerk für einen bestimmten öffentlichen Zweck zur Verfügung steht und durch die dem Auftraggeber (kraft vertrag-

---

549 Vgl. dazu EuGH »Roanne« VergabeR 2007, 183, 186.
550 EuGH »Pizza Rotti« Urt. v. 10.07.2014 C-213/13 NZBau 2014, 572.
551 So auch VK Arnsberg Beschl. v. 30.11.2009 VK 32/09.
552 Vgl. bereits VK Münster »Preussenstadion/ICE« 11.10.1999 63.8; VK Lüneburg IBR 2004, 598: »Bauträger-, Mietkauf- oder Leasingverträge sind grundsätzlich nach Maßgabe der Basis- und a-Paragraphen der VOB/A zu vergeben § 99 Abs. 3.«.
553 Vgl. etwa Schotten/Hüttinger in: Dreher/Motzke § 99 Rn. 80; Mietkauf hinsichtlich der Errichtung einer Schule, vgl. VÜA Bayern 01.06.1999 EzEG-VergR IV 1.2; VK Lüneburg 10.03.2004 203-VgK-04/04.

licher Abrede) zugleich die rechtliche Befugnis gegeben wird (im mittelbaren Eigeninteresse), die Verfügbarkeit des Bauwerks für die öffentliche Zweckbestimmung sicherzustellen.«[554]

bb) **Nicht entscheidend** ist im vorliegenden Zusammenhang, ob der Dritte aufgrund und Boden 445
des öffentlichen Auftraggebers oder **bereits vorhandenen eigenen Grundstücken** Bauleistungen
ausführt.[555] Speziell Fallgestaltungen, bei denen der Dritte zunächst vom öffentlichen Auftraggeber
das Baugrundstück erwirbt, unterfallen dieser Regelung. Selbst Fälle, bei denen der Dritte schon
immer (oder seit längerer Zeit) Eigentümer des entsprechenden Grundstücks ist, unterfallen dieser
Regelung. In diesem Sonderfall kann aber ggf. ein Verhandlungsverfahren mit dem entsprechenden
Eigentümer ohne öffentliche Vergabebekanntmachung durchgeführt werden.[556]

Das mit der Vergabenovelle 2009 eingeführte Kriterium, wonach die Bauleistung dem Auftraggeber 446
unmittelbar wirtschaftlich zugutekommen soll, verfolgt die Intention, den Beschaffungszweck einzugrenzen und insbesondere Grundstücksveräußerungen ohne beschaffungsrechtlichen Bezug aus
dem Bereich der Bauaufträge auszunehmen. Die Regelungstechnik des deutschen Gesetzgebers ist
vom EuGH in der Entscheidung »*Helmut Müller*« bestätigt worden. Der EuGH hat in dieser Entscheidung klargestellt, dass die europäischen Richtlinien nicht voraussetzen, dass die Bauleistung,
die Gegenstand des Auftrags ist, in einem gegenständlichen oder körperlich zu verstehenden Sinne
für den öffentlichen Auftraggeber beschafft wird; sie müsse ihm nur unmittelbar wirtschaftlich
zugutekommen. Die Ausübung von städtebaulichen Regelungszuständigkeiten durch den öffentlichen Auftraggeber genüge nicht, um diese Voraussetzungen zu erfüllen.[557]

cc) Für die Praxis von außerordentlicher Bedeutung ist das Kriterium der »**vom Auftraggeber** 447
genannten Erfordernisse«.

Das Kriterium der vom Auftraggeber genannten Erfordernisse konkretisiert den vergaberechtlich 448
erforderlichen Beschaffungszweck der öffentlichen Hand. Definiert der öffentliche Auftraggeber
keine baulichen Anforderungen, dann kann der Vertrag auch nicht als Beauftragung einer Bauausführung durch Dritte qualifiziert werden.

Fraglich ist indessen, welche inhaltlichen Anforderungen an dieses Begriffsmerkmal zu stellen sind: 449

a) **Inhaltliche Anforderungen an die vom Auftraggeber genannten Erfordernisse:**[558]

Das OLG Düsseldorf hatte angenommen, dass es für die Anwendung des § 103 Abs. 3 Satz 2 GWB 450
ausreiche, wenn der öffentliche Auftraggeber **überhaupt Einfluss auf Bauleistungen** genommen
hat. So hatte das OLG Düsseldorf entschieden:

---

554 OLG Düsseldorf »Husaren-Kaserne Sontra« NZBau 2008, 727, 731; »Oer-Erkenschwick« NZBau 2008,
271, 275 = VergabeR 2008, 229; dazu auch EuGH »Teatro Bicocca« NZBau 2001, 512.
555 So auch Otting NZBau 2004, 469: »Ebenso unerheblich ist, wer Eigentümer des Grundstücks ist, auf
dem das Bauvorhaben errichtet werden soll. Die öffentliche Hand mag bereits im Eigentum eines Grundstücks sein und dem Privaten dieses etwa im Wege des Erbbaurechts zur Verfügung stellen. Umgekehrt
besteht aber auch die Möglichkeit, dass ein privater Dritter – wie beim Bauträgervertrag die Regel – ein
ihm gehörendes Grundstück der jeweiligen Gebietskörperschaft anbietet, um darauf ein von dieser benötigtes Infrastrukturvorhaben zu errichten. Der Vertrag ist nicht deshalb aus dem Anwendungsbereich des
Vergaberechts auszuklammern, weil nur der Dritte die Verfügungsmacht über das Grundstück hat.«.
556 So auch Otting NZBau 2004, 469, 470: »Ihrem Sinn und Zweck entsprechend ist die Vorschrift auf
alle Konstellationen anzuwenden, in denen einem Unternehmer aus faktischen oder rechtlichen Gründen eine Monopolstellung zukommt. Das ist auch der Fall, wenn dieser Unternehmer Eigentümer des
Grundstücks ist, auf dem die Bauleistung erbracht werden soll. In diesem Fall kann die Stadt daher ohne
seine Mitwirkung ein Contract mit einem Dritten nicht schließen; sie ist auf den Grundstückseigentümer
als Vertragspartner angewiesen.«; auch Stickler in: Kapellmann/Messerschmidt § 3 VOB/A Rn. 65; Kus
§ 1a VOB/A Rn. 13, § 3 VOB/A Rn. 36; Jasper/Soudry in: Dreher/Motzke § 3 VOB/A Rn. 61; vgl. auch
OLG München NJWE 1996, 262, 263; auch Wilke ZfBR 2004, 141, 148.
557 EuGH »Helmut Müller« Urt. v. 25.03.2010 C 451/08 NZBau 2010, 321 f.
558 Dazu ausführlich Otting VergabeR Sonderheft 2a 2013, 343 f.

451 *»Mit den Erfordernissen richtet der öffentliche Auftraggeber Vorgaben an die Bauleistungen und legt die Anforderungen, die das Werk erfüllen soll, fest. Die Erfordernisse müssen auf die Ausführung des individuellen Bauwerks bezogen sein und darauf einen inhaltlichen Einfluss nehmen (z.B. Vorgaben betreffend die Art und Weise der Bebauung und ihrer Anbindung an die Umgebung oder die Gestaltung der Fassaden und Außenanlagen). Eine Herstellung nach vom öffentlichen Auftraggeber gebilligten Plänen genügt, wenn der Auftraggeber diese zuvor geprüft und sich zu eigen gemacht hat. Dabei kommt es nicht darauf an, ob elementare oder weniger wichtige Erfordernisse gestellt werden. Auch an den Konkretisierungsgrad von Vorgaben des öffentlichen Auftraggebers sind keine hohen Anforderungen zu richten.«*[559]

452 In der Entscheidung *»Pizzarotti«* hat der EuGH die Kriterien **gemäß den vom Auftraggeber genannten Erfordernissen** näher definiert und ausgeführt:

453 *»Dies ist der Fall, wenn der öffentliche Auftraggeber **Maßnahmen ergriffen hat, um die Merkmale der Bauleistungen festzulegen** oder zumindest entscheidenden Einfluss auf die Planung der Bauleistung zu nehmen.«*[560]

454 In der Entscheidung *»Pizzarotti«* ging es darum, dass im Rahmen eines Mietvertrages Anforderungen an ein Gerichtsgebäude im Sinne einer **funktionalen Leistungsbeschreibung** benannt waren. Auch wenn dementsprechend keine gegenständlichen Details definiert waren, hielt das Gericht es für ausreichend, dass mittels einer derartigen Beschreibung auf die Planung des zu errichtenden Gebäudes Einfluss genommen werde.

455 In der Entscheidung *»Helmut Müller«* hat der EuGH ausgeführt:

456 *»Ein öffentlicher Auftraggeber hat seine Erfordernisse im Sinne der oben angeführten Vorschriften nur dann genannt, wenn er Maßnahmen ergriffen hat, um die Merkmale der Bauleistung zu definieren oder zumindest einen entscheidenden Einfluss auf ihre Konzeption auszuüben.*

Der bloße Umstand, dass eine Behörde in Ausübung ihrer städtebaulichen Regelungszuständigkeiten bestimmte, ihr vorgelegte Baupläne prüft oder eine Entscheidung in Anwendung von Zuständigkeiten in diesem Bereich trifft, genügt nicht den Voraussetzungen der Erbringung »gemäß den vom öffentlichen Auftraggeber genannten Erfordernissen« im Sinne der genannten Vorschrift.«[561]

457 Ein öffentlicher Auftraggeber muss also Maßnahmen ergriffen haben, das heißt **aktiv eigene Anforderungen an die Bauleistung definiert** haben. Dementsprechend dürfte es nicht ausreichen, wenn – aufgrund von Markt- und Nutzeranforderungen – ein Investor von ihm entwickelte Pläne zur Genehmigung vorstellt und die Behörde diese lediglich unter dem Blickwinkel der Einhaltung von gesetzlichen Bestimmungen und städtebaulichen Zielsetzungen überprüft.

458 Die VK des Landes Schleswig Holstein hat in einem Fall eines **Investorenprojektes** auf teilweise eigenen Grundstücken einen angestrebten unmittelbaren wirtschaftlichen Vorteil verneint und ausgeführt:

459 *»Die Beigeladene hat nach ihrem unbestrittenen Vortrag bereits eigenständig das Eigentum bzw. eine gesicherte Anwartschaft am Kerngrundstück des Gesamtprojektes, nämlich am sogenannten XXX-Grundstück sowie an allen weiteren erforderlichen im Privateigentum befindlichen Grundstücken erworben und das Projekt geplant, **die Antragsgegnerin hat sich sodann lediglich an das Projekt angedockt**. Daher konnte die Antragsgegnerin auch nicht als Initiatorin oder gar Herrin des Verfahrens auftreten und aus dem gleichen Grund wäre es der Antragsgegnerin auch gar nicht möglich, das Projekt durch einen anderen Investor realisieren zu lassen. Denn faktisch lässt sie das Projekt nicht*

---

559 OLG Düsseldorf »Husaren-Kaserne Sontra« NZBau 2008, 727, 731; »Oer-Erkenschwick« NZBau 2008, 271, 275; »Wuppertal-Vowinkel« NZBau 2008, 139 sowie OLG Düsseldorf »Fliegerhorst Alhorn« NZBau 2007, 530 = VergabeR 2008, 634, 638.

560 EuGH »Pizza Rotti« Urt. v. 10.07.2014 C-213/13 NZBau 2014, 572.

561 EuGH »Helmut Müller« Urt. v. 25.03.2010 C 451/08 NZBau 2010, 321f., Rn. 67, 68.

realisieren, die Beigeladene realisiert es selbst in eigener Verantwortung. Die Beigeladene hat allein die Planungen entsprechend den Markterfordernissen erstellt und auf die akquirierten Mieter ausgerichtet. Die Antragsgegnerin wird dabei weder Eigentümerin noch erhält sie eine Verfügungsbefugnis. Dementsprechend erwachsen der Antragsgegnerin aus dem Gesamtprojekt keine hier unmittelbar wirtschaftlich zugutekommenden Vorteile. Einen Nutzen zieht diese allein durch die Bereitstellung öffentlicher Parkflächen. In dieser Bereitstellung erschöpft sich ihr unmittelbares Interesse. In diesem Zusammenhang fällt zusätzlich ins Gewicht, dass die Parkplätze nicht gebührenpflichtig sind und die Antragsgegnerin dadurch also keinerlei Einnahmen generieren wird.«[562]

Wenn der öffentliche Auftraggeber Räumlichkeiten in einem noch zu errichtenden Objekt **anmieten will**, wird er hinsichtlich der Ausbauverpflichtung **zwangsläufig eigene Vorstellungen** haben bzw. entwickeln. Insoweit werden auch bauliche Anforderungen durch den öffentlichen Auftraggeber definiert werden. Dies allein reicht jedoch ebenfalls nicht aus. In der Entscheidung *»Köln Messe«* hat der EuGH nämlich darauf hingewiesen, dass Vergleichsmaßstab die üblichen Vorgaben eines Mieters für eine neue Immobilie sein müssen. Das heißt, dass es für § 103 Abs. 3 GWB nicht ausreicht, wenn der öffentliche Auftraggeber, der ein Bauvorhaben selbst nutzen möchte, lediglich **seine Anforderungen als Mieter** an den Ausbau des Gebäudes definiert und dies in einem branchenüblichen Sinne geschieht. Der EuGH hat formuliert:[563]   460

»Ferner wurden die betreffenden Bauwerke gemäß den sehr detaillierten und von der Stadt Köln im Hauptvertrag deutlich formulierten Spezifikationen errichtet. Aus diesem Vertrag und seinen Anlagen geht hervor, dass die betreffenden Spezifikationen in Form einer genauen Beschreibung der zu errichtenden Gebäude, ihrer Beschaffenheit und ihrer Ausstattung weit über die üblichen Vorgaben eines Mieters für eine neue Immobilie einer gewissen Größe hinausgehen.«   461

Kritisch ist die Rechtsprechung des OLG Düsseldorf, wonach **allein die Billigung von Planunterlagen** eines Investors zu einer Zueigenmachung eines bestimmten Beschaffungsansatzes führe.[564]   462

Gemäß VK Darmstadt scheidet ein öffentlicher Bauauftrag aus, wenn der öffentliche Auftraggeber ein Gebäude anmieten will, das **von einem Dritten projektiert** worden ist (und noch nicht fertiggestellt wurde), das aber allgemein dem Markt zur Verfügung gestellt werden soll und nicht ausschließlich auf die Bedürfnisse des öffentlichen Auftraggebers zugeschnitten wurde.[565]   463

Die Tatsache, dass eine Kommune das städtebauliche Instrument des **Baugebotes** nach § 176 BauGB anwenden kann, genügt nicht, um von einer Bauverpflichtung auszugehen. Denn ein derartiges Gebot hätte die Grundlage nicht im Vertrag, sondern in der kraft Gesetzes verliehenen Macht, entsprechende Verwaltungsakte zu erlassen.[566]   464

Mit Recht hat etwa die VK Baden-Württemberg gefordert, dass im Rahmen des § 103 Abs. 3 Satz 2 GWB **spezifische Anforderungen** des Auftraggebers **an die Bebauung vorliegen müssen**. Dazu gehöre allein die Festlegung der Anforderungen an eine Geschossflächenzahl nicht. Das gelte insbesondere, wenn Festlegungen auf Betreiben des Investors aufgenommen worden sind und damit ein Zugeständnis des öffentlichen Auftraggebers im Hinblick auf die erweiterte Bebaubarkeit des Grundstücks darstellte.[567]   465

---

562 VK des Landes Schleswig-Holstein Beschl. v. 17.08.2012 SH-17/12.

563 EuGH »Messe Köln« Urt. v. 29.10.2009 C 536/07 NZBau 2009, 792, 796.

564 Vgl. dazu OLG Düsseldorf »Husaren-Kaserne Sontra« NZBau 2008, 727, 731; »Oer-Erkenschwick« NZBau 2008, 271.

565 VK Darmstadt NZBau 2008, 340, 342.

566 VK Baden-Württemberg Beschl. v. 05.06.2008, Az 1 VK 16/08.

567 VK Baden-Württemberg Beschl. v. 05.06.2008, Az 1 VK 16/08.

b) Weitere Prüfgesichtspunkte:

466 Auch im Rahmen des § 103 Abs. 3 Satz 2 3 GWB spielen nur rechtlich **einklagbare Bauverpflichtungen** eine Rolle.[568] Bloße Absichtsbekundungen und nicht durchsetzbare Zusagen sind nicht relevant.[569]

467 Soweit der öffentliche Auftraggeber überhaupt relevante Erfordernisse gestellt hat kann es noch darauf ankommen, ob elementare oder weniger wichtige Erfordernisse gestellt werden. Völlig **nebensächliche Festlegungen,** die sozusagen am Rande von einem Investor zugestanden werden, die aber keinerlei wesentliche Bedeutung für die Abwicklung des Bauvorhabens haben, können nicht berücksichtigt werden.[570]

468 Beabsichtigt der öffentliche Auftraggeber, eine Bauleistung durch Dritte nach seinen Vorstellungen realisieren zu lassen, dann ist die Vergabe dieser Investoren- bzw. Bauträgerleistung vergabepflichtig. Ist ein Vergabeverfahren von vornherein zweistufig angelegt und zunächst nur der Verkauf eines Grundstücks vorgesehen, auf dem dann später gebaut werden soll, können diese Vorgänge **vergaberechtlich als Einheit** gewertet werden.[571]

469 Zu prüfen ist nach dem Wortlaut des § 103 Abs. 3 Satz 2 GWB, ob der Auftraggeber einen »**entscheidenden Einfluss** auf Art und Planung der Bauleistung hat«. Fraglich ist, ob es in diesem Zusammenhang ausreicht, wenn der Auftraggeber Befugnisse auf einen Dritten, etwa eine **Sachverständigenorganisation** überträgt. In derartigen Fällen wird es vom Einzelfall abhängen, ob mit der Bestellung entsprechender Dritter gleichwohl noch ein entsprechender Einfluss ausgeübt werden kann.

4. Dienstleistungsaufträge

470 Nach § 103 Abs. 4 GWB sind **Dienstleistungsaufträge** Verträge über Leistungen, die nicht unter die Absätze 2 und 3 des § 103 GWB fallen, mithin keine Liefer- oder Bauaufträge sind. Damit wird den Dienstleistungsaufträgen nach deutschem Vergaberecht die Funktion eines **Auffangtatbestandes** zugewiesen. Alle nicht eindeutig anderweitig zuordnungsfähigen Aufträge sind damit Dienstleistungsaufträge. Die gesetzliche Fassung des § 103 Abs. 3 GWB geht mithin von einem **weiten Dienstleistungsbegriff** aus; erfasst werden alle Formen von Aufträgen, die nicht bereits unter eine der anderen in § 103 GWB genannten Auftragsarten fallen

471 Während nach europäischen Vergaberichtlinien der Lieferauftrag den Auffangtatbestand bildet, ist es nach deutschem Recht der Dienstleistungsauftrag. Diese Differenzierung hat sich jedoch bislang in der Praxis nicht ausgewirkt. Entscheidend ist allein, dass der Vertrag auf einen **Leistungsaustausch** gerichtet ist.

472 Aus der **Entscheidungspraxis** sind beispielhaft folgende dem Vergaberecht unterliegende **Dienstleistungen** zu nennen:
– Abfalltransportleistungen[572]
– Abfallbeseitigung[573]

---

568 EuGH »Helmut Müller« Urt. v. 25.03.2010 C 451/08 NZBau 2010, 321, 326, Rn. 88; sowie VK Darmstadt NZBau 2008, 795 sowie VK Darmstadt NZBau 2008, 339f.

569 OLG Düsseldorf »Husaren-Kaserne Sontra« NZBAu 2008, 727, 730; kritisch gegenüber dem OLG Düsseldorf auch Ziekow VergabeR 2008, 151; Horn VergabeR 2008, 158.

570 Anderer Ansicht OLG Düsseldorf »Husaren-Kaserne Sontra« NZBau 2008, 727, 731; »Wuppertal-Vowinkel« NZBau 2008, 139 = VergabeR 2008, 99, 102.

571 EuGH »Helmut Müller« Urt. v. 25.03.2010 C 451/08 NZBau 2010, 321, 326.

572 EuGH »Heizkraftwerk München« WuW 2005, 461, 465 = VergabeR 2005, 57, 58f. = NZBau 2005, 49; OLG Celle »PPK-Transport« Beschl. v. 17.12.2014 13 Verg 3/13 VergabeR 2015, 180.

573 OLG München Beschl. v. 30.04.2014 Verg 2/14 NZBau 2014, 708.

- Abschleppaufträge[574]
- Abwasserbeseitigung[575]
- Abwicklungsmanagement der Strombelieferung für öffentliche Gebäude[576]
- Altpapierverwertung[577]
- Ambulante ärztliche Versorgung (§ 73 c SGB V)[578]
- Aufstellung und Betrieb von Altkleidercontainern/Beförderung und Verwertung der Alttextilien[579]
- Bauleitungsaufgaben[580]
- Bauüberwachungsleistungen[581]
- Beleuchtungsmanagement[582]
- Berufsvorbereitende Bildungsmaßnahmen[583]
- Betreibung von Wasser- und Abwasserversorgungs- und -beseitigungsanlagen[584]
- Betrieb eines militärischen Feldlagers[585]
- Betrieb einer Kampfmittelbeseitigungsanlage sowie Gestellung von Bombenfundkommandos[586]
- Betrieb eines Breitbandnetzes[587]
- Betriebliche Altersversorgung[588]
- Betriebsführung eines Mobilitätserlebniszentrums[589]
- Betrieb eines Hackschnitzelheizwerks, Herstellung, Planung, Finanzierung, Wärmelieferung, Betrieb usw.[590]
- Betrieb eines Freizeitzentrums[591]
- betriebsärztliche und sicherheitstechnische Bedarfsbetreuung der Dienststellen und Einrichtungen im Geschäftsbereich einer OFD[592]
- Brandmeldeanlage: Wartung und Auswechslung[593]
- Entsorgungsaufträge (Abtransport von Restmüll, Biomüll, Altpapier, Sperrmüll usw.)[594]
- Erstellung eines landesweiten Solarkatasters[595]

---

574 OLG Düsseldorf Beschl. v. 21.03.2012 VII Verg 92/11 NZBau 2012, 515 (prioritäre Dienstleistungen); VK Baden-Württemberg Beschl. v. 16.11.2001, Az 1 VK 39/01; VK Arnsberg Beschl. v. 25.11.2009 VK 29/09.

575 OLG Brandenburg Beschl. v. 28.08.2012 VergW 19/11 IBR 2012, 598.

576 OLG Hamburg »Abwicklungsmanagement« Beschl. v. 14.12.2010 I Verg 5/10 NZBau 2011, 185 f. = VergabeR 2011, 614.

577 VK Nordbayern Beschl. v. 09.09.2008, Az 21.VK-3194-42.

578 OLG Düsseldorf »AND-IVIT-Vertrag« Beschl. v. 12.02.2014 VII Verg 32/13 NZBau 2014, 454; OLG Düsseldorf »Augenchirurgie« Beschl. v. 12.02.2014 VII Verg 32/13 VergabeR 2014, 557.

579 OLG Düsseldorf »Alttextilien« Beschl. v. 07.03.2012 VII Verg 78/11 VergabeR 2012, 619.

580 EuGH »Kommission/Italien« VergabeR 2008, 501, 510.

581 OLG Brandenburg VergabeR 2007, 629; OLG Brandenburg Beschl. v. 16.01.2007, Az VergW 7/06.

582 VK des Landes Berlin Beschl. v. 27.08.2010 VKB-15/10.

583 OLG Düsseldorf Beschl. v. 19.10.2011 VII Verg 54/11; OLG Düsseldorf »Berufsausbildung« Beschl. v. 17.12.2014 VII Verg 22/14.

584 Thüringer OLG »Wasserversorgung« VergabeR 2008, 653 f. (verneint).

585 OLG Düsseldorf Beschl. v. 10.06.2015 VII Verg 39/14.

586 VK Hessen Beschl. v. 14.01.2008, Az 69 d.VK-57/2007.

587 OLG Karlsruhe »Breitbandausschreibung« Beschl. v. 14.11.2014 15 Verg 10/14 NZBau 2015, 506, 507.

588 EuGH Urt. v. 15.07.2010 C-271/08 NZBau 2010, 574: Die Freiheit der Sozialpartner steht den vergaberechtlichen Bestimmungen nicht entgegen.

589 OLG Karlsruhe NZBau 2008, 784.

590 VK Nordbayern Beschl. v. 30.07.2008, Az 21.VK-3194-13/08 bzw. Beschl. v. 02.07.2008, Az 21.VK-3194-29/08.

591 OVG NRW Beschl. v. 07.02.2011 15 E 1485/10 VergabeR 2011, 892, 893 = NZBau 2011, 309.

592 OLG Düsseldorf Beschl. v. 15.06.2005 VII-Verg 5/05 (VOL/A-Leistung).

593 OLG Düsseldorf Beschl. v. 14.04.2010 Verg 60/09 VergabeR 2011, 78.

594 OLG Düsseldorf »Entsorgungsleistungen Stadt M.« Beschl. v. 10.04.2013 VII Verg 50/12.

595 OLG Frankfurt »Solarkataster« Beschl. v. 28.05.2013 11 Verg 6/13 VergabeR 2013, 879, 880.

– Fahrradvermietung[596]
– Finanzdienstleistungen/Verwaltung von toxischen Wertpapieren[597]
– Finanzdienstleistungen: Finanzdienstleistungen sind grundsätzlich als vergabepflichtige Dienstleistungen zu behandeln; etwas anderes gilt allerdings für die Kapitalbeschaffung durch die öffentliche Hand entsprechend § 100 a Abs. 2 Nr. 2 GWB.
– Gebäudereinigung[598]
– generell Abfallentsorgung und Entsorgung von kontaminiertem Material[599]
– infrastrukturelle Leistungen, im Wesentlichen Hausmeister- und Rettungsdienstleistungen;[600] Hauswartserviceleistungen[601]
– hauszentrierte Versorgung gemäß § 73 b SGB V[602]
– Instandhaltung Wasserver- und Entsorgung[603]
– landesweite selektive Kartierung von geschützten Biotopen[604]
– Klinikinterne Liegendtransporte von Patienten mit Krankentransport- und Rettungstransportwagen[605]
– Konzeption und Betrieb eines Mobilitätserlebniszentrums[606]
– Labormanagementleistungen[607]
– Lieferung und Installation eines Fachverfahrens für die Leistungsverwaltung im Sozialamt[608]
– Managementvertrag für Kreiskrankenhaus[609]
– Management- und Beratungsleistungen mit Personalgestellung[610]
– Erhebung von Maut an Autobahnen und bestimmten Straßen[611]
– Medizinische Kooperation betreffend Lieferung und Einsatz eines Kernspintomografen[612]
– Migration, Hosting, Providing, Support, Wartung und Pflege und Weiterentwicklung des Internetauftritts[613]
– Objekt- und Fachplanungsleistungen, sonstige Ingenieur- und Gutachterleistungen[614]
– Personenverkehrsleistungen:[615] Betrieb von S-Bahnlinien[616]

---

596 VK Baden-Württemberg Beschl. v. 25.07.2012 1 VK 20/12 IBR 2012, 600.
597 Stickler VergabeR Sonderheft 2a 2009, 376.
598 VK Düsseldorf 17.01.2001 VK-29 (30)/2000-L.
599 EuGH »Abwasservertrag Bockhorn und Abfallentsorgung Braunschweig« NZBau 2003, 393; OLG Düsseldorf VergabeR 2002, 282, 283; dazu auch Beckmann UPR 2002, 41f.; Deutscher Städte- und Gemeindebund, Vergabe kommunaler Entsorgungsleistungen, Verfahren, aktuelle Probleme und Antworten, Ausgabe 6/2001; VK Lüneburg 18.03.2004 203-VgK-06/04; OLG Schleswig VergabeR 2001, 214; OLG Düsseldorf ZVgR 2000, 217, 21.01.2002 Verg. 45/01 und 05.05.2004 Verg. 78/03.
600 1. VK des Bundes beim Bundeskartellamt Beschl. v. 16.11.2009 VK I 134/09.
601 KG VergabeR 2005, 236 f.
602 OLG Düsseldorf Beschl. v. 03.08.2011 VII Verg 6/11.
603 Thüringer OLG VergabeR 2004, 113.
604 OLG Brandenburg »Selektive Kartierung« Beschl. v. 27.03.2012 VergW 13/11 VergabeR 2012, 648 (VF-Leistung).
605 OLG Koblenz Beschl. v. 23.11.2004 und 29.12.2004 1 Verg 6/04/VOL/A-Leistung).
606 OLG Karlsruhe VergabeR 2009, 164.
607 VK Südbayern Beschl. v. 29.04.2010 Z 3-3-3194-1-03-01/10.
608 1. VK Leipzig Beschl. v. 19.05.2009 1/SVK/008-09.
609 Dazu Dienstleistungsvertrag gemäß VK Lüneburg Beschl. v. 27.10.2006, Az VGK-26/2006.
610 OLG Naumburg Beschl. v. 26.07.2012 II Verg 2/12 NZBau 2013, 64 (Ls).
611 EuGH »SAGELV« Urt. v. 29.03.2012 C 599/10 VergabeR 2012, 584 f.
612 VK Niedersachsen Beschl. v. 17.08.2009 VGK-36/2009.
613 3. VK des Bundes beim Bundeskartellamt Beschl. v. 04.11.2009 VK 3-190/09.
614 Vgl. etwa für TGA-Planungsleistungen VK Lüneburg 08.06.2001 203 VgK-07/01.
615 Vgl. Meyer DVBl. 1999, 1409.
616 OLG Düsseldorf Beschl. v. 21.07.2010 VII Verg 19/10.

- Postdienstleistungen;[617] seit der Aufgabe des Briefmonopols 2007 ist der Postsektor komplett liberalisiert. Vergaberechtlich spielen deshalb lediglich Beschaffungen von Postdienstleistungen eine Rolle, wobei aufgrund der besonderen Eignungsanforderungen (Lizenzpflicht) und Besonderheiten bei der Definition von Zuschlagskriterien in qualitativer Hinsicht eine Reihe von Veröffentlichungen zur Abwicklung entsprechender VOL/A-Ausschreibungen erfolgt sind.[618]
- Projektmanagement- und Controllingleistungen[619]
- Rechtsanwaltsleistungen[620]
- Regionalentwicklungsmanagement[621]
- Reinigungsdienstleistungen[622]
- Retrokonvertierung bibliografischer Daten[623]
- Rettungsdienstleistungen[624]
- Rettungsdienstleistungen (Notfallrettung und Krankentransporte)[625]
- Schuldnerberatung[626]
- Schutzdienstauftrag ohne Geldtransport[627]
- Speditions- und Koordinierungsleistungen (Umzug Berlin)[628]
- Studie zur Vakuumversiegelungstherapie[629]
- Übertragung der Leistungserbringung bei der Grundsicherung für Arbeitssuchende[630]

---

617 EuGH Urt. v. 10.11.2011 C 348/10 NZBau 2012, 183; 1. VK Leipzig Beschl. v. 22.07.2010 1/SVK/022-10 sowie VK Niedersachsen (Lüneburg) Beschl. v. 30.06.2010 VGK-26/2010; KG VergabeR 2005, 201; EuGH »Asociacio?n Professional« VergabeR 2008, 196f.; zur Ausschreibung von Postdienstleistungen im Einzelnen vgl. Goodarzi/Kapischke NVwZ 2009, 80f.; OLG Frankfurt »Postzustellaufträge Justiz Hessen« Beschl. v. 24.02.2009 XI Verg 19/08 VergabeR 2009, 629; dazu auch ausführlich Greb VergabeR 2010, 890 f.

618 Vgl. DStGB-Leitlinie für die Vergabe von Postdienstleistungen durch Kommunen; Burgi VergabeR 4/2007; Goodarzi/Kapische NVwZ 2009, 80 f.; Goodarzi NVwZ 2007, 396; Kerkmann VergabeR 2008, 465; KG VergabeR 2005, 201.

619 Vgl. EuGH »Kommission/Italien« VergabeR 2008, 501, 510; Eschenbruch Projektmanagement und Projektsteuerung, Rn. 1266.

620 OLG Düsseldorf »Schiffshebewerk Niederfinow« Beschl. v. 21.04.2010 VII Verg 55/09 NZBau 2010, 390; OLG Frankfurt Beschl. v. 08.05.2012 XI Verg 2/12 NZBau 2012, 521 (Ls) betreffend beschaffungsrechtliche Beratung; OLG Frankfurt am Main Beschl. v. 08.05.2012 XI Verg 2/12; dazu im Einzelnen Holz/Pape Anwaltsblatt 2010, 700; 3. VK des Bundes beim Bundeskartellamt »Externes juristisches Nachtragsmanagement und externe juristische Beratung« Beschl. v. 01.12.2009 VK 3-205/09; Ax/Schneider/Siewert Kammermitteilung RAK Düsseldorf 4/2010, 307.

621 1. VK Sachsen-Anhalt Beschl. v. 06.03.2009 I VK LVwA 32/08.

622 OLG Düsseldorf »Reinigungswerte« Beschl. v. 30.04.2014 VII Verg 41/13; OLG Düsseldorf »Sozialversicherungspflichtiges Personal« Beschl. v. 17.01.2013, Az VII Verg 35/12 VergabeR 2013, 605 f.; OLG Düsseldorf »Führungszeugnis« Beschl. v. 05.12.2012, Az VII Verg 29/12 VergabeR 2013, 614 f.; OLG Düsseldorf Beschl. v. 14.01.2009 XII Verg 59/08 NZBau 2009, 398; OLG Düsseldorf Beschl. v. 11.01.2012 VII Verg 52/11 VergabeR 2012, 658; OLG Düsseldorf »Schulreinigung« Beschl. v. 14.01.2009 VII Verg 59/08 NZBau 2009, 398 = VergabeR 2009, 619; 1. VK des Bundes beim Bundeskartellamt Beschl. v. 12.03.2010 VK 1-19/10; 3. VK des Bundes beim Bundeskartellamt Beschl. v. 10.12.2009 VK 3-211/09 (Gebäudereinigung).

623 1. VK des Bundes Beschl. 03.11.1999 VK 1–27/99.

624 OLG Naumburg Beschl. v. 22.12.2011 2 Verg 10/11 NZBau 2012, 258; OLG Dresden »Notfallrettung I« NZBau 2008, 594 = VergabeR 2008, 809.

625 BGH Urt. v. 01.12.2008, Az X ZB 31/08; OLG Celle Beschl. v. 12.01.2012 XII Verg 9/11 NZBau 2012, 198.

626 VK Thüringen ZfBR 2003, 83; Willenbruch VergabeR Sonderheft 2a 2010, 295 f.

627 OLG Saarbrücken Beschl. v. 29.01.2014 1 Verg 3/13.

628 VK Bund ZVgR 1999, 126.

629 3. VK des Bundes beim Bundeskartellamt Beschl. v. 24.08.2010 VK 3-78/10.

630 Schröder VergabeR 2007, 418 f.

- Umzugsleistungen[631]
- Unternehmensberatungsleistungen (ungeachtet der Erbringung auf Basis eines Pacht- oder Betriebsführungsvertrages)[632]
- Vergabe, Lage, Vertrieb, Versand und Finanzbuchhandlung von Publikationen und Medien[633]
- Verkehrsdienstleistungen[634]
- Verlagsvertrag[635]
- Versicherungsverträge/Versicherungsdienstleistungen:[636]

473   Auch Versicherungsleistungen unterliegen dem Kartellvergaberecht. Das gilt auch für Leistungen des kommunalen Schadensausgleichs, soweit hier Unternehmen beteiligt sind, deren Anteil nicht allein von der öffentlichen Hand gehalten wird und die nicht ganz überwiegend Leistungen für den öffentlichen Sektor erbringen.[637]
- Vertrag zwischen Träger der Sozialhilfe und Betreuungseinrichtung nach SGB XII[638]
- Wartungs- und Wärmelieferungsvertrag[639]
- Wäschereileistungen[640]
- Zweckvertragsverband (Abfallwirtschaft)[641]

474   Bei sogenannten **leistungsgemischten Verträgen**, etwa beim Wärmeliefercontracting kommt es auf den Schwerpunkt der Leistung an. Typischerweise sind hier Bauleistungen, Finanzierungsdienstleistungen sowie Betriebsführungsdienstleistungen einschließlich Wartung und Lieferleistungen verbunden. Der Schwerpunkt liegt bei den derartigen Leistungen schwerpunktmäßig auf dem Dienstleistungsanteil, zumal der Auftraggeber eine Rundumbetreuung mit allen Leistungen gewährleistet wissen will.[642]

475   Auch im Verhältnis zwischen Bauauftrag und Dienstleistungsauftrag ist darauf abzustellen, ob die Dienstleistungen im Zusammenhang mit im Schwerpunkt (Neu-) Baumaßnahmen erbracht werden oder unabhängig von Bauleistungen ausgeführt werden. Weder die Wartung einer Brandmeldeanlage noch das Auswechseln einzelner Brandmelder ist als Bauleistung zu qualifizieren. Es handelt sich um einen Dienstleistungsauftrag.[643]

---

631 VK Bund 13.07.2001 VK 1–19/01.
632 OLG Düsseldorf Beschl. v. 09.01.2013 VII Verg 26/12.
633 1. VK des Bundes beim Bundeskartellamt Beschl. v. 07.04.2009 VK 1 32/09.
634 VK Münster 08.03.2001 VK 1–8/01.
635 VK Bund WuW/E Verg. 474 (2000).
636 BGH Urt. v. 03.07.2008, Az I ZR 145/05; BGH VersR 2009, 86 = NZBau 2008 664 f.; OLG Celle NZBau 2004, 408; OLG Düsseldorf NVersZ 2001, 137; OLG Schleswig-Holstein ZfBR 2002, 714; OLG Rostock NVersZ 2001, 143 = NZBau 2000, 479; VK Detmold 07.01.2000 VK 22–23/99; VK Lüneburg 24.09.2003 203-VgK-17/03; allgemein zur Vergabe von Versicherungsdienstleistungen Dreher VersR 2007, 1040f.; auch OLG Celle »Gebäudeinhaltsversicherung« VergabeR 2006, 244: Zur Frage, ob der AG die Werte der Gebäude vorgeben muss; zur Rechtsprechung bei öffentlichen Ausschreibungen von Versicherungsverträgen allgemein auch Noch/Sittner VersR 2006, 1445; zu den Mitwirkungsbefugnissen des Versicherungsmaklers auch Werber VersR 2008, 1026 f.; im Einzelnen zur Ausschreibung von Versicherungsdienstleistungen Ax Versicherungswirtschaft 2011 Heft 18, S. 1334; dazu auch Wagner/Scheel VergabeR 2011, 136.
637 BGH Urt. v. 03.07.2008, Az I ZR 145/05; Tietgens Die Vergabe von Versicherungsdienstleistungen nach dem Kartellvergaberecht durch kommunale Auftraggeber S. 77.
638 KG VergabeR 2005, 201.
639 VK Arnsberg Beschl. v. 26.10.2005 VK 15/05.
640 VK Baden-Württemberg 16.11.2004 1 VK 69/04.
641 OLG Celle »PPK-Transport« Beschl. v. 17.12.2014 13 Verg 3/13 VergabeR 2015, 180.
642 OLG Naumburg Beschl. v. 27.02.2014 2 Verg 5/13 ZfBR 2014, 392, 395.
643 OLG Düsseldorf Beschl. v. 14.04.2010 Verg 60/09 VergabeR 2011, 78.

Eschenbruch

5. Rahmenvereinbarungen

a) Einleitung

Rahmenvereinbarungen werden durch die Reform des Vergaberechts 2016 erstmals auf der for- 476
malgesetzlichen Ebene in § 103 Abs. 5 GWB geregelt. Das europäische Sekundärrecht enthält
Vorgaben für Rahmenvereinbarungen in Art. 33 RL 2014/24/EU für den klassischen, in Art. 51 RL
2014/25/EU für den Sektorenauftraggeber und in Art. 29 RL 2009/81/EG für die Auftragsvergabe
im Verteidigungs- und Sicherheitsbereich. Bislang waren auf nationaler Ebene Rahmenvereinbarung für den Liefer- und Dienstleistungsbereich in §§ 4 und 4 EG VOL/A, im Bereich der SektVO
(§ 9) und der VSVgV(§ 14) geregelt. Eine entsprechende Umsetzung in der VOB/A und der VOF
unterblieb, obwohl Rahmenvereinbarungen von Rechtsprechung[644] und Literatur[645] sowohl für den
Bau- als auch für den Dienstleistungsbereich für generell zulässig gehalten worden waren. Daraus
wurde vereinzelt geschlossen, dass durch die Umsetzung der RL 2004/18/EG die Handlungsmöglichkeiten des öffentlichen Auftraggebers gegenüber der vorher bestehenden Rechtslage bewusst
beschränkt und sowohl das öffentliche Bauvergaberecht als auch die freiberuflichen Leistungen
gegenüber den Liefer- und Dienstleistungen unterschiedlich behandelt werden sollten.[646] Diese
Differenzierung des nationalen Gesetzgebers erlaube Art. 32 RL 2004/18/EG, weil die Definition
des genauen Anwendungsbereichs der Rahmenvereinbarungen in das Ermessen der Mitgliedstaaten
bei der Umsetzung gestellt worden sei. So enthält auch das Vergabehandbuch des Bundes[647] nur
für den Unterschwellenbereich Formulare für sog. Zeitverträge, d.h. für eine bestimmte Zeitdauer
abgeschlossene Rahmenverträge, die den jeweiligen Auftragnehmer verpflichten, mit Einzelaufträgen abgerufene Leistungen zu den im jeweiligen Rahmenvertrag festgelegten Bedingungen auszuführen (Nr. 611.1 und 611.2), eine entsprechende Möglichkeit für den Oberschwellenbereich ist
gerade nicht vorgesehen. Andere hielten demgegenüber auch ohne ausdrückliche Kodifizierung
Rahmenvereinbarungen im Baubereich für zulässig, da es sich bei der unterlassenen Regelung nur
um eine versehentliche Lücke gehandelt habe.[648] Mit der nunmehrigen, nicht auf bestimmte Auftragsarten beschränkten Regelung in § 103 Abs. 5 GWB hat sich dieser bis dato bestehende Meinungsstreit endgültig erledigt, die Umsetzung des Art. 33 RL 2014/24/EU erfolgt für den Baubereich in § 4a EU VOB/A. Im Anwendungsbereich der VgV trifft § 21 Verfahrensregelungen für
Rahmenvereinbarungen.[649]

Rahmenvereinbarungen gestatten dem öffentlichen Auftraggeber, Einzelaufträge in einem einzigen 477
Vergabeverfahren zu bündeln.[650] Rahmenvereinbarungen sind somit zum einen effizienter als die
Durchführung jeweils eines separaten Vergabeverfahrens für jeden einzelnen Auftrag. Zum anderen
sind sie auch flexibler, weil keine Festlegung des konkreten Auftragsvolumens erfolgen muss.[651] Auf
Grund der abgeschlossenen Rahmenvereinbarung ruft der öffentliche Auftraggeber zu späteren, von
ihm festzulegenden Zeitpunkten Einzelaufträge bei seinem Vertragspartner ab.

Voraussetzung für den Abruf der Einzelaufträge ist, dass zuvor die Rahmenvereinbarung in einem 478
ordnungsgemäßen Verfahren, d.h. nach den maßgeblichen Bestimmungen der Vergabeverordnungen bzw. der VOB/A unter Festlegung der dort geregelten wesentlichen Vertragsbedingungen vergeben wurde. Ist das nicht der Fall, entbehren die Einzelabrufe einer tauglichen Grundlage und

---

644 KG 15.04.2004 – 2 Verg 22/04 = VergabeR 2004, 761; OLG Celle 10.07.2003 – 14 U 263/02; VK Bund
    20.04.2006 – VK 1 – 19/06; 29.07.2009, VK 2–87/09.
645 Haak/Degen VergabeR 2005, 164.
646 So Knauff in: Müller-Wrede, GWB-Vergaberecht, 2. Aufl. 2014, Rn. 53 zu § 101 GWB a.F.; 1. VK Sach-
    sen, 25.01.2008 – 1/SVK/088-07.
647 Stand August 2014, abrufbar: http://www.vob-online.de/de/rubrik/vergabehandbuch-des-bundes.
648 So Ganske in: Reidt/Stickler/Glahs, Vergaberecht, 3. Aufl. 2011, Rn. 30 zu § 99 GWB a.F.; VK Arnsberg,
    21.02.2006 – VK 29/05.
649 Vgl. auch 19 SektVO, § 14 VSVgV.
650 Knauff VergabeR 2006, 24, 26; Franke ZfBR 2006, 546.
651 VK Bund Beschl. v. 20.04.2006 – VK 1 – 19/06; VK Hessen Beschl. v. 05.11.2009 – 69d VK – 39/2009.

müssen entweder einzeln oder als neue Rahmenvereinbarung ausgeschrieben werden. Das Gleiche gilt, wenn der geplante Einzelauftrag vom ursprünglich vereinbarten Leistungsgegenstand abweicht oder die Rahmenvereinbarung bereits abgelaufen ist.[652]

b) Grundlagen der Rahmenvereinbarung

aa) Definition der Rahmenvereinbarung

479 Eine Rahmenvereinbarung ist gemäß § 103 Abs. 5 S. 1 GWB eine Vereinbarung zwischen einem oder mehreren öffentlichen Auftraggebern bzw. Sektorenauftraggebern einerseits und einem oder mehreren Unternehmen andererseits, um die Bedingungen für Aufträge, die im Laufe eines bestimmten zukünftigen Zeitraumes vergeben werden sollen, festzulegen und zwar insbesondere im Hinblick auf den Preis.[653]

480 Trotz der Formulierung in § 103 Abs. 5 Satz 1 GWB a.E. ist es mitunter gerade der Vertragsparameter **Preis**, der in einer Rahmenvereinbarung noch keine abschließende Regelung findet, sondern abhängig von Bedarfs- und Marktentwicklung erst bei Abruf der konkreten Leistung(en) durch die jeweiligen Einzelverträge konkretisiert wird.[654] Die Leistungspflichten werden bei einer Rahmenvereinbarung somit partiell aus dem grundlegenden rechtlichen Rahmen herausgenommen und erst bei der Einzelbeauftragung endgültig festgelegt. Rahmenvereinbarungen sind aufgrund dieser Zweistufigkeit daher dogmatisch betrachtet keine öffentlichen Aufträge im Sinne von § 103 GWB, wenn bestimmte, u.U. wesentliche Vertragsbestandteile nicht endgültig festgelegt sind und sie daher nicht unmittelbar aus sich selbst heraus Grundlage einer Auftragsvergabe sein können.[655] Dies belegt auch die Überschrift des § 103 GWB, die zwischen den öffentlichen Aufträgen einerseits und den Rahmenvereinbarungen andererseits differenziert.[656] Rahmenvereinbarungen legen die Bedingungen für zeitlich nachfolgende jeweils einzelne öffentliche Aufträge fest, die den eigentlichen Beschaffungsvorgang bilden. Sie sind jedoch als besonderes Beschaffungsinstrument den öffentlichen Aufträgen gemäß § 103 Abs. 5 Satz 2 GWB jedenfalls gleichgestellt, indem sie denselben verfahrensrechtlichen Vorschriften unterworfen werden wie die (eigentlichen) öffentlichen Aufträge.[657]

---

652 Müller-Wrede/Poschmann, § 4 EG VOL/A Rn. 59 f.

653 Die Definition entspricht im Wesentlichen der Definition der Rahmenvereinbarung in Art. 1 Abs. 5 RL 2004/18/EG resp. Art. 33 Abs. 1 UAbs. 2 RL 2014/24/EU.

654 Siehe Gröning VergabeR 2/2005, S. 156, 158; Opitz NZBau 2003, 183, 193; a.A. Sterner in: Beck'scher VOB/A-Kommentar, § 5b, Rn. 20.

655 So auch die Europäische Kommission, Vorschlag für eine Richtlinie des europäischen Parlamentes und des Rates über die Koordinierung der Verfahren zur Vergabe öffentlicher Lieferaufträge, Dienstleistungsaufträge und Bauaufträge, KOM (2000) 275, S. 8.

656 Anders demgegenüber OLG Düsseldorf Beschl. v. 13.08.2014, VII-Verg 13/14. In seinem Vorlagebeschluss zur Frage der unionsrechtlichen Zulässigkeit einer Rahmenrabattvereinbarung für die Beschaffung von Arzneimitteln, welche keine Auswahlentscheidung des Auftraggebers auf der Ebene des Rahmenvertrags, sondern vielmehr eine Beitrittsmöglichkeit aller interessierten Wirtschaftsteilnehmer (Zulassungsverfahren oder »Open-House-Modell«) vorsah, subsumierte der Senat im Rahmen seiner Prüfung der bei diesem Modell seiner nach Ansicht fehlenden Auswahlentscheidung die Rahmenvereinbarung selbst unter den Begriff des öffentlichen Auftrags i.S.d. § 99 Abs. 1 GWB a.F., bzw. Art. 1 Abs. 2 lit. a) Richtlinie 2004/18/EG, Art. 2 Abs. 1 Nr. 5 Richtlinie 2014/24/EU. Da beim Beitritt des Wirtschaftsteilnehmers zum Rahmenvertrag keine Auswahl durch den öffentlichen Auftraggeber stattfinde, sei das Vorliegen des öffentlichen Auftrags fraglich. Dogmatisch betrachtet sind jedoch die Einzelbeschaffungen (hier des jeweiligen Medikaments) öffentliche Aufträge, die lediglich durch die Klammer des Rahmenvertrages zusammengefasst werden. Hier findet sehr wohl eine Auswahlentscheidung statt, wenn auch im streitgegenständlichen Verfahren durch die einzelnen ärztlichen Verordnungen oder die Abgabe in der Apotheke, vgl. vorgehend 1. VK Bund Beschl. v. 20.02.2014 – VK1-4/14, die i.E. einen öffentlichen Auftrag bejaht hat. Im Sinne des OLG Düsseldorf hat nunmehr auch der EuGH entschieden, Urt. v. 02.06.2016 - C-410/14.

657 Die Gesetzesbegründung zum VergRModG (dort S. 90) spricht daher auch von einer Regelung der Rahmenvereinbarung im Zusammenhang mit den öffentlichen Aufträgen.

Zeise

Kennzeichnend für die Rahmenvereinbarung ist außerdem – und auch dies unterscheidet sie 481
wesentlich von anderen Vertragsarten des Vergaberechts –, dass sie in der Regel **keine Abnah-
meverpflichtung** beinhalten muss,[658] sondern einseitig dem Auftraggeber eine Option einräumt,
die er im Bedarfsfall abrufen kann aber ohne einen solchen gerade nicht abrufen muss. Dies gilt,
wenn mehrere Vertragspartner auf der Auftragnehmerseite zur Auswahl stehen, aber auch wenn der
Rahmenvertrag nur mit einem einzigen Wirtschaftteilnehmer abgeschlossen wurde.[659] Denkbar
ist zwar auch, dass die Rahmenvereinbarung bereits beidseitig verpflichtend abgeschlossen wird.
Dies dürfte aber ohnehin nur bei **einem** Rahmenvertragspartner praktikabel sein und in der Regel
mangels Flexibilität des Auftraggebers seinen Interessen entgegenstehen. Will der Auftraggeber die
Kalkulationsrisiken der Bieter abmildern, kann er eine **Mindestabnahme**menge garantieren. Unter
Umständen lassen sich so wirtschaftlichere Angebote erzielen, weil die Bieter ihrerseits Risikozuschläge zurückfahren können.

bb) Die Anwendungsbereiche der Rahmenvereinbarung

Rahmenvereinbarungen können auf verschiedene Weise dazu beitragen, Kosten für die öffentliche 482
Hand und damit letztlich für den Steuerzahler zu reduzieren. Sie eignen sich besonders, wenn
die Vergabestelle einen wiederkehrenden Beschaffungsbedarf **im Bereich von Massenwaren und
-dienstleistungen** (z.B. Büromaterialien, Streusand, aber auch Rabattverträge bei Arzneimitteln,
o.ä.) decken will, ohne jedes Mal erneut ein vollständiges Vergabeverfahren durchführen zu müssen.
Die Vertragsgestaltung durch die Vergabestelle erfolgt bei Rahmenverträgen in der Regel schab-
lonenhaft, wobei meist insbesondere das Einzelauftragsvolumen sowie der Lieferzeitpunkt offen
gelassen werden und zur Disposition der Vergabestelle stehen. Auf der Grundlage des Rahmenvertrages können die jeweiligen Waren oder Dienstleistungen je nach Bedarf zu dem Zeitpunkt und
in der Menge abgefragt werden, wie sie benötigt werden, ohne dass bei Aufträgen oberhalb der
Schwellenwerte Verwaltungskosten für ein neues durchzuführendes Vergabeverfahren entstehen.

Rahmenvereinbarungen kommen den Bedürfnissen der Vertragsparteien aber auch bei **komplexe-** 483
ren Beschaffungsvorhaben entgegen. Das ist insbesondere dann der Fall, wenn Märkte betroffen
sind, die einem ständigen Wandel sowie kurzen Produkt- und Innovationszyklen unterliegen, wie
dies z.B. im Bereich der Informationstechnologien der Fall ist. Die EU-Kommission vertritt in
ihrem Richtlinienvorschlag die Ansicht,[660] dass eine längere Bindung des Auftraggebers an feste
Preise und Bedingungen nicht opportun sei. Denn dadurch kann der Auftraggeber nicht von den
sinkenden Preisen respektive den qualitativen Verbesserungen der Produkte profitieren. Andererseits bestünde auf Auftraggeberseite oft die Notwendigkeit einer langfristigen Planung. Mit dem
Instrument der Rahmenvereinbarung stehe eine Vertragsart zur Verfügung, die bei den wesentlichen Vertragsbestandteilen genügend Flexibilität biete, um diesen Anforderungen Rechnung zu
tragen. Sie ermöglicht den öffentlichen Auftraggebern, Beschaffungen zu günstigeren Konditionen,
ohne dass bei wiederkehrenden Beschaffungen für jeden Auftrag oberhalb der Schwellenwerte das
Vergabeverfahren wiederholt werden muss. Diese Flexibilität kommt zum Teil auch den Bietern
entgegen. Ob dies der Fall ist, hängt allerdings ganz wesentlich von der Gestaltung der Vergabeun-

---

658 Zweifelnd KG 15.04.2004 – 2 Verg 22/04 = VergabeR 2004, 762 mit weiteren Nachweisen; siehe dazu
    Graef, NZBau 2005, 561, 566 unter Hinweis auf die bei Dienstleistungsverträgen entstehenden Vorhal-
    tekosten für Personal. Diese müssten aufgrund der gesetzlichen Risikoverteilung im Dienstvertragsrecht,
    nachdem das Verwendungsrisiko beim Auftraggeber liege, grundsätzlich dem Auftraggeber auferlegt wer-
    den. Das ist m. E. nicht zwingend, da die Regelungen der Rahmenvereinbarung hier gerade abweichende
    Bestimmungen treffen. Eine angemessene Risikoverteilung könnte über das Missbrauchsverbot erreichbar
    sein.
659 Vgl. OLG Celle 10.07.2003 – 14 U 263/02, VK Düsseldorf 23.05.2008, VK – 7/2008 – L; VK Bund
    20.04.2006, VK 1 – 19/06; VK Bund 28.012005 – VK 3 – 221/04.
660 Vorschlag für eine Richtlinie des europäischen Parlaments und des Rates über die Koordinierung der
    Verfahren zur Vergabe öffentlicher Lieferaufträge, Dienstleistungsaufträge und Bauaufträge, KOM (2000)
    275, S. 8.

terlagen durch den öffentlichen Auftraggeber ab.[661] Eine solide Angebotskalkulation über einen längeren Lieferzeitraum ist angesichts des täglichen Wandels, dem diese Märkte unterliegen, häufig nicht möglich. Eine kurzfristige Anpassung des Preises anlässlich einer Einzelbestellung erspart sowohl dem Bieter als auch dem Auftraggeber die Nachteile eines spekulativen Angebots und führt dazu, dass die Bieter das ihnen bestmögliche Preis-Leistungsverhältnis anbieten können.[662] Eine sinnvolle Vertragsgestaltung im IT-Bereich kann aber auch vorsehen, dass der Auftraggeber sich das Recht vorbehält, zu einem noch zu bestimmenden Zeitpunkt die dann aktuelle Software-Lizenz abzurufen.[663]

484   Rahmenvereinbarungen können außerdem zur **Angebotsbündelung auf Auftraggeberseite** genutzt werden, z.B. über zentrale Beschaffungsstellen.[664] Dies folgt unmittelbar aus dem Wortlaut der Norm, wonach »ein oder *mehrere* Auftraggeber oder Sektorenauftraggeber« Rahmenvereinbarungen vergeben können. Diese müssen jedoch feststehen und sind nicht beliebig bei der späteren Durchführung erweiterbar.[665] Eine zentrale Beschaffung für mehrere Auftraggeber hat die Vorteile, dass zum einen vergaberechtlicher Sachverstand zentralisiert wird, aber zum anderen auch, dass Auftragsvolumina gebündelt werden.[666] Neben der Reduzierung von Verwaltungskosten führt dies regelmäßig auch zu Preisvorteilen. Einer ungebremsten Konzentration von Nachfragemacht kann im Einzelfall allerdings das Kartellverbot sowie das Verbot des Missbrauchs marktbeherrschender Stellungen entgegenstehen.[667]

cc) Festzulegende Vertragsparameter

485   § 103 Abs. 5 GWB nennt keine Vertragselemente, welche in der Rahmenvereinbarung bereits zwingend abschließend geregelt sein müssen. Somit können sämtliche vertraglichen Parameter Gegenstand von weiteren ergänzenden Verhandlungen zwischen den Vertragspartnern bzw. bei mehreren Vertragspartnern auf Auftragnehmerseite Gegenstand eines weiteren wettbewerblichen Verfahrens zwischen den Parteien sein. Dies gilt auch für den Preis, der noch nicht abschließend in der Rahmenvereinbarung festgelegt werden muss.[668]

486   Ebenso wenig erfordert es § 103 Abs. 5 GWB, dass die Rahmenvereinbarung zwingend einige Vertragselemente offen lässt. Es ist daher möglich, dass der Rahmenvertrag bereits alle Bedingungen der späteren Einzelverträge enthält und diese nur noch abgerufen werden müssen. Die EU-Kommission schlägt für diesen Fall die Bezeichnung »Rahmenvertrag« vor, im Gegensatz zu den »Rahmenvereinbarungen«, die die Rechte und Pflichten der Vertragsparteien noch nicht abschließend festlegen.[669]

487   Sind bestimmte Vertragselemente noch nicht bestimmt oder bestimmbar, so sind die Parteien bei der späteren Einzelvertragsgestaltung doch nicht völlig frei. Die Einzelverträge dürfen die Bedingungen der Rahmenvereinbarung nicht grundlegend ändern. Der Vergabestelle steht es daher nicht offen, bestimmte wesentliche Vertragsinhalte eines Dienstleistungsvertrages überhaupt nicht festzulegen, bzw. in das Belieben einer Partei zu stellen. Insbesondere muss **der Leistungsgegenstand** in der Rahmenvereinbarung eindeutig identifizierbar sein, allein schon um vergleichbare Angebote der Bieter zu erhalten. Eine von den Parteien zwar als »Rahmenvertrag« bezeichnete Vereinbarung

---

661 Vgl. illustrativ Jacoby VergabeR 2004, 768, 770 für den IT-Bereich.
662 Siehe Jacoby VergabeR 2004, 768, 770.
663 Beispiel von Haak/Degen VergabeR 2/2005, 164, 165.
664 Zu den zentralen Beschaffungsstellen Opitz NZBau 2003, 183, 192.
665 Hetman/Hattig in: Hattig/Maibaum, Praxiskommentar Kartellvergaberecht, 2. Aufl. 2014, Einleitung Rn. 65.
666 Opitz NZBau 2003, 183, 192.
667 Auf europäischer Ebene gilt Art. 101, 102 AEUV, auf nationaler Ebene das Gesetz gegen Wettbewerbsbeschränkungen (GWB), siehe auch Gröning VergabeR 2/2005, 156, 157 f.
668 Kommission, Explanatory Note on Framework Agreements, Punkt 2.2.
669 Kommission, Explanatory Note on Framework Agreements, S. 3.

ist schon kein öffentlicher Auftrag, wenn die Parteien die vom »Auftragnehmer« zu erbringende Gegenleistung nicht ausreichend definiert haben bzw. die Konkretisierung in das Belieben des »Auftragnehmers« stellen. Der Leistungsgegenstand muss allerdings nicht so präzise und abschließend beschrieben werden, dass die Bieter in die Lage versetzt werden, zuschlagsfähige Angebote auch schon in Bezug auf die späteren Einzelangebote zu machen.[670] Damit würde der Vorteil der Flexibilität der Rahmenvereinbarung in Hinblick auf den Leistungsgegenstand gerade bei langjährig laufenden Vereinbarungen aufgegeben werden. Eine derartige Festlegung auf einen konkreten Leistungsgegenstand könnte u.U. dazu führen, dass die Vertragspartner ihre Angebote z.B. für die Einzelverträge nicht mehr dem neuesten Stand der Entwicklung anpassen können. Unter anderem dieses Vertragsziel soll der Rahmenvertrag jedoch gerade ermöglichen.

Der **Preis** kann, muss aber nicht bereits in der Rahmenvereinbarung festgelegt werden. Die Festlegung eines Preises muss nicht notwendig in der Form eines bestimmten Betrages, der im Vertrag genannt wird, erfolgen. Ein Gesamtendpreis ist oft schon mangels verbindlicher Festlegung des Auftragsvolumens gar nicht errechenbar. Allenfalls Einzelpreise könnten in einem derartigen Fall vom Bieter kalkuliert und zum Vertragsinhalt gemacht werden. Möglich ist allerdings die Bezugnahme auf einen Preismechanismus, nach dem der Preis für einen bestimmten Auftrag in objektiver Weise bestimmt werden kann, wie z.B. der Rotterdamer Spotmarktpreis.[671] Diese preisbildenden Kriterien dienen dem Auftraggeber – u.U. neben qualitätsbezogenen Kriterien – auch für die Ermittlung des wirtschaftlichsten Angebots. Der öffentliche Auftraggeber kann sich daher dafür entscheiden, den Preis erst später im Einzelvertrag mit dem Auftragnehmer festzusetzen. Dies kann in der Form geschehen, dass – bei nur einem einzigen Rahmenvertragspartner – der Auftraggeber diesen auffordert, sein Angebot in dieser Hinsicht zu vervollständigen, bzw. – bei mehreren Rahmenvertragspartnern – diese aufgefordert werden, Preisangebote im Wettbewerb zueinander abzugeben. In diesem Fall müsste der Preis als Zuschlagskriterium für die Einzelverträge bereits in der Ausschreibung zum Abschluss der Rahmenvereinbarung genannt sein. 488

Im Einzelfall kann es sich anbieten – auch um den Bietern bezüglich der unsicheren Abnahmemenge die Kalkulation zu erleichtern, je nach erwartbarer Absatzmenge Staffelpreise[672] anzubieten. Die konkrete Einteilung der Staffelbandbreiten unterliegt dabei dem Beurteilungsspielraum des Auftraggebers.[673] Gerade wenn der Auftraggeber ein Mehr-Partner-Rahmenvertragsmodell beabsichtigt, können Staffelpreise je nach Absatzmengen unzumutbare Kalkulationsrisiken auf Bieterseite abfedern.[674] 489

Festzulegen in der Rahmenvereinbarung ist nach dem Wortlaut des §103 Abs. 5 GWB jedenfalls der **Vertragszeitraum**. Dieser muss »bestimmt« sein.[675] Der Zeitraum, über den hinweg ein Leistungsabruf aus dem Rahmenvertrag möglich ist, stellt sich aufgrund der anfallenden Vorhaltekosten nicht nur als wesentliche Kalkulationsgrundlage für die potentiellen Auftragnehmer dar. Auch für die Frage, wann durch den Auftraggeber wieder ein Wettbewerb eröffnet werden muss, spielt der Vertragszeitraum eine entscheidende Rolle. Hinsichtlich der Länge des Zeitraums sind die Vorgaben in den Verordnungen (Regellaufzeit von vier Jahren i.R.d. VgV und VOB/A, von sieben Jahren gemäß §14 Abs. 6 Satz 1 VSVgV und von acht Jahren gemäß §19 Abs. 3 Satz 1 SektVO zu beachten. Dies begegnet der Gefahr, dass Rahmenvereinbarungen missbräuchlich verwendet werden, um 490

---

670 In diesem Sinne wohl Knauff VergabeR 2006, 24, 29.

671 Kommission, Explanatory Note on Framework Agreements, Fn 7.

672 Vgl. z.B. § 130a Abs. 8 S. 2 SGB V: »Dabei kann insbesondere eine mengenbezogene Staffelung des Preisnachlasses, ein jährliches Umsatzvolumen mit Ausgleich von Mehrerlösen oder eine Erstattung in Abhängigkeit von messbaren Therapieerfolgen vereinbart werden.«.

673 VK Bund 01.02.2011, VK 3–135/10 und VK 3–126/10.

674 VK Bund 24.04.2011, VK 2–58/11.

675 Kulartz NZBau 2001, 173, 179.

mittel- bis langfristig den Wettbewerb auszuschließen bzw. dient der Begrenzung der Marktmacht der öffentlichen Hand.[676]

dd) Verfahren

491   Die Vergabe der Rahmenvereinbarungen richtet sich in verfahrensrechtlicher Hinsicht nach den Vorgaben des GWB in Verbindung mit den einschlägigen Verfahrensvorschriften der Vergabeverordnungen bzw. der VOB/A (§ 21 VgV, § 19 SektVO, § 14 VSVgV bzw. § 4a EU VOB/A).

6. Wettbewerbe

492   § 103 Abs. 6 GWB hat die Wettbewerbe aus dem Begriff des öffentlichen Auftrages ausgeklammert und gesondert geregelt. Nach § 103 Abs. 6 GWB sind Wettbewerbe **Auslobungsverfahren**, die dem Auftraggeber aufgrund vergleichender Beurteilungen durch ein Preisgericht mit oder ohne Verteilung von Preisen zu einem Plan oder einer Planung verhelfen sollen.

493   Wettbewerbe sind etwa Auslobungen nach den Richtlinien für Wettbewerbe auf dem Gebiet der Raumplanung, des Städtebaus und des Bauwesens (vormals GRW 1995/bzw. die Kurzfassung RAW 2004/jetzt Richtlinien für Planungswettbewerbe – **RPW 2013**) gemeint. Derartige Wettbewerbe sind sowohl als Ideen- als auch als Realisierungswettbewerbe[677] statthaft. Die RPW 2013 sind Verwaltungsvorschriften, die vom BMVBS (neben Architekten- und Ingenieurkammern) abgestimmt wurden und für öffentliche Auslober von Bundesbaumaßnahmen verbindlich sind.

494   Außenwirkung entfalten sie erst, wenn die Behörden in der Auslobung ausdrücklich auf sie Bezug nehmen.[678] Die RPW 2013 unterscheiden nach § 3 vier Wettbewerbsarten:
–   offener Wettbewerb
–   nicht offener Wettbewerb
–   zweiphasiges Verfahren
–   kooperatives Verfahren

495   Das zuletzt genannte kooperative Verfahren kann nach § 3 Abs. 4 Satz 4 RPW 2013 nicht mehr für Auslobungen oberhalb der Schwellenwerte angewandt werden, da sich die Durchbrechung des Anonymitätsgrundsatzes nicht mit dem Grundsatz des Geheimwettbewerbes in Einklang bringen lässt.

496   Schon zuvor war fraglich geworden, ob zu den Auslobungen im Sinne des § 99 Abs. 5 GWB a.F. bzw. jetzt § 103 Abs. 6 GWB auch die **informellen Wettbewerbsabfragen** im Sinne von **Workshopverfahren** gehören können. Die VK Düsseldorf hatte allerdings angenommen, dass § 99 Abs. 5 GWB a.F. auf ein solches **kooperatives Workshop-Verfahren** anzuwenden sei. Die Verteilung von Preisen sei nicht notwendig. Eine vorgesehene Empfehlungskommission sei ein Preisgericht im Sinne des § 99 Abs. 5 GWB a.F. Entscheidend sei nicht der Name für eine entsprechende Wettbewerbsinstitution, sondern die Funktion für den Auftraggeber, eine vergleichende Beurteilung vorzunehmen. Sofern die Vergabestelle den Willen erkennen lässt, bei positivem Vorliegen der Billigung durch die Grundstückseigentümer und die in deren erster Auslobungsunterlage genannten Voraussetzungen eine weitere Beauftragung gemäß der ausgesprochenen Empfehlung vorzunehmen, reiche dies aus. Weder ein Ankauf nach den Honorarbestimmungen der HOAI noch eine angemessene Preisaufsetzung sind notwendig, um einen öffentlichen Auftrag im Sinne von 99 Abs. 5 GWB a.F. anzunehmen.[679]

---

676   Wegener in: Pünder/Schellenberg, Vergaberecht, 2. Aufl. 2014, Rn. 45zu § 99 GWB; Knauff in: Müller-Wrede, GWB-Vergaberecht, 2. Aufl. 2014, Rn. 54 zu § 101 GWB.
677   VK des Saarlandes Beschl. v. 20.02.2008, 1 VK 07/2007.
678   Zur Einführung der RPW 2013 vgl. Wachendorf VergabeR 2009, 869 f.
679   VK Düsseldorf Beschl. v. 29.05.2006, VK-24/06.

Auch ein **im Rahmen eines VOF-Verfahrens durchgeführtes Wettbewerbsverfahren** – welches nicht 497
auf die RPW 2013 Bezug nimmt – kann eine Auslobung nach § 103 Abs. 6 GWB darstellen.[680]

Die Vergabeinstanzen überprüfen die Einhaltung der Wettbewerbsregeln, wenn auf sie in den Wett- 498
bewerbsbedingungen verwiesen wird.[681]

Es ist nicht ganz zweifelsfrei, ob eine **Entscheidung eines Preisgerichts** im Rahmen eines Wettbe- 499
werbs eine dem **Zuschlag gleichkommende Vergabe beendende Wirkung zukommt**. Dies wurde
vom OLG Düsseldorf mit Blick auf die Verbindlichkeit gemäß § 661 Abs. 2 Satz 2 BGB ursprünglich bejaht.[682] In der weiteren Entscheidung »*Stadtschloss Berlin*« hat das OLG Düsseldorf allerdings – in Übereinstimmung mit der heute wohl herrschenden Auffassung[683] – unter Abrückung
von der vorgenannten Entscheidung deutlich gemacht, dass eine **abschließende Festlegung noch
nicht in der Mitteilung des Wettbewerbsergebnisses liege** und die Preisträger gerade noch nicht
davon ausgehen könnten, dass der Zuschlag zwingend und automatisch an den Sieger des Wettbewerbs gehen sollte. Vielmehr habe auch nach der Bekanntgabe der Preisgerichtsentscheidung
und der Aufnahme von Auftragsverhandlungen weiterhin die Möglichkeit der Einleitung eines
Verhandlungsverfahrens mit einem weiteren Preisträger bestanden. Erst die nach Durchführung der
Verhandlungen mit dem Wettbewerbssieger getroffene Entscheidung, diesen auch zu beauftragen,
stellt die eigentliche Zuschlags- und Vergabeentscheidung dar, die zwangsläufig die Konsequenz
hat, dass ein Verhandlungsverfahren mit weiteren Preisträgern nicht aufgenommen werden sollte
und über die die übrigen Beteiligten zur Gewährleistung effizienten Rechtsschutzes zu informieren
gewesen wären.[684] Auch nach Auffassung des OLG Koblenz liegt eine dem Zuschlag entsprechende
Wirkung mit der Folge, dass ein nach dieser Entscheidung eingehender Nachprüfungsantrag unzulässig sei, nicht vor. Die Entscheidung des Preisgerichts sei nicht unumstößlich. Wenn der Auslober
verpflichtet sei, im Anschluss an die Entscheidung des Preisgerichts zu prüfen, ob ein Preisträger
wegen Missachtung der Wettbewerbsregeln auszuschließen ist, müsse ein Wettbewerbsteilnehmer
zumindest die Möglichkeit haben, im Verfahren nach §§ 155 ff. GWB nachprüfen zu lassen, ob der
Auslober seiner Prüfungspflicht in gebotener Weise nachgekommen ist.[685] Auch die VK Saarland
hat darauf hingewiesen, dass die Vergabestelle in der Regel nicht uneingeschränkt verpflichtet sei,
den Planungsauftrag an den ersten Preisträger zu vergeben. Dementsprechend löse auch die Mitteilung des Auslobers an die Bewerber, wie die Empfehlung des Preisgerichtes laute, keine Rügepflicht
aus. Eine Preisgerichtsentscheidung, welche die Vergabevorschriften nicht beachtet, die bieterschützenden Charakter besitzen, könne Grundlage für einen Nachprüfungsantrag werden.[686]

Die Entscheidung des Preisgerichts ist somit inhaltlich von den Vergabenachprüfungsinstanzen 500
nur begrenzt nachprüfbar. Es kann aber von einem Teilnehmer geltend gemacht werden, dass ein
unzulässiger Wettbewerbsbeitrag zugelassen wurde oder **gegen bindende Vorgaben** des Auslobers
verstoßen wurde.[687] Die VK Leipzig hat formuliert:

> »*Zwar handelt es sich bei der Entscheidung des Preisgerichts dem Grunde nach um eine wertende* 501
> *Entscheidung, die von den Nachprüfungsinstanzen nicht auf ihre sachliche Richtigkeit überprüft*
> *werden kann. Allerdings ist auch das **Preisgericht** in seiner Entscheidung **nicht vollkommen frei**,*
> *sondern muss sich vielmehr an die aufgestellten Verfahrensregeln halten. Insoweit ist auch der Beur-*

---

680 Vgl. für eine entsprechende Gestaltung etwa BGH VergabeR 2007, 752; dazu auch VK des Saarlandes
   Beschl. v. 20.02.2008, Az 1 VK 07/2007.
681 OLG Koblenz Beschl. v. 26.05.2010 1 Verg 2/10.
682 OLG Düsseldorf Beschl. v. 31.03.2005 VII Verg 4/04.
683 Dazu vgl. auch OLG Saarbrücken »Berufsbildungszentrum« Beschl. v. 15.10.2014 1 Verg 14/14 VergabeR
   2015, 250.
684 OLG Düsseldorf »Stadtschloss Berlin« Beschl. v. 02.12.2009 VII Verg 39/09 NZBau 2010, 393, 396.
685 OLG Koblenz Beschl. v. 26.05.2010 I Verg 2/10.
686 VK des Saarlandes Beschl. v. 20.02.2008, Az 1 VK 07/2007; ausdrücklich zustimmend auch VK Rheinland-Pfalz Beschl. v. 27.04.2010 VK 1-4/10.
687 VK Rheinland-Pfalz Beschl. v. 27.04.2010 VK 1-4/10; VK Leipzig Beschl. v. 22.02.2013 1/SVK/047/12.

teilungsspielraum des Preisgerichts eingeschränkt. Überprüfbar sind somit die formalen Bedingungen und bindenden Vorgaben des Auslobers, die vom Preisgericht zwingend einzuhalten sind. Die Vorgaben der Auslobung sind Ausdruck der Beschaffungshoheit des Auftraggebers. Dieser bestimmt, ob und unter welchen Randbedingungen er eine Leistung beschaffen will. Dieser Grundsatz gilt auch im Rahmen eines Realisierungswettbewerbes. Je mehr er dabei die Planungsaufgabe durch eigene Vorgaben reglementiert, desto weniger Raum lässt er den Teilnehmern naturgemäß für eigene, schöpferische Leistungen bzw. Konzepte. Diese Abwägung obliegt aber dem Auftraggeber und nicht den Teilnehmern oder dem Preisgericht. Daher ist es auch nicht möglich, dass das Preisgericht in Ansehung von Übertretungen der Auslobungsvorgaben ausdrücklich beschlossen hat, die betroffenen Arbeiten gleichwohl weiter im Wettbewerb zu belassen.«[688]

502   Für den Verfahrensablauf hat das OLG Düsseldorf in der Entscheidung »Stadtschloss Berlin« folgende Grundsätze verlautbart:

»Die Eignung für die Teilnahme am Wettbewerb durch Erfüllung der Mindestanforderungen ist allerdings nicht gleichzusetzen mit der konkreten Eignung zur Ausführung der ausgeschriebenen Leistungen. Vielmehr ist ein Preisträger bei fortbestehender Realisierungsabsicht nur mit weiteren Planungsleistungen zu beauftragen, wenn er die einwandfreie Durchführung der zu übertragenden Leistungen gewährleistet und wichtige Gründe der Beauftragung nicht entgegenstehen.

Bei der Auswahl geeigneter Teilnehmer für den Wettbewerb und das sich an die Wettbewerbsentscheidung anschließende Verfahren, in dem die Entscheidung über die Auftragserteilung getroffen wird, handelt es sich um eigenständige Abschnitte im Vergabeverfahren, in dem unterschiedliche Anforderungen an die Bewerber gestellt, geprüft und bewertet werden. Während die Aufstellung von personenbezogenen Mindestanforderungen an die potentiellen Teilnehmer der Auswahl geeigneter bzw. der Ausscheidung ungeeigneter Bewerber dient, sind in die Entscheidungen über den Zuschlag insbesondere auftragsbezogene Aspekte einzubeziehen.

Das folgt aus § 97 Abs. 6 GWB, wonach öffentliche Aufträge nur an fachkundige, leistungsfähige und zuverlässige Unternehmen zu vergeben sind sowie aus dem Gebot der Gleichbehandlung, das der öffentliche Auftraggeber die Überprüfung eines Bieters auf seine Eignung auch im Interesse der anderen am Auftrag interessierten Unternehmen vornehmen muss. Der sich daraus ergebende vergaberechtliche Anspruch der zum Kreis der potentiellen Verhandlungspartner gehörenden ASt. auf eine rechtmäßige Eignungsprüfung und Auswahlentscheidung ist durch den Ag nicht verletzt worden.

Die in Ziff. 6.2 I GRW 1995 angeordnete Verpflichtung des Auslobers, nach Bekanntgabe des Wettbewerbsergebnisses die Teilnahmeberechtigung des Verfassers der mit einem Preis gewürdigten Arbeiten zu überprüfen, dient allein dem Ziel, die Preiswürdigkeit des Preisträgers festzustellen. Es muss sichergestellt werden, dass die bis zur Preisgerichtsentscheidung anonymen Verfasser der prämierten Arbeiten zum Kreis der zugelassenen Wettbewerbsteilnehmer gehören. Im Regelfall ist somit erforderlich aber auch ausreichend, dass der Auslober durch Zuordnung der Verfassererklärungen zu den bis zur Preisgerichtsentscheidung anonymen Wettbewerbsentwürfen kontrolliert, ob die Verfasser der preisgekrönten Arbeiten zum Kreis der als teilnahmeberechtigt zugelassenen Bewerber gehören. Aus der Struktur des anonymen Preiswettbewerbs ergibt sich, dass erstmals nach Entscheidung des Preisgerichts eine Zuordnung der preisgekrönten Arbeiten zu den Unterlagen erfolgen kann, die sich auf die Teilnahmeberechtigung bezieht.... Eine darüber hinausgehende Pflicht zur inhaltlichen, materiellen Überprüfung und Kontrolle der Angaben der Teilnahmeberechtigung, insbesondere durch die Anforderung von Nachweisung besteht bei der Überprüfung der Teilnahmeberechtigung dagegen nicht, es sei denn, es ergeben sich konkrete Zweifel an der Teilnahmeberechtigung und damit an der Preiswürdigkeit.«[689]

688   VK Leipzig Beschl. v. 22.02.2013 1/SVK/047-12; auch OLG Koblenz Beschl. v. 16.02.2011 1 Verg 2/19.
689   OLG Düsseldorf »Stadtschloss Berlin« Beschl. v. 02.12.2009 VII Verg 39/09 NZBau 2010, 393, 396.

7. Besonderheiten bei Auftragsbündelungen: PPP-Projekte/IOP-Projekte

Der Begriff Public-Private-Partnership (PPP) bezeichnet eine vertiefte Zusammenarbeit zwischen Organisationseinheiten der öffentlichen Hand und privaten Organisationseinheiten bei der Beschaffung. Sie sind regelmäßig mit einer materiellen Teilprivatisierung öffentlicher Aufgaben verbunden.[690] Heute wird vielfach auch von institutionalisierten öffentlich-privaten Partnerschaften (IOP) gesprochen.   **503**

a) Grundlagen

PPP-Beschaffungsmodelle beinhalten regelmäßig mehrere Auftragskomponenten i.S.d. § 99 GWB, nämlich Bau-, Liefer- und Dienstleistungen. Diese Leistungen treten typischerweise in folgenden modulartigen Leistungskomponenten auf: **504**
– Planungsleistungen
– Bauleistungen
– Projektmanagementleistungen
– Finanzierungsdienstleistungen
– Instandhaltungs- und Wartungsleistungen
– Betreiberleistungen (ggf. unter Übernahme von Personal)

Diese Leistungen werden in Verträgen zusammengefasst, um den sogenannten **Lebenszyklusansatz** umzusetzen. Schon in der Planung sollen Verantwortlichkeiten für den Bau und den dauerhaften Betrieb verankert werden und Anreize für eine möglichst betriebsorientierte sparsame Betreiberleistung gesetzt werden. Derartige Ansätze führen zu einer Verzahnung der vorgenannten Leistungspakete in einem Vertragskonstrukt, welches auch über die vergabepflichtigen Leistungen hinausgehende Auftragskomponenten wie arbeits- und gesellschaftsrechtliche Verpflichtungen, Vermögensübertragungen usw. beinhalten kann. Wegen der vergaberechtlich relevanten Auftragskomponenten müssen die Beschaffungen regelmäßig in einem förmlichen Vergabeverfahren durchgeführt werden.   **505**

Bei PPP-Ausschreibungen besteht eine Ausschreibungspflicht nach dem GWB – so das OLG Düsseldorf –, wenn (ungeachtet des gewählten Beteiligungsmodells) der Vertrag jedenfalls (auch) Dienstleistungen zum Gegenstand hat, die wertmäßig den maßgeblichen Schwellenwert erreichen oder übersteigen.[691]   **506**

Beispiele aus der Entscheidungspraxis sind etwa   **507**
– Planung, Bau, Finanzierung und Betrieb Westumgehung von Dundalk[692]
– PPP-Projekt Landesstraßen NRW-Netz-Sauerland-Hochstift[693]
– PPP-Projekt Landeskriminalamt Niedersachsen[694]
– Parlamentsneubau Brandenburg[695]
– PPP-Projekt Kreishaus – Planung, Bau und Betrieb (Wartung, Instandhaltung, Ver- und Entsorgung/Gebäudereinigung) sowie Finanzierung über 25 Jahre[696]
– ÖPP-Projekt Schulen – betrifft technische, wirtschaftliche und rechtliche Beratungsleistungen für die Ausschreibung des PPP-Projektes Schulen[697]

---

690 Zur Begriffsbildung vgl. Dreher NZBau 2002, 245, 247, dessen Begriffsbildung allerdings etwas zu eng gefasst ist.
691 OLG Düsseldorf Beschl. v. 09.01.2013 VII Verg 26/12.
692 EuGH Beschl. v. 28.01.2010 C-456/08.
693 OLG Düsseldorf Beschl. v. 08.06.2011 Verg 55/10 ZfBR 2012, 193.
694 OLG Celle Beschl. v. 26.04.2010 XIII Verg 4/10 NZBau 2010, 750.
695 OLG Brandenburg Beschl. v. 07.05.2009 VergW 6/09 NZBau 2009, 734.
696 VK Schleswig-Holstein Beschl. v. 18.12.2007, VK-SH 25/07.
697 OLG Jena NZBau 2007, 730.

- ÖPP-Projekt Privatisierung Häfen Krefeld[698]
- ÖPP-Auftrag für Planung, Bau, Betrieb und Finanzierung eines Hallenbades[699]
- Pächter/Betreiber/Investor für ein Hafengelände des Schutzhafens[700]
- Ausschreibung einer strategischen Partnerschaft (ÖPP) auf dem Gebiet der Energieversorgung[701]

508 Eine etwaige Gesellschaftsgründung und die **Auswahl neuer Gesellschafter** einerseits wie auch Beschaffungsakte andererseits können bei institutionalisierten öffentlich-privaten Partnerschaften zusammengefasst werden.[702] Der öffentliche Auftraggeber ist allerdings nicht verpflichtet, entsprechend vorzugehen. Er kann auch auf einer ersten Stufe eine sogenannte strategische Partnerschaft (öffentlich-private Partnerschaft) gründen und in einer zweiten Stufe Beschaffungen durchführen. Die Entscheidung für eine getrennte oder Zusammenvergabe unterliegt der Bestimmungsfreiheit des öffentlichen Auftraggebers und ist dem Vergabeverfahren grundsätzlich vorgelagert.

509 Bei der Umsetzung von PPP-Konzepten gibt es einige **vergaberechtliche Problemstellungen**, auf die hier nur kurz eingegangen werden soll:
- Die aus dem Lebenszyklusansatz folgende **Verzahnung der Einzelverträge** lässt sich mit einer mittelstandsorientierten Realisierung nur schwer in Einklang bringen. Das gilt umso mehr, als die bonitätsorientierten Kreditgeber, die zur Umsetzung derartiger Modelle einbezogen werden müssen, Wert auf eine frühzeitige Kosten- und Terminsicherheit und daher typischerweise Generalunternehmerlösungen legen. Speziell für die bei der Ausschreibung derartiger Modelle regelmäßig eingesetzten interdisziplinären Beratungsleistungen bedarf es keiner Aufteilung der Gesamtvertragsstruktur in vergaberechtliche Einzellose entsprechend den einzelnen Beratungsdisziplinen.[703]
- Wegen der komplexen Vertragsstruktur können PPP-Konzepte regelmäßig **nur in Verhandlungsverfahren** oder im Wege des wettbewerblichen Dialoges umgesetzt werden. Wichtig ist aber auch in derartigen Fällen, dass der Auftraggeber im Vorfeld eine klare Vorstellung über das zu beauftragende Modell hat, um eingehende Angebote überhaupt werten zu können. Üblicherweise werden Nebenangebote zugelassen, die dazu dienen sollen, möglichst kreative Vorschläge aus dem Bieterkreis zu erhalten. Grundsätzlich ist die Vergabestelle in diesen Fällen nicht verpflichtet, derartige Nebenangebote allen Bietern gegenüber bekannt zu machen; etwas anderes gilt allerdings, wenn hiermit Abstriche von vertraglichen Anforderungen verbunden sind.[704]
- Im Verhandlungsverfahren kann die Aufgabenstellung eines PPP-Beschaffungsvorhabens näher konkretisiert werden. Allerdings darf der **Auftragsgegenstand nicht grundlegend geändert** werden, ohne eine Neuausschreibung vorzunehmen. Die konkrete Ausgestaltung eines alternativen Finanzierungskonzeptes stellt eine solche Änderung grundsätzlich nicht dar.[705] Etwas anderes kann etwa gelten, wenn der öffentliche Auftraggeber einen Investor für die Entwicklung eines kommunalen Hafens in einen Sport- und Freizeithafen sucht und ein Bieter einen multifunktionalen Vollwerthafen konzeptioniert, dann kann der Rahmen der ursprünglichen Ausschreibung verlassen worden sein.[706]

510 Aus dem **Gleichbehandlungsgebot** ist für das Verhandlungsverfahren abzuleiten, dass von den Bietern in den einzelnen Verhandlungsstufen vollständige Angebote abgefordert werden müssen, die

---

698 OLG Düsseldorf NZBau 2008, 201 f.
699 VK Schleswig-Holstein Beschl. v. 14.05.2008, Az VK-SH 06/08.
700 Beschluss der VK Niedersachsen v. 16.10.2008, Az VgK-30/2008.
701 OLG Düsseldorf Beschl. v. 09.01.2013 VII Verg 26/12 VergabeR 2013, 555.
702 EuGH »Accoset« Urt. v. 15.10.2009 C 196/08.
703 Vgl. OLG Thüringen VergabeR 2007, 677, 679; dazu auch OLG München Beschl. v. 28.04.2006 Verg 6/06; OLG Jena NZBau 2007, 730; OLG Celle Beschl. v. 26.04.2010 XIII Verg 4/10 NZBau 2010, 750.
704 OLG Düsseldorf »Hafen Krefeld« NZBau 2008, 201.
705 VK Schleswig-Holstein Beschl. v. 14.05.2008 VK-SH06/08.
706 Beschl. der VK Niedersachsen v. 16.10.2008, Az VgK-30/2008.

alle in dem festgelegten Zeitpunkt abzugeben sind.[707] Im Rahmen von Verhandlungs- und Dialogphasen sind den Bietern bei einem PPP-Projekt auskömmliche Bearbeitungszeiten einzuräumen;
alle Bieter sind im Hinblick auf die Überarbeitungsfristen gleichzubehandeln.[708]

Stellt sich bei der Vergabe eines PPP-Projektes nach Eingang der finalen Angebote heraus, dass   511
Haushaltsansätze überschritten werden, ist die Aufhebung der Vergabe möglich.[709]

Die **Bedeutung der PPP-Projekte** ist in den letzten Jahren **deutlich zurückgegangen**. Die Nach-   512
teile der mit dem Lebenszyklusansatz umgesetzten Gesamtvertragslösungen sind zunehmen deutlich geworden. Die **Wirtschaftlichkeit** derartiger Modelle wird **stark hinterfragt**. Folgende Aspekte
spielen in diesem Kontext eine Rolle:
– Der Gedanke, schon in der Planung die Verantwortlichkeit für dauerhaften Betrieb zu verankern, um schon in dieser Phase ausreichende Anreize für betriebsorientierte (sparsame) Betrei-
  bungsleistungen zu suchen besticht. In der Praxis treten die gewünschten Effekte jedoch in der
  Regel nicht ein, und zwar aus folgenden Gründen:
– In den seltensten Fällen sind die Planer überhaupt in der Lage, die Nutzungskosten nachhaltig
  zu planen,
– typischerweise bewirbt sich um die Kombinationsleistungen kein Einheitsunternehmen, sondern ein Konsortium, dessen Mitglieder wieder selbstständige Firmen sind, die für die unterschiedlichen Leistungsbereiche eigenverantwortlich Risiken übernehmen. Sie sind nicht gewillt,
  sich haftungsrechtlich der Klammer eines Lebenszyklus zu unterwerfen,
– wirtschaftliches Denken ist in der Praxis oftmals begrenzt auf die verbliebene Amtszeit der jeweiligen Geschäftsleitungsmitglieder. Diese streben kurzfristige Erfolge an. Die langfristige Zielstellung schlägt damit oftmals fehl.
– Die Langfristbindung der Beteiligten vermindert den Wettbewerbsdruck während der langen
  Betriebsdauer. Leistungsanreize können auch durch Incentive-Lösungen selten geschaffen werden, weil die Feinsteuerung über derartig lange Zeiträume nicht gelingt. Die Vorstellung, ein
  vertragliches Änderungsmanagement könne 30 Jahre bewältigen, ist wirklichkeitsfremd. In der
  Praxis zeigt sich, dass komplexe Projekte bei derartigen Realisierungsformen schnell an ihre
  Grenzen kommen und Änderungen in einem Bereich aufgrund ihrer Auswirkungen über 4 bis
  5 Vertragsbereiche durchverhandelt werden müssen, sodass auch ein üblicher Änderungsbedarf
  von Bauprojekten kaum noch nachvollziehbar abzuwickeln ist. Sowohl die Einsatzform für die
  Beteiligten, wie auch die Finanzierung ist dabei sogar grundsätzlich änderungsavers.
– Die Akteure des Finanzsektors arbeiten nach eigenen Gesetzen, vornehmlich ist ihr Interesse
  auf den Abschluss von Verträgen mit bonitätsstarken Marktteilnehmern gerichtet. Sie stellen
  auch besondere Anforderungen an ein Vergabeverfahren, die nicht unbedingt mit denjenigen
  wirtschaftlicher Beschaffung übereinstimmen.
– Unter dem Blickwinkel des Vergaberechts muss insbesondere kritisch gesehen werden, dass mit
  jeder Kumulierung von Leistungen im Beschaffungsprozess die Wirtschaftlichkeit des Prozesses
  absinkt. Es tritt notwendigerweise eine Marktverengung ein. Schon bei den GU-Vergaben, erst
  recht in PPP-Vergaben für große Projekte, hat es der Auftraggeber am Ende eines Vergabeverfahrens nur mit einer handverlesenen Anzahl großer Unternehmen zu tun, bei denen seine
  Bemühungen um Verhandlungen oftmals nicht weiterkommen.

Die vorbenannten Nachteile können im Einzelfall auch durch Vorteile kompensiert werden, die   513
allerdings jeweils konkret ermittelt werden müssen.

---

707 VK Lüneburg Beschl. v. 11.11.2008 VgK-39/2008.
708 OLG Brandenburg Beschl. v. 07.05.2009 VergW 6/09 NZBau 2009, 734.
709 OLG Düsseldorf Beschl. v. 08.06.2011 Verg 55/10 ZfBR 2012, 193.

b) Übersicht über klassische PPP-Umsetzungsmodelle

aa) Modelle für den öffentlichen Hochbau

(1) Inhabermodell/Werklohnstundungsmodell (auf schuldrechtlicher Basis)

514   Auf dem Grundstück eines Auftraggebers wird ein Gebäude neu errichtet oder saniert. Der öffentliche Auftraggeber wird bzw. bleibt mit der Errichtung bzw. Sanierung Eigentümer des Gebäudes. Das Entgelt besteht in einer regelmäßigen Zahlung an den Auftragnehmer. Das Vertragsmodell umfasst regelmäßig die Komponenten der Planung, Bau, ggf. Instandhaltung/Wartung, Betrieb und Finanzierung.[710] Hinsichtlich der Finanzierungsstruktur lassen sich weitere Modellvarianten unterscheiden:

– Einheitslösung mit anfänglicher Feststellung der Finanzierungskonditionen (und Forfaitierung)
– Einheitslösung mit nachträglicher Feststellung der Finanzierungskonditionen (ähnlich Leasing)
– Einheitslösung mit zusätzlicher Risikoabgrenzung für den Auftraggeber durch Testatverfahren (z.B. Mogendorffer-Modell)[711]
– Trennungslösung, Aachener-Modell (Forfaitierungslösung nach Abnahme/Übergabe)[712]

(2) Erwerbermodell

515   Hier errichtet der Auftragnehmer (Investor) auf einem eigenen Grundstück, ggf. auf einem vom öffentlichen Auftraggeber erworbenen Grundstück oder Erbbaurecht ein Bauobjekt, welches der Auftraggeber für eine festgelegte Laufzeit anmietet. Der Auftragnehmer erbringt damit Leistungen für Planung, Bau, ggf. Instandhaltung/Wartung, Betrieb und Finanzierung. Nach einer Laufzeit von 20 bis 30 Jahren geht das Eigentum an Grundstück und Gebäude auf den öffentlichen Auftraggeber über.[713]

(3) Leasingmodell

516   Auch hier errichtet der private Auftragnehmer auf eigenem (ggf. zuvor erworbenem) Grund und Boden für einen öffentlichen Auftraggeber eine Immobilie und übernimmt dabei Planung, Bau, Finanzierung, ggf. Wartung/Instandhaltung und Betrieb. Anders als beim Erwerbermodell besteht jedoch keine Verpflichtung zur Übertragung des Gebäudeeigentums am Ende der Vertragslaufzeit. Der Auftraggeber hat vielmehr ein Optionsrecht, die Immobilie entweder zurückzugeben oder zu einem vorab fest kalkulierten Restwert zu erwerben. Die Endzeitregelung wird im Wesentlichen durch die Rahmenbedingungen der nationalen und internationalen Bilanzierungsvorschriften und der Leasingerlasse der Finanzverwaltung bestimmt.[714] Dementsprechend ist der Preis, zu dem der öffentliche Auftraggeber das Eigentum am Ende der Vertragslaufzeit erwerben kann, in gewissen Bandbreiten bereits vorab bei Vertragsschluss festgelegt.

517   Zu beachten ist, dass die Finanzbeschaffung der öffentlichen Hand als solche, grundsätzlich unabhängig von der Organisationsform, nach § 116 Nr. 4, 5 GWB (siehe dort) von dem Vergaberecht ausgenommen ist. Der frühere Meinungsstreit hierzu ist inzwischen überwunden. Das bedeutet, dass die reine Finanzierungskomponente von Leasinggestaltungen dem Vergaberecht nicht unterliegt.

---

710 Vgl. dazu Eschenbruch/Windhorst/Röwekamp/Vogt Bauen und Finanzieren aus einer Hand 2004 S. 20 f.
711 Vgl. dazu OLG Jena NZBau 2001, 39f.; IBR 1997, 177; Brandt Kreditwirtschaftliche Aspekte des Vergaberechts WM 1999, 2525, 2533.
712 Dazu im Einzelnen Eschenbruch/Windhorst/Röwekamp/Vogt S. 20 f.
713 Vgl. Eschenbruch/Niebuhr BB 1996, 2417, 2421.
714 Bender Vergleich der Leasingstandards nach deutschem Recht, IAS und US-Gaap, Betriebsberater 2002, 20; Brandt WM 1999, 2531.

Dem Vergaberecht unterliegen allerdings die typischerweise eingekapselten Beschaffungen im Rah- 518
men von Bauverträgen, Planungsverträgen, Projektmanagementverträgen.[715] Die Durchführung
von Vergabeverfahren für derartige gebündelte Beschaffungen bereitet in der Praxis nicht unerhebliche Schwierigkeiten.[716]

Sale- und Lease-Back-Finanzierungen, bei denen der öffentliche Auftraggeber ein bestehendes 519
Objekt veräußert, um es alsdann rückanzumieten, sind keine öffentlichen Bauaufträge, wurden
aber früher als Finanzierungsdienstleistungsverträge behandelt.[717] Nachdem allerdings die reine
Finanzbeschaffung durch die öffentliche Hand gemäß § 116 Nr. 4, 5 GWB als vom Vergaberecht
ausgenommen anzusehen ist, unterfallen Vertragsgestaltungen des Leasings nur noch wegen der
möglicherweise hiermit verbundenen anderweitigen Beschaffungsvorgänge dem Vergaberecht. Bei
reinen Sale- and Lease-Back-Finanzierungen, bei denen also die öffentliche Hand einerseits eine
Immobilie veräußert, andererseits diese Immobilie für den eigenen Bedarf rückanmietet, ist grundsätzlich kein relevanter Vergabetatbestand nach dem Kartellvergaberecht mehr betroffen.

Ein zusätzlicher Ausschreibungsbedarf ergibt sich auch dann nicht, wenn eine **Leasingfinanzierung** 520
erst nach Beauftragung der relevanten Planungs- und Bauleistungen erfolgt. Das sind Fallgestaltungen, bei denen der Auftraggeber bereits ein Bauvorhaben in Eigenverantwortung begonnen und
dabei unter Wahrung der vergaberechtlichen Vorschriften Planungs- und Bauverträge beauftragt
hat. Bei Leasinggestaltungen übernimmt dann entweder der öffentliche Auftraggeber diese unter
Beachtung des Vergaberechts beschafften Verträge oder aber der Auftraggeber wird selbst als Generalunternehmer für die Generalübernehmer im Leasingkonstrukt tätig. In beiden Fällen sind die
Beschaffungen schon erfolgt und allein der Umstand, dass sie in ein Finanzierungsmodell eingebunden werden, führt nicht zu einer nochmaligen Vergabe.

Etwas anderes gilt nur bei folgenden Gestaltungen: 521
– Die Veräußerungs- und Rückanmietungsverpflichtung ist mit einer zusätzlichen/neuen Bautä-
 tigkeit verbunden; dann unterfällt der Gesamtvertrag unter den Voraussetzungen des § 103
 Abs. 3 Halbsatz 2 dem Kartellvergaberecht.
– Die Sale- and Lease-Back-Gestaltung ist mit sonstigen – bei Vertragsabschluss noch nicht unter
 Beachtung des Vergaberechts umgesetzten – Beschaffungen verbunden, etwa der Übernahme
 von Betreiberleistungen usw.; dann wäre wegen dieses »eingekapselten« Beschaffungsvorgangs
 das öffentliche Vergaberecht unter den allgemeinen Anwendungsvoraussetzungen gegeben.

Besondere Probleme bereiteten **Cross-Border-Leasing-Transaktionen**, mit denen Steuervorteile 522
von US-Investoren genutzt werden sollten. Im Hinblick auf die Änderung des amerikanischen
Steuerrechts hat diese Gestaltung jedoch an praktischer Bedeutung verloren.[718] Bei all diesen
Gestaltungen stellt sich auch das Problem der kommunalaufsichtlichen Genehmigung. Hier hatte
der BGH entschieden, dass die Aufsichtsbehörde gegenüber der Gemeinde haftet, wenn sie ein

---

715 Vgl. etwa zur Vergabe von Leasingkonzepten VK Baden-Württemberg Beschl. v. 12.02.2002 1 VK 48/01;
 VK Bund Beschl. v. 26.05.1998 VK A-10/99.
716 Vgl. dazu auch VÜA Bayern Beschl. v. 01.06.1995 EzEG-VergR IV 1.2; auch VÜA NRW
 Beschl. v. 26.05.1998 132–84-41–16/97, 5: »Die Vergabestelle hatte für ihre Ausschreibung nicht die
 übliche rechtliche Ausgestaltung eines Bauauftrages, sondern eines sog. Leasingverfahrens gewählt. Dessen Komplexität, insbesondere aus der Einbindung finanztechnischer Abläufe und der Beurteilung steu-
 erlicher Aspekte herrührend, erforderte eine besonders sorgfältige, Irrtümer nach Möglichkeit ausschließende Definition des erwarteten Angebotes, die ggf. durch Erläuterungen zu kommentieren war.«
717 Zur Zulässigkeit der Haushaltssanierung durch »sale and lease back« vgl. Kirchhof DÖV 1999, 242f.;
 ebenso Prieß in: Jestaedt Das Recht der Auftragsvergabe S. 55.
718 Vgl. Smeets/Schwarz/Sander Ausgewählte Risiken und Probleme bei US-Leasingfinanzierungen
 NVwZ 2003, 1061; Kullack Baumarkt 2003, Heft 12, 28; Pschera/Enderle Ausschreibungspflichten bei
 US-Leasing-Transaktionen RIW 2002, 463 f.; gemeinsame Verwaltungsvorschrift des Sächsischen Staatsministeriums des Inneren und des Sächsischen Staatsministeriums der Finanzen zur kommunalwirtschaftlichen und rechtsaufsichtlichen Beurteilung von Cross-Border-Leasing-Transaktionen v. 26.08.2003 23
 b-2002 152.60/17.

unwirtschaftliches Rechtsgeschäft genehmigt (Oderwitz-Urteil). Die Genehmigungspraxis für entsprechende Modelle ist seither restriktiver geworden.[719]

(4) Vermietungsmodell

523 Das Vermietungsmodell entspricht weitgehend dem Leasingmodell, jedoch ohne Kaufoption mit zuvor festgelegtem Kaufpreis. Der öffentliche Auftraggeber kann das Gebäude zum Zeitpunkt des Vertragsablaufs zu einem zu ermittelnden Verkehrswert erwerben. Die Relevanz von Vermietungsmodellen nach dem Kartellvergaberecht richtet sich nach §§ 103 Abs. 3 Halbsatz 2, 116 Nr. 4, 5 GWB.

(5) Contractingmodell

524 Das Contractingmodell[720] ist in der Regel ein Leasing- oder Vermietungsmodell. Es bezieht sich nicht auf die gesamte Immobilie, sondern erfasst in der Regel technische Anlagen der Ver- und Entsorgung. Es kann entweder Bau- oder Lieferleistungen, ggf. auch nur Dienstleistungen enthalten, je nach konkretem Vertragszuschnitt.[721] Die Laufzeit der kürzer abschreibbaren Anlagengüter beträgt ca. 5 bis 15 Jahre; das Entgelt besteht in regelmäßigen bei Vertragsschluss festgesetzten Zahlungen zur Abdeckung von Planungs-, Durchführungs-, Betriebs- und Finanzierungskosten des Auftragnehmers. Contractingmodelle sind oft verbunden mit einer dauerhaften Versorgungs- oder Energiebezugsregelung. Leasingmodelle und Contractingmodelle werden oftmals für dasselbe Bauvorhaben abgeschlossen. So können etwa ein Immobilienleasingvertrag und ein Mobilienleasingvertrag sowie ein Contractingvertrag in Bezug auf ein und dasselbe Gebäude abgeschlossen werden.

525 Ein Contractingvertrag ist immer dann ein öffentlicher Auftrag, wenn das Gesamtvertragsmodell einen vergaberechtlich relevanten Beschaffungsvorgang, etwa Bauleistungen oder Lieferleistungen, beinhaltet. In der Form einer reinen Finanzierungsgestaltung können entsprechende Modelle nach § 116 Nr. 4, 5 GWB von der Vergabepflicht freigestellt sein. Hier gilt nichts anderes als bei den Leasing- und Sale- and Lease-Back-Modellen.[722]

(6) Konzessionsmodelle

526 Bei den Konzessionsmodellen übernimmt der Auftragnehmer Planungs-, Bau-, Finanzierungs- und ggf. Instandhaltungs-/Wartungs- und Betriebsleistungen. Dabei wird dem Auftragnehmer gleichzeitig ein Grundstück zur Verfügung gestellt. Der Auftragnehmer erbringt dabei Leistungen für Dritte auf Grundlage eines ihm gewährten Rechts (z.B. der Befugnis, Nutzungsentgelte zu erheben, die Dritte für die Benutzung von Gebäuden oder Anlagen zu entrichten haben). Der Auftraggeber kann finanzielle Beiträge im Sinne einer Anschubfinanzierung leisten, er kann sich auch eine Konzessionsgebühr für die Übernahme der Leistungen versprechen lassen.

527 Je nachdem wie die Konzessions- und Betreibermodelle ausgestaltet sind, können eine Baukonzession und eine Dienstleistungskonzession vorliegen. Letztere unterliegen nach dem heutigen Stand des Vergaberechts nicht dem Kartellvergaberecht. Bei einem maßgeblichen Binnenmarktbezug besteht indessen die Verpflichtung, ein wettbewerbliches Verfahren mit Bieterschutz nach den allgemeinen zivilprozessualen Vorschriften durchzuführen.

---

719 Dazu vgl. BGH IBR 2003, 381.
720 OLG Düsseldorf BauRB 2004, 51: »Energie- oder Anlagencontracting ist ein typengemischter Vertrag, der Lieferungen, Bau und Dienstleistungen umfasst. Seine vergaberechtliche Einordnung richtet sich nach seinem rechtlichen und wirtschaftlichen Schwerpunkt, der allerdings nicht schematisch anhand der Wertanteile ermittelt werden darf. Diese haben nur Indizcharakter, daneben kommt es auf die Verteilung der Risiken und die den Vertrag prägenden rechtlichen Regelungen an.«; auch VÜA Hessen IBR 1999, 398; Opitz Contractive Privatisierung und Kartellvergaberecht ZVgR 2000, 97 f.; Schimanek NZBau 2005, 304, 311.
721 Vgl. OLG Düsseldorf BauRB 2004, 51.
722 Vgl. Rn. 658 ff.

bb) Allgemeine Betreibermodelle

(1) Betreibermodelle

Bei Betreibermodellen verpflichtet sich der private Investor, nicht nur eine Infrastrukturanlage zu planen, zu bauen und zu finanzieren, sondern diese auch instand zu halten/zu warten und zu betreiben. Die Betreibungsverpflichtung wird zumeist gegenüber der öffentlichen Hand übernommen. Die Betreibermodelle unterscheiden sich von der Konzession dadurch, dass die öffentliche Hand und nicht der Nutzer den Betreiber vergütet. Das Gesamtmodell ist stets ausschreibungspflichtig, weil es eine Vielzahl nach § 103 GWB relevanter Beschaffungen beinhaltet. Oft werden zur Realisierung eines entsprechenden Betreibermodells sowohl eine Besitzgesellschaft wie auch eine gesonderte Betreibergesellschaft gebildet, die die unterschiedlichen Aufgaben wahrnehmen und unterschiedliche Risiken tragen. In einem Betreibermodell können z.B. die für den Hochbau vorgestellten Modelle vertragsgestalterisch einbezogen sein. 528

(2) Betriebsführungsmodell

Anders als bei den Betreiber- und Konzessionsmodellen überträgt der öffentliche Auftraggeber beim Betriebsführungsmodell lediglich die Betriebsführung einem privaten Unternehmen, das hierfür ein Entgelt erhält. Dieses Modell beinhaltet einen Dienstleistungsauftrag, kann aber auch weitere Leistungen, wie etwa zur Personalübernahme usw. beinhalten.[723] 529

cc) Bereich Bundesfernstraßenbau

(1) Betreibermodell für den mehrstreifigen Autobahnausbau (A-Modell)

Die Einführung der streckenbezogenen Gebühr für schwere Lkw (< 12 t zulässiges Gesamtgewicht) auf Autobahnen ermöglicht ein Betreibermodell, in dessen Rahmen der Anbau zusätzlicher Fahrstreifen, die Erhaltung und der Betrieb aller Fahrstreifen sowie die Finanzierung geregelt wird. Finanziert wird der Ausbau durch das Gebührenaufkommen für schwere Lkw. Die durch die Nutzung für Pkw/Leicht-Lkw entstehenden Infrastrukturkosten werden über eine Anschubfinanzierung aufgebracht. 530

(2) Betreibermodell im Rahmen des Fernstraßenbauprivatisierungsfinanzierungsgesetzes (F-Modell)

Seit 1994 sind mit dem Fernstraßenprivatisierungsfinanzierungsgesetz (FStrPrivFinG) die rechtlichen Voraussetzungen für die Anwendung des Betreibermodells im Bundesfernstraßenbau gegeben. Danach können der Bau, die Erhaltung, der Betrieb und die Finanzierung von Bundesfernstraßen Privaten zur Ausführung übertragen werden. Zur Refinanzierung erhalten diese das Recht zur Erhebung von Mautgebühren. Wegen der hohen Baukosten kann zur Herstellung privatwirtschaftlicher Rentabilität eine staatliche Anschubfinanzierung zu den Baukosten gewährt werden. 531

(3) Funktionsbauverträge

Neben den Betreibermodellen gibt es im Bereich des Fernstraßenbaus sogenannte Funktionsbauverträge. Dabei handelt es sich um Bauverträge auf der Grundlage einer funktionalen Baubeschreibung, insbesondere für den Straßenoberbau, der mit einer Instandhaltungsverpflichtung für die Dauer von 20 bis 30 Jahren verbunden wird. Es liegt eine Kombination von Bau- und Dienstleistungsvertrag vor. 532

---

723 Vgl. dazu Bekanntmachung des Niedersächsischen Ministeriums für Wirtschaft v. 15.09.1997 NDS. MBL. Nr. 43/1997, 1790.

c) Verfahrensrechtliche Umsetzung der PPP-Modelle

533   Bei der vergaberechtlichen Umsetzung von PPP-Modellen stellt sich immer wieder die Frage, ob die unter dem Blickwinkel des Lebenszyklusansatzes verklammerten Einzelverträge mittels gesonderter Beschaffungen oder gesamtheitlich ausgeschrieben werden sollen. Ein besonderer Weg wird dabei mit sogenannten Parallelausschreibungen beschritten, bei denen einerseits Einzelleistungen, andererseits alle Leistungen als Gesamtvertrag im Markt abgefragt werden.[724] Folgende Varianten sind in der Praxis vorzufinden:

Variante 1: Einzelvergaben der Bau-, Finanzierungs- und Betriebsleistung und sonstigen Leistungen

534   Der Auftraggeber kann die Einzelleistungen jeweils separat ausschreiben. Diese Vergabeform ist nicht nur zweifelsfrei zulässig, sondern auch am ehesten geeignet, für die einzelnen Teilleistungen das wirtschaftlichste Angebot zu erhalten. Die einzelnen Leistungen werden jeweils nach dem für sie maßgeblichen Vergabeverfahren im Markt abgefragt. Der Nachteil dieses Verfahrens liegt darin, dass eine einheitliche Beauftragung zu demselben Zeitpunkt kaum möglich ist, weil es z.B. Nachprüfungsverfahren geben kann und nicht jeder Finanzdienstleister mit bestimmten Bau- und Betreiberfirmen über lange Zeiträume zusammenarbeiten kann/will.

Variante 2: Losvergabe in der Form der Parallelausschreibung von Einzellosen und Generalunternehmerleistungen (klassische Parallelausschreibung)

535   Bei dieser Vergabeart werden sowohl die Einzelgewerke nach Fachlosen getrennt und auch parallel als Generalunternehmerleistung ausgeschrieben. Die Ausschreibungsunterlagen müssen hier klarstellen, unter welchen Voraussetzungen eine Verpflichtung und Befugnis des öffentlichen Auftraggebers besteht, auf Einzellose oder die Gesamtleistung zuzuschlagen. Rechtsprechung und Literatur haben diese Variante bislang gebilligt.[725]

536   Diese Art der Parallelausschreibung kann jedoch im Einzelfall für eine nicht ausreichende Vorbereitung des Auftraggebers sprechen. Denn Einzelvergabe und Generalunternehmervergabe sind unterschiedliche Unternehmereinsatzformen, deren Zweckmäßigkeit sich grundsätzlich nach objektiven Projektkriterien richtet. Sie sind nicht beliebig austauschbar. Eine von vornherein angestrebte höhere »Verzahnung« von Planung und Ausführung, die Nutzung von Systembau-Know-how usw. kann für eine Generalunternehmervergabe sprechen. Andere Projektumstände, wie noch notwendiger Änderungsbedarf in Bezug auf Planung und Ausführung können eher eine Einzelvergabe nahelegen. Eine Parallelausschreibung kann daher im Einzelfall unzulässig sein, weil sie letztlich im Einzelfall eine bloße Markterkundung darstellt.

Variante 3: Thüringer- bzw. Berliner Modell

537   Bei dem sog. Thüringer-Modell[726] und dem sogenannten Berliner Modell[727] bzw. dem Pilotprojekt »private Finanzierung im staatlichen Hochbau Bayern«[728] werden im Rahmen eines **einheitlichen Vergabeverfahrens**
   (1) ein Generalunternehmerangebot (Planung und Bau) zum Pauschalfestpreis sowie
   (2) ein Finanzierungsangebot in der Form klassischer Kreditfinanzierung oder aber des Finanzierungsleasings, Fondsleasings oder Mietkaufs oder sonstiger Finanzierungsalternativen abgefragt;

---

724   VK Bund Beschl. v. 13.02.2007 VK 1-157/06.
725   BayObLG VergabeR 2001, 131 (Parallelausschreibung von Generalunternehmerangebot und Fachlosen mit gestaffelten Eröffnungsterminen); VK Leipzig Beschlüsse v. 01.02.2002 1 SVK/131–01 und 1 SVK/139–01 (Parallelausschreibungen mit gestaffelten Eröffnungsterminen); Heiermann Festschrift für Jagenburg S. 272; Kaiser Die Zulässigkeit von Parallelausschreibungen NZBau 2002, 553.
726   Vgl. zum Thüringer Modell Güthert Bauwirtschaft 1999, 16 f., 70 f.; Adam/Oettel VOB aktuell, 5 ff.; vgl. dazu auch Brandt Kreditwirtschaftliche Aspekte des Vergaberechts WM 1999, 2532.
727   KG Berlin VergabeR 2001, 392; Adam/Oettel VOB aktuell, 5 ff.
728   Vgl. VOB aktuell 1998, 1 f.

(3) alternativ wird die langfristige Bereitstellung des Gebäudes mit Einräumung von Kaufoptionen (Investorenmodell) ausgeschrieben.

Bau- und Finanzierungsleistungen werden somit bei dieser Vergabeart **ähnlich einer Losvergabe** 538 **getrennt und – zusätzlich alternativ – als »Bauen und Finanzieren aus einer Hand« im Bieter-markt abgefragt.** Es handelt sich um eine Sonderform der Parallelausschreibung, die nicht von vornherein bedenkenfrei ist. Bei ausreichender Vorbereitung kann der öffentliche Auftraggeber regelmäßig absehen, ob und ggf. für welche Sonderfälle die klassische öffentliche Finanzierung oder aber die Privatfinanzierung günstiger sein wird. Schließlich enthält auch diese Ausschreibungsart zumeist wesentliche Aspekte der Markterkundung.[729] Denn gerade bei einem derartigen Modell wird den Bietern ein erheblicher Umfang konzeptioneller Arbeiten auferlegt.

Wäre zusätzlich die Instandhaltung und Wartung oder der Betrieb zu vergeben, müssten diese 539 gesondert und zusätzlich als Element einer Einzel- und Gesamtleistung ausgewiesen werden. Diese Leistung optional auszuschreiben, wäre eine reine Markterkundung, es sei denn die Bedeutung des Leistungsteils kann im Vergleich zum Gesamtauftrag vernachlässigt werden. Den Umfang der materiellen Privatisierung mag der öffentliche Auftraggeber im Vorfeld der Einleitung eines Verga-beverfahrens abschließend definieren.

Variante 4: Parallele Ausschreibung von Bau- und Finanzierung (Investorenmodell) nach VOB und VOL

Der VÜA Bund hat in seiner Entscheidung aus dem Jahr 1997 *»Blockheizkraftwerk«* die Ausschrei- 540 bung von Bauleistungen nach der VOB/A und gleichzeitig als Bestandteil einer Gesamtleistung nach der VOL/A nebeneinander für nicht von vornherein unzulässig angesehen.[730] Die Vergabe-kammer Thüringen hat dagegen die parallele Ausschreibung der zum Teil selben Leistungen nach VOB/A bzw. VgV mit Recht für unzulässig gehalten.[731]

Der Entscheidung der VK Thüringen ist zuzustimmen. Im Hinblick auf die notwendige Einheits- 541 betrachtung bei der Vergabe von zusammengesetzten Leistungen ist nach Maßgabe der Dominanz- bzw. Schwerpunkttheorie zu entscheiden, welche Verdingungsordnung maßgeblich ist. Hiernach ist der vom Auftraggeber gewünschte Beschaffungsvorgang zu qualifizieren und auszuschreiben.[732]

Variante 5: Parallelausschreibung durch Alternativ- und Nebenangebotsabfragen

Zum Teil wurde befürwortet, die Hauptleistung (Planungs- und Bauleistungen – z.B. als Gene- 542 ralunternehmerlösung) auszuschreiben und dabei eine Vielzahl von Alternativen, auch Neben-angebote, etwa in Bezug auf die komplette Finanzierung pauschal zuzulassen.[733] Derartige »Par-allelausschreibungen« lassen nicht selten auf eine unzureichende Vorbereitung des Verfahrens schließen. So hat das OLG Celle ein Verfahren, in dem der öffentliche Auftraggeber allein 6 unterschiedliche Angebotsvarianten abgefragt hat und hierdurch die Transparenz der Bewer-

---

729 Gleichwohl hat etwa das KG Berlin diese Vergabeform für zulässig gehalten; kritisch Prieß VergabeR 2001, 400; Kaiser NZBau 2002, 553.
730 Vgl. VÜA Bund WiB 1997, 1268 mit Anmerkung von Jasper; vgl. auch VÜA Schleswig-Holstein 08.04.1997 EzEG-VergR IV 15.3: »Die wahlweise Ausschreibung von Leistungen zur Angebotsabgabe entweder von (einem oder mehreren) Einzelangebot(en) oder einem Gesamtangebot entspricht üblicher Praxis. Das ermöglicht dem Auftraggeber durch Vergleich verschiedener Angebotsvarianten die für ihn günstigste Lösung im Wettbewerb zu erhalten; den Teilnehmern an der Ausschreibung ermöglicht es, sich mit ihren jeweiligen Stärken in den Wettbewerb einzubringen. Je nach den konkreten Gegebenheiten kann sich entweder das Gesamtangebot oder die Kombination verschiedener Einzelangebote als günstigs-tes Ausschreibungsergebnis ergeben. Auch die einschlägige Kommentierung hält ein solches »paralleles« Ausschreibungsverfahren für zulässig, vgl. Ingenstau/Korbion Anm. 9 zu § 4 VOB/A.«
731 Vgl. VK Thüringen »Schwarze Pumpe« 20.03.2001 216–4003.20–001/01-SHL-S.
732 Kritisch auch OLG Celle NZBau 2002, 400 = WuW/E Verg. 539 f. = VergabeR 2002, 154 f.
733 Vgl. Brummer Bauverwaltung 1995, 525; Jasper WiB 1997, 1268.

tungskriterien nicht mehr gesichert war, mit Recht beanstandet.[734] Das OLG Celle stellte heraus, dass die Ausschreibung unzulässig sei, weil sie primär dem Zweck diene, dem öffentlichen Auftraggeber erst das günstigste Verfahren für das von ihm beabsichtigte Vorhaben zu ermitteln.

543 Derartige Vorgehensweisen wie auch Parallelausschreibungen sind eher dann als zulässig anzusehen, wenn der Auftraggeber aus ganz speziellen nachgewiesenen Gründen nicht ohne Weiteres Klarheit über bestimmte Marktbedingungen hat und sie auch nicht auf anderem Wege ohne Weiteres beschaffen kann und andererseits auf Bieterseite entsprechendes Know-how latent vorhanden ist, das ohne relevanten Mehraufwand in einer Vergabe genutzt werden kann. Der erfahrenere Auftraggeber wird in der Regel bereits ein Präferenz-Vertragsmodell vorgeben können, das sämtliche Beschaffungselemente (quasi als Amtsvorschlag) enthält und in Abgrenzung hierzu (speziell hinsichtlich der finanzierungstechnischen Varianten) Nebenangebote zulässt. Nur durch einen solchen Abgleich eines vertraglich ausgestalteten Leitmodells hinsichtlich der Kernleistungen lässt sich in der Regel überhaupt eine brauchbare und transparente Wertung herstellen.

Variante 6: Ausschreibung nur der Gesamtleistung

544 Keine Parallelausschreibung ist die einheitliche Ausschreibung der Gesamtleistung nach Maßgabe des Leistungsschwerpunktes. Derartige Ausschreibungen dominieren heute die Vergabepraxis komplexer Ausschreibungsverfahren. Als Gesamtleistungen werden etwa Konzessionsmodelle, das Mogendorffer-Modell, das Aachener-Modell und sonstige PPP-Modelle ausgeschrieben. Ein wichtiger Aspekt der Gesamtleistungsvergabe sind die Anforderungen der zu beteiligenden Finanzierer. Sie müssen zum Zeitpunkt der Vergabe Investitionssicherheit hinsichtlich aller Projektparameter haben. Klassischerweise werden derartige Modelle auch mittels einer Objektgesellschaft realisiert, die mit oder nach dem Zuschlag gegründet wird.

545 Zusammenfassend ist festzuhalten, dass die Einzelvergabe wie auch die Gesamtvergabe der in einem komplexen Vergabeverfahren eingebundenen Einzelleistungen zulässig ist.[735] Die Gesamtvergabe ist jedoch an § 97 Abs. 4 GWB zu messen. Der öffentliche Auftraggeber kann grundsätzlich nach Zweckmäßigkeitsgesichtspunkten, insbesondere auch den Anforderungen des Finanzmarktes, entscheiden, welche Variante mit ggf. vermittelnden Modellen, wie dem Mogendorffer-Modell,[736] in Betracht kommt.

546 Parallelausschreibungen deuten oft auf eine unzureichende Vorbereitung des öffentlichen Auftraggebers und auf eine Markterkundung hin und sind deshalb vergaberechtlich kritisch zu bewerten.[737] Sie enthalten komplexe Anforderungen an die Verfahrenssteuerung und insbesondere der Begrenzung des Aufwandes für die Bieter, der Transparenz, der vorherigen zuverlässigen Definition von Eignungs- und Zuschlagskriterien usw.

§ 104 Verteidigungs- oder sicherheitsspezifische öffentliche Aufträge

(1) Verteidigungs- oder sicherheitsspezifische öffentliche Aufträge sind öffentliche Aufträge, deren Auftragsgegenstand mindestens eine der folgenden Leistungen umfasst:
1. die Lieferung von Militärausrüstung, einschließlich dazugehöriger Teile, Bauteile oder Bausätze,
2. die Lieferung von Ausrüstung, die im Rahmen eines Verschlusssachenauftrags vergeben wird, einschließlich der dazugehörigen Teile, Bauteile oder Bausätze,

---

734 Vgl. OLG Celle NZBau 2002, 400 = WuW/E Verg. 539 f. = VergabeR 2002, 154 f.
735 OLG Jena NZBau 2001, 39 f. = BauR 2000, 338 f.
736 Siehe dazu Rdn. 514.
737 Vgl. zur Zulässigkeit von Parallelausschreibungen auch Bd. 2 des BMWA-Gutachtens »PPP im öffentlichen Hochbau« Ziff. 7.8 (365ff.); VK Lüneburg Beschl. v. 08.11.2001 13 Verg. 11/01; großzügiger Heiermann Festschrift für Jagenburg S. 278 sowie Kaiser NZBau 2002, 555 f.

3. Liefer-, Bau- und Dienstleistungen in unmittelbarem Zusammenhang mit der in den Nummern 1 und 2 genannten Ausrüstung in allen Phasen des Lebenszyklus der Ausrüstung oder
4. Bau- und Dienstleistungen speziell für militärische Zwecke oder Bau- und Dienstleistungen, die im Rahmen eines Verschlusssachenauftrags vergeben werden.

(2) Militärausrüstung ist jede Ausrüstung, die eigens zu militärischen Zwecken konzipiert oder für militärische Zwecke angepasst wird und zum Einsatz als Waffe, Munition oder Kriegsmaterial bestimmt ist.

(3) Ein Verschlusssachenauftrag im Sinne dieser Vorschrift ist ein Auftrag im speziellen Bereich der nicht-militärischen Sicherheit, der ähnliche Merkmale aufweist und ebenso schutzbedürftig ist wie ein Auftrag über die Lieferung von Militärausrüstung im Sinne des Absatzes 1 Nummer 1 oder wie Bau- und Dienstleistungen speziell für militärische Zwecke im Sinne des Absatzes 1 Nummer 4, und
1. bei dessen Erfüllung oder Erbringung Verschlusssachen nach § 4 des Gesetzes über die Voraussetzungen und das Verfahren von Sicherheitsüberprüfungen des Bundes oder nach den entsprechenden Bestimmungen der Länder verwendet werden oder
2. der Verschlusssachen im Sinne der Nummer 1 erfordert oder beinhaltet.

A. Allgemeines

I. Bedeutung, systematische Einordnung und Zweck des § 104

§ 104 definiert verteidigungs- und sicherheitsspezifische öffentliche Aufträge. Die Vorschrift geht 1 dafür in Abs. 1 Nr. 1 bis 4 von **vier Leistungskategorien** aus. Diesen liegen im Wesentlichen die in den Absätzen 2 und 3 definierten **Grundkategorien** Militärausrüstung bzw. militärische Zwecke einerseits und Verschlusssachenaufträge andererseits zu Grunde. Diese Grundkategorien werden durch Abs. 1 Nr. 1 bis Nr. 4 konkretisiert und ergänzt. Nr. 1 erfasst Aufträge über die **Lieferung von Militärausrüstung**. Nr. 2 betrifft Aufträge über die **Lieferung von Ausrüstung,** die **im Rahmen eines Verschlusssachenauftrags** vergeben wird. Teile, Bauteile oder Bausätze, die zu Aufträgen einer der Leistungskategorien Nr. 1 oder Nr. 2 gehören, werden vergaberechtlich wie diese und als *ein* Auftrag behandelt. Nr. 3 erfasst **Liefer-, Bau- und Dienstleistungen**, die mit Aufträgen der Leistungskategorien Lieferung von Militärausrüstung (Nr. 1) und Vergabe von Ausrüstung im Rahmen eines Verschlusssachenauftrags (Nr. 2) in allen Phasen des Lebenszyklus der Ausrüstung in einem unmittelbaren Zusammenhang stehen. Und Nr. 4 bestimmt, dass **Bau- und Dienstleistungen speziell für militärische Zwecke oder Bau- und Dienstleistungen,** die im Rahmen eines Verschlusssachenauftrags vergeben werden, gleichfalls Verteidigungs- oder sicherheitsspezifische öffentliche Aufträge sein können. Abs. 1 HS. 1 bringt durch die Formulierung *mindestens* zum Ausdruck, dass Aufträge im Sinne von Nr. 1 bis Nr. 4 eine oder mehrere Leistungskategorien der Nr. 1 bis Nr. 4 umfassen können.

§ 104 ist Teil des Abschnitts 1 Grundsätze, Definitionen und Anwendungsbereich und gehört 2 somit zum vorausgestellten Allgemeinen Teil des GWB. Bei § 104 handelt es sich formell um eine neue Vorschrift. Der Gesetzgeber hat **Aufträge im Verteidigungs- und Sicherheitsbereich neu definiert,** die Regelungen für die Vergabe derartiger Aufträge neu gefasst und strukturiert sowie nach der Intensität, in der Verteidigung und Sicherheit betroffen sind, auf mehrere Vorschriften aufgeteilt. Die §§ 104, 117 und §§ 144 bis 147 stehen in einem engen **Regelungszusammenhang**. § 104 ist **Ausgangsvorschrift und Weichenstellung** für Aufträge im Verteidigungs- und Sicherheitsbereich. Die in § 104 enthaltenen Definitionen sind Grundlage für die Anwendung des § 117 und der §§ 144 bis 147 sowie der VSVgV. Die §§ 117 und 144 ff. geben in Verbindung mit § 104 den **Anwendungsbereich** des GWB und der VSVgV vor. Die Begriffe verteidigungs- und sicherheitsspezifisch werden in § 117 und in den §§ 144 bis 147 vorausgesetzt. § 117 bestimmt deshalb besondere Ausnahmen für Aufträge und Wettbewerbe, die Verteidigungs- oder Sicherheits**aspekte** umfassen. § 145 regelt besondere Ausnahmen für die Vergabe von verteidigungs- und sicherheits**spezifischen** öffentlichen Aufträgen. Die Vorschriften stehen in einem abgestuften Verhältnis zueinander.

3   Der Gesetzgeber unterscheidet nunmehr zwischen verteidigungs- oder sicherheits**spezifischen** Aufträgen gem. § 145 einerseits sowie Aufträgen und Wettbewerben, die Verteidigungs- und Sicherheits**aspekte** im Sinne von § 117 **umfassen**, ohne verteidigungs- oder sicherheitsspezifische Aufträge zu sein, andererseits. An letztere sind damit in Hinsicht auf die Intensität der verteidigungs- und sicherheitsspezifischen Merkmale geringere Anforderungen zu stellen. Aufträge, die einer der in § 104 Abs. 1 Nr. 1 bis Nr. 4 beschriebenen Kategorien unterfallen, sind bei Erfüllung der weiteren Voraussetzungen des § 117 oder des § 145 von der Anwendung der Vorgaben der §§ 97 ff. freigestellt. Die Vergabe von Aufträgen, die nicht die Voraussetzungen für verteidigungs- oder sicherheitsspezifische Aufträge erfüllen, richtet sich – vorbehaltlich des Ausnahmetatbestands des § 117 – nach den allgemeinen Vergaberegeln der §§ 97 ff. Die Vergabe von verteidigungs- und sicherheitsspezifischen Aufträgen unterliegt in materiell-rechtlicher Hinsicht dem Regime der **VSVgV**. Nach § 1 VSVgV gilt diese Verordnung für die Vergabe von verteidigungs- oder sicherheitsspezifischen öffentlichen Aufträgen im Sinne des § 104 Abs. 1 GWB, die dem Teil 4 des GWB unterfallen und durch öffentliche Auftraggeber im Sinne des § 99 und Sektorenauftraggeber im Sinne des § 100 GWB vergeben werden. Die VSVgV gilt nicht für öffentlichen Aufträge und Wettbewerbe, die Verteidigungs- und Sicherheitsaspekt umfassen, ohne verteidigungs- oder sicherheitsspezifische Aufträge, die gem. § 117 oder § 145 GWB dem Anwendungsbereich des vierten Teils des GWB entzogen sind.

4   § 104 Abs. 1 bis 3 entspricht inhaltlich und regelungstechnisch im Wesentlichen dem bisherigen § 99 Abs. 7 bis 9 GWB.[1] Der Gesetzgeber hat in Form der Bezeichnung als **verteidigungs- oder sicherheits*spezifische* öffentliche Aufträge** die Begrifflichkeit geschärft. Bislang waren Aufträge im Anwendungsbereich des Art. 2 Richtlinie 2009/81/EG über die Koordinierung der Verfahren zur Vergabe bestimmter Bau-, Liefer- und Dienstleistungsaufträge in den Bereichen Verteidigung und Sicherheit in § 99 Abs. 7 GWB als **verteidigungs- oder sicherheits*relevant* umschrieben worden**.[2] Entsprechend ging auch § 99 Abs. 7 GWB (alt) von der Abgrenzung verteidigungs- und sicherheitsrelevanter bzw. nicht verteidigungs- und sicherheitsrelevanter Aufträge aus. Die neue Kategorisierung geht auf die Art. 15 bis 17 der Richtlinie 2014/24/EU und Art. 24 bis 26 der Richtlinie 2014/25/EU zurück. Die Vorschriften führen eine neue Kategorie von Aufträgen ein; es handelt sich um Aufträge, die **Verteidigungs- oder Sicherheitsaspekte umfassen**, ohne die (strengen) Voraussetzungen der Definition des Art. 2 Richtlinie 2009/81/EG zu erfüllen.[3] Zur Sicherstellung einer deutlicheren Abgrenzung zu der neuen Kategorie von Aufträgen, – Aufträge, die auch Verteidigungs- oder Sicherheitsaspekte umfassen –, sind Aufträge im Anwendungsbereich des Art. 2 der Richtlinie 2009/81/EG im GWB nunmehr als »verteidigungs- oder sicherheitsspezifische Aufträge« bezeichnet. Die begriffliche Schärfung ermöglicht eine Freistellung auch solcher Aufträge von der Anwendung der §§ 97 ff. und den Vorgaben der VSVgV, die – lediglich auch – Verteidigungs- und Sicherheitsaspekte umfassen. Weder der europäische noch der deutsche Gesetzgeber haben allerdings definiert oder in den Gesetzgebungsmaterialien erläutert, wie die nähere Bestimmung »spezi-

---

1 Gesetzesbegründung zum GWB, 90.
2 Gesetzesbegründung zum GWB, 90.
3 Gesetzesbegründung zum GWB, 90.

fisch« im Unterschied zu »relevant« zu verstehen ist. Die Aufstellung der Waren, die in Anhang III der Richtlinie 2014/24/EU genannt werden, hilft hier nicht weiter, sie dient nur der Ermittlung des Auftragswerts im Zusammenhang mit dem Schwellenwert. Als Faustregel gilt, dass die Vorschriften in einem Abstufungsverhältnis sowohl von der Leistung selbst als auch von der militärischen Intensität her stehen.

§ 104 soll in Verbindung mit § 117 und den §§ 144 bis 147 gewährleisten, dass die einzelnen Mit-   5 gliedstaaten der Union und ihre territorialen bzw. verwaltungstechnischen Untergliederungen wie in Deutschland die Bundesregierung, Landesregierungen oder Gebietskörperschaften bei der Vergabe öffentlicher Aufträge zur Beschaffung von verteidigungs- und sicherheitsspezifischen Dienst-, Liefer- und Bauleistungen die **wesentlichen Sicherheitsinteressen** der Bundesrepublik Deutschland oder eines Bundeslandes angemessen berücksichtigen und deshalb bestimmte Vergaben von der Anwendung der Richtlinie 2014/24/EU und der Richtlinie 2014/25/EU ausnehmen können.

Bei § 117 und den §§ 145 ff. handelt es sich um **abschließende Ausnahmetatbestände**, deren **Tat-**   6 **bestandsmerkmale** nach der Rechtsprechung des EuGH und der deutschen Vergabenachprüfungs-instanzen **eng auszulegen** sind.[4] Die enge Auslegung von Auslegung dient der Sicherstellung der **praktischen Wirksamkeit des Unionsrechts** (*effet utile*). Eine analoge Anwendung der Vorschriften ist nicht zulässig. Für Aufträge, die die Voraussetzungen einer oder mehrerer Fallgruppen des § 117 oder des § 145 erfüllt, entfallen die sich aus den §§ 97 ff. ergebenden Verfahrens- und Publizitäts-pflichten. In jedem Einzelfall ist allerdings zu prüfen, ob die betreffende Vergabe damit auch dem Anwendungsbereich des EU-Primärrechts, d.h. insbesondere dem AEUV entzogen ist. Es ist zudem für die Wirksamkeit der EU-Vergaberichtlinien von höchster Bedeutung, dass die EU-Mitgliedstaa-ten die Ausnahmetatbestände korrekt umsetzen.[5] Im Einzelfall wird man insbesondere in Grenzfäl-len stets den Text der Richtlinien, am besten auch die englische Fassung, zur Auslegung heranziehen müssen. Die EU-Kommission wird genauestens verfolgen, inwieweit die Mitgliedstaaten von den Ausnahmen Gebrauch machen und sicherstellen, dass keine der Ausnahmen geltend gemacht wird, um die Vorgaben der Vergaberichtlinien zu umgehen.[6] Die Ausnahmetatbestände haben zudem **unmittelbaren Einfluss auf die Rechtsschutzmöglichkeiten.**

II. Rechtsschutz

Vergaben, die nach § 117 oder § 145 ausnahmsweise nicht nach den Regeln des EU-/GWB-Ver-   7 gaberechts erfolgen, unterliegen der Nachprüfung durch die Vergabenachprüfungsinstanzen nur insoweit, als das Vorliegen der gesetzlichen Voraussetzungen der Ausnahme geprüft wird.[7] Stellt die Vergabekammer bzw. das OLG fest, dass sich der Auftraggeber zu Recht auf eine Ausnahme berufen hat, ist das weitere Vergabeverfahren dem Rechtsschutz der §§ 155 ff. entzogen.[8] Zu beach-ten ist, dass die Freistellung eines Auftrags vom EU-/GWB-Vergaberecht nicht zwingend auch die Ausnahme von den Vorgaben des AEUV bedeutet. Diese ist gesondert zu prüfen. Die Nachprü-fungsinstanzen dürfen beispielsweise überprüfen, ob die Vergabestelle ihren **Beurteilungsspielraum** hinsichtlich des Vorliegens der Tatbestandsvoraussetzungen der §§ 104, 117, und 145 ff. eingehal-ten hat. Dem öffentlichen Auftraggeber steht in Bezug auf diese prognostizierende Risikobewertung ein Beurteilungsspielraum zu, der seitens der Vergabenachprüfungsinstanzen nur daraufhin über-prüft werden kann, ob bei der Entscheidung die Grenzen dieses Beurteilungsspielraums überschrit-ten wurden. Ob dies der Fall ist, ist im Wege einer Gesamtschau der in diesem Zusammenhang

---

4 Ständige Rspr EuGH, Urt. v. 07.06.2012, Rs. C-615/10 InsTiimi Oy, Rn. 35, NZBau 2012, 509, 511; Rs. C-199/85, Slg. 1987, 1039, Rn. 14; OLG Düsseldorf, Beschl. v. 01.08.2012, VII Verg 10/12.
5 EU-Komm. COM (2012) 565, 6.
6 EU-Komm. COM (2012) 565, 7.
7 Zum Rechtsschutz im Verteidigungs- und Sicherheitsbereich ausführlich Hölzl, Münchener Kommentar für europäisches und deutsches Wettbewerbsrecht, 2011, § 100 Abs. 2 Rn. 70 ff.
8 Zu den Rechtsschutzmöglichkeiten in diesem Fall vgl. Kommentierung zu § 145.

relevanten Faktoren zu ermitteln.[9] Sind die Voraussetzungen eines Ausnahmetatbestandes erfüllt und seine **Annahme verhältnismäßig**, darf eine materiellrechtliche Überprüfung der betreffenden Beschaffung am Maßstab der §§ 97 ff. nicht erfolgen. Der Nachprüfungsantrag ist in diesem Fall als unzulässig zurückzuweisen.[10] Die §§ 97 ff. treffen keine Aussage darüber, ob ein anderer bzw. ggf. welcher Rechtsweg für Primärrechtsschutz bei der Beschaffung von Leistungen iSv. §§ 104, 117, und 145 ff. eröffnet ist. Die Frage ist bislang auch nicht höchstrichterlich entschieden.

8   Das VG Koblenz hat in seiner sog.»**Lenkwaffen-Entscheidung**« entschieden, dass für Vergaben iSv. § 100 Abs. 2 lit. e GWB (alt) der Verwaltungsrechtsweg eröffnet ist.[11] Das BMVg beabsichtigte im Lenkwaffenfall über das Bundesamt für Wehrtechnik und Beschaffung (BWB) Lenkflugkörper für Korvetten der Bundesmarine und damit sog. harte Rüstungsgüter zu beschaffen. Diese sah das Gericht als vom Ausnahmetatbestand des § 100 Abs. 2 lit. e GWB (alt) erfasst an, so dass vergaberechtlicher Rechtsschutz ausschied. Das VG Koblenz untersagte im Wege des vorläufigen Rechtsschutzes durch eine **Zwischenverfügung** zunächst den Vertragsschluss mit dem vom BMVg durch das BWB ausgewählten Bieter. Darüber hinaus entschied es durch **Beschluss gemäß § 17 a Abs. 3 S. 1 und 2 GVG** vorab, dass das vom BMVg durchgeführte Beschaffungsverfahren verwaltungsgerichtlich überprüfbar ist. Das OVG Koblenz bestätigte den Beschluss des VG Koblenz nicht nur, sondern ging mit der Eröffnung des Verwaltungsrechtswegs für alle Vergaben außerhalb der §§ 97 ff. GWB über diesen hinaus.[12] Dogmatische Grundlage der Entscheidung des Senats war die verwaltungsrechtliche **Zwei-Stufen-Theorie**. Nach dieser geht dem Abschluss des privatrechtlichen Vertrages (Annahme des Angebotes durch den Zuschlag) als zweiter Stufe eine erste Stufe in Form des eigenständigen hoheitlichen Vergabeverfahrens voraus. Die erste Stufe der Auftragsvergabe, das Vergabeverfahren, unterliege **öffentlich-rechtlichen Bindungen**. Diese ergäben sich vor allem aus dem Haushaltsrecht in Verbindung mit den als Verwaltungsvorschriften zu verstehenden Regelungen der Verdingungsordnungen. Diesen maß der Senat über das **Gleichbehandlungsgebot aus Art. 3 Abs. 1 GG Außenwirkung** zu, so dass an einer staatlichen Vergabe beteiligte Bieter gegen deren Verletzung gerichtlich vorgehen können. Während sich dem in der Folgezeit die OVG Rheinland-Pfalz,[13] Nordrhein-Westfalen[14] und Sachsen[15] angeschlossen haben, lehnten die OVGs Berlin-Brandenburg[16] und Niedersachsen[17] verwaltungsgerichtlichen Rechtsschutz ab. Auch das Schrifttum war entsprechend gespalten.[18]

9   Der Eröffnung des Verwaltungsrechtwegs für Rüstungsvergaben steht die Entscheidung des **BVerfG** zur Frage der Zulässigkeit von vergaberechtlichem Primärrechtsschutz für Unterschwellenvergaben nicht entgegen.[19] Das BVerfG hatte entschieden, dass die Beschränkung des speziellen vergaberechtlichen Rechtsschutzes auf Aufträge, deren Wert mindestens die durch das Unionsrecht vorgegebenen Schwellenwerte erreicht, verfassungsgemäß ist. Gegenstand der Entscheidung war jedoch nicht die Frage, welcher andere Rechtsweg möglicherweise eröffnet ist, insbesondere nicht, ob für Rüstungsvergaben der Verwaltungs- oder der Zivilrechtsweg eröffnet ist. Auch das **BVerwG** hat nicht ausgeschlossen, dass in Bezug auf die Vergabe von Aufträgen durch die öffentliche Hand der Verwaltungsrechtsweg eröffnet sein kann. Ausdrücklich heißt es in der Entscheidung, das lediglich

---

9   VK Bund, Beschl. v. 14.07.2005, VK 3 – 55/05.
10 OLG Düsseldorf VergabeR 2004, 371, 373; VK Bund, Beschl. v. 28.08.2000, VK 1 – 21/00, Umdruck nach Veris, 23.
11 VG Koblenz NZBau 2005, 412.
12 Prieß/Hölzl NZBau 2005, 367, 370.
13 OVG Koblenz NZBau 2005, 411, 411, mit Anm. Prieß/Hölzl NZBau 2005, 367, 367.
14 OVG Münster NVwZ-RR 2006, 842, 842.
15 OVG Sachsen VergabeR 2006, 348, 348.
16 OVG Berlin-Brandenburg NZBau 2006, 668, 668.
17 OVG Lüneburg IBR 2006, 512.
18 Zur Diskussion vor der Entscheidung des BVerfG z.B. Prieß/Niestedt Rechtsschutz im Vergaberecht, 2006, 29; mwN. Tomerius/Kiser VergabeR 2005, 551, 557.
19 BVerfG NJW 2006, 3701, mit Anm. Niestedt/Hölzl NJW 2006, 3680.

»in aller Regel« der Rechtsweg zu den ordentlichen Gerichten gegeben ist.[20] Um einen solchen »Regelfall« handelt es sich bei Beschaffungen im Verteidigungsbereich nicht.

Für den zulässigen Rechtsweg ist vor diesem Hintergrund zu unterscheiden, ob es sich um eine Vergabe im herkömmlichen Sinn oder um eine originär hoheitlich ausgerichtete Beschaffung handelt. Ausschlaggebend für den zulässigen Rechtsweg sind der »**Charakter, die Prägung, der Schwerpunkt und der wesentliche Gehalt der in Rede stehenden Maßnahme der Verwaltung**«.[21] Dient eine Vergabe der Sicherstellung der Landesverteidigung, d.h. der Erfüllung genuin hoheitlicher Aufgaben, und wird die Beschaffungsentscheidung von der obersten Führungsebene des BMVg bzw. der diese vertretenden Stellen getroffen, ist sie öffentlich-rechtlich zu beurteilen und daher verwaltungsgerichtlich überprüfbar.[22] Auch diese Vergaben müssen »nach rechtsstaatlichen Grundsätzen und fair, transparent, die Chancengleichheit aller dem Verfahren Unterworfenen wahrend und – jedenfalls zu Beginn – ergebnisoffen durchgeführt« werden. Gleichfalls ist der Verwaltungsrechtsweg für diese Vergaben auf der Grundlage der Zwei-Stufen-Theorie eröffnet.[23] Denn **jedenfalls bei Beschaffungen im Verteidigungsbereich ist die Auswahlentscheidung des Auftraggebers als hoheitlich zu qualifizieren.** Dieser Unterscheidung liegt die nachvollziehbare Überlegung des Verwaltungsgerichts zu Grunde, dass es sich bei den Beschaffungen im zentralen Verteidigungsbereich nicht um Beschaffungen handelt, die der Staat als und wie ein Privatrechtssubjekt durchführt. Beschaffungen solcher Güter nimmt der Staat vielmehr auf der Grundlage seiner ausschließlich und genuin ihm zukommenden Aufgabe und Berechtigung, das heißt seiner **Wehrbeschaffungshoheit**, vor. Einer Beschaffung in diesem Bereich geht stets eine hoheitliche Entscheidung voraus. Vor diesem Hintergrund dürften zumindest Beschaffungen im Sinne von §§ 145 iVm. 104 Abs. 2, d.h. über Militärausrüstung im Verwaltungsrechtsweg überprüfbar sein. Grundsätzlich dürften jedoch alle Beschaffungen im Sinne von §§ 145 iVm. 104 im Verwaltungsrechtsweg überprüfbar sein.

Bei der Überprüfung der Beschaffungs- bzw. Auswahlentscheidung des Auftraggebers handelt es sich – jedenfalls bei der Beschaffung von Waffen, Munition und Kriegsmaterial iSv. § 104 Abs. 2 Art. 346 Abs. 1 lit. b AEUV – um eine öffentlich-rechtliche Streitigkeit nichtverfassungsrechtlicher Art gem. § 40 Abs. 1 S. 1 VwGO, so dass der Verwaltungsrechtsweg eröffnet ist. Ob der Verwaltungs- oder der Zivilrechtsweg eröffnet ist,[24] hängt davon ab, ob es sich um eine Vergabe handelt, die auf der Grundlage der ausschließlichen Wehrbeschaffungshoheit des Staates erfolgt.[25] Die Wehrbeschaffungshoheit des Bundes ergibt sich aus Art. 87 a Abs. 1 S. 1 iVm. Art. 87 b GG sowie § 2 Abs. 2 und § 15 KrWaffKontrG. Zutreffend hatte bereits vor den Entscheidungen des VG Koblenz und des OVG Koblenz das OLG Düsseldorf in einem Beschaffungsrechtsstreit über Kampfausrüstung für die Bundeswehr festgestellt, dass die »**Aufgabe der unmittelbaren Deckung des Sachbedarfs der Streitkräfte eine im Allgemeininteresse liegende Aufgabe** ist, weil sie staatlich ist und der Aufrechterhaltung der Verteidigungsbereitschaft i.S.d. Art. 87 a Abs. 1 GG dient«.[26] Liegt eine solche vor, d.h. eine ausschließlich dem Staat erlaubte und aufgegebene Beschaffung, so ist der Verwaltungsrechtsweg eröffnet.[27]

Fällt das Tun des Staates in den »**Bereich des engeren staatlichen Aufgabenkreises**«, zu dem die Landesverteidigung und damit die Beschaffung von dazu notwendigen Rüstungsgütern seit jeher gehört, liegt bereits **im Zweifel ein Handeln auf dem Gebiet des öffentlichen Rechts** vor.[28] Darüber hinaus gilt der Grundsatz, dass im Bereich hoheitlicher Tätigkeit der Zweck der Beschaf-

---

20 BVerwG IBR 2007, 385.
21 VG Koblenz NZBau 2005, 412, 413.
22 VG Koblenz NZBau 2005, 412, 413.
23 Vgl. dazu Prieß/Hölzl NZBau 2005, 367.
24 So auch Prieß, Handbuch, RdNr. 535.
25 VG Koblenz NZBau 2005, 412, 413.
26 OLG Düsseldorf VergabeR 2003, 435, 435, Leitsatz 1, mit Anm. Prieß VergabeR 2003, 445.
27 Dazu Prieß/Hölzl NZBau 2005, 367, 367.
28 OVG Koblenz NVwZ 1993, 381, 382.

fungsmaßnahme – Sicherstellung der Landesverteidigung – nicht von dem Beschaffungsakt als solchem getrennt werden darf.[29] Das ist auch in der Rechtsprechung der Gerichte der Europäischen Gemeinschaften anerkannt.[30] Der wirtschaftliche oder nichtwirtschaftliche Charakter der späteren Verwendung des erworbenen Gegenstands bestimmt daher zwangsläufig den Charakter der Einkaufstätigkeit. Zutreffend hat auch der EuGH festgestellt, dass es »daher erforderlich ist, in jedem Einzelfall die vom Staat ausgeübten Tätigkeiten zu prüfen und zu bestimmen, zu welcher Kategorie sie gehören.«[31] Darüber hinaus genügt für die Eröffnung des Verwaltungsrechtswegs bereits, dass für das Rechtsschutzbegehren auf Grundlage des Antrags und des zur Begründung vorgetragenen Sachverhalts *auch* eine öffentlich-rechtliche Anspruchsgrundlage in Betracht kommt und ihre Anwendbarkeit nicht offensichtlich verneint werden muss.[32]

13   Dass mit der Entscheidung über eine Auftragsvergabe **öffentliche Gewalt iS. des Art. 19 Abs. 4 GG** ausgeübt wird, folgt auch aus der Auslegung des Art. 1 Abs. 3 GG.[33] Dort fehlt jede Anknüpfung an bestimmte Handlungsmodalitäten der Verwaltung, beispielsweise hoheitliche, verwaltungsprivatrechtliche oder fiskalische Tätigkeit. Vielmehr spricht die mit Art. 20 Abs. 3 GG übereinstimmende Formulierung dafür, **dass jede Form staatlicher Tätigkeit an die Grundrechte gebunden** werden soll. Daher fällt auch fiskalisches Beschaffungshandeln unter den Begriff der öffentlichen Gewalt im Sinne von Art. 1 Abs. 3 und Art. 19 Abs. 4 GG. Auch die Vergabeentscheidung ist deshalb Ausdruck öffentlicher Gewalt und damit hoheitlich. Am ehesten gerecht wird der Konstellation der Auftragsvergabe deshalb die Zwei-Stufen-Theorie (vorgelagerte öffentlich-rechtliche Vergabeentscheidung und Abschluss eines zivilrechtlichen Vertrags).

14   Effektiver Rechtsschutz ist aufgrund der rechtlichen und faktischen Möglichkeiten – Sach- und Institutionsnähe, Amtsermittlung und Akteneinsicht[34] – für Auftragsvergaben, die nach Abs. 2 lit. e nicht dem Vierten Teil des GWB unterstellt sind, nur im Verwaltungsrechtsweg gewährleistet. Die grundgesetzlich verankerte Pflicht zur Gewährung effektiven Rechtsschutzes schließt ein, dass **Rechtsschutz von der sachnäheren Gerichtsbarkeit zu leisten** ist.[35] Das sind für Beschaffungen im Anwendungsbereich des §§ 104, 117, und 145 ff. die Verwaltungsgerichte. Zutreffend hat das BVerfG ausdrücklich klargestellt, dass im staatlichen Beschaffungsbereich effektiver Rechtsschutz dadurch sichergestellt sein muss, dass jede Vergabeentscheidung in materieller Hinsicht gerichtlich überprüft werden kann.[36] Gegen einen Akt öffentlicher Gewalt, wie er in der – positiven und negativen – hoheitlichen Entscheidung über die Auswahl eines Angebotes, jeweils verbunden mit der Mitteilung darüber, zum Ausdruck kommt, muss gem. Art. 19 Abs. 4 GG gerichtlicher Rechtsschutz möglich sein.[37]

15   Aus den §§ 97 ff. ergibt sich in Bezug auf § 40 Abs. 1 S. 1 VwGO **keine abdrängende Sonderzuweisung.** Insbesondere lässt sich auch aus §§ 104, 117, und 145 ff. keine Zuweisung an die ordentlichen Gerichte ableiten. Notwendig ist im Interesse des Rechtsschutzsuchenden und um den gesetzlichen Richter zweifelsfrei bestimmen zu können, dass eine eindeutige Zuweisung

---

29 Schlette, Die Verwaltung als Vertragspartner, 2000, 152.
30 EuG, T-319/99, Slg. 2003, II-357, Rn. 36 Fenin/Kommission, EuZW 2003, 283, 285.
31 EuGH, 118/85, Slg. 1987, 2599, 2621, Rn. 7 Kommission/Italien.
32 BVerwG NVwZ 1993, 358, 358; VGH Kassel NVwZ 2003, 238, 238; ähnlich BVerwG BVerwGE 7, 89; OLG Brandenburg NZBau 2000, 39, 43; mwN; Dreher NZBau 2002, 419, 426; Meyer NVwZ 2002, 1075, 1077; insbesondere Broß Vergaberechtlicher Rechtsschutz unterhalb der Schwellenwerte, in: Neunte Badenweiler Gespräche, Schriftenreihe des forum vergabe e. V., Heft 19, 2003, 31, 37, 42.
33 Anders, unter Zugrundelegung eines zu engen Gewaltbegriffs BVerfGE 116, 135; NJW 2006, 3701, 3702.
34 Zur Notwendigkeit von Akteneinsicht zur Sicherstellung effektiven Rechtsschutzes vgl. BVerfGE 101, 106, NJW 2000, 1175, 1178; zur Akteneinsicht im Vergaberecht OLG Thüringen, VergabeR 2002, 305, 305; OLG Thüringen ZfBR 2002, 522, 522.
35 VG Koblenz NZBau 2005, 412, 413.
36 BVerfG NZBau 2004, 564, 567, mit Anm. Bultmann/Hölzl NZBau 2004, 651.
37 VK Bund WuW/E Verg 218, 220; Dreher NZBau 2002, 419, 426; Binder ZZP 2000, 195, 211; Huber JZ 2000, 877, 878; Hermes JZ 1997, 909, 912; Broß, 37.

Hölzl

gegeben ist.[38] Nur eine als solche bezeichnete und erkennbare Sonderregelung schließt die Zuständigkeit der Verwaltungsgerichte aus.[39] Auch ein Ausschluss der Überprüfbarkeit von Vergabeentscheidungen, die eindeutig hoheitlichen Charakter haben, ist aus §§ 104, 117, und 145 ff. nicht herleitbar. §§ 104, 117, und 145 ff. schließen deshalb insbesondere die Eröffnung des Verwaltungsrechtsweges nicht aus. §§ 104, 117, und 145 ff. können die Eröffnung des Verwaltungsrechtsweges darüber hinaus schon deswegen nicht ausschließen, weil die Vorschrift Ergebnis der Umsetzung von Unionsrecht sind, das auf Grundlage des unionsrechtlichen Prinzips der begrenzten Einzelermächtigung ergangen ist.[40] Folglich können die §§ 104, 117, und 145 ff. nur die Bereiche und nur soweit abschließend regeln, als die Union auch zuständig ist. Das sind nur die Bereiche, in denen Mitgliedstaaten auf Souveränität ganz oder teilweise verzichtet haben. Im Verteidigungsbereich ist das gerade nicht der Fall. Beschaffungen von Kriegswaffen sind aus diesem Grund auch dem nationalen Vergaberechtsregime, durch das gemeinschaftsrechtliches Vergaberecht umgesetzt wird, entzogen. Die Konsequenz ist, dass eine Beschaffung im Sinne von §§ 104, 117, und 145 ff. durch den EuGH und/oder die nationalen Nachprüfungsinstanzen nur unter den bereits dargelegten Maßgaben überprüfbar ist.

III. Überblick über den Inhalt der Regelung

Bei § 104 handelt es sich um eine Vorschrift des Abschnitts 1, d.h. des vorausgestellten Allgemeinen Teils des Vergaberechts der §§ 97 ff. Die Vorschrift ist im Kapitel 1 Vergabeverfahren und hier wiederum im Abschnitt Grundsätze, Definitionen und Anwendungsbereich lokalisiert. § 104 definiert, was unter verteidigungs- und sicherheitsspezifischen öffentlichen Aufträgen zu verstehen ist. § 117 und die §§ 144 ff. greifen auf die Begrifflichkeit des § 104 zurück und bestimmen die Rechtsfolgen bei der Vergabe derartiger Aufträge. **16**

Die Definition von verteidigungs- oder sicherheitsspezifischen öffentlichen Aufträgen erfolgt anhand der Bildung von vier Leistungskategorien in Abs. 1 Nr. 1 bis 4. Die Grundkategorien der Leistungen sind Militärausrüstung bzw. militärische Zwecke einerseits und Verschlusssachenaufträge andererseits jeweils einschließlich dazugehöriger Teile, Bauteile oder Bausätze sowie Liefer-, Bau- und Dienstleistungen, die einem unmittelbarem Zusammenhang zu diesen Leistungskategorien stehen. Abs. 2 enthält die Definition des Begriffs Militärausrüstung und Abs. 3 definiert den Verschlusssachenauftrag. Zur genaueren Bestimmung der Leistungskategorien sind allerdings Spezialvorschriften wie u.a. das SÜG heranzuziehen. § 104 ist auf der Grundlage der spezifischen Vorgaben der Richtlinien 2014/24/EU, 2014725/EU und 2009/81/EG auszulegen. **17**

IV. Rechtliche Grundlagen

§ 104 setzt Art. 2 Richtlinie 2009/81/EG sowie Vorgaben der Art. 15 bis 17 Richtlinie 2014/24/EU und Art. 25 bis 27 Richtlinie 2014/25/EU um. Primärrechtliche Grundlage ist Art. 346 Abs. 1 lit. a. und b AEUV. Nach Art. 2 Richtlinie 2009/81/EG gilt diese Richtlinie vorbehaltlich der Art. 30, 45, 46, 55 und Art. 346 AEUV für Aufträge in den Bereichen Verteidigung und Sicherheit, die zum Gegenstand haben: (a) die Lieferung von Militärausrüstung, einschließlich dazugehöriger Teile, Bauteile und/oder Bausätze, (b) die Lieferung von sensibler Ausrüstung, einschließlich dazugehöriger Teile, Bauteile und/oder Bausätze, (c) Bauleistungen, Lieferungen und Dienstleistungen in unmittelbarem Zusammenhang mit der in den Buchstaben (a) und (b) genannten Ausrüstung in allen Phasen ihres Lebenszyklus d Bau- und Dienstleistungen speziell für militärische Zwecke oder sensible Bauleistungen und sensible Dienstleistungen. **18**

---

38 BVerwGE 40, 112, 114, DÖV 1972, 792.
39 BVerwGE 40, 112, 114; BVerwGE 58, 167, 170.
40 Zum Prinzip der begrenzten Einzelermächtigung vgl. EuGH, C-376/98, Slg. 2000, I-8419, 8524, Rn. 83 Deutschland/Parlament und Rat, NJW 2000, 3701, 3702; EuGH, C-350/92, Slg. 1995, I-1985, 2012 -2016, Rn. 25 – 41 Spanien/Rat; EuGH, C-233/94, Slg. 1997, I-2405, 2448 – 2451, Rn. 10 – 21 Deutschland/Parlament und Rat.

19 Art. 346 AEUV, Art. 2 Richtlinie 2014/24/EU sowie die Vorgaben der Art. 15 bis 17 Richtlinie 2014/24/EU und Art. 25 bis 27 Richtlinie 2014/25/EU und § 104 sind als **Ausnahmetatbestände eng auszulegen** und erfassen nur **außergewöhnliche Aufträge.**[41] Die Inanspruchnahme des Art. 346 AEUV berührt den Kernbereich der Europäischen Union.[42] Die Freistellung von Auftragsvergaben vom Vergaberechtsregime der Union und erst recht von den Maßgaben des EU-Primärrechts ist ein schwerwiegender Akt. Grund für die Möglichkeit der Freistellung ist, dass die Mitgliedstaaten zur Wahrung ihrer wesentlichen Sicherheitsinteressen an sich unionsrechtswidrige, insbesondere dem Prinzip des freien Waren- und Dienstleistungsverkehrs, der Wettbewerbsfreiheit und der gemeinsamen Handelspolitik zuwiderlaufende nationale Maßnahmen treffen können.[43] Zur Sicherstellung der praktischen Wirksamkeit des Unionsrechts sind gem. Art. 15 Abs. 1 Richtlinie 2014/24/EU grundsätzlich auch die Vergabe öffentlicher Aufträge und die Durchführung von Wettbewerben in den Bereichen Verteidigung und Sicherheit erfasst. Es besteht keine *a priori* – Ausnahme. Die Voraussetzungen für das Vorliegen eines Ausnahmetatbestands sind stets im Einzelfall zu prüfen und die Freistellungen auf das absolut notwendigste Maß zu beschränken.

20 Ausgenommen sind jedoch nach Art. 15 Abs. 1 lit. a Richtlinie 2014/24/EU Aufträge, die in den Anwendungsbereich der Richtlinie 2009/81/EG fallen und lit. b Aufträge, auf die die Richtlinie 2009/81/EG nach deren Artikeln 8 *Schwellenwerte*, 12 *Aufträge, die auf Grund internationaler Vorschriften vergeben werden* und 13 *Besondere Ausnahmen* nicht anwendbar ist. Nach Art. 15 Abs. 2 Richtlinie 2014/24/EU findet diese zudem keine Anwendung, vorausgesetzt es liegt nicht bereits eine der in Art. 15 Abs. 1 genannten Ausnahmen vor, soweit der Schutz wesentlicher Sicherheitsinteressen eines Mitgliedstaats nicht durch weniger einschneidende Maßnahmen, zum Beispiel durch Anforderungen, die auf den Schutz der Vertraulichkeit der Informationen abzielen, die der öffentliche Auftraggeber im Rahmen eines Vergabeverfahrens im Sinne dieser Richtlinie zur Verfügung stellt, gewährleistet werden kann. Ferner findet die Richtlinie 2014/24/EU im Einklang mit Art. 346 Abs. 1 lit. a AEUV keine Anwendung auf öffentliche Aufträge und Wettbewerbe, die nicht anderweitig im Rahmen des Abs 1 des Art. 15 Richtlinie 2014/24/EU ausgenommen sind, soweit ein Mitgliedstaat mit der Anwendung dieser Richtlinie verpflichtet würde, Informationen zu übermitteln, deren Offenlegung nach seiner Auffassung seinen wesentlichen Sicherheitsinteressen zuwiderlaufen würde. Gem. Art. 15 Abs. 3 Richtlinie 2014/24/EU findet diese Richtlinie zudem keine Anwendung, wenn die Auftragsvergabe und die Ausführung des öffentlichen Auftrags oder Wettbewerbs für geheim erklärt werden oder nach den in einem Mitgliedstaat geltenden Rechts- oder Verwaltungsvorschriften besondere Sicherheitsmaßnahmen erfordern, sofern der Mitgliedstaat festgestellt hat, dass die betreffenden wesentlichen Interessen nicht durch weniger einschneidende Maßnahmen, wie jene gemäß Abs. 2 UA 1, gewährleistet werden können.

V. Unterschwellenbereich

21 § 104 gilt nur für Vergabeverfahren mit einem Volumen oberhalb der EU-Schwellenwerte anwendbar. Für den Unterschwellenbereich gilt die Vorschrift gerade nicht.

---

41 EuGH, Rs. C-414/97, Slg. 1999, I-5585, Rn. 21 Kommission/Spanien; Rs. C-228/84, Slg. 1986, 1651, 1684, Rn. 26 Johnston; C-13/68, Slg. 1968, 661, 694 Salgoil; C-324/93, Slg. 1995, I-563, 611, Rn. 48 Evans Medical; Rs. C-414/97, Slg. 1999, I-5585, 5606, Rn. 21 Kommission/Spanien; Rs. C-252/01, Slg. 2003, I-11 859 = NZBau 2004, 281 Kommission/Belgien; Wegener in: Calliess/Ruffert, Art. 346 AEUV Rn. 1 – 4.

42 Ziffer 2 Mitteilung der Kommission zu Auslegungsfragen bezüglich der Anwendung des Art. 296 EG-Vertrag (= Art. 346 AEUV), KOM 2006/779 v 07.12.2006.

43 Wegener in: Calliess/Ruffert EUV/AEUV, 4. Aufl. 2011, Art. 346 AEUV Rn. 1 – 4.

B. Verteidigungs- und sicherheitsspezifische Aufträge

I. Verteidigungs- und sicherheitsspezifische Aufträge

§ 104 Abs. 1 entspricht im Wesentlichen dem bisherigen § 99 Abs. 7 GWB. Die Vorschrift definiert **22** verteidigungs- und sicherheits**spezifische** öffentliche Aufträge.[44] Abweichend von § 104 Abs. 1 war in § 99 Abs. 7 GWB (alt) allerdings von verteidigungs- und sicherheits**relevanten** Aufträgen die Rede. Insofern stellt der Gesetzgeber **höhere Anforderungen** an das Vorliegen derartiger Aufträge. Ziel der Verschärfung der Voraussetzungen ist, zur Sicherstellung der praktischen Wirksamkeit des Unionsrechts Aufträge auch im Verteidigungs- und Sicherheitsbereich nur in eng begrenzten Ausnahmefall dem Binnenmarkt bzw. dem Vergaberecht der Union zu entziehen, so dass auch für diese Aufträge weitestgehend ein transparenter, diskriminierungsfreier Wettbewerb sichergestellt ist.

Die Definition der verteidigungs- oder sicherheitsspezifischen Aufträge ergibt sich nach dem Ver- **23** ständnis des Gesetzgebers aus Art. 1 Nr. 6, 7 und Art. 2 der Richtlinie 2009/81/EG.[45] Die vom Gesetzgeber in Bezug genommenen Vorschriften der Richtlinie 2009/81/EG enthalten allerdings lediglich die Definitionen für die Begriffe *Militärausrüstung* (Nr. 7), *Sensible Ausrüstung* (Nr. 7) und für *Verschlusssachen* (Nr. 8). Art. 2 Richtlinie 2009/81/EG stimmt im Wortlaut im Wesentlichen mit § 104 Abs. 1 überein; die Vorschrift betrifft ausweislich des Wortlauts allerdings Aufträge in den Bereichen Verteidigung und Sicherheit, die Leistungen im Sinne von Art. 2 lit. a bis d bzw. § 104 Abs. 1 Nr. 1 bis 4 »zum Gegenstand haben«. Art. 2 Richtlinie 2009/81/EG unterscheidet gerade nicht zwischen verteidigungs- und sicherheitsrelevanten Aufträgen einerseits und Aufträgen, die Verteidigungs- und Sicherheitsaspekte umfassen andererseits. Diese Unterscheidung ist durch Art. 15 bis 17 Richtlinie 2014/24/EU neu eingeführt worden. Der Gesetzgeber überlässt es damit weitgehend der Rechtsprechung und dem Schrifttum, verteidigungs- und sicherheitsrelevanten Aufträgen einerseits und Aufträgen, die Verteidigungs- und Sicherheitsaspekte« andererseits abzugrenzen bzw. zu definieren.

Der Gesetzgeber gibt durch § 104 Abs. 1 Nr. 1 bis 4 vor, dass die zu den einzelnen Grundkatego- **24** rien – Militärausrüstung und Verschlusssachenaufträge – jeweils **zugehörigen** Teile, Bauteile oder Bausätze sowie Liefer-, Bau- und Dienstleistungen, die einem **unmittelbarem Zusammenhang** zu diesen Leistungskategorien stehen, vergaberechtlich wie die Hauptleistung zu behandeln ist. Das bedeutet, dass auch die Beschaffung dieser Leistungen ggf. *uno actu* von der Anwendung der Richtlinien 2014/24/EU und 2014/25/EU freigestellt ist. Allerdings wird man die »**Zugehörigkeit**« und den »**unmittelbaren Zusammenhang**« auf der Grundlage einer **engen Auslegung** beurteilen müssen. Die an das Vorliegen der Voraussetzung »Zugehörigkeit« zu stellenden Anforderungen sind allerdings deutlich niedriger als bei der Voraussetzung »unmittelbarer Zusammenhang«. Es bietet sich an, als Faustregel im Wesentlichen von der Rechtsprechung des EuGH zu gemischten Verträgen auszugehen.[46] Die »**Zugehörigkeit**« und der »**unmittelbare Zusammenhang**« wird jedenfalls dann gegeben sein, wenn die Leistungen auf der Grundlage einer objektiven Bewertung ein unteilbares Ganzes bilden und nicht ohne wesentliche Probleme getrennt voneinander beschafft werden könnten.[47] Dafür ist eine umfassende **Abwägung** der widerstreitenden Belange anzustellen. Im Unterschied zu gemischten Verträgen kommt es aber für die Bestimmung der maßgeblichen Vorschriften nicht auf den Hauptgegenstand oder vorherrschenden Bestandteil des Vertrags an. Kommt der Auftraggeber auf der Grundlage einer objektiven Bewertung zum Ergebnis, dass es sich um einen verteidigungs-

---

44 Gesetzesbegründung zum GWB, S. 81.

45 Richtlinie 2009/81/EG des Europäischen Parlaments und des Rates vom 13. Juli 2009 über die Koordinierung der Verfahren zur Vergabe bestimmter Bau-, Liefer- und Dienstleistungsaufträge in den Bereichen Verteidigung und Sicherheit und zur Änderung der Richtlinien 2004/17/EG und 2004/18/EG (ABl. L 216 vom 20.08.2009, S. 76).

46 EuGH, Urt. v. 21.02.2008, Rs. C-412/04 Hotel Lutraki; OLG Düsseldorf v. 30.04.2014, VII-Verg 35/13; v. 11.02.2009, VII-Verg 69/08; OLG Karlsruhe v. 06.02.2013, 15 Verg 11/12.

47 EuGH, Urt. v. 21.02.2008, Rs. C-412/04; OLG Düsseldorf, Beschl. v. 30.04.2014, VII Verg 35/13; Beschl. v. 11.02.2009, VII Verg 69/08; OLG Karlsruhe, Beschl. v. 06.02.2013, 15 Verg 11/12.

oder sicherheitsrelevanten Auftrag handelt, dessen Bestandteile zusammengehörig sind oder in einem unmittelbaren Zusammenhang stehen, wird der Auftrag unabhängig vom Hauptgegenstand oder Schwerpunkt als Ganzes nach den für diese Aufträge geltenden Vorschriften vergeben.[48]

25 Der Begriff **Lebenszyklus** umfasst auf der Grundlage der Richtlinie 2009/81/EG, 2014/24/EU und 2014/25/EG alle aufeinander folgenden und/oder miteinander verbundenen Stadien, einschließlich der durchzuführenden Forschung und Entwicklung, der Produktion, des Handels und der damit verbundenen Bedingungen, des Transports, der Nutzung und Wartung, während der Lebensdauer einer Ware oder eines Bauwerks oder während der Erbringung einer Dienstleistung, angefangen von der Beschaffung der Rohstoffe oder Erzeugung von Ressourcen bis hin zu Entsorgung, Aufräumarbeiten und Beendigung der Dienstleistung oder Nutzung.[49] Diese Stadien schließen beispielsweise Studien, Bewertung, Lagerung, Transport, Integration, Wartung, Demontage, Zerstörung und alle weiteren Dienstleistungen nach der ursprünglichen Konzipierung ein.[50] Bei **Teilen, Bauteilen und/ oder Bausätzen** handelt es sich um solche Teile, die zum Einbau in die Produkte oder zur Befestigung an diesen bestimmt sind.[51]

II. Militärausrüstung

26 § 104 Abs. 2 enthält die **Definition der Grundkategorie Militärausrüstung**. Es handelt sich danach um Ausrüstung, die eigens zu militärischen Zwecken konzipiert oder für militärische Zwecke angepasst wird und zum Einsatz als Waffe, Munition oder Kriegsmaterial bestimmt ist. Die Vorschrift entspricht dem § 99 Abs. 8 GWB (alt). Der Gesetzgeber hat den Begriff Militärausrüstung selbst nicht näher erläutert. Für das Verständnis des Begriffs Militärausrüstung ist nach dem Gesetzgeber auf der Basis der amtlichen Begründung auf **Art. 1 Nr. 6 und Erwägungsgrund 10 der Richtlinie 2009/81/EG** zurückzugreifen.[52] Die Vorschrift wirft auf der Grundlage ihres Wortlauts – »bestimmt« – allerdings insbesondere die Frage auf, ob der betreffende Gegenstand objektiv oder subjektiv bewertet als Militärausrüstung bestimmt sein muss. Davon hängt ua. ab, ob auch sog. *dual use* – Güter bzw. Güter, die für einen zivilen Zweck entwickelt worden und dafür auch nutzbar sind, Militärausrüstung im Sinne von § 104 Abs. 2 sein können. Auf der Grundlage eines subjektiven Verständnisses von »bestimmt« wäre es weitgehend dem Ermessen bzw. der Willkür Mitgliedstaaten überlassen, Leistungen bereits dann vom Vergaberecht freizustellen und sie dem Wettbewerb zu entziehen, wenn sie diese Gegenstände einem bestimmten militärischen Einsatzzweck widmen.[53]

27 **Primärrechtliche Grundlage** des Art. 1 Nr. 6 und für das Verständnis des § 104 Abs. 2 heranzuziehen ist **Art. 346 Abs. 1 lit a und lit. b AEUV**. Art. 346 AEUV ist als Ausnahmetatbestand gleichfalls **eng auszulegen** und erfasst nur **außergewöhnliche Aufträge**.[54] Die Inanspruchnahme des Art. 346 AEUV berührt einerseits den Kernbereich der Europäischen Union[55] und andererseits die wesentlichen Sicherheitsinteressen eines Mitgliedstaats. Nach Art. 346 Abs. 1 lit. b AEUV kann jeder Mitgliedstaat die Maßnahmen ergreifen, die **seines Erachtens für die Wahrung seiner wesent-

---

48 Erwägungsgrund 13 Richtlinie 2014/24/EU.
49 Art. 2 Nr. 20 Richtlinie 2014/24/EU und Art. 2 Nr. 16 Richtlinie 2014/25/EU; ähnlich Erwägungsgrund 12 Richtlinie 2009/81/EG.
50 Erwägungsgrund 12 und Art. 1 Nr. 26 Richtlinie 2009/81/EG; Guidance Note Defence- and security-specific exclusions (Guidance Note), Ziffer 15, S. 6 f.
51 Erwägungsgrund 12 Richtlinie 2009/81/EG.
52 VK Bund, Beschl. v. 21.08.2014, VK 2 – 59/14; BR-Drucks. 464/11, S. 13; BT-Drucks. 17/7275 v. 05.10.2011, 13.
53 So aber noch EuGH, Slg. 2008, I-2173, NZBau 2008, 401, 403, Rn. 49 Agusta-Hubschrauber.
54 EuGH, C-414/97, Slg. 1999, I-5585, Rn. 21 Kommission/Spanien; C-228/84, Slg. 1986, 1651, 1684, Rn. 26 Johnston; C-13/68, Slg. 1968, 661, 694 Salgoil; C-324/93, Slg. 1995, I-563, 611, Rn. 48 Evans Medical; C-414/97, Slg. 1999, I-5585, 5606, Rn. 21 Kommission/Spanien; C-252/01, Slg. 2003, I-11 859 = NZBau 2004, 281 Kommission/Belgien; Wegener in: Calliess/Ruffert, Art. 346 AEUV Rn. 1 – 4.
55 Ziffer 2 Mitt. Auslegungsfragen Artikel 296.

lichen Sicherheitsinteressen erforderlich sind, soweit sie die Erzeugung von Waffen, Munition und Kriegsmaterial oder den Handel damit betreffen; diese Maßnahmen dürfen auf dem Binnenmarkt die Wettbewerbsbedingungen hinsichtlich der nicht eigens für militärische Zwecke bestimmten Waren nicht beeinträchtigen. Erfasst sind damit grundsätzlich einerseits sog. harte Rüstungsgüter und andererseits auch *dual use* – Güter. Für beide Arten von Gütern ist jedoch konkret zu untersuchen, ob und in welcher Weise diese eigens für militärische Zwecke bestimmt sind. Es muss sich nach der Rechtsprechung des EuGH um eine objektive Bestimmung handeln.[56]

Art. 346 Abs. 1 lit. b AEUV betrifft die Erzeugung von und den Handel mit **Waffen, Munition**   28 **und Kriegsmaterial.** Die von Art. 346 Abs. 1 lit. b AEUV bzw. von § 104 Abs. 2 konkret erfassten Gegenstände sind vor allem auf der Grundlage der sog. Kriegswaffenliste vom 15. April 1958 zu ermitteln.[57] Die in der Kriegswaffenliste aufgeführten Arten von Produkten fallen nach der Rechtsprechung des EuGH **grundsätzlich** unter die in Art. 346 Abs. 1 lit. b AEUV vorgesehene Ausnahmemöglichkeit[58], aber **nicht zwingend**.[59] Die Kriegswaffenliste hat damit unter diesem Aspekt keinen konstitutiven Charakter. Die sog. **Kriegswaffenliste** basiert auf der Entscheidung 255/58 des Rates vom 15. April 1958. Die Kriegswaffenliste zählt Gegenstände auf, bei denen es sich **grundsätzlich** um **Militärausrüstung bzw. harte Rüstungsgüter** im Sinne von Art. 346 Abs. 1 lit. b AEUV bzw. § 104 Abs. 2 handelt. Harte Rüstungsgüter sind Gegenstände, für die es keinen zivilen Parallelmarkt gibt, beispielsweise Panzer, Marschflugkörper, Kampfflugzeuge und Minen[60]:

1. Handfeuerwaffen, auch automatisch, wie Gewehre, Karabiner, Revolver, Pistolen, Maschinenpistolen und Maschinengewehre, mit Ausnahme von Jagdwaffen, Kleinkaliberpistolen und anderen Kleinkaliberwaffen mit einem Kaliber unter 7 mm.

2. Artilleristische Waffen, Nebel-, Gas- und Flammenwerfer, wie:
   a) Kanonen, Haubitzen, Mörser, Geschütze, Panzerabwehrwaffen, Raketenwerfer, Flammenwerfer, rückstoßfreie Kanonen;
   b) Kriegsgeräte wie Nebel- und Gaswerfer.

3. Munition für die unter 1 und 2 genannten Waffen.

4. Bomben, Torpedos, Raketen und ferngesteuertes Kriegsgerät:
   a) Bomben, Torpedos, Granaten, einschließlich Nebelgranaten, Rauchtöpfe, Raketen, Minen, ferngesteuertes Kriegsgerät, Wasserbomben, Brandbomben;
   b) Apparate und Vorrichtungen für militärische Zwecke, eigens konstruiert für die Handhabung, das Scharfmachen, die Entschärfung, die Detonation und den Nachweis der unter a) aufgeführten Geräte.

5. Feuerleitungsmaterial für militärische Zwecke:
   a) Flugbahnprüfungsgeräte, Infrarot-Zielgeräte und anderes Nachtzielmaterial;
   b) Entfernungsmesser, Ortungsgeräte, Höhenmesser;
   c) elektronische, gyroskopische, optische und akustische Beobachtungsvorrichtungen;
   d) Visiergeräte für Bombenabwurf und Höhenrichtwerke für Kanonen, Periskope für die in dieser Liste aufgeführten Geräte.

---

56 EuGH, Urt. v. 07.06.2012, Rs. C-615/10 InsTiimi Oy, Rn. 41, NBau 2012; 509, 511, mit. Anm. Hölzl in: NZBau 2012, 511 ff.

57 Erwägungsgrund 10 Richtlinie 2009/81/EG; BR-Drucks. 464/11, S. 13 f.; EuG, T-26/01, Slg. 2003, II-3951, Rn. 57 Fiocchi Munizioni/Kommission; VÜA Bund, Beschl. v. 10.12.1997, 1 VÜ 17/97, ZVgR 1998, 401; Wegener in: Calliess/Ruffert, Art. 346 AEUV Rn. 7; diese Liste ist am 15. 04.1958 als Ratsentscheidung 255/58 angenommen worden.

58 EuGH, Urt. v. 07.06.2012, Rs. C-615/10 InsTiimi Oy, Rn. 36, NBau 2012. 509, 512, mit. Anm. Hölzl in: NZBau 2012, 511 ff.

59 Wohl anders Homann in: Leinemann/Kirch, 1. Aufl. 2013, § 99, Rn. 17.

60 Arrowsmith, The Law of Public and Utilities Procurement, 2. Aufl. 2005, 243; Prieß Handbuch des Europäischen Vergaberechts, 3. Aufl. 2005, 545; Trybus PPLR 2004, 198.

6. Panzerwagen und eigens für militärische Zwecke konstruierte Fahrzeuge:
   a) Panzerwagen;
   b) Militärfahrzeuge, bewaffnet oder gepanzert, einschließlich Amphibienfahrzeuge;
   c) Panzerzüge;
   d) Militärfahrzeuge (Halbkettenfahrzeuge);
   e) Militärfahrzeuge zur Reparatur von Panzerwagen;
   f) besonders für den Transport der unter 3 und 4 aufgeführten Munition konstruierte Anhänger.
7. Toxische oder radioaktive Wirkstoffe:
   a) biologische oder chemische toxische Wirkstoffe und radioaktive Wirkstoffe zur Vernichtung von Menschen, Tieren oder Ernten im Kriegsfall;
   b) militärische Geräte zur Verbreitung, Feststellung und Identifizierung der unter a) aufgeführten Stoffe;
   c) Material zum Schutz gegen die unter a) aufgeführten Stoffe.
8. Pulver, Explosivstoffe und flüssige oder feste Treibmittel:
   a) Pulver und flüssige oder feste Treibmittel, besonders für die unter 3, 4 und 7 aufgeführten Geräte entwickelt oder hergestellt;
   b) Explosivstoffe für militärische Zwecke;
   c) Brandsätze und Geliermittel für militärische Zwecke;
9. Kriegsschiffe und deren Sonderausrüstungen:
   a) Kriegsschiffe aller Art;
   b) Sonderausrüstungen zum Minenlegen, Minensuchen und Minenräumen;
   c) U-Bootnetze.
10. Luftfahrzeuge und ihre Ausrüstungen zu militärischen Zwecken.
11. Elektronenmaterial für militärische Zwecke.
12. Eigens für militärische Zwecke konstruierte Aufnahmeapparate.
13. Sonstige Ausrüstungen und sonstiges Material.
14. Teile und Einzelteile des in dieser Liste aufgeführten Materials, soweit sie einen militärischen Charakter haben.
15. Ausschließlich für die Entwicklung, Herstellung, Prüfung und Kontrolle der in dieser Liste aufgeführten Waffen, Munition und rein militärischen Geräte entwickelte Maschinen, Ausrüstungen und Werkzeuge.

29   Der Rat kann gemäß Art. 346 Abs. 2 AEUV die von ihm festgelegte Liste der Waren, auf die Art. 346 Abs. 1 lit. b AEUV Anwendung findet, einstimmig auf Vorschlag der Kommission ändern. In den Mitgliedstaaten wird der Charakter der Kriegswaffenliste unterschiedlich verstanden.[61] Streitpunkt ist, ob sie als abschließend bzw. konstitutiv zu verstehen ist. Art. 346 Abs. 1 lit. b AEUV soll nach einer älteren Auffassung keine Anwendung auf Gegenstände oder Tätigkeiten finden, die andere Waren als die militärischen Waffen betreffen, die in der Kriegswaffenliste genannt sind.[62] Diese Auffassung widerspricht allerdings der insoweit eindeutigen Intention des Gesetzgebers und des EuGH. Da die Liste seit ihrer Verabschiedung auf unionsrechtlicher Ebene nicht aktualisiert worden ist, vermag sie allerdings die seitdem stattgefundene technologische Entwicklung im Rüstungsbereich nur schwer zu erfassen. Für die Frage, welche Gegenstände von Art. 346 Abs. 1 lit. b AEUV erfasst sind, wird deshalb erweiternd der Wortlaut dieser Vorschrift herangezogen. Danach erfasst Art. 346 Abs. 1 lit. b AEUV grundsätzlich nicht nur die ausdrücklich in der Kriegswaffenliste aufgeführten Rüstungsgegenstände, sondern auch **vergleichbare modernere Geräte und Tech-**

---

61   Marx in: Motzke/Pietzcker/Prieß, VOB Teil A, 1. Aufl. 2001, § 100 Abs. 2 lit. e GWB, Rn. 16.
62   EuG, T-26/01, Slg. 2003, II-3951, Rn. 6 Fiocchi Munizioni/Kommission; Schlussanträge GA Jacobs, C-367/89, Slg. 1991, I-4621, Rn. 30 Richardt, so versteht auch Arrowsmith 243, die Entscheidung.

nologien.[63] Die Mitgliedstaaten können sich bei der Umsetzung der Richtlinie 2009/81/EG allein auf diese Liste beschränken[64], müssen es aber nicht.

Die nahezu sechzig Jahre alte Kriegswaffenliste von sog. harten Rüstungsgütern ist nach dem Willen des europäischen und deutschen Gesetzgebers **generisch** und damit nicht als abschließend zu verstehen. Die Kriegswaffenliste ist vielmehr unter Berücksichtigung der sich weiter entwickelnden Technologie, Beschaffungspolitik und militärische Anforderungen, die die Entwicklung neuer Produktarten nach sich ziehen, **weit auszulegen.**[65] Der Begriff Militärausrüstung kann daher nach dem Willen des Gesetzgebers und der Rechtsprechung des EuGH auch Produkte umfassen, die zwar ursprünglich für zivile Zwecke konzipiert wurden, später aber **für militärische Zwecke angepasst** werden, um als Waffen, Munition oder Kriegsmaterial eingesetzt zu werden.[66] Das bedeutet, dass grundsätzlich auch *dual use* – Güter erfasst sein können. Darüber hinaus wird man zur Orientierung, welche Gegenstände aktuell überhaupt Militärausrüstung im Sinne des § 104 Abs. 3 sein können, auch die Ausfuhrliste im Anhang zur Außenwirtschaftsverordnung heranziehen können. Die **Ausfuhrliste** bestimmt als Anlage zur Außenwirtschaftsverordnung den Umfang der nationalen Genehmigungspflichten für Rüstungsgüter und *dual use*-Güter. Derzeit gilt die vierte Verordnung zur Änderung der Außenwirtschaftsverordnung.[67]

30

Für die Einordnung eines Gegenstands als Militärausrüstung im Sinne von Art. 346 Abs. 1 lit. b AEUV bzw. § 104 Abs. 2 kommt es auf die **objektiven Eigenschaften und Verwendbarkeit des betreffenden Gegenstands**, nicht aber auf einen eventuell vom Auftraggeber subjektiv zugewiesenen speziellen Konzeptions- und Verwendungszweck an. Der EuGH hat seine Rechtsprechung zu dieser Frage im Zuge seines Urteils in der Rechtssache *Ins Tiimi Oy* (Drehtisch) entscheidend geändert. Das Urteil ist im Zusammenhang mit dem vorausgehenden Urteil des Gerichtshofs in der Rechtssache *Agusta-Hubschrauber* zu sehen.[68] In dieser Rechtssache hatte der *EuGH* in Bezug auf die Beschaffung von Hubschraubern überraschend auf den speziellen subjektiven Zweck abgestellt, zu dem ein bestimmter Gegenstand eingesetzt werden soll. Die Bestimmung der von Art. 346 Abs. 1 lit. b AEUV erfassten Güter über ihren konkreten **Einsatzzweck** entsprach der von der Kommission herausgegebenen **Mitteilung zu Auslegungsfragen** in Bezug auf die Vorgängervorschrift des Art. 346 AEUV, Art. 296 EG.[69] Ist ein Gegenstand »eigens für militärische Zwecke« konzipiert, entwickelt, hergestellt oder *beschafft*, ist er von Art. 346 Abs. 1 lit. b AEUV erfasst. Der EuGH hatte das subjektive Verständnis damit begründet, dass sich aus dem Wortlaut des Art. 296 abs. 1 lit. b EG (jetzt: Art. 346 Abs. 1 lit. b AEUV) ergebe, dass die betreffenden Gegenstände eigens für militärische Zwecke »*bestimmt*« sein müssten. Die Erfassung eines Gegenstands von Art. 346 Abs. 1 lit. b AEUV hing danach davon ab, zu welchem Zweck der Mitgliedstaat das betreffende Gut einsetzen wollte. Die Konsequenz der Einführung des subjektiven Tatbestandsmerkmals »Verwendungszweck« war u.a., dass fortan auch *dual use*-Güter unter Art. 346 Abs. 1 lit. b AEUV fielen, wenn ihr vor der Beschaffung vom Mitgliedstaat festgelegter Verwendungszweck eindeutig und nachweisbar militärischer Natur war. Da die Hubschrauber im Fall *Agusta* jedoch weder ausschließlich militärisch eingesetzt werden sollten bzw. nicht eigens für militärische Zwecke bestimmt waren, sah der EuGH die Voraussetzungen des Art. 346 Abs. 1 lit. b AEUV als nicht erfüllt an. Vielmehr hatte Italien gerade vorgetragen, die Hubschrauber seien für zivile und militärische Zwecke einsetzbar und sollten auch für beide Zwecke eingesetzt werden. So waren die Hubschrauber zum Einsatz u.a. beim *Corpo dei Vigili del Fuoco* (Feuerwehrkorps) und dem *Corpo forestale dello Stato* (Staatliche

31

---

63 Vgl. Ziffer 3 Mitt. Auslegungsfragen Artikel 296; Trybus PPLR 2004, 198, 199.
64 Erwägungsgrund 10 Richtlinie 2009/81/EG.
65 Erwägungsgrund 10 Richtlinie 2009/81/EG; BR-Drucks. 464/11, 13 f.
66 Erwägungsgrund 10 Richtlinie 2009/81/EG; BR-Drucks. 464/11, S. 13 f. EuGH, Urt. v. 07.06.2012, Rs. C-615/10 Ins Tiimi Oy, Rn. 42, NBau 2012. 509, 512.
67 In Kraft getreten am 18.07.2015.
68 Siehe dazu Prieß/Hölzl NZBau 2008, 563 ff.
69 Mitt. Auslegungsfragen Art. 296.

Forstamt).[70] Damit hatte der Gerichtshof in *ex* Art. 296 Abs. 1 lit. b EG – vorübergehend – ein subjektives Tatbestandsmerkmal erkannt.[71] Der EuGH hatte auf dieser Grundlage den Anwendungsbereich des *ex* Art. 296 Abs. 1 lit. b EG und des Art. 14 Richtlinie 2004/178/EG erheblich ausgeweitet. Die Erweiterung des Anwendungsbereichs des *ex* Art. 296 Abs. 1 lit. b EG eröffnete den Mitgliedstaaten erheblichen Anwendungsspielraum.

32   Der Gerichtshof hat danach in der **Rechtssache *Ins Tiimi Oy*** entschieden, dass es für die Erfüllung der Rüstungsausnahme des Art. 10 Richtlinie 2004/18/EG auf den **objektiven Konzeptions- und Einsatzzweck des betreffenden Gegenstands** ankommt.[72] Auch wenn ein bestimmtes Produkt unter eine der in der Kriegswaffenliste aufgeführten Kategorien von Materialien fallen sollte, ist diesem Produkt, sofern es weitgehend gleichartige technische Nutzanwendungen für zivile Zwecke gibt, nur dann eine spezifisch militärische Zweckbestimmung i. S. von Art. 346 Abs. 1 lit. b AEUV zuzuerkennen, wenn es sich nicht nur um die vom öffentlichen Auftraggeber für das Produkt vorgesehene Verwendung handelt, sondern sich die besondere Verwendung aus den Eigenschaften des Gegenstands ergibt, d.h. dieser speziell zu solchen Zwecken **konzipiert, entwickelt oder substanziell verändert** ist.[73] Der EuGH hat damit zudem entschieden, dass die Vorgaben »für militärische Zwecke« in Nr. 11 der Kriegswaffenliste und »soweit sie einen militärischen Charakter haben« und »ausschließlich für ... entwickelte« in den Nrn. 14 und 15 der Liste so zu verstehen sind, dass die **Produkte objektiv einen spezifisch militärischen Charakter aufweisen müssen.**[74]

33   § 104 Abs. 2 kann auf der Grundlage der Rechtsprechung des EuGH in der Rs. Ins Tiimi Oy und dem Verständnis des Gesetzgebers damit grundsätzlich auch die Beschaffung von Gütern mit doppeltem Verwendungszweck, sog. *dual-use*-Güter erfassen. *Dual-use*-Güter sind solche, die zu militärischen wie nichtmilitärischen Sicherheitszwecken genutzt werden können, beispielsweise Arzneimittel, Bekleidung, Schuhe, Schutzhelme, Decken, Zelte, Geländefahrzeuge, Pontonbrücken, Fallschirme, Transportflugzeuge und Sprengstoff. Der betreffende Gegenstand muss nach der Rechtsprechung des EuGH jedoch auf der Grundlage seiner objektiven Beschaffenheit und seinem objektiven Verwendungszweck als Militärausrüstung bewertet werden können. Ein Gegenstand ist nicht nach seiner ihm vom öffentlichen Auftraggeber zugedachten bzw. beabsichtigten Verwendung zu bewerten, sondern nach seiner Konzeption, Anpassung oder substantiellen Veränderung in Hinblick auf seinen objektiven und spezifische militärischen Charakter und Zweck[75]. Auf dieser Grundlage werden in der Praxis nur wenige *dual use*-Güter tragfähig als Militärausrüstungen zu bewerten sein. Die VK Bund hat z.B. die Beschaffung von Lastnetzen zum Transport von Mengenverbrauchsgütern zur Versorgung der Bundeswehr als Militärausrüstung i.S.d. § 99 Abs. 7 Nr. 1, 8 GWB (alt) bewertet.[76] Auf keinen Fall kann ein Gegenstand Militärausrüstung im Sinne des § 104 Abs. 2 sein, der für einen zivilen Zweck gedacht ist und ggf. auch militärische genutzt werden kann.[77]

34   Es ist nach der Rechtsprechung des EuGH **Sache der zuständigen Vergabenachprüfungsinstanzen** bzw. des vorlegenden Gerichts, zu prüfen, ob ein bestimmtes Produkt einer der Kategorien der Kriegswaffenliste zugeordnet werden kann bzw. als Militärausrüstung im Sinne des § 104 Abs. 2 zu bewerten ist.[78] Dafür ist auf der Grundlage der Umstände des Einzelfalls zu prüfen, ob ein Gegenstand nach seiner objektiven Konzeption und Beschaffenheit für militärischen Zwecke dient

---

70 EuGH, Rs. C-337/05, Slg. 2008, I-2173, Rn. 48 Kommission/Italien.
71 So auch GA Kokott, Schlussanträge v. 19.01.2012 in der Rs. C-615/10, BeckRS 2012, 80103, Rn. 48.
72 EuGH, Urt. v. 07.06.2012, Rs. C-615/10 InsTiimi Oy, Rn. 41, NZBau 2012, 509, 511.
73 EuGH, Urt. v. 07.06.2012, Rs. C-615/10 InsTiimi Oy, Rn. 40, NZBau 2012, 509, 511.
74 EuGH, Urt. v. 07.06.2012, Rs. C-615/10 InsTiimi Oy, Rn. 41, NZBau 2012, 509, 511.
75 EuGH, Urt. v. 07.06.2012, Rs. C-615/10 InsTiimi Oy, Rn. 40, NZBau 2012, 509, 511.
76 VK Bund v. 17.03.2014, VK 1-12/14.
77 EuGH, Urt. v. 07.06.2012, Rs. C-615/10 InsTiimi Oy, Rn. 39, NZBau 2012, 509, 511.
78 EuGH, Urt. v. 07.06.2012, Rs. C-615/10 InsTiimi Oy, Rn. 37, NBau 2012. 509, 512; VK Bund, Beschl. v. 12.12.2014, VK 1 – 98/14.

bzw. nach seiner Anpassung oder substantiellen Veränderung in Hinblick auf seinen objektiven und spezifische militärischen Charakter und Zweck hat.[79]

Das vorlegende bzw. zuständige Gericht muss, falls es feststellen sollte, dass das im Ausgangsver- **35** fahren in Rede stehende Produkt in den sachlichen Anwendungsbereich von Art. 346 Abs. 1 lit. b AEUV fällt, zudem prüfen, ob der Mitgliedstaat, der sich auf diese Bestimmung beruft, nachweisen kann, dass eine Inanspruchnahme der dort geregelten Abweichung erforderlich ist, um seine **wesentlichen Sicherheitsinteressen** zu wahren, und ob dem Bedürfnis, diese wesentlichen Interessen zu wahren, nicht im Rahmen einer Ausschreibung, wie sie in der Richtlinie 2014/24/EU vorgesehen ist, Genüge getan werden kann.[80] Die **Freistellung einer Beschaffung vom EU-Vergaberecht und ggf. auch vom EU-Primärrecht** muss auf der Grundlage der Rechtsprechung des EuGH erforderlich sein, um die **wesentlichen Sicherheitsinteressen** eines EU-Mitgliedstaates zu wahren. So ermöglicht Art. 346 Abs. 1 lit. b AEUV den Mitgliedstaaten, die Maßnahmen zu ergreifen, die *seines Erachtens* für die Wahrung seiner **wesentlichen Sicherheitsinteressen erforderlich** sind, soweit sie die Erzeugung von Waffen, Munition oder Kriegsmaterial oder den Handel damit betreffen. Die in dem Einzelfall betroffenen wesentlichen Sicherheitsinteressen müssen vom Mitgliedstaat nachgewiesen werden.

Der Begriff der wesentlichen Sicherheitsinteressen ist bislang weder im Unionsrecht noch durch **36** die Rechtsprechung des EuGH hinreichend klar beschrieben, geschweige denn abschließend definiert.[81] Die Mitgliedstaaten haben hinsichtlich der Bestimmung der Maßnahmen, die zur Wahrung ihrer wesentlichen Sicherheitsinteressen erforderlich sind, nach Art. 346 Abs. 1 lit. b AEUV einen **besonders weiten Ermessensspielraum.**[82] Das ergibt sich aus dem Wortlaut des Art. 346 Abs. 1 lit. b AEUV, in dem es heißt »seines Erachtens«. Die Auswahl muss jedoch, wie gleichfalls aus dem Wortlaut der Vorschrift folgt, dem **Grundsatz der Verhältnismäßigkeit** entsprechen (»erforderlich«). Die mit den Maßnahmen zur Wahrung der wesentlichen staatlichen Sicherheitsinteressen einhergehende Einschränkung der Marktfreiheiten des Gemeinsamen Marktes darf **nicht willkürlich**, sondern muss durch nachvollziehbare Gründe gerechtfertigt sein.[83] Kommission und Gerichtshof dürfen die Einhaltung dieses Ermessensspielraums auf das Vorliegen von Ermessensfehlern hin überprüfen.[84]

Die Trennlinie zwischen militärischen Beschaffungen, die wesentliche Sicherheitsinteressen berüh- **37** ren, und solchen, bei denen das nicht der Fall ist, ist deshalb schmal und vage.[85] Es liegt in der Zuständigkeit der Mitgliedstaaten, ihre Sicherheitsinteressen zu definieren und zu schützen.[86] Entsprechend unterschiedlich wird Art. 346 AEUV gehandhabt.[87] Art. 346 AEUV erkennt dieses Vorrecht an und sieht eine Ausnahme für den Fall vor, dass im Falle der Einhaltung europäischen Rechts die wesentlichen Sicherheitsinteressen der Einzelstaaten unterlaufen würden.[88] Die Mitgliedstaaten sind bei der Definition der wesentlichen Sicherheitsinteressen und der Schaffung von Vorschriften, die eine Geheimhaltung ermöglichen, jedoch nicht frei.[89]

Wesentliche Sicherheitsinteressen im Sinne des Art. 346 Abs. 1 lit. b AEUV können, wie sich aus **38** dem systematischen Zusammenhang zu Art. 347 AEUV[90] und dem Begriff der öffentlichen Sicher-

---

79 EuGH, Urt. v. 07.06.2012, Rs. C-615/10 InsTiimi Oy, Rn. 42, NBau 2012. 509, 511.
80 EuGH, Urt. v. 07.06.2012, Rs. C-615/10 InsTiimi Oy, Rn. 45, NBau 2012. 509, 511.
81 Grünbuch, Beschaffung von Verteidigungsgütern, KOM (2004) 608 endg., 8.
82 Wegener in: Calliess/Ruffert, Art. 346 AEUV Rn. 1 – 4.
83 Marx in: Motzke/Pietzcker/Prieß, VOB Teil A, 1. Aufl. 2001, § 100 Abs. 2 lit. e GWB, Rn. 13.
84 Wegener in: Calliess/Ruffert, Art. 346 AEUV Rn. 1 – 4.
85 Einleitung Mitt. Auslegungsfragen Art. 296.
86 Ziffer 2 Mitt. Auslegungsfragen Art. 296.
87 Einleitung Mitt. Auslegungsfragen Art. 296.
88 Ziffer 2 Mitt. Auslegungsfragen Art. 296.
89 Marx in: Motzke/Pietzcker/Prieß, VOB Teil A, 1. Aufl. 2001, § 100 Abs. 2 lit. e GWB, Rn. 13.
90 Siehe die Kommentierung zu § 104; in diesem Sinne auch Boesen NVwZ 2008, 1233, 1234.

heit i.S.d. Art. 36 AEUV[91] ergibt, solche der **inneren und äußeren Sicherheit** sein.[92] Auch die Gefahr einer erheblichen Störung der auswärtigen Beziehungen oder des friedlichen Zusammenlebens der Völker kann die Sicherheit eines Staates beeinträchtigen.[93] Einerseits reichen Sicherheitsinteressen im Allgemeinen nicht aus.[94] Andererseits muss die Intensität der Sicherheitsinteressen nicht den von Art. 347 AEUV verlangten schwerwiegenden Störung der öffentlichen Ordnung, Kriegsfall oder Kriegsgefahr entsprechen.[95] Sicherheitsinteressen im Sinne von Art. 346 Abs. 1 lit. b AEUV sind solche von »höchster Wichtigkeit für die militärischen Fähigkeiten der Mitgliedstaaten«.[96] Andere, insbesondere industrielle, wirtschaftliche oder wirtschaftspolitische Interessen können für sich allein betrachtet, auch wenn sie mit der Erzeugung von Waffen, Munition oder Kriegsmaterial in Zusammenhang stehen, die Inanspruchnahme der Ausnahmeregelung des Art. 346 Abs. 1 lit. b AEUV nicht rechtfertigen.[97]

III. Verschlusssachenauftrag

39   Abs. 3 enthält die **Definition** des im Verteidigungs- und Sicherheitsbereich maßgeblichen Begriff des **Verschlusssachenauftrags**. Bei Verschlusssachenaufträgen im Sinne des Abs. 3 handelt es sich danach um Aufträge im speziellen Bereich der **nicht-militärischen Sicherheit**. Entsprechend erfasst § 104 Abs. 1 Nr. 2 ausschließlich nicht-militärische Ausrüstung sowie 104 Abs. 1 Nr. 3 und 4 in Bezug auf einen Verschlusssachenauftrag nur nicht-militärische die Bau-, Dienst- und Lieferleistungen. Erfasst sind auch **dazugehörige Teile, Bauteile oder Bausätze** sowie **Liefer-, Bau- und Dienstleistungen im unmittelbaren Zusammenhang** mit der im Verschlusssachenauftrag enthaltenen nicht-militärischen Ausrüstung. Die Vergabe eines Auftrags zur Lieferung von Ausrüstung im Rahmen eines **Verschlusssachenauftrags** gem. § 104 Abs. 3 ist das **zivile Pendant zum Auftrag über Militärausrüstung** nach § 104 Abs. 2.

40   Verschlusssachenaufträge über die Lieferung von Ausrüstung sind wie Aufträge über die Lieferung von Militärausrüstung bei Vorliegen der weiteren Voraussetzungen des § 117 oder des § 145 vom Vergaberecht freigestellt. Öffentliche Auftraggeber können bei Vorliegen der entsprechenden Sicherheitsart und -intensität Aufträge im Bereich militärischer und ziviler Sicherheit ggf. direkt vergeben, so dass sie dem Wettbewerb auf dem EU-Binnenmarkt entzogen sind und die Gefahr besteht, dass sie nicht nach wirtschaftlichen Kriterien vergeben werden.

41   Der Begriff »**nicht-militärische Ausrüstung**« in Abs. 3 ist vom Gesetzgeber nicht näher definiert. Die EU-Kommission geht davon aus, dass militärische und nichtmilitärische Sicherheitskräfte nach wie vor unterschiedliche Aufgaben haben, so dass es möglich ist, militärische und nichtmilitärische Beschaffungen voneinander zu unterscheiden.[98] Auf der Grundlage seiner Wortbedeutung ist der Begriff Ausrüstung in Bezug auf die erfassten Gegenstände und Güter grundsätzlich **weit zu verstehen**. Erfasst sind deshalb jedenfalls auch *dual use* – Güter, die nicht speziell zu militärischen Zwecken konzipiert, entwickelt und hergestellt werden. Eine gewisse Begrenzung ergibt sich für

91   Arrowsmith 346; Wegener in: Calliess/Ruffert, Art. 346 AEUV Rn. 1 – 4; siehe auch EuGH, C-83/94, Slg. 1995, I-3231, Rn. 26 Leifer ua.

92   EuGH, Rs. C-285/98, Slg. 2000, I-69 Rn. 17 Kreil; Jaeckel in: Grabitz/Hilf/Nettesheim, Das Recht der Europäischen Union, 57.EL August 2015, Art. 346, Rn. 14; Wegener in: Calliess/Ruffert, Art. 346 AEUV Rn. 1 – 4; OLG Düsseldorf VergabeR 2004, 371, 372, für § 100 Abs. 2 lit. d GWB (alt).

93   EuGH, Rs. C-83/94 Slg. 1995, I-3231 Rn. 27 f. Leifer,; Rs. C-70/94, Slg. 1995, I-3189 Rn. 26 f. Werner; Jaeckel in: Grabitz/Hilf/Nettesheim, Das Recht der Europäischen Union, 57.EL August 2015, Art. 346, Rn. 14.

94   Punkt 4 KOM (2006) 779 endg.

95   Wegener in: Calliess/Ruffert, Art. 346 AEUV Rn. 1 – 4; OLG Düsseldorf VergabeR 2004, 371, 372, für § 100 Abs. 2 d GWB (alt).

96   Punkt 4 Mitt. Auslegungsfragen Art. 296.

97   Punkt 4 Mitt. Auslegungsfragen Art. 296; Jaeckel in: Grabitz/Hilf/Nettesheim, Das Recht der Europäischen Union, 57.EL August 2015, Art. 346, Rn. 15.

98   Punkt 3 Mitt. Auslegungsfragen Art. 296.

den Begriff Ausrüstung daraus, dass es sich um Gegenstände bzw. Leistungen handeln muss, die der **Bewältigung der den nicht-militärischen Sicherheitskräften zugewiesenen Aufgaben** dienen.[99] Erfasst ist vor dem Hintergrund der zu erfüllenden Ermittlungs- und Überwachungsaufgaben damit auch IT sowie alle Leistungen, die damit zusammenhängen. Gleichfalls ist deshalb auch von einem weiten Verständnis der erfassten Teile, Bauteile und Bausätzen sowie der im unmittelbaren Zusammenhang stehenden Bau-, Dienst- und Lieferleistungen auszugehen, soweit sie der Aufgabenerfüllung der Sicherheitskräfte dienen.

Verschlusssachenaufträge betreffen insbesondere Beschaffungen in Bereichen, in denen **militärische** 42 **und nicht-militärische Einsatzkräfte** bei der Erfüllung derselben Missionen zusammenarbeiten und/oder die Beschaffung dazu dient, die Sicherheit der Union und/oder der Mitgliedstaaten auf ihrem Hoheitsgebiet oder darüber hinaus vor ernsten Bedrohungen durch nicht-militärische und/oder nichtstaatliche Akteure zu schützen.[100] Dies kann beispielsweise den Grenzschutz, polizeiliche Tätigkeiten und Kriseneinsätze einschließen. Art. 7 Richtlinie 2009/81/EG bestimmt, dass Auftraggeber Wirtschaftsteilnehmern Auflagen zum Schutz von Verschlusssachen machen können, die sie im Zuge des Verfahrens zur Vergabe eines Auftrags weitergeben. Sie können von diesen Wirtschaftsteilnehmer auch verlangen, die Einhaltung dieser Auflagen durch ihre Unterauftragnehmer sicherzustellen.

§ 104 Abs. 3 hat inhaltlich große Ähnlichkeit mit dem § 99 Abs. 9 GWB (alt).[101] Der Gesetzge- 43 ber hat gegenüber § 109 GWB (alt) jedoch mehrere Voraussetzungen ergänzt, die den **Anwendungsbereich des Verschlusssachenauftrags** im Sinne von Abs. 3 erheblich einschränken. Der Anwendungsbereich der Vorschrift ist auf Verschlusssachenaufträge im speziellen Bereich der **nicht-militärischen Sicherheit** beschränkt. Zudem ist als einschränkende Voraussetzung für einen Verschlusssachenauftrag nach Abs. 3 in die Vorschrift eingefügt, dass der Verschlusssachenauftrag **ähnliche Merkmale aufweisen und ebenso schutzbedürftig sein muss wie ein Auftrag über die Lieferung von Militärausrüstung** im Sinne des Abs. 1 Nr. 1 oder wie Bau- und Dienstleistungen speziell für militärische Zwecke im Sinne des Abs. 1 Nr. 4. Maßgeblich für den Grad der für einen Verschlusssachenauftrag nach Abs. 3 erforderlichen Sicherheitsintensität ist damit der Auftrag über die Lieferung von Militärausrüstung. Der Zusatz »ähnliche Merkmale und ebenso schutzbedürftig wie ein Auftrag über die Lieferung von Militärausrüstung« erfolgte in Hinblick auf die Vorgabe des Erwägungsgrunds 11 der Richtlinie 2009/81/EG. Hinzukommen muss darüber hinaus jeweils entweder nach Abs. 3 Nr. 1, dass bei der Erfüllung oder Erbringung des Auftrags Verschlusssachen nach § 4 SÜG oder nach den entsprechenden Bestimmungen der Länder verwendet werden oder der Auftrag nach Abs. 3 Nr. 2. Verschlusssachen im Sinne der Nr. 1 erfordert oder beinhaltet. Das Tatbestandsmerkmal »erfordert« in Abs. 3 Nr. 2 weist darauf hin, dass der **Verhältnismäßigkeitsgrundsatz** zu wahren ist. Die Voraussetzungen des Abs. 3 S. 1 Hs. 1 und entweder Abs. 3 Nr. 1 oder Abs. 2 Nr. 2 müssen wegen der Formulierung »und« kumulativ vorliegen. Abs. 3 Nr. 1 und Abs. 3 Nr. 2 stehen auf Grund der Formulierung »oder« im Alternativverhältnis.

Unionsrechtliche Grundlage für den Begriff des Verschlusssachenauftrags im Anwendungsbereich 44 der Richtlinie 2009/81/EG ist Art. 1 Nr. 8 dieser Richtlinie. **Art. 1 Nr. 8 der Richtlinie 2009/821/ EG** enthält die Definition eines vom Anwendungsbereich der Richtlinie 2014/24/EU ausgeschlossenen Verschlusssachenauftrags.[102] **Verschlusssachen** sind danach Informationen bzw. Material, denen (dem) unabhängig von Form, Beschaffenheit oder Art der Übermittlung ein Geheimhaltungsgrad zugewiesen ist oder für die (das) eine Schutzbedürftigkeit anerkannt wurde und die (das) im Interesse der nationalen Sicherheit und nach den in dem betreffenden Mitgliedstaat geltenden

---

99 Eine gewisse Orientierungshilfe ergibt sich aus Anhang 1 Teil 3 in Appendix 1 des GPA. Diese Liste beinhaltet nur nicht-militärisches Material, vgl. Ziffer 1 Mitt. Auslegungsfragen Art. 296, Fn. 4.
100 Erwägungsgrund 11 Richtlinie 2009/81/EG.
101 Zur Definition des Verschlusssachenauftrags OLG Düsseldorf, Beschl. v 21.10.2015, VII Verg 28/14.
102 BR-Drucks. 464/11, 14.

Rechts- und Verwaltungsvorschriften gegen Missbrauch, Zerstörung, Entfernung, Bekanntgabe, Verlust oder Zugriff durch Unbefugte oder jede andere Art der Preisgabe an Unbefugte geschützt werden müssen (muss).

45 Für die Bestimmung einer Verschlusssache ist im **deutschen Recht** für den Bund auf § 4 des Gesetzes über die Voraussetzungen und das Verfahren von Sicherheitsüberprüfungen des Bundes (SÜG) zurückzugreifen. Verschlusssachen der Länder und Kommunen haben ihre Rechtsgrundlage in den Sicherheitsüberprüfungsgesetzen der Länder.[103] **Verschlusssachen gem. § 4 Abs. 1 S. 1 SÜG** sowie nach den entsprechenden Gesetzen der Länder sind im öffentlichen Interesse geheimhaltungsbedürftige Tatsachen, Gegenstände oder Erkenntnisse, unabhängig von ihrer Darstellungsform. Sie werden nach § 4 Abs. 1 S. 2 SÜG wie nach den Gesetzen der Länder entsprechend ihrer Schutzbedürftigkeit von einer amtlichen Stelle oder auf deren Veranlassung eingestuft. Versschlusssachen können z.B. Schriftstücke, Zeichnungen, Karten, Fotokopien, Lichtbildmaterial, elektronische Dateien und Datenträger, elektrische Signale, Geräte, Ausrüstung, technische Einrichtungen oder das gesprochene Wort sein.[104]

46 Eine Verschlusssache ist nach Nr. 1 STRENG GEHEIM, wenn die Kenntnisnahme durch Unbefugte den Bestand oder lebenswichtige Interessen der Bundesrepublik Deutschland oder eines ihrer

---

103 Baden-Württemberg. Gesetz über die Sicherheitsüberprüfung aus Gründen des Geheimschutzes (Landessicherheitsüberprüfungsgesetz – LSÜG) v. 12.02.1996 (GBl. S. 159), geänd. durch G v. 11.10.2005 (GBl. S. 661); Bayern, Gesetz über die Voraussetzungen und das Verfahren von Sicherheitsüberprüfungen des Freistaates Bayern – Bayerisches Sicherheitsüberprüfungsgesetz – (BaySÜG) v. 27.12.1996 (GVBl S. 509), zuletzt geänd. durch G v. 24.12.2002 (GVBl S. 969); Berlin, Gesetz über die Voraussetzungen und das Verfahren von Sicherheitsüberprüfungen im Land Berlin (Berliner Sicherheitsüberprüfungsgesetz – BSÜG) idF der Bek. v. 25.06.2001 (GVBl. S. 243), zuletzt geänd. durch G v. 06.07.2006 (GVBl. S. 711); Brandenburg; Gesetz über die Voraussetzungen und das Verfahren von Sicherheitsüberprüfungen im Land Brandenburg (Brandenburgisches Sicherheitsüberprüfungsgesetz – BbgSÜG) v. 30.07.2001 (GVBl. I S. 12), zuletzt geänd. durch G v. 13.03.2012 (GVBl. I Nr. 16 S. 1); Bremen, Gesetz über die Voraussetzungen und das Verfahren von Sicherheitsüberprüfungen des Landes Bremen (Bremisches Sicherheitsüberprüfungsgesetz – BremSÜG) vom 30.06.1998 (Brem.GBl. S. 185), zuletzt geänd. durch G v. 16.05.2006 (Brem.GBl. S. 271); Hamburg, Gesetz über die Voraussetzungen und das Verfahren von Sicherheitsüberprüfungen der Freien und Hansestadt Hamburg (Hamburgisches Sicherheitsüberprüfungsgesetz – HmbSÜG) v. 25.05.1999 (HmbGVBl. S. 82), zuletzt geänd. durch G v. 17.02.2009 (HmbGVBl. S. 29); Mecklenburg-Vorpommern, Gesetz über die Voraussetzungen und das Verfahren von Sicherheitsüberprüfungen im Lande Mecklenburg-Vorpommern (Sicherheitsüberprüfungsgesetz – SÜG M-V) vom 22.01.1998 (GVOBl. M-V S. 114, ber. S. 195), zuletzt geänd. durch G v. 28.01.2009 (GVOBl. M-V S. 82); Niedersachsen, Niedersächsisches Gesetz über die Voraussetzungen und das Verfahren der Sicherheitsüberprüfungen von Personen im Rahmen des Geheimschutzes (Niedersächsisches Sicherheitsüberprüfungsgesetz – Nds. SÜG –) idF der Bek. vom 30.03.2004 (Nds. GVBl. S. 128), zuletzt geänd. durch G v. 16.01.2009 (Nds. GVBl. S. 2); Nordrhein-Westfalen, Gesetz über die Voraussetzungen und das Verfahren von Sicherheitsüberprüfungen des Landes Nordrhein-Westfalen (Sicherheitsüberprüfungsgesetz Nordrhein-Westfalen – SÜG NW) vom 07.03.1995 (GV. NRW. S. 210), zuletzt geänd. durch G v. 05.04.2005 (GV. NRW. S. 306); Rheinland-Pfalz, Landessicherheitsüberprüfungsgesetz (LSÜG) vom 08.03.2000 (GVBl. S. 70), zuletzt geänd. durch G v. 20.12.2011 (GVBl. S. 427); Saarland, Saarländisches Sicherheitsüberprüfungsgesetz (SSÜG) vom 4. April 2001 (Amtsbl. S. 1182, ber. S. 1474), zuletzt geänd. durch G v. 30.11.2011 (Amtsbl. I S. 1629); Sachsen, Gesetz über die Voraussetzungen und das Verfahren von Sicherheitsüberprüfungen im Freistaat Sachsen (Sächsisches Sicherheitsüberprüfungsgesetz – SächsSÜG) vom 19.02.2004 (SächsGVBl. S. 44), geänd. durch G v. 27.01.2012 (SächsGVBl. S. 130); Sachsen-Anhalt, Sicherheitsüberprüfungs- und Geheimschutzgesetz (SÜG-LSA) vom 26.01.2006 (GVBl. LSA S. 14); Schleswig-Holstein, Gesetz über die Voraussetzungen und das Verfahren von Sicherheitsüberprüfungen im Land Schleswig-Holstein (Landessicherheitsüberprüfungsgesetz – LSÜG) vom 10.12.2003 (GVOBl. Schl.-H. S. 651, ber. 2004 S. 290); Thüringen, Thüringer Sicherheitsüberprüfungsgesetz (ThürSÜG) vom 17.03.2003 (GVBl. S. 185), zuletzt geänd. durch G v. 21.12.2011 (GVBl. S. 530).

104 Homann in: Leinemann/Kirch, VSVgV, § 99, Rn. 26.

Länder gefährden kann. GEHEIM ist eine Verschlusssache nach Nr. 2, wenn die Kenntnisnahme durch Unbefugte die Sicherheit der Bundesrepublik Deutschland oder eines ihrer Länder gefährden oder ihren Interessen schweren Schaden zufügen kann. VS-VERTRAULICH ist eine Verschlusssache nach Nr. 3, wenn die Kenntnisnahme durch Unbefugte für die Interessen der Bundesrepublik Deutschland oder eines ihrer Länder schädlich sein Und nach Nr. 2 ist eine Verschlusssache VS-NUR FÜR DEN DIENSTGEBRAUCH, wenn die Kenntnisnahme durch Unbefugte für die Interessen der Bundesrepublik Deutschland oder eines ihrer Länder nachteilig sein kann. Als Verschlusssachen gelten damit nach § 4 Abs. 2 auch Aufträge, bei denen Verschlusssachen der Geheimhaltungsstufe VS-NUR FÜR DEN DIENSTGEBRAUCH verwendet werden, wenn die Kenntnisnahme durch Unbefugte für die Interessen der Bundesrepublik Deutschland oder eines ihrer Ländern nachteilig sein kann.[105] Auftraggeber auf Bundes-, Landes- aber auch kommunaler Ebene können in den verschiedensten Bereichen wie beispielsweise polizeilichen Tätigkeiten, Grenzschutz oder Kriseneinsätzen mit der Vergabe von sicherheitsrelevanten Aufträgen betraut sein.[106]

Für die rechtliche Einordnung als Verschlusssachenauftrag im Sinne des 104 Abs. 1 ist es **unerheblich, welche Klassifizierung eine Verschlusssache aufweist**. Das bedeutet, dass eine Verschlusssache im Sinne von § 104 Abs. 3 bereits vorliegt, wenn der Auftrag als VS-NUR FÜR DEN DIENSTGEBRAUCH eigestuft wird. Aufträge, die als VS-Vertraulich und höher eingestuft sind, dürfen beispielsweise nur an Unternehmen vergeben werden können, die sich in der Geheimschutzbetreuung des Bundesministeriums für Wirtschaft und Technologie befinden.[107] 47

Ein bestimmtes **Verfahren für die Verschlusssachen-Erklärung** gibt das Gesetz nicht vor.[108] Voraussetzung einer »Geheimerklärung« ist beispielsweise nach § 4 Abs. 1 SÜG, § 5 Abs. 1 VSA lediglich, dass diese von einer »amtlichen Stelle« oder auf deren Veranlassung hin erfolgt.[109] Eine amtliche Stelle ist jede staatliche Institution, der Begriff ist weit zu verstehen.[110] Erforderlich ist eine rechtsfehlerfreie Risikobewertung der »amtlichen Stelle«.[111] Der **Beurteilungsspielraum** muss aufgrund hinreichend vollständiger Ermittlungen, anhand sachlich nachvollziehbarer Kriterien sowie unter Berücksichtigung der weitreichenden Konsequenzen eines nicht überprüfbaren Vergabeverfahrens ausgeübt werden.[112] Ob diese Anforderungen eingehalten wurden, ist im Wege einer **Gesamtschau der in diesem Zusammenhang relevanten Faktoren** zu ermitteln.[113] Die VK Bund stellt für die Annahme einer zulässigen Geheimerklärung für einen Fall des früheren § 100 Abs. 2 lit. d Var. 1 GWB nicht darauf ab, ob Geheimhaltungsinteressen den Verzicht auf ein Vergabeverfahren als angemessen erscheinen lassen, sondern knüpft nur an die **formale** Voraussetzung der **Geheimerklärung** an.[114] 48

Gemäß § 1 Abs. 1 VSA ist von einer Einstufung als Verschlusssache nur der notwendigste Gebrauch zu machen. Gemäß § 49 Abs. 1 VSA hat vor Übergabe von Verschlusssachen jeder Geheimhaltungsstufe eine erneute Prüfung zu erfolgen, ob die VS-Einstufung erforderlich ist. Nach Ziff. 1 der Anlage 1 VSA soll diese Prüfung **kritisch** ausfallen. Die VS-Einstufung hat vor dem Hintergrund stattzufinden, dass selbst die niedrigste Geheimhaltungsstufe »VS-Nur für den Dienstgebrauch« nur für staatssicherheitsrelevante Unterlagen wie Fahndungsunterlagen aus den Bereichen Terrorismus/Extremismus 49

---

105 BR-Drucks. 464/11, 14.
106 BR-Drucks. 464/11, 14.
107 BR-Drucks. 349/08, 33 f.
108 VK Bund, Beschl. v. 14.07.2005, VK 3 – 55/05.
109 VK Bund, Beschl. v. 14.07.2005, VK 3 – 55/05, Umdruck nach Veris, 14.
110 Vgl. § 1 Abs. 4 BVerwVfG.
111 Vgl. OLG Düsseldorf, Beschl. v. 30.03.2005, VII Verg 101/04; VK Bund, Beschl. v. 14.07.2005, VK 3 – 55/05.
112 OLG Düsseldorf, Beschl. v. 20.12.2004, VII Verg 101/04; VK Bund, Beschl. v. 11.11.2004, VK 1 – 207/04; Beschl. v. 14.07.2005, VK 3 – 55/05, Umdruck nach Veris, 14.
113 VK Bund, Beschl. v. 14.07.2005, VK 3 – 55/05, Umdruck nach Veris, 14.
114 VK Bund, Beschl. v. 14.07.2005, VK 3 – 55/05, Umdruck nach Veris, 14.

oder für Zusammenstellungen über Geheimschutzmaßnahmen vorgesehen ist (Ziff. 2.4 der Anlage 1 VSA). Sicherheitsbelangen von geringerem Rang kann ggf. auch durch ein Verhandlungsverfahren mit Teilnahmewettbewerb entsprochen werden.[115] Für andere schutzbedürftige Informationen sind im Übrigen hierfür bestehende Regelungen, wie etwa das Bundesdatenschutzgesetz, anzuwenden (Ziff. 1 der Anlage 1 VSA aE.). Beurteilungsfehlerfrei als geheim eingestuft werden können z.B. Handgepäck-kontrollanlagen für Flughäfen und die Herstellung von Euro-Banknoten.

50   Den **Vergabenachprüfungsinstanzen** muss es möglich sein, selbständig anhand der Vergabeakte zu prüfen, ob die Voraussetzungen für das Vorliegen einer Verschlusssache erfüllt sind.[116] Daher ist ihr in jedem Fall die Vergabeakte vorzulegen. Nicht jede Bezugnahme auf Sicherheitsfragen kann die Erklärung eines Auftrags zur Verschlusssache begründen. Insbesondere die pauschale Bezeichnung eines Tatbestandes als Geheimnis entzieht ihn nicht jeder vergaberechtlichen Nachprüfung.[117] Der Auftraggeber verfügt bei der Einstufung als Verschlusssache allerdings einen **weiten Beurteilungs-spielraum**, der von den Vergabenachprüfungsinstanzen nur eingeschränkt, d.h. auf die Einhaltung seiner Grenzen überprüfbar ist. Das bedeutet, dass die Einstufung als Verschlusssache nur daraufhin überprüft werden kann, ob der Auftraggeber den zu Grunde liegenden Sachverhalt zutreffend und vollständig ermittelt hat sowie von diesem Sachverhalt ausgegangen ist, kein sachfremden bzw. willkürlichen Erwägungen angestellt sowie keine »ersichtliche grundsätzliche Fehlbeurteilung der Dinge« vorgenommen hat.

§ 105 Konzessionen

(1) Konzessionen sind entgeltliche Verträge, mit denen ein oder mehrere Konzessionsgeber ein oder mehrere Unternehmen

1. mit der Erbringung von Bauleistungen betrauen (Baukonzessionen); dabei besteht die Ge-genleistung entweder allein in dem Recht zur Nutzung des Bauwerks oder in diesem Recht zuzüglich einer Zahlung; oder

2. mit der Erbringung und der Verwaltung von Dienstleistungen betrauen, die nicht in der Er-bringung von Bauleistungen nach Nummer 1 bestehen (Dienstleistungskonzessionen); dabei besteht die Gegenleistung entweder allein in dem Recht zur Verwertung der Dienstleistungen oder in diesem Recht zuzüglich einer Zahlung.

(2) In Abgrenzung zur Vergabe öffentlicher Aufträge geht bei der Vergabe einer Bau- oder Dienst-leistungskonzession das Betriebsrisiko für die Nutzung des Bauwerks oder für die Verwertung der Dienstleistungen auf den Konzessionsnehmer über. Dies ist der Fall, wenn

1. unter normalen Betriebsbedingungen nicht gewährleistet ist, dass die Investitionsaufwen-dungen oder die Kosten für den Betrieb des Bauwerks oder die Erbringung der Dienstleistun-gen wieder erwirtschaftet werden können, und

2. der Konzessionsnehmer den Unwägbarkeiten des Marktes tatsächlich ausgesetzt ist, so dass potenzielle geschätzte Verluste des Konzessionsnehmers nicht vernachlässigbar sind.

Das Betriebsrisiko kann ein Nachfrage- oder Angebotsrisiko sein.

115 VK Bund, Beschl. v. 14.07.2005, VK 3 – 55/05, Umdruck nach Veris, 14.
116 OLG Düsseldorf, Beschl. v. 21.10.2015, VII Verg 28/14; VK Bund, Beschl. v. 29.08.2014, VK 2 – 63/14.
117 VK Brandenburg, Beschl. v. 22.03.2004, VK 06/04, Umdruck nach Veris, 6.

A. Definition der Bau- und Dienstleistungskonzession (§ 105 Abs. 1)

I. Einleitung

§ 105 Abs. 1 definiert die Begriffe der Konzessionen und setzt Art. 5 Nr. 1 Unterabs. 1 Richtlinie **1** 2014/23/EU weitestgehend wortgleich in nationales Recht um. Sind die Tatbestandsmerkmale der Bau- oder Dienstleistungskonzession gegeben, sind nicht die Vorschriften für Bau- und Dienstleistungsaufträge, sondern die weniger streng genannten Verfahrensvorschriften für Konzessionen anzuwenden (und zwar §§ 148 ff. und die Verordnung über die Vergabe von Konzessionen [Konzessionsvergabeverordnung] – KonzVgV).[1] Bisher war im nationalen Recht lediglich die Baukonzession definiert (§ 99 Abs. 6 a.F.) und bei Erreichen des Auftragsschwellenwerts den GWB-Vergabevorschriften unterworfen. Dienstleistungskonzessionen waren davon ausgenommen (vgl. Art. 17 Richtlinie 2004/18/EG). Sie unterlagen bei Vorliegen von Binnenmarktrelevanz (grenzüberschreitendem Interesse am Auftrag) allein den EU-primärrechtlich begründeten Geboten der Transparenz, Gleichbehandlung, insbesondere der Nichtdiskriminierung wegen der Staatsangehörigkeit und der Herstellung eines angemessenen Grades an Öffentlichkeit.[2]

Die neue Richtlinie 2014/23/EU erfasst, vom Vierten Teil des GWB übernommen, nunmehr **2** sowohl Baukonzessionen als auch Dienstleistungskonzessionen »oberhalb« der Auftragsschwellenwerte. Unterhalb der Schwellenwerte haben Auftraggeber bei Binnenmarktrelevanz die vorstehend genannten Gebote des EU-Primärrechts zu beachten.[3] Einzelheiten des Vergabeverfahrens nach GWB sind in den §§ 148 ff. sowie in der Konzessionsvergabeverordnung – KonzVgV geregelt.

II. Definitionen

§ 105 Abs. 1 übernimmt die unionsrechtliche Definition der Bau- und Dienstleistungskonzession **3** (vgl. Art. 5 Nr. 1 Unterabs. 1 Richtlinie 2014/23/EU), die durch folgende **Tatbestandsmerkmale** gekennzeichnet ist:
– Betrauen mit der Erbringung von Bauleistungen oder mit der Erbringung und Verwaltung von Dienstleistungen durch Vertrag,
– durch einen oder mehrere Konzessionsgeber (öffentliche Auftraggeber),

---

1 Vgl. die Begründung der Bundesregierung zum Entwurf eines Gesetzes zur Modernisierung des Vergaberechts 2016, BT-Drucks. 18/6281, S. 75.
2 Ständige Rspr. des EuGH, vgl. u.a. EuGH Urt. v. 07.12.2000 – C-324/98, Telaustria NZBau 2001, 148, Rn. 60 ff.; Urt. v. 13.10.2005 – C-458/03, Parking Brixen NZBau 2005, 644, Rn. 46 ff. Vgl. hinsichtlich der zu beachtenden Rechtsregeln auch die Mitteilung der Kommission zu Auslegungsfragen in Bezug auf das Gemeinschaftsrecht, das für die Vergabe öffentlicher Aufträge gilt, die nicht oder nur teilweise unter die Vergaberichtlinien fallen, Abl. EU Nr. C179, S. 2 ff. v. 01.08.2006.
3 Die Begründung des Regierungsentwurfs (a.a.O.) untertitelt die daraus folgenden Anforderungen mit »lediglich« und tendenziell mit »rudimentär«. Dies ist nicht dahin misszuverstehen, die Gebote des EU-Primärrechts eröffneten eine Art minderen Vergaberechts, gewissermaßen ein Vergaberecht »light«. Da sämtliche wichtigen Regeln des Vergaberechts auf die Prinzipien der Transparenz, Gleichbehandlung und Nichtdiskriminierung zurückgehen, herrscht bei Anwendung der Gebote des EU-Primärrechts praktisch dasselbe Rechtsregime wie bei Vergaben »oberhalb« der Schwellenwerte.

- Entgeltlichkeit des Vertrags, wobei die Gegenleistung entweder allein in dem Recht zur Nutzung des Bauwerks oder in dem Recht zur Verwertung der Dienstleistungen oder in diesem Recht zuzüglich einer Zahlung durch den Auftraggeber besteht,
- wirtschaftliche Risikotragung durch den Konzessionär, hinsichtlich der § 105 Abs. 2 (in Übereinstimmung mit Art. 5 Nr. 1 Unterabs. 2 Richtlinie 2014/23/EU) bestimmte Klarstellungen vornimmt,
- Befristung des Konzessionsvertrags (begrenzte Laufzeit).

1. Betrauen mit der Erbringung von Bau- oder Dienstleistungen

4 Die Vorschrift nimmt stillschweigend auf die bekannten Begriffserklärungen von Bau- und Dienstleistungen Bezug. Der Konzessions- oder Betrauungs-**Vertrag** muss alle Merkmale eines Bau- oder Dienstleistungsvertrags aufweisen, mithin insbesondere die rechtsverbindliche und einklagbare **Verpflichtung** des Konzessionsnehmers, Bau- und/oder Dienstleistungen zu erbringen.[4] Hinzuweisen bleibt darauf, dass Art. 5 Nr. 1 Richtlinie 2014/23/EU eine Konzessionsgewährung durch einen schriftlich geschlossenen Vertrag vorsieht, das deutsche Recht auf das Element der **Schriftlichkeit** jedoch verzichtet. Eine Unionsrechtswidrigkeit folgt daraus indes nicht.[5]

5 a) Als praktische **Beispiele** für Konzessionen – vor allem in Zeiten verknappter Haushaltsmittel der öffentlichen Hand, in denen diese zu einem Instrument einer (unter Umständen nur vermeintlich) haushaltsschonenden Finanzierung öffentlicher Aufgaben geworden sind – können gelten:

Baukonzessionen

6 Große Infrastrukturprojekte, so im Straßen-, Groß-Tunnel- oder Groß-Brückenbau (nicht selten in Verbindung mit öffentlich-privaten Partnerschaften);[6] kommunale Erschließungs- und Investitionsvorhaben;[7] Errichten von kulturellen oder Sporteinrichtungen, Parkhäusern, Schulen, Schwimmbädern.

Dienstleistungskonzessionen

7 Betreiben eines öffentlichen Parkplatzes,[8] eines öffentlichen (bus- oder schienengebundenen) Verkehrsdienstes,[9] einer Wasserversorgungseinrichtung;[10] Übernahme von Schulmalzeitendiensten, Entsorgung, Rettungsdienst und Krankentransporten, sog. Stadtmöblierung (insbesondere Betrieb von Werbeeinrichtungen), des Betriebs von Weihnachtsmärkten; Betrieb von Breitbandnetzen; unter Umständen auch: Betrieb von **Gas-** und **Stromnetzen** aufgrund von Wegenutzungsverträgen nach § 46 EnWG (siehe dazu auch unten). Hinsichtlich des Bereitstellens und des Betriebs fester Netze zur Versorgung der Allgemeinheit im Zusammenhang mit der Gewinnung, dem Transport oder der Verteilung von **Trinkwasser** sowie der Einspeisung von Trinkwasser in diese Netze statuiert Art. 12 Abs. 1 Richtlinie 2014/23 freilich eine Bereichsausnahme (vgl. auch §§ 101 Abs. 1 Nr. 2 und 3, 102 Abs. 1, 149 Nr. 9 GWB). Die möglichen Anwendungsfälle von Dienstleistungskonzes-

---

4 Vgl. EuGH Urt. v. 25.03.2010 – C-451/07, Helmut Müller NZBau 2010, 321, Rn. 59 bis 63.

5 Das deutsche Recht unterwirft Konzessionsvergaben in einem weitergehenden Umfang dem Vergaberechtsregime als das Unionsrecht, nämlich auch solche, die lediglich auf mündlicher Vereinbarung beruhen. Dabei handelt es sich um eine »überschießende« Umsetzung, die im Interesse des Wettbewerbs nicht gegen Unionsrecht verstößt.

6 Z.B. Eurotunnel zwischen Dover und Calais, Große-Belt-Brücke; Warnow-Tunnel in Rostock, Herren- oder Travetunnel in Lübeck. Vgl. dazu auch das Gesetz über den Bau und die Finanzierung von Bundesfernstraßen durch Private – FstrPrivFinG, BGBl. I 1994, 2243 und die seither ergangenen Änderungen.

7 Vgl. OLG Düsseldorf NZBau 2007, 530, Ahlhorn; EuGH NZBau 2007, 185 = VergabeR 2007, 183, Roanne; EuGH NZBau 2010, 321, Helmut Müller; OLG Schleswig NZBau 2013, 453.

8 EuGH NZBau 2005, 644, Parking Brixen.

9 EuGH NZBau 2006, 326, ANAV.

10 EuGH NZBau 2009, 804, Acoset.

sionen sind im Ergebnis ungleich vielfältiger als die von Baukonzessionen und setzen der Phantasie von Auftraggebern und Unternehmen (Wirtschaftsteilnehmern) kaum Grenzen.

b) **Mischformen** zwischen Bau- und Dienstleistungskonzessionen sind denkbar und zulässig (z.B., **8** wenn neben Bauleistungen Finanzmittel beschafft, Grundstücke erworben, Vergabeverfahren vorbereitet, die Projektsteuerung und/oder der Betrieb der Anlage vergeben werden sollen). In derartigen Fällen ist die Vertragsnatur – wie bisher – nach dem **Hauptgegenstand** (oder Schwerpunkt) des Vertrags festzulegen (§ 110 Abs. 1). Auch der EuGH stellt auf den Hauptgegenstand des Vertrages ab.[11] Danach verbietet sich zum Beispiel das Verständnis, typengemischte Verträge generell nur dann als öffentliche Bauaufträge zu behandeln, sofern die Bauleistungen mehr als 50 % des gesamten Auftragswerts ausmachen.[12] Es ist vielmehr durch eine funktionale und den Gegenstand des Vertrags in den Blick nehmende Betrachtung auf die wesentlichen, prägenden vertraglichen Verpflichtungen abzustellen.[13] Der Wert der erbrachten Einzelleistungen ist nicht entscheidend. Er ist nur *ein* Kriterium und ein erster Anhaltspunkt neben anderen, den Hauptgegenstand des Vertrages zu bestimmen. Bei Konzessionsvergaben unterhalb des Schwellenwerts hat gleichfalls eine rechtliche und/oder wirtschaftliche Schwerpunktbetrachtung stattzufinden.[14]

c) Die Vergabe einer Bau- oder Dienstleistungskonzession muss – wie ein Bau- oder Dienstleis- **9** tungsauftrag – aus der Sicht des Auftraggebers einen **Beschaffungsbezug** aufweisen. Für **Baukonzessionen** hat der EuGH dies bereits 2010 in der Rechtssache Helmut Müller entschieden.[15] Beschaffungsbezug besagt: Der öffentliche Auftraggeber muss ein unmittelbares wirtschaftliches (Eigen-) Interesse an der zu vergebenden Leistung haben. Dies ist in der Tradition des § 99 Abs. 3 a.F. auch in § 103 Abs. 3 S. 2 vom Gesetzgeber dahin formuliert worden, dass die zu erbringende Bauleistung dem Auftraggeber unmittelbar wirtschaftlich zugute kommen muss. Was unter einem unmittelbaren wirtschaftlichen Zugutekommen zu verstehen ist, hat der EuGH in der Entscheidung Müller anhand bestimmter Fallgruppen anschaulich präzisiert.[16] Dazu ist freilich nicht erforderlich, dass die Leistung die Form der Beschaffung eines gegenständlichen oder körperlichen Objekts für den Auftraggeber annimmt.[17]

Ob ein **Beschaffungscharakter**, mit anderen Worten, ein unmittelbares wirtschaftliches Eigen- **10** interesse des Auftraggebers, auch bei **Dienstleistungskonzessionen** zu verlangen ist, wird, soweit zu ersehen, in der Literatur überwiegend bejaht.[18] Die Rechtsprechung der Obergerichte hat sich diesem Problem in rechtlicher Hinsicht bislang nur vereinzelt gewidmet. Das OLG München hat darauf abgehoben, ob die Konzessionsvergabe die Erfüllung einer dem Auftraggeber obliegenden Daseinsvorsorgeaufgabe für die Bevölkerung sichert.[19] Das KG hat die Übertragung einer öffentli-

---

11 So u.a. EuGH Urt. v. 18.01.2007 – C-220/05, Roanne NZBau 2007, 185 = VergabeR 2007, 183; Urt. v. 21.02.2008 – C-412/04, Kommission./. Italien VergabeR 2008, 501 = ZfBR 2008, 404; Urt. v. 29.10.2009 – C-536/07, Kommission./. Deutschland (Köln Messe), u.a. VergabeR 2010, 188 jeweils m.w.N.

12 Vgl. EuGH Urt. v. 21.02.2008 – C-412/04, Kommission./. Italien VergabeR 2008, 501 = ZfBR 2008, 404.

13 Vgl. auch OLG Düsseldorf Beschl. v. 20.04.2014 – VII-Verg 35/13, Photovoltaikanlage.

14 Vgl. Palandt/Grüneberg, BGB, 74. Aufl., Überbl. vor § 311 BGB Rn. 26 m.w.N.

15 EuGH Urt. v. 25.03.2010 – C-451/08, Helmut Müller NZBau 2010, 321; auf Vorabentscheidungsersuchen des OLG Düsseldorf durch Beschl. v. 02.10.2008 – VII-Verg 25/08, Wildeshausen VergabeR 2008, 933.

16 Vgl. EuGH Urt. v. 25.03.2010 – C-451/08, a.a.O. Rn. 48 bis 58.

17 EuGH a.a.O., Rn. 54.

18 Vgl. Herten-Koch, in: Kermel, Praxishandbuch der Konzessionsverträge und der Konzessionsvergaben, S. 203 ff.; Opitz NVwZ 2014, 753, 757; Polster/Kokew KSzW 2012, 144, 145; Donhauser/Hölzlwimmer VergabeR 2015, 509, 512 f., 517 ff.; Mösinger NZBau 2015, 545, 546, 547; vgl. auch Schüttpelz VergabeR 2013, 361, 362 f.

19 OLG München Beschl. v. 25.03.2011 – Verg 4/11, Breitbandnetz VergabeR 2011, 606, 610; Beschl. v. 22.01.2012 – Verg 17/11, VergabeR 2012, 496. Auf dieser Linie auch: OVG Berlin-Brandenburg Beschl. v. 20.22.1010 – 1 S 107/10, Wochenmarkt NVwZ-RR 2011, 293.

chen Aufgabe auf den Konzessionär gefordert.[20] Das OLG Düsseldorf hat sich damit beschieden, die Fragestellung als noch ungeklärt zu bezeichnen.[21]

11   Bei näherer Betrachtung ist jedoch unabweisbar, dass eine Vergabe von Dienstleistungskonzessionen ohne einen Beschaffungsbezug für die öffentliche Hand oder Dritte (andere Auftraggeber) dem Konzessionsbegriff nicht unterfällt. Zum Verständnis des nationalen Rechts (wie auch des Unionsrechts) sind insoweit die Erwägungsgründe der Richtlinie 2014/23/EU heranzuziehen. Erwägungsgrund 11 (a.E.) besagt:

12   »...doch steht den öffentlichen Auftraggebern oder Auftraggebern stets der Nutzen der betreffenden Bau- und Dienstleistungen zu.«

13   Erwägungsgrund 15 stellt klar:

14   »Darüber hinaus sollten bestimmte Vereinbarungen...ohne bestimmte Bau- oder Dienstleistungen zu beschaffen, nicht als Konzession im Sinne dieser Richtlinie gelten.«

15   Erwägungsgrund 16 führt aus:

16   »Außerdem sollten Vereinbarungen über die Gewährung von Wegerechten hinsichtlich der Nutzung öffentlicher Liegenschaften für die Bereitstellung oder den Betrieb fester Leitungen oder Netze, über die eine Dienstleistung für die Allgemeinheit erbracht werden soll, ebenfalls nicht als Konzession im Sinne dieser Richtlinie gelten, sofern derartige Vereinbarungen weder eine Lieferverpflichtung auferlegen, noch den Erwerb von Dienstleistungen durch den öffentlichen Auftraggeber oder den Auftraggeber für sich selbst oder für Endnutzer vorsehen.«

17   Die Erwägungsgründe der Richtlinie 2014/23 machen mithin an mehreren Stellen deutlich, dass die Vergabe auch von Dienstleistungskonzessionen nur, wenn sie einen Beschaffungscharakter aufweisen, vom Anwendungsbereich der Richtlinie und bei richtlinienkonformer Auslegung ebenso vom dem des Vierten Teils des GWB erfasst sind. Der Beschaffungsbezug (das unmittelbare wirtschaftliche Interesse des Konzessionsgebers an der Leistung) ist analog der vom EuGH in der Entscheidung Müller entwickelten Kriterien zu definieren.[22] Dies bedeutet, bloße **Gestattungen**, Genehmigungen oder Lizenzen, die keinen Beschaffungscharakter haben, sind keine Dienstleistungskonzessionen im Sinn des Gesetzes. Zugleich folgt daraus, dass die Vergabe von **Wegenutzungsverträgen** nach § 46 EnWG nicht per se aus dem der Richtlinie und dem GWB zugrundezulegenden Konzessionsbegriff ausscheidet (vgl. Erwägungsgrund 16 zur Richtlinie 2014/23/EU).[23] Wegenutzungsverträge erlegen dem Konzessionär zwar keine Lieferverpflichtungen auf (hinsichtlich einer Belieferung z.B. mit Gas oder Strom – erste Variante des Ausnahmetatbestands in Erwägungsgrund 16). Der Konzessionär stellt das konzessionierte Netz lediglich für den Transport zur Verfügung. Dadurch erwirbt der öffentliche Auftraggeber jedoch für sich selbst und für Endverbraucher eine Dienstleistung (zweite Variante des Ausnahmetatbestands in Erwägungsgrund 16). Er und die Endverbraucher sind vertragliche Nutznießer der für den Energietransport bereitgestellten Netzdienstleistungen.[24]

---

20   KG Urt. v. 22.01.2015 – 2 U 14/14 Kart, Waldbühne NZBau 2015, 323.
21   OLG Düsseldorf Beschl. v. 28.03.2012 – VII-Verg 37/11, NZBau 2012, 518.
22   EuGH Urt. v. 25.03.2010 – C-451/08, Helmut Müller NZBau 2010, 321, Rn. 48 bis 58.
23   Vgl. weiter Polster/Kokew KSzW 2012, 144, 148; Schüttpelz VergabeR 2013, 361, 362; Opitz NVwZ 2014, 753, 757; Wagner/Pfohl ZfBR 2014, 745, 747; Donhauser/Hölzlwimmer VergabeR 2015, 509, 518 f.
24   Hinsichtlich der bei der Vergabe von Wegenutzungsrechten zu beachtenden Rechtsregeln siehe auch BGH Urt. v. 17.12.2013 – KZR 66/12, Stromnetz Berkenthin; Urt. v. 17.12.2013 – KZR 65/12, Stromnetz Heiligenhafen, Rn. 45, sowie den Gemeinsamen Leitfaden von Bundeskartellamt und Bundesnetzagentur zur Vergabe von Strom- und Gaskonzessionen und zum Wechsel des Konzessionsnehmers, 2. Aufl., v. 21.05.2015.

2. Entgeltlichkeit des Vertrags

Der Konzessionsvertrag (Betrauungsvertrag) muss, weil er alle Merkmale eines Bau- oder Dienstleistungsauftrags aufweisen muss (siehe oben Rn. 4), gleichermaßen entgeltlich sein. Dies sehen auch Art. 5 Nr. 1 Richtlinie 2014/23 und § 105 Abs. 1 GWB vor. Allerdings besteht die Entgeltlichkeit (im Unterschied zum Dienstleistungsauftrag) prinzipiell nicht in der direkten Zahlung einer Vergütung vom Konzessionsgeber an den Konzessionsnehmer, sondern in der Übertragung des Rechts zur Nutzung des Bauwerks oder zur Verwertung der Dienstleistungen und allenfalls in der Übertragung des Nutzugsrechts zuzüglich einer (zusätzlichen) Zahlung an den Konzessionsnehmer. Infolgedessen finanziert sich die bauliche Anlage erst aus ihrer tatsächlichen Nutzung, mithin aufgrund der Zahlungen (Entgelte), die dem Bau- oder Dienstleistungskonzessionär im Wege der Vermarktung (durch Veräußerung, Vermietung, Verpachtung oder auf sonstige Weise) von Erwerbern oder Nutzern, und zwar ihm allein, zufließen (z.B. auch in Form einer Maut bei Straßen-, Tunnel- oder Brückenbauvorhaben). Insbesondere im Fall von Dienstleistungskonzessionen sollen sich die Aufwendungen des Konzessionärs durch Nutzungs- oder Zutrittsentgelte der Nutzer refinanzieren. 18

Zusätzlich und neben der Übertragung des Verwertungsrechts vom Konzessionsgeber zu leistende **Zahlungen** (geldwerte Zuwendungen) dürfen – so viel steht fest – im Sinn einer Obergrenze den Wert der Einräumung des Nutzungsrechts keinesfalls erreichen. Eine Bau- oder Dienstleistungskonzession scheidet aus, wenn der Auftraggeber die Vertragsleistung entsprechend ihrem wirtschaftlichen Wert an den Konzessionsnehmer vollständig vergütet.[25] Bei den in Abs. 1 angesprochenen Zahlungen kann es darum lediglich um gewisse Zuzahlungen des Konzessionsgebers, insbesondere um bloße Anschubfinanzierungen neuer Projekte, gehen. Nicht aber darf der Konzessionsnehmer eine kostendeckende Gesamtvergütung für erbrachte Leistungen vom Konzessionsgeber beziehen. Im Sinn einer Entscheidungsgrundlage ist dazu der Konzessions- oder Betrauungsvertrag einschließlich eventuell getroffener Nebenabreden auszuwerten.[26] 19

3. Wirtschaftliche Risikotragung

Aus Abs. 1 geht, nicht explizit ausgesprochen, dennoch deutlich hervor, dass mit der Vergabe einer Bau- oder Dienstleistungskonzession die der Leistung innewohnenden wirtschaftlichen Risiken (Kosten-, Betriebs-, Verwertungs- und Erlösrisiken), und zwar im Prinzip vollständig, mindestens aber zu einem wirtschaftlich erheblichen Ausmaß (zu einem **wesentlichen, nicht notwendig** aber zum **überwiegenden** Teil),[27] auf den Konzessionsnehmer übertragen werden.[28] Dabei handelt es sich um *das* Schlüsselelement der Dienstleistungskonzession. Dies ergibt sich daraus, dass gemäß der Begriffsbestimmung der Konzessionär durch Verwertung oder Vermarktung der Bau- oder Dienstleistung in eigener Verantwortung für eine Amortisation seiner Aufwendungen zu sorgen hat und Zahlungen des Konzessionsgebers ihm die damit verbundenen finanziellen Unwägbarkeiten nicht abnehmen dürfen. Der Konzessionsnehmer muss nach Maßgabe einer **Gesamtwürdigung** aller Umstände des Einzelfalls den Risiken des Marktes in der Weise ausgesetzt sein, dass seine Erlöse von Angebot und/oder Nachfrage abhängen und er infolgedessen auch Gefahr laufen kann, einschließlich von Zuzahlungen des Konzessionsgebers seine Kosten nicht abdecken zu können (keine Kostendeckungs- und erst recht keine Gewinngarantie).[29] Bei der dazu erforderlichen Gesamtbetrachtung aller Umstände sind insbesondere die in Bezug auf den Vertragsgegenstand 20

---

25 EuGH NZBau 2009, 729, 732, Eurawasser; OLG Koblenz Beschl. v. 25.03.2015 – Verg 11/14, ÖPNV Idar-Oberstein NZBau 2015, 577, 579.

26 BGH Beschl. v. 08.02.2011 – X Z.B. 4/10, S-Bahnverkehr Rhein-Ruhr NZBau 2011, 175, Rn. 35; OLG Koblenz Beschl. v. 25.03.2015 – Verg 11/14, ÖPNV Idar-Oberstein NZBau 2015, 577, 579.

27 OLG Koblenz Beschl. v. 25.03.2015 – Verg 11/14, ÖPNV Idar-Oberstein NZBau 2015, 577, 579.

28 So auch Erwägungsgrund 18 zur Richtlinie 2014/23/EU; EuGH Urt. v. 10.11.2011 – C-348/10, Norma-A NZBau 2012, 183, Rn. 50; Urt. v. 10.09.2009 – C-206/08, Eurawasser; BGH Beschl. v. 08.02.2011 – X Z.B. 4/10, S-Bahnverkehr Rhein-Ruhr NZBau 2011, 175, Rn. 30 ff.

29 OLG Koblenz Beschl. v. 25.03.2015 – Verg 11/14, ÖPNV Idar-Oberstein NZBau 2015, 577, 579.

herrschenden Marktbedingungen und die vertraglichen Vereinbarungen in ihrer Gesamtheit zu berücksichtigen.[30] **Öffentlich-rechtliche Vorgaben** (z.B. ein Anschluss- und Benutzungszwang oder eine gesetzlich geregelte Preiskalkulation auf der Grundlage des Kostendeckungsprinzips)[31] schließen im Übrigen nicht aus, dass der Konzessionär einen wesentlichen Teil des Betriebsrisikos übernimmt.[32] Abs. 2 normiert **Fallgruppen** und Kriterien, in denen bei Konzessionsvergaben ein Risikoübergang auf den Konzessionsnehmer anzunehmen ist.

4. Laufzeit des Konzessionsvertrags

21   Im GWB sind dazu keine Bestimmungen getroffen worden. Jedoch begrenzt § 3 Abs. 1 KonzVgV nach dem Vorbild des Art. 18 Richtlinie 2014/23/EU die Laufzeit von Konzessionen.[33] Das Element der Befristung ist seit dem Vergaberechtsmodernisierungsgesetz 2009 im Konzessionsrecht des GWB verankert (in Bezug auf Baukonzessionen). Die **Dauer der Befristung** macht § 3 Abs. 2 KonzVgV von Amortisationserwägungen abhängig. Dass dies nicht generalisierend im Vorhinein festgelegt werden kann, folgt aus der Natur der Sache. Doch sollte der Konzessionsgeber dabei eine **Einschätzungsprärogative** haben, die einem Beurteilungsspielraum rechtsähnlich von den Vergabenachprüfungsinstanzen jedenfalls prinzipiell nur korrigiert werden darf, sofern deren Ausüben auf einer unvollständigen Entscheidungsgrundlage (Sachverhaltsermittlung) beruht oder nach allgemeinen Bewertungsgrundsätzen willkürlich und/oder unvertretbar ist. Die für das Festlegen der Vertragsdauer maßgebenden Umstände sind vom Konzessionsgeber notwendigerweise im **Vergabevermerk** zu dokumentieren (§ 6 KonzVgV). Das Merkmal der Befristung geht in der Sache auf das Urteil des EuGH in der Rechtssache Müller (eine Baukonzession betreffend) zurück,[34] in dem der Gerichtshof ausgesprochen hat, dass, was die Dauer der Konzession anbelangt, letztlich gewichtige Gründe, zu denen insbesondere die Aufrechterhaltung des Wettbewerbs gehöre, Grund zu der Annahme geben, dass eine unbefristete Erteilung von Konzessionen gegen die Rechtsordnung der Union verstoße.

22   Solange ein Wirtschaftsteilnehmer über das Recht auf Nutzung eines Grundstücks verfügt, das in seinem **Eigentum** steht, kann im Übrigen grundsätzlich keine Konzession über die Nutzung des Grundstücks erteilt werden.[35]

5. Auftragswert

23   Die bei der Ermittlung des Schwellenwerts anzuwendende Bestimmung in Art. 8 Richtlinie 2014/23/EU ist in § 2 KonzVgV umgesetzt worden.[36] Zu addieren ist dazu der **Nettowert** sämtlicher dem Konzessionsmehmer zufließender Erträge (einschließlich Zuzahlungen des Konzessionsgebers und möglicher Vertragsverlängerungen). Bei der Berechnung wird nach einer vertretbaren Methode der **Ertragswert** (netto) der Konzession zu ermitteln oder anhand nachprüfbarer Tatsachenangaben zu schätzen sein. Im Nachprüfungsprozess errechnen sich nach dieser Methode die Kosten eines Verfahrens vor der Vergabekammer.[37] Der für die Aufwendungen der Verfahrensbeteiligten (für Rechtsanwaltskosten) maßgebende **Streitwert** in Verfahren vor der Vergabekammer und der Kostenstreitwert in einem Beschwerdeverfahren (für die Gerichtsgebühren und die Rechtsan-

---

30   BGH Beschl. v. 08.02.2011 – X Z.B. 4/10, S-Bahnverkehr Rhein-Ruhr NZBau 2011, 175, Rn. 35; OLG Koblenz Beschl. v. 25.03.2015 – Verg 11/14, ÖPNV Idar-Oberstein NZBau 2015, 577, 579.

31   Vgl. OLG Jena VergabeR 2008, 653 betr. Wasserversorgung; OLG München NZBau 2009, 666 betr. Rettungsdienste.

32   EuGH Urt. v. 10.11.2011 – C-348/10, Norma-A NZBau 2012, 183, Rn. 50. Siehe dazu auch Erwägungsgrund 19 zur Richtlinie 2014/23/EU.

33   Siehe dazu auch Erwägungsgrund 52 zur Richtlinie 2014/23/EU.

34   EuGH Urt. v. 25.03.2010 – C-451/08, Helmut Müller NZBau 2010, 321, Rn. 70 bis 80 m.w.N., insbesondere unter Hinweis auf Rn. 96 und 97 der Schlussanträge des Generalanwalts.

35   EuGH a.a.O., Rn. 74.

36   Vgl. dazu auch Erwägungsgrund 23 zur Richtlinie 2014/23/EU.

37   Siehe dazu z.B. die von den Vergabekammern des Bundes angewandte Auftragswerttabelle auf der Internetseite des Bundeskartellamts.

waltsvergütung) ist in § 50 Abs. 2 GKG geregelt (5 % vom **Bruttoauftragswert**, dem in der Regel der Wert des Angebots des Antragstellers zugrunde zu legen ist).

B. Betriebsrisiko für die Nutzung als Abgrenzung zum öffentlichen Auftrag (§ 105 Abs. 2 GWB).

Neben dem Nutzungsrecht des Konzessionärs ist das von diesem zu übernehmende Betriebsrisiko 24 der fraglichen Leistung das weitere entscheidende Abgrenzungskriterium zum öffentlichen Auftrag. Das Hauptmerkmal einer Konzession, nämlich das Recht, die betreffenden Bauwerke oder Dienstleistungen zu nutzen bzw. zu verwerten, schließt stets die Übertragung eines Betriebsrisikos wirtschaftlicher Art auf den Konzessionsnehmer ein, einschließlich der Möglichkeit, dass die Investitionsaufwendungen und die Kosten für den Betrieb des Bauwerks oder die Erbringung der Dienstleistungen unter normalen Betriebsbedingungen nicht wieder erwirtschaftet werden können, auch wenn ein Teil des Risikos bei den öffentlichen Auftraggebern oder Auftraggebern verbleibt.[38] Die Anwendung besonderer Bestimmungen auf Konzessionen wäre nicht gerechtfertigt, wenn der öffentliche Auftraggeber bzw. der Auftraggeber den Wirtschaftsteilnehmer von jedem möglichen Verlust freistellen würde, in dem ihm Einnahmen mindestens in Höhe der bei der Durchführung des Vertrags entstehenden Investitionsaufwendungen und Kosten garantiert werden.

Die Vorschrift geht von einem zu der Begrifflichkeit einer Konzession notwendigen Betriebsrisiko 25 aus, wenn

1. unter normalen Betriebsbedingungen nicht gewährleistet ist, dass die Investitionsaufwendungen oder die Kosten für den Betrieb des Bauwerks oder die Erbringung der Dienstleistungen wieder erwirtschaftet werden können und
2. der Konzessionsnehmer den Unwägbarkeiten des Marktes tatsächlich ausgesetzt ist, so dass potentielle geschätzte Verluste des Konzessionsnehmers nicht vernachlässigbar sind.

I. Keine Gewährleistung der Investitionsaufwendungen

Wenn eine branchenspezifische Regelung den Wegfall des Risikos für den Konzessionsnehmer durch 26 einen garantierten Ausgleich seiner Investitionen und der aufgrund der Vertragsdurchführung anfallenden Kosten vorsieht, handelt es sich nicht um eine Konzession. Gleiches gilt, wenn ein Risiko von vornherein beschränkt ist wie etwa in Branchen mit vorgeschriebenen Tarifen oder wenn das Betriebsrisiko durch vertragliche Vereinbarungen begrenzt wird, die einen teilweisen Ausgleich sowie einen Ausgleich im Falle der vorzeitigen Kündigung der Konzession aus vom öffentlichen Auftraggeber oder dem Auftraggeber zu vertretenden Gründen oder im Falle höherer Gewalt vorsehen.[39]

Eine Vergütungsabsprache, die neben einer festen Vergütung auch bestimmte Nebeneinkünfte 27 durch Verwertungsleistungen ermöglicht, reicht nicht aus, um Verträge die Einstufung als öffentlicher Auftrag zu nehmen.[40] Wenn in einem Vertrag über die Abfallsammlung eine zu vergütenden Mindestmenge vorgesehen ist und Anpassungsvorschriften für den Fall, dass sich Vergütungsberechnungsparameter ändern oder zusätzlich Investitionen getätigt werden müssen, so liegt ein klassischer öffentlicher Auftrag vor.

Entsprechendes gilt, wenn der öffentliche Auftraggeber Dritte verpflichtet, an den Konzessionär 28 eine feststehende Vergütung zu zahlen und der öffentliche Auftraggeber mittelbar die Aufwendungen selbst trägt. Dass ist etwa der Fall, wenn ein öffentlicher Bauherr Leistungen einer zentralen Betonversorgung vergibt, dabei feststehende Preise vereinbart werden, welche die von ihm beauftragten Bauunternehmer tragen müssen. Eine Konzession scheidet auch dann aus, wenn der Konzessionär zwar von seinen Rechten Gebrauch macht, Nutzungsgebühren einzuziehen, der öffentliche Auftraggeber sich jedoch verpflichtet, etwa entstehende Fehlbeträge mittels Zuwendung

---

38 Vgl. nur Erwägungsgrund 18 der Richtlinie 2014/23/EU.
39 Vgl. auch Erwägungsgrund 19 der Richtlinie 2014/23/EU.
40 Vgl. EuGH »Kommission/Italien«, VergabeR 2007, 604, 608.

auszugleichen. Hierdurch verbleibt das Risiko im Ergebnis (oder doch zumindest ganz überwiegend) bei dem öffentlichen Auftraggeber.[41]

29   Eine Konzession liegt ebenfalls nicht vor, sondern ein entgeltlicher Dienstleistungsauftrag, wenn ein Träger der Sozialhilfe eine Einrichtung mit der Sicherstellung des Betreuungsbedarfs von Sozialhilfebedürftigen beauftragt und dieser dabei dessen Exklusivität sichert sowie das Insolvenzrisiko teilweise übernimmt.[42]

30   Ist etwa nach Kommunalrecht die Übertragung der Aufgabenerfüllung auf Dritte unzulässig, dann scheidet auch eine Konzession aus, insbesondere, wenn Rechtsbeziehungen zwischen dem Dritten und dem vermeintlichen Konzessionär gar nicht entstehen können, weil der Auftraggeber alleine entsprechende Entgeltansprüche erheben kann.[43]

31   Bezogen auf die Fallgestaltung »Zuschussvertrag« hat der BGH in seiner Entscheidung »Abellio Rail«[44] darauf abgestellt, dass es entscheidend auf das Gewicht der zusätzlichen geldwerten Zuwendung in Relation zum erzielbaren Benutzungsentgelt ankomme. Die Übernahme des (wesentlichen Teils des) Betriebsrisikos sei jedenfalls dann ausgeschlossen, wenn die Zuzahlung in Form einer zusätzlichen Vergütung oder (Aufwand-) Entschädigung ein solches Gewicht habe, dass hier bei wertender Betrachtung kein bloßer Zuschusscharakter mehr beigemessen werden könne, sondern sich darin zeige, dass die aus der Erbringung der Dienstleistung möglichen Einkünfte allein ein Entgelt darstellen würden, das weitab von einer äquivalenten Gegenleistung liege.[45] Sofern die Zuschussleistung damit den Zweck verfolge, die schon fast äquivalente Gegenleistung des öffentlichen Auftraggebers (gemessen an den realisierbaren Benutzungseinnahmen) zu ergänzen, liege in der Zuschussleistung ein reiner Zuschusscharakter und damit das Element einer Konzession. Sofern die Zusatzleistung dagegen den Zweck verfolge, die eindeutig noch nicht äquivalente Gegenleistung des öffentlichen Auftraggebers auf ein betriebswirtschaftlich akzeptables Niveau aufzustocken, komme ihr eine Art Äquivalenzsicherungsfunktion zu und damit sei das Element des Dienstleistungsauftrages gegeben. Dränge die geldwerte Zuwendung das dem Dienstleistungserbringer eingeräumte Nutzungsrecht bezogen auf die Äquivalenz der Gegenleistung in die Nebenrolle als Annexleistung, seien seine Gewinninteressen in einem Maße gesichert, dass er nicht das wirtschaftliche Risiko der Verwertung trage. Entscheidend sei dabei nicht ein bestimmter prozentualer Schwellenwert, sondern es komme auf eine wertende Gesamtbetrachtung der Einzelfallumstände unter Berücksichtigung der jeweils herrschenden Marktgegebenheiten an.

II. Tatsächliche Marktausgesetztheit

32   Ein Betriebsrisiko muss sich ferner aus Faktoren ergeben, die sich dem Einfluss der Vertragsparteien entziehen. Risiken, wie solche, die im Zusammenhang mit Missmanagement, vertraglichen Ausfällen des Wirtschaftsteilnehmers oder Fällen höherer Gewalt stehen, sind für die Einstufung als Konzession nicht ausschlaggebend, da derartige Risiken jedem Vertrag, sei es ein öffentlicher Auftrag oder eine Konzession inne wohnen.[46] Ein Betriebsrisiko muss mithin als Risiko, den Unwägbarkeiten des Marktes ausgesetzt zu sein, verstanden werden, wobei es sich um ein Nachfrage- oder ein Angebotsrisiko oder um beides zugleich handeln kann.

33   Nachfragerisiko ist das Risiko der tatsächlichen Nachfrage nach den Bau- oder Dienstleistungen, die Gegenstand des Vertrags sind. Angebotsrisiko ist das mit der Erbringung der Bau- oder Dienst-

---

41   Vgl. OLG Düsseldorf Beschluss vom 26.07.2002, Verg 22/02.
42   Vgl. OLG Düsseldorf NZBau 2005, 650, 651.
43   Vgl. OLG Düsseldorf NZBau 2012, 190; vgl. auch OLG Brandenburg Beschluss vom 28.08.2012, Verg 19/11.
44   Vgl. hierzu BGH NZBau 2011, 175, 181
45   Vgl. auch Ruhland in: Gabriel/Krohn/Neun, Handbuch des Vergaberechts, S. 139.
46   Vgl. auch Erwägungsgrund 20 zur Richtlinie 2014/23/EU.

leistungen, die Gegenstand des Vertrags sind, verbundene Risiko, insbesondere das Risiko, dass die bereitgestellten Dienstleistungen nicht der Nachfrage entsprechen.[47]

Die Ausgestaltung vorstehender Tatbestandsvoraussetzung ist maßgeblich durch die Rechtssachen »Rettungsdienst Stadler«[48] und die Rechtssache »NORMA-A«[49] geprägt worden. 34

Danach bedeutet das wirtschaftliche Betriebsrisiko der Dienstleistung das Risiko, den Unwägbarkeiten des Marktes ausgesetzt zu sein, was sich konkret im Risiko der Konkurrenz durch andere Wirtschaftsteilnehmer, dem Risiko eines Ungleichgewichts zwischen Angebot und Nachfrage, dem Risiko der Zahlungsunfähigkeit derjenigen, die die Bezahlung der erbrachten Dienstleistungen schulden, dem Risiko einer nicht vollständigen Deckung der Betriebsausgaben durch die Einnahmen oder dem Risiko einer Haftung für einen Schaden im Zusammenhang mit einem Fehlverhalten bei der Erbringung der Leistung äußern kann.[50] Diese Marktrisiken müssen immer vom allgemeinen Risiko einer Rechtsänderung während der Durchführung eines Vertrages,[51] von sonstigen unwahrscheinlichen, rein spekulativen Marktrisiken[52] sowie von jedem Vertrag immanenten Risiken aus der Sphäre des jeweiligen Dienstleistungserbringers, die ausschließlich von seinem individuellen Verhalten abhängig sind (wie beispielsweise mangelhafte Betriebsführung) abgegrenzt werden.[53] 35

Dabei ist ebenfalls immer eine genaue Prüfung der Einzelfallumstände notwendig. So wird z.B. der Vertrag über den Betrieb eines Freizeitzentrums nur dann nicht als Dienstleistungskonzession zu bewerten sein, wenn der Vertrag weitreichende Absicherungen des Dienstleisters beinhaltet, etwa Vertragsanpassungen bei einem Rückgang der Buchungen von Veranstaltungen oder eine Rückmietbefugnis des öffentlichen Auftraggebers.[54] 36

§ 106 Schwellenwerte

(1) Dieser Teil gilt für die Vergabe von öffentlichen Aufträgen und Konzessionen sowie die Ausrichtung von Wettbewerben, deren geschätzter Auftrags- oder Vertragswert ohne Umsatzsteuer die jeweils festgelegten Schwellenwerte erreicht oder überschreitet. § 114 Absatz 2 bleibt unberührt.

(2) Der jeweilige Schwellenwert ergibt sich
1. für öffentliche Aufträge und Wettbewerbe, die von öffentlichen Auftraggebern vergeben werden, aus Artikel 4 der Richtlinie 2014/24/EU in der jeweils geltenden Fassung; der sich hieraus für zentrale Regierungsbehörden ergebende Schwellenwert ist von allen obersten Bundesbehörden sowie allen oberen Bundesbehörden und vergleichbaren Bundeseinrichtungen anzuwenden,
2. für öffentliche Aufträge und Wettbewerbe, die von Sektorenauftraggebern zum Zweck der Ausübung einer Sektorentätigkeit vergeben werden, aus Artikel 15 der Richtlinie 2014/25/EU in der jeweils geltenden Fassung,
3. für verteidigungs- oder sicherheitsspezifische öffentliche Aufträge aus Artikel 8 der Richtlinie 2009/81/EG des Europäischen Parlaments und des Rates vom 13. Juli 2009 über die Koordinierung der Verfahren zur Vergabe bestimmter Bau-, Liefer- und Dienstleistungsaufträge in den Bereichen Verteidigung und Sicherheit und zur Änderung der Richtlinien 2004/17/EG und 2004/18/EG (ABl. L 216 vom 20.8.2009, S. 76) in der jeweils geltenden Fassung,

---

47 Vgl. auch Erwägungsgrund 20 der Richtlinie 2014/23/EU.
48 EuGH NZBau 2011, 239.
49 EuGH NZBau 2012, 183.
50 Vgl. auch EuGH NZBau 2011, 239, 343.
51 Vgl. dazu etwa EuGH NZBau 2009, 729
52 Vgl. BGH NZBau 2011, 175, 180.
53 Vgl. EuGH NZBau 2012, 183; EuGH NZBau 2011, 239, vgl. auch Ruhland in: Gabriel/Krohn/Neun, Handbuch des Vergaberechts, S. 138.
54 Vgl. auch OVG NRW NZBau 2011, 309.

4. für Konzessionen aus Artikel 8 der Richtlinie 2014/23/EU des Europäischen Parlaments und des Rates vom 26. Februar 2014 über die Konzessionsvergabe (ABl. L 94 vom 28.3.2014, S. 1) in der jeweils geltenden Fassung.

(3) Das Bundesministerium für Wirtschaft und Energie gibt die geltenden Schwellenwerte unverzüglich, nachdem sie im Amtsblatt der Europäischen Union veröffentlicht worden sind, im Bundesanzeiger bekannt.

I. Vergaben oberhalb der Schwellenwerte

1. Schwellenwerte und ihre Bedeutung

1   Nach § 106 Abs. 1 Satz 1 GWB gelten die Vorschriften des 4. Teils des GWB (§§ 97 bis 184) nur für die Vergabe von Aufträgen und Konzessionen sowie die Ausrichtung von Wettbewerben, deren geschätzter Netto-Auftragswert bzw. Vertragswert den jeweils festgelegten Schwellenwert erreicht oder überschreitet. Lediglich § 114 Abs. 2 GWB soll gemäß § 106 Abs. 1 Satz 2 GWB auch unterhalb der Schwellenwerte Anwendung finden. Nach dieser Vorschrift sind öffentliche Auftraggeber i.S.d. § 99 GWB verpflichtet, an das Bundesministerium für Wirtschaft und Energie die in § 4 VergStatVO festgelegten Daten zu Auftragsvergaben zu übermitteln, soweit der Netto-Auftragswert die in § 2 Abs. 2 Nr. 1 VergStatVO bestimmte Bagatellgrenze in Höhe von 25.000,00 € überschreitet.

2   Die von der EU-Kommission festgelegten Schwellenwerte markieren eine Grenze, ab der eine Binnenmarktrelevanz unwiderleglich vermutet wird[1], also davon auszugehen ist, dass schon aufgrund des erheblichen Auftragswerts auch Unternehmen aus anderen Mitgliedstaaten der EU ein Interesse am Auftrag haben könnten.

3   Es gelten nicht nur je nach Auftragsart, sondern auch abhängig von der Person des Auftraggebers unterschiedliche Schwellenwerte. Nach § 106 Abs. 1 ist zwischen Schwellenwerten für
– öffentliche Aufträge und Wettbewerbe, die von öffentlichen Auftraggebern i.S.d. § 99 GWB vergeben werden,
– öffentliche Aufträge und Wettbewerbe, die von Sektorenauftraggebern i.S.d. § 100 GWB zum Zweck der Ausübung einer Sektorentätigkeit vergeben werden,
– verteidigungs- oder sicherheitsspezifische öffentliche Aufträge sowie
– Konzessionen
zu unterscheiden.

4   Die Vorschrift enthält eine dynamische Verweisung auf die in den jeweiligen Artikeln der Richtlinien 2014/24/EU, 2014/25/EU, 2009/81/EG und 2014/23/EU geregelten Schwellenwerte (»in der jeweils geltenden Fassung«). Die einzelnen Richtlinien sehen jeweils vor, dass die Schwellenwerte regelmäßig von der Europäischen Kommission überprüft und per Verordnung neu festgesetzt werden. Die Verordnungen gelten unmittelbar, ohne dass es noch einer Umsetzung in nationales Recht bedarf. Gemäß § 106 Abs. 3 GWB werden die geänderten EU-Schwellenwerte durch das Bundesministerium für Wirtschaft und Energie nur noch im Bundesanzeiger bekannt gegeben.

---

1   Summa in: jurisPK/VergR, § 100 GWB (a.F.) Rn. 1.

Mit Verordnungen (EU) Nr. 2015/2170, 2015/2171 und 2015/2172 vom 24.11.2015 [2] hat die 5
Kommission die bei Drucklegung letzte Änderung einzelner der in den Richtlinien festgelegten
Schwellenwerte vorgenommen. Danach betragen die Schwellenwerte

– für öffentliche Liefer- und Dienstleistungsaufträge und Wettbewerbe von öffentlichen Auftraggebern: 209.000 Euro, bei Vergaben von obersten oder oberen Bundesbehörden sowie vergleichbaren Bundesbehörden 135.000 Euro;
– für Liefer- und Dienstleistungsaufträge von Sektorenauftraggebern zum Zweck der Ausübung
einer Sektorentätigkeit: 418.000 Euro;
– für verteidigungs- oder sicherheitsspezifische öffentliche Liefer- und Dienstleistungsaufträge:
412.000 Euro;
– für öffentliche Dienstleistungsaufträge betreffend soziale und andere besondere Dienstleistungen im Sinne von Anhang XIV der Richtlinie 2014/24/EU: 750.000 Euro;
– für Lose von Liefer- und Dienstleistungsaufträgen mit einem Wert oberhalb des (jeweils einschlägigen) Schwellenwerts 80.000 Euro oder bei Losen unterhalb von 80.000 Euro deren addierter Wert ab 20 % des Gesamtwerts aller Lose;
– für öffentliche Bauaufträge von öffentlichen Auftraggebern sowie von Sektorenauftraggebern
zum Zweck der Ausübung einer Sektorentätigkeit: 5,225 Mio. Euro;
– für verteidigungs- oder sicherheitsspezifische öffentliche Bauaufträge: 5,15 Mio. Euro
– für Lose von Bauaufträgen mit einem Wert oberhalb des Schwellenwerts von 5,225 Mio. Euro
1,0 Mio. Euro oder bei Losen unterhalb von 1,0 Mio. Euro deren addierter Wert ab 20 % des
Gesamtwerts aller Lose;
– für Konzessionen über Bau- sowie Dienstleistungen einheitlich 5,225 Mio. €.

Dem deutschen Gesetzgeberwäre es auch möglich, im Vergleich zum EU-Vergaberecht niedrigere 6
Schwellenwerte festzulegen und damit den Anwendungsbereich des Kartellvergaberechts über die
EU-Standards hinaus zu erweitern.

2. Schätzung des Auftragswerts

Regelungen zur Berechnung bzw. Schätzung des Auftragswerts finden sich weitestgehend deckungs- 7
gleich in §§ 3 VgV, 2 SektVO, § 3 VSVgV sowie § 2 KonzVgV, auf deren Kommentierung verwiesen wird. An dieser Stelle sollen nur einige der wesentlichen Grundsätze der Auftragswertermittlung
bzw. Kostenschätzung angeführt werden:

– Bei der Schätzung des Auftragswerts ist von der geschätzten Gesamtvergütung für die vorgese-
ne Leistung einschließlich etwaiger Prämien oder Zahlungen an Bewerber oder Bieter auszugehen. Dabei sind alle Optionen oder etwaige Vertragsverlängerungen zu berücksichtigen.
– Maßgeblicher Zeitpunkt für die Schätzung des Auftragswerts ist der Tag, an dem die Auftragsbekanntmachung abgesendet wird oder das Vergabeverfahren auf sonstige Weise eingeleitet wird.
– Der Wert eines beabsichtigen Auftrags darf nicht in der Absicht geschätzt oder aufgeteilt werden,
den Auftrag der Anwendung der jeweils einschlägigen Vergabeordnung zu entziehen.
– Bei Bauleistungen ist neben dem Auftragswert der Bauaufträge der geschätzte Wert aller Liefer-
und Dienstleistungen zu berücksichtigen, die für die Ausführung der Bauleistungen erforderlich
sind und vom Auftraggeber zur Verfügung gestellt werden.
– Der Wert einer Rahmenvereinbarung oder eines dynamischen elektronischen Verfahrens wird
auf der Grundlage des geschätzten Gesamtwerts aller Einzelaufträge berechnet, die während
deren Laufzeit geplant sind.
– Besteht die beabsichtigte Beschaffung aus mehreren Losen, für die jeweils ein gesonderter Auftrag vergeben wird, ist der Wert aller Lose zugrunde zu legen. Bei Lieferaufträgen gilt dies nur
für Lose über gleichartige Lieferungen, für Aufträge über Planungsleistungen nur für Lose über
gleichartige Leistungen, worunter grds. Leistungen desselben Leistungsbildes zu verstehen sein

---

2 ABl. EU L 307 v. 25.11.2015, 5 ff.

dürften.[3]. Verschiedene Planungsleistungen, die verschiedene Auftragnehmer ausführen sollen, sind danach jeweils für sich zu betrachten, auch wenn sie sich auf ein Objekt beziehen. Wenn indessen der Auftraggeber unterschiedliche fachspezifische Leistungen zusammengefasst an einen Auftragnehmer vergeben will oder sich dies im Vergabeverfahren vorbehält, verbleibt es bei dem Grundsatz, dass auf die Summe der Leistungen abzustellen ist.[4]

– Ob es sich bei einem Auftrag um ein Los einer größeren Beschaffungsmaßnahme handelt mit der Folge, dass dessen Wert für die Beurteilung, ob die Vergabe des Auftrages dem Kartellvergaberecht unterfällt, an dem für einzelne Lose geltenden Schwellenwert zu messen ist, hängt von den Umständen des Einzelfalls ab. Im Bereich der Bauvergabe kommt es entscheidend darauf an, ob ein wirtschaftlicher oder technisch-funktionaler Zusammenhang mit weiteren Auftragsvergaben besteht.[5] Es sind all diejenigen Bauabschnitte einer Gesamtbaumaßnahme als Einheit zu betrachten, die ohne die jeweils anderen Bauabschnitte keine sinnvolle Funktionen erfüllen können, und zwar unabhängig davon, ob die einzelnen Bauabschnitte als eigenständiger Auftrag oder als Los eines Gesamtauftrages ausgeschrieben wurden.[6] Komplexe Bauvorhaben sind dann nicht als Gesamtbauwerk anzusehen, wenn die einzelnen baulichen Anlagen ohne Beeinträchtigung von Vollständigkeit und Benutzbarkeit getrennt voneinander errichtet werden können.

– Die Kostenschätzung ist nach objektiven Kriterien unter Berücksichtigung der Marktsituation sowie auf der Grundlage sorgfältiger betriebswirtschaftlicher Finanzplanung durchzuführen.[7] Für die Schätzung muss der Auftraggeber oder der von ihm gegebenenfalls beauftragte Fachmann Methoden wählen, die ein wirklichkeitsnahes Schätzungsergebnis ernsthaft erwarten lassen.[8] Die Schätzung des Auftragswerts ist außerdem nachvollziehbar zu dokumentieren.[9] Zwar dürfen an die Schätzung selbst keine übertriebenen Anforderungen gestellt werden. Dem Auftraggeber kommt bei der Ermittlung des Auftragswerts ein Beurteilungsspielraum zu, welcher der Kontrolle der Nachprüfungsorgane nur eingeschränkt zugänglich ist.[10] Auch mit angemessener Sorgfalt durchgeführte Schätzungen stellen nur Prognoseentscheidungen dar, von denen die nachfolgenden Ausschreibungsergebnisse nicht unerheblich abweichen können.[11] Die Anforderungen an die Genauigkeit der Wertermittlung und der Dokumentation steigen aber, je mehr sich der Auftragswert an den Schwellenwert annähert.[12] Fehlende Sachkenntnis des Auftraggebers rechtfertigt eine Wertschätzung, die realistische Verhältnisse deutlich verfehlt, jedenfalls

---

3 Einen solchen Fall betrifft die Entscheidung des EuGH in der Sache »Gemeinde Niedernhausen«, 05.03.2012 NZBau 2012, 311. Die Kommune hatte hier Objektplanungsleistungen über alle Leistungsphasen in mehreren Teilaufträgen an immer dasselbe Architekturbüro vergeben. Dass auch die voraussichtlichen Kosten von Planungsleistungen anderer Leistungsbilder nicht separat, sondern in der Summe am Schwellenwert für Dienstleistungsaufträge zu messen sind, soweit sie sich auf dasselbe Bauvorhaben beziehen, lässt sich den Ausführungen des EuGH hingegen nicht entnehmen. Allerdings fordert die EU-Kommission eine entsprechende Gesamtbetrachtung, wie mit dem von ihr unter der Nr. 2015/4228 eingeleiteten Vertragsverletzungsverfahren i.V. Sanierung Freibad Stadt Elze deutlich wird.
4 OLG München 28.04.2006 – Verg 6/06.
5 Vgl. OLG Düsseldorf 31.03.2004 – VII-Verg 74/03; OLG Brandenburg 20.08.2002 – Verg W 4/02 mit Hinweis auf EuGH 05.10.2000 Rs. C-16/98; vgl. auch Art. 2 Abs. 1 Nr. 7 RL 2014/24/EU: Danach ist ein »Bauwerk« das Ergebnis einer Gesamtheit von Tief- oder Hochbauarbeiten, das seinem Wesen nach eine wirtschaftliche oder technische Funktion erfüllen soll.
6 KG 27.01.2015 – Verg 9/14.
7 Vgl. OLG München 28.08.2005 – Verg 19/05 n.v.; OLG Düsseldorf 08.05.2002 VergabeR 2002, 665.
8 BGH 20.11.2012 – X ZR 108/10.
9 Vgl. hierzu OLG Schleswig 30.03.2004 6 – Verg 1/03 n.v.; OLG München 11.04.2013 – Verg 03/13.
10 OLG Dresden 24.07.2012 NZBau 2012, 794; OLG München 11.04.2013 – Verg 03/13 sowie 31.01.2013 – Verg 31/12.
11 BGH 20.11.2012 – X ZR 108/10.
12 OLG Celle 19.08.2009 – 13 Verg 4/09, BeckRS 2009, 24117 m.w.N; vgl. auch VK Bund 27.05.2014 – VK 2 – 31/14.

dann nicht, wenn das für eine vertretbare Schätzung notwendige Wissen für den Auftraggeber zugänglich und auf zumutbare Weise zu beschaffen war.[13]

Getrennt ausgeschriebene Aufträge verschiedener öffentlicher Auftraggeber sind bei der Schätzung 8 des Auftragswertes auch dann selbstständig zu bewerten, wenn bei den Aufträgen sachliche Zusammenhänge bestehen. Anders kann es ausnahmsweise sein, wenn zwei öffentliche Auftraggeber davon ausgehen, dass die benötigte Leistung aus technischen oder anderen Gründen von demselben Anbieter beschafft werden soll und wenn die Auftraggeber deshalb die Beschaffungsvorhaben koordinieren und Angebote für den gemeinsamen Bedarf einholen. Entschließen die Auftraggeber sich dann unmittelbar vor der Auftragsvergabe zu gesonderten Verträgen, müssen sie eine nachvollziehbare Erklärung dafür liefern, aus welchem Grund dies geschehen ist, wenn nicht zur Vermeidung eines förmlichen Vergabeverfahrens.[14]

Bei losweiser Vergabe von Bau- oder Dienstleistungen ist vielfach problematisch, ob für die Ausschrei- 9 bung eines Loses mit einem geschätzten Auftragswert von weniger als 1 Mio. Euro bzw. 80.000,00 Euro die §§ 97 ff. GWB Anwendung finden und also auch eine Überprüfung des Vergabeverfahrens nach Maßgabe der §§ 155 ff. GWB möglich ist oder aber die ausgeschriebene Leistung dem sog. 20 %-Kontingent unterfällt und darum das Kartellvergaberecht nicht einschlägig ist. Hierzu hat das Bayerische Oberste Landesgericht[15] bereits 2001 entschieden, dass durch eine EU-weite Ausschreibung sowie durch eine Benennung der Vergabekammer als Nachprüfstelle der rechtliche Rahmen für eine Nachprüfung festgelegt werde. Die Wirkung dieser Festlegung bestehe in einer Selbstbindung der Verwaltung, dass sie das verfahrensgegenständliche Los nicht dem 20 %-Kontingent zuordne, für welches das Nachprüfungsverfahren nicht eröffnet wäre. Der Auftraggeber muss demnach in den Vergabeakten deutlich machen, welche Teilaufträge dem 20 %-Kontingent zugerechnet werden und danach nicht dem Kartellvergaberecht unterfallen, sondern allenfalls aus sonstigen Gründen (Haushaltsrecht; öffentliche Förderung) ausgeschrieben werden müssen. Anderenfalls können diese Aufträge ebenfalls Gegenstand einer Vergabenachprüfung sein.[16]

Maßgebend für die Anwendbarkeit der §§ 97 ff. GWB sowie der Bestimmungen der VgV, SektVO, 10 VSVgV bzw. KonzVgV ist nach dem klaren Wortlaut von §§ 106 Abs. 1 GWB, ob der (ordnungsgemäß) geschätzte Auftragswert ohne Umsatzsteuer den sogenannten Schwellenwert erreicht bzw. überschreitet. Ist der Wert des beabsichtigten Auftrags ordnungsgemäß geschätzt worden, bestimmt ausschließlich dieser Schätzwert über die Geltung oder Nichtgeltung des Vergaberechts.[17] Hat die Kostenschätzung eine Überschreitung des Schwellenwerts zum Ergebnis, ist die Auftragsvergabe auch dann einer Nachprüfung i.S.d. §§ 155 ff. GWB zugänglich, wenn alle Angebote den einschlägigen Schwellenwert unterschreiten.[18] Hat die Kostenschätzung hingegen eine Unterschreitung des einschlägigen Schwellenwerts zur Folge, ist die Auftragsvergabe einer Vergabenachprüfung i.S.d. §§ 155 ff. GWB entzogen, auch wenn die Angebote den Schwellenwert überwiegend oder sogar vollständig überschreiten. Freilich können deutliche Überschreitungen des Schwellenwerts ein Indiz für eine fehlerhafte Kostenschätzung sein. In dem Fall ist die Vergabekammer nicht an einer eigenen Schätzung des Auftragswerts gehindert.

Im Übrigen gilt, dass weder eine irrtümliche noch eine freiwillige Unterwerfung der Vergabestelle 11 unter die Bestimmungen des GWB Einfluss auf den gesetzlich festgelegten Rechtsweg hat. Eine etwaige Selbstbindung des öffentlichen Auftraggebers beschränkt sich auf sein eigenes Verhalten,

---

13 OLG Dresden 24.07.2012 NZBau 2012, 794, das weiter ausführt: »Ansonsten würde das überprüfungsfreie Schätzermessen des Auftraggebers proportional zu seiner Unkenntnis wachsen und völlige Ahnungslosigkeit jedes Schätzergebnis rechtfertigen, solange keine bewusste, manipulative oder sonst willkürliche Fehlschätzung vorliegt.«
14 OLG Celle 12.07.2007 ZfBR 2007, 704.
15 BayObLG 13.08.2001 VergabeR 2001, 402, 404; ebenso VK Lüneburg 29.08.2002 203-VgK-13/2002 n.v.
16 VK Berlin 03.01.2006 – VK B 2-57/05 n.v.
17 OLG Celle 19.08.2009 – 13 Verg 4/09, BeckRS 2009, 24117 m.w.N.
18 Vgl. KG 24.10.2013 – Verg 11/13.

eine vom Gesetzgeber nicht vorgesehene Überprüfungsmöglichkeit durch die Vergabekammer bzw. den Vergabesenat für Aufträge unterhalb des Schwellenwertes kann dadurch nicht eröffnet werden.[19]

II. Vergaben unterhalb der Schwellenwerte

1. Vergabegrundsätze

12 Für die Vergabe von Aufträgen und Konzessionen, die den jeweils maßgeblichen Schwellenwert nicht erreichen, findet der 4. Teil des GWB keine Anwendung. Gleichwohl unterliegen öffentliche Auftraggeber auch bei Auftragsvergaben unterhalb der Schwellenwerte weitgehenden Bindungen, die sich – auch nebeneinander – aus dem Haushaltsrecht, Landesvergabegesetzen oder Auflagen im Fall einer öffentlichen Förderung sowie im Falle sog. Binnenmarktrelevanz trotz Unterschreitung des Schwellenwerts aus dem EU-Primärrecht ergeben können.

13 Für juristische Personen des öffentlichen Rechts besteht nach deutschem Recht grundsätzlich die Verpflichtung zur Beachtung haushaltsrechtlicher Grundsätze, der Gebote der Wirtschaftlichkeit und Sparsamkeit (vgl. § 6 Abs. 1 HGrG) sowie des Vorrangs der öffentlichen Ausschreibung (§ 30 HGrG).[20] Gemäß § 55 BHO muss dem Abschluss von Verträgen über Lieferungen und Leistungen eine öffentliche Ausschreibung vorausgehen, sofern nicht die Natur des Geschäfts oder besondere Umstände eine Ausnahme rechtfertigen. In den Haushaltsordnungen der Länder und Kommunen finden sich entsprechende Regelungen (vgl. etwa § 55 LHO NRW, § 25 GemHVO NRW). Einzelheiten zur Umsetzung der Ausschreibungspflicht sind in hierzu erlassenen Verwaltungsanweisungen (»Vergabegrundsätze«) oder Landesvergabegesetzen geregelt, in denen wiederum regelmäßig die Beachtung der Basisparagrafen (d.h. die Vorschriften des ersten Abschnitts) der VOB/A oder VOL/A vorgeschrieben oder zumindest empfohlen wird. Für juristische Personen des privaten Rechts kann sich eine Verpflichtung zur Beachtung von Vergabebestimmungen zwar nicht aus dem Haushaltsrecht, aber speziellen landesvergabegesetzlichen Regelungen (vgl. z.B. § 2 Abs. 4 TVgG-NRW, der alle öffentlichen Auftraggeber im Land NRW gemäß § 98 GWB a.F. verpflichtet) oder einer Selbstbindung in der Satzung oder durch einen entsprechenden Gesellschafterbeschluss ergeben.

14 Weiter kann eine Ausschreibungspflicht auch aus einer freiwilligen oder durch einen öffentlichen Auftraggeber auferlegten Bindung an Verwaltungsvorschriften folgen, die eine Verpflichtung zur Beachtung bestimmter Ausschreibungsgrundsätze vorsehen. So wird im Fall einer öffentlichen Förderung der Zuwendungsbescheid regelmäßig mit der Auflage erteilt, bei der Beschaffung der geförderten Leistungen die Vorschriften der VOB/A bzw. VOL/A zu beachten, um so eine möglichst wirtschaftliche Verwendung der Fördermittel zu gewährleisten bzw. sicherzustellen, dass der Zuwendungsempfänger Haushaltsmittel letztlich so einsetzt wie die – dem Haushaltsrecht ohnehin unterworfene – zuwendende Körperschaft.[21] Die Funktion entsprechender Auflagen ist, die Anwendung bestimmter Vorschriften des Vergaberechts gerade für das zuwendungsrechtliche Rechtsverhältnis zwischen Bewilligungsbehörde und Zuwendungsempfänger verbindlich zu machen. In diesem Rechtsverhältnis gelten die Regeln des Vergaberechts ohne entsprechende Auflage nicht – auch dann nicht, wenn der Zuwendungsempfänger ansonsten aufgrund anderer Regelungen dem Vergaberecht unterworfen ist.[22] Die vollständige oder auch nur teilweise Nichtbeachtung dieser Auflage kann dazu führen, dass der Zuwendungsbescheid auch mit Wirkung für die Vergangenheit widerrufen wird und gewährte Fördermittel ganz oder zum Teil zurückgefordert werden.[23]

---

19 OLG München 28.09.2005 – Verg 19/05 n.v.; OLG Düsseldorf 31.03.2004 – VII-Verg 74/03 n.v.; OLG Schleswig 30.03.2004 6 – Verg 1/03 n.v.; OLG Stuttgart 12.08.2002 NZBau 2003, 340.

20 Vgl. BT-Drucks. 13/9340 S. 15 zu § 109 RegE VgRÄG.

21 So OVG Münster 20.04.2012 – 4 A 1055/09.

22 OVG Münster 20.04.2012 – 4 A 1055/09.

23 Vgl. dazu näher etwa Mayen, Durchführung von Förderprogrammen und Vergaberecht, NZBau 2009, 98 ff.; Schilder, Grenzen der Zuwendungsrückforderung wegen Vergaberechtsverstoßes, NZBau 2009, 155 ff.; Kulartz/Schilder, Rückforderung von Zuwendungen wegen Vergaberechtsverstößen, NZBau 2005, 552.

Röwekamp

Daneben haben die dem Staat zuzuordnenden Untergliederungen ggf. auch bei der Vergabe von 15
Aufträgen unterhalb der Schwellenwerte das unmittelbar geltende primäre EU-Recht zu beachten,
insbesondere die Grundsätze der Gleichbehandlung, der Transparenz und der Verhältnismäßigkeit.[24] Der EuGH hat dies bereits mit Urt. v. 20.10.2005[25] unter Hinweis auf seine ständige Rechtsprechung wie folgt klargestellt:

Was die Rüge eines Verstoßes gegen Art. 49 EG anbelangt, so finden die Bestimmungen des EG-Ver- 16
trags über den freien Verkehr auf öffentliche Aufträge Anwendung, die nicht in den Anwendungsbe-
reich der Richtlinie 92/50 fallen. Denn auch wenn manche Verträge vom Anwendungsbereich der
Gemeinschaftsrichtlinien auf dem Gebiet des öffentlichen Auftragswesens ausgenommen sind, müssen
die Auftraggeber, die sie schließen, doch die Grundregeln des EG-Vertrags und insbesondere das Verbot
der Diskriminierung aus Gründen der Staatsangehörigkeit beachten (vgl. in diesem Sinne Urteile
vom 07.12.2000 in der Rechtssache C-324/98 »Telaustria und Telefonadres« Slg. 2000 I-10745
Rn. 60 und vom 18.06.2002 in der Rechtssache C-92/00 »HI« Slg. 2002 I-5553 Rn. 47 sowie
Beschluss vom 03.12.2001 in der Rechtssache C-59/00 »Vestergaard« Slg. 2001 I-9505 Rn. 20).

So verhält es sich u.a. bei öffentlichen Dienstleistungsaufträgen, deren Wert nicht die in der Richtli-
nie 92/50 festgelegten Schwellenwerte erreicht. Allein die Tatsache, dass der Gemeinschaftsgesetzgeber
der Auffassung war, dass die in den Richtlinien über öffentliche Aufträge vorgesehenen besonderen
strengen Verfahren nicht angemessen sind, wenn es sich um öffentliche Aufträge von geringem Wert
handelt, bedeutet nicht, dass diese vom Anwendungsbereich des Gemeinschaftsrechts ausgenommen
sind (vgl. Beschluss »Vestergaard« Rn. 19). Desgleichen gelten für Verträge außerhalb des Anwen-
dungsbereichs der Richtlinie 92/50 wie Konzessionsverträge weiterhin die allgemeinen Regeln des
EG-Vertrags (vgl. in diesem Sinne Urteil vom 21.07.2005 in der Rechtssache C-231/03 »Coname«
Slg. 2005 I-0000 Rn. 16).

Die EU-Kommission hat in einer »Mitteilung zu Auslegungsfragen in Bezug auf das Gemein- 17
schaftsrecht, das für die Vergabe öffentlicher Aufträge gilt, die nicht oder nur teilweise unter die
Vergaberichtlinien fallen« v. 24.07.2006[26] unter Hinweis auf die Rechtsprechung des Europäischen
Gerichtshofs folgende grundlegende Anforderungen (»basic standards«) für die Vergabe von Aufträgen unterhalb der Schwellenwerte zusammengetragen:
– angemessene Veröffentlichung der Auftragsvergabe,
– nicht-diskriminierende Produkt- oder Dienstleistungsanforderungen,
– gleicher Zugang für Unternehmen aller Mitgliedstaaten,
– gegenseitige Anerkennung von Qualifikationsnachweisen,
– angemessene Fristen,
– transparenter und gleicher Zugang für alle Teilnehmer,
– Vergabeentscheidung auf der Grundlage der vorab festgelegten Verfahrensregeln.

Nachfolgend hat der EuGH klargestellt, dass die Anwendung der grundlegenden Vorschriften und 18
der allgemeinen Grundsätzen des EG-Vertrages bzw. (nunmehr) des Vertrags über die Arbeitsweise
der Europäischen Union (AEUV) nur in Betracht komme, wenn an den in Rede stehenden Aufträgen ein eindeutiges grenzüberschreitendes Interesse bestehe.[27] Stehe fest, dass der Auftrag eine
bestimmte grenzüberschreitende Bedeutung hat, liege in seiner ohne jede Transparenz erfolgenden
Vergabe an ein im Mitgliedstaat des öffentlichen Auftraggebers niedergelassenes Unternehmen eine

---

24 Vgl. Dreher in: Immenga/Mestmäcker, Vor. § 97 Rn. 32 m.w.N.; ders. Vergaberechtsschutz unterhalb der
   Schwellenwerte NZBau 2002, 419, 422; Prieß Handbuch des europäischen Vergaberechts S. 22.
25 EuGH 20.10.2005 VergabeR 2006, 54, 58.
26 Abl. EU C179 v. 01.08.2006, 2; bestätigt durch den EuG 20.05.2010 – Rs. T-258/06, NZBau 2010, 510ff.
   Die Mitteilung enthalte keine neuen Regeln für die Vergabe öffentlicher Aufträge, die über die Verpflichtungen hinausgehen, die sich aus dem bestehenden Gemeinschaftsrecht ergeben.
27 EuGH 15.05.2008 »SECAP und Santoroso« VergabeR 2008, 625, 628 unter Hinweis auf die Urteile
   v. 21.02.2008 »Kommission./. Italien« VergabeR 2008, 501, 507 sowie 13.11.2007 »Irische Post« VergabeR
   2008, 55, 57.

Ungleichbehandlung zum Nachteil der in einem anderen Mitgliedstaat niedergelassenen Unternehmen, die an diesem Auftrag interessiert sein könnten. Eine solche Ungleichbehandlung, die durch den Ausschluss aller in einem anderen Mitgliedstaat niedergelassenen Unternehmen hauptsächlich diese benachteilige, stelle, sofern sie nicht durch objektive Umstände gerechtfertigt sei, eine nach den Art. 43 EGV (nunmehr Art. 49 AEUV) und Art. 49 EGV (nunmehr Art. 56 AEUV) verbotene mittelbare Diskriminierung aufgrund der Staatsangehörigkeit dar.[28]

19 Zur Beurteilung des Vorliegens einer sog. Binnenmarktrelevanz[29] hat sich der EuGH[30] u.a. wie folgt geäußert:

20 *Grundsätzlich ist es Sache des öffentlichen Auftraggebers, vor der Festlegung der Bedingungen der Vergabebekanntmachung ein etwaiges grenzüberschreitendes Interesse an einem Auftrag zu prüfen, dessen geschätzter Wert unter dem in den Gemeinschaftsvorschriften vorgesehenen Schwellenwert liegt, wobei diese Prüfung der gerichtlichen Kontrolle unterliegt.*

Es ist jedoch zulässig, in einer nationalen oder örtlichen Regelung objektive Kriterien aufzustellen, die für ein eindeutiges grenzüberschreitendes Interesse sprechen. Als ein solches Kriterium kommt insbesondere ein Auftragswert von gewisser Bedeutung in Verbindung mit dem Ort der Ausführung der Arbeiten in Betracht. Auch wäre es möglich, ein solches Interesse auszuschließen, wenn der fragliche Auftrag z.B. eine sehr geringe wirtschaftliche Bedeutung hat. Allerdings ist zu berücksichtigen, dass die Grenzen manchmal durch Ballungsräume verlaufen, die sich über das Gebiet verschiedener Mitgliedstaaten erstrecken, sodass unter solchen Umständen selbst an Aufträgen mit einem niedrigen Auftragswert ein eindeutiges grenzüberschreitendes Interesse bestehen kann.

21 Es ist eine Prognose darüber anzustellen, ob der Auftrag nach den konkreten Marktverhältnissen, das heißt mit Blick auf die angesprochenen Branchenkreise und ihre Bereitschaft, Aufträge gegebenenfalls in Anbetracht ihres Volumens und des Ortes der Auftragsdurchführung auch grenzüberschreitend auszuführen, für ausländische Anbieter interessant sein könnte.[31]

2. Rechtsschutz unterhalb der Schwellenwerte

22 Der Rechtsschutz bei Vergaben unterhalb der Schwellenwerte[32] unterscheidet sich nach Art und Umfang sowie insbesondere im Hinblick auf seine Effektivität grundlegend von dem Rechtsschutz bei der Vergabe von Aufträgen, die die jeweils maßgeblichen Schwellenwerte wertmäßig überschreiten und unter den Anwendungsbereich des Kartellvergaberechts (§§ 97 ff. GWB) fallen:

23 Unterhalb der Schwellenwerte entfalten die Vergabebestimmungen (VOB/A, VOL/A) als rein verwaltungsinterne Regelungen grundsätzlich zunächst nur innerhalb der Verwaltung Rechtswirkungen.[33] Es besteht danach – soweit aus einer ausdrücklich gegenüber den Teilnehmern ausgesprochenen Selbstbindung nicht etwas anderes folgt – grundsätzlich kein subjektives Bieterrecht auf Einhaltung der von dem öffentlichen Auftraggeber zu beachtenden Vergabebestimmungen, gegen dessen Missachtung gerichtlich vorgegangen werden könnte. Mangels Außenwirkung handelt es sich bei den Vergabebestimmungen als solchen auch nicht um Schutzgesetze im Sinne des § 823 Abs. 2

---

28 EuGH 21.02.2008 VergabeR 2008, 501, 507; siehe auch Urt. v. 20.01.2016 – Rs. C-50/14.
29 Siehe hierzu näher insbes. Deling, Kriterien der »Binnenmarktrelevanz« und ihre Konsequenzen unterhalb der Schwellenwerte, NZBau 2011, 725 ff sowie NZBau 2012, 17 ff.; Vavra, Binnenmarktrelevanz öffentlicher Aufträge, VergabeR 2013, 384 ff.; Röwekamp/Fandrey, Die Binnenmarktrelevanz öffentlicher Auftragsvergaben, 2. Aufl. 2015.
30 EuGH 15.05.2008 VergabeR 2008, 625, 629.
31 OLG Saarbrücken 29.01.2014 – 1 Verg 3/13 unter Verweis auf BGH 30.08.2011 – X ZR 55/10 und OLG Düsseldorf 07.03.2012 – VII-Verg 78/11.
32 Vgl. hierzu u.a. Dicks, Nochmals: Primärrechtsschutz bei Aufträgen unterhalb der Schwellenwerte, VergabeR 2012, 531 ff.; Scharen Rechtsschutz bei Vergaben unterhalb der Schwellenwerte, VergabeR 2011, 653.
33 Vgl. BGH 21.11.1991 NJW 1992, 827 und 11.11.1993 NJW 1994, 850; LG Düsseldorf 29.10.2009 NZBau 2009, 142, 144.

BGB. Unterlassungsansprüche nach dem UWG scheitern zumeist daran, dass die Vergabestelle regelmäßig nicht zum Zwecke des Wettbewerbs handelt.[34] Unterlassungs- oder Schadenersatzansprüche nach dem GWB (§ 33 i.V.m. § 20 Abs. 1 GWB) kommen nur dann in Betracht, wenn die Vergabestelle ausnahmsweise eine marktbeherrschende Stellung innehat und diese missbraucht.[35]

a) Subjektives Recht auf Beachtung von Vergabebestimmungen

Auch unterhalb der Schwellenwerte bestehen aber in beschränktem Umfang subjektive Rechte, 24 deren Beachtung gerichtlich geltend gemacht werden kann:

aa) Auch bei der Güterbeschaffung sowie der Vergabe von Konzessionen ist die öffentliche Hand 25 an den Gleichheitsgrundsatz (Art. 3 Abs. 1 GG) gebunden.[36] Hieraus ergibt sich für öffentliche Auftraggeber im Grundsatz die Pflicht, die Auswahl unter den am Auftrag Interessierten nach sachgerechten Kriterien zu treffen.[37] Darüber hinaus kann die tatsächliche Vergabepraxis zu einer Selbstbindung der Verwaltung führen. Aufgrund dieser Selbstbindung kann den Vergabeordnungen als den verwaltungsinternen Regelungen über Verfahren und Kriterien der Vergabe eine mittelbare Außenwirkung zukommen.[38] Inwieweit die öffentlichen Auftraggeber im Hinblick auf einen fairen, chancengleichen Vergabewettbewerb auch im Außenverhältnis an die ausformulierten Verfahrensregeln der Vergabeordnungen gebunden sind, ist in Rechtsprechung und Literatur umstritten. Zum Teil wird die Auffassung vertreten, dass nicht bereits jede Missachtung verfahrensrechtlicher Anordnungen der VOB/A bzw. VOL/A, sondern nur »gravierende« oder »unter dem Gleichbehandlungsgrundsatz nicht mehr hinnehmbare« Vergabeverstöße den verfassungsrechtlichen Gleichheitsgrundsatz verletzen.[39] Ein Anspruch auf Unterlassung der Zuschlagserteilung nach Art. 3 Abs. 1 GG soll sogar nur in Betracht kommen, wenn der Auftraggeber vorsätzlich rechtswidrig, sonst in unredlicher Absicht oder jedenfalls in Bezug auf das Verfahren oder die Kriterien der Vergabe willkürlich gehandelt hat.[40] Nach anderer und in der Rechtsprechung inzwischen wohl

---

34 Zu einem Unterlassungsanspruch gemäß §§ 3, 4 Nr. 11, 8 Abs. 1 und 3 Nr. 1 UWG i.V.m. §§ 97, 98 Nr. 1, 101 Abs. 1 und 4 GWB gegenüber einem Mitbewerber, der unter Missachtung des Kartellvergaberechts Versicherungsverträge mit öffentlichen Auftraggebern schließt, siehe OLG Köln 15.07.2005 VergabeR 2006, 105.

35 Vgl. zu Verträgen bei ÖPNV- und SPNV-Leistungen Antweiler in: Ziekow/Völlink, § 100 GWB (a.F) Rn. 86, siehe zu Konzessionsvergaben im Energiewirtschaftsrecht u.a. OLG Naumburg 29.01.2015 – 2 W 67/14; LG Mainz 12.03.2015 – 12 HK O 2/15; LG Kiel 13.02.2015 – 14 O 111/14; LG Düsseldorf 11.12.2014 – 37 O 96/14.

36 Vgl. BVerfG 13.06.2006 NZBau 2006, 791, 794; VGH Kassel 23.07.2012 – 8 B 2244/11 zur Vergabe von Rettungsdienstleistungen im Konzessionsmodell; OLG Stuttgart 11.04.2002 »Weinbergmauer« NZBau 395, 397; OLG Brandenburg 03.08.1999 »Flughafen Berlin-Brandenburg« NVwZ 1999, 1142, 1146; in der Literatur siehe u.a. Broß Vergaberechtlicher Rechtsschutz unterhalb der Schwellenwerte ZWeR 2003, 270, 272 ff.; Bungenberg Primärrechtsschutz im gesamten öffentlichen Beschaffungswesen? WuW 2005, 899.

37 Zutr. Pünder VerwArch 2004, 38, 42.

38 BVerfG 13.06.2006 NZBau 2006, 791, 795 m.w.N.; LG Saarbrücken 29.06.2015 – 4 O 141/15; siehe auch Dicks, VergabeR 2012, 531, 533.

39 Vgl. OLG Brandenburg 02.10.2008 VergabeR 2009, 530; VG Neustadt/Weinstraße 19.10.2005 »Kanalaustausch« VergabeR 2006, 78, 81; LG München I 18.04.2012 – 11 O 2012; Otting in: Pünder/Prieß S. 53, 63; anders Antweiler, VergabeR 2008, 352, 258f; Braun, NZBau 2008, 160, 161; Pünder VerwArch 2004, 38, 42, der zwar einerseits betont, dass verfassungsrechtlich nur ein Mindeststandard geboten sei, gleichzeitig aber eine Bindung der Vergabestellen an die Verdingungsordnungen mit der Begründung bejaht, dass diese Regeln die verfassungsrechtlichen Anforderungen konkretisieren würden; ebenso für eine bieterschützende Funktion der Verdingungsordnungen über Art. 3 Abs. 1 GG: Freitag NZBau 2002, 204; Malmendier Vergaberecht, quo vadis? DVBl. 2000, 963, 968.

40 Vgl. OLG Brandenburg 13.09.2011 VergabeR 2012, 133; OLG Hamm 12.02.2008 VergabeR 2008, 682,683; LG Duisburg 12.08.2011 – 10 O 285/11; LG Koblenz 18.01.2011 – 10 O 9/11; LG Düsseldorf 29.10.2008 – 14 C 264/08 n.v.; LG Landshut 11.12.2007 VergabeR 2008, 298; LG Frankfurt (Oder) 14.11.2007 NZBau 2008, 208 (LS).

überwiegender Auffassung ist ein Unterlassungsanspruch nicht auf Willkürhandlungen des Auftraggebers beschränkt, sondern ergibt sich aus §§ 241 Abs. 2, 311 Abs. 2, 280 Abs. 1 BGB bereits dann, wenn der Auftraggeber gegen Regeln, die er bei der Auftragsvergabe einzuhalten versprochen hat, verstößt und dies zu einer Beeinträchtigung der Chancen des Bieters führen kann.[41] Durch eine Ausschreibung, in der der Auftraggeber die Einhaltung bestimmter Regeln bei der Auftragsvergabe verspreche, komme ein schuldrechtliches Schuldverhältnis zwischen dem Auftraggeber und dem interessierten Unternehmen mit diesen Regeln zustande. Aus diesem Verhältnis folge grundsätzlich auch ein Anspruch auf Unterlassung rechtswidriger Handlungen, wobei hinsichtlich des Rechtsschutzes nicht zwischen Aufträgen mit und ohne Binnenmarktrelevanz sowie ausländischen und inländischen Bietern zu differenzieren sei.[42]

26 Die Selbstbindung an eine Vergabeordnung begründe ein subjektives Recht eines jeden Bieters auf Beachtung der darin enthaltenen Regelungen.[43]

27 bb) Daneben können subjektive Bieterrechte aus Regelungen eines Landesvergabegesetzes erwachsen, die nicht nur den Anwender verpflichten, sondern auch speziell den an einem Vergabeverfahren beteiligten und/oder am Auftrag interessierten Unternehmen eine bestimmte Rechtsposition vermitteln sollen, vgl. etwa § 3 Abs. 2 (Grundsatz der Gleichbehandlung), Abs. 7 (Grundsatz der Vergabe nach Losen) oder § 10 (Prüfpflicht des Auftraggebers bei ungewöhnlich niedrig erscheinendem Angebotspreis)[44] Tariftreue- und Vergabegesetz NRW.

28 cc) Weiter unterliegen öffentliche Auftraggeber auch bei Auftragsvergaben unterhalb der Schwellenwerte gemeinschaftsrechtlichen Bindungen (siehe oben Rdn. 15 ff.), die ebenfalls subjektive Bieterrechte vermitteln:[45] Nach der Rechtsprechung des EuGH schließen der Gleichbehandlungsgrundsatz und das Verbot der Diskriminierung aus Gründen der Staatsangehörigkeit insbesondere eine Verpflichtung zur Transparenz ein, kraft derer öffentliche Auftraggeber zugunsten potenzieller Bieter einen angemessenen Grad von Öffentlichkeit sicherzustellen haben, die die Auftragsvergabe dem Wettbewerb öffnet und die Nachprüfung eröffnet, ob die Vergabeverfahren unparteiisch durchgeführt worden sind.[46] Welche einzelnen Bieterrechte konkret aus dem primären Gemeinschaftsrecht abzuleiten sind, bleibt der Rechtsprechung überlassen; einen ersten Anhaltspunkt bietet die erläuternde Mitteilung der EU-Kommission zu Auftragsvergaben, die nicht oder nur teilweise von den EU-Vergaberichtlinien erfasst werden (siehe oben Rdn. 17). Jedenfalls gehört dazu, dass der öffentliche Auftraggeber überhaupt ein Vergabeverfahren durchführt und den zu vergebenden Auftrag damit dem Wettbewerb öffnet.[47] Die Missachtung gemeinschaftsrechtlicher Grundsätze hat zur Folge, dass der vergebene Auftrag gegen das geltende EU-Recht verstößt. Dieser Umstand wiederum kann auch unterhalb der Schwellenwerte Gegenstand eines Vertragsverletzungsverfah-

---

41 Grundlegend OLG Düsseldorf 13.01.2010 VergabeR 2010, 531 sowie OLG Jena 08.12.2008 VergabeR 2009, 524; zust. OLG Saarbrücken 28.01.2015 – 1 U 138/14 sowie 13.06.2012 NZBau 2012 654 ff; OLG Schleswig 08.01.2013 1 W 51/12; LG Bielefeld 27.02.2014 – 1 O 23/14 LG Chemnitz 16.07.2012 4 O 1131/12; LG Berlin 05.12.2011 52 O254/11; vgl. auch Dicks, VergabeR 2012, 531 ff.; Antweiler in: Ziekow/Völlink, § 100 GWB (a.F.) Rn. 84; kritisch hingegen Summa in: jurisPK-VergR, VT 1 zu § 100 Rn. 19 ff. sowie Scharen VergabeR 2011, 653, 659; a.A. auch OLG Brandenburg 10.12.2012 ZfBR 3013, 503, 505.

42 OLG Düsseldorf 13.01.2010 – I-27 U 1/09.

43 OLG Saarbrücken 19.08.2011 – 1 U 357/11; vgl. auch OLG Schleswig 08.01.2013 ZfBR 2013, 308, 309; a.A. OLG Brandenburg 10.12.2012 ZfBR 2013, 503, 505.

44 Vgl. hierzu VK Düsseldorf 09.01.2013 VK-29/2012.

45 Vgl. Dreher NZBau 2002, 419, 421 ff.; Freitag NZBau 2002, 204 ff.; Prieß Handbuch des europäischen Vergaberechts S. 422.

46 Vgl. (in Bezug auf die Vergabe einer Dienstleistungskonzession) EuGH 13.10.2005 »Parking Brixen« VergabeR 2005, 737, 742, und 07.12.2000 »Telaustria« NZBau 2001, 145, 151.

47 Vgl. EuGH 13.10.2005 »Parking Brixen« VergabeR 2005, 737, 742.

rens i.S.d. Art. 258 ff. AEUV sein, das die Europäische Kommission aus eigenem Antrieb oder auf Basis einer Beschwerde einleitet.[48]

b) Rechtsweg

Soweit dem Bieter auf der Grundlage des verfassungsrechtlichen Gleichbehandlungsgrundsatzes bzw. 29
des EU-Primärrechts oder aus dem durch eine Ausschreibung auf Basis bestimmter Verfahrensregelungen begründeten vorvertraglichen Rechtsverhältnis subjektive Rechte gegenüber staatlichen Auftraggebern zustehen, stellt sich die Frage, welcher Rechtsweg für die Geltendmachung dieser Rechte eröffnet ist. Das BVerwG hat mit Beschl. v. 02.05.2007 entschieden, dass für Streitigkeiten in Vergabeverfahren, die Aufträge unterhalb der Schwellenwerte betreffen, der Rechtsweg zu den ordentlichen Gerichten eröffnet ist.[49] Bei der Vergabe öffentlicher Aufträge werde der Staat als Nachfrager am Markt tätig, um einen Bedarf an bestimmten Gütern und Dienstleistungen zu decken. In dieser Rolle als Nachfrager unterscheide er sich nicht grundlegend von anderen Marktteilnehmern. Für die Bestimmung des Rechtswegs sei es unerheblich, dass die öffentliche Hand bei der Vergabe öffentlicher Aufträge auch – zumindest mittelbar – öffentliche Aufgaben wahrnehme und dass die Abgrenzung zur Wirtschaftsförderung und -lenkung im Einzelfall fließend sein könne. Ebenfalls sei nicht entscheidend, dass die öffentliche Hand im Vergabeverfahren öffentlich-rechtlichen Bindungen (insbes. Art. 3 Abs. 1 GG) unterliegt, die für Privatpersonen nicht in entsprechender Weise gelten würden. Ob und in welchem Umfang bei der Auswahl eines Vertragspartners durch die öffentliche Hand eine derartige Bindung besteht, sei keine Frage des Rechtswegs, sondern der zu treffenden Sachentscheidung.

c) Primärrechtsschutz

Soweit man Art. 3 Abs. 1 GG bzw. die Grundregeln des EU-Primärrechts zutreffend als Schutzge- 30
setz qualifiziert, kommt Primärrechtsschutz in Form von Beseitigungsansprüchen bei gegenwärtigen Störungen bzw. in Form von Unterlassungsansprüchen bei künftig drohenden Störungen über den quasinegatorischen Anspruch aus §§ 823 Abs. 2, 1004 BGB analog in Betracht, der mittels Antrags auf vorläufigen Rechtsschutz nach §§ 935, 940 ZPO geltend gemacht werden kann.[50] Die neuere Rechtsprechung leitet den auf die Untersagung eines geplanten Zuschlags an einen Dritten gerichteten Verfügungsanspruch aus §§ 241 Abs. 2, 311 Abs. 2, 280 Abs. 1 BGB ab.[51] Nach Auffassung des OLG Düsseldorf[52] sind bei der Verfahrensgestaltung die Besonderheiten des Vergabeverfahrens zu berücksichtigen. Es könne für das Gericht geboten sein, dem Auftraggeber im Wege einer Zwischenverfügung aufzugeben, befristet, bis zur Entscheidung in erster Instanz eine Auftragsvergabe zu unterlassen, sowie das Unternehmen, dem der Auftraggeber den Zuschlag erteilen will, von dem Verfahren zu benachrichtigen. Einer lückenhaften Tatsachenkenntnis des Antragstellers sei durch eine sachgerechte Handhabung der sekundären Darlegungslast und der Glaubhaftmachungslast Rechnung zu tragen.

Das Nachprüfungsverfahren nach §§ 155 ff. GWB ist nur bei der Vergabe von Aufträgen statthaft, 31
die dem sachlichen Anwendungsbereich des Kartellvergaberechts unterfallen, deren geschätzter Wert also den einschlägigen Schwellenwert überschreitet.[53] Eine irrtümliche oder bewusste Selbst-

---

48 Vgl. hierzu EuG 20.05.2010 NZBau 510, 525 f.
49 BVerwG 02.05.2007 NZBau 2007, 389. Zu verbleibenden verwaltungsgerichtlichen Zuständigkeitsbereichen vgl. Kallerhoff NZBau 2008, 97 ff. sowie Antweiler in: Ziekow/Völlink, § 100 GWB (a.F.) Rn. 90 m.w.N.
50 Vgl. OLG Jena 08.12.2008 – 9 U 431/08 n.v.; OLG Brandenburg 17.12.2007 NZBau 2008, 207 (LS); OLG Stuttgart 11.04.2002 »Weinbergmauer« NZBau 2002, 395, 397; siehe hierzu ausführlich Scharen VergabeR 2011, 653 sowie Dicks VergabeR 2012, 531, 539 ff.
51 Siehe u.a. OLG Brandenburg 14.04.2015 – 6 U 1/14; OLG Düsseldorf 19.10.2011 – 27 W 1/11; LG Frankfurt (Oder) 09.04.2015 – 31 O 28/15; LG Oldenburg 18.06.2014 NZBau 2014, 720 und 12.03.2015 – 6 O 588/15; LG Bielefeld 27.02.2014 – 1 O 23/14; LG Dresden 13.08.2013 – 16 W 439/13.
52 OLG Düsseldorf 13.01.2010 – I-27 U 1/09; a.A. OLG Brandenburg 10.12.2010 NZBau 2010, 328.
53 OLG München 28.09.2005 Verg 19/05 n.v.; OLG Düsseldorf 31.03.2004 VII-Verg 74/03 n.v.; OLG Schleswig 30.03.2004 6 Verg 1/03 n.v.

bindung an die für Vergaben oberhalb der Schwellenwerte geltenden Vergabebestimmungen führt ggf. dazu, dass sich der Auftraggeber im weiteren Verlauf an die für eine europaweite Ausschreibung geltenden Verfahrensbestimmungen zu halten hat, eröffnet aber nicht die Möglichkeit einer Vergabenachprüfung nach §§ 155 ff. GWB.[54] Verschiedene Überlegungen, unterhalb der Schwellenwerte bundesweit ein vergleichbares Rechtsschutzverfahren zu schaffen, blieben bislang ohne Erfolg. Lediglich die Länder Sachsen (vgl. § 8 Abs. 2 SächsVergabeG), Sachsen-Anhalt (vgl. § 19 Abs. 2 LVG LSA) und Thüringen (§ 19 Abs. 2 ThürVgG) sehen bislang einen den §§ 155 ff. GWB in Teilen ähnlichen Primärrechtsschutz vor.

32 Abgesehen von dem nur beschränkten und noch nicht klar konturierten Umfang subjektiver Bieterrechte besteht das Problem, dass eine gerichtliche Durchsetzung bestimmter Verfahrensrechte nur möglich ist, solange das Vergabeverfahren noch nicht durch Zuschlagserteilung abgeschlossen ist, der öffentliche Auftraggeber aber bei Vergaben unterhalb der Schwellenwerte in der Regel – soweit aus landesgesetzlichen Regelungen nicht ausnahmsweise etwas anders folgt[55] – nicht verpflichtet ist, die nicht berücksichtigten Bieter über den bevorstehenden Zuschlag an einen Mitbewerber zu informieren. Das Fehlen einer dem § 134 Abs. 1 GWB entsprechenden Regelung führt dazu, dass effektiver Primärrechtsschutz in der Praxis nicht gewährleistet ist, und wird daher im Schrifttum[56] teilweise als rechtspolitisch verfehlt und Verstoß gegen die verfassungsrechtliche Rechtsschutzgarantie bzw. den Justizgewährungsanspruch betrachtet. Das Bundesverfassungsgericht ist anderer Auffassung. Der Gesetzgeber sei verfassungsrechtlich nicht dazu verpflichtet, eine auch faktisch realisierbare Möglichkeit eines Primärrechtsschutzes im Vergaberecht zu schaffen. Insbesondere müsse er keine Pflicht der vergebenden Stelle zu einer rechtzeitigen Information der erfolglosen Bieter regeln, wie sie sich für Auftragsvergaben oberhalb der Schwellenwerte in § 13 VgV (inzwischen § 134 GWB) finde.[57] Eine analoge Anwendung von § 134 GWB kommt mangels planwidriger Regelungslücke nicht in Betracht.[58]

33 Neben der gerichtlichen Geltendmachung subjektiver Bieterrechte kann bei Vergabeverstößen – wie auch bei Vergaben oberhalb der Schwellenwerte – die Fach- bzw. Rechtsaufsichtsbehörde (ggf. eine gesonderte Vergabeprüfstelle) angerufen werden, die den Sachverhalt aufklären muss und in diesem Rahmen auch auf die Vergabestelle Einfluss nehmen kann, den Zuschlag nicht zu erteilen und das Vergabeverfahren zunächst auszusetzen. Allerdings hat die Anrufung der Fach-/Rechtsaufsicht keinen Suspensiveffekt; die Vergabestelle ist also (anders als nach der Zustellung eines Nachprüfungsantrags bei Vergaben oberhalb der Schwellenwerte, vgl. § 169 Abs. 1 GWB) nicht gehindert, den Zuschlag auf das Angebot eines Mitbewerbers zu erteilen. Für Bieter, die bei Beachtung der Vergabebestimmungen eine konkrete Chance auf den Auftrag gehabt hätten, bleibt dann nur die Möglichkeit, nach den allgemeinen bürgerlich-rechtlichen Vorschriften gemäß § 280 Abs. 1 i.V.m. § 311 Abs. 2 BGB (culpa in contrahendo – c.i.c.) Schadenersatz geltend zu machen, wobei ein Vertrauen des Bieters auf die Einhaltung der entsprechenden Regelungen nicht erforderlich ist.[59]

34 Der unterschiedliche Rechtsschutz bei Vergaben oberhalb und unterhalb der Schwellenwerte ist verfassungsrechtlich nicht zu beanstanden: Nach Auffassung des Bundesverfassungsgerichts[60] ver-

---

54 OLG Stuttgart 12.09.2002 NZBau 2003, 340; zu den Kostenfolgen, wenn der Auftraggeber den unzutreffenden Rechtsschein eines den §§ 97 ff. GWB unterliegenden Vergabeverfahrens gesetzt hat, siehe OLG Düsseldorf 13.01.2014 NZBau 2014, 525.
55 Siehe § 8 Abs. 1 SächsVergabeDVO, § 19 Abs. 1 LVG LSA sowie § 19 Abs. 1 ThürVgG.
56 Pünder VerwArch 2004, 38, 58; Freitag NZBau 2002, 204; Tomerius/Kiser VergabeR 2005, 551, 562. Tendenziell für eine ungeschriebene Informations- und Wartepflicht unter dem Gesichtspunkt einer Gewährleistung effektiven Primärrechtsschutzes: Dicks, VergabeR 2012, 531, 544 unter Hinweis auf OLG Brandenburg 30.11.2011 – 1 S 107/10 sowie EuG 20.09.2011 – T-461/08.
57 BVerfG 13.06.2006 NZBau 2006, 791, 795.
58 OLG Dresden 25.04.2006 – 20 U 467/06 n.v. zu § 13 VgV.
59 Vgl. BGH 09.06.2011 NZBau 2011, 498.
60 BVerfG 13.06.2006 NZBau 2006, 791.

letzt es nicht den Gleichheitsgrundsatz (Art. 3 Abs. 1 GG), dass der Gesetzgeber den Rechtsschutz gegen Vergabeentscheidungen unterhalb der Schwellenwerte anders gestaltet hat als den gegen Vergabeentscheidungen, die die Schwellenwerte übersteigen. Zwar führe die Regelung des § 100 Abs. 1 GWB (a.F.) in zweifacher Hinsicht zu einer Ungleichbehandlung von öffentlichen Aufträgen, deren Betrag den jeweils maßgeblichen Schwellenwert erreicht oder übersteigt, gegenüber Aufträgen unterhalb des Schwellenwertes: erstens dadurch, dass nur oberhalb der Schwellenwerte ein subjektives Recht auf Einhaltung der Vergabebestimmungen bestehe (vgl. § 97 Abs. 6 GWB) und zweitens dadurch, dass dem Bewerber nur bei Vergaben oberhalb der Schwellenwerte mit den §§ 102 ff. GWB (a.F. = §§ 155 ff. GWB) ein besonderes Rechtsschutzverfahren zur Durchsetzung seines subjektiven Rechts zur Verfügung stünde, während ein Unternehmen, das gegen eine Vergabeentscheidung unterhalb der Schwellenwerte vorgehen wolle, auf die allgemeinen Rechtsschutzmöglichkeiten verwiesen bleibe. Diese Ungleichbehandlung zwischen Auftragsvergaben oberhalb und unterhalb der Schwellenwerte sei jedoch durch hinreichend gewichtige Gründe gerechtfertigt.

§ 107 Allgemeine Ausnahmen

(1) Dieser Teil ist nicht anzuwenden auf die Vergabe von öffentlichen Aufträgen und Konzessionen
1. zu Schiedsgerichts- und Schlichtungsdienstleistungen,
2. für den Erwerb, die Miete oder die Pacht von Grundstücken, vorhandenen Gebäuden oder anderem unbeweglichem Vermögen sowie Rechten daran, ungeachtet ihrer Finanzierung,
3. zu Arbeitsverträgen,
4. zu Dienstleistungen des Katastrophenschutzes, des Zivilschutzes und der Gefahrenabwehr, die von gemeinnützigen Organisationen oder Vereinigungen erbracht werden und die unter die Referenznummern des Common Procurement Vocabulary 75250000-3, 75251000-0, 75251100-1, 75251110-4, 75251120-7, 75252000-7, 75222000-8, 98113100-9 und 85143000-3 mit Ausnahme des Einsatzes von Krankenwagen zur Patientenbeförderung fallen; gemeinnützige Organisationen oder Vereinigungen im Sinne dieser Nummer sind insbesondere die Hilfsorganisationen, die nach Bundes- oder Landesrecht als Zivil- und Katastrophenschutzorganisationen anerkannt sind.

(2) Dieser Teil ist ferner nicht auf öffentliche Aufträge und Konzessionen anzuwenden,
1. bei denen die Anwendung dieses Teils den Auftraggeber dazu zwingen würde, im Zusammenhang mit dem Vergabeverfahren oder der Auftragsausführung Auskünfte zu erteilen, deren Preisgabe seiner Ansicht nach wesentlichen Sicherheitsinteressen der Bundesrepublik Deutschland im Sinne des Artikels 346 Absatz 1 Buchstabe a des Vertrags über die Arbeitsweise der Europäischen Union widerspricht, oder
2. die dem Anwendungsbereich des Artikels 346 Absatz 1 Buchstabe b des Vertrags über die Arbeitsweise der Europäischen Union unterliegen.

I. Neuregelung der Bereichsausnahmen

1   Mit dem Gesetz zur Modernisierung des Vergaberechts wurden die bislang in §§ 100 Abs. 3 – 6 und Abs. 8, 100a, 100b und 100c GWB a.F. geregelten Ausnahmen vom Anwendungsbereich der §§ 97 ff. GWB neu strukturiert, teilweise präzisiert und außerdem um weitere Bereichsausnahmen, die mit den drei neuen EU-Vergaberichtlinien 2014 eingeführt wurden, ergänzt.

2   § 107 definiert zunächst allgemeine Ausnahmen von der Anwendung des Vergaberechts, die in allen vier EU-Vergaberichtlinien vorgesehen sind.[1] Sodann wird mit § 108 die in Art. 17 der Richtlinie 2014/23/EU, Art. 12 der Richtlinie 2014/24/EU sowie Art. 28 der Richtlinie 2014/25/EU enthaltene Bereichsausnahme zu Auftrags- bzw. Konzessionsvergaben zwischen Einrichtungen des öffentlichen Sektors bzw. öffentlichen Auftraggebern umgesetzt. § 109 setzt Artikel 9 Absatz 2 der Richtlinie 2014/24/EU um. Die §§ 107 – 109 gelten für öffentliche Auftraggeber (§ 99), Sektorenauftraggeber (100) sowie Konzessionsgeber (101). Die §§ 116, 117 definieren besondere Ausnahmen nur für öffentliche Auftraggeber i.S.d. § 99, die §§ 137 – 140 besondere Ausnahmen nur für Sektorenauftraggeber i.S.d. § 101, § 145 besondere Ausnahmen für die Vergabe von verteidigungs- oder sicherheitsspezifischen öffentlichen Aufträgen durch öffentliche Auftraggeber und Sektorenauftraggeber und §§ 149, 150 schließlich besondere Ausnahmen für die Vergabe von Konzessionen durch Konzessionsgeber. Den einzelnen Arten von Auftraggebern stehen danach folgende Bereichsausnahmen zur Verfügung:

Öffentlicher Auftraggeber i.S.d. § 99 GWB	§§ 107 – 109 §§ 116, 117 §§ 145
Sektorenauftraggeber i.S.d. § 100	§§ 107, 109; Sektorenauftraggeber i.S.d. § 100 Abs. 1 Nr. 1 GWB auch § 108 entsprechend §§ 137 – 140 § 145
Konzessionsgeber i.S.d. § 101	§§ 107 – 109 §§ 149, 150

3   Die konkrete Umstrukturierung der bislang geregelten Ausnahmetatbestände kann anhand der folgenden Synopse nachvollzogen werden:

§ 100 GWB (alt)	§§ 107 ff. GWB (neu)
§ 100 Abs. 3	§ 107 Abs. 1 Nr. 3
§ 100 Abs. 4 Nr. 1	§ 107 Abs. 1 Nr. 1
§ 100 Abs. 4 Nr. 2	§ 116 Abs. 1 Nr. 2, § 145 Nr. 6
§ 100 Abs. 5	§ 107 Abs. 1 Nr. 2
§ 100 Abs. 6 Nr. 1	§ 107 Abs. 2 Nr. 1
§ 100 Abs. 6 Nr. 2	§ 107 Abs. 2 Nr. 2
§ 100 Abs. 8 Nr. 1	§ 117 Nr. 3
§ 100 Abs. 8 Nr. 2	§ 117 Nr. 3
§ 100 Abs. 8 Nr. 3	§ 117 N. 1
§ 100 Abs. 8 Nr. 4	§ 117 Nr. 4 lit. a)
§ 100 Abs. 8 Nr. 5	§ 117 Nr. 4 lit. b)
§ 100 Abs. 8 Nr. 6	§ 117 Nr. 4 lit. c)

---

1   Siehe Gesetzesbegründung zum VergRModG, BT-Drucks. 18/6281, S. 83.

§ 100a GWB (alt)	
§ 100a Abs. 1	—
§ 100a Abs. 2 Nr. 1	§ 116 Abs. 1 Nr. 3
§ 100a Abs. 2 Nr. 2	§ 116 Abs. 1 Nr. 4 und Nr. 5
§ 100a Abs. 3	§ 116 Abs. 1 Nr. 6
§ 100a Abs. 4	§ 116 Abs. 2
§ 100b GWB (alt)	
§ 100b Abs. 1	—
§ 100b Abs. 2 Nr. 1	§ 137 Abs. 1 Nr. 4 und Nr. 5
§ 100b Abs. 2 Nr. 2	§ 137 Abs. 1 Nr. 7
§ 100b Abs. 2 Nr. 3	§ 137 Abs. 1 Nr. 8
§ 100b Abs. 3	§ 137 Abs. 1 Nr. 6
§ 100b Abs. 4 Nr. 1	§§ 136, § 137 Abs. 2 Nr. 1
§ 100b Abs. 4 Nr. 2	§ 137 Abs. 2 Nr. 2
§ 100b Abs. 4 Nr. 3	§ 137 Abs. 1 Nr. 9
§ 100b Abs. 4 Nr. 4	§ 140 Abs. 1
§ 100b Abs. 5	—
§ 100b Abs. 6 Nr. 1, Abs. 7	§ 138 Abs. 1 Nr. 1, Abs. 2 – 4
§ 100b Abs. 6 Nr. 2, Abs. 7	§ 138 Abs. 1 Nr. 2, Abs. 2
§ 100b Abs. 8 Nr. 1, Abs. 9	§ 139 Abs. 1 Nr. 1, Abs. 2
§ 100b Abs. 8 Nr. 2, Abs. 90	§ 139 Abs. 1 Nr. 2, Abs. 2
§ 100c GWB (alt)	
§ 100c Abs. 1	—
§ 100c Abs. 2 Nr. 1	§ 145 Nr. 5
§ 100c Abs. 2 Nr. 2	§ 145 Nr. 1
§ 100c Abs. 2 Nr. 3	§ 145 Nr. 2
§ 100c Abs. 2 Nr. 4	§ 145 Nr. 4
§ 100c Abs. 3	§ 145 Nr. 3
§ 100c Abs. 4 Nr. 1	§ 145 Nr. 7 lit. a)
§ 100c Abs. 4 Nr. 2	§ 145 Nr. 7 lit. b)
§ 100c Abs. 4 Nr. 3	§ 145 Nr. 7 lit. c)

Die in §§ 108, 109, 116 Abs. 1 Nr. 1, 149, 150 geregelten Bereichsausnahmen wurden mit dem 4 VergRModG neu in den 4. Teil des GWB eingefügt. Sie beruhen auf Ausnahmetatbeständen, die mit der letzten Novellierung der EU-Vergaberichtlinien und mit der Konzessionsvergaberichtlinie neu geschaffen wurden.

II. Charakter der Ausnahmetatbestände

Wie die entsprechenden Regelungen in den Altfassungen[2] des 4. Teils des GWB enthalten nunmehr 5 die §§ 107- 109, 116, 117, 137-140, 145 sowie §§ 149, 150 für die verschiedenen Auftraggeber i.S.d. §§ 99 – 101 einen abschließenden Katalog von Aufträgen bzw. Konzessionen, die dem sachlichen Anwendungsbereich der §§ 97 ff. GWB (sog. Kartellvergaberecht) entzogen sind.

---

2 Vgl. insoweit BT-Drucks. 13/9340 S. 15 zu § 109 RegE VgRÄG; BGH 08.02.2011 VergabeR 2011, 452 sowie 01.12.2008, VergabeR 2009, 145, 159; OLG Düsseldorf 19.12.2007 – VII-Verg 51/07.

6   Die Ausnahmetatbestände sind abschließend definiert[3], nicht analogiefähig und ihrem Wesen nach eng auszulegen.[4] Sie dürfen durch den nationalen Gesetzgeber ohne entsprechende Grundlage im primären oder sekundären EU-Recht auch nicht durch weitere Ausnahmen ergänzt werden.[5] Die Beweislast für das tatsächliche Vorliegen der eine Ausnahme rechtfertigenden Umstände trägt derjenige, der sich auf die Ausnahme berufen will.[6] Der Auftraggeber hat das Vorliegen einer Bereichsausnahme aktenkundig zu begründen. Dies gilt insbesondere dann, wenn der Ausnahmetatbestand nicht eindeutig ist, sondern er eine Abwägungsentscheidung treffen muss[7]

7   Die im 4. Teil des GWB geregelten Ausnahmetatbestände erklären nur die §§ 97 ff. GWB für unanwendbar. Haushaltsrechtliche Vorgaben oder Landesvergabegesetze, die den Auftraggeber zur Ausschreibung bzw. Beachtung bestimmter Verfahrensregelungen bei der Beschaffung von Waren oder Leistungen verpflichten, bleiben grundsätzlich unberührt.[8] Auftragsvergaben, die bei Überschreiten des einschlägigen Schwellenwerts nicht dem Kartellvergaberecht unterfallen, können danach gleichwohl unterhalb sowie oberhalb der Schwellenwerte bestimmten Bindungen unterliegen, die sich aus dem Haushaltsrecht, einem Landesvergabegesetz oder einer entsprechenden Auflage im Fall öffentlicher Förderung ergeben – obwohl die in den Vergaberichtlinien angeführten Gründe für die Bereichsausnahmen nicht an einen bestimmten Auftragswert geknüpft sind bzw. grundsätzlich unabhängig vom Auftragswert überzeugen[9]. Einzelne Landesvergabegesetze tragen dem dadurch Rechnung, dass sie diejenigen Aufträge, die oberhalb der Schwellenwerte den §§ 97 ff. GWB ausdrücklich entzogen sind, unabhängig vom Schwellenwert auch ihrem Anwendungsbereich entziehen.[10]

8   Daneben stellt sich die Frage, ob bei der Vergabe von Aufträgen, die einer der aus den entsprechenden Richtlinienbestimmungen folgenden Bereichsausnahmen unterfallen, gleichwohl noch Grundsätze des EU-Primärrechts zu beachten sind, wenn ein grenzüberschreitendes Interesse am Auftrag (Binnenmarktrelevanz) vorliegen kann[11]. In der vergaberechtlichen Literatur wird zum Teil darauf hingewiesen, dass die Vergaberichtlinien grds. keine Sperrwirkung gegenüber dem EU-Primärrecht entfalten würden.[12] Der EuGH hat sich hierzu noch nicht ausdrücklich geäußert. Nach der hier vertretenen Auffassung kann dessen Rechtsprechung zur Beachtung von aus den Grundfreiheiten des AEUV folgenden Vergabegrundsätzen bei der binnenmarktrelevanten Vergabe von nicht-prioritären Leistungen, Aufträgen unterhalb der Schwellenwerte sowie von Konzessionen auf die Vergabe von Aufträgen, die einer der Bereichsausnahmen unterfallen, nicht ohne weiteres übertragen werden. Vielmehr ist für jede einzelne Bereichsausnahme gesondert zu prüfen, ob die ihr zugrunde liegenden Erwägungen nicht auch eine Freistellung vom Anwendungsbereich des EU-Primärrechts rechtfertigen und erfordern, um Wertungswidersprüche zu vermeiden. Die Anwendung sämtlicher Grundfreiheiten des AEUV steht unter dem Vorbehalt des Nichteingreifens von Gründen der öffentlichen Ordnung und Sicherheit (Art. 36, 52, 62 AEUV). Wenn die Bereichsausnahme

---

3   BGH 08.02.2011 NZBau 2011, 175.
4   VK Bund 15.07.2008 – VK3-89/08; siehe auch EuGH 07.06.2012 NZBau 2012, 509 allgemein zu den Ausnahmen vom Anwendungsbereich einer EU-Richtlinie bzw. Abweichungen von den Grundfreiheiten des AEUV.
5   Höß in: Heuvels/Höß/Kuß/Wagner, § 100 GWB (a.F.) Rn. 1 mit Verweis auf EuGH 13.01.2005 NVwZ 2005, 431.
6   EuGH 02.10.2008, NZBau 2008, 723, 724; OLG Celle 03.12.2009 – 13 Verg 14/09; OLG Düsseldorf 10.09.2009 – VII-Verg 12/09.
7   Zutr. Diehr in: Reidt/Stickler/Glahs, § 100 GWB (a.F.) Rn. 26.
8   Summa in: jurisPK-VergR, § 100 GWB (a.F.) Rn. 30; Ziekow VergabeR 2007, 711, 719.
9   Siehe mit dem Hinweis auf mögliche Wertungswidersprüche auch Ziekow VergabeR 2007, 711, 720.
10 Vgl. etwa § 2 Abs. 1 Tariftreue- und Vergabegesetz Bremen, § 1 Abs. 1 Saarländisches Vergabe- und Tariftreuegesetz.
11 Siehe hierzu allgemein die Kommentierung § 106 Rdn. 19 ff.
12 Siehe Prieß NZBau 2015, 343, 347 m.w.N. sowie Antweiler VergabeR 2015, 275, 279 jeweils in Bezug auf die Vergabe von Rettungsdienstleistungen.

auf entsprechenden Gründen beruht, findet auch das EU-Primärrecht keine Anwendung.[13] Soweit bestimmte Arten von Dienstleistungsaufträgen nach der Entscheidung des Unionsgesetzgebers nicht einmal dem reduzierten Vergaberegime für die Beauftragung von sozialen und anderen besonderen Dienstleistungen i.S.d. Anhangs XIV zur Richtlinie 2014/24/EU unterfallen, erscheint es zudem widersprüchlich, über das EU-Primärrecht gleichwohl grundlegende Anforderungen an einen transparenten Wettbewerb aufzustellen, die den bei der Beauftragung von Leistungen der vorgenannten Art bestehenden Anforderungen im Ergebnis weitgehend gleichkommen.

Im Fall eines Vergabenachprüfungsverfahrens i.S.d. §§ 155 ff. GWB sind die Voraussetzungen eines 9 Ausnahmetatbestandes von den Nachprüfungsinstanzen von Amts wegen zu prüfen.[14] Liegt ein Ausnahmetatbestand vor, ist das Vergabeverfahren auch einer Nachprüfung i.S.d. §§ 155 ff. GWB entzogen – unabhängig davon, ob sich der Auftraggeber hierauf beruft.[15] Der Rechtsschutz ist dann auf eine Kontrolle darauf beschränkt, ob die Voraussetzungen des Ausnahmetatbestandes vom Auftraggeber zutreffend angenommen worden sind.[16] Das bedeutet nicht, dass Auftragsvergaben, die einem der geregelten Ausnahmetatbestände unterfallen, im Übrigen jeder gerichtlichen Überprüfung entzogen sind. Lediglich der verbesserte Primärrechtsschutz nach dem 4. Teil des GWB wird nicht eröffnet.[17] Vergabeverstöße können vor den ordentlichen Gerichten geltend gemacht werden. Insoweit wird auf die Ausführungen zum Rechtsschutz bei Vergaben unterhalb der Schwellenwerte verwiesen.

Enthält ein Auftrag sowohl Leistungen, die den §§ 97 ff. GWB unterfallen, als auch Leistungen, 10 die sich einer gesetzlich festgelegten Bereichsausnahme zuordnen lassen, stellt sich die Frage, ob die §§ 97 ff. GWB insgesamt Anwendung finden oder nicht. § 111 Abs. 4 Nr. 1 GWB regelt für den Fall, dass ein Auftrag verschiedene Teile umfasst, welche jeweils unterschiedlichen rechtlichen Regelungen unterliegen und objektiv nicht trennbar sind, dass der Auftrag nach den Vorschriften zu vergeben ist, denen der Hauptgegenstand des Auftrags zuzuordnen ist. Diese Regelung ist auch für die Beurteilung solcher Aufträge heranzuziehen, bei denen ein Teil des Auftrags nicht dem Anwendungsbereich einer der EU-Vergaberichtlinien bzw. der §§ 97 ff. GWB unterliegt, weil er einer der in diesen Bestimmungen geregelten Bereichsausnahme zuzuordnen ist. Liegt der Schwerpunkt des Auftrags eindeutig auf einer Tätigkeit, die nicht dem Anwendungsbereich der §§ 97 ff. GWB unterfällt, ist der Auftrag insgesamt dem Kartellvergaberecht entzogen.[18] Nach der Rechtsprechung des EuGH ist bei einem gemischten Vertrag, dessen einzelne Teile der Ausschreibung zufolge untrennbar miteinander verbunden sind und somit ein unteilbares Ganzes bilden, das betreffende Vorhaben im Hinblick auf seine rechtliche Einordnung in seiner Gesamtheit und einheitlich zu prüfen und auf der Grundlage der Vorschriften zu untersuchen, die den Teil regeln, der den Hauptgegenstand oder vorherrschenden Bestandteil des Vertrages bildet – unabhängig davon, ob der den Hauptgegenstand eines gemischten Vertrages bildende Teil in den Anwendungsbereich der Vergaberichtlinien fällt oder nicht.[19] Entsprechend bestimmt Art. 3 Abs. 6 der Richtlinie 2014/24/EU: »Sind die einzelnen Teile eines bestimmten Auftrags objektiv nicht trennbar, so wird die anwendbare rechtliche Regelung anhand des Hauptgegenstandes des Auftrags bestimmt.« Natürlich darf die Bestimmung des Auftragsgegenstandes nicht in der Absicht erfolgen, an sich ausschreibungspflich-

---

13 Siehe hierzu etwa Wagner in: Langen/Bunte, § 100 GWB (a.F.) Rn. 21; Ziekow VergabeR 2007, 711, 719; siehe allgemein zur Bedeutung des EU-Primärrechts auch die Schlussanträge der Generalanwältin Stix-Hackl vom 12.04.2005 in der Rechtssache C-231/03 »Coname«.

14 Vgl. OLG Düsseldorf 01.08.2012 VergabeR 2012, 846, 848; VK Bund 12.12.2006 – VK1-136/06.

15 OLG Dresden 18.09.2009 – WVerg 3/09.

16 OLG Düsseldorf 30.03.2005 – VII-Verg 101/04.

17 So zutr. Dippel in: Dippel/Sterner/Zeiss, § 100 GWB (a.F.) Rn. 16; Willenbruch in: Willenbruch/Wieddekind, § 100 GWB (a.F.) Rn. 9 m.w.N.

18 A.A. Antweiler in: Ziekow/Völlink, § 100 GWB (a.F.) Rn. 14 mHa BGH 01.02.2005 »Altpapierverkauf« NZBau 2005, 290, 293. Der Hauptzweck des Vertrages spiele keine Rolle. Der gesamte Vertrag unterliege dem Kartellvergaberecht.

19 EuGH 06.05.2010 NVwZ 2010, 825, 827 m.w.N.

tige Leistungen durch die Zusammenfassung mit nicht ausschreibungspflichtigen Leistungen dem Anwendungsbereich des Vergaberechts zu entziehen (§ 111 Abs. 5 GWB). Diesem Grundsatz trägt das Kriterium der objektiven Untrennbarkeit mehrerer unterschiedlicher Auftragsgegenstände Rechnung. Ist nicht festzustellen, ob der Hauptgegenstand einem der Ausnahmetatbestände unterfällt, finden die §§ 97 ff. GWB im Zweifel Anwendung. Dies lässt sich auch aus den Konkurrenzregeln des § 112 Abs. 5 GWB ableiten, wonach im Zweifel diejenigen Regelungen anzuwenden sind, die den Anwendungsbereich des Kartellvergaberechts am weitesten ausdehnen.[20]

11 Ausdrückliche Regelungen für die Beurteilung eines Vertrages, der in Teilen einer Bereichsausnahme unterfällt, enthält das GWB nur für den Fall, dass ein Teil eines Auftrags die Voraussetzungen des § 107 Abs. 2 Nr. 1 oder Nr. 2 GWB erfüllt: Könnte dieser Teil zwar objektiv vom übrigen Auftragsgegenstand getrennt werden, kann der Auftrag gleichwohl ohne Anwendung der §§ 97 ff. GWB vergeben werden, wenn eine Gesamtvergabe aus objektiven Gründen gerechtfertigt ist (§ 111 Abs. 3 Nr. 1 GWB). Dies gilt auch und erst recht, wenn die verschiedenen Teile objektiv nicht trennbar sind. Die Regelungen gelten dabei unabhängig davon, welches Gewicht der Teil des Auftrags einnimmt, der die Voraussetzungen des 107 Abs. 2 Nr. 1 oder Nr. 2 GWB erfüllt, solange die Gesamtvergabe objektiv nachvollziehbar begründet werden kann, sie also nicht dazu dient, den Auftrag dem Anwendungsbereich der §§ 97 ff. GWB zu entziehen (vgl. § 111 Abs. 5 GWB). Es genügt, dass der Gesamtauftrag »Elemente enthält, auf die § 107 Abs. 2 Nr. 1 oder Nr. 2 anzuwenden ist«, vgl. § 111 Abs. 4 Nr. 2 GWB.

III. Allgemeine Bereichsausnahmen (§ 107)

1. Verträge über Schiedsgerichts- und Schlichtungsleistungen (Abs. 1 Nr. 1)

12 Gem. § 107 Abs. 1 Nr. 1 sind Aufträge über Schiedsgerichts- und Schlichtungsleistungen vom Anwendungsbereich des Kartellvergaberechts ausgenommen. Die bislang in § 100 Abs. 4 Nr. 1 (a.F.) inhaltsgleich enthaltene Bereichsausnahme dient der Umsetzung von Artikel 10 Abs. 8 lit. c der Richtlinie 2014/23/EU, Artikel 10 lit. c der Richtlinie 2014/24/EU, Artikel 21 lit. b der Richtlinie 2014/25/EU sowie Artikel 13 lit. g der Richtlinie 2009/81/EG. Sie beruht auf der Erwägung, dass Schiedsgerichts- und Schlichtungsdienste und andere vergleichbare Formen alternativer Streitbeilegung normalerweise von Organisationen oder Personen übernommen werden, deren Bestellung oder Auswahl in einer Art und Weise erfolgt, die sich nicht nach Vergabevorschriften für öffentliche Aufträge richten kann.[21] Dahinter steckt der Gedanke, dass für die Bestellung als Schiedsrichter oder Schlichter persönliches Vertrauen sowie sachliche und persönliche Unabhängigkeit von entscheidender Bedeutung sind.[22] Derartige Anforderungen sind einem wettbewerblichen Verfahren, das darauf gerichtet sein soll, das wirtschaftlichste Angebot zu ermitteln, nur begrenzt zugänglich.[23]

2. Immobilienbezogene Verträge (Abs. 1 Nr. 2)

13 Vom Anwendungsbereich des Kartellvergaberechts ausgenommen sind ferner ungeachtet ihrer Finanzierung Verträge über den Erwerb, die Miete oder die Pacht von Grundstücken, vorhandenen Gebäuden oder anderem unbeweglichen Vermögen sowie Rechten daran.

14 § 107 Abs. 1 Nr. 2 dient der Umsetzung von Artikel 10 lit. a der Richtlinie 2014/24/EU, Artikel 10 Abs. 8 lit. a der Richtlinie 2014/23/EU, Artikel 21 lit. a der Richtlinie 2014/25/EU sowie Artikel 13 lit. e der Richtlinie 2009/81/Hiernach finden die Richtlinien keine Anwendung auf öffentliche Dienstleistungsaufträge, die den Erwerb oder die Miete von Grundstücken oder vorhandenen Gebäuden oder anderem unbeweglichen Vermögen oder Rechte daran zum Gegenstand

---

20 Vgl. Heuvels in: Heuvels/Höß/Kuß/Wagner, § 99 GWB (a.F.) Rn. 137 zu § 99 Abs. 12 GWB (a.F.).
21 So übereinstimmend Erwägungsgrund 24 der Richtlinie 2014/24/EU, Erwägungsgrund 32 der Richtlinie 2014/25/EU sowie Erwägungsgrund 32 der Richtlinie 2009/81/EG.
22 Antweiler in: Ziekow/Völlink, § 100 GWB (a.F.) Rn. 24 m.w.N.
23 Zutr. Diehr in: Reidt/Stickler/Glahs, § 100 GWB (a.F.) Rn. 78.

haben, ungeachtet der Finanzmodalitäten dieser Aufträge. Durch die ausdrückliche Einschränkung auf Dienstleistungsaufträge – die so im Text des GWB nach wie vor nicht enthalten ist – wird klargestellt, dass die Vorschrift nicht Bauleistungen betrifft. Sie regelt lediglich, dass entsprechende Dienstleistungen nicht unter das Vergaberecht fallen.

Der bislang in § 100 Abs. 5 (a.F.) geregelte Ausnahmetatbestand beruht auf der Erwägung, dass 15
Aufträge, die den Erwerb oder die Miete von unbeweglichem Vermögen oder Rechten daran betreffen, Merkmale aufweisen, die die Anwendung von Vorschriften über die Vergabe öffentlicher Aufträge unangemessen erscheinen lassen.[24]

Abs. 1 Nr. 2 betrifft nach seinem Wortlaut nur die Anmietung vorhandener Gebäude. Der Ausnah- 16
metatbestand kann aber auch für Mietverträge über noch zu errichtende Gebäude herangezogen werden, wenn es sich um Verträge handelt, wie sie typischerweise über schon vorhandene Gebäude abgeschlossen werden, also keine spezifischen Anforderungen des Auftraggebers enthalten, die bei wertender Betrachtung zur Annahme eines öffentlichen Bauauftrags führen müssen.[25] Zwar sind die Bereichsausnahmen grundsätzlich nicht analogiefähig und ihrem Wesen nach eng auszulegen. Trotzdem erscheint eine sinngemäße Anwendung von § 107 Abs. 1 Nr. 2 GWB auf Mietverträge über noch zu errichtende Gebäude unter den vorgenannten Voraussetzungen gut vertretbar. Sinn und Zweck des Ausnahmetatbestandes sind nämlich darin zu sehen, dass ein typischer Mietvertrag, der dem Mieter bei einem Bestandsbau keinen Einfluss auf dessen Ausführung gibt, vergaberechtsfrei bleiben soll. Dann greift die Ausnahmeregelung aber auch, wenn dasselbe Ergebnis durch einen Mietvertrag, der sich auf einen vom Vermieter erst noch zu errichtenden Bau bezieht, erreicht wird.[26]

Für die Abgrenzung zwischen vergabefreiem Mietvertrag und ausschreibungspflichtigem Bauauf- 17
trag ist auf den Inhalt des beabsichtigten Vertrages und dessen Qualifizierung durch das einschlägige Gemeinschaftsrecht, konkret die Definition des öffentlichen Bauauftrags in den einzelnen EU-Vergaberichtlinien abzustellen.[27] Für das Vorliegen einer Ausschreibungspflicht kommt es hingegen nicht darauf an, wie das nationale Recht oder die Vertragsparteien einen bestimmten Vertrag qualifizieren.[28]

Die Definition des Begriffs »öffentlicher Bauauftrag« schließt nach der Rechtsprechung des Euro- 18
päischen Gerichtshofs in Sachen »Messe Köln«[29] sämtliche Vorhaben ein, in denen ein entgeltlicher Vertrag – unabhängig von seiner offiziellen Bezeichnung – zwischen einem öffentlichen Auftraggeber und einem Unternehmer geschlossen wird, der die Errichtung eines Bauwerks gemäß den vom öffentlichen Auftraggeber genannten Erfordernissen zum Gegenstand hat. Der Europäische Gerichtshof hat den Neubau von Messehallen als öffentlichen Bauauftrag qualifiziert, weil die betreffenden Bauwerke »gemäß den sehr detaillierten und von der Stadt Köln im Hauptvertrag deutlich formulierten Spezifikationen errichtet« worden seien und weiter ausgeführt:

Aus diesem Vertrag und seinen Anlagen geht hervor, dass die betreffenden Spezifikationen in Form 19
einer genauen Beschreibung der zu errichtenden Gebäude, ihrer Beschaffenheit und ihrer Ausstattung weit über die üblichen Vorgaben eines Mieters einer neuen Immobilie einer gewissen Größe hinausgehen.

---

24 Siehe 24. Erwägungsgrund der VKR, 33. Erwägungsgrund der SKR und 31. Erwägungsgrund der VSVR.
25 Vgl. EuGH 29.10.2009 – Rs. C-536/07, NZBau 2009, 792, 796; OLG Schleswig 01.04.2010 – 1 Verg 5/09; Dreher NZBau 2009, 542, 543; Diehr in: Reidt/Stickler/Glahs, § 100 GWB (a.F.) Rn. 67; Höß in: Heuvels/Höß/Kuß/Wagner, § 100 GWB (a.F.) Rn. 20; a.A. Antweiler in: Völlink/Ziekow, § 100 GWB (a.F.) Rn. 29; Dippel in: Dippel/Sterner/Zeiss, § 100 GWB (a.F.) Rn. 27 mwN; kritisch auch VK Thüringen 13.04.2015 – 250-4002-E-027-J.
26 So Dreher in: Immenga/Mestmäcker, § 100 GWB (a.F.) Rn. 54.
27 Vgl. Art. 2 Abs. 1 Nr. 6 Richtlinie 2014/24/EU, Art. 2 Nr. 2 Richtlinie 2014/25/EU, Art. 5 Nr. 7 Richtlinie 2014/23/EU sowie Art. 1 Nr. 3 Richtlinie 2009/81/EG.
28 Vgl. EuGH 29.10.2009 – Rs. C-536/07 »Köln Messe«, NZBau 2009, 792 (795); Urteil vom 10.07.2014 – Rs. C-213/13, VergabeR 2014, 766 (770).
29 EuGH 29.10.2009 – Rs. C-536/07, NZBau 2009, 792ff.

20   Bei einem Vertrag, der zugleich Elemente eines öffentlichen Bauauftrags und Elemente eines Auftrags anderer Art aufweist, ist zur Bestimmung seiner rechtlichen Qualifizierung auf seinen Hauptgegenstand abzustellen.[30] Der EuGH führt zur Anmietung eines noch zu errichtenden Gerichtsgebäudes in der Sache »Commune de Bari«[31] aus:

21   *Im Ausgangsverfahren geht aus den dem Gerichtshof vorliegenden Akten hervor, dass zu dem Zeitpunkt, zu dem der Commune di Bari von Pizzarotti der Abschluss des in Rede stehenden Vertrags angeboten wurde, die Errichtung des Gebäudes, auf das sich der Vertrag bezog, noch nicht begonnen war. Unter diesen Umständen ist davon auszugehen, dass der Hauptgegenstand des Vertrages in dieser Errichtung liegt, die zwangsläufig Voraussetzung für die spätere Vermietung des Gebäudes ist (...). Wie die deutsche Regierung hervorgehoben hat, muss allerdings, damit ein »öffentlicher Bauauftrag« im Sinne der Richtlinie 93/37 angenommen werden kann, die Errichtung des geplanten Gebäudes den vom öffentlichen Auftraggeber genannten Erfordernissen genügen (...). Dies ist der Fall, wenn der öffentliche Auftraggeber Maßnahmen ergriffen hat, um die Merkmale der Bauleistung festzulegen oder zumindest entscheidenden Einfluss auf die Planung der Bauleistung zu nehmen (...).*

22   Der Hauptgegenstand eines als »Mietvertrag« bezeichneten Vertragsverhältnisses liegt trotz seiner Bezeichnung dann in einer Bauleistung und nicht in der entgeltlichen Nutzungsüberlassung, wenn der öffentliche Auftraggeber das anzumietende Gebäude aufgrund seiner Erfordernisse und Vorgaben errichten und ausstatten lässt, so dass der »Vermieter« letztlich derart gebunden ist, dass er keine oder nur noch geringe Gestaltungsmöglichkeiten für seinen zu errichtenden Neubau/Umbau hat.[32]

23   Maßgebliches Kriterium für die Annahme eines öffentlichen Bauauftrags ist danach ein entscheidender Einfluss auf Art und Planung der Baumaßnahme (vgl. insoweit die Definition des öffentlichen Bauauftrags in § 103 Abs. 3 Satz 2 GWB). Detaillierte sowie qualifizierte, auf einen besonderen Nutzungszweck bezogene Anforderungen an ein noch zu errichtendes Mietobjekt sprechen dafür, einen Mietvertrag aus vergaberechtlicher Sicht als öffentlichen Bauauftrag zu qualifizieren.[33] Im Ergebnis kommt die Annahme eines ausschreibungsfreien Mietvertrags über ein noch zu errichtendes Gebäude in der Regel nur in Betracht, wenn dieser ein typisches, ohne weiteres drittverwendungsfähiges Gebäude betrifft und die Nutzeranforderungen des Auftraggebers grundsätzlich auch durch die Anmietung eines bereits vorhandenen Gebäudes erfüllt werden könnten.

24   Weiter ist zu berücksichtigen, dass abweichend vom Wortlaut des Ausnahmetatbestandes auch Mietverträge über bereits vorhandene Gebäude im Einzelfall ausschreibungspflichtig sein können, wenn sie mit nicht unerheblichen Umbaumaßnahmen verbunden sind. Je nach Art und Umfang nutzerspezifischer Umbauleistungen kann der Mietvertrag aus kartellvergaberechtlicher Sicht als

---

30 EuGH 10.07.2014 – Rs. C-213/13 »Commune de Bari«.
31 EuGH 10.07.2014 – Rs. C-213/13.
32 So VK Schleswig-Holstein 02.12.2009 – VK-SH 21/09; zust. OLG Schleswig 01.04.2010 – 1 Verg 5/09; vgl. auch OLG Jena 07.10.2015 – 2 Verg 3/15.
33 Vgl. EuGH 10.07.2014 – Rs. C-213/13 zur Anmietung eines noch zu errichtenden Gerichtsgebäudes; OLG Düsseldorf 07.08.2013 – VII-Verg14/13 zur Anmietung einer noch zu errichtenden Polizeiwache (»zahlreiche detaillierte sowie qualifizierte polizeispezifische Forderungen an das Objekt«); VK Sachsen 19.06.2015 – 1/SVK/009-15 zur Anmietung eines zu errichtenden Büro- und Laborgebäudes sowie VK Thüringen, Beschluss vom 13.04.2015 – 250-4002-E-027-J zur Unterbringung einer Kriminalpolizeiinspektion. Nach Auffassung der Vergabekammer Erfurt sind Indikatoren für das Vorliegen eines Bauauftrags, dass der Auftraggeber detaillierte, qualifizierte nutzungsspezifische Forderungen formuliert, der vorgesehene Nutzungszweck des Objekts nur nach Erfüllung nutzungsspezifischer Forderungen möglich ist, die nutzerspezifischen Anforderungen nur durch Neubau oder durch umfangreiche Änderungen an einem vorhandenen Objekt erfüllbar sind, der Auftraggeber aktive Einflussnahme auf die Planung des Gebäudes nimmt, der Auftraggeber aktiv an Bauberatungen teilnimmt, die Umsetzung nutzerspezifischer Anforderungen Voraussetzung für den Mietvertrag ist. Das OLG Jena hat im konkreten Fall die Annahme eines öffentlichen Bauauftrags mangels eines entscheidenden Einflusses des Auftraggebers verneint, vgl. Beschl. v. 07.10.2015 – 2 Verg 3/15.

öffentlicher Bauauftrag i.S.d. §103 Abs. 3 GWB zu qualifizieren sein.[34] Voraussetzung eines ausschreibungsfreien Mietvertrages ist, dass die vom Vermieter umzusetzenden baulichen Anpassungen nicht über die üblichen Vorgaben eines Mieters, der ein bereits errichtetes Gebäude beziehen und dieses im Hinblick auf den von ihm angestrebten Nutzungszweck angepasst haben möchte, hinausgehen.[35] Notwendige Umbaumaßnahmen untergeordneten Umfangs sind als Nebenarbeiten im Verhältnis zum Hauptgegenstand nicht geeignet, eine Ausschreibungspflicht zu begründen.[36]

Zu den Rechten an Grundstücken oder Gebäuden i.S.d. Abs. 1 Nr. 2 gehören neben dem Eigentum   25
auch Nutzungsrechte (z.B. Miete, Erbbaurechte, Pacht und Dienstbarkeit), Erwerbsrechte (z.B. dingliche Vorkaufsrechte) und Verwertungsrechte (z.B. Grundpfandrechte).

3. Arbeitsverträge (Abs. 1 Nr. 3)

§ 107 Abs. 1 Nr. 3 GWB nimmt Arbeitsverträge vom Anwendungsbereich des Kartellvergaberechts   26
aus. Die bislang in § 100 Abs. 3 a.F. bestimmte Bereichsausnahme dient der Umsetzung von Artikel 10 lit. g der Richtlinie 2014/24/EU, Artikel 21 lit. f der Richtlinie 2014/25/EU sowie Artikel 13 lit. i der Richtlinie 2009/81/EG. Umfasst sind öffentliche Dienstleistungsaufträge, die Arbeitsverträge zum Gegenstand haben. Nach Auffassung des OLG Düsseldorf ist der Begriff Arbeitsvertrag entsprechend den primärrechtlichen Vorschriften des EGV bzw. AEUV so zu definieren, dass ein Arbeitnehmer während einer bestimmten Zeit für einen anderen nach dessen Weisungen Leistungen erbringt und als Gegenleistung eine Vergütung erhält.[37] Diese Definition eines Arbeitsverhältnisses entspreche in wesentlichen Punkten dem deutschen Verständnis des Begriffs. Danach sei Arbeitnehmer, wer Dienstleistungen in persönlicher Abhängigkeit verrichte, hierbei in Bezug auf Zeit, Ort und Art der zu verrichtenden Arbeit dem Weisungsrecht des Arbeitgebers unterliege und in eine fremde Herrschafts- und betriebliche Risikosphäre – nämlich in die des Arbeitgebers – eingegliedert sei. Bei diesem Begriffsverständnis ist der Arbeitnehmer nicht als Unternehmen i.S.d. § 103 Abs. 1 GWB bzw. ein Arbeitsvertrag nicht als öffentlicher Auftrag i.S.d. § 103 Abs. 1 GWB zu qualifizieren, weshalb § 107 Abs. 1 Nr. 3 GWB lediglich klarstellenden Charakter hat.[38]

Die Vergabekammer Düsseldorf hat entschieden, dass die dienstvertragliche Gestellung von Rei-   27
nigungs- und sonstigem Servicepersonal die Bereichsausnahme für Arbeitsverträge nicht erfasst. Denn die Dienstverträge nach deutschem Recht seien von Arbeitsverträgen i.S.d. Vergaberechts abzugrenzen. Entscheidend sei die (auch) nach deutschem Arbeitsrecht maßgebliche arbeitsrechtliche Eingliederung der Servicekräfte in den jeweiligen Betrieb. Sei eine solche Eingliederung nicht vollständig erfolgt, liege kein Arbeitsvertrag vor. Auch eine Arbeitnehmerüberlassung nach dem Arbeitnehmerüberlassungsgesetz reiche nicht aus, um das Kriterium des Arbeitsvertrages i.S.d. Ausnahmetatbestandes zu begründen.[39] Dem ist zuzustimmen. Während es sich bei der Arbeitnehmerüberlassung bis zur Umsetzung der neuen EU-Vergaberichtlinien um eine sog. nachrangige Dienstleistung i.S.d. Kategorie 22 »Arbeits- und Arbeitskräftevermittlung« nach Anhang I Teil B der VOL/A handelte, unterfällt diese nunmehr grundsätzlich vollständig dem Anwendungsbereich der VgV, soweit sie nicht Arbeitskräfte im sozialen Bereich betrifft und dann ggf. als soziale Dienstleistung i.S.d. § 130 GWB bzw. der Anlage XIV der Richtlinie 2014/24/EU zu qualifizieren ist.

Nach Sinn und Zweck der Freistellung muss als Arbeitsvertrag im Sinne von § 107 Abs. 1 Nr. 3   28
GWB auch der Anstellungsvertrag von Geschäftsleitungsmitgliedern gelten, soweit die Weisungs-

---

34 Siehe hierzu ausführlich Dreher NZBau 2009, 542 ff.
35 VK Schleswig-Holstein 02.12.2009 – VK-SH 21/09.
36 OLG Schleswig 01.04.2010 – 1 Verg 5/09.
37 OLG Düsseldorf 08.05.2002 VII Verg 8–15/01 mit Hinweis auf EuGH NJW 1992, 1493.
38 Vgl. zutr. Dippel in: Hattig/Maibaum, § 100 GWB (a.F.) Rn. 32; Antweiler in: Ziekow/Völlink, § 100 GWB (a.F.) Rn. 17.
39 VK Düsseldorf 11.02.2004 VK-43/03-L n.v.

befugnis diesen gegenüber nicht eingeschränkt ist.[40] Bei Abschluss eines Managementvertrages mit einer juristischen Person, die einen Geschäftsführer stellt, fehlt es an einem umfassenden Weisungsrecht. Vielmehr ist der Geschäftsführer weiterhin Beschäftigter des Managementpartners. Dieser Sachverhalt unterscheidet sich fundamental von einem reinen Anstellungsverhältnis zu Geschäftsleitungsmitgliedern.[41]

4. Verträge über Dienstleistungen des Katastrophenschutzes, des Zivilschutzes und der Gefahrenabwehr (Abs. 1 Nr. 4)

29 § 107 Abs. 1 Nr. 4 dient der Umsetzung des in Art. 10 Abs. 8 lit. g der Richtlinie 2014/23/EU, Art. 10 lit. h der Richtlinie 2014/24/EU sowie Art. 21 lit. h der Richtlinie 2014/25/EU gleichlautend geregelten Ausnahmetatbestandes, wonach die Bestimmungen der Richtlinien keine Anwendung finden auf öffentliche Dienstleistungsaufträge über

30 *Dienstleistungen des Katastrophenschutzes, des Zivilschutzes und der Gefahrenabwehr, die von gemeinnützigen Organisationen oder Vereinigungen erbracht werden und die unter die folgenden CPV-Codes fallen: 75250000-3, 75251000-0, 75251100-1, 75251110-4, 75251120-7, 75252000-7, 75222000-8, 98113100-9 und 85143000-3 mit Ausnahme des Einsatzes von Krankenwagen zur Patientenbeförderung.*

31 Der Richtlinienbestimmung liegt jeweils die Erwägung zugrunde, dass die Richtlinie insgesamt nicht für bestimmte von gemeinnützigen Organisationen oder Vereinigungen erbrachte Notfalldienste gelten sollte, da der spezielle Charakter dieser Organisationen nur schwer gewahrt werden könnte, wenn die Dienstleistungserbringer nach den in dieser Richtlinie festgelegten Verfahren ausgewählt werden müssten.[42]

32 Es soll danach möglich sein, gemeinnützige Organisationen und Vereinigungen mit bestimmten Dienstleistungen zum Schutz der Bevölkerung beauftragen zu können, ohne die Bestimmungen der jeweiligen Richtlinie, nicht einmal die Sonderregelungen für die Vergabe von sozialen und anderen besonderen Dienstleistungen i.S.d. Anhangs XIV zur Richtlinie 2014/24/EU beachten zu müssen. Zwar nicht aus dem Wortlaut, aber aus dem Zweck des Ausnahmetatbestandes geht hervor, dass er nur Anwendung findet, wenn die bestimmten Dienstleistungen nicht nur im Allgemeinen, sondern gerade in Bezug auf den in Rede stehenden Auftrag von einer gemeinnützigen Organisation und Vereinigung im Sinne des Ausnahmetatbestandes erbracht werden.

a) Relevante Dienstleistungen

33 Die Bereichsausnahme erfasst Dienstleistungen des Katastrophen- und Zivilschutzes sowie der Gefahrenabwehr. Die verwandten Begriffe entstammen den entsprechenden Richtlinienbestimmungen und sind daher grds. autonom nach unionsrechtlichen Maßstäben auszulegen.[43] Der Begriff des Katastrophenschutzes umfasst unvorhersehbare Großschadensereignisse in Friedenszeiten, der Begriff des Zivilschutzes den Schutz der Zivilbevölkerung im Kriegsfall.[44] Unklar ist, ob der Begriff der Gefahrenabwehr ebenfalls nur die Abwehr von Gefahren für große Menschenmengen in Extremsituationen betrifft oder auch Dienstleistungen zur Abwehr drohender Gefahren für Leben und Gesundheit nur einzelner Per-

---

40 Diehr in: Reidt/Stickler/Glahs, § 100 GWB (a.F.) Rn. 30; Dreher in: Immenga/Mestmäcker § 100 GWB (a.F.) Rn. 32; Höß in: Heuvels/Höß/Kuß/Wagner, § 100 GWB (a.F.) Rn. 7, Dippel in: Hattig/Maibaum, § 100 (a.F.) Rn. 38; VK Sachsen-Anhalt 02.03.2011 2 VK LSA 39/10; vgl. aber auch. Antweiler in: Ziekow/Völlink § 100 GWB (a.F.) Rn. 19: Verträge über die Bestellung von (nicht weisungsgebundenen) Organmitgliedern seien nicht vom Ausnahmetatbestand umfasst.
41 VK Sachsen-Anhalt 02.03.2011 2 VK LSA 39/10.
42 Vgl. gleichlautend Erwägungsgrund 36 der Richtlinien 2014/23/EU, Erwägungsgrund 28 der Richtlinie 2014/24/EU sowie Erwägungsgrund 36 der Richtlinie 2014/25/EU.
43 Ruthig, vergaberechtsfreier Bevölkerungsschutz NZBau 2016, 3, 5.
44 Siehe Ruthig NZBau 2016, 3, 5 mit umfangreichen Nachweisen.

sonen aufgrund üblicher Risiken wie Feuer, Krankheit oder Unfällen. Für ein enges Verständnis (nur Extremsituationen) wird angeführt, dass Ausnahmetatbestände grundsätzlich eng auszulegen seien und bei einer weiteren Auslegung die Merkmale Katastrophen- und Zivilschutz überflüssig seien.[45] Sowohl aus anderen Sprachfassungen des Ausnahmetatbestands (Englisch: *»danger prevention services«*, Französisch: *»service de prévention des risques«*) als auch aus dem Erwägungsgrund 28 der Richtlinie 2014/24/EU sowie dem Erwägungsgrund 36 der Richtlinie 2014/23/EU, die ganz allgemein von »Notfalldiensten« (Englisch: *»emergency services«*, Französisch: *»services d'urgence«*) sprechen, kann aber ebenso abgeleitet werden, dass der Begriff der »Gefahrenabwehr« grds. in einem umfassenden Sinne zu verstehen ist. Er soll auch nach der Gesetzesbegründung zu § 107 Abs. 1 Nr. 4 nicht als Einschränkung der CPV-Kennziffern aufgefasst werden. Vielmehr werde der sachliche Anwendungsbereich durch die im Ausnahmetatbestand aufgeführten CPV-Kennziffern konkretisiert.[46] Die CPV-Kennziffern betreffen Dienstleistungen der Feuerwehr und von Rettungsdiensten (75250000-3), Dienstleistungen der Feuerwehr (75251000-0), Brandbekämpfung (75251100-1), Brandverhütung (75251110-4), Waldbrandbekämpfung (75251120-7), Rettungsdienste (75252000-7), Zivilverteidigung (75222000-8), Dienstleistungen im Bereich der nuklearen Sicherheit (98113100-9) sowie den Einsatz von Krankenwagen (85143000-3).

Die wohl größte Bedeutung hat der Ausnahmetatbestand in der Praxis für die Beauftragung von Rettungsdiensten. Bis zur Novellierung der EU-Vergaberichtlinien bzw. bis zum Inkrafttreten des VergRModG unterfiel ein Auftrag über Rettungsdienste, bei dem der Leistungserbringer als Gegenleistung für die Rettungsdienste eine Geldzahlung vom Aufgabenträger erhält (sog. Submissionsmodell), dem sachlichen Anwendungsbereich der Richtlinie 2004/18/EG bzw. der §§ 97 ff. GWB.[47] Aufträge über Rettungsdienst, bei denen die Vergütung unmittelbar durch Dritte, z.B. durch die Krankenkassen erfolgt (sog. Konzessionsmodell) unterfielen als Dienstleistungskonzession zwar nicht den §§ 97 ff. GWB.[48] Bei ihrer Vergabe waren aber die Grundsätze des EU-Primärrechts zu beachten. Nunmehr unterfallen öffentliche Dienstleistungsaufträge über Rettungsdienste grundsätzlich entweder den Richtlinien 2014/24/EU, 2014/25/EU (Submissionsmodell) oder der Richtlinie 2014/23/EU (Konzessionsmodell) und hier dem reduzierten Vergaberegime für soziale und andere besondere Dienstleistungen, soweit nicht die hier in Rede stehende Bereichsausnahme eingreift. Geht man von einem engen Begriff der Gefahrenabwehr aus, findet der Ausnahmetatbestand von vornherein keine Anwendung auf die Vergabe sog. Regel-Rettungsdienste[49] im Sinne einer alltäglichen und zumeist singulären Notfallrettung und Patientenbeförderung mit einer gegenüber bei Extremsituationen/Großschadensereignissen geringen Anzahl Betroffener. Allerdings ist ein enges Verständnis des Begriffs der Gefahrenabwehr keineswegs zwingend. Nur bezüglich des Einsatzes von Krankenwagen zur Patientenbeförderung (Krankentransport) wird bereits in der Bereichsausnahme unmittelbar klargestellt, dass dieser nicht dem Ausnahmetatbestand unterfällt. Nach den einschlägigen landesrechtlichen Regelungen[50] gilt auch der Krankentransport (ohne ärztliche Begleitung) als Rettungsdienst. Diese Leistung dient allerdings nicht der Vermeidung oder Abwehr einer unmittelbaren Gefahr für Leben und Gesundheit und ist somit von vornherein nicht vom Ausnahmetatbestand erfasst. Die entsprechende Ausnahme von der Bereichsausnahme hat insoweit nur klarstellende Bedeutung. Wenn Regel-Rettungsdienste im Übrigen, also die sog. Notfallrettung, anders als der Einsatz von Krankenwagen zur Personenbeförderung der Bereichsausnahme des § 107 Abs. 1 Nr. 4 nicht ausdrücklich entzogen sind, bedeutet das nach der hier vertretenen Auffassung, dass die Vergabe eines Auftrags über entsprechende Leistungen unter den weiteren Voraussetzungen des

34

---

45 So Prieß Die Vergabe von Rettungsdienstleistungen nach den neuen Vergaberichtlinien NZBau 2015, 343, 346; zust. Amelung/Janson, Vergabe von Rettungsdienstleistungen: Keine generelle Feststellung vom Vergaberecht, NZBau 2016, 23, 25f.
46 So die Gesetzesbegründung, BT-Drucks. 18/6281, S. 79.
47 Vgl. EuGH 29.04.2010 Rs. C-160/08 NZBau 2010, 450; BGH 01.12.2008 »Rettungsdienstleistungen« X Z.B. 31/08 NZBau 2009, 201; OLG Schleswig 28.08.2015 VergabeR 2015, 768, 773.
48 Vgl. Thüringer OLG 22.07.2015 VergabeR 2015, 783, 788.
49 So Prieß NZBau 2015, 343, 346 sowie Amelung/Janson NZBau 2016, 23, 26.
50 Vgl. etwa § 2 Abs. 1 Nr. 2 RettG NRW, Art. 1 Satz1 BayRDG.

Ausnahmetatbestandes nicht dem Anwendungsbereich der §§ 97 ff. GWB unterfällt. Das schließt nicht aus, dass sich aus landesrechtlichen Regelungen eine Verpflichtung zur Vergabe im Wettbewerb ergibt.[51] Nicht überzeugend hingegen erscheint es, bei Eingreifen des Ausnahmetatbestandes gleichwohl noch eine Verpflichtung des Auftraggebers zur Beachtung der aus den Grundfreiheiten des AEUV resultierenden allgemeinen Vergabegrundsätze anzunehmen[52] und damit Anforderungen aufzustellen, die sich nicht wesentlich von den Anforderungen an die Vergabe von sozialen und anderen besonderen Dienstleistungen i.S.d. Anhangs XIV der Richtlinie 2014/24/EU unterscheiden. Die europarechtlich verankerte Bereichsausnahme liefe weitgehend leer, wenn auch für die von ihr erfassten Rettungsdienste ein »Vergaberecht light« zu beachten wäre.[53]

35 Gemischte Aufträge für Dienste von Krankenwagen, welche sowohl Leistungen der Notfallrettung als auch den reinen Patiententransport umfassen, unterfallen den Sonderregelungen für die Vergabe von sozialen und anderen besonderen Leistungen i.S.d. § 130 GWB[54], sind also nicht vollständig von einer Anwendung der §§ 97 ff. GWB befreit.

b) Leistungserbringung durch gemeinnützige Organisation oder Vereinigung

36 Die in § 107 Abs. 1 Nr. 4 aufgeführten Dienstleistungen sind nur dann dem Vergaberegime der §§ 97 ff. GWB entzogen, wenn sie von gemeinnützigen Organisationen oder Vereinigungen erbracht werden. Anders als in den entsprechenden Richtlinienbestimmungen wird der Begriff der gemeinnützigen Organisationen oder Vereinigungen in § 107 Abs. 1 Nr. 4 2. Halbsatz im Interesse an einer möglichst eindeutigen Regelung des Ausnahmetatbestandes definiert. Gemeint sind danach insbesondere die Hilfsorganisationen, die nach Bundes- oder Landesrecht als Zivil- und Katastrophenschutzorganisationen anerkannt sind. In der Gesetzesbegründung wird auf § 26 Absatz 1 Satz 2 des Gesetzes über den Zivilschutz und die Katastrophenhilfe des Bundes (ZSKG) Bezug genommen. Als in Deutschland anerkannte Organisationen werden ferner der Arbeiter-Samariter-Bund, die Deutsche Lebensrettungsgesellschaft, das Deutsche Rote Kreuz, die Johanniter-Unfall-Hilfe und der Malteser-Hilfsdienst aufgeführt.

37 Die »gemeinnützigen Organisationen oder Vereinigungen« sollen – wie aus den Erwägungsgründen zu den entsprechenden Ausnahmetatbeständen in den Richtlinien 2014/237EU, 2014/24/EU sowie 2014/25/EU folgt – aufgrund ihres »speziellen Charakters« privilegiert werden. Es wird hiermit bezweckt, einerseits das Ehrenamt zu stärken und andererseits mit den ehrenamtlich getragenen Hilfsorganisationen einen effektiven Schutz von Leben und Gesundheit der Bevölkerung sicherzustellen. Mit Urteil vom 11.12.2014[55] hat der EuGH zu einem Zeitpunkt, in dem noch die alte Richtlinie 2004/18/EG Anwendung fand, entschieden, dass die Art. 49 AEUV (Niederlassungsfreiheit) und 56 AEUV (Dienstleistungsfreiheit) einer nationalen Regelung, nach der die Erbringung von dringenden Krankentransport- und Notfallkrankentransportdiensten vorrangig und im Wege der Direktvergabe ohne jegliche Bekanntmachung an die unter Vertrag genommenen Freiwilligenorganisationen zu vergeben ist, nicht entgegenstünden, soweit der rechtliche und vertragliche Rahmen, in dem diese Organisationen tätig sind, tatsächlich zu dem sozialen Zweck und zu den

---

51 Vgl. Ruthig NZBau 2016, 3,8: Mit dem Ausnahmetatbestand sei zwar über den Anwendungsbereich des Vergaberechts entschieden, die Transformation der Bereichsausnahme für den Rettungsdienst aber keineswegs abgeschlossen. Die Landesrettungsdienstgesetze seien in verschiedener Hinsicht zu novellieren.

52 So aber Antweiler NZBau 2015, 275, 279, der eine Pflicht zur Durchführung eines transparenten und diskriminierungsfreien Auswahlverfahrens außerdem aus Art. 3 Abs. 1 GG ableitet, sowie Prieß NZBau 2015, 343, 347, nach dessen Auffassung auch das EU-Beihilfenrecht ein transparentes und diskriminierungsfreies Verfahren erfordert.

53 So zutreffend die Stellungnahme der Bundesvereinigung der kommunalen Spitzenverbände und des Verbands kommunaler Unternehmen im Rahmen der öffentlichen Anhörung des Ausschusses für Wirtschaft und Energie zum Entwurf eines VergModG am 09.11.2015.

54 Siehe Gesetzesbegründung BT-Drucks. 18/6281, S. 79 mit Verweis auf Erwägungsgründe 36 der Richtlinie 2014/23/EU, 28 der Richtlinie 2014/24/EU und 36 der Richtlinie 2014/25/EU.

55 EuGH 11.12.2014 – Rs. C-113/13 NZBau 2015, 377.

Zielen der Solidarität und der Haushaltseffizienz beitrage, auf denen diese Regelung beruhe. Diesen Grundsatz hat der EuGH mit weiterem Urteil vom 20.01.2016[56] zur Direktvergabe von Krankentransportdiensten an Freiwilligenorganisationen in der italienischen Region Piemont bestätigt. Das Unionsrecht lasse die Befugnis der Mitgliedstaaten zur Ausgestaltung ihres Gesundheitswesens unberührt. Der Mitgliedstaat könne im Rahmen des Ermessens, das ihm bei der Festlegung eingeräumt sei, auf welchem Niveau er den Schutz der Gesundheit gewährleisten und sein System der sozialen Sicherheit gestalten wolle, die Auffassung vertreten, dass der Rückgriff auf Freiwilligenorganisationen dem sozialen Zweck eines Krankentransportdienstes entspreche und geeignet sei, dazu beizutragen, die mit diesem Dienst verbundenen Kosten zu beherrschen. Ein System zur Regelung dringender Krankentransportdienste wie das im Ausgangsverfahren in Rede stehende, bei dem die zuständigen Behörden auf Freiwilligenorganisationen zurückgreifen können, müsse allerdings tatsächlich zu dem sozialen Zweck und zu den Zielen der Solidarität und der Haushaltseffizienz beitragen, auf denen dieses System beruhe.[57] In dieser Hinsicht dürften die Freiwilligenorganisationen, wenn sie in diesem Rahmen tätig werden, keine anderen Ziele als die vorgenannten verfolgen, mit ihren Leistungen keinen Gewinn erzielen – unbeschadet der Erstattung der variablen, festen und ständigen Kosten, die zur Erbringung dieser Leistungen erforderlich sind – und ihren Mitgliedern keine Gewinne einbringen. Im Übrigen sei der Rückgriff auf Erwerbstätige zwar zulässig, weil diese Organisationen sonst in vielen Bereichen, in denen der Grundsatz der Solidarität selbstverständlich zur Anwendung kommen könne, praktisch nicht wirksam handeln könnten, doch müssten sich die genannten Organisationen bei ihrer Tätigkeit streng an die in den nationalen Rechtsvorschriften festgelegten Anforderungen halten. Nach dem allgemeinen unionsrechtlichen Grundsatz des Verbots des Rechtsmissbrauchs dürfe die Anwendung dieser Rechtsvorschriften nicht so weit ausgedehnt werden, dass sie missbräuchliche Praktiken der Freiwilligenorganisationen oder ihrer Mitglieder decke. Die Tätigkeit der Freiwilligenorganisationen dürfe daher nur in dem Maß von Erwerbstätigen ausgeübt werden, wie es für ihren geregelten Betrieb erforderlich sei. Bei der Erstattung der Kosten sei darauf zu achten, dass nicht etwa unter dem Vorwand einer Freiwilligentätigkeit ein Erwerbszweck, und sei es nur indirekt, verfolgt werde und dass dem Freiwilligen lediglich die Kosten erstattet werden könnten, die er für die geleistete Tätigkeit tatsächlich aufgewandt habe, und zwar im Rahmen der von der jeweiligen Vereinigung vorab festgelegten Grenzen. Jegliche von Freiwilligenorganisationen auf dem Markt ausgeübte wirtschaftliche Tätigkeit müsse geringfügig sein und ihre freiwillige Tätigkeit unterstützen.[58] Ob die Bestimmung des § 107 Abs. 1 Nr. 4 GWB den vom EuGH aufgestellten Anforderungen gerecht wird, ist umstritten[59] und muss wohl höchstrichterlich geklärt werden.

5. Sicherheitsrelevante Aufträge (Abs. 2)

§ 107 Absatz 2 übernimmt die zuvor in § 100 Absatz 6 GWB a.F. geregelten Ausnahmen. Danach **38** gelten die §§ 97 ff. GWB ferner nicht für die Vergabe von öffentlichen Aufträgen und Konzessionen, bei denen die Anwendung dieser Vergabebestimmungen den Auftraggeber dazu zwingen würde, im Zusammenhang mit dem Vergabeverfahren oder der Auftragsdurchführung Auskünfte zu erteilen, deren Preisgabe nach seiner Ansicht wesentlichen Sicherheitsinteressen der Bundesrepublik Deutschland i.S.d. Art. 346 Abs. 1 lit. a) AEUV widerspricht (Nr. 1) oder die dem Anwendungsbereich des Art. 346 Abs. 1 lit. b) AEUV unterliegen (Nr. 2).

---

56 EuGH 20.01.2016 – Rs. C-50/14.

57 EuGH 20.01.2016 – Rs. C-50/14 Rn. 63 mit Verweis auf Urt. v. 11.12.2014 – Rs. C-113/13 Rn. 60.

58 EuGH 20.01.2016 – Rs. C-50/14 Rn. 78.

59 Vgl. einerseits Ruthig NZBau 2016, 3,8: Mit der Definition des Begriffs der öffentlichen Organisationen und Einrichtungen habe der Bundesgesetzgeber den Anwendungsbereich der Vorschrift in persönlicher Hinsicht klar und in einer mit höherrangigem Recht vereinbaren Weise abgesteckt. A.A. wohl Prieß NZBau 2015, 343, 347 sowie ihm zustimmend Amelung/Janson NZBau 2016, 23, 26. Zweifelnd wohl auch Gröning NZBau 2015, 690,693 unter Verweis auf BayVerfGH NVwZ-RR 2012, 665.

39 Artikel 346 AEUV (ehem. Art. 296 EGV) bestimmt:

> *(1) Die Vorschriften der Verträge stehen folgenden Bestimmungen nicht entgegen:*
> *a) Ein Mitgliedstaat ist nicht verpflichtet, Auskünfte zu erteilen, deren Preisgabe seines Erachtens seinen wesentlichen Sicherheitsinteressen widerspricht;*
> *b) jeder Mitgliedstaat kann die Maßnahmen ergreifen, die seines Erachtens für die Wahrung seiner wesentlichen Sicherheitsinteressen erforderlich sind, soweit sie die Erzeugung von Waffen, Munition und Kriegsmaterial oder den Handel damit betreffen; diese Maßnahmen dürfen auf dem Binnenmarkt die Wettbewerbsbedingungen hinsichtlich der nicht eigens für militärische Zwecke bestimmten Waren nicht beeinträchtigen.*
>
> *(2) Der Rat kann die von ihm am 15. April 1958 festgelegte Liste der Waren, auf die Absatz 1 Buchstabe b Anwendung findet, einstimmig auf Vorschlag der Kommission ändern.*

a) Besonders sicherheitsrelevante Aufträge (Abs. 2 Nr. 1)

40 § 107 Abs. 2 Nr. 1 GWB übernimmt aus Gründen der Klarstellung die Ausnahme des Artikels 346 Abs. 1 lit. a AEUV gemäß Artikel 1 Abs. 3 der Richtlinien 2014/23/EU, 2014/24/EU, 2014/25/EU sowie Artikel 2 der Richtlinie 2009/81/EG in das deutsche Vergaberecht.[60] Danach besteht bei der Vergabe eines öffentlichen Auftrags bzw. einer Konzession dann keine Verpflichtung zur Beachtung der §§ 97 ff. GWB, wenn der Auftraggeber anderenfalls gezwungen wäre, im Zusammenhang mit dem Vergabeverfahren oder der Auftragsdurchführung Auskünfte zu erteilen, deren Preisgabe seiner Ansicht nach wesentliche Sicherheitsinteressen der Bundesrepublik Deutschland i.S.d. Art. 346 Abs. 1 lit. a AEUV widerspricht.

41 Nach der Vorgängerregelung in § 100 Abs. 2 lit. d) dd) GWB a.F.[61] galten die §§ 97 ff. GWB nicht für Aufträge »*bei denen der Schutz sonstiger wesentlicher Interessen der Sicherheit des Staates es gebietet.*« Darunter sollten aus Sicht des Gesetzgebers Aufträge fallen, bei deren Vergabe und Durchführung die Unternehmen Einblick in die Organisation oder Arbeitsweise von Sicherheitsbehörden erlangen, sowie Beschaffungen, die im Zusammenhang mit Einsätzen der Bundespolizei stehen oder die Beschaffung sensibler Materialien oder Anlagen, wenn der Schutz wesentlicher Interessen der Sicherheit des Staates es gebietet.[62] Nach Erwägungsgrund 20 zur Richtlinie 2009/81/EG kann Art. 346 Abs. 1 lit. a AUEUV etwa dann betroffen sein, wenn Aufträge so sensibel sind, dass sogar deren Existenz geheim gehalten werden muss.[63] »Wesentliche Sicherheitsinteressen« i.S.d. Art. 346 Abs. 1 AEUV können dem Kreis der äußeren wie der inneren Sicherheit entstammen.[64] Als Anwendungsbereiche, in denen wesentliche Sicherheitsinteressen bei der Vergabe von Aufträgen betroffen sein und eine Nichtanwendung der §§ 97 ff. GWB rechtfertigen können, gelten der Betrieb oder Einsatz der Streitkräfte, die Umsetzung von Maßnahmen der Terrorismusbekämpfung oder die Beschaffung von Informationstechnik oder Telekommunikationsanlagen.[65]

42 Nur im Fall einer **objektiv gewichtigen Gefährdung oder Beeinträchtigung der Sicherheitslage** ist es gerechtfertigt, von einer Anwendung der Bestimmungen des Vergaberechts abzusehen. Der Auftraggeber muss nachvollziehbar darlegen und nötigenfalls nachweisen, dass die geplante Auftragsvergabe **wesentliche** Sicherheitsinteressen berührt und warum diese im Fall einer Ausschreibung

---

60 So die Gesetzesbegründung, BT-Drucks. 18/6281, S. 79.
61 Mit Inkrafttreten des Gesetzes zur Änderung des Vergaberechts für die Bereiche und Sicherheit vom 07.11.2011 (BGBl. I, S. 2570) abgelöst durch § 106 Abs. 6 GWB a.F.
62 Vgl. BT-Drucks. 16/10117, 19 zu § 100 Abs. 2 lit. d) dd) GWB a.F.
63 Zu weiteren Erläuterungen siehe insbes. auch den unverbindlichen Leitfaden der EU-Kommission zur Richtlinie 2009/81/EG »Guidance Note Security of Supply«, Rn. 53.
64 Wegener in: Callies/Ruffert, Art. 346 AEUV Rn. 4; Kokott in: Streinz, Art. 346 AEUV Rn. 4.
65 Siehe § 100 Abs. 7 GWB a.F. Die Regelung wurde zwar im Rahmen der Novellierung des GWB gestrichen, kann zum Verständnis des Anwendungsbereichs von § 107 Abs. 2 Nr. 1 und Nr. 2 GWB aber weiter herangezogen werden.

objektiv gefährdet wären.[66] Er hat eine Gewichtung der Sicherheitsinteressen vorzunehmen und diese im Wege einer Verhältnismäßigkeitsprüfung gegenüber den Interessen der am Auftrag interessierten Bieter abzuwägen.[67] Konkret ist vom öffentlichen Auftraggeber zu prüfen:

- Welches wesentliche Sicherheitsinteresse ist betroffen?
- Worin besteht der Zusammenhang zwischen diesem Sicherheitsinteresse und der speziellen Beschaffungsentscheidung?
- Warum ist die Nichtanwendung der Vergaberichtlinie in diesem speziellen Fall für den Schutz dieses wesentlichen Sicherheitsinteresses notwendig?[68]

Nach dem Wortlaut von § 107 Abs. 2 Nr. 1 GWB (»seiner Ansicht nach«) kommt dem Auftragge- 43
ber bei der Beurteilung, ob wesentliche Sicherheitsinteressen berührt sein können, eine der Missbrauchskontrolle nach Art. 348 AEUV unterliegende Einschätzungsprärogative bzw. Ermessen zu, dessen Gebrauch durch den unionsrechtlichen Grundsatz der Verhältnismäßigkeit und die allgemeinen Rechtsgrundsätze begrenzt ist.[69] Die Einschätzung des Auftraggebers muss objektiv nachvollziehbar bzw. vertretbar sein. Der Auftraggeber muss nachvollziehbar darlegen können, warum die Anwendung von Vergabebestimmungen aus seiner Sicht nicht nur möglicherweise, sondern zwingend zur Preisgabe bestimmter geheimhaltungsbedürftiger Informationen führen und dadurch wesentliche Sicherheitsinteressen berühren könnte. Er muss insbesondere darlegen, dass es ihm nicht durch bestimmte Maßnahmen wie etwa einen nur begrenzten Wettbewerb oder Vertraulichkeitsvereinbarungen möglich ist, den notwendigen Geheimschutz sicherzustellen. Es ist hierbei der Grundsatz der Verhältnismäßigkeit staatlichen Handelns zu beachten. Eine Beeinträchtigung der staatlichen Sicherheitsinteressen, die bereits eingetreten oder zu besorgen ist, und deswegen zu einer Nichtanwendung der §§ 97 ff. GWB sowie der einschlägigen Vergabeordnung führen soll, muss demnach so schwerwiegend sein, dass demgegenüber die Bieterinteressen an einem nach den einschlägigen Vergabebestimmungen förmlich durchgeführten und mit subjektivem Rechtsschutz ausgestatteten Vergabeverfahren zurückzutreten haben.[70] Stets ist die Möglichkeit gleichwirksamer milderer Maßnahmen anstelle der gänzlichen Freistellung der Auftragsvergabe vom Vergaberecht zu prüfen.[71]

Die tatsächlichen Gründe, die es im Interesse der Sicherheit des Staates erfordern, von einer Beach- 44
tung der §§ 97 ff. GWB abzusehen, sind vom öffentlichen Auftraggeber nachvollziehbar zu dokumentieren. Für die Gründe obliegt dem öffentlichen Auftraggeber im Streitfall die Darlegungs- und im Fall einer Nichterweislichkeit die Beweislast.[72]

Bestehen nur Sicherheits- und Geheimhaltungsbelange von geringem Rang, denen in ausreichender 45
Weise durch ein nichtoffenes Verfahren oder durch ein Verhandlungsverfahren mit Vergabebekannt-

---

66 Vgl. EuGH 08.04.2008 NZBau 2008, 401, 403 sowie 02.10.2008 Rs. C-157/06 – jeweils zu Art. 2 Abs. 1 lit. b der Lieferkoordinierungsrichtlinie 93/36/EWG; siehe ausführlich zu § 100 Abs. 2 lit. d Var. 3 und 4 GWB a.F.: Hölzl in: MüKO-Kartellrecht Bd. III, § 100 GWB (a.F.) Rn. 35 ff.

67 Vgl. OLG Düsseldorf 01.08.2012 – VII-Verg 10/12 zu § 100 Abs. 2 lit. d GWB a.F. »Das Verhältnismäßigkeitsgebot ist daraus abzuleiten, dass Ausnahmen von der durch die EU-Richtlinien angestrebten erweiterten Zugänglichkeit des öffentlichen Beschaffungswesens für den Wettbewerb und von dem durch die Rechtsmittelrichtlinie garantierten Rechtsschutz nur in dem Umfang zu tolerieren sind, wie durch Sicherheitsbelange Einschränkungen tatsächlich erforderlich sind. Anderenfalls würden die Verbindlichkeit und die effektive Durchsetzung des Unionsrechts (der »effet utile«) beeinträchtigt werden.

68 So Mitteilung der Kommission Mitteilung zu Auslegungsfragen bezüglich der Anwendung des Art. 296 EGV auf die Beschaffung von Verteidigungsgütern v. 07.01.2006, KOM(2006) 779 endg. unter Ziff. 5.

69 Kokott in: Streinz, Art. 346 AEUV Rn. 4; siehe auch die vorzitierte Mitteilung der Kommission KOM(2006) 779 endg. unter Ziff. 4 sowie die (unverbindlichen) Leitfäden der EU-Kommission zur Richtlinie 2009/81/EG »Guidance Note Field of application«, Rn. 2 f. sowie »Guidance Note Security of Supply«, Rn. 53 f., abrufbar unter http://ec.europa.eu/internal_market/publicprocurement/rules/defence_procurement/index_de.htm.

70 OLG Düsseldorf 30.04.2003 »Bundeswehrlufttransport« VergabeR 2004, 371, 372 f.

71 Hölzl in: MüKo-Kartellrecht Bd. III, § 100 GWB (a.F.) Rn. 26 m.w.N.

72 OLG Düsseldorf 30.04.2003 »Bundeswehrlufttransport« VergabeR 2004, 371, 372 f., mit zustimmender Anmerkung von Hölzl.

machung entsprochen werden kann, unterliegt das gesamte Vergabeverfahren einer Nachprüfung gemäß den §§ 155 ff. GWB. Eine differenzierte Lösung – voller Rechtsschutz in einer so genannten »Vertragsanbahnungsphase« (Teilnahmewettbewerb einschließlich Auswahlentscheidung), kein Rechtsschutz hingegen in der »Beauftragungsphase«, die mit der Aufforderung zur Angebotsabgabe beginnt – hat das OLG Düsseldorf abgelehnt. Weder der Wortlaut noch der Zweck des Ausnahmetatbestandes rechtfertige oder gebiete eine derartige Differenzierung.[73]

b) Aufträge zur Beschaffung von Verteidigungsgütern (Abs. 2 Nr. 2)

46   § 107 Abs. 2 Nr. 2 übernimmt aus Gründen der Klarstellung die Ausnahme des Artikels 346 Abs. 1 lit. b AEUV gemäß Artikel 1 Abs. 3 der Richtlinien 2014/23/EU, 2014/24/EU, 2014/25/EU sowie Artikel 2 der Richtlinie 2009/81/EG in das deutsche Vergaberecht.

47   Der Ausnahmetatbestand betrifft die Beschaffung bestimmter Verteidigungsgüter (vgl. Art. 346 Abs. 1 lit. b AEUV: »Waffen, Munition und Kriegsmaterial«), soweit eine Anwendung des Vergaberechts nach Auffassung der Bundesrepublik Deutschland deren wesentliche Sicherheitsinteressen berühren würde. Im Übrigen unterliegt auch die Beschaffung im Verteidigungsbereich grundsätzlich vergaberechtlichen Bindungen. Am 21.08.2009 ist die Richtlinie 2009/81/EG über die Koordinierung der Verfahren zur Vergabe bestimmter Bau-, Liefer- und Dienstleistungsaufträge in den Bereichen Verteidigung und Sicherheit und zur Änderung der Richtlinien 2004/17/EG und 2004/18/EG (VSVR)[74] in Kraft getreten. Diese lehnt sich in weiten Teilen an die Richtlinie 2004/18/EG an, weist aber eine Reihe von Besonderheiten auf, die auf die Charakteristika der sensiblen öffentlichen Aufträge in den Bereichen Verteidigung und Sicherheit zurückzuführen sind. Zu diesen Besonderheiten gehören insbesondere eine größere Flexibilität des Auftraggebers, etwa bei der Wahl der Vergabeart, und besondere Schutzmaßnahmen zur Gewährleistung der erforderlichen Versorgungs- und Informationssicherheit. Mit dem Gesetz zur Änderung des Vergaberechts für die Bereiche Verteidigung und Sicherheit vom 07.12.2011[75] sowie der Vergabeverordnung Verteidigung und Sicherheit – VSVgV vom 12.07.2012[76] wurde die VSVR in deutsches Recht umgesetzt. Die in § 107 Abs. 2 Nr. 2 GWB geregelte Ausnahme findet keine ausdrückliche Erwähnung in der VSVR, gilt aber dennoch allgemein für alle Vergaben, da sie unmittelbar aus dem AEUV folgt. Die Bestimmung im GWB hat insoweit lediglich klarstellenden Charakter.[77]

48   Ende 2006 hat die Kommission eine Mitteilung[78] zu Auslegungsfragen bezüglich der Anwendung des Art. 296 EGV (= Art. 34b AEUV) auf die Beschaffung von Verteidigungsgütern veröffentlicht, in der sie, gestützt auf die EuGH-Rechtsprechung, die Grundsätze für die Inanspruchnahme der Ausnahmeregelung in Erinnerung ruft und erläutert, nach welchen Kriterien die Mitgliedstaaten entscheiden müssen, ob die Voraussetzungen für ihre Anwendung erfüllt sind oder nicht. Auf die in dieser Mitteilung enthaltenen Ausführungen, die für das Verständnis auch des § 107 Abs. 2 Nr. 2 GWB von grundlegender Bedeutung sind, wird vollinhaltlich verwiesen. Insbesondere stellt die Kommission ausdrücklich klar, dass die in der Liste nach Art. 296 Abs. 2 EGV aufgeführten Verteidigungsgüter nur dann vom Vergaberegime ausgenommen sind, wenn sämtliche Bedingungen des Art. 296 EGV erfüllt sind. Diese Bestimmung räume den Mitgliedstaaten anerkanntermaßen einen weiten Spielraum bei der Entscheidung ein, wie sie ihre wesentlichen Sicherheitsinteressen schützen. Andererseits sei die Ermessensfreiheit nicht grenzenlos. Vielmehr müsse der Mitgliedstaat sich auf wesentliche Sicherheitsinteressen berufen können. Andere, insbesondere industrielle und wirtschaftliche Interessen könnten für sich allein betrachtet, auch wenn sie mit der Erzeugung

---

73   OLG Düsseldorf 30.03.2005 »Neubau BND« VII-Verg. 101/04 n.v.
74   ABl. EU L 216 v. 20.08.2009, S. 76.
75   BGBl. I S. 2570.
76   BGBl. I S. 1509.
77   So die Gesetzesbegründung zu § 100 Abs. 6 Nr. 2 GWB a.F., BT-Drucks. 17/7275, S. 15.
78   KOM(2006) 779 endg. v. 07.12.2006.

von Waffen, Munition oder Kriegsmaterial im Zusammenhang stehen, die Inanspruchnahme der Ausnahmeregelung des Art. 296 Abs. 1 lit. b) EGV nicht rechtfertigen. Indirekte, nichtmilitärische Kompensationsgeschäfte zum Beispiel, die nicht speziellen Sicherheitsinteressen, sondern allgemeinen wirtschaftlichen Interessen dienen, fielen nicht unter Art. 296 EGV, auch wenn sie im Zusammenhang mit einem Beschaffungsauftrag getätigt würden, der selbst auf der Grundlage eben jenes Artikels vom Gemeinschaftsrecht ausgenommen sei. Zudem beziehe sich Art. 296 EGV nicht auf die Wahrung von Sicherheitsinteressen im Allgemeinen, sondern auf die Wahrung **wesentlicher** Sicherheitsinteressen. Die besonders nachdrückliche Wortwahl (»wesentlich«) beschränke mögliche Ausnahmen auf Beschaffungen, die von höchster Wichtigkeit für die militärischen Fähigkeiten der Mitgliedstaaten seien.

1958 hat der Rat eine Liste von Waren verabschiedet, auf die die Bestimmungen des Art. 346 Abs. 1 lit. b) AEUV (ehem. Art. 296 Abs. 1 lit. b) EGV) Anwendung finden. Diese Liste ist seit 1958 weder erneuert noch ergänzt worden und daher technologisch überholt.[79] In der Bundesrepublik Deutschland wird seit 1978 eine Interpretation dieser Liste von Rüstungsgütern gehandhabt, die auf den damaligen technologischen Kenntnissen beruht.[80] Sie ist mittlerweile ebenfalls veraltet und stellt nur eine verwaltungsinterne Anweisung dar, die Dritte nicht binden kann.[81] Nach Auffassung der Kommission stellt die Liste von 1958 keine geeignete Bezugsbasis für die Einschränkung des Anwendungsbereichs des Art. 296 EGV dar, da sie weder jemals offiziell veröffentlicht, noch aktualisiert worden sei.[82]

Insbesondere bei der Beschaffung sogenannter **Dual-Use-Güter**, die sowohl zu militärischen als auch zu zivilen Zwecken eingesetzt werden können, bedarf es einer konkreten Darlegung, aus welchen Gründen die Auftragsvergabe vom Anwendungsbereich des Vergaberechts ausgenommen ist. Aus dem Wortlaut von Art. 346 Abs. 1 lit. b AEUV ergibt sich, dass die betreffenden **Waren eigens für militärische Zwecke bestimmt** sein müssen. Daraus folgt, dass beim Erwerb von Ausrüstungsgegenständen, deren Nutzung für militärische Zwecke ungewiss ist, zwingend die Regeln für die Vergabe öffentlicher Aufträge beachtet werden müssen,[83] soweit er nicht einem anderen Ausnahmetatbestand, insbesondere § 107 Abs. 2 Nr. 1 GWB unterfällt. Die Natur der in der Liste von 1958 aufgeführten Waren sowie der ausdrückliche Hinweis in Art. 296 EGV bzw. Art. 346 AEUV auf »eigens für militärische Zwecke« bestätigen, dass Art. 296 Abs. 1 lit. b) EGV bzw. nunmehr Art. 346 Abs. 1 lit. b) AEUV die Nichtanwendung der Gemeinschaftsregeln lediglich für die Beschaffung von Ausrüstungsgegenständen gestattet, die speziell zu militärischen Zwecken konzipiert, entwickelt und hergestellt werden.[84] Der EuGH hat seine in der Rechtssache »Augusta-Hubschrauber«[85] getroffenen Aussagen zum Anwendungsbereich des Art. 296 Abs. 1 lit. b) EGV bzw. Art 346 Abs. 1 lit. b) AEUV in der Rechtssache »InsTiimi«,[86] welche die Beschaffung von Drehtischen zur Durchführung elektromagnetischer Messungen betrifft, bestätigt und weiter konkretisiert: Bezüglich der Beschaffung eines Gegenstandes, der auf jeden Fall für zivile Zwecke gedacht ist und gegebenenfalls militärischen Zwecken dienen kann, ist eine

49

---

79 Vgl. Kokott in: Streinz, Art. 346 AEUV Rn. 7; Hailbronner in: Byok/Jaeger § 100 GWB (a.F.) Rn. 156 m.w.N.; Prieß Handbuch des europäischen Vergaberechts S. 543.

80 Die Liste ist u.a. in der Kommentierung von Diehr in: Reidt/Stickler/Glahs, § 100 GWB (a.F.) Rn. 50 und Dippel in: Dippel/Sterner/Zeiss, § 100 GWB (a.F.) Rn. 38 abgedruckt. Siehe auch § 104 Rdn. 28.

81 VK Bund 28.08.2000 VK 1–21/00.

82 KOM(2004) 608 endg., 8.

83 EuGH 08.04.2008 »Augusta-Hubschrauber« NZBau 2008, 401, 403 sowie 02.10.2008 Rs. C-157/06; siehe hierzu Prieß/Hölzl NZBau 2008, 563, 565. Das Tatbestandsmerkmal »eigens militärischer Verwendungszweck« eröffne Fehlinterpretationen und den Missbrauch der Vorschrift; Kokott in: Streinz, Art. 346 AEUV Rn. 8 m.w.N.

84 So KOM(2006) 779 endg. unter Ziff. 3; siehe auch EuGH 07.06.2012 »InsTiimi«, VergabeR 2012, 711, 714; Hölzl in: MüKo-Kartellrecht Bd. III, § 100 GWB (a.F.) Rn. 64 f.

85 EuGH 08.04.2008 NZBau 2008, 401.

86 EuGH 07.06.2012 VergabeR 2012, 711.

Berufung auf Art. 346 Abs. 1 lit. b) AEUV nicht möglich. Gleiches gilt für die Beschaffung solcher Produkte, die zwar einer der in der Liste des Rates von 1958 aufgeführten Kategorien unterfallen, für die es aber weitgehend gleichartige technische Nutzanwendungen für zivile Zwecke gibt und der Auftraggeber nur eine militärische Verwendung beabsichtig. Bei Vorliegen gleichartiger, für zivile Zwecke gedachter Gegenstände kann ein Produkt nur dann i.S.v. Art. 346 Abs. 1 lit. b) AEUV als »eigens für militärische Zwecke bestimmt« betrachtet werden, wenn es aufgrund seiner Eigenschaften – auch infolge substantieller Veränderungen – als speziell für militärische Zwecke konzipiert und entwickelt angesehen werden kann.

50   Um sich auf den Ausnahmetatbestand des § 107 Abs. 2 Nr. 2 GWB berufen zu können, muss der Auftraggeber nicht nur im Streitfall darlegen und nachweisen können, dass die auftragsgegenständliche Beschaffung dem Anwendungsbereich des Art. 346 Abs. 1 lit. b) AEUV unterfällt. Er muss außerdem nachweisen, dass eine Inanspruchnahme des Ausnahmetatbestands erforderlich ist, um seine wesentlichen Sicherheitsinteressen zu wahren, bzw. dass dem Bedürfnis, diese wesentlichen Sicherheitsinteressen zu wahren, nicht auch im Rahmen eines Vergabeverfahrens ausreichend Genüge getan werden könnte.[87]

51   Auch bei Vorliegen eines Ausnahmetatbestandes i.S.d. § 107 Abs. 2 Nr. 2 GWB ist die Auftragsvergabe insoweit einer Nachprüfung nach den §§ 155 ff. GWB zugängig, als im Rahmen der Zulässigkeit geprüft wird, ob es sich tatsächlich um eine Vergabe handelt, deren Gegenstand nach Maßgabe des Art. 346 Abs. 1 lit. b) AEUV von § 107 Abs. 2 Nr. 2 GWB erfasst ist.[88]

52   In einem Beschl. v. 31.01.2005 hat das Verwaltungsgericht Koblenz entschieden, dass in Bezug auf den Erwerb von Lenkwaffen durch das Bundesamt für Wehrtechnik von einer hoheitlichen Beschaffungsentscheidung auszugehen sei, die der verwaltungsgerichtlichen Überprüfung unterfalle.[89] Das OVG Koblenz hat die Rechtsauffassung des VG Koblenz bestätigt.[90] Nach Vergleich und übereinstimmender Erledigungserklärung durch die Parteien hat das Verwaltungsgericht Koblenz mit Beschl. v. 13.07.2005 die beiden ursprünglichen Gerichtsbeschlüsse allerdings für wirkungslos erklärt. Das BVerwG hat entschieden, dass öffentliche Auftragsvergaben grundsätzlich privatrechtlich zu qualifizieren sind.[91] Danach ist auch für Vergabestreitigkeiten bei Rüstungsgeschäften der Zivilrechtsweg eröffnet.[92]

---

87   Vgl. EuGH 07.06.2012 »InsTiimi«, VergabeR 2012, 711, 715 m.w.N.

88   Vgl. dazu etwa VK Bund 28.08.2000 VK 1–21/00 n.v. zur Beschaffung von Flugplatzrundsichtradargeräten.

89   VG Koblenz 31.05.2005 NZBau 2005, 412.

90   OVG Koblenz 25.05.2005 »Lenkwaffen« NZBau 2005, 411; vgl. hierzu die kritischen Anmerkungen von Ruthig NZBau 2005, 497 ff.; kritisch auch VG Leipzig 06.09.2005 »Verkehrszeichen« VergabeR 2005, 758 mit Anmerkung von Marx, sowie Gröning ZWeR 2005, 276 ff.; zustimmend hingegen Prieß/Hölzl NZBau 2005, 367 f.

91   BVerwG 02.05.2007 VergabeR 2007, 337.

92   Dreher in: Immenga/Mestmäcker § 100 GWB (a.F.) Rn. 84; Herrmann/Polster NVwZ 2010, 341, 345; vgl. auch Willenbruch in: Willenbruch/Wieddekind § 100 GWB (a.F.) Rn. 10 sowie umfassend Rener/Rubach-Larsen/Sterner NZBau 2007, 407, 414 f.; a.A. Hölzl in: MüKo-Kartellrecht Bd. III, § 100 GWB (a.F.) Rn. 72, wonach die Entscheidung des BVerwG, der Eröffnung des Verwaltungsrechtsweges für Rüstungsvergaben nicht entgegenstehe.

§ 108 Ausnahmen bei öffentlich-öffentlicher Zusammenarbeit

(1) Dieser Teil ist nicht anzuwenden auf die Vergabe von öffentlichen Aufträgen, die von einem öffentlichen Auftraggeber im Sinne des § 99 Nummer 1 bis 3 an eine juristische Person des öffentlichen oder privaten Rechts vergeben werden, wenn

1. der öffentliche Auftraggeber über die juristische Person eine ähnliche Kontrolle wie über seine eigenen Dienststellen ausübt,
2. mehr als 80 Prozent der Tätigkeiten der juristischen Person der Ausführung von Aufgaben dienen, mit denen sie von dem öffentlichen Auftraggeber oder von einer anderen juristischen Person, die von diesem kontrolliert wird, betraut wurde, und
3. an der juristischen Person keine direkte private Kapitalbeteiligung besteht, mit Ausnahme nicht beherrschender Formen der privaten Kapitalbeteiligung und Formen der privaten Kapitalbeteiligung ohne Sperrminorität, die durch gesetzliche Bestimmungen vorgeschrieben sind und die keinen maßgeblichen Einfluss auf die kontrollierte juristische Person vermitteln.

(2) Die Ausübung einer Kontrolle im Sinne von Absatz 1 Nummer 1 wird vermutet, wenn der öffentliche Auftraggeber einen ausschlaggebenden Einfluss auf die strategischen Ziele und die wesentlichen Entscheidungen der juristischen Person ausübt. Die Kontrolle kann auch durch eine andere juristische Person ausgeübt werden, die von dem öffentlichen Auftraggeber auf gleiche Weise kontrolliert wird.

(3) Absatz 1 gilt auch für die Vergabe öffentlicher Aufträge, die von einer kontrollierten juristischen Person, die zugleich öffentlicher Auftraggeber im Sinne des § 99 Nummer 1 bis 3 ist, an den kontrollierenden öffentlichen Auftraggeber oder an eine von diesem öffentlichen Auftraggeber kontrollierte andere juristische Person vergeben werden. Voraussetzung ist, dass keine direkte private Kapitalbeteiligung an der juristischen Person besteht, die den öffentlichen Auftrag erhalten soll. Absatz 1 Nummer 3 zweiter Halbsatz gilt entsprechend.

(4) Dieser Teil ist nicht anzuwenden auf die Vergabe von öffentlichen Aufträgen, bei denen der öffentliche Auftraggeber im Sinne des § 99 Nummer 1 bis 3 über eine juristische Person des privaten oder öffentlichen Rechts zwar keine Kontrolle im Sinne des Absatzes 1 Nummer 1 ausübt, aber

1. der öffentliche Auftraggeber gemeinsam mit anderen öffentlichen Auftraggebern über die juristische Person eine ähnliche Kontrolle ausübt wie jeder der öffentlichen Auftraggeber über seine eigenen Dienststellen,
2. mehr als 80 Prozent der Tätigkeiten der juristischen Person der Ausführung von Aufgaben dienen, mit denen sie von den öffentlichen Auftraggebern oder von einer anderen juristischen Person, die von diesen Auftraggebern kontrolliert wird, betraut wurde, und
3. an der juristischen Person keine direkte private Kapitalbeteiligung besteht; Absatz 1 Nummer 3 zweiter Halbsatz gilt entsprechend.

(5) Eine gemeinsame Kontrolle im Sinne von Absatz 4 Nummer 1 besteht, wenn
1. sich die beschlussfassenden Organe der juristischen Person aus Vertretern sämtlicher teilnehmender öffentlicher Auftraggeber zusammensetzen; ein einzelner Vertreter kann mehrere oder alle teilnehmenden öffentlichen Auftraggeber vertreten,
2. die öffentlichen Auftraggeber gemeinsam einen ausschlaggebenden Einfluss auf die strategischen Ziele und die wesentlichen Entscheidungen der juristischen Person ausüben können und
3. die juristische Person keine Interessen verfolgt, die den Interessen der öffentlichen Auftraggeber zuwiderlaufen.

(6) Dieser Teil ist ferner nicht anzuwenden auf Verträge, die zwischen zwei oder mehreren öffentlichen Auftraggebern im Sinne des § 99 Nummer 1 bis 3 geschlossen werden, wenn

1. der Vertrag eine Zusammenarbeit zwischen den beteiligten öffentlichen Auftraggebern begründet oder erfüllt, um sicherzustellen, dass die von ihnen zu erbringenden öffentlichen Dienstleistungen im Hinblick auf die Erreichung gemeinsamer Ziele ausgeführt werden,

2. die Durchführung der Zusammenarbeit nach Nummer 1 ausschließlich durch Überlegungen im Zusammenhang mit dem öffentlichen Interesse bestimmt wird und

3. die öffentlichen Auftraggeber auf dem Markt weniger als 20 Prozent der Tätigkeiten erbringen, die durch die Zusammenarbeit nach Nummer 1 erfasst sind.

(7) Zur Bestimmung des prozentualen Anteils nach Absatz 1 Nummer 2, Absatz 4 Nummer 2 und Absatz 6 Nummer 3 wird der durchschnittliche Gesamtumsatz der letzten drei Jahre vor Vergabe des öffentlichen Auftrags oder ein anderer geeigneter tätigkeitsgestützter Wert herangezogen. Ein geeigneter tätigkeitsgestützter Wert sind zum Beispiel die Kosten, die der juristischen Person oder dem öffentlichen Auftraggeber in dieser Zeit in Bezug auf Liefer-, Bau- und Dienstleistungen entstanden sind. Liegen für die letzten drei Jahre keine Angaben über den Umsatz oder einen geeigneten alternativen tätigkeitsgestützten Wert wie zum Beispiel Kosten vor oder sind sie nicht aussagekräftig, genügt es, wenn der tätigkeitsgestützte Wert insbesondere durch Prognosen über die Geschäftsentwicklung glaubhaft gemacht wird.

(8) Die Absätze 1 bis 7 gelten entsprechend für Sektorenauftraggeber im Sinne des § 100 Absatz 1 Nummer 1 hinsichtlich der Vergabe von öffentlichen Aufträgen sowie für Konzessionsgeber im Sinne des § 101 Absatz 1 Nummer 1 und 2 hinsichtlich der Vergabe von Konzessionen.

A. Ausnahmen bei öffentlich-öffentlicher Zusammenarbeit erstmals kodifiziert

I. Gesetzliche Klarstellung

1. Grundvoraussetzungen für eine Nichtanwendung des Vergaberechts

Mit § 108 GWB werden zum ersten Mal die Voraussetzungen der Ausnahmen vom Vergaberecht **1** bei **öffentlich-öffentlicher Zusammenarbeit** kodifiziert. In acht Absätzen des § 108 GWB werden verschiedene Fallkonstellationen und Vorgaben genannt, bei denen von öffentlichen Auftraggebern vergebene öffentliche Aufträge von der Anwendung des Vierten Teils des GWB ausgenommen sind. Obwohl § 108 GWB nur für die Vergabe von öffentlichen Aufträgen und Konzessionen **oberhalb der EU-Schwellenwerte** gilt (s. § 106 Abs. 1 GWB) sind die in der Norm zum Tragen kommenden allgemein-rechtlichen Vorgaben auch auf Auftragsvergaben **unterhalb der EU-Schwellenwerte** anwendbar. Bislang ergaben sich die Voraussetzungen für eine Nichtanwendung des Vergaberechts bei öffentlich-öffentlicher Zusammenarbeit aus den maßgeblich von der **Rechtsprechung des EuGH** entwickelten Grundsätzen. Dabei kann und konnte vor allem die Rechtsprechung des

EuGH zu den **In-House-Geschäften**, die ihren Ursprung in der »**Teckal**«-**Entscheidung** aus dem Jahr 1999 hatte[1] und die später durch den EuGH immer mehr verfeinert wurde, als durchaus ausgefeilt gelten.[2] Vor diesem Hintergrund dürfte die in den Erwägungsgründen der EU-Vergaberichtlinie[3] zur Begründung einer Kodifizierung herangezogene »**erhebliche Rechtsunsicherheit**« nicht für jeden ersichtlich sein.[4] Dennoch ist für die Zukunft § 108 GWB, mit dem Art. 12 der Richtlinie 2014/24/EU[5] über die öffentliche Auftragsvergabe umgesetzt wurde (s. auch: Art 17 der Richtlinie 2014/23/EU über die Konzessionsvergabe und Art. 28 der Richtlinie 2014/25/EU über die Sektorenvergabe) der Maßstab für die Bewertung der Zulässigkeit von **Ausnahmen vom Vergaberecht** bei öffentlich-öffentlicher Zusammenarbeit.

2   Neben den in § 108 GWB kodifizierten Ausnahmen vom Vergaberecht bei öffentlich-öffentlicher Zusammenarbeit trotz grundsätzlichen Vorliegens »öffentlicher Aufträge« liegt nach der **weitergehenden Ausnahme** des Art. 1 Abs. 6 der RL 2014/24/EU **von vornherein** erst gar **kein öffentlicher Auftrag** vor. Hintergrund dieser Bestimmung ist, dass die Mitgliedstaaten durch die Richtlinien gerade nicht zur Erbringung von Dienstleistungen nach außen verpflichtet werden, wenn sie die Erbringung durch **andere Mittel als öffentliche Aufträge** im Sinne dieser Richtlinie organisieren möchten. Nach Art. 1 Abs. 6 der RL 2014/24/EU (Anmerkung: Hervorhebungen in den folgenden Rechtstexten wurden jeweils durch den Verfasser vorgenommen):

3   *»werden Vereinbarungen, Beschlüsse oder andere Rechtsinstrumente, die die Übertragung von Befugnissen oder Zuständigkeiten für die Ausführung öffentlicher Aufgaben zwischen öffentlichen Auftraggebern oder Gruppen von öffentlichen Auftraggebern regeln und die keine Vergütung für vertragliche Leistungen vorsehen, als **Angelegenheit der internen Organisation** des betreffenden Mitgliedstaates betrachtet und als solche nicht von dieser Richtlinie berührt«.*[6]

4   Dieser von vornherein gegebene **Ausschluss vom Anwendungsbereich des Vergaberechts** beinhaltet im Grundsatz eine Selbstverständlichkeit. Die Ausnahme betrifft alle Vereinbarungen, Beschlüsse oder andere Rechtsinstrumente, mit denen die Übertragung von Zuständigkeiten für die Ausführung öffentlicher Aufgaben zwischen öffentlichen Auftraggebern geregelt wird. Damit werden insbesondere auch die unter den Begriff der »Amtshilfe« fallenden Übertragungen von Zuständigkeiten zwischen öffentlichen Auftraggebern erfasst und nicht zu den öffentlichen Aufträgen gerechnet. Nach der EU-Vergaberichtlinie[7] kann ein genereller Ausschluss vom Anwendungsbereich des Vergaberechts

5   *»z.B. bei bestimmten administrativen und staatlichen Dienstleistungen wie Exekutiv- und Legislativdienstleistungen der Fall sein oder bei der Erbringung bestimmter Dienstleistungen für die All-*

---

1 EuGH Urt. v. 18.11.1999 NZBau 2000, 90 f. »Teckal«; s. zur Gesamtthematik der öffentlich-öffentlichen Zusammenarbeit: Bergmann Die Vergabe öffentlicher Aufträge und das In-House-Geschäft Dissertation Hamburg 2005; Brockhoff Öffentlich-öffentliche Zusammenarbeit nach den neuen Vergaberichtlinien VergabeR 2014, 625 ff.; Döbling Verwaltungskooperationen und Vergaberecht Nomos Verlag 2010; Gruneberg/Frank Interkommunale Zusammenarbeit im aktuellen Vergaberecht Teil 1 und 2 AbfallR 2016, 12 ff. sowie 77 ff.; Hahn Vergaberecht als Störfaktor der kommunalen Zusammenarbeit? Carl-Heymanns Verlag 2007; Hattig/Ruhland Kooperation der Kommunen mit öffentlichen und privaten Partnern und ihr Verhältnis zum Vergaberecht VergabeR 2005, 425 ff.; Hertwig Die Abgrenzung öffentlich-öffentlicher Partnerschaften von bloßen Auftragsverhältnissen NZBau 2013, 278 ff.; Hofmann Inhouse-Geschäfte nach dem neuen GWB VergabeR 2016, 189 ff.; Klein Kommunale Kooperationen und Vergaberecht VergabeR 2013, 328 ff.; Ruhland Öffentlich-öffentliche Partnerschaften aus der Perspektive des Vergaberechts Erscheinungsjahr 2010; Wittek Das In-House-Geschäft im EG-Vergaberecht Dissertation Frankfurt 2004.
2 Ziekow In-House-Geschäfte und öffentlich-öffentliche Kooperationen: Neues vom europäischen Vergaberecht? NZBau 2015, 258 ff.
3 Richtlinie (RL) 2014/24/EU v. 26.02.2014 ErwG 31.
4 RL 2014/24/EU v. 26.02.2014 über die öffentliche Auftragsvergabe ABl. 2014 L 94/65 Erwägungsgrund 31; Ziekow NZBau 2015, 258 ff.
5 Zur Entstehungsgeschichte Schwab/Giesemann VergabeR 2014, 351, 352 ff.
6 S. ergänzend auch den Erwägungsgrund 5 der RL 2014/24/EU.
7 Erwägungsgrund 5 der RL 2014/24/EU.

gemeinheit, wie Dienstleistungen im Bereich der auswärtigen Angelegenheiten oder der Justiz oder Dienstleistungen der gesetzlichen Sozialversicherung«.

Entscheidendes Merkmal ist, dass es sich bei dieser reinen Übertragung öffentlicher Aufgaben, bei **6** denen keine Vergütung für die vertraglichen Leistungen vorgesehen ist, erst gar **nicht um einen beschaffungsrelevanten öffentlichen Auftrag** handelt, sondern diese Handlung als Angelegenheit der **»internen Organisation«** des jeweiligen Mitgliedstaats betrachtet wird. Über die Fälle der Rechts- und Amtshilfe hinaus[8] erfasst Art. 1 Abs. 6 RL 2014/24/EU alle unentgeltlichen Übertragungen öffentlicher Aufgaben, insbesondere innerhalb von Kommunen, der Länder oder des Bundes sowie auch zwischen den Ländern und den Kommunen oder zwischen dem Bund und den Ländern.

Hintergrund für die in § 108 GWB normierte und schon wegen des **entgeltlichen Vertragscharak-** **7** **ters** (s. § 103 Abs. 1 GWB) im Vergleich zu Art. 1 Abs. 6 RL 2014/24/EU anders geartete Ausnahme vom Vergaberecht bei öffentlich-öffentlicher Zusammenarbeit ist, dass die Mitgliedstaaten durch das EU-Vergaberecht insgesamt in keiner Weise verpflichtet werden, die Erbringung von Leistungen an Dritte oder nach außen zu vergeben, wenn sie diese Leistungen selbst und damit auch im Wege der öffentlich-öffentlichen Zusammenarbeit erbringen möchten.[9] Das Vergaberecht ist mithin dann nicht relevant, wenn sich Beschaffungsvorgänge im **Binnenbereich** von Hoheitsträgern vollziehen und damit der externe Markt und private Unternehmen erst gar nicht tangiert sind. Daher ist es durchaus gerechtfertigt, in diesem Fall von einem **»Grundsatz der Ausschreibungsfreiheit der Eigenerledigung«** auszugehen.[10] Über Art. 1 Abs. 6 RL 2014/24/EU hinaus stellt § 108 GWB damit auch die **entgeltliche** öffentlich-öffentliche Zusammenarbeit und damit auch die **»Eigenerledigung«** mit Unterstützung anderer juristischen Personen oder öffentlicher Auftraggeber unter bestimmten Voraussetzungen selbst dann vom Vergaberecht frei, wenn im Grundsatz ein **öffentlicher Auftrag** vorliegt. Dabei ist der Umstand, dass beide Parteien einer Vereinbarung selbst öffentliche Auftraggeber sind und daher etwa Kooperationsvereinbarungen allein zwischen Einrichtungen des öffentlichen Rechts abgeschlossen werden, für sich genommen noch nicht ausreichend, um die Anwendung des Vergaberechts auszuschließen. So hatte schon die EU-Kommission ein später nach der Auflösung des Vertrages zwischen den beteiligten Vertragsparteien von ihr im Juli 2005 dann eingestelltes Verfahren gegen die Bundesrepublik Deutschland eingeleitet. Hintergrund war die ohne ein Ausschreibungsverfahren erfolgte Übertragung der Dienstleistung der Ableitung von Abwasser von der **Gemeinde Hinte** (Niedersachsen) auf den Oldenburgisch-Ostfriesischen Wasserverband (OOWV), dem die Gemeinde beigetreten war.[11] Entscheidend war aber, dass der EuGH die Grundsätze der »Teckal-Entscheidung«, wonach der Vertrag zwischen einer Gebietskörperschaft und einer rechtlich von dieser verschiedenen Person grundsätzlich dem Vergaberecht unterliegt, in seiner grundlegenden **»Spanien-Entscheidung«** vom 13.01.2005 auf **öffentliche Vereinbarungen zwischen Verwaltungen** übertragen hat. **Unzulässig** ist nach dieser EuGH-Entscheidung eine Regelung, wonach Beziehungen, gleich welcher Art, zwischen den öffentlichen Verwaltungen und ihren öffentlichen Einrichtungen von vornherein vom Anwendungsbereich des EU-Vergaberechts ausgeschlossen werden.[12] Insoweit bestimmt auch Art. 2 Abs. 1 Nr. 10 RL 2014/24/EU, dass u. a.

»Wirtschaftsteilnehmer« eine natürliche oder juristische Person oder öffentliche Einrichtung oder **8** *eine Gruppe solcher Personen und/oder Einrichtungen bezeichnet, einschließlich jedes vorübergehen-*

---

8 S. Art. 35 GG sowie §§ 4 ff. VwVfG.

9 Erwägungsgrund 5 der Richtlinie 2014/24/EU; s. zu den Gründen kommunaler Zusammenarbeit, den Bereichen und Rechtsformen: Hahn (Fn. 1) 1. Teil § 2 S. 14 ff.

10 König in: Gabriel/Krohn/Neun Handbuch des Vergaberechts 1. Aufl. 2014 Kapitel 1 § 6 Rn. 3; Ziekow in: Ziekow/Völlink § 99 GWB Rn. 94.

11 EU-Vertragsverletzungsverfahren »Gemeinde Hinte« (IP/0544).

12 EuGH Urt. v. 13.01.2005, Vergaberecht 2005, 176 ff. »Spanien« mit Anm. Müller-Wrede/Greb; OLG Düsseldorf Beschl. v. 07.08.2013; Eschenbruch in: Kulartz/Kus/Portz Kommentar zum Vergaberecht 3. Aufl. 2014 § 99 GWB Rn. 367.

den Zusammenschlusses von Unternehmen, die bzw. der auf dem Markt die Ausführungen von Bauleistungen, die Errichtung von Bauwerken, die Lieferung von Waren bzw. die Errichtung von Waren anbietet«.

9   Folglich können auch **öffentliche Einrichtungen** Wirtschaftsteilnehmer und damit Bieter und Bewerber im Vergabewettbewerb sein, unabhängig davon, ob sie in öffentlich-rechtlicher Form oder aber in privatrechtlicher Form auftreten. Dies hat die **Große Kammer des EuGH** am 06. Oktober 2015 nochmals für ein Vergabeverfahren, bei dem sich eine öffentliche Einrichtung an einer Ausschreibung für die Vergabe von Leistungen im Gesundheitsbereich und konkret der **Kernspintomografie** mit einem Angebot beteiligte, ausdrücklich bestätigt.[13] Ebenso hatte der EuGH dies zuvor für eine **öffentliche Krankenhauseinrichtung** als Beteiligte an einem Vergabeverfahren festgestellt, aber zugleich hier darauf hingewiesen, dass bei der Antwort auf die Frage, ob das Angebot in diesem Fall ungewöhnlich niedrig ist, eine öffentliche Finanzierung zu berücksichtigen und zu prüfen ist.[14]

2. Gemeindewirtschaftsrecht als Spannungsfeld

10   Bei der Betätigung von öffentlichen Einrichtungen im Vergabewettbewerb sind aber grundsätzlich die Schranken über die »**Zulässigkeit wirtschaftlicher Betätigung**«, speziell von Städten und Gemeinden nach den jeweiligen Gemeindeordnungen der Bundesländer, zu beachten. Dort sind die Vorgaben für eine zulässige wirtschaftliche Betätigung, insbesondere die **öffentliche Zweckerfüllung**, die **Angemessenheit**, das **Subsidiaritätsprinzip** im Verhältnis zur Tätigkeit privater Dritter sowie auch die grundsätzliche Geltung des **Örtlichkeitsprinzips** geregelt. So bestimmt etwa § 107 Abs. 1 der Gemeindeordnung NRW (Anm.: Ähnliche oder gleichlautende Bestimmungen gibt es in den Gemeindeordnungen der anderen Bundesländer), dass sich

11   *»die Gemeinde zur Erfüllung ihrer Aufgaben wirtschaftlich betätigen darf, wenn*
  1. ein öffentlicher Zweck die Betätigung erfordert,
  2. die Betätigung nach Art und Umfang in einem angemessenen Verhältnis zur der Leistungsfähigkeit der Gemeinde steht und
  3. bei einem Tätigwerden außerhalb der Energieversorgung, der Wasserversorgung, des öffentlichen Verkehrs sowie des Betriebes von Telekommunikationsleitungsnetzen einschließlich der Telefondienstleistungen der öffentliche Zweck durch andere Unternehmen nicht besser und wirtschaftlicher erfüllt werden kann.«

12   In § 107 Abs. 2 GO NRW werden dann die Fälle aufgeführt, die **nicht als wirtschaftliche Betätigung** gelten und wo daher eine zulässige Aufgabenwahrnehmung von Kommunen ohne weiteres möglich ist. Hierzu gehören neben den Einrichtungen, zu denen die Gemeinde gesetzlich verpflichtet ist insbesondere öffentliche Einrichtungen, die für die soziale und kulturelle Betreuung der Einwohner erforderlich sind sowie auch Einrichtungen des Umweltschutzes, insbesondere der **Abfallentsorgung**, der **Abwasserbeseitigung** sowie der **Fremdenverkehrsförderung** oder der **Wohnraumversorgung**. § 107 Abs. 3 GO NRW bestimmt ergänzend, dass die wirtschaftliche Betätigung **außerhalb des Gemeindegebiets** nur zulässig ist, wenn die Voraussetzungen des Abs. 1 vorliegen und die **berechtigten Interessen** der betroffenen kommunalen Gebietskörperschaften gewahrt sind. Bei einer **Verletzung** der gemeindewirtschaftsrechtlichen Vorgaben wird in der Rechtsprechung zum Teil vertreten[15], dass sowohl vom öffentlichen Auftraggeber als auch im Vergabenachprüfungsverfahren zu prüfen ist, ob die Beteiligung eines (öffentlichen) Bieters die Schranken der wirtschaftlichen Tätigkeit nach der Gemeindeordnung verletzt. Diese durchaus umstrittene und auch vom

---

13   EuGH Urt. v. 06.10.2015 – C-203/14 EuZW 2015, 908 ff. Rn. 33–36 »Consorci Sanitari del Maresme/ Corporacio de Salut del Maresme i la Selva« mit Anm. Knauff.
14   EuGH Urt. v. 18.12.2014 – C-568/13 – »Universitaria di Careggi« VergabeR 2015, 158 ff.; hierzu Hübner VergabeR 2015, 154 ff.
15   OLG Düsseldorf NVwZ 2000, 714 ff. »Awista«; NZBau 2002, 626 ff. »DAR«; dagegen offengelassen vom OLG Celle Beschl. v. 09.04.2009 – 13 Verg 7/08 VergabeR 2009, 609 ff. mit Anm. v. Meißner.

überwiegenden Schrifttum abgelehnte Spruchpraxis[16] wird mit dem das Vergabeverfahren bestimmenden **Wettbewerbsgrundsatz des § 97 Abs. 1 S. 1 GWB** begründet. Hiernach wäre es eine gegen das Vergaberecht verstoßende **Wettbewerbsverzerrung**, wenn ein Unternehmen der öffentlichen Hand trotz gesetzlichen Verbots (Marktzutrittsverbot) eine für den Wettbewerb relevante Tätigkeit auf einen bestimmten Markt gar nicht aufnehmen darf, dies aber dennoch unternimmt und darin vom öffentlichen Auftraggeber durch die Auftragsvergabe auch noch unterstützt wird. Insoweit ist aber kritisch zu hinterfragen, ob die EU-vergaberechtliche Regel über die Ausnahmen vom Vergaberecht bei öffentlich-öffentlicher Zusammenarbeit 1:1 an die im Übrigen sehr unterschiedlich ausgeformten Normen der jeweiligen Gemeindeordnungen der deutschen Bundesländer anknüpfen kann. So meint etwa das OVG Münster, die Frage einer zulässigen wirtschaftlichen Betätigung habe sich auf **offenkundige Rechtsverstöße** zu beschränken.[17] Mit der generellen Zulassung von **öffentlichen Einrichtungen** als **Wirtschaftsteilnehmer** nach Art. 2 Nr. 10 der Richtlinie 2014/24/EU bringt das EU-Vergaberecht gerade zum Ausdruck, dass eine Erweiterung des Bieterkreises gewollt ist. Jedenfalls scheint zumindest eine nahtlose Übertragung dergestalt, dass jeglicher Verstoß gegen die wirtschaftliche Betätigung von Kommunen nach den jeweiligen Gemeindeordnungen der Bundesländer automatisch auch einen Verstoß gegen das vergaberechtliche Grundprinzip des § 97 Abs. 1 GWB beinhaltet, zu weit. Daher kann aus einer Verletzung des § 107 Abs. 1 Nr. 2 GO NRW, wonach die Betätigung einer Gemeinde nach Art und Umfang in einem

> *»angemessenen Verhältnis zu der Leistungsfähigkeit der Gemeinde stehen muss«* 13

nicht zwingend auf einen **drittschützenden Verstoß** gegen das **Wettbewerbsgebot** des § 97 Abs. 1 14
GWB und gegen die **drittschützende Norm des § 97 Abs. 6 GWB**, nach der Unternehmen Anspruch auf Einhaltung der Bestimmungen des Vergabeverfahrens haben, geschlossen werden. Das Gleiche muss grundsätzlich auch bei einem Verstoß gegen die sogenannte **Subsidiaritätsklausel**, etwa des § 107 Abs. 1 Nr. 3 GO NRW, gelten. Denn dieses Prinzip einer Begrenzung der wirtschaftlichen Betätigung von Gemeinden bzw. ihrer kommunalen Unternehmen auf in der Regel die Fälle,

> *»bei denen der öffentliche Zweck durch andere Unternehmen **nicht besser und wirtschaftlicher** 15
> erfüllt werden kann«*

steht einer grundsätzlich umfassenden Betätigung öffentlicher Einrichtungen als Wirtschaftsteil- 16
nehmer nach Art. 2 Abs. 1 Nr. 10 der Richtlinie 2014/24/EU entgegen. Dies gilt erst Recht, weil gerade die **Subsidiaritätsklauseln** – je nach der politischen Regierungsmehrheit in den einzelnen Bundesländern – einer **ständigen Veränderung** unterworfen sind und sich in der Folge auch die **vergaberechtliche Einordnung** immer wieder ändert. So hat auch die Große Kammer des EuGH unter Berufung auf die bisherige EuGH-Rechtsprechung im Urteil vom 06.10.2015 nochmals deutlich festgestellt, dass

> *»wenn und soweit bestimmte Einrichtungen berechtigt sind, Leistungen auf dem Markt gegen Ent- 17
> gelt – sei es auch nur gelegentlich – anzubieten, ihnen **die Mitgliedstaaten nicht untersagen kön-**
> **nen**, an Verfahren zur Vergabe öffentlicher Aufträge teilzunehmen, die die Erbringung eben dieser
> Leistungen betreffen.«*[18]

Daher muss sich auch die Frage eines vergaberechtlichen Wettbewerbsverstoßes vorrangig aus dem 18
europäischen Recht sowie dem **GWB** (§ 97 Abs. 1 GWB) und hier auch aus einer **Verletzung einer drittschützenden Vorschrift** (§ 97 Abs. 6 GWB) ergeben. Hier sind die Einzelfälle zu komplex, um

---

16 Ablehnend: OVG Münster Beschl. v. 01.04.2008 – Az.: 15 B 122/08 Rn. 14 ff.; s. auch BGH NJW 2003,
    586 ff. zu § 1 UWG; ablehnend auch Burgi NZBau 2003, 539, 543 f.; Ennuschat WRP 2008, 883, 887;
    Riese/Suermann LKV 2005, 289, 292.
17 OVG Münster a. a. O.
18 EuGH EuZW 2015, 908 ff., 910 Rn. 35 »Consorci Sanitari del Maresme/Corporacio de Salut del Maresme
    i la Selva« mit Anm. Knauff.

sie an dieser Stelle abschließend entscheiden zu können[19] (s. insoweit die Kommentierung zu § 97 Abs. 1 und Abs. 6 GWB). Die Antwort kann jedenfalls nicht im Sinne eines Automatismus aus den Gemeindeordnungen der Länder und den dort sehr unterschiedlich geregelten Vorgaben zur Zulässigkeit einer wirtschaftlichen Betätigung der Kommunen entnommen werden.

3. Öffentliche Zuwendungen und Vergaberechtsfreiheit nach § 108 GWB

19   Insgesamt Grundgedanke dafür, dass eine öffentlich-öffentliche Zusammenarbeit unter den Voraussetzungen des § 108 GWB nicht dem Vergaberecht unterliegt ist nicht nur eine teleologische Reduktion des **Auftragsbegriffs**;[20] vielmehr liegt die Begründung darin, dass der durch die Grundfreiheiten des AEUV vorgegebene **Gleichbehandlungsgrundsatz** als Basis des europäischen Vergaberechts[21] nicht betroffen ist, wenn eine öffentliche Stelle die Erledigung ihrer Aufgaben durch eigene Mittel organisiert. In diesem wegen seines **Ausnahmecharakters restriktiv** und **eng** auszulegenden Sachverhalts handelt es sich um keine Beziehung, die das Gleichbehandlungsgebot berührt. Mit anderen Worten ist bei den von § 108 GWB erfassten Fällen der Ausnahmen vom Vergaberecht bei öffentlich-öffentlicher Zusammenarbeit von vornherein **keine Wettbewerbsverzerrung** im Verhältnis zu privaten Wirtschaftsteilnehmern gegeben. Daher wird auch kein privater Dienstleister besser oder schlechter gestellt als seine Mitbewerber.[22] Damit verbleibt im Ergebnis jeder öffentlichen Stelle die Möglichkeit, ihre Aufgaben mit ihren eigenen administrativen, technischen und anderen Mitteln zu erfüllen und sich hierfür nicht an externe Einrichtungen wenden zu müssen.[23] Diese **allgemeinen** Grundsätze gelten nicht nur für die Vergabe öffentlicher Aufträge i. S. der Richtlinie 2014/24/EU (VRL) über die öffentliche Auftragsvergabe und der Richtlinie 2014/25/EU über die Sektorenvergabe, sondern auch für die Vergabe von Dienstleistungskonzessionen.[24] Weiter ist die öffentlich-öffentliche Zusammenarbeit sowohl in der Konstellation des In-House-Geschäfts als auch bei der horizontalen Zusammenarbeit auch dann **ausschreibungsfrei**, wenn entsprechende Maßnahmen über **Zuwendungen von dritter Seite** finanziert werden.[25] In diesem Fall wird zwar seitens des **Zuwendungsgebers** regelmäßig über die »**Allgemeinen Nebenbestimmungen für Zuwendungen**« (**ANBest**) in ihren unterschiedlichsten Ausprägungen vorgegeben, dass das Vergaberecht und insbesondere die VOB/A und die VOL/A »**bei der Vergabe von Aufträgen**« anzuwenden sind. Dabei ist aber zu beachten, dass weder bei In-House-Geschäften noch bei horizontalen Kooperationen funktional eine »Vergabe von Aufträgen« vorliegt. Vielmehr ist in diesen Fallgestaltungen nach der ausdrücklichen Bestimmung des § 108 GWB das Vergaberecht gerade »**nicht anzuwenden**«. In der Folge wird daher die zuwendungsrechtliche Ausschreibungspflicht durch die §§ 97 ff. und insbesondere § 108 GWB auf jeden Fall dann ausgeschaltet, wenn der Zuwendungsgeber in seinem Zuwendungsbescheid und den Allgemeinen Nebenbestimmungen »**die Vergabe von Aufträgen**« voraussetzt oder die »**Einhaltung der Bestimmungen des Vergaberechts**« einfordert. Insofern geht die oberste Hierarchieebene, nämlich das Gesetz mit den §§ 97 ff. GWB, der untersten Hierarchieebene, also den ANBest, vor.[26] Auch lässt sich argumentieren, dass die zuwendungsrechtliche Ausschreibungspflicht mit dem Ziel, die Grundsätze der **Wirtschaftlichkeit und Sparsamkeit** zu erfüllen und sich einen **Marktüberblick** zu verschaffen, dann keinen Sinn macht, wenn die Leistun-

---

19   Zur Gesamtthematik: Ortner Wirtschaftliche Betätigung des Staates und Vergaberecht VergabeR 2009, 850 ff.

20   So aber Krajewski/Wethkamp DVBl. 2008, 355.

21   S. Burgi NZBau 2008, 29; Huerkamp Gleichbehandlung und Transparenz als gemeinschaftsrechtliche Prinzipien der staatlichen Auftragsvergabe 2010; Ziekow NZBau 2015, 258 ff.

22   Erwägungsgrund 31 Abs. 3 RL 2014/24/EU; EuGH VergabeR 2009, 440 ff. = NZBau 2009, 54 »Coditel Brabant«; EuGH VergabeR 2009, 738 ff. = NZBau 2009, 527 »Stadtreinigung Hamburg«.

23   EuGH NZBau 2009, 54 Rn. 49 »Coditel Brabant«; EuGH NZBau 2009, 527 Rn. 45 »Stadtreinigung Hamburg«.

24   EuGH NZBau 2005, 644 ff. »Parking Brixen«; s. zu dem Urt. Jennert NZBau 2005, 623 ff.

25   Hövelberndt NZBau 2016, 9 ff.

26   Dreher NZBau 2008, 154 ff.

gen durch eine **Eigenerledigung der öffentlichen Hand** erbracht werden.[27] Dies gilt sowohl für die Eigenerledigung der öffentlichen Hand in Form der **In-House-Geschäfte** als auch durch **horizontal-öffentliche Kooperationen**.[28] Folgerichtig hat auch die Vergabekammer Münster[29] – mit Blick auf eine Dienstleistungskonzession – festgestellt, dass ein Zuwendungsempfänger nur dann die Vergaberegeln anwenden muss, wenn die diesbezüglichen Voraussetzungen vorliegen. Umgekehrt gilt aber auch, dass dann, wenn ein **Spezialgesetz** etwa die **Nichtanwendung der In-House-Kriterien** vorgibt, dieses Gesetz der Bestimmung des § 108 GWB vorgeht. So ist in **§ 46 Abs. 4 des Energiewirtschaftsgesetzes (EnWG)** bestimmt, dass Gemeinden auch dann die Nutzung **öffentlicher Verkehrswege** für die Verlegung und den Betrieb von Leitungen, die zu einem Energieversorgungsnetz der allgemeinen Versorgung im Gemeindegebiet gehören, ausschreiben müssen, wenn die Gemeinden **Eigenbetriebe** haben, die diese Leistungen erfüllen können. Diese Vorgabe hat der **Bundesgerichtshof** in zwei grundlegenden Revisionsverfahren[30] ausdrücklich bestätigt. Danach haben Gemeinden auch dann, wenn sie die Nutzung ihrer öffentlichen Verkehrswege zum Netzbetrieb ihrem **kommunalen Eigenbetrieb** übertragen wollen, das Diskriminierungsverbot des § 46 Abs. 1 EnWG zu beachten. Sie können sich daher nach dem BGH weder auf ein »Konzernprivileg« noch auf die Grundsätze des im Vergaberecht anerkannten »**In-House-Geschäfts**« berufen.

4. Inhalt und Struktur des § 108 GWB

§ 108 GWB regelt nach den Vorgaben der EU-Richtlinien **zwei Fallkonstellationen**: Zum einen 20
werden die Voraussetzungen für die Ausnahmen vom Vergaberecht bei der öffentlich-öffentlichen Zusammenarbeit auf **vertikaler Ebene (In-House-Konstellation)** normiert; zum anderen sind in § 108 GWB die Voraussetzungen für die Ausnahmen vom Vergaberecht bei einer öffentlich-öffentlichen Zusammenarbeit auf **horizontaler Ebene** (Insbesondere: Interkommunale Zusammenarbeit) geregelt. Im Einzelnen lassen sich in § 108 GWB folgende konkrete Regelungskomplexe unterscheiden:

– Abs. 1: Hier ist das **einfache vertikale In-House-Geschäft** geregelt. Bei diesem vergibt ein öffentlicher Auftraggeber an eine von ihm **kontrollierte juristische Person** einen öffentlichen Auftrag.
– Abs. 2: Hier werden die Voraussetzungen (**Vermutungsregelung**) für die Ausübung einer **Kontrolle** des öffentlichen Auftraggebers über die juristische Person normiert.
– Abs. 3: Dieser Absatz regelt das sogenannte **inverse In-House-Geschäft**, bei dem die kontrollierte juristische Person einen Auftrag an den sie kontrollierenden öffentlichen Auftraggeber vergibt, sowie auch das **horizontale In-House-Geschäft**, bei dem der Auftrag zwischen zwei von demselben Auftraggeber kontrollierten juristischen Personen vergeben wird.
– Abs. 4: Hier wird das **gemeinsam-vertikale In-House-Geschäft**, bei dem die hierfür notwendige Kontrolle über die den Auftrag ausführende juristische Person nur durch **mehrere öffentliche Auftraggeber gemeinsam** ausgeübt werden kann, normiert.
– Abs. 5: In dieser Vorschrift ist im Einzelnen definiert, unter welchen Voraussetzungen eine **gemeinsame Kontrolle** mehrerer öffentlicher Auftraggeber über die ausführende juristische Person vorliegt.
– Abs. 6: Hier sind die Voraussetzungen einer vergaberechtsfreien und auf vertraglicher Grundlage erfolgenden **horizontalen öffentlich-öffentlichen Zusammenarbeit** geregelt.
– Abs. 7: Diese Norm macht Vorgaben, wie im Einzelnen die Bestimmung des prozentualen »**80 Prozent-Werts**« und damit des »**Wesentlichkeitskriteriums**« als zweite Voraussetzung – neben der Kontrolle – eines In-House-Geschäfts erfolgt.
– Abs. 8: Hier werden die »Ausnahmen bei öffentlich-öffentlicher Zusammenarbeit« nach § 108 Abs. 1 bis 7 GWB entsprechend auch auf die Vergabe von **Sektorenauftraggebern** (§ 100 Abs. 1

---

27 Dreher a. a. O.
28 Hövelberndt NZBau 2016, 9 ff.
29 VK Münster Beschl. v. 18.03.2010 – VK 1/10 BeckRS 2012, 60895 (unter IV. 1. 1.7.).
30 BGH Urt. v. 17.12.2013 – KZR 65/12 und KZR 66/12.

Nr. 1 GWB) hinsichtlich der Vergabe von öffentlichen Aufträgen sowie auf **Konzessionsauftrag-geber** (§ 101 Abs. 1 Nr. 1 und 2 GWB) hinsichtlich der Vergabe von Konzessionen ausgedehnt.

5. Funktionaler Unternehmensbegriff

21   Die Notwendigkeit, Ausnahmen vom Vergaberecht bei öffentlich-öffentlicher Zusammenarbeit zu schaffen, ergibt sich daraus, dass **öffentliche Einrichtungen** nicht nur **Auftraggeber**, sondern als **Wirtschaftsteilnehmer** gem. Art. 2 Abs. 1 Nr. 2 RL 2014/24/EU auch **anbietende Unternehmen** oder **Bewerber** in einem Vergabewettbewerb sein können. Ob dann die öffentliche Einrichtung als Wirtschaftsteilnehmer die ausgeschriebenen Leistungen selbst ausführt oder hierfür auf **Unterauf-tragnehmer** zurückgreift, ist insoweit unerheblich.[31] Insgesamt muss es sich daher bei einem Unter-nehmen i. S. v. § 103 Abs. 1 GWB weder um ein privatrechtlich verfasstes noch gar in privater Hand befindliches Rechtssubjekt handeln.[32] Ebenso wenig kommt es darauf an, ob die betreffende Einheit Gewinnerzielung anstrebt oder unternehmerisch strukturiert oder ständig auf dem Markt tätig ist.[33] Daher muss im Ergebnis davon ausgegangen werden, dass der funktionale Begriff des **öffentlichen Auftraggebers** i.S.d. § 98 ff. GWB durch einen weiteren und **funktionalen Unterneh-mensbegriff** flankiert wird.[34]

22   In der Folge dieses funktionalen Unternehmensbegriffs kann eine öffentliche Einrichtung, die bei der Auftragsvergabe durch sie selbst als **öffentlicher Auftraggeber** einzustufen wäre, dann auch **Wirtschaftsteilnehmer, Unternehmer** und **Bieter** im Vergabewettbewerb sein, wenn sie wie ein **Pri-vater am Markt** agiert.[35] Dies gilt grundsätzlich auch dann, wenn die öffentliche Einrichtung aus **öffentlichen Mitteln finanziert** wird, wobei dann der öffentliche Auftraggeber bei der Frage, ob ein Angebot der öffentlichen Einrichtung wegen der Finanzierung **ungewöhnlich niedrig ist**, eine Prüf-pflicht hat.[36] Eine öffentliche Einrichtung, also insbesondere eine Gemeinde, unterliegt bei einem Auftreten als Bewerber oder Bieter am Markt aber weitergehend als ein rein privates Unternehmen rechtlichen Bindungen aus anderen Vorgaben, speziell des jeweiligen Gemeindewirtschaftsrechts und den dort vorgeschriebenen Schranken zur Zulässigkeit einer wirtschaftlichen Betätigung der Kommunen. Daher kann insoweit beim Verstoß gegen diese Vorgaben auch gleichzeitig ein Verstoß gegen vergaberechtliche Grundsätze, insbesondere gegen den Grundsatz des transparenten Wett-bewerbs und der Gleichbehandlung (§ 97 Abs. 1 und 2 GWB) vorliegen. Das Oberlandesgericht Düsseldorf[37] geht wegen der »Einheitlichkeit der Rechtsordnung« bei einem Verstoß gegen das Gemeindewirtschaftsrecht jedenfalls davon aus, dass auch die Grundprinzipien des Vergaberechts verletzt sind und dass derartige Verstöße mithin Gegenstand des vergaberechtlichen Nachprüfungs-verfahrens sein können.

II. Anknüpfung an die EuGH-Rechtsprechung

23   § 108 GWB knüpft in seinem Inhalt und Wortlaut sowohl für die vertikalen In-House-Geschäfte[38] als auch für die horizontale öffentlich-öffentliche Zusammenarbeit[39] an die Rechtsprechung des

---

31   EuGH Urt. v. 18.01.2007 Rs. C-220/05 VergabeR 2007,183 ff. Rn. 44 »Jean Auroux = Stadt Roanne« mit Anm. Schabel.
32   EuGH ZfBR 2010, 392 Rn. 31 »CoNISMa«.
33   EuGH a. a. O. »CoNISMa«.
34   Ziekow in: Ziekow/Völlink, § 99 GWB Rn. 91.
35   EuGH NZBau 2013, 114 Rn. 26 »Lecce«; EuGH Urt. v. 13.06.2013, Rs. C-386/11, Rn. 29 »Piepenbrock«.
36   EuGH VergabeR 2015, 158 ff. »Universitaria di Carregi«; hierzu Hübner VergabeR 2015, 154 ff.; EuGH NZBau 2001, 99, Rn. 32 »ARGE Gewässerschutz«.
37   OLG Düsseldorf VergabeR 2009, 905, 916 ff. »Schülerspezialverkehr Köln«; zu der Entscheidung Ortner VergabeR 2009, 850 ff.; siehe auch Hertwig NZBau 2009, 355 ff.
38   EuGH NZBau 2000, 90 f. Rn. 50«Teckal«; EuGH VergabeR 2005, 44 ff. »Trea Leuna = Stadt Halle« mit Anm. von Gabriel; EuGH NZBau 2005, 644 ff. »Parking Brixen«; EuGH VergabeR 2009, 882 ff. »Sea«.
39   EuGH NZBau 2009, 527 ff. »Coditel Brabant«; EuGH NZBau 2013, 114 ff. »Lecce«; EuGH NZBau 2013, 522 ff. »Piepenbrock«.

EuGH an und setzt diese in großen Teilen um. Inhaltlich über die EuGH-Rechtsprechung hinausgehende Neuregelungen enthalten § 108 Abs. 1 Nr. 2, Abs. 4 Nr. 2, Abs. 6 Nr. 3 und Abs. 7 GWB mit dem dortigen Abstellen auf die konkrete Zahl des »80 Prozent-Wesentlichkeitskriteriums«. Daneben geht § 108 Abs. 3 GWB mit seiner Regel zum sogenannten **inversen In-House-Geschäft** sowie zum **horizontalen In-House-Geschäft** über die aktuelle Rechtsprechung hinaus und beinhaltet eine neue Regelung.

B. Die Neuregelungen im Einzelnen

I. Das einfach-vertikale (»klassische«) In-House-Geschäft (§ 108 Abs. 1 GWB)

§ 108 Abs. 1 GWB setzt Art. 12 Abs. 1 der Richtlinie 2014/24/EU in nationales Recht um. Die 24
Norm regelt die **klassischen In-House-Geschäfte**. Danach ist das EU-Kartellvergaberecht nicht anzuwenden auf die **Vergabe von öffentlichen Aufträgen**, die von **einem öffentlichen Auftraggeber** nach § 99 Nr. 1 bis 3 GWB an eine – von ihm **allein kontrollierte** – juristische Person des öffentlichen oder privaten Rechts vergeben werden. Die einzelnen Voraussetzungen für diese Form des In-House-Geschäfts finden sich in § 108 Abs. 1 Nr. 1 bis 3 GWB.

1. Vorliegen eines öffentlichen Auftrags

Mit dem Begriff der »öffentlichen Aufträge« knüpft § 108 Abs. 1 GWB an dessen Definition in 25
§ 103 Abs. 1 GWB an. Danach sind

»öffentliche Aufträge entgeltliche Verträge zwischen öffentlichen Auftraggebern oder Sektorenauftrag- 26
gebern und Unternehmen über die Beschaffung von Leistungen, die die Lieferung von Waren, die
Ausführung von Bauleistungen oder die Erbringung von Dienstleistungen zum Gegenstand haben«.

Auf der Grundlage dieser Definition fällt insbesondere die **reine Zulassung von Dienstleistungs-** 27
erbringern im sozialhilferechtlichen Dreiecksverhältnis, also etwa die Zulassung von Pflegeeinrichtungen, nicht unter die »öffentlichen Aufträge«, da es insoweit an einem unmittelbaren Beschaffungsvorgang zugunsten des öffentlichen Auftraggebers fehlt. Wegen der Definition und der Abgrenzung der für § 108 GWB wesentlichen Frage der »öffentlichen Aufträge« wird insgesamt auf die Ausführungen in der Kommentierung zu § 103 Abs. 1 – 4 GWB verwiesen.

Vor dem Hintergrund der Definition der »öffentlichen Aufträge« in § 103 Abs. 1 – 4 GWB fallen 28
weiterhin bloße »**Ausgliederungen**« von Aufgaben auf eine **rechtlich unselbstständige Organisationseinheit** von vornherein nicht unter § 108 GWB und beinhalten keine öffentlich-öffentlichen Kooperationen i. S. der Vorschrift. Eine solche zum Teil als **In-House-Geschäft im engeren Sinne** bezeichnete Konstellation[40] liegt etwa bei der Übertragung einer bisher von einer Gemeinde selbst wahrgenommenen Aufgabe auf einen **kommunalen Eigenbetrieb** vor.[41] Denn bei diesem Sachverhalt handelt es sich mangels rechtlicher Selbstständigkeit des Eigenbetriebs – dieser hat nur wirtschaftlich eine Eigenständigkeit – nicht um einen von § 103 Abs. 1 GWB vorausgesetzten Vertrag, sondern um einen rein verwaltungsinternen Vorgang ohne jegliche (Binnen-)Marktrelevanz. Auch andere rein binnenorganisatorische Maßnahmen der öffentlichen Hand fallen **mangels eines Beschaffungscharakters** aus der Definition der **öffentlichen Aufträge** und damit von vornherein aus den »In-House-Sachverhalten« heraus. Folgende Organisationsmaßnahmen der öffentlichen Hand und insbesondere der Kommunen berühren daher schon gar nicht die In-House-Konstellationen:
– **Rein formelle Privatisierung (Organisationsprivatisierung):** Hierunter fällt die bloße Übertragung von öffentlichen Aufgaben auf eine privatrechtlich organisierte, aber zu 100 % im öffentlichen Eigentum stehende Gesellschaft (Eigengesellschaft). Dies betrifft im kommuna-

---

40 S. OLG Düsseldorf Beschl. v. 06.07.2011, VII-Verg 39/11 NZBau 2011, 769, 770; s. auch Bungenberg in: Loewenheim/Meessen/Riesenkampf § 99 GWB Rn. 43 sowie im Ergebnis ähnlich Dreher in: Immenga/ Mestmäcker § 99 GWB Rn. 51 ff.
41 OLG Rostock Beschl. v. 04.07.2012 – 17 Verg 3/12 juris Rn. 49.

len Bereich etwa die **Ausgründung einer 100prozentigen Eigengesellschaft** der Kommune (s. hierzu aber auch Rdn. 20 ff.), also z.B. einer städtischen Wohnungsgesellschaft oder einer Abfallentsorgungs-GmbH.[42]

– **Materielle Privatisierung (Aufgabenprivatisierung)**: Diese lässt sich dadurch charakterisieren, dass der öffentliche Auftraggeber bestimmte, bisher von ihm selbst wahrgenommenen **Aufgaben**, vollständig auf einen **privaten Dritten überträgt**. Das ist nicht nur der Fall, wenn die öffentliche Hand ihre Anteile an einer Gesellschaft veräußert und hierfür ein entsprechendes Entgelt erhält. Ein solcher und von vornherein nicht zur Anwendung des Vergaberechts führender Sachverhalt liegt auch vor, wenn z.B. eine Kommune, insbesondere aus finanziellen Gründen, sich ihrer »freiwillig« übernommenen Aufgaben entledigt, also etwa ihr kommunales Schwimmbad zur Beseitigung der Finanznot an einen privaten Dritten zum Zwecke des Weiterbetriebs veräußert. Derartige materielle Privatisierungen können im Kommunalbereich nur freiwillige Aufgaben betreffen, nicht aber kommunale Pflichtaufgaben (Bsp.: Wahrnehmung kommunaler Aufgaben im Bildungs- oder Sozialbereich).

– **Reine Gründung eines (Gemeinschafts-)Unternehmens**: Auch die bloße Gründung eines Gemeinschaftsunternehmens durch die öffentliche Hand, selbst mit einem private Partner, beinhaltet für sich alleine keinen beschaffungsrelevanten Vorgang. Anders stellt sich der Fall allerdings dann dar, wenn mit dem privaten Partner von vornherein beabsichtigt war, gemeinsam mit der Unternehmensgründung (Erste Stufe) auf einer nachfolgenden zweiten Stufe **operative Beschaffungen** zu verbinden. In diesem Fall muss der gesamte Vorgang als **ausschreibungspflichtig** angesehen werden. Dies hat der EuGH bereits in seiner Entscheidung »Mödling« herausgestellt.[43] Grund ist, dass der ganze Vorgang ein einheitliches Geschäft beinhaltet und dieser daher über die zweite Stufe der **Beschaffung** einer Leistung eine vergaberechtliche Relevanz erhält.

– **Veräußerung öffentlichen Vermögens**: Auch die bloße Veräußerung von Vermögen der öffentlichen Hand stellt keinen von § 108 Abs. 1 GWB vorausgesetzten »öffentlichen Auftrag« dar. Auch ihr fehlt es an dem hierfür erforderlichen Beschaffungsvorgang. So ist insbesondere die Veräußerung eines **kommunalen Grundstücks** an einen privaten Investor selbst dann kein öffentlicher Auftrag, wenn das konkrete Vorhaben des Investors sich in die Vorgaben der kommunalen Bauleitplanung einfügt.[44] **Eine entgeltliche Beschaffung** wird vom EuGH nur dann angenommen, wenn die vom privaten Investor erbrachte (Bau-)Leistung **dem Auftraggeber unmittelbar wirtschaftlich zugutekommt** und dieser einen **entscheidenden Einfluss** auf die Art und die Planung der (Bau-)Leistung hat (siehe auch § 103 Abs. 3 S. 2 GWB). Nach der EuGH-Rechtsprechung »Helmut Müller« ist ein unmittelbares wirtschaftliches Interesse des öffentlichen Auftraggebers danach in bestimmten Fallgruppen gegeben. Diese liegen vor, wenn vorgesehen ist, dass der Auftraggeber **Eigentümer der (Bau-)Leistung** oder des Werks wird, das Gegenstand des Auftrags ist, wenn der Auftraggeber über einen **Rechtstitel** verfügen soll, der ihm die Verfügbarkeit des (Bau-)Werks etc., das Gegenstand des Vertrags ist, im Hinblick auf seine öffentliche Zweckbestimmung sicherstellt, wenn der öffentliche Auftraggeber **wirtschaftliche Vorteile** aus der künftigen Nutzung des (Bau-)Werks ziehen kann oder aber er an der **Erstellung des Werks finanziell beteiligt** ist oder **Risiken** im Falle eines wirtschaftlichen Fehlschlagens trägt.[45]

– Selbst wenn die oben aufgezeigten Voraussetzungen für einen vergaberechtspflichtigen Vorgang nicht vorliegen, bedeutet dies nicht, dass derartige Geschäfte der öffentlichen Hand ohne die Durchführung eines transparenten Wettbewerbs vergeben werden können. Vielmehr sind bei entsprechender »**Binnenmarktrelevanz**« des Geschäfts die Primärrechtsgrundsätze des **AEUV**

---

42 Zum Gesellschaftsformwechsel ohne Beschaffungscharakter: Scharf/Dierkes VergabeR 2011, 543, 544.

43 EuGH Urt. v. 10.11.2005 VergabeR 2006, 47 ff. mit Anm. Opitz; s. auch NZBau 2005, 704 ff. »Gemeinde Mödling«; dazu Scharf/Dierkes VergabeR 2011, 543.

44 EuGH Urt. v. 25.03.2010 VergabeR 2010, 441 ff. mit Anm. Schabel; s. auch NZBau 2010, 321 ff. »Helmut Müller«.

45 EuGH Urt. v. 25.03.2010 VergabeR 2010, 441 ff. = NZBau 2010, 321 ff. »Helmut Müller«; s. auch die Kommentierung zu § 103 Abs. 1 GWB.

(Vertrag über die Arbeitsweise der Europäischen Union), also der **Wettbewerbs-, Transparenz-und Gleichbehandlungsgrundsatz** anzuwenden. Daneben ist auch das **Haushaltsrecht** von Bund, Ländern und Kommunen mit dem dort verankerten Grundsatz der **Wirtschaftlichkeit und Sparsamkeit** (s. § 6 Abs. 1 HGrG) zu beachten. Dieser beinhaltet z.B., dass die Veräußerung staatlichen Eigentums und die »Gewinnung eines Investors« in einem strukturierten **Bieteraus-wahlverfahren (Investorenauswahl)** erfolgt. Regelmäßig setzt dies voraus, dass das Verfahren in einem transparenten sowie nichtdiskriminierenden Wettbewerb und damit in der Regel im Wege einer **öffentlichen Ausschreibung** erfolgen muss, sofern nicht die Natur des Geschäfts oder besondere Umstände eine Beschränkte Ausschreibung oder eine Freihändige Vergabe rechtfertigen (s. § 25 Abs. 1 GemHVO NRW).

2. Grundvoraussetzungen eines In-House-Geschäfts nach der EuGH-Rechtsprechung

Nach § 108 Abs. 1 Nr. 1 GWB ist i. S. einer ersten Voraussetzung **trotz Vorliegens eines öffentli-chen Auftrags** der vierte Teil des GWB **nicht anzuwenden** auf die   29

> *»Vergabe von öffentlichen Aufträgen, die von einem **öffentlichen Auftraggeber** im Sinne des § 99 Nr. 1 bis 3 GWB an eine juristische Person des öffentlichen oder privaten Rechts[46] vergeben werden, wenn der öffentliche Auftraggeber über die juristische Person eine **ähnliche Kontrolle** wie über seine eigenen Dienststellen ausübt«.*   30

Weitere Voraussetzung ist nach § 108 Abs. 1 Nr. 2 GWB, dass   31

> *»**mehr als 80 % der Tätigkeiten** der juristischen Person der Ausführung von Aufgaben dienen, mit denen sie von dem öffentlichen Auftraggeber oder von einer anderen juristischen Person, die von diesem kontrolliert wird, **betraut wurde«.***   32

Indem § 108 Abs. 1 S. 1 GWB ausdrücklich an öffentliche Auftraggeber i.S.d. **§ 99 Nr. 1–3 GWB** anknüpft wird klargestellt, dass hiervon auch öffentliche Auftraggeber in **Privatrechtsform** sowie öffentliche Auftraggeber mit **privater Beteiligung** erfasst sind, soweit die weiteren Voraussetzungen des § 99 Nr. 1–3 GWB vorliegen (s. insoweit die Kommentierung zu § 99 Nr. 1–3 GWB). Im Übrigen wird mit der Vorgabe in § 108 Abs. 1 Nr. 1 und Nr. 2 GWB die inzwischen langjährige Rechtsprechung des Europäischen Gerichtshofs zum sogenannten »**Kontroll- und Wesentlichkeits-kriterium**« übernommen.[47] In seiner »Teckal-Entscheidung« vom 18.11.1999 setzte sich der EuGH erstmalig mit der In-House-Vergabe auseinander und formulierte hierzu wie folgt: 33

> *»Zur Beantwortung der Frage, ob ein Vertrag vorliegt, muss das vorlegende Gericht prüfen, ob eine Vereinbarung zwischen **zwei verschiedenen Personen** getroffen wurde. Dazu genügt es nach Art. 1a der RL 93/36 grundsätzlich, dass der Vertrag zwischen einer Gebietskörperschaft und einer rechtlich von dieser verschiedenen Person geschlossen wurde. **Etwas anderes** kann nur dann gelten, wenn die Gebietskörperschaft über die fragliche Person **eine Kontrolle ausübt wie über ihre eigene Dienststellen** und wenn diese Person zugleich ihre Tätigkeit im **Wesentlichen** für die Gebietskörperschaft oder die Gebietskörperschaften verrichtet, die ihre Anteile innehaben.«*   34

Der Wortlaut dieser »Teckal-Rechtsprechung« des EuGH und der Textfassung des § 108 Abs. 1 Nr. 1 GWB zum Kontrollkriterium bei In-House-Geschäften ist unterschiedlich. Die Gesetzesfassung setzt anders als die »Teckal-Rechtsprechung« des EuGH nur eine »ähnliche« Kontrolle des öffentlichen Auftraggebers wie über seine eigenen Dienststellen voraus. Im Ergebnis ist hiermit aber nur eine **Klarstellung** und keine materielle Abänderung der »Teckal-Rechtsprechung« verbunden. Denn die Gesetzesfassung des § 108 Abs. 1 Nr. 1 GWB macht deutlich, dass es sich bei der Kon-   35

---

46 Siehe hierzu die Kommentierung zu § 99 Nr. 2 GWB.
47 Erstmals EuGH Urt. v. 18.11.1999, NZBau 2000, 90, 91, Rn. 50 »Teckal«; s. zur Gesamtthematik auch Greb VergabeR 2015, 289 ff.; Dreher NZBau 2004, 14 ff.; Hattig/Ruhland VergabeR 2005, 425 ff.; Elbel VergabeR 2011, 185 ff.; Orlowski NZBau 2007, 80 ff.; Mager NZBau 2012, 25 ff.; Siegel VergabeR 2006, 621 ff.; Polster NZBau 2010, 486 ff.

trolle über eine andere juristische Person stets nur um eine Kontrolle handeln kann, die wegen der verschiedenen Rechtssubjekte nur »ähnlich« und gerade nicht identisch mit der Kontrolle sein kann, die ein öffentlicher Auftraggeber über seine eigenen Dienststellen hat.

36 Mit seinem »Teckal-Urteil« hatte der EuGH insgesamt bereits 1999 die **zwei Grundvorausset-zungen (Kontroll- und Wesentlichkeitskriterium)** für die Annahme eines vergaberechtsfreien In-House-Geschäfts definiert. Diese Voraussetzungen sind zwar in den Folgeentscheidungen vom EuGH immer weiter konkretisiert worden.[48] Sie blieben aber im Grundsatz unverändert und haben damit die weitere Diskussion bestimmt. Rechtlicher Hintergrund dafür, dass trotz bestehender Vertragsbeziehungen zwischen **selbstständigen Rechtsträgern** ausnahmsweise das Vergaberecht **nicht** zur Anwendung kommt, ist, dass diese Rechtsträger untereinander in einer derart engen Verbindung zueinander stehen, dass den vereinbarten Leistungen der Charakter einer **Eigenleistung** zukommt.

3. Folgen eines In-House-Geschäfts

37 Nach § 108 Abs. 1 Nr. 1 GWB ist zunächst erforderlich, dass der öffentliche Auftraggeber über die juristische Person eine **ähnliche Kontrolle wie über seine eigenen Dienststellen** ausübt und mehr als 80 % der Tätigkeiten der juristischen Person der Ausführung von Aufgaben dienen, mit denen sie vom öffentlichen Auftraggeber oder von anderen juristischen Personen, die von diesem kontrolliert wird, betraut wurde. Damit knüpft der Rechtstext an die langjährige Rechtsprechung des EuGH zum »**Kontroll- und Wesentlichkeitskriterium**« an.[49] Sein auf der Grundlage eines Lieferauftrags ergangenes Teckal-Urteil des EuGH, dass dieser in der Folge stets weiterentwickelt hat, hat der BGH bereits kurze Zeit später auch auf Dienstleistungsverträge angewendet.[50] Das Bestehen eines vergaberechtsfreien In-House-Geschäfts nach den vom EuGH aufgestellten Vorgaben ist in der Folge weder in der Rechtsprechung noch in der Literatur streitig geworden.[51] Beim Vorliegen eines In-House-Geschäfts nach § 108 GWB ist nicht nur ein **Ausnahmetatbestand** vom **Vergaberecht** und damit dem **Sekundärrecht** gegeben; auch das **primäre Unionsrecht**, wonach insbesondere die Grundsätze der **Transparenz**, der **Gleichbehandlung** und des **Wettbewerbs** auch bei Nichtvorliegen eines vergaberechtlichen Beschaffungsvorgangs gemäß den Vorgaben des Vertrages über die Arbeitsweise der Europäischen Union (AEUV) zumindest bei einer vorhandenen **Binnenmarktrelevanz** des Auftrags anzuwenden sind, gelten bei einem In-House-Geschäft nicht. Mit anderen Worten ist bei Vorliegen eines In-House-Geschäfts nach § 108 GWB **weder ein vergaberechtlicher** noch ein **EU-primärrechtlich** geforderter Wettbewerb durchzuführen.

4. Das Kontrollkriterium (§ 108 Abs. 1 Nr. 1 GWB)

a) Ausschlaggebender Einfluss auf strategische Ziele und wesentliche Entscheidungen

38 Die von § 108 Abs. 1 Nr. 1 GWB geforderte **Kontrolle** des Auftraggebers über die juristische Person **wie über seine eigenen Dienststellen** ist sehr umfassend. Im Rahmen der Prüfung dieses Kontrollkriteriums sind **alle Rechtsvorschriften** und **maßgebliche Umstände** des Einzelfalls zu berücksichtigen.[52] § 108 Abs. 2 S. 1 GWB stellt dabei als »Hilfestellung« eine **Regelvermutung** auf. Danach wird die Ausübung einer Kontrolle wie über seine eigenen Dienststellen durch den Auftraggeber dann vermutet, wenn dieser

---

48 S. etwa EuGH Urt. v. 10.09.2009, VergabeR 2009, 882 f. »Sea« mit Anm. von Bultmann/Hölzl.

49 Beginnend mit der EuGH-Rechtsprechung »Teckal« NZBau 2000, 90 f. Rn. 50.

50 BGH Beschl. v. 12.06.2001 NZBau 2001, 517, 519; BGH Beschl. v. 03.07.2008 NZBau 2008, 664 ff.; OLG Düsseldorf VergabeR 2009, 905, 918, 919 mit Anm. Reuber; zur Entwicklung der Rechtsprechung des EuGH seit der »Teckal-Entscheidung« zusammenfassend Just EuZW 2009, 879 ff.

51 Siehe nur OLG Düsseldorf NZBau 2004, 58 f.; Dreher NZBau 2001, 360, 362 ff.; Polster NZBau 2010, 486.

52 Weyand Vergaberecht Praxiskommentar 4. Aufl. 2013 § 99 GWB Rn. 452; Heuvels in: Heuvels/Höß/Kuß/Wagner Vergaberecht Gesamtkommentar 1. Aufl. 2013 § 99 GWB Rn. 153.

»einen *ausschlaggebenden* Einfluss auf die *strategischen Ziele und die wesentlichen Entscheidungen* 39
der juristischen Person ausübt«.

Zwar ist eine genaue Abgrenzung zwischen den »**strategischen Zielen**« einerseits und den »**wesent-** 40
lichen Entscheidungen« andererseits im Einzelfall schwierig. Von der Begrifflichkeit her sind die
»strategischen Ziele« eher **langfristige Maßnahmen**, während die »wesentlichen Entscheidungen«
tendenziell **punktuell-kurzfristige Maßnahmen** betreffen. Im Ergebnis dürfte das Erfordernis einer
genauen Unterscheidung zwischen den beiden Kriterien auch nicht gegeben sein. Denn beide Voraussetzungen beinhalteten nach der EuGH-Rechtsprechung, dass der Auftraggeber in der Lage ist,
sowohl **strukturell** als auch **strategisch** und **funktionell** auf die Entscheidungen der juristischen Person **ausschlaggebenden Einfluss** auszuüben.[53] Dabei ist die Formulierung aus den EuGH-Entscheidungen i. S. einer klarstellenden Vermutungsregelung nahezu wörtlich als Text in den § 108 Abs. 2
S. 1 GWB übernommen worden. Von einem ausschlaggebenden Einfluss auf die strategischen Ziele
und die wesentlichen Entscheidungen der juristischen Person kann stets nur dann ausgegangen
werden, wenn der die juristische Person kontrollierende Auftraggeber die maßgeblichen **Weichen-**
stellungen für die juristische Person selbst bestimmt und ausübt und der juristischen Person selbst
insoweit **keine Eigenständigkeit** zukommt. Dies wird regelmäßig dann der Fall sein, wenn die
juristische Person (Bsp.: GmbH) einen neuen Gesellschafter aufnimmt, ihre Anteile (teilweise) veräußert, neue strategische Aufgaben und Tätigkeiten übernimmt, ihr Tätigkeitsgebiet erweitert oder
verringert, mit anderen Gesellschaften kooperieren will oder aber auch auf der personellen Ebene
wesentliche Entscheidungen, etwa bei der Wahl eines neuen Geschäftsführers, zu treffen sind. Während etwa bei einer **privaten** GmbH ein ausschlaggebender Einfluss auf die strategischen Ziele und
wesentlichen Entscheidungen auf der Ebene der Gesellschafterversammlung bzw. des Aufsichtsrats
über die juristische Person gewährleistet sein muss und ein entsprechender ausschlaggebender Einfluss auch bei Aktiengesellschaften, Genossenschaften, eingetragenen Vereinen oder einer BGB-Gesellschaft Voraussetzung ist, muss entsprechend eine **Kontrolle des** öffentlichen Auftraggebers über
die juristische Person auch dann gewährleistet sein, wenn diese in der Rechtsform des öffentlichen
Rechts, also etwa als (kommunaler) **Zweckverband** oder als Anstalt des **öffentlichen Rechts**, organisiert ist.

In § 108 Abs. 2 S. 2 GWB ist auch die Fallkonstellation der »**mehrstufigen Kontrolle**« über die 41
beauftragte juristische Person, die zuweilen als »**Enkelkonstellation**« bezeichnet wird, als explizite
Regelung aufgenommen worden. Danach kann die Kontrolle auch durch eine »andere juristische
Person« ausgeübt werden, die von dem öffentlichen Auftraggeber ihrerseits auf gleiche Weise kontrolliert wird. Voraussetzung für die Annahme eines ausschreibungsfreien Direktauftrags bei einer
zwei- oder mehrstufigen Beauftragung ist aber stets, dass auf **jeder Stufe** die Voraussetzungen für
ein vergaberechtsfreies Eigengeschäft erfüllt sind.[54]

b) Die ähnliche Kontrolle wie über die eigenen Dienststellen

Erste Voraussetzung für das Vorliegen eines In-House-Geschäfts ist, dass ein öffentlicher Auftragge- 42
ber eine **ähnliche Kontrolle** über die juristische Person ausübt wie über seine **eigenen Dienststellen**.
Bei einer eigenen Dienststelle des Auftraggebers und einer von dieser Dienststelle erbrachten Leistung ist kennzeichnend, dass der Auftraggeber rechtlich nicht nur als »Beschaffer« einer Leistung,
sondern gleichzeitig auch auf Seiten des **Leistungserbringers** beteiligt ist. Bei einer **Dienststelle**
eines öffentlichen Auftraggebers liegt zudem regelmäßig eine **unselbstständige Einheit** des Auftraggebers vor, die ihrerseits für den Auftraggeber eine Leistung erbringt. Ein beschaffungsrechtlicher
Vertrag kommt daher bei einer Beschaffung des Auftraggebers von seiner eigenen Dienststelle mangels Vorliegen zweier selbstständiger Rechtssubjekte von vornherein schon gar nicht in Betracht.

---

53 EuGH NZBau 2005, 644, 649 ff. Rn. 65 »Parking Brixen«; EuGH VergabeR 2006, 478 ff., Rn. 36 = NZBau
2006, 452 ff. »Carbotermo«; EuGH NZBau 2009, 54 ff. Rn. 28 »Coditel Brabant«; EuGH VergabeR
2013, 202 ff. = NZBau 2013, 55 ff. »Econord«.
54 Vgl. dazu m. w. N.: Dreher in: Immenga/Mestmäcker § 99 GWB Rn. 71.

Ein entgeltlicher Vertrag und damit ein öffentlicher Auftrag i.S.d. § 103 Abs. 1 GWB liegt daher von vornherein nicht vor, so dass bei einer eigenen Dienststelle auch keine In-House-Konstellation i.S.d. § 108 Abs. 1 GWB gegeben sein kann.

43   Die somit vom EuGH in seinem Teckal-Urteil[55] entwickelten und in ständiger Rechtsprechung[56] bestätigten Kriterien sollen daher mit der Umsetzung in § 108 Abs. 1 Nr. 1 GWB sicherstellen, dass auch die Beauftragung eines vom Auftraggeber **verschiedenen Rechtssubjekts nur** dann vergaberechtsfrei erfolgen kann, wenn eine Gleichstellung der (**unselbstständigen**) »**Dienststellenkonstellation**« mit einer Leistungserbringung durch ein vom Auftraggeber verschiedenes und **selbstständiges Rechtssubjekt** tatsächlich möglich ist. Dies setzt aber insbesondere voraus, dass die juristische Person als selbstständiger Rechtsträger **keine eigene Entscheidungsgewalt** besitzt. Das Kriterium der »Kontrolle wie über eine eigene Dienststelle« soll mithin eine der **administrativen Binnenorganisation ähnliche Fähigkeit** zur Steuerung des öffentlichen Auftraggebers gegenüber der Aufgabenerledigung rechtlich **selbstständiger Personen** sicherstellen.[57] Eine **identische Kontrolldichte** wie sie ein Verwaltungsträger über seine **unselbstständigen Verwaltungseinheiten** (**Dienststellen**) auszuüben vermag, kann daher von vorneherein nicht gefordert werden.[58] Notwendig ist »nur« ein **vergleichbares Niveau** der Steuerungsfähigkeit durch den Auftraggeber. Die den Auftrag erhaltene juristische Person muss mithin einer **wirksamen Kontrolle** i.S.d. § 108 Abs. 2 S. 1 GWB unterliegen, die es dem öffentlichen Auftraggeber ermöglicht, einen **ausschlaggebenden Einfluss** auf die strategischen Ziele und die wesentlichen Entscheidungen dieser juristischen Person auszuüben.[59] Das Vorliegen der für die ähnliche Kontrolle wie über die eigenen Dienststellen vorausgesetzten **Steuerungsfähigkeit** des öffentlichen Auftraggebers kann nur im **jeweiligen Einzelfall** unter Berücksichtigung aller Rechtsvorschriften und Umstände festgestellt werden.[60] Dabei haben sich in der Rechtsprechung für die Konkretisierung des Kontrollkriteriums folgende Fallkonstellationen herausgebildet:

c) Eigengesellschaft des öffentlichen Auftraggebers

44   Öffentliche Auftraggeber, insbesondere Kommunen, haben für die Durchführung der von ihnen wahrzunehmenden Aufgaben oftmals 100prozentige **Eigengesellschaften** gegründet. Diese Eigengesellschaften haben in der Regel die Rechtsform der GmbH (Bsp.: Kommunale Abfallentsorgungs-GmbH). Sie können aber auch in der Rechtsform der Aktiengesellschaft betrieben werden. Dabei ist aber fraglich, ob allein das Vorliegen einer **100prozentigen Eigengesellschaft** auf das Bestehen einer »ähnlichen Kontrolle wie über die eigenen Dienststellen« des Auftraggebers i.S.d. § 108 Abs. 1 Nr. 1 GWB schließen lässt. Insoweit hatte zwar die Generalanwältin Juliane Kokott gegenüber dem Einwand, insbesondere bei Aktiengesellschaften, aber auch bei GmbHs sei eine für das Vorliegen eines In-House-Geschäfts nötige Kontrolle des Auftraggebers wegen der Eigenständigkeit der Leitungsorgane im Vorstand bzw. der Geschäftsführung nicht möglich, eingewandt, dass es nur um eine »**ähnliche Kontrolle**« wie über die eigenen Dienststellen gehe. Würde man zudem bei rechtlich verselbstständigten Gesellschaften der öffentlichen Hand die Weisungs- und Aufsichtsbefugnisse des öffentlichen Auftraggebers gegenüber diesen Einrichtungen als nicht für

---

55 EuGH NZBau 2000, 90 f. »Teckal«.
56 EuGH Urt. v. 13.10.2005 – C-458/03 NZBau 2005, 644 ff. »Parking Brixen«, Rn. 65; EuGH Urt. v. 11.05.2006 – C-340/04 VergabeR 2006, 478 ff. »Carbotermo«, Rn. 36.
57 Ziekow in: Ziekow/Völlink § 99 GWB Rn. 114.
58 BayObLG NZBau 2002, 397, 399; Faber DVBl. 2001, 248, 254; Konstas Das vergaberechtliche In-House-Geschäft 2004, 37; Heuvels in: Heuvels/Höß/Kuß/Wagner Vergaberecht Gesamtkommentar 1. Aufl. 2013 § 99 GWB Rn. 157.
59 So schon EuGH NZBau 2005, 644 ff. Rn. 65 »Parking Brixen«; EuGH VergabeR 2006, 478 ff. Rn. 36 = NZBau 2006, 452, Rn. 36 »Carbotermo«; EuGH VergabeR 2008, 918, Rn. 24 »Coditel Brabant«; EuGH NZBau 2009, 797, Rn. 65 »Sea«; EuGH VergabeR 2013, 202 ff. Rn. 27 = NZBau 2013, 55, Rn. 27 »Econord«.
60 EuGH NZBau 2005, 644 ff. »Parking Brixen«; hierzu auch Jennert NZBau 2005, 623 ff.

eine »ähnliche Kontrolle« wie über seine eigenen Dienststellen ausreichend sein lassen, würde das in der Teckal-Entscheidung entwickelte Kriterium praktisch leerlaufen und die öffentliche Hand faktisch vor die Alternative gestellt, eine materielle Privatisierung oder aber eine Eigenerledigung **ohne Ausgründung** in eine eigene Gesellschaft durchführen zu müssen.[61]

Demgegenüber hat der Europäische Gerichtshof seit seiner Entscheidung in der Sache »Parking 45 Brixen« deutlich gemacht, dass er eine **Gleichsetzung** zwischen dem Vorliegen einer 100prozentigen Eigengesellschaft und dem Bestehen der für ein In-House-Geschäft erforderlichen Kontrolle **nicht akzeptiert.**[62] Insofern deutet nach dem EuGH die 100prozentige Kapitaleigenschaft eines öffentlichen Auftraggebers »nur darauf hin«, dass der Auftraggeber eine ähnliche Kontrolle über die juristische Person wie über seine eigenen Dienststellen ausüben kann; sie ist aber nicht allein entscheidend.[63] Maßgebend sind vielmehr die **Umstände des Einzelfalls.**

So kann als Grund **gegen die Annahme einer Kontrolle** wie über eine eigene Dienststelle zum 46 Beispiel sprechen, dass die Eigengesellschaft infolge der Ausgründung zusätzlich zu ihrem Aufgabenspektrum des früheren (kommunalen) Eigenbetriebs weitere wesentliche Geschäftsfelder aufgenommen hat, eine baldige Öffnung der Gesellschaft für Fremdkapital vorgeschrieben ist und/oder das konkrete und die Geschäfte führende Gesellschaftsorgan von »seinem Auftraggeber«, also etwa von der Gemeinde als Alleingesellschafterin, hinsichtlich dieser Geschäftsführung praktisch nicht kontrolliert werden kann.[64] Eine wegen der weitreichenden Selbstständigkeit des geschäftsführenden Organs daher nicht automatisch begründbare Kontrolle durch die Alleingesellschafterin wird auch nicht dadurch widerlegt, dass diese die Mitglieder jenes Organs benennt. Insoweit betont der Gerichtshof, dass die vom **Gesellschaftsrecht** einem Allein- oder Mehrheitsgesellschafter eingeräumten Kontrollmöglichkeiten als solche nicht ausreichen.[65] Für die in der Praxis wichtigsten **Rechtsformen von Eigengesellschaften**, die Gesellschaft mit beschränkter Haftung (GmbH) und die Aktiengesellschaft (AG) ist danach im Einzelnen zu entscheiden, ob der öffentliche Auftraggeber eine Kontrolle i.S.d. § 108 Abs. 1 Nr. 1 GWB ausübt. Dabei hilft die Vermutungsregelung in § 108 Abs. 2 S. 1 GWB, wonach die Ausübung einer Kontrolle

*»vermutet wird, wenn der öffentliche Auftraggeber einen **ausschlaggebenden Einfluss** auf die strate- 47 gischen Ziele und die wesentlichsten Entscheidungen der juristischen Person ausübt.«*

Hiernach gilt für die Aktiengesellschaft und die GmbH als Eigengesellschaft folgendes: 48

- Aktiengesellschaften

Bei **Aktiengesellschaften** hat der EuGH mehrfach erkennen lassen, dass er auch im Falle einer 49 100prozentigen Eigengesellschaft in der Regel vom **Fehlen einer Kontrolle** wie über seine eigenen Dienststellen ausgeht. Grund ist, dass die Aktiengesellschaft (AG) und deren Vorstand ihre »**Ziele unabhängig von ihren Anteilseignern** verfolgen kann«.[66] So macht auch § 93 Abs. 1 AktG deutlich, dass der Maßstab des Handelns des Vorstands der Aktiengesellschaft nicht das Interesse der Aktionäre, sondern allein das **Wohl der Gesellschaft** ist. Folge ist, dass der Vorstand gem. § 76 Abs. 1 AktG von Weisungen anderer Gesellschaftsorgane oder auch der Aktionäre freigestellt ist. Für die laufende Geschäftätigkeit kann die Hauptversammlung daher regelmäßig nicht eingreifen.[67] Diesen Rechtsvorgaben entspricht auch die sogenannte Holzmüller-Rechtsprechung des BGH.[68] Danach kann eine (ungeschriebene) **Mitwirkungsbefugnis** der Hauptversammlung zu

61 Schlussanträge der Generalanwältin Juliane Kokott in der Rs C-458/03 v. 01.03.2005 Rn. 63 ff.; s. zum Ganzen auch Ziekow in: Ziekow/Völlink § 99 Rn. 115 ff.
62 EuGH NZBau 2005, 644, 649 Rn. 67 »Parking Brixen«.
63 EuGH VergabeR 2009, 882 ff. Rn. 45 = NZBau 2009, 797 Rn. 45 »Sea« m. w. NW.
64 EuGH NZBau 2005, 644, 649 Rn. 67 »Parking Brixen«.
65 EuGH NZBau 2005, 644, 649 Rn. 67 »Parking Brixen«.
66 EuGH VergabeR 2009, 440 ff. Rn. 37 = NZBau 2009, 54 Rn. 37 »Coditel Brabant«.
67 Ausführlich: Ziekow in: Ziekow/Völlink § 99 GWB Rn. 119.
68 BGH NJW 1982, 1703, 1705 »Holzmüller«.

Geschäftsführungsmaßnahmen nur in **Ausnahmefällen** bestehen, nämlich dann, wenn es sich um tiefgreifende strukturelle Umstrukturierungen handelt, die sich einschneidend auf die Vermögensinteressen der Aktionäre auswirken.[69] Die nach der Teckal-Rechtsprechung nötige Kontrolle des Auftraggebers über die juristische Person ist daher bei der Wahl einer Aktiengesellschaft als Organisationsform wegen des nach § 108 Abs. 2 S. 1 GWB vorausgesetzten ausschlaggebenden Einflusses auf die strategischen Ziele und die wesentlichen Entscheidungen der juristischen Person (AG) nicht ohne weiteres gegeben.

50 Dennoch kann bei einer **atypischen Fallgestaltung** auch eine **Aktiengesellschaft** von einem öffentlichen Auftraggeber »ähnlich wie seine eigene Dienststelle« kontrolliert werden. Dies hat der EuGH in seinem Urteil »Sea« festgestellt.[70] In dem zugrundeliegenden italienischen Fall waren den ohnehin gesetzlich vorgesehenen Organen der Aktiengesellschaft **zusätzlich zwei Ausschüsse** an die Seite gestellt worden. Diese Ausschüsse bestanden ausschließlich aus Vertretern der Aktionäre und hatten weitreichende **Kontroll- sowie Entscheidungsbefugnisse**. Folge war, dass die Mutterkörperschaft und damit der öffentliche Auftraggeber auch die **operative Gesellschaftspolitik** der AG bestimmen konnte. Auch wenn dies teilweise anders gesehen wird, dürfte allerdings die Schaffung solcher Zusatzorgane nach deutschem Aktienrecht unzulässig sein, weil sie die **nicht aufgebbare Verantwortung des Vorstands** für die Verfolgung der Interessen der AG schmälern würde.[71]

51 Nach dem deutschen Aktienrecht ist die Herstellung einer hinreichenden Kontrollierbarkeit – ähnlich wie über die eigenen Dienststellen – daher allenfalls durch einen **Beherrschungsvertrag** nach § 291 AktG zwischen den Anteilseignern, also z.B. einer Gemeinde, und der Aktiengesellschaft möglich. Nach § 308 AktG ermöglicht es der Beherrschungsvertrag der Mutterkörperschaft, gegenüber dem Vorstand der AG **Weisungen** zu erteilen, selbst wenn sie für die Gesellschaft nachteilig sind, aber den Belangen der Mutterkörperschaft dienen. Die Probleme liegen insoweit nicht im Aktienrecht, sondern im Zusammenspiel zwischen dem Konzernrecht einerseits und dem Haushalts- bzw. dem kommunalen Wirtschaftsrecht andererseits.[72] Denn § 302 Abs. 1 AktG verpflichtet die Mutterkörperschaft zur Übernahme von **Verlusten der Aktiengesellschaft**, die nicht aus der Gewinnrücklage ausgeglichen werden können. Probleme bestehen dabei nur für die Kommunen, die nach den **Gemeindeordnungen** Vorgaben haben, wonach sich die Gemeinde nicht zur Übernahme von Verlusten in unbestimmter oder unangemessener Höhe verpflichten darf (s. § 108 Abs. 1 S. 1 Nr. 5 GO NW). Auch dies bedeutet aber nicht das Ende von Beherrschungsverträgen der Kommunen mit ihren Aktiengesellschaften und damit auch nicht das Ende von In-House-Geschäften mit diesen Aktiengesellschaften. Denn insoweit sehen die meisten Gemeindeordnungen vor, dass die Aufsichtsbehörde eine **Ausnahme** vom **Verlustübernahmeverbot** erteilen kann (vgl. nur § 108 Abs. 1 S. 2 GO NW).[73]

- Gesellschaften mit beschränkter Haftung (GmbH)

52 Im Gegensatz zu einer Aktiengesellschaft haben die (Allein-)Gesellschafter bei einer **GmbH** einen nach § 108 Abs. 2 S. 1 GWB vorausgesetzten »**ausschlaggebenden Einfluss** auf die strategischen Ziele und die wesentlichen Entscheidungen« dieser Gesellschaft. Dem entspricht es, dass nach der Auslegung des § 37 GmbHG durch die herrschende Meinung die Geschäftsführer der GmbH auch **konkrete Einzelweisungen der Gesellschafter** befolgen müssen.[74] Bei Bestehen einer 100prozentigen Eigengesellschaft der öffentlichen Hand in der Form der GmbH sind daher die Voraussetzungen des **Kontrollkriteriums** in aller Regel erfüllt.[75] Dies gilt ausnahmsweise nicht für **atypische**

---

69 BGH a. a. O.

70 EuGH VergabeR 2009, 882 ff. Rn. 63 »Sea«.

71 So auch Ziekow in: Ziekow/Völlink § 99 GWB Rn. 120; zur Weisungsfreiheit gegenüber anderen Gesellschaftsorganen vgl. Hüffer Aktiengesetz 10. Aufl. 2012 § 76 Rn. 10 ff.

72 Ziekow in: Ziekow/Völlink § 99 GWB Rn. 121.

73 Ziekow in: Ziekow/Völlink § 99 GWB Rn. 121.

74 Ettinger/Reif GmbHR 2007, 617, 618.

75 OLG Hamburg NZBau 2011, 185, 186; Orlowski NZBau 2007, 80 f. m. w. N.

gesellschaftsvertragliche Gestaltungen, die den Geschäftsführern größere eigene Entscheidungsspielräume oder Dritten einen Einfluss auf die Entscheidungen der Eigengesellschaft eröffnen.[76] Ziekow schlägt daher zu Recht vor, dass zur Ausräumung von vorhandenen Zweifeln im Einzelfall erwogen werden sollte, die erforderliche Leitungsmacht auch bei der GmbH durch den Abschluss eines **Beherrschungsvertrages** (s. § 291 Abs. 1 S.1 AktG) zu sichern.[77]

d) Marktausrichtung der juristischen Person

Gegen eine ausreichende **Kontrolle** durch den öffentlichen Auftraggeber über die juristische Person kann es sprechen, wenn diese juristische Person eine **Marktausrichtung** erreicht hat, die eine Kontrolle durch den Auftraggeber deswegen erschwert, weil dessen Tochtergesellschaft ein Maß an **Selbstständigkeit** eröffnet wurde, das eine Kontrolle kaum möglich macht.[78] Die Prüfung dieser Marktausrichtung, die es in der Folge verhindert, dass der öffentliche Auftraggeber gem. § 108 Abs. 2 S. 1 GWB einen ausschlaggebenden Einfluss auf die strategischen Ziele und die wesentlichen Entscheidungen der juristischen Person ausübt, erfolgt in **drei Punkten**, einem **geografisch-raumbezogenen**, einem **zweckbezogenen** und einem **materiell-wirkungsbezogenen**.[79]   53

Der **geografische Tätigkeitsbereich** entfaltet im Hinblick auf das Kontrollkriterium Indizwirkungen in zwei Richtungen: Während eine Beschränkung auf den Zuständigkeitsbereich des öffentlichen Auftraggebers ein **Indiz für eine hinreichende Kontrolle** durch diesen ist, spricht umgekehrt eine Tätigkeit, die – weit – über diesen räumlichen Bereich hinausgeht, für eine starke Marktausrichtung und damit tendenziell gegen ein In-House-Geschäft.[80] Dies gilt insbesondere bei kommunalen Unternehmen, die weit über die eigenen Gemeindegrenzen hinaus operieren.[81]   54

In **zweckbezogener Hinsicht** ist in der Regel von einer Kontrolle des öffentlichen Auftraggebers über die juristische Einrichtung dann nicht auszugehen, wenn der **Gesellschaftszweck** nicht nur darauf gerichtet ist, die vom öffentlichen Auftraggeber auch selbst wahrzunehmenden **öffentlichen Dienstleistungen** für die Mutterkörperschaft zu erfüllen.[82] Liegt daher zweckbezogen eine über die öffentliche Dienstleistungserbringung für den öffentlichen Auftraggeber **hinausgehende** und im Zweifel marktmäßig ausgerichtete Tätigkeit der juristischen Person vor, ist das Kontrollkriterium beeinträchtigt. Daher ist grundsätzlich Voraussetzung einer Kontrolle wie über die eigenen Dienststellen, dass die Mutterkörperschaft und die von dieser kontrollierte juristische Person **dieselben Interessen** verfolgen müssen.[83] Die Voraussetzung **derselben Interessen** von öffentlichen Auftraggebern einerseits und der juristischen Person andererseits findet sich zwar ausdrücklich »nur« in § 108 Abs. 5 Nr. 3 GWB für den Tatbestand der »gemeinsamen Kontrolle«. Nichts anderes kann jedoch dann gelten, wenn ein einzelner öffentlicher Auftraggeber die juristische Person kontrollieren soll.   55

Weiter hat der Europäische Gerichtshof in Ergänzung zu dem separat zu prüfenden **Wesentlichkeitskriterium** nach § 108 Abs. 1 Nr. 2 GWB auch für das Kriterium der Kontrolle **materiell-wirkungsbezogene Voraussetzungen** entwickelt. Danach kann eine kontrollierte juristische Person zwar grundsätzlich auch mit Unternehmen des privaten Sektors geschäftliche Beziehungen unterhalten. Diese Leistungserbringung an Private darf jedoch nur so ausgestaltet sein, dass sie den **Hauptzweck** der Tätigkeit der Gesellschaft, also die Aufgabenerfüllung für den öffentlichen Auftraggeber, **ergänzen** muss.[84] Der Europäische Gerichtshof hat dabei deutlich gemacht, dass dieser   56

---

76 Orlowski NZBau 2007, 80, 81 m. w. N.
77 Ziekow in: Ziekow/Völlink § 99 GWB Rn. 122.
78 EuGH NZBau 2009, 54 Rn. 36 »Coditel Brabant; EuGH VergabeR 2009, 882 Rn. 73 ff. »Sea«.
79 Ziekow in: Ziekow/Völlink § 99 GWB Rn. 123.
80 EuGH VergabeR 2009, 882 ff. Rn. 73 ff. »Sea« mit Anm. Bultmann/Hölzl; König in: Gabriel/Krohn/Neun Kap. 1 § 6 Rn. 15.
81 EuGH VergabeR 2009, 882 ff. Rn. 74 ff. »Sea«.
82 EuGH VergabeR 2009, 882 ff. Rn. 76 »Sea«.
83 EuGH NZBau 2009, 54 ff. Rn. 38 »Coditel Brabant«.
84 EuGH VergabeR 2009, 882 ff. Rn. 77 ff. »Sea«.

materiell-wirkungsbezogener Prüfpunkt nicht mit dem weiteren und eigenständigen Prüfpunkt des Vorliegens des »Wesentlichkeitskriteriums« identisch ist. Auch wenn die Unterscheidung zu dem Wesentlichkeitskriteriums des § 108 Abs. 1 Nr. 2 GWB im Einzelfall nicht leicht sein dürfte, weil insbesondere mit dem **Ergänzungsverhältnis** der Leistungserbringung an Private zum Hauptgegenstand der Gesellschaft auch für das Kriterium der Wesentlichkeit relevante **quantitative und qualitative Gesichtspunkte** in die Betrachtung der Kontrolle einbezogen werden, kann eine Prüfung dieser Gesichtspunkte auch bereits beim **Kontrollkriterium** mit erfolgen. Einen eigenständigen Wert hat der materiell-wirkungsbezogene Ansatz dabei insbesondere dort, wo er von dem doch **stark quantitativen 80 %-Ansatz** des § 108 Abs. 1 Nr. 2, Abs. 4 Nr. 2 und Abs. 6 Nr. 3 GWB, bei dem grundsätzlich der durchschnittliche Gesamtumsatz der letzten drei Jahre vor Vergabe des öffentlichen Auftrags oder ein anderer geeigneter tätigkeitsgeschützter Wert herangezogen wird (§ 108 Abs. 7 S. 1 GWB), abweicht und daher mehr auf qualitative Gesichtspunkte abstellt. So kann es etwa sein, dass zwar weniger als 20 % der Tätigkeiten der juristischen Person durchaus der Ausführung von (Dritt-)Aufgaben dienen, mit denen sie von dem öffentlichen Auftraggeber betraut wurde; umgekehrt kann dieser Anteil aber wegen seiner **qualitativen Bedeutung** und seiner Marktrelevanz (Bsp.: Stadtwerk GmbH als Stromanbieter gegenüber externen Privaten außerhalb der Stadtgrenzen) so gravierend sein, dass von einer Kontrolle des öffentlichen Auftraggebers über die juristische Person nicht mehr ausgegangen werden kann.

5. Das Wesentlichkeitskriterium (§ 108 Abs. 1 Nr. 2 GWB)

a) Bisherige Rechtsprechung

57 Beginnend mit der Teckal-Rechtsprechung ist zweites Kriterium neben der »Kontrolle« als Voraussetzung für ein vergaberechtsfreies In-House-Geschäft, dass das zu beauftragende Unternehmen seine Tätigkeit im **Wesentlichen** (»**Wesentlichkeitskriterium**«) für die Körperschaft verrichten muss, die seine Anteile innehat.[85] Das »Wesentlichkeitskriterium« war in der Vergangenheit – anders als das »Kontrollkriterium« – sowohl in der Rechtsprechung als auch in der Literatur allenfalls ansatzweise geklärt.[86] Klar ist aber, dass ebenso wie das »Kontrollkriterium« auch das »Wesentlichkeitskriterium« während der gesamten Laufzeit des In-House-vergebenen öffentlichen Auftrags erfüllt sein muss. Anderenfalls muss grundsätzlich von einer wesentlichen Vertragsänderung (s. hierzu § 132 GWB) mit der Folge ausgegangen werden, dass eine Ausschreibungspflicht begründet wird und alles andere eine sogenannte rechtswidrige de-facto-Vergabe darstellt.[87]

58 Der EuGH hat insbesondere in seiner Entscheidung »Carbotermo«[88] die Anforderungen an das Kriterium der Ausrichtung der Tätigkeit **im Wesentlichen für den öffentlichen Auftraggeber** dargelegt. In diesem Zusammenhang machte der EuGH deutlich (Anmerkung: Hervorhebungen durch Verfasser), dass

– die 80-Prozent-Grenze des Art. 23 Abs. 3 der **Sektorenkoordinierungsrichtlinie**[89] für die Bestimmung des Wesentlichkeitskriteriums eines In-House-Geschäfts nicht ausschlaggebend sei. Bei der Vorschrift des Art. 23 Abs. 3 SKR handelt es sich um eine **Ausnahmevorschrift**, die insoweit nicht auf die In-House-Geschäfte übertragen werden könne;[90]

---

85 EuGH Urt. v. 18.11.1999 – Rs. C-107/98 NZBau 2000, 90 f. »Teckal«.

86 So auch König in: Gabriel/Krohn/Neun Kap. 1 Rn. 28; s. auch: Dünchheim/Bremke KommJur 2012, 128 ff; Gruneberg/Wilden VergabeR 2012, 149 ff.; Schröder NVwZ 2011, 776 ff.

87 Vgl. OLG Düsseldorf Beschl. v. 28.07.2011 – Verg 20/11 – NZBau 2012, 50, 53; KG Beschl. v. 19.04.2011 – Verg 7/11 unter II. B. 3.

88 EuGH Urt. v. 11.05.2006 – Rs. C-340/04 VergabeR 2006, 478 ff. mit Anm. Koch »Carbotermo«.

89 Richtlinie 2014/17/EG v. 31.03.2014 zur Koordinierung der Zuschlagserteilung durch Auftraggeber im Bereich der Wasser-, Energie- und Verkehrsversorgung sowie der Postdienste.

90 EuGH Urt. v. 11.05.2006 – Rs. C-340/04 VergabeR 2006, 478, 484 Rn. 55 »Carbotermo«.

– in Ausfüllung des Teckal-Urteils ein Unternehmen seine Tätigkeit im Wesentlichen nur dann für die Körperschaft verrichtet, die seine Anteile innehat, wenn das Unternehmen **hauptsächlich für diese Körperschaft tätig wird** und jede andere Tätigkeit **rein nebensächlich ist**.[91]

Der EuGH hat in seiner »Carbotermo«-Entscheidung weiter ausgeführt, dass zur Beurteilung der   59
genannten Voraussetzungen sowohl **qualitative als auch quantitative Umstände** des Einzelfalls zu berücksichtigen sind. Dabei komme dem erzielten **Umsatz**, den das fragliche Unternehmen aufgrund der Vergabeentscheidungen der kontrollierenden Körperschaft erzielt, eine ausschlaggebende Bedeutung zu, und zwar einschließlich des Umsatzes, der in Ausführung solcher Tätigkeiten mit dritten **Nutzern** erzielt wird. Es komme dabei nicht darauf an, wer das betreffende Unternehmen vergütet, sei es die Körperschaft, die seine Anteile innehat, seien es **Dritte als Nutzer** der Leistung, die etwa aufgrund von Konzessionen oder anderen von der Körperschaft eingegangenen Rechtsbeziehungen erbracht werden. Es spiele auch keine Rolle, in welchem Gebiet die genannten Leistungen erbracht werden.[92]

In einer weiteren Entscheidung[93] hat der EuGH erstmals eine **quantitative Messgröße** für das Wesentlichkeitskriterium angenommen und eine Tätigkeit für – mehrere – beherrschende öffentliche Auftraggeber im Umfang von 90 % genügen lassen.[94] Weiter hat der EuGH in seinen Entscheidungen[95] – ohne konkrete Zahlenangaben zu machen – als Voraussetzung für das Wesentlichkeitskriterium darauf abgestellt, dass es sich bei der Aufgabenwahrnehmung für andere Wirtschaftsteilnehmer um eine »**ganz untergeordnete Tätigkeit**« im Vergleich zur Tätigkeit für die beherrschende(n) Körperschaft(en) handeln müsse.

b) Die 80-Prozent-Regelung des § 108 Abs. 1 Nr. 2 GWB

Nach § 108 Abs. 1 Nr. 2 GWB ist in konkreter Ausfüllung des »**Wesentlichkeitskriteriums**« als   60
zweite Voraussetzung für ein vergaberechtsfreies In-House-Geschäft erforderlich, dass

> »*mehr als 80 Prozent der Tätigkeiten der (kontrollierten) juristischen Person der Ausführung von*   61
> *Aufgaben dienen, mit denen sie von dem öffentlichen Auftraggeber oder von einer anderen juristischen Person, die von diesem kontrolliert wird, betraut wurde*«.

Mit dieser Vorgabe wird das durch die Rechtsprechung entwickelte »Wesentlichkeitskriterium«,   62
erstmalig in **konkreter Form** präzisiert. Dabei erfasst § 108 Abs. 1 Nr. 2 GWB im Hinblick auf das »Wesentlichkeitskriterium« zwei Alternativen: Die erste Alternative betrifft den Fall, dass der kontrollierende öffentliche Auftraggeber die von ihm kontrollierte juristische Person **unmittelbar** mit der Ausführung von Aufgaben betraut. Die zweite Alternative, die ebenso unter das »Wesentlichkeitskriterium« fällt, betrifft den Fall, dass »**eine andere juristische Person**«, die von dem öffentlichen Auftraggeber kontrolliert wird die ihrerseits kontrollierte juristische Person mit der Ausführung von Aufgaben betraut. Auch diese sog. »Enkel-Konstellation« erfüllt das »Wesentlichkeitskriterium« und die In-House-Voraussetzungen. Ansonsten betrifft die »Enkel-Konstellation« ausdrücklich einen Fall, der der Regelung des § 108 Abs. 2 S. 2 GWB zugrunde liegt. Insgesamt sorgt die in § 108 Abs. 2 Nr. 2 GWB normierte **80-Prozent-Grenze** – wie auch die Begründung zu dieser Vorschrift ausführt – in ihren beiden Fallgestaltungen für ein Mehr an **Rechtssicherheit**. Unerheblich ist in Anknüpfung an die »Carbotermo-Entscheidung« des EuGH in diesem Zusammenhang,

---

91 EuGH VergabeR 2006, 478, 485 Rn. 63 »Carbotermo«.
92 EuGH Urt. v. 11.05.2006 VergabeR 2006, 478, 485 Rn. 64 ff. »Carbotermo«.
93 EuGH VergabeR 2007, 487 ff. »Asemfo/Tragsa«; s. hierzu Frenz VergabeR 2007, 446 ff.
94 S. auch ähnlich (10 % Drittgeschäft unschädlich) BGH Urt. v. 03.07.2008 – Az.: I ZR 145/05 sowie OLG Celle Beschl. v. 29.10.2009 – 13 Verg 8/09 (7,5 % Drittgeschäft bereits In-House-schädlich) und OLG Celle Beschl. v. 17.12.2014 – 13 Verg 3/13 (Grenze bei 10 % Drittgeschäft).
95 S. etwa EuGH Urt. v. 10.09.2009 – C-573/07 VergabeR 2009, 882, 892 »Sea« mit Anm. Bultmann/Hölzl.

63   »*ob der Begünstigte der Ausführung des Auftrags der **Auftraggeber selbst** oder ein davon **abweichen-** der **Nutzer der Leistungen ist**«.*[96]

64   Wenn man bedenkt, dass speziell der EuGH in der Vergangenheit von der Größenordnung her allenfalls eine Fremdauftragsquote von **10 %** als unschädlich für ein In-House-Geschäft gehalten hat,[97] wird gemessen an dieser Größenordnung der Kreis ausschreibungsfreier In-House-Geschäfte durch die Neuregelung **deutlich erweitert**. Mit dieser Neuregelung hat der europäische Gesetzgeber im Ergebnis auf die ja vom EuGH verworfene Analogie zu den Regelungen für verbundene Sektorenunternehmen im Dienstleistungsbereich und die Umsatzschwelle in Art. 23 Abs. 2 und Abs. 3 der alten Sektorenkoordinierungsrichtlinie[98] dadurch reagiert, dass er nunmehr die dortige **80-Prozent-Schwelle** für das allgemeine Vergaberecht rezipiert hat.[99]

6. Der 80-Prozent-Tätigkeitsanteil

a) Die Berechnung des 80-Prozent-Tätigkeitsanteils

65   Nach § 108 Abs. 1 Nr. 2 GWB müssen **mehr als 80 % der Tätigkeiten** der (kontrollierten) juristischen Person der Ausführung von Aufgaben dienen, mit denen sie von dem kontrollierenden öffentlichen Auftraggeber betraut wurde. Die konkrete Berechnung, ob diese 80-Prozent-Tätigkeitsschwelle für den öffentlichen Auftraggeber überschritten wird, richtet sich nach Art. 12 Abs. 5 VRL sowie in Umsetzung dieser Vorschrift nach § 108 Abs. 7 GWB. Danach wird der **durchschnittliche Gesamtumsatz** oder ein **geeigneter alternativer tätigkeitsgestützter Wert**, wie z.B. die Kosten, die der betreffenden juristischen Person oder dem betreffenden öffentlichen Auftraggeber während der **letzten drei Jahre** vor Vergabe des Auftrags in Bezug auf Liefer-, Bau- oder Dienstleistungen entstanden sind, herangezogen. Aus diesem Gesamtumsatz ist anschließend der **nicht** aus der **Ausführung von Aufgaben**, mit denen die juristische Person von dem öffentlichen Auftraggeber betraut wurde, entstandene Umsatz gesondert zu ermitteln. Beträgt dieser Anteil mehr als 20 % des Gesamtumsatzes, scheidet ein In-House-Geschäft aus.

66   Art. 12 Abs. 5 UAbs. 2 VRL und § 108 Abs. 7 S. 3 GWB lassen es aber zu, dass zur Ermittlung des Anteils der für den öffentlichen Auftraggeber erbrachten Tätigkeiten auch **andere Werte als die Umsatzanteile** herangezogen werden, sofern es sich hierbei um **tätigkeitsgestützte Werte** handelt. Dabei stellen die genannten Bestimmungen speziell darauf ab, dass der tätigkeitsgestützte Wert insbesondere »**durch Prognosen über die Geschäftsentwicklung**« glaubhaft gemacht wird. Dieser Maßstab kann immer dann als Möglichkeit zugrunde gelegt werden, wenn für die letzten drei Jahre keine Angaben über den Umsatz oder einen geeigneten alternativen tätigkeitsgestützten Wert, wie z.B. über die Kosten vorliegen, oder diese nicht aussagekräftig sind.

b) Zurechnung von Drittumsätzen beim »Wesentlichkeitskriterium«

67   Die für das Überschreiten der 80-Prozent-Schwelle konkret berücksichtigungsfähige Tätigkeit der – kontrollierten – juristischen Person liegt nach Art. 12 bs. 1 UAbs. 1 Buchst. b VRL sowie nach § 108 Abs. 1 Nr. 2 GWB nur dann vor, wenn diese Tätigkeit der **Ausführung** von Aufgaben dient, mit denen sie von dem die Kontrolle ausübenden öffentlichen Auftraggeber oder von anderen von diesem kontrollierten juristischen Personen »**betraut**« wurde. Diese Begrifflichkeit weicht von der bisherigen Ausfüllung des Wesentlichkeitskriteriums durch den EuGH ab, wonach die zu beauftragende juristische Person ihre Tätigkeit »im Wesentlichen für die Gebietskörperschaft oder die

---

96   EuGH VergabeR 2006, 478, 485 Rn. 65 »Carbotermo«; ErwG 32 der Richtlinie 2014/24/EU über die öffentliche Auftragsvergabe; Begründung zu § 108 Abs. 1 Nr. 2 GWB.
97   EuGH = Slg. 2007, I-3034 VergabeR 2007, 487 ff. Rn. 63 »Asemfo/Tragsa«.
98   RL 2004/17/EG v. 31.03.2004 zur Koordinierung der Zuschlagserteilung durch Auftraggeber im Bereich der Wasser-, Energie- und Verkehrsversorgung sowie die Postdienste ABl. 2004 L 134,1.
99   Ziekow NZBau 2015, 258, 259.

Gebietskörperschaften (Auftraggeber) verrichtet, die ihre Anteile innehaben«.[100] Hinzu kommt, dass das OLG Düsseldorf bereits 2011 entschieden hat,[101] dass es nicht von vornherein ausgeschlossen ist, **In-House-Vergaben** und eine **–horizontale** – **kommunale Zusammenarbeit** derart zu **kombinieren**, dass eine Eigengesellschaft eines kommunalen Partners mit anderen Partnern zusammenarbeitet. Konsequenz ist, dass Umsätze, die bei dieser Zusammenarbeit erzielt werden, bei der Prüfung des **Wesentlichkeitskriteriums** nicht als Fremdumsätze zu werten sind, falls die Zusammenarbeit im Wesentlichen öffentliche Aufgaben betrifft. In der Gesamtbetrachtung erhält das Wesentlichkeitskriterium nicht zuletzt auch vor diesem Hintergrund eine erhebliche Bedeutung.

c) Zentrale Aussagen des »EuGH-Urteils Carbotermo« zu Drittumsätzen

Die unterschiedlichen Begrifflichkeiten zwischen dem Text in Art. 12 Abs. 1 UAbs. 1 Buchst. b **68** VRL sowie § 108 Abs. 1 Nr. 2 GWB auf der einen Seite und der erwähnten EuGH-Rechtsprechung, insbesondere im Urteil »Teckal« und den darauf folgenden EuGH-Entscheidungen auf der anderen Seite, deuten jedenfalls im Ergebnis darauf hin, dass der Rechtsgeber mit seiner neuen Formulierung »**betraut wurde**« keine Einengung, sondern eine **Erweiterung** bei der Zurechenbarkeit von Drittumsätzen im Hinblick auf das »Wesentlichkeitskriterium« vornehmen wollte. Insofern hatte aber der EuGH bereits in seinem Urteil »Carbotermo« sein zentrales Verständnis zum »Wesentlichkeitskriterium« dargelegt.[102] Insbesondere in den Randnummern 60 und 61 der »Carbotermo-Entscheidung«, auf das sich die nachfolgenden EuGH-Urteile beziehen,[103] macht der EuGH die wesentliche Zielrichtung des »Wesentlichkeitskriteriums« deutlich. Danach soll das europäische Vergaberecht anwendbar bleiben, wenn ein von einer oder mehreren Körperschaften kontrolliertes Unternehmen

> »*auf dem Markt tätig ist und daher mit anderen Unternehmen in Wettbewerb treten kann*«.   **69**

Danach ist Bezugspunkt des »Wesentlichkeitskriteriums« primär ein **dezidiertes Auftreten** der kon-   **70** trollierten juristischen Person im **Wettbewerb** mit privaten Unternehmen auf dem Markt.[104]

Was die mögliche Einbeziehung von **Dritt- oder Fremdumsatz** in die Tätigkeitsausführung für   **71** den öffentlichen Auftraggeber angeht, wird diese Konstellation auch in der »Carbotermo-Entscheidung« des EuGH aufgegriffen. Danach lässt der EuGH auch Umsätze der juristischen Person **mit Dritten** unter bestimmten Voraussetzungen unter die Tätigkeit »**für den öffentlichen Auftraggeber**« fallen. Erfasst sei insoweit der Umsatz, den das Unternehmen

> »*aufgrund der Vergabeentscheidung der kontrollierenden Körperschaft erzielt, einschließlich des*   **72** *Umsatzes, der in Ausführung solcher Entscheidungen mit Nutzern erzielt wird*«.[105]

Zu berücksichtigen seien insoweit alle Tätigkeiten, die ein Unternehmen als Auftragnehmer   **73**

> »*im Rahmen einer Vergabe durch den öffentlichen Auftraggeber verrichtet, ohne das die Person des*   **74** *Begünstigten* – *sei es der öffentliche Auftraggeber selbst oder der Nutzer der Leistungen* – *von Bedeutung wäre*«.[106]

---

100 Grundlegend EuGH NZBau 2000, 90 f. »Teckal« und in der Folge etwa EuGH NZBau 2009, 797 »Se. TCoSpa«; EuGH NZBau 2009, 804 »Acoset«; aus der Literatur Polster NZBau 2010, 486 ff. m w. N.

101 OLG Düsseldorf VergabeR 2012, 35 ff., »Stoffgleiche Nichtverpackungen« mit Anm. Seidel.

102 EuGH VergabeR 2006, 478, 484 Rn. 58 ff. »Carbotermo« mit Anm. Koch; s. auch NZBau 2006, 452, 455 Rn. 58 ff. »Carbotermo«; Jennert NZBau 2006, 421 ff; Stammkötter ZfBR 2007, 245 ff.

103 EuGH VergabeR 2007, 487 ff. Rn. 62 = NZBau 2007, 381, 386 Rn. 62 ff. »Asemfo/Tragsa«; EuGH NZBau 2008, 189 Rn. 61 ff. »AP«; hierzu auch Wagner-Cardenal/Scharf/Dierkes NZBau 2011, 271, 272 f.; EuGH NZBau 2009, 797, 803 Rn. 79 »Se.T.Co.Spa«.

104 Tomerius VergabeR 373 ff., 375; Jennert NZBau 2006, 421, 423.

105 EuGH VergabeR 2006, 478, 485 Rn. 65 – 67 mit Anm. Koch; s. auch NZBau 2006, 452, 455 Rn. 65 – 67 »Carbotermo«.

106 EuGH »Carbotermo«, a. a. O.

75   Das es in Anknüpfung an die »Carbotermo-Entscheidung« des EuGH für die Bestimmung des 80-Prozent-Werts auch weiterhin nicht darauf ankommt, wer **Begünstigter** der Ausführung des Auftrags ist, heben sowohl der Erwägungsgrund 32 der VRL als auch die Begründung zu § 108 Abs. 1 Nr. 2, letzter Satz GWB ausdrücklich hervor. Danach ist es

76   *»unerheblich, ob der Begünstigte der Ausführung des Auftrags der Auftraggeber selbst oder ein davon abweichender Nutzer der Leistungen ist«.*

77   Wird daher eine von einer Kommune kontrollierte Einrichtung mit der Erbringung von Leistungen gegenüber den **Einwohnern** der Kommune beauftragt, so handelt es sich dabei auch zukünftig grundsätzlich um Tätigkeiten **für den Auftraggeber**.[107] Es kommt weiter nach der EuGH-Entscheidung nicht darauf an, **wer** das betreffende Unternehmen vergütet, sei es die Körperschaft, die seine Anteile innehabe, oder seien es **Dritte als Nutzer** der Dienstleistungen, die aufgrund von Konzessionen oder anderen von der Körperschaft eingegangenen Rechtsbeziehungen erbracht würden. Auch spiele es keine Rolle, in welchem **Gebiet** die genannte Leistung erbracht werde.[108]

d) Das Merkmal »betraut wurde:« Parallelität mit AEUV

78   § 108 GWB unterscheidet in Abs. 1 streng zwischen seinem Einleitungshalbsatz und der dortigen »**Vergabe von öffentlichen Aufträgen**« im Wege eines In-House-Geschäfts einerseits sowie seinem Abs. 1 Nr. 2 andererseits mit dem Abstellen auf die 80 %ige **Tätigkeitsausführung** von Aufgaben, mit denen die juristische Peron von dem öffentlichen Auftraggeber **betraut wurde**. In diesem Punkt geht die Formulierung des § 108 Abs. 1 Nr. 2 GWB – wie auch Art. 12 Abs. 1 UAbs. 1 Buchst. b VRL – über die Formulierung des EuGH hinaus, wonach es für die Bestimmung des »Wesentlichkeitskriteriums« auf den Umsatz ankomme,

79   *»den das fragliche Unternehmen **aufgrund der Vergabeentscheidung** der kontrollierenden Körperschaft erzielt«.*[109]

80   Daher muss man angesichts des »neuen Wortlauts« davon ausgehen, dass es für die Bestimmung des Wesentlichkeitsanteils auf die Veranlassung der Tätigkeit gerade durch eine *Vergabe*entscheidung des öffentlichen Auftraggebers nicht mehr ankommt. Vielmehr reicht es aus, das der öffentliche Auftraggeber die Tätigkeiten der von ihm kontrollierten juristischen Person **in anderer Weise veranlasst** hat. Hierfür reicht jedoch nicht jede Form der Veranlassung aus. Denn der sowohl in Art. 12 Abs. 1 UAbs. 1 VRL als auch in § 108 Abs. 1 Nr. 2 GWB verwandte Begriff der »**Betrauung**« ist ein Fachterminus mit einem spezifischen Bedeutungsinhalt. Dieser findet sich EU-primärrechtlich in **Art. 106 Abs. 2 AEUV** (Vertrag über die Arbeitsweise der Europäischen Union) für Unternehmen,

81   *»die mit Dienstleistungen von **allgemeinem wirtschaftlichem Interesse** betraut sind«.*

82   Der terminologische Gleichlauf ist **kein Zufall** der deutschen Fassung der VRL, sondern er findet sich gleichermaßen in anderen Sprachfassungen wieder.[110]

83   Funktional ist dieser **begriffliche Gleichklang** zwischen **Vergaberecht** und dem **AEUV** auch als Grundlage für das **Beihilfenrecht** konsequent. Denn wie beim Wesentlichkeitskriterium nach Art. 12 Abs. 1 UAbs. 1 Buchst. b VRL sowie § 108 Abs. 1 Nr. 2 GWB geht es bei dem die Freistellung von Dienstleistungen von Allgemeinem Wirtschaftlichem Interesse von den Wettbewerbsregeln betreffenden Art. 106 Abs. 2 AEUV darum, einen **spezifischen Zusammenhang** (»**Betrauungsakt**«) zwischen der **Tätigkeit im Allgemeininteresse** bzw. der **Erfüllung öffentlicher Aufgaben** und

---

107   EuGH VergabeR 2006, 478, 485 Rn. 67 = NZBau 2006, 452 ff. »Carbotermo«; Ziekow VergabeR 2015, 258 ff., 260.
108   EuGH a. a. O »Carbotermo«.
109   EuGH VergabeR 2006, 478, 485 Rn. 65 = NZBau 2006, 452 ff. Rn. 65 »Carbotermo«.
110   Hierauf weist zu Recht Ziekow NZBau 2015, 258 ff., 260 hin.

einer originär dem Gemeinwohl verpflichtenden Instanz herzustellen.[111] Es bedarf daher stets eines **besonderen Akts der Betrauung** mit der Ausführung der Aufgabe, die aber nicht durch Hoheitsakt oder durch Vertrag geschehen muss.[112] Entscheidend ist aber, dass die Zuordnung der Aufgabe zu dem betreffenden Unternehmen **aktiv** durch einen erkennbaren und inhaltlich insoweit **eindeutig festgelegten Akt** erfolgt.[113] Hiervon wird man nur dann ausgehen können, wenn das **demokratisch legitimierte Entscheidungsgremium**, also bei einer Kommune der Gemeinde- bzw. Stadtrat oder der Kreistag, den Akt der Betrauung selbst vorgenommen hat. Die bloße Eröffnung eines Betätigungsfelds für ein von einem öffentlichen Auftraggeber kontrolliertes Unternehmen durch dessen Gesellschaftszweck reicht hierfür nicht aus.[114] Was die weitere sowohl **formalen** als auch **inhaltlichen** Anforderungen an den Betrauungsakt angeht, kann insoweit auch auf **parallele Regelungsbereiche** in den **beihilferechtlichen Vorgaben** der Europäischen Kommission Bezug genommen werden. So bestimmt die »beihilferechtliche« Verordnung (EU) Nr. 360/2012 der Kommission vom 25.04.2012[115] als **formale** Voraussetzung in ihrem Abs. 6, dass das begünstigte Unternehmen

»*schriftlich mit der Erbringung der Dienstleistungen von Allgemeinem Wirtschaftlichem Interesse . . .* 84 *betraut werden sollte*«.

Inhaltlich ist in der Verordnung (EU) Nr. 360/2012 der Kommission vom 25.04.2012 weiter 85 bestimmt, dass das mit der Erbringung der Dienstleistungen von Allgemeinem Wirtschaftlichem Interesse betraute Unternehmen

»*dem **Betrauungsakt Einzelheiten** zu dem Auftrag entnehmen können sollte*«. 86

Auch wenn in den weiteren Ausführungen der Nr. 6 der Verordnung (EU) Nr. 360/2012 der 87 Kommission vom 25.04.2012 darauf abgestellt wird, dass der Betrauungsakt nicht alle Details des Beschlusses der EU-Kommission vom 20.12.2011[116] enthalten muss, so gibt dieser Beschluss vom 20.11.2011 gemeinsam mit dem aktuellen **Freistellungsbeschluss 2012/21/EU** der EU-Kommission wichtige Vorgaben hinsichtlich der **zeitlichen und inhaltlichen** Ausgestaltung des Betrauungsakts wieder.

So ist eine Betrauung nach Art. 2 Abs. 2 S. 1 des Freistellungsbeschlusses 2012/21/EU der EU-Kom- 88 mission, wonach diese durch Beschluss festlegt, unter welchen Voraussetzungen staatliche Beihilfen, die bestimmten mit der Erbringung von Dienstleistungen von **Allgemeinem Wirtschaftlichem Interesse** betrauten Unternehmen als Ausgleich gewährt werden, als mit dem Binnenmarkt vereinbar angesehen werden und demzufolge von der Anmeldepflicht nach Art. 108 Abs. 3 AEUV befreit sind, grundsätzlich nur für einen Zeitraum von **10 Jahren** möglich. Wegen des durchaus gegebenen **Gleichklangs** im Hinblick auf den Betrauungsakt zwischen den Beihilfen- und dem Vergaberecht sollte daher auch der öffentliche Auftraggeber im Sinne einer Orientierung grundsätzlich die Betrauung des jeweiligen Unternehmens **vergaberechtlich** nicht über 10 Jahre hinaus vornehmen. Dies schließt es allerdings nicht aus, dasselbe Unternehmen nach Ablauf des 10-Jahreszeitraums mit derselben Leistung erneut zu betrauen. Ausnahmsweise ist nämlich auch nach Art. 2 Abs. 2 S. 1 des Freistellungsbeschlusses ein längerer Zeitpunkt einer Betrauung möglich, falls

---

111 So Art. 106 Abs. 2 AEUV Montag/Leibenath in Heidenhain Europäisches Beihilferecht 2003 § 30 Rn. 45 mwN.
112 So Art. 106 Abs. 2 AEUV, EuGH Slg. 1994, 313 Rn. 19/22 – BRT I.
113 Für Art. 106 Abs. 2 AEUV: Jung in: Calliess/Ruffert EUV/AEUV 4. Auflage 2011 Art. 106 AEUV Rn. 40.
114 Ziekow NZBau 2015, 258 ff., 260; mit Zweifeln an einer konturenscharfen Formulierung in Art. 12 Abs. 1 UAbs. 1 Buchst. b VRL: Dabringhausen VergabeR 2014, 512, 519 f.
115 Verordnung (EU) Nr. 360/2012 der Kommission vom 25.04.2012 über die Anwendung des Art. 107 und 108 des Vertrages über die Arbeitsweise der Europäischen Union auf De-Mininis-Beihilfen an Unternehmen, die Dienstleistungen von Allgemeinem Wirtschaftlichem Interesse erbringen.
116 Beschl. der EU-Kommission vom 20.12.2011 ABl. L 7 v. 11.01.2012, K(2011) 9380 endgültig.

89   »*eine erhebliche Investition seitens des Dienstleistungserbringers erforderlich ist, die nach allgemein anerkannten Regelungsgrundsätzen über einen längeren Zeitraum abgeschrieben werden muss*«.

90   Auch in **inhaltlicher** Sicht können sowohl aus Nr. 4 des Beschlusses der Kommission vom 20.12.2011[117] als auch insbesondere aus Art. 4 des Aktuellen Freistellungsbeschlusses 2012/21/EU der EU-Kommission zur Anwendung des Beihilferechts **Orientierungen** ebenso für den Begriff der »Betrauung« in § 108 Abs. 1 Nr. 2 GWB hergeleitet werden. So heißt es in Art. 4 des Freistellungsbeschlusses 2012/21/EU der EU-Kommission, der in Umsetzung von Art. 106 Abs. 2 AEUV die Betrauung mit sog. »**Dienstleistungen von Allgemeinem Wirtschaftlichem Interesse**« (DAWI) regelt und bei dessen Voraussetzungen im EU-Beihilfenrecht die Freistellung von der Notifizierungspflicht an sich verbotener Unternehmensbegünstigungen mit Binnenmarktrelevanz gegeben ist:

91   »*Die Erbringung der Dienstleitungen von allgemeinem öffentlichem Interesse wird dem Unternehmen im Wege eines oder mehrerer Betrauungsakte übertragen, deren Form von den einzelnen Mitgliedsstaaten bestimmt werden kann. In dem Akt/den Akten muss insbesondere Folgendes festgelegt sein:*
   a) Gegenstand und Dauer der gemeinwirtschaftlichen Verpflichtungen;
   b) Das Unternehmen und ggf. das betreffende Gebiet;
   c) Art etwaiger dem Unternehmen durch die Bewilligungsbehörde gewährter ausschließlicher oder besonderer Rechte;
   d) Beschreibung des Ausgleichsmechanismusses und Parameter für die Berechnung, Überwachung und Änderungen der Ausgleichsleistungen;
   e) Maßnahmen zur Vermeidung und Rückforderung von Überkompensationszahlungen und
   f) ein Verweis auf diesen Beschluss.«

92   Im Hinblick auf die Parallelität zwischen Beihilfen- und Vergaberecht sollten zumindest die in Art. 4 (**Betrauung**) des Freistellungsbeschlusses 2012/21/EU der EU-Kommission und dort in den **Buchstaben a) bis c) sowie f)** genannten Vorgaben auch als **inhaltliche Voraussetzungen** für den Betrauungsakt durch den öffentlichen Auftraggeber nach § 108 Abs. 1 Nr. 2 GWB erfüllt werden. Insgesamt bleibt jedenfalls festzustellen, dass § 108 Abs. 1 Nr. 2 GWB mit seiner Neuformulierung und dem Abstellen auf den Tatbestand des »Betrauens« ausdrücklich von der bisherigen und engeren Linie der EuGH-Rechtsprechung abgewichen ist. Es ist daher davon auszugehen, dass durch diese nach § 108 Abs. 1 Nr. 2 GWB erfolgte Erweiterung des Kreises der Tätigkeiten für den öffentlichen Auftraggeber über die durch die konkrete **Auftragsvergabe initiierten Tätigkeiten** hinaus auch auf solche Tätigkeiten, mit denen die juristische Person von dem sie kontrollierenden öffentlichen Auftraggeber **betraut worden ist**, sich auch der Anwendungsbereich des In-House-Geschäfts vergrößert hat.[118] Auch springt die **Parallelität** zu den (beihilfenrechtlichen) **Vorgaben** des AEUV bzw. der EU-Kommission ins Auge.[119]

e) Zurechnung von Drittgeschäften als Tätigkeiten für den öffentlichen Auftraggeber

93   Im Ergebnis halten es sowohl der EuGH[120] als auch Erwägungsgrund 32 der VRL sowie die Begründung zu § 108 Abs. 1 Nr. 2 GWB jedenfalls für möglich, Umsätze der juristischen Person **mit Dritten** in die Tätigkeiten, die »im Wesentlichen« und damit nach § 108 Abs. 1 Nr. 2 GWB zu mehr als 80 % für den öffentlichen Auftraggeber erbracht werden, einzubeziehen. Folge ist, dass vor diesem Hintergrund ein In-House-Geschäft trotz maßgeblicher »Drittumsätze« nicht auszuschließen ist. Bestätigt wird dies dadurch, dass auch die Generalanwältin Stix-Hackl in ihren Schlussanträgen zur »Carbotermo-Entscheidung« die große Praxisrelevanz der Zurechnung von Drittentgelten gerade bei Aufgaben der **Daseinsvorsorge** hervorgehoben hat. Hierbei nennt sie beispielhaft vor allem

---

117   ABl. L 7 v. 11.01.2012.
118   So auch Ziekow NZBau 2015, 258 ff., 260.
119   S. Ziekow a. a. O.
120   EuGH VergabeR 2006, 478 ff. mit Anm. Koch; s. auch NZBau 2006, 452 ff. »Carbotermo«.

Konzessionen, die Kommunen dann an ein Unternehmen vergeben, wenn dieses typischerweise Einnahmen durch **private Benutzerentgelte** erzielt. Die Generalanwältin Stix-Hackl betont, dass die Zurechnung von Drittentgelten zur Tätigkeit für die Kommunen gerade dann naheliegen, wenn die Kommune gegenüber diesen Dritten zu einer Leistung, insbesondere im Bereich der **Daseinsvorsorge**, verpflichtet sei.[121]

Diese Verknüpfung zwischen der Zurechnung von Drittentgelten zur Tätigkeit für die Kommune 94 im Bereich der **Daseinsvorsorge** ist beispielsweise dann gegeben, wenn eine kreisfreie Stadt oder ein Kreis durch ihr kommunaleigenes und kontrolliertes Abfallentsorgungsunternehmen die ihr obliegende Hausmüllentsorgung (»Graue Tonne«) durchführt, auch wenn die Bürgerinnen und Bürger als Dritte über ihre Gebühren zu den Entgelten herangezogen werden. Mit anderen Worten sind derartige Entgelte Dritter **nicht In-House-schädlich** und zählen daher mit zu der Ausführung von Aufgaben **für den öffentlichen Auftraggeber**, also die Kommune selbst, hinzu. Dem entspricht es, dass der EuGH für die Einbeziehung von Drittentgelten in seiner »Carbotermo-Entscheidung«[122] als relevant für den dem öffentlichen Auftraggeber zuzuordnenden Umsatz auch den Umsatz ansieht, den das Unternehmen

> *»aufgrund der Vergabeentscheidung der kontrollierenden Körperschaft erzielt, und zwar einschließ-* 95
> *lich des Umsatzes, der in Ausführung solcher Entscheidungen erzielt wird«.*

Zwar ist – wie aufgezeigt – der Kausalitätsschluss auf die **Vergabeentscheidung** der kontrollieren- 96 den Körperschaft in Art. 12 UAbs. 1 Buchst. b VRL sowie in § 108 Abs. 1 Nr. 2 GWB durch das Merkmal des »**betraut werden**« mit Aufgaben durch den öffentlichen Auftraggeber ersetzt und erweitert worden; es muss aber auch in Zukunft davon ausgegangen werden, dass der Europäische Gerichtshof an seiner weiteren sowohl vom EuGH in seiner »Carbotermo-Entscheidung« anklingenden[123] als auch in der Aussage der Generalanwältin Stix-Hackl in ihren Schlussanträgen[124] sich wiederfindenden Aussage festhält. Danach handelt es sich bei den einzubeziehenden Entgelten von Dritten nicht um beliebige Dritte, sondern diese müssen

> *»Nutzer der Dienstleistungen, die aufgrund von Konzessionen oder anderen von der Körperschaft* 97
> *eingegangenen Rechtsbeziehungen erbracht werden sein« bzw. es muss eine rechtliche Beziehung zwi-*
> *schen der Gemeinde und der die Leistung erbringenden Einrichtung bestehen«.*

Damit wird klargestellt, dass Drittgeschäfte, die **etwa völlig isoliert** von dem eigentlichen Auftrags- 98 verhältnis »Kommune – Kommunales Unternehmen« sind, nicht beim Umsatz »im Wesentlichen für die Kommune« und damit auch nicht bei der 80-Prozent-Marge berücksichtigt werden dürfen. Vielmehr muss zugleich eine zum Drittgeschäft **parallele Rechtsbeziehung zwischen Kommune und kommunalem Unternehmen** bestehen und diese Rechtsbeziehung muss ihrerseits zum Drittgeschäft **kausal** sein und in **rechtlicher Verbindung** stehen. Drittgeschäfte, die damit nicht in diesem Sinne kausal sind und in keiner rechtlichen Beziehung zum ursprünglich durch die Kommune vergebenen Hauptauftrag stehen, sind daher reine **Fremdgeschäfte**, die nicht zur Tätigkeit für die Kommune hinzugerechnet werden können.[125]

f) Drittgeschäfte in wettbewerbsrelevanten Märkten

Vor diesem Hintergrund soll in erster Linie ein **dezidiertes** und von der **Betrauung** durch den 99 Auftraggeber losgelöstes Auftreten des beauftragten Unternehmens im Wettbewerb mit **privaten Unternehmen auf dem Markt** die Privilegierung eines vergabefreien In-House-Geschäfts entfallen

---

121 EuGH Slg. 2006 I-4137 Schlussanträge der Generalanwältin Stix-Hackl v. 12.01.2006 zum Urteil »Carbotermo« Rn. 112; vgl. auch Wagner-Cardenal/Scharf/Dierkes NZBau 2011, 271, 274.
122 EuGH VergabeR 2006, 478, 484 Rn. 58 ff. = NZBau 2006, 452, 455 Rn. 58 ff.
123 EuGH VergabeR 2006, 478, 484 Rn. 58 ff. = NZBau 2006, 452, 455 Rn. 58 ff.
124 Vgl. EuGH Slg. 2006 I-4137 Schlussanträge der Generalanwältin Stix-Hackl v. 12.01.2006 zur Rechtssache »Carbotermo« Rn. 113; vgl. auch Wagner-Cardenal/Scharf/Dierkes NZBau 2011, 271, 274.
125 Tomerius VergabeR 373, 377; ähnlich Dabringhausen NZBau 2009, 616, 619 f.

lassen. Dies bedeutet aber umgekehrt, dass im Rahmen einer erforderlichen Gesamtbetrachtung nicht jedes wettbewerbliche Agieren des kommunalen Unternehmens als In-House-schädlich angesehen werden kann. Der EuGH[126] hat insoweit für die Bestimmung des Wesentlichkeitskriteriums auf eine **Gesamtbetrachtung** qualitativer und quantitativer Umstände abgestellt. Hierzu gehört in der Folge auch die Beurteilung, inwieweit die jeweiligen Geschäfte nicht nur von der »**Betrauung**« durch den öffentlichen Auftraggeber gedeckt sind, sondern im Einzelnen auch die Frage, ob sich dahinter eine **dezidierte Wettbewerbsstrategie** der kontrollierten Einrichtung verbirgt oder hiermit »nur« die Nutzung von **Annex-Kapazitäten** verbunden ist, die ihrerseits insbesondere dem Interesse des öffentlichen Auftraggebers, also etwa einer Kommune im Rahmen der Wahrnehmung ihrer Aufgaben der Daseinsvorsorge (Bsp.: Abfallentsorgung), zugutekommt.[127]

100   Auch der EuGH und die nationale Rechtsprechung haben eine Befugnis, zusätzliche Dienstleistungen für **private Wirtschaftsteilnehmer** und damit auf **Drittmärkten** zu erbringen, für unschädlich gehalten, so lange hierin nur eine **Ergänzung** der wesentlichen Tätigkeitserbringung für den öffentlichen Auftraggeber liege. Eine ganz untergeordnete Tätigkeit für andere Wirtschaftsteilnehmer schließe daher die Tätigkeit im Wesentlichen für die auftraggebende Körperschaft nicht aus.[128] Eine derartige Hinzurechenbarkeit von Drittumsätzen zur Tätigkeit für den Auftraggeber setzt aber zum einen voraus, dass eine **Kausalität** zwischen dem seitens des Auftraggebers erfolgten »**Betrauungsakt**« (s. § 108 Abs. 1 Nr. 2 GWB) gegenüber der juristischen Person und damit in der Regel den kommunalen Unternehmen erfolgt und dass andererseits die juristische Person (Bsp.: Kommunales Unternehmen) ihre Leistungen gegenüber den Dritten (Bürgern etc.) in **rechtlicher Parallelität und Kongruenz** zu dem erfolgten Betrauungsakt erbringt und daher gerade **nicht** ausschließlich aufgrund von Aufträgen der **Dritten einseitig** tätig wird. Mit anderen Worten muss eine parallele »rechtliche Kausalität« zwischen dem Auftragsverhältnis des öffentlichen Auftraggebers (Kommune) zu der von ihm kontrollierten juristischen Person (Kommunales Unternehmen) einerseits und dem Drittgeschäft der juristischen Person (Kommunales Unternehmen) zum Dritten/Bürger andererseits gegeben sein. Besteht aber umgekehrt gar kein Bezug der Leistungen der privaten Dritten zum öffentlichen Auftraggeber und damit auch zur Kommune, können diese Leistungen auch nicht als Tätigkeit für den oder die öffentlichen Auftraggeber i.S.d. § 108 Abs. 2 Nr. 2 GWB eingerechnet werden.[129]

g) Dienstleistungen von Allgemeinem Wirtschaftlichem Interesse

101   Auch wenn § 108 Abs. 1 Nr. 2 GWB als maßgebliches Kriterium für die jeweilige Zurechnung der Tätigkeiten der juristischen Person darauf abstellt, ob diese juristische Person mit der konkreten Ausführung von Aufgaben vom öffentlichen Auftraggeber »betraut wurde«, ist unter **qualitativen Gesichtspunkten** weiter mit entscheidend, ob es sich bei dem »betrauten Geschäftsfeld« um marktnahe bzw. wettbewerbsstarke oder aber marktferne bzw. wettbewerbsschwache Aufgabenbereiche handelt.[130] Diese Sicht wird dadurch bestätigt, dass der Bezugspunkt des Wesentlichkeitskriteriums und damit auch der 80-Prozent-Grenze in erster Linie ein **dezidiertes Auftreten** des beauftragten Unternehmens **im Wettbewerb mit privaten Unternehmen auf dem Markt** ist. **Deutlich marktrelevantes Verhalten** im Wettbewerb durch ein öffentliches Unternehmen – so die Logik des EuGH – verwässert den Unterschied zu rein privaten Unternehmen so stark, dass die Privilegierung durch ein vergabefreies In-House-Geschäft nicht mehr gerechtfertigt ist.[131]

---

126   EuGH VergabeR 2006, 478, 484 Rn. 58 ff. = NZBau 2006, 452, 455 Rn. 58 ff. »Carbotermo«; s. auch OLG Düsseldorf NZBau 2006, 662, 666 »Regio Entsorgung«; OLG München NZBau 2008, 668, 671 »SPNV Regensburg«.
127   Tomerius VergabeR 2015, 373 ff., 378.
128   EuGH NZBau 2009, 797, 803 »Se.TCo.Spa« Rn. 79 f.
129   So auch Dabringhausen NZBau 2009, 616, 619 f.; s. auch Schlussanträge der Generalanwältin Stix-Hackl v. 12.01.2006 – Rs. C-340/04 – Rn. 114.
130   Vgl. Schröder NVwZ 2011, 776, 778.
131   So auch Tomerius VergabeR 2015, 373 ff., 378.

Hiernach ist eine **Gesamtbetrachtung** der jeweils von der juristischen Person und damit auch von **102** dem kommunalen Unternehmen auf der Grundlage des Betauungsakts übernommenen Geschäftsfelder vorzunehmen: Werden ganz maßgeblich **Dienstleistungen von Allgemeinem Wirtschaftlichem Interesse** verfolgt und für den öffentlichen Auftraggeber bzw. die »Mutter-Kommune« sozusagen als »kommunale Pflichtaufgabe« wahrgenommen, so steht diese Aufgabe klar im **Zentrum** des Unternehmens, für das die öffentliche Hand es auch gegründet hat. Eine derartige klare Zuordnung kann zum Beispiel bei der kommunalen Pflichtaufgabe der Abwasserbeseitigung oder der (Hausmüll-)Abfallentsorgung angenommen werden. Hat daher eine Kommune ihr eigenes Unternehmen zum Beispiel mit dem Ziel der Sammlung und des Transports des Hausmülls gegründet, können auch **ergänzende Fremdgeschäfte** als Annexleistungen mit **gewerblichen Direktanliefern** sowie etwa auch unmittelbar mit der Betreibung einer kommunalen Müllverbrennungsanlage (MVA) zusammengehörige Erlöse aus Fernwärme- und Stromgeschäften in die Gesamtbetrachtung der »**kommunalen Aufgabe**« einbezogen werden. Derartige Geschäfte können schwerlich als Tätigkeit im Wettbewerb auf dem Markt angesehen werden.[132] Insoweit ist auch zu berücksichtigen, dass § 108 Abs. 1 Nr. 2 GWB als eine Voraussetzung des In-House-Geschäfts weiter gefasst ist als die Norm des § 108 Abs. 6 GWB, die in Nr. 2 als Voraussetzung für die Vergaberechtsfreiheit der – horizontalen – öffentlich-öffentlichen (interkommunalen) Zusammenarbeit einschränkend verlangt, dass die Durchführung der Zusammenarbeit ausschließlich durch Überlegungen im Zusammenhang mit dem **öffentlichen Interesse** bestimmt wird. Eine zur **Ausschreibungspflicht** führende **aktive Tätigkeit** auf dem Markt ist aber gegeben, wenn über die andienungspflichtigen kommunalen Abfälle hinaus in **erheblichem Umfang** auch »freie Gewerbeabfälle« bewusst akquiriert werden.[133] Wo genau die Grenze liegt, muss im Rahmen einer auch **qualitativ-quantitativen Einzelfallbetrachtung** beurteilt werden.

Dass damit insgesamt nicht jede Teilnahme eines von einem öffentlichen Auftraggeber kontrol- **103** lierten Unternehmens im wettbewerbsrelevanten Bereich und damit auf dem Markt beim Wesentlichkeitskriterium (80 %) des § 108 Abs. 1 Nr. 2 GWB anrechenbar ist, ergibt sich auch aus der Begriffsbestimmung der »**Wirtschaftsteilnehmer**« in Art. 2 Nr. 10 der Richtlinie 2014/24/EU, dem in diesem Fall die Stellung des Bewerbers oder Bieters zukommt. Die Definition des »Wirtschaftsteilnehmers« in dieser Bestimmung stellt darauf ab, dass dieser auf dem Markt Leistungen »**anbietet**«. Hiervon wird man aber grundsätzlich nur bei einer **aktiven Aquise** des Wirtschaftsteilnehmers und damit auch der öffentlichen Einrichtung ausgehen können.[134] Indem der EuGH[135] sowie die Generalanwältin Stix-Hackl[136] grundsätzlich zwischen hauptsächlichen und rein nebensächlichen Tätigkeiten differenziert und die Grenzziehung danach vornimmt, ob ein **dezidierter Marktauftritt** vorliegt, wird man daher im Ergebnis bei sog. **Annextätigkeiten** zu einer staatlich (kommunalen) Aufgabe keine Verletzung des Wesentlichkeitskriteriums annehmen können.[137] Dies bedeutet aber umgekehrt, dass die kontrollierte Einrichtung grundsätzlich nicht an **externen Ausschreibungsverfahren** dritter öffentlicher Auftraggeber teilnehmen darf, will sie die In-House-Fähigkeit nicht verlieren.[138] Während Tomerius die Einbeziehung von **ergänzenden »Drittätigkeiten«** in die Tätigkeit für den öffentlichen Auftraggeber primär unter den Gesichtspunkt des Gemeindewirtschaftsrechts, des Grundsatzes der Wirtschaftlichkeit und Sparsamkeit sowie des Gebühren- und öffentlichen Preisrechts (VO PR Nr. 30/53 i. V. m. Leitsätzen für die Preisermittlung aufgrund von Selbstkosten) vornimmt,[139] dürften diese nationalrechtlichen Vorgaben bei der **europarechtlich gebotenen**

---

132 Tomerius VergabeR 2015, 373 ff., 378.
133 OLG Düsseldorf NZBau 2012, 50 ff., 52; Mayer NZBau 2012, 25 ff., 27.
134 Hahn (Fn. 1) 2. Teil § 7 S. 160 ff.
135 EuGH VergabeR 2006, 478 ff. = NZBau 2006, 452 ff. »Carbotermo«.
136 EuGH Flg.2006 I-4137 Schlussanträge der Generalanwältin Stix-Hackl vom 12.01.2006 zur Rechtssache »Carbotermo«.
137 Tomerius VergabeR 2015, 373 ff., 378.
138 Hahn (Fn. 1) 2. Teil § 7 S. 161.
139 Tomerius VergabeR 2015, 373ff., 378.

Auslegung des § 108 Abs. 1 Nr. 2 GWB sowie des Art. 12 der VRL »nur« eine **rechtliche Orientierung** bieten.

104   Es ist aber rechtlich angebrachter, für die Abgrenzung zwischen marktorientierten und nicht primär marktorientierten Leistungen auf den Begriff der »**Dienstleistungen von Allgemeinem Wirtschaftlichem Interesse**« im **EU-Recht** abzustellen. Auch wenn dieser Begriff im EU-Recht nicht definiert wird und in den Mitgliedstaaten unterschiedlich ausgefüllt und verwendet wird, werden generell unter die »Dienstleistungen von Allgemeinem Interesse« in der Praxis sowohl wirtschaftliche als auch nicht wirtschaftliche Dienstleistungen verstanden, denen die Mitgliedstaaten ein allgemeines Interesse beimessen und die von ihnen daher mit spezifischen **Gemeinwohlverpflichtungen verknüpft** werden. Dieser Begriff umfasst sowohl Dienstleistungen von Allgemeinem Wirtschaftlichem Interesse (**DAWI**), die unter den Vertrag über die Arbeitsweise der Europäischen Union (**AEUV**) fallen, als auch nicht wirtschaftliche Dienstleistungen von Allgemeinem Interesse, die nicht unter den AEUV fallen.

105   Der Begriff der Dienstleistung von **Allgemeinem Wirtschaftlichem Interesse** wird im AEUV in **Art. 14 und Art. 106 Abs. 2** sowie im **Protokoll Nr. 26** erwähnt, jedoch weder dort noch im abgeleiteten Unionsrecht definiert. In der Praxis bezieht sich dieser Begriff in der Regel auf wirtschaftliche Dienstleistungen, die die nationalen, regionalen oder kommunalen Behörden der Mitgliedstaaten – je nach Zuständigkeit gemäß innerstaatlichen Rechtsnormen – mit besonderen Gemeinwohlverpflichtungen verbinden. Davon sind insbesondere die Dienstleistungen erfasst, die durch **Betrauung** bestimmter Einrichtungen mit diesen Dienstleistungen gekennzeichnet sind, um insoweit ein Allgemeines Interesse durchzusetzen und zu gewährleisten, dass diese Dienstleistungen zu Konditionen erbracht werden, die nicht unbedingt den Marktbedingungen entsprechen. Vor diesem Hintergrund können dann ergänzend auch das nationale Recht und insbesondere das Gemeindewirtschafts- und Gebührenrecht sowie auch die Preisverordnung (VO PR Nr. 30/53) zur **Auslegung** der europarechtlichen Bestimmungen herangezogen werden.[140]

h) Daseinsvorsorge versus Wettbewerb

106   Auf der Grundlage der Vorgaben der Art. 106 Abs. 2 und 14 des AEUV und des Protokolls Nr. 26 und der dortigen Beschreibung der »Dienstleistungen von Allgemeinem Wirtschaftlichem Interesse« sowie auch in Auslegung der national- und landes- sowie kommunalrechtlichen Vorgaben des Gemeindewirtschafts- und Gebührenrechts fallen jedenfalls kommunale Aufgaben der **Daseinsvorsorge** und insbesondere **kommunale Pflichtaufgaben** hierunter. Sie müssen daher als Aufgaben angesehen werden, bei deren Übertragung (Betrauung) auf eine juristische Person und damit auch auf ein kommunales Unternehmen **keine Tätigkeit im – aktiven – Wettbewerb** auf dem Markt vorliegt. Dies gilt zumindest dann, wenn auf der Grundlage des Betrauungsakts und der vertraglichen Rechtsbeziehungen sowohl im Verhältnis des öffentlichen Auftraggebers (Bsp.: Kommune) zu der juristischen Person (Bsp.: Kommunales Unternehmen) als auch im Verhältnis der juristischen Person (Bsp.: Kommunales Unternehmen) zu den Drittnutzern der Leistungen diese Leistungen als **Ergänzungstätigkeiten** erbracht werden. Wenn diese Leistungen zusätzlich insbesondere den Grundsätzen der **Wirtschaftlichkeit und Sparsamkeit** und auch einer **gebührenrechtlichen Stabilität**, etwa bei der Durchführung von Abfallentsorgungsaufgaben, Rechnung tragen, so sind diese Annex-Tätigkeiten nicht marktrelevant und daher dem öffentlichen Auftraggeber als In-House-Geschäft zuzurechnen.[141] Folge ist, dass lediglich ergänzende Fremdgeschäfte, etwa mit **gewerblichen Direktanliefern** bei einer kommunalen Müllverbrennungsanlage (MVA) und auch **Erlöse aus Fernwärme- und Stromgeschäften**, die unmittelbar in Zusammenhang mit dem Betrieb der MVA stehen und daher die Nutzung von »Annex-Kapazitäten« beinhalten, als in Zusammenhang mit dem daseinsvorsorgenden Auftrag stehend angesehen werden müssen. Sie sind daher in der Gesamtbe-

---

140 Tomerius VergabeR 2015, 373 ff., 386 ff.
141 Tomerius VergabeR 2015, 373 ff., 378.

trachtung schwerlich als gezielte Tätigkeit im Wettbewerb auf dem Markt anzusehen und folglich nicht In-House-schädlich.[142]

Denn das Interesse an Gebührenstabilität und an einer möglichst hohen Auslastung, etwa einer ord- **107** nungsgemäß konzipierten Müllverbrennungsanlage (MVA), steht in direktem Zusammenhang mit der Verpflichtung der den Betrauungsakt ausführenden Körperschaft, die in ihrem Gebiet anfallende Abfälle umwelt- und kostengerecht zu entsorgen. Regelmäßig werden sich entsprechend auch im Vertrag zwischen der Kommune und dem beauftragten kommunalen Entsorgungsunternehmen **Vertragsklauseln** finden lassen, die dazu verpflichten, zur besseren Auslastung etwa einer MVA auch **Fremdgeschäfte** in begrenztem Umfang anzunehmen, soweit dies die Kapazitäten der Anlage und die In-House-Rechtsprechung des EuGH zulassen.[143] In diesem Fall werden aber mit dem ergänzenden Deckungsbeitrag in Randbereichen **Dienstleistungen von Allgemeinem Wirtschaftlichem Interesse** unterstützt und es wird eine **sparsame, wirtschaftliche und gebührenverträgliche Entsorgung** von Abfällen gewährleistet. Wenn hierzu auch Erlöse aus Fernwärme- und Stromgeschäften beitragen sollen, so kann eine mit ausdrücklichem **Betrauungsakt** durch die Kommune erfolgte Rechtsbeziehung vom Grundgedanken her nicht dazu führen, die In-House-Geschäfte über das Wesentlichkeitskriterium einzugrenzen.[144]

Das in den zur Daseinsvorsorge und den Diensten von Allgemeinem Wirtschaftlichem Interesse **108** abgegrenzten Bereichen außerhalb von Pflichtaufgaben In-House-Konstellationen möglich sind, hat auch der EuGH nie bestritten. Dem EuGH ging es bei der Abgrenzung zwischen vergaberechtspflichtigen Geschäften und In-House-Geschäften stets um Geschäftsfelder öffentlicher Unternehmen, die vom öffentlichen Auftrag (»Betrauung«) **selbstständig abgrenzbar waren**. Nicht gemeint waren daher – geringfügige – Randtätigkeiten für private Dritte, damit die kommunalen Unternehmen ihre Aufgaben im Sinne des Allgemeininteresses und der Prinzipien der Wirtschaftlichkeit und Sparsamkeit gegenüber der Bürgerschaft ordnungsgemäß erfüllen können. In solchen Fällen liegt es daher näher, eine (untergeordnete), aber im Allgemeinen Interesse erfolgende Tätigkeit für andere Wirtschaftsteilnehmer anzunehmen, die die Tätigkeit im Wesentlichen für die auftraggebende Körperschaft und damit ein In-House-Geschäft nicht ausschließt.[145]

i. Drittumsätze in liberalisierten Märkten

Insbesondere deutsche Gerichte hatten sich in jüngerer Zeit mit der Frage befasst, ob Entgelte **109** von Privatkunden in **liberalisierten Märkten** als Drittumsätze aus Fremdgeschäften im Rahmen der Tätigkeit im **Wesentlichen** für den öffentlichen Auftraggeber berücksichtigungsfähig sind. So schloss zunächst das **OLG Hamburg**[146] alle Umsätze, die das von der Stadt kontrollierte und beauftrage kommunale Unternehmen mit Privatkunden im Bereich der Stromlieferung erwirtschaftete von einer Zurechnung zum öffentlichen Auftraggeber aus. Dies erfolgte sogar auch im Hinblick auf die Umsätze des kommunalen Energieversorgungsunternehmens mit den Privatkunden, die im **Gebiet der Stadt** ansässig waren. Das OLG Hamburg nahm unter Bezug auf das EuGH-Urteil »Carbotermo« an, dass es für die Einberechnung von Drittumsätzen erforderlich sei, dass stets ein »*Kausalzusammenhang zwischen der Rechtsbeziehung Kommune-Kommunales Unternehmen und dem Drittumsatz bestehen müsse*«. Der öffentlichen Körperschaft könnten daher nur solche Umsätze

---

142 Tomerius, a. a. O.
143 Tomerius VergabeR 2015, 373 ff., 378.
144 Tomerius VergabeR 2015, 373 ff., 378, 379; kritisch und insoweit nicht unterscheidend: OLG Celle EuGH-Vorlage v. 17.12.2014 – 13 Verg 3/13 – VergabeR 2015, 180 ff. »PPK-Transport«, das generell nur bei kommunalen Pflichtaufgaben die Möglichkeit eines In-House-Geschäfts annehmen will; s. auch die Anmerkung von Antweiler VergabeR 2015, 191 f.
145 EuGH NZBau 2009, 797, 803 »Se.TCo.Spa« Rn. 79 f.; Tomerius VergabeR 2015, 373 ff., 379.
146 OLG Hamburg VergabeR 2011, 614 ff. mit Anm. Steinert/Kohler; s. auch NZBau 2011, 185 ff.; s. zur Gesamtthematik: Gruneberg/Wilden VergabeR 2011, 149 ff., 152 ff.; Bohne/Heinbuch NVwZ 2004, 177 ff.; Burgi Recht der Energiewirtschaft 6/2007, 145 ff.

zugerechnet werden, deren Erzielung sie auch **tatsächlich herbeigeführt** habe. Die Leistung an Dritte und der hierdurch erzielte Umsatz müssen also auf einer Rechtsbeziehung zwischen dem Unternehmen und der sie kontrollierenden Körperschaft beruhen. Das OLG Hamburg verneinte diese **kausale Rechtsbeziehung**, weil der Privatkunde auf dem Strommarkt ein **Wahlrecht** habe und unter einer Vielzahl von Anbietern entscheiden könne. Seine Entscheidung sei daher in dem nicht der Daseinsvorsorge unterliegenden und liberalisierten Strommarkt autonom und beruhe nicht auf der Rechtsbeziehung zwischen Kommune und kommunalem Unternehmen.[147] Insoweit genüge auch der auf kommunale Daseinsvorsorge und Klimaschutz bezogene Satzungszweck der kommunalen Gesellschaft nicht und könne die erforderliche Kausalität nicht herstellen. Denn das kommunale Unternehmen sei nicht durch die Körperschaft, sondern unmittelbar durch die **Privatkunden** als außerhalb der Kommune stehende Dritte eigenständig beauftragt worden.

110   Ähnlich hat das **OLG Frankfurt**[148] bei der städtischen Vergabe eines Betriebsführungsauftrags an einen als Eigenbetrieb organisierten städtischen Wasserversorgungsbetrieb entschieden, bei dem dieser Eigenbetrieb Umsätze durch die Belieferung von privaten Endkunden mit Strom und Gas erzielte. Das OLG Frankfurt nahm gleichfalls Bezug auf das »Carbotermo«-Urteil des EuGH und stellte fest, dass zwar die Umsätze, die der Eigenbetrieb in der Trinkwasserversorgung erzielte, im Rahmen der Tätigkeit für die Stadt berücksichtigt werden konnten, weil insoweit auch eine Kausalität zwischen kommunalem Auftrag und Drittgeschäften erkennbar. Die Umsätze, die durch die Strom- und Gaslieferung an die privaten Endkunden erzielt wurden, klammerte das Gericht aber – wie das OLG Hamburg – aus. Diese Umsätze seien **nicht aufgrund der Vergabeentscheidung** der Stadt, sondern aufgrund der **eigenen unternehmerischen Entscheidungen**, im liberalisierten Energiemarkt am freien Wettbewerb teilzunehmen, entstanden. Sie könnten daher nicht zur Tätigkeit für die Stadt hinzugerechnet werden. Da der Eigenbetrieb insgesamt dadurch nur rund 6 % seines Gesamtumsatzes aufgrund einer Vergabeentscheidung der Stadt erwirtschaftete, verneinte das OLG Frankfurt ein In-House-Geschäft.

111   Nach der Entscheidung des OLG Hamburg[149] werden Entgelte von Privatkunden nicht als Umsatz im Rahmen der »Tätigkeit im Wesentlichen für den öffentlichen Auftraggeber« anerkannt. Sie werden diesem daher nicht als In-House-fähig zugerechnet, weil die Erzielung dieser Umsätze aufgrund der **Wahlfreiheit** des Privatkunden im – liberalisierten – Stromgeschäft **nicht kausal** auf der Rechtsbeziehung mit dem öffentlichen Auftraggeber beruht. Es fragt sich aber, ob das Gericht – ebenso wie das OLG Frankfurt[150] – ein richtiges Verständnis des EuGH-Urteils »Carbotermo« zugrunde gelegt hat. Insofern ist zunächst nochmals daran zu erinnern, dass sowohl der Erwägungsgrund 32 der VRL als auch die Begründung zu § 108 Abs. 1 Nr. 2 GWB hervorheben, dass es

112   *»unerheblich ist, ob der Begünstigte der Ausführung des Auftrags der Auftraggeber selbst oder ein davon abweichender Nutzer der Leistungen ist«.*

113   Wird daher etwa ein kommunales Unternehmen von der dieses Unternehmen kontrollierenden Kommune mit der Erbringung von Leistungen gegenüber den Einwohnern der Gemeinde beauftragt, so handelt es sich – wie schon die »Carbotermo«-Entscheidung des EuGH feststellte – dabei um Tätigkeiten für den Auftraggeber.[151] Weiter ist zu bedenken, dass sowohl Art. 12 Abs. 1b der Richtlinie 2014/24/EU (VRL) als auch in seiner Umsetzung § 108 Abs. 1 Nr. 2 GWB – anders als der EuGH –[152] bewusst von der noch vom EuGH gewählten Formel, wonach es für die Ausfüllung des Wesentlichkeitskriteriums auf den Umsatz ankomme

---

147   OLG Hamburg VergabeR 2011, 614, 619 f. mit Anm. Steinert/Kohler; s. auch NZBau 2011, 185, 187.
148   OLG Frankfurt VergabeR 2012, 47 ff. mit Anm. Donhauser/Wittig.
149   OLG Hamburg VergabeR 2011, 614, 619 f. = NZBau 2011, 185, ff.
150   OLG Frankfurt VergabeR 2012, 47 ff.
151   EuGH VergabeR 2006, 478, 485 Rn. 67 ff. = NZBau 2006, 452 ff. Rn. 67 »Carbotermo«.
152   EuGH VergabeR 2006, 478, 485 Rn. 65 = NZBau 2006, 452 ff. Rn. 65 »Carbotermo«.

*»den das fragliche Unternehmen aufgrund der **Vergabeentscheidung** der kontrollierten Körperschaft* 114
erzielt«,

abweicht und weitergehend auf den »**Betrauungsakt**« durch den öffentlichen Auftraggeber abstellt.

Mit anderen Worten wird man wegen dieser bewussten Änderung davon ausgehen müssen, dass 115
es auf die Veranlassung einer Tätigkeit gerade durch eine **Vergabeentscheidung** des öffentlichen
Auftraggebers nicht mehr ankommt. Vielmehr reicht es aus, dass der öffentliche Auftraggeber
die Tätigkeiten der von ihm kontrollierten juristischen Person in **anderer Weise**, nämlich durch
eine »**Betrauung**« veranlasst hat, was im Ergebnis eine Erweiterung des Anwendungsbereichs des
In-House-Geschäfts bedeutet.[153] Denn nach der erweiternden Neuformulierung in § 108 Abs. 1
Nr. 2 GWB geht es nicht mehr um die Umsätze mit der Stadtmutter, sondern um Umsätze, die der

*»**Ausführung von Aufgaben** dienen, mit denen die (kontrollierte) juristische Person von dem öffentli-* 116
*chen Auftraggeber **betraut** wurde«.[154]*

Wer dann letztlich die Rechnung bezahlt, ob etwa die Kommune oder die betroffenen Bürger, ist 117
insoweit unerheblich.[155] Entscheidend ist nur ein besonderer **Akt der Betrauung** mit der Ausführung der Aufgabe, der zwar nicht durch Hoheitsakt oder durch Vertrag erfolgen muss.[156] Jedoch
muss die Zuordnung der Aufgabe zu dem betreffenden Unternehmen **aktiv durch einen erkenn-**
baren und inhaltlich insoweit eindeutig festgelegten Akt geschehen.[157] Dies bedingt auch, dass das
jeweils **demokratisch legitimierte Entscheidungsorgan** des öffentlichen Auftraggebers (Gemeinde-
oder Stadtrat, Kreistag etc.) die **konkrete Betrauung** vornimmt. Die bloße Eröffnung eines Betätigungsfelds des für ein von einem öffentlichen Auftraggeber kontrolliertes Unternehmen durch
dessen Gesellschaftszweck reicht daher nicht aus. Dem Sachverhalt des OLG Hamburgs[158] lag eine
entgeltliche Dienstleistungsvereinbarung zugrunde, in der insbesondere die von der Stadt kontrollierte GmbH beauftragt wurde, energiewirtschaftliche Leistungen an die Stadt zu erbringen. Im
zugrunde liegenden Gesellschaftsvertrag zwischen der Stadt und der GmbH hat zudem die Stadt
das von ihr kontrollierte Unternehmen beauftragt, den Bürgern im Rahmen der Daseinsvorsorge
Strom anzubieten und zu liefern, der weder in Atom- noch in Kohlekraftwerken erzeugt worden
sei. Auf der Grundlage dieser Konstellation und des gegenüber der EuGH-Rechtsprechung erweiternden Begriffs der »Betrauung« in § 108 Abs. 1 Nr. 2 GWB muss daher diese Voraussetzung als
erfüllt angesehen werden.

Damit verbleibt für die Frage der Zurechnung von Drittumsätzen in liberalisierten Märkten das 118
Problem, ob in diesen Bereichen noch von einer **kausalen Beziehung** zwischen dem Betrauungsakt
des öffentlichen Auftraggebers an »sein (kommunales) Unternehmen« einerseits und dem hiermit
in rechtlicher Beziehung stehenden Drittgeschäft ausgegangen werden kann. Wie schon ausgeführt
wurde,[159] ging es dem EuGH[160] über ein rein kausales Verständnis hinaus darum, Drittgeschäfte,
die **in keinerlei rechtlicher Beziehung** zum ursprünglich durch die Kommune vergebenen Haupt-
auftrags stehen, als Fremdgeschäfte im **Wettbewerb** auszuklammern und diese der Ausschreibungspflicht zu unterwerfen. Auszugrenzen sind damit jedenfalls Umsätze sowohl im Hoheitsgebiet der
Vergabestelle als insbesondere auch im Hoheitsgebiet außerhalb der Vergabestelle, die **jeglichen**

---

153 Siehe insoweit die Ausführungen unter B.I.6 d. Rn. 41 ff.
154 Dabringhausen, VergabeR 2014, 512, 519.
155 EuGH VergabeR 2006, 478, 485 Rn. 67 = NZBau 2006, 452 ff. Rn. 67 »Carbotermo«.
156 Zu Art. 106 Abs. 2 AEUV Hoheitsakt: EuGH Slg. 1974, 313 Rn. 19/22; zum Vertrag: Daseinsvorsorge-
     mitteilung der EU-Kommission v. 20.09.2000, 4 Rn. 22.
157 Für Art. 105 Abs. 2 AEUV Jung in Calliess/Ruffert EUV/AEUV 4. Aufl. 2011 Art. 106 AEUV Rn. 40.
158 OLG Hamburg VergabeR 2011, 614 ff. = NZBau 2011, 185 ff.
159 Kommentierung zu B.I.6 e) Rn. 46 ff.
160 EuGH VergabeR 2006, 478, 484 Rn. 58 ff. = NZBau 2006, 452, 455 Rn. 58 ff. »Carbotermo«.

119 **Bezug zum öffentlichen Auftraggeber** vermissen lassen.[161] Von einer generellen Ausgrenzung der Drittumsätze und einer Nichtzurechnung zum öffentlichen Auftraggeber selbst kann aber trotz der **Wahlfreiheit**, die Privatkunden bei der Lieferung von Strom seit der 1998 erfolgten Liberalisierung haben, nicht ausgegangen werden. Insofern ist zunächst davon auszugehen, dass auch die Energieversorgung immer noch dem **öffentlichen Zweck** dient und die Kommune mit ihrem Unternehmen damit ihrer Grundversorgungspflicht mit Energie nach dem Energiewirtschaftsgesetz (EnWG) nachkommt. Ob man dabei die Stromversorgung als »Daseinsvorsorge« ansieht, weil viele Gemeinde- und Kommunalordnungen der Flächenländer, so §§ 85 Abs. 1 Nr. 3 der GO Rheinland-Pfalz und 107 Abs. 1 S. 1 Nr. 3 GO NRW ebenso wie Art. 83 Abs. 1 der Bayerischen Verfassung, die Energieversorgung immer noch als Bestandteil der Daseinsvorsorge ansehen, mag dahinstehen. Jedenfalls erfüllt das kommunale Unternehmen auf der Grundlage der konkret erfolgten Betrauung sowie der zugrunde liegenden Vertragsbeziehungen eine auch von Art. 106 Abs. 2 und Art. 14 AEUV sowie des Protokolls Nr. 26 abgedeckte **öffentliche Aufgabe für den Auftraggeber**, aufgrund der auch die **Drittumsätze** der Privatkunden erfolgen. Eine kausale Rechtsbeziehung zwischen der Vergabestelle und dem Auftragnehmer, die dem Privatkunden zugutekommt, ist daher gegeben.[162]

120 Die Rechtsbeziehung zwischen dem Auftraggeber und der kontrollierten juristischen Person muss aber auch als **kausal** für das Drittgeschäft angesehen werden. Dies hatte das OLG Hamburg wegen der **freien Wahl** des privaten Stromanbieters zwar verneint.[163] Das Gericht sieht aber umgekehrt eine Kausalität bei Umsatzanteilen privater Dritter und eine Einbeziehung in das In-House-Geschäft dann für gegeben an, wenn diese aufgrund einer erteilten **Konzession** erzielt werden.[164] Im Hinblick auf Umsatzanteile, die aufgrund einer erteilten Konzession erzielt werden, stellt das OLG Hamburg fest, dass der relevante Markt bei einer erteilten Konzession durch die **Konzessionserteilung** gesteuert ist und der aus der Konzession erzielte Umsatz somit **kausal** auf die Konzessionserteilung zurückzuführen ist.[165] Auch vor dem Hintergrund der Begrifflichkeit der »Konzessionen« in § 105 GWB können diese zwar **besondere oder ausschließliche Rechte** in einem regulierten Markt betreffen. In diesen Konstellationen würde auch eine unmittelbare Verknüpfung im Sinne einer conditio sine qua non bestehen, die nicht durch eine neue Kausalitätskette – der Auftragsentscheidung des Nutzers – unterbrochen ist. Die besonderen oder ausschließlichen Rechte im Rahmen einer Konzessionserteilung können jedoch auch in einem **liberalisierten Markt** erteilt werden.[166] Wird etwa eine Dienstleistungskonzession zur Betreibung eines Parkhauses durch die öffentliche Hand erteilt, erfolgt eine Konzession in einem bestehenden Markt.[167] Bei der Hinzurechnung von Drittumsätzen können die Ausführungen des OLG Hamburgs daher nicht in dem Sinne verallgemeinert werden, dass allein die **freie Entscheidung** des Nutzers im Wettbewerb dazu führt, eine Hinzurechnung von Drittumsätzen zu verweigern.

121 Denn insoweit kann es nicht auf die mögliche **freie Entscheidung des Nutzers im Wettbewerb** ankommen. Entscheidend ist, dass der Wettbewerb durch die **aktive Betätigung** des (kommunalen) Unternehmens **beeinträchtigt** wird und ihm hierdurch ein **unberechtigter Vorteil** gegenüber anderen Wettbewerbern dadurch eingeräumt würde, dass für dieses Unternehmen die In-House-Privilegien weiter gelten. Im Bereich der Energiewirtschaft besteht aber der Wettbewerb **unabhängig** von der freien Entscheidung des Nutzers und Kunden, so dass **Drittumsätze**, die rechtlich und faktisch kausal auf dem Betrauungsakt des öffentlichen Auftraggebers beruhen, der Kommune zurechenbar

---

161 Tomerius VergabeR 2015, 373 ff., 384.
162 So Schröder NVwZ 2012, 776, 779; Dabringhausen NZBau 2009, 616, 619.
163 OLG Hamburg VergabeR 2011, 614, 619 = NZBau 2011, 185 ff.
164 OLG Hamburg VergabeR 2011, 614, 619 = NZBau 2011, 185 ff.
165 OLG Hamburg VergabeR 2011, 614, 619.
166 Siehe die kritische Auseinandersetzung mit der OLG Hamburg-Entscheidung bei Wagner-Cardenal/Scharf/Dierkes NZBau 2011, 271 ff., 274.
167 So auch Losch VergabeR 2012, 687, 689 für eine Baukonzession zur Errichtung von Parkpaletten sowie Wagner-Cardenal/Scharf/Dierkes NZBau 2011, 271, 274, 275.

sind.[168] Diese Argumentationslinie steht auch in Übereinstimmung mit dem wesentlichen Punkt der EuGH-Rechtsprechung, nämlich den des **nennenswerten Wettbewerbsbezugs des Drittgeschäfts**.[169] Von einer derartigen Hinzurechnung von Drittumsätzen auch in liberalisierten Märkten wird man wegen der Grundversorgungspflicht mit Energie nach den EnWG zumindest für die Kunden und Nutzer ausgehen müssen, die im **Hoheitsgebiet** des (kommunalen) Unternehmens und damit des öffentlichen Auftraggebers mit Leistungen durch das Unternehmen versorgt werden. Denn gerade in solchen Fällen besteht für das kommunale Unternehmen kein spürbarer Wettbewerbsvorteil im Verhältnis zu privaten Konkurrenzunternehmen.

Umgekehrt wird man zwar grundsätzlich Umsätze **außerhalb des jeweiligen (kommunalen) Hoheitsgebiets** als Drittumsätze und damit als nicht berücksichtigungsfähig zugunsten des öffentlichen Auftraggebers beim 80-Prozent-Wert des § 108 Abs. 1 Nr. 2 GWB ansehen müssen. Denn diese Umsätze außerhalb der eigenen Gebietsgrenzen können grundsätzlich nicht mehr mit dem gemeindlichen **(Daseinsvorsorge-)Auftrag** des öffentlichen Auftraggebers und damit auch nicht mit den Vorgaben des AEUV begründet werden. In diesem Fall muss daher in der Regel eine Betätigung im Wettbewerb auf dem Markt angenommen werden.[170] Aber auch in diesem Zusammenhang ist durchaus kritisch die Frage zu stellen, ob damit jedweder außerhalb des jeweiligen kommunalen Hoheitsgebiets generierter Umsatz im Rahmen des Wesentlichkeitskriteriums als **nicht In-House-fähiger Drittumsatz** berücksichtigt werden muss. Denn das Unternehmen (Bsp.: Stadtwerke GmbH) hat zumindest bei Tätigkeiten in liberalisierten Bereichen (Bsp.: Stromversorgung), bei denen der Kunde ein **Wahlrecht** zur Auswahl seines Versorgers hat, regelmäßig auch bei der »Inanspruchnahme« von Drittnutzern außerhalb des eigenen (kommunalen) Hoheitsgebiets keine ernsthafte energierechtlich – vertragliche Möglichkeit, diese Drittnutzer und Kunden als Vertragspartner deshalb abzulehnen, weil etwa die 80 %-Grenze des § 108 Abs. 1 Nr. 2 GWB überschritten würde. Hinzu kommt, dass es angesichts der Schwankungen, die mit privaten Vertragspartnern und ihren Vertragsschlüssen oder aber auch der Kündigung bestehender Verträge verbunden sind, völlig unwägbar ist, die 80 %-Grenze und damit das Wesentlichkeitskriterium exakt zu bestimmen. Diese völlige Unwägbarkeit, die von dem kommunalen Versorger kaum beeinflussbar ist, wird aber den erforderlichen klaren Vorgaben an die In-House-Fähigkeit nicht gerecht. Daher kann bezweifelt werden, ob zumindest in diesen Fällen einer »nur« von den rechtlichen Vorgaben erlaubten, keinesfalls aber gezielt verfolgten Aktivität eines (kommunalen) Unternehmens, ein **dezidiertes Auftreten** dieser juristischen Person im Wettbewerb mit privaten Unternehmen auf – wie es die Logik des EuGH vorsieht – dem Markt vorliegt.[171]

Etwas anderes kann und muss stets dort gelten, wo sich das kommunale Unternehmen, insbesondere im Bereich der liberalisierten Märkte, zum Beispiel als Stadtwerk oder kommunalgetragener Regionalversorger, **aktiv an einer Ausschreibung** von Stromlieferungen, die etwa von anderen Kommunen ohne eigenen Stromversorger durchgeführt werden, beteiligt. Diese aktive Marktbeteiligung dürfte gerade bei größeren Stadtwerken, insbesondere den als Aktiengesellschaften organisierten Unternehmen, schon deswegen nahezu regelmäßig stattfinden, um den Verlust ehemaliger Tarifkunden auf dem jeweiligen Stadtgebiet durch die Gewinnung neuer Kunden und Vertragspartner auszugleichen. In diesem Fall wird man nicht umhin können, unabhängig vom Betrauungsakt, hierin eine **dezidierte Wettbewerbsstrategie** der kontrollierten Einrichtung als aktiver Marktteilnehmer zu sehen und daher auch die getätigten Drittumsätze außerhalb des Hoheitsgebiets der Kommune als **In-House-schädlich** anzunehmen. Bewegt sich aber eine Kommune mit ihrem eigenen und kontrollierten Stadtwerk auf der Grundlage des konkreten **Betrauungsakts** in ihrem Hoheitsgebiet und im Gebiet des kommunalen Unternehmens, können und dürfen die dabei erzielten Drittumsätze nicht zulasten der In-House-Fähigkeit angerechnet werden.

122

123

---

168 Losch VergabeR 2012, 687, 689; Tomerius VergabeR 2015, 373, 385; ähnlich für Konzessionen in liberalisierten Märkten Wagner-Cardenal/Scharf/Dierkes NZBau 2011, 271, 275.
169 So auch Ziekow VergabeR – Sonderheft 2006, 608, 619.
170 Schröder NVwZ 2011, 776, 779.
171 Tomerius VergabeR 2015, 373 ff., 378.

124 Alles andere würde rechtlich und tatsächlich bedeuten, dass etwa eine Kommune ihre Stadtwerke GmbH nicht im Wege eines vergabefreien In-House-Geschäfts mit der Stromversorgung ihrer eigenen Liegenschaften (Rathaus, Schulen, Kindergärten etc.) beauftragen könnte, weil Bürger innerhalb oder auch außerhalb des jeweiligen Hoheitsgebiets von ihrem **Wahlrecht** zugunsten dieser Stadtwerke GmbH Gebrauch machen. Daher müssen im Sinne der nötigen **qualitativen Betrachtung** auch Umsätze, die außerhalb des eigenen Hoheitsgebiets erfolgen dann, wenn das Unternehmen **keine dezidierte Wettbewerbsstrategie** verfolgt und daher nicht aktiv am Markt tätig wird, In-House-fähig sein. Insoweit hat der EuGH stets betont, dass es

125 »*keine Rolle spielt, in welchem Gebiet die genannten Leistungen erbracht werden*«.[172]

7. Grundsätzlich keine private Kapitalbeteiligung (§ 108 Abs. 1 Nr. 3 GWB)

a) Keine direkte private Kapitalbeteiligung an juristischer Person

126 § 108 Abs. 1 Nr. 3 GWB stellt ausweislich der Begründung zum Gesetz sowie entsprechend der langjährigen Rechtsprechung des EuGH klar, dass bei einer **privaten Beteiligung** an der beauftragten **juristischen Person** eine In-House-Vergabe grundsätzlich ausgeschlossen ist. Grund dafür ist, dass die Vergabe eines öffentlichen Auftrags ohne Wettbewerbsverfahren einem privaten Unternehmen, das am Kapital der kontrollierten juristischen Person beteiligt ist, einen **unzulässigen Vorteil** gegenüber seinen Wettbewerbern verschaffen würde. Die durch den EuGH maßgeblich vorgeprägte **Rechtshistorie** für den 1. Halbsatz des § 108 Abs. 1 Nr. 3 GWB, wonach im Ergebnis bei einer direkten privaten Kapitalbeteiligung an einer juristischen Person **keine Kontrolle** des öffentlichen Auftraggebers wie über seine eigenen Dienststellen vorliegt, lässt sich wie folgt zusammenfassen:

b) EuGH und BGH: Fehlende Kontrolle bei Privatbeteiligung und Marktausrichtung

– Rechtssachen »Stadt Halle« und »Kommunalversicherer«

127 In der Rechtssache »**Trea Leuna = Stadt Halle**« (Vorlagebeschluss des OLG Naumburg)[173] hatte der EuGH über die Beauftragung einer gemischtwirtschaftlichen Gesellschaft durch ihren öffentlichen Gesellschafter im Bereich der **Abfallentsorgung** zu entscheiden. Insoweit stellte der EuGH fest, dass

128 »*die auch nur minderheitliche Beteiligung eines privaten Unternehmens am Kapital einer Gesellschaft, an der auch der betreffende öffentliche Auftraggeber beteiligt ist, es auf jeden Fall ausschließt, dass der öffentliche Auftraggeber über diese Gesellschaft eine ähnliche Kontrolle ausübt wie über seine eigenen Dienststellen*«.

129 Der EuGH begründete seine Entscheidung damit, dass durch die – wenngleich minderheitliche – Beteiligung eines privaten Unternehmens und durch die Einbeziehung privaten Kapitals ein **Gegensatz** zwischen den öffentlichen Interessen, die ein öffentlicher Auftraggeber mit seiner Beteiligung an seiner Tochtergesellschaft verfolgt und den Zielen privater Kapitalanleger besteht.[174] Als weiteres Argument wies der EuGH darauf hin, dass die Auftragsvergabe dem privaten Mitgesellschafter einen – **unberechtigten** – Vorteil gegenüber seiner Konkurrenten verschaffen würde.[175]

---

172 EuGH VergabeR 2006, 478 ff. = NZBau 2006, 452 ff, Rn. 64 ff. »Carbotermo«; s. auch Beckmann AbfallR 2005, 37 ff.; Bultmann NZBau 2006, 222 ff.; Hausmann/Bultmann NVwZ 2005, 377 ff.; Lotze VergabeR 2005, 278 ff.; Steiff NZBau 2005, 205 ff.; Vetter/Bergmann EuZW 2005, 589 ff.; Ziekow VergabeR 2006, 608 ff.

173 EuGH Urt. v. 11.01.2005 Rs. C-26/03 VergabeR 2005, 44 ff. »Stadt Halle« mit Anm. Gabriel.

174 EuGH VergabeR 2005, 44, 51 Rn. 50 »Stadt Halle« mit Anm. Gabriel; Just EuZW 2009, 879 ff.; Koman ZfBR 2005, 349 ff.; s. zur Gesamtthematik auch Krohn NZBau 2005, 91 ff. und NZBau 2009, 222 ff.; Hattig/Ruhland VergabeR 2005, 425 ff.

175 EuGH VergabeR 2005, 44, 51 Rn. 51 »Stadt Halle«; s. auch zur Darstellung der Rechtsprechung betr. das »Kontrollkriterium«: Döbling (Fn. 1) S. 180 ff.; Eschenbruch in: Kulartz/Kus/Portz Kommentar zum GWB-Vergaberecht 3. Aufl. 2014 § 99 Rn. 390 ff.

Damit hält der Europäische Gerichtshof im Ergebnis auch private Beteiligungen von nur 1 % für nicht In-House-fähig. In Konsequenz seiner »Halle-Entscheidung« reduziert sich der Anwendungsbereich der Teckal-In-House-Ausnahmen vom Vergaberecht damit auf die Beauftragung von Tochtereinrichtungen mit ausschließlich öffentlichem Anteilsbesitz bzw. mit ausschließlich öffentlichen Mitgliedern. Die bis dahin breit geführte Diskussion über den **erforderlichen prozentualen Anteil** öffentlichen Eigentums an gemischt-wirtschaftlichen Gesellschaften zur Gewährleistung eines In-House-Geschäfts wurde mit der »Stadt-Halle«-Entscheidung des EuGH zur Makulatur.[176] Eine »Kontrolle« wie über die eigenen Dienststellen setzt daher zwingend eine 100 %ige Beteiligung des öffentlichen Auftraggebers an der juristischen Person (Bsp.: Eigengesellschaft) voraus. Eine Ausschreibungspflicht hat der **Bundesgerichtshof** in seiner Entscheidung »**Kommunalversicherer**«[177] auch für einen **Versicherungsverein auf Gegenseitigkeit** angenommen, an dem eine mitgliedschaftliche Teilhabemöglichkeit **gemischtwirtschaftlicher Unternehmen** besteht und bei dem der Mitgliederkreis nicht auf öffentlich-rechtliche Körperschaften und Anstalten beschränkt ist. Weil im konkreten Fall nach der Satzung des Versicherungsvereins auch wirtschaftliche Vereinigungen mit einer **privaten Beteiligung** von bis zu 50% Mitglieder werden und auch Stimmrechte erwerben können, hat der BGH eine Kontrolle des Versicherungsvereins wie über die eigenen Dienststellen und damit eine Vergaberechtsfreiheit für die dem Verein angehörigen öffentlichen Auftraggeber (Kommunen) bei der Beschaffung von Versicherungsdienstleistungen verneint.[178] Eine Beauftragung gemischtwirtschaftlicher Gesellschaften, also insbesondere der Tatbestand öffentlich-privater Partnerschaften (ÖPP) ohne Durchführung eines Vergabeverfahrens beinhaltet auf der Grundlage der Rechtsprechung damit stets eine **rechtswidrige Direktvergabe (de-facto-Vergabe)**. Ein danach rechtswidrig abgeschlossener Vertrag unterfällt nach dem neuen Recht § 133 Abs. 1 Nr. 1 GWB, so dass der öffentliche Auftraggeber berechtigt ist, den Auftrag nach dieser Norm während der Vertragslaufzeit zu **kündigen**. Allerdings ist insoweit der **Vergütungsanspruch** des privaten Partners nach § 133 Abs. 2 GWB und dessen Berechtigung, **Schadensersatz** nach § 133 Abs. 3 GWB zu verlangen, zu berücksichtigen.

– Rechtssache »Parking Brixen«

Die Anforderungen an das Ausmaß der Kontrolle hat der EuGH in seiner ebenfalls im Jahr 2005   **130** ergangenen Entscheidung »**Parking Brixen**« konkretisiert.[179] In dieser Entscheidung, die die Vergabe einer Dienstleistungskonzession (Betrieb von Parkplätzen) durch die Stadt Brixen an die in ihrem Eigentum stehende Stadtwerke Brixen AG ohne Ausschreibung betraf, hat der EuGH eine Kontrolle des öffentlichen Auftraggebers aufgrund folgender und im konkreten Sachverhalt vorliegender Indizien abgelehnt:
- *Die vorgesehene baldige Öffnung der Gesellschaft für Fremdkapital (Aktionäre).*
- *Die Rechtsnatur des Auftragnehmers (juristische Person) als Aktiengesellschaft.*
- *Die Ausweitung des geografischen Tätigkeitsbereichs des Auftragnehmers auf ganz Italien und das Ausland.*
- *Die dem Verwaltungsrat der Gesellschaft eingeräumten beträchtlichen Vollmachten zur Vornahme aller Handlungen, die er zur Erreichung des Gesellschaftszwecks für angebracht oder notwendig erachtet.*
- *Die begrenzte gesellschaftsrechtliche Kontrolle der Vertreter der Gesellschafter (Gemeinde) über den Auftragnehmer.*

---

176 Überblick über den damaligen Streitstand: Jasper/Pooth VergabeR 2003, 613, 616 ff.; s. hierzu auch Hausmann/Bultmann NVwZ 2005, 377 ff.
177 BGH Urteil v. 03.07.2008 VergabeR 2008, 925 ff. mit Anm. Trautner; s. auch NZBau 2008, 664 ff. »Kommunalversicherer«.
178 BGH VergabeR 2008, 925 ff. = NZBau 2008, 664 ff. 666 »Kommunalversicherer«.
179 EuGH NZBau 2005, 664 ff. 666 »Parking Brixen«; s. hierzu jennert NZBau 2005, 623 ff.

– Rechtssachen »Stadt Mödling« und »Sea«

131 Der EuGH-Entscheidung vom 10.11.2005[180] in der Sache »**Stadt Mödling**« kommt eine die »Parking Brixen«-Rechtsprechung ergänzende Bedeutung zu. In dieser Entscheidung ging es um einen Sachverhalt, bei dem die Aufgabenübertragung und die anschließende Anteilsveräußerung an den privaten Dritten durch die Stadt Mödling in einem **engen zeitlichen Zusammenhang** erfolgte. Für diesen Fall hat der EuGH eine **Ausschreibungspflicht** angenommen. Konkret hatte die Stadt Mödling innerhalb weniger Monate zunächst eine Abfallwirtschafts-GmbH gegründet, die sich zu 100 % in ihrem Eigentum befand. Der GmbH wurde sodann ohne vorherige Ausschreibung ein unbefristeter Dienstleistungsauftrag erteilt. Anschließend übertrug die Stadt Mödling 49 % der Anteile an ein privates Unternehmen. Erst danach nahm die GmbH das operative Geschäft auf. Nach Ansicht des EuGH[181] hat die Stadt Mödling in diesem Fall eine vergaberechtlich unzulässige »**künstliche Konstruktion**« gewählt, um in mehreren Schritten einen einheitlichen vergaberechtlichen Vorgang aufzuspalten. Im Ergebnis habe die Stadt einen öffentlichen Dienstleistungsauftrag ohne die notwendige Ausschreibung an ein gemischt-wirtschaftliches Unternehmen erteilt, über welches sie **keine Kontrolle** wie über eine eigene Dienststelle gehabt habe. Nach einer späteren Entscheidung des **EuGH** (»Sea«) ist die **Möglichkeit** einer Öffnung des Kapitals einer bisher allein von öffentlichen Auftraggebern gehaltenen Gesellschaft nur dann für eine Ausschreibungspflicht zu berücksichtigen, wenn zum Zeitpunkt der Vergabe des betreffenden Auftrags an eine Gesellschaft bereits eine **konkrete Aussicht** auf eine baldige entsprechende Kapitalöffnung besteht.[182] Gibt es hingegen keinen konkreten Hinweis auf eine baldige Öffnung des Grundkapitals der allein von öffentlichen Auftraggebern gehaltenen Gesellschaft für private Teilhaber, lässt die alleinige Möglichkeit einer Beteiligung von Privatpersonen am Kapital dieser Gesellschaft noch **nicht** den Schluss zu, dass die Voraussetzung einer Kontrolle durch die öffentliche Stelle **nicht erfüllt wäre**.[183]

– Rechtssache »Anav«

132 Der EuGH hat in seiner Entscheidung »**Anav**«[184] seine Rechtsprechung aus der Rechtssache »Stadt Halle« fortgeführt. Er hat festgestellt, dass bei einer auch nur **minderheitlichen Beteiligung eines privaten Unternehmens** am Kapital einer Gesellschaft, an der auch eine konzessionserteilende öffentliche Stelle beteiligt ist, eine ähnliche Kontrolle wie über eine eigene Dienststelle nicht angenommen werden kann. Denn in einem solchen Fall könne der öffentliche Auftraggeber, der die Mehrheitsanteile dieser Gesellschaft innehat, nicht als eine Struktur der »**internen Verwaltung**« betrachtet werden. In dem entschiedenen Fall vergab die Gemeinde Bari eine Verkehrsdienstleistung ohne Ausschreibung an eine Aktiengesellschaft, deren Kapital vollständig von der Gemeinde gehalten wurde. Nachdem die Gemeinde Bari vorher versucht hatte, einen Anteil von 80 % ihrer Aktien an einen Privaten zu veräußern, hat sie nach eigenem Bekunden dieses Beschluss in der Folge aufgegeben. In diesem Zusammenhang stellt der EuGH fest,[185] dass dann, wenn das Kapital der Aktiengesellschaft während der Laufzeit des Vertrages **privaten Aktionären** geöffnet wurde, dies zur Folge hätte, dass die Ziele des Gemeinschaftsrechts beeinträchtigt würden.[186]

180 EuGH Urt. v. 10.11.2005 Rs. C-29/04 VergabeR 2006, 47 ff. mit Anm. Opitz; s. auch NZBau 2005, 704 ff. »Stadt Mödling«; Jasper/Arnold NZBau 2006, 24 ff.; Kühling ZfBR 2006, 661 ff..
181 EuGH VergabeR 2006, 47 ff. = NZBau 2005, 794 ff. »Stadt Mödling«.
182 EuGH Urt. v. 10.09.2009 – Rs. – C-573/07 VergabeR 2009, 882, 889 Rn. 50 »Sea« mit Anm. Bultmann/Hölzl; Weyand Vergaberecht Praxiskommentar 4. Aufl. 2013 § 99 GWB Rn. 462.
183 EuGH VergabeR 2009, 882, 889, 890 Rn. 51 »Sea« mit Anm. Bultmann/Hölzl; s. auch Frenz Vergaberecht 2010, 147 ff.
184 EuGH VergabeR 2006, 488, 491 »Anav« mit Anm. Steinberg.
185 EuGH VergabeR 2006, 488, 491, Rn. 30 »Anav«.
186 S. EuGH Urt. v. 10.11.2005 – Rs. C-29/04 VergabeR 2006, 47 ff. mit Anm. Opitz; s. auch NZBau 2005, 794 ff. »Stadt Mödling«.

c) Beschränkung auf direkte private Kapitalbeteiligung an juristischer Person

Die dargestellte Rechtsprechung, wonach keine private Kapitalbeteiligung an der juristischen Person vorliegen darf, ist zusammengefasst im 1. Halbsatz des § 108 Abs. 1 Nr. 3 GWB übernommen worden. Allerdings beschränkt Nr. 3 des § 108 Abs. 1 GWB die Ausnahme von der In-House-Fähigkeit auf eine »direkte« private Kapitalbeteiligung an der juristischen Person. Eine **mittelbare Kapitalbeteiligung**, etwa über eine nur mittelbar an der juristischen Person beteiligten stillen Gesellschaft, ist danach nicht In-House-schädlich.

133

d) Private Kapitalbeteiligung am öffentlichen Auftraggeber unschädlich

In den Erwägungsgründen der Richtlinie 2014/24/EU (VRL)[187] ist zudem ausdrücklich klargestellt, dass das entscheidende Element für eine nicht vorliegende In-House-Vergabe allein die direkte private Beteiligung an der **kontrollierten juristischen Person** ist. Eine private Kapitalbeteiligung am **kontrollierenden öffentlichen Auftraggeber oder den kontrollierenden öffentlichen Auftraggebern** schließt daher die Vergabe öffentlicher Aufträge an die kontrollierte juristische Person ohne die Anwendung des Vergaberechts nach der ausdrücklichen Vorgabe in den Erwägungsgründen nicht aus. Insoweit stellen diese deutlich darauf ab, dass solche privaten Beteiligungen am **kontrollierenden öffentlichen Auftraggeber** oder an den **kontrollierenden öffentlichen Auftraggebern** den Wettbewerb zwischen privaten Wirtschaftsteilnehmern **nicht nachteilig beeinflussen**. Hieraus folgt, dass eine **gemischt-wirtschaftliche Gesellschaft** mit der Eigengesellschaft eines öffentlichen Auftraggebers im Wege des In-House-Geschäfts Aufträge an die eigene Tochter weiterreichen kann.[188] Dies ist durchaus bedenkenswert, weil auch in diesem Fall eine zwar mittelbare, aber **wettbewerbsrelevante** Beteiligung eines Privaten an der kontrollierten juristischen Person vorliegt.[189]

134

e) Unzulässiger Wettbewerbsvorteil als Grund für Ausschreibungspflicht

Interessant ist auch, dass die Erwägungsgründe der VRL[190] für die Unzulässigkeit einer direkten privaten Kapitalbeteiligung an der juristischen Person allein darauf abstellen, dass die Vergabe eines öffentlichen Auftrags **ohne Wettbewerbsverfahren** dem am Kapital der kontrollierten juristischen Person beteiligten privaten Wirtschaftsteilnehmer einen **unzulässigen Vorteil** gegenüber seinen Wettbewerbern verschaffen würde. Demgegenüber hat der EuGH seine Ausschreibungspflicht mangels Vorliegen des Kontrollkriteriums stets auf **zwei Begründungsstränge** gestützt: Zum einen auf die Verfolgung **unterschiedlicher Interessen** durch den öffentlichen Partner und den Privaten, zum anderen auf die **Gefährdung des Ziels eines freien und unverfälschten Wettbewerbs** sowie auf den Grundsatz der **Gleichbehandlung**, weil das beteiligte private Unternehmen bei Verneinung der Ausschreibungspflicht einen **Vorteil** gegenüber den Konkurrenten habe.[191] Wenn der Erwägungsgrund 32 der VRL nur einen dieser beiden Begründungsstränge aufgreift, nämlich den des **unzulässigen Vorteils im Wettbewerb**, und diesen als maßgeblichen Grund für eine Ausschreibungspflicht ansieht, dürfte dies kaum versehentlich erfolgt sein.[192]

135

Vor diesem Hintergrund muss dann auch die in § 108 Abs. 1 Nr. 3, 1. Halbsatz GWB erfolgte Beschränkung der Unzulässigkeit des In-House-Geschäfts auf **direkte Beteiligungen Privater** zu sehen sein. Erst der Verzicht auf die Ableitung des Ausschlusses privater Beteiligungen aus einer reinen Interessenunterschiedlichkeit von öffentlicher Hand und Privaten öffnet den Weg dafür, eine private Kapitalbeteiligung **nicht mehr gänzlich** auszuschließen. Denn nach der bisherigen Rechtsprechung des EuGH war eine solche Interessenunterschiedlichkeit ausnahmslos auch dann

136

---

187 ErwG 32 der Richtlinie 2014/24/EU.
188 Dabringhausen VergabeR 2014, 512, 518; Knauff EuZW 2014, 486, 487.
189 Jaeger NZBau 2014, 259, 261; Ziekow NZBau 2015, 258, 262.
190 ErwG 32 der Richtlinie 2014/24/EU.
191 EuGH VergabeR 2005, 44 ff. »Stadt Halle« mit Anm. Gabriel.
192 So auch Ziekow NZBau 2015, 258 ff., 261.

gegeben, wenn sie faktisch nicht feststellbar war. Dies hat der Gerichtshof insbesondere in seinem Urteil vom 19.06.2014[193] für die Fallkonstellation entschieden, dass es sich bei den am Auftragnehmer beteiligten Privaten um eine **gemeinnützige und ohne Gewinnerzielungsabsicht** handelnde Institution im **Sozialbereich** zur Wahrnehmung von Aufgaben im Bereich des **Allgemeinwohls** handelt. Während der EuGH in dieser Entscheidung den **unzulässigen Vorteil** im Wettbewerb bei einer privaten Beteiligung trotz nicht vorhandener Gewinnerzielungsabsicht als Grund für eine vorhandene Ausschreibungspflicht herausstellt, geht er auf die Unterschiedlichkeit der Interessen in seiner Entscheidung nur ganz knapp ein.[194]

f) Zulässige indirekte Beteiligungen

137   Folge ist, dass die Abgrenzung des Kreises In-House-schädlicher direkter Beteiligungen maßgeblich durch das Verbot der **Verschaffung unzulässiger Vorteile im Wettbewerb** festgestellt wird. Auch wenn sich aus den Erwägungsgründen der VRL nichts dazu entnehmen lässt, welches denn nicht direkte Beteiligungen sein können, die für ein In-House-Geschäft unschädlich sind, muss als Gegenbegriff der »direkten Beteiligung« der Begriff der »**indirekten Beteiligung**« angesehen werden. Darunter lassen sich durchaus unterschiedliche Tatbestände fassen. So kommt ein Investment eines Privaten als nicht In-House-schädliche Beteiligung in Betracht, wenn sie zum Beispiel über eine kapitalsammelnde Beteiligungsgesellschaft oder eine Mitarbeiterbeteiligung einer Mitarbeiterbeteiligungsgesellschaft erfolgt. Auch eine allein auf Partizipation an den Erträgen der Gesellschaft ausgerichtete Beteiligung, zum Beispiel in Form einer stillen Gesellschaft nach den §§ 230 ff. HGB, muss als nicht direkte und damit zulässige sowie nicht In-House-schädliche Kapitalbeteiligung angesehen werden.[195]

138   Insgesamt darf aber der Begriff der »indirekten Beteiligung« keinesfalls zu weit ausgedehnt werden. Dagegen spricht schon, dass Ausnahmebestimmungen und damit das In-House-Geschäft stets **eng** auszulegen sind. So muss nach wie vor daran festgehalten werden, dass eine auch nur **minderheitliche Beteiligung Privater** selbst dann In-House-schädlich ist, wenn sie zu einer weitgehenden **Einflusslosigkeit** innerhalb der juristischen Person führt. Auch muss daran festgehalten werden, dass die bloße Stufung einer Beteiligung über mehrere Ebenen nicht von vornherein zur Unschädlichkeit und damit zur In-House-Fähigkeit führt.[196]

139   Nach der Systematik sowohl der Richtlinie 2014/24/EU (VRL) als auch des § 108 GWB ist daher ein entscheidendes Abgrenzungskriterium auch vor dem Hintergrund der EuGH-Rechtsprechung, ob es sich bei dem (direkt) privat Beteiligten um einen Wirtschaftsteilnehmer handelt, der durch die Beteiligung einen **Vorteil im Wettbewerb** mit anderen Wirtschaftsteilnehmern erlangen könnte.[197] Dies kann dann generell ausgeschlossen werden, wenn der Private unter keinem Blickwinkel ein von der Beteiligung an der beauftragten juristischen Person unabhängiges **eigenes Interesse** an dem Auftrag hat. Dann steht er auch in keinem Wettbewerb mit anderen Wirtschaftsteilnehmern. Er kann demzufolge auch keinen Wettbewerbsvorteil erlangen. Ein typischer Fall ist etwa die **indirekte Mitarbeiterbeteiligung**, sofern die Beteiligungsgesellschaft nicht auch Fremdkapital aufnimmt. Im Übrigen handelt es sich stets um eine Frage des Einzelfalls.[198]

g) Nicht beherrschende Formen der privaten Kapitalbeteiligung zugelassen

140   Die direkte private Kapitalbeteiligung ist nach § 108 Abs. 1 Nr. 3 GWB dann für die In-House-Fähigkeit unschädlich, wenn es sich hierbei um **nicht beherrschende Formen** der privaten Kapitalbeteiligung und Formen der privaten Kapitalbeteiligung **ohne Sperrminorität** handelt, die durch

193   EuGH NZBau 2014, 511 ff. »Zentro Hospitalar«.
194   EuGH NZBau 2014, 511, Rn. 39 »Zentro Hospitalar«.
195   Ziekow NZBau 2015, 258 ff., 261.
196   Zutreffend Dabringhausen VergabeR 2014, 512, 516 f.; a. M. wohl Jaeger NZBau 2014, 259, 261.
197   EuGH NZBau 2014, 511, Rn. 40 »Zentro Hospitalar«.
198   So auch Ziekow NZBau 2015, 258 ff., 261.

gesetzliche Bestimmungen vorgeschrieben sind und die **keinen maßgeblichen Einfluss** auf die kontrollierte juristische Person vermitteln. Diese Bestimmung ist in Umsetzung des Art. 12 Ab. 1 UAbs. 1 Buchst. c) der Richtlinie 2014/24/EU (VRL) erfolgt. Insofern werden im Erwägungsgrund 32 der VRL nähere Erläuterungen dafür gegeben, dass trotz einer direkten privaten Kapitalbeteiligung an der juristischen Person eine **In-House-Fähigkeit ausnahmsweise** gegeben sein kann. Im Erwägungsgrund 32 der VRL ist bestimmt:

> *»Mit Blick auf die besonderen Merkmale öffentlicher Einrichtungen mit Pflichtmitgliedschaft, wie*   141
> *die für Verwaltung oder die Ausführung bestimmter öffentlicher Dienstleistungen verantwortlichen*
> *Organisationen, sollte dies (Anmerkung: In-House-Schädlichkeit bei direkter privater Kapitalbetei-*
> *ligung an der juristischen Person) nicht in den Fällen gelten, in denen die Beteiligung bestimmter*
> *privater Wirtschaftsteilnehmer am Kapital der kontrollierten juristischen Person durch eine nationale*
> *gesetzliche Bestimmung im Einklang mit den Verträgen vorgeschrieben ist, sofern es sich nicht um*
> *eine beherrschende Form der Beteiligung oder eine Form der Beteiligung mit Sperrminorität handelt*
> *und sofern die Beteiligung keinen maßgeblichen Einfluss auf die Entscheidungen der kontrollierten*
> *juristischen Person ausübt«.*

Fasst man diese und zum großen Teil in § 108 Abs. 1 Nr. 3 GWB übernommenen Vorausset-   142
zungen zusammen, so werden hiernach insbesondere Vergaben an **öffentlich-rechtliche Verbände mit privater Zwangsmitgliedschaft**, wie etwa bei den Wasserverbänden in Nordrhein-Westfalen (Ruhr-Verband, Emschergenossenschaft), vom Vergaberecht freigestellt. Wegen der allerdings insoweit in der Regel vorliegenden Mitgliedschaft mehrerer öffentlicher Institutionen sowie der privaten Kapitalbeteiligung an ihnen wird aber bei derartigen Konstellationen grundsätzlich ein Fall des § 108 Abs. 4 Nr. 3 GWB, der ausdrücklich in seinem 2. Halbsatz auf § 108 Abs. 1 Nr. 3, 2. Halbsatz GWB verweist, vorliegen.[199] Grundlegend ist, dass die direkte private Kapitalbeteiligung bzw. die institutionelle Beteiligung, um nicht In-House-schädlich zu sein, stets durch **nationale gesetzliche Bestimmungen** im Einklang mit den EU-Verträgen vorgeschrieben ist. Eine »nur« auf vertraglicher Grundlage bzw. durch Satzung etc. erfolgte direkte private Kapitalbeteiligung an der juristischen Person reicht daher keinesfalls aus, um das Privileg des § 108 Abs. 1 Nr. 3 GWB für sich in Anspruch zu nehmen. Vielmehr muss sich die **Pflichtmitgliedschaft** der direkten privaten (institutionellen) Kapitalbeteiligung unmittelbar aus nationalen gesetzlichen Bestimmungen, die nicht in Widerspruch zu den EU-Verträgen stehen dürfen, ergeben. Diese Voraussetzungen dürften jedoch nur in wenigen Ausnahmefällen bestehen.

Voraussetzung für das fortbestehende In-House-Privileg ist weiterhin, dass es sich bei der direkten   143
privaten Kapitalbeteiligung nach § 108 Abs. 1 Nr. 3 GWB **nicht** um eine **beherrschende Form** der privaten Kapitalbeteiligung handelt und die private Kapitalbeteiligung **ohne Sperrminorität** erfolgt und **keinen maßgeblichen Einfluss** auf die kontrollierte juristische Person vermittelt. Zwar tragen diese unterschiedlichen Begrifflichkeiten nicht unbedingt zur Klarheit bei[200]; fasst man aber die Kriterien der fehlenden Beherrschung, der nicht gegebenen Sperrminorität und des fehlenden maßgeblichen Einflusses zusammen, so ist kennzeichnend hierfür, dass jeweils die **Beherrschung** bei der öffentlichen Hand liegen muss.[201] Insoweit sind aber die Kriterien für die Beherrschung juristischer Personen durch die öffentliche Hand sowohl im EU-Vergaberecht als auch in § 99 Abs. 1 GWB definiert. Danach ist eine Beherrschung regelmäßig dann gegeben, wenn die öffentliche Hand **mehr als die Hälfte**, also **mehr als 50 %** des Kapitals des Unternehmens innehat bzw. dieses **überwiegend finanziert,** oder **mehr als die Hälfte** der mit den Unternehmensanteilen verbundenen **Stimmrechte** innehat (Bsp.: Mehrheit im Aufsichtsrat) oder die Ernennung von **mehr als der Hälfte** der Mitglieder des Verwaltungs-, Leitungs- oder Aufsichtsorgans des Unternehmens vornehmen kann (s. Art. 7 Abs. 4 UAbs. 2 der Richtlinie 2014/23/EU = KVR; Art. 4 Abs. 2 UAbs.2 und 29 Abs. 2 UAbs. 2 der Richtlinie 2104/25/EU = SRL). Es spricht zwar im Grundsatz nichts

---

199 So auch Dabringhausen VergabeR 2014, 512, 517.
200 Dabringhausen VergabeR 2014, 512, 517 spricht insoweit von »verwirrenden Formulierungen«.
201 Ziekow NZBau 2015, 258 ff., 261.

dagegen, auf diese Begrifflichkeiten der Beherrschung auch im Rahmen des § 108 Abs. 1 Nr. 3 GWB zurückzugreifen;[202] allerdings sind die **unterschiedlichen Funktionen** der Begrifflichkeiten in den genannten Bestimmungen der **Konzessionsrichtlinie** und der **Sektorenrichtlinie** einerseits und des § 108 Abs. 1 Nr. 3 GWB sowie des Art. 12 Abs. 1 UAbs. 1 Buchst. c) der Richtlinie 2014/24/EU über die öffentliche Auftragsvergabe (VRL) andererseits zu beachten.

144   Während es nämlich bei der Konzessionsvergabe- und der Sektorenrichtlinie ebenso wie bei § 99 Nr. 2 GWB darum geht, den Anwendungsbereich des EU-Vergaberechts **weit zu fassen**, betrifft der 2. Halbsatz des § 108 Abs. 1 Nr. 3 GWB ebenso wie Art. 12 Abs. 1 UAbs. 1 Buchst. c) der VRL eine **eng** auszulegende **Ausnahme** von der Ausschreibungspflicht. So reicht es nach den Vorschriften der KVR und der SRL aus, dass der öffentliche Auftraggeber einen beherrschenden Einfluss aus-üben **kann**. Demgegenüber weisen die Begrifflichkeiten der für die öffentliche Hand erforderlichen und beherrschenden Kapitalbeteiligung bzw. des maßgeblichen Einflusses darauf hin, dass auch die **jederzeitige Durchsetzbarkeit** dieses Einflusses des öffentlichen Anteilseigners **rechtlich-tatsächlich** gesichert sein muss. Dies unterstreicht der Ausschluss des Bestehens einer **privaten Sperrminorität**.[203] Im deutschen Recht finden sich die in § 108 Abs. 1 Nr. 3 GWB vorausgesetzten **gesetzlichen Bestimmungen**, die eine In-House-Vergabe ausschließen, mit der **25%-Sperrminorität** privater Kapitalgeber **im Aktienrecht**. So bedarf nach § 179 Abs. 2. S. 1 AktG der **Beschluss der Hauptversammlung** (Bsp.: Satzungsänderung) einer Mehrheit, die mindestens **drei Viertel** des bei der Beschlussfassung vertretenen Grundkapitals umfasst. Auch für die **Liquidation** eines Unternehmens besteht nach § 262 Abs. 1 Nr. 2 AktG grundsätzlich eine **Sperrminorität von 25 %**.

145   Vor dem Hintergrund dieser Vorgaben, wonach eine direkte private Kapitalbeteiligung nur ausnahmsweise dann unschädlich ist, wenn diese **nicht beherrschend** ist, **keine Sperrminorität** beinhaltet und **keinen maßgeblichen Einfluss** auf die kontrollierte juristische Person vermittelt, müssen im jeweiligen **Einzelfall** die konkreten Verhältnisse im Hinblick auf das In-House-Privileg beurteilt werden. Insoweit sind aber etwa die Mehrheitsverhältnisse in manchen Leitungsorganen bei privater direkter Beteiligung nicht immer so, dass sich die öffentlich-rechtlichen Mitglieder dort gegen die Privaten durchsetzen können. Dies zeigen z.B. die Mehrheitsverhältnisse in Verbandsräten nach den §§ 16 RuhrVG oder 15 EmscherGG. Jedenfalls ist der zahlenmäßige Vorsprung der öffentlich-rechtlichen vor den privaten Mitgliedern bei den genannten Beispielen gering und reicht angesichts des beträchtlichen Anteils von Arbeitnehmervertretern möglicherweise nicht immer zur Mehrheit.[204] Folge ist, dass sich diese Mehrheitsverhältnisse bei den nicht unbeträchtlichen Entscheidungsbefugnissen der Verbandsräte auch auf **Leitentscheidungen** (vgl. §§ 17 RuhrVG, 16 EmscherGG) wie **Sperrminoritäten** auswirken können. Der Vorrang der öffentlichen Interessen muss dann für den Beibehalt der In-House-Fähigkeit durch die **Verbandsversammlung**, in der die öffentlichen Mitglieder die **klare Mehrheit** haben und an deren Beschlüsse der Verbandsrat gebunden ist, durchgesetzt werden.[205] Insoweit ist für die öffentlich-rechtliche Beherrschung stets erforderlich, dass diese sich nicht nur auf eine reine »Rechtsaufsicht«, etwa durch eine Aufsichtsbehörde, beschränkt, sondern tatsächlich auch mit konkreten **Durchgriffsbefugnissen** im Hinblick auf den maßgeblichen und beherrschenden Einfluss verbunden ist.[206]

II. Vermutung der Kontrolle (§ 108 Abs. 2 GWB)

146   Bei § 108 Abs. 2 S. 1 GWB handelt es sich um eine **Vermutungsregelung** für das Kriterium der **Kontrolle** nach § 108 Abs. 1 Nr. 1 GWB. Die Norm dient der Umsetzung von Art. 12 Abs. 1 UAbs. 2 der VRL.[207] Danach sowie auch nach § 108 Abs. 2 S. 1 GWB wird bei einem öffentlichen

---

202   Ziekow NZBau 2015, 258 ff., 261.
203   Ziekow NZBau 2015, 258 ff., 261.
204   Dabringhausen VergabeR 2015, 512 ff., 518.
205   Dabringhausen VergabeR 2015, 512 ff., 518.
206   S. auch OLG Düsseldorf VergabeR 2011, 471, 477 »ÖPNV Münsterland« mit Anm. Otting.
207   Richtlinie 2014/24/EU über die öffentliche Auftragsvergabe.

Auftraggeber davon ausgegangen, dass er über die betreffende juristische Person eine ähnliche Kontrolle ausübt wie über seine eigenen Dienststellen, wenn

>*der öffentliche Auftraggeber einen ausschlaggebenden Einfluss auf die strategischen Ziele und die* 147
>*wesentlichen Entscheidungen der juristischen Person ausübt«.*

Nach der Begründung zu § 108 Abs. 2 GWB wurde der UAbs. 2 des Art. 12 Abs. 1 der VRL[208] 148
zur **besseren Lesbarkeit** in einem gesonderten Abs. 2 des § 108 GWB umgesetzt. Damit wird
aber gleichzeitig klargestellt, dass die in § 108 Abs. 2 S. 1 GWB aufgestellte **Vermutungsregel**
nichts anderes ist als eine »erläuternde Bestimmung« des **Kontrollkriteriums** nach § 108 Abs. 1
Nr. 1 GWB. Wenn die Vermutungsregelung für die Ausübung einer Kontrolle wie über die eigenen Dienststellen des öffentlichen Auftraggebers voraussetzt, dass dieser einen **ausschlaggebenden**
Einfluss sowohl auf die **strategischen Ziele** als auch auf die **wesentlichen Entscheidungen** der kontrollierten juristischen Person ausübt, so übernehmen diese Begriffe nahtlos die Aussagen und Voraussetzungen aus der EuGH-Rechtsprechung, insbesondere aus den Entscheidungen »Parking Brixen«[209] sowie »Carbotermo«.[210] Bereits in seiner Entscheidung »Parking Brixen« vom 13.10.2005
hat der EuGH – wenngleich für einen Fall, bei dem es um eine Konzessionsvergabe ging – entschieden, dass als Voraussetzung einer Kontrolle wie über die eigenen Dienststellen

>*es sich dabei um die Möglichkeit des öffentlichen Auftraggebers handeln muss, sowohl auf die strategi-* 149
>*schen Ziele als auch auf die **wichtigen Entscheidungen** ausschlaggebenden Einfluss zu nehmen«.*[211]

Die gleiche Vorgabe hat der EuGH sodann in späteren Entscheidungen als Voraussetzung für die 150
»ähnliche Kontrolle wie über die eigenen Dienststellen des Auftraggebers« wiederholt.[212] Was die
konkrete Eingrenzung und die Voraussetzungen des **ausschlaggebenden** Einflusses auf die **strategischen** Ziele und die **wesentlichen Entscheidungen** der juristischen Person angeht, kann insoweit
auf die Kommentierung des »**Kontrollkriteriums**« verwiesen werden.[213]

§ 108 Abs. 2 S. 2 bestimmt über die Vermutungsregelung des Satzes 1 hinaus, dass 151

>*die Kontrolle auch durch eine andere juristische Person ausgeübt werden kann, die von dem öffent-* 152
>*lichen Auftraggeber auf gleiche Weise kontrolliert wird.«*

Auch diese Bestimmung ist eine wortgleiche Übernahme des Art. 12 Abs. 1 UAbs. 2 der VRL.[214] 153
Mit dieser Regelung wird klargestellt, dass eine Kontrolle nicht nur im Verhältnis von »Mutter« und
»Tochter« vorliegen kann. Vielmehr kann ein öffentlicher Auftraggeber eine ähnliche Kontrolle wie
über seine eigenen Dienststellen nach § 108 Abs. 1 Nr. 1 GWB auch auf »Enkel« sowie auch auf
»Urenkel« etc. ausüben, wenn hierfür das Kontrollkriterium durch den öffentlichen Auftraggeber
bezogen auf seine »Enkel« etc. auf gleiche Weise erfüllt ist. Hiervon geht auch die EuGH-Rechtsprechung aus, wie insbesondere die »Carbotermo«-Entscheidung für eine »Enkel«-Konstellation
deutlich gemacht hat.[215] Allerdings setzt das Vorliegen des Kontrollkriteriums bezogen z.B. auf
Enkelgesellschaften voraus, dass dieses Kontrollkriterium auf **jeder Stufe** erfüllt sein muss, also
sowohl im Verhältnis der »Mutter« zu ihrer »Tochter« als auch im Verhältnis der »Tochter« zum
»Enkel«. Zwar ist die Möglichkeit zur Kontrolle i.S.d. § 108 Abs. 2 S. 2 GWB nicht auf Enkelge-

208 Richtlinie 2014/24/EU über die öffentliche Auftragsvergabe.
209 EuGH NZBau 2005, 644 ff. »Parking Brixen«; s. hierzu Jennert NZBau 2005, 623 ff.
210 EuGH VergabeR 2006, 478 ff. mit Anm. Koch; s. auch NZBau 2006, 452 ff. »Carbotermo«.
211 EuGH NZBau 2005, 644, 649 Rn. 65 »Parking Brixen«.
212 EuGH VergabeR 2006, 478 ff. Rn. 36 = NZBau 2006, 452 ff. Rn. 36 »Carbotermo«; EuGH NZBau
     2009, 54 ff. Rn. 28 »Coditel Brabant«; EuGH VergabeR 2013, 202 ff. = NZBau 2013, 55 ff. »Econord«;
     zur institutionalisierten öffentlich-privaten Partnerschaft und der interkommunalen Zusammenarbeit
     Frenz NZBau 2008, 673 ff.
213 S. die Kommentierung zu B. I. 4. Rn. 16 ff.
214 Richtlinie 2014/24/EU über die öffentliche Auftragsvergabe.
215 EuGH VergabeR 2006, 478 ff. »Carbotermo« mit Anm. Koch VergabeR 2006, 486 f.

sellschaften etc. beschränkt; allerdings dürfte das Kontrollkriterium umso schwieriger zu begründen sein, je weiter z.B. eine Muttergesellschaft von der die Tätigkeit ausführenden Einrichtung entfernt ist. Die entscheidende Voraussetzung ist jeweils, dass auf allen Stufen das »Kontrollkriterium« des § 108 Abs. 1 Nr. 1 GWB erfüllt ist. Die Kontrolle muss daher insgesamt so gestaltet sein, dass die »Oma« auch die Entscheidungen des »Enkels« kontrollieren kann.[216]

154 Hinsichtlich des **Tätigkeitskriteriums** muss in Umsetzung von Art. 12 Abs. 1 Buchst. b der VRL[217] für die nähere Auslegung des § 108 Abs. 2 S. 2 GWB auf § 108 Abs. 1 Nr. 2 GWB zugegriffen werden. In der zweiten Alternative dieser Bestimmung ist die Fallgestaltung, bei der nach § 108 Abs. 2 S. 2 GWB »eine **andere juristische Person**, die von dem öffentlichen Auftraggeber kontrolliert wird« mit der Ausführung von Aufgaben betraut wurde, bereits angesprochen. Daher gibt es insoweit zwei Konstellationen: Entweder wird ein – klassisches – vertikales In-House-Geschäft zwischen dem Auftraggeber und z.B. seinem »Enkel« dadurch begründet, weil der »Enkel« als Auftragnehmer mehr als 80 % der Tätigkeiten für den öffentlichen Auftraggeber ausführt, oder aber der »Enkel« führt Tätigkeiten für die »Mutter« aus, die ihn hiermit betraut hat, wobei die »Mutter« von der »Oma« kontrolliert wird.

III. Inverse und horizontale In-House-Geschäfte (§ 108 Abs. 3 GWB)

155 In Umsetzung von Art. 12 Abs. 2 der VRL[218] bestimmt § 108 Abs. 3 S. 1 GWB, dass Abs. 1 über das vertikale In-House-Geschäft auch für die Vergabe öffentliche Aufträge gilt, die von einer kontrollierten juristischen Person, die zugleich öffentliche Auftraggeber i.S.d. § 99 Abs. 1 bis 3 GWB ist, an den **kontrollierenden** öffentlichen Auftraggeber oder an eine von diesem öffentlichen Auftraggeber **kontrollierte andere juristische Person** vergeben werden. Damit wird ausdrücklich in der ersten Alternative dieser Neuregelung das sog. **inverse** In-House-Geschäfte sowie in der zweiten Alternative das sog. **horizontale** In-House-Geschäft geregelt. Während beim **inversen In-House-Geschäft** die kontrollierte juristische Person einen Auftrag an den sie kontrollierenden öffentlichen Auftraggeber vergibt (»Tochter an Mutter«), liegt ein **horizontales In-House-Geschäft** vor, wenn zwar zwischen Auftraggeber und Auftragnehmer kein Kontrollverhältnis besteht, beide aber durch denselben öffentlichen Auftraggeber (»Mutter«) kontrolliert werden (»Schwester an Schwester«). Nach § 108 Abs. 3 S. 2 GWB und dem dortigen Verweis auf Abs. 1 Nr. 3 2. Halbsatz GWB, der entsprechend gilt, ist bei beiden Konstellationen Voraussetzung, dass **keine direkte Kapitalbeteiligung Privater** an der den Auftrag erhaltenden juristischen Person vorliegt.[219] Mit der mit der Neuregelung verbundenen Freistellung von inversen und horizontalen In-House-Geschäften vom Vergaberecht wird eine bisher durchaus umstrittene Frage i.S.d. Ausschreibungsfreiheit derartiger Geschäfte entschieden.[220]

1. Inverses In-House-Geschäft

156 Bei dem in § 108 Abs. 3 S. 1, 1. Alternative GWB erwähnten sog. **inversen In-House-Geschäft** ist die Auftragsrichtung umgekehrt: Das kontrollierte und für den Auftraggeber tätige Unternehmen, das zugleich ein öffentlicher Auftraggeber i.S.d. § 99 Nr. 1 bis 3 GWB sein muss, beauftragt den ihn kontrollierenden öffentlichen Auftraggeber. Grund dafür, dass dieser Fall vergaberechtsfrei gestellt wird, ist letztlich, dass es hierbei nicht zu einer Vergabe der Leistung »am Markt« kommt.[221]

---

216 Knauff EuZW 2014, 486, 488; Greb VergabeR 2015, 289, 293; s. auch die Kommentierung unter B.I.4. Rn. 16 ff.

217 Richtlinie 2014/24/EU über die öffentliche Auftragsvergabe.

218 Richtlinie 2014/24/EU über die öffentliche Auftragsvergabe.

219 S. die Kommentierung zu B.I.7. Rn. 67 ff.

220 Gegen eine In-House-Fähigkeit nach bisherigem Recht: Ziekow in: Ziekow/Völlink § 99 GWB Rn. 109 ff.; Dabringhausen NZBau 2009, 616, 618; für die Anwendung der In-House-Grundsätze schon nach bisherigem Recht Dreher NZBau 2004, 14, 18 ff.

221 So schon für das bisherige Recht Dreher in Dreher/Stockmann § 99 Rn. 60.

Derartige Fälle können in der Praxis etwa dann vorliegen, wenn die von einer Stadt kontrollierte Eigengesellschaft, also etwa die Stadtmarketing GmbH, als »Tochter« die sie kontrollierende Stadt (»Mutter«) mit Druckerdienstleistungen beauftragt oder aber die städtische Abfallentsorgungsgesellschaft als Eigengesellschaft (»Tochter«) den städtischen Bauhof (Eigenbetrieb der Stadt) mit der Pflege ihres Grundstücks vor ihrem Verwaltungsgebäude beauftragt. Bei diesem »bottom-up-Geschäft« liegt nach funktionalem Verständnis keine Erbringung von Leistungen auf dem Drittmarkt vor. Trotz eines nicht gegebenen Kontrollverhältnisses zwischen der »Tochter« und der »Mutter« ist daher nach der ausdrücklichen Regelung des § 108 Abs. 3 S. 1, 1. Alternative GWB **keine Ausschreibungspflicht** gegeben.

2. Horizontales In-House-Geschäft

Beim horizontalen In-House-Geschäft liegt keine vertikale Auftragsrichtung vor; vielmehr vergeben auf der Grundlage von § 108 Abs. 3 S. 1, 2. Alternative GWB zwei vom öffentlichen Auftraggeber ihrerseits **beherrschte Auftragnehmer** untereinander Aufträge. Auch hier gilt, dass der konkrete Auftraggeber in dieser »Schwester«-Konstellation stets ein öffentlicher Auftraggeber i.S.d. § 99 Nr. 1 bis 3 GWB sein muss. Unter der in § 108 Abs. 3 S. 1, 2. Alternative GWB genannten Voraussetzung ist demzufolge auch eine Fallkonstellation vergaberechtsfrei, bei der etwa die Abfallentsorgungs-GmbH (Eigengesellschaft) als »Tochter« einer sie kontrollierenden Stadt die ebenfalls von der Stadt kontrollierte IT-Dienstleistungs-GmbH (Eigengesellschaft) als zweite »Tochter« (»Schwester-Schwester-Verhältnis«) mit Dienstleistungen im Bereich der Softwarepflege beauftragt. Grund für die Vergaberechtsfreiheit dieser »Beauftragung« auf der Grundlage des § 108 Abs. 3 S. 1, 2. Alternative GWB ist nicht nur, dass auch in dieser Konstellation **keine Leistung »am Markt«** vergeben wird, sondern auch, dass die ansonsten für ein In-House-Geschäft erforderliche Kontrolle durch die **gemeinsame »Mutter«** vermittelt wird.[222] Hieraus folgt, dass nach diesen Vorgaben auch dann kein Vergaberecht anzuwenden ist, wenn die »Tochter« einer anderen von der »Mutter« kontrollierten Person, also etwa einem »**Enkel**« oder einer »**Nichte**« einen Auftrag erteilt. 157

Der Europäische Gerichtshof hatte die Frage der Vergaberechtsfreiheit von horizontalen In-House-Geschäften bisher offengelassen. In seinem Urteil vom 08.05.2014[223] brauchte der EuGH diese Frage nicht abschließend zu entscheiden. Hintergrund war ein Sachverhalt, bei dem die Technische Universität Hamburg-Harburg, die ihrerseits unter der Aufsicht der Stadt Hamburg stand, als Auftragnehmer von einer Dienstleistungsgesellschaft im Bereich der Informationstechnologie, der HIS-GmbH, an die die Stadt Hamburg gemeinsam mit den 15 anderen Bundesländern sowie der Bundesrepublik Deutschland kontrollierte, Leistungen ohne Ausschreibung in Anspruch nahm. Der EuGH nahm in dieser Konstellation kein Kontrollverhältnis zwischen der Universität als öffentlichem Auftraggeber und der von dieser beauftragten Gesellschaft (HIS-GmbH) an und zwar auch nicht über die mögliche gemeinsame Kontrolle durch die Stadt Hamburg. Denn die von der Stadt Hamburg über die Universität ausgeübte Kontrolle beziehe sich nur auf einen Teil von deren Tätigkeiten, und zwar allein auf den Beschaffungsbereich, **nicht** aber auf die **Bereiche Lehre und Forschung**, in denen die Universität über eine weitgehende **Selbstverwaltungsautonomie** verfügt. In einer derartigen Konstellation könne daher nicht von der erforderlichen »Kontrolle wie über eigene Dienststellen« gesprochen werden.[224] Dem stehe die Selbstverwaltungsautonomie der Technischen Universität entgegen. 158

---

222 Schon bisher für eine Vergaberechtsfreiheit horizontaler in-House-Geschäfte: Heuvels in: Heuvels/Höß/ Kuß/Wagner Vergaberecht Gesamtkommentar 1. Aufl. 2013 § 99 GWB Rn. 163; Orlowski NZBau 2007, 80, 87 f.; Dreher NZBau 2004, 14, 18 ff.; s. auch Dabringhausen NZBau 2009, 616 ff.

223 EuGH Urt. v. 08.05.2014 – C-15/13 VergabeR 2014, 533 ff. »Datenlotsen Informationssysteme« mit Anm. Willenbruch.

224 EuGH VergabeR 2014, 533, 536 Rn. 32 »Datenlotsen Informationssysteme« mit Anm. Willenbruch.

3. Rechtsfolgen- oder Rechtsgrundverweisung?

159 Indem § 108 Abs. 3 S. 1 GWB bestimmt, dass »Abs. 1 **auch gilt**« wird hieraus zum Teil gefolgert, dass es sich dabei um eine **Rechtsfolgenverweisung** handele.[225] Dies hätte erhebliche Auswirkungen dergestalt, dass es dann auf eine **wesentliche Tätigkeitsausübung** für das Vorliegen eines In-House-Geschäfts nicht mehr ankommt, weil in § 108 Abs. 3 GWB ausschließlich das **Kontrollkriterium** behandelt wird.[226] Bei einem derartigen Verständnis als Rechtsfolgenverweisung könnte beim horizontalen In-House-Geschäft dann die Situation eintreten, dass die den Auftrag vergebende und die den Auftrag ausführende juristische Person zwar als »Schwestern« beide durch denselben öffentlichen Auftraggeber als »Mutter« kontrolliert würden, jedoch **ganz überwiegend am Markt** tätig sein können, da ja die Erfüllung des Wesentlichkeitskriteriums nicht mehr nötig ist.[227]

160 Gerade vor dem Hintergrund dieser aufgezeigten Folgen bei Zugrundelegung einer Rechtsfolgenverweisung verbietet sich aber auf der Grundlage der EuGH-Rechtsprechung die Annahme einer Rechtsfolgenverweisung in § 108 Abs. 3 GWB. Denn würde man eine – unbegrenzte – Tätigkeit der juristischen Person **am Markt** sowohl in der Konstellation des inversen als auch des horizontalen In-House-Geschäfts erlauben, würden die jeweils privilegierten Unternehmen nach § 108 Abs. 3 GWB einen **unberechtigten Vorteil** gegenüber anderen Marktteilnehmern erlangen. Denn in beiden Fällen (Inverses/Horizontales In-House-Geschäft) werden die kontrollierten juristischen Personen gerade nicht mehr überwiegend auf Basis des Grundsatzes der Eigenerledigung tätig, sondern verlassen die dadurch abgegrenzte Sphäre. Daher müssen die juristischen Personen gegenüber dem kontrollierenden öffentlichen Auftraggeber dem **Tätigkeitskriterium des § 108 Abs. 1 Nr. 2 GWB** genügen.[228] Denn die Erlangung eines **unberechtigten Vorteils** gegenüber Konkurrenten war und ist in der EuGH-Rechtsprechung stets der Grund dafür gewesen, eine In-House-Fähigkeit auszuschließen.[229] Daher ist sowohl für die Fallgestaltung des inversen als auch für die Fallgestaltung des horizontalen In-House-Geschäfts davon auszugehen, dass es sich hierbei um eine **Rechtsgrundverweisung** handelt.[230]

161 Hierfür spricht auch, dass die bisherige In-House-Dogmatik des EuGH, die sich in § 108 Abs. 1 GWB aber auch in § 108 Abs. 4 GWB wiederfindet, mit der **Kontrolle** und der **Wesentlichkeit** stets zwei Kriterien enthält. Nur das Vorliegen beider Voraussetzungen zusammen lässt den EuGH zu der **eng auszulegenden Ausnahme** des vergaberechtsfreien Eigengeschäfts gelangen. Daher spricht wenig dafür, dass der europäische Normgeber das zweite wichtige Element des In-House-Geschäfts einfach wegfallen lassen wollte. Vielmehr deutet Vieles auf eine gesetzgeberische Ungenauigkeit sowohl in der zugrunde liegenden Norm des Art. 12 Abs. 2 VRL[231] als auch in der »Umsetzungsnorm« des § 108 Abs. 3 GWB hin.[232] Dies vorausgeschickt muss allerdings die **gesamte Tätigkeit** der jeweils handelnden juristischen Person für das Wesentlichkeitskriterium i.S.d. § 108 Abs. 1 Nr. 2 GWB so lange als **In-House-unschädlich** angesehen werden, so lange sich diese Tätigkeiten im **geschützten Bereich** der jeweiligen In-House-Konstellationen bewegen. Dies bedeutet etwa, dass von einer wesentlichen und nicht In-House-schädlichen Tätigkeit in der »Schwester«-Konstellation immer dann auszugehen ist, wenn sich die Tätigkeit des »beauftragten Auftragnehmers« entweder auf die »Schwester« oder aber auch auf den die Kontrolle ausübenden Auftraggeber (»Mutter«) bezieht.

---

225 Vgl. Dabringhausen VergabeR 2014, 512, 521.

226 So wohl auch Knauff EuZW 2014, 486 ff., 489.

227 Ziekow NZBau 2015, 258 ff., 262.

228 Ziekow NZBau 2015, 258 ff., 262.

229 Grundlegend EuGH VergabeR 2005, 44, 51 Rn. 51 »Stadt Halle« mit Anm. Gabriel.

230 Für eine Wahlmöglichkeit bei einem inversen In-House-Geschäft, ob der kontrollierende oder der kontrollierte öffentliche Auftraggeber das Tätigkeitskriterium erfüllt: Greb VergabeR 2015, 289 ff., 293.

231 Richtlinie 2014/24/EU über die öffentliche Auftragsvergabe.

232 So auch Ziekow NZBau 2015, 258, 262; Greb VergabeR 2015, 289 ff., 293.

IV. Gemeinsames vertikales In-House-Geschäft (§ 108 Abs. 4 GWB)

1. Inverse und horizontale In-House-Geschäfte auch bei gemeinsamer Kontrolle

Die Regelungen des § 108 Abs. 4 GWB erstreckt, wie sich aus dem **Begründungstext** zu der Vorschrift ausdrücklich ergibt, die erlaubten In-House-Vergaben auf Konstellationen, in denen die Kontrolle des Auftragnehmers abweichend von § 108 Abs. 1 GWB nicht durch einen, sondern durch **mehrere Auftraggeber gemeinsam erfolgt**. In der **Begründung** zum Gesetzestext des § 108 Abs. 4 GWB heißt es:[233]   162

> »Durch die Vorschrift werden – aufgrund ihrer systematischen Stellung nach § 108 Abs. 3 GWB –   163
> auch solche öffentlichen Aufträge erfasst, die von einer **kontrollierten juristischen Person**, die zugleich
> öffentlicher Auftraggeber i.S.d. § 99 Nr. 1 bis 3 GWB ist, an einen von **mehreren sie kontrollieren-
> den öffentlichen Auftraggeber** vergeben werden«.

Mit anderen Worten ist ausweislich der Gesetzesbegründung auch beim Vorliegen des Tatbestandes   164
des § 108 Abs. 4 GWB die Möglichkeit eines sog. **inversen In-House-Geschäfts** nach § 108 Abs. 3 S. 1
GWB gegeben. Unabhängig von der Gesetzesbegründung ergibt sich die **Gleichstellung** der Zulässigkeit eines (einfachen) inversen In-House-Geschäfts und **einem** kontrollierenden Auftraggeber mit einem inversen In-House-Geschäft dann, wenn der öffentliche Auftraggeber **gemeinsam mit anderen öffentlichen Auftraggebern** über die juristische Person (»Tochter«) eine Kontrolle ausübt und diese die sie kontrollierenden öffentlichen Auftraggeber ohne Anwendung des Vergaberechts beauftragt, daraus, dass in beiden Fällen **kein unberechtigter Vorteil** gegenüber einem privaten Konkurrenten begründet wird. Dies war und ist aber in der EuGH-Rechtsprechung stets der **entscheidende Maßstab** dafür gewesen, eine In-House-Fähigkeit auszuschließen und eine Vergaberechtspflicht anzunehmen.[234] Über die Konstellation des inversen In-House-Geschäfts hinaus muss in Fortführung dieses Gedankens eines nicht gegebenen unberechtigten Vorteils für einen privaten Dritten auch bei § 108 Abs. 4 GWB die Konstellation vergaberechtsfrei sein, bei der **mehrere** jeweils von öffentlichen Auftraggebern kontrollierte juristische Personen untereinander (»Schwester-Schwester-Beziehung«) Leistungen beschaffen. Danach könnte z.B. eine von vielen Kommunen in der Rechtsform der GmbH oder des Zweckverbandes getragene Abfallentsorgungseinrichtung **vergaberechtsfrei** von der ebenfalls von diesen Kommunen gemeinsam kontrollierten IT-Dienstleistungs-GmbH (Eigengesellschaft) als zweiter »Tochter« dieser Kommunen Dienstleistungen beschaffen. Auch in dieser Konstellation eines horizontalen In-House-Geschäfts wird keine Leistung »am Markt« beschafft und die für ein In-House-Geschäft erforderliche Kontrolle ist durch die gemeinsame »Mutter«, die sich in diesem Fall aus **mehreren öffentlichen Auftraggebern** zusammensetzt, gegeben.

2. Die gemeinsame Kontrolle nach § 108 Abs. 4 Nr. 1 GWB

§ 108 Abs. 4 GWB setzt insgesamt Art. 12 Abs. 3 UAbs. 1 der Richtlinie 2014/24/EU über die   165
öffentliche Auftragsvergabe (VRL) in nationales Recht um. Allerdings bestimmt Art. 12 Abs. 3 der
VRL in seinem 1. Satz noch deutlicher (Anmerkung: Hervorhebungen durch den Verfasser), dass
ein öffentlicher Auftraggeber, der

> »**keine Kontrolle** über eine juristische Person des privaten oder öffentlichen Rechts im Sinne von   166
> Abs. 1 ausübt, **dennoch** einen öffentlichen Auftrag ohne Anwendung dieser Richtlinie an diese juris-
> tische Person vergeben kann, wenn **alle** der folgenden Bedingungen erfüllt sind«.

Sodann werden die auch in § 108 Abs. 4 Nr. 1 bis 3 GWB genannten Bedingungen ausdrück-   167
lich genannt. Als erste Voraussetzung für eine Nichtanwendung des Vergaberechts bestimmt § 108
Abs. 4 Nr. 1 GWB, dass der öffentliche Auftraggeber **gemeinsam mit anderen öffentlichen Auftraggebern** über die juristische Person eine ähnliche Kontrolle ausüben muss wie **jeder** der öffentlichen
Auftraggeber über seine eigenen Dienststellen. Mit der ausdrücklich aufgenommenen **Parallelität**

---

233 Amtliche Begründung zu § 108 Abs. 4 GWB Drs. 367/15.
234 EuGH VergabeR 2005, 44 ff., 51 Rn. 51 »Stadt Halle« mit Anm. Gabriel.

zwischen dem »**gemeinsamen** In-House-Geschäft« nach § 108 Abs. 4 GWB und dem **klassischen** In-House-Geschäft mit nur **einem** kontrollierenden öffentlichen Auftraggeber nach § 108 Abs. 1 Nr. 1 GWB durch die Formulierung in Abs. 4 Nr. 1 »**jeder der öffentlichen Auftraggeber**« setzt § 108 Abs. 4 Nr. 1 GWB für die gemeinsame Kontrolle der öffentlichen Auftraggeber hohe Hürden. § 108 Abs. 4 Nr. 1 GWB grenzt sich aber auch mit seinem eigenständigen Sachverhalt ausdrücklich von § 108 Abs. 1 Nr. 1 GWB und dem dort geregelten Fall, dass der öffentliche Auftraggeber **alleine** über eine juristische Person des privaten oder öffentlichen Rechts eine Kontrolle ausübt, ab. Dennoch betrifft § 108 Abs. 4 Nr. 1 GWB **nicht sämtliche Fallgruppen** der Vergabe von öffentlichen Aufträgen, die von mehreren öffentlichen Auftraggebern an eine juristische Person des öffentlichen oder privaten Rechts vergeben werden. Vielmehr ist für § 108 Abs. 4 Nr. 1 GWB entscheidend, dass nicht ein öffentlicher Auftraggeber die Kontrolle über die beauftragte juristische Person ausübt, sondern die **Kontrollfunktion** bei **mehreren öffentlichen Auftraggebern** angesiedelt ist. Mit anderen Worten ist ein **nicht** unter § 108 Abs. 4 Nr. 1 GWB fallender Sachverhalt dergestalt denkbar, dass zwar mehrere öffentliche Auftraggeber an eine juristische Person des öffentlichen oder privaten Rechts einen Auftrag vergeben, aber nur **einer** der öffentlichen Auftraggeber alleine die juristische Person wie eine eigene Dienststelle kontrollieren kann. In diesem Fall gilt für die erteilten Aufträge § **108 Abs. 1 GWB** und nicht § 108 Abs. 4 GWB.

168   § 108 Abs. 4 GWB greift nur dann ein, wenn der öffentliche Auftraggeber **allein keine Kontrolle** über die juristische Person wie über seine eigenen Dienststellen ausüben kann, sondern er diese Kontrolle gemeinsam mit anderen öffentlichen Auftraggebern ausübt. Nur in diesem Fall kann ein In-House-Geschäft nach Abs. 4 vorliegen. Folge ist, dass ein **nicht** in die gemeinsame Kontrolle eingebundener öffentlicher Auftraggeber, also etwa ein Minderheitsgesellschafter ohne Kontrollbefugnisse nicht ausschreibungsfrei an die juristische Person, an der er beteiligt ist, öffentliche Aufträge vergeben darf.[235] Umgekehrt entspricht die Norm des § 108 Abs. 4 Nr. 1 GWB im Hinblick auf das Kontrollkriterium der bisherigen Rechtsprechung des EuGH.[236] In seiner »Coditel«-Entscheidung[237] vom 13.11.2008 hat der Gerichtshof erstmalig bestätigt, dass Gemeinden bei der Vergabe an Unternehmen, an denen sie **gemeinsam mit anderen Kommunen** beteiligt sind, bei richtiger Ausgestaltung das In-House-Privileg in Anspruch nehmen und auf eine Ausschreibung verzichten können. Das als »**Meilenstein-Entscheidung**«[238] bezeichnete Urteil des EuGH betraf einen Streit zwischen der privaten Kabelgesellschaft Coditel Brabant und der belgischen Gemeinde Uccle. Diese wollte einer in der Rechtsform einer interkommunalen Genossenschaft organisierten Kabelgesellschaft beitreten und dieser den Betrieb des örtlichen Kabelnetzes übertragen. Nach der Auffassung von Coditel verletzte diese ohne Ausschreibung erfolgte Übertragung des Kabelnetzbetriebes an eine Genossenschaft die für die Vergabe von Dienstleistungskonzessionen geltenden Grundsätze der Nichtdiskriminierung sowie der Transparenz. Sie beinhalte daher auch kein In-House-Geschäft i.S.d. »Teckal«-Rechtsprechung des EuGH.[239]

169   Der vom belgischen Conseil d' Etat gemäß Art. 234 EG angerufene Europäische Gerichtshof bestätigte zunächst seine bisherige Rechtsprechung, dass eine **dienststellenähnliche Kontrolle** die Möglichkeit voraussetzt, auf die **wichtigen Entscheidungen** und die **strategischen Ziele** des Unternehmens **entscheidenden Einfluss** zu nehmen.[240] Der Umstand, dass die konzessionserteilende öffentliche Stelle zusammen mit anderen öffentlichen Stellen **das gesamte Kapital** der Gesellschaft hält, deutet nach dem EuGH – ohne entscheidend zu sein – darauf hin, dass sie insgesamt über diese Gesellschaft eine Kontrolle wie über ihre eigenen Dienststellen ausübt.[241] Der »Coditel«-Fall

---

235 Vgl. EuGH VergabeR 2013, 202 ff. mit Anm. Schabel; s. auch NZBau 2013, 55 ff. »Econord«.
236 EuGH VergabeR 2009, 440 ff. »mit Anm. Schabel; s. auch NZBau 2009, 54 ff.« Coditel Brabant.
237 EuGH VergabeR 2009, 440 ff. = NZBau 2009, 54 ff. »Coditel Brabant«.
238 Krohn NZBau 2009, 222 ff.
239 EuGH NZBau 2000, 90 f. »Teckal«.
240 EuGH VergabeR 2009, 440 ff. Rn. 28 = NZBau 2009, 54 ff. Rn. 28 »Coditel Brabant«.
241 EuGH VergabeR 2009, 444 ff. Rn. 31 mit Anm. Schabels. auch NZBau 2009, 54 ff. Rn. 31 »Coditel Brabant«; Krohn NZBau 2009, 222 ff.

betraf eine interkommunale Genossenschaft, deren Mitglieder Gemeinden sowie ein aus **ausschließlich Gemeinden** bestehender interkommunaler Zusammenschluss, vergleichbar einen **kommunalen Zweckverband** in Deutschland, war, der privaten Mitgliedern nicht offenstand. Auch bestand der Verwaltungsrat aus Vertretern der angeschlossenen Gemeinden, die von der Generalversammlung ernannt wurden, die sich ihrerseits aus Gemeindevertretern zusammensetzt. Insoweit weist der EuGH[242] ausdrücklich darauf hin, dass der Zusammenschluss **nicht die Form einer Aktiengesellschaft** hat, die ihre Ziele unabhängig von ihren Anteilseigner verfolgen kann, sondern eine **interkommunale Genossenschaft** ist. Hinzu komme, dass diese interkommunale Genossenschaft **keinen kommerziellen Charakter** habe. Aufgrund dieser Umstände kam der Gerichtshof zu dem Ergebnis, dass die Einwirkungsmöglichkeiten der Mitgliedskommunen diesen **eine Kontrolle** der Kabelgesellschaft ermöglichen, die als Kontrolle wie über eine eigene Dienststelle zu bewerten ist.[243]

Der EuGH hat in seinem »Coditel«-Urteil auch nähere Ausführungen zu der Frage gemacht, ob den   170
Erfordernissen des Kontrollkriteriums auch dann Genüge getan ist, wenn die Kontrolle **nicht von jedem Mitglied** der Genossenschaft **individuell**, sondern nur von einer Mehrheit der Mitglieder gemeinschaftlich ausgeübt wird.[244] Dabei führt der EuGH aus, dass zwar nach der Rechtsprechung für das Vorliegen eines In-House-Geschäfts eine Kontrolle wie über die eigenen Dienststellen vorliegen muss. Insoweit müsse die Kontrolle aber **wirksam** sein, nicht aber unbedingt **individuell** ausgeübt werden. Dazu erläutert der EuGH, dass bei einer **gemeinsamen kommunalen Einrichtung** es normalerweise ausgeschlossen sei, dass

> *»eine dieser Stellen, sofern sie nicht eine Mehrheitsbeteiligung an diese Einrichtung hält, allein eine*   171
> *bestimmende Kontrolle über deren Entscheidung ausübt. Zu verlangen, dass die Kontrolle durch eine*
> *öffentliche Stelle in einem solchen Fall individuell sein muss, würde bewirken, in den meisten Fällen,*
> *in denen eine öffentliche Stelle einem Zusammenschluss weiterer öffentlichen Stellen wie einer interkommunalen Genossenschaft beitreten möchte, eine Ausschreibung vorzuschreiben«.*[245]

Ein solches Ergebnis, so betont der EuGH, wäre aber mit der Systematik der Gemeinschaftsvor-   172
schriften auf dem Gebiet der öffentlichen Aufträge **nicht vereinbar**. Eine öffentliche Stelle hat nämlich die Möglichkeit, ihre im allgemeinen Interesse liegenden Aufgaben mit ihren

> *»eigenen administrativen, technischen und sonstigen Mitteln zu erfüllen, ohne gezwungen zu sein,*   173
> *sich an externe Dienstleistungen zu wenden, die nicht zu ihren Dienststellen gehören«.*

Von dieser Möglichkeit für die öffentlichen Stellen, zur Erfüllung ihres gemeinwirtschaftlichen   174
Auftrags auf ihre eigenen Mittel zurückzugreifen, kann nach dem EuGH auch

> *»in Zusammenarbeit mit anderen öffentlichen Stellen Gebrauch gemacht werden«.*[246]   175

Der EuGH sieht seine Schussfolgerungen, wonach keine individuelle, sondern auch eine gemein-   176
same Kontrolle ein In-House-Geschäft begründet, auch nicht durch sein Urteil »Co.Na.Me.«[247] beeinträchtigt. Denn in dieser Entscheidung hat das Gericht zwar eine Beteiligung von **0,97 %** als **so geringfügig** angesehen, dass sie einer Gemeinde die Kontrolle über einen Konzessionsinhaber, der eine öffentliche Dienstleistung verwaltet, nicht ermöglichen kann. Doch, und darauf weist der EuGH in seiner »Coditel«-Entscheidung ausdrücklich hin, hat sich das Gericht in seiner »Co. Na.Me«-Entscheidung gerade nicht mit der Frage befasst, ob eine solche Kontrolle **gemeinsam**

---

242 EuGH VergabeR 2009, 440 ff. Rn. 37 = NZBau 2009, 54 ff. Rn. 37. »Coditel Brabant«.
243 EuGH VergabeR 2009, 440 ff. Rn. 39 = NZBau 2009, 54 ff. Rn. 39 »Coditel Brabant«.
244 EuGH VergabeR 2009, 440 ff. Rn. 44 ff. = NZBau 2009, 54 ff. Rn. 44 ff. »Coditel Brabant«.
245 EuGH VergabeR 2009, 440 ff. Rn. 47 = NZBau 2009, 54 ff. Rn. 47 »Coditel Brabant«.
246 EuGH VergabeR 2009, 440 ff. Rn. 48 f. = NZBau 2009, 54 ff. Rn. 48 f. unter Verweis auf das EuGH-Urt. v. 11.01.2005 – C-26/03 »Stadt Halle« Rn. 48 f. sowie v. 19.04.2007 – C-295/05 »Asemfo Tragsa« Rn. 65.
247 EuGH VergabeR 2005, 609 ff. Rn. 24 = NZBau 2005, 592 ff. Rn. 24 »Co.Na.Me.«.

ausgeübt werden konnte.[248] Im Übrigen hat der Gerichtshof in seinem späteren Urteil »Asemfo«[249] anerkannt, dass die Voraussetzungen hinsichtlich der Kontrolle durch die öffentliche Stelle in einem Fall, in dem diese **nur 0,25 % des Kapitals** eines öffentlichen Unternehmens hielt, unter bestimmten Umständen erfüllt sein können.

177   In der Folge der EuGH-Rechtsprechung beinhaltet die Vorgabe in § 108 Abs. 4 Nr. 1 GWB, dass die für ein In-House-Geschäft notwendige Kontrolle auch **gemeinsam** ausgeübt werden kann und daher **nicht unbedingt individuell** bestehen muss. Die gemeinsame Kontrolle ist nicht nur für interkommunale Einrichtungen in öffentlicher Rechtsform (Bsp.: **Kommunaler Zweckverband**)[250] möglich, sondern ohne weiteres auch auf **privatrechtliche Gesellschaften** (GmbH, Genossenschaften, Eingetragene Vereine, BGB-Gesellschaften) übertragbar.[251] Ein weiterer wichtiger Aspekt besteht darin, dass insbesondere Kommunen nicht nur Gemeinschaftsunternehmen vergaberechtsfrei **gründen können**, sondern auch bestehenden Gemeinschaftsunternehmen vergaberechtsfrei **beitreten können** und ihnen daher bei Vorliegen der Voraussetzungen eines In-House-Geschäfts die Durchführung kommunaler Aufgaben übertragen dürfen.[252] Insofern hat der Gerichtshof zwar die Frage des Beitritts nicht weiter thematisiert, aber auf die Rechtmäßigkeit der damit verbundenen Übertragungen hingewiesen. Im Übrigen gilt im Hinblick auf die nähere Ausgestaltung der Kontrolle i. S. v. § 108 Abs. 4 Nr. 1 GWB, dass diese sich inhaltlich nach den Voraussetzungen des § 108 Abs. 5 GWB auszurichten hat.

3. Das Wesentlichkeitskriterium bei gemeinsamer Kontrolle (§ 108 Abs. 4 Nr. 2 GWB)

178   § 108 Abs. 4 Nr. 2 GWB überträgt das **Wesentlichkeitskriterium** des § 108 Abs. 1 Nr. 2 GWB auf die Fallgestaltungen einer **gemeinsamen Kontrolle**. Abweichend von § 108 Abs. 1 Nr. 2 GWB bezieht sich allerdings der Wesentlichkeitsgrundsatz in diesem Fall auf **alle kontrollierenden Auftraggeber**. Folge ist, dass die juristische Person ihre Tätigkeiten im Wesentlichen für die zusammen zu betrachtenden und kontrollierenden öffentlichen Auftraggeber **insgesamt** ausführen muss.[253] Hinsichtlich der Schwelle und der Voraussetzung einer mehr als **80-%iger Ausführung von Aufgaben**, mit denen die juristische Person von **den öffentlichen Auftraggebern gemeinsam** betraut wurde, gilt nichts anderes als für die einfach-vertikalen In-House-Geschäfte. Insofern kann auf die Kommentierung zu § 108 Abs. 1 Nr. 2 GWB verwiesen werden.[254]

4. Keine direkte Privatbeteiligung an juristischer Person (§ 108 Abs. 4 Nr. 3 GWB)

179   § 108 Abs. 4 Nr. 3 GWB bestimmt, dass an der juristischen Person auch dann **keine direkte private Kapitalbeteiligung** bestehen darf, wenn öffentliche Auftraggeber gemeinsam mit anderen öffentlichen Auftraggebern die Kontrolle über diese juristische Person ausüben. Dies ist eine **Selbstverständlichkeit** und entspricht den Vorgaben, die für das einfach-klassische In-House-Geschäft im Hinblick auf die direkte private Kapitalbeteiligung in § 108 Abs. 1 Nr. 3, 1. Halbsatz GWB normiert sind. Indem § 108 Abs. 4 Nr. 3, 2. Halbsatz GWB § 108 Abs. 1 Nr. 3, 2. Halbsatz GWB entsprechend zur Anwendung bringt, wird klargestellt, dass die dort geregelten und nicht In-House-schädlichen Formen direkter privater Kapitalbeteiligung auch bei einer **gemeinsamen**

---

248 EuGH VergabeR 2009, 440 ff. Rn. 52 = NZBau 2009, 54 ff. Rn. 52 »Coditel Brabant«.

249 EuGH VergabeR 2007, 487 ff. Rn. 56 bis 61 = NZBau 2007, 381 ff. Rn. 56 bis 61 »Asemfo Tragsa«.

250 S. OLG Düsseldorf NZBau 2006, 662 ff. »Zweckverband Regio-Entsorgung«, wonach die Bildung von Zweckverbänden grundsätzlich ausschreibungsfrei ist; dazu auch Krohn NZBau 2006, 610 f.; Düsterdiek NZBau 2006, 618; Losch VergabeR 2006, 672 f.

251 Krohn NZBau 2009, 222, 223.

252 So die Vorlagefrage Nr. 1, mitgeteilt in Rn. 22 des »Coditel«-Urteils, EuGH VergabeR 2009, 440 ff. = NZBau 2009, 54 ff.

253 EuGH VergabeR 2006, 478 ff. = NZBau 2006, 452 ff. »Carbotermo«.

254 Kommentierung zu § 108 Abs. 1 Nr. 2 GWB B.I.5. Rn. 31 ff.

Kontrolle mehrerer öffentlicher Auftraggeber Geltung haben. Insoweit kann auf die Kommentierung zu § 108 Abs. 1 Nr. 3 GWB verwiesen werden.[255]

V. Voraussetzungen einer gemeinsamen Kontrolle (§ 108 Abs. 5 GWB)

Die Voraussetzungen der gemeinsamen Kontrolle i. S. v. § 108 Abs. 4 Nr. 1 GWB sind im Einzel-   **180** nen in § 108 Abs. 5 GWB aufgeführt. Diese Voraussetzungen in § 108 Abs. 5 Nr. 1 bis 3 GWB müssen jeweils **kumulativ** erfüllt sein, um die gemeinsame Kontrolle nach Abs. 4 Nr. 1 herbeizuführen. Mit § 108 Abs. 5 GWB wird Art. 12 Abs. 3 UAbs. 2 der Richtlinie 2014/24/EU über die öffentliche Auftragsvergabe (VRL) in nationales Recht umgesetzt.

1. Beschlussfassende Organe bestehen aus allen öffentlichen Auftraggebern

Nach § 108 Abs. 5 Nr. 1, 1. Halbsatz GWB setzt eine gemeinsame Kontrolle i. S. v. § 108 Abs. 4   **181** Nr. 1 GWB zunächst voraus, dass sich die **beschlussfassenden Organe** der juristischen Person aus Vertretern **sämtlicher teilnehmender öffentlicher Auftraggeber** zusammensetzen. Dies bedeutet, dass sämtliche teilnehmenden öffentlichen Auftraggeber, unabhängig von ihren jeweiligen Anteilen, in den beschlussfassenden Organen der von ihnen **kontrollierten** juristischen Person vertreten sein müssen. Da § 108 Abs. 5 Nr. 2 GWB eng auf § 108 Abs. 4 Nr. 1 GWB aufbaut, kann es sich hierbei nur um solche Organe handeln, die **rechtlich und tatsächlich** in der Lage sind, die **strategischen Ziele** und die **wesentlichen Entscheidungen** der juristischen Person zu beeinflussen. Der EuGH hat diese Organe als »**Leitungsorgane**«[256] gekennzeichnet. Dabei hat er als Voraussetzung einer gemeinsamen Kontrolle und einer Vertretung in den beschlussfassenden Organen der juristischen Person durch sämtliche teilnehmenden öffentlichen Auftraggebern aufgeführt, dass eine gemeinsame Kontrolle wie über die eigenen Dienststellen nur dann erfüllt ist,

> »*wenn jede dieser Stellen sowohl am* **Kapital** *als auch an den* **Leitungsorganen** *der Einrichtung*   **182** *beteiligt ist*«.[257]

Neben der Kapitalbeteiligung bedingt dies, dass alle beteiligten Auftraggeber **mindestens einen Ver-   183 treter** in den beschlussfassenden Organen, also den Leitungsorganen (Aufsichtsrat, Verwaltungsrat, Gesellschafter-, Zweckverbandsversammlung etc.), des kontrollierten Unternehmens haben müssen, die wiederum gemeinsam mit den anderen öffentlichen Auftraggebern einen **ausschlaggebenden Einfluss** auf die **strategischen Ziele** und die **wesentlichen Entscheidungen** der juristischen Person ausüben können müssen.[258]

Sowohl was die erforderliche **Kapitalbeteiligung** als auch den **ausschlaggebenden Einfluss** in den   **184** beschlussfassenden Organen angeht, muss im Hinblick auf die »ähnliche Kontrolle wie über die eigenen Dienststellen« gewährleistet sein, dass es der kontrollierten juristischen Person im Ergebnis an einer **Selbstständigkeit fehlt.**[259] In Abhängigkeit zur jeweiligen Vertretung aller teilnehmenden öffentlichen Auftraggeber brauchen diese nicht zwingend nach der jeweiligen Gesellschaftsverfassung in den unmittelbar die Geschäfte führenden Organen aktiv beteiligt zu sein.[260] Im Einklang mit der bisherigen Rechtsprechung ist daher eine Beteiligung aller (kommunalen) Gesellschafter an der **Geschäftsführung nicht zwingend** erforderlich. Ausreichend ist, dass die Geschäftsführung an die **Weisungen** der Gesellschafterversammlung gebunden ist. In diesem Zusammenhang kann das Kontrollkriterium bei einer In-House-Vergabe bereits durch eine **mittelbare Kontrolle** über den Auftragnehmer mittels eines **0,94 %-Anteils** an einer Alleingesellschafter-Holding GmbH erfüllt sein. Voraussetzung für eine In-House-Vergabe ist hierbei jedoch, dass die gemeinsam mit anderen

---

255 Kommentierung zu § 108 Abs. 1 Nr. 3 GWB B.I.7. Rn. 67 ff.
256 EuGH VergabeR 2013, 202 ff. Rn. 33 mit. Anm. Schabel = NZBau 2013, 55 ff. Rn. 33 »Econord«.
257 EuGH a. a. O.
258 So auch Greb VergabeR 2015, 289, 294.
259 EuGH VergabeR 2007, 487 ff. »Asemfo/Tragsa«.
260 Ziekow NZBau 2015, 258, 262.

öffentlichen Auftraggebern ausgeübte Kontrolle nicht allein auf der Kontrollbefugnis eines **dominierenden Mehrheitsgesellschafters** beruhen darf.[261] In dem vom OLG Düsseldorf entschiedenen Fall hatten die Minderheitsgesellschafter ein **Vetorecht**. Die Geschäftsführung unterlag den Weisungen der Gesellschafterversammlung, was sich u. a. daraus ergab, dass der aus Vertretern der Gesellschafter bestellte **Aufsichtsrat** den oder die Geschäftsführer bestellt und diese nach dem Gesellschaftsvertrag an die Beschlüsse und Weisungen der Gesellschafterversammlung gebunden waren. Damit sah das OLG Düsseldorf eine erforderliche Kontrolle wie über die eigenen Dienststellen als gegeben an.[262]

185 Zur Sicherstellung der Arbeitsfähigkeit der beschlussfassenden Organe, die aus Vertretern sämtlicher teilnehmender öffentlicher Auftraggeber zusammengesetzt sein müssen, ermöglicht es in Umsetzung von Art. 12 Abs. 3 UAbs. 2 i) der Richtlinie 2014/24/EU über die öffentliche Auftragsvergabe (VRL) § 108 Abs. 5 Nr. 1 2. Halbsatz GWB, dass auch **ein einzelner Vertreter mehrere** oder **alle** teilnehmenden öffentlichen Auftraggeber **vertreten** kann und daher die anderen »Stühle leer bleiben«. Daher ist es im Extremfall auch möglich, dass ein Organ **nur durch einen einzigen Vertreter** aller öffentlichen Auftraggeber gebildet wird.[263] Da eine Freistellung des Vertreters von der Position der jeweils Vertretenen **unzulässig** sein dürfte[264], wird vor dem Hintergrund der EuGH-Rechtsprechung zur Notwendigkeit eines »**Konzepts der gemeinsamen Kontrolle**« durch alle beteiligten öffentlichen Auftraggeber[265] in derartigen Fällen zu fordern sein, dass **Koordinierungsregelungen** für den Fall konfligierender Interessen der Vertretenen bestehen, die nicht allein an die Mehrheitsverhältnisse gekoppelt sind.[266]

2. Gemeinsame Ausübung eines ausschlaggebenden Einflusses (§ 108 Abs. 5 Nr. 2 GWB)

186 Mit der Vorgabe in § 108 Abs. 5 Nr. 2 GWB, wonach die öffentlichen Auftraggeber **gemeinsam** einen **ausschlaggebenden Einfluss** auf die **strategischen Ziele** und die **wesentlichen Entscheidungen** der juristischen Person ausüben können, knüpft diese Norm an die Vorgaben des § 108 Abs. 2 GWB für das klassische vertikale In-House-Geschäft bei einem einzigen die juristische Person kontrollierenden Auftraggeber an. Insoweit kann auf die dortige Kommentierung sowie insbesondere auch auf die Kommentierung zum »Kontrollkriterium« verwiesen werden.[267] Die Besonderheit nach § 108 Abs. 5 Nr. 2 GWB besteht darin, dass die öffentlichen Auftraggeber **gemeinsam** den näher beschriebenen und **ausschlaggebenden Einfluss** auf die juristische Person ausüben können müssen. Die in Umsetzung von Art. 12 Abs. 3 UAbs. 2 ii) erfolgte Neuregelung entspricht der Forderung des EuGH nach einem »**Konzept der gemeinsamen Kontrolle**« durch alle beteiligten öffentlichen Stellen.[268] Nur dann, wenn die betreffende juristische Einrichtung einer Kontrolle unterliegt, die es den öffentlichen Auftraggebern gemeinsam ermöglicht, einen ausschlaggebenden Einfluss sowohl auf die strategischen Ziele als auch auf die wichtigen Entscheidungen auszuüben, liegt eine Kontrolle wie über die eigenen Dienststellen vor. Mit anderen Worten müssen die öffentlichen Auftraggeber in der Lage sein, sowohl eine **strukturelle** als auch eine **funktionelle** Kontrolle über diese Einrichtung auszuüben. Der EuGH verlangt auch, dass diese Kontrolle wirksam ist.[269] Wie bereits in der Kommentierung zu § 108 Abs. 4 Nr. 1 GWB ausgeführt, kann bei Einschaltung von **mehreren öffentlichen Stellen** und einer von diesen **gemeinsam** gehaltenen Einrichtung die Kontrolle wie über die eigenen Dienststellen von diesen Stellen auch gemeinsam so ausgeübt wer-

---

261 OLG Düsseldorf NZBau 2013, 327, 328.
262 OLG Düsseldorf NZBau 2013, 327, 328.
263 Brockhoff VergabeR 2014, 625 ff., 632.
264 Dabringhausen VergabeR 2014, 512, 521.
265 EuGH VergabeR 2013, 202 ff. »Econord« mit Anm. Schabel.
266 Ziekow NZBau 2015, 258 ff., 262.
267 Kommentierung zu B. I. 4. Rn. 16 ff. sowie B. II. Rn. 84 ff.
268 EuGH VergabeR 2013, 222, 206 Rn. 30 = NZBau 2013, 55 ff. Rn. 30 »Econord«.
269 In diesem Sinne EuGH VergabeR 2009, 440 ff. Rn. 47 und 50 »Coditel Brabant«; EuGH VergabeR 2009, 882 ff. Rn. 59 »Sea«; EuGH VergabeR 2013, 202 ff. Rn. 27 »Econord«.

den, dass es nicht notwendig ist, dass diese Kontrolle von **jeder** von ihnen einzeln ausgeübt wird.[270] So hat der EuGH im Fall »Teckal« grundsätzlich die Beteiligung von 45 **Einrichtungen** an dem Auftragnehmer und einen Anteil der Gemeinde Viano von nur **0,9 %** für das **Kontrollkriterium** genügen lassen.[271]

Die EuGH-Entscheidungen zeigen jedoch, dass es sich bei der Frage, ob ein Unternehmen von öffentlichen Auftraggebern **gemeinsam** in einer Weise abhängig ist, dass eine Kontrolle wie über eine eigene Dienststelle angenommen werden kann, jeweils um eine **Einzelfallentscheidung** handelt. Diese ist stets von der konkreten Ausgestaltung der **Beteiligungsverhältnisse** und der **Leitungsstrukturen** abhängig. Von besonderer Bedeutung sind dabei auch die aus der **Rechtsform** einer gemeinsam getragenen Gesellschaft resultierenden Kontroll- bzw. Weisungsmöglichkeiten. So hat etwa der EuGH im Fall »Coditel«[272] ausdrücklich darauf hingewiesen, dass es sich hier beim öffentlichen Auftraggeber **nicht um eine Aktiengesellschaft** handelt. Bei einer solchen besteht nämlich, wie der EuGH bereits in den Rechtssachen »Carbotermo«[273] und »Parking Brixen«[274] ausgeführt hat, grundsätzlich eine weitreichende **Entscheidungsautonomie** des Vorstands bzw. des Verwaltungsrats. Diese hindert im Grundsatz die Annahme einer Kontrolle wie über eine eigene Dienststelle[275].

187

3. Keine widerstreitenden Interessen (§ 108 Abs. 5 Nr. 3 GWB)

Nach § 108 Abs. 5 Nr. 3 GWB ist weitere – **kumulative** – Voraussetzung einer gemeinsamen Kontrolle i. S. v. Abs. 4 Nr. 1, dass die juristische Person **keine Interessen** verfolgt, die den Interessen der öffentlichen Auftraggeber zuwiderlaufen. Diese Vorgabe entspricht Art. 12 Abs. 3 UAbs. 2 iii) der Richtlinie 2014/24/EU über die öffentliche Auftragsvergabe (VRL). Die Voraussetzung, wonach zwischen der juristischen Person und den öffentlichen Auftraggebern keine widerstreitenden Interessen vorliegen dürfen, hat durchaus ihren Sinn.[276] Durch die Vorgabe der nicht widerstreitenden Interessen soll ausgeschlossen werden, dass die juristische Person ihrerseits **eigene Interessen** verfolgt, die den Interessen einzelner in die Ausübung einer dienststellenähnlichen Kontrolle einbezogener Auftraggeber zuwiderlaufen.[277] Schon bisher hat der EuGH gefordert, dass die jeweilige Mutterkörperschaft sowie die von ihr kontrollierte juristische Person **dieselben Interessen** verfolgen müssen und damit die juristische Person der Verwirklichung von Aufgaben dient, zu deren Erfüllung »sie geschaffen wurde«.[278] Hierin fehlt es, wenn der Gesellschaftszweck nicht im Kern darauf gerichtet ist, **öffentliche Dienstleistungen für die Mutterkörperschaft** zu verwalten.[279] Was die nähere Ausfüllung der gleichgelagerten Interessen bzw. die Abgrenzung zu einer juristischen Person, die nicht gleiche Interessen wie die öffentlichen Auftraggeber verfolgt, angeht, kann auf die Ausführungen zum Kontrollkriterium und insbesondere auch zur »Marktausrichtung« der juristischen Person verwiesen werden.[280]

188

---

270 EuGH VergabeR 2009, 440 ff. = NZBau 2009, 54 »Coditel Brabant«; EuGH VergabeR 2013, 202 ff. = NZBau 2013, 55 ff. »Econord«.

271 EuGH NZBau 2009, 90 f. »Teckal«.

272 EuGH VergabeR 2009, 440 ff. Rn. 37 »Coditel Brabant«.

273 EuGH VergabeR 2006, 478 ff. »Carbotermo«.

274 EuGH NZBau 2005, 644 ff. »Parking Brixen«.

275 S. hierzu im Einzelnen die Ausführungen zu B.I.4. Rn. 16 ff.

276 Ziekow NZBau 2015, 258, 263; demgegenüber fragt Dabringhausen in VergabeR 2014, 512, 522 kritisch, »wie denn eine juristische Person Interessen verfolgen will, die denen desjenigen zuwiderlaufen, der sie ähnlich wie eine eigene Dienststelle kontrolliert?«; auch an der Vorgabe zweifelnd Greb VergabeR 2015, 289, 294.

277 Jaeger NZBau 2014, 259, 261.

278 EuGH VergabeR 2009, 440 ff., 444 Rn. 38 »Coditel Brabant«.

279 EuGH VergabeR 2009, 882 ff. Rn. 76 »Sea«; zur Berücksichtigung des »Geschäftlichen Spielraums« auch Prieß Handbuch des Europäischen Vergaberechts, 3. Auflage 2005, S. 193.

280 S. die Kommentierung zu B.I.4.d Rn. 27 bis 30.

VI. Horizontale öffentlich-öffentliche Kooperationen (§ 108 Abs. 6 GWB)

1. Grundlagen

189 § 108 Abs. 6 GWB betrifft – worauf die Begründung des Gesetzestextes hinweist – die Zusammenarbeit zwischen zwei oder mehreren öffentlichen Auftraggebern auf **horizontaler Ebene** und damit auf **Augenhöhe**. Mit dieser Zusammenarbeit auf horizontaler Ebene ist neben den In-House-Geschäften eine **weitere Form** der Kooperation von Hoheitsträgern in § 108 Abs. 6 GWB übernommen worden. Die Norm dient der Umsetzung von Art. 12 Abs. 4 der Richtlinie 2014/24/EU über die öffentliche Auftragsvergabe. Anders als in den in den Absätzen 1 bis 5 des § 108 GWB geregelten Konstellationen der In-House-Geschäfte **fehlt** es bei der horizontalen Kooperation an einem **Über-/Unterordnungsverhältnis** und einer damit verbundenen Kontrolle des Auftraggebers über den Auftragnehmer. Gemeinsam mit den In-House-Geschäften ist aber, dass auch die horizontale Kooperation nach § 108 Abs. 6 GWB öffentlichen Auftraggebern unter bestimmten Voraussetzungen die Möglichkeit einräumt, öffentliche Leistungen im Wege der Zusammenarbeit mit anderen öffentlichen Auftraggebern **vergaberechtsfrei** zu erbringen. Die häufigste Form der Zusammenarbeit auf horizontaler Ebene ist die **interkommunale Kooperation**. Gerade die demografische Entwicklung, aber auch Gründe der Kosteneinsparungen und Synergieeffekte sowie die Beibehaltung einer nach wie vor – oft gerade von der Bürgerschaft gewollten – öffentlichen Aufgabenwahrnehmung und Legitimation, haben dazu geführt, dass Kommunen in den letzten Jahren immer häufiger kooperieren. Aber auch **Bund und Länder** können im Rahmen ihrer horizontalen Kooperationen durchaus der Bestimmung des § 108 Abs. 6 GWB unterliegen. So wird insbesondere auf den im Jahre 2009 ins Grundgesetz eingefügten **Art. 91 c) GG** verwiesen, mit dem speziell eine effektive Kooperation in Fragen der **Informationstechnologie** vorangetrieben werden soll. Nach Abs. 1 des Art. 91 c) GG

190 *»können Bund und Länder bei der Planung, der Errichtung und dem Betrieb der für ihre Aufgabenerfüllung benötigten informationstechnischen Systeme zusammen wirken«.*

191 Art. 91 c) Abs. 3 GG bestimmt weiter, dass

192 *»die Länder darüber hinaus den gemeinschaftlichen Betrieb informationstechnischer Systeme sowie die Errichtung von dazu bestimmten Einrichtungen vereinbaren können«.*

193 Trotz dieser Möglichkeit auf Bundes- und Länderebene, insbesondere im Bereich der Informationstechnologie zu kooperieren, sind die **kommunalen Kooperationen** die **klassischen Felder** einer öffentlich-öffentlichen Zusammenarbeit.

194 Klassische Fälle einer **horizontalen kommunalen Kooperation** zwischen öffentlichen Auftraggebern können – vorausgesetzt es liegt in den genannten Feldern, was aber auch häufig der Fall ist, **keine In-House-Konstellation**, etwa in Form eines Zweckverbandes oder einer GmbH (Bsp.: Kommunale Abfallentsorgungs-GmbH) vor – die **Abfallentsorgung**, die **Abwasserbeseitigung**, die **Energieversorgung**, der **ÖPNV** und zunehmend auch der Bereich der **Informationstechnologie** sein. Aber auch Kooperationen im Bereich der **Baubetriebshöfe** oder der gemeinsamen Erledigung des **Winterdienstes** finden innerhalb der Kommunen auf horizontaler Ebene statt. In diesem Zusammenhang gehören auch die »Beauftragungen« **kommunaler Dienstleistungsgesellschaften** als 100 %-Töchter der kommunalen Spitzenverbände auf. Zu nennen sind nur beispielhaft die **KoPart e.G.** als Einkaufsgenossenschaft des Städte- und Gemeindebundes Nordrhein-Westfalen, die Kommunale Wirtschafts- und Leistungsgesellschaft mbH – **KWL** – als 100 %-Tochter des Niedersächsischen Städte- und Gemeindebundes oder die Kommunalberatung und Service GmbH (**KUBUS**) als Unternehmen von kommunalen Spitzenverbänden aus Mecklenburg-Vorpommern, Schleswig-Holstein und Bayern. Zwar sind diese »kommunalen Einrichtungen« oftmals über »In-House-Konstellationen« tätig. Es können aber auch Fallgestaltungen horizontaler Kooperationen zwischen diesen Einrichtungen und Einzelkommunen, etwa in Form einer Verwaltungsvereinbarung, vorliegen. Über diese Fälle hinaus wird häufig auch bei den **Landkreisen** eine gute und intensive Zusammenarbeit mit ihren kreisangehörigen Kommunen gepflegt. Die Zusammenarbeit soll die vorhandenen Strukturen stärken und kleinere Einheiten bei der Bewältigung der

vielfältigen kommunalen Aufgaben unterstützen. In der Praxis werden beispielsweise die **Personal-/ Bezügeabrechnung** für kreisangehörige Kommunen nicht selten durch Landkreise – gegen Kostenerstattung – abgewickelt. Auch übernehmen IT-Abteilungen größere Städte und Gemeinden oder von Landkreisen im Einzelfall die **EDV-Betreuung** für kleinere Kommunen, bei denen es sich nicht »lohnt«, eigene IT-Abteilungen vorzuhalten. In jüngerer Zeit und aufgrund der EU-Richtlinie 2014/24/EU über die öffentliche Auftragsvergabe mit ihren vorgegebenen Fristen gefördert, gibt es vermehrt Kooperationen zwischen Landkreisen und den diesen angehörigen Städten und Gemeinden bei der Ein- und Durchführung der **eVergabe**. Auch im **Bildungs-** sowie im **sozialen Bereich**, angefangen bei den Schulen über Rettungsdienstleistungen bis hin zur Wahrnehmung der Aufgabe der Kriegsopferfürsorge, gibt es Kooperationen zwischen Kommunen auf horizontaler Ebene.

Gerade was die horizontale kommunale Zusammenarbeit angeht, enthalten regelmäßig die »Landesgesetze über die kommunale Zusammenarbeit/Gemeinschaftsarbeit (GkG)« Rechtsgrundlagen für derartige kommunale Kooperationen. Kooperationen können dabei grundsätzlich in der Organisationsform der **kommunalen Arbeitsgemeinschaft** und des **Zweckverbandes** stattfinden.[281] Während es sich bei ersteren um eine Kraft öffentlich-rechtlichem Vertrag gegründete Gemeinschaft **ohne eigene Rechtspersönlichkeit** und ohne **Handlungs- und Geschäftstätigkeit nach außen** handelt, verfügen **Zweckverbände** als Körperschaften des öffentlichen Rechts über eine eigene Rechtspersönlichkeit, bei der die dem Zweckverband angehörenden Kommunen ihre Rechte und Pflichten auf diesen Zweckverband übertragen. Jedoch beinhaltet der regelmäßig von vielen Kommunen getragene Zweckverband eine Rechtsform, die vergaberechtlich wegen der Kontrolle durch mehrere öffentliche Auftraggeber unter den **In-House-Tatbestand** und hier konkret unter § 108 Abs. 4 GWB fällt. Demgegenüber ist außerhalb dieser »**institutionalisierten Verwaltungszusammenarbeit**« in Form eines Zweckverbandes, einer gemeinsam von den Kommunen getragenen Gesellschaft (**GmbH**), einer **Einkaufsgenossenschaft** oder auch einer gemeinsam getragenen Anstalt des öffentlichen Rechts (**AöR**), die allesamt unter die »In-House-Konstellationen« fallen, eine weitere Fallkonstellation denkbar, in denen Hoheitsträger (Kommunen) durch eine – schlichte – **vertragliche Vereinbarung** ihre Zusammenarbeit regeln. Auch diese rein vertraglich auf Augenhöhe abgeschlossenen **Zweckvereinbarungen** zwischen Kommunen sind in den **Gesetzen über die kommunale Gemeinschaftsarbeit**[282] geregelt. Grundsätzlich ist danach die »öffentlich-rechtliche Vereinbarung« nichts anderes als eine Verwaltungsvereinbarung bzw. ein öffentlich-rechtlicher Vertrag, für den es – anders als bei In-House-Geschäften – keiner institutionalisierten Zusammenarbeit bedarf. So heißt es etwa in § 23 Abs. 1 GkG NRW:

»Gemeinden und Gemeindeverbände können vereinbaren, dass einer der Beteiligten einzelne Aufgaben der übrigen Beteiligten in seine Zuständigkeit übernimmt oder sich verpflichtet, solche Aufgaben für die übrigen Beteiligten durchzuführen«.

In Abs. 2 des § 23 GkG NRW, dessen Wortlaut sich entsprechend oder ähnlich auch in anderen Landesgesetzen findet, heißt es weiter:

»Übernimmt ein Beteiligter eine Aufgabe der Übrigen in seine Zuständigkeit, so gehen das Recht und die Pflicht zur Erfüllung der Aufgabe auf ihn über. Verpflichtet sich einer der Beteiligten, eine Aufgabe für die übrigen durchzuführen, so bleiben deren Rechte und Pflichten als Träger der Aufgabe unberührt«.

In § 24 Abs. 1 und Abs. 2 S. 1 GkG NRW ist – ähnlich oder entsprechend wie in anderen Landesgesetzen – weiter bestimmt:

»Die Vereinbarung ist schriftlich abzuschließen. Kreisangehörige Gemeinden haben den Kreis rechtzeitig zu unterrichten, wenn sie mit Gemeinden oder Gemeindeverbänden außerhalb des Kreises

195

196

197

198

199

200

---

281 Hierzu Gern Deutsches Kommunalrecht 3. Aufl. 2003, s. 594 ff.
282 Vgl. z.B. § 23 GkG NRW.

Verhandlungen führen, um mit ihnen eine öffentlich-rechtliche Vereinbarung zu treffen. Die Verein-
barung bedarf der Genehmigung der Aufsichtsbehörde«.

201   Manche Bundesländer differenzieren im Hinblick auf den Übergang der Recht und Pflichten aus
der Aufgabenwahrnehmung auf den Kooperationspartner dahingehend, ob diese **delegiert** und
damit im Sinne einer »echten« Zuständigkeitsübertragung verlagert werden oder ob der übernehmende
kommunale Partner lediglich in **mandatierender Weise** in die Aufgabendurchführung eingeschaltet wird.[283]

2. Grundsätzliche Anwendung des Vergaberechts

202   Die Tatsache, dass rein öffentlich-rechtliche Hoheitsträger miteinander kooperieren und Leistungen
in nicht institutionalisierter Form austauschen, führt nicht dazu, dass dieser Leistungsaustausch von
vornherein dem Vergaberecht entzogen ist. Insoweit hatte der EuGH bereits früh festgestellt, dass es
keine generelle vergaberechtliche Freistellung der Zusammenarbeit von Hoheitsträgern gibt.[284] In
dieser Entscheidung hat der EuGH im Ergebnis festgestellt, dass der Begriff »Auftragnehmer« **funk-**
tional zu verstehen ist. Es kommt daher darauf an, ob die fragliche Person auf dem Markt der nachgefragten Leistung als Anbieter wirtschaftlich auftritt.[285] Entsprechend definieren auch die **Begriffs-**
bestimmungen in Art. 2 Nr. 10 der Richtlinie 2014/24/EU über die öffentliche Auftragsvergabe
»Wirtschaftsteilnehmer« als eine natürliche oder juristische Person **oder öffentliche Einrichtung**.
Daher können auch öffentliche Einrichtungen bzw. öffentliche Auftraggeber »**Unternehmen**« im
Sinne des Vergaberechts sein. Deutlich hat dies der EuGH in seiner »Spanien«-Entscheidung ausgedrückt,[286] wonach eine mitgliedstaatliche Regelung, welche Rechtsbeziehungen zwischen den
öffentlichen Stellen und Einrichtungen von vornherein dem Anwendungsbereich des Vergaberechts
entzieht, **nicht mit dem Gemeinschaftsrecht** vereinbar ist. Auch die Rechtsprechung **deutscher**
Vergabesenate, wie des OLG Düsseldorf[287], des OLG Frankfurt[288] sowie des OLG Naumburg[289],
hat öffentlich-rechtliche Vereinbarungen zwischen Kommunen über Abfallentsorgungsleistungen
der Ausschreibungspflicht unterstellt.

203   Eine generelle Vergaberechtsfreiheit der interkommunalen Zusammenarbeit kann insoweit nicht
durch die verfassungsrechtlich verankerte **Garantie der kommunalen Selbstverwaltung** begründet
werden. Art. 28 Abs. 2 GG schützt zwar als Bestandteil der **Organisationshoheit** auch die Kooperationshoheit der Kommune und die damit umfasste Möglichkeit, sich gemeinsam mit anderen
Kommunen kooperativer Handlungsinstrumente zu bedienen. Jedoch bietet die Selbstverwaltungs-
garantie nach der Rechtsprechung des Bundesverfassungsgerichts nur Schutz vor **direkten** stattli-
chen Eingriffen und nicht vor mittelbaren Beeinflussungen.[290] Zu Regelungen, die lediglich eine
mittelbare Beeinflussung der kommunalen Kooperationshoheit darstellen, sind in diesem Zusammenhang auch die vergaberechtlichen Ausschreibungspflichten zu zählen. Umgekehrt ist ebenso
unumstritten, dass horizontale staatliche Kooperationen **nicht stets** dem Vergaberecht unterfallen.
So hat der EuGH in seiner Rechtsprechung immer wieder klargestellt, dass es nicht Aufgabe des
Vergaberechts ist, die Erfüllung öffentlicher Aufgaben mit verwaltungseigenen Mitteln zu unterbinden oder zu verhindern. Insbesondere besteht keine Verpflichtung öffentlicher Stellen zur Einbin-

---

283   Zu dieser Unterscheidung OLG Frankfurt NZBau 2004, 692.
284   EuGH Urt. v. 13.01.2005 – Rs. C-84/03 – VergabeR 2005, 176 ff. »Spanien« mit Anm. Müller-Wrede/
Greb.
285   OLG Düsseldorf Bschl. v. 05.05.2004, NZBau 2004, 398 ff.
286   EuGH VergabeR 2005, 176 ff. »Spanien«.
287   OLG Düsseldorf VergabeR 2004, 619 ff.
288   OLG Frankfurt/Main NZBau 2004, 692 ff.
289   OLG Naumburg VergabeR 2006, 88 ff. sowie 406 ff. für eine »delegierende Vereinbarung« zwischen zwei
Landkreisen.
290   BVerfG DVBl. 1987, 135, 136; vgl. auch BVerfGE 91, 228, 240; König in: Gabriel/Krohn/Neun Kap. 1
§ 6 Rn. 50.

dung externer Dritter.[291] Entsprechend führen auch die Erwägungsgründe 33 UAbs. 2 der Richtlinie 2014/24/EU über die öffentliche Auftragsvergabe aus, dass

> »*Aufträge für die gemeinsame Erbringung öffentlicher Dienstleistungen nicht der Anwendung der in* 204 *dieser Richtlinie festgelegten Vorschriften unterliegen sollten, vorausgesetzt sie werden **ausschließlich zwischen öffentlichen Auftraggebern** geschlossen, die Durchführung dieser Zusammenarbeit wird ausschließlich von Erwägungen des **öffentlichen Interesse** bestimmt und **kein privater Dienstleister erhält einen Vorteil** gegenüber seinen Wettbewerbern*«.

3. EuGH-Grundsatzentscheidung »Stadtreinigung Hamburg«

Während die In-House-Rechtsprechung des EuGH seit der »Teckal«-Entscheidung aus dem Jahr 205 1999[292] immer mehr an **Konturen** gewonnen hat, ist die Frage der Zulässigkeit einer interkommunalen Kooperation auf horizontaler Ebene erst durch eine **Grundsatzentscheidung des EuGH** (Große Kammer) vom 09.06.2009[293] auf klare rechtliche Grundlagen gestellt worden. Der mit 13 Richtern besetzten Großen Kammer des EuGH lag ein norddeutscher Sachverhalt zur Entscheidung vor. Danach hatten die vier niedersächsischen Landkreise Rothenburg (Wümme), Harburg, Soltau-Fallingbostel und Stade am 18.12.1995 mit der Stadtreinigung Hamburg einen Vertrag über die Entsorgung ihrer Abfälle in der neuen Müllverbrennungsanlage Rugenberger Damm geschlossen. Nach diesem Vertrag reserviert die in der Rechtsform der Anstalt des öffentlichen Rechts (AöR) operierende Stadtreinigung Hamburg den vier Landkreisen eine Kapazität von 120 000 Tonnen zu einem für alle Partner nach der gleichen Formel berechneten Preis. Die Vergütung wird über die Stadtreinigung Hamburg an den Betreiber der Anlage, der ihr Vertragspartner ist, gezahlt. Der 20 Jahre laufende Vertrag wurde von den vier Landkreisen **ohne Durchführung eines Ausschreibungsverfahrens** direkt mit der Stadtreinigung Hamburg abgeschlossen.

Im Ergebnis des aufgrund dieses Sachverhalts gegen die Bundesrepublik Deutschland durch die 206 EU-Kommission eingeleitete Vertragsverletzungsverfahrens stellte der EuGH in seiner Entscheidung zunächst fest, dass die In-House-Kriterien nicht auf die vorliegende Vertragskonstellation eines **öffentlich-rechtlichen Vertrages** passen. Insofern führt der EuGH klar und deutlich aus,[294] dass

> »*im vorliegenden Fall unstreitig ist, dass die vier Landkreise weder über ihren Vertragspartner, die* 207 *Stadtreinigung Hamburg, noch über den Betreiber der Müllverbrennungsanlage Rugenberger Damm, . . . eine Kontrolle ausüben, die als eine ähnliche Kontrolle wie die über ihre eigenen Dienststellen charakterisiert werden könnte*«.

Trotz eines nicht vorliegenden In-House-Geschäfts hält der EuGH dennoch die auf der Grundlage 208 eines öffentlich-rechtlichen Vertrages abgeschlossene Vereinbarung zwischen den Landkreisen und der Stadtreinigung Hamburg für nicht ausschreibungspflichtig. Diese Ausschreibungsfreiheit resultiert nach dem EuGH auf folgenden wesentlichen und kumulativ zu erfüllenden Voraussetzungen:
(1) Mit dem maßgeblichen Vertrag wird eine Zusammenarbeit **ausschließlich** zwischen den **öffentlichen Einrichtungen** (Gebietskörperschaften) bei der Wahrnehmung einer **ihnen allen obliegenden öffentlichen Aufgabe** – der Abfallentsorgung – vereinbart.[295]

---

291 EuGH VergabeR 2005, 44 ff. »Stadt Halle« mit Anm. Gabriel.
292 EuGH NZBau 2000, 90 f. »Teckal«.
293 EuGH Urt. v. 09.06.2009 – Rs. C-480/06 VergabeR 2009, 738 ff. »Stadtreinigung Hamburg«; zu der Entscheidung: Portz VergabeR 2009, 702 ff.; Hertwig NZBau 2013, 278 ff.; Kunde NZBau 2013, 555 ff.; Wagner VergabeR 2011, 181 ff. sowie zur allgemeinen Entwicklung bei der Frage der Ausschreibungspflicht interkommunaler Kooperationen: von Donat/Lipinski KommJur 2009, 361 ff.; Struve EuZW 2009, 805 ff.; Jennert NZBau 2010, 150 ff.
294 EuGH VergabeR 2009, 738 ff. Rn. 36 »Stadtreinigung Hamburg«.
295 EuGH VergabeR 2009, 738 ff. Rn. 37 »Stadtreinigung Hamburg«.

(2) Die Zusammenarbeit und ihre Umsetzungen werden nur durch Überlegungen und Erfordernisse bestimmt, die mit der Verfolgung von im **öffentlichen Interesse** liegenden Zielen zusammenhängen.[296]

(3) Der Grundsatz der **Gleichbehandlung** der Interessen ist gewährleistet, so dass kein privates Unternehmen einem Wettbewerbsverstoß ausgesetzt ist.[297]

209   Der EuGH hat die Vergaberechtsfreiheit der Kooperation maßgeblich damit begründet, dass die zur Wahrnehmung von öffentlichen Aufgaben geschlossenen Verträge zwischen mehreren öffentlichen Auftraggebern – das Gleiche gilt für ihre Eigengesellschaften – allein **öffentliche Interessen** berühren. Damit sei der Grundsatz der **Gleichbehandlung** aller Interessen an der Erbringung von Leistungen gegenüber der öffentlichen Hand gewahrt, so dass kein privates Unternehmen besser gestellt wird als seine Wettbewerber.[298] Hierzu trug auch bei, dass die **Gegenleistung nicht an ein privates Unternehmen** gezahlt wurde, dass in die Erfüllung der öffentlichen Aufgabe als Betreiber der Müllverbrennungsanlage eingeschaltet war. Maßgeblich für die Ausschreibungsfreiheit derartiger Kooperationen war und ist daher, dass **kein privates Unternehmen** besser oder schlechter gestellt wird als seine Wettbewerber. Insoweit erfolgt die Aufgabenerledigung bei derartigen öffentlich-öffentlichen Kooperationen durch **Eigenmittel** der Verwaltung. Hiervon ist immer dann auszugehen, wenn eine juristische Person ihre Mittel zur Erfüllung einer öffentlichen Aufgabe auch anderen juristischen Personen, die inhaltlich **dieselbe öffentliche Aufgabe** zur erfüllen haben, gegen eine reine Kostenerstattung zur Verfügung stellt.[299] Entscheidend für die vom EuGH angenommene Vergaberechtsfreiheit im Fall »Stadtreinigung Hamburg« war auch, dass nicht die Stadt die Müllverbrennungsanlage betrieb, sondern dies durch einen Betreiber erfolgte. Entsprechend hatte sich auch die Stadt Hamburg gegenüber den vier Landkreisen nicht im Wege eines Dienstleistungsvertrages zur Abfallverwertung, sondern »nur« zur **Zurverfügungstellung von Kapazitäten** der Hamburger Müllverbrennungsanlage verpflichtet. In der Folge wurde die Errichtung der Anlage auch erst beschlossen und durchgeführt, nachdem sich die vier Landkreise damit einverstanden erklärt und sich dazu verpflichtet hatten, die Anlage zu nutzen.[300] Ein derartiger Entsorgungsverbund öffentlich-rechtlicher Körperschaften berührt jedenfalls die Wettbewerbsinteressen privater Unternehmen nicht.[301]

210   Der EuGH hat in einem jüngeren Urteil vom 19.12.2012[302] seine Ausführungen und Voraussetzungen für eine Vergaberechtsfreiheit nochmals bestätigt. In dieser Entscheidung hat der EuGH in seinen Leitsätzen die Voraussetzungen für eine nicht gegebene Ausschreibungspflicht zusammengefasst. Danach steht das Recht der Union über die Vergabe öffentlicher Aufträge einer nationalen Regelung, die es erlaubt, ohne Ausschreibung einen Vertrag zu schließen, mit dem öffentliche Einrichtungen eine Zusammenarbeit vereinbaren, (nur) dann – was im konkreten Fall durch das vorlegende Gericht zu prüfen war – entgegen, wenn

211   *»ein solcher Vertrag nicht die Wahrnehmung einer diesen Einrichtungen **gemeinsam obliegenden** öffentlichen Aufgabe zum Gegenstand hat, nicht durch Erfordernisse und Überlegungen bestimmt wird, die mit der **Verfolgung von im öffentlichen Interesse** liegenden Ziele zusammenhängen, oder geeignet ist, einen **privaten Dienstleistungserbringer** besser zu stellen als seine Wettbewerber«.*

---

296 EuGH VergabeR 2009, 738 ff. Rn. 45 »Stadtreinigung Hamburg« unter Verweis auf EuGH VergabeR 2009, 440 ff. »Coditel Brabant« Rn. 48 und 49.
297 EuGH VergabeR 2009, 738 ff. Rn. 44 »Stadtreinigung Hamburg«; zu der Entscheidung Portz VergabeR 2009, 702 ff.
298 EuGH VergabeR 2009, 738 ff. Rn. 47 »Stadtreinigung Hamburg«.
299 EuGH VergabeR 2009, 738 ff. Rn. 43 »Stadtreinigung Hamburg«.
300 EuGH VergabeR 2009, 738 ff. Rn. 38 »Stadtreinigung Hamburg«; siehe auch Ziekow § 99 GWB Rn. 143.
301 Portz VergabeR 2009, 702, 710; Brauser-Jung VergabeR 2010, 306, 312; Ziekow § 99 GWB Rn. 143.
302 EuGH VergabeR 2013, 195 ff. »Lecce« mit Anm. Willenbruch.

Mit anderen Worten bestätigt der EuGH in seiner »Lecce«-Entscheidung, die ebenfalls durch die 212
Große Kammer des Gerichtshofs erging, und bei dem Gegenstand ein Forschungsauftrag einer italienischen Gemeinde an eine italienische Universität war, ausdrücklich seine Rechtsprechung in der
Grundsatzentscheidung »Stadtreinigung Hamburg«. Im »Lecce«-Fall wollte die öffentlich-rechtlich
ausgestaltete Universität zur Ausführung des Auftrags der italienischen Gemeinde u. a. auf hoch-
qualifiziertes externes Personal bzw. externe Dienstleister zurückgreifen, was ihr nach der Satzung
auch gestattet war. Die auf den Forschungsauftrag bezogene vergaberechtliche Vorlagefrage des italienischen Gerichts beantwortete der EuGH unter ausdrücklichem Hinweis auf das Urteil in Sachen
»Stadtreinigung Hamburg«[303] dahin, dass die dort angegebenen Voraussetzungen für eine Vergaberechtsfreiheit (ausschließliche Beteiligung öffentlicher Einrichtungen ohne Private, Verfolgung
öffentlicher Interessen, keine Besserstellung privater Dritter) stets erfüllt sein müssen.

4. Die EuGH-Entscheidung »Piepenbrock«

Was die Frage der Anwendung des Vergaberechts bei **horizontalen Kooperationen** angeht, hat der 213
EuGH schließlich in einer weiteren Entscheidung vom 13.06.2013[304] festgestellt, dass ein Vertrag
zur Übertragung von Dienstleistungen der Gebäudereinigung zwischen zwei Kommunen ausschreibungspflichtig ist. Das EuGH-Urteil erging im Rahmen eines Vorabentscheidungsersuchens des
OLG Düsseldorf[305]. Dieses Urteil »Piepenbrock« betraf den geplanten Abschluss einer koordinie-
rungsrechtlichen öffentlich-rechtlichen Vereinbarung zwischen dem Kreis Düren und der Stadt
Düren in Form einer **delegierenden**, also vollständigen Aufgabenübertragung. Die Aufgabenübertragung ihrerseits beinhaltete die Reinigung der im Stadtgebiet Düren gelegenen und im Besitz
des Kreises Düren befindlichen Büro-, Verwaltungs- und Schulgebäude nach § 23 GkG NRW
und die Durchführung durch die Stadt Düren. Mit der delegierenden Aufgabenübertragung (§ 23
Abs. 1, 1. Alt., Abs. 2 S. 1 GkG NRW) sollte das **Recht und die Pflicht** zur Erfüllung der Reini-
gungsaufgaben vollständig auf die Stadt Düren übergehen und diese daher allein verantwortlich die
Pflichten des Kreises übernehmen. Nach dem Vertragsentwurf sollte sich die Stadt Düren bei der
Durchführung der **ohne ein förmliches Vergabeverfahren** beauftragten Reinigungsarbeiten »Drit-
ter« und im konkreten Fall der eigenen Stadt-Tochter bedienen dürfen. Sie sollte entsprechend § 24
Abs. 4 GkG NRW eine finanzielle Entschädigung für die entstehenden Kosten erhalten. Der Kreis
Düren behielt sich die Befugnis vor, die ordnungsgemäße Erfüllung der Reinigungsleistungen zu
kontrollieren.

Im konkreten Fall sah der EuGH eine Ausschreibungspflicht für gegeben an. Er gab damit im 214
Ergebnis dem privaten Gebäudereiniger »Piepenbrock«, der einen Nachprüfungsantrag mit dem
Ziel eingeleitet hatte, dem Kreis Düren zu untersagen, den Vertrag ohne ein Vergabeverfahren abzuschließen, Recht. Dabei wies der EuGH zunächst darauf hin, dass es für die Annahme eines vergaberechtspflichtigen Auftrags ohne Bedeutung ist, dass ein Wirtschaftsteilnehmer selbst ein **öffentlicher Auftraggeber** ohne primäre **Gewinnerzielungsabsicht** ist.[306] Weiter führte der EuGH unter
Bezugnahme auf seine Entscheidung »Lecce« aus, dass bei einer horizontalen Zusammenarbeit für
öffentliche Einrichtungen die unionsrechtlichen Vergabevorschriften nur dann nicht anwendbar
sind,

> »sofern solche Verträge ausschließlich zwischen öffentlichen Einrichtungen ohne Beteiligung Privater 215
> geschlossen werden, kein privater Dienstleistungserbringer besser gestellt wird als seine Wettbewerber
> und die darin vereinbarte Zusammenarbeit nur durch Überlegungen und Erfordernisse bestimmt
> wird, die mit der Verfolgung von im öffentlichen Interesse liegenden Zielen zusammenhängen«.[307]

---

303 EuGH VergabeR 2013, 195, 199 Rn. 24 »Lecce«.
304 EuGH Urt. v. 13.06.2013 – C-386/11 – VergabeR 2013, 686 ff. »Piepenbrock« mit Anm. Gabriel/Voll.
305 OLG Düsseldorf Beschl. v. 06.07.2011 VergabeR 2012, 31 ff.; dazu Kunde NZBau 2011, 734 ff.
306 EuGH VergabeR 2013, 686. 689 Rn. 29 »Piepenbrock«.
307 EuGH VergabeR 2013, 686, 689 Rn. 37 und »Piepenbrock« unter Bezug auf EuGH VergabeR 2013,
   195, 200 Rn. 34 »Lecce«.

216   Der EuGH stellte zunächst fest, dass der Vertragsentwurf zwischen dem Kreis und der Stadt Düren über die horizontale Zusammenarbeit schon deswegen nicht vergaberechtsfrei ist, weil die vertragsschließenden öffentlichen Einrichtungen mit der Übertragung der Gebäudereinigung **keine Aufgabenwahrnehmung** vereinbaren, die **eine gemeinsame Gemeinwohlaufgabe zum Gegenstand** hat.[308] Im Übrigen hob der EuGH in einem zweiten Gesichtspunkt hervor, dass der Vertrag zur Erfüllung der darin vorgesehenen Aufgabe **den Rückgriff auf einen Dritten** gestattet, so dass dieser Dritte gegenüber den übrigen auf demselben Markt tätigen Unternehmen **begünstigt** werden könnte.[309] Mit diesen maßgeblichen Feststellungen hat der EuGH im Falle der **delegierenden Aufgabenübertragung** der Gebäudereinigung auf horizontaler Ebene eine **Ausschreibungspflicht** angenommen.

5. Grundkonzeption des § 108 Abs. 6 GWB

217   In Umsetzung dieser dargestellten EuGH-Rechtsprechung sollen nach der Grundkonzeption des § 108 Abs. 6 GWB Aufträge für die gemeinsame Erbringung öffentlicher Dienstleistungen dann von der Anwendung des Vergaberechts ausgenommen sein, wenn die Aufträge

– ausschließlich zwischen öffentlichen Auftraggebern geschlossen werden

– die Durchführung dieser Zusammenarbeit ausschließlich von Erwägungen des öffentlichen Interesses bestimmt wird und

– kein privater Dienstleister einen Vorteil gegenüber seinen Wettbewerbern erhält.

218   Mit diesen zur **Rechtsklarheit** beitragenden Vorgaben nimmt die Gesetzesbegründung[310] ausdrücklich auf die Rechtsprechung des EuGH und den Urteilen vom 13.06.2013 »Piepenbrock«, vom 19.12.2012 »Lecce« und vom 09.06.2009 »Stadtreinigung Hamburg« Bezug. Indem der Einleitungssatz von § 108 Abs. 6 GWB auf Verträge verweist, die zwischen zwei oder mehreren öffentlichen Auftraggebern **im Sinne des § 99 Nr. 1 bis 3 GWB** geschlossen werden, ist es unerheblich, ob bei einem öffentlichen Auftraggeber nach § 99 Nr. 1 bis 3 GWB eine **private Kapitalbeteiligung** besteht. Sofern der Auftrag ausschließlich zwischen öffentlichen Auftraggebern nach § 99 Nr. 1 bis 3 GWB geschlossen wird und die übrigen Voraussetzungen des § 108 Abs. 6 Nr. 1 bis 3 GWB daher erfüllt sind, können somit auch öffentliche Auftraggeber mit einer **privaten Kapitalbeteiligung** die Ausnahmeregelung für die **horizontale Zusammenarbeit** in Anspruch nehmen. Weiter ist für die Frage einer Ausschreibungspflicht bzw. einer nicht bestehenden Vergaberechtspflicht **unerheblich**, ob es sich bei den horizontalen Vereinbarungen zwischen ausschließlich öffentlichen Auftraggebern um eine sog. **delegierende** oder um eine **mandatierende** Vereinbarung handelt.[311] Insgesamt wird vielmehr mit § 108 Abs. 6 GWB und den dort genannten Voraussetzungen ein Tatbestand für die **Ausschreibungsfreiheit der Eigenerledigung** auf der Ebene der horizontalen Zusammenarbeit aufgezeigt, der kein In-House-Geschäft darstellt. Insoweit hat gerade der EuGH in seiner Grundsatzentscheidung »Stadtreinigung Hamburg«[312] als entscheidenden Grund für die **Gleichstellung** zwischen einem vergaberechtsfreien In-House-Geschäft einerseits und einer horizontalen Zusammenarbeit zwischen Auftraggebern andererseits (Anmerkung: Hervorhebung durch Verfasser) festgestellt,

219   *»dass das Gemeinschaftsrecht den öffentlichen Stellen für die gemeinsame Wahrnehmung ihrer öffentlichen Aufgaben **keine spezielle Rechtsform vorschreibt**«.*

---

308 EuGH VergabeR 2013, 686, 690 Rn. 39 »Piepenbrock«.

309 EuGH VergabeR 2013, 686, 690 Rn. 40 »Piepenbrock«.

310 S. die Gesetzesbegründung zu § 108 Abs. 6 Drs. 367/15; weiter auch Wagner/Piesbergen NVwZ 2012, 653, 655.

311 Kunde NZBau 2013, 555 ff.; Schulz Die Gemeinde 2014, 180, 184; Ziekow NZBau 2015, 258 ff., 263.

312 EuGH VergabeR 2009, 738, 743 Rn. 47 »Stadtreinigung Hamburg«; hierzu Portz Vergaberecht 2009, 702 ff.

6. Voraussetzungen des § 108 Abs. 6 Nr. 1 GWB

Entsprechend dieser »**Wahlfreiheit**« der öffentlichen Auftraggeber zwischen der vergaberechtsfreien **220** In-House-Konstellation oder der vergaberechtsfreien horizontalen Zusammenarbeit führt auch die Gesetzesbegründung zu § 108 Abs. 6 Nr. 1 GWB aus, dass öffentliche Auftraggeber grundsätzlich **frei sind**, ihre öffentlichen Dienstleistungen gemeinsam im Wege der Zusammenarbeit zu erbringen, ohne zur Einhaltung **einer bestimmten Rechtsform** verpflichtet zu sein. Daher setzt § 108 Abs. 6 Nr. 1 GWB für eine Vergaberechtsfreiheit der horizontalen Zusammenarbeit voraus, dass ein Vertrag, der zwischen zwei oder mehreren **öffentlichen Auftraggebern** geschlossen wird, eine Zusammenarbeit zwischen den beteiligten öffentlichen Auftraggebern begründen oder erfüllen muss, um sicherzustellen, dass die von ihnen zu erbringenden öffentlichen Dienstleistungen im Hinblick auf die Erreichung **gemeinsamer Ziele** ausgeführt werden. Zulässige Partner einer vergaberechtsfreien öffentlich-öffentlichen Kooperation dürfen nur öffentliche Auftraggeber i.S.d. § 99 Nr. 1–3 GWB und damit auch juristische Personen des **privaten Rechts** sein.[313] Der Regelfall dürfte aber eine interkommunale Zusammenarbeit als **öffentlich-rechtliche** Kooperation zwischen mehreren Kommunen sein. Geschieht die Zusammenarbeit hingegen durch die Gründung einer **gemeinsamen Einrichtung** und durch die Gründung einer neuen juristischen Person, also in **institutionalisierter** Form (Bsp.: Kommunaler Zweckverband, Gemeinsame Anstalt des öffentlichen Rechts oder Gemeinsame Gesellschaft mit beschränkter Haftung), ist diese nach den Prinzipien des **In-House-Geschäfts** zu beurteilen. Ebenso wie bei den In-House-Geschäften ist es auch bei der horizontalen Vergaberechtsfrei einer öffentlich-öffentlichen Zusammenarbeit **unerheblich**, ob diese Zusammenarbeit auf **öffentlich-rechtlicher** Grundlage oder aber in **Privatrechtsform** geschieht.

Die Gesetzesbegründung zu § 108 Abs. 6 Nr. 1 GWB führt aus, dass die Zusammenarbeit zwischen **221** den öffentlichen Auftraggebern **nicht auf bestimmte Dienstleistungen beschränkt ist**, sondern **alle Arten** von Tätigkeiten erfassen kann. Auch müssen die im Wege der Zusammenarbeit erbrachten Dienstleistungen **nicht identisch** sein, sondern können sich auch ergänzen. § 108 Abs. 6 Nr. 1 GWB setzt Art. 12 Abs. 4 Buchst. a) VRL in nationales Recht um. Während die Frage eines Vertrages ausschließlich zwischen den beteiligten öffentlichen Auftraggebern im Sinne des § 99 Nr. 1 bis 3 GWB unter Orientierung an dieser Vorschrift relativ leicht zu beantworten ist, besteht im Hinblick auf die von § 108 Abs. 6 Nr. 1 GWB geforderte **Zusammenarbeit** zur Sicherstellung und Erreichung gemeinsamer Ziele für die Erbringung öffentlicher Dienstleistungen durchaus Streit.

Zunächst wird man das Kriterium der **Zielidentität** im Einklang mit der Rechtsprechung des **222** EuGH dahingehend verstehen müssen, dass sich die Zusammenarbeit auf die **Wahrnehmung einer allen öffentlichen Auftraggebern** gleichermaßen obliegenden öffentlichen Aufgabe beziehen muss.[314] Im Hinblick auf die Anforderungen an die Zusammenarbeit zwischen den öffentlichen Auftraggebern bestimmt die Richtlinie 2014/24/EU über die öffentliche Auftragsvergabe in ihrem Erwägungsgrund 33 UAbs. 3, dass

> »*die Zusammenarbeit auf einem **kooperativen Konzept** beruhen sollte. Die Zusammenarbeit setzt* **223** *nicht voraus, dass alle teilnehmenden Stellen die Ausführung wesentlicher vertraglicher Pflichten übernehmen, solange sie sich verpflichtet haben, einen **Beitrag** zur gemeinsamen Ausführung der betreffenden öffentlichen Dienstleistung zu leisten. Für die Durchführung der Zusammenarbeit einschließlich etwaiger Finanztransfers zwischen den teilnehmenden öffentlichen Auftraggebern sollten im Übrigen ausschließlich Erwägungen des öffentlichen Interesses maßgeblich sein*«.

---

313 König in: Gabriel/Krohn/Neun Kap I 6 Rn. 54 geht demgegenüber zu sehr einschränkend davon aus, dass Partner einer vergaberechtsfreien Kooperation »nur Hoheitsträger« sein können.

314 EuGH VergabeR 2013, 195, 200 Rn. 34 = NZBau 2013, 114 ff. Rn. 34 »Lecce«.

7. Das »kooperative Konzept«

a) Erwägungsgründe 33 der VRL

224   Um die Voraussetzungen zu den Inhalten einer vergaberechtsfreien Zusammenarbeit und insbesondere dem nach den Erwägungsgründen 33 der VRL notwendigen »kooperativen Konzept« näher zu ergründen, lässt sich konkreteres aus der EuGH-Grundsatzentscheidung vom 09.06.2009 »Stadtreinigung Hamburg« entnehmen.[315] In dem vergaberechtsfreien horizontalen Vertrag über die Abfallentsorgung zwischen den vier Landkreisen und der Stadtreinigung Hamburg waren ausweislich der Würdigung durch den EuGH und dem von diesem zugrunde gelegten **Tatbestand**

225   *»auch einige **Verpflichtungen** der vertragsschließenden Gebietskörperschaften vorgesehen, die mit dem Gegenstand der öffentlichen Aufgabe **unmittelbar in Zusammenhang** stehen. Zwar übernimmt die Stadt Hamburg den Hauptanteil der Leistungen . . ., doch stellen die Landkreise ihre nicht selbstgenutzten Entsorgungskapazitäten der Stadtreinigung Hamburg zur Verfügung, um Abhilfe für den Mangel an Entsorgungskapazitäten der Stadt Hamburg zu schaffen. Sie verpflichten sich zudem, den Anteil nicht verwertbarer Müllverbrennungsschlacke zur Entsorgung in ihren Deponiebereichen aufzunehmen, der der von ihnen angelieferten Abfallmenge entspricht«.*[316]

226   Weiter ist im Sinne einer **Gegenleistungspflicht** und damit eines **kooperativen Konzepts** in der EuGH-Entscheidung – tatbestandlich – ausgeführt, dass sich die Vertragsparteien nach dem Vertrag

227   *»auch in **Notfällen Beistand** bei der Erfüllung der ihnen gesetzlich obliegenden Entsorgungspflichten leisten«.*

228   So ist u. a. vorgesehen, dass sich die Landkreise verpflichten, unter bestimmten Umständen, wie z.B. bei temporärer Überlastung der Anlage,

229   *»die gelieferten Abfallmengen zu reduzieren, und damit eine Beschränkung ihres Zugangsrechts zur Müllverbrennungsanlage akzeptieren«.*[317]

b) Konkretisierung des »kooperativen Konzepts«

230   Vor dem Hintergrund dieser Ausführungen des EuGH und den Erwägungsgründen 33 der Richtlinie 2014/24/EU über die öffentliche Auftragsvergabe (VRL) wird man **jedenfalls** ein **kooperatives Konzept** dann annehmen können und müssen, wenn die Kommunen im Rahmen ihrer horizontalen Zusammenarbeit **gegenseitige Pflichten**, etwa **Beistandspflichten** bei der Erfüllung der ihnen obliegenden Aufgabe oder auch beiderseitige **Austauschpflichten**, vereinbaren. Hierzu gehören auch das **Eingehen** und die **Rücksichtnahme** auf Änderungen beim Vertragspartner bzw. dessen Leistungsfähigkeit (Bsp.: Anpassung und Reduzierung der abzunehmenden Leistungen bei – temporärer – Überlastung auf der Seite des Vertragspartners). Im Ergebnis wird man ein kooperatives Konzept jedenfalls immer dann annehmen können, wenn von dem die Aufgabe »abgebenden« öffentlichen Auftraggebers gegenüber dem mit ihm kooperierenden öffentlichen Auftraggeber noch **maßgebliche Leistungen** zur Erbringung der **gemeinsamen Aufgabe bereit-** und **vorgehalten** werden (»Back Office«). Dies kann z.B. der Fall sein, wenn der eine Leistung übertragende öffentliche Auftraggeber gegenüber dem die Leistung erbringenden öffentlichen Auftraggeber noch konkrete und die Leistung bestimmende Aufgaben übernimmt, also etwa die **Gebührenerhebung** dieser Leistungen gegenüber den Bürgern mit eigenem Personal erbringt oder aber den die Leistung durchführenden öffentlichen Auftraggeber an **anderer Stelle** entlastet. Auch wenn ein öffentlicher Auftraggeber, der Aufgaben abgibt, nach wie vor in näher bestimmten Risiko- und Notfällen **Beistandspflichten** übernimmt, dürfte hierin ein kooperatives Konzept gesehen werden.

---

315   EuGH VergabeR 2009, 738, 743 Rn. 41, 42 »Stadtreinigung Hamburg«; s. auch Portz VergabeR 2009, 702 ff.

316   EuGH VergabeR 2009, 738, 743 Rn. 41 »Stadtreinigung Hamburg«.

317   EuGH VergabeR 2009, 738, 743 Rn. 42 »Stadtreinigung Hamburg«.

Fraglich ist nur, ob als ausreichender Beitrag für ein **kooperatives Konzept** auch **allein** die **Zahlung** 231
eines **Geldbetrags** durch einen der beteiligten öffentlichen Auftraggeber ohne weitere Beteiligung
an der Leistungserbringung selbst anzusehen ist. Dies hat das OLG Koblenz in einer Entscheidung vom 03.12.2014[318] verneint. Im zugrunde liegenden Fall hatte der Landkreis Neuwied auf
der Grundlage eines Kreistagsbeschlusses vom 30.04.2014 dem Rhein-Lahn-Kreis-Abfallwirtschaft
auf Basis einer »Zweckvereinbarung« mit einer Laufzeit von 12 Jahren (mit Verlängerungsoption)
die Behandlung und Verwertung von Bioabfällen ohne Ausschreibung übertragen. Nach dieser als
»Delegation« gekennzeichneten Vereinbarung sollte der übernehmende Landkreis als Gegenleistung

> *»für den Eintritt in die Pflichten und Zuständigkeiten des Vertragspartners einen Jahresdeckungsbe-* 232
> *trag erhalten, der sich nach derzeitigen Schätzungen auf ca. 1,35 Millionen Euro beläuft«.*

Im Übrigen enthielt die Vereinbarung lediglich Detailregelungen zur Durchführung der Leistung, 233
wie Anlieferungszeiten, Umgang mit Störstoffen oder Leitungsnachweisen, begründete aber **keine
weitergehende Rechte und Pflichten** eines Beteiligten.

Das OLG Koblenz führt in seiner Entscheidung[319] im Hinblick auf die Anforderungen an die 234
Zusammenarbeit und an das »kooperative Konzept« aus, dass

> *»Zusammenarbeit schon begrifflich mehr als bloße Leistung gegen Bezahlung ist und ein bewuss-* 235
> *tes Zusammenwirken bei der Verrichtung einer Tätigkeit zur Erreichung eines gemeinsamen Ziels*
> *beinhaltet«.*

Unter Verweis auf den Erwägungsgrund 33 der Richtlinie 2014/24/EU über die öffentliche Auf- 236
tragsvergabe und das hier zum Tragen kommende »**kooperative Konzept**« stellte das OLG Koblenz
fest, dass die Zweckvereinbarung zwischen den Kreisen

> *»keinerlei kooperative, über die bloße Erbringung einer marktfähigen Leistung gegen Bezahlung* 237
> *hinausgehende Elemente enthält. Somit beinhaltet sie einen »normalen« ausschreibungspflichtigen*
> *Dienstleistungsauftrag«.[320]*

Das OLG Koblenz weist »der Vollständigkeit halber« darauf hin, dass die Vereinbarungen zwischen 238
den Kreisen

> *»angesichts ihrer inhaltlichen Kargheit noch nicht einmal im Ansatz dem komplexen Vertragswerk* 239
> *entspricht, über dass der EuGH mit Urteil vom 09.06.2009 (»Stadtreinigung Hamburg«) entschie-*
> *den und befunden hat«.[321]*

c) Entstehungsgeschichte der Neuregelung: Verzicht auf die »echte« Zusammenarbeit

Trotz der Auffassung des OLG Koblenz bleibt festzustellen, dass die inhaltliche Bestimmung des 240
»kooperativen Konzepts« **nicht eindeutig** ist. Auch ist es durchaus ein **Wertungswiderspruch**, dass
die beiden genannten Landkreise zwar nicht vergaberechtsfrei auf **horizontaler Ebene** kooperieren
dürfen, ihr mittlerweile (Mitte 2015) erfolgter Beitritt zum **Abfallzweckverband** REK Rheinische
Entsorgungs-Kooperation in Bonn aber unter dem Rechtsinstitut des **In-House-Geschäfts** vergaberechtsfrei sein kann. Insofern hat der EuGH in seiner Grundsatzentscheidung »Stadtreinigung
Hamburg« deutlich klargemacht, dass das Gemeinschaftsrecht den öffentlichen Stellen für die
gemeinsame Wahrnehmung ihrer öffentlichen Aufgaben **keine spezielle Rechtsform** vorschreibt.[322]
Auch spricht insbesondere die Rechtsgeschichte zur Entstehung des Art. 12 Abs. 4 der Richtlinie
2014/24/EU über die öffentliche Auftragsvergabe dafür, an die Vergaberechtsfreiheit der Kooperation einen **geringeren Standard** zu setzen als dies nach den Ausführungen des EuGH in seiner

---

318 OLG Koblenz VergabeR 2015, 192 ff. »Abfallwirtschaftszentrum« mit Anm. Lück.
319 OLG Koblenz VergabeR 2015, 192, 194, 195 »Abfallwirtschaftszentrum« mit Anm. Lück.
320 OLG Koblenz VergabeR 2015, 192, 195, »Abfallwirtschaftszentrum«.
321 OLG Koblenz a. a. O.
322 EuGH VergabeR 2009, 738 ff. Rn. 47 »Stadtreinigung Hamburg«.

»Stadtreinigung Hamburg«-Entscheidung der Fall war. Selbst wenn dort in den grundlegenden Entscheidungsgründen für die Vergaberechtsfreiheit der horizontalen Kooperation die Voraussetzungen eines kooperativen Konzepts nicht aufgeführt werden, waren »kooperative Konzepte« zumindest in der **tatbestandlichen Vertragsgestaltung** der vier Landkreise mit der Stadtreinigung Hamburg enthalten.[323] Die hier geregelten **gegenseitigen Rechte und Pflichten** waren auch im **ursprünglichen Entwurfstext** des damaligen Art. 11 Abs. 4 Buchst. a), also der Vorgängerregelung des jetzigen Art. 12 Abs. 4 der EU-Richtlinie über die öffentliche Auftragsvergabe derart vorgesehen, dass in diesen Ursprungstexten noch eine »echte« Zusammenarbeit zwischen den beteiligten öffentlichen Auftraggebern gefordert wurde. Diese »echte Zusammenarbeit« beinhaltet nicht nur die gemeinsame Aufgabenwahrnehmung, sondern umfasst auch die Vereinbarung **wechselseitiger Rechte und Pflichten** der Parteien. Nicht zuletzt aufgrund von Interventionen der deutschen kommunalen Spitzenverbände und des Verbandes Kommunaler Unternehmen (VKU) gegenüber der EU-Kommission und dem damaligen Binnenmarktkommissar Michel Barnier sowie dem EU-Parlament ist auf der Grundlage eines formellen **EU-Trilog-Verfahrens**, also eines Vermittlungsverfahrens als **Dreiertreffen** zwischen der EU-Kommission, dem Rat der Europäischen Union und dem Europäischen Parlament, im endgültigen Rechtstext des Art. 12 Abs. 4 Buchst. a) VRL die Voraussetzung einer »**echten**« und wechselseitigen Zusammenarbeit entfallen. Hieraus kann geschlossen werden, dass auch an die Übernahme gegenseitiger Rechte und Pflichten durch die Vertragspartner bei einer horizontalen Zusammenarbeit **geringere Anforderungen** zu stellen sind als dies möglicherweise noch in der EuGH-Entscheidung »Stadtreinigung Hamburg« der Fall war. Entsprechend enthalten auch die von der EU-Kommission in parallel mit den Rechtstexten der Vergaberichtlinien herausgegebenen »Neuen Regeln für öffentliche Aufträge und Konzessionen«, relativ geringe Hürden für vergaberechtsfreie horizontale Kooperationen. So wird auf Seite 5 dieser Regeln[324] unter der Rubrik »Gewährleistung der Freiheit bei der Organisation öffentlicher Dienstleistungen und der Zusammenarbeit zwischen Behörden« als Beispiel für eine Vergaberechtsfreiheit kommunal-horizontaler Kooperationen folgendes ausgeführt:

241   *»So könnte beispielsweise eine Vereinbarung zwischen Nachbargemeinden über die Schneeräumung der Straßen im Winter unter diese (horizontale) Ausnahme fallen, sofern die entsprechenden Bedingungen eingehalten werden«.*

242   Derartige Vereinbarungen zwischen Kommunen zur Übernahme des Winterdienstes werden aber regelmäßig als **reiner Austausch** »Leistung gegen Entgelt« erbracht und enthalten kein weitergehendes »kooperatives Konzept«.

d) Bedeutung von Finanztransfers

243   Zudem geht weder aus Art. 12 Abs. 4 der Richtlinie 2014/24/EU über die öffentliche Auftragsvergabe (VRL) noch aus § 108 Abs. 6 GWB hervor, dass die **Zahlung allein eines Geldbetrages** durch einen öffentlichen Auftraggeber ohne eigentliche Beteiligung an der tatsächlich zu erbringenden Leistung, etwa bei einem auf Dauer ausgerichteten Vertrag zwischen zwei Kommunen, unter die Ausschreibungsfreiheit fällt. Insoweit muss die **Wertigkeit der Richtlinie** bzw. der **gesetzlichen Regelung** auf der einen und von lediglich als **Interpretationshilfe** zu verstehenden Erwägungsgründen auf der anderen Seite beachtet werden. Die im Gesetzestext zugrunde gelegte klare Regelung darf jedenfalls nicht durch eine strengere Auslegung eines Erwägungsgrundes konterkariert werden. Auch ist zu berücksichtigen, dass zumindest in den **maßgeblichen Entscheidungsgründen** des Gerichtshofs in den Rechtssachen »Stadtreinigung Hamburg«[325] und »Lecce«[326] als Voraussetzung für eine dort angenommene vergaberechtsfreie horizontale Zusammenarbeit **wechselseitige Bei-**

---

323 EuGH VergabeR 2009, 738, 743 Rn. 41 und 42 »Stadtreinigung Hamburg«.

324 EU-Kommission: Neue Regeln für öffentliche Aufträge und Konzessionen S. 5.

325 EuGH VergabeR 2009, 738 ff. »Stadtreinigung Hamburg«; zu dem EuGH-Urteil Portz VergabeR 2009, 702 ff.

326 EuGH VergabeR 2013, 195 ff. »Lecce« mit Anm. Willenbruch.

träge der beteiligten Gebietskörperschaften gerade **nicht** gefordert waren. Erwägungsgrund 33 der VRL verweist im Übrigen für »etwaige Finanztransfers zwischen den teilnehmenden öffentlichen Auftraggebern« auf die ausschließliche Maßgeblichkeit von Erwägungen des **öffentlichen Interesses** für die Durchführung der Zusammenarbeit, wie sie in Art. 12 Abs. 4 Buchst. b) VRL explizit zum Ausdruck gebracht worden ist. Unter Berücksichtigung der bisherigen Rechtsprechung des EuGH und insbesondere der Entstehungsgeschichte des Art. 12 Abs. 4 der VRL, bei der das Merkmal der »echten« und damit der wechselseitigen Zusammenarbeit **entfallen ist**, wird man hieraus schließen können, dass auch die **Leistungserbringung** durch nur **einen** der kooperierenden Vertragspartner, während der andere Kooperationspartner allein einen **finanziellen Beitrag** zahlt, eine ausschreibungsfreie horizontale Kooperation darstellt,[327] zumindest dann, wenn es sich dabei um eine bloße **Kostenerstattung** handelt.[328]

Gestützt wird diese Auffassung dadurch, dass auch nach dem Erwägungsgrund 33 der VRL die   **244** Zusammenarbeit nicht voraussetzt, dass alle teilnehmenden Stellen die Ausführung **wesentlicher vertraglicher Pflichten** übernehmen, solange sie sich verpflichtet haben, einen **Beitrag** zur gemeinsamen Ausführung der betreffenden öffentlichen Dienstleistung zu leisten. Wenn aber schon die Leistungspflicht der Zahlung (Entgelt) auf der einen Seite und die Durchführung der Leistung selbst auf der anderen Seite **wesentliche Vertragspflichten** beinhalten, so kann man hierin auch einen **Beitrag** zur gemeinsamen Ausführung einer auf einen dauerhafteren Zeitraum angelegten öffentlichen Dienstleistung sehen. Hinzu kommt, dass die Voraussetzungen an das »kooperative Konzept« zur **Vermeidung** einer Ausschreibungspflicht in der Praxis zu zwar inhaltlich mit Leben erfüllbaren, aber dennoch letztlich rein »formalen Vertragsgestaltungen« zwischen den Parteien führen dürften. Eine klare Abgrenzung, ab wann ein »kooperatives Konzept« die Erfordernisse der Erwägungsgründe 22 der VRL erfüllt und wann nicht, ist zudem kaum leistbar. Hinzu kommt, dass sowohl **mit** wie auch **ohne** ein wie auch immer geartetes kooperatives Konzept der vom EuGH als grundlegend angelegte Maßstab für eine **Ausschreibungspflicht**, nämlich der ansonsten bestehende **unberechtigte Vorteil gegenüber einem privaten Dritten**[329] in beiden Fällen der hier praktizierten **rein öffentlich-öffentlichen Zusammenarbeit** gegeben wäre. Letztlich wird die Entscheidung zu den Anforderungen an das »kooperative Konzept« aber von der Rechtsprechung gefällt werden müssen. Im Hinblick auf die bisher allein vorliegende Entscheidung des OLG Koblenz[330] ist daher gegenwärtig öffentlichen Auftraggebern und damit auch Kommunen zu empfehlen, in ihren Vertrag und damit auch in die Vertragsdurchführung ein »**kooperatives Konzept**« zu integrieren. Insofern können die Ausführungen oben (s. Rdn. 126) eine Orientierung für die Anforderungen an dieses Konzept sein. Dabei sind auch die Aussagen des **Deutschen Bundestages** zu berücksichtigen. Dieser hat am 17.12.2015 den Gesetzentwurf der Bundesregierung zur Umsetzung der EU-Vergaberichtlinien und zur Modernisierung des Vergaberechts – mit Änderungen – beschlossen. Dabei haben die Fraktionen der CDU/CSU und SPD auch eine Erklärung zu den **Ausnahmen vom Vergaberecht** bei öffentlich-öffentlicher Zusammenarbeit abgegeben.[331] Insoweit enthält diese Erklärung über den inhaltlichen Verweis auf Art. 12 der VRL sowie den Erwägungsgrund 33 hinaus zunächst keine weiterführenden Ausführungen zum »kooperativen Konzept«. So wird in der Erklärung dargelegt,

»dass weder die Richtlinie 2014/24/EU (Art. 12 sowie Erwägungsgrund 33) noch der Regierungsent-   **245** *wurf zur Modernisierung des Vergaberechts eine explizite Definition des Begriffes »Zusammenarbeit« enthalten«.*

---

327 So Ziekow NZBau 2015, 258, 263; a. M. Brockhoff VergabeR 2014, 625, 633; Gruneberg/Wild/Beck VergabeR 2014, 99, 107.
328 Ziekow NZBau 2015, 258, 263 unter Verweis auf EuGH VergabeR 2009, 738 ff., 743, Rn. 43 »Stadtreinigung Hamburg«.
329 EuGH VergabeR 2005, 44 ff. 51 Rn. 51 für das In-House-Geschäft »Stadt Halle« mit Anm. Gabriel.
330 OLG Koblenz VergabeR 2015, 192 ff. »Abfallwirtschaftszentrum« mit Anm. Lück.
331 Deutscher Bundestag Drs. 18/7086 v. 16.12.2015 S. 13.

246   Im Anschluss an die Wiedergabe der näheren Konkretisierungen des »kooperativen Konzepts« und der reinen Wiedergabe des Wortlauts aus Erwägungsgrund 33 des Art. 12 VRL führen die Koalitionsfraktionen sodann aus,

247   *»dass als Teil (eines kooperativen Konzepts) auch ein etwaiger Finanztransfer zwischen den teilnehmenden öffentlichen Auftraggebern gehören kann. Die Koalitionsfraktionen stellen fest, dass zur abschließenden Definition der Begriffsinhalte ein Urteil des EuGH im kommenden Jahr (Anmerkung: 2016) zu erwarten ist«.*

248   Grundlage der vom Deutschen Bundestag erwähnten EuGH-Entscheidung ist ein Beschluss des **OLG Celle** vom 17.12.2014[332], mit dem das OLG Celle dem EuGH Fragen zur Anwendung des Vergaberechts bei öffentlich-öffentlicher Kooperation vorgelegt hat. Hintergrund für die vom OLG Celle dem EuGH vorgelegten Fragen war ein Fall, in der zwei Gebietskörperschaften einen **Zweckverband** gegründet hatten, um die Pflichten beider Partner als abfallrechtliche Entsorgungsträger wahrzunehmen. Im konkreten Fall erzielte der Zweckverband mit der Entsorgung von Gewerbeabfällen und PPK-Stoffen (Papier/Pappe/Karton) einen durchaus **erheblichen Umsatz mit Dritten**. Das OLG Celle hat den EuGH im Rahmen einer Vorlage und Vorabentscheidung gefragt, ob eine Vereinbarung zwischen zwei Gebietskörperschaften über die Gründung eines Zweckverbands ein öffentlicher Auftrag sein kann und ob sich eine mögliche Ausnahme vom Anwendungsbereich des Vergaberechts bei der Gründung von Zweckverbänden nach den Grundsätzen über das vergaberechtsfreie In-House-Geschäft oder nach den Grundsätzen über die Zusammenarbeit öffentlicher Einrichtungen beurteilt. Ob auf der Grundlage dieser Vorlagefragen des OLG Celle aber nähere Einzelheiten vom EuGH zu den Anforderungen an das »kooperative Konzept« erwartet werden können, ist aber zumindest fraglich und bleibt abzuwarten.

8. Zusammenarbeit durch Überlegungen öffentliches Interesse bestimmt (§ 108 Abs. 6 Nr. 2 GWB)

249   Als weitere Voraussetzung für eine nicht gegebene Ausschreibungspflicht einer horizontalen Kooperation zwischen zwei oder mehreren öffentlichen Auftraggebern ist nach § 108 Abs. 6 Nr. 2 GWB erforderlich, dass die Durchführung der Zusammenarbeit **ausschließlich** durch Überlegungen im Zusammenhang mit dem **öffentlichen Interesse** bestimmt wird. Diese Vorgabe setzt Art. 12 Abs. 4 Buchst. b) der VRL um und wird auch nochmals im letzten Satz des Erwägungsgrundes 33 der VRL aufgegriffen. Die **Gesetzesbegründung** zu § 108 Abs. 6 Nr. 2 GWB wiederholt im ersten Satz inhaltlich den Gesetzestext selbst. Im zweiten Satz geht die Begründung allerdings über den Gesetzestext hinaus und führt aus, dass die Voraussetzungen, wonach die Durchführung der Zusammenarbeit ausschließlich durch **Überlegungen im Zusammenhang mit dem öffentlichen Interesse** bestimmt sein muss,

250   *»insbesondere auch für etwaige Finanztransfers zwischen den teilnehmenden öffentlichen Auftraggebern gilt«.*

251   Mit diesem zweiten Satz in der Begründung greift der Gesetzgeber auf die Grundsatzentscheidung des EuGH »Stadtreinigung Hamburg« zurück.[333] In dieser Entscheidung führt der EuGH aus, dass die in Frage stehende Erbringung von Abfallentsorgungsleistungen **nur gegenüber dem Betreiber der Anlage vergütet** wird. Aus dem zugrunde liegenden Vertrag ergebe sich, dass die vorgesehene Zusammenarbeit

---

332   Deutscher Bundestag Drs. 18/7086 v. 16.12.2015 S. 13 wohl unter Verweis auf die Vorlage des OLG Celle v. 17.12.2014 – 13 Verg 3/13 – an den EuGH VergabeR 2015, 180 ff. »PPK-Transport« mit Anm. Antweiler; s. auch OLG Düsseldorf VergabeR 2012, 35 ff. »Stoffgleiche Nichtverpackungen« mit Anm. Seidel.

333   EuGH VergabeR 2009, 738 ff. Rn. 43 »Stadtreinigung Hamburg«; hierzu Portz VergabeR 2009, 702 ff.

»nicht zu Finanztransfers zwischen den Vertragspartnern führt, die über die Erstattung des Teils der 252
Kosten hinausgehen, der von den Landkreisen zu tragen ist, aber von der Stadtreinigung Hamburg
an den Betreiber gezahlt wird«.[334]

Indem die Gesetzesbegründung zu § 108 Abs. 6 Nr. 2 GWB diese Aussage des EuGH aufgreift, 253
wird klargestellt, dass immer dann, wenn Finanztransfers über die reine Erstattung der vertraglich
vereinbarten Leistung hinausgehen, grundsätzlich **nicht** von Überlegungen im Zusammenhang mit
dem **öffentlichen Interesse** ausgegangen werden kann.

Unabhängig von dieser Grenzziehung ist die Frage, ob eine Kooperation durch Überlegungen im 254
Zusammenhang mit dem öffentlichen Interesse bestimmt wird oder nicht, nicht konturenscharf zu
beantworten. Zwar könnte man davon ausgehen, dass Kooperationen, bei denen der **Beschaffungscharakter** im Vordergrund steht, nicht von öffentlichen Interessen bestimmt werden. Insbesondere
die **reine entgeltliche Beschaffung** einer Bau-, Liefer- oder Dienstleistung durch einen öffentlichen
Auftraggeber bei einem anderen öffentlichen Auftraggeber genügt danach diesen Anforderungen
nicht.[335] So einleuchtend diese Differenzierung auf den ersten Blick ist, wirft sie doch in der Praxis
viele Abgrenzungsfragen auf. Sowohl bei dem »öffentlichen Interesse« als auch beim »Beschaffungscharakter« handelt es sich letztlich um **unbestimmte Rechtsbegriffe**, die der weiteren Präzisierung bedürfen.[336] Bisher hat die Rechtsprechung zwar Einzelfallentscheidungen gefällt, die aber zu
keiner generellen Bestimmung des öffentlichen Interesses beigetragen haben. So hat der EuGH in
seiner Entscheidung vom 13.06.2013 (»Piepenbrock«) **äußerst zurückhaltend** und **ohne ausdrücklich eigene Erwägungen** anzustellen im Hinblick auf das (Nicht-)Vorliegen einer Gemeinwohlaufgabe wörtlich wie folgt formuliert (Anm.: Hervorhebungen durch den Verfasser):

»Aus den **Feststellungen des vorlegenden Gerichts** geht aber hervor, dass der im Ausgangsverfahren 255
in Rede stehende Vertragsentwurf nicht die Vereinbarung einer Zusammenarbeit zwischen den beiden
vertragschließenden öffentlichen Einrichtungen zur Wahrnehmung einer gemeinsamen Gemeinwohlaufgabe zum Gegenstand **zu haben scheint**«.[337]

Damit hat der EuGH nur sehr vorsichtig und – was die Frage des öffentlichen Interesses und der 256
Gemeinwohlaufgabe angeht – ohne nähere eigene Begründung die Einschätzung des vorlegenden
OLG Düsseldorf[338] bestätigt und in der horizontal-kommunalen Übertragung der **Gebäudereinigung** vom Kreis Düren auf die Stadt Düren eine ausschreibungspflichtige Zusammenarbeit zwischen den beiden kommunalen Gebietskörperschaften gesehen.

Die Schwierigkeit der Abgrenzung zeigt sich auch in einem vom OLG München entschiedenen 257
Fall. Danach beinhaltet die Zusammenarbeit zweier **öffentlicher Krankenhausträger** im Hinblick
auf die Arzneimittelversorgung über eine Krankenhausapotheke sowie die vertraglich vereinbarte
Zurverfügungstellung der Arzneimittel kein öffentliches Interesse.[339] Das OLG München hat
seine Auffassung einer Ausschreibungspflicht maßgeblich auch daraus hergeleitet, dass im entschiedenen Fall Finanztransfers zwischen den Beteiligten erfolgt sind, die über reine **Selbstkos-
tenpreise hinausgingen.** Auch hat das Gericht eine vergaberechtsfreie Zusammenarbeit deswegen
nicht angenommen, da sonst eine **Verfälschung des Wettbewerbs** drohe, weil die zur Dienstleistung verpflichtete (öffentliche) Klinik zugleich auf dem **freien Markt** als Wirtschaftsteilnehmer
in erheblichem Umfang mit Apotheker- und sonstigen Dienstleistungen Umsätze erzielt.[340] Auch

334 EuGH a. a. O.
335 So etwa im Falle der Beschaffung von Bauleistungen EuGH Urt. v. 18.01.2007 – Rs. C-220/05 VergabeR
     2007, 183 ff. Rn. 35 ff. »Jean Auroux = Stadt Roanne« mit Anm. Schabel.
336 König in: Gabriel/Krohn/Neun Kap. 1 § 6 Rn. 59.
337 EuGH VergabeR 2013, 686 ff., 690 Rn. 39 »Piepenbrock«.
338 OLG Düsseldorf VergabeR 2012, 31 ff. »Zweckvereinbarung Gebäudereinigung«.
339 OLG München Beschl. v. 21.02.2013 VergabeR 2013, 750 ff. »Krankenhausapotheke« mit Anm. Trautner.
340 OLG München VergabeR 2013, 750, 758 »Krankenhausapotheke« unter Verweis auf OLG Düsseldorf
     Beschl. v. 28.07.2011 – Verg 2011.

das Kammergericht Berlin[341] hat im Hinblick auf die Entwicklung und die Pflege von **Verwaltungssoftware** und dem hierzu erfolgten – horizontalen – Leistungsaustausch zwischen öffentlichen Stellen ohne eingehende Begründung festgestellt, dass hierin – in Abgrenzung zur Jugendhilfe als öffentliche Aufgabe – **keine vergaberechtsfreie** Leistung, die der gemeinsamen und im öffentlichen Interesse liegenden Aufgabenerfüllung diene, gesehen werden könne. Aber auch insoweit muss kritisch hinterfragt werden, warum etwa die Pflege der Software für die öffentliche Verwaltung nicht Grundvoraussetzung des **Funktionierens und Arbeitens** der öffentlichen Verwaltung, insbesondere gegenüber der Bürgerschaft und der Wirtschaft, ist und hierin daher eine **öffentliche Aufgabe** liegt. Dies gilt umso mehr, weil der gesamte Bereich der Informationstechnologie, wie etwa auch der Breitbandausbau, als »Datenautobahnen« des 21. Jahrhunderts anzusehen sind und dementsprechend auch zur öffentlichen Daseinsvorsorge gezählt werden müssen.

258 Die Einzelfallentscheidungen belegen jedenfalls, dass es **keine generell eindeutigen** Begriffsbestimmungen des »öffentlichen Interesses« gibt. So kann man sich mit guten Gründen dafür aussprechen, dass auch »**Hilfsgeschäfte**« der öffentlichen Hand, wie sie etwa in der EuGH-Entscheidung »Piepenbrock« mit der dort übertragenen **Gebäudereinigung** zwischen den beiden Kommunen vereinbart waren, der Erfüllung öffentlicher Aufgaben dienen und daher im **öffentlichen Interesse** sind. Denn es ist durchaus begründbar, dass etwa das Vorhalten sauberer und gepflegter Räume für die Bürgerschaft und die Besucher der öffentlichen Verwaltungen und damit auch die Gebäudereinigung mit der unmittelbaren Gewährleistung einer ordnungsgemäßen Verwaltung und damit mit der Durchführung der öffentlichen Aufgaben selbst in einem engen Zusammenhang steht. So ist schwer begründbar, dass etwa die **Stadtreinigung**, also die Reinigung **öffentlicher Straßen und Wege** in einer Kommune oder aber der Winterdienst (Streuen von Wegen und Plätzen) wohl unzweifelhaft im öffentlichen Interesse liegen, die **Gebäudereinigung** der öffentlichen Verwaltungen selbst aber von keinem öffentlichen Interesse getragen sein soll. Daher spricht im Grundsatz einiges dafür, dass auch derartige »**Hilfsgeschäfte**« im Rahmen einer kooperativen Erfüllung öffentlicher Aufgaben dem Vergaberecht entzogen werden können.[342] Diese Fälle einer zulässigen und rein öffentlich-öffentlichen Aufgabenwahrnehmung von »Hilfsgeschäften« ohne Beteiligung privater Dritter beinhalten jedenfalls **keine Benachteiligung privater Unternehmen.** Wenn aber ein vom EuGH als maßgeblicher Grund für eine Ausschreibungspflicht angenommener **unberechtigter Vorteil**[343] von vornherein gar nicht besteht, können auch derartig ausschließlich zwischen öffentlichen Auftraggebern übertragenen »Hilfsgeschäfte« außerhalb des Vergaberechts liegen.

259 Ein derartiger Ansatz dürfte jedoch weder der Intention des § 108 Abs. 6 Nr. 2 GWB mit dem dort bewussten Abstellen auf das »**öffentliche Interesse**« entsprechen, noch wird er von der bisherigen EuGH-Rechtsprechung, so wenig Aussagen sie hierzu auch gemacht hat, getragen.[344] Daher ist es wesentlich, die Voraussetzungen des »**öffentlichen Interesses**« nach § 108 Abs. 6 Nr. 2 GWB sowie auf der Grundlage der EU-Regeln näher zu bestimmen. Insofern kann auch hier auf den Begriff der **Dienstleistungen von Allgemeinem Wirtschaftlichem Interesse (DAWI)** nach Art. 14 und Art. 106 Abs. 2 AEUV sowie auf das Protokoll Nr. 26 zurückgegriffen werden, auch wenn in den genannten Normen wegen der unterschiedlichen Ausfüllungen der Begriffe durch die einzelnen Mitgliedstaaten der EU keine näheren Vorgaben gemacht werden. Insgesamt ist es aber naheliegend, die für § 108 Abs. 1 Nr. 2 GWB über das Merkmal der »Betrauung« in Bezug genommenen »**Dienstleistungen von Allgemeinem Wirtschaftlichem Interesse**« auch für die Begriffsbestimmung des **öffentlichen Interesses** nach § 108 Abs. 6 Nr. 2 GWB zugrunde zu legen. Danach ist **zumindest** in den hiernach vorliegenden Sachverhalten von einem öffentlichen Interesse auszugehen. Insoweit kann auf die Ausführungen in der Kommentierung zu § 108 Abs. 1 Nr. 2 GWB verwiesen werden.[345]

---

341 KG Beschl. v. 16.09.2013 NZBau 2014, 62 ff.; s. auch OLG Düsseldorf VergabeR 2013, 593 ff. »Klärschlammentsorgung«, bei der das OLG eine »gemeinsame Aufgabenerfüllung« verneint hat (Anm. Goede).
342 Struve EuZW 2009, 805, 807.
343 EuGH VergabeR 2005, 44, 51 Rn. 51 »Stadt Halle« mit Anm. Gabriel.
344 EuGH VergabeR 2013, 686, 690 Rn. 39 »Piepenbrock« mit Anm. Gabriel/Voll.
345 Kommentierung B.1.6. g) Rn. 49 ff.

In diesem Zusammenhang ist es aber für eine sachgerechte und klare Abgrenzung problematisch, 260
wenn das »öffentliche Interesse« danach bestimmt wird, ob eine öffentliche Einrichtung in **Konkurrenz mit privaten Unternehmen am Markt** agiert und daher in diesem Fall eine **Ausschreibungspflicht** angenommen werden muss.[346] Denn insofern war auch die vom EuGH in der Grundsatzentscheidung »Stadtreinigung Hamburg«[347] übertragene Aufgabe mit dem Bereich der **Abfallentsorgung** eine Leistung, die auch auf dem Markt von **privaten Unternehmen** angeboten wird und daher von den beteiligten kommunalen Gebietskörperschaften grundsätzlich in einer **möglichen Konkurrenz** mit privaten Unternehmen am Markt erbracht wird. Eine Unterscheidung nach »marktgängigen« und »nicht marktgängigen« Leistungen würde im Übrigen auch kaum praktikabel sein und zu kurz greifen, da heute fast alle von der öffentlichen Hand »angebotenen Leistungen« auch von privaten Dritten erbracht werden können. Diese Unterscheidung führt daher nicht weiter. Entscheidend ist vielmehr, ob die jeweiligen von der öffentlichen Hand durchgeführten wirtschaftlichen oder nicht wirtschaftlichen Leistungen einem allgemeinen Interesse unterfallen und daher spezifischen Gemeinwohlverpflichtungen unterliegen. Dies kann jeweils nur im Einzelfall entschieden werden.

In seiner Grundsatzentscheidung »Stadtreinigung Hamburg« hat der EuGH derartige spezifische 261
Gemeinwohlverpflichtungen und ein **öffentliches Interesse** für den zugrunde liegenden **abfallrechtlichen** Sachverhalt hergeleitet.[348] Insoweit stellt der EuGH für den zu entscheidenden Sachverhalt fest, dass

> *»mit dem streitigen Vertrag eine Zusammenarbeit von Gebietskörperschaften bei der **Wahrnehmung*** 262
> ***einer ihnen allen obliegenden öffentlichen Aufgabe** – der Abfallentsorgung – vereinbart wird.*
> *Diese Aufgabe steht mit der Umsetzung der Richtlinie 75/442/EWG des Rates vom 15.07.1975*
> *über Abfälle (ABl. L 194, 39) in Zusammenhang, mit der die Mitgliedstaaten dazu verpflichtet*
> *werden, Abfallbewirtschaftungspläne zu erstellen, die insbesondere Maßnahmen zur Förderung der*
> *Rationalisierung des Einsammeln, Sortierens und Behandelns von Abfällen vorsehen, wobei einer der*
> *wichtigsten dieser Maßnahmen nach der Richtlinie 91/156/EWG des Rates vom 18.03.1991 (ABl.*
> *L 78, 32), durch die Art. 5 Abs. 2 der Richtlinie 75/442 geändert wurde, darin besteht, zu versuchen,*
> *den Abfall in einer so nah wie möglich gelegenen Anlage zu verwerten«.*[349]

Aus der europarechtlichen Herleitung des öffentlichen Interesses für den Bereich der Abfallentsor- 263
gung kann gefolgert werden, dass dann, wenn spezifische öffentliche Aufgaben von öffentlichen Auftraggebern in Umsetzung von EU-Richtlinien oder aufgrund von EU-Verordnungen oder anderen EU-Regelungswerken wahrgenommen werden, grundsätzlich ein öffentliches Interesse angenommen werden muss. Regelmäßig wird man im Übrigen davon ausgehen müssen, dass neben dem weiten Bereich des **Umweltschutzes** einschließlich der Abfall- und Abwasserbeseitigung sowie des Lärmschutzes und der Luftreinhaltung (Klimaschutz etc.) auch der **Sozialbereich** mit den hier wahrgenommenen Aufgaben im **öffentlichen Interesse** liegt. Dies ergibt sich auch »vergaberechtlich« schon daraus, dass die Aspekte »Soziales und Umweltschutz« ausdrücklich bei den **Grundsätzen der Vergabe** in § 97 Abs. 4 GWB erwähnt werden und in Vergabeverfahren zu berücksichtigen sind. Neben diesen Feldern werden regelmäßig auch die Aufgaben im Bereich der **Bildung** (Schulen etc.), der **Gesundheitsversorgung** (Krankenhäuser etc.), der **Kultur**, des **Verkehrs**, der Wasser- und Energieversorgung, des Anschlusses an ausreichende **IT-Dienstleistungen** (Breitband etc.) sowie auch der **Sicherheit** als Aufgaben im öffentlichen Interesse wahrgenommen.

An der Erfüllung all dieser Aufgaben besteht ein gesteigertes Interesse der Gemeinschaft, weil diese 264
Aufgaben so geartet sind, dass sie nicht umfassend im Wege privater Initiativen wirksam wahrge-

---

346 So aber wohl Ziekow NZBau 2015, 258, 263 unter Verweis auf EuGH VergabeR 2013, 686 ff.
     »Piepenbrock«.
347 EuGH VergabeR 2009, 738 ff. »Stadtreinigung Hamburg«; hierzu Portz VergabeR 2009, 702 ff.
348 EuGH VergabeR 2009, 738, 742 Rn. 37 »Stadtreinigung Hamburg«.
349 EuGH a. a. O.

nommen werden können. Regelmäßig handelt es sich daher insoweit um Leistungen von **allgemeinem Interesse**. Diese umfassen in der Praxis sowohl wirtschaftliche als auch nicht wirtschaftliche Leistungen, die aber von den Mitgliedstaaten mit **spezifischen Gemeinwohlverpflichtungen** verknüpft werden. Insofern wird der Begriff der Dienstleistung von allgemeinem wirtschaftlichem Interesse im AEUV zwar in Art. 14 und Art. 106 Abs. 2 sowie im Protokoll Nr. 26 erwähnt, jedoch weder dort noch im abgeleiteten Unionsrecht näher definiert. Dieser Begriff bezieht sich in der Regel auf (wirtschaftliche) Dienstleistungen, die die nationalen, regionalen oder kommunalen Behörden der Mitgliedstaaten – je nach Zuständigkeit gemäß innerstaatlichen Rechtsnormen – **mit besonderem Gemeinwohlverpflichtungen** verbinden und mit denen sie durch die Betrauung bestimmter Einrichtungen mit diesen Dienstleistungen ein **allgemeines Interesse** dergestalt durchsetzen wollen, dass diese Dienstleistungen zu Konditionen erbracht werden, die nicht unbedingt den Marktbedingungen entsprechen. Im kommunalen Bereich fallen hierunter regelmäßig die mit dem Begriff **Daseinsvorsorge** verbundenen Leistungen. Hierzu gehören die staatlich-öffentlichen Aufgaben zur Bereitstellung der für ein menschliches Dasein als notwendig erachteten Güter und Leistungen, also insbesondere die sogenannte **Grundversorgung**. Ergänzend können für die Kommunen zur näheren Begriffsbestimmung der Aufgaben, die im öffentlichen Interesse durchgeführt werden, die Vorschriften des Kommunalrechts, also insbesondere die Gemeinde- und Kreisordnungen der Bundesländer, herangezogen werden. So bestimmt § 107 Abs. 1 Nr. 1 der Gemeindeordnung NRW, dass die Gemeinde sich zur Erfüllung ihrer Aufgaben wirtschaftlich betätigen darf, wenn

265   »ein **öffentlicher Zweck** die Betätigung erfordert«.

266   Zu den Vorgaben und der näheren Bestimmung des öffentlichen Zwecks gibt es nicht nur eine Vielzahl von Judikatur, sondern auch eine umfassende Literatur, insbesondere in Form der einschlägigen Kommentare zu den jeweiligen Gemeindeordnungen, so dass hierauf verwiesen werden kann.

9. Die 80 %-Regelung des § 108 Abs. 6 Nr. 3 GWB

267   Als dritte Voraussetzung für eine nicht bestehende Ausschreibungspflicht bei horizontalen Kooperationen bestimmt § 108 Abs. 6 Nr. 3 GWB, dass die öffentlichen Auftraggeber für eine vergaberechtsfreie Zusammenarbeit auf dem Markt **weniger als 20 %** der Tätigkeiten erbringen müssen, die durch **ihre Zusammenarbeit** erfasst sind. Diese Vorgabe setzt Art. 12 Abs. 4 Buchst. c) der VRL in nationales Recht um. Nach der Gesetzesbegründung zu § 108 Abs. 6 Nr. 3 GWB soll durch diese Vorgabe, ähnlich wie durch das Wesentlichkeitskriterium in Abs. 1 Nr. 2 und Abs. 4 Nr. 2, sichergestellt werden, dass die öffentlich-öffentliche Zusammenarbeiten **nicht zu Wettbewerbsverzerrungen** gegenüber privaten Unternehmen führt. Die auf Art. 12 Abs. 4 Buchst. c) der VRL beruhende 20 %-Regelung des § 108 Abs. 6 Nr. 3 GWB ist dennoch **überraschend**, weil hiermit eine bisher in der Rechtsprechung nur für das **In-House-Geschäft** geltende Norm (s. § 108 Abs. 1 Nr. 2 GWB) auch auf den Regelungsbereich der **horizontalen Zusammenarbeit** übertragen worden ist.

268   § 108 Abs. 6 Nr. 3 GWB setzt ausdrücklich voraus, dass die öffentlichen Auftraggeber auf dem **Markt** weniger als **20 %** der **Tätigkeiten** erbringen, die durch die **Zusammenarbeit** erfasst sind. Im Hinblick auf der den **relevanten Markt** und die für eine vergaberechtsfreie horizontale Zusammenarbeit bestehende Grenze von **20 %** der Tätigkeiten ist regelmäßig der **externe Drittmarkt** gemeint. Ein derartiger – externer – Markt kann aber im Einzelfall auch bei einer Tätigkeit der öffentlichen Auftraggeber mit einem externen Dritten betroffen sein. Dies ist zum Beispiel der Fall, wenn zwar zwei Kommunen mit ihren eigenen Abfallentsorgungsunternehmen horizontal bei der Abfallentsorgung kooperieren, beide oder eine der Kommunen aber zugleich bei einem privaten Gewerbetreibenden Abfallentsorgungsleistungen erbringt. Wenn diese Leistungen bei dem Dritten dann mehr als 20 % der durch die Kooperation mit der Partnerkommune erfassten Tätigkeiten ausmachen, ist auch diese Kooperation ausschreibungspflichtig. Insgesamt kann im Übrigen für die Berechnung der 80 %-Grenzziehung auf die Ausführungen zum Wesentlichkeitskriterium und insbesondere der Zurechnung von Drittumsätzen beim In-House-Geschäft in der Kommentierung

verwiesen werden.[350] Ausdrücklich in Bezug genommen werden in § 108 Abs. 6 Nr. 3 GWB nur die **Tätigkeiten**, die durch die konkrete **horizontale Zusammenarbeit** erfasst sind. Dies bedeutet, dass die beteiligten öffentlichen Auftraggeber **außerhalb** dieser konkreten und von der horizontalen Zusammenarbeit sowie der jeweiligen Vertragsgestaltung erfassten Bereiche zusätzlich **andere** Tätigkeiten auf dem Markt durchführen können, ohne einer Ausschreibungspflicht unterworfen zu sein. So wäre es etwa möglich, dass Kommunen im Bereich der **Abfallentsorgung** auf horizontaler Ebene ohne Ausschreibungspflicht kooperieren, obwohl sie in einem **anderen Bereich**, also etwa der Beratung zur Energieeffizienzsteigerung von Gebäuden, mehr als 20 % ihrer Leistungen auf dem Markt erbringen. Entscheidend ist jeweils, dass in den von der **horizontalen Zusammenarbeit erfassten Tätigkeiten** die öffentlichen Auftraggeber nicht wesentlich und damit weniger als 20 % ihrer Leistungen **auf dem Markt** erbringen. Die Berechnung erfolgt ausweislich von § 108 Abs. 7 GWB grundsätzlich als prozentualer Anteil vom **Gesamtumsatz** der **innerhalb der Kooperation** erfolgenden Tätigkeiten oder durch einen anderen tätigkeitsgestützten Wert.

VII. Bestimmung des prozentualen Anteils (§ 108 Abs. 7 GWB)

1. Vermeidung von Wettbewerbsverzerrungen

§ 108 Abs. 7 GWB setzt Art. 12 Abs. 5 der VRL in nationales Recht um. Die Vorschrift ist dabei umfassend angelegt und betrifft sowohl die **In-House-Vergaben** nach § 108 Abs. 1 -5 GWB als auch die **horizontale Zusammenarbeit** nach § 108 Abs. 6 GWB. Denn bei all diesen Konstellationen ist eine Voraussetzung für die nicht gegebene Ausschreibungspflicht, dass **mehr als 80 %** der Tätigkeiten der juristischen Person der Ausführung von Aufgaben dienen, mit denen sie vom oder von dem(n) öffentlichen Auftraggeber(n) betraut wurde(n) (= **In-House-Konstellation**) bzw. die öffentlichen Auftraggeber auf dem Markt **weniger als 20 %** der Tätigkeiten erbringen, die durch die Zusammenarbeit erfasst sind (= **horizontale Kooperation**). Bei beiden Fallgruppen sollen durch eine **prozentuale Begrenzung** des Umfangs der Tätigkeiten auf dem Markt **Wettbewerbsverzerrungen** zu Lasten privater Unternehmen vermieden werden. Hierzu bestimmt § 108 Abs. 7 GWB im Einzelnen, wie die prozentualen Angaben nach Abs. 1 Nr. 2, Abs. 4 Nr. 2 und Abs. 6 Nr. 3 **berechnet** werden sollen.

2. Berechnung der prozentualen Anteile im Einzelnen

Nach § 108 Abs. 7 S. 1 GWB wird zur Bestimmung des prozentualen Anteils, also des 80 %-Werts nach § 108 Abs. 1 Nr. 2 und Abs. 4 Nr. 2 GWB bzw. des 20 %-Werts nach § 108 Abs. 6 Nr. 3 GWB, der **durchschnittliche Gesamtumsatz** der **letzten drei Jahre** vor der Vergabe des öffentlichen Auftrags oder ein **anderer geeigneter** tätigkeitsgestützter Wert herangezogen. Damit ist primär der durchschnittliche Gesamtumsatz der letzten drei Jahre **vor der konkreten Auft**ragsvergabe der **entscheidende Wert** zur Ermittlung des prozentualen Anteils. Selbst wenn daher im letzten Jahr vor der konkreten Auftragserteilung der Gesamtumsatz auf dem (Dritt-)Markt weit mehr als 20 % betragen hat, kann insofern dennoch von einer Ausschreibungspflicht abgesehen werden, wenn in den zwei Jahren zuvor ein sehr viel niedrigerer Umsatz erfolgt ist und insofern ein »Ausgleich« herbeigeführt wurde. Jedenfalls ist der speziell »auf dem Markt« erzielte durchschnittliche Gesamtumsatz der **entscheidende Wert**, an dem festgemacht wird, ob eine öffentlich-öffentliche Kooperation ausschreibungspflichtig ist oder nicht. Bei der Berechnung der Umsatzschwelle von 80 % kommt es auf die **Gesamtumsätze** einer Leistungsart (Liefer-, Bau- oder Dienstleistungen) an, ohne dass innerhalb dieser Sparte weiter nach unterschiedlichen Liefer-, Bau- oder Dienstleistungen differenziert werden muss. Der Berechnung des durchschnittlichen Gesamtumsatzes sollte aus Sicht der öffentlichen Auftraggeber ein hoher Stellenwert eingeräumt werden. Nötig hierfür ist insbesondere eine gute und klare **Dokumentation** des Gesamtumsatzes bezogen auf die letzten drei Jahre.

269

270

---

350 S. die Kommentierung unter B.1.5 Rn. 31 ff. und insbesondere Rn. 36 ff.

271   Nur wenn kein durchschnittlicher Gesamtumsatz feststellbar ist, kann ein **anderer** geeigneter tätigkeitsgestützter **Wert** herangezogen werden. Nach § 108 Abs. 7 S. 2 GWB sind ein geeigneter tätigkeitsgestützter Wert z.B. die **Kosten**, die der juristischen Person oder dem öffentlichen Auftraggeber in dieser Zeit, also in den letzten drei Jahren, in Bezug auf Liefer-, Bau- und Dienstleistungen entstanden sind. Die zugrunde zu legenden **Kosten** beinhalten den **Werteinsatz** bei der juristischen Person oder dem öffentlichen Auftraggeber für die jeweilige **Leistungserstellung.** Hierunter fallen sowohl materielle Güter, die verbraucht werden (Bsp.: Material) als auch Kosten und Aufwendungen für die Organisation der Leistung sowie auch die Kosten für die Ideenfindung, etwa bei der Ausführung freiberuflicher Leistungen. Erfasst bei den Kosten sind daher insbesondere die **Material- und Personalkosten**, aber auch **Kapitalkosten** sowie **Fremdleistungskosten**, speziell für Nachunternehmen. Nicht zu den Kosten i.S.d. § 108 Abs. 7 GWB und dem dort vorgenommenen konkreten Bezug zur Tätigkeit auf dem (Dritt-)Markt gehören die »Kosten«, die der menschlichen Gesellschaft generell entstehen oder die sich etwa negativ auf den Umweltschutz insgesamt auswirken. Denn diese Kosten können nicht direkt auf die Unterscheidung zwischen markt- und nicht marktbezogenen Leistungen umgerechnet werden. Demgegenüber sind die Personalkosten und auch die Materialkosten umfassend anzusetzen. So treten Personalkosten nicht nur in Form von Löhnen und Gehältern auf, sondern auch als Provisionen oder Schulungskosten. Zu den Materialkosten wird man entsprechend auch die Roh- und Hilfsstoffe, die für die Fertigung und Erbringung der konkreten Leistung erforderlich sind sowie auch den Materialverbrauch rechnen müssen. Zwar erwähnt § 108 Abs. 7 S. 2 GWB die Kosten **nur beispielhaft**, jedoch dürften die Kosten hinter dem vorrangig zu berücksichtigenden durchschnittlichen **Gesamtumsatz** die in der Praxis häufigste Bezugsgröße zur Bestimmung des prozentualen Anteils nach Abs. 1 Nr. 2, Abs. 4 Nr. 2 und Abs. 6 Nr. 3 sein. Ein weiterer geeigneter tätigkeitsgestützter Wert zur Berechnung des prozentualen Anteils könnte grundsätzlich auch in den allerdings mit den Kosten eng zusammenhängenden (**Zeit-)Aufwendungen** und den hieraus sich ergebenden Beträgen (Stundenlohn etc.) liegen.

272   § 108 Abs. 7 S. 3 GWB regelt den Fall, dass **keine entsprechenden Angaben** vorliegen oder diese **nicht aussagekräftig** sind. Dies kommt ausweislich der Gesetzesbegründung zu § 108 Abs. 7 GWB insbesondere dann in Betracht, wenn die betreffende juristische Person oder der betreffende öffentliche Auftraggeber **gerade gegründet wurde** oder erst **vor kurzem** ihre bzw. seine Tätigkeit aufgenommen hat oder weil sie ihre bzw. er seine Tätigkeiten **umstrukturiert** hat. In diesem Fall sind die erforderlichen – prozentualen – Werte **glaubhaft** zu machen. Dies kann nach § 108 Abs. 7 S. 3 GWB insbesondere durch **Prognosen über die Geschäftsentwicklung** erfolgen. Die Prognosen über die Geschäftsentwicklung beinhalten dabei naturgemäß auch Prognosen über die zukünftige **durchschnittliche Gesamtumsatzerwartung.**

VIII.   Entsprechende Geltung für Sektorenauftraggeber und Konzessionsgeber (§ 108 Abs. 8 GWB)

1.   Anwendung auf Sektorenauftraggeber und Konzessionsgeber

273   Die drei neuen EU-Vergaberichtlinien enthalten – worauf auch die Gesetzesbegründung zu § 108 Abs. 8 GWB ausdrücklich hinweist – im Wesentlichen **identische Regeln** zur öffentlich-öffentlichen Zusammenarbeit sowohl hinsichtlich der Vergabe von öffentlichen Auftraggebern als auch hinsichtlich der Vergabe von **Konzessionen.** Daher ist eine **einheitliche Regelung** im GWB für alle öffentlichen Auftraggeber einschließlich der **Sektorenauftraggeber** und der **Konzessionsgeber** sinnvoll. Da § 108 Abs. 1 – 7 GWB in Umsetzung von Art. 12 der Richtlinie 2014/24/EU über die öffentliche Auftragsvergabe zunächst nur **öffentliche Auftraggeber** nach § 99 Nr. 1 – 3 GWB betrifft, erstreckt § 108 Abs. 8 GWB den Anwendungsbereich des § 108 GWB auch auf die Vergaben von öffentlichen Aufträgen durch **Sektorenauftraggeber** gem. § 100 Abs. 1 Nr. 1 GWB sowie auch auf die Vergabe von **Konzessionsgebern** gem. § 101 Abs. 1 Nr. 1 und § 101 Abs. 1 Nr. 2 GWB.

2. Keine Erstreckung auf private Auftraggeber

§ 108 Abs. 8 GWB nimmt die Gleichstellung für die Sektorenauftraggeber und die Konzessions-   274
geber **ausschließlich** unter Bezug auf § 108 Abs. 1 Nr. 1 GWB (Sektorenauftraggeber) sowie unter
Bezug auf § 101 Abs. 1 Nr. 1 und 2 GWB (Konzessionsgeber) vor. Hierdurch wird – worauf auch
die Gesetzesbegründung zu § 108 Abs. 8 GWB hinweist – sichergestellt, dass sich **private Auftraggeber** nach § 100 Abs. 1 Nr. 2 GWB (Sektorenauftraggeber) sowie nach § 101 Abs. 1 Nr. 3 GWB
(Konzessionsgeber in der Rechtsform des Sektorenauftraggebers) **nicht auf die Ausnahmeregelungen** der öffentlich-öffentlichen Zusammenarbeit berufen können. Allerdings, und auch hierauf
weist die Gesetzesbegründung hin, kommt in diesen Fällen eine Ausnahme vom GWB-Vergaberecht bei **verbundenen Unternehmen** i.S.d. § 138 GWB in Betracht.

§ 109 Ausnahmen für Vergaben auf der Grundlage internationaler Verfahrensregeln

(1) Dieser Teil ist nicht anzuwenden, wenn öffentliche Aufträge, Wettbewerbe oder Konzessionen
1. nach Vergabeverfahren zu vergeben oder durchzuführen sind, die festgelegt werden durch
    a) ein Rechtsinstrument, das völkerrechtliche Verpflichtungen begründet, wie eine im Ein-
       klang mit den EU-Verträgen geschlossene internationale Übereinkunft oder Vereinbarung
       zwischen der Bundesrepublik Deutschland und einem oder mehreren Staaten, die nicht
       Vertragsparteien des Übereinkommens über den Europäischen Wirtschaftsraum sind,
       oder ihren Untereinheiten über Liefer-, Bau- oder Dienstleistungen für ein von den Unter-
       zeichnern gemeinsam zu verwirklichendes oder zu nutzendes Projekt, oder
    b) eine internationale Organisation oder
2. gemäß den Vergaberegeln einer internationalen Organisation oder internationalen Finanzierungseinrichtung bei vollständiger Finanzierung der öffentlichen Aufträge und Wettbewerbe
   durch diese Organisation oder Einrichtung zu vergeben sind; für den Fall einer überwiegenden Kofinanzierung öffentlicher Aufträge und Wettbewerbe durch eine internationale Organisation oder eine internationale Finanzierungseinrichtung einigen sich die Parteien auf die
   anwendbaren Vergabeverfahren.

(2) Für verteidigungs- oder sicherheitsspezifische öffentliche Aufträge ist § 145 Nummer 7 und
für Konzessionen in den Bereichen Verteidigung und Sicherheit ist § 150 Nummer 7 anzuwenden.

§ 109 Abs. 1 GWB dient der Umsetzung von Art. 10 Abs. 4 der Richtlinie 2014/23/EU, Art. 9   1
der Richtlinie 2014/24/EU sowie Art. 20 der Richtlinie 2014/25/EU, welche klarstellen, inwieweit
die einzelnen Richtlinien auch auf Beschaffungen angewendet werden sollen, die spezifischen internationalen Bestimmungen unterliegen[1]. Für Aufträge, Wettbewerbe und Konzessionen mit Ver-
teidigungs- oder Sicherheitsaspekten, die nach internationalen Regeln vergeben beziehungsweise
durchgeführt werden, finden sich gesonderte Ausnahmetatbestände in Art. 10 Abs. 5 der Richtlinie
2014/23/EU (umgesetzt in § 150 Nr. 7 GWB), Art. 17 Abs. der Richtlinie 2014/24/EU (umgesetzt
in § 117 Nr. 4 und Nr. 5 GWB), Art. 27 der Richtlinie 2014/25/EU (umgesetzt in § 117 Nr. 4
und Nr. 5 GWB) sowie in Art. 12 der Richtlinie 2009/81/EG (umgesetzt in § 145 Nr. 7 GWB).
§ 109 Abs. 2 GWB verweist für die Vergabe von verteidigungs- oder sicherheitsspezifischen Aufträge und Konzessionen auf die Ausnahmen in § 145 Nr. 7 GWB und § 150 Nr. 7 GWB. § 117
Nr. 4 und Nr. 5 GWB betrifft demgegenüber die Vergabe von Aufträgen bzw. die Durchführung
von Wettbewerben, die Verteidigungs- oder Sicherheitsaspekte umfassen, ohne verteidigungs- oder
sicherheitsspezifisch i.S.d. § 104 GWB zu sein.

Die in § 109 Abs. 1 Nr. 1 GWB aufgeführten Ausnahmetatbestände betreffen Konstellationen,   2
in denen der Auftraggeber zwar dem persönlichen Anwendungsbereich der jeweils einschlägigen

---

1 Siehe übereinstimmend Erwägungsgrund 42 der Richtlinie 2014/23/EU, Erwägungsgrund 22 der Richtlinie 2014/24/EU sowie Erwägungsgrund 31 der Richtlinie 2014/25/EU.

Vergaberichtlinie bzw. der §§ 97 ff. GWB unterfällt, er aber aus bestimmten Gründen verpflichtet ist, andere Vergabebestimmungen zu beachten. Eine solche Verpflichtung kann zum einen resultieren aus einer internationalen Vereinbarung mit einem oder mehreren nicht dem EU-Vergaberecht unterworfenen Staaten über ein gemeinsam zu verwirklichendes oder zu nutzendes Projekt. Dabei findet der Ausnahmetatbestand in Abs. 1 Nr. 1 lit. a) nur Anwendung, wenn die Vereinbarung, aus der eine völkerrechtliche Verpflichtung zur Beachtung anderer Vergabebestimmungen resultiert, im Einklang mit den EU-Verträgen geschlossen wurde. Zum anderen kann aufgrund der Vorgaben einer internationalen Organisation – wie etwa der UNO oder NATO – eine Verpflichtung zur Beachtung anderer Vergabebestimmungen bestehen, wenn in deren Namen und auf deren Rechnung Aufträge, Konzessionen sowie Wettbewerbe vergeben bzw. durchgeführt werden. In dem Fall finden die §§ 97 ff. GWB gem. Abs. 1 Nr. 1 lit. b) keine Anwendung.

3   § 109 Abs. 1 Nr. 2 GWB betrifft Fälle, in denen Aufträge zwar nicht im Namen und auf Rechnung einer internationalen Organisation oder internationalen Finanzierungseinrichtung vergeben werden bzw. hierfür ein Wettbewerb durchgeführt wird, der Auftrag aber vollständig oder überwiegend von solchen Einrichtung finanziert wird. Bei einer vollständigen Finanzierung finden die §§ 97 ff. GWB keine Anwendung, sondern diejenigen Vergabebestimmungen, die vom Finanzierungsgeber vorgegeben werden. Bei einer nur überwiegenden Finanzierung durch eine internationale Organisation oder internationale Finanzierungseinrichtung hat eine Verständigung darüber stattzufinden, welche Vergabebestimmungen Anwendung finden sollen. Neben einer Verständigung auf die Beachtung anderer als der in deutsches Recht umgesetzten Bestimmungen der EU-Vergaberichtlinien kommt auch eine Vereinbarung in Betracht, wonach nur bestimmte Verfahrensregelungen gelten sollen.

§ 110 Vergabe von öffentlichen Aufträgen und Konzessionen, die verschiedene Leistungen zum Gegenstand haben

(1) Öffentliche Aufträge, die verschiedene Leistungen wie Liefer-, Bau- oder Dienstleistungen zum Gegenstand haben, werden nach den Vorschriften vergeben, denen der Hauptgegenstand des Auftrags zuzuordnen ist. Dasselbe gilt für die Vergabe von Konzessionen, die sowohl Bau- als auch Dienstleistungen zum Gegenstand haben.

(2) Der Hauptgegenstand öffentlicher Aufträge und Konzessionen, die
1. teilweise aus Dienstleistungen, die den Vorschriften zur Vergabe von öffentlichen Aufträgen über soziale und andere besondere Dienstleistungen im Sinne des § 130 oder Konzessionen über soziale und andere besondere Dienstleistungen im Sinne des § 153 unterfallen, und teilweise aus anderen Dienstleistungen bestehen oder
2. teilweise aus Lieferleistungen und teilweise aus Dienstleistungen bestehen,

wird danach bestimmt, welcher geschätzte Wert der jeweiligen Liefer- oder Dienstleistungen am höchsten ist.

I. Gegenstand und Grundlage der Regelung

1   § 110 bestimmt, nach welchen Vorschriften gemischte öffentliche Aufträge oder gemischte Konzessionen zu vergeben sind, deren verschiedene Leistungen unterschiedlichen Regelungen im Anwen-

dungsbereich ein und derselben Richtlinie unterfallen.[1] Die Regelung ist insbesondere im Hinblick auf die unterschiedlich hohen Schwellenwerte für Dienst- und Lieferaufträge einerseits sowie Bauaufträge andererseits von Bedeutung. Abs. 1 dient der Umsetzung von Art. 3 Abs. 2 Unterabs. 1 der Richtlinie 2014/24/EU sowie von Art. 5 Abs. 2 Unterabs. 1 der Richtlinie 2014/25/EU und Artikel 20 Absatz 1 Unterabs. 1 der Richtlinie 2014/23/EU. Abs. 2 dient der Umsetzung von Art. 3 Abs. 2 Unterabs. 2 der Richtlinie 2014/24/EU sowie von Art. 5 Abs. 2 Unterabs. 2 der Richtlinie 2014/25/EU und Art. 20 Abs. 1 Unterabs. 2 der Richtlinie 2014/23/EU.

Welche Bestimmungen bei der Vergabe von gemischten Aufträgen zu beachten sind, deren Bestand-   2 teile dem Anwendungsbereich unterschiedlicher oder auch zum Teil keiner Vergaberichtlinie unterfallen, regeln die §§ 111 und 112 GWB.

II. Prägender Schwerpunkt des Auftrags (Abs. 1)

Abs. 1 Satz 1 regelt für die Vergabe von Aufträgen, die unterschiedliche Leistungsarten (Bauleis-   3 tungen, Lieferungen oder Dienstleistungen) zum Gegenstand haben, dass die Bestimmungen für die Beschaffung derjenigen Leistungen anzuwenden sind, die den Hauptgegenstand des Auftrags bilden. Gleiches gilt nach Abs. 1 Satz 2 für die Vergabe einer Konzession, die sowohl Bauleistungen als auch Dienstleistungen umfasst. Anders als in Abs. 2 ist allerdings nicht geregelt, dass der Hauptgegenstand durch den geschätzten Wert der einzelnen Leistungen bestimmt wird. Der Wert der unterschiedlichen Leistungen ist danach nur einer von mehreren möglichen Aspekten, die für die Ermittlung des Hauptgegenstandes von Bedeutung sein können[2], sodass ein gemischter Auftrag auch nach den Bestimmungen für die Beschaffung solcher Leistungen zu vergeben sein kann, die allein wertmäßig nicht den größten Anteil am Gesamtauftragsvolumen ausmachen. Die Wertanteile der verschiedenen Leistungen vermitteln für die rechtliche Einordnung des gesamten Auftrags im Regelfall lediglich Anhaltspunkte sowie eine erste Orientierung, es sei denn, sie weisen durch ihren objektiv deutlich überwiegenden Anteil den Bauleistungen oder den Liefer-/Dienstleistungen eindeutig den Auftragsschwerpunkt zu.[3]

Im Wesentlichen kommt es deshalb auf die den jeweiligen Einzelfall kennzeichnenden rechtlichen   4 und wirtschaftlichen Merkmale und Umstände an. Entscheidend für die rechtliche Einordnung typengemischter Verträge als Dienstleistungs-, Liefer- oder Bauleistungsauftrag ist, wo bei einer wertenden Betrachtung nach dem Willen der Vertragsparteien der rechtliche und wirtschaftliche Schwerpunkt des Vertrages liegen soll.[4] Es ist auf die wesentlichen, vorrangigen Verpflichtungen abzustellen, die den Auftrag als solche prägen, und nicht auf die Verpflichtungen bloß untergeordneter oder ergänzender Art, die zwingend aus dem eigentlichen Gegenstand des Vertrags folgen.[5] Nach Auffassung des Unionsgesetzgebers soll Auftrag daher nur dann als öffentlicher Bauauftrag gelten, wenn er speziell die Ausführung der in Anhang II zur Richtlinie 2014/24/EU aufgeführten Tätigkeiten zum Gegenstand hat, und zwar auch dann, wenn er sich auf andere Leistungen erstreckt, die für die Ausführung dieser Tätigkeiten erforderlich sind. Sofern Bauleistungen hingegen nur Nebenarbeiten im Verhältnis zum Hauptgegenstand des Vertrags darstellen und eine mögliche Folge oder eine Ergänzung des letzteren sind, rechtfertigt die Tatsache, dass der Vertrag

---

1 Gesetzesbegründung BT-Drucks. 18/6281, S. 83.
2 Siehe EuGH 21.02.2008 Rs. C-412/04.
3 OLG Düsseldorf 30.04.2014 VII-Verg 35/13 (Qualifizierung eines Auftrags über die Errichtung einer Photovoltaikanlage auf einer still gelegten Deponieanlage als Bauauftrags trotz eines Wertes der Bauleistungen von nur ca. 30% des Auftragswerts) und 12.03.2003 VII-Verg 49/02; vgl. auch VK Baden-Württemberg 18.06.2014 – 1 VK 21/14.
4 OLG Düsseldorf 12.03.2003 VII-Verg 49/02.
5 EuGH 21.02.2008 Rs. C-412/04; OLG Karlsruhe 06.02.2013 – 15 Verg 11/13; OLG Brandenburg 28.08.2012 – Verg W 19/11; vgl. auch OLG Naumburg 27.02.2014 – 2 Verg 5/13 Qualifizierung eines 10 Jahres-Vertrages über Wärmeliefer-Contracting als Dienstleistungsvertrag, da der Schwerpunkt in einer »Rund-um«-Betreuung bestehe.

diese Bauleistungen umfasst, nicht eine Einstufung des öffentlichen Dienstleistungsauftrags als öffentlicher Bauauftrag.[6]

III. Wert der Auftragsbestandteile (Abs.2)

5 Abs. 2 regelt die Bestimmung des Hauptgegenstandes eines gemischten Auftrags oder einer gemischten Konzession für den Fall, dass der Auftrag oder die Konzession entweder teilweise aus Dienstleistungen, die den Vorschriften zur Vergabe von öffentlichen Aufträgen für soziale und andere besondere Dienstleistungen im Sinne des § 131 bzw. des § 153 unterfallen, und teilweise aus anderen Dienstleistungen besteht, oder teilweise aus Dienstleistungen und teilweise aus Lieferleistungen besteht. Der Hauptgegenstand bestimmt sich in diesen Fällen ausdrücklich nach dem geschätzten Wert der jeweiligen Liefer- oder Dienstleistungen. Zeigt sich im Laufe des Vergabeverfahrens, dass entgegen der vorherigen Einschätzung der Wert des anderen Auftragsteils überwiegt, ist das Verfahren gleichwohl nicht aufgrund einer Anwendung der falschen Vergabebestimmungen zu beanstanden, solange die Ermittlung der einschlägigen Vergabevorschriften auf einer ordnungsgemäßen Schätzung der einzelnen Auftragsteile vor Einleitung des Vergabeverfahrens beruht.

§ 111 Vergabe von öffentlichen Aufträgen und Konzessionen, deren Teile unterschiedlichen rechtlichen Regelungen unterliegen

(1) Sind die verschiedenen Teile eines öffentlichen Auftrags, die jeweils unterschiedlichen rechtlichen Regelungen unterliegen, objektiv trennbar, so dürfen getrennte Aufträge für jeden Teil oder darf ein Gesamtauftrag vergeben werden.

(2) Werden getrennte Aufträge vergeben, so wird jeder einzelne Auftrag nach den Vorschriften vergeben, die auf seine Merkmale anzuwenden sind.

(3) Wird ein Gesamtauftrag vergeben,
1. kann der Auftrag ohne Anwendung dieses Teils vergeben werden, wenn ein Teil des Auftrags die Voraussetzungen des § 107 Absatz 2 Nummer 1 oder 2 erfüllt und die Vergabe eines Gesamtauftrags aus objektiven Gründen gerechtfertigt ist,
2. kann der Auftrag nach den Vorschriften über die Vergabe von verteidigungs- oder sicherheitsspezifischen Aufträgen vergeben werden, wenn ein Teil des Auftrags diesen Vorschriften unterliegt und die Vergabe eines Gesamtauftrags aus objektiven Gründen gerechtfertigt ist,
3. sind die Vorschriften zur Vergabe von öffentlichen Aufträgen durch Sektorenauftraggeber anzuwenden, wenn ein Teil des Auftrags diesen Vorschriften unterliegt und der Wert dieses Teils den geltenden Schwellenwert erreicht oder überschreitet; dies gilt auch dann, wenn der andere Teil des Auftrags den Vorschriften über die Vergabe von Konzessionen unterliegt,
4. sind die Vorschriften zur Vergabe von öffentlichen Aufträgen durch öffentliche Auftraggeber anzuwenden, wenn ein Teil des Auftrags den Vorschriften zur Vergabe von Konzessionen und ein anderer Teil des Auftrags den Vorschriften zur Vergabe von öffentlichen Aufträgen durch öffentliche Auftraggeber unterliegt und wenn der Wert dieses Teils den geltenden Schwellenwert erreicht oder überschreitet,
5. sind die Vorschriften dieses Teils anzuwenden, wenn ein Teil des Auftrags den Vorschriften dieses Teils und ein anderer Teil des Auftrags sonstigen Vorschriften außerhalb dieses Teils unterliegt; dies gilt ungeachtet des Wertes des Teils, der sonstigen Vorschriften außerhalb dieses Teils unterliegen würde und ungeachtet ihrer rechtlichen Regelung.

(4) Sind die verschiedenen Teile eines öffentlichen Auftrags, die jeweils unterschiedlichen rechtlichen Regelungen unterliegen, objektiv nicht trennbar,

---

6 Siehe Erwägungsgrund 8 der Richtlinie 2014/24/EU sowie Erwägungsgrund 10 zur Richtlinie 2014/25/EU.

1. wird der Auftrag nach den Vorschriften vergeben, denen der Hauptgegenstand des Auftrags zuzuordnen ist; enthält der Auftrag Elemente einer Dienstleistungskonzession und eines Lieferauftrags, wird der Hauptgegenstand danach bestimmt, welcher geschätzte Wert der jeweiligen Dienst- oder Lieferleistungen höher ist,

2. kann der Auftrag ohne Anwendung der Vorschriften dieses Teils oder gemäß den Vorschriften über die Vergabe von verteidigungs- oder sicherheitsspezifischen öffentlichen Aufträgen vergeben werden, wenn der Auftrag Elemente enthält, auf die § 107 Absatz 2 Nummer 1 oder 2 anzuwenden ist.

(5) Die Entscheidung, einen Gesamtauftrag oder getrennte Aufträge zu vergeben, darf nicht zu dem Zweck getroffen werden, die Auftragsvergabe von den Vorschriften zur Vergabe öffentlicher Aufträge und Konzessionen auszunehmen.

(6) Auf die Vergabe von Konzessionen sind die Absätze 1, 2 und 3 Nummer 1 und 2 sowie die Absätze 4 und 5 entsprechend anzuwenden.

I. Gegenstand und Grundlage der Regelung

Nach der Gesetzesbegründung[1] bestimmt § 111, welchen Vorschriften die Vergabe gemischter 1
öffentlicher Aufträge oder gemischter Konzessionen unterliegt, wenn diese aus mehreren Teilen bestehen und diese Kombinationen verschiedener Beschaffungskomponenten für sich genommen entweder gar nicht dem Vergaberecht oder einem erleichterten Regime einer anderen Richtlinie unterfallen. Im Unterschied dazu betrifft § 110 lediglich die gemeinschaftliche Vergabe verschiedener Leistungen im Anwendungsbereich ein und derselben Richtlinie. Die in Abs. 2- 5 enthaltenen Regelungen beruhen auf entsprechenden Vorgaben in den Richtlinien 2014/23/EU, 2014/24/EU sowie 2014/25/EU. Abs. 1 – 3 gelten für den Fall, dass die verschiedenen Teile objektiv trennbar sind. Abs. 4 betrifft den Fall objektiver Untrennbarkeit der verschiedenen Auftragsteile und Abs. 6 erklärt die Regelungen des Abs. 1 und 2 und Abs. 3 Nr. 1 und 2 sowie des Abs. 4 und 5, die sich aus Gründen der Verständlichkeit und der Übersichtlichkeit nur auf die Vergabe öffentlicher Aufträge beziehen[2], auf die Vergabe von Konzessionen für entsprechend anwendbar. Insofern dient Abs. 6 der Umsetzung von Art. 20 Abs. 2 bis 5 und Art. 21 der Richtlinie 2014/23/EU. Abs. 5 stellt klar, dass die Entscheidung für die Vergabe eines Gesamtauftrags oder aber getrennter Aufträge nicht zu dem Zweck erfolgen darf, vergaberechtliche Bestimmungen zu umgehen.

II. Anwendbare Vergabebestimmungen bei objektiver Trennbarkeit (Abs. 1 – 3)

Sind die verschiedenen Teile eines öffentlichen Auftrags, die jeweils unterschiedlichen rechtlichen 2
Regelungen unterliegen, objektiv trennbar, so dürfen getrennte Aufträge für jeden Teil oder darf ein Gesamtauftrag vergeben werden. Werden getrennte Aufträge vergeben, so wird jeder einzelne Auftrag nach den Vorschriften vergeben, die auf seine Merkmale anzuwenden sind. Diese in Abs. 1 und Abs. 2 enthaltenen Regelungen geben selbstverständliche Grundsätze wieder und haben insoweit nur klarstellende Funktion. Abs. 3 regelt sodann, welche Vergabebestimmungen Anwendung finden, wenn objektiv trennbare Gegenstände in einem Auftrag vergeben werden.

---

1 BT-Drucks. 18/6281, S. 84.
2 Siehe Gesetzesbegründung, BT-18/6281, S. 85.

3   Abs. 3 Nr. 1 und 2 dient der Umsetzung von Art. 3 Abs. 3 Unterabs. 2 und Art. 16 Absatz 2 Unterabs. 3 der Richtlinie 2014/24/EU sowie von Art. 5 Abs. 3 Unterabs. 2 und Art. 25 Abs. 2 Unterabs. 3 der Richtlinie 2014/25/EU. Die in Abs. 3 Nr. 2 enthaltene Regelung entspricht § 99 Abs. 13 Satz 1 GWB a.F. Unabhängig vom Auftragswert der Auftragsteile oder dem anderweitig zu bestimmenden Schwerpunkt des Auftrags ist dessen Vergabe dem Anwendungsbereich der §§ 97 ff. GWB vollständig entzogen, wenn ein Auftragsteil einer der beiden in § 107 Abs. 2 Nr. 1 oder 2 festgelegten Bereichsausnahmen unterfällt, oder kann ein Auftrag nach den Bestimmungen über die Vergabe von verteidigungs- oder sicherheitsspezifischen Aufträgen vergeben werden, wenn nur ein Teil dem Anwendungsbereich dieser Bestimmungen unterfällt. Voraussetzung ist dabei in beiden Fällen, dass eine Gesamtbeauftragung der objektiv trennbaren Teile aus objektiven Gründen gerechtfertigt ist und insbesondere nicht zu dem Zweck erfolgt, die Auftragsvergabe von den Vorschriften zur Vergabe öffentlicher Aufträge und Konzessionen auszunehmen (Abs. 5) bzw. sie einem weniger strengen Vergaberegime zu unterwerfen. Die objektiv nachvollziehbare Notwendigkeit für die Vergabe eines Gesamtauftrags kann sich sowohl aus Gründen technischer als auch wirtschaftlicher Art ergeben.[3] Mit Blick auf sein grundsätzliches Leistungsbestimmungsrecht ist dem Auftraggeber bei der Einschätzung der Notwendigkeit einer Gesamtbeauftragung ein Beurteilungsspielraum einzuräumen, der nur eingeschränkt überprüfbar ist. Die auftrags- und sachbezogenen Gründe, welche dazu führen, dass mehrere an sich getrennt beauftragbare Leistungsgegenstände in einem Auftrag vergeben werden, sind vom Auftraggeber nachvollziehbar zu dokumentieren.

4   Abs. 3 Nr. 3 dient der Umsetzung von Art. 3 Abs. 5 der Richtlinie 2014/24/EU sowie Art. 5 Abs. 4 Unterabs. 2 und 3 der Richtlinie 2014/25/EU und Art. 20 Absatz 4 der Richtlinie 2014/23/EU. Die Regelung betrifft die Vergabe eines Auftrags, bei dem ein Teil, der auch getrennt beauftragt werden könnte, dem Anwendungsbereich des Sektorenvergaberechts (SektVO) unterfällt. Wenn der Wert dieses Teils den bei Auftragsvergaben im Sektorenreich einschlägigen EU-Schwellenwert erreicht oder überschreitet, richtet sich die Auftragsvergabe nach dem Vergaberegime für Sektorenauftraggeber. Dies soll auch dann gelten, wenn der andere Teil des Auftrags den Vorschriften über die Vergabe von Konzessionen unterliegt. Auch hier ist Voraussetzung für eine Anwendung des weniger strengen Vergaberegimes, dass die Entscheidung für die Vergabe eines Gesamtauftrags nicht zu dem Zweck getroffen wurde, sich vergaberechtlichen Bindungen zu entziehen (vgl. Abs. 5).

5   Abs. 3 Nr. 4 dient der Umsetzung von Art. 3 Abs. 4 Unterabs. 3 der Richtlinie 2014/24/EU und von Art. 20 Abs. 4 der Richtlinie 2014/23/EU. Die Vorschrift betrifft die Vergabe eines Auftrags, bei dem ein Auftragsteil den Vorschriften zur Vergabe von Konzessionen und ein anderer Auftragsteil den Vorschriften zur Vergabe öffentlicher Aufträge unterliegt. Die Vergabe des Gesamtauftrags erfolgt gemäß den Vorschriften zur Vergabe öffentlicher Aufträge, wenn der Wert des Auftragsteils, der unter diese Vorschriften fällt, den geltenden Schwellenwert erreicht oder überschreitet. Andernfalls finden die Vorschriften über die Vergabe von Konzessionen Anwendung. Die Bestimmung kann etwa Anwendung finden bei der Vergabe eines Auftrags über die Errichtung eines einzigen Gebäudes, von dem ein Gebäudeteil direkt vom Auftraggeber genutzt und ein anderer Gebäudeteil auf der Basis einer Konzession, zum Beispiel als öffentliches Parkhaus, bewirtschaftet werden soll.[4]

6   Abs. 3 Nr. 5 schließlich dient der Umsetzung von Art. 3 Abs. 4 Unterabs. 2 der Richtlinie 2014/24/EU, Art. 5 Abs. 4 Unterabs. 2 der Richtlinie 2014/25/EU und von Art. 20 Abs. 3 Unterabs. 2 der Richtlinie 2014/23/EU. Die Regelung betrifft die Vergabe eines Auftrags über verschiedene, objektiv trennbare Leistungen, deren Beschaffung unter den Anwendungsbereich einerseits der §§ 97 ff. GWB sowie andererseits anderer Bestimmungen fällt. Ungeachtet des Werts der Auftragsteils, der nicht dem Anwendungsbereich der §§ 97 ff. GWB unterfällt, richtet sich die Gesamtvergabe des

---

3   Gesetzesbegründung, BT-18/6281, S. 85 mit Verweis auf Erwägungsgrund 11 der Richtlinie 2014/24/EU, Erwägungsgrund 13 der Richtlinie 2014/25/EU und Erwägungsgrund 29 der Richtlinie 2014/23/EU.

4   Siehe Gesetzesbegründung, BT-Drucks. 18/6281, S. 84 mit Verweis auf Erwägungsgrund 11 der Richtlinie 2014/24/EU, Erwägungsgrund 13 der Richtlinie 2014/25/EU sowie Erwägungsgrund 29 der Richtlinie 2014/23/EU.

Auftrags nach diesen Bestimmungen. Der Auftraggeber hat die Möglichkeit, die verschiedenen Beschaffungen getrennt, nach den für sie jeweils geltenden Bestimmungen vorzunehmen. Soll eine Gesamtbeauftragung erfolgen, hat er allerdings das Vergaberegime der jeweils einschlägigen Richtlinie zu beachten.

III. Anwendbare Vergabebestimmungen bei objektiver Untrennbarkeit (Abs. 4)

Abs. 4 regelt, welche Vergabebestimmungen bei der Vergabe von gemischten Aufträgen gelten, deren Teile dem Anwendungsbereich unterschiedlicher Richtlinien unterfallen und objektiv nicht trennbar sind. Nach der Rechtsprechung des EuGH[5] ist ein gemischter Vertrag, dessen einzelne Teile untrennbar miteinander verbunden sind und somit ein unteilbares Ganzes bilden, im Hinblick auf seine rechtliche Einordnung in seiner Gesamtheit und einheitlich zu prüfen und auf der Grundlage der Vorschriften über öffentliche Aufträge, die den Teil regeln, der seinen Hauptgegenstand oder vorherrschenden Bestandteil bildet, zu untersuchen. Dabei reicht es hinsichtlich des Vorliegens einer Untrennbarkeit verschiedener Auftragsteile nicht aus, dass die Absicht der Vertragsparteien, die verschiedenen Teile eines gemischten Vertrags als untrennbar zu betrachten, zum Ausdruck gebracht oder vermutet wird; diese Absicht muss sich vielmehr auf objektive Gesichtspunkte stützen, die sie rechtfertigen und die Notwendigkeit begründen können, einen einheitlichen Vertrag abzuschließen.[6]   **7**

Nach Abs. 4 Nr. 1 bestimmt sich das anzuwendende Vergaberegime grundsätzlich nach dem Hauptgegenstand des Vertrages. Wie bei der Vergabe von gemischten Aufträgen, deren unterschiedliche Teile dem Anwendungsbereich derselben Richtlinie unterfallen (vgl. § 110 Abs. 1 Satz 1 GWB), ist für die Bestimmung des Hauptgegenstandes nicht allein auf dem Wert der einzelnen Auftragsteile abzustellen. Entscheidend ist vielmehr, wo bei einer wertenden Betrachtung nach dem Willen der Vertragsparteien der rechtliche und wirtschaftliche Schwerpunkt des Vertrages liegen soll bzw. welche Inhalte den Charakter des Vertrages im Wesentlichen prägen. Lediglich für die Vergabe eines Vertrages, welcher Elemente sowohl einer Dienstleistungskonzession als auch eines Lieferauftrags umfasst, ist der Hauptgegenstand des Vertrages gem. Abs. 4 Nr. 2 nach dem Wert der jeweiligen Auftragsteile zu bestimmen. Bei der Vergabe des gemischten Auftrags sind also die Vergabebestimmungen zu beachten, welche für den Teil gelten, dessen geschätzter Wert überwiegt. Maßgeblicher Zeitpunkt für die Schätzung des Auftragswerts und also auch Bestimmung des richtigen Vergaberegimes ist der Tag, an dem das Vergabeverfahren eingeleitet wird. Zeigt sich im Laufe des Vergabeverfahrens, dass entgegen der vorherigen Einschätzung der Wert des anderen Auftragsteils überwiegt, ist das Verfahren gleichwohl nicht aufgrund einer Anwendung der falschen Vergabebestimmungen zu beanstanden, solange die Ermittlung der einschlägigen Vergabevorschriften auf einer ordnungsgemäßen Schätzung der einzelnen Auftragsteile vor Einleitung des Vergabeverfahrens beruht. Abs. 4 Nr. 1 dient der Umsetzung von Art. 3 Abs. 6 der Richtlinie 2014/24/EU sowie von Art. 5 Abs. 5 der Richtlinie 2014/25/EU und von Art. 20 Abs. 5 der Richtlinie 2014/23/EU.   **8**

Abs. 4 Nr. 2 bestimmt, dass ein Auftrag, bei dem ein Auftragsteil entweder in den Anwendungsbereich der Ausnahmevorschrift des § 107 Abs. 2 Nr. 1 oder 2 GWB oder der Vorschriften zur Vergabe von verteidigungs- oder sicherheitsspezifischen öffentlichen Aufträgen fällt, im ersten Fall ohne Beachtung der Vorschriften des Teils 4 des GWB und im zweiten Fall gemäß den Vorschriften zur Vergabe verteidigungs- oder sicherheitsspezifischer öffentlicher Aufträge vergeben werden kann. Im Falle objektiv untrennbarer Auftragsteile ist die Vergabe danach unabhängig vom Wert der einzelnen Teile bzw. vom Hauptgegenstand des Auftrags vollständig dem Anwendungsbereich der §§ 97 ff, GWB entzogen oder nach den Bestimmungen zur Vergabe verteidigungs- oder sicherheitsspezifischer Aufträge vorzunehmen. Abs. 4 Nr. 2 dient der Umsetzung von Art. 16 Abs. 4   **9**

---

5 EuGH 22.12.2010 EuZW 2011, 257, 258 mit Verweis auf Urt. v. 06.05.2010 – Rs. C-145/08 und C-149/08 EuZW 2010, 620 und die dort angeführte Rechtsprechung.
6 EuGH 22.12.2010 EuZW 2011, 257, 259.

der Richtlinie 2014/24/EU sowie von Art. 25 Abs. 4 der Richtlinie 2014/25/EU und von Art. 21 Abs. 3 der Richtlinie 2014/23/EU.

IV. Umgehungsverbot (Abs. 5)

10   § 111 Abs. 5 dient der Umsetzung von Art. 16 Abs. 2 Unterabs. 4 der Richtlinie 2014/24/EU sowie von Art. 25 Abs. 2 Unterabs. 4 der Richtlinie 2014/25/EU und Art. 21 Abs. 2 Unterabs. 4 der Richtlinie 2014/23/EU. Die Vorschrift stellt klar, dass die Entscheidung, einen Gesamtauftrag oder aber getrennte Aufträge zu vergeben, nicht zur Umgehung von vergaberechtlichen Vorschriften getroffen werden darf. Die gemeinsame Beschaffung einzelner Leistungen mit anderen Leistungen darf nicht nur zu dem Zweck erfolgen, diese hierdurch dem Anwendungsbereich der §§ 97 ff. GWB entweder ganz entziehen oder einem weniger strengen Vergaberegime unterwerfen zu können. Vielmehr bedarf es für eine gemeinschaftliche Beauftragung von Leistungen, die ohne weiteres auch getrennt beauftragt werden könnten, objektiv nachvollziehbare Gründe, wenn diese Einfluss darauf hat, ob und welche Bestimmungen bei der Auftragsvergabe zu beachten sind. Die geltend gemachte Untrennbarkeit von unterschiedlichen Auftragsteilen muss objektiv begründet werden können (s.o. Rdn. 7). Über die vorgenannten Richtlinienbestimmungen hinaus stellt Abs. 5 klar, dass nicht nur die Entscheidung für die Vergabe eines Gesamtauftrags, sondern auch die Entscheidung für die Vergabe getrennter Aufträge nicht zu dem Zweck erfolgen darf, vergaberechtliche Bestimmungen zu umgehen. Sind Teile eines Auftrags zwar objektiv trennbar, aber unter den konkreten Umständen objektiv in dem Sinne zusammengehörig, dass sie sinnvollerweise nur an dasselbe Unternehmen vergeben werden können, bedarf es für eine getrennte Beauftragung objektiv nachvollziehbarer Gründe, wenn diese dazu führt, dass die Vergabe der Aufträge zumindest zum Teil entweder keinem oder einem im Vergleich zur Vergabe eines Gesamtauftrags weniger strengen Vergaberegime unterliegt.

§ 112 Vergabe von öffentlichen Aufträgen und Konzessionen, die verschiedene Tätigkeiten umfassen

(1) Umfasst ein öffentlicher Auftrag mehrere Tätigkeiten, von denen eine Tätigkeit eine Sektorentätigkeit im Sinne des § 102 darstellt, dürfen getrennte Aufträge für die Zwecke jeder einzelnen Tätigkeit oder darf ein Gesamtauftrag vergeben werden.

(2) Werden getrennte Aufträge vergeben, so wird jeder einzelne Auftrag nach den Vorschriften vergeben, die auf seine Merkmale anzuwenden sind.

(3) Wird ein Gesamtauftrag vergeben, unterliegt dieser Auftrag den Bestimmungen, die für die Tätigkeit gelten, für die der Auftrag hauptsächlich bestimmt ist. Ist der Auftrag sowohl für eine Sektorentätigkeit im Sinne des § 102 als auch für eine Tätigkeit bestimmt, die Verteidigungs- oder Sicherheitsaspekte umfasst, ist § 111 Absatz 3 Nummer 1 und 2 entsprechend anzuwenden.

(4) Die Entscheidung, einen Gesamtauftrag oder getrennte Aufträge zu vergeben, darf nicht zu dem Zweck getroffen werden, die Auftragsvergabe von den Vorschriften dieses Teils auszunehmen.

(5) Ist es objektiv unmöglich, festzustellen, für welche Tätigkeit der Auftrag hauptsächlich bestimmt ist, unterliegt die Vergabe
1. den Vorschriften zur Vergabe von öffentlichen Aufträgen durch öffentliche Auftraggeber, wenn eine der Tätigkeiten, für die der Auftrag bestimmt ist, unter diese Vorschriften fällt,
2. den Vorschriften zur Vergabe von öffentlichen Aufträgen durch Sektorenauftraggeber, wenn der Auftrag sowohl für eine Sektorentätigkeit im Sinne des § 102 als auch für eine Tätigkeit bestimmt ist, die in den Anwendungsbereich der Vorschriften zur Vergabe von Konzessionen fallen würde,
3. den Vorschriften zur Vergabe von öffentlichen Aufträgen durch Sektorenauftraggeber, wenn der Auftrag sowohl für eine Sektorentätigkeit im Sinne des § 102 als auch für eine Tätigkeit bestimmt ist, die weder in den Anwendungsbereich der Vorschriften zur Vergabe von Konzes-

sionen noch in den Anwendungsbereich der Vorschriften zur Vergabe öffentlicher Aufträge durch öffentliche Auftraggeber fallen würde.

(6) Umfasst eine Konzession mehrere Tätigkeiten, von denen eine Tätigkeit eine Sektorentätigkeit im Sinne des § 102 darstellt, sind die Absätze 1 bis 4 entsprechend anzuwenden. Ist es objektiv unmöglich, festzustellen, für welche Tätigkeit die Konzession hauptsächlich bestimmt ist, unterliegt die Vergabe

1. den Vorschriften zur Vergabe von Konzessionen durch Konzessionsgeber im Sinne des § 101 Absatz 1 Nummer 1, wenn eine der Tätigkeiten, für die die Konzession bestimmt ist, diesen Bestimmungen und die andere Tätigkeit den Bestimmungen für die Vergabe von Konzessionen durch Konzessionsgeber im Sinne des § 101 Absatz 1 Nummer 2 oder Nummer 3 unterliegt,

2. den Vorschriften zur Vergabe von öffentlichen Aufträgen durch öffentliche Auftraggeber, wenn eine der Tätigkeiten, für die die Konzession bestimmt ist, unter diese Vorschriften fällt,

3. den Vorschriften zur Vergabe von Konzessionen, wenn eine der Tätigkeiten, für die die Konzession bestimmt ist, diesen Vorschriften und die andere Tätigkeit weder den Vorschriften zur Vergabe von öffentlichen Aufträgen durch Sektorenauftraggeber noch den Vorschriften zur Vergabe öffentlicher Aufträge durch öffentliche Auftraggeber unterliegt.

§ 112 bestimmt, welche Vorschriften auf die Vergabe öffentlicher Aufträge oder Konzessionen Anwendung finden, wenn diese in den Anwendungsbereich unterschiedlicher Vergaberechtsregime verschiedener Richtlinien fallen. Im Unterschied zu § 111 betrifft § 112 Sachverhaltskonstellationen, in denen die Anwendbarkeit unterschiedlicher Vergaberechtsregime nicht daraus resultiert, dass verschiedene Beschaffungskomponenten umfasst sind, sondern ein und dieselbe Beschaffung im Rahmen eines öffentlichen Auftrags oder einer Konzession für die Ausübung verschiedener Tätigkeiten des Auftraggebers bestimmt ist.[1] Die Vorschriften in Abs. 1 – 5 dienen der Umsetzung von Art. 6 und 26 der Richtlinie 2014/25/EU. Die Regelungen in Abs. 6 beruhen auf Art. 22 und 23 der Richtlinie 2014/23/EU.

§ 112 Abs. 1 und 2 GWB stellen zunächst entsprechend Art. 6 Abs. 1 der Richtlinie 2014/25/EU klar, dass der Auftraggeber im Falle einer Beschaffung von Waren oder Leistungen, die mehrere Tätigkeiten betrifft, im Grundsatz (vorbehaltlich der Regelung in § 112 Abs. 4 GWB) frei entscheiden kann, ob er getrennte Aufträge für die Zwecke jeder einzelnen Tätigkeit oder aber einen Gesamtauftrag vergibt. Im Falle einer Vergabe getrennter Aufträge richtet sich das einschlägige Vergaberegime nach der jeweiligen Tätigkeit, für die die einzelnen Aufträge vergeben werden. Für den Fall der Vergabe eines Gesamtauftrags bestimmt § 112 Abs. 3 Satz 1 GWB, dass die Bestimmungen für Auftragsvergaben zur Durchführung derjenigen Tätigkeit maßgeblich sind, für welche der Auftrag hauptsächlich bestimmt ist. Die Hauptsache bestimmt sich dabei nicht allein nach dem Wert der einzelnen Auftragsteile, sondern – wie bei Aufträgen, welche unterschiedliche Leistungen umfassen[2] – maßgeblich danach, welcher Zweck den Charakter des Vertrages im Wesentlichen prägt.

Etwas anderes gilt gem. § 112 Abs. 3 Satz 2 GWB für den Fall der Vergabe eines Gesamtauftrags, der sowohl der Ausübung einer Sektorentätigkeit dient als auch verteidigungs- oder sicherheitsspezifische Zwecke verfolgt. Hier sollen § 111 Abs. 3 Nr. 1 und 2 GWB entsprechend Anwendung finden. Unabhängig vom Wert der jeweiligen Auftragsteile finden die Bestimmungen des 4. Teils des GWB danach insgesamt keine Anwendung, wenn ein Teil des Auftrags die Voraussetzungen des § 107 Abs. 2 Nr. 1 oder 2 GWB erfüllt; im Übrigen sollen bei einer Auftragsvergabe auch zu verteidigungs- und sicherheitsspezifischen Zwecken die Bestimmungen zur Vergabe entsprechender Aufträge maßgeblich sein. Wenn verteidigungs- oder sicherheitsspezifische Belange betroffen sind, bestimmen danach diese – unabhängig vom Wert des relevanten Auftragsteils – die anzuwendenden Bestimmungen.

---

1 Gesetzesbegründung, BT-Drucks. 18/6281, S. 86.
2 Vgl. § 110 Rdn. 3.

4   Die Entscheidung für die Vergabe eines Gesamtauftrags oder getrennter Aufträge zu unterschiedlichen Zwecken darf gem. § 112 Abs. 4 GWB nicht erfolgen, um die Auftragsvergabe auf diese Weise von den Vorschriften der §§ 97 ff. GWB auszunehmen. Gemeint ist damit nicht nur der Fall, dass der Auftrag aufgrund der Verfolgung eines bestimmten Zwecks vollständig dem Anwendungsbereich der §§ 97 ff. GWB entzogen ist, sondern auch die Konstellation, dass die Verfolgung eines bestimmten Zwecks zu einem weniger strengen Vergaberegime führt. Erforderlich sind auftragsbezogene und objektiv nachvollziehbare Gründe für oder gegen die Vergabe eines Gesamtauftrags, wobei dem Auftraggeber entsprechend der Rechtsprechung zum Leistungsbestimmungsrecht[3] ein nur eingeschränkt überprüfbarer Beurteilungsspielraum einzuräumen ist. Der Auftraggeber ist nicht gehalten, sein Interesse an der Vergabe eines Gesamtauftrags im Zweifel zurückzustellen, und getrennte Aufträge zu vergeben, wenn ein solches Vorgehen seinen berechtigten Interessen und Zwecken gegenüber einer Gesamtvergabe weniger gerecht wird.

5   Lässt sich der Hauptgegenstand des Auftrags bzw. der Hauptzweck der Beschaffung objektiv nicht bestimmen, findet gemäß § 112 Abs. 5 GWB im Zweifel das jeweils strengere Vergaberegime Anwendung. Soll ein von einem öffentlichen Sektorenauftraggeber i.S.d. § 101 Abs. 1 Nr. 1 GWB zu vergebender Auftrag nicht nur der Ausübung der Sektorentätigkeit dienen, sind bei der Auftragsvergabe danach im Zweifel die Bestimmungen über die Vergabe von öffentlichen Aufträgen durch öffentliche Auftraggeber zu beachten (Nr. 1). Soll der Auftrag neben Teilen, welche der Ausübung der Sektorentätigkeit dienen, auch Elemente einer Konzession enthalten, sind im Zweifel die Bestimmungen über die Auftragsvergabe im Sektorenbereich zu beachten (Nr. 2). Umfasst der Auftrag, welcher in Teilen der Ausübung einer Sektorentätigkeit dient, auch Teile, die weder in den Anwendungsbereich der Vorschriften über die Vergabe öffentlicher Aufträge noch in den Anwendungsbereich der Vorschriften über die Vergabe von Konzession fallen und daher insgesamt nicht dem sachlichen Anwendungsbereich der §§ 97 ff. GWB unterliegen, ist der Auftrag gleichwohl nach den Bestimmungen über die Vergabe von Aufträgen im Sektorenbereich zu vergeben, wenn sich der Hauptgegenstand nicht bestimmen lässt (Nr. 3). Dieser Fall ist etwa denn gegeben, wenn ein »privater« Sektorenauftraggeber i.S.d. § 100 Abs. 1 Nr. 2 GWB einen Auftrag vergibt, der nur zum Teil der Ausübung einer Sektorentätigkeit dient und sich nicht objektiv bestimmen lässt, ob dieser Teil den Hauptgegenstand des Vertrages bildet.

6   Die in § 112 Abs. 1 – 4 GWB festgelegten Grundsätze gelten gem. § 112 Abs. 6 Satz 1 GWB entsprechend für die Vergabe von Konzessionen, die neben einer Sektorentätigkeit im Sinne des § 102 GWB zumindest eine weitere Tätigkeit umfassen. § 112 Abs. 6 Satz 2 GWB bestimmt das einschlägige Vergaberegime, wenn sich bei der Vergabe einer Konzession der Hauptzweck nicht objektiv eindeutig bestimmen lässt. Soll eine Konzession auch der Ausübung einer Sektorentätigkeit dienen, sind bei der Vergabe der Konzession im Zweifel die Bestimmungen über die Vergabe von Konzessionen durch öffentliche Auftraggeber i.S.d. § 99 Abs. 1 – 3 GWB zu beachten, wenn die Konzession nicht eindeutig in der Hauptsache zum Zwecke der Sektorentätigkeit vergeben wird (Nr. 1). Umfasst die Konzession auch Elemente, die als öffentlicher Auftrag zu qualifizieren sind, sind im Zweifel die Bestimmungen über die Vergabe von öffentlichen Aufträgen durch öffentliche Auftraggeber zu beachten (Nr. 2). Umfasst die Konzession auch Teile, die weder den Bestimmungen über die Vergabe öffentlicher Aufträge durch öffentliche Auftraggeber noch den Bestimmungen über die Vergabe von Aufträgen im Sektorenbereich unterfallen, sind die Bestimmungen über die Vergabe von Konzessionen zu beachten, wenn sich der Hauptgegenstand nicht bestimmen lässt (Nr. 3).

§ 113 Verordnungsermächtigung

Die Bundesregierung wird ermächtigt, durch Rechtsverordnungen mit Zustimmung des Bundesrates die Einzelheiten zur Vergabe von öffentlichen Aufträgen und Konzessionen sowie zur Ausrichtung von Wettbewerben zu regeln. Diese Ermächtigung umfasst die Befugnis zur Rege-

---

3 Siehe hierzu u.a. OLG Düsseldorf 22.05.2013 – VII-Verg 16/12.

lung von Anforderungen an den Auftragsgegenstand und an das Vergabeverfahren, insbesondere zur Regelung

1. der Schätzung des Auftrags- oder Vertragswertes,
2. der Leistungsbeschreibung, der Bekanntmachung, der Verfahrensarten und des Ablaufs des Vergabeverfahrens, der Nebenangebote, der Vergabe von Unteraufträgen sowie der Vergabe öffentlicher Aufträge und Konzessionen, die soziale und andere besondere Dienstleistungen betreffen,
3. der besonderen Methoden und Instrumente in Vergabeverfahren und für Sammelbeschaffungen einschließlich der zentralen Beschaffung,
4. des Sendens, Empfangens, Weiterleitens und Speicherns von Daten einschließlich der Regelungen zum Inkrafttreten der entsprechenden Verpflichtungen,
5. der Auswahl und Prüfung der Unternehmen und Angebote sowie des Abschlusses des Vertrags,
6. der Aufhebung des Vergabeverfahrens,
7. der verteidigungs- oder sicherheitsspezifischen Anforderungen im Hinblick auf den Geheimschutz, auf die allgemeinen Regelungen zur Wahrung der Vertraulichkeit, auf die Versorgungssicherheit sowie auf die besonderen Regelungen für die Vergabe von Unteraufträgen,
8. der Voraussetzungen, nach denen Sektorenauftraggeber, Konzessionsgeber oder Auftraggeber nach dem Bundesberggesetz von der Verpflichtung zur Anwendung dieses Teils befreit werden können, sowie des dabei anzuwendenden Verfahrens einschließlich der erforderlichen Ermittlungsbefugnisse des Bundeskartellamtes und der Einzelheiten der Kostenerhebung; Vollstreckungserleichterungen dürfen vorgesehen werden.

Die Rechtsverordnungen sind dem Bundestag zuzuleiten. Die Zuleitung erfolgt vor der Zuleitung an den Bundesrat. Die Rechtsverordnungen können durch Beschluss des Bundestages geändert oder abgelehnt werden. Der Beschluss des Bundestages wird der Bundesregierung zugeleitet. Hat sich der Bundestag nach Ablauf von drei Sitzungswochen seit Eingang der Rechtsverordnungen nicht mit ihnen befasst, so werden die unveränderten Rechtsverordnungen dem Bundesrat zugeleitet.

A. Einführung

§ 113 GWB ermächtigt die Bundesregierung als Kollegialorgan zum Erlass einer oder mehrerer Rechtsverordnung, in denen die Einzelheiten zur Vergabe von öffentlichen Aufträgen und Konzessionen sowie zur Ausrichtung von Wettbewerben geregelt wird. Hierzu hat die Bundesregierung die Zustimmung des Bundesrates einzuholen und muss den Bundestag einbinden (dazu Rdn 8 f.). **1**

Die Notwendigkeit einer Ermächtigungsgrundlage folgt aus dem Grundgesetz, namentlich aus Art. 80 Abs. 1 S. 2 GG. Dem deutschen Gesetzgeber obliegt aus rechtsstaatlichen Gründen, selbst zu bestimmen, wie weit er Entscheidungsgewalt in das Ermessen der Bundesregierung als Teil der Exekutive überträgt. Dabei darf die Exekutive im Wege einer Rechtsverordnung nur eingreifen, wenn es eine gesetzliche Ermächtigung gibt und diese Ermächtigung nach Inhalt, Zweck und Ausmaß so hinreichend bestimmt ist, dass mögliche Eingriffe bereits beim Blick in das Gesetz voraussehbar und berechenbar sind.[1] Bei der Ausgestaltung durch die Rechtsverordnung ist die **2**

---

1 Vgl. BVerfG Entsch. v. 15.11.1967 – 2 BvL 7/64, 2 BvL 20/64, 2 BvL 22/64 –, BVerfGE 22, 330, Leitsatz 1.

Bundesregierung an die zwingenden Standards des GWB gebunden, an denen die hierauf fußenden Rechtsverordnungen sich messen lassen müssen.[2]

3   Mit der Ermächtigungsgrundlage ist die traditionsbewusste Entscheidung des Gesetzgebers verbunden, nicht alle Regelungen in einem Bundesgesetz im Sinne eines Bundesvergabegesetzes zu regeln, sondern weiterhin materielle Regelungen zum Verfahren in nachrangigen Rechtsverordnungen zu verorten. Dabei hat sich der Bundesgesetzgeber aber entschieden, anders als in den bisherigen Regelungen auch im GWB wesentliche Verfahrensregelungen aufzunehmen, die in den Rechtsverordnungen nur noch weiter konkretisiert werden. Die bisherige Trennung, die dazu diente, das GWB-Vergaberecht von Detailregelungen zu entfrachten,[3] hat er damit aufgehoben. § 113 GWB ersetzt damit die in §§ 97 Abs. 6, 127 GWB a.F. geregelten Verordnungsermächtigungen.

4   Auf der Grundlage der Ermächtigung des § 113 GWB sind bislang die folgenden Rechtsverordnungen erlassen:
   – Verordnung über die Vergabe öffentlicher Aufträge (Vergabeverordnung – VgV)
   – Verordnung über die Vergabe von öffentlichen Aufträgen im Bereich des Verkehrs, der Trinkwasserversorgung und der Energieversorgung (Sektorenverordnung – SektVO)
   – Verordnung über die Vergabe von Konzessionen (Konzessionsvergabeverordnung – KonzVgV)
   – Vergabeverordnung für die Bereiche Verteidigung und Sicherheit zur Umsetzung der Richtlinie 2009/81/EG des Europäischen Parlaments und des Rates vom 13. Juli 2009 über die Koordinierung der Verfahren zur Vergabe bestimmter Bau-, Liefer- und Dienstleistungsaufträge in den Bereichen Verteidigung und Sicherheit und zur Änderung der Richtlinien 2004/17/EG und 2004/18/EG (Vergabeverordnung Verteidigung und Sicherheit – VSVgV)

5   Die VOB/A beruht nicht unmittelbar auf der Ermächtigungsgrundlage des GWB. Die VOB/A, die die Vergabe von Bauaufträgen regelt, ist nicht als originär staatliche Norm zu betrachten, sondern eine Vereinbarung eines Sachverständigen-Gremiums.[4] Aus gesetzessystematischen Gründen können diese nicht unmittelbar auf dem GWB beruhen, vielmehr bedarf es einer zwischengeschalteten Norm, die auf die jeweiligen Regelungen der VOB/A verweist. Dieser grundlegende Verweis ist für den Abschnitt 2 der VOB/A in § 2 VgV und für den Abschnitt 3 der VOB/A in § 2 Abs. 2 VSVgV enthalten. Hierbei handelt es sich um »statische Verweisungen«, also Verweisungen auf eine bestimmte, im Bundesanzeiger veröffentliche Fassung, durch die das jeweilige Regelwerk durch den Staat in die Vergabeverordnung inkorporiert wird. Die in Bezug genommenen Abschnitte sind dadurch vom Willen des Verordnungsgebers gedeckt und damit verbindlich.

6   Durch § 114 Abs. 2 S. 4 GWB wird die Bundesregierung ermächtigt, durch Rechtsverordnung mit Zustimmung des Bundesrates[5] die Einzelheiten der Datenübermittlung einschließlich des Umfangs der zu übermittelnden Daten und des Zeitpunkts des Inkrafttretens der entsprechenden Verpflichtungen zu regeln. Auf dieser Ermächtigungsgrundlage wurde die Verordnung zur Statistik über die Vergabe öffentlicher Aufträge und Konzessionen (Vergabestatistikverordnung – VergStatVO) erlassen. Eine weitere Ermächtigungsgrundlage für eine Rechtsverordnung findet sich in § 171 Abs. 4 GWB, aufgrund derer Landesregierungen die Entscheidung über sofortige Beschwerden

---

2   Schönenbroicher in: Heusch/Schönenbroicher, Landesverfassung Nordrhein-Westfalen, 2010, Art. 70 Rn. 42 m. w. N. formuliert zu der vergleichbaren Vorschrift in der Landesverfassung Nordrhein-Westfalen treffend: »Die vom Gesetzgeber formulierten Vorgaben sind vom Verordnungsgeber streng zu beachten. Bei der Handhabung der Ermächtigung ist der Verordnungsgeber an den Ermächtigungsrahmen des Gesetzes gebunden. Er besitzt kein ›originäres‹ politisches Ermessen, auch nicht ein solches zur Kreation vom Gesetz abweichender Regelungen. Die Rechtsetzung der Exekutive kann sich aufgrund der Vorgaben des Demokratieprinzips nur in einem beschränkten, vom Gesetzgeber vorbezeichneten Rahmen bewegen.«
3   Vgl. BT-Drucks. 13/9340, S. 23.
4   Vgl. zur Geschichte Marx in: Kulartz/Marx/Portz/Prieß, VOB/A, Einleitung, Rn. 5.
5   Die Einbindung des Bundestages vergleichbar zu § 113 GWB ist für die Verordnung gemäß § 114 Abs. 2 S. 4 GWB nicht vorgesehen.

(§ 171 Abs. 1 und Abs. 2 GWB) anderen Oberlandesgerichten oder dem Obersten Landesgericht zuweisen kann.

§ 113 GWB trat bereits vor dem 18.04.2016 in Kraft, namentlich am Tag nach der Verkündung des GWB. Hintergrund dieser sinnvollen Änderung im Gesetzgebungsverfahren ist, dass damit bereits vor April 2016 eine wirksame Ermächtigungsgrundlage für die genannten Rechtsverordnungen bestand. 7

B. Verfahren

Die Bundesregierung ist ermächtigt, die Rechtsverordnungen zu erlassen. Neben dem Bundesrat muss die Bundesregierung auch den Bundestag beteiligen. Ein unmittelbares Initiativrecht für eine Rechtsverordnung kommt jedoch weder dem Bundestag noch dem Bundesrat zu. Während der Bundesrat den Rechtsverordnungen zustimmen muss, werden diese dem Bundestag vorab (§ 113 S. 4 GWB) zugeleitet (§ 113 S. 3 GWB). Der Bundestag kann die Rechtsverordnungen durch Beschluss ändern oder ablehnen (§ 113 S. 5 GWB). Hierbei handelt es sich nach dem Willen des Gesetzgebers um einen sog. »Parlamentsvorbehalt«.[6] Der Beschluss des Bundestages wird der Bundesregierung zugeleitet (§ 113 S. 6 GWB), die anschließend den Bundesrat einbindet. Hat sich der Bundestag nach Ablauf von drei Sitzungswochen seit Eingang der Rechtsverordnungen beim Bundestag nicht mit ihnen befasst, so werden die unveränderten Rechtsverordnungen dem Bundesrat zugeleitet (§ 113 S. 7 GWB). Die erst im Gesetzgebungsverfahren hinzugefügte Formulierung wirft mehrere interessante Fragen – wohl vorwiegend theoretischer Natur – auf, wobei an dieser Stelle auf die staatswissenschaftliche Kritik an einem solchen Änderungsvorbehalt des Bundestags nur verwiesen wird:[7] 8

Zum einen stellt sich die Frage, ob sich die Bundesregierung über eine Ablehnung oder Änderungswünsche des Bundestages hinwegsetzen kann. Hierfür spricht der Wortlaut der Vorschrift, der zunächst nur eine »Zuleitung« vorsieht und damit sich grundlegend von der in Bezug zum Bundesrat erforderlichen »Zustimmung« unterscheidet. Andererseits geht § 113 S. 5 GWB davon aus, dass der Bundestag die Entwürfe zur Rechtsverordnung ändern oder ablehnen kann. Dies geht über eine reine Stellungnahme hinaus. Auch in der Ausschussbegründung wird von einem »Parlamentsvorbehalt«[8] gesprochen. Der Bundestag wollte also offenkundig weiterhin eng in die Umsetzung eingebunden werden. Es ist daher trotz der nicht grundlosen verfassungsrechtlichen Kritik davon auszugehen, dass die Bundesregierung eine etwaige Änderung des Bundestages übernehmen muss und ohne Zustimmung des Bundestages – also im Falle der Ablehnung – das Verfahren nicht ohne erneuten »Anlauf« beim Bundestag fortführen kann. Sofern die Bundesregierung die Änderungen nicht mittragen kann, wird man der Bundesregierung als Urheber und originär Verantwortlichen für die Rechtsverordnung verfassungsrechtlich zugestehen müssen, das Verfahren mit dem geänderten Entwurf nicht fortsetzen zu müssen, sondern stoppen zu können. Dem Bundestag bleibt dann selbstverständlich unbenommen, seine Vorstellungen im Rahmen eines Gesetzes umzusetzen. Kann der Bundesrat dem Entwurf der Rechtsverordnung nicht zustimmen, wird auch hier eine erneute Einbindung des Bundestages zu fordern sein. Eine reine bilaterale Abstimmung zwischen Bundesregierung und Bundesrat scheidet damit aus. Schließlich wird nur eine Frist zur Befassung geregelt; der Bundestag muss sich innerhalb von drei Wochen mit der zugeleiteten Rechtsverordnung befassen, da andernfalls der Entwurf unverändert an den Bundesrat weitergeleitet werden kann. Nicht geregelt ist aber, innerhalb welchen Zeitraums sich der Bundestag mit der Rechtsverordnung abschließend befassen und eine Entscheidung treffen muss. Mangels Vorgabe wird dem Bundestag damit die theoretische Möglichkeit eingeräumt, das Verfahren zu verzögern. 9

---

6 Drucks. 18/7086, S. 15.
7 Vgl. ausführlich und lesenswert Saurer NVwZ 2003, 1176 (1179 f.) mit zahlreichen Nachweisen zu beiden Seiten anlässlich einer größtenteils wortgleichen Regelung in § 48b BImSchG. Aus staatsrechtlicher Perspektive ist dieser »Änderungsvorbehalt« des Bundestages bei einer Rechtsverordnung dem deutschen Grundgesetz fremd.
8 Drucks. 18/7086, S. 15.

C. Umfang der Ermächtigung

10 Die Ermächtigung zum Erlass der Rechtsverordnung umfasst die umfängliche Befugnis zur Regelungen von Anforderungen an den Auftragsgegenstand und an das Vergabeverfahren. Die Befugnis geht damit über reine Vorgaben an das Verfahren hinaus. Die Bundesregierung darf also auch mit Vorgaben die Freiheit bei der Bestimmung an den Auftragsgegenstand (einschränkend) regeln, indem beispielsweise Vorgaben in Bezug auf die Energieeffizienzklasse, Energieverbrauchsstandards oder umweltbezogene Aspekte getroffen werden. Exemplarisch sei auf die dezidierten Vorgaben im Rahmen der Beschaffung von Straßenfahrzeugen verwiesen. Die in § 113 GWB nachfolgend aufgeführten acht Punkte heben nur einige Regelungsinhalte hervor, die nicht abschließend (»insbesondere«) zu verstehen sind. Die Bundesregierung darf daher das komplette Vergabeverfahren innerhalb des Anwendungsbereichs des GWB regeln. Regelungen etwa zum Bereich der sog. Unterschwellenvergaben wären davon aber nicht erfasst.[9] Denn für diese ist das Gesetz gemäß § 106 Abs. 1 GWB nicht anwendbar. Auch der Vertragsabschluss, mit dem das formale Vergabeverfahren endet, unterliegt weiterhin nicht dem Vergaberecht, sondern ist anhand des Zivilrechts zu messen. Die bis dato bestehende Ermächtigungsgrundlage zur Regelung des Vertragsabschlusses in § 97 Abs. 6 GWB a.F. wurde entsprechend gestrichen.

D. Die einzelnen Ermächtigungstatbestände

11 Es werden insgesamt acht Ermächtigungstatbestände aufgelistet: Den Anfang macht § 113 S. 2 Nr. 1 GWB, der – aus Gründen der Klarstellung – die Befugnis zur Regelung der Schätzung des Auftrags- (öffentliche Aufträge) bzw. Vertragswertes (Konzessionen) aufführt. Hierdurch werden Diskussionen darüber vermieden, ob die der eigentlichen Vergabe vorgelagerte Frage der Wertschätzung von der allgemein formulierten Ermächtigungsgrundlage erfasst ist.

12 Gemäß § 113 S. 2 Nr. 2 GWB ist die Bundesregierung ermächtigt, per Rechtsverordnung weitere Vorgaben in Bezug auf Leistungsbeschreibung, Bekanntmachung, Verfahrensarten und Ablauf des Vergabeverfahrens, Nebenangebote, Vergabe von Unteraufträgen sowie Vergabe öffentlicher Aufträge und Konzessionen, die soziale und andere besondere Dienstleistungen betreffen, zu treffen. Diese denkbar weite Formulierung, insbesondere »Ablauf des Vergabeverfahrens« dient allein der Klarstellung und überschneidet sich in großen Teilen mit den anderen Nummern, ohne dass dies weitere Folgen zeitigen würde.

13 § 113 S. 2 Nr. 3 GWB konkretisiert die Befugnis der Bundesregierung zur Regelung der besonderen Methoden und Instrumente in Vergabeverfahren und für Sammelbeschaffungen einschließlich der zentralen Beschaffungstätigkeit. Zu den besonderen Methoden und Instrumenten gehören das dynamische Beschaffungssystem im Sinne von § 120 Abs. 1 GWB, die elektronische Auktion im Sinne von § 120 Abs. 2 GWB sowie der elektronische Katalog im Sinne von § 120 Abs. 3 GWB. Ergänzend sind vom Begriff der Sammelbeschaffung neben der zentralen Beschaffungstätigkeit im Sinne von § 120 Abs. 4 GWB auch der Einsatz von Rahmenvereinbarungen im Sinne von § 103 Abs. 5 GWB und die gemeinsame Auftragsvergabe mehrerer Auftraggeber erfasst.

14 § 113 S. 2 Nr. 4 GWB greift die Grundentscheidung in § 97 Abs. 5 GWB auf, wonach Auftraggeber und Unternehmen für das Senden, Empfangen, Weiterleiten und Speichern von Daten in einem Vergabeverfahren grundsätzlich elektronische Mittel verwenden sollen. Dies beginnt mit dem elektronischen Versand der europaweiten Bekanntmachung an das Amt für Veröffentlichungen der Europäischen Union, schließt aber auch die elektronische zu führende Kommunikation ein.[10] Die Bundesregierung erhält die Befugnis, die entsprechenden Verpflichtungsvorgaben der Vergaberichtlinien einschließlich etwaiger Ausnahmebestimmungen im Wege der Rechtsverordnung in Deutschland umzusetzen.

---

9 Abweichendes gilt für die Statistikvorschriften, vgl. § 114 Rdn. 2, 6.
10 Vgl. BT-Drucks. 18/6281, S. 86.

§ 113 S. 2 Nr. 5 GWB nennt deklaratorisch – wie bislang auch schon inhaltsgleich § 97 Abs. 6 15
GWB a.F. – die Auswahl und Prüfung der Unternehmen und Angebote sowie des Abschlusses des
Vertrags. Hierunter zu fassen sind beispielsweise Regelungen zur Eignung und zu Zuschlagskriterien, also etwa die Auswahl, ihre Ausgestaltung und die Nachweisführung.

§ 113 S. 2 Nr. 6 GWB nimmt aus Gründen der Klarstellung die Befugnis zur Regelung der Aufhe- 16
bung des Vergabeverfahrens in die Verordnungsermächtigung auf, um etwaige Missverständnisse zu
der Frage, ob die Aufhebung noch Teil des Verfahrens ist, zu vermeiden.

Wie bislang § 127 Nr. 3 GWB a.F. bildet **§ 113 S. 2 Nr. 7 GWB** die Ermächtigungsgrundlage für 17
die Regelung von Vergabeverfahren für verteidigungs- oder sicherheitsspezifische Aufträge im Sinne
des § 104 GWB, mithin die VSVgV. Dass diesbezüglich nur einige besondere Aspekte beispielhaft
herausgegriffen werden, namentlich die verteidigungs- oder sicherheitsspezifischen Anforderungen
im Hinblick auf den Geheimschutz, die allgemeinen Regelungen zur Wahrung der Vertraulichkeit,
die Versorgungssicherheit sowie die besonderen Regelungen für die Vergabe von Unteraufträgen,
soll lediglich betonen, dass es sich hierbei um Aspekte von Vergabeverfahren von verteidigungs-
oder sicherheitsspezifischen Aufträgen handelt, die abweichend von klassischen Auftragsverfahren
eine Regelung erfahren müssen.

Die bislang auf § 127 Nr. 9 GWB a.F. sowie § 127a Abs. 2 GWB a.F. verteilten Befugnisse zur 18
Regelung der Voraussetzungen und dem Verfahren, nach denen Sektorenauftraggeber, Konzessionsgeber oder Auftraggeber nach dem Bundesberggesetz von der Verpflichtung zur Anwendung des
GWB-Vergaberechts befreit werden können, sind nunmehr in **§ 113 S. 2 Nr. 8 GWB** aufgeführt.
Dies umfasst auch die Regelung der erforderlichen Ermittlungsbefugnisse des Bundeskartellamtes
und der Einzelheiten der Kostenerhebung, wobei Vollstreckungserleichterungen vorgesehen werden
dürfen.

§ 114 Monitoring und Pflicht zur Übermittlung von Vergabedaten

**(1) Die obersten Bundesbehörden und die Länder erstatten in ihrem jeweiligen Zuständigkeitsbe-
reich dem Bundesministerium für Wirtschaft und Energie über die Anwendung der Vorschriften
dieses Teils und der aufgrund des § 113 erlassenen Rechtsverordnungen bis zum 15. Februar 2017
und danach alle drei Jahre jeweils bis zum 15. Februar schriftlich Bericht.**

**(2) Auftraggeber im Sinne des § 98 übermitteln an das Bundesministerium für Wirtschaft und
Energie Daten zu öffentlichen Aufträgen im Sinne des § 103 Absatz 1 und zu Konzessionen im
Sinne des § 105 zur Gewinnung flächendeckender Daten im Vergabewesen. Die zu übermitteln-
den Daten umfassen für öffentliche Aufträge im Sinne des § 103 Absatz 1 und für Konzessionen
im Sinne des § 105 oberhalb der jeweils geltenden Schwellenwerte maximal Daten, die in den
Bekanntmachungen über vergebene öffentliche Aufträge und Konzessionen enthalten sind. Die
zu übermittelnden Daten umfassen für öffentliche Aufträge durch öffentliche Auftraggeber im
Sinne des § 99 unterhalb der jeweils geltenden Schwellenwerte und oberhalb einer durch die
Verordnung nach Satz 4 festzulegenden Bagatellgrenze Daten zur Art und zur Menge der Leistung sowie zum Wert des erfolgreichen Angebots. Die Bundesregierung wird ermächtigt, durch
Rechtsverordnung mit Zustimmung des Bundesrates die Einzelheiten der Datenübermittlung
einschließlich des Umfangs der zu übermittelnden Daten und des Zeitpunkts des Inkrafttretens
der entsprechenden Verpflichtungen zu regeln.**

A. Einführung

1   § 114 GWB bildet erstmals eine Grundlage für eine umfassende Erhebung von Daten über das Einkaufsverhalten öffentlicher Auftraggeber. Es ist das erklärte Ziel, eine einheitliche Statistik zum öffentlichen Auftragswesen und somit auch eine valide Datenlage im Sinne einer bundesweiten Beschaffungsstatistik zu erzeugen. Bislang fehlen entsprechende Auswertungen. So können beispielsweise weder das Gesamtvolumen der öffentlichen Beschaffungen in Deutschland noch die Zahl der Vergabestellen zuverlässig angegeben werden.[1] Die Daten werden zunächst beim Bundesministerium für Wirtschaft und Energie gesammelt, welches diese anschließend an das Statistische Bundesamt zwecks statistischer Aufbereitung weiterleitet.

2   Der erste Absatz ist europarechtlich fundiert und richtet sich nur an einen sehr kleinen Kreis (oberste Bundesbehörden und Länder), während der zweite Absatz eine Pflicht zur Datenübermittlung für Auftraggeber aller Ebenen sowie für den Ober- und Unterschwellenbereich enthält. Der Bundesrat kritisierte im Gesetzgebungsverfahren den mit der Datenübermittlung nach § 114 Abs. 2 GWB verbundenen Aufwand und rang der Bundesregierung die Zusage ab, den Bedenken der Länder im Rahmen der nach § 114 Abs. 3 GWB zu erlassenden Vergabestatistikverordnung Rechnung zu tragen. In der Folge sieht die Vergabestatistikverordnung in § 6 Abs. 6 und Abs. 7 vor, dass auch Länder- und Kommunalbehörden sowie Landesämter für Statistik die sie betreffenden Daten erhalten. Während die Berichtspflicht nach § 114 Abs. 1 GWB auf die europarechtlichen Vorgaben in den Vergaberichtlinien zurückzuführen ist, beruht die Gesetzgebungskompetenz des Bundes hinsichtlich § 114 Abs. 2 GWB auf Art. 73 Abs. 1 Nr. 11 GG (Statistik für Bundeszwecke).

B. Monitoring und Berichtspflicht (Abs. 1)

3   Der Gesetzgeber hat das in den Vergaberichtlinien geforderte[2] Monitoring in § 114 Abs. 1 GWB verankert. Hiernach erstatten die obersten Bundesbehörden und die Länder in ihrem jeweiligen Zuständigkeitsbereich dem Bundesministerium für Wirtschaft und Energie über die Anwendung der vergaberechtlichen Vorschriften des GWB und der aufgrund des § 113 erlassenen Rechtsverordnungen – VgV[3], SektVO, KonzVgV, VSVgV – bis zum 15. Februar 2017 und danach alle drei Jahre jeweils bis zum 15. Februar schriftlich Bericht.

4   Der schriftliche Bericht dient der Bundesregierung dazu, der Europäischen Kommission jeweils mit einem Überwachungsbericht einen Überblick über die vergaberechtliche Lage in Deutschland zu vermitteln. Auf Grundlage der von allen Mitgliedstaaten eingereichten Überwachungsberichte veröffentlicht die Europäische Kommission wiederum regelmäßige Berichte über die Umsetzung der nationalen Beschaffungsmaßnahmen und diesbezügliche bewährte Verfahren im Binnenmarkt.

5   Nach Art. 83 Abs. 3 Vergaberichtlinie 2014/24/EU sowie Art. 99 Abs. 3 Sektorenrichtlinie 2014/25/EU sollen die Überwachungsberichte Informationen enthalten über die häufigsten Ursachen einer falschen Anwendung oder Rechtsunsicherheit, einschließlich möglicher struktureller oder wiederkehrender Probleme bei der Anwendung der Vorschriften, über das Ausmaß der Beteiligung von kleinen und mittleren Unternehmen (KMU) an der öffentlichen Auftragsvergabe und über Vorbeugung, Aufdeckung und angemessene Berichterstattung über Fälle von Betrug, Bestechung, Interessenkonflikten und sonstigen schwerwiegenden Unregelmäßigkeiten im Bereich des öffentlichen Auftragswesens. Die Konzessionsvergaberichtlinie enthält in Art. 45 Abs. 3 einen hierzu eingeschränkten Datenumfang. Es ist geplant, dass das Bundesministerium für Wirtschaft und Energie frühzeitig vor dem jeweiligen Berichtstermin praktische Hinweise zum empfohlenen Aufbau der Berichte geben wird.[4] Der Gesetzgeber geht davon aus, dass die jeweils verpflichteten Bundes- und Landesbehör-

---

1   Vgl. BT-Drs. 18/6281, Erläuterung zu § 114 Abs. 2 GWB.
2   Vgl. Art. 83 Vergaberichtlinie 2014/24/EU, Art. 99 Richtlinie 2014/25/EU und Art. 45 Konzessionsrichtlinie 2014/23/EU.
3   Mittelbar erfasst diese auch die VOB/A, die von der VgV inkorporiert wird (vgl. § 113 Rdn. 5).
4   Vgl. BT-Drs. 18/6281, Erläuterung zu § 114 Abs. 1 GWB.

den auf fundierter Grundlage zur »falschen Anwendung« Stellung nehmen, indem sie im Wege der Rechtsaufsicht auch die bestehende Praxis daraufhin prüfen, ob sie vergabekonform ausgestaltet ist.

C. Umfassende Datenübermittlung (Abs. 2)

Deutlich weiter ist die allgemeine Pflicht zur Datenübermittlung in § 114 Abs. 2 GWB gefasst. **6** Ebenfalls an das hier federführende Bundesministerium für Wirtschaft und Energie sind Daten flächendeckend im Vergabewesen zu übermitteln. Folgerichtig betroffen sind Auftraggeber im Sinne des § 98 GWB, mithin also sowohl die klassischen Auftraggeber (§ 99 GWB), als auch Sektorenauftraggeber (§ 100 GWB) und Konzessionsgeber (§ 101 GWB), jeweils auf allen Ebenen und nicht nur auf Bundesebene. Dies bedeutet, dass beispielsweise auch kommunale Unternehmen die entsprechende Pflicht zur Datenübermittlung trifft. Nicht erfasst sind einzig gemäß § 2 Abs. 3 VergStatVO Auslandsdienststellen von Auftraggebern, wie beispielsweise Auslandsvertretungen der Bundesrepublik Deutschland im Zuständigkeitsbereich des Auswärtigen Amtes oder außerhalb Deutschlands stationierte Einheiten der Bundeswehr. Diese Pflicht beschränkt sich auch nicht auf den sog. Oberschwellenbereich, sondern erfasst auch Daten von Vergaben, deren Auftragswerte die einschlägigen Schwellenwerte nicht erreichen. Dies wird durch § 106 Abs. 1 S. 2 GWB ausdrücklich klargestellt.

Die zu übermittelnden Daten umfassen für öffentliche Aufträge im Sinne des § 103 Abs. 1 GWB **7** und für Konzessionen im Sinne des § 105 GWB oberhalb der jeweils geltenden Schwellenwerte allenfalls die Daten, die in den Bekanntmachungen über vergebene öffentliche Aufträge und Konzessionen enthalten sind. Da die Auftraggeber sowieso gehalten sind, entsprechende Bekanntmachungen an das Amt für Veröffentlichungen der Europäischen Union zu übersenden, wird sich der Aufwand hier in Grenzen halten, sofern eine sinnvolle Schnittstelle eingerichtet wird. Die VergStatVO differenziert hier sowohl nach Art des Auftraggebers als auch nach Inhalt des Auftrags und gibt in sieben unterschiedliche Anlagen die Mindestinhalte vor.

Sofern der einschlägige Schwellenwert im Sinne von § 106 Abs. 1 GWB nicht erreicht ist, werden **8** weniger Daten abgefragt. Zunächst werden hier nur die klassischen Auftraggeber im Sinne von § 99 GWB verpflichtet, also keine Sektorenauftraggeber. Des Weiteren sind Konzessionsvergaben gänzlich ausgenommen, sodass lediglich Vergaben von Bau-, Liefer- und Dienstleistungen erfasst werden. Inhaltlich sind Daten zur Art und zur Menge der Leistung sowie zum Wert des erfolgreichen Angebots zu übermitteln. Eine Mengenangabe ist nach der Gesetzesbegründung nur bei solchen Lieferungen und Leistungen zu übermitteln, die eindeutig der Stückzahl nach quantifizierbar sind.[5] Gemäß § 4 Abs. 1 VergStatVO sind die folgenden Daten zu übermitteln:
– Postleitzahl des öffentlichen Auftraggebers,
– E-Mail-Adresse des öffentlichen Auftraggebers,
– die Verfahrensart, differenziert nach a) öffentlicher Ausschreibung, b) beschränkter Ausschreibung und c) freihändiger Vergabe, d) sonstige Verfahrensart,
– Auftragswert ohne Mehrwertsteuer,
– Art und Menge der Leistung, sofern quantifizierbar.

§ 104 Abs. 2 S. 3 GWB sieht ferner vor, dass unterhalb einer Bagatellgrenze keine Daten zu über- **9** mitteln sind. Diese Bagatellgrenze wurde in § 2 Abs. 2 Nr. 1 VergStatVO auf 25.000 Euro (netto)

---

5 BT-Drs. 18/6281, Erläuterung zu § 114 GWB. Dort heißt es weiter: »Abhängig von der jeweils vergebenen Leistung ist bei der Mengenangabe auf einzelne Liefer- und Leistungseinheiten, z.B. bei Kraftfahrzeugen oder Rechentechnik, oder auf handelsübliche Abpackungen, z.B. bei Büroverbrauchsmaterial oder Sanitär- und Reinigungsbedarf, abzustellen. Schüttgüter oder andere Liefergegenstände, die nach Gewichts- oder Volumeneinheiten bemessen werden (z.B. in Kilogramm, Tonnen oder Kubikmetern), sind nicht der Menge nach anzugeben, sondern als eine Lieferung zu werten. Dasselbe gilt für Liefergegenstände, die zwar eindeutig der Stückzahl nach quantifizierbar sind, jedoch ausschließlich zum Zweck der dauerhaften Verbindung mit einem Bauwerk erworben werden, z.B. Elektroinstallationsmaterial, Fenster, Stahlträger oder Türen. Vergebene Bau- und Dienstleistungen sind jeweils als eine Leistung zu werten. Wertungsmaßstab ist hierbei das jeweils konkret in Bezug genommene Bauobjekt bzw. die jeweilige Art der Dienstleistung.«

festgelegt. Die Einzelheiten der Art und Weise der Datenübermittlung sind vom Bundesministerium für Wirtschaft und Energie durch Allgemeinverfügung zu regeln, die im Bundesanzeiger veröffentlicht wird.

D. Verordnungsermächtigung (Abs. 2 S. 4)

10   Die Einzelheiten der Datenübermittlung gemäß § 114 Abs. 2 GWB einschließlich des Umfangs der zu übermittelnden Daten und des Zeitpunkts des Inkrafttretens der entsprechenden Verpflichtungen regelt die Bundesregierung im Rahmen einer Rechtsverordnung. Hierzu ermächtigt § 114 Abs. 2 S. 4 GWB die Bundesregierung, die zum Erlass der Rechtsverordnung der Zustimmung des Bundesrates bedarf. Einen Änderungsvorbehalt hat sich der Bundestag bei dieser Rechtsverordnung nicht eingeräumt.[6] Die Bundesregierung hat zwischenzeitlich die Verordnung zur Statistik über die Vergabe öffentlicher Aufträge und Konzessionen (Vergabestatistikverordnung – VergStatVO) erlassen.

---

6 Vgl. zu den übrigen Rechtsverordnungen gemäß § 113 GWB die Ausführungen bei § 113 Rdn. 8 f.

Abschnitt 2 Vergabe von öffentlichen Aufträgen durch öffentliche Auftraggeber

Unterabschnitt 1 Anwendungsbereich

§ 115 Anwendungsbereich

Dieser Abschnitt ist anzuwenden auf die Vergabe von öffentlichen Aufträgen und die Ausrichtung von Wettbewerben durch öffentliche Auftraggeber.

Nachdem der 1. Abschnitt von Teil 4 des GWB (§§ 97 ff. GWB) zunächst die grundlegenden   1
Regelungen und Begriffsdefinitionen zur Bestimmung des persönlichen und sachlichen Anwendungsbereichs des sog. Kartellvergaberechts enthält und die für alle Arten von Auftraggebern relevanten allgemeinen Vergabegrundsätze sowie auch Bereichsausnahmen bestimmt, trifft Abschnitt 2 (§§ 115 – 135) alle grundlegenden Regelungen für die Durchführung eines Verfahrens zur Vergabe eines öffentlichen Auftrags oder einer Rahmenvereinbarung sowie für die Ausrichtung eines Wettbewerbs durch einen öffentlichen Auftraggeber i.S.d. § 99.

Unterabschnitt 1 (§§ 115 – 118) enthält Regelungen zu besonderen Bereichsausnahmen sowie zur zulässigen Bevorzugung von Werkstätten für Menschen mit Behinderungen und Sozialunternehmen, Unterabschnitt 2 (§§ 119 – 135) sodann alle wesentlichen Vorgaben für die Durchführung eines Vergabe- bzw. Wettbewerbsverfahrens, zur Zulässigkeit von Auftragsänderungen während der Vertragslaufzeit sowie zur Kündigung von öffentlichen Aufträgen. Um die praktische Anwendung des Gesetzes zu erleichtern, soll der Ablauf des Vergabeverfahrens von der Leistungsbeschreibung über die Prüfung von Ausschlussgründen, die Eignungsprüfung, den Zuschlag bis hin zu den Bedingungen für die Ausführung des Auftrags im Gesetz vorgezeichnet werden.[1] Der 2. Abschnitt umfasst zu diesem Zweck neben einer Vielzahl von neuen Vorschriften auch Regelungen, welche bislang nur auf Verordnungsebene getroffen wurden, wie konkret zur Leistungsbeschreibung, zu den Eignungskriterien sowie zum Eignungsnachweis, zu zwingenden und fakultativen Ausschlussgründen sowie zu Grundsätzen der Angebotswertung. In der VgV, SektVO sowie KonzVgV wird im Rahmen der Regelungen zur näheren Ausgestaltung des Vergabeverfahren auf die im Unterabschnitt 2 enthaltenen grundlegenden Anforderungen verwiesen, während die VOB/A diese im Hinblick auf ein möglichst anwenderfreundliches Regelwerk[2] in weiten Teilen wortgleich übernimmt bzw. wiederholt. Dies gilt insbesondere für die unternehmensbezogenen Ausschlussgründe (§§ 123 ff. GWB bzw. §§ 6e, 6f EU VOB/A) und die Regelungen zu Auftragsänderungen während der Laufzeit (§ 132 GWB bzw. § 22 EU VOB/A).

Auf die Vergaben von Sektorenauftraggebern, die Vergabe von verteidigungs- oder sicherheitsspezifischen öffentlichen Aufträgen oder die Vergabe von Konzessionen finden die Bestimmungen des Abschnitts 2 nur Anwendung, soweit auf die jeweiligen Vorschriften gesondert verwiesen wird (z. B. in den §§ 142, 147 und 154).

---

1 Siehe Begründung zum Entwurf des VergRModG, BT-Drucks. 18/6281, S. 2.
2 Siehe die Hinweise des DVA für die VOB/A 2016, BAnz AT19.01.2016, S. 3.

§ 116 Besondere Ausnahmen

(1) Dieser Teil ist nicht anzuwenden auf die Vergabe von öffentlichen Aufträgen durch öffentliche Auftraggeber, wenn diese Aufträge Folgendes zum Gegenstand haben:

1. Rechtsdienstleistungen, die eine der folgenden Tätigkeiten betreffen:
   a) Vertretung eines Mandanten durch einen Rechtsanwalt in
      aa) Gerichts- oder Verwaltungsverfahren vor nationalen oder internationalen Gerichten, Behörden oder Einrichtungen,
      bb) nationalen oder internationalen Schiedsgerichts- oder Schlichtungsverfahren,
   b) Rechtsberatung durch einen Rechtsanwalt, sofern diese zur Vorbereitung eines Verfahrens im Sinne von Buchstabe a dient oder wenn konkrete Anhaltspunkte dafür vorliegen und eine hohe Wahrscheinlichkeit besteht, dass die Angelegenheit, auf die sich die Rechtsberatung bezieht, Gegenstand eines solchen Verfahrens werden wird,
   c) Beglaubigungen und Beurkundungen, sofern sie von Notaren vorzunehmen sind,
   d) Tätigkeiten von gerichtlich bestellten Betreuern, Vormündern, Pflegern, Verfahrensbeiständen, Sachverständigen oder Verwaltern oder sonstige Rechtsdienstleistungen, deren Erbringer durch ein Gericht dafür bestellt oder durch Gesetz dazu bestimmt werden, um bestimmte Aufgaben unter der Aufsicht dieser Gerichte wahrzunehmen, oder
   e) Tätigkeiten, die zumindest teilweise mit der Ausübung von hoheitlichen Befugnissen verbunden sind,
2. Forschungs- und Entwicklungsdienstleistungen, es sei denn, es handelt sich um Forschungs- und Entwicklungsdienstleistungen, die unter die Referenznummern des Common Procurement Vocabulary 73000000-2 bis 73120000-9, 73300000-5, 73420000-2 und 73430000-5 fallen und bei denen
   a) die Ergebnisse ausschließlich Eigentum des Auftraggebers für seinen Gebrauch bei der Ausübung seiner eigenen Tätigkeit werden und
   b) die Dienstleistung vollständig durch den Auftraggeber vergütet wird,
3. den Erwerb, die Entwicklung, die Produktion oder die Koproduktion von Sendematerial für audiovisuelle Mediendienste oder Hörfunkmediendienste, wenn diese Aufträge von Anbietern von audiovisuellen Mediendiensten oder Hörfunkmediendiensten vergeben werden, die Ausstrahlungszeit oder die Bereitstellung von Sendungen, wenn diese Aufträge an Anbieter von audiovisuellen Mediendiensten oder Hörfunkmediendiensten vergeben werden,
4. finanzielle Dienstleistungen im Zusammenhang mit der Ausgabe, dem Verkauf, dem Ankauf oder der Übertragung von Wertpapieren oder anderen Finanzinstrumenten, Dienstleistungen der Zentralbanken sowie mit der Europäischen Finanzstabilisierungsfazilität und dem Europäischen Stabilitätsmechanismus durchgeführte Transaktionen,
5. Kredite und Darlehen, auch im Zusammenhang mit der Ausgabe, dem Verkauf, dem Ankauf oder der Übertragung von Wertpapieren oder anderen Finanzinstrumenten oder
6. Dienstleistungen, die an einen öffentlichen Auftraggeber nach § 99 Nummer 1 bis 3 vergeben werden, der ein auf Gesetz oder Verordnung beruhendes ausschließliches Recht hat, die Leistungen zu erbringen.

(2) Dieser Teil ist ferner nicht auf öffentliche Aufträge und Wettbewerbe anzuwenden, die hauptsächlich den Zweck haben, dem öffentlichen Auftraggeber die Bereitstellung oder den Betrieb öffentlicher Kommunikationsnetze oder die Bereitstellung eines oder mehrerer elektronischer Kommunikationsdienste für die Öffentlichkeit zu ermöglichen.

I. Grundsätze

§ 116 enthält besondere Ausnahmen für die Vergabe von öffentlichen Aufträgen und die Ausrich- **1** tung von Wettbewerben durch öffentliche Auftraggeber i.S.d. 99 GWB. Die einzelnen Bereichs-ausnahmen beruhen auf entsprechenden Regelungen in Art. 10 der Richtlinie 2014/24/EU. Die Richtlinien 2014/23/EU, 2014/25/EU sowie 2009/81/EG enthalten teilweise entsprechende Rege-lungen. In den §§ 137, 145 und 150 GWB wird dann auf die jeweiligen Ausnahmen des § 116 verwiesen.

Die Ausnahmetatbestände sind nicht analogiefähig und ihrem Wesen nach eng auszulegen. Die **2** Beweislast für das tatsächliche Vorliegen der eine Ausnahme rechtfertigenden Umstände trägt der-jenige, der sich auf die Ausnahme berufen will. Der Auftraggeber hat das Vorliegen einer Bereichs-ausnahme aktenkundig zu begründen. Im Übrigen wird auf die allgemeinen Ausführungen zum Charakter der Ausnahmetatbestände in der Kommentierung zu § 107 GWB verwiesen.

II. Besondere Rechtsdienstleistungen (Abs. 1 Nr. 1)

Allgemein unterfallen Rechtsdienstleistungen unter den Katalog der sozialen und anderen beson- **3** deren Dienstleistungen i.S.d. Anhangs XIV der Richtlinie 2014/24/EU, für welche Art. 74 ff. der Richtlinie 2014/24/EU und diesen folgend § 130 GWB sowie die §§ 64 – 66 VgV ein verrin-gertes Vergaberegime vorsehen, das auch erst ab Überschreiten eines Schwellenwerts von aktuell 750.000,00 € Anwendung findet. § 116 Absatz 1 Nummer 1 nimmt bestimmte Rechtsdienst-leistungen vollständig vom Anwendungsbereich der §§ 97 ff. GWB aus und dient damit der Umsetzung von Art. 10 lit. d) der Richtlinie 2014/24/EU. Die dort geregelten Bereichsausnahmen beruhen auf der Erwägung, dass die aufgeführten Rechtsdienstleistungen in der Regel durch Orga-nisationen oder Personen erbracht werden, deren Bestellung oder Auswahl in einer Art und Weise erfolgt, die sich nicht nach Vergabevorschriften für öffentliche Aufträge richten kann. Diese Rechts-dienstleistungen sollten daher vom Anwendungsbereich dieser Richtlinie ausgenommen werden.[1]

Nr. 1 lit. a) betrifft die anwaltliche Vertretung sowohl in laufenden Gerichts- oder Verwaltungs- **4** verfahren als auch in Schiedsgerichts- oder Streitbeilegungsverfahren in Deutschland, anderen EU-Mitgliedstaaten, Drittstaaten oder vor internationalen Organisationen und Einrichtungen. Die rein vorbereitende Beratung im Hinblick auf spätere Gerichts- oder Verwaltungsverfahren ist gesondert in Nr. 1 lit. b) geregelt. Danach sind Aufträge über Rechtsberatungsleistungen vom Anwendungsbereich der §§ 97 ff. GWB ausgenommen, wenn diese der Vorbereitung eines bereits sicheren Verfahrens im Sinne von lit. a) dienen oder nach den konkreten Umständen die Wahr-scheinlichkeit besteht, dass die Angelegenheit, auf die sich die Rechtsberatung bezieht, Gegenstand eines entsprechenden Verfahren sein wird. Aufgrund der in den genannten Verfahren bestehenden Notwendigkeit umfassender Prozessverantwortung durch den Rechtsbeistand ist eine Ausnahme vom Vergaberecht angezeigt.[2] Die Anforderungen an die Wahrscheinlichkeit eines Verfahrens sind trotz der grds. gebotenen engen Auslegung von Bereichsausnahmen und des Wortlauts von Nr. 1 lit. b) (»konkrete Anhaltspunkte«, »hohe Wahrscheinlichkeit«) nach der hier vertretenen Auffassung

---

1 Siehe Erwägungsgrund 25 der Richtlinie 2014/24/EU.
2 So die Gesetzesbegründung, BT-Drucks. 18/6281, S. 93.

eher niedrig anzusetzen. Allerdings muss die Rechtsberatung in Bezug auf ein mögliches Verfahren erfolgen. Die rein abstrakte Möglichkeit, dass es im Zusammenhang mit der Angelegenheit, die Gegenstand der Rechtsberatung ist, zu einem Verfahren kommt, reicht für eine Berufung auf den Ausnahmetatbestand nicht aus.

5   Nr. 1 lit. c) betrifft Beglaubigungs- und Beurkundungsdienstleistungen, sofern sie von Notaren zu erbringen sind. Nach Nr. 1 lit. d) sind Tätigkeiten von gerichtlich bestellten Betreuern, Vormündern, Pflegern, Verfahrensbeiständen, Sachverständigen oder Verwaltern oder sonstige Rechtsdienstleistungen, deren Erbringer durch ein Gericht dafür bestellt oder durch Gesetz dazu bestimmt werden, um bestimmte Aufgaben unter der Aufsicht dieser Gerichte wahrzunehmen, vom Anwendungsbereich des Kartellvergaberechts freigestellt. Dieser Ausnahmetatbestand erfasst insbesondere die Tätigkeit von Ergänzungs- und Umgangspflegern, Verfahrens- und Nachlasspflegern, Insolvenzverwaltern, Sachwaltern und Treuhändern sowie von Zwangsverwaltern und Sequestern in Zwangsvollstreckungsverfahren und gilt außerdem für Rechtsdienstleistungen von gerichtlich bestellten Sachverständigen.[3]

6   Nr. 1 lit. e) schließlich erfasst Rechtsdienstleistungen, die zumindest teilweise mit der Ausübung von hoheitlichen Befugnissen verbunden sind. Der Ausnahmetatbestand gilt u.a. für die Beauftragung von Gerichtsvollziehern, die einerseits ihre Tätigkeit als selbständiges Organ der Rechtspflege hoheitlich ausüben, andererseits aufgrund des Vollstreckungsauftrags an die Weisungen des Gläubigers insoweit gebunden sind, wie diese sich im Rahmen der gesetzlichen Vorschriften halten und den Dienstanweisungen des Gerichtsvollziehers nicht widersprechen.[4]

7   Die den einzelnen Ausnahmetatbeständen zugrunde liegende Erwägung, dass die Bestellung bzw. Auswahl des Auftragsnehmers in einem transparenten Wettbewerb nach vergaberechtlichen Bestimmungen dem spezifischen Charakter der einzelnen Rechtsdienstleistungen nicht gerecht würde, gilt auch unterhalb der Schwellenwerte. Hier gleichwohl eine aus dem EU-Primärrecht folgende Verpflichtung zur Vergabe im Wettbewerb abzuleiten, sofern im Einzelfall überhaupt Binnenmarktrelevanz anzunehmen ist, stünde im Widerspruch zu dem Umstand, dass für eine Beauftragung der aufgeführten Rechtsdienstleistungen nicht einmal die geringen Anforderungen an die Vergabe von sozialen und anderen besonderen Leistungen i.S.d. § 130 GW gelten sollen, die aus dem EU-Vergaberecht resultierenden Vergabegrundsätze diesen Anforderungen bei wertender Betrachtung aber weitestgehend gleichkommen.

III. Forschungs- und Entwicklungsleistungen (Abs. 1 Nr. 2)

8   Gemäß § 116 Abs. 1 Nr. 2 GWB sind Aufträge über Forschungs- und Entwicklungsleistungen vom Anwendungsbereich des Kartellvergaberechts ausgenommen, es sei denn sie betreffen solche Leistungen, die unter die CPV-Kennziffern 73000000-2 bis 73120000-9, 73300000-5, 73420000-2 und 73430000-5 fallen und bei denen die Ergebnisse ausschließlich Eigentum des Auftraggebers für seinen Gebrauch bei der Ausübung seiner eigenen Tätigkeit werden und die Dienstleistung vollständig durch den Auftraggeber vergütet wird. Mit dieser Bereichsausnahme soll insbesondere die Kofinanzierung von Forschungs- und Entwicklungsprogrammen durch die Industrie gefördert werden, da in diesen Fällen das Vergaberecht nicht zur Anwendung kommen soll.[5] Die Vorschrift dient der Umsetzung von Artikel 14 der Richtlinie 2014/24/EU, Artikel 25 der Richtlinie 2014/23/EU sowie Artikel 32 der Richtlinie 2014/25/EU. Sie entspricht weitgehend der bisherigen Regelung in § 100 Abs. 4 Nr. 2 GWB a.F., beschränkt anders als diese die Rückausnahme aber auf bestimmte Forschungs- und Entwicklungsdienstleistungen. Danach findet die Bereichsausnahme unter den weiteren, unter Buchst. a) und b) geregelten Voraussetzungen überhaupt nur Anwendung bei der

---

3 So die Gesetzesbegründung, BT-Druck. 18/6281, S. 93.

4 Gesetzesbegründung; BT-Drucks. 18/6281, S. 93.

5 So die Gesetzesbegründung, BT-Druck. 18/6281, S. 94 mit Verweis auf Erwägungsgrund 35 der Richtlinie 2014/24/EU.

Vergabe von Forschungs- und Entwicklungsleistungen, die sich nicht den Referenznummern des Common Procurement Vocabulary (CPV) 73000000-2 (Forschungs- und Entwicklungsdienste und zugehörige Beratung), 73100000-3 (Dienstleistungen im Bereich Forschung und experimentelle Entwicklung), 73110000-6 (Forschungsdienste), 73111000-3 (Forschungslabordienste), 73112000-0 (Meeresforschungsdienste), 73120000-9 (Experimentelle Entwicklung), 73300000-5 (Planung und Ausführung von Forschung und Entwicklung), 73420000-2 (Vordurchführbarkeitsstudie und technologische Demonstration) und 73430000-5 (Test und Bewertung) zuordnen lassen. Alle Forschungs- und Entwicklungsdienstleistungen, die unter andere Referenznummern des Common Procurement Vocabulary fallen, sind vom Anwendungsbereich des Vergaberechts ganz ausgenommen, ohne dass die Rückausnahme des § 116 Absatz 1 Nummer 2 zweiter Halbsatz zur Anwendung kommt.[6] Dies betrifft zum Beispiel Forschungs- und Entwicklungsdienstleistungen in den Bereichen Verteidigung und Sicherheit (z.B. Referenznummern des Common Procurement Vocabulary 73400000-6 Forschung und Entwicklung für Sicherheits- und Verteidigungsgüter oder 73410000-9 Militärforschung und -technologie).

Was unter Forschung zu verstehen ist, wird weder in den Richtlinien 2014/23/EU, 2014/24/EU, 2014/25/EU noch in Art. 179 ff. AEUV (ehem. Art. 163 ff. EG-Vertrag) definiert. Nach Ansicht des Bayerischen Oberlandesgerichts habe Forschung jedenfalls zum Ziel, neue Erkenntnisse zu gewinnen, gleich, ob es sich um Grundlagenforschung oder um angewandte Forschung handele. Dass der Begriff Forschung sowohl die Grundlagenforschung als auch die angewandte Forschung umfasst, könne nicht zweifelhaft sein. Die im Ausnahmetatbestand normierte Rückausnahme für bestimmte Arten von Forschungsaufträgen, die dem Vergaberegime unterfallen sollen, werde jedoch im Bereich der angewandten Forschung eher zum Zuge kommen als bei der reinen Grundlagenforschung.[7] Nach Art. 1 Nr. 27 VSVR[8] umfasst der Begriff »Forschung und Entwicklung« alle Tätigkeiten, die Grundlagenforschung, angewandte Forschung und experimentelle Entwicklung beinhalten, wobei letztere die Herstellung von technologischen Demonstrationssystemen, d.h. von Vorrichtungen zur Demonstration der Leistungen eines neuen Konzepts oder einer neuen Technologie in einem relevanten oder repräsentativen Umfeld einschließen kann.

Aufträge über Forschungs- und Entwicklungsdienstleistungen, welche einer der in § 116 Abs. 1 Nr. 2 GWB aufgeführten CPV-Kennziffern unterfallen sowie ausschließlich auf eigene Rechnung und für eigenen Nutzen vergeben werden, unterliegen dem sachlichen Anwendungsbereich des Kartellvergaberechts (Rückausnahme). Die Weitergabe von Informationen und Forschungsergebnissen an nachgeordnete Behörden sowie die Öffentlichkeit rechtfertigt für sich betrachtet noch keine Befreiung vom Vergaberecht. Dass Dritten die erzielten Erkenntnisse zugänglich gemacht werden sollen und diese hieraus Folgerungen ziehen können, stellt als nur reflexartige Begünstigung die zunächst ausschließlich dem Auftraggeber zukommende Nutzungs- und Vertretungsbefugnis nicht infrage.[9]

IV. Aufträge über audiovisuelle Mediendienste oder Hörfunkdienste sowie über Ausstrahlungszeit oder die Bereitstellung von Sendungen (Abs. 1 Nr. 3)

Nach § 116 Abs. 1 Nr. 3 GWB gelten die §§ 97 ff. GWB nicht für die Vergabe von Aufträgen, die den Erwerb, die Entwicklung, die Produktion oder Koproduktion von Sendematerial für audiovisuelle Mediendienste oder Hörfunkmediendienste durch Anbieter von audiovisuellem Mediendiensten oder Hörfunkdiensten sowie für die Vergabe von Aufträgen über Ausstrahlungszeit oder

9

10

11

---

6 Siehe Gesetzesbegründung, BT-Drucks. 18/6281, S. 94.
7 Vgl. BayObLG 27.02.2003 »Rüstungsaltlasten« NZBau 2003, 634.
8 Richtlinie 2009/81/EG v. 13.07.2009 über die Koordinierung der Verfahren zur Vergabe bestimmter Bau-, Liefer- und Dienstleistungsaufträge in den Bereichen Verteidigung und Sicherheit und zur Änderung der Richtlinien 2004/17/EG und 2004/18/EG, ABl. EU L 216, S. 76.
9 So BayObLG 27.02.2003 »Rüstungsaltlasten« NZBau 2003, 634 in der bislang einzigen veröffentlichten Entscheidung zu dem zuvor in § 100 Abs. 4 Nr. 2 GWB a.F. geregelten Ausnahmetatbestand.

die Bereitstellung von Sendungen an Anbieter von audiovisuellen Mediendiensten oder Hörfunk-diensten. Die Vorschrift dient der Umsetzung von Art. 10 lit. b) der Richtlinie 2014/24/EU. Sie entspricht im Wesentlichen dem bisherigen § 100a Abs. 2 Nr. 1 GWB a.F., passt diesen jedoch entsprechend dem Wortlaut der Richtlinienbestimmung an die technischen Entwicklungen der vergangenen Jahre an.

12 Die Bereichsausnahme beruht auf der Erwägung, bei der Vergabe öffentlicher Aufträge über bestimmte audiovisuelle und Hörfunkmediendienste durch Mediendienstanbieter besondere kultu-relle und gesellschaftspolitische Erwägungen berücksichtigen zu können, ohne durch vergaberecht-liche Bestimmungen dabei eingeschränkt zu werden.[10] Sie soll auch Vorbereitungsdienste umfassen, wie z.B. Dienste im Zusammenhang mit den für die Produktion von Sendungen erforderlichen Drehbüchern oder künstlerischen Leistungen und gilt gleichermaßen für Rundfunk-Mediendienste wie für Abruf (ondemand) -dienste (nichtlineare Dienste).[11] Nicht von der Ausnahme erfasst wer-den soll hingegen die Bereitstellung des für die Produktion, die Koproduktion und die Ausstrah-lung dieser Sendungen erforderlichen technischen Materials.[12]

13 Zur Erläuterung der einzelnen verwandten Begriffe verweist die Gesetzesbegründung auf die Richt-linie 2010/13/EU über audiovisuelle Mediendienste. Danach haben die Begriffe »audiovisuelle Mediendienste« und »Anbieter von Mediendiensten« dieselbe Bedeutung wie in Art. 1 Abs. 1 lit. a) beziehungsweise lit. d) der Richtlinie 2010/13/EU. Der Begriff »Sendung« hat dieselbe Bedeutung wie in Art. 1 Abs. 1 lit. b) der Richtlinie 2010/13/EU, umfasst jedoch zusätzlich Hörfunksendungen und Hörfunk-Sendematerial. Der Begriff »Sendematerial« hat dieselbe Bedeutung wie »Sendung«.

14 Der EuGH hat in der Entscheidung »*Rundfunkanstalten*«[13] betont, dass die Vorschrift des Art. 1 lit. a Ziff. IV der Richtlinie 92/50, welcher nahezu wortgleich in Art. 16 lit. b VKR übernommen wurde, restriktiv auszulegen sei. Öffentliche Aufträge über Dienstleistungen, die in keinem Zusam-menhang mit den Tätigkeiten stehen, die zur Erfüllung der eigentlichen öffentlichen Aufgaben der öffentlich-rechtlichen Rundfunkanstalten gehören, unterlägen voll und ganz den Gemeinschaftsvor-schriften. Diese Auffassung werde durch den 25. Erwägungsgrund der Richtlinie 2004/18 bestätigt, in dessen vorletztem Satz in nicht abschließender Weise darauf hingewiesen werde, dass die Ausnahme von der Anwendung dieser Richtlinie nicht für die Bereitstellung des für die Produktion, die Kopro-duktion und die Ausstrahlung der Programme erforderlichen Materials gelten solle. Die Beschaffung von Sendetechnik bleibt also dem Vergaberecht unterworfen. Die Privilegierung öffentlich-rechtlicher Rundfunkanstalten beschränkt sich auf den in Art. 16 lit. b VKR aufgeführten Kernbereich.[14] So wird etwa auch die Errichtung von Bauten nicht von dem Ausnahmetatbestand erfasst.[15]

V. Finanzielle Dienstleistungen (Abs. 1 Nr. 4)

15 Aufträge über finanzielle Dienstleistungen im Zusammenhang mit der Ausgabe, dem Verkauf, dem Ankauf oder der Übertragung von Wertpapieren oder anderen Finanzierungsinstrumenten sowie Aufträge über Dienstleistungen der Zentralbanken oder über mit dem Europäischen Finanzstabili-sierungsfazilität und dem Europäischen Stabilitätsmechanismus durchgeführte Transaktionen sind gem. § 116 Abs. 1 Nr. 4 GWB dem Kartellvergaberecht entzogen. Die Ausnahmen waren bislang teilweise in § 100a Abs. 2 Nr. 2 GWB a.F. und § 100b Abs. 2 Nr. 1 GWB a.F. geregelt. Neu ist, dass Transaktionen mit der neu geschaffenen Finanzstabilisierungsfazilität und dem Europäischen

---

10 Siehe Erwägungsgrund 23 der Richtlinie 2014/24/EU.
11 Siehe Gesetzesbegründung, BT-Drucks. 18/6281, S. 94 im Anschluss an Erwägungsgrund 23 der Richtli-nie 2014/24/EU.
12 Siehe Gesetzesbegründung, BT-Drucks. 18/628, S. 94 im Anschluss an Erwägungsgrund 23 der Richtlinie 2014/24/EU.
13 EuGH »Rundfunkanstalten« 13.12.2007 NZBau 2008, 130.
14 VK Köln 13.02.2006 NZBau 2006, 268.
15 VK Bremen 01.02.2006 VK 1/06 n.v.

Stabilitätsmechanismus ebenfalls von der Anwendung des Vergaberechts ausgenommen sein sollen. Die Vorschrift dient der Umsetzung von Art. 10 lit. e) der Richtlinie 2014/24/EU.

Zur Bestimmung der Begriffe »Wertpapiere« sowie »Finanzinstrumente« können der in Art. 4 **16** Abs. 1 Nr. 18 der Finanzmarktrichtlinie 2004/39/EG definierte Begriff »übertragbare Wertpapiere« und die Liste der Finanzinstrumente in Anhang I Abschnitt C dieser Richtlinie sowie Art. 3 Nr. 1 der Richtlinie 2006/49/EG (Kapitaladäquanzrichtlinie) herangezogen werden.[16]

Problematisch ist die Auslegung des Merkmals »im Zusammenhang mit«. Aus dem Wortlaut der **17** Vorschrift folgt zunächst, dass nur finanzielle Dienstleistungen im Zusammenhang mit Wertpapiergeschäften gemeint sind, nicht sonstige allgemein beratende Aufgabenstellungen, etwa aus dem Bereich der Rechts-, Steuer- und Wirtschaftsberatung.[17] Im Übrigen spricht der Wortlaut gegen eine zu restriktive Auslegung der Vorschrift. Nach zutreffender Auffassung sind unter Dienstleistungen, die »im Zusammenhang« mit Wertpapiergeschäften angeboten werden, daher auch vorbereitende Tätigkeiten wie beispielsweise die Entwicklung von Vermarktungsstrategien, die Formulierung von Vermarktungskonzepten und Beratungstätigkeiten bei der Wertpapieremission zu verstehen.[18] Dass gerade auch die auftragsgegenständliche Dienstleistung der typischen Schnelllebigkeit des Kapitalmarkts unterliegt, ist ebenso wenig ungeschriebene Voraussetzung für eine Berufung auf den Ausnahmetatbestand wie die Notwendigkeit eines besonderen kapitalmarktbezogenen Vertrauensverhältnisses zwischen dem Auftraggeber und dem Dienstleistungserbringer.[19] Die Arrangeurleistung ist im Kern eine finanztechnische Dienstleistung, die den notwendigen Zusammenhang aufweist. Dementsprechend sind Arrangeurleistungen bei US-Leasingtransaktionen als vom Vergaberecht freigestellte Dienstleistungen angesehen worden.[20]

Nach anderer Auffassung[21], welche sich auf den Grundsatz einer engen Auslegung berufen kann, **18** unterfallen den vom Kartellvergaberecht freigestellten Zusammenhanggeschäften nur intermediäre Dienstleistungen, nämlich die Ausführung von Wertpapiergeschäften für fremde Rechnung und deren Vermittlung, die Finanzportfolioverwaltung nach § 1 Abs. 1a Satz 2 Nr. 3 KWG sowie Derivatgeschäfte, deren Gegenstand die Lieferung und Übertragung eines der erfassten Finanzinstrumente ist.

»Dienstleistungen der Zentralbanken« sind die im BBankG geregelten Dienstleistungen, die die Deut- **19** sche Bundesbank und ihre Hauptgeschäftsstellen (§ 8 BBankG) für öffentliche Auftraggeber erbringen. Die Vergabe von Aufträgen durch die Zentralbank selbst fällt dagegen nicht unter die Freistellung.[22]

VI. Kredite und Darlehen (Abs. 1 Nr. 5)

Nach § 116 Abs. 1 Nr. 5 GWB sind Kredite und Darlehen vom Anwendungsbereich der §§ 97 ff. **20** GWB ausgenommen und zwar unabhängig davon, ob sie mit der Ausgabe von Wertpapieren oder anderen Finanzinstrumenten oder mit anderen diese betreffenden Transaktionen im Zusammenhang stehen oder nicht. Die Vorschrift dient der Umsetzung von Art. 10 lit. f) der Richtlinie 2014/24/EU.

---

16 Vgl. Dreher in: Immenga/Mestmäcker § 100a GWB (a.F.) Rn. 12 ff. mit dem Hinweis, dass sich im europäischen Recht kein einheitlicher Wertpapierbegriff finde und daher die Übernahme von Begriffsdefinitionen nicht unproblematisch sei.

17 So u.a. auch Reider in: MüKO-Kartellrecht Bd. III, § 100 GWB (a.F.) Rn. 89; a.A. Hölz in: FS Fridhelm Marx, 281, 286 ff.

18 Hailbronner in: Byok/Jaeger § 100 GWB (a.F.) Rn. 58; ders. WM 2002, 1674, 1676; vgl. auch Stewen ZfBR 2008, 146 ff. sowie Hölzl in: FS Fridhelm Marx, 281, 289; a.A. Antweiler in: Ziekow/Völlink, § 100a GWB (a.F.) Rn. 12; vgl. auch Stewen ZfBR 2008, 146 ff. sowie Hölzl in: FS Fridhelm Marx, 281, 289.

19 Siehe hierzu näher Hölz in: FS Fridhelm Marx, 281, 290 f.; vgl. auch Dreher in: Immenga/Mestmäcker, § 100a GWB (a.F.) Rn. 33.

20 VK Baden-Württemberg 30.11.2001 NZBau 2003, 61, 63; vgl. hierzu Pschera/Enderle/Bühner DB 2002, 2363; kritisch Bühner DB 2002, 1036.

21 Dreher in: Immenga/Mestmäcker, § 100a GWB (a.F.) Rn. 31.

22 Dreher in: Immenga/Mestmäcker, § 100a GWB (a.F.) Rn. 34 mit Hinweis auf VK Bund 30.09.2010 – VK2-80/10.

21 Die Bereichsausnahme ist damit zu begründen, dass Kredite an funktionierenden, transparenten Geldmärkten aufgenommen werden, die von derart kurzfristigen Zinssatzänderungen beeinflusst werden, dass die Durchführung von Vergabeverfahren unzweckmäßig wäre.[23] Aus denselben Erwägungen muss der öffentliche Auftraggeber bei Unterschreitung des einschlägigen Schwellenwerts[24] von der Durchführung eines Vergabeverfahrens befreit sein. Denn es würde einen Wertungswiderspruch bedeuten, keine europaweite, wohl aber eine nationale Ausschreibung durchführen zu müssen.[25]

22 Fraglich ist, ob dem Ausnahmetatbestand auch Leasinggeschäfte unterfallen, die der Finanzierung einer anderweitig beschafften Ware oder Bauleistung dienen. Umsatzsteuerrechtlich ist ein »sale and lease back«-Verfahren eine Darlehensgewährung an das »Unternehmen«, das den Leasinggegenstand erworben hat und nunmehr zu Finanzierungszwecken die Leasingfirma einschaltet. Der Differenzbetrag zwischen dem Kaufpreis für die Leasingfirma und der Gesamtvergütung aus dem Mietkaufvertrag stellt dabei das Darlehen dar.[26] Wenn »sale and lease back-Geschäfte« als Form der Kreditierung verstanden werden und als Darlehensgewährung zu qualifizieren sind, müssten diese Vertragskonstellationen konsequenterweise ebenfalls vom Anwendungsbereich des Kartellvergaberechts ausgeschlossen sein. Auch Sinn und Zweck der Regelung, nämlich ein schnelles und flexibles Handeln der öffentlichen Auftraggeber zu gewährleisten, um z.B. kurzfristige Erhöhungen der Zinssätze zu vermeiden, sprechen dafür, reine Finanzierungsgeschäfte (bei getrennter Beschaffung des Leasinggegenstandes) über den Wortlaut des § 116 Abs. 1 Nr. 5 GWB hinaus vom Anwendungsbereich der §§ 97 ff. GWB auszunehmen.

VII. Aufträge an andere öffentliche Auftraggeber (Abs. 1 Nr. 6)

23 Nach § 116 Abs. 1 Nr. 6 GWB fallen solche Dienstleistungsaufträge nicht unter das Kartellvergaberecht, die an eine Person vergeben werden, die ihrerseits Auftraggeber nach § 99 Nr. 1, 2 oder 3 GWB ist **und** objektiv[27] ein auf Gesetz oder Verordnung beruhendes ausschließliches Recht zur Erbringung der Leistung hat. Mehrfachausschreibungen sollen hierdurch vermieden werden.[28] Die Vorschrift dient der Umsetzung von Art. 11 der Richtlinie 2014/24/EU und entspricht dem bisherigen § 100a Absatz 3 GWB a.F. Sinn des § 116 Abs. 1 Nr. 6 GWB ist es insbesondere, auf die Durchführung eines zeit- und kostenaufwändigen Vergabeverfahrens zu verzichten, wenn aus Rechtsgründen von vornherein feststeht, dass der Zuschlag einem bestimmten Anbieter zu erteilen ist. Dann nämlich wäre die Durchführung des Vergabeverfahrens ein nutzloser und nicht zuletzt irreführender Formalismus.[29]

24 Art. 11 der Richtlinie 2014/24/EU fasst den Ausnahmetatbestand noch etwas enger, indem gefordert wird, dass die Rechts- oder Verwaltungsvorschriften, auf denen das ausschließliche Recht beruht, mit den Anforderungen des AEUV übereinstimmen. Die Richtlinienbestimmung lautet:

---

23 Kullack/Terner ZfBR 2004, 244, 246.

24 Bei Bank- und anderen Finanzdienstleistungen berechnet sich der geschätzte Auftragswert auf Basis der Gebühren, Provisionen und Zinsen sowie anderer vergleichbarer Vergütungen. Ausschlaggebend sind somit nicht der Darlehensbetrag, sondern die zu zahlenden Zinsen und sonstigen Vergütungen, so zutr. Stickler VergabeR 2008, 1277.

25 Vgl. Ziekow VergabeR 2007, 711, 720; ebenso Dippel in: Hattig/Maibaum, § 100 GWB (a.F.) Rn. 134. Nach Stickler VergabeR 2008, 177, 182 bleibt die Verpflichtung, eine Darlehensvergabe unter Beachtung des 1. Abschnitts der VOL/A auszuschreiben, unberührt. Dieses Ergebnis sei zweifellos misslich. Daher solle ein entsprechender Ausnahmetatbestand auch in den 1. Abschnitt der VOL/A Aufnahme finden. Speziell bei der Darlehensbeschaffung kann ggf. auch eine Freihändige Vergabe gem. § 3 Nr. 4 lit. a) oder lit. m) VOL/A in Betracht kommen.

26 BFH 09.02.2006 – V R 22/03.

27 Siehe hierzu OLG Düsseldorf 07.11.2012 VergabeR 2013,593.

28 Hailbronner in: Byok/Jaeger § 100 (a.F.) Rn. 45.

29 KG 29.02.2012, Verg 8/11.

Diese Richtlinie gilt nicht für öffentliche Dienstleistungsaufträge, die von einem öffentlichen Auftragge- 25
ber an einen anderen öffentlichen Auftraggeber oder an einen Zusammenschluss öffentlicher Auftraggeber
aufgrund eines ausschließlichen Rechts vergeben werden, das dieser aufgrund entsprechender Rechtsvor-
schriften oder veröffentlichten Verwaltungsvorschriften, die mit dem AEUV vereinbar sind, innehat.

Vor Erlass der ersten Vergaberichtlinien hatte der EuGH in der Entscheidung »*Gemeente Arnhem*« 26
in Bezug auf den gleich lautenden Ausnahmetatbestand in Art. 6 der Richtlinie 92/50 betont, dass
die Rechts- und Verwaltungsvorschriften, aufgrund derer ein ausschließliches Recht eingeräumt
wird, mit dem EG-Vertrag (nunmehr AEUV) vereinbar sein müssen.[30] Hierzu gehören insbesondere die Wettbewerbsregeln des AEUV.[31]

§ 116 Abs. 1 Nr. 6 GWB umfasst nach seinem eindeutigen Wortlaut nur öffentliche Dienstleistungs- 27
aufträge. Weiter ist zu beachten, dass der Ausnahmetatbestand im Vergleich zu den entsprechenden
Bestimmungen in den EU-Vergaberichtlinien insoweit enger gefasst ist, als dass das ausschließliche
Recht auf Gesetz oder Rechtsverordnung beruhen muss, während nach den Richtlinienbestimmungen allgemeiner »Rechts- oder Verwaltungsvorschriften« als Rechtsgrundlage ausreichen. Da der
Richtlinientext nur Mindestanforderungen festlegt, ist die Verschärfung zulässig. Sie hat zur Folge,
dass der Ausnahmetatbestand nicht greift, wenn das dem Dienstleister eingeräumte ausschließliche Recht zur Erbringung der Leistung z.B. lediglich auf einer einfachen Verwaltungsvorschrift,
ordnungsbehördlichen Verordnungen oder einer kommunalen Satzung beruht.[32] Schließlich setzt
§ 116 Abs. 1 Nr. 6 GWB voraus, dass die Gewährung des ausschließlichen Rechts zeitlich vor der
Auftragsvergabe und unabhängig von dieser erfolgt.[33]

Die Beauftragung eines anderen öffentlichen Auftraggebers (insbesondere einer Nachbarkommune) 28
mit Entsorgungsleistungen erfüllt nur dann den Ausnahmetatbestand des § 116 Abs. 1 Nr. 6 GWB,
wenn ein auf Gesetz oder Verordnung (insbes. dem KrW-/AbfallG) beruhendes ausschließliches
Recht zur Erbringung entsprechender Dienstleistungen besteht.[34] Dabei kommt es nicht darauf an,
ob es sich bei der vertraglichen interkommunalen Kooperation um eine delegierende oder mandatierende Aufgabenübertragung handelt.[35]

VIII. Kommunikationsleistungen (Abs. 2)

Die Beschaffung von Telekommunikationsleistungen unterliegt grundsätzlich dem Anwendungs- 29
bereich der §§ 97 ff. GWB.[36] Nach § 116 Abs. 2 GWB sind entsprechend Art. 8 der Richtlinie
2014/24/EU allerdings solche Aufträge und Wettbewerbe vom Anwendungsbereich des Kartellvergaberechts ausgenommen, die hauptsächlich den Zweck haben, dem öffentlichen Auftraggeber die
Bereitstellung oder den Betrieb öffentlicher Kommunikationsnetze oder die Bereitstellung eines

---

30 Vgl. EuGH 10.11.1998 Rs. C-360/96.
31 Hailbronner in: Byok/Jaeger § 100 (a.F.) Rn. 47; Diehr in: Reidt/Stickler/Glahs § 100 GWB (a.F.) Rn. 64.
32 Vgl. OLG Düsseldorf 01.08.2012, VergabeR 2013, 71; Dreher in: Immenga/Mestmäcker § 100 GWB (a.F.)
    Rn. 47; Diehr in: Reidt/Stickler/Glahs § 100 GWB (a.F.) Rn. 61.
33 VK Baden-Württemberg 31.01.2012, 1 VK 66/11; VK Münster 22.07.2011, VK 7/11; Dreher in:
    Immenga/Mestmäcker § 100 GWB (a.F.) Rn. 51 m.w.N.
34 Vgl. im konkreten Fall verneinend: OLG Düsseldorf 07.11.2012 VergabeR 2013,593 und 05.05.2004
    VergabeR 2004, 619, 621; OLG Frankfurt 07.09.2004 VergabeR 2005, 80, 86; BayObLG 22.01.2002
    VergabeR 2002, 244, 249. Siehe aber auch KG 29.02.2012, Verg 08/2011, das eine Anwendung von § 100a
    Abs. 3 GWB a.F. auch im Bereich der Entsorgungsleistungen nicht grundsätzlich ausschließt und im kon-
    kreten Fall aus § 13 Abs. 1 S. 2 KrW-/AbfG eine Verpflichtung zur Abfallüberlassung an ein bestimmtes
    Unternehmen ableitete. Die Zuschlagerteilung zugunsten eines bestimmten Anbieters stehe nicht nur dann
    von vornherein fest, wenn der Anbieter gegenüber dem Auftraggeber ein Recht habe, den Auftrag erteilt zu
    erhalten, sondern auch dann, wenn der Auftraggeber verpflichtet sei, dem Anbieter den Auftrag zu erteilen,
    unabhängig davon, ob aus dieser Pflicht ein subjektives, einklagbares Recht des Anbieters entspringe.
35 OLG Naumburg 03.11.2005 VergabeR 2006, 88.
36 Vgl. VK Bund 02.09.2011 VK 1 – 108/11mwN, die sich auch ausführlich zum Zweck des Ausnahmetat-
    bestands äußert.

oder mehrerer elektronischer Kommunikationsdienste für die Öffentlichkeit zu ermöglichen. Unter die Bereichsausnahme fällt etwa die Zurverfügungstellung von Sendekapazitäten an öffentliche Auftraggeber, mit denen diese Kommunikationsdienste für die Öffentlichkeit bereitstellen. Allerdings müssen derartige Beschaffungen nach dem eindeutigen Wortlaut des Ausnahmetatbestandes den »hauptsächlichen Zweck« haben, die Bereitstellung entsprechender Netze oder Dienste **für die Öffentlichkeit** zu ermöglichen. Das heißt, es muss sich um unmittelbar auf die Bereitstellung entsprechender Netze oder Dienste gerichtete Beschaffungen handeln. Bloße Hilfsgeschäfte, die der öffentlichen Hand dienlich sein können, Telekommunikationsnetze oder Telekommunikationsdienste für die Öffentlichkeit aufrechtzuerhalten, fallen nicht hierunter.[37] Für ein »Bereitstellen« i.S.d. § 116 Abs. 2 GWB ist ein unmittelbarer Zugriff auf den Telekommunikationsdienst erforderlich, allein rechtliche Vorgaben reichen nicht aus.[38]

30 Die Begriffe »öffentliches Kommunikationsnetz« und »elektronischer Kommunikationsdienst« sind gemäß Artikel 8 der Richtlinie 2014/24/EU entsprechend den Definitionen der Richtlinie 2002/21/EG über einen gemeinsamen Rechtsrahmen für elektronische Kommunikationsnetze und -dienste (Rahmenrichtlinie)[39] auszulegen. Dabei kann es sich zum Beispiel um öffentliche Kommunikationsnetze im Sinne des § 3 Nr. 16a, 27 TKG oder die Bereitstellung eines oder mehrerer elektronischer Kommunikationsdienste im Sinne des § 3 Nr. 17a, 24 des TKG handeln.[40]

§ 117 Besondere Ausnahmen für Vergaben, die Verteidigungs- oder Sicherheitsaspekte umfassen

Bei öffentlichen Aufträgen und Wettbewerben, die Verteidigungs- oder Sicherheitsaspekte umfassen, ohne verteidigungs- oder sicherheitsspezifische Aufträge zu sein, ist dieser Teil nicht anzuwenden,
1. soweit der Schutz wesentlicher Sicherheitsinteressen der Bundesrepublik Deutschland nicht durch weniger einschneidende Maßnahmen gewährleistet werden kann, zum Beispiel durch Anforderungen, die auf den Schutz der Vertraulichkeit der Informationen abzielen, die der öffentliche Auftraggeber im Rahmen eines Vergabeverfahrens zur Verfügung stellt,
2. soweit die Voraussetzungen des Artikels 346 Absatz 1 Buchstabe a des Vertrags über die Arbeitsweise der Europäischen Union erfüllt sind,
3. wenn die Vergabe und die Ausführung des Auftrags für geheim erklärt werden oder nach den Rechts- oder Verwaltungsvorschriften besondere Sicherheitsmaßnahmen erfordern; Voraussetzung hierfür ist eine Feststellung darüber, dass die betreffenden wesentlichen Interessen nicht durch weniger einschneidende Maßnahmen gewährleistet werden können, zum Beispiel durch Anforderungen, die auf den Schutz der Vertraulichkeit der Informationen abzielen,
4. wenn der öffentliche Auftraggeber verpflichtet ist, die Vergabe oder Durchführung nach anderen Vergabeverfahren vorzunehmen, die festgelegt sind durch
   a) eine im Einklang mit den EU-Verträgen geschlossene internationale Übereinkunft oder Vereinbarung zwischen der Bundesrepublik Deutschland und einem oder mehreren Staaten, die nicht Vertragsparteien des Übereinkommens über den Europäischen Wirtschaftsraum sind, oder ihren Untereinheiten über Liefer-, Bau- oder Dienstleistungen für ein von den Unterzeichnern gemeinsam zu verwirklichendes oder zu nutzendes Projekt,
   b) eine internationale Übereinkunft oder Vereinbarung im Zusammenhang mit der Stationierung von Truppen, die Unternehmen betrifft, die ihren Sitz in der Bundesrepublik

---

37 Ebenso Antweiler in: Ziekow/Völlink, § 100a GWB (a.F.) Rn. 17.
38 So VK Bund 02.09.2011 – VK 1-108/11 mit Verweis auf §§ 3 Nr. 10, 16, 32, §§ 7, 16, 21 Nr. 6 TKG. Der Begriff »Bereitstellen« werde auch im Telekommunikationsrecht so verwendet, Synonyme seien hier die Begriffe »Betreiben« (von Telekommunikationsinfrastruktur) und »Erbringen« oder »Anbieten« (von Telekommunikationsdiensten).
39 ABl. L 108 vom 24.04.2002, S. 33.
40 So die Gesetzesbegründung, BT-Drucks. 18/6281, S. 95.

Deutschland oder einem Staat haben, der nicht Vertragspartei des Übereinkommens über den Europäischen Wirtschaftsraums ist, oder

c) eine internationale Organisation oder

5. wenn der öffentliche Auftraggeber gemäß den Vergaberegeln einer internationalen Organisation oder internationalen Finanzierungseinrichtung einen öffentlichen Auftrag vergibt oder einen Wettbewerb ausrichtet und dieser öffentliche Auftrag oder Wettbewerb vollständig durch diese Organisation oder Einrichtung finanziert wird. Im Falle einer überwiegenden Kofinanzierung durch eine internationale Organisation oder eine internationale Finanzierungseinrichtung einigen sich die Parteien auf die anwendbaren Vergabeverfahren.

A. Allgemeines

I. Bedeutung, systematische Einordnung und Zweck des § 117

Aufträge und Wettbewerbe, die Verteidigungs- oder Sicherheitsaspekte umfassen, ohne verteidigungs- oder sicherheitsspezifische Aufträge zu sein, sind bei Erfüllung der weiteren Voraussetzungen des § 117 Nr. 1 bis 5 **insgesamt** von der Anwendung der Vorgaben der §§ 97 ff. **freigestellt**. Die Nr. 1 bis 5 listen fünf unterschiedlich begründete bzw. veranlasste Konstellationen für die Freistellung von den Vorgaben der §§ 97 ff. auf. § 117 betrifft nach der amtlichen Überschrift **besondere Ausnahmen**. Das bedeutet, dass es sich bei den in § 117 Nr. 1 bis 5 normierten Varianten um abschließend vorgegebene **Ausnahmetatbestände** handelt, die wie auch die Ausnahmetatbestände der Vergaberichtlinien **eng auszulegen** sind.[1] Zu beachten ist, dass die Freistellung vom EU-/GWB-Vergaberecht nicht zwingend auch die Ausnahme von den Vorgaben des AEUV bedeutet. Diese ist stets gesondert zu prüfen.

Bei § 117 handelt es sich der Form nach um eine neue Vorschrift. Inhaltlich geht § 117 im Wesentlichen auf § 100 Abs. 8 Nr. 1 bis 6 GWB (alt) und § 100c Abs. 4 GWB (alt) zurück. § 117 übernimmt die Varianten des bisherigen § 100 Abs. 8 GWB (alt) und § 100c Abs. 4 GWB (alt) unter Vornahme von redaktionellen und inhaltlichen Änderungen. Die wichtigste inhaltliche Änderung

1

2

---

1 Für das Unionsrecht EuGH, Urt. v. 07.06.2012, Rs. C-615/10 InsTiimi Oy, Rn. 35 mwN; Urt. v 04.03.2010, Rs. C-38/06, Rn. 62 ff. mwN.; OLG Düsseldorf, Beschl. v. 01.08.2012, VII Verg 10/12; So bereits Arrowsmith Law of Public and Utilities Procurement 2. Aufl. 2005, 343 Fn. 17.

ist, dass § 117 nur öffentliche Aufträge und Wettbewerbe erfasst, die Verteidigungs- oder Sicherheits**aspekte** umfassen, ohne verteidigungs- oder sicherheitsspezifische Aufträge gem. § 104 zu sein. Voraussetzung für die Anwendung des § 100 Abs. 8 GWB (alt) und § 100c Abs. 4 GWB (alt) war hingegen, dass es sich um einen verteidigungs- oder sicherheits**relevanten** Auftrag handelte.

3   Der Gesetzgeber hat nicht definiert, was unter öffentlichen Aufträgen und Wettbewerben zu verstehen ist, die Verteidigungs- oder Sicherheitsaspekte umfassen, ohne verteidigungs- oder sicherheitsspezifische Aufträge zu sein. Der Gegenstand derartiger Aufträge und Wettbewerbe ist in Abgrenzung zur Definition verteidigungs- und sicherheitsspezifischer Aufträge gem. § 104 zu bestimmen. Die Intensität des Bezugs zum Verteidigungs- und Sicherheitsbereich ist gegenüber Aufträgen im Sinne von § 104 geringer. Bei »**Wettbewerben**« im Sinne der Vorschrift handelt es sich um Verfahren, die dazu dienen, dem öffentlichen Auftraggeber insbesondere auf den Gebieten der Raumplanung, der Stadtplanung, der Architektur und des Bauwesens oder der Datenverarbeitung einen Plan oder eine Planung zu verschaffen, deren Auswahl durch ein Preisgericht aufgrund vergleichender Beurteilung mit oder ohne Vergabe von Preisen erfolgt.[2]

4   § 117 erfasst nicht nur Aufträge, die durchweg Verteidigungs- oder Sicherheitsaspekte betreffen, sondern auch **gemischte Aufträge**, d.h. solche, die auch Leistungen umfassen, die grundsätzlich in den Geltungsbereich der EU-Vergaberichtlinien und damit der §§ 97 ff. fallen.[3] Die Vergabe von gemischten Aufträgen und die Durchführung von Wettbewerben, die Verteidigungs- oder Sicherheitsaspekte umfassen, ohne verteidigungs- oder sicherheitsspezifische Aufträge zu sein, jedoch nicht die weiteren Voraussetzungen des Ausnahmetatbestands des § 117 Nr. 1 bis Nr. 6 erfüllen, richtet sich nach den allgemeinen Vergaberegeln der §§ 97 ff. Der öffentliche Auftraggeber darf allerdings auch bei Vorliegen der Anwendungsvoraussetzungen des § 117 den Auftrag freiwillig nach den Vorgaben der Richtlinie 2014/24/EU bzw. der Richtlinie 2014/25/EU und den §§ 97 ff. vergeben.[4]

5   Die Vorschrift selbst enthält keine weiteren Vorgaben zur Handhabung von gemischten Aufträgen. Anhaltspunkte ergeben sich jedoch aus den Erwägungsgründen der Richtlinien 2014/24/EU und 2014/25/EU. Voraussetzung für die Freistellung gemischter Aufträge vom Vergaberecht ist, dass die Vergabe des Auftrags in seiner Zusammensetzung aus **objektiven Gründen** gerechtfertigt und die Entscheidung, diesen Auftrag so und nicht anders zu vergeben, nicht mit der Absicht getroffen worden ist, den Auftrag von der Anwendung der Richtlinie 2014/24/EU, der Richtlinie 2014/25/EG oder der Richtlinie 2009/81/EG auszuschließen (**Umgehungsverbot**).[5] Anders als bei gewöhnlichen Aufträgen kommt es im Falle gemischter Aufträge im Verteidigungs- und Sicherheitsbereich im Sinne von § 117 nicht auf den Hauptgegenstand des Auftrags an.[6] Die Festlegung zur Vergabe eines einheitlichen Auftrags ist auf der Grundlage einer Einzelfallprüfung durchzuführen. Es reicht nicht aus, dass die Absicht des Auftraggebers, die verschiedenen Teile eines gemischten Auftrags als untrennbar zu betrachten, zum Ausdruck gebracht oder zu vermuten ist; eine solche Absicht muss sich vielmehr auf objektive Gesichtspunkte stützen, die sie rechtfertigen und die Notwendigkeit begründen können, einen einzigen Auftrag zu vergeben.[7]

6   § 117 betrifft nach der amtlichen Überschrift **besondere Ausnahmen**. Das bedeutet, dass es sich bei den in § 117 Nr. 1 bis 5 normierten Varianten um **Ausnahmetatbestände** handelt, die wie auch die Ausnahmetatbestände der Vergaberichtlinien **eng auszulegen** sind.[8] Die Zahl derartiger Aufträge soll durch die enge Auslegung der Vorschriften so gering wie möglich gehalten werden.

---

2 Art. 2 Nr. 21 Richtlinie 2014/24/EU und Art. 2 Nr. 17 Richtlinie 2014/25/EU.
3 Erwägungsgründe 11 bis 13 Richtlinie 2014/24/EU.
4 Erwägungsgrund 13 Richtlinie 2014/24/EU.
5 Zum Ganzen ausführlich Erwägungsgrund 15 Richtlinie 2014/24/EU.
6 Vgl. Erwägungsgründe 11 bis 13 Richtlinie 2014/24/EU.
7 Erwägungsgrund 13 Richtlinie 2014/24/EU.
8 Für das Unionsrecht EuGH, Urt. v. 07.06.2012, Rs. C-615/10 InsTiimi Oy, Rn. 35 mwN; Urt. v 04.03.2010, Rs. C-38/06, Rn. 62 ff. m.w.N.; OLG Düsseldorf v. 01.08.2012, VII-Verg 10/12; Arrowsmith 343 Fn. 17.

Öffentliche Auftraggeber sollen nur in **besonderen Ausnahmefällen** von der Anwendung des Vergaberechts der §§ 97 ff. befreit sein. An das Vorliegen der Voraussetzungen des § 117 sind deshalb hohe Anforderungen zu stellen. Aufträge, die die Voraussetzungen von Ausnahmetatbeständen erfüllen, sind dem Wettbewerb auf dem EU-Binnenmarkt entzogen, so dass die Gefahr besteht, dass sie insbesondere nicht nach wirtschaftlichen Kriterien sowie nicht unter Wahrung der Gleichbehandlung vergeben werden. Die Begrenzung der Ausnahmen gilt erst recht seit Inkrafttreten der EU-Richtlinie 2009/81/EG, mit der ein besonderes Vergaberechtsregime geschaffen wurde, um einen europäischen Markt für Verteidigungsgüter aufzubauen und auch die Vergabe derartiger Aufträge nach transparenten Verfahren durchzuführen.[9] Um diese marktöffnende und wettbewerbsfördernde Intention des EU-Gesetzgebers nicht zu unterlaufen, dürfen nur noch solche Aufträge zum Schutz wesentlicher Sicherheitsinteressen eines EU-Mitgliedstaates vom Vergaberecht ausgenommen werden, bei denen selbst die besonderen Bestimmungen der Richtlinie 2009/81/EG und des in Deutschland durch die VSVgV umgesetzten Vergaberechtsregimes nicht ausreichen, um die betreffenden Sicherheitsinteressen zu schützen.

II. Gemeinsame Vorgaben für die Nr. 1 bis Nr. 3

Öffentliche Auftraggeber müssen vor der Vergabe von Aufträgen und der Durchführung von Wettbewerben im Hinblick auf die **Ausnahmen des § 117 Nr. 1 bis 3** im Einzelfall prüfen, ob die jeweiligen Voraussetzungen erfüllt sind.[10] Der Gesetzgeber hat deshalb in § 117 Nr. 1 bis 3 auf eine Konkretisierung bestimmter Bereiche, wie bislang in § 100 Abs. 8 Nr. 3 GWB (alt) erfolgt, verzichtet. Die in § 100 Abs. 8 Nr. 3 GWB (alt) genannten Sicherheitstatbestände können aber zur Auslegung von § 117 Nr. 1 bis Nr. 3 als eine Art Regelbeispiele herangezogen werden. Danach galten die §§ 97 ff. GWB (alt) nicht für die Vergabe von Aufträgen, die nach § 99 Abs. 7 GWB (alt) verteidigungs- oder sicherheitsrelevant waren und bei denen die Nichtanwendung des Vergaberechts geboten war zum Zweck des Einsatzes der Streitkräfte, zur Umsetzung von Maßnahmen der Terrorismusbekämpfung oder bei der Beschaffung von Informationstechnik oder Telekommunikationsanlagen zum Schutz wesentlicher nationaler Sicherheitsinteressen. 7

Die Anwendung der Ausnahmen der **Nr. 1 bis Nr. 3** muss dem **Grundsatz der Verhältnismäßigkeit** (Prüfung der Erforderlichkeit und Interessenabwägung) entsprechen. Das folgt für Nr. 1 und Nr. 2 aus der Formulierung »soweit« sowie für Nr. 3 aus »erforderlich« und aus »nicht durch weniger einschneidende Maßnahmen«. Die einschlägigen Ausnahmeregelungen sind dementsprechend nur insoweit in Anspruch zu nehmen, wie dies zur Wahrung der Sicherheitsinteressen unbedingt erforderlich und zur Erreichung der verfolgten Ziele angemessen ist.[11] Ausnahmen von der durch die EU-Vergaberichtlinien angestrebten erweiterten Zugänglichkeit des öffentlichen Beschaffungswesens für den Wettbewerb und von dem durch die Rechtsmittelrichtlinien garantierten Rechtsschutz ist nur in dem Umfang zu tolerieren, wie durch Sicherheitsbelange Einschränkungen tatsächlich erforderlich sind.[12] Anderenfalls würden die Verbindlichkeit und die effektive Durchsetzung des Unionsrechts (effet utile) beeinträchtigt werden. Der Auftraggeber darf auf die Durchführung eines Vergabeverfahren nur verzichten, wenn den Sicherheitsinteressen nicht entsprochen werden kann (ultima ratio). 8

---

9 VK Bund, Beschl. v. 12.12.2014, VK 1 – 98/14.

10 Gesetzesbegründung zum GWB, S. 117.

11 VK Bund, Beschl. v. 12.12.2014, VK 1 – 98/14, unter Verweis auf die Erwägungsgründe 16, 17, und 27 Richtlinie 2009/81/EG und die Mitteilung der Kommission zu Auslegungsfragen bezüglich der Anwendung des Art. 296 EG-Vertrag (= Art. 346 AEUV), KOM 2006/779 v 07.12.2006, S. 6.

12 OLG Düsseldorf, Beschl. v. 01.08.2012, VII Verg 10/12, unter Verweis u.a. auf EuGH, Urt. v. 07.06.2012, Rs. C-615/10 InsTiimi, Rn. 45; ähnlich OLG Düsseldorf, Beschl. v. 30.04.2003, VII Verg 61/02, VergabeR 2004, 371 Afghanistan-Flüge; Beschl. v. 30.03.2005, VII-Verg 101/04 BND-Neubau; Beschl. v. 10.09.2009, VII-Verg 12/09, VergabeR 2010, 83; Beschl. v. 12.07.2010, VII Verg 27/10, NZBau 2010, 778 Handgepäckkontrollanlagen; OLG Dresden, Beschl. v. 18.09.2009, WVerg 3/09, VergabeR 2010, 90 BOS-Digitalfunk; OLG Celle, Beschl. v. 03.12.2009, 13 Verg 14/09, VergabeR 2010, 230 Großleitstelle.

9   Das bedeutet, der öffentliche Auftraggeber muss vor der Anwendung der § 117 Nr. 1 bis 3 in einem *ersten Schritt* prüfen, ob das zu wahrende spezifische Sicherheitsinteresse nicht durch **weniger einschneidende Maßnahmen** gewährleistet werden kann als durch Nichtanwendung der Vergabevorschriften der §§ 97 ff. und der VSVgV.[13] In Betracht kommt dafür – unter Aufrechterhaltung der Rechtsschutzmöglichkeiten der am Auftrag interessierten Wirtschaftsteilnehmer – beispielsweise die spezifische Ausgestaltung der Ausschreibungsbedingungen, insbesondere die Vorgabe bestimmter Mindestanforderungen an die Eignung von Unternehmen.[14] Der öffentliche Auftraggeber muss nach der Rechtsprechung des EuGH zur Prüfung der Erforderlichkeit der Maßnahmen einen sog. less restrictive means – Test durchführen.[15] Das bedeutet, er muss diejenige Art der Vergabe wählen, die die geringsten Einschränkungen für die Bieter mit sich bringt, zugleich aber auch das staatliche Sicherheitsinteresse wahrt.[16] Wie sich auch aus der Rechtsprechung des OLG Düsseldorf zu § 100 Abs. 2 lit. d Var. 4 GWB (alt) ergibt, kann ein Fall der dieser Vorschrift ähnlichen § 117 Nr. 1 bis 3 deshalb nur dann vorliegen, wenn die Nichtanwendung des Vergaberechts im Sinne des Verhältnismäßigkeitsprinzips geeignet, erforderlich und angemessen ist. Es muss unumgänglich sein, die Ausschreibung einer Leistung vom Vergaberecht auszunehmen.[17] Dazu muss der Auftraggeber stets die **Möglichkeit gleichwirksamer milderer Maßnahmen** anstelle der gänzlichen Freistellung der Auftragsvergabe vom Vergaberecht prüfen.[18] Zu erwägen ist dafür beispielsweise, ob den Sicherheitsbelangen unter Umständen auch durch ein nichtoffenes Verfahren oder durch ein Verhandlungsverfahren mit vorausgehendem Teilnahmewettbewerb genügt werden kann.[19] Können beispielsweise Sicherheitsbelange auch durch eine geeignete Gestaltung des vorgeschriebenen Vergabeverfahrens oder vorausgehende Sicherheitsüberprüfungen gewährleistet werden, darf mangels Erforderlichkeit eine Ausnahme nach Nr. 1 bis 3 nicht angenommen werden. Insbesondere ist zu beachten, dass im Wege eines Teilnahmewettbewerbs diejenigen Unternehmen ausgewählt werden können, die zur Wahrung der wesentlichen staatlichen Sicherheitsinteressen geeignet sind. So erlaubt es der Teilnahmewettbewerb, an die Bieter zunächst nur die unbedingt notwendigen Informationen herauszugeben. Darüber hinaus ist anerkannt, dass für den Fall, dass eine **Leistung unter besonders schwierigen Bedingungen zu erbringen** ist, hinsichtlich bestimmter Eignungsmerkmale überdurchschnittlich hohe, über das normale Maß hinausgehende Anforderungen gestellt werden dürfen.[20] Das gilt auch für die Eignung von Unternehmen in Bezug auf einzuhaltende Sicherheitsstandards. In diesem Fall muss der Auftraggeber jedoch konkret angeben, an welche Eignungsmerkmale sie über dem Normalmaß liegende Anforderungen stellt und aus welchen Gründen sie das für erforderlich hält. Der Grundsatz der Verhältnismäßigkeit staatlichen Handelns ist selbst in dem Fall zu wahren, in dem die Sicherheitsinteressen des Staates dem Grunde nach schwerer wiegen als die Bieterinteressen. Die Prüfung, ob es weniger einschneidende Maßnahme gibt und die Abwägung der Sicherheitsbelange gegen die Interessen der Bieter sind in der Vergabeakte hinreichend zu **dokumentieren**.

10   Da durch eine Nichtanwendung des Vergaberechtsregimes der Bieterschutz entscheidend verkürzt wird, muss der öffentliche Auftraggeber, der einen Ausnahmefall iSv. Nr. 1 bis 3 annehmen will, in einem *zweiten Schritt* eine **Abwägung der Sicherheitsbelange gegen die Interessen der Bieter** durchführen. Eine willkürliche Maßnahme ist verboten. Eine Beeinträchtigung der wesentliche Sicherheitsinteressen der Bundesrepublik Deutschland oder der Bundesländer, die bereits eingetreten ist oder zu besorgen ist und deswegen zu einer Nichtanwendung des Vergaberechts führen soll,

---

13 OLG Düsseldorf WuW 2003, 1113, 1114.

14 OLG Düsseldorf, Beschl. v. 01.08.2012, VII Verg 10/12.

15 OLG Düsseldorf WuW 2003, 1113, 1114.

16 OLG Düsseldorf WuW 2003, 1113, 1114; VK Bund, Beschl. v. 28.05.1999, VK 2 – 8/99, Umdruck nach Veris, 7.

17 OLG Düsseldorf WuW 2003, 1113, 1114.

18 OLG Düsseldorf WuW 2003, 1113, 1114; VK Bund, Beschl. v. 28.05.1999, VK 2 – 8/99, Umdruck nach Veris, 7.

19 OLG Düsseldorf WuW 2003, 1113, 1114.

20 OLG Düsseldorf, Beschl. v. 05.10.2005, VII Verg 55/05.

muss demnach so schwerwiegend sein, dass demgegenüber die Bieterinteressen an einem nach den genannten Verdingungsordnungen förmlichen und mit subjektivem Rechtsschutz ausgestatteten Vergabeverfahren zurückzutreten haben.[21]

III. Überblick über den Inhalt der Regelung

§ 117 nimmt Aufträge und Wettbewerbe, die Verteidigungs- oder Sicherheitsaspekte umfassen, **11** ohne verteidigungs- oder sicherheitsspezifische Aufträge zu sein, unter den bestimmten Voraussetzungen der Nr. 1 bis Nr. 6 von der Anwendung der Vorgaben der §§ 97 ff. aus. Das gilt für Aufträge und Wettbewerbe, bei denen im Sinne von Nr. 1 der Schutz wesentlicher Sicherheitsinteressen der Bundesrepublik Deutschland nicht durch weniger einschneidende Maßnahmen gewährleistet werden kann, ferner für die nach Nr. 2 die Voraussetzungen des Art. 346 Abs. 1 lit. a AEUV erfüllt sind sowie für solche, bei denen im Sinne von Nr. 3 die Vergabe und die Ausführung des Auftrags für geheim erklärt werden oder nach den Rechts- oder Verwaltungsvorschriften besondere Sicherheitsmaßnahmen erfordern. Ferner sind solche Aufträge und Wettbewerbe von den §§ 97 ff. ausgenommen, bei denen, der öffentliche Auftraggeber nach Nr. 4 verpflichtet ist, die Vergabe oder Durchführung nach anderen Vergabeverfahren vorzunehmen. Gleichfalls sind solche Aufträge und Wettbewerber von der Anwendung der §§ 97 ff. ausgenommen, bei denen der öffentliche Auftraggeber im Sinne von Nr. 5 gemäß den Vergaberegeln einer internationalen Organisation oder internationalen Finanzierungseinrichtung einen öffentlichen Auftrag vergibt oder einen Wettbewerb ausrichtet und dieser öffentliche Auftrag oder Wettbewerb vollständig durch diese Organisation oder Einrichtung finanziert wird. Im Falle einer überwiegenden Kofinanzierung durch eine internationale Organisation oder eine internationale Finanzierungseinrichtung einigen sich die Parteien auf die anwendbaren Vergabeverfahren.

IV. Rechtliche Grundlagen

§ 117 setzt Art. 15 Abs. 2 und 3, Art. 17 der Richtlinie 2014/24/EU sowie die Art. 24 Abs. 2 und 3 **12** und Art. 27 der Richtlinie 2014/25/EU um. Art. 15 und Art. 17 der Richtlinie 2014/24/EU sowie die Art. 24 und Art. 27 der Richtlinie 2014/25/EU regeln die Anwendung des Vergaberechts auf Aufträge und Wettbewerbe, die Verteidigungs- oder Sicherheitsaspekte beinhalten. Art. 15 Abs. 2 und 3 und Art. 17 der Richtlinie 2014/24/EU sowie Art. 24 Abs. 2 und 3 und Art. 27 der Richtlinie 2014/25/EU erfassen die besonderen Ausnahmen vom Vergaberecht für solche Aufträge, die Verteidigungs- oder Sicherheitsaspekte umfassen, ohne die Voraussetzungen des Art. 2 der Richtlinie 2009/81/EG bzw. § 104 zu erfüllen, und die daher nicht in den besonderen Ausnahmebereich der Art. 8, 12 und 13 der Richtlinie 2009/81/EG fallen, wie sich aus Art. 15 Abs.1 lit. a) und b) der Richtlinie 2014/24/EU und Art. 24 Abs. 1 lit. a) und b) der Richtlinie 2014/25/EU ergibt. Die unionsrechtlichen Grundlagen für die in § 117 Nr. 1 bis Nr. 6 geregelten Ausnahme werden bei den entsprechenden Tatbeständen genannt.

V. Unterschwellenbereich

§ 117 gilt wie vorausgehend § 100 Abs. 8 GWB (alt) und § 100c Abs. 4 GWB (alt) nur für Vergabe- **13** verfahren mit einem Volumen oberhalb der EU-Schwellenwerte anwendbar. Für den Unterschwellenbereich gilt die Vorschrift gerade nicht.

B. Grundsätze für die besonderen Methoden und Instrumente

I. Schutz wesentlicher Sicherheitsinteressen

Bei öffentlichen Aufträgen und Wettbewerben, die Verteidigungs- oder Sicherheitsaspekte umfas- **14** sen, ohne verteidigungs- oder sicherheitsspezifische Aufträge zu sein, ist dieser Teil nicht anzuwen-

---

21 OLG Düsseldorf WuW 2003, 1113, 1114.

den, soweit der Schutz wesentlicher Sicherheitsinteressen der Bundesrepublik Deutschland nicht durch weniger einschneidende Maßnahmen gewährleistet werden kann, zum Beispiel durch Anforderungen, die auf den Schutz der Vertraulichkeit der Informationen abzielen, die der öffentliche Auftraggeber im Rahmen eines Vergabeverfahrens zur Verfügung stellt.

15 Zu den weniger einschneidenden Maßnahmen gehören zum Beispiel Anforderungen, die auf den Schutz der Vertraulichkeit solcher Informationen abzielen, die der öffentliche Auftraggeber im Rahmen eines Vergabeverfahrens zur Verfügung stellt. § 117 Nr. 1 setzt Art. 15 Abs. 2 UA 1 der Richtlinie 2014/24/EU bzw. Art. 24 Abs. 2 UA 1 der Richtlinie 2014/25/EU um. Im Gegensatz zu Art. 346 lit. b AEUV erweitern Art. 15 Abs. 2 UA 1 Richtlinie 2014/24/EU und Art. 24 Abs. 2 UA 1 Richtlinie 2014/25/EU die Ausnahme von der Anwendung des Vergaberechts über die Erzeugung von Waffen, Munition und Kriegsmaterial oder den Handel damit auf sämtliche Verträge, die Verteidigungs- oder Sicherheitsaspekte aufweisen, ohne in den Anwendungsbereich der Richtlinie 2009/81/EG zu fallen. Gleichzeitig greifen Art. 15 Abs. 2 UA 1 Richtlinie 2014/24/EU und Art. 24 Abs. 2 UA 1 Richtlinie 2014/25/EU zum Zwecke der Klarstellung ausdrücklich den Grundsatz der Verhältnismäßigkeit auf. Art.15 Abs. 2 UA 1 Richtlinie 2014/24/EU und Art. 24 Abs. 2 UA 1 Richtlinie 2014/25/EU lassen die Ausnahme vom Vergaberecht nämlich nur insoweit zu, als der Schutz wesentlicher Sicherheitsinteressen eines Mitgliedsstaats nicht durch weniger einschneidende Maßnahmen gewährleistet werden kann. Zu den weniger einschneidenden Maßnahmen gehören zum Beispiel Anforderungen, die auf den Schutz der Vertraulichkeit solcher Informationen abzielen, die der öffentliche Auftraggeber im Rahmen eines Vergabeverfahrens zur Verfügung stellt.

16 Die § 117 Nr. 1 vorausgehende Vorschrift des § 100 Abs. 8 Nr. 3 GWB (alt) kam hingegen bei der Vergabe von Aufträgen »zum Schutz wesentlicher nationaler Sicherheitsinteressen« zur Anwendung. Das Verständnis des Begriffs »wesentliche Sicherheitsinteressen der Bundesrepublik Deutschland« ist bislang nicht abschließend geklärt.[22] Ausgangspunkt für die Definition des Begriffs ist, dass die Mitgliedstaaten auf der Grundlage der Rechtsprechung des EuGH zu Art. 346 AEUV bzw. zu *ex* Art. 296 EG hinsichtlich der Bestimmung ihrer Sicherheitsinteressen einen **weiten Ermessensspielraum** haben. Die Definition der zu schützenden wesentlichen Sicherheitsinteressen der Bundesrepublik Deutschland darf nicht willkürlich erfolgen, sondern muss durch nachvollziehbare Gründe gerechtfertigt sein.[23] Der Sicherheitsbegriff der Nr. 1 ist über Art. 346 AEUV einer durch das **Gebot der Verhältnismäßigkeit** vorgegebenen Schranke unterworfen.

17 Der Begriff »wesentliche Sicherheitsinteressen der Bundesrepublik Deutschland« i.S.d. der Nr. 1 umfasst sowohl die **innerstaatliche Sicherheit** als auch die **äußere Sicherheit**,[24] den Verteidigungsbereich.[25] Das ergibt sich daraus, dass auch Art. 346 Abs. 1 lit. b AEUV uneingeschränkt die »wesentliche Sicherheitsinteressen der Bundesrepublik Deutschland« erfasst. Zu diesen gehört die innere und die äußere Sicherheit. Art. 346 Abs. 1 lit. a und lit. b AEUV stehen nicht in einem gegenseitigen Ausschlussverhältnis. Vielmehr ist **Art. 346 Abs. 1 lit. a AEUV als umfassender Auffangtatbestand** zu verstehen. Dieses Verständnis folgt auch aus dem systematischen Zusammenhang zu Art. 347 AEUV. Danach kann die Erfüllung der vertraglichen Pflichten eines Mitgliedstaates bei schwerwiegenden innerstaatlichen Störungen der öffentlichen Ordnung oder im Kriegsfall bzw. bei Kriegsgefahr ausgesetzt werden.[26] Als wesentliche Sicherheitsinteressen der Bundesrepublik

---

22 Vgl. VK Bund, Beschl. v 20.12.2000, VK 1 -39/00, wo die Antragsteller zwar argumentierten, das »wesentliche Sicherheitsinteresse des Staates« ergäbe sich »unmittelbar« aus § 29 c Luftverkehrsgesetz, die VK den Nachprüfungsantrag jedoch bereits aus anderen Gründen für unzulässig erklärte.

23 VK Bund, Beschl. v. 19.09.2003, VK 2 – 84/03, Umdruck nach Veris, 13; Marx in: Motzke/Pietzcker/Prieß, VOB Teil A, 1. Aufl. 2001, § 100 Abs. 2 lit. e GWB, Rn. 13.

24 Dafür OLG Düsseldorf WuW 2003, 1113, allerdings ohne Begründung; Boesen NVwZ 2007, 1233, 1234; aA. Prieß Handbuch 3. Aufl. 2005 S. 317.

25 Arrowsmith 346.

26 Boesen NVwZ 2007, 1233, 1234.

Hölzl

Deutschland, die in den Anwendungsbereich der Nr. 1 fallen, wird man auch die **Sicherheitsinteressen der Bundesländer** verstehen können. Das Verständnis des Terminus wesentliche Sicherheitsinteressen der Bundesrepublik Deutschland in Nr. 1 entspricht in Hinsicht auf den Begriff der nationalen Sicherheit demjenigen der öffentlichen Sicherheit i.S.d. Art. 36 AEUV.[27] Im Rahmen des Art. 36 AEUV werden vom Begriff der öffentlichen Sicherheit ebenfalls Fragen der äußeren und inneren Sicherheit erfasst, »insbesondere das Funktionieren seiner Wirtschaft, das seiner inneren Einrichtungen und seiner wichtigen öffentlichen Dienste und das Überleben seiner Bevölkerung.«[28] Die wesentliche Sicherheitsinteressen der Bundesrepublik Deutschland sind allerdings nur ein Teilbereich der durch Art. 36 AEUV geschützten (weit verstandenen) Sicherheitsinteressen.

Hinsichtlich der **Intensität der Sicherheitsinteressen** beschränkt § 117 Nr. 1 den Anwendungs- **18** spielraum auf »wesentliche Sicherheitsinteressen der Bundesrepublik Deutschland« und damit auf **herausragend wichtige, systemrelevante staatliche Interessen.** Dies wird man zugleich als eine Beschränkung auf solche Lebensbereiche verstehen müssen, die für die staatliche Existenz und das Zusammenleben der Menschen konstituierend sind.[29] Rechtsprechung und Literatur stimmen darin überein, dass ein **hoher Grad der Gefährdung der Sicherheit des Staates** erforderlich ist. Der Systematik des § 117 Nr. 1 ist umgekehrt nicht zu entnehmen, dass »nur die allerhöchsten Sicherheitsbelange« die Ausnahme von der Geltung des gemeinschaftsrechtlichen und nationalen Vergaberechts zu tragen vermögen.[30] Nicht notwendig ist insbesondere das restriktiv zu interpretierende Maß der Sicherheitsgefährdung des Art. 347 AEUV. Während dort nach Wortlaut und Zielsetzung der Norm eine fallweise zu bestimmende Ausnahmesituation notwendig ist (schwerwiegende Störung der öffentlichen Ordnung, Kriegsfall etc.), genügt für Art. 346 AEUV und damit auch für Nr.1 die begründete mitgliedstaatliche Annahme der Gefährdung wesentlicher Sicherheitsinteressen.[31] Lediglich Interessen von einem »gewissen Gewicht« reichen jedoch genauso wenig aus[32] wie bloß »erhebliche Sicherheitsinteressen«.[33] Insbesondere industrielle, wirtschaftliche oder wirtschaftspolitische Interessen können für sich allein betrachtet, auch wenn sie mit der Erzeugung von Waffen, Munition oder Kriegsmaterial in Zusammenhang stehen, die Inanspruchnahme der Ausnahmeregelung des Art. 346 Abs. 1 lit. b AEUV nicht rechtfertigen.[34] Es muss sich vielmehr um Interessen im Zusammenhang mit dem Selbstorganisationsrecht der Mitgliedstaaten handeln, dessen engster Kernbereich naturgemäß die wesentlichen Sicherheitsinteressen erfasst.[35] Die wesentliche Sicherheitsinteressen der Bundesrepublik Deutschland müssen zudem objektiv gewichtig gefährdet oder beeinträchtigt sein.[36]

Der Schutz »wesentlicher Sicherheitsinteressen« ist beispielsweise betroffen bei Aufträgen, bei deren **19** Vergabe und Durchführung die Unternehmen Einblick in die Organisation oder Arbeitsweise von Sicherheitsbehörden erlangen, sowie bei Beschaffungen, die im Zusammenhang mit Einsätzen der Bundespolizei stehen oder bei Beschaffung sensibler Materialien oder Anlagen, wenn der Schutz wesentlicher Interessen der Sicherheit des Staates es gebietet.[37] Die Vergabekammer des Bundes

---

27 Arrowsmith, 346; Wegener in: Calliess/Ruffert, Art. 346 AEUV Rn. 1 – 4; siehe auch EuGH, C-83/94, Slg. 1995, I-3231, Rn. 26 Leifer ua.

28 EuGH, 72/83, Slg. 1984, 2727, Rn. 34 Campus Oel; C-367/98, Slg. 1881, I-4621, Rn. 22 Richardt; C-398/98, Slg, 2001, I-7915, Rn. 30 Kommission/Griechenland.

29 Ziffer 4 Mitt. Auslegungsfragen Art. 296.

30 KG, Beschl. v. 19.06.2001, Kart Verg 1/99, Umdruck nach Veris, 13.

31 Wegener in: Calliess/Ruffert, Art. 346 AEUV Rn. 1 – 4.

32 So aber KG, Beschl. v. 19.06.2001, Kart Verg 1/99, Umdruck nach Veris, 13.

33 So aber VK Bund, Beschl. v. 19.09.2003, VK 2 – 84/03, Umdruck nach Veris, 13.

34 Punkt 4 Mitt. Auslegungsfragen Art. 296; Jaeckel in: Grabitz/Hilf/Nettesheim, Das Recht der Europäischen Union, 57. EL August 2015, Art. 346, Rn. 15.

35 Marx in: Motzke/Pietzcker/Prieß, VOB Teil A, 1. Aufl. 2001, § 100 Abs. 2 lit. e GWB, Rn. 13.

36 OLG Düsseldorf WuW 2003, 1113, 1114; VK Mecklenburg-Vorpommern, Beschl. v. 11.01.2007, 2 VK 11/06, Umdruck nach Veris, 28.

37 BR-Drucks. 349/09, 34.

nahm hinsichtlich des Betriebs des Gefechtsübungszentrums Heer das Vorliegen besonderer Sicherheitsinteressen an.[38] Auf diesem Gelände bzw. mit den dort zur Verfügung stehenden Anlagen werden Soldaten der Bundeswehr ua. für Auslandseinsätze vorbereitet. Eine objektiv gewichtige Gefährdung oder Beeinträchtigung der Sicherheitslage sei nicht erst dann anzunehmen, wenn es um den Schutz allerhöchster Sicherheitsbelange gehe, sondern bereits dann, wenn ein Sicherheitsbedürfnis von einem gewissen Gewicht betroffen ist. Im Unterschied hierzu verneinte das OLG Düsseldorf in der Entscheidung *Bundeswehrlufttransport*[39] das Vorliegen des Ausnahmetatbestands des § 100 Abs. 2 lit. d Var. 3 aF. GWB (alt). Denn dem besonderen Sicherheitsinteresse an der Geheimhaltung der Fracht, Start- und Landeplätze, -zeiten sowie Flugrouten könne durch eine vorausgehende Eignungsprüfung der Bieter hinreichend Rechnung getragen werden.

II. Soweit die Voraussetzungen des Art. 346 Abs. 1 lit. a AEUV erfüllt sind

20   Bei öffentlichen Aufträgen und Wettbewerben, die Verteidigungs- oder Sicherheitsaspekte umfassen, ohne aber verteidigungs- oder sicherheitsspezifische Aufträge zu sein, ist der vierte Teil des GWB nicht anzuwenden, soweit die **Voraussetzungen des Art. 346 Abs. 1 lit. a AEUV** erfüllt sind. Nach Art. 346 Abs. 1 lit. a AEUV ist ein Mitgliedstaat nicht verpflichtet, Auskünfte zu erteilen, deren Preisgabe seines Erachtens seinen **wesentlichen Sicherheitsinteressen** widerspricht. Das bedeutet, dass die §§ 97 ff. nicht für die Vergabe von Aufträgen gelten, bei denen die Anwendung des EU- bzw. GWB-Vergaberechts den Auftraggeber dazu zwingen würden, im Zusammenhang mit dem Vergabeverfahren oder der Auftragsausführung Auskünfte zu erteilen, deren Preisgabe **seines Erachtens** nach wesentlichen Sicherheitsinteressen der Bundesrepublik Deutschland im Sinne des Art. 346 Abs. 1 lit. a AEUV widerspricht. Die Vorschrift entspricht weitgehend § 100 Abs. 6 Nr. 1 GWB (alt) und dem diesem vorausgehenden § 100 Abs. 2 lit. d. Var. dd GWB (alt).

21   § 117 Nr. 2 dient der Umsetzung von Art. 15 Abs. 2 UA 2 Richtlinie 2014/24/EU und Art. 24 Abs. 2 UA 2 der Richtlinie 2014/25/EU, die Art. 13 lit. a Richtlinie 2009/81/EG entsprechen. Art. 118 Abs. 2 UA 2 Richtlinie 2014/24/EU und Art. 24 Abs. 2 UA 2 Richtlinie 2014/25/EU nehmen ausdrücklich Art. 346 lit. a AEUV in Bezug. Die Fassung der neu in § 117 Nr. 2 übernommenen Ausnahme für Aufträge, die Verteidigungs- oder Sicherheitsaspekte beinhalten, orientiert sich am Wortlaut der bisherigen allgemeinen Ausnahme gemäß § 100 Abs. 6 Nr. 1 GWB. Bei § 117 Nr. 2 handelt es sich um eine **Auffangvorschrift**. Das folgt aus Art. 15 Abs. 2 UA 2 Richtlinie 2014/24/EU und Art. 24 Abs. 2 UA 2 der Richtlinie 2014/25/EU, wonach diese Richtlinien keine Anwendung auf öffentliche Aufträge und Wettbewerbe findet, die durch die Absätze 1 der genannten Vorschriften nicht **anderweitig** von der Anwendung der Richtlinien ausgenommen sind. Dies kann insbesondere dann der Fall sein, wenn Aufträge so sensibel sind, dass sogar deren Existenz geheim gehalten werden muss.[40] Der Fall der Geheimhaltung ist allerdings durch § 117 Nr. 3 als *lex specialis* erfasst. Art. 15 Abs. 2 UA 2 Richtlinie 2014/24/EU und Art. 24 Abs. 2 UA 2 Richtlinie 2014/25/EG entsprechen Art. 13 lit. a RL 2009/81/EG.

22   Die Ausnahme des § 117 Nr. 2 ist von den Vergabenachprüfungsinstanzen unabhängig davon zu prüfen, ob sich der öffentliche Auftraggeber auf sie beruft.[41] Bislang ist die Vorschrift in der Praxis als Auffangvorschrift gleichwohl nur vereinzelt zur Anwendung gekommen.[42] So hat die VK Bund es nicht ausgeschlossen, dass wesentliche Sicherheitsinteressen der Bundesrepublik Deutschland i.S.d. § 117 Nr. 2 bzw. § 100 Abs. 6 Nr. 1 GWB (alt) i.V.m. Art. 346 Abs. 1 lit. a AEUV berührt sein können, wenn es um die Beschaffung von Betriebsstoffen geht, ohne die die Streitkräfte nicht einsatzfähig sind.[43] Gleichfalls kann zumindest nicht ausgeschlossen werden, dass bei der Durch-

---

38 VK Bund, Beschl. v. 19.09.2003, VK 2 – 84/03.
39 OLG Düsseldorf VergabeR 2004, 371.
40 Erwägungsgrund 21 Richtlinie 2009/81/EG.
41 OLG Düsseldorf, Beschl. v. 01.08.2012, VII-Verg 10/12.
42 OLG Düsseldorf, Beschl. v. 01.08.2012, VII-Verg 10/12; VK Bund, Beschl. v. 12.12.2014, VK 1 – 98/14.
43 VK Bund, Beschl. v. 12.12.2014, VK 1 – 98/14.

führung dieses Auftrags, d.h. bei der Betankung der Fahrzeuge der Streitkräfte Informationen preisgegeben werden (z.B. Name und Art der zu versorgenden Einheit), deren Preisgabe den Sicherheitsinteressen widersprechen könnte, weil solche Informationen durchaus z.B. für die Planung terroristischer Anschläge auf die Streitkräfte relevant sein können.

Die Rechtsprechung räumte öffentlichen Auftraggebern im Rahmen des § 100 Abs. 6 Nr. 1 GWB **23** (alt) einen nur **eingeschränkt überprüfbaren Beurteilungsspielraum** ein.[44] Grund dafür war, dass die Vorschrift für die Betroffenheit von wesentlichen Sicherheitsinteressen der BRD von der Einschätzung des öffentlichen Auftraggebers ausging (»seiner Ansicht nach«). Auch wenn § 117 Nr. 2 diese Formulierung nicht mehr enthält, dürfte sich daran nichts geändert haben, weil die Vorschrift auf die Voraussetzungen des Art. 346 Abs. 1 lit. a AEUV verweist und es in dieser wegen der Formulierung »seines Erachtens« auf die Einschätzung des Mitgliedstaates und damit im einzelnen Fall auf den öffentlichen Auftraggeber ankommt. Die Vergabenachprüfungsinstanzen dürfen den Beurteilungsspielraum des öffentlichen Auftraggebers nur auf die Einhaltung seiner Grenzen überprüfen. So dürfen sie u.a. kontrollieren, ob der Auftraggeber den seiner Einschätzung zugrunde liegenden Sachverhalt vollständig und zutreffend ermittelt und bei der Bewertung berücksichtigt sowie darauf, ob er allgemeine Bewertungsmaßstäbe eingehalten hat und sachwidrige Erwägungen dabei keine Rolle gespielt haben.

Die **Darlegungs- und Beweislast** für das Vorliegen der Voraussetzungen des § 117 Nr. 2 liegt beim **24** öffentlichen Auftraggeber. Entsprechend hoch sind die Anforderungen an die Dokumentation der Erwägungen und Gründe dafür, dass der Auftrag die Voraussetzungen des Ausnahmetatbestands des § 117 Nr. 2 erfüllt und deshalb vom EU-/GWB-Vergaberecht ausgenommen werden muss.

III. Vergabe und Ausführung des Auftrags für geheim erklärt oder besondere Sicherheitsmaßnahmen erforderlich

1. Grundsätze, die für alle Varianten der Nr. 3 gelten

Bei öffentlichen Aufträgen und Wettbewerben, die Verteidigungs- oder Sicherheitsaspekte umfassen, **25** sen, ohne verteidigungs- oder sicherheitsspezifische Aufträge zu sein, sind die §§ 97 ff. GWB nicht anzuwenden, wenn die **Vergabe und die Ausführung des Auftrags für geheim erklärt werden** oder nach den Rechts- oder Verwaltungsvorschriften **besondere Sicherheitsmaßnahmen erfordern**; Voraussetzung ist allerdings die vorausgehende Feststellung des öffentliche Auftraggebers, dass die betreffenden wesentlichen Interessen **nicht durch weniger einschneidende Maßnahmen gewährleistet** werden können, zum Beispiel durch Anforderungen, die auf den Schutz der Vertraulichkeit der Informationen abzielen.

§ 117 Nr. 3 setzt Art. 15 Abs. 3 Richtlinie 2014/24/EU und Art. 24 Abs. 3 Richtlinie 2014/25/EU **26** in das deutsche Recht um. Anders als Art. 14 Richtlinie 2004/18/EG greifen Art. 15 Abs. 3 Richtlinie 2014/24/EU und Art. 24 Abs. 3 Richtlinie 2014/25/EU wiederum zum Zwecke der Klarstellung ausdrücklich das **Verhältnismäßigkeitsgebot** auf. Das Vergaberecht ist nicht anzuwenden, sofern der Mitgliedstaat festgestellt hat, dass die betreffenden wesentlichen Interessen nicht durch weniger einschneidende Maßnahmen geschützt werden können. Zu den weniger einschneidenden Maßnahmen gehören zum Beispiel Anforderungen, die auf den Schutz der Vertraulichkeit solcher Informationen abzielen, die der öffentliche Auftraggeber im Rahmen eines Vergabeverfahrens zur Verfügung stellt.

Die Varianten der Nr. 3 setzen jeweils voraus, dass sich um öffentliche Aufträge oder Wettbewerbe **27** handelt, die Verteidigungs- oder Sicherheitsaspekte umfassen, ohne verteidigungs- oder sicherheitsspezifische Aufträge zu sein. Sind diese Voraussetzungen erfüllt, finden die §§ 97 ff. bei Vorliegen der weiteren Voraussetzungen einer oder beider Varianten des § 117 Nr. 3 keine Anwendung. Nr. 3 betrifft nur **wesentliche Interessen**. Eine Berufung auf die Ausnahmevorschrift ist deshalb nur zulässig, soweit das zwingend erforderlich ist. Die Rechte der Bieter dürfen stets nur soweit wie notwendig

---

44 VK Bund, Beschl. v. 12.12.2014, VK 1 – 98/14.

eingeschränkt werden. Auf die insoweit erforderliche Abwägung hat die Kommission für die Ausnahmeregelung des Art. 346 AEUV hingewiesen.[45] Gleiches gilt auch für § 117 Nr. 3 Auftraggeber müssen deshalb insbesondere in Grenzfällen eine besonders **strenge Einzelfallprüfung** durchführen.

28   Die Voraussetzungen der Nr. 3 sind danach nur dann erfüllt, wenn den Interessen **nicht bereits in einer früheren Phase** Rechnung getragen werden kann. Ein öffentlicher Auftraggeber, der sich zu irgendeinem Zeitpunkt eines Vergabeverfahrens auf das Vorliegen der Voraussetzungen der Nr. 3 beruft, muss in der vorausgehenden Phase, das heißt schon in der Vergabebekanntmachung sowie dann bei der Überlassung der Vergabeunterlagen an die Bieter zum einen alles dafür getan haben, den Sicherheitsinteressen gerecht zu werden, zum anderen im Sinne des Verhältnismäßigkeitsprinzips eine möglichst wettbewerbsorientierte und transparente Ausschreibung durchgeführt haben. Unternimmt ein öffentlicher Auftraggeber in dieser Hinsicht nichts, obwohl ihm geeignete und den vergaberechtlichen Grundsätzen entsprechende Maßnahmen zur Verfügung gestanden hätten, darf er sich in einer späteren Phase der Ausschreibung nicht auf das Vorliegen der Voraussetzungen der Nr. 3 berufen. Aus der Pflicht zur engen Auslegung der Nr. 3 folgt, dass der öffentliche Auftraggeber – soweit möglich – **nicht sicherheitsrelevante Teile eines Auftrags abtrennen** und nach den allgemeinen Regeln ausschreiben muss.[46] Die tatsächlichen Gründe, die im Interesse der Sicherheit des Staates eine Einschränkung der Rechte der Bieter erfordern, muss der öffentliche Auftraggeber in einem Vergabevermerk dokumentieren.[47] Das gilt insbesondere für die sicherheitsrelevanten Erwägungen in Hinsicht auf die (Un)Möglichkeit eines denkbaren milderen Eingriffs.[48] Für die Gründe obliegt dem öffentlichen Auftraggeber im Streitfall die **Darlegungs- und** im Fall einer Nichterweislichkeit die **Beweislast**.[49]

2. Aufträge, die für geheim erklärt werden, Nr. 3 Var. 1

29   Nr. 3 Var. 1 regelt die Vergabe und Ausführung von Aufträgen für geheim erklärt werden. Die Vorschrift ersetzt § 100 Abs. 8 Nr. 1 GWB (alt). Der Gesetzgeber hat die Passage gestrichen, dass die Geheimerklärung in Übereinstimmung mit den Inländischen Rechts- und Verwaltungsvorschriften erfolgen muss zwar gestrichen, sie ist jedoch hinzuzulesen. Voraussetzung ist damit, dass der entsprechende Auftrag an sich nach den nationalen Sicherheitsvorschriften »grundsätzlich und generell« für geheim erklärt worden ist.[50] Als rechtliche Grundlage für die Einstufung eines Auftrags als geheim reicht nach Nr. 3 Var. 1 bereits eine Verwaltungsvorschrift aus.[51] Rechts- und Verwaltungsvorschriften i.S.d. Nr. 3 Var. 1, in deren Übereinstimmung die Geheimerklärung erfolgen muss, sind in Deutschland sämtliche Bestimmungen, die unmittelbar oder mittelbar dem Schutz staatlicher Sicherheitsinteressen dienen. Vorschriften in diesem Sinne sind die Bestimmungen des Gesetzes über die Voraussetzungen und das Verfahren von Sicherheitsüberprüfungen des Bundes sowie die darauf basierende Allgemeine Verwaltungsvorschrift zum materiellen und organisatorischen Schutz von Verschlusssachen, insbesondere die Vorschriften des SÜG zur Einstufung als Verschlusssache.

30   Nr. 3 Var. 1 erfasst Aufträge, bei denen schon im Zusammenhang mit ihrer Bekanntmachung oder Überlassung der Vergabeunterlagen oder bei der Ausführung des Auftrages an Bieter **geheimhaltungsbedürftige Informationen** preisgegeben werden müssten.[52] Hinreichend, aber nicht notwendig für die Annahme von Var. 1 ist, dass der Auftrag erfordert, jegliche Veröffentlichung des

---

45 Mitt. Auslegungsfragen Art. 296, 8.
46 VK Bund, Beschl. v. 14.07.2005, VK 3 – 55/05; VK Bund ZVgR 1999, 129.
47 OLG Düsseldorf WuW 2003, 1113, 1114 f.; WuW/E Verg 817, 818.
48 VK Mecklenburg-Vorpommern, Beschl. v. 11.01.2007, 2 VK 11/06, Umdruck nach Veris, 29.
49 So für die Merkmale der Ausnahmetatbestände der Richtlinien Trybus ELR 2002, 692, 707; OLG Düsseldorf VergabeR 2004, 371, für § 100 Abs. 2 lit. d GWB (alt); VK Mecklenburg-Vorpommern, Beschl. v. 11.01.2007, 2 VK 11/06, Umdruck nach Veris, 29.
50 Marx in: Motzke/Pietzcker/Prieß, VOB Teil A, 1. Aufl. 2001, § 100 Abs. 2 lit. e GWB, Rn. 13.
51 Prieß Handbuch S. 547.
52 Arrowsmith 344; Boesen Rn. 54.

Hölzl

Beschaffungsvorhabens zu vermeiden. Es stellt keinen Widerspruch dar, wenn der Vergabegegenstand selbst öffentlich bekannt ist, die Art und Weise seiner Umsetzung jedoch der Geheimhaltung unterliegt.[53] In bestimmten Fallkonstellationen kann jedoch bereits die Existenz des Vergabeprojektes als solches geheimhaltungsbedürftig sein. Das betrifft beispielsweise die Beschaffung von hitzeresistenten Zelten oder anderen hochspezifischen Ausrüstungsgegenständen. Die Veröffentlichung des Umstandes, dass solche Gegenstände beschafft werden sollen, würde vor dem Hintergrund der jeweils aktuellen zeitgeschichtlichen Ereignisse dazu führen, dass allein dadurch Zeit, Ort und Art und Weise des Einsatzes dieser Güter und damit das Vorhaben an sich bekannt werden würde.[54] § 117 Nr. 3 Var. 1 dürfte, wie die der ehemalige § 100 Abs. 2 lit. d Var. 1 GWB, nicht auf Fälle begrenzt sei, die Sicherheitsfragen betreffen, sondern auch Konstellationen erfasse, in denen die Geheimhaltung aus wirtschaftlichen Gründen erforderlich ist, beispielsweise die Geheimhaltung eines neu entwickelten Produkts.[55] Var. 1 kann in solchen Fällen jedoch allenfalls dann greifen, wenn der öffentliche Auftraggeber dieses Interesse hat, die Interessen von Bietern sind für die Annahme der Ausnahme nach Var. 1 nicht relevant. Darüber hinaus kommt eine Geheimhaltung auch in Hinblick auf kommerzielle Geheimhaltungsinteressen des Auftraggebers nur dann in Betracht, wenn sich die Geheimhaltung mit dieser Zielsetzung auf eine Verwaltungsvorschrift stützen lässt. Die **Rechtsprechung** sah die Voraussetzungen des ehemaligen § 100 Abs. 2 lit. d Var. 1 GWB (alt) beispielsweise für die Objektplanung des BND-Gebäudes[56] und für die Einführung des BOS-Digitalfunks für erfüllt an.[57]

Nr. 3 Var. 1 ist als spezielle Ausprägung des Art. 346 Abs. 1 lit. a AEUV zu verstehen, wonach 31 die Mitgliedstaaten nicht verpflichtet sind, Auskünfte zu erteilen, die ihres Erachtens wesentliche Sicherheitsinteressen berühren. Auskünfte in diesem Sinn sind auch die im Rahmen von Vergabeverfahren bekanntzugebenden Informationen, insbesondere die Beschreibung des Auftragsgegenstands in der Leistungsbeschreibung. Für das Vorliegen von Nr. 3 Var. 1 muss eine tatsächliche und hinreichend schwere Gefährdung staatlicher Sicherheitsinteressen gegeben sein. Darüber hinaus müssen die Geheimschutzinteressen im Einzelfall nachvollziehbar sein.[58] Die nationalen Rechtsgrundlagen für die Geheimhaltung sind eng und **unionsrechtskonform** auszulegen.

Geheim im Sinne von Var. 1 sind alle Aufträge, die nach den deutschen **Geheimschutzvorschriften** 32 **Verschlusssachen** mit der Einstufung VS-Vertraulich oder höher eingestuft sind.[59] Das korrespondiert damit, dass VS-Vertraulich und höher eingestufte Aufträge nur an Unternehmen vergeben werden können, die sich in der **Geheimschutzbetreuung** des Bundesministeriums für Wirtschaft und Technologie befinden.[60] § 4 SÜG unterscheidet in Bezug auf Verschlusssachen explizit **vier Stufen** in absteigender Bedeutung (streng geheim; geheim; VS-Vertraulich; VS-Nur für den Dienstgebrauch). Die Rechtsgrundlage für die Geheimerklärung ist grundsätzlich § 4 SÜG und die Verschlusssachenanweisung des Bundesministeriums des Innern zum materiellen und organisatorischen Schutz von Verschlusssachen (»VSA«).[61] § 4 SÜG bestimmt, dass Voraussetzung für eine Geheimerklärung das Vorliegen einer Verschlusssache ist. Verschlusssachen sind gem. § 4 Abs. 1 S. 1 SÜG im öffentlichen Interesse geheimhaltungsbedürftige Tatsachen, Gegenstände oder Erkenntnisse, unabhängig von ihrer Darstellungsform. Sie werden nach S. 2 entsprechend ihrer Schutzbedürftigkeit von einer amtlichen Stelle oder auf deren Veranlassung eingestuft. Eine Erklärung »nur für den Dienstgebrauch« gemäß § 4 Abs. 2 Nr. 4 SÜG besitzt keine für Nr. 3 Var. 1 ausreichende

---

53 OLG Düsseldorf, Beschl. v. 20.12.2004, VII Verg 101/04; Beschl. v. 30.03.2005, Verg 101/04; VK Bund, Beschl. v. 14.07.2005, VK 3 – 55/05.
54 Arrowsmith 344.
55 Arrowsmith 344.
56 OLG Düsseldorf, Beschl. v. 20.12.2004, VII Verg 101/04.
57 OLG Düsseldorf, Beschl. v. 30.03.2005, VII Verg 101/04.
58 VK Bund, Beschl. v. 09.02.2004, VK 2 – 154/03.
59 BR-Drucks. 349/08, 33 f.
60 BR-Drucks. 349/08, 33 f.
61 Abgedruckt in GMBl. 1994, 674.

Geheimhaltungsintensität. Der Begriff der Geheimerklärung in Nr. 3 Var. 1 ist konkret im Sinne von § 4 Abs. 2 Nr. 2 SÜG zu verstehen. Danach sind nur solche Tatsachen und Gegenstände als geheim einzustufen, deren Kenntnisnahme durch Unbefugte die Sicherheit der Bundesrepublik Deutschland oder eines ihrer Länder gefährden oder ihren Interessen schweren Schaden zufügen kann (vgl. § 4 Abs. 2 Nr. 2 SÜG).[62]

33   Ein bestimmtes **Verfahren für die Verschlusssachen-Erklärung** gibt das Gesetz nicht vor.[63] Voraussetzung der »Geheimerklärung« ist nach § 4 Abs. 1 SÜG, § 5 Abs. 1 VSA lediglich, dass diese von einer »amtlichen Stelle« oder auf deren Veranlassung hin erfolgt.[64] Eine amtliche Stelle ist jede staatliche Institution, der Begriff ist weit zu verstehen, vgl. § 1 Abs. 4 BVerwVfG. Erforderlich ist eine rechtsfehlerfreie Risikobewertung der »amtlichen Stelle«.[65] Der **Beurteilungsspielraum** muss aufgrund hinreichend vollständiger Ermittlungen, anhand sachlich nachvollziehbarer Kriterien sowie unter Berücksichtigung der weitreichenden Konsequenzen eines nicht überprüfbaren Vergabeverfahrens ausgeübt werden.[66] Ob diese Anforderungen eingehalten wurden, ist im Wege einer **Gesamtschau der in diesem Zusammenhang relevanten Faktoren** zu ermitteln.[67] Die VK Bund hat für die Annahme eines Falles von § 100 Abs. 2 lit. d Var. 1 GWB (alt) nicht darauf abgestellt, ob Geheimhaltungsinteressen den Verzicht auf ein Vergabeverfahren als angemessen erscheinen lassen, sondern knüpfte nur an die **formale** Voraussetzung der **Geheimerklärung** an.[68] Im Gegensatz dazu ist nach Nr. 3 Var. 1 eine Abwägung der Sicherheitsinteressen des Staates mit den Interessen der vermeintlich betroffenen Unternehmen erforderlich. Der Wortlaut der Vorschrift enthält ausdrücklich die Formulierung »erfordern« und gibt vor zu prüfen, ob die wesentlichen Interessen nicht durch weniger einschneidende Maßnahmen gewährleistet werden können.[69]

3.   Erfordernis besonderer Sicherheitsmaßnahmen, Var. 2

34   Nr. 3 Var. 2 erfasst Aufträge, deren Ausführung nach den Rechts- und Verwaltungsvorschriften in der Bundesrepublik Deutschland besondere Sicherheitsmaßnahmen erfordert. Vorschriften idS. sind z.B. solche des SÜG und LuftAG. Es müssen wesentliche Interessen betroffen sein, d.h. von dem Auftrag muss eine Gefahr für besonders schützenswerte Güter ausgehen, die besondere Sicherheitsmaßnahmen erforderlich macht. Besondere Sicherheitsmaßnahmen iSv. Var. 2 sind beispielsweise Schutzvorkehrungen, die beim Transport von sensiblem Material zur Verbrechens- oder Terrorismusbekämpfung notwendig sind.[70] Sicherheitsmaßnahmen sind z.B. Maßnahmen nach dem SÜG wie die Sicherheitsüberprüfung nach § 8 SÜG oder § 10 SÜG. Der EuGH hat die **Erteilung eines Sicherheitszertifikats,** das für die Ausführung eines Auftrags zur Küstenbeobachtung notwendig war, als besondere Sicherheitsmaßnahme iSv. Art. 4 Abs. 2 der RL 92/50 ausreichen lassen.[71] Die deutschen Nachprüfungsinstanzen sind dieser Rechtsprechung gefolgt und nahmen die Voraussetzungen des § 100 Abs. 2 lit. d Var. 2 GWB (alt) für die Erstellung, Lieferung und Wartung des

---

62   VK Bund, Beschl. v. 14.07.2005, VK 3 – 55/05, Umdruck nach Veris, 15; OLG Düsseldorf, Beschl. v. 30.03.2005, Verg 101/04; Beschl. v. 16.12.2009, Verg 32/09.

63   VK Bund, Beschl. v. 14.07.2005, VK 3 – 55/05.

64   VK Bund, Beschl. v. 14.07.2005, VK 3 – 55/05, Umdruck nach Veris, 14.

65   Vgl. OLG Düsseldorf, Beschl. v. 30.03.2005, VII Verg 101/04; VK Bund, Beschl. v. 14.07.2005, VK 3 – 55/05.

66   OLG Düsseldorf, Beschl. v. 20.12.2004, VII Verg 101/04; VK Bund, Beschl. v. 11.11.2004, VK 1 – 207/04; Beschl. v. 14.07.2005, VK 3 – 55/05, Umdruck nach Veris, 14.

67   VK Bund, Beschl. v. 14.07.2005, VK 3 – 55/05, Umdruck nach Veris, 14.

68   VK Bund, Beschl. v. 14.07.2005, VK 3 – 55/05, Umdruck nach Veris, 14.

69   Anders noch zum ehemaligen § 100 Abs. 2 lit. d Var. 1 GWB (alt) zutreffend VK Bund, Beschl. v. 30.07.2010, VK 2 – 56/10.

70   BR-Drucks. 349/08, 34; Arrowsmith 344.

71   EuGH, C-252/01, Slg. 2003, I-11 859, Rn. 36 Kommission/Belgien, NZBau 2004, 281, 282; Arrowsmith 343.

Datenverarbeitungsprogramms »Notfallvorsorge-Informationssystem«,[72] die Objektplanung für das neue Berliner BND-Gebäude,[73] den Umzug des Auswärtigen Amtes,[74] die Absicherungstechnik von Bundeswehrliegenschaften,[75] hinsichtlich des Wartungs- und Instandsetzungsvertrages von TV-Überwachungsanlagen für Flughäfen[76] und für Bewachungsleistungen an.[77] Abgelehnt wurde die Annahme der § 100 Abs. 2 lit. d Var. 2 GWB (alt) für die Errichtung eines digitalen Alarmierungsnetzes nach der technischen Richtlinie BOS,[78] das zu unterscheiden ist von dem Betrieb des BOS-Digitalfunksystems, für das § 100 Abs. 2 lit. d Var. 2 GWB (alt) als erfüllt angesehen worden ist.[79] Das OLG Düsseldorf hält zutreffend grundsätzlich in jedem Fall eine Abwägung zwischen den betroffenen Sicherheitsinteressen des Staates auf der einen und den Interessen der Unternehmen auf der anderen Seite für notwendig. Die Notwendigkeit einer solchen Abwägung folgt für Nr. 3 Var. 2 aus den Wendungen »erfordert« und »weniger einschneidende Maßnahme«.

Auf Unionsebene hatte sich der EuGH mit dem entsprechenden Ausnahmetatbestand in den Rechtssachen »Evans Medical«[80] und »Belgien/Kommission«[81] zu befassen. Der Fall »Evans Medical« betraf die Einfuhr des Opiumderivats Diacetylmorphin aus den Niederlanden in das Vereinigte Königreich. Der Gerichtshof lehnte die Annahme des Ausnahmetatbestandes Art. 2 Abs. 1 lit. b LKR 93/36 ab. Die Besonderheiten dieses Suchtstoffes erlaubten es im Hinblick auf die Sicherheitsmaßnahmen, die getroffen werden müssten, um jede Zweckentfremdung des Erzeugnisses zu verhindern, nicht, den Auftrag freihändig zu vergeben.[82] Der EuGH wies darauf hin, dass jede Zweckentfremdung von sicherheitsempfindlichem Material mit Rücksicht auf den Grundsatz der Verhältnismäßigkeit[83] auch dadurch hätte unterbunden werden können, die Fähigkeit eines Unternehmens, angemessene Sicherheitsmaßnahmen zu treffen, als Kriterium im Rahmen eines offenen oder beschränkten Ausschreibungsverfahrens als **Zuschlagskriterium** zu berücksichtigen.[84] Zur Begründung verwies der EuGH zutreffend darauf, dass die Ausnahmetatbestände der Vergaberichtlinien eng auszulegen sind.[85] Öffentliche Auftraggeber können alternativ zur Ausnahme eines Auftrags vom Vergaberecht entsprechende Mindestanforderungen festsetzen. Demgegenüber sah der EuGH die Voraussetzung von Art. 4 Abs. 2 Var. 2 Richtlinie 92/50/EG in der Rechtssache Kommission/Belgien als erfüllt an. Bei dieser Rechtssache, die auch unter der Bezeichnung »Küstenbeobachtung« bekannt ist, handelt es sich um den ersten Fall, in dem der EuGH die Voraussetzungen von Art. 4 Abs. 2 Var. 2 92/50/EG als erfüllt angesehen und damit die Anwendung dieser Richtlinie ausgeschlossen hat.[86] Belgien hatte den Auftrag ohne Bekanntmachung vergeben. Bemerkenswert ist die Entscheidung vor allem

35

---

72 VK Bund, Beschl. v. 02.02.2006, VK 2 – 02/06, Umdruck nach Veris, 8 und Leitsatz 2; ähnlich OLG Düsseldorf, Beschl. v. 20.12.2004, VII Verg 101/04; Beschl. v. 30.03.2005, VII Verg 101/04, jeweils für den Fall der Sicherheitsüberprüfung nach § 10 SÜG; KG, Beschl. v. 19.06.2001, Kart Verg 1/99; VK Bund, Beschl. v. 18.11.2003, VK 2 – 110/03; Beschl. v. 14.07.2005, VK 3 – 55/05; VK Brandenburg, Beschl. v. 22.03.2004, VK 6/04.
73 OLG Düsseldorf, Beschl. v. 20.12.2004, VII Verg 101/04; Beschl. v. 30.03.2005, Verg 101/04; VK Bund, Beschl. v. 11.11.2004, VK 1 – 207/04.
74 VK Bund, Beschl. v. 28.05.1999, VK-2 – 8/99; KG Berlin, Beschl. v. 19.06.2001, Kart Verg 1/99.
75 VK Bund, Beschl. v. 09. 2.2004, VK 2 – 154/03, wobei die Vergabekammer in dieser Entscheidung sowohl das Vorliegen von Var. 1 als auch Var. 2 bejaht hat.
76 VK Bund, Beschl. v. 12.12.2006, VK 1 – 136/06.
77 VK Bund, Beschl. v. 03.02.2006, VK 1 – 01/06, Umdruck nach Veris, 6.
78 VK Mecklenburg-Vorpommern, Beschl. v. 11.01.2007, 2 VK 11/06; VK Schleswig-Holstein, Beschl. v. 28.11.2006, Umdruck nach Veris, 20.
79 VK Bund, Beschl. v. 14.07.2005, VK 3 55/05.
80 EuGH, C-324/93, Slg. 1995, I-563 Evans Medical, dazu Trybus ELR 2002, 692, 706.
81 EuGH, C-252/01, Slg. 2003, I-11 859 Kommission/Belgien, NZBau 2004, 281, 281.
82 EuGH, C-324/93, Slg. 1995, I-563, Rn. 46 Evans Medical.
83 Etabliert seit EuGH, 72/83, Slg. 1984, I-2727 Campus Oel.
84 EuGH, C-324/93, Slg. 1995, I-563, Leitsatz 4 und Rn. 49 Evans Medical.
85 EuGH, C-324/93, Slg. 1995, I-563, Rn. 48 Evans Medical; C-414/97, Slg. 1997, I-5585 Rn. 21 mwN. Kommission/Spanien, siehe dazu Anm. von Trybus ELR 2000, 663.
86 Siehe zu diesem Fall auch die Anm. v. Brown PPLR 2004, 33.

deswegen, weil der Gerichtshof in seiner Entscheidung den Mitgliedstaaten **im verteidigungs- und terrorismusbekämpfungsnahen Bereich einen weiten Ermessensspielraum** bei der Annahme eines Ausnahmetatbestandes nach Art. 3 Abs. 2 Var. 2 92/50/EG eingeräumt und einen auffallend weniger strengen Prüfungsmaßstab angewandt hat als in »Evans Medical«.[87] So ließ der Gerichtshof hinsichtlich der für den Auftrag erforderlichen besonderen Sicherheitsmaßnahme ausreichen, dass für seine Erbringung eine militärische Sicherheitsbescheinigung erforderlich sei, an deren Erteilung nach der Auffassung Belgiens strenge Voraussetzungen gestellt werden. Ob es eine weniger einschneidende Maßnahme gegeben hätte, als die Vergabe des Auftrags von der Anwendung des Vergaberechts freizustellen, prüfte der EuGH anders als in »Evans Medical« nicht.[88]

IV. Verpflichtung gegeben, die Vergabe oder Durchführung nach anderen Vergabeverfahren vorzunehmen

1. Gemeinsame Hinweise für Nr. 4 lit. a bis c

36   § 117 Nr. 4 stellt öffentliche Aufträge und Wettbewerbe, die Verteidigungs- oder Sicherheitsaspekte umfassen, ohne verteidigungs- oder sicherheitsspezifische Aufträge zu sein, von der Anwendung der §§ 97 ff. frei, wenn der öffentliche Auftraggeber **verpflichtet** ist, die Vergabe oder Durchführung nach Vergabeverfahren vorzunehmen, die sich aus **internationalen Verfahrensregeln** ergeben. Die Vorschrift gibt abschließend vor, aus welchen Vorgaben sich derartige Vergabeverfahren ergeben können. Verfahren im Sinne von Nr. 3 können festgelegt sein durch eine internationale Übereinkunft oder internationale Vereinbarung zwischen einem Mitgliedstaat und einem Drittstaat oder durch eine internationale Organisation. Die von Nr. 4 in Bezug genommenen internationalen Verfahrensregeln gehen den Vorgaben der Richtlinien 2014/24/EU und 2014/25/EU vor. Der Gesetzgeber geht davon aus, dass die dadurch vorgegebenen Verfahrensregeln ausreichend für die Vergabe derartiger Aufträge bzw. Durchführung von Wettbewerben sind.

37   § 117 Nr. 4 lit. a, b und c dient der **Umsetzung** von Art. 17 Abs. 1 lit. a, b und c der Richtlinie 2014/24/EU und Art. 27 Abs. 1 lit. a, b und c der Richtlinie 2014/25/EU.[89] Die Ausnahmetatbestände sind denjenigen in Art. 15 der Richtlinie 2004/18/EG und Art. 22 der Richtlinie 2004/17/EG weitgehend ähnlich. Art. 17 Richtlinie 2014/24/EU und Art. 27 Richtlinie 2014/25/EU sind *leges speciales* zu Art. 9 Richtlinie 2014/24/EU und Art. 20 Richtlinie 2014/25/EU. § 117 Nr. 4 lit. a, b und c ersetzt die § 100c Abs. 4 Nr. 1 bis Nr. 3 GWB (alt). § 100c GWB (alt) regelte die Ausnahmevorschriften, die nur für die Vergabe verteidigungs- und sicherheitsrelevanter Aufträge gelten. Hingegen galten die früher in § 100 Abs. 8 Nr. 4 bis 6 GWB (alt) geregelten ähnlichen Vorgaben nur für Aufträge, die nicht verteidigungs- oder sicherheitsrelevant waren; die Vorgaben dazu waren enger gefasst. § 100c Abs. 4 Nr. 1 bis Nr. 3 GWB (alt) gingen auf Art. 12 lit. a bis c Richtlinie 2009/81/EG zurück.

38   Nach Art. 9 Abs. 1 lit. a Richtlinie 2014/24/EU bzw. § 109 Abs. 1 Nr. 1 lit. a handelt es sich bei einer **internationalen Übereinkunft** um einen Rechtsakt bzw. ein Rechtsinstrument, das völkerrechtliche Verpflichtungen begründet. Ein internationale Übereinkunft ist das Ergebnis einer Willenseinigung zwischen dem EU-Mitgliedstaat einerseits und einem Drittstaat andererseits. Durch diese Übereinkünfte entstehen Rechte und Verpflichtungen. Drittstaaten im Sinne der Nr. 4 lit. a können nur solche Staaten sein, die nicht Vertragspartei des EWR sind. Gegenstand können Bauleistungen, Lieferungen oder Dienstleistungen für ein von den Unterzeichnern gemeinsam zu verwirklichendes oder zu nutzendes Projekt sein. Auf der Grundlage von Nr. 4 lit. a reicht auch eine Übereinkunft oder ein Abkommen zwischen Untereinheiten aus. Derartige Untereinheiten können

---

87 Arrowsmith 345; ähnlich großzügiger Prüfungsmaßstab bei VK Bund, Beschl. v. 19.09.2003, VK 2 – 84/03.
88 Arrowsmith 345.
89 Zum Ganzen vgl. EUR-Lex ai0034-EN und I14532.

beispielsweise Ministerien sein.[90] Verträge mit Unternehmen anderer Staaten, die im Staatseigentum stehen, sind auf der Grundlage von Art. 218 AEUV keine internationalen Übereinkünfte.[91]

2. Nr. 4 lit. b Stationierung von Truppen

Verfahrensregeln zur Durchführung eines bestimmten Vergabeverfahrens können sich gem. § 117   **39**
Nr. 4 lit. b auch aus einer internationalen Übereinkunft oder Vereinbarung im Zusammenhang mit der **Stationierung von Truppen** ergeben. Die internationale Übereinkunft bzw. das Abkommen muss Unternehmen betreffen, die ihren Sitz in der Bundesrepublik Deutschland oder einem Staat haben, der nicht Vertragspartei des Übereinkommens über den Europäischen Wirtschaftsraums ist (Drittstaat). Nach Erwägungsgrund 26 der Richtlinie 2009/81/EG soll diese Ausnahmevorschrift Auftragsvergaben vom europäischen Vergaberecht ausschließen, die nach den Bestimmungen einer Vereinbarung im Zusammenhang mit der Stationierung von Truppen aus einem Mitgliedstaat in einem anderen Mitgliedstaat oder in einem Drittstaat oder der Stationierung von Truppen aus einem Drittstaat in einem Mitgliedstaat vergeben werden.[92] Nr. 4 lit. b entspricht Art. 12 lit. b Richtlinie 2009/81/EG. Ausreichend ist für Nr. 4 lit. b eine internationale Vereinbarung auf Ministerial- oder Verwaltungsebene nicht aus; die Vorschrift enthält keine der Nr. 4 lit. a entsprechende Klausel.

Nr. 4 lit. b ist vor allem für Beschaffungen durch Truppen der NATO-Mitgliedsstaaten in Deutsch-   **40**
land von Bedeutung.[93] Grundlage derartiger Auftragsvergaben ist das **Zusatzabkommen zum NATO-Truppenstatut** (ZA NTS).[94] Das Zusatzabkommen betrifft Fragen im Zusammenhang mit der Stationierung fremder NATO-Streitkräfte. Das ZA NTS differenziert zwischen der **mittelbaren Durchführung** der Bauvorhaben durch die zuständigen deutschen Behörden (Art. 49 Abs. 2 ZA NTS) und der **unmittelbaren Durchführung** durch die Behörden der ausländischen Truppe (Art. 49 Abs. 3 ZA NTS). Eine Beschaffung auf der Grundlage des *NATO-Truppenstatut* ist jedoch nur dann eine solche im Sinne von Nr. 4 lit. b, wenn diese durch die ausländische Truppe selbst durchgeführt wird.[95] Meist geht es um Baumaßnahmen, die besondere Sicherheitsmaßnahmen erfordern, wie die Erweiterung von Stützpunkten alliierter Streitkräfte, insbesondere von Militärflughäfen. Erfolgt die Beschaffung hingegen durch deutsche Behörden bzw. »im Namen und für Rechnung der Bundesrepublik Deutschland«, unterliegen diese ausdrücklich den »geltenden deutschen Rechts- und Verwaltungsvorschriften«.[96] Aufgrund des konkreten Verweises auf die »geltenden deutschen Rechts- und Verwaltungsvorschriften« sind die deutschen Behörden somit auch an das deutsche Vergaberecht gebunden.[97]

Zwar regelt Art. 49 Abs. 6 ZA NTS, dass und in welchen Umfang die Behörden der ausländischen   **41**
Truppe oder des zivilen Gefolges am Verfahren beteiligt werden können. Diese Beteiligungsrechte stehen jedoch nicht im Widerspruch zu den Vorschriften des deutschen Vergaberechts. So ist in Art. 49 Abs. 6 lit. b ZA NTS vorgesehen, dass die Art der Vergabe und bei beschränkten Ausschreibungen Anzahl und Namen der zur Angebotsabgabe aufzufordernden Unternehmer zwischen den

---

90 BR-Drucks. 464/11, S. 21.
91 Homann in: Leinemann/Kirch, VSVgV, 1. Aufl. 2013, § 100c, Rn. 31 mwN.
92 BR-Drucks. 464/11, S. 21.
93 Homann in: Leinemann/Kirch, VSVgV, 1. Aufl. 2013, § 100c, Rn. 33.
94 Zusatzabkommen zu dem Abkommen zwischen den Parteien des Nordatlantikvertrages über die Rechtsstellung ihrer Truppen hinsichtlich der in der Bundesrepublik Deutschland stationierten ausländischen Truppen vom 03.08.1959, BGBl. 1961 II S. 1183,1218, in der Fassung, die es durch das Abkommen vom 18.03.1993 (BGBL. 1994 II S. 2594, 2598) erhalten hat.
95 Beispielsweise gem. Art. 49 Abs. 3 lit. b des Zusatzabkommens zum NATO-Truppenstatut (ZA NTS) BGBl. 1961 II, 1183, 1218, geändert durch Abkommen v. 12.10.1971, BGBl. 1971 II, 1022.
96 Art. 49 Abs. 2 ZA NTS; ebenso für Lieferungen und Leistungen Art. 47 Abs. 5 lit. b ZA NTS; VK Bund, Beschl. v. 08.03.2006, VK 1-07/06; Beschl. v. 20.12.2005, VK 2-156/05, jeweils für Fälle des § 100 Abs. 8 Nr. 5 GWB bzw. die Vorgängervorschrift § 100 Abs. 2 lit. a GWB (a.F.) Für § 100c Abs. 4 Nr. 1 GWB gilt nichts anderes.
97 VK Bund, Beschl. v. 20.12.2005, VK 2-159/05.

deutschen Behörden und den Behörden der Truppe oder des zivilen Gefolges vereinbart werden. Aus dem Gesamtzusammenhang der Vorschriften, der immer wieder auf deutsches Recht verweist, ergibt sich aber, dass es sich bei der Wahl der Vergabeart um eine Verfahrensart handeln muss, die das deutsche Vergaberecht zulässt. Ferner ist in Art. 49 Abs. 6 lit. a ZA NTS vorgesehen, dass die Behörden der ausländischen Truppe oder des zivilen Gefolges an der Ausarbeitung der Entwürfe beteiligt sind. Zudem kann der Zuschlag gemäß Art. 49 Abs. 6 lit. c ZA NTS erst erteilt werden, wenn die Behörden der Truppe oder des zivilen Gefolges schriftlich zugestimmt haben. Auch diese Vorschriften beinhalten jedoch keine »Verpflichtung nach zur Vergabe nach anderen Vergabeverfahren«. Es handelt sich hierbei um interne Abstimmungsprozesse der Vergabestelle, die deutsches Vergaberecht nicht abändern. Dies ist grundsätzlich bei Baumaßnahmen unter dem NATO-Truppenstatut gemäß Art. 49 Abs. 2 ZA NTS der Regelfall. Das gilt auch dann, wenn sie aus Mitteln der ausländischen Streitkräfte endfinanziert werden.[98] Weder das NATO-Truppenstatut noch die Grundsätze für Auftragsbauten (ABG 1975) stellen ein eigenes Regelwerk zur Auftragsvergabe dar, das die Anwendbarkeit der Vorschriften des GWB und der VSVgV ausschließen könnte.[99]

42 Auch in dem Verwaltungsabkommen über die Durchführung der Baumaßnahmen für und durch die in der Bundesrepublik Deutschland stationierten US-Streitkräfte nach Artikel 49 ZA NTS, den ABG 1975 (BGBl 1982 II, S. 893ff.), wird entsprechend dem ZA NTS zwischen der mittelbaren Durchführung der Bauvorhaben durch die zuständigen deutschen Behörden und der unmittelbaren Durchführung der Bauvorhaben durch die Behörden der US-Streitkräfte unterschieden.[100] Dabei werden die Baumaßnahmen im Regelfall von den zuständigen deutschen Behörden durchgeführt (Auftragsbau- oder Regelverfahren, Art. 2 Abs. 1 ABG 1975). Eine Durchführung der Baumaßnahmen durch die Streitkräfte selbst ist nur in den besonderen Fällen des Art. 27 ABG 1975 vorgesehen (Truppenbau-Verfahren, Art. 2 Abs. 2 ABG 1975). Im Rahmen eines solchen Auftragsbau- oder Regelverfahrens werden die deutschen Behörden im eigenen Namen und in eigener Verantwortung tätig und haben sich nach den für Bundesbauaufgaben geltenden deutschen Rechts- und Verwaltungsvorschriften zu richten (Art. 4 Abs. 1 ABG 1975). Daraus folgt zugleich, dass es für die Anwendbarkeit des EU-Vergaberechts nicht darauf ankommen kann, ob die Ausschreibung auf Rechnung eines Mitgliedstaates erfolge. Zudem wird in Art. 5 Abs. 1 S. 5 ABG 1975 im Zusammenhang mit der Wertung der Angebote durch die deutschen Behörden ausdrücklich festgelegt: »Die deutschen Behörden richten sich nach den Vergabevorschriften für Bundesbauaufgaben.« Aus diesen Vorschriften folgt, dass sie auch das deutsche Vergaberecht und zwar in seiner derzeit geltenden Fassung zu beachten haben.

3. Nr. 4 lit. c Vergabeverfahren einer internationalen Organisation

43 Für § 117 Nr. 5 ist erforderlich, dass eine **internationale Organisation** den betreffenden Auftrag für ihre Zwecke vergibt. Im Umkehrschluss folgt daraus, dass Vergaben, die eine internationale Organisation nicht für ihre eigenen, sondern für Verwendungszwecke ihrer Mitglieder tätig, nicht unter diese Ausnahmevorschrift fallen.[101] Internationale Organisationen in Sinne der § 117 Nr. 4 lit.c sind solche, bei denen nur die Staaten selbst und andere internationale Organisationen Mitglieder sein können (z. B. die NATO, die Europäische Verteidigungsagentur (EDA), die Europäische Organisation für die Nutzung meteorologischer Satelliten (EuMetSat), das Europäisches Laboratorium für Molekularbiologie (EMBL), die Europäische Südsternwarte (ESO), die Vereinten Nationen (UNO) und ihre Untergliederungen. Hingegen sind Nichtregierungsorganisationen (NGOs) und die Organisation für Sicherheit und Zusammenarbeit in Europa (OSZE) als verstetigte Staatenkonferenz keine Organisationen im Sinne der Nr. 5. Besondere Verfahren im Sinne des § 117 Nr. 6 GWB geben beispielsweise die »Richtlinien zur Vergabe von Aufträgen für Bauvorhaben des

---

98 VK Bund, Beschl. v. 20.12.2005, VK 2-159/05.
99 VK Bund, Beschl. v. 20.12.2005, VK 2-159/05.
100 VK Bund, Beschl. v. 20.12.2005, VK 2-159/05.
101 BR-Drucks. 464/11, S. 21.

gemeinsam finanzierten NATO-Sicherheits-Investitionsprogramms« (RiNATO) oder die Einkaufs-regeln von EuMetSat vor.

V. Vergabe eines Auftrags oder Ausrichtung eines Wettbewerbs gemäß den Vergaberegeln einer internationalen Organisation oder internationalen Finanzierungseinrichtung

Der Ausnahmetatbestand des § 117 Nr. 5 gilt für Aufträge und Wettbewerbe, die gemäß den Ver-   44
gaberegeln einer internationalen Organisation oder einer internationalen Finanzierungseinrichtung
vergeben bzw. ausgerichtet werden. Die Vorgaben der Richtlinie 2014/24/EU und 2014/25/EU
richten sich an die EU-Mitgliedstaaten und finden keine Anwendung auf Beschaffungen internationaler Organisationen oder internationalen Finanzeinrichtungen, die diese in eigenem Namen und
für eigene Rechnung durchführen.[102] Voraussetzung ist zudem, dass die betreffende Einrichtung
den öffentlichen Auftrag oder den Wettbewerb vollständig finanziert. Im Falle einer nur überwiegenden Kofinanzierung durch eine internationale Organisation oder eine internationale Finanzierungseinrichtung müssen sich die Parteien auf die anwendbaren Vergabeverfahren einigen.

Die Vorschrift ist für Beschaffungen durch die Einrichtungen selbst im Wesentlichen deklaratorisch.   45
Internationale Organisationen unterliegen aufgrund ihres Selbstorganisationsrechts im Regelfall
von vornherein nicht den nationalen Vergabevorschriften ihres Sitzstaates.[103] Praktische Bedeutung
hat die Vorschrift damit vor hauptsächlich für den relativ seltenen Fall einer Auftragsvergabe durch
deutsche Stellen *für eine* in Deutschland ansässige Organisation.[104] Für den Fall, dass die Einrichtung bei der Vergabe des Auftrags oder der Durchführung des Wettbewerbs nur als unmittelbarer
Stellvertreter eines deutschen öffentlichen Auftraggebers handelt (§ 164 BGB), ist vergabe- und
zivilrechtlich dieser der wahre Auftraggeber. Gleiches gilt, wenn der deutsche Auftraggeber die Einrichtung als verlängerten Arm einsetzt und beschafften Leistungen an ihn weitergereicht werden.[105]
Umgekehrt kann bei Beschaffungen eines Mitgliedsstaates eine Verpflichtung zur Anwendung der
Regeln der internationalen Organisation oder der internationalen Finanzierungseinrichtung gegeben sein. Das ist dann der Fall, wenn der Mitgliedsstaat die Beschaffung im Namen der Organisation durchführt oder die Organisation die Beschaffung durch eine Zuwendung finanziell fördert.[106]
In diesem Fall schließen die Verfahrensregeln der Organisation die Anwendung der EU-Vergabe-
vorschriften aus.

§ 117 Nr. 5 setzt Art. 17 Abs. 2 der Richtlinie 2014/24/EU und Art. 27 Abs. 2 der Richtlinie   46
2014/25/EU um. Nr. 5 ersetzt § 100 Abs. 8 Nr. 6 GWB (alt), der auf Art. 15 lit. c Richtlinie
2004/18/EG bzw. Art. 22 lit. c 2004/17/EG zurückging, und wörtlich dem ursprünglichen § 100
Abs. 2 lit. c GWB (alt) entsprach. Nr. 5 gilt im Vergleich zu § 100 Abs. 8 Nr. 3 GWB (alt) jedoch
auch für Aufträge und Wettbewerbe, die auf Grund des besonderen Verfahrens einer internationalen Finanzierungseinrichtung vergeben bzw. durchgeführt werden. Die Vorschrift entspricht bis auf
die Einbeziehung internationaler Finanzierungseinrichtungen im Wesentlichen der Regelung des
Art. 12 lit. c Richtlinie 2009/81/EG; dieser war bislang durch § 100c Abs. 4 Nr. 3 GWB gesondert
umgesetzt. § 100c Abs. 4 Nr. 3 GWB (alt) nahm verteidigungs- und sicherheitsrelevante Aufträge
von den §§ 97 ff. GWB aus, wenn diese gemäß den Vergaberegeln einer internationalen Organisation vergeben werden mussten. § 100 Abs. 8 Nr. 3 war deshalb auf nicht verteidigungs- oder
sicherheitsrelevante Vergaben beschränkt.

Internationale Organisationen in Sinne der § 117 Nr. 5 entsprechen denen des § 117 Nr. 4 lit. c.[107]   47

---

102 Erwägungsgrund 22 Richtlinie 2014/24/EU.
103 Zum Ganzen auch Krohn in: Gabriel/Krohn/Neun, 1. Aufl. 2014, § 60, Rn. 100.
104 Masing in: Dreher/Motzke, Beck'scher Vergaberechtskommentar, 2. Aufl. § 100 Rn. 19.
105 Vgl. z.B. VK Bund, Beschl. v. 08.06.2006, VK 2 – 114/05.
106 Krohn in: Gabriel/Krohn/Neun, 1. Aufl. 2014, § 60, Rn. 81.
107 Siehe Kommentierung dort.

§ 118 Bestimmten Auftragnehmern vorbehaltene öffentliche Aufträge

(1) Öffentliche Auftraggeber können das Recht zur Teilnahme an Vergabeverfahren Werkstätten für Menschen mit Behinderung und Unternehmen vorbehalten, deren Hauptzweck die soziale und berufliche Integration von Menschen mit Behinderung oder von benachteiligten Personen ist, oder bestimmen, dass öffentliche Aufträge im Rahmen von Programmen mit geschützten Beschäftigungsverhältnissen durchzuführen sind.

(2) Voraussetzung ist, dass mindestens 30 Prozent der in diesen Werkstätten oder Unternehmen Beschäftigten Menschen mit Behinderungen oder benachteiligte Personen sind.

1 § 118 dient der nahezu wörtlichen Umsetzung von Art. 20 Abs. 1 der Richtlinie 2014/24/EU, Art. 24 Satz 1 der Richtlinie 2014/23/EU sowie Art. 38 Abs. 1 der Richtlinie 2014/25/EU. Die Bereichsausnahme des § 118 basiert auf folgenden Erwägungen[1]:

2 *Beschäftigung und Beruf tragen wesentlich zur Integration von Menschen mit Behinderung und benachteiligten Personen in die Gesellschaft bei. In diesem Zusammenhang können Werkstätten für Menschen mit Behinderung und Unternehmen, deren Hauptzweck die soziale und berufliche Integration dieser Personen ist (Sozialunternehmen), eine wichtige Rolle spielen, indem sie neben einer geschützten Arbeitsumgebung auch besondere Unterstützung, Förderung und Hilfestellung für diese Personengruppen anbieten. Unter normalen Wettbewerbsbedingungen ist es für diese Institutionen jedoch häufig schwierig, öffentliche Aufträge zu erhalten. Daher sollte den öffentlichen Auftraggebern die Möglichkeit eröffnet werden, Vergabeverfahren von vornherein auf diese Institutionen zu beschränken. Ein Wettbewerb findet in diesen Fällen nur noch zwischen Werkstätten für Menschen mit Behinderung und Sozialunternehmen statt. Die Teilnahme anderer privatwirtschaftlicher Bewerber oder Bieter ist ausgeschlossen.*

3 Für die Vergabe von Bauleistungen verweist § 6 EU Abs. 3 Nr. 3 VOB/A auf § 118 GWB. Danach kann der öffentliche Auftraggeber das Recht zur Teilnahme an dem Vergabeverfahren unter den Voraussetzungen des § 118 GWB beschränken. Wenn der Auftraggeber von der in § 118 GWB vorgesehenen Möglichkeit einer Beschränkung des Teilnehmerkreises Gebrauch machen will, hat er im Aufruf zum Wettbewerb, konkret bei den Angaben zu den Teilnahmebedingungen darauf hinzuweisen.[2]

4 Die Möglichkeit der öffentlichen Auftraggeber zur Bevorzugung von geschützten Werkstätten bei der Zuschlagserteilung nach § 141SGB IX[3] sowie den auf dieser Grundlage angewandten Verwaltungsvorschriften bleibt nach der Gesetzesbegründung[4] von § 118 GWB unberührt. Der Bund hat entsprechende Verwaltungsvorschriften bislang nicht erlassen, weshalb gem. § 159 Abs. 4 SGB IX die nach § 56 Abs. 2 des Schwerbehindertengesetzes erlassenen Richtlinien[5] weiter gelten. Es finden sich aber unter dem Vorbehalt einer späteren Regelung des Bundes entsprechende landesrechtliche Vorschriften.[6]

---

1 Gesetzesbegründung, BT-Drucks. 18/6281, S. 96 im Anschluss an Erwägungsgrund 36 der Richtlinie 2014/24/EU.
2 Vgl. Art. 20 Abs. 2 Richtlinie 2014/24/EU. Siehe hierzu Ziff. III.1.5 des Standardformulars z. Auftragsbekanntmachung.
3 § 141 SBG IX bestimmt: »Aufträge der öffentlichen Hand, die von anerkannten Werkstätten für behinderte Menschen ausgeführt werden können, werden bevorzugt diesen Werkstätten angeboten. Die Bundesregierung erlässt mit Zustimmung des Bundesrates hierzu allgemeine Verwaltungsvorschriften.«
4 BT-Drucks. 18/6281, S. 96.
5 Richtlinien für die Berücksichtigung von Werkstätten für Behinderte und Blindenwerkstätten bei der Vergabe öffentlicher Aufträge vom 10.05.2001 (BAnz vom 16.06.2001, Nr. 109, S. 11773).
6 Siehe etwa den Rdl. NRW zur Berücksichtigung von Werkstätten für behinderte Menschen und Blindenwerkstätten bei der Vergabe öffentlicher Aufträge vom 22.03.2011 (MBl. NRW 2011, S. 122).

Unterabschnitt 2 Vergabeverfahren und Auftragsausführung

§ 119 Verfahrensarten

(1) Die Vergabe von öffentlichen erfolgt im offenen Verfahren, im nicht offenen Verfahren, im Verhandlungsverfahren, im wettbewerblichen Dialog oder in der Innovationspartnerschaft.

(2) Öffentlichen Auftraggebern stehen das Offene Verfahren und das nicht offene Verfahrens, das stets einen Teilnahmewettbewerb erfordert, nach ihrer Wahl zur Verfügung. Die anderen Verfahrensarten stehen nur zur Verfügung, soweit dies aufgrund dieses Gesetzes gestattet ist.

(3) Das offene Verfahren ist ein Verfahren, in dem der öffentliche Auftraggeber eine unbeschränkte Anzahl von Unternehmen öffentlich zur Abgabe von Angeboten auffordert.

(4) Das nicht offene Verfahren ist ein Verfahren, bei dem der öffentliche Auftraggeber nach vorheriger öffentlicher Aufforderung zur Teilnahme eine beschränkte Anzahl von Unternehmen nach objektiven, transparenten und nichtdiskriminierenden Kriterien auswählt (Teilnahmewettbewerb), die er zur Abgabe von Angeboten auffordert.

(5) Das Verhandlungsverfahren ist ein Verfahren, bei dem sich der öffentliche Auftraggeber mit oder ohne Teilnahmewettbewerb an ausgewählte Unternehmen wendet, um mit einem oder mehreren dieser Unternehmen über die Angebote zu verhandeln.

(6) Der wettbewerbliche Dialog ist ein Verfahren zur Vergabe öffentlicher Aufträge mit dem Ziel der Ermittlung und Festlegung der Mittel, mit denen die Bedürfnisse des öffentlichen Auftraggebers am bestem erfüllt werden können. Nach einem Teilnahmewettbewerb eröffnet der öffentliche Auftraggeber mit den ausgewählten Unternehmen einen Dialog zur Erörterung aller Aspekte der Auftragsvergabe.

(7) Die Innovationspartnerschaft ist ein Verfahren zur Entwicklung innovativer, noch nicht auf dem Markt verfügbarer Liefer-, Bau- oder Dienstleistungen und zum anschließenden Erwerb der draus hervorgehenden Leistungen. Nach einem Teilnahmewettbewerb verhandelt der öffentliche Auftraggeber in mehreren Phasen mit den ausgewählten Unternehmen über die Erst- und Folgeangebote.

A. Angabe der Vergabearten (Abs. 1) und der Anwendung (Abs. 2)

In Abs. 1 der Vorschrift des § 119 GWB werden die einzelnen Vergabearten genannt, die dann in den Abs. 3 bis 7 näher definiert werden. **1**

§ 119 GWB nennt nur die wesentlichen **Verfahrensunterschiede** zwischen den einzelnen **Vergabearten**. Die Vergabearten korrespondieren zwar grundsätzlich mit dem seit jeher im Deutschen Vergaberecht bekannten Vergabearten öffentlicher Ausschreibung, beschränkte Ausschreibung und freihändige Vergabe. Allerdings unterscheidet sich das Nichtoffene Verfahren von der beschränkten Ausschreibung wesentlich dadurch, dass es zweistufig verläuft, nämlich erst nach einem vorgeschalteten europaweiten öffentlichen Teilnahmewettbewerb die beschränkte Ausschreibung nachfolgt. **2**

Das Verhandlungsverfahren unterscheidet sich von der freihändigen Vergabe zum einen dadurch, dass in der Regel ebenfalls eine europaweite öffentliche Vergabebekanntmachung vorgeschaltet ist. Zum anderen wird der Auftraggeber im Anschluss an diese Bekanntmachung in den meisten Fällen nicht nur mit einem Bewerber, sondern mit mehreren über die Auftragsbedingungen verhandeln müssen.

3   Keine eigenen Vergabearten sind die in § 120 genannten elektronischen Auktionen und dynamischen elektronischen Verfahren. Die elektronische Option kann als Instrument zur Ermittlung des wirtschaftlichsten Angebots unter gewissen Voraussetzungen in die herkömmlichen Verfahren integriert werden, dass dynamische elektronische Verfahren stellt sich als ein besonderer Fall des offenen Verfahrens dar.[1]

4   Neu hinzugekommen ist neben dem offenen Verfahren, dem nicht offenen Verfahren, dem Verhandlungsverfahren und dem wettbewerblichen Dialog als zulässige Verfahrensart die Innovationspartnerschaft, die im Zuge der Modernisierung des EU-Vergaberechts als neue Verfahrensart in Artikel 31 der Richtlinie 2014/24/EU eingeführt wurde.

B. Angabe der Vergabearten (Abs. 2)

5   § 119 Abs. 2 regelt das Verhältnis der Vergabeverfahrensarten untereinander. Wesentliche Neuerung im Vergleich zur bisherigen Regelung des § 101 Abs. 7 GWB ist die grundsätzliche Wahlfreiheit für öffentliche Auftraggeber zwischen dem offenen und nicht offenen Verfahren. Dies entspricht der Intention des Unionsgesetzgebers in Artikel 26 Abs. 2 der Richtlinie 2014/24/EU (ebenso auch bereits schon Artikel 28 Satz 2 der Richtlinie 2004/18/EG vom 31.03.2004).

6   Das bisherige »vergabeverfahrensrechtliche Grundmodell«[2] ist einem »gleichrangigen Nebeneinander« zwischen offenem und nicht offenem Verfahren gewichen. Die Auftraggeber können zukünftig zwischen diesen beiden Verfahren frei wählen, einer gesonderten Begründung für die jeweilige Verfahrenswahl bedarf es nicht. Allerdings dürften noch weiterhin für die Entscheidung ausschlaggebend der Aufwand für die Angebotserstellung auf der Bieterseite einerseits bzw. der Prüfaufwand für die Angebote auf der Auftraggeberseite sein. Bei größerem Aufwand wird sich eher das nicht offene Verfahren empfehlen, während im Übrigen das offene Verfahren sich strukturell einfacher darstellt (kein zusätzlicher Teilnahmewettbewerb mit Begründung der Auswahl etc.).[3]

C. Offenes Verfahren (Abs. 3)

7   § 119 Abs. 3 definiert den Begriff des Offenen Verfahrens als Verfahren, in dem »eine unbeschränkte Anzahl von Unternehmen öffentlich zur Abgabe von Angeboten aufgefordert wird«. Vom Ablauf des Vergabeverfahrens etwas anders ausgehend, aber dennoch übereinstimmend, definiere Art. 27 Abs. 1 VRL **Offene Verfahren** als Verfahren, »*bei denen alle interessierten Wirtschaftsteilnehmer ein Angebot abgeben können*«. Kennzeichnend für dieses Verfahren ist damit, dass keine vorherige Einengung des Bewerberkreises erfolgt, sondern alle Bewerber bzw. Bieter ein Angebot abgeben können.

8   Kennzeichnend für das Offene Verfahren sind die europaweite Vergabebekanntmachung des Verfahrens, die sich daran anschließende Anforderung von Verdingungsunterlagen durch die Bieter, die Erarbeitung eines Angebots auf der Grundlage einer eindeutigen und erschöpfenden Leistungsbeschreibung, die Abgabe eines Angebotes zu einer festen Abgabe (Submissions-) Termin, die Geheimhaltung der Angebote einschließlich eines Nachverhandlungsgebotes, die Wertung der Angebote auf der Grundlage vorab festgelegter Kriterien und die Beendung des Verfahrens regelmäßig durch Zuschlagserteilung.[4]

---

1   Vgl. auch Pünder in: Pünder/Schellenberg, § 101 GWB, Rn. 1.
2   Vgl. nur Pünder, in: Pünder/Schellenberg, Kommentar zum Vergaberecht, 2. Auflage, § 101 GWB Rn. 114.
3   Vgl. im Übrigen Gesetzesbegründung zu § 119 Abs. 2 GWB.
4   Vgl. auch Boesen § 101, Rn. 8 ff.; vgl. auch VK Südbayern Beschl. v. 17.07.2001 23–06/01.

Ein offenes Verfahren beginnt erst mit dem Datum der Absendung der verbindlichen Bekannt- 9
machung an das EU-Amtsblatt und nicht schon mit der Absendung der Bekanntmachung zur
Vorinformation[5] und endet entweder mit der Zuschlagserteilung oder der Aufhebung des Offenen
Verfahrens.

Das Offene Verfahren entspricht im Wesentlichen der klassischen öffentlichen Ausschreibung 10
unterhalb der Schwellenwerte und unterscheidet sich von dieser mit Ausnahme unterschiedlicher
Fristen im Wesentlichen lediglich dadurch, dass es europaweit bekannt zu machen ist. Wird die
erkennbar falsche Wahl der Verfahrensart (die Wahl der öffentlichen Ausschreibung anstelle des
offenen Verfahren) nicht bis zum Ablauf der Angebotsfrist beanstandet, erfasst die nachprüfungs-
rechtliche Präklusionswirkung die spätere Nichteinhaltung solcher Bestimmungen, die mit der
Wahl der Verfahrensart bestimmungsgemäß zusammenhängen.[6]

D. Nichtoffenes Verfahren (Abs. 4)

Das **Nichtoffene Verfahren** ist ein Verfahren, bei dem zunächst europaweit öffentlich zur Teil- 11
nahme aufgefordert wird. Aus dem so festgestellten Bewerberkreis wird sodann eine beschränkte
Anzahl von Unternehmen zur Angebotsabgabe aufgefordert. Art. 28 Abs. 1 VKL definiert Nichtoffene Verfahren als Verfahren, »*bei denen sich alle Wirtschaftsteilnehmer um die Teilnahme bewerben
können und bei denen nur die vom Öffentlichen Auftraggeber aufgeforderten Wirtschaftsteilnehmer ein
Angebot abgeben können*«. Vergleicht man das Nichtoffene Verfahren mit dem Offenen Verfahren,
so liegt der Unterschied im Wesentlichen in der fehlenden abschließenden Teilnahmemöglichkeit
aller Interessierten. Eine Abgabe der Verdingungsunterlagen erfolgt nur an wirklich geeignete Bieter, wohingegen sich die Eignungsprüfung im Offenen Verfahren auf den späteren Zeitpunkt der
Angebotsprüfung und Angebotswertung verschiebt. Auch bei dem Nichtoffenen Verfahren handelt
es sich um ein förmliches Vergabeverfahren.[7] Es gelten deshalb auch weitgehend die Regeln des
Offenen Verfahrens, insbesondere gelten die Grundsätze der eindeutigen und erschöpfenden Leistungsbeschreibung, der Geheimhaltung der Angebote und das Nachverhandlungsverbot.[8]

I. Teilnahmewettbewerb als Teil des Vergabeverfahrens

Der vorherige öffentliche Teilnahmewettbewerb bildet zusammen mit der nachfolgenden 12
beschränkten Ausschreibung im Rechtssinn das Vergabeverfahren in der Vergabeart des Nichtoffenen Verfahrens. Die Unternehmen werden zunächst durch die vorgeschriebene europaweite Vergabebekanntmachung aufgefordert, sich um die Teilnahme zu bewerben. In dieser Bekanntmachung
ist u.a. die Einsendefrist für die Anträge auf Teilnahme mitzuteilen. An die **Beachtung** diese **Einsendefrist** ist der Auftraggeber bei der Prüfung der Teilnahmeanträge mit Blick auf die Gebote
des Wettbewerbs und der Gleichbehandlung (§ 97 Abs. 1 und 2 GWB) gebunden. Bei auch nur
geringfügiger Überschreitung der Teilnahmefrist hat der Auftraggeber ohne jeden Handlungs- oder
Ermessensspielraum zwingend ein solches Angebot auszuschließen.[9]

Der **vorgeschaltete Teilnahmewettbewerb** dient dazu, die Eignungsvoraussetzung der Fachkunde, 13
Leistungsfähigkeit und Zuverlässigkeit (vgl. § 122 GWB) bei den Bewerbern zu ermitteln und
entsprechende Nachweise von ihnen zu verlangen.

Sinn und Zweck des Teilnahmewettbewerbs ist also die vorgezogene auftragsabhängige Eignungs- 14
prüfung. Es liegt damit schon in der Natur der Sache, dass grundsätzlich alle Unterlagen, die der

---

5 1. VK des Freistaates Sachsen beim Regierungspräsidium Leipzig Beschl. v. 23.05.2001 1/SVK/34–01.
6 KG Berlin Beschl. v. 17.10.2002 2 Kart Verg 13/02.
7 Vgl. nur Antweiler in: Ziekow/Völlink, § 101 GWB, Rn. 17.
8 Vgl. auch Boesen § 101, Rn. 33, Haak/Reimnitz in: Kompaktkommentar Vergaberecht § 101 GWB, Rn. 7.
9 Vgl. nur OLG Düsseldorf Beschl. v. 30.05.2001 Verg 22/00;

Auftraggeber zwecks Durchführung der Eignungsprüfung anfordert, mit dem Teilnahmeantrag vorgelegt werden müssen.[10]

15   Der öffentliche Auftraggeber muss grundsätzlich immer so viel Bewerber zum weiteren Verfahren zulassen, dass ein »echter Wettbewerb« gewährleistet ist. Dabei darf grundsätzlich die vom öffentlichen Auftraggeber im Voraus zu bestimmende und den Bietern bekannt zu gebende Mindestanzahl der zur Angebotsabgabe aufzufordernden Bewerber nicht unter den entsprechenden Anforderungen der VgV bzw. VOB/A-EG liegen. Sofern die Zahl der Bewerber, die die Eignungsanforderungen erfüllen, darunter liegt, folgt daraus aber keine Verpflichtung, das Vergabeverfahren wiederholt aufzuheben und neu zu beginnen, bis die im Voraus bestimmte Mindestanzahl erreicht wird.[11] Vielmehr ist es dem Auftraggeber möglich, in einem solchen Fall das Verfahren fortzuführen, in dem er den oder die Bewerber zur Angebotsabgabe einlädt, die über die geforderte Leistungsfähigkeit verfügen.[12]

II. Auswahl der Teilnehmer

16   Im Rahmen des Nichtoffenen Verfahrens wählt der Auftraggeber anhand der mit dem Teilnahmeantrag vorgelegten Nachweise unter den Bewerbern, die seinen Anforderungen bezüglich der Eignung entsprechen, diejenigen aus, die er zur Abgabe eines Angebots auffordern will. Auf die **Eignungsprüfung** im **Teilnahmewettbewerb** finden sodann die üblichen Schritte Anwendung. Der erste, rein formale Schritt betrifft die Vollständigkeit des Teilnahmeantrages, ob dieser also sämtliche geforderten Eignungsnachweise oder Eignungsangaben enthält. Sofern ein Bieter alle wirksam und eindeutig geforderten Nachweise oder Erklärungen vorgelegt hat, ist in einem zweiten Schritt zu prüfen, ob der betreffende Bieter materiell geeignet ist, also insbesondere auf der Grundlage der vorgelegten Nachweise die erforderliche Fachkunde, Leistungsfähigkeit und Zuverlässigkeit besitzt.[13] Die Frage der Eignung ist auftragsbezogen zu beurteilen, d.h. es kommt darauf an, ob ein Bieter die für die Erfüllung gerade der ausgeschriebenen vertraglichen Verpflichtungen erforderliche Fachkunde, Leistungsfähigkeit und Zuverlässigkeit besitzt.[14]

17   Sodann findet gegebenenfalls auf einer »dritten Stufe« eine differenzierte Bewertung derjenigen Teilnahmeanträge statt, welche sowohl die geforderten Eignungsnachweise vollständig erbracht haben als auch materiell für die Durchführung des öffentlichen Auftrages geeignet sind. Die Durchführung eines Losverfahrens zur Reduzierung der Bewerberzahl ist nur (ausnahmsweise) zulässig, wenn der öffentliche Auftraggeber unter den eingegangenen Bewerbungen eine rein objektive Auswahl nach differenzierenden Kriterien unter gleich qualifizierten Bewerbern nicht mehr nachvollziehbar durchführen kann.[15]

18   Der Auftraggeber ist nicht verpflichtet, **Kriterien**, nach denen er seine **Bewerberauswahl** treffen will, in der Vergabebekanntmachung zu **veröffentlichen.** Er ist auch nicht gehalten, seiner Entscheidung eine Bewertungsmatrix zugrunde zu legen.[16] Solange sich seine Entscheidung auf sachliche und nicht sachwidrige Erwägungsgründe stützen lassen, bewegt er sich im Rahmen des ihm zugestandenen Beurteilungsspielraumes bzw. Auswahlermessens. Beachtlich sind Eignungskriterien nur, sofern er deren Gewichtung und Bedeutung vorher bereits festgelegt hat.[17]

---

10 Vgl. OLG Koblenz Beschl. v. 04.10.2010 – 1 Verg 9/10.
11 Vgl. auch EuGH NZBau 2010, 59.
12 Vgl. auch OLG Düsseldorf Beschl. v. 09.06.2010, VII-Verg 14/10.
13 Vgl. OLG Celle Beschl. v. 08.09.2011, 13 Verg 4/11; OLG Düsseldorf Beschl. v. 04.11.2010, VII-Verg 49/10; OLG Karlsruhe Beschl. v. 22.07.2011, 15 Verg 8/11; OLG München Beschl. v. 10.02.2011, Verg 24/10.
14 Vgl. nur OLG München Beschl. v. 05.10.2012, Verg 15/12.
15 Vgl. VK Bund, Beschl. v. 14.06.2007, VK 1-50/07.
16 Vgl. OLG Düsseldorf Beschl. v. 29.10.2003 Verg 43/03.
17 Vgl. insoweit EuGH Urt. v. 12.12.2002 in der Rechtssache C-470/99, VergabeR 2003, S. 141.

Aus Gründen der Transparenz und Nachvollziehbarkeit der Wertungsentscheidung wird es sich 19
jedoch regelmäßig empfehlen, bereits in der Bekanntmachung deutlich zu machen, worauf es dem
öffentlichen Auftraggeber bei seiner Auswahlentscheidung ankommt.[18] So kann etwa darauf hingewiesen werden, dass die differenzierte Bewertung anhand der vorzulegenden Referenzen durchgeführt wird. Individuelle und konkrete Aspekte der jeweiligen Referenz können es dann rechtfertigen,
die Eignung eines Unternehmens für den konkret zu beauftragenden Auftrag besser zu bewerten.
Der Bewerber kann daraufhin die von ihm vorzulegenden Unterlagen entsprechend ausrichten.

In einem Vergabeverfahren mit vorgeschaltetem **Teilnahmewettbewerb** können nur die von der 20
Vergabestelle im Teilnahmewettbewerb ausgewählten Bewerber ein **wirksames Angebot** vorlegen.[19]
Angebote von Bietern, welche nach Abschluss des Teilnahmewettbewerbs nicht zur Abgabe aufgefordert wurden bzw. keinen Teilnahmeantrag gestellt haben, müssen deshalb zwingend ausgeschlossen werden.[20] Das Angebot einer Bietergemeinschaft aus zwei von der Vergabestelle zur Abgabe
eines Angebotes aufgeforderten Bewerbern, die sich erst nach der Aufforderung zur Angebotsabgabe gebildet hat, ist ebenso nicht wirksam und von der weiteren Wertung auszuschließen.[21] Denn
die ausgewählten Teilnehmer haben ein Recht darauf, sich im nachfolgenden Angebotswettbewerb
nur mit Bietern messen zu müssen, die zuvor ebenfalls die Kriterien des Teilnahmewettbewerbs
erfüllt haben und als geeignete Bieter ausgewählt wurden.[22]

E. Verhandlungsverfahren

Nach der gesetzlichen Regelung in § 119 Abs. 5 GWB sind Verhandlungsverfahren Verfahren, bei 21
denen sich der Auftraggeber mit oder ohne vorherige öffentliche Aufforderung zur Teilnahme an
ausgewählte Unternehmen wendet, um mit einem oder mehreren über die Auftragsbedingungen
zu verhandeln.

Das **Verhandlungsverfahren** spielt überwiegend bei Dienstleistungen, weniger bei Lieferleistungen 22
oder Bauleistungen eine Rolle. Es ist allerdings zunehmend von Bedeutung, wenn etwa die Vergabe
von Bauleistungen mit der Vergabe von Planungs-, Betriebs- oder Finanzierungsdienstleistungen
zusammengefasst wird (z.B. **Public Private Partnership Modelle**).[23]

Das Verhandlungsverfahren ist – anders als das Nichtoffene Verfahren – keine bloße Abweichung 23
vom Offenen Verfahren, sondern eine wesentlich andere Verfahrensart. Sie ist dadurch gekennzeichnet, dass sie Verhandlungen mit den Bietern über die Auftragsbedingungen und den Preis
zulässt.[24] Der Wortlaut von § 119 Abs. 5 GWB macht allerdings auch deutlich, dass in der Vergabeart des Verhandlungsverfahrens der vorgeschaltete öffentliche Teilnahmewettbewerb im Rechtssinn
Teil des Vergabeverfahrens ist. Denn Verhandlungsverfahren sind hiernach Verfahren, bei denen
sich der Auftraggeber mit oder ohne vorherige öffentliche Aufforderung zur Teilnahme an ausgewählte Unternehmen wendet, um mit einem oder mehreren über die Auftragsbedingungen zu
verhandeln. Mithin bilden die vorherige öffentliche Vergabebekanntmachung und der vorherige
öffentliche Teilnahmewettbewerb zusammen mit den eigentlichen Verhandlungen im Rechtssinn das Vergabeverfahren in der Vergabeart des Verhandlungsverfahrens.[25] Da die vorgeschaltete

---

18 Vgl. auch 1. VK des Bundes VK 1-63/11.
19 Vgl. auch OLG Düsseldorf Beschl. v. 30.05.2001 Verg 23/00.
20 Vgl. auch VK Süd-Bayern Beschl. v. 09.04.2003 11/03.
21 Vgl. VK Köln Beschl. v. 30.09.2003 VK VOB 27/2003.
22 Vgl. 1. VK des Bundes Beschl. v. 22.02.2008 VK 1–4/08 m.w.N.
23 Vgl. insoweit nur PPP/PFI Hochbau-Projekte in der Ausschreibung, Ein Vergaberechtsleitfaden der PPP-
    Task-Force des Landes Nordrhein-Westfalen des Jahres 2003; Eschenbruch/Windhorst/Röwekamp/Vogt
    Bauen und Finanzieren aus einer Hand 2004; vgl. auch Kulartz in: Prieß/Hausmann/Kulartz, S. 11.
24 Vgl. Werner in: Byok/Jaeger, Kommentar zum Vergaberecht, 3. Aufl., § 101, Rn. 94 f.
25 OLG Düsseldorf Beschl. v. 24.09.2002 Verg 48/02; 1. VK des Bundes Beschl. v. 22.02.2008 VK 1–4/08;
    Reidt/Stickler/Glahs Kommentar zum Vergaberecht, 3. Aufl., Rn. 37; Dreher in: Immenga/Mestmäcker,
    Kommentar zum GWB, 4. Aufl., § 101 Rn. 25.

Vergabebekanntmachung und der vorgeschaltete öffentliche Teilnahmewettbewerb Elemente eines förmlichen Verfahrens enthält, kann man im Fall des Verhandlungsverfahrens mit öffentlicher Teilnahmeaufforderung von einem gemischt-förmlichen/nicht-förmlichen Verfahren sprechen.[26]

24   Das »eigentliche« **Verhandlungsverfahren** ist dann zwar geringen formalen Anforderungen unterworfen, aber **kein wettbewerbsfreier Raum.** Auch im Verhandlungsverfahren unterliegt der Auftraggeber wesentlichen Prinzipien des Vergaberechts. Das gilt namentlich für die Grundsätze des Wettbewerbs, der Transparenz und der Nichtdiskriminierung.[27] Bei dem Verhandlungsverfahren handelt es sich deshalb durchaus um ein »ordentliches« Vergabeverfahren.[28]

25   Das Verhandlungsverfahren befreit den Auftraggeber nicht davon, Angebote im Wettbewerb einzuholen, also zumindest mit mehreren Bietern zu verhandeln, soweit dies im Verfahren zumutbar ist.[29] Ein Verhandlungsverfahren ist gerade dadurch gekennzeichnet, dass in seinem Verlauf (interaktive) Verhandlungen zwischen dem Auftraggeber und dem Bieter über die Inhalte der Leistungen des künftigen Auftragnehmers, über die Vertragsbedingungen und auch über die Höhe und Zahlungsmodalitäten der durch den Auftraggeber zu zahlenden Vergütung nicht nur zulässig, sondern erforderlich sind, um den Vertragsinhalt, den der Auftraggeber nicht bereits in den Ausschreibungsunterlagen in allen Einzelheiten festschreiben konnte oder wollte, sukzessive zu fixieren. Ein Verhandlungsverfahren ohne Verhandlungen mit den Bietern über die von diesen unterbreiteten Angeboten, ist kein Verhandlungsverfahren.[30] Mit anderen Worten: Wählt der Auftraggeber ein Verhandlungsverfahren als Vergabeart aus, so dürfen die Bieter davon ausgehen, dass es zumindest eine Verhandlungsrunde gibt. Diese Besonderheit des Verfahrens führt auch dazu, dass sich der Begriff des Angebots im Verhandlungsverfahren von demjenigen des Angebots im Offenen oder Nichtoffenen Verfahren unterscheidet: Das Angebot ist nicht allein durch den Inhalt der ursprünglichen, oft schriftlich einzureichenden Erklärung des Bieters bestimmt, sondern wird dynamisch entwickelt und in den – oft mündlichen – Verhandlungsrunden aus- und umgestaltet. Es darf abgeändert werden.[31]

I. Ablauf des Verhandlungsverfahrens

26   Wie bereits erläutert, setzt sich das Verhandlungsverfahren aus einem formalen Bekanntmachungs- und Teilnahmewettbewerbsverfahren und den anschließenden Verhandlungen mit ausgewählten Bewerbern zusammen. Teilnahmewettbewerb und Auswahl der Teilnehmer unterscheiden sich nicht wesentlich von dem entsprechenden Verfahrensbestandteil im Nichtoffenen Verfahren, sodass insoweit auf die vorstehende Kommentierung in Kapitel C. I. und II. verwiesen werden kann.

27   Nur diejenigen Unternehmen, die vom öffentlichen Auftraggeber nach Prüfung der übermittelten Informationen dazu aufgefordert werden, können ein Erstangebot einreichen (vgl. auch § 17 Abs. 4 Satz 1 VgV).

28   Die eigentlichen Verhandlungen des Verhandlungsverfahrens unterscheiden sich sodann von Offenen bzw. Nichtoffenen Verfahren dadurch, dass sowohl der Leistungsgegenstand nicht bereits in der Ausschreibung in allen Einzelheiten festgeschrieben ist als auch Angebote abgeändert werden können, nachdem sie abgegeben worden sind.[32] **Verhandeln im Sinne des § 119 Abs. 5 GWB heißt**

---

26   So auch Boesen § 101, Rn. 43; vgl. auch Reidt/Stickler/Glahs Kommentar zum Vergaberecht, 3. Aufl., § 101 Rn. 35.
27   Vgl. BGH Urt. v. 10.09.2009, VII ZR 255/08; OLG Brandenburg Beschl. v. 20.09.2011, Verg W 11/11; OLG Düsseldorf Beschl. v. 19.07.2006, VII-Verg 27/06; Antweiler in: Ziekow/Völlink, § 101 GWB Rn. 33.
28   Vgl. insoweit auch Werner in: Byok/Jaeger § 101 Rn. 641, OLG Düsseldorf Beschl. v. 05.07.2006, Verg 21/06.
29   OLG Düsseldorf Beschl. v. 24.02.2005 VII-Verg 88/04 und Beschl. v. 23.02.2005 VII-Verg 87/04.
30   Vgl. auch OLG Naumburg Beschl. v. 12.04.2012, 2 Verg 1/12.
31   Vgl. OLG Naumburg Beschl. v. 12.04.2012, 2 Verg 1/12; OLG Düsseldorf, Beschl. v. 03.08.2011, Verg 16/11; Reidt/Stickler/Glahs Kommentar zum Vergaberecht, § 101 Rn. 34, 37 m.w.N.
32   Vgl. OLG Düsseldorf Beschl. v. 05.07.2006 Verg 21/06.

mithin, dass Auftraggeber und potenzieller Auftragnehmer Auftragsinhalt und Auftragsbedingungen solange besprechen, bis klar ist, was der Auftraggeber tatsächlich und ganz konkret einkaufen will, zu welchen Konditionen der Auftragnehmer dies leistet und insbesondere zu welchem Preis geleistet wird.[33] Die Identität des Beschaffungsvorhabens, so wie es die Vergabestelle zum Gegenstand der Ausschreibung gemacht hat, muss aber auch im Verhandlungsverfahren bewahrt bleiben, weil sonst die Ausschreibungsverpflichtung als Ausgangspunkt aller vergaberechtlichen Rechte und Pflichten der Beteiligten letztlich leer liefe.[34]

Vergabeverfahren werden zumeist dann angefochten, wenn der Verdacht von »Kungelei« entsteht. Um 29
dem vorzubeugen, empfiehlt sich, den Ablauf des Verhandlungsverfahrens so transparent wie möglich zu gestalten, in dem den Bietern in den Vergabeunterlagen konkret erläutert wird, welche Verfahrensschritte bis zum angestrebten Verfahrensschluss vorgesehen sind und nach welchen wie gewichteten Kriterien die Wertung der Angebote erfolgen wird. Zu den bekannt zu gebenden Kriterien zählen auch die im Voraus aufgestellten Unterkriterien bzw. eine Bewertungsmatrix, die der Auftraggeber bei der Angebotswertung verwenden will und welche die Funktion hat, Haupt-Zuschlagskriterien auszufüllen bzw. zu konkretisieren oder die Merkmale für die Bewertung der Angebotsinhalte festzulegen.[35]

Dem Auftraggeber steht es frei, ob er die vorgesehenen Zuschlagskriterien sowie deren Gewichtung 30
schon in der Vergabebekanntmachung oder aber mit der Aufforderung zur Angebotsabgabe in den Verdingungsunterlagen des Verhandlungsverfahrens bekannt gibt. Die Angebotsabgabe bezieht sich dabei auf das endgültige Angebot und nicht auf die im Verhandlungsverfahren üblichen indikativen, d.h. unverbindliche Erstangebote im Rahmen der Verhandlungsphase.[36]

Angebote, welche die in den Verdingungsunterlagen aufgestellten **Mindestanforderungen** von 31
vornherein nicht erfüllen, sind auszuschließen. Auch das geringeren formalen Anforderungen unterworfene Verhandlungsverfahren lässt diesbezüglich keine Ausnahme zu.[37]

Den Anbietern fällt es jedoch gerade auch bei größeren Projekten oft schwer, allen formalen und 32
materiellen Anforderungen der Auftraggeberseite zu genügen. Vielfach sind die Angebotsunterlagen schon formal nicht komplett, weil geforderte Angaben fehlen. Zum Teil werden aber auch materielle Mindestanforderungen an die Leistung nicht eingehalten. Dies führt dann häufig zum zwingenden Ausschluss des betroffenen Bieters im weiteren Verfahren. Der Zuschlag soll jedoch nicht auf das vollständigste, sondern auf das wirtschaftlichste Angebot erteilt werden. Um einerseits den Wettbewerb offen zu halten und nicht frühzeitig qualifizierte Bieter ausscheiden zu müssen, sowie andererseits das Optimierungspotenzial der Bieter nicht unnötig einzuschränken, sind die formalen Anforderungen und auch die materiellen Mindestbedingungen gerade im Verhandlungsverfahren auf das zwingend erforderliche Maß zu beschränken, mithin zurückhaltend einzusetzen. In den Verdingungsunterlagen ist klar anzugeben, in welchen Fällen ein Angebotsausschluss erfolgen kann oder sogar zwingend ist.

Im **Verhandlungsverfahren** darf der öffentliche Auftraggeber den im Verfahren verbliebenen Bie- 33
tern feste Fristen setzen, um den Ablauf des Vergabeverfahrens praktikabel, effizient und zügig zu **strukturieren**.[38] Zu berücksichtigen ist auch, dass der Grundsatz der Vertraulichkeit einen hohen Stellenwert im Verhandlungsverfahren hat, welches dem Auftraggeber zum Ausgleich ein hohes Maß an klarer Verhandlungsführung abverlangt.[39] Die Gefahr bei Verhandlungsverfahren liegt oft

---

33 Vgl. BGH Urt. v. 10.09.2009, VII ZR 255/08; OLG Düsseldorf Beschl. v. 03.08.2011, VII-Verg 16/11; OLG Naumburg Beschl. v. 12.04.2012, 2 Verg 1/12.
34 OLG Dresden Beschl. v. 03.12.2003 WVerg 15/03.
35 Vgl. insoweit OLG Düsseldorf VergabeR 2005, 364; Beschl. v. 23.03.2005 Verg 77/04.
36 OLG Düsseldorf Beschl. v. 21.11.2007 VII-Verg 32/07.
37 Vgl. OLG Düsseldorf Beschl. v. 03.03.2010, VII-Verg 46/09; OLG München Beschl. v. 21.05.2010, Verg 02/10; vgl. auch 3. VK des Bundes Beschl. v. 23.07.2012, VK 3-81/12.
38 Vgl. OLG Düsseldorf Beschl. v. 07.01.2002 Verg 36/01.
39 Vgl. auch VK Baden-Württemberg Beschl. v. 12.01.2004 1 VK 74/03; vgl. im Übrigen zur Strukturierung des Verhandlungsverfahrens auch Hausmann/Mutschler-Siebert in: Weber/Schäfer/Hausmann Praxishandbuch Public Private Partnership S. 261 ff.

darin, das sich diese endlos hinziehen, weil die Bieter ihre letzten Rabatte etc. noch nicht ins »Rennen« werfen. Um möglichst kurzfristig und zeitnah zu einem Ergebnis zu gelangen, bietet es sich an, die Anzahl der Verhandlungsgespräche möglichst gering zu halten und die Bieter anschließend aufzufordern, auf der Grundlage der Verhandlungsergebnisse ein optimiertes, abschließendes Angebot (**Last and Final Offer**) vorzulegen. Nach ersten Verhandlungsgesprächen, in denen es darum geht, Angebotsinhalte aufzuklären und den Auftraggeberwillen hinsichtlich seiner Anforderungen möglich noch zu konkretisieren, sowie die Anforderungen an Bieter »gleichzuschalten«, sollten alle Bieter auf möglichst einheitlicher Basis aufgefordert werden, ihr letztes Angebot abzugeben (lineare Last and Final Offer-Strategie). Auf der Grundlage dieser abschließenden Angebote erfolgt sodann die Auswahl des – oder derjenigen Bieter(s), mit dem/denen die Endverhandlungen geführt werden. Anders als bei der so genannten »parallelen« Verhandlungsstrategie hat die »Lineare« Strategie den Vorteil größtmöglicher Transparenz wie auch der Schnelligkeit des Verfahrens.

34 Die Vergabestelle hat im Verhandlungsverfahren bei der Entscheidung, mit welchen Bietern sie Verhandlungen beginnt und zum Abschluss bringt, unter Beachtung der Wettbewerbs- und Transparenzprinzipien und des Gleichbehandlungsgebotes einen Ermessensspielraum. Liegt beispielsweise zwischen den Angeboten ein erheblicher Preisabstand, so kann es sachlich gerechtfertigt sein, die Verhandlungen bei einem Vorrang des Preises unter den Auftragskriterien mit den preisgünstigsten Bietern zu beginnen und auf diese zu beschränken.[40] Sofern der öffentliche Auftraggeber in der Auftragsbekanntmachung oder in den Vergabeunterlagen darauf hingewiesen hat, kann er die Verhandlungen in verschiedenen aufeinanderfolgenden Phasen abwickeln, um so die Zahl der Angebote, über die verhandelt wird, anhand der vorgegebenen Zuschlagskriterien zu verringern. In der Schlussphase des Verfahrens müssen noch so viele Angebote vorliegen, dass der Wettbewerb gewährleistet ist, sofern ursprünglich eine ausreichende Anzahl von Angeboten oder geeigneten Bietern vorhanden war (vgl. auch § 17 Abs. 12 VgV). Der Verhandlungsprozess kann aber in Stadien ablaufen, nach deren jeweiligem Ende Unternehmen ausscheiden. Das Transparenzangebot verpflichtet allerdings die Vergabestelle, den Verfahrensablauf mitzuteilen und davon nicht überraschend und willkürlich abzuweichen. Die Teilnehmer müssen grundsätzlich zu jedem Zeitpunkt des Verfahrens wissen, in welchem Stadium sich dieses befindet und was Gegenstand der Verhandlungsgespräche ist.[41] Der Auftraggeber hat bei der Aufforderung zur Verhandlung den ausgewählten Bewerbern den vorgesehenen weiteren Ablauf des Verfahrens mitzuteilen.[42]

35 Zur Sicherung eines geordneten Wettbewerbes sowie der Gleichbehandlung aller Bieter empfiehlt es sich, das letzte Angebot der verbliebenen Bieter zeitgleich, d.h. zu einem genau festgesetzten Termin, einzuholen.[43] Beabsichtigt der öffentliche Auftraggeber, die Verhandlungen abzuschließen, so unterrichtet er die verbleibenden Bieter und legt eine einheitliche Frist für die Einreichung neuer oder überarbeiteter Angebote fest (vgl. auch § 17 Abs. 14 Satz 1 VgV). Sowohl das Gebot zu einem fairen Preis- und Leistungswettbewerb als auch der Grundsatz der Gleichbehandlung gebieten es, dass die Bieter dann an ihre Angebote gebunden sind und eine nachträgliche Änderung oder Ergänzung der von ihnen unterbreiteten Offerten ausgeschlossen sind. Auch bei der Vergabe im Verhandlungsverfahren muss jeder Bieter darauf vertrauen können, dass nur diejenigen Angebote in die Wertung eingestellt werden, die mit Ablauf der vom Auftraggeber festgelegten Einreichungsfrist vorlagen.[44]

36 Die sogenannte **Preferred-Bidder-Benennung** ist die konsequente Fortführung des Last and Final Offer-Prinzips. In der Regel wird nur ein Preferred Bidder zu benennen sein, mit dem alsdann die letzten Feinheiten des Vertrags schlussverhandelt werden. Um allerdings in diesem Verfahren eine

---

40 Vgl. auch OLG Frankfurt Beschl. v. 02.11.2004 11 Verg 16/04.
41 Vgl. OLG Düsseldorf Beschl. v. 18.06.2003, Verg 15/03; vgl. auch OLG Naumburg Beschl. v. 12.04.2012, 2 Verg 1/12.
42 Vgl. dazu im Einzelnen auch VK Rheinland-Pfalz Beschl. v. 22.08.2011, VK 2-20/11.
43 Vgl. auch VK Süd-Bayern Beschl. v. 08.02.2002 Verg 41–11/01; OLG Naumburg Beschl. v. 12.04.2012, 2 Verg 1/12.
44 Vgl. auch OLG Düsseldorf Beschl. v. 25.07.2002 Verg 33/02.

Abhängigkeit zu vermeiden, sollte in den Verdingungsunterlagen geregelt sein, dass ein Rückfall auf den zweitbesten Bieter erfolgen kann, soweit die Verhandlungen nicht innerhalb einer nicht vorab definierten Frist zum Erfolg führen. Am Ende des Verhandlungsprozesses wird dann ein Vertrag mit dem Preferred Bidder geschlossen. Damit endet das Verhandlungsverfahren.

Bei wettbewerbsgerechter und transparenter Durchführung ist das **Verhandlungsverfahren** ein 37 ebenso **geeignetes Verfahren** zu Ermittlung von wirtschaftlichen Angeboten als das Offene oder das Nichtoffene Verfahren.

II. Einstellung des Verhandlungsverfahrens

Die Auftragserteilung bildet den formalen Abschluss des Vergabeverfahrens; es kann aber auch der 38 Fall eintreten, dass nach Verhandlungen mit den dazu ausgewählten Bewerbern eine Auftragserteilung nicht in Betracht kommt. Das mag verschiedene Gründe haben, etwa keine der angebotenen Leistungen überzeugt oder aber deshalb, weil auch das preislich günstigste Angebot oberhalb der Mittel liegt, die für die Ausführung der Leistung zur Verfügung stehen. Das deutsche Vergaberecht kennt allerdings nur bei der öffentlichen und beschränkten Ausschreibung bzw. des Offenen und Nichtoffenen Verfahren eine Aufhebung des Verfahrens; eine Regelung für die freihändige Vergabe bzw. für das Verhandlungsverfahren existiert dort nicht. Die Rechtmäßigkeit der Entscheidung, von der Vergabe abzusehen, ist deshalb im Ergebnis nur an den Grundregeln des EG-Vertrages, insbesondere am Grundsatz der Nichtdiskriminierung zu messen. Mithin sind hier lediglich die allgemeinen Grundsätze der Transparenz, des Willkürverbotes und des Vertrauensschutzes zugrunde zu legen.[45]

Ein Rückgriff auf die Aufhebungsgründe bei der öffentlichen und beschränkten Ausschreibung bzw. 39 dem Offenen und Nichtoffenen Verfahrens kann grundsätzlich nicht erfolgen. Ein solcher Rückgriff ist auch wegen des besonderen Charakters des Verhandlungsverfahrens, in dem unter Beachtung des Diskriminierungsverbotes und des Transparenzgebotes sowohl über Preise verhandelt werden kann, Grundlagen des Verfahrens angepasst werden können und auch eine Ergänzung von Angeboten stattfinden darf, oft nicht erforderlich. Das Verhandlungsverfahren muss dann nicht zwingend aufgehoben, also beendet werden, sondern allen verbliebenen Bietern kann unter Hinweis auf die nach Auffassung der Vergabestelle vorliegenden Mängel oder notwendigen Änderungen die Möglichkeit eingeräumt werden, entsprechend neu anzubieten. Eine **formale Beendigung** des Verhandlungsverfahrens und die erneute Einleitung eines solchen würde lediglich zu einem vermeidbaren Zeitverlust führen und sich als **überflüssige Frömmelei** darstellen, ohne dass sich beispielsweise an der Notwendigkeit und den Anforderungen einer Nachbesserung der erneut einzureichenden Angebote etwas ändern würde.[46] Eine Beendigung eines Verhandlungsverfahrens ist deshalb jedenfalls dann möglich, wenn die in den Vergabe- und Vertragsordnungen genannten Aufhebungsgründe vorliegen.[47]

Eine **Einstellung des Verhandlungsverfahrens** dürfte regelmäßig für solche Umstände in Betracht 40 kommen, die auch bei rein privaten Auftraggebern einen Abbruch von Vertragsverhandlungen zulassen, ohne dass dadurch schuldhaft das zwischen den Verhandlungsparteien bestehende vorvertragliche Vertrauensverhältnis verletzt wird.[48] Ein uneingeschränkter und willkürlicher Entschluss zur Einstellung eines Verhandlungsverfahrens ist jedoch ebenso wenig zulässig wie eine nur zum Schein erfolgte Einstellung. Eine Scheinaufhebung liegt dann vor, wenn der Auftraggeber unter Missbrauch seiner Gestaltungsmöglichkeiten nur den Schein einer Aufhebung gesetzt hat, mit dessen Hilfe er dem ihm genehmen Bieter, obwohl dieser nicht das wirtschaftlichste Angebot abgegeben hat, den Auftrag zuschieben will.[49] Eine Aufhebung bzw. Einstellung eines Verhand-

---

45 Vgl. auch OLG Naumburg VergabeR 2006, 814, 817.
46 Vgl. auch VK Hessen Beschl. v. 07.10.2004 69d VK-60/2004, Antweiler in: Ziekow/Völlink, § 101 GWB Rn. 36.
47 Vgl. nur Höß in: Heuvels/Höß/Kuß/Wagner, Kommentar zum Vergaberecht, § 101 GWB Rn. 35.
48 Vgl. auch OLG München Beschl. v. 12.07.2005 Verg 8/05.
49 Vgl. grundlegend OLG Düsseldorf Beschl. v. 15.03.2000 Verg 4/00; vgl. auch OLG München Beschluss vom 12.07.200, Verg 8/05.

lungsverfahrens darf nicht gegen das Diskriminierungsgesetzverbot verstoßen und muss dem Transparenzgebot genügen. Voraussetzung dürfte deshalb auch regelmäßig sein, dass die Verhandlungen soweit geführt worden sind, bis sich absehen lässt, dass kein Angebot abgegeben wird, das den Ausschreibungsanforderungen entspricht oder ein wirtschaftliches Ergebnis liefern wird.

41 Eine Einstellung des Verhandlungsverfahrens ist gerechtfertigt, wenn das Verhandlungsverfahren voraussichtlich zu keinem wirtschaftlich akzeptablen Ergebnis führt.[50] Allein jedoch die Tatsache, dass im Verhandlungsverfahren nur ein Bewerber übrig bleibt, begründet keine Beendigung des Verfahrens.[51]

F. Wettbewerblicher Dialog (Abs. 6)

42 § 119 Abs. 6 definiert die Vergabeart des wettbewerblichen Dialogs. Die Definition ist an die neue Formulierung in Artikel 30 Abs. 3 der Richtlinie 2014/24/EU angepasst. Statt eines Verhandlungsverfahrens kann der öffentliche Auftraggeber auch die Verfahrensart des sogenannten wettbewerblichen Dialogs wählen. Die Zulässigkeitsvoraussetzungen entsprechen sich soweit (vgl. § 14 Abs. 3 VgV).

43 Gemäß Erwägungsgrund 42 zur Richtlinie 2014/24/EU kann das Verhandlungsverfahren oder der wettbewerbliche Dialog in Situationen vorgesehen werden, wenn nicht damit zu rechnen ist, dass offene oder nicht offene Verfahren ohne Verhandlungen zu einem zufriedenstellenden Ergebnis führen. Der wettbewerbliche Dialog hat sich in Fällen als nützlich erwiesen, in denen öffentliche Auftraggeber nicht in der Lage sind, die Mittel zur Befriedigung ihres Bedarfs zu definieren oder zu beurteilen, was der Markt an technischen, finanziellen oder rechtlichen Lösungen zu bieten hat. Diese Situation kann insbesondere bei innovativen Projekten, bei der Realisierung großer, integrierter Infrastrukturprojekte oder großer Computer-Netzwerke oder bei Projekten mit einer komplexen, strukturierten Finanzierung eintreten.

44 Der wettbewerbliche Dialog ist verfahrensmäßig in 3 Abschnitte unterteilt, nämlich eine europaweite Bekanntmachung mit Teilnahmewettbewerb (Eignungsprüfung) wie im Nichtoffenen Verfahren bzw. Verhandlungsverfahren, einer **Dialogphase** und schließlich der klassischen Aufforderung zur Angebotsabgabe, der Angebotsabgabe einschließlich Wertung wie im Offenen bzw. Nichtoffenen Verfahren (vgl. zum Ablauf im Einzelnen auch § 18 VgV).

45 Beim wettbewerblichen Dialog handelt es sich um ein eigenständiges Verfahren, das bestimmte Ähnlichkeiten zum Verhandlungsverfahren aufweist. Während der öffentliche Auftraggeber beim Verhandlungsverfahren davon ausgeht, dass eine Leistungsbeschreibung zwar nicht eindeutig und erschöpfend, aber durchaus möglich ist, ist es dem staatlichen Auftraggeber beim wettbewerblichen Dialog unmöglich, seine technischen Ziele bzw. seine Bedürfnisse oder seine rechtlichen bzw. finanziellen Bedingungen überhaupt zu beschreiben.[52] Der dafür eröffnete Spielraum ergibt sich für den wettbewerblichen Dialog aus dem Sinn und Zweck dieser neuen Verfahrensart, das gerade für Fälle geschaffen wurde, in denen eine Konkretisierung aus technischen, rechtlichen oder finanziellen Gründen noch aussteht und in den Dialogphasen ausgearbeitet werden soll. Der Dialog ist also eine Art »Vorverfahren zur Bestimmung des Auftragsgegenstandes«.[53]

46 Die Dialogphase besteht aus der Aufforderung zur Teilnahme am Dialog, aus dem Dialog und der Auswahl von Lösungsvorschlägen sowie dem Abschluss des Dialogs. Die eigentliche **Dialogphase** besteht aus **Gesprächsrunden** mit den Bewerbern zur Erarbeitung einheitlicher, aber nicht identischer Lösungen. Dabei können alle Einzelheiten des Auftrags erörtert werden. Dies sind allerdings keine Verhandlungen über Angebote, da in der Dialogphase noch keine Angebote vorliegen.

47 In der Dialogphase sind die Grundsätze der Gleichbehandlung und der Vertraulichkeit zwingend zu beachten. Nach jeder Gesprächsrunde ist grundsätzlich eine Reduzierung der Lösungen mög-

---

50 VK des Landes Brandenburg Beschl. v. 14.12.2007 – VK 5/07.
51 VK Sachsen-Anhalt Beschl. v. 03.03.2006 VK 2LVwALSA-02/06.
52 Vgl. VK Brandenburg Beschl. v. 08.04.2009, VK 17/09.
53 Vgl. auch Müller/Veil VergabeR 2007, 298, 302, 304.

lich, wenn dies in der Bekanntmachung oder Beschreibung angegeben ist. Es müssen allerdings zur Aufforderung zur Angebotsabgabe grundsätzlich noch so viele Angebote vorliegen, dass ein echter Wettbewerb gewährleistet ist, sofern eine ausreichende Anzahl von Lösungen oder geeigneten Bewerbern vorliegt (vgl. Art. 44 Abs. 4 VKR).

Der zu beachtende Grundsatz der **Vertraulichkeit** bedeutet insbesondere, dass der bei einem Dialog   48 mit einem Unternehmen erreichte technische Durchbruch ohne dessen Einverständnis nicht in die Verhandlung mit anderen Unternehmen eingeführt oder gar zu deren Grundlage gemacht werden darf. Vielmehr ist seitens der Vergabestelle insoweit eine strikte Trennung der Dialoge sicherzustellen.[54] Die staatlichen Auftraggeber dürfen Lösungsvorschläge oder vertrauliche Informationen eines Unternehmens nicht ohne dessen Zustimmung an die anderen Unternehmen weitergeben und diese nur im Rahmen des Vergabeverfahrens verwenden.

Neben den Grundsätzen der Gleichbehandlung, des Wettbewerbs, der Transparenz und der Ver-   49 traulichkeit bestehen relativ wenig konkrete Vorgaben für die Durchführung der Dialogphase. Die Dauer der Verhandlungen wird oft nicht vorhersehbar sein. Die **Dialogphase** endet mit einer entsprechenden Entscheidung der Vergabestelle, wenn diese der Auffassung ist, dass eine oder mehrere ihren Bedürfnissen entsprechenden **Lösungen** vorliegen. Das Verfahren ist auch für abgeschlossen zu erklären, wenn erkennbar ist, dass keine Lösung gefunden werden kann. Danach sind Verhandlungen grundsätzlich nicht mehr zulässig. Für den Fall der Erfolglosigkeit des wettbewerblichen Dialogs besteht dann nur noch die Möglichkeit der Auftragsvergabe im Verhandlungsverfahren. Ob damit jedoch im Regelfall eine Steigerung der Erfolgsaussichten verbunden ist, erscheint angesichts der Möglichkeiten umfassender Erörterungen während des wettbewerblichen Dialogs zweifelhaft.[55]

Die Reduzierung der Zahl der Lösungen hat während der Dialogphase und nicht außerhalb, etwa   50 über gesonderte Verhandlungen zu erfolgen.[56] Eine weitere Einschränkung ergibt sich daraus, dass die Verringerung der Anzahl nur nach bestimmten Kriterien vorgenommen werden darf. Hierfür kommen nur die Zuschlagskriterien in Betracht und nicht etwa auch die Eignungskriterien. Die Kriterien können während der Dialogphase näher präzisiert werden, doch ist das den Unternehmen bekannt zu geben.[57] Es ist auch zulässig, dass ein Teilnehmer sogar mehrere Lösungen präsentiert. Zum Verfahren des wettbewerblichen Dialogs gibt es weder in der VgV noch in den Verdingungsordnungen bisher Vorgaben im Hinblick auf Überarbeitungsfristen. Auch wenn insoweit die den Bietern gesetzten Fristen angemessen sein müssen, so ist kein Ausgleich dahin gehend vorzunehmen, dass er den Bieter, der einen ausgeschiedenen Lösungsvorschlag eingereicht hat, in dieselbe Position versetzt wie seine Konkurrenten zu Beginn der vorangehenden Dialogphase. Nach Ansicht des OLG Brandenburg[58] widerspricht es dem Wesen des in Form von Dialogphasen durchgeführten wettbewerblichen Dialogs, bei Ausschluss einer Lösung einem Unternehmen deutlich mehr Zeit einzuräumen als die Konkurrenten benötigen, damit der Anbieter der ausgeschlossenen Lösung im Wettbewerb bleiben kann. Denn damit würde der Auftraggeber nunmehr diejenigen Bieter benachteiligen, die von ihm bevorzugte Lösungen eingereicht haben.

Mit einer Aufforderung zur Angebotsabgabe auf der Grundlage der eingereichten Lösungen fordert   51 der öffentliche Auftraggeber anschließend die am Dialog (noch) teilnehmenden Unternehmen zur Abgabe eines Angebotes auf, dessen Grundlage die im Rahmen der individuellen Verhandlungen gefundenen Lösungen bilden.[59] Da die Inhalte der einzelnen Angebote danach voneinander abweichen können, darf der Auftraggeber im Anschluss an die Auswahl des wirtschaftlichsten Angebotes das entsprechende Unternehmen noch auffordern, bestimmte Einzelheiten des Angebotes näher

---

54 Vgl. Knauff VergabeR 2004, 287, 293; Prieß S. 203 f.
55 Vgl. auch Knauff VergabeR 2004, S. 287, 295.
56 Vgl. auch Egger Europäisches Vergaberecht, Rn. 970.
57 VK bei der Bezirksregierung Düsseldorf, Beschl. v. 11.08.2006, VK – 30/06-L (»Verringerung der Zahl der zu erörternden Lösungen in der Dialogphase nur anhand der mitgeteilten Zuschlagkriterien möglich«).
58 OLG Brandenburg, Beschl. v. 07.05.2009, VergW 6/09.
59 Vgl. insoweit auch Müller-Wrede ÖPP-Beschleunigungsgesetz, S. 78 ff.

zu erläutern oder im Angebot enthaltene Zusagen zu bestätigen. **Nach Angebotsabgabe** sind im Übrigen nur Präzisierungen, Klarstellungen und Ergänzungen zulässig, aber **keine Änderungen der grundlegenden Elemente** des Angebots.

52   Was die gesetzlichen Vorgaben betrifft, bestehen beim wettbewerblichen Dialog gegenüber der Angebotswertung in den anderen Vergabeverfahrensarten keinerlei Besonderheiten. Meist werden Angebote auch den Vorstellungen des öffentlichen Auftraggebers entsprechen, zumal sie auf den in der Dialogphase erreichten Ergebnissen basieren sollen. Aber auch unter der Voraussetzung, dass sich die Vergabestelle während der Dialogphase auf eine wertungsfreundliche Vergleichbarkeit der Angebote zu bewegen muss, unterliegt sie dabei doch wegen der uneingeschränkten Geltung des Vertraulichkeitsgrundsatzes rechtlichen Grenzen. Die Vergleichbarkeit der Angebote festzustellen und damit auf einer gleichen Grundlage die Wertung vollziehen zu können, dürfte dennoch im wettbewerblichen Dialog mit deutlich größeren Schwierigkeiten versehen sein als bei den klassischen Vergabearten.

53   Verlangt der Auftraggeber, dass die am **Dialog** teilnehmenden Unternehmen Entwürfe, Pläne, Zeichnungen, Berechnungen oder Ähnliches ausarbeiten, müssen sie einheitlich für alle Unternehmen, die die geforderten Unterlagen rechtzeitig vorgelegt haben, eine angemessene **Kostenerstattung** hierfür gewähren. Da die Erarbeitung innovativer Lösungsansätze, wie sie im Rahmen des wettbewerblichen Dialogs von den teilnehmenden Bewerbern gefordert wird, regelmäßig mit hohem Kostenaufwand verbunden ist, dürfte der öffentliche Auftraggeber nämlich qualifizierte Unternehmen nur dann für eine Teilnahme gewinnen können, wenn er den im späteren Vergabeverfahren nicht berücksichtigten Bietern eine Prämie für ihre Mitwirkung in der Dialogphase zusichert.[60]

G. Innovationspartnerschaft (Abs. 7)

54   Ein weiteres, ähnlich strukturiertes Verfahren wie das Verhandlungsverfahren und der wettbewerbliche Dialog ist letztlich die sogenannte Innovationspartnerschaft. Diese ist ein Verfahren zur Entwicklung innovativer, noch nicht auf dem Markt verfügbarer Leistungen und zum anschließenden Erwerb der daraus hervorgehenden Leistungen. Dazu heißt es unter Erwägungsgrund 49 der Richtlinie 2014/24/EU:

55   *»Kann der Bedarf an der Entwicklung eines innovativen Produkts bzw. einer innovativen Dienstleistung oder innovativer Bauleistungen und dem anschließenden Erwerb dieses Produktes bzw. dieser Dienstleistung oder dieser Bauleistungen nicht durch bereits auf dem Markt verfügbare Lösungen befriedigt werden, so sollten öffentliche Auftraggeber in Bezug auf Aufträge, die in den Anwendungsbereich dieser Richtlinie fallen, Zugang zu einem spezifischen Beschaffungsverfahren haben. Dieses spezifische Verfahren sollte es den öffentlichen Auftraggebern ermöglichen, eine langfristige Innovationspartnerschaft für die Entwicklung und den anschließenden Kauf neuer, innovativer Waren, Dienstleistungen oder Bauleistungen zu begründen – unter Voraussetzung, dass für solche innovativen Waren, Dienstleistungen oder Bauleistungen die vereinbarten Leistungs- und Kostenniveaus eingehalten werden können, und ohne dass ein getrenntes Vergabeverfahren für den Kauf erforderlich ist. Die Innovationspartnerschaft sollte sich auf die Verfahrensregeln stützen, die für das Verhandlungsverfahren gelten, und die Auftragsvergabe sollte einzig auf der Grundlage des besten Preis-Leistungs-Verhältnisses erfolgen, was für den Vergleich von Angeboten für innovative Lösungen am besten geeignet ist. Ganz gleich, ob es um sehr große Vorhaben, oder um kleiner innovative Vorhaben geht, sollte die Innovationspartnerschaft so strukturiert sein, dass sie die erforderliche Marktnachfrage (»Market Pull«) bewirken kann, die die Entwicklung einer innovativen Lösung anstößt, ohne jedoch zu einer Marktabschottung zu führen.*

Die öffentlichen Auftraggeber sollten daher Innovationspartnerschaften nicht in einer Weise nutzen, durch die der Wettbewerb behindert, eingeschränkt oder verfälscht wird. In bestimmten Fällen können solche Effekte durch die Gründung von Innovationspartnerschaften mit mehreren Partnern vermieden werden.«

---

60   Vgl. auch Rechten NZBau 2004, 366, 369.

Mit anderen Worten: Kann der Bedarf an der Entwicklung eines innovativen Produktes bzw. einer 56
innovativen Dienstleistung bzw. Bauleistung und im anschließenden Erwerb dieses Produktes bzw.
dieser Dienstleistung bzw. Bauleistung nicht bereits durch auf den Markt verfügbare Lösungen
befriedigt werden, so kann dieses spezifische Beschaffungsverfahren Anwendung finden. Der Unionsgesetzgeber hat dieses Verfahren einschließlich seines Anwendungsbereiches und Verfahrensab-
laufes in Artikel 31 VRL näher definiert und beschrieben.[61]

I. Anwendungsvoraussetzungen

Angesichts der unverkennbaren Ähnlichkeiten zum Verhandlungsverfahren und zum wettbewerbli- 57
chen Dialog ist die Notwendigkeit und Eigenständigkeit dieser neuen Vergabeart zweifelhaft.[62] So
hat bisher schon die Vergabeart des wettbewerblichen Dialogs neben der Vergabeart des Verhandlungsverfahrens kaum größere eigenständige Bedeutung erlangt. Auch das Verhandlungsverfahren
ermöglicht die Beschaffung von Innovationen bzw. innovativen Produkten und Dienstleistungen.

Verbleibendes Abgrenzungskriterium für die Innovationspartnerschaft ist alleine, dass hier zur 58
Bedarfsdeckung des Auftraggebers zunächst die Entwicklung eines neuen, auf dem Markt noch
nicht vorhandenen Produktes bzw. einer noch nicht vorhandenen Dienst- oder Bauleistung erforderlich ist.[63] Die Innovationspartnerschaft ist dadurch auf eine längerfristige Zusammenarbeit zwischen Auftraggeber und Auftragnehmer ausgerichtet, in deren Verlauf mehrere Aufträge (Entwicklungsaufträge, Folgeaufträge) vergeben werden können.[64]

II. Verfahrensablauf

Das Verfahren der Innovationspartnerschaft soll sich gemäß Erwägungsgrund 49 VRL auf die Ver- 59
fahrensregeln stützen, die für das Verhandlungsverfahren gelten. Entsprechend wird auch bei der
Innovationspartnerschaft kein förmliches Vergabeverfahren durchgeführt, sondern mit den ausgewählten Unternehmen über die Auftragsbedingungen verhandelt. Das Verfahren gliedert sich in drei
Hauptphasen, nämlich die Bekanntmachungsphase mit Teilnahmewettbewerb, die Verhandlungsphase und die Forschungs- sowie Innovationskooperation (Innovationspartnerschaft im engeren Sinne).[65] Letztere wird entsprechend dem Forschungs- und Innovationsprozess in aufeinanderfolgende
Phasen strukturiert und es werden die von den Partner zu erreichenden Zwischenziele sowie die
Zahlung der Vergütung in angemessenen Tranchen festgelegt. Auf der Grundlage dieser Ziele kann
der öffentliche Auftraggeber am Ende jeder Phase darüber befinden, ob er die Innovationspartnerschaft beendet oder – im Falle einer Innovationspartnerschaft mit mehreren Partnern – die Zahl der
Partner durch die Kündigung einzelner Verträge reduziert wird (vgl. zum Ablauf auch § 19 VgV).[66]

Die Innovationspartnerschaft erlaubt es vor allem, einem Auftragnehmer, der eine Entwicklungs- 60
leistung erbracht hat, Folgeaufträge über die (Serien-) Produktion des entwickelten Produkts oder
der entwickelten Leistung unter vollständiger Wahrung der Schutzrechte des Auftragnehmers zu
erteilen. Bislang war es so, dass der Auftraggeber zunächst einen Entwicklungsauftrag vergeben
musste und er für weitergehende Produktionsaufträge nach entsprechender Vergabereife eine neue
Ausschreibung starten musste. Im Rahmen der Entwicklungsausschreibung musste er sich die Nutzungsrechte an der Entwicklung einräumen lassen, und zwar nicht für eigene Zwecke, sondern auch
zur Verwendung in den Vergabeunterlagen bei der späteren Vergabe der Produktion. Das führte in
der Regel zu einem unerwünschten Know-How-Transfer.[67]

---

61 Vgl. auch Gesetzesbegründung zu § 119 Abs. 7 GWB.
62 Vgl. auch Neun/Otting, Die EU-Vergaberechtsreform 2014, EuZW 2014, 446, 449.
63 Vgl. auch Badenhausen-Fähnle, Die neue Vergabeart der Innovationspartnerschaft, VergabeR 2015, 743, 745.
64 Vgl. auch Opitz, Was bringt die neue Sektorenvergaberichtlinie? VergabeR 2014, 369, 378.
65 Vgl. im Einzelnen: Badenhausen-Fähnle, Die neue Vergabeart der Innovationspartnerschaft, VergabeR 2015, 743, 747 ff.
66 Vgl. auch Kulartz/Opitz/Steding, Vergabe von IT-Leistungen, 2. Auflage, 53 f.
67 Vgl. auch Opitz, VergabeR 2014, 369, 378.

61 Unabhängig davon, ob es um sehr große Vorhaben oder um kleinere innovative Vorhaben geht, sollte die Innovationspartnerschaft so strukturiert sein, dass sie die erforderliche Marktnachfrage bewirken kann, die die Entwicklung einer innovativen Lösung anstößt, ohne jedoch zu einer Marktabschottung zu führen.[68] Vor diesem Hintergrund darf die Innovationspartnerschaft nicht genutzt werden, um den Wettbewerb zu behindern, einzuschränken oder zu verfälschen.

§ 120 Besondere Methoden und Instrumente in Vergabeverfahren

(1) Ein dynamisches Beschaffungssystem ist ein zeitlich befristetes, ausschließlich elektronisches Verfahren zur Beschaffung marktüblicher Leistungen, bei denen die allgemein auf dem Markt verfügbaren Merkmale den Anforderungen des öffentlichen Auftraggebers genügen.

(2) Eine elektronische Auktion ist ein sich schrittweise wiederholendes elektronisches Verfahren zur Ermittlung des wirtschaftlichsten Angebots. Jeder elektronischen Auktion geht eine vollständige erste Bewertung aller Angebote voraus.

(3) Ein elektronischer Katalog ist ein auf der Grundlage der Leistungsbeschreibung erstelltes Verzeichnis der zu beschaffenden Liefer-, Bau- und Dienstleistungen in einem elektronischen Format. Er kann insbesondere beim Abschluss von Rahmenvereinbarungen eingesetzt werden und Abbildungen, Preisinformationen und Produktbeschreibungen umfassen.

(4) Eine zentrale Beschaffungsstelle ist ein öffentlicher Auftraggeber, der für andere öffentliche Auftraggeber dauerhaft Liefer- und Dienstleistungen beschafft, öffentliche Aufträge vergibt oder Rahmenvereinbarungen abschließt (zentrale Beschaffungstätigkeit). Öffentliche Auftraggeber können Liefer- und Dienstleistungen von zentralen Beschaffungsstellen erwerben oder Liefer-, Bau- und Dienstleistungsaufträge mittels zentraler Beschaffungsstellen vergeben. Öffentliche Aufträge zur Ausübung zentraler Beschaffungstätigkeiten können an eine zentrale Beschaffungsstelle vergeben werden, ohne ein Vergabeverfahren nach den Vorschriften dieses Teils durchzuführen. Derartige Dienstleistungsaufträge können auch Beratungs- und Unterstützungsleistungen bei der Vorbereitung oder Durchführung von Vergabeverfahren umfassen. Die Teile 1 bis 3 bleiben unberührt.

A. Allgemeines

I. Bedeutung, systematische Einordnung und Zweck des § 120

1 § 120 enthält Regelungen zu ganz unterschiedlichen **Besonderen Methoden und Instrumenten in Vergabeverfahren**. Es handelt sich um Definitionen zu verschiedenen Methoden und Instrumenten für die **elektronische Auftragsvergabe** einerseits und für **Sammelbeschaffungen** durch öffentliche

---

[68] Vgl. auch Gesetzesbegründung zu § 119 Abs. 7.

Auftraggeber andererseits.[1] Die Vorschrift beschreibt, wie die von ihr definierten Methoden und Instrumente bei der Vergabe von öffentlichen Aufträgen eingesetzt werden können. Insbesondere für die sog. **eVergabe** im engeren Sinne, d.h. die Vergabe mit elektronischen Mitteln legt §120 Abs. 1 bis 3 wesentliche Ausgangsregelungen fest. eVergabe im engeren Sinne meint die elektronische Durchführung des Vergabeverfahrens von der Veröffentlichung der Bekanntmachung bis zum Zuschlag einschließlich der notwendigen Information der Bieter.[2] Die eVergabe ist Teil des sog. eGovernment in der Union. Bei der eVergabe im weiteren Sinne handelt es sich dagegen um das elektronische Verfahren im Beschaffungssektor einschließlich der Geschäftsprozesse zur Auftragsausführung nach Erteilung des Zuschlags (»Vertragsphase«).[3]

§ 120 ist Teil des 2. Abschnitts des GWB, in dem die Vergabe von öffentlichen Aufträgen und 2 durch öffentliche Auftraggeber geregelt ist. Bei § 120 handelt es sich gegenüber dem alten GWB um eine neue Vorschrift. Der Gesetzgeber hat zu Recht die in § 120 geregelten Methoden und Instrumente einheitlich auf gesetzlicher Ebene im GWB angelegt, um sicherzustellen, dass diese Mittel allen öffentlichen Auftraggebern, d.h. auch Sektorenauftraggebern zur Verfügung stehen.[4]

Die eVergabe hat das Ziel, eine erhebliche **Vereinfachung und Beschleunigung der Vergabe** unter 3 gleichzeitiger Steigerung von Effizienz und Transparenz unter Einsparung finanzieller und personeller Ressourcen zu ermöglichen.[5] Die eVergabe spart nach der Vorstellung des Gesetzgebers erheblich Zeit- und zugleich Kosten, weil beispielsweise kein Kopieren, Drucken und postalisches oder elektronisches Versenden der Auftragsunterlagen anfällt. Zugleich soll sie auf Grund der einmaligen Eingabe der Daten, der automatisierten Weiterverarbeitung und automatischen Fehlerkontrollen einheitliche vergaberechtskonforme Vergabeverfahren gewährleisten.[6] Sie soll zu einer hohen Bieterakzeptanz führen, indem zunächst konventionelle und online-Angebote entgegengenommen werden. Vor dem Hintergrund des **hohen Investitionsbedarfs** und der mitunter **komplexen Handhabung der Instrumente der eVergabe** ist allerdings abzuwarten, ob sich die hochgesteckten Erwartungen des Unionsgesetzgebers erfüllen.

Zusätzlich zu den Vorgaben der Vergaberichtlinien, des GWB und der VgV sind die für die eVer- 4 gabe grundlegenden **Querschnittsbestimmungen der EU** zu beachten in Form der Richtlinie über den elektronischen Geschäftsverkehr 2000/31/EG[7], der Signaturrichtlinie 1999/93/EG[8] und der Verordnung über die elektronische Identifizierung und Vertrauensdienste für elektronische Transaktionen im Binnenmarkt, VO Nr. 910/2014, zu beachten[9].

Allen Detailvorgaben vorangestellt sind übergeordnet die zentralen Vorgaben des eVergaberechts 5 zu beachten.[10] Das bedeutet, dass die vom öffentlichen Auftraggeber ausgewählten elektronischen Kommunikationsmittel **allgemein verfügbar** sein müssen und nicht dazu führen dürfen, dass der

---

1 Gesetzesbegründung GWB, 121.
2 Schäfer NZBau 2015, 131, 131.
3 Schäfer NZBau 2015, 131, 131.
4 Gesetzesbegründung GWB, 121.
5 Erwägungsgrund 52 Richtlinie 2014/24/EU.
6 Schäfer NZBau 2015, 131, 131.
7 RL 2000/31/EG des Europäischen Parlaments und des Rates v. 08.06.2000 über bestimmte rechtliche Aspekte der Dienste der Informationsgesellschaft, insbesondere des elektronischen Geschäftsverkehrs, im Binnenmarkt, ABl. 2000 L 178, 1.
8 RL 1999/93/EG des Europäischen Parlaments und des Rates v. 13.12.1999 über gemeinschaftliche Rahmenbedingungen für elektronische Signaturen, ABl. 2000 L 13, 12.
9 Verordnung des Europäischen Parlaments und des Rates über die elektronische Identifizierung und Vertrauensdienste für elektronische Transaktionen im Binnenmarkt und zur Aufhebung der RL 1999/93/EG, v. Europäischen Parlament angenommen am 03.04.2014, VO (EU) Nr. 910/2014 des Europäischen Parlaments und des Rates v. 23.07.2014, ABl. 2014 L 257, 73.
10 Schäfer NZBau 2015, 131, 131.

Zugang der Wirtschaftsteilnehmer zum Vergabeverfahren beschränkt wird. Die verwendeten Mittel und ihre technischen Merkmale dürfen **keinen diskriminierenden Charakter** haben.

6   Die Zentralisierung von Beschaffungstätigkeiten in Form von **zentralen Beschaffungsstellen** eröffnet nach der Intention des Gesetzgebers die Möglichkeit, das Beschaffungsmanagement zu verbessern und weiter zu professionalisieren.[11] Es dürfte durch die Bündelung der Nachfrage im Übrigen zu besseren Konditionen und insgesamt niedrigeren Beschaffungskosten führen. Die Regelung der zentralen Beschaffungsstelle schränkt dabei nicht die Möglichkeit ein, dass öffentliche Auftraggeber ohne festen institutionellen Rahmen bei Gelegenheit gemeinsam Vergabeverfahren durchführen oder bei der Vorbereitung oder Durchführung von Vergabeverfahren zusammenarbeiten.

II. Überblick über den Inhalt der Regelung und rechtliche Grundlagen

7   Die Vorschrift definiert in Abs. 1 das elektronische Beschaffungssystem, in Abs. 2 die elektronische Auktion, in Abs. 3 den elektronischen Katalog und in Abs. 4 die zentrale Beschaffungsstelle. Zudem gibt sie einen Überblick über die Funktion dieser Instrumente.

8   Die drei Instrumente für die eVergabe – Dynamische Beschaffungssysteme, Elektronische Auktionen und Elektronische Kataloge – müssen **zwingend** in das jeweilige nationale Vergaberecht der Mitgliedstaaten **umgesetzt** werden. Die nunmehr zwingend vorgeschriebene eVergabe war bislang nur als optionale Regelung ausgestaltet. Das bedeutet, der Gesetz- bzw. Verordnungsgeber muss das rechtliche Instrumentarium entsprechend der neuen EU-Vergaberichtlinien bereitstellen, damit öffentliche Auftraggeber Dynamische Beschaffungssysteme, Elektronische Auktionen und Elektronische Kataloge in der Praxis nutzen können. Bislang werden diese Instrumente kaum genutzt. Es gibt allerdings keine Pflicht, die entsprechenden technischen Voraussetzungen für diese zu schaffen. E-Vergabeplattformen, die entsprechende Funktionalitäten nicht bieten, können ebenso verwendet werden wie solche, die Dynamische Beschaffungssysteme, Elektronische Auktionen und die Einreichung Elektronischer Kataloge gestatten.

9   Die in § 120 enthaltenen Definitionen zu verschiedenen Methoden und Instrumenten für die elektronische Auftragsvergabe und für Sammelbeschaffungen gehen auf Art. 34 Dynamische Beschaffungssysteme, Art. 35 Elektronische Auktionen, Art. 36 Elektronische Kataloge und Art. 37 Zentrale Beschaffungstätigkeit und zentrale Beschaffungsstellen der Richtlinie 2014/24/EU sowie Art. 52 Dynamische Beschaffungssysteme, Art. 53 Elektronische Auktionen, Art. 54 Elektronische Kataloge und Art. 55 Zentrale Beschaffungstätigkeit und zentrale Beschaffungsstellen der Richtlinie 2014/25/EU zurück.

10 Die wichtigste Neuerung bei der Vergabe öffentlicher Aufträge im Zusammenhang mit der eVergabe ist die **zwingende Anwendung der elektronischen Vergabe einschließlich der elektronischen Angebotsabgabe**. Diese gilt bis auf wenige Ausnahmen. Der Grundsatz der Wahlfreiheit des Auftraggebers hinsichtlich der Kommunikationsmittel ist damit abgeschafft. Die Vorschriften zu dynamischen Beschaffungssystemen, elektronischen Auktionen und elektronischen Katalogen, zur elektronischen Übermittlung und Veröffentlichung von Bekanntmachungen und von Aufforderungen zur Interessenbestätigung, zum unentgeltlichen, uneingeschränkten und vollständigen direkten Zugang zu Auftragsunterlagen mithilfe elektronischer Mittel über eine Internetadresse sind ausnahmslos bis zum 18.04.2016 umzusetzen. Ab September 2018 müssen alle Angebote den öffentlichen Auftraggebern auf elektronischem Weg übermittelt werden. Die Pflicht zur Umsetzung der eVergabe folgt vor allem aus den Art. 22, 35 und 36 der Richtlinie 2014/24/EU. Die Vorgaben der Richtlinien 2014/24/EU und 2014/25/EU sind gem. Art. 90 Abs. 1 der RL 2014/24/EU bis zum 18.04.2016 in deutsches Rechts umzusetzen. Für die meisten Vorgaben zur eVergabe hat der europäische Gesetzgeber eine **deutlich längere Umsetzungsfrist** als für alle anderen Regelungen vorgesehen. Art. 90 Abs. 2 UA. 1 der RL 2014/24/EU regelt hiervon eine Ausnahme. Öffentliche

---

11 Gesetzesbegründung zum GWB, 122.

Auftraggeber mit Ausnahme von zentralen Beschaffungsstellen auf Bundes-, Landes- und kommunaler Ebene müssen die Kommunikation und den Informationsaustausch mithilfe elektronischer Mittel spätestens ab 18.10.2018 verpflichtend einführen. Eine frühere Umsetzung der Regelungen ist zulässig. Nach Art. 90 Abs. 1 UA. 1 RL 2014/24/EU besteht jedoch keine Möglichkeit, die Umsetzung bestimmter Aspekte der eVergabe aufzuschieben. So muss die Verwendung elektronischer Mittel bzw. deren Umsetzung verbindlich bereits bis zum 18.04.2016 erfolgen. Dabei handelt es sich um die Regelungen in den Art. 34, 35, 36, 37 Abs. 3, 51 Abs. 2 und 53 der Richtlinie 2014/24/EU.

Ab dem 18.10.2018 müssen – vorbehaltlich bestimmter Ausnahmen – alle Beschaffungen im   11
Geltungsbereich der Richtlinien für öffentliche Auftraggeber und Sektorenauftraggeber *zwingend* elektronisch durchgeführt werden.[12] Danach ist die eVergabe nicht zwingend anzuwenden, (1) wenn auf Grund der besonderen Art der Vergabe« bei Nutzung elektronischer Kommunikation »spezifische Instrumente«, Vorrichtungen oder Dateiformate erforderlich wären, die nicht allgemein verfügbar bzw. unterstützt sind, (2) geeignete Anwendungen Dateiformate verwenden, die nicht mit allgemein verfügbaren Anwendungen verarbeitet werden können oder die durch Lizenzen geschützt sind, (3) die Nutzung elektronischer Kommunikationsmittel »spezielle Bürogeräte« erfordern würde, die öffentlichen Auftraggebern nicht generell zur Verfügung stehen, (4) physische oder maßstabsgetreue Modelle eingereicht werden müssen, die nicht elektronisch übermittelt werden können, (5) die Verwendung anderer Kommunikationsmittel erforderlich ist bei Sicherheitsverletzung der elektronischen Kommunikation bzw. zum Schutz der besonderen Empfindlichkeit einer Information, oder (6) keine wesentlichen Teile des Vergabeverfahrens betroffen sind.

Grund für die längere Umsetzungsfrist für die eVergabe ist, dass die Umstellung auf die eVergabe   12
eine **grundlegende Umstellung der Organisation** der meisten öffentlichen Auftraggeber und Bieter sowie erhebliche Investitionen in IT erfordert. Dafür ist ein ausreichender zeitlicher Vorlauf notwendig. Der Umstellungsprozess ist vor dem Hintergrund der vielfältig und vielschichtig vorzunehmenden Umstellungen und den dafür vorausgehenden Investitionen in Hardware, Software und IT-Dienstleistungen den Umstellungsprozess frühzeitig einzuleiten. Beim Wechsel vom Papierverfahren zur eVergabe müssen die Verwaltungsabläufe gegebenenfalls an das neue Medium angepasst werden.

Bereits die Vergaberichtlinien 2004/18/EG und 2014/17/E sowie die Verteidigungsrichtlinie   13
2009/81/EG enthalten mehr oder weniger ausführliche Vorschriften zur eVergabe. Der **effektive Rechtsschutz** der Unternehmen ist auch bei der eVergabe durch die EU-Rechtsmittelrichtlinie 89/665/EWG bzw. ihre Änderungen sichergestellt.

III. Regelungen in den Vergabeordnungen

Detaillierte Regelungen zur Anwendung der durch § 120 Abs. 1 bis 3 definierten Methoden und   14
Instrumente enthält die VgV. Die **VgV** steckt den **rechtlichen Rahmen für die besonderen Methoden und Instrumente der eVergabe in Vergabeverfahren** ab. So regelt die VgV in § 22 VgV die Grundsätze für den Betrieb dynamischer Beschaffungssysteme, in § 23 VgV den Betrieb Dynamischer Beschaffungssysteme und in § 24 die Fristen beim Betrieb dynamischer Beschaffungssysteme. § 25 enthält die Grundsätze für die Durchführung elektronischer Auktionen, § 26 Regelungen für die Durchführung von elektronischen Auktionen und § 27 Regelungen zum elektronischen Katalog. Regelungen zu zentralen Beschaffungsstellen enthält die VgV nicht.

Die **VOB/A** und die **VSVgV** enthalten keine Regelungen zu dynamischen Beschaffungssystemen.   15
Die Einrichtung dynamischer Beschaffungssysteme ist in diesen Bereichen nicht sinnvoll. Bauleistungen müssen in der Regel den individuellen Ansprüchen des Auftraggebers angepasst werden und sind deshalb nicht in standardisierter Form am Markt abrufbar. Die freiberuflichen Leistungen

---

12 Ausführlich zum Folgenden Schäfer NZBau 2015, 131, 134.

vorbehaltene VOF galt gem. § 1 Abs. 1 VOF nicht für Leistungen, die nicht vorab eindeutig und erschöpfend beschrieben werden können bzw. war im Unterschwellenbereich ohnehin nicht anwendbar, vgl. § 1 Abs. 2 VOF. Im Anwendungsbereich der VOF waren dynamische Beschaffungssysteme auf Grund der Art der Leistungen nicht sinnvoll einsetzbar. Gleiches gilt für Leistungen im Sicherheits- und Verteidigungsbereich, die der VSVgV unterliegen. Auch bei diesen Leistungen handelt es sich in der Regel nicht um standardisierte und nicht bei einer Vielzahl von Unternehmen abrufbare Leistungen. Die §§ 20 ff. SektVO enthalten zwar vergleichbare Regelungen über dynamische Beschaffungssysteme, jedoch keine für Aufträge im Unterschwellenbereich.

16 Art. 10 Richtlinie 2009/81/EG enthält eine Regelung zu zentralen Beschaffungsstellen. Zentrale Beschaffungsverfahren ermöglichen es auch im Verteidigungs- und Sicherheitsbereich, den Wettbewerb auszuweiten und die Effizienz des Beschaffungswesens zu verbessern.[13] Die Mitgliedstaaten können daher vorsehen, dass die Auftraggeber Waren, Bauleistungen und/oder Dienstleistungen durch zentrale Beschaffungsstellen erwerben dürfen.

IV. Unterschwellenbereich

17 § 120 ist nur für Vergabeverfahren mit einem Volumen ab Erreichen der EU-Schwellenwerte anwendbar. Für den Unterschwellenbereich gilt die Vorschrift gerade nicht. Für elektronische Vergaben unter den Schwellenwerten gelten bis auf wenige Ausnahmen allerdings weitgehend die gleichen Regelungen wie ab den EU-Schwellenwerten.

B. Grundsätze für die besonderen Methoden und Instrumente

I. Definition und Funktion eines dynamischen Beschaffungssystems

18 Abs. 1 definiert und erklärt die Funktion eines dynamischen Beschaffungssystems. Der öffentliche Auftraggeber kann für die Beschaffung marktüblicher Leistungen ein dynamisches Beschaffungssystem nutzen. Auf der Grundlage des § 22 Abs. 1 VgV hat jeder öffentliche Auftraggeber das **Recht**, ein dynamisches Beschaffungssystem einzurichten und zu betreiben. § 22 VgV begründet jedoch **keinen Anspruch** der Unternehmen **auf die Einrichtung eines dynamischen Beschaffungssystems**. Die Entscheidung über die Einrichtung und Durchführung eines elektronischen Verfahrens stellen der europäische und der deutsche Gesetzgeber weiterhin in das **Ermessen** des einzelnen öffentlichen Auftraggebers. Bieter können deshalb die Entscheidung eines öffentlichen Auftraggebers, kein dynamisches Beschaffungssystem einzurichten, nicht beanstanden. Das dynamische Beschaffungssystem war von Beginn an umstritten und ist bislang in der Praxis kaum genutzt worden.[14] Neu ist nunmehr, dass ein dynamisches Beschaffungssystem auch in Verbindung mit einer elektronischen Auktion genutzt werden kann.

19 Bei der Vergabe eines Auftrags im Wege eines dynamischen Beschaffungssystems muss der öffentliche Auftraggeber gem. §§ 22 Abs. 2 VgV die **Vorschriften für das nicht offene Verfahren befolgen**. Das gilt grundsätzlich in jeder Hinsicht, es sei denn, die §§ 22 ff. enthalten auf Grund der besonderen Merkmale und Zwecke von dynamischen Beschaffungssystemen eine entsprechende Sonderregelung. § 22 Abs. 2 VgV setzt Art. 34 Abs. 2 S.1 der Richtlinie 2014/24/EU um. Bei der »dynamischen Beschaffung« gelten im Einzelnen besondere Verfahrensregeln, die von den Vorgaben des nicht offenen Verfahrens abweichen und diesen nach dem Grundsatz der spezielleren Vorschriften (*lex specialis*) vorgehen. Bei einem dynamischen Beschaffungssystem handelt sich entgegen der immer wieder in der Praxis vertretenen unzutreffenden Auffassung wegen des *numerus clausus* der zulässigen Verfahrensarten nicht um ein Vergabeverfahren *sui generis*. Die nach der VgV zulässigen Verfahrensarten sind abschließend in den 14 ff. geregelt und eine Verfahrensart namens »dynamisches Beschaffungssystem« nicht vorgesehen. Bei einem dynamischen Beschaffungssystem handelt es sich lediglich um eine **besondere Ausprägung des nicht offenen Verfahrens**. Etwas ande-

---

13 Erwägungsgrund 23 Richtlinie 2009/81/EG.
14 Schäfer NZBau 2015, 131, 136.

res gilt beispielsweise nach dem österreichischen Bundesvergabegesetz; auf der Grundlage des BVG ist das dynamische Beschaffungssystem ein eigenständiges Vergabeverfahren.

§ 120 Abs. 1 entspricht dem bisherigen § 101 Abs. 6 S. 2 GWB. § 120 dient unionsrechtlich der **20** Umsetzung von Art. 34 Richtlinie 2014/24/EU und Art. 52 Richtlinie 2014/25/EU. Die Vorschrift gleicht weitgehend dem Art. 33 Richtlinie 2004/18/EG und Art. 15 Richtlinie 2004/17/EG. Hinweise zum Verständnis der Regelungen des Art. 34 finden sich in den Erwägungsgründen 63 bis 66 der Richtlinie 2014/24/EU. Regelungen zum dynamischen Beschaffungssystem enthielten bislang § 5 VOL/A und § 5 VOL/A EG; geregelt war die Einrichtung und der Betrieb sowie zu die Fristen des dynamisch elektronischen Verfahrens. Die europarechtlichen Vorschriften der Richtlinie 2004/18/EG hatten einen rein fakultativen Charakter und waren nicht zwingend in nationales Recht umzusetzen. Hingegen sind die Vorgaben des Art. 34 Richtlinie 2014/24/EU nunmehr zwingend vollständig in nationales Recht umzusetzen. § 120 Abs. 1 sowie die §§ 22 ff. VgV sind unionsrechtskonform auszulegen. Auf Grund der Ähnlichkeit von Art. 34 RL 2014/24/EU können zum Verständnis auch die Erwägungsgründe 12 bis 16 der Richtlinie 2004/18/EU herangezogen werden. Heranzuziehen sind bei der Auslegung der Regelungen zusätzlich die im AEUV niedergelegten Grundfreiheiten und die sich daraus ergebenden Grundsätze.[15]

Dynamische Beschaffungssysteme sind Teil des elektronischen Beschaffungswesen, d.h. der sog. **21** **eVergabe** im engeren Sinn. Bei einem **dynamischen Beschaffungssystem** handelt es sich um ein vollelektronisches Verfahren für die Beschaffung von Leistungen, bei denen die allgemein auf dem Markt verfügbaren Merkmale den Anforderungen des Auftraggebers genügen. Bei einem dynamischen Beschaffungssystem wird eine unbeschränkte Anzahl von Unternehmern öffentlich zur Abgabe von unverbindlichen Erklärungen zur Leistungserbringung aufgefordert und alle geeigneten Unternehmer, die zulässige Erklärungen zur Leistungserbringung abgegeben haben, werden zur Teilnahme am System zugelassen. Bei einem dynamischen Beschaffungssystem wird die Leistung nach einer gesonderten Aufforderung zur Angebotsabgabe von einem Teilnehmer am dynamischen Beschaffungssystem bezogen.

Ein dynamisches Beschaffungssystem eignet sich vor allem für die Beschaffung von Leistungen, **22** die ohne weiteres unmittelbar am Markt abgerufen werden können, insb. standardisierte Massenverbrauchsgüter wie Papier- oder Reinigungsartikel oder auch einfachere Dienstleistungen. Marktübliche Leistungen kennzeichnen sich dadurch, dass mit ihrer bloßen Bezeichnung den am Markt beteiligten Akteuren klar ist – und damit eindeutig feststeht – was genau nachgefragt wird (z.B. Büromaterial, Büromöbel, Weiterbildungsmaßnahmen für Berufstätige). Dynamische Beschaffungssysteme sind jedoch nur für solche Waren und Leistungen zulässig, die **standardisiert am Markt verfügbar** sind und nicht erst auf spezifische Anforderungen des Auftraggebers zugeschnitten werden müssen. Auch nur für diese ist ein dynamisches Beschaffungssystem sinnvoll und praktikabel. Es ist hingegen nicht geeignet zur Beschaffung von Waren oder Leistungen, an die der Auftraggeber spezifische, individualisierte Anforderungen stellt. Für die Beschaffung geistig-schöpferischer Leistungen und von Bauleistungen ist das Verfahren deshalb nicht zugelassen und auch nicht sinnvoll.[16]

Beim Einsatz von dynamischen Beschaffungssystemen geht es nicht um die Befriedigung eines **23** einmaligen Bedarfs. Vielmehr soll der Beschaffungsbedarf des öffentlichen Auftraggebers durch dynamische Beschaffungssysteme während der gesamten Laufzeit des System schnell und flexibel abgedeckt werden können, indem je nach Bedarf – ähnlich wie bei einer Rahmenvereinbarung – einzelne konkrete Aufträge vergeben werden. Der Intention des Gesetzgebers nach soll das durch

---

15 Vgl. die die Rechtsprechung des EuGH in dieser Hinsicht zusammenfassende Mitteilung der Kommission zu Auslegungsfragen in Bezug auf das Gemeinschaftsrecht, das für die Vergabe öffentlicher Aufträge gilt, die nicht oder nur teilweise unter die Vergaberichtlinien fallen (2006/C 179/02).

16 Marx/Hölzl in: Münchener Kommentar für europäisches und deutsches Wettbewerbsrecht, Bd. 3, 2011, § 10 SektVO, Rn. 4.

die neuen Richtlinien 2014/24/EU und 2014/25/EG kodifizierte neue Vergaberecht den öffentlichen Auftraggebern durch die Modernisierung der Regelungen insbesondere bei der Nutzung von dynamischen Beschaffungssystemen zur Vergabe regelmäßig wiederkehrender Aufträge eine höhere Flexibilität ermöglichen. Die **Beschaffung standardisierter Waren und Leistungen** soll im Weg einer generellen **Vorabprüfung der Eignung** der Unternehmen erheblich **vereinfacht und beschleunigt** werden.[17] Der Auftraggeber soll durch die neuen Regelungen zudem zur häufigeren Nutzung der elektronischen Möglichkeiten angeregt werden,[18] um so die Vergabevorgänge effizienter zu gestalten.

24 Der öffentliche Auftraggeber muss gem. Abs. 1 Hs 2 **in der Bekanntmachung den Zeitraum der Nutzung des dynamischen Beschaffungssystems angeben**. Er bestimmt auf der Grundlage seiner Beschaffungshoheit und -freiheit die Laufzeit des dynamischen Beschaffungssystems. Eine bestimmte zeitliche Vorgabe für die Höchstdauer des Betriebs eines dynamischen Beschaffungssystems ist damit nicht mehr vorgegeben. Die Regelung ändert den vormaligen § 5 Abs. 2 lit. g VOL/EG entscheidend. Die Vorschrift gab vor, dass die Laufzeit eines dynamischen elektronischen Verfahrens zeitlich zu befristen ist und grundsätzlich vier Jahre nicht überschreiten durfte. Ausnahmen von der Überschreitung der Regelhöchstlaufzeit waren nur in sachlich begründeten und damit gerechtfertigten Ausnahmefällen zulässig. Die Zeitvorgabe war an die Regelung zur Regelhöchstlaufzeit von Rahmenvereinbarungen in § 4 Abs. 7 VOL/A EG angelehnt. Unter welchen Voraussetzungen im Einzelnen eine tragfähige Begründung für eine Laufzeitverlängerung gerechtfertigt war, blieb unklar. Gleichfalls war nicht ersichtlich, warum die Vorschrift überhaupt eine Begrenzung der Laufzeit auf vier Jahre vorgab, zumal auch im Falle einer langen Laufzeit des dynamischen Beschaffungssystems ein Marktverschluss bzw. eine Behinderung des Wettbewerbs nicht zu befürchten war. Denn ein dynamisches Beschaffungssystem steht jedem interessierten und geeigneten Wirtschaftsteilnehmer während der gesamten Laufzeit offen. Auch kann ein abgelaufenes Verfahren jederzeit durch ein identisches neues Verfahren ersetzt werden, so dass faktisch die Laufzeit ohnehin unbeschränkt sein kann.[19] Die Laufzeitbeschränkung war wohl Ergebnis des Umstands, dass der Gesetzgeber bis dahin dynamische Beschaffungssysteme als eine Art Rahmenvereinbarung bewertete, deren Höchstlaufzeit gleichfalls grundsätzlich vier Jahre beträgt. Anders als bei der Rahmenvereinbarung ist das dynamisch elektronische Verfahren jedoch jederzeit für neue geeignete Teilnehmer offen[20], so dass ein entscheidender Unterschied besteht, der wesentlich längere Laufzeiten rechtfertigt. Zudem muss für jeden Einzelauftrag ein gesonderter Aufruf zum Wettbewerb erfolgen.

25 Dynamische Beschaffungssysteme sollen den öffentlichen Auftraggebern ermöglichen, im Wege der Einrichtung eines Verzeichnisses von vorausgewählten Bietern ein **möglichst breites Spektrum von Angeboten in kurzer Zeit** zu erhalten. Das dynamische Beschaffungssystem als Verzeichnis der geeigneten Bieter steht zudem neuen Bietern für die Nutzungsdauer des dynamischen Beschaffungssystems jederzeit offen. Die Aufnahme in das dynamische Beschaffungssystem erfolgt über die **jederzeit mögliche Einreichung von Teilnahmeanträgen** auf der Grundlage der bekannt gemachten Eignungsanforderungen. Der öffentliche Auftraggeber muss sämtliche geeignete Bewerber zum System zulassen, die Begrenzung der Zahl der zum System zugelassenen Bewerber für die sich anschließende Aufforderung zur Angebotsabgabe ist nicht zulässig. Auf der Grundlage des als offenes System ausgestalteten dynamischen Beschaffungssystems soll der Wettbewerb intensiviert, verbreitert und beschleunigt werden, so dass eine optimale Verwendung der öffentlichen Mittel und Verkürzung der Beschaffungsverfahren gewährleistet ist.[21] Die laufend weiterentwickelten Techniken der Online-Beschaffung sollen es ermöglichen, den Wettbewerb auszuweiten und die Effizienz des öffentlichen Beschaffungswesens – insbesondere durch eine Verringerung des Zeitauf-

---

17 Erwägungsgründe 13 und 14 der Richtlinie 2004/18/EG.
18 BR-Drucks. 522/09, 46.
19 Marx/Hölzl, § 10 SektVO, Rn. 11.
20 Art. 33 Abs. 4 Richtlinie 2004/18/EG.
21 Richtlinie 2004/18/EG, Erwägungsgrund 13.

wands und die durch die Verwendung derartiger neuer Techniken erzielten Einsparungseffekte – zu verbessern[22].

Die Regelungen des § 120 und der §§ 22 ff. VgV entsprechen, soweit sie weiter gelten, insgesamt 26 weitgehend den bisherigen Regelungen der § 5 VOL/A und § 5 VOL/A EG, so dass die dazu ergangene Rechtsprechung und das Schrifttum herangezogen werden kann.

II. Definition und Funktion einer elektronischen Auktion

Abs. 2 definiert auf der Grundlage von Art. 35 Abs. 1 Richtlinie 2014/24/EU und Art. 53 Abs. 1   27 Richtlinie 2014/25/EU das Verfahren der elektronischen Auktion und erklärt zudem seine Funktion. Bei einer elektronischen Auktion handelt es sich gem. Abs. 2 um ein sich **schrittweise wiederholendes elektronisches Verfahren zur Ermittlung des wirtschaftlichsten Angebots**. Die elektronische Auktion ist § 25 Abs. 1 S. 1 VgV grundsätzlich mit einem offenen und nicht offenen Verfahren sowie mit einem Verhandlungsverfahren[23] kombinierbar.[24] Bei der elektronischen Auktion handelt es sich jedoch nicht um eine eigenständige Verfahrensart, sondern lediglich um eine **Durchführungsmodifikationen** anderer Verfahrensarten, d.h. des offenen und nicht offenen Verfahren sowie des Verhandlungsverfahrens.[25] Eine elektronische Auktion kann § 25 Abs. 1 S. 4 VgV auch bei einem erneuten Aufruf zum Wettbewerb zwischen den Parteien einer Rahmenvereinbarung (§ 21 VgV) und beim Aufruf zum Wettbewerb im Rahmen eines dynamischen Beschaffungssystems (§ 22 VgV) durchgeführt werden.[26] Öffentliche Auftraggeber, die beabsichtigen eine elektronische Auktion durchzuführen, müssen gem. § 26 Abs. 1 VgV bereits in der Auftragsbekanntmachung oder in der Aufforderung zur Interessensbestätigung darauf hinweisen.[27] § 26 Abs. 2 VgV bestimmt detailliert, welche Angaben die Vergabeunterlagen enthalten müssen. Auch bei der elektronischen Auktion handelt es sich um ein von Anfang umstrittenes Instrument.[28]

Voraussetzung für die Zulässigkeit einer elektronischen Auktion ist § 25 Abs. 1 S. 1 VgV, dass   28 die zu beschaffende Leistung, insbesondere die technischen Spezifikationen, hinreichend präzise beschrieben werden können und die Leistung mithilfe automatischer Bewertungsmethoden eingestuft werden kann.[29] Die elektronische Auktion eignet sich grundsätzlich für alle **standardisierten Leistungen**, so beispielsweise auch zur Beschaffung von elektrischer Energie.[30] Für Bau- und Dienstleistungsaufträge, bei denen eine nicht standardisierte intellektuelle bzw. geistige Leistung zu erbringen ist, ist das Verfahren der elektronischen Auktion gem. § 25 Abs. 1 S. 2 VgV hingegen nicht geeignet und nicht zugelassen, weil derartige Leistungen im Verlauf der einzelnen Auktionsrunden nicht automatisch klassifiziert bzw. bewertet werden können.[31]

§ 120 Abs. 2 entspricht weitgehend dem bisherigen § 101 Abs. 6 S. 1 GWB (alt).[32] Der Gesetzgeber   29 nahm damit bereits 2009 von der den Mitgliedstaaten durch Art. 54 Abs. 1 Richtlinie 2004/18/EG europarechtlich eingeräumten Möglichkeit Gebrauch, festzulegen, dass öffentliche Auftraggeber elektronische Auktionen durchführen dürfen. GWB und VOL/A enthielten allerdings zu den Voraussetzungen und dem Ablauf der elektronischen Auktion keinerlei weitergehende Regelungen. Die Bundesregierung als Verordnungsgeber hatte insbesondere bei der Neufassung der VOL/A bewusst

---

22 Richtlinie 2004/17/EG, Erwägungsgrund 12.
23 Kritisch dazu Schäfer NZBau 2015, 131, 136.
24 VK Lüneburg, Beschl. v. 10.05.2011, VgK-11/2011, Leitsatz 2 nach ibr-online.
25 VK Lüneburg, Beschl. v. 10.05.2011, VgK-11/2011.
26 Art. 35 Abs. 2 UA 1 Richtlinie 2014/24/EU.
27 Art. 35 Abs. 4 Richtlinie 2014/24/EU.
28 Schäfer NZBau 2015, 131, 136.
29 Art. 35 Abs. 1 UA 3 Richtlinie 2014/24/EU.
30 VK Lüneburg, Beschl. v. 10.05.2011, VgK-11/2011.
31 Art. 35 Abs. 2 Richtlinie 2014/24/EU.
32 Gesetzesbegründung GWB, 121.

auf eine Regelung der elektronischen Auktion verzichtet.[33] Es bestand deshalb Streit darüber, ob die elektronische Auktion überhaupt wirksam in das deutsche Recht eingeführt worden ist.[34] Da in Art. 54 Richtlinie 2004/18/EG jedoch nach Auffassung der Rechtsprechung detaillierte Anforderungen an die Durchführung und den Ablauf einer elektronischen Auktion festgelegt waren, bedurfte es zur Umsetzung dieser bindenden europarechtlichen Vorgaben nicht zwingend einer weiteren Umsetzung in der Vergabeverordnung (VgV) oder den Vergabe- und Vertragsordnungen durch den Verordnungsgeber und die Vergabe- und Vertragsausschüsse.[35]

30   Die durch Art. 35 Abs. 1 UA 1 Richtlinie 2014/24/EU und Art. 53 Abs. 1 UA 1 der Richtlinie 2014/25/EU bzw. §§ § 25 und 26 VgV für die Durchführung einer elektronischen Auktion geregelten Modifikationen sind insbesondere im Rahmen eines offenen oder nicht offenen Verfahrens tiefgreifend und weichen vor allen Dingen hinsichtlich der Ermittlung des wirtschaftlichsten Angebotes in einem entscheidenden Punkt von den Vorgaben der VgV für ein »normales« offenes oder nicht offenes Verfahren ab. Entsprechend Art. 35 Abs. 1 UA 2 Richtlinie 2014/24/EU und Art. 53 Abs. 1 UA 2 der Richtlinie 2014/25/EU ist die in den §§ § 25 und 26 VgV geregelte elektronische Auktion als ein **iteratives elektronisches Verfahren ausgestaltet**. Hingegen geht die VgV grundsätzlich davon aus, dass die Bieter jeweils ein einziges verbindliches Hauptangebot abgeben und der Angebotsinhalt und damit auch der Angebotspreis ausdrücklich nicht verhandelt werden darf. Für die elektronische Auktion als iteratives Verfahren ist es gerade kennzeichnend, dass auf der zweiten Stufe mittels einer elektronischen Vorrichtung – nach einer ersten vollständigen Bewertung der Angebote – jeweils neue, nach unten korrigierte Preise und/oder neue, auf bestimmte Komponenten der Angebote abstellende Werte abgegeben werden. Das bedeutet, dass die elektronische Auktion auf Basis eines Höchstgebotes auf niedrigere Gebote abzielt. Bei der elektronischen Auktion wird damit in einem mehrstufigen Verfahren auf den niedrigsten Preis und/oder die besten Konditionen geboten.[36] Die Bieter geben bei einer elektronischen Auktion sukzessiv neue, nach unten korrigierte Preise bzw. neue, auf bestimmte Elemente der Angebote abstellende Werte ein, auf deren Basis die Angebote dann durch das System automatisch bewertet werden bzw. eine Rangfolge gebildet wird.

31   Jeder elektronischen Auktion geht § 25 Abs. 1 S. 3 VgV zunächst eine **vollständige erste Bewertung aller Angebote** durch den öffentlichen Auftraggeber auf der Grundlage der vorgegebenen Eignungs- und Zuschlagskriterien voraus. Ein Angebot, das in der ersten Phase der elektronischen Auktion abgegeben wird, dient in Abhängigkeit der konkreten Vorgaben der Vergabeunterlagen, in der Regel lediglich dazu, ein zulässiges Angebot, das sämtliche geforderten Angaben und Erklärungen sowie die Preise beinhaltet, abzugeben.[37] Die in dieser ersten Phase abgegebenen Preise sind deshalb in der Regel nicht ausschlaggebend für die Ermittlung des wirtschaftlichsten Angebotes, dem der Zuschlag erteilt werden soll. Die elektronische Auktion startet gem. Art. 35 Abs. 5 Richtlinie 2014/24/EU bzw. § 25 Abs. 1 S. 3 VgV vielmehr erst dann, wenn auf der Grundlage der vorgegebenen Zuschlagskriterien und der für diese festgelegten Gewichtung eine erste vollständige Bewertung der Angebote erfolgt ist. Erst aufgrund der den Bietern ab der zweiten Phase der Auktion eingeräumten Möglichkeit der Nachbesserung des Angebotes nach unten wird letztlich das wirtschaftlichste Angebot für den Zuschlag ermittelt. Da die elektronische Auktion darauf zielt, auf Basis eines zunächst abgegebenen Höchstgebotes letztlich niedrigere Angebote zu erzielen (»reverse Auktion« = umgekehrte Auktion), ist es auch naheliegend, dass die Bieter in der ersten Phase der Auktion nicht gleich ihre kalkulatorischen Möglichkeiten völlig ausschöpfen, sondern zunächst höhere Preise fordern, die dann im Rahmen der zweiten Phase der

---

33 Bekanntmachung der VOL/A, Ausgabe 2009, des Bundesministeriums für Wirtschaft und Technologie v. 20.11.2009.
34 Zum damaligen Streitstand VK Lüneburg, Beschl. v. 10.05.2011, VgK-11/2011.
35 VK Lüneburg, Beschl. v. 10.05.2011, VgK-11/2011, unter Verweis auf Rechten in: Kulartz/Marx/Portz/ Prieß, VOL/A, 2. Aufl., § 15 EG, Rn. 53.
36 VK Lüneburg, Beschl. v. 10.05.2011, VgK-11/2011, Leitsatz 2 nach ibr-online.
37 Zum Ganzen VK Lüneburg, Beschl. v. 10.05.2011, VgK-11/2011.

Auktion, dem eigentlichen Preiswettbewerb, deutlich nach unten nachgebessert werden. Auch bei einer normalen Auktion, etwa einer Versteigerung, beteiligen sich die Bieter zur Eröffnung regelmäßig nicht mit dem ihnen höchst möglichen Gebot, dass ihnen kaufmännisch vertretbar erscheint, sondern beginnen mit einem möglichst niedrigen Gebot.

Im Rahmen der elektronischen Auktion werden die Angebote § 25 Abs. 2 VgV mittels festgelegter 32 Methoden elektronisch bewertet und automatisch in eine Rangfolge gebracht. Die elektronische Auktion kann gem. Art. 35 Abs. 3 Richtlinie 2014/24/EU bzw. § 25 Abs. 2 Nr. 1 und Nr. 2 VgV auf der Grundlage von **zwei alternativen Bewertungsmethoden** durchgeführt werden. Die sich schrittweise wiederholende, elektronische Bewertung der Angebote kann nach Nr. 1 auf einem neuen, nach unten korrigierten Preise, wenn der Zuschlag allein aufgrund des Preises erfolgt, oder gem. Nr. 2. nach neuen nach unten korrigierten Preisen oder neuen, auf bestimmte Angebotskomponenten abstellenden Werten erfolgen. Das ist der Fall, wenn das Angebot mit dem besten **Preis-Leistungs-Verhältnis** oder mittels eines **Kosten-Wirksamkeits-Ansatzes** das Angebot mit den geringsten Kosten den Zuschlag für den Auftrag erhält.

Der öffentliche Auftraggeber muss gem. § 25 Abs. 3 VgV in der Aufforderung zur Teilnahme an 33 der elektronischen Auktion die mathematische Formel angeben, nach der er bei der elektronischen Auktion die automatische Neureihung entsprechend den vorgelegten neuen Preisen und/oder den neuen Werten vornehmen wird. Sofern das wirtschaftlich günstigste Angebot nicht allein aufgrund des Preises ermittelt wird, muss aus dieser Formel auch die Gewichtung aller Kriterien für die Ermittlung des wirtschaftlich günstigsten Angebots hervorgehen, so wie sie in der Bekanntmachung oder in anderen Auftragsunterlagen angegeben ist. Zu diesem Zweck sind etwaige Margen durch einen im Voraus festgelegten Wert auszudrücken. Sind Nebenangebote bzw. Varianten bzw. zulässig, so muss § 25 Abs. 3 S. 3 VgV für jede einzelne Variante eine gesonderte Formel angegeben werden.

Alle Bieter, die zulässige Angebote unterbreitet haben, werden § 26 Abs. 3 VgV gleichzeitig auf 34 elektronischem Wege zur Teilnahme an der elektronischen Auktion aufgefordert. Ab dem genannten Zeitpunkt ist die Internetverbindung gemäß den in der Aufforderung zur Teilnahme an der elektronischen Auktion genannten Anweisungen zu nutzen. Der Aufforderung zur Teilnahme an der elektronischen Auktion ist jeweils das Ergebnis der vollständigen Bewertung des betreffenden Angebots nach § 25 Abs. 1 S. 3 VgV beizufügen. Die elektronische Auktion kann mehrere aufeinander folgende Phasen umfassen. Sie darf § 25 Abs. 4 VgV frühestens zwei Arbeitstage nach der Versendung der Aufforderungen beginnen.

Das Angebot eines Bieters ist für die Teilnahme an der elektronischen Auktion zugelassen, wenn 35 er nicht nach Art. 57 Richtlinie 2004/18/EU ausgeschlossen wurde und die vorgegebenen Eignungskriterien erfüllt. Zudem muss das Angebot in Übereinstimmung mit den technischen Spezifikationen eingereicht worden sein sowie ordnungsgemäß und annehmbar sein. Insbesondere Angebote, die nicht den Auftragsunterlagen entsprechen, die nicht fristgerecht eingegangen sind, die nachweislich auf geheimen Absprachen oder Korruption beruhen oder die nach Einschätzung des öffentlichen Auftraggebers ungewöhnlich niedrig sind, werden als unregelmäßig angesehen. Auch Angebote von Bietern, die nicht über die erforderlichen Qualifikationen verfügen, und Angebote, deren Preis das vor Einleitung des Vergabeverfahrens festgelegte und schriftlich dokumentierte Budget des öffentlichen Auftraggebers übersteigt, sind gem. Art. 35 Abs. 5 Richtlinie 2014/24/ EU inakzeptabel und grundsätzlich auszuschließen. Ein Angebot gilt als ungeeignet, wenn es irrelevant für den Auftrag ist, das heißt ohne wesentliche Abänderung den in den Auftragsunterlagen genannten Bedürfnissen und Anforderungen des öffentlichen Auftraggebers offensichtlich nicht entspricht. Ein Teilnahmeantrag gilt als ungeeignet, wenn der Wirtschaftsteilnehmer gemäß Art. 57 Richtlinie 2014/24/EU ausgeschlossen wird oder ausgeschlossen werden kann, oder wenn er die vom öffentlichen Auftraggeber gemäß Art. 58 Richtlinie 2014/24/EG genannten Eignungskriterien nicht erfüllt.

36 Der öffentliche Auftraggeber muss den teilnehmenden Bietern § 25 Abs. 5 VgV im Laufe einer jeden Phase der elektronischen Auktion unverzüglich zumindest die Informationen übermitteln, die erforderlich sind, damit den Bietern jederzeit ihr jeweiliger Rang bekannt ist. Der öffentliche Auftraggeber kann, sofern er das zuvor mitgeteilt hat, weitere Informationen zu sonstigen übermittelten Preisen oder Werten mitteilen. Zudem kann er jederzeit die Zahl der Teilnehmer der betreffenden Auktionsphase bekanntgeben. Der öffentliche Auftraggeber darf jedoch § 25 Abs. 5 S. 3 VgV keinesfalls während der Phasen der elektronischen Auktion die Identität der Bieter offenlegen.

37 Eine elektronische Auktion kann § 25 Abs. 7 VgV auf unterschiedliche Weise abgeschlossen werden. Sie kann nach § 25 Abs. 7 Nr. 1 VgV an dem zuvor in der Aufforderung zur Teilnahme angegebenen Tag und Zeitpunkt abgeschlossen werden oder gem. § 25 Abs. 7 Nr. 2 VgV wenn der öffentliche Auftraggeber keine neuen Preise oder neuen Werte mehr erhält, die die Anforderungen für die Mindestunterschiede erfüllen. Voraussetzung dafür ist jedoch, dass der Zeitpunkt, der nach Eingang des letzten Preises oder Wertes vergangen sein muss, bevor die elektronische Auktion abgeschlossen wird, bekannt gegeben worden ist oder die zuvor angegebene Zahl von Auktionsphasen erreicht ist. Für den Fall, dass ein öffentlicher Auftraggeber beabsichtigt, die elektronische Auktion gem. § 25 Abs. 7 Nr. 3 VgV gegebenenfalls kombiniert mit dem Verfahren nach Nr. 2 abzuschließen, muss er in der Aufforderung zur Teilnahme an der Auktion der Zeitplan für jede Auktionsphase angeben. Nach Abschluss der elektronischen Auktion vergibt der öffentliche Auftraggeber den Auftrag gemäß den vorgegebenen Kriterien entsprechend den Ergebnissen der elektronischen Auktion. Der Zuschlag muss gem. § 26 Abs. 8 VgV nach Abschluss einer elektronischen Auktion entsprechend ihrem Ergebnis mitgeteilt werden.

III. Definition und Funktion elektronischer Katalog

38 § 120 Abs. 3 enthält die **Definition des elektronischen Katalogs** und benennt seine **Verwendungsmöglichkeiten** und möglichen **Inhalte**. Ein elektronischer Katalog ist danach ein auf der Grundlage der Leistungsbeschreibung erstelltes Verzeichnis der zu beschaffenden Liefer-, Bau- und Dienstleistungen in einem elektronischen Format. Der elektronische Katalog kann insbesondere beim Abschluss von Rahmenvereinbarungen eingesetzt werden. Er kann Abbildungen, Preisinformationen und Produktbeschreibungen umfassen. Die Vorschrift ermöglicht dem öffentlichen Auftraggeber erstmals, festzulegen, dass Angebote in Form eines elektronischen Kataloges einzureichen sind oder einen elektronischen Katalog beinhalten müssen. Elektronische Kataloge bieten ein Format zur Darstellung und Gestaltung von Informationen in einer Weise, die allen teilnehmenden Bietern gemeinsam ist und die sich für eine elektronische Bearbeitung anbietet[38], beispielsweise Angebote in Form einer Kalkulationstabelle.

39 Der Gesetzgeber möchte öffentlichen Auftraggeber ermöglichen, elektronische Kataloge in allen verfügbaren Verfahren verlangen zu können, in denen die Nutzung elektronischer Kommunikationsmittel vorgeschrieben ist. Es steht jedoch im **Ermessen** (»kann«) des jeweiligen öffentlichen Auftraggebers, die Nutzung elektronischer Kataloge vorzugeben.

40 § 120 Abs. 3 dient der Umsetzung von Art. 36 Richtlinie 2014/24/EU sowie Art. 54 Richtlinie 2014/25/EU. Bei § 120 Abs. 3 handelt es sich um eine neue Vorschrift, die in der Richtlinie 2004/18/EU keine Entsprechung hatte; der elektronische Katalog war ausschließlich in einem Erwägungsgrund erwähnt.[39] Weitergehende Regelungen zum elektronischen Katalog enthält § 27 VgV.

41 Der öffentliche Auftraggeber muss gem. § 27 Abs. 2 VgV bereits in der Auftragsbekanntmachung oder in der Aufforderung zur Interessensbestätigung darauf hinweisen, wenn er Angebote in Form eines elektronischen Kataloges akzeptiert oder vorschreibt, dass Angebote in Form eines elektroni-

---

38 Erwägungsgrund 68 Richtlinie 2014/24/EU.
39 Erwägungsgrund 12 Richtlinie 2004/18/EG.

schen Kataloges einzureichen sind. Dies dient der Wahrung des vergaberechtlichen Transparenz- und Gleichbehandlungsgrundsatzes.

Ein elektronischer Katalog ermöglicht eine **vollelektronische Beschaffung.** Der elektronische **42** Katalog als vollelektronisches Beschaffungssystem ist vor allem für die Vergabe eines Auftrags oder einer Rahmenvereinbarung über den **Einkauf von Standardgütern und -leistungen** geeignet und von Vorteil. Insbesondere in Fällen, in denen auf der Grundlage einer Rahmenvereinbarung ein erneuter Aufruf zum Wettbewerb erfolgt oder in denen ein dynamisches Beschaffungssystem genutzt wird, ist es öffentlichen Auftraggebern gestattet, Angebote für bestimmte Beschaffungen anhand früher übermittelter elektronischer Kataloge zu generieren, sofern ausreichende Garantien hinsichtlich Rückverfolgbarkeit, Gleichbehandlung und Vorhersehbarkeit geboten werden.[40]

Ausgangsüberlegung des Gesetzgebers ist, dass elektronische Kataloge vor allem durch eine **43** Zeit- und Geldersparnis zur Stärkung des Wettbewerbs und zur Rationalisierung der öffentlichen Beschaffung beitragen können. Auch bei der Einreichung von Angeboten auf der Grundlage eines elektronischen Katalogs sind allerdings die **Grundsätze der Transparenz, Gleichbehandlung, Nichtdiskriminierung u und des Wettbewerbs einzuhalten.** Öffentliche Auftraggeber müssen nach der Intention des Gesetzgebers deshalb entsprechende Regeln für die Einhaltung dieser Grundsätze festlegen.

Die Möglichkeit zur Verwendung elektronischer Kataloge zur Einreichung von Angeboten den **44** Wirtschaftsteilnehmern darf deshalb insbesondere dem einzelnen Unternehmen nicht die Möglichkeit eröffnen, sich auf die Übermittlung ihres allgemeinen Katalogs zu beschränken. Vielmehr sollen die Wirtschaftsteilnehmer nach der Intention des Gesetzgebers ihre allgemeinen Kataloge vor dem Hintergrund des konkreten Vergabeverfahrens nach wie vor anpassen müssen. Damit wird sichergestellt, dass der im Rahmen eines bestimmten Vergabeverfahrens übermittelte Katalog nur Waren, Bauleistungen oder Dienstleistungen enthält, die nach Einschätzung der Wirtschaftsteilnehmer, zu der sie nach einer aktiven Prüfung gelangt sind, den Anforderungen des öffentlichen Auftraggebers entsprechen und auch vergleichbar sind, so dass eine ordnungsgemäße Wertung der Angebote erfolgen kann. Dabei sollten Wirtschaftsteilnehmer in ihrem allgemeinen Katalog enthaltene Informationen zwar kopieren dürfen, jedoch nicht den allgemeinen Katalog als solchen einreichen dürfen.

Im Einklang mit den Anforderungen der Vorschriften für elektronische Kommunikationsmittel **45** müssen öffentliche Auftraggeber ungerechtfertigte Hindernisse für den Zugang von Wirtschaftsteilnehmern zu Vergabeverfahren vermeiden, bei denen die Angebote in Form elektronischer Kataloge einzureichen sind und die die Einhaltung der allgemeinen Grundsätze der Nichtdiskriminierung und Gleichbehandlung garantieren.[41] Die eigentlichen Herausforderungen auf der Grundlage der Beschaffung mittels elektronischer Kataloge dürften jedoch das Katalog-Management, die Lieferanten-Anbindung, das Change Management, der Schaffung von Transparenz über das Einkaufsgeschehen sowie dem Service sowie Entwicklung einer zukunftsfähigen Lösung sein. Die dafür entstehenden Kosten sind bei der Berechnung des Returns on Investment den Einsparungen entgegenzusetzen, die durch Prozessoptimierung und verbesserte Möglichkeiten der Volumenbündelung erzielt werden können.

Für den Fall, dass ein öffentlicher Auftraggeber mit einem oder mehreren Unternehmen eine Rah- **46** menvereinbarung im Anschluss an die Einreichung der Angebote in Form eines elektronischen Kataloges schließt, kann er gem. § 27 Abs. 3 VgV vorschreiben, dass ein erneutes Vergabeverfahren für Einzelaufträge auf der Grundlage aktualisierter elektronischer Kataloge erfolgt. Das kann dadurch geschehen, dass er 1. die Bieter auffordert, ihre elektronischen Kataloge an die Anforderungen des zu vergebenden Einzelauftrages anzupassen und erneut einzureichen. Alternativ kann

---

40 Erwägungsgrund 68 Richtlinie 2014/24/EU.
41 Erwägungsgrund 68 Richtlinie 2014/24/EU.

das 2. dadurch erfolgen, dass der öffentliche Auftraggeber die Bieter informiert, dass sie den bereits eingereichten elektronischen Katalogen zu einem bestimmten Zeitpunkt die Daten entnehmen, die erforderlich sind, um Angebote zu erstellen, die den Anforderungen des zu vergebenden Einzelauftrages entsprechen. Dieses Verfahren ist in der Auftragsbekanntmachung oder den Vergabeunterlagen für den Abschluss einer Rahmenvereinbarung anzukündigen; der Bieter kann diese Methode der Datenerhebung allerdings ablehnen. Dies muss er dem öffentlichen Auftraggeber ggf. unverzüglich anzeigen.

47   Hat der öffentliche Auftraggeber gemäß gem. § 27 Abs. 3 Nr. 2 VgV bereits eingereichten elektronischen Katalogen selbstständig Daten zur Angebotserstellung entnommen, legt er gem. § 27 Abs. 4 VgV jedem Bieter die gesammelten Daten vor der Erteilung des Zuschlags vor, sodass dieser die Möglichkeit zum Einspruch oder zur Bestätigung hat, dass das Angebot keine materiellen Fehler enthält.

IV. Definition und Funktion zentrale Beschaffungsstelle

48   Abs. 4 definiert und erklärt die Funktion einer zentralen Beschaffungsstelle. Bei einer zentralen Beschaffungsstelle handelt sich danach um öffentliche Auftraggeber, die auf Dauer zentrale Beschaffungstätigkeiten einschließlich damit zusammenhängender Beratungs- oder Unterstützungsleistungen **für andere öffentliche Auftraggeber** erbringen. Eine zentrale Beschaffungsstelle ist damit ein öffentlicher Auftraggeber, der für andere öffentliche Auftraggeber dauerhaft Leistungen beschafft, öffentliche Aufträge vergibt oder Rahmenvereinbarungen abschließt (zentrale Beschaffungstätigkeit). § 120 Abs. 4 S. 2 stellt klar, dass öffentliche Auftraggeber zentrale Beschaffungsstellen nutzen können, um **Liefer-, Bau-, oder Dienstleistungen** zu beschaffen.

49   § 120 Abs. 4 dient der Umsetzung von Art. 37 Richtlinie 2014/24/EU und Art. 55 Richtlinie 2014/25/EU. Art. 1 Abs. 10 Richtlinie 2004/18/EG enthielt bereits die **Kategorie des öffentlichen Auftraggebers, in Form einer zentralen Beschaffungsstelle.** Deren Einführung lag nach der Richtlinie 2004/18/EG jedoch im Ermessen des jeweiligen Mitgliedsstaats. Deutschland führte die zentrale Beschaffungsstelle auch durch das Vergaberechtsmodernisierungsgesetz 2009 nicht ein.

50   Die zentrale Beschaffungsstelle kann auf **zwei verschiedene Arten** tätig sein. Sie kann entweder selbst Waren oder Dienstleistungen beschaffen und anschließend weiterverkaufen oder im Auftrag und auf Rechnung anderer öffentlicher Auftraggeber Vergabeverfahren für diese durchführen.[42] Öffentliche Auftraggeber können damit Liefer- und Dienstleistungen von zentralen Beschaffungsstellen erwerben oder Liefer-, Bau- und Dienstleistungsaufträge mittels zentraler Beschaffungsstellen vergeben. Die zentrale Beschaffungsstelle wird bei der Beschaffung für andere öffentliche Auftraggeber im Namen und auf Rechnung anderer öffentlicher Auftraggeber tätig. Sie führt Vergabeverfahren durch und vergibt dabei öffentliche Aufträge oder Rahmenvereinbarungen. Die Vermittlertätigkeit kann entweder im Wege eines autonom durchgeführten Vergabeverfahrens erfolgen oder nach Weisung der betreffenden öffentlichen Auftraggeber. Obliegt die Durchführung der Vergabeverfahren allein der zentralen Beschaffungsstelle, so ist sie für die Rechtmäßigkeit des Verfahrens allein und unmittelbar verantwortlich. Ist dies nicht der Fall, bleibt der öffentliche Auftraggeber selbst für die Maßnahmen des Vergabeverfahrens verantwortlich, die er selbst durchführt oder anweist.

51   Öffentliche Aufträge zur Ausübung zentraler Beschaffungstätigkeiten können gem. § 120 Abs. 4 S. 3 an eine zentrale Beschaffungsstelle vergeben werden, **ohne** ein Vergabeverfahren nach den Vorschriften dieses Teils durchzuführen. Dies gilt insbesondere auch dann, wenn es sich bei dem Auftrag um eine entgeltliche Leistung handelt. Grund dafür ist, dass die zentrale Beschaffungsstelle im Zuge ihrer Beschaffung für die notwendige Transparenz sorgt. Sie muss dafür anzeigen,

---

42 Zum Ganzen siehe Gesetzesbegründung GBW, 121.

dass sie als zentrale Beschaffungsstelle beschafft. Derartige Dienstleistungsaufträge können auch Beratungs- und Unterstützungsleistungen bei der Vorbereitung oder Durchführung von Vergabeverfahren umfassen.

Nach § 120 Abs. 4 S. 4 können entsprechende Dienstleistungsaufträge auch Beratungs- und Unterstützungsleistungen bei der Planung und Durchführung von Vergabeverfahren (Nebenbeschaffungstätigkeit) umfassen. Nebenbeschaffungstätigkeiten sind insbesondere die Bereitstellung der technischen Infrastruktur oder Beratungsleistungen für die Durchführung von Vergabeverfahren sowie die Vorbereitung und Verwaltung des Verfahrens selbst. Handelt es sich bei einem Dienstleistungsauftrag ausschließlich um Beratungs- oder Unterstützungsleistungen, ist dagegen ein Vergabeverfahren durchzuführen.[43] **52**

§ 120 Abs. 4 verbessert die Möglichkeiten, den Beschaffungsbedarf öffentlicher Auftraggeber zusammenzuführen, um so Größenvorteile zu erzielen und Transaktionskosten zu verringern.[44] Die Regelung erfasst die Fälle, in denen zentrale Beschaffungstätigkeiten einschließlich etwaiger Nebenbeschaffungstätigkeiten im Rahmen eines öffentlichen Auftrags, d.h. eines entgeltlichen Vertrags ausgeführt werden. Mit der Zentralisierung von Beschaffungstätigkeiten besteht die Möglichkeit, das Beschaffungsmanagement zu verbessern und weiter zu professionalisieren. Die Regelung schränkt dabei nicht die Möglichkeit ein, dass öffentliche Auftraggeber ohne festen institutionellen Rahmen bei Gelegenheit gemeinsam Vergabeverfahren durchführen oder bei der Vorbereitung oder Durchführung von Vergabeverfahren zusammenarbeiten. Die Zusammenführung und Zentralisierung von Beschaffungen darf jedoch keine unzulässige Konzentration der Kaufkraft herbeiführen. Transparenz und Wettbewerb sowie die Möglichkeiten des Marktzugangs für KMU sind aufrechtzuerhalten. Die Teile 1 bis 3 des GWB bleiben durch die Regelung der zentralen Beschaffung unberührt. **53**

Die Bündelung der Bedarfe mehrerer öffentlicher Auftraggeber in einem oder mehreren – auch nach Losen aufgeteilten – Vergabeverfahren durch eine gemeinsame Stelle ist bereits früher von der Rechtsprechung für vergaberechtlich grundsätzlich unbedenklich beurteilt worden.[45] Die dabei gebildete Struktur entspreche einer Einkaufsgemeinschaft, die das Vergabeverfahren durchführe und dabei ausdrücklich im Namen und auf Rechnung der beteiligten Auftraggeber handele. Eine solche Stelle handele dabei lediglich »Vergabestelle« und werde nicht selbst Vertragspartnerin. Bei der Zusammenfassung der Bedarfe der einzelnen öffentlichen Auftraggeber zu einem Vergabeverfahren dürfe die Vergabestelle die für Konzeption und Abwicklung des Vergabeverfahrens erforderlichen Entscheidungen selbst treffen. Die – für sog. »Vergabeberater« relevante – Frage einer unzulässigen Verlagerung der Vergabeverantwortung stellt sich hier nicht. **54**

Die Zusammenführung und Zentralisierung von Beschaffungen darf keine **unzulässige Konzentration der Kaufkraft** herbeiführen. Transparenz und Wettbewerb sowie die Möglichkeiten des Marktzugangs für KMU sind aufrechtzuerhalten.[46] Die Teile 1 bis 3 des GWB bleiben durch die Regelung der zentralen Beschaffung unberührt.[47] Die Bündelung der Bedarfe mehrerer öffentlicher Auftraggeber in einem oder mehreren (losweise aufgeteilten) Vergabeverfahren, das bzw. die von einer gemeinsamen Stelle geführt wird, ist vergaberechtlich unbedenklich.[48] Die dadurch entstandene Struktur entspricht derjenigen einer Einkaufsgemeinschaft. Die Frage kartellrechtlicher Verwerfungen bzw. einer bedenklichen Marktmacht durch die Bildung von Einkaufsgemeinschaf- **55**

---

43 Gesetzesbegründung GWB, 122.
44 Gesetzesbegründung GWB, 121f.
45 OLG Schleswig, Beschl. v. 25.01.2013, 1 Verg 6/12, NZBau 2013, 395; 20.11.2012, 1 Verg 7/12; 30.10.2012, 1 Verg 5/12.
46 Gesetzesbegründung GWB, 122.
47 Gesetzesbegründung GWB, 122.
48 OLG Schleswig, Beschl. v. 25.01.2013, 1 Verg 6/12, NZBau 2013, 395.

ten darf allerdings im Vergaberechtsweg nicht geprüft werden.[49] Die Bündelung unterfällt nach der Rechtsprechung des BGH zwar dem Kartellverbot des § 1 GWB, weil das Nachfrageverhalten abgestimmt und in einer (juristischen) Person gebündelt wird. Dies führt dann jedoch nicht zur Unzulässigkeit dieses Verhaltens, wenn die öffentlichen Auftraggeber eine erlaubte Einkaufskooperation (§ 4 Abs. 2 GWB) gebildet haben. Diese Vorschrift erlaubt kleinen und mittleren Unternehmen die Zusammenarbeit in solchen Einkaufskooperationen, damit sie vergleichbare Einkaufskonditionen wie Großunternehmen erzielen können. Diese Bestimmung findet auch zugunsten kleiner und mittlerer Gemeinden Anwendung, jedenfalls soweit sie als Nachfrager für bestimmte Geräte, z. B. Feuerwehrfahrzeuge, am Markt auftreten. Allerdings darf die Einkaufskooperation nicht ihrerseits eine so erhebliche Nachfragemacht entwickeln, dass der Wettbewerb wesentlich beeinträchtigt wird.[50]

56   Das Einreichungsverfahren ist für zentrale Beschaffungsstellen bis spätestens 18.04.2017 ausnahmslos IKT-basiert auszugestalten.[51] Andere als elektronische Angebote dürfen nach diesem Stichtag, außer in wenigen Ausnahmefällen, nicht mehr entgegengenommen und im Vergabeverfahren berücksichtigt werden. Es wird in diesem Zusammenhang nicht zwischen zentralen und anderen als zentralen Beschaffungsstellen auf den verschiedenen Verwaltungsebenen unterschieden.

57   Für den Fall einer gemeinsamen Ausschreibung durch verschiedene Bundesländer ist die zuständige Vergabekammer eines jeden in Frage kommenden Landes zuständig.[52] Die VK Hamburg hat ein einer älteren Entscheidung festgestellt, dass die zuständige Vergabekammer für den Fall, dass eine zentrale Beschaffungsstelle (als Mehrländeranstalt) eine Beschaffung ausschließlich für einen ihrer Kunden ausschreibt, der Ort der Leistung der Sitz dieses Kunden ist. In solchen Fällen ist nicht die für den Sitz der zentralen Beschaffungsstelle zuständige Vergabekammer zuständig, sondern die auf den Sitz des Kunden bezogene Vergabekammer.[53]

§ 121 Leistungsbeschreibung

(1) In der Leistungsbeschreibung ist der Auftragsgegenstand so eindeutig und erschöpfend wie möglich zu beschreiben, so dass die Beschreibung für alle Unternehmen im gleichen Sinne verständlich ist und die Angebote miteinander verglichen werden können. Die Leistungsbeschreibung enthält die Funktions- oder Leistungsanforderungen oder eine Beschreibung der zu lösenden Aufgabe, deren Kenntnis für die Erstellung des Angebots erforderlich ist, sowie die Umstände und Bedingungen der Leistungserbringung.

(2) Bei der Beschaffung von Leistungen, die zur Nutzung durch natürliche Personen vorgesehen sind, sind bei der Erstellung der Leistungsbeschreibung außer in ordnungsgemäß begründeten Fällen die Zugänglichkeitskriterien für Menschen mit Behinderung oder die Konzeption für alle Nutzer zu berücksichtigen.

(3) Die Leistungsbeschreibung ist den Vergabeunterlagen beizufügen.

---

49 OLG Schleswig, Beschl. v. 25.01.2013, 1 Verg 6/12, NZBau 2013, 395, 396, unter Verweis für die bedenkliche Marktmacht auf LG Hannover, Urt. v. 15.06.2011, 21 O 25/11 = BeckRS 2012, 337; OLG Koblenz OLG-Report 1999, 38 und für den Kartellrechtsweg auf OLG Düsseldorf NZBau 2002, 583 Feststellungsinteresse.
50 BGH, Urt. v. 12.11.2002, KZR 11/01.
51 Gesetzesbegründung GWB, 183.
52 VK Stuttgart, Beschl. v. 07.01.2003, 1 VK 68/02, NZBau 2003, 351, 352, unter Verweis auf OLG Koblenz NZBau 2002, 699.
53 VK Hamburg, Beschl. v. 30.07.2007, VgK FB 6/07.

A. Allgemeines

I. Bedeutung und Zweck der Regelung

§ 121 trifft Regelungen zu den Anforderungen, die eine ordnungsgemäße Leistungsbeschreibung **1**
zu erfüllen hat. Die Leistungsbeschreibung ist **»von fundamentaler Bedeutung«**[1] für das gesamte
Vergabeverfahren.[2] Sie legt den Inhalt der Angebote und des abzuschließenden Vertrages fest.
Damit ist die Leistungsbeschreibung auch das entscheidende Dokument für die Ausführung des
mit dem erfolgreichen Bieter abgeschlossenen Vertrages.[3] Zudem ist sie die Grundlage für die Wertung der Angebote.

Auftraggeber, die Fehler im Vergabeverfahren vermeiden wollen, ebenso wie Bieter, die eine dem **2**
Bedarf des Auftraggebers entsprechende Leistung anbieten wollen, müssen daher bei der Erstellung
bzw. beim Studium der Leistungsbeschreibung größte Sorgfalt walten lassen. Vergabenachprüfungsverfahren hinsichtlich des konkreten Inhalts und Umfangs des zu vergebenden Auftrags sowie
des zu entrichtenden Entgelts sind häufig Folgen mangelhafter Leistungsbeschreibungen. Zusammenfassend ist festzuhalten, dass die Leistungsbeschreibung Voraussetzung ist für:[4]

---

1 VK Südbayern Beschl. v. 26.06.2008 – Z3-3-3194-1-16-04/08; VK Lüneburg Beschl. v. 12.01.2007 – VgK-
  33/2006; Beschl. v. 07.09.2005 – VgK-38/2005; Beschl. v. 12.04.2002 – 203-VgK-05/2002.
2 Vgl. im Folgenden Prieß NZBau 2004, 20, (21 ff.).
3 Vgl. VK Südbayern Beschl. v. 26.06.2008 – Z3-3-3194-1-16-04/08.
4 Prieß NZBau 2004, 20 (23); Hertwig in: Motzke/Pietzcker/Prieß, § 9 VOB/A Rn. 3.

- die zuverlässige Ausarbeitung der Angebote und ihre Vergleichbarkeit,
- die zutreffende Wertung der Angebote,
- die richtige Vergabeentscheidung,
- die reibungslose und technisch einwandfreie Ausführung der Leistung sowie
- die vertragsgemäße und regelgerechte Abrechnung.

3   Hinzu kommt, dass der Auftraggeber durch die strengen Vorschriften über die Leistungsbeschreibung gezwungen wird, vor der Bekanntmachung eines Vergabeverfahrens gewissenhafte Erwägungen über Inhalt und Umfang seines Bedarfs anzustellen. Das befördert eine wirtschaftliche Verwendung öffentlicher Mittel.

4   Die Leistungsbeschreibung ist demnach **das Kernstück eines erfolgreichen Vergabeverfahrens**.[5] Die Vorschriften über die Leistungsbeschreibung machen den Auftraggebern dabei grundsätzlich **keine Vorschriften über das »Was«** der Leistung. Geregelt wird lediglich, wie die Auftraggeber ihren Bedarf zu beschreiben haben.

5   An die Einhaltung der in § 121 enthaltenen Anforderungen sind im Lichte der in § 97 Abs. 1 und 2 GWB niedergelegten zentralen vergaberechtlichen Grundsätze – **Wettbewerb, Transparenz, Gleichbehandlung** und **Verhältnismäßigkeit** – hohe Anforderungen zu stellen.

6   Ist die Leistungsbeschreibung zu unbestimmt, so liegt nicht nur ein Verstoß gegen das Transparenzprinzip, sondern auch gegen das Gleichbehandlungsgebot vor.[6]

7   Die Leistungsbeschreibung untersteht trotz des mit ihrer Erstellung häufig verbundenen großen Aufwands nicht dem Urheberrechtsschutz.[7]

8   Zwischen dem Bieter und dem ausschreibenden Auftraggeber, der den Vergaberegeln kraft Gesetzes unterliegt oder sich bestimmten Vergaberegeln unterwirft, entsteht ein Schuldverhältnis, das unter anderem Rücksichtnahmepflichten des Auftraggebers bewirkt.[8] Eine nicht ordnungsgemäße Leistungsbeschreibung kann deshalb Ansprüche auf **Schadensersatz** unter dem Gesichtspunkt der *culpa in contrahendo* (§ 311 Abs. 2 und 3 i.V.m. § 241 Abs. 2 BGB) begründen.[9]

II. Entstehungsgeschichte und Änderungen der Vorschrift

1. Entstehungsgeschichte

9   Bis zur **Vergaberechtsreform** des Jahres 2016 war die Leistungsbeschreibung in den Vergabe- und Vertragsordnungen geregelt. Im Zuge der Novellierung der europäischen Vergaberichtlinien im Frühjahr 2014 und deren Umsetzung in deutsches Recht wurde die Systematik des deutschen Vergaberechts überarbeitet. Eine Verweisung auf den zweiten Abschnitt der VOL/A und die VOF erfolgt nicht mehr. Die in diesen Regelungswerken enthaltenen Vorschriften wurden in das GWB und die VgV übertragen. Während nunmehr § 121 allgemeine Vorgaben zur Leistungsbeschreibung macht, enthalten die §§ 31 und 32 VgV detaillierte Bestimmungen zu Art und Umfang ihrer Ausarbeitung. Lediglich für Bauleistungen gilt über die Verweisung in § 2 VgV die VOB/A fort (siehe zur Leistungsbeschreibung dort § 7 VOB/A EG 2016).

---

5   VK Sachsen Beschl. v. 01.06.2011 – 1/SVK/016-11; VK Südbayern Beschl. v. 26.06.2008 – Z3-3-3194-1-16-04/08; VK Lüneburg Beschl. v. 12.01.2007 – VgK-33/2006; Beschl. v. 07.09.2005 – VgK-38/2005; Schabbeck VergabeR Sonderheft 4a 2006, 679 (680) unter Verweis auf Prieß NZBau 2004, 20 (21); vgl. Hausmann/Mestwerdt in: Prieß/Hausmann/Kulartz, Formularbuch Vergaberecht, A. V. 14. Anm. 15; Franke/Kaiser in: Franke/Kemper/Zanner/Grünhagen, § 7 EG VOB/A Rn. 2: »Herzstück«.
6   OLG Düsseldorf Beschl. v. 05.10.2000 – Verg 14/00; Prieß NZBau 2004, 20 (22).
7   LG Köln Urt. v. 18.12.2014 – 14 O 193/14; zuvor bereits BGH Urt. v. 29.03.1984 – ZR 32/82.
8   Vgl. BGH Urt. v. 09.06.2011 – X ZR 143/10; OLG Düsseldorf Urt. v. 19.10.2011 – I-27 W 1/11.
9   Vgl. OLG Naumburg Beschl. v. 15.12.2005 – 1 U 5/05 (zu § 9 VOB/A); von Wietersheim/Kratzenberg in: Ingenstau/Korbion, § 7 VOB/A Rn. 11, 21 f.

2. Änderungen gegenüber § 8 VOL/A EG 2009 und § 7 VOB/A EG 2012

§ 121 ist im Vergleich zu § 8 VOL/A EG 2009 und § 7 VOB/A EG 2012 durch die Übertragung 10
der Regelungen zu Technischen Spezifikationen in die §§ 31 und 32 VgV deutlich schlanker ausgestaltet. Zudem enthielt § 7 VOB/A EG 2012 beispielsweise Regelungen zur einwandfreien Preisermittlung und zum ungewöhnlichen Wagnis.[10] Letzteres galt indes bereits für § 8 VOL/A EG 2009 nicht mehr. Auch die Vorgaben zur Produktneutralität (§ 8 Abs. 7 VOL/A EG 2009 und § 7 Abs. 8 VOB/A EG 2012) finden sich jetzt in der VgV (§ 31 Abs. 6).

Unverändert übernommen wurden lediglich die Grundsätze des § 8 Abs. 1 VOL/A EG 2009 und des 11
§ 7 Abs. 1 Nr. 1 VOB/A EG 2012, die sich mit leicht verändertem Wortlaut nunmehr in § 121 Abs. 1 S. 1 wiederfinden. Die Vorgaben hinsichtlich Art und Umfang der Beschreibung wurden erheblich verkürzt. Insoweit gewährt § 121 einen weiten Spielraum.[11] Abs. 1 S. 2 schreibt lediglich vor, dass die Leistungsbeschreibung die erforderlichen Funktions- oder Leistungsanforderungen oder eine Aufgabenbeschreibung enthalten muss sowie die Umstände und Bedingungen der Leistungserbringung.

Neu eingefügt wurde die Verpflichtung in **§ 121 Abs. 2**, wonach bei Erstellung der Leistungs- 12
beschreibung grundsätzlich auf eine Konzeption für alle Nutzer, insbesondere für Menschen mit Behinderungen, zu achten ist. Die Vorgabe dieses »**Designs für Alle**« geht auf Art. 42 Abs. 1 UA 4 und 5 der Richtlinie 2014/24/EU zurück und soll eine weitgehend barrierefreie Gestaltung öffentlicher Gebäude, Produkte oder Dienstleistungen gewährleisten.[12] Ferner bestimmt **§ 121 Abs. 3**, dass die Leistungsbeschreibung den **Vergabeunterlagen beizufügen** ist (vgl. hierzu vormals § 9 Abs. 1 lit. c VOL/A EG 2009).

Umfassende Streichungen in ihrem § 8 wurden bereits bei der Novellierung der VOL/A 2006 im 13
Jahr 2009 vorgenommen. Die Vorschriften über die Leistungsbeschreibung sollten auf das Erforderliche reduziert werden.[13] Daraus folgte, dass mit den Streichungen nicht stets die Abschaffung der bisherigen Vorgaben verbunden sein musste. Vielmehr war im Einzelfall zu prüfen, ob lediglich eine Präzisierung bzw. Verdeutlichung eines – auch im Lichte der Chancengleichheit, Transparenz und des Wettbewerbs (§ 97 Abs. 1 und 2 GWB) – Ge- oder Verbotes beabsichtigt war. Die Konsequenzen der Streichungen im Zuge der VOL/A-Novelle 2009 werden deshalb im Einzelnen an den entsprechenden Stellen dieser Kommentierung erörtert. Sie sind auch für die Auslegung des § 121 relevant, da dieser – wie sich der Gesetzesbegründung des VergRModG entnehmen lässt – im Wesentlichen den Regelungsgehalt seiner Vorgängernormen, nämlich § 8 VOL/A EG 2009, § 7 VOB/A EG 2012 und § 6 VOF 2009, aufgreift.[14]

B. Allgemeine Standards der Leistungsbeschreibung (§ 121 Abs. 1 S. 1)

I. Inhalt und Bedeutung des Gebots

Gemäß dem in § 121 Abs. 1 S. 1 niedergelegten Bestimmtheitsgrundsatz ist die Leistung so **ein-** 14
deutig und erschöpfend zu beschreiben, dass die Leistungsbeschreibung für alle Bieter im gleichen Sinne verständlich ist und zu vergleichbaren Angeboten führt. § 121 Abs. 1 S. 1 fordert damit für die Beschreibung der zu beschaffenden Leistung zweierlei: Zum einen sollen die Bieter unter der ausgeschriebenen Leistung das Gleiche verstehen. Die zu erbringende Leistung soll dadurch für alle Bieter gleichermaßen verständlich und kalkulierbar werden. Zum anderen muss es die Leistungsbeschreibung den Auftraggeber erlauben, die eingehenden Angebote miteinander zu vergleichen. Eine fehlerhafte oder unvollständige, unklare oder unkalkulierbare Leistungsbeschreibung begründet

---

10 Zum ungewöhnlichen Wagnis in der VOB/A vgl. Kus in: FS Marx, 363.
11 Siehe Gesetzesbegründung zum VergRModG, BT-Drucks. 18/6281, S. 97.
12 Siehe Gesetzesbegründung zum VergRModG, BT-Drucks. 18/6281, S. 97.
13 Bundesregierung: Beschluss über Schwerpunkte zur Vereinfachung des Vergaberechts im bestehenden System v. 28.06.2006.
14 Siehe Gesetzesbegründung zum VergRModG, BT-Drucks. 18/6281, S. 97.

deshalb von Beginn des Vergabeverfahrens an einen erheblichen Mangel[15] und hat u.U. eine Beanstandung in einem Nachprüfungsverfahren bis hin zur Aufhebung des Vergabeverfahrens zur Folge.

15   Ob die Leistungsbeschreibung im Einzelfall den Anforderungen des § 121 genügt, fällt in den **Verantwortungsbereich des Auftraggebers.**[16] Bereits die Entscheidung, ein Angebot im Vergabeverfahren zu unterbreiten, erfordert den Einsatz unternehmerischer Ressourcen.[17] Interessenten müssen sich ein sachgerechtes Bild von dem Auftrag machen können und eine aussagekräftige Grundlage für die Entscheidung zur Hand haben, ob sie sich an dem Verfahren beteiligen wollen.[18] Damit die Bieter ihre Entscheidungen **in Kenntnis aller preisrelevanten Umstände** treffen können, muss die Beschreibung der anzubietenden und nach Vertragsschluss zu erbringenden Leistungen eine umfassende kalkulatorische Sicherheit bieten.[19] Daraus folgt, dass Mängel in der Vorbereitung des Vergabeverfahrens nicht über die Leistungsbeschreibung in die Risikosphäre der Bieter verlagert werden dürfen.[20] Der Auftraggeber ist daher in jedem Falle gehalten, den Beschaffungsbedarf umfassend aufzuklären, bevor er eine Ausschreibung durchführt.[21] Das Risiko der Unvollständigkeit der Leistungsbeschreibung darf der Auftraggeber auch nicht durch Vertragsklauseln (so genannte Bestätigungs- oder Vorkenntnisklauseln) auf die Bieter abwälzen.[22]

16   Um den oben genannten Zielen der Leistungsbeschreibung gerecht zu werden, muss der Auftraggeber seine Vorstellungen von der gewünschten Leistung in Bezug auf die technischen Merkmale oder Funktionen sowie in Bezug auf die Menge und Qualität für alle Bieter derart deutlich zum Ausdruck bringen, dass Gegenstand, Art und Umfang der Leistung zweifelsfrei ersichtlich sind.[23] Um diese Anforderungen an die Leistungsbeschreibung erfüllen zu können, kann auf Seiten des Auftraggebers die Einschaltung eines fachkundigen Dritten geboten sein,[24] wenn er nicht selbst über das erforderliche *Know-how* verfügt. Der herangezogene Dritte darf aber weder unmittelbar noch mittelbar an der Vergabe beteiligt sein. Es dürfen auch keine Umstände vorliegen, aufgrund derer der Dritte dazu neigen könnte, die mit der Vergabe zusammenhängenden Fragen nicht frei von subjektiven Interessen zu betrachten.[25] Soweit der Auftraggeber im Rahmen der Erstellung der Leistungsbeschreibung einen Dritten beauftragt, muss er u.U. nach § 278 BGB für dessen Fehler einstehen.[26]

II.   Zielvorgabe: Eindeutige und erschöpfende Leistungsbeschreibung

17   Die Leistungsbeschreibung ist »**eindeutig**« i.S.d. § 121 Abs. 1 S. 1, wenn aus Sicht der Bieter (Empfängerhorizont) – einen professionellen Maßstab vorausgesetzt – auch ohne inten-

---

15   VK Lüneburg Beschl. v. 07.09.2005 – VgK-38/2005, m. Anm. Noch IBR 2005, 1266 (nur online), bestätigt in OLG Celle Beschl. v. 15.12.2005 – 13 Verg 14/05; VK Halle Beschl. v. 17.03.2003 – VK Hal 31/02; VK Lüneburg Beschl. v. 12.04.2002 – 203-VgK-05/02.

16   VK Bund Beschl. v. 06.03.2002 – VK 1-5/02; im Ergebnis ebenso VK Lüneburg Beschl. v. 18.06.2004 – 203-VgK-29/2004.

17   Vgl. Traupel in: Müller-Wrede, § 8 EG VOL/A Rn. 17.

18   Hausmann/Mestwerdt in: Prieß/Hausmann/Kulartz, Formularbuch Vergaberecht, A. V. 4. Anm. 8.

19   Kulartz NZBau 2001, 173 (180).

20   VK Düsseldorf Beschl. v. 04.08.2000 – VK-14/00-L.

21   VK Südbayern Beschl. v. 16.09.2015 – Z3-3-3194-1-27-04/15; VK Magdeburg Beschl. v. 22.02.2001 – 33-32571/07 VK 15/00 MD.

22   Kapellmann in: Kapellmann/Messerschmidt, § 7 VOB/A Rn. 13; vgl. auch Roquette NZBau 2001, 57 (57 ff.).

23   VK Bund Beschl. v. 07.04.2004 – VK 1-15/04.

24   OLG Celle Beschl. v. 18.12.2003 – 13 Verg 22/03; VK Lüneburg Beschl. v. 27.09.2000 – 203-VgK-10/2000; Hausmann/Mestwerdt in: Prieß/Hausmann/Kulartz, Formularbuch Vergaberecht A. V. 14. Anm. 15; Franke/Kaiser in: Franke/Kemper/Zanner/Grünhagen, § 7 VOB/A Rn. 16 »Beratung durch Fachkräfte«.

25   OLG Celle Beschl. v. 18.12.2003 – 13 Verg 22/03.

26   Vgl. BGH Urt. v. 08.09.1998 – X ZR 99/96; vgl. von Wietersheim/Kratzenberg in: Ingenstau/Korbion, § 7 VOB/A Rn. 8.

sive Bemühungen um eine konkrete Auslegung klar ersichtlich ist, welche Leistung in welcher Form verlangt wird.[27] Das ist nicht der Fall, wenn unterschiedliche Auslegungsmöglichkeiten in Betracht kommen, die den Bieter im Unklaren lassen, welche Leistung von ihm in welcher Form und unter welchen Bedingungen angeboten werden soll. Die zu erbringende Leistung muss vielmehr so konkret dargestellt sein, dass alle Bieter die Leistungsbeschreibung im gleichen Sinne verstehen müssen und die abgegebenen Angebote im Zuge der Wertung miteinander verglichen werden können.

»**Erschöpfend**« bedeutet, dass keine Restbereiche verbleiben dürfen, die seitens des Auftraggebers 18 nicht klar umrissen sind.[28] Es dürfen keine kalkulationsrelevanten Fragen mehr offen bleiben.[29] Dabei kann sich der erschöpfende Charakter bereits aus der Eindeutigkeit der Leistungsbeschreibung ergeben.[30] Ob eine Leistungsbeschreibung eindeutig und erschöpfend ist, unterliegt einer uneingeschränkten gerichtlichen Überprüfung.[31]

Eine Leistungsbeschreibung ist – mit anderen Worten – dann **eindeutig und erschöpfend**, wenn sie 19 Art und Umfang der geforderten Leistung mit allen dafür maßgebenden Bedingungen zur Ermittlung des Leistungsumfangs zweifelsfrei erkennen lässt, keine Widersprüche in sich, zu den Plänen oder zu anderen vertraglichen Regelungen enthält und alle für die Leistung spezifischen Bedingungen und Anforderungen benennt.[32] Die Einhaltung dieser Kriterien ist Voraussetzung einer exakten Kalkulation und Preisermittlung sowie der Vergleichbarkeit der Angebote.[33] Es besteht also ein enger Zusammenhang zwischen dem Gebot der eindeutigen und erschöpfenden Leistungsbeschreibung und dem Gebot der **Nennung aller kalkulationsrelevanten Umstände** in den Verdingungsunterlagen.[34] Deshalb besteht Einigkeit darüber, dass das Gebot der Nennung aller kalkulationsrelevanten Umstände in das Gebot der eindeutigen und erschöpfenden Leistungsbeschreibung hineinzulesen ist.[35] Das legt auch der Wortlaut des § 121 Abs. 1 S. 2 nahe, wonach die Leistungsbeschreibung diejenigen Informationen enthalten muss, »deren Kenntnis für die Erstellung des Angebots erforderlich« sind. Zudem enthält § 121 ausweislich der Gesetzesbegründung auch den Regelungsgehalt des § 7 VOB/A EG 2012,[36] der in Abs. 1 Nr. 2 ausdrücklich auf eine »einwandfreie Preisermittlung« abstellte.

Dieser Zusammenhang ergibt sich auch aus dem **Wettbewerbsgrundsatz** (§ 97 Abs. 1 und 2 GWB). 20 Denn mehrere, miteinander konkurrierende und vergleichbare Angebote (vgl. den Wortlaut des § 121 Abs. 1 S. 1) sind nur dann zu erwarten, wenn die angegebenen Preise aufgrund aller dafür erforderlichen Umstände ermittelt wurden.

---

27 OLG Saarbrücken Beschl. v. 29.09.2004 -1 Verg 6/04.
28 OLG Karlsruhe Beschl. v. 25.07.2014 – 15 Verg 4/14; OLG Düsseldorf Beschl. v. 12.10.2011 – VII-Verg 46/11; OLG Saarbrücken Beschl. v. 29.09.2004 – 1 Verg 6/04; VK Bund Beschl. v. 23.11.2009 – VK 3-199/09; Beschl. v. 28.10.2009 – VK 3-187/09; VK Lüneburg Beschl. v. 22.10.2009 – VgK-49/2009; Beschl. v. 07.09.2005 – VgK-38/2005, m. Anm. Noch IBR 2005, 1266 (nur online), bestätigt in OLG Celle Beschl. v. 15.12.2005 – 13 Verg 14/05.
29 OLG Düsseldorf Beschl. v. 12.10.2011 – VII-Verg 46/11.
30 Kapellmann in: Kapellmann/Messerschmidt, § 7 VOB/A Rn. 13.
31 OLG Düsseldorf Beschl. v. 10.04.2013 – VII-Verg 50/12.
32 OLG Brandenburg Beschl. v. 29.01.2013 – Verg W 8/12; VK Lüneburg Beschl. v. 10.03.2005 – VgK-04/2005, bestätigt in OLG Celle Beschl. v. 12.05.2005 – 13 Verg 6/05.
33 Prieß NZBau 2004, 20 (22).
34 OLG Koblenz Beschl. v. 26.10.2005 – Verg 04/05; vgl. OLG Celle Beschl. v. 12.05.2005 – 13 Verg 6/05; OLG Düsseldorf Beschl. v. 05.12.2001 – Verg 32/01.
35 Vgl. zu § 8 VOL/A EG OLG Brandenburg Beschl. v. 29.01.2013 – Verg W 8/12; Krohn NZBau 2013, 79 (80); so auch Traupel in: Müller-Wrede, § 7 VOL/A Rn. 10, § 8 EG VOL/A Rn. 37.
36 Vgl. Rdn. 13.

21 Eine Leistungsbeschreibung ist **auch dann eindeutig, wenn sie falsch ist**.[37] Denn auch eine »eindeutig falsche« Leistungsbeschreibung stellt sicher, dass alle Bieter die Leistungsbeschreibung in gleicher Weise verstehen können.

22 Der Ersteller der Leistungsbeschreibung muss sich **verkehrsüblicher, in Fachkreisen allgemein verständlicher Formulierungen** bedienen.[38] Angaben in der Leistungsbeschreibung, die nur von einzelnen Bietern richtig verstanden werden können, sind unzulässig.[39] Das gilt auch für die Verwendung von regionalen sprachlichen Besonderheiten.[40]

23 Die im Einzelfall an den Konkretisierungsgrad der Leistungsbeschreibung zu stellenden Anforderungen richten sich nach dem Gegenstand des Vergabeverfahrens.[41] Wenn er nicht klar aus der Leistungsbeschreibung hervorgeht, liegt ein Verstoß gegen das Bestimmtheitsgebot vor. So mangelt es an der erforderlichen Bestimmtheit, wenn nicht klar ersichtlich wird, mit welchen Auftraggebern die ausgeschriebenen Verträge im Einzelnen abzuschließen und ob einheitliche oder getrennte Angebote abzugeben sind.[42] Je komplexer die Beschaffung sich im Einzelfall darstellt, desto detailreicher muss die Beschreibung der geforderten Leistung ausfallen. Hier gilt: »**je detaillierter, desto besser**«.[43]

24 Grundsätzlich reicht es deshalb nicht aus, wenn die Leistungsbeschreibung für eine Beschaffung von Computersoftware die gewünschten Anwendungen und Funktionen lediglich stichwortartig ohne Lastenheft auflistet. Geboten ist vielmehr auch die Darlegung der Anforderungen an den Benutzerkomfort, an Schnittstellen, Links etc.[44]

25 Ein Verstoß gegen das Gebot der eindeutigen Leistungsschreibung liegt auch dann vor, wenn der Auftraggeber für eine Position ein – ausnahmsweise zulässiges – nicht mehr am Markt erhältliches Leitfabrikat vorgibt, mit dem sich das aus den Vergabeunterlagen hervorgehende Leistungsziel faktisch nicht (mehr) erreichen lässt.[45]

26 Bei der Ausschreibung von Wartungsarbeiten gilt die Leistungsbeschreibung als nicht eindeutig, wenn von den Bietern das Erstellen einer Bestandsliste über die Wartungsarbeiten verlangt wird. Denn anderenfalls würden die Bieter selbst über Inhalt und Umfang der Bestandslisten entscheiden, was dazu führt, dass alle Angebote unterschiedliche Bestandslisten aufweisen. Solche Angebote sind nicht miteinander vergleichbar.[46]

27 An Eindeutigkeit fehlt es auch dann, wenn die Leistungsbeschreibung eines Bauvorhabens ein detailliertes konstruktives Leistungsverzeichnis unter Verbot von Nebenangeboten vorgibt, die Bieter aber zugleich auffordert, abweichende Materialstärken und Funktionalitäten anzugeben, ohne hieran Mindestanforderungen zu stellen oder deren Umfang festzulegen. Denn dann kann es zu einem unterschiedlichen Verständnis der Leistungsbeschreibung kommen, was einer Vergleichbarkeit der Angebote entgegensteht.[47]

---

37 VK Sachsen Beschl. v. 22.03.2011 – 1-SVK-004-11, wonach eine Leistungsbeschreibung sogar dann eindeutig sein soll, wenn sie zu technischen Mängeln des Beschaffungsgegenstands führt; vgl. BGH Urt. v. 01.08.2006 – X ZR 115/04, wonach ein Angebotsausschluss nicht erfolgen darf, wenn die Vergabeunterlagen eine technisch unmögliche Leistung verlangen; vgl. für die VOB/A Kapellmann in: Kapellmann/Messerschmidt, § 7 VOB/A Rn. 10.
38 Vgl. VK Münster Beschl. v. 22.09.2009 – VK 16/09.
39 Franke/Kaiser in: Franke/Kemper/Zanner/Grünhagen, § 7 VOB/A Rn. 15.
40 Vgl. OLG Düsseldorf Beschl. v. 08.02.2005 – VII-Verg 100/04; OLG Dresden Urt. v. 27.03.2003 – 19 U 1971/02 (zu § 9 VOB/A), m. Anm. Gentner IBR 2003, 1055.
41 Für den Bereich der Vergabe von Reinigungsdienstleistungen Münch LKV 2005, 435 ff.
42 Vgl. Noch in: Müller-Wrede, 2. Aufl., § 8 VOL/A Rn. 30; OLG Hamburg Beschl. v. 04.11.1999 – 1 Verg 1/99.
43 OLG Koblenz Beschl. v. 05.09.2002 – 1 Verg 2/02; VK Mecklenburg-Vorpommern Beschl. v. 02.12.2011 – 1 VK 6/11.
44 Zu einem Extremfall VK Lüneburg Beschl. v. 12.04.2002 – 203-VgK-05/02.
45 VK Lüneburg Beschl. v. 30.10.2003 – 203-VgK-21/2003 (zu § 9 VOB/A).
46 VK Sachsen-Anhalt Beschl. v. 19.03.2014 – 3 VK LSA 08/14.
47 VK Bund Beschl. v. 17.11.2014 – VK 2-77/14.

Ebenso wenig ist die Leistungsbeschreibung eines Bauvorhabens eindeutig, die pauschal Teilleistun- 28
gen in das Leistungssoll einbezieht, die zwar für die Gesamtleistung erforderlich sind, aber nicht
ausdrücklich in der Leistungsbeschreibung erwähnt wurden. Denn auch hier bleibt der genaue
Leistungsumfang unklar.[48]

Darüber hinaus müssen sich die Bieter unter Zugrundelegung der Leistungsbeschreibung ein 29
umfassendes Bild von **Umfang und Reichweite** der zu erbringenden Leistung machen können:

Ein Verstoß gegen § 121 Abs. 1 S. 1 liegt daher vor, wenn eine Leistungsbeschreibung für Sprach- 30
vorbereitungskurse hinsichtlich der Teilnehmerzahlen sowie der Vertragsdauer unklar und unbestimmt ist.[49]

In einer Leistungsbeschreibung für Abfallentsorgungsleistungen sind gegebenenfalls Prognosen 31
über die Entwicklung der Abfallmengen anzugeben.[50] Macht der Auftraggeber konkrete Mengenangaben, ist er daran gebunden.[51]

Sieht die Leistungsbeschreibung eine Verlängerungsoption zugunsten des Auftraggebers vor, ist dar- 32
auf zu achten, dass diese hinsichtlich Laufzeit und Anzahl der Verlängerungen eindeutig begrenzt
ist.[52]

Kann die Neuvergabe eines Dienstleistungsauftrages gegebenenfalls einen Betriebsübergang gemäß 33
§ 613a BGB bewirken, ist der neue Auftragnehmer grundsätzlich verpflichtet, alle beim Vorgänger
beschäftigten Mitarbeiter zu übernehmen.[53] Für diesen Fall muss die Leistungsbeschreibung Angaben enthalten, wie viel Personal zu welchen Konditionen bisher beschäftigt wurde, weil die Bieter
diese Angaben für ihre eigene Kalkulation benötigen.

Im Einzelfall kann es allerdings zulässig sein, den Bietern einen **Gestaltungsspielraum** einzuräumen: 34

Ist Gegenstand des Vergabeverfahrens die Entwicklung eines Lehrgangskonzepts, so können genaue 35
Angaben hinsichtlich der räumlichen und technischen Ausstattung sowie der zu erwartenden Kosten entbehrlich sein. Denn die ausgeschriebene Leistung betrifft gerade die Erstellung eines eigenen
Konzepts. Dabei muss die Leistungsbeschreibung allerdings einen gewissen Rahmen vorgeben, um
die Vergleichbarkeit der Angebote zu gewährleisten.[54]

Keine Bedenken hinsichtlich der Bestimmtheit der Leistungsbeschreibung bestehen auch dann, 36
wenn zu den Mengenangaben in der Leistungsbeschreibung aufgrund der zu erwartenden Mehr-
oder Mindermengen individuell zu bestimmende Risikozuschläge anzugeben sind und die Angebote daher unterschiedlich ausfallen können.[55]

Keine Verletzung des Bestimmtheitsgebots liegt vor, wenn die offenen Fragen lediglich die unter- 37
nehmerische Innensphäre der Bieter betreffen. Für Umstände, die nach dem üblichen geschäftlichen
Gang in den **Verantwortungsbereich des Bieters** fallen, muss der Auftraggeber nicht einstehen:

Daher muss die Leistungsbeschreibung für Personenbeförderungsleistungen nicht angeben, ob sich 38
die von den Bietern zu Grunde zu legenden Preise auf Last- oder Leerfahrten (d.h. Fahrten ohne die
Anwesenheit von Fahrgästen) beziehen, sondern kann sich darauf beschränken, Anzahl und Verlauf
der Fahrtstrecken zu nennen.[56]

---

48 VK Bund Beschl. v. 06.09.2013 – VK 1-73/13.
49 OLG Düsseldorf Beschl. v. 05.12.2001 – Verg 32/01.
50 VK Schleswig-Holstein Beschl. v. 18.12.2000 – VK-SH 13/00.
51 OLG Düsseldorf Beschl. v. 10.04.2013 – VII-Verg 50/12.
52 VK Lüneburg Beschl. v. 26.04.2004 – 203-VgK-10/2004.
53 BAG Urt. v. 02.03.2006 – 8 AZR 147/05.
54 Vgl. VK Bund Beschl. v. 29.05.2001 – VK 1-13/01 (aus anderen Gründen abgeändert in OLG Düsseldorf
    Beschl. v. 05.10.2001 – Verg 28/01).
55 OLG Düsseldorf Beschl. v. 10.04.2013 – VII-Verg 50/12.
56 OLG Naumburg Beschl. v. 15.07.2003 – 6 Verg 7/03.

39 Zwar werden verbleibende Ungenauigkeiten als Ergebnis unzureichender Vorarbeit des Auftraggebers angesehen.[57] Jedoch begründet die **Auslegungsfähigkeit** der Leistungsbeschreibung **allein noch keinen Verstoß** gegen § 121 Abs. 1 S. 1. Andernfalls bestünde die Gefahr, dass Bieter Fehler in die Leistungsbeschreibung hineininterpretieren könnten, um daraus Vorteile zu ziehen.[58]

III. Gebot der Nennung aller kalkulationsrelevanten Umstände

40 In § 8 Nr. 1 Abs. 2 VOL/A 2006 war geregelt: »Um eine einwandfreie Preiskalkulation zu ermöglichen, sind alle sie beeinflussenden Umstände festzustellen und in den Verdingungsunterlagen anzugeben.« Diese Vorschrift ist zwar im Zuge der Novellierung 2009 gestrichen worden und war schon in einer der Vorgängernormen des § 121, nämlich § 8 EG VOL/A 2009, nicht mehr enthalten.[59] Doch war dieses Gebot in das Gebot der eindeutigen und erschöpfenden Leistungsbeschreibung des § 8 Abs. 1 EG VOL/A 2009 hineinzulesen.[60] Zudem war das genannte Gebot wortgleich in einer weiteren Vorgängernorm des § 121 enthalten, nämlich in § 7 Abs. 1 Nr. 2 VOB/A EG 2012. Da § 121 im Wesentlichen den Regelungsgehalt von §§ 7 VOB/A EG 2012, 8 VOL/A EG 2009 und 6 VOF 2009 aufgreift,[61] muss dieses Gebot daher auch in § 121 Abs. 1 S. 1 hineingelesen werden.[62]

41 Die Leistungsbeschreibung muss es den Bietern ermöglichen, ihre Preise sicher und **ohne umfangreiche Vorarbeiten** zu kalkulieren. Dazu müssen die Bieter die für die Auftragsdurchführung wesentlichen Begleitumstände kennen oder zumindest realistisch abschätzen können.[63]

1. Inhalt des Gebots

42 Maßgeblich für den Umfang des vorstehenden Gebots ist die **Relevanz** des jeweiligen Umstands **für die Preiskalkulation**. Dabei kann es sich um tatsächliche Gegebenheiten oder besondere Umstände handeln, die die Art und Ausführung der Leistung beeinflussen. Auf welche Umstände sich der Anspruch der Bieter auf Kenntnis bezieht, bemisst sich nach den **Erfordernissen des jeweiligen Einzelfalls**.[64] Den Preis beeinflussende Umstände sind beispielsweise die Qualität, die Gesamtmenge, die Lieferorte und -modalitäten, eventuelle zeitliche oder räumliche Beschränkungen der Liefermöglichkeiten, die Art der einzusetzenden Transportmittel etc.[65] Wie der Auftraggeber die kalkulationsrelevanten Umstände ermittelt, ist ihm grundsätzlich freigestellt.[66] Die weitreichende Forderung an den Auftraggeber, alle die Preisermittlung beeinflussenden Umstände festzustellen, macht es u.U. aber erforderlich, Sachverständige hinzuzuziehen.[67]

43 Ein Verstoß gegen das Gebot zur Benennung aller kalkulationsrelevanten Umstände liegt regelmäßig vor, wenn für einen durchschnittlichen Bieter nicht ausreichend deutlich wird, aus welchen Kostenbestandteilen sich der im Preisblatt anzugebende Angebotspreis zusammensetzen soll.[68]

44 Ein Verstoß gegen das Gebot kann auch dann vorliegen, wenn die Leistungsbeschreibung bei einer Vergabe von Ausbildungskursen keinerlei konkrete Angaben über die Zahl der Kursteilnehmer

---

57 Prieß NZBau 2004, 20 (23).
58 OLG Brandenburg Beschl. v. 14.09.2004 – Verg W 5/04.
59 Siehe Rdn. 13.
60 OLG Brandenburg Beschl. v. 29.01.2013 – Verg W 8/12; Krohn NZBau 2013, 79 (80); so auch Traupel in: Müller-Wrede, § 7 VOL/A Rn. 10, § 8 EG VOL/A Rn. 37.
61 Siehe Rdn. 13.
62 Siehe Rdn. 19.
63 OLG Jena Beschl. v. 02.08.2000 – 6 Verg 4 und 5/00; Prieß NZBau 2004, 87 (90); Franke/Kaiser in: Franke/Kemper/Zanner/Grünhagen, § 7 VOB/A Rn. 32.
64 Vgl. Traupel in: Müller-Wrede, § 8 EG VOL/A Rn. 37; Zdzieblo in: Daub/Eberstein, § 8 VOL/A Rn. 34.
65 Hausmann/Mestwerdt in: Prieß/Hausmann/Kulartz, Formularbuch Vergaberecht A. V. 14. Anm. 15 und 18; vgl. Schaller DB 1995, 1498.
66 Kapellmann in: Kapellmann/Messerschmidt, § 7 VOB/A Rn. 17.
67 VK Bund Beschl. v. 24.06.2003 – VK 2-46/03.
68 VK Bund Beschl. v. 24.09.2004 – VK 3-161/04.

enthält. Zwar ist das Interesse des Auftraggebers an einer an den jeweiligen Bedarf anpassbaren Regelung grundsätzlich anzuerkennen. Allerdings liegt eine gegen das genannte Gebot verstoßende Abwälzung des Kalkulationsrisikos auf die Bieter vor, wenn es sich um Größenordnungen handelt, die zusätzliches Personal erforderlich machen würden.[69]

Unterbleibt die Offenlegung eines für die Preisermittlung wesentlichen Umstandes in den Verga- **45** beunterlagen, liegt eine Verletzung subjektiver Bieterrechte unter dem Gesichtspunkt des **Gleichbehandlungsgebotes** (§ 97 Abs. 7 i.V.m. Abs. 2 GWB)[70] vor.

2. Grenzen des Gebots

Die Pflicht des Auftraggebers, alle kalkulationsrelevanten Umstände zu ermitteln und zusammen- **46** zustellen endet an der Grenze des Mach- und Zumutbaren und bestimmt sich damit nach dem **Grundsatz der Verhältnismäßigkeit** (siehe nunmehr ausdrücklich erwähnt in § 97 Abs. 1 S. 2). Er ist zwar verpflichtet, zumutbaren finanziellen Aufwand zu betreiben. Diese Pflicht endet aber dort, wo eine in allen Punkten eindeutige Leistungsbeschreibung nur mit unverhältnismäßigem Kostenaufwand möglich wäre.[71] Der Auftraggeber ist daher nicht gehalten, zusätzlich zu den ihm vorliegenden Erkenntnissen aufwändig neue Daten zu erheben, um die Grundlagen für die Kalkulation für die Bieter zu optimieren.[72] Er darf jedoch den Einwand der Unzumutbarkeit nicht dazu missbrauchen, die ihn treffende Pflicht der Ermittlung der kalkulatorischen Ausgangsgrößen auf die Bieter abzuwälzen. Die Beschaffung notwendiger Informationen über preisbeeinflussende Umstände darf allenfalls dann den Bietern überlassen werden, wenn sie sich diese Informationen mit verhältnismäßig geringem Aufwand – jedenfalls geringerem Aufwand als der Auftraggeber – beschaffen können und die Vergleichbarkeit der Angebote nicht gefährdet ist.[73]

Das **OLG Düsseldorf** hat diese Anforderungen insoweit treffend **zusammengefasst**: »Der öffentli- **47** che Auftraggeber hat in der Leistungsbeschreibung diejenigen Daten und Fakten bekanntzugeben, über die er liquide verfügt oder die er sich – gemessen an den Grundsätzen der Zumutbarkeit [...] – mit der Ausschreibung adäquaten Mitteln, in der für das Vergabeverfahren zur Verfügung stehenden vergleichsweise kurzen Zeit und mit den dafür in der Regel nur begrenzt verfügbaren administrativen Ressourcen beschaffen kann.«

So muss etwa im Bereich Gebäudeversicherung der Auftraggeber die Werte der zu versichernden **48** Objekte als wesentliche Kalkulationsfaktoren in den Verdingungsunterlagen angeben. Es reicht nicht aus, wenn die Bieter diese Werte nur aus in den Objektlisten mitgeteilten Einzelheiten nach standardisierten Verfahren abschätzen können.[74]

Unterbleibt eine vollständige Ermittlung der preisrelevanten Umstände, obwohl sie tatsächlich **49** möglich wäre, so obliegt es dem Auftraggeber, den konkreten **Nachweis der Unzumutbarkeit** des mit der vollständigen Aufklärung verbundenen Aufwands zu erbringen. Die dabei anzustellenden Erwägungen müssen dem Umstand Rechnung tragen, dass sich aus einer unvollständigen Aufklärung Kalkulationsrisiken für die Bieter ergeben. Nur wenn die Kosten für eine vollständige Aufklärung auch unter Berücksichtigung dieser Risiken unverhältnismäßig hoch erscheinen, gelingt

---

69 VK Bund Beschl. v. 25.04.2002 – VK 1-11/02, VK 1-13/02, VK 1-15/02.
70 Siehe Rdn. 5 f.
71 VK Lüneburg Beschl. v. 07.03.2011 – VgK-73/2010; Beschl. v. 07.09.2005 – VgK-38/2005, m. Anm. Noch IBR 2005, 1266 (nur online), bestätigt in OLG Celle Beschl. v. 15.12.2005 -13 Verg 14/05; VK Schleswig-Holstein Beschl. v. 17.09.2008 – VK-SH 10/08; Prieß NZBau 2004, 87 (90 f.).
72 Vgl. VK Arnsberg Beschl. v. 09.09.2004 – VK 2-16/2004.
73 OLG Celle Beschl. v. 15.12.2005 – 13 Verg 14/05, m. Anm. Noch IBR 2006, 45.
74 VK Lüneburg Beschl. v. 07.09.2005 – VgK-38/2005, bestätigt in OLG Celle Beschl. v. 15.12.2005 – 13 Verg 14/05.

der Nachweis. Der pauschale Verweis auf höhere Planungs- und Vorbereitungskosten reicht i.d.R. nicht aus.[75]

50 Auch entfällt die oben genannte Pflicht nicht schon deshalb, weil der Auftraggeber im Hinblick auf den betreffenden Umstand eine **Geheimhaltungspflicht** geltend macht. Denn sofern ein Umstand von zentraler Bedeutung für die Preisermittlung ist, ist er anzugeben[76] – gegebenenfalls nach Abgabe einer Vertraulichkeitserklärung.

3. Pflichten auf Seiten der Bieter

51 Der Pflicht des Auftraggebers, die Leistungsbeschreibung unter dem Gesichtspunkt einer einwandfreien Preisermittlung zu gestalten, entspricht auf Seiten der Bieter die **Pflicht zur vollständigen Ausschöpfung der Leistungsbeschreibung.**[77] Ist die Leistungsbeschreibung erkennbar lückenhaft, darf der Bieter das nicht einfach hinnehmen. Er ist vielmehr gehalten, offene Fragen vor Abgabe seines Angebots mit dem Auftraggeber zu klären. Erst wenn diese Fragen unbeantwortet bleiben, darf er eine unklare Regelung selbst – vernünftig – auslegen.[78]

4. Möglichkeit einer Korrektur im laufenden Verfahren

52 Eine kalkulationserhebliche Unklarheit hat nicht zwingend die Aufhebung der Ausschreibung zur Folge. Ein Anspruch auf **Aufhebung und Wiederholung** des gesamten Vergabeverfahrens kommt als *ultima ratio* vielmehr nur dann in Betracht, wenn das bisherige Verfahren mit derart gravierenden Mängeln behaftet ist, dass diese im Rahmen einer wettbewerbsgerechten und die Chancengleichheit wahrenden Eignungs- und Angebotsprüfung nicht mehr heilbar sind. Das kann der Fall sein, wenn aufgrund unklarer Preisermittlungsgrundlagen von vornherein kein sachgerechtes Angebot abgegeben werden kann.[79]

53 Ein Rechtfertigungsgrund für die **Aufhebung des Vergabeverfahrens durch den Auftraggeber** kommt nur in Betracht, wenn ihn hinsichtlich der erforderlichen grundlegenden Änderungen der Leistungsbeschreibung (vgl. § 17 Abs. 1 Nr. 2 VOB/A EG 2012) kein Verschulden trifft. Das ist nicht der Fall, wenn die Änderungen der Korrektur einer nicht eindeutigen und erschöpfenden Leistungsbeschreibung dienen, also auf einem Pflichtverstoß des Auftraggebers beruhen.[80]

54 Oft genügt jedoch die Klarstellung in einem einzigen Punkt, um eine einwandfreie Preisermittlung zu ermöglichen. In einem solchen Fall reicht es i.d.R. aus, das Vergabeverfahren in ein Stadium vor der Angebotsabgabe zurückzuversetzen, in dem eine Klarstellung noch möglich ist. Den Bietern ist sodann die Möglichkeit einzuräumen, ihre Angebote entsprechend anzupassen.

Das ist etwa der Fall, wenn die Unklarheit lediglich die Frage betrifft, ob der Auftragnehmer – oder ein von ihm eingeschalteter Nachunternehmer – im Zuge der Leistungserbringung auch Arbeitnehmer einsetzen darf, die nicht bei ihm, sondern bei einem Personaldienstleister fest angestellt sind (so genannte Leiharbeitnehmer).[81]

---

75 OLG Celle Beschl. v. 15.12.2005 – 13 Verg 14/05 unter Verweis auf Prieß NZBau 2004, 87 (91).
76 VK Arnsberg Beschl. v. 21.02.2006 – VK 29/05.
77 Vgl. Hertwig in: Motzke/Pietzcker/Prieß, § 9 VOB/A Rn. 29.
78 Siehe hierzu Rdn. 60 ff.
79 Vgl. OLG Schleswig-Holstein Beschl. v. 30.06.2005 – 6 Verg 5/05; bestätigt durch OLG Schleswig-Holstein Beschl. v. 15.04.2011 – 1 Verg 10/10; VK Berlin Beschl. v. 04.05.2009 – VK B2-5/09.
80 VK Bund Beschl. v. 11.06.2013 – VK 1-33/13.
81 OLG Koblenz Beschl. v. 26.10.2005 – Verg 4/05; bestätigt durch OVG Münster Beschl. v. 10.02.2012 – II B 1187/11.

IV. Zeichnerische und sonstige Darstellungen

Gemäß § 7 Abs. 10 VOB/A EG 2012 hatte der Auftraggeber erforderlichenfalls die Leistung auch 55
zeichnerisch oder durch Probestücke oder anders zu erklären, z.B. durch Hinweise auf ähnliche
Leistungen. In der VOL/A war der entsprechende Absatz bereits im Rahmen der Novelle 2009
ersatzlos weggefallen.[82] Auch in § 121 findet sich keine entsprechende Regelung.

Die Möglichkeit und ggf. Pflicht zur zeichnerischen und sonstigen Darstellung der Leistung folgt 56
jedoch bereits aus dem Gebot der eindeutigen und erschöpfenden Leistungsdarstellung (§ 121
Abs. 1 S. 1). Zudem ist davon auszugehen, dass die bisher geltenden Grundsätze auch hinsichtlich
der zeichnerischen und sonstigen Darstellungen weiter anzuwenden sind, da § 121 GWB den
Regelungsgehalt seiner Vorgängernormen und damit auch von § 7 Abs. 10 VOB/A EG 2012 aufgreift.[83] Die Streichung der Regelung in der VOL/A 2009 beruhte lediglich auf der Intention ihres
Normgebers, die VOL/A auf das Wesentliche zu reduzieren.[84]

Dem Auftraggeber ist demnach nach wie vor die Möglichkeit einer **visualisierenden Darstellung** 57
der Leistung eröffnet, die die nach § 121 Abs. 1 S. 2 gewählte Form der Leistungsbeschreibung
ergänzt. Dabei kann der Auftraggeber auch auf »ähnliche Leistungen« hinweisen.

Unter bestimmten Umständen ist das Ermessen des Auftraggebers dahingehend reduziert, dass er zu 58
einer visualisierenden Darstellung verpflichtet ist. Das ist z.B. der Fall, wenn diese Art der Beschreibung im Vergleich zu einer ausschließlich schriftlichen Beschreibung sachdienlicher ist. Keinesfalls
jedoch entbindet eine visualisierende Darstellung den Auftraggeber von der Pflicht zu einer eindeutigen und erschöpfenden schriftlichen Leistungsbeschreibung.[85]

Denkbar ist es, dass sich die aus dem Inhalt der schriftlichen Leistungsbeschreibung und die aus der 59
visualisierenden Darstellung abzuleitenden Anforderungen widersprechen.[86] In der Rechtsprechung
ist dazu entschieden worden, dass die Leistungsbeschreibung als »sinnvolles Ganzes« auszulegen
ist, wobei keinem der Bestandteile der Leistungsbeschreibung ein natürlicher Vorrang zukomme.[87]
Allerdings ergibt sich aus der eher erläuternden Funktion einer visualisierenden Darstellung im
Kollisionsfall wohl doch ein **Vorrang des schriftlichen Teils**. Denn die visualisierende Darstellung
dient – im Verhältnis zur schriftlichen Beschreibung – regelmäßig nur als Hilfsinstrument.

V. Auslegung der Leistungsbeschreibung

Ist der Inhalt einer Leistungsbeschreibung auslegungsbedürftig, so stellt das nicht automatisch 60
einen Verstoß gegen das Gebot der eindeutigen und erschöpfenden Leistungsbeschreibung dar.[88]
Eine mögliche Auslegung geht der Aufhebung eines Vergabeverfahrens vor.[89] Maßgebend ist entsprechend der allgemeinen Auslegungsregeln der §§ 133, 157 BGB der **objektive Empfängerhorizont**,
also die Sicht der potentiellen Bieter.[90] Besonderheiten aus der Sphäre einzelner Empfänger bleiben

---

82 Siehe Rdn. 13.
83 Siehe Rdn. 13.
84 Siehe Rdn. 13.
85 Kapellmann in: Kapellmann/Messerschmidt, § 7 VOB/A Rn. 64.
86 Hertwig, Praxis der öffentlichen Auftragsvergabe Rn. 178.
87 BGH Urt. v. 11.03.1999 – VII ZR 179/98 (zu § 9 VOB/A).
88 OLG Karlsruhe Beschl. v. 25.07.2014 – 15 Verg 5/14.
89 Prieß NZBau 2004, 20 (23).
90 OLG Schleswig-Holstein Beschl. v. 30.04.2015 – 1 Verg 7/14; OLG Köln Beschl. v. 23.12.2009 – 11 U
    173/09; vgl. m.w.N. OLG Jena Beschl. v. 29.08.2008 – 9 Verg 5/08; OLG Düsseldorf Beschl. v. 31.07.2007,
    VII – Verg 25/07; KG Berlin Beschl. v. 14.02.2006 – 21 U 5/03 (zu § 9 VOB/A), m. Anm. Barth IBR
    2006, 189; VK Rheinland-Pfalz Beschl. v. 10.02.2011 – VK 1 – 53/10; VK Bund Beschl. v. 25.01.2011 –
    VK 3-147/10; VK Schleswig-Holstein Beschl. v. 14.09.2005 – VK-SH 21/05, bestätigt in OLG Schleswig-
    Holstein Beschl. v. 01.12.2005 – 6 Verg 9/05; vgl. Markus BauR Sonderheft 1a/2004, 180 (182); Hertwig/
    Slawinski in: Dreher/Motzke, § 7 VOB/A Rn. 34.

unberücksichtigt, weil nur so eine gleiche und faire Wettbewerbssituation für alle Bieter gewährleistet ist.[91] Ebenso muss das subjektive Verständnis des Auftraggebers von den Bestimmungen der Leistungsbeschreibung außer Betracht bleiben.[92] Erklärungen im formalisierten Vergabeverfahren sind im Übrigen stets so auszulegen, dass sie im Einklang mit den vergaberechtlichen Bestimmungen stehen.[93]

61 Ausgangspunkt für die Auslegung ist der **Wortlaut** der Leistungsbeschreibung.[94] Er darf weder erweiternd noch einengend ausgelegt werden.[95] Ferner ist auf die **Gesamtumstände**[96] des ausgeschriebenen Beschaffungsgegenstandes abzustellen. Zu berücksichtigen sind die konkreten Verhältnisse der ausgeschriebenen Leistung.[97] So müssen Abweichungen vom Marktüblichen im Wortlaut der Leistungsbeschreibung nicht ausdrücklich ausgewiesen werden, wenn sich diese Abweichungen aus dem Gesamtzusammenhang ergeben.[98] Darüber hinaus ist die Verkehrssitte sowie der Grundsatz von Treu und Glauben zu berücksichtigen.[99]

62 Die »eindeutige und erschöpfende« Beschreibung der ausgeschriebenen Leistungen erfordert ein **technisches, fachspezifisches Vokabular**, das sich an entsprechende Fachleute wendet.[100] Selbstverständliche fachliche Zusammenhänge, die für jeden Bieter offensichtlich sind oder von ihm ohne weiteres erkannt werden können, müssen daher nicht eigens dargestellt und erläutert werden.[101] Dabei können die der Auslegung zu Grunde zu legenden Bedeutungen auch vom allgemein gebräuchlichen Wortlaut abweichen. Das ist z.B. der Fall, wenn die verwendete Formulierung nach dem Empfängerhorizont der betreffenden Fachleute in einem spezifisch technischen Sinne verstanden oder in Anwendung einer verkehrsüblichen technischen Regel gebraucht wird.[102] Eine für verständige und sachkundige Bieter zumutbare Auslegung der Leistungsbeschreibung ist möglich, wenn sich die gebotene Klarheit aus einer Gesamtschau des verwendeten Angebotsvordrucks mit dem Textteil der Leistungsbeschreibung ergibt.[103] Maßgebend ist zusammenfassend der **Empfängerhorizont eines verständigen und sachkundigen Bieters**, der mit Beschaffungsleistungen der jeweils vorliegenden Art vertraut ist.[104]

63 Bei der Auslegung der Leistungsbeschreibung muss sich der Bieter stets fragen, was der öffentliche Auftraggeber aus seiner Interessenlage heraus wirklich gewollt hat. Ernsthafte Zweifel, ob seine

---

91 OLG Schleswig-Holstein Beschl. v. 30.04.2015 – 1 Verg 7/14; OLG Düsseldorf Beschl. v. 10.04.2013 – VII – Verg 50/12, OLG Koblenz Beschl. v. 26.10.2005 – 1 Verg 04/05; OLG Düsseldorf Beschl. v. 23.03.2005 – Verg 02/05; OLG Saarbrücken Beschl. v. 13.11.2002 – 5 Verg 1/02; VK Südbayern Beschl. v. 26.06.2008, Z3-3-3194-1-16-04/08; vgl. Hertwig, Praxis der öffentlichen Auftragsvergabe, 193.
92 Kuß, § 9 VOB/A Rn. 14.
93 BGH Urt. v. 22.12.2011 – VII ZR 67/11; BGH Urt. v. 11.05.2009 – VII ZR 11/08; Kapellmann in: Kapellmann/Messerschmidt, § 7 VOB/A Rn. 3.
94 BGH Urt. v. 22.12.2011 – VII ZR 67/11; Urt. v. 13.03.2008 – VII ZR 194/06.
95 Vgl. OLG Düsseldorf Beschl. v. 05.12.2001, Verg 32/01; VK Bund Beschl. v. 25.01.2011 – VK 3-147/10; Kapellmann in: Kapellmann/Messerschmidt, § 7 VOB/A Rn. 8.
96 VK Münster Beschl. v. 05.04.2006 – VK 05/06; vgl. Hertwig, Praxis der öffentlichen Auftragsvergabe, 196; BGH Urt. v. 11.03.1999 – VII ZR 179/98 (zur VOB/A).
97 BGH Urt. v. 18.04.2002 – VII ZR 38/01 (zur VOB/A), m. Anm. Asam IBR 2002, 535.
98 Prieß NZBau 2004, 20 (24).
99 VK Rheinland-Pfalz Beschl. v. 10.02.2011 – VK 1-53/10; VK Bund Beschl. v. 25.01.2011 – VK3-147/10.
100 OLG Düsseldorf Beschl. v. 18.11.2009 – VII-Verg 19/09.
101 OLG Schleswig-Holstein Beschl. v. 13.04.2006 – 1 (6) Verg 10/05; VK Nordbayern Beschl. v. 30.11.2009 – 21.VK-3194-41/09 (zur VOB/A); VK Schleswig-Holstein Beschl. v. 14.09.2005 – VK-SH 21/05; Franke/Kaiser in: Franke/Kemper/Zanner/Grünhagen, § 7 VOB/A Rn. 17; Hausmann/Mestwerdt in: Prieß/Hausmann/Kulartz, Formularbuch Vergaberecht, A. V. 14. Anm. 15.
102 Vgl. Hertwig, Praxis der öffentlichen Auftragsvergabe, 194.
103 OLG Düsseldorf Beschl. v. 08.02.2005 – VII-Verg 100/04.
104 Vgl. BGH Urt. v. 03.06.2004 – ZR 30/03; OLG Brandenburg Beschl. v. 25.11.2015 – 4 U 7/14; OLG Saarbrücken Beschl. v. 29.09.2004, 1 Verg 6/04 (»professioneller Sorgfaltsmaßstab«); OLG Düsseldorf Beschl. v. 08.02.2004, Verg 100/04; VK Münster Beschl. v. 05.04.2006 – VK 05/06; VK Bund Beschl. v. 16.08.2005 – VK 3-34/05, bestätigt in OLG Düsseldorf Beschl. v. 08.02.2006 – VII-Verg 61/05.

Auslegung tatsächlich dem Willen des öffentlichen Auftraggebers entspricht, muss er gegebenenfalls durch eine **Anfrage** klären.[105]

Lässt die Leistungsbeschreibung unter Berücksichtigung dieses Auslegungsmaßstabs Spielraum für 64 unterschiedliche Auslegungen, so ist sie **mehrdeutig**[106] und verstößt gegen § 121 Abs. 1.[107] Ein Indiz dafür sind preislich weit auseinander liegende Angebote. In diesem Fall ist das gesamte Vergabeverfahren aufzuheben, sofern eine Zurückversetzung in ein früheres Verfahrensstadium nicht ausreicht. Eine Aufhebung ist ferner geboten, wenn der Auftraggeber aufgrund von **widersprüchlichen Angaben** in der Leistungsbeschreibung nicht in der Lage ist, ein zuschlagfähiges Hauptangebot zu ermitteln, das die vorgegebenen Anforderungen erfüllt.[108] Allgemein gilt: Die Bieter dürfen keinen Nachteil erleiden, weil die Leistungsbeschreibung keine eindeutigen Vorgaben enthält.[109] Unklarheiten gehen somit im Zweifelsfalle zu Lasten des Auftraggebers (*contra proferentem*).[110]

Nur in Ausnahmefällen kann eine unzureichende Leistungsbeschreibung für das Vergabeverfahren 65 unschädlich sein. Das ist der Fall, wenn alle Bieter die Vergabeunterlagen aufgrund ihrer Fachkunde einheitlich und richtig ausgelegt haben[111] und sich der Mangel nur auf ein **untergeordnetes technisches Detail** bezieht.[112] Unter diesen Umständen sind die Chancengleichheit der Bieter und die Vergleichbarkeit der Angebote noch gewährleistet. Eine Aufhebung des Vergabeverfahrens ist dann nicht erforderlich.[113] Die Notwendigkeit, die Leistungsbeschreibung auszulegen, ist für sich betrachtet kein Grund zur Aufhebung.[114]

VI. Änderungen, Ergänzungen und Streichungen durch Bieter

Änderungen, Ergänzungen oder Streichungen an den Vergabeunterlagen (vgl. § 29 Abs. 1 Nr. 3 66 VgV) durch die Bieter sind grundsätzlich[115] **unzulässig** (§ 53 Abs. 7 S. 1 VgV und § 57 Abs. 1 Nr. 4 VgV) und angesichts der scharfen Rechtsfolge des § 57 Abs. 1 Nr. 4 VgV – zwingender Ausschluss des Angebots von der Wertung – **riskant**. Bereits geringfügige, unbedeutende Abweichungen von der Leistungsbeschreibung führen dann zwingend zum Ausschluss des Angebots.[116] Im Falle der gerichtlichen Überprüfung genügt der Nachweis, dass tatsächlich eine Änderung, Ergänzung oder Streichung an den Verdingungsunterlagen vorliegt, um den Ausschluss des betreffenden Bieters zu rechtfertigen.

VII. Reaktionsmöglichkeiten der Bieter bei unklarer Leistungsbeschreibung

In Anbetracht der Risiken, die einem Bieter bei einer Änderung der Vergabeunterlagen drohen, 67 stellt sich Bietern stets die Frage, wie in derartigen Fällen vorzugehen ist. Sofern sich Unklarheiten in der Leistungsbezeichnung nicht durch eine nach den vorstehend dargelegten Grundsätzen vorzunehmende Auslegung ausräumen lassen, hat ein Bieter mehrere Reaktionsmöglichkeiten. Zwar

---

105 OLG Brandenburg Beschl. v. 04.03.2008 – Verg W 3/08; VK Schleswig-Holstein Beschl. v. 11.02.2010 – VK-SH 29/09.
106 OLG Koblenz Beschl. v. 26.10.2005 – Verg 4/05; vgl. VK Sachsen Beschl. v. 22.03.2011 – 1/SVK/04-11; Beschl. v. 07.08.2007 – 1/SVK/051-07 (zur VOB/A).
107 OLG Düsseldorf Beschl. v. 28.01.2004 – Verg 35/03.
108 Vgl. VK Lüneburg Beschl. v. 29.01.2004 – 203-VgK-40/2003 (zur VOB/A).
109 BGH Urt. v. 10.06.2008, X ZR 78/07.
110 BGH Urt. v. 12.09.2013 – VII ZR 227/11.
111 OLG Koblenz Beschl. v. 26.10.2005 – Verg 04/05; OLG Naumburg Beschl. v. 16.09.2002 – Verg 2/02; VK Düsseldorf Beschl. v. 22.07.2002 – VK-19/2002-L.
112 BayObLG Beschl. v. 17.02.2005 – Verg 27/04.
113 VK Münster Beschl. v. 05.04.2006 – VK 05/06.
114 OLG Frankfurt Urt. v. 03.07.2007 – 11 U 54/06; Prieß NZBau 2004, 24 (26); siehe auch Rdn. 43.
115 Zu den Ausnahmen vgl. Rdn. 72, 74.
116 OLG Düsseldorf Beschl. v. 29.11.2000 – Verg 21/00, m. Anm. Schulze-Hagen IBR 2001, 75; VK Sachsen-Anhalt Beschl. v. 11.05.2015 – 3 VK LSA 13/15; VK Bund Beschl. v. 11.11.2003 – VK 1-103/03.

sind die Bieter verpflichtet, die Vergabeunterlagen zu überprüfen. Insoweit obliegt es ihnen, den Auftraggeber auf Defizite aufmerksam zu machen und Aufklärung zu verlangen.[117] Jedoch müssen sie sich nicht entgegenhalten lassen, die Leistungsbeschreibung nicht auf missverständliche Formulierungen durchsucht zu haben.[118] **Intensive Auslegungsbemühungen**, wie sie im Streitfall einem Gericht obliegen, können von den Bietern regelmäßig **nicht erwartet werden**.[119] Dafür spricht auch der Wortlaut des § 121 mit zugrundeliegenden § 7 Abs. 1 Nr. 1 VOB/A 2012, wonach die Leistungsbeschreibung die Bieter in die Lage versetzen muss, ihre Preise »sicher und ohne umfangreiche Vorarbeiten« zu berechnen. Vorarbeiten in diesem Sinne sind auch rechtliche Überlegungen und Prüfungen. Führt die Auslegung zu keinem befriedigenden Ergebnis, kann der Bieter auf unterschiedliche Weise reagieren:

68   Eine in der Praxis häufig anzutreffende, in der Regel jedoch unzulässige Reaktionsmöglichkeit auf eine unklare Leistungsbeschreibung ist die Abgabe des Angebots unter einem Vorbehalt. Zwar ist es unbedenklich, wenn der Bieter lediglich die Motive für sein Handeln angibt.[120] Unzulässig ist es aber, Vorbehalte zu äußern, die auf eine Inhaltsänderung des abzuschließenden Vertrages i.S.d. § 53 Abs. 7 S. 1 VgV hinausliefen. Ein solches Angebot ist gemäß § 57 Abs. 1 Nr. 4 VgV von der Wertung auszuschließen.

69   Die beste und risikoärmste Reaktionsmöglichkeit für den Bieter ist es zunächst, die betreffenden Unklarheiten durch eine entsprechende **Anfrage** (vgl. § 20 Abs. 3 Nr. 1 VgV) beim Auftraggeber zu klären. Bei Zweifeln über den wirklichen Willen des Auftraggebers ist eine solche Anfrage dem Bieter auch ohne weiteres zumutbar.[121] Erhält der Bieter auch durch eine solche Anfrage beim Auftraggeber keine Klarheit, sollte er die unzureichende Beantwortung vorsichtshalber **rügen**. Andernfalls riskiert er, dass er mit seinem Einwand gegen die Leistungsbeschreibung präkludiert ist. Eine Rüge, der der Auftraggeber abhilft, versetzt alle Bieter in die gleiche wettbewerbliche Situation, da der Auftraggeber wegen des Gleichbehandlungsgrundsatzes (§ 97 Abs. 2 GWB) verpflichtet ist, die Antwort auch den anderen Bietern mitzuteilen.[122] Auftraggeber müssen Auskünfte grundsätzlich spätestens sechs Tage vor Ablauf der Angebotsfrist beantworten, § 20 Abs. 3 Nr. 1 VgV.

70   Klärt der Auftraggeber die unklaren, widersprüchlichen oder missverständlichen Passagen der Leistungsbeschreibung nicht auf, hat der Bieter die Möglichkeit, bei der Erstellung seines Angebots **eine seinem vernünftigen Verständnis entsprechende Bedeutung zu Grunde legen**.[123] Dabei darf ein Bieter darauf vertrauen, dass der Auftraggeber die Leistungsbeschreibung im Einklang mit den gesetzlichen Vorschriften erstellen wollte.[124] Im Einzelfall kann sogar eine Auslegung zulässig sein, die auf eine Änderung einzelner Anforderungen der Leistungsbeschreibung hinausläuft,[125] ohne

---

117 OLG Frankfurt Beschl. v. 02.12.2014 – 11 Verg 7/14 m.w.N.
118 Prieß NZBau 2004, 20 (23 f.); vgl. auch Hertwig in: Motzke/Pietzcker/Prieß, § 9 VOB/A Rn. 18.
119 OLG Saarbrücken Beschl. v. 23.11.2005 – 1 Verg 3/05; OLG Koblenz Beschl. v. 26.10.2005 – Verg 4/05; OLG Saarbrücken Beschl. v. 29.09.2004 – 1 Verg 6/04.
120 Erdl BauR Sonderheft 1a/2004, 166 (176).
121 VK Schleswig-Holstein Beschl. v. 14.09.2005 – VK SH 21/05; vgl. Hertwig in: Motzke/Pietzcker/ Prieß, § 9 VOB/A Rn. 9; Franke/Kaiser in: Franke/Kemper/Zanner/Grünhagen, § 7 VOB/A Rn. 18. Nach OLG Schleswig-Holstein Beschl. v. 15.04.2011 – 1 Verg 10/10 (zu § 9 a.F.) trifft den fachkundigen Bieter eine »Erkundigungslast«, d.h. er muss sich um eine Klärung bemühen; a.A. VK Mecklenburg-Vorpommern, Beschl. v. 21.02.2012 – 1 VK 07/11, wonach der Bieter zwar gehalten ist, eine Klärung herbeizuführen. Bemüht er sich aber nicht um Aufklärung, so bedeutet das lediglich, dass sein Angebot so zu werten ist, wie es bei Submission vorlag.
122 Vgl. Erdl BauR Sonderheft 1a/2004, 166 (168); Kummermehr BauR Sonderheft 1a/2004, 161 (164): »Werden die gestellten Fragen allen Mitbewerbern beantwortet, macht man die Konkurrenz schlau.«
123 OLG Schleswig-Holstein Beschl. v. 15.04.2011 – 1 Verg 10/10 (zu § 9 a.F.); vgl. Prieß NZBau 2004, 20 (24).
124 BGH Urt. v. 22.12.2011 – VII ZR 67/11; Kapellmann in: Kapellmann/Messerschmidt, § 7 VOB/A Rn. 3.
125 Prieß NZBau 2004, 20 (24).

dass der Auftraggeber das Angebot anschließend ausschließen dürfte.[126] Der Bieter darf dabei jedoch nicht einfach die für ihn günstigste Auslegung wählen, sondern muss von der Interessenlage des Auftraggebers ausgehen.[127] In einem solchen Fall ist auf der Grundlage einer wertenden Betrachtung zu entscheiden, ob der Bieter eine unzulässige Änderung vorgenommen oder die betreffende Passage vertretbar interpretiert hat.[128] Auch eine Streichung oder sogar eine Ersetzung einer widersprüchlichen Passage durch den Bieter kann in solchen Fällen ausnahmsweise zulässig sein.[129]

Es darf – sofern ein Bieter sich vergeblich um Aufklärung bemüht hat – nicht zu seinen Lasten 71 gehen, wenn er seinem Angebot eine vertretbare Auslegung der Leistungsbezeichnung zugrunde gelegt und den Auftraggeber auf sein Verständnis der Leistungsbeschreibung in diesem Punkt hingewiesen hat. In solchen Fällen empfiehlt es sich für den Bieter, in seiner Nachfrage klar herauszustellen, dass ihm, sollte der Auftraggeber nicht in den betreffenden Punkten für Aufklärung sorgen, keine andere Möglichkeit bleibe, als seinem Angebot eine vertretbare Auslegung zugrunde zu legen. Auf diese Weise setzt er den **Auftraggeber unter Zugzwang:** Sofern er nicht ausreichende Aufklärung betreibt, muss er eine vertretbare Auslegung dieses Bieters akzeptieren oder riskiert eine Rüge des betreffenden Bieters; berücksichtigt er andererseits das auf der Auslegung des Bieters beruhende Angebot, riskiert er Nachprüfungsanträge anderer Bieter, die gegen die Wertungsentscheidung vorgehen und bei Akteneinsicht den Sachverhalt erkennen und aufgreifen können. Der Vorteil dieser Vorgehensweise besteht für den Bieter also darin, das mit einer unklaren Leistungsbeschreibung verbundene **Risiko auf den Auftraggeber zu verlagern:** Hat dieser auf die Frage oder Rüge ausweichend geantwortet oder sie pauschal zurückgewiesen und hat der Bieter seinem Angebot daraufhin eine vertretbare Auslegung zu Grunde gelegt, ist ein Ausschluss des betreffenden Angebots unzulässig, wenn die Leistungsbeschreibung tatsächlich unbestimmt und damit mangelhaft war. Bei einer Überprüfung durch die Vergabekammer obliegt es dem Bieter dann lediglich, die objektive Mehrdeutigkeit oder Widersprüchlichkeit der Leistungsbeschreibung darzulegen.[130] Dem Auftraggeber bleibt in diesem Fall nur noch die Möglichkeit, die Unvertretbarkeit der vom Bieter gewählten Auslegung zur Überzeugung der Vergabekammer aufzuzeigen. Um für diesen Fall vorbereitet zu sein, sollte der Bieter schon im Anschreiben zum Angebot die Beweggründe für die zu Grunde gelegte Auslegung ausführlich und detailliert darlegen.[131]

Eine Berechtigung des Bieters, im Extremfall sogar Passagen der Leistungsbeschreibung zu streichen, kann sich auch aus den Vorschriften über die **Allgemeinen Geschäftsbedingungen** (§§ 305 ff. 72 BGB) ergeben.[132] Bei den Vergabeunterlagen, handelt es sich um Allgemeine Geschäftsbedingungen, sodass die in ihnen niedergelegten und vom Bewerber bzw. Bieter geforderten Erklärungen einer Überprüfung am Maßstab der entsprechenden Vorschriften des BGB unterliegen.[133] Dabei

---

126 OLG Schleswig-Holstein Beschl. v. 15.04.2011 – 1 Verg 10/10 (zur VOB/A); OLG München Beschl. v. 07.04.2011 – Verg 5/11 (zur VOB/A), m. Anm. Leinemann NZBau 2011, 439; Beschl. v. 10.09.2009 – Verg 10/09 (zur VOB/A).

127 Vgl. OLG Schleswig-Holstein Beschl. v. 13.04.2006 – 1 (6) Verg 10/05.

128 KG Berlin Beschl. v. 22.08.2001 – KartVerg 03/01 mit Anm. Prieß VergabeR 2001, 400; vgl. VK Niedersachsen Beschl. v. 02.04.2012 – VgK-08/2012 (zur VOB/A).

129 KG Berlin Beschl. v. 22.08.2001 – KartVerg 03/01, m. Anm. Prieß VergabeR 2001, 400.

130 Prieß NZBau 2004, 20 (24).

131 Vgl. Kummermehr BauR Sonderheft 1a/2004, 161 (164).

132 KG Berlin Beschl. v. 22.08.2001 – KartVerg 03/01; Prieß in: Motzke/Pietzcker/Prieß, § 21 VOB/A Rn. 40; vgl. auch Dreher, Andere Rechtsgebiete als Vorfrage im Vergaberecht, 14. Düsseldorfer Vergaberechtstag, NZBau 2013, 665 (666 ff.).

133 BGH Urt. v. 30.03.2006 – VII ZR 44/05; Urt. v. 25.03.2004 – VII ZR 453/02; Urt. v. 29.06.1996 – VII ZR 318/95; OLG Düsseldorf Urt. v. 23.11.2011 – VI-U (Kart) 12/11; Beschl. v. 13.07.2005 – VII-Verg 19/05; Beschl. v. 06.12.2004 – VII-Verg 79/04; Kapellmann in: Kapellmann/Messerschmidt, § 2 VOB/B Rn. 50; vom OLG Frankfurt Beschl. v. 08.02.2005 – 11 Verg 24/04, wurde ein in der Leistungsbeschreibung enthaltenes einseitiges Leistungsbestimmungsrecht für zu unbestimmt i.S.d. § 307 Abs. 1 Satz 2 BGB und daher nach § 307 Abs. 1 S. 1 BGB für unwirksam befunden; vgl. auch Markus BauR Sonderheft 1a/2004, 180 (189 f.).

werden bei der Auslegung der in den §§ 305 ff. BGB enthaltenen unbestimmten Rechtsbegriffe die vergaberechtlichen Regelungen herangezogen.

73   So wurde die Forderung einer Nachunternehmererklärung nicht als überraschende Klausel i.S.d. § 305c Abs. 1 BGB angesehen, weil es § 8 Abs. 2 Nr. 2 VOB/A EG 2009 dem Auftraggeber ausdrücklich gestattete, vom Bieter eine solche Erklärung mit Abgabe des Angebots zu verlangen und alle Bieter folglich mit der Festlegung eines entsprechenden Erfordernisses in den Bewerbungsbedingungen rechnen mussten.[134]

74   Vor diesem Hintergrund erklärt sich die verbreitete Praxis bei Bietern, ohne vorausgehende Rüge eine Streichung vorzunehmen und ihre Angebote im Vertrauen darauf abzugeben, dass die betreffende Passage in der Leistungsbeschreibung nach Maßgabe der §§ 305 ff. BGB unwirksam ist. Sie hoffen, auf diese Weise Verhandlungsspielraum für etwaige Nachforderungen nach Vertragsschluss zu gewinnen. Jedoch ist dieses Vorgehen nicht ohne **Risiko**: Denn ein Auftraggeber kann dem entgegenhalten, der Bieter habe die Unklarheit der Leistungsbeschreibung gekannt oder kennen müssen und infolgedessen rügen müssen.[135]

75   Aus diesem Grund dürften auch Versuche einer **Spekulation** mit unklaren Passagen in Leistungsbeschreibungen nur selten Erfolg haben. Ein Mehrvergütungsanspruch kann nur entstehen, wenn die vertragliche Leistungspflicht nach Abschluss des Vertrages erweitert wurde und nicht, wenn der Auftragnehmer ohnehin – wenngleich auch erst nach Auslegung der Leistungsbeschreibung bestimmbar – zur Leistung verpflichtet war.[136]

76   Die AGB-Rechtswidrigkeit einer Ausschreibung[137] kann jedoch – nach entsprechender Rüge – Gegenstand eines Nachprüfungsverfahrens sein.[138] Außervergaberechtliche Normen sind nicht per se vom Nachprüfungsverfahren ausgenommen.[139] Übereinstimmend mit dem BGH[140] stellte das OLG Düsseldorf zutreffend fest, dass außervergaberechtliche Normen in Form vorgelagerter Rechtsfragen inzident als Anknüpfungs- und Brückennormen zu prüfen sind.[141] Zudem widerspräche es dem Sinn und Zweck des Nachprüfungsverfahrens, sämtliche erkannte Rechtsverstöße zu beseitigen, wenn der Bieter einen AGB-Verstoß nicht bereits im Nachprüfungsverfahren, sondern erst vor den Zivilgerichten geltend machen könnte.[142]

---

134   OLG Koblenz Beschl. v. 07.07.2004 – 1 Verg 1/04 und 1 Verg 2/04 (zur VOB/A), m. Anm. Weyand IBR 2004, 537.

135   Vgl. Erdl BauR Sonderheft 1a/2004, 166 (174 f.).

136   BGH Urt. v. 09.04.1992 – VII ZR 129/91 (zu § 2 Nr. 5 VOB/B).

137   Bei Vergabeunterlagen handelt es sich um AGB, OLG Düsseldorf Urt. v. 23.11.2011 – VI-U (Kart) 12/11; Beschl. v. 13.07.2005 – VII-Verg 19/05; Beschl. v. 06.12.2004 – VII-Verg 79/04; OLG Frankfurt Beschl. v. 08.02.2005 – Verg 24/04.

138   Eine singuläre andere Auffassung vertritt die VK Hamburg Beschl. v. 19.06.2012 – Vgk FB 2/12, die – allerdings ohne nähere Begründung – einen wesentlichen Unterschied zwischen dem auf vergaberechtliche Prinzipien beschränkten Nachprüfungsverfahren vor den Vergabekammern und der Kontrolle von AGB durch die Zivilgerichte sieht; kritisch dazu Stein in: FS Marx, 711, 720 ff.

139   OLG Düsseldorf Beschl. v. 01.08.2012 – VII-Verg 105/11; VK Lüneburg Beschl. v. 18.09.2012 – VgK-36/2012.

140   BGH Beschl. v. 18.06.2012 – X ZB 9/11 zu der Frage, ob die Vergabe einer Dienstleistungskonzession aufgrund einer gesetzlichen Regelung rechtswidrig sein kann, die nicht unmittelbar zu den Bestimmungen über das Vergabeverfahren i.S.d. § 97 Abs. 7 GWB gehört.

141   BGH Beschl. v. 18.06.2012 – X ZB 9/11; Urt. v. 20.11.2012 – X ZR 108/10; OLG Düsseldorf Beschl. v. 01.08.2012 – VII-Verg 105/11; so auch Dreher, Andere Rechtsgebiete als Vorfrage im Vergaberecht, 14. Düsseldorfer Vergaberechtstag, NZBau 2013, 665.

142   Stein in: FS Marx, 711, 720 f.

VIII. Verbot der Aufbürdung eines ungewöhnlichen Wagnisses

Bis zur Novellierung der VOL/A im Jahr 2009 galt sowohl für Bauleistungen als auch für Liefer- 77
und Dienstleistungen das Verbot, den Bietern ein ungewöhnliches Wagnis aufzubürden. Wörtlich
hieß es in § 8 Nr. 1 Abs. 3 VOL/A 2006: »Dem Auftragnehmer soll kein ungewöhnliches Wagnis
aufgebürdet werden für Umstände und Ereignisse, auf die er keinen Einfluss hat und deren Einwirkung auf die Preise und Fristen er nicht im Voraus schätzen kann.« Einen entsprechenden Absatz
enthielt auch § 7 VOB/A EG 2012. Im Zuge der Novellierung der **VOL/A** im Jahr 2009 wurde das
Verbot **gestrichen**,[143] während es in der **VOB/A** auch nach der Novellierung von 2012 **beibehalten**
wurde. Auch in § 7 VOB/A EG 2016 ist das Verbot weiterhin enthalten.[144] Sowohl § 121 als auch
§ 31 VgV entbehren hingegen einer entsprechenden (ausdrücklichen) Regelung. Vor diesem Hintergrund stellt sich die Frage, ob § 121 dennoch ein Verbot der Aufbürdung eines ungewöhnlichen
Wagnisses zu entnehmen ist. Für die Beantwortung dieser Frage kann weitestgehend auf die Erwägungen zurückgegriffen werden, die bei der Streichung des Verbots im Rahmen der VOL/A-Novelle
2009 angestellt wurden. Denn dem Gesetzgeber war bei der Formulierung des § 121 der unten
stehende Streit über die (Nicht-)Fortgeltung des Verbots wohlbekannt. Vor allem war ihm bekannt,
dass die Rechtsprechung nicht einheitlich davon ausgegangen war, das Verbot ergebe sich aus den
allgemeinen vergaberechtlichen Grundsätzen und müsse daher keine ausdrückliche Erwähnung im
Gesetzestext finden. Er musste daher davon ausgehen, dass der Verzicht einer ausdrücklichen Regelung die Befürworter einer Fortgeltung des Verbots widerlegen würde. Das ist mit der nunmehr
getroffenen Regelung geschehen.

In der Begründung zur Änderung der VOL/A im Jahr 2009[145] fehlte eine Erklärung für die Strei- 78
chung des Verbots der Aufbürdung eines ungewöhnlichen Wagnisses. Daher wollten einige Gerichte
und Vergabekammern[146] dem Verbot weiterhin Geltung verschaffen, indem sie § 8 Nr. 1 Abs. 3
VOL/A 2006 als Ausdruck des allgemeinen **Wettbewerbsgrundsatzes** (§ 97 Abs. 1 S. 1 GWB)
und des **Diskriminierungsverbots** (§ 97 Abs. 2 GWB) auffassten und direkt auf diese Prinzipien[147]
sowie auf das **Gleichbehandlungsgebot**[148] zurückgriffen. Das war mit Blick auf das vom Gesetzgeber angestrebte Reformziel (Abbau von Überregulierungen) sowie aufgrund eines systematischen Vergleichs mit § 7 Abs. 1 Nr. 3 VOB/A 2012 abzulehnen.[149] Weder ließ sich das Verbot aus
§ 97 Abs. 3 S. 1 GWB a.F. ableiten,[150] noch in § 8 Abs. 1 VOL/A EG 2009 hineinlesen.[151] Demnach konnten zuvor unter das Verbot fallende Risiken nunmehr den Bietern auferlegt werden.[152]
Jedenfalls dann, wenn sie eindeutig benannt waren und sich in den Grenzen des Zumutbaren[153]

---

143 Vgl. Rdn. 10.
144 Damit haben sich die entsprechenden Interessenverbände mit ihrer Forderung zur Beibehaltung des Verbots zumindest im Baubereich durchgesetzt. Siehe hierzu Marx/Hölzl NZBau 2016, 1 f.
145 Vgl. hierzu Bundesanzeiger (BAnz) Nr. 100a v. 30.05.2006, 50; BAnz. Nr. 196a v. 29.12.2009, 124.
146 OLG Jena Beschl. v. 22.08.2011 – 9 Verg 2/11; OLG Dresden Beschl. v. 02.08.2011 – Verg 4/11;
VK Schleswig-Holstein Beschl. v. 18.10.2012 – VK-SH 26/12; VK Lüneburg Beschl. v. 03.09.2012 –
VgK-28/2012; VK Mecklenburg-Vorpommern Beschl. v. 02.12.2011 – 1 VK 6/11; VK Hessen
Beschl. v. 24.10.2011 – 69d VK-35/2011; vgl. auch Traupel in: Müller-Wrede, § 8 EG VOL/A Rn. 21;
Schellenberg in: Pünder/Schellenberg, Vergaberecht, § 8 EG VOL/A Rn. 28 ff.; Leinemann, Die Vergabe
öffentlicher Aufträge Rn. 1040.
147 Schätzlein in: Heuvels/Höß/Kuß/Wagner, § 7 VOL/A Rn. 5.
148 OLG Brandenburg Beschl. v. 27.03.2012 – Verg W 13/11; OLG Jena Beschl. v. 22.08.2011 – 9
Verg 2/11 (das zudem einen Verstoß gegen das Willkürverbot für möglich hält); OLG Dresden
Beschl. v. 02.08.2011 – Verg 4/11.
149 Ley/Wankmüller, Die neue VOL/A, 47.
150 OLG Düsseldorf Beschl. v. 19.10.2011 – VII-Verg 54/11; dem angeschlossen hat sich das OLG München
Beschl. v. 06.08.2012 – Verg 14/12.
151 Vgl. dazu Scharen in: FS Marx, 677, 679.
152 OLG Düsseldorf Beschl. v. 19.10.2011 – VII-Verg 54/11; bestätigt durch OLG Düsseldorf
Beschl. v. 07.11.2012 – VII-Verg 24/12.
153 Rdn. 81 ff.

hielten. Denn aus einer solchen Risikoverlagerung folgte nicht zwingend ein Verstoß gegen das Prinzip des fairen Wettbewerbs.[154]

79　In der Konsequenz war die **Streichung** des Verbots der Aufbürdung eines ungewöhnlichen Wagnisses nach der VOL/A 2009 **zu befürworten.** Ein solches Verbot weicht in erheblichem Maß von den zivilrechtlichen Grundsätzen der Risikoverteilung ab. Denn aus der Privatautonomie und der daraus folgenden **Vertragsfreiheit** ergibt sich die Möglichkeit, den Inhalt von Verträgen grundsätzlich frei festzulegen (Gestaltungsfreiheit).[155] Dazu gehört insbesondere die Freiheit, wirtschaftliche Risiken auf die Vertragsparteien zu verteilen. Die Gestaltungsfreiheit ist zum Schutz einzelner Marktteilnehmer zwar Grenzen unterworfen. Derartige Grenzen müssen jedoch Niederschlag im Gesetz finden. Das war nach der Streichung des Verbots im Zuge der VOL/A-Novellierung im Jahr 2009 – im Gegensatz zum in dieser Hinsicht nicht geänderten § 7 VOB/A EG 2012 – nicht mehr der Fall.[156]

80　Die Streichung des Verbots der Aufbürdung eines ungewöhnlichen Wagnisses darf jedoch nicht dazu führen, dass der Staat seine besondere Markt- und Gestaltungsmacht grenzenlos ausüben kann. In Fällen, in denen aufgrund dieses Ungleichgewichts eine Kompensation durch freie Vertragsgestaltung nicht in Betracht kommt, nimmt die Rechtsprechung daher zu Recht vermehrt eine **inhaltliche Überprüfung** der Ausschreibungsbedingungen **unter dem Gesichtspunkt der Zumutbarkeit** vor.[157] Diese Zumutbarkeitsprüfung ist aber nicht deckungsgleich mit der Frage nach dem Vorliegen eines ungewöhnlichen Wagnisses.[158]

81　Die Grenzen der **Zumutbarkeit** ergeben sich aus den **Umständen des Einzelfalls.** Generell sind Vorgaben in einer Ausschreibung zumutbar, wenn der Auftragnehmer gewisse Preis- und Kalkulationsrisiken zu tragen hat, die ihm typischerweise ohnehin oblagen.[159] Die Grenze der zulässigen Überwälzung von Risiken bilden die allgemeinen zivilrechtlichen Grundsätze.[160]

82　Die **Rechtsprechung** hat Ausschreibungsbedingungen in diesem Sinne für unzumutbar erklärt, wenn in der Leistungsbeschreibung nicht alle kalkulationsrelevanten Umstände angegeben sind. Hierfür ist es aber nicht ausreichend, dass der Aufbau der Vergabeunterlagen die Kalkulation für die Bieter lediglich erschwert.[161]

83　Die Vorgabe von sog. Mengenkorridoren stellt ebenfalls kein unzumutbares Risiko dar. Denn solche sind durch Risikozuschläge ohne weiteres kalkulierbar, sofern eine Mengenabweichung hinreichend definiert ist (im entschiedenen Fall mit 20 % bis 25 %).[162]

84　Unzumutbar ist es hingegen, wenn die Leistungspflicht, insbesondere ihr Beginn und Ende, nicht hinreichend bestimmt ist. Ebenso stellt es eine einseitige und unzumutbare Risikoverteilung dar, wenn der Auftraggeber keine abzunehmende Mindest- und Höchstmenge festlegt und dadurch eine solide Kalkulation für die Bieter unmöglich ist.[163]

85　Unzumutbar kann zudem eine Verlagerung vertragstypischer Risiken vom Auftraggeber auf die Bieter sein. Das ist z.B. der Fall, wenn das Verwendungsrisiko der ausgeschriebenen Leistung auf die

---

154　OLG Düsseldorf Beschl. v. 19.10.2011 – VII-Verg 54/11.
155　Vgl. dazu Busche in: MüKo, Vor §§ 145 ff. BGB Rn. 2 ff.
156　Stein in: FS Marx, 711, 717.
157　OLG Koblenz Beschl. v. 04.02.2014 – 1 Verg 7/13; OLG Düsseldorf Beschl. v. 07.11.2012 – VII-Verg 24/12; Beschl. v. 07.11.2011 – VII-Verg 90/11; Beschl. v. 19.10.2011 – VII-Verg 54/11; OLG München Beschl. v. 06.08.2012 – Verg 14/12; Beschl. v. 22.01.2009 – Verg 26/08; VK Arnsberg Beschl. v. 06.02.2013 – VK 21/12.
158　OLG Düsseldorf Beschl. v. 19.10.2011 – VII-Verg 54/11.
159　OLG Düsseldorf Beschl. v. 20.02.2013 – Verg 44/12; Beschl. v. 07.11.2012 – Verg 96/11; Beschl. v. 18.04.2012 – Verg 93/11.
160　OLG München Beschl. v. 06.08.2012 – Verg 14/12.
161　VK Rheinland-Pfalz Beschl. v. 20.09.2012 – VK 2-25/12.
162　OLG München Beschl. v. 06.08.2012 – Verg 14/12.
163　VK Baden-Württemberg Beschl. v. 03.06.2011 – VK 23/11.

Bieter, also die potentiellen späteren Auftragnehmer übergewälzt wird.[164] Gleiches gilt für die Umgestaltung eines ausgeschriebenen Liefervertrages (zivilrechtlich: Kaufvertrag) in einen Werkvertrag.[165]

Hingegen kann bei der Ausschreibung von Beförderungsleistungen eine unübliche Entgeltanpassungsklausel, die u.U. zu höheren Kosten führt, zumutbar sein. Jedenfalls dann, wenn die damit einhergehenden Risiken für die Bieter aus den Vergabeunterlagen deutlich hervorgehen und damit voraussehbar und planbar sind.[166]   86

Bei der Ausschreibung von **Rahmenvereinbarungen** erhöht sich die Schwelle der Zumutbarkeit zu   87
Lasten der Bieter.[167] Mit der Rahmenvereinbarung hat der Gesetzgeber ein Instrument geschaffen, mit dem Bietern die Ungewissheit über die bei der Vertragsdurchführung tatsächlich abgefragte Menge auferlegt wird.[168] Daher sind die Grenzen der Zumutbarkeit gewahrt, wenn der öffentliche Auftraggeber die Bieter im Rahmen seiner Möglichkeiten über den Leistungsumfang informiert hat (bspw. durch Angabe des durchschnittlichen Jahresverbrauchs) und eine konkrete Auslastungskapazität anhand der Angaben zu ermitteln ist.[169]

Festzuhalten ist daher, dass das Verbot der Aufbürdung eines ungewöhnlichen Wagnisses bereits   88
nach § 8 VOL/A EG 2009 für Liefer- und Dienstleistungen nicht mehr bestand. **Durch die Novellierung des GWB hat sich diese Rechtslage nicht geändert.** § 121 enthält ebenfalls keine Aussage zu einem entsprechenden Verbot. Richtigerweise ist aber auch nach dem novellierten GWB die Nachfragemacht des Staates dahingehend zu begrenzen, dass sich die einer Ausschreibung immanente Risikoverteilung am Maßstab der Zumutbarkeit auf Grundlage der allgemeinen zivilrechtlichen, auch AGB-rechtlichen und wettbewerbsrechtlichen Grenzen[170] messen lassen muss.[171]

Auch für Baudienstleistungen hat sich die Rechtslage nicht geändert. Daher gilt für diese nach   89
§ 7 VOB/A EG 2016 nach wie vor das Verbot der Aufbürdung eines unüblichen Wagnisses. Diese Regelung ist gegenüber § 121 als – normhierarchisch zudem untergeordnete – *lex specialis* anzusehen. Sie trifft damit keine Aussage über die Existenz des Verbots in § 121.

IX. Das Offenhalten des »Ob« und »Wie« der Leistungserbringung

Den hohen Anforderungen an die Leistungsbeschreibung wird grundsätzlich durch die detaillierte   90
Beschreibung der einzelnen Positionen der Leistung Rechnung getragen. Von den verbindlich und ohne jeden Vorbehalt nachgefragten sog. Grund- oder Normalpositionen unterscheiden sich solche Positionen, bei denen der Auftraggeber sich die Entscheidung über das »Ob« und »Wie« der Leistungserbringung bei Auftragserteilung vorbehält.

1. Bedarfs- oder Eventualpositionen

Bedarfs- oder Eventualpositionen sind Leistungen, bei denen zum Zeitpunkt der Erstellung der   91
Leistungsbeschreibung noch nicht feststeht, ob und gegebenenfalls in welchem Umfang sie tatsächlich zur Ausführung kommen werden.[172] Solche Positionen enthalten nur eine im **Bedarfsfall**

---

164 OLG Düsseldorf Beschl. v. 07.11.2012 – VII-Verg 24/12.
165 BGH Urt. v. 10.05.1979 – VII ZR 30/78: »Keinesfalls« kann eine solche Vertragsumwandlung durch AGB erfolgen.
166 OLG Karlsruhe Beschl. v. 25.07.2014 – 15 Verg 5/14.
167 OLG Düsseldorf Beschl. v. 18.04.2012 – Verg 93/11.
168 OLG Düsseldorf Beschl. v. 24.11.2011 – Verg 62/11.
169 OLG Düsseldorf Beschl. v. 20.02.2013 – Verg 44/12.
170 Vgl. §§ 134, 138, 242, 315, 305 ff. BGB, § 19 GWB; Stein in: FS Marx, 711, 718; Dreher, Andere Rechtsgebiete als Vorfrage im Vergaberecht, 14. Düsseldorfer Vergaberechtstag, NZBau 2013, 665.
171 Vgl. dazu Stein in: FS Marx, 711, 728.
172 OLG Saarbrücken Urt. v. 24.06.2008 – 4 U 478/07; VG Neustadt Beschl. v. 06.04.2006 – 4 L 544/06 (zur VOB/A); VK Lüneburg Beschl. v. 08.07.2015 – VgK-22/2015; VK Magdeburg Beschl. v. 22.02.2001 – 33-32571/07 VK 15/00 MD; Franke/Kaiser in: Franke/Kemper/Zanner/Grünhagen, § 7 VOB/A Rn. 29; Hertwig/Slawinski in: Dreher/Motzke, § 7 VOB/A Rn. 61.

erforderliche Leistung, über deren Ausführung erst nach Auftragserteilung entschieden wird.[173] Die Ausschreibung erfolgt gewissermaßen unter der aufschiebenden Bedingung des Abrufs durch den Auftraggeber.[174]

92 Eine Bedarfsposition liegt beispielsweise vor, wenn eine Leistungsbeschreibung zur Beschaffung von Monitoren zusätzlich zu den in jedem Fall zu liefernden Monitoren die mögliche Abfrage weiterer Monitore vorsieht.[175]

93 Um eine Bedarfsposition handelt es sich ferner, wenn sich der Auftraggeber bei der Ausschreibung von Abwasserentsorgungsleistungen das Recht vorbehält, den Vertrag einmalig um die Dauer von fünf Jahren über die Vertragslaufzeit von 25 Jahren hinaus zu verlängern.[176]

94 Gleiches gilt für in der Leistungsbeschreibung vorgesehene »Optionen« für die Durchführung von Ausbildungsmaßnahmen, die den in Form einer Grundposition ausgeschriebenen Ausbildungsmaßnahmen nachfolgen.[177]

95 Die Ausschreibung von Bedarfs- oder Eventualpositionen ruft auf der Grundlage der von § 121 Abs. 1 S. 1 angeordneten Bestimmtheit der Leistungsbeschreibung grundsätzliche **Bedenken** hervor. Eine Leistungsbeschreibung, die Bedarfs- oder Eventualpositionen enthält, lässt sowohl den genauen Leistungsgegenstand als auch den genauen Leistungsumfang teilweise offen. Solche Positionen begründen damit eine gewisse Unsicherheit, die sich auf Seiten der Bieter in Form einer **erschwerten Kalkulation** der Preise, auf Seiten des Auftraggebers in Gestalt einer **eingeschränkten Vergleichbarkeit** der Angebote auswirkt und damit zu Problemen bei der Angebotswertung führen.[178] Aufgrund dieser Kalkulationsrisiken, die auch Spekulationsmöglichkeiten eröffnen, droht zum einen eine Beeinträchtigung der Transparenz des Wettbewerbs. Zum anderen erhöht sich die Gefahr von Angebotsmanipulationen.

96 Zur alten Rechtslage wurde vor diesem Hintergrund vereinzelt eingewandt, dass die VOL/A die Ausschreibung von Bedarfspositionen nicht vorsehe und für eine analoge Anwendung des § 7 Abs. 1 Nr. 4 VOB/A EG 2012, nach dem Bedarfspositionen ausnahmsweise zulässig sind, mangels Regelungslücke kein Raum bestehe. Die VOL/A gelte nur für abschließend planbare Beschaffungen, sodass Bedarfspositionen nur dazu dienen könnten, Planungs- und Vorbereitungsmängel des Auftraggebers auszugleichen und die daraus resultierenden Unwägbarkeiten unzulässiger Weise in die Risikosphäre der Bieter zu verlagern.[179] Diese Argumentation ließ sich nach der VOL/A-Novelle im Jahr 2009 dahingehend fortführen, dass erneut keine Bedarfspositionen gestattende Regelung in die VOL/A aufgenommen wurde, während die entsprechende Vorschrift der VOB/A in inhaltlich veränderter Form weiterhin bestand. Diese restriktive Position hatte sich jedoch – zu Recht – nicht durchgesetzt. Denn dem Auftraggeber wäre danach in Fällen, in denen er einen Teil seines Bedarfs noch nicht absehen konnte, eine vollständige Bedarfsdeckung unmöglich gewesen. Hinzu kam, dass aufgrund derselben Zielsetzung von § 8 VOL/A EG 2009 und § 7 VOB/A EG 2012 die Zulässigkeit von Bedarfspositionen nach der VOB/A im Wege der **Rechtsanalogie** auf die VOL/A übertragen werden durfte.

97 Bejaht man zutreffend die Vereinbarkeit von Bedarfspositionen mit den Vorgaben des § 8 Abs. 1 VOL/A EG 2009, muss das erst recht für § 121 gelten. Denn aus der Gesetzesbegründung zu § 121 geht hervor, dass die Vorschrift nicht nur den Regelungsgehalt des § 8 VOL/A EG 2009, sondern

173 VK Stuttgart Beschl. v. 20.03.2002 – 1 VK 4/02.
174 OLG Düsseldorf Beschl. v. 09.01.2013 – VII-Verg 26/12.
175 OLG Düsseldorf Beschl. v. 28.01.2004 – Verg 35/03.
176 VK Arnsberg Beschl. v. 21.02.2006 – VK 29/05.
177 VK Bund Beschl. v. 07.09.2005 – VK 3-112/05.
178 Prieß NZBau 2004, 20 (26).
179 Vgl. VK Düsseldorf Beschl. v. 04.08.2000 – Verg 14/2000.

auch den des § 7 VOB/A EG 2012 aufgreift.[180] Letzterer erlaubte jedoch in gewissen Grenzen und unter bestimmten Voraussetzungen die Ausschreibung von Bedarfspositionen.

Danach ist die Aufnahme von Bedarfspositionen in die Leistungsbeschreibung zwar grundsätz- **98** lich (wenn auch nur ausnahmsweise) **zulässig**.[181] Doch dürfen Bedarfspositionen nicht in die Leistungsbeschreibung aufgenommen werden, um Mängel einer unzureichenden Aufklärung der tatsächlichen Verhältnisse, etwa in Folge eines Planungsmangels des Auftraggebers, auszugleichen.[182] Voraussetzung für die Zulässigkeit von Bedarfspositionen ist es vielmehr, dass sich die Unsicherheit hinsichtlich der Positionen trotz **größtmöglicher Aufklärung** nicht ausräumen lässt.[183] Es müssen demnach objektive Gründe für die Aufnahme gegeben sein,[184] die Aufnahme muss sachlich gerechtfertigt sein. Der Auftraggeber darf Bedarfspositionen also nur dann aufnehmen, wenn die Ausführung dieser Positionen bei Erstellung der Ausschreibungsunterlagen noch nicht feststeht und die Positionen nur im Falle des (noch nicht absehbaren) Bedarfs zusätzlich abgefragt werden.[185]

Voraussetzung für die Zulässigkeit von Bedarfspositionen ist ferner, dass der Auftraggeber eine **99** **ernsthafte Durchführungsabsicht** hat.[186] Dabei darf der Auftraggeber die Bedarfsposition nicht zur bloßen Markterkundung in die Leistungsbeschreibung aufnehmen. Mit dieser Voraussetzung unvereinbar ist, dass in der Rechtsprechung zum Teil das Vorliegen einer ernsthaften Durchführungsabsicht bereits bejaht wird, wenn die Beauftragung nur davon abhängt, zu welchen Preisen die Leistung von den Bietern angeboten wird.[187]

Die Gründe für die Aufnahme einer Bedarfsposition sind als Bestandteil des **Vergabevermerks** **100** aktenkundig zu machen.[188] Darüber hinaus sind von Beginn an diejenigen Maßstäbe und Kriterien anzugeben, die für eine Inanspruchnahme maßgeblich sein sollen.[189] Bedarfspositionen sind in der Leistungsbeschreibung auch als solche zu **kennzeichnen**. Behandelt der Auftraggeber Angebotspositionen als Bedarfspositionen, obwohl diese nicht entsprechend gekennzeichnet sind, verstößt das gegen § 121 Abs. 1 S. 1, wonach die Leistung »eindeutig und erschöpfend [...] zu beschreiben« ist.[190] Aus der Leistungsbeschreibung muss deshalb zumindest eindeutig hervorgehen, ob die jeweilige Position als Grund- oder als Bedarfsposition einzuordnen ist. Dafür reicht es nicht aus, dass die betreffende Position unter Berücksichtigung des Gesamtzusammenhangs im Wege der Auslegung nach dem oben genannten Maßstab[191] als Bedarfsposition qualifiziert werden kann.[192] Bedarfs- oder Eventualpositionen werden deshalb üblicherweise mit dem Zusatz »nur auf Anordnung« gekennzeichnet.

---

180 Vgl. Rdn. 13.
181 Vorausgesetzt von OLG Düsseldorf Beschl. v. 28.01.2004 – VII Verg 35/03; OLG Saarbrücken Beschl. v. 22.10.1999 – 5 Verg 2/99; vgl. VK Lüneburg Beschl. v. 12.11.2001 – 203-VgK-19/01; Prieß NZBau 2004, 20 (25 f.).
182 Vgl. VK Lüneburg Beschl. v. 03.02.2004 – 203-VgK-41/2003.
183 Vgl. VG Neustadt Beschl. v. 06.04.2006 – 4 L 544/06 (zur VOB/A); vgl. VK Bremen Beschl. v. 10.09.2004 – VK 3/04 (zur VOB/A), m. Anm. van Dyk IBR 2005, 110; Franke/Kaiser in: Franke/Kemper/Zanner/ Grünhagen, § 7 VOB/A Rn. 69.
184 Kapellmann in: Kapellmann/Messerschmidt, § 7 VOB/A Rn. 30.
185 VK Lüneburg Beschl. v. 03.02.2004 – 203-VgK-41/2003.
186 OLG Saarbrücken, Beschl. v. 22.10.1999 – 5 Verg 2/99; VG Neustadt Beschl. v. 06.04.2006 – 4 L 544/06 (zur VOB/A).
187 So auch VK Baden-Württemberg Beschl. v. 14.10.2011 – 1 VK 51/11 und 53/11; a.A. VK Bund Beschl. v. 15.07.2003 – VK 1-53/03 (der Beschluss wurde in OLG Düsseldorf Beschl. v. 28.01.2004 – Verg 35/03 aus anderen Gründen aufgehoben).
188 VK Bremen Beschl. v. 10.09.2004 – VK 3/04 (zur VOB/A), m. Anm. van Dyk IBR 2005, 110.
189 VK Baden-Württemberg Beschl. v. 14.10.2011 – 1 VK 51/11 und 53/11.
190 Vgl. VK Lüneburg Beschl. v. 10.03.2003 – 203-VgK-01/2003 (zu § 9 VOB/A).
191 Siehe dazu Rdn. 60 ff.
192 VK Magdeburg Beschl. v. 22.02.2001 – 33-32571/07 VK 15/00 MD.

101   Weitere Voraussetzung für die Zulässigkeit von Bedarfspositionen ist, dass sich ihr Anteil in einem »**bestimmten Ausmaß**«[193] bewegt und im Vergleich zu den ausgeschriebenen Grundpositionen »**von untergeordneter Bedeutung**«[194] ist. Uneinigkeit besteht allerdings hinsichtlich der Höhe des im Einzelfall zulässigen Anteils der Bedarfspositionen an der Gesamtausschreibung. Nach verbreiteter Ansicht wird von einem zulässigen **Maximalanteil i.H.v. 10 %** des Auftragsvolumens ausgegangen.[195] Allerdings darf die 10 %-Grenze nicht als ein absolutes Kriterium angesehen werden. Im Wege einer wertenden Betrachtung unter Berücksichtigung der konkreten Umstände des Einzelfalls muss es für die Zulässigkeit von Bedarfspositionen darauf ankommen, ob diese einen derart großen Anteil am Gesamtauftrag ausmachen, dass den Bietern eine hinreichend verlässliche Preiskalkulation unmöglich oder unzumutbar wird.[196] Ein über 10 % des Auftragswertes liegender Anteil an Bedarfspositionen kann vor diesem Hintergrund nur zulässig sein, wenn besondere, zwingende Ausnahmegründe vorliegen (für die der Auftraggeber die Beweislast trägt), es um eindeutig und erschöpfend beschriebene Leistungen geht, bei denen das mit den betreffenden Positionen verbundene Kalkulationsrisiko besonders gering ist und deshalb die sich daraus ergebenden Unwägbarkeiten und Kalkulationsrisiken den Bietern zumutbar sind.[197] Auch in diesen Fällen sind die Gründe für die Aufnahme und das Ausmaß der Bedarfspositionen zu dokumentieren.[198] Fallen die als Bedarfsposition ausgeschriebenen Teile des Auftrags stark ins Gewicht, fehlt es an einer eindeutig und erschöpfend beschriebenen Leistung.[199] In keinem Fall ist die Ausschreibung von Bedarfspositionen in einer Größenordnung von über 15 % des Auftragswertes zu rechtfertigen.[200] Die erforderliche Wertungsentscheidung hat der Auftraggeber selbst zu treffen. Er darf sie nicht einem Sachverständigen überlassen.[201]

102   Aus Gründen des Wettbewerbs und der Transparenz müssen auch Bedarfspositionen in die **Angebotswertung** miteinbezogen werden. Ohne ihre Berücksichtigung bei der Angebotswertung könnte der Auftraggeber gezwungen sein, einem Angebot den Zuschlag zu erteilen, das sich nur unter Außerachtlassung der Bedarfsposition als das wirtschaftlichste darstellt. Bieter, die ein realistisches, sorgfältig kalkuliertes Angebot unter Berücksichtigung der Bedarfspositionen abgeben, würden benachteiligt.[202] Darüber hinaus wird sichergestellt, dass eine Beauftragung oder Nichtbeauftragung nicht auf sachwidrigen Erwägungen beruht.[203] Die vereinzelt gebliebene Auffassung, dass eine Wertung von Bedarfspositionen nur dann in Betracht kommt, wenn sich nach Erstellung der Leistungsbeschreibung neue Erkenntnisse für die Realisierung dieser Positionen ergeben,[204] hat sich zu Recht nicht durchgesetzt.

---

193   VK Lüneburg Beschl. v. 03.02.2004 – 203-VgK-41/2003.

194   VK Magdeburg Beschl. v. 22.02.2001 – 33-32571/07 VK 15/00 MD; Prieß NZBau 2004, 20 (26).

195   VK Stuttgart Beschl. v. 20.03.2002 – 1 VK 4/02 (zur VOB/A); Vergabehandbuch des Bundes, Ziff. 4.2; Hertwig in: Motzke/Pietzcker/Prieß, § 9 VOB/A Rn. 20; a.A. Kapellmann in: Kapellmann/Messerschmidt, § 7 VOB/A, Rn. 32; offen gelassen von VK Bund Beschl. v. 14.07.2005 – VK 1-50/05.

196   Prieß NZBau 2004, 20 (27). Für den Fall der Ausschreibung sog. Mengenkorridore – die den Eventualpositionen im Hinblick auf die Bedenken im Lichte von § 8 Abs. 1 vergleichbar sind – wird eine Bagatellgrenze von max. 5 % des Auftragswerts vertreten, VK Lüneburg Beschl. v. 24.07.2000 – 203-VgK-8/00.

197   VK Baden-Württemberg Beschl. v. 14.10.2011 – 1 VK 51/11 und 53/11, unter Verweis auf Prieß NZBau 2004, 20 (27).

198   VK Bremen Beschl. v. 10.09.2004 – VK 3/04 (zur VOB/A), m. Anm. van Dyk IBR 2005, 110.

199   OLG Saarbrücken Beschl. v. 22.10.1999 – 5 Verg 2/99.

200   VK Bund Beschl. v. 14.07.2005 – VK 1-50/05, im Anschluss an Prieß NZBau 2004, 20 (27).

201   OLG München Beschl. v. 15.07.2005 – Verg 14/05 (zur VOB/A), m. Anm. Frankenstein IBR 2005, 508.

202   VG Neustadt Beschl. v. 06.04.2006 – 4 L 544/06 (zur VOB/A); VK Nordbayern Beschl. v. 04.10.2005 – 320.VK-3194-30/05 (zur VOB/A), m. Anm. Schalk IBR 2005, 623; VK Schleswig-Holstein Beschl. v. 12.07.2005 – VK-SH 14/05 (zur VOB/A); VK Schleswig-Holstein Beschl. v. 03.11.2004 – VK-SH 28/04 (zur VOB/A); VOB-Stelle Niedersachsen Beschl. v. 05.07.2004, Fall 1402 (zur VOB/A), m. Anm. Wittchen IBR 2005, 344.

203   Vgl. VK Baden-Württemberg Beschl. v. 14.10.2011 – 1 VK 51/11 u. 53/11 (zur VOB/A).

204   Vgl. VK Magdeburg Beschl. v. 22.02.2001 – VK 15/00.

2. Wahl- oder Alternativpositionen

Von Bedarfs- oder Eventualpositionen zu unterscheiden sind Wahl- oder Alternativpositionen. Bei **103** diesen Positionen behält sich der Auftraggeber vor, die Grundpositionen durch die Alternativpositionen **zu ersetzen.**[205] Im Unterschied zu den Bedarfspositionen stehen bei den Alternativpositionen die tatsächlichen Voraussetzungen ihrer Ausführung zum Zeitpunkt der Erstellung der Leistungsbeschreibung bzw. ihrer Übermittlung an die Bieter bereits fest, sodass die Entscheidung über ihre Ausführung bereits getroffen werden könnte.[206] Der Auftraggeber hat jedoch die Entscheidung, ob die betreffende Leistung gemäß der Grundposition oder in anderer Weise ausgeführt werden soll, noch nicht getroffen.[207] Im Zeitpunkt des Zuschlags entscheidet der Auftraggeber definitiv, ob und gegebenenfalls welche Grund- bzw. Alternativpositionen zur Ausführung kommen sollen. Nicht um eine Alternativposition des Auftraggebers, sondern um ein Nebenangebot des Bieters handelt es sich, wenn dem Bieter eine eigene Angabe von Leistungsalternativen ermöglicht wird.[208]

Ähnlich wie Bedarfs- oder Eventualpositionen beeinträchtigen Alternativpositionen die Bestimmt- **104** heit der Leistungsbeschreibung und damit die Transparenz des Vergabeverfahrens.[209] Dementsprechend sind auch für ihre Zulässigkeit strenge Anforderungen einzuhalten. Von der Ausschreibung von Wahl- oder Alternativpositionen soll nur in **sachlich gerechtfertigten, nachprüfbaren Ausnahmefällen** Gebrauch gemacht werden.[210] Sie kommen insbesondere in Betracht, wenn und soweit ein berechtigtes Bedürfnis des Auftraggebers besteht, die zu beauftragende Leistung in den betreffenden Punkten einstweilig offen zu halten.[211] Unzulässig ist hingegen eine Ausschreibung von Alternativpositionen, wenn dem Auftraggeber bei ordnungsgemäßer Vorbereitung der Ausschreibung eine Festlegung auf eine der beiden Alternativen möglich und zumutbar gewesen wäre.[212] Keinesfalls darf durch diese Form der Ausschreibung eine mangelhafte Planung kaschiert werden.[213] Als Faustregel für die Abwägung im Einzelfall gilt: Je größer das Interesse des öffentlichen Auftraggebers an der Ausschreibung einer Alternativposition ist, desto großzügiger wird man diese zulassen können.[214]

So fehlt es an der erforderlichen Bestimmtheit der Leistungsbeschreibung, wenn der Auftraggeber **105** eine große Anzahl von Leistungsvarianten in Form von Alternativpositionen ausschreibt und sich

---

205 OLG Düsseldorf Beschl. v. 13.04.2011 – VII-Verg 58/10; OLG München Beschl. v. 27.01.2006 – Verg 1/06; VK Bund Beschl. v. 18.06.2012 – VK 2-53/12.

206 OLG Saarbrücken Beschl. v. 22.10.1999 – 5 Verg 2/99; VK Bund Beschl. v. 04.05.2001 – VK 2-12/01; Beschl. v. 19.07.1999 – VK 2-14/99; vgl. Traupel in Müller-Wrede, § 8 EG VOL/A Rn. 33.

207 OLG Saarbrücken Beschl. v. 22.10.1999 – 5 Verg 2/99; VK Hessen Beschl. v. 28.07.2004 – 69d-VK-49/2004; Franke/Kaiser in: Franke/Kemper/Zanner/Grünhagen, § 7 VOB/A Rn. 59, 183.

208 VK Bund Beschl. v. 18.06.2012 – VK 2-53/12; ein den Alternativpositionen entsprechendes Angebot des Bieters ist als Hauptangebot und nicht als Nebenangebot oder als Variante i.S.d. Art. 24 der Richtlinie 2004/18/EG (jetzt Art. 45 der Richtlinie 2014/24/EU) anzusehen, weil es der Leistungsbeschreibung gerade entspricht und nicht davon abweicht.

209 Vgl. OLG München Beschl. v. 22.10.2015 – Verg 5/15; Beschl. v. 27.01.2006 – Verg 1/06; OLG Düsseldorf Beschl. v. 13.04.2011 – VII-Verg 58/10; Beschl. v. 24.03.2004 – Verg 7/04, m. Anm. Scholz IBR 2004, 271 (zu § 9 VOB/A); VK Bund Beschl. v. 18.06.2012 – VK 2-53/12 (zur VOB/A).

210 OLG München Beschl. v. 22.10.2015 – Verg 5/15; OLG Düsseldorf Beschl. v. 24.03.2004 – Verg 7/04, m. Anm. Scholz IBR 2004, 271; VK Hessen Beschl. v. 28.07.2004 – 69d-VK-49/2004.

211 OLG Düsseldorf Beschl. v. 22.02.2012 – VII Verg 87/11; Beschl. v. 13.04.2011 – VII-Verg 58/10, wonach sich ein berechtigtes Interesse schon aus Gesichtspunkten der Effizienz und Sparsamkeit ergeben kann, sodass es nicht zu beanstanden ist, wenn der Auftraggeber mit Hilfe der Wahlposition die Kosten für verschiedene Ausführungsvarianten erfahren möchte, um sodann die kostengünstigste bezuschlagen zu können; VK Bund Beschl. v. 18.06.2012 – VK 2-53/12; VK Baden-Württemberg Beschl. v. 09.06.2011 – 1 VK 26/11.

212 OLG Sachsen-Anhalt Beschl. v. 01.02.2008 – 1 U 99/07.

213 VK Bund Beschl. v. 19.07.1999 – VK 2-14/99 (zu § 9 VOB/A), m. Anm. Trautner IBR 2000, 4; von Wietersheim/Kratzenberg in: Ingenstau/Korbion, § 7 VOB/A Rn. 45.

214 OLG München Beschl. v. 22.10.2015 – Verg 5/15.

auf diese Weise einen Überblick über die Leistungsfähigkeit und mögliche Konzepte der Bieter verschaffen will.[215] Denn auf diese Weise wird die Planungslast auf die Bieter abgewälzt, was § 121 Abs. 1 S. 1 zuwiderläuft.[216]

106 Alternativpositionen sind in der Leistungsbeschreibung deutlich als solche zu **kennzeichnen**.[217] Darüber hinaus muss der Auftraggeber zur Gewährleistung eines transparenten Vergabeverfahrens vorab die **Kriterien bekannt geben**, die für die Inanspruchnahme der ausgeschriebenen Alternativpositionen maßgeblich sein sollen[218] und denen dabei besonderes Gewicht zukommt.[219] Es soll aber genügen, wenn entsprechende Kriterien auf die Rüge eines Bieters hin allen Bietern nachträglich bekanntgegeben werden.[220]

107 Das **zulässige Höchstmaß** von Wahl- oder Alternativpositionen soll bei etwa 10 % im Verhältnis zu den Grundpositionen liegen.[221] Richtigerweise bestehen für Alternativpositionen jedoch keine festen prozentualen Begrenzungen.[222] Treten sie jedoch derart gehäuft auf und erlangen sie ein solches Gewicht, dass sie die Grundpositionen mengenmäßig verdrängen, wird ihre Abfrage unzulässig.[223]

108 Die Bedenken hinsichtlich der Bestimmtheit der Leistungsbeschreibung wiegen bei den oben besprochenen Bedarfspositionen schwerer, da ihre Inanspruchnahme im Zeitpunkt der Zuschlagserteilung nicht feststeht. Dadurch wird die Kalkulation der Bieter zusätzlich erschwert. Bei Alternativpositionen liegt der Fall – wie soeben dargelegt – anders, sodass an ihre grundsätzliche Zulässigkeit weniger strenge Anforderungen zu stellen sind.

X. Änderungen der Leistungsbeschreibung durch den Auftraggeber

109 Das **Gebot der Chancengleichheit** aller Bieter und der **Transparenzgrundsatz** gelten bis zur Erteilung des Zuschlags. Vor diesem Hintergrund stellt sich häufig die Frage, inwieweit Änderungen der Leistungsbeschreibung durch den Auftraggeber während des Vergabeverfahrens zulässig sind.

110 Grundsätzlich genießen die an einem Vergabeverfahren Beteiligten Bieter **Vertrauensschutz**, wenn der Auftraggeber seinen Beschaffungsbedarf in der Bekanntmachung oder in der ursprünglichen Leistungsbeschreibung konkretisiert hat. Andererseits kann mitunter ein berechtigtes Interesse des Auftraggebers (und der Bieter) daran bestehen, die Leistungsbeschreibung nachträglich zu modifizieren – und zwar nicht nur im Verhandlungsverfahren, dem eine Änderung auch des präzisen Leistungsgegenstandes inhärent ist.

111 Eine **Änderung** der Leistungsbeschreibung ist insbesondere **nach der Rechtsprechung** jedoch **an Bedingungen geknüpft**. Insoweit ist zunächst darauf hinzuweisen, dass Auftraggeber grundsätzlich nicht einmal verpflichtet sind, ein Vergabeverfahren mit einem Zuschlag zu beenden.[224] Den Auftraggeber trifft selbst dann kein Kontrahierungszwang, wenn die Leistungsbeschreibung nicht

---

215 VK Hessen Beschl. v. 28.07.2004 – 69d-VK-49/2004, m. Anm. Franke IBR 2005, 1087.
216 Vgl. VK Bund Beschl. v. 19.07.1999 – VK 2-14/99; vgl. Hausmann/Mestwerdt in: Prieß/Hausmann/ Kulartz, Formularbuch Vergaberecht, A. V. 14. Anm. 22.
217 VK Hannover Beschl. v. 10.02.2003, 26045-VgK 21/2002 (zu § 9 VOB/A).
218 OLG Düsseldorf Beschl. v. 22.02.2012 – VII Verg 87/11; Beschl. v. 24.03.2004 – Verg 7/04 (zu § 9 VOB/A); VK Lüneburg Beschl. v. 08.07.2015 – VgK-22/2015; nach VK Baden-Württemberg Beschl. v. 09.06.2011 – 1 VK 26/11 genügt es, wenn die Alternativposition objektiv erkennbar ist, auch wenn sie nicht als solche benannt wurde; Hertwig Praxis der öffentlichen Auftragsvergabe, Rn. 181; VK Bund Beschl. v. 18.06.2012 – VK 2-53/12.
219 VK Hessen Beschl. v. 28.07.2004 – 69d-VK-49/2004, m. Anm. Franke IBR 2005, 1087.
220 OLG Düsseldorf Beschl. v. 22.02.2012 – VII Verg 87/11.
221 VK Lüneburg Beschl. v. 03.02.2004 – 203-VgK-41/2003.
222 So auch Traupel in: Müller-Wrede, § 8 EG VOL/A Rn. 34.
223 VK Hannover Beschl. v. 10.02.2003 – 26045-VgK 21/2002 (zu § 9 VOB/A); VK Bund Beschl. v. 19.07.1999 – VK 2-14/99 (zu § 9 VOB/A), m. Anm. Trautner IBR 2000, 4.
224 BGH Urt. v. 16.12.2003, X ZR 282/02; EuGH Urt. v. 16.09.1999 – C-27/98 (Metalmeccanica).

eindeutig und erschöpfend im oben dargelegten Sinne war und den Beschaffungsgegenstand daher nicht ausreichend deutlich wiedergegeben hat.[225] Dann aber kann er auch nicht verpflichtet sein, ein Vergabeverfahren exakt mit dem Leistungsgegenstand zu beenden, den er ursprünglich in den Markt gestellt hat.

Dieser grundsätzlichen Feststellung steht der Vertrauensschutz der am Vergabeverfahren beteiligten Bieter gegenüber. Eine Änderung der Leistungsbeschreibung ist daher nur zulässig, wenn sie vor Ablauf der Angebotsfrist erfolgt und alle Bieter in einer das **Gleichheitsgebot** beachtenden Weise über die Änderungen informiert werden.[226] Einzelne Bieter dürfen durch die Änderung nicht im Wettbewerb besser gestellt werden. Sofern das aufgrund des Ausmaßes der Änderungen erforderlich ist, muss zudem die Angebotsfrist in angemessenem Umfang verlängert werden.[227] **112**

Änderungen sind jedoch in jedem Fall nur zulässig, wenn die **Identität des Beschaffungsgegenstandes gewahrt** bleibt und kein *aliud* beschafft werden soll.[228] Sonst ist der Transparenzgrundsatz verletzt, denn gegebenenfalls hätten sich bei geändertem Gegenstand des Verfahrens andere oder weitere Bieter am Verfahren beteiligt. Ändert sich der Wesenskern der Ausschreibung, handelt es sich deshalb um eine vergaberechtswidrige **De-facto-Vergabe**.[229] **113**

Selbst **nach erfolgter Submission** ist eine Änderung des Leistungsumfangs zulässig, wenn allen Bietern die Möglichkeit zur Korrektur ihrer Angebote gegeben wird.[230] In diesem Fall ist auch eine Änderung der Bieterreihenfolge durch die erneute Kalkulation der Angebote als Ausdruck eines nach wie vor unentschiedenen Wettbewerbs grundsätzlich hinzunehmen.[231] Unzulässig ist eine Änderung nur dann, wenn sie auf willkürlichen oder sachfremden Erwägungen beruht.[232] **114**

Die Zulässigkeit von Änderungen der Leistungsbeschreibung lässt sich auch mit Blick auf § 132 begründen. Zwar regelt die Vorschrift Auftragsänderungen während der Vertragslaufzeit, mithin Änderungen des durch Zuschlagserteilung bereits geschlossenen Vertrags. Im Wege eines Erst-Recht-Schlusses muss in den dort genannten Fällen jedoch auch eine Änderung der Leistungsbeschreibung zulässig sein. Denn in diesem Zeitpunkt befinden sich die Bieter noch im Wettbewerb und können auf die Änderungen reagieren. **115**

Von einer Änderung der Leistungsbeschreibung im Hinblick auf den Auftragsgegenstand ist ein **Wechsel der Art der Leistungsbeschreibung** zu unterscheiden. So ist beispielsweise ein teilweiser Wechsel von einer Leistungsbeschreibung mit konstruktivem Leistungsverzeichnis zu einer funktionalen Leistungsbeschreibung während des Vergabeverfahrens zulässig, wenn das in erster Linie dazu dient, dass »Know-How« der Bieter zu nutzen und nicht, um – nur in zulässigem Umfang – Planungsrisiken auf sie zu verlagern. Freilich sind auch hierbei die Grundsätze der Transparenz und der Nichtdiskriminierung zu beachten.[233] **116**

XI. Leistungsbeschreibung im Verhandlungsverfahren und bei Rahmenvereinbarungen

Die Leistungsbeschreibung kann im Verhandlungsverfahren flexibler ausgestaltet werden, da über einzelne Leistungsteile ohnehin verhandelt wird.[234] Durch diese Veränderungen darf jedoch die **117**

---

225 OLG Köln Urt. v. 23.07.2014 – 11 U 104/13.
226 OLG Düsseldorf Beschl. v. 13.01.2010, I-27 U 1/09; VK Bund Beschl. v. 30.07.2008, VK 1-90/08.
227 OLG Düsseldorf Beschl. v. 26.10.2010, VII-Verg 46/10; VK Hessen Beschl. v. 31.03.2008, 69 d VK-9/2008.
228 OLG München Beschl. v. 28.04.2006, Verg 6/06; OLG Dresden Beschl. v. 21.10.2005, WVerg 5/05.
229 VK Schleswig-Holstein Beschl. v. 14.05.2008, VK-SH 06/08.
230 OLG Düsseldorf Beschl. v. 05.01.2011 – VII-Verg 46/10; Beschl. v. 26.10.2010 – VII-Verg 46/10; VK Münster Beschl. v. 02.05.2012 – VK 5/12; VK Mecklenburg-Vorpommern Beschl. v. 21.02.2012 – 1 VK 07/11.
231 OLG Düsseldorf Beschl. v. 12.01.2015 – VII-Verg 29/14.
232 OLG Düsseldorf Beschl. v. 05.01.2011 – VII-Verg 46/10.
233 VK Lüneburg Beschl. v. 07.10.2015, Vgk-31/2015.
234 Vgl. Willenbruch NZBau 2003, 422 (423).

ursprünglich in der Leistungsbeschreibung vorgesehene Leistung nicht gänzlich verändert werden. Vielmehr sind in der Verhandlungsphase auch bei der Wahl einer funktionalen Leistungsbeschreibung lediglich **Konkretisierungen und Präzisierungen der Leistungsbeschreibung möglich**. Der Auftraggeber muss auch im Verhandlungsverfahren klare Vorstellungen über Funktionen und Ziele der nachgefragten Leistung haben.[235]

118   **Folgende Anforderungen** ergeben sich hier: Der Beschaffungsbedarf ist mit größtmöglicher Bestimmtheit festzulegen. Zudem müssen Leistungsziel, Rahmenbedingungen und wesentliche Einzelheiten der Leistung feststehen. Die Art der nachgefragten Leistung (Typen, Merkmale, Standards etc.) muss enthalten sein, das Mengengerüst muss festgelegt werden und die wesentlichen Umstände für die Preisermittlung sind zu beschreiben.[236]

119   Auch beim beabsichtigten Abschluss einer **Rahmenvereinbarung** ergeben sich etwas weniger strenge Anforderungen an die Leistungsbeschreibung. Die Gebote der Bestimmtheit, Eindeutigkeit und Vollständigkeit der Leistungsbeschreibung gelten insoweit nur eingeschränkt.[237] Das liegt in der Natur von Rahmenvereinbarungen und der mit ihnen einhergehenden Ungewissheit hinsichtlich der Erteilung von Einzelaufträgen und ihrem Auftragsvolumen. Bei Rahmenvereinbarungen ist das in Aussicht genommene Auftragsvolumen daher lediglich so genau wie möglich zu ermitteln und bekannt zu geben.[238]

XII. Leistungsbeschreibung im wettbewerblichen Dialog und bei der Innovationspartnerschaft

120   Der **wettbewerbliche Dialog** i.S.d. § 119 Abs. 6 S. 1 GWB ist »ein Verfahren zur Vergabe öffentlicher Aufträge mit dem Ziel der Ermittlung und Festlegung der Mittel, mit denen die Bedürfnisse des öffentlichen Auftraggebers am besten erfüllt werden können«. Nach dieser Maßgabe kommt bei einem wettbewerblichen Dialog lediglich eine funktionale Leistungsbeschreibung bzw. eine Beschreibung der zu lösenden Aufgabe i.S.d. § 121 Abs. 1 S. 2 in Betracht.[239] Das Kalkulations- und Preisrisiko kann dabei auf die Bieter übertragen werden, denn es handelt sich dabei um ein Risiko, das sie stets selbst zu tragen haben und damit nicht um eine unzumutbare Wagnisverlagerung.[240] Teilweise wird vertreten, es handele sich bei der funktionalen Leistungsbeschreibung im wettbewerblichen Dialog nicht um eine echte Leistungsbeschreibung.[241] Doch muss der Auftraggeber, um den Grundsätzen der Transparenz und Nichtdiskriminierung gerecht zu werden, alle Angaben zur Verfügung stellen, die er bereits in der Anfangsphase machen kann.

121   Die präzise Leistungsbeschreibung wird sodann vom Auftraggeber gemeinsam mit den Teilnehmern am wettbewerblichen Dialog in der Dialogphase erarbeitet. Die endgültige Leistungsbeschreibung darf allerdings keine Voraussetzungen enthalten, die zu Beginn des Dialogs noch nicht erkennbar gewesen sind.[242] Die Fertigung einer neuen Leistungsbeschreibung nach dieser Phase ist nicht erforderlich. Insofern genügt ein Verweis des Auftraggebers auf das gefundene Ergebnis auf der Grundlage indikativer Angebote.[243]

122   »Die **Innovationspartnerschaft** ist ein Verfahren zur Entwicklung innovativer, noch nicht auf dem Markt verfügbarer Liefer-, Bau- oder Dienstleistungen und zum anschließenden Erwerb der daraus hervorgehenden Leistungen«, § 119 Abs. 7 S. 1 GWB. Daraus ergibt sich, dass auch bei der Innovationspartnerschaft nur eine funktionale Leistungsbeschreibung bzw. eine Beschreibung der

---

235   Vgl. Traupel in: Müller-Wrede, § 8 EG VOL/A Rn. 39.
236   OLG Naumburg Beschl. v. 16.09.2002 – 1 Verg 2/02.
237   VK Bund Beschl. v. 09.02.2015 – VK 2-3/15.
238   OLG Düsseldorf Beschl. v. 21.10.2015 – VII-Verg 28/14.
239   Siehe hierzu unten Rdn. 125.
240   OLG Düsseldorf Beschl. v. 16.08.2010 – VII-Verg 35/10.
241   Vgl. Schneider in: Kapellmann/Messerschmidt, § 3 EG VOB/A Rn. 35.
242   Vgl. Traupel in: Müller-Wrede, § 8 EG VOL/A Rn. 42.
243   Vgl. Schneider in: Kapellmann/Messerschmidt, § 3 EG VOB/A Rn. 57.

zu lösenden Aufgabe i.S.d. § 121 Abs. 1 S. 1 in Betracht kommt. Auch die übrigen Aussagen zur Leistungsbeschreibung beim wettbewerblichen Dialog lassen sich auf den Fall der Innovationspartnerschaft übertragen. Eine Einschränkung wird man hinsichtlich der Vorgabe machen müssen, die Leistungsbeschreibung dürfe keine Voraussetzungen enthalten, die zu Beginn noch nicht erkennbar gewesen sind. Denn dieses Risiko ist einer Innovation in gewissem Maße inhärent.

C. Inhalt der Leistungsbeschreibung (§ 121 Abs. 1 S. 2)

I. Allgemeines

§ 121 Abs. 1 S. 2 nennt verschiedene Möglichkeiten, eine Leistungsbeschreibung zu gestalten. Ausdrücklich genannt werden Funktionsanforderungen, Leistungsanforderungen sowie eine Beschreibung der zu erfüllenden Aufgabe. Ein **gesetzlicher Vorrang** einer dieser Varianten – wie noch in § 7 Abs. 9 VOB/A EG 2012 enthalten – besteht nicht.   123

Die Vorschrift orientiert sich an entsprechenden Passagen seiner Vorgängernormen, namentlich § 8 Abs. 2 Nr. 2 VOL/A EG und § 7 Abs. 4 Nr. 2 VOB/A EG. Anders als diese enthält § 121 Abs. 1 S. 2 jedoch keine detaillierten Angaben zu technischen Spezifikationen. Diese wurden im Zuge der Novellierung des GWB und der VgV in die §§ 31 und 32 VgV übertragen. § 121 Abs. 1 S. 2 ist mithin keineswegs abschließend, sondern lediglich als Basisregelung zu verstehen.[244] Ihr erklärter Zweck ist es, dem Auftraggeber »einen weiten Spielraum bei Art und Umfang der Beschreibung« zu gewähren.[245] Die Vorschrift wird durch die ausführlichen Regelungen der §§ 31 und 32 VgV nochmals aufgegriffen und ergänzt, weshalb ihr nur einen **eingeschränkter eigener Regelungsgehalt** zukommt.   124

II. Leistungs- oder Funktionsanforderungen (§ 121 Abs. 1 S. 2 Var. 1)

Erfolgt die Leistungsbeschreibung in Form von Leistungs- oder Funktionsanforderungen, so spricht man von einer »**funktionalen Leistungsbeschreibung**«[246]. Bei dieser Beschreibungsform wird bewusst nur das **Ergebnis der Beschaffung** – mit Blick auf erwünschte Leistungen oder Funktionen – festgelegt und auf eine darüber hinausgehende, detailliertere Beschreibung der Anforderungen verzichtet.   125

Eine derart ergebnisorientierte Beschreibung ermöglicht es dem Auftraggeber, kreative Lösungsvorschläge einzuholen.[247] Ferner werden auf diese Weise Teile der Planung und Konzeptionierung der Leistung auf den Bieter übertragen, um dessen Sachverstand und unternehmerische bzw. technische Kreativität nutzbar zu machen.[248] Zugleich geht damit ein höheres Planungs- und Kalkulationsrisiko seitens des Bieters einher.[249] Freilich müssen auch funktionale Leistungsbeschreibungen eine Vergleichbarkeit der Angebote gewährleisten. Der Auftraggeber muss alle notwendigen Festlegungen in der Leistungsbeschreibung selbst treffen, insbesondere die Auswahlkriterien, das Leistungsziel, die Rahmenbedingungen und die wesentlichen Einzelheiten der Leistung.[250]   126

III. Beschreibung der zu lösenden Aufgabe (§ 121 Abs. 1 S. 2 Var. 2)

Neben der funktionalen Leistungsbeschreibung erlaubt § 121 Abs. 1 S. 2 auch eine Beschreibung der zu lösenden Aufgabe. Diese Möglichkeit zielt insbesondere auf die Beschaffung **geistig-schöpfe-**   127

---

244 Referentenentwurf des BMWi zur VgV, Anmerkungen zu § 31, S. 165.
245 Gesetzesbegründung zum VergRModG, BT-Drucks. 18/6281, S. 97.
246 Schellenberg in: Pünder/Schellenberg, Vergaberecht, § 8 EG VOL/A Rn. 50.
247 Schellenberg in: Pünder/Schellenberg, Vergaberecht, § 7 VOL/A Rn. 5.
248 VK Bund Beschl. v. 24.03.2004 – VK 3-36/04 m.w.N.; vgl. auch OLG Düsseldorf Beschl. v. 11.12.2013 – Verg 22/13.
249 Wagner-Cardenal in: Dieckmann/Scharf/Wagner-Cardenal, VOL/A, § 8 EG Rn. 72 m.w.N.
250 OLG Düsseldorf Beschl. v. 17.04.2014 – VI-2 Kart 2/13 (V).

rischer Leistungen wie Planungsleistungen ab[251] und lehnt sich dementsprechend an den Wortlaut in § 6 VOF 2009 an. Der Gesetzgeber trägt damit dem Umstand Rechnung, dass bei geistig-schöpferischen Leistungen die Formulierung von technischen Spezifikationen sowie Leistungs- oder Funktionsanforderungen in vielen Fällen naturgemäß nicht zweckmäßig ist. Freilich muss sich auch diese Variante der Leistungsbeschreibung an § 121 Abs. 1 S. 1 messen lassen. Das heißt: der dem Auftraggeber eröffnete Freiraum entbindet ihn nicht von der Pflicht, die Leistungsbeschreibung so eindeutig und erschöpfend wie möglich zu formulieren.

IV. Erforderlichkeit der Kenntnis für die Angebotserstellung

128 Nach § 121 Abs. 1 S. 2 enthält die Leistungsbeschreibung »die Funktions- oder Leistungsanforderungen oder eine Beschreibung der zu lösenden Aufgabe, **deren Kenntnis für die Erstellung des Angebots erforderlich ist** [...]«. Auch wenn das aus der Formulierung nicht letztverbindlich hervorgeht, muss sich die im Relativsatz enthaltene Anforderung sowohl auf die Funktions- und Leistungsanforderungen als auch auf die Beschreibung der zu lösenden Aufgabe beziehen.

V. Umstände und Bedingungen der Leistungserbringung

129 Schließlich muss die Leistungsbeschreibung »die Umstände und Bedingungen der Leistungserbringung« enthalten. Auch hinsichtlich dieser Anforderung an die Leistungsbeschreibung stellt sich die Frage ihres Regelungsgehalts. Die Abhängigkeit der Leistungserbringung von äußeren Umständen oder Bedingungen ist nämlich in aller Regel für die Preiskalkulation des Bieters relevant. Die Pflicht zur Aufnahme dieser Faktoren in die Leistungsbeschreibung ergibt sich dann aber bereits aus § 121 Abs. 1 S. 1. § 121 Abs. 1 S. 2 letzter Hs. könnte sich demnach nur auf Umstände und Bedingungen beziehen, die keinen Einfluss auf die Preiskalkulation haben.

VI. Weitere Formulierungsmöglichkeiten

130 Die Regelung des § 121 Abs. 1 S. 2 ist nicht abschließend. Anstatt einer funktionalen Leistungsbeschreibung kann der Auftraggeber auch die technischen Spezifikationen der zu erbringenden Leistung unter Bezugnahmen auf die entsprechenden Anhänge vorgeben (konstruktive Leistungsbeschreibung)[252], oder sich Mischformen der genannten Varianten bedienen. Siehe hierzu im Einzelnen die Kommentierung zu den §§ 31 und 32 VgV.

D. »Design für alle« (§ 121 Abs. 2)

I. Allgemeines

131 § 121 Abs. 2 schreibt für die Beschaffung von Leistungen zur Nutzung durch natürliche Personen vor, dass bei der Erstellung der Leistungsbeschreibung grundsätzlich die Zugänglichkeitskriterien für **Menschen mit Behinderung** oder die Konzeption für alle Nutzer zu berücksichtigen sind. Die Norm setzt die Vorgaben aus dem – fast wortgleichen – Art. 42 Abs. 1 UA 4 der Richtlinie 2014/24/EU um.[253] Das entspricht dem ausdrücklichen Ziel der Bundesregierung, bei der Vergaberechtsreform verstärkt auf eine **Barrierefreiheit** der jeweils zu beschaffenden Leistungen hinzuwirken.[254] Die Vorschrift stellt zugleich einen weiteren Schritt in der innereuropäischen Kodifizierung der UN-Behindertenrechtskonvention dar, der sowohl die EU[255] als auch Deutsch-

---

251 Gesetzesbegründung zum VergRModG, BT-Drucks. 18/6281, S. 97.

252 Schellenberg in: Pünder/Schellenberg, Vergaberecht, § 8 EG Rn. 50.

253 Gesetzesbegründung zum VergRModG, BT-Drucks. 18/6281, S. 97; Art. 42 Abs. 1 UA. 5 der Richtlinie 2014/24/EU, dessen Umsetzung § 121 Abs. 2 laut Gesetzesbegründung ebenfalls dient, wird in § 31 Abs. 5 VgV umgesetzt, siehe Carstens ZRP 2015, 141 (142).

254 Beschluss des Bundeskabinetts v. 07.01.2015 zu Eckpunkten der Reform des Vergaberechts, S. 5.

255 ABl. 2010 L23, 35.

land[256] beigetreten sind. Ziel dieser Konvention ist die gleichberechtigte Teilhabe von Menschen mit Behinderungen in allen gesellschaftlichen Bereichen, was insbesondere eine weitgehende Barrierefreiheit voraussetzt.[257]

II. Leistungen zur Nutzung durch natürliche Personen

Das Gebot des »Designs für alle« gilt grundsätzlich **für sämtliche Bau-, Liefer- und Dienstleistun-** 132 **gen.** Es soll bereits bei der Definition des Beschaffungsbedarfs auf Barrierefreiheit und Zugänglichkeit für alle Menschen geachtet werden.[258] Einzige Voraussetzung ist, dass die Leistung zur Nutzung von natürlichen Personen vorgesehen ist. Dabei ist gleichgültig, ob der Nutzerkreis die Allgemeinheit oder lediglich das Personal des öffentlichen Auftraggebers umfasst.[259] Das ist in Anbetracht des oben genannten Ziels der UN-Behindertenrechtskonvention konsequent.

III. Zugänglichkeitskriterien nach § 121 Abs. 2

§ 121 Abs. 2 fordert eine Zugänglichkeit der ausgeschriebenen Leistung auch für Menschen mit 133 Behinderung. Um diese Vorgabe zu erfüllen, lassen sich zwei Regelungssysteme heranziehen.

Zum einen kann sich die Leistungsbeschreibung an den Vorgaben von **§ 4 BGG** orientieren. Danach 134 sind bauliche und sonstige Anlagen, Verkehrsmittel, technische Gebrauchsgegenstände, Systeme der Informationsverarbeitung, akustische und visuelle Informationsquellen und Kommunikationseinrichtungen sowie andere gestaltete Lebensbereiche dann barrierefrei, wenn sie für behinderte Menschen in der allgemein üblichen Weise, ohne besondere Erschwernis und grundsätzlich ohne fremde Hilfe zugänglich und nutzbar sind. Als behindert gelten Menschen nach § 3 BGG, wenn ihre körperliche Funktion, geistige Fähigkeit oder seelische Gesundheit mit hoher Wahrscheinlichkeit länger als sechs Monate von dem für das Lebensalter typischen Zustand abweichen und daher ihre Teilhabe am Leben in der Gesellschaft beeinträchtigt ist.

Zum anderen lässt sich die Leistungsbeschreibung auch an dem Begriff des »**universellen Designs**« 135 **i.S.d. Art. 2 der UN-Behindertenrechtskonvention** ausrichten. Danach bedeutet »universelles Design« die Gestaltung von Produkten, Umfeldern, Programmen und Dienstleistungen in der Weise, dass sie von allen Menschen möglichst weitgehend ohne eine Anpassung oder ein spezielles Design genutzt werden können. Das soll die Erforderlichkeit von Hilfsmitteln für bestimmte Gruppen von Menschen mit Behinderungen nicht ausschließen. Art. 2 der UN-Behindertenrechtskonvention umfasst also auch die Barrierefreiheit für Menschen mit Behinderungen und nimmt darüber hinaus weitere Zielgruppen in den Blick.[260] Weil umfassender, empfiehlt es sich, zur Erfüllung der Pflicht nach § 121 Abs. 2 als Maßstab Art. 2 der UN-Behindertenrechtskonvention heranzuziehen – zumal die dieser Vorschrift zugrunde liegende Richtlinie 2014/24/EU in Erwägungsgrund 3 ausdrücklich auf die Konvention verweist.

§ 121 Abs. 2 fordert die »Berücksichtigung« von Zugänglichkeitskriterien für Menschen mit Behin- 136 derung oder die Konzeption für alle Nutzer bei der Erstellung der Leistungsbeschreibung. Das umfasst nicht nur die Pflicht der Auftraggeber zur unverbindlichen Kenntnisnahme dieser Aspekte. Sie müssen vielmehr auch in der Leistungsbeschreibung umgesetzt werden.[261] Nur die konkrete Umsetzung dieser Vorgaben wird dem gesetzgeberischen Ziel gerecht, die Leistung für alle zugänglich zu machen.

---

256 BGBl. II 2008, 1419; BGBl. II 2009, 818.
257 Carstens ZRP 2015, 141 (142).
258 Gesetzesbegründung zum VergRModG, BT-Drucks. 18/6281, S. 97.
259 Erwägungsgrund 76 der Richtlinie 2014/24/EU.
260 Carstens ZRP 2015, 141.
261 So wohl auch Carstens ZRP 2015, 141 (143), der zwischen einer Pflicht zur Berücksichtigung und zur Beachtung unterscheidet; dahingehend auch Erwägungsgrund 76 der Richtlinie 2014/24/EU.

137 Existieren bereits **nationale oder internationale Normen für die Barrierefreiheit** für Menschen mit Behinderungen, so sind diese grundsätzlich anzuwenden.[262] Darunter fallen beispielsweise die Normen DIN 18040-1 (»Barrierefreies Bauen – Planungsgrundlagen, Teil 1: Öffentlich zugängliche Gebäude«), DIN 18040-2 (»Barrierefreies Bauen – Planungsgrundlagen, Teil 2: Wohnungen«) oder die EN 301 549 (»Accessibility requirements suitable for public procurement of ICT products and services in Europe«, europäisches Regelwerk für den Bereich der Informations- und Kommunikationstechnik).[263]

IV. Ausnahmen

138 Von der Berücksichtigungspflicht nach § 121 Abs. 2 darf nur in sachlich begründeten Fällen abgewichen werden. Wann ein solcher Fall vorliegt, ist aus der Vorschrift nicht ersichtlich. Auch die Gesetzesbegründung sowie Art. 42 Abs. 1 UA 4 der Richtlinie 2014/24/EU enthalten diesbezüglich keine Anhaltspunkte. Erwägungsgrund 76 der Richtlinie 2014/24/EU spricht von »hinreichend« begründeten Fällen, erklärt aber ebenso wenig, was darunter zu verstehen ist. In Anbetracht des Regelungsziels ist diese Ausnahmeregelung aber **eng auszulegen**. Eine Abweichung von der Berücksichtigungspflicht dürfte daher nur dann zulässig sein, wenn im Einzelfall das Interesse an einer Abweichung das Interesse an einer Zugänglichkeit für alle im Sinne der Norm überwiegt. Eine Grenze dürfte auch der nunmehr ausdrücklich in § 97 Abs. 1 S. 2 genannte Verhältnismäßigkeitsgrundsatz darstellen.

E. Beifügung der Leistungsbeschreibung zu den Vergabeunterlagen (§ 121 Abs. 3)

139 Schließlich verlangt § 121 Abs. 3, dass die Leistungsbeschreibung den Vergabeunterlagen beizufügen ist. Der Inhalt der Vergabeunterlagen wird in § 29 VgV bestimmt. Siehe hierzu im Einzelnen die Kommentierung zu § 29 VgV.

§ 122 Eignung

(1) Öffentliche Aufträge werden an fachkundige und leistungsfähige (geeignete) Unternehmen vergeben, die nicht nach den §§ 123 oder 124 ausgeschlossen worden sind.

(2) Ein Unternehmen ist geeignet, wenn es die durch den öffentlichen Auftraggeber im Einzelnen zur ordnungsgemäßen Ausführung des öffentlichen Auftrags festgelegten Kriterien (Eignungskriterien) erfüllt. Die Eignungskriterien dürfen ausschließlich Folgendes betreffen:
1. Befähigung und Erlaubnis zur Berufsausübung,
2. wirtschaftliche und finanzielle Leistungsfähigkeit,
3. technische und berufliche Leistungsfähigkeit.

(3) Der Nachweis der Eignung und des Nichtvorliegens von Ausschlussgründen nach den §§ 123 und 124 kann ganz oder teilweise durch die Teilnahme an Präqualifizierungssystemen erbracht werden.

(4) Eignungskriterien müssen mit dem Auftragsgegenstand in Verbindung und zu diesem in einem angemessenen Verhältnis stehen. Sie sind in der Auftragsbekanntmachung, der Vorinformation oder der Aufforderung zur Interessensbestätigung aufzuführen.

---

262 Gesetzesbegründung zum VergRModG, BT-Drucks. 18/6281, S. 97.
263 Für eine ausführlichere Darstellung siehe Carstens, ZRP 2015 141 (142).

A. Überblick

§ 122 GWB regelt die wesentlichen Vorgaben für die Prüfung der Eignung von Unternehmen im 1 Vergabeverfahren zur Vergabe von Aufträgen durch öffentliche Auftraggeber. Die §§ 122 ff. GWB gelten, wie der gesamte Abschnitt 2 des 4. Teils des GWB, gemäß § 115 GWB grundsätzlich nur für **öffentliche Aufträge und die Ausrichtung von Wettbewerben**. Für Konzessionsvergaben und für den Sektorenbereich gilt § 122 GWB über § 152 Abs. 2 GWB (Konzessionsvergaben) sowie den Verweis in § 142 GWB (Sektorenbereich). Im **Sektorenbereich** gilt allerdings gemäß § 142 Nr. 1 GWB die Besonderheit, dass Sektorenauftraggeber abweichend von § 122 Abs. 1 und 2 GWB die Unternehmen anhand objektiver Kriterien auswählen, die allen interessierten Unternehmen zugänglich sind.

§ 122 GWB greift die Terminologie und Systematik von Art. 58 RL 2014/24/EU auf.[1] Entspre- 2 chend der Verlagerung wesentlicher materieller Vorschriften auf die Gesetzesebene durch das VergRModG enthält die Vorschrift nicht nur einen vergaberechtlichen Grundsatz, sondern konkrete Regelungen. § 122 Abs. 1 nimmt die Grundsatzregelung des bisherigen § 97 Abs. 4 Satz 1, Abs. 4a GWB a.F. auf und löst diese ab. Die Regelung zum Prinzip der »Eignung« für denjenigen, der einen öffentlichen Auftrag erhalten soll, wird damit **aus den allgemeinen Grundsätzen** des deutschen Vergaberechts zu Beginn des 4. Teils des GWB herausgenommen und in die konkreten Verfahrensregeln in Abschnitt 2, Unterabschnitt 2 »Vergabeverfahren und Auftragsdurchführung« verlagert. Zugleich bestimmt § 122 Abs. 1 2. HS GWB, dass öffentliche Aufträge nur an Unternehmen vergeben werden dürfen, die nicht nach §§ 123 und 124 GWB vom Vergabeverfahren Vergabe- und Vertragsordnungen worden sind. Bisher war diese schärfste Sanktion des Vergaberechts nur in den Vergabe- und Vertragsordnungen geregelt. Die Verlagerung dieser Sanktion auf die Gesetzesebene des GWB muss als rechtsstaatlich angemessen, wenn nicht überfällig bewertet werden.

§ 122 Abs. 2 GWB geht zudem über den Charakter einer Grundsatznorm hinaus. Hier werden die 3 nunmehr maßgeblichen drei Eignungskriterien »1. Befähigung und Erlaubnis zur Berufsausübung, 2. Wirtschaftliche und finanzielle Leistungsfähigkeit, 3. Technische und berufliche Leistungsfähigkeit« entsprechend der Begrifflichkeiten aus der RL 2014/24/EU definiert. Auch die Definition der Eignung bleibt somit nicht wie bisher der Verordnungsebene überlassen. In Abs. 3 wird auf die Möglichkeit verwiesen, die Eignung und das Nichtvorliegen von Ausschlussgründen durch die Teilnahme an Präqualifikationssystemen nachzuweisen. § 122 Abs. 4 GWB regelt schließlich den notwendigen angemessenen Zusammenhang zwischen Eignungskriterien und Auftragsgegenstand[2] sowie die obligatorische Bekanntmachung der Eignungskriterien als Ausfluss des Transparenzprinzips.[3]

Die Regelungen des GWB zur Eignung sind gleichwohl nicht abschließend. Die Ausgestaltung 4 der Eignungskriterien sowie die Eignungsprüfung bleiben den Regelungen auf Verordnungsebene

---

1 Gesetzesbegründung, BT-Drs. 18/6281, Zu § 122 (Eignung).
2 Vgl. Art. 58 Abs. 1 Satz 3 u. 4 RL 2014/24/EU.
3 Vgl. Art. 58 Abs. 5 RL 2014/24/EU.

vorbehalten. § 6 EU Abs. 2 VOB/A übernimmt § 122 Abs. 1 und 2 GWB nahezu wortgleich und § 42 Abs. 1 VgV verweist auf den Eignungsgrundsatz nach § 122 GWB. Sowohl die VgV als auch die VOB/A gestalten die Eignungsprüfung dann in den §§ 43 ff. VgV bzw. §§ 6, 6a -6f EU VOB/A im Einzelnen aus. Der Gesetzgeber macht es dem Rechtsanwender damit von neuem nicht leicht, die Umsetzung der Vorgaben aus den Richtlinien im deutschen Vergaberecht wieder zu finden und zuzuordnen. Zugleich muss sich der Rechtsanwender darauf einstellen, die Einzelheiten zum Ausschluss von Bietern nach den Vorgaben des GWB abzuarbeiten, die Eignungsprüfung aber entsprechend der Einzelvorgaben der Verordnungen zu vollziehen.

B. Grundsatz: Vergabe Öffentlicher Aufträge an geeignete Unternehmen (§ 122 Abs. 1 GWB)

5   § 122 GWB regelt die Anforderungen an den Nachweis der Eignung durch die Bieter und Bewerber im Vergabeverfahren. Die **Eignungsprüfung ist eine eigenständige Prüfung** und von der materiellen Prüfung des Angebots abzugrenzen. Zwar übernimmt das GWB nicht ausdrücklich die Systematik der sog. Wertungsstufen aus den früheren Vergabeordnungen. Eignungsprüfung und Angebotswertung bleiben aber auch im GWB klar voneinander getrennt. Das entspricht der Systematik der RL 2014/24/EU, wonach die Prüfung der Eignung der Bewerber für die Ausführung der zu vergebenden Leistungen einerseits und die Wertung der Angebote andererseits zu trennen sind.[4] Diese klare Trennung der Prüfungsschritte gewährleistet, dass die Vergabeentscheidung klar und überprüfbar bleibt.[5] Eine Vermischung von Eignungsprüfung und Zuschlagswertung ist auch weiterhin nicht vorgesehen. Anderenfalls würden die Eignungskriterien zu Zuschlagskriterien.

6   Daran ändert auch Art. 67 Abs. 2 lit. b RL 2014/24/EU nichts. Zwar erlaubt die neue Richtlinie, dass öffentliche Auftraggeber als Zuschlagskriterium »**die Organisation, Qualifikation und Erfahrung des mit der Ausführung des Auftrags betrauten Personals**« einbeziehen, soweit die »Qualität des eingesetzten Personals erheblichen Einfluss auf das Niveau der Auftragsausführung haben kann«. § 58 Abs. 2 Nr. 2 VgV und § 16d EU Abs. 2 Nr. 2 lit. b VOB/A übernehmen diese Regelung wörtlich. Damit darf ein klassisches Eignungskriterium, das nach dem neuen Eignungskanon unter die »technische und berufliche Leistungsfähigkeit« zu fassen sein wird, nunmehr auch für die Zuschlagsentscheidung herangezogen werden. Gleichwohl bedeutet das nicht, dass Eignungsprüfung und Zuschlagswertung nunmehr generell vermischt werden dürften. Die Eignung bleibt grundsätzlich der »**digitalen**« **Entscheidung** vorbehalten, ob ein Bewerber oder Bieter geeignet oder nicht geeignet ist. Ein »Mehr an Eignung« kann lediglich im Auswahlprozess zweistufiger Vergabeverfahren mit Teilnahmewettbewerb zwischen einer Vielzahl geeigneter Bewerber zur Reduzierung der Teilnehmerzahl am weiteren Verfahren eine Rolle spielen.

7   Gemäß § 122 Abs. 1 GWB werden öffentliche Aufträge an fachkundige und leistungsfähige (geeignete) Unternehmen vergeben, die nicht nach den §§ 123 oder 124 GWB ausgeschlossen worden sind. Es wird damit klargestellt, dass Unternehmen ungeachtet ihrer Eignung im Übrigen nicht als Auftragnehmer in Betracht kommen, wenn sie wegen eines zwingenden oder fakultativen Ausschlussgrunds vom Vergabeverfahren ausgeschlossen wurden.

8   Entgegen der Satzstellung gibt der Tempus des »ausgeschlossen worden sind« in § 122 Abs. 1 2. HS GWB die künftige **Reihenfolge bei der Eignungsprüfung** vor. Zunächst ist das Vorliegen bzw. Nichtvorliegen eines Ausschlussgrundes gemäß §§ 123 oder 124 GWB zu prüfen bzw. festzustellen, bevor der Auftraggeber zur Prüfung der Eignung im engeren Sinne eines Bewerbers oder Bieters kommt. Das ist auch logisch sinnvoll und entspricht der Systematik der Art. 57 und 58 RL 2014/24/EU. Warum sollten die übrigen Eignungskriterien überhaupt erwogen werden, wenn der Beteiligung des Unternehmens an einem Vergabeverfahren zwingende oder fakultative Ausschluss-

---

4   Vgl. Art. 56 Abs. 2 RL 2014/24/EU; vgl. EuGH, Urt. v. 12.11.2009 – Rs. C-199/07 – »Kommission/Griechenland«, Rn. 51 ff.; EuGH, Urt. v. 24.01.2008 – Rs. C-532/06 – »Lianakis«, Rn. 30.
5   BGH, Urt. v. 15.04.2008 – X ZR 129/06; OLG Karlsruhe, Beschl. v. 20.07.2011 – 15 Verg 6/11; OLG Düsseldorf, Beschl. v. 03.08.2011 – VII-Verg 16/11.

gründe entgegenstehen? Die der Zuschlagswertung bzw. Auswahl der Teilnehmer an einem zweistufigen Verfahren vorgeschaltete Eignungsprüfung besteht demnach aus der Prüfung von Ausschlussgründen und der Prüfung der Eignungskriterien.

Die Regelung in § 122 GWB ist von erheblicher praktischer Bedeutung. Denn ein Ausscheiden 9
wegen mangelnder bzw. nicht nachgewiesener Eignung bzw. dem Vorliegen von Ausschlussgründen bedeutet für den potentiellen Teilnehmer das **Ende des Vergabeverfahrens**. Ein Unternehmen, das bereits nicht geeignet ist, hat keine Chance, den Zuschlag zu erhalten. In **offenen Verfahren** scheiden ungeeignete Bieter nach Angebotsabgabe im Rahmen der Angebotswertung aus. Die traditionelle Aufteilung in vier Wertungsstufen (formale Angebotsprüfung, Eignungsprüfung, Angemessenheit der Preise, Wertung Wirtschaftlichkeit anhand der Zuschlagskriterien) wurde dabei durch das europäische Recht gelockert. So heißt es in Art. 56 Abs. 2 RL 2014/24/EU, dass öffentliche Auftraggeber die Angebotsprüfung im offenen Verfahren vorziehen können, solange eine faire und diskriminierungsfreie Entscheidung gewährleistet bleibt. Im Regelfall soll jedoch die Eignungsprüfung vor der Angebotsprüfung erfolgen (so auch ausdrücklich § 42 Abs. 1 und Abs. 3 VgV und § 16b EU Abs. 1 und 2 VOB/A). Was dabei mit »**Angebotsprüfung**« gemeint ist, lässt sich dem Wortlaut von Richtlinie und Verordnungsebene nicht entnehmen. Aus dem Kontext erschließt sich aber, dass damit wohl nicht nur die förmliche Prüfung, sondern auch die inhaltliche Prüfung und damit auch die Wertung der Zuschlagskriterien gemeint sind. Damit öffnet das europäische Vergaberecht aus angeblich pragmatischen Erwägungen ein erhebliches Risikofeld. Es dürfte eine Herausforderung für öffentliche Auftraggeber bedeuten, die Eignung noch objektiv und unbeeinflusst durch die bereits »im Hinterkopf« vorhandene (vorläufige) Zuschlagsentscheidung zu prüfen. Unklar bleibt auch, ob öffentliche Auftraggeber es nach dem Vorziehen der Angebotsprüfung dann dabei belassen dürfen, nur noch das für den Zuschlag vorgesehene Angebot auf die Eignung des Bieters hin zu überprüfen. Im Sinne der Verfahrenseffizienz erscheint das zumindest konsequent. Bei **mehrstufigen Vergabeverfahren** ändert sich nichts. Ungeeignete Bewerber werden nicht zur Abgabe eines Angebotes aufgefordert.[6]

§ 122 GWB macht unmissverständlich deutlich, dass die Eignung eines Unternehmens zur Wahr- 10
nehmung eines öffentlichen Auftrags eine **Einzelfallfrage** ist. Es gibt weder generell geeignete noch generell ungeeignete Bewerber oder Bieter um einen öffentlichen Auftrag. Vielmehr sind zum einen angemessene und verhältnismäßige (§ 122 Abs. 4 S. 1 GWB) Anforderungen an die Eignung vom Auftraggeber für das **konkrete Vergabeverfahren** zu bestimmen, wobei diese allein Befähigung und Erlaubnis zur Berufsausübung sowie wirtschaftliche, finanzielle, technische und berufliche Leistungsfähigkeit betreffen dürfen. Zum anderen ist die Erfüllung dieser Eignungskriterien in jedem Einzelfall festzustellen.

Dagegen ist die Entscheidung, ob ein Unternehmen auszuschließen ist, abstrakt generell geregelt. 11
Sowohl die zwingenden Ausschlussgründe nach § 123 GWB als auch die fakultativen Ausschlussgründe nach § 124 GWB finden in jedem Vergabeverfahren Anwendung und sind nicht in jedem Vergabeverfahren von neuem zu definieren.

Nach der bisherigen deutschen Systematik des § 97 Abs. 4 Satz 1 GWB bestand die **Eignung** aus 12
den vier Elementen Fachkunde, Leistungsfähigkeit, Zuverlässigkeit und Gesetzestreue. Die gleichen Eignungsbegriffe Fachkunde, Leistungsfähigkeit sowie Zuverlässigkeit und Gesetzestreue fanden sich in § 2 EG Abs. 1 Nr. 1 und § 6 EG Abs. 3 Nr. 1 VOB/A. Im bisherigen 1. Abschnitt der VOB/A 2012 (§ 2 Abs. 1 Nr. 1 VOB/A sowie § 6 Abs. 3 Nr. 3 VOB/A) war hingegen lediglich von »Fachkunde, Leistungsfähigkeit und Zuverlässigkeit« die Rede. Auch in dem früheren § 2 Abs. 1 EG VOL/A hieß es: »Aufträge werden in der Regel im Wettbewerb und im Wege transparenter Vergabeverfahren an fachkundige, leistungsfähige und zuverlässige (geeignete) Unternehmen … vergeben«. Ebenso differenzierte § 7 EG VOL/A die Eignungskriterien zwischen Fachkunde, Leistungsfähigkeit und Zuverlässigkeit.

---

6 § 42 Abs. 2 VgV; § 16b EU Abs. 3 VOB/A.

13   Nunmehr orientiert sich § 122 Abs. 1 GWB an den Vorgaben von Art. 58 Abs. 1 RL 2014/24/EU. Es bleiben nur die Begriffe **Fachkunde und Leistungsfähigkeit als »zentrale, definierende Komponenten der Eignung«** erhalten.[7] Das neue Begriffspaar Fachkunde und Leistungsfähigkeit wird jedoch nach der Gesetzesbegründung vollständig durch die in § 122 Abs. 2 GWB aufgeführten drei Kategorien (1. Befähigung und Erlaubnis zur Berufsausübung, 2. wirtschaftliche und finanzielle Leistungsfähigkeit, 3. technische und berufliche Leistungsfähigkeit) ausgefüllt, die wiederum die Anforderungen der RL 2014/24/EU abbilden.[8] Die »Fachkunde« bleibt damit letztlich ohne eigenen Gehalt, der sich so auch nicht in Art. 58 RL 2014/24/EU wiederfindet. Es bleibt unklar, was der Gesetzgeber mit seinem Erhalt erreichen wollte, zumal auch die Regelungen der §§ 42 ff. VgV, die die Eignungskriterien für alle Auftragsarten ausdifferenzieren, den Begriff der Fachkunde nicht erneut aufgreifen.

14   Im Hinblick auf die **zwingenden und fakultativen Ausschlussgründe** verweist § 122 Abs. 1 GWB auf die §§ 123 und 124 GWB. § 122 Abs. 1 GWB soll damit im Zusammenspiel mit den §§ 123 ff. GWB sicherstellen, dass öffentliche Aufträge nur an solche Unternehmen erteilt werden, die Recht und Gesetz in der Vergangenheit eingehalten haben. Über § 128 GWB wird zudem auch die künftige Gesetzestreue bei der Ausführung des Auftrags einbezogen. Die unbestimmten Eignungsbegriffe Zuverlässigkeit und Gesetzestreue konnten aufgrund des jetzt eindeutig geregelten Ausschlussvorbehalts bei Vorliegen bestimmter Ausschlusstatbestände wegfallen. Der Gesetzgeber geht dennoch davon aus, dass sich an der (auch bisher) geltenden Rechtslage, dass nicht gesetzestreue Bieter oder Bewerber vom Vergabeverfahren auszuschließe seien, nichts ändere.[9] Ob diese Aussage in der Gesetzesbegründung so stimmt, darf bezweifelt werden. Über die bisher unbestimmten Rechtsbegriffe Gesetzestreue und insbesondere Zuverlässigkeit bestand gerade Interpretations- und Ermessensspielraum für die Auftraggeber, diesen Begriffen einen einzelfallbezogenen Bedeutungsgehalt zu geben. Diese Spielräume sind künftig nicht mehr eröffnet.

C. Eignungskriterien (§ 122 Abs. 2 GWB)

15   § 122 Abs. 2 GWB übernimmt die drei Eignungskategorien aus Artikel 58 Abs. 1 RL 2014/24/EU und konkretisiert damit den Eignungsbegriff gemäß § 122 Abs. 1 GWB. Dabei gibt das Gesetz nur **Kategorien** vor. Die **Festlegung der Eignungskriterien im Einzelfall obliegt dem öffentlichen Auftraggeber.** Er bestimmt damit, ob und welche Bewerber oder Bieter die für die ordnungsgemäße Erbringung des Auftrags erforderlichen Voraussetzungen erfüllen. Entsprechend Art. 58 Abs. 1 RL 2014/24/EU regeln die vorgesehenen **Kategorien** »Befähigung und Erlaubnis zur Berufsausübung«, »wirtschaftliche und finanzielle Leistungsfähigkeit« sowie »technische und berufliche Leistungsfähigkeit« **abschließend** die zugelassenen Kategorien der Eignung. Eignungskriterien, die diesen Kategorien nicht zugeordnet werden können, sind nicht zulässig.[10] § 122 Abs. 2 S. 2 1. HS GWB ist insoweit eindeutig: »Die Eignungskriterien dürfen ausschließlich Folgendes betreffen«. Die weitere Konkretisierung – entsprechend den Vorgaben der Artikel 58, 60 und 62 RL 2014/24/EU – findet sich in den §§ 42–51 VgV und §§ 6, 6a ff. EU VOB/A.

I. Befähigung und Erlaubnis zur Berufsausübung

16   § 122 Abs. 2 Nr. 1 GWB dient der Umsetzung von Art. 58 Abs. 1 lit. a i.V.m. Abs. 3 RL 2014/24/EU. Danach können öffentliche Auftraggeber Bewerbern und Bietern vorschreiben, in bestimmten in Anhang XI zur RL 2014/24/EU genannten **Berufs- oder Handelsregistern ihrer Herkunftsmitgliedstaaten** verzeichnet zu sein, wenn das Voraussetzung für die Ausübung der betreffenden Dienstleistungen im Herkunftsstaat ist. Das **Herkunftslandprinzip** ist eine wesentliche Säule der grenzüberschreitenden Nichtdiskriminierung im europäischen Vergaberecht. Öffentliche Auftrag-

---

7   Gesetzesbegründung, BT-Drs. 18/6281, Zu § 122 (Eignung).
8   Gesetzesbegründung, BT-Drs. 18/6281, Zu § 122 (Eignung), zu Absatz 1.
9   Gesetzesbegründung, BT-Drs. 18/6281, Zu § 122 (Eignung), zu Absatz 1.
10 Gesetzesbegründung, BT-Drs. 18/6281, Zu § 122 (Eignung), zu Absatz 2.

geber dürfen gerade nicht die Befähigung und Erlaubnis zur Berufsausübung im Mitgliedstaat des Auftraggebers zur Grundlage dieses Eignungskriteriums machen. Die Ausgestaltung dieses Prinzips erfolgt in § 44 VgV und § 6a EU Nr. 1 VOB/A. Dabei bezieht sich allein die VgV auf Anhang XI der RL 2014/24/EU, während die VOB/A auf diesen Verweis verzichtet und die Eintragung in »Berufs- und Handelsregister oder der Handwerksrolle« des »Sitzes oder Wohnsitzes« in Bezug nimmt. Funktion dieses Nachweises ist es, dass der Auftraggeber eine **verlässliche Auskunft über die Existenz** und sonstige wichtige **Rechts- und Vertretungsverhältnisse** des Unternehmens erhält (vgl. § 11 Abs. 1 GmbHG).[11] Über die Fachkunde und Leistungsfähigkeit des Unternehmens geben die Berufs- oder Handelsregister jedoch keine Auskunft.[12]

Sofern keine besondere Form seitens des Auftraggebers gefordert wird, genügt neben der Vorlage 17
einer Abschrift der Handelsregistereintragung (vgl. § 9 Abs. 2 HGB) oder einer Bestätigung der Eintragung durch das registerführende Amtsgericht (vgl. § 9 Abs. 3 HGB) auch ein Ausdruck über die »Wiedergabe des aktuellen Registerinhalts« bzw. eine **Fotokopie** des Ausdrucks als gleichwertiger Nachweis. Verfasser eines solchen Ausdrucks ist ebenso wie bei der (beglaubigten) Kopie aus dem Handelsregisterauszug das zuständige Amtsgericht, sodass der Ausdruck in gleichem Maße wie die Kopie als sog. Fremdbeleg die Richtigkeit der darin enthaltenen Angaben belegt. Zwingende Voraussetzung für die Anerkennung als Nachweis ist die Aussage aus dem Dokument, dass der Bewerber unter seiner Firma z.B. im Handelsregister tatsächlich eingetragen ist.[13] Der Auftraggeber darf zur Erhöhung der Glaubwürdigkeit auch verlangen, dass der Handelsregisterauszug in **beglaubigter Form** eingereicht wird.[14]

Bei der Einreichung eines Handelsregisterauszuges ist zu beachten, ob der Auftraggeber einen Aus- 18
zug fordert, der nicht älter als ein **bestimmtes Datum** sein darf oder ob lediglich nach einem »**aktuellen**« Handelsregisterauszug gefragt ist. Sofern letzteres der Fall ist, reicht es aus, dass der Auszug die aktuellen Gegebenheiten darstellt, unabhängig vom Zeitpunkt seiner Erstellung.

§ 122 Abs. 2 Nr. 1 GWB ist **abschließender Natur.** Bewerber oder Bieter dürfen daher nicht ver- 19
pflichtet werden, auf diesem Gebiet noch weitere Nachweise zu erbringen, wie beispielsweise die Mitgliedschaft in einer bestimmt Innung, wenn diese nicht im Herkunftsland Voraussetzung für die Berufsausübung ist.[15]

II. Wirtschaftliche und finanzielle Leistungsfähigkeit

§ 122 Abs. 2 Nr. 2 GWB dient der Umsetzung von Art. 58 Abs. 1 lit. b i.V.m. Abs. 3 RL 2014/24/ 20
EU. Auftraggeber können durch entsprechende Anforderungen sicherstellen, dass Bewerber und Bieter über die **für die Ausführung des konkreten Auftrags erforderlichen wirtschaftlichen und finanziellen Kapazitäten** verfügen. Die Einzelheiten hierzu, die auch die Richtlinie detailliert vorgibt und begrenzt, regeln wiederum § 45 VgV und § 6a EU Nr. 2 VOB/A. Warum VgV und VOB/A EU hier wiederum in Ordnung und Aufbau der Normen unterschiedliche Wege gehen, gehört zu den Absurditäten der Aufrechterhaltung des Kaskadenprinzips im deutschen Vergaberecht.

Der **Katalog an Kriterien** zur Bestimmung der wirtschaftlichen und finanziellen Leistungsfähigkeit 21
wird durch die Richtlinie klar bestimmt, **ist jedoch nicht abschließend.** Entsprechend setzen **VgV und VOB/A** diese Regelungen im Einzelnen um. So können die Angabe des **Jahresumsatzes**, des **Umsatzes mit den auftragsgegenständlichen Leistungen**, Informationen über **Bilanzen**, Nachweise über **Berufs- und Betriebshaftpflichtversicherungen** in geeigneter Höhe verlangt werden. Im Hinblick auf geforderte **Mindestumsätze** zum Nachweis der Leistungsfähigkeit hat der europäische Gesetzgeber

---

11 OLG Düsseldorf, Beschl. v. 16.01.2006 – VII-Verg 92/05; OLG Schleswig, Beschl. v. 10.03.2006–1 (6) Verg 13/05; VK Düsseldorf, Beschl. v. 14.07.2011 – VK-02/2011 L, VK-2/2011.
12 Müller-Wrede in: Müller-Wrede, VOL/A, 3. Aufl. 2010, § 7 EG Rn. 68.
13 OLG Düsseldorf, Beschl. v. 16.01.2006 – VII-Verg 92/05.
14 VK Bund, Beschl. v. 04.04.2007 – VK 1–23/07.
15 Vgl. VK Baden-Württemberg, Beschl. v. 31.10.2003 – 1 VK 63/03.

Missbrauch vorgebeugt. So darf der geforderte **Mindestumsatz das Zweifach des geschätzten Auftragswerts** (bei losweiser Vergabe des Auftragswertes eines Loses) nur in hinreichend begründeten und im Vergabevermerk dokumentierten Ausnahmefällen übersteigen. Neu ist auch der Hinweis auf die Prüfung des Verhältnisses zwischen Vermögen und Verbindlichkeiten eines Unternehmens.

III. Technische und berufliche Leistungsfähigkeit

22   Das Eignungskriterium der technischen und beruflichen Leistungsfähigkeit ermöglicht den Auftraggebern, solche Anforderungen zu stellen, dass die Bewerber oder Bieter über die erforderlichen personellen und technischen Ressourcen und Erfahrungen verfügen, um den Auftrag in angemessener Qualität ausführen zu können (Art. 58 Abs. 4 RL 2014/24/EU). Die technische und berufliche Leistungsfähigkeit soll nicht gegeben sein, wenn der Bewerber oder Bieter **Interessen** hat, die **mit der Ausführung des Auftrags in Widerspruch stehen** und die Ausführung des Auftrags nachteilig beeinflussen könnten. Die **Konkretisierung im deutschen Vergaberecht erfolgt durch § 46 VgV und § 6a EU Nr. 3 VOB/A.** Diese Kategorie fasst damit die bisherigen Eignungskriterien technische und personelle Leistungsfähigkeit sowie Fachkunde aus dem deutschen Vergaberecht zusammen. Der **abschließende Katalog** an zulässigen zu fordernden Nachweisen für die technische und berufliche Leistungsfähigkeit ist nun umfassend geregelt in **Anhang XII zur RL 2014/24/EU.** VgV und VOB/A übernehmen den Katalog in unterschiedlicher Systematik in § 46 VgV und §§ 6a EU Nr. 3 und 6c EU VOB/A.

D. Nachweis der Eignung durch Teilnahme an Präqualifizierungssystemen (§ 122 Abs. 3 GWB)

23   Gemäß § 122 Abs. 3 GWB kann der Nachweis der Eignung und des Nichtvorliegens von Ausschlussgründen ganz oder teilweise durch die Teilnahme an Präqualifizierungssystemen erbracht werden. Der Absatz entspricht dem bisherigen § 97 Abs. 4a GWB a.F. und greift den Regelungsgehalt des Artikel 64 Abs. 1 RL 2014/24/EU auf.[16] Bei der Präqualifizierung handelt es sich um die vorgelagerte **Prüfung** eines Unternehmens hinsichtlich seiner **Eignung** zur Ausführung von Aufträgen **vor** bzw. **unabhängig von** einem konkreten **Auftrag bzw. Vergabeverfahren.** Die Präqualifizierungssysteme können sowohl staatlich als auch privatwirtschaftlich organisiert sein.[17]

24   Anders als nach der Vorgängerregelung des § 7 EG Abs. 4 VOL/A a.F., wonach es im Ermessen des Auftraggebers stand, ob er den Nachweis der Eignung durch Abruf der Eintragung ermöglicht und zulässt,[18] hat er nunmehr im Rahmen der Eignungsprüfung Nachweise, die mittels eines Präqualifizierungsverfahrens erworben wurden, zu **akzeptieren.** Gemäß Art. 64 Abs. 3 RL 2014/24/EU können Wirtschaftsteilnehmer, die in solchen amtlichen Verzeichnissen eingetragen sind oder über eine Zertifizierung verfügen, dem öffentlichen Auftraggeber bei jeder Vergabe eine Bescheinigung der zuständigen Stelle über die Eintragung oder die von der zuständigen Zertifizierungsstelle ausgestellte Bescheinigung vorlegen.

25   Bereits zum weitgehend wortgleichen § 97 Abs. 4a GWB a.F. stellte sich die Frage, ob die Präqualifikation von Auftraggebern zur zwingenden Voraussetzung erhoben werden darf.[19] Das ist aber weder aus dem Wortlaut noch aus der Richtlinie herzuleiten. Der Auftraggeber darf vielmehr die **Eintragung in das Präqualifizierungsverzeichnis nicht zur Bedingung für die Teilnahme** an der Vergabe machen. Das folgt zum einen aus dem Umkehrschluss zu § 122 Abs. 3 GWB, wonach die Möglichkeit des Eignungsnachweises durch Teilnahme an der Präqualifizierung eine erleichternde Option für die Bewerber bzw. Bieter sein soll, nicht aber Pflichten für Bieter und Bewerber regelt.[20]

---

16 Gesetzesbegründung, BT-Drucks. 18/6281, Zu § 122 (Eignung), zu Absatz 3.
17 Gesetzesbegründung, BT-Drucks. 18/6281, Zu § 122 (Eignung), zu Absatz 3.
18 Vgl. Hausmann/von Hoff in Kulartz/Marx/Portz/Prieß, VOL/A, 3. Aufl. 2014, § 7 EG Abs. 4 VOL/A, Rn. 63.
19 Opitz, in: Dreher/Motzke, Beck'scher Vergaberechtskommentar, 2. Aufl. 2013, § 97 GWB, Rn. 17.
20 Vgl. Ziekow in: Ziekow/Völlink, 2. Aufl. 2013, § 97, Rn. 101.

Zudem legt Art. 52 Abs. 5 UA 2 RL 2014/24/EU ausdrücklich fest, dass die Eintragung in ein Präqualifizierungsverzeichnis nicht zur Bedingung für die Teilnahme am Vergabeverfahren gemacht werden darf.

§ 122 Abs. 3 GWB eröffnet die Möglichkeit zum Nachweis der Eignung und des Nichtvorliegens 26 von Ausschlussgründen durch Präqualifizierungssysteme, regelt jedoch keine Einzelheiten zu solchen Systemen. In der neuen VgV kommt der Begriff Präqualifizierungssysteme, den das GWB im Einklang mit der RL 2014/24/EU verwendet, nicht vor. Lediglich in **§ 50 Abs. 3 lit. a VgV** heißt es im Zusammenhang mit der neuen Einheitlichen Europäischen Eigenerklärung (EEE), dass Bewerber oder Bieter bei Verwendung der EEE keine Unterlagen auf Aufforderung des Auftraggebers nachliefern müssen, wenn »die zuschlagerteilende Stelle« die Unterlagen im Rahmen eines »**Präqualifikationssystems**« erhalten kann. Weitere Regelungen zur Präqualifikation enthält § 48 Abs. 8 VgV. Abgesehen davon, dass es hilfreich gewesen wäre, wenn der Gesetzgeber einen einheitlichen Wortlaut verwenden würde, bleibt für den früheren Bereich der VOL/A der Rahmen für Präqualifizierungssysteme ungeregelt. Dagegen nennt **§ 6b EU Abs. 1 Nr. 1 VOB/A** ausdrücklich das zugelassene »**Präqualifikationsverfahren**«, leider auch insoweit wieder mit der irreführenden begrifflichen Abweichung vom Wortlaut des GWB.

Es gibt sowohl für den Liefer- und Dienstleistungsbereich als auch für den Baubereich bundesweite 27 Präqualifizierungsverfahren:

I. Liefer- und Dienstleistungsbereich

Die bundesweite **Präqualifizierungsdatenbank** für den Liefer- und Dienstleistungsbereich 28 (PQ-VOL[21]) wird vom DIHK – Deutscher Industrie- und Handelskammertag e.V. – betrieben und erfasst alle Unternehmen, die von Auftragsberatungsstellen oder von Industrie- und Handelskammern auf ihre Eignung im VOL-Bereich überprüft worden sind. Diese Unternehmen können in der Datenbank über unterschiedliche Suchkriterien, wie Name, Sitz, Branchencode etc., gefunden werden. Für die **Region Berlin** führt die Senatsverwaltung für Stadtentwicklung und Umwelt die Präqualifizierung für Unternehmen aus allen Bundesländern aus dem Liefer- und Dienstleistungsbereich durch und führt die registrierten Unternehmen im Unternehmer- und Lieferantenverzeichnis für öffentliche Aufträge (ULV).[22] Die PQ-VOL und das ULV sind bisher technisch noch nicht miteinander verbunden. Daher erscheinen die im ULV eingetragenen, präqualifizierten Unternehmen nicht im Rahmen der Suchergebnisse der PQ-VOL und es ist eine direkte Suche im ULV erforderlich.

Zur Präqualifizierung reichen Unternehmen einmal im Jahr bei der jeweils für den Haupt-/ 29 Betriebssitz zuständigen Präqualifizierungsstelle (PQ-Stelle) die vorgesehenen Dokumente entsprechend der Liste für Eignungsnachweise ein. Nach positiver Prüfung erhalten die Unternehmen ein Zertifikat mit Zertifikatscode und das Unternehmen wird in der Datenbank registriert. Bei jeder Teilnahme an einem Vergabeverfahren, bei dem der Auftraggeber im Rahmen der Eignungsprüfung ausdrücklich Nachweise, die mittels eines Präqualifizierungsverfahren erworben wurden, zugelassen hat, muss das Unternehmen – nach entsprechender Anforderung durch den Auftraggeber – **lediglich den Zertifikatscode angeben bzw. das Zertifikat als Kopie beifügen**. Die von den PQ-Stellen überprüften Dokumente sind nur für denjenigen öffentlichen Auftraggeber einsehbar, dem das Zertifikat mit spezifischem Unternehmenscode vorliegt. Das Verzeichnis der präqualifizierten Unternehmen ist jedoch allgemein zugänglich.[23]

Die Akzeptanz der Präqualifikationssysteme im Liefer- und Dienstleistungsbereich wird weiter 30 davon abhängen, ob es gelingt, für die sehr unterschiedlichen Aufträge, sachgerechte Präqualifika-

---

21 https://www.pq-vol.de/info.
22 https://ssl.stadtentwicklung.berlin.de/ULVAuskunft/index.jsp.
23 Zu weiteren Einzelheiten des Präqualifizierungsverfahrens im Bereich der VOL/A vgl. den Internetauftritt der PQ-Datenbank: www.pq-vol.de.

tionskriterien festzulegen.[24] Die Internet-Präsenzen von PQ-VOL und ULV sind bisher nicht im Hinblick auf das VergRModG überarbeitet worden.

II. Baubereich

31 Im Baubereich kann der Nachweis der Eignung der Bewerber gem. § 6b EU Abs. 1 Nr. 1 VOB/A mittels der direkt abrufbaren Eintragung in die allgemein zugängliche **Liste des Vereins für Präqualifikation von Bauunternehmen e.V. (Präqualifikationsverzeichnis)** erfolgen. Diese Nachweismöglichkeit wurde durch die VOB/A 2006 erstmals neu vor dem Hintergrund des Bürokratieabbaus und damit der Einsparung von Prozessaufwand bei Unternehmen und Auftraggebern aufgenommen.[25] In § 6b EU VOB/A wird die Nachweisführung durch Präqualifikation wie bereits in der VOB/A 2012 als erstes vor der Nachweisführung durch Einzelnachweise genannt. Durch die Reihenfolge der Nennungen sollte die Bedeutung des Präqualifikationsverfahrens betont und gestärkt werden.[26] Es ist aber **nicht** davon auszugehen, dass damit ein **Rangverhältnis** zwischen den verschiedenen Möglichkeiten **der Nachweisführung** geschaffen werden sollte.[27] Anders als noch § 6 Abs. 3 EG VOB/A 2012 fehlen in der VOB/A 2016 Einzelregelungen zu den im Präqualifikationsverzeichnis hinterlegten Angaben. § 6b EU Abs. 1 Nr. 1 VOB/A verweist lediglich ausdrücklich darauf, dass Angaben aus dem Präqualifikationsverzeichnis nicht grundlos in Zweifel zu ziehen sind und dass Auftraggeber zusätzlich zum Abruf aus dem Präqualifikationsverzeichnis Bescheinigungen über die Zahlung von Steuern und Abgaben sowie der Sozialversicherungsbeiträge verlangen können. Diese Abweichung steht im Einklang mit § 122 Abs. 3 GWB, wonach das Nichtvorliegen von Ausschlussgründen gemäß § 123 und 124 GWB »ganz oder teilweise« durch die Teilnahme an Präqualifizierungssystemen nachgewiesen werden kann. Die VOB/A weist darüber hinaus ausdrücklich darauf hin, dass die Eintragung in »gleichwertige« Verzeichnisse anderer Mitgliedstaaten ebenso als Nachweis zuzulassen ist. Dieser (lediglich) klarstellende Hinweis hätte wohl auch in § 122 Abs. 3 GWB einen zutreffenden Platz gefunden.

III. Präqualifizierungssysteme in anderen Bereichen

32 **Sektorenaufträge:** § 122 GWB gilt im Sektorenbereich gemäß § 142 Nr. 1 GWB mit der Besonderheit, dass Sektorenauftraggeber abweichend von § 122 Abs. 1 und 2 GWB die Unternehmen anhand objektiver Kriterien auswählen, die allen interessierten Unternehmen zugänglich sind. Parallel dazu besteht im Sektorenbereich ein ähnliches Präqualifizierungsregime. § 48 SektVO regelt sogenannte **»Qualifizierungssysteme« zur Eignungsfeststellung.** Die Vorschrift dient der Umsetzung des Art. 77 RL 2014/25/EU. Anders als im Bereich der VgV und VOB/A sind Qualifizierungssysteme im Sektorenbereich ausdifferenziert geregelt. Insbesondere wird auch das diskriminierungsfreie Antragsverfahren zur Aufnahme in ein solches Qualifizierungssystem im Einzelnen festgelegt.

33 **Konzessionsvergaben:** In der KonzVgV gibt es keine Regelung zu Präqualifizierungsverfahren.

34 **Verteidigung und Sicherheit:** Auch die VSVgV regelt nichts zu Präqualifizierungsverfahren.

---

24 Opitz in: Dreher/Motzke, Beck'scher Vergaberechtskommentar, 2. Aufl. 2013, § 97 GWB, Rn. 30.
25 Studie »Öffentliches Vergabewesen – Bürokratieabbau durch Präqualifikation«, durchgeführt im Auftrag des Bundesministeriums für Wirtschaft, vom 30.01.2004 – S. 8 und 10 – prognostizierte Ersparnis bei Auftraggebern 70 Mio. € (von 87 auf 17 Mio.), S. 25, bei Auftragnehmern 580 Mio. € (von 620 auf 40 Mio.), S. 24; vgl. auch Kratzenberg NZBau 2006, 601, 605 – geschätzter Aufwand von 150–250 € pro Eignungsnachweis.
26 Bekanntmachung der Novellierung der Vergabe- und Vertragsordnung für Bauleistungen (VOB) Teile A und B v. 31.07.2009, BAnz. v. 15.10.2009, Nr. 115a, Hinweise zu § 6.
27 A.A. Schranner in: Ingenstau/Korbion, VOB, 17. Aufl. 2010, § 6 Rn. 102.

E. Angemessenheit und Bekanntmachung der Eignungskriterien (§ 122 Abs. 4 GWB)

§ 122 Abs. 4 GWB enthält zwei im Wesentlichen eigenständige Regelungstatbestände. Zum einen 35 müssen die Eignungskriterien »mit dem Auftragsgegenstand in Verbindung und in einem angemessenen Verhältnis stehen«. Zum anderen regelt § 122 Abs. 4 S. 2 GWB die Bekanntmachungspflicht für die in einem Vergabeverfahren geforderten Eignungskriterien.

I. Angemessenheit der Eignungskriterien

Die Entscheidung des Auftraggebers, welche konkreten Eignungsnachweise er fordert, bewegt sich 36 im **Spannungsfeld** zwischen dem Anliegen des Auftraggebers, das Vergabeverfahren bzw. die Angebotswertung nur mit tatsächlich geeigneten Kandidaten fortzusetzen und seinem Interesse, die Zahl der Teilnehmer und damit den Wettbewerb nicht unnötig zu verringern. **Überhöhte Anforderungen an die Eignung** (z.B. Mindestanforderungen) und die Eignungsnachweise können dazu führen, dass eigentlich geeignete Bewerber dem Auftraggeber als potentielle Auftragnehmer verloren gehen, sei es weil sie die Eignungsanforderungen tatsächlich nicht erfüllen oder aber weil sie – aus welchen Gründen auch immer – bestimmte zwingend geforderte Eignungsnachweise nicht beigefügt haben.

§ 122 Abs. 4 Satz 1 GWB soll sicherstellen, dass **nur angemessene Anforderungen an die Eignung** 37 gestellt werden, die **mit dem Auftragsgegenstand in Verbindung** stehen.[28] Dabei ist zwischen der »Verbindung« zwischen Auftragsgegenstand und Eignungskriterium sowie der Angemessenheit zu differenzieren. Denn die »**Verbindung**« regelt zunächst den **Sachbezug** des Eignungskriteriums. Die Eignungsanforderungen müssen **Verbindung zum Auftragsgegenstand** aufweisen. Eignungsanforderungen, die einen solchen Zusammenhang nicht aufweisen, sind deshalb vergaberechtswidrig.

Die »**Angemessenheit**« unterwirft die Auswahl von Eignungskriterien dem **Verhältnismäßigkeits-** 38 **grundsatz**. Damit ist die Neuregelung im GWB klarer und setzt eindeutigere Maßstäbe, als das bisher in den Vergabeordnungen der Fall war. So fand sich im 2. Abschnitt der VOB/A 2012 nur der versteckte Hinweis in § 6 EG Abs. 3 Nr. 3 (wortgleich mit § 6 Abs. 3 Nr. 3), dass »andere, auf den konkreten Auftrag bezogene zusätzliche, insbesondere für die Prüfung der Fachkunde geeignete Angaben […] verlangt werden [können]«. Die VOL/A war expliziter: Gemäß § 7 EG Abs. 1 S. 1 VOL/A 2012 durften von den Bewerbern zum Nachweis der Eignung nur Unterlagen und Angaben gefordert werden, die durch den Gegenstand des Auftrags gerechtfertigt sind.

Die Neuregelung im GWB übernimmt nicht nur die entsprechende Regelung aus Art. 58 Abs. 5 39 RL 2014/24/EU, sondern schließt insoweit auch die **bisherige Rechtsprechung** zur Definition der Eignungskriterien in den Vergabeordnungen ein. So lässt auch die neue Regelung vermuten, dass den Auftraggebern bei der Festlegung der Eignungskriterien ein **Ermessensspielraum** zustehen soll.[29] Diesen Ermessensspielraum muss der Auftraggeber nutzen. Es liegt ein Ermessensausfall – und damit einen Ermessensfehler – vor, wenn eingeräumtes Ermessen überhaupt nicht ausgeübt wird. Die Pflicht zur (Einzelfall-) Prüfung folgt zudem auch aus den Geboten der Transparenz, Gleichbehandlung und Verhältnismäßigkeit.[30] Der Auftraggeber hat deswegen bei **jeder einzelnen Auftragsvergabe gesondert zu entscheiden**, welche konkreten Eignungskriterien in welcher Qualität zur Beurteilung der Leistungsfähigkeit notwendig bzw. sinnvoll sind.

Die RL 2014/24/EU sieht in **überzogenen Eignungsanforderungen** insbesondere einen **Nachteil für** 40 **kleinere und mittlere Unternehmen (KMU)**.[31] Deshalb findet die in Art. 58 Abs. 5 RL 2014/24/EU

---

28 Gesetzesbegründung, BT-Drs. 18/6281, zu § 122 (Eignung), zu Absatz 4.
29 Vgl. zur bisherigen Rechtslage: OLG Düsseldorf, Beschl. v. 21.12.2011 – VII-Verg 74/11; Beschl. v. 25.10.2011 – VII-Verg 86/11; OLG Frankfurt, Beschl. v. 13.12.2011 – 11 Verg 8/11; OLG Karlsruhe, Beschl. v. 22.07.2011 –15 Verg 8/11; Prieß Handbuch des europäischen Vergaberechts, 3. Aufl. 2005, S. 261.
30 Vgl. VK Düsseldorf, Beschl. v. 21.11.2003 – VK-33/2003-L; VK Rheinland-Pfalz, Beschl. v. 30.06.2005 – VK 27/05; Prieß Handbuch des europäischen Vergaberechts, 3. Aufl. 2005, S. 265.
31 RL 2014/24/EU, Erwägungsgrund 83.

geforderte Angemessenheit des Verhältnisses zwischen Eignungskriterien und Auftragsgegenstand seine Konkretisierung bereits in dem Gebot, Mindestanforderungen an den Umsatz eines Bewerbers oder Bieters grundsätzlich auf das Zweifache des Auftragsvolumens zu begrenzen. Ausnahmen bleiben zulässig, wenn das durch Besonderheiten des Auftrags, etwa besonders hohe Risiken, gerechtfertigt ist. Ein weiteres Element der Verhältnismäßigkeit ist der **Umfang der geforderten Eignungsnachweise** und der damit verbundene **Verwaltungsaufwand**. Der europäische Richtliniengeber ist zu Recht besorgt, dass überzogene Eignungs- und Nachweisanforderungen KMU benachteiligen und überhaupt die – zumal grenzüberschreitende – Beteiligung an Vergabeverfahren nachteilig beeinflussen kann.[32] Unverhältnismäßig aufwändige Nachweise sind deshalb nicht zulässig.

41 Bewerber und Bieter haben einen **durchsetzbaren Anspruch** darauf, dass mit dem Auftragsgegenstand nicht verbundene und unverhältnismäßige Kriterien nicht verwendet werden. Gleichwohl ist zu berücksichtigen, dass dem Auftraggeber Ermessen bei der Auswahl der Kriterien zusteht. Die deutsche vergaberechtliche Rechtsprechung ging bisher davon aus, dass diese dem Auftraggeber zustehende Ermessensentscheidung hinsichtlich der geforderten Eignungsnachweise von den Nachprüfungsinstanzen **nur eingeschränkt überprüfbar** ist. Die Nachprüfung ist beschränkt auf die Kontrolle von Ermessensfehlern, wie z.B. die Zugrundelegung eines unzutreffenden Sachverhaltes, sachfremden Erwägungen oder Willkür.[33] Entscheidend ist, ob aus verständiger Sicht des Auftraggebers ein berechtigtes Interesse hinsichtlich der verlangten Angaben und Eignungsnachweise besteht, so dass diese **sachlich gerechtfertigt und verhältnismäßig erscheinen und den Bieterwettbewerb nicht unnötig einschränken**.[34] Zur Sicherung einer effektiven Überprüfbarkeit der korrekten Inanspruchnahme des Ermessensspielraums durch die Nachprüfungsinstanzen ist der Auftraggeber gehalten, seine bei der Aufstellung der Eignungskriterien angestellten Erwägungen **offen zu legen** und die Entscheidung, weshalb eine konkrete Eignungsanforderung Sachbezug zum Gegenstand des Auftrags hat und als angemessen anzusehen ist, in der Vergabeakte **konkret zu begründen**.[35]

II. Bekanntmachung der Eignungskriterien

42 Dem **Transparenzgebot** ist auch die abschließende Forderung des § 122 Abs. 4 GWB geschuldet, dass die vom Auftraggeber gewählten **Eignungskriterien in der Auftragsbekanntmachung, der Vorinformation oder der Aufforderung zur Interessensbestätigung aufzuführen** sind. Die früher häufig angewandte Praxis, die Eignungskriterien erst in den Vergabeunterlagen mitzuteilen, dürfte damit nicht mehr zulässig sein. Mit dieser Regelung geht einher, dass die Eignungskriterien in der Bekanntmachung eindeutig und abschließend beschrieben sein müssen.

§ 123 Zwingende Ausschlussgründe

(1) **Öffentliche Auftraggeber schließen ein Unternehmen zu jedem Zeitpunkt des Vergabeverfahrens von der Teilnahme aus, wenn sie Kenntnis davon haben, dass eine Person, deren Verhalten nach Absatz 3 dem Unternehmen zuzurechnen ist, rechtskräftig verurteilt oder gegen das Unternehmen eine Geldbuße nach § 30 des Gesetzes über Ordnungswidrigkeiten rechtskräftig festgesetzt worden ist wegen einer Straftat nach:**
  1. **§ 129 des Strafgesetzbuchs (Bildung krimineller Vereinigungen), § 129a des Strafgesetzbuchs (Bildung terroristischer Vereinigungen) oder § 129b des Strafgesetzbuchs (Kriminelle und terroristische Vereinigungen im Ausland),**

---

32 RL 2014/24/EU, Erwägungsgrund 84.
33 OLG Düsseldorf, Beschl. v. 21.12.2011 – VII-Verg 74/11; OLG München, Beschl. v. 31.08.2010 – Verg 12/10; OLG Düsseldorf, Beschl. v. 09.06.2010 – Verg 14/10; VK Baden-Württemberg, Beschl. v. 26.06.2012 – 1 VK 16/12.
34 OLG Koblenz, Beschl. v. 13.06.2012 – 1 Verg 2/12; OLG Düsseldorf, Beschl. v. 21.12.2011 – VII-Verg 74/11, Thüringer OLG, Beschl. v. 18.05.2009 – 9 Verg 4/09.
35 OLG Düsseldorf, Beschl. v. 21.12.2011 – VII-Verg 74/11.

2. § 89c des Strafgesetzbuchs (Terrorismusfinanzierung) oder wegen der Teilnahme an einer solchen Tat oder wegen der Bereitstellung oder Sammlung finanzieller Mittel in Kenntnis dessen, dass diese finanziellen Mittel ganz oder teilweise dazu verwendet werden oder verwendet werden sollen, eine Tat nach § 89a Absatz 2 Nummer 2 des Strafgesetzbuchs zu begehen,

3. § 261 des Strafgesetzbuchs (Geldwäsche; Verschleierung unrechtmäßig erlangter Vermögenswerte),

4. § 263 des Strafgesetzbuchs (Betrug), soweit sich die Straftat gegen den Haushalt der Europäischen Union oder gegen Haushalte richtet, die von der Europäischen Union oder in ihrem Auftrag verwaltet werden,

5. § 264 des Strafgesetzbuchs (Subventionsbetrug), soweit sich die Straftat gegen den Haushalt der Europäischen Union oder gegen Haushalte richtet, die von der Europäischen Union oder in ihrem Auftrag verwaltet werden,

6. § 299 des Strafgesetzbuchs (Bestechlichkeit und Bestechung im geschäftlichen Verkehr),

7. § 108e des Strafgesetzbuchs (Bestechlichkeit und Bestechung von Mandatsträgern),

8. den §§ 333 und 334 des Strafgesetzbuchs (Vorteilsgewährung und Bestechung), jeweils auch in Verbindung mit § 335a des Strafgesetzbuchs (Ausländische und internationale Bedienstete),

9. Artikel 2 § 2 des Gesetzes zur Bekämpfung internationaler Bestechung (Bestechung ausländischer Abgeordneter im Zusammenhang mit internationalem Geschäftsverkehr) oder

10. den §§ 232 und 233 des Strafgesetzbuchs (Menschenhandel) oder § 233a des Strafgesetzbuchs (Förderung des Menschenhandels).

(2) Einer Verurteilung oder der Festsetzung einer Geldbuße im Sinne des Absatzes 1 stehen eine Verurteilung oder die Festsetzung einer Geldbuße nach den vergleichbaren Vorschriften anderer Staaten gleich.

(3) Das Verhalten einer rechtskräftig verurteilten Person ist einem Unternehmen zuzurechnen, wenn diese Person als für die Leitung des Unternehmens Verantwortlicher gehandelt hat; dazu gehört auch die Überwachung der Geschäftsführung oder die sonstige Ausübung von Kontrollbefugnissen in leitender Stellung.

(4) Öffentliche Auftraggeber schließen ein Unternehmen zu jedem Zeitpunkt des Vergabeverfahrens von der Teilnahme an einem Vergabeverfahren aus, wenn

1. das Unternehmen seinen Verpflichtungen zur Zahlung von Steuern, Abgaben oder Beiträgen zur Sozialversicherung nicht nachgekommen ist und dies durch eine rechtskräftige Gerichts- oder bestandskräftige Verwaltungsentscheidung festgestellt wurde oder

2. die öffentlichen Auftraggeber auf sonstige geeignete Weise die Verletzung einer Verpflichtung nach Nummer 1 nachweisen können.

Satz 1 ist nicht anzuwenden, wenn das Unternehmen seinen Verpflichtungen dadurch nachgekommen ist, dass es die Zahlung vorgenommen oder sich zur Zahlung der Steuern, Abgaben und Beiträge zur Sozialversicherung einschließlich Zinsen, Säumnis- und Strafzuschlägen verpflichtet hat.

(5) Von einem Ausschluss nach Absatz 1 kann abgesehen werden, wenn dies aus zwingenden Gründen des öffentlichen Interesses geboten ist. Von einem Ausschluss nach Absatz 4 Satz 1 kann abgesehen werden, wenn dies aus zwingenden

Gründen des öffentlichen Interesses geboten ist oder ein Ausschluss offensichtlich unverhältnismäßig wäre. § 125 bleibt unberührt.

A. Zwingende Ausschlussgründe gem. § 123 GWB

1 § 123 GWB regelt, wann ein Unternehmen zwingend von der Teilnahme an einem Vergabeverfahren ausgeschlossen werden muss. Bei Vorliegen eines zwingenden Ausschlussgrundes steht dem öffentlichen Auftraggeber **kein Ermessen** bei der Entscheidung zu, ob das Unternehmen ausgeschlossen wird.[1]

2 Durch § 123 GWB werden die Bestimmungen in Art. 57 Abs. 1, 2 und 5 UAbs. 1 RL 2014/24/EU umgesetzt. Bisher waren die zwingenden Ausschlussgründe in den Vergabe- und Vertragsordnungen geregelt (vgl. § 6 EG Abas. 4 VOL/A a.F.; § 6 EG Abs. 4 VOB/A; § 4 Abs. 6 VOF). Ausweislich der Gesetzesbegründung erfolgt die Regelung der Ausschlussgründe nunmehr im Gesetz, da der Ausschluss eines Unternehmens von der Teilnahme an einem Vergabeverfahren in Grundrechte eingreifen kann.[2] Warum die VOB/A in § 6e EU Abs. 1 bis 5 die Vorschrift fast wortlautgleich wiederholt, bleibt unklar.

3 Die Vorschrift ist im Zusammenhang mit § 122 GWB sowie den Regelungen über die Anforderungen an die Eignung in §§ 42 bis 51 VgV sowie § 6 EU bis 6a EU VoBlA zu sehen. Von den Regelungen zum Ausschluss eines Unternehmens wegen des Vorliegens eines zwingenden oder fakultativen

---

1 Gesetzesbegründung, BT-Drs. 18/6281, S. 102.
2 Gesetzesbegründung, BT-Drs. 18/6281, S. 102; zum Gesetzesvorbehalt bei Grundrechtseingriffen siehe Huster/Rux: in: Beck'scher Online Kommentar GG Epping/Hillgruber, 27. Edition Stand 01.12.2015, GG Art. 20 Rn. 172; Grzeszick in: Maunz/Dürig, Grundgesetz-Kommentar, 75. EL September 2015, GG Art. 20 Rn. 81.

Ausschlussgrunds gemäß §§ 123, 124 GWB ist der Ausschluss eines Angebots wegen formaler Mängel zu unterscheiden. Zu Letzterem werden Regelungen in § 57 VgV getroffen.[3]

Für Vergaben öffentlicher Aufträge durch **Sektorenauftraggeber zum Zweck der Ausübung von** 4 **Sektorentätigkeiten** gilt § 123 GWB gem. § 142 GWB entsprechend mit der Maßgabe des § 142 Nr. 2 GWB, wonach private Sektorenauftraggeber ein Unternehmen nach § 123 ausschließen können, aber nicht ausschließen müssen. Die Anforderungen an die Eignung sind in §§ 45 bis 50 SektVO beschrieben.

Für Vergaben von **verteidigungs- oder sicherheitsspezifischen öffentlichen Aufträgen** gilt § 123 5 GWB gem. § 147 GWB entsprechend. Darüber hinaus gelten die §§ 21 und 22 VSVgV.

Im Bereich der **Konzessionsvergaben** gilt gem. § 154 Nr. 2 lit. a GWB § 123 GWB entsprechend 6 mit der Maßgabe, dass private Konzessionsgeber ein Unternehmen trotz Vorliegens eines zwingenden Ausschlussgrundes in den Grenzen des § 123 ausschließen können, aber nicht ausschließen müssen. Im Übrigen gilt § 25 KonzVgV.

I. Rechtskräftige Verurteilung wegen einer Katalogstraftat gemäß § 123 Abs. 1 GWB

§ 123 Abs. 1 GWB enthält einen abschließenden Katalog von zwingenden Ausschlussgründen, die 7 an eine rechtskräftige Verurteilung oder rechtskräftige Festsetzung einer Geldbuße wegen bestimmter, im Einzelnen aufgelisteter Straftaten anknüpfen. Danach sind Unternehmen zu jedem Zeitpunkt des Vergabeverfahrens von der Teilnahme auszuschließen, wenn ein öffentlicher Auftraggeber Kenntnis davon hat, dass Personen, deren Verhalten dem Unternehmen zuzurechnen ist, wegen bestimmter Straftaten rechtskräftig verurteilt worden ist oder gegen das Unternehmen eine Geldbuße nach § 30 OWiG rechtskräftig festgesetzt worden ist.

1. Erfasste Straftatbestände

Die von § 123 Abs. 1 GWB erfassten Straftatbestände lassen sich in zwei Gruppen unterteilen: in 8 solche, bei denen es allein auf die Erfüllung des jeweiligen Straftatbestandes ankommt, und solche, bei denen zusätzlich darauf abzustellen ist, gegen wen sich die Straftat gerichtet hat.

In die erste Gruppe fallen die in § 123 Abs. 1 Nr. 1 bis 3 sowie 6 bis 10 GWB genannten Straftat- 9 bestände:
- § 129 StGB (Bildung krimineller Vereinigungen), § 129a StGB (Bildung terroristischer Vereinigungen) oder § 129b StGB (Kriminelle und terroristische Vereinigungen im Ausland),
- § 89c StGB (Terrorismusfinanzierung) oder wegen der Teilnahme an einer solchen Tat oder wegen der Bereitstellung oder Sammlung finanzieller Mittel in Kenntnis dessen, dass diese finanziellen Mittel ganz oder teilweise dazu verwendet werden oder verwendet werden sollen, eine Tat nach § 89a Absatz 2 Nummer 2 StGB zu begehen,
- § 261 StGB (Geldwäsche; Verschleierung unrechtmäßig erlangter Vermögenswerte),
- § 299 StGB (Bestechlichkeit und Bestechung im geschäftlichen Verkehr),
- § 108e StGB (Bestechlichkeit und Bestechung von Mandatsträgern),
- §§ 333 und 334 StGB (Vorteilsgewährung und Bestechung), jeweils auch in Verbindung mit § 335a StGB (Ausländische und internationale Bedienstete),
- Artikel 2 § 2 des Gesetzes zur Bekämpfung internationaler Bestechung (Bestechung ausländischer Abgeordneter im Zusammenhang mit internationalem Geschäftsverkehr),
- §§ 232 und 233 StGB (Menschenhandel) oder § 233a StGB (Förderung des Menschenhandels).

Bei der zweiten Gruppe muss sich die Straftat gegen den **Haushalt der Europäischen Union (EU)** 10 oder gegen Haushalte richten, die von der EU oder in deren Auftrag verwaltet werden. Hierzu gehören die in § 123 Abs. 1 Nr. 4 und 5 GWB genannten Tatbestände:

---

3 Vergleichbare Regelungen finden sich in § 51 SektVO; § 29 KonzVgV; § 31 VSVgV.

- § 263 StGB (Betrug), soweit sich die Straftat gegen den Haushalt der EU oder gegen Haushalte richtet, die von der EU oder in ihrem Auftrag verwaltet werden,
- § 264 StGB (Subventionsbetrug), soweit sich die Straftat gegen den Haushalt der EU oder gegen Haushalte richtet, die von der EU oder in ihrem Auftrag verwaltet werden,

11   Durch die einzelnen Straftatbestände werden die gemeinschaftsrechtlichen Vorgaben gemäß Art. 57 Abs. 1 UA 1 RL 2014/24/EU in deutsches Recht umgesetzt. Im Vergleich zur RL 2004/18/EG wurde dieser Katalog um terroristische Straftaten und Terrorismusfinanzierung sowie um Kinderarbeit und Menschenhandel ergänzt. Die bisherige Katalogstraftat nach § 370 Abgabenordnung (Steuerhinterziehung) (vgl. § 6 EG Abs. 4 lit. e) VOL/A a.F.) unterfällt nunmehr dem zwingenden Ausschlusstatbestand des § 123 Abs. 4 GWB.[4]

12   Ausweislich der Gesetzesbegründung geht die Umsetzung der zwingenden Ausschlussgründe in § 123 GWB grundsätzlich **nicht über die verpflichtenden Vorgaben der Richtlinie hinaus**, sondern zeichnet diese soweit wie möglich für das deutsche Recht nach.[5] Das erfolgte richtigerweise mit dem Argument, dass angesichts der gravierenden Rechtsfolge des zwingenden Ausschlusses von der Teilnahme an einem Vergabeverfahren die Festlegung obligatorischer Ausschlussgründe nicht weiter als unbedingt notwendig gehen darf.[6] Nicht in diesem Katalog aufgeführte Straftaten können hingegen einen fakultativen Ausschlussgrund im Sinne des § 124 Abs. 1 Nr. 3 GWB (nachweisliche schwere Verfehlung) darstellen.[7]

2. Rechtskräftige Verurteilung oder rechtskräftige Festsetzung einer Geldbuße

13   Eine **rechtskräftige** Verurteilung liegt vor, wenn die Entscheidung von den Verfahrensbeteiligten nicht mehr mit einem ordentlichen Rechtsmittel angefochten werden kann und im Prozess nicht mehr abänderbar ist.[8] Erforderlich ist dafür die sog. **formelle Rechtskraft** im Sinne der Strafprozessordnung (StPO). Formell rechtskräftig sind Urteile, wenn die Rechtsmittelfrist verstrichen ist, ein ggf. eingelegtes Rechtsmittel verworfen oder zurückgenommen wurde oder ein Rechtsmittelverzicht erklärt wurde.[9] Solange ein Urteil noch von mindestens einem Prozessbeteiligten angefochten werden kann (sog. **relative Rechtskraft**), liegt keine rechtskräftige Verurteilung im Sinne von § 123 Abs. 1 GWB vor. In diesem Falle kommt allerdings ein Ausschluss nach § 124 Abs. 1 Nr. 3 GWB (nachweisliche schwere Verfehlungen) in Betracht.

14   Analog zur Regelung in Art. 57 RL 2014/24/EU stellt die deutsche Vorschrift nicht auf eine strafgerichtliche Verurteilung, sondern auf eine rechtskräftige Verurteilung aufgrund einer Straftat ab. Damit wird auch die rechtskräftige Verurteilung eines Unternehmens zu einer Geldbuße gem. § 123 Abs. 1 Alt. 2 GWB i.V.m. § 30 OWiG erfasst.[10] Eine Verurteilung setzt auch **nicht zwingend ein »Urteil«** voraus. Ausreichend soll auch ein Strafbefehl sein, gegen den kein bzw. nicht rechtzeitig Einspruch erhoben worden ist, da dann ein Strafbefehl einem rechtskräftigen Urteil gleichstehe (§ 410 Abs. 3 StPO).[11]

15   Die **Geldbuße gem. § 30 OWiG** muss auch rechtskräftig festgesetzt worden sein. Ordnungsrechtlich ist dann von einer rechtskräftigen Festsetzung einer Geldbuße auszugehen, wenn sie mit einem Rechtsbehelf nicht mehr angefochten werden kann, **formelle Rechtskraft**. Dies ist dann der Fall, wenn ein Rechtsmittel oder Rechtsbehelf (z.B. Einspruch, Rechtsbeschwerde, Zulassungsantrag nach

---

4   Gesetzesbegründung, BT-Drs. 18/6281, S. 104.
5   Gesetzesbegründung, BT-Drs. 18/6281, S. 102.
6   Gesetzesbegründung, BT-Drs. 18/6281, S. 102.
7   Gesetzesbegründung, BT-Drs. 18/6281, S. 102; vgl. auch Kommentierung zu § 124 Abs. 1 Nr. 3 GWB, Rdn. 23 ff.
8   Meyer-Goßner, StPO-Kommentar, 56. Aufl. 2013, Einleitung Rn. 163 f.
9   Meyer-Goßner, StPO-Kommentar, 56. Aufl. 2013, Einleitung Rn. 163 f.
10 Gesetzesbegründung, BT-Drs. 18/6281, S. 102.
11 VK Niedersachen, Beschl. v. 24.03.2011 – VgK-04/2011; Wagner-Cardenal in: Dieckmann/Scharf/Wagner-Cardenal, VOL/A Kommentar, 1. Aufl. 2013, § 6 EG Rn. 32.

§ 80 OWiG, sofortige Beschwerde) nicht statthaft ist, wenn alle Anfechtungsberechtigten die Anfechtungsfrist ungenutzt haben verstreichen lassen oder einen Rechtsmittelverzicht erklärt bzw. ein bereits eingelegtes Rechtsmittel zurückgenommen haben. Schließlich ist von einer rechtskräftigen Festsetzung auszugehen, wenn das Rechtsmittel oder der Rechtsbehelf letztinstanzlich verworfen worden ist.

3. Berücksichtigung ausländischer Verurteilungen und Geldbußen gem. § 123 Abs. 2 GWB

Gemäß § 123 Abs. 2 GWB führen auch ausländische Verurteilungen oder Festsetzungen einer   16
Geldbuße zum Ausschluss des betroffenen Unternehmens, wenn die Verurteilung auf einem den
Katalogstraftaten entsprechenden Straftatbestand beruht. Das gilt nicht nur in Bezug auf Verurteilungen in anderen Mitgliedstaaten der Europäischen Union, sondern allgemein und grundsätzlich
weltweit. Für die Mitgliedsstaaten der Europäischen Union finden sich die insoweit zu berücksichtigenden Straftatbestände insbesondere in den jeweiligen nationalen vergaberechtlichen Vorschriften zur Umsetzung von **Art. 57 Abs. 1 RL 2014/24/EU**.[12] Die Richtlinie schreibt einen zwingenden Ausschluss von der Teilnahme an einem Vergabeverfahren bei rechtskräftiger Verurteilung aus den folgenden Gründen vor:
- Beteiligung an einer kriminellen Vereinigung im Sinne des Artikels 2 des Rahmenbeschlusses 2008/841/JI des Rates
- Bestechung im Sinne des Artikels 3 des Übereinkommens über die Bekämpfung der Bestechung, an der Beamte der Europäischen Gemeinschaften oder der Mitgliedstaaten der Europäischen Union beteiligt sind und des Artikels 2 Absatz 1 des Rahmenbeschlusses 2003/568/JI des Rates sowie Bestechung im Sinne des nationalen Rechts des öffentlichen Auftraggebers oder des Wirtschaftsteilnehmers;
- Betrug im Sinne des Artikels 1 des Übereinkommens über den Schutz der finanziellen Interessen der Europäischen Gemeinschaften;
- terroristische Straftaten oder Straftaten im Zusammenhang mit terroristischen Aktivitäten im Sinne des Artikels 1 beziehungsweise des Artikels 3 des Rahmenbeschlusses 2002/475/JI des Rates zur Terrorismusbekämpfung oder Anstiftung, Beihilfe und Versuch im Sinne des Artikels 4 des genannten Rahmenbeschlusses;
- Geldwäsche oder Terrorismusfinanzierung im Sinne des Artikels 1 der Richtlinie 2005/60/EG des Europäischen Parlaments und des Rates;
- Kinderarbeit und andere Formen des Menschenhandels im Sinne des Artikels 2 der Richtlinie 2011/36/EU des Europäischen Parlaments und des Rates.

Neben Verurteilungen von natürlichen Personen, sind auch **Verurteilungen juristischer Personen**   17
zu berücksichtigen, soweit das Strafrecht anderer Staaten derartige Verurteilungen vorsehen. Zwar
kennt das deutsche Recht die Möglichkeit der strafrechtlichen Verurteilung von Organisationen und
Unternehmen grundsätzlich nicht. Soweit andere Rechtsordnungen aber eine strafrechtliche Verurteilung von Unternehmen und juristischen Personen zulassen, müssen diese aber im Rahmen von
§ 123 GWB berücksichtigt werden. Das ergibt sich bereits aus dem Wortlaut des Art. 57 Abs. 1 RL
2014/24/EG, wonach auf die rechtskräftige Verurteilung des »Wirtschaftsteilnehmers« abzustellen ist.

Der Ausschluss eines Unternehmens nach § 123 Abs. 1 GWB ist allerdings problematisch, wenn   18
nicht sichergestellt ist, dass das ausländische Urteil rechtsstaatlichen Ansprüchen genügt. Ein Ausschluss ist nur dann gerechtfertigt, wenn das in Bezug genommene Urteil den **Mindestanforderungen an ein rechtsstaatliches Verfahren** gerecht wird. Als Maßstab bietet sich insoweit § 49 Abs. 1
Nr. 2 des Internationalen Rechtshilfegesetzes (IRG) an, wonach folgende Anforderungen gelten:
Dem Verurteilten muss rechtliches Gehör gewährt und eine angemessene Verteidigung ermöglicht
worden sein; die Sanktion muss von einem unabhängigen Gericht oder, soweit es sich um eine
Geldbuße handelt, von einer Stelle verhängt worden sein, gegen deren Entscheidung ein unabhängiges Gericht angerufen werden kann. An der Einhaltung der Mindestanforderungen fehlt es auch

---

12 Gesetzesbegründung, BT-Drs. 18/6281, S. 103.

dann, wenn die Verurteilung mit wesentlichen Grundsätzen des deutschen Rechts, insbesondere den **Grundrechten unvereinbar** ist.[13]

19 Zusätzlich ist § 53 BZRG (Bundeszentralregistergesetz) zu beachten. Denn beim Fehlen einer Registereintragung darf sich der Betroffene – gegenüber beschränkt Registerauskunftsberechtigten – grundsätzlich als unbestraft bezeichnen. Das gilt auch in Bezug auf ausländische rechtskräftige Verurteilungen (§ 58 BZRG).

II. Verurteilung von Leitungspersonal oder Geldbuße gegen Unternehmen (§ 123 Abs. 1 GWB)

20 Gemäß § 123 Abs. 1 GWB ist ein zwingender Ausschluss dann vorzunehmen, wenn (a) eine Person, deren Verhalten nach § 123 Abs. 3 GWB dem Unternehmen zuzurechnen ist, rechtskräftig wegen einer Katalogstraftat verurteilt (Alternative 1) oder (b) gegen das Unternehmen eine Geldbuße nach § 30 OWiG rechtskräftig festgesetzt worden ist wegen einer Katalogstraftat (Alternative 2).

1. Alternative 1: Zurechenbarkeit des Verhaltens gemäß § 123 Abs. 3 GWB

21 Gemäß § 123 Abs. 3 GWB ist das Verhalten einer rechtskräftig verurteilten Person einem Unternehmen dann zuzurechnen, wenn diese Person **als für die Leitung des Unternehmens Verantwortlicher gehandelt** hat; dazu gehört auch die Überwachung der Geschäftsführung oder die sonstige Ausübung von Kontrollbefugnissen in leitender Stellung. Durch die Regelung wird Art. 57 Abs. 1 UA 2 RL 2014/24/EU umgesetzt.

a) Für die Leitung des Unternehmens Verantwortliche

22 Laut Gesetzesbegründung erfolgte die Formulierung »als für die Leitung des Unternehmens Verantwortlicher« in Anlehnung an den Wortlaut des § 30 Abs. 1 Nr. 5 OWiG.[14] § 30 Abs. 1 OWiG regelt grundsätzlich, wann aufgrund einer Straftat oder Ordnungswidrigkeit einer natürlichen Person eine Geldbuße gegen eine juristische Person oder eine Personenvereinigung verhängt werden kann. Dabei enthält § 30 Abs. 1 Nr. 5 OWiG den **Oberbegriff des relevanten Personenkreises**, während die in § 30 Abs. 1 Nr. 1 bis 4 OWiG aufgelisteten Personen **Unterfälle** darstellen.[15]

23 Zur Leitung des Unternehmens verantwortlich handelnde Personen gehören damit insbesondere
   – vertretungsberechtigte Organe einer juristischen Person oder Mitglieder eines solchen Organs (§ 30 Abs. 1 Nr. 1 OWiG),
   – Vorstände eines nicht rechtsfähigen Vereins oder Mitglieder eines solchen Vorstandes (§ 30 Abs. 1 Nr. 2 OWiG),
   – vertretungsberechtigte Gesellschafter einer rechtsfähigen Personengesellschaft (§ 30 Abs. 1 Nr. 3 OWiG) und
   – Generalbevollmächtigte oder in leitender Stellung als Prokurist oder Handlungsbevollmächtigter einer juristischen Person oder eines nicht rechtsfähigen Vereins bzw. einer rechtsfähigen Personengesellschaft tätige Personen (§ 30 Abs. 1 Nr. 4 OWiG).

24 In diesem Zusammenhang ist auch der Verweis der Gesetzesbegründung auf die Geltung des Art. 57 Abs. 1 UAbs. 2 RL 2014/24/EU zu berücksichtigen. Danach findet die Verpflichtung zum Ausschluss eines Unternehmens »**auch** dann Anwendung, wenn die rechtskräftig verurteilte Person ein Mitglied im Verwaltungs-, Leitungs- oder Aufsichtsgremium dieses Unternehmens ist oder **darin** Vertretungs-, Entscheidungs- oder Kontrollbefugnisse hat«. Um Regelungslücken, insbesondere im Falle von Prokuristen mit beschränkter Prokura, die nicht Mitglied eines Gremiums sind, zu vermei-

---

13 Gesetzesbegründung, BT-Drs. 18/6281, S. 103.
14 Gesetzesbegründung, BT-Drs. 18/6281, S. 103.
15 Gesetzesbegründung, BT-Drs. 18/6281, S. 103.

den, ist das **Wort »darin« auf das zu prüfende Unternehmen insgesamt zu beziehen** und nicht auf das jeweilige Verwaltungs-, Leitungs- oder Aufsichtsgremium dieses Unternehmens beschränkt.[16]

Unklar ist, ob unter Berücksichtigung des Täterkreises gem. § 30 Abs. 1 Nr. 5 OWiG auch rein faktisch (insbesondere **nach unwirksamer Bestellung**) für die Leitung eines Betriebes oder Unternehmens verantwortlich Handelnde als zurechenbare Personen im Sinne des § 123 Abs. 3 GWB in Betracht kommen.[17] **25**

Bei der Prüfung der Frage, ob eine verantwortlich handelnde sonstige Person mit Leitungsfunktion nach § 30 Abs. 1 Ziff. 5 OWiG eine Straftat begangen hat, ist nicht danach zu unterscheiden, ob diese **Leitungsfunktion auf Betriebs- oder auf Unternehmensebene** ausgeübt wird. Die Vorschrift stellt beide Alternativen gleichwertig nebeneinander.[18] **26**

b) Notwendigkeit des Unternehmensbezugs der Straftat

Laut Gesetzesbegründung sollen Straftaten von Leitungspersonal eines Unternehmens nur dann gem. § 123 Abs. 3 GWB dem Unternehmen zurechenbar sein, wenn sie einen Unternehmensbezug aufweisen. Eine **ausschließlich im privaten Zusammenhang stehende Straftat** einer dem Unternehmen zurechenbaren Person, die keinen Bezug zur wirtschaftlichen Tätigkeit des Unternehmens aufweist, führt dann nicht zwingend zum Ausschluss. Das werde klargestellt durch die Formulierung, dass nur Straftaten einer Person, die als »für die Leitung des Unternehmens Verantwortlicher gehandelt hat«, dem Unternehmen zugerechnet werden.[19] Anzumerken ist, dass ein entsprechendes Verhalten (ausschließlich im privaten Zusammenhang stehende Straftat) auch nicht im Wege eines fakultativen Ausschlusses wegen einer nachweislichen schweren Verfehlung im Rahmen der beruflichen Tätigkeit gem. § 124 Abs. 1 Nr. 3 GWB sanktioniert werden kann, da der Tatbestand ebenfalls ausdrücklich den Unternehmensbezug der schweren Verfehlung voraussetzt. **27**

Das Erfordernis des Unternehmensbezugs findet allerdings keine ausdrückliche gemeinschaftsrechtliche Grundlage in Art. 57 RL 2014/24/EU. Nach dem Wortlaut von Art. 57 Abs. 1 UAbs. 1 RL 2014/24/EU ist vielmehr jeder Bewerber oder Bieter auszuschließen, der wegen eines Katalogstraftatbestandes rechtskräftig verurteilt wurde – und zwar **ohne eine Differenzierung, ob der Straftatbestand in beruflicher Funktion oder im Rahmen von Privatgeschäften des Leitungspersonals** begangen wurde. Andererseits erscheint es nicht gerechtfertigt, ein Unternehmen auch dann auszuschließen, wenn die Straftat ausschließlich die privaten Angelegenheiten eines Mitarbeiters betraf und keinen Bezug zu dem Unternehmen aufweist.[20] In diesem Fall wäre ein Ausschluss gemäß § 123 GWB wohl unverhältnismäßig. **28**

Bei der Verurteilung einer Leitungsperson wegen einer Katalogstraftat kann sich auch die Frage stellen, ob das einem Unternehmen zurechenbare Verhalten **auch anderen (Konzern-)unternehmen zurechenbar** ist. Insoweit geht es insbesondere um die Frage, ob die rechtskräftige Verurteilung wegen einer Katalogstraftat nach § 123 Abs. 1 GWB zum Ausschluss mehrerer konzernverbundener Unternehmen führt, d.h. ggf. auch das Mutterunternehmen oder Schwesterunternehmen betrifft. Soweit sich – wie im deutschen Recht – nicht juristische Personen, sondern nur die für diese handelnden natürlichen Personen strafbar gemacht haben können, kommt es für die Beantwortung dieser Frage nach § 123 Abs. 3 GWB entscheidend darauf an, ob das **Verhalten der natürlichen Person beiden juristischen Personen gleichermaßen zuzurechnen** ist. Das ist dann der Fall, **29**

---

16 Gesetzesbegründung, BT-Drs. 18/6281, S. 103.
17 So Meyer in: Beck'scher Online-Kommentar OWiG, Graf, 9. Edition, § 30 Rn. 49; differenzierend Rogall, in: Karlsruher Kommentar zum OWiG, 4. Aufl. 2014, § 30 Rn. 86.
18 OLG Celle Beschl. v. 29.03.2012 – 2 Ws 81/12.
19 Gesetzesbegründung, BT-Drs. 18/6281, S. 103.
20 Ebenso Wagner-Cardenal in: Dieckmann/Scharf/Wagner-Cardenal, VOL/A Kommentar, 1. Aufl. 2013, § 6 EG Rn. 35.

wenn – etwa aufgrund von Personenidentität – die natürliche Person in beiden Unternehmen (faktisch) für die Geschäftsführung verantwortlich ist.

c) Aufsichts- oder Organisationsverschulden

30   Nach der bisherigen Regelung zum zwingenden Ausschluss wegen des Vorliegens einer Katalogstraftat in § 6 EG Abs. 4 S. 3 VOL/A a.F. war das Verhalten einer rechtskräftig verurteilten Person einem Unternehmen auch zuzurechnen, wenn ein Aufsichts- oder Organisationsverschulden gemäß § 130 OWiG einer Person im Hinblick auf das Verhalten einer anderen für das Unternehmen handelnden, rechtskräftig verurteilten Person vorlag.[21]

31   Eine entsprechende Regelung findet sich nicht mehr in § 123 GWB. Eine Zurechnung von Aufsichts- oder Organisationsverschulden findet nicht mehr statt. Zwar wird einem Unternehmen gem. § 123 Abs. 1 S. 1 Alt. 1 GWB i.V.m. § 123 Abs. 3 GWB ein Verhalten zugerechnet, sofern »die sonstige Ausübung von Kontrollbefugnissen in leitender Stellung« durch die rechtskräftig verurteilte Person in Rede steht. Dieses Merkmal ermöglicht aber eben nur die Zurechnung des Verhaltens dieser Person im Verhältnis zum Unternehmen und wirkt nicht wie im Rahmen des § 130 OWiG erforderlich, strafbegründend für eine Person, die eine andere rechtskräftig verurteilte Person nicht ordnungsgemäß überwacht hat.

2. Alternative 2: Festsetzung einer Geldbuße gegen das Unternehmen nach § 30 OWiG

32   § 123 Abs. 1 Alt. 2 GWB schreibt den zwingenden Ausschluss von Unternehmen fest, gegen die wegen einer Katalogstraftat eine **Geldbuße nach § 30 OWiG rechtskräftig festgesetzt** worden ist.

33   Die Festsetzung einer Geldbuße gegen ein Unternehmen gem. § 30 OWiG setzt voraus, dass ein Organ, Vertreter, Bevollmächtigter oder eine sonstige Person mit Leitungs- und Kontrollbefugnissen eine Straftat oder Ordnungswidrigkeit, sog. **Anknüpfungstat**, begangen hat, durch die Pflichten verletzt worden sind, die das Unternehmen treffen (§ 30 Abs. 1 Alt. 1 OWiG) oder das Unternehmen durch die Tat bereichert worden ist bzw. bereichert werden sollte (§ 30 Abs. 1 Alt. 2 OWiG).

34   Dabei ist anerkannt, dass nur dann eine Tathandlung im Sinne beider Alternativen des § 30 Abs. 1 OWiG vorliegt, wenn eine Person **zum Tatzeitpunkt** als Organ bzw. Repräsentant des Unternehmens gehandelt hat.[22]

a) Verletzung betriebsbezogener Pflichten (§ 30 Abs. 1 Alt. 1 OWiG)

35   Als Pflichten, die das Unternehmen treffen (§ 30 Abs. 1 Alt. 1 OWiG) kommen nur solche Pflichten in Betracht, die sich für die juristische Person und Personenvereinigung aus deren besonderen Wirkungskreis ergeben, also »**betriebsbezogenen Pflichten**«, die nicht für jedermann gelten.[23]

36   Als **Anknüpfungstaten im Sinne des § 30 OWiG** kommen unabhängig von ihrer vermögensstrafrechtlichen Bedeutung grundsätzlich alle Straftaten, insbesondere Sonder- und Allgemeindelikte in Betracht.[24] § 30 Abs. 1 Alt. 1 OWiG verlangt insofern die Verletzung einer betriebsbezogenen Pflicht. Eine betriebsbezogene Tat ist anzunehmen, wenn der Täter Handlungen vornimmt, die sich aus objektiver Sicht als – wenn auch deliktische – Wahrnehmung von Aufgaben und Interessen des Betriebes darstellen. In diesem Zusammenhang ist es nicht erforderlich, dass das Unternehmen von der Tat des Mitarbeiters profitiert oder profitieren soll.[25] Damit müssen die Tathandlungen zur

---

21   Vgl. hierzu Hausmann/Kern in: Kulartz/Marx/Portz/Prieß, VOL/A, 3. Auflage 2014, § 6 EG, Rn. 56ff.

22   Vgl. Rogall in: Karlsruher Kommentar zum OWiG, 4. Aufl. 2014, § 30 Rn. 106; Meyberg in: Beck'scher Online-Kommentar OWiG, Stand: 15.10.2015, § 30 Rn. 91.

23   Entwurf eines Gesetzes über Ordnungswidrigkeiten (OWiG), BT-Drs. V/1269, S. 60.

24   Rogall in: Karlsruher Kommentar zum OWiG, 4. Aufl. 2014, § 30 Rn. 90, 96; Meyberg in: Beck'scher Online-Kommentar OWiG, Stand: 15.10.2015, § 30 Rn. 64.

25   Rogall in: Karlsruher Kommentar zum OWiG, 4. Aufl. 2014, § 30 Rn. 93.

Verwirklichung der Katalogstraftaten gem. § 123 Abs. 1 Nr. 1 bis 10 GWB zugleich eine betriebs-bezogene Pflichtverletzung darstellen, um die Festsetzung einer Geldbuße zu ermöglichen.

Auf Grund des Wortlauts in § 123 Abs. 1 Alt. 2 GWB, der die rechtskräftige Festsetzung einer 37 Geldbuße des Unternehmens tatbestandlich an die Verwirklichung einer der Katalogstraftaten anknüpft, kann ein **Aufsichts- und Organisationsverschulden nach § 130 OWiG auch in dieser Alternative keinen zwingenden Ausschluss** begründen. Der Einbeziehung des Aufsichts- und Organisationsverschulden als Anknüpfungstat steht insoweit entgegen, dass die Geldbuße unmittelbar »wegen einer Straftat« festgesetzt worden sein muss und nicht wegen eines Aufsichts- und Organisationsverschulden hinsichtlich der von einer gesonderten Person begangenen Straftat. Die Verletzung einer solchen Pflicht, die zur Festsetzung einer Geldbuße wegen eines Aufsichts- und Organisationsverschulden nach § 130 OWiG führt, kann allerdings einen fakultativen Ausschlussgrund gem. § 124 Abs. 1 Nr. 3 GWB (nachweisliche schwere Verfehlung) darstellen.

b) Bereicherung (§ 30 Abs. 1 Alt. 2 OWiG)

Eine Geldbuße nach § 30 Abs. 1 Alt. 2 OWiG kann hingegen auch ohne Verletzung einer betriebs- 38 bezogenen Pflicht festgesetzt werden, sofern eine **Bereicherung des Unternehmens eingetreten ist oder angestrebt** wurde.[26]

Das Verständnis des Begriffs der »Bereicherung« entspricht dem des Vermögensvorteils in § 263 39 StGB.[27] Erfasst ist mithin jede günstigere Gestaltung der Vermögenslage bzw. jede Erhöhung des Vermögenswertes.[28] Darüber hinaus ist nach § 30 Abs. 1 Alt. 2 OWiG auch die erstrebte Bereicherung (»werden sollte«) bußgeldbewehrt. Insofern gilt die Vorschrift auch für Versuchskonstellationen mit vermögensrechtlichem Einschlag.[29] Unklar ist, ob es ausreicht, dass die Person eine Bereicherung der juristischen Person oder Personenvereinigung als sichere Folge ihres Handelns erkannt hat[30] oder es ihr gerade auf die Bereicherung ankommen musste.[31]

III. Kenntnis des Auftraggebers (§ 123 Abs. 1 GWB)

Ein Ausschluss eines Unternehmens vom Vergabeverfahren erfordert nach § 123 Abs. 1 GWB 40 zudem die **Kenntnis des Auftraggebers** von einer dem Unternehmen zurechenbaren rechtskräftigen Verurteilung bzw. einer gegen das Unternehmen nach § 30 OWiG verhängten Geldbuße wegen einer Katalogstraftat. Wann der Auftraggeber über die erforderliche Kenntnis verfügt und ob er ggf. auch verpflichtet ist, eigene Nachforschungen anzustellen, ergibt sich aus der Vorschrift allerdings nicht. Die Fragen wurden in der Rechtsprechung bislang kaum behandelt. Es ist jedoch davon auszugehen, dass der Auftraggeber **positive Kenntnis**[32] haben muss und ein bloßer Verdacht oder Zweifel nicht ausreichend ist.[33]

Dem Auftraggeber werden durch § 123 Abs. 1 GWB **keine expliziten Nachforschungspflichten** 41 auferlegt. Eine derartige Forderung stünde auch im Widerspruch zu dem Interesse aller Beteiligten an einem zügigen und einfachen Beschaffungsvorgang. Das Vergabeverfahren sollte nicht durch aufwändige Nachforschungen bei einem gegebenenfalls größeren Kreis von Bewerbern bzw. Bietern

---

26 Rogall in: Karlsruher Kommentar zum OWiG, 4. Aufl. 2014, § 30 Rn. 96; Meyberg in: Beck'scher Online-Kommentar OWiG, Stand: 15.10.2015, § 30 Rn. 85.
27 Rogall in: Karlsruher Kommentar zum OWiG, 4. Aufl. 2014, § 30 Rn. 99.
28 Perron in: Schönke/Schröder, StGB, 29. Aufl. 2014, § 263 Rn. 167.
29 Rogall in: Karlsruher Kommentar zum OWiG, 4. Aufl. 2014, § 30 Rn. 104.
30 Meyberg in: Beck'scher Online-Kommentar OWiG, Stand: 15.10.2015, § 30 Rn. 85.
31 Rogall in: Karlsruher Kommentar zum OWiG, 4. Aufl. 2014, § 30 Rn. 104.
32 Wagner-Cardenal in: Dieckmann/Scharf/Wagner-Cardenal, VOL/A Kommentar, 1. Aufl. 2013, § 6 EG Rn. 40.
33 OLG Koblenz Beschl. v. 25.09.2012 – 1 Verg 5/12.

verzögert, verkompliziert und verteuert werden.[34] Demgegenüber kann von Auftraggebern grundsätzlich erwartet werden, allgemein zugängliche Informationen (z.B. aus der Presse) über relevante Strafverfahren zur Kenntnis zu nehmen.

42 Da der Ausschluss bei entsprechender Kenntnis des Auftraggebers »zu jedem Zeitpunkt des Vergabeverfahrens« zu erfolgen hat, ist der öffentliche Auftraggeber nicht nur dann zum Ausschluss eines Unternehmens verpflichtet, wenn er zum **Zeitpunkt der Prüfung der Eignung** des Unternehmens Kenntnis vom Vorliegen eines zwingenden Ausschlussgrundes hatte, sondern auch dann noch, wenn die Kenntnis erst in einem **späteren Stadium des Vergabeverfahrens** erlangt wird.[35] Insofern besteht hinsichtlich der Ausschlusspflicht eine Sachlage, die mit der Pflicht zur Wiederholung der Eignungsprüfung vergleichbar ist.[36] Die Auftraggeber sind also verpflichtet, bestehenden Anhaltspunkten für das Vorliegen einer zurechenbaren Katalogstraftat nachzugehen und, soweit sich aus diesen ein konkreter Verdacht ergibt, von dem betroffenen Unternehmen ggf. weitere Informationen zu verlangen.

43 Diese Nachforschungen werden in Zusammenhang mit der neuen Systematik der Eignungsprüfung auch vom Gesetzgeber als notwendig erkannt. Die neue Systematik ist geprägt durch das Primat der Eigenerklärung, § 48 Abs. 2 VgV, und im Falle der Anwendung der neu eingeführten Einheitlichen Europäischen Eigenerklärung (EEE) durch die Zweistufigkeit der Eignungsprüfung.[37] Die EEE ist von den öffentlichen Auftraggebern nach § 48 Abs. 3 VgV als **vorläufiger** Beleg der Eignung und des Nichtvorliegens von Ausschlussgründen zu akzeptieren. Insofern ist zunächst eine vorläufige Eignungsprüfung aller Bieter oder Bewerber auf Grundlage der EEE durchzuführen. Die endgültige Eignungsprüfung erfolgt vor der Zuschlagserteilung anhand der geforderten Unterlagen, die in den §§ 44 bis 49 VgV benannt sind, nur hinsichtlich des Bieters, der den Zuschlag erhalten soll (§ 50 Abs. 1 VgV). Hat der Auftraggeber allerdings zuvor Anhaltspunkte dafür, dass eine Eigenerklärung unzutreffend ist, ist er zur Aufklärung und gegebenenfalls zur Anforderung von weiteren Nachweisen, mithin zu eigenen Nachforschungen verpflichtet.[38]

44 **Konkrete Nachforschungspflichten** können sich jedoch aus spezialgesetzlichen Informations- und Abfragepflichten für Auftraggeber ergeben. In diesem Zusammenhang sind z.B. die landesrechtlichen Vorschriften über die Einrichtung von Korruptionsregistern[39] und die Vergabegesetze der Länder zu berücksichtigen. Hiernach unterliegen die Auftraggeber besonderen über die vorstehend beschrieben allgemeinen hinausgehenden Pflichten bestehenden Anhaltspunkten für das Vorliegen einer zurechenbaren Katalogstraftat nachzugehen und, soweit sich aus diesen ein konkreter Verdacht ergibt, von dem betroffenen Unternehmen ggf. weitere Informationen zu verlangen. Sofern sich ein Auftraggeber vorliegenden Informationen bewusst verschließt und/oder einer im Einzelfall bestehenden Aufklärungspflicht nicht nachkommt, genügt grundsätzlich bereits das »Kennen müssen« für einen Verstoß gegen § 123 Abs. 1 GWB.

---

34 Wagner-Cardenal in: Dieckmann/Scharf/Wagner-Cardenal, VOL/A Kommentar, 1. Aufl. 2013, § 6 EG Rn. 40.

35 Gesetzesbegründung, BT-Drs. 18/6281, S. 102.

36 Vgl. OLG Düsseldorf Beschl. v. 04.02.2013 – VII-Verg 52/12.

37 Durchführungsverordnung (EU) 2016/7 der Kommission vom 5. Januar 2016 zur Einführung des Standardformulars für die Einheitliche Europäische Eigenerklärung.

38 Vgl. Begründung zur Verordnung zur Modernisierung des Vergaberechts (Vergaberechtsmodernisierungsverordnung – VergRModVO), Fassung Kabinett – 20.01.2016, zu § 48 Abs. 4, 5 und 6, S. 205.

39 Vgl. Gesetz zur Einrichtung und Führung eines Registers über korruptionsauffällige Unternehmen in Berlin (Korruptionsregistergesetz – KRG) v. 19.04.2006 (GVBl. 2006, S. 358); Gesetz zur Verbesserung der Korruptionsbekämpfung und zur Errichtung und Führung eines Vergaberegisters in Nordrhein-Westfalen (Korruptionsbekämpfungsgesetz – KorruptionsG) v. 16.12.2004 (GVBl. NW 2005, S. 8); Bremisches Gesetz zur Errichtung und Führung eines Korruptionsregisters, v. 17.05.2011 (Brem.GBL. S. 365); Hansestadt Hamburg Gesetz zur Einrichtung eines Registers zum Schutz fairen Wettbewerbs (GRfW) vom 17. September 2013 (HmbGVBl. 417).

IV. Nichtentrichtung von Steuern und Sozialabgaben gem. § 123 Abs. 4 GWB

§ 123 Absatz 4 Satz 1 GWB legt in den Nummern 1 und 2 den **neuen zwingenden Ausschluss-** 45 **grund** der Nichtentrichtung von Steuern und Sozialabgaben fest und setzt damit Art. 57 Abs. 2 RL 2014/24/EU um. Bisher war hierfür im europäischen (Art. 45 Abs. 1 lit. e) RL 2004/18/EG) und im deutschen Vergaberecht (vgl. § 6 EG Abs. 6 lit. d) VOL/A a.F.) nur ein fakultativer Ausschluss vorgesehen.

Die Vorschrift erfasst die durch bestandskräftige Verwaltungsentscheidung oder rechtskräftige 46 Gerichtsentscheidung festgestellte Nichtentrichtung von Steuern, Abgaben und Sozialversicherungsbeiträgen trotz einer entsprechenden Verpflichtung des Unternehmens. § 123 Abs. 4 S. 1 Nr. 1 GWB berücksichtigt ferner Verurteilungen wegen Steuerhinterziehung nach § 370 AO und Vorenthaltung und Veruntreuung von Sozialversicherungsbeiträgen gem. § 266a StGB.[40] Zweck der Regelung ist es, öffentliche Auftraggeber nur mit gesetzestreuen und (daher) verlässlichen Unternehmen zusammenzuführen und ferner unlautere Wettbewerbsvorteile durch Nicht-Zahlung von Steuern und Abgaben zu unterbinden. Zudem wird der Auftraggeber vor etwaigen Zwangsvollstreckungsmaßnahmen der Steuer- bzw. Abgabengläubiger geschützt.[41]

1. Steuern, Abgaben und Beiträge zur Sozialversicherung

Unter **Steuern** sind Geldleistungen ohne Gegenleistung auf Grund von Gesetzen zu verstehen; 47 **Abgaben** sind dagegen Gebühren und Beiträge, die im Hinblick auf besondere Gegenleistungen zu entrichten sind. Zur **Sozialversicherung** gehören die gesetzliche Kranken-, Unfall- und Rentenversicherung sowie die Pflegeversicherung (§ 1 Abs. 1 SGB IV).[42] Auch die Arbeitslosenversicherung[43] zählt zu den Sozialversicherungen (vgl. auch § 28d SGB IV).[44]

Im Vergleich zur früheren Regelung sind nach § 123 Abs. 4 GWB nicht mehr nur Beiträge zur 48 »gesetzlichen« Sozialversicherung eignungsrelevant, sondern vielmehr unter Verzicht auf das einschränkende Merkmal »gesetzlichen« **alle Beiträge zur Sozialversicherung**. Der Begriff Sozialversicherung findet sich ebenfalls in Art. 57 Abs. 2 RL 2014/24/EU, allerdings wird er weder dort noch in den nationalen Gesetzgebungsmaterialien näher definiert. Ungeachtet der fehlenden Definition ist von einem bewussten Verzicht auf das Tatbestandsmerkmal »gesetzlichen« in der deutschen Regelung auszugehen. Auch unter Berücksichtigung des Grundsatzes des effet utile,[45] also dem Gedanken europarechtlichen Regelungen zur praktischen Wirksamkeit zu verhelfen,[46] erscheint es zulässig, den Begriff »Sozialversicherung« weit auszulegen. Insofern sind auch Sozialleistungen, die in ihren wesentlichen Strukturelementen, insbesondere in der organisatorischen Durchführung und hinsichtlich der abzudeckenden Risiken dem Bild entsprechen, das durch die »klassische« Sozialversicherung geprägt ist,[47] als von § 123 Abs. 4 GWB erfasst anzusehen. Damit dürften auch Beiträge, die von Arbeitgebern zwingend an Institutionen wie berufsständische Versorgungswerke abzuführen sind, als tatbestandlich relevant gelten. Die Einbeziehung solcher Beiträge ist bei der Ausschreibung freiberuflicher Leistungen auch ein wichtiges Element, um die Eignung freiberuflicher Unternehmenszusammenschlüsse, die keine oder nur geringfügige Beiträge an die gesetzliche Sozialversicherung abführen, vollumfänglich festzustellen.

---

40 Gesetzesbegründung, BT-Drs. 18/6281, S. 104.
41 Vgl. OLG Koblenz Beschl. v. 04.07.2007 – 1 Verg 3/07; OLG Düsseldorf Beschl. v. 24.06.2002 – Verg 26/02; VK Niedersachsen Beschl. v. 04.10.2012 – VgK-38/2012.
42 Vgl. auch OLG Schleswig Urt. v. 06.11.2001 – 6 U 50/01.
43 Die Arbeitslosenversicherung zählt nach der Systematik des SGB grundsätzlich zum Recht der Arbeitsförderung, so Beck'scher Online Kommentar, Stand 01.12.2015, § 1 SGB IV Rn. 3.
44 OLG Koblenz Beschl. v. 04.07.2007 – 1 Verg 3/07.
45 Vgl. zuletzt EuGH Urt. v. 21.10.2015 – Rs. C-215/15 –Gogova.
46 Mayer in: Grabitz/Hilf/Nettesheim, Das Recht der Europäischen Union, 57. EL 2015, EUV Art. 19 Rn. 58.
47 Vgl. BVerfG Beschl. v. 08. 04. 1987 – 2 BvR 909/82 u. a.

49 Insofern fallen nunmehr auch Zahlungen an eine in einem **allgemeinverbindlichen Tarifvertrag vorgesehene Sozialkasse** (vgl. § 5 Nr. 3 AEntG), die insbesondere Urlaubsabgeltungs- und Lohnausgleichszahlungen sowie weitere Zahlungen (z.B. Kostenausgleich für Berufsausbildung) erbringt, unter den Tatbestand § 123 Abs. 4 Nr. 1 GWB. Das wurde in Bezug auf die Vorgängerregelung des § 6 EG Abs. 6 lit. d) VOL/A a.F., die noch an Beiträge zur »gesetzlichen Sozialversicherung« anknüpfte, verneint.[48]

2. Feststellung durch rechtskräftige Gerichts- oder bestandskräftige Verwaltungsentscheidung oder Nachweis auf sonstige geeignete Weise

50 Der Pflichtverstoß muss durch eine rechtskräftige Gerichts- oder bestandskräftige Verwaltungsentscheidung festgestellt worden sein. Die Richtlinie nimmt in diesem Zusammenhang auf eine »endgültige und verbindliche Gerichts- oder Verwaltungsentscheidung« Bezug. **Bestandskraft** bedeutet Unanfechtbarkeit des Verwaltungsaktes mit den ordentlichen Rechtsbehelfen (insbes. Einspruch § 355 AO, Widerspruch, Anfechtungs- oder Verpflichtungsklage).[49] Insofern erfasst § 123 Abs. 4 GWB neben den der **Rechtskraft**[50] fähigen gerichtlichen Entscheidungen auch »nur« der Bestandskraft fähige Verwaltungsentscheidungen. Verwaltungsentscheidungen im Zusammenhang mit der Erhebung öffentlich-rechtlicher Abgaben ergehen in der Regel durch Verwaltungsakt.[51] Allerdings dürfte der Tatbestand auch solche Fallgestaltungen berücksichtigen, in denen wie bei einer Steueranmeldung nach § 167 AO kein Verwaltungsakt erlassen, die Prozedur zur Entrichtung der Geldleistungen aber verbindlich und rechtlich durchsetzbar vorgegeben wird.

51 § 123 Abs. 4 S. 1 Nr. 2 GWB stellt klar, dass ein Ausschluss grundsätzlich auch dann zwingend zu erfolgen hat, wenn die öffentlichen Auftraggeber auf **sonstige geeignete Weise** die Verletzung einer Verpflichtung nach § 123 Abs. 4 S. 1 Nr. 1 GWB nachweisen können.

52 Kriterien zur näheren Bestimmung des Bedeutungsgehalts eines Nachweises »auf sonstige geeignete Weise«, sind weder den Gesetzgebungsmaterialien noch der Richtlinie selbst zu entnehmen. In Anbetracht der Tatsache, dass von einem zwingenden Ausschluss dann abzusehen ist, wenn die ausstehenden Zahlungen gem. § 123 Abs. 4 S. 2 GWB vorgenommen oder eine Verpflichtung hierzu eingegangen wird, steht der Nachweis »auf sonstige geeignete Weise« im Spannungsfeld zwischen rechtskräftiger Gerichtsentscheidung bzw. bestandskräftiger Verwaltungsentscheidung und einer eingegangenen Zahlungsverpflichtung des säumigen Schuldners. In diesem Zusammenhang dürfte einem Prozessvergleich, der die Rechtshängigkeit ohne gerichtliche Entscheidung beendet[52] zwar grundsätzlich ein Nachweischarakter zukommen. Da der Prozessvergleich regelmäßig auch eine Verpflichtung zur Zahlung gem. § 123 Abs. 4 S. 2 GWB darstellen dürfte, ist von einem Ausschluss in diesem Fall gemäß § 123 Abs. 4 S. 2 GWB abzusehen. Ein Prüfungsbericht gem. § 202 AO nach Abschluss einer Betriebsprüfung kann hingegen als Nachweis dienen, da dieser keinen Verwaltungsakt darstellt[53] und mangels Bindung des Steuerpflichtigen an dessen Feststellungen[54] auch keine Verpflichtung zur Zahlung gem. § 123 Abs. 4 S. 2 GWB auslöst. Zwar sind auch die Finanzbehörden nicht an die Feststellungen des Prüfungsberichts gebunden,[55] gleichwohl dürften diese zum Nachweis einer Pflichtverletzung geeignet sein. Ebenso dürften in der Bilanz des Bieters oder Bewerbers ausgewiesene Steuerrückstellungen als Nachweis in Betracht kommen.

---

48 OLG Schleswig Urt. v. 06.11.2001 – 6 U 50/01.
49 Vgl. BVerwG Urt. v. 04.08.1982 – 4 C 42/79; Sachs in: Stelkens/Bonk/Sachs, VwVfG, 8. Aufl. 2014, § 43 Rn. 20.
50 Siehe hierzu oben Rdn. 13 ff.
51 Vgl. § 155 AO.
52 Vgl. Habersack in: MüKo, 6. Aufl. 2013, § 779 BGB, Rn. 79.
53 Intemann in: Koenig AO, 3. Aufl. 2014, § 202 Rn. 29.
54 Rüsken in: Klein AO, 12. Aufl. 2014, § 202 Rn. 6; Intemann in: Koenig AO, 3. Aufl. 2014, § 202 Rn. 30.
55 Rüsken in: Klein AO, 12. Aufl. 2014, § 202 Rn. 6; Intemann in: Koenig AO, 3. Aufl. 2014, § 202 Rn. 29.

3. Kein Ausschluss bei Vornahme oder Verpflichtung zur Zahlung (§ 123 Abs. 4 Satz 2 GWB)

Von einem zwingenden Ausschluss wegen Nichtentrichtung von Steuern, Abgaben und Sozialversi- **53** cherungsbeiträgen im Sinne des § 123 Abs. 4 S. 1 GWB ist nach § 123 Abs. 4 S. 2 GWB abzusehen, wenn das Unternehmen seinen Verpflichtungen dadurch nachgekommen ist, dass es die Zahlung vorgenommen oder sich zur Zahlung der Geldleistungen einschließlich Zuschlägen verpflichtet hat. Die Vorschrift stellt einen speziellen Selbstreinigungstatbestand dar. Sie ist *lex specialis* zur strengeren allgemeinen Regelung in zur Selbstreinigung in § 125 GWB.[56]

In diesem Zusammenhang ist auch die Frage relevant, ob **eine in der Bilanz ausgewiesene** **54** **Steuerrückstellung**, die als Nachweis im Sinne des § 123 Abs. 4 S. 1 Nr. 2 GWB geeignet ist, zugleich auch als (Selbst-)«Verpflichtung» des Unternehmens interpretiert werden kann, die entsprechenden Zahlungen zu tätigen. Da Rückstellungen bereits zu bilden sind, wenn mit einer Inanspruchnahme ernstlich zu rechnen ist (vgl. § 249 HGB), ist das im Ergebnis zu verneinen. Dies folgt aus dem Umstand, dass die Rückstellung nur eine handelsrechtliche Verpflichtung erfüllt, nicht aber eine schuldrechtliche Verpflichtung zur Zahlung begründet. Darüber hinaus steht die Höhe der Rückstellung im Ermessen der Geschäftsführung und ist dementsprechend nicht zwingend deckungsgleich mit einer Zahlungsschuld einschließlich Zinsen, Säumnis- und Strafzuschlägen.

V. Rechtsfolgen

Im Unterschied zu § 124 GWB, der lediglich fakultative Ausschlusstatbestände enthält, ordnen **55** § 123 Abs. 1 und 4 GWB bei Vorliegen ihrer Voraussetzungen grundsätzlich einen **zwingenden** Ausschluss des betroffenen Unternehmens an. Von einem Ausschluss kann nur im Ausnahmefall nach § 123 Abs. 5 GWB abgesehen werden oder wenn das Unternehmen ausreichende Selbstreinigungsmaßnahmen gemäß § 125 GWB ausgeführt hat.

Neben § 123 GWB bleiben zudem die (fakultativen) Ausschlusstatbestände des **§ 124 GWB** **56** grundsätzlich anwendbar. Ein Unternehmen kann insbesondere gemäß § 124 Abs. 1 Nr. 3 GWB (nachweislich schwere Verfehlung) auszuschließen sein, wenn es bzw. ein Mitarbeiter wegen einer Straftat rechtskräftig verurteilt wurde, aber dennoch nicht sämtliche Voraussetzungen von § 123 GWB vorliegen.[57] Die Vergabestelle muss sich mit einem (fakultativen) Ausschluss nach § 124 GWB jedoch nicht auseinandersetzen, wenn das betroffene Unternehmen ohnehin gemäß § 123 GWB (zwingend) ausgeschlossen werden muss. Ein praktischer Anwendungsfall für das gleichzeitige Vorliegen eines zwingenden sowie eines fakultativen Ausschlussgrunds wird für Bauaufträge zukünftig vor allem im Bereich der nicht ordnungsgemäßen Entrichtung von Steuern und Abgaben liegen. Hier regelt § 123 Abs. 4 GWB einen zwingenden Ausschlussgrund, während § 16 Abs. 2 Nr. 4 VOB/A einen fakultativen Ausschlussgrund für Angebote vorsieht.

1. Zeitpunkt des Ausschlusses

Nach § 123 GWB ist ein Unternehmen **zu jedem Zeitpunkt des Vergabeverfahrens** von der Teil- **57** nahme auszuschließen, wenn der Auftraggeber Kenntnis[58] von der rechtskräftigen Verurteilung wegen einer Katalogstraftat hat, die eine Person betrifft, deren Verhalten dem Unternehmen zuzurechnen ist, oder Kenntnis von einer Geldbuße gegen das Unternehmen nach § 30 OWiG wegen einer Katalogstraftat. Wenn diese Voraussetzungen vorliegen, ist ein Ausschluss möglich, wobei dem betroffenen Unternehmen jedoch in der Regel zuvor die Möglichkeit gegeben werden muss, **zu den Vorwürfen Stellung zu nehmen.**[59]

---

56 Gesetzesbegründung, BT-Drs. 18/6281, S. 104.
57 Vgl. auch Gesetzesbegründung, BT-Drs. 18/6281, S. 104; Erwägungsgrund 101 RL 2014/24/EU.
58 Siehe oben Rdn. 40 ff.
59 Vgl. Begründung zur Verordnung zur Modernisierung des Vergaberechts (Vergaberechtsmodernisierungsverordnung – VergRModVO), Fassung Kabinett – 20.01.2016, S. 205 zur Nachforschungspflicht des

58   Bedeutsam ist in diesem Zusammenhang, dass nach der Gesetzesbegründung die rechtskräftige Verurteilung einer Person, deren Verhalten dem Unternehmen nach § 123 Absatz 3 GWB zuzurechnen ist, auch dann zum Ausschluss führt, wenn sie **erst im Laufe des Vergabeverfahrens** erfolgt.[60] Ungeachtet der fehlenden Erwähnung in den Gesetzesmaterialien ist davon auszugehen, dass gleiches für die rechtskräftig festgesetzte Geldbuße gilt. Der letzte Zeitpunkt für den Ausschluss eines Unternehmens von einem Vergabeverfahren besteht unmittelbar vor Erteilung des Zuschlags. Bei Kenntniserlangung nach Zuschlagserteilung besteht ein Kündigungsrecht des Auftraggebers nach § 133 Absatz 1 Nr. 2 GWB.[61]

59   Darüber hinaus sind die von dem Unternehmen bereits durchgeführten Selbstreinigungsmaßnahmen zu beachten.[62] Bei der insoweit erforderlichen Prüfung, ob diese Maßnahmen ausreichend sind, ist zudem zu berücksichtigen, dass eine den Ausschluss abwendende Selbstreinigung auch noch während des Vergabeverfahrens durchgeführt werden kann. Da es sich bei der Beurteilung der Zuverlässigkeit um eine **einzelfallabhängige Prognoseentscheidung** handelt, ist es nicht zwingend erforderlich, dass die Selbstreinigungsmaßnahmen zum Zeitpunkt der Angebotsabgabe bereits abgeschlossen sind. Entscheidend ist vielmehr, dass der betroffene Bewerber bzw. Bieter die Selbstreinigung ernsthaft und konsequent betreibt, um die in der Vergangenheit vorgekommenen Verfehlungen für die Zukunft auszuschließen.[63]

2. Dauer des Ausschlusses/»Selbstreinigung«

60   Grundsätzlich tritt der ausschließende Auftraggeber nur eine Entscheidung für das konkrete Vergabeverfahren. Mit der Ausschlussentscheidung verhängt er **nicht gleichsam eine »Auftragssperre«** für das Unternehmen, die automatisch für weitere Vergabeverfahren anderer öffentlicher Auftraggeber wirkt.

61   Bei der Ausschlussentscheidung ist zudem zu berücksichtigen, wie lange die fragliche Verurteilung oder Festsetzung einer Geldbuße zurückliegt. § 126 Nr. 1 GWB enthält nunmehr eine ausdrückliche Regelung über die mögliche **Höchstdauer des zwingenden Ausschlusses**. Diese beträgt **höchstens fünf Jahre** ab dem Tag der rechtskräftigen Verurteilung.[64] Die Frage der zeitlichen Fortdauer eines Ausschlusses vom Vergabeverfahren nach § 123 GWB stellt sich insbesondere im Hinblick auf die Möglichkeit, das Vorliegen des Ausschlusstatbestandes durch **»Selbstreinigung«** zu beseitigen, indem sich das betroffene Unternehmen von den strafrechtlich verurteilten Mitarbeitern trennt und/oder weitere Selbstreinigungsmaßnahmen durchführt.[65]

62   In Bezug auf die Dauer des Ausschlusses ist zudem der **Grundsatz der Verhältnismäßigkeit** zu beachten. Insoweit gelten grundsätzlich die verfassungsrechtlichen Anforderungen an einen Eingriff in das Grundrecht der Berufsfreiheit (Art. 12 GG).[66] Ein Eingriff durch Ausschluss von der öffentlichen Auftragsvergabe ist danach nur dann gerechtfertigt, wenn er nicht über das erforderliche Maß hinausgeht und auch im Übrigen verhältnismäßig ist.

        öffentlichen Auftraggebers im Rahmen der Eignungsprüfung, die die Einholung einer solchen Stellungnahme des Teilnehmers umfassen muss.
60   Gesetzesbegründung, BT-Drs. 18/6281, S. 102.
61   Gesetzesbegründung, BT-Drs. 18/6281, S. 102.
62   OLG München Beschl. v. 22.11.2012 – Verg 22/12.
63   Gesetzesbegründung, BT-Drs. 18/6281, S. 107; OLG Brandenburg Beschl. v. 14.12.2007, Verg W 21/07; Prieß/Stein NZBau 2008, 230 ff.
64   Zum zulässigen Zeitraum für Ausschlüsse siehe Kommentierung zu § 126 GWB.
65   Zur Selbstreinigung siehe Kommentierung zu § 125 GWB.
66   Vgl. Ohrtmann NZBau 2007, 201, 202.

B. Ausnahmsweises Absehen vom Ausschluss gem. § 123 Abs. 5 GWB

Nach § 123 Abs. 5 GWB kann von einem Ausschluss nach § 123 Abs. 1 und Abs. 4 Satz 1 GWB **63** **nur** abgesehen werden, wenn dies aus zwingenden Gründen des öffentlichen Interesses geboten ist. Im Fall des § 123 Abs. 4 Satz 1 GWB kann zudem auf einen Ausschluss verzichtet werden, wenn dieser offensichtlich unverhältnismäßig wäre. Der deutsche Gesetzgeber hat mit dieser Regelung von der durch Art. 57 Abs. 3 UA 1 RL 2014/24/EU eröffneten Möglichkeit, eine Ausnahme vom zwingenden Ausschluss vorzusehen, Gebrauch gemacht. Diese speziellen Ausnahmebestimmungen gelten ungeachtet des allgemeinen Selbstreinigungstatbestandes in § 125 GWB.

I. Absehen vom Ausschluss trotz Vorliegens eines Grundes nach § 123 Abs. 1 GWB

Trotz Verwirklichung einer Katalogstraftat nach § 123 Abs. 1 GWB kann gem. Abs. 5 von einem **64** Ausschluss abgesehen werden, sofern dies aus **zwingenden Gründen des öffentlichen Interesses** geboten ist.

Insofern ist es **nicht ausreichend**, dass die Teilnahme des Unternehmens aus Gründen des öffent- **65** lichen Interesses sinnvoll erscheint oder das Unternehmen einen günstigeren Preis geboten hatte. Die Teilnahme muss vielmehr aus zwingenden Gründen des öffentlichen Interesses geboten sein.[67]

Nach der regelungstechnisch vergleichbaren Vorgängerregelung in § 6 EG Abs. 5 VOL/A a.F. **66** konnte von einem zwingenden Ausschluss abgesehen werden, wenn *»zwingende Gründen des Allgemeininteresses vorliegen und andere Unternehmen die Leistung nicht angemessen erbringen können«.* In Anbetracht der fehlenden Definition der *»zwingenden Gründe des Allgemeininteresses«* in der VOL/A und der RL 2014/18/EG wurde dabei ein Rückgriff auf die Rechtsprechung des EuGH zur Rechtfertigung von Eingriffen in die Grundfreiheiten des EG-Vertrages als zulässig angesehen.[68] Danach kamen als zwingende Gründe des Allgemeininteresses insbesondere auch folgende Interessenfelder nicht wirtschaftlicher Art in Betracht: Funktionsfähigkeit der Rechtspflege, Gesundheitsschutz, Umweltschutz, Verbraucherschutz, Lauterkeit des Handelsverkehrs und die Sicherheit des Straßenverkehrs.[69]

Die Ausnahmeregelung in § 123 Abs. 5 S. 1 GWB soll ausweislich Erwägungsgrund 100 der RL **67** 2014/24/EU enger auszulegen sein. Danach sind z.B. zwingende Gründe des öffentlichen Interesses anzunehmen, **wenn dringend benötigte Impfstoffe oder Notfallausrüstungen** nur von einem Wirtschaftsteilnehmer käuflich erworben werden können, bei dem ein zwingender Ausschlussgrund vorliegt.[70] Insofern wird man Satz 1 als eine auf **Ausnahmesituationen** beschränkte Sonderregelung zu verstehen haben, in denen ein objektiv dringender Beschaffungsbedarf nur von einem, dem zwingend auszuschließenden, Unternehmen kurzfristig gedeckt werden kann. Allerdings steht die Entscheidung von einem Ausschluss abzusehen im Ermessen des Auftraggebers, dass dieser pflichtgemäß, d.h. insbesondere vergaberechtlich ordnungsgemäß dokumentiert, auszuüben hat.

II. Absehen vom Ausschluss trotz Vorliegens eines Grundes nach § 123 Abs. 4 S. 1 GWB

Sofern das Unternehmen seiner Pflicht zur Zahlung von Steuern, Abgaben und Sozialbeiträgen **68** nach § 123 Abs. 4 S. 1 GWB nicht nachgekommen ist, kann gem. § 123 Abs. 5 S. 2 GWB trotzdem von einem Ausschluss abgesehen werden, wenn dies aus **zwingenden Gründen des öffentlichen Interesses** geboten ist oder ein **Ausschluss offensichtlich unverhältnismäßig** wäre.

---

67 Gesetzesbegründung Vergaberechtsmodernisierungsgesetz, BT-Drs. 18/6281, S. 104.
68 So Müller-Wrede in: Müller-Wrede, VOL/A-Kommentar, 3. Aufl. 2010, § 6 EG Rn. 40.
69 EuGH Urt. v. 05.12.2006 – Rs. 202/04 – Cipolla, Rn. 64, Slg. 2006, I-11421; EuGH Urt. 12.10.2000 – Rs. 314/98 – Sneller's Auto, Rn. 44, Slg. 2000, I-8633; EuGH Urt. v. 14.09.2006 – Rs. 159/04 – Alfa Vita Vassilopoulus, Rn. 23, Slg. 2006, I-8135; EuGH Urt. v. 11.03.2010 – Rs C-84/08 – Attanasio Group; EuGH Urt. v. 22.10.2013 – Rs C-105/12 bis C – 107/12 – Essent; EuGH Urt. v. 30.04.2014 – Rs C-390/12 – Pfleger.
70 Erwägungsgrund 100 RL 2014/24/EU.

69   Der Tatbestand ist weiter gefasst als § 123 Abs. 5 S. 1 GWB, da ein Absehen auch in Fällen offensichtlicher Unverhältnismäßigkeit möglich ist. Nach Art. 57 Abs. 3 UA 2 RL 2014/24/EU ist ein Ausschluss insbesondere dann offensichtlich unverhältnismäßig, *»wenn nur geringfügige Beträge an Steuern oder Sozialversicherungsbeiträgen nicht gezahlt wurden oder wenn der Wirtschaftsteilnehmer im Anschluss an die Verletzung seiner Verpflichtungen im Zusammenhang mit der Zahlung von Steuern oder Sozialversicherungsbeiträgen so spät über den genauen geschuldeten Betrag unterrichtet wurde, dass er keine Möglichkeit hatte«*, die in § 123 Abs. 4 S. 2 GWB *»vorgesehenen Maßnahmen vor dem Ablauf der Frist für die Beantragung der Teilnahme beziehungsweise in offenen Verfahren der Frist für die Einreichung seines Angebots zu ergreifen.«*

70   Insofern wird sich in der Praxis zunächst die Frage stellen, wann Beträge an Steuern oder Sozialversicherungsbeiträgen noch als *»geringfügig«* zu qualifizieren sind. Daneben wird von einem Unternehmen, das sich auf den Ausnahmetatbestand berufen will, zu verlangen sein, die Pflichten, die es bis zum Ablauf der Teilnahme- oder Angebotsfrist nicht erfüllen konnte, bis zur Zuschlagserteilung ordnungsgemäß nachzuholen.

§ 124 Fakultative Ausschlussgründe

(1) Öffentliche Auftraggeber können unter Berücksichtigung des Grundsatzes der Verhältnismäßigkeit ein Unternehmen zu jedem Zeitpunkt des Vergabeverfahrens von der Teilnahme an einem Vergabeverfahren ausschließen, wenn

1. das Unternehmen bei der Ausführung öffentlicher Aufträge nachweislich gegen geltende umwelt-, sozial- oder arbeitsrechtliche Verpflichtungen verstoßen hat,
2. das Unternehmen zahlungsunfähig ist, über das Vermögen des Unternehmens ein Insolvenzverfahren oder ein vergleichbares Verfahren beantragt oder eröffnet worden ist, die Eröffnung eines solchen Verfahrens mangels Masse abgelehnt worden ist, sich das Unternehmen im Verfahren der Liquidation befindet oder seine Tätigkeit eingestellt hat,
3. das Unternehmen im Rahmen der beruflichen Tätigkeit nachweislich eine schwere Verfehlung begangen hat, durch die die Integrität des Unternehmens infrage gestellt wird; § 123 Absatz 3 ist entsprechend anzuwenden,
4. der öffentliche Auftraggeber über hinreichende Anhaltspunkte dafür verfügt, dass das Unternehmen Vereinbarungen mit anderen Unternehmen getroffen hat, die eine Verhinderung, Einschränkung oder Verfälschung des Wettbewerbs bezwecken oder bewirken,
5. ein Interessenkonflikt bei der Durchführung des Vergabeverfahrens besteht, der die Unparteilichkeit und Unabhängigkeit einer für den öffentlichen Auftraggeber tätigen Person bei der Durchführung des Vergabeverfahrens beeinträchtigen könnte und der durch andere, weniger einschneidende Maßnahmen nicht wirksam beseitigt werden kann,
6. eine Wettbewerbsverzerrung daraus resultiert, dass das Unternehmen bereits in die Vorbereitung des Vergabeverfahrens einbezogen war, und diese Wettbewerbsverzerrung nicht durch andere, weniger einschneidende Maßnahmen beseitigt werden kann,
7. das Unternehmen eine wesentliche Anforderung bei der Ausführung eines früheren öffentlichen Auftrags oder Konzessionsvertrags erheblich oder fortdauernd mangelhaft erfüllt hat und dies zu einer vorzeitigen Beendigung, zu Schadensersatz oder zu einer vergleichbaren Rechtsfolge geführt hat,
8. das Unternehmen in Bezug auf Ausschlussgründe oder Eignungskriterien eine schwerwiegende Täuschung begangen oder Auskünfte zurückgehalten hat oder nicht in der Lage ist, die erforderlichen Nachweise zu übermitteln, oder
9. das Unternehmen
   a) versucht hat, die Entscheidungsfindung des öffentlichen Auftraggebers in unzulässiger Weise zu beeinflussen,
   b) versucht hat, vertrauliche Informationen zu erhalten, durch die es unzulässige Vorteile beim Vergabeverfahren erlangen könnte, oder

c) fahrlässig oder vorsätzlich irreführende Informationen übermittelt hat, die die Vergabeentscheidung des öffentlichen Auftraggebers erheblich beeinflussen könnten, oder versucht hat, solche Informationen zu übermitteln.

(2) § 21 des Arbeitnehmer-Entsendegesetzes, § 98c des Aufenthaltsgesetzes, § 19 des Mindestlohngesetzes und § 21 des Schwarzarbeitsbekämpfungsgesetzes bleiben unberührt.

A. Fakultativer Ausschluss von der Teilnahme am Vergabeverfahren (§ 124 Abs. 1 GWB)

§ 124 GWB enthält eine Auflistung von Tatbeständen, bei deren Vorliegen ein Unternehmen von **1** der Teilnahme an einem Vergabeverfahren **ausgeschlossen werden kann**. Die Vorschrift entspricht weitestgehend Art. 57 Abs. 4 RL 2014/24/EU und ist daher im Lichte der EU-Vergaberichtlinie auszulegen.

Der in Art. 57 Abs. 4 RL 2014/24/EU enthaltene Katalog fakultativer Ausschlussgründe ist **2** umfangreicher als der bisherige Katalog in Art. 45 Abs. 2 RL 2004/18/EG, der in § 6 EG Abs. 6 VOL/A a.F. geregelt war. **Neu hinzugekommen** sind fakultative Ausschlussgründe

– bei Verstoß gegen geltende umwelt-, sozial- und arbeitsrechtliche Verpflichtungen,
– bei wettbewerbswidrigen Absprachen,
– bei Interessenkonflikt,
– bei Wettbewerbsverzerrung aufgrund vorheriger Einbeziehung des Unternehmens,

- bei mangelhafter früherer Auftragsausführung sowie
- bei versuchter unzulässiger Einflussnahme auf die Entscheidungsfindung des öffentlichen Auftraggebers.

3   Der bisherige fakultative Ausschlussgrund des Nichtentrichtens von Steuern oder Sozialabgaben wurde zu einem zwingenden Ausschlussgrund (vgl. § 123 Abs. 4 GWB).[1]

4   Eine vergleichbare Vorschrift findet sich in § 16 Abs. 2 VOB/A, wobei diese Regelung nicht den Ausschluss zu jedem Zeitpunkt im Vergabeverfahren rechtfertigt (vgl. § 124 Abs. 1 GWB), sondern nur einen **Katalog fakultativer Ausschlussgründe für Angebote von Bietern** enthält. Zudem weicht der Katalog der fakultativen Ausschlussgründe in § 16 Abs. 2 VOB/A teilweise von § 124 GWB ab.

I. Die einzelnen Ausschlussgründe

1. Verstoß gegen umwelt-, sozial- oder arbeitsrechtliche Verpflichtungen (§ 124 Abs. 1 Nr. 1 GWB)

5   § 124 Abs. 1 Nr. 1 GWB sieht die Möglichkeit eines Ausschlusses für den Fall vor, dass ein Unternehmen bei der Ausführung öffentlicher Aufträge nachweislich gegen geltende umwelt-, sozial- oder arbeitsrechtliche Verpflichtungen verstoßen hat. Durch die Regelung wird Art. 57 Abs. 4 lit. a) RL 2014/24/EU umgesetzt, der wiederum auf Verstöße gegen geltende Verpflichtungen gemäß Art. 18 Abs. 2 RL 2014/24/EU Bezug nimmt.

a) Umfang der Verpflichtungen

6   § 124 Abs. 1 Nr. 1 GWB kann insgesamt als Ausdruck des Gesetzgebers verstanden werden, die öffentliche Auftragsvergabe stärker zur Unterstützung der mit der Vergaberechtsreform insgesamt verfolgten strategischen Ziele zu nutzen. Denn Verstöße gegen umwelt-, sozial- oder arbeitsrechtliche Verpflichtungen sind mit allgemeinen Gesetzesverstößen vergleichbar, die bereits nach der RL 2004/18/EG zum Ausschluss wegen beruflichen Fehlverhaltens führen konnten. Deswegen wird der Neuerung der Vorschrift teilweise eher ein symbolischer Charakter attestiert.[2] Allerdings gibt die ausdrückliche Benennung einzelner Verpflichtungen in der Richtlinie, ihren Erwägungsgründen bzw. der Begründung zum Gesetzesentwurf einen konkreteren Anhaltspunkt, welche Art von Verfehlungen einen Ausschluss zu begründen vermögen und verhilft ihr ggf. auf diese Weise zu einer stärkeren Inanspruchnahme.

7   Eine genauere Erläuterung, welche Vorschriften unter § 124 Abs. 1 Nr. 1 GWB zu fassen sind, enthält Artikel 18 Abs. 2 RL 2014/24/EU. Dieser als Programmsatz zu verstehende Absatz gibt öffentlichen Auftraggebern auf, geeignete Maßnahmen zu treffen, um die Einhaltung umwelt-, sozial- oder arbeitsrechtlicher Verpflichtungen sicherzustellen. Gemäß Artikel 18 Abs. 2 RL 2014/24/EU ergeben sich diese Verpflichtungen aus

- den Rechtsvorschriften der Union,
- den einzelstaatlichen Rechtsvorschriften.
- Tarifverträgen oder
- den in Anhang X der RL 2014/24 aufgeführten internationalen umwelt-, sozial- und arbeitsrechtlichen Vorschriften. Dazu gehören
  - die ILO-Kernarbeitsnormen,
  - das Wiener Übereinkommen zum Schutz der Ozonschicht und das im Rahmen dieses Übereinkommens geschlossene Montrealer Protokoll über Stoffe, die zum Abbau der Ozonschicht führen,
  - das Basler Übereinkommen über die Kontrolle der grenzüberschreitenden Verbringung gefährlicher Abfälle und ihrer Entsorgung,

---

1   Siehe Kommentierung zu § 123 Abs. 4 GWB.
2   Prieß, Public Procurement Law Review 2014, S. 117, Fn. 19.

- das Stockholmer Übereinkommen über persistente organische Schadstoffe
- das UNEP/FAO-Übereinkommen vom 10. September 1998 über das Verfahren der vorherigen Zustimmung nach Inkenntnissetzung für bestimmte gefährliche Chemikalien sowie Pflanzenschutz- und Schädlingsbekämpfungsmittel im internationalen Handel und seine drei regionalen Protokolle.

Als Beispiel für sozial- und arbeitsrechtliche Vorschriften nennt Erwägungsgrund 11 RL 2014/24/   8
EU die **Vorschriften zur Barrierefreiheit für Menschen mit Behinderungen.**

Nach der Zielvorstellung des deutschen Gesetzgebers sind von dem Ausschlussgrund im deutschen   9
vergaberechtlichen Kontext **Zahlungsverpflichtungen an tarifvertragliche Sozialkassen** umfasst.[3]
Verpflichtungen ergeben sich schließlich aus Art. 18 aus den in Anhang X RL 2014/24/EU aufgeführten internationalen Abkommen. Dazu gehören:

b) Nachweislichkeit des Verstoßes

Nach § 124 Abs. 1 Nr. 1 GWB begründen nur nachweislich begangene Pflichtverletzungen einen   10
Ausschlussgrund. An die Nachweislichkeit einer Pflichtverletzung sind hohe Anforderungen zu stellen.[4] Die **Darlegungs- und Beweispflicht** liegt beim Auftraggeber.[5] Bestehen begründete Zweifel,
ist die Nachweislichkeit nicht gegeben.

Bei der Prüfung der Angaben i.S.d. § 124 Abs. 1 Nr. 1 GWB darf der Auftraggeber nach bisheriger   11
Rechtsprechung des BGH nur solche Umstände berücksichtigen, die sich im Rahmen **gesicherter Erkenntnisse** bewegen.[6] Informationen müssen sich aus seriösen Quellen ergeben, so dass der
Verdacht eine gewisse Erhärtung erfährt.[7] Unspezifizierte Vorwürfe, vage Vermutungen und Verdachtsmomente genügen nicht.[8] Vielmehr müssen die den Verstoß belegenden Indizien und Tatsachen einiges Gewicht haben. Sie müssen der kritischen Prüfung durch ein mit der Sache befasstes
Gericht standhalten und die Zuverlässigkeit des Bieters nachvollziehbar in Frage stellen.

Voraussetzung für die Nachweislichkeit ist, dass konkrete (z.B. durch schriftlich fixierte Zeugen-   12
aussagen, sonstige Aufzeichnungen, Belege oder Schriftstücke nachweisbare) objektivierte Anhaltspunkte für Verfehlungen bestehen.[9] Eine **rechtskräftige Feststellung der Pflichtverletzung ist
jedoch nicht erforderlich.**[10]

Auch eine Anklageerhebung und die Eröffnung des Hauptverfahrens brauchen nicht abgewartet zu   13
werden. Zwischen dem Bekanntwerden strafbarer Handlungen, der Anklageerhebung und deren
rechtskräftiger Aburteilung liegen – gerade bei Straftaten mit wirtschaftlichem Bezug – oft Jahre.
Dem öffentlichen Auftraggeber kann bei dringenden Verdachtsmomenten, zumal, wenn sich die
vorgeworfenen Taten gegen ihn selbst oder ihm nahestehende Stellen oder Unternehmen richten,
nicht zugemutet werden, mit dem betreffenden Bewerber/Bieter dessen ungeachtet weiter ohne
Einschränkungen in Geschäftsverkehr zu treten. Denn die Erteilung eines öffentlichen Auftrags
setzt Vertrauen in den Auftragnehmer voraus.[11]

---

3 Vgl. Gesetzesbegründung, BT-Drs. 18/6281, S. 105.
4 VK Sachsen Beschl. v. 25.06.2003 – 1/SVK/051–03.
5 VK Sachsen Beschl. v. 03.11.2005 – 1/SVK/125–05; Schranner in: Ingenstau/Korbion, VOB, 18. Aufl. 2013, § 6 Rn. 121.
6 BGH Urt. v. 26.10.1999 – X ZR 30/98.
7 BGH Urt. v. 26.10.1999 – X ZR 30/98; OLG München Beschl. v. 22.11.2012 – Verg 22/12; Saarländisches OLG Beschl. v. 29.12.2003 – 1 Verg 4/03; VK Lüneburg Beschl. v. 01.12.2011 – VgK-53/2011.
8 BGH Urt. v. 26.10.1999 – X ZR 30/98; OLG München Beschl. v. 21.05.2010 – Verg 2/10; Saarländisches OLG Beschl. v. 29.12.2003 – Verg 4/03.
9 Saarländisches OLG Beschl. v. 29.12.2003 – 1 Verg 4/03; VK Düsseldorf Beschl. v. 31.10.2005 – VK-30/2005-B.
10 Saarländisches OLG Beschl. v. 29.12.2003 – 1 Verg 4/03.
11 Vgl. hierzu die ausführliche Begründung des Saarländischen OLG Beschl. v. 29.12.2003 – 1 Verg 4/03.

14 Ein Unternehmen kann einem Ausschluss, der auf hinreichend klarer Beweislage, aber vor einer rechtskräftigen Verurteilung durch ein Gericht ergangen ist, nicht die **Unschuldsvermutung nach Art. 6 Abs. 2 EMRK** entgegenhalten.[12] Denn die Unschuldsvermutung besagt nicht, dass einem Tatverdächtigen bis zur rechtskräftigen Verurteilung als Folge der Straftaten, deren er verdächtig ist, überhaupt keine Nachteile entstehen dürfen. Die Unschuldsvermutung hindert dementsprechend auch nicht geschäftliche Nachteile als Folge eines durch den dringenden Verdacht strafbarer Handlungen provozierten Vertrauensverlustes.[13] Demgegenüber ist es einem öffentlichen Auftraggeber nicht verwehrt, die Unschuldsvermutung als sachlichen Grund in seine Ermessensentscheidung mit einzubeziehen.[14]

2. Insolvenz und vergleichbares Verfahren oder Liquidation (§ 124 Abs. 1 Nr. 2 GWB)

15 In § 124 Abs. 1 Nr. 2 GWB wurden die Ausschlussgründe gemäß Art. 57 Abs. 4 lit. b) der RL 2014/24/EU hinsichtlich der Insolvenz und der Liquidation zusammengeführt.

a) Insolvenz oder vergleichbares Verfahren

16 Nach § 124 Abs. 1 Nr. 2 GWB kann ein Unternehmen ausgeschlossen werden, über dessen Vermögen das Insolvenzverfahren oder ein vergleichbares gesetzliches Verfahren eröffnet oder die Eröffnung beantragt oder dieser Antrag mangels Masse abgelehnt worden ist.

17 Das Insolvenzverfahren ist in der **Insolvenzordnung (InsO)** geregelt. Die in der Norm angesprochenen **vergleichbaren Verfahren** meinen Verfahren in Ländern, in denen es keine Insolvenzordnung gibt.[15] Hintergrund dieser Regelung ist, dass die Leistungsfähigkeit des Unternehmens aufgrund der wirtschaftlichen Situation des Betriebs unsicher erscheint und die Durchführung des Auftrags damit gefährdet ist; d.h. der Tatbestand des § 124 Abs. 1 Nr. 2 GWB knüpft an den **Wegfall der finanziellen Leistungsfähigkeit** des Unternehmens an.[16]

18 Der Ausschluss eines Bieters aufgrund § 124 Abs. 1 Nr. 2 GWB erfordert eine besonders sorgfältige Ermessensausübung. Hinsichtlich der angesprochenen Varianten und ihrer Bedeutung für die Eignung des Bewerbers ist die **Ablehnung mangels Masse** ein deutlich größeres Indiz für die Ungeeignetheit des Unternehmers, als die bloße Beantragung oder Eröffnung eines Insolvenzverfahrens. Denn in diesem Fall reicht das Vermögen des Unternehmens voraussichtlich nicht einmal aus, um die Kosten des Insolvenzverfahrens zu decken (vgl. § 26 Abs. 1 S. 1 InsO).

19 Hingegen gibt es nach der obergerichtlichen Rechtsprechung **keine Regelvermutung der mangelnden Leistungsfähigkeit**, wenn lediglich ein Antrag auf Eröffnung des Insolvenzverfahrens über das Vermögen eines Bieters gestellt wurde.[17] Vielmehr muss in jedem Fall eine **sorgfältige Prognose** erfolgen, ob das Unternehmen in Zukunft in der Lage ist, die für den Auftrag erforderliche Leistungsfähigkeit und Zuverlässigkeit aufzuweisen.[18] In die Beurteilung sind alle Anhaltspunkte aufzunehmen, die Rückschlüsse auf die Leistungsfähigkeit zulassen, z.B. ob dem Bieter trotz seiner Insolvenz Bankbürgschaften gewährt wurden oder dass es sich um eine Insolvenz in Eigenverwaltung handelt mit dem Ziel der Fortführung des Betriebes.[19] Nicht zulässig ist es hingegen, von einer solchen Prüfung abzusehen, indem der Auftraggeber ohne nähere Begründung sein Ermessen

---

12 OLG München Beschl. v. 22.11.2012 – Verg 22/12.
13 Saarländisches OLG Beschl. v. 29.12.2003 – Verg 4/03.
14 VK Lüneburg Beschl. v. 18.10.2005 – VgK-47/2005.
15 Müller-Wrede in: Müller-Wrede, VOL/A-Kommentar, 3. Aufl. 2010, § 6 EG Rn. 40.
16 VK Lüneburg Beschl. v. 04.10.2012 – VgK 38/2012.
17 OLG Celle Beschl. v. 18.02.2013 – 13 Verg 1/13.
18 Vgl. OLG Celle Beschl. v. 18.02.2013 – 13 Verg 1/13; OLG Düsseldorf Beschl. v. 02.05.2012 – VII-Verg 68/11; OLG Schleswig Beschl. v. 30.05.2012 – 1 Verg 2/12; VK Niedersachsen Beschl. v. 04.10.2012 – VgK-38/2012; VK Brandenburg Beschl. v. 09.11.2010 – VK 50/10.
19 Vgl. hierzu exemplarisch die Abwägung in VK Sachsen-Anhalt v. 21.06.2012 – 2 VK LSA 08/12.

vorab in der Weise generalisierend betätigt, dass von Insolvenz betroffene Unternehmen ohne jede weitere, am einzelnen Fall orientierte Befassung mit der Eignung und gegebenenfalls Aufklärung vom Wettbewerb ausgeschlossen werden.[20]

Der Ausschlusstatbestand ist grundsätzlich auch dann erfüllt, wenn ein **Mitglied einer Bieterge-** 20 **meinschaft insolvent** wird. Aufgrund der gesamtschuldnerischen Haftung der Mitglieder einer Bietergemeinschaft muss jedes Mitglied die finanzielle/wirtschaftliche Leistungsfähigkeit aufweisen. Auf die Mehrheitsverhältnisse innerhalb der Bietergemeinschaft kommt es in diesem Zusammenhang nicht an. Auch etwaige Absprachen zwischen den Bietern wirken nicht im Außenverhältnis zum Auftraggeber.[21] Je nach Zusammensetzung der Bietergemeinschaft kann die Insolvenz eines Bietergemeinschaftsmitglieds auch zu einem Ausschluss wegen unzulässiger Änderung der Zusammensetzung der Bietergemeinschaft (Bestandswechsel) während des Vergabeverfahrens führen.[22]

Gleiches gilt auch bei einer **insolvenzbedingten Leistungsunfähigkeit des Nachunternehmers,** die 21 dem Bieter wie eine eigene Leistungsunfähigkeit zuzurechnen ist und daher dazu führen kann, dass das Angebot des Bieters für eine Zuschlagserteilung nicht in Betracht kommt.[23]

b) Liquidation

Nach § 124 Abs. 1 Nr. 2 GWB können ebenfalls Unternehmen ausgeschlossen werden, die sich in 22 **Liquidation** befinden. Bei Unternehmen, die sich in Liquidation befinden, ist die Leistungsfähigkeit selbst dann in Frage gestellt, wenn trotz des Liquidationsstadiums noch genügend finanzielle Mittel zur Verfügung stehen. Denn es ist kaum vorstellbar, dass das Unternehmen als geeignet für die ordnungsgemäße Ausführung der Leistung bis zu deren Vollendung einschließlich Mängelhaftung angesehen werden kann, wenn es aufgelöst werden soll.[24]

3. Schwere Verfehlungen im Rahmen der beruflichen Tätigkeit (§ 124 Abs. 1 Nr. 3 GWB)

§ 124 Abs. 1 Nr. 3 GWB beinhaltet einen fakultativen Ausschlusstatbestand für Unternehmen, 23 die im Rahmen der beruflichen Tätigkeit nachweislich eine schwere Verfehlung begangen haben, welche die Integrität des Unternehmen in Frage stellt. Im Vergleich zu den Vorgängernormen, wie z.B. § 6 EG Abs. 6 lit. c) VOL/A a.F., ist der Ausschlussgrund in § 124 Abs. 1 Nr. 3 GWB insofern **etwas eingeschränkt worden,** als nunmehr die schwere Verfehlung des Unternehmens oder einer für das Unternehmen im Rahmen ihrer beruflichen Tätigkeit handelnden Person die Integrität des Unternehmens infrage stellen muss.[25]

Die Vorschrift ist tatbestandlich weiter als die Ausschlusstatbestände des § 123 GWB, die nicht 24 an eine schwere Verfehlung sondern an eine rechtskräftige Verurteilung oder rechtskräftig festgesetzte Geldbuße anknüpfen. § 124 Abs. 1 Nr. 3 GWB enthält jedoch anders als § 123 GWB das tatbestandliche Korrektiv, dass die **Integrität des Unternehmens** durch die schwere Verfehlung »in Frage« gestellt sein muss. Ebenso eröffnet § 124 GWB auf der Rechtsfolgenseite Ermessen.

Der fakultative Ausschlussgrund nach § 124 Abs. 1 Nr. 3 GWB hat somit auch weiterhin eine 25 Bedeutung als Auffangtatbestand, der neben den anderen fakultativen oder zwingenden Ausschlussgründen anwendbar sein kann, wenn deren Voraussetzungen nicht vollständig vorliegen. Beispielsweise kann eine schwere, die Integrität des Unternehmens beeinträchtigende Verfehlung in Betracht kommen, wenn hinsichtlich einer nach § 123 GWB zu einem zwingenden Ausschlussgrund füh-

---

20 Das OLG Düsseldorf hält ein solches Vorgehen nach einem obiter dictum zumindest für zweifelhaft: vgl. OLG Düsseldorf Beschl. v. 02.05.2012 – VII Verg 68/11.
21 VK Nordbayern Beschl. v. 18.09.2003 – 320.VK-3194 – 31/03.
22 Vgl. Kommentierung zu Bestandswechsel bei Bietergemeinschaften, Hausmann/von Hoff in: Kulartz/Kus/ Marx/Portz/Prieß § 43 VgV Ziff D.I.4.
23 OLG Schleswig Beschl. v. 30.05.2012 – 1 Verg 2/12.
24 Schranner in: Ingenstau/Korbion, VOB, 18. Aufl. 2013, § 6 VOB/A, Rn. 117.
25 Gesetzesbegründung, BT-Drs. 18/6281, S. 105.

renden Straftat **noch keine rechtskräftige Verurteilung vorliegt** oder wenn eine Verurteilung bezüglich einer Straftat vorliegt, die zwar nicht im Katalog des § 123 GWB aufgeführt ist, aber durch die die Integrität des Unternehmens infrage gestellt wird.[26]

a) Schwere Verfehlung im Rahmen der beruflichen Tätigkeit

26 Bei dem Begriff »schwere Verfehlung« handelt es sich um einen unbestimmten Rechtsbegriff, bei dessen Auslegung der Vergabestelle ein Beurteilungsspielraum zukommt.[27] Den Begriff der **Verfehlung im Rahmen der beruflichen Tätigkeit** hat der EuGH in seinem *Forposta*-Urteil definiert: *«Verfehlung im Rahmen der beruflichen Tätigkeit« ist jedes fehlerhafte Verhalten, das Einfluss auf die berufliche Glaubwürdigkeit des betreffenden Wirtschaftsteilnehmers hat, und nicht nur Verstöße gegen berufsethische Regelungen im engen Sinne des Berufsstands, dem dieser Wirtschaftsteilnehmer angehört, die durch das Disziplinarorgan dieses Berufsstands oder durch eine rechtskräftige Gerichtsentscheidung festgestellt werden.«*[28] »**Schwer**« ist eine Verfehlung dann, wenn sie **schuldhaft** begangen wurde und **erhebliche Auswirkungen** hat.[29] Erhebliche **Auswirkungen** können etwa dann angenommen werden, wenn besonders schützenswerte Rechtsgüter verletzt wurden und ein erheblicher Schaden entstanden ist oder zu entstehen drohte. Denkbar ist das u.a. bei Beamtenbestechung, Vorteilsgewährung, Diebstahl, Unterschlagung, Erpressung, Betrug (speziell Submissionsbetrug), Untreue und Urkundenfälschung, unzulässige Preisabsprachen, unlauterem Wettbewerb, Missbrauch marktbeherrschender Stellung, Marken- und Schutzrechtsverletzungen, aber auch bei Straftaten gegen Leib und Leben.

b) »Infragestellung« der Integrität des Unternehmens

27 Nach § 124 Abs. 1 Nr. 3 GWB muss die schwere Verfehlung die Integrität des Unternehmens in Frage stellen. Ein Auftraggeber kann daher nicht pauschal von einer schweren Verfehlung auf die Unzuverlässigkeit des Bewerbers schließen. Es müssen vielmehr nachvollziehbare sachliche Gründe dafür vorliegen, dass aufgrund der nachweislichen Pflichtverletzung in der Vergangenheit auch **für den zu vergebenden Auftrag schwere Zweifel an der Integrität des Bewerbers** bestehen. Allerdings muss die Unzuverlässigkeit nicht mit letzter Gewissheit festgestellt worden sein.[30]

28 Unter schweren Verfehlungen, die die Integrität in Frage stellen, sind **nicht nur strafrechtliche Verurteilungen**[31] zu verstehen. Die Integrität des Unternehmens kann beispielsweise auch durch Verstöße gegen Vorschriften des BGB (§§ 823, 826, 123, 134, 138 BGB) oder des UWG[32] in Frage gestellt sein.

29 Im Falle einer **Bewährungsstrafe** und der damit im Zusammenhang stehenden günstigen Sozialprognose kann nicht ohne weiteres vom Fortbestehen der Integrität des Unternehmers ausgegangen werden. Denn demjenigen, der unter Bewährung steht, wird dadurch vermittelt, dass erst bei nachgewiesenem Wohlverhalten während der Dauer der Bewährungszeit die abschließende Bewertung möglich ist, dass es zur Einwirkung auf seine Person einer Vollzugsstrafe nicht bedarf.[33]

---

26 Gesetzesbegründung, BT-Drs. 18/6281, S. 105.
27 VK Düsseldorf Beschl. v. 31.10.2005 – VK–30/2005-B.
28 EuGH Urt. v. 12.12.2012, Rs. C-465/11 – »Forposta« Rn. 27.
29 OLG München Beschl. v. 21.05.2010 – Verg 02/10; VK Bund Beschl. v. 15.05.2009 – VK 2–21/09.
30 OLG München Beschl. v. 21.04.2006 – Verg 08/06.
31 Wie z.B. Bestechung und Vorteilsgewährung, schwerwiegende Straftaten im Geschäftsverkehr wie Diebstahl, Unterschlagung, Erpressung, Betrug und speziell Submissionsbetrug (§ 298 StGB) sowie Angestelltenbestechung (§ 299 StGB), Untreue, Urkundenfälschung, etc.; vgl. dazu VK Sachsen Beschl. v. 25.06.2003 – 1/SVK/051–03; Rusam in: Heiermann/Riedl/Rusam, VOB, A § 8 Rn. 53; nach VK Nordbayern Beschl. v. 22.01.2007 – 21. VK-3194–44/06, ist ein Verstoß gegen § 266a StGB keine schwere Verfehlung, die ohne weiteres einen Ausschluss wegen Unzuverlässigkeit rechtfertigt.
32 OLG Jena Beschl. v. 16.07.2007 – 9 Verg 4/07; VK Düsseldorf Beschl. v. 13.09.2005 – VK 08/2005-B.
33 OLG München Beschl. v. 21.04.2006 – Verg 08/06.

Eine die Integrität in Frage stellende schwere Verfehlung kommt auch bei der **Verletzung ver-** 30
traglicher Verpflichtungen (z.B. auch bei der Verletzung von Auftragsausführungsbedingungen
bei früheren öffentlichen Aufträgen) in Betracht, wenn diese eine solche Intensität und Schwere
aufweisen, dass der öffentliche Auftraggeber berechtigterweise an der Integrität des Unternehmens
zweifeln darf.[34] Das ist in aller Regel nicht der Fall, wenn es sich um »normale« vertragliche Beanstandungen handelt und die Leistungen grundsätzlich als vertragsgemäß abgenommen wurden.[35]
Der Ausschluss vom Vergabeverfahren darf **keine Sanktion für alltägliche Probleme** in der Vertragsabwicklung eines anderen öffentlichen Auftrags sein. **§ 124 Abs. 1 Nr. 7 GWB** sieht hierzu
nunmehr auch einen eigenen fakultativen Ausschlussgrund vor.

Ein weiterer Anwendungsfall für schwere Verfehlungen sind nach der Gesetzesbegründung auch 31
Verletzungen der Verpflichtung zu Vertraulichkeit und Sicherheit, da durch entsprechende Verstöße regelmäßig die Integrität des Unternehmens infrage gestellt wird.[36]

c) Nachweislichkeit der schweren Verfehlung

Nach § 124 Abs. 1 Nr. 3 GWB begründen nur nachweislich begangene schwere Verfehlungen im 32
Rahmen der beruflichen Tätigkeit einen Ausschlussgrund.[37]

4. Wettbewerbswidrige Vereinbarungen mit anderen Unternehmen (§ 124 Abs. 1 Nr. 4 GWB)

§ 124 Abs. 1 Nr. 4 GWB enthält einen fakultativen Ausschlussgrund für den Fall, dass der öffent- 33
liche Auftraggeber über hinreichende Anhaltspunkte dafür verfügt, dass das Unternehmen Vereinbarungen mit anderen Unternehmen getroffen hat, die eine Verhinderung, Einschränkung oder
Verfälschung des Wettbewerbs bezwecken oder bewirken.

Die Formulierung in § 124 Abs. 1 Nr. 4, die Art. 57 Abs. 4 lit. d) RL 2014/24/EU umsetzt, greift 34
die Formulierung des Verbots wettbewerbsbeschränkender Vereinbarungen in § 1 GWB auf.[38] Ein
Beispiel sind **unzulässige Preisabsprachen** im laufenden Vergabeverfahren.[39] Der Ausschlussgrund
ist nach der Gesetzesbegründung jedoch nicht auf Fälle von wettbewerbsbeschränkenden Vereinbarungen im Rahmen des laufenden Vergabeverfahrens beschränkt. Der Ausschlussgrund liegt
jedenfalls dann vor, wenn eine Kartellbehörde einen Verstoß in einer Entscheidung festgestellt hat.
Die bloße Durchführung von kartellbehördlichen Ermittlungsmaßnahmen (z.B. Durchsuchungen)
reicht dagegen regelmäßig noch nicht aus, um einen Ausschlussgrund nach § 124 Abs. 1 Nr. 4
GWB zu begründen.[40]

5. Interessenkonflikt (§ 124 Abs. 1 Nr. 5 GWB)

Gemäß § 124 Abs. 1 Nr. 5 GWB kann ein öffentlicher Auftraggeber ein Unternehmen ausschlie- 35
ßen, wenn ein Interessenkonflikt bei der Durchführung des Vergabeverfahrens besteht, der die
Unparteilichkeit und Unabhängigkeit einer für den öffentlichen Auftraggeber tätigen Person bei
der Durchführung des Vergabeverfahrens beeinträchtigen könnte und der durch andere, weniger
einschneidende Maßnahmen nicht wirksam beseitigt werden kann.

---

34 Gesetzesbegründung, BT-Drs. 18/6281, S. 105; vgl. auch VK Düsseldorf Beschl. v. 31.10.2005 –
    VK–30/2005–B; VK Sachsen Beschl. v. 17.07.2007 – 1/SVK/046–07.
35 VK Sachsen Beschl. v. 17.07.2007 – 1/SVK/046–07.
36 Gesetzesbegründung, BT-Drs. 18/6281, S. 105
37 Siehe hierzu Kommentierung in Rdn. 10 ff.
38 Siehe hierzu im Einzelnen: Säcker, in: Münchener Kommentar Europäisches und Deutsches Wettbewerbs-
    recht, Band 2, 2. Auflage 2015, § 1 GWB; Zimmer, in: Immenga/Mestmäcker, Wettbewerbsrecht, 5. Auf-
    lage 2014, § 1 GWB, Krauß in: Langen/Bunte, Kartellrecht, 12. Auflage 2014, § 1 GWB.
39 OLG Düsseldorf Beschl. v. 09.04.2008 – VII-Verg 2/08.
40 Gesetzesbegründung, BT-Drs. 18/6281, S. 106.

36   Nach der Gesetzesbegründung erfasst § 124 Abs. 1 Nr. 5 GWB nur den Fall, dass **im Rahmen des laufenden Vergabeverfahrens** ein Interessenkonflikt nach Art. 24 RL 2014/24/EU im Hinblick auf die Unparteilichkeit einer für den öffentlichen Auftraggeber im Auswahlprozess tätigen Person besteht, der nicht wirksam durch andere, weniger einschneidende Maßnahmen beseitigt werden kann.[41] Entsprechend Art. 24 UAbs. 2 RL 2014/24/EU kann die für den öffentlichen Auftraggeber tätige Person außer einem **Mitarbeiter oder einer Mitarbeiterin des öffentlichen Auftraggebers** auch ein im Namen des öffentlichen Auftraggebers handelnder **Beschaffungsdienstleister** sein. Die Person muss nach Art. 24 UAbs. 2 RL 2014/24/EU an der Durchführung des Vergabeverfahrens beteiligt sein oder Einfluss auf den Ausgang des Verfahrens nehmen können.[42]

37   Angesichts der schwerwiegenden Folge des Ausschlusses vom Vergabeverfahren für ein Unternehmen ist besonders zu berücksichtigen, dass der Ausschlussgrund nur als **ultima ratio** greift. Der Interessenkonflikt darf nicht wirksam durch andere, weniger einschneidende Maßnahmen beseitigt werden können. Das gilt insbesondere deshalb, weil das Bewerber- oder Bieterunternehmen regelmäßig **keinen Einfluss und oft auch gar keine Kenntnis** von den auf Seiten des öffentlichen Auftraggebers in die Durchführung des Vergabeverfahrens involvierten Personen und Unternehmen hat. Der Ausschluss kann auch nur durch Maßnahmen auf Seiten des öffentlichen Auftraggebers verhindert werden.

38   Der öffentliche Auftraggeber ist grundsätzlich gemäß **§ 6 Abs. 1 VgV** dazu verpflichtet, Interessenkonflikte zu verhindern, indem er Mitarbeiter, Organmitglieder oder Dienstleister von der Mitwirkung in einem Vergabeverfahren ausnimmt, wenn bei ihnen ein Interessenkonflikt besteht. In der Praxis wird man zu Beginn eines Vergabeverfahrens bzw. bei dessen Vorbereitung noch nicht sicher wissen, hinsichtlich welcher Personen oder Dienstleister ein Interessenkonflikt besteht, da noch weitgehend unklar ist, wer sich auf Bieterseite am Vergabeverfahren beteiligen wird. Insofern besteht vor einem möglichen Ausschluss eines Bieterunternehmens zur Beseitigung eines Interessenkonflikts zunächst eine **Pflicht zum Handeln für den öffentlichen Auftraggeber**, solche Personen bei Auftauchen eines Interessenkonflikts während eines laufenden Vergabeverfahrens von der weiteren Befassung mit dem Vergabeverfahren zu entbinden. Damit wird in aller Regel wirksam ein Interessenkonflikt beseitigt und es handelt sich um eine weitaus weniger einschneidende Maßnahme, als ein Bieterunternehmen auszuschließen.

6. Wettbewerbsverzerrung durch vorherige Einbeziehung (§ 124 Abs. 1 Nr. 6 GWB)

39   § 124 Abs. 1 Nr. 6 GWB sieht einen fakultativen Ausschlussgrund für ein Unternehmen den Fall vor, dass in einem gerade laufenden Vergabeverfahren eine Wettbewerbsverzerrung daraus resultiert, dass das fragliche Unternehmen bereits in die Vorbereitung des Vergabeverfahrens einbezogen war, und diese Wettbewerbsverzerrung nicht durch andere, weniger einschneidende Maßnahmen beseitigt werden kann.

40   § 124 Abs. 1 Nr. 6 GWB setzt Art. 57 Abs. 4 lit. f) RL 2014/24/EU um, der wiederum auf Art. 41 RL 2014/24/EU (Vorherige Einbeziehung von Bewerbern oder Bietern) Bezug nimmt. Es handelt sich bei dieser Regelung um die Kodifizierung der EuGH-Rechtsprechung zur sog. **Projektantenproblematik**. Auch nach bisheriger Rechtsprechung war der Ausschluss des Projektanten als **ultima ratio** geboten, wenn ein Wettbewerbsvorsprung eines vorbefassten Unternehmens nicht anders ausgeglichen werden konnte.[43]

---

41 Gesetzesbegründung, BT-Drs. 18/6281, S. 106.
42 Gesetzesbegründung, BT-Drs. 18/6281, S. 106.
43 EuGH Urt. v. 03.03.2005, verb. Rs. C-21/03 und C-34/03 »Fabricom«.

a) Projektantenproblematik

Die sog. Projektantenproblematik betrifft Fallkonstellationen, in denen ein als Bieter oder Bewer- 41
ber an einem Vergabeverfahren teilnehmendes Unternehmen (sog. »Projektant«) den Auftraggeber
bereits im Vorfeld des Vergabeverfahrens beraten oder unterstützt hat.[44] Durch die Teilnahme eines
derartigen Projektanten droht eine **erhebliche Wettbewerbsverzerrung**, da dieser in der Regel die an
die ausgeschriebenen Leistungen gestellten Anforderungen besser beurteilen kann und sein Angebot
deshalb leichter an die Bedürfnisse des Auftraggebers anzupassen vermag als andere, vorher unbetei-
ligte Bieter. Ein Wettbewerbsvorteil kann sich zudem daraus ergeben, dass das vorbefasste Unternehmen als Berater des Auftraggebers den Gegenstand und die Bedingungen des Auftrages mit Rücksicht auf seine eigene spätere Bieterstellung beeinflusst hat. Trotz dieser Gefahren ist die Teilnahme
vorbefasster Unternehmen grundsätzlich zulässig. Der EuGH hat insoweit klargestellt, dass ein **genereller Ausschluss vorbefasster Unternehmen unverhältnismäßig** und deshalb gemeinschaftsrechtswidrig ist.[45] Entscheidend ist stets, ob sich aus der Vorbefasstheit tatsächlich ein Wettbewerbsvorteil
ergibt bzw. ob dieser durch geeignete Maßnahmen ausgeglichen wurde. Ein Ausschluss kommt nur
dann in Betracht, wenn die Chancengleichheit der Bieter nicht anders sichergestellt werden kann.[46]

Ausweislich des insoweit eindeutigen Wortlauts in § 124 Abs. 1 Nr. 6 GWB kann der Ausschluss- 42
grund nur greifen, wenn das fragliche Unternehmen in die **Vorbereitung des konkreten Vergabeverfahrens** einbezogen war. Andere Beratungs- oder Unterstützungsleistungen, die ein Unternehmen für den öffentlichen Auftraggeber zeitlich vor einem Vergabeverfahren aber ohne inhaltlichen
Zusammenhang mit dem Vergabeverfahren erbracht haben, sind damit nicht erfasst.[47]

Fraglich ist, ob von der neuen Ausschlussregelung nur die spätere Beteiligung vorbefasster Unter- 43
nehmen als Bieter oder Bewerber erfasst ist, oder ob ein Ausschlussrisiko auch droht, wenn der Projektant auf Bieterseite als **Berater oder in anderer Form (insbesondere als Nachunternehmer)** tätig
wird. Grundsätzlich erscheint eine weite Auslegung des Begriffs der Einbeziehung des Unternehmens in die Vorbereitung des Vergabeverfahrens im Interesse eines geordneten Wettbewerbs angezeigt.[48] Vom Wortlaut des § 124 Abs. 1 Nr. 6 GWB ist jedoch zunächst nur »das Unternehmen«
umfasst, wobei unter Berücksichtigung der Formulierung in Art. 41 RL 2014/24/EU (»Hat ein
Bewerber oder Bieter…«) davon auszugehen ist, dass nur diese Konstellation geregelt werden sollte.
Fraglich bleibt in diesem Zusammenhang auch, wie nach der neuen Rechtslage mit personellen und
gesellschaftsrechtlichen Verknüpfungen zwischen ehemaligen Beratern des Auftraggebers und späteren Bietern oder Bietergemeinschaften (»mittelbare Projektanten«) umzugehen ist. Beispielsweise
können **konzernverbundene Unternehmen** aus der Vorbefassung eines mit ihnen verbundenen
Unternehmens Wettbewerbsvorteile ziehen, ohne dass das vorbefasste Unternehmen selbst Bieter
bzw. Bewerber ist.[49] Auch diese Konstellation sind vom Wortlaut des § 124 Abs. 1 Nr. 6 GWB
nicht ausdrücklich umfasst. Allerdings genügt auch nicht jede noch so entfernte gesellschaftsrechtliche Verbindung, um eine Wettbewerbsverzerrung durch die Beteiligung eines konzernverbunde-
nen, mittelbaren Projektanten annehmen zu können.[50]

---

44 Vgl. zur Projektantenproblematik Michel NZBau 2006, 689 ff.; Müller-Wrede/Lux ZfBR 2006, 327 – 329;
    Kolpatzik VergabeR 2007, 279 ff.; Kupczyk NZBau 2010, 21ff.; OLG Düsseldorf Beschl. v. 25.10.2005 –
    VII-Verg 67/05; OLG Brandenburg Beschl. v. 22.05.2007 – Verg W 13/06; OLG München
    Beschl. v. 10.02.2011 – Verg 24/10 (zur VOF); OLG Brandenburg Beschl. v. 19.12.2011 – Verg W 17/11.
45 EuGH Urt. v. 03.03.2005, verb. Rs. C-21/03 und C-34/03 »Fabricom«.
46 EuGH Urt. v. 03.03.2005, verb. Rs. C-21/03 und C-34/03 »Fabricom«; OLG München
    Beschl. v. 10.02.2011 – Verg 24/10 (zur VOF).
47 Vgl. OLG Brandenburg Beschl. v. 22.05.2007 – Verg W 13/06; VK Hessen Beschl. v. 12.02.2008 –
    69 d-VK-01/2008.
48 Vgl. OLG München Beschl. v. 10.02.2011 – Verg 24/10 (zur VOF).
49 Vgl. OLG Düsseldorf Beschl. v. 25.10.2005 – VII-Verg 67/05; VK Bund Beschl. v. 24.05.2012 – VK 3 –
    45/12; Schranner in: Ingenstau/Korbion, VOB, 18. Aufl. 2013, § 6 EG VOB/A Rn. 34; Müller-Wrede/
    Lux ZfBR 2006, 327, 329.
50 Vgl. OLG Koblenz Beschl. v. 10.08.2000, 1 Verg 2/00.

b) Angemessene Maßnahmen zur Sicherstellung unverfälschten Wettbewerbs

44 Sofern eine Wettbewerbsverzerrung in einem Vergabeverfahren einzutreten droht, bestimmt § 7 Abs. 1 VgV, dass zunächst einmal der Auftraggeber durch angemessene Maßnahmen sicherstellen muss, dass der Wettbewerb durch die Teilnahme vorbefasster Bieter oder Bewerber nicht verfälscht wird.[51] Hinsichtlich der konkret zu ergreifenden Maßnahmen **kommt es maßgeblich auf die Art und den Umfang der jeweiligen Vorbefasstheit und die Schwere der potentiellen Wettbewerbsverzerrung an.**[52] Die Maßnahmen umfassen gemäß §7 Abs. 2 VgV die Unterrichtung anderer Bewerber oder Bieter in Bezug auf einschlägige Informationen, die im Zusammenhang mit der Einbeziehung des Bewerbers oder Bieters in die Vorbereitung des Vergabeverfahrens ausgetauscht wurden oder daraus resultieren[53] und die Festlegung angemessener Fristen für den Eingang der Angebote. Die in § 7 Abs. 2 VgV genannten Maßnahmen haben **keinen abschließenden Charakter.** Eine weitere Maßnahme kann darin bestehen, allen Verfahrensteilnehmern die unter Mitwirkung des Projektanten erstellten Unterlagen zur Verfügung zu stellen und den Bietern ggf. zu gestatten, bestimmte Untersuchungen, Methoden, Ergebnisse oder dgl. in ihren Angeboten zu übernehmen.[54]

45 Erhöhte Anforderungen an den Ausgleich eines Wettbewerbsvorsprungs bestehen dann, wenn das betreffende Unternehmen **unmittelbar an den Vorarbeiten** für das Vergabeverfahren mitgewirkt hat, insbesondere im Rahmen der **Erstellung der Vergabeunterlagen.**[55] In derartigen Fällen liegt grundsätzlich ein wettbewerbsverzerrender Informationsvorsprung vor, der unter Umständen nicht kompensiert werden kann. Erforderlich sein dürfte insoweit zumindest die **organisatorische und personelle Trennung** zwischen denjenigen Personen, die die Leistungsbeschreibung formulieren oder dabei mitwirken, und denjenigen, die entsprechend dieser Leistungsbeschreibung Angebote erstellen.[56] Wenn der Projektant dagegen nur an Planungs- und Entwurfsarbeiten oder informellen Markterforschungsanfragen beteiligt war, kann der sich daraus ergebende Informationsvorsprung regelmäßig dadurch ausgeglichen werden, dass der Auftraggeber die durch die Zusammenarbeit mit dem betreffenden Bieter gewonnenen Erkenntnisse allen Bietern zugänglich macht (etwa durch eine entsprechende Gestaltung der Vergabeunterlagen oder die Möglichkeit der Einsichtnahme in Entwürfe und Planungen).[57]

46 Der öffentliche Auftraggeber muss die ergriffenen Maßnahmen im Vergabevermerk dokumentieren.[58]

c) Ausschluss als ultima ratio

47 Sofern der Wettbewerbsvorteil nicht ausgeglichen werden kann, bleibt in der Regel keine andere Möglichkeit, als das vorbefasste Unternehmen vom Verfahren auszuschließen. Ein Ausschluss des vorbefassten Bieters ist als ultima ratio jedoch nur dann vorzunehmen, wenn die Chancengleichheit der anderen Bieter so stark gefährdet ist, dass ein objektives Verfahren auch durch geeignete Ausgleichsmaßnahmen des Auftraggebers nicht mehr garantiert werden kann.[59] Dem Projektanten

---

51 Vgl. auch Hanseatisches OLG Bremen Beschl. v. 09.10.2012 – Verg 1/12; Brandenburgisches OLG Beschl. v. 19.12.2011 – Verg W 17/11; OLG München Beschl. v. 10.02.2011 – Verg 24/10.

52 Vgl. OLG Brandenburg Beschl. v. 22.05.2007 – Verg W 13/06; OLG München Beschl. v. 10.02.2011 – Verg 24/10 (zur VOF).

53 OLG München Beschl. v. 10.02.2011 – Verg 24/10 (zur VOF); VK Bund Beschl. v. 05.03.2007 – VK 1 – 139/06; VK Niedersachsen Beschl. v. 11.02.2009 – VgK-56/2008.

54 Vgl. OLG Koblenz Beschl. v. 06.11.2008, 1 Verg 3/08.

55 Vgl. OLG Düsseldorf Beschl. v. 16.10.2003, VII Verg 57/03; OLG Jena Beschl. v. 08.04.2003, 6 Verg 9/02; GA Mischo, Schlussanträge in der Rs. C-513/99 »Concordia Bus Finland«, Slg. 2002, 7213, 7248, Rn. 159 ff., Slg. 2002, I-7213.

56 VK Bund Beschl. v. 11.09.2002, VK 2 – 42/02.

57 OLG Koblenz Beschl. v. 06.11.2008 – 1 Verg 3/08.

58 Gesetzesbegründung, BT-Drs. 18/6281, S. 106.

59 VK Nordbayern Beschl. v. 31.08.2011 – 21.VK-3194 – 24/11; VK Bund Beschl. v. 24.05.2012 – VK 3 – 45/12; Begründung zum ÖPP-Beschleunigungsgesetz, BT-Drucks. 15/5668, S. 20 f.

muss vor dem Ausschluss zudem grundsätzlich die Möglichkeit gegeben werden, zum Vorliegen der Wettbewerbsverzerrung **Stellung zu nehmen** und ggf. darzulegen, auf welche Weise sein Wettbewerbsvorteil ausgeglichen werden kann.[60]

Ein Ausschluss kommt darüber hinaus dann in Betracht, wenn erst nach Öffnung der Angebote 48 erkennbar wird, dass ein Bieter aufgrund seiner Vorbefasstheit über einen Wettbewerbsvorteil verfügte. Anhaltspunkte für eine derartige Wettbewerbsverfälschung können sich z.B. daraus ergeben, dass das Angebot des Projektanten den anderen Angeboten in technischer oder preislicher Hinsicht oder insgesamt deutlich überlegen ist und/oder auf Informationen beruht, die den anderen Bietern offenbar nicht bekannt waren und nicht bekannt sein konnten. In derartigen Fällen obliegt es dem Projektanten, darzulegen und ggf. zu beweisen, dass die Überlegenheit seines Angebots auf anderen Gründen beruht als auf seiner Vorbefasstheit.[61]

Eine Wettbewerbsverzerrung durch die Beteiligung eines vorbefassten Unternehmens kann grund- 49 sätzlich auch durch einen **vertraglich vereinbarten Verzicht des Projektanten** auf die Teilnahme an dem nachfolgenden Vergabeverfahren verhindert werden. Derartige Verzichtserklärungen werden allerdings für problematisch gehalten, wenn die Wettbewerbsverzerrung durch mildere Mittel ausgeschlossen werden kann.[62] Auch insoweit kommt es entscheidend auf den Umfang und Gegenstand der Unterstützungsleistungen und den konkreten Bezug zum nachfolgenden Vergabeverfahren an. Dem Projektanten ist zudem der Nachweis zu ermöglichen, dass der Wettbewerb durch seine Teilnahme nicht verfälscht wird.[63] Sofern eine Wettbewerbsverfälschung nicht ausgeschlossen ist, ist es im Interesse eines fairen und chancengleichen Wettbewerbs in der Regel nicht zu beanstanden, wenn der Auftraggeber den Projektanten an seiner Verzichtserklärung festhält und nicht zum Verfahren zulässt.

7. Mangelhafte Erfüllung eines früheren Auftrags (§ 124 Abs. 1 Nr. 7 GWB)

Gemäß § 124 Abs. 1 Nr. 7 GWB stellt es nunmehr auch einen fakultativen Ausschlussgrund dar, 50 wenn bei der Ausführung eines früheren öffentlichen Auftrags (eines öffentlichen Auftraggebers oder eines Sektorenauftraggebers) oder eines früheren Konzessionsvertrags durch das Unternehmen erhebliche Mängel aufgetreten sind.[64] Durch die Regelung wir Art. 57 Abs. 4 lit. g) RL 2014/24/ EU umgesetzt. Es handelt sich bei dieser Regelung um einen **neuen Ausschlussgrund**. In der Vergangenheit wurde hinsichtlich der Konsequenzen gravierender Schlechtleistungen in früheren öffentlichen Aufträgen diskutiert, ob es sich hierbei um schwere Verfehlungen im Sinne des § 6 EG Abs. 6 lit. c) VOL/A a.F. handelt.[65]

Um einen Ausschluss zu rechtfertigen, muss es sich um eine erhebliche oder fortdauernde man- 51 gelhafte Auftragserfüllung in Bezug auf eine wesentliche Anforderung gehandelt haben und dieser Umstand muss zu einer vorzeitigen Beendigung, zu Schadensersatz oder zu einer vergleichbaren Rechtsfolge geführt haben. Grundsätzlich kann **auch eine einmalige gravierende mangelhafte Leistung**, die zu einer der genannten Rechtsfolgen geführt hat, einen Ausschluss begründen.[66] In Erwägungsgrund 101 RL 2014/24/EU werden als Beispiele für erhebliche Mängel bei der Auftragserfüllung zudem **Lieferungs- oder Leistungsausfall**, erhebliche Defizite der gelieferten Waren oder Dienstleistungen, die sie für den beabsichtigten Zweck unbrauchbar machen, oder ein **Fehlverhalten** genannt, das ernste Zweifel an der Zuverlässigkeit des Wirtschaftsteilnehmers aufkommen lässt. Darunter kann auch die Verletzung einer wesentlichen vertraglichen Pflicht fallen, wie Verstöße

---

60 EuGH Urt. v. 03.03.2005, verb. Rs. C-21/03 und C-34/03 »Fabricom«, Rn. 36; VK Nordbayern Beschl. v. 31.08.2011 – 21.VK-3194 – 24/11.
61 Müller-Wrede in: Müller-Wrede, ÖPP-Beschleunigungsgesetz, S. 101 Rn. 36^ff.
62 Müller-Wrede/Lux ZfBR 2006, 327, 329; a.A. Behrens NZBau 2006, 752, 755 f.
63 Vgl. Schranner in: Ingenstau/Korbion, VOB, 18. Aufl. 2013, § 6 EG VOB/A, Rn. 36.
64 Gesetzesbegründung, BT-Drs. 18/6281, S. 106.
65 Vgl. hierzu Hausmann/Kern in: Kulartz/Marx/Portz/Prieß, VOL/A, 3. Auflage 2014, § 6, Rn. 104 f.
66 Gesetzesbegründung, BT-Drs. 18/6281, S. 106.

gegen eine vertragliche oder berufsrechtliche Verpflichtung zur Wahrung der Vertraulichkeit oder gegen wesentliche Sicherheitsauflagen.[67]

52 Eine der vorzeitigen Beendigung »**vergleichbare Rechtsfolge**« (die Richtlinie spricht insoweit von »vergleichbaren Sanktionen«) setzt nach der deutschen Gesetzesbegründung nicht notwendig voraus, dass Folge der Schlechtleistung eine vollständige vorzeitige Beendigung des öffentlichen Auftrags oder des Konzessionsvertrags erfolgt ist. Die Rechtsfolge muss aber **hinsichtlich ihres Schweregrades mit einer vorzeitigen Beendigung oder Schadensersatz vergleichbar** sein.[68] Als vergleichbare Rechtsfolge kommt somit auch eine Ersatzvornahme oder das Verlangen nach umfangreichen Nachbesserungen in Betracht.[69]

53 Ausweislich der Gesetzesbegründung muss der frühere öffentliche Auftrag oder der Konzessionsvertrag, bei dem die erheblichen Mängel aufgetreten sind **nicht notwendigerweise um einen Auftrag desselben Auftraggebers** handeln, der das aktuelle Vergabeverfahren durchführt.[70] Die Schlechtleistung kann somit auch bei einem anderen Auftraggeber erfolgt sein. Insgesamt ist eine **Prognoseentscheidung** des über den Ausschluss entscheidenden öffentlichen Auftraggebers erforderlich, ob von dem fraglichen Unternehmen trotz der festgestellten früheren Schlechtleistung im Hinblick auf die Zukunft zu erwarten ist, dass es den nunmehr zu vergebenden öffentlichen Auftrag gesetzestreu, ordnungsgemäß und sorgfältig ausführt.[71]

8. **Schwerwiegende Täuschung, Zurückhaltung von Auskünften oder keine Übermittlung der erforderlichen Nachweise (§ 124 Abs. 1 Nr. 8 GWB)**

54 Gemäß § 124 Abs. 1 Nr. 8 GWB können Unternehmen ausgeschlossen werden, die im Vergabeverfahren **in Bezug auf Ausschlussgründe oder Eignungskriterien** eine schwerwiegende Täuschung begangen haben, Auskünfte zurückgehalten haben oder nicht in der Lage sind, die erforderlichen Nachweise zu übermitteln. Hiermit sollen solche Bewerber ausgeschlossen werden können, die aufgrund ihres Verhaltens gegenüber dem Auftragsgeber nicht vertrauenswürdig erscheinen.[72]

55 Der Ausschlussgrund ist unter Berücksichtigung des Wortlauts in § 124 Abs. 1 Satz 1 GWB (»**zu jedem Zeitpunkt des Vergabeverfahrens**«) so auszulegen, dass nur Falschangaben bzw. unvollständige Angaben **im laufenden Vergabeverfahren** einen Ausschluss begründen können, nicht hingegen Falschangaben bzw. unvollständige Angaben aus vorangegangenen Vergabeverfahren des Auftraggebers oder anderer Auftraggeber. Bei anderer Auslegung könnte die Vorschrift zu – unter Umständen längerfristigen – Auftragssperren führen. § 124 Abs. 1 Nr. 8 GWB enthält jedoch keine Anhaltspunkte dafür, Rechtsgrundlage für eine Auftragssperre zu sein und ist daher in diesem Punkt **eng auszulegen**.

56 Neben der **aktiven Abgabe unzutreffender Erklärungen** wird das Vertrauen öffentlicher Auftraggeber in gleicher Weise erschüttert, wenn der Bewerber die **Abgabe von Erklärungen gezielt unterlässt**.[73] Das gezielte Unterlassen von Erklärungen war bisher nicht ausdrücklich Gegenstand der Vorgängerregelung in § 6 EG Abs. 6 lit. e VOL/A a.F. ist aber nunmehr in den Tatbestand des § 124 Abs. 1 Nr. 8 GWB aufgenommen worden. Somit wird auch die Nichterteilung verlangter Auskünften sanktioniert. Das Gleiche gilt auch, wenn ein Bewerber falsche bzw. unvollständige Angaben in Bezug auf Eignungskriterien oder Ausschlussgründe aufrechterhält bzw. nicht korrigiert

---

67 Gesetzesbegründung, BT-Drs. 18/6281, S. 106.
68 Gesetzesbegründung, BT-Drs. 18/6281, S. 107.
69 Gesetzesbegründung, BT-Drs. 18/6281, S. 107.
70 Gesetzesbegründung, BT-Drs. 18/6281, S. 106.
71 Gesetzesbegründung, BT-Drs. 18/6281, S. 106.
72 Vgl. auch VK Nordbayern Beschl. v. 21.05.2003 – 320.VK-3194–14/03 und – 15/03.
73 Vgl. auch VK Hessen Beschl. v. 28.06.2005 – 69 d VK–07/2005.

hat.[74] In all diesen Fällen verhindert der Bewerber, dass sich der Auftraggeber ein **zutreffendes und vollständiges Bild von der Eignung** machen kann.

Für einen Ausschluss wegen einer schwerwiegenden Täuschung oder der Zurückhaltung von Aus- 57
künften ist ein **Verschulden im Sinne eines vorsätzlichen Handelns explizit erforderlich**, da es
hier gerade um die subjektive Komponente der Vertrauensbindung zwischen Auftraggeber und
Bewerber geht. Das geht auch aus dem Wortlaut in Art. 57 Abs. 4 lit. h) RL 2014/24/EU (»einer
schwerwiegenden Täuschung **schuldig gemacht**«) hervor. Die fahrlässige Übermittlung irreführender Informationen zu Eignung und Ausschlussgründen wird von § 124 Abs. 1 Nr. 9 lit. c) GWB
erfasst.

Maßgeblich für die Frage, welche Angaben in Bezug auf die Eignung oder Ausschlussgründe im 58
konkreten Vergabeverfahren relevant sind, sind in erster Linie die Vorgaben des Auftraggebers in
der Bekanntmachung und/oder den Vergabeunterlagen. Fehlt es beispielsweise an jeglichen konkreten Vorgaben über Mindestumsätze und deren Zusammensetzung, etwa ob Brutto- oder Net-
toumsätze gemeint und ob auch Konzernumsätze einzubeziehen sind, so kann dem Erklärenden
nicht vorgeworfen werden, mit der Angabe eines Umsatzes vorsätzliche Falschangaben gemacht
zu haben.[75] Wegen der entscheidenden Bedeutung der Eignung für die Auftragserteilung besteht
jedoch eine **Aufklärungspflicht der Bewerber** auch hinsichtlich solcher Umstände, nach denen der
Auftraggeber zwar nicht gefragt, die aber **für die Beurteilung offensichtlich bedeutsam sind**, weil
sie den Vertragszweck vereiteln oder gefährden könnten.[76] Das gilt z.B. wenn ein Bewerber während
des Vergabeverfahrens aufgrund eines Gesellschafterwechsels die Verfügungsbefugnis über die für
die Ausführung der ausgeschriebenen Leistungen erforderlichen personellen und/oder technischen
Mittel verliert, etwa aufgrund des Verlusts an Personal und Know-how.[77]

Auch bei dem Ausschluss nach § 124 Abs. 1 Nr. 8 GWB handelt es sich um eine **Ermessensent-** 59
scheidung der Vergabestelle. Dem Auftraggeber ist es überlassen, zu entscheiden, ob sein Vertrauensverhältnis durch vorsätzlich unzutreffende oder unvollständige Erklärungen eines Bewerbers so
nachhaltig gestört ist, dass eine vertragliche Bindung nicht mehr zumutbar ist und somit eine Teilnahme dieses Unternehmens am Wettbewerb von vornherein nutzlos wäre.[78]

9. Unzulässige Beeinflussung oder Vorteilsverschaffung (§ 124 Abs. 1 Nr. 9 GWB)

§ 124 Abs. 1 Nr. 9 GWB enthält einen fakultativen Ausschlussgrund für den Fall, dass ein Bieter- 60
oder Bewerberunternehmen versucht hat, sich durch unlautere Mittel einen Vorteil im Vergabeverfahren zu verschaffen. Darunter fällt der Versuch, die Entscheidungsfindung des öffentlichen
Auftraggebers in unzulässiger Weise zu beeinflussen (lit. a), der Versuch, sich durch Erlangung
vertraulicher Informationen einen unzulässigen Vorteil zu verschaffen (lib. b) sowie die fahrlässige
oder vorsätzliche Übermittlung irreführender Informationen im Vergabeverfahren, die die Vergabeentscheidung des öffentlichen Auftraggebers erheblich beeinflussen könnten, oder der Versuch,
solche Informationen zu übermitteln (lit. c). § 124 Abs. 1 Nr. 9 GWB setzt Art. 57 Abs. 4 lit. i)
RL 2014/24/EU um.

Es handelt sich bei dieser **Regelung zur Sicherstellung der Integrität von Vergabeverfahren** um 61
einen **neuen Ausschlussgrund**. In der Vergangenheit wurde hinsichtlich der Konsequenzen von

---

74 Vgl. auch VK Darmstadt Beschl. v. 28.06.2005 – 69 d VK 07/2005.
75 Vgl. auch OLG Hamburg Beschl. v. 02.02.2004 – 1 Verg 7/03.
76 Vgl. auch VK Hessen Beschl. v. 28.06.2005 – 69 d VK–07/2005; Schranner in: Ingenstau/Korbion, VOB,
    18. Aufl. 2013, § 16 VOB/A, Rn. 34.
77 Vgl. auch VK Hessen Beschl. v. 28.06.2005 – 69 d VK–07/2005.
78 Vgl. auch VK Bund Beschl. v. 20.07.2005 – VK 2–72/05; VK Nordbayern Beschl. v. 21.05.2003 – 320.
    VK-3194–14/03 und – 15/03.

unzulässiger Einflussnahme auf den Ausgang des Vergabeverfahrens diskutiert, ob es sich hierbei um schwere Verfehlungen im Sinne des § 6 EG Abs. 6 lit. c) VOL/A a.F. handelt.[79]

a) Versuch der unzulässigen Einflussnahme auf die Entscheidungsfindung des Auftraggebers (lit. a)

62   Weder die RL 2014/24/EU noch die deutsche Gesetzesbegründung enthält Ausführungen dazu, welche Handlungen eines Bieter- oder Bewerberunternehmens als Versuch der unzulässigen Einflussnahme auf die Entscheidungsfindung des Auftraggebers anzusehen sind. Ausgehend von der weiten Formulierung des Tatbestandes ist davon auszugehen, dass als Versuch der unzulässigen Einflussnahme grundsätzlich jede Kontaktaufnahme mit dem öffentlichen Auftraggeber oder Dritten anzusehen ist, die nicht die in dem konkreten Vergabeverfahren **vorgesehenen Wege und Mittel der Kommunikation** einhält und in der ein Unternehmen versucht, **Einfluss auf den Auftraggeber oder mit ihm zusammenhängende Stellen oder Personen** in Bezug auf das Ergebnis des Vergabeverfahrens zu nehmen. Die unzulässige Beeinflussung kann in jeder Phase eines Vergabeverfahrens stattfinden, solange die Entscheidungsfindung des öffentlichen Auftraggebers noch nicht abgeschlossen ist.

63   Der Versuch der unzulässigen Beeinflussung des Ergebnisses eines Vergabeverfahrens war auch schon in der Vergangenheit ohne ausdrückliche Regelung in einem Ausschlussgrund als **schwere Verfehlung** im Sinne des § 6 EG Abs. 6 VOL/A a.F. mit einer Ausschlussmöglichkeit sanktioniert. So wurde entschieden, dass auch der Versuch eines Unternehmens, politische Stellen seines Heimatstaates dazu zu bewegen, den Zuschlag an ein nationales Unternehmen zu vergeben, ausreichen kann – wegen der versuchten grob rechtswidrigen Einflussnahme auf die Auftragsvergabe und der Bedeutung des europäischen Diskriminierungsverbots –, um von einer schweren Verfehlung auszugehen.[80]

64   Angesichts der Einführung des neuen fakultativen Ausschlussgrunds ist Bieterunternehmen noch mehr als in der Vergangenheit dringend anzuraten, ausschließlich die vorgesehene Kommunikationswege und –mittel gemäß Bekanntmachung und Vergabeunterlagen einzuhalten und von direkten Kontaktaufnahmen zum öffentlichen Auftraggeber oder Dritten abzusehen. Denn wenn die jeweilige Ansprechperson, **die Kontaktaufnahme durch einen Bieter als Versuch der unzulässigen Einflussnahme wahrnimmt,** läuft das jeweilige Unternehmen Gefahr vom Verfahren ausgeschlossen zu werden. Es dürfte in einem solchen Fall für ein Unternehmen in der Praxis schwierig sein, darzulegen, dass die Kontaktaufnahme nicht dem Versuch der unzulässigen Einflussnahme geschuldet war.

b) Versuch des Erhalts vertraulicher Informationen (lit. b)

65   § 124 Abs. 1 Nr. 9 lit. b) GWB sieht eine Ausschlussmöglichkeit für den Fall vor, dass ein Bieter- oder Bewerberunternehmen versucht, sich vertrauliche Informationen im Zusammenhang mit einem Vergabeverfahren zu verschaffen, durch die es unzulässige Vorteile beim Vergabeverfahren erlangen könnte.

66   Der **Tatbestand ist sehr weit** gefasst, da **bereits der Versuch** der Beschaffung vertraulicher Informationen zum Ausschluss führen kann, wenn diese Informationen **grundsätzlich geeignet sind**, dem Unternehmen zu einen unzulässigen Vorteil zu verhelfen. Als **vertrauliche Informationen** sind grundsätzlich alle Informationen anzusehen, die im Zusammenhang mit dem Vergabeverfahren stehen und nicht bereits durch den Auftraggeber in das Vergabeverfahren eingeführt wurden und auch sonst nicht öffentlich verfügbar sind. Allerdings reicht es für den Ausschluss eines Unternehmens nicht aus, pauschal zu behaupten, dass es sich angeblich vertrauliche Informationen beschafft

---

79   Vgl. hierzu Hausmann/Kern in: Kulartz/Marx/Portz/Prieß, VOL/A, 3. Auflage 2014, § 6, Rn. 104 f.
80   OLG Jena Beschl. v. 16.07.2007 – 9 Verg 4/07.

habe,[81] sondern der Versuch der Informationsbeschaffung muss vom Auftraggeber, der das Vorliegen der Ausschlusstatbestands darlegen muss, **objektiv nachgewiesen** werden.

c) Fahrlässige oder vorsätzliche Übermittlung von irreführenden Informationen (lit.c)

Auch das fahrlässige oder vorsätzliche tatsächliche oder versuchte Übermitteln irreführender 67 Informationen, die die Vergabeentscheidung des öffentlichen Auftraggebers erheblich beeinflussen könnten, ist nunmehr als fakultativer Ausschlusstatbestand in § 124 Abs. 1 Nr. 9 lit. c) GWB geregelt.

Auch bezüglich dieses Ausschlusstatbestands ist anzumerken, dass er vom Wortlaut her **sehr** 68 **weit gefasst** ist. Bereits der Versuch der Übermittlung von Informationen, die wegen einer **Sorgfaltspflichtverletzung** auf Seiten des Bieters einen **unrichtigen Inhalt** aufweisen und daher irreführend sind und jedenfalls dazu geeignet sind, die Vergabeentscheidung des Auftraggebers erheblich zu beeinflussen, können einen Ausschluss des Bieter- oder Bewerberunternehmens rechtfertigen.

II. Rechtsfolgen

Als sog. »Kann-Vorschrift« listet § 124 GWB fakultative Ausschlussgründe auf. Das Beurteilungs- 69 ermessen des öffentlichen Auftraggebers erstreckt sich nicht nur auf die **Frage des Vorliegens des Ausschlussgrundes**, sondern der Auftraggeber hat auch einen Ermessensspielraum, ob er von der Möglichkeit des Ausschlusses bei nachweislichem Vorliegen des Ausschlussgrundes **auch tatsächlich Gebrauch machen will.** [82]

Entscheidend dürfte bei der Abwägung sein, ob die Eignung des Bewerbers trotz Vorliegen eines 70 Ausschlusstatbestands noch angenommen werden kann.[83] Es handelt sich insoweit um eine **Prognoseentscheidung** dahingehend, ob mit Blick auf die Zukunft von dem Bieter- oder Bewerberunternehmen trotz des Vorliegens eines fakultativen Ausschlussgrundes eine sorgfältige, ordnungsgemäße und gesetzestreue Auftragsdurchführung zu erwarten ist.[84] Eine Begrenzung findet das Ermessen des Auftraggebers, in dem **Grundsatz der Verhältnismäßigkeit**. Wie Erwägungsgrund 101 RL 2014/24/EU ausführt, sollten daher **kleinere Unregelmäßigkeiten nur in Ausnahmefällen zum Ausschluss** eines Unternehmens führen; allerdings können wiederholte Fälle kleinerer Unregelmäßigkeiten einen Ausschluss rechtfertigen.

Nachprüfungsinstanzen können angesichts des dem Auftraggeber zustehenden Ermessens eine Aus- 71 schlussentscheidung nach § 124 Abs. 1 GWB grundsätzlich nur auf Ermessensfehler überprüfen.[85] **Ermessensfehler** liegen nur dann vor, wenn die vom Auftraggeber getroffenen Sachverhaltsermittlungen und -feststellungen oder die Anwendung vergaberechtlicher Rechtsbegriffe auf willkürlichen, sachwidrigen Erwägungen beruhen oder aber das Ermessen auf Null reduziert war und der Auftraggeber das verkannt hat.[86]

Ein Ausschluss vom Vergabeverfahren gemäß § 124 Abs. 1 S. 1 GWB ist **während des gesamten** 72 **Verfahrens** möglich.[87] Grundsätzlich betrifft § 124 Abs. 1 GWB nur den Ausschluss von einem konkreten Vergabeverfahren. Teilweise wurde früher von der Rechtsprechung eine über den Ausschluss vom laufenden Verfahren hinausgehende sog. **»verfahrensübergreifende Auftragssperre«**

81 VK Bund Beschl. v. 28.09.2004 – VK 3–107/04.
82 Gesetzesbegründung, BT-Drs. 18/6281, S. 104; vgl. auch VK Bund Beschl. v. 17.08.2005 – VK 2–81/05.
83 VK Nordbayern Beschl. v. 14.03.2006 – 21.VK-3194–07/06.
84 Gesetzesbegründung, BT-Drs. 18/6281, S. 104.
85 VK Düsseldorf Beschl. v. 16.02.2006 – VK-02/2006-L.
86 VK Bund Beschl. v. 20.7. 2005 – VK 2–72/05; VK Lüneburg Beschl. v. 18.10. 005 – VgK-47/2005.
87 Zum Zeitpunkt des Ausschlusses siehe Kommentierung zu § 123, Rdn. 57 ff.

als zulässig angesehen.[88] Nunmehr regelt § 126 Nr. 2 GWB, dass Unternehmen, die keine oder keine ausreichenden Selbstreinigungsmaßnahmen ergriffen haben im Fall eines Ausschlussgrundes nach § 124 GWB für **höchstens drei Jahre** ab dem betreffenden den Ausschluss begründenden Ereignis von der Teilnahme an Vergabeverfahren ausgeschlossen werden dürfen.[89] Dennoch führt die Ausschlussentscheidung eines öffentlichen Auftraggebers nur zum Ausschluss vom konkreten Verfahren. Jeder öffentliche Auftraggeber hat die Ermessensentscheidung in einem neuen Vergabeverfahren erneut zu treffen.

73   Soweit die Grundlage der Ausschlussentscheidung des Auftraggebers nach § 124 GWB nicht eine rechtskräftige Entscheidung ist, ist dem betroffenen Bewerber **rechtliches Gehör** zu gewähren, in dem ihm unter Nennung der maßgeblichen Tatsachen Gelegenheit zur Stellungnahme gegeben wird. Insbesondere muss der Bewerber die Möglichkeit erhalten, darzulegen, ob er durch organisatorische Maßnahmen (z.B. Trennung von verantwortlichen Mitarbeitern etc.) nunmehr Zustände wieder hergestellt hat, die seine Zuverlässigkeit belegen (»**Selbstreinigung**«).[90]

B. Spezialgesetzliche Ausschlussgründe (§ 124 Abs. 2 GWB)

74   Gemäß § 124 Abs. 2 GWB bleiben die spezialgesetzlichen Ausschlussgründe gemäß § 21 des Arbeitnehmer-Entsendegesetzes (AEntG), § 98c des Aufenthaltsgesetzes (AufenthG), § 19 des Mindestlohngesetzes (MiLoG) und § 21 des Schwarzarbeitsbekämpfungsgesetzes (SchwarzArbG) unberührt. Die Vorschrift hat insofern deklaratorische Bedeutung, als sie lediglich klarstellt, dass die spezialgesetzlichen Ausschlussgründe unabhängig von den in § 124 GWB genannten Ausschlussgründen weiter Anwendung finden.

75   In Bezug auf die spezialgesetzlichen Ausschlussgründe ist zu beachten, dass auch hier zur **Wiederherstellung die Zuverlässigkeit** die Vornahme von Selbstreinigungsmaßnahmen gemäß § 125 GWB möglich ist.

I. § 21 AEntG

76   Gemäß § 21 AEntG sollen von Vergabeverfahren der in §§ 99 und 100 GWB genannten öffentlichen Auftraggeber um Liefer-, Bau- oder Dienstleistungsaufträge Unternehmen für eine angemessene Zeit bis zur nachgewiesenen Wiederherstellung ihrer Zuverlässigkeit ausgeschlossen werden, die wegen eines Verstoßes der in § 23 AEntG genannten Bußgeldvorschriften mit einer Geldbuße von wenigstens 2.500 Euro belegt worden sind. Das Gleiche gilt auch schon vor Durchführung eines Bußgeldverfahrens, wenn im Einzelfall angesichts der Beweislage kein vernünftiger Zweifel an einer der genannten schwerwiegenden Verfehlungen besteht.

77   Im Gegensatz zu in § 21 SchwarzArbG ist in § 21 AEntG **keine Höchstdauer der Ausschlussfrist bestimmt**. Öffentliche Auftraggeber sollten sich dennoch an der Höchstfrist des § 21 SchwarzArbG (bis zu 3 Jahren) orientieren. Das gilt insbesondere angesichts des im Rahmen der Ausschlussentscheidung zu berücksichtigenden **Verhältnismäßigkeitsgrundsatzes** und vor dem Hintergrund, dass im AEntG, im Gegensatz zu anderen dafür in Betracht kommenden Gesetzen, nur Ordnungswidrigkeiten und keine Straftaten enthalten sind.[91]

---

88 LG Berlin Beschl. v. 22.03.2006 – 23 O 118/04; LG Frankfurt/M. Urt. v. 26.11.2003 – 2–06 O 345/03, NZBau 2004, 631.
89 Zur Dauer des Ausschlusses siehe auch Kommentierung zu § 126, Rdn. 60 ff.
90 OLG Düsseldorf Beschl. v. 09.04.2003 – Verg 66/02; VK Düsseldorf Beschl. v. 13.03.2006 – VK-08/2006-L.
91 Ambs in: Erbs/Kohlhaas, Strafrechtliche Nebengesetze, 205. EL, Oktober 2015, Rn. 1.

II. § 98c AufenthG

Nach § 98c AufenthG können öffentliche Auftraggeber nach § 99 GWB ein Unternehmen vom 78
Vergabeverfahren ausschließen, wenn das Unternehmen oder ein satzungsmäßiger oder gesetzlicher
Vertretungsberechtigter gemäß § 404 Abs. 2 Nr. 3 SGB III mit einer Geldbuße von wenigstens
2.500 Euro rechtskräftig belegt worden ist oder nach den §§ 10, 10a oder 11 SchwarzArbG zu
einer Freiheitsstrafe von mehr als drei Monaten oder einer Geldstrafe von mehr als 90 Tagessätzen
rechtskräftig verurteilt worden ist.

Ausschlüsse nach dieser Regelung können bis zur nachgewiesenen Wiederherstellung der Zuverläs- 79
sigkeit, je nach Schwere des der Geldbuße, der Freiheits- oder der Geldstrafe zugrunde liegenden
Verstoßes in einem Zeitraum von **bis zu fünf Jahren** ab Rechtskraft der Geldbuße, der Freiheits-
oder der Geldstrafe erfolgen.

III. § 19 MiLoG

Gemäß § 19 MiLoG sollen von Vergabeverfahren öffentlicher Auftraggeber gemäß §§ 99 und 80
100 GWB um Liefer-, Bau- oder Dienstleistungsaufträge Unternehmen für eine angemessene Zeit
bis zur nachgewiesenen Wiederherstellung ihrer Zuverlässigkeit ausgeschlossen werden, die wegen
eines Verstoßes nach § 21 MiLoG mit einer Geldbuße von wenigstens 2.500 Euro belegt worden
sind.

Zur Frage der Angemessenheit des Zeitraums des Ausschlusses ist der Verhältnismäßigkeitsgrundsatz 81
zu beachten. Zudem sollte eine Orientierung an der Höchstfrist des § 21 SchwarzArbG erfolgen.[92]

IV. § 21 SchwarzArbG

Gemäß § 21 SchwarzArbG sollen öffentliche Auftraggeber nach § 99 GWB ein Unternehmen 82
von Vergabeverfahren um Bauaufträge **bis zu einer Dauer von drei Jahren ausschließen**, wenn das
Unternehmen oder ein satzungsmäßiger oder gesetzlicher Vertretungsberechtigter nach § 8 Abs. 1
Nr. 2, §§ 9 bis 11 SchwarzArbG, § 404 Abs. 1 oder 2 Nr. 3 SGB III, §§ 15, 15a, 16 Abs. 1 Nr. 1,
1b oder 2 AÜG oder § 266a Abs. 1 bis 4 StGB zu einer Freiheitsstrafe von mehr als drei Monaten
oder einer Geldstrafe von mehr als 90 Tagessätzen verurteilt oder mit einer Geldbuße von wenigstens 2.500 Euro belegt worden sind. Das Gleiche gilt auch schon vor Durchführung eines Bußgeldverfahrens, wenn im Einzelfall angesichts der Beweislage kein vernünftiger Zweifel an einer der
genannten schwerwiegenden Verfehlungen besteht.

§ 125 Selbstreinigung

(1) Öffentliche Auftraggeber schließen ein Unternehmen, bei dem ein Ausschlussgrund nach
§ 123 oder § 124 vorliegt, nicht von der Teilnahme an dem Vergabeverfahren aus, wenn das
Unternehmen nachgewiesen hat, dass es
1. für jeden durch eine Straftat oder ein Fehlverhalten verursachten Schaden einen Ausgleich
   gezahlt oder sich zur Zahlung eines Ausgleichs verpflichtet hat,
2. die Tatsachen und Umstände, die mit der Straftat oder dem Fehlverhalten und dem dadurch
   verursachten Schaden in Zusammenhang stehen, durch eine aktive Zusammenarbeit mit den
   Ermittlungsbehörden und dem öffentlichen Auftraggeber umfassend geklärt hat, und
3. konkrete technische, organisatorische und personelle Maßnahmen ergriffen hat, die geeignet
   sind, weitere Straftaten oder weiteres Fehlverhalten zu vermeiden.

---

92 Siehe oben zu § 21 AEntG Rdn. 77.

§ 123 Absatz 4 Satz 2 bleibt unberührt.

(2) Öffentliche Auftraggeber bewerten die von dem Unternehmen ergriffenen Selbstreinigungs-maßnahmen und berücksichtigen dabei die Schwere und die besonderen Umstände der Straftat oder des Fehlverhaltens. Erachten die öffentlichen Auftraggeber die Selbstreinigungsmaßnah-men des Unternehmens als unzureichend, so begründen sie diese Entscheidung gegenüber dem Unternehmen.

A. Allgemeines

1 In § 125 hat der Gesetzgeber **erstmals** das in Rechtsprechung und Literatur bereits anerkannte Institut der Selbstreinigung **kodifiziert**. Demnach sollen sich Unternehmen trotz der Verwirkli-chung einer der in den §§ 123 und 124 genannten Ausschlussgründen wieder an Vergabeverfahren beteiligen dürfen, wenn sie wirksame Selbstreinigungsmaßnahmen ergriffen haben.

I. Bedeutung der Selbstreinigung für die Vergabepraxis

2 Das Institut der Selbstreinigung hat bereits in den letzten Jahren vor seiner Kodifizierung **erheblich an Bedeutung gewonnen**. Das ist vor allem auf die gestiegene Zahl von Unternehmen zurückzu-führen, die insbesondere wegen Unzuverlässigkeit von Vergabeverfahren ausgeschlossen werden. Parallel dazu ist die Entwicklung einer zunehmenden Sensibilisierung der Unternehmen für frei-willige Maßnahmen im Bereich der Geschäftsethik (»Corporate Governance«) zu beobachten. Bei »Corporate Governance« geht es wie bei der Selbstreinigung insbesondere darum, Fehlverhalten im Rahmen der Geschäftsaktivität vorzubeugen – unabhängig davon, ob bereits ein entsprechender Verstoß stattgefunden hat.

II. Ziele von Ausschluss und Selbstreinigung

3 Die Vorschriften über die **Selbstreinigung** sind gedanklich **untrennbar mit den Ausschlussgrün-den** der §§ 123 und 124 **verbunden**. Das ergibt sich bereits daraus, dass erst die Verwirklichung eines Ausschlussgrundes die Selbstreinigung erforderlich macht. Die im Rahmen der Selbstreini-gung zu ergreifenden Maßnahmen zielen auf die Wiedererlangung der durch den verwirklichten Ausschlussgrund beeinträchtigten Zuverlässigkeit im vergaberechtlichen Sinn ab. Zu einer erfolg-

reich abgeschlossenen Selbstreinigung gehört daher, dass der Grund für den Ausschluss infolge der Selbstreinigungsmaßnahmen nachträglich wieder entfällt. Damit gewährleisten der Ausschluss und die wirksame Selbstreinigung die Beteiligung aller leistungsfähigen Unternehmen am vergaberechtlichen Wettbewerb, indem alle Anforderungen an die Zuverlässigkeit auch bei Unternehmen durchgesetzt werden, die Verstöße begangen haben. Die erfolgreich durchgeführte Selbstreinigung gibt deshalb einen Anspruch auf Wiederzulassung zum Wettbewerb.

Das primäre Ziel der Selbstreinigung besteht demnach – genau wie bei einem Ausschluss von 4 einem Vergabeverfahren – in einer mittelbaren **Gewährleistung der ordnungsgemäßen Ausführung öffentlicher Aufträge.**[1] Als Mittel dazu wird eine Änderung der Verhältnisse in den Unternehmen herbeigeführt, die einen Ausschlusstatbestand verwirklicht haben. Während die Ausschlussgründe in den §§ 123 und 124 in erster Linie von der Begehung einer der dort genannten Verstöße abschrecken sollen und damit general-präventive Zwecke verfolgen,[2] wirkt die Selbstreinigung vor allem spezial-präventiv im Hinblick auf das von einem Ausschlussgrund betroffene Unternehmen. Insgesamt betrachtet entfalten die von einem Unternehmen ergriffenen Selbstreinigungsmaßnahmen eine über den einzelnen Auftrag hinausgehende positive Wirkung, da die Verhinderung künftigen Fehlverhaltens allen öffentlichen Auftraggebern und dem vergaberechtlichen Wettbewerb zugutekommt.

Nur wenn der oben genannte Zweck eines Ausschlusses auch im Rahmen einer Selbstreinigung 5 erreicht werden kann, ist letztere geeignet, die vergaberechtliche Zuverlässigkeit wiederherzustellen. Obwohl der Wortlaut des § 125 nicht zwischen den einzelnen Ausschlussgründen differenziert, folgt daraus, dass **nicht jeder Ausschlussgrund einer Selbstreinigung zugänglich ist.** Das gilt insbesondere für Fälle der Zahlungsunfähigkeit eines Unternehmens. Der entsprechende Ausschlussgrund des § 124 Abs. 1 Nr. 2 knüpft nicht an ein konkretes vorangegangenes Fehlverhalten an, sondern an einen nicht ohne Weiteres zu behebenden Zustand, der von erheblicher Bedeutung für eine ordnungsgemäße Ausführung des zu vergebenden Auftrags sein kann. Die damit angesprochenen Zweifel an der Zuverlässigkeit des zahlungsunfähigen Unternehmens können nicht durch die in § 125 Abs. 1 S. 1 genannten Maßnahmen zur Selbstreinigung beseitigt werden. Dasselbe gilt für die Ausschlussgründe des Interessenkonflikts (§ 124 Nr. 5) und der Wettbewerbsverzerrung durch eine vorherige Einbeziehung des Wirtschaftsteilnehmers in die Vorbereitung des Vergabeverfahrens (§ 124 Nr. 6). In den genannten Fällen ist eine wirksame Selbstreinigung daher nicht möglich.

III. Verfassungsrechtliche- und primärrechtliche Gebotenheit

Die Berücksichtigung von Selbstreinigungsmaßnahmen ist sowohl im Hinblick auf das deutsche 6 Verfassungsrecht als auch auf das europäische Primärrecht geboten.

1. Verfassungsrechtliche Gebotenheit

Der **Ausschluss** von einem Vergabeverfahren stellt für das betroffene Unternehmen einen **Eingriff** 7 **in Art. 12 GG** dar.[3] Dieser kann nur dann gerechtfertigt werden, wenn er dem Grundsatz der Verhältnismäßigkeit genügt.[4] Ein entsprechender Eingriff ist jedenfalls dann unverhältnismäßig, wenn

---

1 Vgl. Gesetzentwurf der Bundesregierung, Entwurf eines Gesetzes zur Modernisierung des Vergaberechts (Vergaberechtsmodernisierungsgesetz – VergRModG), BT-Drs. 18/6281, 107; Pünder/Prieß/Arrowsmith Self-Cleaning in Public Procurement Law (SCPPL), 74.
2 Vgl. KG Berlin Urt. v. 13.03.2008 – 2 Verg 18/07, NZBau 2008, 466, 470; Hausmann/Kern in: Kulartz, Kommentar VOL/A, § 6 EG Rn. 81.
3 Siehe Stein/Friton VergabeR 2010, 151, 159 f.; zur Eingriffsproblematik bei Vergabeentscheidungen siehe BVerfG Beschl. v. 11.07.2006 – 1 BvL 4/00, NZBau 2007, 53, 55 f.; Beschl. v. 13.06.2006 – 1 BvR, NJW 2006, 3701, 3703.
4 Hausmann/Kern in: Kulartz, Kommentar VOL/A, § 6 EG Rn. 81.

ein Unternehmen wirksame Selbstreinigungsmaßnahmen durchgeführt und dadurch sichergestellt hat, dass sich ein vergleichbares Fehlverhalten nicht wiederholen wird.[5]

8   Denn zum einen wird durch eine wirksame Selbstreinigung – in spezial-präventiver Hinsicht – einem erneuten Fehlverhalten durch das betreffende Unternehmen vorgebeugt. Eine Gefahr für den öffentlichen Auftraggeber bei der Durchführung des Auftrags besteht in diesem Fall nicht mehr. Zum anderen wird – in general-präventiver Hinsicht – durch die Wiederzulassung auch die abschreckende Wirkung eines Ausschlusses für andere Unternehmen nicht gemindert. Denn die Wiederzulassung zum Vergabeverfahren ist bei schwerwiegendem Fehlverhalten lediglich eine Ausnahme vom Regelfall des Ausschlusses. Die erforderlichen Selbstreinigungsmaßnahmen sind zudem mit erheblichem finanziellen und organisatorischen Aufwand verbunden und ein Erfolg im Sinne einer Wiederzulassung ist aus Sicht des Unternehmens nicht garantiert, da hierüber der jeweilige öffentliche Auftraggeber im Rahmen des ihm zustehenden Beurteilungsspielraums individuell und auftragsbezogen entscheidet (§ 125 Abs. 2 S. 1).[6] Sofern aber für den öffentlichen Auftraggeber durch eine Wiederzulassung weder in spezial- noch in general-präventiver Hinsicht ein Risiko besteht, wäre der Ausschluss eines Unternehmens im verfassungsrechtlichen Sinn unverhältnismäßig und ein Eingriff in Art. 12 GG daher nicht zu rechtfertigen.

9   Wirksame Selbstreinigungsmaßnahmen nicht zu berücksichtigen, verstieße zudem gegen den **Gleichbehandlungsgrundsatz in Art. 3 Abs. 1 GG.**[7] Denn die Situation eines von einem Ausschlussgrund betroffenen Unternehmens, das die erforderlichen Selbstreinigungsmaßnahmen umgesetzt hat, unterscheidet sich grundlegend von der Situation, in der ein anderes von einem Ausschlussgrund betroffenes Unternehmen untätig geblieben ist. Beide Situationen bedürfen in Anwendung des Gleichbehandlungsgrundsatzes daher einer unterschiedlichen Behandlung. Vor diesem Hintergrund ist es geboten, das Unternehmen, das wirksame Selbstreinigungsmaßnahmen durchgeführt hat, wieder zum vergaberechtlichen Wettbewerb zuzulassen.

2. Primärrechtliche Gebotenheit

10   Im Hinblick auf das europäische Primärrecht[8] ist der Ausschluss und die Wiederzulassung eines Unternehmens von bzw. zu einem Vergabeverfahren insbesondere **an den Grundfreiheiten des AEUV zu messen.** Diese Grundfreiheiten gewährleisten in Bezug auf das Vergaberecht, dass grundsätzlich jedes im Bereich des EU-Binnenmarkts ansässige Unternehmen an einem Vergabeverfahren teilnehmen kann, das von einem öffentlichen Auftraggeber eines Mitgliedsstaates durchgeführt wird. Im Anwendungsbereich der Grundfreiheiten sind Einschränkungen nur unter Beachtung des unionsrechtlichen Verhältnismäßigkeitsgrundsatzes zulässig.[9] Vor diesem Hintergrund gebietet auch das europäische Primärrecht eine Berücksichtigung von wirksamen Selbstreinigungsmaßnahmen:

11   Der Ausschluss von einem Vergabeverfahren kann auf Grundlage der Dassonville-Formel[10] einen Eingriff in die primärrechtlichen Grundfreiheiten darstellen.[11] Ein solcher Eingriff kann nur dann

---

5   Vgl. Gesetzentwurf der Bundesregierung, 107; Stein/Friton VergabeR 2010, 151, 160.
6   Ausführlich dazu: Stein/Friton VergabeR 2010, 151, 160.
7   Vgl. Stein/Friton VergabeR 2010, 151, 160.
8   Die hier erörterten Grundprinzipien waren auch schon bei der Umsetzung der alten Vergabekoordinierungsrichtlinie 2004/18/EG zu berücksichtigen; dazu ausführlich Pünder/Prieß/Arrowsmith SCPPL, 22 ff.
9   Pünder/Prieß/Arrowsmith SCPPL, 24 m.w.N.
10   EuGH Urt. v. 11.07.1974 – C-8/74 – Procureur du Roi/Dassonville, Rn. 5.
11   Das setzt lediglich voraus, dass der zu vergebende Auftrag einen grenzüberschreitenden Bezug aufweist. Dafür ist nicht erforderlich, dass der Bieter in einem anderen Mitgliedsstaat niedergelassen ist, vgl. Pünder/Prieß/Arrowsmith SCPPL, 22 ff. Nach der neuesten Rechtsprechung des EuGH (Urt. v. 16.04.2015 – C-278/14 – SC Enterprise Focused Solutions SRL, dazu Meister NZBau 2015, 757 ff.; Urt. v. 14.11.2013 – C-388/12 – Comune di Ancona, BeckRS 2013, 82157, dazu Prieß NZBau 2015, 57 f.) ist die Annahme eines grenzüberschreitendes Interesse heute wohl als Regelfall zu betrachten, siehe auch Prieß/Simonis NZBau 2015, 31, 32.

gerechtfertigt werden, wenn er nicht außer Verhältnis zu den Zielen steht, die damit verwirklicht werden sollen, Art. 5 Abs. 4 EUV. Im Hinblick auf die Verwirklichung des Binnenmarktes mit einem Höchstmaß an Wettbewerb ist es unerlässlich, dass die Beteiligung möglichst vieler Unternehmen an Vergabeverfahren der Mitgliedsstaaten sichergestellt wird.[12] Vor diesem Hintergrund hat der EuGH in der Vergangenheit bereits wiederholt darauf hingewiesen, dass Ausschlussregelungen von Mitgliedsstaaten, die im Fall eines Verstoßes einen automatischen Ausschluss ohne Einzelfallprüfung vorsehen, gegen den Grundsatz der Verhältnismäßigkeit verstoßen.[13] Absolute Ausschlussgründe stehen mithin in einem Spannungsverhältnis zum Europarecht. Es ist daher im Rahmen einer Einzelfallprüfung zu entscheiden, ob die Gründe, die einen Ausschluss grundsätzlich rechtfertigen, (weiterhin) vorliegen. Das ist nach der Umsetzung wirksamer Selbstreinigungsmaßnahmen in der Regel nicht mehr der Fall, da das Unternehmen dafür Sorge getragen hat, dass sich das Fehlverhalten, auf dem der Ausschlussgrund beruht, nicht wiederholen wird.

Zudem ist die Berücksichtigung von wirksamen Selbstreinigungsmaßnahmen im Rahmen der Entscheidung über die Wiederzulassung zu einem Vergabeverfahren auch im Hinblick auf den **europarechtlichen Gleichbehandlungsgrundsatz**[14] geboten. Dieser verlangt, dass vergleichbare Sachverhalte nicht unterschiedlich und dass unterschiedliche Sachverhalte nicht gleich behandelt werden, sofern dies nicht objektiv gerechtfertigt ist.[15] Es liegt auf der Hand, dass Bieter, die auszuschließen wären, nicht in derselben Situation sind, wenn einer von ihnen Selbstreinigungsmaßnahmen vorgenommen hat, der andere aber nicht. Beide auszuschließen wäre daher gleichheitswidrig. **12**

B. Vorgaben und Ziele des europäischen Sekundärrechts

Die Vorschrift des § 125 setzt entsprechende Vorgaben aus den neuen Vergaberichtlinien[16] in deutsches Recht um. Die deutsche Umsetzung orientiert sich dabei eng am Wortlaut der Richtlinien, die ihrerseits weitgehend die Grundsätze der bisherigen deutschen Judikatur übernehmen. § 125 regelt einheitlich für alle Vergaben von öffentlichen Aufträgen und Konzessionen oberhalb der Schwellenwerte die für eine wirksame Selbstreinigung erforderlichen Maßnahmen sowie deren Bewertung durch die öffentlichen Auftraggeber.[17] **13**

Während die Richtlinien die Voraussetzungen für eine wirksame Selbstreinigung konkret benennen und den betroffenen Unternehmen bei Erfüllung der entsprechenden Voraussetzungen einen Anspruch auf Wiederzulassung zum Vergabeverfahren einräumen, verfügen die Mitgliedsstaaten bei den »verfahrenstechnischen und inhaltlichen Bedingungen« über einen Umsetzungsspielraum.[18] Insbesondere können sie entscheiden, ob die Bewertung der Selbstreinigungsmaßnahmen von den jeweiligen öffentlichen Auftraggebern oder von anderen Behörden auf zentraler oder dezentraler Ebene vorgenommen werden soll.[19] Denkbar ist insofern, die grundsätzliche Bewertung bei einzel- **14**

12 EuGH Urt. v. 19.05.2009 – C-538/07 – Assitur, Rn. 25 f.
13 EuGH Urt. v. 19.05.2009 – C-538/07 – Assitur, Rn. 25 f.; Urt. v. 16.12.2008 – C-213/07 – Michaniki AE, Rn. 61 ff., NZBau 2009, 133; Urt. v. 03.03.2005 – verb. Rs. C-21/03 u. C-34/03 – Fabricom, Rn. 33 ff.
14 Vgl. zum europarechtlichen Gleichbehandlungsgrundsatz EuGH, Urt. v. 13.12.1994 – C-306/93 – SMW Winzersekt GmbH/Land Rheinland-Pfalz, Rn. 30; Urt. v. 07.07.1993 – C-217/91 – Spanien/Kommission, Rn. 37. Der Grundsatz findet auch auf den vergaberechtlichen Ausschluss Anwendung, EuGH Urt. v. 03.03.2005 – verb. Rs. C-21/03 u. C-34/03 – Fabricom, Rn. 25 ff. Der Gleichbehandlungsgrundsatz ist nach Inkrafttreten des Vertrags von Lissabon nunmehr auch in Art. 20 GRCh rechtsverbindlich festgeschrieben.
15 EuGH Urt. v. 13.12.1994 – C-306/93 – SMW Winzersekt GmbH/Land Rheinland-Pfalz, Rn. 30.
16 Art. 57 Abs. 6 der Richtlinie 2014/24/EU; Art. 38 Abs. 9 der Richtlinie 2014/23/EU; Verweis in Art. 80 Abs. 1 UA 1 der Richtlinie 2014/25/EU.
17 Für Sektorenauftraggeber siehe § 142; für verteidigungs- und sicherheitsspezifische Aufträge siehe § 147; für Konzessionsauftraggeber siehe § 154 Nr. 2.
18 Siehe Art. 57 Abs. 7 S. 1 und Erwägungsgrund 102 der Richtlinie 2014/24/EU.
19 Erwägungsgrund 102 der Richtlinie 2014/24/EU.

nen Landesbehörden zu bündeln oder eine Zertifizierung von Selbstreinigungsmaßnahmen über eine unabhängige, eigens dafür akkreditierte Stelle vornehmen zu lassen.[20] Die deutsche Umsetzung gibt in § 125 Abs. 2 S. 1 jedoch vor, dass eine **Bewertung der Selbstreinigungsmaßnahmen durch die öffentlichen Auftraggeber selbst** zu erfolgen hat. Ob in einzelnen Bundesländern daneben auch eine der beiden aufgezeigten Verfahrenswege zur Anwendung kommt, bleibt den jeweiligen landesrechtlichen Regelungen vorbehalten. Fest steht lediglich, dass die abschließende Entscheidung über die Wiederzulassung eines Unternehmens zum Vergabeverfahren den öffentlichen Auftraggebern zufallen muss.[21]

15 Darüber hinaus schreibt die Richtlinie 2014/24/EU in Art. 57 Abs. 6 UA 4 vor, dass ein Unternehmen, das durch eine rechtskräftige gerichtliche Entscheidung von der Teilnahme an Vergabeverfahren ausgeschlossen wurde, während des Ausschlusszeitraums keinen Gebrauch von der Möglichkeit zur Selbstreinigung machen kann. Eine Umsetzung dieser Vorschrift durch den deutschen Gesetzgeber war nicht erforderlich, da es hierzulande – anders als z.B. in Frankreich oder Rumänien – nicht möglich ist, ein Unternehmen durch eine gerichtliche Entscheidung von Vergabeverfahren auszuschließen.[22]

16 Schließlich ist darauf hinzuweisen, dass sich die nunmehr erfolgte Kodifizierung der Selbstreinigung im Hinblick auf den dem Vergaberecht zugrunde liegenden Wettbewerbsgedanken als notwendig und konsequent erweist. Denn die Wiederzulassung eines eigentlich auszuschließenden Unternehmens zum Vergabeverfahren trägt zu einem besseren und effizienteren Bieterwettbewerb bei.[23]

C. Entstehungsgeschichte

17 Das Institut der Selbstreinigung ist in Deutschland seit geraumer Zeit richterrechtlich und in der vergaberechtlichen Literatur anerkannt. Erstmals Erwähnung fand es in der Neufassung des verwaltungsinternen **gemeinsamen Runderlasses der Hessischen Landesregierung vom 01.07.1997.**[24] Der Runderlass regelte für Fälle schwerer Verfehlungen sowohl die Möglichkeit eines Ausschlusses von Unternehmen von Vergabeverfahren als auch deren Wiederzulassung, wenn die Zweifel an der Zuverlässigkeit ausgeräumt wurden. Die nach dem Runderlass durchzuführenden Maßnahmen ähnelten – mit Ausnahme der Mitwirkung bei der Aufklärung des Sachverhalts – den Voraussetzungen, die nach § 125 Abs. 1 für eine wirksame Selbstreinigung erforderlich sind. Eine Wiederzulassung war nach dem Runderlass nach einer Sperrfrist von sechs Monaten möglich, wenn der Unternehmer durch geeignete organisatorische und personelle Maßnahmen Vorsorge gegen die Wiederholung der in Rede stehenden Verfehlungen getroffen und den Schaden ersetzt bzw. diesen dem Grunde und der Höhe nach verbindlich anerkannt hatte. Zwar war der Runderlass für Vergabekammern und Gerichte nicht bindend. Er stellte jedoch einen wirksamen Anreiz für Unternehmen dar, nach einem Fehlverhalten die dort beschriebenen Maßnahmen zu ergreifen.[25]

18 Auch außerhalb Hessens setzte sich die Rechtsprechung mit der Wiederzulassung von Unternehmen zu Vergabeverfahren nach schwerwiegendem Fehlverhalten auseinander und formulierte konkrete Voraussetzungen dafür. So arbeitete das **OLG Düsseldorf**[26] in zwei Entscheidungen aus dem Jahr 2003 wesentliche Elemente der heute in § 125 enthaltenen Anforderungen an eine wirksame Selbstreinigung heraus, wobei es dem Merkmal des Schadensausgleichs noch keine Bedeutung beimaß.[27] Demgegenüber knüpfte das **LG Berlin** in einer Entscheidung aus dem Jahr 2006 die

---

20 Gesetzentwurf der Bundesregierung, 110.

21 Gesetzentwurf der Bundesregierung, 110.

22 Gesetzentwurf der Bundesregierung, 108.

23 Stein/Friton VergabeR 2010, 151, 161.

24 Abrufbar im Internet unter: http://oeffentliche-auftraege.de/2-03/hessen-bieterausschluss.pdf.

25 Vgl. OLG Frankfurt Urt. v. 10.06.1997 – 11 U (Kart) 10/97, BeckRS 1997, 15721.

26 OLG Düsseldorf Urt. v. 09.04.2003 – Verg 43/02 u. Verg 66/02.

27 Berücksichtigt wurden Aufklärungsbemühungen, die Beendigung von Beschäftigungsverhältnissen der beteiligten Personen und eine Änderung der Unternehmens- und Entscheidungsstruktur.

Wiedererlangung der Zuverlässigkeit ausdrücklich an den Nachweis einer Schadenswiedergutmachung.[28] In einer Entscheidung aus dem Jahr 2007 setzte sich das **OLG Brandenburg** sodann im Einzelnen mit konkreten organisatorischen und personellen Maßnahmen auseinander und schaffte wegweisende Grundsätze für eine ernsthafte und konsequente Selbstreinigung.[29] In Deutschland war die Möglichkeit einer Wiederzulassung zu Vergabeverfahren nach der Durchführung wirksamer Selbstreinigungsmaßnahmen mithin allgemein anerkannt.[30]

In Anbetracht ihrer weitreichenden richterrechtlichen Anerkennung – z.B. in Deutschland und 19 Österreich –[31] gab es bereits im Rahmen des Gesetzgebungsverfahrens zur Vergabekoordinierungsrichtlinie 2004/18/EG Bestrebungen zur Verankerung der Selbstreinigung im Hinblick auf zwingende Ausschlussgründe. In mehreren Stellungnahmen und Arbeitspapieren finden sich entsprechende Passagen und Vorschläge dazu.[32] Diese haben aber keinen Eingang in die finale Fassung der Richtlinie gefunden. Es spricht viel dafür, dass eine ausdrückliche Regelung der Selbstreinigung zugunsten der allgemeinen Formulierung der Ausnahme vom Ausschluss »aus zwingenden Gründen des Allgemeininteresses« aufgegeben wurde.[33]

In einzelnen Teilbereichen des Vergaberechts war die Selbstreinigung jedoch auch **auf europäischer** 20 **Ebene bereits vor Verabschiedung der neuen Vergaberichtlinien** anerkannt: Die Durchführungsverordnung zur EU-Haushaltsverordnung sah für Vergabeverfahren der europäischen Institutionen bereits ab 2007 in Art. 133a Abs. 1[34] die Berücksichtigung von entsprechenden »Abhilfemaßnahmen« der Unternehmen bei der Festlegung der Ausschlussdauer vor. Daneben kann Art. 73 Abs. 3 der Richtlinie 2009/81/EG über die Koordinierung der Vergabeverfahren in den Bereichen Verteidigung und Sicherheit aus dem Jahr 2009[35] im Sinne einer Anerkennung von Selbstreinigungsmaßnahmen durch den EU-Gesetzgeber verstanden werden. Nach dieser Vorschrift soll die Kommission überprüfen, ob die Vorschriften über den zwingenden Ausschluss und die Bedingungen für eine Wiederzulassung von verurteilten Unternehmen – ohne die Selbstreinigung allerdings explizit zu nennen – durch die Mitgliedsstaaten einheitlich angewendet werden.

Das Fehlen einer ausdrücklichen Regelung zur Selbstreinigung in der Vergabekoordinierungsricht- 21 linie 2004/18/EG führte zu einer **uneinheitlichen Handhabung** der Wiederzulassung zu Vergabeverfahren nach der Durchführung von Selbstreinigungsmaßnahmen **in den einzelnen Mitgliedsstaaten**. Vor diesem Hintergrund war es gerade auch im Interesse Deutschlands mit seiner starken Exportwirtschaft notwendig und ist vorbehaltlos zu begrüßen, dass der EU-Gesetzgeber auf Initiative Deutschlands, Österreichs und des Vereinigten Königreiches mit den neuen Vergaberichtlinien nunmehr für Klarheit bei öffentlichen Auftraggebern und Unternehmen gesorgt und die Anwendung der Selbstreinigung europaweit sowohl für fakultative als auch für zwingende Ausschlussgründe festgeschrieben hat.

---

28 LG Berlin Urt. v. 22.03.2006 – 23 O 118/04, NZBau 2006, 397, 399.
29 OLG Brandenburg Beschl. v. 14.12.2007 – Verg W 21/07; siehe hierzu auch Prieß NZBau 2008, 230 ff.
30 Vgl. VK Lüneburg Beschl. v. 24.03.2011 – VgK-4/2011; Pünder/Prieß/Arrowsmith SCPPL, 21; Stein/ Friton VergabeR 2010, 151, 158 ff.
31 Prieß NZBau 2009, 587.
32 Vgl. Stellungnahme des Ausschusses der Regionen zum »Vorschlag für eine Richtlinie des Europäischen Parlaments und des Rates über die Koordinierung der Verfahren zur Vergabe öffentlicher Lieferaufträge, Dienstleistungsaufträge und Bauaufträge«, ABl. EG Nr. 144 vom 16.05.2001, 23; Kompromissentwurf des Rates der Europäischen Union v. 08.01.2001, Dokument Nr. 15381/01.
33 Dazu ausführlich: Pünder/Prieß/Arrowsmith SCPPL, 18.
34 Verordnung 2342/2002 mit Durchführungsbestimmungen zur Verordnung 1065/2002 über die Haushaltsordnung für den Gesamthaushaltsplan der Europäischen Gemeinschaften, ABl. EG Nr. L 357 v. 31.12.2002, 1, in der Fassung der Verordnung 478/2007 zur Änderung der Verordnung 2342/2002, ABl. EG Nr. L 111 v. 28.04.2007, 13.
35 ABl. EG Nr. L 216 v. 20.08.2009, 76.

22   Da sich die Voraussetzungen, die die Richtlinie für die Wiederzulassung zu einem Vergabeverfahren aufstellt, weitgehend an den Kriterien der bisherigen deutschen Rechtsprechung zur Selbstreinigung orientieren, wird im Folgenden auf diese Rechtsprechung verwiesen. Es ist davon auszugehen, dass die bisherige Rechtsprechung wegen der inhaltlichen Übereinstimmung mit dem neuen EU-Recht auch in Zukunft weitgehend Geltung beanspruchen kann.

D. § 125 Abs. 1 Satz 1

I. Die einzelnen Selbstreinigungsmaßnahmen

23   Die einzelnen Selbstreinigungsmaßnahmen sind in § 125 Abs. 1 S. 1 Nr. 1 bis 3 geregelt. Für eine wirksame Selbstreinigung müssen alle dort genannten Maßnahmen kumulativ durch das von einem Ausschlussgrund betroffene Unternehmen ergriffen werden. Wie sich bereits aus dem Wortlaut ergibt, trägt das Unternehmen die Darlegungs- und Beweislast für die Durchführung der Maßnahmen. Das ist konsequent. Denn zum einen hat das Unternehmen selbst die Ursache für seinen Ausschluss gesetzt.[36] Zum anderen sind zumindest die Maßnahmen nach Nr. 2 und 3 unternehmensinterner Natur und entziehen sich daher der Kenntnis des öffentlichen Auftraggebers, der über die Zulassung zum Vergabeverfahren zu entscheiden hat.

1. Schadensausgleich, Nr. 1

24   Zuerst nennt § 125 Abs. 1 S. 1 Nr. 1 den Schadensausgleich. Dass ein Schadensausgleich für eine wirksame Selbstreinigung erforderlich ist, war schon vor der Vergaberechtsreform herrschende Meinung,[37] wenn auch nicht unbestritten.[38] Mit der nun erfolgten Aufnahme der Voraussetzung eines Schadensausgleichs in die neuen Vergaberichtlinien hat der europäische Gesetzgeber die herrschende Meinung – mit guten Gründen – bestätigt. Hinter dem Erfordernis eines Schadensausgleichs steht der Gedanke, dass das betreffende Unternehmen die **Verantwortung für sein Fehlverhalten in der Vergangenheit übernehmen** muss. Nur wer die Konsequenzen seines Fehlverhaltens durch tätige Reue, das heißt durch Schadenswiedergutmachung, anerkennt, erweist sich auch für die Zukunft als vertrauenswürdig und damit zuverlässig bei der Ausführung eines öffentlichen Auftrags.

25   Strenggenommen handelt es sich bei dem Schadensausgleich erst um den zweiten Schritt des Selbstreinigungsprozesses. In normsystematischer Hinsicht wäre es daher konsequenter gewesen, die Sachverhaltsaufklärung – nämlich die aktive Zusammenarbeit des Unternehmens mit den Ermittlungsbehörden und dem öffentlichen Auftraggeber, § 125 Abs. 1 S. 1 Nr. 2 – dem Schadensausgleich voranzustellen, da sich entsprechende Ansprüche in der Regel erst nach einer umfassenden Sachverhaltsaufklärung feststellen lassen. Mit der in § 125 Abs. 1 gewählten Reihenfolge folgt der deutsche Gesetzgeber freilich dem Vorbild der neuen Vergaberichtlinien.

26   Auszugleichen ist der Schaden, der durch das in den §§ 123 und 124 genannte Fehlverhalt entstanden ist. In der Regel wird es sich dabei um einen **monetären Schadensausgleich** handeln. Allerdings sind auch Fälle denkbar, in denen ein Schadensausgleich in anderer Form anstelle oder ergänzend zu einer Geldleistung erfolgen kann. Das ist z.B. bei einer öffentlichen Verunglimpfung eines Wettbewerbers in Betracht zu ziehen. Hier könnte eine ebenfalls öffentliche Richtigstellung erforderlich werden oder jedenfalls die Einstellung der Verbreitung der verunglimpfenden Inhalte.[39] Eine solche Form des Schadensausgleichs wird aber gegenüber einer Geldzahlung die Ausnahme bleiben.

---

36   Vgl. Gesetzentwurf der Bundesregierung, 108.
37   Dabringhausen/Fedder VergabeR 2013, 20, 23 ff.; Prieß NZBau 2012, 425; Prieß/Stein NZBau 2008, 230, 230; vgl. auch KG Berlin Beschl. v. 22.03.2006 – 23 O 18/04, NZBau 2006, 397, 399; VK Lüneburg Beschl. v. 14.02.2012 – VgK-05/2012; Beschl. v. 24.03.2011 – VgK-04/2011, NZBau 2011, 574, 575.
38   Dreher/Hoffmann NZBau 2012, 265, 269.
39   Pünder/Prieß/Arrowsmith SCPPL, 99.

Wichtig ist, dass § 125 Abs. 1 S. 1 Nr. 1 **nicht** zwingend verlangt, dass das Unternehmen den **Scha-** 27 **den bereits beglichen** hat. Vielmehr soll es nach § 125 Abs. 1 S. 1 Nr. 1 Alt. 2 ausreichen, dass sich das Unternehmen in rechtlich verbindlicher Weise, also typischerweise mittels eines schriftlichen Schuldanerkenntnisses, zu einem entsprechenden Ausgleich verpflichtet hat.

Die Verpflichtung zum Schadensausgleich besteht **unabhängig von einer rechtskräftigen Gerichts-** 28 **entscheidung** über den Anspruch des Geschädigten.[40] Problematisch sind allerdings Fälle, in denen das Vorliegen eines Schadensersatzanspruchs streitig ist. Dabei werden sich die Streitpunkte in der Regel auf den haftungsausfüllenden Tatbestand beziehen, insbesondere auf die Höhe des entstandenen Schadens und auf den Kreis der Anspruchsberechtigten. Als Beispiel hierfür sei auf die komplexe Schadensbestimmung bei Kartellrechtsverstößen verwiesen.[41]

In Fällen, in denen die Höhe des entstandenen Schadens unklar oder streitig ist, soll es für eine wirk- 29 same Selbstreinigung u.U. ausreichend sein, dass das Unternehmen den Schadensersatzanspruch **zunächst nur dem Grunde nach anerkennt**.[42] Voraussetzung hierfür ist allerdings, dass die betreffenden Unklarheiten nicht dem Unternehmen zuzurechnen sind.[43] Grundsätzlich ist das Unternehmen nämlich nach § 125 Abs. 1 S. 1 Nr. 2 auch hinsichtlich der Umstände des haftungsausfüllenden Tatbestands zur Aufklärung verpflichtet.[44] Eine Zurechenbarkeit im vorstehenden Sinn dürfte immer dann ausscheiden, wenn die Streitpunkte rein rechtlicher – und nicht tatsächlicher – Natur sind und die von dem schadensersatzpflichtigen Unternehmen vertretene Rechtsauffassung nicht von vornherein unvertretbar erscheint. Im Fall von dem Unternehmen nicht zurechenbaren Unklarheiten sowie bei fehlender Substantiierung der Forderung durch den öffentlichen Auftraggeber soll es dem Unternehmen unbenommen bleiben, das Bestehen des Schadensersatzanspruches gerichtlich klären zu lassen.[45] Bei Teilbarkeit muss allerdings stets der unstreitige Teil der Forderung anerkannt werden.

2. Zusammenarbeit mit den Ermittlungsbehörden, Nr. 2

Eine wirksame Selbstreinigung setzt nach § 125 Abs. 1 S. 1 Nr. 2 ferner eine aktive Rolle des 30 Unternehmens bei der Sachverhaltsaufklärung voraus. Der Wortlaut der Vorschrift ist weit und gebietet die **umfassende Aufdeckung aller Tatsachen und Umstände**, die mit der Straftat oder dem sonstigen Fehlverhalten und dem dadurch verursachten Schaden in Zusammenhang stehen. Die Aufklärungsverpflichtung steht in einem **Spannungsverhältnis zu den personellen Selbstreinigungsmaßnahmen** nach § 125 Abs. 1 S. 1 Nr. 3. Denn bei der Aufklärung wird das Unternehmen regelmäßig auch auf die Kooperation der Beschäftigten angewiesen sein, die für das Fehlverhalten (mit)verantwortlich sind und denen daher arbeitsrechtliche Sanktionen bis hin zur fristlosen Kündigung drohen.[46]

Im Gegensatz zum Wortlaut der neuen Vergaberichtlinien verlangt die deutsche Umsetzung nicht 31 nur eine aktive **Zusammenarbeit** mit den »Ermittlungsbehörden«, sondern zusätzlich **auch mit den öffentlichen Auftraggebern**. Die Begründung dieser tendenziell überschießenden Umsetzung im

---

40 Vgl. Gesetzentwurf der Bundesregierung, 108.
41 Siehe hierzu Mutschler-Siebert/Dorschfeldt BB 2015, 642, 646.
42 Vgl. Gesetzentwurf der Bundesregierung, 108.
43 Vgl. Gesetzentwurf der Bundesregierung, 108; dies sei insbesondere bei Kartellverstößen von Relevanz, bei denen die Bestimmung des Gesamtschadens bzw. der einzelnen Gläubiger Probleme bereite; vgl. zu dieser Thematik ausführlich Mutschler-Siebert/Dorschfeldt BB 2015, 642, 646.
44 So zutreffend der Gesetzentwurf der Bundesregierung, 109; vgl. auch Burgi NZBau 2014, 595, 598 f.; anders noch Dreher/Hoffmann NZBau 2014, 150, 153, die die Aufklärungspflicht auf das Vorliegen und den Umfang des Fehlverhaltens selbst beschränken wollen.
45 Vgl. Gesetzesentwurf der Bundesregierung, 108.
46 Dazu ausführlich Mutschler-Siebert/Dorschfeldt BB 2015, 642, 645, die »Kronzeugen – und Amnestieregelungen« bei entsprechender Kooperationsbereitschaft vorschlagen; siehe zur Amnestie bei Internal Investigations Breßler/Kuhnke/Schulz/Stein NZG 2009, 721.

Gesetzesentwurf der Bundesregierung[47] mit Verweis auf die französische und englische Sprachfassung der Richtlinie überzeugt nicht. Denn die dort verwendeten Begriffe (»Autorités chargés de l'enquête« bzw. »Investigating authorities«) legen kein über den deutschen Begriff »Ermittlungsbehörde« hinausgehendes Verständnis nahe. Richtig ist allerdings, dass die öffentlichen Auftraggeber, die nach der unionsrechtlich zulässigen Umsetzung der Richtlinien die Wirksamkeit der Selbstreinigungsmaßnahmen selbst zu bewerten haben (§ 125 Abs. 2), in die Lage versetzt werden müssen, eine hinreichend fundierte Entscheidung treffen zu können. Vor diesem Hintergrund erscheint eine Aufklärungspflicht auch gegenüber den öffentlichen Auftraggebern als zweckmäßig und verhältnismäßig. Vor allem, wenn davon ausgegangen wird, dass sich die Aufklärungspflicht gegenüber den öffentlichen Auftraggebern nicht auf alle Einzelheiten der Straftat oder des sonstigen Fehlverhaltens erstreckt, sondern lediglich auf die für die öffentlichen Auftraggeber relevanten Umstände.[48] Auch die bisherige deutsche Rechtsprechung ging von einer Aufklärungspflicht gegenüber den öffentlichen Auftraggebern aus.[49]

a) Zusammenarbeit mit den Ermittlungsbehörden

32   Die Aufklärung des Sachverhalts muss das betroffene Unternehmen ausweislich des Wortlauts zunächst durch »aktive Zusammenarbeit mit den Ermittlungsbehörden« vorantreiben. Wichtig ist in diesem Zusammenhang, dass das Unternehmen **auf eigene Initiative tätig werden** und wenn notwendig auch durch interne Ermittlungen für eine umfassende Klärung des Sachverhalts sorgen muss. Erst hierdurch werden die Voraussetzungen für eine Zusammenarbeit mit den Ermittlungsbehörden geschaffen. Darüber hinaus bildet die Klärung des Sachverhalts die Grundlage für den Umfang der weiteren Selbstreinigungsmaßnahmen.[50] Das Unternehmen sollte mit der Aufklärung **so früh wie möglich beginnen**, um die Ernsthaftigkeit der Selbstreinigungsbemühungen unter Beweis zu stellen.[51] Inhaltlich haben sich die Aufklärungsmaßnahmen mit den konkreten Vorwürfen und der Verantwortlichkeit der handelnden Personen auseinanderzusetzen[52], wobei nicht verlangt wird, alle Vorwürfe unstreitig zu stellen.[53] Schließlich sollten die Ermittlungen auch den Umfang und die Höhe des entstandenen Schadens umfassen.[54]

33   Zur Erfüllung der Aufklärungspflicht zweckmäßig sind beispielsweise die Durchführung von **Interviews mit und die Durchsicht der E-Mail-Accounts**[55] von möglicherweise involvierten Mitarbeitern sowie die Erstellung von unternehmensinternen **Audit-Reports**.[56] Darüber hinaus empfiehlt sich u.U. die Hinzuziehung von externen unabhängigen Experten, wie Wirtschaftsprüfern oder Rechtsanwälten.[57]

34   Die Verpflichtung zur umfassenden Sachverhaltsaufklärung gegenüber den Ermittlungsbehörden – also vor allem Polizei, Staatsanwaltschaft und dem Bundeskartellamt – steht in einem Spannungsverhältnis zum im Strafverfahren anwendbaren **Grundsatz der Selbstbelastungsfreiheit** (*nemo tenetur se ipsum accusare*, §§ 55 Abs. 1, 136 Abs. 1 S. 2 StPO, Art. 6 EMRK).[58] Danach ist der Beschuldigte

---

47   Gesetzentwurf der Bundesregierung, 109.
48   So Gesetzentwurf der Bundesregierung, 109.
49   LG Berlin v. 22.03.2006 – 23 O 18/04, NZBau 2006, 397, 399; OLG Düsseldorf Beschl. vom 28.07.2004 – Verg 42/05, Rn. 25 zit. nach juris; Beschl. v. 09.04.2003 – Verg 66/02, Rn. 100 ff. zit. nach juris.
50   Pünder/Prieß/Arrowsmith SCPPL, 15; Dreher/Hoffmann NZBau 2012, 265, 272.
51   Pünder/Prieß/Arrowsmith SCPPL, 14.
52   Stein/Friton/Huttenlauch WuW 2012, 38, 48; Dreher/Hoffmann NZBau 2012, 265, 273.
53   KG Berlin Urt. v. 17.01.2011 – 2 U 4/06, NZBau 2012, 56, 63.
54   Dabringhausen/Fedder VergabeR 2013, 20, 27 ff.
55   Hierbei sind freilich die Vorgaben des Datenschutzes zu beachten. Siehe dazu Wybitul/Böhm CCZ 2015, 133 ff. u. Spehl/Momsen/Grützner CCZ 2014, 2 ff.
56   Stein/Friton/Huttenlauch WuW 2012, 38, 48.
57   Mutschler-Siebert/Dorschfeldt BB 2015, 642, 645.
58   A.A. Mutschler-Siebert/Dorschfeldt BB 2015, 642, 645. Ihr Hinweis, im Vergaberecht drohe keine Strafe im engeren Sinne trifft zu, berücksichtigt aber nicht, dass eine Zusammenarbeit mit den Ermittlungsbehör-

nicht gezwungen, an seiner eigenen Überführung mitzuwirken. Diese Gefahr besteht aber, wenn die Ergebnisse einer internen Untersuchung den Ermittlungsbehörden zugänglich gemacht werden. Dem betreffenden Unternehmen steht es nach § 125 Abs. 1 S. 1 Nr. 2 zwar frei, von einer Zusammenarbeit mit den Ermittlungsbehörden abzusehen. Doch dürften Unternehmen, die weitgehend von öffentlichen Aufträgen abhängig sind, *praktisch* gezwungen sein, von dieser Handlungsoption keinen Gebrauch zu machen. Vor diesem Hintergrund ist jedem Unternehmen dringend anzuraten, auch ohne konkreten Anlass für eine hinreichende Compliance-Organisation Sorge zu tragen, um sich vor potentiell existenzvernichtendem Fehlverhalten von Mitarbeitern soweit wie möglich zu schützen.

b) Zusammenarbeit mit den öffentlichen Auftraggebern

Die Zusammenarbeit mit den öffentlichen Auftraggebern erlangt erst im Hinblick auf die **Teilnahme an einem konkreten Vergabeverfahren** Bedeutung. In diesem Fall geht es darum, gegenüber dem öffentlichen Auftraggeber das (vorläufige) Ergebnis der Ermittlungen sowie die bereits ergriffenen Selbstreinigungsmaßnahmen darzulegen. Ungenügend ist dabei eine nur »bruchstückhafte und erst auf Nachfrage sukzessive Offenlegung der Verhältnisse in einem für die Vergabestelle erkennbar sensiblen Punkt.«[59] Vielmehr müssen alle Umstände, die für die von dem öffentlichen Auftraggeber zu treffende Prognoseentscheidung relevant sind, so früh und so detailliert wie möglich mitgeteilt werden, damit der Auftraggeber eine eigene Sachentscheidung (Ausschluss oder Zulassung zum Wettbewerb) treffen kann. 35

3. Maßnahmen zur Vermeidung künftiger Verstöße, Nr. 3

Die Verpflichtung von Unternehmen in § 125 Abs. 1 S. 1 Nr. 3, Maßnahmen zur Verhinderung künftigen Fehlverhaltens zu ergreifen, stellt den **eigentlichen Kern der vergaberechtlichen Selbstreinigung** dar. Die Voraussetzung baut unmittelbar auf der umfassenden Sachverhaltsaufklärung im Sinne der Nr. 2 auf. Die konkret zu treffenden technischen, organisatorischen und personellen Maßnahmen hängen vom **Einzelfall** ab. Insbesondere ist das vorangegangene Fehlverhalten zu berücksichtigen (vgl. auch § 125 Abs. 2 S. 1). Demnach sind die Schwere und die besonderen Umstände des Fehlverhaltens bei der Bewertung durch die öffentlichen Auftraggeber zu berücksichtigen. In diesem Zusammenhang spielen insbesondere **Verschuldensgrad, Dauer, Häufigkeit, und finanzielle Auswirkungen des Fehlverhaltens** eine Rolle,[60] sowie die Frage, ob eine Straftat vorliegt und ob es sich um einen fakultativen oder zwingenden Ausschlussgrund handelt, der in Rede steht. 36

In Erwägungsgrund 102 der Richtlinie 2014/24/EU wird in diesem Zusammenhang generell von »**Compliance-Maßnahmen**« gesprochen. Dabei könne es sich 37

»insbesondere um Personal- und Organisationsmaßnahmen handeln, wie den Abbruch aller Verbindungen zu an dem Fehlverhalten beteiligten Personen oder Organisationen, geeignete Personalreorganisationsmaßnahmen, die Einführung von Berichts- und Kontrollsystemen, die Schaffung einer internen Audit-Struktur zur Überwachung der Compliance oder die Einführung interner Haftungs- und Entschädigungsregelungen.«

Die getroffenen Maßnahmen müssen **geeignet** sein, künftig dem konkreten **Fehlverhalten** sowie anderen Rechtsverstößen – also auch solchen, die keinen vergaberechtlichen Ausschluss nach sich ziehen – **entgegenzuwirken**.[61] In der Praxis wird dieser umfassende Ansatz allerdings nichts daran ändern, dass bei der Bewertung der Maßnahmen durch die öffentlichen Auftraggeber das besondere

---

den zwangsläufig strafrechtliche Konsequenzen bewirken kann, während vergaberechtliche Aspekte dort nur für den Schuldnachweis individueller Mitarbeiter dienen.

59 OLG Düsseldorf Beschl. v. 28.07.2004 – Verg 42/05, Rn. 25 zit. nach juris: Sensibel ist der Punkt, wenn er für die Zuverlässigkeit und die diesbezügliche Prognoseentscheidung von Belang ist.

60 Hausmann/Kern in: Kulartz, Kommentar VOL/A, § 6 EG Rn. 81; Pünder/Prieß/Arrowsmith SCPPL, 14.

61 Gesetzentwurf der Bundesregierung, 109.

Augenmerk auf einer Verhinderung der Verstöße in der Zukunft liegt, die Anlass zum Ausschluss gegeben haben oder gegeben hätten.

38   Mit Blick auf die Umsetzung von Compliance-Maßnahmen zur Wiedererlangung der vergaberechtlichen Zuverlässigkeit lässt sich eine Tendenz zum gegenseitigen Überbieten zwischen den Wettbewerbern feststellen. Daher ist es betroffenen Unternehmen dringend anzuraten, sich bei ihren Selbstreinigungsbemühungen nicht an den im Markt üblichen, durchschnittlichen Maßnahmen zu orientieren, sondern darüber hinauszugehen.[62]

39   Während die persönlichen Maßnahmen auf die konkreten Personen abzielen, denen das in Rede stehende Fehlverhalten zuzurechnen ist, sollen die technischen und organisatorischen Maßnahmen ihre Präventionswirkung generell und unabhängig von dem jeweiligen Mitarbeiter entfalten.[63]

a) Technische und organisatorische Maßnahmen

40   Unternehmen steht eine große Zahl von technischen und organisatorischen Maßnahmen zur Verfügung. In aller Regel wird für eine wirksame Selbstreinigung eine **Mehrzahl geeigneter Maßnahmen erforderlich** sein. Die in Erwägungsgrund 102 genannten Maßnahmen haben lediglich Beispielscharakter. Welche Maßnahmen im Einzelnen geeignet sind, bestimmt sich nach dem begangenen Verstoß.[64] Dem Unternehmen kommt bei der Auswahl der Maßnahmen ein gewisser **Beurteilungsspielraum** zu.[65] Bei funktionaler Betrachtungsweise ist nicht die Umsetzung einer bestimmten Maßnahme entscheidend, sondern vielmehr, dass die Summe der Maßnahmen zu einer effizienten Verhinderung künftiger Verstöße führt.[66]

41   Die Merkmale »technisch« und »organisatorisch« schließen sich nicht aus. Insbesondere IT-basierte Kontrollmaßnahmen oder Datenzugriffsbeschränkungen sind sowohl organisatorischer als auch technischer Natur. Zu trennen ist zunächst zwischen Maßnahmen, die ein rechtstreues Verhalten der Mitarbeiter bewirken sollen, und solchen, die auf eine Umstrukturierung von internen Entscheidungsabläufen und die Schaffung von Kontrollmechanismen abzielen.

aa) Sensibilisierung der Mitarbeiter

42   Um künftige Verstöße zu verhindern, ist es zunächst entscheidend, das Bewusstsein der eigenen Mitarbeiter für strafbewehrte Verhaltensweisen und andere Unregelmäßigkeiten zu schärfen. Das kann insbesondere durch interne **Schulungen** geschehen, die Mitarbeitern praxisbezogen kartell-, vergabe- und strafrechtliche Kenntnisse vermitteln. Zusätzlich ist die Ausarbeitung von **bindenden Unternehmensrichtlinien** unabdingbar, die sich jedenfalls auch mit strafrechtlich relevanten Verhaltensweisen befassen.[67] Zum Beispiel sollten Verhaltensregeln für den Umgang mit Einladungen an Geschäftspartner, für Geschenke im geschäftlichen Umfeld, für den Einsatz von Beratern und Agenten (Abschlussvertreter) sowie für Nebentätigkeiten von Mitarbeitern erstellt werden.[68] Entsprechende Richtlinien sollten konkrete Handlungsanweisungen[69] sowie Sanktionen für den Fall ihrer Nichteinhaltung vorsehen.[70] Große Unternehmen sollten für ad hoc-Anfragen und Hinweise von Mitarbeitern telefonische Hotlines (»Ask us/Tell us«) einrichten.

43   In den letzten Jahren wird zudem zunehmend der **Umgang** von Unternehmen **mit** sogenannten »**Whistleblowern**«, also denjenigen Personen, die mit ihren Hinweisen zur Aufdeckung von Fehl-

---

62 Pünder/Prieß/Arrowsmith SCPPL, 103.
63 Dreher/Hoffmann NZBau 2014, 150.
64 Dreher/Hoffmann NZBau 2014, 150, 151.
65 Pünder/Prieß/Arrowsmith SCPPL, 101.
66 OLG Brandenburg Beschl. v. 14.12.2007 – Verg W 21/07, NZBau 2008, 277, 280.
67 Mutschler-Siebert/Dorschfeldt BB 2015, 642, 648; Ohrtmann NZBau 2007, 278, 280.
68 Ohrtmann NZBau 2007, 278, 280.
69 Mutschler-Siebert/Dorschfeldt BB 2015, 642, 648.
70 Pünder/Prieß/Arrowsmith SCPPL, 14.

verhalten beitragen, in den Blick genommen. Das Unternehmen sollte gegenüber seinen Mitarbeitern deutlich zum Ausdruck bringen, dass es die Mitteilung von Verstößen begrüßt und potentielle Whistleblower vor negativen Folgen und Stigmatisierung geschützt werden. Zweckmäßig ist in diesem Zusammenhang die Einrichtung eines transparenten und glaubwürdigen Verfahrens für das Whistleblowing, dessen wesentliche Elemente offen kommuniziert werden.[71] Darüber muss die Anonymität des Whistleblowers gewahrt bleiben. Schließlich ist auch das Angebot der Versetzung in eine andere Abteilung oder einer psychologischer Beratung denkbar.

Erforderlich und sinnvoll ist darüber hinaus die Einführung oder Aktualisierung eines **Ethikkodex**, der – losgelöst von der Verhinderung strafbewehrten Fehlverhaltens – Standards für das Geschäftsverhalten formuliert.[72] Schließlich fallen auch die in Erwägungsgrund 102 genannten internen **Haftungs- und Entschädigungsregeln** unter die Kategorie der Sensibilisierungsmaßnahmen. Derartige Regelungen zielen darauf ab, die Haftung der Mitarbeiter für von ihnen begangenes Fehlverhalten zu erweitern. Sie müssen in die Arbeitsverträge der Mitarbeiter aufgenommen werden.[73] 44

bb) **Umstrukturierung der Entscheidungsabläufe und Schaffung von Kontrollmechanismen**

Weiterhin sollten organisatorische Maßnahmen ergriffen werden, die darauf abzielen, mehr **Transparenz in die Entscheidungsprozesse** des Unternehmens zu bringen, die Einflussmöglichkeiten Einzelner zu beschränken und sinnvolle Kontrollmechanismen zu schaffen. Diese Anforderungen stehen typischerweise in einem Spannungsfeld mit einer effizienten Unternehmensstruktur, die nicht zuletzt auf eigenverantwortlichen Entscheidungen der dazu berufenen Personen beruht.[74] Die Beschränkung der Einflussnahme kann insbesondere im Rahmen einer **organisatorischen Trennung von Unternehmensbereichen** durch die Neugründung einer juristischen Person oder die interne Umorganisation von Abteilungen geschehen.[75] Speziell bei der internen Umorganisation sollte darauf geachtet werden, dass die Trennung einzelner Bereiche nicht nur auf dem Papier erfolgt, sodass eine gegenseitige Einflussnahme auch tatsächlich ausgeschlossen ist.[76] Die Rechtsprechung hat in diesem Zusammenhang beispielsweise die **Trennung von Verwaltung und operativem Bereich** berücksichtigt.[77] Abgestellt wurde insofern auch auf die personelle Unabhängigkeit der Bereiche voneinander. Kurzfristiger umsetzbar ist die Einführung des **Vieraugenprinzips** in korruptionsanfälligen Geschäftsbereichen wie dem Einkauf oder der Buchhaltung. Daneben stellt auch die regelmäßige **Rotation von Mitarbeitern** eine wirkungsvolle Maßnahme zur Vorbeugung von »verfilzten« Strukturen dar, die sich allerdings als besonders aufwendig und kostenintensiv darstellt.[78] 45

Zusätzlich ist auf die in Erwägungsgrund 102 genannten Maßnahmen hinzuweisen: Die Einrichtung von **Berichts- und Kontrollsystemen** und die Schaffung einer internen **Audit-Struktur**, die die Einhaltung aller compliancerelevanten Vorgaben überprüft. Denn nur bei konsequenter Einhaltung dieser Vorgaben sowie der Ahndung von Verstößen kann dem Unternehmen der Nachweis gelingen, dass es die Bekämpfung von Fehlverhalten ernst nimmt und nicht zu dulden bereit ist. Notwendig ist regelmäßig die Benennung eines **Compliance-Officers**, der mit 46

---

71 Siehe dazu auch Larisch CCZ 2015, 193.
72 Dies bejahend: OLG Brandenburg Beschl. v. 14.12.2007 – Verg W 21/07, NZBau 2008, 277, 280; dagegen: Dreher/Hoffmann NZBau 2014, 151.
73 Das ist derzeit aber noch keine gängige Praxis in Deutschland, vgl. Mutschler-Siebert/Dorschfeldt BB 2015, 642, 647.
74 Mutschler-Siebert/Dorschfeldt BB 2015, 642, 648.
75 Dagegen bleibt die bloße gesellschaftsrechtliche Umwandlung außer Betracht, da diese nichts an der Zurechnung des Fehlverhaltens ändern kann, VK Bund Beschl. v. 30.05.2006 – VK 2-29/06, Rn. 74 zit. nach juris.
76 Dreher/Hoffmann NZBau 2014, 150, die in dieser Hinsicht eines strikte räumliche Trennung sowie den Einsatz von »Sperrsoftware« zur Verhinderung von Datenaustausch favorisieren.
77 OLG Brandenburg Beschl. v. 14.12.2007 – Verg W 21/07, NzBau 2008, 277, 280.
78 Ohrtmann NZBau 2007, 278, 280.

den erforderlichen Befugnissen und Ressourcen ausgestattet ist, und eines Ansprechpartners für Whistleblower[79] bzw. die Einrichtung einer **Whistleblowing-Hotline**. Für die Einrichtung eines funktionsfähigen Compliance-Management-Systems existieren darüber hinaus eine Reihe von Orientierungshilfen. Zu nennen sind etwa der im Jahr 2014 veröffentlichte Standard **ISO 19600** »Compliance Management Systems« und der **Prüfstandard IDW PS 980** »Grundsätze ordnungsmäßiger Prüfung von Compliance Management Systemen«. Daneben kann auf die Vorschriften des Wertpapierhandelsgesetzes **(WpHG)** und der entsprechenden Durchführungsverordnung verwiesen werden, die Anforderungen für ein wirksames Compliance-System von Investmentfirmen aufstellen.[80] Wichtig ist es, eine »Compliance-Funktion« einzurichten, die ihre Aufgaben unabhängig wahrnehmen kann.[81] Zu diesem Zweck muss das Unternehmen einen Compliance-Beauftragten benennen.[82] Dieser überprüft und bewertet die Angemessenheit und Wirksamkeit der Vorkehrungen und Maßnahmen des Unternehmens sowie die Behebung von Defiziten und erstattet der Geschäftsleitung in regelmäßigen Abständen darüber Bericht.[83] Außerdem ist der Compliance-Beauftragte dafür verantwortlich, die Mitarbeiter des Unternehmens bei der Erfüllung ihrer Pflichten zu beraten und zu unterstützen.[84] Schließlich stellt das WpHG Voraussetzungen zur Gewährleistung einer ordnungsgemäßen und unabhängigen Aufgabenerfüllung durch den Compliance-Beauftragten auf: Zum einen müssen die mit der Compliance-Funktion betrauten Personen über Fachkenntnisse, Mittel und Kompetenzen sowie über Zugang zu allen für ihre Tätigkeit relevanten Informationen verfügen.[85] Zum anderen dürfen sie weder am operativen Geschäft des Unternehmens beteiligt sein, das sie überwachen, noch darf die Art und Weise ihrer Vergütung eine Beeinträchtigung ihrer Unvoreingenommenheit bewirken oder wahrscheinlich erscheinen lassen.[86]

47 Wichtig ist schließlich der Hinweis, dass es sich bei den vorstehenden Ausführungen lediglich um allgemeine Grundsätze handelt. Die Einrichtung eines ausgereiften Compliance-Management-Systems ist eine komplexe Aufgabe, die ohne vertiefte Spezialkenntnisse kaum zu bewerkstelligen ist. Stets sind die Maßnahmen maßgeschneidert an das jeweilige Unternehmen anzupassen. **Allgemeingültige Blaupausen** (»one size fits all«) **existieren** nach unbestrittener Ansicht **nicht**.[87]

48 Nach bisheriger Rechtsprechung kann auch die Einrichtung einer »**Clearing-Stelle**« berücksichtigt werden, die sich mit der Angebotsstrategie für öffentliche Aufträge auseinandersetzt.[88] Gleiches gilt für die anwaltliche Prüfung externer Provisions- und Beraterverträge.[89] In weniger gravierenden Fällen mag auch eine stichprobenartige Überprüfung der Einhaltung von Compliance-Maßnahmen ausreichen.[90] Bestand zum Zeitpunkt des Verstoßes bereits ein Berichts- und Kontrollsystem, ist darauf abzustellen, ob der Verstoß aufgrund dieses Systems zeitnah erkannt wurde.[91] Ist das nicht der Fall, sind an dem System entsprechende Korrekturen vorzunehmen.

b) Personelle Maßnahmen

49 Neben den technischen und organisatorischen Maßnahmen ist das Unternehmen im Rahmen der Selbstreinigung verpflichtet, **personelle Konsequenzen aus dem vorangegangen Fehlverhalten** zu

---

79 Ohrtmann NZBau 2007, 278, 280.
80 Vgl. dazu umfassend Pünder/Prieß/Arrowsmith SCPPL, 102.
81 § 33 Abs. 1 S. 2 Nr. 1 WpHG; § 12 Abs. 1–3 WpDVerO.
82 § 12 Abs. 4 S. 1 WpDVerO.
83 § 12 Abs. 3 S. 1 Nr. 1 WpDVerO; § 33 Abs. 1 S. 2 Nr. 5 WpDVerO.
84 § 12 Abs. 3 S. 1 Nr. 2 WpDVerO.
85 § 12 Abs. 4 S. 3 WpDVerO.
86 § 12 Abs. 4 S. 4 WpDVerO.
87 Statt vieler Spindler CCZ 2014, 193.
88 OLG Brandenburg Beschl. v. 14.12.2007 – Verg W 21/07, Rn. 68 zit. nach juris.
89 OLG Brandenburg Beschl. v. 14.12.2007 – Verg W 21/07, Rn. 69 zit. nach juris.
90 Mutschler-Siebert/Dorschfeldt BB 2015, 642, 648.
91 Stein/Friton/Huttenlauch WuW 2012, 38, 50.

ziehen. Dahinter steht der einfache Gedanke, dass ein Unternehmen nicht zuverlässiger sein kann als die Personen, die es beschäftigt bzw. die auf sein Geschäftsgebaren Einfluss nehmen können. Die personellen Maßnahmen verfolgen dabei sowohl einen **general- als auch einen spezialpräventiven Zweck**. Denn zum einen soll gewährleistet werden, dass die für das Fehlverhalten verantwortlichen Gesellschafter, Organe oder Mitarbeiter keine weiteren Verstöße begehen können (Spezialprävention). Zum anderen wird nicht nur den betroffenen Personen, sondern auch allen anderen Personen, die im oder für das Unternehmen tätig sind, vor Augen geführt, dass derartige Verstöße nicht geduldet werden und schwerwiegende Konsequenzen nach sich ziehen (Generalprävention). Welche Maßnahmen im Einzelnen zu ergreifen sind, richtet sich wie bei den technischen und organisatorischen Maßnahmen nach Umfang und Schwere des vorangegangen Fehlverhaltens sowie der Form der Beteiligung der entsprechenden Personen.[92]

In Anbetracht des bereits zitierten Erwägungsgrunds 102 und der bisherigen Rechtsprechung[93] ist **50** in schwerwiegenden Fällen die **Beendigung des Beschäftigungsverhältnisses** in Form der (fristlosen) Kündigung unabdingbar. Diese Maßnahme zielt auf eine möglichst umfassende und unverzügliche Trennung von den an dem Verstoß beteiligten Personen ab. Allerdings kann diese Vorgabe naturgemäß nur so weit reichen, wie es arbeitsrechtlich zulässig ist. Insbesondere bei **Gesellschaftern und Anteilseignern** ist zudem darauf zu achten, dass ihnen für die Zukunft jeder – auch nur mittelbare – Einfluss auf das operative Geschäft verwehrt wird. Abzustellen ist in erster Linie auf die Verteilung der Gesellschaftsanteile und die Besonderheiten des Gesellschaftsvertrags.[94] Nicht ausschlaggebend ist, ob die Person ihre formale Stellung als Gesellschafter behält.[95] Der Ausschluss der Einflussnahme kann beispielsweise auch durch die Übertragung der entsprechenden Einflussmöglichkeiten auf einen Treuhänder geschehen.[96] Eine andere Möglichkeit besteht für die Anteilseigner darin, auf die Ausübung sämtlicher Rechte aus ihrer Beteiligung (mit Ausnahme der wirtschaftlichen Rechte) unwiderruflich zu verzichten.[97]

In weniger schwerwiegenden Fällen sind auch mildere Maßnahmen wie **ordentliche Kündigungen**, **51** **Aufhebungsvereinbarungen, Abmahnungen oder Versetzungen** denkbar.[98] Zweckmäßig und ausreichend kann das z.B. bei untergeordneten Hilfsleistungen oder bloßer Kenntnis des Sachverhalts sein.[99] Entscheidend ist einmal mehr die Prognose, dass der Mitarbeiter zukünftig kein Fehlverhalten mehr an den Tag legen wird. Mildere Maßnahmen – insbesondere die Abmahnung – können zur Erreichung dieses Zwecks durch weitere organisatorische Compliance-Maßnahmen wie eine Versetzung in eine andere Abteilung (z.B. vom Vertrieb in den Innendienst) flankiert werden.[100] Eine Grenze ist allerdings erreicht, wenn die betroffene Person zum Zeitpunkt des Verstoßes eine Führungsposition im Unternehmen innehatte. So steht beispielsweise außer Frage, dass jede Beteiligung eines Geschäftsführers an einer Bestechung zur unmittelbaren Beendigung seiner Tätigkeit für das Unternehmen führen muss.[101]

---

92 Stein/Friton/Huttenlauch WuW 2012, 38, 49.

93 Vgl. OLG Düsseldorf Beschl. v. 28.07.2005 – Verg 42/05.

94 Dazu ausführlich: Dreher/Hoffmann NZBau 2014, 67, 74.

95 OLG Brandenburg Beschl. v.14.12.2007 – Verg W 21/07, NZBau 2008, 277, 280. Auch eine weiter bestehende Beteiligung an der Konzernmutter ist unerheblich, wenn ausgeschlossen ist, dass die betroffene Person keinen Einfluss mehr auf das operative Geschäft der Tochtergesellschaft ausüben kann, VK Bund Beschl. v. 11.10.2002 – VK 1-75/02, Rn. 74 zit. nach juris.

96 Diese Möglichkeit wird in VK Düsseldorf Beschl. v. 13.03.2006 – VK-08/2006-L angedeutet. Dabei kommt es entscheidend auf die inhaltliche Ausgestaltung der Treuhandvereinbarung bzgl. der Verhinderung der Einflussnahme an, vgl. auch OLG Düsseldorf Urt. v. 28.07.2005 – Verg 42/05.

97 Pünder/Prieß/Arrowsmith SCPPL, 100; OLG Brandenburg Beschl. v.14.12.2007 – Verg W 21/07, NZBau 2008, 277, 279 f.

98 Stein/Friton/Huttenlauch WuW 2012, 38, 49.

99 Vgl. VK Nordbayern Beschl. v. 22.01.2007 – 21.VK-3194-44/06, Rn. 159 zit. nach juris.

100 Mutschler-Siebert/Dorschfeldt BB 2015, 642, 647; vgl. auch OLG Düsseldorf Beschl. v. 09.04.2003 – Verg 66/02.

101 Pünder/Prieß/Arrowsmith SCPPL, 101.

52 Darüber hinaus kann der **Verzicht auf eine fristlose Kündigung** geboten sein, wenn, um dem Erfordernis des § 125 Abs. 1 S. 1 Nr. 2 gerecht zu werden, der betreffende Mitarbeiter **für die Aufklärung des Sachverhalts unverzichtbar** ist. Vor diesem Hintergrund stehen der Selbstreinigung auch besondere Amnestievereinbarungen für kooperierende Mitarbeiter – aber nicht für das Leitungspersonal! – nicht entgegen. Allerdings darf über eine Amnestie nur im Einzelfall entschieden werden. Eine Generalamnestie dürfte mit dem Gebot einer umfassenden Selbstreinigung nicht vereinbar sein.[102]

II. Rechtsfolge

53 Nach § 125 Abs. 1 und in Übereinstimmung mit dem Wortlaut der neuen Vergaberichtlinien sind öffentliche Auftraggeber verpflichtet, ein von einem Ausschlussgrund betroffenes Unternehmen zu dem in Rede stehenden Vergabeverfahren zuzulassen, wenn ihm der Nachweis einer wirksamen Selbstreinigung gelingt. Die Vorschrift räumt den Unternehmen bei erfolgreich durchgeführter Selbstreinigung einen **Rechtsanspruch auf Teilnahme** am vergaberechtlichen Wettbewerb ein.[103] Ein Ermessen des öffentlichen Auftraggebers auf der Rechtsfolgenseite besteht hier nicht. Allerdings verfügen die öffentlichen Auftraggeber auf der Tatbestandsseite über einen Beurteilungsspielraum, ob die getroffenen Selbstreinigungsmaßnahmen für die Wiederherstellung der Zuverlässigkeit ausreichend sind (§ 125 Abs. 2).

E. Sonderfall Steuerschuld, § 125 Abs. 1 Satz 2

54 § 125 Abs. 1 S. 2 betrifft allein den zwingenden Ausschlussgrund der Nichtzahlung von Steuern, Abgaben oder Sozialversicherungsbeiträgen (§ 123 Abs. 4 S. 1 Nr. 1). Insofern sei auf den **spezielleren Selbstreinigungstatbestand des § 123 Abs. 4 S. 2** verwiesen. Erforderlich ist in diesem Zusammenhang, dass das Unternehmen seine Schulden beglichen oder sich zur Zahlung der Steuern, Abgaben oder Sozialversicherungsbeiträge verpflichtet hat. Daneben verbleibt kein Raum für die Anwendung der »allgemeinen Selbstreinigung« im Sinne des § 125 Abs. 1.[104]

F. § 125 Abs. 2

I. Bewertung der Selbstreinigungsmaßnahmen, Satz 1

55 Bei der **Bewertung der Selbstreinigungsmaßnahmen** kommt den öffentlichen Auftraggebern ein **Beurteilungsspielraum** zu, der von den Nachprüfungsinstanzen nur eingeschränkt dahingehend überprüfbar ist,[105] ob die Verfahrensbestimmungen eingehalten, zutreffende Tatsachen zu Grunde gelegt und keine sachwidrigen Erwägungen angestellt worden sind.[106] Es ist eine Prognoseentscheidung darüber zu treffen, ob das Unternehmen nach Durchführung der Selbstreinigungsmaßnahmen im Hinblick auf den zu vergebenden Auftrag wieder als zuverlässig betrachtet werden kann bzw. muss.[107] Dabei sind alle Besonderheiten des Einzelfalls zu berücksichtigen. Mit Blick auf den Wortlaut von § 125 Abs. 2 S. 1 ist hier insbesondere auf die Schwere und die besonderen Umstände der Straftat oder des Fehlverhaltens abzustellen. Dabei kommt es auch darauf an, ob es sich bei dem Ausschlussgrund um einen zwingenden (strengere Anforderungen) oder um einen fakultativen (geringere Anforderungen) handelt.

---

102 Stein/Friton/Huttenlauch WuW 2012, 38, 49.
103 Gesetzentwurf der Bundesregierung, 107.
104 Gesetzentwurf der Bundesregierung, 110.
105 Gesetzentwurf der Bundesregierung, 107; vgl. auch OLG Brandenburg Beschl. v. 14.12.2007 – Verg W 21/07, NZBau 2008, 277, 279 f.; VK Bund Beschl. v. 12.06.2015 – VK 2-31/15, BB 2015, 2321.
106 Burgi NZBau 2014, 595, 598.
107 Hausmann/Kern in: Kulartz, Kommentar VOL/A, § 6 EG Rn. 82; Völlink/Hänsel in: Ziekow/Völlink, Vergaberecht, § 6 EG VOB/A Rn. 20.

Sowohl die Prüfung des Vorliegens von Ausschlussgründen als auch die Bewertung der Selbstrei- 56
nigungsmaßnahmen ist von dem jeweiligen öffentlichen Auftraggeber in eigener Verantwortung
vorzunehmen. Für eine positive Bewertung in diesem Sinne ist betroffenen Unternehmen zu raten,
sich um eine **Bestätigung** einer erfolgreich durchgeführten Selbstreinigung **von einer öffentlichen
Stelle** zu bemühen. Zwar ist eine solche Bescheinigung für den konkreten öffentlichen Auftraggeber
nicht bindend. In aller Regel dürfte er sich einem entsprechenden Urteil aber anschließen. Insoweit
ist aber darauf hinzuweisen, dass es in den letzten Jahren schwieriger geworden ist, derartige Bestä-
tigungen zu beschaffen. Einige Stellen, die in der Vergangenheit bereit waren, eine Prüfung durchzuführen und eine Bescheinigung auszustellen, haben davon in jüngster Zeit Abstand genommen.
Das spricht umso mehr für die Einrichtung zentraler Prüfstellen, wie sie in anderen Mitgliedsstaaten zum Teil bereits existieren.

Für die Bewertung ist grundsätzlich der **Sachverhalt maßgeblich**, wie er sich **im Zeitpunkt der** – je 57
nach Verfahrensart freilich zu einem anderen Zeitpunkt stattfindenden – **Eignungsprüfung** darstellt.[108] Auf den Zeitpunkt z.B. der Angebotsabgabe kommt es mithin nicht an. Daher muss der
öffentliche Auftraggeber während des Vergabeverfahrens hinzutretende Umstände – darunter die
von dem Unternehmen ergriffenen Selbstreinigungsmaßnahmen – jedenfalls bis zum Zeitpunkt der
Eignungsprüfung berücksichtigen.[109] Unschädlich kann es je nach Einzelfall sein, wenn die bereits
eingeleiteten Maßnahmen erst zum Zeitpunkt der Auftragsausführung abgeschlossen sein werden,
da auch die Eignung erst zu diesem Zeitpunkt vorliegen muss.[110] Das gilt allerdings nicht, wenn zu
befürchten steht, dass der in Rede stehende Ausschlussgrund Auswirkungen auf die Angebotskalkulation des Unternehmens hat. Insofern können nachträglich ergriffene Maßnahmen auch keinen
Einfluss mehr auf die Angebotskalkulation haben.[111]

Verschlechtert sich die Sachlage nach Auffassung des öffentlichen Auftraggebers zu Ungunsten des 58
Unternehmens, nachdem diesem zunächst der Zuschlag in Aussicht gestellt wurde, werden von der
Rechtsprechung besonders strenge Anforderungen an die Dokumentation der Unzuverlässigkeit
gestellt. Insbesondere kann hier die Anhörung des Unternehmens zu den ergriffenen Selbstreinigungsmaßnahmen erforderlich sein.[112] Hat der öffentliche Auftraggeber die Zuverlässigkeit in
Ausübung seines Beurteilungsspielraums bereits bejaht, ist es daran gebunden und kann bei unveränderter Sachlage nicht davon abrücken.[113]

II. Begründung bei unzureichenden Selbstreinigungsmaßnahmen, Satz 2

Sofern der öffentliche Auftraggeber die ergriffenen Selbstreinigungsmaßnahmen als unzureichend 59
erachtet, hat er dem Unternehmen diese Einschätzung mitzuteilen und die maßgeblichen Gründe
hierfür offenzulegen. Damit soll das betroffene Unternehmen in die Lage versetzt werden, von
seinen Rechtsschutzmöglichkeiten Gebrauch zu machen, d.h. die Entscheidung des öffentlichen
Auftraggebers ggf. in einem Nachprüfungsverfahren überprüfen zu lassen. Auf diese Weise kann der
öffentliche Auftraggeber verpflichtet werden, das Gebot eines von einem Ausschlussgrund betroffenen Unternehmens bei der Auftragsvergabe zu berücksichtigen.[114]

---

108 Dreher/Hoffmann NZBau 2014, 67, 70.
109 OLG Brandenburg Beschl. v. 14.12.2007 – Verg W 21/07, NZBau 2008, 277, 279 f. Vgl. dazu ausführ-
     lich Dreher/Hoffmann NZBau 2014, 67, 70 f.; Hausmann/Kern in: Kulartz, Kommentar VOL/A, § 6
     EG Rn. 84.
110 Dreher/Hoffmann NZBau 2014, 67, 70.
111 OLG München Beschl. v. 22.11.2012 – Verg 22/12, NZBau 2013, 261, 263.
112 OLG Frankfurt Beschl. v. 20.07.2004 – 11 Verg 6/04, ZfBR 2004, 822, 826.
113 OLG Frankfurt Beschl. v. 20.07.2004 – 11 Verg 6/04, ZfBR 2004, 822, 826; VK Nordbayern
     Beschl. v. 22.01.2007 – 21.VK-3194-44/06, Rn. 148 f. zit. nach juris.
114 VK Nordbayern Beschl. v. 14.03.2006 – 21.VK-3194-07/06. Bei der Nachprüfung durch die Verga-
     bekammern geht es nicht um eine »isolierte Anfechtung« der Entscheidung nach § 125 Abs. 2 sondern
     allgemein um die Frage, ob der vergaberechtliche Ausschluss trotz durchgeführter Selbstreinigungsmaß-
     nahmen gerechtfertigt ist.

60 Welche **Anforderungen** im Einzelnen an eine solche **Begründung** zu stellen sind, lassen weder § 125 Abs. 2 S. 2 noch der Richtlinientext erkennen. Erforderlich muss jedoch sein, dass der öffentliche Auftraggeber dem Unternehmen die Grundlagen, die zu seiner Prognoseentscheidung geführt haben, mitteilt. Dazu hat sich die Begründung insbesondere mit den einzelnen von dem Unternehmen vorgetragenen Selbstreinigungsmaßnahmen auseinanderzusetzen und darzulegen, warum diese im Hinblick auf den vorliegenden Ausschlussgrund und den konkret zu vergebenden Auftrag als unzureichend angesehen werden.

61 Auch hinsichtlich der **Rechtsfolgen einer Nichtbeachtung der Pflicht** aus § 125 Abs. 2 S. 2 fehlt eine ausdrückliche Regelung. Ein entsprechender Verstoß kann jedenfalls nicht per se einer Wiederzulassung des betroffenen Unternehmens zum Vergabeverfahren rechtfertigen. Vielmehr begründet § 125 Abs. 2 S. 2 ein subjektives Recht des Unternehmens im Sinne des § 97 Abs. 6, dessen Verletzung dieser im Rahmen einer Rüge (§ 160 Abs. 3) und die Einleitung eines Nachprüfungsverfahrens (§§ 160 ff.), geltend machen kann.

§ 126 Zulässiger Zeitraum für Ausschlüsse

Wenn ein Unternehmen, bei dem ein Ausschlussgrund vorliegt, keine oder keine ausreichenden Selbstreinigungsmaßnahmen nach § 125 ergriffen hat, darf es
1. bei Vorliegen eines Ausschlussgrundes nach § 123 höchstens fünf Jahre ab dem Tag der rechtskräftigen Verurteilung von der Teilnahme an Vergabeverfahren ausgeschlossen werden,
2. bei Vorliegen eines Ausschlussgrundes nach § 124 höchstens drei Jahre ab dem betreffenden Ereignis von der Teilnahme an Vergabeverfahren ausgeschlossen werden.

A. Hintergrund

1 Die Vorschrift geht auf die entsprechenden Regelungen in den neuen **EU-Vergaberichtlinien**[1] zurück und schreibt erstmals eine gesetzlich festgelegte Höchstdauer für den Ausschluss von Unternehmen von Vergabeverfahren vor.[2] Zwar enthielt der Entwurf der Richtlinie 2004/18/EG bereits eine Begrenzung des Ausschlusszeitraums auf fünf Jahre,[3] diese Regelung wurde jedoch im Gesetzgebungsverfahren fallen gelassen. Die Vergaberichtlinien machen nunmehr für den Fall, dass der Ausschlusszeitraum nicht durch eine rechtskräftige gerichtliche Entscheidung festgelegt wurde, konkrete Vorgaben hinsichtlich der Höchstdauer eines Ausschlusses. Diese beträgt für zwingende Ausschlussgründe fünf Jahre und für fakultative Ausschlussgründe drei Jahre.

2 Wurde der Ausschlusszeitraum hingegen durch eine rechtskräftige gerichtliche Entscheidung festgesetzt, darf die Höchstdauer eines Ausschlusses nach den Vergaberichtlinien fünf bzw. drei Jahre überschreiten. Diese Ausnahme ist für das deutsche Vergaberecht jedoch nicht von Belang. Denn in Deutschland obliegt es nicht den Gerichten, ein Unternehmen aufgrund von Straftaten oder sonstigen Verfehlungen von Vergabeverfahren auszuschließen und eine Höchstdauer des Ausschlusses

---

1 Art. 57 Abs. 7 der Richtlinie 2014/24/EU; Art. 38 Abs. 10 der Richtlinie 2014/23/EU; im Wege der Verweisung Art. 80 Abs. 1 UA 1 der Richtlinie 2014/25/EU.
2 Siehe Entwurf des Gesetzes zur Modernisierung des Vergaberechts (VergRModG), BT-Drs. 18/6281, S. 111.
3 Siehe Art. 46 Abs. 1 des Entwurfs, COM/2000/275/FINAL.

festzulegen.[4] Vielmehr entscheiden über einen Ausschluss und dessen Zeitraum allein die öffentlichen Auftraggeber, die insofern eine Ermessensentscheidung zu treffen haben. Eine gerichtliche Entscheidung ist auf die Überprüfung der Rechtmäßigkeit dieser Ermessensentscheidung beschränkt.

Die deutsche Umsetzung in § 126 regelt **zwei** gedanklich voneinander zu unterscheidende **Situationen**: Zum einen bestimmt sie die Höchstdauer, während der ein Unternehmen nach einem grundsätzlich zum **Ausschluss** berechtigenden Fehlverhalten von einem konkreten einzelnen Vergabeverfahren ausgeschlossen werden darf. Zum anderen bestimmt sie die Höchstdauer von allgemeinen **Vergabesperren** für eine Vielzahl von Vergabeverfahren.[5] 3

B. Sinn und Zweck der Vorschrift

§ 126 legt Höchstgrenzen für den Ausschluss von Unternehmen fest. Der Sinn und Zweck dieser Regelung korrespondiert mit dem **Grundsatz der Verhältnismäßigkeit**, der nunmehr auch im deutschen Vergaberecht ausdrücklich Erwähnung findet (§ 97 Abs.1 S. 2). Öffentliche Aufträge spielen eine entscheidende Rolle für das wirtschaftliche Wohl und Wehe vieler Unternehmen. Der Ausschluss vom Markt der öffentlichen Aufträge kann für betroffene Unternehmen dementsprechend einen nicht unerheblichen wirtschaftlichen Nachteil bis hin zur Vernichtung der wirtschaftlichen Existenz bedeuten. Ein zeitlich unbegrenzter Ausschluss von Vergabeverfahren bedeutete für diese Unternehmen daher einen Eingriff in die Betätigungsfreiheit von einer Intensität, die außer Verhältnis zu jedwedem Verstoß stünde. Daher gebietet der Grundsatz der Verhältnismäßigkeit, Ausschlüsse von öffentlichen Ausschreibungen zeitlich zu begrenzen.[6] 4

Daneben dienen die Höchstgrenzen für einen Ausschluss auch der Wahrung des **Wettbewerbsgrundsatzes**. Denn je mehr leistungsfähige, miteinander konkurrierende Unternehmen an öffentlichen Ausschreibungen teilnehmen können, desto mehr Wettbewerb entsteht und desto günstiger wird (idealiter) die Beschaffung für die öffentliche Hand. 5

C. Alte Rechtslage

Vor der Regelung in § 126 lag die Dauer, für die ein Unternehmen bei Vorliegen eines Ausschlussgrundes von öffentlichen Ausschreibungen ausgeschlossen werden konnte, gänzlich im Ermessen des öffentlichen Auftraggebers.[7] Es existierten keine gesetzlichen Höchstgrenzen, wie lange ein Unternehmen von einem gegenwärtigen Vergabeverfahren aufgrund eines in der Vergangenheit liegenden Ausschlussgrundes ausgeschlossen werden konnte. Für Vergabesperren fand sich in der Literatur mit Verweis auf den Verhältnismäßigkeitsgrundsatz zwar ein Votum für eine Begrenzung auf drei[8] bzw. vier Jahre[9]. Feste Obergrenzen konnten sich jedoch, wie die folgenden Entscheidungen zeigen, in der **Rechtsprechung der Nachprüfungsinstanzen** nicht durchsetzen.[10] 6

Dennoch unterlagen öffentliche Auftraggeber in ihrer **Ermessensausübung** rechtlichen Bindungen. Die Dauer eines Ausschlusses von Vergabeverfahren war unter Würdigung der **Umstände des Einzelfalles** zu beurteilen, insbesondere im Hinblick auf die Schwere der Tat (Anzahl der Fälle, Tatzeitraum, Schadenshöhe, Anzahl und Stellung der beteiligten Personen) sowie auf die sozialen Folgen.[11] 7

---

4 Vgl. VergRModG, BT-Drs. 18/6281, S. 108 zur ebenfalls nicht erforderlichen Umsetzung von Art. 57 Abs. 6 UA 4 der Richtlinie 2014/24/EU.

5 Vgl. VergRModG, BT-Drs. 18/6281, S. 111.

6 Siehe bereits LG Berlin Urt. v. 22.03.2006 – 23 O 118/04; VK Bund Beschl. v. 11.10.2002 – VK 1-75/02; Kreßner, Die Auftragssperre im Vergaberecht, S. 119 ff.

7 OLG Frankfurt/Main Beschl. v. 20.07.2004 – 11 Verg 6/04; vgl. auch Rdn. 7 ff.

8 Dreher in: Immenga/Mestmäcker, § 97 GWB Rn. 212; Kreßner, Auftragssperre im Vergaberecht, S. 119 ff.

9 Opitz in: Dreher/Motzke, § 97 Abs. 4 Rn. 63 ff.

10 Siehe auch Opitz in: Dreher/Motzke, § 97 Abs. 4 Rn. 63.

11 LG Berlin Urt. v. 22.03.2006 – 23 O 118/04.

8   Demgemäß hat die VK Bund beispielsweise die Frage aufgeworfen, ob ein Ausschluss aufgrund einer schweren Verfehlung in Form einer Straftat eines ehemaligen Geschäftsführers gerechtfertigt ist, wenn die Verurteilung im Zeitpunkt des Vergabeverfahrens bereits vier Jahre zurückliegt.[12]

9   In einem Fall, der dem OLG Frankfurt zur Entscheidung vorlag, stellte der öffentliche Auftraggeber einem Unternehmen zunächst den Zuschlag in Aussicht, obwohl dieses bereits eingestanden hatte, dass gegen seinen Geschäftsführer ein Ermittlungsverfahren aufgrund von früheren Preisabsprachen lief. Nachdem der öffentliche Auftraggeber erfuhr, dass daneben weitere Preisabsprachen Gegenstand von Ermittlungsverfahren waren, schloss er das Unternehmen aufgrund fehlender Zuverlässigkeit vom Vergabeverfahren aus. Weitere Erwägungen hinsichtlich der Zuverlässigkeit des Unternehmens wurden nicht angestellt. Insbesondere berücksichtigte der öffentliche Auftraggeber weder die ergriffenen Selbstreinigungsmaßnahmen (§ 125) des Unternehmens noch die Tatsache, dass die letzte Verfehlung bereits vier Jahre zurücklag. Zwar standen bei der Entscheidung des OLG Frankfurt die fehlenden Aufklärungsmaßnahmen des öffentlichen Auftraggebers im Vordergrund. Das Gericht wies jedoch ausdrücklich darauf hin, dass der Zeitablauf von vier Jahren seit dem letzten Verstoß bei der Prüfung der Zuverlässigkeit zu berücksichtigen sei.[13]

10   Anlässlich eines Vergabeverfahrens der Deutschen Bahn AG, deren Konzernrichtlinien in der Regel eine Sperre von vier Monaten bis zu drei Jahren und in Ausnahmefällen bis zu sieben Jahren vorsahen, entschied das LG Berlin hingegen, dass mit Rücksicht auf die Umstände des konkreten Einzelfalls eine Sperre von vier Jahren durchaus angemessen sei, insbesondere wenn kein ernsthafter Wille zur Aufklärung des Verstoßes oder zur Vornahme von Selbstreinigungsmaßnahmen erkennbar sei.[14]

11   Das OLG München billigte den Ausschluss eines Unternehmens, dessen Geschäftsführer und Hauptgesellschafter wenige Monate vor der Entscheidung des öffentlichen Auftraggebers strafrechtlich verurteilt wurde, obwohl der der Verurteilung zugrunde liegende Sachverhalt sogar schon acht Jahre zurücklag.[15]

12   Das Kammergericht entschied, dass allein der Ablauf einer »maximal denkbaren Sperrfrist« nicht automatisch einen Anspruch auf Wiederzulassung begründe. Vielmehr sei der Ablauf der Frist lediglich in der einzelfallbezogenen Beurteilung der Zuverlässigkeit des Bieters zu berücksichtigen. Zwar seien an die Bewertung der Zuverlässigkeit umso höhere Anforderungen zu stellen, je länger die Verfehlungen zurückliegen. Maßgeblich seien jedoch die Umstände des Einzelfalls wie Schwere und Ausmaß des Verstoßes sowie die Durchführung von Selbstreinigungsmaßnahmen.[16]

13   Ähnlich entschied die VK Lüneburg. Der bloße Zeitablauf könne grundsätzlich nicht zu einer »Tilgung« von Verstößen gegen das Wettbewerbsrecht führen. Insofern ist aber zu beachten, dass die VK Lüneburg über einen Fall zu entscheiden hatte, bei dem seit dem Verstoß erst anderthalb Jahre vergangen waren. Ein solcher noch relativ »frischer« Verstoß sei »ohne jeden Zweifel für die Frage der Zuverlässigkeit zu berücksichtigen« gewesen.[17]

14   Zusammenfassend waren die Vorgaben der Rechtsprechung hinsichtlich des Zeitraums eines zulässigen Ausschlusses uneinheitlich. In der Regel wurden jedoch Zeiträume von **vier Jahren noch** als **verhältnismäßig** angesehen. Maßnahmen zur Selbstreinigung wurden dabei besondere Bedeutung beigemessen.

---

12   VK Bund Beschl. v. 11.10.2002 – VK 1-75/02.
13   OLG Frankfurt Beschl. v. 20.07.2004 – 11 Verg 6/04.
14   LG Berlin Urt. v. 22.03.2006 – 23 O 118/04.
15   OLG München Beschl. v. 21.04.2006 – Verg 8/06. Zu einem ähnlichen Fall siehe OLG Celle Urt. v. 26.11.1998 – 14 U 283/97.
16   KG Urt. v. 17.01.2011 – 2 U 4/06 Kart.
17   VK Lüneburg Beschl. v. 24.03.2011 – VgK-04/2011.

D. Vorgaben des § 126

Nunmehr sieht § 126 zeitliche Obergrenzen für den Ausschluss von Unternehmen von Vergabever- 15
fahren vor. Diese Obergrenzen gelten für Unternehmen, die einen obligatorischen oder fakultativen
Ausschlussgrund im Sinne der §§ 123 oder 124 verwirklicht und die keine oder keine ausreichenden Selbstreinigungsmaßnahmen im Sinne des § 125 ergriffen haben. Nach § 126 Nr. 1 dürfen
Unternehmen bei Vorliegen von obligatorischen Ausschlussgründen nicht länger als fünf Jahre ab
dem Tag der rechtskräftigen Verurteilung von Vergabeverfahren ausgeschlossen werden. § 126 Nr. 2
erlaubt bei fakultativen Ausschlussgründen einen Ausschluss von höchstens drei Jahren ab dem
betreffenden Ereignis.

I. Rechtmäßige Ermessensausübung des öffentlichen Auftraggebers

Nach § 126 dürfen öffentliche Auftraggeber ein Unternehmen »höchstens« für die dort genannten 16
Zeiträume von der Teilnahme an Vergabeverfahren ausschließen. Dem ist zu entnehmen, dass die
Bestimmung des genauen **Ausschlusszeitraums** – innerhalb der genannten Obergrenzen – **weiterhin im Ermessen des öffentlichen Auftraggebers** liegt,[18] das nach allgemeinen Grundsätzen rechtmäßig ausgeübt werden muss. Da § 126 keine weiteren Vorgaben zur Ermessensausübung enthält,
dürfen die grundlegenden Aussagen der Rechtsprechung zur alten Rechtslage weiterhin Geltung
beanspruchen. Bei der Bestimmung des Ausschlusszeitraums muss der öffentliche Auftraggeber
demnach auch in Zukunft die Umstände des jeweiligen Einzelfalls berücksichtigen. Insbesondere
muss die Dauer des Ausschlusses in einem angemessenen Verhältnis zur Schwere des Verstoßes
stehen.

II. Rechtskräftige Verurteilung, § 126 Nr. 1

Nach § 126 Nr. 1 beginnt der Zeitraum eines möglichen Ausschlusses von fünf Jahren am Tag der 17
rechtskräftigen Verurteilung. Für die mit dem Tatbestandsmerkmal der »rechtskräftigen Verurteilung« verbundenen Fragen wird auf die Kommentierung zu § 123 Abs. 1, Rdn. 13 ff. verwiesen.

III. Betreffendes Ereignis, § 126 Nr. 2

Es ist absehbar, dass die aus den neuen Vergaberichtlinien übernommene Formulierung »ab dem 18
betreffenden Ereignis« zu **Auslegungsschwierigkeiten** führen wird. Denn eindeutig geht daraus
zunächst nur hervor, dass für den Fristbeginn nicht der Zeitpunkt der subjektiven Kenntnisnahme
durch den öffentlichen Auftraggeber ausschlaggebend ist. Welches Ereignis hingegen ausschlaggebend ist, muss mit Blick auf die einzelnen Ausschlussgründe in § 124 Abs. 1 individuell bestimmt
werden.

Einer Klarstellung bedarf die Formulierung »ab dem betreffenden Ereignis« zunächst bei **Verstö- 19
ßen**, die **über einen längeren Zeitraum** andauern (Dauerdelikte). Liegt zum Beispiel ein Verstoß
gegen arbeitsrechtliche Verpflichtungen im Sinne des **§ 124 Abs. 1 Nr. 1** in Form einer dauerhaften Missachtung der geltenden Mindestentgeltvorschriften vor, so könnte nach dem Wortlaut
des § 126 Nr. 2 sowohl der Beginn als auch die Beendigung dieses Verstoßes gemeint sein. Stellte
man bei derartigen Dauerdelikten jedoch auf den Beginn des Verstoßes ab, würde die Frist für
den Ausschlusszeitraum bereits zu laufen beginnen, während das betreffende Unternehmen den
Verstoß fortsetzt und sich damit weiterhin unrechtmäßig verhält. Das könnte z.B. bei Aufträgen
mit einem langen Ausführungszeitraum dazu führen, dass der dreijährige Ausschlusszeitraum zu
Beginn einer neuerlichen Ausschreibung bereits abgelaufen ist, obwohl das betreffende Unternehmen bis zuletzt geltendes Recht missachtet hat. Der Verstoß könnte in diesem Fall nicht mehr
berücksichtigt werden. Das kann nicht die Intention des § 126 sein, da die Vorschrift lediglich dem
Verhältnismäßigkeitsgrundsatz Rechnung tragen soll.[19] Dem steht nicht entgegen, die Ausschluss-

---

18 Siehe VergRModG, BT-Drs. 18/6281, S. 111.
19 Siehe oben Rdn. 4.

frist erst beginnen zu lassen, wenn das betreffende Unternehmen zu einem rechtmäßigen Verhalten zurückgefunden hat. Ein Abstellen auf den Beginn des Verstoßes würde bei Dauerdelikten – im Gegenteil – rechtstreue Wettbewerber unangemessen benachteiligen. Maßgebend ist deshalb das letzte »betreffende Ereignis«.

20 Der Verweis über § 126 Nr. 2 auch auf § 124 Abs. 1 Nr. 2 erscheint weder hinsichtlich der dort genannten Insolvenz noch der ebenfalls dort genannten Liquidation sinnvoll. Das ergibt sich für die zuletzt genannte Alternative der Liquidation von selbst, da Ausschlussfristen für ein liquidiertes Unternehmen keine Rolle mehr spielen.

21 Bezüglich der Insolvenz eines Unternehmens ist der Rechtsprechung zuzustimmen, dass es hinsichtlich der Eignung eines insolventen Unternehmens nur darauf ankommen kann, ob das Unternehmen trotz der eingetretenen Zahlungsunfähigkeit hinreichend leistungsfähig ist.[20] Darüber haben die öffentlichen Auftraggeber mit Blick auf das konkrete Vergabeverfahren im Rahmen ihrer Ermessensausübung zu entscheiden. Eine starre Höchstgrenze von drei Jahren ist auch vor dem Hintergrund nicht sinnvoll, dass Insolvenzverfahren nach einer Untersuchung des Instituts für Mittelstandsforschung im Schnitt ohnehin erst nach etwa vier Jahren beendet sind.[21]

22 Möchte ein öffentlicher Auftraggeber auf Grundlage von § 126 Nr. 2 ein Unternehmen dennoch für einen bestimmten Zeitraum – maximal für drei Jahre – von Vergabeverfahren ausschließen, stellt sich auch im Rahmen des § 124 Abs. 1 Nr. 2 die Frage, an welchen Zeitpunkt für den Fristlauf anzuknüpfen ist. Denkbar sind in Anlehnung an den Wortlaut der Vorschrift drei Zeitpunkte: Der Eintritt der Zahlungsunfähigkeit im Sinne des § 17 InsO, der Antrag auf Einleitung eines Insolvenzverfahrens sowie die Eröffnung eines solchen bzw. die Ablehnung einer Eröffnung. Von diesen möglichen Anknüpfungspunkten erscheint der zuletzt genannte Zeitpunkt – d.h. die Eröffnung des Insolvenzverfahrens bzw. die Ablehnung der Eröffnung – auf den ersten Blick am besten geeignet. Denn über die (Nicht-)Eröffnung entscheidet das Insolvenzgericht (§ 27 InsO), sodass ab diesem Zeitpunkt die Zahlungsunfähigkeit des Unternehmens gerichtlich festgestellt ist und nicht lediglich auf einer Einschätzung des Unternehmens oder einer seiner Gläubiger (§§ 13 Abs. 1 S. 2 Alt. 2, 14 InsO) beruht. Andererseits kann ein Unternehmen nach § 124 Abs. 1 Nr. 2 bereits ab Eintritt der Zahlungsunfähigkeit ausgeschlossen werden. Zwischen Eintritt der Zahlungsunfähigkeit und Eröffnung des Insolvenzverfahrens können jedoch mehrere Monate vergehen. Daher sollte in wettbewerbsfreundlicher Auslegung und mit Blick auf Sinn und Zweck der Vorschrift[22] dieser frühere Zeitpunkt für den Beginn der Ausschlussfrist maßgeblich sein.

23 Auch im Fall des Ausschlussgrundes einer schweren Verfehlung nach § 124 Abs. 1 Nr. 3 in Form einer Straftat ergibt der Wortlaut von § 126 Nr. 2 nicht eindeutig, ob auf die Begehung der Tat als solche oder die entsprechende rechtskräftige Verurteilung abzustellen ist. Auf eine rechtskräftige Verurteilung kann es indes nicht ankommen, auch wenn das einem gewissen Wertungswiderspruch zu den Ausschlussgründen in § 123 Abs. 1 darstellen mag. Denn für einen Ausschluss aufgrund einer schweren Verfehlung in Form einer Straftat ist anerkanntermaßen keine rechtskräftige Verurteilung nötig.[23] Vor diesem Hintergrund wäre es einem betroffenen Unternehmen nicht zuzumuten, wenn – zu seinen Lasten – für den Beginn der Ausschlussfrist auf eine entsprechende Verurteilung, also einen Zeitpunkt häufig erst viele Monate nach Beendigung der Tat, als Anknüpfungszeitpunkt abgestellt würde.

---

20 OLG Schleswig Beschl. v. 30.05.2012 – 1 Verg 2/12; OLG Düsseldorf Beschl. v. 05.12.2006 – VII-Verg 56/06; zur Frage der Beteiligung insolventer Unternehmen an Vergabeverfahren, insbesondere mit Blick auf die hierfür erforderliche besondere Eignungsprüfung durch die öffentlichen Auftraggeber, siehe im Einzelnen Heuvels in: FS Marx, 235 ff.

21 Zu finden auf der Homepage des Instituts: http://www.ifm-bonn.org/.

22 Siehe Rdn. 5.

23 OLG München Beschl. v. 22.11.2012 – Verg 22/12; OLG Saarbrücken Beschl. v. 18.12.2003 – Verg 4/03.

Hinsichtlich der oben unter Rdn. 19 erörterten Frage zum Fristbeginn bei Dauerdelikten kann   24
auch hier nur gelten, dass erst die Beendigung der Tat den Beginn der Dreijahresfrist auslöst.

Wird ein Unternehmen nach **§ 124 Abs. 1 Nr. 4** aufgrund wettbewerbswidriger Vereinbarungen   25
ausgeschlossen, so stellt sich die Frage, ob für den Fristbeginn nach **§ 126 Nr. 2** der Zeitpunkt der
Abrede maßgeblich ist, oder ob vielmehr auf den Zeitpunkt abzustellen ist, in dem die zuständige
Kartellbehörde eine diesbezügliche verbindliche Feststellung getroffen hat. Die Gesetzesbegründung des VergRModG tendiert diesbezüglich zu der zuletzt genannten Alternative.[24] Zwingend ist
das mit Blick auf die Argumentation oben unter Rdn. 23 indes nicht. Da ein Ausschluss im Fall
des § 124 Abs. 1 Nr. 4 bereits bei »hinreichenden Anhaltspunkten« für eine wettbewerbswidrige
Vereinbarung möglich ist, liegt es vielmehr auch hier so, dass als Anknüpfungszeitpunkt die Tat als
solche ausschlaggebend sein sollte, nicht ihre amtliche Feststellung. Tritt die mit der Vereinbarung
intendierte (»bezweckte«) Wettbewerbsbeschränkung tatsächlich ein (»bewirkt«), beginnt die Frist
nach den obigen Ausführungen zu Dauerdelikten erst nach Beendigung des durch die Vereinbarung
geschaffenen wettbewerbswidrigen Zustands.

Für den Fristbeginn in **§ 124 Abs. 1 Nr. 5 und Nr. 6** gilt – in verschärfter Form – das in Rdn. 20   26
Gesagte: Der Verweis erscheint nicht sinnvoll. Denn sowohl ein Interessenkonflikt (Nr. 5) als
auch eine Projektantenproblematik (Nr. 6) betreffen stets ein konkretes bzw. in Einzelfällen auch
mehrere konkrete Vergabeverfahren. Die damit einhergehende Frage eines fakultativen Ausschlusses bezieht sich damit nur auf diese individuellen Verfahren. Ein Ausschluss über einen längeren
Zeitraum kommt nicht in Betracht, sodass sich die Frage eines entsprechenden Höchstzeitraums
und dessen Beginn von vornherein nicht stellt. Maßgebend ist das Vorliegen bzw. Andauern des
Ausschlussgrundes.

Vergleichsweise unproblematisch ist der Fristbeginn in Fällen des **§ 124 Abs. 1 Nr. 7**. Hier ist der   27
den Ausschluss begründende Tatbestand erst mit der vorzeitigen Beendigung, der Entstehung des
Schadensersatzanspruchs oder dem Auftreten einer vergleichbaren Rechtsfolge erfüllt.

Bei **§ 124 Abs. 1 Nr. 8** gilt es zwischen den einzelnen Tatbestandsvarianten zu differenzieren. Im   28
Fall einer schwerwiegenden Täuschung kann die Vollendung derselben ohne weiteres als »betreffen-
des Ereignis« betrachtet werden. Bei der Zurückhaltung von Auskünften dürfte es der Zeitpunkt
sein, zu dem die Auskünfte nicht mehr ein- bzw. nachgereicht werden können. Mit Blick auf die
Übermittlung der erforderlichen Nachweise hinsichtlich potentieller Ausschlussgründe und der
Eignung dürfte ein Ausschluss über das konkrete Vergabeverfahren hinaus hingegen ohnehin nicht
zulässig sein. Denn diese Nachweise – insbesondere mit Blick auf die Eignung – beziehen sich stets
auf die Anforderungen an die Unternehmen in einem konkreten Vergabeverfahren.

In Fällen des **§ 124 Abs. 1 Nr. 9** lit. a) liegt das »betreffende Ereignis« in der Beendigung der letzten   29
Handlung, mit der versucht wurde, die Entscheidungsfindung des öffentlichen Auftraggebers zu
beeinflussen. Entsprechendes gilt für lit. b) im Hinblick auf den Versuch, vertrauliche Informationen zu erlangen. Bei lit. c) ist das »betreffende Ereignis« der Abschluss der Übermittlung der
irreführenden Informationen.

IV. Höchstdauer in besonderen Konstellationen

Für einige Sonderkonstellationen lässt sich § 126 hinsichtlich der Höchstdauer eines Ausschlus-   30
ses keine ausdrückliche Regelung entnehmen. Das gilt z.B. für den Fall, in dem ein Unternehmen **mehrere Ausschlussgründe** nach § 124 oder verschiedene Ausschlussgründe nach § 123 und
§ 124 auf sich vereinigt. Insoweit könnte man davon ausgehen, dass sich – da jeder dieser Ausschlussgründe für sich betrachtet eine Sperrfrist in Gang setzt – die zulässige Höchstdauer für
einen Ausschluss entsprechend verlängert (bei einem Ausschlussgrund je nach § 123 und § 124

---

24 »[K]ann das betreffende Ereignis insbesondere die Entscheidung der zuständigen Kartellbehörde über das
    Vorliegen eines Wettbewerbsverstoßes sein«, VergRModG, BT-Drs. 18/6281, S. 111.

demnach z.B. auf acht Jahre). Eine solche Auslegung widerspräche indes Sinn und Zweck der Regelung, die gerade dem Verhältnismäßigkeitsgrundsatz Rechnung tragen will. Sie widerspräche zudem dem Willen des Gesetzgebers, der mit § 126 Nr. 1 eine absolute Obergrenze von Auftragssperren, unabhängig von deren Art und Grundlage, einführen wollte. Fällt ein obligatorischer und eines fakultativer Ausschlussgrund zusammen, überlagert die fünfjährige Frist nach § 126 Nr. 1 daher die dreijährige Frist nach § 126 Nr. 2, sodass die Höchstgrenze für einen Ausschluss fünf Jahre nicht überschreiten kann.

31 Das kann andererseits aber nicht bedeuten, dass für die Berechnung der Ausschlussfrist nicht stets **auf den letzten Verstoß abgestellt** werden dürfte. Begeht ein Unternehmen daher während eines (möglichen) Ausschlusszeitraums einen weiteren Verstoß, so ist konsequenterweise auf diesen abzustellen, sodass die Ausschlussfrist erneut zu laufen beginnt. Die **jeweils festgelegte Höchstdauer** betrifft also nur einen einzelnen zum Ausschluss führenden Vorgang. Das gerät auch nicht in Konflikt mit dem Verhältnismäßigkeitsgrundsatz. Denn Anknüpfungspunkt ist jeweils der erneute Verstoß, der für sich genommen einen neuerlichen Ausschluss rechtfertigt.

E. Folgen des Ablaufs der Frist

32 Der **Ablauf** der Höchstfrist führt **nicht automatisch zur Zulassung** des Unternehmens zu einem aktuellen Vergabeverfahren. Das Kammergericht entschied zur alten Rechtslage, dass hinsichtlich einer Wiederzulassung stets eine Einzelfallprüfung zu erfolgen habe, ob die Zuverlässigkeit des Unternehmens wiederhergestellt wurde.[25] Diese Rechtsprechung gilt insoweit fort, als öffentliche Auftraggeber stets und damit auch nach Ablauf der Höchstdauer eines Ausschlusses zu prüfen haben, ob das Unternehmen mit Blick auf die gegenwärtige Ausschreibung als zuverlässig angesehen werden kann. Dem öffentlichen Auftraggeber ist es lediglich verwehrt, die Zuverlässigkeit unter Berufung auf einen Ausschlussgrund zu verneinen, der länger als die in § 126 angegebene Höchstfrist zurückliegt.

§ 127 Zuschlag

(1) Der Zuschlag wird auf das wirtschaftlichste Angebot erteilt. Grundlage dafür ist eine Bewertung des öffentlichen Auftraggebers, ob und inwieweit das Angebot die vorgegebenen Zuschlagskriterien erfüllt. Das wirtschaftlichste Angebot bestimmt sich nach dem besten Preis-Leistungs-Verhältnis. Zu dessen Ermittlung können neben dem Preis oder den Kosten auch qualitative, umweltbezogene oder soziale Aspekte berücksichtigt werden.

(2) Verbindliche Vorschriften zur Preisgestaltung sind bei der Ermittlung des wirtschaftlichsten Angebots zu beachten.

(3) Die Zuschlagskriterien müssen mit dem Auftragsgegenstand in Verbindung stehen. Diese Verbindung ist auch dann anzunehmen, wenn sich ein Zuschlagskriterium auf Prozesse im Zusammenhang mit der Herstellung, Bereitstellung oder Entsorgung der Leistung, auf den Handel mit der Leistung oder auf ein anderes Stadium im Lebenszyklus der Leistung bezieht, auch wenn sich diese Faktoren nicht auf die materiellen Eigenschaften des Auftragsgegenstandes auswirken.

(4) Die Zuschlagskriterien müssen so festgelegt und bestimmt sein, dass die Möglichkeit eines wirksamen Wettbewerbs gewährleistet wird, der Zuschlag nicht willkürlich erteilt werden kann und eine wirksame Überprüfung möglich ist, ob und inwieweit die Angebote die Zuschlagskriterien erfüllen. Lassen öffentliche Auftraggeber Nebenangebote zu, legen sie die Zuschlagskriterien so fest, dass sie sowohl auf Hauptangebote als auch auf Nebenangebote anwendbar sind.

---

25 KG Urt. v. 17.01.2011 – 2 U 4/06 Kart.

(5) Die Zuschlagskriterien und deren Gewichtung müssen in der Auftragsbekanntmachung oder den Vergabeunterlagen aufgeführt werden.

I. Vorbemerkungen

1. Bedeutung der Vorschrift

Neben der Leistungsbeschreibung (§ 121), der Vorgabe von Eignungskriterien (§§ 122 ff.) und ggf. **1** von besonderen Ausführungsbedingungen (§ 128 Abs. 2) stellt die Festlegung von Zuschlagskriterien **ein zentrales Element der Gestaltung** eines jeden Vergabeverfahrens dar.[1] Mittels der konkret ausgewählten und gewichteten Zuschlagskriterien bringt der öffentliche Auftraggeber zum Ausdruck, worauf es ihm bei der von ihm nachgefragten Leistung in welchem Maße ankommt. Die vom öffentlichen Auftraggeber bekannt gemachten Zuschlagskriterien sollen den am Auftrag interessierten Unternehmen wettbewerbliche Anreize setzen, ihr Angebot so zu gestalten, dass es den konkreten Beschaffungsbedarf des öffentlichen Auftraggebers bestmöglich zu befriedigen geeignet ist, und bilden zugleich auch den Maßstab für die Auswahl des Angebots, auf welches der Zuschlag erteilt wird.

---

1 So auch Erwägungsgrund 89 VRL und Gesetzentwurf der Bundesregierung v. 14.08.2015, BR-Drs. 367/15, S. 131 zu § 127 (Zuschlag).

2   Im Wesentlichen wie bisher nach § 97 Abs. 5 GWB 2009 muss auch nach § 127 Abs. 1 der Zuschlag auf das wirtschaftlichste Angebot erteilt werden. Im **Unterschied zur bisherigen Regelungen** enthalten die weiteren Absätze der Vorschrift nunmehr ausdrücklich allgemeine Anforderungen an die Auswahl von Zuschlagskriterien und Beschränkungen des Bestimmungsrechts des öffentlichen Auftraggebers bei der Auswahl der Zuschlagskriterien, die weitgehend – mit Ausnahme einer inhaltlich unbestimmten Lockerung des Auftragsbezugs von Zuschlagskriterien in Abs. 3 S. 2 – den in der vergaberechtlichen Rechtsprechung des Gerichtshofes bzw. der nationalen Vergabenachprüfungsinstanzen entsprechen. Die in Abs. 5 aufgenommene Regelung zur notwendigen Transparenz der Zuschlagskriterien und ihrer jeweiligen Gewichtung fasst die bislang in Einzelvorschriften der Vergabe- und Vertragsordnungen verstreuten Bestimmungen in einer grundsätzlichen Regelung zusammen und wertet damit das auch für Zuschlagskriterien geltende Transparenzprinzip auf, ohne dass dadurch spezielle Regelungen in den einzelnen Vergaberegimen überflüssig werden.

3   Selbst unter Berücksichtigung möglicher Kritik an Einzelregelungen bewirkt die Regelung des § 127 **eine deutliche Zunahme an Rechtsklarheit und Rechtssicherheit.** Sie konstituiert sie den **Begriff »Zuschlagskriterien«** als ein einheitliches Rechtsinstitut für alle Vergaberegime. In den vergaberechtlichen Rechtsvorschriften und in der Vergabepraxis gab es bisher mehrere synonym verwandte Begriffe.[2] Die allgemeinen Anforderungen und Begrenzungen an die Auswahl der Zuschlagskriterien werden einheitlich vorgegeben. Schließlich für sie als bundesgesetzliche Regelung im Rahmen der konkurrierenden Gesetzgebungskompetenz nach Art. 74 GG zugleich zu einer Begrenzung der – mitunter als ausufernd kritisierten – Gesetzgebung der Bundesländer.

2. Die Entstehung der Vorschrift

4   Der Wortlaut der Vorschrift im Gesetzesentwurf der Bundesregierung[3] ist im Gesetzgebungsverfahren unverändert geblieben.

5   Sowohl im Bundesrat als auch im Bundestag sind jeweils **Änderungsanträge**, die darauf gerichtet waren, in Abs. 1 S. 4 das Wort »können« durch das Wort »sollen«[4] bzw. durch das Wort »müssen«[5] zu ersetzen, abgelehnt worden[6]. Mit den Anträgen sollte eine Stärkung der Anwendung und Berücksichtigung von qualitativen, umweltbezogenen und sozialen Aspekten im Vergabeverfahren erreicht werden, indem statt einer im Auswahlermessen des jeweiligen öffentlichen Auftraggebers stehender Berücksichtigung entweder ein Regel-Ausnahme-Verhältnis oder sogar eine zwingende Berücksichtigung vorgeschrieben werden sollte.

6   Der hilfsweise gestellte Änderungsantrag, in Abs. 1 S. 4 das Wort »umweltbezogene« zu streichen und einen S. 5 einzufügen, der zumindest für umweltbezogene Aspekte eine Soll-Verpflichtung zur Berücksichtigung enthält[7], wurde ebenfalls abgelehnt.[8]

7   Ein auf Einfügung einer Vorschrift (als Abs. 1 S. 5) gerichteter Änderungsantrag, wonach bei der qualitativen Bewertung des Angebots die Belange der Barrierefreiheit »in der Regel mit einzubeziehen … sind«,[9] fand keine Mehrheit.[10]

8   Schließlich sind auch zwei **Entschließungsanträge**, mit denen eine Aufforderung der Bundesregierung zu ausdrücklich zwingenden Regelungen zu den sozialen und ökologischen Kriterien bei

---

2   Vgl. nur Wiedemann in: Kulartz/Marx/Portz/Prieß, VOB/A, 2. Aufl., § 16 Rn. 257.

3   Vgl. BR-Drs. 367/15, S. 27 f.; Entwurfsbegründung S. 131–133.

4   Vgl. Empfehlungen der Ausschüsse des Bundesrates v. 11.09.2015, BR-Drs. 367/1/15, S. 9 Ziffer 9.

5   Vgl. Änderungsantrag v. 16.12.2015, BT-Drs. 18/7089, S. 2 Ziffer 1 b) cc).

6   Vgl. Plenarprotokoll des Bundesrates 936 v. 25.09.2015, S. 333 zu Ziffer 9 bzw. Plenarprotokoll 18/146 v. 17.12.2015, S. 14428 zu Drucksache 18/7089.

7   Vgl. Empfehlungen der Ausschüsse des Bundesrates v. 11.09.2015, BR-Drs. 367/1/15, S. 9 Ziffer 10.

8   Vgl. Plenarprotokoll des Bundesrates 936 v. 25.09.2015, S. 333 zu Ziffer 10.

9   Vgl. Empfehlungen der Ausschüsse des Bundesrates v. 11.09.2015, BR-Drs. 367/1/15, S. 10 Ziffer 11.

10 Vgl. Plenarprotokoll des Bundesrates 936 v. 25.09.2015, S. 333 zu Ziffer 11.

der Ermittlung des besten Preis-Leistungs-Verhältnisses beim Zuschlag[11] bzw. zur Aufnahme von »Soll«-Formulierungen in Abs. 1, zur ausdrücklichen Erwähnung der Lebenszykluskosten in Abs. 1 sowie zur Erweiterung der Aufzählung in Abs. 1 S. 4 um die Einhaltung des Antidiskriminierungsrechts[12] aufgefordert werden sollte, jeweils abgelehnt worden.[13]

II. Konzept der Zuschlagskriterien (§ 127 Abs. 1)

1. Europarechtskonformität

Der Bundesgesetzgeber folgt mit der Vorschrift des § 127 Abs. 1 im Wesentlichen den unions- 9 rechtlichen Vorgaben, wie sie in **Art. 67 Abs. 1 und 2 der Richtlinie 2014/24/EU (VRL)** und **Art. 82 Abs. 1 und 2 der Richtlinie 2014/25/EU (SRL)** gleichlautend normiert sind. Statt des in den genannten Richtlinien verwendeten Oberbegriffs des »wirtschaftlich günstigsten Angebots« verwendet er weiter den bisher im nationalen Recht bekannten Begriff des »wirtschaftlichsten Angebots«; inhaltliche Unterschiede sind damit nicht verbunden. In die gesetzliche Regelung ist lediglich das allgemeine Konzept der Auswahl von Zuschlagskriterien übernommen worden. Die beispielhafte Aufzählung möglicher Zuschlagskriterien (jeweils Abs. 2 UAbs. 1 S. 2) wird nur verkürzt wiedergegeben. Einzelne Regelungen zur Konkretisierung der Zuschlagskriterien »Preis« und »Kosten« (jeweils Abs. 2 UAbs. 2) werden nicht wiederholt. Hinsichtlich beider Auslassungen ist es ohne Weiteres nachvollziehbar, dass diese konkreten Regelungen angesichts der Unterschiede der einzelnen Märkte nicht Gegenstand der vergaberegimeübergreifenden gesetzlichen Regelungen sein, sondern einer jeweiligen Konkretisierung in den einzelnen Verordnungen vorbehalten bleiben sollen.[14] Der Bundesgesetzgeber hat von der den Mitgliedsstaaten in den beiden o.g. Richtlinien eingeräumten Option, für alle oder nur für bestimmte Auftraggeber bzw. für bestimmte Arten von Aufträgen jeweils die Zulässigkeit einer Ausschreibung nach dem Preis oder den Kosten allein als einziges Zuschlagskriterium auszuschließen (vgl. jeweils Abs. 2 UAbs. 3), keinen Gebrauch gemacht. Nach all dem bestehen keine Zweifel an einer unionsrechtskonformen Umsetzung.

In **Art. 47 Abs. 1 der Richtlinie 2009/81/EG (VSRL)**, einem an den Vorgängerrichtlinien orien- 10 tierten Normtext, ist lediglich das sog. »duale System«[15] der Zuschlagskriterien verankert; einen Oberbegriff gibt es danach nicht. Dem öffentlichen Auftraggeber wird ein Wahlrecht zwischen der Auswahl verschiedener mit dem Auftragsgegenstand zusammenhängender Kriterien – Zuschlag auf das wirtschaftlich günstigste Angebot – oder mit der Auswahl ausschließlich des Kriteriums des niedrigsten Preises eingeräumt. Aus dem Umstand, dass der deutsche Gesetzgeber die Geltung des § 127 Abs. 1 auch auf die Vergabe öffentlicher Aufträge im Anwendungsbereich der VSVgV ausdehnt, indem er keine Ausnahmevorschrift schafft, resultiert nach hier vertretener Auffassung kein Zweifel an der Unionsrechtskonformität des Vergaberegimes für Aufträge im Bereich Verteidigung und Sicherheit. Eine inhaltliche Divergenz des Konzepts der Zuschlagskriterien in den insgesamt drei genannten Richtlinien besteht nicht. Insoweit ist insbesondere zu berücksichtigen, dass die Aufzählung der möglichen einzelnen Zuschlagskriterien in Art. 47 Abs. 1 lit. a VSRL nur einen beispielhaften und keinen abschließenden Charakter hat.

Art. 41 Abs. 1 und 2 der Richtlinie 2014/23/EU (KVR) weist eine deutlich geringere Regelungs- 11 dichte als die o.g. Vorschriften von VRL und SRL auf. Danach sollen die Zuschlagskriterien sicherstellen, dass die Angebote so bewertet werden können, dass ein »wirtschaftlicher Gesamtvorteil für den oder die öffentlichen Auftraggeber« ermittelt werden kann. Der Bundesgesetzgeber hat die Geltung der Vorschrift des § 127 auch für den Anwendungsbereich der KonzVgV nicht ausge-

---

11 Vgl. BT-Drs. 18/7090 v. 16.12.2015.
12 Vgl. BT-Drs. 18/7092 v. 16.12.2015.
13 Vgl. Plenarprotokoll 18/146 v. 17.12.2015, S. 14428 zu Drucksachen 18/7090 und 18/7092.
14 So ausdrücklich BR-Drs. 367/15, S. 131 unten.
15 Vgl. nur Kularz in: Kularz/Kus/Portz, GWB, 3. Aufl., § 97 Rn. 127 m.N.

schlossen oder eingeschränkt, so dass allenfalls ein strengeres Rechtsregime als das unionsrechtlich vorgesehene konstituiert worden ist, was vergaberechtlich unbedenklich ist.

2. Beibehaltung des Zuschlags auf das wirtschaftlichste Angebot

12   Ziel des Auswahlprozesses im Vergabeverfahren ist der Zuschlag. Nach § 127 Abs. 1 S. 1 stellt die »**Wirtschaftlichkeit**« des Angebots auch künftig den Maßstab für die Auswahl des zum Zuschlag vorgesehenen Angebots dar.

13   a) Die Vorschrift ist zunächst in ihrem Verhältnis zu den vorstehenden Vorschriften der §§ 122 bis 126 als eine **Grundentscheidung** im Vergaberecht zu interpretieren, wonach die abstrakte Eignung eines Interessenten, Bewerbers bzw. Bieters nur Grundvoraussetzung, aber nicht ausschlaggebendes Kriterium für die Zuschlagserteilung ist und in jedem konkreten Vergabeverfahren der Wettbewerb dadurch von Neuem beginnt, dass es maßgeblich auf die Wirtschaftlichkeit des jeweiligen Angebots ankommt. Vor dem historischen Hintergrund der Entwicklung der Vergabe öffentlicher Aufträge soll diese »Weichenstellung« dazu dienen, den ehemaligen »Haus- und Hoflieferanten« abzuschaffen, der seine Aufträge aus personen- bzw. unternehmensbezogenen Gründen erhielt, und weiter dazu, wettbewerbs- und wirtschaftlichkeitsfeindliche nationale und regionale Marktabschottungen zu beseitigen. Allen Unternehmen des EU-Binnenmarktes soll in jedem Vergabeverfahren neu die gleiche Chance auf Zuteilung von öffentlichen Aufträgen durch die Organisation eines angebotsbezogenen Wettbewerbs eröffnet werden.[16] Das bedeutet, dass sich die Auswahl des Vertragspartners im Vergabeverfahren letztlich an objektiven, willkürfreien, (möglichst) nicht manipulierbaren **Kriterien** orientiert, **welche sich auf den Inhalt des Angebots beziehen.**

14   b) In der Abgrenzung der Vorschrift zu den nachstehenden Vorschriften der §§ 128 f., dort insbesondere des § 128 Abs. 2, ergibt sich zunächst, dass Zuschlagskriterien vom öffentlichen Auftraggeber zwingend festgelegt und bekannt gemacht werden müssen. Während besondere, d.h. individuell für den konkreten Auftrag ausgewählte Bedingungen für die Ausführung eines Auftrags festgelegt werden »können«, nicht »müssen« (die Verpflichtung bezieht sich im Falle der Festlegung lediglich auf die Bekanntmachung), **müssen** Zuschlagskriterien **bestimmt werden**, weil der Zuschlag auf dasjenige Angebot zu erteilen ist, welches den vorgegebenen Zuschlagskriterien am besten gerecht wird.

15   **Wird die Bekanntgabe von Zuschlagskriterien versäumt**, ist – abweichend von früherer Rechtsprechung, die sich auf eine Vergabepraxis bezog, in der die Auftragsvergabe nach dem alleinigen Zuschlagskriterien »Niedrigster Preis« die Regel war – ein Schluss auf ein bestimmtes Kriterium (»Niedrigster Preis«) bzw. selbst auf eine bestimmte Kriterienauswahl nicht möglich.[17] Der Schluss auf die Festlegung des Kriteriums »Niedrigster Preis« ist erst recht nicht gerechtfertigt, wenn in der Vergabebekanntmachung die Zuschlagserteilung auf das »wirtschaftlich günstigste Angebot in Bezug auf die Kriterien, die in den Ausschreibungsunterlagen … aufgeführt sind« angekündigt wird.[18]

16   Während besondere Bedingungen für die Ausführung des Auftrags grundsätzlich verbindliche Vorgaben des öffentlichen Auftraggebers für jedes Angebot darstellen, so dass deren Nichteinhaltung zum zwingenden Ausschluss des Angebots von der weiteren Wertung führt, sollen Zuschlagskriterien eine abgestufte Bewertung ermöglichen, d.h. regelmäßig nicht nur die Bewertung der Erfüllung oder Nichterfüllung, sondern **auch die Feststellung gradueller Unterschiede in der Zielerreichung eröffnen.** Dies erfordert ein **Korrespondieren zwischen Leistungsbeschreibung und Zuschlagskriterien** in dem Sinne, dass die Leistungsbeschreibung in den für den Auftraggeber maßgeblichen Bereichen das Anbieten differenzierter Leistungen erlauben und der Auftraggeber für die Bereiche,

---

16 Vgl. OLG Naumburg Beschl. v. 05.12.2008, 1 Verg 9/08 »Abfall Altmark«.
17 Vgl. OLG Nürnberg, Beschl. v. 26.05.2015, 1 U 1430/14.
18 Vgl. OLG Düsseldorf, Beschl. v. 28.01.2015, VII-Verg 31/14 »Dichtsohle«.

in denen Angebotsunterschiede zu erwarten sind, aussagekräftige Zuschlagskriterien bestimmen muss.

c) Nach dem Wortlaut der Normtexte sowohl in den unionsrechtlichen Richtlinien als auch in § 127 Abs. 1 ist eindeutig, dass der **Begriff** der »Wirtschaftlichkeit« **keinen eigenständigen, sich selbst erklärenden Aussagegehalt** hat[19], sondern als ein Oberbegriff für verschiedene Gestaltungen von »Preis-Leistungs-Verhältnissen« gebraucht wird. »Wirtschaftlichkeit« in diesem Sinne ist dasjenige, was ein konkreter öffentlicher Auftraggeber für die wirtschaftlich beste Lösung seines individuell definierten Bedarfs hält[20], oder – anders formuliert – das aus Sicht des konkreten öffentlichen Auftraggebers optimale **Verhältnis zwischen** den aufzuwendenden finanziellen **Mitteln und** den damit verfolgten **Zwecken** der Beschaffung[21]. Der Begriff der »Wirtschaftlichkeit« bezieht sich damit stets auf einen konkreten Beschaffungsvorgang und ist für jedes Verfahren individuell zu bestimmen. Die Neudefinition ist zugleich methodische Voraussetzung für die bessere Integration von nicht einzelwirtschaftlichen Nachhaltigkeitsaspekten ins Vergaberecht.[22]

Der Bundesgesetzgeber hat sich dafür entschieden, den im deutschen Recht tradierten Begriff des »wirtschaftlichsten Angebotes« beizubehalten und nicht den in den Richtlinien verwendeten Begriff des »wirtschaftlich günstigsten Angebotes« zu übernehmen. Auch wenn grundsätzlich ein Gleichlauf von Begrifflichkeiten im Unionsrecht und im nationalen Recht anzustreben ist, erscheint diese Lösung im Sinne der Rechtsklarheit gelungen. Die Beibehaltung des Begriffs ist geeignet, die Kontinuität des Grundprinzips zum Ausdruck zu bringen. Dem gegenüber bietet der Begriff des »wirtschaftlich günstigsten Angebots«, welcher nach den Vorgängerrichtlinien nicht als Oberbegriff, sondern als Bezeichnung für das sog. Maximalprinzip verwendet wurde, eine Verwechslungsgefahr[23].

3. Zuschlagserteilung nach einer individuellen Bewertung durch den Auftraggeber

Für die Anwendung der Zuschlagskriterien verweist Abs. 1 S. 2 unverändert darauf, dass der öffentliche Auftraggeber insoweit **Wertentscheidungen** zu treffen hat, ob und inwieweit ein Angebot jeweils die vorgegebenen Zuschlagskriterien erfüllt.

a) Der öffentliche Auftraggeber trifft im chronologischen Ablauf eines Vergabeverfahrens zunächst die **Entscheidung über die Auswahl und die Gewichtung der Kriterien**, die bei der Entscheidung über den Zuschlag berücksichtigt werden sollen. Er bestimmt die in Abs. 1 S. 2 in Bezug genommenen »vorgegebenen Zuschlagskriterien«. Bei der Festlegung der Zuschlagskriterien hat der Auftraggeber einen großen Gestaltungsspielraum. Die Auswahl ist vom Auftraggeber für jeden Beschaffungsvorgang individuell und in Abhängigkeit von der Konzeption der Vergabe vorzunehmen. Hierzu verhalten sich die nachfolgenden Vorschriften des Abs. 1 S. 4 sowie Abs. 2 bis Abs. 4. Auch wenn die genannten Vorschriften unpersönlich formuliert sind, ist der konkrete öffentliche Auftraggeber eindeutig als Normadressat zu identifizieren.[24] Eine wettbewerbswirksame Auswahl der Zuschlagskriterien kann nicht abstrakt durch einen Normgeber mittels Rechtsvorschriften, nicht durch eine übergeordnete Stelle mittels Verwaltungsvorschriften und auch nicht durch Handbücher und Leitfäden mittels allgemeiner Empfehlungen und Hilfsmittel jeweils für eine unbe-

---

19 Vgl. OLG Düsseldorf, Beschl. v. 14.04.2008 – VII-Verg 19/08; Kulartz, a.a.O., § 97 Rn. 129.

20 Vgl. Erwägungsgrund 89 VRL = Erwägungsgrund 94 SRL.

21 In Anlehnung an Krohn, Öffentliche Auftragsvergabe und Umweltschutz, S. 378 f.; ebenso Müller-Wrede in: Müller-Wrede, GWB, 2. Aufl., § 97 Rn. 56; vgl. OLG Stuttgart Beschl. v. 12.04.2000, 2 Verg 3/00 (»die günstigste Relation zwischen dem verfolgten Zweck und dem einzusetzenden Mittel«); vgl. auch Dreher in: Dreher/Stockmann, Kartellvergaberecht, 2008, § 97 Rn. 214; Opitz NZBau 2001, 12; Steiner in: Forum Vergabe Gespräche 2o15, Tagungsband, 2015, S. 150.

22 Vgl. Steiner ebenda, 152.

23 So schon Erwägungsgrund 89 VRL = Erwägungsgrund 94 SRL: »Um Unklarheiten zu vermeiden, da derzeit bereits in den Richtlinien 2004/17/EG und 2004/18/EG das Zuschlagskriterium des ›wirtschaftlich günstigsten Angebots‹ verwendet wird, sollte jedoch ein anderer Begriff genutzt werden …«.

24 Vgl. Erwägungsgrund 90 VRL = Erwägungsgrund 95 SRL.

stimmte Vielzahl von sehr verschiedenen Beschaffungsvorhaben vorgegeben werden. Jede abstrakte und allgemeine Festlegung nimmt dem Auftraggeber die Möglichkeit, die Art und die Besonderheiten des konkreten Beschaffungsbedarfs im Einzelfall zu bestimmen und in einen Einklang mit seinen finanziellen Möglichkeiten sowie seinen kurz-, mittel- und langfristigen Entwicklungsplänen zu bringen. Die Wahrung einer großen Entscheidungsfreiheit des öffentlichen Auftraggebers war stets ein zentraler vergaberechtlicher Ansatz[25]; es war ausdrücklich auch Anliegen des Bundesgesetzgebers, den öffentlichen Auftraggebern diese Dispositionsbefugnis und einen flexiblen Handlungsspielraum zu belassen.[26]

21 b) Vor Abschluss des Verfahrens trifft der öffentliche Auftraggeber in eigener Verantwortung eine **Entscheidung über die Auswahl des zum Zuschlag vorgesehenen Angebots.** Hierzu ist eine Bewertung des Zielerreichungsgrades für jedes einzelne vorgegebene Zuschlagskriterium erforderlich. In Abs. 1 S. 2 wird klargestellt, dass der öffentliche Auftraggeber bei diesen Einzelentscheidungen und auch bei der Gesamtbewertung – wie bisher – über einen Beurteilungsspielraum verfügt, der nur eingeschränkt der Nachprüfung unterliegt. In der Begründung des Gesetzesentwurfs heißt es hierzu:

22 *»Während die Eignung eines Bewerbers oder Bieters grundsätzlich absolut festgestellt wird (Eignung liegt vor oder liegt nicht vor) und Ausführungsbedingungen (§ 128 Absatz 2) als feste Vorgabe vom späteren Auftragnehmer zwingend beachtet werden müssen, sind Zuschlagskriterien vom öffentlichen Auftraggeber mit einer Wertungsskala zu versehen und Kriterien für die Beurteilung im Rahmen dieser Wertungsskala festzulegen.«[27]*

23 Dem Auftraggeber wird eine gewisse, aber keine vollständige Bewertungsfreiheit eingeräumt. Die (beabsichtigte) Zuschlagserteilung kann nur daraufhin nachgeprüft werden, ob der öffentliche Auftraggeber seine Bindung an die bekannt gemachten Zuschlagskriterien und deren Gewichtung beachtet hat (d.h. ob er ausschließlich die bekannt gemachten Zuschlagskriterien, aber diese vollständig berücksichtigt und die bekannt gemachte Gewichtung eingehalten hat), ob er bei seinen Wertentscheidungen von einer zutreffenden tatsächlichen Grundlage ausgegangen ist (d.h. insbesondere, ob er den zugrunde liegenden Sachverhalt zutreffend und vollständig erfasst hat) und ob er bei der Ausfüllung des ihm eröffneten Beurteilungsspielraums keine sachwidrigen (d.h. keine willkürlichen, diskriminierenden oder sonst unvertretbaren) Erwägungen angestellt hat.

4. Wirtschaftlichkeit als Oberbegriff für eine Mittel-Zweck-Relation

24 Der Begriff der »Wirtschaftlichkeit« wird durch den weiteren Begriff **»Preis-Leistungs-Verhältnis«** erläutert (Abs. 1 S. 3). Wie sich im direkten Schluss aus Abs. 1 S. 4 ergibt, ist das ein Verhältnis, bei dem auf einer Seite der Mitteleinsatz steht, nämlich »der Preis« oder »die Kosten«, welche der öffentliche Auftraggeber im konkreten Beschaffungsvorgang berücksichtigen möchte, und auf der anderen Seite der eine Zweck bzw. die Zwecke, welche der Auftraggeber mit seiner Beschaffung verfolgt und die unter dem Oberbegriff »Leistung« zusammengefasst werden.

---

25 Vgl. EuGH Urt. v. 28.03.1985 – C-274/83 »KOM./. Italien« (Der Zuschlag aufgrund des Kriteriums des wirtschaftlich günstigsten Angebots setzt voraus, dass der Auftraggeber die Möglichkeit hat, aufgrund quantitativer und qualitativer Kriterien, die je nach Auftrag wechseln, eine Ermessensentscheidung zu treffen.); Urt. v. 28.03.1995 – C-324/93 »Evans Medical Ltd. u.a../. Secretary Of State for the Home Department u.a.« (Die Auswahl der Kriterien bleibt dem Auftraggeber überlassen.); Urt. v. 07.10.2004 – C-247/02 »Sintesi SpA./. Autoritá per la Vigilanza sui Lavori Pubblici«; Urt. v. 24.01.2008 – C-532/06 »Emm. G. Lianakis AE u.a../. Plantiki AE u.a.«; EuG Urt. 25.02.2003, T-4/01 »Renco SpA./. Rat« (Die RL 93/37 überlässt es den Auftraggebern, welche Kriterien sie für die Zuschlagerteilung wählen.); ebenso OLG München Beschl. v. 17.01.2008 – Verg 15/07 »Lärmschutz-Einhausung«; OLG Naumburg Beschl. v. 05.12.2008 – 1 Verg 9/08 »Abfall Altmark«; LSG Nordrhein-Westfalen Beschl. v. 08.10.2009, L 21 KR 39/09 SFB; grundlegend auch Burgi VergabeR 2007, 457 (471).
26 Vgl. BR-Drs. 367/15, S. 133 zu Absatz 4.
27 Vgl. BR-Drs. 367/15, S. 131 zu Absatz 1, dort Abs. 2.

Sowohl der Begriff der »Wirtschaftlichkeit« als auch die Begriffe »Preis« und Leistung« waren 25
ursprünglich ausschließlich auf die **Einzelwirtschaftlichkeit** des Beschaffungsvorgangs für den konkreten Auftraggeber bezogen.[28] Es ging stets um die Wirtschaftlichkeit des konkreten Beschaffungsvorgangs für den konkreten Auftraggeber, nicht um gesamtwirtschaftliche Erwägungen.[29] Diesem bisherigen Begriffsverständnis scheint auch der im Rahmen der Regelung der Grundsätze des Verfahrens in § 97 verwendete Begriff der »Wirtschaftlichkeit« zu entsprechen, denn der »Wirtschaftlichkeit« als dem originären Zweck des Verfahrens zur Vergabe öffentlicher Aufträge (§ 97 Abs. 1 S. 2) werden in § 97 Abs. 3 weitere Zwecke zur Seite gestellt – Qualität, Innovation, soziale und umweltbezogene Aspekte –, welche »nach Maßgabe dieses Teils«, d.h. der weiteren vergaberechtlichen Regelungen, Berücksichtigung finden können. Mit anderen Worten: Wirtschaftlichkeit und bestimmte Ausprägungen der Nachhaltigkeit stehen danach begrifflich und sachlich nebeneinander.

Die gesetzliche Regelung des § 127 Abs. 1 greift zwar in zutreffender Umsetzung des Unionsrechts 26
die (weitere) Verdrängung der strengen Einzelwirtschaftlichkeit als alleinigen Zuschlagsmaßstab
auf; sie fasst jedoch sowohl die einzelwirtschaftlichen als auch die nicht einzelwirtschaftlichen
Aspekte unter dem Oberbegriff »Wirtschaftlichkeit« zusammen und prägt dadurch **einen von § 97
Abs. 1 S. 2 abweichenden Wirtschaftlichkeitsbegriff**. Das zeigt sich einerseits im Rahmen des
Mitteleinsatzes: Dort können je nach der Auswahlentscheidung des öffentlichen Auftraggebers
nicht nur **Preise** als die unmittelbar für Leistungen zu zahlenden Entgelte (Gesamtangebotspreis,
Positionspreis, Preiskategorien usw.) bzw. Preisnachlässe (Rabatte, Skonto) und **interne Kosten** des
Auftraggebers (Betriebs-, Energie-, Folgekosten usw.) berücksichtigt werden, welche dem einzelwirtschaftlichen Betrachtungsansatz zuzuordnen sind, sondern auch sog. »**externe**« Kosten, insbesondere Lebenszykluskosten und fiktive finanzielle Bewertungen von Umweltbelastungen (z.B. für
Lärm oder Schadstoffemissionen von Straßenfahrzeugen), welche dem öffentlichen Auftraggeber
unmittelbar nicht zur Last fallen. Wesentlich stärker tritt die Veränderung des Begriffs der »Wirtschaftlichkeit« im Rahmen der vom Auftraggeber bestimmten Leistungsbewertung zutage: Dort
können nicht nur solche **nichtpreisliche Kriterien**, wie Qualität, technischer Wert, Energieeffizienz, technische Hilfe, Präsenz usw., festgelegt werden, die dem einzelwirtschaftlichen Verständnis entsprechen, weil sie einen konkreten Nutzen für den Auftraggeber bewirken, sondern auch
Zuschlagskriterien, die sich an anderen, strategischen Zwecken orientieren und dem Auftraggeber
selbst keinen unmittelbaren Vorteil verschaffen (**nicht einzelwirtschaftliche Kriterien**). Aus vergaberechtlicher Sicht liegt es nunmehr in der Entscheidungsfreiheit des öffentlichen Auftraggebers
selbst, in welchem Umfang seine Festlegung der Zuschlagskriterien und damit seine Definition
des in dem konkreten Verfahren als besonders »wirtschaftlich« anzusehenden Angebots einzelwirtschaftlichen Maßstäben folgen.

Auch wenn der in § 127 Abs. 1 S. 1 und S. 3 verwendete Begriff des »wirtschaftlichsten Angebo- 27
tes« aus den vorgenannten Gründen keine Rückschlüsse mehr auf das **Verhältnis zwischen einzelwirtschaftlichen und nicht einzelwirtschaftlichen Zuschlagskriterien** zulässt, so ist insbesondere
der Regelung des Abs. 1 S. 4 (»Zu dessen Ermittlung können neben dem Preis oder den Kosten
auch qualitative, umweltbezogene oder soziale Aspekte berücksichtigt werden.«) zu entnehmen,
dass entweder der Preis (bzw. die Preise, soweit es keinen Gesamtangebotspreis gibt) oder die (vom
Auftraggeber als maßgeblich ausgewählten) Kosten stets zu berücksichtigen sind. Hierfür spricht
der Wortlaut der Norm, weil sich das Verb »können« nur auf die qualitativen, umweltbezogenen
oder sozialen Aspekte bezieht und die Präposition »neben« darauf hindeutet, dass hinsichtlich eines
der danach alternativ aufgeführten finanziellen Aspekte keine Kann-Bestimmung getroffen werden
sollte. Dem entsprechen die Gesetzesmaterialien[30] und der mit § 127 Abs. 1 verfolgten Zielstellung
der authentischen Umsetzung des Unionsrechts, welches bei gleichem Wortlaut ebenfalls davon

---

28 Vgl. Wiedemann in: Kulartz/Marx/Portz/Prieß, VOB/A, 2. Aufl., § 16 Rn. 290.
29 Vgl. Opitz NZBau 2001, 12; Helmedag WuW 2004, 1000.
30 Vgl. BR-Drs. 367/15, S. 132: »Preis oder Kosten müssen bei der Angebotswertung zwingend berücksichtigt werden.«

ausgeht, dass öffentliche Auftraggeber stets eine Preis- oder Kostenkomponente bestimmen müssen[31] und nicht ausschließlich preis- bzw. kostenfremde Zuschlagskriterien auswählen dürfen[32]. Hieraus folgt, dass den einzelwirtschaftlichen Aspekten von öffentlichen Auftraggebern auch künftig jedenfalls keine lediglich marginale Bedeutung beigemessen werden soll, ein Prinzip, welches auch dem im englischen Rechtskreis synonym verwendeten Begriff »best value for money« (optimales Verhältnis von finanziellem Aufwand und eigenem Nutzen) innewohnt.[33]

5. Zulässigkeit und Zweckmäßigkeit des alleinigen Zuschlagskriteriums »niedrigster Preis«

a) Zulässigkeit

28 Bereits aus dem Vorausgeführten zum Wortlaut und zu den Gesetzesmaterialien ergibt sich hinreichend deutlich, dass ein öffentlicher Auftraggeber auch ein preisliches bzw. ein kostenbezogenes Kriterium **als einziges Zuschlagskriterium** auswählen darf. Ein Preis-Leistungs-Verhältnis ist auch dann feststellbar, wenn die angebotenen »Leistungen« nicht variieren können, sondern wegen der ausschließlich zwingenden Leistungsvorgaben weitgehend homogene Angebote zu erwarten sind. Die zwingende Vorgabe beschränkt sich darauf, dass mindestens ein Kriterium preis- oder kostenbezogen sein muss. Die Zulässigkeit der Bestimmung des Zuschlagskriteriums »niedrigster Preis« bestätigen die Gesetzesmaterialien ausdrücklich[34], der nationale Gesetzgeber mit dem weiteren Hinweis, dass die Festlegung mehrerer, auch nicht preislicher Kriterien die Regel sein sollte.

29 Eine Ausschreibung nach dem Kriterium »niedrigster Preis« ist nach der bisherigen und insoweit fortgeltenden Rechtsprechung des Gerichtshofs jedoch nur zulässig, sofern andere Zuschlagskriterien entweder nicht geeignet oder nicht erforderlich sind, um die zu erwartenden Angebote miteinander vergleichen zu können.[35] Eine fehlende Eignung ist dann anzunehmen, wenn der Auftraggeber in allen Aspekten der Leistungsbeschreibung und der Ausführungsbedingungen hinreichend konkretisierte und vor allem verbindliche Vorgaben festgelegt hat, so dass notwendigerweise alle wertungsfähigen Angebote sehr homogen ausfallen müssen.[36] Nicht erforderlich sind andere Zuschlagskriterien nur dann, wenn es sich bei den ausgeschriebenen Leistungen um standardisierte Lieferungen und Dienstleistungen handelt, bei denen unabhängig von individuellen Vorgaben des Auftraggebers eine Abweichung der Leistungsinhalte der Angebote nicht zu erwarten ist.

30 Danach kommt eine Festlegung eines preis- oder kostenbezogenen Kriteriums als einziges Zuschlagskriterium nicht in Betracht, wenn typischerweise solche in nicht preislichen Kriterien voneinander abweichende Angebote zu erwarten sind, so bei funktionaler bzw. teilweise funktionaler Leistungsbeschreibung[37], bei der Ausschreibung von wertungsrelevanten Alternativpositionen, bei Zulassung von Nebenangeboten (je nach Ausgestaltung der Mindestanforderungen), bei komplexen Vergabeverfahren, z.B. im Bereich des Schienenpersonennahverkehrs[38], oder in Vergabever-

---

31 Vgl. Erwägungsgrund 90 VRL = Erwägungsgrund 95 SRL.
32 Vgl. Erwägungsgrund 92 Abs. 3 VRL = Erwägungsgrund 97 Abs. 3 SRL.
33 Vgl. Kulartz, a.a.O., § 97 Rn. 131; Arrowsmith, The Law of Public and Utilities Procurement, S. 237.
34 Vgl. BR-Drs. 367/15, S. 132: »Zwar ist es auf der Grundlage des besten Preis-Leistungsverhältnisses auch künftig zulässig, den Zuschlag allein auf das preislich günstigste Angebot zu erteilen.«; Erwägungsgrund 90 VRL = Erwägungsgrund 90 SRL: »Es sollte ferner klargestellt werden, dass eine solche Bewertung des wirtschaftlich günstigsten Angebots auch allein auf der Grundlage entweder des Preises oder der Kostenwirksamkeit durchgeführt werden könnte.«
35 Vgl. EuGH Urt. v. 07.10.2004, C-247/02 »Sintesi SpA./. Autoritá per la Vigilanza sui Lavori Pubblici«.
36 Vgl. OLG Düsseldorf Beschl. v. 02.05.2007, VII-Verg 1/07 »Postdienste«; OLG Naumburg Beschl. v. 05.12.2008, 1 Verg 9/08 »Abfall Altmark«; OLG München Beschl. v. 20.05.2010, Verg 4/10 »Anruf-Sammeltaxi«; OLG Frankfurt Beschl. v. 05.06.2012, 11 Verg 4/12 »Rechnungslegung«; dass., Beschl. v. 28.05.2013, 11 Verg 6/13 »Solarkataster«; OLG Düsseldorf Beschl. v. 24.09.2014, VII-Verg 17/14 »Hilfsmittel«; VK Lüneburg Beschl. v. 12.06.2015, VgK-17/2015 (Entsorgung von Giftmüll).
37 Vgl. OLG Düsseldorf Beschl. v. v. 11.12.2013, VII-Verg 22/13 »Ausführungsplanung«.
38 Vgl. VK Münster Beschl. v. 25.02.2015, VK 23/14.

fahren, welche gerade im Hinblick darauf ausgewählt wurden, dass der Auftraggeber die Leistung nicht hinreichend eindeutig und erschöpfend beschreiben bzw. die Lösung der Aufgabe nicht vorgeben kann, d.h. in einzelnen Verhandlungsverfahren, regelmäßig im Wettbewerblichen Dialog und im Verfahren der Innovationspartnerschaft.

b) Zweckmäßigkeit

Bei der Festlegung des »niedrigsten Preises« bzw. der »niedrigsten Kosten für den Auftraggeber« als einziges Zuschlagskriterium wird eine optimale Einzelwirtschaftlichkeit angestrebt, indem für eine genau definierte Lieferung oder Dienstleistung die Gegenleistung in Geld möglichst gering ausfällt, d.h. dass für einen verbindlich definierten Nutzen der vom Auftraggeber zu leistende Aufwand minimal ist (sog. **Minimalprinzip**). Nach dem Wortlaut der Vorschrift ist allerdings auch die Auswahl der Lebenszykluskosten als einziges Zuschlagskriterium zulässig; bei dieser Festlegung liegt kein streng einzelwirtschaftlicher Maßstab vor, sondern letztlich ein gesamtwirtschaftlicher oder gesamtgesellschaftlicher Maßstab.   31

Die Wirtschaftlichkeitsbewertung nach dem sog. Minimalprinzip hat den **Vorteil**, dass der Aufwand des öffentlichen Auftraggebers im Vergabeverfahren gering ist. Das betrifft bereits den Aufwand bei der Formulierung der Leistungsbeschreibung und des Zuschlagskriteriums. Die Prüfung der Wirtschaftlichkeit der Angebote ist regelmäßig wenig aufwendig. Die Wertungsentscheidung ist eine sog. gebundene Entscheidung, das wirtschaftlichste Angebot bestimmt sich allein nach arithmetischen Regeln und ist regelmäßig leicht vermittelbar und intersubjektiv als objektiv prüfbares Kriterium nachvollziehbar und akzeptiert. Damit sinken auch die Risiken einer vergaberechtlichen Nachprüfung. Hierauf allein kann die Auswahl des Zuschlagskriteriums jedoch nicht gestützt werden. Der genannte Vorteil (ver)führt dazu, mit abnehmenden Auftragswerten zunehmend auf das Kriterium »Niedrigster Preis« als singuläres Zuschlagskriterium zurückzugreifen, ohne die erheblichen Nachteile dieses Vorgehens angemessen zu berücksichtigen.   32

Die Bewertung von Angeboten allein nach dem Minimalprinzip birgt **Risiken und** hat weitere **Nachteile**. Die Auswahl dieses Wertungsprinzips setzt beim Auftraggeber eine hohe und umfassende Marktkenntnis voraus; fehlt diese, so wächst das Risiko einer objektiv nicht einzelwirtschaftlichen Beschaffung, weil die Ausschreibung u.U. an den aktuellen Marktentwicklungen vorbeigeht. Eine nachhaltige Beschaffung wird nur »zufällig« erreicht, u.U. kann das Beschaffungsziel auch verfehlt werden.   33

Die Auswahl des wirtschaftlichsten Angebots allein nach dem Kriterium des niedrigsten Preises setzt für die Bieter – gewollt oder ungewollt – erhebliche Anreize, die geforderten Leistungen mit einem minimalen eigenen Aufwand zu erbringen und u.U. äußerst optimistisch oder gar unauskömmlich zu kalkulieren. Sie setzt für die Unternehmen auch Anreize dafür, im Vergabeverfahren auf Mängel der Leistungsbeschreibung nicht hinzuweisen, um ggf. eine Verbesserung der eigenen Einnahmesituation durch Nachtragsangebote herbeiführen zu können.   34

Die Ausschreibung nach dem Minimalprinzip ist häufig ungünstig für mittelständische und erst recht für Kleinunternehmen, die im ausschließlichen Preiswettbewerb wegen ihrer oft höheren eigenen Beschaffungskosten nur eine geringe Zuschlagschance besitzen. Es gibt zwar keinen Anspruch eines solchen Unternehmens auf die Anwendung des Maximalprinzips, wohl aber eine Obliegenheit des öffentlichen Auftraggebers, die Interessen klein- und mittelständischer Unternehmen angemessen zu berücksichtigen (vgl. § 97 Abs. 4), d.h. hier zumindest in die eigenen Erwägungen zur Auswahl der Zuschlagskriterien einzubeziehen.[39]   35

---

39 Vgl. Kommission der Europäischen Gemeinschaften, Europäischer Leitfaden für bewährte Verfahren zur Erleichterung des Zugangs kleiner und mittlerer Unternehmen zu öffentlichen Aufträgen v. 25.06.2008, SEC 2008, 2193, dort S. 19 ff.

6. Möglichkeit der Einbeziehung qualitativer, umweltbezogener und sozialer Aspekte

36 Die Vorschrift des § 127 Abs. 1 S. 4 soll, ohne die Einzelregelungen vorwegzunehmen, welche den Verordnungen vorbehalten bleiben, insbesondere das Spektrum der in Betracht kommenden Zuschlagskriterien andeuten. Sie greift die in den Grundsätzen des Vergabeverfahrens (§ 97) vollzogene **Aufwertung der qualitativen, umweltbezogenen und sozialen Aspekte** auf und überträgt diese auch auf die Auswahl der Zuschlagskriterien. Aus dem Umstand, dass die in § 97 Abs. 3 ebenfalls bezeichneten **innovativen Aspekte** hier keine ausdrückliche Erwähnung gefunden haben, ist nicht zu schlussfolgern, dass die Berücksichtigung innovativer Aspekte bei den Zuschlagskriterien generell unzulässig wäre; das ist nicht der Fall. Jedoch findet die Berücksichtigung innovativer Aspekte vornehmlich im Rahmen der Leistungsbeschreibung (§ 121), z. B. durch spezielle Funktionsanforderungen, sowie bei der Gestaltung des Verfahrens, z.B. der Anwendung der Verfahren des Wettbewerblichen Dialogs oder der Innovationspartnerschaft oder der Zulassung von Nebenangeboten, statt.

37 Die Festlegung mehrerer, nicht nur preis- bzw. kostenbezogener Zuschlagskriterien zielt darauf ab, mit den für eine Beschaffungsmaßnahme zur Verfügung stehenden finanziellen Mitteln als mehr oder weniger feststehende Größe eine möglichst hochwertige, nachhaltige Leistung zu erwerben, d.h. mit einem bestimmten Aufwand den bestmöglichen, maximalen Nutzen zu erzielen (sog. **Maximalprinzip**). Die Wertung der Angebote nach dem Maximalprinzip soll nach der Vorstellung des Gesetzgebers der **Normalfall der Beschaffung** sein. Sie entspricht der typischen Ausgangsposition des öffentlichen Auftraggebers: Die Beschaffung dient der Ausstattung der öffentlichen Aufgabenträger mit Waren und Dienstleistungen, welche sie zur Erfüllung ihrer Aufgaben benötigen. Für die Aufgabenerfüllung steht den Auftraggebern jeweils ein konkreter finanzieller Rahmen zur Verfügung, mit dem das bestmögliche Ergebnis zunächst im Sine der originären Aufgabenerfüllung, nach modernem Verständnis im Sinne eines nachhaltigen Agierens in der Gesellschaft erzielt werden soll. Insoweit ist **kritisch anzumerken**, dass die neuen Oberbegriffe der qualitativen, umweltbezogenen und sozialen Aspekte die Gefahr in sich bergen, die aus Sicht des öffentlichen Auftraggebers maßgebliche Differenzierung in einzelwirtschaftlich vorteilhafte und gesamtwirtschaftlich bzw. gesamtgesellschaftlich veranlasste Kriterien zu überdecken. Sie negieren z.T. bewusst, dass dem einzelnen öffentlichen Auftraggeber finanzielle Mittel nur für die Erfüllung seiner originären öffentlichen Aufgaben zugewiesen werden und der Aufwand für die Verfolgung gesellschaftspolitischer Zielstellungen einer gesonderten Finanzausstattung bedürfte, welche sowohl im kameralistischen Haushaltssystem als auch bei doppischer Haushaltsführung gesondert ausgewiesen sein müsste.

38 Mit der Anwendung des Maximalprinzips ist es dem öffentlichen Auftraggeber möglich, die Erfahrungen und die Kreativität der Marktteilnehmer für eine wirtschaftliche und nachhaltige Beschaffung zu nutzen. Die gezielte Eröffnung von Angebotsspielräumen für die Bieter insbesondere in der Leistungsbeschreibung und die Festlegung eindeutiger und aussagekräftiger Zuschlagskriterien, mit denen der jeweilige Mehrwert eines Angebots in den nicht homogenen Bereichen bewertet werden kann, erhöht die Aussichten für eine umfassende Zielerreichung im konkreten Beschaffungsvorgang. Mittelfristig kann die flächendeckende Anwendung des Maximalprinzips erhebliche Anreize für die Marktentwicklung setzen und so neben den positiven gesamtgesellschaftlichen Effekten auch künftig eine wirtschaftliche Beschaffung der öffentlichen Auftraggeber ermöglichen.

39 Diesen Vorteilen steht gegenüber, dass die Auswahl, Formulierung und Gewichtung von mehreren Zuschlagskriterien und deren Abgleich mit den Vorgaben der sonstigen Vergabeunterlagen regelmäßig anspruchsvoller sind. Der Grad der wettbewerblichen Anreize für eine hohe Nachhaltigkeit und der Grad der Zielerreichung sind erheblich davon abhängig, wie gut es dem öffentlichen Auftraggeber gelingt, sein Anliegen in den Zuschlagskriterien zum Ausdruck zu bringen, wie gut die jeweiligen Zuschlagskriterien geeignet sind, den jeweiligen Mehr- und Minderwert der einzelnen Angebote in den zuschlagsrelevanten Aspekten zu erfassen, und insbesondere wie konsequent das gewählte Bewertungssystem die vom Auftraggeber verfolgten Zielstellungen erfasst. Einzelne, auch aus Nachlässigkeit oder unbewusst erzeugte Mängel können u.U. auch zu Fehlanreizen und -steuerungen führen. Die Anwendung des Maximalprinzips führt zu einer aufwendigeren Angebotsprü-

fung und –wertung und sowohl verwaltungsintern als auch gegenüber den beteiligten Unternehmen u.U. zu einem höheren Erklärungsbedarf.

Die Berücksichtigung **qualitativer Aspekte** findet durch die Auswahl nicht preislicher Kriterien   40
statt. Diese Kriterien haben regelmäßig einen einzelwirtschaftlichen Charakter, d.h. sie beziehen
sich auf Leistungsmerkmale der Waren und Dienstleistungen, die von konkretem Nutzen für den
Auftraggeber selbst bzw. für diejenigen sind, die nach den Vorstellungen des Auftraggebers die
Verwender bzw. Nutznießer der Leistung sein sollen. Hierzu zählen u.a. der technische Wert, die
Funktionalität und die Zweckmäßigkeit von Leistungen, Leistungsoptionen und Entwicklungs-
potenziale, die Leistungszeit, die Leistungssicherheit oder technische Hilfe, die Gestaltung oder
Ausführungskonzepte, ohne dass diese Aufzählung vollständig ist.

Als Zuschlagskriterien nach **umweltbezogenen Aspekten** kommen sowohl preisliche Kriterien in   41
Betracht, z.B. Betriebs-, Folge-, Energie- oder Lebenszykluskosten, als auch nicht preisliche Kriterien, insbesondere Umwelteigenschaften, z.B. die Energieeffizienz, der Energieverbrauch, die
Nutzungsdauer von Geräten, der Anteil der verwendeten nachwachsenden Rohstoffe, die Möglichkeit des Austausches bzw. der Reparatur von Einzelteilen oder die Entsorgungskosten. Allen
diesen Kriterien ist ein – zumindest teilweiser – einzelwirtschaftlicher Charakter nicht abzusprechen, weil mit ihnen regelmäßig kurz-, mittel- oder langfristige Kosteneinsparungen verbunden
sind. Andere ökologische Aspekte, z.B. Aspekte des Klimaschutzes oder des Lärmschutzes, können
ebenfalls Gegenstand von Zuschlagskriterien sein, auch wenn sie keine einzelwirtschaftlich geprägten Kriterien sind.

Zuschlagskriterien nach **sozialen Aspekten** werden eher selten preisliche Kriterien sein, denkbar   42
sind jedoch nach sozialen Kriterien abgestufte Benutzungsgebühren für bestimmte Leistungen. Sie
können nicht preisliche, aber einzelwirtschaftlich wirksame Kriterien sein, z.B. Barrierefreiheit oder
Bedienfreundlichkeit von Leistungen für bestimmte Nutzergruppen. Häufig sind Kriterien nach
sozialen Aspekten allein auf einen gesamtgesellschaftlichen Nutzen gerichtet, z.B. auf die Beschäftigung von zu fördernden Arbeitnehmergruppen bei der Leistungsausführung (Langzeitarbeitslose,
Ältere, Schwerbehinderte, Jugendliche, Frauen), auf die bessere Vereinbarkeit von Beruf und Familie oder auf die Förderung von Ausbildungsangeboten.

III. Geltung der gesetzlichen Gebühren- und Honorarordnungen (§ 127 Abs. 2)

1. Europarechtskonformitä

Obwohl eine gleichartige Vorschrift in den Richtlinien nicht enthalten ist, bestehen an der Unions-   43
rechtskonformität des Abs. 2 **keine Zweifel**. In den Erwägungsgründen der Richtlinien wird klargestellt, dass die Zuschlagskriterien »keinerlei Auswirkungen« auf die Anwendung von nationalen
Bestimmungen zur Festlegung der Vergütung für bestimmte Dienstleistungen oder zu Festpreisen
für bestimmte Leistungen haben sollen. [40] Nachfolgend werden für die Vergabe von Aufträgen, bei
denen die (Mindest-) Vergütung für bestimmte Dienstleistungen bzw. Festpreise für bestimmte
Leistungen durch nationale Rechtsvorschriften festgelegt sind, spezifische Empfehlungen für die
Ermittlung des besten Preis-Leistungsverhältnisses gegeben. [41]

2. Deklaratorischer Regelungsgehalt

Die Vorschrift verweist lediglich **deklaratorisch**, d.h. nur erklärend und ohne Begründung neuer   44
Rechtspflichten, darauf, dass bei Geltung von gesetzlichen Gebühren- oder Honorarordnungen,
z.B. der Honorarordnung für Architekten und Ingenieure (HOAI), die entsprechenden sektorspezifischen Vorgaben bei der Auswahl und insbesondere auch bei der Wertung von preislichen

---

40 Vgl. Erwägungsgrund 92 Abs. 3 S. 2 VRL = Erwägungsgrund 97 Abs. 3 S. 2 SRL.
41 Vgl. Erwägungsgrund 93 VRL = Erwägungsgrund 98 SRL.

§ 127 GWB Zuschlag

Zuschlagskriterien zu berücksichtigen sind. Einen eigenen Regelungsgehalt hat die Vorschrift nicht, weshalb sie z.T. im Gesetzgebungsverfahren als überflüssig kritisiert worden ist.[42]

3. Verhältnis zwischen öffentlich-rechtlichem Preisrecht und Vergaberecht

45 Das Preisrecht betrifft die grundsätzlich vergaberechtlich nicht behandelte Frage der Bestimmung des Preises für eine Leistung sowie der Grenzen der Preisbestimmung. Es unterteilt sich in allgemeine Preisvorschriften, welche für eine Vielzahl von Waren und Leistungen anwendbar sind[43], und besondere Preisvorschriften, die jeweils für bestimmte Leistungen u.a. Mindest- und Höchstpreisvorschriften[44] oder Genehmigungserfordernisse für Preise[45] enthalten.[46] Im Preisrecht gibt es inzwischen keine unmittelbaren Bezüge zum Vergaberecht mehr, nach dem die Baupreisverordnung[47] mit ihren Regelungen zum sog. Wettbewerbspreis aufgehoben worden ist. Das Preisrecht ist im Vergabeverfahren jedoch insoweit relevant, als der öffentliche Auftraggeber einerseits bei der Gestaltung des Verfahrens die preisrechtlichen Rahmenbedingungen berücksichtigen muss – eine Ausschreibung darf nicht auf Abgabe von Angeboten mit unzulässigen Preisen gerichtet sein – und andererseits bei der Prüfung und Wertung der Angebote auf die Einhaltung der preisrechtlichen Vorschriften zu achten hat – es verbietet sich ein Zuschlag auf ein Angebot mit unzulässigen Preisbestimmungen.

4. Besondere Pflichten des öffentlichen Auftraggebers bei der Vorbereitung der Ausschreibung

46 Der öffentliche Auftraggeber ist **verpflichtet**, die den Gegenstand der Ausschreibung bildenden Leistungen eindeutig und erschöpfend zu beschreiben (§ 121) sowie die Zuschlagskriterien und deren Gewichtung transparent zu machen (§ 127 Abs. 5). Hieraus ist ohne weiteres abzuleiten, dass der öffentliche Auftraggeber verpflichtet ist, den am Auftrag interessierten Unternehmen alle für die Preisermittlung maßgeblichen Informationen zur Verfügung zu stellen und insbesondere im Hinblick auf die von ihm gewählten Zuschlagskriterien darauf hinzuwirken, dass miteinander vergleichbare Angebote abgegeben werden. Zwar liegt die Verantwortung für die zutreffende Ermittlung der zulässigen Preise primär bei dem anbietenden Unternehmen[48], ein Bieter ist aber zur Erfüllung dieser an ihn gestellten Anforderungen auf die Informationen des Auftraggebers angewiesen. Eine vom öffentlichen Auftraggeber vorgenommene Gestaltung des Verfahrens, bei welcher der Wettbewerb um den günstigsten Angebotspreis lediglich darüber geführt wird, dass die Bieter von unterschiedlichen Honorarparametern ausgehen, z.B. von spekulativen Einstufungen der Honorarzone und der voraussichtlich anrechenbaren Kosten im Anwendungsbereich der HOAI, ist vergaberechtlich unzulässig.[49]

---

42 Vgl. DAV, Ausschuss Vergaberecht, Stellungnahme zum Referentenentwurf eines Gesetzes zur Modernisierung des Vergaberechts, NZBau aktuell, Heft 6/2015, S. VII.

43 VO PR 30/53 über die Preise bei öffentlichen Aufträgen v. 21.11.1953 (BAnz 1953, Nr. 244), die auf alle Waren und Leistungen außer Bauleistungen (vgl. § 2 Abs. 5) anzuwenden ist; weitere Ausnahmen sind in § 2 Abs. 2 und Abs. 3 bestimmt; aber auch § 138 BGB (Sittenwidriges Rechtsgeschäft, Wucher), §§ 309 bis 311 BGB (Klauselverbote), § 291 StGB (Wucher), §§ 3 bis 5 WiStrG (Verstöße gegen die Preisregelung, Preisüberhöhung in einem Beruf oder Gewerbe, Mietpreisüberhöhung), § 1 PrKG (Preisklauselverbot).

44 Z.B. für bestimmte Berufsgruppen Honorarordnung für Architekten und Ingenieure v. 10.07.2013 (BGBl. I S. 2276); Rechtsanwaltsvergütungsgesetz v. 05.05.2004 (BGBl. I S. 718); §§ 55, 55a WiPrO; für bestimmte Waren und Leistungen Arzneimittelpreisverordnung v. 14.11.1980 (BGBl. I S. 2147); Gesetz über die Preisbindung von Büchern v. 02.09.2002 (BGBl. I S. 3448).

45 Z.B. § 23a EnWG (Genehmigung der Entgelte für den Netzzugang), §§ 2, 51 PBefG (Beförderungsentgelte); § 31 TKG (Entgeltgenehmigung); §§ 19 ff. PostG (Entgeltregulierung).

46 Vgl. Berstermann in: Pünder/Schellenberg, Vergaberecht, Kap. 8 Rn. 24.

47 VO PR 1/72 über Preise für Bauleistungen bei öffentlichen oder mit öffentlichen Mitteln finanzierten Aufträgen v. 06.03.1972 (BGBl. I S. 293).

48 Vgl. BGH Urt. v. 13.11.2003 – VII ZR 362/02.

49 Vgl. OLG Frankfurt Beschl. v. 28.11.2006 – 11 Verg 4/06; Voppel in: Voppel/Osenbrück/Bubert, VOF, 3. Aufl., § 11 Rn. 48; Müller-Wrede in: Müller-Wrede, VOF, 4. Aufl., § 11 Rn. 70; Harr in: Willenbruch/Wieddekind, Kompaktkomm. Vergaberecht, 3. Aufl., 9. Los, § 11 VOF Rn. 101.

672   *Wiedemann*

a) Bezüglich preisrechtlicher Vorschriften zu Mindest- und Höchstsätzen der Vergütung bedeutet   47
das grundsätzlich, dass dann, wenn das »Honorar« als ein **Zuschlagskriterium** ausgewählt worden
ist, die Vergabeunterlagen auch die für eine zweifelsfreie und vollständige Kalkulation erforderlichen
Unterlagen und Informationen enthalten müssen. Dabei muss die Beschreibung so beschaffen sein,
dass die Preis- oder Honorarangebote gesetzes- oder verordnungskonform sein können, weswegen
der Auftraggeber alle nach objektiven Kriterien bestimmbaren Bedingungen zur Honorarberech-
nung festzulegen und mitzuteilen hat, d.h. z.B. im Bereich der HOAI Informationen, welche die
Festlegung der Honorarzone, des Leistungsumfangs und der anrechenbaren Kosten ermöglichen.[50]

Die Erfüllung dieser Anforderungen ist dem Auftraggeber nicht immer möglich. In diesen Fällen   48
behalfen sich die öffentlichen Auftraggeber in der Vergabepraxis zur Gewährleistung der Abgabe
von miteinander vergleichbaren Angeboten mit der zwingenden **Vorgabe der Honorarermittlungs-
methode**[51] bzw. insbesondere **der Honorarzone.**[52] Für Verunsicherung sorgte eine Entscheidung
des OLG Koblenz[53], wonach der Auftraggeber von Planungsleistungen nicht verpflichtet – und
wegen der Unanwendbarkeit der HOAI auf Planer mit Sitz in anderen Mitgliedsstaaten der Union
wohl auch nicht berechtigt – sei, den Bietern die anzuwendende Honorarzone verbindlich vorzugeben. Das OLG Koblenz hat mit seiner Entscheidung zwar zu Recht darauf verwiesen, dass im Falle
einer verbindlichen Vorgabe der Honorarzone deren Anwendungsbereich auf den von § 1 HOAI
erfassten Personenkreis zu beschränken ist, weil die preisrechtlichen Vorschriften nur für inländische Architekten und Ingenieure gelten. Dies hindert den öffentlichen Auftraggeber jedoch nicht
daran, eine sog. Einzonung des Projektes vorzunehmen und den am Auftrag interessierten Bietern
mitzuteilen, ggf. mit der ausdrücklichen Einschränkung, dass die Regelungen der HOAI nur für im
Inland ansässige und tätige Architekten und Ingenieure gelten.[54]

b) Verbleiben für die Kalkulation von Vergütungen, welche Mindest- und Höchstpreisvorschrif-   49
ten unterliegen, **Unwägbarkeiten,** so hat der öffentliche Auftraggeber hierauf hinzuweisen und
jedenfalls im Rahmen der Festlegung der Zuschlagskriterien und ihrer Gewichtung anzugeben, wie
er die preisliche Bewertung vornehmen wird, so z.B. bei Unsicherheiten hinsichtlich der Anwendung von Minderungsvorschriften der HOAI[55] oder Änderungen der preisrechtlichen Vorschriften
während der laufenden Ausschreibung[56]. Es kann erwogen werden, als Zuschlagskriterium nicht
auf das Gesamthonorar, sondern allein auf die verhandelbaren Honorarfaktoren abzustellen, z.B.
bei der HOAI auf Nebenkosten, Honorar für Besondere Leistungen oder die Höhe des Umbau-/
Modernisierungszuschlags.[57]

c) **Bei der Vergabe von entgeltregulierten Dienstleistungen** müssen öffentliche Auftraggeber durch   50
die Ausgestaltung der Vergabeunterlagen sicherstellen, dass einerseits kein Vertrag mit einem nicht
genehmigten bzw. nicht genehmigungsfähigen Entgelt zustande kommt und andererseits gleichwohl ein wirksamer Wettbewerb organisiert wird. Das verursacht mitunter erhebliche Schwierigkeiten, insbesondere dann, wenn die genehmigten Entgelte nach den Regulierungsvorschriften einer
Publizitätspflicht unterliegen, welche den Geheimwettbewerb der Bieter nahezu ausschließt.[58] Die
erforderliche Konkordanz zwischen Preis- und Vergaberecht kann dann u.U. dadurch hergestellt

---

50 Vgl. OLG Frankfurt, s. Rn. 17; OLG Düsseldorf Beschl. v. 07.07.2004 – VII-Verg 15/04; Voppel ebenda.
51 Vgl. VK Schleswig-Holstein Beschl. v. 12.11.2004 – VK-SH 30/04.
52 Vgl. Stolz VergabeR 2011, 326; vgl. VK Sachsen Beschl. v. 20.10.2011 – 1/SVK/039-11; VK Köln
     Beschl. v. 28.09.2012 – VK VOF 41/2011; einschränkend VK Nordbayern Beschl. v. 22.01.2015
     – 21.VK-3194-37/14.
53 Vgl. OLG Koblenz Beschl. v. 29.01.2014 – 1 Verg 14/13 »Honorarzone«.
54 Vgl. Schneevogl/Hofman in: jurisPK-Vergaberecht, 4. Aufl. m. Aktualisierung v. 20.08.2014, § 16 VOF
     Rn. 13.3; Haug/Panzer in: jurisPK-Vergaberecht, 4. Aufl. m. Aktualisierung v. 10.12.2015, § 11 Rn. 58.4 f.
55 Vgl. VK Brandenburg Beschl. v. 25.06.2014 – VK 6/14.
56 Vgl. KG Berlin Beschl. v. 11.09.2014 – Verg 18/13.
57 Vgl. VK Nordbayern Beschl. v. 20.12.2011 – 21.VK-3194 -38/11; Voppel, a.a.O., § 11 Rn. 48 a.E.
58 Für den Postmarkt vgl. KG Berlin Beschl. v. 13.01.2005 – 2 Verg 26/04; Schleswig-Holstein OLG
     Beschl. v. 08.09.2006 – 1 Verg 6/06.

werden, dass der Bieter mit dem aussichtsreichsten Angebot bzw. die Bieter mit den Angeboten der engeren Wahl erst nach Ablauf der Angebotsfrist, aber vor der Zuschlagserteilung die entsprechende Genehmigung vorzulegen haben.

5. Besondere Pflichten des öffentlichen Auftraggebers bei der Prüfung der Angebote

51   Auftraggeber sind **verpflichtet**, Angebote dahingehend zu überprüfen, ob die durch das Preisrecht vorgegebenen Zulässigkeitsschranken für Entgelte eingehalten werden. Ein Angebot, dessen Preis sich nicht in dem durch eine Gebühren- oder Honorarordnung vorgegebenen Rahmen hält oder mangels Genehmigung nicht wirksam vereinbart werden darf, darf den Zuschlag nicht erhalten.[59]

6. Umgang mit preisrechtlich unzulässigen Angeboten

52   Da ein Zuschlag auf ein Angebot mit einem preisrechtlich unzulässigen Entgelt nicht erteilt werden darf, ausdrückliche Regelungen über die Rechtsfolgen von preisrechtswidrigen Angeboten jedoch fehlen, besteht eine gewisse Rechtsunsicherheit in der Vergabepraxis.

53   a) Für das **Fehlen von geforderten Unterlagen**, insbesondere für die Nichtvorlage einer wirksam geforderten Entgeltgenehmigung innerhalb der Angebotsfrist, kann ohne weiteres auf die allgemeinen Vorschriften zum Umgang mit unvollständigen Angeboten verwiesen werden.[60] Gleiches gilt für das **Fehlen von geforderten Preisangaben**.[61]

54   b) **Weichen Angebotspreise von den genehmigten Entgelten inhaltlich ab**, so liegt in einem vom Nachverhandlungsverbot geprägten Verfahren (Offenes oder nicht offenes Verfahren) ein nicht wertungsfähiges Angebot vor, welches zwingend dem Ausschluss unterliegt.[62] Eine solche Abweichung ist bei der Gewährung eines handelsüblichen Skontos nicht angenommen worden.[63]

55   c) **Weichen Angebotspreise von Mindest- oder Höchstvergütungssätzen ab**, so hängen die Reaktionsmöglichkeiten des Auftraggebers vom gewählten Vergabeverfahren und von den vorab mitgeteilten Verfahrensregeln ab. In einem Offenen oder nicht offenen Verfahren ist ein solches Angebot zwingend auszuschließen. Führt der Auftraggeber ein Verhandlungsverfahren durch und hat er sich nicht durch die Ausschreibungsbedingungen anderweitig festgelegt[64], so wird ganz überwiegend davon ausgegangen, dass ein Angebotsausschluss grundsätzlich erst dann in Betracht kommt, wenn der Bieter auch auf entsprechende (einmalige) Aufforderung des Auftraggebers die preisrechtliche Zulässigkeit seines Angebots nicht herbeiführt.[65] Dieser Auffassung ist zuzustimmen.

IV. Allgemeine Anforderungen an Zuschlagskriterien (§ 127 Abs. 3 und Abs. 4 S. 1)

1. Europarechtskonformität

56   Der Bundesgesetzgeber hat zwar nicht den Wortlaut der Richtlinienbestimmungen in **Art. 67 Abs. 3 und 4 VRL** bzw. **Art. 82 Abs. 3 und 4 SRL** übernommen, er hat durch die von ihm gewähl-

---

59   Vgl. Voppel, a.a.O., § 11 Rn. 42 m.w.N.; Harr, a.a.O. § 11 VOF Rn. 100.

60   Vgl. für den Grundsatz »Auslegung vor Ausschluss« bei Postentgeltgenehmigungen OLG Düsseldorf Beschl. v. 22.10.2010 – VII-Verg 43/10; vgl. für die Vorlage einer unvollständigen Genehmigung OLG Naumburg Beschl. v. 18.08.2011 – 2 Verg 3/11 »Altpapierverwertungsanlage«.

61   Vgl. Netto- statt Bruttopreise OLG Düsseldorf Beschl. v. 08.06.2012 – VII-Verg 14/12; Beschl. v. 06.02.2013 – VII-Verg 32/12.

62   Vgl. OLG Celle Beschl. v. 13.12.2007 – 13 Verg 10/07; OLG Frankfurt Beschl. v. 24.02.2009 – 11 Verg 19/08.

63   Vgl. OLG München Beschl. v. 29.11.2007 – Verg 13/07.

64   Vgl. Müller-Wrede, a.a.O., § 11 VOF Rn. 83 schon für den Fall, dass der Auftraggeber zur Abgabe von HOAI-konformen Angeboten ausdrücklich aufgefordert hat.

65   Vgl. OLG Stuttgart Beschl. v. 28.11.2002 – 2 Verg 14/02; OLG Frankfurt Beschl. v. 09.08.2007 – 11 Verg 6/07; Brandenburg. OLG Beschl. v. 08.01.2008 – Verg W 16/07; auch Voppel, a.a.O., § 11 Rn. 43 f. m.w.N.; Harr, a.a.O., § 11 VOF Rn. 102 f.

ten Formulierungen jedoch keine inhaltliche Veränderung vorgenommen, sondern lediglich deren Verständlichkeit erhöhen wollen.[66] Soweit der Bundesgesetzgeber statt der beschreibenden Formulierung im Normtext der Richtlinien (»stehen ... in Verbindung«) bzw. in den Erwägungsgründen verwendeten Erwartung (»sollten ... die mit dem Gegenstand des Auftrags verbundenen ... Kriterien festlegen«) eine zwingende Berücksichtigung vorsieht (»müssen«), ist diese klare Regelung begrüßenswert und begegnete selbst dann, wenn man darin einen strengeren Maßstab als im Unionsrecht sehen wollte, keinen Bedenken hinsichtlich der Unionsrechtskonformität.

Die Ausdehnung der Geltung des § 127 Abs. 3 und Abs. 4 S. 1 mit seinem neuen Verständnis 57 des Begriffs des Auftragsbezugs auch auf das Vergaberegime bei der Vergabe von Aufträgen im Bereich Verteidigung und Sicherheit[67] stellt objektiv eine Abweichung gegenüber den Regelungen in **Art. 47 Abs. 1 der Richtlinie 2009/81/EG (VSRL)** dar, soweit es den Begriff des Auftragsbezugs angeht. Die Vorschriften der VSRL beruhen noch auf dem bisherigen, strengeren Begriff des unmittelbaren Auftragsbezugs. Es könnte deswegen zweifelhaft sein, ob und inwieweit § 127 Abs. 3 im Anwendungsbereich der VSVgV als unionsrechtskonform anzusehen ist.

In **Art. 41 Abs. 2 KRL** wird ebenfalls die Anforderung aufgestellt, dass die Zuschlagskriterien mit 58 dem Konzessionsgegenstand »in Verbindung stehen«. Zwar fehlt hier eine nähere Ausgestaltung dieses Begriffs, die Verwendung desselben Begriffs kann jedoch nur dahin verstanden werden, dass die ausführlicheren Regelungen der anderen Richtlinien zur Auslegung herangezogen werden können. Jedenfalls stellt die deutsche Umsetzungslösung, auch für die Vergabe von Konzessionen dieselben Anforderungen an Zuschlagskriterien zu stellen, eine unionsrechtskonforme Umsetzung dar.

2. »mit dem Auftragsgegenstand in Verbindung stehen«

a) Bereits aus der Funktion der Zuschlagskriterien, den Vergleich der verschiedenen Angebote im 59 Hinblick auf entweder den Preis bzw. die Kosten oder auf die »Leistung« nach dem vom Auftraggeber bestimmten Nutzwert zu ermöglichen,[68] ergibt sich ohne weiteres, dass sich jedes Zuschlagskriterium **auf den Inhalt des Angebots bezogen** sein muss. Insbesondere muss sich auch die vergleichende Beurteilung des Leistungsniveaus der Angebote an dem eindeutig bestimmten und bekannt gemachten Gegenstand des Auftrags orientieren.[69] Diese Anforderung ist auch dann erfüllt, wenn sich ein Zuschlagskriterium ganz oder teilweise auf fakultativ anzubietende Leistungen oder auf Bedarfspositionen bzw. Abrufoptionen des Auftraggebers bezieht, denn auch diese Teilleistungen sind Gegenstand der Ausschreibung.[70]

b) Ein ausreichender Zusammenhang eines Zuschlagskriteriums mit dem Auftragsgegenstand ist, 60 wie nach bisherigem Recht, jedenfalls gegeben, wenn **Eigenschaften der Leistung** berücksichtigt werden, die als deren Merkmale dem ausgeschriebenen Produkt oder der Dienstleistung selbst anhaften. Das können auch solche ökologischen oder sozialen Zwecken dienende Merkmale sein, wie die Schadstofffreiheit von Waren[71], die Recyclingfähigkeit von Verpackungen oder der Energieverbrauch bei der Nutzung.

c) Der Bundesgesetzgeber hat die Anforderung des Auftragsbezugs von Zuschlagskriterien – insoweit 61 der in den neuen Richtlinien eröffneten Möglichkeit folgend – jedoch nicht auf einen sog. unmit-

---

66 So ausdrücklich BR-Drs. 367/15, S. 132 zu Absatz 3 und S. 133 zu Absatz 4.
67 Der Bundesgesetzgeber hat zusätzlich durch die Anpassung des § 34 VSVgV, insbesondere die Streichung des bisherigen Abs. 2 dieser Vorschrift, jegliche Anhaltspunkte für eine von § 127 Abs. 1 bis 4 abweichende Regelung für diese Verfahren beseitigt.
68 So schon EuGH Urt. v. 10.05.2012, C-368/10 »KOM./. Kgr. Niederlande« unter Verweis auf Erwägungsgrund 46 der RL 2004/18/EG.
69 Vgl. Erwägungsgrund 92 Abs. 1 VRL = Erwägungsgrund 97 Abs. 1 SRL.
70 Vgl. OLG Düsseldorf Beschl. v. 07.03.2012, VII-Verg 82/11; Beschl. v. 19.11.2014, VII-Verg 30/14 »Interferon beta 1-b III«.
71 So auch Erwägungsgrund 97 VRL = Erwägungsgrund 102 SRL.

telbaren Auftragsbezug begrenzt. Die Formulierung »**in Verbindung ... stehen**« bedeutet, dass sich die Zuschlagskriterien zwar stets auf den Inhalt des Angebots beziehen müssen und nicht über diese Grenzen hinausgehen dürfen,[72] sie erlaubt aber auch die Bestimmung von Zuschlagskriterien, welche nur einen mittelbaren Auftragsbezug aufweisen und nicht (im Sinne einer einzelwirtschaftlichen Betrachtungsweise) durch den Auftragsgegenstand gerechtfertigt sind. Das Auswahlermessen des konkreten öffentlichen Auftraggebers wird damit weiter gefasst als bisher[73], insbesondere auch offener für eine Bestimmung von Leistungs-Kriterien i.S. strategischer Ziele. Das zeigt sich in der Erläuterung des Begriffs »in Verbindung stehen« in Abs. 3 S. 2, wonach bisher zumindest umstrittene Anforderungen nunmehr ausdrücklich als hinreichend auftragsbezogen definiert werden, z.B. Prozess und Produktionsmethoden bzw. Handelsprozesse im gesamten Lebenszyklus. Zulässig ist es insbesondere, auch **Prozesse im Lebenszyklus der Leistung** zu berücksichtigen, **die sich nicht sichtbar im Produkt oder in der Dienstleistung niederschlagen.** Das betrifft bei der Lieferung von Holzprodukten die Verwendung von nachweislich legaler und nachhaltiger Waldbewirtschaftung oder generell bei Lieferungen auch die Herstellung der Waren in energieeffizienten Produktionsprozessen[74] sowie die Lieferung fair gehandelter Produkte[75]. In der Begründung des Regierungsentwurfs heißt es hierzu:

62   *»Abs. 3 stellt in Umsetzung des Artikels 67 Absatz 3 der Richtlinie 2014/24/EU klar, dass ein Auftragsbezug künftig auch dann angenommen werden kann, wenn sich das Kriterium auf ein beliebiges Stadium im Lebenszyklus der Leistung bezieht. Dies kann insbesondere Prozesse der Herstellung (auch der Rohstoffgewinnung), Bereitstellung oder Entsorgung der Leistung betreffen, aber (insbesondere bei Warenlieferungen) z.B. auch den Handel mit ihr. Dabei müssen sich solche Kriterien nicht zwingend auf die materiellen Eigenschaften des Auftragsgegenstandes auswirken. Künftig kann somit ein zu beschaffendes Produkt, das aus fairem Handel (z.B. durch die Beachtung internationaler Standards, wie etwa die ILO-Kernarbeitsnormen entlang der Produktions- und Lieferkette) stammt, im Rahmen der Zuschlagswertung mit einer höheren Punktzahl versehen werden als ein konventionell gehandeltes Produkt.«*

63   Bei der Auswahl solcher Kriterien als Zuschlagskriterien sind die **weiteren Grundsätze der Auswahl nach § 127 Abs. 4 S. 1**, also die Gewährleistung eines wirksamen Wettbewerbs und einer willkürfreien Auswahl sowie insbesondere die Objektivität, zu beachten, aus denen sich Einschränkungen ergeben können.[76] Besondere Berücksichtigung bedürfen jedoch auch **die Grundsätze der Wirtschaftlichkeit und der Verhältnismäßigkeit aus § 97 Abs. 1 S. 2**. Die Verwendung von Zuschlagskriterien mit einer nur lockeren Verbindung zum Auftragsgegenstand kostet Geld, d.h. sie schlägt sich im Preis bzw. in den Kosten nieder. Insbesondere dann, wenn die nunmehr im Vergabeverfahren festgelegten Zuschlagskriterien Lebenszyklen des Produkts betreffen, welche zur Zeit des Beginns des Vergabeverfahrens bereits in der Vergangenheit liegen oder auf welche die potenziellen Interessenten für den Auftrag regelmäßig keinen Einfluss haben, wie z.B. die Endglieder einer längeren Lieferkette, so führt die Auswahl zu einer erheblichen Einschränkung des Wettbewerbs ohne Aussicht auf einen Nutzeffekt i.S. des angestrebten ökologischen oder sozialen Zwecks. Je individueller ein Auftraggeber seine Anforderungen formuliert (insbesondere im Vergleich zur Vergabepraxis anderer öffentlicher und privater Auftraggeber), desto mehr muss im Hinblick auf die Zulässigkeit die Erwägung Beachtung finden, ob den angesprochenen Unternehmenskreisen eine Umstellung des gesamten Produktionsprozesses oder der Einkaufs- und Vertriebsstrukturen zur Ermöglichung der Teilnahme an einem Vergabeverfahren zumutbar ist und inwieweit hierdurch tatsächlich der

---

72 Hierfür spricht auch die englische Sprachfassung der Richtlinien: »direct link tot he matter of contract«.
73 Jedenfalls ist diese Erweiterung eindeutiger normiert, vgl. Burgi NZBau 2015, 597, 601; vgl. auch OLG Düsseldorf Beschl. v. 19.11.2014, VII-Verg 30/14 »Interferon beta 1-b III«.
74 Vgl. Erwägungsgrund 64 KonzRL.
75 Ebenda – insoweit abweichend von EuGH, Urt. v. 10.05.2012, C-368/10 zur Vorgängerrichtlinie.
76 So bereits Erwägungsgrund 92 Abs. 2 VRL = Erwägungsgrund 97 Abs. 2 SRL mit einer Liste möglicher Zuschlagskriterien, die im nationalen Recht der Regelung unterhalb der Gesetzesebene vorbehalten bleiben.

beabsichtigte Anreiz Wirkungen entfalten kann. Im Hinblick auf die Zweckmäßigkeit eines solchen »Alleingangs« ist darauf zu verweisen, dass die Folge auch das Ausbleiben von Angeboten sein kann.

d) Die zwingende Anforderung, dass Zuschlagskriterien mit dem Auftragsgegenstand in Verbin-   64
dung stehen müssen (nicht: können oder sollen), schließt die Auswahl von solchen Zuschlagskriterien aus, die gar keinen Bezug zu den konkreten Vertragsleistungen haben, also solche vom
Auftraggeber **allgemein erwünschte Verhaltensanforderungen** aufstellen und deren Befolgung
honorieren sollen. Hierzu zählen z.B. bei Lieferaufträgen die Vorgabe von Bedingungen, unter
denen das Unternehmen im Allgemeinen seine Waren bezieht (d.h. sein generelles Einkaufsverhalten ohne Beschränkung auf den Einkauf der für Auftragsausführung benötigten Güter) oder
veräußert (d.h. sein generelles Verkaufsverhalten gegenüber anderen Kunden außerhalb des hier
ausgeschriebenen Vertrags)[77], das allgemeine Engagement des Unternehmens für ökologische oder
soziale Belange oder bei Dienstleistungsaufträgen die Vorgabe von zusätzlichen Bedingungen für
sämtliche Arbeitnehmer des Unternehmens ohne Beschränkung auf die zur Auftragsausführung
eingesetzten Arbeitskräfte.

e) Nicht mit dem Auftragsgegenstand in Verbindung stehen auch solche Kriterien, welche sich   65
letztlich allein auf **das Verhalten des Unternehmens im Vergabeverfahren** beziehen, so z.B. in
einem Verhandlungsverfahren das Kriterium »Eingehen auf die Vertragsbedingungen des Auftraggebers«.[78] Einige unerwünschte Verhaltensweisen im Vergabeverfahren sind – systematisch zutreffend – als fakultative Ausschlussgründe geregelt, welche im Rahmen der Eignung der Unternehmen
zu prüfen und zu bewerten sind.[79]

3. Gewährleistung eines wirksamen Wettbewerbs und Nichtdiskriminierung

a) Der öffentliche Auftraggeber darf durch die Auswahl der Zuschlagskriterien potenzielle Bieter   66
nicht diskriminieren (§ 97 Abs. 1 S. 1).[80] Die Auswahl von Kriterien, welche zu einer sachlich
nicht gerechtfertigten Einengung des Wettbewerbs auf einen oder mehrere Bieter führen, ist zu
unzulässig. Eine hinreichende sachliche Rechtfertigung kann auch dann vorliegen, wenn durch die
Festlegung des Leistungsgegenstands oder – hier maßgeblich – eines Zuschlagskriteriums nur ein
einziges Unternehmen verbleibt, dass im Wettbewerb aussichtsreich ist.[81]

b) Die Gewährleistung eines **wirksamen Wettbewerbs** setzt einerseits voraus, dass sich der öffentli-   67
che Auftraggeber mit den Wirkungen seiner Auswahl der Zuschlagskriterien auseinandersetzt und
insbesondere bei Kriterien, welche geeignet sind, das potenzielle Bieterfeld erheblich einzuschränken, selbst bei deren sachlicher Rechtfertigung prüft, ob und inwieweit er gleichwohl einen ausreichenden Wettbewerb und damit einen ausreichenden Wettbewerbsdruck für den oder die als
potenzielle Bieter verbleibenden Unternehmen erzeugen kann.

c) Ein wirksamer Wettbewerb setzt andererseits stets die Organisation eines **fairen Wettbewerbs**[82]   68
voraus, d.h. eines Wettbewerbs, bei dem die teilnehmenden Unternehmen durch die Gestaltung des
Verfahrens nicht diskriminiert werden und nach formalen Maßstäben dieselben Zuschlagschancen
haben. Die Kriterien müssen vor allem so gefasst werden, dass sie von den angesprochenen fachkundigen Unternehmen jeweils in gleicher Weise verstanden werden können.

---

77 Vgl. EuGH Urt. v. 04.12.2003, C-448/01 »EVN AG et Wienstrom GmbH./. Republik Österreich«.
78 Vgl. OLG Düsseldorf Beschl. V. 21.05.2012, VII-Verg 3/12.
79 Vgl. § 124 Nr. 4, 8 und 9.
80 Vgl. auch BR-Drs. 367/15, S. 133 zu Absatz 4.
81 Vgl. nur EuGH Urt. v. 17.09.2002, C-513/99 »Concordia Bus Finland Oy Ab./. Helsingin kaupunki …«.
82 In Art. 67 VRL ausdrücklich aufgeführt.

4. keine Schaffung von willkürlich ausfüllbaren Entscheidungsspielräumen

69 Das Vergabeverfahren und insbesondere die Auswahl der Angebote sollen so organisiert sein, dass die finale Entscheidung über die Auswahl des Auftragnehmers in Anbindung an die hierfür geltenden rechtlichen Vorgaben und frei von solchen willkürliche Ergebnisse ermöglichenden Wertungen in einem rechtsförmigen Verfahren ergeht.[83] Unter diesen Prämissen sind die Anreize für Unternehmen zur Teilnahme am Wettbewerb am größten und wird korrespondierend damit das Wirtschaftlichkeitspotenzial des Vergabeverfahrens am besten ausgeschöpft. Von willkürlichen Entscheidungsspielräumen freie Zuschlagskriterien erfordern eine nach funktionellen (nicht abstrakten[84]) Maßstäben hinreichend eindeutige und hinreichend detaillierte Beschreibung der Kriterien, das sind Kriterien, deren Zielrichtung und deren Graduierung jeder fachkundige Bieter in gleicher Weise versteht und deren Einhaltung durch den Auftraggeber im Rahmen der Bewertung der Angebote nachvollziehbar und in den Grenzen des dem Auftraggeber verbleibenden Beurteilungsspielraums nachprüfbar ist. Ob solche dem Auftraggeber bei der Angebotsbewertung verbleibende Entscheidungsspielräume noch legitim oder schon willkürlich ausfüllbar sind, ist letztlich ebenfalls eine wertende Feststellung, bei der die Grundsätze des Vergabeverfahrens, wie Transparenz, Nichtdiskriminierung bzw. Verhältnismäßigkeit, in eine Gesamtbetrachtung einzubeziehen sind.

5. Objektivität der Zuschlagskriterien

70 Kriterien, die bei der Entscheidung über den Zuschlag Berücksichtigung finden sollen, müssen zumindest weitgehend objektiviert sein, d.h. der jeweilige Maßstab muss in der fachlichen Praxis als angeeignet angesehen werden, die Bewertungsgrundlagen müssen für den Auftraggeber feststellbar und effektiv nachprüfbar sein und die Bewertungsentscheidung des Auftraggebers muss so weit wie möglich von subjektiven Einflüssen freigehalten werden bzw. subjektiven Bewertungselementen darf vom Auftraggeber nicht der maßgebliche Einfluss auf die Auswahlentscheidung zugewiesen werden. Zudem dient die Objektivität der Zuschlagskriterien auch der Wahrung der Gleichbehandlung der Bieter.

71 a) Die Forderung nach einer **Eignung** der Kriterien bzw. Unterkriterien **zur Beurteilung der Leistung** bedeutet nicht, dass sich die Auswahlmöglichkeiten des Auftraggebers auf ein einziges, die optimale Erreichung des angestrebten Ziels gewährleistendes Zuschlagskriterium verengt wäre; eine solche Anforderung müsste den öffentlichen Auftraggeber überfordern und erhöhte die Unsicherheiten bei jeder Ausschreibung. Das ausgewählte Kriterium muss jedoch aus Sicht der fachlichen Praxis auf die Bewertung eines Aspekts gerichtet sein, der zumindest in seinen Ansätzen aussagekräftig für den hiermit verfolgten Zweck ist, ohne dass es für die Zulässigkeit des Kriteriums darauf ankommt, in welchem Ausmaß dies zutrifft – das ist allein eine Frage der Zweckmäßigkeit des ausgewählten Kriteriums, hinsichtlich derer kein subjektiver Anspruch der Bieter auf Einhaltung besteht. Die Objektivität kann auch durch den Rückgriff auf das Gutachten eines Sachverständigen bzw. Sachverständigenkollegiums gewährleistet werden, sofern dieses Gutachten in allen wesentlichen Punkten auf objektive Faktoren zu stützen ist, die in der fachlichen Praxis als für die vorgenommene Beurteilung maßgeblich betrachtet werden.[85]

72 Nach diesen Grundsätzen mag es zweifelhaft sein, ob für ein Kriterium der »Umweltverträglichkeit« von Leistungen, für deren Erbringung ein bestimmter Leistungsort in der Ausschreibung nicht vorgegeben ist, die Entfernung des beabsichtigten Leistungsorts, ggf. auch unter dem Begriff der »Transportentfernung«, maßgeblich sein darf, weil dieses Kriterium einerseits eine eindeutig dis-

---

83 So schon EuGH Urt. v. 20.09.1988, C-31/87 »Gebroeders Beentjes BV./. Kgr. Niederlande«; dass., Urt. v. 18.10.2001, C-19/00 »SIAC Construction Ltd../. County Council of the County of Mayo«; BGH, Urt. v. 17.02.1999, X ZR 101/97 »Krankenhauswäsche«.

84 Zu weit gehend daher die Forderung nach dem »höchstmöglichen« Bestimmtheitsgrad, so aber Hanseat. OLG Bremen Beschl. v. 06.01.2012, Verg 5/11.

85 Vgl. EuGH Urt. v. 18.10.2001, C-19/00 »SIAC Construction Ltd../. County Council of the County of Mayo«.

kriminierende Wirkung für nicht ortsansässige Unternehmen darstellt, welche mit den Zielstellungen einer EU-weiten Ausschreibung nicht vereinbar ist, andererseits die bloße Transportstrecke in Längenmaßen nicht geeignet ist, einen sicheren Schluss auf das Ausmaß der durch den Transport verursachten Umweltbeeinträchtigungen zu ziehen – hierfür sind weitere Faktoren in viel größerem Maße erheblich, so z.B. die Art des Transportmittels und dessen Ausstattung im Hinblick auf Energieeffizienz und Emissionswerte. Gleiches gilt für das Kriterium der »Ortsnähe der Betriebsstätte«[86], mit dem häufig eher die örtliche Präsenz erfasst werden soll, für das Kriterium der »Höchstentfernung der Produktions-, Wartungs- und Abfüllanlagen«[87], welches ebenfalls nicht auf den Entfernungsradius in Längenmaßen, sondern auf die Einhaltung bestimmter Reaktionszeiten oder auf die Versorgungssicherheit zielt, oder für das Kriterium »Anfahrtszeit vom Bürositz zur Baustelle«[88], das, um nicht diskriminierend zu wirken, auch auf die örtliche Präsenz und die Reaktionszeiten ausgerichtet werden muss. Hinsichtlich des Einsatzes von sozialversicherungspflichtigem Personal bei der Ausführung von Dienstleistungen als gewichtetes Zuschlagskriterium, nicht als zwingend vorgegebene besondere Bedingung für die Ausführung des Angebots, liegt zwar nach dem neuen Begriff ein hinreichender Auftragsbezug vor, zweifelhaft bleibt jedoch, ob das Kriterium aus fachlicher Sicht geeignet ist, Rückschlüsse auf die zu erwartende Qualität der Leistungen zuzulassen, weil das hierfür maßgebliche Kriterium ggf. die Häufigkeit und das Ausmaß von Personalwechseln bei der Leistungsausführung ist und dieser Umstand nicht ohne weiteres mit dem Bestehen einer Sozialversicherungspflicht für die eingesetzten Arbeitnehmer zusammenhängt.[89]

Die Untauglichkeit eines Zuschlagskriteriums kann im Ausnahmefall auch daraus resultieren, 73 dass die in der angesprochenen Branche vorherrschenden Marktverhältnisse vollständig ignoriert werden. Das kann z.B. der Fall sein, wenn für die Interpolation zwischen dem niedrigsten Angebotspreis mit dem höchsten Punktwert und dem in Relation hierzu festgelegten Angebotspreis, welcher dem Punktwert »0« entsprechen soll, auf eine Preisspanne abgestellt wird, die im angesprochenen Markt unrealistisch ist und deswegen letztlich zu einer nahezu vollständigen Nivellierung der bestehenden Preisunterschiede führt.[90]

b) Die Auswahl und Beschreibung eines Zuschlagskriteriums muss so erfolgen, dass es für alle Betei- 74 ligten am Vergabeverfahren während des gesamten Verfahrens **einheitlich verstanden und angewandt** werden kann[91], d.h. dass sowohl für die die Angebote gestaltenden Unternehmen als auch für den später die Wertung durchführenden Auftraggeber als auch ggf. für eine aufsichtsführende Behörde oder für eine nachprüfende Instanz jeweils eindeutig erkennbar ist, von welchen nachvollziehbaren Bezugsgrößen und tatsächlichen Feststellungen die Bewertung ausgehen soll, welche Art von Mehrwert der Leistung überhaupt und mit welchem Gewicht in die Auswahlentscheidung einfließen soll.

c) Ein Zuschlagskriterium muss, um objektiv zu sein, **eine effektive Nachprüfung der Richtigkeit** 75 **der in den Angeboten enthaltenen Angaben** der Bieter erlauben[92] und darf den Auftraggeber nicht darauf beschränken, lediglich eine Beurteilung der Glaubwürdigkeit des Bieters in Person vornehmen zu können. Der Auftraggeber muss sich bereits bei der Auswahl seiner Zuschlagskriterien Gedanken darüber machen, auf welcher Grundlage er die jeweils vorzunehmende Bewertung für ein ausgewähltes Kriterium vor der Zuschlagserteilung vornehmen und wie er die Befundtatsachen effektiv auf ihre Richtigkeit prüfen kann. Hierzu gehört die Festlegung, welche Angaben er hierfür von den Bietern benötigt und deswegen verlangen muss, und die Vorstellung, wie er die Angaben

---

86 Vgl. EuGH Urt. v. 19.06.2003, C-315/01 »GAT./. ÖSAG«.

87 Vgl. EuGH Urt. v. 27.10.2005, C-234/03 »ARGE Contse AG ..../. Insalud«.

88 Vgl. VK Südbayern Beschl. v. 17.06.2009, Z-3-3-3194-1 – 05/09.

89 Vgl. OLG Düsseldorf Beschl. v. 17.01.2013, VII-Verg 35/12.

90 Vgl. VK Sachsen Beschl. v. 22.07.2010, 1/SVK/022-10.

91 Vgl. EuGH Urt. v. 18.10.2001, C-19/00 »SIAC Construction Ltd../. County Council of the County of Mayo«.

92 Vgl. EuGH Urt. v. 04.12.2003, C-448/01 »EVN AG et Wienstrom GmbH./. Rep. Österreich«.

der Bieter u.U. verifizieren bzw. falsifizieren kann. Es kommt einer willkürlichen Entscheidung gleich, wenn der Auftraggeber seine Auswahlentscheidung auf ein bloßes »Lippenbekenntnis«, d.h. eine weder für den Bieter zu belegende noch für den Auftraggeber anhand objektiver Anhaltspunkte nachvollziehbare Eigenerklärung des Bieters stützt.

76 d) Dem Gebot der Objektivität der Zuschlagskriterien steht nicht entgegen, dass auch Kriterien ausgewählt werden, welche **nicht gänzlich frei von subjektiven Wertungen** sind. Für die Kriterien »Ästhetik« und »Gestaltung«, welche sowohl in den Richtlinien als auch in den nationalen Einzelregelungen ausdrücklich aufgeführt werden, aber auch für die Bewertung von Konzepten, Ausführungs- und Zeitplänen sowie von Sicherungsmaßnahmen oder für die Bewertung von Teststellungen sind subjektive Einflüsse auf die Wertungsentscheidung nicht vollständig auszuschließen. Bei einzelnen Bewertungen stößt eine effektive Nachprüfung auch deswegen auf zusätzliche Schwierigkeiten, weil der Wertungsvorgang nicht rekonstruierbar ist, so z.B. bei Präsentationen. In allen diesen Fällen ist der drohenden Subjektivität entgegen zu wirken, vor allem natürlich bereits durch die besonders sorgfältige Beschreibung der Unterkriterien bzw. des Bewertungsalgorithmus´, aber auch durch die Einsetzung eines mehrköpfigen Bewertungsgremiums und die nachfolgende aussagekräftige Dokumentation des Bewertungsergebnisses unter vereinzelter Darstellung des jeweiligen Mehr- und Minderwerts eines jeden Angebots. Wegen der Einzelheiten ist auf die Kommentierung der Vorschriften in den Verordnungen und in der VOB/A zu verweisen.

V. Identische Zuschlagskriterien für die Wertung von Haupt- und Nebenangeboten

VI. (§ 127 Abs. 4 S. 2)

1. Europarechtskonformität

77 § 127 Abs. 4 S. 2 dient der authentischen Umsetzung von **Art. 45 Abs. 2 S. 2 VRL** bzw. **Art. 64 Abs. 2 S. 2 SRL**. In der Begründung des Gesetzesentwurfes heißt es hierzu, dass dem Bundesgesetzgeber aufgrund der Bedeutung von Innovationen daran gelegen ist, dass öffentliche Auftraggeber »so oft wie möglich« Nebenangebote zulassen sollen. Die Einzelregelungen zu Nebenangeboten werden auf der Ebene der Rechtsverordnungen bzw. der Vergabe- und Vertragsordnung für Bauleistungen, Teil A, weiter ausgeführt, eine ausdrückliche Erwähnung der Nebenangebote in § 127 soll deren besondere Bedeutung jedoch hervorheben und die allgemeine Anforderung an die Auswahl von Zuschlagskriterien aufgrund des Sachzusammenhangs mit den Regelungsmaterien der § 127 Abs. 3 und 4 bereits an zentraler Stelle festschreiben.[93]

2. Einheitlichkeit der Zuschlagskriterien für Haupt- und Nebenangebote

78 Der öffentliche Auftraggeber, der Nebenangebote zulässt, soll die Zuschlagskriterien so auswählen, dass sie sowohl auf Haupt- als auch auf Nebenangebote angewandt werden können.

79 a) Die Vorschrift setzt zunächst eine **Unterscheidung von Haupt- und Nebenangeboten** voraus, obwohl an keiner Stelle des Gesetzes oder der aufgrund des Gesetzes erlassenen Rechtsverordnungen bzw. der Vergabe- und Vertragsordnung für Bauleistungen, Teil A, eine vom Normgeber herrührende Definition (eine sog. Legaldefinition) der beiden Begriffe enthalten ist.

80 aa) Aus dem Regelungszusammenhang verschiedener Vorschriften über Anforderungen an die Form und den Inhalt von Angeboten[94] sowie an die Zulassung von Nebenangeboten[95] usw. ist abzuleiten, dass als **Hauptangebot** dasjenige Angebot eines Bieters bezeichnet wird, für das der Bieter nach dem objektiven Empfängerhorizont des Auftraggebers zugleich erklärt, dass hiermit alle zwingenden Vorgaben des Auftraggebers in der Auftragsbekanntmachung und in den Verga-

---

93 BR-Drs. 367/15, S. 133 zu Absatz 4, UAbs. 2.
94 Vgl. insbesondere §§ 53 Abs. 7, 57 Abs. 1 Nr. 4 VgV.
95 Vgl. z.B. §§ 35, 57 Abs. 1 Nr. 6, Abs. 2.

beunterlagen eingehalten werden. Je nach dem Ausmaß der zwingenden und aus Sicht des Bieters unabänderlichen formellen und inhaltlichen Vorgaben der Leistungsbeschreibung, der allgemeinen und besonderen Vertragsbedingungen sowie der besonderen Bedingungen für die Ausführung der Leistung strebt der Auftraggeber mit der Abfrage von Hauptangeboten an, die Vergleichbarkeit der hierauf eingehenden Angebote auf einer weitgehend formalen Ebene zu sichern, was den Prüfungs- und Wertungsaufwand reduziert. Als Hauptangebot gilt natürlich jedes Angebot, welches die von vornherein eröffneten Angebotsspielräume ausnutzt.

bb) Dem gegenüber enthält ein **Nebenangebot** inhaltliche Abweichungen von den zwingenden   81
Vorgaben des Auftraggebers, unabhängig vom Gegenstand und vom Ausmaß der Abweichungen. Mit einem Nebenangebot können Bieter u.a. Änderungen hinsichtlich einzelner Leistungsposi- tionen unterbreiten (sog. Änderungsvorschläge), technisch bzw. technologisch neue Lösungen (sog. technische Nebenangebote) oder veränderte Vertragsbedingungen (sog. kaufmännische Nebenangebote).

b) Die Forderung nach der **Einheitlichkeit** der Zuschlagskriterien für Haupt- und Nebenangebote   82
besagt unmittelbar, dass es keine Zuschlagskriterien geben darf, die entweder nur für Haupt-, aber nicht für Nebenangebote oder nur für Neben-, aber nicht für Hauptangebote Gültigkeit entfalten sollen. Bereits unter dieser Prämisse ist künftig ausgeschlossen, dass es neben den im Bereich der EU-weiten Ausschreibungspflicht geforderten Mindestbedingungen für Nebenangebote und den einheitlich für Haupt- und Nebenangebote festgelegten Zuschlagskriterien noch spezielle, nur für Nebenangebote geltende **Gleichwertigkeitsanforderungen** gibt. Ihrer Funktion nach wären das vergaberechtlich unzulässige, nebenangebotsspezifische Zuschlagskriterien. Rechtlich zulässig ist es hingegen, als Mindestanforderungen ganz oder teilweise Anforderungen zu definieren, mit denen eine quantitative, qualitative, funktionale oder hinsichtlich des Niveaus eines anderen bestimmten Leistungsmerkmals bestehende Gleichwertigkeit verlangt werden.

c) Der Forderung nach Einheitlichkeit der Zuschlagskriterien für Haupt- und Nebenangebote steht   83
nicht entgegen, dass sich das Kriterium auf **ein Leistungsmerkmal** beziehen kann, **für das der erreichbare Einzelwert eines Hauptangebots bereits vorab feststeht**, weil er sich aus den zwingen- den inhaltlichen (Mindest-) Vorgaben der Leistungsbeschreibung, der Vertragsbedingungen oder der besonderen Bedingungen für die Ausführung der Leistung ergibt. So kann z.B. die Bauzeit ein zulässiges einheitliches Zuschlagskriterium sein, bei dem die Einhaltung der im Amtsvorschlag des Auftraggebers angegebenen Ausführungsfrist den Mindestwert darstellt und jede Bauzeitver- kürzung nach absoluten Vergleichsmaßstäben (in Arbeitstagen, Kalenderwochen etc.) oder nach relativen Bewertungen (z.B. durch Interpolation zwischen der Höchstdauer lt. Amtsvorschlag und der angebotenen Mindestdauer der Leistungsausführung in Nebenangeboten) als Mehrwert des konkreten Nebenangebots zu berücksichtigen ist.

d) Die gesetzliche Anforderung, dass für Haupt- und Nebenangebote einheitliche Zuschlagskrite-   84
rien zu bestimmen sind, steht **in der Praxis in einem Spannungsverhältnis** dazu, dass der Auftrag- geber die Art und Richtung der u.U. angebotenen Abweichungen bei der Auswahl der Zuschlags- kriterien nicht kennt, sondern allenfalls prognostizieren und antizipieren kann, in einigen Fällen selbst das nicht. Dem Auftraggeber fehlt daher häufig auch der Überblick, in welchen Aspekten mögliche Nebenangebote einen Minder- und einen Mehrwert gegenüber dem sog. Amtsvorschlag, d.h. den Inhalten der Auftragsbekanntmachung und der Vergabeunterlagen, aufweisen könnten. Dieses Spannungsverhältnis wird teilweise dadurch verstärkt, dass bei Zulassung von Nebenan- geboten für die Bieter ein gewisser Anreiz gesetzt wird, ein Nebenangebot zu unterbreiten, dessen möglicher Minderwert gegenüber dem Amtsvorschlag von den bekannt gemachten Zuschlagskri- terien nicht erfasst wird. Eine abstrakte normative Lösung dieses Spannungsverhältnisses erscheint nicht vorstellbar. Die politisch gewünschte breite Zulassung von Nebenangeboten durch die öffent- lichen Auftraggeber wird deswegen auch ganz erheblich von einem seriösen und fairen Umgang der Unternehmen mit dem durch die Zulassung von Nebenangeboten gewonnenen zusätzlichen Angebotsspielraum abhängen.

VII. Transparenz der Zuschlagskriterien und ihrer Gewichtung (§ 127 Abs. 5)

1. Europarechtskonformität

85   Die zwingende Forderung nach Herstellung ausreichender Transparenz entspricht den unionsrechtlichen Vorgaben in **Art. 67 Abs. 5 UAbs. 1 VRL** bzw. in **Art. 82 Abs. 5 UAbs. 1 SRL**, und zwar
auch hinsichtlich der mit der Vorschrift normierten Formenstrenge.[96]

2. Form der Bekanntgabe

86   a) aa) Die Zuschlagskriterien und deren Gewichtung sind den Bietern **ausdrücklich** bekannt zu
machen. Sie sind entweder bereits **in der Auftragsbekanntmachung**, dort an der im webbasierten
Formular vorgesehenen Stelle, zu bezeichnen **oder** – was häufig praktikabler sein dürfte, allein
wegen des Platzangebots – **in den Vergabeunterlagen**. Es genügt bei Bestehen einer EU-weiten
Ausschreibungspflicht nicht, wenn sich die Zuschlagskriterien bzw. deren Gewichtung nur konkludent aus dem Gesamtzusammenhang der Vergabeunterlagen ergeben, wie aus dem Wortlaut
(»aufgeführt«) und der Funktion der Regelung zu schlussfolgern ist. Zudem sind gleiche Verhaltensanforderungen auch auf Verordnungsebene[97] bzw. in der VOB/A geregelt.

87   bb) **Versäumt** der Auftraggeber in einem Vergabeverfahren **die ausdrückliche Bekanntgabe der
Zuschlagskriterien**, so kommt ein Rückschluss auf u.U. gewollte Zuschlagskriterien nicht in
Betracht.[98] Soweit es nach dem durch die Reformen des europäischen Vergaberechts im Jahr 2004
und des nationalen Vergaberechts im Jahre 2009 bereits überholten Recht als zulässig angesehen
wurde, bei einem Unterlassen der Bekanntgabe von Zuschlagskriterien die Auswahl des für den
Zuschlag vorgesehenen Angebots nach dem niedrigsten Preis vorzunehmen, trifft dies nicht mehr
zu. Diese Rechtsprechung betrifft eine Zeit, in welcher die Ausschreibung nach dem Kriterium des
»Niedrigsten Preises« die Regel darstellte und uneingeschränkt zulässig war.

88   cc) **Versäumt** der Auftraggeber in einem Vergabeverfahren **die ausdrückliche Bekanntgabe der
Gewichtung** der Zuschlagskriterien, so ergibt sich aus der bloßen Aufzählung mehrerer Zuschlags-
kriterien weder, dass die Kriterien zwingend in absteigender Reihenfolge nach Maßgabe ihrer
Bedeutung aufgeführt worden sind, noch, dass alle genannten Kriterien gleichgewichtet sind.[99]

89   b) **Bei nachträglichen Änderungen der Zuschlagskriterien** bzw. **deren Gewichtung** – zur Zulässigkeit dieses Vorgehens nachfolgend – gilt hinsichtlich der Form der Bekanntmachung, dass
die Änderung ebenso bekannt zu geben ist, wie die ursprüngliche, der Änderung unterliegende
Bekanntmachung. Änderungen von Angaben, die Gegenstand der Auftragsbekanntmachung
waren, sind mittels einer Berichtigung der Bekanntmachung vorzunehmen[100]; darüber hinaus kann
es sich als zweckmäßig erweisen, alle (registrierten) Bieter zugleich auch direkt über die Berichtigung der Bekanntmachung zu informieren. Für Änderungen der Vergabeunterlagen ist die Benachrichtigung in Form einer sog. Bieterinformation notwendig, aber auch ausreichend.[101] Regelmäßig
ist bei Änderungen der Vergabeunterlagen durch Bieterinformationen nicht erforderlich, nochmals
eine konsolidierte Fassung der Vergabeunterlagen zu erstellen, zu versenden bzw. in elektronischer
Form zur Verfügung zu stellen.

3. Nachträgliche Änderung der Zuschlagskriterien bzw. von deren Gewichtung

90   Obwohl in der Begründung zum Regierungsentwurf des Gesetzes ausgeführt ist, dass »ein späteres
Nachschieben von Zuschlagskriterien … unzulässig« sei, ist dies im Lichte der bisher ergangenen

---

96 Vgl. auch Erwägungsgrund 90 Abs. 3 VRL = Erwägungsgrund 95 Abs. 3 SRL.
97 Vgl. nur §§ 52 Abs. 2 Nr. 5, 58 Abs. 3 VgV.
98 Vgl. OLG Nürnberg Beschl. v. 26.05.2015, 1 U 1430/14.
99 Vgl. EuGH Urt. v. 18.11.2010, C-226/09 »KOM./. Rep. Irland«.
100 Vgl. OLG Düsseldorf Beschl. v. 26.01.2015, VII-Verg 31/14.
101 Vgl. OLG Düsseldorf Beschl. v. 10.08.2011, VII-Verg 36/11 »Förderung des Deutschlandbildes«;
    Beschl. v. 22.12.2011, VII-Verg 40/10.

Rechtsprechung dahin zu verstehen, dass **eine nachträgliche Änderung** ohne die Erreichung desselben Maßes an Transparenz vergaberechtlich nicht zulässig ist.

Zulässig bleibt, wie bisher, eine Ergänzung, Berichtigung oder Abänderung der Zuschlagskriterien (nachfolgend: Änderung) unter bestimmten Voraussetzungen, insbesondere unter Wahrung der Identität des Beschaffungsvorgangs, unter der weiteren Bedingung, dass alle Bieter in gleicher Weise transparent über die Änderung informiert werden, sowie grundsätzlich unter der Bedingung, dass allen Bietern eine auch zeitlich angemessene Gelegenheit zur Anpassung ihrer Angebote an die u.U. veränderte Situation eingeräumt wird.[102] **91**

Das bedeutet, dass identitätswahrende Änderungen der Zuschlagskriterien und deren Gewichtung **während der Angebotsphase, d.h. vor Ablauf der Angebotsfrist,** regelmäßig ohne weiteres vorgenommen werden dürfen und lediglich je nach den konkreten Umständen eine Verpflichtung zur Verlängerung der Angebotsfrist nach sich ziehen.[103] **92**

Nach Ablauf der Angebotsfrist kommt in allen Vergabeverfahren, in denen ein Nachverhandlungsverbot besteht[104], eine Änderung der Zuschlagskriterien mit Ausnahme der im Urteil des Gerichtshofs vom 24.11.2005, C-331/04, aufgeführten Fallgestaltung, welche keine praktische Relevanz entfaltet[105], nur in Betracht, wenn der Auftraggeber das Vergabeverfahren ganz oder teilweise in die Angebotsphase zurückversetzt.[106] **93**

Etwas Besonderes gilt in allen Vergabeverfahren, in denen den Beteiligten, insbesondere auch den Bietern, eine nachträgliche Änderung ihrer Angebote eröffnet ist.[107] In diesen Verfahren ist für eine nachträgliche Änderung der Zuschlagskriterien und/oder deren Gewichtung notwendig, aber auch ausreichend, dass die Bieter so rechtzeitig vor der Abgabe ihres letztverbindlichen Angebots informiert werden, dass es jedem Bieter noch möglich ist, in angemessener Frist sein eigenes Angebot zu modifizieren oder die Darstellung seines Lösungsvorschlags auf die geänderten Zuschlagskriterien auszurichten.[108] **94**

4. Anforderungen an den Inhalt der Bekanntgabe

a) Der Auftraggeber ist verpflichtet, die von ihm ausgewählten **Zuschlagskriterien** bekannt zu geben; ohne die Bekanntgabe entfalten die Zuschlagskriterien keine Bindungswirkung mit der Folge, dass sie auch vom Auftraggeber im Wertungsvorgang nicht berücksichtigt werden dürfen. **95**

aa) Die Bezeichnung der Zuschlagskriterien muss **hinreichend bestimmt und eindeutig** sein, d.h. bei den regelmäßig nicht selbsterklärenden Begriffen sind Erläuterungen erforderlich, um allen fachkundigen Bietern ein gleiches Verständnis zu vermitteln. Statt der Erläuterungen können auch Unterkriterien, Unter-Unterkriterien oder Bewertungsmethoden aufgeführt werden. Aus Sicht des Auftraggebers ist eine hohe Transparenz anzustreben, um von den Bietern möglichst viele seinem Beschaffungsbedarf optimal entsprechende Angebote eingehen. Aus Sicht des Bieters geht es spiegelbildlich darum, ihm ein klares Bild vom Beschaffungsbedarf des Auftraggebers zu verschaffen, damit die Abgabe eines aussichtsreichen Angebots möglich wird. Je ungenauer der Auftraggeber **96**

---

102 Vgl. EuGH Urt. v. 24.11.2005, C-331/04 »ATI EAC Srl ..../. ACTV Venezia SpA«; Urt. v. 24.01.2008, C-532/06 »Emm. G. Lianakis AE … sowie Plantiki AE ..../. Dimos Alexandroupolis …«.
103 So ausdrücklich § 20 Abs. 3 VgV für »wesentliche Änderungen« der Vergabeunterlagen, vgl. Fn. 101.
104 Also Offenes Verfahren und Nicht offenes Verfahren.
105 Vgl. VK Sachsen Beschl. v. 13.06.2007, 1/SVK/039-07, und Beschl. v. 31.01.2011, 1/SVK/051-10.
106 Vgl. EuGH Urt. v. 18.11.2010, C-226/09 »KOM./. Rep. Irland«; OLG München, Beschl. v. 04.04.2013, Verg 4/13; OLG Düsseldorf Beschl. v. 05.11.2011, VII-Verg 46/10; OLG Dresden Beschl. v. 23.07.2013, W Verg 0002/13; OLG Rostock Beschl. v. 09.10.2013, 17 Verg 6/13 »Straßenbau«.
107 Also insbesondere das Verhandlungsverfahren, aber auch der Wettbewerbliche Dialog und die Innovationspartnerschaft.
108 Vgl. OLG München Beschl. v. 12.05.2011, Verg 26/10 »Kraftwerksleittechnik«; OLG Naumburg Beschl. v. 12.04.2012, 2 Verg 1/12 »Landesdatennetz«; auch OLG München Beschl. v. 21.05.2010, Verg 2/10 »Straßenreinigung und Winterdienst«.

seine Vorstellungen von dem Leistungs-Soll äußert, welches neben der Leistungsbeschreibung und der Vorgabe besonderer Ausführungsbedingungen gerade auch durch die Zuschlagskriterien definiert wird, desto weniger Angebote werden seinen, dann u.U. verborgen gebliebenen Anforderungen »zufällig« entsprechen.

97 Als nicht hinreichend bestimmt sind z.B. »Plausibilität des Angebots« bzw. »Machbarkeit der Leistung«[109], die jeweils nicht untersetzten Kriterien »Wirtschaftlichkeit«[110] und »Energieeffizienz«[111] oder die Unterkriterien »Referenzobjekt« und »Projektanalyse« im Rahmen einer Präsentation[112], das Kriterium »bestmögliche Erfüllung der Anforderungen«[113], aber auch »Kalkungskosten des Auftraggebers vor Klärschlammabgabe«[114] bewertet worden. Der Umfang der Bekanntgabepflicht richtet sich nach dem vorgenannten Zweck: Ist es für das Verständnis der Zuschlagskriterien erforderlich, so sind den Bietern nicht nur die Zuschlagskriterien, ihre Unterkriterien und ihre Unter-Unterkriterien, sondern auch sog. »interne« Bewertungsleitfäden mitzuteilen.[115]

98 bb) Aus der Bekanntgabe der Zuschlagskriterien muss eindeutig hervorgehen, ob das Kriterium ein sog. »K.o.«-**Kriterium** ist, d.h. ob seine Nichterfüllung zum Ausscheiden des Angebots aus der weiteren Wertung führt, oder ob es sich um ein **Auswahlkriterium** handelt, mit dem eine graduelle Abstufung der Angebote vorgenommen werden soll. Grundsätzlich ist auch im Bereich der Zuschlagskriterien die Verwendung sog. »K.o.«-Kriterien zulässig. Sie darf nicht ausschließlich erfolgen, weil dann statistisch die Wahrscheinlichkeit groß ist, dass entweder der Ausfall aller Angebote zu besorgen ist oder der Verbleib mehrerer Angebote in der engeren Wahl mit jeweils gleicher Bewertung ihrer Wirtschaftlichkeit. Der Auftraggeber muss daher eine bewusste Entscheidung treffen und publizieren, ob er der Einhaltung des Kriteriums ein so erhebliches Gewicht beimisst, dass er auf ein Angebot, welches diese Anforderung nicht erfüllt, in keinem Falle den Zuschlag erteilen will, oder ob der Aspekt einer von mehreren ist, die im Rahmen der Angebotsauswahl für den Zuschlag berücksichtigt werden sollen.[116]

99 b) Hat der Auftraggeber mehrere Zuschlagskriterien für die Ermittlung des wirtschaftlichsten Angebots festgelegt, so hat er im Weiteren auch die Festlegung der **Gewichtung** der einzelnen Kriterien zu treffen und diese Gewichtung bekannt zu geben.

100 Der **Detaillierungsgrad** der Bekanntgabe bestimmt sich auch insoweit nach der Funktion der Bekanntgabe, was sich jeweils nur im konkreten Einzelfall beantworten lässt. Die Transparenz der Zuschlagskriterien und deren Gewichtung soll dem potenziellen Bieter ermöglichen zu erkennen, auf welche Gesichtspunkte es dem Auftraggeber in welchem Maße ankommt, so dass er sein Angebot nach den Bedürfnissen des Auftraggebers optimal gestalten kann.[117] Die Grenze, ab der das Offenlassen von Bewertungsmaßstäben vergaberechtlich unzulässig ist, ist nach einer Entscheidung des OLG Düsseldorf erreicht, wenn die aufgestellten Wertungsmaßstäbe so unbestimmt sind, dass Bieter nicht mehr angemessen über die Kriterien und Modalitäten informiert werden, an Hand

---

109 Vgl. OLG Düsseldorf Beschl. v. 14.01.2009, VII-Verg 59/08.
110 Vgl. OLG Düsseldorf Beschl. v. 14.04.2008, VII-Verg 19/08.
111 Vgl. OLG Düsseldorf Beschl. v. 19.06.2013, VII-Verg 4/13 »Rettungsdienstleistungen im Ennepe-Ruhr-Kreis«.
112 Vgl. OLG München Beschl. v. 25.09.2014, Verg 9/14 »Green Hospital«.
113 Vgl. VK Lüneburg Beschl. v. 26.11.2012, VgK-40/2012; vgl. dagegen aber OLG Düsseldorf Beschl. v. 04.02.2013, VII-Verg 31/12 »Gemeindewerke-Gesellschaft«.
114 Vgl. BGH Urt. v. 03.06.2004, X ZR 30/03 »Klärschlamm«.
115 Vgl. OLG Düsseldorf Beschl. v. 23.03.2005, VII-Verg 77/04 »Ausbildungsbegleitende Maßnahmen III«; OLG München., Beschl. v. 09.02.2009, Verg 27/08.
116 Vgl. OLG Naumburg Beschl. v. 29.04.2003, 1 U 119/02 »Ausführungsfristen«; VK Bund Beschl. v. 23.01.2009, VK 3 – 194/08.
117 Vgl. Brandenburgisches OLG Beschl. v. 19.12.2011, Verg W 17/11; OLG München Beschl. v. 17.01.2008, Verg 15/07.

deren das wirtschaftlichste Angebot ermittelt wird.[118] Die Anforderungen an die Ausdifferenzierung des Bewertungssystems können z.B. in einem Verhandlungsverfahren auf der Grundlage einer funktionalen Leistungsbeschreibung geringer sein als bei Vorhaben mit einem konkret umrissenen Leistungsprofil.[119]

c) Besondere Sorgfalt bei der Formulierung von Zuschlagskriterien wird künftig geboten sein, wenn   **101** Zuschlagskriterien – wie zulässig ist – nicht nur auf Leistungsmerkmale abstellen, welche sich auf das Erscheinungsbild der Ware oder der Dienstleistung auswirken, sondern auf Lebenszyklen des Produkts, die entweder vor oder nach der Nutzung durch den öffentlichen Auftraggeber liegen. In diesen Fällen muss für den verständigen und fachkundigen auch eindeutig erkennbar sein, welche der nicht unmittelbar mit dem Auftragsgegenstand in Verbindung stehenden Aspekte vom Kriterium miterfasst werden sollen. Von selbsterklärenden Begrifflichkeiten wird in diesem für das Vergaberecht neuartigen und weitgehend inhomogenen Bereich nur in äußerst seltenen Fällen auszugehen sein.

d) Im Übrigen unterliegen die Kriterien der Auslegung, wobei für das Verständnis allein auf den   **102** objektiven Empfängerhorizont eines verständigen und fachkundigen Bieters abzustellen ist, welcher zwar mit den Einzelheiten der Ausschreibung vertraut ist, der aber die Gepflogenheiten des konkreten Auftraggebers in der Vergangenheit nicht kennt.[120] Dieser gegenüber dem zivilrechtlichen Auslegungsmaßstab nach §§ 133, 157 BGB modifizierte Empfängerhorizont resultiert aus dem breiten Adressatenkreis einer EU-weiten Ausschreibung.

VIII. Bieterschutz

1. Die Vorschrift des **Abs. 1** enthält die Grundsätze der Zuschlagserteilung; hinsichtlich vieler   **103** Aspekte gibt es auf der Ebene der Rechtsverordnungen bzw. der VOB/A konkrete Einzelregelungen, so dass sich die bieterschützende Regelung eher aus diesen Einzelregelungen in Verbindung mit § 127 Abs. 1 ergeben wird. Die Verpflichtung des öffentlichen Auftraggebers, überhaupt Zuschlagskriterien festzulegen, dient auch dem Bieterschutz. Gleiches gilt für die Einschränkung seines Auswahlermessens, allein das Zuschlagskriterium »Niedrigster Preis« bzw. »Niedrigste Kosten« auszuwählen. Das subjektive Recht des Unternehmens auf Einhaltung der Vorschrift reicht jedoch allenfalls so weit, vom Auftraggeber u.U. die Festlegung weiterer aussagekräftiger Zuschlagskriterien verlangen zu können; ein Eingriff der Nachprüfungsinstanzen in das Bestimmungsrecht des Auftraggebers dergestalt, dass ihm die Verwendung eines bestimmten Zuschlagskriteriums vorgegeben wird, ist nicht vorstellbar.

2. Hinsichtlich der vom öffentlichen Auftraggeber geforderten Herstellung der Konkordanz von   **104** Preis- und Vergaberecht (**Abs. 2**) ergibt sich der Umfang des Bieterschutzes weitgehend aus den konkret verletzten vergaberechtlichen Vorschriften, so bei Verstößen gegen das Gebot der eindeutigen und erschöpfenden Leistungsbeschreibung, gegen das Gebot der Transparenz der Zuschlagskriterien oder gegen das Gebot der Gleichbehandlung bei Erfüllung der Voraussetzungen von formellen Ausschlussgründen.

Da für den Ausschluss eines Angebots mit einem preisrechtlich unzulässigen Angebotspreis eine   **105** ausdrückliche Regelung im Vergaberecht fehlt, erscheint es sachgerecht, grundsätzlich auf die Regelungen zur Verpflichtung des Auftraggebers zur Prüfung der Angemessenheit des Angebotspreises zurückzugreifen. Danach hat ein Bieter einen subjektiven Anspruch auf Prüfung der preisrechtli-

---

118 Vgl. OLG Düsseldorf Beschl. v. 30.07.2009, VII-Verg 10/09 »Nordumgehung Bad Oeynhausen«; vgl. auch VK Baden-Württemberg Beschl. v. 25.08.2011, 1 VK 42/11; VK Bund Beschl. v. 24.05.2012, VK 3 – 45/12.

119 Vgl. VK Sachsen Beschl. v. 28.08.2013, 1/SVK/026-13.

120 Vgl. BGH Urt. v. 10.06.2008, X ZR 78/07 »Nachunternehmererklärung«; Urt. v. 03.04.2012, X ZR 130/10 »Straßenausbau«; Urt. v. 20.11.2012, X ZR 108/10 »Friedhofserweiterung«; so schon BGH Urt. v. 22.04.1993, VII ZR 118/92; Urt. v. 11.11.1993, VII ZR 47/93, BGHZ 124, 64.

chen Zulässigkeit von Angebotspreisen. Derjenige Bieter, dessen Angebot wegen preisrechtlicher Unzulässigkeit ausgeschlossen werden soll, ist hierdurch in seinen subjektiven Rechten verletzt und kann den Angebotsausschluss zum Gegenstand einer vergaberechtsspezifischen Nachprüfung machen.

106 Zweifelhaft ist, ob ein Bieter ein subjektives Recht auf den Ausschluss eines Konkurrenzangebotes besitzt, welches eine s.E. preisrechtlich unzulässige Vergütungsregelung enthält. Das ist abzulehnen. Zwar wird mit preisrechtlichen Vorschriften regelmäßig ein materiell-rechtliches Verbot des Abschlusses einer entsprechenden Vergütungsvereinbarung begründet, so dass das Angebot mit einem preisrechtlich unzulässigen Preis auf einen von Anfang an unwirksamen Vertrag gerichtet ist. Das gesetzliche Verbot im Preisrecht dient jedoch weder hauptsächlich noch auch nur beiläufig dem Schutz von Konkurrenten in einem Vergabeverfahren. Zudem fehlt ein spezifischer vergaberechtlicher Anknüpfungspunkt i.S. des § 97 Abs. 6, welcher subjektive Rechte nur auf die Einhaltung der Bestimmungen *über das Vergabeverfahren* verschafft. Hierfür genügt § 127 Abs. 2 nicht.

107 3. Die allgemeinen Anforderungen an die Bestimmung der Zuschlagskriterien und deren Gewichtung (**Abs. 3, Abs. 4 S. 1**) haben eindeutig einen bieterschützenden Charakter. Sie schränken das Bestimmungsrecht des Auftraggebers ein, so dass der subjektive Anspruch der Unternehmen im Vergabeverfahren auf die Beachtung der Einschränkungen gerichtet ist.

108 4. Die allgemeine Anforderung an die Bestimmung von Zuschlagskriterien in Verfahren, in denen der Auftraggeber Nebenangebote zugelassen hat (**Abs. 4 S. 2**), ist eine Vorschrift, auf deren Einhaltung sich ein am Auftrag interessiertes Unternehmen i.S. eines subjektiven Rechts nach § 97 Abs. 6 berufen kann.

109 5. Die Transparenzvorschriften (**Abs. 5**) haben einen bieterschützenden Charakter, deren Einhaltung ein Unternehmen in einem vergaberechtlichen Nachprüfungsverfahren geltend machen kann.

§ 128 Auftragsausführung

(1) Unternehmen haben bei der Ausführung des öffentlichen Auftrags alle für sie geltenden rechtlichen Verpflichtungen einzuhalten, insbesondere Steuern, Abgaben und Beiträge zur Sozialversicherung zu entrichten, die arbeitsschutzrechtlichen Regelungen einzuhalten und den Arbeitnehmerinnen und Arbeitnehmern wenigstens diejenigen Mindestarbeitsbedingungen einschließlich des Mindestentgelts zu gewähren, die nach dem Mindestlohngesetz, einem nach dem Tarifvertragsgesetz mit den Wirkungen des Arbeitnehmer-Entsendegesetzes für allgemein verbindlich erklärten Tarifvertragsgesetz oder einer nach § 7, § 7a oder § 11 des Arbeitnehmer-Entsendegesetzes oder einer nach § 3a des Arbeitnehmerüberlassungsgesetzes erlassenen Rechtsverordnung für die betreffende Leistung verbindlich vorgegeben werden.

(2) Öffentliche Auftraggeber können darüber hinaus besondere Bedingungen für die Ausführung eines Auftrags (Ausführungsbedingungen) festlegen, sofern diese mit dem Auftragsgegenstand entsprechend § 127 Absatz 3 in Verbindung stehen. Die Ausführungsbedingungen müssen sich aus der Auftragsbekanntmachung oder den Vergabeunterlagen ergeben. Sie können insbesondere wirtschaftliche, innovationsbezogene, umweltbezogene, soziale oder beschäftigungspolitische Belange oder den Schutz der Vertraulichkeit von Informationen umfassen.

I. Vorbemerkungen

1. Bedeutung der Vorschrift

Nach den **zivilrechtlich**en Vorschriften über Verträge im Besonderen Teil des Schuldrechts im **1** BGB obliegt die Bestimmung der Art und Weise der Ausführung der Leistungen grundsätzlich dem Leistungsverpflichteten. Dieses Bestimmungsrecht reicht je nach dem Charakter des Vertrages unterschiedlich weit – während im Dienstvertrag ein sehr umfangreiches Weisungsrecht des Auftraggebers besteht, wird im Kaufvertrag oder im Werkvertrag vom Auftragnehmer regelmäßig nur ein bestimmter Erfolg der Leistung geschuldet, während es für die Modalitäten der Zielerreichung keine oder wenige Vorgaben für den Auftragnehmer gibt. Die **unternehmerische Freiheit der Bestimmung der Art und Weise der Ausführung der geschuldeten Leistungen** ist vor allem Ausdruck der gesellschaftlichen Arbeitsteilung, wonach das auf die Erbringung der Leistung spezialisierte Unternehmen regelmäßig den höheren Sachverstand für Wahl der Ausführungsmodalitäten haben sollte, die Bestimmungsfreiheit hat daneben jedoch auch eine hohe Bedeutung für die Kalkulation der Angebotspreise bzw. der Kosten der Leistungserbringung. Zwar sieht bereits das Zivilrecht im Hinblick auf die Privatautonomie der Vertragsschließenden vor, dass Eingriffe des Auftraggebers in das Bestimmungsrecht des Auftragnehmers durch Vorgabe von Bedingungen zur Auftragsausführung vereinbart werden können. Der Auftraggeber sollte von dieser Möglichkeit jedoch nur unter Berücksichtigung einer Folgenabschätzung Gebrauch machen und sich jedenfalls bewusst machen, dass jede hierdurch bewirkte Einschränkung der vorgenannten unternehmerischen Freiheit potenziell kostentreibend ist.

Das **Vergaberecht** greift mit der Vorschrift des § 128 zunächst nur die zivilrechtlich ohnehin beste- **2** hende Möglichkeit des Eingriffs des Auftraggebers in die unternehmerische Freiheit des Auftragnehmers hinsichtlich der Bestimmung der Art und Weise der Auftragsausführung auf. Soweit es sich dabei um gewerke- oder branchenübliche Vorgaben handelt, ist das regelmäßig nicht konfliktträchtig und wird oft nicht als ein besonderes Gestaltungsmittel des öffentlichen Auftraggebers im Vergabeverfahren wahrgenommen. Die Vorschrift des § 128, insbesondere des Absatzes 2, zielt jedoch darauf ab, den einzelnen öffentlichen Auftraggeber auch zu speziellen Vorgaben in den Vertragsbedingungen zu ermuntern, mit denen neue bzw. noch nicht den allgemeinen Standard bildende Ausführungsbedingungen vorgegeben werden. Der Auftraggeber soll insbesondere innovations-, umwelt- oder sozialbezogene sowie beschäftigungspolitische Aspekte der Auftragsausführung bestimmen können, deren Zwecke über den konkreten Beschaffungsvorgang hinausgehen. Die Regelung scheint allen diesen Eingriffen in einer Art »Generalabsolution« Legitimität zu verleihen, was darüber hinwegtäuscht, dass die vergaberechtlichen Grundsätze der Wirtschaftlichkeit und Verhältnismäßigkeit sowie die allgemeinen vergaberechtlichen Anforderungen des Auftragsbezugs und der Objektivität aller Vorgaben des Auftraggebers weiterhin zu beachten sind und dem Bestimmungsrecht des öffentlichen Auftraggebers auch Grenzen setzen.

In der Vorschrift des § 128 werden **zwei unterschiedliche Regelungen** zusammengefasst, welche **3** sich jeweils an den öffentlichen Auftraggeber wenden und sich auf die Bedingungen der Ausführung des Auftrags beziehen.

In **Absatz 1** wird eine Selbstverständlichkeit normiert, nämlich diejenige, dass für die Ausführung **4** der Leistungen die am Leistungsort geltenden allgemeingültigen rechtlichen Rahmenbedingungen einzuhalten sind. Die Regelung dient dazu, dem Auftraggeber eine Rechtfertigung zu schaffen, in seine allgemeinen oder besonderen Vertragsbedingungen die Verpflichtung des künftigen Auftragnehmers zur Einhaltung dieser Bestimmungen aufzunehmen, um hierdurch – zusätzlich zu den öffentlich-rechtlichen Möglichkeiten ihrer Durchsetzung durch die hierfür zuständigen, hoheitlich tätigen Einrichtungen – mit privatrechtlichen, vertraglichen Mitteln den Umsetzungsdruck erhöhen zu können.

5   Mit dem **Absatz 2** wird der Grundsatz der Zulässigkeit der Vorgabe von vergabespezifischen (nicht allgemeingültigen) Ausführungsbedingungen begründet, d.h. es wird dem öffentlichen Auftraggeber die Möglichkeit eingeräumt, in seinem Verfahren auch weiter gehende als die allgemeingültigen Rahmenbedingungen vorzugeben. Es ging dem Bundesgesetzgeber darum, dem öffentlichen Auftraggeber die Festlegung individuellen Ausführungsbedingungen zu erlauben, die gesetzlich nicht gefordert sind, dem konkreten Auftraggeber aber dennoch sinnvoll erscheinen.[1] Zugleich eröffnet die Vorschrift den Bundesländern entsprechende Regelungsmöglichkeiten in dem vom Unionsrecht vorgegebenen Rahmen. Dies betrifft, was z.T. kritisiert wird,[2] unter Umständen auch die vergabespezifische Regelung von Anforderungen, deren Allgemeingültigkeit gesamtgesellschaftlich bisher keine politischen Mehrheiten gefunden hat.

6   **Insgesamt** ist einzuschätzen, dass mit den Regelungen des § 128 im Vergleich zu den Vorgängerregelungen, insbesondere in § 97 Abs. 4 S. 2 GWB a.F., inhaltlich **keine Neuerungen** verbunden sind, jedoch insbesondere in systematischer Hinsicht mehr Klarheit und damit auch mehr Rechtssicherheit bewirkt wird.

2. Die Entstehung der Vorschrift

7   Der Wortlaut der Vorschrift ist im Rahmen der Beratung des Gesetzesentwurfes **in der Bundesregierung** geändert worden; insoweit sind in Absatz 1 eine sprachliche Klarstellung[3] und in Absatz 2 Satz 3 eine inhaltliche Änderung[4] vorgenommen worden. Im Gesetzgebungsverfahren ist die Vorschrift unverändert geblieben, obwohl im Bundestag und im Bundesrat jeweils Änderungsanträge gestellt worden sind.

8   Im Bundestag ist der **Änderungsantrag** gestellt worden, dem § 128 zwei weitere Absätze anzufügen sowie einen § 128a einzufügen.[5] In einem **Absatz 3** sollte die Verpflichtung der Unternehmen normiert werden, bei der Ausführung von Bau- und Dienstleistungen spätestens zu Beginn der Auftragsausführung ein Verzeichnis der Nachunternehmer vorzulegen, aus dem sich die Namen, die Kontaktdaten und die gesetzlichen Vertreter der Nachunternehmer ergeben, sowie der Vorbehalt, dass die Übertragung von Leistungen auf diese Nachunternehmer bzw. ein Nachunternehmerwechsel von einer jeweiligen ausdrücklichen schriftlichen Zustimmung des Auftraggebers abhängig sein soll. In einem **Absatz 4** sollte eine persönliche Verantwortlichkeit des Hauptauftragnehmers dafür begründet werden, dass jeder von ihm eingesetzte Nachunternehmer die Verpflichtungen des Absatzes 1 erfüllt. Diese Ergänzungen des § 128 sollten dazu dienen, die Gefahr der Umgehung von im Vergabeverfahren aufgestellten Standards durch die Beauftragung von Nachunternehmern

---

1   Vgl. Begründung des Gesetzesentwurfs der Bundesregierung v. 14.08.2015, BR-Drs. 367/15, S. 133 zu § 128.
2   Vgl. Stellungnahme des BDI zum Gesetzesentwurf der Bundesregierung v. 24.06.2015, S. 11.
3   Vgl. Entwurf (Bearbeitungsstand 30.04.2015): »… einem nach dem Arbeitnehmer-Entsendegesetz oder nach dem Tarifvertragsgesetz für allgemein verbindlich erklärten Tarifvertrag …« in (Bearbeitungsstand 10.07.2015) »… einem nach dem Tarifvertragsgesetz mit den Wirkungen des Arbeitnehmer-Entsendegesetzes für allgemein verbindlich erklärten Tarifvertrag …«.
4   Vgl. Einfügung des Wortes »insbesondere«, wodurch die abschließend erscheinende Aufzählung der zulässigen anderen als einzelwirtschaftlichen Zwecke eindeutig zu einer beispielhaften, der Ergänzung zugänglichen Aufzählung umgewandelt wird, und durch Einfügung eines weiteren ausdrücklich benannten Aspekts, nämlich des Schutzes der Vertraulichkeit von Informationen.
5   Vgl. Änderungsantrag v. 16.12.2015, BT-Drs. 18/7089.

zu verringern. Mit einem § 128a sollten auf gesetzlicher Ebene grundlegende Regelungen zur Kontrolle der Einhaltung der vorgegebenen Ausführungsbedingungen und zu Sanktionen während des Vertragsvollzuges geschaffen werden. Dadurch sollte eine bundeseinheitliche Regelung eines Mindeststandards der Kontrollen durch den öffentlichen Auftraggeber und der zu verhängenden Sanktionen geschaffen werden, ohne die darüber hinausgehenden Regelungen der Länder zu gefährden.[6] Dieser Änderungsvorschlag ist hinsichtlich aller seiner Bestandteile abgelehnt worden.[7]

Im Bundesrat ist eine **Empfehlung der Ausschüsse** darauf gerichtet gewesen, in Absatz 2 Satz 3   9 das Wort »umweltbezogene« zu streichen und stattdessen eine spezielle, strengere Regelung hierzu in einem Absatz 3 zu schaffen.[8] Der vorgeschlagene Absatz 3 enthielt eine Soll-Vorschrift, wonach öffentliche Auftraggeber in ihren Ausführungsbedingungen allen »offensichtlich« durch die Ausführung »nachteilig berührten« umweltbezogenen Belangen im Rahmen des »wirtschaftlich Vertretbaren« durch »geeignete« besondere Ausführungsbedingungen Rechnung tragen sollten. Mit der Änderung sollte der Durchsetzung umweltbezogener Belange ein höherer Stellenwert eingeräumt werden. Dieser Vorschlag wurde mit der Vorbildfunktion der öffentlichen Auftraggeber im Hinblick auf ein umweltfreundliches Verhalten begründet. Die Empfehlung hat keine Mehrheit gefunden.[9]

II. Allgemeingültige Bedingungen für die Ausführung des Auftrags (§ 128 Abs. 1)

1. Europarechtskonformität

Der Bundesgesetzgeber setzt mit der Vorschrift des § 128 Abs. 1 die unionsrechtlichen Vorgaben   10 um, wie sie in **Art. 18 Abs. 2 der Richtlinie 2014/24/EU (VRL)**, **Art. 36 Abs. 2 der Richtlinie 2014/25/EU (SRL)** und **Art. 30 Abs. 3 der Richtlinie 2014/23/EU (KVR)** wortgleich normiert sind. Danach hat jeder Mitgliedstaat sicherzustellen, dass Unternehmen, welche Leistungen zur Erfüllung der Verpflichtungen aus öffentlichen Aufträgen ausführen, dabei die geltenden umwelt-, sozial- und arbeitsrechtlichen Verpflichtungen einhalten. Die deutsche Umsetzungsnorm beschränkt sich nicht auf die genannten Rechtsgebiete, sondern bezieht alle für das betreffende Unternehmen geltenden rechtlichen Vorschriften ein.[10] Hierin liegt keine Erweiterung der Verpflichtungen der Unternehmen, weil die allgemeingültigen Rechtsvorschriften im Hoheitsgebiet des Mitgliedstaates, in welchem der Auftraggeber ansässig ist, auch ohne die vergaberechtliche Norm für alle Personen gelten, die im Hoheitsgebiet, und sei es nur vorübergehend, ihre Erwerbstätigkeit ausüben.[11] Für den nationalen Gesetzgeber war es nicht erforderlich, in die Norm einen Verweis aufzunehmen, wie er in den unionsrechtlichen Vorschriften enthalten ist, so in Art. 18 Abs. 2 VRL auf die in Anhang X der Richtlinie aufgeführten, von allen Mitgliedstaaten der EU ratifizierten internationalen Übereinkommen, insbesondere der ILO; diese Übereinkommen sind vollständig und unmittelbar in das nationale deutsche Recht umgesetzt worden.[12]

Die **Richtlinie 2009/81/EG (VSRL)** enthält noch keine entsprechende Vorgabe, was die Unions-   11 rechtskonformität des § 128 aus den vorgenannten Gründen nicht in Frage stellt.

2. Sicherstellung der Einhaltung allgemeingültiger Rechtsvorschriften durch die Unternehmen

Die Sicherstellung der Einhaltung aller allgemeingültigen Rechtsvorschriften, welche die Tätigkeit   12 der Unternehmen bei der Ausführung des Auftrags betreffen, insbesondere derjenigen in den Bereichen des Steuer- und Abgabenrechts, des Rechts der Sozialversicherung, des Arbeitsschutzrechts,

---

6 Vgl. ebenda, S. 5 zu 1 b) ee) und zu 1 b) ff).
7 Vgl. Plenarprotokoll v. 16.12.2015, BT-Drs. 18/146 S. 14428 li. Spalte.
8 Vgl. Empfehlungen der Ausschüsse des Bundesrates v. 11.09.2015, BR-Drs. 367/1/15, S. 10 f. Ziffer 12.
9 Vgl. Plenarprotokoll 936 v. 25.09.2015, S. 333 li. Spalte Abstimmung zu Ziffer 12.
10 Vgl. Gesetzesentwurf der Bundesregierung, BR-Drs. 367/15, S. 133 unten, zu Absatz 1.
11 So schon EuGH, Urt. v. 27.03.1990, C-113/89 »Rush Portuguesa LDA«.
12 Vgl. BR-Drs. 367/15, S. 134.

des Mindestlohngesetzes bzw. der Mindestlöhne i.S. des Arbeitnehmer-Entsendegesetzes bzw. des Arbeitnehmerüberlassungsgesetzes [13], erfolgt **vornehmlich** dadurch, dass in den entsprechenden Rechtsvorschriften selbst bereits **spezielle Sanktionsmechanismen**, wie etwa Straf- und Bußgeldvorschriften, die **Einrichtung spezieller Kontrollbehörden** oder besondere Ausschlussgründe für künftige Vergabeverfahren, vorgesehen sind.

13   Der konkrete öffentliche Auftraggeber ist hierdurch nicht gehindert, sich zusätzlich zu diesen hoheitlichen Maßnahmen im Rahmen der Vertragsabwicklung auch selbst um die Einhaltung der vorgenannten Vorschriften zu bemühen und damit den Rechtsanwendungsdruck auf diejenigen Unternehmen, die ein Interesse an dem öffentlichen Auftrag haben, zu verstärken. Hierzu kann er die Einhaltung konkret benannter, allgemeingültiger Anforderungen **zugleich als vertragliche Haupt- oder Nebenpflichten** vorsehen[14] und für deren Verletzung auch vertragliche Sanktionen (z.B. Vertragsstrafe, außerordentliches Kündigungsrecht) festlegen. Die Einordnung von Verpflichtungserklärungen der Bewerber oder Bieter zur Einhaltung allgemeingültiger Vorschriften als Eignungsnachweise[15] ist nach der Neuregelung der Eignungsprüfung, insbesondere der Beschränkung der Abforderung von Eignungsunterlagen einerseits für die Prüfung der obligatorischen und fakultativen Ausschlussgründe nach §§ 123, 124 und andererseits auf den abschließend formulierten Katalog der Unterlagen für die Prüfung der Eignungsmerkmale nach § 122, rechtlich nicht mehr zulässig.

14   Es ist darauf hinzuweisen, dass die Aufnahme von Vertragsbedingungen, die auf die Einhaltung allgemeingültiger Ausführungsbedingungen gerichtet sind, nur dann sinnvoll erscheint, wenn der öffentliche Auftraggeber tatsächlich über die personellen und sachlichen Ressourcen sowie die notwendige Sachkunde und rechtlich über die erforderliche Befugnisse verfügt, um während der Auftragsausführung auch effektive Kontrollen durchzuführen und Sanktionen zu verhängen. Hierzu ist es notwendig, sich über den Prüfungsumfang vorab im Klaren zu sein, weil sich z.B. die Forderung nach der Einhaltung des allgemeinen Mindestlohns nicht darauf beschränkt, den Stundenverrechnungssatz zu überprüfen.[16] Dies wird im Regelfall erfordern, im Vertrag auch Kontrollrechte, z.B. zur Gewährung des Zugangs zu den Betriebsstätten oder zur Einsicht in die Buchführung, bzw. eine Kontrolle durch einen Dritten vorzusehen. Hieraus ergeben sich z.T. weitere Problemfelder, so die Vereinbarkeit solcher Regelungen mit datenschutzrechtlichen Bestimmungen zugunsten der einzelnen Arbeitnehmer[17] oder die Wirksamkeit von kumulativ vorgesehenen Vertragsstrafen für die Verletzung von Hauptleistungspflichten einerseits und Ausführungsbedingungen andererseits.

15   Ein öffentlicher Auftraggeber ist auch unter Berücksichtigung dieser Vorschrift nach wie vor nicht verpflichtet, die Angebote einer allgemeinen Rechtmäßigkeitskontrolle zu unterziehen, etwa dahin, ob die Preise unter Einhaltung des Tarifvertrages kalkuliert worden sind.[18]

16   Die Bundesländer haben in ihren Vergabe- und Tariftreuegesetzen unterschiedliche weiter gehende Regelungen geschaffen, wonach öffentliche Auftraggeber mit unterschiedlichen Verbindlichkeitsgraden – teilweise verpflichtend, teilweise als Soll-Vorschrift und teilweise nur empfehlend – zur Abforderung von Eigenerklärungen über die Einhaltung allgemeingültiger Rechtsvorschriften angehalten werden. Im Vergabeverfahren beschränkt sich die tatsächlich mögliche Kontrolle darauf, die Vollständigkeit des Angebots, insbesondere auch im Hinblick auf geforderte Eigenerklärungen, und die formale Übereinstimmung des Angebots mit den zwingenden inhaltlichen Vorgaben zu prüfen.

---

13 Vgl. Übersicht als Arbeitshilfe unter www.bmas.de/SharedDocs/Downloads/DE/pr-mindestloehne-aentg-uebersicht.pdf?_blob=publicationFile.

14 So auch Erwägungsgrund 37 VRL.

15 So z.B. für die Einhaltung von Pausenzeiten gem. ArbZG OLG Düsseldorf, Beschl. v. 30.04.2014, VII-Verg 33/13.

16 Vgl. EuGH, Urt. v. 12.02.2015, C-396/13 »Sähköalojen ammtilitto ry./. Elektrobudowa Spólka Acyina (ESA)«.

17 Vgl. KG Berlin, Beschl. v. 03.04.2003, 2 U 19/02 Kart.

18 Vgl. OLG Düsseldorf, Beschl. v. 05.05.2008, VII-Verg 5/08 »Wachdienste«.

III. Besondere Bedingungen für die Ausführung des Auftrags (§ 128 Abs. 2)

1. Europarechtskonformität

Die Vorschrift stellt eine Umsetzung von **Art. 70 VRL, Art. 87 SRL** und **Art. 20 VSRL** dar; in der   17
Richtlinie 2014/23/EU ist eine gleichartige Vorschrift nicht enthalten.

2. Bestimmungsfreiheit des öffentlichen Auftraggebers

a) **Begriff:** Als **besondere Bedingungen** für die Ausführung des Auftrags sind Ausführungsbedin-   18
gungen anzusehen, die nicht durch allgemeingültige Rechtsvorschriften vorgegeben sind, sondern
vom Auftraggeber zusätzlich festgelegt werden. Sie betreffen nicht den wertschöpfenden Teil der
Leistungsverpflichtungen des künftigen Auftragnehmers, sondern sind Eingriffe in die grundsätzliche Freiheit des Unternehmens bei der Gestaltung der Art und Weise der Leistungsausführung. In
rechtlicher Hinsicht sind sie besondere Vertragsbedingungen.

b) Nach § 128 Abs. 2 S. 1 haben die öffentlichen Auftraggeber **ein weites Auswahlermessen,** beson-   19
dere Bedingungen für die Ausführung des Auftrags zu bestimmen oder auch nicht zu bestimmen.
Die in § 128 Abs. 2 S. 3 aufgeführten Belange weisen ein breites Spektrum auf und sind, wie sich
aus dem Wort »insbesondere« ergibt, nur beispielhaft, nicht etwa in einer abschließenden Liste,
aufgeführt.[19] So kommen vor allem in Betracht:
- Wirtschaftliche bzw. wirtschaftspolitische Belange, wie die Beschaffung der für die Auftragsausführung verwendeten Produkte im Wege des Fairen Handels[20] oder die Umsetzung handelsbe-
  zogener Nachhaltigkeitssicherungskonzepte[21],
- Innovationsbezogene Aspekte, wie parallele Ausbildung und Qualifizierung des eingesetzten
  Personals, die Förderung von Forschung und Entwicklung im Hinblick auf die angebotenen
  Leistungen oder die Anpassung von Herstellungsmethoden und –verfahren sowie der Arbeitsor-
  ganisation an die Integration älterer Arbeitnehmer,
- Umweltbezogene Aspekte, wie die Realisierung eines umweltverträglichen Lieferkonzepts
  (Zusammenfassung von Lieferungen, geringe Lieferhäufigkeit, Ausweichen auf verkehrsarme
  Lieferzeiten, Maßnahmen zur Reduzierung von Schadstoffausstößen), die Wiederverwendbar-
  keit oder Recyclebarkeit von Verpackungen und Geräten nach Ablauf der Nutzungsdauer, die
  Umsetzung eines abfallvermeidenden Arbeitskonzepts,
- Belange des Arbeitnehmerschutzes, wie die Verpflichtung zur Zahlung eines vergabespezifischer
  Mindestlohn, zur Anwendung eines repräsentativen Tarifvertrags oder zur Einhaltung besonde-
  rer Arbeitsschutzvorkehrungen,
- Soziale Belange, wie die Gleichstellung von Mann und Frau am Arbeitsplatz[22], die Förderung
  der Vereinbarkeit von Arbeit und Familienleben[23] oder soziale Integration von benachteiligten
  Personen[24],
- Beschäftigungspolitische Belange, wie die Durchführung von Aus- und Weiterbildungen für
  Jugendliche, Unausgebildete bzw. Arbeitslose oder die Einstellung von benachteiligten Personen
  (z.B. Langzeitarbeitslose[25], Frauen, Alleinerziehende),

---

19 Vgl. BR-Drs. 367/15, S. 135.
20 Vgl. EuGH, Urt. v. 10.05.2012, C-368/10 »KOM./. Kgr. Niederlande (Provinz Nord-Holland)«.
21 Vgl. Mitteilung der Kommission v. 05.05.2009, KOM(2009)215 endgültig, Beitrag zu einer nachhaltigen
    Entwicklung: Die Rolle des Fairen Handels und handelsbezogener nichtstaatlicher Nachhaltigkeitssiche-
    rungskonzepte; Siegel VergabeR 2013, 370.
22 Vgl. Erwägungsgrund 98 Abs. 2 VRL, Leinemann/Dose, VergabeNews 1/2012, 2.
23 Vgl. Erwägungsgrund 98 Abs. 2 VRL.
24 Vgl. Erwägungsgrund 99 abs. 1 VRL.
25 Vgl. EuGH, Urt. v. 20.09.1988, C-31/87 »Gebroeder Beentjes./. Kgr. Niederlande«; Urt. v. 26.09.2000,
    C-225/98 »KOM./. Frankreich (Nord-Pas-de-Calais)«.

– Belange des Schutzes der Vertraulichkeit von Informationen[26], wie die Abgabe von Verpflichtungserklärungen zur Datensicherheit[27] oder die Forderung der Einrichtung und Unterhaltung eines lokalen Reputationsdienstes[28],

– Belange der Gefahrenabwehr, wie die Verpflichtung zur Nichtanwendung der »Technologie von L. Ron Hubbard« (sog. »Scientology-Schutzklausel«)[29] oder zur Abwehr der Infiltration der organisierten Kriminalität im Bereich der öffentlichen Aufträge[30].

20 c) **Formen der Festlegung**: Soweit der öffentliche Auftraggeber die Abgabe von Eigenerklärungen über den Status quo oder von Verpflichtungserklärungen für die Art und Weise der Auftragsausführung verlangt, schafft er damit zwingende formelle Vorgaben, die im Fall der (endgültigen) Nichterfüllung zum Ausschluss des Teilnahmeantrags bzw. des Angebots führen.

21 Hinsichtlich der inhaltlichen Festlegung besonderer Ausführungsbedingungen als Vertragsbedingungen ist der öffentliche Auftraggeber nicht darauf beschränkt, diese Bedingungen **zwingend** vorzugeben. Eine zwingende Vorgabe sollte nur erfolgen, wenn für den öffentlichen Auftraggeber eine Auftragsausführung ohne Einhaltung der von ihm ausgewählten besonderen Ausführungsbedingungen nicht in Betracht kommt. Auf die Regelung in § 129 wird verwiesen.

22 Der öffentliche Auftraggeber ist auch frei darin, die besonderen Ausführungsbedingungen **fakultativ** vorzugeben und Anreize für deren Einhaltung (ja/nein) bzw. abgestuft in Abhängigkeit vom Zielerreichungsgrad zu setzen, z.B. durch Mali und Boni in der Vergütungsabrechnung.

23 d) **Vor- und Nachteile:** Der Auftraggeber kann durch die Aufnahme solcher besonderen Ausführungsbedingungen seine Marktmacht als potenter Nachfrager nutzen, um in der Marktwirtschaft mehr Nachhaltigkeit, höhere soziale Standards u.s.w. zu etablieren und damit der Vorbild- und Vorreiterfunktion der öffentlichen Hand gerecht zu werden oder Marktdefiziten bzw. gar einem Marktversagen zu begegnen. Dem stehen regelmäßig höhere Kosten der Beschaffung entgegen, deren auf die Verfolgung anderer Politikziele entfallende Kostenanteile nicht eindeutig identifizier- und abgrenzbar sind und die entgegen den haushaltsrechtlichen Grundsätzen sowohl der Kameralistik als auch der Doppik nicht den »verursachenden« Bereichen zugeordnet werden können. Die Aufnahme besonderer Ausführungsbedingungen erhöht den Arbeitsaufwand des Auftraggebers im Vergabeverfahren und in der Vertragsabwicklung sowie den Aufwand des interessierten Unternehmens bei der Bewerbung bzw. Angebotserstellung, was im Einzelfall auch von einer Abstandnahme von einer Teilnahme führen kann. Gegebenenfalls sollten in die Ermessensausübung deswegen auch solche Aspekte einfließen, wie die aktuelle Auftragslage der Unternehmen im angesprochenen Marktsegment und sonstige wettbewerbliche Rahmenbedingungen. Bei der Ermessensentscheidung ist auch zu berücksichtigen, dass die Aufnahme von besonderen Ausführungsbedingungen die Streitträchtigkeit der Vergabeentscheidung und der Vertragsabwicklung zu erhöhen vermag, was u.U. zu höheren Prozessrisiken und damit verbundenen zeitlichen oder finanziellen Risiken führen kann. Letztlich ist vom öffentlichen Auftraggeber eine Abwägung zwischen den für und gegen die Festlegung spezifischer besonderer Ausführungsbedingungen sprechenden Gesichtspunkten jeweils im Einzelfall vorzunehmen.

---

26 Vgl. Art. 21 Abs. 2 VRL, Art. 39 Abs. 2 SRL, Art. 28 Abs. 2 KVR.
27 Vgl. Erlass des BMI v. 30.04.2014: Verwendung einer Eigenerklärung und einer Vertragsklausel in Vergabeverfahren im Hinblick auf Risiken durch nicht offengelegte Informationsabflüsse an ausländische Sicherheitsbehörden (sog. »No Spy«-Erlass) sowie Handreichung zum Erlass v. 19.08.2014, abrufbar unter www.bmi.de/SharedDocs/Kurzmeldungen/DE/2014/08/no-spy-erlass.html.
28 Vgl. OLG Düsseldorf, Beschl. v. 21.10.2015, VII-Verg 28/14 »Rahmenvereinbarung Virenschutz«.
29 Vgl. Roth/Erben NZBau 2013, 409.
30 Vgl. EuGH, Urt. v. 22.10.2015, C-425/14 »Impresa Edilux Srl u.a../. Assessorato Beni Culturali e Identitá Siciliana ...« – Eingehen v. Verpflichtungen und Abgabe v. Erklärungen nach einem sog. Legalitätsprotokoll.

3. Grenzen des Bestimmungsrechts des öffentlichen Auftraggebers

a) Auftragsbezogenheit

In § 128 Abs. 2 S. 1 wird im 2. Halbsatz die allgemeine Anforderung aufgestellt, dass besondere 24
Bedingungen für die Ausführung des Auftrags **mit dem Auftragsgegenstand »in Verbindung stehen«** müssen (sog. Auftragsbezogenheit). Ebenso, wie der Normtext auf die entsprechende Formulierung in § 127 Abs. 3 verweist, kann hier zunächst auf die dortige Kommentierung Bezug genommen werden, insbesondere zur Auslegung des Begriffs »in Verbindung stehen«. Der vorliegenden Regelung ist eindeutig zu entnehmen, dass im Rahmen des § 128 derselbe Maßstab gelten soll.

aa) In der Vergangenheit stellte die von der Rechtsprechung geforderte unmittelbare Auftragsbe- 25
zogenheit die wichtigste rechtliche Grenze für die Verfolgung nicht einzelwirtschaftlicher Zwecke dar.[31] Der Begriff der Auftragsbezogenheit hat aber durch die Rechtsetzung eine deutliche Aufweichung erfahren, so dass die bisher einschlägige Rechtsprechung nicht ohne weiteres auf die neue Rechtslage übertragbar ist.

bb) **In zeitlicher Hinsicht** kann es sich bei den besonderen Bedingungen für die Ausführung des 26
Auftrags nur um solche Anforderungen handeln, die für die Dauer der Vertragsausführung gelten sollen, selbst wenn sie sich auf Lebenszyklen des Leistungsgegenstandes vor Beginn der Ausführung der Leistung beziehen. Regelmäßig bilden deswegen der Ausführungsbeginn einerseits und die Beendigung der Ausführung andererseits den zeitlichen Rahmen, in welchem der Auftragnehmer die Einhaltung der besonderen Ausführungsbedingungen schuldet.

cc) In **sachlicher Hinsicht** müssen sich die Anforderungen auf die Modalitäten der Ausführung der 27
nach dem Vertrag geschuldeten Leistungen beziehen.

Unzulässig sind **Anforderungen an die Unternehmensführung im Allgemeinen**[32], wie an das 28
gesamte Einkaufsverhalten des Unternehmens bzw. der Unternehmensgruppe, an die allgemeine Personalpolitik oder an den Zuschnitt der Geschäftsfelder (z.B. Verbot der gewerblichen Sammlungen während der Ausführung öffentlicher Abfallentsorgungsaufträge). Zwar kann sich das Unternehmen seinerseits darauf berufen, dass es bestimmte Standards einheitlich im Unternehmen umgesetzt hat, was die Schlussfolgerung rechtfertigt, dass diese Standards auch bei der Ausführung des konkreten Auftrags eingehalten werden. Umgekehrt darf der öffentliche Auftraggeber aber seine besonderen Ausführungsbedingungen nur auf die Ausführung des konkreten Auftrags beziehen. Das betrifft auch die **Beschränkung** der besonderen Ausführungsbedingungen ausschließlich **auf die mit der Auftragsausführung befassten Mitarbeiter** des Auftragnehmers bzw. seiner Nachunternehmer.[33]

An der erforderlichen Auftragsbezogenheit fehlt es auch unter der Geltung des neuen Rechts, wenn 29
der Auftraggeber die Erteilung des Auftrags an die **Übernahme zusätzlicher Verpflichtungen** des Auftragnehmers **in einer vom Beschaffungsvorgang abzugrenzenden Angelegenheit** koppelt. Das ist u.a. dann der Fall, wenn der Auftragnehmer ein den Auftraggeber belastendes Risiko aus einer anderen Rechtsbeziehung übernehmen soll, z.B. im Rahmen eines Auftrags über die Entsorgung des kommunalen Anteils an Papier, Pappe und Karton in den Haushalten die Zahlung eines Entgelts für die Mitbenutzung des kommunalen Erfassungssystems durch die Unternehmen des Dualen Systems Deutschland[34], oder dann, wenn der Auftragnehmer zusätzlich zur Auftragsausführung eine der Personalpolitik des Auftraggebers dienende Maßnahme umsetzen soll[35] oder wenn sich der

---

31 Vgl. Erwägungsgrund 97 Abs. 1 VRL = Erwägungsgrund 102 Abs. 1 SRL.
32 Vgl. Erwägungsgrund 97 Abs. 2 VRL = Erwägungsgrund 102 Abs. 2 SRL.
33 Vgl. BVerfG, Beschl. v. 11.07.2006, 1 BvL 4/00 »Berliner Vergabegesetz«.
34 Vgl. OLG Koblenz, Beschl. v. 29.11.2012, 1 Verg 6/12.
35 Vgl. Schleswig-Holstein. OLG, Beschl. v. 30.11.2012, 1 Verg 6/12 »Postdienste« – Forderung nach dem Weiterbetrieb von Frankiermaschinen zur personalpolitisch gewollten Integration von Schwerbehinderten im öffentlichen Dienst.

Auftragnehmer eines öffentlichen Abfallentsorgungsauftrags deswegen einer Betätigung bei gewerblichen Abfallsammlungen enthalten soll.

b) Objektivität

30   Auch bezüglich des Begriffs der Objektivität und der hiermit verbundenen Anforderungen an die Festsetzung der besonderen Ausführungsbedingungen kann auf die Kommentierung zu § 127 Abs. 4 S. 1 Bezug genommen werden.

31   Für die besonderen Ausführungsbedingungen gilt nach hier vertretener Auffassung ebenso wie für Zuschlagskriterien, dass sie so festgelegt werden müssen, dass sie dem Auftraggeber weder im Vergabeverfahren noch im Vertragsvollzug eine willkürliche Ergebnisse ermöglichende Wertung eröffnen. Der öffentliche Auftraggeber muss grundsätzlich in der Lage und gewillt sein, die von den Bietern gemachten Angaben auf deren Richtigkeit und daraufhin zu prüfen, ob sie die angegebenen besonderen Ausführungsbedingungen erfüllen.[36] Ebenso wie Zuschlagskriterien beeinflussen die Angaben der Bieter bzw. deren Verpflichtungserklärungen die Auswahlentscheidung des öffentlichen Auftraggebers im Vergabeverfahren. In die engere Wahl gelangen nur Angebote, die inhaltlich den Vorgaben des Auftraggebers einschließlich der Vorgaben zu den besonderen Ausführungsbedingungen entsprechen. Aus diesem Grunde muss der seriöse Bieter von einem »frivolen« Bieter, der jede von ihm geforderte Erklärung abgibt und Verpflichtung eingeht, ohne deren Einhaltung gewährleisten zu können oder zu wollen, abgegrenzt werden können. Nach anderer Auffassung ist die Geltung des Grundsatzes der Objektivität für den Bereich der Festlegung der besonderen Ausführungsbedingungen zumindest zweifelhaft, weil eine präventive Kontrolle im Vergabeverfahren, ob Bieter besondere Ausführungsbedingungen einhalten können oder dies wahrscheinlich tun werden, rechtlich nicht zulässig seien und die Einhaltung lediglich bei der Ausführung selbst geprüft werden könne.[37]

32   Folgt man der hier vertretenen Auffassung, so gilt: Verlangt der Auftraggeber von den Bietern einen Nachweis, so bedarf es auch valider Nachweismöglichkeiten für die Unternehmen und effektiver Verifizierungsmöglichkeiten des öffentlichen Auftraggebers selbst. Das ist derzeit für den Bereich der Einhaltung von ILO-Kernarbeitsnormen zumindest zweifelhaft.[38] Gleiches gilt derzeit für den Bereich der Einhaltung von Emissionswerten bei Kraftfahrzeugen.

c) Beachtung der Grundsätze des AEUV, insbesondere des Diskriminierungsverbots

33   In den Stellungnahmen zur Neuregelung ist zu Recht auf das hohe Missbrauchspotenzial dieser Regelung hingewiesen worden[39], weshalb ein verantwortungsvoller Umgang mit der Neuregelung geboten ist. Die Festlegung von besonderen Ausführungsbedingungen muss mit dem Unionsrecht und dem nationalen Recht im Einklang stehen.[40] Dies betrifft insbesondere die Beachtung des Diskriminierungsverbots, d.h. entweder der gezielten Bevorzugung eines oder mehrerer Unternehmen durch die Festlegung von besonderen Ausführungsbedingungen ohne bzw. ohne ausreichende sachliche Rechtfertigung oder der gezielten Benachteiligung von Unternehmen, insbesondere in

---

36   Vgl. EuGH, Urt. v. 20.09.1988, C-31/87 »Gebroeder Beentjes BV./. Kgr. Niederlande«, Urt. v. 18.10.2001, C-19/00 »SIAC Construction Ltd../. County Council of County of Mayo«, Urt. V. 04.12.2003, C-448/01, »EVN AG u. Wienstrom GmbH./. Rep. Österreich«, Urt. v. 10.05.2012, C-368/10 »KOM./. Kgr. Niederlande (Provinz Nord-Holland«.

37   Vgl. OLG Düsseldorf, Beschl. v. 29.01.2014, VII-Verg 28/13 »ILO-Kernarbeitsnormen I«, Beschl. v. 25.06.2014, VII-Verg 39/13 »ILO-Kernarbeitsnormen II«, jeweils ohne nähere Begründung, Beschl. v. 07.05.2014, VII-Verg 46/13 »Abschleppdienst«.

38   Vgl. BVerwG, Urt. v. 16.10.2013, 8 CN 1.12, VGH Baden-Württemberg, Beschl. v. 29.04.2014, 1 S 1458/12, Beschluss v. 21.09.2015, 1 S 536/14.

39   Vgl. Stellungnahme des BDI zum Gesetzesentwurf v. 16.09.2015, S. 10 f.; Kling in: Siebzehnte forum vergabe Gespräche 2015, S. 93 f.

40   Vgl. Art. 20 VSRL, Erwägungsgrund 37 Abs. 2 VRL.

Abhängigkeit vom Ort ihres Geschäftssitzes. So stellt es eine nicht gerechtfertigte Beschränkung der Dienstleistungsfreiheit dar, wenn ein inländischer Arbeitgeber den in einem für allgemeinverbindlich erklärten Tarifvertrag festgesetzten Mindestlohn durch den Abschluss eines Firmentarifvertrages unterschreiten darf, während dies einem Arbeitgeber, der in einem anderen Mitgliedsstaat der EU ansässig ist, nicht möglich ist.[41]

d) Verhältnismäßigkeit

Zur Begrenzung der Bestimmungsfreiheit des öffentlichen Auftraggebers wird in Zukunft wahr- 34
scheinlich dem nunmehr in § 97 Abs. 1 S. 2 ausdrücklich normierten Grundsatz der Verhältnismäßigkeit **größere Bedeutung** zukommen.[42] Angesichts der umfangreicheren Freiheiten des Auftraggebers zur Einbeziehung nicht einzelwirtschaftlicher Beschaffungszwecke in das Vergabeverfahren werden Konstellationen zunehmen, in denen sich die verschiedenen Beschaffungszwecke in einem Spannungsverhältnis gegenüber stehen und ein angemessener Ausgleich zwischen ihnen gefunden werden muss.

Das **Verhältnismäßigkeitsprinzip** beinhaltet im Hinblick auf die Festlegung von besonderen Aus- 35
führungsbedingungen, dass die konkrete Anforderung einem sachlich gerechtfertigten und legitimen Zweck dient, dass sie zur Erreichung oder Förderung dieses Zwecks zumindest tauglich ist, dass auch die hiermit für die Teilnehmer am Vergabeverfahren verbundenen Belastungen sowie die möglichen negativen wettbewerblichen Auswirkungen berücksichtigt werden und dass die mit der Anforderung verbundenen Belastungen für die Unternehmen nicht völlig außer Verhältnis zu den möglichen positiven Effekten stehen, welche sie im günstigsten Fall bewirken können.

aa) Soweit es sich bei den mit der Festlegung der besonderen Ausführungsbedingungen verfolgten 36
Zwecken um solche handelt, welche nur eine räumlich begrenzte Geltung beanspruchen können, z.B. um landesrechtliche Regelungen für einen vergabespezifischen Mindestlohn, ist eine mit der Festlegung bewirkte Ausdehnung dieser Ausführungsbedingungen auch auf Leistungen, welche außerhalb des Hoheitsgebiets des rechtsetzenden Bundeslandes ausgeführt werden, vergaberechtlich unzulässig.[43] Die Berufung des öffentlichen Auftraggebers auf einen nicht wirtschaftlichen Zweck setzt dessen Legitimität voraus, woran es fehlen kann, wenn die in Bezug genommene landesrechtliche Vorschrift gegen höherrangiges Recht verstößt.[44]

bb) Im Hinblick auf eine besondere Ausführungsbedingung, wonach der Transport der zur Auftrags- 37
ausführung verwendeten Produkte »umweltverträglich« zu erfolgen hat, sind Angaben der Bieter, welche sich ausschließlich auf die Transportentfernungen beziehen, aus fachlicher Sicht **untauglich**, weil allein die Transportentfernung keinen sicheren Schluss auf die Art und das Ausmaß des Energieverbrauchs sowie der klimaschädlichen Umweltbelastungen durch den Transport zulässt. Fehlt eine sachliche Rechtfertigung für die festgelegte besondere Ausführungsbedingung, so entfaltet die Festlegung regelmäßig eine diskriminierende Wirkung.

Bei der Anforderung, dass der Auftragnehmer zur Erbringung seiner Leistungen sozialversiche- 38
rungspflichtiges Personal einzusetzen hat, fehlt es an der Tauglichkeit der Maßnahme zur Zielerrei-

---

41 Vgl. EuGH, Urt. v. 24.01.2002, C-164/99 »Portugaia Construcoes L^{da}«.
42 Vgl. Latzel NZBau 2014, 673, 679 f.
43 So EuGH, Urt. v. 18.09.2014, C-549/13 »Bundesdruckerei GmbH./.Stadt Dortmund« für die 100 %-ige Übertragung der ausgeschriebenen Leistungen auf einen Nachunternehmer in einem anderen Mitgliedsstaat der EU und die vollständige Ausführung von Leistungen der Aktendigitalisierung und Konvertierung von Daten durch dessen Arbeitnehmer im Heimatstaat.
44 Vgl. EuGH, Urt. v. 03.04.2008, C-346/06 »Rüffert:7: Land Niedersachsen« – zur Unionsrechtswidrigkeit der Tariftreueregelung in § 3 Abs. 1 VgG Nds. a.F., OLG Düsseldorf, Beschl. v. 19.10.2015, VII-Verg 30/13 »Nacht-Express Paderborn« – zur Nichtigkeit des § 1 RepTVVO NRW wegen Verfassungswidrigkeit; VG Düsseldorf, Beschl. v. 27.08.2015, 6 K 2793/13 – Vorlagebeschluss zur Tariftreueregelung des TVgG NRW im Bereich des ÖPNV wegen Verfassungswidrigkeit; VK Lüneburg, Beschl. v. 15.05.2015, VgK 09/2015 – zur Nichtigkeit wegen Unionsrechtswidrigkeit des § 4 Abs. 3 S. 2 NTVergG.

chung. Der Einsatz von nicht sozialversicherungspflichtigem Personal ist nicht notwendigerweise mit einem täglichen Personalwechsel und hieraus resultierenden Nachteilen für die Qualität der Leistung verbunden. Der Zweck der Wahrung sozialer Belange genügt nicht, einem Auftragnehmer sozialrelevante, aber arbeitsrechtlich erlaubte Gestaltungsmöglichkeiten zu versagen.[45]

39   cc) Die **Berücksichtigung der** durch die Vorgaben **bewirkten Belastungen für die Unternehmen** und der hierdurch verursachten nachteiligen Auswirkungen auf den Wettbewerb kann u.a. dadurch erfolgen, dass das Niveau der Anforderungen in Abhängigkeit zur Mitarbeiterzahl des Unternehmens festgelegt wird, wie das in einzelnen Landesgesetzen geschehen ist.

40   Unter diesem Gesichtspunkt kann sich auch die Anwendung von nationalen Vorschriften über die Verpflichtung zur Zahlung von Mindestlöhnen als unverhältnismäßig erweisen, wenn es sich um Beschäftigte eines Unternehmens mit Sitz in einer grenznahen Region handelt, die einen Teil ihrer Arbeit in Teilzeit und für kurze Zeiträume im Hoheitsgebiet eines oder mehrerer anderer Mitgliedstaaten erbringen müssen.[46]

41   Der öffentliche Auftraggeber sollte – nicht primär im Hinblick auf die Zulässigkeit seiner Festlegung, sondern im Sinne eines zweckmäßigen und wirksamen Vorgehens – auch berücksichtigen, ob die von ihm gestellte Forderung angesichts des Umfangs des Auftrags Umsetzungschancen besitzt. So kann eine auf die Umstellung des gesamten Produktionsprozesses gerichtete besondere Ausführungsbedingung bei einem weniger umfangreichen Lieferauftrag eher bewirken, dass keine wirtschaftlichen Angebote eingehen.

42   Hinsichtlich des Verlangens einer Verpflichtungserklärung zur Berücksichtigung[47] von Aspekten der Frauenförderung und der Vereinbarkeit von Beruf und Familie ist die Verhältnismäßigkeit zumindest bei Lieferaufträgen zweifelhaft, weil Mitarbeiter, die in den Prozess der Lieferung eingebunden sind, in aller Regel an mehreren Lieferaufträgen gleichzeitig mitwirken und eine Zuordnung von Katalogmaßnahmen zu einem konkreten Lieferauftrag nur schwer möglich ist.

43   dd) Der öffentliche Auftraggeber ist schließlich gehalten, die miteinander im Spannungsverhältnis stehenden Zwecke seines Beschaffungsvorgangs sowie die Interessen der Unternehmen in ihrer Allgemeinheit (nicht diejenigen eines konkreten Unternehmens) in einen schonenden Ausgleich zu bringen und zu gewährleisten, dass auch der Grundsatz der Wirtschaftlichkeit der Beschaffung **nicht mehr als notwendig** beeinträchtigt wird.

44   Im Hinblick auf die Festlegung vergabespezifischer Mindestlöhne wird im Allgemeinen die Verfolgung eines grundsätzlich legitimen Zwecks nicht in Zweifel gezogen, eine solche Festlegung mag grundsätzlich auch tauglich sein, die verfolgten Zwecke des Arbeitnehmerschutzes, insbesondere der Vermeidung des Lohndumpings, zu fördern, jedoch ist bereits die Erforderlichkeit ihrer Festlegung bei gleichzeitiger Existenz eines allgemeingültigen Mindestlohns zweifelhaft. Dazu verhält sich die zuletzt ergangene einschlägige Entscheidung des Gerichtshofes (leider) nicht.[48] In den Richtlinien der EU selbst wird jedenfalls auf die Verletzung des Übermaßverbots bei der Festlegung für diejenigen Bereiche verwiesen, in denen es bereits allgemeingültige Mindest- oder Tariflöhne gibt; im Erwägungsgrund 98 Abs. 1 VRL heißt es hierzu, die vergabespezifischen Mindestlöhne »... sollten ... auf dem Niveau bleiben, das durch einzelstaatliche Rechtsvorschriften oder Tarifverträge, die im Einklang mit dem Unionsrecht angewandt werden, festgelegt wurde«. Auf eine – dort als unangemessen bewertete – Relation zwischen dem (höheren) vergabespezifischen Mindestlohn und dem allgemeingültigen Mindestlohn stützt das Verwaltungsgericht Düsseldorf (hilfsweise) auch seine Erwägung, dass verfassungsrechtlich der Tarifautonomie zumindest solange Vorrang einzuräu-

---

45 Vgl. OLG Düsseldorf, Beschl. v. 17.01.2013, VII-Verg 35/12.
46 Vgl. EuGH, Urt. v. 15.03.2001, C-165/98 »André Mazzoleni.
47 Vgl. OLG Düsseldorf, Beschl. v. 25.06.2014, VII-Verg 39/13 »ILO-Kernarbeitsnormen II«.
48 Vgl. EuGH, Urt. v. 17.11.2015, C-115/14 »RegioPost GmbH & Co. KG./. Stadt Landau i.d. Pfalz«.

men sei, solange es keine greifbaren Anzeichen für ein Lohn- und Sozialdumping in der betroffenen Branche im Bundesland gebe.[49]

Verlangt ein öffentlicher Auftraggeber im Rahmen eines Legalitätsprotokolls zur Bekämpfung der 45 organisierten Kriminalität von den Unternehmen die Abgabe von Erklärungen, nach denen sich der Bewerber oder Bieter nicht in einem Abhängigkeitsverhältnis zu anderen Bewerbern oder Bietern befindet oder mit diesen verbunden ist sowie keinen Vertrag mit einem anderen am Vergabeverfahren Beteiligten geschlossen hat und auch nicht schließen wird, kann das Fehlen der Erklärung nicht den automatischen Ausschluss des Bewerbers oder Bieters vom Verfahren zur Folge haben, weil die Erklärung nicht auf kollusive illoyale Verträge beschränkt ist.[50]

4. Transparenz der besonderen Bedingungen für die Ausführung des Auftrags

a) Die zwingende Forderung nach Herstellung ausreichender Transparenz entspricht den unions- 46 rechtlichen Vorgaben.

b) Eine hinreichende Transparenz wird gewährleistet durch die Bekanntgabe der besonderen Aus- 47 führungsbedingungen entweder in der Auftragsbekanntmachung bzw. im Aufruf zum Wettbewerb oder in den Vergabe- bzw. Auftragsunterlagen. Ein näherer Ort innerhalb der Vergabe- bzw. Auftragsunterlagen ist nicht bestimmt. Typischerweise werden sich sowohl die Einbeziehung allgemeingültiger Ausführungsbedingungen in den abzuschließenden Vertrag als auch die Festlegung besonderer Ausführungsbedingungen aus der Leistungsbeschreibung ergeben.

c) Eine unzureichende Transparenz der Einbeziehung der Verpflichtung zur Einhaltung allgemein- 48 gültiger Ausführungsbedingungen in den Vertrag führt zur Unwirksamkeit der Vertragsbedingung, so dass aus deren Verletzung keine Ansprüche oder Gestaltungsrechte hergeleitet werden können. Auf das Vergabeverfahren wirkt sich die Intransparenz regelmäßig nicht aus.

Gleiches gilt für besondere Bedingungen der Auftragsausführung mit der Maßgabe, dass eine unzu- 49 reichende Bestimmtheit der formellen Anforderungen im Hinblick auf die Abgabe von Erklärungen zur Unwirksamkeit der Forderung führt und deswegen bei der (endgültigen) Nichterfüllung der Anforderung einem Ausschluss entgegensteht.

IV. Bieterschutz

1. Eine Verletzung subjektiver Rechte eines am Auftrag interessierten Unternehmens ist zwar nicht 50 vorstellbar, wenn der Auftraggeber lediglich die Einhaltung ohnehin anwendbarer allgemeingültiger Rechtsvorschriften in seine Vertragsbedingungen aufnimmt (**Abs. 1**). Hinsichtlich anderer Fragen, z.B., ob die in Bezug genommene Vorschrift wirklich anwendbar ist, ob und inwieweit die Einhaltung in der Vertragsausführung vom Auftraggeber verifizierbar ist, oder, ob der Auftraggeber den Unternehmen zumutbare Vertragsklauseln etwa bezüglich eigener Kontroll- und Sanktionsrechte vorgibt, ist ein den Bieter schützender Charakter der Norm zu bejahen.

2. Hinsichtlich der vom öffentlichen Auftraggeber festgelegten besonderen Bedingungen für die 51 Ausführung des Auftrags (**Abs. 2**) entfaltet die Vorschrift hinsichtlich sämtlicher das Bestimmungsrecht des öffentlichen Auftraggebers einschränkenden Grundsätze eine Bieter schützende Wirkung. Die Rechtsfrage der Unvereinbarkeit einer Norm des nationalen Rechts mit dem Unionsrecht stellt sich auch unabhängig davon, ob der die hierauf gründenden besonderen Ausführungsbedingungen rügende Bieter ein inländisches Unternehmen ist.[51]

---

49 Vgl. VG Düsseldorf, Beschl. v. 27.08.2015, 6 K 2793/13.
50 Vgl. EuGH, Urt. v. 22.10.2015, C-425/14 »Impresa Edilux Srl./. Assessorato Beni Culturali e Identitá Siciliana«.
51 Vgl. OLG Koblenz, Beschl. v. 19.02.2014, 1 Verg 8/13 »Postdienstleistungen Stadt Landau i.d. Pfalz«.

§ 129 Zwingend zu berücksichtigende Ausführungsbedingungen

Ausführungsbedingungen, die der öffentliche Auftraggeber dem beauftragten Unternehmen verbindlich vorzugeben hat, dürfen nur aufgrund eines Bundes- oder Landesgesetzes festgelegt werden.

I. Vorbemerkungen

1. Bedeutung der Vorschrift

1 Grundsätzlich steht es dem öffentlichen Auftraggeber frei, seinen Beschaffungsbedarf zu bestimmen und für seine Auftragsvergabe auch eigenverantwortlich u.a. besondere Bedingungen für die Ausführung des Auftrags (vgl. § 128 Abs. 2) festzulegen. Gerade in diesem Bereich bestehen in der Praxis ein erheblicher politischer Handlungswille und das Bedürfnis, andere als einzelwirtschaftliche Zwecke unter Instrumentalisierung des öffentlichen Auftragswesens zu verwirklichen. Mit dem § 129 wird der Regelungsgehalt des bisherigen § 97 Abs. 4 S. 3 GWB a.F. aufgegriffen und präzisiert.[1] Für die vergaberechtliche Verpflichtung des öffentlichen Auftraggebers zur Festlegung von bestimmten besonderen Ausführungsbedingungen bedarf es eines Parlamentsgesetzes auf Bundes- oder Landesebene.

2. Die Entstehung der Vorschrift

2 Der Wortlaut der Vorschrift im Gesetzesentwurf der Bundesregierung ist im Gesetzgebungsverfahren unverändert geblieben.

3 Im Bundestag ist mit einem **Änderungsantrag** das Ziel verfolgt worden, den Gesetzesvorbehalt in § 129 auch auf die zwingende Vorgabe von Zuschlagskriterien auszudehnen, wobei der Antrag wohl mehr darauf zielte, die zwingende Vorgabe von Zuschlagskriterien und deren (Mindest-) Quote im Sinne einer Ermächtigungsgrundlage zu ermöglichen.[2] Dieser Änderungsantrag fand keine Mehrheit.[3]

4 Das gleiche Ziel verfolgte auch der Bundesrat mit der **Empfehlung seiner Ausschüsse**, wobei danach solche für öffentliche Auftraggeber verbindliche gesetzliche Festlegungen nicht nur für besondere Ausführungsbedingungen und Zuschlagskriterien, sondern auch für Eignungskriterien, zumindest aber zusätzlich für Zuschlagskriterien eröffnet werden sollten. Insoweit wurde darauf verwiesen, dass einige Bundesländer in der Vergangenheit auf der Grundlage des § 97 Abs. 4 S. 3 GWB a.F. in ihren Landesgesetzen auch entsprechende Regelungen für Eignungs- und Zuschlagskriterien geschaffen hatten.[4] Beide Änderungsempfehlungen wurden abgelehnt.[5] In einer Hilfsempfehlung hierzu hat der Bundesrat um die Ergänzung des Gesetzesvorbehalts um Zuschlagskriterien gebeten[6], was im Plenum Zustimmung fand[7]. Diese Bitte führte jedoch zu keiner Änderung des Gesetzesentwurfes.

---

1 Vgl. Gesetzesentwurf der Bundesregierung v. 14.08.2015, BR-Drs. 367/15, S. 135.
2 Vgl. Änderungsantrag v. 16.12.2015, BT-Drs. 18/7089, S. 3 Ziffer 1 b) gg) und S. 5 zu Ziffer 1 b) gg).
3 Vgl. Plenarprotokoll 18/146 v. 17.12.2015, S. 14428 li. Spalte zu Drucksache 18/7089.
4 Vgl. Empfehlung der Ausschüsse des Bundesrates v. 11.09.2015, BR-Drs. 367/1/15, S. 11 Ziffern 13 und 14 zu Artikel 1 Nummer 2.
5 Vgl. Plenarprotokoll 936 v. 25.09.2015, S. 333, li. Spalte, Abstimmung zu Ziffer 13 und zu Ziffer 14.
6 Vgl. Empfehlung der Ausschüsse des Bundesrates v. 11.09.2015, BR-Drs. 367/1/15, S. 12 Ziffer 15.
7 Vgl. Plenarprotokoll 936 v. 25.09.2015, S. 333, li. Spalte, Abstimmung zu Ziffer 15; vgl. auch Stellungnahme des Bundesrates v. 25.09.2015, BR-Drs. 367/15 (Beschluss), S. 6 Ziffer 6 zu Artikel 1 Nummer 2.

II. Regelungsgehalt

1. Europarechtskonformität

Die Regelung dient nicht der Umsetzung von Unionsrecht, sondern ist eine ausschließlich natio- 5
nale Vorschrift.

2. Beibehaltung des Gesetzesvorbehaltes

Der Bundesgesetzgeber hat für eine den Auftraggeber bindende Vorgabe, einzelne besondere Aus- 6
führungsbedingungen zwingend festzulegen, **eine weitere Voraussetzung** geschaffen; danach ist
eine entsprechende Regelung nur wirksam, wenn der Bundes- oder Landesgesetzgeber sie durch ein
Gesetz im formellen Sinne getroffen hat. Andere Rechtsetzungsakte, z.B. durch Rechtsverordnung
oder kommunale Satzung, sowie Verwaltungsvorschriften, z.B. ministerielle Erlasse, Leitfäden oder
Handreichungen genügen nicht, um den Auftraggeber zur Festlegung von besonderen Ausführungsbedingungen zu verpflichten.[8]

Im Umkehrschluss ergibt sich aus der Regelung, dass **lediglich empfehlende oder fakultativ festzu-** 7
legende Ausführungsbedingungen nicht unter dem vorgenannten Gesetzesvorbehalt stehen.

Es ist darauf hinzuweisen, dass es sich bei § 129 um eine vergaberechtliche Vorschrift handelt, so 8
dass Gleiches für entsprechende Auflagen im Rahmen eines Zuwendungsbescheides nicht gelten
dürfte, d.h. die zwingende Vorgabe von Ausführungsbedingungen **im Rahmen des Beihilferechts**
steht nicht unter einem Gesetzesvorbehalt.

III. Bieterschutz

Die Vorschrift dient der Wahrung des eigenverantwortlichen Bestimmungsrechts des öffentli- 9
chen Auftraggebers und der Individualität eines jeden Beschaffungsvorgangs. Sie dient damit
auch dem Schutz der am Auftrag interessierten Unternehmen vor einer übermäßigen Einflussnahme Dritter (i.S. von außerhalb des Auftraggebers) auf die Gestaltung des konkreten
Vergabeverfahrens.

§ 130 Vergabe von öffentlichen Aufträgen über soziale und andere besondere Dienstleistungen

(1) Bei der Vergabe von öffentlichen Aufträgen über soziale und andere besondere Dienstleistungen im Sinne des Anhangs XIV der Richtlinie 2014/24/EU stehen öffentlichen Auftraggebern
das offene Verfahren, das nicht offene Verfahren, das Verhandlungsverfahren mit Teilnahmewettbewerb, der wettbewerbliche Dialog und die Innovationspartnerschaft nach ihrer Wahl zur Verfügung. Ein Verhandlungsverfahren ohne Teilnahmewettbewerb steht nur zur Verfügung, soweit
dies aufgrund dieses Gesetzes gestattet ist.

(2) Abweichend von § 132 Absatz 3 ist die Änderung eines öffentlichen Auftrags über soziale und
andere besondere Dienstleistungen im Sinne des Anhangs XIV der Richtlinie 2014/24/EU ohne
Durchführung eines neuen Vergabeverfahrens zulässig, wenn der Wert der Änderung nicht mehr
als 20 Prozent des ursprünglichen Auftragswertes beträgt.

---

8 Vgl. zur alten Rechtslage OLG Düsseldorf, Beschl. v. 29.07.2009, VII-Verg 18/09, Beschl. v. 05.05.2008,
VII-Verg 5/08.

1   Die Vorschrift des § 130 GWB regelt für den Bereich der sogenannten sozialen und anderen beson-
    deren Dienstleistungen in Absatz 1 abweichend von § 119 Abs. 2 GWB die Möglichkeiten zur
    Wahl der Vergabeart (Absatz 1) sowie abweichend zu § 132 Abs. 3 GWB die Zulässigkeit der Ände-
    rung eines solchen öffentlichen Dienstleistungsauftrages ohne Durchführung eines neuen Vergabe-
    verfahrens, wenn der Wert der Änderung nicht mehr als 20 % des ursprünglichen Auftragswertes
    beträgt (Absatz 2).

A. Aufträge über soziale oder andere besondere Dienstleistungen

2   Die Richtlinie 2004/18/EG unterschied in Kapitel III wie die Vorgängerrichtlinien zwei Kategorien
    von Dienstleistungen, die prioritären bzw. vorrangigen nach Anhang II A und die nicht-prioritären
    bzw. nachrangigen nach Anhang II B, auf die die europäischen Vergabevorschriften nur einge-
    schränkt Anwendung fanden. Aus den Auswendungsgründen 18 und 19 ergab sich, dass dieser
    Differenzierung die Überlegung zugrunde lag, dass nur diejenigen Dienstleistungsbereiche voll-
    ständig dem strengen europäischen Vergaberechtsreglement unterliegen sollten, bei denen sich im
    Binnenmarkt bereits grenzüberschreitende Anbieterstrukturen entwickelt hatten, die im Rahmen
    europaweiter Vergaben effizienzsteigernd genutzt werden konnten.

3   Diese bisherige Unterscheidung ist entfallen. Artikel 74 ff. der Richtlinie 2014/24/EU unterstel-
    len nunmehr bestimmte soziale und andere besondere Dienstleistungen besonderen (erleichterten)
    Beschaffungsregelungen. Diese Dienstleistungen sind im Einzelnen im Anhang XIV der Richtlinie
    2014/24/EU aufgeführt.

    Nach den Erwägungsgründen 114 ff. zur Richtlinie 2014/24/EU haben die Dienstleistungskatego-
    rien des Anhangs XIV nach wie vor lediglich eine begrenzte grenzüberschreitende Dimension. Für
    öffentliche Aufträge zur Erbringung dieser Dienstleistungen sollte daher eine spezifische Regelung
    festgelegt werden und ein höherer Schwellenwert – nämlich 750.000,00 € – gelten als der, der für
    andere Dienstleistungen gilt.

4   Dienstleistungen gemäß Anhang XIV sind:
    – Dienstleistungen des Gesundheits- und Sozialwesens und zugehörige Dienstleistungen
    – Administrative Dienstleistungen im Sozial-, Bildungs-, Gesundheits- und kulturellen Bereich
    – Dienstleistungen im Rahmen der gesetzlichen Sozialversicherung
    – Beihilfen-, Unterstützungsleistungen und Zuwendungen
    – Sonstige gemeinschaftliche, soziale und persönliche Dienstleistungen, einschließlich Dienstleis-
      tungen von Gewerkschaften, von politischen Organisationen, von Jugendverbänden und von
      sonstigen Organisationen und Vereinen
    – Dienstleistungen von religiösen Vereinigungen
    – Gaststätten und Beherbergungsgewerbe
    – Dienstleistungen im juristischen Bereich, sofern sie nicht nach Artikel 10 d ausgeschlossen sind
    – Sonstige Dienstleistungen der Verwaltung und für die öffentliche Verwaltung und für die öffent-
      liche Verwaltung
    – Kommunale Dienstleistungen
    – Dienstleistung für Haftanstalten, Dienstleistungen im Bereich öffentliche Sicherheit und Ret-
      tungsdienste, sofern sie nicht nach Artikel 10 h ausgeschlossen sind
    – Dienstleistungen von Detekteien und Sicherheitsdiensten
    – Internationale Dienstleistungen

– Postdienste
– Verschiedene Dienstleistungen

Die vorgenannten Dienstleistungen sind durch die Angabe von CPV-Codes in Anhang XIV näher 5
präzisiert.

Im Übrigen sind nur solche Dienstleistungen überhaupt von § 130 erfasst, welche nicht ohnehin 6
im Rahmen von Ausnahmetatbeständen zu diesem Gesetz bzw. diesem Gesetzesabschnitt vom sachlichen Anwendungsbereich des Vergaberechts nicht erfasst sind. So ist der Bereich der forensischen
juristischen Dienstleistungen gemäß § 116 Abs. 1 Nr. 1 a und b GWB ebenso ausgeschlossen wie
Tätigkeiten, die zumindest teilweise mit der Ausübung von hoheitlichen Befugnissen verbunden
sind (§ 116 Abs. 1 Nr. 1 e GWB).

B. Wahlfreiheit zwischen den Vergabearten (§ 130 Abs. 1 GWB)

§ 130 Abs. 1 Satz 1 GWB eröffnet öffentlichen Auftraggebern bei der Vergabe öffentlicher Auf- 7
träge über soziale und andere besondere Dienstleistungen die Wahl zwischen offenem Verfahren, nicht offenem Verfahren, Verhandlungsverfahren mit Teilnahmewettbewerb, wettbewerblichem Dialog und Innovationspartnerschaft. Zwischen diesen wettbewerblichen Verfahrensarten
mit europaweiter Vergabebekanntmachung kann der öffentliche Auftraggeber also frei wählen.
Die Entscheidung, welche Vergabeart die jeweils sinnvollste ist, kann nur im Einzelfall getroffen werden. Allerdings ist davon zu warnen, ohne nähere Prüfung immer gleich auf das Verhandlungsverfahren zuzusteuern. So bietet das offene Verfahren bei eindeutig beschreibbaren
Leistungen einerseits ein Höchstmaß an Wettbewerb, andererseits ein auch nach den vorgeschriebenen Fristen zügigeres und schnelleres Verfahren, das nachprüfungsrechtlich auch weit
weniger Angriffspotentiale hat. Die freie Wahl der Vergabeart besagt im Übrigen nicht, dass vor
Beendigung eines gewählten Verfahrens nach Belieben auf eine andere Vergabeart übergewech-
selt werden kann. Sobald die Auftraggeber nach einem bestimmten Verfahren ausgeschrieben
haben, sind sie verpflichtet, die dafür geltenden Vorschriften bis zur endgültigen Vergabe des
Auftrags einzuhalten. Anders würde die Unterscheidung in die definierten Vergabearten keinen
Sinn machen. Lediglich in begründeten Ausnahmefällen kann es ausnahmsweise gerechtfertigt
sein, ein eingeleitetes Vergabeverfahren abzubrechen und ein neues Vergabeverfahren – gegebenenfalls mit einer anderen Vergabeart – einzuleiten. Hierfür müssen allerdings geeignete Aufhe-
bungs- bzw. Einstellungsgründe vorliegen, wenn einer der in § 14 Abs. 4 VgV aufgezählten Fälle
gegeben ist. Das Verfahren ohne Bekanntmachung ist nachrangig und bedarf der entsprechenden
Begründung nebst Dokumentation. Die »freie Wahl« erstreckt sich somit lediglich auf die Verfahrensarten mit Bekanntmachung.

C. Vergaberechtsfreie Änderung bei geringerem Auftragswert als 20 % (§ 130 Abs. 2 GWB)

§ 130 Abs. 2 GWB eröffnet für den Bereich öffentlicher Aufträge über soziale und andere beson- 8
dere Dienstleistungen zulässige Auftragsänderungen ohne Durchführung eines neuen Vergabeverfahrens abweichend von § 132 Abs. 3 GWB, wenn der Wert der Änderung nicht mehr als 20 %
des ursprünglichen Auftragswertes beträgt. Allerdings darf sich der Gesamtcharakter des Auftrages
dabei nicht ändern. Bei mehreren aufeinanderfolgenden Änderungen ist der Gesamtwert der Änderungen maßgeblich.

9 Dienstleistungen gemäß Anhang XIV:

CPV-Code	Beschreibung
75200000-8; 75231200-6; 75231240-8; 79611000-0; 79622000-0 [Überlassung von Haushaltshilfen]; 79624000-4 [Überlassung von Pflege personal] und 79625000-1 [Überlassung von medizinischem Personal] von 85000000-9 bis 85323000-9 98133100-5, 98133000-4; 98200000-5 und 98500000-8 [Privathaushalte mit Hausangestellten] und 98513000-2 bis 98514000-9 [Bereitstellung von Arbeitskräften für private Haushalte, Vermittlung von Arbeitskräften für private Haushalte, Bereitstellung von Bürokräften für private Haushalte, Bereitstellung von Zeitarbeitskräften für private Haushalte, Dienstleistungen von Haushaltshilfen und Haushaltungsdienste]	Dienstleistungen des Gesundheits- und Sozialwesens und zugehörige Dienstleistungen
85321000-5 und 85322000-2, 75000000-6 [Dienstleistungen der öffentlichen Verwaltung, Verteidigung und Sozialversicherung], 75121000-0, 75122000-7, 75124000-1; von 79995000-5 bis 79995200-7; von 80000000-4 [Allgemeine und berufliche Bildung] bis 80660000-8; von 92000000-1 bis 92700000-8 79950000-8 [Veranstaltung von Ausstellungen, Messen und Kongressen], 79951000-5 [Veranstaltung von Seminaren], 79952000-2 [Event-Organisation], 79952100-3 [Organisation von Kulturveranstaltungen], 79953000-9 [Organisation von Festivals], 79954000-6 [Organisation von Parties], 79955000-3 [Organisation von Modenschauen], 79956000-0 [Organisation von Messen und Ausstellungen]	Administrative Dienstleistungen im Sozial-, Bildungs-, Gesundheits- und kulturellen Bereich
75300000-9	Dienstleistungen im Rahmen der gesetzlichen Sozialversicherung
75310000-2, 75311000-9, 75312000-6, 75313000-3, 75313100-4, 75314000-0, 75320000-5, 75330000-8, 75340000-1	Beihilfen, Unterstützungsleistungen und Zuwendungen
98000000-3; 98120000-0; 98132000-7; 98133110-8 und 98130000-3	Sonstige gemeinschaftliche, soziale und persönliche Dienstleistungen, einschließlich Dienstleistungen von Gewerkschaften, von politischen Organisationen, von Jugendverbänden und von sonstigen Organisationen und Vereinen
98131000-0	Dienstleistungen von religiösen Vereinigungen
55100000-1 bis 55410000-7; 55521000-8 bis 55521200-0 [55521000-8 Verpflegungsdienste für Privathaushalte, 55521100-9 Essen auf Rädern, 55521200-0 Auslieferung von Mahlzeiten] 55520000-1 Verpflegungsdienste, 55522000-5 Verpflegungsdienste für Transportunternehmen, 55523000-2 Verpflegungsdienste für sonstige Unternehmen oder andere Einrichtungen, 55524000-9 Verpflegungsdienste für Schulen 55510000-8 Dienstleistungen von Kantinen, 55511000-5 Dienstleistungen von Kantinen und anderen nicht öffentlichen Cafeterias, 55512000-2 Betrieb von Kantinen, 55523100-3 Auslieferung von Schulmahlzeiten	Gaststätten und Beherbergungsgewerbe

CPV-Code	Beschreibung
79100000-5 bis 79140000-7; 75231100-5;	Dienstleistungen im juristischen Bereich, sofern sie nicht nach Artikel 10 Buchstabe d ausgeschlossen sind
75100000-7 bis 75120000-3; 75123000-4; 75125000-8 bis 75131000-3	Sonstige Dienstleistungen der Verwaltung und für die öffentliche Verwaltung
75200000-8 bis 75231000-4	Kommunale Dienstleistungen
75231210-9 bis 75231230-5; 75240000-0 bis 75252000-7; 794300000-7; 98113100-9	Dienstleistungen für Haftanstalten, Dienstleistungen im Bereich öffentliche Sicherheit und Rettungsdienste, sofern sie nicht nach Artikel 10 Buchstabe h ausgeschlossen sind
79700000-1 bis 79721000-4 [Dienstleistungen von Detekteien und Sicherheitsdiensten, Dienstleistungen von Sicherheitsdiensten, Überwachung von Alarmanlagen, Bewachungsdienste, Überwachungsdienste, Dienstleistungen in Verbindung mit Suchsystemen, Fahndung nach Flüchtigen, Streifendienste, Ausgabe von Mitarbeiterausweisen, Ermittlungsdienste und Dienstleistungen von Detekteien] 79722000-1 [Dienstleistungen von Grafologen], 79723000- 8 [Abfallanalyse]	Dienstleistungen von Detekteien und Sicherheitsdiensten
98900000-2 [Von extraterritorialen Organisationen und Körperschaften erbrachte Leistungen] und 98910000-5 [Dienstleistungen von internationalen Organisationen und Körperschaften]	Internationale Dienstleistungen
64000000-6 [Post- und Fernmeldedienste], 64100000-7 [Post- und Kurierdienste], 64110000-0 [Postdienste], 64111000-7 [Postdienste im Zusammenhang mit Zeitungen und Zeitschriften], 64112000-4 [Briefpostdienste], 64113000-1 [Paketpostdienste], 64114000-8 [Post-Schalterdienste], 64115000-5 [Vermietung von Postfächern], 64116000-2 [Dienste im Zusammenhang mit postlagernden Sendungen], 64122000-7 [Interne Bürobotendienste]	Postdienste
50116510-9 [Reifenrunderneuerung], 71550000-8 [Schmiedearbeiten]	Verschiedene Dienstleistungen

---

1 Diese Dienstleistungen unterliegen nicht dieser Richtlinie, wenn sie als nichtwirtschaftliche Dienstleistungen von allgemeinem Interesse organisiert werden. Es steht den Mitgliedstaaten frei, die Erbringung von Dienstleistungen im Rahmen der gesetzlichen sozialen Dienstleistungen oder anderen Dienstleistungen als Dienstleistungen von allgemeinem Interesse oder als nichtwirtschaftliche Dienstleistungen von allgemeinem Interesse zu organisieren.

§ 131 Vergabe von öffentlichen Aufträgen über Personenverkehrsleistungen im Eisenbahnverkehr

(1) Bei der Vergabe von öffentlichen Aufträgen, deren Gegenstand Personenverkehrsleistungen im Eisenbahnverkehr sind, stehen öffentlichen Auftraggebern das offene und das nicht offene Verfahren, das Verhandlungsverfahren mit Teilnahmewettbewerb, der wettbewerbliche Dialog und die Innovationspartnerschaft nach ihrer Wahl zur Verfügung. Ein Verhandlungsverfahren ohne Teilnahmewettbewerb steht nur zur Verfügung, soweit dies aufgrund dieses Gesetzes gestattet ist.

(2) Anstelle des § 108 Absatz 1 ist Artikel 5 Absatz 2 der Verordnung (EG) Nr. 1370/2007 des Europäischen Parlaments und des Rates vom 23. Oktober 2007 über öffentliche Personenverkehrsdienste auf Schiene und Straße und zur Aufhebung der Verordnungen (EWG) Nr. 1191/69 und (EWG) Nr. 1107/70 des Rates (ABl. L 315 vom 3.12.2007, S. 1) anzuwenden. Artikel 5 Absatz 5 und Artikel 7 Absatz 2 der Verordnung (EG) Nr. 1370/2007 bleiben unberührt.

(3) Öffentliche Auftraggeber, die öffentliche Aufträge im Sinne von Absatz 1 vergeben, sollen gemäß Artikel 4 Absatz 5 der Verordnung (EG) Nr. 1370/2007 verlangen, dass bei einem Wechsel des Betreibers der Personenverkehrsleistung der ausgewählte Betreiber die Arbeitnehmerinnen und Arbeitnehmer, die beim bisherigen Betreiber für die Erbringung dieser Verkehrsleistungen beschäftigt waren, übernimmt und ihnen die Rechte gewährt, auf die sie Anspruch hätten, wenn ein Übergang gemäß § 613a des Bürgerlichen Gesetzbuchs erfolgt wäre. Für den Fall, dass ein öffentlicher Auftraggeber die Übernahme von Arbeitnehmerinnen und Arbeitnehmern im Sinne von Satz 1 verlangt, beschränkt sich das Verlangen auf diejenigen Arbeitnehmerinnen und Arbeitnehmer, die für die Erbringung der übergehenden Verkehrsleistung unmittelbar erforderlich sind. Der öffentliche Auftraggeber soll Regelungen vorsehen, durch die eine missbräuchliche Anpassung tarifvertraglicher Regelungen zu Lasten des neuen Betreibers zwischen der Veröffentlichung der Auftragsbekanntmachung und der Übernahme des Betriebes ausgeschlossen wird. Der bisherige Betreiber ist nach Aufforderung durch den öffentlichen Auftraggeber verpflichtet, alle hierzu erforderlichen Angaben zu machen.

A. Einführung

1   Die Vorgaben in § 131 GWB stellen eine Sondervorschrift für die Vergabe von öffentlichen Aufträgen über Personenverkehrsleistungen im Eisenbahnverkehr dar und privilegieren derartige Auftragsvergaben hinsichtlich der Verfahrenswahl (Abs. 1) und den Möglichkeiten der Direktvergabe (Abs. 2). Damit zeichnet der deutsche Gesetzgeber die Möglichkeiten nach, die ihm das europäische Recht mit der Verordnung (EG) Nr. 1370/2007 lässt. Diese hat für die Vergabe von Personenverkehrsleistungen auf der Straße und der Schiene einen Rahmen für ein Sondervergaberecht

geschaffen. Die dort geschaffenen Möglichkeiten sind in Teilen nur eingeschränkt mit den allgemeinen vergaberechtlichen Zielen vereinbar. Grundlage hierfür ist der noch immer in Artikel 58 Abs. 1 AEUV anzutreffende Grundsatz, dass für den freien Dienstleistungsverkehr auf dem Gebiet des Verkehrs die Bestimmungen des Titels über den Verkehr und nicht die Dienstleistungsfreiheit unmittelbar gilt. Die Verordnung (EG) Nr. 1370/2007 privilegiert die Vergabe von Personenverkehrsleistungen auf der Schiene in Artikel 5 Abs. 6 sogar dahingehend, dass die Mitgliedstaaten sogar vorsehen könnten, öffentliche Dienstleistungsaufträge im Eisenbahnverkehr - mit Ausnahme anderer schienengestützter Verkehrsträger wie Untergrund- oder Straßenbahnen - direkt und ohne wettbewerbliches Verfahren für bis zu zehn Jahren zu vergeben. Hiermit korreliert Artikel 10 Buchstabe i der allgemeinen Vergaberichtlinie 2014/24/EU, der öffentliche Aufträge, die Personenverkehrsdienste auf Schiene oder per Untergrundbahn zum Gegenstand haben, vom Anwendungsbereich ausnimmt. Von dieser Freistellungsmöglichkeit hat der deutsche Gesetzgeber keinen Gebrauch gemacht, sondern derartige Leistungen lediglich einem vereinfachten Vergaberegime unterworfen: Sofern nicht die Möglichkeit zur Direktvergabe nach Abs. 2 greift, hat der öffentliche Auftraggeber unter Beachtung der Besonderheiten zum Betriebsübergang in Abs. 3 eine freie Verfahrenswahl gemäß Abs. 1. Die Entscheidung zu Gunsten der Auftragsvergabe im Wettbewerb hat der deutsche Gesetzgeber bewusst getroffen und auf die guten Erfahrungen mit der bisherigen Ausschreibungspraxis verwiesen.[1] Eine derartige Überumsetzung des europäischen Sekundärrechts stellt eine zulässige Wertungsentscheidung des Gesetzgebers dar.

Von besonderer Bedeutung für die Praxis wird sich voraussichtlich der dritte Absatz von § 131 **2** GWB herausstellen. Dieser nimmt den Auftraggeber in die Pflicht, im Regelfall bei einem Wechsel des Betreibers dem Neubetreiber aufzuerlegen, die Arbeitnehmerinnen und Arbeitnehmer, die beim bisherigen Betreiber für die Erbringung dieser Verkehrsleistungen beschäftigt waren, zu übernehmen und ihnen die Rechte vergleichbar einem Betriebsübergang gemäß § 613a BGB zu gewähren. Es wird damit ein Betriebsübergang im Sinne des 613a BGB fingiert, auch wenn dessen Voraussetzungen nicht vorliegen. Mit dieser Regelung, die ihren Ursprung in der Verordnung (EG) Nr. 1370/2007 hat, wird massiv in den Wettbewerb eingegriffen, zumal je nach Ausschreibungsmodell die Personalkosten die zentrale Stellschraube für die Kalkulation darstellt. Ergänzend kommt hinzu, dass diese Fiktion dazu führt, dass die betroffenen Arbeitnehmerinnen und Arbeitnehmer einem Betriebsübergang innerhalb eines Monats gemäß § 613a Abs. 6 BGB widersprechen können, was eine verlässliche Personalplanung erschwert.

Ein wesentlicher Anteil der Änderungswünsche des **Bundesrats**[2] betraf die Regelungen im Bereich **3** der Personenbeförderung. Zunächst schlug er erfolgreich vor, in § 131 Abs. 3 S. 1 GWB das Wort »können« durch das Wort »sollen« zu ersetzen[3] und damit den Auftraggeber stärker in die Pflicht zunehmen. Primär bezweckt wird hiermit der Schutz der im Bereich der Personenverkehrsleistungen im Eisenbahnverkehr tätigen Arbeitnehmerinnen und Arbeitnehmer, denen im Falle eines Wechsels des Dienstleisters die Möglichkeit eingeräumt wird, im Rahmen eines Betriebsübergangs den Arbeitgeber zu wechseln. Der Bundesrat sah aber bewusst davon ab, eine Pflicht des Auftraggebers (»muss«) vorzugeben, um zumindest bei Vorliegen eines sachlichen Grundes ihm das Recht zu belassen, keinen Betriebsübergang anzuordnen. Auch der letzte Satz von Absatz 3 (»Der bisherige Betreiber ist nach Aufforderung durch den öffentlichen Auftraggeber verpflichtet, alle hierzu erforderlichen Angaben zu machen.«) beruht auf einem Vorschlag des Bundesrats, der hiermit dem Auftraggeber einen gesetzlichen Auskunftsanspruch vermitteln möchte, damit dieser

---

1 BT-Drs. 18/6281, Erläuterungen zu § 131 GWB: »Die bisherige Ausschreibungspraxis im Schienenpersonennahverkehr belegt, dass wettbewerbliche Vergabeverfahren zu mehr Effizienz sowie besserer Dienstleistungsqualität führen und der öffentlichen Hand dabei helfen, das wirtschaftlich günstigste Angebot zu ermitteln.«

2 Vgl. BR-Drs. 367/15 (B).

3 Der Vorschlag, die Wörter »gemäß Artikel 4 Absatz 5« durch die Wörter »im Einklang mit« zu ersetzen, konnte sich nicht durchsetzen, obwohl die Bundesregierung dem zustimmte.

die für die Erstellung einer transparenten Leistungsbeschreibung erforderlichen Informationen vom Auftragnehmer erhält.

4   Erfolglos vorgeschlagen hat der Bundesrat einen weiteren Absatz, aufgrund dessen weitere zwingende Ausführungsbestimmungen hierzu durch Bundes- oder Landesgesetz unberührt bleiben sollten. Sinn der Vorschrift sollte die Klarstellung sein, dass es kein entgegenstehendes nationales Recht gebe und die Bundesländer insbesondere berechtigt seien, über den Regelungsgehalt des § 131 Abs. 3 GWB hinausgehenden Regelungen in den Landesvergabe- und Landestariftreuegesetzen zu Art. 4 Absatz 5 und 6 der Verordnung (EG) Nr. 1370/2007 zu treffen. Die Bundesregierung hielt dies für obsolet, da die Gesetzgebungskompetenz der Bundesländer für zwingende Ausführungsbestimmungen bereits in § 129 GWB umfassend geregelt sei.

5   Schließlich schlug der Bundesrat noch die Einführung von § 131a GWB[4] vor, der die Vergabe von öffentlichen Aufträgen über Personenverkehrsleistungen auf der Straße zum Thema gehabt hätte und insbesondere die Regelungen zur Direktvergabe (§ 131 Abs. 2 GWB) und zum Betriebsübergang (§ 131 Abs. 3 GWB) entsprechend für anwendbar erklärt hätte. Hiermit beabsichtigte der Bundesrat laut Begründung primär den Schutz der Beschäftigten und den Schutz von »Unternehmen mit guten Arbeits- und Entlohnungsbedingungen« durch die Anordnung des Betriebsübergangs. Die Übernahme der Regelung zur Direktvergabe an einen internen Betreiber, die im Übrigen unionsrechtlich nicht möglich gewesen wäre, wurde nicht näher begründet. Die Bundesregierung folgte dem Vorschlag ebenso wenig wie der Bundestag; in ihrer Gegenäußerung teilte die Bundesregierung mit, dass das PBefG bereits umfassende Regelungen enthalte und sich die Bedingungen des Personenverkehrs auf der Straße und im Eisenbahnverkehr wesentlich unterscheiden würden. Im Übrigen wäre jedenfalls eine Übertragung der Vorgaben zur Direktvergabe auf Vergaben von Aufträgen für den Personenverkehr auf der Straße nicht möglich. Denn die in der Verordnung (EG) Nr. 1370/2007 verankerten Regeln zur Inhouse-Vergabe gelten explizit nur für die Vergabe von Dienstleistungskonzessionen. Eine Übertragung dieser Grundsätze auf öffentliche Dienstleistungsaufträge ist mangels Rechtsgrundlage nicht möglich[5].

B. Geltungsbereich Personenverkehrsleistungen im Eisenbahnverkehr

6   § 131 GWB erfasst nur Personenverkehrsleistungen im Eisenbahnverkehr, also mit Zügen. Davon abzugrenzen sind die vom Personenbeförderungsgesetz erfassten Verkehrsträger, also insbesondere der Personenverkehr mit Straßenbahnen, Untergrundbahnen, Oberleitungsbussen oder mit Kraftfahrzeugen einschließlich Taxen und Mietwagen. Als »Straßenbahnen« gelten gemäß § 4 Abs. 2 PBefG auch Hoch- und Untergrundbahnen, Schwebebahnen und ähnliche Bahnen besonderer Bauart. Für diese vom Personenbeförderungsgesetz erfassten Verkehrsträger gilt § 131 GWB weder direkt noch analog. Für eine analoge Anwendung fehlt es an einer unbewussten Regelungslücke, was insbesondere an dem nicht weiter verfolgten Vorschlag des Bundesrats (siehe Rdn. 5) deutlich wird.

C. Freie Verfahrenswahl (Abs. 1)

7   Öffentliche Auftraggeber können sich bei der Vergabe von öffentlichen Aufträgen, deren Gegenstand Personenverkehrsleistungen im Eisenbahnverkehr sind, flexibel aus dem gesamten Baukasten der Verfahrensarten nach § 119 GWB bedienen. Dies stellt im Vergleich zu der bislang einschlägigen Regelung in § 3 VOL/A eine Erleichterung dar. Zur Auswahl stehen das offene und das nicht offene Verfahren, das Verhandlungsverfahren mit Teilnahmewettbewerb, der wettbewerbliche Dialog und die Innovationspartnerschaft. Die Entscheidung trifft der öffentliche Auftraggeber nach seiner eigenen Wahl, d.h. die ansonsten üblichen Hürden insbesondere für das Verhandlungsverfah-

---

4 Vorschlag des Bundesrats: »§ 131 Absatz 2 bis 4 gilt für öffentliche Aufträge über Personenverkehrsleistungen auf der Straße nach § 8a und § 8b Personenbeförderungsgesetz entsprechend.«
5 Vgl. hierzu OLG Düsseldorf Beschl. v. 23.12.2015 – VII-Verg 34/15.

ren mit Teilnahmewettbewerb müssen nicht genommen werden. Einzig für das Verhandlungsverfahren ohne vorherigen Teilnahmewettbewerb bzw. Direktvergaben nach § 131 Abs. 2 GWB (dazu ab Rdn. 8 ff.) sind die hieran angesetzten Bewertungsmaßstäbe zu beachten und dürfen nur gewählt werden, soweit dies aufgrund des GWB und der nachgelagerten Vergabeordnungen gestattet ist.

D. Möglichkeiten der Direktvergabe (Abs. 2)

Der zweite Absatz des § 131 GWB regelt die unmittelbare Vergabe von Personenverkehrsleistun- **8** gen im Eisenbahnverkehr ohne vorherige Durchführung eines wettbewerblichen Verfahrens (sog. Direktvergabe). Im Mittelpunkt der Vorschrift steht die Vergabe an einen sog. internen Betreiber (Satz 1). Hierbei handelt es sich um einen Spezialfall der Inhouse-Vergabe, die im Übrigen in § 108 Abs. 1 GWB geregelt ist. § 131 Abs. 2 S. 1 GWB erklärt anstelle der genannten allgemeinen Regelung die Vorschrift aus der Verordnung (EG) Nr. 1370/2007 für allein maßgeblich. Im zweiten Satz wird deklaratorisch aufgeführt, dass die Möglichkeit zur Direktvergabe bei Notfallmaßnahmen nach Art. 5 Abs. 5 Verordnung (EG) Nr. 1370/2007 (dazu Rdn. 26) ebenso unberührt bleibt wie die Pflicht zur Bekanntmachung einer Vorinformation gemäß Art. 7 Abs. 2 Verordnung (EG) Nr. 1370/2007 (dazu Rdn. 33). Die weiteren Direktvergabetatbestände der Verordnung (EG) Nr. 1370/2007 für den Fall sog. Bagatellaufträge (dazu Rdn. 31) sowie den SPNV-Bereich generell (dazu Rdn. 32) wurden nicht in das GWB übernommen.

Der Austausch der einschlägigen Regelung in Satz 1 für Inhouse-Vergaben ist unionsrechtlich im **9** Bereich der Personenverkehrsleistungen im Eisenbahnverkehr zulässig. Eine vergleichbare Regelung im Bereich des straßengebundenen Verkehrs wäre demgegenüber unionsrechtlich nicht möglich. Dem stünde die Vorgabe aus Art. 5 Abs. 1 Verordnung (EG) Nr. 1370/2007 entgegen, wonach die einzelnen Direktvergabetatbestände der Verordnung im Bereich des straßengebundenen Personenbeförderungsverkehrs nur herangezogen werden dürfen wenn nicht vorrangig die Vergaberichtlinien gelten. Damit beschränkt sich der Anwendungsbereich bei straßengebundenen Personenbeförderungsverkehr auf Dienstleistungskonzessionen[6].

I. Vergaben an einen internen Betreiber (Abs. 2 S. 1)

Eine direkte Vergabe an einen sog. internen Betreiber richtet sich gemäß § 131 Abs. 2 S. 1 GWB **10** nach Art. 5 Abs. 2 Verordnung (EG) Nr. 1370/2007.[7] Die im Übrigen geltende Regelung für Inhouse-Vergaben in § 108 Abs. 1 GWB wird hier vollständig verdrängt und ist auch nicht subsidiär zu beachten. Unter einer Direktvergabe ist dabei nach der Definition in Art. 2 Buchstabe h Verordnung (EG) Nr. 1370/2007 die Vergabe eines öffentlichen Dienstleistungsauftrags ohne Durchführung eines vorherigen wettbewerblichen Vergabeverfahrens zu verstehen. Art. 5 Abs. 2 Verordnung (EG) Nr. 1370/2007 erlaubt die Eigenerbringung der öffentlichen Personenverkehrsdienste bzw. ihre Direktvergabe an einen internen Betreiber (sog. Inhouse-Vergabe). Mit zahlreichen Verfahrensvorgaben hat der Verordnungsgeber eine Regelung getroffen, die deutlich detaillierter ist als die bisherige Rechtsprechung des EuGH zur Inhouse-Vergabe und zum neu geschaffenen § 108 GWB.

Der Text von Art. 5 Abs. 2 Verordnung (EG) Nr. 1370/2007 lautet: **11**

> *»Sofern dies nicht nach nationalem Recht untersagt ist, kann jede zuständige örtliche Behörde—unabhängig davon, ob es sich dabei um eine einzelne Behörde oder eine Gruppe von Behörden handelt, die integrierte öffentliche Personenverkehrsdienste anbietet - beschließen, selbst öffentliche Personenverkehrsdienste zu erbringen oder öffentliche Dienstleistungsaufträge direkt an eine rechtlich getrennte Einheit zu vergeben, über die die zuständige örtliche Behörde—oder im Falle einer Gruppe von Behörden wenigstens eine zuständige örtliche Behörde - eine Kontrolle ausübt, die der Kontrolle über*

---

6 Vgl. hierzu OLG Düsseldorf Beschl. v. 23.12.2015 – VII-Verg 34/15.
7 Vgl. die ausführlichen Kommentierungen von Schröder, in: Winnes/Saxinger; Recht des öffentlichen Personenverkehrs, Art. 5 Abs. 2 (2015); Fandrey, Direktvergabe von Verkehrsleistungen, S. 195 ff.

ihre eigenen Dienststellen entspricht. Fasst eine zuständige örtliche Behörde diesen Beschluss, so gilt Folgendes:

a) *Um festzustellen, ob die zuständige örtliche Behörde diese Kontrolle ausübt, sind Faktoren zu berücksichtigen, wie der Umfang der Vertretung in Verwaltungs-, Leitungs- oder Aufsichtsgremien, diesbezügliche Bestimmungen in der Satzung, Eigentumsrechte, tatsächlicher Einfluss auf und tatsächliche Kontrolle über strategische Entscheidungen und einzelne Managemententscheidungen. Im Einklang mit dem Gemeinschaftsrecht ist zur Feststellung, dass eine Kontrolle im Sinne dieses Absatzes gegeben ist, - insbesondere bei öffentlich-privaten Partnerschaften - nicht zwingend erforderlich, dass die zuständige Behörde zu 100 % Eigentümer ist, sofern ein beherrschender öffentlicher Einfluss besteht und aufgrund anderer Kriterien festgestellt werden kann, dass eine Kontrolle ausgeübt wird.*

b) *Die Voraussetzung für die Anwendung dieses Absatzes ist, dass der interne Betreiber und jede andere Einheit, auf die dieser Betreiber einen auch nur geringfügigen Einfluss ausübt, ihre öffentlichen Personenverkehrsdienste innerhalb des Zuständigkeitsgebiets der zuständigen örtlichen Behörde ausführen - ungeachtet der abgehenden Linien oder sonstiger Teildienste, die in das Zuständigkeitsgebiet benachbarter zuständiger örtlicher Behörden führen - und nicht an außerhalb des Zuständigkeitsgebiets der zuständigen örtlichen Behörde organisierten wettbewerblichen Vergabeverfahren für die Erbringung von öffentlichen Personenverkehrsdiensten teilnehmen.*

c) *Ungeachtet des Buchstabens b kann ein interner Betreiber frühestens zwei Jahre vor Ablauf des direkt an ihn vergebenen Auftrags an fairen wettbewerblichen Vergabeverfahren teilnehmen, sofern endgültig beschlossen wurde, die öffentlichen Personenverkehrsdienste, die Gegenstand des Auftrags des internen Betreibers sind, im Rahmen eines fairen wettbewerblichen Vergabeverfahrens zu vergeben und der interne Betreiber nicht Auftragnehmer anderer direkt vergebener öffentlicher Dienstleistungsaufträge ist.*

d) *Gibt es keine zuständige örtliche Behörde, so gelten die Buchstaben a, b und c für die nationalen Behörden in Bezug auf ein geografisches Gebiet, das sich nicht auf das gesamte Staatsgebiet erstreckt, sofern der interne Betreiber nicht an wettbewerblichen Vergabeverfahren für die Erbringung von öffentlichen Personenverkehrsdiensten teilnimmt, die außerhalb des Gebiets, für das der öffentliche Dienstleistungsauftrag erteilt wurde, organisiert werden.*

e) *Kommt eine Unterauftragsvergabe nach Artikel 4 Absatz 7 in Frage, so ist der interne Betreiber verpflichtet, den überwiegenden Teil des öffentlichen Personenverkehrsdienstes selbst zu erbringen.«*

1. Kontrolle wie über eigene Dienststelle

12   Ähnlich wie auch § 108 GWB setzt Art. 5 Abs. 2 Verordnung (EG) Nr. 1370/2007 voraus, dass die Stelle, die den internen Betreiber beauftragt, eine Kontrolle ausübt, die der Kontrolle über ihre eigene Dienststelle entspricht. Die Beauftragung kann seitens der zuständigen örtlichen Behörde oder einer Gruppe von Behörden erfolgen.

13   Im Vordergrund steht die Frage, was Kontrolle ist und wie sich diese in ausreichendem Maße erlangen lässt[8]. Nach Art. 5 Abs. 2 lit. a Verordnung (EG) Nr. 1370/2007 sind dabei alle Faktoren zu berücksichtigen. Als Beispiele werden der Umfang der Vertretung in Verwaltungs-, Leitungs- oder Aufsichtsgremien, diesbezügliche Bestimmungen in der Satzung, Eigentumsrechte, tatsächlicher Einfluss auf und tatsächliche Kontrolle über strategische Entscheidungen und einzelne Managemententscheidungen explizit aufgeführt. Die Aufzählung erinnert an die im Fall *Parking Brixen*[9] relevanten Kriterien und stellt zudem heraus, dass es nicht (nur) auf die gesetzlichen Rahmen- und vertraglichen Vertragsbedingungen ankommt, sondern (auch) darauf, ob der Einfluss und die Kontrolle »tatsächlich« ausgeübt werden.

---

8   Hierzu ausführlich etwa Pünder NJW 2010, 263 (264 f.); ders., in: ders./Prieß (Hg.), Brennpunkte des öffentlichen Personennahverkehrs vor dem Hintergrund der neuen EG-Personenverkehrsdiensteverordnung Nr. 1370/2007, S. 33 (S. 36 ff.); Klinger, Der Nahverkehr 3/2009, 46 ff. mit einigen Fallbeispielen.

9   EuGH Urt. v. 13.10.2005, C-458/03, Slg. 2005 I-8585, Rn. 67 – Parking Brixen.

Abweichend von der Rechtsprechung des EuGH[10] zu Inhouse-Geschäften sowie zu § 108 Abs. 1   14
Nr. 3 GWB schließt eine private Beteiligung an dem internen Betreiber eine Direktvergabe nicht
per se aus. Voraussetzung ist aber, dass die öffentliche Seite die Gesellschaft beherrscht und die Kontrolle ausübt. Wann genau dies der Fall ist, lässt sich der Verordnung nicht entnehmen und erzeugt
ein hohes Maß an Rechtsunsicherheit.[11] Es ist aber zu bedenken, dass die Einbindung Privater in
die Geschäfte des internen Betreibers mit intensiven Verzerrungen des Wettbewerbs verknüpft sein
kann, etwa wenn der Private nicht selbst im Wege eines wettbewerblichen Vergabeverfahrens ausgewählt wurde. Denn die Vergabe eines öffentlichen Auftrags ohne Wettbewerbsverfahren würde
einem privaten Unternehmen, das am Kapital der kontrollierten juristischen Person beteiligt ist,
einen unzulässigen Vorteil gegenüber seinen Wettbewerbern verschaffen.

2. Gebietsbezogene Tätigkeit

Das zweite in der ständigen Rechtsprechung des EuGH anzutreffende und nunmehr in § 108   15
Abs. 1 Nr. 2 GWB kodifizierte Kriterium für Inhouse-Vergaben – die Verrichtung der Tätigkeit im
Wesentlichen für den bzw. die Anteilseigner – ist in der Verordnung klarer und strenger gefasst. Die
Aktivitäten des durch die Direktvergabe privilegierten internen Betreibers werden weitestgehend auf
dessen Gebiet beschränkt[12], wenngleich Ausnahmen und ungeklärte Fragen verhindern, eine klare
und eindeutige Handhabung bereits dem Verordnungstext zu entnehmen.

Der interne Betreiber ist nach Art. 5 Abs. 2 lit. b Verordnung (EG) Nr. 1370/2007 bei der Erbringung   16
seiner Verkehrsdienste auf das **Zuständigkeitsgebiet der den Auftrag erteilenden Behörde** beschränkt.
Außerhalb dieses Gebietes darf er abgesehen von abgehenden Linien und sonstigen Teildiensten, die
in das Zuständigkeitsgebiet benachbarter örtlicher Behörden führen, keine Leistungen ausführen.
Die Regelung stellt einen Kompromiss dar zwischen dem politischen Wunsch der Mitgliedstaaten,
eigene Unternehmen unmittelbar zu beauftragen, und dem europäischen Ziel, den Markt für den
unverfälschten Wettbewerb zu öffnen. Das eigene Gebiet soll den kommunalen Unternehmen keinen
»sicheren Hafen«[13] als sichere Grundlage für die Expansion schaffen. Den im Wettbewerb stehenden
Verkehrsunternehmen würde ein »ungleicher« Konkurrent gegenübertreten, der mit Kampfpreisen
um Aufträge mitbieten kann, die über die Einnahmen auf dem Heimatmarkt quersubventioniert sind.

Die Beschränkung auf den Zuständigkeitsbereich der zuständigen Behörde sollte vor dem Hin-   17
tergrund potentieller Wettbewerbsverzerrungen strikt gehandhabt werden. Lediglich die in Art. 5
Abs. 2 lit. b Verordnung (EG) Nr. 1370/2007 explizit benannte **Ausnahme für abgehende Linien**
und sonstige Teildienste, die in das Zuständigkeitsgebiet benachbarter örtlicher Behörden führen,
sind privilegiert. Ohne diese Ausnahmevorschrift müssten Verkehrsdienste, die über die Grenzen eines Zuständigkeitsgebiets hinausreichen, zum Nachteil der Fahrgäste und eines attraktiven
Fahrangebotes eingeschränkt werden[14]. Wie weitreichend diese Ausnahme auszulegen ist, bestimmt
sich nach der Bedeutung der Linien im Einzelfall. So wird die Anbindung von Randgemeinden an

---

10 Vgl. EuGH Urt. v. 11.01.2005, C-26/03, Slg. 2005 I-1, Rn. 49 ff. – Stadt Halle.
11 So auch Knauff, DVBl. 2006, 339 (344); Pünder NJW 2010, 263 (265), der deshalb davon ausgeht, dass
    wegen der damit verbundenen Rechtsunsicherheit die Kapitalbeschaffung bei Privaten schwer wird; ders.,
    in: ders./Prieß (Hg.), Brennpunkte des öffentlichen Personennahverkehrs vor dem Hintergrund der neuen
    EG-Personenverkehrsdiensteverordnung Nr. 1370/2007, S. 33 (S. 46). Offener zeigt sich Klinger Der
    Nahverkehr 3/2009, 46 (47); vgl. auch Schön, KommJur 2009, 334 (335): »(…) ermöglicht dies auch die
    Direktvergabe an öffentlich-private Partnerschaften, wenn der öffentliche Auftraggeber mit mehr als 50%
    beteiligt ist und dadurch nachvollziehbar die Kontrolle über den Betreiber ausübt.«
12 Stickler/Feske VergabeR 2010, 1 (7 f.) setzen sich ausführlich mit der Frage auseinander, ob die Einschrän-
    kung auf das Zuständigkeitsgebiet in einem funktionalen Sinne (= ausschließlich im sachlichen Zustän-
    digkeitsbereich der Behörde tätig) oder im territorialen bzw. räumlichen Sinne zu verstehen ist. Letztlich
    entscheiden sich die Autoren für ein territoriales Verständnis.
13 So anschaulich Knauff, DVBl. 2006, 339 (344).
14 Vgl. den Gemeinsamen Standpunkt (EG) Nr. 2/2007 des Rates v. 11.12.2006, ABl. C 70E v. 27.03.2007,
    S. 1 (14).

eine Großstadt durch das städtische Verkehrsunternehmen dann nicht als Verstoß gewertet, wenn der eindeutige Schwerpunkt der Leistungserbringung im innerstädtischen Bereich liegt[15]. Dabei sollte nicht nur die Bedeutung für das städtische Verkehrsunternehmen in die Einzelfallbetrachtung einbezogen werden, sondern auch die sachliche Begründung des Vorhabens[16].

18   Diese Einschränkung trifft nicht nur den internen Betreiber, sondern auch jede andere Einheit, auf die dieser Betreiber einen auch nur geringfügigen Einfluss ausübt. Vom Wortlaut erfasst sind hier vor allem **Tochter- und Enkelunternehmen**. Es soll vermieden werden, dass ein interner Betreiber durch die Gründung von Tochterunternehmen und ähnliche Konstruktionen die Privilegien der Direktvergabe genießt, ohne sich der Pflicht zur gebietsbezogenen Tätigkeit zu unterwerfen. Die Beherrschungsmöglichkeit wird nicht gefordert. In der Folge wird ein interner Betreiber den geforderten, zumindest geringfügigen Einfluss auf alle Unternehmen haben, an denen er direkt oder indirekt nicht unwesentlich beteiligt ist. Wie weit die Grenze zu ziehen ist, kann nicht abstrakt festgelegt werden, sondern hängt letztlich von einer wertenden Gesamtbetrachtung ab. Dem Anteilsbesitz als entscheidendes Kriterium fehlt die nötige Flexibilität, um besonderen Konstellationen im Einzelfall (etwa Kontrollklauseln im Vertrag, Unterwerfungsvereinbarungen, koordiniertes Vorgehen verschiedener Beteiligungsgesellschaften, etc.) gerecht zu werden. Kommt dem internen Betreiber ein nicht zwingend beherrschender Einfluss über ein anderes Unternehmen zu, ist auch dieses Unternehmen bei der Bewertung der Inhouse-Eigenschaft des internen Betreibers zu berücksichtigen, ohne dass darauf abgestellt werden muss, ob der Einfluss gesellschaftsrechtlich, vertraglich oder auch nur rein faktisch begründet ist.[17]

19   Nicht ausdrücklich geregelt und auch vom Wortlaut nicht erfasst sind **Schwester- und Mutterunternehmen**, obwohl sich mit Hilfe solcher gesellschaftsrechtlicher Konstruktionen der Gedanke des Art. 5 Abs. 2 lit. b Verordnung (EG) Nr. 1370/2007 formal relativ leicht umgehen ließe.[18] So könnten zwei Gesellschaften gegründet werden, von der eine auf dem Heimatmarkt agiert und die andere außerhalb davon im Wettbewerb auftritt.[19] Zwar kommt dem Wortlaut als sachlogisch primäres Auslegungselement die Funktion einer Auslegungsgrenze zu. Über die Wortlautgrenze im Rahmen der Norminterpretation hinaus ist aber trotz der nicht zu leugnenden starken Indizwirkung eine Gesetzeskorrektur in richterlicher Rechtsfortbildung bei der Normanwendung möglich, wenn sie vom Willen des Normgebers geprägt wird.[20] Die Bindung an das Gesetz ist nicht gleichzusetzen mit einer Bindung an die Buchstaben des Gesetzes, sondern zuvorderst an den Sinn und Zweck des Gesetzes: Wenn der tatsächliche oder mutmaßliche Wille des Normgebers auf die im Raum stehende Korrektur gerichtet ist, kann diese unter Anknüpfung an seine Wertentscheidung und die von ihm mit der Norm verfolgten Zwecke erfolgen. Diese Lossagung vom reinen Wortlaut darf nur nicht dazu führen, dass das Ziel des Gesetzgebers in einem wesentlichen Punkt verfehlt oder verfälscht wird[21]. Aufgrund des im Gemeinschaftsrecht vorherrschenden Prinzips des effet

---

15 Knauff, DVBl. 2006, 339 (344); im Ergebnis auch Baumeister/Klinger NZBau 2005, 601 (607 Fn. 55) unter Hinweis auf einen Übersetzungsfehler im Verordnungsentwurf. Offener zeigen sich Stickler/Feske VergabeR 2010, 1 (8), die ausdrücklich festhalten, dass es nicht darauf ankomme, dass die Verkehrsleistungen überwiegend oder zu einem wesentlichen Teil innerhalb des eigenen Zuständigkeitsgebietes erbringen.

16 Nur soweit die Notwendigkeit des Teildienstes sachlich nachvollziehbar begründet werden kann, der Teildienst etwa das bestehende Leistungsangebot der Beteiligten ergänzt, ist eine Privilegierung gerechtfertigt.

17 Keine Sperrwirkung wird sich in dem Fall entfalten, in dem ein interner Betreiber einige Aktien eines privaten Konkurrenten in der Absicht kauft, dass der Private fortan nicht mehr im Wettbewerb auftreten darf.

18 Auf diese Probleme weisen auch hin Knauff, DVBl. 2006, 339 (344); Wachinger Das Recht des Marktzugangs im ÖPNV, S. 441; Baumeister/Klinger NZBau 2005, 601 (606); Kramer IR 2010, 80 (81).

19 Rechtlich würde diese Konstruktion aber in Konflikt stehen zu gemeinderechtlichen Vorgaben, da hier der öffentliche Zweck fraglich ist.

20 Vgl. BVerfGE 8, 28 (34), 35, 263 (279 f.); Looschelders/Roth, Juristische Methodik im Prozess der Rechtsanwendung, S. 70.

21 Vgl. BVerfGE 8, 28 (34); 54, 277 (299 f.); 71, 81 (105); Stern, Das Staatsrecht in der Bundesrepublik Deutschland, Bd. I, 136 m.w.N.

utile kommt der effektiven Umsetzung der Verordnung eine größere Bedeutung zu als dem Wortlaut als Auslegungsgrenze.

Eine positive Wertentscheidung für die freie Betätigung von Schwesterunternehmen findet sich   20 in den Äußerungen der Beteiligten nicht. Die vom *Europäischen Parlament* angestrebte Klarstellung[22], nach der auch Schwesterunternehmen erfasst werden, fand ebenso keine Berücksichtigung in der endgültigen Fassung. Hieraus im Umkehrschluss die Zulässigkeit zu schließen[23] verkennt die argumentatorische Schwäche des *argumentum e contrario*. Nur dort, wo sich diese über eine reine Wortinterpretation hinaus auf teleologische Argumente stützen können, kann das qualifizierte Schweigen des historischen Rechtssetzers an Bedeutung gewinnen[24]. Es gibt keine ordnungspolitischen Gesichtspunkte, die eine Befreiung von Schwesterunternehmen rechtfertigt. Umgekehrt ist auch der Gleichheitssatz zu beachten[25]. Nur bei wesentlich ungleichen Sachverhalten ist das *argumentum e contrario* geboten. Hier liegen aber vergleichbare Sachverhalte vor, da hinter den beteiligten Subjekten (interner Betreiber, Tochterunternehmen und Schwesterunternehmen) derselbe Akteur steht. Da sich den strengen Auflagen bei der Direktvergabe an einen interne Betreiber ausweislich des 18. Erwägungsgrundes der VO 1370/2007 auch die vergebende Behörde unterwerfen soll[26] und die effektive Umsetzung des vom *Europäische Parlament* geforderten Prinzips der Reziprozität jedwede Umgehung verbietet, bedarf es schon einer nachvollziehbaren Begründung, warum ausgerechnet dieser vom Sinn der Vorschrift – der Ausschluss möglicher Quersubventionierung und damit einhergehender Wettbewerbsverzerrungen – gebotene Fall im Umkehrschluss zugelassen werden soll. Einer solchen Begründung bleiben die Beteiligten unter alleiniger Berufung auf den Wortlaut und die Nichtannahme eines dahingehenden Änderungsvorschlags schuldig. Daher wird sich keine Schwestergesellschaft[27] – mag sie auch (vom internen Betreiber) rechtlich und faktisch unabhängig agieren – erfolgreich darauf berufen können, dass sie von den Vorgaben der Verordnung (EG) Nr. 1370/2007 nicht erfasst wird und der Gedanke der Verordnung insoweit ad absurdum geführt werden dürfe[28].

Aus der Beschränkung auf das eigene Zuständigkeitsgebiet folgen konsequent weitere Einschrän-   21 kungen für andere Wettbewerbsverfahren: Als Vorstufe zur eigentlichen Ausführung darf der interne Betreiber **an keinen wettbewerblichen Vergabeverfahren teilnehmen** (sog. **Prinzip der Reziprozität**). Da es letztlich um den Schutz der anderen Unternehmen geht, werden diese gezielt geschützt und können sich im Rahmen der Nachprüfung auf ein subjektives Recht berufen.

---

22 Europäisches Parlament, Empfehlung des Ausschusses für Verkehr und Fremdenverkehr für die zweite Lesung vom 04.04.2007, Dok. A6-0131/2007, S. 1 (23).

23 So ausdrücklich Wittig/Schimanek Der Nahverkehr 3/2008, 22 (24); Wittig/Schimanek NZBau 2008, 222 (227). Warnend Knauff, DVBl. 339 (344).

24 Looschelders/Roth, Juristische Methodik im Prozess der Rechtsanwendung, S. 102. Kritischer (»völlig wertlos«) ist Kelsen, Reine Rechtslehre, S. 96 f.

25 Hierzu BVerfGE 1, 264 (275 f.); Looschelders/Roth, Juristische Methodik im Prozess der Rechtsanwendung, S. 102 m. w. N.

26 »Ferner sollte es einer zuständigen Behörde, die ihre Verkehrsdienste selbst erbringt, oder einem internen Betreiber untersagt sein, an wettbewerblichen Vergabeverfahren außerhalb des Zuständigkeitsgebiets dieser Behörde teilzunehmen.« Zwar ist insoweit Wittig/Schimanek Der Nahverkehr 3/2008, 22 (25 Fn. 25) zuzugeben, dass auch hier keine Ausweitung auf Schwesterunternehmen des internen Betreibers ausdrücklich statuiert wurde. Die obigen Ausführungen legen aber nahe, dass auch dieser Umkehrschluss nicht logisch zwingend ist. Kramer IR 2010, 80 (81) spricht sich dafür aus, dass der 18. Erwägungsgrund für eine Einbeziehung von Schwesterunternehmen interner Betreiber streitet, da diese dieselben faktischen, rechtlichen und wirtschaftlichen Vorteile genießen.

27 Dasselbe gilt für andere Unternehmen, die in vergleichbare Weise zum Unternehmenskonstrukt des internen Betreibers und der Behörde gehören.

28 Ebenso Kramer IR 2010, 80 (81); differenzierend Pünder NJW 2010, 263 (266); a. A. Nettesheim NVwZ 2009, 1449 (1452), solange die Schwesterunternehmen eine hinreichend organisatorisch getrennt sind.

22   Damit durch das Teilnahmeverbot nicht die relativ wettbewerbsfreie Situation dadurch perpetuiert wird, dass der interne Betreiber keine auswärtigen Aufträge akquirieren darf und damit auf die
Direktvergabe angewiesen ist, enthält die Verordnung (EG) Nr. 1370/2007 eine **zeitliche Öffnungs-
klausel**: Nach Art. 5 Abs. 2 lit. c Verordnung (EG) Nr. 1370/2007 kann ein interner Betreiber bereits
zwei Jahre vor Ablauf der internen Beauftragung an wettbewerblichen Vergabeverfahren teilnehmen.
Voraussetzung ist, dass die zuständige Behörde beschlossen hat, die Verkehrsdienste, die zuvor von
dem internen Betreiber erbracht wurden, im Rahmen eines fairen wettbewerblichen Vergabeverfahrens zu vergeben und der interne Betreiber keine anderen direkt vergebener öffentlicher Dienstleistungsaufträge ausführt. Hier löst sich der interne Betreiber von seinen Privilegien und begibt sich
ohne »sicheren Hafen« in den Wettbewerb. Dass er zeitlich bereits deutlich vor Ablauf des eigenen
Auftrages als teilnahmefähig anzusehen ist, erklärt sich zum einen aus dem langen Zeitraum, den ein
wettbewerbliches Vergabeverfahren auch für die Bieterseite in Anspruch nimmt. Zum anderen wird
in Angesicht der langen Vertragslaufzeiten in der Regel auch nicht schon zwei Jahre vor Ablauf des
Vertrages ein aus Sicht des internen Betreibers interessanter Auftrag ausgeschrieben. Insgesamt soll
damit die Gefahr verhindert werden, dass der interne Betreiber sein »Hausmonopol« im Wege eines
Wettbewerbs verliert, ohne zugleich die Möglichkeit gehabt zu haben, neue Aufträge im Wettbewerb
zu akquirieren. Umgekehrt wird zudem vermieden, dass dies den internen Betreiber davon abhält,
den Schritt zum Wettbewerb zu wagen. Über den Wortlaut hinaus gilt die Zulassung zum Wettbewerb auch für jede andere Einheit, auf die dieser Betreiber einen auch nur geringfügigen Einfluss ausübt, und für die sonstigen verbundenen, ebenfalls vom Verbot des Art. 5 Abs. 2 lit. b VO 1370/2007
erfassten Unternehmen. Wenn schon der Erbringer der direkt vergebenen Leistungen an Vergabeverfahren teilnehmen darf, muss dies erst recht für die nur mittelbar privilegierten – und wie gezeigt
zugleich Restriktionen unterworfenen – Unternehmen gelten.

23   Die Entscheidung der zuständigen Behörde muss endgültig sein. Die Vergabeabsicht allein reicht
nicht aus, die Wettbewerbsteilnahme neben der noch laufenden Privilegierung zu rechtfertigen. Mit
der Wettbewerbsteilnahme außerhalb des ursprünglichen Gebiets wird die Direktvergabemöglichkeit nach Art. 5 Abs. 2 Verordnung (EG) Nr. 1370/2007 gesperrt. Es spielt dabei keine Rolle, ob der
interne Betreiber bei den Verfahren erfolgreich mitbietet und den Zuschlag erhält, da andernfalls
dieser Weg in den Wettbewerb »mit Rückfahrtsticket« das Risiko des Scheiterns von den Schultern
des internen Betreibers nehmen würde; entscheidet sich der interne Betreiber für den Wettbewerb
mit all seinen Vorzügen, dann muss er auch mit den möglichen Nachteilen umgehen können. Dies
bedeutet aber nicht, dass der Behörde damit die ihr zugestandene Flexibilität endgültig und für alle
Zeit verloren hat. Betätigt sich der interne Betreiber für einen längeren Zeitraum nicht am freien
Wettbewerb und nimmt an keinen anderen Verfahren teil, gelten die allgemeinen Inhouse-Regeln.

3. Besondere Vorgaben an die Unterauftragsvergabe

24   Eine weitere Einschränkung trifft den internen Betreiber nach Art. 5 Abs. 2 lit. e Verordnung (EG)
Nr. 1370/2007: Den überwiegenden Teil der Verkehrsdienste muss er selbst erbringen. Diese Vorgabe weicht von der Grundkonstellation im Vergaberecht ab, nach der die Unterauftragsvergabe zur
Förderung der kleinen und mittleren Unternehmen zulässig ist. Da der interne Betreiber in jedem
Fall zumindest einen »überwiegenden Teil« selbst erbringen muss, darf er sich nicht auf die Rolle
des Generalübernehmers beschränken. Die früher vereinzelt vorzufindende Praxis, zur Verrechnung
der Verluste aus der Verkehrsleistungserbringung mit den Gewinnen der Energiegesparte die Konzession selbst zu halten und die Leistungsdurchführung auf einen privaten Dritten zu übertragen,
ist nach der Rechtslage der Verordnung (EG) Nr. 1370/2007 nicht mehr haltbar[29]. Die Verordnung
(EG) Nr. 1370/2007 beschränkt den Subunternehmereinsatz hinsichtlich des Umfangs. Kommt
eine Unterauftragsvergabe in Frage, so muss der interne Betreiber den »überwiegenden Teil« des

---

29   So auch Wittig/Schimanek Der Nahverkehr 3/2008, 22 (25).

öffentlichen Personenverkehrsdienstes selbst erbringen. Eine Übertragung eines Anteils von mehr als 50% ist damit unzulässig.[30]

Nicht ausdrücklich geregelt ist das Verfahren, nach dem Unteraufträge vergeben werden. Lediglich 25 der 19. Erwägungsgrund der Verordnung (EG) Nr. 1370/2007 gibt vor, dass die Auswahl »im Einklang mit dem Gemeinschaftsrecht« erfolgen muss. Dabei muss bedacht werden, dass die durch die Direktvergabe erfolgte Privilegierung des internen Betreibers nur eingeschränkt bei gleichzeitiger Beteiligung privaten Kapitals möglich gewesen wäre. Vergibt nun der interne Betreiber einen Unterauftrag an einen Externen, verlässt der Auftrag die interne Organisationssphäre der Behörde. Solche Unteraufträge sind nach den Regeln des GWB-Vergaberecht auszuschreiben, sofern der Wert dessen Schwellenwerte übersteigt.

II. Direktvergabe bei Notfallmaßnahmen (Abs. 2 S. 2)

§ 131 Abs. 2 S. 2 erklärt deklaratorisch, dass Art. 5 Abs. 5 Verordnung (EG) Nr. 1370/2007[31] unbe- 26 rührt bleibt und weist damit auf die in der Verordnung (EG) Nr. 1370/2007 geregelte Möglichkeit hin, im Fall der Unterbrechung des Verkehrsdienstes oder bei unmittelbarer Gefahr des Eintretens einer solchen Situation eine Notmaßnahme zu ergreifen.[32] Anders als bei den anderen Direktverga-be-Tatbeständen der Verordnung (EG) Nr. 1370/2007 kann die Möglichkeit der Direktvergabe bei Notfallmaßnahmen nicht im nationalen Recht untersagt werden.

In Art. 5 Abs. 5 der Verordnung (EG) Nr. 1370/2007 wird die Notfallsituation als bereits eingetre- 27 tene Unterbrechung des Verkehrsdienstes oder die unmittelbare Gefahr des Eintretens einer solchen Situation definiert. Es muss also eine hinreichende Wahrscheinlichkeit bestehen für den baldigen Eintritt des zumindest vorübergehenden Ausfalls des Verkehrsdienstes. Die Gründe hierfür können vielfältiger Art sein. Sie reichen von Katastrophensituationen über den insolvenzbedingten Ausfall eines Betreibers und der vorzeitigen Kündigung eines Diensterbringers bis hin zur Aufhebung eines in Kraft gesetzten oder geplanten Vertrages durch eine Nachprüfungsinstitution. Dies stellt aber keine abschließende Aufzählung der infrage kommenden Ursachen dar. Der Tatbestand ist insoweit offen, so dass es – anders als noch im zweiten Verordnungsentwurf[33] – keine Rolle spielt, auf welcher Ursache die Notsituation beruht. Sie definiert sich nur über das Ergebnis, so dass auch atypische Situationen erfasst werden. Das am Ende stehende Ergebnis jeder Notfallsituation ist immer gleich: Die Dienste werden nicht erbracht und der Fahrgast ist der eigentliche Leidtragende, obwohl er als Dritter außerhalb des Auftragsverhältnisses zwischen Leistungserbringer und Aufgabenträger steht.

Der Tatbestand in Art. 5 Abs. 5 Verordnung (EG) Nr. 1370/2007, der zur Ergreifung einer Not- 28 maßnahme berechtigt, ähnelt in Teilen der Regelungen zur Dringlichkeit im Vergaberecht, weicht aber in einem entscheidenden Punkt ab: Vom Wortlaut wird objektiv nur ein Fall der Unterbre-

---

30 Vgl. die Überlegungen zum Begriff »überwiegend« in ähnlichem Zusammenhang bei EuGH Urt. v. 03.10.2000, C-380/98 – Slg. 2000 I-8035, Rn. 27 ff. – University of Cambridge: (Rn. 30) »(...) die übliche Bedeutung des Begriffes ‚überwiegend‘ (..) (ist) in der Alltagssprache stets ‚zu mehr als der Hälfte‘ (..), ohne dass die Dominanz oder die Präponderanz eines Teils gegenüber einem anderen erforderlich wäre.« Ebenso Heiß, VerwArch 2009, 113 (122).

31 Art. 5 Abs. 5 VO (EG) Nr. 1370/2007 lautet: »Die zuständige Behörde kann im Fall einer Unterbrechung des Verkehrsdienstes oder bei unmittelbarer Gefahr des Eintretens einer solchen Situation eine Notmaß-nahme ergreifen. Diese Notmaßnahme besteht in der Direktvergabe oder einer förmlichen Vereinbarung über die Ausweitung eines öffentlichen Dienstleistungsauftrags oder einer Auflage, bestimmte gemein-wirt-schaftliche Verpflichtungen zu übernehmen. Der Betreiber eines öffentlichen Dienstes hat das Recht, gegen den Beschluss zur Auferlegung der Übernahme bestimmter gemeinwirtschaftlicher Verpflichtungen Wider-spruch einzulegen. Die Vergabe oder Ausweitung eines öffentlichen Dienstleistungsauftrags als Notmaß-nahme oder die Auferlegung der Übernahme eines derartigen Auftrags ist für längstens zwei Jahre zulässig.«

32 Vgl. die ausführlichen Kommentierungen von Saxinger, in: Winnes/Saxinger, Recht des öffentlichen Personenverkehrs, Art. 5 Abs. 3 (2015); Fandrey, Direktvergabe von Verkehrsleistungen, S. 265 ff.

33 Art. 7b des Vorschlages der Kommission vom 21.02.2002, KOM (2002) 107 endg.

chung des Verkehrsdienstes oder die unmittelbare Gefahr des Eintretens einer solchen Situation gefordert. Eine Einschränkung auf nicht-zurechenbare bzw. nicht vorhersehbare Situationen findet sich nicht. Angedacht werden kann eine restriktive Auslegung des Notfall-Tatbestandes, wenn dem Auftraggeber der (drohende) Eintritt der Leistungsunterbrechung zuzurechnen ist, also in den Fällen, in denen er die Notfallsituation (mit-)verursacht hat, sie voraussah oder zumindest hätte vorhersehen können. Eine solche Auslegung parallel zur vergaberechtlichen Dringlichkeitsvorschrift findet aber im Wortlaut keine Stütze. Auch in den Materialien äußern sich die Beteiligten zu diesem Punkt nicht. Es erscheint auch sachgerecht, hier die vergaberechtliche Strenge nicht walten zu lassen. Profitiert bei den üblichen Beschaffungen die Allgemeinheit nur mittelbar, indem die öffentliche Hand ihren Gemeinwohlaufgaben besser nachkommen kann, beauftragt der Auftraggeber im Verkehrssektor zwar auch im eigenen Namen das Verkehrsunternehmen, direkter Nutznießer der beschafften Leistungen ist aber der die Leistung nutzende Bürger, der Fahrgast. Dieser leidet auch primär unter der Unterbrechung, obwohl er keine Verantwortung für das Verhalten der Beteiligten trägt. Zu Gunsten der Nutzer muss es daher größere Spielräume für die Auftraggeber geben als auf dem Gebiet klassischer Vergaben. Eine Einschränkung auf Situationen ohne Mitverschulden ist daher nicht geboten.

29 Hinsichtlich des durchzuführenden Verfahrens äußern sich weder GWB noch Verordnung (EG) Nr. 1370/2007. Während einem Auftraggeber regelmäßig nicht abverlangt werden kann, zunächst einen zeitintensiven Teilnahmewettbewerb durchzuführen, spricht jedenfalls bei erst noch drohender Unterbrechung wenig gegen ein auf das Nötigste reduziertes Verfahren, wenn er Kenntnis von mehreren am Auftrag interessierten Unternehmen hat. Diese kann sich aus Marktkenntnis oder aus einem vorherigen Verfahren ergeben. In letzterem Fall kommt erleichternd hinzu, dass der Auftraggeber bereits die Eignung der anderen Unternehmen geprüft hat. Gibt es mehrere Betreiber, die grundsätzlich in Betracht kommen, sollte er zumindest mit drei Betreibern in Verhandlungen treten und so ein Minimum an Wettbewerb ermöglichen. Der zeitliche Mehraufwand sollte sich regelmäßig gering halten lassen. Gebietet die (drohende) Leistungsunterbrechung sofortiges Handeln kann der Auftraggeber auch gestuft vorgehen: Zunächst beauftragt er unmittelbar einen Betreiber direkt. Dieser Auftrag wird zeitlich befristet bis er einen Betreiber im Wege eines beschränkten Wettbewerbs zwischen mehreren Anbietern gefunden hat. Diese zweite Stufe der Direktvergabe ist zeitlich wiederum auf den notwendigen Zeitraum beschränkt, bis ein wettbewerbliches Vergabeverfahren durchgeführt wurde. Zwar erhöht dieses dritte Verfahren den erforderlichen Zeitaufwand, angesichts des Ausnahmecharakters der Notfallsituation wird dieser Mehraufwand aber von den Vorteilen für den Wettbewerb sowie den Interessen der beteiligten Unternehmen aufgewogen.

30 Die maximale Laufzeit des Auftrags beträgt zwei Jahre und erlaubt dem Auftraggeber, die dafür nötige Zeit zu investieren, um einen geeigneten Leistungserbringer zu finden. Regelmäßig wird die hierfür vorgesehene Höchstgrenze von zwei Jahren nicht ausgeschöpft werden müssen. Lässt sich der Normalzustand, also die Vergabe nach Abschluss eines wettbewerblichen Verfahrens, bereits vor Ablauf der Zweijahresfrist erreichen, so gebieten der Wettbewerbsgrundsatz und der Gedanke des effet utile, eben diesen Zustand so schnell wie möglich wiederherzustellen. Eine direkte Vergabe über einen Zeitraum, der die erforderliche Laufzeit überschreitet, wäre nicht erforderlich und damit unverhältnismäßig. Die Direktvergabe ist also nur für den Zeitraum möglich, »bis ein neuer öffentlicher Dienstleistungsauftrag nach den in dieser Verordnung festgelegten Bedingungen vergeben wurde[34]. Aus diesen Überlegungen lässt sich ein Beschleunigungsgebot für den öffentlichen Auftraggeber ableiten. Dabei darf er sich einerseits die erforderliche Zeit nehmen, um ordnungsgemäß einen neuen Leistungserbringer auszuwählen. Keiner Seite wäre schlussendlich geholfen, wenn die Neuvergabe im Rechtsschutzverfahren wegen auf übereilten Entscheidungen beruhenden Mängeln

---

34 Gemeinsamer Standpunkt (EG) Nr. 2/2007 des Rates v. 11.12.2006 im Hinblick auf den Erlass der Verordnung EG/1370/2007, ABl. C 70E v. 27.03.2007, S. 1 (3), Erwägungsgrund 23. Ebenso Erwägungsgrund 24 der VO (EG) Nr. 1370/2007.

Fandrey

aufgehoben würde und das gesamte Prozedere von vorne beginnen müsste. Die dafür notwendige »Ruhe« gesteht die Regelung der Verordnung (EG) Nr. 1370/2007 dem Aufgabenträger zu.

III. Keine Direktvergaben bei sog. Bagatellaufträgen

Die Verordnung (EG) Nr. 1370/2007 sieht in Art. 5 Abs. 4[35] noch einen Tatbestand für Direktver- 31
gaben im »Bagatellbereich« vor: Auftragsvergaben mit einem geschätzten Jahresdurchschnittsvolumen bis zu 1.000.000 Euro oder eine jährliche öffentliche Personenverkehrsleistung von weniger als 300.000 km können direkt zu vergeben werden, wobei diese Grenzen sich im Falle der Vergabe an einen näher definierten Unternehmenskreis verdoppeln.[36] Der Gesetzgeber ist zur Umsetzung dieser Regelung aus der Verordnung nicht verpflichtet; diese stellt es dem nationalen Gesetzgeber frei, diese Form der Direktvergabe zu untersagen. Das GWB enthält hierzu keine Vorgabe. Aus dem allgemeinen, vom Bundesgerichtshof[37] vertretenen Rechtsgedanken, dass alle Aufträge nach § 97 GWB auszuschreiben sind, für die keine Ausnahmetatbestände gelten, kann abgeleitet werden, dass die mangelnde Umsetzung von Art. 5 Abs. 4 Verordnung (EG) Nr. 1370/2007 gleichzusetzen ist mit einer Untersagung. Der Rückgriff auf die – ihrem Charakter nach unmittelbar anwendbare – Verordnung ist damit versagt. Diese Wertungsentscheidung des Gesetzgebers ist angesichts der bestehenden Kritik an diesem »Bagatell«-Tatbestand zu begrüßen.

IV. Keine generelle Direktvergabe im SPNV-Bereich

Der Gesetzgeber hat im Sinne von Wettbewerb bewusst davon Abstand genommen, die Möglichkeit 32
zur generellen Direktvergabe im SPNV-Bereich aus Art. 5 Abs. 6 Verordnung (EG) Nr. 1370/2007[38] im GWB zu verankern und wahrt damit die Kontinuität zur bisherigen Rechtslage. In den Erläuterungen zum Gesetzesentwurf[39] verweist er auf das Urteil des BGH zu einer Direktvergabe im SPNV-Bereich[40]. Nach Auffassung des Gesetzgebers habe der BGH die Möglichkeit der Direktvergabe nach Art. 5 Abs. 6 Verordnung (EG) Nr. 1370/2007 verneint, da ihr nationales Recht entgegenstehe. Dies ist zwar richtig, da der BGH insoweit zutreffend auf die allgemeinen vergaberechtlichen Pflichten nach §§ 97 ff. GWB (a.F.) verwiesen hat, in denen keine Ausnahme für den SPNV-Bereich kodifiziert war. Das bedeutet aber nicht, dass der Gesetzgeber hierzu einfachgesetzlich nicht in der Lage gewesen wäre. Aus Gründen des Wettbewerbs und zur Vermeidung etwaiger Spannungen mit höherrangigem Recht[41] ist das Vorgehen des Gesetzgebers aber zu begrüßen.

---

35 Art. 5 Abs. 4 VO (EG) Nr. 1370/2007 lautet: »Sofern dies nicht nach nationalem Recht untersagt ist, können die zuständigen Behörden entscheiden, öffentliche Dienstleistungsaufträge, die entweder einen geschätzten Jahresdurchschnittswert von weniger als 1.000.000 EUR oder eine jährliche öffentliche Personenverkehrsleistung von weniger als 300.000 km aufweisen, direkt zu vergeben.
Im Falle von öffentlichen Dienstleistungsaufträgen, die direkt an kleine oder mittlere Unternehmen, die nicht mehr als 23 Fahrzeuge betreiben, vergeben werden, können diese Schwellen entweder auf einen geschätzten Jahresdurchschnittswert von weniger als 2.000.000 EUR oder eine jährliche öffentliche Personenverkehrsleistung von weniger als 600.000 km erhöht werden.« Vgl. hierzu OLG Frankfurt Beschl. v. 10.11.2015 – 11 Verg 8/15.
36 Vgl. die ausführlichen Kommentierungen Saxinger, in: Winnes/Saxinger, Recht des öffentlichen Personenverkehrs, Art. 5 Abs. 4 (2015); Fandrey, Direktvergabe von Verkehrsleistungen, S. 241 ff.
37 BGH Beschl. v. 08.02.2011 – X ZB 4/10.
38 Art. 5 Abs. 6 VO (EG) Nr. 1370/2007 lautet: »Sofern dies nicht nach nationalem Recht untersagt ist, können die zuständigen Behörden entscheiden, öffentliche Dienstleistungsaufträge im Eisenbahnverkehr - mit Ausnahme anderer schienengestützter Verkehrsträger wie Untergrund- oder Straßenbahnen - direkt zu vergeben. Abweichend von Artikel 4 Absatz 3 haben diese Aufträge eine Höchstlaufzeit von zehn Jahren, soweit nicht Artikel 4 Absatz 4 anzuwenden ist.«
39 BT-Drs. 18/6281, S. 114.
40 BGH Beschl. v. 08.02.2011 – X ZB 4/10.
41 Vgl. die Kritik bei Wachinger, Das Recht des Marktzugangs im ÖPNV, S 442, der die Direktvergabe von Eisenbahnverkehrsleistungen nur in sorgfältig begründeten Ausnahmefällen für zulässig erachtet; Jasper/Seidel/Telenta IR 2008, 346 ff.; keine Konflikte mit den Grundrechten sehen hingegen Otting/Olgemöl-

V. Zusätzliche Bekanntmachungspflicht bei Direktvergaben (Abs. 2 S. 2)

33 § 131 Abs. 2 S. 2 erinnert deklaratorisch an die zusätzliche Bekanntmachungspflicht bei Direkt-vergaben[42], die aus Art. 7 Abs. 2 Verordnung (EG) Nr. 1370/2007[43] folgt. Ein Jahr vor Einleitung eines wettbewerblichen Vergabeverfahrens oder vor einer Direktvergabe ist hiernach grundsätzlich[44] eine entsprechende Bekanntmachung der Vergabeabsicht europaweit zu veröffentlichen. Ziel der Regelung ist, potenzielle Bieter frühzeitig in die Lage zu versetzen, ggf. gegen die drohende Direkt-vergabe an einen internen Betreiber gerichtlich vorzugehen. Das Verfahren wird – abweichend von den allgemeinen Regeln (vgl. die Kommentierung zu § 186 GWB) – durch die Vorinformation eingeleitet[45]. Die Regelung vermittelt aber kein subjektives Recht auf Durchführung des ange-kündigten Verfahrens, sondern stellt zunächst einmal nur eine formale Ordnungsvorschrift dar. Von der beabsichtigten Einleitung eines europaweit angekündigten Verfahrens kann also Abstand genommen werden.

34 Der Mindestinhalt der Bekanntmachung folgt aus Art. 7 Abs. 2 Verordnung (EG) Nr. 1370/2007. Mitzuteilen sind der Namen und die Anschrift der zuständigen Behörde (lit. a), die Art des geplan-ten Vergabeverfahrens (lit. b) sowie die von der Vergabe potenziell betroffenen Dienste – sprich: Verkehrsmittel – und Gebiete – sprich: Strecken bzw. Linien – (lit. c). Hinsichtlich der zwingend zu veröffentlichenden Informationen ist diese Aufzählung im Übrigen abschließend, es steht jedoch der zuständigen Behörde frei, darüber hinaus freiwillige Angaben zu machen und sich insoweit zu binden.

35 Die Bekanntmachung wird im Supplement zum Amtsblatt der Europäischen Union veröffentlicht. Die dortige Veröffentlichung auf Unionsebene ist zwingend, die informierende Stelle muss sich aber nicht hierauf beschränken; eine ergänzende Veröffentlichung auch auf Fachportalen oder in nationalen Informationsmedien ist zulässig, sofern die Vorabveröffentlichung aufgrund von Gleich-behandlungsgesichtspunkten dort nicht zeitlich früher oder inhaltlich umfangreicher erfolgt. Das Amtsblatt der EU bleibt damit die erste Wahl. Dort wird zu diesem Zweck das Standardformular

---

ler DÖV 2009, 364 ff.; Otting/Scheps NVwZ 2008, 499 (504 ff.); Prieß, in: Kaufmann/Lübbig/Prieß/Pünder, VO (EG) 1370/2007, Art. 5 Rn. 249 ff.; ders., in: Pünder/Prieß (Hg.), Brennpunkte des öffent-lichen Personennahverkehrs vor dem Hintergrund der neuen EG-Personenverkehrsdiensteverordnung Nr. 1370/2007, S. 67 (S. 71 ff.).

42 Vgl. die ausführlichen Kommentierungen von Fandrey, in: Winnes/Saxinger, Recht des öffentlichen Perso-nenverkehrs, Art. 7 Abs. 2 (2015); ders., Direktvergabe von Verkehrsleistungen, S. 292 ff.

43 Art. 7 Abs. 2 VO (EG) Nr. 1370/2007 lautet: »Jede zuständige Behörde ergreift die erforderlichen Maß-nahmen, um sicherzustellen, dass spätestens ein Jahr vor Einleitung des wettbewerblichen Vergabever-fahrens oder ein Jahr vor der Direktvergabe mindestens die folgenden Informationen im Amtsblatt der Europäischen Union veröffentlicht werden:
a) der Name und die Anschrift der zuständigen Behörde;
b) die Art des geplanten Vergabeverfahrens;
c) die von der Vergabe möglicherweise betroffenen Dienste und Gebiete.
Die zuständigen Behörden können beschließen, diese Informationen nicht zu veröffentlichen, wenn der öffentliche Dienstleistungsauftrag eine jährliche öffentliche Personenverkehrsleistung von weniger als 50 000 km aufweist.
Sollten sich diese Informationen nach ihrer Veröffentlichung ändern, so hat die zuständige Behörde so rasch wie möglich eine Berichtigung zu veröffentlichen. Diese Berichtigung erfolgt unbeschadet des Zeit-punkts der Einleitung der Direktvergabe oder des wettbewerblichen Vergabeverfahrens.
Dieser Absatz findet keine Anwendung auf Artikel 5 Absatz 5.«

44 Ausgenommen sind Notmaßnahmen in Form von Direktvergaben gemäß Art. 5 Abs. 5 VO (EG) 1370/2007 sowie Aufträge mit einer jährlichen öffentliche Personenverkehrsleistung von weniger als 50 000 km.

45 OLG Düsseldorf Beschl. v. 02.03.2011, VII-Verg 48/10; dem folgend VK Südbayern Vorlagebeschl. v. 05.06.2015 – Z3-3-3194-1-20-03/15; OLG Frankfurt Beschl. v. 10.11.2015 – 11 Verg 8/15.

Fandrey

T-01 »Vorinformation für öffentliche Dienstleistungsaufträge« vorgehalten, welches nunmehr auf acht Seiten[46] als Vorlage dient.

Stellt sich heraus, dass die veröffentlichten Daten nicht mehr die tatsächliche Vergabeabsicht spiegeln, sind Auftraggeber nach Art. 7 Abs. 2 Unterabs. 3 Verordnung (EG) Nr. 1370/2007 gehalten, die Angaben so rasch wie möglich zu berichtigen. Die informierende Stelle darf die Berichtigung nicht schuldhaft hinauszögern; je näher der Termin der Direktvergabe rückt, desto schneller muss die Reaktion erfolgen.[47] Das Medium für die Berichtigung korreliert in erster Linie mit der ursprünglichen Wahl: Die Berichtigung muss (zumindest auch) an der Stelle erfolgen, an der auch ursprünglich (fehlerhaft) informiert wurde, also dem Amtsblatt der Europäischen Union. Wurden weitere Informationswege aktiv gewählt (etwa Brancheninformationsdienste), so erstreckt sich die Berichtigungspflicht auch hierauf. Soweit diskutiert[48] wird, ob jedwede Änderung der mitgeteilten Informationen zu berichtigen ist oder ob hier auch eine Beschränkung auf wesentliche Informationen im Sinne einer De-minimis-Regelung erfolgt, sollten Auftraggeber angesichts des nicht eindeutigen Wortlauts der Vorschrift (»möglicherweise«) vorsorglich auch geringfügige Änderungen öffentlich korrigieren. **36**

E. Betriebsübergang (Abs. 3)

Der dritte Absatz von § 131 GWB, der auf europäischem Sekundärrecht[49] beruht, hat das Potenzial, große Auswirkung auf den Wettbewerb bei Vergaben von öffentlichen Aufträgen über Personenverkehrsleistungen im Eisenbahnverkehr zu haben. Denn er verpflichtet öffentliche Auftraggeber, im Regelfall (»soll«) vorzusehen, dass bei einem Wechsel des Betreibers der Personenverkehrsleistung der ausgewählte Betreiber die Arbeitnehmerinnen und Arbeitnehmer, die beim bisherigen Betreiber für die Erbringung dieser Verkehrsleistungen beschäftigt waren, übernehmen muss und ihnen zugleich die Rechte gewährt, auf die sie Anspruch hätten, wenn ein Übergang gemäß § 613a BGB erfolgt wäre. Er greift damit massiv in die Angebotskalkulation und die Personalplanung ein, da es den Beschäftigten des Altbetreibers freigestellt ist, dem Übergang zu widersprechen. Verfahrensrechtlich wird diese Forderung flankiert von einer Auskunftspflicht des bisherigen Betreibers, alle für den Betriebsübergang erforderlichen Angaben zu machen. Bei der Anordnung des Personalübergangs handelt es sich vergaberechtlich um eine zusätzliche Bedingung an die Auftragsausführung. **37**

I. Der Betriebsübergang nach § 613a BGB und dessen Anordnung

Der gesetzliche Betriebsübergang mit seinen Folgen ist in § 613a BGB geregelt. Auch wenn dessen Voraussetzungen nicht vorliegen, ermächtigt § 131 Abs. 3 GWB den Auftraggeber, einen solchen **38**

---

46 Die dort abgefragten Informationen sind aber größtenteils freiwilliger Natur.

47 So bereits Schröder NVwZ 2008, 1288 (1293).

48 Fandrey, in: Winnes/Saxinger, Art. 7 Abs. 2 VO 1370, Rn. 20; Fehling in: Kaufmann/Lübbig/Prieß/Pünder, VO 1370, Art. 7, Rn. 56; Hölzl in: Montag/Säcker, Art. 7 VO 1370/2007, Rn. 16; zur Wesentlichkeit der Änderungen auch Berschin in: Barth/Baumeister/Berschin/Wachinger/Werner, A2, Rn. 233.

49 Die Vorschrift beruht auf Artikel 4 Abs. 5 Verordnung (EG) Nr. 1370/2007: »Unbeschadet des nationalen Rechts und des Gemeinschaftsrechts, einschließlich Tarifverträge zwischen den Sozialpartnern, kann die zuständige Behörde den ausgewählten Betreiber eines öffentlichen Dienstes verpflichten, den Arbeitnehmern, die zuvor zur Erbringung der Dienste eingestellt wurden, die Rechte zu gewähren, auf die sie Anspruch hätten, wenn ein Übergang im Sinne der Richtlinie 2001/23/EG erfolgt wäre. Verpflichtet die zuständige Behörde die Betreiber eines öffentlichen Dienstes, bestimmte Sozialstandards einzuhalten, so werden in den Unterlagen des wettbewerblichen Vergabeverfahrens und den öffentlichen Dienstleistungsaufträgen die betreffenden Arbeitnehmer aufgeführt und transparente Angaben zu ihren vertraglichen Rechten und zu den Bedingungen gemacht, unter denen sie als in einem Verhältnis zu den betreffenden Diensten stehend gelten.« Vgl. hierzu die Kommentierung von Dönneweg, in: Winnes/Saxinger; Recht des öffentlichen Personenverkehrs, Art. 4 Abs. 5 (2013).

im Wege eines Rechtsfolgenverweises anzuordnen. Inwieweit ein Betriebsübergang im Sinne des § 613a Abs. 1 S. 1 BGB bereits kraft Gesetzes gegeben ist, muss in jedem Einzelfall geprüft werden.

39   Ein solcher Betriebsübergang setzt zunächst allgemein voraus, dass die Gesamtheit der eingesetzten Betriebsmittel und des eingesetzten Personals zur Bearbeitung des bislang vergebenen Auftrags beim Auftragnehmer überhaupt eine **organisatorisch abgrenzbare wirtschaftliche Einheit** darstellt. Wenn dem Auftrag auf Auftragnehmerseite ausnahmsweise etwa gar keine festen Arbeitnehmer oder Betriebsmittel zugewiesen sein sollten, fehlt es schon an einem übergangsfähigen Betrieb(steil).[50]

40   Erforderlich für den Betriebsübergang ist insoweit, dass die organisatorische Einheit den Inhaber tatsächlich wechselt. Zu unterscheiden ist ein Betriebsübergang von der **bloßen Funktions- bzw. Auftragsnachfolge.** Die Entscheidung eines Auftraggebers, einen bestimmten Dienst- oder Werkleistungsauftrag zukünftig an einen anderen Auftragnehmer zu vergeben, ohne dass weitere Umstände hinzutreten (Überlassung von Materialien oder Geräten, Übernahme von Personal, Know-How, Lizenzen o.ä.) stellt eine reine Auftragsnachfolge dar, der keine entscheidende Relevanz in Bezug auf die betriebliche Organisation des Auftragnehmers beigemessen wird. Die reine Auftragsnachfolge soll daher nach ständiger Rechtsprechung des Europäischen Gerichtshofs sowie des Bundesarbeitsgerichts für sich genommen keinen Betriebsübergang darstellen.[51] Neben der reinen Auftragsneuvergabe müssen daher weitere Umstände hinzukommen, welche ebenfalls den Übergang eines Betriebs oder Betriebsteils indizieren können. Zu denken ist hier insbesondere an die Überlassung von Fahrzeugen, die wohl den »eigentlichen Kern des zur Wertschöpfung erforderlichen Funktionszusammenhangs« ausmachen.[52] Der Anwendungsbereich der originären Anordnung nach § 131 Abs. 3 GWB wird sich daher auf solche Fälle konzentrieren, bei denen der Bieter die Leistungen mit eigenen Fahrzeugen erbringen soll. Ferner kann der neue Betreiber auch einen Betriebsübergang nach § 613a BGB begründen, indem er in wesentlichem Umfang Personal des bisherigen Betreibers übernimmt.

41   Geht ein Betrieb oder Betriebsteil durch Rechtsgeschäft auf einen anderen Inhaber über, so tritt dieser gemäß § 613a Abs. 1 BGB **in die Rechte und Pflichten** aus den im Zeitpunkt des Übergangs bestehenden Arbeitsverhältnissen ein. Sind diese Rechte und Pflichten durch Rechtsnormen eines Tarifvertrags oder durch eine Betriebsvereinbarung geregelt, so werden sie grundsätzlich Inhalt des Arbeitsverhältnisses zwischen dem neuen Inhaber und dem Arbeitnehmer und dürfen nicht vor Ablauf eines Jahres nach dem Zeitpunkt des Übergangs zum Nachteil des Arbeitnehmers geändert werden. Eine Kündigung des Arbeitsverhältnisses eines Arbeitnehmers durch den bisherigen Arbeitgeber oder durch den neuen Inhaber wegen des Übergangs eines Betriebs oder eines Betriebsteils ist unwirksam.

42   Ob ein Betriebsübergang kraft Gesetzes oder erst bei Anordnung vorliegt, ist daher für die Bieter kalkulationserheblich. Es wirkt sich zum einen auf die Personalkosten aus, die neben den Fahrzeugen und dem Bahnstrom zu den maßgeblichen Kalkulationsposten gehören. Zum anderen haben die Beschäftigten gemäß § 613a Abs. 6 BGB die Möglichkeit, dem Betriebsübergang innerhalb von einem Monat zu widersprechen. Sie verbleiben dann Beschäftigte des bisherigen Betreibers. Ein Bieter kann also nicht damit planen, welche der in den Vergabeunterlagen genannten Beschäftigten überhaupt zu ihm wechseln. Eine seriöse Kalkulation sowie Personalplanung sind daher kaum möglich. Der Auftraggeber ist daher aufgrund der übergeordneten Vergabeprinzipien in der Pflicht, diese Wettbewerbsverzerrungen zu egalisieren, soweit dies möglich ist. Dies kann etwa durch Anpassungsklauseln zu Gunsten neuer Betreiber erfolgen. Ggf. kann dies auch auf Ebene

---

50   Vgl. BAG Urt. v. 11.12.1997 – 8 AZR 729/96, NZA 1998, 534.
51   St. Rspr. seit EuGH Urt. v. 11.03.1997, Rs. C-15/95, NZA 1997, 133 – Ayse Süzen; vgl. auch BAG Urt. v. 15.12.2011 – 8 AZR 197/11, AP Nr. 23 zu § 613a BGB.
52   Vgl. BAG Urt. v. 06.04.2006 – 8 AZR 222/04, NZA 2006, 723; anders noch BAG Urt. v. 11.12.1997 – 8 AZR 426/94, NZA 1998, 532.

der Ermessensentscheidung des § 131 Abs. 3 S. 1 GWB dazu führen, dass von der Anordnung des Personalübergangs abzusehen ist.

Der Auftraggeber hat sich bereits bei Einleitung des Vergabeverfahrens zu entscheiden, ob er den 43 Personalübergang anordnet. Ein Vorbehalt, diese Entscheidung erst zu einem späteren Zeitpunkt, gar erst nach Vertragsschluss, zu treffen, ist unzulässig. Über seine Entscheidung hat er die Bieter in den Vergabeunterlagen, bei Verfahren mit vorgelagertem Teilnahmewettbewerb am besten auch in der Bekanntmachung zu informieren.

II. Der betroffene Personenkreis

Für den Fall, dass ein öffentlicher Auftraggeber die Übernahme von Arbeitnehmerinnen und 44 Arbeitnehmern im Sinne von § 131 Abs. 3 S. 1 GWB verlangt, beschränkt sich das Verlangen gemäß § 131 Abs. 3 S. 2 GWB auf diejenigen Arbeitnehmerinnen und Arbeitnehmer[53], die für die Erbringung der übergehenden Verkehrsleistung unmittelbar erforderlich sind. Dies wird in erster Linie das Fahrpersonal sein. Hier ist für die einzelnen Personen vorab festzustellen, ob diese zumindest überwiegend für die ausgeschriebenen Strecken eingesetzt wurden oder für andere Strecken. Personen, die im Schwerpunkt hingegen auf anderen Strecken oder nur mittelbar mit der Dienstleistung beschäftigt waren (Verwaltung, Werkstatt, etc.), sind nicht von der Regelung der Norm umfasst. Der deutsche Gesetzgeber hat hier eine Einschränkung getroffen, die – sofern die überhaupt enger ist als das europäische Recht[54] – von den Kompetenzen des Gesetzgebers gedeckt sind. Der exakte Umfang des betroffenen Personenkreises ist in jedem Fall im Vorfeld der Vergabe zu ermitteln und – soweit erforderlich – im Verfahren zu aktualisieren. Er ist im Umfang in den Vergabeunterlagen und im Detail in der Vergabeakte zu dokumentieren.

III. Auskunftspflichten und Informationsübermittlung

Nach § 131 Abs. 3 S. 4 GWB ist der bisherige Betreiber nach Aufforderung durch den öffentlichen 45 Auftraggeber verpflichtet, alle hierzu erforderlichen Angaben zu machen. Diese Auskunftspflicht ist erforderlich, da der Auftraggeber regelmäßig nicht über die für die Kalkulation erforderlichen Daten verfügt und damit auf die Mithilfe des bisherigen Betreibers angewiesen ist.

Die Vorgabe des § 131 Abs. 3 S. 4 GWB hat die Qualität eines gesetzliches Auskunftsrechts. Im 46 Übrigen lässt sich eine Auskunftsverpflichtung aus dem Grundsatz von Treu und Glauben (§ 242 BGB) und dem Gebot der Rücksichtnahme aus § 241 BGB ableiten[55]. Ferner sah bislang beispielsweise § 1 Abs. 4 des Landestariftreuegesetzes Rheinland-Pfalz eine Auskunftspflicht vor. Der Auftraggeber ist auf die Kooperation des bisherigen Betreibers angewiesen. Weigert sich dieser, die angefragten Informationen vollständig und rechtzeitig zu übermitteln, kann zwar die Frage gestellt werden, ob die Informationen eingeklagt werden können. Dies wird man mit Blick auf die gesetzgeberische Intention annehmen können. Soweit hierfür regelmäßig kein ausreichendes Zeitfenster zur Verfügung steht, liegt es nahe, dass der Auftraggeber auf die Anordnung des Personalübergangs verzichten kann, sofern ein Betriebsübergang nach § 613a BGB nicht schon kraft Gesetzes erfolgt.

Der Umfang der zu übermittelnden Daten ergibt sich aus dem Sinn der Regelung, wird aber 47 zugleich beschränkt durch die Vorgaben des Datenschutzes.[56] In der Folge sollten mindestens die folgenden Unterlagen zur Verfügung gestellt werden:

---

53 Hier ist der Arbeitnehmerbegriff des § 613a BGB heranzuziehen, also insbesondere Arbeiter, Angestellte und Auszubildende.

54 Vgl. Dönneweg, in: Winnes/Saxinger; Recht des öffentlichen Personenverkehrs, Art. 4 Abs. 5 (2013), Rn. 3.

55 Vgl. Dönneweg, in: Winnes/Saxinger; Recht des öffentlichen Personenverkehrs, Art. 4 Abs. 5 (2013), Rn. 49; Rechten/Röbke LKV 2011, 337 (343).

56 Hierzu umfassend Dönneweg, in: Winnes/Saxinger; Recht des öffentlichen Personenverkehrs, Art. 4 Abs. 5 (2013), Rn. 52 ff.

- Auskunft über Anzahl der dem Auftrag fest zugeordneten Arbeitnehmerinnen und Arbeitnehmer,
- anonymisierte Übersicht zu Alter, Betriebszugehörigkeit sowie ggf. anzurechnende Vorbeschäftigung, Familienstand sowie Unterhaltsverpflichtungen, Schwerbehinderung, Bruttomonatsgehalt, sonstigen Gehaltsbestandteilen und Sonderzahlungen, betrieblicher Altersversorgung (Art und Höhe der Anwartschaft) sowie etwaigem Sonderkündigungsschutz,
- soweit vorhanden, anonymisierter Musterarbeitsvertrag,
- Auskunft über Tarifbindung sowie einzelvertragliche Bezugnahmen auf Tarifverträge,
- Auskunft über Existenz eines Betriebsrats für die dem Auftrag fest zugeordneten Arbeitnehmer,
- Auskunft über sonstige wesentliche Umstände, die das Vorliegen oder die Rechtsfolgen eines Betriebsübergangs beeinflussen können.

48 Im Rahmen einer Ausschreibung sollte ein öffentlicher Auftraggeber auch entsprechende Auskunftspflichten im Vertrag selbst für zukünftige Vergaben verankern. So könnte der Auftragnehmer etwa verpflichtet werden, dem Auftraggeber auf berechtigtes Verlangen die näher aufzuführenden Daten und Informationen zur Verfügung zu stellen, soweit zwingende gesetzliche Regelungen nicht entgegenstehen. Ein Verlangen ist insbesondere dann als berechtigt zu definieren, wenn der Auftragnehmer plant, den Auftrag neu auszuschreiben. Ergänzend ist zu überlegen, ob die Regelung mit einem Schadensersatzanspruch für den Fall gekoppelt wird, dass die übermittelten Informationen sich im Nachhinein als unzutreffend herausstellen und der Auftraggeber im Falle eines Betreiberwechsels dem neuen Betreiber Mehrkosten aufgrund der unzureichenden Informationen erstatten muss.

IV. Ermessensspielraum des Auftraggebers

49 § 131 Abs. 3 GWB gewährt dem öffentlichen Auftraggeber Ermessen, inwieweit er einen Betriebsübergang anordnet und entsprechend stark in den Wettbewerb eingreift. Das Ermessen wurde aber durch den Gesetzgeber dahingehend gesteuert (Ermessensbindung), dass der öffentliche Auftraggeber nur bei Vorliegen eines sachlichen Grundes den Personalübergang bei einem Betreiberwechsel nicht als Vorgabe setzen kann. Von einer darüber hinausgehenden Pflichtvorgabe im Sinne einer »muss«-Vorschrift hat der Gesetzgeber bewusst Abstand genommen, sodass der Personalübergang also der Regelfall ist, Ausnahmen aber denkbar bleiben.

50 Welche **Ausnahmen** hier möglich sind, ergibt sich weder aus dem Gesetz noch aus der Gesetzesbegründung. Nicht ausreichend wird sein, dass es zu einer Wettbewerbsverzerrung durch den angeordneten Personalübergang kommt, denn dann würde die Vorschrift leer laufen. Ausnahmen sind aber denkbar, wenn etwa die für eine ordnungsgemäße Angebotserstellung erforderlichen Auskünfte nicht erteilt werden können. Kann etwa ein Auftraggeber einem interessierten Bieter nicht die Daten übermitteln, die er für die Angebotskalkulation benötigt (dazu oben Rdn. 47), so wird er mit Blick auf den herzustellenden Wettbewerb von der Anordnung des Personalübergangs absehen können. Ebenfalls kann er davon absehen, wenn der bisherige Betreiber in seinen Arbeitsverträgen umfangreiche Abwehrklauseln gegen Neubetreiber vereinbart hat, die beispielsweise vorsehen, dass das Gehalt im Falle eines Betriebsübergangs wesentlich angehoben wird. Dies kann der Auftraggeber aber auch dadurch kompensieren, dass er in dem ausgeschriebenen Vertrag eine Regelung vorsieht, wonach die Bieter auf Grundlage der Tarifverträge oder der Gehaltsstrukturen des bisherigen Betreibers kalkulieren sollen und etwaige Mehrkosten durch die Vertragsgestaltung des bisherigen Betreibers nach Vertragsschluss auf den Auftraggeber umgelegt werden dürfen (Anpassungsklausel). Hierdurch würde der Auftraggeber auch seinem Auftrag aus § 131 Abs. 3 GWB teilweise gerecht, wonach er Regelungen vorsehen soll, durch die eine missbräuchliche Anpassung tarifvertraglicher Regelungen zu Lasten des neuen Betreibers zwischen der Veröffentlichung der Auftragsbekanntmachung und der Übernahme des Betriebes ausgeschlossen wird.

51 Fraglich ist, ob die Entscheidung des öffentlichen Auftraggebers von den **Nachprüfungsinstanzen** überprüft werden kann. Sofern er den Personalübergang in der Vergabe vorgibt, so wird diese dem Grunde nach und in der Art und Weise der zur Verfügung gestellten Informationen an den vergabe-

rechtlichen Normen messen lassen müssen. Jedenfalls hinsichtlich der zur Verfügung zu stellenden Auskünfte können die Nachprüfungsinstanzen umfassend und kritisch prüfen, ob die Auskünfte für eine angemessene Kalkulation und damit einen fairen Wettbewerb ausreichen. Denn der Ausnahmecharakter der Vorschrift befreit den Auftraggeber nicht, auch die allgemeinen Grundsätze des § 97 GWB zu beachten.

Entschließt sich ein Auftraggeber gegen die Anordnung des Personalübergangs, so ist zu unterschei- 52
den: Andere Bieter als der Altbetreiber werden keine Einwände gegen die Entscheidung vorbringen, da sie von der Entscheidung für einen Personalübergang nur belastet werden. Denn ein Betriebsübergang nach § 613a BGB zwingt keinen Beschäftigten zum Wechsel, sodass ein Bieter sich nicht darauf verlassen kann, mit dem Personal des Altbetreibers arbeiten zu können. Es steht aber zu erwarten, dass sich in Einzelfällen der bisherige Betreiber gegen eine solche Ermessensentscheidung wenden wird. Vergaberechtliche Nachprüfungsverfahren verfolgen nicht den Zweck einer allgemeinen Rechtskontrolle, sondern sollen die subjektiven Rechte der Unternehmen schützen. Entsprechend kann ein Antragsteller bei einer Vergabekammer auch nur die Verletzung eigener Rechte geltend machen. Verletzt ein öffentlicher Auftraggeber hingegen eine Pflicht, die nur im Verhältnis zwischen Gesetzgeber und öffentlichem Auftraggeber wirkt, mag dies von Seiten der Aufsicht bemängelt werden; es kann aber nicht von Seiten der Bieter geltend gemacht werden. Es kann sich nur auf bieterschützende Normen berufen. Nach allgemeinen Grundsätzen gelten solche Vorschriften als bieterschützend, die auch dem Interesse des Bieters zu dienen bestimmt sind[57]. Mit Blick auf den Gesetzeszweck wird die Zielrichtung der Vorschrift klar: Die Anordnung des Personalübergangs dient die Vorgabe den Arbeitnehmerinnen und Arbeitnehmern des bisherigen Betreibers. Deren Arbeitsplätze sollen durch den angeordneten Personalübergang stärker gesichert werden.[58] Deren Interesse kann der bisherige Betreiber aber nicht erfolgreich bei einer Nachprüfungsinstanz geltend machen.

§ 132 Auftragsänderungen während der Vertragslaufzeit

(1) Wesentliche Änderungen eines öffentlichen Auftrags während der Vertragslaufzeit erfordern ein neues Vergabeverfahren. Wesentlich sind Änderungen, die dazu führen, dass sich der öffentliche Auftrag erheblich von dem ursprünglich vergebenen öffentlichen Auftrag unterscheidet. Eine wesentliche Änderung liegt insbesondere vor, wenn

1. mit der Änderung Bedingungen eingeführt werden, die, wenn sie für das ursprüngliche Vergabeverfahren gegolten hätten,
   a) die Zulassung anderer Bewerber oder Bieter ermöglicht hätten,
   b) die Annahme eines anderen Angebots ermöglicht hätten oder
   c) das Interesse weiterer Teilnehmer am Vergabeverfahren geweckt hätten,
2. mit der Änderung das wirtschaftliche Gleichgewicht des öffentlichen Auftrags zugunsten des Auftragnehmers in einer Weise verschoben wird, die im ursprünglichen Auftrag nicht vorgesehen war,
3. mit der Änderung der Umfang des öffentlichen Auftrags erheblich ausgeweitet wird oder
4. ein neuer Auftragnehmer den Auftragnehmer in anderen als den in Absatz 2 Satz 1 Nummer 4 vorgesehenen Fällen ersetzt.

(2) Unbeschadet des Absatzes 1 ist die Änderung eines öffentlichen Auftrags ohne Durchführung eines neuen Vergabeverfahrens zulässig, wenn

1. in den ursprünglichen Vergabeunterlagen klare, genaue und eindeutig formulierte Überprüfungsklauseln oder Optionen vorgesehen sind, die Angaben zu Art, Umfang und Voraussetzungen möglicher Auftragsänderungen enthalten, und sich aufgrund der Änderung der Gesamtcharakter des Auftrags nicht verändert,

---

57 OLG Düsseldorf Beschl. v. 15.06.2000 – Verg 6/00 – NZBau 2000, 440.
58 BT-Drucksache 18/6281, S. 163. Vgl. zu den Hintergründen auch Dönneweg, in: Winnes/Saxinger; Recht des öffentlichen Personenverkehrs, Art. 4 Abs. 5 (2013), Rn. 16.

2. zusätzliche Liefer-, Bau- oder Dienstleistungen erforderlich geworden sind, die nicht in den ursprünglichen Vergabeunterlagen vorgesehen waren, und ein Wechsel des Auftragnehmers
   a) aus wirtschaftlichen oder technischen Gründen nicht erfolgen kann und
   b) mit erheblichen Schwierigkeiten oder beträchtlichen Zusatzkosten für den öffentlichen Auftraggeber verbunden wäre,
3. die Änderung aufgrund von Umständen erforderlich geworden ist, die der öffentliche Auftraggeber im Rahmen seiner Sorgfaltspflicht nicht vorhersehen konnte, und sich aufgrund der Änderung der Gesamtcharakter des Auftrags nicht verändert oder
4. ein neuer Auftragnehmer den bisherigen Auftragnehmer ersetzt
   a) aufgrund einer Überprüfungsklausel im Sinne von Nummer 1,
   b) aufgrund der Tatsache, dass ein anderes Unternehmen, das die ursprünglich festgelegten Anforderungen an die Eignung erfüllt, im Zuge einer Unternehmensstrukturierung, wie zum Beispiel durch Übernahme, Zusammenschluss, Erwerb oder Insolvenz, ganz oder teilweise an die Stelle des ursprünglichen Auftragnehmers tritt, sofern dies keine weiteren wesentlichen Änderungen im Sinne des Absatzes 1 zur Folge hat, oder
   c) aufgrund der Tatsache, dass der öffentliche Auftraggeber selbst die Verpflichtungen des Hauptauftragnehmers gegenüber seinen Unterauftragnehmern übernimmt.

In den Fällen des Satzes 1 Nummer 2 und 3 darf der Preis um nicht mehr als 50 Prozent des Werts des ursprünglichen Auftrags erhöht werden. Bei mehreren aufeinander folgenden Änderungen des Auftrags gilt diese Beschränkung für den Wert jeder einzelnen Änderung, sofern die Änderungen nicht mit dem Ziel vorgenommen werden, die Vorschriften dieses Teils zu umgehen.

(3) Die Änderung eines öffentlichen Auftrags ohne Durchführung eines neuen Vergabeverfahrens ist ferner zulässig, wenn sich der Gesamtcharakter des Auftrags nicht ändert und der Wert der Änderung
1. die jeweiligen Schwellenwerte nach § 106 nicht übersteigt und
2. bei Liefer- und Dienstleistungsaufträgen nicht mehr als 10 Prozent und bei Bauaufträgen nicht mehr als 15 Prozent des ursprünglichen Auftragswertes beträgt.

Bei mehreren aufeinander folgenden Änderungen ist der Gesamtwert der Änderungen maßgeblich.

(4) Enthält der Vertrag eine Indexierungsklausel, wird für die Wertberechnung gemäß Absatz 2 Satz 2 und 3 sowie gemäß Absatz 3 der höhere Preis als Referenzwert herangezogen.

(5) Änderungen nach Absatz 2 Satz 1 Nummer 2 und 3 sind im Amtsblatt der Europäischen Union bekannt zu machen.

A. Materialien

Der Regierungsentwurf zum Vergaberechtsmodernisierungsgesetz (2016) enthält folgende Begründung des § 132 GWB: **1**

>»Zu § 132 (Auftragsänderungen während der Vertragslaufzeit) **2**

Der neue § 132 enthält erstmals klare Vorgaben, wann Auftragsänderungen während der Vertragslaufzeit ein neues Vergabeverfahren erfordern. Die Vorschrift dient der Umsetzung von Artikel 72 der Richtlinie 2014/24/EU. Bislang basierten die Vorgaben dazu auf den durch die Rechtsprechung des EuGH entwickelten Grundsätzen zu Auftragsänderungen (insb. EuGH, Urteil vom 19. Juni 2008, C-454/06, »Pressetext«).

Zu Absatz 1

Absatz 1 dient der Umsetzung von Artikel 72 Absatz 5 der Richtlinie 2014/24/EU. Im Grundsatz stellt Absatz 1 klar, dass wesentliche Änderungen eines öffentlichen Auftrags während dessen Vertragslaufzeit ein neues Vergabeverfahren erfordern. Wesentlich sind Änderungen grundsätzlich dann, wenn sich der Auftrag infolge der Änderung während der Vertragslaufzeit erheblich von dem ursprünglich vergebenen Auftrag unterscheidet. Dies betrifft insbesondere Änderungen, die den Umfang und die inhaltliche Ausgestaltung der gegenseitigen Rechte und Pflichten der Parteien einschließlich der Zuweisung der Rechte des geistigen Eigentums betreffen. Derartige Änderungen sind Ausdruck der Absicht der Parteien, wesentliche Bedingungen des betreffenden Auftrags neu zu verhandeln. Die Nummern 1 bis 4 zählen beispielhaft auf, in welchen Fällen eine wesentliche Änderung im Sinne von Absatz 1 vorliegt.

Zu Absatz 2

Absatz 2 dient der Umsetzung von Artikel 72 Absatz 1 der Richtlinie 2014/24/EU und zählt die Fälle auf, in denen eine Änderung des ursprünglichen Vertrags zulässig ist und zwar unabhängig davon, ob es sich um eine wesentliche Änderung im Sinne des Absatz 1 handelt oder nicht.

Zu Nummer 1

Eine Änderung ist nach Absatz 2 Nummer 1 dann zulässig, wenn in den ursprünglichen Vergabeunterlagen klare, präzise und eindeutig formulierte Überprüfungsklauseln enthalten sind, die Angaben zu Art, Umfang und Voraussetzungen für eine Änderung des Vertrags enthalten. Dies betrifft zum Beispiel Preisüberprüfungsklauseln. Entsprechende Klauseln sollen öffentlichen Auftraggebern keinen unbegrenzten Ermessensspielraum einräumen. Dabei gibt es aber – anders als bei den erlaubten Vertragsänderungen der Nummern 2 und 3 – keine pauschale Obergrenze in Höhe von 50 Prozent des ursprünglichen Auftragswertes. Entscheidend ist vielmehr, dass sich durch Änderungen im Sinne der Nummer 1 der Gesamtcharakter des Auftrags nicht ändert.

Zu Nummer 2

Absatz 2 Nummer 2 dient der Umsetzung von Artikel 72 Absatz 1 Buchstabe b der Richtlinie 2014/24/EU und betrifft Situationen, in denen öffentliche Auftraggeber zusätzliche Liefer-, Bau- oder Dienstleistungen benötigen. In diesen Fällen kann eine Änderung des ursprünglichen Auftrags ohne neues Vergabeverfahren gerechtfertigt sein, insbesondere wenn die zusätzlichen Lieferungen entweder als Teilersatz oder zur Erweiterung bestehender Dienstleistungen, Lieferungen oder Einrichtungen bestimmt sind. Voraussetzung dafür ist, dass ein Wechsel des Lieferanten aus wirtschaftlichen oder technischen Gründen nicht erfolgen kann und mit erheblichen Schwierigkeiten oder beträchtlichen Zusatzkosten für den Auftraggeber verbunden wäre. Dies betrifft zum Beispiel den Fall, dass der öffentliche Auftraggeber Material-, Bau- oder Dienstleistungen mit unterschiedlichen technischen Merkmalen erwerben müsste und dies eine Unvereinbarkeit oder unverhältnismäßige technische Schwierigkeiten bei Gebrauch und Instandhaltung mit sich bringen würde.

Für erlaube Änderungen nach Absatz 2 Nummer 2 gilt – wie auch für Änderungen nach Nummer 3 – eine pauschale Obergrenze. Der Wert der Änderung darf hierbei nicht mehr als 50 Prozent des ursprünglichen Auftragswertes betragen.

Zu Nummer 3

Absatz 2 Nummer 3 betrifft Fälle, in denen öffentliche Auftraggeber mit externen Umständen konfrontiert werden, die sie zum Zeitpunkt der Zuschlagserteilung nicht absehen konnten. Dies kann insbesondere dann der Fall sein, wenn sich die Ausführung des Auftrags über einen längeren Zeitraum erstreckt. Absatz 2 Nummer 3 setzt Artikel 72 Absatz 1 Buchstabe c der Richtlinie 2014/24/EU um und ermöglicht dem Auftraggeber ein gewisses Maß an Flexibilität, um den Auftrag an diese Gegebenheiten anzupassen, ohne ein neues Vergabeverfahren einleiten zu müssen. »Unvorhersehbare Umstände« sind Umstände, die auch bei einer nach vernünftigem Ermessen sorgfältigen Vorbereitung der ursprünglichen Zuschlagserteilung durch den öffentlichen Auftraggeber unter Berücksichtigung der zur Verfügung stehenden Mittel, der Art und Merkmale des spezifischen Projekts, der bewährten Praxis und der Notwendigkeit, ein angemessenes Verhältnis zwischen den bei der Vorbereitung der Zuschlagserteilung eingesetzten Ressourcen und dem absehbaren Nutzen zu gewährleisten, nicht hätten vorausgesagt werden können. Voraussetzung ist allerdings, dass sich mit der Änderung nicht der Gesamtcharakter des gesamten Auftrags ändert, indem beispielsweise die zu beschaffenden Liefer-, Bau- oder Dienstleistungen durch andersartige Leistungen ersetzt werden oder indem sich die Art der Beschaffung grundlegend ändert.

Wie bei den Änderungen nach Nummer 2 darf auch in den Fällen von Nummer 3 der Wert der Änderung nicht mehr als 50 Prozent des ursprünglichen Auftragswertes betragen.

Zu Nummer 4

Absatz 2 Nummer 4 dient der Umsetzung von Artikel 72 Absatz 1 Buchstabe d der Richtlinie 2014/24/EU. Damit soll dem erfolgreichen Bieter die Möglichkeit eingeräumt werden, während der Ausführung des Auftrags gewisse interne strukturelle Veränderungen (Wechsel des Auftragnehmers) zu vollziehen, ohne dass deswegen ein neues Vergabeverfahren durchgeführt werden muss. Dies betrifft zum Beispiel rein interne Umstrukturierungen, Übernahmen, Zusammenschlüsse, Unternehmenskäufe oder Insolvenzen.

Zu Absatz 3

Absatz 3 dient der Umsetzung von Artikel 72 Abs. 2 der Richtlinie 2014/24/EU. Absatz 3 führt eine de-minimis-Grenze für Auftragsänderungen während der Vertragslaufzeit ein, wonach geringfügige Änderungen des Auftragswerts bis zu einer bestimmten Höhe grundsätzlich zulässig sind, ohne dass ein neues Vergabeverfahren durchgeführt werden muss. Voraussetzung ist nach Absatz dabei, dass der Wert der Änderung den entsprechenden Schwellenwert nach § 106 nicht übersteigt und zusätzlich bei Liefer- und Dienstleistungsaufträgen nicht mehr als 10 Prozent und bei Bauaufträgen nicht mehr als 15 Prozent des ursprünglichen Auftragswertes beträgt. Sofern die Auftragsänderungen eine dieser Grenzen übersteigt, ist eine Änderung ohne erneutes Vergabeverfahren nur zulässig, wenn die übrigen Voraussetzungen des § 132 erfüllt sind.

Zu Absatz 4

Absatz 4 dient der Umsetzung von Artikel 72 Absatz 3 der Richtlinie 2014/24/EU.

Zu Absatz 5

Absatz 5 dient der Umsetzung von Artikel 72 Absatz 1 Unterabsatz 3 der Richtlinie 2014/24/EU.

3 Der Neuregelung liegt **Artikel 72 der Richtlinie 2014/24/EU** zugrunde, der lautet:

4 *»(1) Aufträge und Rahmenvereinbarungen können in den folgenden Fällen ohne Durchführung eines neuen Vergabeverfahrens im Einklang mit dieser Richtlinie geändert werden:*

a) wenn die Änderungen, unabhängig von ihrem Geldwert in den ursprünglichen Auftragsunterlagen in Form von klar, präzise und eindeutig formulierten Überprüfungsklauseln, die auch Preisüberprüfungsklauseln beinhalten können, oder Optionen vorgesehen sind. Entsprechende Klauseln müssen Angaben zu Umfang und Art möglicher Änderungen oder Option sowie zu den Bedingungen enthalten, unter denen sie zur Anwendung gelangen können. Sie dürfen keine Änderungen oder Optionen vorsehen, die den Gesamtcharakter des Auftrags oder der Rahmenvereinbarung verändern würden;

b) bei zusätzlichen Bau- oder Dienstleistungen oder Lieferungen durch den ursprünglichen Auftragnehmer, die erforderlich geworden sind und nicht in den ursprünglichen Auftragsunterlagen vorgesehen waren, wenn ein Wechsel des Auftragnehmers

i) aus wirtschaftlichen oder technischen Gründen wie der Austauschbarkeit oder Kompatibilität mit im Rahmen des ursprünglichen Vergabeverfahrens beschafften Ausrüstungsgegenständen, Dienstleistungen oder Anlagen nicht erfolgen kann und

ii) mit erheblichen Schwierigkeiten oder beträchtlichen Zusatzkosten für den öffentlichen Auftraggeber wäre;

eine Preiserhöhung darf jedoch nicht mehr als 50 % des Werts des ursprünglichen Auftrags betragen. Werden mehrere aufeinander folgende Änderungen vorgenommen, so gilt diese Beschränkung für den Wert jeder einzelnen Änderung. Solche aufeinander folgenden Änderungen dürfen nicht mit dem Ziel vorgenommen werden, diese Richtlinie zu umgehen;

c) wenn alle der folgenden Bedingungen erfüllt sind:

i) Die Änderung wurde erforderlich aufgrund von Umständen, die ein seiner Sorgfaltspflicht nachkommender öffentlicher Auftraggeber nicht vorhersehen konnte;

ii) der Gesamtcharakter des Auftrags verändert sich aufgrund der Änderung nicht;

iii) eine etwaige Preiserhöhung beträgt nicht mehr als 50 % des Werts des ursprünglichen Auftrags oder der ursprünglichen Rahmenvereinbarung. Werden mehrere aufeinander folgende Änderungen vorgenommen, so gilt diese Beschränkung für den Wert jeder einzelnen Änderung. Solche aufeinander folgenden Änderungen dürfen nicht mit dem Ziel vorgenommen werden, diese Richtlinie zu umgehen;

d) wenn ein neuer Auftragnehmer den Auftragnehmer ersetzt, an den der öffentliche Auftraggeber den Auftrag ursprünglich vergeben hatte, aufgrund entweder

i) einer eindeutig formulierten Überprüfungsklausel oder Option gemäß Buchstabe a,

ii) der Tatsache, dass ein anderer Wirtschaftsteilnehmer, der die ursprünglich festgelegten qualitativen Eignungskriterien erfüllt, im Zuge einer Unternehmensumstrukturierung – einschließlich Übernahme, Fusion, Erwerb oder Insolvenz – ganz oder teilweise an die Stelle des ursprünglichen Auftragnehmers tritt, sofern dies keine weiteren wesentlichen Änderungen des Auftrags zur Folge hat und nicht dazu dient, die Anwendung dieser Richtlinie zu umgehen, oder

iii) der Tatsache, dass der öffentliche Auftraggeber selbst die Verpflichtungen des Hauptauftragnehmers gegenüber seinen Unterauftragnehmern übernimmt, wenn diese Möglichkeit in den nationalen Rechtsvorschriften gemäß Artikel 71 vorgesehen ist;

e) wenn die Änderungen, unabhängig von ihrem Wert, nicht wesentlich im Sinne des Absatzes 4 sind.

Die öffentlichen Auftraggeber, die einen Auftrag in den Fällen gemäß den Buchstaben b und c des vorliegenden Absatzes geändert haben, veröffentlichen eine diesbezügliche Bekanntmachung im Amtsblatt der Europäischen Union. Die Bekanntmachung enthält die in Anhang V Teil G genannten Angaben und wird gemäß Artikel 51 veröffentlicht.

(2) Darüber hinaus können Aufträge auch ohne Durchführung eines neuen Vergabeverfahrens im Einklang mit dieser Richtlinie geändert werden, ohne dass überprüft werden muss, ob die in Absatz 4

Buchstaben a bis d genannten Bedingungen erfüllt sind, wenn der Wert der Änderung die beiden folgenden Werte nicht übersteigt:

i) die in Artikel 4 genannten Schwellenwerte und

ii) 10 % des ursprünglichen Auftragswerts bei Liefer- und Dienstleistungsaufträgen und 15 % des ursprünglichen Auftragswerts bei Bauaufträgen.

Der Gesamtcharakter des Auftrags oder der Rahmenvereinbarung darf sich allerdings aufgrund der Änderung nicht verändern. Im Falle mehrerer aufeinander folgender Änderungen wird deren Wert auf der Grundlage des kumulierten Nettowerts der aufeinander folgenden Änderungen bestimmt.

(3) Enthält der Vertrag eine Indexierungsklausel, so wird für die Berechnung des in Absatz 2 und Absatz 1 Buchstaben b und c genannten Preises der angepasste Preis als Referenzwert herangezogen.

(4) Eine Änderung eines Auftrags oder einer Rahmenvereinbarung während seiner beziehungsweise ihrer Laufzeit gilt als wesentlich im Sinne des Absatzes 1 Buchstabe e, wenn sie dazu führt, dass sich der Auftrag oder der Rahmenvereinbarung erheblich von dem ursprünglichen vergebenen Auftrag beziehungsweise der ursprünglich vergebenen Rahmenvereinbarung unterscheidet. Unbeschadet der Absätze 1 und 2 ist eine Änderung im jedem Fall als wesentlich anzusehen, wenn eine oder mehrere der folgenden Voraussetzungen erfüllt ist:

a) Mit der Änderung werden Bedingungen eingeführt, die, wenn sie für das ursprüngliche Vergabeverfahren gegolten hätten, die Zulassung anderer als der ursprünglich ausgewählten Bewerber oder die Annahme eines anderen als des ursprünglich angenommenen Angebots ermöglicht hätten oder das Interesse weiterer Teilnehmer am Vergabeverfahren geweckt hätten;

b) mit der Änderung wird das wirtschaftliche Gleichgewicht des Auftrags oder der Rahmenvereinbarung zugunsten des Auftragnehmers in einer Weise verschoben, die im ursprünglichen Auftrag beziehungsweise der ursprünglichen Rahmenvereinbarung nicht vorgesehen war;

c) mit der Änderung wird der Umfang des Auftrags oder der Rahmenvereinbarung erheblich ausgeweitet;

d) ein neuer Auftragnehmer ersetzt den Auftragnehmer, an den der öffentliche Auftraggeber den Auftrag ursprünglich vergeben hatte, in anderen als den in Absatz 1 Buchstabe d vorgesehenen Fällen.

(5) Ein neues Vergabeverfahren im Einklang mit dieser Richtlinie ist erforderlich bei anderen, als den in den Absätzen 1 und 2 vorgesehenen Änderungen der Bestimmungen eines öffentlichen Auftrags oder einer Rahmenvereinbarung während seiner beziehungsweise ihrer Laufzeit.«

5   Die **Erwägungsgründe 107 bis 111 der Richtlinie 2014/24/EU** lauten wie folgt:

6   *»(107) Es ist erforderlich die Bedingungen näher zu bestimmen, unter denen Änderungen eines Auftrags während des Ausführungszeitraums ein neues Vergabeverfahren erfordern; dabei ist der einschlägigen Rechtsprechung des Gerichtshofs der Europäischen Union Rechnung zu tragen. Ein neues Vergabeverfahren ist erforderlich bei wesentlichen Änderungen des ursprünglichen Auftrags, insbesondere des Umfangs und der inhaltlichen Ausgestaltung der gegenseitigen Rechte und Pflichten der Parteien, einschließlich der Zuweisung der Rechte des geistigen Eigentums. Derartige Änderungen sind Ausdruck der Absicht der Parteien, wesentliche Bedingungen des betreffenden Auftrags neu zu verhandeln. Dies ist insbesondere dann der Fall, wenn die geänderten Bedingungen, hätten sie bereits für das ursprüngliche Verfahren gegolten, dessen Ergebnis beeinflusst hätten.*

Änderungen des Auftrags, die zu einer geringfügigen Änderung des Auftragswerts bis zu einer bestimmten Höhe führen, sollten jederzeit möglich sein, ohne dass ein neues Vergabeverfahren durchgeführt werden muss. Zu diesem Zweck und um Rechtssicherheit zu gewährleisten, sollten in dieser Richtlinie Geringfügigkeitsgrenzen vorgesehen werden, unterhalb deren kein neues Vergabeverfahren erforderlich ist. Änderungen des Auftrags, die diese Schwellenwerte überschreiten, sollten ohne erneutes Vergabeverfahren möglich sein, soweit diese die in dieser Richtlinie festgelegten Bedingungen erfüllen.

(108) Es kann vorkommen, dass öffentliche Auftraggeber zusätzliche Bauleistungen, Lieferungen oder Dienstleistungen benötigen; in solchen Fällen kann eine Änderung des ursprünglichen Auftrags ohne neues Vergabeverfahren gerechtfertigt sein, insbesondere wenn die zusätzlichen Lieferungen entweder als Teilersatz oder zur Erweiterung bestehender Dienstleistungen, Lieferungen oder Einrichtungen bestimmt sind und ein Wechsel des Lieferanten dazu führen würde, dass der öffentliche Auftraggeber Material-, Bau- oder Dienstleistungen mit unterschiedlichen technischen Merkmalen erwerben müsste und dies eine Unvereinbarkeit oder unverhältnismäßige technische Schwierigkeiten bei Gebrauch und Instandhaltung mit sich bringen würde.

(109) Öffentliche Auftraggeber können sich mit externen Umständen konfrontiert sehen, die sie zum Zeitpunkt der Zuschlagserteilung nicht absehen konnten, insbesondere wenn sich die Ausführung des Auftrags über einen längeren Zeitraum erstreckt. In diesem Fall ist ein gewisses Maß an Flexibilität erforderlich, um den Auftrag an diese Gegebenheiten anzupassen, ohne ein neues Vergabeverfahren einleiten zu müssen. Der Begriff »unvorhersehbare Umstände« bezeichnet Umstände, die auch bei einer nach vernünftigem Ermessen sorgfältigen Vorbereitung der ursprünglichen Zuschlagserteilung durch den öffentlichen Auftraggeber unter Berücksichtigung der diesem zur Verfügung stehenden Mittel, der Art und Merkmale des spezifischen Projekts, der bewährten Praxis im betreffenden Bereich und der Notwendigkeit, ein angemessenes Verhältnis zwischen den bei der Vorbereitung der Zuschlagserteilung eingesetzten Ressourcen und dem absehbaren Nutzen zu gewährleisten, nicht hätten vorausgesagt werden können. Dies kann jedoch nicht für alle Fälle gelten, in denen sich mit einer Änderung das Wesen des gesamten Auftrags verändert – indem beispielsweise die zu beschaffenden Bauleistungen, Lieferungen oder Dienstleistungen durch andersartige Leistungen ersetzt werden oder indem sich die Art der Beschaffung grundlegend ändert –, da in einer derartigen Situation ein hypothetischer Einfluss auf das Ergebnis unterstellt werden kann.

(110) Im Einklang mit den Grundsätzen der Gleichbehandlung und Transparenz sollte der erfolgreiche Bieter, zum Beispiel, wenn ein Auftrag aufgrund von Mängeln bei der Ausführung gekündigt wird, nicht durch einen anderen Wirtschaftsteilnehmer ersetzt werden, ohne dass der Auftrag erneut ausgeschrieben wird. Der erfolgreiche Bieter, der den Auftrag ausführt, sollte jedoch – insbesondere, wenn der Auftrag an mehr als ein Unternehmen vergeben wurde – während des Zeitraums der Auftragsausführung gewisse strukturelle Veränderungen durchlaufen können, wie etwa eine rein interne Umstrukturierung, eine Übernahme, einen Zusammenschluss oder Unternehmenskauf oder eine Insolvenz. Derartige strukturelle Veränderungen sollten nicht automatisch neue Vergabeverfahren für sämtliche von dem betreffenden Bieter ausgeführten öffentlichen Aufträge erfordern.

(111) Öffentliche Auftraggeber sollten über die Möglichkeit verfügen, im einzelnen Vertrag in Form von Überprüfungs- oder Optionsklauseln Vertragsänderungen vorzusehen, doch sollten derartige Klauseln ihnen keinen unbegrenzten Ermessensspielraum einräumen. Daher sollte in dieser Richtlinie festgelegt werden, inwieweit im ursprünglichen Vertrag die Möglichkeit von Änderungen vorgesehen werden kann. Es sollte daher klargestellt werden, dass mit hinlänglich klar formulierten Überprüfungs- oder Optionsklauseln etwa Preisindexierungen vorgesehen werden können oder beispielsweise sichergestellt werden kann, dass Kommunikationsgeräte, die während eines bestimmten Zeitraums zu liefern sind, auch im Fall veränderter Kommunikationsprotokolle oder anderer technologischer Änderungen weiter funktionsfähig sind. Des Weiteren sollte es möglich sein, mittels hinlänglich klarer Klauseln Anpassungen des Auftrags vorzusehen, die aufgrund technischer Schwierigkeiten, die während des Betriebs oder der Instandhaltung auftreten, erforderlich werden. Ebenfalls sollte darauf hingewiesen werden, dass Aufträge beispielsweise sowohl laufende Wartungsmaßnahmen beinhalten als auch außerordentliche Instandhaltungsarbeiten vorsehen können, die erforderlich werden könnten, um die Kontinuität einer öffentlichen Dienstleistung zu gewährleisten.«

B. Rechtsprechungsgrundlagen der Novellierung

7   Die **Neuausschreibungspflicht** nach einem einmal vergebenen öffentlichen Auftrag im Falle von nachträglichen Vertragsänderungen **geht auf die Entscheidung des EuGH** *»Pressetext«* zurück.[1]

8   In dieser Entscheidung hat der EuGH zunächst in abstrakter Form erläutert, wann eine Vertragsänderung eine neue Beschaffung darstellen kann. Als Obersatz formulierte der EuGH dabei, dass Änderungen der Bestimmungen eines öffentlichen Auftrages während seiner Geltungsdauer als Neuvergabe des Auftrages anzusehen sind, wenn sie *»wesentliche andere Merkmale aufweisen als der ursprüngliche Auftrag und damit den Willen der Parteien zur Neuverhandlung wesentlicher Bestimmungen des Vertrages erkennen lassen«.*

9   In diesem Kontext definierte der EuGH auch das zuvor angekündigte **Kriterium der Wesentlichkeit** und formulierte **drei Unterfälle** wesentlicher Vertragsänderungen:
   a) Die Änderung eines öffentlichen Auftrags während seiner Laufzeit kann als wesentlich angesehen werden, wenn sie Bedingungen einführt, die
      aa) die Zulassung anderer als der ursprünglich zugelassenen Bieter oder
      bb) die Annahme eines anderen als das ursprünglich angenommene Angebot erlaubt hätten, wenn sie Gegenstand des ursprünglichen Vergabeverfahrens gewesen wären (*bietermarktrelevante Änderungen*).
   b) Desgleichen könne eine Änderung des ursprünglichen Auftrags als wesentlich angesehen werden, wenn die Änderung den Auftrag in einem großen Umfang auf eine ursprünglich nicht vorgesehene Dienstleistung erweitert (*wesentliche Auftragserweiterungen*).
   c) eine Änderung könne auch dann als wesentlich angesehen werden, wenn sie das wirtschaftliche Gleichgewicht des Vertrages in einer im ursprünglichen Auftrag nicht vorgesehenen Weise zugunsten des Auftragnehmers ändert (*wesentliche Inhaltsänderung zugunsten des Auftragnehmers*).

10 Nach diesen Vorgaben beurteilte der EuGH einzelne Änderungssachverhalte und kommt dabei zu folgenden Schlussfolgerungen:
   – **Die Ersetzung eines Vertragspartners** durch einen Dritten ist im Allgemeinen als Änderung einer wesentlichen Vertragsbestimmung anzusehen. Das gilt indessen nicht, soweit eine entsprechende Änderung bereits im ursprünglichen Auftrag, z.B. für eine Unterbeauftragung, vorgesehen war.
   – Keine wesentliche Ersetzung eines Vertragspartners stellt eine **konzernrechtliche Neuorganisation** dar, in deren Rahmen der Auftrag an eine 100 %ige Tochtergesellschaft übergeht und wenn zwischen dem bisherigen Auftragnehmer und der Tochtergesellschaft ein Gewinn- und Verlustausgleichsvertrag besteht und eine Haftungserklärung sowie eine Erklärung abgegeben wurde, dass sich an der Gesamtleistung nichts ändern werde.
   – Die interne Neuorganisation der **Mitgliederzusammensetzung innerhalb einer juristischen Person ist unerheblich.** Der EuGH verweist darauf, dass bei einer börsennotierten Aktiengesellschaft der Wechsel der Besitzverhältnisse wesensimmanent sei. Entsprechendes gelte auch für Gesellschaften mit beschränkter Haftung.
   – Die **Änderung eines Preises** während der Laufzeit eines Vertrages bietet die Gefahr der Intransparenz und Ungleichbehandlung. Allenfalls geringfügige Anpassungen, auch aus Vereinfachungsgründen, könnten ohne neue Ausschreibung akzeptiert werden.
   – Beruht die Änderung auf im Basisvertrag bereits vorgesehenen **Änderungsklauseln** und sonstigen Vorgaben, wie die spätere Vereinbarung einer Wertsicherungsklausel entsprechend dem Vertragstext, handele es sich nicht um eine wesentliche Änderung der Bedingungen des Basisvertrages.
   – Das Unionsrecht verbiete nach dem derzeitigen Stand nicht den Abschluss von öffentlichen Dienstleistungsaufträgen **auf unbestimmte Dauer.** Auch eine Klausel, mit der sich die Parteien verpflichteten, einen unbefristet geschlossenen Vertrag **während eines bestimmten Zeitraums**

---

1   EuGH NZBau 2008, 518 f. = VergabeR 2008, 758 f.

nicht zu kündigen, ist nach gemeinschaftsrechtlichem Vergaberecht nicht ohne Weiteres als rechtswidrig anzusehen. Ein entsprechender einvernehmlicher **Kündigungsverzicht** könne vergaberechtlich nur für eine Übergangsfrist akzeptiert werden, z.B. für eine Dauer von 3 Jahren.

– Eine Änderung des Preises im Sinne der **nachträglichen Reduzierung des vereinbarten Preises** oder der Vereinbarung höherer Rabatte, verändere das Gleichgewicht des Vertrages nicht zugunsten des Auftragnehmers und sei daher nicht zu beanstanden. Eine Wettbewerbsverzerrung zum Nachteil potenzieller Bieter sei nicht zu erkennen.[2]

Bereits vor Erlass des Grundsatzurteils des EuGH hatten das OLG Düsseldorf und das OLG Rostock   11
entschieden, dass eine Vertragsänderung eine Neuvergabe rechtfertigen könne, wenn die Vertragsänderung hinsichtlich ihres Umfangs und ihrer Wirkungen dem Abschluss eines neuen Vertrages gleichstehe.[3]

Das OLG Düsseldorf hatte in einem Beschl. v. 20.06.2001 ausgeführt:[4]   12

Ein öffentlicher Auftraggeber und sein Auftragnehmer, die durch ein über längere Zeit hinweg zu   13
*erfüllendes Auftragsverhältnis (im Sinne des § 99 GWB) schon miteinander verbunden sind, können für die vom Auftraggeber vorzunehmende Beschaffung weitere (im bestehenden Vertrag so noch nicht vorgesehene) Leistungen dem Vergaberecht nicht allein mit der Methode entziehen, dass sie bei der Vereinbarung der weiteren Leistungen an den bereits bestehenden Vertrag anknüpfen, diesen Vertrag also an den gewandelten Bedarf »anpassen« oder ihn – offen ausgedrückt – abändern. Wäre das möglich, so hätte es ein öffentlicher Auftraggeber in der Hand, ein einmal mit einer länger dauernden Leistung betrautes, ihm genehmes Unternehmen im Rahmen von dessen Leistungsfähigkeit immer wieder am Wettbewerb vorbei mit weiteren Leistungen zu beauftragen. Ein solches Ergebnis widerspräche, was nicht weiter begründet werden braucht, offensichtlich dem Zweck des Vergaberechts (§§ 97ff. GWB), wonach öffentliche Auftraggeber nicht die von anderen Unternehmen zu erwerbenden Waren, Bau- und Dienstleistungen nur im Wettbewerb und mittels transparenter, das Gleichheitsgebot wahrender Vergabeverfahren beschaffen sollen. Bei so genannten Anpassungen oder Änderungen schon bestehender Vertragsbeziehungen ist daher zu beurteilen, **ob die »Anpassung« oder Abänderung ausmachenden vertraglichen Regelungen in ihren wirtschaftlichen Auswirkungen bei wertender Gesamtbetrachtung einer neuen Vergabe gleichkommen.***

In der Entscheidung »*Wall AG*« hatte der EuGH diese Rechtsprechungsgrundsätze auch **auf die**   14
Änderung von Dienstleistungskonzessionen übertragen und ausgeführt:[5]

»Um die Transparenz der Verfahren und die Gleichbehandlung der Bieter sicherzustellen, können   15
wesentliche Änderungen der wesentlichen Bestimmungen eines Dienstleistungskonzessionsvertrages in bestimmten Fällen die Vergabe eines neuen Konzessionsvertrages erfordern, wenn sie wesentliche andere Merkmale aufweisen als der ursprüngliche Konzessionsvertrag und damit den Willen der Parteien zur Neuverhandlung wesentlicher Bestimmungen dieses Vertrages erkennen lassen (es folgen Nachweise).

Die Änderung eines Dienstleistungskonzessionsvertrags während seiner Laufzeit kann als wesentlich angesehen werden, wenn sie Bedingungen einführt, die die Zulassung anderer als der ursprünglich zugelassenen Bieter oder die Annahme eines anderen als des ursprünglich angenommenen Angebots erlaubt hätten, wenn sie Gegenstand des ursprünglichen Vergabeverfahrens gewesen wären (es folgen Nachweise).

*Ein Wechsel des **Nachunternehmers** kann, auch wenn diese Möglichkeit im Vertrag vorgesehen ist, in Ausnahmefällen eine solche Änderung eines wesentlichen Bestandteils des Konzessionsvertrages darstel-*

---

2 EuGH NZBau 2008, 518 f. = VergabeR 2008, 758 f.; dazu Kulartz/Duikers VergabeR 2008, 728 f.; Krohn NZBau 2008, 619 f.; Jaeger EuZW 2008, 492 f.

3 Vgl. OLG Düsseldorf 20.06.2001 VergabeR 2001, 329, 332; so auch OLG Rostock 05.02.2003 »Forschungsschiff II« NZBau 2003, 457, 458 = VergabeR 2003, 321, 325.

4 Vgl. OLG Düsseldorf 20.06.2001 VergabeR 2001, 329, 332.

5 EuGH »Wall AG« Urt. v. 13.04.2010 C 91/08 NZBau 2010, 382, 385.

len, wenn die Heranziehung des Nachunternehmers anstelle eines anderen unter Berücksichtigung der besonderen Merkmale der betreffenden Leistung ein ausschlaggebendes Element für den Abschluss des Vertrages war, was zu prüfen jedenfalls dem vorliegenden Gericht obliegt.«

16 In einer weiteren Entscheidung »*Rettungsdienst Stadler*« hatte der EuGH darauf hingewiesen, dass eine vergaberechtliche Vertragsänderung vorliege,

17 *»wenn sie den Auftrag in großem Umfang auf ursprünglich nicht vorgesehene Dienstleistungen erweitere.«*

18 Der Umstand, dass die **Leistungserweiterung** dem Umfang nach den maßgeblichen Schwellenwert überschreitet, veranlasste den EuGH, von einer wesentlichen Änderung des ursprünglichen Auftrages auszugehen.[6]

C. Relevante Auftragsänderungen im Sinne des § 132 Abs. 1 GWB

I. Die Generalklausel

19 Gegenstand des Kartellvergaberechts ist nicht nur das Zustandekommen eines öffentlichen Auftrages. Vielmehr kann auch die spätere wesentliche Änderung eines öffentlichen Auftrages **eine Beschaffung darstellen**, die zu einer Neuvergabe verpflichtet, § 132 GWB.

20 Der Nachprüfung durch die Vergabeinstanzen unterliegt unter bestimmten Voraussetzungen auch die Aufhebung einer Ausschreibung. Die **Aufhebung der Ausschreibung** ist dem Zustandekommen des öffentlichen Auftrages vorgelagert. Die Rechte und Pflichten der Vertragsparteien, insbesondere die Reichweite des Primärrechtsschutzes war lange Zeit Gegenstand einer umfangreichen Judikatur.[7] Im Zuge der Vergaberechtsmodernisierung (2016) ist die Aufhebung von Vergabeverfahren nunmehr in § **63 VgV** geregelt. Auf eine nähere Kommentierung wird daher im vorliegenden Zusammenhang verzichtet.

Prüfcheckliste § 132 – Neuvergabepflicht bei Auftragsänderungen

1. Liegt eine **wesentliche Auftragsänderung** vor, die zur Neuvergabe verpflichtet?
   1.1 Neue Auftragsbedingungen, die den ursprünglichen Auftrag ändern und Wettbewerbsrelevanz haben (betr. Zulassung Angebote/anderes Angebot/weitere Teilnahmeinteressenten) oder
   1.2 das wirtschaftliche Gleichgewicht wird zugunsten des AN verschoben oder
   1.3 der Umfang des Auftrages wird erheblich ausgeweitet oder
   1.4 der AN wird ersetzt

2. **Ausnahme 1: Klare vertragliche Anpassungsregelungen**
   Soweit der Preis gegenüber dem Ursprungsauftrag im Einzelfall um mehr als 50 % angehoben wird und
   2.1 eine klare vertragliche Anpassungs- oder Optionsklausel vorliegt und **keine Änderung des Gesamtcharakters** des Auftrages vorliegt oder
   2.2 zusätzliche Liefer-, Bau- oder Dienstleistungen erforderlich werden, soweit der AN aus wirtschaftlichen, technischen Gründen nicht oder nur mit Schwierigkeiten oder Zusatzkosten ausgewechselt werden kann oder
   2.3 für den AG nicht vorsehbare Umstände eingetreten sind und sich der Gesamtcharakter des Auftrages nicht ändert oder
   2.4 Ersetzung des AN aufgrund einer Vertragsklausel oder aufgrund unabwendbarer Ereignisse oder durch Selbsteintritt des AG

3. **Ausnahme 2: De-minimis-Grenze (Geringfügigkeit)**
   Voraussetzung: Der (Gesamt-)Wert aller Änderungen überschreitet
   3.1 den Schwellenwert nicht und
   3.2 eine Erhöhung des Auftragswertes bei Bauleistungen erfolgt um nicht mehr als
      – 15 % bei Lieferungen und
      – 10 % bei Leistungen.

---

6 EuGH »Stadler« Urt. v. 10.03.2011 C 274/09 NZBau 2011, 239, Tz. 99, 100.
7 Vgl. Vorauflage § 99 Rn. 313 f.

Unter die vom GWB postulierte Neuvergabepflicht fallen nur **wesentliche Änderungen** eines Auf- 21
trages im Vergleich zum ursprünglich vergebenen öffentlichen Auftrag. § 132 Abs. 1 GWB enthält
in Abs. 1 Satz 2 eine Legaldefinition der wesentlichen Änderungen, um mit Satz 3 derselben Vorschrift beispielhafte Sachverhalte aufzuzählen, die diese Voraussetzungen erfüllen. Die beispielhafte
Aufzählung in Satz 3 ist eine »insbesondere-Aufzählung«, so dass auch in Fällen, in denen die in
§ 132 Abs. 1 Satz 3 Nr. 1 bis 4 GWB genannten konkreten Beispielsfälle nicht vorliegen, gleichwohl eine wesentliche Änderung vorliegen kann. Bei der Bewertung von Sachverhalten kann daher
zunächst eine Prüfung der konkret benannten Beispielsfälle erfolgen. Sind diese nicht einschlägig,
muss immer noch geprüft werden, ob nicht nach § 132 Abs. 1 Satz 2 eine wesentliche Änderung
vorliegt. **Wesentlich** ist hiernach eine Änderung, die dazu führt, dass der öffentliche Auftrag **erheblich** vom Ursprungsauftrag **abweicht.**

Eine Auftragsänderung setzt zunächst einen **Vertrag** über die Abänderung eines wirksam zustande 22
gekommenen Auftrags voraus. Für den Änderungsvertrag gelten dieselben Anforderungen wie bei
dem Vertragsbegriff des § 103 GWB. Auch die **konkludente Vertragsänderung** fällt hierunter. Die
einvernehmliche Fortsetzung eines Vertrages unter Aufstockung des Leistungsumfangs reicht aus.[8]

Wann eine **erhebliche Abweichung** vorliegt, muss in jedem Einzelfall wertend ermittelt werden. 23
Dabei kann für das erforderliche Gewicht der Änderung auf die in den Beispielsfällen § 132 Abs. 1
Satz 3 Nr. 1 bis 4 GWB angesprochenen Sachverhalte abgestellt werden.

Nach der Regierungsbegründung betrifft die Vorschrift Änderungen, die den **Umfang und die** 24
inhaltliche Ausgestaltung der gegenseitigen Rechte und Pflichten der Parteien einschließlich der
Zuweisung der Rechte des geistigen Eigentums betreffen. Derartige Änderungen sind Ausdruck
der Absicht der Parteien, wesentliche Bedingungen des betreffenden Auftrages neu zu verhandeln.

In der Entscheidung »*Rettungsdienst Stadler*« hatte der EuGH klargestellt, dass die **Leistungserwei-** 25
terung zumindest dann vergaberechtlich **erheblich** ist, wenn die beauftragten Dienstleistungen in
»**großem Umfang« erweitert würden**. Dabei hat der EuGH es ausreichen lassen, dass eine **Schwellenwertüberschreitung** in Bezug auf die ergänzend übertragenen Leistungen vorliegt.[9]

Das OLG Celle hatte eine Argumentation von *Kulartz/Duikers* aufgegriffen und entschieden, dass 26
eine wesentliche Vertragsänderung zugunsten des Auftragnehmers vorliegt, welche eine Neuausschreibung erfordere, wenn
– entweder der Wert der Vertragsänderung den **maßgeblichen Schwellenwert überschreitet**
– oder eine **nennenswerte Entgelterhöhung** vorliegt.

Das OLG Celle hat im zu entscheidenden Fall beide Voraussetzungen bejaht und eine **Entgelterhö-** 27
hung von 10 % als erheblich angesehen, um eine Neuausschreibungspflicht anzunehmen.[10]

Nach Auffassung des OLG Rostock kann **nicht allein aus dem bloßen Verhältnis** zwischen der 28
sich aus der Änderung ergebenden Entgeltänderung und dem Gesamtvolumen des Vertrages auf
eine Neuvergabepflicht geschlossen werden. Das Verhältnis sei im Rahmen der vorzunehmenden
Gesamtschau mitzuberücksichtigen. Es könne jedoch nicht dass alleine oder maßgeblich entscheidende Merkmal sein. Insbesondere sei die 10 %-Grenze keine absolute Grenze für die Feststellung
der Wesentlichkeit. Auch eine wirtschaftliche Verschiebung in Höhe von 10,4 % könne im Einzelfall keinen Rückschluss auf eine Neuvergabepflicht zulassen.[11]

Eine **wesentliche Änderung** eines Vertrages mit der Folge, dass ein neues Vergabeverfahren durchzu- 29
führen ist, liegt dann vor, wenn die **Abrechnungsmodalitäten von** einer **Pauschale** für den gesamten

8 OLG Schleswig »Rettungsdienst Schleswig-Flensburg« VergabeR 2015, 768, 774.
9 EuGH »Stadler« Urt. v. 10.03.2011 C 274/09 NZBau 2011, 239, Tz. 99, 100.
10 OLG Celle NZBau 2010, 194, 196 unter Bezugnahme auf Kulartz/Duikers VergabeR 2009, 728.
11 OLG Rostock »SPNV Güstrow« Beschl. v. 25.12.2013 17 Verg 3/13 VergabeR 2014, 209, 223.

Vertragszeitraum **auf** die **Abrechnung von Stunden** umgestellt werden und dabei die täglichen Bereitschaftszeiten sowie die Vertragslaufzeit geändert werden.[12]

30 Eine wesentliche Vertragsänderung stellt es auch dar, wenn bei einer **Inhouse-Gestaltung** nachträglich Privatpersonen zur Beteiligung am Grundkapital einer Auftragnehmerin zugelassen werden oder aber die Auftragnehmerin nicht mehr im Wesentlichen für die kontrollierenden Körperschaften tätig ist.[13]

31 Die bloße **Auftragsreduzierung** in inhaltlicher oder terminlicher Hinsicht ist für sich genommen kein vergaberechtsrelevanter Vorgang; denn dadurch wird ein Auftragnehmer nicht besser gestellt. Anders verhält es sich indessen, wenn die Reduzierung des Leistungsumfangs im Zusammenhang steht mit der Abstandnahme von einem Kündigungsrecht bzw. einer Vertragsverlängerung.[14]

32 Auch **Vergleichsverträge** unterfallen den allgemeinen Regelungen für Änderungsverträge. Denn auch Änderungsverträge während der Laufzeit des Ursprungsvertrages sind dann als Neuvergabe anzusehen, wenn sie wesentliche andere Merkmale als den ursprünglichen Auftrag aufweisen und damit den Willen der Parteien zur Neuverhandlung wesentlicher Bestimmungen des Ursprungsvertrages erkennen lassen.[15]

33 Da die Einordnung eines öffentlichen Vertrages **nicht davon abhängt**, welche Motivation ein öffentlicher Auftraggeber hatte, spielt die jeweilige Vertragsform keine Rolle, auch die Einordnung als Vergleich ist irrelevant. Auch ist unerheblich, ob mit einem solchen Vertrag auch Rechtsstreitigkeiten aus Verwaltungsgerichtsverfahren beigelegt werden sollten, solange in dem Vertrag Leistungen aufgenommen bzw. betroffen sind, die als Dienstleistung qualifiziert werden können. Ist ein Teil des abzuschließenden Vergleichsvertrages als ausschreibungspflichtiger Dienstleistungsauftrag zu qualifizieren, ist der Anwendungsbereich der §§ 97 ff. GWB grundsätzlich eröffnet.[16]

34 Auch eine Vergleichsvereinbarung kann somit einen vergaberechtlich relevanten Änderungsvertrag darstellen. Hierzu hat der BGH in der Entscheidung »*Abbelio Rail*«[17] entschieden:

35 *»Der Änderungsvertrag konnte auch nicht deshalb ohne weiteres geschlossen werden, weil mit seinem Abschluss der zwischen den Vertragsparteien herrschende Streit über die Durchführung des Verkehrsvertrages beigelegt werden sollte. Das Anliegen, im Wege beiderseitigen Nachgebens den Streit über die Abwicklung dieses Vertrages auszuräumen, berechtigt den öffentlichen Auftraggeber grundsätzlich nicht zur vergaberechtsfreien Disposition über Dienstleistungen, die jenseits der Laufzeit des abgeschlossenen Vertrages zu erbringen sind, auch nicht unter dem Gesichtspunkt, dass der Vergleichsvertrag nur mit dem bisherigen Leistungserbringer geschlossen werden kann. Ob eine Ausnahme davon zuzulassen ist, wenn es sich dabei um einen unbedeutenden Nachtrag handelt, bedarf hier keiner Entscheidung.«*[18]

36 Immer ist daher die **wertende Betrachtung** vorzunehmen, ob die Vertragsänderung hinsichtlich ihres Umfangs und ihrer Wirkungen dem Abschluss eines neuen Vertrages gleichsteht.[19] *Malmendir/ Wild* plädieren dafür, Vergleichsvereinbarungen zumindest im Rahmen des § 55 VwVfG für zulässig zu halten. Voraussetzung sei das Bestehen einer Ungewissheit über die Rechtslage oder den Sachverhalt, ein gegenseitiges Nachgeben und die Ausübung pflichtgemäßen Ermessens.[20]

---

12 VK Niedersachsen Beschl. v. 05.10.2015 VgK-37/2015.
13 OLG Celle »Abfallwirtschaft Region H« Beschl. v. 17.12.2014 13 Verg 3/13 NZBau 2015, 178, 181.
14 OLG Düsseldorf Beschl. v. 08.05.2002, Az VII Verg 8-15/01.
15 EuGH Urt. v. 14.11.2013 C 221/12 IBR 2014, 34; OLG Düsseldorf Beschl. v. 21.07.2010 VII Verg 19/10.
16 VK Münster Beschl. v. 18.03.2010 VK 1/10 mit weiteren Hinweisen.
17 BGH Beschl. v. 08.02.2011 X ZB 4/10 NZBau 2011, 175, 181.
18 So auch bereits die Vorinstanz OLG Düsseldorf »Kooperationsräume VRR und Niederrhein« Beschl. v. 21.07.2010 VII Verg 19/10 NZBau 2010, 582.
19 So auch OLG Rostock 05.02.2003 »Forschungsschiff II« NZBau 2003, 457, 458 = VergabeR 2003, 321, 325.
20 Malmendir/Wild VergabeR 2014, 12.

Im Übrigen setzt § 132 Abs. 1 Satz 2 GWB voraus, dass ein öffentlicher Auftrag vergeben wor- 37
den ist. Nicht unter § 132 GWB fallen deshalb Sachverhalte, bei denen **im Vergabeverfahren** ein
Austausch eines Bieters stattfindet. Während des Vergabeverfahrens gelten besondere Regeln, die
sicherstellen, dass Wettbewerbsverzerrungen durch Bieterwechsel ausgeschlossen werden, insbesondere Eignungsprüfungen nicht wiederholt werden müssen.[21]

II. Die gesetzlich definierten Beispielsfälle wesentlicher Änderungen:

1. Änderung wettbewerbsrelevanter Bedingungen

Nach § 132 Abs. 1 Satz 3 Nr. 1 GWB liegt eine wesentliche Änderung vor, wenn Bedingungen 38
eingeführt werden, die, wenn sie für das ursprüngliche Vergabeverfahren gegolten hätten,
a) die Zulassung anderer Bewerber oder Bieter ermöglicht hätten,
b) die Annahme eines anderen Angebots ermöglicht hätten oder
c) das Interesse weiterer Teilnehmer am Vergabeverfahren geweckt hätten.

Der Gesetzgeber hat mit diesen Beispielsfällen die **bietermarktrelevanten Änderungssachverhalte** 39
aufgegriffen, die der EuGH in der Entscheidung »Pressetext« bereits als wesentliche Änderungen
benannt hatte.[22] Entscheidend für die Bewertung dieser Kriterien ist der Zeitpunkt des Beginns des
Vergabeverfahrens des ursprünglichen öffentlichen Auftrages. Werden im Nachhinein Auftragsbedingungen geändert, die dazu geführt hätten, dass **Zulassungsvoraussetzungen für einzelne Bieter**
und insbesondere **Eignungskriterien** für die Bieter eine Änderung hätten erfahren müssen, wäre die
Wettbewerbsrelevanz gegeben. Hatte etwa der Auftraggeber bei der ursprünglichen Ausschreibung
die Einhaltung bestimmter Sozialstandards gefordert, z.B. bestimmte Arbeitsschutzbedingungen,
die nicht von sämtlichen Bietern eingehalten werden können und verzichtet der Auftraggeber nach
Auftragsvergabe auf vertragliche Bestimmungen, die die Einhaltung dieser Standards sichern, dann
kann eine entsprechende Änderung nach § 132 Abs. 1 Satz 3 Nr. 1 a) GWB vorliegen.

Eine wesentliche Änderung stellt es nach § 132 Abs. 1 Satz 3 Nr. 1 b) GWB dar, wenn die nach- 40
träglich eingeführte Bedingung die **Annahme eines anderen Angebots** ermöglicht hätte. Derartige
Fallgestaltungen liegen vor, wenn der Auftraggeber den Auftragsinhalt ursprünglich sehr eingegrenzt hatte, etwa zulässigerweise auf bestimmte Produkte oder Produktgruppen und nach Beauftragung einer Vertragsänderung zustimmt, die dem Auftragnehmer den Einsatz anderer Produkte
ermöglicht. Entsprechendes gilt etwa, wenn ein Vergabeverfahren ein strenges **Bemusterungsver-
fahren** vorsieht, dessen Anforderungen nur einige Bieter genügen konnten und im Nachhinein,
nach Vertragsschluss, Vertragsbedingungen geändert wurden, so dass der Auftragnehmer an diese
engen Produktvorgaben nicht mehr gebunden ist.

---

21 Vgl. etwa OLG Frankfurt NZBau 2003, 633, sowie VK Arnsberg VK 3/05 Beschl. v. 25.04.2005:
   »Eine Änderung in einer Bietergemeinschaft im Rahmen einer Rechtsnachfolge, die das Angebot
   inhaltlich unberührt lässt, führt nicht zu einem zwingenden Ausschluss, sondern zu einer (nachprüfbaren) Ermessensentscheidung des Auftraggebers zur Eignung der Bietergemeinschaft.«; OLG Düsseldorf
   NZBau 2005, 354, 355 = VergabeR 2005, 374, 376: »Im Zeitpunkt zwischen Angebotsabgabe und
   Zuschlagserteilung sind Angebotsänderungen in sachlicher wie auch personeller Hinsicht grundsätzlich
   unstatthaft. Das Angebot einer Änderung des Angebotes erstreckt sich auch auf die Zusammensetzung
   einer Bietergemeinschaft. Bietergemeinschaften können – wie der sinngemäßen Auslegung von § 21
   Nr. 5 VOB/A zu entnehmen ist – nur bis zur Angebotsabnahme gebildet und geändert werden. Die Angebotsabnahme bildet hierfür eine zeitliche Zäsur. Nach der Angebotsabgabe bis zur Erteilung des Zuschlags
   sind Änderungen, namentlich Auswechslungen, grundsätzlich nicht mehr zugelassen, da in ihnen eine
   unzulässige Änderung des Angebotes liegt. Bietergemeinschaften können grundsätzlich nur in der Zeit bis
   zum Erreichen des Angebotes gebildet werden. (...) Dasselbe hat für Veränderungen in der Zusammensetzung der Bietergemeinschaft (für ein Hinzutreten einen Wegfall von Mitgliedern oder die Veräußerung
   eines Betriebsteils) in der Zeit nach Abgabe des Angebotes bis zur Zuschlagserteilung zu gelten«.
22 EuGH »Pressetext« Urt. v. 19.06.2008 C-454/06 NZBau 2008, 518 = VergabeR 2008, 758.

41   Schließlich ist nach § 132 Abs. 1 Satz 3 Nr. 1 c) GWB eine wesentliche Änderung anzunehmen, wenn neue Bedingungen vereinbart werden und diese das **Interesse weiterer Teilnehmer am Vergabeverfahren** geweckt hätten. Auch hier ist auf den Zeitpunkt der Einleitung des ursprünglichen Vergabeverfahrens abzustellen. Ist dort etwa der Auftragsgegenstand so beschrieben worden, dass er auf bestimmte Bietergruppen oder Marktteilnehmer zugeschnitten war und werden im Nachhinein Leistungserbringungsformalien oder -inhalte zugelassen, wonach diese Anforderungen nicht mehr eingehalten werden müssen, dann liegt eine entsprechende vergaberelevante Änderung vor.

42   Obwohl dies in § 132 Abs. 1 Satz 3 Nr. 1 GWB nicht ausdrücklich benannt ist, kann dieses Regelbeispiel nur relevant werden, wenn nicht nur eine rein theoretische bietermarktrelevante Änderung vorliegt. Vielmehr muss eine **wesentliche Wettbewerbsbeeinflussung** festgestellt werden. Dies setzt **konkrete Anhaltspunkte** dafür voraus, dass die nachträgliche Einführung von Bedingungen (die nachträgliche Vertragsänderung) ein solches Gewicht gehabt hätte, dass sie sich **nach aller Voraussicht** auf den Bietermarkt ausgewirkt hätte. Nicht ausreichend ist in diesem Zusammenhang die Vornahme nachträglicher Vertragsänderungen, die den Zuschnitt der Ursprungsvergabe nicht wesentlich geändert und nach der sachgerechten Einschätzung des Auftraggebers den potentiellen Bietermarkt nicht beeinträchtigt hätte.

2. Verschiebung des wirtschaftlichen Gleichgewichts

43   Der zweite gesetzliche Beispielsfall in § 132 Abs. 1 Satz 3 GWB betrifft die Veränderung des **wirtschaftlichen Gleichgewichts** eines einmal abgeschlossenen öffentlichen Auftrags zugunsten des Auftragnehmers. Schon der Wortlaut dieser Variante zeigt auf, dass Vertragsänderungen mit Verbesserungen der Rechtsposition des Auftraggebers nicht relevant sind. Diese können auch im Laufe der Vertragsabwicklung ohne Vergaberelevanz vereinbart werden. Relevant sind nur Auftragsänderungen zugunsten des Auftragnehmers, weil hierdurch im Nachhinein in die Wettbewerbssituation eingegriffen werden kann.

44   Das Merkmal »Änderung des wirtschaftlichen Gleichgewichts« zeigt, dass **nicht jede Änderung** eines Vertrages mit Begünstigungen des Auftragnehmers notwendigerweise zu der Annahme einer wesentlichen Auftragsänderung führt. Vielmehr ist dieses Merkmal nur erfüllt, wenn
–   die Chancen und Risiken eines Vertrages zugunsten des Auftragnehmers verschoben werden, etwa dadurch, dass der Auftraggeber auf wesentliche Leistungspflichten verzichtet oder aber den Auftragnehmer in Bezug auf die Folgen der Nichterfüllung entlastet;
–   die Vertragsart geändert wird, etwa eine werkvertragliche Verpflichtung in eine dienstvertragliche umgewandelt wird;
–   im Nachhinein vereinbart wird, dass der Auftragnehmer günstigere Ausführungsbedingungen erhält, etwa deutlich längere Termine für die Ausführung eines Auftrages.

45   Daraus folgt, dass eine relevante Vertragsänderung, die eine Neuausschreibung erforderlich macht, auch vorliegen kann, **wenn keine erhebliche Ausweitung** des Auftrages im Sinne des § 132 Abs. 1 Satz 3 Nr. 3 GWB vorliegt. Allerdings scheidet im Zusammenhang mit dem benannten Beispielsfall 2 die Annahme einer wesentlichen Auftragsänderung aus, wenn sich vertragliche Rechte und Pflichten infolge einer ggf. auch grundlegenden Vertragsänderung verschieben, jedoch das wirtschaftliche Gleichgewicht – **im Rahmen einer Gesamtbetrachtung** (»per saldo«) – gleichwohl nicht durchgreifend ändert. Wenn dementsprechend ein Auftraggeber aufgrund von geänderten Anforderungen einer Projektrealisierung – etwa Störung der Projektabläufe durch Dritte – geänderte oder zusätzliche Aufträge anordnen muss und dem Auftragnehmer hierfür eine angemessene zusätzliche Vergütung zahlt, ist das wirtschaftliche Gleichgewicht nicht gestört. Die im Rahmen eines Nachtragsmanagements durchzuführenden Vertragsanpassungen unterfallen deshalb oftmals nicht der Regelung des § 132 Abs. 1 Satz 3 Nr. 2 GWB.

46   Erfasst sein können **Verlängerungen** von fest vereinbarten **Vertragslaufzeiten**, ohne dass dabei zwangsläufig eine Auftragsausweitung im Sinne des § 132 Abs. 1 Satz 3 Nr. 3 GWB vorliegen muss. Speziell bei Errichter- und Anlagenbauverträgen kann die Vertragsverlängerung gegenüber

einer ursprünglich festgelegten Festlaufzeit eine Veränderung des wirtschaftlichen Gleichgewichts sein. Nicht zu einer Veränderung des wirtschaftlichen Gleichgewichts führt indessen die Anpassung von Langfristverträgen, etwa Bauverträgen in Reaktion auf geänderte tatsächliche oder rechtliche Rahmenbedingungen, z.B. Behinderungen. Wenn Fertigstellungsfristen angepasst werden müssen, weil sich der Projektablauf anders entwickelt, als vom Auftraggeber vorgesehen, sind entsprechende Anpassungen keine Störung des wirtschaftlichen Gleichgewichts. Etwas anderes gilt lediglich, wenn der Auftraggeber einem Auftragnehmer eine verlängerte Ausführungszeit gewährt, obgleich der Auftragnehmer selbst für Verzögerungen verantwortlich gewesen ist. Der BGH hat entschieden, dass eine **Anpassung der Bauzeit** und ggf. auch der Vergütung aufgrund einer Verzögerung durch ein Nachprüfungsverfahren **keine nachträgliche Vertragsänderung** darstellt. Eine solche Regelung sei vergaberechtlich möglich und verstoße nicht gegen europarechtliche Vorgaben. Bei Vertragsanpassungen aufgrund von Leistungsstörungen wird daher nicht ohne weiteres davon auszugehen sein, dass eine vergaberechtsrelevante Vertragsänderung vorliegt.[23] Generell wird man bei projektbezogenen Verträgen Leistungsmodifizierungen, die dazu dienen, das **vorab definierte Projektziel zu erreichen**, solange sie nicht die Schwelle der erheblichen Auftragsausweitung nach § 132 Abs. 1 Satz 3 GWB erfüllen, als nicht vergaberelevant ansehen müssen.[24]

Gewährt der Auftraggeber dem Auftragnehmer dagegen ohne Änderung Anpassung der Leistungs-   47
anforderungen ein **zusätzliches Entgelt**, dann liegt in der Regel eine Störung des wirtschaftlichen Gleichgewichts vor. Dasselbe gilt, wenn im Rahmen von Bauzeitclaims eines Unternehmens pauschale Zusatzvergütungen gewährt werden, die nicht nachvollziehbar auf den Ausgleich von Nachteilen infolge einzelner Behinderungen zurückgeführt werden können.

Das OLG Frankfurt hat darauf hingewiesen, dass die **Änderung des Entgelts** während der Laufzeit   48
eines Vertrages, wenn sie nach den Bedingungen des ursprünglichen Vertrages nicht ausdrücklich erlaubt ist, die Gefahr eines Verstoßes gegen die Grundsätze der Transparenz und der Gleichbehandlung der Bieter mit sich bringt. Maßgeblich ist dabei, ob sich das vertragliche Äquivalenzverhältnis verschiebt. Indiziell ist von einer relevanten Auftragsänderung auszugehen, wenn das **Änderungsvolumen den Schwellenwert überschreitet**.[25] Vergaberechtlich nicht relevant sind allerdings **Preissenkungen**, weil § 132 Abs. 1 GWB lediglich für den Auftraggeber nachteilige Veränderungen umfasst.[26] Ausnahmsweise kann auch die **Ausübung vertraglicher Gestaltungsrechte** wie Kündigungs- oder Rücktrittsrechte durch den Auftraggeber eine relevante Auftragsänderung darstellen. Die **bloße Vertragsbeendigung** durch ein entsprechendes Gestaltungsrecht unterliegt allerdings grundsätzlich nicht der Nachprüfung. Relevant wird die Ausübung vertraglicher Gestaltungsrechte nur dann, wenn mit der Ausübung selbst wiederum Beschaffungsinhalte verbunden sind. Haben die Vertragsparteien vereinbart, dass im Falle einer Kündigung durch den öffentlichen Auftraggeber bei einem wirksam abgeschlossenen Vertrag eine Entschädigung für nicht amortisierte Investitionen zu zahlen ist, löst dies allein keinen Vergabevorgang aus. Allerdings darf das Kündigungsrecht nicht zur Umgehung des Vergaberechts ausgestaltet sein. Beruht ein langfristig abgeschlossener Vertrag auf einer rechtswidrigen De-facto-Vergabe ist der öffentliche Auftraggeber ohnehin zur Kündigung verpflichtet.[27] Der EuGH hatte in der Angelegenheit »Abfallentsorgung Braunschweig II« entschieden, dass die Mitgliedstaaten zur Kündigung rechtswidrig geschlossener Dienstleistungsverträge verpflichtet seien.[28] Das LG München hat darauf an § 313 Abs. 3 BGB i.V.m. einer vertraglichen Loyalitätsklausel angeknüpft und den öffentlichen Auftraggeber zur vorzeitigen Beendigung ver-

---

23 BGH Beschl. v. 10.01.2013, Az VII ZR 37/11 ZfBR 2013, 300 f.
24 OLG Celle »Altpapierentsorgung« WuW/E Verg. 967, 968 (2004).
25 OLG Frankfurt »Wasserversorgung« Beschl. v. 30.08.2011 XI Verg 3/11 VergabeR 2012, 47; OLG Düsseldorf »Stoffgleiche Nichtverpackungen« Beschl. v. 28.07.2011 VII Verg 20/11 VergabeR 2012, 35, 39.
26 Vgl. etwa OLG Düsseldorf NZBau 2002, 54; auch Krohn NZBau 2008, 619, 622.
27 Vgl. dazu Lotze VergabeR 2005, 278, 279; EuGH Urt. v. 18.11.2004 »Stadt München« Rs. C–126/03.
28 EuGH »Abfallentsorgung Braunschweig II« NZBau 2007, 596.

pflichtet.[29] Derartige Auflösungsrechte sind jetzt in § 133 GWB geregelt. Ist ein Vertrag wirksam gekündigt worden, dann kann die einvernehmliche **Rücknahme einer rechtswirksam erklärten ordentlichen Kündigung** dem Neuabschluss eines Vertrages gleichzusetzen sein.[30] Das gilt allerdings nicht, wenn die Rücknahmeerklärung im Zusammenhang mit einem Streit der Vertragsparteien über die Rechtmäßigkeit der Kündigung erfolgt. Die Herstellung des Einvernehmens über die Rücknahme einer Kündigung eines öffentlichen Auftragsverhältnisses kommt jedenfalls dann dem Neuabschluss des Vertrages gleich, wenn der öffentliche Auftraggeber zuvor durch eine bestandskräftige Entscheidung der Vergabekammer zur Neuausschreibung für den Fall des Fortbestehens der Vergabeabsicht verpflichtet worden war.[31] Die (außerordentliche) Kündigung eines Auftrags entbindet den öffentlichen Auftraggeber nicht von den Vorschriften des Vergaberechts. Schreibt dementsprechend der öffentliche Auftraggeber nach der Kündigung des Vertrages die Leistung erneut aus, ist der gekündigte Unternehmer nicht von vornherein von der Teilnahme am Ausschreibungsverfahren ausgeschlossen.[32]

49   Eine Störung des wirtschaftlichen Gleichgewichts kann durch Kündigungsverzicht des Auftraggebers bei abgeschlossenen unbefristeten Verträgen herbeigeführt werden. Nach Auffassung EuGH ist der Kündigungsverzicht der Parteien bei einem unbefristet abgeschlossenen Vertrag aber nicht ohne Weiteres einer Neuvergabe gleichzustellen. Eine Gleichstellung sei vielmehr nur möglich, wenn eine »geschäftsplanmäßige« Vertragsverlängerung mit der Gefahr der Verfälschung des Wettbewerbs zum Nachteil potenzieller neuer Bieter erfolge. Bei der Vereinbarung einer Kündigungsverzichtsklausel mit einer Dauer von 3 Jahren während der Laufzeit eines Dienstleistungsauftrages von unbestimmter Dauer sei diese Grenze noch nicht überschritten.[33] Der ausdrücklichen Kündigungsverzichtsvereinbarung steht ein entsprechend **gleichgerichtetes Verhalten** der Vertragsparteien **bei einem Vertrag mit automatischer Verlängerungsklausel** gleich.[34]

50   Beide Gestaltungsvarianten verdienen bei wertender Betrachtung keine unterschiedliche Behandlung. Insbesondere kann der Auffassung nicht gefolgt werden, dass bei einer automatischen Verlängerungsklausel die Verlängerung allein auf dem Ursprungsvertrag beruht und daher die spätere Entscheidung des Auftraggebers, von der Kündigung keinen Gebrauch zu machen, als vergaberechtlich irrelevant zu qualifizieren sei.[35] Dementsprechend kann die **automatische Vertragsverlängerung** (durch Nichtstun), die über einen angemessenen Zeitraum hinausgeht, **einen neuen Beschaffungsvorgang** darstellen. Allein die fehlende Aktivität der Beteiligten im Fall der Nichtkündigung eines Vertrages mit fester Laufzeit aber automatischer Verlängerungsklausel reicht für die Annahme der Notwendigkeit einer Neuvergabe nicht aus. Zu beachten ist bei all diesen Vertragsformen schließlich, dass in ihrer Verwendung der Missbrauch einer marktbeherrschenden Stellung liegen kann, § 26 Abs. 3 GWB.[36] Zum Teil wird auch angenommen, dass eine unbeschränkt automatische Vertragsverlängerung vergaberechtlich zwar zulässig sei, jedoch nicht der Umgehung dienen dürfe.[37]

51   Die von einem öffentlichen Auftraggeber mit seinem Vertragspartner **vereinbarte (mehrjährige) Verlängerung** eines Dienstleistungsvertrages, mit der eine nach dem Ursprungsvertrag mögliche ordentliche Kündigung des Vertrages abgewendet wird und das Vertragsverhältnis bis zum nächst-

---

29 LG München NZBau 2006, 269; dazu Prieß/Gabriel NZBau 2006, 219, 220; Horn VergabeR 2006, 667f.; Jennert/Räuchle NZBau 2007, 555.
30 OLG Düsseldorf Beschl. v. 08.05.2002 Verg. 8–15/01; so auch Häfner in: Ax/Schneider/Bischoff Vergaberecht 2006 § 99 Rn. 24; Wagner/Jürschik VergabeR 2012, 401, 405.
31 OLG Naumburg »Managementvertrag« Beschl. v. 26.07.2012 II Verg 2/12 NZBau 2013, 64 (Ls.).
32 OLG München »Ersatzvornahme« Beschl. v. 05.10.2012 Verg 15/12 VergabeR 2013, 94.
33 EuGH NZBau 2008, 518, 522 = VergabeR 2008, 758, 766; OLG Celle Beschl. v. 04.05.2001, Az 13 Verg/00: Die bloße Nichtkündigung eines Vertrages stellt grundsätzlich keinen vergaberechtlich relevanten Vorgang dar.
34 Stemmer/Aschl VergabeR 2005, 287, 293.
35 So aber Kulartz/Duikers VergabeR 2008, 728, 738; OLG Celle VergabeR 2001, 325.
36 Vgl. OLG München WIB 1997, 386.
37 Jaeger EuwZ 2008, 492.

möglichen Kündigungstermin fortgesetzt werden soll, unterliegt den Vergaberechtsvorschriften der §§ 97ff. GWB.[38]

Von der Frage, wann im Einzelfall vertragliche Einwirkungsrechte des Auftraggebers einer Neu- **52** begründung eines Vertragsverhältnisses gleichkommen können, ist die Frage zu trennen, ob der Abschluss von Verträgen mit **fester oder unbestimmter Laufzeit** überhaupt zulässig ist. Der EuGH hatte bereits in der Entscheidung »*Pressetext*« festgehalten, dass das Unionsrecht nach seinem damaligen Stand den Abschluss von öffentlichen Dienstleistungsaufträgen auf **unbestimmte Dauer** nicht verbiete.[39] Das gilt nach Auffassung des OLG Düsseldorf speziell dann, wenn Gegenstand der Vergabe die Beteiligung an einer Gesellschaft ist, die auf Erfüllung langfristig angelegter Unternehmensaufgaben angelegt ist, z.B. in Fällen, in denen auf lange Sicht konzipierte und dann auch erst wirksam werdende Investitions- und Managementleistungen erbracht werden sollen.[40]

Bislang nicht abschließend entschieden ist die Frage, wie lange sich die Vertragsparteien nach dem **53** Unionsrecht vertraglich fest (ohne Kündigungsmöglichkeit) binden können. Eine von vornherein definierte **zulässige feste Vertragslaufzeit für alle Auftragsformen gibt es nicht** und kann es nicht geben. Eine angemessene Vertragslaufzeit wird in der Regel im Wettbewerb gefunden, sodass die im Wettbewerb hervorgetretenen üblichen Vertragsdauern ein Indiz für die Wettbewerbsgerechtigkeit der einzelnen Vertragslösungen aufzeigen. Gleichwohl sind **Typisierungen** notwendig. So ist etwa bei lebenszyklusorientierten Verträgen, die für die voraussichtliche Lebensdauer einer Immobilie sowohl Bau-, Wartungs-, Instandhaltungs-, Betriebs- und Finanzierungsverpflichtungen festlegen, auch eine Laufzeit von bis zu 30 Jahren zulässig, wie sie gelegentlich bei PPP-Projekten und Betreibermodellen zugrunde gelegt wird.[41] Bei Amortisationszeiträumen von 20 bis 25 Jahren sind entsprechende Vertragsdauern durchaus zulässig.

Zu lange Vertragslaufzeiten können aber dem **EU-Primärrecht**, insbesondere dem Grundsatz des **54** freien Dienstleistungsverkehrs widersprechen. So hat der EuGH die Erteilung einer Verwaltungskonzession betreffend Seeverkehrsdienstleistungen an ein einziges Hafenunternehmen für die Dauer von 20 Jahren mit einer Verlängerungsmöglichkeit von 10 Jahren beanstandet.[42] In dieser Entscheidung hat der EuGH ausgeführt, dass der freie Dienstleistungsverkehr nur durch Regelungen beschränkt werden dürfe, die durch zwingende Gründe des Allgemeininteresses gerechtfertigt seien und für alle im Hoheitsgebiet des Aufnahmemitgliedsstaates tätigen Personen und Unternehmen gelten. Ferner sei die fragliche nationale Regelung nur dann gerechtfertigt, wenn sie geeignet sei, die Verwirklichung des mit ihr verfolgten Ziels zu gewährleisten und nicht über das hinausgeht, was zur Erreichung des Ziels erforderlich ist. Hier kämen jedoch weniger einschneidende Maßnahmen als die in Rede stehende Konzessionserteilung in Betracht. Die spanische Regierung habe auch nicht nachgewiesen, dass mit der Konzession verbundene Investitionen nur über einen Zeitraum von 20 oder gar 30 Jahren amortisiert werden könnten. Nach Auffassung der VK Arnsberg verstößt eine Teilprivatisierung der Abwasserbeseitigung durch Vergabe eines Abwasserbeseitigungsvertrages mit einer Laufzeit von 25 und mehr Jahren an eine zu gründende Betriebsführungsgesellschaft gegen den Wettbewerbsgrundsatz des § 97 Abs. 1 GWB. Die Vorschriften über die zulässige Dauer von Rahmenvereinbarungen seien unmittelbar anwendbar.[43]

Allerdings wurde mit **§ 21 Abs. 6 VgV die Laufzeit einer Rahmenvereinbarung auf höchstens 4** **55** **Jahre** festgelegt, sofern nicht ein im Gegenstand der Rahmenvereinbarung begründeter Sonderfall vorliege. Entsprechendes gilt für Konzessionen. Nach **§ 3 der KonzVgV** ist die **Laufzeit von Konzessionen** beschränkt. Der Konzessionsgeber schätzt die Laufzeit je nach den geforderten Bau- oder

---

38 OLG Düsseldorf Beschl. v. 08.05.2002, Az VII Verg 8-15/01 sowie VergabeR 2001, 210, 212.
39 EuGH NZBau 2008, 518, 522 = VergabeR 2008, 758, 766.
40 OLG Düsseldorf »Gemeindewerke-Gesellschaft« Beschl. v. 04.02.2013 VII Verg 31/12 NZBau 2013, 321.
41 Im Einzelnen Ziekow VergabeR 2006, 702f.
42 EuGH »Seekabotage Ria von Vigo« NZBau 2006, 386, 388 = VergabeR 2006, 493, 495; dazu auch Dreher in: Immenga/Mestmäcker § 99 Rn. 37.
43 Vgl. VK Arnsberg NZBau 2006, 332.

Dienstleistungen. Bei Konzessionen mit einer Laufzeit von über **5 Jahren** darf die Laufzeit nicht länger sein als der Zeitraum, innerhalb dessen der Konzessionsnehmer nach vernünftigem Ermessen die Investitionsaufwendungen für die Errichtung, die Erhaltung und den Betrieb des Bauwerks oder die Erbringung der Dienstleistungen zzgl. einer Rendite auf das investierte Kapital unter Berücksichtigung der zur Verwirklichung der spezifischen Vertragsziele notwendigen Investitionen weiter erwirtschaften kann.

56 Eine wesentliche Vertragsänderung kann es nach der Auffassung des EuGH auch darstellen, wenn eine bisher von einem öffentlichen Auftraggeber beherrschte Gesellschaft, die gleichzeitig Auftragnehmer eines öffentlichen Auftrags dieses öffentlichen Auftraggebers ist, nachträglich materiell (ganz oder teilweise) **privatisiert** wird. Dadurch verliert die Gesellschaft nämlich die Fähigkeit, als Inhouse-Auftragnehmer (jetzt Privilegierung nach § 108 GWB) des öffentlichen Auftraggebers zu fungieren und damit vergaberechtsfrei von diesem öffentlichen Auftraggeber beauftragt zu werden. Gleiches muss gelten, wenn der Inhouse-Auftragnehmer die Fähigkeit nachträglich aus anderen Gründen verliert, insbesondere nicht mehr im Wesentlichen für den öffentlichen Auftraggeber tätig wird.[44]

3. Erhebliche Ausweitung des Auftragsumfangs

57 Eine der Neuvergabe entsprechende Auftragsänderung liegt nach § 132 Abs. 1 Satz 3 Nr. 3 GWB vor, wenn mit der Änderung der Umfang des öffentlichen Auftrags erheblich ausgeweitet wird.

58 Fraglich ist zunächst, wie der Begriff **des Umfangs** des öffentlichen Auftrages auszulegen ist. Mit Rückgriff auf die Entscheidung EuGH »Pressetext«[45] sind hiermit **Leistungserweiterungen** gemeint (wesentliche Auftragserweiterungen). Darunter fallen:
– **Vertragsverlängerungen**
– **Inhaltliche Leistungserweiterungen** um zusätzliche Liefer-, Bau- oder Dienstleistungen

59 Nicht umfasst ist eine **reine Änderung der Vergütung**. Diese ist ausschließlich nach § 132 Abs. 1 Satz 3 Nr. 2 GWB oder nach der Generalklausel in § 132 Abs. 1 Satz 2 GWB zu behandeln. Wann im Übrigen eine entsprechende Leistungserweiterung vorliegt, mit der der Auftrag **erheblich** ausgeweitet wird, kann nur einzelfallbezogen festgestellt. **Indikationen** sind hier:
– Schwellenwertüberschreitung in Bezug auf die ergänzend übertragenen Leistungen[46]
– Mehr als 10 % Leistungserweiterung bei Liefer- und Dienstleistungen bzw. 15 % bei Bauaufträgen (Argument aus § 132 Abs. 3 GWB)
– Der Gesamtcharakter des Vertrages darf sich durch die Leistungserweiterung nicht ändern.

60 Eine wesentliche Auftragserweiterung liegt zumindest vor, wenn sie **20 %** des ursprünglichen Auftragsvolumens umfasst. Entsprechendes gilt, wenn der maßgebliche **Schwellenwert** überschritten wird.[47]

61 Die **Verlängerung** eines Vertrages stellt in aller Regel eine **Vertragsänderung** dar, die eine Neuvergabe erforderlich macht. Der BGH hat in der Entscheidung »Abbelio Rail« die Verlängerung eines S-Bahn-Betriebsvertrages um 5 Jahre als wesentliche Änderungsvereinbarung angesehen, die einer

---

44 EuGH »Sea« Urt. v. 10.09.2009 C 572/09 NZBau 2009, 797; dazu auch Shirvani VergabeR 2010, 21; Mager NZBau 2012, 25; OLG Düsseldorf »Stoffgleiche Nichtverpackungen« Beschl. v. 28.07.2011 VII Verg 20/11 VergabeR 2012, 35, 39; dagegen hat das OLG Naumburg angenommen, dass die Übertragung der Gesellschaftsanteile im Sinne einer materiellen Privatisierung an einen privaten Partner den vergaberechtlich relevanten Vertragspartner nicht ändert, weil lediglich eine Verschiebung bei den Gesellschaftern anzutreffen sei und auch der Umstand, dass der Auftrag bereits fehlerhaft – ohne Vergabeverfahren – an die privatisierte Gesellschaft vergeben worden sei, nicht mehr im Nachhinein angegriffen werden könne: OLG Naumburg »Anteilsveräußerung« Beschl. v. 29.04.2010 I Verg 3/10 VergabeR 2010, 979, 988.
45 EuGH NZBau 2008, 518, 522 = VergabeR 2008, 758, 766.
46 EuGH »Stadler« Urt. v. 10.03.2011 C 274/09 NZBau 2011, 239, Tz. 99, 100.
47 OLG Düsseldorf »AMD-IVIT-Vertrag« Beschl. v. 12.02.2014 VII Verg 32/13 VergabeR 2014, 557.

Neuvergabe bedarf.[48] Da die Leistungszeit in der Regel Hauptleistungspflicht eines Vertragsverhältnisses ist, kommt es auch nicht darauf an, ob und inwieweit auf einzelne Teile des Vertrages bezogene Überlegungen zu einer Vertragsverlängerung geführt haben.[49]

Wandeln die Vertragsparteien ein zunächst zeitlich befristetes Dauerschuldverhältnis in ein **unbe-** 62 **fristetes** um, begründet dies einen eigenständigen Beschaffungsvorgang.[50]

Wenn ein Versorgungsunternehmen eine Vereinbarung über Wärme- und Stromlieferungen an 63 Kunden um 10 Jahre verlängert, liegt von vornherein eine wesentliche Vertragsänderung vor, zumal sich die Vertragsbindung typischerweise auch auf die Preisgestaltung auswirkt.[51]

Bei der Beurteilung der Voraussetzungen einer erheblichen Auftragsausweitung kommt es nicht 64 darauf an, welche Ursache für die Auftragsausweitung vorlag. Es kommt auch nicht darauf an, ob die Auftragsänderung für die eine oder andere Vertragspartei mehr oder weniger vorteilhaft ist. Diese Aspekte werden in den Ausnahmetatbeständen des § 132 Abs. 2 GWB entsprechend gewürdigt.

Im Falle der Erweiterung des Vertragsgebietes und des Leistungsumfangs um ca. 16 % ist von einer 65 wesentlichen Auftragserweiterung auszugehen.[52]

4. Austausch des Vertragspartners

Einer Neuvergabe steht es schließlich nach § 132 Abs. 1 Satz 3 Nr. 4 GWB gleich, wenn ein neuer 66 Auftragnehmer den Auftragnehmer in anderen als den in Absatz 2 Nr. 4 vorgesehenen Fällen ersetzt.

Der EuGH hatte in der Entscheidung »Pressetext« festgestellt, dass die Ersetzung des Vertragspart- 67 ners, dem der öffentliche Auftraggeber den Auftrag ursprünglich erteilt hatte, durch einen **neuen Vertragsbeteiligten** als Änderung einer wesentlichen Vertragsbestimmung des betreffenden öffentlichen Dienstleistungsauftrages anzusehen sei, wenn der Austausch nicht in den Bedingungen des ursprünglichen Auftrags, beispielsweise im Rahmen einer Unterbeauftragung, vorgesehen gewesen ist (Rn. 40 des Urteils). Dementsprechend ist der Austausch des Vertragspartners grundsätzlich unzulässig, es sei denn, der Vertrag selbst sieht bereits die Möglichkeit einer Überleitung vor. Das darf aber nicht zu der Annahme verleiten, dass durch die Vertragsgestaltung eine vergaberechtlich willkürliche Vertragsüberleitung zulässig wäre.

Nach Zuschlagserteilung hat eine **gesellschaftsrechtliche Umstrukturierung** bei einem Vertrags- 68 partner des öffentlichen Auftraggebers nur noch insoweit eine wettbewerbliche Relevanz als sie Beschaffungsmaßnahmen der öffentlichen Hand unzulässig dem Wettbewerb entzieht. Das ist beispielsweise anzunehmen, wenn der bisherige Vertragspartner ausgetauscht wird oder noch ein anderer Vertragspartner hinzukommt. Liegt hingegen nur eine **interne Neuorganisation** des (bisherigen)

---

48 BGH »Abbelio Rail« Beschl. v. 08.02.2011 X ZB 4/10 NZBau 2011, 175, 181; OLG Düsseldorf Beschl. v. 21.07.2010 VII Verg 19/10.

49 Vgl. etwa OLG Düsseldorf NZBau 2002, 54, 55; Thüringer OLG VergabeR 2004, 113; Marx NZBau 2002, 312; Ganske in: Reidt/Stickler/Glahs § 99 Rn. 22; Hailbronner in: Byok/Jaeger § 99 Rn. 40; Thüringer OLG »Trinkwasserversorgung« VergabeR 2004, 113: »Nachträgliche Vereinbarung einer von Jahr zu Jahr automatisch eintretenden Verlängerung mit dem Vorbehalt der außerordentlichen Kündigung entspricht materiell dem Neuabschluss eines Vertrages«; 1. VK des Bundes NZBau 2002, 110, 111 WuW/E Verg. 517, 519: »Die Vertragsverlängerung eines befristeten Vertrages ist ausschreibungspflichtig, wenn die wirtschaftlichen Auswirkungen dem Abschluss eines neuen Vertrages entsprechen«; VergabeR 2001, 329, 332: »Erhebliche Vertragsverlängerungen eines Entsorgungsvertrages sind ausschreibungspflichtig«; OLG Düsseldorf NZBau 2002, 54, 55: »Die Verlängerung und Änderung eines Entsorgungsvertrages stehen einem Neuabschluss gleich«; Bundeskartellamt Beschl. v. 13.07.2001 VK 1 19/91; vgl. OLG Rostock 05.02.2003 »Forschungsschiff II« NZBau 2003, 457, 458 = VergabeR 2003, 321, 325.

50 OLG Thüringen Beschl. v. 14.10.2003, Az 6 Verg 5/03.

51 2. VK Sachsen-Anhalt Beschl. v. 16.01.2013 II VK LSH 40/12.

52 OLG Schleswig »Rettungsdienst Schleswig-Flensburg« VergabeR 2015, 768, 774.

Vertragspartners vor, dann stellt dies keine wesentliche Änderung dar. Hintergrund der Rechtsprechung ist, dass öffentliche Verträge nicht einfach über Umorganisation und gesellschaftsrechtliche Veränderung bei Vertragspartnern des öffentlichen Auftraggebers an andere Unternehmen, die zuvor nicht dem Wettbewerb unterstellt waren, weitergereicht werden dürfen. Unter Berücksichtigung dieser Grundsätze stellt die gesellschaftsrechtliche Umwandlung nach § 4 **Umwandlungsgesetz** im Rahmen einer bloßen internen Neuorganisierung keine wesentliche Vertragsänderung dar.[53]

69   Der EuGH hat herausgestellt, dass der willkürlichen Vertragsüberleitung auch eine Konstellation gleichsteht, in deren Rahmen die juristische Person des Auftragnehmers zwar unverändert bleibt, jedoch während der Laufzeit des Basisvertrages **sämtliche Gesellschaftsanteile an einen Dritten** übertragen werden. Das sei insbesondere der Fall, wenn die entsprechende Übertragung der Geschäftsanteile an einen Dritten zum Zeitpunkt der Erstvergabe bereits vorgesehen gewesen sei.[54] Andererseits kann auch der formelle Austausch eines Vertragspartners auf eine Konzerngesellschaft (entschieden für eine 100 %ige Tochtergesellschaft mit Gewinn- und Verlustabführungsvertrag, solidarischer Haftungszusage und Erklärung, an der Gesamtleistung nichts zu ändern) ungeachtet des formellen Auftragnehmerwechsels als **verbundinterne Neuorganisation** eines Vertragspartners zu qualifizieren sein und dementsprechend keine wesentliche Vertragsänderung darstellen.

70   Auch wirken sich sonstige **Änderungen der Mitgliederzusammensetzung** in einer **juristischen Person** während der Vertragslaufzeit grundsätzlich nicht dahin gehend aus, dass eine vergaberechtlich relevante Leistungsänderung vorhanden sei. Denn bei juristischen Personen – zumal bei Aktiengesellschaften – ist von vornherein klar, dass sich der Mitgliederbestand ändern kann und dies hat grundsätzlich keine vergaberechtliche Konsequenz. Entsprechend ist eine **unternehmensinterne Neuorganisation** vergaberechtlich irrelevant, bei der innerhalb einer bestehenden GmbH & Co. KG die zunächst vorhandene Komplementärin auf die bietende KG verschmolzen wird, sodass lediglich noch die GmbH (im Wege der Anwachsung) übrig bleibt.[55] Auch das OLG Naumburg sieht einen Gesellschafterwechsel bei einer GmbH als vergaberechtlich irrelevant an, wenn der Wechsel lediglich bewirkt, dass sich der Gesellschafterbestand ändert und sich nichts an der Person des Auftragnehmers selbst sowie am Inhalt und Umfang des Auftrags ändert.[56]

71   Dementsprechend führt die **Überleitung** eines Vertrages **auf eine Konzerngesellschaft** nach einem Umstrukturierungsprozess bei dem Auftragnehmer nicht ohne Weiteres zur Annahme einer Neuvergabeverpflichtung.[57]

72   Ändert sich die Zusammensetzung einer **Bietergemeinschaft**, ändert sich damit zwar nicht ohne Weiteres auch das Angebot. Die Bietergemeinschaft ist in der Regel eine GbR, die als Teilnehmerin am Wettbewerb selbst Träger von Rechten und Pflichten sein kann.[58] Der Wechsel im Mitgliederbestand hat damit nicht stets Einfluss auf den Fortbestand der Gesellschaft.[59] Eine Bietergemeinschaft kann auch identitätswahrend fortbestehen, wenn eine an ihr beteiligte GmbH auf eine AG verschmolzen wird.[60] In diesem Zusammenhang vertritt das OLG Düsseldorf in ständiger Rechtsprechung die Auffassung, dass Veränderungen bei der Person des Bieters zu einem zwingenden Ausschluss führen, insbesondere eine Umwandlung durch Verschmelzung eines Bieterunterneh-

---

53   VK Münster Beschl. v. 26.06.2009 VK 7/09.
54   EuGH »Pressetext« Urt. v. 19.06.2008 C-454/06 NZBau 2008, 518, 521 = VergabeR 2008, 758, 764.
55   VK Münster Beschl. v. 26.06.2009 VK 7/09; zustimmend Prieß/Hölzl NZBau 2011, 513, 516.
56   OLG Naumburg NZBau 2010, 784 (Ls.); dazu auch Prieß/Hölzl NZBau 2011, 513 f.
57   OLG Frankfurt NZBau 2003, 633, 634; für derartige Fallgestaltungen auch VK Bund WuW/E Verg. 279, 280 (2000).
58   BGHZ 1456, 341 = NJW 2001, 1056.
59   OLG Celle NZBau 2007, 663; a.A. OLG Düsseldorf NZBau 2005, 710; OLG Hamburg NZBau 2003, 223; Schmidt NZBau 2008, 41 f.; auch Kirch/Kues VergabeR 2008, 32.
60   Schleswig-Holsteinisches OLG NZBau 2007, 254 = WuW 2006, 693.

mens führe dazu, dass das Angebot bei der Wertung außer Betracht bleiben muss.[61] Etwas anderes gilt lediglich im Rahmen eines zulässigen Verhandlungsverfahrens. Da insoweit das Nachverhandlungsgebot nicht bestehe, geht das OLG Düsseldorf davon aus, dass Änderungen in der Person des Bieters transparent in das Verfahren einbezogen werden können.[62] Das OLG Hamburg hat entschieden, dass der Wechsel im Mitgliederbestand einer Bietergemeinschaft grundsätzlich zum zwingenden Ausschluss aus dem Vergabeverfahren führe. Eine rechtliche Identität in der Person des Bieters besteht insbesondere dann nicht mehr, wenn aus einer Bietergemeinschaft, die sich an der Ausschreibung beteiligt hat, bis auf einen Bieter alle anderen ausscheiden, an die Stelle der Bietergemeinschaft also ein Einzelbieter tritt. Denn die BGB-Gesellschaft erlischt zwingend, wenn nur noch ein Gesellschafter verbleibt.[63] Auch das OLG Karlsruhe hat zumindest bei einer zweigliedrigen Bietergemeinschaft und dem Ausscheiden eines Bieters eine Veränderung der Identität des Bieters angenommen.[64] Das OLG Celle hat bei einem identitätsändernden Wechsel im Mitgliederbestand einer Bietergemeinschaft einen zwingenden Ausschluss angenommen.[65]

In der Entscheidung »Pressetext« hat der EuGH bereits ausgeführt, dass ein Austausch eines Vertrags-   73 partners zumindest in der Form einer dem Basisauftrag entsprechenden **bedingungskonformen Unterbeauftragung** zulässig sei.[66] Dementsprechend führt eine **Nachunternehmervergabe** durch den Auftragnehmer keineswegs zwingend dazu, dass der öffentliche Auftraggeber die Leistung neu ausschreiben müsste. Etwas anderes kann gelten, wenn nach dem abgeschlossenen Basisvertrag eine Nachunternehmervergabe nicht zulässig gewesen ist. Das nachträgliche Einvernehmen mit einer Nachunternehmervergabe kann dagegen – außerhalb von konzernrelevanten Vorgängen – eine vergabegleiche Maßnahme darstellen.

Für eine Dienstleistungskonzession hat der EuGH in der Entscheidung »Wall« herausgestellt,   74 dass eine **Neueinführung von Bedingungen** während der Laufzeit der **Dienstleistungskonzession** einer Neuvergabe gleichstehen kann, wenn die neuen Bedingungen die Zulassung anderer als der ursprünglich zugelassenen Bieter erlaubt hätten, wenn sie Gegenstand des ursprünglichen Vergabeverfahrens gewesen wären. Der **Wechsel eines Nachunternehmers** könne, auch wenn diese Möglichkeit im Vertrage vorgesehen ist, in Ausnahmefällen eine solche Änderung eines der wesentlichen Bestandteile des Konzessionsvertrages darstellen, wenn die Heranziehung eines Nachunternehmers anstelle eines anderen unter Berücksichtigung der besonderen Merkmale der betreffenden Leistung ein ausschlagendes Element für den Abschluss des Vertrages war, was zu prüfen jedenfalls nationalen Gerichten obliegt. In diesem Kontext hat es der EuGH für erwägenswert gehalten, auf den Umstand abzustellen, dass der Hauptunternehmer (der Konzessionsinhaber) auf die Aufgabenerledigung eines bestimmten Nachunternehmers bei der Bewerbung verwiesen hat.[67]

Nach Zurückverweisung hat das OLG Frankfurt in der Sache »Wall AG« entschieden, dass der   75 Nachunternehmeraustausch im Rahmen der Vergabe einer Dienstleistungskonzession ausnahmsweise die Verpflichtung zur Neuausschreibung auslöst, wenn dem **Nachunternehmer ein ausschlaggebendes Gewicht bei der Zuschlagserteilung** zukam. Bloße Ankündigungen im Vergabeverfahren bleiben unerheblich, maßgeblich ist auf die im Auftrag enthaltenen Vertragspflichten

---

61 OLG Düsseldorf Beschl. v. 18.10.2006, VII Verg 30/06; VK Bund Beschl. v. 22.02.2008, VK 1-4/08: Dementsprechend können nach erfolgtem Teilnahmewettbewerb und Angebotsaufforderung durch die Auftraggeberin keine Bietergemeinschaften mehr gebildet oder zur Angebotsabgabe aufgeforderte Bietergemeinschaften nicht mehr in ihrer Zusammensetzung verändert werden; VK Bund Beschl. v. 30.05.2006, Az VK 2-29/06.
62 OLG Düsseldorf Beschl. v. 03.08.2011 Verg 16/11 ZfBR 2012, 72.
63 OLG Hamburg »Medialleistungen« Beschl. v. 31.03.2015 1 Verg 4/13 VergabeR 2014, 665, 672.
64 OLG Karlsruhe NZBau 2008, 784, 786.
65 OLG Celle NZBau 2007, 663; zum Meinungsstand im Übrigen Lux NZBau 2012, 680.
66 EuGH »Pressetext« Urt. v. 19.06.2008 C-454/06 NZBau 2008, 518, 520 = VergabeR 2008, 758, 763.
67 EuGH »Wall« Urt. v. 13.04.2010 C-91/08 VergabeR 2010, 643, Rn. 38 f.; Heuvels NZBau 2013, 485.

abzustellen. Entscheidend ist hiernach, ob der Nachunternehmerwechsel ohne Einschränkung mit Zustimmung des Auftraggebers vorgesehen war.[68]

76   Wenn der Vertrag vorsieht, dass auch **nach dem Zuschlag noch ein Nachunternehmeraustausch** möglich ist und hierfür bestimmte Rahmenbedingungen stellt (wie etwa die VOB/B in § 4 Nr. 8), dann spricht wenig dafür, den späteren Austausch eines Nachunternehmers gleichzeitig als relevante Vertragsänderung anzusehen, die zu einer Neuausschreibung führen muss.[69]

77   Zulässig ist dagegen – soweit nicht sonstige Vorschriften vergaberechtlicher Art entgegenstehen – ein **Auftraggeberwechsel**. Nach Abschluss des Vertrages erfolgt die Überleitung der Rechtsstellung auf einen anderen Auftraggeber und löst mithin keine Neuausschreibungsverpflichtung aus. Es ist unerheblich, ob die Übertragung der Rechtsstellung auf einen privaten oder anderen öffentlichen Auftraggeber erfolgt. Wenn etwa ein öffentlicher Auftraggeber Liefer-, Bau- oder Dienstleistungen nach der einschlägigen Vergabeverordnung ausschreibt und bereits im Vertrag regelt, dass er sich vorbehält, den Vertrag im Falle einer Finanzierung durch Leasing auf eine gesondert gegründete Objektgesellschaft zu übertragen, führt dies nicht zu einer Neuausschreibungspflicht, zumal die Finanzierungsdienstleistungen grundsätzlich nicht ausschreibungspflichtig sind.

78   Im Übrigen kann zur Abgrenzung zulässiger und unzulässiger Ersetzung des ursprünglich vorgesehenen Auftragnehmers auf die Kommentierung zu Absatz 2 Nr. 4 verwiesen werden.

III. Diese speziellen Ausnahmetatbestände zulässiger Vertragsänderungen, § 132 Abs. 2 GWB

1. Überprüfungsklauseln und Optionen

79   Wesentliche Auftragsänderungen sind nach § 132 Abs. 2 Nr. 1 GWB zulässig, wenn:

80   *»In den ursprünglichen Vergabeunterlagen klare, genaue und eindeutig formulierte Überprüfungsklauseln oder Optionen vorgesehen sind, die Angaben zu Art, Umfang und Voraussetzungen möglicher Auftragsänderungen enthalten und sich aufgrund der Änderung der Gesamtcharakter des Auftrags nicht verändert.«*

81   Mit Vergabeunterlagen im Sinne dieser Vorschrift sind **Vertragsunterlagen** gemeint. Ausschreibungsbedingungen, die in der Regel mit der Beauftragung/dem Zuschlag ihre Erledigung gefunden haben, können sich auf die Frage, ob durch spätere Änderungen eine Neuvergabe erfolgen muss, nicht auswirken.

82   Mit **Überprüfungsklauseln** sind Vertragsregelungen gemeint, die nach Vertragsabschluss noch eine Änderung der Vertragsbedingungen ermöglichen. **Optionen** sind Vertragsregelungen, die bedingte Auftragsänderungen, in der Regel Auftragserweiterungen enthalten. Derartige Überprüfungsklauseln und Optionen führen nur dann zu vergaberechtlich unerheblichen Auftragsänderungen, wenn
– sie in den ursprünglichen Vergabeunterlagen klar, genau und eindeutig formuliert waren,
– die notwendigen Angaben zu Art, Umfang und Voraussetzung möglicher Auftragsänderungen enthalten und
– im Falle einer darauf gestützten Auftragsänderung der Gesamtcharakter des Auftrags nicht verändert wird.

83   Überprüfungsklauseln und Optionen müssen Angaben zu Art, Umfang und Voraussetzung möglicher Auftragsänderungen enthalten. Nicht relevant sind Überprüfungsklauseln und Optionen, die sich auf den Zeitraum vor Vertragsbeginn beziehen, etwa auf das Vergabeverfahren. Umfasst sind im Übrigen jegliche Art von Auftragsänderungen, sowohl inhaltlicher wie auch terminlicher Art, Preisindexierungen, Wartungs- und/oder Instandhaltungsoptionen.[70] Umfasst sind Auftragserweiterungen und geänderte Leistungsanforderungen.

---

68 OLG Frankfurt »Wall AG« Urt. v. 29.01.2013 11 U 33/12 NZBau 2013, 250 f. = VergabeR 2013, 762.
69 AA LG Frankfurt NZBau 2008, 599, 605.
70 Dazu Erwägungsgrund 111 der Richtlinie 2014/24/EU.

Art, Umfang und Voraussetzungen möglicher Auftragsänderungen durch Überprüfungsklauseln   84
und Optionen müssen **klar, genau und eindeutig formuliert** sein.

Das OLG Düsseldorf hatte bereits vor Inkrafttreten des § 132 GWB darauf hingewiesen, dass   85
nicht jede Vertragsanpassung nach Vergabe eine vergaberechtlich relevante, wesentliche Vertragsänderung darstellt. Anpassungsklauseln können nach der Auffassung des OLG Düsseldorf eine
nachträgliche Vertragsänderung nicht rechtfertigen, wenn sie zum einen **sehr allgemein gehalten
sind** oder die Änderung zum anderen auf der **freien Entscheidung des Auftraggebers** beruht. Aus
den Anpassungsklauseln müsse vielmehr klar hervorgehen, unter welchen Umständen der Vertrag
und in welche Richtung geändert werden soll. Allgemein gehaltene Anpassungsklauseln reichten
dementsprechend nicht aus.[71] Der jetzige Gesetzestext fordert ebenfalls eine **klare, genaue und
eindeutig formulierte Klausel**.

Das OLG Düsseldorf hat hierzu ausgeführt: 86

> »Die Nachtragsvereinbarung ist im ursprünglichen AMD-IVIT-Vertrag nicht in einer Weise angelegt   87
> gewesen, dass auf eine Neuausschreibung hätte verzichtet werden können. Der EuGH hat das von
> ihm entwickelte Gebot einer Neuausschreibung bei Vertragsänderungen vor allem mit den Prinzipien
> der Gleichbehandlung und Transparenz gerechtfertigt (EuGH NZBau 2008, 518, 520 – Pressetext).
> Während sich die Pressetext-Entscheidung des EuGH allerdings auch so lesen kann, dass noch wesent-
> liche Vertragsänderungen (allein) in den Bedingungen des ursprünglichen Auftrags vorgesehen und
> erlaubt sein können, hat der EuGH durch Urteil vom 22.04.2010 (NZBau 2010, 643, 647 – Auto-
> bahn A6) indessen entschieden, dass zur Sicherung der Gleichbehandlung der in Frage kommenden
> Bieter und der Transparenz der Auftragsvergabe zu den Auskünften, welche die Vergabebekanntma-
> chung enthalten muss, auch die **ergänzenden Gegenstände des Auftrags** und die **Beschreibung**, wie
> die **Menge** und der **Gesamtumfang der Arbeiten, gehören**. In Übereinstimmung damit hat auch der
> Senat entschieden, dass, um die Gleichbehandlung möglicher Bieter und die Transparenz des Verga-
> beverfahrens zu gewährleisten, bereits aus der ursprünglichen Ausschreibung (bzw. dem ursprüngli-
> chen Text) klar »hervorzugehen habe, unter welchen Umständen der Vertrag wann und wie geändert
> werden« kann.«[72]

Diese Voraussetzungen sind typischerweise bei **Preisindexierungsklauseln** erfüllt, die eine Preisan-   88
passung in lange laufenden Verträgen auf der Basis der Entwicklung des Verbraucherpreisindexes
vornehmen. Schwieriger ist dagegen die Sachlage bei **allgemeiner gehaltenen Überprüfungs- bzw.
Optionsklauseln** zu beurteilen. Derartige Klauseln können eine nachträgliche Vertragsänderung
nicht legitimieren, wenn sie einen weitgehenden **Ermessensspielraum** des öffentlichen Auftraggebers eröffnen.[73] Solange nämlich in einem wettbewerblichen Verfahren Überprüfungsklauseln
definiert worden sind, hätte sich jeder Marktteilnehmer für einen Vertrag mit Flexibilisierung
bewerben können. Nur dann, wenn den Marktteilnehmern bei der Bewerbung des Ursprungsauf-
trages nicht klar war, welcher Vertragszuschnitt sich aufgrund der Vertragsänderungsklausel später ergeben kann, ergeben sich Wettbewerbsdefizite, die zu späterer Zeit eine Neuausschreibung
erforderlich machen können. Fraglich ist, welche Klarheit und Genauigkeit und Eindeutigkeit im
Detail erforderlich ist, um eine Vertragsklausel als vergaberechtlich unerheblich qualifizieren zu
können. Bei Preisindexklauseln liegt in der Regel eine eindeutige Bestimmung vor, wenn vertraglich bereits genau bestimmt ist, welche Leistung in welcher Zeit und mit welcher Auswirkung auf
die vereinbarte Vergütung durch den Auftraggeber abgerufen werden kann. Typischerweise sind
die Voraussetzungen bei **Alternativ- oder Bedarfspositionen** erfüllt. Speziell bei Langzeitverträ-
gen, insbesondere Bauverträgen, muss im Rahmen sachangemessener **relationaler Vertragstech-
nik** für eine Flexibilität der Verträge gesorgt werden. Dies geschieht typischerweise dadurch, dass

---

71 OLG Düsseldorf »Stoffgleiche Nichtverpackungen« Beschl. v. 28.07.2011 VII Verg 20/11 VergabeR 2012,
    35, 42.
72 OLG Düsseldorf »AMD-IVIT-Vertrag« Beschl. v. 12.02.2014 VII Verg 32/13.
73 Argument aus Erwägung 111 der Richtlinie 2014/24/EU.

dem Auftraggeber eine **Anordnungsbefugnis** im Hinblick auf Leistungsänderungen und zusätzliche Leistungen in einem definierten Rahmen gewährt wird. Darüber hinaus sehen entsprechende Verträge in der Regel Anpassungslösungen vor, falls sich durch Behinderungen des Auftraggebers oder in seiner Risikosphäre liegende Ereignisse Termine verschieben und Entschädigungen notwendig werden. Die Anforderungen entsprechender Langzeitvertragsgestaltung lassen eine uneingeschränkt deterministische Ausgestaltung entsprechender Klauseln nicht zu. Die Klauseln müssen allgemein gehalten und für viele Anwendungsfälle formuliert sein und dem Auftraggeber muss auch in gewissem Rahmen freigestellt, wie er auf unvorhergesehene Umstände der Auftragsabwicklung reagiert. Wenn die Richtlinie 2014/24/EU davon spricht, dass dem Auftraggeber kein unbegrenzter Ermessensspielraum eingeräumt werden darf, besagt sie gleichzeitig, dass dadurch nicht etwa von vornherein jedwede Entscheidungsfreiheit des Auftraggebers, etwa hinsichtlich der Ausübung einer Option oder eines Anordnungsrechtes ausgeschlossen sein muss. Andererseits rechtfertigt weder ein »dynamisches« Vertragskonzept als solches noch die Regelung eines »**Anordnungsrechtes**« für sich allein die Annahme einer Überprüfungsklausel nach § 132 Abs. 2 GWB.[74] Vielmehr kommt es darauf an, ob ein Teilnehmer an der ursprünglichen Ausschreibung den dadurch abgedeckten Änderungsrahmen einschätzen konnte.

89   Vor diesem Hintergrund sind etwa **bauvertragliche Leistungsänderungsrechte**, wie sie sich in allen nationalen und internationalen Bauvertragstypen finden, grundsätzlich zulässig. Das gilt auch für die bauvertraglichen Regelungen in § 1 Nr. 3, 4 VOB/B. In derartigen Fällen sind die Änderungsrechte bereits im Ursprungsvertrag angelegt. Deren Ausübung verändert die Wettbewerbslage nicht, jeder Bauauftragnehmer kennt derartige Änderungsrechte und weiß, dass sich in diesem Umfang Vertragsanpassungen im Laufe der Ausführungszeit ergeben können.[75] Dabei ist es unerheblich, ob sich die Änderung auf eine Leistungsänderung oder zusätzliche Leistung bezieht.[76] Unerheblich ist dabei auch, ob die Vertragsparteien sich auf der Grundlage eines VOB/B-Vertrages einvernehmlich über eine entsprechende Vertragsanpassung verständigt haben.[77] Der Auffassung von *Krohn*, der annimmt, lediglich individuelle Anpassungsklauseln, nicht jedoch als Allgemeine Geschäftsbedingung zu qualifizierende § 1 Nr. 3/4 VOB/B bildete einen »sicheren Hafen« für nachträgliche Änderungen, kann nicht gefolgt werden.[78] Denn die einschlägigen VOB-Vorschriften sind spezifische Änderungsklauseln, die Standardvertragsbedingungen für Bauverträge darstellen. Sie sind nicht zu verwechseln mit allgemeinen zivilrechtlichen Rahmenbedingungen, wie etwa den Grundsätzen oder jetzigen gesetzlichen Regeln über die Anpassung der Geschäftsgrundlage.[79]

90   Eine unzulässige unbestimmte vertragliche Anpassungsklausel liegt vor, wenn sich der Auftraggeber **vorbehält**, Auftragserweiterungen an einseitig anzuordnen und eine quantitative und qualitative Begrenzung der Leistungen nicht erkennbar ist.[80]

91   Vergaberechtlich unbedenklich ist auch die **optionale Stufenbeauftragung**, wie sie etwa in Deutschland bei **Planungsverträgen** üblich ist.[81]

92   Fraglich ist allerdings, ob den Anforderungen des § 132 Abs. 2 Nr. 1 GWB auch dadurch Rechnung getragen ist, wenn abgeschlossene Verträge eines öffentlichen Auftraggebers entweder ausdrücklich auf allgemeine Anpassungsklauseln, wie z.B. der **Störung der Geschäftsgrundlage** nach § 313

---

74   OLG Schleswig »Rettungsdienst Schleswig-Flensburg« VergabeR 2015, 768, 774.
75   Vgl. im Einzelnen Kulartz/Duikers Vergabe R 2008, 728, 735 mit weiteren Hinweisen; Stoye/Brugger VergabeR 2011, 803.
76   AA wohl Kulartz/Duikers VergabeR 2008, 728, 736.
77   Stoye/Brugger VergabeR 2011, 803, 807.
78   Krohn NZBau 2008, 619, 625.
79   VK Thüringen Beschl. v. 27.05.2011 250-4002.20-2079/2011-E-004-J; Kulartz/Duikers VergabeR 2008, 728, 736.
80   Vgl. den Beispielsfall bei VK Sachsen Beschl. v. 27.04.2015 -1/SVK/012-15 VPR 2015, 253.
81   OLG Celle 04.05.2001 NZBau 2002, 53 = VergabeR 2001, 325, 327; VK Hamburg v. 27.04.2006, Az VgK-FB-2/06.

BGB, Bezug nehmen oder auf diese als allgemeine rechtliche Rahmenbedingungen zur Anwendung gelangen. In der Regel erfüllt die Anpassungsregelung nach § 313 BGB nicht die Voraussetzungen einer klaren, genauen und eindeutig formulierten Überprüfungsklausel oder Option. Es handelt sich um allgemeinen, zumal in den Vergabeunterlagen in der Regel gar nicht benannten Änderungsgrund. Die Vorschrift kommt zudem vornehmlich zum Tragen, wenn sich die Vertragsleistungen wesentlich geändert haben und eine Änderung des Gesamtcharakters des Auftrages in Rede steht. Vertragsanpassungen nach § 313 BGB entsprechen deshalb in der Regel nicht den Anforderungen an § 132 Abs. 2 Nr. 1 GWB.[82]

93 Wird eine Vertragsanpassung vorgenommen, **um neuen gesetzlichen oder behördlichen Anforderungen zu genügen**, privilegiert dies eine Änderungsvereinbarung nicht, wenn es andere Möglichkeiten gegeben hätte, den neuen Rahmenbedingungen zu genügen. Entsprechendes gilt, wenn den gesetzlichen Vorgaben keine operationalen Kriterien für eine Anpassung zu entnehmen sind.[83]

94 Versuche, die **Optionsrechte später zu ändern** oder einvernehmlich im Sinne eines sich nach Jahren ergebenden Beschaffungsbedarfs abzuändern, unterliegen regelmäßig dem Vergaberecht und damit einer Nachprüfungsmöglichkeit.[84] Die 2. VK Bund hatte überdies entschieden, dass eine Verlängerungsoption von 5 Jahren nicht ohne Neuausschreibung verändert werden dürfe.[85]

95 Vertragsklauseln, wonach der öffentliche Auftraggeber berechtigt sein soll, den Vertrag vorzeitig zu kündigen oder aber zu einer **Ersatzvornahme** (Selbstvornahme) zu schreiten und die Leistungen an einen Dritten zu vergeben, sind nicht als Überprüfungsklausel oder Option zu verstehen. In diesen Fällen muss bei der Neuvergabe des Auftrages das Vergaberecht eingehalten werden, wobei sich im Einzelfall Verfahrenserleichterungen ergeben können.[86]

96 Letzte Voraussetzung des § 132 Abs. 2 Nr. 1 GWB ist, dass der Gesamtcharakter des Auftrags nicht verändert werden darf. Wie der Begriff des »Gesamtcharakters« zu verstehen ist, ist im Detail gesetzlich nicht bestimmt. Es handelt sich um einen **unbestimmten Rechtsbegriff**. Erwägungsgrund 109 der Richtlinie 2014/24/EU enthält jedoch folgenden Hinweis:

97 *»Dies kann jedoch nicht für Fälle gelten, in denen sich mit einer Änderung das Wesen des gesamten Auftrags verändert – in dem beispielsweise die zu beschaffenden Bauleistungen, Lieferungen oder Dienstleistungen durch andersartige Leistungen ersetzt werden oder indem sich die Art der Beschaffung grundlegend ändert -, da in einer derartigen Situation ein hypothetischer Einfluss auf das Ergebnis unterstellt werden kann.«*

98 Dementsprechend ist für die Auslegung des Begriffs Gesamtcharakter wiederum die **Wettbewerbsrelevanz** von Bedeutung.

99 Die Bedeutung der Freistellung von Überprüfungsklauseln und Optionen nach § 132 Abs. 2 Nr. 1 GWB zeigt sich insbesondere dadurch, dass für diese Freistellung **keine prozentuale Höchstgrenze** für den Änderungsumfang genannt ist. Die Überprüfungsklauseln und Optionen können deshalb **auch Änderungen mit mehr als 50 % des Auftragswertes ermöglichen**. Lediglich der Gesamtcharakter **des Auftrags darf nicht verändert werden**.

100 Überprüfungsklauseln und Optionen in Altverträgen bleiben wirksam, wenn der Altvertrag nicht ordnungsgemäße ausgeschrieben worden ist. Etwas anderes gilt nur im Falle einer bewussten Gesetzesumgehung.[87]

---

82 Großzügiger allerdings Ganske in: Reidt/Stickler/Glahs § 99 Rn. 24; Polster VergabeR Sonderheft 2a 2012, 282.
83 OLG Schleswig »Rettungsdienst Schleswig-Flensburg« VergabeR 2015, 768, 774.
84 Vgl. OLG Dresden ZfBR 2004, 303.
85 2. VK des Bundes 26.05.2000 WuW/E Verg. 354, 355 (2000).
86 Dazu Erwägung 112 der Richtlinie 2014/24/EU.
87 OLG Schleswig »Vorhalteleistungen« Beschl. v. 04.11.2014 1 Verg 1/14.

2. Erforderliche zusätzliche Liefer-, Bau- und Dienstleistungen

101   Eine Neuausschreibung ist im Falle des nachträglichen Erforderlich Werdens von Liefer-, Bau- und Dienstleistungen nicht notwendig, wenn ein Wechsel des Auftragnehmers

a)   aus wirtschaftlichen oder technischen Gründen nicht erfolgen kann **und**

b)   mit erheblichen Schwierigkeiten oder mit beträchtlichen Zusatzkosten für den öffentlichen Auftraggeber verbunden wäre.

102   Dabei gilt nach dem letzten Absatz von § 132 Abs. 2 GWB, dass sich der **Preis um nicht mehr als 50 %** des **Wertes** des ursprünglichen Auftrags **erhöht** haben darf. Bei mehreren aufeinanderfolgenden Änderungen des Auftrags gilt diese Beschränkung für den Wert **jeder einzelnen Änderung**, sofern diese Änderung nicht mit dem Ziel vorgenommen werden kann, die Vorschriften dieses Teils zu umgehen. Die erste Variante dieser Vorschrift (»aus wirtschaftlichen oder technischen Gründen nicht erfolgen kann«) ist eine verkürzte Umsetzung der entsprechenden Richtlinienklausel in Art. 72 b) i):

103   *»Aus wirtschaftlichen oder technischen Gründen wie der Austauschbarkeit oder Kompatibilität mit im Rahmen des ursprünglichen Vergabeverfahrens geschaffener Ausrüstungsgegenständen, Dienstleistungen der Anlagen nicht erfolgen kann.«*

104   Mit »nicht erfolgen kann« ist **nicht** eine **technische oder wirtschaftliche Unmöglichkeit** gemeint, sondern die objektive Unzweckmäßigkeit unter Berücksichtigung wirtschaftlicher oder technischer Gesichtspunkte, wie z.B. der Austauschbarkeit oder Kompatibilität mit ursprünglich geschaffenen Ausrüstungsgegenständen, Dienstleistungen oder Anlagen. Die Möglichkeit wirtschaftliche Gründe heranzuziehen, eröffnet in diesem Kontext auch den Spielraum für die vergaberechtlich unbedenkliche Beauftragung von Änderungs- und Zusatzleistungen in Fällen, in denen ein Austausch des bisherigen Auftragnehmers aus terminlichen oder **ablaufbezogenen Gründen** wirtschaftlich ausscheidet. Wenn etwa im Rahmen eines Bauvertrages – z.B. aufgrund eines Planungsfehlers – geänderte oder zusätzliche Leistungen beauftragt werden müssen und die Einschaltung eines Drittunternehmens terminliche Ablaufschwierigkeiten oder auch Garantieeinschränkungen bewirken würde, kann dies ein Sachverhalt sein, der im Sinne des Gesetzes »aus wirtschaftlichen oder technischen Gründen einen Auftragnehmerwechsel entbehrlich macht«. Es ist aber in jedem Einzelfall **konkret zu prüfen, ob** eine derartige **wirtschaftliche oder technische Abhängigkeit gegeben ist**. Bloße Bequemlichkeiten, etwa zur Verwaltungsvereinfachung während eines Projektes bei sich aufzeigenden Nachtragsangelegenheiten auf den bisherigen Auftragnehmer zurückzugreifen, werden von dieser Vorschrift nicht gebilligt.

105   Dies ergibt sich auch aus der weiteren Voraussetzung, wonach ein Wechsel des Auftragnehmers »mit erheblichen Schwierigkeiten oder beträchtlichen Zusatzkosten für den öffentlichen Auftraggeber« verbunden sein muss. Die **kumulative Benennung beider Bedingungen** zeigt bereits, dass es sich bei der Voraussetzung von a) keineswegs um zwingende wirtschaftliche oder technische Gründe handeln muss. Ansonsten wäre die weitere Voraussetzung, welche die Zumutbarkeit der Abstandnahme von einem neuen Vergabeverfahren beschreibt, nicht notwendig. Letztlich muss sich aus dem Zusammenspiel der beiden Voraussetzungen ergeben, dass jeder vernünftige Marktteilnehmer einen Wechsel des Auftragnehmers vorgenommen hätte, um unverhältnismäßige technische oder wirtschaftliche Nachteile zu vermeiden. Es muss sich um Ausnahmefälle handeln. Fallgestaltungen, bei denen der Auftraggeber die Liefer-, Bau- oder Dienstleistung – wie bei Katalogleistungen – unschwer kurzfristig bei Drittunternehmen beschaffen kann, fallen nicht hierunter.

106   *Summa* meint, dass die beiden kumulativ durch das Wort »und« verbundenen Voraussetzungen eine Fehlleistung des Unions- und nationalen Gesetzgebers darstellen würde. Anstelle mit »und« müssten die beiden Alternativen mit »oder« verbunden werden. Entweder sei etwas objektiv unmöglich oder zwar objektiv möglich, aber subjektiv unzumutbar. Kumuliert ergäben die beiden Voraussetzungen keinen Sinn, was indirekt auch aus der 50 %-Klausel folge, die nur für die zweite Alternative

gelten könne.[88] Die obige »weite« Auslegung des Begriffs »nicht erfolgen kann« eröffnet aber ein systematisch taugliches Auslegungsmodell.

3. Unvorhersehbare Änderungen

Die Vergabe von Änderungsleistungen ohne zusätzliches Vergabeverfahren wird nach § 132 Abs. 2   107
Nr. 3 GWB auch ermöglicht, wenn der Änderungsbedarf vom öffentlichen Auftraggeber im Rahmen seiner Sorgfaltspflicht **nicht vorhergesehen werden konnte**. Der **Gesamtcharakter** des Auftrags **darf sich auch hier nicht verändern**.

Die Definition in Art. 72 Abs. 1 c) i) ist etwas präziser, wenn es dort heißt: 108

> *»Die Änderung wurde erforderlich aufgrund von Umständen, die ein seiner Sorgfaltspflicht nach-*   109
> *kommender öffentlicher Auftraggeber nicht vorhersehen konnte.«*

Aus dieser Formulierung ergibt sich, dass es nicht auf eine absolute Unvorhersehbarkeit ankommen   110
kann. Es ist vielmehr darauf abzustellen, ob ein seiner Sorgfaltspflicht bei der Abwicklung von öffentlichen Aufträgen nachkommender öffentlicher Auftraggeber einen entsprechenden Umstand bereits vorhergesehen hätte. Es ist deshalb eine Überprüfung nach einem ex ante-Überprüfungskonzept vorzunehmen, wobei die Einschätzung eines sorgfältigen öffentlichen Auftraggebers zugrunde zu legen ist. Dabei ist ein **objektiver Sorgfaltsmaßstab** anzusetzen.

Nach der Regierungsbegründung sind »**unvorhersehbare Umstände**« solche Umstände,   111

> *»die auch bei einer nach vernünftigem Ermessen sorgfältigen Vorbereitungen der ursprünglichen*   112
> *Zuschlagserteilung durch den öffentlichen Auftraggeber unter Berücksichtigung der zur Verfügung*
> *stehenden Mittel, der Art und Merkmale des speziellen Projekts, der bewährten Praxis und der Not-*
> *wendigkeit, ein angemessenes Verhältnis zwischen den bei der Vorbereitung der Zuschlagserteilung*
> *eingesetzten Ressourcen und dem absehbaren Nutzen zu gewährleisten, nicht hätten vorausgesagt*
> *werden können. Voraussetzung ist allerdings, dass sich mit der Änderung nicht der Gesamtcharakter*
> *des gesamten Auftrags ändert, indem beispielsweise die zu beschaffenden Liefer-, Bau- oder Dienst-*
> *leistungen durch andersartige Leistungen ersetzt werden oder indem sich die Art der Beschaffung*
> *grundlegend ändert.«*

Der **Gesamtcharakter** des Auftrags darf sich nicht verändert haben. Hier gelten dieselben Voraus-   113
setzungen wie bei der ersten Alternative. Außerdem ist hier das 50 %-Kriterium des letzten Absatzes der Vorschrift relevant.

Die Vorschrift kann in der Praxis erhebliche Bedeutung erlangen in Fällen, in denen der Wechsel   114
des Auftragnehmers nicht zu erheblichen wirtschaftlichen Nachteilen des Auftraggebers im Sinne der Nr. 2 führt. Wenn es sich um unvorhersehbare Umstände handelt, kann der Auftraggeber auch aus »Bequemlichkeit« von einer Neuvergabe absehen, wenn keine Veränderung des Gesamtcharakters vorliegt und die 50 %-Grenze der Werterhöhung gegenüber dem ursprünglichen Auftrag nicht überschritten ist.

4. Ersetzung des bisherigen Auftragnehmers durch einen neuen Auftragnehmer

§ 132 Abs. 2 Nr. 4 GWB ermöglicht in engen Grenzen einen Auftragnehmeraustausch ohne neues   115
Vergabeverfahren. Dies ist zunächst gestattet, wenn der Austausch in einer **klaren, genauen und ein-deutig formulierten Überprüfungsklausel** im Sinne der Nr. 1 vorgesehen war. Angesprochen sind hier Fälle, wonach im Falle einer Umstrukturierung, einer Insolvenz oder aus sonstigen Gründen eine Muttergesellschaft an die Stelle des bisherigen Auftragnehmers treten soll. Denkbar sind auch Fallgestaltungen, bei denen für die Gewährleistungs- oder Betreiberphasen anstelle eines Konsortiums lediglich noch ein bestimmtes Konsortialmitglied entsprechende Verpflichtungen zu erfüllen

---

88 Summa in: Summa NZBau 2015, 330.

hat. Auch hier muss klar und im Vorhinein definiert werden, unter welchen Voraussetzungen ein entsprechender Austausch stattfindet. Insbesondere sind Gestaltungen nicht zulässig, bei denen sich ein Unternehmen sozusagen von vornherein als »Statthalter« für einen nicht geeigneten Dritten in einem Vergabeverfahren bewirbt, um den Auftrag zu erhalten und alsdann mit Zustimmung der Vergabestelle an einen Dritten zu übertragen.[89] So kann die vereinbarte Ersetzung eines Vertragspartners bei einem Asset deal-Vertrag kartellrechtlich die Neuvergabe eines Auftrages darstellen.[90]

116 § 132 Abs. 2 Nr. 4 b) GWB stellt klar, dass ein Auftragnehmeraustausch ohne neues Vergabeverfahren zulässig ist, wenn eine **Unternehmensumstrukturierung ohne wettbewerbliche Relevanz** stattgefunden hat. Voraussetzung ist hier,
– dass das neue Unternehmen die ursprünglich festgelegten Anforderungen an die Eignung erfüllt,
– eine Unternehmensumstrukturierung durch z.B. Übernahme, Zusammenschluss, Erwerb oder Insolvenz stattgefunden hat,
– der neue Auftragnehmer ganz oder teilweise an die Stelle des ursprünglichen Auftragnehmers tritt und
– keine weiteren wesentlichen Änderungen im Sinne des § 132 Abs. 1 GWB vorliegen.

117 Der EuGH hatte bereits in der Entscheidung »Pressetext« herausgestellt, dass die **konzernrechtliche Neuorganisation** nicht ohne weiteres einen unzulässigen Auftragnehmeraustausch darstellt, zumal dann, wenn der Auftrag auf eine 100 %ige Tochtergesellschaft übergeht und wenn zwischen dem bisherigen Auftragnehmer und der Tochtergesellschaft ein Gewinn- und Verlustausgleichsvertrag besteht sowie eine Haftungserklärung und eine Erklärung abgegeben wurde, dass sich an der Gesamtleistung nichts ändern werde. Auch die Änderung der Mitgliederzusammensetzung in einer juristischen Person, etwa einer börsennotierten Aktiengesellschaft, führt nicht ohne weiteres zu einer relevanten Vertragsänderung.[91] In der Regel werden daher auch Umwandlungen nach dem deutschen **Umwandlungsgesetz** eine derartige bloße interne Neuorganisation darstellen.[92]

118 § 132 Abs. 2 Nr. 4 b) GWB stellt überdies klar, dass die Privilegierung nur gilt, wenn **keine weiteren wesentlichen Vertragsänderungen** mit dem Austausch verbunden sind. Werden dagegen weitere Änderungen zugunsten des Auftragnehmers zugelassen, die § 132 Abs. 1 GWB unterfallen, ist der Auftragnehmeraustausch unzulässig. Die Insolvenz eines Mitglieds einer Arbeitsgemeinschaft führt nach Zuschlag nicht dazu, dass die Fortsetzung des Auftrages mit den verbliebenen Unternehmen einem Neuabschluss gleichkäme (unabhängig von der inzwischen anerkannten Teilrechtsfähigkeit der BGB-Gesellschaft).[93]

119 Auch eine rechtsträgererhaltende **Sanierung**, bei der ein bloßer Anteilsinhaberwechsel im Raume steht, fällt grundsätzlich in den Anwendungsbereich der Rechtsprechung »*Pressetext*«.[94] *Hübner/Frauer* haben auf die Problematik hingewiesen, dass durch die »Pressetext-Judikatur« des EuGH insolvenzrechtliche Sanierungen erschwert sind. Bei einer übertragenen Sanierung sei die Auftragnehmeridentität nicht mehr gegeben.

120 Nicht umfasst von § 132 Abs. 2 Nr. 4 GWB sind **Nachunternehmervergaben**.

121 Eine Ersetzung des Auftragnehmers durch den öffentlichen Auftraggeber ist nach § 134 Abs. 2 Nr. 4 c) GWB dann zulässig, wenn der öffentliche Auftraggeber selbst die Verpflichtungen des Hauptauftragnehmers gegenüber seinen Unterauftragnehmern übernimmt. Das sind Fallgestaltungen, bei denen der öffentliche Auftraggeber etwa im Rahmen einer Insolvenz eines Generalunternehmers die Nachunternehmer des Generalunternehmers anschlussbeauftragt. Die Vorschrift

---

89   VK Bund WuW/E Verg. 279, 280 (2000).
90   OLG Frankfurt Beschl. v. 24.09.2013 11 Verg 12/13 NZBau 2014, 247, 248.
91   EuGH »Pressetext« Urt. v. 19.06.2008 C-454/06 NZBau 2008, 518 f. = VergabeR 2008, 758 f.
92   VK Münster Beschl. v. 26.06.2009 VK 7/09.
93   Vgl. auch VK Baden-Württemberg Beschl. v. 23.06.2003 VK 28/93; vgl. dazu auch OLG Düsseldorf Beschl. v. 24.05.2005 Verg. VII 28/05.
94   Hübner/Frauer NZBau 2011, 142.

eröffnet gewisse taktische Ermessensspielräume eines Bauauftraggebers, der etwa dann, wenn der Hauptauftragnehmer nicht nach seinen Vorstellungen agiert, »Ersatzvornahmen« mit Unterauftragnehmern durchführt.

Die Vorschrift ermöglicht den vollständigen Austausch eines Auftragnehmers. Sie wird auch 122 anwendbar sein, wenn nur ein Teilaustausch (eine Teilkündigung) stattfindet, etwa eine Ersatzvornahme in Bezug auf bestimmte Teilleistungen erfolgt.

IV. De-minimis-Regelung

Nach § 132 Abs. 3 GWB ist die Änderung eines öffentlichen Auftrages ohne Durchführung eines 123 neuen Vergabeverfahrens ferner zulässig, wenn sich der **Gesamtcharakter** des Auftrags **nicht ändert** **und** der **Wert** der Änderung

a) die jeweiligen Schwellenwerte nach § 106 GWB nicht übersteigt und

b) Bei Liefer- und Dienstleistungsaufträgen nicht mehr als 10 % und bei Bauaufträgen nicht mehr als 15 % des ursprünglichen Auftragswertes beträgt.

Bei mehreren aufeinander folgenden Änderungen ist der Gesamtwert der Änderung maßgeblich. 124 Diese Vorschrift führt bei kleineren Auftragsänderungen zu einer erheblichen Erleichterung. Für viele Auftragsarten, insbesondere Bauleistungen, wirkt sich allerdings aus, dass bei mehreren aufeinander folgenden Änderungen **alle Änderungen addiert** werden müssen. Speziell bei Bauaufträgen kann es leicht passieren, dass mehrere Änderungen eines Auftrags aufgrund von geänderten und Zusatzaufträgen die 15 %-Schwelle überschreiten. In einem solchen Fall bleiben die bis zur Erreichung des Schwellenwertes bzw. der Grenze von 10 bzw. 15 % ohne Neuausschreibung getätigten Anschlussaufträge vergaberechtlich unbedenklich. Lediglich weitere Änderungen, die zu einer Überschreitung einer der beiden Obergrenzen führen, müssen dann entweder eine Rechtfertigung in Absatz 2 des § 132 GWB finden oder aber im Wege einer Neuausschreibung beschafft werden.

Zu beachten ist, dass die in § 132 Abs. 3 GWB benannten Obergrenzen nicht durchgängig bindend 125 sind. Für soziale und andere besondere Dienstleistungen ist etwa in § 130 Abs. 2 GWB eine Anhebung auf einen Höchstwert der Änderungen von 20 % vorgesehen.

V. Besonderheiten bei Indexklauseln

Im Falle der Vereinbarung einer **Indexklausel** wird hinsichtlich der Feststellung des Änderungs- 126 umfangs nach Absatz 2 und 3 der Vorschrift auf den **höheren Preis als Referenzwert** abgestellt. Artikel 72 Abs. 3 der Richtlinie 2014/24/EU formuliert klarer, dass der »angepasste Preis« als Referenzwert herangezogen werden muss.

VI. Bekanntmachungspflicht

Gemäß § 132 Abs. 5 GWB sind Änderungen nach Abs. 2 Nr. 2 und 3 im Amtsblatt der Europä- 127 ischen Union bekannt zu machen. Nicht bekannt zu machen, sind Änderungen die der De-minimis-Regelung in Abs. 3 unterfallen. Deshalb ist für den Auftraggeber sorgfältig zu überprüfen, ob nicht im jeweiligen Einzelfall die De-minimis-Regelung einschlägig ist.

§ 133 Kündigung von öffentlichen Aufträgen in besonderen Fällen

(1) Unbeschadet des § 135 können öffentliche Auftraggeber einen öffentlichen Auftrag während der Vertragslaufzeit kündigen, wenn

1. eine wesentliche Änderung vorgenommen wurde, die nach § 132 ein neues Vergabeverfahren erfordert hätte,
2. zum Zeitpunkt der Zuschlagserteilung ein zwingender Ausschlussgrund nach § 123 Absatz 1 bis 4 vorlag oder

3. der öffentliche Auftrag aufgrund einer schweren Verletzung der Verpflichtungen aus dem Vertrag über die Arbeitsweise der Europäischen Union oder aus den Vorschriften dieses Teils, die der Europäische Gerichtshof in einem Verfahren nach Artikel 258 des Vertrags über die Arbeitsweise der Europäischen Union festgestellt hat, nicht an den Auftragnehmer hätte vergeben werden dürfen.

(2) Wird ein öffentlicher Auftrag gemäß Absatz 1 gekündigt, kann der Auftragnehmer einen seinen bisherigen Leistungen entsprechenden Teil der Vergütung verlangen. Im Fall des Absatzes 1 Nummer 2 steht dem Auftragnehmer ein Anspruch auf Vergütung insoweit nicht zu, als seine bisherigen Leistungen infolge der Kündigung für den öffentlichen auftraggeber nicht von Interesse sind.

(3) Die Berechtigung, Schadensersatz zu verlangen, wird durch die Kündigung nicht ausgeschlossen.

A. Materialien

1   Die Begründung des **Regierungsentwurfes** enthält zu § 133 folgende Hinweise:

2   »**Zu Absatz 1**

Absatz 1 dient der Umsetzung von Artikel 73 der Richtlinie 2014/24/EU. Die Vorschrift legt erstmals Bedingungen fest, unter denen öffentliche Auftraggeber vergaberechtlich die Möglichkeit haben, einen öffentlichen Auftrag während der Vertragslaufzeit zu kündigen. Den öffentlichen Auftraggebern muss über den Grundsatz der clausula rebus sic stantibus (Vorbehalt, dass ein Schuldversprechen oder ein Geschäft seine bindende Wirkung bei Veränderung der Verhältnisse verliert) hinaus ein Lösungsrecht zumindest für die hier genannten besonderen Fälle vorbehalten bleiben, in denen ein Festhalten am Vertrag das öffentliche Interesse an der Gesetzmäßigkeit der Verwaltung beeinträchtigen würde. Insbesondere aus dem Unionsrecht kann sich die Pflicht ergeben, im Interesse einer effektiven Umsetzung (effet utile) der aus dem Unionsrecht erwachsenen Verpflichtungen eine Kündigung von vertraglichen Vereinbarungen vorzunehmen.

Die Kündigung ist nur möglich, wenn sich aus dem Vertrag fortdauernde Pflichten ergeben. Haben sich dagegen die vertraglichen Beziehungen in einem einmaligen Austausch von Leistung und Gegenleistung erschöpft, so ist der Vertrag erfüllt (§ 362 BGB) und mithin für eine Kündigung kein Raum mehr.

Die in Absatz 1 aufgezählten Kündigungsgründe sind nicht abschließend und erweitern die bereits bislang bestehenden Möglichkeiten zur Beendigung von öffentlichen Aufträgen. Nicht berührt wird durch die Vorschrift das Recht der Beteiligten zur Geltendmachung eines vereinbarten oder in Anwendung der Vorschriften des Bürgerlichen Gesetzbuches anzuerkennenden gesetzlichen Kündigungsrechts einschließlich des Rechts gemäß § 314 BGB zur Kündigung von Dauerschuldverhältnissen aus wichtigem Grund. So kann es zum Beispiel erforderlich sein, einen laufenden Vertrag zu kündigen, um schwere Nachteile für das Gemeinwohl zu verhüten oder zu beseitigen, insbesondere um ein ansonsten drohendes Vertragsverletzungsverfahren der Europäischen Kommission zu verhindern.

Durch die Vorschrift unberührt bleibt ferner die durch die Rechtsprechung anerkannte Möglichkeit, dass – wenn der öffentliche Auftraggeber in bewusster Missachtung des Vergaberechts handelt oder er sich einer solchen Kenntnis mutwillig verschließt und er kollusiv mit dem Auftragnehmer zusammenwirkt – der zwischen Auftraggeber und Auftragnehmer geschlossene Vertrag mit der Folge richtig sein kann, dass Vergütungs-, Rückforderungs- und Gewährleistungsansprüche wechselseitig ausgeschlossen sind.

Anders als die Regelung zur Unwirksamkeit in § 135, die nach § 135 Absatz 2 Satz 1 nur innerhalb von sechs Monaten nach Vertragsschluss festgestellt werden kann, bietet § 133 eine Kündigungsmöglichkeit auch über die ersten sechs Monate hinaus. Sofern einer der in Nummer 1 bis 3 genannten Kündigungsgründe vorliegt, können öffentliche Auftraggeber damit öffentliche Aufträge während deren Laufzeit kündigen, ohne an eine Frist gebunden zu sein.

Zu Nummer 1

Nummer 1 dient der Umsetzung von Artikel 73 Buchstabe a der Richtlinie 2014/24 EU und räumt öffentlichen Auftraggebern eine Kündigungsmöglichkeit ein, wenn eine wesentliche Auftragsänderung im Sinne des § 132 vorgenommen wurde, ohne ein erforderliches neues Vergabeverfahren durchzuführen.

Zu Nummer 2

Nach Nummer 2 liegt ein Kündigungsgrund vor, wenn zum Zeitpunkt der Zuschlagserteilung ein zwingender Ausschlussgrund nach § 123 Absatz 1 bis 4 vorlag. Nummer 2 setzt Artikel 73 Buchstabe b der Richtlinie 2014/24/EU um. Für das Vorliegen einer Kündigungsmöglichkeit nach Nummer 2 ist es allerdings nicht erforderlich, dass der öffentliche Auftraggeber zum Zeitpunkt der Zuschlagserteilung Kenntnis vom Vorliegen des zwingenden Ausschlussgrundes nach § 123 Absatz 1 bis 4 zum Zeitpunkt der Zuschlagserteilung vorlag, der öffentliche Auftraggeber davon jedoch erst zu einem späteren Zeitpunkt Kenntnis erlangt hat. Dadurch stärkt die Vorschrift die Stellung der zwingenden Ausschlussgründe, indem sie bei Vorliegen eines der in § 123 Absatz 1 bis 4 genannten Fälle auch im Nachhinein noch eine Vertragsbeendigung ermöglicht. Das Recht zur Anfechtung des zivilrechtlichen Vertrags durch den öffentlichen Auftraggeber bleibt unberührt.

Zu Nummer 3

Nummer dient der Umsetzung von Artikel 73 Buchstabe c der Richtlinie 2014/24/EU und betrifft den Fall, dass der Auftrag aufgrund eines schweren Verstoßes gegen die Verpflichtungen, welche sich aus dem Vertrag über die Arbeitsweise der Europäischen Unison oder den Richtlinien 2014/23/EU, 2014/24/EU und 2014/25/EU, welche durch die Vorschriften dieses Teils umgesetzt werden, ergeben, nicht an den Auftragnehmer hätte vergeben werden dürfen und der Europäische Gerichtshof diesen Verstoß in einem Verfahren nach Artikel 258 des Vertrags über die Arbeitsweise der Europäischen Union festgestellt hat.

Bereits nach bisheriger Rechtslage ist der öffentliche Auftraggeber nach der Rechtsprechung des EuGH verpflichtet, einen unionsrechtswidrig zu Stande gekommenen, noch laufenden Vertrag zu beenden (EuGH, Urteil vom 18. Juli 2007 – C-503/04). Soweit dies erforderlich ist, kann der öffentliche Auftraggeber daher einen laufenden Vertrag kündigen, um ein ansonsten drohendes Vertragsverletzungsverfahren der Europäischen Kommission zu verhindern. Die Vorschrift des § 133 Abs. 1 Nummer 3 normiert dieses Kündigungsrecht für den Fall im GWB, dass der EuGH eine entsprechende Vertragsverletzung festgestellt hat.

Zu Absatz 2

Absatz 2 Satz 2 regelt die Rechtsfolgen einer Kündigung durch den öffentlichen Auftraggeber nach Absatz 1. Danach ist der Auftragnehmer grundsätzlich berechtigt, einen seinen bisherigen Leistungen entsprechenden Teil der Vergütung zu verlangen. Dies entspricht der Wertung des § 628 Absatz 1 Satz 1 BGB. Die Regelung ermöglicht einen angemessenen Interessenausgleich zwischen öffentlichem Auftraggeber und Auftragnehmer. Zwar ist der öffentliche Auftraggeber unmittelbar durch die Vor-

schriften des Vergaberechts verpflichtet. Er trägt aber das Risiko dafür, dass vergaberechtliche Gesichtspunkte einer weiteren Durchführung des Vertrags entgegenstehen, bei wirtschaftlicher Betrachtung nicht allein. Mit Satz 2 wird der Vergütungsanspruch für den in Absatz 1 Nummer 2 genannten Fall beschränkt, soweit die Leistungen des Auftragnehmers infolge der Kündigung ohne Wert oder Vorteil für den öffentlichen Auftraggeber sind. Vor dem Hintergrund, dass ein zwingender Ausschlussgrund nach § 123 Absatz 1 bis 4 in der Regel die Verurteilung wegen einer schweren Straftat voraussetzt, ist es sachgerecht, den Vergütungsanspruch zu beschränken.

Zu Absatz 3

Mit Absatz 3 wird klargestellt, dass durch die Kündigung etwaige Schadensersatzansprüche unberührt bleiben. Im Rahmen des Schadensersatzrechts können die Verantwortlichkeiten und das (Mit-) Verschulden im Einzelfall gerecht gewertet werden.«

3 Der Regelung entspricht **Artikel 73 der Richtlinie 2014/24/EU** mit folgendem Inhalt:

4 *»(73) Einer gemeinsamen Vergabe öffentlicher Aufträge durch öffentliche Auftraggeber aus verschiedenen Mitgliedstaaten stehen derzeit noch gewisse rechtliche Schwierigkeiten hinsichtlich der Kollision nationaler Rechtsvorschriften entgegen. Wenngleich die Richtlinie 2004/18/EG implizit eine grenzüberschreitende gemeinsame öffentliche Auftragsvergabe zulässt, sehen sich öffentliche Auftraggeber noch immer beträchtlichen rechtlichen und praktischen Schwierigkeiten bei der Beschaffung über zentrale Beschaffungsstellen in anderen Mitgliedstaaten oder bei der gemeinsamen Vergabe öffentlicher Aufträge gegenüber. Damit öffentliche Auftraggeber durch Größenvorteile und eine Risiko-Nutzen-Teilung das Potenzial des Binnenmarkts optimal ausschöpfen können, nicht zuletzt im Hinblick auf innovative Projekte, die höhere Risiken bergen, als sie nach vernünftigem ermessen von einem einzelnen öffentlichen Auftraggeber getragen werden können, sollten diese Schwierigkeiten beseitigt werden. Daher sollten neue Vorschriften für die grenzüberschreitende gemeinsame Beschaffung festgelegt werden, um die Zusammenarbeit zwischen öffentlichen Auftraggebern zu erleichtern und die Vorteile des Binnenmarkts durch die Schaffung grenzüberschreitender Geschäftsmöglichkeiten für Lieferanten und Diensteanbieter zu erhöhen. Mit diesen Vorschriften sollten die Bedingungen für die grenzüberschreitende Nutzung zentraler Beschaffungsstellen festgelegt und das in grenzüberschreitenden gemeinsamen Beschaffungsverfahren anwendbare Recht für die öffentliche Auftragsvergabe, einschließlich der anwendbaren Rechtsvorschriften für Rechtsmittel, bestimmt werden, ergänzend zu den Kollisionsnormen der Verordnung (EG) Nr. 593/2008 des Europäischen Parlaments und des Rates. Darüber hinaus sollten öffentliche Auftraggeber aus unterschiedlichen Mitgliedstaaten gemeinsame juristische Personen nach nationalem Recht oder Unionsrecht gründen können. Für derartige Formen gemeinsamer Beschaffung sollten besondere Regeln festgelegt werden.*

Die öffentlichen Auftraggeber sollten jedoch die Möglichkeit der grenzüberschreitenden gemeinsamen Beschaffung nicht dazu nutzen, im Einklang mit dem Unionsrecht stehende verbindliche Vorschriften des öffentlichen Rechts zu umgehen, die in dem Mitgliedstaat, in dem sie ihren Sitz haben, auf sie anwendbar sind. Zu solchen Vorschriften können beispielsweise Bestimmungen über Transparenz und Zugang zu Dokumenten oder spezifische Anforderungen bezüglich der Rückverfolgbarkeit sensibler Lieferungen gehören.«

5 Im **Erwägungsgrund 112** der Richtlinie 2014/24/EU heißt es:

6 *»Öffentliche Auftraggeber werden mitunter mit Umständen konfrontiert, die eine vorzeitige Kündigung öffentlicher Aufträge erfordern, damit aus dem Unionsrecht erwachsene Verpflichtungen im Bereich der öffentlichen Auftragsvergabe eingehalten werden. Die Mitgliedstaaten sollten daher sicherstellen, dass öffentliche Auftraggeber unter den im nationalen Recht festgelegten Bedingungen, über die Möglichkeit verfügen, einen öffentlichen Auftrag während seiner Laufzeit zu kündigen, wenn dies aufgrund des Unionsrechts erforderlich ist.«*

B. Kommentierung

I. Das neue Kündigungsrecht

§ 133 GWB eröffnet dem öffentlichen Auftraggeber eine Lösungsmöglichkeit von einem öffentli- 7
chen Auftrag während der Vertragslaufzeit. Die Regierungsbegründung stellt ausdrücklich klar, dass
eine Kündigung nur möglich ist, wenn sich aus dem Vertrag fortdauernde Pflichten ergeben. Haben
sich die vertraglichen Beziehungen in einem einmaligen Austausch von Leistung und Gegenleistung erledigt, so ist der Vertrag erfüllt und mithin für eine Kündigung kein Raum mehr. § 133
GWB ermöglicht daher **keine rückwirkende Abwicklung** bereits erfüllter Verträge.

Im Übrigen dient die Vorschrift dazu, dem öffentlichen Auftraggeber ein Werkzeug in die Hand zu 8
geben, solche Verträge vorzeitig zu kündigen, die trotz Vergabeverstößen wirksam zustande gekommen sind, etwa im Falle einer Unwirksamkeit nach § 135 GWB (Verstoß gegen die Informations-
oder Wartepflicht oder de facto-Vergabe) und Ablauf der 6-Monatsfrist nach § 135 Abs. 2 Satz 1
GWB. Öffentliche Auftraggeber können nach § 133 GWB (bei Vorliegen der Voraussetzungen)
jederzeit kündigen. Sie sind **an keine Frist gebunden** und müssen auch keine Kündigungsfrist
einhalten.

Die Kündigungsmöglichkeit nach § 133 BGB lässt **andere Kündigungsgründe**, die nach allgemei- 9
nen gesetzlichen Vorschriften bestehen können, etwa nach dem BGB, unberührt. Insbesondere
wichtige Kündigungsgründe nach § 314 BGB zur Kündigung von Dauerschuldverhältnissen werden nicht ausgeschlossen. Ein öffentlicher Auftraggeber kann sich daher neben § 133 GWB auf
weitere Kündigungsgründe aus wichtigem Grund berufen.

II. Zu den einzelnen Kündigungsgründen

1. Grundzüge

Die explizit benannten **drei Kündigungsgründe des § 133 GWB** dienen dazu, dem öffentlichen 10
Auftraggeber die Möglichkeit zu geben, sich von einem Vertrag, der durch Verstöße gegen vergaberechtliche Bestimmungen zustande gekommen ist, auch noch nach einem wirksamen Vertragsabschluss zu lösen. Die Vorschrift dient der Umsetzung des europäischen Vergaberechts auch in den
Fällen eines formal wirksamen Zustandekommens von öffentlichen Aufträgen.

Die Vorschrift begründet ein **speziell vergaberechtliches Kündigungsrecht**. Dieses ist unabhängig 11
davon, ob der Auftraggeber selbst an einem Verstoß gegen vergaberechtliche Bestimmungen mitgewirkt hat. Insbesondere kann sich der Auftraggeber nicht darauf berufen, eine Kündigung sei
im Einzelfall wegen Verstoßes gegen **§ 242 BGB** unwirksam, weil der öffentliche Auftraggeber das
vergaberechtswidrige Vorgehen gekannt und gebilligt habe. § 133 GWB schützt den Vertragspartner durch die Rechtsfolgeregelungen in Absatz 2 und die Möglichkeit des Auftragnehmers nach
Absatz 3, Schadensersatz zu verlangen.

2. Kündigung nach § 133 Abs. 1 Nr. 1 GWB (wesentliche Änderung)

Ein Kündigungsrecht steht dem öffentlichen Auftraggeber in der Variante 1 dann zu, wenn eine 12
wesentliche Auftragsänderung während der Laufzeit vorgenommen wurde, ohne dass ein nach
§ 132 GWB erforderliches neues Vergabeverfahren durchgeführt worden wäre. Voraussetzung ist
insoweit, dass eine wesentliche Vertragsänderung nach § 132 Abs. 1 GWB vorgelegen hat und die
Ausnahmetatbestände des Absatzes 2 und 3 des § 132 GWB nicht einschlägig gewesen sind.

3. Kündigung nach § 133 Abs. 1 Nr. 2 GWB (zwingender Ausschlussgrund)

Ein Kündigungsrecht steht dem öffentlichen Auftraggeber nach der zweiten Variante des § 133 13
Abs. 1 GWB dann zu, wenn zum Zeitpunkt der Zuschlagserteilung ein zwingender Ausschlussgrund nach § 123 Abs. 1 bis 4 vorgelegen hat. Das Kündigungsrecht ist recht weit und es eröffnet
dem öffentlichen Auftraggeber die jederzeitige Lösung von einem öffentlichen Auftrag, wenn im

Nachhinein bekannt wird, dass gewisse Straftatbestände erfüllt worden sind. So kann er etwa die Kündigung erklären, wenn sich nachträglich herausstellt, dass zum Zeitpunkt der Zuschlagserteilung ein strafwürdiges Verhalten in einem ganz anderen Kontext vorgelegen hat und der Auftragnehmer dafür nachträglich zur Verantwortung gezogen wird. Ein Bezug zur konkreten Auftragsabwicklung muss dabei nicht vorliegen. Ausschlussgründe nach § 123 Abs. 1 bis 4 GWB, die nach Zuschlagserteilung entstehen, dürfen dagegen nicht zur Grundlage einer Kündigung gemacht werden.

14   Die Regierungsbegründung hält ausdrücklich fest:

15   »Es ist nicht erforderlich, dass der öffentliche Auftraggeber zum Zeitpunkt der Zuschlagserteilung Kenntnis vom Vorliegen des zwingenden Ausschlussgrundes erlangt hat. Vielmehr ist die Kündigungsmöglichkeit auch dann gegeben, wenn ein zwingender Ausschlussgrund nach § 123 Abs. 1 bis 4 zum Zeitpunkt der Zuschlagserteilung vorlag, der öffentliche Auftraggeber davon jedoch erst zu einem späteren Zeitpunkt Kenntnis erlangt hat. Dadurch stärkt die Vorschrift die Stellung der zwingenden Ausschlussgründe, indem sie bei Vorliegen eines der in § 123 Abs. 1 bis 4 genannten Fälle auch im Nachhinein noch eine Vertragsbeendigung ermöglicht. Das Recht zur Anfechtung des zivilrechtlichen Vertrages durch den öffentlichen Auftraggeber bleibt unberührt.«

4. § 133 Abs. 1 Nr. 3 GWB (Feststellung der Vergaberechtswidrigkeit durch den EuGH)

16   Die Variante 3 regelt die Fallgestaltung, dass ein **schwerer Verstoß** gegen die Verpflichtungen aus dem Vertrag über die Arbeitsweise der Europäischen Union und den Richtlinien 2014/23/EU, 2014/24/EU und 2014/25/EU stattgefunden hat und der Auftrag deshalb nicht an den Auftragnehmer hätte vergeben werden dürfen.

17   Die Vorschrift eröffnet dem öffentlichen Auftraggeber die Möglichkeit, sich von einem Vertrag zu lösen, wenn der **EuGH eine Vertragsverletzung** der Bundesrepublik Deutschland hinsichtlich einer öffentlichen Auftragsvergabe **festgestellt hat**. Erforderlich ist die Feststellung der Vertragsverletzung nach Art. 258 des Vertrages über die Arbeitsweise der Europäischen Union durch den EuGH. Die Kündigung kann deshalb erst nach einem entsprechenden Judiz des Euroäpischen Gerichtshofes erfolgen. Solange eine Feststellung der unzulässigen Auftragsvergabe durch den EuGH in einem entsprechenden Verfahren nicht stattgefunden hat, besteht kein Kündigungsrecht des öffentlichen Auftraggebers nach § 133 GWB.

III. Rechtsfolgenregelung des § 133 Abs. 2 GWB

18   In Absatz 2 des § 133 GWB ist geregelt, dass im Falle einer Kündigung eines öffentlichen Auftraggebers in einer der drei in § 133 Abs. 1 GWB genannten Varianten ein Recht des Auftragnehmers besteht, einen seinen **bisherigen Leistungen entsprechenden Teil der Vergütung zu verlangen**. Der Auftragnehmer hat allerdings nicht in allen Fällen einen vollen Vergütungsanspruch im Umfang der anteiligen, auf die erbrachten Leistungen entfallenden Vergütung. Vielmehr ist die Vergütung in dem Falle, dass ein zwingender Ausschlussgrund bestand (in der Regel also ein Straftatbestand vorlag) nur soweit gegeben, als seine bisherigen Leistungen im Falle der Kündigung für den öffentlichen Auftraggeber **nicht von Interesse** sind. Der Regierungsentwurf sieht hier eine angemessene Risikoteilung, was allerdings für die Fälle zweifelhaft erscheint, in denen erst nachträglich strafrechtliche Verstöße von Unternehmensmitarbeitern in einem Kontext bekannt werden, die mit dem vorliegenden Auftrag überhaupt nicht in Verbindung stehen.

IV. Schadensersatz nach § 133 Abs. 3 GWB

19   Unbeschadet der Möglichkeit des Auftragnehmers, im Kündigungsfall eine Vergütung für erbrachte Leistungen zu verlangen, kann er ggf. darüber hinausgehenden Schadensersatz geltend machen. Dieser Anspruch wird nach § 133 Abs. 3 GWB durch die Kündigung nicht ausgeschlossen. Ein solcher Schadensersatzanspruch kommt naturgemäß nur in Betracht, wenn den öffentlichen Auftraggeber bei dem Zustandekommen eines vergabewidrigen Auftrages selbst ein Verschulden trifft.

Der Regierungsentwurf weist darauf hin, dass ein Mitverschulden im Einzelfall berücksichtigt werden muss.

Umgekehrt ist es nicht ausgeschlossen, dass auch der öffentliche Auftraggeber – ungeachtet einer **20** von ihm erklärten Kündigung – Schadensersatzansprüche geltend machen kann.

§ 134 Informations- und Wartepflicht

(1) Öffentliche Auftraggeber haben die Bieter, deren Angebote nicht berücksichtigt werden sollen, über den Namen des Unternehmers, dessen Angebot angenommen werden soll, über die Gründe der vorgesehenen Nichtberücksichtigung ihres Angebots und über den frühesten Zeitpunkt des Vertragsschlusses unverzüglich in Textform zu informieren. Dies gilt auch für Bewerber, denen keine Information über die Ablehnung ihrer Bewerbung zur Verfügung gestellt wurde, bevor die Mitteilung über die Zuschlagsentscheidung an die betroffenen Bieter ergangen ist.

(2) Ein Vertrag darf erst 15 Kalendertage nach Absendung der Information nach Absatz 1 geschlossen werden. Wird die Information auf elektronischem Weg oder per Fax versendet, verkürzt sich die Frist auf zehn Kalendertage. Die Frist beginnt am Tag nach der Absendung der Information durch den Auftraggeber; auf den Tag des Zugangs beim betroffenen Bieter und Bewerber kommt es nicht an.

(3) Die Informationspflicht entfällt in Fällen, in denen das Verhandlungsverfahren ohne Teilnahmewettbewerb wegen besonderer Dringlichkeit gerechtfertigt ist. Im Fall verteidigungs- oder sicherheitsspezifischer Aufträge können öffentliche Auftraggeber beschließen, bestimmte Informationen über die Zuschlagserteilung oder den Abschluss einer Rahmenvereinbarung nicht mitzuteilen, soweit die Offenlegung den Gesetzesvollzug behindert, dem öffentlichen Interesse, insbesondere Verteidigungs- oder Sicherheitsinteressen, zuwiderläuft, berechtigte geschäftliche Interessen von Unternehmen schädigt oder den lauteren Wettbewerb zwischen ihnen beeinträchtigen könnte.

A. Einleitung

1   Durch das Vergaberechtsmodernisierungsgesetz (VergModG) ist der Vierte Teil des GWB in Folge der Umsetzung der Vergaberichtlinie 2014/24/EU neu strukturiert und § 134 GWB in das Gesetz eingefügt worden. § 134 GWB regelt die Informations- und Wartepflicht des öffentlichen Auftraggebers. Die Vorschrift entspricht im Wesentlichen dem bisherigen § 101 a GWB, ist aber strukturell und sprachlich überarbeitet worden. Der Regelungsgehalt des bisherigen § 101 a Abs. 1 GWB findet sich nun in § 134 Abs. 1 und 2 GWB. In Absatz 1 ist die Informationspflicht geregelt; Absatz 2 betrifft die Wartepflicht des Auftraggebers. Ausnahmen von der Informationspflicht enthält Absatz 3 Satz 1 und 2.

2   Die Regelungen über die Informations- und Wartepflicht des öffentlichen Auftraggebers sind Ausdruck des gemeinschaftsrechtlichen Transparenzgebots und des Gebots der Nichtdiskriminierung.[1] Darüber hinaus dienen sie der Sicherung effektiven Rechtsschutzes. Ziel der Vorschrift ist es, einen lückenlosen Primärrechtsschutz zu gewährleisten. Die Informations- und Wartepflicht des Auftraggebers und die in § 135 Abs. 1 Nr. 1 GWB vorgesehenen Rechtsfolgen bei einem Verstoß ermöglichen eine wirksame Nachprüfung zwischen der Zuschlagentscheidung des Auftraggebers und dem Abschluss des betreffenden Vertrags. Sie tragen dem gemeinschaftsrechtlichen Gebot Rechnung, dass die dem Vertragsschluss vorausgehende Entscheidung des Auftraggebers, mit welchem Bieter er den Vertrag schließt, in jedem Fall einem Nachprüfungsverfahren zugänglich zu machen ist.[2]

3   Durch die Information über den Ausgang des Vergabeverfahrens und die Pflicht des Auftraggebers, den Zuschlag nicht vor Ablauf der Wartefrist zu erteilen, bleibt die Möglichkeit für den unterlegenen Bieter gewahrt, gegen die Auswahlentscheidung im Wege eines Nachprüfungsverfahrens vorzugehen und seine Chancen auf den Zuschlag zu wahren. Die Information über den Namen des Bieters, dessen Angebot angenommen werden soll, und die Gründe, aus denen sein eigenes Angebot nicht berücksichtigt werden soll, versetzen ihn in die Lage zu überprüfen, ob er einen Nachprüfungsantrag gemäß § 160 GWB stellen und ein Verfahren vor der Vergabekammer einleiten will. Damit dem unterlegenen Bieter für diese Prüfung ausreichend Zeit zur Verfügung steht, muss der Auftraggeber die erfolglosen Bieter nicht nur unverzüglich über den frühesten Zeitpunkt des Vertragsschlusses unterrichten, sondern darf den Zuschlag erst nach Ablauf der in § 134 Abs. 2 GWB genannten Fristen erteilen.

4   Erteilt der Auftraggeber einem Bieter unter Verstoß gegen die Informations- und Wartepflicht den Zuschlag, kann er hierdurch eine Überprüfung seiner Vergabeentscheidung nicht verhindern. Dies stellt § 135 Abs. 1 Nr. 1 GWB sicher. Zwar ist die Einleitung eines Vergabenachprüfungsverfahrens nur dann statthaft, wenn das Vergabeverfahren noch nicht durch die Erteilung des Zuschlags abgeschlossen ist.[3] Ist der Zuschlag wirksam erteilt, ist er gemäß § 168 Abs. 2 Satz 1 GWB nicht mehr aufzuheben, so dass der im Vergabeverfahren nicht berücksichtigte Bieter oder Bewerber den öffentlichen Auftraggeber nur noch im Wege des Sekundärrechtsschutzes vor den ordentlichen Gerichten auf Zahlung von Schadensersatz in Anspruch nehmen kann. Um diese Rechtsfolge zu verhindern und dem unterlegenen Bieter oder Bewerber die Möglichkeit offen zu halten, die Vergabeentscheidung des Auftraggebers überprüfen lassen zu können und seine Chancen auf Zuschlagserteilung zu wahren, ordnet § 135 Abs. 1 Nr. 1 GWB bei einem Verstoß gegen § 134 GWB an, dass der Vertrag von Anfang an unwirksam ist, wenn der Verstoß in einem Nachprüfungsverfahren festgestellt worden ist.

5   Allerdings ist zu berücksichtigen, dass ein Verstoß gegen § 134 GWB allein die Zulässigkeit des Nachprüfungsantrags nicht begründet. Er verschafft den Betroffenen nur die Möglichkeit, eine Nachprüfung überhaupt beantragen zu können, obwohl der Zuschlag bereits erteilt ist. Zulässig ist der – in diesem Fall statthafte – Nachprüfungsantrag erst dann, wenn der Auftraggeber seiner Rügeobliegen-

---

1   Richtlinie 2007/66/EG des Europäischen Parlaments und Rates vom 11. Dezember 2007, Vorb. (3).
2   EuGH, Urteil v. 28.10.1999 – Rs.V-81/98, NJW 2000, 569 Tz. 43 – Alcatel Austria AG/Bundesministerium für Wissenschaft und Verkehr.
3   BGHZ 146, 202, 206; BGH WuW/E Verg 1079 – Ausschreibungsgewinnerin (zu § 13 VgV).

heit nachkommt und im Rahmen der Antragsbefugnis nach § 160 Abs. 2 GWB dartun kann, dass er ohne den Verstoß gegen § 134 GWB eine echte Chance auf den Zuschlag gehabt hätte.[4]

B. Anwendungsbereich

I. Allgemein

1. Europäisches Vergaberechtsregime

Der Anwendungsbereich des § 134 GWB ist eröffnet, wenn der zu vergebende Auftrag dem Ver- 6 gaberechtsregime des GWB unterfällt. Die Voraussetzungen hierfür sind in § 106 GWB geregelt. Danach findet der 4. Teil des GWB, also die §§ 97–184 GWB, nur auf die Vergabe von öffentlichen Aufträgen und Konzessionen Anwendung, deren geschätzter Auftragswert ohne Umsatzsteuer die jeweils festgelegten Schwellenwerte erreicht oder überschreitet (§ 106 Abs. 1 GWB).

Entscheidend für die Anwendbarkeit ist der zutreffend ermittelte Auftragswert. Die Informations- 7 und Wartepflicht trifft die Vergabestelle deshalb auch dann, wenn sie vergaberechtsfehlerhaft von einem Unterschreiten des Schwellenwertes und infolgedessen von einem national anstelle eines europaweit durchzuführenden Vergabeverfahrens ausgegangen ist. So etwa, wenn der Vergabestelle bei der Schätzung des Auftragswertes selbst[5] oder bei der rechtlichen Einordnung des zu vergebenden Auftrags ein Fehler unterlaufen ist.

2. Geltung für alle Vergabearten

Die in § 134 GWB geregelte Informations- und Wartepflicht findet auf alle Arten der Vergabe 8 Anwendung. Dies gilt für die in § 119 GWB geregelten Verfahrensarten für die Vergabe öffentlicher Aufträge ohne weiteres. Bei der Vergabe öffentlicher Aufträge in besonderen Bereichen und von Konzessionen ergeben sich die zulässigen Verfahrensarten aus § 141 und § 151 GWB. Die Entsprechende Anwendung von § 134 GWB auf die dort geregelten Verfahren folgt aus § 142 GWB und § 154 Nr. 4 GWB.

II. Informationspflicht (§ 134 Abs. 1 GWB)

Aus § 134 Abs. 1 GWB ergibt sich, wer zur Information gegenüber welchen Adressaten verpflichtet 9 ist und welchen Inhalt die Information haben muss.

1. Verpflichteter

Zur Information verpflichtet ist der öffentliche Auftraggeber. 10

2. Adressaten der Information

In § 134 Abs. 1 GWB werden Bieter und Bewerber als diejenigen benannt, denen ein Recht auf 11 Information zusteht. Nach § 134 Abs. 1 Satz 1 GWB sind die Bieter zu informieren, deren Angebote nicht berücksichtigt werden sollen. Aus Satz 2 folgt, dass Bewerber entsprechend zu informieren sind, wenn sie zuvor keine Information über die Ablehnung ihrer Bewerbung erhalten haben.

a) Bieter

Bieter ist jedes Unternehmen, das sich durch Abgabe eines Angebots an einem Vergabeverfahren 12 beteiligt hat.[6] Ob das Angebot in einem förmlichen oder nichtförmlichen Vergabeverfahren abge-

---

4 OLG Karlsruhe, Beschl. v. 09.10.2012, 15 Verg 12/11, ZfBR 2013, 285 – Linienbündel Lampertheim; OLG München, Beschl. v. 12.05.2011, Verg 26/10, VergabeR 2011, 762.
5 OLG München, Beschl. v. 31.01.2013, Verg 31/12, VergabeR 2013, 477 – Betonstopfsäulen.
6 OLG Sachsen-Anhalt, Beschl. v. 03.09.2009, 1 Verg 4/09, VergabeR 2009, 933 – Rettungsdienstleistungen; OLG Koblenz, Beschl. v. 05.09.2002, Verg 2/02; vgl. Art. 2 Abs. 1 Ziff.11 Richtlinie 2014/24/EU.

geben worden ist, ist ohne Bedeutung. Auch die Form, der Inhalt und die Wirksamkeit des abgegebenen Angebots sind für den Bieterstatus nicht entscheidend. Es kommt weder darauf an, ob das Angebot das Schriftformerfordernis erfüllt, vollständig und rechtzeitig beim Auftraggeber eingegangen und unterschrieben ist, noch ob sonstige, an ein wirksames Angebot zu stellende Anforderungen erfüllt sind.[7] Diese Kriterien spielen erst bei der Angebotswertung durch den Auftraggeber eine Rolle.

13 Der Bieterstatus und damit die Informationspflicht des öffentlichen Auftraggebers bleiben auch dann bestehen, wenn der Auftraggeber nach einem erfolglos gebliebenen offenen Verfahren oder nach einem erfolglos gebliebenen nicht offenen Verfahren bei unverändertem Beschaffungsbedarf anschließend nur mit einem Bieter des aufgehobenen Verfahrens Verhandlungen führt und beabsichtigt, ihm den Zuschlag zu erteilen. Zwar haben sich die Bieter der vorangegangenen Verfahren nicht mit einem Angebot an dem anschließenden Verhandlungsverfahren beteiligt. Dies ist aber unschädlich, weil der Beschaffungsbedarf unverändert geblieben und damit von einem einheitlichen Vergabeverfahren mit der Folge auszugehen ist, dass der Bieter- oder Bewerberstatus unverändert fortbestand.[8]

14 Die Informationspflicht entfällt, wenn der Bieter endgültig aus dem Vergabeverfahren ausgeschlossen worden ist und daher durch die Zuschlagentscheidung nicht (mehr) nachteilig betroffen werden kann. In diesem Fall hat der Bieter keine Chancen mehr, den Zuschlag auf sein Angebot zu erhalten. Für eine Überprüfung der Zuschlagsentscheidung und infolgedessen auch für eine Information nach § 134 Abs. 1 GWB besteht kein schutzwürdiges Interesse. Dass der öffentliche Auftraggeber nur »betroffene« Bieter zu informieren hat, ergibt sich aus § 134 Abs. 1 Satz 2 GWB. Nach Art. 2 a Abs. 2 Satz 2 und 3 der Richtlinie 2007/66/EG gelten Bieter als betroffen, wenn sie noch nicht endgültig ausgeschlossen wurden. Ein Ausschluss ist endgültig, wenn er den betroffenen Bietern mitgeteilt wurde und entweder von einer unabhängigen Nachprüfstelle als rechtmäßig anerkannt wurde oder keinem Nachprüfungsverfahren mehr unterzogen werden kann.

15 Kein Bieter ist, wer ausdrücklich erklärt hat, kein Angebot abgegeben zu wollen oder sein Angebot zurückgezogen hat.

b) Bewerber

16 Nach § 134 Abs. 1 Satz 2 GWB besteht die Informationspflicht auch gegenüber Bewerbern, die noch nicht über die Ablehnung ihrer Bewerbung in Kenntnis gesetzt worden sind.

17 Der Bewerber unterscheidet sich vom Bieter dadurch, dass er kein Angebot abgegeben hat. Weitere Voraussetzung für den Bewerberstatus ist, dass das Unternehmen keine Gelegenheit zur Abgabe eines Angebots hatte, obwohl es gegenüber dem Auftraggeber Interesse am Erhalt des Auftrags bekundet hat.

18 Unter einer Bewerbung sind alle Erklärungen und Handlungen zu verstehen, mit denen das Unternehmen gegenüber dem Auftraggeber zum Ausdruck bringt, dass es sich durch Abgabe eines Angebots um den Zuschlag auf den zu vergebenden Auftrag bewerben möchte. Diese Interessenbekundung kann auf unterschiedliche Weise erfolgen. Führt der Auftraggeber ein Verhandlungsverfahren nach § 119 Abs. 5 GWB oder einen Teilnahmewettbewerb gemäß § 119 Abs. 4 GWB durch, ist ein Unternehmen Bewerber im oben genannten Sinne, wenn es einen Antrag auf Teilnahme am Verhandlungsverfahren oder Teilnahmewettbewerb stellt. Ausreichend ist ferner, wenn das an einem konkreten Auftrag interessierte Unternehmen mit dem öffentlichen Auftraggeber Kontakt aufnimmt und um Mitteilung bittet, wann mit dem Beginn des Vergabeverfahrens zu rechnen ist.[9]

---

7 OLG Sachsen-Anhalt, Beschl. v. 03.09.2009, 1 Verg 4/09, VergabeR 2009, 933 – Rettungsdienstleistungen.
8 OLG Düsseldorf, Beschl. v. 23.02.2005, VII-Verg 85/04, NZBau 2005, 536 (zu § 13 VgV); OLG Hamburg, Beschl. v. 25.01.2007, 1 Verg 5/06, VergabeR 2007, 358.
9 OLG Sachsen-Anhalt, Beschl. v. 22.12.2011, 2 Verg 10/2011, VergabeR 2012, 445 – Rettungsdienst Harz.

Den Anforderungen genügt hingegen nicht, wenn das Unternehmen zeitlich und sachlich losgelöst 19 von dem konkret zu vergebenden Auftrag sein generelles Interesse an Aufträgen der zu vergebenden Art bekundet hat.[10] Ebenso wenig reicht ein rein potenzielles Interesse an dem ausgeschriebenen Auftrag aus, weil das Unternehmen in diesem Fall für den Auftraggeber nicht als Bewerber in Erscheinung tritt und damit auch nicht als Adressat der Bieterinformation zu erkennen ist.[11]

c) Interessenten ohne Bieter- oder Bewerberstatus

Fraglich ist, ob eine Informationspflicht auch gegenüber solchen Unternehmen besteht, die auf- 20 grund des vergaberechtswidrigen Verhaltens des Auftraggebers keine Kenntnis von dem zu verge- benden Auftrag erhalten haben und infolgedessen weder als Bieter noch als Bewerber in Erschei- nung treten konnten, obwohl sie ein Interesse an dem Auftrag gehabt hätten. Dies sind die Fälle, in denen der zur europaweiten Ausschreibung verpflichtete öffentliche Auftraggeber kein förmliches Vergabeverfahren durchführt, sondern den Auftrag direkt vergibt, oder anstelle des europaweiten nur ein nationales Vergabeverfahrens durchführt, so dass die im europäischen Ausland ansässigen Unternehmen mangels Bekanntmachung im Amtsblatt der Europäischen Union keine Kenntnis von der Ausschreibung erhalten. Denkbar ist aber auch die Situation, dass das am Auftrag inter- essierte Unternehmen zwar Kenntnis von einem vergaberechtskonform ausgeschriebenen Auftrag erhält, es jedoch aus anderen, vergaberechtswidrigen Gründen davon abgehalten wird, sich an dem Vergabeverfahren zu beteiligen.[12]

Die aufgeworfene Frage wird unterschiedlich beantwortet. Teilweise wird die Informationspflicht 21 des öffentlichen Auftraggebers für sämtliche der oben genannten Fallkonstellationen[13] oder zumin- dest für Fälle der Direktvergabe, bei denen der Auftrag vergaberechtswidrig ohne vorherige EU-weite Ausschreibung nach Verhandlung mit einem oder mehreren Bietern vergeben wird, bejaht.[14] Teil- weise wird eine solche Erweiterung des Anwendungsbereichs von § 134 GWB abgelehnt.[15]

Der zuletzt genannten Auffassung ist zuzustimmen. Für eine Erweiterung der Informationspflicht 22 des öffentlichen Auftraggebers auf Interessenten, die durch einen Vergaberechtsverstoß des öffent- lichen Auftraggebers davon abgehalten worden sind, sich an dem Vergabeverfahren als Bieter oder Bewerber zu beteiligen, ist kein Raum. Weder der Wortlaut der Vorschrift noch die Gesetzesmate- rialien und der mit der Informationspflicht verfolgte Sinn und Zweck lassen eine solche Auslegung zu. In § 134 GWB ist nur von Bietern und Bewerbern als Adressaten der Bieterinformation die Rede. Interessenten sind dort nicht genannt. Den Gesetzesmaterialen ist nichts für eine erweiternde Anwendung von § 134 GWB zu entnehmen. Vielmehr spricht im Gegenteil einiges dafür, dass der Gesetzgeber den persönlichen Anwendungsbereich gerade nicht um die Unternehmen erwei- tern wollte, die aufgrund eines Vergaberechtsfehlers keinen Bieter- oder Bewerberstatus erlangt haben. Der Gesetzgeber hat in Kenntnis der Problematik und unterschiedlichen Rechtsprechung zur Informationspflicht bei sog. De-Facto-Vergaben durch das Gesetz zur Modernisierung des Ver- gaberechts vom 20.04.2009 die bisherige Regelung in § 13 VgV nahezu unverändert übernommen und nur den Bewerber als weiteren Adressaten der Information hinzugefügt. Gleichzeitig hat der Gesetzgeber den Anwendungsbereich des § 101 b Abs. 1 GWB erweitert und die Unwirksamkeit des Vertrags auch für den Fall angeordnet, dass der öffentliche Auftraggeber unter Verletzung der Vergaberegeln den Auftrag direkt an ein Unternehmen vergibt. Er hat diese Regelung also offenbar für notwendig erachtet, weil im Fall einer vergaberechtswidrigen Direktvergabe ein Verstoß gegen

10 OLG Karlsruhe, Beschl. v. 06.02.2007, 17 Verg 7/06.
11 OLG Düsseldorf NZBau 2005, 535.
12 Glahs in: Reidt/Stickler/Glahs, Vergaberecht, 3. Aufl., § 101 a GWB Rn. 16.
13 Glahs in: Reidt/Stickler/Glahs, Vergaberecht, 3. Aufl., § 101 a GWB Rn. 16.
14 OLG Düsseldorf, Beschl. v. 01.10.2009, VII – Verg 31/09 unter Bezugnahme auf BGH, VergabeR 2005, 328; OLG Naumburg, VergabeR 2007, 512 jeweils zu § 13 VgV.
15 König in: Kulartz/Kus/Portz, Kommentar zum GWB-Vergaberecht, 3. Aufl., § 101 a, Rn. 8; Kriener in: Müller-Wrede, § 101 a, Rn. 15.

die Informationspflicht nicht angenommen und daher effektiver Rechtschutz nur auf diese Weise sichergestellt werden kann. Anhaltspunkte für eine erweiternde Auslegung finden sich auch nicht in den EU-Richtlinien. Art. 55 der Richtlinie 2014/24/EG verhält sich nur über die Benachrichtigung der Bewerber und Bieter. Nach der Begriffsbestimmung in der Richtlinie 2014/24/EU sind Bieter Unternehmen, die ein Angebot abgegeben haben, und Bewerber solche, die sich beim Auftraggeber um eine Aufforderung zur Teilnahme an einem nichtoffenen Verfahren, einem Verhandlungsverfahren, einem Verhandlungsverfahren ohne vorherige Bekanntmachung, einem wettbewerblichen Dialog oder einer Innovationspartnerschaft beworben oder eine solche Aufforderung erhalten haben.[16] Unternehmen, die sich weder mit einem Angebot noch mit einem Teilnahmeantrag am Vergabeverfahren beteiligt haben, erfüllen diese Voraussetzungen offenkundig nicht. Auch aus Rechtsschutzgesichtspunkten ist es nicht erforderlich, die Informationspflicht des öffentlichen Auftraggebers auf diejenigen Unternehmen zu erweitern, die Kenntnis von der Ausschreibung erlangt haben, aber durch den Inhalt der gegen Vergaberecht verstoßenden Vergabeunterlagen oder einem sonstigen Vergabeverstoß des Auftraggebers davon abgehalten worden sind, Interesse am Erhalt des Auftrags zu bekunden. Diese Unternehmen sind zur Gewährung effektiven Rechtsschutzes nicht darauf angewiesen, in den Kreis der Informationsadressaten des § 134 GWB aufgenommen zu werden. Sie haben die Möglichkeit, bereits vor der Entscheidung des Auftraggebers über den Zuschlag einen Nachprüfungsantrag bei der Vergabekammer zu stellen, um ihre Einwendungen geltend zu machen. Die Abgabe eines Angebots ist keine zwingende Voraussetzung für die Einleitung eines Nachprüfungsverfahrens.[17] Sie ist insbesondere dann nicht erforderlich, wenn der Nachprüfungsantrag vor Ablauf der Angebotsfrist gestellt werden kann oder im Hinblick auf § 160 Abs. 3 Satz 1 Nr. 2 und 3 GWB sogar vor der Angebotsabgabe gestellt werden muss. Gleiches gilt, wenn die Erstellung eines Angebots aus Sicht des Antragstellers gar nicht möglich war, weil die Verdingungsunterlagen eine ordnungsgemäße Angebotskalkulation nicht zulassen, oder die Grundlagen der Ausschreibung für vergaberechtswidrig gehalten werden.[18] Es ist weder gerechtfertigt noch zumutbar, von einem Antragsteller zur Darlegung seiner Antragsbefugnis die Einreichung eines Angebots zu verlangen, dessen Grundlagen er im Vergabenachprüfungsverfahren als rechtswidrig bekämpft.[19]

3. Inhalt der Information

23   Der öffentlichen Auftraggeber hat die betroffenen Bieter und Bewerber inhaltlich über drei Punkte zu informieren: den Namen des Unternehmens, dessen Angebot angenommen werden soll; die Gründe, warum ihr Angebot oder ihre Bewerbung nicht berücksichtigt werden soll, und den frühesten Zeitpunkt des Vertragschlusses.

a) Name

24   Die Mitteilung des Namens des Bieters, der nach der Angebotswertung den Zuschlag erhalten soll, ist in der Regel unproblematisch. Soll eine Bietergemeinschaft den Zuschlag erhalten, sind die Namen aller Mitglieder der Bietergemeinschaft mitzuteilen, denn andernfalls kann nicht überprüft werden, ob möglicherweise in der Person eines Mitglieds der Bietergemeinschaft Gründe für eine Anfechtung der Zuschlagsentscheidung liegen. Wird bei der Firmenbezeichnung die Rechtsform des Unternehmens (GmbH, KG o.ä.) nicht oder nicht richtig mitgeteilt, ist dies unschädlich, solange der Bieter auch ohne Rechtsformzusatz eindeutig zu identifizieren ist.[20] Probleme können allerdings dann auftreten, wenn der Bieter zu einem Unternehmensverbund gehört, in dem die einzelnen Unternehmen gleiche oder ähnliche Firmennamen tragen und sie letztlich nur durch exakte Nennung des vollstän-

---

16 Art. 2 Abs. 1 Ziff. 12 Richtlinie 2014/24/EU.
17 OLG Düsseldorf, Beschl. v. 29.02.2012, Verg 75/11, IBR 2012, 534 (LS u. Kurzwiedergabe).
18 Reidt in: Reidt/Stickler/Glahs, Vergaberecht, 3. Aufl., § 107 Rn. 26 m.w.Nachw.
19 OLG Düsseldorf, Beschl. v. 29.02.2012, Verg 75/11, IBR 2012, 534 (LS u. Kurzwiedergabe); OLG Düsseldorf, Beschl. v. 09.07.2003, Verg 26/03.
20 OLG Thüringen, Beschl. v. 24.09.2014, 2 Verg 3/14, juris Rn. 23.

digen Firmennamens auseinandergehalten werden können. Zur Angabe des Firmensitzes oder der Anschrift ist der öffentliche Auftraggeber nicht verpflichtet. Etwas anders gilt nur dann, wenn diese Informationen zur Identifizierung des obsiegenden Bieters erforderlich sind.[21]

b) Gründe der Nichtberücksichtigung

§ 134 Abs. 1 GWB enthält keine Vorgaben, in welcher Ausführlichkeit der Auftraggeber die Adressaten über die Gründe zu informieren hat, warum ihr Angebot oder ihre Bewerbung keine Berücksichtigung finden soll. **25**

Welcher Maßstab hierbei anzulegen ist, hängt entscheidend davon ab, welches Ziel mit der Informationspflicht verfolgt wird. Die Informationsempfänger sollen in die Lage versetzt werden, die Entscheidung der Vergabestelle und die Zuschlagsfähigkeit des Angebots dahingehend zu überprüfen, ob Einwendungen hiergegen in einem Nachprüfungsverfahren erfolgreich vorgebracht werden und ihre Chancen auf Zuschlagserteilung gewahrt werden können. Ihnen sind daher die relevanten Informationen zu übermitteln, die für sie unerlässlich sind, um eine wirksame Nachprüfung beantragen zu können.[22] **26**

Die Begründung muss daher auf den Einzelfall zugeschnitten sein und darf nicht schematisch erfolgen. Der unterlegene Bieter oder Bewerber muss eine aussagekräftige Begründung für die Nichtberücksichtigung erhalten.[23] Um welche Informationen es sich hierbei mindestens handeln muss, kann bei gebotener europarechtkonformer Auslegung Art. 2 c der Richtlinie 2007/66/EG sowie dem Erwägungsgrund (7) entnommen werden. Zu den einschlägigen Informationen zählen danach insbesondere die in Art. 41 der Richtlinie 2004/18/EG und Art. 49 der Richtlinie 2004/17/EG genannten Gründe. Macht der öffentliche Auftraggeber danach von der Möglichkeit Gebrauch, auf technische Spezifikationen zu verweisen oder technische Spezifikationen in Form von Leistungs- oder Funktionsanforderungen zu formulieren, hat er die betroffenen Bieter oder Bewerber darüber zu informieren, dass keine Gleichwertigkeit vorliegt oder dass die Bauarbeiten, Lieferungen oder Dienstleistungen nicht den Leistungs- oder Funktionsanforderungen entsprechen.[24] Jeder Bieter, der ein ordnungsgemäßes Angebot abgegeben hat, ist über die Merkmale und Vorteile des ausgewählten Angebots zu unterrichten.[25] **27**

Zwar darf sich der Auftraggeber kurz fassen und die einschlägigen Gründe in zusammengefasster Form darstellen.[26] Jedoch darf hierunter die Verständlichkeit nicht leiden. Es muss für den Adressaten nachvollziehbar sein, welche konkreten Erwägungen für die Nichtberücksichtigung seines Angebots oder seiner Bewerbung ausschlaggebend waren.[27] Dies bedeutet, dass der öffentliche Auftraggeber die Gründe verständlich, präzise und wahrheitsgemäß benennen muss.[28] Die inhaltlichen Anforderungen sind nicht erfüllt, wenn mehrere Gründe zur Nichtberücksichtigung geführt haben, der Auftraggeber aber nur einen Grund mitteilt. Gleiches gilt, wenn dem Adressaten lediglich mitgeteilt wird, sein Angebot sei nicht das wirtschaftlichste gewesen.[29] Als ausreichend angesehen worden ist hingegen, wenn der Auftraggeber die einzelnen Wertungskriterien aufgreift und mitteilt, **28**

---

21 OLG Thüringen, Beschl. v. 24.09.2014, 2 Verg 3/14, juris Rn. 24.
22 Richtlinie 2007/66/EG, Erwägungsgrund (6).
23 BT-Drucks. 16/11428, zu § 101a Abs. 1, S. 33.
24 Art. 41 Abs. 2 2. Spiegelstrich Richtlinie 2004/18/EG.
25 Art. 41 Abs. 2 3. Spiegelstrich Richtlinie 2004/18/EG.
26 OLG Düsseldorf, Beschl. v. 06.08.2001, Verg 28/01, VergabeR 2001, 429, 430; Richtlinie 2007/66/EG, Erwägungsgrund (7): »einschlägige Gründe in zusammengefasster Form«.
27 KG, Beschl. v. 04.04.2002, Kart Verg 5/02, VergabeR 2002, 235, 238; BayObLG VergabeR 2001, 438, 441.
28 OLG Düsseldorf, Beschl. v. 06.08.2001, Verg 28/01, VergabeR 2001, 429, 430.
29 KG, Beschl. v. 04.04.2002, Kart Verg 5/02, VergabeR 2002, 235, 238.

dass mit dem Angebot in allen Punkten schlechtere Wertungsergebnisse erzielt worden seien, als das für den Zuschlag vorgesehene Angebot.[30]

29 Die Informationspflicht bezieht sich ihrem Inhalt nach ausdrücklich darauf, die unterlegenen Bieter und Bewerber darüber zu informieren, wer den Zuschlag erhalten soll und aus welchen Gründen ihre Angebote nicht berücksichtigt werden. Der Auftraggeber ist nach § 134 Abs. 1 GWB daher weder verpflichtet, über die Aufhebung einer erfolglos gebliebenen Ausschreibung zu informieren, noch über die Kündigung oder unterbliebene Kündigung eines wirksam geschlossenen Vertrages.[31] Bezüglich der Aufhebung einer Ausschreibung ergeben sich jedoch Informationspflichten des öffentlichen Auftraggebers aus § 17 Abs. 2 VOB/A EU oder § 62 Abs. 2 VgV.

c) Frühester Zeitpunkt des Vertragsschlusses

30 Der öffentliche Aufraggeber hat die unterlegenen Bieter und Bewerber auch über den frühesten Zeitpunkt des Vertragsschlusses zu unterrichten. Der Zeitpunkt ist anhand der in § 134 Abs. 2 GWB vorgesehenen Fristen zu bestimmen. Dort ist geregelt, dass der Auftraggeber, je nach dem, auf welchem Weg er die Information zu übermitteln beabsichtigt, den Zuschlag nicht vor Ablauf von 15 oder 10 Kalendertagen nach Absendung der Information erteilen darf. Diese Wartefrist muss die Vergabestelle einhalten, so dass der früheste für den Vertragsschluss vorgesehene Zeitpunkt in jedem Fall erst nach Ablauf dieser Fristen liegen darf.

31 Gibt der Auftraggeber versehentlich eine längere als die gesetzlich zulässige Frist an, ist er an diese verlängerte Frist grundsätzlich gebunden.[32] Wird der Zuschlag daher zwar nach Ablauf der Mindestwartefrist, aber noch vor dem angegebenen frühesten Zeitpunkt des Zuschlags erteilt, liegt ein Verstoß gegen § 134 GWB vor.[33]

32 Gleiches gilt, wenn der Hinweis auf den Zeitpunkt unterbleibt, zu dem die Vergabestelle den Zuschlag frühestens erteilen will.[34]

d) Heilung einer unzureichenden Information

33 Genügt die Information nicht den Anforderungen, kann der öffentliche Auftraggeber eine ordnungsgemäße Begründung auch noch während eines anhängigen Nachprüfungsverfahrens nachholen.[35] Allerdings ist eine Heilung nur bis zur Erteilung des Zuschlags möglich.[36]

4. Form und Frist

34 Die Information ist unverzüglich und in Textform zu erteilen. Den Vorschriften des Bürgerlichen Gesetzbuches ist zu entnehmen, was hierunter zu verstehen ist.

35 Nach § 126 b Satz 1 BGB muss bei gesetzlich vorgeschriebener Textform eine lesbare Erklärung, in der die Person des Erklärenden genannt ist, auf einem dauerhaften Datenträger abgegeben werden. Lesbarkeit setzt voraus, dass sich der Empfänger zuverlässig über den Inhalt der Erklärung informieren kann. Dies ist nicht der Fall, wenn die Schriftgröße oder Sprache den Empfänger daran

---

30 OLG Dresden, Beschl. v. 07.05.2010, WVerg 6/10, WuW 2010, 1086.

31 Braun in: Ziekow/Völlink, Vergaberecht, 2. Aufl., GWB § 101 a, Rn. 45, 49.

32 Dreher/Hoffmann NZBau 2009, 217, 218; Braun in Ziekow/Völlink, Vergaberecht, 2. Aufl., GWB § 101 a, Rn. 76.

33 OLG Bremen, Beschl. v. 05.03.2007, Verg 4/2007, IBR 2007, 269.

34 Thüringer OLG, Beschl. v. 09.09.2010, 9 Verg 4/10, VergabeR 2011, 96 – Endoskopietechnik; OLG Koblenz, Beschl. v. 25.09.2012, 1 Verg 5/12, VergabeR 2013, 63f. – Holzhackgut; OLG Düsseldorf, Beschl. v. 03.03.2010, VII Verg 11/10, juris Rn. 4.

35 OLG Sachsen-Anhalt, Beschl. v. 27.05.2010, 1 Verg 1/10, ZfBR 2010, 714; OLG Frankfurt, Beschl. v. 08.12.2009, 11 Verg 6/09, IBR 2010, 297 (LS u. Kurzwiedergabe).

36 Dreher in: Immenga/Mestmäcker, GWB, § 101 b Rn. 25.

Maimann

hindert, den Inhalt der Erklärung zu verstehen. Eine Definition des dauerhaften Datenträger findet sich in § 126 b Satz 2 BGB. Derzeit erfüllen diese Voraussetzungen Papier, USB-Stick, CD-ROM, Speicherkarten, Festplatten, E-Mail sowie Computerfax. Bei einer elektronisch durch E-Mail übermittelten Erklärung genügt, dass der Empfänger sie speichern und ausdrucken kann; nicht erforderlich ist, dass ein Ausdruck erfolgt.[37] Ein vom Erklärenden in das Internet eingestellter, nicht durch E-Mail o.ä. übermittelter Text reicht nur, wenn es zu einem Download (Abspeichern oder Ausdrucken) kommt.[38] Überdies muss in dem übermittelten Text die Person des Erklärenden genannt und der Abschluss der Erklärung erkennbar sein. Für das zuletzt genannte Erfordernis bedarf es einer Unterschrift nicht.[39] Eine faksimilierte Unterschrift oder der Name des Unterzeichners mit dem Zusatz »gilt ohne Unterschrift« ist ausreichend. Gleiches gilt, wenn der Abschluss der Erklärung auf sonstige Weise erkennbar gemacht worden ist, so etwa bei einer Datierung oder Grußformel.[40]

Der Auftraggeber hat den Bietern und Bewerbern die Information unverzüglich zu erteilen. Das ist 36 der Fall, wenn sie ohne schuldhaftes Zögern erfolgt. Dieses Verständnis ergibt sich aus § 121 Abs. 1 Satz 1 BGB. Diese Vorschrift enthält eine Legaldefinition des Begriffs unverzüglich und gilt nicht nur für das gesamte Privatrecht, sondern auch für das GWB.[41] Ohne schuldhaftes Zögern bedeutet, dass innerhalb einer nach den Umständen zu bemessenden Prüfungsfrist zu handeln ist. Steht nach Wertung der Angebote fest, welcher Bieter der Zuschlag erhalten soll, hat die Vergabestelle die nach § 134 GWB erforderliche Information sofort im Anschluss daran zu erstellen und abzusenden. Bei gewöhnlichem Lauf der Dinge dürften hierfür in der Regel ein bis zwei Tage zu veranschlagen sein, ohne dass die Grenze zu einem schuldhaften Zögern überschritten ist. Es bedarf keiner Übelregungsfrist, ob die Information zu erteilen ist. Zeit beansprucht allein das Formulieren der Information, eine Überprüfung auf Vollständig- und Richtigkeit, insbesondere auch im Hinblick auf die Berechnung der Wartefrist nach § 134 Abs. 2 GWB und die Bestimmung des frühesten Zeitpunkts für die Zuschlagserteilung – und das anschließende Übermitteln der Information.

5. Erneute Information

Wiederholt der öffentliche Auftraggeber die Angebotswertung, etwa um einer berechtigten Rüge 37 abzuhelfen oder weil er zu einer Neubewertung aufgrund eines erfolgreich durchgeführten Nachprüfungsverfahrens verpflichtet worden ist, entsteht die Informationspflicht wieder neu. Er hat die unterlegenen Bieter und Bewerber über seine neue Auswahlentscheidung zu informieren. Dies gilt unabhängig davon, ob die neue Angebotswertung überhaupt, sei es hinsichtlich des erstplatzierten Bieters oder der Begründung der Auswahlentscheidung, zu einem abweichenden Ergebnis geführt hat. Die nicht für den Zuschlag vorgesehenen Bieter und Bewerber müssen in jedem Fall die Möglichkeit haben, die aktuelle Auswahlentscheidung auf etwaige Vergaberechtsfehler überprüfen und ein Nachprüfungsverfahren zur Wahrung ihrer Rechte einleiten zu können.

III. Wartefrist (§ 134 Abs. 2 GWB)

In § 134 Abs. 2 GWB ist die Warte- oder sog. Stillhaltefrist und ihre Dauer geregelt. Sie bestimmt 38 wie lange der öffentliche Auftraggeber mindestens zuwarten muss, bis er den Zuschlag erteilen darf. Hierdurch soll den betroffenen Bietern und Bewerbern ausreichend Zeit eingeräumt werden, um die Zuschlagsentscheidung zu prüfen und zu beurteilen, ob eine Nachprüfung eingeleitet werden

---

37 Ellenberger in: Palandt, BGB, 74. Aufl., § 126 b Rn. 3.
38 BGH, Urt. v. 29.04.2010, I ZR 66/08, NJW 2010, 3566 Tz. 19; EuGH EuZW 2012, 638; Braun in: Ziekow/Völlink, Vergaberecht, 2. Aufl., GWB § 101 a, Rn. 68; Glahs in: Reidt/Stickler/Glahs, Vergaberecht, 3. Aufl., §101 a Rn. 28.
39 BGH, Urt. v. 10.11.2010, VIII ZR 300/09, NJW 2011, 295 Tz. 13.
40 Ellenberger in: Palandt, BGB 74. Aufl., § 126 b Rn. 5.
41 Ellenberger in: Palandt, BGB, 74. Aufl., § 121 Rn. 3; OLG Rostock, Beschl. v. 20.10.2010, 17 Verg 5/10, VergabeR 2011, 238.

soll.[42] Die Dauer der Frist hängt davon ab, auf welche Art die Information übermittelt wird. Wird die Information auf elektronischem Weg oder per Fax versendet, beträgt die Frist zehn Kalendertage; in allen anderen Fällen 15 Kalendertage (§ 134 Abs. 2 Satz 1 GWB).

1. Fristbeginn

39 Die Frist beginnt am Tag nach der Absendung der Information. Für den Beginn der Frist kommt es auf den Zugang der Information bei dem betroffenen Bieter oder Bewerber nicht an, wie der Gesetzgeber ausdrücklich in § 134 Abs. 2 Satz 2 2. Halbsatz GWB klar gestellt hat. Ist somit die den Lauf der Frist auslösende Maßnahme die Absendung der Information, stellt sich die Frage, wann eine Absendung erfolgt ist. Generell kann gesagt werden, dass die Information dann abgesendet worden ist, wenn sie den Herrschaftsbereich des Absenders verlassen und er alles Erforderliche getan hat, damit die Information den Empfänger erreichen kann. Soll die Information auf dem Postweg verschickt werden, ist die Absendung erfolgt, wenn der Brief bei der Post aufgegeben worden. Erfolgt die Übermittlung auf elektronischem Weg, ist für die Absendung erforderlich, dass die Übermittlung per Telefax oder E-Mail für den Absender erfolgreich in die Wege geleitet worden ist. Aufschluss darüber gibt der Telefax-Sendebericht oder bei einer Übermittlung per E-Mail die Tatsache, dass die E-Mail automatisch in dem Ordner als versendete Datei hinterlegt wird. Da der Auftraggeber zur Dokumentation des Vergabeverfahrens und seines Ablaufs verpflichtet ist, hat er die Absendung in den Vergabeakten entsprechend zu vermerken. Sind mehrere Bieter oder Bewerber zu informieren, wird die Information aber nicht am selben Tag an alle Adressaten abgesendet, beginnt die Frist erst am Tag nach der Absendung an den zuletzt informierten Empfänger. Dies gilt unabhängig davon, wo der Adressat seinen Sitz hat und wie lange es voraussichtlich dauert, bis ihn die Information erreicht. Entscheidend für den Fristbeginn ist nicht der Zugang beim Empfänger sondern die Absendung der Information.

40 Die Frist wird nur dann in Gang gesetzt, wenn der Auftraggeber die Information an den richtigen Empfänger abgesandt hat. Er muss die Information ordnungsgemäß adressieren, also die richtige Postanschrift, Fax-Nummer oder E-Mail-Adresse verwenden. Eine elektronische Übermittlung kommt nur in Betracht, wenn sich der Bieter oder Bewerber damit einverstanden erklärt hat.[43] Die Absendung an eine Zweigstelle des Bieters genügt nicht, wenn die Zweigstelle weder als Empfängerin benannt noch aus sonstigen Gründen als deren Empfangsbevollmächtigte betrachtet werden kann.[44]

41 Dass die Frist erst an dem Tag *nach* der Absendung der Information zu laufen beginnt, entspricht der Regelung in § 187 Abs. 1 BGB. Ist danach für den Lauf einer Frist ein Ereignis oder ein in den Lauf eines Tages fallender Zeitpunkt maßgebend, wird bei der Berechnung der Frist der Tag nicht mit gerechnet, in welchen das Ereignis oder der Zeitpunkt fällt.

2. Fristende

42 Die Frist endet nach Ablauf von 15 bzw. zehn Kalendertagen, und zwar gemäß § 188 Abs. 1 BGB mit dem Ablauf des letzten Tages der Frist. Fällt das Fristende auf einen Samstag, Sonn- oder Feiertag, wird die Frist nicht verlängert. § 193 BGB ist nicht anwendbar, weil am letzten Tag der Frist keine Handlung vorzunehmen ist, sondern eine Rechtswirkung – Ende des Zuschlagverbots – eintritt.[45]

3. Darlegung- und Beweislast

43 Der Auftraggeber trägt für das Absenden der Information an die betroffenen Bieter und Bewerber nach allgemeinen Grundsätzen die Darlegungs- und materielle Beweislast. Er ist in der Regel

---

42 Richtlinie 2007/66/EG, Erwägungsgrund (7).
43 Ellenberger in: Palandt, BGB, 74. Aufl., § 126 b Rn. 6.
44 OLG Naumburg, Beschl. v 17.02.2004, 1 Verg 15/03, VergabeR 2004, 634, 639 – Krankenhaus-Catering.
45 Glahs in: Reidt/Stickler/Glahs, Vergaberecht 3. Aufl., § 101 a GWB Rn. 30.

derjenige, der sich auf die Rechtsgültigkeit des erteilten Zuschlags beruft, weil die Einhaltung der Stillhaltefrist Voraussetzung für den rechtswirksamen Zuschlag ist.

4. Kein Zugang trotz Absendung

Wird der Vertrag nach ordnungsgemäßer Absendung der Information und Ablauf der Frist 44 geschlossen, ist das Informationsschreiben dem Adressaten aber nicht zugegangen, werden unterschiedliche Meinungen dazu vertreten, ob der fehlende Zugang zur Unwirksamkeit des Vertrags nach § 135 Abs. 1 Nr. 1 GWB führt. Vereinzelt wird ein wirksamer Vertragsschluss bejaht.[46] Nach herrschender Meinung wird der vom Auftraggeber nachzuweisende Zugang der Information bei den unterlegenen Bietern und Bewerbern gefordert.[47] Dieser Auffassung ist zuzustimmen. Sinn und Zweck der Informations- und Wartepflicht des öffentlichen Auftraggeber ist es, den unterlegenen Bietern und Bewerbern effektiven Rechtsschutz zu gewähren, indem sie in dem Zeitraum zwischen der Zuschlagsentscheidung und dem anschließenden Zuschlag die Möglichkeit erhalten, die Zuschlagsentscheidung auf Vergaberechtsfehler überprüfen und gegebenenfalls Nachprüfung beantragen zu können. Wird der Bieter oder Bewerber über die Zuschlagentscheidung aber gar nicht erst in Kenntnis gesetzt, weil er die Information trotz ordnungsgemäßer Absendung nicht erhält, kann dieses Ziel nicht erreicht werden. Zur Gewährung effektiven Rechtschutz sind diese Fälle bei europarechtskonformer Auslegung der Vorschrift ebenso zu behandeln, wie die, bei denen der Auftraggeber eine Information erst gar nicht oder fehlerhaft absendet. Ein Nachprüfungsantrag ist also auch bei fehlendem Zugang der Information statthaft. Es ist Sache des Auftraggebers darzulegen, dass die Information zugegangen und der Nachprüfungsantrag mangels rechtzeitiger Rüge gemäß § 160 Abs. 2 GWB unzulässig ist.

IV. Ausnahmen von der Informationspflicht (§ 134 Abs. 3 GWB)

Ausnahmen von der Informationspflicht sind in § 134 Abs. 3 GWB geregelt. Während nach Satz 1 45 die Information der Bieter und Bewerber vollständig entfällt, sieht Satz 2 bei der Vergabe von verteidigungs- und sicherheitsspezifischen Aufträgen die Möglichkeit vor, den Inhalt der Information unter bestimmten Voraussetzungen zu beschränken.

1. § 134 Abs. 3 Satz 1 GWB

Die aus Absatz 1 folgende Pflicht zur Information entfällt, wenn das Verhandlungsverfahren ohne 46 Teilnahmewettbewerb wegen besonderer Dringlichkeit gerechtfertigt ist.

Diese Ausnahme findet ihre Rechtfertigung darin, dass der öffentliche Auftraggeber wegen der 47 besonderen Eilbedürftigkeit der Vergabe nach der Zuschlagsentscheidung nicht noch weitere zehn oder 15 Kalendertage zuwarten soll, bis er den Zuschlag erteilen darf. Überdies würde eine Stillhaltefrist in diesen Fällen auch ihr Ziel verfehlen, weil zumeist nur mit einem einzigen Bieter verhandelt worden ist und dieser auch den Zuschlag erhalten soll, mithin keine weiteren Bieter oder Bewerber vorhanden sind.

a) Besondere Dringlichkeit

Wann das in § 119 Abs. 5 GWB vorgesehene Verhandlungsverfahren ohne Teilnahmewettbewerb 48 wegen besonderer Dringlichkeit statthaft ist, kann in Rückgriff auf die Richtlinie 2014/24/EG und ergänzend auf die Vergabeverordnung 2016 (VgV) und die VOB/A EU bestimmt werden.

In Erwägungsgrund 50 der Richtlinie 2014/24/EG wird ausgeführt, dass wegen der negativen 49 Auswirkungen auf den Wettbewerb das Verhandlungsverfahren ohne vorherige Veröffentlichung

---

46 König in: Kulartz/Kus/Portz, aaO., § 101 a GWB, Rn. 20.
47 Glahs in: Reidt/Stickler/Glahs, Vergaberecht 3. Aufl., § 101 a GWB Rn. 32; Braun in: Ziekow/Völlink, Vergaberecht, 2. Aufl., § 101 a GWB Rn. 77, Dreher/Hoffmann NZBau 2009, 216, 2019.

einer Auftragsbekanntmachung nur unter sehr außergewöhnlichen Umständen zur Anwendung kommen und auf solche Fälle beschränkt bleiben sollte, in denen eine Veröffentlichung u.a. aus Gründen *extremer* Dringlichkeit nicht möglich ist. Eine extreme Dringlichkeit bedeutet aber eine maximale und damit eine äußerste, d.h. an die äußere Grenze herangehende, und keine andere Alternative zulassende (»zwingende«) Eilbedürftigkeit. Dieses Verständnis wird bestätigt durch § 14 Abs. 4 Nr. 3 VgV und § 3 a Abs. 3 Nr. 4 VOB/A EU.[48] Nach § 14 Abs. 4 Nr. 3 VgV kann der öffentliche Auftraggeber Aufträge im Verhandlungsverfahren ohne Teilnehmerwettbewerber vergeben, wenn äußert dringliche, zwingende Gründe im Zusammenhang mit Ereignissen, die der betreffende öffentliche Auftraggeber nicht voraussehen konnte, es nicht zulassen, die Mindestfristen einzuhalten, die für das offene Verfahren und das nicht offene Verfahren sowie für das Verhandlungsverfahren mit Teilnahmewettbewerb vorgeschrieben sind. Zudem dürfen die Umstände zur Begründung der äußersten Dringlichkeit dem öffentlichen Auftraggeber nicht zuzurechnen sein. Für die Vergabe von Bauleistungen findet sich eine im Wortlaut zwar etwas abweichende aber ansonsten inhaltsgleiche Regelung in § 3 a Abs. 3 Nr. 4 VOB/A EU. Dass in § 134 Abs. 3 Satz 1 GWB eine *besondere* Dringlichkeit gefordert wird, während in der VgV und der VOB/A EU *äußerst dringliche, zwingende Gründe bzw. eine äußerste Dringlichkeit der Leistung aus zwingenden Gründen* verlangt wird, bedeutet nicht, dass ein geringeres Maß an Dringlichkeit zu Grunde zu legen ist.

b) Fälle besonderer Dringlichkeit

50 § 134 Abs. 3 Satz 1 GWB enthält eine Ausnahme von der Regel, dass die unterlegenen Bieter und Bewerber zu informieren und die Wartefrist nach Abs. 2 einzuhalten ist. Hinzu kommt die erhebliche wettbewerbsbeschränkende Wirkung eines Verhandlungsverfahrens ohne Teilnahmewettbewerb, das im Verhältnis zum offenen und nicht offenen Verfahren Ausnahmecharakter hat.[49] Aus diesen Gründen ist die Vorschrift eng auszulegen.[50] Ihre Voraussetzungen sind nur in den seltensten Fällen zu bejahen.

51 Als dringende zwingende Gründe sind nur solche anzuerkennen, die objektiv nachprüfbar sind und die sich aus dem Bedarf des öffentlichen Auftraggebers selbst ergeben, d.h. auf die Dringlichkeit der Aufgabenerfüllung bezogen sind, welcher der Beschaffung dient.[51] Damit scheiden Gründe, wie der drohende Verfall der Verfügbarkeit von Haushaltsmitteln oder beihilferechtliche Zuwendungen, wirtschaftliche Vorteile einer beschleunigten Beschaffung[52] oder die beabsichtigte Einhaltung politischer Zeitpläne[53] als Rechtfertigungsgrund aus. Zu fordern ist vielmehr die Gefährdung absoluter Schutzgüter, insbesondere Leben und Gesundheit von Personen. Eine besondere Dringlichkeit kommt deshalb bei akuten Gefahrensituationen und unvorhergesehenen Katastrophenfällen oder im Bereich der Daseinsvorsorge (z.B. Schülerbeförderungsleistungen im Personennahverkehr; Bewirtschaftung einer Erstaufnahmeeinrichtung für Flüchtlinge) in Betracht, wenn die Gefahr von Versorgungslücken mit gravierenden Folgen für die Bevölkerung besteht.[54]

---

48 Vormals: § 3 EG Abs. 4 d) VOL/A, § 3 EG Abs. 5 Nr. 4 VOB/A, § 3 VS Abs. 3 Nr. 4 VOB/A, § 6 Abs. 2 Nr. 4 SektVO.

49 EuGH, Urt. v. 23.04.2009, C-292/07, Rn. 106 m.w.Nachw. – Kommission/Belgien.

50 EuGH, Urt. v. 15.10.2009, C-275/08, Rn. 55 m.w.Nachw. – Kommission/Deutschland; OLG Sachsen-Anhalt, Beschl. v. 14.03.2014, 2 Verg 1/14, VergabeR 2014, 787.

51 OLG Sachsen-Anhalt, Beschl. v. 14.03.2014, 2 Verg 1/14, VergabeR 2014, 787.

52 OLG Celle, Beschl. v. 29.10.2009, 13 Verg 8/09,

53 OLG Düsseldorf, Beschl. v. 01.08.2005, II Verg 41/05

54 OLG Celle, Beschl. v. 24.09.2014, 13 Verg 9/14, NZBau 2014 784 – Küstenboot; KG, Beschl. v. 29.02.2012, Verg 8/11, Rn. 31 (Abfallversorgung); OLG München, Beschl. v. 21.01.2013, Verg 21/12 (Krankenversorgung).

Ein Auftraggeber kann sich auf die Dringlichkeit der Vergabe nicht berufen, wenn sie auf 52
Umständen beruht, die er selbst verursacht hat oder die für ihn vorhersehbar waren.[55] Hiervon
ist auszugehen, wenn der Zeitdruck maßgeblich darauf zurückzuführen ist, dass zwei frühere
Vergabeverfahren wegen Vergabefehlern aufgehoben werden mussten.[56] Die Vergabestelle muss
bei Einleitung eines Vergabeverfahrens bei lebensnaher Betrachtung mit möglichen Verzögerungen durch Nachprüfungs- und Beschwerdeverfahren rechnen und diese bei ihrer Zeitplanung
einkalkulieren.

c) Rechtsfolge

Hat die Vergabestelle unter Verstoß gegen das Vergaberecht ein Verhandlungsverfahren ohne 53
Teilnahmewettbewerb durchgeführt und infolgedessen den Auftrag weder ausgeschrieben noch
eine Information nach § 134 Abs. 1 GWB erteilt, führt dies im Falle einer Feststellung im
Nachprüfungsverfahren zur Unwirksamkeit des geschlossenen Vertrags nach § 135 Abs. 1 Nr. 2
GWB.

2. § 134 Abs. 3 Satz 2 GWB

Durch das Vergaberechtsmodernisierungsgesetz (VergRModG) ist Satz 2 eingefügt worden. Dort 54
enthalten ist eine Sonderregelung für verteidigungs- oder sicherheitsspezifische Aufträge im Sinne
von § 104 GWB, für die ein Vergabeverfahren nach dem 4. Teil des GWB durchzuführen ist.
Die Regelung in Satz 2 hatte vor ihrer Übernahme in das GWB ihre Grundlage in § 36 Abs. 2
VSVgV. Ihrem Wortlaut nach entspricht sie Art. 35 Abs. 3 der Richtlinie 2009/81/EG. Ziel der
Regelung ist es, für den speziellen Bereich der verteidigungs- oder sicherheitsspezifischen Aufträge
einen Ausgleich zwischen einem transparenten Vergabeverfahren und effektivem Rechtsschutz für
die unterlegenen Bieter und Bewerber einerseits und den berechtigten Geheimhaltungsinteressen
des obsiegenden Bieters andererseits zu finden.

Der öffentliche Auftraggeber ist nach § 134 Abs. 1 GWB verpflichtet, die von der Zuschlags- 55
entscheidung betroffenen Bieter und Bewerber über den Namen des erfolgreichen Bieters und
verständlich, präzise und wahrheitsgemäß über die Gründe ihrer Nichtberücksichtigung zu informieren.[57] Eine Geheimhaltung von Tatsachen, deren Bekanntgabe zur Erfüllung der gesetzlichen
Informationspflicht erforderlich ist, ist nicht zulässig und kann weder mit der Geheimhaltungs-
bedürftigkeit des Auftragsgegenstands noch mit vertraulich zu behandelnden Geschäfts- oder
Betriebsgeheimnissen begründet werden. Eine Ausnahme hiervon enthält § 134 Abs. 3 Satz 2
GWB für die Vergabe von verteidigungs- oder sicherheitsspezifischen Aufträgen. Danach ist es der
Vergabestelle in vier abschließend aufgezählten Fällen gestattet, bestimmte Informationen über die
Zuschlagserteilung oder den Abschluss einer Rahmenvereinbarung nicht mitzuteilen, obwohl ihre
Mitteilung an sich für eine ordnungsgemäße Information erforderlich wäre. Die Vorschrift dient
damit dem Schutz berechtigter Geheimhaltungsinteressen, die gegenüber dem Informationsinte-
resse der unterlegenen Bieter und Bewerber an der Entscheidung des öffentlichen Auftraggebers
abzuwägen sind.

a) Ausnahmetatbestände

§ 134 Abs. 3 Satz 2 GWB sieht vier Alternativen vor, wann es dem öffentlichen Auftraggeber 56
gestattet ist, bestimmte, an sich für eine ordnungsgemäße Unterrichtung nach Absatz 1 erforderliche Informationen über die Zuschlagserteilung oder den Abschluss einer Rahmenvereinbarung

---

55 OLG Düsseldorf, Beschl. v. 25.09.2008, II Verg 57/08; OLG Düsseldorf, Beschl. v. 29.02.2012, Verg
   75/11, IBR 2012, 534 (LS u. Kurzwidergabe).
56 OLG Karlsruhe, Beschl. v. 27.03.2015, 15 Verg 9/14.
57 Siehe Rdn. 25 ff.

zurückzuhalten. Die Offenlegung der Tatsache muss (1) den Gesetzesvollzug behindern, (2) dem öffentlichen Interesse, insbesondere Verteidigungs- oder Sicherheitsinteressen zuwiderlaufen, (3) berechtigte geschäftliche Interessen von Unternehmen schädigen oder (4) den lauteren Wettbewerb zwischen ihnen schädigen.

aa) § 134 Abs. 3 S. 2 Alt. 1 GWB

57   Bei Angaben, die den Gesetzesvollzug behindern, handelt es sich um solche Informationen, deren Weitergabe gesetzlich verboten ist. Dies betrifft beispielsweise den Verrat von Geschäfts- oder Betriebsgeheimnisses gemäß § 17 UWG. Bei dem Namen des Bieters, der den Zuschlag erhalten soll, wird es sich regelmäßig nicht um eine solche Information handeln. Anders kann es bei den mitzuteilenden Gründen der Nichtberücksichtigung sein.

bb) § 134 Abs. 3 S. 2 Alt. 2 GWB

58   Die Bekanntgabe von Informationen über die Zuschlagsentscheidung oder den Abschluss einer Rahmenvereinbarung kann dem öffentlichen Interesse und dabei insbesondere Verteidigungs- und Sicherheitsinteressen zuwiderlaufen. Voraussetzung hierfür ist, dass die Geheimhaltung der Information nach dem Gesetz vorgeschrieben oder deren Geheimhaltung aus sonstigen Gründen geboten ist. So zum Beispiel bei militärischen oder sonstigen dem Geheimnisschutz unterliegenden Bauten.[58]

cc) § 134 Abs. 3 S. 2 Alt. 3 GWB

59   Durch die Bekanntgabe bestimmter Informationen können berechtigte Interessen öffentlicher oder privater Unternehmen geschädigt werden. Hiervon ist beispielsweise bei einem berechtigten Geheimhaltungsinteresse des Unternehmens auszugehen. Solche Angaben können sensible Preisangaben oder andere Betriebs- oder Geschäftsgeheimnisse sein oder auch Informationen, die einen Rückschluss auf die Kalkulation und Geschäftsstrategie des erfolgreichen Bieters zulassen.[59] Allerdings haben die Unternehmen nur dann ein berechtigtes wirtschaftliches Interesse an der Geheimhaltung dieser Tatsachen, wenn die Tatsache für ihre Wettbewerbsfähigkeit von Bedeutung ist, ihr Bekanntwerden also fremden Wettbewerb fördern oder eigenen Wettbewerb schwächen kann. Hinzu kommen muss, dass das Unternehmen seinen Willen zur Geheimhaltung erklärt oder zumindest erkennbar gemacht hat. Letzteres ist ohne weiteres bei allen Betriebsinterna anzunehmen, die nicht offenkundig sind.

dd) § 134 Abs. 3 S.2 Alt. 4 GWB

60   Die vierte Variante betrifft Angaben, die den lauteren Wettbewerb zwischen den Unternehmen beeinträchtigen könnten. Hiervon ist auszugehen, wenn zu befürchten ist, dass die Angaben zu Wettbewerbshandlungen der unterlegenen Bieter oder Bewerber führen, die geeignet sind, den Wettbewerb zum Nachteil der Mitbewerber, der Verbraucher oder sonstiger Marktteilnehmer nicht unerheblich zu beeinträchtigen (§§ 3 und 4 UWG).

b) Ermessen der öffentlichen Auftraggeber

61   Nach § 134 Abs. 3 Satz 2 GWB können die öffentlichen Auftraggeber bei Vorliegen einer der genannten Ausnahmetatbestände beschließen, den betroffenen Bewerbern und Bietern bestimmte Informationen über die Zuschlagserteilung oder den Abschluss einer Rahmenvereinbarung nicht mitzuteilen. Die öffentlichen Auftraggeber können daher auf die Information nicht vollständig

---

58 Völlink in: Ziekow/Völlink, Vergaberecht, 2. Aufl., VOB/A, § 18 a Rn. 6.
59 Leinemann/Kirch, VSVgV, 2013, § 36 Rn. 4; Völlink in: Ziekow/Völlink, Vergaberecht, VOB/A § 18 a Rn. 7.

verzichten. Sie sind lediglich befugt, bestimmte Einzelheiten der mitzuteilenden Informationen (Name des Bieters, der den Zuschlag erhalten soll, und die Gründe der Nichtberücksichtigung) zurückzuhalten.[60] Aus der Formulierung, die öffentlichen Auftraggeber »können« beschließen, folgt, dass eine gesetzliche Verpflichtung zur Zurückhaltung bestimmter Informationen nicht besteht. Sie erhalten vielmehr die Erlaubnis, eine entsprechende Entscheidung zu treffen.[61] Ihre Entscheidung hat die Vergabestelle nach pflichtgemäßem Ermessen zu treffen, so dass eine Verpflichtung zur eingeschränkten Information nur dann besteht, wenn ein Fall einer sog. Ermessenreduzierung auf »Null« vorliegt, also bei Ausübung pflichtgemäßen Ermessens nur eine Entscheidung richtig ist. Eine Überprüfung dieser Entscheidung findet in den Nachprüfungsinstanzen nur in eingeschränktem Umfang statt. Nach allgemeinen Grundsätzen ist die Entscheidung allein daraufhin zu überprüfen, ob die Vergabestelle die Grenzen des eingeräumten Spielraums eingehalten hat, von einem zutreffenden und vollständig ermittelten Sachverhalt ausgegangen ist, keine sachwidrigen Erwägungen in die Entscheidung eingeflossen und allgemeingültige Bewertungsmaßstäbe beachtet worden sind.

§ 135 Unwirksamkeit

(1) Ein öffentlicher Auftrag ist von Anfang an unwirksam, wenn der öffentliche Auftraggeber
1. gegen § 134 verstoßen hat oder
2. den Auftrag ohne vorherige Veröffentlichung einer Bekanntmachung im Amtsblatt der Europäischen Union vergeben hat, ohne dass dies aufgrund Gesetzes gestattet ist
und dieser Verstoß in einem Nachprüfverfahren festgestellt worden ist.

(2) Die Unwirksamkeit nach Absatz 1 kann nur festgestellt werden, wenn sie im Nachprüfungsverfahren innerhalb von 30 Kalendertagen nach der Information der betroffenen Bieter und Bewerber durch den öffentlichen Auftraggeber über den Abschluss des Vertrags, jedoch nicht später als sechs Monate nach Vertragsschluss geltend gemacht worden ist. Hat der Auftraggeber die Auftragsvergabe im Amtsblatt der Europäischen Union bekannt gemacht, endet die Frist zur Geltendmachung der Unwirksamkeit 30 Kalendertage nach Veröffentlichung der Bekanntmachung der Auftragsvergabe im Amtsblatt der Europäischen Union.

(3) Die Unwirksamkeit von Absatz 1 Nummer 2 tritt nicht ein, wenn
1. der öffentliche Auftraggeber der Ansicht ist, dass die Auftragsvergabe ohne vorherige Veröffentlichung einer Bekanntmachung im Amtsblatt der Europäischen Union zulässig ist,
2. der öffentliche Auftraggeber eine Bekanntmachung im Amtsblatt der Europäischen Union veröffentlicht hat, mit der er die Absicht bekundet, den Vertrag abzuschließen, und
3. der Vertrag nicht vor Ablauf einer Frist von mindestens zehn Kalendertagen, gerechnet ab dem Tag nach der Veröffentlichung dieser Bekanntmachung, abgeschlossen wurde.

Die Bekanntmachung nach Satz 1 Nummer 2 muss den Namen und die Kontaktdaten des öffentlichen Auftraggebers, die Beschreibung des Vertragsgegenstands, die Begründung der Entscheidung des Auftraggebers, den Auftrag ohne vorherige Veröffentlichung einer Bekanntmachung im Amtsblatt der Europäischen Union zu vergeben, und den Namen und die Kontaktdaten des Unternehmens, das den Zuschlag erhalten soll, umfassen.

---

60 Mösinger/Thomas, Verteidungs- und Sicherheitsvergaben, 2014, Teil C S. 187.
61 Richtlinie 2009/81/EG Erwägungsgrund (56): »Den Auftraggebern sollte es jedoch erlaubt sein, einige Angaben ... nicht zu veröffentlichen«.

A. Einleitung

1 Wird ein Vergabeverfahren durch die Erteilung eines wirksamen Zuschlags beendet, können die bei der Auftragsvergabe nicht berücksichtigten Bieter oder Bewerber keinen Primärrechtsschutz mehr erlangen. Eine Nachprüfung des Vergabeverfahrens und der Vergabeentscheidung mit dem Ziel, selbst noch den Zuschlag zu erhalten, ist ausgeschlossen. Ein wirksam erteilter Zuschlag kann nicht aufgehoben werden (§ 168 Abs. 2 Satz 1 GWB). Dies bedeutet, dass der öffentliche Auftrag-geber nach Zuschlagserteilung im Grundsatz nur noch auf Schadensersatz haftet, wenn ihm ein Vergaberechtsverstoß anzulasten ist. Eine Ausnahme sieht § 135 GWB vor. Dort ist geregelt, unter welchen Voraussetzungen ein durch Zuschlag zustande gekommener Vertrag als von Anfang an unwirksam gilt. Auf diese Weise erhalten die nicht berücksichtigten Unternehmen auch noch nach Auftragserteilung die Möglichkeit, Nachprüfung bei der Vergabekammer zu beantragen. Wird der geschlossene Vertrag als von Anfang an unwirksam erklärt, erhalten sie eine zweite Chance auf den Zuschlag. § 135 GWB ist daher eine zentrale Regelung zur Gewährung effektiven Rechtsschutzes. Die Unwirksamkeit des Vertrags hat zur Folge, dass die sich aus dem Vertrag ergebenden Rechte und Pflichten rückwirkend entfallen. Hierdurch werden – wie es in Erwägungsgrund 14 der Richt-linie 2007/66/EG heißt – der Wettbewerb um den zu vergebenden Auftrag wiederhergestellt und insbesondere neue Geschäftsmöglichkeiten für die Unternehmen geschaffen, denen rechtwidrig Wettbewerbsmöglichkeiten vorenthalten worden sind.

§ 135 Absatz 1 GWB entspricht im Wesentlichen dem bisherigen § 101b Abs. 1 Satz 1 und 2 GWB.[1] 2
Nach § 135 Abs. 1 GWB ist ein Vertrag von Anfang an unwirksam, wenn der Auftraggeber entweder
gegen die Informations- und Wartepflicht des § 134 GWB verstoßen (Abs. 1 Nr. 2) oder den Vertrag
unter Verletzung der Vergaberegeln ohne vorherige Bekanntmachung im Amtsblatt der Europäischen
Union vergeben hat (Abs. 1 Nr. 2) und dieser Verstoß in einem Nachprüfungsverfahren festgestellt
worden ist. Eine Neufassung erfahren hat folglich nur Absatz 1 Nr. 2. Anlass hierfür war, dass nach
dem Wortlaut von § 101 b Abs. 1 Nr. 2 GWB bisher nur der Fall der sog. De-Facto-Vergabe im
engeren Sinne erfasst war, bei dem der öffentliche Auftraggeber den Auftrag unmittelbar an ein Unternehmen erteilt hat, ohne andere Unternehmen am Vergabeverfahren zu beteiligen und ohne dass
ihm dies aufgrund Gesetzes gestattet war. Die Rechtsprechung hat die Vorschrift europarechtskonform erweiternd ausgelegt und auch auf die Fälle der sog. De-Facto-Vergabe im weiteren Sinne für
anwendbar erklärt. Hierbei handelt es sich um Sachverhalte, bei denen der öffentliche Auftraggeber
den Auftrag zwar vergaberechtsfehlerhaft ohne europaweite Ausschreibung vergeben, aber zuvor ein
wettbewerbliches Verfahren unter Beteiligung mehrerer Bieter durchgeführt hat.[2] Der Gesetzgeber hat
im Rahmen des Vergaberechtsmodernisierungsgesetzes (VergModG) hierauf reagiert und zur Umsetzung der Vorgaben des Art. 2d Absatz 1 lit. a der Richtlinie 2007/66/EG[3] Absatz 2 Nr. 2 dahingehend
neu gefasst, dass die Unwirksamkeit des Vertrags in einem Nachprüfungsverfahren festgestellt werden
kann, wenn der öffentliche Auftraggeber den Auftrag ohne vorherige Bekanntmachung im Amtsblatt
der Europäischen Union vergeben hat, ohne dass dies aufgrund Gesetzes gestattet ist.

Auch die in § 135 Abs. 2 GWB enthaltene Fristenregelung entspricht in weiten Teilen der bishe- 3
rigen Regelung in § 101 b Abs. 2. Während Absatz 2 Satz 2 unverändert geblieben ist, hat Satz 1
eine Veränderung erfahren. Bisher war für den Beginn der Frist, innerhalb der ein Unternehmen
die Feststellung der Unwirksamkeit eines Vertrags beantragen kann, auf die Kenntnis von dem
Verstoß abgestellt worden. Jetzt ist eine Information der betroffenen Bieter oder Bewerber durch
den öffentlichen Auftraggeber über den Abschluss des Vertrags Voraussetzung. Eine anderweitige
Kenntniserlangung durch den Bieter oder Bewerber genügt als fristauslösendes Ereignis nicht.[4]

Neu in das Gesetz eingefügt worden ist Absatz 3. Dort ist geregelt, wann ausnahmsweise eine 4
Unwirksamkeit des Vertrags nach Absatz 1 Nr. 2 nicht eintritt, obwohl die Veröffentlichung
einer Bekanntmachung der Auftragsvergabe im Amtsblatt der Europäischen Union unter Verstoß
gegen das Vergaberecht unterblieben ist. Hiermit setzt der Gesetzgeber Art. 2d Abs. 4 der Richtlinie 2007/66/EG um. Danach soll die Unwirksamkeit eines Vertrags vermieden werden, wenn
der öffentliche Auftraggeber der Ansicht ist, eine Vergabe sei ohne vorherige Veröffentlichung im
Amtsblatt der Europäischen Union zulässig, er unter bestimmten Voraussetzung im Amtsblatt der
Europäischen Union seine Absicht, den Vertrag abzuschließen, bekundet hat und der Vertrag nicht
vor Ablauf einer Frist von mindestens zehn Kalendertagen, gerechnet ab dem Tag nach der Veröffentlichung dieser Bekanntmachung, geschlossen wird.

B. Voraussetzungen für die Unwirksamkeit des öffentlichen Auftrags

In § 135 GWB ist geregelt, unter welchen Voraussetzungen die anfängliche Unwirksamkeit eines 5
öffentlichen Auftrags eintritt. Absatz 1 enthält den Regeltatbestand. Die dort genannten Voraussetzungen müssen erfüllt sein, damit die Unwirksamkeitsfolge eintreten kann. Sie werden ergänzt
durch die Regelungen in Absatz 2. Dort wird die Feststellung eines Verstoßes nach Absatz 1 im
Nachprüfungsverfahren von bestimmten Fristen abhängig gemacht, die der Antragsteller einzu-

---

1 Begründung des Gesetzgebers zu § 135 Abs. 1.
2 OLG Düsseldorf, Beschl. v. 28.03.2012, VII Verg 37/11, NZBau 2012, 518, 519 – Freizeitzentrum West II;
  OLG Düsseldorf, Beschl. v. 11.01.2012, VII-Verg 67/11.
3 Begründung des Gesetzgebers zu § 135 Abs. 1 unter Bezugnahme auf OLG Düsseldorf, Beschl. v. 11.01.2012,
  VII-Verg 67/11.
4 Begründung des Gesetzgebers zu § 135 Abs. 2.

halten hat. Absatz 3 sieht eine Ausnahmeregelung für den in Absatz 1 Nr. 2 vorgesehenen Verstoß (unterbliebene europaweite Bekanntmachung) vor.

I. § 135 Abs. 1 GWB

6   Nach § 135 Abs. 1 GWB müssen zwei Voraussetzungen erfüllt sein, damit der Vertrag zwischen einem öffentlichen Auftraggeber und dem für den Zuschlag ausgewählten Unternehmen von Anfang an unwirksam ist. Der öffentliche Auftraggeber muss entweder gegen die aus § 134 GWB folgende Informations- und Wartepflicht verstoßen (Abs. 1 Nr. 1) oder den Auftrag ohne Veröffentlichung einer Bekanntmachung im Amtsblatt der Europäischen Union vergeben haben (Abs. 1 Nr. 2). Die zweite Voraussetzung ist, dass der Verstoß in einem Nachprüfungsverfahren festgestellt worden ist (Abs. 1 Hs. 2).

1. Vorliegen eines Vergabeverstoßes nach § 135 Abs. 1 GWB

a) Verstoß gegen die Informations- und Wartepflicht (§ 134 GWB)

7   Der öffentliche Auftraggeber ist nach § 134 Absatz 1 GWB verpflichtet, die im Vergabeverfahren unterlegenen Bieter und Bewerber über den Namen des Unternehmens zu informieren, das den Zuschlag erhalten soll, sowie die Gründe mitzuteilen, warum ihre Angebote bzw. Bewerbungen nicht berücksichtigt werden sollen. Darüber hinaus hat er den frühesten Zeitpunkt des Vertragsschlusses mitzuteilen. Zur Erfüllung seiner Informationspflicht treffen den öffentlichen Auftraggeber ferner bestimmte Form- und Fristerfordernisse. So hat die Information unverzüglich und in Textform zu erfolgen. Außerdem darf er den Vertrag erst 10 bzw. 15 Tage nach Absendung der Information schließen (§ 134 Abs. 2 GWB). Die Länge der Frist hängt davon ab, auf welche Art die Information übermittelt werden soll.

8   Da § 134 GWB mehrere Voraussetzungen enthält, kann der öffentliche Auftraggeber in unterschiedlicher Weise gegen die Informations- und Wartepflicht verstoßen.

aa) Keine Information

9   Ein Verstoß gegen die Informationspflicht liegt ohne weiteres dann vor, wenn der öffentliche Auftraggeber den im Vergabeverfahren unterlegenen Bietern oder Bewerbern keine Information erteilt, obwohl er hierzu verpflichtet ist. Eine solche Situation liegt beispielsweise vor, wenn der öffentliche Auftraggeber nach einem erfolglos gebliebenen offenen oder nicht offenen Verfahren anschließend bei unverändertem Beschaffungsbedarf nur mit einem Bieter Verhandlungen führt und ihm anschließend den Zuschlag erteilt. Es handelt sich um ein einheitliches Vergabeverfahren, so dass die Bieter oder Bewerber des vorangegangenen Verfahrens zu informieren sind.[5]

bb) Unzureichende Information

10   Ein Verstoß gegen § 134 Abs. 1 GWB liegt auch dann vor, wenn die Information inhaltlich nicht den Anforderungen genügt. Dies ist bei einer unvollständigen Information genauso der Fall wie bei einer Information, die zwar alle geforderten Punkte enthält, aber die mitgeteilten Gründe für die Nichtberücksichtigung des Angebots oder der Bewerbung nicht ausreichend sind.

11   Fehlt der Name des obsiegenden Bieters, der früheste Zeitpunkt des Vertragsschlusses oder enthält die Information keine Ausführungen dazu, warum das Angebot oder die Bewerbung der Adressaten keine Berücksichtigung finden soll[6], liegt ein Verstoß gegen § 134 Abs. 1 GWB vor. Gleiches gilt, wenn die in der Information genannten Gründe der Nichtberücksichtigung eine Überprüfung der

---

5   OLG Düsseldorf, Beschl. v. 32.02.2005, VII-Verg 85/04, NZBau 2005, 536 zu § 13 VgV; OLG Hamburg, Beschl. v. 25.01.2007, 1 Verg 5/06, VergabeR 2007, 358.

6   So etwa, wenn der öffentliche Auftraggeber eine Information erteilt, die nur den Anforderungen von § 19 VOB/A EU oder den entsprechenden Vorschriften der VgV genügt.

Zuschlagsentscheidung nicht zulassen, etwa weil sie zu pauschal formuliert oder nicht nachvollziehbar sind.[7] Der hierfür anzulegende Maßstab ist, ob der Adressat durch die Information in die Lage versetzt wird, die Zuschlagsentscheidung auf ihre Richtigkeit überprüfen und gegebenenfalls Nachprüfung beantragen zu können.

cc) Verstoß gegen das Form- und Fristerfordernis

Missachtet der öffentliche Auftraggeber das vorgeschriebene Textformerfordernis, weil er die Information über die beabsichtigte Zuschlagsentscheidung beispielsweise fernmündlich erteilt oder in das Internet eingestellt hat, ohne dass der Adressat die Information abspeichert oder ausdruckt, liegt ein Verstoß gegen § 134 GWB vor.[8] Gleiches gilt, wenn der öffentliche Auftraggeber die Information nicht unverzüglich im Sinne von § 134 Abs. 1 GWB erteilt oder die in Absatz 2 vorgesehene Wartefrist nicht einhält und den Zuschlag vor Ablauf der Frist erteilt. **12**

dd) Keine teleologische Reduktion des § 135 Abs. 1 Nr. 1 GWB

In der Literatur wird teilweise die Auffassung vertreten, ein formaler Verstoß gegen § 134 GWB sei nicht ausreichend, um einen die Unwirksamkeit des Vertrags herbeiführenden Verstoß gegen § 135 Abs. 1 Nr. 1 GWB begründen zu können. Mit Rücksicht auf den Normzweck, effektiven Rechtsschutz zu gewährleisten, wird zusätzlich gefordert, dass der Verstoß gegen § 134 GWB zu einer Rechtsverkürzung der Bieter oder Bewerber geführt haben muss.[9] Zu einer Rechtsschutzverkürzung komme es beispielsweise dann nicht, wenn die Information durch den öffentlichen Auftraggeber zwar nicht unverzüglich, aber einige Tage später versendet worden sei, weil der Adressat bei einer sonst ordnungsgemäßen Information und Einhaltung der Wartefrist durch den Auftraggeber Gelegenheit habe, effektiven Rechtsschutz zu erlangen.[10] **13**

Dieser Auffassung ist nicht zu folgen.[11] Für eine einschränkende Auslegung des Gesetzeswortlauts im oben genannten Sinne besteht kein Anlass. Der Wortlaut des § 135 Abs. 1 Nr. 1 GWB ist eindeutig. Verlangt wird ein im Nachprüfungsverfahren festzustellender Verstoß gegen § 134 GWB. Der Sinn und Zweck der Vorschrift erfordert kein ungeschriebenes Tatbestandsmerkmal des Inhalts, dass der Verstoß gegen § 134 GWB zu einer Rechtsverkürzung geführt haben muss. Die Richtlinie 2007/66/EG enthält für eine solche Einschränkung keine Anhaltspunkte. § 134 GWB beruht auf der Umsetzung von Art. 55 der Richtlinie 2004/18/EG in der durch die Richtlinie 2014/24/EG geänderten Fassung. Bei einem Verstoß gegen die Richtlinie 2004/18/EG fordert Art. 2d Abs. 1 lit. b zwar, dass hierdurch die Aussichten des Nachprüfung beantragenden Bieters auf die Erteilung des Zuschlags beeinträchtigt worden sind. Dieser Aspekt findet bereits an anderer Stelle Berücksichtigung und vermag daher eine teleologische Reduktion nicht zu begründen. Die Unwirksamkeit eines Vertrags nach § 135 Abs. 1 Nr. 1 GWB erfordert die Feststellung des Verstoßes in einem Nachprüfungsverfahren. Die Zulässigkeit des Nachprüfungsantrags hängt unter anderem davon ab, ob eine Antragsbefugnis nach § 160 Abs. 2 Satz 1 GWB vorliegt und ein Rechtsschutzbedürfnis an der begehrten Feststellung besteht. Der betroffene Bieter oder Bewerber hat darzutun, dass ihm durch den behaupteten Verstoß gegen § 134 GWB ein Schaden entstanden ist oder zu entstehen droht.[12] Dies ist der Fall, wenn der Antragsteller echte Chancen auf den Zuschlag gehabt hätte, die sich durch den in Rede stehenden Verstoß verschlechtert haben. Hat der Verstoß gegen § 134 **14**

---

7   Vgl. Kommentierung zu § 134 GWB.

8   Vgl. Kommentierung zu § 134 GWB.

9   Dreher in: Immenga/Mestmäcker, Wettbewerbsrecht, 5. Aufl., § 101 b Rn. 24, jedenfalls bei einem Verstoß gegen die Unverzüglichkeit; Glahs in: Reidt/Stickler/Glahs, Vergaberecht, 3. Aufl., § 101 b GWB, Rn. 8 u. 9; Kühnen in: Byok/Jaeger, Kommentar zum Vergaberecht, 3. Aufl., § 101 a Rn. 17.

10 Dreher in: Immenga/Mestmäcker, Wettbewerbsrecht, 5. Aufl., § 101 b Rn. 24.

11 Ebenso: Braun in: Ziekow/Völlink, Vergaberecht, 2. Aufl., § 101 b Rn. 23; Wagner in: Langen/Bunte, Kommentar zum deutschen und europäischen Kartellrecht, 12. Aufl., § 101 b Rn. 3.

12 Siehe Rdn. 25; Erwägungsgrund 17 Richtlinie 2007/66/EG.

GWB die Chancen auf den Zuschlag nicht beeinträchtigt und ist er damit folgenlos geblieben, ist das Nachprüfungsverfahren mangels Antragsbefugnis unzulässig.

b) Verstoß gegen die Pflicht zur Veröffentlichung einer Bekanntmachung im Amtsblatt der europäischen Union (§ 135 Abs. 1 Nr. 2 GWB)

15 Alternativ zu einem Verstoß gegen die Informations- und Wartepflicht sieht § 135 Abs. 1 Nr. 2 GWB die Unwirksamkeitsfolge für den Fall vor, dass der öffentliche Auftraggeber den Auftrag ohne vorherige Veröffentlichung einer Bekanntmachung im Amtsblatt der Europäischen Union vergeben hat und ihm dies auch nicht aufgrund Gesetzes gestattet war.

aa) Allgemein

16 Diese Regelung verschafft den Unternehmen die Möglichkeit, effektiven Rechtsschutz zu erlangen, wenn der öffentliche Auftraggeber vergaberechtswidrig von einer europaweiten Ausschreibung abgesehen hat. Ist ein auf diese Weise geschlossener Vertrag von Anfang an unwirksam, können sich die Unternehmen, denen zuvor rechtswidrig Wettbewerbsmöglichkeiten vorenthalten worden sind, um den Erhalt des Auftrags bewerben. Der vom öffentlichen Auftraggeber rechtswidrig ausgeschlossene oder eingeschränkte Wettbewerb wird wieder hergestellt. Wird der zu vergebende Auftrag weder europaweit noch national bekannt gemacht[13], erfahren nur die Unternehmen von der Auftragsvergabe, die von dem öffentlichen Auftraggeber angesprochen werden. Alle übrigen Unternehmen werden außen vor gehalten und daran gehindert, ein Angebot abzugeben. Auch bei einer nationalen anstelle einer europaweiten Bekanntmachung wird der Kreis der möglichen Bieter vergaberechtswidrig eingeschränkt. Die im europäischen Ausland ansässigen Unternehmen werden daran gehindert, sich um den Auftrag zu bewerben.

bb) Pflicht zur europaweiten Bekanntmachung

17 Unterfällt der zu vergebende Auftrag gemäß § 106 Abs. 1 GWB dem Vergaberechtsregime des 4. Teil des GWB, weil insbesondere die einschlägigen Schwellenwerte für den zu vergebenden Auftrag erreicht oder überschritten sind, ist der Auftrag in einem förmlichen Vergabeverfahren zu vergeben. Hierzu gehört, dass der öffentliche Auftraggeber die beabsichtigte Auftragsvergabe im Amtsblatt der Europäischen Union bekannt zu geben hat (§ 113 GWB i.V.m. §§ 37–41VgV, § 12 VOB/A EU). Ausnahmen von dieser Verpflichtung sieht das Gesetz nur unter engen Voraussetzungen vor. Nach § 119 Abs. 2 Satz 2 GWB steht dem öffentlichen Auftraggeber das Verhandlungsverfahren ohne Teilnahmewettbewerb (§ 119 Abs. 5 GWB) nur zur Verfügung, soweit dies aufgrund des GWB gestattet ist. Entsprechende Regelungen finden sich in §§ 130 Abs. 1 Satz 2, 131 Abs. 1 Satz 2 GWB für Aufträge über soziale und andere besondere Dienstleistungen und über Personenverkehrsleistungen im Eisenbahnverkehr, in § 141 Abs. 2 für Sektorenauftraggeber sowie in § 146 Satz 2 für die Vergabe von verteidigungs- und sicherheitsspezifischen öffentlichen Aufträgen und in § 151 Satz 2 für die Vergabe von Konzessionen. Gesetzliche Ausnahmen von der Pflicht finden sich in § 113 GWB i.V.m. § 14 Abs. 4 VgV und § 3 a Abs. 3 VOB/AEU.

2. Feststellung des Verstoßes in einem Nachprüfungsverfahren

18 Die Unwirksamkeit des unter Verstoß gegen § 134 GWB oder gegen die Pflicht zur europaweiten Ausschreibung geschlossenen Vertrags tritt nicht automatisch ein. Weitere Voraussetzung ist, dass der Verstoß in einem Nachprüfverfahren (rechtskräftig) festgestellt wird. Dies bedeutet, dass die allgemeinen und besonderen Zulässigkeitsvoraussetzungen eines Antrags nach § 160 GWB erfüllt sein müssen.

---

13 OLG Dresden, Beschl. v. 12.10.2010, W Verg 9/10; OLG München, Beschl. v. 21.02.2013, Verg 31/12, VergabeR 2013, 296 – Betonstopfsäulen.

a) Statthaftigkeit

Der auf Feststellung gerichtete Nachprüfungsantrag ist statthaft, wenn ein Vergabeverfahren statt- **19** gefunden und der öffentliche Auftraggeber den Auftrag erteilt hat, dessen Unwirksamkeit festgestellt werden soll. Eine Nachprüfung ist daher nicht statthaft, wenn der öffentliche Auftraggeber noch gar kein materielles Vergabeverfahren in Gang gesetzt hat. Hierfür bedarf es einer Abgrenzung zwischen der Einleitung eines materiellen Vergabeverfahrens und einer bloßen Markterkundung. Entscheidend hierfür ist, ob und inwieweit der öffentliche Auftraggeber den Beschaffungsvorgang bereits organisatorisch und planerisch eingeleitet und mit potentiellen Anbietern Kontakt mit dem Ziel aufgenommen hat, das Beschaffungsvorhaben mit einer verbindlichen rechtsgeschäftlichen Einigung abzuschließen.[14]

Fraglich ist, ob ein Nachprüfungsantrag bereits dann statthaft ist, wenn das unter Verstoß gegen **20** § 135 Abs. 1 Nr. 2 GWB eingeleitete Vergabeverfahren noch nicht durch Zuschlag beendet worden ist, es mithin an einem öffentlichen Auftrag fehlt, dessen Unwirksamkeit festgestellt werden kann. Dieselbe Frage stellt sich, wenn der öffentliche Auftraggeber eine fehlerhafte Information nach § 134 GWB erteilt, aber bisher den Auftrag noch nicht an den ausgewählten Bieter vergeben hat. Es wird die Ansicht vertreten, der Antragsteller brauche mit der Einleitung eines Nachprüfverfahrens nicht abzuwarten bis der Vertrag geschlossen wird.[15] Der effektive Rechtsschutz fordere vielmehr, dass bereits bei einem vermuteten Vertragsschluss Nachprüfung beantragt werden könne. Nach anderer Ansicht wird für die Statthaftigkeit des Nachprüfungsantrags gefordert, dass der Auftrag bereits erteilt ist.[16] Dieser Auffassung ist zuzustimmen. Verfolgt der Antragsteller mit der Nachprüfung das Ziel, die Unwirksamkeit des unter Verstoß gegen § 135 Abs. 1 Nr. 1 oder 2 GWB erteilten Auftrags festzustellen, kann dieses Begehren nur dann Erfolg haben, wenn es tatsächlich zu einer Beauftragung gekommen ist. Maßgeblicher Zeitpunkt ist der Schluss der mündlichen Verhandlung vor der Vergabekammer. Dies schließt es aber nicht aus, dass der Antragsteller schon vor Erteilung des Zuschlags Nachprüfung beantragt, weil er nicht ordnungsgemäß informiert worden ist oder der Auftraggeber den Auftrag nicht europaweit ausgeschrieben hat. Auf diese Weise kann er erreichen, dass es gar nicht erst zur Erteilung des Auftrags kommt und dem Auftraggeber die Erteilung des Zuschlags untersagt wird. Erteilt der Auftraggeber noch während des laufenden Nachprüfungsverfahrens den Zuschlag, kann der Antragsteller sein Begehren umstellen und die Feststellung der Unwirksamkeit des Vertrags beantragen.

b) Antragsbefugnis (§ 160 Abs. 2 Satz 1 GWB)

Weitere Voraussetzung für einen zulässigen Nachprüfungsantrag ist die Antragsbefugnis. Antrags- **21** befugt ist nach § 160 Abs. 2 GWB jedes Unternehmen, das ein Interesse an dem öffentlichen Auftrag oder der Konzession hat und eine Verletzung in seinen Rechten nach § 97 Abs. 6 GWB durch Nichtbeachtung von Vergabevorschriften geltend macht (Satz 1). Dabei ist darzulegen, dass dem Unternehmen durch die behauptete Verletzung der Vergabevorschriften ein Schaden entstanden ist oder zu entstehen droht (Satz 2).

---

14 OLG Düsseldorf, Beschl. v. 10.07.2006, Verg 26/06; OLG München, Beschl. v. 19.07.2012, Verg 8/12, NZBau 2012, 658 m.w.Nachw. – Endoskopische Geräte; BGH, Beschl. v. 01.02.2005, X ZB 27/04; EuGH, Urt. v. 01.11.2005, C-26/03.
15 OLG München, Beschl. v. 19.07.2012, Verg 8/12, NZBau 2012, 658 – Endoskopische Geräte; OLG München, Beschl. v. 22.06.2011, Verg 6/11, NZBau 2011, 701 – Stadtbusverkehr Lindau; Wagner in: Langen/Bunte, § 101 b Rn. 12.
16 OLG Schleswig, Beschl. v. 15.03.2013, 1 Verg 4/12, NZBau 2013, 577 – Parkpalette; KG Beschl. v. 13.09.2012, Verg 4/12, ZfBR 2013, 104 (LS); Braun in: Ziekow/Völlink, Vergaberecht, 2. Aufl., § 101 b Rn. 26.

aa) Interesse am Auftrag

22   Interesse am Auftrag haben in jedem Fall die Unternehmen, die durch Abgabe eines Angebots oder einer Bewerbung ihr Interesse an dem Auftrag bekundet haben.[17] Dies ist regelmäßig dann der Fall, wenn die bei der Zuschlagsentscheidung nicht berücksichtigten Bieter oder Bewerber einen Verstoß gegen die Informations- und Wartepflicht (§ 134 GWB) geltend machen.[18] Anders ist die Situation, wenn geltend gemacht wird, der öffentliche Auftraggeber habe vergaberechtswidrig davon abgesehen, die Auftragsvergabe im Amtsblatt der Europäischen Union bekannt zu machen. In diesem Fall ist der Antragsteller in der Regel daran gehindert worden, sich an dem Vergabeverfahren durch Abgabe eines Angebots oder einer Bewerbung zu beteiligen. Um sein Interesse am Auftrag zu belegen, reicht in der Regel die pauschale Behauptung des Antragstellers aus, er hätte sich bei einer europaweiten Ausschreibung durch Abgabe eines Angebots an dem Vergabeverfahren beteiligt.[19] Etwas anderes gilt, wenn nicht ohne weiteres ersichtlich ist, dass der zu vergebende Auftrag zu seinem unternehmerischen Tätigkeitsfeld gehört.[20] In diesem Fall hat der Antragsteller Ausführungen zu seiner Leistungsfähigkeit zu machen.

23   Das Interesse am Auftrag kann aber auch auf andere Weise zum Ausdruck gebracht werden. Ausreichend ist ein formloses Bewerbungsschreiben ebenso wie die telefonische Interessenbekundung und Nachfrage bei der Vergabestelle, wann mit der Ausschreibung des Auftrags zu rechnen sei.

bb) Verletzung in seinen Rechten aus § 97 Abs. 6 GWB

24   Da bei einem auf § 135 GWB gestützten Nachprüfungsverfahren entweder eine Verletzung der Informationspflicht oder geltend gemacht wird, der öffentliche Auftraggeber habe gegen seine Pflicht zur europaweiten Bekanntmachung verstoßen, ist die für die Antragsbefugnis erforderliche Verletzung in eigenen Rechten unproblematisch. Ausreichend hierfür ist, dass eine Verletzung eigener Rechte des Antragstellers nach seiner Darstellung möglich erscheint. Hiervon ist regelmäßig auszugehen, wenn der Antragsteller sich auf die Verletzung von subjektiven Rechten mit der Behauptung beruft, dass der öffentliche Auftraggeber Bestimmungen über das Vergabeverfahren nicht eingehalten hat oder einhält.[21]

cc) Schadenseintritt

25   Der Antragsteller hat darzulegen, dass ihm durch den behaupteten Verstoß gegen § 134 GWB oder gegen die Pflicht zur europaweiten Ausschreibung des Auftrags ein Schaden entstanden ist oder zu entstehen droht. Der Schaden besteht in der möglichen Verschlechterung seiner Zuschlagsaussichten.[22] Insoweit genügt die Darlegung, der Antragsteller hätte bei einem ordnungsgemäßen (neuerlichen) Vergabeverfahren bessere Chancen als im beanstandeten Verfahren, oder der Vortrag, seine Aussichten auf eine Erteilung des Auftrags hätten sich im beanstandeten Vergabeverfahren zumindest verschlechtert.[23]

26   Behauptet der Antragsteller einen Verstoß gegen die Informations- und Wartepflicht nach § 134 GWB, werden hierdurch seine Chancen auf den Zuschlag nicht in jedem Fall vereitelt. Ist das Vergabeverfahren im Übrigen fehlerfrei durchgeführt worden, droht dem nicht berücksichtig-

17 BVerfG NZBau 2004, 564; BGHZ 169, 131, 135; BGHZ 183, 95.
18 BGH, Urt. v. 10.11.2009, X ZB 8/09, NZBau 2010, 124.
19 OLG Düsseldorf, Beschl. v. 21.04.2010, VII-Verg 55/09, NZBau 2010, 390 – Schiffshebewerk Niederfinow; OLG Naumburg, Beschl. v. 04.11.2010, 1 Verg 10/10.
20 OLG Jena, Beschl. v. 19.10.2010, 9 Verg 5/10, NZBau 2010, 256 (LS); OLG Brandenburg, Beschl. v. 27.11.2008; Verg W 15/08, NZBau 2009, 337, 339.
21 BVerfG NZBau 2004, 566; BGHZ 169, 136, 135; BGHZ 183, 95.
22 BGH, Urt. v. 10.11.2009, X ZB 8/09, NZBau 2010, 124.
23 BGH, Urt. v. 10.11.2009, X ZB 8/09, NZBau 2010, 124; Dicks in: Ziekow/Völlink, Vergaberecht, 2. Aufl., § 107 Rn. 23.

ten Bieter oder Bewerber durch eine fehlerhafte Information oder einen Zuschlag vor Ablauf der Wartefrist kein Schaden. Selbst bei Beachtung der Informations- und Wartepflicht hätten sich seine Chancen auf den Zuschlag nicht verbessert. Vielmehr wäre auch in diesem Fall der für den Zuschlag vorgesehene Bieter erfolgreich gewesen. Bei einer solchen Situation kann die Antragsbefugnis deshalb nur bejaht werden, wenn zusätzlich ein weiterer Verstoß gegen das Vergaberecht geltend macht wird, der die Chancen auf die Zuschlagserteilung verschlechtert haben könnte.[24]

Beanstandet der Antragsteller, dass die Auftragsvergabe vergaberechtswidrig nicht europaweit   27 bekannt gemacht worden ist, bedeutet auch dieser Verstoß nicht automatisch, dass sich hierdurch seine Chancen auf den Zuschlag verschlechtert haben. Allerdings sind die Voraussetzungen ohne weiteres zu bejahen, wenn der Antragsteller durch die vollständig unterbliebene oder nur national erfolgte Ausschreibung gehindert war, sich überhaupt mit einem Angebot oder einer Bewerbung um den Auftrag zu bemühen. Anders ist es jedoch, wenn er sich trotz fehlerhafter Bekanntmachung erfolglos um den Auftrag beworben hat. Ein solcher Sachverhalt ist denkbar, wenn das Vergabeverfahren nur national ausgeschrieben worden ist oder der Auftraggeber ohne Ausschreibung mit dem Antragsteller und weiteren Unternehmen verhandelt hat. Allerdings muss die Wahl der falschen Veröffentlichungsform seiner Art nach geeignet sein, die Aussichten des Antragstellers auf den Zuschlag zu verschlechtern oder seine Angebotsmöglichkeiten einzuschränken oder sonst nachteilig zu beeinflussen. Dies ist schwer vorstellbar, wenn der Auftraggeber ansonsten die Vorschriften über das Vergabeverfahren eingehalten hat.[25]

c) Keine Präklusion gemäß § 160 Abs. 3 GWB

Der Antragsteller, der die Unwirksamkeit eines öffentlichen Auftrags gemäß § 135 Abs. 1 GWB in   28 einem Nachprüfungsverfahren feststellen lassen möchte, hat die Präklusionsvorschriften des § 160 Abs. 3 GWB zu beachten. Nach dieser Vorschrift ist ein Nachprüfungsantrag unzulässig, wenn der Antragsteller gegen seine Rügeobliegenheit verstoßen hat. Allerdings ist der Antragsteller nicht in jedem Fall zur Rüge des behaupteten Vergabefehlers gegenüber dem öffentlichen Auftraggeber verpflichtet. Es ist zu unterscheiden, ob dem Auftraggeber ein Verstoß gegen die Informations- und Wartepflicht (§ 135 Abs. 1 Nr. 1 GWB) oder die Pflicht zur europaweiten Ausschreibung (§ 135 Abs. 1 Nr. 2 GWB) vorgeworfen wird.

aa) Rügeobliegenheit bei einem Verstoß gegen § 135 Abs. 1 Nr. 1 GWB

§ 160 Abs. 3 Satz 1 GWB sieht vier verschiedene, zur Unzulässigkeit des Nachprüfungsantrags   29 führende Konstellationen vor, wenn der Antragsteller den Vergabeverstoß nicht innerhalb der vorgesehenen Fristen gerügt hat. Die Frist hängt davon ab, ob der Antragsteller den geltend gemachten Vergabeverstoß erkannt hat (Nr. 1) oder ob der Verstoß aufgrund der Bekanntmachung (Nr. 2) oder der Vergabeunterlagen (Nr. 3) erkennbar war. § 160 Abs. 3 Satz 1 Nr. 4 GWB sieht die Unzulässigkeit des Nachprüfungsantrags für den Fall vor, dass mehr als 15 Kalendertage nach Eingang der Mitteilung des Auftraggebers vergangen sind, einer Rüge nicht abhelfen zu wollen. Ein Verstoß gegen die Informations- und Wartepflicht (§ 134 GWB) wird in der Regel nicht aus der Vergabebekanntmachung oder den Vergabeunterlagen zu erkennen sein, so dass vor allem die Präklusionsregel des § 160 Abs. 3 Satz 1 Nr. 1 GWB in Betracht kommt.

(1) § 160 Abs. 3 Satz 1 Nr. 1 GWB   30
Nach § 160 Abs. 3 Satz 1 Nr. 1 GWB entfällt das Nachprüfungsrecht, wenn der Antragsteller den Verstoß gegen § 134 GWB im Vergabeverfahren erkannt und gegenüber dem Auftraggeber nicht

---

24 OLG Karlsruhe, Beschl. v. 09.10.2012, 15 Verg 12/11, ZfBR 2013, 285 – Linienbündel Lampertheim; OLG München, Beschl. v. 12.05.2011, Verg 26/10, VergabeR 2011, 762.
25 So zutreffend Dicks in: Ziekow/Völlink, Vergaberecht, 2. Aufl., § 107 Rn. 27.

innerhalb einer Frist von 10 Kalendertagen[26] gerügt hat. Voraussetzung ist die positive Kenntnis des Antragstellers von allen tatsächlichen Umständen, aus denen die Beanstandung im Nachprüfungsverfahren abgeleitet wird, und die zumindest laienhafte vernünftige rechtliche Wertung, dass sich aus ihnen eine Missachtung von Bestimmungen über das Vergabeverfahren ergibt. Eine Ausnahme bilden nur die Fälle, in denen der Antragsteller sich der vorausgesetzten und ihm möglichen Kenntnis bewusst verschließt. Um die Notwendigkeit einer Rüge und derer Rechtzeitigkeit beurteilen zu können, bedarf es daher regelmäßig der Feststellung, dass und ab wann der Antragsteller alle Umstände gekannt hat, die er zur Rechtfertigung seiner mit dem Nachprüfungsbegehren erhobenen Beanstandungen vorbringt.[27] Die Kenntnis und den Zeitpunkt der Kenntniserlangung hat der Antragsgegner nachzuweisen.[28]

31 Die Frist von zehn Kalendertagen beginnt gemäß § 187 Abs. 1 BGB einen Tag nach dem Tag, an dem der Antragsteller positive Kenntnis davon erlangt hat, dass auf eine Information nach § 134 GWB verzichtet worden ist, die Information inhaltlich nicht den Anforderungen genügt oder der Auftraggeber die in § 134 Abs. 2 GWB vorgesehene Wartefrist nicht eingehalten hat. Das Fristende tritt gemäß § 188 Abs. 1 BGB mit Ablauf des 10. Tages nach Kenntniserlangung ein. § 193 BGB ist nicht anwendbar.

32 Die Rügefrist von zehn Kalendertagen und die in § 135 Abs. 2 GWB vorgesehenen Fristen zur Feststellung der Unwirksamkeit nach § 135 Abs. 1 GWB schließen sich nicht gegenseitig aus. Sie stehen nebeneinander und sind parallel anzuwenden.[29]

33 (2) Entbehrlichkeit der Rüge
Der Antragsteller ist ausnahmsweise von seiner Rügeobliegenheit befreit, wenn der mit der Rügeobliegenheit verfolgte Zweck unter keinen Umständen mehr erreicht werden kann und das Festhalten an der Rügeobliegenheit als bloße Förmelei anzusehen ist.[30] Sinn und Zweck der in § 160 Abs. 3 GWB normierten Rügeobliegenheit ist es, der Vergabestelle die Möglichkeit zu geben, den Vergaberechtsfehler im frühestmöglichen Stadium korrigieren und damit unnötige Nachprüfungsverfahren vermeiden zu können.[31] Dieses Ziel wird nicht mehr erreicht, wenn der öffentliche Auftraggeber seinen Verstoß gegen § 134 GWB nicht mehr korrigieren kann oder erklärtermaßen nicht korrigieren möchte. Eine Rüge ist sinnlos und damit entbehrlich, wenn der öffentliche Auftraggeber den Zuschlag bereits erteilt hat.[32]

34 (3) Erneute Rüge
Kommt der nach § 134 GWB zu informierende Bieter oder Bewerber seiner Rügeobliegenheit nach und beanstandet gegenüber der Vergabestelle, dass die Information inhaltlich nicht den Anforderungen genügt, stellt sich die Frage, wie er zu reagieren hat, wenn die Vergabestelle seiner Rüge

26 Die bisherige Regelung, die eine unverzügliche Rüge vorsah, ist im Hinblick auf die Rechtsprechung des EuGH (Urt. v. 28.01.2010, Rs. C-406/08, Rn. 75), die insoweit von einer Unvereinbarkeit mit Art. 1 Abs. 1 der Richtlinie 89/665/EWG in der Fassung der Richtlinie 2007/66/EG ausging, geändert worden; vgl. Begründung zu § 160 VergModG.
27 BGH, Urt. v. 26.09.2006, XZB 14/06, VergabeR 2007, 59 – Polizeianzüge; OLG Düsseldorf, Beschl. v. 03.08.2011, VII Verg 33/11, IBR 2010, 717 (LS u. Kurwiedergabe); OLG Düsseldorf, Beschl. v. 01.10.2009, VII Verg 31/09; OLG München, Beschl. v. 21.02.2013, Verg 21/12; OLG München, Beschl. v. 10.03.2011; Verg 1/11; OLG Karlsruhe, Beschl. v. 21.07.2010, 15 Verg 6/10, VergabeR 2011, 87, 89; OLG Frankfurt, Beschl. v. 08.12.2009, 11 Verg 6/09.
28 OLG Düsseldorf, Beschl. v. 12.02.2014, VII Verg 32/13, Vergaberecht 2014, 557 – Augenchirurgie.
29 OLG Rostock, Beschl. v. 22.10.2010, 17 Verg 5/10, VergabeR 2011, 485, 491; OLG Naumburg, Beschl. v. 29.10.2009, 1 Verg 5/09 zu § 13 Abs. 6 VgV a.F.; Dreher in: Immenga/Mestmäcker, GWB, § 101 b Rn. 45; Wagner in: Langen/Bunte, Kommentar zum deutschen und europäischen Kartellrecht, § 101 b Rn. 16; offen gelassen von OLG München, Beschl. v. 13.08.2010, Verg 10/10, NZBau 2011, 59.
30 OLG Düsseldorf, Beschl. v. 11.01.2012, VII Verg 67/11.
31 OLG Brandenburg, Beschl. v. 16.03.2010, Verg W 6/10, IBR 2010, 420 (LS u. Kurzwiedergabe); OLG Rostock, Beschl. v. 20.10.2010, 17 Verg 5/10, VergabeR 2011, 485.
32 Dreher in: Immenga/Mestmäcker, GWB, § 101 b Rn. 46.

abhilft und eine nachvollziehbare Begründung ihrer Zuschlagsentscheidung nachschiebt. Genügt die Information nun den Anforderungen, besteht zu einer erneuten Rüge kein Anlass. Ergeben sich aus den mitgeteilten Gründen indes Anhaltspunkte für einen Verstoß gegen andere Vergabevorschriften, müssen diese vor oder zugleich mit dem Nachprüfungsantrag gerügt werden.[33]

bb) Keine Rügeobliegenheit bei einem Verstoß gegen § 135 Abs. 1 Nr. 2 GWB

Ist Gegenstand des Nachprüfungsantrags ein Verstoß gegen die Pflicht zur europaweiten Ausschreibung (§ 135 Abs. 1 Nr. 2 GWB), trifft den Antragsteller keine Rügeobliegenheit. Nach § 160 Abs. 3 Satz 2 GWB gilt Satz 1 in diesem Fall ausdrücklich nicht. Ob die Rügeobliegenheit gleichwohl nur dann entfällt, wenn auf die Veröffentlichung der Vergabeabsicht vollständig verzichtet worden ist und der Antragsteller von der Auftragsvergabe nichts wissen konnte, hingegen derjenige zur Rüge verpflichtet bleibt, der etwa infolge einer nationalen Ausschreibung über das Vergabeverfahren informiert war, erscheint nach der Gesetzesnovelle zumindest fraglich. Der Gesetzgeber hat in Kenntnis der hierzu ergangenen Rechtsprechung des Oberlandesgerichts Düsseldorf zu § 101 b Abs. 1 Nr. 2 GWB[34] eine diesbezügliche Einschränkung im Rahmen von § 160 Abs. 3 Satz 2 GWB bei gleichzeitiger Erweiterung des Anwendungsbereichs von § 135 Abs. 1 Nr. 2 GWB nicht vorgenommen. **35**

II. Ausschlussfristen zur Feststellung der Unwirksamkeit (§ 135 Abs. 2 GWB)

§ 135 Abs. 2 GWB macht die Feststellung der Unwirksamkeit des Vertrags von einer weiteren Zulässigkeitsvoraussetzung abhängig. Die Antragsteller haben nicht unbegrenzt Zeit, Nachprüfung zu beantragen. Vielmehr enthält § 135 Abs. 2 GWB ein Fristenregime und bestimmt, innerhalb welcher Fristen Nachprüfung zur Feststellung der Unwirksamkeit des unter Verstoß gegen § 135 Abs. 1 GWB geschlossenen Vertrags beantragt werden kann. Nach Ablauf der Frist ist die Geltendmachung der Unwirksamkeit des Vertrags endgültig ausgeschlossen.[35] Die Frist ist weder einer Hemmung nach §§ 207 ff. BGB oder Verjährungsunterbrechung[36] noch einer Wiedereinsetzung in den vorherigen Stand bei unverschuldeter Fristversäumnis zugänglich.[37] Die in § 135 Abs. 2 GWB geregelten Fristen sind formelle Ausschlussfristen, weil sie eine Überprüfung materiell-rechtlicher Verstöße durch die Nachprüfungsinstanzen nach einer gewissen Frist im Interesse der Rechtssicherheit und -klarheit ausschließen. Sinn der Regelung ist es, Rechtssicherheit für den geschlossenen Vertrag zu schaffen. Dieser Zweck würde nicht erreicht, wenn die in § 135 Abs. 2 GWB vorgesehenen Fristen gehemmt oder unterbrochen werden könnten. Es wäre nicht absehbar, wann die Beteiligten Gewissheit über die endgültige Wirksamkeit oder Unwirksamkeit des Vertrags erlangen. **36**

Entscheidend für den Fristbeginn ist, auf welche Weise die betroffenen Bieter und Bewerber Kenntnis von einem Verstoß gegen § 135 Abs. 1 GWB, also von einem Vertragsschluss ohne vorherige Mitteilung der unterlegenen Bieter und Bewerber nach § 134 GWB bzw. ohne Veröffentlichung einer Bekanntmachung im Amtsblatt der Europäischen Union, erhalten haben. Die in Satz 1 geregelte Ausschlussfrist stellt auf die Information über den Vertragsschluss durch den öffentlichen Auftraggeber ab. In Satz 2 ist es die Bekanntmachung der Auftragsvergabe im Amtsblatt der Europäischen Union. **37**

---

33 OLG Düsseldorf, Beschl. v. 05.12.2006, Verg 56/06 NZBau 2007, 668; OLG München, Beschl. v. 07.08.2007 – Verg 8/07; OLG Frankfurt, Beschl. v. 08.12.2009, Verg 6/09, IBR 2010, 297 (LS u. Kurzzwiedergabe); kritisch Braun in: Ziekow/Völlink, Vergaberecht, 2. Aufl., GWB § 101 b Rn. 89.

34 OLG Düsseldorf, Beschl. v. 11.01.2012, VII – Verg 67/11, juris Rn. 76.

35 OLG Schleswig, Beschl. v. 04.11.2014, 1 Verg 1/14, VergabeR 2015, 228; OLG Frankfurt, Beschl. v. 24.09.2013, 11 Verg 12/13; NZBau 2014, 247.

36 OLG München, Beschl. v. 10.03.2011, Verg 1/11, NZBau 2011, 445, 447 – nuklearmedizinischer Kooperationsvertrag.

37 OLG Schleswig, Beschl. v. 01.04.2010, 1 Verg 5/09, IBR 2010 (LS u. Kurzwiedergabe); a.A. Braun in: Ziekow/Völlink, Vergaberecht 2. Aufl., GWB § 101 b Rn. 72.

1. § 135 Abs. 2 Satz 1 GWB

38 Nach § 135 Abs. 2 Satz 1 GWB kann die Unwirksamkeit des Vertrags nach Absatz 1 nur festgestellt werden, wenn sie im Nachprüfungsverfahren innerhalb von 30 Kalendertagen nach der Information der betroffenen Bieter und Bewerber durch den öffentlichen Auftraggeber über den Abschluss des Vertrags, jedoch nicht später als sechs Monate nach Vertragsschluss geltend gemacht worden ist.

39 Die Frist beginnt gemäß § 187 Abs. 1 BGB einen Tag nach der Information über den Vertragsschluss. Das Fristende richtet sich nach § 188 Abs. 1 BGB. Die Frist endet mit Ablauf des letzten Tages der Frist, also am 30. Tag nach der Information. Fällt das Fristende auf einen Samstag, Sonn- oder Feiertag, kommt eine Verlängerung der Frist auf den nächsten Werktag nicht in Betracht. § 193 BGB ist nicht anwendbar.

a) Frist von 30 Kalendertagen (§ 135 Abs. 2 Satz 1 Hs. 1 GWB)

40 Die Frist von 30 Kalendertagen wird dadurch in Gang gesetzt, dass der am Auftrag interessierte Bieter oder Bewerber über den Abschluss des Vertrags in Kenntnis gesetzt wird. Die Information muss durch den öffentlichen Auftraggeber erfolgen. Dies hat der Gesetzgeber durch die Neufassung ausdrücklich unter Bezugnahme auf Art. 2f Abs. 1 lit. a, 2. Spiegelstrich der Richtlinie 2007/66/EG klargestellt. Erlangt der Bieter oder Bewerber auf andere Weise Kenntnis von dem Vertragsschluss, beginnt die Frist nicht zu laufen. Kein fristauslösendes Ereignis ist daher, wenn er durch eigene Recherche[38], die Übersendung einer Schutzschrift oder durch Veröffentlichungen in der Zeitung[39] von dem Vertragsschluss erfährt.

41 Die betroffenen Bieter und Bewerber müssen über den Vertragsschluss unterrichtet werden. Die Unterrichtung eines Mitarbeiters im Unternehmen der Betroffenen genügt nur dann, wenn er zur Entgegennahme dieser Erklärung empfangsbevollmächtigt ist. Hiervon kann die Vergabestelle ausgehen, wenn der Bieter oder Bewerber den Mitarbeiter selbst als Empfangsbevollmächtigten benannt hat oder die Position des Mitarbeiters im Unternehmen bzw. sein Tätigkeitsfeld erkennbar für eine Empfangsvollmacht sprechen.

42 § 135 Abs. 2 Satz 1 GWB enthält keine Vorgaben dazu, welche inhaltlichen Anforderungen an die Information über den Vertragsschluss zu stellen sind. Die Vorschrift ist aber europarechtskonform dahingehend auszulegen, dass die Information mit Gründen zu versehen ist. In Art. 2f Abs. 1 lit. a, 2. Spiegelstrich der Richtlinie 2007/66/EG, dessen Umsetzung § 135 Abs. 2 GWB dient, ist von einer »Zusammenfassung der einschlägigen Gründe« gemäß Art. 41 Abs. 2 der Richtlinie 2004/18/EG die Rede. Dabei handelt es sich um die Informationen, die der öffentliche Auftraggeber auch im Rahmen seiner Information nach § 134 GWB mitzuteilen hat. Es ist also nicht nur der Name des Unternehmens mitzuteilen, mit dem der Vertrag geschlossen worden ist, sondern auch die Gründe, warum dem Angebot dieses Unternehmens den Vorzug vor den übrigen Angeboten oder Bewerbungen zu geben war. Der Antragsteller muss anhand der mitgeteilten Gründe in die Lage versetzt werden, überprüfen zu können, ob ein Verstoß gegen die Informations- und Wartepflicht vorliegt oder gegen die Pflicht zur europaweiten Bekanntmachung verstoßen worden ist. Genügt die Information des öffentlichen Auftraggebers diesen Anforderungen nicht, wird die Frist von 30 Kalendertagen nicht in Lauf gesetzt.

43 Eine Belehrung über die Fristen des § 135 Abs. 2 GWB ist nicht erforderlich.[40] Auch eine besondere Form ist für die Unterrichtung nicht vorgesehen. Sie kann daher schriftlich oder auch mündlich erfolgen. Im eigenen Interesse wird der öffentliche Auftraggeber jedoch den sichersten Weg

---

38 OLG Düsseldorf, Beschl. v. 01.08.2013, VII Verg 15/12, Vergaberecht 2013, 42, 46 – Managementvertrag.

39 OLG München, Beschl. v. 13.06.2013, Verg 1/13, VergabeR 2013, 893, 899 – Hochschulcampus.

40 OLG Schleswig, Beschl. v. 01.04.2010, 1 Verg 5/09, IBR 2010, 578 (LS u. Kurzwiedergabe); OLG Schleswig, Beschl. v. 04.11.2014, 1 Verg 1/14, NZBau 2015, 186 – Vorhalteleistungen; a.A. Braun in: Ziekow/Völlink, Vergaberecht, 2. Aufl., GWB § 101 b Rn. 68 ff.

Maimann

und damit eine schriftliche Information wählen, um die Unterrichtung und den Zeitpunkt der Unterrichtung im Nachhinein belegen zu können.

Die 30 Tage-Frist beginnt nicht, solange der Vertragsschluss – ungeachtet eines etwaigen Verstoßes 44 gegen § 135 Abs. 1 Nr. 1 oder Nr. 2 GWB – nicht wirksam erfolgt ist, etwa weil erforderliche Genehmigungen noch fehlen.[41]

b) Frist von sechs Monaten nach Vertragsschluss (§ 135 Abs. 2 Satz 1 Hs.2 GWB)

Die Feststellung der Unwirksamkeit des Vertrags kann in keinem Fall später als sechs Monate nach 45 Vertragsschluss geltend gemacht werden. Die Ausschlussfrist gilt auch für den Antragsteller, der nicht über den Vertragsschluss informiert worden ist. Spätestens mit Ablauf dieser Frist wird der geschlossene Vertrag daher endgültig wirksam und ein eventueller Verstoß gegen § 135 Abs. 1 Nr. 1 oder Nr. 2 GWB ist rechtlich bedeutungslos.

c) Feststellung der Fristeinhaltung

Die Einhaltung der Frist nach § 135 Abs. 2 GWB ist eine Zulässigkeitsvoraussetzung des Feststel- 46 lungsantrags. Der Antragsteller hat daher die Einhaltung der Frist zu behaupten oder zumindest auf entsprechende Nachfrage im Rahmen seiner Mitwirkungspflicht die tatsächlichen Voraussetzungen für die Einhaltung der Antragsfrist nach § 135 Abs. 2 GWB darlegen. Wird vom Antragsgegner die Versäumung der Frist geltend gemacht, weil er den Antragsteller schon zu einem früheren Zeitpunkt über den Abschluss des Vertrags informiert haben will, obliegt es der Nachprüfungsinstanz, den Sachverhalt gemäß § 163 GWB aufzuklären. Kann danach nicht festgestellt werden, dass der Antragsteller zu dem von ihm behaupteten Zeitpunkt über den Vertragsschluss informiert worden ist, geht dies zu seinen Lasten. Der Nachprüfungsantrag ist als unzulässig zu verwerfen.[42] Die gegenteilige Ansicht[43], nach der ein Nachprüfungsantrag solange als zulässig zu behandeln ist, solange die Versäumung der Frist nicht nachgewiesen ist, überzeugt nicht. Sie beruft sich zur Begründung auf die Regelung des § 107 Abs. 3 Satz 1 Nr. 1 GWB a.F. und verkennt dabei, dass § 135 Abs. 2 GWB eine Zulässigkeitsvoraussetzung des Nachprüfungsantrags ist, während § 160 Abs. 3 Satz 1 Nr. 1 GWB (§ 107 Abs. 3 Satz 1 Nr. 1 GWB a.F.) eine die Zulässigkeit des Nachprüfungsantrags ausnahmsweise präkludierende Regelung enthält, deren Voraussetzungen von dem Antragsgegner darzutun sind.

2. § 135 Abs. 2 Satz 2 GWB

Hat der öffentliche Auftraggeber die Auftragsvergabe im Amtsblatt der Europäischen Union 47 bekannt gemacht, endet die Frist zur Geltendmachung der Unwirksamkeit 30 Kalendertage nach Veröffentlichung dieser Bekanntmachung.

Die Frist wird nur bei einer ordnungsgemäßen Bekanntmachung in Gang gesetzt. Fehlen der 48 Bekanntmachung notwendige Bestandteile oder sind die Angaben fehlerhaft, beginnt die Frist nicht.[44]

Der Gesetzestext enthält keine inhaltlichen Vorgaben für die Bekanntmachung. Allerdings ist Art. 2 f 49 Abs. 1 lit. a 1. Spiegelstrich der Richtlinie 2007/66/EG zu entnehmen, dass der öffentliche Auftrag-

41 OLG Frankfurt, Beschl. v. 30.01.2014, 11 Verg 15/13, VergabeR 2014, 386 – Stadtbusverkehr.
42 OLG Düsseldorf, Beschl. v. 12.02.2014, VII Verg 32/13, VergabeR 2014, 557 – Augenchirurgie; im Anschluss daran OLG Schleswig, Beschl. v. 04.11.2014, 1 Verg 1/14, VergabeR 2015, 228 – Vorhalteleistungen.
43 OLG München, Beschl. v. 21.02.2013, Verg 21/12, VergabeR 2013, 750, 754 – Krankenhausapotheke; OLG Sachsen-Anhalt, Beschl. v. 26.07.2012, 2 Verg 2/12, VergabeR 2013, 218 – Managementvertrag; OLG Karlsruhe, Beschl. v. 21.07.2010, 15 Verg 6/10, VergabeR 2011, 87, 89.
44 OLG Frankfurt, Beschl. v. 24.09.2013, 11 Verg 12/13, NZBau 2014, 247; OLG Naumburg, Beschl. v. 06.12.2012, 2 Verg 5/12, VergabeR 2013, 438452 – Verkehrsvertrag; OLG Schleswig, Beschl. v. 01.04.2010, 1 Verg 5/09, IBR 2010, 578 (LS u. Kurzwiedergabe).

geber bei einer Bekanntmachung nach Art. 35 Abs. 4 und Art. 36 und 37 der Richtlinie 2004/18/EG zu begründen hat, warum er sich entschieden hat, den Auftrag ohne vorherige Veröffentlichung einer Bekanntmachung im Amtsblatt der Europäischen Union zu vergeben. Er hat seine Entscheidung klar und nachvollziehbar zu erläutern. Voraussetzung hierfür ist die Angabe der tatsächlichen oder rechtlichen Umstände, die nach Ansicht des öffentlichen Auftraggebers dazu geführt haben, dass die Auftragsvergabe nicht dem Vergaberechtsregime unterfiel. Maßstab für die Begründungstiefe ist wiederum, ob das Unternehmen, das ein Interesse an dem Auftrag gehabt hätte, überprüfen kann, ob das Absehen von einer europaweiten Ausschreibung vergaberechtskonform ist oder nicht. Nur dann kann es die Entscheidung auf etwaige Vergabefehler prüfen und erwägen Nachprüfung zu beantragen.

50   Weitere inhaltliche Anforderungen ergeben sich aus den Vorgaben des europäischen Gesetzgebers, die er für die Veröffentlichung der Bekanntmachung in Art. 35 Abs. 4 und Art. 36 und 37 der Richtlinie 2004/18/EG getroffen hat und die Eingang in die jeweiligen Standardformulare gefunden haben.[45] So muss der Auftragsgegenstand hinreichend genau beschrieben werden. Hinzu kommt die Benennung des Auftraggebers und desjenigen, der beauftragt worden ist. Handeln mehrere öffentliche Auftraggeber zusammen und führen sie ein einheitliches Vergabeverfahren durch, ist es ausreichend die gemeinsame Vergabestelle anzugeben, wenn die gemeinsame Vergabestelle von den öffentlichen Auftraggebern hierzu autorisiert worden ist.[46] In der Bekanntmachung sind ferner die Zuschlagskriterien und der Tag der Zuschlagserteilung anzugeben. Überdies ist die zuständige Stelle für Nachprüfungsverfahren sowie die Fristen für die Einlegung von Rechtsbehelfen anzugeben.[47]

III. Ausnahme von der Unwirksamkeitsfolge bei freiwilliger Ex-ante-Transparenz (§ 135 Abs. 3 GWB)

51   § 135 Abs. 3 GWB enthält eine Ausnahmeregelung, die bisher im Gesetz nicht vorgesehen war. Sie ist durch das VergModG eingefügt worden. Sie dient der Umsetzung von Art. 2d der Richtlinie 89/665/EWG und 92/13/EWD jeweils in der Fassung der Richtlinie 2007/66/EG.

52   Nach § 135 Abs. 1 Nr. 2 GWB ist ein Vertrag unwirksam, wenn der öffentliche Auftraggeber den Auftrag unter Verstoß gegen das Vergaberecht ohne vorherige Bekanntmachung im Amtsblatt der Europäischen Union vergeben hat und der Verstoß in einem Nachprüfungsverfahren festgestellt worden ist. Von dieser Regel macht § 135 Abs. 3 GWB eine Ausnahme. Die Unwirksamkeit tritt nicht ein, wenn der öffentliche Auftraggeber unter bestimmten Voraussetzungen die Absicht des Vertragsschlusses im Amtsblatt der Europäischen Union bekundet hat und der Vertrag erst nach einer Stillhaltefrist von 10 Kalendertagen geschlossen worden ist. Sind diese Voraussetzungen erfüllt, ist eine Feststellung der Unwirksamkeit des Vertrags ausgeschlossen. Ein Entscheidungsspielraum für die Nachprüfungsinstanzen besteht nicht.[48]

53   Ziel der Vorschrift ist es, einen Ausgleich zwischen den unterschiedlichen Interessen herbeizuführen. Es werden die Interessen der Unternehmen berücksichtigt, die dadurch benachteiligt sind, dass der öffentliche Auftraggeber den Auftrag ohne vorherige europaweite Ausschreibung vergibt, obwohl er hierzu nicht befugt war. Sie haben das Recht, die Unwirksamkeit des rechtswidrig geschlossenen Vertrags feststellen zu lassen. Die Ausnahmeregelung des § 135 Abs. 3 GWB berücksichtigt die Interessen des öffentlichen Auftraggebers und des von ihm beauftragten Unternehmens. Unter engen Voraussetzungen beschränkt sie die Rechtsunsicherheit, die sich aus der Unwirksamkeit des Vertrags ergeben kann.[49]

54   Drei Voraussetzungen müssen erfüllt sein, damit die Unwirksamkeit nach § 135 Abs. 1 Satz 1 Nr. 2 GWB nicht eintritt. Der öffentliche Auftraggeber muss der Ansicht sein, dass die Auftragsvergabe

---

45 Vgl. Dreher in: Immenga/Mestmäcker, GWB, § 101 b GWB Rn. 56.
46 OLG Naumburg, Beschl. v. 06.12.2012, 2 Verg 5/12, VergabeR 2013, 438, 452 -Verkehrsvertrag.
47 Dreher in: Immenga/Mestmäcker, GWB, § 101 b Rn. 62; a.A. OLG Schleswig, Beschl. v. 01.04.2010, 1 Verg 5/09, IBR 2010, 578 (LS u. Kurzwiedergabe); OLG Schleswig, Beschl. v. 06.12.2012, 2 Verg 5/12.
48 EuGH, Urt. v. 11.09.2014, Rs. C-19/13 – Fastweb SpA – Rn. 42, 45.
49 EuGH, Urt. v. 11.09.2014, Rs. C-19/13 – Fastweb SpA – Rn. 63.

ohne vorherige Bekanntmachung im Amtsblatt der Europäischen Union zulässig ist (Nr. 1). Seine Absicht zum Vertragsschluss muss im Amtsblatt der Europäischen Union bekannt gegeben worden sein (Nr. 2). Ferner darf er den Vertrag nicht vor Ablauf einer Frist von 10 Kalendertagen ab dem Tag der Bekanntmachung dieser Veröffentlichung geschlossen haben (Nr. 3).

Da § 135 Abs. 3 GWB eine Ausnahme von der Regel der Unwirksamkeit des Vertrags nach Abs. 2   55
Nr. 1 GWB darstellt, sind die Voraussetzungen des Ausnahmetatbestands eng auszulegen.[50]

1. § 135 Abs. 3 Satz 1 Nr. 1 GWB

Die erste Voraussetzung des Ausnahmetatbestands ist die Ansicht des öffentlichen Auftraggebers,   56
dass die Auftragsvergabe ohne vorherige Veröffentlichung einer Bekanntmachung im Amtsblatt der Europäischen Union zulässig ist. Erforderlich hierfür ist zum einen die Entscheidung, den Auftrag ohne die in Rede stehende Veröffentlichung zu vergeben, und zum anderen die Ansicht, dass diese Entscheidung vergaberechtlich zulässig ist. Während die zuerst genannte Voraussetzung problemlos aufgrund des objektiven Sachverhalts und einer entsprechenden Dokumentation in den Vergabeunterlagen festzustellen ist, kann die Feststellung der zweiten Voraussetzung auf Schwierigkeiten stoßen. Es handelt sich hierbei um eine sog. innere Tatsache, die in der Regel nur dann festgestellt werden kann, wenn hierfür sprechende und nach außen erkennbare Tatsachen vorliegen. Allein der Umstand, dass der öffentliche Auftraggeber auf eine europaweite Ausschreibung verzichtet hat, lässt diesen Rückschluss nicht zu. Eine tatsächliche Vermutung des Inhalts, dass der öffentliche Auftraggeber nur dann auf eine europaweite Ausschreibung verzichtet, wenn er den Verzicht für zulässig hält, existiert nicht. Die Nachprüfungsinstanzen müssen vielmehr aufgrund konkreter Anhaltspunkte feststellen können, dass der öffentliche Auftraggeber, obwohl die getroffene Entscheidung vergaberechtlich falsch war, dennoch der Überzeugung war, den Auftrag ohne vorherige europaweite Ausschreibung vergeben zu dürfen. Welche Voraussetzungen an diese Feststellungen zu stellen sind, kann nicht generell beantwortet werden, sondern hängt von den konkreten Umständen des Einzelfalls ab. Um eine wirksame Kontrolle im Nachprüfungsverfahren sicherzustellen, dürfen die Anforderungen indes nicht zu gering sein. Es ist zu verhindern, dass sich der öffentliche Auftraggeber den Ausnahmetatbestand des § 135 Abs. 3 GWB zu nutze macht, indem er wider besseres Wissen vorträgt, er habe ein Vergabeverfahren ohne europaweite Ausschreibung für zulässig gehalten. Gleiches gilt, wenn er sich der richtigen Erkenntnis bewusst verschlossen hat. Es ist somit eine mutwillige Umgehung der Pflicht zur europaweiten Ausschreibung abzugrenzen von einer nach bestem Wissen getroffenen fehlerhaften Entscheidung. Der richtige Prüfungsmaßstab dürfte daher sein, ob die Entscheidung des öffentlichen Auftraggebers aufgrund der konkreten Umstände in sachlicher und rechtlicher Hinsicht vertretbar war. Abzustellen ist dabei auf den Zeitpunkt, zu dem er seine Entscheidung getroffen hat.[51]

Ausgangspunkt ist der Entscheidungsfindungsprozess selbst. Ist der Entscheidung eine sorgfältige   57
Prüfung der Sach- und Rechtslage vorausgegangen und konnte der Auftraggeber aufgrund des Prüfungsergebnisses zu der Auffassung gelangen, dass der Auftrag ohne vorherige europaweite Ausschreibung vergeben werden kann, spricht viel dafür, dass er die gewählte Verfahrensart für zulässig hielt und auch für zulässig halten durfte. Von Bedeutung kann in diesem Zusammenhang sein, ob die Frage einer europaweiten Ausschreibung einfach zu klären oder mit besonderen Schwierigkeiten behaftet war. Ein weiterer Aspekt ist, über welche Erfahrungen der öffentliche Auftraggeber in dem relevanten Beschaffungsbereich verfügt. Geht der öffentliche Auftraggeber richtigerweise davon aus, dass sein Beschaffungsvorgang dem Vergaberechtsregime des GWB unterfällt, will er den Auftrag jedoch im Verhandlungsverfahren ohne Teilnahmewettbewerb und damit ohne europaweite Ausschreibung vergeben, ist zu beachten, dass dieses Verfahren nur ausnahmsweise in gesetzlich genau festgelegten Fällen zur Anwendung kommt. Da die Voraussetzungen nur in den seltensten Fällen erfüllt sind, kommt einer nachvollziehbaren Darlegung der maßgeblichen Umstände und

---

50 EuGH, Urt. v. 10.06.2010, C-86/09, Slg. 2010, I-5215, – Future Health Technologies – Rn. 30; EuGH, Urt. v. 15.10.2009, C-275/08, Rn. 55, VergabeR 2010, 57.
51 EuGH, Urt. v. 11.09.2014, Rs. C-19/13 – Fastweb SpA – Rn. 50.

Gründe für die gewonnene Überzeugung, der Ausnahmetatbestand sei im konkreten Fall erfüllt, besondere Bedeutung zu.[52] Ist der Verstoß gegen § 135 Abs. 1 Nr. 2 GWB hingegen darauf zurückzuführen, dass fehlerhaft von einer sog. Unterschwellen-Vergabe ausgegangen worden ist, bedarf es einer näheren Betrachtung, ob die richtige Bestimmung des Auftragswerts oder die rechtliche Einordnung der zu vergebenden Leistung besondere Schwierigkeiten aufwies oder an sich problemlos hätte bewerkstelligt werden können.

58   Keine Rolle spielt in diesem Zusammenhang, ob der öffentliche Auftraggeber bei pflichtgemäßem Handeln den Vergaberechtsfehler hätte erkennen können oder müssen. Dies betrifft die hier nicht relevante Frage der Vorwerfbarkeit und des Verschuldens.

59   Bleibt zweifelhaft, ob die in § 135 Abs. 3 Nr. 1 GWB vorausgesetzte Ansicht des öffentlichen Auftraggebers vorlag, geht die Unaufklärbarkeit zu seinen Lasten. Ihn trifft für das Vorliegen des ihm vorteilhaften Ausnahmetatbestands die materielle Beweislast.

2. § 135 Abs. 3 Satz 1 Nr. 2 GWB

60   Die zweite Voraussetzung des Ausnahmetatbestands erfordert, dass der öffentliche Auftraggeber seine Absicht, den Vertrag abzuschließen, durch eine Bekanntmachung im Amtsblatt der Europäischen Union veröffentlicht. Diese Bestimmung soll sicherstellen, dass alle potenziell betroffenen Bewerber von der Entscheidung des öffentlichen Auftraggebers, den Auftrag ohne vorherige Veröffentlichung einer Bekanntmachung zu vergeben, Kenntnis erlangen können.[53] Welchen Inhalt die Bekanntmachung haben muss, ergibt sich aus § 135 Abs. 3 Satz 2 GWB. Erforderlich sind neben dem Namen und den Kontaktdaten des öffentlichen Auftraggebers und des Unternehmens, das den Zuschlag erhalten soll, die Beschreibung des Vertragsgegenstands und die Begründung dafür, warum der Auftrag ohne vorherige Veröffentlichung einer Bekanntmachung vergeben werden soll. Die Angabe des jeweiligen Namens und der Kontaktdaten dürfte in der Regel unproblematisch sein. Allerdings müssen diese Angaben vollständig und richtig sein. Das potenziell an dem Auftrag interessierte Unternehmen muss anhand dieser Angaben den Auftraggeber und das für den Zuschlag vorgesehene Unternehmen identifizieren und mit ihnen in Kontakt treten können. Die Beschreibung des Auftragsgegenstandes muss erkennen lassen, welche Leistungen vergeben werden sollen. Ihr muss zu entnehmen sein, um welche Art von Leistung im Sinne von §§ 103–105 GWB es sich handelt. Die Beschreibung muss so genau sein, dass das möglicherweise am Auftrag interessierte Unternehmen beurteilen kann, ob der Auftrag in seinen Tätigkeitsbereich fällt und ob der zu vergebende Auftrag rechtlich richtig eingeordnet worden ist. Was die Begründung der Entscheidung anbelangt, den Auftrag ohne vorherige Veröffentlichung einer Bekanntmachung zu vergeben, so muss diese Begründung klar und unmissverständlich die Gründe für diese Entscheidung erkennen lassen. Das Ziel ist es, den Adressaten volle Sachkenntnis zu verschaffen, damit sie auf dieser Grundlage entscheiden können, ob sie Nachprüfung beantragen und eine wirksame Kontrolle dieser Entscheidung herbeiführen wollen.[54] Hieran ist zu messen, ob die Begründung den Anforderungen genügt.

3. § 135 Abs. 3 Satz 1 Nr. 3 GWB

61   Der öffentliche Auftraggeber ist ferner verpflichtet, eine Stillhaltefrist von 10 Tagen einzuhalten, bis er den Vertrag abschließt. Die Frist beginnt an dem Tag nach der Veröffentlichung der Bekanntmachung nach Nr. 2. Für den Fristbeginn und das Fristende gelten ebenso wie bei § 135 Abs. 2 GWB die §§ 187, 188 BGB. Durch die Stillhaltefrist erhalten die am Auftrag interessierten Unternehmen die Möglichkeit, die Vergabe des Auftrags anzufechten, bevor der Vertrag geschlossen wird.

---

52 EuGH, Urt. v. 11.09.2014, Rs. C-19/13 – Fastweb SpA – Rn. 51.
53 EuGH, Urt. v. 11.09.2014, Rs. C-19/13 – Fastweb SpA – Rn. 61.
54 EuGH, Urt. v. 11.09.2014, Rs. C-19/13 – Fastweb SpA – Rn. 48.

C. Rechtsfolgen

Wird ein Vertrag unter Verstoß gegen § 135 Abs. 1 Nr. 1 oder Nr. 2 GWB geschlossen, hängt das   62
rechtliche Schicksal des Vertrags und die hieraus folgenden Konsequenzen für die vertragsschließenden Parteien davon ab, ob die Unwirksamkeit im Nachprüfungsverfahren festgestellt wird.

I. Feststellung der Unwirksamkeit

Wird die Unwirksamkeit des Vertrags im Nachprüfungsverfahren festgestellt, ist er von Anfang an   63
(ex tunc) unwirksam. Der Vertrag kann keine Wirkungen entfalten. Die gegenseitigen Leistungspflichten erlöschen. Ist der Vertrag zu diesem Zeitpunkt bereits ganz oder teilweise erfüllt worden,
ist der Rechtsgrund für die wechselseitigen Leistungen nachträglich entfallen. Es hat daher eine
Rückabwicklung des Vertrags nach Bereicherungsrecht gemäß § 812 Abs. 1 S. 1 GWB zu erfolgen.
Dies steht nicht im Belieben des öffentlichen Auftraggebers. Vielmehr ist er hierzu verpflichtet.[55]
Können die Leistungen nicht herausgegeben werden, ist gemäß § 818 Abs. 2 GB Wertersatz zu
leisten.

II. Schwebezeitraum zwischen Vertragsschluss und der Feststellung der Unwirksamkeit oder
Fristablauf nach § 135 Abs. 2 GWB

Solange weder die Unwirksamkeit des Vertrags in einem Nachprüfungsverfahren festgestellt worden   64
ist noch die Ausschlussfristen des § 135 Abs. 2 GWB vor Einleitung eines Nachprüfungsverfahrens
abgelaufen sind, befindet sich der Vertrag in einem Schwebezustand. Sein rechtliches Schicksal ist
ungewiss. Hat das Nachprüfungsverfahren Erfolg, ist der Vertrag von Anfang an unwirksam. Kommen die Nachprüfungsinstanzen zu dem Ergebnis, dass kein Verstoß gegen § 135 Abs. 1 Nr. 1 oder
2 GWB vorliegt, oder wird innerhalb der Ausschlussfristen keine Nachprüfung beantragt, ist der
Vertrag endgültig wirksam. Während des Schwebezustandes geht die herrschende Meinung zutreffend von einer schwebenden Wirksamkeit des Vertrags aus.[56] Dies bedeutet, dass der Vertrag ab
Vertragsschluss volle Wirksamkeit entfaltet. Die sich aus dem Vertrag ergebenden wechselseitigen
Pflichten sind zu erfüllen. Ein Zuwarten, bis über das rechtliche Schicksal des Vertrags endgültig
entschieden ist, scheidet daher aus. Wird der Schwebezeitraum dadurch beendet, dass im Nachprü-
fungsverfahren die Unwirksamkeit des geschlossenen Vertrags festgestellt wird, ist der Vertrag von
Anfang an unwirksam (§ 135 Abs. 1 GWB). Die bis dahin ausgetauschten Leistungen sind nach
Bereicherungsrecht zurück zu gewähren. Findet der Schwebezeitraum sein Ende, weil die Fristen
des § 135 Abs. 2 GWB abgelaufen sind, ohne dass in einem Nachprüfverfahren die Feststellung der
Unwirksamkeit beantragt worden ist, ist der Vertrag uneingeschränkt wirksam.

---

55 Braun in: Ziekow/Völlink, Vergaberecht, 2. Aufl., GWB § 101 b Rn. 95; Dreher in: Immenga/Mestmäcker,
    § 101 b Rn. 74; OLG Brandenburg, Beschl. v. 19.01.2013, VergW 8/12.
56 Ausführlich Dreher in: Immenga/Mestmäcker, GWB, § 101 b GWB Rn. 63 ff.; Dreher/Hoffmann NZBau
    2010, 201f.; Wagner in: Langen/Bunte, GWB § 101 a Rn. 8.

Abschnitt 3 Vergabe von öffentlichen Aufträgen in besonderen Bereichen und von Konzessionen

Unterabschnitt 1 Vergabe von öffentlichen Aufträgen durch Sektorenauftraggeber

§ 136 Anwendungsbereich

Dieser Unterabschnitt ist anzuwenden auf die Vergabe von öffentlichen Aufträgen und die Ausrichtung von Wettbewerben durch Sektorenauftraggeber zum Zweck der Ausübung einer Sektorentätigkeit.

1   § 136 bestimmt den Anwendungsbereich des Unterabschnitts 1 des neuen Abschnitts 3 von Teil 4 des GWB. Unterabschnitt 1 (§§ 136 – 143) regelt das Sektorenvergaberecht, das heißt die besonderen Vorschriften für die Vergabe von öffentlichen Aufträgen und die Ausrichtung von Wettbewerben im Bereich der Trinkwasser- oder Energieversorgung sowie des Verkehrs durch Sektorenauftraggeber nach § 100 für die Ausführung von Sektorentätigkeiten nach § 102.[1] Diese Vorschriften treten neben die allgemeinen Vorschriften von Abschnitt 1 (§§ 97 – 114 GWB), welche von Sektorenauftraggebern ebenfalls zu beachten sind, soweit sie nicht – wie § 108 Abs. 1 – 7 GWB – ausdrücklich nur für öffentliche Auftraggeber i.S.d. § 99 Nr. 1 – 3 GWB gelten und auch nicht für entsprechend anwendbar erklärt werden (vgl. § 108 Abs. 8 GWB mit der Beschränkung auf »öffentliche« Sektorenauftraggeber i.S.d. § 100 Abs. 1 Nr. 1 GWB).

2   Die §§ 137 – 140 GWB enthalten zunächst besondere Ausnahmetatbestände für Auftragsvergaben im Sektorenbereich, welche zum Teil für die zum Zwecke der Ausübung einer Sektorentätigkeit erfolgende Vergabe von Konzessionen entsprechend gelten (siehe § 154 Nr. 5 – 7 GWB). § 141 GWB trifft eine Sonderregelung zu den zulässigen Verfahrensarten bei Auftragsvergaben im Sektorenbereich und § 142 GWB erklärt verschiedene Vorschriften des Abschnitts 2 zur Vergabe von öffentlichen Aufträgen durch öffentliche Auftraggeber für entsprechend anwendbar, sofern aus den §§ 137 bis 142 nicht etwas anderes folgt. Im Übrigen sind bei Auftragsvergabe im Sektorenbereich die Bestimmungen der Verordnung über die Vergabe von öffentlichen Aufträgen im Bereich des Verkehrs, der Trinkwasserversorgung und der Energieversorgung (Sektorenverordnung – SektVO) zu beachten.

3   Voraussetzung für die (bei Konzessionsvergaben entsprechende) Anwendung der Bestimmungen der §§ 136 ff. GWB ist, dass die Vergabe eines Auftrags oder einer Konzession bzw. die Ausrichtung eines Wettbewerbs zum Zwecke der Ausübung einer Sektorentätigkeit i.S.d. § 102 GWB erfolgt. Erforderlich, aber auch ausreichend ist danach eine zumindest mittelbare Förderung einer Sektorentätigkeit.[2] Fehlt es hieran vollständig, finden die Bestimmungen für Auftragsvergaben im Sektorenbereich keine Anwendung, § 137 Abs. 2 Nr. 1 GWB. »Reine« Sektorenauftraggeber i.S.d. § 100 Abs. 1 Nr. 2 GWB unterliegen dann grds. gar keinen vergaberechtlichen Bindungen, während Sektorenauftraggeber i.S.d. § 100 Abs. 1 Nr. 1 GWB als zugleich öffentliche Auftraggeber i.S.d. § 99 Nr. 1 – 3 GWB grds. die für diese geltenden allgemeinen Bestimmungen für die Vergabe öffentlicher Aufträge (§§ 115 – 135 GWB) zu beachten haben.

4   Dient ein Auftrag, eine Konzession oder ein Wettbewerb nur zum Teil der Ausübung einer Sektorentätigkeit, gilt Folgendes: »Reine« Sektorenauftraggeber i.S.d. § 100 Abs. 1 Nr. 2 GWB haben die Bestimmungen für Vergaben im Sektorenbereich (entsprechend) zu beachten, wenn der Auftrag/ der Wettbewerb/die Konzession hauptsächlich für die Sektorentätigkeit bestimmt ist oder sich der

---

1   So die Gesetzesbegründung, BT-Drucks. 18/628, S. 122.
2   Siehe hierzu näher § 137 Rdn. 10.

Hauptgegenstand objektiv nicht bestimmen lässt, vgl. § 112 Abs. 3 Satz 1 und Abs. 5 Nr. 3 GWB. Sektorenauftraggeber i.S.d. § 100 Abs. 1 Nr. 1 GWB haben ebenfalls (die im Vergleich zu den Bestimmungen für Vergaben von öffentlichen Aufträgen weniger strengen) Bestimmungen für Vergaben im Sektorenbereich zu beachten, wenn der Auftrag in der Hauptsache eindeutig einer Sektorentätigkeit dient (§ 112 Abs. 3 Satz 1 GWB). Lässt sich die Hauptsache objektiv nicht eindeutig feststellen, haben sie im Zweifel die Bestimmungen über die Vergabe von öffentlichen Aufträgen über öffentliche Auftraggeber (§§ 115 ff. GWB), also das strengere Vergaberegime zu beachten.

§ 137 Besondere Ausnahmen

(1) Dieser Teil ist nicht anzuwenden auf die Vergabe von öffentlichen Aufträgen durch Sektorenauftraggeber zum Zweck der Ausübung einer Sektorentätigkeit, wenn die Aufträge Folgendes zum Gegenstand haben:
1. Rechtsdienstleistungen im Sinne des § 116 Absatz 1 Nummer 1,
2. Forschungs- und Entwicklungsdienstleistungen im Sinne des § 116 Absatz 1 Nummer 2,
3. Ausstrahlungszeit oder Bereitstellung von Sendungen, wenn diese Aufträge an Anbieter von audiovisuellen Mediendiensten oder Hörfunkmediendiensten vergeben werden,
4. finanzielle Dienstleistungen im Sinne des § 116 Absatz 1 Nummer 4,
5. Kredite und Darlehen im Sinne des § 116 Absatz 1 Nummer 5,
6. Dienstleistungen im Sinne des § 116 Absatz 1 Nummer 6, wenn diese Aufträge aufgrund eines ausschließlichen Rechts vergeben werden,
7. die Beschaffung von Wasser im Rahmen der Trinkwasserversorgung,
8. die Beschaffung von Energie oder von Brennstoffen zur Energieerzeugung im Rahmen der Energieversorgung oder
9. die Weiterveräußerung oder Vermietung an Dritte, wenn
   a) dem Sektorenauftraggeber kein besonderes oder ausschließliches Recht zum Verkauf oder zur Vermietung des Auftragsgegenstandes zusteht und
   b) andere Unternehmen die Möglichkeit haben, den Auftragsgegenstand unter den gleichen Bedingungen wie der betreffende Sektorenauftraggeber zu verkaufen oder zu vermieten.

(2) Dieser Teil ist ferner nicht anzuwenden auf die Vergabe von öffentlichen Aufträgen und die Ausrichtung von Wettbewerben, die Folgendes zum Gegenstand haben:
1. Liefer-, Bau- und Dienstleistungen sowie die Ausrichtung von Wettbewerben durch Sektorenauftraggeber nach § 100 Absatz 1 Nummer 2, soweit sie anderen Zwecken dienen als einer Sektorentätigkeit, oder
2. die Durchführung von Sektorentätigkeiten außerhalb des Gebietes der Europäischen Union, wenn der Auftrag in einer Weise vergeben wird, die nicht mit der tatsächlichen Nutzung eines Netzes oder einer Anlage innerhalb dieses Gebietes verbunden ist.

I. Grundsätze

§ 137 enthält besondere Ausnahmen für die Vergabe von öffentlichen Aufträgen durch Sektorenauftraggeber i.S.d. 100 GWB zum Zwecke der Ausübung einer Sektorentätigkeit. Die einzelnen Bereichsausnahmen beruhen auf entsprechenden Regelungen in der Richtlinie 2014/25/EU. Wie diese sind sie nicht analogiefähig und ihrem Wesen nach eng auszulegen. Die Beweislast für das tat- 1 sächliche Vorliegen der eine Ausnahme rechtfertigenden Umstände trägt derjenige, der sich auf die Ausnahme berufen will. Der Auftraggeber hat das Vorliegen einer Bereichsausnahme aktenkundig zu begründen. Im Übrigen wird auf die allgemeinen Ausführungen zum Charakter der Ausnahmetatbestände in der Kommentierung zu § 107 GWB verwiesen.

II. Aufträge i.S.d. § 116 Nr. 1 – 6 GWB (Abs. 1 Nr. 1 – 6)

2   Es unterfallen zunächst solche Aufträge zum Zwecke der Durchführung einer Sektorentätigkeit nicht den für die Vergabe von öffentlichen Aufträgen im Sektorenbereich geltenden Bestimmungen, die sich einer der Bereichsausnahmen gem. § 116 Nr. 1, 2 sowie 4 – 6 GWB bzw. den entsprechenden Richtlinienbestimmungen (Art. 21 lit. c), 32, 21 lit. d) und lit. e) sowie 22 der Richtlinie 2014/25/EU) zuordnen lassen.

3   § 137 Abs. 1 Nr. 3 GWB dient der Umsetzung von Art. 21 lit. i) der Richtlinie 2014/25/EU und ist entsprechend dem Wortlaut der Richtlinie enger gefasst als die allgemeine Ausnahmeregelung des § 116 Abs. 1 Nr. 3, indem er keine Aufträge über Erwerb, Entwicklung, Produktion oder Koproduktion von Sendematerial für audiovisuelle Mediendienste oder Hörfunkmediendienste, die von Mediendienstleistern vergeben werden, umfasst, sondern nur Aufträge über Ausstrahlungszeit oder Bereitstellung von Sendungen, die an Anbieter von audiovisuellen Mediendiensten oder Hörfunkmediendiensten vergeben werden.

4   Zur näheren Erläuterung der in § 137 Abs. 1 Nr. 1 – 6 GWB aufgeführten Ausnahmetatbestände wird auf die Kommentierung der entsprechenden Bereichsausnahmen in § 116 GWB verwiesen.

III. Aufträge zur Beschaffung von Wasser, Energie oder Brennstoff (Abs. 1 Nr. 7 und 8)

5   Gem. § 137 Abs. 1 Nr. 7 und Nr. 8 GWB (= § 100b Abs. 2 Nr. 2 und 3 GWB a.F.) sind Aufträge vom Anwendungsbereich des Kartellvergaberechts ausgenommen, die bei Tätigkeiten auf dem Gebiet der Trinkwasserversorgung die Beschaffung von Wasser (Nr. 2) oder bei Tätigkeiten auf dem Gebiet der Energieversorgung die Beschaffung von Energie oder von Brennstoffen zur Energieerzeugung (Nr. 3) zum Gegenstand haben. Die Ausnahmetatbestände setzen Art. 23 lit. a) und lit. b) der Richtlinie 2014/25/EU um. Abs. 2 Nr. 2 beruht auf der Notwendigkeit, sich aus in der Nähe des Verwendungsorts gelegenen Quellen zu versorgen.[1] Die Begriffe »Trinkwasserversorgung« und »Energieversorgung«, welcher sowohl die Elektrizitäts- als auch die Gas- und Wärmeversorgung umfasst, sind anhand der Definition der Sektorentätigkeiten in § 102 Abs. 1 bis 3 GWB auszulegen.

6   Wie alle unter § 137 GWB aufgeführten Ausnahmetatbestände sind auch diese Regelungen ihrem Wesen nach eng auszulegen. § 137 Abs. 1 Nr. 8 GWB umfasst daher in Bezug auf die Beschaffung von Energie zur Energieerzeugung nur reine Energielieferverträge, hingegen kein Energieliefer-Contracting, das auch ausschreibungspflichtige Leistungen (Bau und Betrieb eines Kraftwerks) enthält.[2]

IV. Aufträge zum Zwecke der Weiterveräußerung oder Weitervermietung an Dritte (Abs. 1 Nr. 9)

7   § 137 Abs. 1 Nr. 9 GWB nimmt – wie zuvor § 100b Abs. 4 Nr. 3 GWB a.F. – entsprechend Art. 18 Abs. 1 der Richtlinie 2014/25/EU solche Aufträge im Sektorenbereich vom Anwendungsbereich des Kartellvergaberechts aus, die zum Zwecke der Weiterveräußerung oder der Vermietung an Dritte getätigt werden. Voraussetzung ist dabei, dass a) der Auftraggeber kein besonderes oder ausschließliches Recht zum Ankauf oder zur Vermietung des Auftragsgegenstandes besitzt und spiegelbildlich b) dass andere Unternehmen die Möglichkeit haben, diese Waren unter gleichen Bedingungen wie der betreffende Auftraggeber zu verkaufen oder zu vermieten. Die Norm betrifft mithin Verträge

---

1 Erwägungsgrund 24 der Richtlinie 2014/25/EU.
2 Vgl. VK Brandenburg 08.03.2007 – 2 VK 4/07 n.v.

mit Dritten zum Zwecke der Veräußerung und Weitervermietung von Erzeugnissen eines Sektorenauftraggebers. Hierbei kann es sich z.B. um Handelsagenturen, Großhändler, Börsen, Makler, Generalmieter und im Einzelfall Betreiberunternehmen handeln.[3] Durch die in lit. a) und lit. b) festgelegten Einschränkungen ist sichergestellt, dass nur dann keine Ausschreibungspflicht besteht, wenn ein hinreichender Wettbewerb besteht und die in Rede stehenden Waren allgemein zum Kauf oder zur Miete angeboten werden.[4] Eine Definition der besonderen oder ausschließlichen Rechte enthält Art. 4 Abs. 3 der Richtlinie 2014/25/EU. Zum Verständnis dieser Begriffe ist weiter Erwägungsgrund 20 der Richtlinie 2014/25/EU heranzuziehen.

Gem. Art. 18 Abs. 2 Satz 1 der Richtlinie 2014/25/EU sollen die Auftraggeber der Kommission 8 auf Verlangen alle Kategorien von Waren und Tätigkeiten mitteilen, die ihres Erachtens unter die Ausnahmeregelung nach Absatz 1 fallen. Die Kommission kann in regelmäßigen Abständen Listen der Kategorien von Waren und Tätigkeiten im Amtsblatt der Europäischen Union zur Information veröffentlichen, die ihres Erachtens unter die Ausnahmeregelung fallen. Hierbei wahrt sie die Vertraulichkeit der sensiblen geschäftlichen Angaben, soweit die Auftraggeber dies bei der Übermittlung der Informationen geltend machen, so Art. 18 Abs. 2 Satz 2 und 3 der Richtlinie 2014/25/EU.

V. Aufträge zur Erfüllung von sektorenfremden Zwecken (Abs. 2 Nr. 1)

Gemäß § 137 Abs. 2 Nr. 1 GWB gelten die §§ 97 ff. GWB nicht für die Vergabe von öffentlichen 9 Aufträgen und die Ausrichtung von Wettbewerben, soweit sie anderen Zwecken dienen als einer Sektorentätigkeit. Der bislang in § 100b Abs. 1 Nr. 1 GWB a.F. geregelt Ausnahmetatbestand setzt eine entsprechende(n) Regelung in Art. 19 Abs. 1 der Richtlinie 2014/25/EU um. Im Kern geht es darum, die Anwendung der Vergabevorschriften für Sektorenauftraggeber i.S.d. § 100 Abs. 1 Nr. 2 GWB auf den Sektorenbereich zu beschränken. An sich folgt bereits aus § 136 GWB, dass die §§ 137 – 143 und die über § 142 in Bezug genommenen Vorschriften über die Vergabe von öffentlichen Aufträgen durch öffentliche Auftraggeber (§§ 115 ff. GWB) nur für die Vergabe von Aufträgen und die Durchführung von Wettbewerben »zum Zwecke der Ausübung einer Sektorentätigkeit« anzuwenden sind. Den in § 137 Abs. 2 Nr. 1 GWB geregelten Ausnahmetatbestand braucht es aber für die Klarstellung, dass auch die allgemeinen Bestimmungen der §§ 97 ff. GWB bzw. das Kartellvergaberecht insgesamt keine Anwendung finden, wenn »reine« Sektorenauftraggeber i.S.d. § 100 Abs. 1 Nr. 2 GWB Aufträge vergeben oder Wettbewerbe durchführen, die keinen Zusammenhang mit ihrer Sektorentätigkeit aufweisen.

Es sollen nur solche Auftragsvergaben dem vergaberechtlichen Sonderregime unterfallen, die einen 10 inneren Zusammenhang mit der Sektorentätigkeit aufweisen, indem sie diese erst ermöglichen, erleichtern oder fördern.[5] Dabei genügt auch eine mittelbare Förderung der Sektorentätigkeit.[6] Erforderlich für eine Anwendung der für Auftragsvergaben im Sektorenbereich geltenden Bestimmungen ist eine zumindest mittelbar kausale Verknüpfung des Auftragsgegenstands mit der Sektorentätigkeit. Auf das Ausmaß, in dem die Sektorentätigkeit einen Auftrag prägt, kommt es nicht an.[7] Nur wenn es nachvollziehbar an einem inneren bzw. kausalen Zusammenhang zwischen Auftragsvergabe bzw. Wettbewerbsausrichtung und Sektorentätigkeit vollständig fehlt, ist eine Verpflichtung zur Beachtung der Vergabebestimmungen für Auftragsvergaben im Sektorenbereich zu verneinen.[8] Soweit ein »reiner« bzw. »privater« Sektorenauftraggeber i.S.d. § 100 Abs. 1 Nr. 2 GWB

---

3 Opitz in: Eschenbruch/Opitz, Anhang zu § 1 SektVO Rn. 30.
4 Opitz in: Eschenbruch/Opitz, Anhang zu § 1 SektVO Rn. 30.
5 Vgl. auch Dreher in: Immenga/Mestmäcker § 100b GWB a.F. Rn. 14; Diehr in: Reidt/Stickler/Glahs, § 100 GWB (a.F.) Rn. 72.
6 Vgl. OLG Düsseldorf 24.03.2010 – VII Verg 58/09 (Sicherheitsdienste auf Flughafengelände); VK Sachsen 09.12.2014 – 1/SVK/032-14.
7 Dreher in: Immenga/Mestmäcker § 100b GWB a.F. Rn. 15.
8 In diesem Sinne auch Antweiler in: Ziekow/Völlink, § 100b GWB a.F. Rn. 13 («ausschließlich sektorenfremder Zweck»).

neben dem auf die Betätigung im Sektorenbereich ausgerichteten Betrieb auch andere Betriebe oder Betriebsteile führt, die sich mit gänzlich anderen Tätigkeiten beschäftigen, sind danach solche Vergaben vom Anwendungsbereich des Kartellvergaberechts auszuklammern, die eindeutig abgrenzbar den anderen, sektorenfremden Betriebseinheiten zuzuordnen sind. Es findet keine »Infizierung« aller Sparten eines Unternehmens durch eine Sektorentätigkeit statt.[9]

11 Erfolgt die Auftragsvergabe sowohl im Zusammenhang mit der Sektorentätigkeit als auch zu anderen, sektorenfremden Zwecken, kommt es auf den Hauptgegenstand des Auftrags an (vgl. § 112 Abs. 3 Satz 1 GWB).[10] Ist dieser nicht dem Sektorenbereich zuzuordnen, besteht für den »reinen« Sektorenauftraggeber i.S.d. § 100 Abs. 1 Nr. 2 GWB, der nur bei Beschaffungen zum Zwecke der Sektorentätigkeit dem Vergaberegime unterliegt, keine Verpflichtung zur Beachtung der §§ 97 ff. GWB. Freilich darf die Bestimmung des Auftragsgegenstandes nicht in der Absicht erfolgen, an sich ausschreibungspflichtige Leistungen durch die Zusammenfassung mit nicht ausschreibungspflichtigen Leistungen dem Anwendungsbereich des Vergaberechts zu entziehen (vgl. § 112 Abs. 4 GWB). Ist nicht festzustellen, ob der zu vergebende Auftrags hauptsächlich der Sektorentätigkeit dient oder nicht, hat ein Sektorenauftraggeber i.S.d. § 100 Abs. 1 Nr. 2 GWB im Zweifel das für Auftragsvergaben im Sektorenbereich geltende(n) Vergaberecht zu beachten. Sektorenauftraggeber i.S.d. § 100 Abs. 1 Nr. 1 GWB haben bei der Vergabe von Aufträgen, die sowohl zum Zwecke einer Sektorentätigkeit als auch zu sektorenfremden Zwecken dienen, nur dann die Bestimmungen für Auftragsvergaben im Sektorenbereich zu berücksichtigen, wenn der Auftrag eindeutig in der Hauptsache für die Sektorentätigkeit bestimmt ist. Lässt sich objektiv nicht feststellen, ob dies der Fall ist, unterliegt die Vergabe gem. § 112 Abs. 5 Nr. 1 GWB im Zweifel den Bestimmungen zur Vergabe öffentlicher Auftraggeber durch öffentliche Auftraggeber (§§ 115 – 135 GWB, VgV, VOB/A-EU).

12 Gem. Art. 18 Abs. 2 Satz 1 der Richtlinie 2014/25/EU sollen die Auftraggeber der Kommission auf Verlangen alle Kategorien von Waren und Tätigkeiten mitteilen, die ihres Erachtens unter die Ausnahmeregelung fallen. Die Kommission kann in regelmäßigen Abständen Listen der Kategorien von Waren und Tätigkeiten im Amtsblatt der Europäischen Union zur Information veröffentlichen, die ihres Erachtens unter die Ausnahmeregelung fallen. Hierbei wahrt sie die Vertraulichkeit der sensiblen geschäftlichen Angaben, soweit die Auftraggeber dies bei der Übermittlung der Informationen geltend machen, so Art. 18 Abs. 2 Satz 2 und 3 der Richtlinie 2014/25/EU.

VI. Sektorentätigkeiten außerhalb des Gebietes der EU (Abs. 2 Nr. 2)

13 Der in § 137 Abs. 2 Nr. 2 GWB aufgeführte Ausnahmetatbestand befand sich bislang in § 100b Abs. 4 Nr. 2 GWB a.F. Eine entsprechende Regelung findet sich in Art. 19 Abs. 1 der Richtlinie 2014/25/EU. Danach gilt die Richtlinie nicht für Aufträge, die zur Ausübung der Sektorentätigkeiten in einem Drittland in einer Weise vergeben werden, die nicht mit der physischen Nutzung eines Netzes oder geografischen Gebiets in der Gemeinschaft verbunden ist, und auch nicht für Wettbewerbe, die zu solchen Zwecken ausgerichtet werden. Nach Art. 19 Abs. 2 der Richtlinie 2014/25/EU haben die Auftraggeber der Kommission auf Verlangen alle Tätigkeiten mitzuteilen, die ihres Erachtens unter die Ausschlussregelung nach Absatz 1 fallen. Die Kommission kann in regelmäßigen Abständen Listen der Tätigkeitskategorien im Amtsblatt der Europäischen Union zur Information veröffentlichen, die ihres Erachtens unter diese Ausnahmeregelung fallen. Hierbei wahrt sie die Vertraulichkeit der sensiblen geschäftlichen Angaben, soweit die Auftraggeber dies bei der Übermittlung der Informationen geltend machen.

---

9 So zutr. VK Sachsen 09.12.2014 – 1/SVK/032-14 mit Verweis auf EuGH 10.04.2008 »Aigner« VergabeR 2008, 632, 838.
10 A.A. Hackstein in: Eschenbruch/Opitz, Anhang zu § 1 SektVO Rn. 26, wonach die §§ 97 ff. GWB auch dann Anwendung finden sollen, wenn nur ein geringer Teil der Anschaffung dem Sektorenbereich des Auftraggebers nützt.

§ 137 Abs. 2 Nr. 1 GWB stellt im Wege einer Rückausnahme klar, dass Aufträge, die ein – in   14
Deutschland ansässiger – öffentlicher Auftraggeber zur Durchführung von Sektorentätigkeiten
außerhalb des Gebiets der Europäischen Union vergibt, aber dann dem Anwendungsbereich des
Kartellvergaberechts unterfallen, wenn sie mit der »tatsächlichen« Nutzung eines Netzes oder einer
Anlage innerhalb dieses Gebietes verbunden sind. Die Rückausnahme erfasst damit vor allem Fälle
der grenznahen bzw. grenzüberschreitenden Sektorentätigkeit an den Außengrenzen der EU. [1]

Gem. Art. 19 Abs. 2 Satz 1 RL 2014/25/EU. sollen die Auftraggeber der Kommission auf deren   15
Verlangen hin alle Tätigkeiten mitteilen, die nach ihrer Auffassung unter die Ausnahmeregelung
fallen. Die Kommission kann Listen der Tätigkeitskategorien, die ihres Erachtens unter die Ausnahmeregelungen fallen, in regelmäßigen Abständen im EU-Amtsblatt zur Information veröffentlichen; hierbei wahrt sie die Vertraulichkeit der sensiblen geschäftlichen Angaben, soweit die Auftraggeber dies bei der Übermittlung der Informationen geltend machen, so Art. 19 Abs. 2 Satz 2
und 3 RL 2014/25/EU.

§ 138 Besondere Ausnahme für die Vergabe an verbundene Unternehmen

(1) Dieser Teil ist nicht anzuwenden auf die Vergabe von öffentlichen Aufträgen,
1. die ein Sektorenauftraggeber an ein verbundenes Unternehmen vergibt oder
2. die ein Gemeinschaftsunternehmen, das ausschließlich mehrere Sektorenauftraggeber zur
   Durchführung einer Sektorentätigkeit gebildet haben, an ein Unternehmen vergibt, das mit
   einem dieser Sektorenauftraggeber verbunden ist.

(2) Ein verbundenes Unternehmen im Sinne des Absatzes 1 ist
1. ein Unternehmen, dessen Jahresabschluss mit dem Jahresabschluss des Auftraggebers in
   einem Konzernabschluss eines Mutterunternehmens entsprechend § 271 Absatz 2 des Han-
   delsgesetzbuchs nach den Vorschriften über die Vollkonsolidierung einzubeziehen ist, oder
2. ein Unternehmen, das
   a) mittelbar oder unmittelbar einem beherrschenden Einfluss nach § 100 Absatz 3 des Sek-
      torenauftraggebers unterliegen kann,
   b) einen beherrschenden Einfluss nach § 100 Absatz 3 auf den Sektorenauftraggeber aus-
      üben kann
   oder
   c) gemeinsam mit dem Auftraggeber aufgrund der Eigentumsverhältnisse, der finanziellen
      Beteiligung oder der für das Unternehmen geltenden Bestimmungen dem beherrschen-
      den Einfluss nach § 100 Absatz 3 eines anderen Unternehmens unterliegt.

(3) Absatz 1 gilt für Liefer-, Bau- oder Dienstleistungsaufträge, sofern unter Berücksichtigung
aller Liefer-, Bau- oder Dienstleistungen, die von dem verbundenen Unternehmen während der
letzten drei Jahre in der Europäischen Union erbracht wurden, mindestens 80 Prozent des im
jeweiligen Leistungssektor insgesamt erzielten durchschnittlichen Umsatzes dieses Unternehmens aus der Erbringung von Liefer-, Bau- oder Dienstleistungen für den Sektorenauftraggeber
oder andere mit ihm verbundene Unternehmen stammen.

(4) Werden gleiche oder gleichartige Liefer-, Bau- oder Dienstleistungen von mehr als einem
mit dem Sektorenauftraggeber verbundenen und mit ihm wirtschaftlich zusammengeschlossenen
Unternehmen erbracht, so werden die Prozentsätze nach Absatz 3 unter Berücksichtigung des
Gesamtumsatzes errechnet, den diese verbundenen Unternehmen mit der Erbringung der jeweiligen Liefer-, Dienst- oder Bauleistung erzielen.

(5) Liegen für die letzten drei Jahre keine Umsatzzahlen vor, genügt es, wenn das Unternehmen
etwa durch Prognosen über die Tätigkeitsentwicklung glaubhaft macht, dass die Erreichung des
nach Absatz 3 geforderten Umsatzziels wahrscheinlich ist

---

1 Opitz in: Eschenbruch/Opitz, Anhang zu § 1 SektVO Rn. 28.

1 Gem. § 138 GWB (= § 100b Abs. 6 und 7 GWB a.F.) gelten die §§ 97 ff. GWB vorbehaltlich weiterer die Ausnahmetatbestände konkretisierenden Regelungen in Abs. 7 nicht für die Vergabe von Aufträgen zum Zwecke der Ausübung der Sektorentätigkeit,
   1. die ein Sektorenauftraggeber an ein verbundenes Unternehmen vergibt oder
   2. die ein Gemeinschaftsunternehmen, das ausschließlich mehrere Sektorenauftraggeber zur Durchführung einer Sektorentätigkeit gebildet haben, an ein Unternehmen vergibt, das mit einem dieser Sektorenauftraggeber verbunden ist.

2 Die Vorschriften dienen dem Schutz konzerninterner Leistungsbeziehungen, die dem freien Wettbewerb entzogen sind.[2] Grundlage für die in § 138 GWB geregelten Ausnahmetatbestände ist Art. 29 der Richtlinie 2014/25/EU, der in Erwägungsgrund 39 der Richtlinie wie folgt begründet wird:

3 *Viele Auftraggeber sind als eine Wirtschaftsgruppe organisiert, die aus eine Reihe getrennter Unternehmen bestehen kann; oft hat jedes dieser Unternehmen in der Wirtschaftsgruppe eine spezielle Aufgabe. Es ist daher angezeigt, bestimmte Dienstleistungs-, Liefer- und Bauaufträge auszuschließen, die an ein verbundenes Unternehmen vergeben werden, welches seine Dienstleistungen, Lieferungen und Bauleistungen nicht am Markt anbietet, sondern hauptsächlich für die eigene Unternehmensgruppe erbringt.*

4 Das sog. Konzernprivileg für Sektorenauftraggeber schafft einen Freiraum für vergaberechtsfreie Bereiche innerhalb des Konzernverbundes (ähnlich der sogenannten In-House-Rechtsprechung für die klassischen öffentlichen Auftraggeber). Ob die sog. In-House-Grundsätze des EuGH, welche nunmehr in § 108 Abs. 1 – 5 GWB kodifiziert sind, neben den in § 138 GWB geregelten Bereichsausnahmen Anwendung finden können, war umstritten.[3] Nunmehr sieht § 108 Abs. 8 GWB ausdrücklich vor, dass die Bestimmungen des § 108 Abs. 1 – 7 GWB entsprechend auch für Sektorenauftraggeber i.S.d. § 100 Abs. 1 Nr. 1 GWB gelten.[4] »Private« Sektorenauftraggeber i.S.d. § 100 Abs. 1 Nr. 2 GWB können sich hingegen nicht auf diese Bestimmungen berufen.

5 Die Ausnahmevorschrift (Abs. 1) betrifft zwei Fallgruppen: zum einen Aufträge eines Sektorenauftraggebers an ein Unternehmen, das mit diesem verbunden ist (Nr. 1), zum anderen Aufträge eines Gemeinschaftsunternehmens, das ausschließlich mehrere Sektorenauftraggeber zur Durchführung einer Sektorentätigkeit gebildet haben, an ein Unternehmen, das mit einem dieser Sektorenauftraggeber verbunden ist. Die Ausdehnung des Konzernprivilegs auf Gemeinschaftsunternehmen ist dadurch gerechtfertigt, dass Gemeinschaftsunternehmen häufig nur deshalb für die Ausübung einer bestimmten Sektorentätigkeit gegründet werden, weil das Fachwissen der an dem Vorhaben beteiligten Unternehmensgruppen dem Projekt zugutekommen soll.[5]

6 § 138 Abs. 2 GWB enthält (anders als zuvor § 100b Abs. 6 GWB a.F.) eine Definition des Begriffs des verbundenen Unternehmens i.S.d. § 138 Abs. 1 GWB und beruht auf Art. 29 Abs. 1 und 2 der Richtlinie 2014/25/EU. Dort heißt es:

7 *»(1) Ein »verbundenes Unternehmen« im Sinne dieses Artikels ist jedes Unternehmen, dessen Jahresabschlüsse gemäß den Bestimmungen der Richtlinie 2013/34/EU mit denen des Auftraggebers konsolidiert werden.*

---

2 Opitz in: Eschenbruch/Opitz, Anhang zu § 1 SektVO Rn. 33 m.w.N. und Darstellung der Entstehungsgeschichte.

3 Zum Meinungsbild siehe Opitz in: Eschenbruch/Opitz, Anhang 1 zur SektVO Rn. 53.

4 Siehe insoweit auch Art. 29 Abs. 3 der Richtlinie 2014/25/EU: »Ungeachtet des Artikels 28«. Art. 28 der Richtlinie, welcher § 108 GWB zugrunde liegt, richtet sich nur an öffentliche Auftraggeber i.S.d. Art. 3 der Richtlinie.

5 Opitz in: Eschenbruch/Opitz, Anhang zu § 1 SektVO Rn. 42 mit Verweis auf den Vorschlag zur Änderung der Richtlinie 90/531/EWG, KOM(91) 347 endg. v. 06.11.1991, Begr. Ziff. 22.

(2) Im Falle von Einrichtungen, die nicht unter die Richtlinie 2013/34/EU fallen, bezeichnet »verbundenes Unternehmen« jedes Unternehmen, das

a) *mittelbar oder unmittelbar einem beherrschenden Einfluss des Auftraggebers unterliegen kann,*
b) *einen beherrschenden Einfluss auf den Auftraggeber ausüben kann oder*
c) *gemeinsam mit dem Auftraggeber aufgrund der Eigentumsverhältnisse, der finanziellen Beteiligung oder der für das Unternehmen geltenden Bestimmungen dem beherrschenden Einfluss eines anderen Unternehmens unterliegt.*

Im Sinne dieses Absatzes hat der Begriff »beherrschender Einfluss« dieselbe Bedeutung wie in Artikel 4 Absatz 2 Unterabsatz 2.«

In Erwägungsgrund 41 zur Richtlinie 2014/25/EU heißt es hierzu: **8**

»Unternehmen sollten als verbunden gelten, wenn ein unmittelbarer oder mittelbarer beherrschender Einfluss zwischen dem Auftraggeber und dem betreffenden Unternehmen vorliegt oder wenn beide dem beherrschenden Einfluss eines anderen Unternehmens unterliegen; in diesem Zusammenhang sollte eine private Beteiligung als solche nicht ausschlaggebend sein. Die Überprüfung, ob ein Unternehmen mit einem bestimmten Auftraggeber verbunden ist, sollte möglichst einfach durchzuführen sein. Da bereits für die Entscheidung, ob der Jahresabschluss der betreffenden Unternehmen und Einrichtungen konsolidiert werden sollte, geprüft werden muss, ob möglicherweise ein derartiger unmittelbarer oder mittelbarer beherrschender Einfluss vorliegt, sollten deshalb Unternehmen als verbunden betrachtet werden, wenn 28.3.2014 Amtsblatt der Europäischen Union L 94/249 DE ihr Jahresabschluss konsolidiert wird. Die Unionsvorschriften zu konsolidierten Abschlüssen gelten in bestimmten Fällen jedoch nicht, beispielsweise aufgrund der Größe der betreffenden Unternehmen oder weil bestimmte Voraussetzungen hinsichtlich ihrer Rechtsform nicht erfüllt sind. In solchen Fällen, in denen die Richtlinie 2013/34/EU des Europäischen Parlaments und des Rates nicht anzuwenden ist, muss geprüft werden, ob ein unmittelbarer oder mittelbarer beherrschender Einfluss auf der Grundlage der Eigentumsverhältnisse, der finanziellen Beteiligung oder der für das Unternehmen geltenden Vorschriften ausgeübt wird.«

Art. 4 Abs. 2 Unterabs. 2 der Richtlinie 2014/24/EU, umgesetzt in § 100 Abs. 3 GWB, bestimmt **9** den Begriff »beherrschenden Einfluss« wie folgt:

»Es wird vermutet, dass der öffentliche Auftraggeber einen beherrschenden Einfluss, wenn er unmittelbar oder mittelbar
a) *die Mehrheit des gezeichneten Kapitals des Unternehmens hält,*
b) *über die Mehrheit der mit den Anteilen am Unternehmen verbundenen Stimmrechte verfügt oder*
c) *mehr als die Hälfte der Mitglieder des Verwaltungs-, Leitungs- oder Aufsichtsorgans eines anderen Unternehmens ernennen kann.«*

Die Möglichkeit einer beherrschenden Einflussnahme auf die Geschäftstätigkeit reicht aus; der **10** Einfluss muss nicht tatsächlich ausgeübt werden, um von verbundenen Unternehmen ausgehen zu können.

Nach § 138 Abs. 3 GWB gilt der Ausnahmetatbestand für Liefer-, Bau- oder Dienstleistungsauf- **11** träge allerdings nur, sofern unter Berücksichtigung aller Liefer-, Bau- oder Dienstleistungen, die von dem verbundenen Unternehmen während der letzten drei Jahre in der Europäischen Union erbracht wurden, mindestens 80 Prozent des im jeweiligen Leistungssektor insgesamt erzielten durchschnittlichen Umsatzes dieses Unternehmens aus der Erbringung von Liefer-, Bau- oder Dienstleistungen für den Sektorenauftraggeber oder andere mit ihm verbundene Unternehmen stammen. Die Vorschrift dient der Umsetzung von Art. 29 Abs. 4 der Richtlinie 2014/25/EU und übernimmt im Wesentlichen die bisherige Regelung des § 100b Absatz 7 Satz 1 GWB a.F. Bislang war aufgrund einer etwas anderen Formulierung *(«80 Prozent des ... erzielten Umsatzes im entsprechenden Liefer-, Bau- oder Dienstleistungssektor aus der Erbringung dieser Lieferungen oder Leistungen«)* allerdings unklar, ob der Mindestumsatz mit Lieferungen/Leistungen im dem jeweiligen Leistungssektor oder sogar mit Lieferungen/Leistungen derselben Art[6] erzielt worden sein muss. Durch Einfügen des Wortes »insgesamt« soll klargestellt werden, dass der Gesamtumsatz des Unternehmens im jeweiligen Leistungssektor (Liefer-, Bau- oder Dienstleistungen) maßgeblich ist. Eine getrennte Berechnung der 80-Prozent-Vorgabe etwa nach unterschiedlichen Tätigkeiten oder Sparten ist somit nicht mehr möglich.[7] Dies ist auch sachgerecht. Der Freistellung vom Vergaberegime liegt die Erwägung zugrunde, dass die Haupttätigkeit des beauftragten Unternehmens darin besteht, seine Leistungen nicht auf dem Markt anzubieten, sondern diese innerhalb der Unternehmens-gruppe zu erbringen. Dem widerspräche es, bei der Prüfung des Ausnahmetatbestandes nur auf den Umsatz abzustellen, der aus der Erbringung bestimmter Dienstleistungen stammt. Denn eine solche Betrachtung könnte dazu führen, dass ein Unternehmen ausschreibungsfrei mit Dienstleis-tungen beauftragt werden kann, obwohl es hauptsächlich nicht für verbundene Unternehmen bzw. innerhalb der Unternehmensgruppe, sondern auf dem Markt tätig wird. In seiner Rechtsprechung zu den Voraussetzungen einer ausschreibungsfreien In-House-Vergabe stellt der EuGH bei der Prü-fung des Wesentlichkeitskriteriums ebenfalls nicht darauf ab, inwieweit der Auftragnehmer die kon-kret in Rede stehenden oder gleichartigen Leistungen auch gegenüber Dritten erbringt. Vielmehr ist entscheidend, ob der Auftragnehmer insgesamt hauptsächlich für die ihn kontrollierende(n) Körperschaften(en) tätig wird und jede andere Tätigkeit rein nebensächlich ist.[8]

12   Werden gleiche oder gleichartige Liefer-, Bau- oder Dienstleistungen von mehr als einem mit dem Sektorenauftraggeber verbundenen und mit ihm wirtschaftlich zusammengeschlossenen Unterneh-men erbracht, so werden gem. § 138 Abs. 4 GWB (= § 100b Absatz 7 Satz 3 GWB a.F.) die Prozent-sätze nach Abs. 3 unter Berücksichtigung des Gesamtumsatzes errechnet, den diese verbundenen Unternehmen mit der Erbringung der jeweiligen Liefer-, Dienst- oder Bauleistung erzielen. Damit soll ausgeschlossen werden, dass mehrere Unternehmen mit gleichem Tätigkeitsbereich gegründet werden, von denen eines ausschließlich für die Unternehmensgruppe agiert und das andere »Dritt-geschäft« betreibt.[9] Die Regelung kann allerdings dazu führen, dass auch ein Konzernunterneh-men als privilegierter Auftragnehmer in Betracht kommt, das für sich allein die 80%-Quote nicht erreicht.[10]

13   Sofern das Unternehmen noch keine drei Jahre besteht, ist eine Berufung auf § 138 nur möglich, wenn zu erwarten ist, dass es in den ersten drei Jahren seines Bestehens wahrscheinlich mindestens 80 Prozent seines Umsatzes mit Leistungen in dem Sektor erzielt, dem auch der in Rede stehende Auftrag zuzuordnen ist. Das beauftragte Unternehmen muss etwa durch Prognosen über die Tätig-keitsentwicklung glaubhaft machen, dass die Erreichung des nach Abs. 3 geforderten Umsatzziels wahrscheinlich ist, so § 138 Abs. 5 GWB.

14   Die EU-Kommission kann auf der Grundlage des Art. 31 der Richtlinie 2014/25/EU Angaben über die Qualifizierung des beauftragten Unternehmens als verbundenes Unternehmen und über die Art und den Wert der unter Berufung auf das Konzernprivileg vergebenen Aufträge anfordern, die für den Nachweis erforderlich ist, dass die Anforderungen des Ausnahmetatbestandes erfüllt sind.

---

6 In diesem Sinne OLG Frankfurt 30.08.2011 – 11 Verg 3/11; Greb VergabeR 2009, 140, 144; Gabriel in: MüKo-Kartellrecht Bd. III, § 100 GWB (a.F.) Rn. 106; Opitz in: Eschenbruch/Opitz, Anhang zu § 1 SektVO Rn. 50; so im Ergebnis auch Stickler Ausgewählte Fragen der In-house-Vergabe durch Sektoren-auftraggeber, in: FS Fridhelm Marx, 725, 735. Kritisch hingegen z.B. Drömann NZBau 2015, 202, 206.
7 Gesetzesbegründung, BT-Drucks. 18/6281, S. 124.
8 Vgl. EuGH 11.05.2006 NZBau 2006, 452, 455.
9 Vgl. Opitz in: Eschenbruch/Opitz, Anhang zu § 1 SektVO Rn. 51.
10 So zutr. Summa in: jurisPK-VergR, § 100b GWB a.F. Rn. 39.

§ 139 Besondere Ausnahme für die Vergabe durch oder an ein Gemeinschaftsunternehmen

(1) Dieser Teil ist nicht anzuwenden auf die Vergabe von öffentlichen Aufträgen,

1. die ein Gemeinschaftsunternehmen, das mehrere Sektorenauftraggeber ausschließlich zur Durchführung von Sektorentätigkeiten gebildet haben, an einen dieser Auftraggeber vergibt oder

2. die ein Sektorenauftraggeber, der einem Gemeinschaftsunternehmen im Sinne der Nummer 1 angehört, an dieses Gemeinschaftsunternehmen vergibt.

(2) Voraussetzung ist, dass

1. das Gemeinschaftsunternehmen im Sinne des Absatzes 1 Nummer 1 gebildet wurde, um die betreffende Sektorentätigkeit während eines Zeitraums von mindestens drei Jahren durchzuführen, und

2. in dem Gründungsakt des Gemeinschaftsunternehmens festgelegt wird, dass die das Gemeinschaftsunternehmen bildenden Sektorenauftraggeber dem Gemeinschaftsunternehmen mindestens während desselben Zeitraums angehören werden.

§ 139 GWB (= § 100b Abs. 8 und 9 GWB a.F.) regelt zwei weitere Ausnahmetatbestände im Sektorenbereich: Danach gelten die §§ 97 ff. GWB nicht für die Vergabe von Aufträgen zum Zwecke der Sektorentätigkeit, die   **1**

– ein gemeinsames Unternehmen, das mehrere Sektorenauftraggeber ausschließlich zur Durchführung von Sektorentätigkeiten gebildet haben, an einen dieser Auftraggeber vergibt (Nr. 1) oder

– ein Sektorenauftraggeber an ein gemeinsames Unternehmen im vorgenannten Sinne, an dem er beteiligt ist, vergibt (Nr. 2).

Beide Ausnahmefälle gelten gem. § 139 Abs. 2 GWB dabei nur, (1.) wenn das gemeinsame Unternehmen errichtet wurde, um die betreffende Tätigkeit während eines Zeitraumes von mindestens drei Jahren durchzuführen, und (2.) in dem Gründungsakt festgelegt wird, dass die dieses Unternehmen bildenden Auftraggeber dem Unternehmen zumindest während des gleichen Zeitraumes angehören werden. Die beiden Ausnahmetatbestände beruhen auf Art. 30 der Richtlinie 2014/25/EU.   **2**

Das gemeinsame Unternehmen kann mehr als zwei Gründungsgesellschafter haben und auch eine paritätische Beteiligungsstruktur ist nicht zwingend; Voraussetzung ist lediglich, dass es zur Gründung einer rechtlich selbstständigen Geschäftseinheit gekommen ist, die eine nach außen gerichtete, werbende (Sektoren-) Tätigkeit ausübt.[1] Weiter muss es sich bei den Gründungsgesellschaftern durchweg um Sektorenauftraggeber i.S.d. § 100 Abs. 1 GWB handeln. Bei einer auch nur minderheitliche Beteiligung eines öffentlichen Auftraggebers, der bislang nicht im Sektorenbereich tätig war, finden die beiden Ausnahmetastbestände danach keine Anwendung.   **3**

Die weiteren Voraussetzungen in Abs. 2 sollen verhindern, dass Gemeinschaftsunternehmen nur zur Gelegenheit der Vergabe eines bestimmten Auftrags an einen bestimmten Auftragnehmer gegründet werden bzw. sich Sektorenauftraggeber nur zu dieser Gelegenheit an dem gemeinsamen Unternehmen beteiligen.[2] Die geforderten Festlegungen können auch noch nachträglich in den Gesellschaftsvertrag oder die Satzung des gemeinsamen Unternehmens aufgenommen werden.[3]   **4**

Für »öffentliche« Sektorenauftraggeber Sektorenauftraggeber i.S.d. § 100 Abs. 1 Nr. 1 GWB gelten neben § 139 – wie auch neben der Ausnahme für Vergaben an verbundene Unternehmen nach § 138 – die allgemeinen Ausnahmen nach § 108 (Ausnahmen bei öffentlich-öffentlicher Zusammenarbeit) entsprechend, siehe § 108 Abs. 8 GWB.   **5**

---

1 Opitz in: Eschenbruch/Opitz, Anhang zu § 1 SektVO Rn. 57.
2 So Opitz in: Eschenbruch/Opitz, Anhang zu § 1 SektVO Rn. 60.
3 Opitz in: Eschenbruch/Opitz, Anhang zu § 1 SektVO Rn. 60.

§ 140 Besondere Ausnahme für unmittelbar dem Wettbewerb ausgesetzte Tätigkeiten

(1) Dieser Teil ist nicht anzuwenden auf öffentliche Aufträge, die zum Zweck der Ausübung einer Sektorentätigkeit vergeben werden, wenn die Sektorentätigkeit unmittelbar dem Wettbewerb auf Märkten ausgesetzt ist, die keiner Zugangsbeschränkung unterliegen. Dasselbe gilt für Wettbewerbe, die im Zusammenhang mit der Sektorentätigkeit ausgerichtet werden.

(2) Für Gutachten und Stellungnahmen, die aufgrund der nach § 113 Satz 2 Nummer 8 erlassenen Rechtsverordnung vorgenommen werden, erhebt das Bundeskartellamt Kosten (Gebühren und Auslagen) zur Deckung des Verwaltungsaufwands. § 80 Absatz 1 Satz 3 und Absatz 2 Satz 1, Satz 2 Nummer 1, Satz 3 und 4, Absatz 5 Satz 1 sowie Absatz 6 Satz 1 Nummer 2, Satz 2 und 3 gilt entsprechend. Hinsichtlich der Möglichkeit zur Beschwerde über die Kostenentscheidung gilt § 63 Absatz 1 und 4 entsprechend.

1   § 140 Abs. 1 GWB dient der Umsetzung von Art. 34 Abs. 1 der Richtlinie 2014/25/EU. Danach fallen Aufträge, die zum Zwecke der Ausübung einer Sektorentätigkeit vergeben werden, sowie im Zusammenhang mit einer Sektorentätigkeit ausgerichtete Wettbewerbe nicht unter den Anwendungsbereich der Richtlinie, wenn die Tätigkeit in dem Mitgliedstaat, in dem sie ausgeübt wird, auf Märkten mit freiem Marktzugang unmittelbar dem Wettbewerb ausgesetzt ist.[1] Diese Regelung entspricht der ordnungspolitischen Ratio der Richtlinie, Auftraggeber in bestimmten Tätigkeitsbereichen nur bei fehlendem echten Wettbewerb einem Vergaberegime zu unterwerfen.[2] In dem Zusammenhang ist klarzustellen, dass die Freistellung nicht einen ganzen Sektor, sondern immer nur bestimmte Tätigkeiten innerhalb eines Sektors betrifft, für die sich ein hinreichend ausgeprägter Wettbewerb entwickelt hat.[3]

2   Die Ausnahme setzt ein in Art. 35 der Richtlinie 2014/25/EU geregeltes Verfahren voraus, das die Kommission von Amts wegen oder auf Antrag des betreffenden Mitgliedstaats und, soweit dieser – wie die Bundesrepublik Deutschland – dies vorsieht, auch des betroffenen Sektorenauftraggebers oder – abweichend von der Richtlinienvorschrift – auch eines Verbands der Auftraggeber (vgl. § 3 Abs. 3 Satz 2 Satz 3 SektVO) einleiten kann. Neben den materiellen Voraussetzungen einer Ausnahmeentscheidung, dass die in Rede stehende Tätigkeit unmittelbar dem Wettbewerb ausgesetzt ist und ein freier Zugang zum Markt besteht, normiert Art. 35 der Richtlinie 2014/25/EU auch formelle Voraussetzungen, welche die Kommission in einem Durchführungsakt näher präzisiert hat.[4] Die näheren Bestimmungen über das Freistellungsverfahren, insbesondere die Antragstellung bei der Europäischen Kommission, die Mitwirkung von Bundesbehörden sowie die Bekanntmachung durch das Bundesministerium für Wirtschaft und Energie, werden in § 3 SektVO («Antragsverfahren für Tätigkeiten, die unmittelbar dem Wettbewerb ausgesetzt sind») geregelt. Auf die einschlägige Kommentierung[5] dieser Vorschrift wird verwiesen. Bezüglich der Kosten für Gutachten und Stellungnahmen, welche vom Bundeskartellamt in Rahmen des Antragsverfahrens erstellt werden, verweist § 140 Abs. 2 GWB auf einzelne Bestimmungen in § 80 GWB, hinsichtlich der Möglichkeit zur Beschwerde über eine Kostenentscheidung auf § 63 Abs. 1 und 4 GWB.

---

1   Zu Beispielsfällen aus der Praxis siehe Egger Europäisches Vergaberecht, Rn. 551 m.w.N.
2   So Prieß Handbuch des europäischen Vergaberechts, S. 1790 m.w.N. zu Art. 30 der Richtlinie 2004/17/EG.
3   Sudbrock in: Eschenbruch/Opitz, § 3 SektVO a.F. Rn. 6.
4   Sie zu Art. 30 Abs. 6 der Richtlinie 2004/17/EG: Entscheidung der Kommission v. 07.01.2005 über die Durchführungsmodalitäten für das Verfahren nach Artikel 30 der Richtlinie 2004/17/EG, ABl. EU Nr. L 7 v. 11.01.2005, S. 7: Darin werden die Einzelheiten zu den erforderlichen Angaben im Antrag festgelegt und Mustertexte bereitgestellt.
5   Siehe bislang insbes. Sudbrock in: Eschenbruch/Opitz, § 3 SektVO a.F.

Die Europäische Kommission hat im Rahmen eines entsprechenden Verfahrens am 24.04.2012 3 einen Durchführungsbeschluss erlassen, aufgrund dessen die Erzeugung und der Großhandel von Strom aus konventionellen Quellen in Deutschland von der Beachtung des Sektorenvergaberechts freigestellt werden.[6] Der Beschluss wurde vom Bundesministerium für Wirtschaft und Technologie am 22.05.2012 im Bundesanzeiger [7] veröffentlicht und ist damit wirksam. Nach Artikel 1 dieses Beschlusses gilt die Richtlinie 2004/17/EG nicht für Aufträge, die von Auftraggebern vergeben werden und die Erzeugung und den Erstabsatz von aus konventionellen Quellen erzeugtem Strom in Deutschland ermöglichen sollen.

Es ist jeweils im Einzelfall zu beurteilen, ob die Befreiung für den konkret in Rede stehenden Auf- 4 trag greift.[8] Eine nähere Definition des Wirkbereichs enthält der Beschluss nicht, sodass etwa fraglich ist, ob auch die Demontage/der Rückbau eines Kraftwerks, das der Erzeugung von aus konventionellen Quellen erzeugtem Strom in Deutschland diente, ebenfalls freigestellt ist. Dies lässt sich jedenfalls dann vertreten, wenn die entsprechenden Bauleistungen im Zusammenhang mit einem Neubau/Umbau erfolgt, der dem Freistellungstatbestand unterfällt. Weiter könnte die Demontage eines konventionellen Kraftwerks dann noch als Teil eines »Gesamtpakets Erzeugung« betrachtet werden, wenn das Kraftwerk in Anlehnung an § 5 Abs. 3 BImSchG über seinen gesamten Lebenszyklus betrachtet wird. Die ausschreibungsfreien Projektphasen »Errichtung und Betrieb« wären hiernach untrennbar verbunden mit der abschließenden Phase »Stilllegung und Rückbau«. Da der Durchführungsbeschluss seinem Wesen nach eine Ausnahme vom Vergaberecht statuiert, ist es allerdings grds. geboten, dessen Anwendungs- bzw. Wirkbereich eng auszulegen.

§ 141 Verfahrensarten

(1) Sektorenauftraggebern stehen das offene Verfahren, das nicht offene Verfahren, das Verhandlungsverfahren mit Teilnahmewettbewerb und der wettbewerbliche Dialog nach ihrer Wahl zur Verfügung.

(2) Das Verhandlungsverfahren ohne Teilnahmewettbewerb und die Innovationspartnerschaft stehen nur zur Verfügung, soweit dies aufgrund dieses Gesetzes gestattet ist.

I. Grundsätzliches

§ 141 GWB bestimmt ein Kernelement des Sektorenvergaberechts: das Prinzip der **freien Wahl der** 1 **Verfahrensart**. Es handelt sich hierbei um das in der Praxis wichtigste Verfahrensprivileg im Sekto-

---

6 Durchführungsbeschluss zur Freistellung der Erzeugung und des Großhandels von Strom aus konventionellen Quellen in Deutschland von der Anwendung der Richtlinie 2004/17/EG des Europäischen Parlaments und des Rates zur Koordinierung der Zuschlagserteilung durch Auftraggeber im Bereich der Wasser-, Energie- und Verkehrsversorgung sowie der Postdienste, C [2012] 2426, veröffentlicht im Amtsblatt der EU v. 26.04.2012, Nr. L 114, S. 21 ff.
7 BAnz AT 22.05.2012 B3.
8 Siehe hierzu näher Greb/Stenzel VergabeR 2013, 403 ff., die im Übrigen darauf hinweisen, dass jedenfalls öffentliche Sektorenauftraggeber auch bei einer Freistellung durch die Kommission noch die haushaltsrechtlichen Bindungen sowie die fundamentalen Regeln des EU-Primärrechts zu beachten hätten. Der Zweck des Ausnahmetatbestandes würde aber wohl verfehlt, wenn das EU-Recht auch im Falle einer Freistellungsentscheidung der Kommission noch Anforderungen an die Auftragsvergabe begründen würde.

renvergaberecht.[1] Nach § 141 Abs. 1 GWB stehen Sektorenauftraggebern das offene Verfahren, das nichtoffene Verfahren, das Verhandlungsverfahren mit Teilnahmewettbewerb und wettbewerbliche Dialog nach ihrer Wahl zur Verfügung. Das gilt freilich nur für Aufträge, die auch zum Zweck der Ausübung einer Sektorentätigkeit vergeben werden.[2] Gleichzeitig bestimmt die Vorschrift in ihrem Abs. 2 die Grenzen dieser Wahlfreiheit. Das Verhandlungsverfahren ohne Teilnahmewettbewerb und die Innovationspartnerschaft stehen Sektorenauftraggebern nur zur Verfügung stehen, soweit dies aufgrund des GWB gestattet ist. Die in § 141 GWB genannten Verfahrensarten werden in § 119 GWB definiert. Der Begriff des Sektorenauftraggebers folgt aus § 100 Abs. 1 GWB.

2   § 141 Abs. 1 GWB ist auf Art. **44 Abs. 2 Richtlinie 2014/25/EU** und § 141 Abs. 2 GWB auf Art. 44 Abs. 3 und Art. 50 der Richtlinie 2014/25/EU zurückzuführen, jeweils in Verbindung mit Art. 44 Abs. 1. Dabei unterscheidet die Richtlinie 2014/25/EU (nur) zwischen dem Verhandlungs-verfahren mit und ohne vorherigem Teilnahmewettbewerb. Art. 40 Abs. 3 der Vorgängerrichtlinie 2004/17/EG bestimmte demgegenüber allgemein, in welchen Fällen »auf ein Verfahren« ohne vor-herigen Aufruf zum Wettbewerb zurückgegriffen werden kann. Dies führte zu der Frage, ob unter den genannten Voraussetzungen auch ein nichtoffenes Verfahren ohne Teilnahmewettbewerb[3] durchgeführt werden kann.[4] Diese Frage hat sich nun erledigt.

3   § 141 GWB ist in der Fassung des Regierungsentwurfs verabschiedet worden. Der Referentenent-wurf vom 30.04.2015 sah noch vor, dass der **wettbewerbliche Dialog** als Verfahrensart nicht zur freien Wahl der Auftraggeber zur Verfügung steht, sondern entsprechend dem Verhandlungsverfahren ohne Teilnahmewettbewerb und der Innovationspartnerschaft nur, soweit dies aufgrund des Gesetzes gestat-tet ist. Dies entspricht auch Art. 44 Abs. 3 Richtlinie 2014/25/EU. Allerdings enthält die Richtlinie 2014/25/EU keine besonderen Zulässigkeits- oder Rechtfertigungsvoraussetzung für die Anwendun-gen des wettbewerblichen Dialogs mehr, weshalb es gerechtfertigt erscheint, auch diese Verfahrensart, der freien Wahl der Sektorenauftraggeber zur Verfügung zu stellen. Insbesondere sieht die Richtlinie 2014/25/EU nicht vor, dass ein Rückgriff auf den wettbewerblichen Dialog nur bei *»besonders komple-xen«* öffentlichen Aufträgen möglich ist.[5] Und auch die Formulierung, dass der wettbewerbliche Dialog dann Anwendung findet, wenn es den Auftraggebern *»objektiv unmöglich ist, die Mittel zu bestimmen, die ihren Bedürfnissen gerecht werden können oder zu beurteilen, was der Markt an technischen bzw. finan-ziellen/rechtlichen Lösungen bieten kann«*[6] findet sich heute weder in dem Erwägungsgrund 60 der Richt-linie 2014/25/EU noch in dem Erwägungsgrund 42 der Richtlinie 2014/24/EU. Im Hinblick auf die neue Verfahrensart der **Innovationspartnerschaft** gilt anderes. Sie unterliegt zwar nach der Richtlinie 2014/25/EU ebenfalls keinen besonderen Anwendungsvoraussetzungen. Allerdings bestimmt Art. 49 Abs. 2 S. 1 Richtlinie 2014/25/EU, dass das Ziel der Innovationspartnerschaft die Entwicklung eines innovativen Produkts bzw. einer innovativen Dienstleistung oder Bauleistung und der anschließende Erwerb er daraus hervorgehenden Lieferung, Dienstleistung oder Bauleistung sein muss.[7] Daraus ist zu schließen, dass die Innovationspartnerschaft durch einen besonderen Beschaffungszweck zu rechtferti-gen ist.[8] Dies kommt auch in § 119 Abs. 7 S. 1 GWB zum Ausdruck.

4   Die Verfahrensart des wettbewerblichen Dialogs war bislang nur außerhalb des Sektorenbereichs geregelt. Sie war im Jahre 2004 nur in die Richtlinie 2004/18/EU eingefügt worden. Seinerzeit hielt man es nicht für notwendig, den wettbewerblichen Dialog auch im Sektorenvergaberecht zu

---

1   Vgl. zu den Verfahrensprivilegien im Allgemeinen § 142 und Rdn. 7 ff.
2   Vgl. §§ 14 und 100, eindeutig auch § 142 S. 1 GWB.
3   Daher auch der Begriff des »nichtoffenen Verfahrens mit Bekanntmachung« in § 6 Abs. 1 SektVO a. F.
4   Vgl. hierzu einerseits Wichmann in: Eschenbruch/Opitz, SektVO, § 6 Rn. 12; andererseits Opitz Vergabe-recht 2009, 689.
5   So noch Art. 29 Abs. 1 i.V.m. Art. 1 Abs. 11 lit. c Richtlinie 2004/18/EG.
6   So noch Erwägungsgrund 31 Richtlinie 2004/18/EG.
7   So auch Erwägungsgrund 59 Richtlinie 2014/25/EU.
8   Insofern hätte die Wahl der Innovationspartnerschaft auch bei der Vergabe von öffentlichen Aufträgen über soziale und andere besondere Dienstleistungen nach § 130 Abs. 2 GWB eingeschränkt werden müssen.

verankern, denn hier bestand ohnehin eine Freiheit der Auftraggeber, das Verhandlungsverfahren mit vorherigem Teilnahmewettbewerb zu wählen und es in seiner Ausgestaltung dem wettbewerblichen Dialog anzunähern.[9] Das gilt auch heute noch. Dass der wettbewerbliche Dialog nun auch in die Richtlinie 2014/25/EU aufgenommen wurde, ist wohl nicht auf das Bestreben des Gemeinschaftsgesetzgebers zurückzuführen, Sektorenauftraggebern zusätzliche Handlungsmöglichkeiten einzuräumen, sondern eher darauf, das Sektorenvergaberecht und allgemeines Vergaberecht so weit wie möglich anzugleichen. Die Verfahrensart der Innovationspartnerschaft wurde demgegenüber sowohl in die Richtlinie 2014/25/EU als auch in die Richtlinie 2014/24/EU neu eingefügt.

Die Wahlfreiheit der Sektorenauftraggeber nach § 141 Abs. 1 GWB war bislang in § 101 Abs. 7 S. 2   5
GWB a. F. geregelt. Dort wurde allerdings nicht zwischen dem Verhandlungsverfahren mit vorherigem Teilnahmewettbewerb und dem Verhandlungsverfahren ohne vorherigen Teilnahmewettbewerb unterschieden. Dass das Verhandlungsverfahren ohne vorherigen Teilnahmewettbewerb nur unter bestimmten Voraussetzungen gestattet ist, ergab sich erst aus § 6 Abs. 2 SektVO. Die Neuregelung in § 141 GWB ist präziser.

Eine gewisse Rechtsangleichung zwischen dem Sektorenvergaberecht und den allgemeinen Vor-   6
schriften ist dadurch erfolgt, dass nun auch **Auftraggebern außerhalb der Sektoren** das offene Verfahren und das nichtoffene Verfahren nach ihrer Wahl zur Verfügung steht (§ 119 Abs. 2 S. 1 GWB) und zudem die Voraussetzungen, unter denen außerhalb der Sektoren das Verhandlungsverfahren mit Teilnahmewettbewerb oder der wettbewerbliche Dialog gewählt werden kann, erweitert wurden.[10] Außerdem besteht gem. § 130 Abs. 1 S. 1 GWB auch außerhalb der Sektoren bei der Vergabe von öffentlichen Aufträgen über soziale und andere besondere Dienstleistungen eine freie Wahl zwischen den Verfahrensarten mit vorheriger Bekanntmachung.

II. Freie Wahl der Verfahrensart

Sektorenauftraggebern stehen das offene Verfahren, das nichtoffene Verfahren, das Verhandlungs-   7
verfahren mit Teilnahmewettbewerb und der wettbewerbliche Dialog (ebenfalls mit Teilnahmewettbewerb) »nach ihrer Wahl« zur Verfügung. Diese Wahlfreiheit gilt für alle Sektorenauftraggeber, d.h. auch für die öffentlichen Auftraggeber, die eine Sektorentätigkeit ausüben (§ 100 Abs. 1 Nr. 1 GWB). Diese Rechtslage besteht bereits seit dem VgModG vom 20.04.2009.[11] Bis zu In-Kraft-Treten dieses Gesetzes und einer entsprechenden Änderung des § 101 Abs. 7 S. 2 GWB a.F. galt die freie Wahl der Verfahrensart nur für die Auftraggeber nach § 98 Nr. 4 GWB a. F. (heute § 100 Abs. 1 Nr. 2 GWB).[12] Der Grundsatz der Wahlfreiheit wird in § 13 Abs. 1 S. 1 SektVO wiederholt.

Die freie Wahl erstreckt sich nur auf Verfahrensarten mit vorheriger Bekanntmachung.[13] Auch eine   8
Kombination von Elementen verschiedener Verfahrensarten ist nicht zugelassen.[14] § 141 Abs. 1 GWB unterscheidet sich insofern von § 151 S. 2 GWB, wonach Konzessionsgeber das Verfahren zur Vergabe von Konzessionen vorbehaltlich den Regeln der Konzessionsvergabeverordnung »frei ausgestalten« dürfen. Der Auftraggeber muss sich vor Beginn des Vergabeverfahrens auf eine Verfahrensart festlegen und diese in der Auftragsbekanntmachung angeben. Entsprechend dem **Grundsatz der Selbstbindung** muss er die für die jeweilige Verfahrensart vorgesehenen Verfahrensvorschriften dann konsequent einhalten.[15]

---

9 Vgl. Erwägungsgrund 15 der Richtlinie 2004/17/EG; European Commission, Explanatory Note on the Competitive Dialog, CC2005/04.
10 Vgl. § 14 Abs. 3 VgV.
11 Gesetz zur Modernisierung des Vergaberechts v. 20.04.2009, BGBl. 2009 I S. 790.
12 Zu der – dem europäischen Vergaberecht fremden – Aufspaltung des Rechts der Sektorenauftraggeber § 100 und Rdn. 16.
13 OLG Düsseldorf v. 08.05.2002, VII – Verg 8-15/01.
14 Wichmann in: Eschenbruch/Opitz, SektVO, § 6 Rn. 6; Kaelble in: Müller-Wrede, SektVO, § 6 Rn. 10; VK Südbayern vom 17.07.2001, 23-06/01.
15 EuGH v. 25.04.1996 – Rs. C – 87/94 »Sintesi« Rn. 34 ff.

9   Einer gesonderten Begründung für die Verfahrenswahl bedarf es nicht,[16] denn das Gesetz stellt insoweit keine weiteren Tatbestandsmerkmale auf. Die in § 141 Abs. 1 GWB genannten Verfahrensarten unterliegen auch keinem Hierarchieverhältnis.[17] Ein ungeschriebener Vorrang des offenen Verfahrens ergibt sich auch nicht aus dem vergaberechtlichen **Wettbewerbsgrundsatz** oder dem haushaltsrechtlichen **Wirtschaftlichkeitsgebot**.[18] Vor allem das ökonomische Schrifttum hat sich unter dem Stichwort des »auction design« mit der Frage beschäftigt, wie Bieterverfahren zu organisieren sind, damit sie für ihren Veranstalter maximale Erträge erbringen.[19] Ein (spiel-)theoretischer, statistischer oder empirischer Befund, wonach regelmäßig das offene Verfahren bzw. die öffentliche Ausschreibung (sog. first price sealed bid auction) den günstigsten Angebotspreis zur Folge hat, existiert hiernach nicht.[20]

10 In der Praxis wenden Sektorenauftraggeber bei der Vergabe von Bau-, Liefer- und Dienstleistungen vielfach das Verhandlungsverfahren mit vorherigem Teilnahmewettbewerb an. Im Jahr 2009 geschah dies europaweit bei 43% aller im Sektorenbereich vergebener Aufträge.[21] Der entscheidende **Vorteil des Verhandlungsverfahrens** gegenüber dem offenen Verfahren und dem nicht offenen Verfahren liegt aus der Sicht des Auftraggebers darin, dass die Bieter mehrfach zur Angebotsabgabe aufgefordert werden können. Das ermöglicht eine Anpassung und Fortschreibung bereits abgegebener Angebot nach den Zwecken und Bedürfnissen des Auftraggebers. Im Verhandlungsverfahren können jedoch nicht nur die Angebote der Bieter optimiert werden. Auch der Auftraggeber selbst kann die von ihm verfassten Vergabeunterlagen im Hinblick auf die Erfahrungen, die er aus den Bietergesprächen gewonnen hat, und im Hinblick auf die Voraussetzungen und Interessen der Bieter optimieren. Das Aktions-Reaktions-Schema des offenen und nicht offenen Verfahrens, wonach die Bieter den (Amts-)vorschlag des Auftraggebers so wie festgelegt akzeptieren müssen, während der Auftraggeber die Angebote der Bieter ohne Möglichkeit der Änderungen akzeptieren muss, wird im Verhandlungsverfahren daher zugunsten eines wechselseitigen Prozesses der Annäherung ersetzt («design-to-cost»). Das Ziel dieses Annäherungsprozesses ist es, ein optimales Preis-Leistungsverhältnis zu erreichen. Das Verhandlungsverfahren erfüllt damit zugleich auch eine Kontrollfunktion. Idealerweise erhält der Auftraggeber in den Vergabegesprächen von den Bietern Hinweise auf etwaige Unklarheiten, Fehler oder Lücken der Leistungsbeschreibung, wie auch die Bieter in den Verhandlungen Hinweise auf etwaige Missverständnisse der Vergabeunterlagen oder Unklarheiten bzw. Lücken ihrer Angebote erhalten. Werden derartige Fehlerquellen im Laufe des Verfahrens aufgedeckt und korrigiert, vermeidet dies kostenträchtige Auseinandersetzungen bei der Umsetzung des Auftrags. Nach statistischen Erhebungen sind im Verhandlungsverfahren (oder bei den in diesem Verfahren vergebenen Aufträge) auch in besonderem Maße direkte grenzüberschreitende Vergaben zu verzeichnen.[22]

11 Die Regelung zur freien Wahl der Verfahrensart in § 141 Abs. 1 GWB entspricht dem Willen des Bundes- und des Gemeinschaftsgesetzgebers, der öffentlichen Auftragsvergabe in den Versorgungssektoren mehr Flexibilität zu verleihen. Vor diesem Hintergrund stellt sich die Frage, ob die freie Wahl der Verfahrensart durch Dritte, insbesondere **durch Zuwendungsgeber** mittels entsprechender Regelungen in Nebenbestimmungen zu Zuwendungsbescheiden oder in Zuwendungsverträgen, **eingeschränkt** werden kann. Das hängt davon ab, ob Art. 44 Richtlinie 2014/25/EU als eine abschließende, auf Vollharmonisierung gerichtete Bestimmung des Gemeinschaftsrechts zu qualifizieren ist. Für eine Vollharmonisierung spricht, dass die Richtlinie die Mitgliedsstaaten vielfach ausdrücklich autorisiert, die in ihr vorgesehenen Handlungsmöglichkeiten

16 Vgl. Wichmann in: Eschenbruch/Opitz, SektVO, § 6 Rn. 4; a.A. wohl Kaelble in: Müller-Wrede, SektVO, § 6 Rn. 7.
17 Wichmann in: Eschenbruch/Opitz, SektVO, § 6 Rn. 4; Greb/Müller, SektVO, 1. Aufl., § 6 Rn. 2.
18 § 6 HGrG, § 7 BHO/LHOs.
19 Dazu Opitz, Marktmacht und Bieterwettbewerb, 2003, S. 13 ff.
20 Undurchdacht daher OVG Münster v. 22.02.2005 – 15 A 1065/04, NZBau 2006, 64.
21 Europäische Kommission, Impact Assessment v. 20.12.2011, SEC(2011) 1585 final, S. 186.
22 Europäische Kommission, Impact Assessment v. 20.12.2011, SEC(2011) 1585 final, S. 188.

oder Freiheiten der Auftraggeber auszuschließen oder zu beschränken.[23] Bei Art. 44 fehlt eine solche Autorisierung. In der Formulierung des Art. 44 Abs. 2 Richtlinie 2014/25/EU kommt im Gegenteil sogar ein imperativer Charakter zum Ausdruck, wenn es dort heißt: »*Die Mitgliedsstaaten schreiben vor, dass Auftraggeber offene oder nichtoffene Verfahren sowie Verhandlungsverfahren mit vorherigem Aufruf zum Wettbewerb nach Maßgabe dieser Richtlinie anwenden können.*« Hinzuweisen ist in diesem Zusammenhang auch auf das Sintesi-Urteil des EuGH. Der EuGH hatte im Jahr 2004 entschieden, es verstoße gegen das Richtlinienrecht wenn den öffentlichen Auftraggebern durch eine abstrakte und allgemeine Festlegung die Möglichkeit genommen werde, als maßgebliches Zuschlagskriterium entweder den niedrigsten Preis oder das wirtschaftlichste Angebot festzulegen.[24] Auch insofern bestand und besteht im Gemeinschaftsrecht ein Wahlrecht des Auftraggebers.

III. Anwendung des Verhandlungsverfahrens ohne Teilnahmewettbewerb und der Innovationspartnerschaft

Nach § 141 Abs. 2 GWB steht Sektorenauftraggebern das Verhandlungsverfahren ohne Teilnahme-   12
wettbewerb und die Innovationspartnerschaft nur zur Verfügung, soweit dies aufgrund des GWB gestattet ist. Die Voraussetzungen für diese beiden Verfahrensarten finden sich nicht im GWB selbst, sondern für das Verhandlungsverfahren ohne Teilnahmewettbewerb in § 13 Abs. 2 SektVO und für die Innovationspartnerschaft in § 18 Abs. 1 S.1 u. 2 SektVO.

§ 13 Abs. 2 SektVO hat den bislang in § 6 Abs. 2 SektVO a. F. enthaltenen **Katalog der Ausnah-**   13
mefälle, in denen aufgrund zwangsläufig oder typischerweise fehlendem Wettbewerb oder sonstiger besonderer Umstände ein Verhandlungsverfahren ohne Teilnahmewettbewerb durchgeführt werden kann, entsprechend Art. 50 Richtlinie 2014/25/EU moderat weiterentwickelt. Der Ausnahmefall, dass nur ungeeignete Angebote oder Teilnahmeanträge im Rahmen eines Verhandlungsverfahrens mit vorherigem Aufruf zum Wettbewerb eingegangen sind, wird präzisiert (§ 13 Abs. 2 Nr. 1 SektVO). Zu der Ausnahme für Aufträge, die aufgrund ihrer technischen oder künstlerischen Besonderheiten nur von einem bestimmten Wirtschaftsteilnehmer ausgeführt werden können, enthält § 13 Abs. 3 SektVO nun eine eingrenzende Bestimmung. Auf diese Ausnahme darf nur zurückgegriffen werden, wenn es keine sinnvolle Alternative oder Ersatzlösungen gibt und der fehlende Wettbewerb nicht das Ergebnis einer »*künstlichen Einschränkung der Auftragsvergabeparameter*« ist, mithin die Vergabestelle ihr Leistungsbestimmungsrecht also sachwidrig ausgeübt hat. Der Ausnahmetatbestand der Gelegenheitskäufe wurde auf die Beschaffung von Dienstleistungen ausgedehnt (§ 13 Abs. 2 Nr. 8 SektVO). Das Gleiche gilt für die privilegierte Beschaffung aus der Insolvenz, die nunmehr ebenfalls für Lieferungen und für Dienstleistungen möglich ist (§ 13 Abs. 2 Nr. 9 SektVO). Gestrichen wurde § 6 Abs. 2 Nr. 6 SektVO a.F., der Ausnahmetatbestand für zusätzliche Bau- oder Dienstleistungen, die aufgrund von unvorhergesehenen Ereignissen erforderlich werden. Diese Vorschrift ist in den Regelungen für Auftragsänderungen in § 132 GWB aufgegangen. Angesichts der durchschnittlichen Dauer von Vergabeverfahren in der EU im Sektorenbereich von 153 Tagen[25] verwundert es freilich, warum sich die Zulässigkeit eines Verhandlungsverfahrens ohne vorherigen Teilnahmewettbewerb im Fall der Dringlichkeit weiterhin danach bemisst, ob der Auftraggeber die nach der Richtlinie vorgeschriebenen Mindestfristen einhalten kann oder nicht (Art. 50 S. 1 lit. d Richtlinie 2014/25/EU bzw. § 13 Abs. 2 Nr. 4 SektVO).

Der Katalog des § 13 Abs. 2 SektVO ist abschließend.[26] Nach der ständigen Rechtsprechung des   14
EuGH handelt es sich bei den Tatbeständen, die ein Verhandlungsverfahren ohne Teilnahmewettbewerb zulassen, um Ausnahmefälle, die **eng auszulegen** sind. Außerdem trägt der Auftraggeber die **Beweislast** dafür, dass die eine Ausnahme rechtfertigenden außergewöhnlichen Umstände

---

23 Vgl. z. B. Art. 76 Abs. 7 UAbs. 2, Art. 82 Abs. 2 UAbs 2, Art. 88 Abs. 6 lit. b und 7, Art. 57 Abs. 2 UAbs. 2.
24 EuGH v. 07.10.2004 – Rs. C-247/02 »Sintesi« Rn. 40.
25 PwC et al., Public procurement in Europe: cost and effectiveness, 2011, S. 109.
26 Wichmann in: Eschenbruch/Opitz, SektVO, § 6 Rn. 96.

tatsächlich vorliegen.[27] Selbst wenn eine ausreichende Begründung für einen Ausnahmefall vorliegt, unterliegt der Auftraggeber, der einen Auftrag im Verhandlungsverfahren ohne Teilnahmewettbewerb vergibt, dem Risiko, dass das Vergabeverfahren auch nach Vertragsschluss noch gemäß § 135 Abs. 1 Nr. 2 GWB beanstandet wird.

15   Das **Konzept der Innovationspartnerschaft** unterscheidet sich von dem Verhandlungsverfahren und dem Wettbewerblichen Dialog vor allem dadurch, dass es auf eine längerfristige Zusammenarbeit zwischen Auftraggeber und Auftragnehmer bzw. Auftragnehmern ausgerichtet ist, in deren Verlauf mehrere Aufträge vergeben werden können. Die Innovationspartnerschaft erlaubt es insbesondere, einem Auftragnehmer, der eine Entwicklungsleistung (z.B. Herstellung eines Prototyps) erbracht hat, Folgeaufträge über die (Serien-)Produktion des entwickelten Produkts oder der entwickelten Leistung unter vollständiger Wahrung der Schutzrechte des Auftragnehmers zu erteilen.[28] Wie bei Rahmenverträgen kann die Innovationspartnerschaft mit einem oder mit mehreren Vertragspartnern durchgeführt werden. Eine Reduzierung der beteiligten Unternehmen ist nicht nur im Laufe des Vergabeverfahrens möglich, sondern auch noch während der Durchführung der Partnerschaft im Wege der Kündigung.

16   Die Innovationspartnerschaft ist nur zulässig, wenn das Ziel des Auftrags auf die **Entwicklung einer innovativen Leistung** und deren anschließenden Erwerb gerichtet ist. Der Beschaffungsbedarf, der der Innovationspartnerschaft zugrunde liegt, darf nicht durch auf dem Markt bereits verfügbare Leistungen befriedigt werden können. Das ergibt sich aus § 18 Abs. 1 S. 1 und 2 SektVO. Diese Voraussetzung ist freilich nicht so zu verstehen, dass nur Neuentwicklungen im Rahmen einer Innovationspartnerschaft beauftragt werden können. Das Verfahren kann auch bei Weiterentwicklungen zur Anwendung kommen. Im Sektorenbereich kann die Innovationspartnerschaft z.B. bei der Entwicklung einer neuen Baureihe von Zügen im Verkehrsbereich in Betracht kommen. § 141 Abs. 2 GWB verpflichtet allerdings nicht zur Anwendung der Innovationspartnerschaft. Für die Entwicklung eines innovativen Produkts können auch weiterhin die anderen Verfahrensarten angewendet werden. Eine Innovationspartnerschaft erübrigt sich, wenn die Voraussetzungen von § 116 Abs. 1 Nr. 2 GWB gegeben sind.

§ 142 Sonstige anwendbare Vorschriften

Im Übrigen gelten für die Vergabe von öffentlichen Aufträgen durch Sektorenauftraggeber zum Zweck der Ausübung von Sektorentätigkeiten die §§ 118 und 119, soweit in § 141 nicht abweichend geregelt, die §§ 120 bis 129, 130 in Verbindung mit Anhang XVII der Richtlinie 2014/25/EU sowie die §§ 131 bis 135 mit der Maßgabe entsprechend, dass
1. **Sektorenauftraggeber abweichend von § 122 Absatz 1 und 2 die Unternehmen anhand objektiver Kriterien auswählen, die allen interessierten Unternehmen zugänglich sind,**
2. **Sektorenauftraggeber nach § 100 Absatz 1 Nummer 2 ein Unternehmen nach § 123 ausschließen können, aber nicht ausschließen müssen,**
3. **§ 132 Absatz 2 Satz 2 und 3 nicht anzuwenden ist.**

---

27 EuGH v. 15.10.2009 – Rs. C-275/08 Rz. 55; EuGH v. 04.06.2009 – Rs. C-250/07, Rz. 35; EuGH v. 02.10.2008 – Rs. C-157/06, Rz. 23.
28 Vgl. Opitz VergabeR 2014, 369, 378.

I. Allgemeines

Bei § 142 GWB handelt es sich um eine reine Verweisungsnorm. Die Vorschrift hat kein Vorbild in 1
der Richtlinie 2014/25/EU oder in der zuvor geltenden Fassung des 4. Teils des GWB.

Sie enthält – wie auch § 141 GWB – Sonderregelungen des Sektorenvergaberechts für das Vergabe- 2
verfahren und die Auftragsausführung. Diese sind von den §§ 137–140 GWB, den Sonderregelungen zum Anwendungsbereich des Sektorenvergaberechts, abzugrenzen. Da bis zum In-Kraft-Treten
des VergRModG im Jahr 2016 sämtliche Verfahrensvorschriften des Sektorenvergaberechts in der
SektVO geregelt waren, bedurfte es hierfür im GWB zunächst keiner eigenständigen Regelung.
Nach der neuen Systematik des 4. Teils des GWB ist diese jedoch erforderlich. § 142 GWB macht
deutlich, welche der Verfahrensvorschriften des Abschnitts 2, UAbs. 2 des vierten Teils (§§ 119–
135 GWB) für Sektorenauftraggeber entsprechend gelten bzw. wo Besonderheiten bestehen. Hintergrund ist, dass die den GWB-Vorschriften zugrunde liegenden Richtlinien 2014/24/EU und
2014/25/EU weitestgehend inhaltsgleiche Regelungen enthalten,[1] d.h. das Sektorenvergaberecht
nur punktuell von dem allgemeinen Vergaberecht abweicht.

Neben der freien Wahl der Verfahrensart, die wegen ihrer besonderen Bedeutung in einer eige- 3
nen Vorschrift des GWB (§ 141 GWB) erfasst wird, nennt § 142 GWB drei Abweichungen von
den allgemeinen Bestimmungen des GWB über das Vergabeverfahren und die Auftragsausführung
(§§ 119 ff. GWB), die bei der Vergabe öffentlicher Aufträge durch Sektorenauftraggeber zum
Zweck der Ausübung einer Sektorentätigkeit gelten. Sie betreffen Regelungen in § 122, § 123 und
§ 132 GWB und gehen den allgemeinen Vorschriften als **Spezialregelungen** vor. Wenn § 142 S. 1
GWB bestimmt, dass § 130 GWB, der die Vergabe von öffentlichen Aufträgen über soziale und
andere besondere Dienstleistungen regelt, im Sektorenbereich mit der Maßgabe gilt, dass nicht auf
den Katalog der sozialen und anderen besonderen Dienstleistungen des Anhangs XIV der Richtlinie
2014/24/EU abzustellen ist, sondern auf Anhang XVII der Richtlinie 2014/25/EU, ergeben sich
hieraus indessen keine Unterschiede. Beide Anhänge sind identisch. Der Katalog der Richtlinie
2014/24/EU für soziale und andere besondere Dienstleistungen wurde ohne verständige Prüfung
in die Richtlinie 2014/25/EU übernommen.[2]

Besondere Verfahrensregelungen für die Auftragsvergabe in den Sektoren finden sich nicht nur in 4
den §§ 141 und 142 GWB, sondern vor allem auch in der nach § 113 GWB erlassenen Verordnung über die Vergabe von Aufträgen im Bereich des Verkehrs, der Trinkwasserversorgung und der
Energieversorgung (Sektorenverordnung – SektVO). Sie sind überwiegend privilegierender Natur,
d.h. sie schaffen für die betroffenen Auftraggeber und Auftragsvergaben Verfahrenserleichterungen.
Das gilt jedoch nicht durchgängig, wie beispielsweise die (zwingende) Regelung in § 55 Abs. 2
SektVO zur Bewertung von Angeboten, die Erzeugnisse aus Drittländern umfassen, zeigt. Neben
der in § 141 Abs. 1 GWB geregelten freien Wahl der Verfahrensart und den von § 142 GWB erfassten Sachverhalten enthält die **SektVO im Vergleich zum allgemeinen Vergaberecht** insbesondere
Verfahrenserleichterungen durch zum Teil kürzeren Mindestfristen,[3] die geringere Regelungsdichte
bezüglich der Ausgestaltung von Verhandlungsverfahren und von Rahmenvereinbarung, die längere
Laufzeit von Rahmenvereinbarungen,[4] die Möglichkeit der Einrichtung eigener Qualifizierungssysteme, mit denen auch zum Wettbewerb aufgerufen werden kann,[5] und die fehlende Bindung an
einen zwingenden Katalog von Nachweisen für die berufliche und technische Leistungsfähigkeit.

---

1 Vgl. Begr. VergRModG, BT-Drs. 18/6281, S. 155.
2 Deswegen darf ein Sektorenauftraggeber nunmehr auch ohne weitere Begründung das Verfahren einer Innovationspartnerschaft wählen, wenn er zum Beispiel Dienstleistungen für Haftanstalten (!) vergeben möchte.
3 So beträgt die Mindestfrist für die Angebotsabgabe bei nichtoffenen Verfahren und im Verhandlungsverfahren nach § 15 Abs. 3 SektVO nur zehn Kalendertage.
4 § 19 Abs. 3 SektVO.
5 § 37 Abs. 1, § 48 SektVO.

5   Das mit der Sektorenrichtlinie verfolgte Ziel, die Auftragsvergabe in den Sektoren zu privilegie-
    ren, speist sich aus unterschiedlichen regulatorischen Motiven. Ein Motiv ist, dass es sich bei den
    Sektorenbereichen um teilliberalisierte Märkte handelt, die an der Schwelle zum freien Wettbe-
    werb stehen.[6] So lange noch kein echter Wettbewerb auf Märkten besteht, die keiner Zugangs-
    beschränkung unterliegen,[7] bedarf es der Bindung der Sektorenauftraggeber an das Vergaberecht.
    Andererseits ist der Staat in den Sektoren regelmäßig unternehmerisch tätig und besteht auf den
    teilliberalisierten Märkten jedenfalls ein gewisser Wettbewerbsdruck, weshalb die Gefahr, dass im
    Sektorenbereich Aufträge nach anderen als wirtschaftlichen Kriterien vergeben werden, geringer
    ist als in den Bereichen der klassischen Hoheitsverwaltung. Auch gilt es Nachteile des Vergabe-
    rechts abzumildern, die Sektorenauftraggeber gegenüber Wettbewerbern in den Sektoren haben,
    die keine öffentlichen Auftraggeber oder öffentliche Unternehmen sind und ihre Sektorentätigkeit
    auch nicht auf der Grundlage besonderer oder ausschließlicher Rechte ausüben.[8] Hinzu kommt,
    dass es sich bei den für die Versorgungstätigkeit erforderlichen Beschaffungsgütern oft um sehr
    spezielle und technisch hoch entwickelte Ausrüstungen handelt. Bei Beschaffung derartiger Güter
    und zur Gewährleistung von Versorgungssicherheit sind Sektorenauftraggeber in besonderer Weise
    auf flexible Verfahren angewiesen.[9] Schließlich sind die Privilegien zum Teil auf politische Kom-
    promisse bei der Entstehung der ursprünglichen Sektorenrichtlinie 90/531/EWG zurückzuführen.
    Bei dem Vorhaben, europaweit gleiche Wettbewerbsvoraussetzungen in den Sektoren unabhängig
    von den in den einzelnen Mitgliedsstaaten vorherrschenden rechtlichen Strukturen und Privatisie-
    rungsgraden zu schaffen, waren Zugeständnisse zu Gunsten von Mitgliedsstaaten zu machen, die in
    ihren Privatisierungs- und Liberalisierungsbemühungen schon vorangeschritten waren.[10] Insofern
    stellen Verfahrenserleichterungen inhaltlicher Art ein Pendant zu der Ausdehnung des persönlichen
    Anwendungsbereichs des Vergaberechts auf die heute von § 100 Abs. 1 Nr. 2 GWB erfassten, sog.
    »privaten Sektorenauftraggeber« dar.

6   Rechtspraktische Probleme entstehen, wenn Sektorenauftraggeber für die von ihnen durchzufüh-
    renden Beschaffungsvorhaben Zuwendung erhalten und in Nebenbestimmungen des jeweiligen
    Zuwendungsbescheids oder entsprechenden Bestimmung eines Zuwendungsvertrags Vergaberegeln
    festgelegt werden, die den Besonderheiten der Sektorenvergabe nicht Rechnung tragen. Bislang
    geschah dies häufig, indem die Geltung der VOB/A oder der VOL/A angeordnet wurde. Insofern
    dürfte jedoch klar sein, dass weder durch einen Verwaltungsakt noch durch einen Vertrag die (bun-
    des-)gesetzlichen Regeln der §§ 136 ff. GWB oder der SektVO abbedungen werden können. Auch
    eine freiwillige Außerachtlassung des **Sektorenvergaberechts** ist nicht möglich, denn seine Anwen-
    dung steht nicht zur Disposition.[11] Nach § 136 GWB (»ist anzuwenden«) und nach § 1 Abs. 1
    SektVO (»das einzuhaltende Verfahren«) ist die Anwendung des Sektorenvergaberechts bei der Ver-
    gabe von Aufträgen und der Durchführung von Wettbewerben in den Sektoren zwingend, soweit
    ihr geschätzter Wert den einschlägigen Schwellenwert gem. § 106 GWB erreicht oder übersteigt.
    Bieterunternehmen haben gemäß § 97 Abs. 6 GWB einen Anspruch darauf, dass Sektorenauf-
    traggeber bei ihrer Sektorentätigkeit die Bestimmung des Sektorenvergaberechts und kein anderes
    Vergaberecht anwenden. Ziffer 3.2 der allgemeinen Nebenbestimmungen für Zuwendungen zur
    Projektförderung (ANBest-P) des Bundes trägt dem Rechnung. Hiernach bleiben Verpflichtun-
    gen des Zuwendungsempfängers aufgrund des Gesetzes gegen Wettbewerbsbeschränkungen, die
    Abschnitte 2 ff. der VOB/A »oder andere Vergabebestimmungen« einzuhalten, unberührt. Eine
    andere Frage ist freilich, ob die durch das Sektorenvergaberecht im Einzelnen vorgesehenen Hand-

---

6   Kaelble in: Müller-Wrede, SektVO, § 6 Rn. 8 m. Verweis auf Begr. VergRÄndG BT-Drs. 13/9340, S. 15;
    Gabriel in: MüKo, Europäisches und Deutsches Wettbewerbsrecht, Bd. 3, 2011,§ 98 GWB Rn. 44.
7   Wenn dies der Fall ist, kommt gem. Art. 34 f. Richtlinie 2014/25/EU eine Freistellung von den Verpflich-
    tungen der Richtlinie in Betracht. Siehe hierzu die Kommentierung zu § 140 GWB.
8   Vgl. hierzu § 100 Rdn. 23.
9   Vgl. Opitz in: Eschenbruch/Opitz, SektVO, Einleitung – Teil 1, Rn. 7.
10 Vgl. Opitz in: Eschenbruch/Opitz, SektVO, Einleitung – Teil 1, Rn. 9.
11 OLG Düsseldorf v. 18.04.2012 – VII-Verg 9/12.

lungsfreiheiten, insbesondere die freie Wahl der Verfahrensart nach § 141 Abs. 1 GWB, durch Zuwendungsgeber eingeschränkt werden können.[12]

II. Besondere Regelungen für das Vergabeverfahren und die Auftragsausführung

1. Abweichung von § 122 GWB

Das Sektorenvergaberecht bindet den Sektorenauftraggeber nicht an bestimmte Eignungskriterien. 7 Bei Auftragsvergaben im Sektorenbereich dürfen abweichend von § 122 Abs. 1 und 2 GWB **andere Kriterien** für die Auswahl der Bewerber oder Bieter herangezogen werden als die Befähigung und Erlaubnis zur Berufsausübung, die wirtschaftliche und finanzielle Leistungsfähigkeit, die technische und berufliche Leistungsfähigkeit oder die zwingenden und fakultativen Ausschlussgründe, die an die persönliche Lage der Wirtschaftsteilnehmer anknüpfen (letzteres mit der Einschränkung von § 142 Nr. 2 GWB). Voraussetzung ist, dass diese anderen Kriterien objektiver Natur sind und sie allen interessierten Unternehmen zugänglich sind, das heißt sie vorab transparent gemacht wurden. § 142 S. 1 Nr. 2 GWB entspricht diesbezüglich Art. 78 Abs. 1 und 2 der Richtlinie 2014/25/EU. Bislang hatte das nationale Recht dieser Privilegierung keine Rechnung getragen. Zwar bestimmte auch § 20 Abs. 1 SektVO a.F., dass der Auftraggeber die Unternehmen anhand »objektiver« Kriterien auswählt. Andererseits galt bis zur Änderung durch das VergRModG im Jahr 2016 vorrangig § 97 Abs. 4 GWB a.F., der mit seiner Festlegung auf die Eignungskriterien, Fachkunde, Zuverlässigkeit und Leistungsfähigkeit auch Auftragsvergaben im Sektorenbereich erfasste.[13] Während die Rechtsprechung der Vergabekammer des Bundes, wonach zu den objektiven Kriterien im Sinne des § 20 Abs. 1 SektVO a.F. »insbesondere« – aber nicht ausschließlich – Fachkunde, Leistungsfähigkeit und Zuverlässigkeit zählen,[14] bislang zweifelhaft war, trägt sie der neuen Rechtslage Rechnung.

Die Kriterien für die Auswahl der Unternehmen können dem Ziel dienen, eine ordnungsgemäße 8 Auftragsausführung sicherzustellen. Zumeist wird das der Fall sein. Sie können aber auch darüber hinausgehen und z.B. auf die schnelle und effiziente Auftragsausführung (kapazitätsbezogene Kriterien), auf die Verfolgung mittelständischer Interessen, auf die Marktpflege oder auf die Verfolgung politischer, insbesondere sozialer und umweltbezogene Aspekte im Sinne von § 97 Abs. 3 GWB, gerichtet sein. Allerdings muss die Kriterienwahl auch dann **mit dem Auftragsgegenstand in Verbindung** und zu diesem in einem angemessenen Verhältnis stehen. Das ergibt sich aus § 122 Abs. 4 Satz 1 GWB, der von § 142 Nr. 1 GWB unberührt bleibt. Zudem müssen die Kriterien auch dem Gleichbehandlungs- und Wettbewerbsgrundsatz des § 97 Abs. 1 u. 2 GWB und den Grundfreiheiten des AEUV Rechnung tragen.

Ein Aspekt der Kriterienwahl kann auch schlicht die **Begrenzung des Ressourceneinsatzes** des Auftrag- 9 gebers im Vergabeverfahren bzw. eine Verfahrensbeschleunigung sein. Das ist der Fall, wenn Kriterien mit Ziel gewählt werden, die Anzahl der Bewerber oder Bieter zu begrenzen, die zur Abgabe von Angeboten aufgefordert oder zu Verhandlungen eingeladen werden, um so von vornherein den Aufwand des Auftraggebers für die Prüfung und Wertung der Angebote und die Durchführung von Verhandlungen zu reduzieren. Wie aus § 45 Abs. 3 SektVO folgt, kommt eine Begrenzung der Wettbewerbsteilnehmer im offenen Verfahren allerdings nicht in Betracht und ist eine solche Begrenzung auch bei den übrigen Verfahrensarten nur möglich, sofern die Notwendigkeit besteht, »*ein angemessenes Gleichgewicht zwischen bestimmten Merkmalen des Vergabeverfahrens und den notwendigen Ressourcen für dessen Durchführung*« sicherzustellen. Bei Standardvergaben und einer Angebotswertung ausschließlich nach dem Preiskriterium – oder auch anderen nur nominell zu bewertenden Kriterien – dürfte eine Beschränkung des Teilnehmerkreises alleine aus dem Grund der Ressourcenschonung daher ausscheiden.

---

12 Hierzu § 141 Rdn. 11.
13 Vgl. Opitz in: Eschenbruch/Opitz, SektVO § 20 Rn. 14; Greb/Müller SektVO, § 20 Rn. 1; Müller-Wrede in: Müller-Wrede, SektVO, § 21 Rn. 12; Summa in: jurisPK VergR § 20 SektVO Rn. 5; Opitz VergabeR 2009, 689, 696 f.
14 VK Bund v. 17.03.2005 – VK2-09/05; ebenso Braun/Peters VergabeR 2010, 433, 440.

10 In jedem Fall müssen die Kriterien der Bewerber- oder Bieterauswahl objektiver Natur sein. Der **Begriff des objektiven Kriteriums** ist dem Richtlinienrecht entnommen[15] und findet sich auch in der Rechtsprechung des EuGH.[16] Es ist in dem Sinne zu verstehen, dass – ggf. auch durch Dritte – überprüfbar sein muss, ob das jeweilige Kriterium erfüllt wird.[17] Das Erfordernis der Objektivität bedeutet hingegen nicht, dass der Auftraggeber die Entscheidung, welche Befähigungen und Voraussetzungen für den jeweiligen Auftrag erforderlich sind, nicht anhand seiner individuellen Lage oder seiner eigenen Ziele und Bestrebungen treffen könnte. Objektivität wird durch Rationalität ermöglicht. Allerdings ist es durchaus denkbar, dass auch Kriterien gewählt werden, die nicht zu einer rational begründbaren Auswahlentscheidung führen. So ist es etwa bei dem Losverfahren, dem sog. »Windhundverfahren«, dem rollierende System[18] oder der Repartierung. Es ist rechtlich noch ungeklärt, ob diese – ebenfalls objektiven – Auswahlverfahren, mit dem Wettbewerbsgrundsatz in Einklang zu bringen sind. Auch fällt es schwer bei derartigen Auswahlmechanismen eine Verbindung zum Auftragsgegenstand i.S.v. § 122 Abs. 4 Satz 1 GWB zu begründen. Besondere Zugangsbeschränkungen zum Wettbewerb, wie etwa die physische Präsenz des Bieters bei der Auswahlentscheidung oder Eintrittsgebühren für die Teilnahme am Wettbewerb dürften jedenfalls mit dem Diskriminierungsverbot unvereinbar sein und als objektive Auswahlkriterien ausscheiden. Für die Auswahl der Bieter oder Bewerber auf der Grundlage von Bieterlisten oder einer Präqualifikation gelten zudem die Bestimmungen über Qualifizierungssysteme der Richtlinie 2014/25/EU, die in § 48 SektVO umgesetzt sind.

11 § 142 Nr. 1 GWB verlangt, dass die Kriterien der Bewerber- oder Bieterauswahl allen interessierten Unternehmen »zugänglich sind«. Da § 142 Nr. 1 GWB lediglich von § 122 Abs. 1 und 2 GWB suspendiert, gilt insofern jedoch § 122 Abs. 4 Satz 2 GWB entsprechend, wonach die Kriterien in der Auftragsbekanntmachung, der Vorinformation oder der Aufforderung zur Interessenbestätigung aufzuführen sind. Gleiches dürfte für die vom Auftraggeber geforderten Eignungsnachweise gelten, zumal die Auswahlkriterien ohnehin aus diesen abgeleitet werden können. An der Verpflichtung, die **Kriterien bereits in der Auftragsbekanntmachung** zu nennen und nicht erst in den Vergabeunterlagen,[19] ändert wohl auch eine uneingeschränkte, vollständige, unentgeltliche und unmittelbare Zugänglichmachung der Vergabeunterlagen nichts. Sektorenauftraggeber müssen beachten, dass ggf. auch die Ausschlussgründe des § 123 und 124 GWB bekannt gemacht werden müssen, sofern – wie nach § 142 Nr. 2 GWB – deren Anwendung nicht gesetzlich vorgeschrieben ist.

2. Abweichung von § 123 GWB

12 Eine weitere Besonderheit besteht darin, dass Sektorenauftraggeber nach § 100 Abs. 1 Nr. 2 GWB, d.h. die sog. »staatlichen Sektorenauftraggeber«[20] die zwingenden Ausschlussgründe des § 123 GWB, die an eine rechtskräftige Verurteilung wegen bestimmter Wirtschaftsstraftaten anknüpfen, anwenden können, aber nicht anwenden müssen. Anderes gilt für die sog. »privaten Sektorenauftraggeber« i.S.v. § 100 Abs. 1 Nr. 1 SektVO,[21] die zur entsprechenden Anwendung von § 123 GWB verpflichtet sind. Die Sektorenauftraggeber nach § 100 Abs. 1 Nr. 2 GWB können aber nicht selektiv über die Anwendung der Ausschlussgründe des § 123 GWB entscheiden, sondern nur über die Anwendung von § 123 GWB als Ganzes.

---

15 Art. 78 Abs. 1 Richtlinie 2014/25/EU spricht von »objektiven Vorschriften und Kriterien für den Ausschluss und die Auswahl von Bietern oder Bewerbern«.
16 So schon EuGH v. 20.09.1988 – Rs. 31/87 »Beentjes«, Rn. 27 zu Zuschlagskriterien.
17 In diesem Sinne EuGH v. 04.12.2003 – Rs. C-448/01 »Wienstrom«, Rn. 50.
18 Vgl. dazu etwa BGH v. 14.12.1976, NJW 1977, 628, 629 »Abschleppaufträge«.
19 So bislang schon die Spruchpraxis zu geforderten Eignungsnachweisen, OLG Frankfurt v. 16.02.2015 – 11 Verg 11/14; OLG Koblenz v. 19.01.2015 – Verg 6/14; OLG Celle v. 24.04.2014 – 13 Verg 2/14; OLG Düsseldorf v. 22.01.2014 – VII Verg 26/13; OLG Düsseldorf v. 28.11.2012 – VII Verg 8/12.
20 Vgl. § 100 Rdn. 2.
21 Vgl. § 100 Rdn. 2 und Rdn. 19 ff.

3. Abweichung von § 132 GWB

Für **Auftragsänderungen** während der Vertragslaufzeit gilt im Sektorenbereich eine Erleichterung. 13
Nach § 132 Abs. 2 GWB ist die Änderung eines öffentlichen Auftrages ohne Durchführung eines
neuen Vergabeverfahrens unter anderem dann zulässig, wenn (Nr. 2) zusätzliche Liefer-, Bau- oder
Dienstleistungen erforderlich werden, die nicht in den ursprünglichen Vergabeunterlagen vorgesehen waren und ein Wechsel des Auftragnehmers aus wirtschaftlichen oder technischen Gründen
nicht erfolgen kann und mit erheblichen Schwierigkeiten oder beträchtlichen Zusatzkosten für den
öffentlichen Auftraggeber verbunden wären; und auch dann (Nr. 3), wenn die Änderungen aufgrund von Umständen erforderlich geworden ist, die der öffentliche Auftraggeber im Rahmen seiner Sorgfaltspflicht nicht vorhersehen konnte, sofern sich aufgrund der Änderung der Gesamtcharakter des Auftrages nicht verändert. Dies gilt nach Art. 89 Abs. 1 lit. b und c Richtlinie 2014/25/
EU – anders als nach Art. 72 Abs. 1 lit. b und c Richtlinie 2014/24/EU – unabhängig vom Wert
der Änderung. Deshalb schließt § 142 Nr. 3 GWB die Anwendung von § 132 Abs. 2 und 3 GWB,
wonach der Preis bei einer derartigen Änderung nicht um mehr als 50 % des Wertes des ursprünglichen Auftrages erhöht werden darf, aus.

§ 143 Regelung für Auftraggeber nach dem Bundesberggesetz

(1) Sektorenauftraggeber, die nach dem Bundesberggesetz berechtigt sind, Erdöl, Gas, Kohle
oder andere feste Brennstoffe aufzusuchen oder zu gewinnen, müssen bei der Vergabe von Liefer-,
Bau- oder Dienstleistungsaufträgen oberhalb der Schwellenwerte nach § 106 Absatz 2 Nummer 2 zur Durchführung der Aufsuchung oder Gewinnung von Erdöl, Gas, Kohle oder anderen
festen Brennstoffen die Grundsätze der Nichtdiskriminierung und der wettbewerbsorientierten
Auftragsvergabe beachten. Insbesondere müssen sie Unternehmen, die ein Interesse an einem
solchen Auftrag haben können, ausreichend informieren und bei der Auftragsvergabe objektive
Kriterien zugrunde legen. Die Sätze 1 und 2 gelten nicht für die Vergabe von Aufträgen, deren
Gegenstand die Beschaffung von Energie oder Brennstoffen zur Energieerzeugung ist.

(2) Die Auftraggeber nach Absatz 1 erteilen der Europäischen Kommission über das Bundesministerium für Wirtschaft und Energie Auskunft über die Vergabe der unter diese Vorschrift fallenden Aufträge nach Maßgabe der Entscheidung 93/327/EWG der Kommission vom 13. Mai 1993
zur Festlegung der Voraussetzungen, unter denen die öffentlichen Auftraggeber, die geographisch
abgegrenzte Gebiete zum Zwecke der Aufsuchung oder Förderung von Erdöl, Gas, Kohle oder
anderen festen Brennstoffen nutzen, der Kommission Auskunft über die von ihnen vergebenen
Aufträge zu erteilen haben (ABl. L 129 S. 25). Sie können über das Verfahren gemäß der Rechtsverordnung nach § 113 Satz 2 Nummer 8 unter den dort geregelten Voraussetzungen eine Befreiung von der Pflicht zur Anwendung dieser Bestimmung erreichen.

A. Grundzüge und Materialien

Die Norm basiert auf der nach Art. 3 der Richtlinie 93/38/EWG v. 14. Juni 1993 zur Koordinie- 1
rung der Auftragsvergabe durch Auftraggeber im Bereich der Wasser-, Energie- und Verkehrsversorgung sowie im Telekommunikationssektor gegebenen Möglichkeit, auf Antrag eines Mitgliedsstaates die Nutzung geografisch abgegrenzter Gebiete zum Zweck der Aufsuchung nach oder der
Förderung von Erdöl, Gas, Kohle oder anderen Festbrennstoffen nicht als Tätigkeit im Sektorenbereich zu betrachten.

2 Artikel 3 der Richtlinie 93/38/EWG v. 14. Juni 1993 zur Koordinierung der Auftragsvergabe durch Auftraggeber im Bereich der Wasser-, Energie- und Verkehrsversorgung sowie im Telekommunikationssektor lautet:

3 *Art. 3*

(1) Ein Mitgliedstaat kann bei der Kommission beantragen, daß die Nutzung geographisch abgegrenzter Gebiete zum Zwecke der Suche oder Förderung von Erdöl, Gas, Kohle oder anderen Festbrennstoffen nicht als eine Tätigkeit im Sinne von Artikel 2 Absatz 2 Buchstabe b) Ziffer i) gilt bzw. daß die Auftraggeber als nicht im Besitz von besonderen oder ausschließlichen Rechten im Sinne von Artikel 2 Absatz 3 Buchstabe b) zur Nutzung einer oder mehrerer dieser Tätigkeiten gelten, wenn alle nachstehenden Bedingungen in bezug auf die einschlägigen einzelstaatlichen Bestimmungen für diese Tätigkeiten erfüllt sind:

a) Bedarf es einer Genehmigung zur Nutzung eines solchen geographisch abgegrenzten Gebiets, so steht es den anderen Auftraggebern frei, ebenfalls eine solche Genehmigung zu den Bedingungen zu beantragen, denen die Auftraggeber unterliegen;

b) die technische und finanzielle Leistungsfähigkeit, die die Auftraggeber zur Ausübung besonderer Tätigkeiten besitzen müssen, wird festgelegt, bevor die Qualifikationen der Bewerber für eine derartige Genehmigung beurteilt wird;

c) die Genehmigung zur Ausübung dieser Tätigkeiten wird anhand objektiver Kriterien erteilt, die sich auf die zur Durchführung der Suche oder der Förderung vorgesehenen Mittel beziehen und die festgelegt und veröffentlicht worden sind, bevor die Anträge auf Genehmigung eingereicht werden; diese Kriterien sind in nichtdiskriminierender Weise anzuwenden;

d) alle Bedingungen und Auflagen für die Ausübung oder die Aufgabe der Tätigkeit, einschließlich der Bestimmungen über die mit der Ausübung, den Abgaben und der Beteiligung am Kapital oder dem Einkommen der Auftraggeber verbundenen Verpflichtungen, werden festgelegt und zur Verfügung gestellt, bevor die Anträge auf Genehmigung eingereicht werden, und sie sind in nichtdiskriminierender Weise anzuwenden; eine Änderung der Bedingungen und Auflagen muß für alle betroffenen Auftraggeber gelten bzw. in nichtdiskriminierender Weise vorgenommen werden; die mit der Ausübung verbundenen Verpflichtungen brauchen jedoch erst unmittelbar vor der Erteilung der Genehmigung festgelegt zu werden;

e) den Auftraggebern wird außer auf Verlangen einzelstaatlicher Behörden und ausschließlich im Hinblick auf die in Artikel 36 des Vertrages genannten Ziele weder durch ein Gesetz, eine Verordnung oder eine Verwaltungsbestimmung noch durch eine Vereinbarung oder Absprache zur Auflage gemacht, Angaben über die künftigen oder derzeitigen Quellen für ihre Käufe zu machen.

(2) Die Mitgliedstaaten, die Absatz 1 anwenden, sorgen durch entsprechende Genehmigungsbedingungen oder sonstige geeignete Maßnahmen dafür, daß jeder Auftraggeber

a) den Grundsatz der Nichtdiskriminierung und der wettbewerbsorientierten Auftragsvergabe bei der Vergabe der Liefer-, Bau- und Dienstleistungsaufträge beachtet, insbesondere hinsichtlich der den Unternehmen zur Verfügung gestellten Informationen über ihre Absichten einer Auftragsvergabe;

b) der Kommission unter den Bedingungen, die diese gemäß Artikel 40 festlegt, Auskunft über die Vergabe der Aufträge erteilt.

(3) Auf eine vor dem Zeitpunkt der Anwendung dieser Richtlinie durch die Mitgliedstaaten gemäß Artikel 45 erteilte Einzelkonzession bzw. -erlaubnis wird Absatz 1 Buchstaben a), b) und c) nicht angewandt, wenn es zu diesem Zeitpunkt anderen Auftraggebern freigestellt ist, ohne Diskriminierung und nach objektiven Kriterien eine Erlaubnis zur Nutzung eines geographisch abgegrenzten Gebietes zum Zwecke der Suche oder Förderung von Erdöl, Gas, Kohle oder anderen Festbrennstoffen zu beantragen. Absatz 1 Buchstabe d) ist nicht anzuwenden, wenn die Bedingungen und Auflagen vor dem vorstehend genannten Zeitpunkt festgelegt, angewandt oder geändert wurden.

(4) Ein Mitgliedstaat, der Absatz 1 anzuwenden beabsichtigt, setzt die Kommission davon in Kenntnis. Dazu teilt er der Kommission alle Rechts- und Verwaltungsvorschriften, Vereinbarungen oder Absprachen in bezug auf die in den Absätzen 1 und 2 genannten Bedingungen mit.

Die Kommission trifft ihre Entscheidung nach dem in Artikel 40 Absätze 5 bis 8 festgelegten Verfahren. Sie veröffentlicht ihre Entscheidung mit der entsprechenden Begründung im Amtsblatt der Europäischen Gemeinschaften.

Sie legt dem Rat jährlich einen Bericht über die Durchführung des vorliegenden Artikels vor und überprüft seine Anwendung im Rahmen des in Artikel 44 vorgesehenen Berichts.

Einen solchen Antrag hatte die Bundesrepublik Deutschland bereits am 15.11.1991 erstmals   **4** gestellt. Dieser war von der Kommission jedoch abschlägig beschieden, weil die seinerzeit in § 57a des deutschen Haushaltsgrundsätzegesetz enthaltene Rechtschutzregel als nicht ausreichend für die Gewährung effektiven Rechtschutzes betrachtet worden war. Nachdem diese Regelung im Jahr 1998 durch die Verabschiedung des 4. Teils des GWB ersetzt worden war hatte Deutschland unter dem 12.11.2002 erneut einen solchen Antrag gestellt, der schließlich durch Entscheidung der Kommission v. 15.01.2004 positiv entschieden worden ist.[1]

In der Begründung der Bundesregierung zum Entwurf eines Gesetzes zur Modernisierung des Ver-   **5** gaberechts heißt es: »Der Bereich des Aufsuchens und der Förderung von Brennstoffen wird grundsätzlich von der EG-Sektorenrichtlinie 2004/17/EG (Art. 7 lit. a) erfasst. Unternehmen, die in Deutschland in diesem Bereich tätig sind und die sonstigen Anforderungen an öffentliche Auftraggeber erfüllen (§ 98 Nr. 1 bis 3 oder öffentliches Unternehmen oder Tätigkeit aufgrund besonderer und ausschließlicher Rechte), haben jedoch aufgrund einer (auf Artikel 3 der Richtlinie 93/38/EWG gestützten) Entscheidung der Kommission eine weitgehende Befreiung von der Anwendungsverpflichtung. Sie sind lediglich gehalten, bei Auftragsvergaben oberhalb der Schwellenwerte den Grundsatz der Nichtdiskriminierung und der wettbewerbsorientierten Auftragserteilung einzuhalten. § 129b Abs. 1 verpflichtet zur Einhaltung dieser Grundsätze. Diese Verpflichtung ergibt sich künftig allein aus dem Gesetz, bislang war dies im § 11 VgV geregelt. Gleichzeitig wird diesen Auftraggebern in § 129b Abs. 2 die Möglichkeit eröffnet, sich gänzlich von der Anwendungsverpflichtung dieser Vorschrift zu befreien«.

Der bisherige § 11 VgV hatte im Wesentlichen die §§ 5 und 6 der alten Vergabeverordnung[2] über-   **6** nommen, wonach bergbauliche Unternehmen von der Anwendung der Abschnitte 4 der VOL/A und VOB/A befreit worden waren und wonach für bestimmte Auftragstypen die Anwendbarkeit der VgV ausgenommen war.[3]

Für Bergbauunternehmen gelten unterhalb der europäischen Schwellenwerte grundsätzlich keine   **7** vergaberechtlichen Besonderheiten. Allerdings können in subventionierten Bergbaubereichen weiter gehende vergaberechtliche Verpflichtungen aufgrund des Zuwendungsrechts bestehen.

B. Anwendungsbereich

Unter die Vorschrift fallen Bergbauunternehmen, die nach dem Bundesberggesetz (BBergG)[4]   **8** berechtigt sind, Erdöl, Gas, Kohle oder andere Festbrennstoffe aufzusuchen oder zu gewinnen.

Das BBergG unterscheidet folgende Bergbauberechtigungen: Erlaubnis, Bewilligung und Berg-   **9** werkseigentum. Wer bergfreie Bodenschätze aufsuchen will, bedarf der Erlaubnis, wer bergfreie Bodenschätze gewinnen will, der Bewilligung oder des Bergwerkseigentums. Eine Erlaubnis ist von der Bergbehörde zu erteilen, wenn die im BBergG aufgeführten Voraussetzungen erfüllt sind. Hierzu zählt u.a. ein ordnungsgemäßer Antrag mit der Bezeichnung des Bodenschatzes, eine Karte mit der Eintragung des begehrten Feldes und ein Arbeitsprogramm. Die Erlaubnis wird für höchstens fünf Jahre erteilt, kann jedoch, soweit es für eine ordnungsgemäße Aufsuchung erforderlich ist, verlängert werden.

---

1 Entscheidung der Kommission v. 15. Januar 2004, K(2003) 5351, ABl. L 16/57.
2 In der Fassung von 1994.
3 Weyand, ibr-online-Kommentar Vergaberecht, Stand 29.07.2008, § 11 VgV, 51.3.
4 Bundesberggesetz v. 13.08.1980, BGBl. I 1310.

Die Bewilligung ist von der Bergbehörde zu erteilen, wenn der Antragsteller neben einer genauen Beschreibung des Bodenschatzes einen Lageriss mit der Situation des begehrten Feldes einreicht sowie weitere Unterlagen, wie z.B. ein Arbeitsprogramm über die vorgesehene technische Durchführung der Gewinnung und den zeitlichen Ablauf, vorlegt. Die Bewilligung wird befristet erteilt, wobei 50 Jahre nicht überschritten werden sollen. Sie kann überdies unter bestimmten Voraussetzungen widerrufen werden.

10   Die nach den §§ 6 ff. BBergG verliehenen Bergbauberechtigungen (Erlaubnis, Bewilligung, Bergwerkseigentum) beruhen auf staatlicher Konzession. Sofern keiner der in den §§ 11 bis 13 BBergG aufgeführten Versagungsgründe vorliegt, hat der Antragsteller einen Rechtsanspruch auf Erteilung der beantragten Berechtigung.[5] Dieser Rechtsanspruch ergibt sich nach der Rechtsprechung des BGH aus der in Art. 2 Abs. 1 GG und Art. 12 GG verfassungsrechtlich garantierten Unternehmer- und Berufsfreiheit, sodass der Anspruch auf Erteilung einer Bewilligung zum Aufsuchen und Gewinnen bestimmter Bodenschätze (§ 8 BBergG) grundsätzlich nicht zu dem nach Art. 14 GG grundrechtlich geschützten Eigentum gehöre.[6] Es gehe in diesem Zusammenhang nicht um einen Schutz des »Erworbenen« dann Geltung des Art. 14 GG, sondern um den künftigen »Erwerb« infolge von Chancen und Verdienstmöglichkeiten, d.h. um den Anwendungsbereich des Art. 12 GG.

11   Liegt eine solche Erlaubnis, Bewilligung oder Bergwerkseigentum nach dem BBergG vor, müssen diese Auftraggeber, obschon sie an sich dem Sektorenbereich zuzuordnen sind, bei der Vergabe von Aufträgen nur den Grundsatz der Nichtdiskriminierung und der wettbewerbsorientierten Auftragsvergabe beachten. Dies bedeutet aber nicht, dass diese Auftraggeber dem Anwendungsbereich des GWB und der VgV im Übrigen entzogen wären. Vielmehr gelten auch für sie die Bestimmungen des GWB und der VgV grundsätzlich uneingeschränkt. Allein hinsichtlich des eigentlichen Verfahrens zur Vergabe des Auftrages greift die Erleichterung, sodass nur noch die genannten wesentlichen Grundsätze des Vergaberechts einzuhalten sind.[7] Die Vorschrift enthält also eine Privilegierung dieser Auftraggeber hinsichtlich des von ihnen durchzuführenden Vergabeverfahrens.

C. Grundsatz der Nichtdiskriminierung und der wettbewerbsorientierten Auftragsvergabe

12   Die beiden Grundsätze der Nichtdiskriminierung und der wettbewerbsorientierten Vergabe stellen die zentralen Grundsätze eines geordneten Vergabeverfahrens dar. Aus ihnen lassen sich zahlreiche weitere Unterprinzipien des Vergaberechts und darüber hinaus auch zahlreiche Handlungsmaximen ableiten.[8]

13   Der Wettbewerbsgrundsatz besagt im Wesentlichen, dass in einem konkreten Vergabeverfahren zur Vergabe eines bestimmten Auftrags möglichst allen Bietern die Möglichkeit eröffnet werden soll, unabhängig voneinander ein Angebot abzugeben.[9]

14   Das Diskriminierungsverbot bedeutet, dass kein Unternehmen gegenüber Mitkonkurrenten benachteiligt werden darf. In allen Phasen des Wettbewerbs sind die Unternehmen gleichzubehandeln. Dies setzt zunächst voraus, dass jeder Bieter dieselben Vergabeunterlagen zur Verfügung gestellt werden, dass sie die gleichen Informationen erhalten und dass sie in gleichem Maße Zugang zu einer Beteiligung am Vergabeverfahren erhalten. Kurz: Alle Bieter müssen dieselben Startchancen zur Erlangung des Auftrags erhalten. Darüber hinaus müssen alle Angebote in gleichem Sinne

---

5 Begründung des Regierungsentwurfs, BT-Drucks. 8/1315 S. 86.

6 BGH, 09.12.2004, III ZR 263/04, BGHZ 161, 305.

7 VK Arnsberg, 11.04.2002, VK 206/2002; VK Arnsberg, 10.02.2008, VK 42/07; Weyand, ibr-online-Kommentar, Vergaberecht, Stand 29.07.2008, § 11 VgV, 51.3.

8 VK Arnsberg 11.03.2010, VK 1/10.

9 Vgl. hierzu im Einzelnen die Kommentierung zu § 97 GWB in diesem Kommentar.

beurteilt und so das auftragserhaltende Unternehmen herausgesucht werden.[10] Deshalb ist in § 143 Abs. 1 S. 2 auch ausdrücklich niedergelegt, dass die Einhaltung des Grundsatzes der Nichtdiskriminierung und der wettbewerbsorientierten Auftragsvergabe insbesondere bedeute, den beteiligten Unternehmen ausreichende Information zur Verfügung zu stellen und bei der Auftragsvergabe objektive Kriterien zugrunde zu legen.

D. Auskunftspflicht gegenüber der Kommission

Die nach Abs. 1 begünstigten Unternehmen sind verpflichtet, der Kommission über das Bundesministerium für Wirtschaft und Technologie Auskunft über die Vergabe der unter diese Vorschrift fallenden Aufträge zu erteilen. Dabei haben sie die Vorgaben der *Entscheidung der Kommission v. 13. Mai 1993 zur Festlegung der Voraussetzungen, unter denen die öffentlichen Auftraggeber, die geografisch abgegrenzte Gebiete zum Zwecke der Aufsuchung oder Förderung von Erdöl, Gas, Kohle oder anderen Festbrennstoffen nutzen, der Kommission Auskunft über die von ihnen vergebenen Aufträge zu erteilen haben*, zu beachten.[11] **Darin heißt es:** 15

Artikel 1 16

Die Mitgliedstaaten sorgen dafür, daß die Auftraggeber, die die in Artikel 3 Absatz 1 der Richtlinie 90/531/EWG genannten Tätigkeiten ausüben, der Kommission für jeden von ihnen vergebenen Auftrag mit einem Wert (siehe Artikel 12 der Richtlinie 90/531/EWG) von über 5 Millionen ECU alle im Anhang genannten Auskünfte innerhalb einer Frist von 48 Tagen nach der Vergabe des Auftrags erteilen.

Artikel 2

Bei Aufträgen, deren Wert zwischen 400.000 ECU und 5 Millionen ECU liegt, gehen die in Artikel 1 dieser Entscheidung genannten Auftraggeber folgendermaßen vor:
1. Sie halten die in den Punkten 1 bis 9 des Anhangs genannten Angaben für jeden Auftrag mindestens während eines Zeitraums von vier Jahren nach dem Datum der Auftragsvergabe bereit und
2. teilen der Kommission diese Auskünfte für jeden im Laufe eines Kalendervierteljahres vergebenen Auftrag entweder direkt auf deren Ersuchen oder spätestens 48 Tage nach Ablauf jedes Vierteljahres mit.

Artikel 3

Diese Entscheidung gilt für die ab dem 1. Januar 1993 vergebenen Aufträge.

Artikel 4

Diese Entscheidung ist an alle Mitgliedstaaten gerichtet.

Der dazugehörige Anhang bestimmt weiter: 17

Angaben über die vergebenen Aufträge, die bereitzuhalten oder der Kommission zu übermitteln sind Nicht zur Veröffentlichung bestimmte Informationen
1. Name und Anschrift des Auftraggebers.
2. Art des Auftrags (Liefer- oder Bauauftrag; falls zweckdienlich, Angabe, ob es sich um einen Rahmenvertrag handelt).
3. Genaue Angaben der Art der gelieferten Produkte, Bau- oder Dienstleistungen (z.B. unter Anwendung der CPA-Kennziffern).

---

10 Zum Wettbewerbsgrundsatz und Diskriminierungsverbot im Einzelnen: Vgl. die Kommentierung zu § 97 GWB in diesem Kommentar.

11 93/327/EWG: Entscheidung der Kommission v. 13. Mai 1993 zur Festlegung der Voraussetzungen, unter denen die öffentlichen Auftraggeber, die geografisch abgegrenzte Gebiete zum Zwecke der Suche oder Förderung von Erdöl, Gas, Kohle oder anderen Festbrennstoffen nutzen, der Kommission Auskunft über die von ihnen vergebenen Aufträge zu erteilen haben, ABl. EG Nr. L 129, S. 25.

4. *Angabe darüber, ob und wo (Zeitung/en, Fachzeitschrift/en) auf den zu vergebenden Auftrag hingewiesen wurde. Wie wurde anderenfalls zum Wettbewerb aufgerufen?*

5. *Anzahl der eingegangenen Angebote.*

6. *Zeitpunkt der Auftragsvergabe.*

7. *Name und Anschrift erfolgreicher Auftragnehmer.*

8. *Wert des Auftrags.*

9. *Voraussichtliche Dauer des Auftrags.*

10. *Angabe des Teils des Auftrags, der an Zulieferer vergeben wurde bzw. werden kann (nur bei Überschreiten von 10%).*

11. *Ursprungsland des Erzeugnisses oder der Dienstleistung.*

12. *Für die Feststellung des wirtschaftlich günstigsten Angebots zugrunde gelegte Hauptvergabekriterien.*

13. *Wurde der Auftrag an einen Bieter vergeben, der ein von den ursprünglichen Spezifikationen des Auftraggebers abweichendes Angebot vorlegte?*

18   Diese Vorgaben sind weitgehend selbsterklärend. Hinsichtlich des Auftragsvolumens von 5.000.000 ECU bzw. 400.000 ECU verweist die Kommission ausdrücklich auf Art. 12 der damals noch geltenden Richtlinie 90/531/EWG. Diese ist durch die Richtlinie 93/38 EWG aufgehoben und ersetzt worden.[12] Diese wiederum ist ebenfalls aufgehoben und abgelöst durch die Richtlinie 2004/17/EG,[13] welche ihrerseits durch die Richtlinie 2014/25/EU[14] abgelöst worden ist. § 143 Abs. 1 GWB nimmt insoweit auf § 106 GWB Bezug, welcher in Absatz 2 Nummer 2 auf diese derzeit aktuelle Sektorenkoordinierungsrichtlinie verweist. Über diese Verweisungskette gelangt man zu den jeweils geltenden Schwellenwerten, die maßgeblich für die Anwendung der Auskunftspflichten sind.

19   In der somit maßgeblichen Richtlinie 2014/25/EU sind die Schwellenwerte zunächst in Art. 15 benannt. In regelmäßigen Abständen (in der Regel alle zwei Jahre) werden die **Schwellenwerte** durch Verordnungen der Kommission angepasst [15]. Die Auskunftspflicht ist somit ebenfalls auf diese neuen Schwellenwerte jeweils anzupassen, sodass die im Anhang der Entscheidung der Kommission v. 13. Mai 1993 genannten Auskünfte derzeit bei einem Auftragsvolumen größer 5.225.000 EUR binnen 48 Tagen nach Vergabe des Auftrags zu erteilen sind.[16] Bei Auftragsvolumen zwischen 418.000 EUR und 5.225.000 EUR sind die Auskünfte auf die Ziff. 1 bis 9 der im Anhang benannten Auskünfte beschränkt und es müssen diese Auskünfte für 4 Jahre bereitgehalten und auf Verlangen der Kommission sofort oder spätestens nach Ablauf eines Kalendervierteljahres mitgeteilt werden.

E. Befreiung von der Auskunftspflicht

20   Nach dem insoweit neu eingefügten § 127 Nr. 9 kann die Bundesregierung mit Zustimmung des Bundesrates durch Rechtsverordnung Regelungen über ein Verfahren, nach dem Auftragge-

---

12 Richtlinie 93/38/EWG des Rates v. 14. Juni 1993 zur Koordinierung der Auftragsvergabe durch Auftraggeber im Bereich der Wasser-, Energie- und Verkehrsversorgung sowie im Telekommunikationssektor.

13 Richtlinie 2004/17/EG des Europäischen Parlaments und des Rates v. 31. März 2004 zur Koordinierung der Zuschlagserteilung durch Auftraggeber im Bereich der Wasser-, Energie- und Verkehrsversorgung sowie der Postdienste.

14 Richtlinie 2014/25/EU des Europäischen Parlaments und des Rates v. 26.02.2014 über die Vergabe von Aufträgen durch Auftraggeber im Bereich der Wasser-, Energie- und Verkehrsversorgung sowie der Postdienste und zur Aufhebung der Richtlinie 2004/17/EG (neue Sektorenkoordinierungsrichtlinie).

15 Vgl. Verordnung Nr. 1874/2004 der Kommission v. 28.10.2004 ABl. L 326/17; Verordnung Nr. 2083/2005 der Kommission v. 19.12.2005, ABl. L 333/28; Verordnung Nr. 1422/2007 der Kommission v. 04.12.2007, ABl. L 317/34; Verordnung Nr. 1177/2009 der Kommission v. 30.11.2009, ABl. L 314/64 v. 01.12.2009; Verordnung Nr. 1251/2011 der Kommission v. 30.11.2011, ABl. L 319/43 v. 02.12.2011; Verordnung Nr.2015/2171 der Kommission v. 24.11.2015, ABl. L 307/7 v. 25.11.2015.

16 Verordnung Nr. 1422/2007 der Kommission v. 04.12.2007, ABl. L 317/34.

ber, die auf dem Gebiet der Trinkwasser- oder der Energieversorgung oder des Verkehrs tätig sind, sowie Auftraggeber nach dem Bundesberggesetz von der Verpflichtung zur Anwendung des 4. Teils des GWB befreit werden können, erlassen. Über eine solche Rechtsverordnung könnten die unter § 143 fallenden Auftraggeber von der statuierten Auskunftspflicht gegenüber der Kommission befreit werden. Bislang fehlt es aber an einer entsprechenden Rechtsverordnung.

Überwiegend wurde angenommen, dass die Vorschrift des § 143 Abs. 2 S. 2 GWB systematisch   21
verfehlt nicht als eigenständiger Abs. 3 formuliert wurde, weil richtigerweise die Befreiungsmöglichkeit nicht nur eine Befreiungsmöglichkeit von der Auskunftspflicht, sondern gerade auch eine Befreiungsmöglichkeit von den Pflichten nach § 143 Abs. 1 GWB darstelle.[1] Deshalb sei § 143 Abs. 2 S. 2 GWB wie ein eigenständiger Abs. 3 zu lesen. Für diese Betrachtung spricht, dass nach der Begründung zum Gesetzesentwurf der Bundesregierung zu § 129b GWB[2] den Auftraggebern in § 129b Abs. 2 GWB die Möglichkeit eröffnet werden sollte, »sich gänzlich von der Anwendungsverpflichtung dieser Vorschrift zu befreien«. Dagegen spricht jedoch, dass der Gesetzgeber in Kenntnis dieser Diskussion bei der Implementierung in § 143 GWB nunmehr erneut Abs. 2 unverändert gelassen und keinen Abs. 3 angefügt hat. In der Gesetzesbegründung zu § 143 GWB heißt es lediglich: »*§ 143 entspricht der bisherigen Regelung in § 129b GWB. Im Hinblick auf die Schwellenwerte wird nunmehr auf die Regelung in § 106 verwiesen*«. Daraus lässt sich ableiten, dass der Gesetzgeber eine weitergehende Befreiungsmöglichkeit nicht eröffnen möchte. Die in § 143 Abs. 1 GWB festgelegten Mindestvorgaben für einen fairen Wettbewerb sind deshalb zwingend einzuhalten; eine Befreiungsmöglichkeit besteht insoweit nicht.

Unterabschnitt 2 Vergabe von verteidigungs- oder sicherheitsspezifischen öffentlichen Aufträgen

§ 144 Anwendungsbereich

Dieser Unterabschnitt ist anzuwenden auf die Vergabe von verteidigungs- oder sicherheitsspezifischen öffentlichen Aufträgen durch öffentliche Auftraggeber und Sektorenauftraggeber.

Bedeutung und Zweck des § 144

§ 144 bestimmt den Anwendungsbereich des Unterabschnitts 2 des Abschnitts 3 des GWB. Unter-   1
abschnitt 2 regelt die besonderen Vorschriften für die Vergabe von verteidigungs- oder sicherheits-**spezifischen** öffentlichen Aufträgen.[3] Damit werden die wesentlichen Bestimmungen der Richtlinie 2009/81/EG sowie der Richtlinien 2014/24/EG und 2014/25/EG zu Aufträgen im Verteidigungs- und Sicherheitsbereich im GWB umgesetzt. Nach § 144 finden auf die Vergabe von verteidigungs- oder sicherheitsspezifischen öffentlichen Aufträge grundsätzlich die allgemeinen Vorschriften des Abschnitts 2 Unterabschnitt 2 Anwendung, sofern in den §§ 145 bis 147 nicht etwas Abweichendes geregelt ist.

Die Vergabe von verteidigungs- und sicherheitsspezifischen Aufträgen unterliegt damit in materi-   2
ell-rechtlicher Hinsicht grundsätzlich dem Regime der §§ 97 ff. und der VSVgV. Nach § 1 VSVgV gilt diese Verordnung für die Vergabe von verteidigungs- oder sicherheitsspezifischen öffentlichen Aufträgen im Sinne des § 104 Abs. 1 GWB, die dem Teil 4 des GWB unterfallen und durch öffentliche Auftraggeber im Sinne des § 99 und Sektorenauftraggeber im Sinne des § 100 vergeben werden. Die VSVgV gilt hingegen nicht für solche verteidigungs- und sicherheitsspezifische Aufträge, die gem. § 117 oder § 145 dem Anwendungsbereich des vierten Teils des GWB entzogen sind. Aufträge, die einer in § 117 Nr. 1 bis Nr. 4 oder in § 145 Nr. 1 bis 7 geregelten Kategorien

---

1 Müller-Wrede, § 143 GWB, Rn. 15; Byok/Jaeger/Franßen, § 143 GWB, Rn. 37.
2 BT-Drucks. 16/10117, S. 25.
3 Gesetzesbegründung zum GWB, 156 f.

unterfallen, sind von der Anwendung der Vorgaben der §§ 97 ff. und der VSVgV freigestellt. Die Vergabe von Aufträgen, die nicht die Voraussetzungen für verteidigungs- oder sicherheitsspezifische Aufträge erfüllen, richtet sich – vorbehaltlich des Ausnahmetatbestands des § 117 – nach den allgemeinen Vergaberegeln der §§ 97 ff.

3   Sind die Voraussetzungen des § 117 oder des § 145 erfüllt, muss ungeachtet des Wertes des Auftrags damit kein Vergabeverfahren nach den Maßgaben der EU-Vergaberichtlinien bzw. der §§ 97 ff. und der VSVgV durchgeführt werden.[4] Das bedeutet, dass Bieter bei derartigen Vergaben auch keinen vergaberechtlichen Primärrechtsschutz in Anspruch nehmen können, weil auf solche Aufträge auch die Rechtsmittelrichtlinie 89/665 keine Anwendung findet.[5] Auf der Grundlage der Rechtsprechung des EuGH ist in diesen Fällen jedoch grundsätzlich ein **Vergabeverfahren nach den Maßgaben des EU-Primärrechts** durchzuführen. Der Umstand, dass eine bestimmte Vergabe die Voraussetzungen der Art. 15 ff. Richtlinie 2014/24/EU oder Art. 24 ff. Richtlinie 2014/25/EU erfüllt, bedeutet nicht, dass automatisch auch die des Art. 346 Abs. 1 lit. a oder lit. b AEUV erfüllt wären und damit die betreffende Vergabe auch von der Anwendung des EU-Primärrechts freigestellt wäre. Die Anwendbarkeit des AEUV ist in jedem Fall gesondert zu prüfen. Die Vorgaben des AEUV kommen allerdings nur dann zur Anwendung, wenn der betreffende Auftrag einen grenzüberschreitenden Bezug hat bzw. **Binnenmarktrelevanz** besitzt.[6] Die dafür erforderliche Prüfung ist auf der Grundlage der konkreten Umstände des Einzelfalls vorzunehmen. Das Vorliegen eines grenzüberschreitenden Interesses richtet sich nach den fallspezifischen Umständen, d.h. nach dem Auftragsgegenstand, dem geschätzten Auftragswert, den Besonderheiten des betreffenden Sektors wie Größe und Struktur des Marktes, wirtschaftlichen Gepflogenheiten sowie der geographischen Lage des Orts der Leistungserbringung. Der EuGH hat die Voraussetzungen für das Vorliegen eines grenzüberschreitenden Interesses zuletzt sehr niedrig angesetzt.[7]

4   Seit den Entscheidungen des EuGH in den Rechtssachen *Unitron Scandinavia* und *Telaustria* ist es gefestigte Rechtsprechung, dass aufgrund der Bestimmungen des EU-Primärrechts – insbesondere der Grundfreiheiten gemäß Art. 34 (Warenverkehrsfreiheit), Art. 49 (Niederlassungsfreiheit) und Art. 56 (Dienstleistungsfreiheit) AEUV – eine **Pflicht zur Vergabe in einem transparenten, nichtdiskriminierenden und die Gleichbehandlung/Chancengleichheit interessierter Unternehmen gewährleistenden Verfahren** besteht.[8] Ungeachtet der Nichtanwendbarkeit des EU-/GWB-Vergaberechts sind daher auch bei diesen Vergaben das unionsrechtliche Verbot der Diskriminierung aus Gründen der Staatsangehörigkeit als spezielle Ausprägung des allgemeinen Gleichbehandlungsgrundsatzes sowie der Transparenzgrundsatz zu beachten, um »zu Gunsten potentieller Bieter einen angemessenen Grad von Öffentlichkeit sicherzustellen«.[9] Der EuGH hat diese Grundsätze in den Entscheidungen *Vestergaard, Coname, Parking Brixen, Kommission gegen Frankreich* und *ANAV* bestätigt und präzisiert.[10]

---

4 EuGH, Rs. C-252/01, Slg. 2003, I-11 859 Kommission/Belgien, NZBau 2004, 282, mit Anm. Hölzl NZBau 2004, 256.

5 RL 89/665 zur Koordinierung der Rechts- und Verwaltungsvorschriften für die Anwendung der Nachprüfungsverfahren im Rahmen der Vergabe öffentlicher Liefer- und Bauaufträge, ABl. 1989 L 395/33, wesentlich modifiziert durch RL 2007/66 zur Änderung der RL 89/665 und 92/13 im Hinblick auf die Verbesserung der Wirksamkeit der Nachprüfungsverfahren bezüglich der Vergabe öffentlicher Aufträge, ABl. 2007 L 335/31; zum möglichen Rechtsschutz Niestedt/Hölzl NJW 2006, 3680.

6 Vgl. Mitt. Unterschwellenvergabe, ABl. 2006 C 179/02, 3.

7 EuGH, Urt. v. 16.04.2015, Rs. C-278/14, NZBau 2015, 338 SC Enterprise Focused Solutions SRL.

8 EuGH, C-275/98, Slg. 1999, I-8291, Rn. 31–32 = NVwZ 2000, 181 Unitron Scandinavia; EuGH, C-324/98, Slg. 2000, I-10 745, Rn. 60–62 = NZBau 2001, 148 Telaustria. Ähnlich bereits zuvor für die Veräußerung von Gesellschaftsanteilen an Unternehmen in öffentlicher Hand EuGH, C-108/98, Slg. 1999, I-5219, Rn. 20 RI.SAN.; Mitt. Unterschwellenvergabe, ABl. 2006 C 179/02, 2, 3.

9 EuGH, Rs. C-458/03, Slg. 2005, I-8585, Rn. 49 Parking Brixen.

10 EuGH, Rs. C-59/00, Slg. 2001, I-9505, Rn. 19 f. Vestergaard; Rs. C-231/03, Slg. 2005, I-7287, Rn. 28 = NVwZ 2005, 1052 Coname; Rs. C-458/03, Slg. 2005, I-8585, Rn. 50 = NVwZ 2005, 1407 Parking Brixen;

§ 145 Besondere Ausnahmen für die Vergabe von verteidigungs- oder sicherheitsspezifischen öffentlichen Aufträgen

Dieser Teil ist nicht anzuwenden auf die Vergabe von verteidigungs- oder sicherheitsspezifischen öffentlichen Aufträgen, die

1. den Zwecken nachrichtendienstlicher Tätigkeiten dienen,
2. im Rahmen eines Kooperationsprogramms vergeben werden, das
   a) auf Forschung und Entwicklung beruht und
   b) mit mindestens einem anderen Mitgliedstaat der Europäischen Union für die Entwicklung eines neuen Produkts und gegebenenfalls die späteren Phasen des gesamten oder eines Teils des Lebenszyklus dieses Produkts durchgeführt wird;

   beim Abschluss eines solchen Abkommens teilt die Europäische Kommission den Anteil der Forschungs- und Entwicklungsausgaben an den Gesamtkosten des Programms, die Vereinbarung über die Kostenteilung und gegebenenfalls den geplanten Anteil der Beschaffungen je Mitgliedstaat mit,
3. in einem Staat außerhalb der Europäischen Union vergeben werden; zu diesen Aufträgen gehören auch zivile Beschaffungen im Rahmen des Einsatzes von Streitkräften oder von Polizeien des Bundes oder der Länder außerhalb des Gebiets der Europäischen Union, wenn der Einsatz es erfordert, dass im Einsatzgebiet ansässige Unternehmen beauftragt werden; zivile Beschaffungen sind Beschaffungen nicht militärischer Produkte und Beschaffungen von Bau- oder Dienstleistungen für logistische Zwecke,
4. die Bundesregierung, eine Landesregierung oder eine Gebietskörperschaft an eine andere Regierung oder an eine Gebietskörperschaft eines anderen Staates vergibt und die Folgendes zum Gegenstand haben:
   a) die Lieferung von Militärausrüstung im Sinne des § 104 Absatz 2 oder die Lieferung von Ausrüstung, die im Rahmen eines Verschlusssachenauftrags im Sinne des § 104 Absatz 3 vergeben wird,
   b) Bau- und Dienstleistungen, die in unmittelbarem Zusammenhang mit dieser Ausrüstung stehen,
   c) Bau- und Dienstleistungen speziell für militärische Zwecke oder
   d) Bau- und Dienstleistungen, die im Rahmen eines Verschlusssachenauftrags im Sinne des § 104 Absatz 3 vergeben werden,
5. Finanzdienstleistungen mit Ausnahme von Versicherungsdienstleistungen zum Gegenstand haben,
6. Forschungs- und Entwicklungsdienstleistungen zum Gegenstand haben, es sei denn, die Ergebnisse werden ausschließlich Eigentum des Auftraggebers für seinen Gebrauch bei der Ausübung seiner eigenen Tätigkeit und die Dienstleistung wird vollständig durch den Auftraggeber vergütet, oder
7. besonderen Verfahrensregeln unterliegen,
   a) die sich aus einem internationalen Abkommen oder einer internationalen Vereinbarung ergeben, das oder die zwischen einem oder mehreren Mitgliedstaaten der Europäischen Union und einem oder mehreren Staaten, die nicht Vertragsparteien des Übereinkommens über den Europäischen Wirtschaftsraum sind, geschlossen wurde,
   b) die sich aus einem internationalen Abkommen oder einer internationalen Vereinbarung im Zusammenhang mit der Stationierung von Truppen ergeben, das oder die Unternehmen eines Mitgliedstaats der Europäischen Union oder eines anderen Staates betrifft, oder

---

Rs. C-264/03, Slg. 2005, I-8831, Rn. 33 Kommission/Frankreich; Rs. C-410/04, Slg. 2006, I-3303, Rn. 20 = NVwZ 2006, 555 ANAV.

c) die für eine internationale Organisation gelten, wenn diese für ihre Zwecke Beschaffungen tätigt oder wenn ein Mitgliedstaat öffentliche Aufträge nach diesen Regeln vergeben muss.

A. Allgemeines

I. Bedeutung und Zweck des § 145

1 § 145 regelt **besondere Ausnahmen für verteidigungs- oder sicherheitsspezifische öffentliche Aufträge**. Es handelt es sich der Form nach um eine neue Vorschrift. Inhaltlich geht § 145 jedoch auf frühere Vorschriften des GWB zurück. § 145 übernimmt unter Vornahme einer Neustrukturierung den Inhalt des bisherigen § 100c Abs. 2 bis 4 GWB (alt) in eine gesonderte Vorschrift zu besonderen Ausnahmen für verteidigungs- oder sicherheitsspezifische öffentliche Aufträge. Wie nach der bisherigen Konzeption des GWB (alt) zu § 100 Abs. 3 bis 6 sowie § 100c GWB (alt) kommt die Vorschrift zu den allgemeinen Ausnahmen des neuen § 107 *Allgemeine Ausnahmen* neben § 145 zur Anwendung.[1] § 145 Nr. 7 entspricht im wesentlichen § 117 Nr. 4[2], allerdings mit dem Unterschied, dass Gegenstand verteidigungs- oder sicherheitsspezifische Aufträge sind.

2 Die Vorschrift betrifft die Vergabe von öffentlichen Aufträgen, die die strengen Voraussetzungen von verteidigungs- oder sicherheits**spezifischen** Aufträgen im Sinne des § 104 erfüllen. Bei den in § 145 genannten Tatbeständen handelt es sich nach der amtlichen Überschrift um **besondere Ausnahmen**. Diese sind in § 145 abschließend aufgelistet, eine analoge Anwendung ist nicht zulässig.[3] Die **Ausnahmetatbestände** der § 145 Nr. 1 bis 7 sind zudem **eng auszulegen** sind.[4] Das bedeutet, öffentliche Auftraggeber sollen nur in besonderen Ausnahmefällen von der Anwendung des Vergaberechts befreit sein. An das Vorliegen der Voraussetzungen der Nr. 1 bis 7 sind deshalb hohe Anforderungen zu stellen. Grund dafür ist, dass Aufträge, die die Voraussetzungen der Ausnahmetatbeständen Nr. 1 bis 7 erfüllen, dem Wettbewerb auf dem EU-Binnenmarkt entzogen sind. Es besteht deshalb die Gefahr, dass sie nicht nach wirtschaftlichen Kriterien sowie nicht unter Wahrung der vergaberechtlichen Grundsätze der Transparenz, Gleichbehandlung und Nichtdiskriminierung vergeben werden[5]. Die Frage, ob die betreffende Vergabe auch von den Vorgaben des AEUV ausgenommen ist, muss gesondert geprüft werden.

---

1 Gesetzesbegründung zum GWB, 157.
2 Siehe dazu ausführlich die Kommentierung zu § 117.
3 Vgl. Gesetzesbegründung.
4 Für das Unionsrecht EuGH, Urt. v. 07.06.2012, Rs. C-615/10 InsTiimi Oy, Rn. 35 mwN; Urt. v 04.03.2010, Rs. C-38/06, Rn. 62 ff. m.w.N.; Guidance Note Defence- and security-specific exclusions, Ziffer 13, S. 6; OLG Düsseldorf Beschl. v. 01.08.2012, VII Verg 10/12; Arrowsmith 343 Fn. 17.
5 Siehe dazu ausführlich die Kommentierung zu § 117.

II. Überblick über den Inhalt der Regelung

§ 145 regelt in den Nr. 1 bis 7 die Vergabe von Aufträgen, die aus ganz unterschiedlichen Grün- 3
den von der Anwendung der §§ 97 ff. ausgenommen sind und verschiedene Leistungen betreffen.
Gemeinsam ist den Nr. 1 bis 7, dass es sich in Bezug auf die zu beschaffenden Leistungen um
verteidigungs- oder sicherheitsspezifische öffentliche Aufträge handeln muss. Die dafür in Hinblick
auf die Leistungen an sich zu erfüllenden Voraussetzungen ergeben sich aus § 104.[6] Nr. 1 nimmt
Aufträge aus, die den Zwecken nachrichtendienstlicher Tätigkeiten dienen und Nr. 2 solche, die
im Rahmen eines Kooperationsprogramms vergeben werden, das auf Forschung und Entwicklung
beruht und mit mindestens einem anderen Mitgliedstaat der EU durchgeführt wird. Nr. 3 betrifft
Aufträge, die in einem Staat außerhalb der Europäischen Union vergeben werden und Nr. 4 Aufträge über Leistungen im Sinne des § 104, die durch die Bundesregierung, eine Landesregierung
oder eine Gebietskörperschaft an eine andere Regierung oder an eine Gebietskörperschaft eines
anderen Staates vergeben werden. Nr. 5 regelt die Vergabe von Aufträgen über die Erbringung von
Finanzdienstleistungen mit Ausnahme von Versicherungsdienstleistungen und Nr. 6 Aufträge, die
Forschungs- und Entwicklungsdienstleistungen zum Gegenstand haben, es sei denn, die Ergebnisse
werden ausschließlich Eigentum des Auftraggebers für seinen Gebrauch bei der Ausübung seiner
eigenen Tätigkeit und die Dienstleistung wird vollständig durch den Auftraggeber vergütet. Und
Nr. 7 stellt die Vergabe von solchen Aufträgen vom Vergaberecht der §§ 97 ff. frei, die besonderen
Verfahrensregeln unterliegen; diese können sich aus einem internationalen Abkommen, einer internationalen Übereinkunft oder Vorgaben für eine internationale Organisation ergeben.

III. Rechtliche Grundlagen

§ 145 Nr. 1 entspricht dem bisherigen § 100c Abs. 2 Nr. 2 GWB (alt), der Art. 13 lit. b der Richt- 4
linie 2009/81/EG umsetzt. § 145 Nr. 2 entspricht dem bisherigen § 100c Abs. 2 Nr. 3 GWB (alt),
der Art. 13 lit. c der Richtlinie 2009/81/EG umsetzt. § 145 Nr. 3 entspricht dem bisherigen § 100c
Abs. 3 GWB (alt), der Art. 13 lit. d der Richtlinie 2009/81/EG umsetzt. § 145 Nr. 4 entspricht dem
bisherigen § 100c Abs. 2 Nr. 4 GWB (alt), der Art. 13 lit. f der Richtlinie 2009/81/EG umsetzt.
§ 145 Nr. 5 entspricht der bisherigen Ausnahme für Finanzdienstleistungen mit Ausnahme von
Versicherungsdienstleistungen des § 100c Abs. 2 Nr. 1 GWB (alt) und dient der Umsetzung von
Art. 13 lit. h der Richtlinie 2009/81/EG. Die Ausnahme des § 145 Nr. 6 für Forschungs- und
Entwicklungsdienstleistungen dient der Umsetzung des Art. 13 lit. j der Richtlinie 2009/81/EG
und entspricht der bisherigen Ausnahme des § 100 Abs. 4 Nr. 2 GWB (alt). § 145 Nr. 7 entspricht
dem bisherigen § 100c Abs. 4 GWB (alt), der Art. 13 lit. h der Richtlinie 2009/81/EG umsetzt.

IV. Regelungen in Vergabeordnungen und im Unterschwellenbereich

Die **VOB/A VS** und die **VSVgV** enthalten keine entsprechenden oder weiterführenden Regelungen. 5

§ 145 ist nur für Vergabeverfahren mit einem Volumen oberhalb der EU-Schwellenwerte anwend- 6
bar. Für den Unterschwellenbereich gilt die Vorschrift gerade nicht.

B. Besondere Ausnahmen

I. Aufträge zum Zwecke nachrichtendienstlicher Tätigkeiten

Nr. 1 nimmt Aufträge, die zum Zwecke nachrichtendienstlicher Tätigkeiten dienen, von der 7
Anwendung der §§ 97 ff. aus. Es handelt sich um einen auf derartige Tätigkeiten zugeschnitten
Spezialausnahmetatbestand. Der Begriff »nachrichtendienstliche Tätigkeit« ist weder definiert noch
von den EU-Mitgliedstaaten abgestimmt.[7] Bei Aufträgen zum Zwecke nachrichtendienstlicher
Tätigkeiten handelt es sich um hochsensible Vorgänge, die ein **äußerst hohes Maß an Vertraulich-**

---

6 Siehe dazu ausführlich die Kommentierung zu § 104.
7 Guidance Note Defence- and security-specific exclusions, Ziffer 12, 6.

keit erfordern.[8] Die Anwendung der Vorgaben der Richtlinie 2009/81/EG und ihrer Umsetzungs-vorschriften in der VSVgV ist deshalb trotz ihrer spezifischen Ausrichtung auf sicherheitssensible Vergaben nicht angebracht.[9] Ähnlich sensibel sind bestimmte Beschaffungen, die für den Grenz-schutz oder die Bekämpfung des Terrorismus oder der organisierten Kriminalität bestimmt sind, die Verschlüsselung betreffen oder speziell für verdeckte Tätigkeiten oder ebenso sensible Tätigkeiten der Polizei und der Sicherheitskräfte bestimmt sind.[10] Zu beachten ist allerdings, dass gleichwohl nicht alle Beschaffungen durch Nachrichtendienste so sensibel sind, dass sie der Anwendung des Vergaberechts entzogen werden müssten.[11] Die Vergabe muss den spezifischen Zweck einer nach-richtendienstlichen Tätigkeit betreffen.

8   Die Vorschrift erfasst sowohl die **Vergabe von Aufträgen durch Nachrichtendienste** als auch die **Vergabe von Aufträgen an Nachrichtendienste.**[12] Das gilt für Beschaffungen durch Nachrichten-dienste oder Beschaffungen für alle Arten von nachrichtendienstlichen Tätigkeiten, einschließlich Maßnahmen zur Abwehr nachrichtendienstlicher Tätigkeiten.[13] Erfasst sind nachrichtendienstliche Tätigkeiten, unabhängig davon, ob es sich um militärische, sicherheitsspezifische, kriminalistische oder auslandsgeheimdienstliche Aktivitäten betrifft.[14] Gegenstände derartiger Aufträge können spezifische nachrichtendienstliche Liefer- oder Dienstleistungen sein. Die Kommission führt in ihrer *Guidance Note Defence- and security-specific exclusions* als Beispiel Vergaben zum Schutz von IT-Netzwerken der Regierung an.[15] Die Definition des Begriffs »nachrichtendienstliche Zwecke« steht den Mitgliedstaaten zu.[16]

II. Aufträge im Rahmen von Kooperationsprogrammen

9   Nr. 2 nimmt verteidigungs- und sicherheitsspezifische Aufträge, die im Rahmen eines Kooperati-onsprogramms vergeben werden, von der Anwendung der §§ 97 ff. aus. Hintergrund des Ausnah-metatbestands ist, dass die Mitgliedstaaten der Union zur gemeinsamen Entwicklung von neuen Gegenständen militärische Ausrüstung häufig Kooperationsprogramme durchführen.[17] Diesen Programmen kommt besondere Bedeutung zu, weil sie die Entwicklung neuer Technologien und die hohen Kosten für die Forschung und Entwicklung neue komplexer Waffensysteme auf mehrere Mitgliedstaaten verteilen und damit auch die Beschaffung erleichtern. Derartige Aufträge sollen zur Vereinfachung und Erleichterung der Zusammenarbeit der Mitgliedstaaten nicht von den Richtli-nien 2014/24/EU, 2014/25/EU und 2009/81/EG erfasst sein.

10   Nr. 2 betrifft alle Vergaben, die durch öffentliche Auftraggeber in den Mitgliedstaaten im Rah-men eines Kooperationsprogramms vergeben werden.[18] Die Vorschrift findet jedoch auch auf sol-che Kooperationsprogramme Anwendung, die von internationalen Organisationen verwaltet bzw. betrieben werden, wenn dies im Namen der Mitgliedstaaten erfolgt.[19] **Internationale Organisati-onen** dieser Art sind insbesondere die Gemeinsame Organisation für Rüstungskooperation[20], die NATO (über spezielle Agenturen) oder Agenturen der Union wie die Europäische Verteidigungs-agentur (EDA). Bei anderen derartigen Kooperationsprogrammen werden die Aufträge von den

---

8   Erwägungsgrund 27 Richtlinie 2009/81/EG.
9   Guidance Note Defence- and security-specific exclusions, Ziffer 11, 5.
10   Erwägungsgrund 27 Richtlinie 2009/81/EG.
11   Guidance Note Defence- and security-specific exclusions, Ziffer 12, 5 f.
12   So zutreffend Krohn in: Gabriel/Krohn/Neun, Vergaberecht, 1. Aufl. 2014, § 60, Rn. 57.
13   Erwägungsgrund 27 Richtlinie 2009/81/EG.
14   Guidance Note Defence- and security-specific exclusions, Ziffer 12, 6.
15   Guidance Note Defence- and security-specific exclusions, Ziffer 11, 5.
16   Erwägungsgrund 27 Richtlinie 2009/81/EG.
17   Zum Ganzen siehe Erwägungsgrund 28 Richtlinie 2009/81/EG und Guidance Note Defence- and security-specific exclusions, Ziffer 14, 6.
18   Guidance Note Defence- and security-specific exclusions, Ziffer 16, 7.
19   Guidance Note Defence- and security-specific exclusions, Ziffer 14, 6.
20   Organisation conjointe de coopération en matière d'armement, OCCAR.

Auftraggebern eines Mitgliedstaats auch im Namen eines anderen Mitgliedstaats oder weiterer Mitgliedstaaten vergeben. Auch in diesen Fällen sollen die EU-Vergaberichtlinien nach der Intention des Unionsgesetzgebers nicht zur Anwendung kommen.

Die Förderung von Forschung und Entwicklung ist nach dem Verständnis des Unionsgesetzgebers zur Stärkung der **europäischen rüstungstechnologischen und -industriellen Basis** von hoher Bedeutung.[21] Der Ausnahmetatbestand der Nr. 2 erkennt nach dem Verständnis der EU-Kommission die besondere Bedeutung der Zusammenarbeit zwischen den Mitgliedstaaten für die Realisierung einer *European Defence Technological and Industrial Base* (EDTIB) an.[22] Die Öffnung des Auftragswesens der Union trägt zur Erreichung dieses Ziels bei. Die Bedeutung von Forschung und Entwicklung in diesem speziellen Bereich rechtfertigt deshalb nach der Auffassung des Unionsgesetzgebers ein Maximum an Flexibilität bei der Auftragsvergabe für Forschungslieferungen und -dienstleistungen. Diese Flexibilität darf gleichwohl nicht den lauteren Wettbewerb in den späteren Phasen des Lebenszyklus eines Produkts ausschalten. Forschungs- und Entwicklungsaufträge umfassen daher nur Tätigkeiten bis zu der Stufe, auf der die Ausgereiftheit neuer Technologien in angemessener Weise beurteilt und deren Risikolosigkeit festgestellt werden kann. Forschungs- und Entwicklungsaufträge dürfen nach dieser Stufe nicht dazu eingesetzt werden, die Bestimmungen dieser Richtlinie zu umgehen, indem u. a. die Auswahl des Bieters für die späteren Phasen vorherbestimmt wird.

11

Forschung und Entwicklung im Sinne der Nr. 2 umfasst alle Tätigkeiten, die **Grundlagenforschung, angewandte Forschung und experimentelle Entwicklung** enthalten.[23] Grundlagenforschung betrifft experimentelle oder theoretische Arbeiten, die hauptsächlich dem Erwerb von neuem Grundlagenwissen über Phänomene oder beobachtbare Tatsachen ohne erkennbare direkte praktische Anwendungsmöglichkeiten dienen. Angewandte Forschung umfasst auch Originalarbeiten zur Erlangung neuer Erkenntnisse. Sie ist jedoch in erster Linie auf ein spezifisches praktisches Ziel oder einen spezifischen praktischen Zweck ausgerichtet. Experimentelle Entwicklung betrifft Arbeiten auf der Grundlage von vorhandenen, aus Forschung und/oder praktischer Erfahrung gewonnenen Kenntnissen zur Initiierung der Herstellung neuer Materialien, Produkte oder Geräte, zur Entwicklung neuer Verfahren, Systeme und Dienstleistungen oder zur erheblichen Verbesserung des bereits Vorhandenen. Die experimentelle Entwicklung kann die Herstellung von technologischen Demonstrationssystemen, d.h. von Vorrichtungen zur Demonstration der Leistungen eines neuen Konzepts oder einer neuen Technologie in einem relevanten oder repräsentativen Umfeld einschließen. »Forschung und Entwicklung« schließt die Herstellung und Qualifizierung von der Produktion vorausgehenden Prototypen, Werkzeug- und Fertigungstechnik, Industriedesign oder Herstellung nicht ein.[24]

12

Das Kooperationsprogramm muss auf die **Entwicklung eines neuen Produkts** gerichtet sein.[25] Das ist das entscheidende Kriterium für die Anwendbarkeit des Art. 13 lit. c Richtlinie 2009/81/EG bzw. § 145 Nr. 2. Ein Kooperationsprogramm im Sinn dieser Vorschriften muss deshalb zwingend eine **Forschungs- und Entwicklungsphase** enthalten. Die Beschaffung bereits fertig entwickelter Produkte fällt auch dann nicht unter den Ausnahmetatbestand, wenn zur Ermöglichung des konkreten Verwendungszwecks technische Anpassungen erforderlich sind. Nr. 2 stellt jedoch – im Einklang mit Art. 13 lit. c Richtlinie 2009/81/EG – auch Aufträge frei, die sich auf spätere Produktphasen beziehen, sofern sich das Kooperationsabkommen über die Forschung und Entwicklung hinaus auch auf diese Phasen bezieht und der Auftrag im Rahmen des Programms vergeben wird.[26] Der Begriff »**Lebenszyklus**« im Sinne der Nr. 2 umfasst alle aufeinander folgenden Phasen, die

13

---

21 Zum Ganzen siehe Erwägungsgrund 55 Richtlinie 2009/81/EG.
22 Guidance Note Defence- and security-specific exclusions, Ziffer 14, 6.
23 Zum Ganzen Erwägungsgrund 13 und Art. 1 Nr. 27 Richtlinie 2009/81/EG.
24 Erwägungsgrund 13 Richtlinie 2009/81/EG.
25 Zum Ganzen Guidance Note Defence- and security-specific exclusions, Ziffer 15, 6 f.
26 Krohn in: Gabriel/Krohn/Neun, Vergaberecht, 1. Aufl. 2014, § 60, Rn. 60.

ein Produkt durchläuft, d.h. Forschung und Entwicklung, industrielle Entwicklung, Herstellung, Reparatur, Modernisierung, Änderung, Instandhaltung, Logistik, Schulung, Erprobung, Rücknahme und Beseitigung.[27] Es ist deshalb auch zulässig und möglich, auch die Herstellung des im Zuge des Programms entwickelten Produkts sowie die Instandhaltung und Ersatzteileversorgung ausschreibungsfrei zu vergeben.[28]

14 Ein Kooperationsprogramm im Sinne von Nr. 2 muss von **mindestens zwei EU-Mitgliedstaaten** durchgeführt werden.[29] Die Beteiligung an dem Kooperationsprogramm ist jedoch nicht auf Mitgliedstaaten beschränkt. Die Vorschrift deckt auch die **zusätzliche** Beteiligung von Drittstaaten ab. Es muss jedoch eine **echte Kooperation** zwischen den Beteiligten gegeben sein. Kooperation bedeutet dabei mehr als ein bloßer gemeinsamer Einkauf von Ausrüstung. Kooperation in diesem Sinne heißt vielmehr, die angemessene Aufteilung der technischen und finanziellen Risiken, der sich ergebenden Möglichkeiten sowie des Managements und der Entscheidungsfindung auf die Partner des Programms.

15 Beim Abschluss eines solchen Kooperationsprogramms allein zwischen Mitgliedstaaten teilen die Mitgliedstaaten gem. Art. 13 lit. c Richtlinie 2009/81/EG der Kommission den **Anteil der Forschungs- und Entwicklungsausgaben an den Gesamtkosten des Programms**, die Vereinbarung über die Kostenteilung und gegebenenfalls den geplanten Anteil der Beschaffungen je Mitgliedstaat mit. Sind Drittstaaten an dem Programm beteiligt, ist eine Mitteilung hingegen nicht erforderlich. Umgekehrt teilt die Europäische Kommission beim Abschluss eines solchen Abkommens den Anteil der Forschungs- und Entwicklungsausgaben an den Gesamtkosten des Programms, die Vereinbarung über die Kostenteilung und gegebenenfalls den geplanten Anteil der Beschaffungen je Mitgliedstaat mit. Anhand der Informationen prüft die Kommission, ob das Kooperationsprogramm tatsächlich auf die Entwicklung eines neuen Produkts gerichtet ist und es sich um eine echte Kooperation zwischen Mitgliedstaaten und nicht eine bloß symbolische Beteiligung eines Mitgliedsstaats an einem rein nationalen Entwicklungsprogramm) handelt. Die Mitteilungspflicht der EU-Kommission ist ins deutsche Recht umgesetzt, die Mitteilungspflicht der Mitgliedstaaten folgt aus der unmittelbaren Anwendung des Art. 13 lit. c Richtlinie 2009/81/EG.

III. Auftragsvergaben außerhalb der EU

16 Nr. 3 stellt unter bestimmten Voraussetzungen Aufträge von der Anwendung der §§ 97 ff. frei, die in Staaten außerhalb der Europäischen Union vergeben werden (Drittstaaten). Bei der Vorschrift handelt es sich um einen auf Einsätze zur Bewältigung von Krisen in Drittstaaten zugeschnitten Spezialausnahmetatbestand.[30] Die Vorschrift betrifft Vergaben durch **militärische Streitkräfte oder zivile Sicherheitskräfte der Mitgliedstaaten**, die für eine Übergangszeit in Drittstaaten stationiert sind und Vorort für ihren Einsatz selbst Beschaffungen durchführen müssen.

17 Voraussetzung für eine vergaberechtsfreie Auftragserteilung ist, dass der Einsatz bzw. die Einsatzbedingungen es erfordern, dass die stationierten Kräfte **in ihrem Einsatzgebiet ansässige Unternehmen** beauftragen. **Sämtliche Beschaffungen**, die auf der Grundlage von Nr. 3 durchgeführt werden, müssen unabhängig von ihrem Gegenstand – militärische oder ziviler Natur – in einem **unmittelbaren Zusammenhang mit dem Einsatz** stehen.[31] Die Einsatzbedingungen erfordern die Vergabe von Aufträgen beispielsweise dann, wenn die Vergabe der Aufträge an Unternehmen aus der EU die Versorgungswege überlasten bzw. zu lange machen würde sowie unverhältnismäßige

---

27 Erwägungsgrund 12 und Art. 1 Nr. 26 Richtlinie 2009/81/EG; Guidance Note, Ziffer 15, 6 f.
28 Krohn in: Gabriel/Krohn/Neun, Vergaberecht, 1. Aufl. 2014, § 60, Rn. 60.
29 Zum Ganzen Guidance Note Defence- and security-specific exclusions, Ziffer 16, 7.
30 Zum Ganzen Erwägungsgrund 29 Richtlinie 2009/81/EG und Guidance Note Defence- and security-specific exclusions, Ziffer 19, 8.
31 In der Guidance Note Defence- and security-specific exclusions, Ziffer 20, 8, heißt es »directly connected to the conduct of those operations«; BT-Drs. 17/7275, 17.

Kosten und Verzögerungen zur Folge hätten oder zusätzliche Sicherheitsmaßnahmen erfordern, die die stationierten Einsatzkräfte in ihrer Einsatzkapazität schwächen würden.[32]

Der Begriff **Einsatzgebiet** ist ein **geographisches Kriterium**, jedoch weit zu verstehen; er umfasst 18 auch die Beauftragung von Unternehmen, die ihren Sitz außerhalb des Landes haben, in dem der Einsatz stattfindet, d.h. in Nachbarländern.[33] Eine Umgehung des EU-Vergaberechts wäre jedoch gegeben, wenn ein Auftrag an ein Tochterunternehmen eines EU-Unternehmens mit Sitz im Einsatzgebiet vergeben wird, der Auftrag *de facto* aber von der Muttergesellschaft ausgeführt wird.[34]

Auf der Grundlage von Nr. 3 sind u.a. auch bestimmte **zivile Beschaffungen** zulässig. Es muss 19 sich aber um nicht-militärischen Produkte und Beschaffungen von Bau- oder Dienstleistungen für **logistische Zwecke** handeln.[35] Logistik-Leistungen solcher Art sind beispielsweise Lagerhaltung, Transport, Verwaltung, Wartung und Verteilung von Material sowie der Transport von Personal, ferner die Errichtung, die Instand- und Unterhaltung und Verwaltung von Einrichtungen, die Beschaffung und Erbringung von Leistungen sowie medizinische Unterstützungsleistungen und die Versorgung mit Wasser und Nahrungsmittel.[36] Zu diesen Aufträgen gehören auch zivile Beschaffungen im Rahmen des Einsatzes von Streitkräften oder von Polizeien des Bundes oder der Länder in Drittstaaten.

IV. Auftragsvergaben an andere Staaten

Nr. 4 betrifft Aufträge, die durch die Bundesregierung, eine Landesregierung oder eine Gebietskör- 20 perschaft an eine andere Regierung oder an eine Gebietskörperschaft eines anderen Staates vergeben werden. Grund für die Ausnahme derartiger Aufträge vom EU-/GWB-Vergaberecht ist die **Besonderheit des Verteidigungs- und Sicherheitssektors**.[37]

Voraussetzung für die Freistellung vom EU-/GWB Vergaberecht ist, dass die Aufträge **Gegenstände** 21 **des § 104 Abs. 1 Nr. 1 bis 4** betreffen, d.h. die Beschaffung von Ausrüstung und von Bau- und Dienstleistungen im Verteidigungs- oder Sicherheitsbereich.[38] § 104 Abs. 1 Nr. 1 bis 4 geht im Einzelnen von vier Leistungskategorien aus. Diesen liegen die Grundkategorien Militärausrüstung bzw. militärische Zwecke einerseits und Verschlusssachenaufträge andererseits zu Grunde. Diese Grundkategorien werden durch die Nr. 1 bis Nr. 4 konkretisiert. Nr. 1 erfasst Aufträge über die **Lieferung von Militärausrüstung**. Nr. 2 betrifft Aufträge über die **Lieferung von Ausrüstung, die im Rahmen eines Verschlusssachenauftrags vergeben wird**. Teile, Bauteile oder Bausätze, die zu Aufträgen einer der Leistungskategorien Nr. 1 oder Nr. 2 gehören, werden vergaberechtlich wie diese und als *ein* Auftrag behandelt. Nr. 3 umfasst **Liefer-, Bau- und Dienstleistungen**, die mit Aufträgen der Leistungskategorien Lieferung von Militärausrüstung (Nr. 1) und Vergabe von Ausrüstung im Rahmen eines Verschlusssachenauftrags (Nr. 2) in allen Phasen des Lebenszyklus der Ausrüstung in einem unmittelbaren Zusammenhang stehen. Und Nr. 4 bestimmt, dass **Bau- und Dienstleistungen speziell für militärische Zwecke oder Bau- und Dienstleistungen**, die im Rahmen eines Verschlusssachenauftrags vergeben werden, gleichfalls Verteidigungs- oder sicherheitsrelevante öffentliche Aufträge sein können.

Der Begriff »Regierung« im Sinne von Nr. 4 erfasst auch nationale, regionale oder lokale Gebiets- 22 körperschaften eines Mitgliedstaats oder eines Drittlands.[39] Die im Zuge der zu vergebenden Aufträge zu schließenden Verträge müssen durch oder im Namen eines Mitgliedstaates oder Drittlands

---

32 Guidance Note Defence- and security-specific exclusions, Ziffer 22, 8 f.
33 Guidance Note Defence- and security-specific exclusions, Ziffer 23, 9.
34 Guidance Note Defence- and security-specific exclusions, Ziffer 23, 9.
35 Vgl. Art. 1 Nr. 28 Richtlinie 2009/81/EG.
36 Guidance Note Defence- and security-specific exclusions, Ziffer 19, 8.
37 Erwägungsgrund 30 Richtlinie 2009/81/EG.
38 Siehe dazu ausführlich Kommentierung zu § 104.
39 Art. 1 Nr. 9 Richtlinie 2009/91/EG.

geschlossen werden. In Abhängigkeit von der konkreten Organisationsstruktur des betreffenden Staates, kann der Vertrag auch durch eine regionale oder lokale »Regierung« geschlossen werden, die über eine eigene Rechtspersönlichkeit verfügt. Hingegen sind solche Verträge nicht erfasst, die von anderen als solchen öffentlichen Auftraggebern geschlossen werden, nicht erfasst, wie beispielsweise von Einrichtungen, die öffentlich-rechtlich organisiert sind oder Unternehmen der öffentlichen Hand.[40]

23   Gegenstand der nach Nr. 3 abschließbaren Verträge ist auf der Grundlage von § 104 Abs. 1 ein **breites Spektrum von sehr verschiedenen Leistungen**.[41] Die Kommission nennt als Beispiele für nach Nr. 4 zulässige Beschaffungen den Abschluss eines Vertrages über die Durchführung von Trainings für Piloten von Einsatzkräften oder den Handel mit Militärausrüstung. Nr. 4 grundsätzlich jedoch nur *Weiterverkauf* von eigener, ggf. auf Vorrat gelagerter oder überflüssiger Militärausrüstung an andere Regierungen aus, nicht aber den Einkauf durch die Regierung, die den Gegenstand weiterveräußert, beim Hersteller.[42] Unabhängig davon ist jedoch auch der Einkauf von »neuem Material« erfasst. Für den Fall, dass ein Mitgliedstaat neue Militärausrüstung von der Regierung eines Drittstaats kauft, darf das aber nicht zu einer Umgehung des Vergaberechts führen. Das wäre jedoch der Fall, wenn die betreffenden Leistungen ohne weiteres in einem wettbewerblichen Vergabeverfahren innerhalb der EU auf der Grundlage der Vorgaben für verteidigungs- und sicherheitsspezifische Beschaffungen beschafft werden könnten und der Einkauf über eine andere Regierung nur zu dem Zweck erfolgt, ein formales Vergabeverfahren zu vermeiden.

V. Beschaffung von Finanzdienstleistungen

24   Nr. 5 stellt die Vergabe von sicherheits- und verteidigungsspezifischen Aufträgen über die **Erbringung von Finanzdienstleistungen** von den Maßgaben der §§ 97 ff. frei. Die Vorschrift soll die Finanzierung von wirtschaftlich großvolumigen Beschaffungen im Verteidigungs- und Sicherheitsbereich ermöglich bzw. unterstützen.[43] Nicht abgedeckt von Nr. 5 sind ausdrücklich Versicherungsdienstleistungen. Die Regelung weist Ähnlichkeiten mit dem ehemaligen § 100a Abs. 2 Nr. 2 GWB (alt) auf. Nr. 5 entspricht § 100c Abs. 2 Nr. 1 GWB (alt) und ist in Bezug auf die abgedeckten Finanzdienstleistungen entscheidend **weiter gefasst**.[44]

25   Der Begriff **Finanzdienstleistungen** in Nr. 5 ist **sehr weit zu verstehen**. Die von Nr. 5 erfassten Finanzdienstleistungen folgen begrifflich aus **Art. 13 lit. f Richtlinie 2009/81/EG**, den die Vorschrift umsetzt[45], nicht jedoch aus Art. 10 lit. e Richtlinie 2014/24/EU bzw. Art. 21 lit. d 2014/25/EU. Art. 10 lit. e Richtlinie 2014/24/EU bzw. Art. 21 lit. d 2014/25/EU fassen Finanzdienstleistungen wesentlich enger. Bereits vom Wortlaut her erfassen sie lediglich *Finanzdienstleistungen im Zusammenhang mit der Ausgabe, dem Verkauf, dem Kauf oder der Übertragung von Wertpapieren oder anderen Finanzinstrumenten im Sinne der Richtlinie 2004/39/EG* sowie mit der Europäischen Finanzstabilisierungsfazilität und dem Europäischen Stabilitätsmechanismus durchgeführte Tätigkeiten.[46] Art. 13 lit. f Richtlinie 2009/81/EG und Nr. 5 schränken den Bereich der Finanzdienstleistungen hingegen nicht dahingehend und insbesondere nicht unter dem Aspekt, dass ein Zusammenhang mit Ausgabe, Verkauf, Ankauf oder Übertragung von Wertpapieren oder anderen Finanzinstrumenten bestehen muss.

---

40 Guidance Note Defence- and security-specific exclusions, Ziffer 26, 10.
41 Guidance Note Defence- and security-specific exclusions, Ziffer 27, 10.
42 Guidance Note Defence- and security-specific exclusions, Ziffer 27, 10.
43 Erwägungsgrund 48 Richtlinie 2009/81/EG.
44 Gesetzesbegründung zum GWB, 157.
45 Gesetzesbegründung zum GWB, 157.
46 Zum Ganzen auf der Grundlage des alten § 100a Abs. 2 Nr. 2 GWB ausführlich, Hölzl, Zur Frage der Ausschreibungspflichtigkeit von Finanzdienstleistungen, in: FS für Marx, hrsgg. v. Prieß/Lau/Kratzenberg, 2013.

Hölzl

Das EU-/GWB-Vergaberecht erfasst unabhängig von Nr. 5 **nicht die Vergabe von Krediten,** 26
Zuschüssen, Bürgschaftserklärungen oder Garantieerklärungen wie auch Kreditdurchleitungen,
weil in diesem Fall die staatlichen Institutionen bereits nicht als Auftraggeber, sondern als Auftragnehmer agieren.[47] Sinn und Zweck der Art. 13 lit. f Richtlinie 2009/81/EG sowie des Art. 10
lit. e Richtlinie 2014/24/EU bzw. des Art. 21 lit. d 2014/25/EU sowie ihrer Vorgängervorschriften ist im europäischen wie im deutschen Vergaberecht der Nr. 5, die **Finanzierung staatlichen**
Handelns und/oder damit zusammenhängende Vorgänge einschließlich der Refinanzierung und
damit zusammenhängender Vorgänge vom EU-/GWB-Vergaberecht auszunehmen. Es soll eine
direkte Beschaffung bzw. wirkungsvolle Finanzpolitik der EU-Mitgliedstaaten ermöglicht werden.[48] Staatliche Institutionen, die als öffentliche Auftraggeber grundsätzlich dem EU-/GWB-Ver-
gaberecht unterliegen, müssen die Beschaffung von Dienstleistungen, die ihrer Finanzierung oder
Refinanzierung dienen, nicht ausschreiben.[49] Die EU-Vergaberichtlinien regeln nicht die Wäh-
rungs- und Geldpolitik der EU-Mitgliedstaaten. Die Finanzpolitik ist vielmehr Teil der Souveränität der einzelnen EU-Mitgliedstaaten. Die Geld-, Geldreserve- und Währungspolitik sowie die
Kreditpolitik und die staatliche Finanzierung sollten keinesfalls durch das europäische Vergaberecht
beeinträchtigt werden.[50] Entsprechend dem Übereinkommen der EU-Mitgliedstaaten gehören
Instrumente der Geld-, Wechselkurs-, öffentlichen Kredit- oder Geldreservepolitik sowie andere
Politiken, die Geschäfte mit Wertpapieren oder anderen Finanzinstrumenten mit sich bringen, insbesondere Geschäfte, die der Geld- oder Kapitalbeschaffung der öffentlichen Auftraggeber dienen,
nicht zu den finanziellen Dienstleistungen im Sinne der Vergaberichtlinien.[51] Verträge über Emis-
sion, Verkauf, Ankauf oder Übertragung von Wertpapieren oder anderen Finanzinstrumenten sind
daher nicht erfasst. Das gilt unabhängig davon, ob die Finanzierung und Refinanzierung im Wege
von wertpapiermäßig verbriefter oder nicht verbriefter Schuldtitel erfolgt.[52] Eine diesbezügliche
Differenzierung hat keine Grundlage im Wortlaut sowie im Sinn und Zweck der Vorschrift und
auch nicht in ihrer Gesetzgebungsgeschichte.[53]

Seit Geltung des neuen Vergaberechts besteht in Deutschland Streit über den **Regelungszweck** des 27
Ausnahmetatbestands »Finanzdienstleistungen« und infolgedessen darüber, wie eng dessen Voraussetzungen zu verstehen sind.[54] Die Vorschriften Art. 13 lit. f Richtlinie 2009/81/EG, Art. 10 lit. e
Richtlinie 2014/24/EU bzw. des Art. 21 lit. d 2014/25/EU und ihre deutschen Umsetzungsrege-
lungen sowie ihre jeweiligen Vorgängervorschriften werden entgegen ihrer Entstehungsgeschichte
und ihres Sinn und Zwecks zu Unrecht (zu) eng verstanden.[55] Argumente dafür sind angeblich
in die Vorschrift hineinzulesende ungeschriebene Tatbestandsmerkmale. Das betrifft zunächst das
für die Erfüllung der Voraussetzungen des Ausnahmetatbestands angeblich erforderliche »beson-

---

47 Im Einzelnen dazu Hailbronner in: WM 2002, 1674, 1674 f.
48 Auf der Grundlage der Vorgängervorschriften Hailbronner WM 2002, 1674, 1677; ders. in: Byok/Jaeger,
    GWB, 3. Aufl. 2011, § 100, Rn. 56 und 57; Schellenberg in: Pünder/Schellenberg, 1. Aufl. 2011, § 100
    Rn. 84; Sterner in: Müller-Wrede, GWB, 2009; § 100, Rn. 43 und 45; einschränkend auf Kauf, Ankauf, Über-
    tragung von Wertpapieren und Finanzinstrumenten Dreher/Opitz in: WM 2002, 413, 419; Schoppmann,
    Das Problem der Finanzdienstleistungen, in: EVgR 2/1994, 45, 46.
49 EU-Kommission, GD Binnenmarkt, in: CC/99/69-DE S. 5 f., Rn. 23.
50 Heegemann, Ausschreibungen von Finanzleistungen, in: VergabeRecht 1/96, S. 38, 38 und 39 sowie 40.
51 Erwägungsgrund 27 der Richtlinie 2004/18/EG; gleichfalls so Erwägungsgrund 13 der Richtlinie 92/50/
    EWG.
52 Zur Differenzierung EU-Kommission, in: CC/99/69-DE, S. 4, Rn. 17 ff., allerdings ohne Argumente
    dafür.
53 Zum Ganzen ausführlich, Hölzl, Zur Frage der Ausschreibungspflichtigkeit von Finanzdienstleistungen,
    in: FS für Marx, hrsgg. v. Prieß/Lau/Kratzenberg, 2013.
54 Eine gute Übersicht zum Meinungsstand um 1999 bietet CC/99/69-DE der Europäischen Kommission,
    GD Binnenmarkt, v. 03.11.1999.
55 Zum Ganzen ausführlich, Hölzl, Zur Frage der Ausschreibungspflichtigkeit von Finanzdienstleistungen,
    in: FS für Marx, hrsgg. v. Prieß/Lau/Kratzenberg, 2013.

dere Vertrauensverhältnis« zwischen Auftraggeber und Dienstleistungserbringer.[56] Darüber hinaus betrifft es die Frage, ob der Anwendungsbereich des Ausnahmetatbestands auf solche Finanzdienstleistungen beschränkt ist, die der »Schnelllebigkeit und Kurzfristigkeit des Kapitalmarktes«, insbesondere der »häufigen kurzfristigen Änderung des Zinssatzes«, unterliegen.[57] Die Beschaffung derartiger finanzieller Dienstleistungen sei nicht in Einklang mit den formalen Vorgaben des Vergaberechts, insbesondere dessen Fristen, zu bringen, so dass diese im Wege einer Direktvergabe beschafft werden dürften. Diese bloß behaupteten, aber nicht nachgewiesenen »ungeschriebenen Tatbestandsmerkmale« sind von der jeweils nachfolgenden Literatur immer wieder übernommen worden. Gleiches gilt für die Rechtsprechung.[58]

28   Der Gesetzgeber hat sich zum Verständnis von Finanzdienstleistungen im Sinne der Nr. 5 nicht näher geäußert. Ausgangspunkt für das Verständnis von Nr. 5 ist, wie bei allen Ausnahmetatbeständen, dass diese und ihre Tatbestandsmerkmale *per se* grundsätzlich restriktiv auszulegen sind. Diese Maßgabe ist quasi als Präambel bei der Auslegung und Anwendung der Nr. 5 zu berücksichtigen. Umgekehrt ist allerdings gleichermaßen zu berücksichtigen, dass die Auslegung der Tatbestandsvoraussetzungen der Nr. 5 nicht dazu führen darf, dass der dieser Vorschrift vom europäischen und deutschen Gesetzgeber zugewiesene Regelungszweck und der sich daraus ergebende Anwendungsbereich entgegen ihrem Sinn und Zweck beeinträchtigt oder gar vereitelt wird, so dass die Vorschrift leerläuft. Der vom europäischen und nationalen Gesetzgeber abgesteckte Freiraum darf nicht eingeschränkt werden.

29   So haben der europäische und der nationale Gesetzgeber auf der Grundlage des uneingeschränkten Wortlauts der Vorschrift klar zum Ausdruck gebracht, dass im Fall von Nr. 5 im Gegensatz zu Art. 10 lit. e Richtlinie 2014/24/EU bzw. des Art. 21 lit. d 2014/25/EU sämtliche »Finanzdienstleistungen« vom EU-/GWB-Vergaberecht ausgenommen sind. Auf der Grundlage des **sehr allgemein und weit gefassten Begriffs Finanzdienstleistungen** können vielfältige Vorgänge darunter fallen. Bestätigt wird das durch Erwägungsgrund 33 der Richtlinie 2009/81/EG, wonach »mit Finanzdienstleistungen Personen oder Einrichtungen zu Bedingungen beauftragt werden, die nicht mit der Anwendung von Vergabevorschriften vereinbar sind«. Gemeint ist, dass deren Bestimmung oder Auswahl in einer Art und Weise erfolgt, die sich nicht nach Vergabevorschriften richten kann.[59] Das bedeutet, dass gerade nicht nur die in Art. 10 lit. e Richtlinie 2014/24/EU genannten Finanzdienstleistungen im Zusammenhang mit der Ausgabe, dem Verkauf, dem Ankauf oder der Übertragung von Wertpapieren oder anderen Finanzinstrumenten im Sinne der Richtlinie 2004/39/EG, Dienstleistungen der Zentralbanken sowie mit der Europäischen Finanzstabilisierungsfazilität und dem Europäischen Stabilitätsmechanismus durchgeführte Transaktionen von Nr. 5 erfasst sind. Insbesondere ist von einem erheblichen weiteren und eigenständigen Begriff des sog. anderen Finanzinstruments auszugehen, als dieser durch die Richtlinie 2004/39/EG vorgegeben ist.[60] Das bedeutet u.a., dass auch unverbriefte Schuldtitel darunter zu verstehen sind.[61] Darüber enthält Nr. 5 gerade nicht die Formulierung »im Zusammenhang«, so dass ein weiteres, den Anwendungsbereich der Vorschrift potentiell erheblich einschränkendes Korrektiv des sehr

---

56 So beispielsweise Schellenberg in: Pünder/Schellenberg, GWB, 1. Aufl. 2011, § 100 Rn. 77; Stickler in: Reidt/Stickler/Glahs, GWB, 3. Auf. 2011, § 100 Rn. 27; Hailbronner in: Motzke/Pietzcker/Prieß, 2001, § 100 Rn. 580.

57 Antweiler in: Ziekow/Völlink, Vergaberecht, 1. Aufl. 2011, § 100 Rn. 57M; ähnlich Schellenberg in: Pünder/Schellenberg, GWB, 1. Aufl. 2011, § 100 Rn. 83.

58 Bislang nur VK Baden-Württemberg Beschl. v. 30.11.2001, VK 40/01; VK Bund Beschl. v. 30.09.2010, Verg 47/10, betrifft demgegenüber die Beschaffung von EUR-Banknoten.

59 Erwägungsgrund 32 Richtlinie 2009/81/EG.

60 Hölzl, Zur Frage der Ausschreibungspflichtigkeit von Finanzdienstleistungen, in: FS für Marx, hrsgg. v. Prieß/Lau/Kratzenberg, 2013.

61 So schon Hailbronner WM 2002, 1674, 1679.

weit gefassten Begriffs »Finanzdienstleistungen« nicht gegeben ist. Das bedeutet ferner, dass eine bestimmte Tätigkeit jedenfalls dann bereits eine Finanzdienstleistung im Sinne der Nr. 5 ist, wenn es sich nicht um eine bloße Beratungsleistung für die jeweilige Bank, sondern um den Abschluss eines oder mehrerer Rechtsgeschäfte handelt.

So sind auch sämtliche Dienstleistungen, die mit der Aus- und Durchführung sowie der Vorbe- **30** reitung von finanziellen Dienstleistungen über Finanzinstrumente zu tun haben, erfasst, die einen Zusammenhang erfordern[62]. Das gilt insbesondere für sog. intermediäre Dienstleistungen. Das betrifft die Ausführung solcher Geschäfte für fremde Rechnung und deren Vermittlung, aber auch die Finanzportfolioverwaltung, d.h. die Verwaltung einzelner in Finanzinstrumenten angelegter Vermögen für andere mit Entscheidungsspielraum nach § 1 Abs. 1a Satz 2 Nr. 3 KWG.[63] Ebenso fallen Derivatgeschäfte, deren Gegenstand die Lieferung oder Übertragung eines der o. g. Finanzinstrumente ist, unter Nr. 5.[64] Ferner sind darüber hinaus auch vorbereitende Tätigkeiten wie beispielsweise die Entwicklung von Vermarktungsstrategien, die Formulierung von Vermarktungskonzepten und Beratungstätigkeiten bei der Wertpapieremission« von Nr. 5 erfasst.[65] Gleichfalls Vermittlungs- und Depotgeschäfte, Portfoliomanagement und Derivatgeschäfte sowie Arrangeurleistungen beim US-Cross-Border-Leasing.[66]

Es wird mitunter die Auffassung vertreten, die Anwendung von § 100a Abs. 2 Nr. 2 (bzw. § 100 **31** Abs. 2 lit. m) a. F.) GWB setze voraus, dass hinsichtlich der zu erbringenden finanziellen Dienstleistungen zusätzlich ein »besonderes kapitalmarktbezogenes Vertrauensverhältnis« zwischen dem Beschaffenden und dem Dienstleistungserbringer erforderlich sei[67]. Aus diesem Grund seien nur derartige Finanzdienstleistungen vom Ausnahmetatbestand erfasst. Es wird allerdings weder der Grund noch die Beschaffenheit dieses Vertrauensverhältnisses benannt. Diese Voraussetzung, die auf der Grundlage der in der Literatur mitunter an sie gestellten eher niedrigen Anforderungen zwar in der Regel gegeben sein wird, findet weder im Wortlaut noch in der Gesetzgebungsgeschichte des Art. 16 lit. d) VKR oder Art. 24 lit. c) SKR oder § 100a Abs. 2 Nr. 2 GWB noch nach den aktuellen Vorschriften eine Stütze. Vor dem Hintergrund des unions- und verfassungsrechtlichen Bestimmt-

---

62 VK Baden-Württemberg Beschl. v. 30.11.2001, 1 VK 40/01, Umdruck nach Veris, 9; ganz ähnlich und gleichfalls zur wortlautgleichen Vorgängervorschrift des § 100a Abs. 2 Nr. 2 GWB; § 100 Abs. 2 lit. m GWB: Diehr in: Reidt/Stickler/Glahs, Vergaberecht, 3. Aufl. 2011, § 100 GWB, Rn. 84; Reider in: MüKo Wettbewerbsrecht, Band 3, 2011, § 100 Abs. 2 Rn. 89; Röwekamp in: Kulartz/Kus/Portz, GWB-Vergaberecht, 2. Aufl. 2009, § 100 GWB, Rn. 65; Hailbronner in: Byok/Jaeger, Vergaberecht, 3. Aufl. 2011, § 100 GWB, Rn. 578; Hailbronner WM 2002, 1674, 1678; a.A. hinsichtlich vorbereitender Tätigkeiten Dreher in: Immenga/Mestmäcker, Wettbewerbsrecht, Band II, 4. Aufl, 2007, § 100 GWB Rn. 92; Hailbronner in: WM 2002, 1674, 1677.

63 Vgl. Dreher in: Immenga/Mestmäcker, Wettbewerbsrecht, Band II, 4. Aufl. 2007, § 100 GWB Rn. 91; Jochum in: Grabitz/Hilf, Das Recht der europäischen Union, Bd. 4, Stand: Januar 2005, B 7, Rn. 50; Noelle, VgE 3/1998, 26, 29.

64 Vgl. Dreher in: Immenga/Mestmäcker, Wettbewerbsrecht, Band II, 4. Aufl. 2007, § 100 GWB Rn. 91.

65 Vgl. Sterner in: Müller-Wrede, GWB, 2009, § 100, Rn. 44; Röwekamp in: Kulartz/Kus/Portz, GWB-Vergaberecht, 2. Aufl. 2011, § 100 GWB, Rn. 79; Marx in: Motzke/Pietzcker/Prieß, VOB Teil A, 1. Aufl. 2001, § 100 Abs. 2 lit. e GWB, Rn. 33; Hailbronner in: Byok/Jaeger, Vergaberecht, 3. Aufl. 2011, § 100 GWB, Rn. 578; Otting in: Bechtold, GWB, 6. Aufl. 2010, § 100 GWB, Rn. 23; Frenz in: Handbuch des Beihilfe- und Vergaberechts, 3. Aufl. 2007, Rn. 2245; aA: Antweiler in: Ziekow/Völling, Vergaberecht, 2011, § 100 GWB Rn. 59; Dreher in: Immenga/Mestmäcker, Wettbewerbsrecht 2011, § 100 GWB Rn. 91.

66 Sterner in: Müller-Wrede, GWB, 2009; § 100, Rn. 44 und Fn. 137 unter Bezugnahme auf VK Baden-Württemberg Beschl. v. 30.11.2001, 1 VK 40/01, NZBau 2003, 61, 63 und Prieß, Handbuch, 124.

67 So Bechtold, GWB, 2. Aufl. 1999, § 100 Rn. 17; im Anschluss an diesen VK Baden-Württemberg Beschl. v. 30.11.2001, 1 VK 40/01, Umdruck nach Veris, 9 f.; Schellenberg in: Pünder/Schellenberg, 1. Aufl. 2011, § 100 Rn. 77; Otting in: Bechtold, GWB, 6. Aufl. 2010, § 100 GWB, Rn. 23; Stickler in: Reidt/Stickler/Glahs, Vergaberecht, 3. Aufl. 2011, § 100 GWB, Rn. 27; Hailbronner in: WM 2002, 1674, 1676.

heitsgrundsatzes darf es deshalb nicht auf das Vorliegen eines besonderen Vertrauensverhältnisses ankommen, zumal es sich auch um ein nicht messbares Kriterium handelt.[68]

VI. Forschungs- und Entwicklungsdienstleistungen

32   Nr. 6 stellt die Vergabe von **verteidigungs- oder sicherheitsspezifischen Aufträgen über Forschungs- und Entwicklungsdienstleistungen** unter bestimmten Voraussetzungen von der Anwendung der §§ 97 ff. frei. Die Vergabe von verteidigungs- oder sicherheitsspezifischen Aufträgen, die Forschungs- und Entwicklungsleistungen zum Gegenstand haben, unterliegt allerdings dann den Vorgaben der §§ 97 ff. bzw. der VSVgV, wenn die Ergebnisse der Forschungs- und Entwicklungsdienstleistungen ausschließlich Eigentum des Auftraggebers für seinen Gebrauch bei der Ausübung seiner eigenen Tätigkeit werden und die Dienstleistung vollständig durch den Auftraggeber vergütet wird. Das bedeutet, dass reine Auftragsforschung auf der Grundlage eines gegenseitigen Vertrags – Forschung und Übertragung ausschließlicher Nutzungsrechte gegen Entgelt – nicht unter die Forschungs- und Entwicklungsausnahme fällt.[69] Das bedeutet umgekehrt, Verträge über die Erbringung von Forschungs- und Entwicklungsdienstleistungen sind damit jedenfalls dann vom Anwendungsbereich des Vergaberechts der §§ 97 ff. ausgenommen, wenn (1) ihr Gegenstand Forschungs- oder Entwicklungsdienstleistungen im Sinne der Nr. 6 sind; (2) die Forschungsergebnisse nicht ausschließlich Eigentum des Auftraggebers für seinen Gebrauch werden und zudem (3) der Auftraggeber die Forschungsleistungen nicht vollständig vergütet. Durch Nr. 6 sollen öffentliche Beiträge zur Finanzierung von Forschungsprogrammen vom Anwendungsbereich des Vergaberechtsregimes freigestellt werden.

33   § 145 Nr. 6 verweist anders als § 137 Abs. 1 Nr. 2 und § 149 Nr. 2 für den Begriff der Forschungs- und Entwicklungsleistungen nicht auf § 116 Abs. 1 Nr. 2 *Besondere Ausnahmen*. § 116 Abs. 1 Nr. 2 dient der Umsetzung von Art. 14 Richtlinie 2014/24/EU und Art. 32 Richtlinie 2014/25/EU. Art. 25 Richtlinie 2014/23/EU enthält eine entsprechende Regelung. Die neuen EU-Vergaberichtlinien sehen einen **etwas weiteren Ausnahmebereich** für Forschungs- und Entwicklungsdienstleistungen vor als bislang.[70] Die Ausnahme für Forschungs- und Entwicklungsdienstleistungen war bisher als allgemeine Ausnahme in § 100 Abs. 4 Nr. 2 GWB (alt) geregelt. Für Vergaben in den Bereichen Verteidigung und Sicherheit gilt die bisherige Vorschrift des **Art. 13 lit. j Richtlinie 2009/81/EG** unverändert weiter. Diese wird durch § 145 Nr. 6 umgesetzt.

34   Die Vergabe von Forschungs- und Entwicklungsleistungen war bislang erst vereinzelt Gegenstand der Rechtsprechung und des vergaberechtlichen Schrifttums. Die deutschen Vergabenachprüfungsinstanzen verstehen »Forschung« bislang als die »planmäßige und zielgerichtete Suche nach neuen Erkenntnissen«.[71] Der **Begriff** »Forschung und Entwicklung« im Sinne von § 145 Nr. 6 umfasst nach dem Verständnis des Gesetzgebers auf Basis der Zwecke der Richtlinie 2009/81/EG **Grundlagenforschung, angewandte Forschung und experimentelle Entwicklung**[72]. Grundlagenforschung betrifft experimentelle oder theoretische Arbeiten, die hauptsächlich dem Erwerb von neuem Grundlagenwissen über Phänomene oder beobachtbare Tatsachen ohne erkennbare direkte praktische Anwendungsmöglichkeiten dienen. Angewandte Forschung umfasst auch Originalarbeiten zur Erlangung neuer Erkenntnisse. Sie ist jedoch in erster Linie auf ein spezifisches praktisches Ziel

---

68   Dreher/Opitz in: WM 2002, 413, 419; Dreher in: Immenga/Mestmäcker, Wettbewerbsrecht, Band II, 4. Aufl., 2007, § 100 GWB Rn. 93.

69   VK Südbayern Beschl. v. 27.09.2002, 36-08/02.

70   Gesetzesbegründung GWB, 115.

71   BayObLG Beschl. v. 27.02.2003, Verg 25/02, NZBau 2003, 634, 635; VK Berlin Beschl. v. 23.06.2005, VK – B 1 – 23/05, Umdruck nach Veris, 17, jeweils zu § 100 Abs. 2 lit. n GWB (alt).

72   Zum Ganzen Erwägungsgrund 13 Richtlinie 2009/81/EG; BayObLG Beschl. v. 27.02.2003, Verg 25/02, NZBau 2003, 634, 635; VK Berlin Beschl. v. 23.06.2005, VK – B 1 – 23/05, Umdruck nach Veris, 17, gehen für die bisherigen allgemeinen Vergaberichtlinien lediglich von Grundlagen- und angewandter Forschung aus.

oder einen spezifischen praktischen Zweck ausgerichtet. Experimentelle Entwicklung betrifft Arbeiten auf der Grundlage von vorhandenen, aus Forschung und/oder praktischer Erfahrung gewonnenen Kenntnissen zur Initiierung der Herstellung neuer Materialien, Produkte oder Geräte, zur Entwicklung neuer Verfahren, Systeme und Dienstleistungen oder zur erheblichen Verbesserung des bereits Vorhandenen. Die experimentelle Entwicklung kann die Herstellung von technologischen Demonstrationssystemen, d. h. von Vorrichtungen zur Demonstration der Leistungen eines neuen Konzepts oder einer neuen Technologie in einem relevanten oder repräsentativen Umfeld einschließen. »Forschung und Entwicklung« schließt die Herstellung und Qualifizierung von der Produktion vorausgehenden Prototypen, Werkzeug- und Fertigungstechnik, Industriedesign oder Herstellung nicht ein.[73] »Industrielle Forschung« ist demgegenüber »planmäßiges Forschen oder kritisches Erforschen zur Gewinnung neuer Kenntnisse und Fertigkeiten mit dem Ziel, neue Produkte, Verfahren oder Dienstleistungen zu entwickeln oder zur Verwirklichung erheblicher Verbesserungen bei bestehenden Produkten, Verfahren oder Dienstleistungen nutzen zu können. Hierzu zählt auch die Schöpfung von Teilen komplexer Systeme, die für die industrielle Forschung und insbesondere die Validierung von technologischen Grundlagen notwendig sind, mit Ausnahme von Prototypen.[74] Weitere Anhaltspunkte zum Verständnis der Begriffe »Forschung« und »Entwicklung« lassen sich dem *»Gemeinschaftsrahmen für staatliche Beihilfen für Forschung, Entwicklung und Innovation«* der Europäischen Kommission entnehmen.[75]

Die »**angewandte Forschung**« ist zur praktischen Anwendung und Umsetzung von Forschungs- 35
ergebnissen abzugrenzen, die auch dann keine Forschung und Entwicklung im Sinne von § 145 Nr. 6 ist, wenn dabei Informationen gesammelt und neue Erkenntnisse gewonnen werden. Für die Annahme eines Forschungs- oder Entwicklungsauftrags genügt es deshalb beispielsweise nicht, dass bei der Erbringung einer Dienstleistung auf eine im Rahmen eines EU-Forschungsprojekts entwickelte Software zurückgegriffen und diese nur anlässlich der Dienstleistungserbringung erprobt wird. Erforderlich ist vielmehr, dass diese Erprobung Hauptzweck des Vertrages ist[76]. Grundsätzlich fallen deshalb nur forschungspolitisch motivierte Forschungs- und Entwicklungsvorhaben unter den Ausnahmetatbestand der Nr. 6[77]. Für die Annahme eines Forschungs- oder Entwicklungsauftrages ist es erforderlich, dass ein vorrangiger oder jedenfalls gleichrangiger Forschungs- oder Entwicklungszweck verfolgt wird[78].

Bestimmte Verträge über Forschungs- und Entwicklungsdienstleistungen sind nicht von den 36
§§ 97 ff. ausgenommen, wenn die Forschungsergebnisse nicht ausschließlich Eigentum des Auftraggebers für seinen Gebrauch werden **und** zudem der Auftraggeber die Forschungsleistungen nicht vollständig vergütet. Diese sog. **Rückausnahme** gilt für Forschungs- und Entwicklungsleistungen im Anwendungsbereich der Richtlinien 2014/24/EU und 2014/25/EU anders als bislang in § 100 Abs. 4 Nr. 2 GWB (alt) nur noch für bestimmte Forschungs- und Entwicklungsdienstleistungen. Das betrifft die Referenznummern des CPV 73000000-2 *Forschungs- und Entwicklungsdienste und zugehörige Beratung,* 73100000-3 *Dienstleistungen im Bereich Forschung und experimentelle Entwicklung,* 73110000-6 *Forschungsdienste,* 73111000-3 *Forschungslabordienste,* 73112000-0 *Meeresforschungsdienste,* 73120000-9 *Experimentelle Entwicklung,* 73300000-5 *Planung und Ausführung von Forschung und Entwicklung,* 73420000-2 *Vordurchführbarkeitsstudie und technologische Demonstration* und 73430000-5 *Test und Bewertung.* Alle Forschungs- und Entwicklungsdienstleistungen, die unter **andere** Referenznummern des CPV fallen, sind vom Anwendungsbereich des Vergaberechts ganz ausgenommen, **ohne** dass die Rückausnahme des § 116 Abs. 1 Nr. 2 Hs. 2 zur

---

73 Erwägungsgrund 13 Richtlinie 2009/81/EG.
74 EG Abl. 2006, C 323, 1, 10 f.
75 EG Abl. 2006, C 323, 1.
76 VK Berlin Beschl. v. 23.06.2005, VK-B1-23/05, Umdruck nach Veris, 16 ff.
77 BayObLG Beschl. v. 27.02.2003, Verg 25/02, NZBau 2003, 634; Schabel, Anmerkung zu BayObLG Beschl. v. 27.02.2003, Verg 25/02, VergabeR 2003, 674, 675.
78 VK Berlin Beschl. v. 23.06.2005, VK-B1-23/05, Umdruck nach Veris, 18, zu § 100 Abs. 2 lit. n GWB (alt).

Anwendung kommt. Das betrifft zum Beispiel auch Forschungs- und Entwicklungsdienstleistungen in den Bereichen **Verteidigung und Sicherheit** (z.B. Referenznummern des CPV 73400000-6 *Forschung und Entwicklung für Sicherheits- und Verteidigungsgüter* oder 73410000-9 *Militärforschung und -technologie*.[79]

37 Das bedeutet umgekehrt, bestimmte Forschungs- oder Entwicklungsaufträge sind nach § 145 Nr. 6 in Abhängigkeit ihrer Einordnung im CPV nicht vom Anwendungsbereich des Vergaberechts ausgenommen, wenn die Ergebnisse der Forschung ausschließliches Eigentum des Auftraggebers für seinen Gebrauch bei der Ausübung seiner eigenen Tätigkeit werden und die Dienstleistung vollständig durch den Auftraggeber vergütet wird. Beide Kriterien der Rückausnahme müssen **kumulativ** erfüllt sein.[80] Nach der Rechtsprechung sind die Voraussetzungen der Rückausnahme des § 145 Nr. 6 im Bereich der angewandten Forschung wohl eher erfüllt, als bei der Grundlagenforschung.[81]

38 Die Ergebnisse der Forschungsdienstleistungen dürfen nach dem ersten Kriterium **nicht »ausschließlich Eigentum des Auftraggebers«** für seinen Gebrauch bei der Ausübung seiner eigenen Tätigkeit« werden. So können Forschungsergebnisse zum einen unkörperliche Form haben, an der zivilrechtlich kein Eigentum begründet werden kann. Für die Beurteilung dieses Tatbestandsmerkmals kommt es nach der Rechtsprechung zum anderen nicht auf den Eigentumsbegriff im Sinne des deutschen Zivilrechts[82] oder dem eines Mitgliedstaates an. Die Vorschrift des § 145 Nr. 6 ist **unionsrechtskonform auszulegen**, auf nationale Begrifflichkeiten ist nicht abzustellen. Ausschlaggebend ist vielmehr für das Vorliegen »ausschließlichen Eigentums«, ob dem Auftraggeber das **alleinige Nutzungs- und Verwertungsrecht** hinsichtlich der erlangten Forschungsergebnisse zusteht. Im vergaberechtlichen Schrifttum wurde u.a. vertreten, dass Forschungsergebnisse bereits dann nicht »ausschließlich Eigentum des Auftraggebers« sind, wenn die Dienstleistungen auch der Allgemeinheit zugute kommen. Diese Auffassung wird von der Rechtsprechung nicht geteilt, weil dadurch der Anwendungsbereich des Vergaberechts zu sehr eingeschränkt werde. Unter Bezugnahme auf die Erwägungsgründe der früheren Richtlinie 92/50/EG wird darauf verwiesen, dass die Ausnahmeregelung für Forschungs- und Entwicklungsaufträge nur solche Aufträge erfassen soll, die als Beitrag zur Finanzierung von Forschungsprogrammen oder zur Finanzierung von allgemein bedeutsamer Forschung zum Nutzen der Gesellschaft insgesamt anzusehen sind.[83] Ein ausschließliches Eigentum des Auftraggebers an den Forschungsergebnissen im Sinne von § 145 Nr. 6 kann danach auch dann vorliegen, wenn die erzielten Forschungsergebnisse offengelegt werden. Das ist jedenfalls der Fall, wenn es sich hierbei lediglich um »eine reflexartige Begünstigung der Allgemeinheit« handelt, die einer alleinigen Zuordnung zur Eigentumssphäre des Auftraggebers und der Bestimmung zur Nutzung durch diesen allein noch nicht entgegensteht.

39 Für ein Eingreifen des Ausnahmetatbestands für Forschungs- und Entwicklungsaufträge sind bislang folgende Gesichtspunkte nicht als ausreichend erachtet worden: Öffentliche Einsehbarkeit der Ergebnisse; Erstellung eines Forschungsberichts, mit dem das Vorhaben abgeschlossen wird und der einer breiten Fachöffentlichkeit in Bund-Länder-Arbeitskreisen zur Verfügung gestellt wird; Hinweise im Internet, dass ein Forschungsbericht angefordert werden kann.[84] Ein ausschließliches

---

79 Gesetzesbegründung zum GWB, 115.
80 BayObLG Beschl. v. 27.02.2003, Verg 25/02, NZBau 2003, 634, 635; VK Südbayern Beschl. v. 27.09.2002, 36 – 08/02, Umdruck nach Veris, 22; im Ergebnis ebenso: VK Köln Beschl. v. 26.04.2006, VK VOL 5/2006, Umdruck nach Veris, 13.
81 BayObLG Beschl. v. 27.02.2003, Verg 25/02, NZBau 2003, 634, 635 für § 100 Abs. 2 lit. n GWB (alt).
82 »… zum anderen geht die Vorschrift auf eine europäische Norm zurück, die von nicht nur einer einzigen Zivilrechtsordnung geprägt ist und in verschiedenen Sprachfassungen vorliegt (vgl. englisch ›where the benefits accrue‹, französisch ›dont les fruits appartiennent‹ …. Die Bezugnahme auf das ›Eigentum‹ ist deshalb sinngemäß zu verstehen als ›wem das Ergebnis gehört‹, ›wem das Nutzungsrecht zusteht‹ oder ›wem die Verwertung (am Markt) zukommt‹.«, BayObLG Beschl. v. 27.02.2003, Verg 25/02, NZBau 2003, 634, 635.
83 BayObLG Beschl. v. 27.02.2003, Verg 25/02, NZBau 2003, 634, 636 mwN.
84 BayObLG Beschl. v. 27.02.2003, Verg 25/02, NZBau 2003, 634, 635 f.; Marx in: Motzke/Pietzcker/Prieß, VOB Teil A, 1. Aufl. 2001, § 100 Abs. 2 lit. n GWB Rn. 34.

Eigentum des Auftraggebers im Sinne der Rückausnahme liegt demzufolge jedenfalls dann vor, wenn die Ergebnisse der Forschungsdienstleistung insgesamt frei zugänglich und auch frei verwertbar sind.[85] Für die Frage, ob die Forschungsergebnisse ausschließlich Eigentum des Auftraggebers werden, kommt es damit darauf an, welche Rechte übertragen werden. Ob die Ergebnisse auch dann ausschließliches Eigentum des Auftraggebers werden, wenn der Auftragnehmer selbst Schutzrechte (Patente, etc.) erlangt und die Forschungsergebnisse entsprechend selbst vermarkten kann, ist noch nicht geklärt.[86] Der Wortlaut »ausschließliches Eigentum« legt nahe, dass die Rückausnahme des § 145 Nr. 5 verlangt, dass dem Auftraggeber durch das Schutzrecht die ausschließlichen Nutzungsrechte eingeräumt werden. Ausreichend ist für das Vorliegen ausschließlichem Eigentums dürfte jedoch bereits sein, dass dem öffentlichen Auftraggeber das weit überwiegende Nutzungsrecht eingeräumt wird, so dass er eine faktische Eigentümerstellung einnimmt. Dabei ist zu beachten, dass das BayObLG für die Ausschließlichkeit der Nutzungsrechte jedenfalls bei Landesbehörden nicht danach unterschieden hat, welche Behörde das Nutzungsrecht ausübt.[87]

Nach § 145 Nr. 5 dürfen die Forschungsdienstleistungen im Rahmen der Ausnahmevorschrift 40
zudem **nicht vollständig durch den Auftraggeber vergütet** werden. Der Grund dieser Regelung ist, dass Beiträge zur Finanzierung von Forschungsprogrammen vom GWB-Vergaberecht nicht erfasst werden sollen, auch wenn sie in Form von staatlichen Aufträgen geleistet werden.[88] Danach darf der Auftraggeber die Dienstleistung höchstens in Form eines Finanzierungsbeitrags mitfinanzieren.[89] Es müssen also zusätzlich auch private Sponsoren an der Finanzierung der zu erbringenden Dienstleistungen beteiligt sein.[90] Insoweit kommt es erheblich auf die Gestaltung der abzuschließenden Verträge an. Als Faustregel wird man eventuell die für das Vorliegen einer Konzession maßgebliche Risikotragung heranziehen können.

VII. Aufträge, die besonderen Verfahrensregeln unterliegen

§145 Nr. 7 stellt verteidigungs- oder sicherheitsspezifische Aufträge von der Anwendung der 41
§§ 97 ff. frei, die **besonderen Verfahrensregeln** unterliegen. Die Vorschrift gibt abschließend vor, aus welchen Vorgaben sich derartige Verfahrensregeln ergeben können. Verfahrensregeln im Sinne von Nr. 7 können sich ergeben für lit. a aus einem internationalen Abkommen oder einer internationalen Vereinbarung zwischen einem oder mehreren Mitgliedstaaten der EU und einem oder mehreren Drittstaaten; für lit. b aus einem internationalen Abkommen oder einer internationalen Vereinbarung im Zusammenhang mit der Stationierung von Truppen oder lit. c aus Verfahrensregeln, die für eine internationale Organisation gelten. Die von Nr. 7 in Bezug genommenen internationalen Verfahrensregeln gehen den Vorgaben der Richtlinien 2014/24/EU und 2014/25/EU vor. Die von der Vorschrift in Bezug genommenen internationalen Verfahrensregeln können dazu führen, dass die nach dem GWB vorgesehenen Vergabeverfahren abgewandelt oder ganz durch ein andersartiges Verfahren ersetzt werden.[91] Der Gesetzgeber geht davon aus, dass die durch internationale Verfahrensregeln vorgegebenen Maßgaben jeweils ausreichend für die Vergabe derartiger Aufträge sind.

§ 145 Nr. 7 ist § 117 Nr. 4 inhaltlich recht ähnlich.[92] Im Unterschied zu § 117 Nr. 5 handelt es 42
sich jedoch bei Aufträgen im Sinne von § 145 Nr. 7 um verteidigungs- oder sicherheitsspezifische

---

85 Vgl. Marx in: Motzke/Pietzcker/Prieß, VOB Teil A, 1. Aufl. 2001, § 100 Abs. 2 lit. n GWB, Rn. 34.

86 Arrowsmith, 319 f.

87 BayObLG Beschl. v. 27.02.2003, Verg 25/02, NZBau 2003, 634, 635.

88 Erwägungsgrund 9 Richtlinie 92/50/EG.

89 VK Südbayern Beschl. v. 27.09.2002, 36 – 08/02, Umdruck nach Veris, 22.

90 »Thus even where benefits of the services accrue exclusively to the authority, the services are still excluded where the service provider, or some other body which is not a contracting authority, assists in funding«, Arrwosmith, The Law of Public and Utilities Procurement, 2. Aufl. 2005, Rn. 6.57.

91 Erwägungsgrund 26 Richtlinie 2009/81/EG.

92 Für die Einzelheiten wird deshalb auf die Kommentierung zu § 117 Nr. 4 verwiesen.

Aufträge. Grund ist, dass § 145 Nr. 7 den Art. 12 Richtlinie 2009/81/EG umsetzt, § 117 Nr. 4 hingegen Art. 17 Abs. 1 Richtlinie 2014/24/EU und Art. 27 Abs. 1 UA 1 Richtlinie 2014/25/EU. Ähnlichkeiten bestehen auch mit den Vorgaben des § 109 Abs. 2. § 109 Abs. 1 ist das »zivile« Pendant zu § 117 Nr. 4. Diese Vorschriften entsprechen sich bis auf den unterschiedlichen Gegenstand – verteidigungs- oder sicherheitsspezifische Aufträge – nahezu wörtlich.

43   § 145 Nr. 7 bezieht sich im Unterschied zu §117 Nr. 4 nicht auf die Durchführung von Wettbewerben. Ferner spricht § 145 lit. a und b von internationalen Abkommen und nicht wie § 109 Abs. 1 und § 117 Nr. 4 von internationalen Übereinkünften, jedoch wohl ohne rechtliche Auswirkungen, zumal auch die Richtlinie 2009/81/EG beide Begriffe verwendet, ohne dass ein Unterschied gemacht wird.[93] § 145 Nr. 7 geht allerdings anders als § 109 Abs. 1 und § 117 Nr. 4 nicht von einer internationalen Übereinkunft oder Vereinbarung aus, die im Einklang mit den EU-Verträgen geschlossen worden sein muss. Ferner enthält die Vorschrift auch keinen Hinweis darauf, dass auch solche internationalen Übereinkünfte oder Vereinbarungen Verfahrensregeln vorgeben können, die durch Untereinheiten der Staaten geschlossen worden sind.

§ 146 Verfahrensarten

Bei der Vergabe von verteidigungs- oder sicherheitsspezifischen öffentlichen Aufträgen stehen öffentlichen Auftraggebern und Sektorenauftraggebern das nicht offene Verfahren und das Verhandlungsverfahren mit Teilnahmewettbewerb nach ihrer Wahl zur Verfügung. Das Verhandlungsverfahren ohne Teilnahmewettbewerb und der wettbewerbliche Dialog stehen nur zur Verfügung, soweit dies aufgrund dieses Gesetzes gestattet ist.

Bedeutung und Zweck des § 146

1   § 146 entspricht dem bisherigen § 101 Abs. 7 S. 3 GWB (alt). Der Adressatenkreis der Vorschrift erfasst entsprechend der neuen Systematik der §§ 98 f. und im Einklang mit Art. 1 Nr. 17 Richtlinie 2009/81/EG nunmehr nicht nur **klassische öffentliche Auftraggeber** gem. § 99, sondern auch **Sektorenauftraggeber** im Sinne des § 100.

2   Bei der Vergabe von verteidigungs- oder sicherheitsspezifischen öffentlichen Aufträgen stehen öffentlichen Auftraggebern und Sektorenauftraggebern gem. § 146 das **nicht offene Verfahren** und das **Verhandlungsverfahren mit Teilnahmewettbewerb** nach ihrer **freien Wahl** zur Verfügung. Gleiches folgt aus § 11 Abs. 1 VSVgV sowie § 3 und § 3a Abs. 1 VOB/A VS. Die ansonsten für öffentliche Auftraggeber zu beachtende Hierarchie der nach § 119 zulässigen Vergabeverfahren gilt bei der Vergabe von verteidigungs- oder sicherheitsspezifischen öffentlichen Aufträgen nicht. Der Gesetzgeber stellt damit sicher, dass öffentliche Auftraggeber bei der Vergabe von verteidigungs- oder sicherheitsspezifischen öffentlichen Aufträgen immer einen vorausgehenden Teilnahmewettbewerb durchführen können. Die Durchführung des Teilnahmewettbewerbs ermöglicht es, die Weitergabe sensibler Informationen auf die geeigneten und ggf. sicherheitsüberprüften Unternehmen zu beschränken. Diese Vorgehensweise sichert die praktische Wirksamkeit des Unionsrechts und wahrt den Grundsatz der Verhältnismäßigkeit.

3   Das nicht offene Verfahren ist im GWB in § 119 Abs. 4 und das Verhandlungsverfahren in § 119 Abs. 5 näher geregelt. Weitere Voraussetzungen enthalten die §§ 11 und 12 VSVgV und §§ 3 und 3a VOB/A VS. Das nicht offene Verfahren ist gem. § 119 Abs. 4 ein Verfahren, bei dem der öffentliche Auftraggeber nach vorheriger öffentlicher Aufforderung zur Teilnahme eine beschränkte Anzahl von Unternehmen nach **objektiven, transparenten und nichtdiskriminierenden Kriterien** auswählt (Teilnahmewettbewerb), die er anschließend zur Abgabe von Angeboten auffordert. Beim Verhandlungsverfahren im Sinne des § 146 handelt es sich gem. § 119 Abs. 5 um ein Verfahren, bei dem sich der öffentliche Auftraggeber mit Teilnahmewettbewerb an

---

93   Erwägungsgrund 26 Richtlinie 2009/81/EG; Art. 1 der Richtlinie enthält keine Definition der Begriffe.

ausgewählte Unternehmen wendet, um mit einem oder mehreren Unternehmen über Angebote zu verhandeln[1].

Das **Verhandlungsverfahren ohne Teilnahmewettbewerb** und der **wettbewerbliche Dialog** stehen 4 öffentlichen Auftraggebern bei der Vergabe von verteidigungs- oder sicherheitsrelevanten Aufträgen nur zur Verfügung, soweit dies aufgrund der dafür in §§ 97 ff., der VgV, der VSVgV und der VOB/A VS geregelten Voraussetzungen zulässig ist. Für die Durchführung eines Verhandlungsverfahrens ohne öffentliche Vergabebekanntmachung oder einen wettbewerblichen Dialog müssen die eng auszulegenden Voraussetzungen der §§ 12 und 13 VSVgV bzw. der § 3 Abs. 3 und §3a Abs. 3 VOB/A VS erfüllt sein. Es muss gem. § 11 Abs. 1 S. 2 VSVgV ein begründeter Ausnahmefall vorliegen.

Das offene Verfahren gem. § 119 Abs. 3 und das Vergabeverfahren der Innovationspartnerschaft 5 gem. § 119 Abs. 7 sind hingegen bei der Vergabe von verteidigungs- oder sicherheitsspezifischen Aufträgen nicht zulässig. Das *offene Verfahren* ist bei der Vergabe verteidigungs- und sicherheitsspezifischer Aufträge auf Grund der besonderen **informatorischen Sensibilität** dieses Bereiches *nicht* zulässig. Auftraggeber sollen über die EU-Bekanntmachung und die Vergabeunterlagen nicht Informationen über die zu beschaffenden Leistungen an Unternehmen weitergeben müssen, die nicht geeignet sind bzw. nicht die besonderen Sicherheitsanforderungen erfüllen.[2] Auf der Grundlage der Durchführung eines vorausgehenden Teilnahmewettbewerbs im nicht offenen und im Verhandlungsverfahren ist es möglich, insbesondere unter Sicherheitsaspekten nicht geeignete Unternehmen von vornherein auszuschließen. Die Durchführung eines offenen Verfahrens ist nicht nur nicht vorgesehen, sondern zur Wahrung der staatlichen Sicherheitsinteressen nicht zulässig.

§ 147 Sonstige anwendbare Vorschriften

Im Übrigen gelten für die Vergabe von verteidigungs- oder sicherheitsspezifischen öffentlichen Aufträgen die §§ 119, 120, 121 Absatz 1 und 3 sowie die §§ 122 bis 135 mit der Maßgabe entsprechend, dass ein Unternehmen gemäß § 124 Abs. 1 auch dann von der Teilnahme an einem Vergabeverfahren ausgeschlossen werden kann, wenn das Unternehmen nicht die erforderliche Vertrauenswürdigkeit aufweist, um Risiken für die nationale Sicherheit auszuschließen. Der Nachweis, dass Risiken für die nationale Sicherheit nicht auszuschließen sind, kann auch mit Hilfe geschützter Datenquellen erfolgen.

Bedeutung und Zweck des § 147

§ 147 regelt, welche Vorschriften der §§ 97 ff. auf die Vergabe von verteidigungs- oder sicherheits- 1 spezifischen Aufträgen **Anwendung** finden und welche besonderen **Maßgaben** dabei ggf. gelten. Der Gesetzgeber bringt damit zum Ausdruck, dass die Vorgaben der §§ 97 ff. nicht durchgängig und nicht ohne weiteres auf verteidigungs- oder sicherheitsspezifische Aufträge angewendet werden können.

Die §§ 119 bis 135 finden gem. § 147 auf die Vergabe von verteidigungs- oder sicherheitsspezi- 2 fischen öffentlichen Aufträgen allerdings lediglich mit wenigen Ausnahmen und Abwandlungen Anwendung. Bei den §§ 119 bis 135 handelt sich um die Vorschriften des Unterabschnitts 2 **Vergabeverfahren und Auftragsausführung**. Es geht um die Vorschriften zu den Verfahrensarten, zur Leistungsbeschreibung, zur Eignung und insbesondere den Ausschluss von Unternehmen sowie die Vorschriften zur Auftragsausführung, Auftragsänderungen während der Vertragslaufzeit, Kündigung von laufenden öffentlichen Aufträgen in besonderen Fällen und zur Warte- und Informationspflicht. Die Vorgaben zur Leistungsbeschreibung sind bis auf § 121 Abs. 2 nicht in die Ver-

---

1 Zu den Möglichkeiten des öffentlichen Auftraggebers in einem Verhandlungsverfahren Hölzl NZBau 2013, 558 ff.
2 Begründung zum Entwurf des Gesetzes zur Änderung des Vergaberechts für die Bereiche Verteidigung und Sicherheit, BR-Drucks. 464/11, 22.

weisungskette des § 147 aufgenommen. Grund dafür ist, dass im Bereich der verteidigungs- oder sicherheitsspezifischen Aufträge die Richtlinie 2009/81/EU keinerlei vergleichbare Vorgaben trifft. § 121 Abs. 2 betrifft die Vorgabe, dass bei der Beschaffung von Leistungen, die zur Nutzung von natürlichen Personen vorgegeben sind, bei der Erstellung der Leistungsbeschreibung außer in ordnungsgemäß begründeten Fällen die Zugänglichkeitskriterien für Menschen mit Behinderung oder die Konzeption für alle Nutzer zu berücksichtigen sind. Im Interesse der Rechtssicherheit sind die Regelungen der Richtlinie 2014/24/EU zur **Auftragsänderung und Kündigung in besonderen Fällen** für anwendbar erklärt worden, durch welche die diesbezüglichen primärrechtlichen Anforderungen präzisiert werden.[3] Es handelt sich um die §§ 132 und 133.

3   Der Gesetzgeber geht ferner zutreffend davon aus, dass es in Form des § 145 *Besondere Ausnahmen für die Vergabe von verteidigungs- oder sicherheitsspezifischen öffentlichen Aufträgen* und § 146 *Verfahrensarten* besonderer Vorschriften für die Vergabe derartiger Aufträge bedarf.

4   Die Richtlinie 2009/81/EG enthält in Art. 39 zwar eine **Regelung zu zwingenden und fakultativen Ausschlussgründen**. Diese Regelung ist mit der in Art. 57 Abs. 1 bis 5 der Richtlinie 2014/24/EU getroffenen Regelung jedoch nicht vollständig deckungsgleich.[4] So werden in Art. 57 der Richtlinie 2014/24/EU **zwingende Ausschlussgründe** wie die **Nichtentrichtung von Steuern oder Sozialabgaben** aufgeführt, die in Art. 39 der Richtlinie 2009/81/EG und bislang in § 24 Abs. 1 Nr. 6 VSVgV als **fakultative Ausschlussgründe** enthalten sind. Danach *können* von der Teilnahme am Vergabeverfahren Bewerber oder Bieter ausgeschlossen werden, die ihre Verpflichtung zur Zahlung von Sozialbeiträgen, Steuern und Abgaben nachweislich nicht erfüllt haben. In der Sache sollen Auftraggeber bei der Vergabe von verteidigungs- oder sicherheitsspezifischen Aufträgen im Hinblick auf die Schwere dieser Rechtsverstöße und die betroffenen Rechtsgüter rechtlich jedoch nicht anders behandelt werden als sonstige öffentliche Auftraggeber. Im Interesse der Rechtssicherheit werden daher auch die Regelungen der §§ 123 und 124 zu den zwingenden und fakultativen Ausschlussgründen für verteidigungs- oder sicherheitsspezifische Aufträge vollständig für anwendbar erklärt.[5]

5   Die Verweisung in § 147 auf die §§ 123 und 124 trägt dem zusätzlichen, nicht in der Richtlinie 2014/24/EU enthaltenen, **fakultativen Ausschlussgrund der fehlenden Vertrauenswürdigkeit** Rechnung und überführt Art. 39 Abs. 2 lit. e der Richtlinie 2009/81/EG im Wortlaut des bisherigen § 24 Nr. 5 VSVgV in das GWB. So konnten nach § 24 Abs. 1 Nr. 5 VSVgV Unternehmen ausgeschlossen werden, die nicht die erforderliche Vertrauenswürdigkeit aufweisen, um **Risiken für die nationale Sicherheit** auszuschließen. § 24 VSVgV *Fakultativer Ausschluss* ist vor diesem Hintergrund neu gefasst worden. Danach kann der Auftraggeber gem. Abs. 1 der Vorschrift unter Berücksichtigung des Grundsatzes der Verhältnismäßigkeit ein Unternehmen zu jedem Zeitpunkt des Vergabeverfahrens von der Teilnahme an einem Vergabeverfahren ausschließen, wenn ein fakultativer Ausschlussgrund nach § 147 in Verbindung mit § 124 GWB vorliegt. § 147 in Verbindung mit § 125 GWB bleibt unberührt. Als ausreichenden Nachweis dafür, dass die in § 147 in Verbindung mit § 124 Abs. 1 Nr. 2 GWB genannten Fälle auf das Unternehmen nicht zutreffen, erkennt der öffentliche Auftraggeber gem. § 24 Abs. 2 VSVgV eine von der zuständigen Behörde des Herkunftslandes oder des Niederlassungsstaates des Bewerbers oder Bieters ausgestellte Bescheinigung an. Für den Fall, dass eine Bescheinigung im Herkunftsland des Unternehmens nicht ausgestellt oder werden darin nicht alle in § 147 in Verbindung mit § 124 Abs. 1 Nr. 2 GWB vorgesehenen Fälle erwähnt werden, so kann diese gem. § 24 Abs. 3 VSVgV durch eine Versicherung an Eides statt ersetzt werden. In den Mitgliedstaaten, in denen es keine Versicherung an Eides statt gibt, gilt § 23 Abs. 5 S. 2 VSVgV entsprechend. Der Begriff der Vertrauenswürdigkeit eröffnet dem Auftraggeber einen **Beurteilungsspielraum**, weil er eine wertende Komponente enthält. Der Nachweis, dass Risiken für die nationale Sicherheit nicht auszuschließen sind, kann auch mit Hilfe geschützter

---

3 Gesetzesbegründung zum GWB, 158.
4 Gesetzesbegründung zum GWB, 158.
5 Gesetzesbegründung zum GWB, 158.

Hölzl

Datenquellen erfolgen. Geschützte Datenquellen sind insbesondere Berichte der Geheimschutzbehörden des Bundes und der Länder.

Der Gesetzgeber hat durch § 147 ferner klargestellt, dass der fakultative Ausschlussgrund in Form 6 einer **schweren Verfehlung** gem. § 124 Abs. 1 Nr. 3, durch die die Integrität des Unternehmens in Frage gestellt wird, bei verteidigungs- oder sicherheitsspezifischen öffentlichen Aufträgen gem. Art. 39 Abs. 2 lit. c und d Richtlinie 2009/81/EG insbesondere dann vorliegt, wenn eine rechtskräftige Verurteilung wegen eines Verstoßes gegen geltende Rechtsvorschriften über die **Ausfuhr von Verteidigungs- und/oder Sicherheitsgütern** erfolgt ist oder wenn im Rahmen eines früheren Auftrags die **Pflicht zur Gewährleistung der Informations- oder Versorgungssicherheit** verletzt wurde.[6] Vorschriften zur Ausfuhr von Verteidigungs- und/oder Sicherheitsgütern ergeben sich u.a. aus den in §§ 17 und 18 AWG genannten Straftatbeständen.

Unterabschnitt 3 Vergabe von Konzessionen

§ 148 Anwendungsbereich

Dieser Unterabschnitt ist anzuwenden auf die Vergabe von Konzessionen durch Konzessionsgeber.

Die Vorschrift regelt positiv den Anwendungsbereich des dritten Unterabschnitts des dritten 1 Abschnitts (§§ 148 bis 154 GWB), der die Vergabe von Konzessionen (§ 105 GWB) durch Konzessionsgeber (§ 101 GWB) regelt. Hinzuzudenken ist als Anwendungsvoraussetzung, dass der Vertragswert der Konzession den einschlägigen Schwellenwert in Höhe von gegenwärtig (netto) 5.225.000 Euro erreicht oder überschreitet (vgl. § 106 Abs. 1 GWB).[1] Ausnahmen vom Anwendungsbereich sind in § 149 GWB (Besondere Ausnahmen für die Vergabe von Konzessionen), § 150 GWB (Besondere Ausnahmen für die Vergabe von Konzessionen in den Bereichen Verteidigung und Sicherheit) sowie den allgemeinen Ausnahmeregeln der §§ 107 bis 109 GWB enthalten. Die nachfolgenden Vorschriften enthalten weitere Vorgaben an das Verfahren (siehe die dortigen Kommentierungen), welches im Detail noch in der Konzessionsvergabeverordnung ausgestaltet ist.

§ 149 Besondere Ausnahmen

Dieser Teil ist nicht anzuwenden auf die Vergabe von:
1. Konzessionen zu Rechtsdienstleistungen im Sinne des § 116 Absatz 1 Nummer 1,
2. Konzessionen zu Forschungs- und Entwicklungsdienstleistungen im Sinne des § 116 Absatz 1 Nummer 2,
3. Konzessionen zu audiovisuellen Mediendiensten oder Hörfunkmediendiensten im Sinne des § 116 Absatz 1 Nummer 3,
4. Konzessionen zu finanziellen Dienstleistungen im Sinne des § 116 Absatz 1 Nummer 4,
5. Konzessionen zu Krediten und Darlehen im Sinne des § 116 Absatz 1 Nummer 5,
6. Dienstleistungskonzessionen, die an einen Konzessionsgeber nach § 101 Absatz 1 Nummer 1 oder Nummer 2 aufgrund eines auf Gesetz oder Verordnung beruhenden ausschließlichen Rechts vergeben werden,
7. Dienstleistungskonzessionen, die an ein Unternehmen aufgrund eines ausschließlichen Rechts vergeben werden, das diesem im Einklang mit den nationalen und unionsrechtlichen Rechtsvorschriften über den Marktzugang für Tätigkeiten nach § 102 Absatz 2 bis 6 gewährt wurde; ausgenommen hiervon sind Dienstleistungskonzessionen für Tätigkeiten, für die

---

6 Gesetzesbegründung zum GWB, 158.
1 Opitz NVwZ 2014, 753 (760) weist entsprechend darauf hin, dass aufgrund des derart hoch gewählten Schwellenwertes jedenfalls im kommunalen Bereich die Bedeutung der Richtlinie begrenzt sein werde.

die Unionsvorschriften keine branchenspezifischen Transparenzverpflichtungen vorsehen; Auftraggeber, die einem Unternehmen ein ausschließliches Recht im Sinne dieser Vorschrift gewähren, setzen die Europäische Kommission hierüber binnen eines Monats nach Gewährung dieses Rechts in Kenntnis,

8. Konzessionen, die hauptsächlich dazu dienen, dem Konzessionsgeber im Sinne des § 101 Absatz 1 Nummer 1 die Bereitstellung oder den Betrieb öffentlicher Kommunikationsnetze oder die Bereitstellung eines oder mehrerer elektronischer Kommunikationsdienste für die Öffentlichkeit zu ermöglichen,

9. Konzessionen im Bereich Wasser, die
   a) die Bereitstellung oder das Betreiben fester Netze zur Versorgung der Allgemeinheit im Zusammenhang mit der Gewinnung, dem Transport oder der Verteilung von Trinkwasser oder die Einspeisung von Trinkwasser in diese Netze betreffen oder
   b) mit einer Tätigkeit nach Buchstabe a im Zusammenhang stehen und einen der nachfolgend aufgeführten Gegenstände haben:
      aa) Wasserbau-, Bewässerungs- und Entwässerungsvorhaben, sofern die zur Trinkwasserversorgung bestimmte Wassermenge mehr als 20 Prozent der Gesamtwassermenge ausmacht, die mit den entsprechenden Vorhaben oder Bewässerungs- oder Entwässerungsanlagen zur Verfügung gestellt wird, oder
      bb) Abwasserbeseitigung oder -behandlung,

10. Dienstleistungskonzessionen zu Lotteriedienstleistungen, die unter die Referenznummer des Common Procurement Vocabulary 92351100-7 fallen, und die einem Unternehmen auf der Grundlage eines ausschließlichen Rechts gewährt werden,

11. Konzessionen, die Konzessionsgeber im Sinne des § 101 Absatz 1 Nummer 2 und 3 zur Durchführung ihrer Tätigkeiten in einem nicht der Europäischen Union angehörenden Staat in einer Weise vergeben, die nicht mit der physischen Nutzung eines Netzes oder geografischen Gebiets in der Europäischen Union verbunden ist, oder

12. Konzessionen, die im Bereich der Luftverkehrsdienste auf der Grundlage der Erteilung einer Betriebsgenehmigung im Sinne der Verordnung (EG) Nr. 1008/2008 des Europäischen Parlaments und des Rates vom 24. September 2008 über gemeinsame Vorschriften für die Durchführung von Luftverkehrsdiensten in der Gemeinschaft (ABl. L 293 vom 31.10.2008, S. 3) vergeben werden, oder von Konzessionen, die die Beförderung von Personen im Sinne des § 1 des Personenbeförderungsgesetzes betreffen.

A. Einführung

1   § 149 GWB enthält die besonderen Bereichsausnahmen für die Vergabe von Konzessionen. Die Vorschrift wird ergänzt durch § 150 GWB (Ausnahmen für Konzessionen in den Bereichen Verteidigung und Sicherheit) und §§ 107 bis 109 GWB (Allgemeine Ausnahmevorschriften). Sie setzt die entsprechenden Ausnahmevorschriften der Konzessionsrichtlinie 2014/23/EU um und sichert den Gleichlauf mit den Ausnahmen für öffentliche Aufträge in § 116 GWB und im Sektorenbereich gemäß § 137 GWB. Wie diese sind die Ausnahmevorschriften in § 149 GWB nicht analogiefähig und ihrem Wesen nach eng auszulegen. Der Konzessionsgeber trägt die Beweislast für das tatsächliche Vorliegen der eine Ausnahme rechtfertigenden Umstände und muss dies dokumentieren. Im Übrigen wird auf die allgemeinen Ausführungen zum Charakter der Ausnahmetatbestände in der Kommentierung zu § 107 GWB verwiesen.

B. Rückfallebene

Wie im Falle aller Bereichsausnahmen stellt sich auch hier die Frage, welche Vorschriften zu beach- 2
ten sind, wenn eine der aufgeführten Ausnahmevorschriften greift und in der Folge das GWB-Vergaberecht keine Geltung beansprucht. Es ist dann zu fragen, ob die Konzessionsvergabe frei jeder
Verfahrensregeln erfolgen kann oder zumindest gewisse Mindeststandards hinsichtlich Wettbewerb,
Gleichbehandlung und Transparenz zu beachten sind, die sich vorrangig aus dem europäischen Primärrecht ableiten lassen. Während diese Frage im Zusammenhang mit den Bereichsausnahmen des
§ 150 GWB und dessen Ausrichtung auf Konzessionen im Bereich der Sicherheit und Verteidigung
noch pauschal mit Blick auf Art. 346 AEUV dahingehend beantworten lässt, dass diese tatsächlich ohne Beachtung von vergaberechtlichen Mindeststandards vergeben werden können, lässt sich
dieser Gedanke nicht auf die Ausnahmen in § 149 GWB übertragen. Diese Vorschrift enthält ein
Sammelsurium unterschiedlicher Konzessionsgegenstände, die eine Betrachtung von Fallgruppe
zu Fallgruppe erfordern.

C. Die einzelnen Ausnahmetatbestände

§ 149 GWB enthält insgesamt zwölf, eng auszulegende[1] Ausnahmetatbestände, die sich in weiten 3
Teilen mit den Bereichsausnahmen für öffentliche Aufträge in § 116 GWB decken.

I. Konzessionen in den Bereichen des § 116 GWB (Nr. 1 bis 8)

Freigestellt vom Vergaberecht sind Konzessionen zu Rechtsdienstleistungen im Sinne des § 116 4
Abs. 1 Nr. 1 GWB, zu Forschungs- und Entwicklungsdienstleistungen im Sinne des § 116 Abs. 1
Nr. 2 GWB, zu audiovisuellen Mediendiensten oder Hörfunkmediendiensten im Sinne des § 116
Abs. 1 Nr. 3 GWB, zu finanziellen Dienstleistungen im Sinne des § 116 Abs. 1 Nr. 4 GWB sowie
zu Krediten und Darlehen im Sinne des § 116 Abs. 1 Nr. 5 GWB. Insoweit hat der Gesetzgeber
einen Gleichklang zur Vergabe von öffentlichen Aufträgen (§ 116 Nr. 1 bis 5 GWB) sowie zum
Sektorenbereich (§ 137 Abs. 1 Nr. 1 bis 5 GWB) hergestellt. Zur näheren Erläuterung der in § 116
Abs. 1 Nr. 1 bis 5 GWB aufgeführten Ausnahmetatbestände wird auf die Kommentierung der
entsprechenden Bereichsausnahmen in § 116 GWB verwiesen.

§ 149 Nr. 6 GWB setzt die Ausnahme des Artikels 10 Abs. 1 Unterabs. 1 der Konzessionsrichtli- 5
nie 2014/23/EU für Dienstleistungskonzessionen um, die an einen Konzessionsgeber nach § 101
Abs. 1 Nr. 1 oder Nr. 2 aufgrund eines auf Gesetz oder Verordnung beruhenden ausschließlichen
Rechts vergeben werden. Die Bereichsausnahme entspricht dem für öffentliche Aufträge Geltung
beanspruchenden § 116 Abs. 1 Nr. 6 GWB, auf dessen Kommentierung verwiesen wird. Sie erfasst
Vergaben an Konzessionsnehmer, die ein ausschließliches Recht besitzen. Ein Verfahren zur Vergabe
der Konzession würde hier keinen Mehrwert bieten, da von Anfang an fest steht, dass der Konzessionsnehmer aufgrund seines ausschließlichen Rechts die Konzession erhalten muss.

Die vorgenannte Ausnahmevorschrift in § 149 Nr. 6 GWB wird in der Folgenummer erstreckt auf 6
Dienstleistungskonzession, die an ein Unternehmen aufgrund eines ausschließlichen Rechts zur
Ausübung einer Sektorentätigkeit vergeben wurde. Ergänzend wird gefordert, dass dieses Unternehmen das ausschließliche Recht im Einklang mit den Vorgaben des nationalen Rechts und des Unionsrechts, insbesondere dem AEUV, erhalten hat. Bei Dienstleistungskonzessionen für Tätigkeiten,
für die die Unionsvorschriften keine branchenspezifischen Transparenzverpflichtungen vorsehen,
soll diese Bereichsausnahme nach dem Gesetzeswortlaut hingegen nicht gelten. In jedem Fall ist aus
Gründen der Transparenz die Europäische Kommission innerhalb eines Monats nach Gewährung
dieses Rechts hierüber zu informieren, damit die Europäische Kommission diesen Vorgang noch im
Nachgang prüfen kann.

---

1 Ständige Rechtsprechung des EuGH, vgl. nur EuGH, NZBau 2003, 393 (395, Rn. 58).

7   In den Genuss einer Bereichsausnahme kommen gemäß § 149 Nr. 8 GWB auch Konzessionen, die hauptsächlich dazu dienen, dem Konzessionsgeber im Sinne des § 101 Abs. 1 Nr. 1 GWB die Bereitstellung oder den Betrieb öffentlicher Kommunikationsnetze oder die Bereitstellung eines oder mehrerer elektronischer Kommunikationsdienste für die Öffentlichkeit zu ermöglichen. Die Vorgabe, die die Ausnahme des Artikels 11 der Konzessionsrichtlinie 2014/23/EU umsetzt, entspricht der Regelung für öffentliche Aufträge in § 116 Abs. 2 GWB, auf die zur Vermeidung von Wiederholungen verwiesen wird.

II. Konzessionen im Bereich Wasser (Nr. 9)

8   § 149 Nr. 9 GWB stellt die Vergabe von Konzessionen im Bereich Wasser frei, die die Bereitstellung oder das Betreiben fester Netze zur Versorgung der Allgemeinheit im Zusammenhang mit der Gewinnung, dem Transport oder der Verteilung von Trinkwasser oder die Einspeisung von Trinkwasser in diese Netze betreffen oder mit der vorgenannten Tätigkeit im Zusammenhang stehen und einen der nachfolgend aufgeführten Gegenstände haben: (aa) Wasserbau-, Bewässerungs- und Entwässerungsvorhaben, sofern die zur Trinkwasserversorgung bestimmte Wassermenge mehr als 20 Prozent der Gesamtwassermenge ausmacht, die mit den entsprechenden Vorhaben oder Bewässerungs- oder Entwässerungsanlagen zur Verfügung gestellt wird, oder (bb) Abwasserbeseitigung oder –Abwasserbehandlung. § 149 Nr. 9 GWB greift damit die Ausnahme des Artikel 12 der Konzessionsrichtlinie 2014/23/EU auf und hat vorwiegend die politisch höchst umstrittenen Konzessionen im Bereich der Trinkwasserversorgung im Blick.

9   Gerade bei diesen wird auch in Zukunft zu diskutieren sein, welche Anforderungen an die Vergabe derartiger Konzessionen zu stellen sein. Der deutsche Gesetzgeber hat sich in der Gesetzesbegründung[2] auf den Standpunkt gestellt, dass die Bereichsausnahme einerseits eine flexible Handhabung ermögliche, andererseits aber die allgemeinen vergaberechtlichen Grundsätze zu beachten seien, die sich aus dem AEUV ableiten ließen. Bedenkt man, dass die Vorgaben der Konzessionsrichtlinie und in der Folge auch die der Konzessionsvergabeverordnung nur Mindeststandards abdecken, die nicht wesentlich über die Anforderungen des europäischen Primärrechts hinausgehen, so gilt es gleichwohl, die Frage aufzuwerfen, ob der europäische Sekundärrechtsgeber mit der Freistellung der Vergabe von Trinkwasserkonzessionen nicht eine größere Freiheit gewähren wollte.

10 Im Ergebnis ist der Begründung des Gesetzgebers aber zu folgen. Anhaltspunkte für eine weitergehende »Sperrwirkung« bezüglich von Auswahlwettbewerben auf der Grundlage des Europäischen Primärrechtes lassen sich dem Wortlaut der Konzessionsrichtlinie nicht entnehmen. Auch der insoweit maßgebliche Erwägungsgrund 40 der Konzessionsrichtlinie 2014/23/EU[3] legt keine Sperrwirkung gegenüber allgemeinen wettbewerblichen Grundsätzen nahe. Hinweise auf objektive Umstände beziehungsweise zwingende Gründe des Allgemeininteresses, welche jeglichen Auswahlwettbewerb unangemessen erscheinen ließen, werden im Rahmen des Erwägungsgrundes nicht dargelegt. Mit Blick auf die Beweggründe der Regelung ist festzuhalten, dass diese Beweggründe vorwiegend politischer Natur waren. Die Vergabe von Trinkwasserkonzessionen hatte unionsweit

---

2   Vgl. BT-Drucksache 18/6281, Erläuterung zu § 149 GWB: »Durch diese Ausnahme vom EU-Sekundärrecht kann bei der Vergabe von Konzessionen im Wasserbereich vor allem den Besonderheiten der Strukturen der Wasserversorgung auf kommunaler Ebene in den Mitliedstaaten Rechnung getragen werden. Damit soll die bestmögliche Trinkwasserversorgung der Bürgerinnen und Bürger, insbesondere in ländlichen Regionen, sichergestellt werden. Gleichwohl ist im Vergabeverfahren für Konzessionen im Wasserbereich die durch das Europäische Primärrecht gebotene Transparenz, Gleichbehandlung und Verhältnismäßigkeit zu beachten.«

3   Dieser lautet: »Konzessionen in der Wasserwirtschaft unterliegen häufig spezifischen und komplexen Regelungen, die besonderer Aufmerksamkeit bedürfen, da Wasser als öffentliches Gut für alle Bürger der Union von grundlegendem Wert ist. Die besonderen Merkmale dieser Regelungen rechtfertigen im Bereich der Wasserwirtschaft Ausschlüsse aus dem Anwendungsbereich der Richtlinie.«

Fandrey

zu großen Protesten geführt.[4] Schließlich entschied sich die Europäische Kommission, der Diskussion folgend den Wassersektor aus dem Anwendungsbereich der Konzessionsrichtlinie herauszunehmen. Sie betonte dabei aber ausdrücklich, dass sie weiterhin dafür sorgen werde, dass wesentliche Vertragsgrundsätze des Primärrechts wie Transparenz und Gleichbehandlung beachtet würden.[5] Unabhängig von der Frage, ob das Europäische Sekundärrechts aufgrund des Nachrangs gegenüber dem AEUV überhaupt eine Ausnahme vom primärrechtlichen Vergaberegime statuieren kann,[6] gibt es damit keine Anhaltspunkte dafür, dass eine solche Wirkung überhaupt erzielt werden sollte. Allein die Tatsache, dass der Gemeinschaftsgesetzgeber der Auffassung ist, dass die in der Konzessionsrichtlinie vorgesehenen formalen Verfahren nicht angemessen sind, bedeutet nicht, dass damit auch die Bindung an die Einhaltung der im AEUV niedergelegten Prinzipien entfällt. Es bleibt damit bei dem allgemeinen Grundsatz, dass auch für die Bereichsausnahmen grundsätzlich das aus den Grundfreiheiten folgende Transparenzgebot sowie das Diskriminierungsverbot gelten.[7]

III. Lotteriekonzessionen (Nr. 10)

§ 149 Nr. 10 GWB setzt die Ausnahme des Artikels 10 Abs. 9 der Konzessionsrichtlinie 2014/23/ EU für Dienstleistungskonzessionen um, die ein Mitgliedstaat für **Lotteriedienstleistungen** auf der Grundlage eines ausschließlichen Rechts gewährt.[8] Diese Bereichsausnahme ermöglicht den Mitgliedsstaaten, selbst zu entscheiden, auf welche Weise – einschließlich durch Genehmigungen – der Spiel- und Wettbetrieb organisiert und kontrolliert wird.[9] Hintergrund sind die Besonderheiten im Bereich des Glücksspielsektors, der gerade in Deutschland eng verknüpft ist mit ordnungsrechtlichen Gesichtspunkten. Insoweit gestattet das europäische Recht den Mitgliedstaaten, aufgrund ihrer Verpflichtungen zum Schutz der öffentlichen und sozialen Ordnung den Bereich Spieltätigkeiten auf nationaler Ebene zu regeln. 11

In diesem Zusammenhang kommt die berechtigte Frage auf, wie weit der Begriff der Lotteriedienstleistungen auszulegen ist. Der allgemeine Grundsatz, wonach Bereichsausnahmen eng auszulegen sind, sowie der Verweis auf die CPV-Referenznummer 92351100-7 (Dienstleistungen von Lotterien) streiten dafür, ausschließlich Lotterien hierunter zu fassen. Demgegenüber würden dann sowohl Konzessionen für Spielkasinos als auch für sonstige Wetteinrichtung (etwa Sportwetten) nicht hierunter fallen. Dem steht aber der Sinn und Zweck der Regelung entgegen, wie er in Erwägungsgrund 35 der Konzessionsrichtlinie 2014/23/EU zum Ausdruck kommt. Der Schutz der öffentlichen und sozialen Ordnung gilt dort gleichermaßen und gebietet eine weite Auslegung. 12

Im Ergebnis wird dieses Auslegungsproblem aber keine erhebliche Bedeutung erlangen: Denn diese Bereichsausnahme in § 137 Nr. 10 GWB ermächtigt die Mitgliedstaaten nicht, Konzessionen im Bereich des Glücksspielwesens frei zu vergeben. Nach der Intention des europäischen Rechts sind diese stets im Einklang mit dem AEUV zu gewähren, d.h. es sind die Grundsätze von Wettbewerb, Gleichbehandlung und Transparenz zu beachten.[10] Darüber hinaus entfalten auch die deutschen Grundrechte des Grundgesetzes Wirkung und machen die Vergabe von Konzessionen gerade für Sportwetten zu einem sehr strittigen Vergabesektor. 13

---

4 Vgl. dazu etwa Schwab/Giesemann, VergabeR 2014, 351 (366 n.w.N.); Mitteilung der Europäischen Kommission über die Europäische Bürgerinitiative »Wasser- und sanitäre Grundversorgung sind ein Menschenrecht! Wasser ist ein öffentliches Gut, keine Handelsware«, COM (2014) 177 final.

5 COM (2014) 177 final, S. 5, S. 9 f. und S. 14.

6 Vgl. EuGH Beschl. v.03.12.2001 – C-59/00.

7 Vgl. nur Ziekow VergabeR 2007, 711 (719).

8 Vgl. zur Vergabe von Glücksspielkonzessionen Koenig ZfWG 2010, 77 ff., der für eine umfassende Ausschreibungsbedürftigkeit von Ausschließlichkeitsrechten im deutschen Glücksspielsektor eintritt; Hertwig/Kingerske ZfWG 2010, 83 ff.; Dietlein, ZfWG 2010, 159 ff.

9 Vgl. Erwägungsgrund 35 der Konzessionsrichtlinie 2014/23/EU.

10 Vgl. hierzu EuGH Urt. v. 16.02.2012 – C-72/10; OVG Berlin-Brandenburg Beschl. v. 12.05.2015 – OVG 1 S 102.14, NZBau 2015, 580 ff.; VG Wiesbaden Beschl. v. 05.05.2015 – 5 L 1453/14.

IV. Konzessionen von Sektorenauftraggebern in Drittländern (Nr. 11)

14   Nicht dem Anwendungsbereich des GWB-Vergaberechts unterfällt gemäß § 149 Nr. 11 GWB die Vergabe von Konzessionen, die Sektorenkonzessionsgeber zur Durchführung ihrer Sektorentätigkeiten in einem nicht der Europäischen Union angehörenden Staat in einer Weise vergeben, die nicht mit der physischen Nutzung eines Netzes oder geografischen Gebiets in der Europäischen Union verbunden ist. Die Regelung setzt Artikel 10 Abs. 10 der Konzessionsrichtlinie 2014/23/EU um. Sie entspricht dem für öffentliche Aufträge relevanten Artikel 19 Abs. 1 der Sektorenrichtlinie 2014/25/EU, der in § 137 Abs. 2 Nr. 2 GWB Einzug gefunden hat. Auf die dortige Kommentierung kann verwiesen werden.

V. Luftverkehrsdienste (Nr. 12 Var. 1)

15   Ferner freigestellt sind Konzessionen, die im Bereich der **Luftverkehrsdienste** auf der Grundlage der Erteilung einer Betriebsgenehmigung im Sinne der Verordnung (EG) Nr. 1008/2008[11] vergeben werden. Diese Verordnung regelt die Genehmigung von Luftfahrtunternehmen der Gemeinschaft sowie das Recht von Luftfahrtunternehmen der Gemeinschaft, innergemeinschaftliche Flugdienste durchzuführen, und die Preisfestsetzung für innergemeinschaftliche Flugdienste. Ein in der EU niedergelassenes Unternehmen darf Fluggäste, Post und/oder Fracht im gewerblichen Luftverkehr nur befördern, wenn ihm eine entsprechende Betriebsgenehmigung erteilt worden ist. Für die Bedienung von weniger attraktiven Strecken können Mitgliedstaaten gemäß Artikel 16 Verordnung (EG) Nr. 1008/2008 gemeinwirtschaftliche Verpflichtungen auferlegen und zu diesem Zweck dem Luftfahrunternehmen, das bereit ist, die Strecke zu bedienen, Sonderrechte einräumen. Zu diesem Zweck wird ein öffentliches Ausschreibungsverfahren durchgeführt, welches in Artikel 17 Verordnung (EG) Nr. 1008/2008 näher ausgestaltet ist.

VI. Öffentliche Personenbeförderung (Nr. 12 Var. 2)

16   Schließlich ist das GWB-Vergaberecht gemäß § 149 Nr. 12 GWB nicht anzuwenden auf die Vergabe von Dienstleistungskonzessionen, die die **Beförderung von Personen** im Sinne des § 1 des PBefG betreffen. Das PBefG regelt die entgeltliche oder geschäftsmäßige Beförderung von Personen mit Straßenbahnen, mit Oberleitungsomnibussen (Obussen) und mit Kraftfahrzeugen. Als »Straßenbahnen« in diesem Sinne gelten gemäß § 4 Absatz 2 PBefG auch Hoch- und Untergrundbahnen, Schwebebahnen und ähnliche Bahnen besonderer Bauart. Nicht hierunter fällt die Beförderung von Personen auf der Schiene, insbesondere im Schienenpersonennahverkehr (SPNV). Insoweit ist die Regelung der Ausnahme enger als der umzusetzende Artikel 10 Abs. 3 der Konzessionsrichtlinie 2014/23/EU. Denn dieser stellt auf Konzessionen im Bereich der öffentlichen Personenverkehrsdienste im Sinne der Verordnung (EG) Nr. 1370/2007 generell ab. Ausweislich der Erläuterungen zum GWB wurde dieses Vorgehen bewusst gewählt: Auf Dienstleistungskonzessionen über öffentliche Personenverkehrsleistungen im Eisenbahnverkehr – die nicht unter das Personenbeförderungsgesetz fallen – sind der Teil 4 des GWB und die Konzessionsverordnung anwendbar. Für die Personenverkehrsdienste im Sinne des § 1 PBefG gelten hingegen weiterhin die Sonderregelungen für die Vergabe von Konzessionen über Personenbeförderungsleistungen nach § 8b des PBefG und Artikel 5 Abs. 3 der Verordnung (EG) Nr. 1370/2007.

---

11   Verordnung (EG) Nr. 1008/2008 des Europäischen Parlaments und des Rates v. 24. September 2008 über gemeinsame Vorschriften für die Durchführung von Luftverkehrsdiensten in der Gemeinschaft (ABl. L 293 vom 31.10.2008, S. 3).

§ 150 Besondere Ausnahmen für die Vergabe von Konzessionen in den Bereichen Verteidigung und Sicherheit

Dieser Teil ist nicht anzuwenden auf die Vergabe von Konzessionen in den Bereichen Verteidigung und Sicherheit,

1. bei denen die Anwendung der Vorschriften dieses Teils den Konzessionsgeber verpflichten würde, Auskünfte zu erteilen, deren Preisgabe seines Erachtens den wesentlichen Sicherheitsinteressen der Bundesrepublik Deutschland zuwiderläuft, oder wenn die Vergabe und Durchführung der Konzession als geheim zu erklären sind oder von besonderen Sicherheitsmaßnahmen gemäß den geltenden Rechts- oder Verwaltungsvorschriften begleitet sein müssen, sofern der Konzessionsgeber festgestellt hat, dass die betreffenden wesentlichen Interessen nicht durch weniger einschneidende Maßnahmen gewahrt werden können, wie beispielsweise durch Anforderungen, die auf den Schutz der Vertraulichkeit der Informationen abzielen, die Konzessionsgeber im Rahmen eines Konzessionsvergabeverfahrens zur Verfügung stellen,
2. die im Rahmen eines Kooperationsprogramms vergeben werden, das
   a) auf Forschung und Entwicklung beruht und
   b) mit mindestens einem anderen Mitgliedstaat der Europäischen Union für die Entwicklung eines neuen Produkts und gegebenenfalls die späteren Phasen des gesamten oder eines Teils des Lebenszyklus dieses Produkts durchgeführt wird,
3. die die Bundesregierung an eine andere Regierung für in unmittelbarem Zusammenhang mit Militärausrüstung oder sensibler Ausrüstung stehende Bau- und Dienstleistungen oder für Bau- und Dienstleistungen speziell für militärische Zwecke oder für sensible Bau- und Dienstleistungen vergibt,
4. die in einem Staat, der nicht Vertragspartei des Übereinkommens über den Europäischen Wirtschaftsraum ist, im Rahmen des Einsatzes von Truppen außerhalb des Gebiets der Europäischen Union vergeben werden, wenn der Einsatz erfordert, dass diese Konzessionen an im Einsatzgebiet ansässige Unternehmen vergeben werden,
5. die durch andere Ausnahmevorschriften dieses Teils erfasst werden,
6. die nicht bereits gemäß den Nummern 1 bis 5 ausgeschlossen sind, wenn der Schutz wesentlicher Sicherheitsinteressen der Bundesrepublik Deutschland nicht durch weniger einschneidende Maßnahmen garantiert werden kann, wie beispielsweise durch Anforderungen, die auf den Schutz der Vertraulichkeit der Informationen abzielen, die Konzessionsgeber im Rahmen eines Konzessionsvergabeverfahrens zur Verfügung stellen, oder
7. die besonderen Verfahrensregeln unterliegen,
   a) die sich aus einem internationalen Abkommen oder einer internationalen Vereinbarung ergeben, das oder die zwischen einem oder mehreren Mitgliedstaaten der Europäischen Union und einem oder mehreren Staaten, die nicht Vertragsparteien des Übereinkommens über den Europäischen Wirtschaftsraum sind, geschlossen wurde,
   b) die sich aus einem internationalen Abkommen oder einer internationalen Vereinbarung im Zusammenhang mit der Stationierung von Truppen ergeben, das oder die Unternehmen eines Mitgliedstaates der Europäischen Union oder eines anderen Staates betrifft, oder
   c) die für eine internationale Organisation gelten, wenn diese für ihre Zwecke Beschaffungen tätigt oder wenn ein Mitgliedstaat der Europäischen Union Aufträge nach diesen Regeln vergeben muss.

A. Einführung

1   § 150 GWB enthält Ausnahmen für die Vergabe von Konzessionen in den Bereichen Verteidigung und Sicherheit und setzt Art. 10 Abs. 5, 6 und 7 der Konzessionsrichtlinie 2014/23/EU um. Der Regelung kommt keine große Bedeutung zu, da die in diesem Bereich regelmäßig bestehenden und daher zu berücksichtigenden Sicherheitsinteressen nur schwerlich mit dem Instrument der Konzession in Einklang zu bringen sind. Denn Konzessionen sind gerade auf die wirtschaftlich möglichst optimale Verwertung eines eingeräumten Rechts gerichtet. Der Konzessionsnehmer wird also auf dem Markt tätig und von seinem Handlungsgeschick hängt es maßgeblich ab, ob er das eingeräumte Recht wirtschaftlich erfolgreich nutzen kann oder nicht. Dem gegenüber gebieten die Sicherheitsinteressen in den Bereichen Verteidigung und Sicherheit, dass der Vertragspartner nicht über Gebühr in die Öffentlichkeit tritt und sein Recht jedenfalls nicht am freien Markt versucht, in Geld zu wandeln. Bei Konzessionen in diesem Bereich mag daher allenfalls an den Pächter einer Kantine für militärisches Personal oder eine Konzession zum Betrieb von WLAN auf Kasernengelände (Vermarktung gegenüber dem Personal) gedacht werden. § 150 GWB hat daher vorrangig vorsorglichen Charakter und stellt sicher, dass die Ausnahmevorschriften weitgehend parallel zu dem Bereich der Auftragsvergaben erfolgen.

B. Rückfallebene

2   Ebenso wie im Bereich der allgemeinen Ausnahmen für die Vergabe von Konzessionen in § 149 GWB (vgl. § 149 Rdn. 2) stellt sich auch hier die Frage, welche vergaberechtlichen Vorschriften zu beachten sind, wenn eine der aufgeführten Ausnahmevorschriften greift und in der Folge das GWB-Vergaberecht keine Geltung beansprucht. Es ist dann zu fragen, ob die Konzessionsvergabe frei jeder Verfahrensregeln erfolgen kann oder zumindest gewisse Mindeststandards hinsichtlich Wettbewerb, Gleichbehandlung und Transparenz zu beachten sind, die sich aus dem europäischen Primärrecht ableiten lassen. Mit Blick auf die in den Ausnahmevorschriften manifestierten Grundsätze, die sich im Wesentlichen auf Art. 346 AEUV stützen lassen und im Übrigen auch als sachliche Gründe dienen, um eine Einschränkung der allgemeinen Vergabegrundsätze zu rechtfertigen, ist anzunehmen, dass die Vergabe von Konzessionen, die nach § 150 GWB nicht dem GWB unterfallen, tatsächlich »ausschreibungsfrei« erfolgen kann.

C. Die einzelnen Ausnahmetatbestände

3   § 150 GWB enthält insgesamt sieben, eng auszulegende Ausnahmetatbestände, wobei § 150 Nr. 5 GWB auf die übrigen Ausnahmevorschriften im GWB rekurriert und diese damit für anwendbar erklärt. Den Ausnahmetatbeständen ist gemein, dass diese Vergabe der Konzessionen überhaupt in den Bereichen Verteidigung und Sicherheit erfolgt. Eine nähere Definition existiert hier für den Bereich der Konzessionen nicht. Nach dem Willen des Gesetzgebers[1] soll damit der Ausnahmetatbestand auf solche Konzessionen beschränkt werden, deren vertragliche Regelung Bau- oder Dienstleistungen umfassen, die im unmittelbaren Zusammenhang mit Militärausrüstung im Sinne des § 104 Abs. 2 GWB oder Ausrüstung im Rahmen eines Verschlusssachenauftrags im Sinne des § 104 Abs. 3 GWB stehen bzw. um Bau- und Dienstleistungen speziell für militärische Zwecke oder Bau- und Dienstleistungen, die im Rahmen eines Verschlusssachenauftrags vergeben werden.

1. Schutz wesentlicher Sicherheitsinteressen (Nr. 1)

4   Die erste in § 150 GWB normierte Ausnahmevorschrift für Konzessionen im Bereich Verteidigung und Sicherheit deckt Konstellationen ab, in denen der Schutz von Sicherheitsinteressen des Landes vorrangig Geltung beanspruchen. Diese vorrangige Geltung kann sich entweder daraus ergeben, dass der Auftraggeber im Falle einer Konzessionsvergabe Auskünfte erteilen müsste, deren Preisgabe seines Erachtens den wesentlichen Sicherheitsinteressen der Bundesrepublik Deutschland zuwiderläuft (Alt. 1). Abzustellen ist dabei auf seine subjektive Einschätzung (»seines Erachtens«). Diese Variante

---

1   Vgl. BT-Drs. 18/6281, Erläuterung zu § 150 GWB.

hat keine inhaltliche Bedeutung, da dies bereits durch die weiter gefasste Ausnahme in § 107 Abs. 2 Nr. 1 GWB geregelt ist, auf deren Kommentierung verwiesen werden kann. Ausreichend ist ferner, dass die Vergabe und Durchführung der Konzession als geheim zu erklären sind (Alt. 2). Als geheim werden Tatsachen, Gegenstände oder Erkenntnisse gemäß § 4 Abs. 2 Nr. 2 SÜG qualifiziert, wenn die Kenntnisnahme durch Unbefugte die Sicherheit der Bundesrepublik Deutschland oder eines ihrer Länder gefährden oder ihren Interessen schweren Schaden zufügen kann. Schließlich werden auch Fälle erfasst, bei denen die Vergabe und Durchführung von besonderen Sicherheitsmaßnahmen gemäß den geltenden Rechts- oder Verwaltungsvorschriften begleitet sein müssen (Alt. 3). Die zweite und die dritte Alternative findet sich vergleichbar für die Vergabe öffentlicher Aufträge und Wettbewerbe in § 117 Nr. 3 GWB, auf dessen Kommentierung verwiesen werden kann. Bei allen drei Alternativen muss der Konzessionsgeber ergänzend feststellen, dass die betreffenden wesentlichen Interessen nicht durch weniger einschneidende Maßnahmen gewahrt werden können (Grundsatz der Erforderlichkeit), wie beispielsweise durch Anforderungen, die auf den Schutz der Vertraulichkeit der Informationen abzielen, die Konzessionsgeber im Rahmen eines Konzessionsvergabeverfahrens zur Verfügung stellen.

2. Kooperationsprogramm mit anderem Mitgliedstaat (Nr. 2)

§ 150 Nr. 2 GWB stellt die Vergabe von Konzessionen frei, die im Rahmen eines Kooperations- 5 programms im Sinne des Art. 13 Buchstabe c der Richtlinie 2009/81/EG vergeben werden. Das Kooperationsprogramm muss hiernach zum einen auf Forschung und Entwicklung, also Grundlagenforschung, angewandte Forschung und experimentelle Entwicklung beruhen und zum anderen mit mindestens einem anderen Mitgliedstaat der Europäischen Union für die Entwicklung eines neuen Produkts und gegebenenfalls die späteren Phasen des gesamten oder eines Teils des Lebenszyklus dieses Produkts durchgeführt werden. Die Vorschrift entspricht § 145 Nr. 2 GWB, sodass auf die dortige Kommentierung verwiesen werden kann. Hintergedanke der Regelung ist ein in der Praxis anzutreffendes Vorgehen: Mitgliedstaaten kooperieren bei der Entwicklung von militärischer Ausrüstung, um die Entwicklungskosten zu senken. Zugleich erfordert die Forschungs- und Entwicklungsförderung große Flexibilität bei der Vergabe.

Anders als § 145 Nr. 2 GWB fehlt in § 150 Nr. 2 GWB der Zusatz, dass beim Abschluss eines 6 solchen Kooperationsprogramms allein zwischen Mitgliedstaaten die Mitgliedstaaten der Europäischen Kommission den Anteil der Forschungs- und Entwicklungsausgaben an den Gesamtkosten des Programms, die Vereinbarung über die Kostenteilung und gegebenenfalls den geplanten Anteil der Beschaffungen je Mitgliedstaat mitteilen. Da diese Vorgabe bereits aus Art. 13 Buchstabe c der Richtlinie 2009/81/EG folgt, ist diese auch ohne ausdrückliche Regelung unmittelbar zu beachten.

3. Regierungsaufträge (Nr. 3)

§ 150 Nr. 5 GWB befreit Konzessionen, die die Bundesregierung an eine andere Regierung für 7 in unmittelbarem Zusammenhang mit Militärausrüstung im Sinne des § 104 Abs. 2 GWB oder sensibler Ausrüstung stehende Bau- und Dienstleistungen oder für Bau- und Dienstleistungen speziell für militärische Zwecke oder für sensible Bau- und Dienstleistungen vergibt. Die Regelung entspricht weitgehend § 145 Nr. 4 Buchstaben b bis d GWB, sodass auf die dortige Kommentierung verwiesen werden kann. Der Begriff der »sensible Bau- und Dienstleistungen« entstammt der Konzessionsrichtlinie und wird im GWB nicht definiert. Der Begriff entstammt der Richtlinie 2009/81/EG[2], die insoweit die Sensibilität daraus ableitet, dass bei den Verträgen Verschlusssachen verwendet werden oder die Verträge solche Verschlusssachen erfordern und/oder beinhalten. Wie auch im Rahmen von § 145 Nr. 4 GWB ist daher auf die Verschlusssachendefinition im Sinne des § 104 Abs. 3 GWB abzustellen.

---

2 Vgl. den 34. Erwägungsgrund der Konzessionsrichtlinie 2014/23/EU: »Für die Zwecke dieser Richtlinie sollten die Begriffe ›wesentliche Sicherheitsinteressen‹, ›Militärausrüstung‹, ›sensible Ausrüstung‹, ›sensible Bauleistungen‹ und ›sensible Dienstleistungen‹ im Sinne der Richtlinie 2009/81/EG des Europäischen Parlaments und des Rates zu verstehen sein.«

4. Konzessionen im Einsatzgebiet an ansässige Unternehmen (Nr. 4)

8   Soweit es erforderlich sein sollte, dass eine Konzession an eine im Einsatzgebiet ansässiges Unternehmen erteilt wird, ist eine solche Vergabe gemäß § 150 Nr. 4 GWB vom GWB-Vergaberecht freigestellt, sofern dies im Rahmen des Einsatzes von Truppen außerhalb des Gebiets der Europäischen Union erfolgt. Die Ausnahme entspricht der Regelung in § 145 Nr. 3 GWB, auf deren Kommentierung verwiesen werden kann. Wie auch in der dortigen Regelung, sind auch Konzessionen mit zivilem Hintergrund erfasst.

5. Andere Ausnahmevorschriften (Nr. 5)

9   § 150 Nr. 5 GWB stellt klar, dass die in § 150 GWB aufgeführten Ausnahmetatbestände die übrigen Ausnahmetatbestände nicht verdrängen, sondern neben diesen gelten. Hier zu nennen sind die Ausnahmeregelungen in § 149 GWB (Besondere Ausnahmen für die Vergabe von Konzessionen) sowie die allgemeinen Ausnahmeregeln der §§ 107 bis 109 GWB. Mit der allgemeinen Formulierung ist nicht gemeint, dass auch alle Ausnahmevorschriften, die ihrem Wortlaut nach Konzessionen nicht umfassen, nunmehr durch Verweis in § 150 Nr. 5 GWB gelten. Der Gesetzgeber wollte Art. 10 Abs. 6 Buchstabe e der Konzessionsrichtlinie 2014/23/EU umsetzen, die nur auf die allgemeinen Ausnahmetatbestände der Konzessionsrichtlinie abstellt.

6. Entgegenstehende wesentliche Sicherheitsinteressen (Nr. 6)

10   § 150 Nr. 6 GWB dient der Umsetzung von Artikel 10 Abs. 7 der Konzessionsrichtlinie 2014/23/EU und stellt solche Konzessionsvergaben frei, bei denen der Schutz wesentlicher Sicherheitsinteressen der Bundesrepublik Deutschland nicht durch weniger einschneidende Maßnahmen als dem Verzicht auf eine GWB-konforme Vergabe garantiert werden kann. Hierbei handelt es sich um einen weit gefassten und wenig konkreten Auffangtatbestand, der subsidiär die nicht bereits anderweitig erfassten Fälle aufgreifen soll, bei denen der Schutz wesentlicher Sicherheitsinteresse letztlich eine Vergabe entgegensteht. Diese Regelung kann jedoch nicht als Freibrief für Auftraggeber missinterpretiert werden. Ausnahmevorschriften sind nach allgemeiner Handhabe eng auszulegen, sodass Konzessionsgeber nicht mit bloßem Hinweis auf ihre Sicherheitsinteressen von der Anwendung des Vergaberechts absehen dürfen. Der Konzessionsgeber ist gehalten, jeweils im konkreten Einzelfall ausführlich zu begründen, warum eine Direktvergabe für den Schutz der wesentlichen Sicherheitsinteressen tatsächlich erforderlich ist. Eine vergleichbare Vorschrift für die Vergabe öffentlicher Aufträge und Wettbewerbe findet sich in § 117 Nr. 1 GWB, auf dessen Kommentierung verwiesen werden kann.

7. Besondere Verfahrensregeln (Nr. 7)

11   Schließlich gilt das GWB nicht für die Konzessionen, die besonderen Verfahrensregeln unterliegen. Die Regelung entspricht inhaltlich der für die Vergabe von öffentlichen Aufträgen geltenden Ausnahmevorschrift in § 145 Nr. 7 GWB, sodass auf die dortige Kommentierung verwiesen werden kann. Diese besonderen Verfahrensregeln können sich zunächst aus einem internationalen Abkommen oder einer internationalen Vereinbarung ergeben, das oder die zwischen einem oder mehreren Mitgliedstaaten der Europäischen Union und einem oder mehreren Staaten, die nicht Vertragsparteien des Übereinkommens über den Europäischen Wirtschaftsraum sind, geschlossen wurde (Buchstabe a). Alternativ können die besonderen Verfahrensregeln in einem internationalen Abkommen oder in einer internationalen Vereinbarung im Zusammenhang mit der Stationierung von Truppen verankert sein, das oder die Unternehmen eines Mitgliedstaates der Europäischen Union oder eines anderen Staates betrifft (Buchstabe b). Schlussendlich kommen als besondere Verfahrensregeln solche in Betracht, die für eine internationale Organisation gelten, wenn diese für ihre Zwecke Beschaffungen tätigt oder wenn ein Mitgliedstaat der Europäischen Union Konzessionen[3] nach diesen Regeln vergeben muss (Buchstabe c).

---

3   Im Gesetzeswortlaut heißt es »Aufträge«. Hier handelt es sich um ein Redaktionsversehen, vgl. Art. 10 Abs. 5 der Konzessionsrichtlinie 2014/23/EU.

§ 151 Verfahren

Konzessionsgeber geben die Absicht bekannt, eine Konzession zu vergeben. Auf die Veröffentlichung der Konzessionsvergabeabsicht darf nur verzichtet werden, soweit dies aufgrund dieses Gesetzes zulässig ist. Im Übrigen dürfen Konzessionsgeber das Verfahren zur Vergabe von Konzessionen vorbehaltlich der aufgrund dieses Gesetzes erlassenen Verordnung zu den Einzelheiten des Vergabeverfahrens frei ausgestalten.

A. Einführung

§ 151 GWB regelt als ein Baustein unter mehreren Bausteinen im GWB das bei der Vergabe von 1
Konzessionen zu beachtende Verfahren. Dabei statuiert § 151 S. 3 GWB in Umsetzung der Konzessionsrichtlinie die »**Freiheit zur Verfahrensgestaltung**«, die aber zahlreiche Einschränkungen kennt und daher nicht uneingeschränkt die Bezeichnung »**Vergaberecht light**« verdient. Vergleichsweise wenig anwendungsfreundlich ist der Umstand, dass das Verfahren zur Vergabe von Konzessionen nicht nur in der Konzessionsverordnung, sondern zudem noch in § 152 GWB sowie § 154 GWB geregelt ist, die wiederum auf andere Vorschriften im GWB verweisen und diese in Teilen modifizieren.

Als zentrale Vorschrift zum Verfahren wird explizit eine allgemeine **Bekanntmachungspflicht** her- 2
ausgegriffen. Diese Vorgabe in Satz 1 dient der Umsetzung des allgemeinen Transparenzgebots in Art. 3 Konzessionsrichtlinie 2014/23/EU und der speziellen Vorschriften zur Konzessionsbekanntmachung in den Artikeln 31, 33 Konzessionsrichtlinie 2014/23/EU. Konkretisiert wird die Pflicht zur Bekanntmachung der Vergabeabsicht in § 18 KonzVgV. Weitere Bekanntmachungspflichten im Zusammenhang mit Konzessionsvergaben bestehen im Zusammenhang mit dem Abschluss des Konzessionsverfahrens (§ 20 Abs. 1 KonzVgV) sowie Änderungen der Konzessionen während der Laufzeit (§ 20 Abs. 2 KonzVgV). Sondervorschriften gelten für die Bekanntmachung von Konzessionen, die soziale und andere besondere Dienstleistungen betreffen (§ 21 KonzVgV). Schließlich sind auch Änderungen während des laufenden Vergabeverfahrens zu berichtigen (dazu Rdn. 8).

B. Bekanntmachungspflicht (S. 1)

Zunächst wird klargestellt, dass vorbehaltlich etwaiger Ausnahmen (dazu Rdn. 12 ff.) eine all- 3
gemeine Bekanntmachungspflicht für Konzessionen gilt. Der Konzessionsgeber muss also seine Absicht, eine Konzession zu erteilen, zuvor bekannt gemacht haben.

I. Bekanntmachungsmedium

Die Bekanntmachung der Absicht, eine Konzession zu vergeben, muss im Supplement zum **Amts-** 4
blatt der Europäischen Union erfolgen.[1] Es steht den Konzessionsgeber frei, die Beschaffungsabsicht **zusätzlich auch in nationalen Medien** (bund.de, Vergabemarktplatz eines Landes, private Vergabeplattformen, eigener Internetauftritt, Zeitungen, etc.) bekannt zu machen. Diese Veröffentlichung darf aber grundsätzlich erst nach Veröffentlichung durch das Amt für Veröffentlichungen der Europäischen Union erfolgen.[2] Der vorherige Versand an das Amt für Veröffentlichungen

---

1 Vgl. Art. 33 Abs. 2 sowie Erwägungsgrund 50 RL 2014/23/EU.
2 Art. 33 Abs. 4 S. 1 Hs. 1 RL 2014/23/EU.

genügt also nicht mehr. Lediglich in dem Fall, dass die Veröffentlichung auf Unionsebene nicht innerhalb von 48 Stunden nach Bestätigung durch das Amt für Veröffentlichungen der Europäischen Union erfolgt, darf die Bekanntmachung auch in nationalen Medien veröffentlicht werden.[3] Soweit in der Konzessionsvergabeverordnung vom 09.11.2015 (dort § 23 Abs. 3 S. 1 KonzVgV) ausschließlich auf die Bestätigung (nicht aber auf eine etwaig frühere tatsächliche Veröffentlichung) und zudem auf eine Bestätigung der Veröffentlichung (nicht über den Empfang) abgestellt wird, weicht die Konzessionsvergabeverordnung sachwidrig und daher wohl versehentlich von den sinnvollen Vorgaben der Konzessionsrichtlinie ab. Sofern diese Regelung nicht noch im weiteren Verfahren geändert wird, ist es einzig sachgerecht, sich hier an den Vorgaben der Konzessionsrichtlinie zu orientieren.

5   Dabei dürfen die auf nationaler Ebene veröffentlichten Konzessionsbekanntmachungen keine weitergehenden Informationen enthalten als die europaweite Bekanntmachung. Weniger Informationen oder gar nur der Hinweis auf die Originalbekanntmachung sind hingegen zulässig. Zusätzlich ist bei Bekanntmachungen auf nationaler Ebene noch auf die europaweite Bekanntmachung zu verweisen.

II. Bekanntmachungsinhalte

6   Die Mindestinhalte der Bekanntmachung ergeben sich aus den von der Europäischen Kommission festgelegten und auf der Internetseite »http://simap.europa.eu« abrufbaren Standardmustern. Diese beruhen wiederum auf Anhang V der Konzessionsrichtlinie 2014/23/EU.[4] Es steht Konzessionsgebern frei, über die Mindestinhalte hinaus weitere Angaben zu machen, die sie für sinnvoll erachten Auch hier gilt aber die Restriktion zu beachten, dass in der Bekanntmachung auf nationaler Ebene keine weitergehenden Informationen enthalten sein dürfen als in der europaweiten Bekanntmachung im Supplement zum Amtsblatt der Europäischen Union (vgl. Rdn. 5). Zu den Mindestinhalten der Bekanntmachung über eine Vergabe einer Konzession zählen gemäß Anhang V der Konzessionsrichtlinie 2014/23/EU:

- Name, Identifikationsnummer (soweit nach nationalem Recht vorgesehen), Anschrift einschließlich NUTS-Code, Telefon- und Fax-Nummer, E-Mail- und Internet-Adresse des öffentlichen Auftraggebers beziehungsweise des Auftraggebers und, falls abweichend, der Dienststelle, bei der weitere Informationen erhältlich sind;
- Art und Haupttätigkeit des öffentlichen Auftraggebers beziehungsweise des Auftraggebers;
- E-Mail- oder Internet-Adresse, über die die Konzessionsunterlagen unentgeltlich, uneingeschränkt, vollständig und unmittelbar abgerufen werden können, sofern die Teilnahmeanträge Angebote enthalten sollen;
- Angabe, wo die Unterlagen zugänglich sind, wenn die Unterlagen aufgrund hinreichend begründeter Umstände aus außergewöhnlichen Sicherheits- oder technischen Gründen oder aufgrund der besonderen Sensibilität von Handelsinformationen, die eines sehr hohen Datenschutzniveaus bedürfen, nicht unentgeltlich, uneingeschränkt, vollständig und unmittelbar abgerufen werden können (Artikels 34 Absatz 2 Konzessionsrichtlinie 2014/23/EU);
- Beschreibung der Konzession: Art und Umfang der Bauleistungen, Art und Umfang der Dienstleistungen, Größenordnung oder indikativer Wert und, soweit möglich, Vertragsdauer; bei Aufteilung der Konzession in mehrere Lose sind diese Informationen für jedes Los anzugeben; gegebenenfalls Beschreibung etwaiger Optionen;
- CPV-Nummern; bei Aufteilung der Konzession in mehrere Lose sind diese Informationen für jedes Los anzugeben;
- NUTS-Code für den Hauptort der Bauleistungen bei Baukonzessionen beziehungsweise für den Hauptausführungsort bei Dienstleistungskonzessionen; bei Aufteilung der Konzession in mehrere Lose sind diese Informationen für jedes Los anzugeben;

---

3 So Art. 31 Abs. 2 RL 2014/23/EU.
4 So Art. 33 Abs. 4 S. 1 Hs. 2 RL 2014/23/EU.

- Teilnahmebedingungen, darunter
  a) gegebenenfalls die Angabe, ob es sich um eine Konzession handelt, die geschützten Werkstätten vorbehalten ist oder bei der die Ausführung nur im Rahmen von Programmen für geschützte Beschäftigungsverhältnisse erfolgen darf,
  b) gegebenenfalls die Angabe, ob die Erbringung der Dienstleistung aufgrund von Rechts- und Verwaltungsvorschriften einem bestimmten Berufsstand vorbehalten ist,
  c) gegebenenfalls[5] Nennung und kurze Beschreibung der Eignungskriterien; etwaige einzuhaltende Mindeststandards; Angabe der Informationserfordernisse (Eigenerklärungen, Unterlagen),
- Frist für die Einreichung von Teilnahmeanträgen oder den Eingang von Angeboten;
- Zuschlagskriterien, soweit nicht in anderen Konzessionsunterlagen genannt;
- Datum der Absendung der Bekanntmachung;
- Name und Anschrift des für Rechtsbehelfsverfahren und gegebenenfalls für Schlichtungsverfahren zuständigen Organs; genaue Angaben zu den Fristen für die Einlegung von Rechtsbehelfen beziehungsweise erforderlichenfalls Name, Anschrift, Telefonnummer, Faxnummer und E-Mail-Adresse der Stelle, bei der diese Informationen erhältlich sind;
- gegebenenfalls zusätzliche Bedingungen für die Ausführung der Konzession;
- Anschrift, an die die Teilnahmeanträge beziehungsweise Angebote zu richten sind;
- gegebenenfalls Angabe der Anforderungen und Bedingungen für den Einsatz elektronischer Kommunikationsmittel;
- Angabe, ob die Konzession mit einem aus Mitteln der Union finanzierten Vorhaben beziehungsweise Programm im Zusammenhang steht;
- bei Baukonzessionen Angabe, ob die Konzession unter das GPA fällt.

Konzessionsgeber, die eine Konzession zur Erbringung sozialer und anderer besonderer Dienstleistungen (vgl. § 153 GWB) vergeben wollen, geben ihre Absicht durch Veröffentlichung einer Vorinformation bekannt, deren Mindestinhalt in Anhang VI der Konzessionsrichtlinie 2014/23/EU definiert ist und weniger weit reicht als der dargestellte Mindestinhalt nach Anhang V der Konzessionsrichtlinie 2014/23/EU. Hierzu zählen: **7**

- Name, Identifikationsnummer (soweit nach nationalem Recht vorgesehen), Anschrift einschließlich NUTS-Code, Telefon- und Fax-Nummer, E-Mail- und Internet-Adresse des öffentlichen Auftraggebers beziehungsweise des Auftraggebers und, falls abweichend, der Dienststelle, bei der weitere Informationen erhältlich sind;
- gegebenenfalls E-Mail- oder Internet-Adresse, über die die Spezifikationen und ergänzenden Unterlagen erhältlich sind;
- Art und Haupttätigkeit des öffentlichen Auftraggebers beziehungsweise des Auftraggebers;
- CPV-Nummern; bei Aufteilung der Konzession in mehrere Lose sind diese Informationen für jedes Los anzugeben;
- NUTS-Code für den Haupterfüllungsort bei Dienstleistungskonzessionen;
- Beschreibung der Dienstleistungen, indikative Angabe der Größenordnung oder des Werts;
- Teilnahmebedingungen;
- gegebenenfalls Frist(en) für die Kontaktaufnahme mit dem öffentlichen Auftraggeber beziehungsweise dem Auftraggeber im Hinblick auf eine Teilnahme;
- gegebenenfalls kurze Beschreibung der wichtigsten Merkmale des vorgesehenen Vergabeverfahrens;
- sonstige einschlägige Auskünfte.

---

5 Die Einschränkung durch das Wort »gegebenenfalls« sollte nicht dahingehend missverstanden werden, dass es den Konzessionsgebern frei steht, die Eignungskriterien erst in den Konzessionsunterlagen mitzuteilen. Dies folgt im Umkehrschluss aus der Formulierung zu den Zuschlagskriterien («soweit nicht in anderen Konzessionsunterlagen genannt«). Der Konzessionsgeber darf also nur dann auf die Nennung und kurze Beschreibung von Eignungskriterien sowie etwaig einzuhaltenden Mindeststandards verzichten, wenn er keine Eignungskriterien aufstellt.

III. Änderungsbekanntmachung

8   Die erfolgte Bekanntmachung ist durch gesonderte **Berichtigungsbekanntmachung zu korrigie-ren**, wenn sich im Verfahren herausstellt, dass die veröffentlichten Daten sich nicht mehr mit der tatsächlichen Vergabeabsicht decken. Diese Pflicht zur Berichtigung greift unabhängig von dem Grund der Abweichung (falsche Übermittlung, Änderung der Beschaffungsabsicht, Änderung der Anforderungen an die Eignung, etc.).

9   Dies betrifft fehlerhafte Angaben in den obligatorischen Informationen (dazu oben Rdn. 6 f.) als auch bei sonstigen unrichtigen Angaben, die freiwillig mitgeteilt wurden. Denn auch hinsichtlich der nicht von der Konzessionsrichtlinie geforderten Angaben können interessierte Unternehmen Vertrauen bilden und etwa in Kenntnis einer derartigen Angabe von einer Beteiligung am Verfahren absehen. Dass ein Konzessionsgeber zu solchen Angaben nicht verpflichtet ist, befreit ihn nicht von der Berichtigungspflicht. Die Berichtigung hat unverzüglich zu erfolgen. Der Konzessionsgeber darf diese Korrektur also nicht schuldhaft hinauszögern.

10 In **zeitlicher Hinsicht** beginnt die Pflicht zur Berichtigung mit der Veröffentlichung der Vergabe-absicht. Auch noch nach Abschluss eines Teilnahmewettbewerbs liegt es nahe, eine Berichtigungs-pflicht noch anzunehmen, um sicherzustellen, dass keine Schutzlücke entsteht und die allgemei-nen Grundsätze von Transparenz und Gleichbehandlung gewahrt werden. Denn auch dann noch besteht das Interesse potentieller Interessenten, über etwaige Änderungen informiert zu werden, die sie ggf. ursprünglich abgehalten haben, das eigene Interesse zu bekunden. Davon unabhängig wird sich ein Konzessionsgeber bei wesentlichen Änderungen nach Abschluss des Teilnahmewettbe-werbs auch stets fragen müssen, ob diese überhaupt ohne erneuten Teilnahmewettbewerb vollzogen werden dürfen oder es gar eines neuen Teilnahmewettbewerbs bedarf. Nach dem Zuschlag bedarf es zwar keiner Berichtigung mehr; es greifen aber die Vorschriften hinsichtlich nachträglicher Ver-tragsänderungen, die ebenfalls eine Bekanntmachung der Änderungen vorsehen.[6]

11 Das **Medium für die Korrektur** korreliert in erster Linie mit der ursprünglichen Wahl: Die Berichti-gung muss (zumindest auch) an der Stelle erfolgen, an der auch ursprünglich (fehlerhaft) informiert wurde, also mindestens dem Amtsblatt der Europäischen Union. Wurden weitere Informationswege aktiv gewählt (etwa Brancheninformationsdienste, Zeitungen, etc.), so erstreckt sich die Berichti-gungspflicht auch hierauf. Soweit das Verfahren bereits fortgeschritten ist, sind alle Unternehmen zu informieren, die bereits ihr Interesse bekundet haben. Dies folgt nicht zuletzt aus dem auch hier geltenden allgemeinen Transparenz- und Gleichbehandlungsgedanken, nach dem alle Interessenten am Wettbewerb und Teilnehmer im Wettbewerb über Änderungen zu informieren sind.

C. Ausnahmen von der Bekanntmachungspflicht (S. 2)

12 Der Konzessionsgeber darf gemäß § 151 S. 2 GWB auf die Veröffentlichung der Konzessionsverga-beabsicht nur verzichten, soweit dies aufgrund dieses Gesetzes zulässig ist. Eine Bekanntmachung muss also nicht per se erfolgen. Ausnahmen können und sind in der Konzessionsvergabeverordnung festgelegt, mit der die einschlägigen sekundärrechtlichen Ausnahmen in Artikel 31 Absatz 4 und 5 der Konzessionsrichtlinie 2014/23/EU umgesetzt werden. Des Weiteren muss bereits in den Fällen keine Bekanntmachung erfolgen, in denen aufgrund besonderer Ausnahmevorschriften (§§ 149, 150 GWB) das GWB trotz Vergabe einer Konzession nicht einschlägig ist. Angesichts der negati-ven Auswirkungen auf den Wettbewerb soll eine Konzessionsvergabe nach dem Willen des Sekun-därrechtsgebers[7] ohne vorherige Veröffentlichung nur unter sehr außergewöhnlichen Umständen zulässig sein. Diese Ausnahmen sollten sich auf Fälle beschränken, in denen von Beginn an klar ist, dass eine Veröffentlichung nicht zu mehr Wettbewerb führen würde. Die Ausnahmetatbestände sind damit – wie im Vergaberecht allgemein – eng auszulegen. Die Konzessionsrichtlinie 2014/23/

---

6 Vgl. Artikel 43 sowie Anhang XI der Konzessionsrichtlinie 2014/23/EU.
7 Erwägungsgrund 51 der Konzessionsrichtlinie 2014/23/EU.

EU – umgesetzt in § 20 KonzVgV – listet die folgenden Fallgruppen auf, bei deren Vorliegen die Vergabeabsicht nicht bekannt gemacht werden muss:

I. Alleinstellung des Konzessionsnehmers

Zunächst bedarf es keiner Konzessionsbekanntmachung, wenn die Bau- oder Dienstleistungen 13 aus den folgenden Gründen nur von einem bestimmten Wirtschaftsteilnehmer erbracht werden können:

a) Ziel der Konzession ist die Erschaffung oder der Erwerb eines einzigartigen Kunstwerks oder einer einzigartigen künstlerischen Leistung;
b) nicht vorhandener Wettbewerb aus technischen Gründen;
c) das Bestehen eines ausschließlichen Rechts;[8]
d) der Schutz der Rechte des geistigen Eigentums oder anderer als der in § 101 Abs. 2 GWB in Verbindung mit § 100 Abs. 2 S. 1 GWB definierten ausschließlichen Rechte.[9]

Die Ausnahmen gemäß Buchstaben b, c und d finden nur Anwendung, wenn es keine sinnvolle 14 Alternative oder Ersatzlösung gibt und der fehlende Wettbewerb nicht das Ergebnis einer künstlichen Einengung der Konzessionsvergabeparameter ist.

II. Keine oder keine geeigneten Teilnahmeanträge oder Angebote

Ferner bedarf es keiner Konzessionsbekanntmachung, wenn bei einem vorausgegangenen Konzes- 15 sionsvergabeverfahren keine oder keine geeigneten Teilnahmeanträge oder Angebote eingereicht wurden, sofern die ursprünglichen Bedingungen des Konzessionsvertrags nicht grundlegend geändert werden und sofern der Europäischen Kommission auf Anforderung ein Verfahrensbericht vorgelegt wird. Die weitergehenden Erläuterungen in der Konzessionsrichtlinie wie auch in der Konzessionsvergabeverordnung (§ 20 Abs. 2 KonzVgV[10]) definieren, wann ein Teilnahmeantrag bzw. Angebot als ungeeignet gilt. Hierunter fallen sinngemäß Konstellationen von ungeeigneten Bewerbern (§ 154 Nr. 2 GWB in Verbindung mit §§ 123 bis 126 GWB) als auch von ungeeigneten Angeboten (Angebote können ohne wesentliche Abänderung den in den Konzessionsunterlagen genannten Bedürfnissen und Anforderungen des öffentlichen Auftraggebers oder des Auftraggebers offensichtlich nicht entsprechen). Voraussetzung ist in formeller Hinsicht stets, dass das ursprüngliche Verfahren aufgehoben wurde und ein neues Verfahren eingeleitet wird.

Inhaltlich darf das neue Verfahren nicht »grundlegend« von dem ursprünglichen Verfahren abwei- 16 chen. Als grundlegend ist eine Änderung nach der Rechtsprechung des EuGH dann anzusehen, wenn »*auf Grund der geänderten Bedingung, so sie denn Gegenstand des ursprünglichen Vergabeverfahrens gewesen wäre, die (...) eingereichten Angebote als geeignet hätten betrachtet werden können oder andere Bieter als die, die an dem ursprünglichen Verfahren teilgenommen hatten, Angebote hätten einreichen können.*«[11] Maßgeblich ist damit die im Einzelfall zu beantwortende Frage, ob sich der Bewerberkreis potenziell verändert hätte. Dies wird insbesondere dann anzunehmen sein, wenn die Anforderungen im Verfahren an die Eignung abgesenkt werden. Ferner werden auch Änderungen im Zuschnitt von Losen stets kritisch zu prüfen sein. Rein quantitative Änderungen der Leistungen können hingegen als nicht grundlegend qualifiziert werden, insbesondere sofern die Grenzen der zulässigen Vertragsänderung (vgl. § 132 GWB) beachtet werden.

---

8 Vgl. zu diesem Begriff die Legaldefinition in Art. 5 Abs. 10 der Konzessionsrichtlinie 2014/23/EU: »›ausschließliche Rechte‹ (sind) Rechte, die eine zuständige Behörde eines Mitgliedstaats im Wege einer mit den Verträgen im Einklang stehenden Rechts- oder veröffentlichten Verwaltungsvorschrift, gewährt hat, wodurch die Möglichkeit anderer Wirtschaftsteilnehmer zur Ausübung dieser Tätigkeit wesentlich eingeschränkt wird«.
9 Vgl. zu dem Begriff der ausschließlichen Rechte im dortigen Kontext § 100 GWB.
10 In teilweise abweichendem Wortlaut.
11 EuGH, Urt. v. 04.06.2009 – C-250/07, NZBau 2009, 602 (605).

D. Verfahrensgestaltung (S. 3)

17 Abgesehen von der Bekanntmachungspflicht dürfen Konzessionsgeber das Verfahren zur Vergabe der Konzessionen gemäß § 151 S. 3 GWB frei ausgestalten, weswegen verschiedentlich auch von einem »Vergaberecht light« gesprochen wird. Die sog. Freiheit des Konzessionsgebers kennt aber zahlreiche Grenzen, wenngleich der Wortlaut als einzige Grenze die Vorgaben der Konzessionsverordnung benennt. Ferner sind aber auch die Regelungen der nachfolgenden Vorschriften (§§ 152, 154 GWB) und die allgemeinen Grundsätze des GWB (§ 97 GWB) sowie des europäischen Primärrechts zu beachten.

18 Die parallel zum GWB in Kraft tretenden und erstmals geschaffene **Konzessionsverordnung** regelt das Verfahren zur Vergabe von Konzessionen und schränkt den Spielraum des Konzessionsgebers an zahlreichen Stellen ein, die hier nur exemplarisch aufgeführt werden können. So darf der Konzessionsgeber bei der zeitlich zu befristenden[12] Konzession das Verfahren frei ausgestalten. Es steht zu erwarten, dass er sich hierbei im Regelfall an den bekannten Verfahrensarten und insbesondere dem Verhandlungsverfahren mit Teilnahmewettbewerb orientieren wird, die er aber nach sachgerechten Motiven modifizieren darf. Die Anzahl der Phasen (einstufiges oder mehrstufiges Verfahren) ist dabei ebenso wenig vorgegeben wie die Anzahl oder der Umfang von Verhandlungsrunden. Der Konzessionsgeber darf also ohne weitere Begründung ein Verhandlungsverfahren mit Teilnahmewettbewerb durchführen. Allerdings findet die Freiheit des Konzessionsgebers zur Verfahrensgestaltung insoweit eine Grenze, als er sich vor Beginn des Verfahrens auf eine Ausgestaltung festlegen muss. Denn er muss allen Beteiligten eine Beschreibung der geplanten Organisation des Verfahrens sowie einen unverbindlichen Schlusstermin mitteilen. Über etwaige Änderungen seiner Planung, die aus allgemeinen vergaberechtlichen Gründen zumindest unter dem Vorbehalt der sachlichen Vertretbarkeit stehen, muss er die Teilnehmer informieren. Zugleich dürfen Konzessionsgegenstand, Zuschlagskriterien und Mindestanforderungen während den Verhandlungen nicht geändert werden.[13] Der Konzessionsgeber hat schließlich zu beachten, dass die Konzession ein nach transparenten und sachgerechten Kriterien als geeignet qualifiziertes Unternehmen erhält, welches zugleich das – nach objektiven Kriterien ermittelt – wirtschaftlichste Angebot abgegeben hat. Dabei gelten umfangreiche Bekanntmachungspflichten (dazu Rdn. 3 ff.), die die erforderliche Transparenz des Verfahrens gewährleisten. Diese werden flankiert durch Dokumentationspflichten.

19 Daneben gelten auch für die Vergabe von Konzessionen die **allgemeinen vergaberechtlichen Grundsätze** des § 97 GWB, die insoweit nicht hinter den Vorgaben des europäischen Primärrechts zurückstehen. Konzessionen sind sowohl im Wettbewerb als auch im Wege transparenter Verfahren zu vergeben, wobei die Grundsätze Wirtschaftlichkeit und der Verhältnismäßigkeit gewahrt bleiben müssen. Der Konzessionsgeber muss gemäß § 97 Abs. 2 GWB alle Teilnehmer gleich behandeln, sofern eine Ungleichbehandlung nicht aufgrund des GWB ausdrücklich geboten oder gestattet ist. Auch die weiteren Absätze des § 97 GWB, also die Berücksichtigung von Aspekten der Qualität und der Innovation sowie sozialer und umweltbezogener Aspekte sowie die Berücksichtigung mittelständischer Interessen einschließlich des Gebots der Losaufteilung beanspruchen bei der Vergabe von Konzessionen Geltung, worauf Unternehmen gemäß § 97 Abs. 6 GWB einen Anspruch haben. Unternehmen können gegen Entscheidungen des Konzessionsgebers nunmehr auch vor Vergabekammern und Vergabesenaten – vergleichbar zu öffentlichen Aufträgen – Primärrechtsschutz suchen. Allein auf dieser Grundlage steht zu erwarten, dass die Nachprüfungsinstanzen im Falle

---

12 Die Regelobergrenze beträgt fünf Jahre (Art. 18 Abs. 1 der Konzessionsrichtlinie 2014/23/EU). Eine längere Laufzeit lässt sich nur in Fällen begründen, in denen die Investitionsaufwendungen nicht innerhalb dieser fünf Jahre erwirtschaftet werden können. Vgl. hierzu Opitz NVwZ 2014, 753 (759).

13 Vgl. Erwägungsgrund 68 Konzessionsrichtlinie 2014/23/EU: »Darüber hinaus sollte festgelegt werden, dass von den ursprünglichen Bestimmungen der Konzessionsbekanntmachung nicht abgewichen werden sollte, um eine unfaire Behandlung potenzieller Bewerber zu vermeiden.«

einer Überprüfung zahlreiche allgemeine Vorgaben aus VOB/A und VgV als »Ausfluss allgemeiner Prinzipien« übertragen werden, um bestehende Lücken zu schließen.[14] Konzessionsgebern ist daher anzuraten, sich trotz der in § 151 GWB beschworenen Freiheit der Verfahrensgestaltung an den bekannten Eckpfeilern zu orientieren, wenngleich eine vollständige Übernahme der Regelungen im Detail auch nicht zu fordern ist.[15]

§ 152 Anforderungen im Konzessionsvergabeverfahren

(1) Zur Leistungsbeschreibung ist § 121 Absatz 1 und 3 entsprechend anzuwenden.

(2) Konzessionen werden an geeignete Unternehmen im Sinne des § 122 vergeben.

(3) [1]Der Zuschlag wird auf der Grundlage objektiver Kriterien erteilt, die sicherstellen, dass die Angebote unter wirksamen Wettbewerbsbedingungen bewertet werden, so dass ein wirtschaftlicher Gesamtvorteil für den Konzessionsgeber ermittelt werden kann. [2]Die Zuschlagskriterien müssen mit dem Konzessionsgegenstand in Verbindung stehen und dürfen dem Konzessionsgeber keine uneingeschränkte Wahlfreiheit einräumen. [3]Sie können qualitative, umweltbezogene oder soziale Belange umfassen. [4]Die Zuschlagskriterien müssen mit einer Beschreibung einhergehen, die eine wirksame Überprüfung der von den Bietern übermittelten Informationen gestatten, damit bewertet werden kann, ob und inwieweit die Angebote die Zuschlagskriterien erfüllen.

(4) Die Vorschriften zur Auftragserteilung nach § 128 und zu den zwingend zu berücksichtigenden Ausführungsbedingungen nach § 129 sind entsprechend anzuwenden.

A. Entsprechende Anwendung von Vergabeverfahrensvorschriften (§ 152 Abs. 1, Abs. 2 und Abs. 4)

Die Vorschrift erklärt weitere zentrale Vergabeverfahrensvorschriften für entsprechend anwendbar. 1

Dies gilt zunächst für die entsprechende Anwendung des § 121 Abs. 1 und 3 hinsichtlich der 2 Leistungsbeschreibung. Die Bedeutung der Leistungsbeschreibung für die Kalkulation der Preise entfällt zwar hier. Dennoch ist entsprechend eine Leistungsbeschreibung zu verlangen, welche die Voraussetzung schafft, dass die Konzessionsnehmer ihre Angebote unter den gleichen Bedingungen erstellen können und bei der Wertung vergleichbare Angebote vorliegen. Alle zur Kennzeichnung der Leistungen und Pflichten notwendigen Parameter müssen bekannt und so präzise wie möglich beschrieben sein. Allerdings ist dabei zu berücksichtigen, dass eine Konzession oft 10 bis 30 Jahre läuft. Es kann deshalb schwierig sein, alle denkbaren vertragsrelevanten Elemente bzw. dementsprechende Leistungen und Leistungsanforderungen für alle Fälle im Voraus zu bestimmen. Nicht immer sind alle Umstände abschließend spezifizierbar, Erfahrungen und Erfahrungswerte müssen dann der Orientierung dienen und sind in der Leistungsbeschreibung anzugeben. Revisionsklau-

14 So etwa Prieß/Stein VergabeR 2014, 499 (512).
15 Zutreffend Siegel VergabeR 2015, 265 (272).

seln sollten die Umstände präzise angeben, unter denen eine Vertragsanpassung erfolgen soll. Diese Empfehlung spricht auch die Kommission in ihrem Grünbuch ÖPP aus.[1]

3 Auch die Aufbürdung von ungewöhnlichen Wagnissen bzw. unzumutbaren Bedingungen wird hier keine oder nur eine geringere Rolle spielen. Grund ist, dass dem Konzessionär mit dem Nutzungs- recht regelmäßig alle sich aus der Natur der jeweiligen Nutzung ergebenden Risiken sowie die Verantwortung für alle technischen und finanziellen Aspekte übertragen werden. Allerdings ist es selbstverständlich, dass die Konzessionsnehmer nur die Risiken übernehmen müssen, die mit der Konzession auch übergehen sollen.[2]

4 Für Konzessionen wird meist die funktionale Leistungsbeschreibung in Frage kommen. Die Kon- zession ist zu befristen, so dass Endschaftsmodalitäten festzulegen sind.

5 Auf die Kommentierung zu § 121 Abs. 1 und 3 kann im Übrigen ergänzend verwiesen werden.

6 Anwendung im Konzessionsvergabeverfahren soll auch die Vorschrift des § 122 finden (§ 152 Abs. 2). Die dort aufgeführten Grundsätze und Aussagen und Eignungskriterien und Nachweisen sind damit auf die Konzessionsvergabe voll übertragbar, so dass auch insoweit auf die Kommentie- rung zu dieser Vorschrift zurückgegriffen werden kann.

7 Gemäß § 152 Abs. 4 sind auch die Vorschriften zur Auftragsausführung nach § 128 und zu den zwingend zu berücksichtigen Ausführungsbedingungen nach § 129 entsprechend anzuwenden. Auch insoweit kann auf die dortige Kommentierung deshalb verwiesen werden.

B. Zuschlagskriterien (Abs. 3)

I. Einleitung

8 § 152 Abs. 3 setzt Art. 41 Abs. 1 und 2 der Richtlinie 2014/23/EU[3] in nationales Recht um und trifft Vorgaben hinsichtlich der anzuwendenden Zuschlagskriterien bei Bau- und Dienstleis- tungskonzessionen. Während für Zuschlagskriterien bei der Vergabe von Baukonzessionen in der Richtlinie 2004/18/EG (vgl. Art. 58 Abs. 2 und Anhang VII, Teile B und C) keine besonderen Regeln aufgestellt worden waren, also die Kriterien des wirtschaftlichsten Angebots oder des nied- rigsten Preises herangezogen werden konnten (vgl. Art. 53 Abs. 1 Richtlinie 2004/18),[4] bestimmt nunmehr Art. 41 Abs. 1 Richtlinie 2014/23 und infolgedessen auch § 152 Abs. 3 für die Vergabe von Bau- und Dienstleistungskonzessionen, dass vom Konzessionsgeber Zuschlagskriterien anzu- geben sind, die einen **wirtschaftlichen Gesamtvorteil** für den Konzessionsgeber ermitteln lassen. Das Merkmal des wirtschaftlichen Gesamtvorteils ist ein Novum. Es steht freilich in einer gewissen begrifflichen Nähe zum wirtschaftlichsten Angebot mit dem besten Preis-Leistungs-Verhältnis (vgl. Art. 67 Richtlinie 2014/24/EU, § 127 Abs.1) und wird durch Rechtsprechung (gegebenenfalls unter Zuhilfenahme des EuGH gemäß Art. 267 AEUV) und Literatur mit Leben ausgefüllt werden müssen. Dass im Kontext des wirtschaftlichen Gesamtvorteils auch auf den Preis abgestellt werden kann – und zwar zusammen mit anderen Wertungsfaktoren oder auf den Preis allein – erscheint nicht von Vorneherein ausgeschlossen (zum Beispiel höchster Preis, wenn es um die Bewertung

---

1 Vgl. Grünbuch vom 30.04.2004 (KOM/2004/327, endg.) Rn. 47.
2 Vgl. auch Ganske in: Kapellmann/Messerschmidt, 5. Aufl., § 22 VOB/A Rn. 46.
3 Vgl. die Begründung der Bundesregierung zum Entwurf eines Gesetzes zur Modernisierung des Vergabe- rechts 2016, BT-Drucks. 18/6281, S. 131.
4 Der Preis schied als Zuschlagskriterium zumeist aus, weil der Auftraggeber an den Auftragnehmer (Konzes- sionär) in der Regel nichts zahlt. Sollte freilich eine Zuzahlung des Auftraggebers vorgesehen sein, war deren Höhe als preisliches Kriterium wertbar, und zwar in dem Sinn, auf welches Angebot die geringste Zuzah- lung zu leisten war. Wenn der Auftragnehmer eine Konzessionsabgabe an den Auftraggeber bezahlen sollte, konnte es darauf ankommen, welcher Bieter die höchste Abgabe (den höchsten Preis) versprach. Und wenn der Auftragnehmer Nutzungsentgelte von den Nutzern erheben sollte (z.B. eine Maut),.konnte im Interesse der Nutzer darauf abgestellt werden, welcher Bieter die niedrigsten Gebühren in Rechnung stellen wollte.

einer vom Auftragnehmer zu entrichtenden Konzessionsabgabe geht, oder niedrigster Preis, sofern die Höhe einer Zuzahlung des Auftraggebers oder die Höhe eines von Nutzern zu erhebenden Nutzungsentgelts bewertet werden soll).

II. Bestimmungen für Zuschlagskriterien

Die **Begründung** der Bundesregierung zum **Entwurf** eines Gesetzes zur Modernisierung des Ver- 9
gaberechts[5] ist vergleichsweise unergiebig für Interpretationen des Absatzes 3. Sie verhält sich mehr oder weniger lediglich darüber, welche Bestimmungen des Art. 41 Richtlinie 2014/23/EU in den Einzelvorschriften des § 152 Abs. 3 aufgegangen sind. Ausführlicher ist **Erwägungsgrund 73** zur Richtlinie 2014/23,[6] der zum Verständnis des Unionsrechts, aber auch des nationalen Rechts (GWB und KonzVgV) heranzuziehen ist. Danach sollten die Angebote mittels **eines oder mehrerer Zuschlagskriterien** vom öffentlichen Auftraggeber geprüft werden. Zur Sicherstellung der Gleichbehandlung und Transparenz sollten Kriterien für die Konzessionsvergabe stets einigen allgemeinen Standards entsprechen. Diese Standards können auch nicht rein wirtschaftliche Faktoren berücksichtigen, die aus der Sicht des öffentlichen Auftraggebers den Wert des Angebots beeinflussen und es ihm ermöglichen, einen wirtschaftlichen Gesamtvorteil zu ermitteln. Die Kriterien sollten allen potentiellen Bewerbern oder Bietern **vorab bekanntgegeben** werden, mit dem Auftragsgegenstand im Zusammenhang stehen und eine unbeschränkte Wahlfreiheit des öffentlichen Auftraggebers ausschließen. Sie sollten wirksamen **Wettbewerb** sicherstellen und mit Vorgaben verbunden sein, die eine **effiziente Überprüfung** der Angaben der Bieter erlauben. Es sollte möglich sein, in Zuschlagskriterien unter anderem ökologische, soziale oder innovationsbezogene Kriterien aufzunehmen. Öffentliche Auftraggeber sollten außerdem die Zuschlagskriterien in **absteigender Reihenfolge** ihrer Wichtigkeit angeben, damit die Gleichbehandlung potentieller Bieter gewährleistet ist, weil diese dann alle Elemente kennen, die bei der Ausarbeitung ihrer Angebote zu berücksichtigen sind. Die Erwägungsgründe des Unionsgesetzgebers finden sich teils in § 152 Abs. 3 GWB, zum Teil aber auch in § 29 KonzVgV umgesetzt wieder (u.a. Zuschlagskriterien in der absteigenden Reihenfolge ihrer Bedeutung). Im Ergebnis gehen die Bestimmungen für die Zuschlagskriterien in § 152 Abs. 3 (sowie in Art. 41 Abs.1 und 2 Richtlinie 2014/23/EU) rechtlich keine neuen Wege, sondern übertragen das von Bau-, Liefer- und Dienstleistungsaufträgen Bekannte in zum Teil indifferent abschwächender Weise auf Bau- und Dienstleistungskonzessionen, dies in der Absicht, für die Vergabe von Bau- und Dienstleistungskonzessionen – freilich trügerisch und für die Vergabepraxis nicht hilfreich – ein weniger reglementiertes Vergaberechtsregime zu errichten.

1. Mit dem Konzessionsgegenstand in Verbindung stehende Kriterien

Die Zuschlagskriterien müssen **objektiv** sein, das heißt, sie müssen an tatsächlich feststellbare und 10
nachprüfbare Eigenschaften und Merkmale der ausgeschriebenen Leistung und damit übereinstimmender Angebote anknüpfen. Umgekehrt bedeutet dies: Subjektive Kriterien sind unzulässig (zum Beispiel: »bestmögliche Lösung für den Auftraggeber«, »zur Zufriedenheit des Auftraggebers«). Sie verstoßen gegen das Verbot des § 152 Abs. 3 S. 2, weil sie dem Auftraggeber eine uneingeschränkte und nicht kontrollierbare Wahlfreiheit eröffnen.

Die Zuschlagskriterien haben **mit dem Konzessionsgegenstand in Verbindung** zu stehen. Dies 11
ist nicht anders zu verstehen als die in anderem Kontext gebrauchten Formulierungen, die Kriterien müssten durch den Auftragsgegenstand »gerechtfertigt« sein oder damit »zusammenhängen«.[7] Damit sind neben dem Preis oder Entgelt in erster Linie **qualitative**, einer nachprüfbaren Bewertung und Bemessung zugängliche, Kriterien gemeint. Die Kriterien müssen **nicht unmittelbar** mit dem Leistungsgegenstand in Verbindung stehen; sie können sich auch mittelbar darauf beziehen.[8]

---

5 BT-Drucks. 18/6281, S. 131.
6 Vgl. insoweit ergänzend auch Erwägungsgründe 64 bis 66.
7 Vgl. z.B. Art. 53 Abs. 1 Buchst. a Richtlinie 2004/18/EG.
8 OLG Düsseldorf, Beschl. v. 19.11.2014 – VII-Verg 30/14 m.w.N.

Das geht ebenfalls aus der Bestimmung des § 152 Abs. 3 hervor, wonach die Zuschlagskriterien neben qualitativen auch umweltbezogene oder soziale Belange umfassen dürfen. Daneben können innovationsbezogene Aspekte berücksichtigt werden (vgl. § 97 Abs. 3, Art. 41 Abs. 2 Unterabs. 1 Richtlinie 2014/23). All dies sind mögliche Wertungsfaktoren, die mit dem Auftragsgegenstand nur mittelbar zusammenhängen und die der Bewertung solcher Angebotsleistungen dienen, die über die eigentlich ausgeschriebene Leistung hinaus einen leistungsmäßigen Überhang, aufweisen, der dem Erreichen sekundärer Ausschreibungszwecke dienen soll. In diesem Sinn ist zum Beispiel die Beschäftigung einer Quote von bislang Arbeitslosen bei der Auftragsausführung (Ausüben der Konzession) als zulässig zu nennen. Jedoch fehlt eine Verbindung mit dem Auftragsgegenstand, wenn **unternehmensbezogene** Verhältnisse zu einem Wertungskriterium gemacht werden (zum Beispiel die Beschäftigungs- und Frauenpolitik von Bieterunternehmen im Allgemeinen).

12   Die in Betracht kommenden Zuschlagskriterien sind in Abs. 3 (und Art. 41 Richtlinie 2014/23) nicht beispielhaft aufgeführt. Auftraggebern ist deswegen zu empfehlen, sich an der Darstellung zulässiger Unterkriterien beim Kriterium des **besten Preis-Leistungs-Verhältnisses** in Art. 67 Abs. 2 Unterabs. 1 Richtlinie 2014/24/EU zu orientieren (vgl. dazu auch § 58 VgV). Ob zu den zugelassenen Unterkriterien auch die Qualifikation und Erfahrung des mit der Ausführung des Auftrags betrauten Personals zählen kann (an und für sich ein Eignungskriterium), sofern die **Qualität des eingesetzten Personals** einen erheblichen Einfluss auf das Niveau der Auftragsausführung haben kann, ist derzeit noch keiner rechtlich sicheren Beurteilung zugänglich. Zwar lässt Art. 67 Abs. 2 Unterabs. 1 Buchst. b Richtlinie 2014/24/EU ein solches Unterkriterium zu. Auch hat der EuGH eine Berücksichtigung dieses Wertungsmerkmals auf der Grundlage der Richtlinie 2004/18/EG gutgeheißen.[9] Doch hat sich der Gerichtshof bislang nur mit einem Dienstleistungsauftrag, der einen intellektuellen Charakter hatte (Fortbildungs- und Beratungsleistungen betreffend), zu befassen gehabt. Dies lässt Fragen in Bezug auf eine Übertragung auf Dienstleistungskonzessionen offen, zumal es im Konzessionsrecht keine dem Art. 67 Richtlinie 2014/24/EU vergleichbare Bestimmung gibt. Offen ist genauso, ob und unter welchen Voraussetzungen die vorgenannten Überlegungen auf die Vergabe von Baukonzessionen angewandt werden können. Konzessionsgeber sollten deswegen zurückhaltend darin sein, Kriterien, die im Prinzip Eignungsmerkmale sind, als Zuschlagskriterien vorzusehen, weil sie in solchen Fällen damit zu rechnen haben, dass eine gegebenenfalls angerufene Vergabenachprüfungsstelle die Zulässigkeit im Wege eines Vorabentscheidungsersuchens dem EuGH vorlegen wird. Dies verzögerte die Konzessionsvergabe erheblich.

13   Der **niedrigste Preis** ist als Zuschlagskriterium (auch als alleiniges) nicht ausgeschlossen. Dies kann relevant werden, wenn die Höhe einer vom Konzessionsgeber an den Auftragnehmer zu leistenden Zuzahlung bewertet werden soll, aber auch dann, wenn isoliert oder zusätzlich auf die Höhe der von den Nutzern zu entrichtenden Nutzungsgebühren abgestellt werden soll. Weist die Ausschreibung **funktionale** Elemente auf, ist der Preis (Nutzungsentgelt und/oder Zuzahlung) als einziges Kriterium freilich ausgeschlossen, weil dann eine qualitative Wertung der Angebote erforderlich und vorzunehmen ist.[10]

14   Daneben haben die Zuschlagskriterien selbstverständlich die Gebote der **Gleichbehandlung** und Nichtdiskriminierung (dies vor allem mit Blick auf die Staatsangehörigkeit) der Bewerber und/oder Bieter zu wahren (vgl. auch § 97 Abs. 2).

15   Die Zuschlagskriterien sind in der Konzessionsbekanntmachung, spätestens in den Konzessionsunterlagen (Vergabeunterlagen) **bekanntzugeben** (vgl. Nr. 9 Anhang V zu Art. 31 Abs. 2 Richtlinie 2014/23, § 18 Abs. 2 KonzVgV). § 29 Abs. 1 S. 1 KonzVgV (ebenso Art. 41 Abs. 3 Richtlinie 2014/23) schreibt vor, dass die Zuschlagskriterien vom Auftraggeber in der Bekanntmachung oder in den Vergabeunterlagen in der absteigenden **Reihenfolge der Bedeutung** anzugeben sind. Erwägungsgrund 73 der Richtlinie 2014/23 (und daran anknüpfend auch der Verordnungsgeber)

---

9   EuGH, Urt. v. 26.03.2015 – C-601/13.
10 OLG Düsseldorf, Beschl. v. 11.12.2013 – VII-Verg 22/13.

verbindet damit die Vorstellung, dass potentielle Bieter, um die Gleichbehandlung zu gewährleisten, dann *alle* Elemente kennen, die bei der Ausarbeitung ihrer Angebote zu berücksichtigen sind. Dies trifft so nicht zu und ist praxisfern, weil Bietern allein dadurch nicht die Schwerpunkte der Anforderungen und Bedürfnisse des Auftraggebers vermittelt werden (und damit ebenso wenig eine angebotsmäßige »Punktlandung« ermöglicht wird, die das Ziel jeder Ausschreibung sein sollte). Gemessen an den Geboten der Gleichbehandlung und Transparenz, aber auch für die Akzeptanz der Vergabeentscheidung – dies lehrt die Praxis – ist die bloße Angabe der Reihenfolge der Bedeutung der Zuschlagskriterien deswegen nur die zweitbeste Lösung, zu der der Auftraggeber normalerweise auch nur dann greifen darf, wenn er die Zuschlagskriterien – zum Beispiel wegen der Komplexität des Auftrags – im Voraus nicht festlegen kann.[11] Dies kann auf komplexe PPP-Projekte zutreffen, gilt jedoch nicht für gewöhnliche Bau- oder Dienstleistungskonzessionsvergaben. Konzessionsgeber sollten in jenen Fällen die bewährte Methode der Gewichtung von Zuschlagskriterien und Unterkriterien wählen oder zumindest nachhaltig bedenken, die bedeutend bessere, vor allem differenziertere Möglichkeiten und Ergebnisse gewährleistet, die Unterschiede zwischen den Angeboten herauszuarbeiten und zu bewerten.

Sofern sich der Auftraggeber (Konzessionsgeber) zu einer **Gewichtung** der Zuschlagskriterien und   16
Unterkriterien entschließt, ist eine **Wertungsmatrix** zu erstellen. Dabei sind folgende Aufgabenschritte zu durchlaufen:
– Entwickeln der relevanten Wertungskriterien;
– Beschreiben der Wertungskriterien (und Unterkriterien): Jedes Wertungskriterium (Unterkriterium) ist so zu beschreiben, dass Bieter verstehen, worauf es dem Auftraggeber ankommt, um ein optimales Angebot zu erlangen.
– Gewichten der Wertungskriterien (und Unterkriterien);
– Festlegen des Bewertungsmaßstabs (Maßstab für die Bestimmung des Zielerreichungsgrads und für die Umrechnung der Leistungsqualität und/oder des Preises/Nutzungsentgelts in Wertungspunkte);[12]
– Erarbeiten der Bewertungsmatrix.

Diese Aufgabenschritte erfordern das Implementieren eines prozessorientierten Workflow-Manage-   17
ments in die Arbeitsabläufe beim Auftraggeber. Sämtliche vorgenannten Teilergebnisse und die Matrix sind Bietern spätestens in den Konzessionsunterlagen (Vergabeunterlagen) vorab **bekanntzugeben** (siehe oben).

§ 12 Abs. 2 S. 2 KonzVgV bestimmt, dass in Verhandlungsverfahren während der Verhandlun-   18
gen die **Zuschlagskriterien nicht geändert** werden dürfen. Diese Vorschrift hat in der Richtlinie 2014/23/EU und in den Erwägungsgründen keine Entsprechung. Sie ist fragwürdig, weil sich gerade in Verhandlungen mit den Bietern herausstellen kann, dass einzelne Zuschlagskriterien rechtswidrig oder unzweckmäßig sind und deswegen zu ändern sind. In einem solchen Fall bliebe dem Auftraggeber nur die Möglichkeit, das Vergabeverfahrens komplett aufzuheben und es von vorne zu beginnen. Demgegenüber hat sich in der Rechtsprechung der Nachprüfungsinstanzen im Anschluss an die Entscheidung des BGH zu Polizeianzügen[13] die Auffassung gefestigt, dass der Auftraggeber zur Vermeidung einer Perpetuation erkannter Vergaberechtsverstöße oder aus Gründen der Zweckmäßigkeit das Vergabeverfahren in nahezu jeder Beziehung zurückversetzen (teilweise aufheben) darf, sofern bei Vorliegen eines solchen anerkennenswerten Grundes für die Teilnehmer am Vergabeverfahren ein in jeder Hinsicht **transparentes und diskriminierungsfreies Verfahren**

---

11 Vgl. z.B. Art 67 Abs. 5 Unterabs. 3 Richtlinie 2014/24/EU und dazu Erwägungsgrund 90 a.E.
12 Vgl. OLG Düsseldorf, Beschl. v. 16.12.2015 – VII-Verg 25/15; Beschl. v. 21.10.2015 – VII-Verg 28/14; Beschl. v. 29.04.2015 – VII-Verg 35/14; Beschl. v. 22.02.2014 – VII-Verg 26/13 (Stichwort insbesondere: Unzulässigkeit eines Schulnotensystems).
13 BGH, Beschl. v. 26.09.2006 – X ZB 14/06, Rn. 23.

gewährleistet ist.[14] Sollte die Frage einer nachträglichen Änderung der Zuschlagskriterien in Nachprüfungsverfahren entscheidungserheblich sein, werden jedenfalls die letztinstanzlich entscheidenden Gerichte an ein Vorabentscheidungsersuchen an den EuGH des Inhalts zu denken haben, ob Art. 41 Richtlinie 2014/23/EU und/oder die aus dem EU-Primärrecht abzuleitenden Verfahrensgarantien dahin auszulegen sind, dass sie in Verhandlungsverfahren zur Vergabe einer Konzession während der Verhandlungen eine Änderung der Zuschlagskriterien ausschließen.

2. Umweltbezogene, soziale und innovative Belange

19 Diesbezügliche Angebote gehen über die eigentlich ausgeschriebene Leistung im Sinn einer überschießenden Tendenz hinaus; sie weisen einen leistungsmäßigen Überhang auf, der dem Erreichen mit der Ausschreibung verfolgter **sekundärer** Zwecke dienen soll. Auch sekundäre Zwecke müssen **mit dem Konzessionsgegenstand in Verbindung** stehen. Das ergibt sich aus dem Regelungszusammenhang des Abs. 3 (und systematisch deutlicher noch aus Art. 41 Abs. 2 Unterabs. 1 Richtlinie 2014/23). Der Auftraggeber darf entsprechende Leistungen fordern und muss sie wegen der Bindung an die gestellten Anforderungen dann auch bewerten. In diesem Sinn ist zum Beispiel die Beschäftigung einer Quote von bislang Arbeitslosen bei der Auftragsausführung (Ausüben der Konzession) als zulässig zu nennen. Auch darf zum Beispiel bei Schulverpflegungsleistungen (Dienstleistungskonzession) der Anteil verwendeter Bio-Produkte bewertet werden. In den Erwägungsgründen 64 bis 66 der Richtlinie 2014/23/EU sind beispielhaft weitere ökologische, soziale und innovative Aspekte benannt und näher beleuchtet worden, die der Konzessionsgeber (nicht anders als gewöhnliche Auftraggeber) aufgreifen kann. Darauf wird verwiesen. In Ermangelung eines Auftragsbezugs dürfen freilich keine lediglich unternehmensbezogenen Kriterien benannt werden (zum Beispiel die allgemeine Familien- oder Frauenförderung in Bieterunternehmen).

20 Verfahrenstechnisch kann der Konzessionsgeber (nicht anders als sonst auch) sekundäre Belange zu Zuschlagskriterien erklären oder sie als Bedingungen für die Konzessionsausführung festlegen (§§ 128 Abs. 2, 129). Dies beruht auf seiner Bestimmungsfreiheit hinsichtlich des Auftragsgegenstands und bei der Festlegung der Ausschreibungsregularien.[15] Legt der Auftraggeber sekundäre Belange als **Zuschlagskriterien** fest, sind unter Zugrundelegen einer Wertungsmatrix abgestufte Wertungen möglich, mit der Folge, dass Defizite beim Zielerreichungsgrad durch anderweite Vorzüge der Bau- oder Dienstleistung gegebenenfalls aufgewogen werden können. Fordert der Konzessionsgeber die Einhaltung bestimmter sekundärer Belange hingegen im Sinn einer **Bedingung für die Konzessionsausführung**, errichtet er damit (im Gegensatz zu einer »weichen« Bewertung aufgrund von Zuschlagskriterien) gewissermaßen eine Hürde, die von allen eingehenden Angeboten ohne Wenn und Aber zu »überspringen« ist. Dazu darf sich der Auftraggeber im Sinn einer mit dem Angebot oder auf gesondertes Verlangen einzureichenden rechtsverbindlichen **Bietererklärung** versichern lassen, dass die gestellten Bedingungen für die Konzessionsausführung eingehalten werden. Angebote, die hinter den festgelegten Bedingungen zurückbleiben, sind von der Wertung zwingend auszuschließen, weil bei ihnen Änderungen an den Vergabeunterlagen vorgenommen worden sind (vgl. auch § 57 Abs. 1 Nr. 4 VgV). Bedingungen für die Konzessionsausführung sind vom Auftraggeber in der **Konzessionsbekanntmachung** anzugeben (vgl. Nr. 12 Anhang V zu Art. 31 Abs. 2 Richtlinie 2014/23; § 18 Abs. 2 KonzVgV nimmt darauf Bezug). Infolgedessen verbieten sich in der Konzessionsbekanntmachung Angaben wie: Wegen gestellter Bedingungen für die Ausführung wird auf die Konzessions- oder Vergabeunterlagen verwiesen. Bedingungen für die Konzessionsausführung sind inhaltlich in der Konzessionsbekanntmachung anzugeben. In den

---

14 Vgl. u.a. OLG Düsseldorf, Beschl. v. 28.01.2015 – VII-Verg 31/14; OLG Koblenz, Beschl. v. 30.04.2014 – 1 Verg 2/14; OLG München, Beschl. v. 09.02.2009 – Verg 27/08; OLG Koblenz, Beschl. v. 26.10.2005 – 1 Verg 4/05.

15 Vgl. OLG Düsseldorf, Beschl. v. 22.05.2013 – VII-Verg 16/12; Beschl. v. 25.03.2013 – VII-Verg 6/13; Beschl. v. 01.08.2012 – VII-Verg 105/11; Beschl. v. 01.08.2012 – VII-Verg 10/12; OLG Karlsruhe, Beschl. v. 25.07.2014 – 15 Verg 4/14; Beschl. v. 15.11.2013 – 15 Verg 5/13; OLG München, Beschl. v. 09.09.2010 – Verg 10/10.

Vergabeunterlagen sind nach bestehender OLG-Rechtsprechung keine erstmaligen Angaben oder Änderungen, sondern nur Konkretisierungen der in der Bekanntmachung vorgenommenen Angaben zugelassen.[16] Auch Bedingungen für die Ausführung müssen im oben beschriebenen Sinn **mit dem Auftragsgegenstand in Verbindung** stehen (§ 128 Abs. 2 S. 1).

3. Wirtschaftlicher Gesamtvorteil für den Konzessionsgeber

Zu diesem Merkmal kann in Ermangelung rechtspraktischer Erfahrungen nur Weniges gesagt wer- 21
den. Jedenfalls soviel: Was als **Zuschlagskriterium** – einschließlich umweltbezogener, sozialer und/
oder innovativer Belange – angewandt werden darf, kann vom Auftraggeber auch zur Bestimmung
des wirtschaftlichen Gesamtvorteils herangezogen werden.[17] Der wirtschaftliche Gesamtvorteil
kann der Bestimmungsfreiheit des Auftraggebers gemäß aufgrund mehrerer oder nur eines einzelnen
zugelassenen Zuschlagskriteriums festgelegt werden. Im Zweifel kann als wirtschaftlicher Gesamtvorteil genügen, wenn beim konzessionierten Bau oder Betrieb eines Hallenbads zum Beispiel sozial
schwach gestellte Menschen Zutritt zu einem reduzierten Nutzungsentgelt erhalten sollen. Auf keinen Fall ist beim wirtschaftlichen Gesamtvorteil für den Auftraggeber allein zu berücksichtigen, ob
ihm selbst die Bau- oder Dienstleistung körperlich zufließt; darauf kommt es nicht an.[18]

§ 153 Vergabe von Konzessionen über soziale und andere besondere Dienstleistungen

**Für das Verfahren zur Vergabe von Konzessionen, die soziale und andere besondere Dienstleis-
tungen im Sinne des Anhangs IV der Richtlinie 2014/23/EU betreffen, sind die §§ 151, 152
anzuwenden.**

§ 153 GWB bestimmt lediglich, dass auch für das Verfahren zur Vergabe von Konzessionen, die 1
soziale und andere besondere Dienstleistungen im Sinne des Anhangs IV der Richtlinie 2015/23/
EU[1] betreffen, die Verfahrensvorschriften der §§ 151 und 152 GWB anzuwenden sind.

§ 154 Sonstige anwendbare Vorschriften

**Im Übrigen sind für die Vergabe von Konzessionen einschließlich der Konzessionen nach § 153
folgende Vorschriften entsprechend anzuwenden:**
1. **§ 118 hinsichtlich vorbehaltener Konzessionen,**
2. **die §§ 123 bis 126 mit der Maßgabe, dass**
   a) **Konzessionsgeber nach § 101 Absatz 1 Nummer 3 ein Unternehmen unter den Vorausset-
      zungen des § 123 ausschließen können, aber nicht ausschließen müssen,**
   b) **Konzessionsgeber im Fall einer Konzession in den Bereichen Verteidigung und Sicher-
      heit ein Unternehmen von der Teilnahme an einem Vergabeverfahren ausschließen kön-
      nen, wenn das Unternehmen nicht die erforderliche Vertrauenswürdigkeit aufweist, um
      Risiken für die nationale Sicherheit auszuschließen; der Nachweis kann auch mithilfe
      geschützter Datenquellen erfolgen,**
3. **§ 131 Absatz 2 und 3 und § 132 mit der Maßgabe, dass**
   a) **§ 132 Absatz 2 Satz 2 und 3 für die Vergabe von Konzessionen, die Tätigkeiten nach
      § 102 Absatz 2 bis 6 betreffen, nicht anzuwenden ist und**
   b) **die Obergrenze des § 132 Absatz 3 Nummer 2 für Bau- und Dienstleistungskonzessionen
      einheitlich 10 Prozent des Wertes der ursprünglichen Konzession beträgt,**
4. **die §§ 133 bis 135,**

---

16 Vgl. u.a. OLG Düsseldorf. Beschl. v. 12.12.2007 – VII-Verg 34/07 jeweils m.w.N.; davon ist bislang kein
    OLG abgewichen.
17 So auch Schröder, NZBau 2015, 351, 354.
18 EuGH, Urt. v. 25.03.2010 – C- 451/08, Helmut Müller, Rn. 48 ff., 54.
1   Siehe dazu die Kommentierung zu § 130 GWB.

5. § 138 hinsichtlich der Vergabe von Konzessionen durch Konzessionsgeber im Sinne des § 101 Absatz 1 Nummer 2 und 3 an verbundene Unternehmen,

6. § 139 hinsichtlich der Vergabe von Konzessionen durch Konzessionsgeber im Sinne des § 101 Absatz 1 Nummer 2 und 3 an ein Gemeinschaftsunternehmen oder durch Gemeinschaftsunternehmen an einen Konzessionsgeber im Sinne des § 101 Absatz 1 Nummer 2 und 3 und

7. § 140 hinsichtlich der Vergabe von Konzessionen durch Konzessionsgeber im Sinne des § 101 Absatz 1 Nummer 2 und 3 für unmittelbar dem Wettbewerb ausgesetzte Tätigkeiten.

1   Die Vorschrift verfolgt das Ziel, weitere wesentliche Vorschriften der Richtlinie 2014/23/EU durch Verweisung unter bestimmten Maßgaben auf die Vorschriften zur Vergabe von öffentlichen Aufträgen durch öffentliche Auftraggeber umzusetzen.

2   Nach § 154 Nr. 1 findet die in § 118 geregelte Vorschrift zu den vorbehaltenen öffentlichen Aufträgen zwecks Umsetzung von Artikel 24 entsprechende Anwendung.

3   § 154 Nr. 2 setzt Artikel 38 Abs. 4 unter Absatz 1 und unter Absatz 5 unter Absatz 1 der Richtlinie 2014/23/EU um, welche vorsehen, dass für diejenigen Konzessionsgeber, bei denen es sich um öffentliche Auftraggeber oder um im Sektorenbereich tätige öffentliche Auftraggeber handelt, zwingende Ausschlussgründe gelten, die denen nach Artikel 57 Abs. 1 und 2 der Richtlinie 2014/24/EU entsprechen. Daher ist für diese Konzessionsgeber eine entsprechende Geltung von § 123 GWB vorgesehen.

4   Für Konzessionsgeber, welche keine öffentlichen Auftraggeber sind, wird ausnahmsweise nur eine fakultative Geltung der zwingenden Ausschlussgründe vorgesehen. Für Konzessionsvergaben im Verteidigungs- oder Sicherheitsbereich wird der in Artikel 38 Abs. 7 der Richtlinie 2014/23/EU enthaltene zusätzliche fakultative Ausschlussgrund umgesetzt. Unternehmen können danach ausgeschlossen werden, wenn sie nicht die erforderliche Vertrauenswürdigkeit aufweisen, um Risiken für die nationale Sicherheit auszuschließen.

5   Die Regelungen zu Selbstreinigung (§ 125 GWB) und Höchstdauer des Ausschlusses ohne Modifikationen (§ 126 GWB) gelten entsprechend ohne Einschränkungen für die Konzessionsvergabe aller Konzessionsgeber.

6   § 154 Nr. 3 GWB sieht vor, dass § 131 Abs. 3 sowie § 132 zu Auftragsänderungen während der Vertragslaufzeit auf die Vergabe von Konzessionen ebenso grundsätzlich entsprechend anwendbar sind. Allerdings ist im Gegensatz zu § 132 Abs. 2 Satz 2 und 3 GWB keine absolute Begrenzung in Höhe von 50 % des Wertes vorgegeben, so dass die Verweisung insofern eingeschränkt wird. Zudem gibt es bei der de-minimes-Grenze des § 132 Abs. 3 Nr. 2 keine Unterscheidung zwischen Bau- und Dienstleistungskonzessionen, sondern eine einheitliche Höchstgrenze in Höhe von 10 % des ursprünglichen Wertes der Konzession.

7   § 154 Nr. 4 GWB dient der Umsetzung von Artikel 44 der Richtlinie 2014/23/EU und erklärt die Regelung der §§ 133 – 135 GWB zur Kündigung von Aufträgen hinsichtlich der Kündigung von Konzessionen für entsprechend anwendbar.

8   Schließlich werden auch die Regelungen des § 138 hinsichtlich der Vergabe von Konzessionen durch Konzessionsauftraggeber im Sinne des § 101 Abs. 1 Nr. 2 und 3 an verbundene Unternehmen, des § 139 hinsichtlich der Vergabe von Konzessionen durch Konzessionsauftraggeber im Sinne des § 101 Abs. 1 Nr. 2 und 3 an einem Gemeinschaftsunternehmen oder durch Gemeinschaftsunternehmen an einen Konzessionsauftraggeber im Sinne des § 101 Abs. 1 Nr. 2 und 3 sowie § 140 hinsichtlich der Vergabe von Konzessionen durch Konzessionsauftraggeber im Sinne des § 101 Abs. 1 Nr. 2 und 3 für unmittelbar dem Wettbewerb ausgesetzte Tätigkeiten für entsprechend anwendbar geregelt (**§ 154 Nr. 5 bis 7 GWB**). Damit werden auch die Ausnahmevorschriften für Sektorenauftraggeber entsprechend umgesetzt.

Kapitel 2 Nachprüfungsverfahren

Abschnitt 1 Nachprüfungsbehörden

§ 155 Grundsatz

Unbeschadet der Prüfungsmöglichkeiten von Aufsichtsbehörden unterliegt die Vergabe öffentlicher Aufträge und von Konzessionen der Nachprüfung durch die Vergabekammern.

A. Allgemeines

§ 155 GWB entspricht dem bisherigen § 102 GWB, mit der Ergänzung, dass sich die Nachprü- **1** fungsmöglichkeit nunmehr zusätzlich auf die Vergabe von Konzessionen bezieht. Der Text der Altfassung hieß »Unbeschadet der Prüfungsmöglichkeiten von Aufsichtsbehörden unterliegt die Vergabe öffentlicher Aufträge der Nachprüfung durch die Vergabekammern«. Die Erweiterung der Nachprüfungsmöglichkeit auf die Vergabe von Konzessionen geht auf das EU-Vergaberecht zurück, vgl. Art. 46, 47 der Konzessions-Richtlinie 2014/23/EU (in Kraft getreten am 17.04.2014). Schon in der sogenannten Telaustria-Entscheidung hatte der EuGH zwar klargestellt, dass unterlegene Bieter die Möglichkeit haben müssen, eine Konzessionsentscheidung überprüfen lassen zu können.[1] Nicht vorgegeben war jedoch die konkrete Ausgestaltung dieser Nachprüfungsmöglichkeit. Folge davon war eine erhebliche Rechtsunsicherheit in Bezug auf die Weite des Rechtsschutzes und (in Deutschland) des zu beschreitenden Rechtsweges.[2] Art. 46, 47 KVR (Konzessionsrichtlinie 2014/23/EU) nehmen allerdings nunmehr eine Änderung der vergaberechtlichem EU-Rechtsmittelrichtlinien vor und erweitern deren Anwendungsbereich auch auf Konzessionsvergaben, die in den Anwendungsbereich der KVR fallen. Das hat die deutsche Umsetzung der EU-Vergaberichtlinien, die am 17.04.2014 in Kraft getreten sind, in § 155 GWB nunmehr berücksichtigt.

Die Vorschrift des § 155 GWB eröffnet das 2. Kapitel des GWB-Vergaberechts. Während im ersten **2** Kapitel in 3 Abschnitten das Vergabeverfahren mit seinen Grundsätzen, Definitionen und Anwendungsbereich im 1. Abschnitt, und grundlegenden Vorschriften zur Vergabe von öffentlichen Aufträgen durch öffentliche Auftraggeber einerseits (Abschnitt 2) und ferner in besonderen Bereichen und von Konzessionen andererseits (Abschnitt 3) geregelt werden, was seine nähere Ausgestaltung in den ebenfalls neu geschaffenen Regelungen der Vergabeverordnung 2016, Sektorenverordnung 2016 und Konzessionsvergabeverordnung 2016 findet, enthält das **Kapitel 2** das für alle öffentlichen Auftragsvergaben geregelte **Rechtsschutzverfahren** vor den **Nachprüfungsbehörden**. In

---

1 EuGH v. 17.12.2000, NZBau 2001, 148: »Kraft dieser Verpflichtung zur Transparenz muss der Auftraggeber zu Gunsten potentieller Bieter einen angemessenen Grad von Öffentlichkeit sicherstellen, der den Dienstleistungsmarkt dem Wettbewerb öffnet und die Nachprüfung ermöglicht, ob die Vergabeverfahren unparteilich durchgeführt wurden« (Rn. 62).
2 Vgl. einerseits OLG Düsseldorf VergabeR 2011, 471, 474 ff.; andererseits OLG Jena VergabeR 2010, 705, 711; Brüning NZBau 2012, 216.

Abschnitt 1 des Kap. 2 sind in den §§ 155–159 GWB die »**Nachprüfungsbehörden**« beschrieben, und das eigentliche, zweitinstanzliche Verfahren vor den Nachprüfungsinstanzen in den Vorschriften der §§ 160–179 GWB. Das **Nachprüfungsverfahren** teilt sich auf in eine erste Instanz vor der Vergabekammer, §§ 160 bis 170 GWB, sowie einer zweiten Instanz (Beschwerdeverfahren) vor dem Vergabesenat bei den jeweiligen Oberlandesgerichten, §§ 171 bis 179 GWB. Will ein Oberlandesgericht von einer Entscheidung eines anderen Oberlandesgerichts oder des Bundesgerichtshofs abweichen, so legt es im Rahmen einer sogenannten **Divergenzvorlage** die Sache dem Bundesgerichtshof vor, der anstelle des Oberlandesgerichts entscheidet, § 179 Abs. 2 GWB. Eine Ausnahme hiervon bildeten für einige Jahre solche vergaberechtlichen Nachprüfungsverfahren, die Rechtsbeziehungen nach § 69 SGB V betrafen, das heißt **Beziehungen der Krankenkassen zu den Leistungserbringern**. Hierfür war nach § 116 Abs. 3 GWB a.F. in zweiter Instanz das Landessozialgericht zuständig, welches eine etwaige Divergenzvorlage nach § 124 Abs. 2 GWB a.F. zum Bundessozialgericht vorzunehmen hatte. Das hat der Gesetzgeber aber wieder korrigiert, und den früheren Zustand wiederhergestellt. Näheres dazu siehe nachfolgend Ziffer B.

3   Sodann enthalten schließlich die nachfolgenden Regelungen der §§ 180 bis 185 GWB sonstige Regelungen wie Schadensersatz bei Rechtsmissbrauch, Anspruch auf Ersatz des Vertrauensschadens und insbesondere Kostenregelungen. Wichtig im 6. Teil des GWB ist die **Übergangsvorschrift des § 186 GWB**. Sie stellt für die Anwendung des Nachprüfungsrechts darauf ab, wann ein Vergabeverfahren begonnen hat. So ist das GWB Fassung 2006 für Vergabeverfahren anzuwenden, die vor dem 24.04.2009 begonnen haben, einschließlich der sich an diese anschließende Nachprüfungsverfahren, sowie am 24.04.2009 bereits anhängige Nachprüfungsverfahren, vgl. § 131 Abs. 8 GWB a. F. Das GWB Fassung 2009 war entsprechend für Vergabeverfahren anzuwenden, die vor dem 14.12.2011 begonnen haben, inklusive der Nachprüfungsverfahren, die sich an diese Vergabeverfahren angeschlossen haben, und schließlich für am 14.12.2011 bereits anhängige Nachprüfungsverfahren, vgl. § 131 Abs. 9 GWB a. F. Alles, was an Vergabeverfahren später begonnen wurde, war nach der GWB Fassung 2012 zu beurteilen. Dies gilt nach Maßgabe des jetzigen § 186 Abs. 2 GWB für Vergabeverfahren, die vor dem 18.04.2016 begonnen haben, einschließlich der sich an diese anschließende Nachprüfungsverfahren sowie am 18.04.2016 anhängige Nachprüfungsverfahren. Diese werden nach dem Recht zu Ende geführt, das zum Zeitpunkt der Einleitung des Verfahrens galt, und das ist noch die GWB Fassung 2012. Alles, was an Vergabeverfahren nach dem 18.04.2016 begonnen hat, ist nach der jetzigen **GWB Fassung 2016** zu beurteilen.

4   Nach § 155 GWB bleiben die Prüfungsmöglichkeiten von Aufsichtsbehörden, die schon vor dem Inkrafttreten des Bieterrechtsschutzes des Vergaberechtsänderungsgesetzes bestanden, unangetastet. Gleiches gilt für die sogenannten Vergabeprüfstellen. Sie können nach wie vor parallel angerufen werden, jedoch wird dies seit der Neufassung des GWB 2009 nicht mehr gesondert geregelt, da die Bedeutung der Vergabeprüfstellen insbesondere wegen des fehlenden Zuschlagsverbotes bei deren Anrufung praktisch bedeutungslos war.[3] Der Grundsatz in § 155 GWB klärt ausdrücklich, dass das Verhalten der Vergabestelle im Rahmen der Vergabe von öffentlichen Aufträgen »gerichtlich« überprüft werden kann, und zwar vor den Vergabekammern.

I. Entstehungsgeschichte

5   Die Möglichkeit, vor einer Zuschlagserteilung der Vergabestelle **effektiv** deren Handeln im Vergabeverfahren »gerichtlich« überprüfen zu lassen, ist auf die europäischen Vorgaben in den EG-Vergaberichtlinien, insbesondere die Rechtsmittelrichtlinie, zurückzuführen. Der **EuGH** beanstandete in seiner Entscheidung v. 11.08.1995[4] die fehlende Installation eines effektiven Bieterrechtsschutzsys-

---

3   Vgl. die Gesetzesbegründung zur Streichung des § 103 GWB a. F., der im Einzelnen die Vergabeprüfstellen regelte, BT-Drucks. 16/10117 zu Nr. 9 (§ 103) und Nr. 8 (§ 102). § 103 GWB a. F., der die Vergabeprüfstellen regelte, wurde ersatzlos gestrichen, und ebenso die flankierenden Hinweise in § 102 a. F. und § 104 a. F. GWB.
4   EuGH 11.08.1995 BauR 1995, 835, 836.

tems; der deutsche Gesetzgeber hatte »lediglich« die Baukoordinierungsrichtlinie 89/440/EWG und die Lieferkoordinierungsrichtlinie 88/295/EWG in die jeweiligen a-Paragrafen der VOB/A bzw. VOL/A (= jeweils 2. Abschnitte) übertragen. Aufgrund dessen besserte der Gesetzgeber zunächst in Form der sog. »haushaltsrechtlichen« Lösung[5] nach. Die Vergabestelle war allerdings immer noch nicht gehindert, trotz eines eingeleiteten Nachprüfungsverfahrens zwischenzeitig den Zuschlag zu erteilen, sodass der Rechtsschutz nicht wirklich effektiv war. Dies führte zum 4. Teil des GWB mit insbesondere nunmehr subjektivem Bieterrechtsschutz in § 97 Abs. 7 GWB a. F. (heute § 97 Abs. 6 GWB), und einem automatischen, gesetzlichen Zuschlagsstopp nach Zugang[6] des Nachprüfungsantrages beim öffentlichen Auftraggeber, § 115 Abs. 1 GWB a. F. (heute § 169 GWB).[7]

II. Weitere Entwicklung: Gesetzgeber versus Rechtsprechung

Knapp 17 Jahre nach Inkrafttreten des GWB kann festgestellt werden, dass die **Rechtsprechung** 6 Inhalt und Reichweite des »GWB-Rechtsschutzes« **extensiv** mit zumeist Blick auf das Schließen von Vergaberechtsschutzlücken auffasst,[8] während der **Gesetzgeber** bemüht ist, Ausnahmebereiche zu schaffen und den Bieterrechtsschutz zu entkräften:

Zunächst hat der **BGH** infolge der Entscheidung des **EuGH** »**Stadt Halle**«[9] festgehalten, dass der 7 **Begriff des Vergabeverfahrens** nicht eingeschränkt bloß formell, sondern materiell zu verstehen ist. Das GWB-Vergaberecht bietet nämlich die Möglichkeit, das Verhalten der Vergabestelle bis zur Zuschlagserteilung effektiv vor der Vergabekammer überprüfen zu lassen, und zwar beschränkt auf Auftragsvergaben oberhalb der in § 106 GWB geregelten Schwellenwerte (sog. europaweite Vergaben). Für solche Vergaben oberhalb der Schwellenwerte gilt der Rechtsschutz uneingeschränkt, d.h. nicht lediglich nur dann, wenn die Vergabestelle ein formelles Vergabeverfahren nach § 119 GWB eingeleitet hat, sondern immer dann, wenn materiell ein Beschaffungsvorgang seitens der Vergabestelle konkret eingeleitet worden ist, d.h. auch in Fällen der sog. de-facto-Vergabe.[10]

Die de-facto-Vergabe ist mittlerweile in § 101b GWB a.F., heute § 135 GWB geregelt.

In seiner Entscheidung v. **01.12.2008** hat der BGH sodann auch die **sog. Rettungsdienstleis-** 8 **tungen** dem Vergaberecht unterstellt,[11] nachdem dies zuvor im Hinblick darauf, dass **hoheitliche Aufgaben** von Privaten ausgeführt werden, kontrovers diskutiert, und schließlich der BGH zur Divergenzentscheidung angerufen wurde. Zur Begründung verweist der BGH schlicht darauf, dass § 99 Abs. 1 GWB nicht nach der Rechtsnatur des abzuschließenden Vertrages unterscheidet, und allein deshalb Rechtsgeschäfte dem GWB-Vergaberegime zuweist, weil der öffentliche Auftraggeber Leistungen durch einen Dritten für wünschenswert oder notwendig erachtet, und dies zum Anlass

---

5 Zweites Gesetz zur Änderung des Haushaltsgrundsätzegesetzes (§§ 57a bis 57c HGrG) v. 26.11.1993 (BGBl. I 1928, in Kraft getreten am 01.01.1994) sowie zwei aufgrund dieses Gesetzes am 22.02.1994 erlassene Rechtsverordnungen, die Verordnung über die Vergabebestimmungen für öffentliche Aufträge (Vergabeverordnung, BGBl. 1994, 321, in Kraft getreten am 01.03.1994) und die Verordnung über das Nachprüfungsverfahren für öffentliche Aufträge (Nachprüfungsverordnung, BGBl. 1994, 324, in Kraft getreten am 01.01.1994).
6 Heute bloße Information in Textform über einen bei der Vergabekammer eingegangenen Nachprüfungsantrag, vgl. § 115 Abs. 1 seit GWB Fassung 2009.
7 Weitere Details zur Situation vor dem Vergaberechtsänderungsgesetz siehe Kus in: Niebuhr/Kulartz/Kus/ Portz Kommentar zum Vergaberecht § 102 Rn. 7 ff. m.w.N.
8 Siehe insbesondere BGH 01.02.2005 X ZB 27/04 VergabeR 2005, 328, 330 – »Altpapierverwertung II«, BGH 01.12.2008 X ZB 31/08, VergabeR 2009, 156 = NZBau 2009, 201 – »Rettungsdienstleistungen«; BGH VergabeR 2012, 440 – »Rettungsdienstleistungen privater Natur«; BGH v. 18.06.2012, X ZB 9/11, VergabeR 2012, 839; BGH v. 08.02.2011, X ZB 4/10, VergabeR 2011, 452 – »S-Bahn Rhein/Ruhr«; BGH v. 30.08.2011, VergabeR 2012, 26 – »Grenzüberschreitendes Interesse« für Auftragsvergaben außerhalb des GWB.
9 BGH 01.02.2005, VergabeR 2005, 328, 330; EuGH 11.01.2005, VergabeR 2005, 44.
10 Näheres siehe unter § 156 GWB.
11 BGH 01.12.2008, X ZB 31/08, VergabeR 2009, 156 – »Rettungsdienstleistungen«.

nimmt, deren Erbringung auf vertraglichem Weg und nicht auf anderer Weise, etwa durch einen Beleihungsakt, sicherzustellen. Der Gesetzeswortlaut des § 99 Abs. 1 a.F. GWB sei insoweit völlig eindeutig, und ergänzend käme hinzu, dass das GWB selbst in § 100 Abs. 2 a. F. einen allgemein als **abschließend** angesehenen Ausnahmekatalog von Verträgen benennt, für die das GWB-Vergaberegime nicht gelten soll. Auch nach dem **Zweck** des GWB erscheine es geradezu sinnvoll, auch Rettungsdienstleistungen dem Vergaberechtsregime zu unterstellen, weil es in dem Bereich bekanntermaßen althergebrachter Praxis entspräche, die fraglichen Leistungen durch außerhalb des Staates stehende Organisationen oder Unternehmen, häufig auf sogar rein privatrechtlicher Grundlage, erbringen zu lassen. Ein etwa ausdrücklich entgegenstehender gesetzgeberischer Wille könne nicht festgestellt werden. Und auch die sog. Bereichsausnahmen der Art. 45 und 55 EG-Vertrag lägen nicht vor.[12]

9   **Reine Dienstleistungskonzessionen** fielen früher dagegen nicht unter das GWB-Vergaberecht, sondern in die Zuständigkeit der Landgerichte, wenn die Dienstleistungskonzession durch privaten Vertrag erfolgte, anderenfalls vor die Verwaltungsgerichte, wenn zur Vergabe die Form des öffentlichen Rechts gewählt worden ist.[13] War **streitig**, ob die Vergabe der Dienstleistungskonzession gesetzeswidrig ist, und der Auftrag nur im Wege eines öffentlichen Vergabeverfahrens hätte erfolgen dürfen, waren die Nachprüfungsinstanzen für diese Prüfung (im Rahmen der Begründetheit) zuständig.[14] Nach der Neufassung unterliegen nun alle GWB-Konzessionen dem Nachprüfungsrecht.

10   Nach einer weiteren Entscheidung des BGH v. **08.02.2011** erfasste das GWB-Vergaberecht auch die Erbringung **gemeinwirtschaftlicher Leistungen durch Eisenbahnverkehrsunternehmen**, solange dies keine Dienstleistungskonzession, sondern einen ausschreibungspflichtigen Dienstleistungsauftrag darstellt.[15] Auch dieser Differenzierungen bedarf es aufgrund der Neufassung des § 155 GWB nunmehr nicht mehr.

11   Für erhebliches Aufsehen sorgte schließlich die Rechtsprechung des **OLG Düsseldorf** und ihm folgend weiterer Oberlandesgerichte,[16] die ab Mitte des Jahres 2007 urplötzlich **öffentlich-rechtliche Immobiliengeschäfte in Form von Grundstücksveräußerungen** dem Vergaberecht unterstellten, sofern sie **mit »Bauverpflichtungen«** des Grundstückskäufers einhergingen. Diese Ausdehnung des

---

12 BGH VergabeR 2009, 156 –»Rettungsdienstleistungen«.

13 BGH v. 23.01.2012, VergabeR 2012, 440 ff. Der Vergabesenat kann dann an das Gericht des zulässigen Rechtsweges verweisen.

14 BGH v. 18.06.2012, X ZB 9/11, VergabeR 2012, 839 – »Dienstleistungskonzession«.

15 BGH v. 08.02.2011, X ZB 4/10, VergabeR 2011, 452 – »S-Bahn Rhein/Ruhr«.

16 OLG Düsseldorf 13.06.2007, NZBau 2007, 530 = VergabeR 2007, 634 – »Ahlhorn«; 12.12.2007, VergabeR 2008, 99 =NZBau 2008, 139 – »Wuppertal-Vohwinkel«;06.02.2008, VergabeR 2008, 229 = NZBau 2008, 271 – »Oer-Erkenschwick«; 30.04.2008, VergabeR 2008, 835 = NZBau 2008, 461 – »Oberstolberg«; 18.06.2008, VII Verg 23/08 – Folgebeschluss »Oberstolberg«; 14.05.2008, VergabeR 2008, 661 – »Sportarena«; 20.05.2008, VII-Verg 27/08; 02.10.2008, VergabeR 2008, 933 = NZBau 2008, 727 – »Husaren-Kaserne Sontra« (Vorlagebeschluss EuGH); 29.10.2008, VII-Verg 35/08, 04.03.2009, Verg 67/08, NZBau 2009, 334 –»Bahnhof O.«; OLG Bremen 13.03.2008, VergabeR 2008, 558 mit Anm. Kus = NZBau 2008, 336 –»Windkraftanlage«; OLG München 04.04.2008, VergabeR 2008, 665 = NZBau 2008, 542 – »Umsiedlung Baufachmarkt«; OLG Karlsruhe 13.06.2008, NZBau 2008, 537 = VergabeR 2008, 826 – »Lebensmittelverbrauchermarkt«; VK Hessen 05.03.2008, NZBau 2008, 339 – »Stadtallendorf«; 04.09.2008, NZBau 2008, 795 mit Anm. von Gehlen – »Seniorenresidenz Wiesbaden«; VK Brandenburg 15.02.2008, VK 2/08 – »Sankt-Annen-Center«; Literatur (Auswahl): Horn VergabeR 2008, 158; Ziekow VergabeR 2008, 151; Grotelüschen/Lübben VergabeR 2008, 169; Reidt VergabeR 2008, 11; ders. BauR 2007, 1664; Köster-Häfner NVwZ 2007, 410; Wagner NJW-Spezial 2008, 12; Greb/Rolshoven NZBau 2008, 163; Schröer/Rosenkötter NZBau 2007, 717; DStGB-Dokumentation Nr. 79 »Kommunale Immobiliengeschäfte und Ausschreibungspflicht«; Schotten NZBau 2008, 741; Schultz NZBau 2009, 18; zum Gegenstandswert einer Baukonzession: EuGH 18.01.2007, VergabeR 2007, 183 – »Stadt Roanne«; OLG Düsseldorf 27.09.2007, VergabeR 2008, 988; 21.07.2008, VergabeR 2008, 991; 02.10.2008, NZBau 2008, 933; OLG Brandenburg 27.06.2008, VergabeR 2008, 989; 29.05.2008, VergabeR 2008, 992; OLG München 16.06.2008, VergabeR 2008, 992; OLG Oldenburg 02.09.2008, VergabeR 2008, 995.

Vergaberechts wollte der **Gesetzgeber verhindern**, und führte deshalb die Neufassungen des öffentlichen Bauauftragsbegriffs und insbesondere der **Baukonzession** in § 99 Abs. 3 und Abs. 6 GWB Fassung 2009 ein. Nach dieser höchst umstrittenen Auffassung insbesondere des OLG Düsseldorf sollte sogar die endgültige Grundstücksübertragung auf einen privaten Investor mit einhergehender Bauverpflichtung eine Baukonzession darstellen, und zwar nach der früheren Tatbestandsvariante des § 97 Abs. 3 GWB a.F. »Bauleistungen durch Dritte gemäß den vom Auftraggeber genannten Erfordernissen«.[17] Das war zweifelhaft, da endgültig Eigentum am Grundstück verschafft wird und diese Eigentümerstellung des Investors mehr als ein bloß zeitlich befristetes Nutzungsrecht einer Konzession darstellt, und weil ein eigenes Beschaffungsinteresse des Auftraggebers vollkommen ausgeblendet wird. Diese Zweifelsfragen werden bereits durch die Neufassung des § 99 Abs. 6 GWB Fassung 2009 geklärt, weil dort nämlich ausdrücklich klarstellend geregelt wurde, dass die Baukonzession »nur« ein (zeitlich) »befristetes Recht auf Nutzung der baulichen Anlage« darstellt, und flankierend die Fassung des § 99 Abs. 3 GWB 2009 verlangte, dass die Bauleistung durch Dritte gemäß den vom Auftraggeber genannten Erfordernissen dem Auftraggeber »unmittelbar wirtschaftlich zugute kommt«. Mit dieser Neuregelung waren die Immobiliengeschäfte in Form von Grundstücksveräußerungen aber nicht völlig vergaberechtsfrei. Denn der EuGH hat auf den Vorlagebeschluss des OLG Düsseldorf hin zwar dessen sehr weite Rechtsprechung zurückgewiesen,[18] das Problem bleibt aber in eingeschränktem Maße nach wie vor vorhanden. Denn wenn der Auftraggeber ein Grundstück an einen Investor verkauft,[19] im Vertrag aber bauliche Leistungen verlangt, die er ohne städtebauliche Regelungskompetenzen nicht durchsetzen könnte, und er dies mit finanziellen Beiträgen wie einem Grundstücksverkauf unter Wert kombiniert, bleibt das Vergaberecht anwendbar.[20] Auch bleibt immer zu prüfen, ob für den Auftrag eine Binnenmarktrelevanz gegeben ist, sodass die EG-Primärrechtsgrundsätze aus dem AEU-Vertrag (früher EG-Vertrag) zu berücksichtigen sind.[21] Die Veräußerung eines Grundstücks mit Bauverpflichtung im Rahmen der Wohnraumförderung ohne weiter gehende Verpflichtung des Erwerbers ist hingegen kein öffentlicher Bauauftrag, weil die Bauleistung dem öffentlichen Auftraggeber nicht unmittelbar wirtschaftlich zugutekommt.[22] Reagierend darauf ist in der 3. Alternative des heutigen **§ 103 Abs. 3 GWB** klargestellt worden, dass die Erbringung der Bauleistung gemäß den von einem öffentlichen Auftraggeber (oder Sektorenauftraggeber) genannten Erfordernissen voraussetzt, dass der betreffende Auftraggeber Maßnahmen getroffen hat, um die Art des Vorhabens festzulegen, oder zumindest einen entscheidenden Einfluss auf dessen Planung haben muss. Ob der Auftragnehmer das Bauvorhaben ganz oder zum Teil mit eigenen Mitteln durchführt oder dessen Durchführung mit anderen Mitteln sicherstellt, ist hingegen unerheblich für die Einstufung der entsprechenden Bauleistung als Bauauftrag, solange der Auftragnehmer eine direkte oder indirekte rechtswirksame Verpflichtung zur Gewährleistung der Erbringung der Bauleistungen übernimmt.[23]

Die **sog. interkommunale Zusammenarbeit** unterfällt nach der Vergaberechtsprechung ebenso 12
dem Vergaberechtsregime. Auch dem versuchte der Gesetzgeber durch eine Neuregelung des § 99
Abs. 1 a. F. GWB entgegenzuwirken, sah davon aber nach heftiger Kritik und einem Gegengutachten zunächst ab.[24] Nunmehr ist ausdrücklich geregelt, wann eine öffentlich-öffentliche Zusam-

---

17 OLG Düsseldorf NZBau 2007, 530 – »Fliegerhorst Ahlhorn«; NZBau 2008, 139 – »Wuppertal«; VergabeR
    2008, 229 – »Oer-Erkenschwick«; VergabeR 2008, 933 – »Wildeshausen« (Vorlagebeschluss EuGH).
18 EuGH v. 25.03.2010, C – 451/08, VergabeR 2010, 441 – »Wildeshausen«.
19 Die reine Grundstücksveräußerung ist kein Beschaffungsakt, EuGH »Wildeshausen«, Rn. 41, auch
    nicht im Zusammenhang mit dem bloßen Erlass eines Bebauungsplans, EuGH »Wildeshausen«, Rn. 47;
    OLG Düsseldorf VergabeR 2009, 799 mit Anmerkung Kus.
20 Otting IBR 2010, 282.
21 So OLG Düsseldorf v. 27.10.2010, Verg 25/08, IBR 2011, 228, im Anschluss an die EuGH-Entscheidung
    »Wildeshausen«.
22 OLG München v. 27.09.2011, Verg 15/11, IBR 2011, 652.
23 So die Gesetzesbegründung zu § 103 Abs. 3 GWB.
24 BT-Drucks. 16/11428 17.12.2008 zu § 99 Abs. 1 GWB-E, siehe im Einzelnen die Kommentierung zu
    § 99 Abs. 1 GWB. Zu dem Thema umfassend Jennert, Beitrag Düsseldorfer Vergaberechtstag 05.06.2009.

menarbeit von zwei oder mehreren öffentlichen Auftraggebern nicht unter das GWB-Vergaberecht fällt, nämlich nach näherer Maßgabe des § 108 Abs. 6 GWB. Freilich soll diese Ausnahme nach der Gesetzesbegründung auch bei einer Kooperation von öffentlichen Auftraggebern gelten, an denen private Kapitalbeteiligungen bestehen (siehe im Einzelnen die Kommentierung zur Vorschrift). Kritisiert wird die damit einhergehende, weitgehende Öffnung für vergaberechtsfreie öffentliche Kooperation zulasten der Privatwirtschaft, unter Außerachtlassung der insoweit einschränkenden Entscheidung des OLG Koblenz.[25]

13 An zahlreichen Stellen hatte der Gesetzgeber bereits im »GWB 2009« mit der Argumentation, für ein effektiveres **Nachprüfungsverfahren** sorgen zu wollen, schließlich Regelungen eingeführt, die im Ergebnis den bislang erreichten Bieterrechtsschutz **entkräften**. So wurde beispielsweise die Rügepflicht in § 107 GWB a. F. verstärkt, und die Vorabgestattung des Zuschlags vor Entscheidung der Vergabekammer erleichtert, § 115 GWB (Einzelheiten siehe bei der jeweiligen Kommentierung). Zwar wurde in § 160 Abs. 3 Nr. 1 GWB wegen der problematischen Europarechtswidrigkeit des Begriffes »unverzüglich«[26] die Rügefrist auf 10 Kalendertage klarstellend festgesetzt, was zu begrüßen ist, jedoch in § 160 Abs. 3 S. 1 Nr. 3 GWB die früheren Wörter »in der Bekanntmachung« gestrichen, um damit zu gewährleisten, dass auch in Vergabeverfahren mit vorgeschaltetem Teilnahmewettbewerb eine Rügeobliegenheit der ausgewählten Teilnehmer in Bezug auf in den Vergabeunterlagen erkennbare Vergabeverstöße bis zum Ablauf der Angebotsfrist besteht.[27]

III. Rechtsanwendung

14 Die Vergabekammer ist eine gerichtsähnliche Nachprüfungsinstanz,[28] die ihre Entscheidungen durch Verwaltungsakt trifft, § 168 Abs. 3 GWB. Auch wenn die Vergabekammer ihre Tätigkeit unabhängig und in eigener Verantwortung ausübt, § 157 Abs. 1 GWB, handelt es sich bei ihr organisatorisch um eine Einrichtung innerhalb der Verwaltung.[29] Das Verfahren vor der Vergabekammer zielt dabei nicht allein auf die bloße Überprüfung der Rechtmäßigkeit eines abgeschlossenen Vergabeverfahrens ab, sondern auf den Erlass eines Verwaltungsakts in einem noch laufenden Vergabeverfahren. Trotz seiner gerichtsähnlichen Ausgestaltung handelt es sich demnach um ein **Verwaltungsverfahren**.[30] Aufgrund dessen erscheint es gerechtfertigt, **subsidiär** zu den Verfahrensregelungen des § 160 ff. GWB das allgemeine Verfahrensrecht der §§ 9 ff. VwVfG (bzw. entsprechende Länderregelungen) anzuwenden, sodass folgende **Verfahrensrechtsrangfolge** gilt:

– die Vergabekammerverfahrensregeln der §§ 160 bis 169 GWB mit ihren Sonderverweisungen in § 163 Abs. 2 Satz 4 GWB und § 168 Abs. 3 GWB auf die §§ 57 bis 59 Abs. 1 bis 5, §§ 61, 86 a Satz 2 GWB bzw. Verwaltungsvollstreckungsgesetze des Bundes und der Länder[31]
– das allgemeine Verwaltungsverfahrensrecht der §§ 9 ff. VwVfG (bzw. entsprechende Länderregelungen)
– die Verwaltungsgerichtsordnung (VwGO)[32]

---

25 BDE Bundesverband der Deutschen Entsorgungs-, Wasser- und Rohstoffwirtschaft e.V.; OLG Koblenz VergabeR 2015, 192.

26 Vgl. EuGH v. 28.01.2010, C-406/08 – »Uniplex«, Rn. 43.

27 Vgl. die Gesetzesbegründung zu § 160 GWB, ferner dazu VK Bund v. 12.12.2013, VK 1 – 101/13, wonach die Rügenotwendigkeit mangels Nennung der Angebotsfrist in der Bekanntmachung nicht bestand.

28 Vgl. BGH 09.12.2003 X ZB 14/03 VergabeR 2004, 414, 416.

29 BGH 09.12.2003 X ZB 14/03 VergabeR 2004, 414, 416.

30 So ausdrücklich BGH 09.12.2003 X ZB 14/03 VergabeR 2004, 414, 416.

31 Zur Anwendung von Zwangsmitteln bei Zuwiderhandlungen der Vergabestelle gegen Entscheidungen der Vergabekammer nach den Vorschriften des Verwaltungsvollstreckungsgesetzes des Bundes vgl. OLG Düsseldorf 29.12.2000 Verg 31/00 VergabeR 2001, 62, 63; vgl. ferner KG 24.10.2001 Kart Verg 10/01 VergabeR 2002, 100, 101.

32 Das Verfahren vor der Vergabekammer ist ein Verwaltungsverfahren, BGH 09.12.2003 X ZB 14/03 VergabeR 2004, 414, 416, und gleicht demgemäß weit eher dem verwaltungsgerichtlichen Verfahren als einem Zivilprozess, BGH 09.02.2004 X ZB 44/03 VergabeR 2004, 201, 204.

Durch die **Regelung des § 170 GWB** ist (das an sich Selbstverständliche) klargestellt, dass von den Regelungen der §§ 160 bis 169 GWB, soweit sie Regelungen zum Verwaltungsverfahren enthalten, nicht durch Landesrecht abgewichen werden darf.

B. Exklusiver Rechtsweg für europaweite Vergaben

Bereits nach dem Gesetzgeber soll durch die Vorschriften der §§ 102, 104 Abs. 2 GWB a. F. (heute 15 §§ 155, 156 Abs. 2) ein **eigenständiger ausschließlicher Rechtsweg** für den Primärrechtsschutz in Vergabesachen begründet werden.[33] Das wurde im **Jahr 2008** durch das Gesetz zur Weiterentwicklung der Organisationsstrukturen in der gesetzlichen Krankenversicherung (GKV-OrgWG), welches am 18.12.2008 in Kraft getreten ist, für die Beziehungen der Krankenkassen zu den Leistungserbringern **bekräftigt.** Denn zuvor war streitig, ob für die Auftragsvergaben der Krankenkassen, deren öffentliche Auftraggebereigenschaft im Sinne des Vergaberechts mittlerweile geklärt ist,[34] nicht der Rechtsweg zu den Sozialgerichten eröffnet ist. Das BSG hatte dies mit Beschl. v. 22.04.2008 bejaht,[35] der BGH mit kurz darauf folgendem Beschl. v. 15.07.2008 hingegen verneint, und den Rechtsweg vor der Vergabekammer für einschlägig erachtet.[36] Der Gesetzgeber entschied sich richtigerweise für die **Exklusivität** des vergaberechtlichen Rechtsweges und der einheitlichen Zuständigkeit der Vergabekammern, auch wenn er in den weiteren Instanzen inkonsequenterweise und mit anzunehmenden Folgen einer zersplitternden Rechtsprechung die Landessozialgerichte und nachfolgend das BSG bei Divergenzentscheidungen für zuständig einordnete (vgl. §§ 116 Abs. 3 a.F., 124 Abs. 2 a.F. GWB). Letzteres korrigierte der Gesetzgeber schließlich und führte in zweiter Instanz wieder die alleinige, **exklusive** Zuständigkeit der Vergabesenate der jeweiligen Oberlandesgerichte auch in Rechtsstreitigkeiten in Beziehungen der Krankenkassen zu den Leistungserbringern nach § 69 SGB V ein, in dem der Gesetzgeber in der alten Fassung des § 116 Abs. 3 Satz 1 den zweiten Halbsatz »für Streitigkeiten über Entscheidungen von Vergabekammern, die Rechtsbeziehungen nach § 69 des Fünften Buches Sozialgesetzbuch betreffen, sind die Landessozialgerichte zuständig« wieder strich und die vorherige Fassung wiederherstellte, vgl. § 116 Abs. 3 a. F. bzw. heute § 171 Abs. 3 GWB.[37]

Von der **Reichweite** her hat der **BGH** bereits in seiner Entscheidung v. **01.02.2005**[38] klargestellt, 16 dass dieser Rechtsweg nach § 102 GWB (heute § 155 GWB) bei **jeder** Beschaffungsmaßnahme eines öffentlichen Auftraggebers im Sinne von § 98 GWB eröffnet ist, die zum Ziel hat, einen öffentlichen Auftrag im Sinne von § 99 GWB (heute § 103 GWB) abzuschließen, sofern keine Ausnahme von der Anwendung des Vergaberechts im Sinne des §§ 100 Abs. 2–8, 100 a, 100 b, 100c GWB a.F. (heute §§ 107, 108, 109, 116, 137, 138, 139, 145, 149, 150) vorliegt und der Schwellenwert im Sinne des § 100 Abs. 1 GWB a.F. erreicht oder überschritten wird. Dabei kommt es nicht darauf an, ob für die Beschaffungsmaßnahme ein förmliches Vergabeverfahren

---

33 Begründung zum Kabinettsentwurf § 114 GWB-E (§ 104 Abs. 2 GWB), BT-Drucks. 13/9340; siehe OLG Schleswig 06.07.1999 6 U Kart 22/99 »Herrenbrücke« WuW 2000, 99 ff.; § 104 Abs. 2 Satz 1 GWB ist eine zulässige Zuweisungsnorm zur Vergabekammer im Sinne des § 13 GVG sowie eine bundesgesetzliche Sonderzuweisung im Sinne des § 40 Abs. 1 Satz 1 VwGO, vgl. Kus in: Niebuhr/Kulartz/Kus/Portz § 102 Rn. 33, 36.

34 OLG Düsseldorf, VergabeR 2008, 73, 76 – »AOK-Rabattverträge I«; Schlussanträge des GA Jan Mazak 16.12.2008, C-300/07, in der Rechtssache zum Vorlagebeschluss des OLG Düsseldorf »Orthopädisches Schuhwerk«, NZBau 2007, 525.

35 BSG, NZBau 2008, 527.

36 BGH, NZBau 2008, 662 = VergabeR 2008, 787.

37 Flankierend besagt § 51 Abs. 3 SGG n.F., dass von der Zuständigkeit der Landessozialgerichte Streitigkeiten im Verfahren nach dem GWB, die Rechtsbeziehungen nach § 69 SGB V betreffen, ausgenommen sind. Die bei den Landessozialgerichten anhängigen, noch nicht erledigten Verfahren gehen in dem Stadium, in dem sie sich befinden, auf das für den Sitz der Vergabekammer zuständige Oberlandesgericht über, § 207 SGG.

38 BGH 01.02.2005 X ZB 27/04 »Altpapierverwertung II« VergabeR 2005, 328, 330.

eingeleitet worden ist. Denn der **Wortlaut** des § 102 GWB a.F., wonach »die Vergabe öffentlicher Aufträge« der Nachprüfung unterliegen, erfasse bei der gebotenen gemeinschaftskonformen Auslegung und den hierzu getroffenen Aussagen des EuGH in seiner Entscheidung v. 11.01.2005[39] nicht nur Beschaffungsmaßnahmen eines förmlichen Vergabeverfahrens im Sinne des § 101 GWB a.F., sondern **jedes materielle Beschaffungsverhalten** des öffentlichen Auftraggebers, also auch außerhalb förmlicher Vergabeverfahren. Die Begriffe in den prozessualen Nachprüfungsvorschriften des § 102 GWB a.F. »Vergabe öffentlicher Aufträge« und § 107 Abs. 2, Abs. 3 GWB a.F. »im Vergabeverfahren« reden, so der BGH, zutreffend nicht von einem förmlichen Vergabeverfahren, wobei der BGH **unabhängig** von dem Gemeinschaftsrecht zutreffend von der möglichen **Auslegung rein des deutschen GWB-Vergaberechts** in den genannten Vorschriften ausgeht, dass eben von einer solchen Förmlichkeit bzw. einem förmlichen Vergabeverfahren als Grundlage für die Anwendung des GWB-Vergaberechts und seiner prozessualen Nachprüfungsvorschriften überhaupt nicht die Rede ist. Der BGH propagiert die Prüfungsreihenfolge, wonach zunächst einmal die Klärung des Sinngehaltes des deutschen GWB-Vergaberechts vor dem Verständnis des EU-Vergaberechts maßgebend ist.[40]

17   Das Nachprüfungsverfahren der §§ 160 ff. GWB gilt danach also für alle Fälle, in denen
    – ein öffentlicher Auftraggeber im Sinne des § 98 GWB
    – ein materielles Verfahren mit dem Ziel durchführt, einen öffentlichen Auftrag im Sinne von § 103 GWB abzuschließen,
    – an dem mindestens ein Unternehmen beteiligt ist,
    – und der Schwellenwert nach § 106 GWB erreicht oder überschritten wird, und
    – keine Ausnahme nach §§ 107–109, 116, 137–139, 145, 149, 150 GWB vorliegt.[41]

18   **Konkret** liegt ein **materielles Beschaffungsverfahren** immer dann vor, wenn der öffentliche Auftraggeber zur Deckung seines Bedarfs bereits in ein Verfahren eingetreten ist, das auf eine Beschaffung von beispielsweise Dienstleistungen am Markt ausgerichtet ist und mit der Vergabe des Auftrags seinen Abschluss finden soll.[42] Damit unterliegen ganz im Sinne der EuGH-Entscheidung »Stadt Halle« auch solche Beschlüsse des öffentlichen Auftraggebers der Nachprüfung, die darauf ausgerichtet sind, kein förmliches Vergabeverfahren einzuleiten, sondern den Auftrag »direkt« zu vergeben (sog. De-facto-Vergabe). Ausgenommen sind lediglich Handlungen, die eine bloße Vorstudie des Marktes darstellen oder die rein vorbereitender Natur sind und sich im Rahmen der internen Überlegungen des öffentlichen Auftraggebers im Hinblick auf die Vergabe eines öffentlichen Auftrags abspielen.[43] Klargestellt ist nach der BGH-Entscheidung nun auch, dass das Nachprüfungsverfahren nur für Auftragsvergaben gilt, die **tatsächlich** die Schwellenwerte im Sinne des § 106 GWB erreichen oder überschreiten. Wird der Schwellenwert nicht erreicht und trotzdem freiwillig europaweit ausgeschrieben, so gilt das GWB-Nachprüfungsverfahren nicht.[44]

19   Nach dem **materiellen Verständnis** vom Vergabeverfahren **beginnt** das Vergabeverfahren nach der mittlerweile gefestigten Vergaberechtsprechung dann, wenn die folgenden beiden Voraussetzungen **kumulativ** vorliegen:

---

39 EuGH 11.01.2005 C-26/03 »Stadt Halle« VergabeR 2005, 44 Rn. 33.
40 Scharen, Vertragslaufzeit und Vertragsverlängerung als vergaberechtliche Herausforderung?, Vortrag auf dem 10. Düsseldorfer Vergaberechtstag, NZBau 2009, 679, 680; sowie BH v. 01.12.2008, VergabeR 2009, 156 – »Rettungsdienstleistungen«.
41 BGH 01.02.2005 X ZB 27/04 »Altpapierverwertung II« VergabeR 2005, 330, sowie VergabeR 2010, 799 mit Anm. Kus.
42 BGH 01.02.2005 X ZB 27/04 »Altpapierverwertung II« VergabeR 2005, 330.
43 EuGH 11.01.2005 C-26/03 »Stadt Halle« VergabeR 2005, 44 Rn. 35.
44 So bereits OLG Düsseldorf 31.03.2004 Verg 74/03; OLG Stuttgart NZBau 2003, 340; OLG Schleswig 30.03.2004 6 Verg 1/03 IBR 2004, 722; BayObLG 01.10.2001 Verg 6/01 VergabeR 2002, 63 ff., sowie 23.05.2002 Verg 7/02 VergabeR 2002, 510 ff., jeweils zu »20%-Kontingent«-Los; Noch IBR 2001, 442 m.w.N.

– Der öffentliche Auftraggeber entscheidet, einen gegenwärtigen oder künftigen Bedarf durch eine Beschaffung von Lieferungen, Dienst- oder Bauleistungen auf dem Binnenmarkt (und nicht durch Eigenleistung) zu decken (**interner Beschaffungsbeschluss**),
und er ergreift nach außen hin (über interne Überlegungen und Vorbereitungen hinaus) bestimmte, wie auch immer geartete Maßnahmen, um den Auftragnehmer mit dem Ziel eines Vertragsabschlusses zu ermitteln oder bereits zu bestimmen (**externe Umsetzung**).[45] **Eine bloße Absichtsbekundung gegenüber einem Leistungserbringer, den nach Ablauf bestehender Verträge weiterhin gegebenen Bedarf decken zu wollen, ist noch keine externe Umsetzung.**[46]

Primärrechtsschutz bedeutet die Durchsetzungsmöglichkeit von Ansprüchen auf eine bestimmte   20
Verhaltensweise des Auftraggebers bei der Vertragsanbahnung und in Vergabeverfahren bis zum Abschluss des Vertrages,[47] im Gegensatz zum Sekundärrechtsschutz in Form von Schadenersatz nach nicht mehr rückgängig zu machender, wirksamer Zuschlagserteilung.[48]

C. Aufsichtsbehörden

Die Prüfungsmöglichkeiten von Aufsichtsbehörden bleiben vom exklusiven Rechtsweg unberührt.   21
Die Aufsichtsbehörden, also die vorgesetzten Dienststellen des öffentlichen Auftraggebers, welche die **Rechtsaufsicht** und ggf. auch die Fachaufsicht ausüben, können zusätzlich zur Kontrolle des Vergabeverhaltens eingeschaltet werden, wobei sich dies nicht auf Auftragsvergaben oberhalb der Schwellenwerte beschränkt.[49] Die Aufsichtsbehörden haben von Amts wegen bei ihrer Anrufung die Möglichkeit, hinsichtlich der untergeordneten Vergabestelle das Vergabeverfahren zu beanstanden, auszusetzen oder auch aufzuheben, wenngleich diese Kontrollmöglichkeit in der Realität auch uneffektiv ist, weil es im Ermessen der Aufsichtsbehörde steht, ob und welche Aufsichtsmittel die Aufsichtsbehörde anwenden will.

Bis zur GWB-Novelle 2009 war auch die parallele Anrufung der Vergabeprüfstellen in den §§ 102   22
bis 104 GWB geregelt. Wegen der relativen Bedeutungslosigkeit wurde davon abgesehen, und die ausdrücklichen Regelungen aus dem GWB herausgenommen, gleichwohl nach wie vor die Möglichkeit deren Anrufung verbleibt.

D. Primärrechtsschutz für nationale Vergaben

I. Standpunkt des Gesetzgebers

Primärrechtsschutz für nationale Vergaben, d.h. für Auftragsvergaben der öffentlichen Hand unter-   23
halb der Schwellenwerte des § 106 GWB, war schon immer ein brisantes Thema. Der Gesetzgeber war von dessen Notwendigkeit bislang nicht überzeugt. Die Umsetzung der Vorgaben aus den EG-Vergaberichtlinien in die sog. »haushaltsrechtliche Lösung«, §§ 57a bis 57c HGrG, in Kraft getreten am 01.01.1994, gewährte noch nicht einmal für europaweite Vergaben einen effektiven Bieterrechtsschutz, weil das Gesetz ausdrücklich zum Ziel hatte, »individuelle, einklagbare Rechts-

---

45 OLG Düsseldorf v. 01.08.2012, Verg 10/12 – »Warnsystem«; v. 17.12.2014, Verg 26/14; OLG München IBR 2013, 1139; OLG Düsseldorf NZBau 2001, 696, 698; NZBau 2003, 55; NZBau 2004, 343; v. 09.12.2009, VII Verg 37/09; BayObLG, NZBau 2002, 397, 398; VergabeR 2003, 563, 564; VergabeR 2003, 669, 670; OLG Brandenburg VergabeR 2004, 773, 774; OLG Rostock NZBau 2003, 457, 458; KG v. 19.04.2012, Verg 7/11; a.A. OLG Naumburg VergabeR 2003, 196; v. 08.10.2009, 1 Verg 9/09, welches auf förmliche Maßnahmen wie eine Vergabebekanntmachung aus Gründen der Rechtssicherheit abstellt.
46 OLG Koblenz v. 15.08.2014, 1 Verg 7/14, MDR 2014, 1337.
47 Vgl. Marx in: Müller-Wrede § 21 VOF Rn. 2.
48 Siehe ausführlich hierzu Kus in: Niebuhr/Kulartz/Kus/Portz § 102 Rn. 4 ff.
49 Siehe auch Noch in: Byok/Jaeger Kommentar zum Vergaberecht § 102 Rn. 708; zu Vergabeprüfstellen siehe ferner Maimann NZBau 2004, 492, 493.

ansprüche der Bieter nicht entstehen zu lassen«.[50] Mehr auf außenpolitischen Druck als auf eigene Überzeugung hin wurden subjektive Bieterrechte und vor allen Dingen das Zuschlagsverbot während eines rechtshängigen Nachprüfungsverfahrens mit dem »GWB-Vergaberecht« am 01.01.1999 realisiert.[51] Aber auch hier klaffte noch eine erhebliche Rechtsschutzlücke, da zunächst die Bieter vorab nicht über die beabsichtigte Zuschlagserteilung an einen bestimmten Bieter informiert werden mussten, und daher mangels Informations**pflicht** der Vergabestelle es dem wahren Zufall überlassen blieb, ob nicht berücksichtigte Bieter von der Zuschlagsabsicht noch so rechtzeitig erfuhren, dass sie das Zuschlagsverbot über einen zugestellten Nachprüfungsantrag der Vergabekammer auch erreichen konnten.[52] Dies führte über die »Euro-Münzplättchen II«-Entscheidung der VK Bund[53] sowie der EuGH-Entscheidung »Alcatel Austria«[54] schließlich zur Vorabinformationspflicht des § 13 VgV, wobei allerdings auch diesbezüglich der Gesetzgeber in einer aktualisierten Fassung, die am 15.02.2003 in Kraft trat, »bieterschutzverkürzend« die 14-tägige Sperrfrist bereits ab Abgabe der Vorabinformation und nicht erst ab deren Zugang beim nicht berücksichtigten Bieter für maßgebend erklärte.[55] Bezogen auf einen etwaigen Primärrechtsschutz für nationale Vergaben hatte der Gesetzgeber ein Rechtsgutachten in Auftrag gegeben, und im Anschluss daran das »GWB-Vergaberecht« ausdrücklich auf europaweite Vergaben oberhalb der Schwellenwerte begrenzt, und zwar mit den Worten, dass »das auf europäischem Recht beruhende Rechtsschutzverfahren schon wegen der Vielzahl der Fälle wegen des damit verbundenen Aufwands nicht auf die Aufträge unterhalb der Schwellenwerte ausgedehnt werden könne«.[56] Perpetuiert wurde diese Auffassung auch in den neuen GWB- und VgV-Entwürfen v. 18. und 29.03.2005 zur Neuregelung des Vergaberechts,[57] die freilich wegen der vorgezogenen Bundestagswahlen im Herbst 2005 vorläufig zum Stillstand kamen. Mahnend unterstützt wurde diese Entscheidung gegen eine Ausdehnung des Vergaberechtsschutzes auch auf Auftragsvergaben unterhalb der EG-Schwellenwerte insbesondere von dem Interessenverband der Kommunen, dem Deutschen Städte- und Gemeindebund, in einem Stellungnahmeschreiben an das BMWA von September 2005,[58] mit einer kurzen rechtlichen Auseinandersetzung, aber auch dem Hinweis auf fehlende Finanzen und Personalstellen für die Bewältigung von investitionshemmenden Rechtsverfahren bei Auftragsvergaben. Diese Auffassung des Gesetzgebers, einem effektiven Bieterrechtsschutz eher entgegenzuwirken als ihn zu unterstützen, setzt sich auch in zahlreichen Neuregelungen bereits des »GWB 2009« fort, siehe oben Rdn. 8.

II. Kontroverse Diskussion und Entscheidungen des BVerfG und BVerwG

24   Damit setzten sich seinerzeit zunächst nur vereinzelt Literatur und Rechtsprechung auseinander, teils mit der Begründung, der vom Gesetzgeber ausdrücklich gewollte exklusive Primärrechtsschutz

---

50 Begründung zum Gesetzentwurf der Bundesregierung BT-Drucks. 12/4636 S. 12; BR-Drucks. 5/1993 S. 21.
51 Vgl. Mahnschreiben der Europäischen Kommission v. 31.10.1995 an den Deutschen Außenminister wegen mangelhafter Umsetzung der Rechtsmittelrichtlinien 89/665/EWG (ZIP 1995, 1940 ff.); außerdem hatten schlechte Erfahrungen einzelner US-amerikanischer Unternehmen mit dem Fehlen effektiver Rechtsschutzmöglichkeiten bei Vergaben von öffentlichen Großaufträgen in Deutschland schließlich dazu geführt, dass sich der Handelsbeauftragte der US-Regierung massiv beschwerte und mit Schreiben v. 30.04.1996 an den US-Kongress die Bundesrepublik Deutschland auf die sog. Watchlist setzte.
52 Siehe hierzu Kus Der Wettlauf mit dem Zuschlag, Behörden Spiegel Mai 1999, Beschaffung Special B IV; Kulartz BauR 1999, 724, 726.
53 Beschl. v. 29.04.1999 VK 1–7/99 WuW 1999, 660, 661.
54 EuGH 28.10.1999 C-81/98 NZBau 2000, 33; dazu Kus NJW 2000, 544.
55 Bestätigt vom BGH im Beschl. v. 09.02.2004 X ZB 44/03 »Wassernebellöschanlage II« VergabeR 2004, 201; allgemein zum Zuschlagsverbot siehe Kus NZBau 2005, 96 ff.
56 Gesetzentwurf der Bundesregierung v. 03.12.1997, BT-Drucks. 13/9340 S. 15, 12.
57 Arbeitsentwürfe v. 08.10.2004 sowie Referentenentwürfe v. 18. und 29.03.2005, veröffentlicht vom Bundesministerium für Wirtschaft und Arbeit am 30.03.2005 NZBau-Beilage zu Heft 5/2005; Kabinettsbeschluss der Bundesregierung v. 21.05.2004 NZBau 2004, 317, 318.
58 Veröffentlicht z.B. in IBR-Online, News-Nr. 7094 v. 06.10.2005.

nur für europaweite Vergaben oberhalb der Schwellenwerte schließe jede anderweitige gerichtliche Primärrechtsschutzmöglichkeit aus,[59] teils mit der Befürwortung von Primärrechtsschutz vor den Zivilgerichten[60] oder den Verwaltungsgerichten[61] oder aus dem EG-Primärrecht (EG-Vertrag mit seinen Grundfreiheiten).[62]

Neu entfacht und heftig in Gang gekommen war die Diskussion über Primärrechtsschutz unter- **25** halb der Schwellenwerte dann durch die sog. Lenkwaffenentscheidung des **OVG Rheinland-Pfalz** v. 25.05.2005.[63] Der öffentliche Auftraggeber hatte die Beschaffung von Lenkwaffen für Kriegsschiffe der Bundesmarine als vergaberechtsfreie Ausnahme des § 100 Abs. 2e GWB angesehen, und dementsprechend kein Vergabeverfahren eingeleitet. Das OVG Rheinland-Pfalz stellte aufsehenerregend kurz und bündig fest, dass auch außerhalb des GWB-Vergaberechts Primärrechtsschutz im Verwaltungsrechtsweg für alle öffentlich-rechtlichen Beschaffungsmaßnahmen eröffnet sei, und zwar sowohl für Auftragsvergaben unterhalb der Schwellenwerte, wie auch für Auftragsvergaben oberhalb der Schwellenwerte, die im Ausnahmebereich des § 100 Abs. 2 GWB a. F. lägen. Begründet wurde der Verwaltungsrechtsweg nach § 40 VwGO mit der sog. »Zwei-Stufen-Theorie«, nämlich der ersten Stufe in Gestalt des Vergabeverfahrens und der zweiten Stufe in Gestalt des Zuschlages, der gemäß Art. 19 Abs. 4 GG im Hinblick auf den Primärrechtsschutz kontrollierbar sein müsse, da generell staatliche Entscheidungen, durch die subjektive Rechte verletzt werden könnten, nicht mit deren Vollzug sowie einem Vertragsabschluss durch Zuschlag verbunden werden dürften, wenn hierdurch **vollendete** Tatsachen geschaffen würden.[64] Diese Entscheidung fand teils Zustimmung,[65]

---

59 LG Oldenburg ZfBR 2003, 181; VG Gelsenkirchen 15.10.2004 12 L 2120/04 WuW 2005, 979, 980.

60 LG Heilbronn NZBau 2002, 239, ebenso die Berufungsinstanz OLG Stuttgart 21.03.2002 2 U 240/01 NZBau 2002, 395 = Vergabe 2002, 374, mit dem Hinweis, dass bei Vergaben unterhalb der EU-Schwellenwerte Ansprüche aus UWG dann in Betracht kommen, wenn der Auftraggeber in der Absicht handelt, einen bestimmten Anbieter aus unsachlichen Gründen zu bevorzugen; LG Mannheim 01.04.2005 7 O 404/04 IBR 2005, 506, mit Primärrechtsschutz aus § 4 Nr. 11 UWG, wenn die Absicht besteht, einen bestimmten Anbieter aus unsachlichen Gründen zu bevorzugen oder zu benachteiligen; OLG Köln 15.07.2005 6 U 17/05 IBR 2005, 505, mit dem Hinweis, eine beabsichtigte Auftragsvergabe ohne vorherige Durchführung eines erforderlichen Vergabeverfahrens begründe einen Anspruch des Mitbewerbers gegen den Auftragnehmer auf Unterlassung des Vertragsabschlusses nach § 4 Nr. 11 UWG; VG Leipzig 05.09.2005 5 K 1069/05; LG Konstanz 18.09.2003 4 O 266/3; LG Meiningen IBR 2000, 478; Tomerius/Kiser VergabeR 2005, 551 ff.

61 Huber JZ 2000, 877 ff.; Hermes JZ 1997, 909 ff.; Broß ZWeR 2003, 270 ff., ders. Vergaberechtlicher Rechtsschutz unterhalb der Schwellenwerte, Vortrag im Rahmen der Neunten Badenweiler Gespräche des Forum Vergabe e.V. am 22.05.2003, abgedruckt im Dokumentationsband, Schriftenreihe des Forum Vergabe e.V., Heft 19 (2003); IBR 2003, 650; Freitag NZBau 2002, 204 ff.; VG Koblenz 31.01.2005 GL 2617/04 KO VergabeR 2005, 395 = NZBau 2005, 412, sowie die nachfolgende Instanz OVG Rheinland-Pfalz 25.05.2005 7 B 10356/05 »Lenkwaffen« VergabeR 2005, 478; VK Bund 14.07.2005 VK 3 – 55/05 »BOS-Digitalfunk«; Bungenberg WuW 2005, 899 ff.; Burgi Vortrag auf dem 6. Düsseldorfer Vergaberechtstag v. 23.06.2005, Tagungsband S. 23.

62 Dreher NZBau 2002, 429 ff.; Bayer/Franke/Opitz EU-Vergaberecht Rn. 17 ff.; Wittig Wettbewerbs- und verfassungsrechtliche Probleme des Vergaberechts S. 17; Bungenberg WuW 2005, 901; Primärrechtsschutz bejahend rein aus verfassungsrechtlichen Gründen z.B. Prieß Anmerkung zu OLG Stuttgart VergabeR 2002, 377, 378; Prieß/Hölzl NZBau 2005, 367; Malmendier DVBl. 2000, 963, 968; Heuvels NZBau 2005, 570; Pietzcker NJW 2005, 2881 ff.; Noch in: Byok/Jaeger § 102 Rn. 731 ff.; Burgi Vortrag auf dem 6. Düsseldorfer Vergaberechtstag v. 23.06.2005, Tagungsband S. 31, zu Dienstleistungskonzessionen; siehe hierzu auch EuGH 20.10.2005 »Baubetreuungsauftrag« C-264/03 Ziff. 32/33; 03.12.2001 »Vestergaard« C-59/00 Ziff. 20; Prieß Handbuch des europäischen Vergaberechts S. 22.

63 OVG Rheinland-Pfalz 25.05.2005, NZBau 2005, 411 = VergabeR 2005, 478 ff. mit Anm. Niestedt/Hellriegel »Lenkwaffen«, dazu die Besprechungen von Prieß/Hölzl, NZBau 2005, 367; Ruthig, NZBau 2005, 497; Bungenberg, WuW 2005, 901; Pietzker, NJW 2005, 2881 ff.; Heuvels, NZBau 2005, 570.

64 OVG Rheinland-Pfalz a.a.O.

65 Insbesondere OVG Nordrhein-Westfalen, IBR 2006. 39; NVwZ-RR 2006, 771; VergabeR 2007, 196; OVG Sachsen 13.04.2006, 2 E 270/05; a.A. (Zivilrechtsweg) OVG Berlin-Brandenburg 28.07.2006, 1 L 59/06; VGH Baden-Württemberg 23.01.2007, 3 S 2946/06.

teils Ablehnung mit dem Hinweis auf den Zivilrechtsweg. Das **BVerwG** beendete am 02.05.2007 die Diskussion zugunsten des Zivilrechtswegs.[66] Dem schloss sich der **BGH** an.[67] Zuvor hatte das **BVerfG** am 13.06.2006 die Ausdehnung des GWB-Primärrechtsschutzes durch Nachprüfungsverfahren für Auftragsvergaben unterhalb der Schwellenwerte abgelehnt.[68] Das war nicht unbedingt zu erwarten gewesen, nachdem das BVerfG nämlich insbesondere in seiner vergaberechtlichen Entscheidung »Dachabdichtung«[69] noch ein weites Primärrechtsschutzverständnis an den Tag gelegt hatte, mit der Maßgabe, dass Art. 19 Abs. 4 GG den Rechtsweg gegen jede behauptete Verletzung subjektiver Rechte durch ein Verhalten der öffentlichen Gewalt eröffne, wobei nicht nur das formelle Recht, die Gerichte anzurufen, gewährleistet werde, sondern auch eine **tatsächlich wirksame gerichtliche Kontrolle**, um so weit wie möglich der Schaffung vollendeter Tatsachen zuvorkommen zu können.[70] In seiner Entscheidung zum Primärrechtsschutz beschränkte es diesen Rechtsschutz bei nationalen Auftragsvergaben unterhalb der Schwellenwerte jedoch auf einen allgemeinen Justizgewährungsanspruch aus Art. 20 Abs. 3 GG.[71] Seitdem besteht Primärrechtsschutz für nationale Auftragsvergaben, soweit nicht verwaltungsrechtliche Besonderheiten den Verwaltungsrechtsweg eröffnen, nur vor den **Zivilgerichten**.[72]

III. Zunehmend effektiver Primärrechtsschutz

26   Dieser Rechtsschutz vor den Zivilgerichten war zunächst wenig effektiv, da eine Vorabinformation à la § 13 VgV (heute § 134 GWB) vor der Auftragserteilung überwiegend verneint wird, sodass der übergangene Bieter schon »Zufallserkenntnisse« vor Auftragserteilung haben muss, um sodann noch im Wege eines einstweiligen Verfügungsverfahrens vor den Zivilgerichten versuchen zu können, die beabsichtigte Zuschlagserteilung an einen Konkurrenten aussetzen und überprüfen lassen zu können. Mangels Akteneinsichtsrecht und Amtsermittlungsgrundsatz, wie er im Verwaltungsrechtsweg gegeben wäre, wird die Nachweisführung einer etwaigen vergaberechtswidrigen Zuschlagsentscheidung für den Antragsteller erheblich erschwert, sodass überwiegend der Primärrechtsschutz für nationale Auftragsvergaben als praktisch nicht existent bezeichnet wurde. Dies wird flankiert und bestärkt durch eine fragwürdige Entscheidung des **BVerfG** v. 27.02.2008,[73] in der es heißt, dass eine Vergabeentscheidung den Gleichheitsgrundsatz aus Art. 3 GG nur dann verletzt, wenn sie auf sachfremden und damit **willkürlichen Erwägungen beruht**. Fragwürdig ist die Entscheidung, weil ihr ein Sachverhalt zugrunde liegt, in dem der öffentliche Auftraggeber das Ergebnis eines vergaberechtlichen Verfahrens praktisch ignorierte, und das BVerfG diese Verhaltensweise bzw. die entsprechende Entscheidung der OLG Hamm dazu gebilligt hat, weil es den Begriff der Willkür derart eng gefasst hat, dass er praktisch kaum nachzuweisen sein wird und damit den Primärrechtsschutz de facto völlig **ineffektiv** ausgestaltet. Im Fall hatte eine Gemeinde ein Auslobungsverfahren mit einem Auftragswert unterhalb der europarechtlichen Schwellenwerte durchgeführt, um eine Planung für einen beabsichtigten Rathausneubau zu erhalten. Nach den Auslobungsregeln (RAW 2004) sollte der Gewinner die Planungsleistungen übertragen erhalten. Das Preisgericht gab eine einstimmige Empfehlung ab. Aufgrund massiver Bürgerproteste gegen den Gewinnerentwurf veranstaltete die Gemeinde jedoch eine Bürgerbefragung, die einen Konkurrenzentwurf favorisierte, und beauftragte diesen. Das OLG Hamm wies in zweiter Instanz die einstweilige Verfügung des

---

66 BVerwG NZBau 2007, 389 = VergabeR 2007, 337.

67 BGH 23.01.2012, NZBau 2012, 248, Rn. 20 – »Rettungsdienstleistungen III«; Dicks VergabeR 2012, 531 ff.

68 BVerfG NZBau 2006, 791.

69 BVerfG NZBau 2004, 564 = VergabeR 2004, 597 mit Anm. Otting.

70 BVerfG NZBau 2004, 564, 565 – es verwies dabei auf neuere, eigene Entscheidungen.

71 BVerfG NZBau 2006, 791.

72 LG Cottbus VergabeR 2008, 123; LG Frankfurt/Oder VergabeR 2008, 132; OLG Brandenburg VergabeR 2008, 294; LG Landshut VergabeR 2008, 298; OLG Hamm, VergabeR 2008, 682; OLG Brandenburg VergabeR 2008, 992; OLG Oldenburg VergabeR 2008, 995.

73 VergabeR 2008, 924 mit Anm. Braun.

Gewinners zurück,[74] und das angerufene BVerfG segnete die Entscheidung mit dem Hinweis ab, Art. 3 Abs. 1 GG sei erst dann verletzt, wenn die Rechtsanwendung oder das Verfahren unter **keinem denkbaren Aspekt** mehr rechtlich vertretbar seien und sich daher der Schluss aufdränge, dass sie auf sachfremden und damit willkürlichen Erwägungen beruhen, mithin eine »**krasse Fehlentscheidung**« vorliegen müsse, was bei dem Handeln der Gemeinde aber nicht ersichtlich sei.[75] Bei einem solchen Primärrechtsschutzverständnis läuft selbiger praktisch leer, weil **krasse Willkürentscheidungen** dem öffentlichen Auftraggeber kaum nachzuweisen sein dürften, zumal im Vergleich mit dem vom BVerfG entschiedenen Sachverhalt.[76] Mit einem derart engen Willkürmaßstab hat das BVerfG eine viel zu hohe Hürde für einen **effektiven** Primärrechtsschutz gesetzt, den es nach seiner vorangegangenen Entscheidung aber noch ausdrücklich geben sollte.[77]

Aktuelle OLG-Entscheidungen legen richtigerweise den Maßstab für Primärrechtsschutz aber 27 nicht derart ineffektiv fest.[78] Richtungsweisend ist die Entscheidung des **OLG Düsseldorf**.[79] Es hat entschieden, dass der **Prüfungsmaßstab** nicht auf Fälle von Willkür, Artikel 3 GG, oder bewusst diskriminierendem Verhalten des öffentlichen Auftraggebers beschränkt ist.[80] Es ist nicht erforderlich, dass in einem **einstweiligen Verfügungsverfahren** vor dem Landgericht nach §§ 935, 940 ZPO der Antragsteller eine (echte) Chance auf den Zuschlag haben muss. Bei der Verfahrensgestaltung des einstweiligen Verfügungsverfahrens sind zusätzlich die Besonderheiten des Vergabeverfahrens zu berücksichtigen, was auch zu einer Erleichterung des Antragstellers, in der Regel des unterlegenen Bieters, führt. So kann das Gericht zunächst im Rahmen einer sogenannten »Hängeverfügung« ein **vorläufiges Zuschlagsverbot** bis zur gerichtlichen Entscheidung aussprechen. Bei der Sachverhaltsaufklärung ist das Gericht im Zivilverfahren im Gegensatz zum Nachprüfungsverfahren allein auf den Parteivortrag der Verfahrensbeteiligten angewiesen, da ein Akteneinsichtsrecht nicht existiert. Daher ist, so das OLG Düsseldorf, je nach Fall die **Darlegungslast der Vergabestelle** verschärft. Sie kann nicht einfach bestreiten, sondern muss gegebenenfalls substantiiert darlegen und glaubhaft machen. Der für den Zuschlag vorgesehene Bieter kann als Nebenintervenient, §§ 66 ff. ZPO, beitreten. Auch sollen alle Bieter vom Rechtsstreit durch das Gericht informiert werden, sofern eine der Prozessparteien diese Bieter benennt. Das berechtigte Interesse des Auftraggebers an der Zuschlagserteilung führt dazu, dass es dem Antragsteller am erforderlichen Verfügungsgrund fehlt, wenn es unwahrscheinlich ist, dass der Bieter den Zuschlag erhalten kann. Eine echte Chance muss der Antragsteller aber nicht nachweisen.[81] **Anspruchsgrundlage** ist das Gebot der Rücksichtnahme im vorvertraglichen Verhältnis aus **§§ 241 Abs. 2,**

---

74 OLG Hamm 12.02.2008, VergabeR 2008, 682.
75 BVerfG 27.02.2008, VergabeR 2008, 924.
76 Braun, Anm. zu BVerfG, VergabeR 2008, 924, 925.
77 BVerfG, VergabeR 2006, 871, 879.
78 ZB OLG Jena 08.12.2008, 9 U 431/08; OLG Naumburg 05.12.2008, 1 Verg 9/08; OLG Düsseldorf 15.10.2008, 27 W 2/08; OLG Saarbrücken v. 13.06.2012, 1 U 357/11, NZBau 2012, 654; OLG Stuttgart v. 21.07.2015, 10 W 31/15, MDR 2015, 1096; OLG Schleswig v. 08.01.2013, 1 W 51/12, ZfBR 2013, 308; OLG Nürnberg v. 16.05.2015, 1 U 1430/14; OLG Dresden v. 13.08.2013,16 W 439/13; OLG Köln v. 17.04.2013; 11 W 20/13.
79 OLG Düsseldorf NZBau 2010, 328 = VergabeR 2010, 531.
80 OLG Düsseldorf ständig seit VergabeR 2010, 531 und 02.03.2011, Verg 48/10; v. 19.10.2011, 27 W 1/11, m.Verw. auf die neue Entscheidung des BGH (objektiver Verstoß) zur Rücksichtnahmepflicht in einem vorvertraglichen Vertrauensverhältnis, § 241 Abs. 2, 311 Abs. 2 BGB, VergabeR 2011, 703, Rn. 15; ebenso (objektiver Vergabeverstoß) OLG Brandenburg VergabeR 2008, 294 und 992; OLG Schleswig-Holstein 09.04.2010, 1 U 27/10; v. 08.01.2013, 1 W 51/12; siehe im Einzelnen Dicks VergabeR 2012, 531 ff.; a.A. (lediglich Willkür) OLG Hamm VergabeR 2008, 68; OLG Stuttgart NZBau 2002, 395 und v. 19.05.2011, 2 U 36/11, IBR 2012, 1083, aber anders noch in VergabeR 2011, 236; siehe jetzt aber BGH v. 30.08.2011, VergabeR 2012, 26 – »Grenzüberschreitendes Interesse« (objektiver Vergabeverstoß).
81 OLG Düsseldorf a.a.O. sowie Dicks a.a.O.

311 Abs. 2 BGB[82] bzw. ergänzend, so einige OLG-Senate, die Vorschriften der §§ 1004 Abs. 1, 280 bzw. (sogar) 823 Abs. 2 BGB analog.[83]

28   **Nach** der Zuschlagserteilung ist der Primärrechtsschutz jedoch ausgeschlossen, da eine Vorabinformationspflicht á la § 13 VgV bzw. § 134 GWB derzeit noch überwiegend verneint wird.[84] Betroffene Bieter können vor den Landgerichten auf **Unterlassung** in einem konkreten Vergabeverfahren klagen, **nicht** jedoch darauf, ein vergaberechtswidriges Verhalten in **etwaigen zukünftigen Vergabeverfahren** zu unterlassen.[85] Ein **vorbeugender Unterlassungsanspruch** für zukünftige Vergabeverfahren gewährt das Zivilrecht also nicht. Die Annahme einer **Rügepflicht** bei Auftragsvergaben unterhalb der Schwellenwerte analog § 107 Abs. 3 GWB[86] ist nicht möglich, allenfalls nach dem Grundsatz der Rücksichtnahmepflicht aus §§ 241 Abs. 2, 311 Abs. 2 BGB. Allerdings wird für einen **effektiven Rechtschutz** zunehmend zutreffend der Ruf nach einer Pflicht des Auftraggebers zur **Vorabinformation** vor der tatsächlichen Auftragsvergabe laut, weil anderenfalls der Auftrag schon erteilt ist, ohne dass der übergangene Bieter überhaupt mangels Kenntnis die Chance einer Überprüfung gehabt hat.[87]

29   Damit bleibt festzuhalten, dass **zunehmend** der Primärrechtsschutz auch außerhalb des GWB-Vergaberechts effektiv gestaltet wird.

IV. Primärrechtsschutz aus EG-Vertrag (heute AEU-Vertrag)

30   Nachdem auch der Gesetzgeber aufgrund der BVerfGE keine Veranlassung für einen Primärrechtsschutz bei nationalen Auftragsvergaben sieht,[88] wird von Befürwortern des Primärrechtsschutzes verstärkt das **EG-Primärrecht** herangezogen. Denn es ist aufgrund der EuGH-Rechtsprechung insbesondere aus den letzten Jahren mittlerweile unstreitig und gefestigt, dass auch für Auftragsvergaben außerhalb des GWB-Vergaberechts, also auch für nationale Auftragsvergaben, kein sozusagen vergaberechtsfreier Raum existiert, sondern die **Grundprinzipien des EG-Primärrechts** gelten, nämlich das allgemeine Diskriminierungsverbot, der Wettbewerbsgrundsatz, der Transparenzgrundsatz, der Gleichbehandlungsgrundsatz, der Grundsatz der Verhältnismäßigkeit, der **Nachprüfbarkeit** sowie der der Begründungspflicht bei ablehnenden Entscheidungen, solange und soweit durch die Auftragsvergabe potenziell Unternehmen aus anderen Mitgliedstaaten betroffen sein können (sog. »Grenzlandaufträge« bzw. Auftragsvergaben mit grenzüberschreitendem Sachverhalt).[89] Der **EuGH** hat in seinen diesbezüglichen Entscheidungen, in denen Auftragsvergaben

---

82   OLG Düsseldorf v. 13.01.2010, VergabeR 2010, 531.

83   OLG Saarbrücken v. 13.06.2012, NZBau 2012, 654; OLG Stuttgart v. 21.07.2015, MDR 2015, 1096.

84   OLG Oldenburg 02.09.2008, 8 W 117/08; a.A. Dicks a.a.O.

85   BGH v. 05.06.2012, X ZR 161/11, VergabeR 2012, 842 – »Fachpersonalklausel«, in Fortführung von BGH v. 11.09.2008, BGHZ 178, 63 – »Bundesligakarten.de«.

86   So LG Berlin v. 05.12.2011, 52 O 254/11.

87   Dicks VergabeR 2012, 531, 544; BVerwG, NJW 2011, 695, Rn. 27, 29 ff.; Krist VergabeR 2011, 163; Höfler NZBau 2010, 73 ff.; EuGH, NZBau 2010, 382 – »Wall AG«; v. 13.03.2007, C-432/05 – »Unibet«; OLG Düsseldorf VergabeR 2010, 531; v. 02.03.2011, Verg 48/10; Scharen VergabeR 2011, 653, 664.

88   BT-Drucks. 16/10117 13.08.2008, Ziff. 7: »Es wird an der Entscheidung festgehalten, für die Vergabe von Aufträgen unterhalb der EG-Schwellenwerte keinen spezifischen Primärrechtsschutz zur Verfügung zu stellen.«.

89   Grundlegend EuGH, C-59/00 – »Vestergaard«; VergabeR 2006, 54, Rn. 32, 33 – »Baubetreuungsauftrag«; Mitteilung der EU-Kommission zur Vergabe öffentlicher Aufträge unterhalb der Schwellenwerte v. 26.10.2005; EuGH 18.06.2002, VergabeR 2002, 361 – »Hospital-Ingenieure«; 13.11.2007, VergabeR 2008, 55 – »Irische Post«; 18.12.2007, VergabeR 2008, 196 – »Correos«; 21.02.2008, VergabeR 2008, 501 – »Kommission/ Italien«; 03.04.2008, VergabeR 2008, 776 – »Kommission/Spanien (Wartefrist)«; 15.05.2008, VergabeR 2008, 625 – »Secap«; 24.06.2004, VergabeR 2004, 587 – »Salzburg«; 14.06.2007, VergabeR 2007, 609 – »Medipac«; VergabeR 2010, 48 – »WAZV Gotha«; NZBau 2010, 261 – »Serrantoni«; v. 13.04.2010, C-91/08, NZBau 2010, 382 – »Wall AG«; v. 13.03.2007, C-432/05 – »Unibet«; dazu Dicks VergabeR 2012, 531 ff.; BGH 07.02.2006, BGHZ 166, 165, 188; BGH v. 30.08.2011, VergabeR 2012, 26 – »Grenzüberschreitendes Interesse«.

---

unterhalb der Schwellenwerte eine Rolle spielten, zwar auch den EG-Grundsatz der **Kontrollierbarkeit** von Entscheidungen des öffentlichen Auftraggebers erwähnt, musste daraus aber bislang in keiner seiner Entscheidungen eine Konsequenz in der Weise ziehen, dass er eine **Effektivität** der Durchsetzbarkeit dieser EG-Grundprinzipien vermittels einer Vorabinformation bzw. **vorherigen Unterrichtungspflicht des öffentlichen Auftraggebers** behandelte. Wenn aber Bieterrechtsschutz effektiv sein soll, was die VKR und der EuGH im Rahmen des europäischen Vergaberechts stets betonen, **und** die EG-Primärrechtsgrundsätze für Auftragsvergaben unterhalb der Schwellenwerte die nunmehr unstreitige Pflicht zur Durchführung eines hinreichenden Mindestwettbewerbs verlangen, dann dürfte es nur **konsequent** sein, auch hier für **Effektivität** zu sorgen, zumal der EuGH den Grundsatz der Kontrollierbarkeit von Auftraggeberentscheidungen ja ausdrücklich erwähnt. Dies wird in der Literatur zunehmend vertreten.[90]

Hinzuweisen ist hier auf eine neuere Entscheidung des **EuGH** zu einer deutschen, nationalen Auftragsvergabe unterhalb der Schwellenwerte. Ausgangspunkt war der Vorlagebeschluss des **LG Frankfurt am Main**.[91] Es hatte dem EuGH die Frage vorgelegt, ob der auch in den Artikeln 12, 43 und 49 EGV (heute Art. 18, 49 und 56 AEUV) zum Ausdruck kommende Gleichbehandlungsgrundsatz und das gemeinschaftsrechtliche Verbot der Diskriminierung aus Gründen der Staatsangehörigkeit dahin gehend auszulegen sind, dass die für öffentliche Stellen daraus abgeleiteten Transparenzpflichten, für die Vergabe von Dienstleistungskonzessionen einen angemessenen Grad von Öffentlichkeit dem Wettbewerb zu öffnen und die **Nachprüfbarkeit** hinsichtlich einer unparteiischen Durchführung des Vergabeverfahrens **zu ermöglichen**, es dem nationalen Recht gebieten, dem unterlegenen Wettbewerber einen **Anspruch auf Unterlassung einer bevorstehenden Verletzung** dieser Pflichten zu gewähren. Den vom Landgericht Frankfurt am Main angesprochenen EuGH-Entscheidungen[92] sei die **Verpflichtung einer Nachprüfbarkeit der Vergabeentscheidung** ausdrücklich zu entnehmen. Das hat der EuGH in seiner daraufhin erfolgten Entscheidung **im Kern bestätigt**.[93] Der EuGH hat in seiner Entscheidung »Wall AG« zunächst darauf hingewiesen, dass es nach der Rechtsprechung des Gerichtshofs in Ermangelung einer Unionsregelung Sache des innerstaatlichen Rechts der einzelnen Mitgliedstaaten ist, die Rechtschutzmöglichkeiten zu bestimmen, die den Schutz der dem Bürger aus dem Unionsrecht erwachsenen Rechte gewährleisten sollen. Diese Rechtschutzmöglichkeiten dürfen aber nicht weniger günstig ausgestaltet sein, als die entsprechenden innerstaatlichen Rechtschutzmöglichkeiten (Grundsatz der Gleichwertigkeit) **und** vor allen Dingen die Ausübung der durch die Unionsrechtsordnung verliehenen Rechte nicht praktisch unmöglich machen oder übermäßig erschweren (Grundsatz der Effektivität).[94] Diese allgemeinen Grundsätze leitet der EuGH bereits aus Art. 6 und 13 der Europäischen Konvention

31

---

90 So Frenz in: Willenbruch/Bischoff, Kompaktkommentar Vergaberecht, § 97 GWB, IV, Rn. 13; ders. VergabeR 2007, 1, 8 ff.; ders. Europarecht 3: Beihilfe- und Vergaberecht, 2007, Rn. 3424 ff.; Burgi NZBau 2005, 610, 616; Dreher NZBau 2002, 419, 428; Freitag NZBau 2002, 204, 205; Dicks VergabeR 2012, 531 ff.; Hoevler NZBau 2010, 73 ff.; Krist VergabeR 2011, 163; Scharen VergabeR 2011, 653, 664.

91 LG Frankfurt am Main v. 28.01.2008, NZBau 2008, 599 ff. – »Toilettenanlagen«.

92 EuGH, NZBau 2001, 148, 151, Rn. 60–62 – »Telaustria«; NZBau 2005, 592, 593, Rn. 17–22 – »Coname«; NZBau 2005, 644, 647, Rn. 46–50 – »Parking Brixen«; NZBau 2006, 326, 327, Rn. 21 – »ANAV«; VergabeR 2008, 213, Rn. 24 – »Kommission/Italien (Pferdewetten)«; NJW 1999, 129, 131, Rn. 34 – »Edis«; NZBau 2003, 219, 223, Rn. 70 – »Makedoniko Metro«.

93 EuGH, v. 13.04.2010, C-91/08, NZBau 2010, 382 – »Wall AG« mit Verweis auf EuGH v. 13.03.2007, C-432/05 »Unibet«; des Weiteren EuGH v. 06.05.2010, C-145/08 und C-149/08 – »Effektiver Rechtschutz«.

94 EuGH »Wall AG« Rn. 63, 64 mit Verweis auf EuGH »Unibet«, Rn. 43 und seine Urteile v. 16.12.1976, 33/76, Rn. 5 – »Rewe«; Urteil 45/76, Rn. 13–16 – »Comet«; v. 14.12.1995, C-312/93, Rn. 12 – »Peterbroeck«; 20.09.2001, C-453/99, Rn. 29 – »Courage und Crehan«; v. 19.06.2003, C-467/01, Rn. 62 – »Eribrand«; v. 11.09.2003, C-13/01, Rn. 49 – »Safalero«; des Weiteren EuGH NZBau 2007, 798 – »Lämmerzahl«; EuGH VergabeR 2008, 776 – »Wartefrist«; EuGH NZBau 2003, 284, Ziff. 53 ff. – »Universale Bau AG«; NZBau 2002, 284 ff., Ziff. 53 ff. – »Santex Spa«; EuGH, NZBau 2003, 515 – »Fritsch«.

zum Schutze der Menschenrechte und Grundfreiheiten her,[95] des Weiteren auch aus Artikel 47 der am 07.12.2000 in Nizza proklamierten Charta der Grundrechte der Europäischen Union.[96] Das Gemeinschaftsrecht verlangt, dass die nationalen Rechtsvorschriften das Recht auf einen effektiven gerichtlichen Rechtsschutz nicht beeinträchtigen.[97] Das führt dazu, dass ein (mit einem nach Gemeinschaftsrecht zu beurteilenden Rechtsstreit befasstes) nationales Gericht in der Lage sein muss, **vorläufige Maßnahmen** zu erlassen, um die **volle Wirksamkeit** der späteren Gerichtsentscheidung über das Bestehen der aus dem Gemeinschaftsrecht hergeleiteten Rechte sicherzustellen.[98] Diese **Betonung** der **Effektivität** der Rechtschutzmöglichkeiten führt folgerichtig dazu, dass auch außerhalb des GWB-Vergaberechts nicht lediglich theoretische, sondern handfeste, und vor allen Dingen **durchsetzbare Primärrechtschutzmöglichkeiten** für Bieter in einem (nationalen) Auftragsvergabeverfahren bestehen.

32 Dem hat sich der **BGH im Ergebnis** mittlerweile angeschlossen. Zunächst hat der **BGH** bereits in seiner Entscheidung v. 07.02.2006[99] ausgeführt, dass das völlige Fehlen einer Ausschreibung unabhängig von entsprechenden Vorschriften des Sekundärrechts weder mit den Anforderungen der Art. 43 und 49 EGV (heute Art. 49 und 56 AEUV) noch mit den Grundsätzen der Gleichbehandlung, der Nichtdiskriminierung und der Transparenz im Einklang stehe, da Art. 43 und 49 EGV und das Verbot der Diskriminierung aus Gründen der Staatsangehörigkeit als besondere Ausprägungen des gemeinschaftsrechtlichen **Gleichbehandlungsgrundsatzes** ohnedies eine Verpflichtung zur **Transparenz** einschließen.[100] Die Implementierung transparenter und diskriminierungsfreier Vergabeverfahren, so der BGH, kommt grundsätzlich als strukturelle Bedingung **wirksameren Wettbewerbs** in Betracht.[101] Wenn der BGH in dieser Entscheidung auch noch nichts Näheres zur effektiven Durchsetzungsmöglichkeit sagt, so **bestätigt** er doch die ständige EuGH-Rechtsprechung, die die EG-Primärrechtsgrundsätze der Transparenz, des Wettbewerbs, der Gleichbehandlung und der Nachprüfbarkeit von gerichtlichen Entscheidungen auf Auftragsvergaben außerhalb der EG-Vergaberichtlinien anwenden. **Konkret** zum Primärrechtsschutz unterhalb der Schwellenwerte für nationale Auftragsvergaben hat der **BGH** jedoch in seiner Entscheidung v. **30.08.2011**[102] die vorgenannte Rechtsprechung bestätigt und **bekräftigt**. Sofern ein eindeutiges, grenzüberschreitendes Interesse besteht, haben öffentliche Auftraggeber das Primärrecht der Europäischen Union nach der ständigen Rechtsprechung des EuGH auch im Unterschwellenbereich zu beachten.[103] Für die Feststellung eines grenzüberschreitenden Interesses bietet es sich dabei an, seitens des Auftraggebers eine Prognose darüber anzustellen, ob der Auftrag nach den konkreten Marktverhältnissen, das heißt mit Blick auf die angesprochenen Branchenkreise und ihre Bereitschaft, Aufträge gegebenenfalls in Anbetracht ihres Volumens und des Ortes der Auftragsdurchführung auch grenzüberschreitend auszuführen, für ausländische Anbieter interessant sein könnte. Wenn diese Eingangsvoraussetzung gegeben ist, ist effektiver Primärrechtsschutz nach Maßgabe der oben erwähnten Grundfreiheiten aus dem EG-Vertrag zu gewährleisten.[104]

33 Damit bleibt festzuhalten, dass richtigerweise zunehmend nicht nur in der Literatur, sondern insbesondere in der Vergaberechtsprechung **effektiver Primärrechtsschutz außerhalb des GWB-Vergaberechts** für nationale Auftragsvergaben in effektiv durchsetzbarer Form besteht.

---

95 EuGH v. 13.03.2007, C-432/05, – »Unibet«, Rn. 7 mit weiteren Nachweisen.

96 EuGH »Unibet«, a.a.O., Rn. 37.

97 EuGH »Unibet«, Rn. 42.

98 EuGH »Unibet«, Rn. 67 mit Verweis auf EuGH com 19.06.1990 C-213/89, Rn. 19 – »Factortame« sowie v. 11.01.2001, C-226/99, Rn. 19 – »Siples«.

99 BGHZ 166, 165, 188.

100 BGH, a.a.O. mit Verweis auf EuGH 13.10.2005, NZBau 2005, 644 – »Parking Brixen«.

101 BGH, a.a.O. mit Verweis auf KG WuW/E DE – R 94, 100 – »Hochtief/Philipp Holzmann«, BGHZ 166, 187.

102 BGH v. 30.08.2011, X ZR 55/10, VergabeR 2012, 26 – »Grenzüberschreitendes Interesse«.

103 BGH a.a.O. mit Verweis auf EuGH, VergabeR 2010, 469, Rn. 22 ff. – »Serrantoni«.

104 BGH a.a.O. mit Verweis auf EuGH – »Serrantoni« sowie EuGH, VergabeR 2008, 625, Rn. 19 – »SECAP«.

§ 156 Vergabekammern

(1) Die Nachprüfung der Vergabe öffentlicher Aufträge und der Vergabe von Konzessionen nehmen die Vergabekammern des Bundes für die dem Bund zuzurechnenden Aufträge und Konzessionen, die Vergabekammern der Länder für die diesen zuzurechnenden Aufträge und Konzessionen wahr.

(2) Rechte aus § 97 Abs. 6 sowie sonstige Ansprüche gegen öffentliche Auftraggeber, die auf die Vornahme oder das Unterlassen einer Handlung in einem Vergabeverfahren gerichtet sind, können nur vor den Vergabekammern und dem Beschwerdegericht geltend gemacht werden.

(3) Die Zuständigkeit der ordentlichen Gerichte für die Geltendmachung von Schadensersatzansprüchen und die Befugnisse der Kartellbehörden zur Verfolgung von Verstößen insbesondere gegen §§ 19 und 20 bleiben unberührt.

A. Allgemeines

§ 155 GWB bestimmt in seinem ersten Absatz die Zuständigkeit der Vergabekammern des Bundes 1
und des Landes.

Abs. 2 konkretisiert § 155 GWB im Hinblick auf die **sachliche Zuständigkeit** der Vergabekam- 2
mern. Abs. 3 grenzt einerseits i.V.m. mit §§ 160 Abs. 2 und 168 Abs. 1 GWB die Zuständigkeit der
Vergabekammern in negativer Hinsicht ab, nämlich deren Nichtzuständigkeit für Sekundärrechtsschutz, und stellt positiv die Zuständigkeit der ordentlichen Gerichte für Sekundärrechtsschutz klar
sowie die Befugnisse der Kartellbehörden.

Die jetzige Regelung entspricht der Altfassung des § 104 GWB, mit der zusätzlichen Aufnahme der 3
Zuständigkeit für den Bereich der Vergabe von Konzessionen, da nunmehr das GWB-Vergaberecht
2016 auch Konzessionen erfasst.

B. Zuständigkeitsabgrenzung (Abs. 1)

Mit der Regelung des § 104 Abs. 1 GWB, jetzt § 156 Abs. 1 GWB, wollte der Gesetzgeber an die 4
frühere Regelung des § 57c HGrG anknüpfen,[1] wonach Bund und Länder jeweils für die Überwachung des »Vergabewesens ihres Bereichs« zuständig waren. Heute heißt der Anknüpfungspunkt
»zuzurechnende Aufträge«. Zusätzlich aufgenommen ist der Bereich der Vergabe von Konzessionen.

In der früheren Fassung des GWB waren die zuzurechnenden Aufträge über die Ermächtigungs- 5
grundlage des § 127 Nr. 5 GWB a.F. in der Vergabeordnung, § 18 VgV a. F., geregelt gewesen.[2]
In der Neufassung des »GWB 2009« ist diese Regelung mit einigen klarstellenden Änderungen in
das Gesetz in **§ 106a GWB** a.F. aufgenommen worden. Das entspricht jetzt § 159 GWB. Auf die
dortige Kommentierung wird verwiesen. § 159 GWB regelt die Zuständigkeit der VK Bund. In
Absatz 2 der Regelung ist die Zuständigkeit der Vergabekammer des Landes zum einen bei einer
von einem Land im Rahmen der Auftragsverwaltung für den Bund durchgeführten Vergabe festgehalten, zum anderen die entsprechende Anwendung der Bundesregelung in Absatz 1 Nr. 2 bis
6 für die Vergabekammern des Landes, wenn der Auftraggeber einem Land zuzuordnen ist. § 159

---

1 Vgl. Begründung zu § 114 GWB-E Regierungsentwurf.
2 Siehe hierzu die Kommentierung in der ersten Auflage, § 104, Rn. 3–8.

GWB regelt die verbleibenden Fälle. In denen richtet sich die Zuständigkeit der Vergabekammern nach dem Sitz des Auftraggebers, wobei nunmehr klargestellt wurde, dass bei länderübergreifenden Beschaffungen die Auftraggeber in der Vergabebekanntmachung nur eine zuständige Vergabekammer eines Landes benennen. Dies soll eine Anrufung verschiedener, zuständiger Landesvergabekammern bei einer gemeinsamen Beschaffung mehrerer Länder vorbeugen.

C. Exklusiver Rechtsweg für Primärrechtsschutz (Abs. 2)

6   § 156 Abs. 2 Satz 1 GWB bestimmt in seiner Rechtsfolge den **exklusiven Rechtsweg** zu den Vergabekammern. Zu den Hintergründen und Einzelheiten dieses exklusiven und ausschließlichen Rechtsweges vgl. zunächst die Kommentierung zu § 155 GWB Kapitel B. Der Rechtsweg ist inhaltlich bei der Geltendmachung von
– Rechten aus § 97 Abs. 6 GWB sowie
– sonstigen Ansprüchen gegen öffentliche Auftraggeber, die auf die Vornahme oder das Unterlassen einer Handlung in einem Vergabeverfahren gerichtet sind,
gegeben.

7   Die ausschließliche Zuständigkeit der Vergabekammern gilt, wie der BGH klargestellt hat, nur für Ansprüche gegen die dem Kartellvergaberecht unterworfenen öffentlichen Auftragsgeber, **nicht** dagegen für Ansprüche der Konkurrenten untereinander, die auf eine vergaberechtswidrige Beteiligung an einem Vergabeverfahren gestützt werden.[3] Für die Geltendmachung solcher Ansprüche sind die Zivilgerichte zuständig.[4] Im BGH-Fall hatte ein Konkurrent im Rahmen einer wettbewerbsrechtlichen Unterlassungsklage vor dem Zivilgericht beantragt, seinem Mitbewerber unter Androhung von Ordnungsmitteln zu untersagen, mit öffentlichen Auftraggebern Versicherungsverträge ab Erreichen der EU-Schwellenwerte ohne vorherige Ausschreibung abzuschließen. Der BGH hält richtig und bemerkenswerterweise fest, dass die Vorschriften des 4. Teils des GWB, aus denen sich die Pflicht zur Ausschreibung öffentlicher Aufträge ergibt, **Marktverhaltensregeln im Sinne des § 4 Nr. 11 UWG** darstellen, und daher einen solchen Unterlassungsanspruch gegen einen Mitbewerber begründen können. Es komme eine Haftung des Mitbewerbers als Teilnehmer an Wettbewerbsverstößen der öffentlichen Auftraggeber nach den §§ 3, 4 Nr. 11 UWG in Betracht, wenn diese Mitbewerber öffentliche Auftraggeber dazu auffordern oder ihnen dabei behilflich sind, Versicherungsschutz ohne öffentliche Ausschreibung zu erwerben. Eine Teilnehmerhaftung komme auch dann in Betracht, wenn der Teilnehmer **nicht selbst Normadressat** des Vergaberechts ist.[5] Die **Exklusivität** des Rechtsweges zu den Vergabekammern gilt also **nur für den Primärrechtsschutz gegen den Auftraggeber**, nicht aber für die Geltendmachung von vergaberechtlichen Verstößen gegen einen Mitbewerber. Dafür sind die Zivilgerichte zuständig.

8   Betrifft das vergaberechtliche Nachprüfungsverfahren Rechtsbeziehungen nach § 69 SGB V, d.h. Beziehungen der **Krankenkassen zu ihren Leistungserbringern**, so sind ebenfalls im Sinne der Exklusivität nur die Nachprüfungsinstanzen und nicht die Sozialgerichte zuständig. Näheres siehe in der Kommentierung zu § 102 GWB.

9   Dem exklusiven Nachprüfungsverfahren vor der Vergabekammer unterliegen grundsätzlich **alle** entgeltlichen Verträge bzw. Vertragsarten nach § 103 GWB, solange und soweit ein Ausnahmetatbestand der §§ 107–109, 116, 137–139, 145, 149, 150 GWB nicht erfüllt ist. Dazu gehören auch entgeltliche Verträge über die Durchführung des Rettungsdienstes durch dritte Leistungserbringer als Dienstleistungsaufträge im Sinne des GWB-Vergaberechts.[6] **Reine Dienstleistungskonzessionen** fielen früher dagegen nicht unter das GWB-Vergaberecht, sondern in die Zuständigkeit

---

3 BGH 03.07.2008, VergabeR 2008, 925 – »Kommunalversicherer«; OLG Düsseldorf v. 22.10.2008, I-27 U 2/08.
4 BGH, a.a.O.
5 BGH, a.a.O., S. 927, mit Verweis auf BGHZ 155, 189, 194 – »Buchpreisbindung«.
6 BGH VergabeR 2009, 156 – »Rettungsdienstleistungen I«.

der Landgerichte, wenn die Dienstleistungskonzession durch privaten Vertrag erfolgt, anderenfalls vor die Verwaltungsgerichte, wenn zur Vergabe die Form des öffentlichen Rechts gewählt wird.[7] War streitig, ob die Vergabe der Dienstleistungskonzession gesetzeswidrig ist und der Auftrag nur im Wege eines öffentlichen Vergabeverfahrens hätte erfolgen dürfen, waren aufgrund ihrer Exklusivität zunächst die Nachprüfungsinstanzen für diese **Prüfung** (im Rahmen der Begründetheit) **zuständig.**[8] Heute gilt der GWB-Vergaberechtsschutz indes uneingeschränkt für alle Konzessionen, die das GWB-Vergaberecht erfasst, vgl. § 155 GWB. Das GWB-Vergaberecht erfasste nach einer BGH-Entscheidung auch die Erbringung gemeinwirtschaftlicher Leistungen durch Eisenbahnverkehrsunternehmen, solange dies keine Dienstleistungskonzession, sondern einen ausschreibungspflichtigen Dienstleistungsauftrag darstellt.[9] Das gilt jetzt auch dann, wenn es sich um eine Dienstleistungskonzession handeln sollte, § 155 GWB. **Ferner** ist zu beachten, dass die Zuständigkeit der Vergabekammer zur Nachprüfung kraft **Rechtswegzuweisung** in Art. 5 Abs. 7 der Verordnung (EG) 1370/2007 für den öffentlichen Personennahverkehr selbst dann gegeben ist, wenn der Auftraggeber eine sogenannte In-House-Vergabe im engeren Sinne beabsichtigen sollte.[10]

I. Rechte aus § 97 Abs. 7 GWB

Für die subjektiven Bieterrechte nach § 97 Abs. 6 GWB korrespondiert die Vorschrift unmittelbar mit § 160 Abs. 2 GWB, wonach jedes Unternehmen antragsbefugt ist, das u.a. eine Verletzung seiner Bieterrechte nach § 97 Abs. 6 GWB durch Nichtbeachtung von Vergabevorschriften geltend macht. Dies sind alle materiellen Vergaberechtsvorschriften wie insbesondere des GWB, der Vergabeverordnung, der Sektorenverordnung und Konzessionsvergabeverordnung (KonzVgV), der europäischen Vergaberechtsregeln aus dem AEU-Vertrag sowie den Vergaberichtlinien VR 2014/24 EU, SR 2014/25/EU und KR 2014/23/EU, sowie der Vergabe- und Vertragsordnung VOB/A. Im Übrigen vgl. die Kommentierung zu § 97 Abs. 6 GWB. 10

II. Sonstige Ansprüche

Des Weiteren können neben oder statt der Bieterrechte aus § 97 Abs. 6 GWB »sonstige Ansprüche« vor der Vergabekammer geltend gemacht werden, 11
– solange und soweit diese sich nur gegen öffentliche Auftraggeber richten,
– auf die Vornahme oder das Unterlassen einer Handlung gerichtet sind,
– und es um die Vornahme oder das Unterlassen einer Handlung »**in einem Vergabeverfahren**« geht.

Die Geltendmachung dieser sonstigen Ansprüche findet zwar keine wörtliche Korrespondenz in der Antragsbefugnis des § 160 Abs. 2 GWB. Dies dürfte aber auf einem **Redaktionsversehen** des Gesetzgebers beruhen, welches daraus resultiert, dass die zu Klarstellungszwecken sehr späte (und richtige) Hereinnahme der sonstigen Ansprüche in § 104 Abs. 2 a. F. bei § 107 Abs. 2 a. F. versehentlich nicht mehr berücksichtigt worden ist.[11] Denn Sinn und Zweck des § 107 Abs. 2 a. F. bzw. § 160 Abs. 2 ist es nicht, die Zuständigkeit der Vergabekammern auf die Nachprüfung nur der Rechte aus § 97 Abs. 6 zu begrenzen, was die spätere Änderung des § 104 Abs. 2 a. F. und die Gesetzesbegründung deutlich machen. Denn im Vordergrund stand die **Vermeidung einer Rechtswegzersplitterung**, weshalb gerade neben den Bieterrechten aus § 97 Abs. 6 alle »sonstigen Ansprüche« mit vergaberechtsrelevantem Bezug, also einer **Zielrichtung** (in ihrer Rechtsfolge) gegen öffentliche Auftraggeber in einem Vergabeverfahren, ergänzend in die Vorschrift aufgenommen worden sind.[12] 12

---

7 BGH VergabeR 2012, 440 ff.

8 BGH v. 18.06.2012, VergabeR 2012, 839 – »Abfallentsorgung II«.

9 BGH v. 08.02.2011, Vergaberecht 2011, 452 – »S-Bahn Rhein/Ruhr«.

10 OLG Rostock v. 04.07.2012, 17 Verg 3/12.

11 Vgl. hierzu im Einzelnen Kus in: Niebuhr/Kulartz/Kus/Portz § 102 Rn. 24 ff.; Müller-Wrede, GWB-Vergaberecht, § 104, Rn. 9, Byok/Bormann, Vergaberecht, § 104, Rn. 14.

12 So auch Müller-Wrede a.a.O.; BGH VergabeR 2008, 925 – »Kommunalversicherer«; Byok/Bormann a.a.O.

Erst wenn die sonstigen Ansprüche, z.B. aus den Vorschriften der §§ 1, 14 GWB a.F., auf die Feststellung einer Rechtsverletzung gerichtet sind, die weder in zeitlicher noch in sachlicher Hinsicht eine Handlung des öffentlichen Auftraggebers »in einem Vergabeverfahren« tangieren, fehlt der sachliche Bezug und ist die Vergabekammer nicht zuständig.[13] Für solche Ansprüche stellt vielmehr § 156 Abs. 3 klar, dass z.B. die Befugnisse der Kartellbehörden unberührt bleiben.

13   **Streitig und vom BGH nunmehr geklärt** ist dabei die Frage, **wie weit** und wie intensiv der Prüfungsaufwand der Nachprüfungsinstanzen reicht bzw. reichen soll. Zur Entwicklung in der Rechtsprechung: Die Vorgabe und auch der **Wille** des Gesetzgebers ist klar; es geht um eine allumfassende **Prüfung und Betrachtung** des Einzelfalles und ausschließlich »exklusiv« durch die Vergabekammer, **weshalb** die Vergabekammer neben den Bieterrechten aus § 97 Abs. 7 GWB **auch** alle sonstigen Ansprüche zu prüfen hat, **solange und soweit** sie sich nur gegen öffentliche Auftraggeber richten **und** auf die Vornahme oder das Unterlassen einer Handlung in einem Vergabeverfahren gerichtet sind. Das ist sehr weit gefasst. In der heutigen **Diskussion** geht es dabei weniger darum, den Umfang der »**sonstigen Vorschriften**« zu klären – was im Ergebnis auch müßig wäre, da damit alle denkbaren Anspruchsgrundlagen aus der gesamten Rechtsordnung erfasst sind. Vielmehr geht es deshalb darum, die **Zielrichtung** bzw. den **Schutzzweck der Norm** zu ermitteln, das heißt inwieweit diese Normen (»**sonstige Ansprüche**«) wenn nicht auch primär, so jedenfalls sekundär **auch** eine Rolle im Rahmen eines Vergabeverfahrens spielen können, das heißt die Vornahme oder das Unterlassen einer Handlung des öffentlichen Auftraggebers **bestimmen** können. Es kann nicht darum gehen, und geht auch nicht darum, nur solche »sonstigen Ansprüche« heranzuziehen, die primär in ihrer Zielrichtung das Steuern der Handlung des öffentlichen Auftraggebers im Rahmen eines Vergabeverfahrens im Auge haben. Das sind nämlich vornehmlich gerade nur und ausschließlich sämtliche vergaberechtlichen Vorschriften. Würde man in dieser Art und Weise den Begriff der »sonstigen Ansprüche in einem Vergabeverfahren« begreifen wollen, wäre der Prüfungsauftrag der Vergabekammer immer stets dann bereits beendet, wenn neben den vergaberechtlichen Vorschriften (aus dem europäischen Vergaberecht, dem GWB-Vergaberecht etc.) **fallbestimmend und fallentscheidend** andere Vorschriften ins Spiel kommen und zu prüfen sind, wie beispielsweise gerade die kartellrechtlichen Vorschriften des GWB und des UWG, oder abfallrechtliche Vorschriften bzw. Vorschriften aus der Gemeindeordnung eines Landes wie beispielsweise § 107 GO-NRW. Müsste die Prüfung solcher Normen in einem konkreten Lebenssachverhalt (Einzelfall) durch die Vergabekammer unterbleiben, so wären vergaberechtlich viele solcher Fälle in der Praxis nicht zu lösen, jedenfalls dann nicht, wenn es entscheidend auf die Aussage dieser sonstigen Ansprüche außerhalb der **vergaberechtlichen** Vorschriften in einem Vergabeverfahren bzw. Nachprüfungsverfahren ankommt.

14   Dies ist auch den Vergaberechtsentscheidungen zu entnehmen, die sich mit dieser Problematik befassen. So hat beispielsweise das **OLG Düsseldorf** in seiner Entscheidung v. **17.06.2002**[14] maßgeblich und fallentscheidend **außervergaberechtliche** Normen zu prüfen gehabt, nämlich die Beurteilung der kommunalwirtschaftlichen Betätigung einer öffentlich-rechtlichen Tochtergesellschaft außerhalb ihres Verbandsgebietes bei ihrer Bewerbung um einen Auftrag zur Abfalleinsammlung im Rahmen eines Vergabeverfahrens. Entscheidend war dabei die Aussage des § 107 GO-NRW, und das OLG Düsseldorf hielt unter Verweis auf seine sog. Awista-Entscheidung[15] fest, dass diese Vorschrift aus der Gemeindeordnung, die die Gemengelage kommunalwirtschaftlicher Betätigung regelt, gerade auch nach dem Willen des Landesgesetzgebers auch eine dem Wettbewerb regelnde Funktion habe. Deshalb stellt es eine gegen § 97 Abs. 1 GWB verstoßene Wettbewerbsverfälschung dar, wenn ein Unternehmen der öffentlichen Hand eine wirtschaftliche Tätigkeit auf einem

---

13   OLG Düsseldorf 22.05.2002 Verg 6/02 »Kommunale Einkaufsgemeinschaft« VergabeR 2002, 668, und 09.04.2003, Verg 66/02.

14   OLG Düsseldorf v. 17.06.2002, 18/02, VergabeR 2002, 471 – »Kommunalwirtschaftliche Betätigung«, mit Verweis auf seine sog. Awista-Entscheidung, NZBau 2000, 155.

15   NZBau 2000, 155.

bestimmten Markt aufnimmt, obwohl ihm dies gesetzlich verwehrt ist, und hierbei eine öffentliche Auftragsvergabe unterstützt wird. § 107 GO-NRW hat nämlich eine den Wettbewerb zwischen kommunal-wirtschaftlichen und privatwirtschaftlichen Unternehmen regelnde Funktion. Die Interessen des privatwirtschaftlichen Unternehmens sind in den **Schutzbereich der Norm** des § 107 GO-NRW mit einbezogen. Deshalb kann ein privatwirtschaftlicher Bieter in einem Vergabenachprüfungsverfahren die gegen § 107 GO-NRW verstoßende Berücksichtigung eines kommunalen Unternehmens rügen und auch dessen Ausschluss von dem Vergabeverfahren verlangen.[16] Entscheidend ist die Aussage, dass es sich bei dieser Vorschrift des § 107 GO-NRW von ihrer Funktion her um eine solche handelt, die **auch** den **Wettbewerb** regeln soll. Allein deshalb, so das OLG Düsseldorf, ist die Vorschrift des § 107 GO-NRW **im Zusammenwirken** (!) mit dem Wettbewerbsprinzip als eine bieterschützende Vorschrift im Sinne des § 97 Abs. 7, 107 Abs. 2 Satz 1 GWB anzusehen. Das OLG Düsseldorf hob also noch nicht einmal auf die Vorschrift des § 104 Abs. 2 mit dem Begriff der sonstigen Ansprüche mit Zielrichtung auf die Vornahme oder das Unterlassen einer Handlung des öffentlichen Auftraggebers in einem Vergabeverfahren ab. Ohne die Prüfung dieser außervergaberechtlichen Vorschrift des § 107 GO-NRW wäre der Fall nicht zu lösen bzw. nicht so zu lösen gewesen, und hätte trotz der klaren Aussage des § 107 GO-NRW das für den Auftrag bereits vorgesehene kommunale Unternehmen vom Vergabeverfahren nicht ausgeschlossen werden können. Das OLG Düsseldorf hat z.B. mit dieser Entscheidung zutreffend gezeigt, dass der **Prüfungsumfang** der sonstigen, außervergaberechtlichen Vorschriften im Sinne des § 104 Abs. 2 GWB schlechterdings dort nicht unterbleiben kann, wo eine klare gesetzgeberische Vorgabe der außervergaberechtlichen Norm die zu treffende Vergabeentscheidung des öffentlichen Auftraggebers maßgebend beeinflusst.

Dem gegenüber hatte das **OLG Düsseldorf** noch einen Monat zuvor in seiner Entscheidung 15 v. **22.05.2002**[17] die Zuständigkeit der Nachprüfungsinstanzen unter Verweis auf die Vorschriften des § 104 Abs. 2 Satz 1 GWB, 97 Abs. 7 GWB sowie § 107 Abs. 2 Satz 2 GWB negiert und den Nachprüfungsantrag bereits als unzulässig zurückgewiesen, weil der ausschreibende Auftraggeber zwar möglicherweise eine im Sinne der §§ 1, 14 a.F. GWB verstoßende, zusammengeschlossene Einkaufsgemeinschaft sei, dieser Zusammenschluss zu einer Einkaufsgemeinschaft in zeitlicher und sachlicher Hinsicht aber (weit) vor dem Beginn des konkreten Vergabeverfahrens lag, und sich deshalb dieser mögliche Rechtsverstoß auch nicht gegen Handlungen in einem Vergabeverfahren gerichtet habe. Das Kartellverbot des § 1 GWB und das Verbot von Vereinbarungen über Preisgestaltung und Geschäftsbedingungen gem. § 14 a.F. GWB würden selbstständige Verbotsnormen materiell-rechtlichen Inhalts darstellen, nicht aber Bestimmungen, die »in irgendeiner Weise« ein Vergabeverfahren, seine nähere Ausgestaltung oder die Rechtsstellung der am Verfahren Beteiligten regeln würde. Das Kartellgericht sei zuständig, nicht jedoch die Vergabenachprüfungsinstanzen. Die §§ 1, 14 a.F. GWB seien zwar »sonstige Ansprüche« im Sinne des § 104 Abs. 2 GWB, jedoch von ihrer Zielrichtung her nicht solche, die das Handeln oder Unterlassen eines öffentlichen Auftraggebers »in einem Vergabeverfahren« regeln. Diese Argumentation ist gerade angesichts der einen Monat später ergangenen Entscheidung nicht nachzuvollziehen. Denn die Bildung einer öffentlich-rechtlichen Einkaufsgemeinschaft auf Auftraggeberseite hat gerade zum Ziel, wirtschaftlich effektiv einkaufen bzw. beschaffen zu können, durch eine entsprechende **Bündelung von Nachfragemacht**. Damit erfolgt der Zusammenschluss zu einer Einkaufsgemeinschaft gerade maßgebend mit Blickrichtung auf die Durchführung von Beschaffungsmaßnahmen bzw. Vergabeverfahren. Damit ist nach Maßgabe der sehr weit gefassten Begriffe »sonstige Ansprüche in einem Vergabeverfahren« des § 104 Abs. 2 GWB die Vorschrift des § 1 und des § 14 a.F. GWB sehr bestimmend für die **Art und Weise** des Wettbewerbs auch im Sinne des § **97 Abs. 1 GWB**. Denn es ist ein maßgebender Unterschied, ob eine Einkaufsgemeinschaft im Sinne der §§ 1, 14 a.F. GWB kartellrechtlich zulässig ist, und damit nur ein Wettbewerb bzw. eine Beschaffungsmaßnahme stattfindet, oder die Einkaufsgemeinschaftsmitglieder bei dem Verbot einer

---

16 OLG Düsseldorf v. 17.06.2002, VergabeR 2002, 471.
17 OLG Düsseldorf v. 22.05.2002, NZBau 2002, VergabeR 2002, 668 – »Einkaufsgemeinschaft«.

solchen Einkaufsgemeinschaft stattdessen ihren jeweils eigenen Beschaffungsbedarf in mehreren Wettbewerbsverfahren nach § 97 Abs. 1 GW regeln müssen. Es geht hier zwar nicht wie in der Entscheidung des OLG Düsseldorf v. 17.06.2002 um den Wettbewerb unterhalb der Bieter, sondern um den Wettbewerb »an sich«. Jedoch ist nichts dafür ersichtlich, dass die Vorschrift des § 97 Abs. 1 GWB mit seinem Wettbewerbsbegriff nur ausschließlich den Wettbewerb unterhalb der Bieter meint. Vielmehr wurde das am 01.01.1999 neu in Kraft getretene Vergaberecht gerade deshalb (als 4. Teil) in das Gesetz gegen Wettbewerbsbeschränkungen aufgenommen, um dessen Bezug mit der Folge der notwendigen praktischen Konkordanz aller Wettbewerbsvorschriften im Rahmen des GWB zu betonen und klarzustellen. Das GWB schützt aber den Wettbewerb und seine Funktion an sich. Darüber hinaus hat im Rahmen der GWB-Novelle 2009 der Gesetzgeber bei der Neuregelung der mittelstandsschützenden Vorschrift des **§ 97 Abs. 3 GWB** klargestellt, dass die mittelstandsverstärkende Wirkung durch § 97 Abs. 3 Satz 1 GWB einer Bündelung von Nachfragemacht aufseiten des öffentlichen Auftraggebers gerade entgegenwirken soll, das heißt der Auftraggeber im Interesse der vorwiegend mittelständig strukturierten Wirtschaft einer Bündelung von Nachfragemacht, wie sie in der Praxis zu verzeichnen ist, durch Einkaufsgemeinschaften gerade entgegen zu wirken habe.[18]

16   Die steuernde Wirkung gerade der GWB-Vorschriften, die sich mit der Auftraggeberseite und deren gesetzlichen Vorgaben für einen etwaigen Zusammenschluss befassen, hat also erklärtermaßen gewollte Auswirkungen auf das Beschaffungsverhalten der öffentlichen Hand. Und gerade weil der Zusammenschluss zu einer Einkaufsgemeinschaft mit der daraus resultierenden Bündelung von Nachfragemacht die Rolle des Auftraggebers »in einem Vergabeverfahren« bestimmt, sind diese Vorschriften auch solche im Sinne des § 156 Abs. 2 GWB.

17   In seiner weiteren Entscheidung v. **26.07.2002**[19] hielt das OLG Düsseldorf fest, dass die in seiner Entscheidung »Einkaufskooperationen« v. 22.05.2002 aufgestellten Rechtsgrundsätze zur Folge haben, dass vom öffentlichen Auftraggeber im Rahmen eines Vergabeverfahrens **Beihilfevorschriften** nicht zu prüfen wären. Öffentliche Auftraggeber seien nicht verpflichtet, die Angebotspreise um formell europarechtswidrig erhaltene Beihilfen zu bereinigen; vergaberechtliche, bieterschützende Vorschriften seien mit einem solchen Verhalten des öffentlichen Auftraggebers nicht tangiert. Denn die Entgegennahme nicht notifizierter Beihilfen sei kein Vorgang »in einem Vergabeverfahren«. Diese Entgegennahme nicht notifizierter Beihilfe sei dem streitgegenständlichen Vergabeverfahren zeitlich wie sachlich vorgelagert und stehe somit weder in einem äußeren noch in einem inneren Zusammenhang zum konkreten Vergabeverfahren. Der Erhalt nicht angezeigter Beihilfen beträfe ebenso wenig Bestimmungen über das Vergabeverfahren. Es handele sich um eigene, vom Vergabeverfahren losgelöste, sowohl verfahrensrechtlich als auch materiellrechtlich selbstständige, rechtliche Angelegenheiten. Der mögliche beihilferechtliche Verstoß wurde nicht geprüft, und der Nachprüfungsantrag als unzulässig zurückgewiesen, gleichwohl es möglich sein konnte, dass die Preisgestaltung der Beigeladenen durch eine nicht notifizierte Beihilfe besonders günstig hatte ausfallen können, also maßgeblichen Einfluss auf die Wettbewerbsstellung im Vergabeverfahren hätte haben können. Die später erlassene Vorschrift des § 25 a Abs. 2 Nr. 2 VOL/A (wie auch § 25 a Nr. 2 VOB/A)[20] zeigen indes die maßgebende vergaberechtliche Relevanz und auch den entscheidenden Einfluss einer staatlichen Beihilfe. Denn nach diesen Vorschriften können Angebote, die aufgrund einer staatlichen Beihilfe ungewöhnlich niedrig sind, allein aus diesem Grunde nur dann zurückgewiesen werden, wenn der Bieter nach Aufforderung innerhalb einer vom Auftraggeber festzulegenden ausreichenden Frist nicht nachweisen kann, dass die betreffende Beihilfe rechtmäßig gewährt wurde. Diese Vorschrift existierte für öffentliche Sektorenauftraggeber vor der Entscheidung des OLG Düsseldorf, vgl. z.B.

---

18 Gesetzesbegründung der Bundesregierung v. 13.08.2008 zu Nr. 2 § 97 a, BT-Drucks. 16/10117, vgl. ferner die Kommentierung zu § 97 Abs. 3, Rn. 75.

19 OLG Düsseldorf v. 26.07.2002, VergabeR 22/02, 607 – »Connex«.

20 Heute § 19 Abs. 7 VOL/A-EG bzw. § 16 Abs. 8 VOB/A-EG.

§ 25 b Nr. 2 VOB/A Fassung 2000. Der maßgebliche Einfluss von staatlichen Beihilfen auf die Preisgestaltung in einem Vergabeverfahren ist also sogar in einer Vergabevorschrift geregelt, und zwar mit Blick auf den Prüfungsaufwand der Vergabestelle dahin gehend, dass richtigerweise der Bieter auf die notwendige Aufforderung der Vergabestelle hin die Rechtmäßigkeit seiner erhaltenen Beihilfe zum Verbleib seines Angebots im Vergabeverfahren nachweisen muss. Mit Blick darauf ist der vom OLG Düsseldorf in der »Connex«-Entscheidung unter Verweis auf die Vorschrift des § 104 Abs. 2 GWB a. F. verkürzte Prüfungsumfang der Nachprüfungsinstanz nicht gerechtfertigt.

In einer jüngeren Entscheidung v. 09.11.2011[21] hat das OLG Düsseldorf freilich wiederum einen   18 etwaigen Verstoß gegen ein kommunalwirtschaftliches Betätigungsverbot im Sinne des § 107 GO-NRW wie auch eine etwaige Wettbewerbsbeschränkung durch die Bildung einer Bietergemeinschaft im Sinne des § 1 GWB geprüft, das heißt gerade solche außervergaberechtlichen Vorschriften behandelt. Die Bildung einer Bietergemeinschaft könne eine wettbewerbsbeschränkende Abrede unter Bietern sein, die nach Maßgabe des § 97 Abs. 1 GWB zu unterbinden sei. Die Vorschrift des § 1 GWB wurde in diesem Zusammenhang zwar angesprochen, jedoch für ein Vergabeverfahren eigenständige und im Hinblick auf die frühere Vergaberechtsprechung auch neue Tatbestandsvoraussetzungen für die Zulässigkeit einer Bietergemeinschaft in einem Vergabeverfahren aufgestellt. Danach seien Bietergemeinschaften zwischen gleichartigen Unternehmen wettbewerbsunschädlich, sofern **objektiv** die beteiligten Unternehmen ein jedes für sich zu einer Teilnahme an der Ausschreibung mit einem eigenständigen Angebot aufgrund ihrer betrieblichen oder geschäftlichen Verhältnisse **nicht** leistungsfähig sind, und erst der Zusammenschluss zu einer Bietergemeinschaft sie in die Lage versetze, sich daran zu beteiligen. In einem solchen Fall werde durch die Zusammenarbeit der Wettbewerb nicht nur beschränkt, sondern aufgrund des gemeinsamen Angebots gestärkt. In **subjektiver Hinsicht** sei darauf abzustellen, ob die Zusammenarbeit eine im Rahmen wirtschaftlich zweckmäßigen und kaufmännisch vernünftigen Handels liegende Unternehmensentscheidung darstelle, wobei den beteiligten Unternehmen eine Einschätzungsprärogative zuzuerkennen sei, deren Ausübung im Prozess nicht uneingeschränkt, sondern lediglich auf die Einhaltung ihrer Grenzen, das heißt auf ihre Vertretbarkeit hin, zu kontrollieren sei.[22] Die Frage des Prüfungsumfangs nach § 104 Abs. 2 GWB a. F. wurde nicht explizit angesprochen. Letzteres erfolgte indes in der Entscheidung des **OLG Düsseldorf** v. **27.06.2012**.[23] In dieser Entscheidung hält das OLG Düsseldorf zutreffend fest, dass die nach § 104 Abs. 2 GWB a. F. zu prüfenden »sonstigen Ansprüche gegen öffentliche Auftraggeber, die auf die Vornahme oder das Unterlassen einer Handlung in einem Vergabeverfahren gerichtet sind« auch **auf Kartellrecht gestützte Ansprüche** von vornherein nicht ausschließe.[24] Die Vorschrift des § 104 **Abs. 3** a. F. GWB begründe nur die ggf. parallele Zuständigkeit der ordentlichen Gerichte und der Kartellbehörden, schließe aber eine gleichzeitige Zuständigkeit der Vergabenachprüfungsinstanzen nicht aus. Der Senat sei bei seiner bisherigen Rechtsprechung davon ausgegangen, dass Handlungen mehrerer Auftraggeber unter kartellrechtlichen Gesichtspunkten nicht überprüft werden könnten, wenn sie sich zeitlich vor Beginn des Vergabeverfahrens zugetragen haben. Ob dieses Argument die daraus gezogene Schlussfolgerung trage, so das OLG Düsseldorf, das kartellrechtliche Verstöße auf Auftraggeberseite anders als Kartellverstöße von Bietern nicht Gegenstand eines Vergabenachprüfungsverfahrens sein können, könne mit Recht diskutiert werden. In einer nachfolgenden Entscheidung zu Bietergemeinschaften vom **29.07.2015**[25] hat das **OLG Düsseldorf** dies bekräftigt,

---

21 OLG Düsseldorf v. 09.11.2011, VII-VergabeR 35/11, NZBau 2012, 252 – »Bietergemeinschaft«.

22 OLG Düsseldorf NZBau 2012, 252 – »Bietergemeinschaft« mit Verweis auf BGH WuW/E BGH 2050, Bauvorhaben Schramberg; OLG Düsseldorf v. 23.03.2005, VII-Verg 68/04; v. 03.06.2004, VII-W13/04; KG VergabeR 2010, 501, 504; OLG Frankfurt am Main NZBau 2004, 60; OLG Koblenz VergabeR 2005, 527.

23 OLG Düsseldorf v. 27.06.2012, Verg 7/12, IBR 2012, 663 – »Grippeimpfstoffe«.

24 OLG Düsseldorf a.a.O.

25 OLG Düsseldorf v. 29.07.2015, VII – Verg 5/15.

und ausgeführt, dass behauptete Verstöße **gegen Kartellrecht** im Vergabeverfahren und in Nach-prüfungsverfahren grundsätzlich zu überprüfen sind, und zwar im Wege einer **Inzidentprüfung innerhalb einer vergaberechtlichen Anknüpfungsnorm.**[26] Vergaberechtliche Anknüpfungsnor-men waren im Streitfall über die Zulässigkeit von Bietergemeinschaften § 97 Abs. 1 GWB und insbesondere § 16 Abs. 3 f VOL/A (unzulässige, wettbewerbsbeschränkende Abrede zwischen Unternehmen).

19   Das OLG Düsseldorf hat **heute** also ausdrücklich den sehr weiten Wortlaut und die entspre-chende Reichweite des § 104 Abs. 2 GWB a. F. erkannt. Es hat dann zwar noch auf eine Neben-bemerkung des BGH in seiner Entscheidung »Tariftreueerklärung II«[27] hingewiesen, wonach das unter einem **besonderen Beschleunigungsbedürfnis** stehende Vergabeverfahren zur Klä-rung komplexer und bei einer Prüfung von Kartellrecht regelmäßig aufgeworfener Fragen der Marktabgrenzung und der Bewertung der Stellung des Auftraggebers im fraglichen Markt nicht geeignet sei,[28] hat richtigerweise aber kartellrechtliche Vorschriften der Sache nach geprüft, soweit die kartellrechtlichen Vorschriften nach § 69 Abs. 2 SGB V in dem maßgebenden Einzel-fall einschlägig waren.

20   Der Hinweis des **BGH** auf die Beschleunigungsvorgabe des § 113 GWB a. F., der häufig kom-plexen Rechtslage bei der Beurteilung außervergaberechtlicher Normen wie beispielsweise des Kartellrechts ist zumeist das entscheidende Argument der Vergaberechtsprechung, außervergabe-rechtliche Vorschriften nicht (näher) zu prüfen.[29] Das vergaberechtliche Nachprüfungsverfahren sei ungeeignet, um komplexe kartell- bzw. telekommunikationsrechtliche Fragen zu beantworten, was insbesondere an den begrenzten Ermittlungsbefugnissen der Vergabekammern sowie den kurzen Entscheidungsfristen im Vergabenachprüfungsverfahren läge. Im Fall ging es darum, dass ein Bieter für die eigene Angebotslegung auf Produkte des Konkurrenten (Netzplattform) angewiesen war, die Klärung der kartell- bzw. telekommunikationsrechtlichen Fragen also von maßgebender Relevanz für den Ausgang des Vergabeverfahrens gewesen waren.

21   Das **OLG Karlsruhe** hat in seiner Entscheidung v. 01.04.2011[30] ausgeführt, dass in Nachprü-fungsverfahren selbst bei günstigster Auslegung als bieterschützend solche Vorschriften **nicht zu prüfen seien**, die ohne Wettbewerbsbezug dem Interesse der Allgemeinheit dienen, wie das Landesabfallgesetz Baden-Württemberg und ein auf seiner Grundlage erlassener Abfallwirt-schaftsplan. Diese Vorschriften seien in einem Vergabenachprüfungsverfahren deshalb nicht zu prüfen. Dabei wird aus der Entscheidung selbst die große Schwierigkeit dieser Festlegung bzw. Abgrenzung des nach Auffassung des OLG Karlsruhe eingeschränkten Prüfungsumfangs von außervergaberechtlichen Normen sehr deutlich. Denn das OLG Karlsruhe beschäftigt sich intensiv mit der Frage, inwieweit Bestimmungen aus dem Bereich der Abfallwirtschaft zu prü-fende »Vergabevorschriften« seien, und wie das Zusammenspiel zwischen dem Vergaberecht und den öffentlich-rechtlichen Bestimmungen zur Abfallwirtschaftsplanung mit einem möglicher-weise daraus resultierenden Normenkonflikt aussehe.[31] Es sei ein Nebeneinander von Vergabe-recht und Abfallwirtschaftsplanung zu verzeichnen, was jedoch nicht dazu führe, dass abfall-rechtliche Bestimmungen damit zu »Bestimmungen des Vergaberechts« werden, auf die sich der einzelne Bieter berufen könne. Vielmehr stellen die Vorschriften des Landesabfallgesetzes und der Abfallwirtschaftsplan für Baden-Württemberg allein auf die im allgemeinen Interesse

---

26   Dazu wird Bezug genommen auf die Entscheidung des BGH v. 18.06.2012, NZBau 2012, 586 (s.u.) sowie eigener Entscheidungen des OLG Düsseldorf v. 21.02.2005, VII – Verg 91/04; 09.11.2012, VII – Verg 35/11; 01.08.2012, VII – Verg 105/11 sowie v. 27.06.2012, VII – Verg 7/12.
27   BGH v. 18.01.2000, WuW 2000, 327, 336.
28   Ähnlich Dittmann in: Ziekow/Völlink, § 104 GWB, Rn. 18 ff.
29   So z.B. VK Bund v. 02.09.2011, VK 1-108/11 – »Telekommunikationsdienste«.
30   OLG Karlsruhe v. 01.04.2011, 15 Verg 1/11, IBR 2011 359.
31   OLG Karlsruhe a.a.O., keinem der Normen galt ein prinzipieller Vorrang, vielmehr schränke das Abfall-recht die Ausschreibungspflicht des öffentlichen Entsorgungsträgers ein.

liegenden Grundsätze der umweltverträglichen und ortsnahen Beseitigung sowie der Entsorgungssicherheit ab. Mit dieser Maßgabe und Argumentation wurde der Nachprüfungsantrag zurückgewiesen, und eine mögliche Ungleichbehandlung von Bietern, die über Entsorgungskapazitäten in Baden-Württemberg verfügen, gegenüber denjenigen wie der Antragstellerin, bei denen dies nicht der Fall ist, offen gelassen, weil diese Wettbewerbsstellung der Antragstellerin nicht durch das Vergabeverfahren bedingt sei, sondern durch zwingend auszuwendende Vorschriften des Abfallrechts. Diese Argumentation, der Einfluss außervergaberechtlicher Norman auf die Wettbewerbsstellung eines Bieters in einem konkreten Vergabeverfahrens, ist aber die gleiche Situation wie diejenige eines Bieters mit seinem Angebot, welches ggf. ungewöhnlich niedrig aufgrund von staatlichen Beihilfen sein könne, oder die Stellung eines Bieters wie im Fall des OLG Düsseldorf, der als Kommunalunternehmen eine möglicherweise nicht erlaubte wirtschaftliche Tätigkeit im Sinne des § 107 GO NRW vornimmt, und dessen Angebot deshalb aus dem Vergabeverfahren auszuschließen ist.

Sehr fein **differenzierend** hat das **OLG Jena** in seiner Entscheidung vom **23.12.2011**[32] ausge- 22
führt, dass bei der Vergabe von Leistungen des **öffentlichen Personennahverkehrs** im Sinne des § 8 Abs. 1 PBefG die Frage, ob der öffentliche Auftraggeber vorher geprüft habe, ob eine ausreichende Verkehrsbedienung durch eigenwirtschaftliche Verkehrsleistungen möglich sei, nicht zum Prüfungsumfang im vergaberechtlichen Nachprüfungsverfahren nach den §§ 102 ff. GWB a. F. gehöre, weil es sich insoweit um eine Entscheidung handele, die **vor** dem Vergabeverfahren getroffen werde, und nicht »in einem Vergabeverfahren«, wie es der Wortlaut des § 104 Abs. 2 GWB a. F. (bzw. heute § 156 Abs. 2 GWB) verlangt. Es nimmt insoweit Bezug auf eine Entscheidung des OLG Düsseldorf vom 02.03.2011[33], in der das das OLG ausgeführt hat, dass in Vergabenachprüfungsverfahren grundsätzlich Rechtsverstöße nicht zu prüfen seien, die außerhalb des Anwendungsbereichs vergaberechtlicher Vorschriften liegen. Dazu würde die **vor** einem Vergabeverfahren **vorgelagerte** Frage gehören, ob eine bloß eigen- oder stattdessen gemeinwirtschaftliche Auftragsvergabe erfolgen solle, weil diese Entscheidung auf den Regelungen des Personenbeförderungsgesetzes beruhe, das Bestimmungen über das öffentlich-rechtliche Genehmigungsverfahren, nicht aber solche über das Vergaberecht enthalte. Damit gehe es nicht um Ansprüche »in einem Vergabeverfahren« gem. dem Wortlaut des § 104 Abs. 2 GWB a. F. (bzw. heute § 156 Abs. 2 GWB), sondern um Ansprüche aus dem vorgelagerten Stadium. Das ist zutreffend, weil materiell ein Vergabeverfahren erst beginnt, wenn die Entscheidung dazu intern gefallen und extern bereits in der Umsetzung befindlich ist, s. Kommentierung zu § 155 Rdn. 12.

Mit anderen Worten ist zusammenfassend festzuhalten, dass zum Beispiel aus den vorgenannten 23
Entscheidungen die Schwierigkeit einer Abgrenzung des Prüfungsumfangs der Nachprüfungsinstanzen im Sinne des § 156 Abs. 2 GWB ersichtlich wird, und keine überzeugende Abgrenzung vorhanden ist. Im Gegenteil, die vorgenannten Einzelfälle zeigen, inwieweit außervergaberechtliche Normen einen entscheidenden Einfluss auf den Ausgang eines Vergabeverfahrens und damit die Entscheidung der Nachprüfungsinstanz haben können. Das einzige, grundsätzlich nachvollziehbare Argument einer fehlenden oder zumindest verkürzten Prüfung außervergaberechtlicher Normen ist dasjenige des Beschleunigungsgebots des § 167 GWB. Es ist sicherlich richtig, dass die Vergabenachprüfungsinstanzen nach § 167 GWB beschleunigt eine Entscheidung im Nachprüfungsverfahren herbeizuführen haben. Dem stünde beispielsweise eine intensive Sachverhaltsaufklärung durch Einholung von Sachverständigengutachten zu bautechnischen Fragen oder auch beihilferechtlichen Fragen entgegen. Jedoch bedeutet dies nicht, dass außervergaberechtliche Normen **nicht** zumindest **summarisch** von den Nachprüfungsinstanzen geprüft werden können. Außerdem, und das ist das entscheidende, hat der öffentliche Auftraggeber immer die Möglich-

---

32 OLG Jena v. 20.12.2011, 9 Verg 3/11, NZBau 2012, 386.
33 OLG Düsseldorf v. 02.03.2011, VII – Verg 48/10; v. 04.05.2009, VII – Verg 68/08 sowie OLG Brandenburg v. 07.10.2010, Verg W 12/00.

keit, einen **Antrag auf Vorabgestattung des Zuschlags** nach § 169 GWB zu stellen, womit dem hinter dem Beschleunigungsgebot des § 167 GWB stehenden Gedanken einer möglichst kurzen Investitionsblockade hinreichend Rechnung getragen werden dürfte.[34] Denn im Rahmen der Abwägung für eine Vorabgestattung des Zuschlags nach § 169 GWB kann dann auch der Notwendigkeit einer erforderlichen, längeren Prüfung außervergaberechtlicher Normen (und ggf. einer entsprechenden Sachverhaltsaufklärung) durch die Nachprüfungsinstanz Rechnung getragen werden. Der Hinweis (schon des BGH) auf das Beschleunigungsgebot mit der zweifelhaften Folge des »Verbots« der Prüfung außervergaberechtlicher Normen durch die Nachprüfungsinstanz ist also nicht wirklich überzeugend, zumal der Wille des Gesetzgebers auch dahin geht, gerade den Prüfungsumfang der Nachprüfungsinstanz auch auf solche sonstigen Ansprüche außerhalb der Bieterrechte des § 97 Abs. 6 GWB zu erstrecken.[35]

24 In diesem Zusammenhang ist nicht zuletzt die Entscheidung des **BGH v. 18.06.2012,**[36] zu beachten. Denn der BGH hat in dieser Entscheidung ausdrücklich gesagt, dass im Nachprüfungsverfahren nicht nur vergaberechtliche Vorschriften zu prüfen sind, sondern auch außervergaberechtliche Normen wie diejenigen des KrW-/AbfG des Landes Nordrhein-Westfalen. Denn der Anspruch aus **§ 97 Abs. 6 GWB** schließt das Recht ein, die Durchführung eines ordnungsgemäßen Vergabeverfahrens zur Beschaffung einer dem Anwendungsbereich des Vierten Teils des Gesetzes gegen Wettbewerbsbeschränkungen unterliegenden Leistung zu **erzwingen**, wenn die Vergabestelle den Beschaffungsvorgang nicht als ausschreibungspflichtig erachtet und ihn deshalb ohne förmliches Vergabeverfahren abschließen will. Wenn der Fall dabei die **Besonderheit** aufweist, dass der Erfolg des Begehrens des antragstellenden Unternehmens nach **Lage des Sachverhalts** davon abhängt, ob dem Auftraggeber die Beschaffung der Leistung (durch Vergabe einer Dienstleistungskonzession) aufgrund einer gesetzlichen Regelung untersagt ist, die selbst **nicht** unmittelbar zu den Bestimmungen über das Vergabeverfahren im Sinne des § 97 Abs. 6 GWB zu rechnen ist, dann ist diese Frage eben **inzidenter** im Rahmen der **in die Zuständigkeit der Nachprüfungsinstanzen fallenden Prüfung** (!) zu beantworten.[37] Unmissverständlich hat der BGH also zum Ausdruck gebracht, dass in einem vergaberechtlichen Nachprüfungsverfahren sehr wohl geprüft werden müsse, ob der vergebene Auftrag möglicherweise deshalb nicht als Dienstleistungskonzession, sondern als ausschreibungspflichtiger Dienstleistungsauftrag zu qualifizieren sei, weil eine Dienstleistungskonzession – hier gemäß § 16 Abs. 1 KrW-/AbfG – rechtlich gar nicht zulässig sei.[38] Es wäre auch nicht nachvollziehbar, wenn die Prüfung der Nachprüfungsinstanzen gerade bei den fallentscheidenden Normen aufhören soll, nur weil diese außervergaberechtlicher Natur sind.[39]

25 Für den **Begriff des »Vergabeverfahrens«** i.S.d § 104 Abs. 2 GWB war zunächst streitig, ob damit lediglich förmlich eingeleitete Vergabeverfahren gemeint sind, oder unabhängig davon **jedes** materielle Beschaffungsverfahren der öffentlichen Hand.[40] In Fortsetzung der Entscheidung des EuGH

---

34 Siehe hierzu anschaulich den Fall des OLG Celle v. 31.01.2011, 13 Verg 21/10, in dem in einem lange andauernden Nachprüfungsverfahren ein Sachverständigengutachten eingeholt wurde, und der Auftraggeber schließlich den Eilantrag auf Zuschlagsgestattung stellte.

35 So im Ergebnis auch Byok/Bormann, GWB-Kommentar, § 104, Rn. 11 ff., 14 mit weiteren Nachweisen.

36 BGH v. 18.06.2012, X ZB 9/11, NZBau 2012, 586 – »Abfallentsorgung II«.

37 BGH NZBau 2012, 588 linke Spalte.

38 BGH a.a.O. m. Anm. Tugendreich NZBau 2012, 589; so auch in der Vorinstanz OLG Düsseldorf v. 19.10.2011, VII – Verg 51/11, NVwZ 2012, 256; a.A. OLG Jena BeckRS 2010, 02457.

39 So aber im Ergebnis gerade zu abfallrechtlichen Vorschriften das OLG Karlsruhe v. 01.04.2011, 15 Verg 1/11, IBR 2011, 359.

40 Eine Übersicht über den seinerzeitigen Streit gibt das OLG Naumburg in seinem Beschl. v. 08.01.2003 1 Verg 7/02 »Stadt Halle« VergabeR 2003, 196 ff., welches zur Klärung der Gemeinschaftskonformität den EuGH angerufen hatte, der am 11.01.2005 zugunsten des materiellen Verfahrensverständnisses entschied, VergabeR 2005, 44 ff.

v. 11.01.2005,[41] welches nach einer entsprechenden Anrufung durch das OLG Naumburg den materiellen Verfahrensbegriff vertritt, hat der **BGH** in seiner Entscheidung v. 01.02.2005[42] klarstellt, dass der Rechtsweg **jedes materielle Beschaffungsverhalten** des öffentlichen Auftraggebers umfasst.[43]

»Sonstige Ansprüche« im Sinne der Vorschrift können aus der gesamten Rechtsordnung, beispiels- 26
weise aus dem GWB[44], dem UWG[45] oder dem BGB resultieren. Sie müssen sich gegen den öffentlichen Auftraggeber richten. Wird indessen ein wettbewerbskonformes Verhalten eines **Mitkonkurrenten** in einem Vergabeverfahren aufgrund »sonstiger Ansprüche« verlangt, ist die Vergabekammer nicht zuständig, sondern das Zivilgericht, wie der BGH klargestellt hat.[46]

Beendet ist das materielle Vergabeverfahren, wenn der Zuschlag **wirksam** erteilt worden ist.[47] 27

Ist der Zuschlag (formal) erfolgt, indes z.B. wegen Verletzung der Vorabinformationspflicht (auch 28
in einem sog. De-facto-Vergabeverfahren) nichtig, so ist auch das Vergabeverfahren nicht beendet, und kann – zur Klärung dieser Frage – die Vergabekammer angerufen werden.[48] Weiter ist das Vergabeverfahren bei seiner **Aufhebung** beendet. Die Aufhebungsentscheidung kann allerdings vor der Vergabekammer überprüft werden.[49] Die Möglichkeiten der Vergabekammer richten sich dabei nach dem Willen des Auftraggebers: Hat dieser die Beschaffungsidee **endgültig** aufgegeben, so ist dies Ausdruck seiner Freiheit, nie gezwungen zu sein, einen Auftrag zu erteilen, oder deswegen erteilen zu müssen, weil er hierfür einen öffentlich-rechtlichen Wettbewerb gestaltet hat.[50] Diese endgültige Aufgabe »erledigt« das Nachprüfungsverfahren im Sinne des § 168 Abs. 2 Satz 2 GWB, und gibt der Vergabekammer nur noch die Möglichkeit, einen etwaigen Verstoß gegen die Aufhebungsvorschriften festzustellen (sog. Fortsetzungsfeststellungsverfahren).[51] Wird die Beschaffungsidee trotz der Aufhebung jedoch später weiterverfolgt, etwa durch Aufhebung eines Offenen Verfahrens und Übergang in ein Verhandlungsverfahren, so kann die Vergabekammer die Aufhebungsentscheidung bei Nichtvorliegen eines Aufhebungsgrundes, beispielsweise im Sinne des § 26 Nr. 1 VOB/A, aufheben und das Weiterführen des aufgehobenen Verfahrens anordnen, § 168 Abs. 1 GWB.[52]

D. Zivilgerichte (Sekundärrechtsschutz) und Kartellbehörden (Abs. 3)

§ 156 Abs. 3 GWB stellt klar, dass für Sekundärrechtsschutz die Zuständigkeit der ordentli- 29
chen Gerichte unberührt bleibt, des Weiteren die Befugnisse der Kartellbehörden für Verstöße in einem Vergabeverfahren. In der Neufassung des »§ 104 GWB 2009« wurde aufgenommen, dass die Befugnisse der Kartellbehörden insbesondere zur **Verfolgung von Verstößen gegen §§ 19 und**

---

41 Rs. C-26/03 »Stadt Halle« VergabeR 2005, 44 ff.
42 X ZB 27/04 »Altpapierverwertung II« VergabeR 2005, 328, 330.
43 Zu den Einzelheiten vgl. die Kommentierung zu § 102 Kapitel B.
44 Deutlich: LG Frankfurt/Main v. 16.09.2015, 3-10 O 119/15.
45 So ausdrücklich der BGH, a.a.O. – »Kommunalversicherer« für § 4 Nr. 11 UWG.
46 BGH 03.07.2008, VergabeR 2008, 925 – »Kommunalversicherer«; OLG Düsseldorf v. 22.10.2008, I-27 U 2/08.
47 BGH 19.12.2000 X ZB 14/00 VergabeR 2001, 71.
48 Vgl. hierzu die Entscheidungen des BGH 19.12.2000 VergabeR 2001, 71, 73, für ein förmliches Vergabeverfahren und v. 01.02.2005 VergabeR 2005, 328, 330, für ein De-facto-Verfahren.
49 BGH 18.02.2003 X ZB 43/01 NZBau 2003, 293 = VergabeR 2003, 313 = NVwZ 2003, 1149 mit Besprechung von Kus NVwZ 2003, 1083 ff.
50 BGH »Dienstgebäude Ministerium« NJW 1998, 3636, 3639; »Ortsgestaltung W. – Sanierung K.« NJW 1998, 3640, 3643; »Fassadenänderung« NZBau 2003, 168, 169.
51 BGH 18.02.2003 X ZB 43/01 NZBau 2003, 293 = VergabeR 2003, 313 = NVwZ 2003, 1149 mit Besprechung von Kus NVwZ 2003, 1083 ff.
52 BGH 18.02.2003 X ZB 43/01 NZBau 2003, 293 = VergabeR 2003, 313 = NVwZ 2003, 1149 mit Besprechung von Kus NVwZ 2003, 1083 ff.

20 GWB unberührt bleiben. Diese Betonung soll klarstellen, dass sich trotz der Regelung der 7. GWB-Novelle an den Befugnissen der Kartellbehörden im Fall eines unzulässigen Verhaltens eines marktstarken öffentlichen Auftraggebers nichts geändert hat.[53] Die Kartellbehörden können also **parallel** zu den Vergabekammern angerufen werden. Dies gilt insbesondere bei den »sonstigen Ansprüchen« des § 156 Abs. 2 Satz 1 GWB, die bei wertender Betrachtung **inhaltsgleich** mit den Ansprüchen aus Rechten im Sinne des § 97 Abs. 6 GWB sind.[54] § 156 Abs. 3 GWB begründet gerade die – gegebenenfalls parallele – Zuständigkeit der Kartellbehörde und auch der ordentlichen Gerichte (»bleiben unberührt«).[55]

E. Verweisung bei Unzuständigkeit

30 Geklärt ist durch die Entscheidung des **BGH v. 23.01.2012**,[56] dass jedenfalls das **Oberlandesgericht** einen unzulässiger Weise vor die Nachprüfungsinstanzen gebrachten Fall an das Gericht des zulässigen Rechtsweges nach § 171 GWB i.V.m. § 17 a GVG verweisen kann.[57] Denn mit der Novellierung der §§ 17 und 17 a GVG bereits durch Art. 2 des Gesetzes zur Neuregelung des verwaltungsgerichtlichen Verfahrens v. 17.12.1990 sollte vermieden werden, dass das Beschreiten eines unzulässigen Rechtswegs wie bis dahin mit einem »unter Umständen erst im Instanzenzug ergehenden« Klage abweisenden Prozessurteil sanktioniert wird. **Stattdessen** sollte die Grundlage dafür geschaffen werden, dass die Sache im Verfahren nach § 17 a Abs. 2–4 GVG **so schnell wie möglich in den zulässigen Rechtsweg** verwiesen werden kann. Mit diesem auf dem Gedanken der Verfahrensökonomie und des **effektiven Rechtschutzes** beruhenden Prinzip wäre unvereinbar, dem Vergabesenat die Möglichkeit einer entsprechenden Verweisung abzusprechen. Die Regelung in § 17 a Abs. 5 GVG steht dem nicht entgegen, weil sie ein Rechtsmittel gegen die Entscheidung eines Gerichts im Sinne von Art. 92 GG voraussetzt, und auch nur dann einschlägig ist, wenn das Erstgericht über die Zulässigkeit des Rechtswegs vorab durch Beschluss entschieden hat.[58]

31 Diese vom BGH aufgestellten Grundsätze sprechen auch für eine **entsprechende Verweisungsbefugnis der Vergabekammer** in analoger Anwendung des § 17 a GVG.[59] Daraus dürfte auch eine Rechtspflicht der Vergabekammer zur Weiterverweisung an das zuständige Gericht oder eine andere zuständige Vergabekammer erwachsen.

§ 157 Besetzung, Unabhängigkeit

(1) Die Vergabekammern üben ihre Tätigkeit im Rahmen der Gesetze unabhängig und in eigener Verantwortung aus.

(2) Die Vergabekammern entscheiden in der Besetzung mit einem Vorsitzenden und zwei Beisitzern, von denen einer ein ehrenamtlicher Beisitzer ist. Der Vorsitzende und der hauptamtliche Beisitzer müssen Beamte auf Lebenszeit mit der Befähigung zum höheren Verwaltungsdienst oder vergleichbar fachkundige Angestellte sein. Der Vorsitzende oder der hauptamtliche Beisitzer müssen die Befähigung zum Richteramt haben; in der Regel soll dies der Vorsitzende sein. Die Beisitzer sollen über gründliche Kenntnisse des Vergabewesens, die ehrenamtlichen Beisitzer auch über mehrjährige praktische Erfahrungen auf dem Gebiet des Vergabewesens verfügen. Bei

53 BT-Drucks. 16/1017 zu § 104.
54 Stockmann in: Immenga/Mestmäcker § 104 Rn. 12 ff.
55 OLG Düsseldorf v. 27.06.2012, Verg 7/12, IBR 2012, 663 – »Grippeimpfstoffe«.
56 BGH v. 23.01.2012, X ZB 5/11, NZBau 2012, 245 – »Rettungsdienstleistungen III«.
57 BGH a.a.O., OLG Düsseldorf v. 07.03.2012, VII-Verg 78/11, NZBau 2012, 382.
58 BGH a.a.O. m.V. auf BGH v. 25.02.1993, III ZR 9/92, BGHZ 121, 367.
59 Ebenso bereits OLG Thüringen v. 16.07.2007, 9 Verg 4/07, ZfBR 2007, 817, 818; OLG Bremen v. 17.08.2000, Verg 2/2000; VK Bund v. 11.08.2011, VK 3-113/11; OLG Düsseldorf v. 18.01.2005, Verg 104/04; v. 19.12.2007 Verg 51/07; a.A. OLG Celle v. 04.05.2001, 13 Verg 5/00; VK Brandenburg v. 10.02.2003 – VK 80/02; Müller-Wrede, GWB-Vergaberechtskommentar, § 104, Rn. 25 ff.

der Überprüfung der Vergabe von verteidigungs- oder sicherheitsspezifischen Aufträgen im Sinne des § 104 können die Vergabekammern abweichend von Satz 1 auch in der Besetzung mit einem Vorsitzenden und zwei hauptamtlichen Beisitzern entscheiden.

(3) Die Kammer kann das Verfahren dem Vorsitzenden oder dem hauptamtlichen Beisitzer ohne mündliche Verhandlung durch unanfechtbaren Beschluss zur alleinigen Entscheidung übertragen. Diese Übertragung ist nur möglich, sofern die Sache keine wesentlichen Schwierigkeiten in tatsächlicher oder rechtlicher Hinsicht aufweist und die Entscheidung nicht von grundsätzlicher Bedeutung sein wird.

(4) Die Mitglieder der Kammer werden für eine Amtszeit von fünf Jahren bestellt. Sie entscheiden unabhängig und sind nur dem Gesetz unterworfen.

A. Unabhängigkeit und Weisungsfreiheit der Vergabekammern (Abs. 1)

I. Entstehungsgeschichte: Starke Stellung der Vergabekammern bezweckt

Durch die Neufassung des GWB 2016 wurde § 157 GWB gegenüber § 105 GWB a.F. nur ganz **1** geringfügig redaktionell überarbeitet. In § 157 Abs. 2 GWB Satz 5 heißt es nunmehr, dass die Vergabekammern bei der Überprüfung von **verteidigungs- oder sicherheitsspezifischen Aufträgen** (statt wie bisher von verteidigungs- und sicherheitsrelevanten Aufträgen) abweichend von § 157 Abs. 2 Satz 1 GWB auch in der Besetzung mit einem Vorsitzenden und zwei hauptamtlichen Beisitzern entscheiden.

Geblieben ist die Ausgestaltung der Vergabekammern als **unabhängige und eigenverantwortliche** **2** **Instanzen** gem. § 157 Abs. 1 GWB, die den Mangel, der vor dem 01.01.1999 (Inkrafttreten des 4. Teils des GWB) durch die unzureichende Unabhängigkeit der Vergabeüberwachungsausschüsse (VÜA) nach der so genannten **haushaltsrechtlichen Lösung** gegeben war, beseitigt hat. Die Mitglieder der VÜA waren zwar auch nach dem Wortlaut des Haushaltsgrundsätzegesetz (HGrG) unabhängig und nur dem Gesetz unterworfen;[1] diese Unabhängigkeit war jedoch nur formell, nicht aber materiellrechtlich gegeben.

Diesen Mängeln hat § 157 GWB durch eine bewusst **starke und unabhängige Stellung** der Ver- **3** gabekammern abgeholfen. Die Vergabekammern sind die zentralen Institutionen erster Instanz für den Rechtsschutz im Vergaberecht. Sie können als sowohl gegenüber Auftraggebern wie auch gegen-

---

1 Vgl. § 57 lit. c Abs. 2 Satz 3 des alten HGrG.

über den Bietern und Bewerbern unabhängige Instanzen auf Antrag vollstreckbaren Rechtsschutz gewähren. Dieser Rechtsschutz führt mit dem Zeitpunkt der Zustellung eines Nachprüfungsantrags durch die Vergabekammer an den Auftraggeber dazu, dass dieser nach dem gesetzlichen Verbot des § 169 Abs. 1 GWB **gehindert ist, den Zuschlag zu erteilen**. Die Vergabekammern sind Rechts- und Tatsacheninstanz mit eigener Entscheidungskompetenz. Vor diesem Hintergrund sichert das Gesetz in § 157 Abs. 1 GWB den Vergabekammern Unabhängigkeit und Eigenverantwortlichkeit (Weisungsfreiheit) zu.

II. Rechtsnatur der Vergabekammern

4   Die **Rechtsnatur** der deutschen Vergabekammern kann nach dem Urteil des EuGH vom 18.09.2014 – C549/13 »Bundesdruckerei« nur noch als **unklar** bezeichnet werden.

5   Der EuGH hat im Rahmen eines Vorabentscheidungsersuchens der Vergabekammer Arnsberg mit großer Eindeutigkeit entschieden, dass die Vergabekammern »**Gerichte**« i.S.d. **Art. 267 AEUV** sind[2]. Damit sind sie nicht nur vorlageberechtigt an den Gerichtshof, sondern auch nicht mehr als »Nachprüfungsstellen, die keine Gerichte sind« nach Art. 2 Abs. 9 UA 1 der Rechtsmittelrichtlinien 89/665/EWG und 92/13/EWG in der Fassung der Richtlinie 2007/66/EG anzusehen. Dies ergibt sich zwingend aufgrund der Anknüpfung an den Gerichtsbegriff des Art. 267 AEUV in Art. 2 Abs. 9 UA 2 der Richtlinie 2007/66/EG. Aus Sicht der **europäischen Rechtsmittelrichtlinien** sind die deutschen Vergabekammern daher wohl als **Gerichte** und damit **Teil der Judikative** anzusehen.

6   Nach dem nationalen Recht sind die Vergabekammern dagegen **Teil der Verwaltung** und damit der **Exekutive**. Trotz ihrer zumindest sachlichen Unabhängigkeit sind die Vergabekammern des Bundes – anders als Gerichte – in das Bundeskartellamt und die Ländervergabekammern in die Verwaltungshierarchie der Länder (Länderministerien, Bezirksregierungen etc.) integriert. Zudem regelt § 168 Abs. 3 Satz 1 GWB – dogmatisch allein schon wegen der Zugehörigkeit des Vergaberechts zum Privatrecht[3] allerdings unrichtig[4] – dass die Vergabekammern durch **Verwaltungsakt** entscheiden. Trotz dieser behördlichen Zuordnung der Vergabekammern und ihrer damit verbundenen **Zwitterstellung** treffen die Kammern ihre **Entscheidungen** unabhängig und frei von Weisungen in eigener Verantwortung allein aufgrund der Gesetze. Insoweit ist die Unabhängigkeit der Vergabekammern als so genannte »**gerichtsähnliche Instanzen**« wesentlich größer als die der Beschlussabteilungen des Bundeskartellamtes. Letzteren dürfen anders als den Vergabekammern gemäß §§ 51, 52 GWB insbesondere durch das Bundeswirtschaftsministerium allgemeine Weisungen erteilt werden.[5]

7   Die Zuordnung einer unionsrechtlich und funktional der Judikative angehörigen Stelle zur nationalen Exekutive dürfte **verfassungsrechtlich problematisch** sein, hat in der Praxis jedoch nur in einigen wenigen Fallgestaltungen negative Auswirkungen auf die Gewährung effektiven Rechtsschutzes durch die Vergabekammern, wie z.B. bei der Inzidentkontrolle von Rechtsvorschriften (dazu unten A VIII) oder bei der Begründung der internationalen Zuständigkeit.[6]

8   Obwohl die Kammern unionsrechtlich und funktional der Judikative zuzuordnen sind, sind sie wohl nicht verpflichtet, das **Recht auf den gesetzlichen Richter** i.S.d. Art. *101 Absatz 1 Satz 2 GG i.Vm. § 16 S. 2 und 21e-f GVG zu gewährleisten. Gesetzlich ist der Richter dann, wenn seine Zuständigkeit aufgrund einer abstrakt-*generellen Regelung bestimmt ist. Damit soll verhindert werden, dass der Richter in manipulierender Weise ad hoc oder ad personam eingesetzt wird.*[7] Durch ein System von Regelungen soll eine einzelfallbezogene Auswahl des Richters schon von vornherein nicht

---

2   EuGH, Urt. v. 18.09.2014 – Rechtssache C-549/13 »Bundesdruckerei«.
3   OLG München Beschl. v. 12.05.2011 – Az.: Verg 26/10.
4   VK Südbayern Beschl. v. 11.03.2015 – Az.: Z3-3-3194-1-65-12/14.
5   OLG Düsseldorf Beschl. v. 23.01.2006 – VII-Verg 96/05; Byok/Jaeger § 105 Rn. 1 und 5.
6   Siehe dazu VK Südbayern, B. v. 11.03.2015 – Az.: Z3-3-3194-1-65-12/14.
7   BVerfGE 22, 254, 258 und 95, 322, 329.

möglich sein. Die Regelungen müssen daher jeden möglichen Einzelfall schon in sich erfassen und die sachliche, örtliche und instanzielle Zuständigkeit so eindeutig wie möglich festlegen. Für den Rechtsanwender muss jeder vermeidbare Spielraum ausgeschlossen sein.[8]

Eine derartige abstrakt-generelle Regelung der Zuständigkeit, so dass beim Eingang eines Nach- 9
prüfungsantrags feststeht, in welcher Besetzung die Kammer (unter Berücksichtigung etwaiger Vertretungsfälle) entscheiden wird, ist angesichts der **Besetzung mit ehrenamtlichen Beisitzern** schon praktisch schwer realisierbar, da diese letztlich freiwillig an den entsprechenden Verfahren mitwirken, da Regelungen wie § 35 und 56 GVG wie bei Schöffen fehlen. Es können allenfalls Regelungen entwickelt werden, in welcher Reihenfolge die ehrenamtlichen Beisitzer angefragt werden.

Aufgrund der Ausgestaltung als Teil der Verwaltung im nationalen Recht könnte sich die Verpflich- 10
tung, das Recht auf den gesetzlichen Richter zu gewährleisten nicht direkt aus Art. 101 Absatz 1 Satz 2 GG, sondern **nur aus dem Unionsrecht** ergeben. Allerdings fehlt eine dem Art. 101 Absatz 1 Satz 2 GG entsprechende Regelung auf unionsrechtlicher Ebene. Es gibt im Unionsrecht kein Recht auf den »gesetzlichen Richter«, wie ihn Art. 101 Absatz Satz 2 GG vorschreibt.[9] Die Art. 28 bis 31 der Verfahrensordnung des EuGH (VerfO) enthalten zwar durchaus abstrakt-generelle Regelungen zur Vertretung. Für die Entscheidung über die Zuweisung an eine bestimmte Kammer und die Auswahl des Berichterstatters nach Art. 15 Abs. 1 VerfO bestehen aber keine veröffentlichten Regeln, die endgültige Entscheidung über die Zuweisung an eine bestimmte Formation der Kammern wird in der Verwaltungssitzung der Richter und Generalanwälte ad hoc vorgenommen. Damit dürften die Vergabekammern nicht verpflichtet sein, das Recht auf den gesetzlichen Richter gemäß Art. 101 Absatz 1 Satz 2 GG i.V.m. § 16 S. 2 und 21e-f GVG zu gewährleisten, da die Verpflichtung nationalrechtlich nicht begründbar ist und sie unionsrechtlich jedenfalls im vollen Umfang wie im nationalen Recht nicht besteht.

Dennoch erscheint ein vollständig ungeregelter Einsatz der Beisitzer ad hoc und passend zum jewei- 11
ligen Einzelfall nach pragmatischer Entscheidung des Vorsitzenden schon angesichts der Verpflichtung zur Unvoreingenommenheit (siehe unten A.V) problematisch, so dass eine abstrakt-generelle Regelung der Zuständigkeit zumindest der Vorsitzenden und der hauptamtlichen Beisitzer, die praktisch unschwer zu verwirklichen ist, in die Geschäftsordnung oder einen Geschäftsverteilungsplan der Vergabekammer aufzunehmen ist.

Ziel der – trotz der von deutschen Gesetzgeber nicht gewollten Gleichstellung der Vergabekam- 12
mern mit Gerichten – doch recht »starken« Ausgestaltung der Vergabekammern war es, diesen unter Einbeziehung des Fachwissens aus Wirtschaft und Vergabepraxis bei Federführung durch einen Volljuristen (Vorsitzender oder hauptamtlicher Beisitzer) ein so **hohes Ansehen** zu verschaffen, dass der Weg zu den Gerichten (Vergabesenaten) nur in Ausnahmefällen beschritten wird.[10] Dies bedingt naturgemäß, dass die Vergabekammern auch personell und fachlich so ausgestaltet sind (vgl. § 105 Abs. 2 GWB), dass deren Entscheidungen fundiert sind und insbesondere wegen ihrer Qualität auch in breiterer Form von den Verfahrensbeteiligten akzeptiert werden. Trotz der immer wieder auftretenden personellen Engpässe an einigen Vergabekammern der Länder, kann von einer derartigen Akzeptanz bei den Entscheidungen der Vergabekammern auch grundsätzlich ausgegangen werden. So wurden im Jahr 2014 nach den statistischen Angaben über die eingereichten Nachprüfungsverfahren und ihren Ausgang des BMWi insgesamt 751 Nachprüfungsverfahren bei den Vergabekammern beantragt. Gegen die Entscheidungen der Vergabekammern wurden demgegenüber nur 152 sofortige Beschwerden eingereicht, was einer Quote von etwas mehr als 20 % entspricht. Von diesen sofortigen Beschwerden waren wiederum nur 19,3 % ganz oder überwiegend erfolgreich.

---

8 BVerfGE 82, 286, 298 und 95, 322, 328 ff.
9 Streinz, Europarecht, 9. Auflage, Rn. 408.
10 Schneevogel/Horn NVwZ 1998, 1242, 1245.

III. Entsprechende Anwendung von Bestimmungen der VwGO, ZPO oder des VwVfG

13   Streitig ist, welche verfahrensrechtlichen Bestimmungen in Ergänzungen zu den Regelungen der §§ 102 ff. GWB auf die Handlungen und Maßnahmen der Vergabekammern Anwendung finden. Zum anzuwendenden Verfahren treffen die § 155 ff. GWB nur rudimentäre Regelung. Die Oberlandesgerichte Düsseldorf[11] und Dresden[12] gehen zu Recht wegen des gerichtsähnlichen Charakters der Vergabekammern und der hiermit für die Verfahrensbeteiligten verbundenen Antragsrechte davon aus, dass ergänzend für das anzuwendende Verfahren primär die Bestimmungen der Verwaltungsgerichtsordnung (VwGO) heranzuziehen sind, soweit sie ihrem Wesen nach auf das Nachprüfungsverfahren passen. Demgegenüber greift eine andere Auffassung in Rechtsprechung und Literatur auf eine entsprechende Anwendung der Bestimmungen des **Verwaltungsverfahrensgesetzes (VwVfG)** zurück.[13]

14   Für die Auffassung einer primär analogen Anwendung des VwVfG spricht, dass die Vergabekammern vom Gesetzgeber des 4. Teils des GWB organisatorisch bewusst in der **Exekutive** angesiedelt wurden und ihre Entscheidungen durch **Verwaltungsakte** ergehen (§ 168 Abs. 3 S. 1 GWB). Dennoch wird eine entsprechende Anwendung der Bestimmungen des **Verwaltungsverfahrensgesetzes (VwVfG)** im Regelfall mangels vergleichbarer Sachverhalte ausscheiden. Durch das gerichtsförmige kontradiktorische Verfahren an den Vergabekammern bestehen derart maßgebliche Unterschiede zum Verwaltungsverfahren, dass eine ergänzende Anwendung der sachnäheren Vorschriften der VwGO bzw. der ZPO angezeigt ist. Insbesondere passen die Bestimmungen des Verwaltungsverfahrensgesetzes des Bundes und entsprechende Regelungen der Länder über **Ausschüsse** iSv § 88 VwVfG nicht zur **funktional rechtsprechenden Funktion** der Vergabekammern[14]. So bieten § 103/104 VwGO zum Gang und Ordnung einer mündlichen Verhandlung, § 55 VwGO i.V.m. 176 bis 197 GVG zur Sitzungsordnung, Verfahrenssprache und Beschlussfassung sowie 105 VwGO i.V.m. § 159 bis 165 ZPO zur Niederschrift über die Verhandlung detaillierte und bewährte Regelungen, die bei Bedarf auch in der Geschäftsordnung einer Vergabekammer nach § 158 Abs. 1 Satz 4 GWB bzw. den entsprechenden Landesregelungen für die Bedürfnisse der Vergabekammern modifiziert werden können.

IV. Dienstaufsicht über die Vergabekammern

15   Mit der gesetzlichen Gewährleistung der Unabhängigkeit und Weisungsfreiheit der Vergabekammern und ihrer Mitglieder greift § 157 Abs. 1 und 4 GWB die verfassungsrechtliche Garantie des Art. 97 Abs. 1 GG über die Unabhängigkeit der Richter auf. Dies beinhaltet aber, dass die Vergabekammern – wie Richter – nur der **allgemeinen Dienstaufsicht** durch den Dienstherrn unterliegen. Danach hat sich der Dienstherr in Gestalt des zuständigen Behördenleiters oder Dienstvorgesetzten jeder inhaltlichen Einflussnahme auf die zu entscheidenden Nachprüfungsverfahren vor der Vergabekammer zu enthalten. Die Dienstaufsicht umfasst allerdings (s. auch § 26 Abs. 2 DRiG) die Befugnis, bei einer Untätigkeit der Vergabekammer eine ordnungsgemäße und unverzögerte Erledigung der Amtsgeschäfte anzumahnen. Erst wenn eine Dienstaufsichtsbeschwerde gegen die Mitglieder der Vergabekammer wegen Untätigkeit nicht zum Fortgang des Verfahrens geführt hat, kann als ultima ratio eine Untätigkeitsbeschwerde im Nachprüfungsverfahren in Betracht kommen.[15]

---

11 OLG Düsseldorf NZBau 2006, 598 ff.; so auch VK Düsseldorf Beschl. v. 08.03.2011 – VK – 45/2010 – F –, die die Anwendung der VwGO-Normen aus dem Status der Mitglieder der Vergabekammer, also der Garantie der Unabhängigkeit (§ 105 Abs. 1 GWB) und aus der 5-jährigen Unabsetzbarkeit (§ 105 Abs. 4 GWB), begründet; so auch Weyand § 105 Rn.12.

12 OLG Dresden Beschl. v. 26.06.2012 – Verg 0003/12 und 0004/12.

13 OVG Hamburg Beschl. v. 30.06.2005 – Az.: 1 Bs 182/05, NVwZ 2005, 1447; BayObLG Beschl. v. 29.09.1999 – Az: Verg 4/99; Noch in: Byok/Jaeger § 105 Rn. 20; Reidt in: Reidt/Stickler/Glahs § 105 Rn. 6.

14 Anders noch Portz in der Vorauflage § 105 GWB Rn. 7.

15 OLG Bremen Beschl. v. 12.03.2007 – Verg 3/06.

V. Ausschluss wegen Verdachts der Befangenheit

Zwar ergibt sich aus dem in § 105 Abs. 1 GWB zum Tragen kommenden Grundsatz der Unab- 16
hängigkeit und der Eigenverantwortlichkeit der Vergabekammern und ihrer Mitglieder, dass diese
zur **Neutralität** verpflichtet sind. Das GWB selbst enthält jedoch für den Fall eines Verstoßes
hiergegen keine eigenständigen Ausschluss- und Befangenheitsgründe. Insbesondere kommt eine
entsprechende Anwendung der Vorschrift des § 6 Vergabeverordnung (Vermeidung von Interessenkonflikten) nicht in Betracht, da es sich hierbei um eine Spezialvorschrift nur für bestimmte
Ausschlussgründe aufseiten des Auftraggebers handelt. Auch hier verbietet sich eine entsprechende
Anwendung der Ausschlustatbestände des § 20 Abs. 4 VwVfG und zu der Befangenheitsregelung
des § 21 VwVfG, weil es sonst zu einer mit der Unabhängigkeit der Vergabekammer und ihrer Mitglieder gem. § 157 Abs. 1 und 4 GWB nicht vereinbaren Entscheidung eines Behördenleiters oder
sonstigen Dienstvorgesetzten (s. § 21 Abs. 1 Satz 1 VwVfG) kommt[16]. Die Besorgnis der Befangenheit wird nämlich regelmäßig aufgrund von geäußerten Rechtsansichten oder Interpretationen des
Sachverhalts eines Mitglieds der Vergabekammer geltend gemacht werden, die der Behördenleiter
oder sonstige Dienstvorgesetzte nicht zu bewerten hat. Zudem sehen die Regelungen der §§ 20
Abs. 4, 21 VwVfG eine Vertretung des Abgelehnten nicht vor[17], so dass eine Entscheidung in der
gesetzlich vorgeschriebenen Besetzung mit einem Vorsitzenden und zwei Beisitzern nicht mehr
gewährleistet wäre.

Stattdessen sind die sachnäheren Vorschriften der §§ 54 Abs. 1 – 3 VwGO und 41 – 49 ZPO ent- 17
sprechend anzuwenden.

Der Ausschluss- bzw. Befangenheitstatbestand darf aber nicht nur auf die materiell-rechtliche 18
Endentscheidung der Vergabekammer bezogen werden. Auch rein formale und **verfahrensleitende (Zwischen-) Entscheidungen** einer Vergabekammer können die Besorgnis der Befangenheit
begründen.[18] Von einer Befangenheit eines Mitglieds der Vergabekammer, die seine Unabhängigkeit gemäß § 157 Abs. 1 GWB infrage stellt, ist daher immer dann auszugehen, wenn aufgrund
objektiv feststellbarer Tatsachen die **subjektive** Besorgnis nicht auszuschließen ist, dass diese Person in der Sache nicht unparteiisch, unvoreingenommen oder unbefangen entscheidet (s. Rdn. 11
und 12).[19] Von einer Besorgnis der Befangenheit darf aber nicht schon dann ausgegangen werden,
wenn Mitglieder der Vergabekammer den Verfahrensbeteiligten im Rahmen des Nachprüfungsverfahrens – auch in deutlicher Form – **rein rechtliche Hinweise** geben. Derartige (rechtliche)
Hinweise wie etwa betreffend die Rücknahme des Nachprüfungsverfahrens wegen mangelnder
Erfolgsaussicht[20] oder ein Hinweis der Kammer auf Zweifel an der Zulässigkeit des Nachprüfungsantrags[21] dienen gerade dazu, frühzeitig die Auffassung der Vergabekammer darzulegen. Keinesfalls
können sie als Befangenheitsgrund für eine vorgefertigte Meinung der Vergabekammer und ihrer
Mitglieder herhalten.[22] Insofern ist auch zu berücksichtigen, dass der in § 167 Abs. 1 GWB zum
Tragen kommende **Beschleunigungsgrundsatz**, wonach die Vergabekammer ihre Entscheidungen
grundsätzlich innerhalb von fünf Wochen ab Eingang des Antrags trifft und begründet, gegen eine
zu weite Auslegung der Befangenheitsvoraussetzungen spricht.

Es ist nicht zwingend Voraussetzung, dass die im Verfahren vor der Vergabekammer Beteiligten, 19
also insbesondere der Antragsteller und der Antragsgegner, gegen Mitglieder der Vergabekammer
die jeweiligen Ausschluss- bzw. Befangenheitsanträge einbringen. Ein Mitglied der Vergabekammer ist auch von sich heraus verpflichtet, einen ihm bekannten Ausschlussgrund bzw. bestehende
Zweifel dem Vorsitzenden **mitzuteilen** (s. § 48 ZPO). Liegt ein Ausschlussgrund in der Person des

16 So im Ergebnis auch OLG Düsseldorf, Beschl. v. 23.01.2006 – Az.: VII – Verg 96/05.
17 OLG Frankfurt/Main Beschl. v. 02.03.2007 – Az.: 11 Verg 15/06.
18 VK Düsseldorf Beschl. v. 09.12.2005 – Az.: VK – 41/2005 – L.
19 VK Münster Beschl. v. 21.03.2005 – Az.: VK 07/05.
20 OLG Frankfurt Beschl. v. 26.08.2008 – 11 Verg 8/08.
21 OLG Frankfurt Beschl. v. 02.03.2007 – 11 Verg 15/06.
22 OLG Frankfurt s. Fn. 17 und 18.

Vorsitzenden vor, muss dieser sich an seinen Vertreter wenden.[23] Die Vergabekammer entscheidet sodann jeweils ohne den Betroffenen über den Ausschluss (§ 45 Abs. 1 ZPO). Das ausgeschlossene Mitglied darf zudem bei der weiteren Beratung und Beschlussfassung **nicht** zugegen sein, sondern ist durch seinen Vertreter zu ersetzen.. Damit ist sichergestellt, dass die Vergabekammer stets gem. § 157 Abs. 2 S. 1 GWBin der Besetzung mit einem Vorsitzenden und zwei Beisitzern entscheidet. Entsprechend anzuwenden ist schon aufgrund der Regelung in § 166 Abs. 1 Satz 1 GWB, nach der sich die mündliche Verhandlung auf einen Termin beschränken soll, und des allgemeinen Beschleunigungsgrundsatzes des § 167 Abs. 1 GWB auch die Regelung des § 47 Abs. 2 ZPO. Wird danach ein Mitglied der Vergabekammer während der Verhandlung abgelehnt und würde die Entscheidung über die Ablehnung eine Vertagung der Verhandlung erfordern, kann der Termin unter Mitwirkung des abgelehnten Mitglieds fortgesetzt werden. Nur wenn die Ablehnung für begründet erklärt wird, ist der nach Anbringung des Ablehnungsgesuchs liegende Teil der Verhandlung zu wiederholen.

20   Nicht zulässig ist es, dass bei einer möglichen Befangenheit eines **ehrenamtlichen Beisitzers** der Vergabekammer nicht die Vergabekammer selbst, sondern die »normale Beschäftigungseinrichtung« des Beisitzers, also sein Hauptarbeitgeber, (Bsp.: Kommune, Handwerkskammer) die Bestellung als Mitglied der Vergabekammer widerruft. Die besondere und unabhängige Stellung der Mitglieder der Vergabekammer bedingt, dass nur die Vergabekammer entsprechend den §§ 54 Abs. 1 VwGO i.V.m. § 45 Abs. 1 ZPO über die Befangenheit entscheidet. Im Allgemeinen zielt die Ablehnung und der Ausschluss eines Mitglieds der Vergabekammer wegen Befangenheit darauf ab, jeden »**bösen Anschein**« zu vermeiden, aus dem sich gemäß § 42 Abs. 1 ZPO eine Befangenheit konstruieren ließe. Ist z.B. ein ehrenamtlicher Beisitzer einer Vergabekammer gleichzeitig Mitarbeiter einer Handwerkskammer und kann demgemäß nicht ausgeschlossen werden, dass je nach Entscheidung der Vergabekammer eine Voreingenommenheit besteht, ist er allein wegen des **Anscheins** der Befangenheit von seinem Amt als ehrenamtlicher Beisitzer zu entpflichten.[24]

21   Eine Entpflichtung eines ehrenamtlichen Beisitzers ist gleichermaßen für einen Mitarbeiter eines kommunalen Spitzenverbandes dann vorzunehmen, wenn bei einem Nachprüfungsverfahren eine Kommune als **Auftraggeber** oder als **Antragsgegnerin** beteiligt ist. Eine Befangenheit ist vom OLG Naumburg[25] auch in einem Fall – vor dem Hintergrund vom § 53 Abs. 2 VwGO zu Recht – angenommen worden, bei dem der hauptamtliche Beisitzer an der Entscheidung der Vergabestelle, das Vergabeverfahren aufzuheben, mitgewirkt hat und anschließend auch an dem Verfahren vor der Vergabekammer als Beisitzer teilnahm. Diese **Vorbefassung** beinhaltet einen schweren Verfahrensfehler, der zur Befangenheit führt.

22   Nach ganz überwiegender Auffassung ist gegen die Zurückweisung eines Ablehnungs- oder Befangenheitsgesuch eines Antragstellers **die sofortige Beschwerde** gem. § 171 GWB vor dem Oberlandesgericht (Vergabesenat) **nicht** statthaft. § 46 Abs. 2 ZPO kommt daher nicht entsprechend zur Anwendung kommen, stattdessen ist eine Orientierung an § 146 Abs. 2 VwGO geboten. Die Entscheidung der Vergabekammer im Fall der Ablehnung eines ihrer Mitglieder wegen Besorgnis der Befangenheit fällt danach unter die **nicht selbstständig anfechtbaren Zwischenentscheidungen**. Eine **Zuständigkeit des Vergabesenats** eines Oberlandesgerichts für Entscheidungen über eine in Betracht kommende Besorgnis der Befangenheit von Mitgliedern der Vergabekammer in einem vergaberechtlichen Nachprüfungsverfahren ist daher – außerhalb eines (aus anderen Gründen) eingeleiteten Beschwerdeverfahrens – **nicht begründet**.[26] Zwar ist die Unstatthaftigkeit der sofortigen Beschwerde gegen die Entscheidung über ein Befangenheits- oder Ablehnungsgesuch anders als etwa in den Fällen der Entscheidung über die **Beiladung** (§ 162 S. 2 GWB), der Versagung der

---

23   Summa in: juris PK-VergR § 105 Rn. 13.

24   OVG Hamburg NVwZ 2005, 1447; OLG Frankfurt Beschl. v. 26.08.2008 – 11 Verg 8/08; VK Münster Beschl. v. 21.03.2005 – Az.: VK 07/05-; Weyand Vergaberecht § 105 Rn. 22.

25   OLG Naumburg Beschl. v. 03.03.2000 – 1 Verg 2/99.

26   So mit Recht: OLG Naumburg Beschl. v. 31.01.2011 – 2 Verg 1/11; siehe auch OLG Jena VergR 2000, 349 ff.; Noch in: Byok/Jaeger, § 105 Rn. 21.

Akteneinsicht (§ 165 Abs. 4 GWB), der **vorläufigen Entscheidungen** der Vergabekammer gem. § 169 Abs. 2 GWB und der **vorläufigen Maßnahmen** der Vergabekammer gem. § 169 Abs. 4 GWB im Vierten Teil des GWB **nicht ausdrücklich hervorgehoben**. Damit hat der Gesetzgeber aber für die Arten von Zwischenentscheidungen, für die sich die Unstatthaftigkeit der isolierten Beschwerde möglicherweise nicht von selbst verstanden hätte, nur die ausdrückliche Hervorhebung gewählt. Hieraus folgt jedoch nicht, dass für die nicht erwähnten Fälle von Zwischenentscheidungen eine Anfechtungsmöglichkeit mit der sofortigen Beschwerde vor dem Oberlandesgericht gem. § 171 GWB bestehen würde. Allerdings hat das OLG Celle[27] eine sofortige Beschwerde bei der Ablehnung eines Sachverständigen im Vergabekammerverfahren gemäß §§ 163 Abs. 2 Satz 5, 57 Abs. 2 GWB, 406 Abs. 5 ZPO und damit ausnahmsweise eine sofortige Beschwerde vor dem Vergabesenat für zulässig gehalten und das OLG Frankfurt[28] hält die – insoweit vergleichbare – Gewährung der Akteneinsicht für mit der Beschwerde anfechtbar. Trotzdem sprechen die besseren Gründe für einen Ausschluss der gesonderten Anfechtbarkeit. Insbesondere im Nachprüfungsverfahren vor der Vergabekammer würde die Anerkennung einer gesonderten Anfechtungsmöglichkeit bei Ablehnung eines Mitglieds wegen Besorgnis der Befangenheit auch in einem unvereinbaren Widerspruch zum Beschleunigungsgrundsatz des § 167 Abs. 1 GWB stehen.[29]

VI. Verpflichtung zur Unvoreingenommenheit

Die in § 157 Abs. 1 GWB den Vergabekammern gewährleistete Unabhängigkeit- und Eigenver-   23
antwortung verpflichtet die Vergabekammer als **gerichtsähnliche Nachprüfungsinstanz** auch dazu, ihre eigenen Entscheidungen **unabhängig und neutral** zu fällen. Daher muss die Vergabekammer alles unterlassen, was eine einseitige Bevorzugung eines Verfahrensbeteiligten beinhaltet und was daher ihre **Unvoreingenommenheit** infrage stellt. Unterrichtet deshalb die Vergabekammer die Vergabestelle in einer Phase, in der der Vertragsschluss kurz bevorsteht, mündlich – und nicht wie vorgesehen in Textform (§ 169 Abs. 1 GWB) – vom **Eingang** eines Nachprüfungsantrags, kann dies ggf. die Entscheidungen der Vergabestelle (Auftraggeber), insbesondere im Hinblick auf eine schnelle Zuschlagserteilung, beeinflussen. Derartige interne Korrespondenzen zwischen Vergabekammer und Vergabestelle sind daher geeignet, Zweifel an der Unvoreingenommenheit der **Vergabekammer insgesamt** zu wecken und die Besorgnis der Befangenheit auszulösen.[30] Nicht als generell befangen kann allerdings eine Vergabekammer allein deswegen angesehen werden, weil sie in einem Nachprüfungsverfahren zu entscheiden hat, bei dem es z.B. um einen Antrag gegen die Bezirksregierung als Auftraggeber geht und die Vergabekammer – wie etwa in Nordrhein-Westfalen oder Bayern – Teil der Bezirksregierung ist. Insofern kann aus der bloßen Tatsache der »formellen Ansiedlung« einer Vergabekammer bei der Bezirksregierung nicht automatisch geschlossen werden, dass die nach § 157 Abs. 1 GWB für die Vergabekammer bestehende Unabhängigkeit und Eigenverantwortlichkeit in dem jeweiligen Nachprüfungsverfahren verletzt wäre. Vielmehr soll die Unabhängigkeits- und Neutralitätspflicht der Vergabekammer nach § 157 Abs. 1 GWB ja gerade gewährleisten, dass diese als gerichtsähnliche Instanz keinen Weisungen des Behördenleiters unterworfen ist. Demgemäß bestimmt § 157 Abs. 4 S. 2 GWB weiter gehend auch, dass die Mitglieder der Vergabekammer **unabhängig** und nur dem **Gesetz** unterworfen sind.

VII. Richterliches Haftungsprivileg

Nach dem richterlichen Haftungsprivileg des § 839 Abs. 2 Satz 1 BGB (sogenanntes Spruchrichter-   24
privileg) ist ein Beamter, wenn er bei dem Urteil in einer Rechtssache seine Amtspflicht verletzt, für den daraus entstehenden Schaden nur dann verantwortlich, wenn die Pflichtverletzung in einer Straftat besteht. Mit dieser Bestimmung soll die richterliche Unabhängigkeit gewahrt und gestärkt werden.

---

27 Beschl. v. 25.05.2010 – 13 Verg 7/10.
28 Beschl. v. 12.12.2014 – 11 Verg 8/14.
29 OLG Düsseldorf NZBau 2006, 598 ff.; Noch in: Byok/Jaeger, § 105 Rn. 21.
30 KG Berlin Beschl. v. 04.04.2002 – Az.: KartVerg 5/02.

25 Im Gesetzgebungsverfahren zur Novellierung des GWB forderte der Bundesrat in seiner Stellung-
    nahme vom 25.09.2015[31], an § 157 Absatz 4 folgenden Satz anzufügen: »*§ 839 Absatz 2 des Bür-
    gerlichen Gesetzbuches gilt für die Tätigkeit der Mitglieder der Vergabekammer entsprechend.*« Dem
    ist die Bundesregierung in ihrer Gegenäußerung[32] *folgendermaßen entgegengetreten: »Der Gesetz-
    geber hat die Vergabekammern als Teil der Exekutive ausgestaltet und diese dort auch angesiedelt. Das
    Spruchrichterprivileg dient jedoch vor allem dem Schutz der Rechtskraft gerichtlicher Entscheidungen.
    Bei Maßnahmen der Exekutive gibt es kein entsprechendes Schutzbedürfnis. Vielmehr drohen Wertungs-
    widersprüche zu anderen Beamten, die ebenfalls mit haftungsrelevanten Aufgaben betraut sind. Eine
    Schadensersatzklage gegen die Mitglieder der Vergabekammer wird schon auf Grund von § 839 Absatz 3
    BGB erfolglos bleiben. Die Haftung trifft wegen der Überleitung in Artikel 34 Satz 1 GG zudem die
    Körperschaft, nicht den handelnden Amtsträger selbst. Ein Regress des Dienstherrn ist nur bei Vorsatz und
    grober Fahrlässigkeit möglich. Die Anwendung des Spruchrichterprivilegs auf Vergabekammern würde
    insofern primär den Staat privilegieren, was angesichts der »institutionellen Garantie der Staatshaftung«
    (Artikel 34 Satz 1 GG) rechtfertigungsbedürftig wäre.«*

26 Der Vorschlag des Bundesrats ist nicht in § 157 GWB eingeflossen. Es stattdessen davon auszuge-
    hen, dass nach dem Willen des Gesetzgebers das richterliche Haftungsprivileg weder direkt noch
    entsprechend auf die Mitglieder der Vergabekammern anzuwenden ist. Die Rechtslage ist in Bezug
    auf die Mitglieder der Vergabekammern allerdings in erheblichem Maße unbefriedigend. Es ist
    zwar richtig, dass die Mitglieder der Vergabekammern einem gewissen Schutz durch § 839 Abs. 3
    BGB unterliegen. Danach tritt die Ersatzpflicht infolge einer behördlichen Entscheidung, bei der
    ein Beamter seine Amtspflicht verletzt hat, dann nicht ein, wenn der Verletzte es vorsätzlich oder
    fahrlässig unterlassen hat, den Schaden durch Gebrauch eines Rechtsmittels abzuwenden. Da aber
    ein Antragsteller bei vergaberechtlichen Nachprüfungsverfahren, gegen Entscheidungen der Verga-
    bekammern eine sofortige Beschwerde gemäß §§ 171 ff. GWB vor den Vergabesenaten in der zwei-
    ten Instanz einleiten kann, muss er hiervon auch Gebrauch machen. Ansonsten ist der Antragsteller
    im Hinblick auf die klare Regelung der §§ 839 Abs. 3 und 254 Abs. 2 BGB wegen Nichtgebrauch
    eines Rechtsmittels mit seinen Haftungsansprüchen ausgeschlossen.[33]

27 Allerdings ist es – gerade auch im Hinblick der Rechtsprechung des EuGH zur Gerichtsqualität der
    Vergabekammern[34] – wenig verständlich, die Kammern, die unabhängig entscheiden müssen, ohne
    sich über die Hierarchie absichern zu können, haftungsrechtlich wie gewöhnliche Verwaltungsbe-
    hörden zu behandeln.

    Zudem ist der Schutz durch § 839 Abs. 3 BGB unvollständig und erfasst beispielsweise nicht den
    praktisch relevanten Fall einer Amtspflichtverletzung durch versehentliche[35] (oder bewusste, wenn
    die Vergabekammer das Interesse an der Akteneinsicht gewichtiger einstuft als das Geheimhal-
    tungsinteresse) Offenbarung von Betriebs- oder Geschäftsgeheimnissen. In diesem Fall kann der
    Schadenseintritt nämlich nicht durch die Einlegung eines Rechtsmittels vermieden werden.

    Zuletzt ist keineswegs klar, dass ein Regress des Rechtsträgers der Vergabekammern auf die ehren-
    amtlichen Beisitzer nur bei Vorsatz und grober Fahrlässigkeit erfolgen kann[36]. Das Haftungsregime
    bzgl. der ehrenamtlichen Beisitzer ist völlig ungeklärt. Hier wäre eine Regelung de lege ferenda sehr
    wünschenswert, da die Gewinnung kompetenter ehrenamtlicher Beisitzer gefährdet ist, wenn sich
    diese einem unkalkulierbaren Haftungsrisiko aussetzen müssten.

---

31 BR-Drucks.367/15 S. 10 f.
32 BT-Drucks. 18/6281 S. 170.
33 Noch in: Byok/Jaeger § 105 Rn. 6; Reidt in: Reidt/Stickler/Glahs § 105 Rn. 7.
34 EuGH, Urt. v. 18.09.2014 – Rechtssache C-549/13 »Bundesdruckerei«.
35 Siehe hierzu Vergabekammer Südbayern, Beschl. vom 19.12.2014 – Z3-3-3194-1-45-10/14.
36 In diese Richtung allerdings ohne Begründung Kopp/Ramsauer, VwVfG § 83 Rn. 12.

VIII. Unabhängigkeit und Eigenverantwortlichkeit

Die in § 157 Abs. 1 GWB den Vergabekammern gewährleistete **Unabhängigkeit- und Eigenver-** 28
antwortung umfasst sowohl die sachliche Unabhängigkeit (Insbesondere: Weisungsfreiheit der
Vergabekammern) als auch – in allerdings stark eingeschränktem Maße – die persönliche Unabhängigkeit ihrer Mitglieder (s. insbesondere: § 157 Abs. 4 Satz 2 GWB). Die Unabhängigkeit der
Vergabekammern schützt diese insbesondere gegen einseitige und ihre Entscheidungen beeinflussende Zugriffe der Behördenleitung oder z.B. politischer Mandatsträger. Der Begriff der Unabhängigkeit und Eigenverantwortlichkeit der Vergabekammern (§ 157 Abs. 1 GWB) beinhaltet sowohl
die **sachliche Unabhängigkeit**, also die **Freiheit von Weisungen**, als auch die **persönliche Unabhän-**
gigkeit, also die **Unabsetzbarkeit** und **Unversetzbarkeit** im Rahmen der Amtszeit von fünf Jahren
(§ 157 Abs. 4 GWB).

Sachliche Unabhängigkeit bedeutet, dass die Vergabekammern im Rahmen der ihnen zugewiese- 29
nen Entscheidungsgewalt keinen Weisungen unterliegen[37]. Die Unabhängigkeit und Weisungsfreiheit und damit die Freiheit der Entscheidung der Vergabekammern kommt insbesondere dadurch
zum Ausdruck, dass diese ihre Tätigkeit nach § 157 Abs. 1 GWB in **eigener Verantwortung** ausüben. Gemäß § 157 Abs. 4 Satz 2 GWB sind die Mitglieder der Kammer bei ihren Entscheidungen
nur dem Gesetz unterworfen. **Weisungsfreiheit** in diesem Sinne bedeutet, dass den eigenverantwortlichen Entscheidungen der Vergabekammer gegenüber nicht nur Weisungen im technischen
Sinne des Dienstrechts, sondern auch Weisungen des Dienstvorgesetzten, der gesetzgebenden
Körperschaften oder auch anderer Stellen verboten sind (s. zur allgemeinen Dienstaufsicht aber
Rdn. 7). Die Unabhängigkeit der Vergabekammer gilt sowohl für den Vorsitzenden als auch für den
hauptamtlichen und den ehrenamtlichen Beisitzer; für den Vorsitzenden im Spruchkörper gelten
insoweit keine Sonderrechte.[38]

Persönliche Unabhängigkeit bedeutet, dass die einem Entscheidungsgremium angehörigen Mit- 30
glieder in der Weise unabhängig sind, dass sie nicht befürchten müssen, jederzeit (etwa wegen
»politisch unliebsamen« Entscheidungen) jederzeit abberufen werden zu können[39]. Die Persönliche
Unabhängigkeit ist nur ansatzweise durch die fünfjährige Amtszeit gewährleistet (hierzu siehe Kap.
D. Rdn. 35 ff.)

Die Unabhängigkeit und Eigenverantwortlichkeit der Mitglieder der Vergabekammer ist **nicht ein-** 31
schränkbar. Insoweit handelt es sich bei der Regelung in § 157 Abs. 1 GWB und § 157 Abs. 4
Satz 2 GWB nicht um eine Regelung über die Einrichtung, Organisation und Besetzung der Vergabekammern, deren nähere Ausgestaltung gemäß § 158 Abs. 2 Satz 1 GWB für die Ländervergabekammern den nach Landesrecht zuständigen Stellen bzw. den Landesregierungen obliegt; vielmehr
ist die Regelung über die Unabhängigkeit und Eigenverantwortlichkeit der Vergabekammer eine
Regelung über ihren **unabdingbaren Status** und über ihre Ausgestaltung im vergaberechtlichen
Nachprüfungsverfahren.[40] Daher ist die Sicherstellung der Unabhängigkeit und Eigenverantwortlichkeit der Vergabekammern auch durch die Bundesländer nicht disponibel.

Die Unabhängigkeit der Vergabekammern besteht nicht nur in deren Eigenverantwortlichkeit und 32
der Freiheit von Weisungen gegenüber ihren Entscheidungen. Die Unabhängigkeit der Vergabekammer wirkt sich im Nachprüfungsverfahren auch dadurch aus, dass z.B. der Kammer vom Auftraggeber für »geheim« erklärte Vergabeakten vorzulegen sind, wenn diese zur Prüfung der Zulässigkeit eines Nachprüfungsantrags im Rahmen des § 117 Nr. 1–3 GWB) erforderlich sind.[41] Insoweit
folgt gerade aus der Unabhängigkeit der Vergabekammer, dass es dieser möglich sein muss, anhand
der Vergabeakte eigenverantwortlich darüber entscheiden zu können, ob die Zulässigkeitsvoraus-

---

37 Noch in: Byok/Jaeger § 105 Rn. 2.
38 So auch Stockmann in: Immenga/Mestmäcker § 105 Rn. 5.
39 Noch in: Byok/Jaeger § 105 Rn. 3.
40 Marx in: Beck'scher VOB-Kommentar §§ 105, 106 Rn. 5.
41 VK Brandenburg Beschl. v. 22.03.2004 – Az.: VK 6/04.

setzungen – auch im Hinblick auf die Nichtanwendung des Vergaberechts wegen des Geheimhaltungserfordernisses des § 117 Nr. 1–3 GWB – vorliegen oder nicht.[42]

IX. Bindung an die Gesetze

33 Die Vergabekammern üben ihre Tätigkeit nach § 157 Abs. 1 GWB **im Rahmen der Gesetze** aus. Die damit vorgegebene Bindung an die Gesetze ist **deklaratorischer Natur**, da die Vergabekammer ohnehin nach Art. 20 Abs. 3 GG alle geltenden Rechtsnormen zu beachten hat.[43] Die Gesetzesbindung umfasst jede Rechtsnorm, also grundsätzlich nicht nur das Gesetz im formellen und materiellen Sinne, sondern auch ungeschriebenes Recht wie Gewohnheitsrecht.

34 Nach ganz herrschender Auffassung haben die Vergabekammern wegen ihrer rechtlichen Konstruktion im nationalen Recht als **Teil der Verwaltung** gegenüber Parlamentsgesetzen (Gesetzen im formellen Sinne) weder eine **Normverwerfungskompetenz** noch die Befugnis zur **Richtervorlage nach Art. 100 Abs. 1 GG**[44]. Dies führt allerdings zu der merkwürdigen Konsequenz, dass sich der **materielle Prüfungsumfang** in einem Nachprüfungsverfahren in der **ersten Instanz (Vergabekammer)** von dem in der **zweiten Instanz (Vergabesenat) unterscheiden** kann. Selbst im Falle eines eindeutigen Verstoßes eines nationalen Parlamentsgesetzes gegen Grundrechte müsste die Vergabekammer den Nachprüfungsantrag zurückweisen und den Antragsteller auf die Beschwerde verweisen, damit der Vergabesenat am OLG von seiner Befugnis zur Richtervorlage nach Art. 100 Abs. 1 GG Gebrauch machen könnte. Es ist zumindest anzudenken, ob dies nicht eine mit der Rechtsmittelrichtlinie nicht vereinbare Erschwerung des Rechtsschutzes darstellt. Die problematische Rechtsnatur der deutschen Vergabekammern darf nicht zu einer **Erschwerung des effektiven Primärrechtsschutzes** für die Bieter führen[45].

35 Schon aus diesem Grund sind daher – unabhängig von der strittigen Frage, ob eine solche Kompetenz sonstigen Verwaltungsbehörden zukommt[46] – die Vergabekammern zu einer **Inzidentkontrolle untergesetzlicher Rechtsnormen** wie Satzungen und Verordnungen berechtigt, wenn deren Vereinbarkeit mit höherrangigem Recht eine entscheidungserhebliche Vorfrage in einem Nachprüfungsverfahren bildet. Das Anstrengen einer verwaltungsgerichtlichen Normenkontrolle gem. § 47 VwGO verbietet sich schon aufgrund des Beschleunigungsgrundsatzes des § 167 GWB.

36 Keine Gesetzesbindung besteht dagegen eindeutig bei **Verwaltungsvorschriften** und **Gerichtsentscheidungen:**

37 Verwaltungsvorschriften werden von der Exekutive erlassen, ohne materielle Gesetzeskraft zu besitzen.[47] Die Vergabekammer kann sie zwar nicht unbeachtet lassen, da sie z.B. Maßstäbe für die Bindung des Ermessens der Verwaltung und damit der öffentlichen Auftraggeber, etwa bei Bevorzugtenregelungen (Frauenförderung etc.) oder Regelungen zur Tariftreue, enthalten können; die Vergabekammer hat jedoch stets, insbesondere bei den das Wettbewerbs- und Vergaberecht einengenden Regelungen zu prüfen, ob diese sich im Rahmen der Gesetze halten (siehe insbesondere § 97 Abs. 4 Satz 2 und 3 GWB).

38 Nach deutscher Rechtslage haben **Entscheidungen von Gerichten** grundsätzlich keine **Bindungswirkung** für die Vergabekammern. Eine Ausnahme gilt lediglich für bestimmte Entscheidungen des Bundesverfassungsgerichts, die gemäß Art. 94 Abs. 2 GG i.V.m. § 31 Abs. 2 BVerfGG Gesetzeskraft haben. Im Übrigen binden auch die Entscheidungen der Oberlandesgerichte (Vergabesenate)

---

42 Vgl. VK Brandenburg Beschl. v. 22.03.2004 – Az.: VK 6/04.
43 Stockmann in: Immenga/Mestmäcker § 105 Rn. 9.
44 So z.B. VK Detmold, B. v. 06.08.2013 – Az.: VK.2-07/13, VK Südbayern, B. v. 07.10.2015 – Az.: Z3-3-3194-1-36-05/15.
45 Siehe VK Südbayern, B. v. 11.03.2015 – Z3-3-3194-1-65-12/14 zur vergleichbaren Problematik der internationalen Zuständigkeit.
46 Siehe Maurer, Allgemeines Verwaltungsrecht, 16. Aufl. § 4 Rn. 55 ff.
47 Marx in: Beck'scher VOB-Kommentar §§ 105, 106 Rn. 5.

die Vergabekammern jeweils nur im **konkreten Einzelfall**. So ist die Entscheidung des Oberlandesgerichts bei sofortigen Beschwerden gegen die Entscheidung der Vergabekammer (s. §§ 116 ff. GWB) im Fall der Zurückverweisung an die Vergabekammer als Vorinstanz für diese bindend. Ansonsten kennt das Gesetz eine Bindungswirkung nur von Entscheidungen der Vergabekammern und auch der Oberlandesgerichte gegenüber dem ordentlichen Gericht bei der Geltendmachung eines bereits festgestellten **Schadenersatzanspruchs** (§ 124 Abs. 1 GWB).

B. Besetzung der Vergabekammern (Abs. 2)

I. Qualifizierte Besetzung

Die Forderung nach einer **qualifizierten Besetzung** der Vergabekammern spielte sowohl im Gesetz- 39
gebungsverfahren des VgRÄG als auch bei der Novelle des GWB 2008/2009, insbesondere im Hinblick auf eine qualifizierte Besetzung der Vergabekammern der **Länder** (s. § 158 Abs. 2 GWB), eine große Rolle. Die Akzeptanz erstinstanzlicher Entscheidungen der Vergabekammern und eine damit verbundene schnelle Investition durch ein Absehen von einer Beschwerde vor den Oberlandesgerichten sind nur mit einer qualifizierten Besetzung und daher mit hoch angesehenen Vergabekammern gewährleistet.[48] Jedenfalls sollte mit der qualifizierten Besetzungsregelung in § 157 Abs. 2 GWB eine hinreichende **Sachkompetenz** der Vergabekammern sichergestellt werden. Eine möglichst geringe Inanspruchnahme der zweiten Überprüfungsinstanz ist dementsprechend auch das erklärte Ziel dieser Regelung.[49]

Um eine breite Sachkompetenz der Vergabekammern zu gewährleisten, sind diese gemäß § 157 40
Abs. 2 GWB persönlich und fachlich so ausgestattet worden, dass eine gute Kombination von **juristischem Sachverstand** und **wirtschaftlichem (Erfahrungs-) Wissen** gewährleistet sein sollte.[50] Die Einbeziehung des Sachverstandes des ehrenamtlichen Beisitzers, der gemäß § 157 Abs. 2 Satz 4 GWB über mehrjährige praktische Erfahrungen auf dem Gebiet des Vergaberechts verfügen soll, soll auch die bei Gerichten übliche Einholung von wirtschaftlichem, technischem oder kaufmännischem Sachverstand so weit wie möglich ersetzen. Die Verbindung von juristischem und praktischem Sachverstand in der Vergabekammer soll dazu beitragen, eine beschleunigte Entscheidung der Vergabekammer, die gemäß § 167 Abs. 1 Satz 1 GWB innerhalb einer Frist von fünf Wochen ab Eingang des Nachprüfungsantrags zu ergehen hat, zu gewährleisten. Die **fortschreitende Steigerung der Komplexität** der vergaberechtlichen Nachprüfungsverfahren in den vergangenen Jahren hat allerdings dazu geführt, dass reine Vergabepraktiker in vielen Fällen nur mehr schwer in der Lage sind, die rechtlichen Fragen zu erfassen. Folgerichtig ist in § 2 Abs. 3 der Verordnung über die Einrichtung und Zuständigkeit der Vergabekammern im Nachprüfungsverfahren für die Vergabe öffentlicher Aufträge (ZuStVO NpV NRW) des Landes Nordrhein-Westfalen geregelt, dass sowohl die Vorsitzenden auch die hauptamtlichen Beisitzer die Befähigung zum Richteramt haben müssen.

II. Ein Vorsitzender und zwei Beisitzer

Die Vergabekammer entscheidet als **Dreierkollegium** über die gestellten Nachprüfungsanträge. 41
Dieses besteht nach § 157 Abs. 2 Satz 1 GWB aus **einem Vorsitzenden und zwei Beisitzern**, von denen einer ehrenamtlicher Beisitzer ist. Der Vorsitzende und der hauptamtliche Beisitzer müssen **Beamte auf Lebenszeit** mit der Befähigung zum höheren Verwaltungsdienst oder vergleichbar fachkundige Angestellte sein (§ 105 Abs. 2 Satz 2 GWB). Der Vorsitzende oder der hauptamtliche Beisitzer sollten grundsätzlich während ihrer Tätigkeit bei der Vergabekammer (»**hauptamtlich**«) keine zusätzliche Arbeit dergestalt ausüben, dass diese wegen ihrer – quantitativen – Beanspruchung oder

---

48 Reidt in: Reidt/Stickler/Glahs § 105 Rn. 5; Noch in: Byok/Jaeger § 105 Rn. 5; Schneevogel/Horn NVwZ 1998, 1242, 1245.

49 Marx VgR 1/1997, 37, 38: »Ziel ist es, den Kammern ein so hohes Ansehen zu verschaffen, dass der Weg zum Gericht nur noch in wenigen Ausnahmefällen beschritten wird.«.

50 Begründung zu § 115 RegE VgRÄG BT-Drucks. 13/9340 S. 17 (Einleitung Rn. 7).

ihrer Art nach die **Funktionsfähigkeit** der wegen der Verfahrenszahlen oftmals intensiven Kammer-tätigkeit bzw. deren weisungsfreie und eigenverantwortliche Aufgabenerfüllung infrage stellt. Unter Berücksichtigung dieser Vorgaben können aber gerade die hauptamtlichen Mitglieder durchaus nicht mit ihrer Tätigkeit in der Vergabekammer kollidierende anderweitige Aufgaben wahrnehmen. Der Vorsitzende oder der hauptamtliche Beisitzer müssen die **Befähigung zum Richteramt** haben; i.d.R. soll dies der Vorsitzende sein (§ 157 Abs. 2 Satz 3 GWB).

42   Eine **Fehlbesetzung** der Vergabekammer macht deren als Verwaltungsakt ergehende Entscheidung (§ 168 Abs. 3 Satz 1 GWB) nicht entsprechend § 44 Abs. 3 Nr. 3 VwVfG nichtig, da die Rege-lungen über die Nichtigkeit von Verwaltungsakten in §§ 43 und 44 VwVfG schon aus Rechts-sicherheitsgründen auf die Sachentscheidungen der Vergabekammern keine Anwendung finden können.[51] In diesem Fall liegt aber jedenfalls ein **Verfahrensfehler** vor, der die Entscheidung **formal rechtswidrig** macht.[52] Ob in diesem Fall Raum für die Anwendung des § 46 VwVfG besteht, ist sehr fraglich, da bei der Entscheidung eines falsch besetzten Dreierkollegiums regelmäßig nicht offensichtlich[53] sein wird, dass die Verletzung der Besetzungsregelungen die Entscheidung in der Sache nicht beeinflusst hat.[54]

43   Durch die Vorgabe, dass zwei Mitglieder der Vergabekammer die Befähigung zum höheren Ver-waltungsdienst besitzen müssen und der Vorsitzende i.d.R. Volljurist sein soll, wird der **juristi-sche Sachverstand** des Spruchkörpers sichergestellt.[55] Nur in besonderen Ausnahmefällen kann von diesem Grundsatz abgewichen werden. Dann muss allerdings der hauptamtliche Beisitzer die **Befähigung zum Richteramt** haben. Die Voraussetzung für die Befähigung zum Richteramt ist in § 5 Abs. 1 des Deutschen Richtergesetzes geregelt. Danach erwirbt die Befähigung zum Richter-amt, wer ein rechtswissenschaftliches Studium an einer Universität mit der ersten Staatsprüfung und einem anschließenden Vorbereitungsdienst mit der zweiten Staatsprüfung abschließt.[56] Diese juristische Anforderung macht die **Gerichtsähnlichkeit** des Nachprüfungsverfahrens vor der Ver-gabekammer deutlich. Grund hierfür ist insbesondere, dass die Unternehmen gemäß § 97 Abs. 6 GWB einen **subjektiven Rechtsanspruch** darauf haben, dass der Auftraggeber die Bestimmungen über das Vergabeverfahren einhält. Landesrechtlich sind über § 158 Abs. 2 Satz 1 GWB auch nach der Streichung des § 106 Abs. 2 GWB a.F. zum 24.04.2009 strengere Anforderungen an die Qua-lifikation der Beisitzer möglich. § 157 Abs. 2 Sätze 2–4 GWB bilden daher den Mindeststandard. So fordert § 2 Abs. 3 Satz 1 der Verordnung über die Einrichtung und Zuständigkeit der Vergabe-kammern im Nachprüfungsverfahren für die Vergabe öffentlicher Aufträge (ZuStVO NpV NRW) die Befähigung zum Richteramt für die Vorsitzenden und hauptamtlichen Beisitzer die Befähigung zum Richteramt. In Bayern muss nach § 2 Abs. 4 Satz 2 Verordnung zur Regelung von Organisa-tion und Zuständigkeiten im Nachprüfungsverfahren für öffentliche Aufträge (BayNpV) der Vor-sitzende die Befähigung zum Richteramt haben.

44   Die für den Vorsitzenden und den hauptamtlichen Beisitzer als Beamte auf Lebenszeit zugleich vorausgesetzte **Befähigung zum höheren Verwaltungsdienst** richtet sich nach den §§ 16 Abs. 1, 17 Abs. 5 Bundesbeamtengesetz und § 6 Abs. 1 Satz 1, 21, 24 und 25 Bundeslaufbahnverordnung sowie den entsprechenden Bestimmungen der Landesbeamtengesetze. Die **vergleichbare Fachkunde** nach § 157 Abs. 2 Satz 2 GWB setzt einen durch nachgewiesene Verwaltungserfahrung inhaltlich

---

51 a.A. in einem absoluten Sonderfall OLG Düsseldorf, B. v. 10.03.2014 – Verg 11/14.
52 Siehe aber auch die Regelung im gerichtlichen Verfahren § 124 Abs. 2 Nr. 5, 132 Abs. 2 Nr. 3 und § 138 Nr. 1 VwGO, die zu ähnlichen Ergebnissen führt.
53 Dazu Kopp/Ramsauer, VwVfG § 46 Rn. 36 f.
54 Noch in: Byok/Jaeger § 105 Rn. 7; Reidt in: Reidt/Stickler/Glahs § 105 Rn. 8. befürworten die Anwen-dung § 46 VwVfG mit dem Ergebnis, dass ein Verstoß im Rahmen einer sofortigen Beschwerde nicht zur Änderung der Entscheidung führen soll, wenn sie materiell-rechtlich richtig war.
55 Begründung des Gesetzentwurfs, BT-Drucks. 13/9340 v. 03.12.1997 zu § 105.
56 Vgl. die Kommentierung zum DRiG Schmidt-Räntsch § 5 Rn. 5 ff.

erworbenen gleichen Kenntnisstand voraus, ohne dass formell wegen der den Angestellten fehlende Beamtenstellung bei diesen die Befähigung zum höheren Verwaltungsdienst vorhanden sein muss.

Die Aufnahme eines **ehrenamtlichen Beisitzers** soll die Einbeziehung des **Sachverstandes** aus der 45
Wirtschaft und aus der Vergabepraxis gewährleisten. Hierdurch soll das technische Fachwissen der Vergabekammer erhöht und die Einholung zeitaufwendiger Gutachten vermieden werden.[57] Während die **hauptamtlichen Beisitzer** nach § 105 Abs. 2 Satz 4 Halbsatz 1 GWB über **gründliche Kenntnisse des Vergabewesens** verfügen sollen, sodass auch »erlernte Kenntnisse« insbesondere über das Vergaberecht ausreichen, gehen die Anforderungen an die ehrenamtlichen Beisitzer hierüber hinaus.

Die **ehrenamtlichen Beisitzer**, die als »Beisitzer« nie den Vorsitz innehaben können, sollen auch 46
über **mehrjährige praktische Erfahrungen** auf dem Gebiet des Vergabewesens verfügen (§ 157 Abs. 2 Satz 4 Halbsatz 2 GWB). Diese Erfahrungen können auf verschiedenem Wege, insbesondere durch eine Mitarbeit in den Bau-, Beschaffungs-, Planungs- und Rechnungsprüfungsämtern der öffentlichen Hand sowie durch Mitarbeit in einem Unternehmen oder Verband, erworben werden. Dies bedingt, dass die Beisitzer die erforderliche Sachkenntnis auf dem Gebiet des Vergabewesens, das den Bau-, Liefer- und Dienstleistungsbereich umfasst, in den Strukturen des Vergabeablaufs aber in allen drei Bereichen ähnlich ist, haben. So sollte beispielsweise bei einem Vergabeverfahren in Bausachen zumindest einer der Beisitzer, und zwar i.d.R. der ehrenamtliche Beisitzer auch zur Vermeidung zeitraubender Einholung von Gutachten, **bautechnischen Sachverstand** besitzen.[58] Das Abstellen auf die **praktischen Erfahrungen** auf dem Gebiet des Vergabewesens soll eine konkret sachbezogene Entscheidung gewährleisten. Die Vorgabe der mehrjährigen praktischen Erfahrungen unterstreicht, dass angesichts der immer komplexer gewordenen Materie des Vergaberechts eine tiefer gehende Sachkenntnis nur bei längerer Befassung mit der Thematik gegeben ist.

Die Besetzungsregelung des § 157 Abs. 2 GWB fordert nicht, dass alle Personen, die gemäß § 157 47
Abs. 2 Satz 1 GWB in der Sache entschieden haben, den schriftlich abgefassten Beschluss auch mit unterzeichnen. Der Bundesgerichtshof[59] sieht es als nicht erforderlich an, dass zur Wirksamkeit eines Beschlusses der Vergabekammer auch der an der Entscheidung Beteiligte ehrenamtliche Beisitzer seine **eigenhändige Unterschrift** leisten muss. Insoweit verweist der BGH auf seine Rechtsprechung aus dem Jahr 1994,[60] wonach aus dem gesetzlichen Erfordernis, dass eine staatliche Entscheidung in einer bestimmten personalen Besetzung zu erfolgen hat, nicht ohne Weiteres folge, dass alle Personen, die die Entscheidung getroffen haben, die vollständige und mit Gründen versehene Fassung auch eigenhändig zu unterzeichnen haben. Dies verlangt auch die Besetzungsregelung des § 158 Abs. 2 GWB nicht. Aus landesrechtlichen Regeln, die auf der Grundlage von § 158 Abs. 2 Satz 1 GWB getroffen werden können und die Organisation der Landesvergabekammern betreffen, kann sich jedoch etwas anderes ergeben.[61]

§ 157 Abs. 2 Satz 5 GWB sieht abweichend von Satz 1 vor, dass die Vergabekammern bei der 48
Überprüfung von verteidigungs- oder sicherheitsspezifischen Aufträgen i. S. d. § 104 GWB auch in der Besetzung mit einem Vorsitzenden und zwei hauptamtlichen Beisitzern entscheiden können. Er wurde im Vergleich zum mit dem Gesetz zur Änderung des Vergaberechts für die Bereiche Verteidigung und Sicherheit im Jahr 2011 angefügten § 105 Abs. 2 Satz 5 GWB a.F. geringfügig redaktionell geändert. Statt von der der Überprüfung der Vergabe von verteidigungs- und sicherheitsrelevanten Aufträgen spricht das Gesetz jetzt von Überprüfung der Vergabe von verteidigungs- oder sicherheitsspezifischen Aufträgen. Damit ist klargestellt, dass die Merkmale »verteidigungsspezifisch« und »sicherheitsspezifisch« nur alternativ, aber nicht kumulativ vorliegen müssen.

---

57 Marx in: Jestaedt/Kemper/Marx/Prieß S. 150.
58 Vgl. die Begründung zu § 105 RegE VgRÄG BT-Drucks. 13/9340 S. 17.
59 BGH VergabeR 2001, 286 ff. = NZBau 2001, 517 ff.
60 BGH NJW-RR 1994, 1406 ff.
61 Noch in: Byok/Jaeger § 105 Rn. 18.

Diese Besonderheit ist erforderlich, da Vergabeunterlagen, die Verschlusssachen umfassen, nur von sicherheitsgeprüften Personen bearbeitet werden dürfen. Ehrenamtliche Beisitzer, die sicherheitsüberprüft sind, stehen aber ggf. nicht immer kurzfristig bereit bzw. es können an diese keine Verschlusssachen gesandt werden.

C. Übertragung auf Vorsitzenden oder hauptamtlichen Beisitzer (Abs. 3)

I. Verfahrensbeschleunigung und Entlastung

49   Nach § 157 Abs. 2 Satz 1 GWB entscheidet die Vergabekammer **grundsätzlich** in der Besetzung mit einem Vorsitzenden und zwei Beisitzern, also mit drei Mitgliedern. Durch eigenverantwortliche Entscheidung der Vergabekammer kann diese aber gemäß § 157 Abs. 3 GWB das Verfahren auf den Vorsitzenden oder auf den hauptamtlichen Beisitzer, also auf **ein Mitglied** der Kammer, übertragen. Ziel der Regelung ist eine **Beschleunigung und Vereinfachung** des Verfahrens in einfach gelagerten Fällen und somit eine **Entlastung** der Vergabekammer. Damit soll insbesondere die von der Vergabekammer angesichts der Vielzahl und vor allem angesichts der Komplexität der Nachprüfungsverfahren oftmals nur schwer einzuhaltende Frist von fünf Wochen bis zu einer abschließenden Entscheidung nach § 167 Abs. 1 Satz 1 GWB gewährleistet werden. Innerhalb dieses Fünf-Wochen-Zeitraums kann aber die Durchführung von mündlicher Verhandlung, Beratung sowie Beschlussfassung unter Einbindung aller drei Kammermitglieder erhebliche organisatorische und damit auch zeitliche Probleme mit sich bringen. Dies gilt insbesondere dann, wenn vor der Kammer mehrere Verfahren anhängig sind. Daher ist entsprechend dem Vorbild der Prozessordnungen (vgl. § 348 Abs. 1 und 2 ZPO) eine Verfahrensvereinfachung in unproblematischen Fällen, bei denen die Entscheidung nicht von grundsätzlicher Bedeutung ist, geschaffen worden, um so zu einer Verfahrenskonzentration beizutragen.[62]

II. Unanfechtbarer Beschluss

50   Formelle Voraussetzung der Übertragung eines Verfahrens an den Vorsitzenden oder an den hauptamtlichen Beisitzer zur alleinigen Entscheidung ist ein **Beschluss** der gesamten Vergabekammer in der Besetzung wie sie § 157 Abs. 2 GWB vorgibt. Dieser Beschluss, der aus Transparenzgründen **schriftlich** abzufassen und den an dem Nachprüfungsverfahren Beteiligten mitzuteilen ist, ist aus Gründen der Verfahrensbeschleunigung **unanfechtbar**. Er kann ohne mündliche Verhandlung ergehen (§ 157 Abs. 3 Satz 1 GWB). Durch die Übertragung tritt der durch den Beschluss Bestimmte, der nur der **Vorsitzende** oder der **hauptamtliche Beisitzer** – nie aber das ehrenamtliche Kammermitglied – sein kann, voll an die Stelle der Vergabekammer. Da gemäß § 157 Abs. 2 Satz 3 GWB **entweder** der Vorsitzende **oder** der hauptamtliche Beisitzer die Befähigung zum Richteramt haben müssen, kann die alleinige Entscheidung nach § 157 Abs. 3 GWB auch durch ein Kammermitglied getroffen werden, das nicht die Befähigung zum Richteramt hat.[63] Der zur alleinigen Entscheidung Bestimmte übt von seiner Bestellung bis zur Beendigung der ersten Instanz die Befugnisse der Vergabekammer umfassend aus. Die Übertragung geschieht allein im öffentlichen Interesse zum Zwecke der Verfahrensverkürzung und der Entlastung der Kammer. Ein Recht insbesondere der Parteien auf Übertragung besteht daher nicht. Jedoch ist es den Parteien unbenommen, sich zur Frage der Übertragung zu äußern.

51   Ob eine **Rückgängigmachung** dieses Beschlusses möglich ist, ist gesetzlich nicht geregelt. Der dem § 157 Abs. 3 GWB innewohnende Beschleunigungs- und Entlastungsgrundsatz, der auch dadurch zum Tragen kommt, dass für die am Nachprüfungsverfahren beteiligten Dritte keine Anfechtungsmöglichkeit gegen die Übertragung auf das einzelne Kammermitglied gegeben ist (§ 157 Abs. 3

---

62 Vgl. die Begründung des Bundesrats BR-Drucks. 646/97 zu § 105 Abs. 2 GWB.

63 Reidt in: Reidt/Stickler/Glahs § 105 Rn. 15 sieht hierin die Gefahr der Beeinträchtigung der rechtlichen Autorität der Vergabekammer, weist aber zugleich darauf hin, dass von dieser Möglichkeit eher selten Gebrauch gemacht wird.

Satz 1 GWB), spricht aber dafür, eine Rückgängigmachung des Beschlusses nur unter sehr **engen Voraussetzungen** zuzulassen. Insofern kann es nicht ausreichen, dass eine Rückübertragung auf die gesamte Kammer auch gegen den Willen des Mitglieds, dem die Sache zur alleinigen Entscheidung übertragen wurde, jederzeit dann möglich ist, wenn die beiden anderen Kammermitglieder das zunächst mit der Entscheidung betraute Kammermitglied (mehrheitlich) überstimmen.[64] Eine derartige Rückübertragung durch Mehrheitsbeschluss entgegen dem Willen des zur Alleinentscheidung Bestimmten würde nicht berücksichtigen, dass der zunächst zur alleinigen Entscheidung Bestimmte von seiner Bestellung an bis zur Beendigung der ersten Instanz grundsätzlich **voll umfänglich** an die Stelle der Vergabekammer tritt und deren **Befugnisse umfassend ausübt**. Eine Rückübertragung auf die gesamte Kammer ist daher nur möglich, wenn sich zum einen die Beurteilung der Sach- und Rechtslage, die für den Beschluss zur Alleinentscheidung maßgeblich wahr, grundlegend geändert hat und zusätzlich das zur Alleinentscheidung bestimmte Kammermitglied in Kenntnis dieser Situation der Rückübertragung zustimmt. Nur in diesem Fall würde die Unabhängigkeit und Eigenverantwortlichkeit des zur Alleinentscheidung bestimmten Kammermitglieds (vgl. § 157 Abs. 1 und Abs. 4 Satz 2 GWB), das gerade wegen der alleinigen Befassung mit dem Verfahren auch sehr viel sachnäher als seine Kammerkollegen über eine Rückübertragung befinden kann, gewahrt.[65]

III. Zeitpunkt der Übertragung zur alleinigen Entscheidung

Die Übertragung durch die Kammer zur alleinigen Entscheidung auf den Vorsitzenden oder den   52
hauptamtlichen Beisitzer erfolgt regelmäßig **nach der erstmaligen Befassung** der Vergabekammer mit dem Streitgegenstand auf der Grundlage des vorliegenden Nachprüfungsantrags des Unternehmens. Spätere Entscheidungen bewirken i.d.R. nicht den bezweckten **Beschleunigungseffekt**. Allerdings enthält § 157 Abs. 3 GWB **keine Ausschlussregelung** in zeitlicher Hinsicht, bis wann die Übertragung zur alleinigen Entscheidung erfolgen darf. Hieraus folgt, dass eine Übertragung grundsätzlich auch noch nach Abschluss der mündlichen Verhandlung (§ 166 Abs. 1 GWB) möglich ist. Dies gilt z.B. dann, wenn sich zwar eine weitere Verhandlung als noch erforderlich erweisen sollte, für diese aber die Voraussetzungen des § 157 Abs. 3 Satz 2 GWB (keine wesentlichen Schwierigkeiten in tatsächlicher oder rechtlicher Hinsicht, Entscheidung ist nicht von grundsätzlicher Bedeutung) aber nach einer **Prognose** gegeben sind. Maßgeblich für die Frage der Übertragung zur alleinigen Entscheidung sind daher in jedem Verfahrensstadium der zu erwartende Schwierigkeitsgrad sowie die damit verbundene Sachverhaltsaufklärung und die Bedeutung der Sache.

IV. Voraussetzung für die Übertragbarkeit

Der Beschluss der Vergabekammer bedarf grundsätzlich keiner Begründung, sondern steht im   53
Ermessen der Vergabekammer. Die materiellen Voraussetzungen für die Ermessensentscheidung (»kann«) zur Übertragung an den Vorsitzenden oder den hauptamtlichen Beisitzer sind in § 157 Abs. 3 Satz 2 GWB normiert. Danach ist eine Übertragung nur möglich, sofern die Sache **keine wesentlichen Schwierigkeiten in tatsächlicher oder rechtlicher Hinsicht** (vgl. § 348 Abs. 1 Nr. 1 ZPO) aufweist und die Entscheidung **nicht von grundsätzlicher Bedeutung** sein wird (Prognoseentscheidung). Der Begriff »wesentliche Schwierigkeiten« zeigt, dass eine Übertragbarkeit immer dann ausscheidet, wenn die Schwierigkeiten erheblich über dem durchschnittlichen Grad liegen (»**überdurchschnittliche Schwierigkeiten**«)[66] und wegen ihrer tatsächlichen oder rechtlichen Komplexität daher die Mitwirkung aller Kammermitglieder an der Entscheidung erforderlich ist. Hiervon ist regelmäßig dann auszugehen, wenn die in dem Verfahren angesprochenen Rechtsfra-

---

64 So aber Reidt in: Reidt/Stickler/Glahs § 105 Rn. 19; Stockmann in: Immenga/Mestmäcker § 105 Rn. 20 sowie wohl auch Sura in: Langen/Bunte § 105 Rn. 6.

65 Im Ergebnis ebenso Noch in: Byok/Jaeger § 105 Rn. 24; Marx in: Beck'scher VOB-Kommentar Teil A §§ 105, 106 Rn. 18.

66 Boesen Vergaberecht 2000 § 105 Rn. 13.

gen ganz oder teilweise noch nicht geklärt sind und über den Einzelfall hinausgehende Bedeutung haben.[67] Als wesentliche Schwierigkeit kann z.B. ein in seinen wirtschaftlichen, technischen und wissenschaftlichen Zusammenhängen auffallend schwer überschaubarer und schwer verständlicher Sachverhalt gelten, insbesondere wenn voraussichtlich eine **komplexe Beweisaufnahme** nötig wird,[68] die zur Würdigung **widersprüchlicher Aussagen** oder **Gutachten** führen kann. Auch eine **Kostengrundentscheidung** muss die Vergabekammer grundsätzlich als Spruchkörper insgesamt treffen, da erst hiermit das Verfahren beendet wird.[69] Der besondere Umfang der Sache z.B. in einem Bauprozess ist jedoch allein für ein Absehen von der Übertragung auf das einzelne Kammermitglied nicht ausreichend. Die Sache muss daher für eine nicht bestehende Übertragungsmöglichkeit **qualitativ** und nicht nur quantitativ **schwierig** sein. Denn die quantitative Entlastung des Kollegiums ist gerade Normzweck des § 157 Abs. 3 GWB.

54   Immer dann, wenn es um **Grundsatzfragen** eines Rechtsstreits oder um eine Rechtsfortbildung von allgemeinem Interesse geht oder die Entscheidung in **wirtschaftlicher Hinsicht** über den Einzelfall hinausgeht, muss man eine (Einzel-) Übertragung ausschließen.[70] In diesem Fall ist jedenfalls die zweite Voraussetzung der Übertragbarkeit nicht gegeben, weil die Entscheidung iSv § 157 Abs. 3 Satz 2 GWB von **grundsätzlicher Bedeutung** ist. Zu berücksichtigen ist in diesem Zusammenhang, dass § 157 Abs. 3 Satz 2 GWB die beiden Tatbestände (keine wesentlichen Schwierigkeiten in tatsächlicher oder rechtlicher Hinsicht, Entscheidung von nicht grundsätzlicher Bedeutung) als **kumulative Voraussetzungen** (»und«) für eine (Einzel-) Übertragung aufführt. Es sind daher auch Fallgestaltungen denkbar, die zwar keine wesentlichen Schwierigkeiten in tatsächlicher Hinsicht aufweisen, wegen der grundsätzlichen Bedeutung der Entscheidung aber eine Übertragung an den Vorsitzenden oder den hauptamtlichen Beisitzer nicht zulassen.

55   Eine Übertragung zur alleinigen Entscheidung aus Beschleunigungsgründen bietet sich regelmäßig bei **einfach gelagerten Fällen** an. Davon sind regelmäßig all die Sachverhalte erfasst, die nach § 163 Abs. 2 GWB als **offensichtlich unzulässig** oder **unbegründet** anzusehen sind. Hierunter fällt insbesondere das offensichtliche Nichterreichen der Schwellenwerte nach § 106 GWB, das offensichtliche Fehlen der Auftraggebereigenschaft nach §§ 98 bis 101 GWB sowie die Fallgestaltung, dass der Zuschlag in dem Verfahren ersichtlich bereits wirksam erteilt wurde und daher grundsätzlich ein Nachprüfungsverfahren vor der Vergabekammer ausscheidet (vgl. § 168 Abs. 2 Satz 1 GWB). Auch das erkennbare Vorliegen unbegründeter Tatsachen zur Untermauerung eines Antrags oder eine offensichtlich nicht vorliegende Antragsbefugnis kann eine Übertragung zur alleinigen Entscheidung erfordern. Die Übertragbarkeit auf das einzelne Kammermitglied ist aber auch in den Fällen gegeben, die rechtlich entweder aus einer **ständigen Spruchpraxis** erwachsen oder unmittelbar aus den Vergaberegeln des GWB und den Vergabeordnungen herleitbar sind. Hierzu gehört etwa ein ohne Weiteres erkennbarer Verstoß gegen die richtige Vergabeart ebenso wie die vollkommene Außerachtlassung der vom Auftraggeber vorgegebenen Zuschlagskriterien im Rahmen der Wertung der Angebote. Die Frage des Vorliegens »einfach gelagerter Sachverhalte« darf aber **keineswegs schematisch**, also etwa durch Vorabübertragung ganzer Fallgruppen geschehen,[71] sondern muss stets **einzelfallbezogen** erfolgen. Beispielsweise können Fragen der Erreichung des Schwellenwertes bei Losen ebenso von **grundsätzlicher Bedeutung** sein wie die konkrete Auslegung der Antragsberechtigung nach § 160 Abs. 2 GWB.

67 Reidt in: Reidt/Stickler/Glahs § 105 Rn. 21.
68 Vgl. OLG Köln VersR 1987, 164.
69 Weyand § 105 Rn. 25; s. auch OLG Koblenz Beschl. v. 01.04.2004 – Az.: 1 Verg 3/04.
70 So auch Marx in: Beck'scher VOB-Kommentar §§ 105, 106 Rn. 19; vgl. auch OLG Thüringen NVwZ 1998, 194.
71 Noch in: Byok/Jaeger § 105 Rn. 28; Reidt in: Reidt/Stickler/Glahs § 105 Rn. 17.

D. Fünfjährige Amtszeit und Unabhängigkeit der Kammermitglieder (Abs. 4)

Um eine kurzfristige Abberufung einzelner Mitglieder des Spruchkörpers zu verhindern und so die 56
Unabhängigkeit des Gremiums zu stärken, beträgt sowohl für ehrenamtliche als auch für hauptamtliche Mitglieder der Kammer die Amtszeit einheitlich auf **fünf Jahre.** Die fünfjährige Amtszeit soll ausreichende **Kontinuität** in der Spruchpraxis gewährleisten und damit zur **Rechtssicherheit** im Vergabewesen beitragen.[72] Während dieser Fünfjahreszeit sind die Kammermitglieder **gegen ihren Willen grundsätzlich nicht abberufbar.** Weder kommt eine längere noch eine kürzere Amtszeit in Betracht. Eine erneute Bestellung der Kammermitglieder nach Ablauf der fünf Jahre ist nicht nur zulässig, sondern macht auch aus Kontinuitätsgründen in der Praxis durchaus Sinn.

Die fünfjährige Amtszeit konterkariert in gewissem Maße, die in § 157 Abs. 4 Satz 2 GWB eigent- 57
lich eigens betonte **persönliche Unabhängigkeit** des einzelnen Kammermitglieds bei seiner Tätigkeit innerhalb der Kammer. Danach sind die Mitglieder der Kammern in ihren Entscheidungen **unabhängig und nur dem Gesetz unterworfen.** Diese persönliche Unabhängigkeit schließt jegliche Form von Beeinflussungen bzw. Anordnungen durch andere Stellen bzw. durch andere Kammermitglieder aus. Alleiniger Maßstab für die Entscheidungen der Kammermitglieder ist daher das Gesetz. Ein Kammermitglied, das die Tätigkeit längerfristig ausüben möchte, kann sich durch die Begrenzung der Amtszeit auf fünf Jahre allerdings – ggf. sogar unbewusst – zu einer eher »dienstherrenfreundlichen« Entscheidungspraxis veranlasst sehen, da es ansonsten damit rechnen muss, nach Ablauf der Amtszeit nicht wieder bestellt zu werden. Für ein **Absehen von der Wiederbestellung** sind nämlich – anders als für die Abberufung während der Amtszeit – **keine wichtigen Gründe** erforderlich. Besonders kritisch sind in diesem Zusammenhang Nachprüfungsverfahren gegen die Behörde (z.B. die Bezirksregierung) an der die Vergabekammer selbst angesiedelt ist. Hier ist zweifellos die Gefahr gegeben, dass eine »unbotmäßige« Entscheidung der Vergabekammer zu personellen Konsequenzen am Ende der Amtszeit führen kann und die Mitglieder der Vergabekammer daher eine gebotene Entscheidung gegen das »eigene Haus« gerade in sensiblen Themen scheuen. Diese – im Vergleich zu den Berufsrichtern – **schwache Ausprägung der persönlichen Unabhängigkeit** hat der Gesetzgeber aber durch die Regelung einer nur fünfjährigen Amtszeit bewusst geschaffen. Mit den Vergabesenaten an den OLGs steht den betroffenen Bietern zudem eine tatsächlich vollständig sachlich und persönlich unabhängige Nachprüfungsinstanz offen.

Während der Amtszeit kann eine Abberufung nur aus einem wichtigen Grund erfolgen. Auch wenn 58
das GWB hierzu keine Regelung enthält, kann nicht angenommen werden, der Gesetzgeber habe eine vorzeitige Beendigung der Amtsdauer in jedem Fall ausschließen wollen. Für eine derartig weitgehende und z.B. in Korruptionsfällen klar sachwidrige Lösung gibt die Gesetzesbegründung zu § 105 GWB a.F. nichts her.[73] Daher kann z.B. ausnahmsweise gegenüber einem Vergabekammermitglied eine Versetzung oder Amtsenthebung, etwa durch Abberufung bzw. Widerruf seiner Bestellung (vgl. § 86 VwVfG) durch die hierfür zuständige Einrichtung erfolgen. Dies ist dann der Fall, wenn ein **wichtiger Grund** in der Person des ehrenamtlich Tätigen vorliegt. Ein wichtiger Grund liegt in Entsprechung zu § 86 VwVfG insbesondere darin, dass der ehrenamtlich Tätige seine Pflicht gröblich verletzt oder sich als unwürdig erwiesen hat oder er seine Tätigkeit nicht mehr ordnungsgemäß ausüben kann. Von einem derartigen Sachverhalt ist immer dann auszugehen, wenn aufgrund nachträglich eingetretener Umstände eine Bestellung zum Kammermitglied nicht hätte erfolgen dürfen und wenn ohne den Widerruf der Bestellung das öffentliche Interesse an der Amtsausführung gefährdet wäre.[74]

---

72 Vgl. Begründung des Gesetzentwurfs BT-Drucks. 13/9340 v. 03.12.1997 zu § 105.
73 Weyand § 105 Rn. 28.
74 Reidt in: Reidt/Stickler/Glahs § 105 Rn. 23.

§ 158 Einrichtung, Organisation

(1) Der Bund richtet die erforderliche Anzahl von Vergabekammern beim Bundeskartellamt ein. Einrichtung und Besetzung der Vergabekammern sowie die Geschäftsverteilung bestimmt der Präsident des Bundeskartellamts. Ehrenamtliche Beisitzer und deren Stellvertreter ernennt er auf Vorschlag der Spitzenorganisationen der öffentlich-rechtlichen Kammern. Der Präsident des Bundeskartellamts erlässt nach Genehmigung durch das Bundesministerium für Wirtschaft und Energie eine Geschäftsordnung und veröffentlicht diese im Bundesanzeiger.

(2) Die Einrichtung, Organisation und Besetzung der in diesem Abschnitt genannten Stellen (Nachprüfungsbehörden) der Länder bestimmen die nach Landesrecht zuständigen Stellen, mangels einer solchen Bestimmung die Landesregierung, die die Ermächtigung weiter übertragen kann. Die Länder können gemeinsame Nachprüfungsbehörden einrichten.

A. Einrichtung der Vergabekammern durch den Bund (Abs. 1)

I. Entstehungsgeschichte

1   § 158 GWB ist gegenüber § 106 GWB a.F. bis auf die angepasste Bezeichnung des zuständigen Bundesministeriums unverändert geblieben. Die Norm des § 106 GWB über die **Einrichtung und Organisation der Vergabekammern** knüpfte ursprünglich an § 57c Abs. 7 HGrG und die vor Inkrafttreten des Vergaberechtsänderungsgesetzes (01.01.1999) dort geregelten Einrichtung der Vergabeüberwachungsausschüsse (VÜA) an. Der entscheidende Unterschied der Vergabekammer zum VÜA kommt aber insbesondere in dem subjektiv durchsetzbaren Rechtsschutz mit automatischem Suspensiveffekt für die Zuschlagserteilung (vgl. §§ 97 Abs. 7, 115 Abs. 1 GWB) sowie in der durch die Vergabekammer möglichen Tatsachenprüfung zum Ausdruck. Die Vergabekammern nach dem GWB sind daher die im **Primärrechtsschutz** erstinstanzlich zuständigen Institutionen.[1] Obwohl die Vergabekammern zumindest nach der Konzeption des nationalen Rechts keine Gerichte, sondern Teile der Exekutive sind,[2] macht ihre Ausgestaltung als quasi richterliche Instanz mit hoher Sachkompetenz (siehe insbesondere §§ 105 Abs. 2 Satz 2–4 GWB) sowie als **unabhängige und eigenverantwortliche Organe** (§ 105 Abs. 1 und Abs. 4 S. 2 GWB) ihre besondere Bedeutung aus.

2   Der **Gewährleistung** einer **hohen Sachkompetenz**, insbesondere auch in den Vergabekammern der **Länder**, diente die Novellierung des § 106 Abs. 2 GWB a.F. zum 24.04.2009. Dabei wurde der frühere § 106 Abs. 2 S. 2 GWB a.F., der länderspezifische Sonderregelungen hinsichtlich der fachlichen Qualifikation der Mitglieder der Vergabekammern ermöglichte, gestrichen. Damit sind auch für die Vergabekammern der Länder die **Anforderungen des § 157 Abs. 2 Satz 2–4 GWB** an die

---

1   Gröning Rechtsschutzqualität und Verfahrensbeschleunigung im Entwurf für ein Vergaberechtsänderungsgesetz ZIP 1998, 374.
2   Siehe hierzu ausführlich die Kommentierung zu § 157 Rn. 3 ff.

Besetzung der Vergabekammern als Mindeststandard einheitlich vorgegeben. Die Länder können aber strengere Anforderungen an die Qualifikation der Beisitzer stellen.[3]

II. Vergabekammern beim Bundeskartellamt

Die **Abgrenzung** der **Zuständigkeit** der Vergabekammern des Bundes zu den Zuständigkeiten der   3
Vergabekammern der Länder ergibt sich bereits aus § 156 Abs. 1 GWB. Danach nehmen die Vergabekammern des Bundes die Nachprüfung der Vergabe öffentlicher Aufträge für die dem Bund zuzurechnenden Aufträge, die Vergabekammern der Länder die Nachprüfung für die diesen zuzurechnenden Aufträge wahr.[4]

Der Bund ist nach § 158 Abs. 1 Satz 1 GWB verpflichtet, die **erforderliche Anzahl** von Vergabekam-   4
mern beim Bundeskartellamt einzurichten. Der Begriff der »Erforderlichkeit« zeigt, dass der Bund insoweit einen organisatorischen Entscheidungsspielraum besitzt. Die Zahl der Vergabekammern muss sich auch vor dem Hintergrund der Zahl der Nachprüfungsverfahren an dem Ziel orientieren, einen **effektiven Rechtsschutz** zu gewährleisten und die nach § 167 Abs. 1 Satz 1 GWB grundsätzlich einzuhaltende Frist zur Entscheidung durch die Vergabekammer von fünf Wochen ab Eingang des Antrags einzuhalten.[5] Da insbesondere im letzten Jahrzehnt neben der Komplexität der Verfahren auch die Zahl der Nachprüfungsverfahren beim Bundeskartellamt angestiegen ist, hat – nachdem es zunächst »nur« zwei Vergabekammern beim Bundeskartellamt gab – seit Frühjahr 2004 eine **dritte Kammer** beim Bundeskartellamt ihre Arbeit aufgenommen (VK 3).[6] Nicht zuletzt wegen des Rückgangs der Fallzahlen ab dem Jahre 2010 ist jedoch zum 01. August 2013 die Zahl der Vergabekammern beim Bund wieder auf zwei (1. und 2. Kammer) reduziert worden. Die auf die einzelnen Jahre von 1999 bis einschließlich 2014 verteilte Zahl der Nachprüfungsverfahren beim Bundeskartellamt ergibt sich aus der folgenden Übersicht:[7]

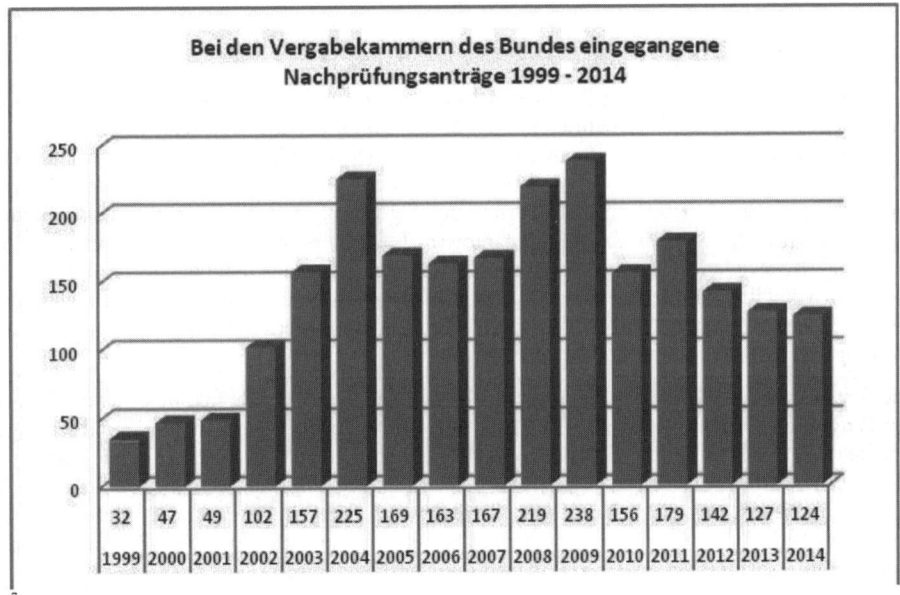

3 Siehe hierzu die Kommentierung zu § 157 Rdn. 25.
4 Vgl. insbesondere die Kommentierung zu § 156 Abs. 1.
5 So auch Bechtold § 106 Rn. 1; Stockmann in: Immenga/Mestmäcker § 106 Rn. 4.
6 Noch in: Byok/Jaeger § 106 Rn. 3.
7 Quelle: Bericht des Bundeskartellamtes über seine Tätigkeit in den Jahren 2013/2014 sowie über die Lage und Entwicklung auf seinem Aufgabengebiet – BT-Drucks. 18/5210.

5   Waren die Vergabekammern bis zum 30.09.1999 noch beim Sitz des Bundeskartellamts in Berlin (Beschwerdeinstanz: Kammergericht in Berlin) angesiedelt, fand mit dessen Verlegung auf der Grundlage des Bonn-Berlin-Gesetzes nach Bonn Ende 1999 ein Ortswechsel statt. Die **Vergabekammern des Bundes** sind seit dieser Zeit unter der Anschrift

Vergabekammern Bund beim Bundeskartellamt

Villemombler Straße 76, 53123 Bonn

Tel.: 0228 9499-0 (Zentrale) -578, -313, -249, -421, – 561, Fax: 0228 9499-163

Internet: www.bundeskartellamt.de

E-Mail: info@bundeskartellamt.bund.de

erreichbar. Mit dem Ortswechsel wurde für die Organisation und Einrichtung der für die VK Bund zuständigen zweiten Instanz, also des **Vergabesenats**, das Land Nordrhein-Westfalen zuständig. Dieses hat durch Verordnung v. 15.12.1998 die Zuständigkeit des Vergabesenats für Beschwerden gegen Entscheidungen der VK Bund (s. § 116 Abs. 3 GWB) beim **OLG Düsseldorf** festgelegt.[8] Folge ist, dass beim OLG Düsseldorf eine Konzentration der Vergabestreitsachen in zweiter Instanz hergestellt wird. Denn der dortige Vergabesenat ist neben den Beschwerden gegen Entscheidungen der Bundesvergabekammern auch für Beschwerden der zwei nordrhein-westfälischen Vergabekammern, die dort bei den Bezirksregierungen Münster und Köln (mit Spruchkörper in Düsseldorf) angesiedelt sind, zuständig. In der Konsequenz hat das OLG Düsseldorf und dessen Vergabesenat die im Vergleich zu den anderen Vergabesenaten der Bundesländer mit Abstand meisten Nachprüfungsverfahren zu bearbeiten. Seinen Entscheidungen kommt dementsprechend eine besondere Bedeutung zu.

III. Einrichtung und Besetzung der Vergabekammern

6   Die **Einrichtung und Besetzung** der Vergabekammern sowie die **Geschäftsverteilung** bestimmt der **Präsident des Bundeskartellamtes** (§ 158 Abs. 1 Satz 2 GWB). Die Vergabekammern sind organisatorischen von den Beschlussabteilungen des Bundeskartellamts (vgl. § 51 Abs. 2 GWB) getrennt. Ob auch eine personell erforderlich ist, ist fraglich. Für eine Inkompatibilität der Tätigkeit von Mitgliedern der Vergabekammern einerseits und der Beschlussabteilung des Bundeskartellamts andererseits spricht, dass allein die Vergabekammern als »gerichtsähnliche Instanzen« gemäß § 157 Abs. 1 GWB sowie auch gem. § 157 Abs. 4 GWB ihre Tätigkeiten **unabhängig und eigenverantwortlich** im Rahmen der Gesetze ausüben. Demgegenüber dürfen den Beschlussabteilungen des Bundeskartellamts gemäß § 52 GWB durch das Bundesministerium für Wirtschaft **allgemeine Weisungen** erteilt werden.

7   Allerdings spricht gerade die **Entstehungsgeschichte** gegen eine generelle Inkompatibilität der beiden Tätigkeiten. Bei den beiden Spruchkörpern der vormals ebenfalls beim Bundeskartellamt angesiedelten Vergabeüberwachungsausschüsse des Bundes nahmen die Vorsitzenden und die beamteten Beisitzer neben diesen Aufgaben zugleich auch die Aufgaben von Vorsitzenden und Beisitzern in den **Beschlussabteilungen des Bundeskartellamtes** wahr. Die Gesetzesmaterialien der Folgeregelungen der §§ 157, 158 GWB bieten jedenfalls keine Anhaltspunkte, dass diese Vereinbarkeit der Aufgaben mit der Einrichtung der Vergabekammern entfallen wäre.

8   Aus dem grundsätzlichen Erfordernis der **Hauptamtlichkeit** für den Vorsitzenden und den (hauptamtlichen) Beisitzer kann nicht gefolgert werden, dass hiermit zwingend eine ausschließliche Tätigkeit für die jeweilige Vergabekammer verbunden wäre. Das Abstellen auf die »Hauptamtlichkeit« will vielmehr in Abgrenzung zum Begriff der »Ehrenamtlichkeit« gewährleisten, dass der

---

8   »Verordnung über die Zusammenfassung der Entscheidungen über die sofortige Beschwerde gegen Entscheidungen der Vergabekammer« v. 15.12.1998 GVBl. NZW 1998, 775; Noch in: Byok/Jaeger § 106 Rn. 2.

Vorsitzende oder der hauptamtliche Beisitzer während seiner Tätigkeit bei der Vergabekammer keine zusätzliche Arbeit ausübt, die wegen ihrer – qualitativen oder quantitativen – Beanspruchung oder ihrer Art nach die Funktionsfähigkeit einer **weisungsfreien und eigenverantwortlichen** Aufgabenerfüllung durch diese Vergabekammermitglieder infrage stellt.[9] Unter Berücksichtigung dieser Vorgaben ist aber durchaus eine »**personelle Durchmischung**« von Beschlussabteilungen des Bundeskartellamts und der Vergabekammern möglich.[10] Für eine derartige Möglichkeit spricht auch, dass das Kartellvergaberecht nach den §§ 97 ff. GWB gleichermaßen wie das allgemeine Kartellrecht streng wettbewerbsbezogen auszulegen und anzuwenden ist und dieses Ziel bei einer Kompatibilität der beiden Spruchkörper durchaus gefördert wird.[11]

Wenn nach § 158 Abs. 1 Satz 2 GWB der **Präsident des Bundeskartellamts** die Einrichtung und   9 Besetzung der Vergabekammern bestimmt, bedeutet dies, dass er aus dem Mitarbeiterstab des Bundeskartellamts die fachlich geeigneten Personen auswählt (siehe §§ 157 Abs. 2 Satz 3 und 4 GWB). Mit der Besetzung der Vergabekammern verbunden ist die in § 157 Abs. 4 Satz 1 GWB vorgesehene fünfjährige Bestellung der Mitglieder. Für die hauptamtlichen Mitglieder der Vergabekammern bestimmt § 157 Abs. 2 Satz 3 GWB (**Befähigung zum Richteramt**) die Qualitätserfordernisse. Die – hauptamtlichen – Beisitzer sollen darüber hinaus gemäß § 157 Abs. 2 Satz 4 GWB über **gründliche Kenntnisse** des Vergabewesens, die ehrenamtlichen Beisitzer auch über **mehrjährige praktische Erfahrungen** auf dem Gebiet des Vergabewesens verfügen.[12]

Der Präsident des Bundeskartellamts bestimmt im Rahmen seines Entscheidungsspielraums   10 auch die **Geschäftsverteilung** (§ 158 Abs. 1 Satz 2 GWB). Dies bezieht sich in erster Linie auf die Geschäftsverteilung zwischen den einzelnen Vergabekammern. Die vor Beginn des jeweiligen »Geschäftsjahres« in Verbindung mit der Geschäftsordnung der Vergabekammern des Bundes[13] erfolgte Geschäftsverteilung zwischen den Vergabekammern ist an **sachlichen Kriterien** auszurichten. Maßgeblich können hierbei neben einer Verteilung nach der Reihenfolge der Eingänge sowie einer ausgewogenen Verteilung der Fallzahlen auf die Kammern und einer damit verbundenen ausgewogenen Auslastung auch fachspezifische Erfahrungen, etwa in Spezialmaterien des Vergaberechts (Bsp.: Spezielle Kenntnisse im Hoch- oder Tiefbau), sein.[14] Demgegenüber darf der Präsident des Bundeskartellamts **nicht** die Verteilung der Aufgaben **innerhalb der Vergabekammer**, also etwa die Frage, welches Mitglied als Berichterstatter eingesetzt wird, regeln. Diese – interne – Geschäftsverteilung obliegt der jeweiligen Vergabekammer selbst. Insoweit bestimmt die Vorgabe des § 157 Abs. 4 Satz 2 GWB klar und deutlich, dass die Mitglieder der Vergabekammern »unabhängig entscheiden und nur dem Gesetz unterworfen sind«. Dies bedeutet z.B. auch, dass der Präsident des Bundeskartellamts nicht durch Weisung bestimmen darf, welchem Einzelmitglied der Vergabekammer das Verfahren gemäß § 157 Abs. 3 Satz 1 GWB zur **alleinigen Entscheidung** übertragen wird.[15]

Nach § 158 Abs. 1 Satz 3 GWB ernennt der Präsident des Bundeskartellamtes **ehrenamtliche Bei-**   11 **sitzer und deren Stellvertreter** auf Vorschlag der Spitzenorganisationen der **öffentlich-rechtlichen Kammern.** Zu diesen öffentlich-rechtlichen Kammern gehören z.B. der Deutsche Industrie- und Handelskammertag (DIHK), der Zentralverband des Deutschen Handwerks (ZDH), die Bundesarchitektenkammer (BAK), die Bundesingenieurkammer, die Wirtschaftsprüferkammer sowie

---

9 Siehe auch die Kommentierung zu § 105 Rn. 17 ff.; Reidt in: Reidt/Stickler/Glahs § 106 Rn. 7.

10 So auch Bechtold § 106 Rn. 1 und § 105 Rn. 5; Stockmann in: Immenga/Mestmäcker § 105 Rn. 14.

11 Stockmann in: Immenga/Mestmäcker § 105 Rn. 14.

12 Siehe hierzu die Kommentierung zu § 105 Rdn. 21 ff.

13 Geschäftsordnung der Vergabekammern des Bundes v. 15.07.2005, Bekanntmachung Nr. 41/2005 des Bundesanzeigers (Abdruck unter Rn. 16).

14 Reidt in: Reidt/Stickler/Glahs § 106 Rn. 10.

15 So auch Reidt in: Reidt/Stickler/Glahs § 106 Rn. 11; Willenbruch/Bischoff in: Kompaktkommentar Vergaberecht § 106 Rn. 2.

vergleichbare Institutionen.[16] An die Vorschläge der öffentlich-rechtlichen Kammern ist der Präsident des Bundeskartellamts zwar in der Weise gebunden, dass er niemanden zum ehrenamtlichen Mitglied einer Vergabekammer bestellen kann, der nicht durch diese Spitzenorganisationen benannt worden ist. Allerdings hat der Präsident ein Vorschlagsrecht, sofern mehrere Personen vorgeschlagen würden. Weiter ist auch der Präsident des Bundeskartellamts rechtlich gehalten, insbesondere § 157 Abs. 2 Satz 4 GWB zu beachten. Danach sollen die ehrenamtlichen Beisitzer über **mehrjährige praktische Erfahrungen** auf dem Gebiet des Vergabewesens verfügen. Auch muss die **Unabhängigkeit und Eigenverantwortlichkeit** der Mitglieder der Vergabekammern gemäß § 157 Abs. 1 und Abs. 4 Satz 2 GWB gewährleistet sein. Ist daher z.B. bei einem Vorschlag der öffentlich-rechtlichen Kammern offensichtlich, dass diese gesetzlichen Kriterien der Unabhängigkeit, Eigenverantwortlichkeit und Erfahrung – etwa wegen einer vorliegenden Befangenheit und Interessenkollision oder gar wegen einer Unzuverlässigkeit infolge einer rechtskräftigen strafrechtlichen Verurteilung – nicht vorliegen, kann der Präsident des Bundeskartellamts im Einzelfall die vorgeschlagene Person ablehnen.[17]

12   Die **Zahl** der ernannten ehrenamtlichen Beisitzer (s. § 158 Abs. 1 S. 3 GWB: »... und deren **Stellvertreter** ...«) muss gewährleisten, dass die Vergabekammern auch in Zeiten hoher Belastung ordnungsgemäß arbeits- und beschlussfähig sind. Obwohl die Vergabekammern daher gem. § 157 Abs. 2 S. 1 GWB in der Besetzung mit einem Vorsitzenden und zwei Beisitzern entscheiden, können und sollten die einzelnen Vergabekammern mehr Mitglieder (Stellvertreter) haben, die nach einer bestimmten Geschäftsverteilung[18] und auch in unterschiedlicher Zusammensetzung entscheiden (s. insoweit auch § 1 Abs. 1 der unten wiedergegebenen Geschäftsordnung der Vergabekammern des Bundes). Der **im Einzelfall** zuständige **ehrenamtliche Beisitzer** kann sich danach auch nach der Reihenfolge der bei den Vergabekammern geführten Liste ehrenamtlicher Beisitzer entsprechend dem **Rotationsprinzip** bestimmen.[19] Ist danach im Einzelfall der zuständige ehrenamtliche Beisitzer verhindert, tritt der auf der Liste folgende Beisitzer an seine Stelle. Sollten – was wohl kaum oft vorkommen wird – die öffentlich-rechtlichen Kammern auch nach entsprechender Fristsetzung keinen Vorschlag zur Benennung ehrenamtlicher Beisitzer machen, ist der Präsident des Bundeskartellamts verpflichtet, **eigenständig** Personen als Beisitzer zu benennen, um die Funktionsfähigkeit des Nachprüfungsverfahrens vor den Vergabekammern sicherzustellen.[20]

13   Nach § 158 Abs. 1 Satz 4 GWB erlässt der Präsident des Bundeskartellamts nach Genehmigung durch das Bundesministerium für Wirtschaft eine **Geschäftsordnung** und veröffentlicht diese im **Bundesanzeiger**. Während die Geschäftsordnung für die Beschlussabteilungen des Bundeskartellamts nach § 51 Abs. 2 GWB der »Bestätigung« durch den Bundeswirtschaftsminister bedarf und nicht veröffentlicht werden muss, ist demgegenüber für die Geschäftsordnung der Vergabekammern des Bundes nach erfolgter rechts- und fachaufsichtlicher Kontrolle eine »**Genehmigung**« durch das Bundesministerium für Wirtschaft und eine Veröffentlichung im Bundesanzeiger erforderlich, ohne dass sich aus diesen unterschiedlichen Bezeichnungen eine sachliche Auswirkung ergibt.[21] Da die Vergabekammern zumindest organisatorisch von den Beschlussabteilungen des Bundeskartellamtes getrennt sind, bestimmt die Präambel auch, dass die Geschäftsordnung des Bundeskartellamts von der Geschäftsordnung der Vergabekammern unberührt bleibt. Der Text der Geschäftsordnung der **Vergabekammern des Bundes** (Bekanntmachung Nr. 41/2005) v. 15.07.2005, die im Einzelnen

---

16 Eingehendes zu den Kammern und ihren Spitzenorganisationen in Tettinger Kammerrecht 1997.

17 So im Ergebnis auch Reidt in: Reidt/Stickler/Glahs § 106 Rn. 8; Müller-Wrede in: Müller-Wrede § 106 Rn. 4; Stockmann in: Immenga/Mestmäcker § 106 Rn. 5.

18 Inwieweit diese abstrakt-generelle Regelungen zur Zuständigkeit und Vertretung enthalten müssen s. § 157 Rdn. 4.

19 Stockmann in: Immenga/Mestmäcker § 106 Rn. 5.

20 Marx in: Beck'scher VOB-Kommentar §§ 105, 106 Rn. 14.

21 Bechtold § 106 Rn. 2; siehe die Veröffentlichung der Geschäftsordnung: BAnZ Nr. 151 v. 12.08.2005, S. 12296 f.

insbesondere die Organisation der Vergabekammern und das Verfahren zwischen Antragseingang und mündlicher Verhandlung regelt, ist im Folgenden wiedergegeben:

IV. Geschäftsordnung der Vergabekammern des Bundes

»Anwendungsbereich 14

Die Geschäftsordnung regelt Organisation, Grundsätze der Geschäftsverteilung, Geschäftsgang und Verfahren der Vergabekammern des Bundes Sie ist Geschäftsordnung im Sinne von § 106 Abs. 1 Satz 4 GWB. Soweit nichts anderes bestimmt ist, bleibt die Geschäftsordnung des Bundeskartellamtes (GO-BKartA) unberührt.«

I. Organisation, Geschäftsjahr, Geschäftsverteilung und Vertretung

§ 1

(1) Einer Kammer gehören der Vorsitzende, mindestens zwei hauptamtliche und mindestens vier ehrenamtliche Beisitzer sowie weitere Mitarbeiter an. Die ehrenamtlichen Beisitzer können auch mehreren Kammern angehören.

(2) Für Frauen in einer der in der Geschäftsordnung genannten Funktionen gilt die weibliche Form der Funktionsbezeichnung.

(3) Geschäftsjahr ist das Kalenderjahr.

§ 2

(1) Der Präsident des Bundeskartellamtes regelt vor Beginn des Geschäftsjahres die Verteilung der Geschäfte unter den Kammern. Die Geschäftsverteilung darf während des Geschäftsjahres nur geändert werden, wenn dies wegen Überlastung oder ungenügender Auslastung von Kammern erforderlich wird. Für Anträge, die dasselbe Vergabeverfahren betreffen, ist die Kammer zuständig, in deren Zuständigkeit der erste Antrag fällt.

(2) Der Vorsitzende weist die Verfahren seiner Kammer den Berichterstattern nach einem vor Beginn des Geschäftsjahres von ihm festgelegten Geschäftsverteilungsplan zu.

§ 3

(1) Der Vorsitzende wirkt an allen Entscheidungen seiner Kammer mit, es sei denn, die Kammer hat dem hauptamtlichen Beisitzer das alleinige Entscheidungsrecht übertragen (§ 105 Abs. 3 GWB). Berichterstatter sind nur die hauptamtlichen Beisitzer. Die ehrenamtlichen Beisitzer wirken an den Verfahren aus den ihnen zugeordneten Fachgebieten mit.

(2) Den Vorsitzenden einer Vergabekammer vertritt bei Verhinderung grundsätzlich der anwesende hauptamtliche Beisitzer, dem das höhere Beförderungsamt verliehen ist und der in diesem Amt nach dem allgemeinen Dienstalter der Dienstältere ist. Bei gleichem allgemeinem Dienstalter kommt es auf das höhere Lebensalter an.

(3) Ist einer Vergabekammer die Beschlussfassung im Einzelfall nicht möglich, weil sie gar nicht besetzt ist, übernimmt der Vorsitzende der nach ihrer Bezifferung folgenden Vergabekammer (auf die Vergabekammer mit der höchsten Bezifferung folgt die erste Vergabekammer) den Vorsitz. Zum weiteren hauptamtlichen Beisitzer ist derjenige hauptamtliche Beisitzer aus der nach ihrer Bezifferung folgenden Vergabekammer bestellt, dem von den anwesenden hauptamtlichen Beisitzern das niedrigste Beförderungsamt verliehen ist und der in diesem Amt der Dienstjüngste ist. Bei gleichem allgemeinen Dienstalter kommt es auf das geringere Lebensalter an. Entsprechendes gilt, wenn eine Vergabekammer nur mit einem Vorsitzenden besetzt ist. Die Bestellung lässt die originären Aufgaben des betreffenden Vorsitzenden oder hauptamtlichen Beisitzers unberührt und bleibt in Kraft bis zum Abschluss der Beratung, der Abstimmung, der Zeichnung und der Zustellung der getroffenen Entscheidung an alle Verfahrensbeteiligten.

II. Verfahren zwischen Antragseingang und mündlicher Verhandlung

§ 4

(1) Geht ein nicht offensichtlich unzulässiger oder unbegründeter Antrag ein und ist die Zahlung eines Vorschusses in Höhe der Mindestgebühr von 2 500⁰ nachgewiesen, so stellt die Kammer dem Auftraggeber den Antrag zu und fordert ihn zur sofortigen Übergabe der Vergabeakten auf. Der Zahlungsnachweis kann durch Übersendung des Zahlungsbeleges, auch per Telefax, oder durch anwaltliche Versicherung erfolgen.

(2) Ist eine Vergabeprüfstelle eingerichtet, so übermittelt die Kammer dieser den Antrag in Kopie.

(3) Der Vorsitzende unterrichtet den zuständigen ehrenamtlichen Beisitzer, übermittelt ihm eine Abschrift des Antrages und veranlasst, dass ihm Abschriften der Entscheidung der Vergabeprüfstelle und der Schriftsätze so rechtzeitig vor der mündlichen Verhandlung übermittelt werden, dass er sich mit der Sache vertraut machen kann. Ist ein ehrenamtlicher Beisitzer verhindert oder hat er am Vergabeverfahren mitgewirkt, so zeigt er dies dem Vorsitzenden unverzüglich an.

§ 5

(1) Nach Eingang der Akten leitet der Vorsitzende diese dem zuständigen Berichterstatter zu. Die Kammer prüft, ob Beiladungen zu dem Verfahren geboten sind und beschließt diese gegebenenfalls unverzüglich. Der Berichterstatter legt dem Vorsitzenden innerhalb der von diesem gesetzten Frist sein schriftliches Votum vor.

(2) Der Vorsitzende oder der Berichterstatter in den Fällen des § 105 Abs. 3 GWB können den Verfahrensbeteiligten Fristen für die Einreichung von Schriftsätzen setzen. Nach Ablauf der Fristen kann ein weiterer Vortrag unbeachtet bleiben.

(3) Mitteilungen der Kammern, Schriftsätze und Ladungen werden den Verfahrensbeteiligten nach Möglichkeit mit Telefax, ansonsten durch die Post oder einen Kurier übersandt.

III. Mündliche Verhandlung

§ 6

(1) Die Kammern entscheiden, sofern nicht die Voraussetzungen des § 112 Abs. 1 Satz 3 oder des § 112 Abs. 2 GWB vorliegen oder es sich um eine Entscheidung nach § 115 Abs. 2 Satz 1 oder 3 oder nach § 115 Abs. 3 Satz 1 GWB handelt, aufgrund mündlicher, nicht öffentlicher Verhandlung. Der Vorsitzende stimmt den Termin mit dem ehrenamtlichen Beisitzer ab und lädt die Verfahrensbeteiligten.

(2) Die Ladungsfrist beträgt mindestens drei Tage nach Eingang bei den Verfahrensbeteiligten.

§ 7

(1) Der Vorsitzende leitet die mündliche Verhandlung.

(2) Über die mündliche Verhandlung wird eine Niederschrift aufgenommen die folgenden Inhalt hat:
– Ort und Tag der Verhandlung,
– Bezeichnung der entscheidenden Kammer,
– Namen des Vorsitzenden und der Beisitzer,
– Bezeichnung des Nachprüfungsverfahrens,
– Namen der erschienenen Verfahrensbeteiligten, ihrer gesetzlichen Vertreter und Bevollmächtigten sowie sonstiger Personen,
– Rücknahme des Antrags,
– Feststellung, dass die Verfahrensbeteiligten Gelegenheit zum Vortrag hatten,
– bei Entscheidung im Anschluss an die mündliche Verhandlung die Beschlussformel,
– die Unterschrift des Vorsitzenden.

(3) Die Verfahrensbeteiligten erhalten eine Abschrift der Niederschrift.

IV. Beschluss

§ 8

(1) Die Kammern entscheiden durch Beschluss. Das gilt auch dann, wenn über die Entscheidung einer Vergabeprüfstelle zu befinden ist. Ist die Entscheidung der Vergabeprüfstelle rechtswidrig, so hebt die Kammer diese auf und entscheidet nach § 114 GWB. Der Beschluss enthält:
– die Bezeichnung der entscheidenden Kammer,
– die Bezeichnung des Vorsitzenden und der Beisitzer,
– die Bezeichnung der Verfahrensbeteiligten,
– den Tag, an dem die mündliche Verhandlung abgeschlossen worden ist,
– die Beschlussformel,
– die Gründe,
– die Kostenentscheidung, soweit diese nicht durch gesonderten Beschluss ergeht,
– die Rechtsmittelbelehrung,
– die Unterschriften des Vorsitzenden und des hauptamtlichen Beisitzers. Ist ein Kammermitglied verhindert, seine Unterschrift beizufügen, so wird dies mit dem Hinderungsgrund vom Vorsitzenden oder, wenn er verhindert ist, vom hauptamtlichen Beisitzer unter dem Beschluss vermerkt. Der Unterschrift des ehrenamtlichen Beisitzers bedarf es nicht.

(2) Die begründete Entscheidung der Kammer wird den Verfahrensbeteiligten zugestellt. Ist eine Vergabeprüfstelle eingerichtet, wird ihr auf Anforderung eine Kopie der Entscheidung übersandt.

V. Geschäftsgang

§ 9

Die an die Kammern gerichteten Eingänge werden von der Geschäftsstelle behandelt. Diese erteilt jedem Nachprüfungsverfahren ein Geschäftszeichen gemäß der Registraturanweisung, prüft bei Eingang des Antrags, ob die Zahlung eines Vorschusses in Höhe der Mindestgebühr nachgewiesen ist und leitet den Antrag unverzüglich der zuständigen Kammer zu.

§ 10

Die Aufbewahrungsfrist der Verfahrensakten beträgt grundsätzlich 30 Jahre nach Abschluss des Verfahrens. Die Verfahrensakten der Kammern werden anschließend dem Bundesarchiv übergeben.

§ 11

Die Entscheidungen der Kammern werden in der Geschäftsstelle gesammelt. Sie sind auf der Homepage des Bundeskartellamtes (www. bundeskartellamt.de) regelmäßig abrufbar.

§ 12

Die Kosten (Auslagen und Gebühren) werden von der Kostenstelle des Bundeskartellamtes eingezogen und verbucht.

VI. Inkrafttreten

§ 13

Diese Geschäftsordnung tritt am 15. Juli 2005 in Kraft. Gleichzeitig tritt die Geschäftsordnung der Vergabekammern des Bundes vom 20.02.2002 (Bekanntmachung Nr. 111/2002 vom 15.05.2002, BAnz. 88, S. 10432, 10433) außer Kraft.

V. Hervorhebenswerte Gesichtspunkte

15   Aus der Geschäftsordnung der Vergabekammern des Bundes, die als »Organisations- und Verfahrensablaufrecht« **reines Innenrecht** beinhaltet und daher stets das höherrangige Verwaltungsverfahrensgesetz sowie das übrige außenwirksame **materielle Recht**, insbesondere das (EU-) Vergaberecht sowie die EU-Rechtsmittelrichtlinie, beachten muss,[22] sind folgende Gesichtspunkte hervorzuheben:

- Zur Erfüllung der Vorgabe des § 157 Abs. 2 Satz 1 GWB gehören den Vergabekammern des Bundes neben dem Vorsitzenden jeweils **mindestens zwei hauptamtliche und mindestens vier ehrenamtliche Beisitzer sowie weitere Mitarbeiter** an (§ 1 Abs. 1 Satz 1 GO). Damit soll die Arbeitsfähigkeit der Vergabekammern auch bei Verhinderung von Mitgliedern gewährleistet werden. Zu diesem Zweck können die ehrenamtlichen Beisitzer auch **mehreren Kammern** angehören (§ 1 Abs. 1 Satz 2 GO).

- Der **Präsident des Bundeskartellamts** regelt vor Beginn des Geschäftsjahres die **Verteilung der Geschäfte** unter den Kammern (§ 2 Abs. 1 Satz 1 GO). Mit dieser Vorabregelung steht sicher fest, welche konkrete Kammer – je nach Aktenzeichen – für eingeleitete Nachprüfungsverfahren zuständig ist.

- Für Anträge, die **dasselbe Vergabeverfahren** betreffen, ist die Kammer zuständig, in deren Zuständigkeit der erste Antrag fällt (§ 2 Abs. 1 Satz 3 GO). Diese Bestimmung dient der Verfahrenskonzentration sowie der Vermeidung von Zuständigkeitsproblemen.[23]

- Der Vorsitzende weist die Verfahren seiner Kammer den **Berichterstattern** nach einem vor Beginn des Geschäftsjahres von ihm festgelegten Geschäftsverteilungsplan zu (§ 2 Abs. 2 GO).

- Der Vorsitzende wirkt grundsätzlich an **allen Entscheidungen** seiner Kammer mit. Einzige Ausnahme ist, dass die Kammer dem **hauptamtlichen Beisitzer** das alleinige Entscheidungsrecht unter Vorliegen der Voraussetzungen des § 157 Abs. 3 GWB übertragen hat (§ 3 Abs. 1 Satz 1 GO).

- Bei Eingang eines nicht offensichtlich unzulässigen oder unbegründeten Antrags[24] und nachgewiesener Zahlung eines Vorschusses in Höhe einer **Mindestgebühr von 2.500 Euro** (s. auch § 182 Abs. 2 GWB) stellt die Kammer dem Auftraggeber den Antrag zu und fordert ihn zur sofortigen Übergabe der Vergabeakten auf (§ 4 Abs. 1 Satz 1 GO). Im Unterschied zu dieser »Kostenvorschussvoraussetzung« verzichten manche Vergabekammern der Länder auf die Entrichtung beziehungsweise den Nachweis der Zahlung.

- Ist bzw. war (s. den bundesgesetzlichen Wegfall des § 103 GWB a.F. über die Vergabeprüfstellen durch das GWB 2009) eine **Vergabeprüfstelle** eingerichtet, übermittelt die Kammer dieser den Antrag in Kopie (§ 4 Abs. 2 GO). Die Vergabeprüfstellen, die in einigen Ressorts des Bundes sowie insbesondere in einigen Bundesländern (Bremen, Rheinland-Pfalz, Schleswig-Holstein) als zusätzliche Nachprüfungsbehörden in Vergabeangelegenheiten eingerichtet sind bzw. waren, spielen in der Praxis für die Durchsetzung eines effektiven Rechtsschutzes kaum eine Rolle. Grund ist, dass der in § 97 Abs. 7 GWB manifestierte **subjektive Rechtsschutz** der Unternehmer auf Einhaltung der Bestimmungen über das Vergabeverfahren durch den Auftraggeber effektiv nur durch die Einleitung von Nachprüfungsverfahren vor einer Vergabekammer geltend gemacht werden kann. Nur hier existiert der automatische Suspensiveffekt gemäß § 169 Abs. 1 GWB, wonach der Auftraggeber nach Zustellung des Nachprüfungsantrags und vor einer Entscheidung der Vergabekammer sowie dem Ablauf der Beschwerdefrist den Zuschlag nicht erteilen darf. Anders als die Vergabekammer kann jedoch die Vergabeprüfstelle, der in erster Linie »nur« eine rechts- oder fachaufsichtliche Prüfung sowie eine beratende und streitschlichtende

---

22 Reidt in: Reidt/Stickler/Glahs § 106 Rn. 13.
23 So schon VÜA Berlin ZVgR 1997, 90 zu Unklarheiten bei der Ermittlung der richtigen Vergabeprüfstelle.
24 Bei (seltenen) offensichtlich unzulässigen oder unbegründeten Anträgen kann gem. § 180 GWB eine Schadensersatzpflicht wegen Rechtsmissbrauch eintreten: Erwägungen hierzu bei OLG Düsseldorf Beschl. v. 1 4.05.2008 – VII – Verg 27/08; siehe aber zum Ausnahmecharakter der Zurückweisung als »offensichtlich unbegründet«: OLG Schleswig Beschl. v. 20.03.2008 – 1 Verg 6/07.

Funktion zukommt, nicht nur auf Antrag eines Bieters, sondern auch **von Amts wegen** tätig werden. Geht aber während dieser amtlichen Prüfung durch die Vergabeprüfstelle ein Nachprüfungsantrag eines Bieters vor der Vergabekammer ein, muss dem Verfahren vor der **Vergabekammer** als Individualbeschwerdeverfahren mit subjektivem Rechtsschutz Vorrang eingeräumt werden. Trotz der rechts- und fachaufsichtlichen Prüfung durch die Vergabeprüfstelle ist es daher in diesen Fällen schon zur Vermeidung von divergierenden Entscheidungen erforderlich, dass die Vergabeprüfstelle ihr von Amts wegen eingeleitetes Verfahren **einstellt.**

– Für von Amts wegen oder aber auch auf Antrag eines Bieters angestoßene Maßnahmen der Vergabeprüfstellen im Wege der **Rechts- und Fachaufsicht** bleibt daher in der Praxis nur dann ein eigenständiger Raum, wenn ein Bieter nicht zugleich auch ein Nachprüfungsverfahren vor der Vergabekammer eingeleitet hat. Eine durchsetzbare Verhinderung der Zuschlagserteilung (Vertragsschluss) kann aber – anders als bei einem Nachprüfungsverfahren vor der Vergabekammer – durch die Vergabeprüfstelle nicht erreicht werden. Im Übrigen ist darauf hinzuweisen, dass gegen eine Entscheidung der Vergabeprüfstelle zur Wahrung von Rechten aus § 97 Abs. 6 GWB nur die **Vergabekammer** durch einen Antrag auf Einleitung eines Nachprüfungsverfahrens angerufen werden kann.

– Die Kammer prüft aus Gründen der Prozessökonomie und Verfahrensbeschleunigung, ob **Beiladungen** (§ 162 GWB) zu dem Verfahren geboten sind und beschließt diese ggf. **unverzüglich** (§ 5 Abs. 1 Satz 2 GO).

– Der Vorsitzende oder der Berichterstatter in den Fällen des § 157 Abs. 3 GWB können den Verfahrensbeteiligten **Fristen** für die Einreichung von Schriftsätzen setzen. Nach Ablauf kann ein weiterer Vortrag im Sinne einer Präklusion unbeachtet bleiben (§ 5 Abs. 2 GO). Auch diese Vorgabe dient dem Ziel einer Beschleunigung des Nachprüfungsverfahrens.

– Die Kammern entscheiden i.d.R. aufgrund **mündlicher, nicht öffentlicher Verhandlung** (§ 6 Abs. 1 Satz 1 GO). Über die mündliche Verhandlung wird eine vom Vorsitzenden zu unterschreibende **Niederschrift** mit konkretem Inhalt aufgenommen, von denen die Verfahrensbeteiligten eine Abschrift erhalten (§ 7 Abs. 2 und 3 GO).

– Die Kammern entscheiden durch **Beschluss**, der insbesondere die Beschlussformel, die Gründe, die Kostenentscheidung sowie die Rechtsmittelbelehrung enthält (§ 8 Abs. 1 GO).

– Die **Aufbewahrungsfrist** der Verfahrensakten beträgt grundsätzlich **30 Jahre** nach Abschluss des Verfahrens. Anschließend werden die Verfahrensakten dem Bundesarchiv übergeben (§ 10 GO).

– Die Entscheidungen der Bundesvergabekammern werden in der Geschäftsstelle gesammelt. Sie sind auf der **Homepage des Bundeskartellamtes** (www.bundeskartellamt.de) regelmäßig abrufbar (§ 11 GO).

– Die Geschäftsordnung der Vergabekammern des Bundes ist am **15.07.2005** in Kraft getreten (§ 13 Satz 1 GO).

B. Einrichtung, Organisation und Besetzung der Vergabekammern der Länder (Abs. 2)

I. Entstehungsgeschichte

Die Vorschrift über die Einrichtung, Organisation und Besetzung der Nachprüfungsbehörden   16
(Vergabekammern) der Länder trägt dem Grundsatz der **Länderexekutive** gemäß Art. 83 f. GG Rechnung. Die Länder führen danach die für das Nachprüfungsverfahren maßgeblichen bundesrechtlichen Bestimmungen als eigene Angelegenheiten aus.[25] Die Regelung war schon im Gesetzgebungsverfahren des am 01.01.1999 in Kraft getretenen Vergaberechtsänderungsgesetzes umstritten. Der Bundesrat wollte in die Entwurfsfassung der Bundesregierung eine Formulierung einbringen, wonach die Länder hinsichtlich der **Organisation und Besetzung der Vergabekammern** auch abweichende Regelungen treffen können sollten.[26]

---

25 So auch Noch in: Byok/Jaeger § 106 Rn. 42; Reidt in: Reidt/Stickler/Glahs § 106 Rn. 16.
26 Stellungnahme des Bundesrats v. 07.11.1997 BR-Drucks. 646/97 Nr. 20.

17   Die vom Bundesrat geforderten stärkeren Kompetenzen der Länder hinsichtlich der Organisation und Besetzung der Vergabekammern führte schon damals zur **Anrufung des Vermittlungsausschusses** durch den Bundesrat.[27] Während die vom Bundesrat geforderte stärkere Länderkompetenz zur Organisation und zur Besetzung der Vergabekammern im Vermittlungsausschuss abgelehnt wurde, wurde der schließlich auch von den Ländern geforderten **Qualität und Akzeptanz der Entscheidungen** der ersten Instanz Rechnung getragen. Folge war die Einfügung von § 106 Abs. 2 Satz 2 GWB (alt), wonach »bei der Besetzung der Vergabekammern gewährleistet sein muss, dass mindestens ein Mitglied die **Befähigung zum Richteramt** besitzt und nach Möglichkeit **gründliche Kenntnisse** des Vergabewesens vorhanden sind«.

18   Durch die Streichung des § 106 Abs. 2 Satz 2 GWB a.F. im Zuge der Novellierung zum 24.04.2009 sollte die Qualität der Vergabekammern der Länder in personeller Hinsicht nochmals verbessert werden. Grund dafür war, dass dieser Novelle eine **Evaluierung des Vergaberechts** durch das zuständige Bundesministerium für Wirtschaft vorausging. Die Auswertung der Umfrage ergab u.a., dass insbesondere mittelständische Unternehmen häufig mit der Qualität der Entscheidungen der Vergabekammern unzufrieden waren. Durch die Aufhebung des § 106 Abs. 2 S. 2 GWB (alt) werden daher auch für die Vergabekammern der Länder die strengen Anforderungen des § 157 Abs. 2 S. 2–4 GWB an die qualitativ hochwertige Besetzung der Vergabekammern einheitlich vorgegeben.[28] Bei der Novellierung des GWB 2015/2016 war diese Frage nicht mehr streitig.

II. Länderzuständigkeit zur Einrichtung, Organisation und Besetzung der Vergabekammern

19   Nach § 158 Abs. 2 Satz 1 GWB wird die **Einrichtung, Organisation und Besetzung** der Nachprüfungsbehörden der Länder (Vergabekammern) von den nach **Landesrecht** zuständigen Stellen, mangels einer solchen Bestimmung durch die **Landesregierung**, die die Ermächtigung weiter übertragen kann, festgelegt. Mangels gesondert nach Landesrecht zuständiger Stellen zur Bestimmung der Vergabekammern haben die Länder bisher regelmäßig durch **Verordnungen, Runderlasse** und z.T. auch durch **Gesetz** die Einrichtung, Organisation und Besetzung der Vergabekammern bestimmt. Auch wenn die Länder relativ frei bei der organisatorischen Ausgestaltung ihrer Nachprüfungsbehörden sind, und für diese § 158 Abs. 1 (Zuständigkeit des Bundes und des Präsidenten des Bundeskartellamtes) nicht einschlägig ist, müssen sich auch die Vergabekammern der Länder an die organisatorischen sowie materiellen Grundsatzvorgaben der §§ 155 ff. GWB halten. Vor diesem Hintergrund gilt insbesondere, dass auch die Vergabekammern der Länder ihre Tätigkeit nur im Rahmen der Gesetze **unabhängig und in eigener Verantwortung** ausüben dürfen (§ 157 Abs. 1 GWB). Auch müssen die Mitglieder der Vergabekammer der Länder für eine Amtszeit von **fünf Jahren** bestellt werden (§ 157 Abs. 4 Satz 1 GWB). Beide Vorgaben zur Ausgestaltung und Organisation der Vergabekammern sollen die Kompetenz, die Unabhängigkeit sowie die Kontinuität wahren und sind insoweit nicht disponibel.[29] Umgekehrt fällt es in den Organisationsbereich der Länder, sich im Rahmen der Grenzen höherrangigen Rechts, also insbesondere des (EU-) Vergaberechts, des VwVfG und der VwGO, eigene Geschäftsordnungen zu geben.

20   Nach der Rechtsprechung des Bundesgerichtshofs ist die Frage, welche Unterschriften für einen rechtswirksamen Beschluss der Vergabekammer erforderlich sind, in den Geschäftsordnungen zu regeln.[30] Der BGH hatte eine Regelung in der Geschäftsordnung der Vergabekammer Thüringen, wonach zur Gültigkeit eines Beschlusses der Vergabekammer die Unterschrift des ehrenamtlichen Beisitzers nicht erforderlich ist, für rechtmäßig gehalten.[31] Diese – auch im Hinblick auf die Regelungen in § 117 Abs. 1 Satz 4 VwGO und § 275 Abs. 2 S. 3 StPO überzeugende – Auffassung

---

27 Drs. 13/10711 v. 13.05.1998.
28 Siehe die Kommentierungen zu § 157 GWB Rn. 22ff.
29 So auch Stockmann in: Immenga/Mestmäcker § 106 Rn. 9, der die jeweiligen Grundlagen zur Einrichtung, Organisation und Besetzung der Landesvergabekammern aufführt.
30 BGH VergabeR 2001, 286 = NZBau 2001, 517; ebenso OLG Düsseldorf VergabeR 2002, 89.
31 BGH a.a.O.

hat sich mittlerweile weitgehend durchgesetzt und mehrere Vergabekammern haben entsprechende Regelungen in ihre Geschäftsordnungen übernommen (siehe auch Geschäftsordnung der Vergabe-kammern des Bundes § 8 Abs. 1 Satz 6).[32]

Die nachfolgende **Übersicht** zeigt (ohne abschließende Gewähr) die Adressen (Stand: 27. Dezember   21
2015) der Einrichtung von **Vergabekammern** in den einzelnen Bundesländern auf:
- **Baden-Württemberg:**
  Vergabekammer Baden-Württemberg beim Regierungspräsidium Karlsruhe
  Referat 15
  Karl-Friedrich-Straße 17, 76133 Karlsruhe,
  Tel.: 0721 926–4049/-3112, Fax: 0721 926–3985
  Internet: www.rp.baden-wuerttemberg.de
  E-Mail: vergabekammer@rpk.bwl.de
- **Bayern:**
  Vergabekammer Südbayern bei der Regierung Oberbayern
  Maximilianstraße 39, 80538 München
  Tel.: 089 2176-2411 (Geschäftsstelle), Fax: 089 2176-2847
  Internet: www.regierung.oberbayern.bayern.de
  E-Mail: vergabekammer.suedbayern@reg-ob.bayern.de
  Vergabekammer Nordbayern bei der Regierung von Mittelfranken
  Promenade 27, 91522 Ansbach,
  Tel.: 0981 53-1277, Fax: 0981 53–1837
  Internet: www.regierung.mittelfranken.bayern.de
  E-Mail: vergabekammer.nordbayern@reg-mfr.bayern.de
- **Berlin:**
  Vergabekammer des Landes Berlin
  Martin-Luther-Straße 105, 10825 Berlin
  Tel.: 030 9013–8316, Fax: 030 9013–7613
  Internet: www.berlin.de/vergabeservice
  E-Mail: poststelle@senwtf.berlin.de
- **Brandenburg:**
  Vergabekammer des Landes Brandenburg beim Ministerium für Wirtschaft und Energie
  Heinrich-Mann-Allee 107, 14473 Potsdam
  Tel.: 0331 866–1719, Fax: 0331 866–1652
  Internet: www.mwe.brandenburg.de
  E-Mail: internet@mwe.brandenburg.de
- **Bremen:**
  Vergabekammer der Freien Hansestadt Bremen beim Senator für Umwelt, Bau und Verkehr
  Contrescarpe 72, 28195 Bremen
  Tel.: 0421 361-2256, Fax: 0421 496–2256
  Internet: www.bauumwelt.bremen.de
  E-Mail: vergabekammer@bau.bremen.de
- **Hamburg:**
  Vergabekammer bei der Behörde für Stadtentwicklung und Wohnen Hamburg
  (zuständig für VOB und VOF-Vergaben an Architekten, Ingenieure, Stadtplaner und Bausach-verständige)
  Neuenfelder Straße 19, 21109 Hamburg
  Tel.: 040 42840–2441, Fax: 040 42840–2496
  Internet: www.hamburg.de

---

32 Reidt in: Reidt/Stickler/Glahs § 106 Rn. 13 hält die h.M. im Hinblick auf das höherrangige Recht des § 37 Abs. 3 VwVfG (des Bundes und der Länder), das sie Vergabekammern in ihren Geschäftsordnungen zu beachten haben, für unzutreffend.

E-Mail: vergabekammer@bsw.hamburg.de

Vergabekammer bei der Finanzbehörde. Organisation und zentrale Dienste, Grundsatzangelegenheiten
(Zuständig für VOL sowie die übrigen VOF-Vergaben)
Abteilung 11
Große Bleiche 27, 20354 Hamburg
Tel.: 040 42823–1448, Fax: 040 42823–2020
Internet: www.hamburg.de
E-Mail: dieter.carmesin@fb.hamburg.de;

– **Hessen:**
Vergabekammer des Landes Hessen bei dem Regierungspräsidium Darmstadt
Wilhelminenstraße 1–3, 64283 Darmstadt
Tel.: 06151 12–6603, Fax: 06151 12–5816
Internet: www.rp-darmstadt.hessen.de
E-Mail: vergabekammer@rpda.hessen.de

– **Mecklenburg-Vorpommern:**
Vergabekammern beim Ministerium für Wirtschaft, Bau und Tourismus Mecklenburg-Vorpommern
Johannes-Stelling-Straße 14, 19053 Schwerin
Tel.: 0385 588–5813/-5160, Fax: 0385 588–4855817
Internet: www.regierung-mv.de
E-Mail: vergabekammer@wm.mv-regierung.de

– **Niedersachsen:**
Vergabekammer Niedersachsen beim Niedersächsischen Ministerium für Wirtschaft, Arbeit und Verkehr
Auf der Hude 2, 21339 Lüneburg
Tel.: 04131 15–1334, -1335, -1336, Fax: 04131 15–2943
Internet: www.mw.niedersachsen.de
E-Mail: vergabekammer@mv.niedersachsen.de

– **Nordrhein-Westfalen:**
Vergabekammer Rheinland – Spruchkörper Düsseldorf über Bezirksregierung Düsseldorf
Am Bonneshof 35, 40474 Düsseldorf
Tel.: 0211 475–3131, Fax: 0211 475–3989
Internet: www.brd.nrw.de
E-Mail: vergabekammer@bezreg-duesseldorf.nrw.de

Vergabekammer Rheinland – Spruchkörper Köln bei der Bezirksregierung Köln
Zeughausstraße 2-10, 50667 Köln
Tel.: 0221 147–3116, Fax: 0221 147–2889
Internet: www.bezreg-koeln.nrw.de
E-Mail: vergabekammer@bezreg-koeln.nrw.de

Vergabekammer Westfalen bei der Bezirksregierung Münster
Albrecht-Thaer-Straße 9, 48143 Münster
Tel.: 0251 411–3514, Fax: 0251 411–2165
Internet: www.bezreg-muenster.de
E-Mail: vergabekammer@bezreg-muenster.nrw.de

– **Rheinland-Pfalz:**
Vergabekammern Rheinland-Pfalz beim Ministerium für Wirtschaft, Klimaschutz, Energie und Landesplanung
Stiftsstraße 9, 55116 Mainz
Tel.: 06131 16–2234, Fax: 06131 16–2113
Internet: www.mwkel.rlp.de
E-Mail: vergabekammer.rlp@mwkel.de

- Saarland:
Vergabekammern des Saarlandes beim Ministerium für Wirtschaft, Arbeit, Energie und Verkehr
Franz-Josef-Röder-Straße 17, 66119 Saarbrücken
Tel.: 0681 501–4994, Fax: 0681 501–3506
Internet: www.saarland.de
E-Mail: vergabekammern@wirtschaft.saarland.de
- Sachsen:
Vergabekammer des Freistaates Sachsen bei der Landesdirektion Sachsen
Braustr. 2, 04107 Leipzig
Tel.: 0341 977–3801, Fax: 0341 977–1049
Internet: www.lds.sachsen.de
E-Mail: vergabekammer@lds.Sachsen.de
- Sachsen-Anhalt:
Vergabekammern beim Landesverwaltungsamt Sachsen-Anhalt
Ernst-Kamieth-Straße 2, 06112 Halle (Saale)
Tel.: 0345 514–1529, 514–1536
Fax: 0345 514–1115
Internet: www.sachsen-anhalt.de
E-Mail: Angela.Schaefer@lvwa.sachsen-anhalt.de; viola.ueberfeldt@lvwa.sachsen-anhalt.de
- Schleswig-Holstein:
Vergabekammer Schleswig-Holstein im Ministerium für Wirtschaft, Arbeit, Verkehr und Technologie
Düsternbrooker Weg 94, 24105 Kiel
Tel.: 0431 988–4640, Fax: 0431 988–4702
Internet: www.schleswig-holstein.de
E-Mail: vergabekammer@wimi.landsh.de
- Thüringen:
Vergabekammer Thüringen beim Thüringer Landesverwaltungsamt
Weimarplatz 4, 99423 Weimar
Tel.: 0361 3773–7254, Fax: 0361 3773–9354
Internet: www.thueringen.de
E-Mail: vergabekammer@tlvwa.thueringen.de

Die **Zuständigkeit** der **Vergabekammern der Länder** richtet sich gemäß § 156 Abs. 1 GWB nach   22
der Zuordnung des vom Nachprüfungsverfahren betroffenen Auftraggebers. Insofern bezieht sich
die Zuständigkeit nicht nur auf die klassischen öffentlichen Auftraggeber nach § 99 Nr. 1 GWB
(Länder und Kommunen). Die Vergabekammern der Länder sind vielmehr (s. § 159 GWB) auch
zuständig für die Nachprüfung von Vergabeverfahren in folgenden Fällen bzw. bei folgenden
Auftraggebern:
- Soweit Vergabestellen eines Landes Aufträge im Rahmen der **Auftragsverwaltung** des Bundes
oder aufgrund vertraglicher Vereinbarungen mit anderen Ländern vergeben. Zur **Bundesauf-**
tragsverwaltung, also zum Landesvollzug von Bundesgesetzen im Auftrag und nach Weisung
des Bundes, gehören z.B. die Verwaltung der Bundesautobahnen[33] und sonstigen Bundesfernstraßen[34] sowie die Wahrnehmung von Aufgaben der Kernenergie.[35]

---

33 Vgl. Art. 90 Abs. 2 GG.
34 Vgl. Art. 87c GG.
35 BVerfG DVBl 1990, 763, 765.

- **Bei Auftraggebern i.S.d. § 99 Nr. 2 GWB**, sofern das Land oder Stellen des Landes z.B. auf juristische Personen des privaten Rechts, die zu dem besonderen Zweck gegründet wurden, im Allgemeininteresse liegende Aufgaben nichtgewerblicher Art zu erfüllen, durch überwiegende Finanzierung, Aufsicht oder Beherrschung einen überwiegenden Einfluss ausübt.
- **Bei Auftraggebern i.S.d. § 99 Nr. 3 GWB** sowie bei länderübergreifenden Verbänden des privaten Rechts, sofern eine überwiegende Beteiligung, Finanzierung oder Aufsicht des jeweiligen Landes besteht.
- **Bei Auftraggebern i.S.d. § 99 Nr. 4 GWB**, sofern das Land oder Stellen des Landes i.S.d. § 99 Nr. 1 bis 3 GWB Mittel erhalten, mit denen die durchgeführten Vorhaben mit mehr als 50 % subventioniert werden.
- **Bei Sektorenauftraggebern i.S.d. § 100 GWB**, sofern ein Land oder Stellen des Landes i.S.d. § 99 Nr. 1 bis 3 GWB einen beherrschenden Einfluss ausüben.
- **Bei Konzessionsgebern i.S.d. § 101 GWB**, sofern ein Land oder Stellen des Landes i.S.d. § 99 Nr. 1 bis 3 GWB eine Konzession vergeben oder Sektorenauftraggeber eine Konzession vergeben, auf die ein Land oder Stellen des Landes i.S.d. § 99 Nr. 1 bis 3 GWB einen beherrschenden Einfluss ausüben.

III. Fachliche Besetzung der Vergabekammern

23   Bei der Besetzung der Vergabekammern der Länder muss nach der im Jahr 2008 erfolgten Aufhebung des § 106 Abs. 2 S. 2 GWB (alt) gewährleistet sein, dass auch bei den Ländervergabekammern einheitlich die Anforderungen des § 157 Abs. 2–4 GWB im Hinblick auf deren Besetzung vorliegen (vgl. insoweit die Kommentierung zu § 157 Abs. 2 GWB).

IV. Gemeinsame Vergabekammern der Länder

24   Nach § 158 Abs. 2 S. 2 GWB können die Länder auch gemeinsame Nachprüfungsbehörden (Vergabekammern) einrichten. Ziel dieser Regelung ist es insbesondere, unter Kosten- und Effizienzgesichtspunkten Zusammenschlüsse von länderübergreifenden Vergabekammern zu ermöglichen. Wegen der stark föderalen Tradition in Deutschland haben allerdings bisher alle Länder, also auch die »kleinen Bundesländer« sowie die Stadtstaaten, es vorgezogen, eigene Vergabekammern einzurichten und beizubehalten.[36] Dies gilt selbst dann, wenn die Vergabekammern in einzelnen – kleineren – Bundesländern relativ geringe Fallzahlen haben und daher sich ein Zusammenschluss mit Nachbarländern empfehlen würde.

§ 159 GWB Abgrenzung der Zuständigkeit der Vergabekammern

(1) Die Vergabekammer des Bundes ist zuständig für die Nachprüfung der Vergabeverfahren
1. des Bundes;
2. von Auftraggebern im Sinne des § 99 Nummer 2, von Sektorenauftraggebern im Sinne des § 100 Absatz 1 Nummer 1 in Verbindung mit § 99 Nummer 2 und Konzessionsgebern im Sinne des § 101 Absatz 1 Nummer 1 in Verbindung mit § 99 Nummer 2, sofern der Bund die Beteiligung überwiegend verwaltet oder die sonstige Finanzierung überwiegend gewährt hat oder über die Leitung überwiegend die Aufsicht ausübt oder die Mitglieder des zur Geschäftsführung oder zur Aufsicht berufenen Organs überwiegend bestimmt hat, es sei denn, die an dem Auftraggeber Beteiligten haben sich auf die Zuständigkeit einer anderen Vergabekammer geeinigt;

---

36 Noch in: Byok/Jäger § 106 Rn. 48; Reidt in: Reidt/Stickler/Glahs § 106 Rn. 20.

3. von Sektorenauftraggebern im Sinne des § 100 Absatz 1 Nummer 2 und von Konzessionsgebern im Sinne des § 101 Absatz 1 Nummer 3, sofern der Bund auf sie einen beherrschenden Einfluss ausübt; ein beherrschender Einfluss liegt vor, wenn der Bund unmittelbar oder mittelbar die Mehrheit des gezeichneten Kapitals des Auftraggebers besitzt oder über die Mehrheit der mit den Anteilen des Auftraggebers verbundenen Stimmrechte verfügt oder mehr als die Hälfte der Mitglieder des Verwaltungs-, Leitungs- oder Aufsichtsorgans des Auftraggebers bestellen kann;

4. von Auftraggebern im Sinne des § 99 Nummer 4, sofern der Bund die Mittel überwiegend bewilligt hat;

5. die im Rahmen der Organleihe für den Bund durchgeführt werden;

6. in Fällen, in denen sowohl die Vergabekammer des Bundes als auch eine oder mehrere Vergabekammern der Länder zuständig sind.

(2) Wird das Vergabeverfahren von einem Land im Rahmen der Auftragsverwaltung für den Bund durchgeführt, ist die Vergabekammer dieses Landes zuständig. Ist in entsprechender Anwendung des Absatzes 1 Nummer 2 bis 5 ein Auftraggeber einem Land zuzuordnen, ist die Vergabekammer des jeweiligen Landes zuständig.

(3) In allen anderen Fällen wird die Zuständigkeit der Vergabekammern nach dem Sitz des Auftraggebers bestimmt. Bei länderübergreifenden Beschaffungen benennen die Auftraggeber in der Vergabebekanntmachung nur eine zuständige Vergabekammer.

A. Allgemeines

§ 159 GWB regelt die Zuständigkeitsverteilung zwischen den Vergabekammern des Bundes und **1** der Länder. Dabei regelt die Norm zum einen die **sachliche Zuständigkeitsabgrenzung** zwischen den Vergabekammern des Bundes einerseits und denen der Länder andererseits. Insoweit stellt die Regelung eine **Konkretisierung von § 156 Abs. 1 GWB** dar, der den der Zuständigkeitsverteilung zugrundeliegenden Grundgedanken kodifiziert, wonach sich die Zuständigkeit danach richten soll, wem der fragliche öffentliche Auftrag bzw. die fragliche Konzession zuzurechnen ist. Zum anderen enthält § 159 GWB Regelungen zur **örtlichen Zuständigkeit** für die Vergabekammern der verschiedenen Länder. Welche Vergabekammer innerhalb eines Landes zuständig sein soll, wenn dort mehrere Kammern eingerichtet sind, bestimmt sich nach Landesrecht (vgl. § 158 Abs. 2 GWB). Die Geschäftsverteilung zwischen den gemäß § 158 Abs. 1 S. 1 GWB beim Bundeskartellamt eingerichteten Vergabekammern des Bundes bestimmt gemäß § 158 Abs. 1 S. 2 GWB dessen Präsident.

2   Nicht in § 159 GWB geregelt ist die **internationale Zuständigkeit**; hier wird die EuGVVO[1] für maßgeblich gehalten.[2] Die Regelung der internationalen Zuständigkeit hätte sich mit Blick auf die neu eingeführte »gelegentliche gemeinsame Auftragsvergabe« auch gemeinsam mit Auftraggebern anderer EU-Mitgliedstaaten nach § 4 Abs. 1 S. 2 VgV bzw. SektVO angeboten. Soweit davon ausgegangen wird, dass die internationale Zuständigkeit dem anwendbaren Vergaberecht folgt,[3] das wiederum nach § 4 Abs. 2 S. 4 VgV bzw. SektVO[4] durch Vereinbarung zwischen den beteiligten Auftraggebern bestimmt werden soll, ist dies schon deshalb problematisch, weil § 4 VgV bzw. SektVO überhaupt nur zur Anwendung gelangt, wenn GWB-Vergaberecht (einschließlich der Vorschriften zum Nachprüfungsverfahren) anwendbar ist; eine anschließend eröffnete Derogationsmöglichkeit auf Basis der Verordnungsebene widerspräche dem – nicht zuletzt auch aus Normenhierarchiegründen. Unter Umständen ist an eine unmittelbare Anwendung der zugrundeliegenden Richtlinienvorschriften zu denken.

3   Die Zuständigkeitsverteilung zwischen den Vergabekammern des Bundes und der Länder, wie sie jetzt in § 159 GWB normiert ist, war ursprünglich in § 18 VgV a.F. geregelt, der seit seinem Inkrafttreten im Jahr 2001[5] bis zu seiner Aufhebung[6] inhaltlich unverändert blieb. Die Änderungen durch die Dritte Änderungsverordnung waren rein redaktionell.[7] Mit dem Gesetz zur Modernisierung des Vergaberechts von 2009 wurden die Regelungen in das GWB, und zwar in § 106a GWB a.F., im Wesentlichen inhaltsgleich übernommen und dabei teilweise konziser formuliert und klarer strukturiert.[8] Ferner wurde die Regelung des Abs. 3 S. 2 auf Initiative des Bundesrates neu eingefügt.[9] Mit dem Gesetz zur Modernisierung des Vergaberechts von 2016[10] wurden die Regelungen des § 106a GWB a.F. weitestgehend als § 159 in das novellierte GWB übernommen und an die materiellen Veränderungen im GWB angepasst, so insbesondere begrifflich an die neue Auftraggebersystematik in den §§ 99 ff. GWB; auch ist die Regelung des § 106a Abs. 1 Nr. 5 GWB a.F. entfallen, weil die dort in Bezug genommenen Baukonzessionäre nach § 98 Nr. 6 GWB a.F. selbst nicht mehr dem Auftraggeberbegriff und damit auch nicht mehr dem Vergaberecht unterfallen.[11] Neu eingefügt wurde die Kollisionsregel in Abs. 1 Nr. 6 n.F.; sie stellt die wesentliche materielle Änderung dar.

---

1   Verordnung (EU) Nr. 1215/2012 des Europäischen Parlaments und des Rates vom 12.12.2012 über die gerichtliche Zuständigkeit und die Anerkennung und Vollstreckung von Entscheidungen in Zivil- und Handelssachen, die die Verordnung (EG) Nr. 44/2001 (EuGVVO a.F.) abgelöst hat.

2   Vgl. (mit Verweis auf die EuGVVO (a.F.)) OLG München Beschl. v. 12.05.2011, Verg 26/10; VK Südbayern Beschl. v. 11.03.2015, Z3-3-3194-1-65-12/14; Summa VPR 2015, 149 f.; vgl. auch (zu einem der Bundesrepublik Deutschland zuzurechnenden ausländischen Antragsgegner) OLG Düsseldorf Beschl. v. 17.12.2012, VII-Verg 47/12.

3   Vgl. so implizit Erwägungsgrund 73 der Richtlinie 2014/24/EU und Erwägungsgrund 82 der Richtlinie 2014/25/EU, wonach das »anwendbare Recht für die öffentliche Auftragsvergabe, einschließlich der anwendbaren Rechtsvorschriften für Rechtsmittel« bestimmt werden sollen.

4   Vgl. Art. 39 Abs. 4 S. 3 lit. a) der Richtlinie 2014/24/EU bzw. Art. 57 Abs. 4 S. 3 lit. a) der Richtlinie 2014/25/EU.

5   Als Teil der Vergabeverordnung v. 09.01.2001, BGBl. I S. 110, in Kraft getreten am 01.02.2001; neugefasst mit Bekanntmachung v. 11.02.2003, BGBl. I S. 169.

6   Mit Art. 2 des Gesetzes zur Modernisierung des Vergaberechts v. 20.04.2009, BGBl. I S. 790, in Kraft getreten am 24.04.2009.

7   Siehe Art. 1 Nr. 14 der Dritten Verordnung zur Änderung der Vergabeverordnung v. 23.10.2006, BGBl. I S. 2334 (Ersetzung des Begriffs »GWB« durch »des Gesetzes gegen Wettbewerbsbeschränkungen«).

8   Mit Art. 1 Nr. 12 des Gesetzes zur Modernisierung des Vergaberechts v. 20.04.2009, BGBl. I S. 790, in Kraft getreten am 24.04.2009.

9   Siehe Stellungnahme des Bundesrates zum Gesetzentwurf der Bundesregierung, BT-Drucks. 16/10117, S. 34 Nr. 18 und (Gegenäußerung der Bundesregierung) S. 42.

10   Siehe Art. 1 Nr. 2 des Gesetzes zur Modernisierung des Vergaberechts v. 17.02.2016, BGBl. I S. 203, in Kraft getreten am 18.04.2016.

11   Vgl. Begründung der Bundesregierung zum Gesetzentwurf, BT-Drucks. 18/6281, S. 69 (Zu § 99).

Ohlerich

B. Zuständigkeitsregelungen im Einzelnen

Die Zuständigkeitsverteilung zwischen den Vergabekammern des Bundes und der Länder erfolgt 4 nach der »**Zurechnungsregel**« des § 156 Abs. 1 GWB: Hiernach nehmen die Vergabekammern des Bundes die Nachprüfung für die dem Bund zuzurechnenden öffentlichen Aufträge und Konzessionen, die Vergabekammern der Länder für die diesen zuzurechnenden öffentlichen Aufträge und Konzessionen wahr. Die **Kommunen** werden verfassungsrechtlich dem jeweiligen Bundesland zugeordnet. Dementsprechend sind bei Vergabenachprüfungsverfahren gegen Städte, Gemeinden und Landkreise, gegen kommunal beherrschte Einrichtungen und Unternehmen (z.B. Stadtwerke) sowie auch gegen kommunale Zusammenschlüsse (Zweckverbände, gemeinsam getragene Gesellschaften usw.) die Vergabekammern der Länder zuständig.

Die Zuständigkeit für die Nachprüfung eines Vergabeverfahrens, d.h. ob der betreffende Auftrag 5 bzw. die betreffende Konzession im Sinne im Sinne des § 156 Abs. 1 GWB dem Bund oder einem Land zuzurechnen ist, richtet sich gemäß § 159 Abs. 1 bis 3 GWB im Wesentlichen nach dem Auftraggeber des streitgegenständlichen Auftrags bzw. dem Konzessionsgeber der zu vergebenden Konzession, also nach dem späteren **Vertragspartner** des Auftragnehmers bzw. Konzessionsnehmers (vgl. § 103 Abs. 1, § 105 Abs. 1 GWB).[12] Dementsprechend korrespondieren die Regelungen in § 159 Abs. 1 Nr. 1 bis 4 GWB (gegebenenfalls i.V.m. § 159 Abs. 2 S. 2 GWB) mit den verschiedenen Auftraggeberdefinitionen in § 99 Nr. 1 bis 4 und § 100 Abs. 1 Nr. 2 GWB. Dabei handelt es sich überwiegend um juristische Personen; in den Fällen der § 99 Nr. 4, § 100 Abs. 1 Nr. 2 und § 101 Abs. 1 Nr. 3 GWB kann es auch eine natürliche Person sein. Auch die Regelungen des § 159 Abs. 1 Nr. 5 und Abs. 2 S. 1 GWB rechnen die Vergabetätigkeit des Auftraggebers einer bestimmten Gebietskörperschaft zu; § 159 Abs. 3 S. 1 GWB als Auffangzuständigkeit stellt auf den Sitz des Auftraggebers ab.

Daneben enthält § 159 GWB mit Abs. 1 Nr. 6 und Abs. 3 S. 2 Regelungen für eine Zuständig- 6 keitskonzentration im Fall paralleler Zuständigkeiten sowie in Abs. 1 Nr. 2 (ggf. i.V.m. Abs. 2 S. 2) ausnahmsweise die Möglichkeit einer Zuständigkeitsvereinbarung. Ergeben sich trotz allem für ein konkretes Vergabeverfahren parallele Zuständigkeiten, stehen diese grundsätzlich gleichberechtigt nebeneinander und vermitteln dem konkreten Antragsteller ein Wahlrecht analog § 35 ZPO (s.u. Rdn. 29).

Maßgeblich für die Zuständigkeit einer Vergabekammer für die Nachprüfung eines bestimmten 7 Vergabeverfahrens sind die vorgenannten gesetzlichen Zuordnungen. Die Benennung einer Vergabekammer in der Auftragsbekanntmachung oder Konzessionsbekanntmachung gemäß § 37 Abs. 3 VgV, § 35 Abs. 3 SektVO bzw. § 19 Abs. 3 KonzVgV und den entsprechenden Vorschriften der VOB/A vermag für sich genommen hingegen noch keine Zuständigkeit der benannten Vergabekammer(n) zu begründen.[13] Lediglich im Anwendungsbereich des Abs. 3 S. 2 kann der Benennung einer Vergabekammer eine konstitutive – nämlich zuständigkeitskonzentrierende – Wirkung zukommen (s.u. Rdn. 26).

I. Zuständigkeit der Vergabekammer des Bundes (Abs. 1 Nr. 1 bis 6)

§ 159 Abs. 1 GWB normiert die Fälle, in denen die Vergabekammern des Bundes für die Nach- 8 prüfung eines Vergabeverfahren zuständig sind. Die meisten Regelungen (§ 159 Abs. 1 Nr. 2 bis 5 GWB)[14] gelten jedoch gemäß § 159 Abs. 2 S. 2 GWB in entsprechender Anwendung auch für die Bestimmung der Zuständigkeit der Vergabekammern der Ländern (s.u. Rdn. 22).

---

12 Zur Anknüpfung an die zivilrechtlichen Vertragsbeziehungen und damit den künftigen Vertragspartner (für die Bestimmung des richtigen Antragsgegners) vgl. auch OLG München Beschl. v. 31.05.2012, Verg 4/12; VK Südbayern Beschl. v. 11.03.2015, Z3-3-3194-1-65-12/14.

13 Vgl. Müller-Wrede in: Müller-Wrede, § 106a Rn. 18.

14 Zu § 159 Abs. 1 Nr. 1 GWB s.u. Rdn. 23.

9   § 159 Abs. 1 Nr. 1 bis 3 GWB regeln die Konstellationen, in denen der Auftrag bzw. die Konzession dem Bund zuzurechnen ist, weil dies für den entsprechenden Auftraggeber bzw. Konzessionsgeber zutrifft. In Fällen des § 159 Abs. 1 Nr. 4 GWB wird der eigentliche Auftraggeber nach § 99 Nr. 4 GWB dem Bund als »wirtschaftlichem« Auftraggeber zugerechnet. Im Fall der Organleihe (Abs. 1 Nr. 5) wird auf den Bund als Entleiher (und damit »faktischen« Auftraggeber) abgestellt. Mit der Vorschrift des § 159 Abs. 1 Nr. 6 GWB, die 2016 neu eingefügt wurde,[15] regelt der Gesetzgeber hingegen keine originäre Zuständigkeit der Vergabekammern des Bundes, sondern stellt eine Kollisionsregel dar, die die Zuständigkeit der Vergabekammer des Bundes als vorrangig gegenüber sich aus § 159 GWB anderweitig ergebenden parallelen Zuständigkeiten der Vergabekammern der Länder bestimmt (zu den Einzelheiten s.u. Rdn. 19 f).

1. Vergabeverfahren des Bundes (Abs. 1 Nr. 1)

10   Gemäß § 159 Abs. 1 Nr. 1 GWB sind die Vergabekammern des Bundes für Vergabeverfahren des Bundes zuständig, d.h. wenn die Gebietskörperschaft »Bund«[16] unmittelbar selbst vergibt. Diese Zuständigkeit korrespondiert mit dem Auftraggeberbegriff nach § 99 Nr. 1 GWB. Sie umfasst somit die Vergabeverfahren aller dem Bund zuzuordnenden Organe, Behörden, Anstalten und sonstigen Einrichtungen, soweit sie selbst keine eigene Rechtspersönlichkeit haben,[17] sondern ein unselbständiger Teil der Gebietskörperschaft Bund sind.[18] Diese sind dabei jeweils allenfalls Vergabestelle; Auftraggeber ist in diesen Fällen immer die Bundesrepublik Deutschland.

2. Vergabeverfahren von Auftraggebern nach § 99 Nr. 2 GWB (Abs. 1 Nr. 2)

11   § 159 Abs. 1 Nr. 2 GWB regelt die Zuständigkeit für Vergabeverfahren von öffentlichen Auftraggebern nach **§ 99 Nr. 2 GWB** und darüber hinaus für Vergabeverfahren derjenigen **Sektorenauftraggeber** und **Konzessionsgeber**, die an die Definition des öffentlichen Auftraggebers nach § 99 Nr. 2 GWB anknüpfen. Dies gilt zum einen für die explizit in § 159 Abs. 1 Nr. 2 GWB aufgeführten Sektorenauftraggeber nach § 100 Abs. 1 Nr. 1 GWB und Konzessionsgeber nach § 101 Abs. 1 Nr. 1 GWB, muss aber auch für **Konzessionsgeber nach § 101 Abs. 1 Nr. 2 GWB** gelten, die über Verweis auf § 100 Abs. 1 Nr. 1 GWB ebenfalls auf die Definition des § 99 Nr. 2 GWB zurückgreifen. Bei dem Umstand, dass diese Verweisungskette in § 159 Abs. 1 Nr. 2 GWB nicht erwähnt ist, dürfte es sich um ein Redaktionsversehen des Gesetzgebers und damit eine planwidrige Regelungslücke handeln, die der entsprechenden Anwendung zugänglich ist. Nach § 159 Abs. 1 Nr. 2 GWB ist die **Vergabekammer des Bundes** für die Nachprüfung der Vergabeverfahren der genannten Auftraggeber zuständig, sofern der Bund die Beteiligung überwiegend verwaltet oder die sonstige Finanzierung überwiegend gewährt hat oder über die Leitung überwiegend die Aufsicht ausübt oder die Mitglieder des zur Geschäftsführung oder zur Aufsicht berufenen Organs überwiegend bestimmt hat. Eine Ausnahme von der hiernach gegebenen Zuständigkeit der Vergabekammer des Bundes ist allerdings gemäß dem zweiten Halbsatz in § 159 Abs. 1 Nr. 2 GWB für den Fall vorgesehen, dass die an dem Auftraggeber Beteiligten sich auf die Zuständigkeit einer anderen Vergabekammer geeinigt haben (s.u. Rdn. 13 f).

12   Entscheidend für die Zuordnung von Vergabeverfahren zur Vergabekammer des Bundes ist nach § 159 Abs. 1 Nr. 2 GWB, dass der fragliche Auftraggeber, bei dem es sich begriffsnotwendig um eine vom Bund (als Gebietskörperschaft) verschiedene juristische Person (des öffentlichen oder privaten Rechts) handelt,[19] **vom Bund beherrscht** wird, und zwar nach Maßgabe der in § 159 Abs. 1

---

15   S.o. Rdn. 3 a.E.
16   Vgl. Müller-Wrede in: Müller-Wrede GWB, § 106a, § 106a Rn. 3.
17   So aber juristische Personen des öffentlichen Rechts wie die Bundesagentur für Arbeit als rechtsfähige (bundesunmittelbare) Körperschaft des öffentlichen Rechts, § 367 Abs. 1 SGB III; sie unterfallen gegebenenfalls § 159 Abs. 1 Nr. 2 GWB.
18   Vgl. auch Stockmann in: Immenga/Mestmäcker, § 106a GWB Rn. 3.
19   § 99 Nr. 2 GWB spricht von einer »anderen« juristischen Person.

Nr. 2 GWB aufgeführten Beherrschungsmöglichkeiten. Diese entsprechen im Übrigen inhaltlich den in § 99 Nr. 2 lit. a) bis c) GWB aufgeführten Beherrschungsarten, so dass insoweit auf die Kommentierung zu § 99 Nr. 2 GWB verwiesen werden kann. Die unterschiedlichen **Kriterien** der Beherrschung stehen für die Frage der Zuständigkeit grundsätzlich **gleichgewichtig** bzw. gleichberechtigt nebeneinander.[20] Ergeben sich nach den verschiedenen Beherrschungskriterien für ein und denselben Auftraggeber verschiedene Kammerzuständigkeiten,[21] setzt sich allerdings, wenn nach einem Kriterium auch die Vergabekammer des Bundes zuständig ist, neuerdings gemäß § 159 Abs. 1 Nr. 6 GWB deren Zuständigkeit gegenüber der eines Landes (hier nach § 159 Abs. 2 S. 2 i.V.m. Abs. 1 Nr. 2 GWB) durch (s.u. Rdn. 19 f.); in allen anderen Fällen steht dem Antragsteller ein Wahlrecht nach § 35 ZPO zu (s.u. Rdn. 29). Es reicht eine **überwiegende** (d.h. mehr als 50%ige) Beherrschung durch den Bund in einem Kriterium, um die Zuständigkeit der Vergabekammer des Bundes zu begründen, so dass Minderheitsbeteiligungen usw. anderer am fraglichen Auftraggeber Beteiligter für die Zuständigkeitszuordnung keine Bedeutung haben.

Neben dieser Zuständigkeitsbestimmung nach den Beherrschungsverhältnissen besteht nach dem letzten Halbsatz von § 159 Abs. 1 Nr. 2 GWB die Möglichkeit, abweichend davon die Zuständigkeit einer anderen Vergabekammer zu vereinbaren. Diese **abweichende Zuständigkeitsvereinbarung** ist von den »an dem Auftraggeber **Beteiligten**« zu treffen. Wie sich aus dieser Formulierung – anders als aus der in dieser Hinsicht noch nicht so eindeutig formulierten Vorgängernorm des § 18 Abs. 1 S. 2 VgV a.F. – ergibt, sind nicht die am Nachprüfungsverfahren Beteiligten (Verfahrensbeteiligte nach § 162 S. 1 GWB) gemeint, sondern diejenigen Stellen, die an dem fraglichen Auftraggeber in einer der in § 159 Abs. 1 Nr. 2 GWB genannten Formen beteiligt sind,[22] also durch Beteiligung (Gesellschafts- bzw. Geschäftsanteile), sonstige Finanzierung, Teilnahme an der Leitungsaufsicht oder Bestimmung von Mitgliedern der Geschäftsführung bzw. des Aufsichtsorgans. Die so Beteiligten müssen sich auf die Zuständigkeit einer anderen Vergabekammer **einigen**, d.h. sie müssen darüber Konsens im Sinne einer Zustimmung aller Beteiligten erzielen.[23] In Anbetracht dieser Voraussetzung sowie der Tragweite der Zuständigkeitsvereinbarung erscheint es nicht ausreichend, wenn die Einigung lediglich stillschweigend oder konkludent erfolgt;[24] zur Gewährleistung einer klaren Zuständigkeitszuordnung ist vielmehr eine ausdrückliche Einigung erforderlich. Die ausgewählte Vergabekammer ist zudem als zuständige Vergabekammer in der Auftrags- bzw. Konzessionsbekanntmachung bekanntzugeben. Die Zustimmung des betroffenen Auftraggebers ist hingegen nicht erforderlich.[25] Nicht ausreichend für eine Zuständigkeitsabweichung ist es, wenn der Auftraggeber, ohne dass eine entsprechende Einigung zwischen den an ihm Beteiligten vorliegt, eine Vergabekammer in der Auftrags- bzw. Konzessionsbekanntmachung als zuständige Kammer angibt.[26]

13

20 Vgl. (noch zu § 18 Abs. 1 S. 1 VgV a.F.) OLG Düsseldorf Beschl. v. 19.12.2007, VII-Verg 51/07; Müller in: Byok/Jaeger, § 106a GWB Rn. 6; Müller-Wrede in: Müller-Wrede GWB, § 106a Rn. 7; auch (allerdings mit einer anschließenden »Schwerpunktbildung«) VK Sachsen Beschl. v. 19.12.2008, 1 SVK/061/08 und 1 SVK/064-08.
21 So z.B. im Fall von gesetzlichen Krankenkassen, die als solche einerseits überwiegend vom Bund finanziert werden und deshalb der Zuständigkeit der Vergabekammer des Bundes unterfallen, wenn sie andererseits der Aufsicht eines Landes (Landesversicherungsamt) unterliegen und daher auch die Vergabekammer des entsprechenden Landes zuständig ist, vgl. OLG Düsseldorf Beschl. v. 01.08.2012, VII-Verg 15/12; VK Bund Beschl. v. 21.12.2009, VK 1 – 212/09, m.w.N.
22 Vgl. Reidt in: Reidt/Stickler/Glahs, § 106a GWB Rn. 12; Müller-Wrede in: Müller-Wrede GWB, § 106a Rn. 8; Müller in: Byok/Jaeger, § 106a GWB Rn. 8.
23 Vgl. Müller in: Byok/Jaeger, § 106a GWB Rn. 8; Reidt in: Reidt/Stickler/Glahs, § 106a GWB Rn. 14; Müller-Wrede in: Müller-Wrede GWB, § 106a Rn. 8.
24 Vgl. Müller in: Byok/Jaeger, § 106a GWB Rn. 8; a.A. Reidt in: Reidt/Stickler/Glahs, § 106a GWB Rn. 14; Müller-Wrede in: Müller-Wrede GWB, § 106a Rn. 9.
25 Vgl. Müller-Wrede in: Müller-Wrede GWB, § 106a Rn. 8.
26 Vgl. Reidt in: Reidt/Stickler/Glahs, § 106a GWB Rn. 14; Müller in: Byok/Jaeger, § 106a GWB Rn. 8.

14   Zu der Frage, welche »**andere Vergabekammer**« als zuständige Vergabekammer bestimmt werden darf, verhält sich der Wortlaut des § 159 Abs. 1 Nr. 2 GWB nicht. Mit Blick auf Sinn und Zweck des Vergaberechtsschutzes und auch der damit verbundenen grundsätzlich vorgegebenen Zuständigkeitsordnung ist die Dispositionsbefugnis jedoch zu beschränken,[27] und zwar dahingehend, dass als zuständige Vergabekammer nur eine Kammer bestimmt werden darf, zu der zumindest über einen der Beteiligten eine Verbindung besteht (z.B. räumlicher Zuständigkeitsbereich)[28] bzw. die für einen der Beteiligten zuständig wäre.[29] Keinesfalls kann eine dritte und gar nicht mit dem Auftraggeber in Verbindung stehende Vergabekammer durch die Einigung der Beteiligten die Zuständigkeit erlangen.

3. Vergabeverfahren von Auftraggebern nach § 100 Abs. 1 Nr. 2 GWB (Abs. 1 Nr. 3)

15   § 159 Abs. 1 Nr. 3 GWB regelt die Zuständigkeit für **Sektorenauftraggeber** gemäß § 100 Abs. 1 Nr. 2 GWB, also für Sektorenauftraggeber, die nicht schon die Merkmale eines (»klassischen«) öffentlichen Auftraggebers gemäß § 99 Nr. 2 GWB erfüllen und damit Sektorenauftraggeber nach § 100 Abs. 1 Nr. 1 GWB sind; für letztere wird die Zuständigkeit in § 159 Abs. 1 Nr. 2 GWB geregelt. Für Vergabeverfahren eines Sektorenauftraggebers **nach § 100 Abs. 1 Nr. 2 GWB** ist die Vergabekammer des Bundes dann zuständig, wenn der Bund auf diesen Sektorenauftraggeber einen **beherrschenden** Einfluss ausübt. Ein beherrschender Einfluss liegt gemäß Legaldefinition in § 159 Abs. 1 Nr. 3 Halbs. 2 GWB vor, wenn der Bund unmittelbar oder mittelbar die **Mehrheit** (d.h. mehr als 50%) des gezeichneten Kapitals des Auftraggebers besitzt oder über die Mehrheit der mit den Anteilen des Auftraggebers verbundenen Stimmrechte verfügt oder mehr als die Hälfte der Mitglieder des Verwaltungs-, Leitungs- oder Aufsichtsorgans des Auftraggebers bestellen kann. Anders als bei § 159 Abs. 1 Nr. 2 GWB a.E. können sich die am Auftraggeber Beteiligten aufgrund des eindeutigen Gesetzeswortlauts in § 159 Abs. 1 Nr. 3 GWB in Abgrenzung zu Abs. 1 Nr. 2 jedoch **nicht** auf die Zuständigkeit einer anderen Vergabekammer einigen.[30]

16   Die Zuständigkeitsregelung des § 159 Abs. 1 Nr. 3 GWB gilt daneben sachgerechterweise auch für **Konzessionsgeber gemäß § 101 Abs. 1 Nr. 3 GWB**, bei denen es sich letztlich um Sektorenauftraggeber nach § 100 Abs. 1 Nr. 2 GWB handelt, die im Rahmen ihrer Sektorentätigkeit eine Konzession (§ 105 GWB) vergeben.

4. Vergabeverfahren von Auftraggebern nach § 99 Nr. 4 GWB (Abs. 1 Nr. 4)

17   § 159 Abs. 1 Nr. 4 GWB knüpft für die Zuständigkeit an den **Auftraggeberbegriff in § 99 Nr. 4 GWB** an. Darunter fallen natürliche oder juristische Personen des privaten oder öffentlichen Rechts, die bestimmte Bauvorhaben realisieren und dafür von öffentlichen Auftraggebern nach § 99 Nr. 1 bis 3 GWB Mittel erhalten, mit denen diese Vorhaben zu mehr als 50% subventioniert werden.[31] Werden diese Mittel wiederum allein oder jedenfalls überwiegend[32] vom Bund bewilligt, ist die Vergabekammer des Bundes zuständig. Ausgangspunkt sind also »die **Mittel**«, d.h. die nach § 99 Nr. 4 GWB von den öffentlichen Auftraggebern zur Verfügung gestellten (Förder-)Mittel, nicht die Gesamtfinanzierung. »**Überwiegend**« ist dabei im Sinne von »mehr als zur Hälfte« zu

---

27   Vgl. ausführlich Reider in: Münchener Kommentar, § 106a GWB Rn. 3; auch Stockmann in: Immenga/Mestmäcker, § 106a GWB Rn. 2; vgl. auch Müller-Wrede in: Müller-Wrede GWB, § 106a Rn. 9.

28   Vgl. Reider in: Münchener Kommentar, § 106a GWB Rn. 3; Stockmann in: Immenga/Mestmäcker, § 106a GWB Rn. 2; Müller in: Byok/Jaeger, § 106a GWB Rn. 8.

29   Vgl. Brauer in: Ziekow/Völlink, § 106a GWB Rn. 4; Reidt in: Reidt/Stickler/Glahs, § 106a GWB Rn. 12.

30   Vgl. Reidt in: Reidt/Stickler/Glahs, § 106a GWB Rn. 17; Brauer in: Ziekow/Völlink, § 106a GWB Rn. 5; Müller-Wrede in: Müller-Wrede GWB, § 106a Rn. 11; a.A. Kratzenberg NZBau 2001, 119, 122, zu § 18 VgV a.F.

31   Vgl. im Einzelnen Kommentierung zu § 99 Rdn. 298 ff.

32   Während § 18 Abs. 3 VgV a.F. noch von »allein oder überwiegend« sprach, hat der Gesetzgeber die Formulierung 2009 auf »überwiegend« verschlankt; eine inhaltliche Änderung ist damit nicht verbunden.

verstehen.[33] **Bewilligt** sind Mittel vom Bund auch schon dann, wenn (nur) der Genehmigungsbescheid über Fördermittel durch den Bund ergeht, während die Fördermittel selbst aus einem Europäischen Förderfonds stammen.[34] Wird ein Bauvorhaben nach § 99 Nr. 4 GWB weder durch den Bund noch durch ein Land (§ 159 Abs. 2 S. 2 i.V.m. Abs. 1 Nr. 4 GWB) überwiegend finanziert, greift die Auffangregel des § 159 Abs. 3 S. 1 GWB ein.[35]

5. Vergabeverfahren in Fällen der Organleihe für den Bund (Abs. 1 Nr. 5)

Nach § 159 Abs. 1 Nr. 5 GWB ist die Vergabekammer des Bundes stets für die Nachprüfung der   18
Vergabeverfahren zuständig, die im Rahmen der **Organleihe** für den Bund durchgeführt werden.
Maßgeblich für die Zuständigkeit ist danach nicht, zu welchem Hoheitsträger das »entliehene
Organ« gehört, das das Vergabeverfahren durchführt, sondern der »Entleiher«, also der Bund. Denn
dieser steht als faktischer Auftraggeber dahinter; das entliehene Organ wird als Organ des Entleihers
tätig, dessen Weisungen es unterliegt und dem die getroffenen Maßnahmen zugerechnet werden.[36]
Ein Beispiel stellen Vergabeverfahren im Bereich der Hochbauaufgaben des Bundes dar, die in der
Regel von den Finanzbauverwaltungen der Länder im Wege der Organleihe durchgeführt werden.[37]

6. Vorrang der Zuständigkeit der Vergabekammer des Bundes (Abs. 1 Nr. 6)

Nach § 159 Abs. 1 Nr. 6 GWB soll für Vergabeverfahren, für die sich nach den übrigen Regelungen   19
des § 159 GWB eigentlich sowohl eine Zuständigkeit der Vergabekammer des Bundes als auch die
einer oder mehrerer Vergabekammern der Länder ergibt, allein die Vergabekammer des Bundes
zuständig sein. Mit dieser Regelung wird der Vergabekammer des Bundes keine originäre Zuständigkeit vermittelt; vielmehr handelt es sich um eine Kollisionsregel im Falle paralleler (originärer)
Zuständigkeiten von Bundes- und Landeskammern zugunsten der Zuständigkeit der Vergabekammer des Bundes und damit unter Ausschluss eigentlich ebenfalls bestehender Zuständigkeiten auf
Landesebene. Es besteht insoweit ein **Vorrang** der Zuständigkeit der **Vergabekammer des Bundes**
gegenüber denen der Vergabekammern der Länder. Die Regelung gilt nur für Fälle, in denen eine
Bundeszuständigkeit mit Länderzuständigkeiten konkurriert. Dies ist in der Regel entweder der
Fall, wenn ein und derselbe Auftraggeber nach verschiedenen Anknüpfungspunkten zum einen
dem Bund und zum anderen einem Land zuzuordnen ist,[38] oder aber, wenn an dem betroffenen
Vergabeverfahren eine Mehrheit von Auftraggebern beteiligt ist, die verschiedenen Vergabekammern zugeordnet sind.[39] In Fällen, in denen lediglich mehrere Vergabekammern verschiedener Länder zuständig sind, bleibt es bei der Konzentrationsmöglichkeit nach Abs. 3 S. 2 (s.u. Rdn. 25 ff.)
bzw. ansonsten beim Wahlrecht des Antragstellers entsprechend § 35 ZPO (s.u. Rdn. 29).

Die in § 159 Abs. 1 Nr. 6 GWB enthaltene Regelung wurde mit dem Vergaberechtsmodernisie-   20
rungsgesetz 2016[40] neu eingefügt. Sie dient dazu, für Vergabeverfahren mit entsprechenden parallelen Zuständigkeiten die Zuständigkeit bei einer Vergabekammer, nämlich der des Bundes, zu konzentrieren, um insbesondere mehrere Nachprüfungsverfahren zu demselben Vergabeverfahren bei
einer Kammer zu konzentrieren. Die so erreichte **Verfahrenskonzentration** auf Kammerebene, die
dasselbe für die Beschwerdeinstanz über § 171 Abs. 3 GWB bewirkt, beugt der Gefahr divergieren-

---

33 Vgl. Müller in: Byok/Jaeger, § 106a GWB Rn. 10, m.w.N.; Stockmann in: Immenga/Mestmäcker, § 106a
    GWB Rn. 6.
34 Vgl. VK Bund Beschl. v. 03.07.2007, VK 2 – 45/07 und 57/07, zu Mitteln aus dem Europäischen Fonds
    für regionale Entwicklung (EFRE).
35 Wagner in: jurisPK-Vergaberecht, § 106a GWB Rn. 15.
36 Vgl. grundlegend BVerwG Urt. v. 03.03.1989, 8 C 98/85.
37 Vgl. Brauer in: Ziekow/Völlink, § 106a GWB Rn. 8; Reidt in: Reidt/Stickler/Glahs § 106a GWB Rn. 20.
38 So im Falle von gesetzlichen Krankenkassen, die als solche überwiegend vom Bund finanziert werden, wenn sie zudem der Aufsicht eines Landesversicherungsamtes unterliegen, vgl. OLG Düsseldorf
    Beschl. v. 01.08.2012, VII-Verg 15/12, m.w.N.
39 Vgl. VK Bund Beschl. v. 29.11.2011, VK 1 – 105/11.
40 Gesetz zur Modernisierung des Vergaberechts vom 17.02.2016, BGBl. I S. 203, dort Art. 1 Nr. 2.

der Entscheidungen zu demselben Vergabeverfahren und möglicherweise denselben zu klärenden Rechtsfragen vor, die ansonsten gegebenenfalls erst im Wege einer Divergenzvorlage gemäß § 179 Abs. 2 GWB zum Bundesgerichtshof einer einheitlichen Entscheidung zugeführt werden könnten. Die Verfahrenskonzentration kann hierdurch sowie auch unter Effizienzgesichtspunkten eine Verfahrensbeschleunigung bewirken.[41] Die gesetzliche Verfahrenskonzentration hat notwendigerweise den Wegfall des ansonsten bestehenden Wahlrechts des Antragstellers analog § 35 ZPO und der damit einhergehenden Möglichkeit zum *forum shopping* zur Folge.

II. Zuständigkeit der Vergabekammer eines Landes (Abs. 2)

1. Bundesauftragsverwaltung (Abs. 2 S. 1)

21   Nach § 159 Abs. 2 S. 1 GWB ist die **Vergabekammer des jeweiligen Bundeslandes** zuständig, wenn das Vergabeverfahren von einem Land im Rahmen der **Auftragsverwaltung** für den Bund (Art. 85 GG) durchgeführt wird. Die Bundesauftragsverwaltung ist z.B. nach Art. 90 Abs. 2 GG für die Verwaltung der Bundesautobahnen und sonstigen Bundesstraßen vorgesehen und zieht daher für Vergabeverfahren in diesem Bereich die Zuständigkeit der Vergabekammer des jeweiligen Landes nach sich.[42] Dass die Vergabekammer des entsprechenden Landes zuständig ist, wenn dieses im Rahmen der Bundesauftragsverwaltung tätig wird, gilt unabhängig davon, welche Gebietskörperschaft der richtige Antragsgegner im Nachprüfungsverfahren ist – dies ist mittlerweile zugunsten des jeweiligen Landes geklärt worden[43] – bzw. der Auftraggeber im vergaberechtlichen Sinne[44] ist. Die Regelung des § 159 Abs. 2 S. 1 GWB knüpft allein an den Tatbestand der Auftragsverwaltung an.[45] Sie ist zudem **lex specialis** gegenüber den Regelungen in Abs. 1 und begründet insoweit eine die Vergabekammer des Bundes ausschließende Zuständigkeit, so dass es z.B. für Baumaßnahmen an Bundesstraßen, die von einem Land im Rahmen der Auftragsverwaltung für den Bund durchgeführt werden, bei der Zuständigkeit der entsprechenden Vergabekammer des Landes auch dann bleibt, wenn der Bund das Vorhaben überwiegend finanziert.[46]

2. Zuordnung zu einem Land (Abs. 2 S. 2 i.V.m. Abs. 1 Nr. 2 bis 5)

22   Gemäß § 159 Abs. 2 S. 2 GWB gelten die Regelungen von **Abs. 1 Nr. 2 bis 5**, nach denen sich bestimmt, ob Vergabeverfahren für die Frage der Zuständigkeit dem Bund zuzuordnen sind, in **entsprechender Anwendung** auch für die Zuordnung zu einem Bundesland. Ist danach ein Vergabeverfahren einem bestimmten Bundesland zuzurechnen, ist die Vergabekammer des entsprechenden Landes zuständig. Das Gleiche gilt, wenn ein Vergabeverfahren in entsprechender Anwendung von Abs. 1 Nr. 2 bis 5 einer dem Bundesland (rechtlich) angehörenden Kommune zuzuordnen ist. Die

---

41 Vgl. zum Ganzen auch die Begründung zum Gesetzentwurf der Bundesregierung, BT-Drucks. 18/6281, S. 134 (Zu § 159).

42 Vgl. VK Bund Beschl. v. 25.05.2015, VK 3-54/12; vgl. auch OLG München Beschl. v. 31.05.2012, Verg 4/12; OLG Jena Beschl. v. 16.07.2007, 9 Verg 4/07.

43 Siehe BGH Beschl. v. 20.03.2014, X ZB 18/13; OLG München Beschl. v. 09.04.2015, Verg 1/15; Beschl. v. 22.10.2015, Verg 5/15; zum früheren Streitstand vgl. (zugunsten des jeweiligen Landes) OLG Celle Beschl. v. 10.06.2013, 13 Verg 6/13; Beschl. v. 08.11.2012, 13 Verg 7/12; Beschl. v. 06.06.2011, 13 Verg 2/11 (abstellend auf die verwaltungsprozessuale Prozessführungsbefugnis bzw. Passivlegitimation); OLG Koblenz Beschl. v. 10.06.2010; OLG Düsseldorf Beschl. v. 14.09.2009, VII-Verg 20/09; Beschl. v. 25.11.2009, VII-Verg 27/09 (unter Verweis auf Art. 83, 84 GG); Müller in: Byok/Jaeger, § 106a GWB Rn. 13; a.A. OLG München Beschl. v. 31.05.2012, Verg 4/12 (maßgeblich sind die zivilrechtlichen Vertragsbeziehungen, d.h. wer Vertragspartner wird).

44 D.h. gemäß § 103 Abs. 1 bzw. § 105 Abs. 1 GWB Vertragspartner des Ausschreibungsgewinners sein wird; vgl. aber auch BGH Beschl. v. 20.03.2014, X ZB 18/13.

45 Vgl. auch OLG München Beschl. v. 31.05.2012, Verg 4/12; OLG Brandenburg Beschl. v. 19.02.2008, Verg W 22/07; im Ergebnis auch VK Bund Beschl. v. 25.05.2015, VK 3-54/12.

46 Vgl. auch Reidt in: Reidt/Stickler/Glahs, § 106a GWB Rn. 21; Müller in: Byok/Jaeger, § 106a GWB Rn. 13.

entsprechende Anwendung verschiedener Regelungen aus Abs. 1 Nr. 2 bis 5 kann in Fällen mehrfacher Länderbeteiligung dazu führen, dass das Vergabeverfahren mehr als einem Bundesland zuzuordnen ist und damit die parallele Zuständigkeit von Vergabekammern verschiedener Länder begründet wird. Hier wäre eine Zuständigkeitskonzentration nach § 159 Abs. 3 S. 2 GWB möglich (s.u. Rdn. 25 ff.).

Auf die Regelung des **Abs. 1 Nr. 1**, wonach die Vergabekammern des Bundes für Vergabeverfahren 23 des Bundes (als Auftraggeber) zuständig sind, wird in Abs. 2 S. 2 hingegen nicht verwiesen. Auch fehlt in § 159 GWB eine dem Abs. 1 Nr. 1 entsprechende Norm für die Länder und Kommunen als weitere Gebietskörperschaften im föderalen Aufbau der Bundesrepublik. Die Zuständigkeit der Vergabekammern der Länder kann jedoch bereits unmittelbar der Regelung des § 156 Abs. 1 GWB entnommen werden[47] oder jedenfalls in analoger Anwendung des § 159 Abs. 1 Nr. 1 GWB,[48] wenn man von einer planwidrigen Regelungslücke ausgeht. Somit ist für die Nachprüfung von Vergabeverfahren eines Landes (das hier als Gebietskörperschaft unmittelbar vergibt) die Vergabekammer des jeweiligen Landes zuständig. Gleiches gilt für Vergabeverfahren von Gemeinden und anderen kommunalen Gebietskörperschaften, die insoweit dem jeweiligen Bundesland zuzuordnen sind.

III. Auffangzuständigkeit nach dem Auftraggebersitz (Abs. 3 S. 1)

§ 159 Abs. 3 Satz 1 GWB enthält für alle diejenigen Fälle eine **Auffangbestimmung**, für die sich 24 die Zuständigkeit einer Vergabekammer (des Bundes oder eines Landes) nach den Vorschriften in Abs. 1 und 2 nicht bestimmen lässt. Die Regelung ist insoweit subsidiär.[49] Nach ihr wird »in allen anderen Fällen« die Zuständigkeit der Vergabekammern nach dem **Sitz des Auftraggebers** bestimmt.[50] Da auf den Sitz des Auftraggebers abgestellt wird, kann dies nur zu der Zuständigkeit der Vergabekammer eines Landes, nicht aber des Bundes führen. Die »**anderen Fälle**« nach § 159 Abs. 3 S. 1 GWB können sich beispielsweise aus nicht gegebenen Mehrheitsverhältnissen nach § 159 Abs. 1 Nr. 2 GWB, also wenn z.B. eine Beteiligung bzw. Finanzierung zwischen den beteiligten Stellen vollständig paritätisch, etwa zu je 50%, erfolgt ist.[51]

IV. Zuständigkeitsbestimmung durch Bekanntmachung bei länderübergreifenden Beschaffungen (Abs. 3 S. 2)

§ 159 Abs. 3 S. 2 GWB trifft eine Regelung zur Verfahrenskonzentration bei **länderübergreifenden** 25 **Beschaffungen**, also Beschaffungen bzw. Vergabeverfahren, an denen mehrere Auftraggeber, die nach § 159 GWB verschiedenen Bundesländern zuzuordnen sind, beteiligt sind. Die Regelung ist somit nicht auf Vergabeverfahren anwendbar, mithilfe derer Bundes- und Landesauftraggeber gemeinsam beschaffen bzw. für die sich sowohl eine Bundes- als auch eine Landeszuständigkeit ergibt. Eine analoge Anwendung auf diese Fälle, wie sie zuvor teilweise vertreten wurde,[52] kommt jedenfalls seit Einführung des neuen § 159 Abs. 1 Nr. 6 GWB (s.o. Rdn. 19 f.) nicht mehr in Betracht, der die für eine Analogie erforderliche Regelungslücke schließt.

Die Regelung des § 159 Abs. 3 S. 2 GWB verpflichtet die beteiligten Auftraggeber, **nur eine Verga-** 26 **bekammer** zu benennen. Die Pflicht zur Benennung der für die Nachprüfung zuständigen Verga-

47 Wenn der Gesetzgeber davon ausging, dass die Zuständigkeitszuordnung insoweit auf der Hand liegt, vgl. Bork-Galle in: Heuvels/Höß/Kuß/Wagner, § 106a GWB Rn. 4.

48 So im Ergebnis auch Stockmann in: Immenga/Mestmäcker, § 106a GWB Rn. 3.

49 Vgl. auch Müller-Wrede in: Müller-Wrede GWB, § 106a Rn. 19.

50 Vgl. OLG Brandenburg Beschl. v. 03.08.1999, 6 Verg 1/99; VK Baden-Württemberg Beschl. v. 16.05.2013, 1 VK 12/13.

51 Vgl. auch Bork-Galle in: Heuvels/Höß/Kuß/Wagner, § 106a GWB Rn. 15.

52 So noch VK Sachsen Beschl. v. 25.05.2012 und 29.05.2012, 1/SVK/014-12 und 1/SVK/015-12; bestätigt durch OLG Dresden Beschl. v. 26.06.2012, Verg 4/12 und 3/12; a.A. Reidt in: Reidt/Stickler/Glahs, § 106a GWB Rn. 27; Brauer in: Ziekow/Völlink, § 106a GWB Rn. 13; auch OLG Düsseldorf Beschl. v. 01.08.2012, VII-Verg 15/12, m.w.N., geht stattdessen von einem Wahlrecht des Antragstellers aus.

bekammer(n) an sich folgt bereits aus den Vorschriften zur Pflicht der Bekanntgabe der zuständigen Vergabekammer in der Bekanntmachung.[53] Der eigentliche Regelungsgehalt des § 159 Abs. 3 S. 2 GWB besteht demgegenüber darin, dass die Benennung sich auf eine einzige Vergabekammer beschränken soll. Nach Sinn und Zweck der Regelung ist der Benennung in diesem Fall eine **konstitutive Wirkung** im Sinne einer Zuständigkeitskonzentration zugunsten der benannten Vergabekammer und unter Ausschluss der Zuständigkeit der anderen (an sich ebenfalls zuständigen) Vergabekammern sowie eine entsprechende **Bindungswirkung** beizumessen.[54] Denn § 159 Abs. 3 S. 2 GWB (bzw. § 106a Abs. 3 S. 2 GWB a.F.) wurde auf Initiative des Bundesrates[55] mit dem Vergaberechtsmodernisierungsgesetz von 2009[56] eingeführt, um »eine brauchbare Abgrenzung der Zuständigkeiten der Vergabekammern bei länderübergreifenden Beschaffungen« zu schaffen. Wurden bisher in der Bekanntmachung häufig die Vergabekammern aller beteiligten Länder genannt, sollte durch Einfügen des Abs. 3 S. 2 das »daraus resultierende Zuständigkeitsproblem« gelöst werden.[57] Dies setzt eine konstitutive Wirkung der Benennung voraus. Etwas anderes muss jedoch gelten, wenn eine unzuständige Vergabekammer benannt wird;[58] denn eine zuständigkeitsbegründende und nicht nur -konzentrierende Wirkung kann weder dem Wortlaut der Vorschrift, die von einer »**zuständigen**« Vergabekammer bzw. »nur einer« von mehreren zuständigen Vergabekammern spricht, noch dem gesetzgeberischen Willen entnommen werden.

27 Die Benennung hat in der Bekanntmachung des Vergabeverfahrens zu erfolgen. § 159 Abs. 3 S. 2 GWB verwendet noch den Begriff der »Vergabebekanntmachung« des § 106a GWB B a.F.; gemeint ist jedoch die (das Vergabeverfahren einleitende) **Auftragsbekanntmachung** gemäß § 37 VgV, § 35 SektVO bzw. Konzessionsbekanntmachung gemäß § 19 KonzVgV und nicht die (nachträgliche, den Ausschreibungsgewinner benennende) Vergabebekanntmachung nach § 39 VgV, § 38 SektVO, § 21 KonzVgV.

28 Für den Fall, dass die von § 159 Abs. 3 S. 2 GWB ausgesprochene **Obliegenheit** zur Benennung nur einer Vergabekammer von den beteiligten Auftraggebern **verletzt** wird oder die Benennung der genannten Vergabekammer wegen deren Unzuständigkeit nicht konstitutiv ist, wird keine Regelung getroffen. Es bleibt somit bei der parallelen Zuständigkeit mehrerer Kammern, unter denen dem Antragsteller ein Wahlrecht entsprechend § 35 ZPO zusteht (s.u. Rdn. 29).

C. Parallele Zuständigkeiten

29 Ergeben sich nach den Regelungen des § 159 GWB die Zuständigkeiten verschiedener Vergabekammern, bestehen diese grundsätzlich – es sei denn, § 159 Abs. 1 Nr. 6 GWB greift ein – gleichberechtigt nebeneinander; insbesondere ist keine Rangfolge oder Gewichtung im Sinne einer Schwerpunktbildung vorzunehmen.[59] In diesem Fall paralleler Zuständigkeiten steht dem Antragsteller ein **Wahlrecht entsprechend § 35 ZPO** zu, das er mit Einreichen des Nachprüfungsantrags bei der von ihm ausgewählten Vergabekammer ausübt.[60] Mit Einführung der Regelung des § 159

---

53 Siehe § 37 Abs. 3 VgV, § 35 Abs. 3 SektVO, § 19 Abs. 3 KonzVgV bzw. § 2 S. 2 VgV i.V.m. § 12 EU Abs. 3 Nr. 2 VOB/A und § 2 Abs. 2 S. 2 VSVgV i.V.m. § 12 VS Abs. 2 Nr. 2 VOB/A.

54 Vgl. Brauer in: Ziekow/Völlink, § 106a GWB Rn. 11; Reidt in: Reidt/Stickler/Glahs, § 106a GWB Rn. 25.

55 Vgl. Stellungnahme des Bundesrates zum Gesetzentwurf der Bundesregierung, BT-Drucks. 16/10117, S. 34 Nr. 18 und (Gegenäußerung der Bundesregierung) S. 42.

56 Gesetz zur Modernisierung des Vergaberechts v. 20.04.2009, BGBl. I S. 790, in Kraft getreten am 24.04.2009, dort Art. 1 Nr. 12.

57 Vgl. Stellungnahme des Bundesrates zum Gesetzentwurf der Bundesregierung, BT-Drucks. 16/10117, S. 34 Nr. 18 und (Gegenäußerung der Bundesregierung) S. 42.

58 Vgl. Brauer in: Ziekow/Völlink, § 106a GWB Rn. 11.

59 Vgl. OLG Düsseldorf Beschl. v. 19.12.2007, VII-Verg 51/07; vgl. auch OLG Koblenz Beschl. v. 05.09.2002, 1 Verg 2/02.

60 Vgl. OLG Düsseldorf Beschl. v. 18.12.2013, VII-Verg 24/13; grundlegend auch OLG Düsseldorf Beschl. v. 19.12.2007, VII-Verg 51/07.

Abs. 1 Nr. 6 GWB ist eine insoweit konkurrierende Zuständigkeit von Vergabekammer des Bundes einerseits und einer oder mehrerer Länderkammern andererseits nicht mehr denkbar; hier setzt sich die Zuständigkeit der Vergabekammer des Bundes durch (s.o. Rdn. 19). Allerdings ist eine parallele Zuständigkeit von Vergabekammern mehrerer Länder weiterhin möglich. Diese kann sich entweder daraus ergeben, dass ein und derselbe Auftraggeber verschiedenen Ländern zuzuordnen ist[61] oder aber – dies ist der wahrscheinlichere Fall – das Vergabeverfahren von mehreren Auftraggebern geführt wird, die verschiedenen Bundesländern zuzuordnen sind[62] und von der Konzentrationsmöglichkeit nach § 159 Abs. 3 S. 2 GWB keinen Gebrauch gemacht haben. Hier bleibt es beim Wahlrecht des Antragstellers.

D. Verweisung bei Unzuständigkeit

Die angerufene Vergabekammer hat ihre Zuständigkeit von Amts wegen zu prüfen. Reicht ein   30
Antragsteller seinen Nachprüfungsantrag bei einer nach § 159 GWB **unzuständigen** Vergabekammer ein, hat die Kammer das Nachprüfungsverfahren an die zuständige Vergabekammer in entsprechender Anwendung von § 83 S. 1 VwGO, § 17a Abs. 2 GVG zu verweisen.[63] Zuvor sind die Verfahrensbeteiligten nach § 162 S. 1 GWB anzuhören.[64] Der **Verweisungsbeschluss** ist als Zwischenentscheidung nicht (isoliert) mit der sofortigen Beschwerde nach § 171 Abs. 1 S. 1 GWB anfechtbar;[65] die Vergabekammer, an die verwiesen wird, ist an die Verweisung entsprechend § 83 S. 1 VwGO, § 17a Abs. 2 S. 3 GVG gebunden.[66] Etwas anderes kann allenfalls gelten, wenn die Verweisung unter Verletzung wesentlicher Verfahrensvorschriften erfolgt oder auf nicht vertretbaren rechtlichen Überlegungen beruht und insofern willkürlich erscheint[67] bzw. auf offensichtlicher Willkür beruht.[68] Eine Verweisung entsprechend § 83 S. 1 VwGO, § 17a Abs. 2 GVG kommt hingegen nicht in Betracht, wenn neben der Vergabekammer, bei der der betreffende Nachprüfungsantrag anhängig ist, eine andere Vergabekammer ebenfalls zuständig ist und deren Zuständigkeit z.B. sachgerechter erscheint. Denn § 83 S. 1 VwGO i.V.m. § 17a Abs. 2 S. 1 GVG setzt die Unzuständigkeit der zunächst angerufenen Vergabekammer voraus.[69]

Verweist eine Vergabekammer ein Nachprüfungsverfahren an eine andere Kammer, geht das Ver-   31
fahren in diesem Stand über. Das bedeutet insbesondere, dass die Entscheidungsfrist nach § 167 Abs. 1 GWB nicht von neuem zu laufen beginnt[70] und dies in Bezug auf den Zeitpunkt der Übergabe und eine gegebenenfalls zeitnah erforderliche Verlängerung der Entscheidungsfrist berücksichtigt werden sollte. Auch bleibt in Bezug auf eine mögliche Präklusion nach § 107 Abs. 3 S. 1 Nr. 4 GWB weiterhin allein der ursprüngliche Eingang des Nachprüfungsantrags bei der (unzuständigen) Vergabekammer maßgeblich.[71]

---

61 Zur Zuordnung ein und desselben Auftraggebers zum Bund einerseits und zu einem Land andererseits vgl. z.B. OLG Düsseldorf Beschl. v. 18.12.2013, VII-Verg 24/13.

62 Vgl. OLG Koblenz Beschl. v. 05.09.2002, 1 Verg 2/02; zur gemeinsamen Beschaffung von Bundes- und Landesauftraggebern nach § 106a GWB a.F. siehe auch VK Bund Beschl. v. 29.08.2011, VK 1 – 105/11.

63 Vgl. OLG Bremen Beschl. v. 17.08.2000, Verg 2/2000; OLG Dresden Beschl. v. 26.06.2012, Verg 3/12 und 4/12, m.w.N.

64 Analog § 83 S. 1 VwGO, § 17a Abs. 2 S. 1 GVG; vgl. auch OLG Düsseldorf Beschl. v. 18.01.2005, VII-Verg 104/04; OLG Dresden Beschl. v. 26.06.2012, Verg 3/12 und 4/12.

65 Vgl. OLG Düsseldorf Beschl. v. 18.01.2005, VII-Verg 104/04 (mit Hinweis auf § 83 S. 2 VwGO i.V.m. § 17a Abs. 2 S. 1 GVG); OLG Dresden Beschl. v. 26.06.2012, Verg 3/12 und 4/12.

66 Vgl. OLG Jena Beschl. v. 16.07.2007, 9 Verg 4/07.

67 OLG Dresden Beschl. v. 26.06.2012, Verg 3/12 und 4/12 (zur Unanfechtbarkeit).

68 Vgl. ebenfalls zur Unanfechtbarkeit: OLG Düsseldorf Beschl. v. 18.01.2005, VII-Verg 104/04; zur Bindungswirkung: OLG Jena Beschl. v. 16.07.2007, 9 Verg 4/07.

69 Vgl. OLG Dresden Beschl. v. 26.06.2012, Verg 3/12 und 4/12.

70 Vgl. auch zum Beginn der Rechtshängigkeit mit Anhängigkeit (Eingang des Nachprüfungsantrags) BGH Beschl. v. 09.02.2004, X ZB 44/03; OLG Düsseldorf Beschl. v. 30.04.2008, VII-Verg 57/07.

71 VK Bund Beschl. v. 01.02.2011, VK 3 – 135/10.

Abschnitt 2   Verfahren vor der Vergabekammer

§ 160   Einleitung, Antrag

(1) Die Vergabekammer leitet ein Nachprüfungsverfahren nur auf Antrag ein.

(2) Antragsbefugt ist jedes Unternehmen, das ein Interesse an dem öffentlichen Auftrag oder der Konzession hat und eine Verletzung in seinen Rechten nach § 97 Absatz 6 durch Nichtbeachtung von Vergabevorschriften geltend macht. Dabei ist darzulegen, dass dem Unternehmen durch die behauptete Verletzung der Vergabevorschriften ein Schaden entstanden ist oder zu entstehen droht.

(3) Der Antrag ist unzulässig, soweit

1. der Antragsteller den geltend gemachten Verstoß gegen Vergabevorschriften vor Einreichen des Nachprüfungsantrags erkannt und gegenüber dem Auftraggeber nicht innerhalb einer Frist von zehn Kalendertagen gerügt hat; der Ablauf der Frist nach § 134 Absatz 2 bleibt unberührt,
2. Verstöße gegen Vergabevorschriften, die aufgrund der Bekanntmachung erkennbar sind, nicht spätestens bis zum Ablauf der in der Bekanntmachung benannten Frist zur Bewerbung oder zur Angebotsabgabe gegenüber dem Auftraggeber gerügt werden,
3. Verstöße gegen Vergabevorschriften, die erst in den Vergabeunterlagen erkennbar sind, nicht spätestens bis zum Ablauf der Frist zur Bewerbung oder zur Angebotsabgabe gegenüber dem Auftraggeber gerügt werden,
4. mehr als 15 Kalendertage nach Eingang der Mitteilung des Auftraggebers, einer Rüge nicht abhelfen zu wollen, vergangen sind.

Satz 1 gilt nicht bei einem Antrag auf Feststellung der Unwirksamkeit des Vertrags nach § 135 Absatz 1 Nummer 2. § 134 Absatz 1 Satz 2 bleibt unberührt.

Möllenkamp

A. Allgemeines

Im 4. Teil des GWB, 2. Abschnitt, regeln die §§ 160 bis 170 GWB (bisher: 107 bis 115 GWB) 1
unter »II. Verfahren vor der Vergabekammer« das Nachprüfungsverfahren vor der Vergabekammer,
das der Inanspruchnahme gerichtlichen Rechtsschutzes zwingend vorauszugehen hat.

§ 160 Abs. 1 und Abs. 2 GWB (bisher: 107 GWB Abs. 1 und 2) haben durch das Vergaberechts- 2
modernisierungsgesetz 2015 lediglich in Absatz 2 eine Änderung dahingehend erfahren, dass zur
Klarstellung die Worte »oder der Konzession« eingefügt wurde. Es kann daher uneingeschränkt auf
die Rechtsprechung und die Kommentierung zu § 107 Abs. 1 und Abs. 2 GWB verwiesen werden.
§ 107 GWB hatte bereits durch das Vergaberechtsmodernisierungsgesetz 2009 keine Änderung
erfahren, der Absatz 3 wurde durch dieses ergänzt.

Rechtsgeschichtlicher Hintergrund der Bestimmung des § 107 GWB ist, dass die Mitgliedstaaten 3
der Europäischen Union das Nachprüfungsverfahren für Auftragsvergaben jedem zur Verfügung
stellen müssen, der ein Interesse an einem öffentlichem Auftrag hat und dem durch einen behaupteten Rechtsverstoß ein Schaden entstanden ist oder zu entstehen droht.[1] Diese Vorgabe an die Mitgliedstaaten hatte auch in der Rechtsprechung des EuGH Eingang gefunden.[2] So hatte der EuGH
insbesondere in seinem Urt. v. 11.08.1995[3] unter Hinweis auf seine ständige Rechtsprechung zur
Umsetzung von Richtlinien in innerstaatliches Recht u.a. festgestellt, eine korrekte Umsetzung der
EG-Richtlinien müsse die Begünstigten in die Lage versetzen, »von allen ihren Rechten Kenntnis
zu erlangen und diese ggf. vor den nationalen Gerichten geltend zu machen«.[4] Diesem Zweck sollte
in der ersten Stufe durch die Einleitung eines Nachprüfungsverfahrens nach Maßgabe des § 107
GWB a.F. Rechnung getragen werden.

Sofern die Voraussetzungen des § 115 GWB (alt: § 100 GWB) zum Anwendungsbereich vorlie- 4
gen, ist die Regelung über das Vergabenachprüfungsverfahren vor der Vergabekammer und dem
Vergabesenat, unbeschadet der Prüfungsmöglichkeiten von Aufsichtsbehörden, hinsichtlich des
vergaberechtlichen Primärschutzes abschließend. Die Anrufung der ordentlichen Gerichte oder
der Verwaltungsgerichte mit dem Ziel, die Vornahme oder Unterlassung einer Handlung im Vergabeverfahren zu erwirken, ist für den Anwendungsbereich des GWB ausgeschlossen (§ 156 GWB).

---

1 Vgl. Art. 1 Abs. 1 Satz 1 der Nachprüfungsrichtlinie 89/665/EWG, Art. 1 Abs. 3 Satz 1 Sektorenüberwa-
   chungsrichtlinie 92/13/EWG; BT-Drucks. 13/9340 03.12.1997, Begründung zu § 117 VgRÄG.
2 Vgl. insbesondere die Entscheidungen »Transporoute« (Rs. 76/81, Entscheidung v. 10.02.1982, Slg. 1982
   Satz 417 Rn. 17) und »Beentjes« (Rs. 31/87, Entscheidung v. 20.09.1988, Slg. 1988 Satz 4635 Rn. 42)
   sowie die Entscheidung des EuGH v. 02.05.1996 (Rs. C-2533/95 NVwZ 1996, 991) zur Forderung nach
   einem effektiven Rechtsschutz.
3 EuGH Urt. v. 11.08.1995 in der Rechtssache C-43393 »Kommission gegen die Bundesrepublik Deutschland«.
4 EuGH Urt. v. 11.08.1995 in der Rechtssache C-43393 »Kommission gegen die Bundesrepublik Deutschland«.

Sieht der Bieter von der Einleitung eines Vergabenachprüfungsverfahrens ab, kommt gemäß § 156 Abs. 3 GWB allein die Geltendmachung von Schadenersatzansprüchen vor den ordentlichen Gerichten in Betracht.

5   Für öffentliche Aufträge, die die Voraussetzungen des § 106 GWB (alt: § 100 GWB) wegen **Unterschreitung der Schwellenwerte** nicht erfüllen, gelten die Regularien der §§ 97 ff. GWB nicht.[5] Die Neuregelung des § 114 Abs. 2 GWB statuiert im Unterschwellenbereich allerdings eine Pflicht zur Übermittlung von Vergabedaten an das Bundesministerium für Wirtschaft und Energie.

6   Insoweit wird die rechtliche Systematik des Vergaberechts in der Bundesrepublik Deutschland von einem »Dualismus« bestimmt: Es gibt Vergabevorschriften, die die Anforderungen der EU-Richtlinien umsetzen (§§ 97 ff. GWB) und solche, die weiterhin ausschließlich eine »nationale« Regelung auf der Grundlage der sog. »**haushaltsrechtlichen Lösung**« darstellen.[6] Erstere begründen in § 97 Abs. 6 GWB ausdrücklich subjektive Rechte des Bieters auf Einhaltung der Vergabevorschriften, Letztere nach traditionellem Verständnis nicht.[7]

7   Rechtsgrundlage der Vergabe öffentlicher Aufträge nach »nationalem Recht« stellt das öffentliche Haushaltsrecht dar, insbesondere § 55 der **Bundeshaushaltsordnung** v. 19.08.1969 (BHO) sowie – soweit erlassen – die entsprechenden Bestimmungen der jeweiligen Landeshaushaltsordnungen (LHO). § 55 Abs. 1 BHO bestimmt, dass dem Abschluss von Verträgen über Lieferungen und Leistungen – grundsätzlich – eine öffentliche Ausschreibung vorauszugehen hat. Gemäß § 55 Abs. 2 BHO ist beim Abschluss von Verfahren nach einheitlichen Richtlinien zu verfahren. Dementsprechend sind auch die Verwaltungsvorschriften in § 55 BHO aufgebaut: In Nr. 1 VV-BHO zu § 55 BHO wird hinsichtlich der die Schwellenwerte übersteigenden Aufträge auf die §§ 97 ff. GWB verwiesen, für die darunter liegenden Aufträge gelten gemäß Nr. 2 VV-BHO zu § 55 BHO die jeweiligen Abschnitte 1 von VOB/A und VOL/A. Da **VOB/A** und **VOL/A** nach dem traditionellen deutschen Rechtsverständnis lediglich die Qualität von **Verwaltungsvorschriften** besitzen, können sie nach bisherigem Verständnis den Bietern kein subjektives Recht auf Einhaltung der Vergaberegeln vermitteln.[8] Dem Bieter ist somit im Fall einer Ausschreibung nach Haushaltsrecht eine Einflussnahme auf Einleitung und Ergebnis des Vergabeverfahrens verwehrt.

8   Das BVerfG hat in seiner Entscheidung v. 13.06.2006[9] die **Versagung von Primärrechtsschutz** für Vergaben unterhalb der Schwellenwerte durch den deutschen Gesetzgeber für **verfassungsgemäß** erachtet. Der von der Beschwerdeführerin angegriffene Beschluss des (OLG-) Vergabesenats, der Primärrechtsschutz gegen die infrage stehende Vergabeentscheidung versage, verletze die Beschwerdeführerin weder in ihrem Anspruch auf effektiven Rechtsschutz aus Art. 19 Abs. 4 GG noch in dem im Rechtsstaatsprinzip (Art. 20 Abs. 3 GG) verbürgten allgemeinen Justizgewährungsanspruch. Auch sei Art. 3 Abs. 1 GG nicht dadurch verletzt, dass die besonderen Regelungen für den Rechtsschutz gegen Vergabeentscheidungen oberhalb der Schwellenwerte nicht auch auf die anderen Vergabeentscheidungen erstreckt worden seien. Der Gesetzgeber sei verfassungsrechtlich nicht dazu verpflichtet, eine auch faktisch realisierbare Möglichkeit eines Primärrechtsschutzes im Vergaberecht zu schaffen.

9   In einer weiteren Entscheidung hat das BVerfG nochmals ausgeführt, dass die angegriffene Entscheidung am allgemeinen Gleichheitssatz des Art. 3 Abs. 1 GG zu messen sei, die Vergabe eines öffentlichen Auftrags an einen Mitbewerber und die der Vergabeentscheidung zugrunde gelegten Kriterien grundsätzlich jedoch nicht den Schutzbereich der Berufsfreiheit des erfolglosen Bewerbers

---

5   Vgl. BVerfG Beschl. v. 13.06.2006, 1 BvR 1160/03; eingehende Darstellung bei Dicks VergabeR 2012, 531 ff. und in: Ziekow/Völlink, Vergaberecht, 2013, § 107 Rn. 1 Anm. 1.
6   Vgl. Nebel in: Piduch Bundeshaushaltsrecht 2001 § 55 BHO Rn. 2.
7   Vgl. Nebel in: Piduch § 55 BHO Rn. 3; VGH Baden-Württemberg DÖV 1999, 79 m.w.N.
8   Vgl. Nebel in: Piduch § 55 BHO Rn. 1; Niebuhr/Kulartz/Kus/Portz Vergaberecht 2000 § 100 Rn. 20.
9   BVerfG Beschl. v. 13.06.2006, 1 BvR 1160/03.

Möllenkamp

berühre[10]. Einer staatlichen Stelle, die einen öffentlichen Auftrag vergibt, sei es aufgrund des Gleichheitssatzes verwehrt, das Verfahren oder die Kriterien der Vergabe willkürlich zu bestimmen.[11]

Art. 3 Abs. 1 GG sei bei der Vergabe öffentlicher Aufträge erst dann verletzt, wenn die Rechtsanwendung oder das Verfahren unter keinem denkbaren Aspekt mehr rechtlich vertretbar seien und sich daher der Schluss aufdränge, dass sie auf sachfremden und damit willkürlichen Erwägungen beruhen, es muss mithin eine »krasse Fehlentscheidung« vorliegen.[12]   10

Nachzutragen bleibt, dass das OVG Koblenz zuvor mit einer Entscheidung v. 25.05.2005[13] versucht hatte, Neuland zu betreten. Es sah für die gerichtliche Prüfung der Vergabe öffentlicher Aufträge, auf die gemäß § 100 GWB die §§ 97 ff. GWB nicht anwendbar seien, den **Verwaltungsrechtsweg** i.S.d. § 40 Abs. 1 VwGO für gegeben an. Dem OVG zufolge handele es sich bei der staatlichen Auftragsvergabe stets um eine öffentlich-rechtliche Streitigkeit. Ausgangspunkt dieser Entscheidung hinsichtlich der Frage des Rechtsweges war die sog. **Zwei-Stufen-Theorie**. Dem Abschluss des Vertrages, der – unzweifelhaft – dem Privatrecht unterfalle, gehe eine öffentliche Ausschreibung voraus, die öffentlich-rechtlichen Bindungen (§ 55 Abs. 1 BHO) unterliege. Das BVerwG hat sich mit dieser Auffassung in dem der Entscheidung des OVG nachgehenden Verfahren der außerordentlichen Beschwerde nicht auseinandersetzen müssen,[14] hat dieser Herleitung jedoch in seinem Beschl. v. 02.05.2007 (Az. 6 B 10/07) eine Absage erteilt.   11

Für Streitigkeiten über die Vergabe von öffentlichen Aufträgen mit einem Auftragswert unterhalb der in der Vergabeverordnung genannten Schwellenwerte sei nicht der Rechtsweg zu den Verwaltungsgerichten, sondern der ordentliche Rechtsweg gegeben.[15]   12

Haushaltsrechtliche Regelungen – wie auch § 55 der Bundeshaushaltsordnung (BHO) – seien reines Innenrecht und binden den öffentlichen Auftraggeber allein im Innenverhältnis, nicht aber im Außenverhältnis gegenüber den Bietern. Das Haushaltsrecht diene nicht der Sicherung des Wettbewerbs oder der Einrichtung einer bestimmten Wettbewerbsordnung für das Nachfrageverhalten des Staates. Ziel der haushaltsrechtlichen Vorgaben sei vielmehr ein wirtschaftlicher und sparsamer Umgang mit Haushaltsmitteln, der im öffentlichen Interesse liege. Der Wettbewerb der Anbieter um einen ausgeschriebenen Auftrag werde als Mittel genutzt, um dieses Ziel zu erreichen, sei aber nicht selbst Ziel der haushaltsrechtlichen Normen.[16]   13

Aus der Rechtsprechung des EuGH ergebe sich nichts anderes. Danach sei die Richtlinie 93/36 unstreitig nur auf Aufträge anwendbar, deren Wert den in ihrem Art. 5 Abs. 1 genannten Schwellenwert erreiche oder überschreite. Öffentliche Auftraggeber haben jedoch, auch wenn der Wert eines ausgeschriebenen Auftrags den Schwellenwert für die Anwendung der Richtlinien, mit denen der Gemeinschaftsgesetzgeber den Bereich des öffentlichen Auftragswesens geregelt habe, nicht erreiche und der betreffende Auftrag folglich nicht in den Anwendungsbereich der Richtlinien falle, doch die allgemeinen Grundsätze des Gemeinschaftsrechts wie den Grundsatz der Gleichbehandlung und die daraus folgende Pflicht zur Transparenz zu beachten.[17]   14

Mit diesen Entscheidungen erscheint die Diskussion über den unterschwelligen Primärrechtsschutz zunächst beendet. Möchte der Gesetzgeber einen solchen schaffen, muss er tätig werden.   15

---

10 Vgl. BVerfG Nichtannahmebeschl. v. 01.11.2010, 1 BvR 261/10.
11 Vgl. BVerfG Nichtannahmebeschl. v. 01.11.2010, 1 BvR 261/10.
12 Vgl. BVerfG Beschl. v. 27.02.2008, 1 BvR 437/08; OLG Brandenburg 02.10.2008, 12 U 91/08.
13 Siehe OVG Koblenz Beschl. v. 25.05.2005 NZBau 2005, 411; VG Koblenz Beschl. v. 31.01.2005 NZBau 2005, 412; Prieß/Hölzl NZBau 2005, 367.
14 BVerwG Urt. v. 06.07.2005 3 B 77/05 ZfBR 2005, 592.
15 Vgl. BVerwG Beschl. v. 02.05.2007, 6 B 10/07 m.w.N.
16 Vgl. BVerwG Beschl. v. 02.05.2007, 6 B 10/07 m.w.N.
17 Vgl. EuGH Urt. v. 14.06.2007, C-6/05 – Medipac-Kazantzidis.

16 Das Verfahren vor der Vergabekammer ist, wenn auch die Vergabekammer kein Gericht, sondern Teil der Exekutive ist, **justizförmlich** bzw. **gerichtsähnlich ausgestaltet.**[18] Regelungslücken können daher durch Rückgriff auf die Verfahrensordnungen, genannt wird insb. das VwVfG,[19] geschlossen werden.

17 § 160 GWB (bisher: § 107 GWB) bestimmt in Abs. 1 zunächst, dass ein Vergabenachprüfungsverfahren nur auf Antrag eingeleitet wird. § 160 Abs. 2 GWB regelt die Voraussetzungen der Antragsbefugnis des Rechtsschutz nachsuchenden Unternehmens. Schließlich enthält § 160 Abs. 3 GWB eine Präklusionsregel zur Vermeidung unnötiger Verfahren. Zusammen mit den Einzelbestimmungen des § 161 GWB (bisher: § 108 GWB) bildet dies eine Abfolge von Zulässigkeitsvoraussetzungen, die der Bieter genau beachten sollte. Im Einzelnen sind zu § 160 GWB viele Fragen umstritten, wenn auch in den vergangenen Jahren, insbesondere durch einige Entscheidungen des X. Zivilsenates des BGH, eine handhabbare Systematik entstanden ist.

B. Die Einleitung des Nachprüfungsverfahrens (Abs. 1)

I. Einleitung nur auf Antrag

18 Die Vergabekammer leitet ein Vergabenachprüfungsverfahren nur dann ein, wenn ein Unternehmen einen **Antrag** gestellt hat.

19 Die Einleitung eines solchen Verfahrens **von Amts wegen**, z.B. weil der Vergabekammer in einem noch laufenden Vergabeverfahren Vergaberechtsverstöße bekannt geworden sind, kam seit Inkrafttreten des VgRÄG nicht mehr in Betracht. Grund hierfür war die Ausgestaltung des Vergabenachprüfungsverfahrens als subjektives Rechtsschutzverfahren (§ 97 Abs. 6 GWB), während auf der Grundlage der zuvor geltenden sog. »haushaltsrechtlichen Lösung«[20] (§ 57b Abs. 3 Satz 1 HGrG) die Vergabeprüfstelle von Amts wegen das Interesse des Fiskus an einem möglichst haushaltsgünstigen Beschaffungsvorgang zu wahren hatte.

20 Gemäß § 103 Abs. 2 Satz 1 GWB a.F. war auch den sog. **Vergabeprüfstellen** eine Untersuchung des Vergabeverfahrens von Amts wegen möglich. Die meisten Bundesländer hatten von der Möglichkeit der Einrichtung von Vergabeprüfstellen jedoch keinen Gebrauch gemacht. § 103 GWB war durch das Gesetz zur Modernisierung des Vergaberechts 2009 ersatzlos aufgehoben worden.

21 Stellt ein Unternehmen einen Nachprüfungsantrag, ist die Vergabekammer verpflichtet, ein Nachprüfungsverfahren einzuleiten. Einer ausdrücklichen Entscheidung der Vergabekammer bedarf dies nicht. An eine solche Entscheidung oder ihr Fehlen werden Rechtsfolgen nicht geknüpft. **Mit Eingang** des Antrages bei der Vergabekammer ist das Nachprüfungsverfahren **anhängig.**[21] Dies ergibt sich aus § 167 Abs. 1 Satz 1 GWB (alt: § 113 Abs. 1 Satz 1 GWB), wonach die Vergabekammer ihre Entscheidung schriftlich innerhalb einer Frist von fünf Wochen **ab Eingang des Antrages** trifft und begründet.

22 Einer Wartefrist nach Aussprechen der Rüge(n) bedarf es nicht, jedoch ist eine solche gem. § 160 Abs. 3 GWB Voraussetzung für eine zulässige Antragstellung.

II. Fortbestehen des Antrages

23 Die **Rücknahme des Antrages**, die der Zustimmung der übrigen Beteiligten nicht bedarf,[22] beseitigt die Anhängigkeit des Verfahrens. Da es sich bei dem Nachprüfungsverfahren vor der Vergabekam-

---

18 Vgl. Dicks a.a.O., § 107 Rn. 5 m.w.N.; OLG Düsseldorf VergabeR 2001, 154.
19 Vgl. Reidt/Stickler/Glahs, Vergaberecht, 3. Aufl. 2011, § 107 Rn. 7 ff.
20 Siehe Rdn. 6.
21 Vgl. Kadenbach in: Willenbruch/Wieddekind, Vergaberecht, 3. Aufl. 2014, § 107 Rn. 3; Bastius in: Müller-Wrede, GWB-Vergaberecht, 2. Aufl. 2014, § 107 Rn. 2.
22 Vgl. BGH, Beschl. v. 24.03.2009, X ZB 29/08; OLG Naumburg Beschl. v. 17.08.2007, 1 Verg 5/07; Bastius a.a.O., § 123 Rn. 2.

mer nicht um ein kontradiktorisches Verfahren handelt,[23] kommt eine Analogie zu § 269 Abs. 1 ZPO nicht in Betracht.[24] Die Vergabekammer entscheidet in diesem Fall lediglich noch gemäß § 182 GWB (alt: § 128 GWB) über die Kosten. Die Rücknahme des Antrages steht einer erneuten Antragstellung nicht entgegen, es müssen jedoch die Zulässigkeitsvoraussetzungen für einen solchen neuen Antrag gegeben sei. Hierbei wird die Kammer auch das Rechtsschutzbedürfnis des Antragstellers zu betrachten haben. Es wird bei einer Antragstellung ohne geänderte Anträge bzw. ohne neues Vorbringen nicht gegeben sein.

Der Antragsgegner kann vor Erstattung seiner notwendigen Auslagen bei erneuter Antragstellung 24 in entsprechender Anwendung des § 269 Abs. 6 ZPO die Zulässigkeitsrüge erheben.

Nach Antragstellung und Einleitung des Vergabenachprüfungsverfahrens stellt die Vergabekammer 25 zunächst fest, ob die **Zulässigkeit des Antrages** gemäß §§ 160 Abs. 2 und Abs. 3, 161 GWB (bisher: §§ 107 Abs. 2 und 3, 108 GWB) gegeben ist.

C. Die Antragsbefugnis (Abs. 2)

Die Regelung in § 160 Abs. 2 GWB normiert für das Nachprüfungsverfahren die Zulässigkeitsvo- 26 raussetzung des rechtlichen Interesses an der Nachprüfung und damit das (für Rechtsschutzverfahren allgemein geltende) Erfordernis der Darlegung eines Rechtsschutzbedürfnisses.[25]

Die Prüfung der Antragsbefugnis des Unternehmens (§ 160 Abs. 2 GWB) umfasst 27
– sein Interesse am öffentlichen Auftrag oder der Konzession,
– die Geltendmachung einer Verletzung in eigenen Rechten nach § 97 Abs. 6 GWB,
– die Darlegung eines durch die behauptete Rechtsverletzung bereits entstandenen oder noch drohenden Schadens.

Die Vergabekammer prüft das Vorliegen der **Antragsbefugnis** ebenso wie das der anderen Zuläs- 28 sigkeitsvoraussetzungen **von Amts wegen**. Die Antragsbefugnis muss im Hinblick auf das geltend gemachte Begehren und für jeden einzelnen geltend gemachten Vergaberechtsverstoß **getrennt** geprüft und festgestellt werden.[26] Fehlt die Antragsbefugnis oder entfällt sie bis zum Ergehen der Entscheidung der Vergabekammer, wird der Antrag als unzulässig zurückgewiesen.

Vor dem Hintergrund der spezifischen Ausgestaltung des vergaberechtlichen Nachprüfungsverfah- 29 rens müssen die in § 160 Abs. 2 GWB genannten Voraussetzungen in einer Weise ausgelegt werden, die den betroffenen Unternehmen einen **effektiven Rechtsschutz** gewährleisten.[27]

Wegen des verfassungsrechtlichen Gebots, dem Bieter effektiven Rechtsschutz zu gewähren, dürfen 30 an die in § 160 Abs. 2 GWB genannten Voraussetzungen **keine allzu hohen Anforderungen** gestellt werden; die Darlegungslast darf insoweit nicht überspannt werden.[28]

Das in Art. 19 Abs. 4 GG enthaltene Erfordernis effektiven Rechtsschutzes enthält in Verfahren, in 31 denen ein Primärrechtsschutz zur Abwendung von Gefahren und möglicher Nachteile begehrt wird, auch das Gebot, dass durch den gerichtlichen Rechtsschutz so weit wie möglich der Schaffung vollendeter Tatsachen zuvor zu kommen ist. Dieser Grundsatz hat namentlich im Zusammenhang mit dem vorläufigen Rechtsschutz Bedeutung, ist aber hierauf nicht beschränkt.[29]

---

23 Vgl. BGH Beschl. v. 09.02.2004, X ZB 44/03.
24 Vgl. BGH, Beschl. v. 24.03.2009, X ZB 29/08; OLG Naumburg Beschl. v. 17.08.2007, 1 Verg 5/07.
25 Vgl. OLG Naumburg Beschl. v. 15.03.2001 1 Verg 11/00 NZBau 2001, 579.
26 Vgl. OLG Naumburg Beschl. v. 15.03.2001 1 Verg 11/00 NZBau 2001, 579; OLG Schleswig Beschl. v. 30.06.2005 6 Verg 5/05.
27 BVerfG Beschl. v. 29.07.2004 2 BvR 2248/03 NZBau 2004, 564.
28 Vgl. OLG München, Beschl. v. 19.07.2012, Verg 8/12; BVerfG vom 29.07.2004 – 2 BvR 2248/03; BGH v. 01.02.2005 – X ZB 27/04.
29 Vgl. BVerfG NZBau 2004, 564.

32   Im Regelfall wird das Vergabenachprüfungsverfahren durch nur einen Bieter eingeleitet. Die Frage der Antragsbefugnis stellt sich jedoch auch – insbesondere – in anderen Konstellationen. Das GWB enthält keine ausdrückliche Regelung der Frage, ob jeder Bieter zwingend ein eigenes Nachprüfungsverfahren einzuleiten hat oder ob mehrere Bieter ein solches gemeinsam beantragen können.

33   Antragsbefugt sind **Bietergemeinschaften**, nicht aber die einzelnen Mitglieder einer Bietergemeinschaft.[30] Das Ausscheiden eines Mitgliedes aus der Bietergemeinschaft hat auf deren Antragsbefugnis keinen Einfluss,[31] Gleiches gilt für einen sonstigen Wechsel, solange es sich bei dem Bieter weiterhin um eine BGB-Gesellschaft handelt.[32] Die Bietergemeinschaft kann sich durch ein Mitglied der Gemeinschaft in Prozessstandschaft vertreten lassen.[33] Die Frage, ob das Eingehen der Bietergemeinschaft seinerseits vergaberechtswidrig[34] gewesen sein könnte, ist für die Antragsbefugnis unerheblich.[35]

34   Analog dem im Prozessrecht anerkannten Institut der gewillkürten Prozessstandschaft ist auch im Vergabenachprüfungsverfahren der Antragsteller befugt, eine Verletzung fremder Bewerber- oder Bieterrechte im eigenen Namen geltend zu machen, sofern er dazu vom Berechtigten ermächtigt worden ist und ein eigenes schutzwürdiges Interesse an der Durchführung des Nachprüfungsverfahrens im eigenen Namen hat. Ein schutzwürdiges Eigeninteresse an der Durchführung des Verfahrens ist anzunehmen, wenn die Entscheidung im Nachprüfungsverfahren Einfluss auf die eigene Rechtslage des Antragstellers hat. Die Verfahrensstandschaft ist insbesondere dann zulässig, wenn dem Antragsteller ein Auftragsverlust und damit ein Schaden zu entstehen droht.[36]

35   Der Antragsteller hat hierbei offen zu legen, dass er im Verfahren im eigenen Namen fremde Rechte geltend macht.[37] Es muss sich entweder unmittelbar aus dem Vorbringen im Verfahren erschließen, dass der Antragsteller als Prozessstandschafter ein fremdes Recht geltend macht oder die Prozessstandschaft anhand der Umstände für alle Beteiligten klar und eindeutig sein. Eine Ausnahme vom Offenkundigkeitsprinzip macht die Rechtsprechung nur in den Fällen, in denen der Kläger nach außen befugt als Rechtsinhaber auftritt (stille Sicherungszession). Versäumt der Antragsteller, rechtzeitig seine Position als Prozessstandschafter offen zu legen und ist eine Prozessstandschaft auch nicht aus sonstigen Gründen offenkundig, so ist der Antrag unzulässig.[38]

36   Die Antragsbefugnis kommt auch dem **Gesamtrechtsnachfolger** einer beendeten Gesellschaft bürgerlichen Rechts zu, die ein Angebot abgegeben hat. Der Gesamtrechtsnachfolger hat ein wirtschaftliches und rechtliches Interesse an der Klärung der Frage, ob das noch rechtlich existente Angebot der Bietergemeinschaft zuschlagsfähig ist.[39]

37   Nicht zweifelhaft kann sein, dass Verbände[40] oder nicht am Vergabeverfahren beteiligte Unternehmen keine Antragsbefugnis haben. Ein **Verbands- oder Popularantrag** wäre mit § 160 Abs. 2 GWB nicht in Übereinstimmung zu bringen, da diese Bestimmung ein Interesse des Antragstellers am Auftrag voraussetzt. Dies gilt auch dann, wenn ein Verband die Bieter-Interessen eines Mitgliedes (oder mehrerer) durchzusetzen versuchen würde.

---

30 Vgl. Vgl. OLG Düsseldorf Beschl. v. 18.11.2009, VII-Verg 19/09; Beschl. v. 03.01.2005, VII Verg 82/04; VK Berlin Beschl. v. 15.11.2010, VK-B-2-25/10.
31 a.A. Kadenbach a.a.O., § 107 Rn. 23 m.w.N.
32 Vgl. VK Hessen Beschl. v. 12.09.2001, 69d VK-30/2001; vgl. hierzu auch OLG Karlsruhe Beschl. v. 15.10.2008, 15 Verg 9/08, ZfBR 2009, 96 m.N.
33 Vgl. Kadenbach a.a.O., § 107 Rn. 21 m.w.N.; Bastius a.a.O., § 107 Rn. 5
34 Siehe KG Berlin, Beschl. v. 24.10.2013, Verg 11/13; OLG Karlsruhe, Beschl. v. 05.11.2014, 15 Verg 6/14
35 Vgl. VK Thüringen, Beschl. v. 14.01.2015, 250-4003-7807/2014-E-011-G
36 Vgl. OLG Düsseldorf Beschl. v. 18.11.2009, VII-Verg 19/09.
37 vgl. BGHZ 94,122; BGHZ 125, 20
38 Vgl. OLG München Beschl. v. 14.01.2015, Verg 15/14
39 Vgl. OLG Düsseldorf Beschl. v. 24.05.2005 Verg 28/05.
40 Vgl. VK Hessen Beschl. v. 26.04.2006, 69d VK-15/2006.

Mehrere Bieter, die jeder für sich antragsbefugt wären, können, auch wenn dies die Ausnahme blei- 38
ben wird, die Vergabekammer auch in einem **gemeinsamen Antrag**[41] anrufen.

Die Voraussetzungen einer **notwendigen Streitgenossenschaft** (§ 64 VwGO, § 62 ZPO analog) lie- 39
gen in einem solchen Fall nicht vor. Die Sachentscheidung muss nicht notwendigerweise gegenüber
sämtlichen Antragstellern einheitlich erfolgen. Die rechtskräftige Entscheidung in einem Verfahren
wirkt für das andere Verfahren. Der Streitgegenstand ist hinsichtlich jedes einzelnen Antragstellers
unterschiedlich, nämlich, ob die Vergabeentscheidung gerade diesen Antragsteller in seinen Rechten verletzt (§ 97 Abs. 6, § 160 Abs. 2 GWB). Die Entscheidung kann bei verschiedenen Antragstellern ohne weiteres unterschiedlich ausfallen. Greifen verschiedene unterlegene Bieter dieselbe
Vergabeentscheidung vor derselben Vergabekammer an, ist zu prüfen, ob jeder der Antragsteller
durch die Entscheidung in jeweils seinen eigenen Rechten verletzt worden ist, was häufig zu unterschiedlichen Ergebnissen führt.[42]

Diese Ausführungen stehen der Annahme einer **einfachen Streitgenossenschaft** mehrerer Bieter 40
gemäß § 60 ZPO analog jedoch nicht entgegen. Streitgenossenschaft besteht, wenn die Verfahren
mehrerer Antragsteller äußerlich verbunden sind. Voraussetzungen sind entweder das Vorliegen
einer Rechtsgemeinschaft in Ansehung des Streitgegenstandes, eine Identität des tatsächlichen und
rechtlichen Grundes oder aber eine Gleichartigkeit von Ansprüchen aufgrund eines im Wesentlichen gleichartigen und rechtlichen Grundes.[43] Zumindest eine der beiden letztgenannten Voraussetzungen wird bei Antragstellung mehrerer Bieter desselben Vergabeverfahrens vorliegen. Die
Voraussetzungen des § 60 ZPO sind weit auszulegen und im Interesse der Prozesswirtschaftlichkeit
immer dann zu bejahen, wenn eine gemeinsame Verhandlung und Entscheidung zweckmäßig ist.[44]
Das OLG Düsseldorf sieht in einem solchen Fall die Voraussetzungen einer subjektiven »Klagehäu-
fung« gemäß § 64 VwGO i.V.m. § 60 ZPO für gegeben an.[45]

Haben Bieter sich einander widersprechende Interessen, werden sie eine gemeinsame Antrag- 41
stellung nicht in Betracht ziehen, da diese durch nur einen Verfahrensbevollmächtigten nicht
wahrgenommen werden können. Einem gemeinsamen Antrag werden auch die **Geheimhaltungsinteressen** der Bieter entgegenstehen. Geht ihr Interesse und damit ihr Antrag jedoch auf das
gleiche Ergebnis, hier ist insbesondere an die Aufhebung der Ausschreibung zu denken, weil ein
Ausschreibungsfehler sie an einer (Erfolg versprechenden) Angebotsabgabe gehindert habe, und
stehen Geheimhaltungsinteressen nicht entgegen, so kommt – insbesondere aus Kostengründen –
ein streitgenossenschaftlich eingereichter Antrag auf Einleitung eines Nachprüfungsverfahrens
durchaus in Betracht. Die Vergabekammer wird eine solche bei der Bemessung ihrer Gebühr
berücksichtigen.

Die Vergabekammer kann mehrere bei ihr anhängige Nachprüfungsverfahren, die dieselbe Aus- 42
schreibung betreffen, in analoger Anwendung des § 147 ZPO **verbinden** und wird dies auch tun,
wenn anderweitig die Gefahr sich widersprechender Entscheidungen besteht und die Anträge der
verschiedenen Bieter in einer gemeinsamen Verhandlung abgearbeitet werden können. Die Verbindung der Nachprüfungsverfahren führt dazu, dass die Antragsteller Streitgenossen werden.[46] Eine
Streitgenossenschaft kommt auch auf **Auftraggeberseite** in Betracht, dann nämlich, wenn ungewiss
ist, ob A oder B Auftraggeber sein soll.[47]

41 Vgl. OLG Düsseldorf Beschl. v. 30.04.2008, VII-Verg 23/08.
42 Vgl. OLG Düsseldorf Beschl. v. 19.12.2007, Verg 51/07.
43 Vgl. Zöller/Vollkommer, ZPO, 30. Aufl. 2014, § 60 Rn. 4 ff.
44 Vollkommer, a.a.O., § 60 Rn. 7 m.w.N.
45 OLG Düsseldorf Beschl. v. 30.04.2008, VII-Verg 23/08.
46 Vgl. Zöller/Greger, ZPO, 30. Aufl. 2014, § 147 Rn. 8.
47 Vgl. BayObLG Beschl. v. 06.02.2004, Verg 23/03.

I. Das Interesse am Auftrag

43   Das Interesse am Auftrag ist weit auszulegen.[48] Die Rechtsprechung nimmt ein Interesse am Auftrag deshalb grundsätzlich an, wenn sich der Bieter an der Ausschreibung beteiligt und ein ernstzunehmendes Angebot abgegeben hat. **Es bedarf, wenn der Antragsteller als Bieter am Vergabeverfahren teilgenommen hat, keiner weiteren Darlegung, weil bereits der Umstand der Angebotsabgabe regelmäßig das erforderliche Interesse belegt.**[49]

44   Dem Interesse am Auftrag kann jedoch bereits entgegenstehen, dass der Zuschlag in dem angegriffenen Vergabeverfahren wirksam erteilt wurde (siehe § 135 GWB) (alt: § 101b GWG). Denn die Stellung eines Nachprüfungsantrags und die Anrufung der Vergabekammer sind nicht mehr statthaft, wenn der Zuschlag im Zeitpunkt des Eingangs des Antrags bei der Vergabekammer bereits erteilt war und damit der Vertrag, an dem der Antragsteller Interesse zu haben behauptet, wirksam zustande gekommen ist, weil dann zuvor begangene Verstöße gegen vergaberechtliche Bestimmungen nicht mehr beseitigt werden können. Greift hingegen ein Nichtigkeits- oder Unwirksamkeitsgrund, welcher den Vertrag von Anfang an unwirksam macht, so steht eine erfolgte Zuschlagserteilung dem Nachprüfungsantrag nicht entgegen. Der Auftrag steht vielmehr noch zur Vergabe an, der jeweilige Antragsteller hat i.S.v. § 160 Abs. 2 GWB ein Interesse an einem aktuellen Auftrag.[50]

45   Die Antragsbefugnis in diesem Sinne fehlt jedoch, wenn der Antragsteller ein Angebot abgegeben hatte, nunmehr aber beantragt, den Auftraggeber zu verpflichten, keine Zuschläge zu erteilen und das Vergabeverfahren aufzuheben. Die (weitere) Durchführung des Vergabeverfahrens abzuwenden stellt kein Rechtsschutzziel dar, welches mit dem vergaberechtlichen Nachprüfungsverfahren in zulässiger Weise verfolgt werden kann. Ein vergaberechtlicher Anspruch, eine Auftragsvergabe durch Aufhebung der Ausschreibung endgültig zu verhindern, besteht nicht.[51] Nachprüfungsverfahren haben den Zweck, dass Aufträge – ordnungsgemäß – erteilt werden, nicht, dass die Auftragserteilung verhindert wird.[52]

46   Das Nachprüfungsverfahren hat auch nicht den Zweck, den erfolgreichen Bieter in einem Vergabeverfahren vor einer nach Auftragserteilung erfolgten Kündigung der Auftraggeberseite zu schützen und es ihm zu ermöglichen, den erhaltenen Auftrag auch tatsächlich auszuführen. Aus diesem Grund kann der erfolgreiche Zuschlagbieter auch nicht in zulässiger Weise ein Nachprüfungsverfahren mit dem Ziel einleiten, es dem Auftraggeber zu untersagen, den ihm erteilten Auftrag erneut zu vergeben.[53]

47   Die Vergabenachprüfung kann grundsätzlich nur von Unternehmen angestrengt werden, die als Vertragspartner des zugrunde liegenden Vergabeverfahrens in Betracht kommen. Die Unterbrechung eines Vergabeverfahrens durch einen Außenstehenden, der eventuell nur an der Klärung einer Rechtsfrage oder der Behinderung der Beteiligten, nicht aber am Vertragsabschluss interessiert ist, soll ausgeschlossen sein.[54] So wäre z.B. der isolierte Antrag, die Unzulässigkeit der – zivilrechtlich zu beurteilenden – Kündigung eines Vertrages festzustellen, gemäß § 160 Abs. 2 GWB unzulässig.[55]

---

48   Vgl. BVerfG NZBau 2004, 564 m.w.N.

49   Vgl. BGH Beschl. v. 26.09.2006, X ZB 14/06; BVerfG NZBau 2004, 564; OLG Düsseldorf NZBau 2000, 45.

50   Vgl. VK Sachsen, Beschl. v. 18.03.2015, 1/SVK/001-15; OLG Dresden, Beschl. v. 25.01.2008 – WVerg 010/07, m. Verw. a. BGHZ 146, 202, 206; 158, 43, 4; VK Bund, Beschl. v. 27.05.2014 – VK 2-31/14.

51   Vgl. OLG Brandenburg Beschl. v. 03.11.2011, Verg W 4/11; BGHZ 183, 95; OLG Koblenz Beschl. v. 04.02.2009 a.a.O.; Senat Beschl. v. 05.10.2004, Verg W 12/04, VergabeR 2005, 138; OLG Düsseldorf Beschl. v. 05.03.2001, Verg 2/01, VergabeR 2001, 234; OLG Rostock Beschl. v. 10.05.2000, 17 W 4/00, NZBau 2001, 285.

52   Vgl. OLG Brandenburg Beschl. v. 03.11.2011, Verg W 4/11.

53   Vgl. OLG Brandenburg Beschl. v. 14.09.2010, Verg W 8/10.

54   Vgl. VK bei der Bezirksregierung Düsseldorf Beschl. v. 15.08.2008, VK 18/2008-C.

55   Vgl. OLG Naumburg Beschl. v. 18.07.2006, 1 Verg 4/06.

Nur mittelbar an einem Auftrag Interessierte, insbesondere Lieferanten und **Subunternehmer** 48
eines Bieters, aber auch Planer, Projektentwickler und Berater können ein Interesse daran haben,
dass ihr Auftraggeber den Zuschlag erhält. Dies vermag jedoch ihre Antragsbefugnis noch nicht zu
begründen, da sie **kein** eigenes **Interesse** an einem **öffentlichen Auftrag** haben.[56] Subjektive Rechte
i.S.d. § 97 Abs. 6 GWB kommen ihnen in dem Vergabeverfahren nicht zu. Das Vergabenachprüfungsverfahren ist denjenigen Unternehmen vorbehalten, die einen Vertragsschluss mit der Vergabestelle anstreben.[57] Das gilt auch dann, wenn der Subunternehmer oder der Lieferant bzw. sein
Produkt im Angebot ausdrücklich benannt wurden.[58] Der Auftraggeber hat bei der Vergabe von
Aufträgen lediglich die Rechte eines (potenziellen) Bieters zu wahren, dagegen nicht die von nur
mittelbar an der Auftragserteilung interessierten Dritten. Dagegen spricht bereits, dass gegebenenfalls ein Subunternehmer ohne oder gar gegen den Willen des Bieters das Angebot weiterverfolgt,
obwohl dieser zwischenzeitlich ein Interesse an dem Auftrag verloren hat.[59]

Treten im Vergabeverfahren zwei **Bieter** wechselseitig auch **als Nachunternehmer** des jeweils anderen 49
Bieters auf, ist ein Ausschluss beider Bieter zu prüfen, da dieser Umstand indiziert, dass die Angebote
in gegenseitiger Kenntnis erstellt wurden.[60] Die wechselseitige Nachunternehmerstellung alleine
genügt jedoch noch nicht, um einen Verstoß gegen den Wettbewerbsgrundsatz (siehe § 25 Nr. 1
Abs. 1 lit. c VOB/A) annehmen zu können. Es müssen weitere Umstände hinzukommen, die nach
Art und Umfang des Nachunternehmereinsatzes sowie mit Rücksicht auf die Begleitumstände eine
Kenntnis von dem zur selben Ausschreibung abgegebenen Konkurrenzangebot annehmen lassen.
Liegt eine sog. **verdeckte Bietergemeinschaft**[61] vor, stellt dies eine unzulässige Doppelbewerbung dar.

Eine Antragsbefugnis kann gegeben sein, wenn eine Vergabestelle einen Beschaffungsvorgang ein- 50
geleitet hat, entgegen den Vorschriften über das Vergabeverfahren jedoch ein solches nicht durchführt (**De-facto-Vergabe**).

Ist ein solcher Vertrag bereits geschlossen worden, ist er gemäß § 135 Abs. 1 Nr. 2 GWB (alt: § 101 51
b Abs. 1 Nr. 2 GWB) von Anfang an unwirksam. Vor Vertragsschluss kann ein nicht beteiligter
Bieter um Vergaberechtsschutz nachfragen.

Zwar gewähren die §§ 155 ff. GWB (alt: §§ 102 ff. GWB) einen Primärrechtsschutz nur während 52
eines Vergabeverfahrens, wenn sich also der Nachprüfungsantrag auf ein konkretes Vergabeverfahren bezieht, das begonnen und noch nicht abgeschlossen ist. Für einen **vorbeugenden Rechtsschutz**
ist das Nachprüfungsverfahren nicht geschaffen. Dies schließt die Zuständigkeit der Vergabekammern für Auftragsverfahren jedoch nicht aus, bei denen die Ausschreibung **rechtswidrig unterblieben** ist.[62] Um einen solchen besonders schwerwiegenden Vergabeverstoß zu erfassen, ist ein
materielles Verständnis des Vergabeverfahrens erforderlich.[63]

Ein formelles Vergabeverfahren beginnt nach der Rechtsprechung dann, wenn die Vergabestelle 53
nach außen erkennbar den ersten Schritt zur Durchführung desjenigen Verfahrens in die Wege
leitet, welches zu einem konkreten Vertragsabschluss führen soll. Bei europaweiten Vergaben ist
dies z.B. die Absendung der Vergabebekanntmachung an das EU-Amtsblatt. An einem solchen

---

56 Vgl. OLG Düsseldorf, Beschl. v. 05.11.2014, VII Verg 20/14; BVerfG Nichtannahmebeschl. v. 23.04.2009,
    1 BvR 3424/08 m.w.N.; OLG Düsseldorf Beschl. v. 29.10.2008, VII-Verg 35/08; Beschl. v. 18.06.2008,
    VII-Verg 23/08; Beschl. v. 14.05.2008, VII-Verg 27/08.
57 Vgl. OLG Rostock Beschl. v. 05.05.2004 17 Verg 15/03 und Beschl. v. 05.02.2003 17 Verg 14/02; Boesen
    Vergaberecht 2000 § 97 Rn. 58; OLG Celle Beschl. v. 05.09.2002 13 Verg 9/02 NZBau 2003, 60.
58 Ebenso OLG Düsseldorf Beschl. v. 18.06.2008, VII-Verg 23/08; Beschl. v. 13.11.2000, Verg 25/00;
    OLG Rostock Beschl. v. 05.05.2004 17 Verg 15/03 und Beschl. v. 05.02.2003 17 Verg 14/02.
59 Vgl. OLG Düsseldorf Beschl. v. 18.06.2008, VII-Verg 23/08.
60 Vgl. VK Schleswig-Holstein Beschl. v. 17.09.2008, VK-SH 10/08.
61 Vgl. VK Schleswig-Holstein Beschl. v. 17.09.2008, VK-SH 10/08.
62 Vgl. OLG Dresden Beschl. v. 24.01.2008, WVerg 10/07; OLG Rostock Beschl. v. 05.02.2003 17 Verg
    14/02 m.w.N.
63 Vgl. OLG Rostock Beschl. v. 05.02.2003 17 Verg 14/02 m.w.N.

formellen Vergabeverfahren fehlt es aber, wenn der Auftraggeber von einer Ausschreibung Abstand nimmt und ohne Ausschreibung mit einem oder mehreren Unternehmen verhandelt. Würde man den Anwendungsbereich der §§ 97 ff. GWB auf formelle Vergabeverfahren beschränken, wäre ein Rechtsschutz gegen Direktvergaben in Form eines Nachprüfungsverfahrens nicht möglich, obwohl ein schwerwiegender Verstoß gegen Vergabevorschriften vorliegen kann. Die Rechtsprechung hat es deshalb als ausreichend angesehen, dass ein Vergabeverfahren in einem »materiellen« Sinn stattgefunden hat. Für den Beginn eines materiellen Vergabeverfahrens ist es daher ausreichend, dass sich der öffentliche Auftraggeber zur Deckung eines bestimmten Bedarfs entschlossen und mit dem Ziel eines Vertragsschlusses mit organisatorischen oder planerischen Schritten zur Durchführung des Beschaffungsvorganges begonnen hat, also z.B. Angebote eingeholt, Bietergespräche geführt oder sogar bereits gewertet und sich für ein Angebot entschieden hat. Der Auftraggeber muss über das Stadium bloßer Vorstudien des Marktes oder sonstiger rein vorbereitender Handlungen hinausgelangt sein.[64]

54   Dem steht auch § 160 Abs. 3 GWB (»im Vergabeverfahren«) nicht entgegen. Zwar kann hieraus abgeleitet werden, dass um Primärrechtsschutz auf dem durch § 155 ff. GWB eröffneten Weg erst nachgesucht werden kann, wenn ein öffentlicher Auftraggeber zur Deckung seines Bedarfes **bereits in ein Verfahren eingetreten** ist, das mit der Vergabe eines Auftrages seinen Abschluss finden soll. Zwingend ist dies jedoch nicht. In den §§ 97 ff. GWB ist ein förmliches Vergabeverfahren nicht vorausgesetzt, § 160 Abs. 2 GWB stellt vielmehr auf die materiellen Vergabevorschriften und ihre Missachtung ab. Ausreichend ist daher, dass überhaupt ein Verfahren in Rede steht, an dem ein öffentlicher Auftraggeber gemäß §§ 98 ff. GWB und mindestens ein außen stehender Dritter (ein Unternehmen) beteiligt ist und das eingeleitet ist, um einen entgeltlichen Vertrag i.S.d. §§ 103 ff. GWB über eine Leistung abzuschließen, der nicht nach §§ 107 ff. GWB von den Regelungen des 4. Teils des GWB ausgenommen ist und dessen Wert den nach § 106 GWB (alt: § 100 Abs. 1 GWB) festgelegten Schwellenwert erreicht oder übersteigt.[65]

55   Von der De-facto-Vergabe abzugrenzen sind Handlungen, die eine bloße **Vorstudie** des Marktes darstellen oder die **rein vorbereitend** sind und sich im Rahmen der internen Überlegungen des öffentlichen Auftraggebers im Hinblick auf die Vergabe eines öffentlichen Auftrages abspielen.[66] Solche unterliegen dem Nachprüfungsverfahren nicht.

56   Ob eine De-facto-Vergabe vorliegt, wenn die Vergabestelle nach Zuschlag mit dem erfolgreichen Bieter eine Vereinbarung über die **Änderung des Vertrages trifft**, war auch nach einer Entscheidung des EuGH[67] zu einem Dienstleistungsauftrag noch nicht in ihren Einzelheiten geklärt.[68] Dies galt insbesondere dann, wenn ein Teil einer vereinbarten Leistung durch eine andere Teilleistung ersetzt werden soll. Machte der Auftraggeber lediglich einseitig von einer im Vertrag angelegten Option Gebrauch, war der Vorgang ohne Zweifel **vergaberechtlich neutral**.[69] Die vergaberechtliche bedeutsame Änderung des geschlossenen Vertrages ist nunmehr in § 132 GWB geregelt. Auf die dortige Kommentierung kann Bezug genommen werden.

57   Für diejenigen Vergabeverfahren, die vor dem in § 186 Abs. 2 GWB geregelten Inkrafttreten des Vergaberechtsänderungsgesetzes 2015 begonnen haben, bleiben die nachfolgenden Überlegungen von Bedeutung: Allgemein gehaltene Anpassungsklauseln, die die Umstände der Vertragsänderung nicht konkret definieren, werden in der Rechtsprechung als nicht ausreichend angesehen, um eine nachträgliche Änderung zu rechtfertigen. Die möglichen Änderungen und Optionen müssen nach

---

64   Vgl. OLG München Beschl. v. 19.07.2012, Verg 8/12 m.w.N.

65   Vgl. BGH NZBau 2005, 290.

66   Vgl. OLG München Beschl. v. 19.07.2012, Verg 8/12 m.w.N; BGH NZBau 2005, 290; EuGH NZBau 2005, 111.

67   EuGH Urt. v. 19.06.2008, C-454/06, »pressetext Nachrichtenagentur«, Vergaberecht 2008, 758.

68   Siehe Kulartz/Duikers, Ausschreibungspflicht bei Vertragsänderungen, Vergaberecht 2008, 728 m.w.N.

69   Vgl. OLG Rostock Beschl. v. 05.02.2003, 17 Verg 14/02; Müller-Wrede/Kaelble, GWB-Vergaberecht, 2. Aufl. 2014, § 99 Rn. 38; Ingenstau/Korbion VOB-Kommentar 14. Aufl. 2001 § 99 Rn. 2.

Art und Umfang beschrieben worden sein. Außerdem müssen die Bedingungen feststehen, unter denen die Vertragsänderungen zur Anwendung kommen. Konkrete Anforderungen haben sich in der Spruchpraxis – soweit ersichtlich – noch nicht herausgebildet. Anerkannt ist aber, dass sogenannte Blankettvorbehalte und allgemeine Anpassungsklauseln nicht ausreichend sind.[70]

Anderes gilt, wenn die Vertragsparteien durch ein beiderseitiges Einvernehmen den Inhalt des **58** geschlossenen Vertrages in einem **wesentlichen Punkt**[71] abändern, so z.B., wenn statt der ausgeschriebenen Maschine A nunmehr das deutlich leistungsfähigere Nachfolgermodell geliefert oder der Leistungsumfang nachträglich aufgestockt werden soll. Hierzu wird die Auffassung vertreten, dass darauf abzustellen sei, ob die Änderung wirtschaftlich dem **Abschluss eines neuen Vertrages** gleichkommt.[72] Abgestellt wird auf eine Änderung der essentialia negotii, wenn etwa die beschafften Gegenstände oder Dienstleistungen der Sache oder dem Umfang nach bzw. hinsichtlich der Preise maßgeblich verändert werden.[73] Abgestellt wird auch darauf, ob der Wert der geänderten Leistung die Schwellenwerte überschreitet.[74]

Bei einer Erweiterung des Leistungsvolumens um 11,6% ist gemäß Schleswig-Holsteinischem **59** OLG von einer »wesentlichen« Vertragsänderung auszugehen.[75]

Nach Auffassung des Verfassers handelt es sich bei einer wesentlichen Änderung des Vertragsgegen- **60** stands um eine De-Facto-Vergabe, auf die die allgemeinen Regeln anzuwenden ist. Hierbei wird der Wert der Leistung in ihrer Gesamtheit, nicht allein der Wert des geänderten Gegenstandes den Wert der Ausschreibung bilden. Anderenfalls wäre der Beschaffung des geänderten Gegenstandes an den möglichen Mitbietern vorbei Tür und Tor geöffnet. Für den Fall einer Direktvergabe muss z.B. die Teilnahme des Antragstellers an den Vertragsverhandlungen für die Feststellung des »Interesses am Auftrag« ausreichen.[76]

Ein Wirtschaftsteilnehmer, der sich gegen die Nichtausschreibung bzw. gegen die nicht ausreichend **61** transparente Ausschreibung wendet, verfügt schon dann über eine Antragsbefugnis nach § 107 Abs. 2 GWB a.F., wenn er nur generell eine Eignung für die Leistungen der betreffenden Branche besitzt.[77] Hierbei ist insbesondere Vortrag erforderlich, dass der Antragsteller in der Lage wäre, den Auftrag auszuführen.[78]

Liegt ein förmliches Vergabeverfahren vor, hat der Antragsteller dennoch **kein Angebot abgegeben**, **62** muss er darlegen, dass er gerade durch den gerügten Vergaberechtsverstoß daran gehindert worden ist, ein ernstzunehmendes Angebot abzugeben[79] und dass er sich bei ordnungsgemäßer Vergabe um den fraglichen Auftrag beworben haben würde.[80]

---

70 Vgl. VK Sachsen Beschl. v. 27.04.2015, 1/SVK/012-12 m.w.N.
71 Vgl. Schleswig-Holst. OLG Beschl. v. 28.08.2015, 1 Verg 1/15; Schleswig-Holst. OLG Beschl. v. 04.11.2014, 1 Verg 1/14; EuGH Urt. v. 19.06.2008, C-454/06, »pressetext Nachrichtenagentur«, Vergaberecht 2008, 758; OLG Rostock Beschl. v. 05.02.2003, 17 Verg 14/02; Kulartz/Duikers Ausschreibungspflicht bei Vertragsänderungen, Vergaberecht 2008, 728 m.w.N.
72 Vgl. Müller-Wrede/Kaelble a.a.O., Rn. 36.
73 Vgl. Prieß Handbuch des europäischen Vergaberechts 3. Aufl. 2005 S. 111 ff.; vgl. auch Daub/Eberstein VOL/A 5. Aufl. 2000 § 1a VOL/A Rn. 72; Marx in: Motzke/Pietzcker/Prieß VOB/A 2001 § 99 Rn. 8; Immenga/Mestmäcker GWB 2001 § 99 Rn. 16.
74 Vgl. Schleswig-Holst. OLG Beschl. v. 04.11.2014, 1 Verg 1/14.
75 Vgl. Schleswig-Holst. OLG Beschl. v. 04.11.2014, 1 Verg 1/14.
76 Vgl. OLG München Beschl. v. 19.07.2012, Verg 8/12.
77 Vgl. OLG Naumburg Beschl. v. 14.03.2014, 2 Verg 1/14.
78 Vgl. OLG Jena, Beschl. v. 19.10.2010, 9 Verg 5/10.
79 Vgl. OLG Rostock Beschl. v. 11.08.2010, 17 Verg 3/10; OLG Düsseldorf Beschl. v. 25.11.2009, VII Verg 27/09; BayObLG Beschl. v. 04.02.2003, Verg 31/02; OLG Jena Beschl. v. 28.01.2004, 6 Verg 11/03.
80 Vgl. OLG Düsseldorf Beschl. v. 14.05.2008, VII-Verg 27/08.

63   Ein hinreichender Grund liegt vor, wenn Vergabeverstöße in der Ausschreibung den Antragsteller an der Abgabe eines Angebotes gehindert haben.[81] Wenn ein Unternehmen von der Abgabe eines Angebotes absieht, aber gleichwohl ein Nachprüfungsverfahren einleitet, muss ein **gewichtiger Grund** vorliegen, der eine Angebotsabgabe als unzumutbar erscheinen lässt.

64   Der geltend gemachte Vergaberechtsverstoß muss eine aussichtsreiche Angebotsabgabe kausal unmöglich oder unzumutbar machen.

65   Wer geltend macht, durch rechtsverletzende Bestimmungen in den Vergabeunterlagen an der Einreichung eines chancenreichen Angebots gehindert oder erheblich beeinträchtigt zu sein, muss zur Begründung des Auftragsinteresses kein Angebot abgeben, sondern dokumentiert dieses Interesse – wie im Streitfall – durch seine vorprozessuale Rüge (§ 160 Abs. 3 GWB) (alt: § 107 Abs. 3 GWB) und den anschließenden Nachprüfungsantrag. Leidet die Ausschreibung an einem gewichtigen Vergaberechtsverstoß, kann vom Antragsteller nicht verlangt werden, ein Angebot auszuarbeiten.[82] Eine Beteiligung am Vergabeverfahren müsse in einem solchen Fall als »nutzloser Aufwand« erscheinen, weil keinerlei Zuschlagsaussichten bestehen.[83]

66   Wendet sich der Antragsteller gegen eine Leistungsanforderung, die er nicht würde erfüllen können, so muss er kein Angebot abgeben, welches bei einem Misserfolg des Nachprüfungsbegehrens »keinerlei Aussicht auf den Zuschlag« haben würde.[84]

67   Legt der Antragsteller dar, dass ihm namentlich mangels ausreichender Beschreibung der Leistung und wegen Fehlens ausreichender Kalkulationsgrundlagen ein seriös kalkuliertes Angebot unmöglich gewesen sei, genügt er ebenfalls den Anforderungen des § 160 Abs. 2 GWB.[85]

68   Macht der Antragsteller geltend, er sei wegen des konkret gerügten Verfahrensverstoßes an der Abgabe eines Angebotes gehindert gewesen, ist die Darlegung, welches Angebot er bei einer von seinem Standpunkt her vergabekonformen Ausschreibung abgegeben hätte, nicht erforderlich.[86] In Abhängigkeit von der Art des behaupteten Vergaberechtsverstoßes ist eine solche Darlegung nicht nur sinn- und nutzlos, sondern, z.B. wenn fehlende Auskünfte gerügt werden, auch unmöglich.[87]

69   Wenn der Nichtbieter bzw. der Nichtbewerber jedoch objektiv nicht in der Lage wäre, in einem vergaberechtsgemäßen Verfahren ein aussichtsreiches Angebot abzugeben, wird ihm die Antragsbefugnis fehlen.[88] An eine solche Feststellung sind nicht zuletzt aus Gründen des Wettbewerbs hohe Anforderungen zu stellen.

70   Die soeben genannten Voraussetzungen für die Feststellung der Antragsbefugnis erscheinen in einer Hinsicht zu eng. Die Antragsbefugnis besteht nicht nur in denjenigen Fällen, in denen der gerügte Vergabefehler die Abgabe eines Angebots verhindert hat. Einzubeziehen sind vielmehr darüber hinaus auch weitere Fallgestaltungen, in denen der antragstellenden Partei zwar an sich eine Angebotsabgabe möglich gewesen wäre, sich aber bei verständiger Betrachtung

---

81 Vgl. EuGH Urt. v. 12.02.2004 C-230/02 »Grossmann Air Service« EuZW 2004, 220.
82 Vgl. OLG Düsseldorf Besch. v. 17.01.2013, VII-Verg 35/12; Beschl. V. 07.11.2012, VII-Verg 24/12; Beschl. v. 21.05.2008, VII-Verg 19/08; OLG Frankfurt/Main Beschl. v. 29.05.2007, 11 Verg 12/06; OLG Jena Beschl. v. 06.06.2007, 9 Verg 3/07.
83 Vgl. OLG Schleswig Urt. v. 09.04.2010, 1 U 27/10.
84 Vgl. OLG Düsseldorf Beschl. v. 09.07.2003, Verg 26/03.
85 Vgl. OLG Brandenburg Beschl. v. 27.03.2012, Verg W 13/11; OLG Düsseldorf Beschl. v. 25.11.2009, Verg 27/09; OLG Saarbrücken Beschl. v. 07.05.2008, 1 Verg 5/07; OLG München Beschl. v. 02.08.2007, Verg 7/07.
86 Vgl. OLG Rostock Beschl. v. 11.08.2010, 17 Verg 3/10; OLG Düsseldorf Beschl. v. 25.11.2009, VII Verg 27/09; BKartA Beschl. v. 24.01.2008, VK 3–151/07; OLG Düsseldorf Beschl. v. 09.07.2003, Verg 26/03.
87 Vgl. OLG Rostock Beschl. v. 11.08.2010, 17 Verg 3/10.
88 Vgl. OLG Naumburg Beschl. v. 20.09.2012, 2 Verg 4/12; OLG Brandenburg Beschl. v. 03.11.2011, Verg W 4/11.

die Ausarbeitung des Angebots angesichts der reklamierten und als zutreffend zu unterstellen-
den Beanstandungen des Vergabeverfahrens als unzumutbar darstellen würde. Dem Bieter ist
die Erarbeitung eines Angebotes nämlich auch dann nicht zuzumuten, wenn ein solches zwar
aussichtsreich wäre, die Ausschreibung selbst jedoch an einem schwerwiegenden Vergaberechts-
mangel leidet.

Der Bieter ist auch dann antragsbefugt, wenn er bei der rechtswidrigen Ausschreibung eines Leitfa- 71
brikates zwar in der Lage wäre dieses zu liefern, er aber daran gehindert wird, ein wirtschaftlicheres
Konkurrenzprodukt anzubieten.[89]

Die zur Feststellung der Antragsbefugnis erforderlichen Darlegungen beschränken sich in solchen 72
Fällen auf die Geltendmachung derjenigen Vergabefehler, welche die antragstellende Partei tatsächlich von der Erarbeitung und Abgabe eines Angebots abgehalten haben können.

Auch die Wahl des Verfahrens kann einen Bieter benachteiligen. So besteht im Verhandlungs- 73
verfahren generell die Gefahr, bei Nachverhandlungen von einem Mitbewerber unterboten zu
werden. Das Verhandlungsverfahren unterscheidet sich grundsätzlich vom offenen Verfahren,
weil der öffentliche Auftraggeber im offenen Verfahren den Auftrag nur gemäß dem Inhalt eines
der abgegebenen Gebote erteilen darf, während im Verhandlungsverfahren der Inhalt der Gebote
jeweils verhandelbar ist. Aus diesem Grund ist es anerkannt, dass die fehlerhafte Wahl des Verhandlungsverfahrens die Möglichkeit der Verschlechterung der Zuschlagschancen in sich birgt
und deshalb ein Schaden i.S.v. § 160 Abs. 2 GWB droht.[90] Gleiches gilt – zumindest für das bisherige Recht – für die Wahl eines nichtoffenen Verfahrens, da das offene Verfahren den Regelfall
darstellt, von dem nur in den gesetzlich zugelassenen Ausnahmefällen abgewichen werden kann.[91]
Die Vorschriften über die Wahl der richtigen Verfahrensart sind bieterschützend und begründen
subjektive Rechte im Sinne von § 97 Abs. 6 GWB.[92] Die Verfahrensarten sind nunmehr in § 119
GWB geregelt.

Ist das Vergabeverfahren durch einen wirksamen Zuschlag zum Abschluss gekommen, fehlt es dem 74
Antragsteller an einem »Interesse am Auftrag«. Sein Interesse kann nur noch in der Erlangung von
Schadensersatz bestehen. Mit diesem Begehren ist er gemäß § 156 Abs. 3 GWB an die Zivilgerichte
zu verweisen.

II. Die Geltendmachung einer Verletzung in eigenen Rechten nach § 97 Abs. 6 GWB

Dem Erfordernis ist genügt, wenn mit dem Nachprüfungsantrag eine **Verletzung vergaberecht-** 75
licher Vorschriften schlüssig vorgetragen wird.[93] Vergabevorschriften sind – mehr noch als nach
bisherigem Recht – insbesondere die Vorschriften des GWB, aber auch diejenigen der Verordnungen, namentlich der VgV, der VSVgV, der Verdingungsordnungen (VOB/A, VOL/A, VOF),
der Sektorenverordnung und dasjenige europäische Recht, auf dem diese nationalen Regelungen
beruhen. Die im vierten Buch des GWB geschaffenen Nachprüfungsinstanzen sollen Gewähr dafür
bieten, dass die Vergabevorschriften durch den öffentlichen Auftraggeber eingehalten werden. Hierfür ist das Nachprüfungsverfahren geschaffen worden. Zur Antragsbefugnis gehört deshalb das Vorbringen, dass der Auftraggeber die Vergabevorschriften nicht bzw. nicht richtig zur Anwendung
gebracht habe.

Begehrt der Antragsteller, dass der öffentliche Auftraggeber Vergabevorschriften nicht anwendet 76
und von einer Vergabe des Auftrages unter Anwendung des Kartellvergaberechts absieht, stattdessen

---

89 Vgl. BayObLG Beschl. v. 15.09.2004, Verg 26/03; VK Südbayern Beschl. v. 21.07.2008, Z3–3-
     3194–1–23–06/08.
90 Vgl. OLG Brandenburg Beschl. v. 27.03.2012, Verg W 13/11; OLG Düsseldorf Beschl. v. 03.03.2010,
     VII-Verg 46/09; BGH Beschl. v. 10.11.2009, X ZB 8/09, BGHZ 183, 95.
91 Vgl. OLG Düsseldorf Beschl. v. 29.02.2012, VII-Verg 75/11.
92 Vgl. OLG Celle Beschl. v. 24.09.2014, 13 Verg 9/14 m.w.N.
93 Vgl. BGH Beschl. v. 18.05.2004, X ZB 7/04 ZfBR 2004, 710.

ein anderes Verfahren wählt, so liegt darin kein im Nachprüfungsverfahren zulässiges Rechtsschutzziel. Ziel eines Nachprüfungsverfahrens kann es allein sein, das Vergaberecht zu beachten, nicht jedoch, es gerade nicht anzuwenden.[94]

77 Es reicht aus, dass eine Verletzung eigener Rechte nach der Darstellung des das Nachprüfungsverfahren betreibenden Bieters **möglich erscheint**. Aus Gründen des effektiven Rechtsschutzes, der im Anwendungsbereich des § 115 GWB (alt: § 100 Abs. 1 GWB) durch das vergaberechtliche Nachprüfungsverfahren ermöglicht werden soll, kann die Antragsbefugnis nämlich nur einem Unternehmen fehlen, bei dem offensichtlich eine Rechtsbeeinträchtigung nicht vorliegt.[95] Wünscht ein Bieter die Nachprüfung eines eingeleiteten Vergabeverfahrens, ist deshalb die Voraussetzung des § 160 Abs. 2 Satz 1 GWB regelmäßig gegeben, wenn er sich auf die Verletzung von subjektiven Rechten mit der Behauptung beruft, dass der öffentliche Auftraggeber Bestimmungen über das Vergabeverfahren nicht eingehalten hat oder einhält. Wenn und soweit – seine Richtigkeit unterstellt – der Tatsachenvortrag des Antragstellers geeignet ist, die Missachtung von Regeln des Gesetzes gegen Wettbewerbsbeschränkungen, der Verordnung über die Vergabe öffentlicher Aufträge oder der einschlägigen Verdingungsordnung einschließlich der sich aus diesen Regeln ergebenden Bindung an die in der Bekanntmachung oder Ausschreibung festgelegten Bedingungen des betreffenden Vergabeverfahrens darzutun, kommt nämlich regelmäßig in Betracht, dass der Antragsteller hiervon auch in seinen Rechten betroffen ist. Denn nach § 97 Abs. 6 GWB haben Unternehmen Anspruch darauf, dass der öffentliche Auftraggeber die Bestimmungen über das Vergabeverfahren einhält. Begehrt ein Bieter mit der schlüssigen Behauptung einer Missachtung solcher Bestimmungen die Nachprüfung des eingeleiteten Vergabeverfahrens, bedarf mithin die Verletzung in Rechten nach § 97 Abs. 6 GWB keiner besonderen Darlegung mehr. Für die Zulässigkeit des Nachprüfungsantrags ist vielmehr die schlüssige Behauptung erforderlich und regelmäßig ausreichend, dass und welche vergaberechtlichen Vorschriften im Verlaufe des Vergabeverfahrens missachtet worden sein sollen.[96]

78 Hinsichtlich des Verhaltens eines öffentlichen Auftraggebers besteht somit kein allgemeiner Überprüfungsanspruch. Erfolgreich kann ein Nachprüfungsantrag nur dann sein, wenn der Unternehmer die Verletzung von Vorschriften rügt, die seinem eigenen Schutz zu dienen bestimmt sind. Die angebliche Missachtung von Normen, die lediglich Ordnungsfunktion haben oder lediglich den Interessen der Allgemeinheit dienen, kann daher nicht zu einer Überprüfung des Vergabeverfahrens führen.[97]

79 19 Abs. 6 Satz 2 EG VOL/A, der dem öffentlichen Auftraggeber verbietet, auf Angebote, deren Preise in offenbarem Missverhältnis zur Leistung stehen, den Zuschlag zu erteilen, dient in erster Linie dem Schutz des Auftraggebers. Dieser soll keine Verträge mit Auftragnehmern eingehen, die wegen einer unauskömmlichen Preiskalkulation in die Gefahr geraten, ihre Leistungspflichten nicht erfüllen zu können. Durch die Vorschrift werden Bieter nur reflexartig geschützt, ohne dass sie darauf einen Rechtsanspruch haben.[98] Einen Bieterschutz, ein subjektives Recht, entfaltet die Vorschrift allenfalls dann, wenn der Auftraggeber das als unangemessen niedrig gerügte Preisangebot auszuschließen hat, weil er wettbewerbsbeschränkende und unlautere Verhaltensweisen zu bekämpfen hat. Dazu zählen beispielsweise Angebote mit unangemessen niedrigem Preis, die der Marktverdrängung dienen oder zumindest die Gefahr begründen, dass bestimmte Wettbewerber vom Markt ganz verdrängt werden.[99]

---

94 Vgl. OLG Brandenburg Beschl. v. 07.10.2010, Verg W 12/10.
95 Vgl. BGH Beschl. v. 26.09.2006, X ZB 14/06; BVerfG Beschl. v. 29.07.2004 – 2 BvR 2248/03, NZBau 2004, 564, 566.
96 Vgl. BGH Beschl. v. 26.09.2006, X ZB 14/06; BGH Beschl. v. 18.05.2004 X ZB 7/04.
97 Vgl. OLG Karlsruhe, Beschl. v. 22.07.2011, 15 Verg 8/11; OLG Naumburg, Beschl. v. 17.01.2014, 2 Verg 6/13; VK M-V, Beschl. v. 19.03.2014, 2 VK 05/14.
98 Vgl. Dicks in: Kulartz/Marx/Portz/Prieß, VOL/A, 2. Auflage, § 19 EG Rn. 37.
99 Vgl. OLG Karlsruhe Beschl. v. 22.07.2011, 15 Verg 8/11; OLG Düsseldorf Beschl. v. 12.10.2005 – VII Verg 37/05.

Möllenkamp

Der Vortrag, die gerügte Verfahrensweise verstoße gegen datenschutzrechtliche Vorschriften, könnte 80
nur dann eine Verletzung von Vergaberechtsvorschriften (§ 160 Abs. 2 Satz 1 GWB) begründen,
wenn ein – unterstellter – Verstoß gegen Datenschutzrecht einen vergaberechtlichen Anknüpfungspunkt hätte und sich die Anwendung dieser Normen konkret auf die Rechtsposition des Antragstellers im Vergabeverfahren – namentlich im Rahmen der Angebotswertung – auswirken könnte.[100]

Dem Antragsteller werden zum Zeitpunkt der Antragstellung im Regelfall Einblicke in die Sphäre 81
der Vergabestelle verwehrt sein, sodass konkrete Kenntnisse über Rechtsverletzungen die Ausnahme
darstellen dürften. Deshalb darf er im Vergabenachprüfungsverfahren behaupten, was er auf der
Grundlage seines – oft nur beschränkten – Informationsstands redlicherweise für wahrscheinlich
oder möglich halten darf, etwa wenn es um Vergabeverstöße geht, die sich ausschließlich in der
Sphäre der Vergabestelle abspielen oder das Angebot eines Mitbewerbers betreffen. Der Antragsteller
muss zumindest tatsächliche Anknüpfungstatsachen oder Indizien vortragen, die einen hinreichenden Verdacht auf einen bestimmten Vergaberechtsverstoß begründen. Ein Mindestmaß an Substantiierung ist einzuhalten; reine Vermutungen zu eventuellen Vergabeverstößen reichen nicht aus.[101]

Eine willkürliche, aufs Geradewohl oder **ins Blaue hinein** aufgestellte Behauptung ist dagegen 82
unzulässig und unbeachtlich.[102] Nach § 161 Abs. 2 GWB ist eine Sachverhaltsdarstellung des
Antragstellers erforderlich. Hieraus folgt, dass der Bieter nicht mit pauschalen und unsubstantiier-
ten Behauptungen Nachprüfungsanträge stellen kann in der Erwartung, die Amtsermittlung werde
zum Nachweis eines Verstoßes führen; er hat zumindest Indizien oder tatsächliche Anhaltspunkte
aufzuzeigen, die ihn zu dem Schluss bewogen haben, die Vergabestelle habe sich rechtswidrig.
Danach ist ein Antrag insbesondere unzulässig, wenn der Antragsteller das Vorliegen der Eignung
und Eignungsnachweise eines Mitbieters pauschal und ohne Anhaltspunkte infrage stellt.[103]

Die Wahrheitspflicht der Verfahrensbeteiligten, ohne die ein geordneter Rechtsschutz im Rahmen 83
eines förmlichen Verfahrens nicht möglich ist und die deshalb im Vergabenachprüfungsverfahren
auch ohne eine § 138 Abs. 1 ZPO entsprechende Norm im vierten Teil des GWB gilt, verlangt
lediglich eine subjektive Wahrhaftigkeit und verbietet nur, Erklärungen wider besseres Wissen abzugeben. Deshalb darf im Vergabenachprüfungsverfahren behauptet werden, was der Betreffende aus
seiner Sicht der Dinge für wahrscheinlich oder möglich hält.[104]

Solche Behauptungen werden – unzulässigerweise – mitunter gemacht, um sich über eine **Akten-** 84
einsicht (§ 165 GWB) im Nachprüfungsverfahren die für eine Rechtsverfolgung erforderlichen
Kenntnisse zu verschaffen. Dem Antragsteller kann die Berufung auf Rechtsverletzungen jedoch
dann nicht verwehrt sein, wenn sich hierfür aus seiner Sicht **hinreichende Anhaltspunkte** ergeben.
Anhaltspunkte für einen Verstoß gegen die Bestimmungen des Vergaberechts (§ 97 Abs. 6 GWB),
insbesondere gegen das Prinzip der Gleichbehandlung aller Bieter, können sich zum Beispiel aus
Erkenntnissen des Antragstellers über unangemessen niedrige Preise des erfolgreichen Konkurrenten, Zweifeln hinsichtlich dessen Geeignetheit oder seines technischen Angebotes oder eines
vergaberechtswidrigen Nachunternehmereinsatzes ergeben. Diesbezüglich wird es jeweils auf die
Umstände des Einzelfalles ankommen.

Im Nachprüfungsverfahren kann auch noch nach **Aufhebung der Ausschreibung** gemäß §§ 160 ff. 85
GWB geltend gemacht werden, dass die Aufhebung der Ausschreibung den Antragsteller in seinen
Rechten verletzt, weil sie gegen § 17 VOB/A verstoße. Dies bedeutet zugleich, dass ein entsprechen-

---

100 Vgl. VK M-V Beschl. v. 19.03.2014, 2 VK 05/14.
101 Vgl. OLG Brandenburg Beschl. v. 29.05.2012, Verg W 5/12 m.w.N.; OLG Frankfurt Beschl. v.
       09.07.2012, 11 Verg 5/10.
102 Vgl. OLG Celle Beschl. v. 13.01.2011, 13 Verg 15/10; OLG Düsseldorf Beschl. v. 08.12.2008, VII-Verg
       55/08; KG Berlin Beschl. v. 13.03.2008, 2 Verg 18/07; OLG Celle Beschl. v. 08.03.2007, 13 Verg 2/07;
       BGH Beschl. v. 26.09.2006, X ZB 14/06.
103 Vgl. KG Berlin Beschl. v. 13.03.2008, 2 Verg 18/07.
104 Vgl. OLG Düsseldorf Beschl. v. 08.12.2008, VII-Verg 55/08.

der Antrag (auch) noch in zulässiger Weise angebracht werden kann, nachdem der Ausschreibende die Entscheidung bereits getroffen hat, die Ausschreibung aufzuheben.[105]

III. Die Darlegung eines durch die behauptete Rechtsverletzung bereits entstandenen oder noch drohenden Schadens

86   Nach § 160 Abs. 2 Satz 2 GWB ist ferner darzulegen, dass dem Unternehmen durch die behauptete Verletzung der Vergabevorschriften ein **Schaden** entstanden ist oder zu entstehen droht. Der in dieser Vorschrift verwendete Schadensbegriff muss unter dem Gesichtspunkt des Primärrechtsschutzes betrachtet und ausgelegt werden. Der Schaden besteht darin, dass durch den einzelnen beanstandeten Vergaberechtsverstoß die **Aussichten** des den Antrag stellenden Bieters auf den Zuschlag zumindest **verschlechtert** sein können. Entscheidend für das Vorliegen einer Antragsbefugnis und damit für die Gewährung von Primärrechtsschutz ist mithin die Eignung der gerügten Vergaberechtsverstöße, eine solche **Chancenbeeinträchtigung** begründen zu können.[106]

87   An die Darlegung des entstandenen oder drohenden Schadens i.S.d. § 160 Abs. 2 Satz 2 GWB sind daher keine überzogenen Anforderungen zu stellen. Es ist vielmehr ausreichend, dass ein Schadenseintritt nicht offensichtlich ausgeschlossen ist.[107] Wie oben unter Rdn. 43 bereits ausgeführt, ist die Voraussetzung des § 160 Abs. 2 Satz 1 GWB regelmäßig gegeben, wenn der Antragsteller sich auf die Verletzung von subjektiven Rechten mit der Behauptung beruft, dass der öffentliche Auftraggeber Bestimmungen über das Vergabeverfahren nicht eingehalten hat oder einhält.[108] In einem solchen Fall kommt regelmäßig in Betracht, dass der Antragsteller hiervon auch in seinen Rechten betroffen ist.

88   Der Antragsteller muss daher vortragen, dass die behaupteten Vergabeverstöße geeignet sind, seine Zuschlagschancen dahin gehend zu beeinträchtigen, dass ihm hierdurch ein Schaden zumindest zu entstehen droht. Hierzu hat er für jeden einzelnen gerügten Vergabeverstoß schlüssig und nachvollziehbar darzulegen, dass der jeweilige Vergabeverstoß seine Aussichten auf den Zuschlag tatsächlich beeinträchtigt hat oder dass die Zuschlagschancen zumindest verschlechtert worden sein könnten.[109]

89   Auf die Antragsbefugnis hat es keinen Einfluss, dass der Antragsteller zu Recht vom weiteren Vergabeverfahren **ausgeschlossen** wurde oder er aufgrund der Bestimmungen über das Vergabeverfahren auszuschließen wäre.[110] **Rügt** der Antragsteller, dass der durch die Vergabestelle erfolgte Ausschluss seines Angebotes **vergaberechtswidrig** erfolgt sei, unterliegt es keinen Zweifeln, dass die Antragsbefugnis für das eingeleitete Vergabenachprüfungsverfahren gegeben ist.[111]

90   Einem Bieter, der auf eine Ausschreibung hin ein Angebot abgegeben und damit sein Interesse an dem Auftrag bekundet hat, und im Nachprüfungsverfahren die Rechtmäßigkeit der Entscheidung des Auftraggebers, sein Angebot nicht als das beste Angebot zu bewerten, zur Überprüfung stellt, kann der Zugang zum Nachprüfungsverfahren auch nicht mit der Begründung verwehrt werden, sein Angebot sei aus anderen als mit dem Nachprüfungsantrag zur Überprüfung gestellten Gründen

---

105 Vgl. BGH Beschl. v. 18.02.2003 X ZB 43/02 ZfBR 2003, 401.
106 Vgl. BVerfG Beschl. v. 29.07.2004, 2 BvR 2248/03 (NZBau 2004, 564); OLG Düsseldorf Beschl. v. 24.10.2007, VII-Verg 32/07; Beschl. v. 13.04.1999, Verg 1/99 NZBau 2000, 45; VK Lüneburg Beschl. v. 11.08.2005 VgK-33/2005.
107 Vgl. BVerfG NZBau 2004, 564; OLG Jena Beschl. v. 19.10.2010, 9 Verg 5/10.
108 Vgl. BGH Beschl. v. 26.09.2006, X ZB 14/06.
109 Vgl. VK Hessen Beschl. v. 25.08.2011, 69d VK-28/2011; OLG Düsseldorf Beschl. v. 09.07.2003, Verg 26/03; 1; VK Sachsen Beschl. v. 03.03.2008, I/SVK/2-08.
110 Vgl. OLG Jena Vorlagebeschl. v. 20.06.2005 9 Verg 3/05 NZBau 2005, 476.
111 Vgl. OLG Koblenz Beschl. v. 07.07.2004 1 Verg 1 und 2/04 NZBau 2004, 571; OLG Naumburg Beschl. v. 27.08.2002 1 Verg 5/02 NZBau 2003, 296.

auszuscheiden gewesen, sodass ihm wegen der von ihm behaupteten Rechtswidrigkeit kein Schaden erwachsen sei oder drohe.[112]

Auch wenn der Antragsteller mit seinem Angebot zu Recht ausgeschlossen wurde, könnte er seinen 91 Nachprüfungsantrag auf eine Verletzung des Gleichbehandlungsgrundsatzes stützen, wenn auch hinsichtlich des weiteren allein noch in der Wertung verbliebenen Angebots ein zwingender Ausschlussgrund bestünde. Der dem Antragsteller drohende Schaden besteht dann darin, dass er sich bei einer Auftragsvergabe an den Mitbieter nicht in einem neuen Vergabeverfahren nochmals um den Auftrag bewerben kann und ihm seine Chance, den Zuschlag doch noch zu erhalten, unter Verstoß gegen den Gleichbehandlungsgrundsatz von vornherein genommen wird. Ob der Antragsteller durch die Fortführung des Vergabeverfahrens tatsächlich in seinen Rechten verletzt ist, ist eine Frage der Begründetheit.[113]

Kommt als Maßnahme der Vergabestelle, die den Bestimmungen über das Vergabeverfahren ent- 92 spricht, die **Aufhebung** des eingeleiteten **Vergabeverfahrens** in Betracht, liegt es auch ohne weitere Darlegung auf der Hand, dass als Folge der stattdessen gewählten oder beabsichtigten vergaberechtswidrigen Vorgehensweise des öffentlichen Auftraggebers dem Bieter ein Schaden zu entstehen droht. Denn die Aufhebung einer Ausschreibung kann zu einer erneuten Ausschreibung der nachgefragten Leistung führen; besteht der Bedarf beim öffentlichen Auftraggeber fort, ist die Neuausschreibung eine konsequente Folge der Aufhebung. Der um Nachprüfung nachsuchende Bieter hätte so die Chance, sich an der erneuten Ausschreibung im Rahmen eines vergaberechtsgemäßen Verfahrens mit einem dieser Ausschreibung entsprechenden konkurrenzfähigen Angebot zu beteiligen.[114] Dass im Voraus nicht abzusehen ist, ob die darin liegende Chance eine realistische Aussicht darstellt, den Auftrag zu erhalten, und sich eine solche Chance keinesfalls zwangsläufig für den betreffenden Bieter auftun muss, ist unerheblich.[115]

Ein Schaden droht dem Bieter auch bei fehlerhafter Auswahl des Vergabeverfahrens. So unter- 93 scheidet sich das Verhandlungsverfahren grundsätzlich vom offenen Verfahren, weil der öffentliche Auftraggeber im offenen Verfahren den Auftrag nur gemäß dem Inhalt eines der innerhalb der Angebotsfrist abgegebenen Gebote erteilen darf, während im Verhandlungsverfahren der Inhalt der Gebote jeweils verhandelbar ist. Wird das Verhandlungsverfahren zu Unrecht gewählt, ist deshalb jeder Bieter der ansonsten nicht gegebenen Gefahr ausgesetzt, im Rahmen von Nachverhandlungen von einem Mitbewerber unterboten zu werden. Bereits dies kann seine Zuschlagschancen beeinträchtigen.[116]

Trägt der Bieter vor, dass durch **unklare Ausschreibungsunterlagen** ein Verstoß gegen die Chan- 94 cengleichheit vorliegt, ist der drohende Schadenseintritt ohne weiteres dargelegt.[117] Die Antragsbefugnis hängt nicht davon ab, dass der Bieter darlegt, wie sich sein Angebot bei ordnungsgemäßer Leistungsbeschreibung gestaltet hätte. Es geht nicht um hypothetische Überlegungen zu dem Ergebnis eines fehlerfreien Verfahrens. Der Antrag geht vielmehr auf die Beseitigung eines mit nicht heilbaren Fehlern behafteten Verfahrens mit der **Konsequenz** einer **Neuausschreibung** und der damit eröffneten Chance, an dem neuen Verfahren unter Bedingungen, die die Chancengleichheit gewährleisten, teilzunehmen.[118]

112 Vgl. BGH NZBau 2004, 457; ebenso OLG Jena Beschl. v. 20.06.2005 9 Verg 3/05 NZBau 2005, 476; BVerfG NZBau 2004, 564.
113 Vgl. OLG Frankfurt Beschl. v. 13.12.2011, 11 Verg 8/11; BGH VergabeR 2007, 59; OLG Karlsruhe VergabeR 2007, 388.
114 Vgl. BGH Beschl. v. 26.09.2006, X ZB 14/06.
115 Vgl. OLG Celle Beschl. v. 17.07.2009, 13 Verg 3/09; BGH Beschl. v. 26.09.2006, X ZB 14/06.
116 Vgl. BGH Beschl. v. 10.11.2009, X ZB 8/09.
117 Vgl. OLG Saarbrücken Beschl. v. 06.04.2005 1 Verg 1/05, NJOZ 2005, 3089 m.w.N.; OLG Düsseldorf Beschl. v. 28.04.2004 Verg 2/04 NZBau 2004, 400.
118 Vgl. BVerfG NZBau 2004, 564.

95   In seinem Beschl. v. 10.11.2009[119] ist der BGH vertieft auf die Frage der Kausalität eingegangen. Nach dem Wortlaut des § 107 Abs. 2 GWB muss ganz allgemein ein (drohender) Schaden dargelegt werden, für den die behauptete Verletzung von Vergabevorschriften kausal ist.

96   Einem Bieter, der sich an dem beanstandeten Vergabeverfahren durch die Abgabe eines Gebots beteiligt hat, droht regelmäßig auch dann i.S.v. § 160 Abs. 2 Satz 2 GWB ein Schaden durch eine Verletzung von Vergabevorschriften, wenn das eingeleitete Vergabeverfahren aufgrund der Wahl der falschen Verfahrensart nicht durch Zuschlag beendet werden darf und zur Bedarfsdeckung eine Neuausschreibung in Betracht kommt.

97   Nach der Rechtsprechung des Senats ist ein drohender Schaden im Sinne von § 160 Abs. 2 Satz 2 GWB bereits dargetan, wenn der Vortrag des Antragstellers ergibt, dass er im Fall eines ordnungsgemäßen (neuerlichen) Vergabeverfahrens bessere Chancen auf den Zuschlag haben könnte als in dem beanstandeten Verfahren. Ein Schaden droht bereits dann, wenn die Aussichten dieses Bieters auf die Erteilung des Auftrags zumindest verschlechtert worden sein können. Das ist nicht nur der Fall, wenn dies für den Zuschlag in dem eingeleiteten und zur Nachprüfung gestellten Vergabeverfahren zutrifft. Dass im Voraus nicht abzusehen ist, ob die darin liegende Chance eine realistische Aussicht darstellt, den Auftrag zu erhalten, und sich eine solche Chance keinesfalls zwangsläufig für den betreffenden Bieter auftun muss, ist unerheblich. Denn hiernach reicht schon die Möglichkeit einer Verschlechterung der Aussichten des den Nachprüfungsantrag stellenden Bieters infolge der Nichtbeachtung von Vergabevorschriften aus.[120]

98   Für die behauptete Kausalität reicht es nicht aus, wenn die Korrektur des Fehlers es erforderlich machen würde, das Verfahren in den Stand vor der Auswahl der Anbieter zurückzuversetzen, sodass dann neue Angebote abzugeben und zu bewerten wären. Vielmehr müssen zusätzlich die Chancen des Antragstellers gerade durch den Vergabefehler verschlechtert worden sein; anderenfalls fehlte es an der vom Bundesgerichtshof geforderten Kausalität des Vergaberechtsverstoßes für den denkbaren Schaden.[121]

99   Nicht erforderlich ist, dass der Antragsteller im Sinne einer so darzulegenden **Kausalität** nachweisen kann, dass er bei korrekter Anwendung der Vergabevorschriften den **Auftrag erhalten** hätte. Nicht erforderlich ist weiterhin, dass das Unternehmen vorträgt, inwieweit sein Angebot bei einem fehlerfreien Verfahren im Vergleich zu dem Angebot eines anderen Mitbieters ausreichende Chancen auf den Zuschlag gehabt hätte.[122] Für die Zulässigkeit des Nachprüfungsantrags genügt der schlüssige Vortrag bzw. die konkrete Behauptung des Antragstellers, dass sein Angebot wertbar sei und er bei zutreffendem Vorgehen der Vergabestelle den Zuschlag erhalten müsse. Ob sein Standpunkt der materiellen Rechtslage entspricht, ist im Rahmen der Begründetheit des Antrags zu prüfen.[123] Die Frage, ob das eigene Angebot des Bieters möglicherweise ausgeschlossen werden muss, ist ebenfalls erst in der Begründetheitsstation zu prüfen.[124]

100   Dieses Verständnis wird durch die **Entstehungsgeschichte** des § 160 Abs. 2 Satz 2 GWB (alt: § 107 Abs. 2 Satz 2 GWB) belegt. Die Vorschrift wurde auf Vorschlag des Bundesrates in das Gesetz aufgenommen, um zu verhindern, dass ein Bieter, der auch bei einem ordnungsgemäß durchgeführten Vergabeverfahren keinerlei Aussicht auf Berücksichtigung seines Angebotes und auf Erteilung des Zuschlages gehabt hatte, ein **investitionshemmendes Nachprüfungsverfahren** einleiten könne.[125]

---

119 Vgl. BGH Beschl. v. 10.11.2009, X ZB 8/09.
120 Vgl. BGH Beschl. v. 10.11.2009, X ZB 8/09.
121 Vgl. OLG Celle Beschl. v. 12.05.2010, 13 Verg 3/10; BGH Beschl. v. 10.11.2009, X ZB 8/09.
122 Vgl. BVerfG NZBau 2004, 564; VK Schleswig-Holstein Beschl. v. 12.06.2006, VK SH 12/06; anders z.B. OLG Koblenz Beschl. v. 25.05.2000 1 Verg 1/00 NZBau 2000, 445.
123 Vgl. OLG München Beschl. v. 10.12.2009, Verg 16/09; Beschl. v. 05.11.2009, Verg 15/09.
124 Vgl. OLG München Beschl. v. 05.11.2009, Verg 15/09.
125 BT-Drucks. 13/9340 S. 40 Nr. 22; vgl. OLG Saarbrücken Beschl. v. 06.04.2005 1 Verg 1/05; OLG Koblenz NZBau 2000, 445.

Nicht antragsbefugt ist daher nur ein Unternehmen, bei dem **offensichtlich** eine Rechtsbeeinträchtigung nicht vorliegt.[126]

Die Abgrenzung ist in der Praxis jedoch nicht mit der gebotenen Eindeutigkeit vorzunehmen. So **101** wird der Schlechtplatzierteste seine Antragsbefugnis nicht darzulegen vermögen, sofern er nicht gegen die in der **Rangfolge** ihm **vorgehenden Angebote** konkrete Einwendungen vorzubringen hat.[127] Warum z.B. für den Drittplatzierten anderes gelten soll, ist nicht erkennbar.[128] Im Ergebnis ist daher zur Bejahung der Antragsbefugnis zu fordern, dass seitens des Antragstellers aufgezeigt wird, dass er ohne den (behaupteten) Rechtsverstoß eine **echte Chance** gehabt hätte, den Zuschlag zu erhalten, da ihm nur dann aus dem Vergaberechtsverstoß ein wirtschaftlicher Nachteil im Sinne einer darzulegenden Verschlechterung der Zuschlagschancen erwachsen ist oder zu erwachsen droht.[129] Ein Schaden muss schlüssig dargelegt und jedenfalls denkbar sein.[130]

Danach kann ein Schaden nur dann verneint werden, wenn der Bieter bereits nach seinem eigenen **102** Vorbringen evident keine Aussicht auf Erteilung des Zuschlags hat.[131] Ein solcher drohender Schaden ist ausgeschlossen, wenn ein Zuschlag auf das Angebot eines Bieters – auch bei unterstellter vergaberechtskonformer Handlungsweise des öffentlichen Auftraggebers – mit Sicherheit ausgeschlossen werden kann.[132]

Macht der Antragsteller geltend, dass durch die unklaren Ausschreibungsunterlagen ein Verstoß **103** gegen die Chancengleichheit vorliege, ist ein (drohender) Schadenseintritt im Sinne des § 160 Abs. 2 Satz 2 GWB ohne Weiteres dargelegt.[133]

Zum besseren Verständnis der Diskussion ist nachzutragen, dass im Anschluss an eine Entschei- **104** dung des **BGH v. 18.02.2003**[134] die überwiegende Zahl der Vergabekammern und Vergabesenate[135] noch davon ausging, dass, wenn das Angebot des Antragstellers zu Recht von der Wertung ausgeschlossen wurde oder aber hätte ausgeschlossen werden müssen, dies seine Antragsbefugnis und damit die Zulässigkeit des Nachprüfungsantrages entfallen lasse. In der Praxis führte die Auffassung, dass der zwingende Ausschluss des Angebotes die Antragsbefugnis und damit die Zulässigkeit des Nachprüfungsantrages entfallen lasse,[136] zu einer deutlichen **Verkürzung des Rechtsschutzes** des Antragstellers. Dass diese Handhabung keinen Bestand haben konnte, machte die Entscheidung des **EuGH v. 19.06.2003**[137] deutlich. Danach verstoße es gegen Art. 1 Abs. 3 Richtlinie 89/665/EWG in der durch die Richtlinie 92/50/EWG geänderten Fassung, wenn einem Bieter der Zugang zum Nachprüfungsverfahren mit der Begründung verwehrt wird, dass sein Angebot bereits aus anderen Gründen vom Auftraggeber auszuscheiden gewesen wäre und ihm daher durch die behauptete Rechtswidrigkeit kein Schaden entstanden sei bzw. zu entstehen drohe. Im Rahmen des dem Bieter zur Verfügung stehenden Nachprüfungsverfahrens müsse es diesem ermöglicht werden, die Stichhaltigkeit des Ausschlussgrundes anzuzweifeln, auf dessen Grundlage die für die Nachprüfung zuständige Instanz zu beschließen beabsichtigt, dass ihm durch die Entscheidung, deren

---

126 Vgl. BVerfG NZBau 2004, 564.
127 Vgl. VK Schleswig-Holstein Beschl. v. 31.01.2006, VK-SH 33/05; OLG Saarbrücken Beschl. v. 06.04.2005 1 Verg 1/05, NJOZ 2005, 3089.
128 Vgl. OLG Celle Beschl. v. 02.12.2010, 13 Verg 12/10; OLG Brandenburg Beschl. v. 09.02.2010, Verg W 10/09.
129 Vgl. OLG Saarbrücken Beschl. v. 06.04.2005 1 Verg 1/05, NJOZ 2005, 3089 m.w.N.
130 Vgl. OLG Rostock Beschl. v. 06.07.2011, 17 Verg 4/11; Weyand, Vergaberecht, 3. Aufl., § 107 Rn. 3193 m.w.N.
131 Vgl. OLG Rostock Beschl. v. 06.07.2011, 17 Verg 4/11; Beschl. v. 04.07.2011, 17 Verg 3/11.
132 Vgl. OLG München Beschl. v. 23.12.2010, Verg 23/10; Beschl. v. 21.05.2010, Verg 2/10.
133 BVerfG NZBau 2004, 564.
134 BGH Beschl. v. 18.02.2003 X ZB 43/02 NZBau 2003, 293.
135 Siehe hierzu Möllenkamp Ausschluss unvollständiger Angebote NZBau 2005, 557 f.
136 Vgl. BayObLG IBR 2003, 628; OLG Koblenz IBR 2004, 581.
137 EuGH Beschl. v. 19.06.2003 Rs. C-249/01 »Hackermüller« NZBau 2003, 509.

Rechtswidrigkeit er behauptet, kein Schaden entstanden ist bzw. zu entstehen droht.[138] Durch **Beschl. v. 18.05.2004**[139] hat der BGH diese Rechtsprechung aufgenommen und damit die durch seine Entscheidung v. 18.02.2003 eröffnete Unklarheit behoben. Der Zulässigkeitsvoraussetzung des Nachprüfungsantrages gemäß § 107 Abs. 2 GWB sei bereits dann genügt, wenn mit dem Antrag schlüssig vorgetragen werde, dass dem Antragsteller infolge der behaupteten Rechtsverletzung ein Schaden entstanden sei oder zu entstehen drohe; nicht erforderlich sei, dass bereits festgestellt werden könne, dass der behauptete Verstoß gegen vergaberechtliche Vorschriften tatsächlich vorliege und den behaupteten Schaden ausgelöst habe oder auszulösen drohe, der Nachprüfungsantrag also in der Sache begründet sei.

105 Ob die Voraussetzungen für einen solchen Ausschluss tatsächlich gegeben sind, ist keine Frage der Zulässigkeit, sondern der **Begründetheit**.[140]

IV. Fortbestehen der Antragsbefugnis

106 Die Antragsbefugnis muss während des gesamten Verfahrens bis zur Entscheidung der Vergabekammer **fortbestehen**. Dies ist von der Vergabekammer in jeder Lage des Verfahrens von Amts wegen zu prüfen.[141] Das Abstandnehmen des Antragstellers von seinem Angebot lässt den Nachprüfungsantrag unzulässig werden. Dies kann zum Beispiel dann der Fall sein, wenn über das Vermögen des Unternehmens das **Insolvenzverfahren** eröffnet wird und der Insolvenzverwalter ankündigt, einen zustande kommenden Vertrag nicht erfüllen zu wollen.

107 Teilt ein Bieter, der von der Vergabestelle aufgefordert wurde, einer Verlängerung der Bindefrist zuzustimmen, seine Ablehnung mit, bringt er zum Ausdruck, dass er sich nach Ablauf der Bindefrist nicht mehr an sein Angebot gebunden fühlt. In diesem Fall entfällt sein Interesse am Auftrag und damit seine Antragsbefugnis, wenn er nicht auch die Rechtswidrigkeit des Ansinnens der Vergabestelle zum Gegenstand seines Nachprüfungsantrages macht. Schweigt er dagegen auf eine solche Aufforderung, kann dieses Schweigen nicht als Wegfall des Interesses am Auftrag gewertet werden. Ein solches Angebot könnte bezuschlagt werden, wobei der Zuschlag als neues Angebot zu werten wäre.[142]

D. Rüge und Frist für den Nachprüfungsantrag (Abs. 3)

I. Entstehungsgeschichte und Zweck

1. Begründung des Regierungsentwurfs

108 Die Begründung der ursprünglichen Fassung des § 107 Abs. 3 GWB (im Entwurf zum Vergaberechtsänderungsgesetz § 117 Abs. 3 GWB) lautet:[143]

109 Abs. 3 enthält eine Präklusionsregel unter dem Gesichtspunkt von Treu und Glauben zur Vermeidung unnötiger Verfahren. Erkennt der Unternehmer Fehler im Vergabeverfahren, muss er dem Auftraggeber Gelegenheit geben, diese Fehler zu korrigieren. Der Unternehmer, der auf einen erkannten Fehler spekuliert, weil er sich möglicherweise zu seinen Gunsten auswirken könnte, soll insoweit nicht Rechtmäßigkeit des Vergabeverfahrens einfordern dürfen, wenn seine Spekulation nicht aufgeht.

110 Trotz Kritik von der Seite der Auftragnehmer[144] hielt der Gesetzgeber an dieser Präklusionsregel fest.

---

138 EuGH Beschl. v. 19.06.2003 Rs. C-249/01 »Hackermüller« NZBau 2003, 509.
139 BGH Beschl. v. 18.05.2004 X ZB 7/04 NZBau 2004, 457 = ZfBR 2004, 710.
140 Vgl. Vgl. BGH Beschl. v. 26.09.2006, X ZB 14/06; OLG Celle Beschl. v. 02.10.2008, 13 Verg 4/08.
141 Vgl. OLG Koblenz Beschl. v. 25.05.2000 1 Verg 1/00 NZBau 2000, 445.
142 Vgl. OLG Düsseldorf Beschl. v. 20.02.2007, VII-Verg 3/07; VK bei der Bezirksregierung Düsseldorf Beschl. v. 29.04.2008, VK-06/2008.
143 BT-Drucks. 13/9340 S. 17.
144 Vgl. Byok NJW 1998, 2774, 2778.

Der Bundesrat schlug vor, der im Regierungsentwurf enthaltenen Regelung für im Vergabeverfah- 111
ren erkannte Verstöße eine Präklusionsvorschrift für aufgrund der Bekanntmachung erkennbare
Vergaberechtsverstöße anzufügen (§ 107 Abs. 3 Nr. 2 GWB). Er begründete seinen Vorschlag wie
folgt:[145]

Aufgrund der wortgleich im Supplement zum EG-Amtsblatt und gegebenenfalls in nationalen 112
Veröffentlichungsorganen veröffentlichten Bekanntmachungen sind für den Bewerber/Bieter eine
Reihe von wichtigen Entscheidungen des Auftraggebers, wie z.B. Wahl der Vergabeart, Fristbemes-
sung usw., erkennbar. Es erscheint für den Bewerber/Bieter zumutbar, durch rechtzeitige Rüge zur
Vermeidung von Verzögerungen der Vergabeverfahren durch späte Antragstellung auf Nachprüfung
beizutragen. Da sich der Bewerber/Bieter auf jeden Fall bis zum Ablauf der in der Bekanntmachung
genannten Bewerbungs- bzw. Angebotsfrist mit der Bekanntmachung auseinandersetzen musste, ist
eine Präklusion der Rüge mit Ablauf dieser Frist zumutbar.

Die Bundesregierung erklärte, sie schließe sich der Zielsetzung des Vorschlags an; um die Präklu- 113
sion aber nicht zu weit zu treiben, sei der Vorschlag dahin zu modifizieren, dass die Wörter »wenn
Verstöße« durch »soweit Verstöße« ersetzt würden.[146]

Im August 2008 brachte die Bundesregierung im Bundestag einen Gesetzesentwurf zur Moder- 114
nisierung des Vergaberechts ein, der eine Neufassung des § 107 Abs. 3 GWB enthielt.[147] Mit der
neuen Fassung durch das Gesetz zur Modernisierung des Vergaberechts vom 20.04.2009[148] wurde
die Rügeobliegenheit dahin verschärft, dass Verstöße, die in den Vergabeunterlagen erkennbar sind,
unverzüglich nach Erhalt, spätestens aber bis zum Ablauf der Angebotsfrist gerügt werden müssen,
wenn der Nachprüfungsantrag zulässig sein soll. Außerdem wurde erstmals eine Frist für die Stellung des Nachprüfungsantrags eingeführt. In der Begründung der Bundesregierung heißt es:[149]

§ 107 Abs. 3 verpflichtet derzeit die Unternehmen, erkannte Verstöße unverzüglich zu rügen. Dies 115
gilt auch für aufgrund der Vergabebekanntmachung erkennbare Verstöße. Diese Rügeobliegenheit
hat zu einer Vielzahl von Rechtsstreitigkeiten geführt. Die Änderung erweitert die Vorschrift. Auch
erkennbare Verstöße in der Leistungsbeschreibung sollen unverzüglich, spätestens bis zum Ablauf
der Angebotsfrist gerügt werden. Damit bekommt der öffentliche Auftraggeber auch in diesen Fällen eher die Gelegenheit, etwaige Verfahrensfehler zu beheben und so im Interesse aller Beteiligten
unnötige Nachprüfungsverfahren zu vermeiden.

Außerdem wird eine generelle Frist zur Geltendmachung einer Rüge in den Fällen eingeführt, in denen 116
der Auftraggeber dem Unternehmen mitteilt, dass der Rüge des Unternehmens nicht abgeholfen wird.
So kann frühzeitig Klarheit über die Rechtmäßigkeit des Vergabeverfahrens geschaffen werden.

Bei den sog. De-facto Vergaben des § 101b Abs. 1 Nr. 2 ist es nicht sachgerecht, den Unternehmen 117
eine Rügeverpflichtung aufzuerlegen. In diesen Fällen kann sofort ein Nachprüfungsantrag bei der
Vergabekammer gestellt werden.

Der Bundesrat sprach sich dafür aus, in § 101 Abs. 3 Satz 1 Nr. 1 GWB n.F. das Wort »unverzüg- 118
lich« und die Wörter »innerhalb einer Woche« zu ersetzen, um bei dem Begriff der Unverzüglichkeit
unterschiedliche Einzelfallinterpretationen zu vermeiden. Zur weiteren Neuregelung erklärte der
Bundesrat:[150]

Die Verpflichtung, alle in den Vergabeunterlagen erkennbaren Verstöße unverzüglich nach Erhalt 119
der Unterlagen zu rügen, zwingt die Bieter zu präventiven Rügen, um ihre Rechtsposition zu wah-

---

145 BT-Drucks. 13/9340 S. 40.
146 BT-Drucks. 13/9340 S. 50.
147 BT-Drucks. 16/10117.
148 BGBl. I S. 790.
149 BT-Drucks. 16/10117 S. 22.
150 BT-Drucks. 16/10117 S. 34.

ren. Betroffen wären hiervon insbesondere mittelständische Unternehmen. Mehr Rechtssicherheit für die Auftraggeber wird durch diese Regelung nicht erreicht. Eine Rügepflicht innerhalb der Angebotsfrist ist ausreichend.

120 Die Vorschrift führt bei Verstößen, die erst in den Vergabeunterlagen erkennbar sind, zu einer Obliegenheit des Bieters zur Durchsicht der Unterlagen sofort nach Erhalt. Dies widerspricht der bisherigen Rechtsprechung, welche vom Bieter die sofortige Durchsicht der Unterlagen auf Fehler nicht verlangt. Eine solche Obliegenheit würde gerade den Mittelstand benachteiligen, der über keine spezialisierten Abteilungen für Auftragsvergaben verfügt. Es ist daher sinnvoller, ebenso wie bei § 107 Abs. 3 Satz 1 Nr. 2 GWB-E auf den Ablauf der Angebotsfrist abzustellen, zumal der Zeitpunkt kaum überprüft werden kann, zu welchem der Bieter den Mangel erkannt haben will.

121 Die Bundesregierung trug in ihrer Gegenäußerung den Bedenken des Bundesrats damals nur teilweise Rechnung:[151]

122 Die Bundesregierung hält eine Konkretisierung des Begriffs »unverzüglich« in § 107 Abs. 3 Satz 1 Nr. 1 (neu) GWB nicht für sachgerecht. Eine strikte zahlenmäßige Konkretisierung würde dem Ziel einer weiteren Beschleunigung des Vergabeverfahrens nur unzureichend Rechnung tragen können. Was »ohne schuldhaftes Zögern« i.S.d. § 121 Abs. 1 BGB für den jeweiligen Sachverhalt bedeutet, lässt sich nach Auffassung der Bundesregierung nur aufgrund der näheren Umstände des Einzelfalls beurteilen. Insofern sollte es bei dem unbestimmten Rechtsbegriff »unverzüglich« bleiben.

123 Die Bundesregierung stimmt dem Petitum des Bundesrates zu, in § 107 Abs. 3 Nr. 3 (neu) GWB die Frist zur Rüge von Verstößen, die erst in den Vergabeunterlagen erkennbar sind, bis zum Ablauf der Angebotsfrist zu erstrecken.

124 In ihrem Entwurf des neuen Vergaberechtsmodernisierungsgesetzes zur Umsetzung der EU-Vergaberichtlinien 2014 hat die Bundesregierung nunmehr das Wort »unverzüglich« durch »innerhalb einer Frist von zehn Kalendertagen« ersetzt. Zur Begründung hat sie ausgeführt:[152]

125 *»Diese Änderung trägt der Rechtsprechung des Europäischen Gerichtshofs Rechnung, der zufolge eine Bestimmung, nach der ein Verfahren unverzüglich eingeleitet werden muss, als nicht mit Artikel 1 Absatz 1 der Rechtlinie 89/665/EWG in der Fassung der Richtlinie 2007/66/EG vereinbar angesehen werden kann (EuGH, Urteil vom 28. Januar 2010, Rs. C-406/08 »Uniplex (UK) Ltd.«, Rn. 43). Die Länge einer Ausschlussfrist ist für den Betroffenen nicht vorhersehbar, wenn sie in das Ermessen des zuständigen Gerichts gestellt wird (EuGH, Urteil vom 28. Januar 2010, Rs. C-456/08, Rn. 75). Die neue Fassung des Absatz 3 Satz 1 Nummer 1 beseitigt die bisher bestehende Rechtsunsicherheit.«*

2. Sinn und Zweck

126 Die **Präklusionsvorschrift** beruht, soweit sie die Rügeobliegenheit betrifft, auf der zutreffenden Annahme des Gesetzgebers, dass zwischen dem Auftraggeber, der ein Vergabeverfahren eingeleitet hat, und dem Unternehmer, der sich daran beteiligen will oder beteiligt, eine rechtliche Sonderverbindung besteht, innerhalb derer der Grundsatz von Treu und Glauben gilt. § 160 Abs. 3 Satz 1 Nr. 1 bis 3 GWB ist eine besondere Ausprägung dieses Grundsatzes. Für den Unternehmer folgt hieraus, dass er im Vergabeverfahren erkannte bzw. aufgrund der Vergabebekanntmachung oder in den Vergabeunterlagen erkennbare Verstöße gegen Vergabevorschriften nicht »auf Vorrat« sammeln darf sondern sie innerhalb der in § 160 Abs. 3 Satz Nr. 1 bis 3 GWB genannten Zeiträume rügen muss. Der Auftraggeber soll dadurch die Möglichkeit erhalten, **Vergaberechtsfehler im frühestmöglichen Stadium zu korrigieren**. Darin liegt der wesentliche Sinn der Vorschrift. Außerdem bezweckt die Vorschrift die **Vermeidung unnötiger Nachprüfungsverfahren**. Daneben soll verhindert werden, dass Bieter mit Vergabefehlern spekulieren, indem sie zunächst abwarten, wie die Fehler sich auf ihre Zuschlagschance auswirken. Letzteres gilt allerdings nicht für § 160 Abs. 3 Satz 1

---

151 BT-Drucks. 16/10117 S. 42.
152 Gesetzesentwurf der Bundesregierung vom 08.10.2015, BT-Drucks. 18/6281 S. 132.

Nr. 2 und 3 GWB, die nicht positive Kenntnis sondern nur ein Kennenmüssen voraussetzten; einem Unternehmer, der den Vergaberechtsverstoß nicht positiv kennt, kann nicht vorgeworfen werden, er habe auf den Fehler spekuliert.[153] Insgesamt schützte schon § 107 Abs. 3 GWB a.F. das Interesse der Allgemeinheit an einem raschen Abschluss der Vergabeverfahren.[154] Die Neufassung der Vorschrift durch das Vergaberechtsmodernisierungsgesetz 2009 hat zu einer weiteren Beschleunigung des Vergabeverfahrens führen sollen.

II. Rechtliche Wirkung

Die rechtzeitige Rüge hat die Rechtsnatur einer **Obliegenheit**, also einer Pflicht des Antragstellers im Nachprüfungsverfahren »gegen sich selbst«. Versäumt er die rechtzeitige Rüge, so führt dies nach § 160 Abs. 3 Satz 1 Nr. 1 bis 3 GWB zur **Unzulässigkeit** seines Nachprüfungsantrags. Der Antrag wird allerdings nicht insgesamt unzulässig, sondern nur **im Hinblick auf die konkrete Rüge**. Andere, im selben Nachprüfungsverfahren rechtzeitig erhobene Rügen können zulässigerweise Gegenstand der Überprüfung sein.[155] Das ergibt sich aus dem Wortlaut des § 160 Abs. 3 Satz 1 GWB, wonach der Antrag nur unzulässig ist, »soweit« der Antragsteller die Rügeobliegenheit verletzt hat. Mit dieser Formulierung beabsichtigte der Gesetzgeber, die Präklusion »nicht zu weit zu treiben«.[156] Die Rechtzeitigkeit der Rüge ist also hinsichtlich jedes behaupteten Vergaberechtsverstoßes **gesondert zu prüfen**.[157] | 127

Aus dem Versäumnis der rechtzeitigen Rüge eines Vergaberechtsverstoßes folgt auch die Präklusion hinsichtlich eines späteren Vergaberechtsverstoßes, wenn dieser **sich gleichsam als Fortsetzung des früheren Verstoßes darstellt**.[158] Ergibt sich beispielsweise ein Fehler in der Wertung der Angebote allein daraus, dass ein bereits in den Verdingungsunterlagen bekannt gegebenes Bewertungsschema fehlerhaft ist, so kann ein Bieter, der die Verdingungsunterlagen nicht rechtzeitig gerügt hat, den Wertungsfehler nicht mehr mit Erfolg zum Gegenstand eines Nachprüfungsverfahrens machen.[159] In einem vom Oberlandesgericht Celle entschiedenen Fall[160] hatte der Bieter nicht gerügt, dass in den Vergabeunterlagen entgegen § 10a Buchst. f VOB/A 2006 die Nennung von Mindestanforderungen für Nebenangebote fehlte. Als der Auftraggeber anschließend trotz der fehlenden Nennung von Mindestbedingungen ein Nebenangebot wertete, war der Bieter mit der Rüge dieses **Folgefehlers** präkludiert. M.E. steht dieser Rechtsprechung die Entscheidung des EuGH v. 11.10.2007 »Lämmerzahl«[161] nicht entgegen. In dem der Entscheidung »Lämmerzahl« zugrunde liegenden Vorabentscheidungsersuchen hatte das OLG Bremen ausgeführt, dass nach bisheriger nationaler Rechtsprechung bei einem Vergaberechtsverstoß, der sich unmittelbar auf den Schwellenwert beziehe (hier: zu niedrige Schätzung des Auftragswerts und Nichtdurchführung eines europaweiten Vergabeverfahrens) § 107 Abs. 3 Satz 2 GWB a.F. so angewandt werde, dass ein Bieter, der diesen Verstoß nicht gerügt habe, mit der Nachprüfung *aller* Entscheidungen ausgeschlossen sei, die der Auftraggeber während des gesamten Vergabeverfahrens erlasse. Der EuGH trat dieser Rechtsprechung entgegen. Er entschied, es laufe der Rechtsmittelrichtlinie 89/665/EWG zuwider, die Präklusionsvorschrift in allgemeiner Weise auf Rechtsbehelfe auch gegen solche Entscheidungen zu erstrecken, die erst nach Ablauf der Präklusionsfrist ergangen seien; denn eine derartige Anwendung des § 107 Abs. 3 GWB a.F. mache bei erst nach Ablauf der Frist eintretende Verstöße die Ausübung der Rechte | 128

153 Marx in: Beck'scher VOB-Kommentar §§ 107, 108 GWB Rn. 26.
154 KG 11.07.2000 BauR 2000, 1620; BayObLG 20.08.2001 VergabeR 2001, 438; BT-Drucks. 16/10117 S. 42.
155 BayObLG 20.08.2001 VergabeR 2001, 438.
156 BT-Drucks. 13/9340 S. 50.
157 OLG Celle 31.07.2008, 13 Verg 3/08; 12.05.2005, 13 Verg 5/05.
158 Vgl. OLG Celle 03.06.2010, VergabeR 2010, 1014; OLG Düsseldorf 22.12.2010, VergabeR 2011, 200.
159 Vgl. OLG Celle 31.07.2008, 13 Verg 3/08; OLG Koblenz 31.05.2006, 1 Verg 3/06; OLG Naumburg 23.07.2001, 1 Verg 3/01.
160 OLG Celle 11.02.2010, VergabeR 2010, 669.
161 EuGH 11.10.2007, VergabeR 2008, 61.

(im Nachprüfungsverfahren) praktisch unmöglich. Um einen solchen weitgehenden Ausschluss des Vergaberechtsschutzes geht es bei den hier in Rede stehenden Folgeverstößen nicht. Zwar wird auch hier die Präklusion auf die Beanstandung von Fehlern erstreckt, die erst nach Ablauf der Präklusionsfrist erfolgen. Betroffen sind aber nur Fehler, deren eigentliche Ursache bereits in dem ersten Verstoß liegt, sodass es sich inhaltlich um einen zusammenhängenden Vergaberechtsverstoß handelt. Durch eine Obliegenheit, bereits den ersten Verstoß, sofern dieser mindestens erkennbar ist, zu rügen, wird der Rechtsschutz hinsichtlich der sich zwangsläufig ergebenden späteren Fehler weder unmöglich gemacht noch übermäßig erschwert.

129 Es liefe dem vom Gesetzgeber mit § 160 Abs. 3 Satz 1 Nr. 1 bis 3 GWB verfolgten Ziel, unnötige Nachprüfungsverfahren zu vermeiden, zuwider, wenn der Antragsteller die Möglichkeit hätte, die Rüge schon im Vergabeverfahren erkannter oder aufgrund der Vergabebekanntmachung bzw. in den Vergabeunterlagen erkennbarer Vergaberechtsfehler während des Nachprüfungsverfahrens nachzuholen. Deshalb ist die nach § 160 Abs. 3 Satz 1 Nr. 1 bis 3 GWB erforderliche Rüge als **Zugangsvoraussetzung** für ein darauf gestütztes Nachprüfungsverfahren anzusehen.[162] Die Voraussetzung der rechtzeitigen Rüge muss also bei Einreichung des Nachprüfungsantrags erfüllt sein, um die betreffenden Verstöße überhaupt zum Gegenstand eines Nachprüfungsverfahrens machen zu können.[163] Dies gilt allerdings nicht im Hinblick auf Vergaberechtsverstöße, von denen der Antragsteller erst während des laufenden Nachprüfungsverfahrens Kenntnis erlangt.[164]

130 Hinsichtlich der Rechtsnatur des § 160 Abs. 3 GWB heißt es gelegentlich, dass die Vorschrift einen Doppelcharakter habe, weil sie neben ihrer Bedeutung als Zulässigkeitsvoraussetzung auch als »**materielle Präklusionsregel**« wirke.[165] Daran trifft zu, dass der Antragsteller durch das Unterlassen der rechtzeitigen Rüge und die damit verbundene Unzulässigkeit des Nachprüfungsantrags seinen Anspruch auf Primärrechtsschutz verliert, gegebenenfalls auch die Möglichkeit, die Rechtsverletzung nach §§ 168 Abs. 2 Satz 2, 179 Abs. 1 GWB schon im Nachprüfungsverfahren mit bindender Wirkung für einen Schadenersatzprozess feststellen zu lassen. Insoweit hat die Verletzung der Rügeobliegenheit mittelbar auch eine materiellrechtliche Wirkung. Missverständlich ist es aber, § 160 Abs. 3 GWB einen »Doppelcharakter« mit der Folge beizumessen, dass der Bieter auf die nicht rechtzeitig gerügten Verstöße im Zivilrechtsstreit einen Schadenersatzanspruch nicht stützen könne.[166] Der **Schadenersatzanspruch**[167] wegen eines nicht rechtzeitig gerügten Vergaberechtsverstoßes kann im Zivilprozess vor dem ordentlichen Gericht uneingeschränkt geltend gemacht werden.[168] Hieran ändert auch die Bindungswirkung des § 179 Abs. 1 GWB nichts. Bindungswirkung können nur Sachentscheidungen entfalten, nicht aber eine auf die Verletzung der Rügeobliegenheit gestützte verfahrensrechtliche Entscheidung der Vergabekammer oder des Vergabesenats.[169] Freilich wird einem solchen Schadenersatzanspruch unter Umständen kein (voller) Erfolg beschieden sein, weil der Bieter, der einen bei zumutbarer Prüfung erkennbaren Vergaberechtsverstoß nicht rechtzeitig gerügt hat, sich ein Mitverschulden gem. § 254 BGB entgegenhalten lassen muss.[170]

---

162 OLG Düsseldorf 27.07.2006 VergabeR 2007, 229; 16.02.2005 VergabeR 2005, 364; a.A. KG 15.04.2002 VergabeR 2002, 398.

163 OLG Düsseldorf 22.08.2000 VergabE C-10–9/00.

164 BayObLG 20.08.2001 VergabE 2001, 438.

165 Portz in: Niebuhr/Kulartz/Kus/Portz § 107 Rn. 27; Kühnen NZBau 2004, 427, 428; ähnlich Marx in: Beck'scher VOB-Kommentar §§ 107, 108 GWB 26: »Regelung eher materiell-rechtlicher Ausrichtung«; OLG Naumburg 25.01.2005 1 Verg 22/04; OLG Naumburg 21.08.2003 VergabE C-14–12/03v.

166 Kühnen NZBau 2004, 427, 428.

167 Als Anspruchsgrundlage kommen u.a. § 181 GWB und §§ 280 Abs. 1, 311 Abs. 2 BGB in Betracht (vgl. BGH 09.06.2011, VergabeR 2011, 703; zur früheren Rspr: BGH 27.06.2007, VergabeR 2007, 752).

168 Glahs in: Reidt/Stickler/Glahs, § 126 Rn. 30; a.A. wohl OLG Koblenz 03.04.2008, 1 Verg 1/08, 07.11.2007, VergabeR 2008, 67 (»als verfahrensrechtskonform fingiert«).

169 Jaeger in: Byok/Jaeger. 2. Aufl., § 124 Rn. 1243.

170 Glahs in: Reidt/Stickler/Glahs, § 126 Rn. 37; Niebuhr in: Niebuhr/Kulartz/Kus/Portz § 97 Rn. 286, 307.

Wiese

Die rechtzeitige Rüge ist eine **von Amts wegen** zu beachtende Sachentscheidungsvoraussetzung. Ihr 131
Fehlen muss nicht von einem Beteiligten im Nachprüfungsverfahren geltend gemacht werden.[171]

Das Fehlen der Rüge bei Einreichung des Nachprüfungsverfahrens ist in dem Nachprüfungsver- 132
fahren nicht mehr heilbar. Eine **Wiedereinsetzung in den vorigen Stand** nach der Versäumung der
rechtzeitigen Rüge ist nicht möglich.

Ein Unternehmen, das einen Vergaberechtsverstoß gerügt hat, ist selbstverständlich nicht wegen 133
der Rüge gehindert, auf der Grundlage des nach seiner Ansicht fehlerhaften Vergabeverfahrens ein
Angebot abzugeben.

III. Europäisches Vergaberecht

Die Mindestvoraussetzungen, denen die nationalen Nachprüfungsverfahren entsprechen müssen, 134
sind in den **Rechtsmittelrichtlinien 89/665/EWG und 92/13/EWG** festgelegt, welche durch die
Richtlinie **2007/66/EG** geändert worden sind.[172] Nach Art. 1 Abs. 1 der Rechtsmittelrichtlinie
ergreifen die Mitgliedstaaten die erforderlichen Maßnahmen, um sicherzustellen, dass hinsichtlich
der in den Anwendungsbereich der Richtlinie 2004/18/EG fallenden Aufträge die Entscheidungen
der öffentlichen Auftraggeber wirksam und vor allem möglichst rasch nach Maßgabe der Artikel 2
bis 2f der Richtlinie auf Verstöße nachgeprüft werden können. Nach Art. 1 Abs. 4 der Richtlinie
können die Mitgliedstaaten verlangen, dass die Person, die ein Nachprüfungsverfahren anzustren-
gen beabsichtigt, den öffentlichen Auftraggeber über den behaupteten Verstoß und die beabsichtigte Nachprüfung unterrichtet.

§ 160 Abs. 3 GWB (§ 107 Abs. 3 a.F.) steht mit dem europäischen Vergaberecht im Einklang.[173] 135
Angemessene Ausschlussfristen widersprechen der Rechtsmittelrichtlinie nicht. Sie können die
Ziele der Richtlinie, insbesondere das Ziel der Gewährung effektiven Primärrechtsschutzes, sogar
fördern, weil sie gewährleisten, dass rechtswidrige Entscheidungen der Auftraggeber so rasch wie
möglich angefochten und berichtigt werden.[174] Auch darf für den Beginn der Frist für die Einleitung eines Nachprüfungsverfahrens auf den Zeitpunkt abgestellt werden, zu dem der Antragsteller
von dem Verstoß Kenntnis erlangt hat oder hätte erlangen müssen.[175] Es sind allerdings nur solche
Ausschlussfristen mit der Rechtsmittelrichtlinie konform, die die Ausübung der Rechte des (potenziellen) Bieters nicht unmöglich machen oder unzumutbar erschweren.[176] Beispielsweise darf die
Anwendung der Vorschrift nicht dazu führen, dass an den Bieter unzumutbare Anforderungen im
Hinblick auf den Beginn und die Länge der Rügefrist gestellt werden. Ferner sind die nationa-
len Nachprüfungsinstanzen verpflichtet, die auf dem Gemeinschaftsrecht beruhenden Rügen trotz
Ablauf der Ausschlussfrist zuzulassen, wenn die Frist deshalb nicht eingehalten werden konnte,

---

171 OLG Celle 02.09.2004 NZBau 2005, 52.
172 Richtlinie 89/665/EWG des Rates v. 21.12.1989 zur Koordinierung der Rechts- und Verwaltungsvor-
       schriften für die Anwendung der Nachprüfungsverfahren im Rahmen der Vergabe öffentlicher Liefer- und
       Bauaufträge, geändert durch die Richtlinie 92/50/EWG des Rates v. 18.06.1992 über die Koordinierung
       der Verfahren zur Vergabe öffentlicher Dienstleistungen; Richtlinie 92/13/EWG des Rates v. 25.02.1992
       zur Koordinierung der Rechts- und Verwaltungsvorschriften für die Anwendung der Gemeinschaftsvor-
       schriften über die Auftragsvergabe durch Auftraggeber im Bereich der Wasser-, Energie- und Verkehrsver-
       sorgung sowie im Telekommunikationssektor; Richtlinie 2007/66/EG des europäischen Parlaments und
       des Rates v. 11.12.2007 zur Änderung der Richtlinien 89/665/EWG und 92/13/EWG des Rates im
       Hinblick auf die Verbesserung der Wirksamkeit der Nachprüfungsverfahren bezüglich der Vergabe öffent-
       licher Aufträge.
173 Vgl. EuGH 30.09.2010 »Strabag«, VergabeR 2011, 71; Zu § 107 Abs. 3 Satz 2 a.F.: EuGH 11.10.2007
       »Lämmerzahl« VergabeR 2008, 61; OLG München 04.04.2008 VergabeR 2008, 665; vgl. OLG Koblenz
       18.09.2003 VergabeR 2003, 709; OLG Naumburg 04.01.2005 1 Verg 25/04.
174 EuGH 12.03.2015 – C-538/13 »eVigilio«; 12.03.2015 – C-538; 12.12.2002 »Universale-Bau AG«
       VergabeR 2003, 141.
175 EuGH 12.03.2015 – C-538/13 »eVigilio«; 28.01.2010 »Uniplex« VergabeR 2010, 541.
176 EuGH 27.02.2003 »Santex« VergabeR 2003, 305; EuGH 11.10.2007 »Lämmerzahl« VergabeR 2008, 61.

weil der Auftraggeber durch sein Verhalten den Rechtsschutz unmöglich machte oder unzumutbar erschwerte.[177]

136 Seit zwei Urteilen des EuGH v. 28.01.2010[178] bestanden Zweifel, ob § 107 Abs. 3 Satz 1 Nr. 1 GWB a.F., wonach der Antrag unzulässig war, soweit der Antragsteller den gerügten Vergabeverstoß erkannt und nicht »unverzüglich« gerügt hatte, nicht gegen die Rechtsmittelrichtlinie verstieß. In der Sache »Uniplex« betreffend ein Vergabeverfahren in Großbritannien hatte der EuGH ausgeführt, eine nationale Bestimmung, nach der die Einleitung eines Nachprüfungsverfahrens nur zulässig sei, wenn »das Verfahren unverzüglich, spätestens jedoch innerhalb von drei Monaten ... eingeleitet wird«, widerspreche dem Erfordernis der Rechtssicherheit. Die Mitgliedstaaten müssten Fristenregelungen schaffen, die hinreichend klar und vorhersehbar seien, damit der Einzelne seine Rechte und Pflichten kennen könne.

137 Welche Auswirkung diese EuGH-Urteile auf die Präklusionsregelung in § 107 Abs. 3 Satz 1 Nr. 1 GWB hatten, war umstritten.[179] Die bestehende Unsicherheit wurde mit der aktuellen Gesetzesfassung beseitigt. Das Wort »unverzüglich« ist durch »innerhalb einer Frist von zehn Kalendertagen« ersetzt.

IV. Verhältnis von Nr. 1 gegenüber Nr. 2 und Nr. 3 der Vorschrift

138 § 160 Abs. 3 Satz 1 Nr. 1 GWB betrifft vom (späteren) Antragsteller »erkannte« Verstöße gegen Vergabevorschriften. Nr. 2 betrifft aufgrund der Bekanntmachung, Nr. 3 in den Vergabeunterlagen »erkennbare« Verstöße. Die Rügeobliegenheit nach Nr. 1 besteht **neben** derjenigen nach Nr. 2 und Nr. 3. Das ergibt sich daraus, dass nach dem Wortlaut die Rügeobliegenheit nach Nr. 1 den Zeitraum des gesamten Vergabeverfahrens bis zur Einreichung des Nachprüfungsantrags erfasst. Der Bieter darf also, will er die Rügeobliegenheit erfüllen, bei einem aus der Bekanntmachung erkennbaren Vergaberechtsverstoß nicht stets bis zum Ende der Angebotsfrist abwarten, sondern er muss den Verstoß, sobald er ihn tatsächlich erkannt hat, innerhalb der Frist des § 160 Abs. 3 Nr. 1 GWB rügen.[180] Hinsichtlich der erst in den Vergabeunterlagen erkennbaren Vergaberechtsverstöße gilt Entsprechendes: Ein Bieter, der den Verstoß erkannt hat, muss innerhalb einer Frist von zehn Kalendertagen rügen, wenn er auf den Verstoß einen zulässigen Nachprüfungsantrag stützen will. Hierfür spricht auch der Zweck der Vorschrift, den Auftraggeber in die Lage zu versetzen, Vergaberechtsfehler im frühestmöglichen Stadium zu korrigieren.

V. Vor Einreichen des Nachprüfungsantrags erkannte Verstöße (Abs. 3 Satz 1 Nr. 1)

139 Nach § 160 Abs. 3 Satz 1 Nr. 1 GWB ist der Antrag unzulässig, soweit der Antragsteller den geltend gemachten Verstoß gegen Vergabevorschriften vor Einreichen des Nachprüfungsantrags erkannt und gegenüber dem Auftraggeber nicht innerhalb einer Frist von zehn Kalendertagen gerügt hat.

1. Erkennen des Vergaberechtsverstoßes

140 Nr. 1 des § 160 Abs. 3 Satz 1 GWB setzt nach seinem Wortlaut, anders als Nr. 2 und 3, **positive Kenntnis** des späteren Antragstellers von dem Vergaberechtsverstoß des Auftraggebers[181] voraus. Fahrlässige, selbst grob fahrlässige Unkenntnis genügt nicht.[182] Kenntnis besitzt der Unternehmer

---

177 EuGH 27.02.2003 »Santex« VergabeR 2003, 305.
178 EuGH 28.01.2010 »Uniplex«, VergabeR 2010, 452; 28.01.2010 »Kommission./. Irland«, VergabeR 2010, 457.
179 Im Einzelnen siehe 3. Auflage, § 107 Rn. 83 bis 85.
180 Zu § 107 Abs. 3 a.F.: Maier VergabeR 2004, 176, 177.
181 Das Handeln eines mit der Angebotsprüfung beauftragten Dritten muss nach Ansicht des OLG Düsseldorf 30.04.2002 VergabeR 2002, 528, erst dann gerügt werden, wenn der Auftraggeber es sich zu eigen macht.
182 OLG Düsseldorf 16.02.2005 VergabeR 2005, 364; BayObLG 15.09.2004 VergabeR 2005, 130; OLG Stuttgart 28.11.2002 VergabeR 2003, 226.

erst dann, wenn er zum einen **die den Verstoß begründenden Tatsachen kennt** und zum anderen aus den Tatsachen auch **auf den Vergaberechtsverstoß schließt.**[183] Dazu genügt nach der Rechtsprechung seine durch vernünftige Beurteilung hervorgebrachte zumindest laienhafte rechtliche Wertung, dass das Handeln des Auftraggebers vergaberechtlich zu beanstanden sei.[184]

Notwendig ist die **Kenntnis des Unternehmers selbst**, also die des Einzelunternehmers oder des 141 vertretungsberechtigten Organs des Unternehmens.[185] Hat der Unternehmer einen anderen mit der Vertretung in der Vergabeangelegenheit beauftragt, so reicht auch dessen Kenntnis aus.[186] Hierbei wird es sich häufig um einen Rechtsanwalt handeln. Die Kenntnis eines Mitarbeiters genügt, wenn dieser befugt ist, in dem Vergabeverfahren verbindliche Erklärungen gegenüber der Vergabestelle abzugeben.[187] Ohne eine solche Befugnis ist der Tatbestand nicht erfüllt, wenn nur Mitarbeiter des Unternehmens, etwa die zuständigen Sachbearbeiter, Kenntnis von dem Vergaberechtfehler haben. Liegt bei ihnen Kenntnis vor, so kann dies allerdings im Rahmen der Beweiswürdigung von Bedeutung sein.[188]

Der Bieter ist regelmäßig nicht gehalten, seine in tatsächlicher oder rechtlicher Hinsicht ungenü- 142 genden Kenntnisse zu vervollständigen, also **Nachforschungen anzustellen oder rechtlichen Rat einzuholen.**[189] Es ist nicht Aufgabe des Bieters, das Vergabeverfahren fortlaufend auf seine Rechtmäßigkeit hin zu kontrollieren.

Dieser auf das Bewusstsein des konkreten Interessenten/Bieters abstellende Maßstab stellt eine hohe 143 Hürde für die Feststellung einer frühzeitigen, zur Obliegenheitsverletzung führenden Kenntnis dar. Es ist häufig bereits nicht möglich, beim Bieter die frühzeitige Kenntnis der den Verstoß begründenden Tatsachen festzustellen.[190] Noch problematischer ist regelmäßig der Nachweis, dass der Bieter auch die Rechtswidrigkeit des Auftraggeberhandelns kannte. Mündliche oder schriftliche Äußerungen des Bieters, die einen direkten Schluss auf diese Kenntnis zulassen, sind vergleichsweise selten. Im Übrigen lässt sich die innere Tatsache der Kenntnis nur anhand von Indizien nachweisen. Das ist in der Praxis aber meist schwierig. Eine Kenntnis des einschlägigen Vergaberechts lässt sich bei den Bietern nicht ohne Weiteres unterstellen. Spekulationen oder Vermutungen reichen insoweit nicht aus. Notwendig ist eine Würdigung der konkreten Umstände in jedem Einzelfall. Im Rahmen einer solchen Würdigung ist es allerdings nicht ausgeschlossen, beispielsweise bei einem häufig mit öffentlichen Aufträgen befassten Unternehmen oder bei fachlicher Beratung der Teilnahme am Vergabeverfahren die Kenntnis einer gängigen vergaberechtlichen Regelung anzunehmen.[191]

---

183 OLG München 23.06.2009, VergabeR 2009, 942; OLG Düsseldorf 13.06.2007 VergabeR 2007, 643; 16.02.2005 VergabeR 2005, 364; BayObLG 15.09.2004 VergabeR 2005, 130.

184 BGH 26.09.2006 VergabeR 2007, 59; OLG Frankfurt 05.10.2010, 11 Verg 7/10; KG 21.11.2014 VergabeR 2015, 204; OLG München 16.04.2009 Verg 3/09; OLG Naumburg 13.05.2008, VergabeR 2009, 91; OLG Koblenz 03.04.2008, 1 Verg 1/08; OLG Düsseldorf 12.03.2008 VergabeR 2008, 671; OLG Celle 05.07.2007 VergabeR 2007, 794; 16.02.2005 VergabeR 2005, 364; BayObLG 15.09.2004 VergabeR 2005, 130; OLG Stuttgart 28.11.2002 VergabeR 2003, 226.

185 BayObLG 22.01.2002 VergabeR 2002, 244; Reidt in: Reidt/Stickler/Glahs § 107 Rn. 53; zur Frage eines Organisationsmangels bei mehrtägiger Abwesenheit des Geschäftsführers: OLG Düsseldorf 13.04.2011, Verg 58/10.

186 Marx in: Beck'scher VOB-Kommentar §§ 107, 108 GWB Rn. 27.

187 OLG Koblenz 06.09.2006,1 Verg 6/06.

188 Reidt in: Reidt/Stickler/Glahs § 107 Rn. 53.

189 OLG Brandenburg 28.08.2012, Verg W 19/11 und 28.11.2002 VergabeR 2003, 242; OLG München 23.06.2009, VergabeR 2009, 942; OLG Düsseldorf 16.02.2005 VergabeR 2005, 364; zur Ausnahme des »mutwilligen Sich-Verschließens« siehe Rdn. 145.

190 Anders kann es beispielsweise sein, wenn es um die Kenntnis von Umständen geht, die beim Ausfüllen der Ausschreibungsunterlagen wahrgenommen werden mussten oder über die ein Meinungsaustausch mit dem Bieter stattgefunden hat.

191 Vgl. OLG Schleswig 13.02.2001 VergabeR 2001, 214.

144 Die **Darlegungs- und Beweislast** für die tatsächlichen Voraussetzungen einer Verletzung der Rügeobliegenheit trägt der Auftraggeber.[192]

145 Einer zu großen Beschränkung des Anwendungsbereichs des § 160 Abs. 3 Satz 1 Nr. 1 GWB (§ 107 Abs. 3 Satz 1 GWB a.F.) versucht die Rechtsprechung durch den Rückgriff auf Grundsätze zu bürgerlich-rechtlichen Vorschriften entgegenzuwirken, die ebenfalls das Tatbestandsmerkmal »Kenntnis« enthalten. Das Bayerische Oberste Landesgericht ist unter Hinweis auf die Rechtsprechung zu §§ 814, 819 und 892 BGB zu dem Ergebnis gelangt, dass Kenntnis von der Vergaberechtswidrigkeit des Auftraggeberverhaltens regelmäßig anzunehmen sei, wenn sich ein redlich Denkender nicht der Überzeugung verschließen würde, die der rechtlichen Würdigung der tatsächlichen Umstände zugrunde liegt.[193] Indes lassen sich die Regeln des Vergaberechts mit redlichem Denken allein meist nicht erkennen. Deshalb ist besser darauf abzustellen, ob der Kenntnisstand des Bieters einen solchen Grad erreicht hat, dass seine Unkenntnis vom Vergaberechtsverstoß nur als **ein mutwilliges Sich-Verschließen vor der Erkenntnis des Rechtsverstoßes** verstanden werden kann.[194] Dies entspricht auch dem vom Bundesgerichtshof mit einer Bezugnahme auf seine Rechtsprechung zu § 852 BGB a.F. begründeten Standpunkt, einem Wissen (von den Verstoß ausmachenden Tatsachen) stehe es regelmäßig gleich, wenn der Bieter/Interessent sich dieser Erkenntnis, obwohl sie sich aufdrängte, verschlossen oder entzogen habe.[195] Hat die Kenntnis einen solchen Grad erreicht, kann der Unternehmer ausnahmsweise auch zu weiteren tatsächlichen oder rechtlichen Erkundigungen gehalten sein.[196] Bei der Anwendung dieser Ausnahme ist allerdings Zurückhaltung geboten. Die Anwendung des § 160 Abs. 3 Satz 1 Nr. 1 GWB darf nicht auf den Bereich der grob fahrlässigen Unkenntnis ausgedehnt werden. Eine Obliegenheitsverletzung trotz des (angeblichen) Fehlens der Kenntnis kommt nur dann in Betracht, wenn das Sich-Berufen auf Unkenntnis als bloßer Vorwand erscheint, weil jeder andere in der Lage des Unternehmens unter denselben konkreten Umständen die Kenntnis gehabt hätte. In der Praxis wird die Anwendung der genannten Grundsätze häufig in Betracht gezogen, im Ergebnis aber meist verneint.

146 Einer **Rüge auf der Grundlage bloßer Vermutungen** bedarf es grundsätzlich nicht.[197] Ein **Verdacht** des Bieters, dass die Vergabestelle einen Vergaberechtsverstoß begangen hat, lässt die Rügeobliegenheit erst entstehen, wenn sich der Verdacht, etwa durch Einholung weiterer Informationen, zur ausreichenden Gewissheit verdichtet hat.[198] Nach h.M. soll eine Verletzung der Rügeobliegenheit nur dann möglich sein, wenn die Rechtslage eindeutig ist; objektive Unsicherheiten in der rechtlichen Beurteilung könnten nicht zulasten der Bieterrechte gehen.[199] Das ist sicher insoweit richtig, als der Bieter sich nicht schon bei bloßen rechtlichen Zweifeln um rechtliche Aufklärung bemühen muss. Jedoch ist nicht einzusehen, weshalb ein Bieter, dem – etwa aus einer früheren Vergabesache – die rechtliche Problematik eines Auftraggeberhandelns bekannt ist, die Möglichkeit haben soll, zunächst abzuwarten und den vermeintlichen Vergaberechtsfehler erst in einem späteren Stadium

192 Siehe Rdn. 201.
193 BayObLG 21.05.1999 NZBau 2000, 49; ebenso OLG Naumburg 14.12.2004 1 Verg 17/04; OLG Koblenz 05.06.2003 VergabeR 2003, 719; kritisch Dreher in: Immenga/Mestmäcker § 107 Rn. 66.
194 BGH 26.09.2006 VergabeR 2007, 59; OLG Jena 22.08.2011, NZBau 2011, 771; OLG Düsseldorf 16.12.2009, Verg 32/09 und 16.02.2005 VergabeR 2005, 364; OLG Dresden 23.04.2009, VergabeR 2010, 106.
195 BGH 01.02.2005 VergabeR 2005, 328; a.A. OLG Saarbrücken 26.09.2000 5 Verg 1/00.
196 Vgl. Rdn. 142.
197 OLG Düsseldorf 25.04.2012, Verg 100/11 und 26.07.2002, VergabeR 2003, 87; OLG Frankfurt 05.10.2010, 11 Verg 7/10; OLG München 10.12.2009, VergabeR 2010, 246; OLG Schleswig 13.02.2001 VergabeR 2001, 214.
198 BayObLG 23.10.2003 Verg 13/03; OLG Düsseldorf 08.10.2003 Verg 48/03; vgl. OLG Düsseldorf 30.04.2002 VergabeR 2002, 528.
199 BayObLG 22.01.2002 VergabeR 2002, 244; OLG Koblenz 05.06.2003 VergabeR 2003, 719; OLG Rostock 09.05.2001 17 W 4/01; Dreher in: Immenga/Mestmäcker § 107 Rn. 70; Marx in: Beck'scher VOB-Kommentar §§ 107, 108 GWB Rn. 27; Willenbruch BB 2001, 7, 8.

des Vergabeverfahrens zu rügen. Dies liefe dem Zweck der Rügeobliegenheit zuwider, zu verhindern, dass ein Bieter vermeintliche Vergaberechtsverstöße auf Vorrat sammelt und zu einem ihm opportunen Zeitpunkt geltend macht. »Kenntnis« im Sinne des § 160 Abs. 3 Satz 1 Nr. 1 GWB setzt deshalb keine Kenntnis von einem völlig zweifelsfreien Vergaberechtsfehler voraus.[200] Vielmehr entsteht die Rügeobliegenheit schon dann, wenn ein Unternehmen aus den ihm bekannten Tatsachen den Schluss gezogen hat, dass ein Vergaberechtsfehler begründet ist.[201] Ein Verstoß muss nur nach der subjektiven Einschätzung des Unternehmens vorliegen.[202]

Auch eine **vorsorgliche Rüge** künftigen vergaberechtswidrigen Verhaltens ist von dem Bieter nicht zu verlangen. Vorsorgliche Rügen sind zwecklos, weil der Auftraggeber zur Einhaltung der Vergaberechtsvorschriften ohnehin verpflichtet ist. § 160 Abs. 3 Satz 1 GWB setzt nach seinem Wortlaut einen bereits geschehenen Vergaberechtsverstoß voraus.[203] Rügt der Bieter allerdings schon auf die Mitteilung des Auftraggebers hin, in einer bestimmten Weise verfahren zu wollen, so muss der Bieter die Rüge nicht wiederholen, wenn der Auftraggeber die Ankündigung umgesetzt hat.[204] **147**

▶ **Beispiele:**

(1) Der Bieter weiß, dass der Auftraggeber die Angebote anhand einer Bewertungsmatrix werten will, welche den Verdingungsunterlagen nicht beigefügt war. Im Bietergespräch fragt der Bieter nach einer Spezifizierung des Bewertungsverfahrens. Von einer Rüge, dass die Zuschlagskriterien unzureichend bekannt gemacht worden seien, sieht er zunächst ab. Im Nachprüfungsverfahren trägt der Bieter dazu vor, er habe keine »Verdachtsrüge« aussprechen und das Vergabeverfahren nicht durch eine Rüge belasten wollen. Das OLG Düsseldorf hat angenommen, es sei nicht festzustellen, dass der Bieter den für das Entstehen der Rügeobliegenheit notwendigen Schluss gezogen habe, der Auftraggeber enthalte den Bietern die Bewertungsmatrix rechtswidrig vor. Dem stehe nicht entgegen, dass das Unternehmen des Bieters mit einer eigenen Rechtsabteilung ausgestattet sei und über beträchtliches Erfahrungswissen im öffentlichen Auftragsrecht verfüge.[205] **148**

(2) Ein öffentlicher Auftraggeber verhandelt ohne geregeltes Vergabeverfahren mit wenigen Unternehmen, u.a. der späteren Antragstellerin, über Leistungen der Altpapiervermarktung und -entsorgung. Die Antragstellerin gibt Angebote ab. Als sie den Auftrag nicht erhält, beantragt sie die Einleitung eines Nachprüfungsverfahrens. Der Bundesgerichtshof hat eine Kenntnis der Antragstellerin, dass ein geregeltes Vergabeverfahren rechtswidrig unterblieben sei, mit der Begründung verneint, ihr bisheriger Kontakt zum Auftraggeber habe auch als eine der Markterkundung dienende Vorbereitung einer Ausschreibung angesehen werden können.[206]

(3) Ein Bieter wird von dem mit der Angebotsprüfung beauftragten Ingenieurbüro dahin informiert, dass es im Angebot des Konkurrenten einen Kalkulationsfehler gegeben habe, dessen Berichtigung mit der Folge, dass der Konkurrent preislich an die erste Stelle rücke, dem Auftraggeber vorgeschlagen werde. Die Bieter rügt diesen Sachverhalt zunächst nicht. Das Oberlandesgericht Düsseldorf hat hierin keine Obliegenheitsverletzung gesehen. Der Bieter müsse erst dann rügen, wenn die Vergabestelle sich das Verhalten des mit der Prüfung beauftragten Ingenieurbüros zu Eigen mache und der Bieter dies erkenne. Eine Verdachtsrüge sei ihm nicht zuzumuten.[207]

---

200 Vgl. OLG Koblenz 03.04.2008 1 Verg 1/08; OLG Karlsruhe 06.02.2007 VergabeR 2007, 365; OLG Celle 05.07.2007 VergabeR 2007, 794; OLG Schleswig 05.04.2005 ZfBR 2005, 616; OLG Jena 16.01.2002 6 Verg 7/01.
201 OLG Celle 05.07.2007 VergabeR 2007, 794.
202 OLG Naumburg 14.12.2004 1 Verg 17/04; Reidt in: Reidt/Stickler/Glahs § 107 Rn. 51.
203 OLG Düsseldorf 30.06.2011, VII-Verg 25/11; OLG Koblenz 18.09.2003 VergabeR 2003, 709.
204 Vgl. OLG Brandenburg 19.02.2008 Verg W 22/07.
205 OLG Düsseldorf 16.02.2005 VergabeR 2005, 364.
206 BGH 01.02.2005 VergabeR 2005, 328.
207 OLG Düsseldorf 30.04.2002 VergabeR 2002, 528.

(4) Ein öffentlicher Auftraggeber schreibt Eisenbahndienstleistungen aus. An dem Vergabeverfahren nimmt die Firma D, ein großes und im Hinblick auf öffentliche Aufträge erfahrenes Unternehmen, teil. Mit einem acht Tage nach Zugang der Vergabeunterlagen datierten Schreiben rügt die Firma D, die vom Auftraggeber vorgesehene Vertragskonstruktion bürde dem zukünftigen Auftragnehmer in mehreren Punkten ein ungewöhnliches Wagnis auf. Das OLG Celle hat die Rüge für rechtzeitig gehalten. Es lasse sich, auch wegen der Komplexität der Verdingungsunterlagen, nicht vermuten, dass die Firma D die gerügten Verstöße unmittelbar nach Eingang der Verdingungsunterlagen erkannt habe. Deshalb sei nicht festzustellen, dass sie nach dem Erkennen des vermeintlichen Vergaberechtsfehlers mehr als wenige Tage in Anspruch genommen habe.[208]

(5) Die Vergabestelle teilt in der Bekanntmachung eines Verhandlungsverfahrens mit, dass für die Auswahl der Teilnehmer die in § 16 Abs. 2 VOF genannten Kriterien gelten sollen. Die Vergabestelle fordert die Antragstellerin zur Teilnahme am Verhandlungsverfahren auf. Nachdem die Antragstellerin ihr Angebot vorlegt, informiert die Vergabestelle sie mit Schreiben v. 22.05.2001, dass es nach Abwägung der einschlägigen (in dem Schreiben aufgezählten) Kriterien nicht möglich sei, ihr den Auftrag zu erteilen. Mit Schreiben v. 05.06.2001 rügt die Antragstellerin, dass die Vergabestelle nicht die richtigen Kriterien herangezogen habe. Das BayObLG hat die Rüge als verspätet gem. § 107 Abs. 3 Satz 1 GWB a.F. angesehen. Da die Antragstellerin sich bereits in einem Schreiben v. 22.05.2001 auf § 16 Abs. 2 VOF berufen habe, sei der Schluss gerechtfertigt, dass sie die Kriterien des § 16 Abs. 2 VOF aktuell im Bewusstsein gehabt habe. Dann sei es aber ein Leichtes gewesen, einem Vergleich mit dem Informationsschreiben v. 22.05.2001 zu entnehmen, dass der dort wiedergegebene Kriterienkatalog sich mit dem gesetzlichen nicht decke. Der Senat sei davon überzeugt, dass die Antragstellerin als in staatlichen Hochbauprojekten durchaus erfahrenes Unternehmen dies sogleich erkannt habe.[209]

2. Kenntniserlangung vor Einreichen des Nachprüfungsantrags

149 Während die Rügepräklusion gem. § 107 Abs. 3 Satz 1 Nr. 1 GWB a.F. nach dem Wortlaut »im Vergabeverfahren« erkannte Verstöße betraf, ist in § 160 Abs. 3 Satz 1 Nr. 1 GWB von »**vor Einreichen des Nachprüfungsantrags**« erkannten Verstößen die Rede. Damit hat der Gesetzgeber Vergaberechtsverstöße, die vom Antragsteller erst im Nachprüfungsverfahren erkannt worden sind, ausdrücklich vom Anwendungsbereich der Vorschrift ausgenommen. In der Sache hat sich damit nichts geändert, weil schon die Rechtsprechung zum bisherigen § 107 Abs. 3 Satz 1 Nr. 1 GWB angenommen hat, dass erst im Nachprüfungsverfahren erkannte Verstöße nicht unter die Vorschrift fallen.[210] Die Aufrechterhaltung der Rügeobliegenheit in diesem Verfahrensstadium würde den Sinn der Rügeobliegenheit verfehlen, unnötige Nachprüfungsverfahren zu vermeiden.[211] Denn das Nachprüfungsverfahren läuft im Zeitpunkt der Kenntniserlangung bereits.

3. Rügefrist

150 Der Nachprüfungsantrag ist unzulässig, wenn der Antragsteller den geltend gemachten Vergabeverstoß vor Einreichen des Nachprüfungsantrags erkannt und gegenüber dem Auftraggeber nicht **innerhalb** einer Frist **von zehn Kalendertagen** gerügt hat. Mit dieser aufgrund des Vergaberechts-

---

208 OLG Celle 02.09.2004 13 Verg 11/04.
209 BayObLG 20.08.2001 VergabeR 2001, 438.
210 Zur früheren Gesetzesfassung: BGH 26.09.2006 VergabeR 2007, 59; OLG Frankfurt 21.02.2012, 11 Verg 11/11; KG 21.12.2009, VergabeR 2010, 501; OLG München 02.08.2007 VergabeR 2007, 799, OLG Schleswig 05.04.2005 ZfBR 2005, 616; OLG Düsseldorf 23.02.2005 VII-Verg 92/04 und 16.02.2005 VergabeR 2005, 364; BayObLG 20.08.2001 VergabeR 2001, 438; OLG Dresden 05.01.2001 VergabeR 2001, 41; OLG Celle 30.04.1999, NJW 1999, 3497.
211 BGH 26.09.2006, VergabeR 2007, 59; OLG Düsseldorf 02.08.2002 Verg 25/02.

modernisierungsgesetzes 2016 in Kraft getretenen Neufassung hat der Gesetzgeber die bisherige Obliegenheit einer »unverzüglichen« Rüge erkannter Verstöße konkretisiert.[212]

Die **Rügefrist beginnt ab Erlangung der Kenntnis** vom Vergaberechtsverstoß im oben erörterten Sinn.[213] 151

Die Rügefrist endet nach Ablauf von zehn Kalendertagen. Die Berechnung der Frist erfolgt entsprechend §§ 31 VwVfG, 187ff BGB. 152

Die Rüge muss bis zum Ablauf von zehn Kalendertagen beim Auftraggeber so eingegangen sein, dass sie ihm zur Kenntnis gelangen kann.[214] Das ist bei einer zusammen mit dem Angebot in einem verschlossenen Umschlag eingereichten Rüge nicht der Fall. Denn der Auftraggeber muss die Angebote jedenfalls bis zum Ablauf der Angebotsfrist ungeöffnet lassen. Er kann deshalb erst *nach* diesem Zeitpunkt von den betreffenden Unterlagen Kenntnis nehmen.[215] Ein nach Geschäftsschluss in den Briefkasten eingeworfener Brief geht erst am nächsten Morgen bzw. mit Wiederbeginn der Geschäftsstunden zu.[216] 153

VI. Aufgrund der Bekanntmachung erkennbare Verstöße (Abs. 3 Satz 1 Nr. 2)

Nach § 160 Abs. 3 Satz 1 Nr. 2 GWB ist der Antrag unzulässig, soweit Verstöße gegen Vergabevorschriften, die aufgrund der Bekanntmachung erkennbar sind, nicht spätestens bis zum Ablauf der in der Bekanntmachung benannten Frist zur Bewerbung oder Angebotsabgabe gegenüber dem Auftraggeber gerügt werden.[217] 154

1. Bekanntmachung

Unter Bekanntmachung sind **die im Amtsblatt der Europäischen Gemeinschaft** sowie in Tageszeitungen, amtlichen Mitteilungsblättern usw **veröffentlichten Angaben** zu dem Vergabeverfahren zu verstehen.[218] 155

2. Erkennbarkeit des Vergaberechtsverstoßes

Maßstab für die »Erkennbarkeit« ist die Erkenntnismöglichkeit für das Unternehmen **bei Anwendung üblicher Sorgfalt**.[219] Die Erkennbarkeit muss sich auf die den Verstoß begründenden Tatsachen und auf deren rechtliche Beurteilung beziehen.[220] 156

Nicht einheitlich beantwortet wird, ob der Vergaberechtsverstoß für ein durchschnittliches Unternehmen oder für das konkrete antragstellende Unternehmen erkennbar sein muss. Während das BayObLG und mehrere Oberlandesgerichte auf die Erkenntnismöglichkeit eines durchschnittlichen Unternehmens abstellen,[221] gehen das OLG Stuttgart in einer anderen Entscheidung, das OLG Düsseldorf, das KG und das OLG Frankfurt von der Maßgeblichkeit der Verhältnisse des 157

212 Zum bisherigen Tatbestandsmerkmal »unverzüglich« siehe 3. Aufl. Rn. 101 bis 108.
213 Vgl. OLG Frankfurt 05.10.2010, ZfBR 2011, 394; OLG Düsseldorf 16.12.2009, Verg 32/09; OLG Naumburg 29.10.2009, 1 Verg 5/09; OLG München 02.03.2009, VergabeR 2009, 816.
214 OLG München 19.12.2013 VergabeR 2014, 700; OLG Düsseldorf 21.12.2011, Verg 84/11.
215 OLG Düsseldorf 07.12.2011 VergabeR 2012, 664.
216 Palandt/Ellenberger, 73. Aufl., § 130 Rn 6.
217 Das OLG München (Beschl. v. 10.12.2009 – Verg 18/09) nimmt an, die Vorschrift setzte voraus, dass der behauptete Verstoß gegen die Vergabevorschriften tatsächlich bestehe.
218 Stellungnahme des Bundesrates zum Entwurf des Vergaberechtsänderungsgesetzes, BT-Drucks. 13/9340 S. 40; OLG Karlsruhe 16.12.2009, VergabeR 2010, 685; OLG Koblenz 15.05.2003 VergabeR 2003, 567.
219 Marx in: Beck'scher VOB-Kommentar §§ 107, 108 GWB Rn. 28.
220 OLG Düsseldorf 03.08.2011 VergabeR 2012, 227.
221 BayObLG 23.11.2000 Verg 12/00; OLG Stuttgart 11.07.2000 NZBau 2001, 462; auch OLG Celle 16.06.2011 VergabeR 2012, 237; ebenso Reidt in: Reidt/Stickler/Glahs § 107 Rn. 58; OLG Jena 16.09.2013 VergabeR 2014, 38; offen gelassen: OLG München 29.07.2010, VergabeR 2011, 130.

konkreten Antragstellers aus.[222] Die Frage dürfte durch das Urteil des EuGH vom 23.03.2015 in der Sache »eVigilo« zugunsten der erstgenannten Ansicht entschieden sein.[223] Das litauische Gericht hatte dem EuGH die Frage vorgelegt, ob für einen Bieter, der geltend macht, er habe die Zuschlagskriterien für das wirtschaftlich günstigste Angebot erst nachvollziehen können, als der Auftraggeber ihm die Gründe für die Ablehnung der Auftragsvergabe mitgeteilt habe, erst ab diesem Zeitpunkt die im nationalen Recht festgelegte Präklusionsfrist für das Nachprüfungsverfahren zu laufen beginnt. Der EuGH hat darauf geantwortet, es komme darauf an, ob der betroffene Bieter die in Rede stehenden Kriterien tatsächlich nicht nachvollziehen konnte oder ob er sie hätte nachvollziehen können müssen, wenn man den **Maßstab eines durchschnittlich fachkundigen Bieters**, der die übliche Sorgfalt anwendet, anlegt. Der EuGH hat die Antwort daraus hergeleitet, dass nach seiner Rechtsprechung die Zuschlagskriterien so gefasst werden müssten, dass alle durchschnittlich fachkundigen Bieter sie bei Anwendung der üblichen Sorgfalt in gleicher Weise auslegen können. Diese Begründung lässt sich lässt sich zwar nicht auf die Erkennbarkeit anderer Vergaberechtsverstöße anwenden. Es ist aber nicht zu erwarten, dass der EuGH bei anderen Verstößen einen abweichenden Maßstab anlegen wird.

158 Jedes Unternehmen, das an einem EU-weiten Vergabeverfahren mit entsprechend hohen Auftragswerten teilnimmt, muss die Bekanntmachung (bzw. die Vergabeunterlagen, § 160 Abs. 3 Satz 1 Nr. 3 GWB) sorgfältig lesen und auch den Text der einschlägigen Verfahrensordnungen zur Kenntnis nehmen.[224] Ergeben sich dabei Ungereimtheiten oder Widersprüchlichkeiten, so muss das Unternehmen ihnen nachgehen, auch wenn es die genaue Rechtslage nicht kennt. Die Anforderungen an die Erkennbarkeit eines Vergaberechtsverstoßes müssen aber realistisch bleiben.[225] Vertiefte vergaberechtliche Rechtskenntnisse dürfen nicht ohne weiteres vorausgesetzt werden.[226] Es besteht regelmäßig auch keine Verpflichtung, die Rechtmäßigkeit durch einen Vergaberechtsfachmann überprüfen zu lassen.[227] Es ist zu Recht angenommen worden, bei einem durchschnittlichen Bieter könne jedenfalls derzeit nicht vorausgesetzt werden, dass er die Rechtsprechung zur rechtsfehlerhaften Vermischung von Zuschlags- und Eignungskriterien kenne.[228] Eine »Erkennbarkeit« eines Vergaberechtsfehlers wurde verneint hinsichtlich der Vorgabe von Lohnuntergrenzen oder Tariflöhnen,[229] ferner hinsichtlich des Verbots einer Mehrfachbewertung von Eignungsmerkmalen sowie der Vergaberechtswidrigkeit eines Wertungssystems, bei dem für den niedrigsten Preis 10 Punkte und für den niedrigsten 3 Punkte vergeben wurden.[230] Demgegenüber ist ein Verstoß gegen das vergaberechtliche Verbot der produktneutralen Ausschreibung als erkennbar angesehen worden.[231] Die Vergaberechtwidrigkeit der Zulassung von Nebenangeboten in Ausschreibungen mit dem alleinigen Zuschlagskriterium des niedrigsten Preises, ist für einen durchschnittlichen Bieter nicht erkennbar; anders verhält es sich mit der Rüge unzureichender Mindestbedingungen.[232]

---

222 OLG Stuttgart 24.03.2000 NZBau 2000, 301; OLG Düsseldorf 18.10.2006 VergabeR 2007, 200; 13.11.2000 Verg 18/00 (offen gelassen OLG Düsseldorf 03.08.2011 – VergabeR 2012, 227); KG 11.07.2000 BauR 2000, 1620; OLG Frankfurt 15.07.2008, 11 Verg 4/08; beide Maßstäbe heranziehend: Marx in: Beck'scher VOB-Kommentar §§ 107, 108 GWB Rn. 28; offen gelassen: OLG Koblenz 07.11.2007 VergabeR 2008, 264; so auch die hier in der Vorauflage Rn. 112 vertretene Ansicht.
223 EuGH 12.03.2015 – C-538/13 – »eVigilo«.
224 OLG Jena 16.09.2013 VergabeR 2014, 38; OLG Koblenz 07.11.2007 VergabeR 2008, 265.
225 Vgl. OLG Düsseldorf 03.08.2011 VergabeR 2012, 227: Erkennbar sind in der Regel nur Verstöße, die nach allgemeiner Überzeugung der Vergabepraxis vorliegen und ins Auge fallen.
226 Vgl. OLG Düsseldorf 13.01.2011 VII-Verg 64/10.
227 OLG Düsseldorf 21.12.2011 Verg 84/11; OLG Naumburg 05.12.2008. 1 VergabeR 2009, 486.
228 OLG Düsseldorf 03.08.2011 VergabeR 2012, 227.
229 OLG Düsseldorf 21.12.2010 – VII-Verg 24/10.
230 OLG Düsseldorf 29.04.2015 – Verg 35/14.
231 OLG München 10.12.2009 Verg 18/09 zu § 107 Abs. 3 Nr. 3 GWB.
232 OLG Jena 16.09.2013 VergabeR 2014, 38, zustimmend BGH 07.01.2014 VergabeR 2014, 149.

Der Verstoß gegen Vergabevorschriften muss **unmittelbar aus der Bekanntmachung** erkennbar 159
sein.[233] Enthält die Bekanntmachung nur Anhaltspunkte für einen Verstoß, so reicht das nicht
aus.[234] Fehlen etwa in der Bekanntmachung jegliche Angaben zum geschätzten Auftragswert, so
genügt es nicht, dass das Unternehmen den Schluss zieht, der Auftrag erreiche oder überschreite
den Schwellenwert, solange es an einer hinreichend eindeutigen Erkennbarkeit des Vergaberechtsverstoßes fehlt.[235]

§ 160 Abs. 3 Satz 1 Nr. 2 GWB gilt nur für Verstöße, die vor Ablauf der Rügefrist – Frist zur Ange- 160
botsabgabe oder zur Bewerbung – festgestellt werden können. Zu solchen Verstößen können eine
unrichtige Schätzung des Auftragswerts oder eine falsche Wahl des Vergabeverfahrens gehören. Sie
können jedoch nicht in Vorgängen liegen, zu denen es erst in späteren Stadien des Vergabeverfahrens kommen kann.[236] Deshalb bleibt es beispielsweise einem potenziellen Bieter, der zu niedrige
oder ganz fehlende Angaben des Auftraggebers zum Auftragswert und das Unterlassen einer europaweiten Ausschreibung nicht (rechtzeitig) gerügt hat, unbenommen, in einem späteren Stadium
des Vergabeverfahrens andere Vergaberechtsverstöße zu rügen.[237]

3. Rügefrist

Die Rüge muss spätestens **bis zum Ablauf der** in der Bekanntmachung benannten **Frist zur Bewer-** 161
bung oder zur Angebotsabgabe gegenüber dem Auftraggeber erfolgen. Sie muss bis zu diesem
Zeitpunkt beim Auftraggeber so eingegangen sein, dass sie ihm zur Kenntnis gelangen kann.[238]

Sobald der Bieter/Bewerber von dem aus der Bekanntmachung erkennbaren Verstoß positive 162
Kenntnis erlangt hat, besteht außerdem die Obliegenheit zur unverzüglichen Rüge nach Nr. 1.[239]

Die in der Bekanntmachung benannte Angebotsfrist bleibt für die Rechtzeitigkeit der Rüge auch 163
dann maßgeblich, wenn der Auftraggeber die **Bewerbungs- oder Angebotsfrist verlängert** hat, etwa
wegen nicht rechtzeitiger Fertigstellung der Ausschreibungsunterlagen.[240] Dafür spricht der Wortlaut des § 160 Abs. 3 Satz 1 Nr. 2 GWB, der auf die »in der Bekanntmachung benannte« Frist
abstellt.

Wird durch einen Fehler des Auftraggebers die gesetzliche **Mindestfrist** für die Angebotsabgabe/ 164
Bewerbung **unterschritten**, so ist die Rüge eines aus der Bekanntmachung erkennbaren Vergaberechtsfehlers jedenfalls dann nicht verspätet, wenn sie unverzüglich im Sinne des § 160 Abs. 3
Satz 1 Nr. 1 GWB erfolgt. Mehr als eine unverzügliche Rüge, wie sie § 160 Abs. 3 Nr. 1 GWB vorsieht, kann von einem Bieter nicht verlangt werden.[241] Dieses Verständnis des § 160 Abs. 3 GWB
ist auch aufgrund einer europarechtskonformen Auslegung geboten.[242]

VII. In den Vergabeunterlagen erkennbare Verstöße (Abs. 3 Satz 1 Nr. 3)

1. Allgemeines

Nach § 160 Abs. 3 Satz 1 Nr. 3 GWB ist der Antrag unzulässig, soweit Verstöße gegen Vergabe- 165
vorschriften, die erst in den Vergabeunterlagen erkennbar sind, nicht spätestens bis zum Ablauf der

---

233 Vgl. BGH 26.09.2006 VergabeR 2007, 59.
234 OLG Düsseldorf 15.06.2000 NZBau 2000, 440.
235 EuGH 11.10.2007 »Lämmerzahl« VergabeR 2008, 61.
236 EuGH 11.10.2007 »Lämmerzahl«, VergabeR 2008, 61.
237 EuGH 11.10.2007 »Lämmerzahl«, VergabeR 2008, 61; OLG Düsseldorf 18.10.2006 VergabeR 2007, 200;
     a.M. OLG Bremen 18.05.2006 VergabeR 2006, 502; KG 17.10.2002 VergabeR 2003, 50.
238 OLG Düsseldorf 21.12.2011, Verg 84/11.
239 Siehe Rdn. 138.
240 KG 11.07.2000 BauR 2000, 1620; a.A. OLG Düsseldorf 29.04.2009, VII-Verg 76/08; Jaeger
     NZBau 2001, 289, 296.
241 BayObLG 12.04.2000 NZBau 2000, 481.
242 Vgl. Rdn. 135.

Frist zur Bewerbung oder zur Angebotsabgabe gegenüber dem Auftraggeber gerügt werden. Dies gilt selbst dann, wenn im Zeitpunkt der Rüge noch unklar ist, ob der betreffende Vergaberechtsverstoß die Zuschlagschancen seines späteren Angebots beeinträchtigen wird. Gegebenenfalls muss die Rüge präventiv erhoben werden.[243]

166 Gegenüber der bisherigen Fassung der Vorschrift in § 107 Abs. 3 Satz 1 Nr. 3 GWB wurden die Wörter »in der Bekanntmachung« gestrichen. Damit soll gewährleistet werden, dass auch in Vergabeverfahren mit vorgeschaltetem Teilnahmewettbewerb eine Rügeobliegenheit der ausgewählten Teilnehmer in Bezug auf in den Vergabeunterlagen erkennbare Vergabeverstöße bis zum Ablauf der Angebotsfrist besteht.[244]

2. Vergabeunterlagen

167 Die Vergabeunterlagen bestehen aus dem Anschreiben (Aufforderung zur Angebotsabgabe), gegebenenfalls Bewerbungsbedingungen, und den Vertragsunterlagen (§ 8 Abs. 1 VOB/A, § 8 Abs. 1 EG VOB/A, § 8 Abs. 1 VOL/A, § 9 Abs. 1 EG VOL/A und § 11 Abs. 2 VOF). Die Vertragsunterlagen setzen sich aus der Leistungsbeschreibung sowie aus den Vertragsbedingungen zusammen.

3. Erkennbarkeit des Vergaberechtsverstoßes

168 Der Verstoß muss in den Vergabeunterlagen erkennbar sein. Erfasst werden zunächst solche Verstöße, deren Tatsachengrundlage sich allein aus den Vergabeunterlagen ergibt. Die Vorschrift betrifft aber auch Verstöße, die zwar in den Vergabeunterlagen erkennbar werden, aber sich aus ihnen erst in Verbindung mit weiteren dem Bieter/Bewerber bereits positiv bekannten Umständen ergeben. Wird in den Vergabeunterlagen beispielsweise mitgeteilt, dass Herr X bei Entscheidungen im Vergabeverfahren mitwirkt und weiß der Bieter/Bewerber aus anderen Quellen bereits, dass Herr X Vorstandsmitglied eines anderen Bieters/Bewerbers ist, so gilt hinsichtlich des möglichen Verstoßes gegen § 16 VgV die Rügefrist des § 160 Abs. 3 Satz 1 Nr. 3 GWB. Der Bieter/Bewerber kann dann in einem Nachprüfungsverfahren nicht mit Erfolg geltend machen, er habe die Vergabeunterlagen nicht hinreichend zur Kenntnis genommen.

169 Maßstab für die Erkennbarkeit des Vergaberechtsverstoßes ist – wie bei Abs. 3 Satz 1 Nr. 2 – die Erkenntnismöglichkeit für das Unternehmen bei Anwendung üblicher Sorgfalt. Es gelten die vorstehenden Ausführungen zu § 160 Abs. 3 Satz 1 Nr. 2 GWB (Rdn. 156 ff.).

4. Rügefrist

170 Die Rüge muss spätestens bis zum Ablauf der Frist zur Bewerbung oder Angebotsabgabe erfolgen. Der Bieter kann die Rüge auch gleichzeitig mit der Angebotsabgabe an die Vergabestelle richten. Dies muss aber gesondert geschehen; denn eine in dem verschlossenen Umschlag mit dem Angebot enthaltene Rüge wird der Auftraggeber erst nach Ablauf der Frist zur Angebotsabgabe zur Kenntnis nehmen können (s. oben Rdn. 153). Zu beachten ist, dass, sobald der Bieter/Bewerber von dem aus der Bekanntmachung erkennbaren Verstoß positive Kenntnis erlangt hat, außerdem die Obliegenheit zur unverzüglichen Rüge nach Nr. 1 besteht.[245]

---

243 OLG Celle 16.06.2011, VergabeR 2012, 237.
244 Gesetzentwurf der Bundesregierung zum VergRModG 2016; so bereits die Auslegung der bisherigen Regelung durch OLG Naumburg 18.08.2011 VergabeR 2012, 93 und OLG Brandenburg 20.09.2011 VergabeR 2012, 110.
245 Siehe Rdn. 138.

VIII. Inhalt der Rüge

Der Rüge muss eine konkrete vergaberechtliche Beanstandung zu entnehmen sein.[246] Dazu hat das   171
Unternehmen mitzuteilen, welchen Sachverhalt es für vergaberechtswidrig hält. Die Vergabestelle
muss aus der Rüge **erkennen können, um welchen Verstoß es sich handelt**, und dass die Beseitigung des Vergaberechtsfehlers geltend gemacht wird.[247] Rügt der Bieter beispielsweise, die Ausschreibung sei nicht produktneutral, weil die Leistungsbeschreibung unnötigerweise auf bestimmte
Fabrikate ziele, so muss angegeben werden, welches Leitfabrikat an welchen Stellen verdeckt in der
Leistungsbeschreibung enthalten sein soll.[248] Eine Rüge darf nicht auf »aufs Geratewohl oder ins
Blaue hinein« erhoben werden.[249] Eine Rüge, die pauschal das Vergabeverfahren als rechtfehlerhaft
bezeichnet, ist unbeachtlich.[250] Das Unternehmen muss zumindest tatsächliche Anhaltspunkte darlegen, welche seinen Verdacht hervorgerufen haben, dass es zu einem Vergaberechtsfehler gekommen ist.[251] Reine Vermutungen zu eventuellen Vergaberechtsverstößen reichen nicht aus.[252]

Der Bieter sollte sich nicht davor scheuen, deutlich von einem Vergaberechtsfehler zu sprechen. Tut   172
er dies nicht, läuft er Gefahr, dass seine Erklärung nicht als Rüge zu verstehen ist und ein Nachprüfungsverfahren wegen Verstoßes gegen § 160 Abs. 3 GWB unzulässig ist.[253] Der Bieter kann sich
dann nicht darauf berufen, er habe zurückhaltend formuliert, um das Verhältnis zum Auftraggeber nicht zu belasten. Allerdings sind zur Gewährung eines effektiven Rechtsschutzes **nur geringe
Anforderungen** an den Inhalt der Rüge zu stellen. Detaillierte Rechtsausführungen sind nicht erforderlich.[254] Auch laienhafte Umschreibungen können genügen.[255] Auch der rechtlich unerfahrene
Bieter soll rügen können, ohne anwaltliche Hilfe hinzuziehen zu müssen. Der Bieter muss nicht das
Wort »Rüge« verwenden oder androhen, es werde ein Nachprüfungsantrag eingereicht.[256] Ebenso
wenig muss die Rüge die Äußerung enthalten, dass dem Auftraggeber eine letzte Chance zur Korrektur des behaupteten Verstoßes eingeräumt werde.[257] Überhaupt darf der Auftraggeber sich bei
der Prüfung, ob es sich bei der Äußerung eines Bieters um eine Rüge handelt, nicht auf einen
formalistischen Standpunkt stellen. Erhält er beispielsweise ein mit »Einspruch/Beantragung einer
Nachprüfung des Verfahrens bei der zuständigen Vergabekammer« bezeichnetes Schreiben, so weiß
er, dass die Beseitigung eines Vergaberechtsfehlers geltend gemacht werden soll. Er muss deshalb
dem vorgetragenen Einwand nachgehen und gegebenenfalls den Vergaberechtsfehler korrigieren.[258]
Bei einer nach Zugang der Bieterinformation ergangenen Aufforderung eines Bieters an den Auftraggeber, die Gründe für die Ablehnung seines Angebots und die Vorteile des für den Zuschlag
vorgesehenen Angebots mitzuteilen, dürfte es sich um die Rüge eines Verstoßes gegen § 134 GWB

---

246 OLG München 20.03.2014 VergabeR 2014, 700; OLG Düsseldorf 26.03.2003 Verg 14/03; OLG Frank-
    furt 05.03.2002 VergabeR 2002, 394; KG 15.04.2002 VergabeR 2002, 398; BayObLG 12.12.2001 Verg
    19/01.
247 OLG Celle 30.09.2010, VergabeR 2011, 103; OLG München 20.03.2014 VergabeR 2014, 456;
    OLG Düsseldorf 29.03.2006 VergabeR 2006, 509; OLG Brandenburg 11.05.2000 NZBau 2001, 226;
    vgl. auch OLG Dresden 11.09.2006 VergabeR 2007, 549.
248 OLG München 02.08.2007, VergabeR 2007, 799.
249 BGH, 26.09.2006, VergabeR 2007, 59.
250 OLG München 02.08.2007, VergabeR 2007, 799.
251 OLG Düsseldorf 13.04.2011, ZfBR 2011, 508; OLG München 07.08.2007 VergabeR 2007, 802.
252 OLG Frankfurt 05.10.2010, 11 Verg 7/10 und 09.07.2010, 11 IBR 2010, 525.
253 So für den Fall, dass die Äußerung des Bieters nur als Anregung zur Optimierung des Vergabeverfahrens
    auszulegen ist, OLG Frankfurt 24.06.2004 11 Verg 15/04.
254 OLG München 20.03.2014 VergabeR 2014, 700; OLG Frankfurt 24.06.2004 11 Verg 15/04; Reidt in:
    Reidt/Stickler/Glahs § 107 Rn. 75.
255 OLG Dresden 17.08.2001 VergabE C-13–5/01.
256 OLG Düsseldorf 07.12.2011, VergabeR 2012, 664; 18.07.2001, VergabeR 2001, 419 OLG Celle
    30.09.2010, VergabeR 2011, 103.
257 BKartA 21.10.1999 NZBau 2000, 108; KG 22.08.2001 VergabeR 2001, 392; a.A. OLG Brandenburg
    17.02.2005 VergabeR 2005, 660; Schröder VergabeR 2002, 229, 230.
258 OLG Celle 19.08.2003 13 Verg 20/03.

(unzulängliche Vorabinformation) handeln.[259] Rügen, die den genannten Anforderungen genügen, können später noch weiter begründet werden.[260]

173   Eine erhobene Rüge kann wieder **zurückgenommen** werden.[261]

IX. Form

174   Es gibt **keine Formvorschriften** für die Rüge.[262] Auch mündliche oder fernmündliche Rügen sind zulässig.[263] Die Rüge kann auch per E-Mail oder Telefax erklärt werden. Schriftliche oder fernschriftliche Rügen müssen unterschrieben sein, damit der Auftraggeber erkennen kann, dass es sich nicht nur um einen Entwurf handelt, und dass die Rüge von dem Unternehmer oder einer vertretungsberechtigten Person stammt. In Zweifelsfällen muss der Auftraggeber nachfragen.[264]

175   Die durch einen Bevollmächtigten ohne Beifügung einer Vollmachtsurkunde erklärte Rüge kann vom Auftraggeber nicht gem. § 174 Satz 1 BGB mit der Folge der Unwirksamkeit zurückgewiesen werden. Bei der Rüge nach § 160 Abs. 3 GWB handelt es sich um eine verfahrensrechtliche Erklärung, auf die § 174 Satz 1 BGB nicht anwendbar ist.[265]

X. Erklärender und Adressat der Rüge

176   Die Rüge ist **von dem Unternehmen** zu erklären, **das die Beseitigung der behaupteten Vergaberechtsverletzung geltend macht**, und das ggf. befugt ist, wegen der Verletzung einen Nachprüfungsantrag zu stellen (§ 160 Abs. 3 Satz 1 Nr. 1: » ... *der Antragsteller* ... gerügt hat ... «).[266] Dies kann ausschließlich der potenzielle Auftragnehmer, nicht aber ein Subunternehmer oder ein anderes nur mittelbar an dem Auftrag interessiertes Unternehmen sein.[267] Sofern die Rüge durch einen Vertreter abgegeben wird, muss sie das vertretene Unternehmen eindeutig erkennen lassen. Aus diesem Grunde ist die durch einen Verband abgegebene Rüge jedenfalls dann unwirksam, wenn der Verband nicht mitteilt, für welches Unternehmen er die Rüge erhebt.[268] Es reicht aus, wenn das Unternehmen, das die Beseitigung des Verstoßes verlangt, zwar nicht namentlich benannt, jedoch dem Rügeschreiben zweifelsfrei zu entnehmen ist.[269] Unzulässig ist die über einen Rechtsanwalt vorgetragene »anonyme Rüge«, die das hinter der Rüge stehende Unternehmen nicht erkennen lässt.[270] Bei einer Bietergemeinschaft müssen alle Mitglieder gemeinsam rügen. Dies kann auch im Wege der Rüge eines bevollmächtigten Mitglieds im Namen der Bietergemeinschaft geschehen. Ein einzelnes Mitglied einer Bietergemeinschaft dürfte analog dem Institut der gewillkürten Prozessstandschaft befugt sein, Vergaberechtsverstöße im eigenen Namen geltend zu machen, sofern

---

259   Zum früheren § 13 VgV: KG 04.04.2002 VergabeR 2002, 235; zu streng dagegen BKartA 21.10.1999 NZBau 2000, 108, das die Erklärung nicht ausreichen lassen hat, die getroffene Entscheidung über den Ausschluss des Bieters sei nicht nachvollziehbar, ihr werde widersprochen, es werde um Übersendung einer prüfbaren Begründung gebeten, der Bieter behalte sich die Anrufung der Vergabekammer vor.

260   OLG Celle 12.05.2005 13 Verg 6/05.

261   OLG Dresden 25.02.2014 Verg 9/13; OLG Karlsruhe 25.07.2014 15 Verg 5/13.

262   OLG Celle 30.09.2010, VergabeR 2011, 103; OLG München 10.12.2009, VergabeR 2010, 246; OLG Düsseldorf 30.04.2003 VergabeR 2003, 435; KG 15.04.2002 VergabeR 2002, 398.

263   OLG Celle 30.09.2010 VergabeR 2011, 103; OLG Dresden 17.08.2001 WVerg 0005/01; vgl. OLG Düsseldorf 29.03.2006 VergabeR 2006, 509.

264   Weyand ibr-online-Kommentar Vergaberecht Stand 14.09.2015 Rn. 443.

265   OLG Düsseldorf 05.12.2001 Verg 32/01.

266   Dreher in: Immenga/Mestmäcker § 107 Rn. 54.

267   OLG Düsseldorf 14.05.2008 VergabeR 2008, 661.

268   OLG Brandenburg 28.11.2002 VergabeR 2003, 242; BayObLG 12.12.2001 Verg 19/01.

269   OLG Dresden 11.09.2003 WVerg 0007/03.

270   OLG Celle 25.08.2005 VergabeR 2005, 809.

es dazu von der Bietergemeinschaft ermächtigt ist, und ein eigenes schutzwürdiges Interesse an der Durchführung eines Rügeverfahrens im eigenen Namen hat.[271]

Richtiger **Adressat der Rüge** ist nach dem eindeutigen Wortlaut des § 160 Abs. 3 Satz 1 GWB **der**   177
Auftraggeber, nicht die Vergabekammer. Hat der Auftraggeber mit der Durchführung der Ausschreibung eine nachgeordnete Behörde beauftragt, kann die Rüge auch dieser gegenüber erfolgen. Entsprechendes gilt im Fall der Beauftragung eines Dritten (häufig ein Ingenieur- oder Architekturbüro), soweit der Dritte erkennbar Ansprechpartner für die Bieter sein soll. Die Rüge muss trotz der Einschaltung eines Dritten gegenüber dem Auftraggeber erfolgen, wenn nur er in den Ausschreibungsunterlagen als Adressat etwaiger Rügen genannt ist.[272]

XI. Anwendungsbereich des § 160 Abs. 3 Satz 1 Nr. 1 bis 3 GWB/Entbehrlichkeit der Rüge

Es gibt verschiedene Fallgruppen, die von vornherein nicht in den Anwendungsbereich des § 107   178
Abs. 3 Satz 1 GWB fallen oder in denen die Rüge ausnahmsweise entbehrlich ist. Teilweise werden Ausnahmen von der Rügeobliegenheit auch zu Unrecht angenommen.

1. De-facto-Vergabe

Nicht selten wird ein öffentlicher Auftrag, der den Schwellenwert überschreitet, vergaberechtswid-   179
rig **ohne Durchführung des** vorgeschriebenen **geregelten Vergabeverfahrens** erteilt (»De-facto-Vergabe«). Bereits seit den Entscheidungen des EuGH v. 11.01.2005[273] und des BGH v. 01.02.2005[274] war geklärt, dass bei »De-facto-Vergaben« das Nachprüfungsverfahren mit dem Ziel beantragt werden kann, die Durchführung eines geregelten Vergabeverfahrens zu erreichen.[275] Mit der Vergaberechtsreform 2009 wurde dies durch § 101b GWB a.F. ausdrücklich geregelt. In der aktuellen Gesetzesfassung bestimmt § 135 Abs. 1 Nr. 2, Abs. 2 GWB, dass in den Fällen, in denen der öffentliche Auftraggeber den Auftrag ohne vorherige Veröffentlichung einer Bekanntmachung im Amtsblatt der Europäischen Union vergeben hat, ohne dass dies aufgrund Gesetzes gestattet ist, dieser Verstoß in einem Nachprüfungsverfahren festgestellt werden kann. Beantragt ein Unternehmen die Feststellung der Unwirksamkeit des Vertrages, so **gilt die Rügeobliegenheit nicht,** wie in **§ 160 Abs. 3 Satz 2 GWB** ausdrücklich geregelt ist.[276] Das Unternehmen kann also zulässigerweise im Nachprüfungsverfahren nach § 135 GWB die Unwirksamkeit des im Wege der De-facto-Vergabe zustande gekommenen Vertrags geltend machen, ohne zuvor eine Rüge gegenüber dem Auftraggeber erhoben zu haben.

2. Kenntniserlangung vom Vergaberechtsverstoß erst im Nachprüfungsverfahren

Der Antragsteller erfährt sehr häufig erst während des Nachprüfungsverfahrens von einem weite-   180
ren (vermeintlichen) Vergaberechtsverstoß. Dies geschieht typischerweise durch Akteneinsicht. Es kommt auch vor, dass der Antragsteller ein ihm schon länger bekanntes Auftraggeberverhalten erst aufgrund der rechtlichen Diskussion im Nachprüfungsverfahren als Vergaberechtsverstoß zu erkennen meint. Handelt es sich nicht um einen Verstoß, der bereits aufgrund der Bekanntmachung oder in den Vergabeunterlagen erkennbar war (dann § 160 Abs. 3 Satz 1 Nr. 2, 3 GWB), so kann der Antragsteller den im Nachprüfungsverfahren erkannten Verstoß sofort zum Gegenstand des

---

271 OLG München 14.01.2015 – Verg 15/14; OLG Dresden 20.07.2013 VergabeR 2014, 81.
272 OLG Düsseldorf 08.10.2003 Verg 49/03.
273 EuGH 11.01.2005 VergabeR 2005, 44.
274 BGH 01.02.2005 VergabeR 2005, 328.
275 So bereits die bislang h.M., siehe Burgi NZBau 2003, 16, 19 ff. m.w.N.; a.A. OLG Naumburg 08.01.2003 VergabeR 2003, 196; zur Frage, welche Maßnahmen des öffentlichen Auftraggebers dem Nachprüfungsverfahren unterliegen: EuGH 11.01.2005 VergabeR 2005, 44; OLG Düsseldorf 23.02.2005 VergabeR 2005, 503; OLG Frankfurt 07.09.2004 VergabeR 2005, 80.
276 Dasselbe galt nach h.M bereits aufgrund der alten Rechtslage, vgl. OLG Düsseldorf 06.02.2008 VergabeR 2008, 229.

Nachprüfungsverfahrens machen, **ohne** ihn gegenüber der Vergabestelle **rügen zu müssen**. Dies war schon die bisherige Rechtslage, ist mit dem Vergaberechtsmodernisierungsgesetz 2015 vom 17.02.2016 aber eindeutig geregelt – eine etwaige Unzulässigkeit des Nachprüfungsantrags gem. § 160 Abs. 3 Satz 1 Nr. 1 GWB erfasst nur »vor Einreichen des Nachprüfungsantrags« erkannte Verstöße.

181 Der Antragsteller muss die dem ursprünglichen Nachprüfungsantrag zugrunde liegende Rüge nicht weiterverfolgen, sondern darf sie durch die erst im Nachprüfungsverfahren zur Kenntnis gelangte Rüge ersetzen.[277]

182 Es ist heute kaum noch umstritten, dass diese Grundsätze auch dann gelten, wenn das Nachprüfungsverfahren **aufgrund eines nicht den Anforderungen des § 160 Abs. 2 und 3 GWB (§ 107 Abs. 2 und 3 GWB a.F.) entsprechenden Antrags** eingeleitet worden ist, sofern die Rüge des erst im Nachprüfungsverfahren bekannt gewordenen Vergaberechtsverstoßes im Übrigen zulässig, insbesondere so rechtzeitig vorgebracht worden ist, dass sie in dem laufenden Verfahren ohne Verzögerung beschieden werden kann.[278] Der ursprünglich unzulässige Nachprüfungsantrag kann in diesem Fall teilweise, nämlich soweit es um die Rüge des erst im Laufe des Verfahrens bekannt gewordenen Vergaberechtsverstoßes geht, zulässig werden.

183 Hierfür spricht, dass es dem Beschleunigungsgebot zuwiderliefe, den Bieter wegen erst während des Nachprüfungsverfahrens erkannter Vergaberechtsverstöße auf die Beantragung eines neuen Nachprüfungsverfahrens zu verweisen. Bei der Auslegung des § 160 Abs. 3 Satz 1 Nr. 1 GWB sind die Richtlinien 89/665/EWG und 2007/66/EG zu berücksichtigen, nach denen es sichergestellt sein muss, dass rechtwidrige Entscheidungen der Vergabebehörden wirksam und vor allem möglichst rasch überprüft werden können.[279] Verlangte man bei ursprünglich unzulässigen Nachprüfungsverfahren, dass dem Antragsteller im Verlaufe des Verfahrens bekannt gewordene weitere Vergaberechtsverstöße zunächst gegenüber dem Auftraggeber gerügt werden müssen und erst dann in einem neuen Nachprüfungsverfahren geltend macht werden können, so träte dadurch eine erhebliche Verzögerung ein. Der Wortlaut des § 160 Abs. 3 GWB gebietet eine solche Auslegung nicht. Im Gegenteil ist in § 160 Abs. 1 Satz 1 Nr. 1 GWB nur von »vor Einreichen des Nachprüfungsantrags« – nicht: im Nachprüfungsverfahren – erkannten Verstößen (bei denen die Rügeobliegenheit eingreift) die Rede. Auch Sinn und Zweck der Vorschrift erfordern eine Rüge in diesen Fällen nicht.[280]

184 Dass bei Vergaberechtsverstößen, von denen der Bieter erst während des Nachprüfungsverfahrens Kenntnis erlangt, keine Rügeobliegenheit nach § 160 Abs. 3 Satz 1 Nr. 1 GWB gegenüber dem Auftraggeber besteht, heißt indes nicht, dass sich der Bieter im Nachprüfungsverfahren mit dem entsprechenden Vortrag beliebig Zeit lassen kann. Gem. §§ 175 Abs. 2, 167 Abs. 2 Satz 1 GWB haben die Beteiligten an der Aufklärung des Sachverhalts mitzuwirken, wie es einem auf Förderung und raschen Abschluss des Verfahrens bedachten Vorgehen entspricht. Hiervon ausgehend wird in der Rechtsprechung angenommen, dass im Nachprüfungsverfahren erkannte Verstöße nicht unter Missachtung der Verfahrensförderungsvorschrift so spät vorgetragen werden dürfen, dass das Verfahren verzögert wird.[281] Nach einer teilweise vertretenen strengeren Ansicht muss ein erst nach

277 OLG Jena 26.03.2007 VergabeR 2007, 522.
278 OLG Düsseldorf 13.04.2011 Verg 58/10; OLG Frankfurt 05.10.2010 11 Verg 7/10; OLG Celle 12.05.2005 13 Verg 5/05 und 23.02.2001 VergabeR 2001, 252; OLG Koblenz 26.10.2005 VergabeR 2006, 392; OLG Brandenburg 06.10.2006 VergabeR 2007, 529; Reidt in: Reidt/Stickler/Glahs § 107 Rn. 68; Dreher in: Immenga/Mestmäcker § 107 Rn. 121; a.A. OLG Düsseldorf 23.02.2005 Verg 92/04; Benedict VergabeR 2001, 254.
279 Art. 1 Abs. 1 der Richtlinie in der Fassung der Richtlinie 2007/66/EG.
280 Vgl. Rdn. 126.
281 OLG Düsseldorf 19.11.2003, VergabeR 2004, 249; hierzu tendierend auch KG 23.06.2011, 2 Verg 7/10.

Einleitung des Nachprüfungsverfahrens erkannter Verstoß unverzüglich im Sinn von § 160 Abs. 3 Satz 1 Nr. 1 GWB geltend gemacht werden.[282]

3. Endgültige Verweigerung der Fehlerkorrektur

Nach der Rechtsprechung der Oberlandesgerichte kann die Rügeobliegenheit nach Treu und Glau- 185
ben entfallen, wenn die Vergabestelle eindeutig zu erkennen gegeben hat, dass sie **unumstößlich** an ihrer Entscheidung **festhalten wird**, dass sie also unter keinen Umständen – auch nicht auf eine Rüge hin – gewillt ist, eine etwa vorliegende Verletzung des Vergaberechts abzustellen.[283] *Reidt*[284] weist zu Recht darauf hin, dass diese Ausnahme in Betracht zu ziehen ist, wenn ein anderes Unternehmen einen bestimmten Verstoß gerügt hat und die Vergabestelle daraufhin gegenüber allen Bietern unmissverständlich klarstellt, dass sie ihr Verhalten als rechtmäßig ansieht und es nicht zu ändern beabsichtigt.[285] Eine Rüge kann insbesondere dann entbehrlich sein, wenn wegen des fraglichen Verstoßes bereits ein Nachprüfungsverfahren anhängig ist.[286] Im Übrigen ist von der Annahme einer endgültigen Verweigerung nur zurückhaltend Gebrauch zu machen. Der Bieter kann und muss davon ausgehen, dass der Auftraggeber Rügen sorgfältig prüft und im Fall ihrer Begründetheit den Vergaberechtsverstoß beseitigt. Deshalb sind ganz besondere Umstände erforderlich, um die Schlussfolgerung zu rechtfertigen, eine Rüge werde ohnehin erfolglos bleiben. Keinesfalls darf im Nachhinein allein deshalb, weil die Vergabestelle das beanstandete Handeln im Nachprüfungsverfahren verteidigt, angenommen werden, dass eine Rüge im Vergabeverfahren aussichtslos gewesen wäre.[287]

4. Vom Bieter bereits gerügte Verstöße

Es ist regelmäßig nicht erforderlich, erneut zu rügen, wenn der Auftraggeber in demselben Verga- 186
beverfahren **einen gerügten Vergaberechtsverstoß wiederholt** oder wenn sich in dem Vergabeverfahren das gerügte Verhalten in weiteren Entscheidungen der Vergabestelle fortsetzt.[288] Dies gilt jedenfalls, wenn die frühere Rüge vom Antragsteller des Nachprüfungsverfahrens stammte, aber wohl auch dann, wenn ein anderer Bieter den Vergaberechtsverstoß bereits gerügt hatte. Denn nach Treu und Glauben kann der Auftraggeber grundsätzlich nicht erwarten, auf die Rechtswidrigkeit seines Handelns mehrmals hingewiesen zu werden. Auf die Rüge eines außenstehenden Dritten, etwa eines Verbandes, kann der Bieter sich indes nicht berufen.[289]

---

282 OLG Brandenburg 10.01.2012, VergabeR 2012, 521; OLG Celle 08.03.2007, VergabeR 2007, 401; wohl auch OLG Naumburg 02.07.2009, OLGR Naumburg 2009, 873; a.M. OLG Düsseldorf 09.02.2009, VergabeR 2009, 956; vgl. OLG Frankfurt 11.05.2004, VergabeR 2004, 754 »... genügt es,... wenn der erkannte Vergaberechtsverstoß unmittelbar und unverzüglich gegenüber dem Senat geltend gemacht wird«; OLG München 02.08.2007, VergabeR 2007, 799: »Die Geltendmachung hat unverzüglich zu erfolgen, weil nur dann die Verfahrensbeteiligten ihrer Mitwirkungspflicht nach §§ 120 Abs.2, 113 Abs. 2 Satz 1 GWB Genüge tun«.

283 OLG Frankfurt 02.12.2014 VergabeR 2015, 591; OLG Düsseldorf 16.02.2005 VergabeR 2005, 364; OLG Brandenburg 02.12.2003 VergabeR 2004, 210; OLG Saarbrücken 29.05.2002 VergabeR 2002, 493; OLG Stuttgart 11.07.2000 NZBau 2001, 462; OLG Koblenz 18.09.2003 VergabeR 2003, 709; Portz in: Niebuhr/Kulartz/Kus/Portz § 107 Rn. 34; zweifelnd: Marx in: Beck'scher VOB-Kommentar §§ 107, 108 GWB Rn. 27.

284 Reidt in: Reidt/Stickler/Glahs § 107 Rn. 36c.

285 Vgl. OLG Düsseldorf 29.04.2009, ZfBR 2009, 824.

286 OLG Karlsruhe 06.02.2007 VergabeR 2007, 365.

287 OLG München 10.12.2009, VergabeR 2010 246; OLG Koblenz 18.09.2003, VergabeR 2003, 709; OLG Düsseldorf 22.08.2000 Verg 9/00; Byok in: Byok/Jaeger § 107 Rn. 107.

288 BayObLG 12.04.2000 NZBau 2000, 481; Reidt in: Reidt/Stickler/Glahs § 107 Rn. 69; Dreher in: Immenga/Mestmäcker § 107 Rn. 126; einschränkend für den Fall der vollständigen Wiederholung eines Verfahrensabschnitts: OLG Koblenz 18.09.2003 VergabeR 2003, 709.

289 Leinemann VergabeR 2003, 246, 247.

5. Unmittelbar bevorstehende Auftragsvergabe

187 Nach älteren Entscheidungen des OLG Stuttgart und des OLG Rostock soll die Rügeobliegenheit entfallen, wenn dem Bieter ansonsten **keine ausreichende Zeit** mehr zur Stellung eines Nachprüfungsantrags **verbleibt.**[290] Daran ist zutreffend, dass der Bieter nicht Gefahr laufen darf, im Fall eines vorgeschalteten Rügeverfahrens die Verkürzung seines Rechtsschutzes hinnehmen zu müssen.[291] Indes dürfte die praktische Relevanz dieser Ausnahme von der Rügeobliegenheit gering sein, weil der Auftraggeber den Vertrag regelmäßig erst 15 Kalendertage bzw. bei Information auf elektronischem Weg oder per Fax 10 Kalendertage nach Absendung der Bieterinformation schließen darf (§ 134 Abs. 2 GWB). Diesen Zeitraum muss der Bieter – ab Erlangung der der Kenntnis – für die Erfüllung der Rügeobliegenheit nutzen.[292] Eine Ausnahme von der Rügeobliegenheit könnte gerechtfertigt sein, wenn der Auftraggeber nach der Übersendung des Informationsschreibens weitere Gründe für seine Auswahlentscheidung so spät mitteilt, dass die Schutzfrist des § 134 Abs. 2 GWB ohne sofortige Einschaltung der Vergabekammer abzulaufen droht. Auch dann bleibt aber die Möglichkeit, die Rüge gleichzeitig mit dem Nachprüfungsantrag erheben.[293]

6. Beantragung des Nachprüfungsverfahrens innerhalb der Fristen des § 160 Abs. 3 Satz 1 Nr. 1 bis 3 GWB

188 Das KG[294] hat die Auffassung vertreten, ein Bieter könne das Nachprüfungsverfahren ohne vorherige Rüge gegenüber dem Auftraggeber beantragen, wenn die Beanstandung so aktuell sei, dass der Bieter mit der Rüge noch nicht gem. § 107 Abs. 3 GWB (a.F.) präkludiert wäre. Die Rügeobliegenheit habe den Zweck, Bieter mit Beanstandungen von Vergaberechtsverstößen zu präkludieren, die sie nicht unverzüglich gerügt hätten, um darauf zu spekulieren, dass die Verstöße sich zu ihrem Vorteil auswirkten. Wenn ein Bieter aber einen aktuellen Verstoß sofort bei der Vergabekammer beanstande, spekuliere er in keiner Weise darauf, dass sich der Verstoß zu seinen Gunsten auswirken könnte. Der Auftraggeber könne der Rüge auch noch nach Zustellung des Nachprüfungsantrags abhelfen. Mit einer entsprechenden Begründung hat das OLG Saarbrücken[295] eine Rügeobliegenheit gegenüber der Vergabestelle verneint, sofern der Antragsteller in der Frist des § 107 Abs. 3 GWB a.F. das Nachprüfungsverfahren beantragt habe. Dem ist nicht beizutreten. Die Entscheidungen beruhen auf der Annahme, § 107 Abs. 3 GWB a.F. bezwecke vordringlich, der Spekulation entgegenzuwirken, dass sich ein frühzeitig erkannter Vergaberechtsfehler zugunsten des Unternehmens auswirken werde. Das ist nicht der Fall. Die Rügeobliegenheit zielt in erster Linie darauf ab, dem Auftraggeber Gelegenheit zu geben, einen nicht erkannten Vergaberechtsfehler so schnell wie möglich zu beseitigen und darüber hinaus unnötige Nachprüfungsverfahren vermeiden.[296] Dem liefe eine Ausnahme von der Rügeobliegenheit im Fall der unverzüglichen Rüge gegenüber der Vergabekammer zuwider.[297]

7. Kein Spekulieren auf Vorteile aus Vergaberechtsfehlern

189 Aus den vorgenannten Gründen ist die Rüge nach § 160 Abs. 3 Satz 1 GWB nicht allein deshalb entbehrlich, weil ein Spekulieren des Bieters auf ein für ihn günstigen Verfahrensausgang nicht (mehr) möglich ist. Die Rügepflicht entfällt nicht etwa deshalb, weil die Bieter bereits die Vorabinformation gem. § 134 Abs. 1 GWB erhalten haben.[298]

290 OLG Rostock 10.05.2000 NZBau 2001, 286; OLG Stuttgart 12.05.2000 NZBau 2000, 542 (LS); a.A. Dreher in: Immenga/Mestmäcker § 107 Rn. 129.
291 Kühnen NZBau 2004, 427, 429.
292 OLG Frankfurt 06.06.2013 11 Verg 8/13.
293 Vgl. OLG München 07.08.2007, VergabeR 2007, 802.
294 KG 15.04.2002 VergabeR 2002, 398.
295 OLG Saarbrücken 29.05.2002 VergabeR 2002, 493.
296 OLG Koblenz 18.09.2003 VergabeR 2003, 709; Kühnen NZBau 2004, 427, 429.
297 Wie hier: Dreher in: Immenga/Mestmäcker § 107 Rn. 130.
298 Thüringer OLG 16.01.2002 6 Verg 7/01; OLG Koblenz 18.09.2003 VergabeR 2003, 709; a.A. OLG Saarbrücken 29.05.2002 VergabeR 2002, 493; OLG Saarbrücken. 08.07.2003 Verg 5/02.

8. Sonstiges

Das OLG Saarbrücken[299] hat ausgeführt, dass die Verletzung von **vornehmlich im öffentlichen** 190
Interesse liegenden Geboten auch ohne rechtzeitige Rüge von Amts wegen zu berücksichtigen sei.
Diese Ansicht ist abzulehnen, weil § 160 Abs. 3 Satz 1 GWB für eine solche Einschränkung keinen
Anhaltspunkt enthält, und weil eine Differenzierung nach solchen Vorschriften, die vornehmlich
im öffentlichen Interesse liegen und solchen, bei denen das nicht der Fall ist, auf kaum lösbare
Abgrenzungsschwierigkeit stößt.[300] Eine andere Frage ist, ob der Vergabesenat in Ausnahmefällen
schwere Vergaberechtsfehler auch ohne vorausgehende Rüge von Amts wegen aufgreifen kann.

Bei **irreparablen Verstößen** soll die Rüge nicht erforderlich sein, weil sie zwecklos wäre.[301]   191

Eine Rüge, das favorisierte Angebot habe wegen unzulässiger wettbewerbsbeschränkender Abreden   192
mit einem anderen Bieter ausgeschlossen werden müssen, ist nicht allein deshalb entbehrlich, weil
das Kartellamt insoweit ermittelt. Ohne konkrete Anhaltspunkte kann nicht unterstellt werden,
dass die Rüge gegenüber dem Auftraggeber die **Ermittlungen des Kartellamts** gefährden könnte.
Der Bieter muss zunächst davon ausgehen, dass der Auftraggeber bei Hinweisen auf Submissions-
absprachen ein eigenes Interesse an der Aufklärung des Sachverhalts hat, und dass er deshalb den
Erfolg der Ermittlungen nicht gefährden wird.[302]

XII. Abwarten zwischen Rüge und Einreichung des Nachprüfungsantrags

Der **Nachprüfungsantrag** ist auch dann zulässig, wenn der Bieter ihn **zeitgleich mit der** gegen-   193
über dem Auftraggeber erklärten **Rüge** stellt. § 160 Abs. 3 GWB sieht keine Wartefrist zwischen
der Rüge und dem Nachprüfungsantrag vor, um dem Auftraggeber Gelegenheit zur Korrektur zu
geben.[303] Darin liegt zwar eine gewisse Einschränkung des Gesetzeszwecks, unnötige Nachprüfungsverfahren zu vermeiden. Das ist aber hinzunehmen. Der Wortlaut der Vorschrift verlangt vom
Bieter kein Abwarten zwischen Rüge und Einreichung des Nachprüfungsantrags. Eine kurzzeitige
Abfolge von Rüge und Nachprüfungsantrag lässt sich ohnehin oft nicht vermeiden, wenn der Bieter
den Vergaberechtsfehler erst nach Erteilung der Information gem. § 134 GWB erkennt und die
Zuschlagserteilung unmittelbar bevorsteht. Im Übrigen sind die Interessen des Auftraggebers, der
den erst kurz vor oder gleichzeitig mit dem Nachprüfungsantrag gerügten Vergaberechtsverstoß
sofort beseitigt, insoweit geschützt, als der Antragsteller bei einer Erledigung des Verfahrens vor der
Vergabekammer ohne Entscheidung zur Sache die für die Tätigkeit der Vergabekammer entstandenen Kosten sowie seine eigenen Kosten zu tragen hat.[304] Darin liegt ein Korrektiv zur Verhinderung
voreilig gestellter Nachprüfungsanträge.

---

299 OLG Saarbrücken 22.10.1999 5 Verg 4/99.
300 Dreher in: Immenga/Mestmäcker § 107 Rn. 125; Jaeger NZBau 2001, 289, 296.
301 OLG Brandenburg 28.11.2002 VergabeR 2003, 242.
302 OLG Celle 02.09.2004 13 Verg 14/04.
303 KG 15.04.2002 VergabeR 2002, 398; OLG Dresden 17.08.2001 W Verg 0005/01; OLG Frank-
     furt 05.10.2010, 11 Verg 7/10, 16.05.2000 11 Verg 1/99; OLG Düsseldorf 17.07.2013 Verg 10/13;
     18.07.2001 VergabeR 2001, 419; Marx in: Beck'scher VOB-Kommentar §§ 107, 108 GWB Rn. 29;
     offen gelassen: BayObLG 03.07.2002 VergabeR 2002, 637; a.A. OLG München 07.08.2007 VergabeR
     2007, 802; Reidt in: Reidt/Stickler/Glahs § 107 Rn. 77; Schröder VergabeR 2002, 229, 233 f.; Maier
     NZBau 2004, 196. Von der Gegenmeinung wird angeführt, dass einem Nachprüfungsantrag das
     Rechtsschutzbedürfnis fehle, wenn der Bieter der Vergabestelle keine Gelegenheit gelassen habe, auf den
     gerügten Verstoß zu reagieren (Maier NZBau 2004, 196). Damit wird verkannt, dass § 160 Abs. 3 GWB
     (§ 107 Abs. 3 GWB a.F.) abschließend regelt, welche Obliegenheiten der Bieter hat, um der Vergabestelle
     Gelegenheit zu geben, den Vergaberechtsfehler zu korrigieren. Eine neue Obliegenheiten begründende
     und daher den Rechtsschutz einschränkende Auslegung der Vorschrift ist m.E. nicht möglich.
304 BGH 09.12.2003 VergabeR 2004, 414; für den Fall der Rücknahme des Nachprüfungsantrags: BGH
     25. 10.2005 X ZB 22/05.

XIII. Frist zum Stellen des Nachprüfungsantrags (Abs. 3 Satz 1 Nr. 4)

1. Allgemeines

194   Gemäß § 160 Abs. 3 Satz 1 Nr. 4 GWB ist der Nachprüfungsantrag unzulässig, soweit mehr als 15 Kalendertage nach Eingang der Mitteilung des Auftraggebers, einer Rüge nicht abhelfen zu wollen, vergangen sind. Die Regelung **bezweckt, frühzeitig Klarheit** über die Rechtmäßigkeit des Vergabeverfahrens zu schaffen.[305] Vor der Einführung des § 107 Abs. 3 Satz 1 Nr. 4 GWB a.F. (§ 160 Abs. 3 Satz 1 Nr. 4 GWB) kam es häufig vor, dass ein Unternehmen im Vergabeverfahren gegenüber dem Auftraggeber vermeintliche Rechtsverletzungen rügte, nach abschlägiger Mitteilung aber zunächst nichts unternahm und die Vergabekammer erst dann anrief, wenn der Auftraggeber ihm mitteilte, dass ein anderes Unternehmen den Zuschlag erhalten solle. Dies ist nicht mehr möglich.

195   Die Frist zum Stellen des Nachprüfungsantrags gilt nicht nur für das Unternehmen, das die betreffende Rüge erhoben hat, sondern auch für die anderen am Vergabeverfahren beteiligten Unternehmen. Nur so lässt sich das Ziel der Neuregelung erreichen, frühzeitig Klarheit über die Rechtmäßigkeit des Vergabeverfahrens zu schaffen. Die Anwendung der Präklusionsvorschrift auf die anderen beteiligten Unternehmen setzt allerdings voraus, dass diesen Unternehmen sowohl der Inhalt der Rüge als auch die Mitteilung des Auftraggebers, der Rüge nicht abhelfen zu wollen, mitgeteilt worden ist.[306]

2. Frist

196   Die Unzulässigkeit des Nachprüfungsantrags nach Nr. 4 setzt voraus, dass mehr als 15 Kalendertage nach Eingang der Mitteilung des Auftraggebers, einer Rüge nicht abhelfen zu wollen, vergangen sind. Der Auftraggeber ist nicht verpflichtet, eine Rüge zu beantworten. Geschieht dies aber und soll die Frist des § 160 Abs. 3 Satz 1 Nr. 3 GWB laufen, so muss der Wille, der Rüge nicht abhelfen zu wollen, **eindeutig** zum Ausdruck kommen. An die Eindeutigkeit der Erklärung sind strenge Anforderungen zu stellen, da die Frist des § 160 Abs. 3 Satz 1 Nr. 4 GWB den Primärrechtsschutz zeitlich begrenzt.[307]

197   Aus dem Wortlaut der Vorschrift ergibt sich, dass bei der Bestimmung des **Fristbeginns** der Tag des Eingangs der Mitteilung nicht mitgezählt wird (»... 15 Kalendertage *nach* Eingang ...«).[308] Es zählen nur volle Kalendertage. Dies entspricht der allgemeinen Regelung in § 187 Abs. 1 BGB und § 31 Abs. 2 VwVfG. Unerheblich ist, ob der Eingang der Mitteilung an einem Werktag, an einem Sonnabend oder Sonntag oder an einem allgemeinen Feiertag erfolgt. Für das **Fristende** gilt, dass der Nachprüfungsantrag grundsätzlich bis zum Ablauf des letzten Tages der Frist eingelegt worden sein muss. Denn nach § 160 Abs. 3 Satz 1 Nr. 4 GWB dürfen »nicht mehr« als 15 (volle) Kalendertage vergangen sein. Diese Regelung stimmt mit § 188 Abs. 1 BGB und § 31 Abs. 3 Satz 1 VwVfG überein. Mit Beginn des 16. Kalendertages ist die Frist abgelaufen. Fällt der letzte Tag der Frist auf einen Sonntag, einen allgemeinen Feiertag oder auf einen Sonnabend, so tritt an die Stelle eines solchen Tages der nächste Werktag (§ 193 BGB).

3. Ausnahme von der Antragsfrist

198   Die 15tätige Antragsfrist gilt gem. § 160 Abs. 3 Satz 2 GWB nicht bei einem Antrag auf Feststellung der Unwirksamkeit des Vertrages nach § 135 Abs. 1 Nr. 2 GWB (sog. De-facto-Vergabe).

XIV. Belehrung über die Frist

199   In der Rechtsprechung wird angenommen, dass § 160 Abs. 3 Satz 1 Nr. 4 GWB (§ 107 Abs. 3 Satz 1 Nr. 4 a.F.) eine Rechtsbehelfsfrist normiert mit der Folge, dass die Vergabestelle gem. Anhang II

---

305 Begründung Regierungsentwurf zu § 107 Abs. 3, BT-Drucks. 16/10117 S. 22.
306 Reidt in: Reidt/Stickler/Glahs § 107 Rn. 89.
307 OLG Celle 04.03.2010, VergabeR 2010, 653.
308 Reidt in: Reidt/Stickler/Glahs § 107 Rn. 83.

zur VO (EG) 1564/2005 (abgelöst durch die VO [EU] 842/2011) bzw. Anhang VII Teil A Nr. 24 zur Richtlinie 2004/18/EG genaue Hinweis zur des § 160 Abs. 3 Satz 1 Nr. 4 GWB erteilen muss. Unterlässt die Vergabestelle dies, so tritt die Präklusionswirkung nicht ein.[309] Hinsichtlich Satz 1 Nr. 1 bis 3 GWB soll eine entsprechende Hinweispflicht nicht bestehen, weil insoweit keine Rechtsmitteleinlegungsfristen bestimmt seien.[310]

XV. Verwirkung

Eine Verwirkung des Rechtsschutzbedürfnisses für einen Nachprüfungsantrag war nach früherer **200** Rechtslage möglich, wenn der Bieter/Bewerber nach erfolgter Rüge mit dem Nachprüfungsantrag zuwartete und besondere Umstände hinzutraten, die einen Vertrauenstatbestand begründen.[311] Nach aktueller Rechtslage kommt eine Verwirkung des Nachprüfungsantrags nicht mehr in Betracht.[312] § 160 Abs. 3 Satz 1 Nr. 4 GWB regelt ausdrücklich, wie lange der von der Vergaberechtsverletzung betroffene Unternehmer abwarten darf, bis er den Nachprüfungsantrag stellt.

XVI. Darlegungs- und Beweislast

Die Frage der **Darlegungs- und Beweislast** ist vor allem für § 160 Abs. 3 Satz 1 Nr. 1 GWB von **201** Bedeutung. Der **Auftraggeber** trägt die Darlegungs- und Beweislast dafür, dass der Antragsteller Kenntnis von dem Vergaberechtsverstoß erlangt und nicht innerhalb der Frist der Nr. 1 gerügt hat.[313] Hat die Vergabekammer/der Vergabesenat den Unternehmer beigeladen, auf dessen Angebot der Auftraggeber für den Zuschlag erteilen will, so liegt die Darlegungs- und Beweislast auch bei ihm. Nach § 161 Abs. 2 GWB muss der Unternehmer in der Begründung des Nachprüfungsantrags zwar angeben, dass die Rüge gegenüber dem Auftraggeber erfolgt ist. Da es sich bei § 160 Abs. 3 Satz 1 Nr. 1 GWB um einen Ausnahmetatbestand handelt, muss er aber nicht darlegen (und beweisen), wann er den Verstoß erkannt hat, und dass er ihn rechtzeitig gerügt hat. Der Antragsteller muss auch nicht einen Verdacht ausräumen, verspätet gerügt zu haben.[314] Er hat allerdings im Rahmen seiner Mitwirkungs- und Wahrheitspflicht auf den Vorwurf des Auftraggebers, den Verstoß zu einem bestimmten Zeitpunkt erkannt und nicht gerügt zu haben, substantiiert zu erwidern und anzugeben, wenn er stattdessen Kenntnis erlangte.[315] Letztlich bleibt es aber Sache des öffentlichen Auftraggebers, darzulegen und zu beweisen, dass der Antragsteller die für das Entstehen der Rügeobliegenheit maßgeblichen Kenntnisse hinsichtlich der den Vergaberechtsfehler begründenden Umstände und der rechtlichen Wertung so frühzeitig hatte, dass die Rüge nicht

---

309 OLG Düsseldorf 12.06.2013 Verg 7/13; 14.04.2010, VergabeR 2011, 78; OLG Celle 04.03.2010, VergabeR 2010, 653; OLG München 12.05.2011 Verg 26/10; BKartA 30.10.2009, VK 2 – 180/09.

310 Vgl. OLG Koblenz 10.06.2010, VergabeR 2011, 219; OLG München 04.04.2008, VergabeR 2008, 665; zweifelnd Reidt in: Reidt/Stickler/Glahs § 107 Rn. 88.

311 OLG Dresden 11.09.2003 WVerg 0007/03; OLG Düsseldorf 30.04.2008 VergabeR 2008, 835 und 25.01.2005 VergabeR 2005, 343.

312 Vgl. Reidt in: Reidt/Stickler/Glahs § 107 Rn. 90 ff.: Verwirkung in besonderen Ausnahmefällen noch denkbar.

313 BGH 01.02.2005 VergabeR 2005, 328; OLG München 20.03.2014 VergabeR 2014, 700; OLG Düsseldorf 29.12.2001 VergabeR 2002, 267; Maier VergabeR 2004, 176, 179; soweit das OLG Koblenz (05.06.2003 VergabeR 2003, 719) die Darlegungs- und Beweislast beim Antragsteller sieht, falls »die objektive Tatsachenlage (…) nur den Schluss zulässt, dass der Antragsteller den (…) Vergaberechtsverstoß bereits zu einem bestimmten (frühen) Zeitpunkt erkannt« hat, führt dies kaum zu anderen Ergebnissen; denn bei einer objektiven Tatsachenlage, die nur den diesen Schluss zulässt, wird auch die h.M. zur Annahme der Kenntnis gelangen.

314 BGH 01.02.2005 VergabeR 2005, 328. Diese Rechtsprechung steht nicht im Widerspruch zu § 161 Abs. 2 GWB, wonach der Antragsteller in der Begründung des Nachprüfungsantrags darlegen muss, dass die Rüge gegenüber dem Auftraggeber erfolgt ist. § 161 Abs. 2 GWB besagt nicht, dass der Antragsteller auch darlegen muss, wann er den gerügten Verstoß erkannt hat und dass seine Rüge rechtzeitig war.

315 BGH 01.02.2005 VergabeR 2005, 328; Kühnen NZBau 2004, 427, 429.

mehr unverzüglich war.[316] Dafür wird der Auftraggeber meist nur Indizien vortragen können. Die Indizien müssen den Schluss auf die Kenntnis des Antragstellers mit ausreichender Sicherheit zulassen. Mutmaßungen reichen nicht aus.

202   Für die Tatbestände des § 160 Abs. 3 Satz 1 Nr. 2 bis 4 GWB gilt Entsprechendes. Der Auftraggeber muss die nicht rechtzeitige Rüge bzw. die verspätete Einreichung des Nachprüfungsantrags darlegen und beweisen.

§ 161 Form, Inhalt

(1) Der Antrag ist schriftlich bei der Vergabekammer einzureichen und unverzüglich zu begründen. Er soll ein bestimmtes Begehren enthalten. Ein Antragsteller ohne Wohnsitz oder gewöhnlichen Aufenthalt, Sitz oder Geschäftsleitung im Geltungsbereich dieses Gesetzes hat einen Empfangsbevollmächtigten im Geltungsbereich dieses Gesetzes zu benennen.

(2) Die Begründung muss die Bezeichnung des Antragsgegners, eine Beschreibung der behaupteten Rechtsverletzung mit Sachverhaltsdarstellung und die Bezeichnung der verfügbaren Beweismittel enthalten sowie darlegen, dass die Rüge gegenüber dem Auftraggeber erfolgt ist; sie soll, soweit bekannt, die sonstigen Beteiligten benennen.

A. Einleitung

1   Die Vorschrift entspricht mit Ausnahme der Überschrift, in der klarstellend aufgenommen wurde, dass § 161 GWB nicht nur die Form, sondern auch den Inhalt des Nachprüfungsantrages zum Gegenstand hat, wörtlich der Regelung des bisherigen § 108 GWB. Form und Mindestinhalt des Nachprüfungsantrages wurden auch bisher schon in § 108 GWB geregelt. Auf die Rechtsprechung und die Kommentarliteratur zu § 108 GWB (alt) kann uneingeschränkt verwiesen werden.

2   Die Bestimmung des § 108 GWB (alt) war bereits durch das Vergaberechtsmodernisierungsgesetz 2009 nicht berührt worden.

3   § 161 GWB bestimmt in Verbindung mit § 160 Abs. 2 und 3 GWB (bisher: § 107 Abs. 2 und Absatz 3 GWB) die Voraussetzungen der Zulässigkeit eines Nachprüfungsantrages.

4   Die Bestimmungen über die Form dienen der **Beschleunigung** des Nachprüfungsverfahrens und der **Rechtsklarheit**. Die Bestimmungen hinsichtlich des Mindestinhalts des Antrages orientieren sich an den entsprechenden Regelungen für den Inhalt von Klageschriften (§§ 253 Abs. 2 ZPO, 82 VwGO). § 161 GWB enthält »Muss-« und »Soll-« Bestimmungen, wobei letztere auch wörtlich als »Soll-« Bestimmung formuliert sind.

5   Soweit der Antrag den »Muss-« Bestimmungen des § 161 GWB nicht genügt, ist er unzulässig. Die Vergabekammer kann einen Mangel der »Muss-« Angaben jedoch nicht ohne weiteres zum Anlass nehmen, den Antrag als unzulässig zurückzuweisen. Sie wird dem Antragsteller einen Hinweis auf

---

316 OLG Düsseldorf 18.07.2001 VergabeR 2001, 419, und 29.12.2001 VergabeR 2002, 267.

den bestehenden Mangel geben (Art. 103 Abs. 1 GG) und ihm eine, gegebenenfalls sehr kurze, Frist zur Abhilfe setzen[1].

Die formelle Ordnungsgemäßheit des Antrags ist von Amts wegen von der Vergabekammer zu prüfen. Sie ist neben der vom Unternehmen darzulegenden Antragsbefugnis nach § 160 GWB Voraussetzung für die Einleitung des Nachprüfungsverfahrens.   6

Da der Suspensiveffekt des § 169 Abs. 1 GWB (alt: § 115 Abs. 1 GWB) erst mit Übersendung des Antrages durch die Vergabekammer eintritt und die Vergabekammer nur einen den Anforderungen der §§ 160 ff. GWB (alt: §§ 107 ff GWB) Genüge tuenden Antrag übersenden wird[2], sollte sich der Antragsteller bereits in eigenem Interesse um eine zulässige Antragstellung bemühen.   7

B. Form des Antrages (Abs. 1)

I. Schriftform des Antrages

Der Antrag des Unternehmens ist gem. § 161 Abs. 1 Satz 2 GWB bei der Vergabekammer **schriftlich** einzureichen. Die Schriftform soll gewährleisten, dass der Antragsteller eindeutig feststellbar und der Inhalt seiner Antragsschrift zur Prüfung der Zulässigkeitsvoraussetzungen des Antrags, aber auch der materiellen Begründetheit des Antrages fixiert ist.   8

Die Schriftform ist nur gewahrt, wenn der Antrag selbst von dem antragsbefugten Unternehmen oder seinem bevollmächtigten Vertreter unterzeichnet ist,[3] wobei es sich bei Letzterem nicht um einen Anwalt handeln muss. Im Übrigen kann hinsichtlich der Schriftformerfordernisse § 126 BGB entsprechend herangezogen werden. Eine Antragstellung zur **Niederschrift** vor der Vergabekammer ist **nicht möglich**.   9

Der Antrag und die Begründung sind, auch wenn es sich nicht um ein Gerichtsverfahren handelt, in entsprechender Anwendung des § 184 GVG in **deutscher Sprache** abzufassen. Die Möglichkeit, das Nachprüfungsverfahren in einer der anderen Amtssprachen der Europäischen Union einzuleiten und betreiben zu können, wäre mit dem Grundsatz der Beschleunigung des Nachprüfungsverfahrens nicht zu vereinbaren.[4] Der Frist des § 167 Abs. 1 Satz 1 GWB (bisher: 113 Abs. 1 Satz 1 GWB) könnte in einem solchen Fall kaum Genüge getan werden.   10

Der Schriftform genügt die Antragstellung mittels **Telefax, Telekopie, Fernkopie**[5] und, soweit die jeweilige Vergabekammer hierfür bereits die Voraussetzungen geschaffen hat, per **E-Mail**. Auch die telegrafische Antragserhebung, d.h. die Antragserhebung mittels Telegramm, reicht für das Schriftformerfordernis aus.[6] Ein Antrag mit Faksimile-Stempel[7] oder eine fernmündliche Antragserhebung wären nicht schriftlich erhoben und daher unzulässig.   11

Ein Antrag per E-Mail muss den Anforderungen des Signaturgesetzes entsprechen (§ 3a VwVfG), der Antrag muss in diesem Fall mit einer qualifizierten elektronischen Signatur versehen werden.   12

Da die Antragstellung nicht fristgebunden ist, können die Formvoraussetzungen des § 161 GWB jederzeit nachgeholt werden. Die fehlende **Unterschrift** des Nachprüfungsantrages kann insoweit geheilt werden.[8]   13

---

1 Vgl. Kadenbach in: Willenbruch/Wieddekind, Vergaberecht, 3. Aufl. 2014, § 108 Rn. 4; Hofmann in: Müller-Wrede, GWB-Vergaberecht. 2. Aufl. 2014, § 108 Rn. 2.

2 Vgl. Hofmann a.a.O.

3 BGH NJW 1980, 172; BGH NJW 1980, 291; vgl. Weyandt, Vergaberecht, 3. Aufl. 2011, § 108 GWB Rn. 3816.

4 A.A. Kadenbach, a.a.O., § 108 Rn. 10.

5 Vgl. für die Zulässigkeit einer fernschriftlichen Klageerhebung: BGH NJW 1966, 1077; BVerfGE 74, 235.

6 BGH NJW 1966, 1077; BVerfGE 74, 235.

7 BFH BB 1975, 21.

8 Vgl. Dicks in: Ziekow/Völlink, Vergaberecht, 2. Aufl. 2013, § 108 Rn. 2.

14   Der schriftliche Antrag ist grundsätzlich bei der **zuständigen Vergabekammer** einzureichen. Auf eine Verpflichtung der unzuständigen Vergabekammer, den Antrag an die zuständige Vergabekammer weiterzuleiten, kann sich der Unternehmer nicht berufen.[9] Der Suspensiveffekt des § 169 Abs. 1 GWB (bisher: § 115 Abs. 1 GWB) tritt nur bei Zustellung des Nachprüfungsantrages gemäß § 163 Abs. 2 Satz 3 GWB (alt: § 110 Abs. 2 Satz 3 GWB) ein, die wiederum eine zulässige Antragstellung voraussetzt.

15   Der Antrag soll gem. § 161 Abs. 1 Satz 2 GWB ein **bestimmtes Begehren** enthalten. Da es sich insoweit um eine Soll-Vorschrift handelt, führt eine fehlende Angabe nicht zu dessen Unzulässigkeit. Dies gilt auch für Antragsänderungen, zumal die Vergabekammer gemäß § 168 Abs. 1 Satz 3 GWB (alt: 114 Abs. 1 Satz 2 GWB) an Anträge ohnehin nicht gebunden ist und unabhängig auf die Rechtmäßigkeit des Vergabeverfahrens einwirken soll.[10]

16   Zur Geltendmachung eines konkreten Begehrens genügt es, wenn der Antragsteller sein mit dem Antrag verfolgtes Ziel hinreichend kennzeichnet, wobei hieran strenge Anforderungen nicht zu stellen sind. In der Regel wird das Begehren des Unternehmers darauf gerichtet sein, den Zuschlag zu erhalten oder aber zu seinen Lasten wirkende Vergaberechtsverstöße zu beseitigen. Feststellungs – und auf Schadensersatz gerichtete Anträge sind im Vergabenachprüfungsverfahren unzulässig. Hiervon gibt es eine Ausnahme: Wird der Zuschlag nach Antragstellung wirksam erteilt, kann der Antragsteller Feststellung der Rechtswidrigkeit begehren (§ 168 Abs. 2 Satz 2 GWB) (alt: § 114 Abs. 2 Satz 2 GWB).

17   Einer **konkreten Antragstellung** bedarf es nicht, zumal die Vergabekammer an eine solche nicht gebunden ist, sondern den Sachverhalt von Amts wegen erforscht und unabhängig auf die Rechtmäßigkeit des Vergabeverfahrens einwirkt (§ 168 Abs. 1 Satz 2 GWB). Die Darlegung des Begehrens dient daher insbesondere der Beschleunigung des Verfahrens von Beginn an. Sie ist dem Unternehmer anzuraten, um der Vergabekammer frühzeitig die Einleitung geeigneter Verfahrensschritte zu ermöglichen.

18   **Falsche** bzw. **unklare Bezeichnungen** wie das Benennen des Nachprüfungsantrages als Klage oder Beschwerde sind unschädlich. Für die Auslegung des Nachprüfungsantrages gelten insoweit die allgemeinen Grundsätze für die Auslegung von Prozesserklärungen bzw. Willenserklärungen. Hierbei sind die §§ 133, 157 BGB analog anwendbar.

II.   Benennen eines Empfangsbevollmächtigten bei ausländischen Antragstellern

19   Ein Antragsteller ohne Wohnsitz oder ohne gewöhnlichen Aufenthalt, Sitz oder Geschäftsleitung in Deutschland (Geltungsbereich des GWB) hat zwingend einen Empfangsbevollmächtigten in Deutschland zu benennen. Die Vorschrift dient der Beschleunigung des Nachprüfungsverfahrens. Der inländische Empfangsbevollmächtigte ist berechtigt, für den ausländischen Antragsteller im Nachprüfungsverfahren alle Mitteilungen und Unterlagen mit Wirkung für und gegen diesen entgegenzunehmen.

C.   Begründung des Antrages (Abs. 1 und 2)

20   Der Antrag ist unverzüglich zu begründen (§ 161 Abs. 1 GWB). Die Begründung muss somit nicht bereits Bestandteil des Antrages sein. Die Legaldefinition des § 121 BGB hinsichtlich des Merkmales »**unverzüglich**« findet entsprechende Anwendung, d.h. die Begründung muss dem Antrag ohne schuldhaftes Zögern folgen. Ohne bzw. bis zum Eingang der Begründung bei der Vergabekammer kann diese Feststellung zu seiner Zulässigkeit nicht treffen, sodass dessen Zustellung gem. § 163 Abs. 2 GWB (bisher: § 110 Abs. 2 GWB) nicht in Betracht kommt. Der Antrag ist bis zum Eingang der Begründung »offenkundig unzulässig«. Der Antragsteller wird daher, sofern diese nicht

---

9   i.E. ebenso Kadenbach a.a.O., § 108 Rn. 11.
10   VK Hessen, Beschl. v. 12.08.2014, 69d VK-11/2014.

bereits im Antrag enthalten ist, die Begründung bereits im eigenen Interesse an der Erlangung des **Suspensiveffektes** mit der gebotenen Eile nachreichen.

I. Einzelpunkte der Begründung

Nach § 161 Abs. 2 Halbsatz 1 GWB muss die schriftliche Begründung enthalten: 21
– die Bezeichnung des Antragsgegners,
– die Beschreibung der behaupteten Rechtsverletzung mit Sachverhaltsdarstellung,
– die Bezeichnung der verfügbaren Beweismittel und
– die Darlegung, dass die Rüge gegenüber dem Auftraggeber nach § 160 Abs. 3 GWB (bisher: § 107 Abs. 3 GWB) erfolgt ist.

Fehlt die Bezeichnung des Antragsgegners oder die Beschreibung der behaupteten Rechtsverletzung 22 mit Sachverhaltsdarstellung, kommt nach den Umständen des jeweiligen Einzelfalles die Unzulässigkeit des Antrages in Betracht. Die Anforderungen an den Vortrag erfahren durch den **Amtsermittlungsgrundsatz** jedoch eine prozessuale Ergänzung[11], sodass bei der behaupteten Rechtsverletzung, der Sachverhaltsdarstellung und der Bezeichnung der verfügbaren Beweismittel keine hohen Anforderungen zu stellen sind.[12]

Ein Nachprüfungsantrag genügt nur dann dem Begründungserfordernis des § 161 Abs. 2 GWB, 23 wenn er in zumindest **laienhafter Darstellung** die Indizien und tatsächlichen Anhaltspunkte aufzeigt, die den Antragsteller zu dem Schluss bewogen haben, die Vergabestelle habe sich rechtswidrig verhalten.[13] Entscheidend ist dabei, dass die Nachprüfungsinstanzen die Antragsbefugnis im Sinne des § 160 Abs. 2 GWB feststellen können.[14] Hierbei dürfen die Anforderungen an den Bieter nicht überspannt werden, es ist ein großzügiger Maßstab anzulegen.[15] Eine andere Auffassung würde einen effektiven Rechtsschutz für den Bieter verhindern. Denn bis zur Einleitung eines Nachprüfungsverfahrens ist der Bieter bzw. Bewerber mangels eigener Zugriffsmöglichkeit auf die Vergabeakten auf die Informationen durch den Auftraggeber angewiesen. Erst im Nachprüfungsverfahren kann er mit Hilfe der Akteneinsicht den Vergaberechtsverstoß genauer konkretisieren.[16]

Die Anforderungen richten sich im Wesentlichen danach, welche Kenntnisse der Bieter bezüg- 24 lich der gerügten Vergabeverstöße hat oder haben kann. Es reicht jedoch nicht aus, wenn sich der Antragsteller damit begnügt, pauschale Vermutungen zu äußern, ohne diese mit konkreten Fakten zur Rechtfertigung seines Vorwurfs eines Vergaberechtsverstoßes zu unterlegen. Der Antragsteller hat die behauptete Rechtsverletzung mit einem schlüssigen, aus sich heraus verständlichen Tatsachenvortrag zu belegen – soweit ihm dies aus eigenem Wissen möglich oder bei zumutbarer Anstrengung möglich ist. Die Darlegung solcher Umstände, die nicht in seinem Bereich begründet sind und von denen er bei gewöhnlichem Verlauf auch keine Kenntnis haben kann oder muss, kann ihm naturgemäß nicht abverlangt werden. Das bedeutet aber nicht, dass ein Antragsteller einfach **ins Blaue hinein**[17] einen Nachprüfungsantrag stellen kann in der Hoffnung, er werde bei der Akteneinsicht schon irgendetwas finden, was ihm weiterhilft. Auf die bloße Vermutung einer Rechtsverletzung kann der Antrag nicht in zulässiger Weise gestützt werden.[18] Der Antragsteller

---

11 Vgl. OLG Dresden, Beschl. v. 12.10.2010, WVerg 9/10.
12 Vgl. OLG München, Beschl. v. 29.09.2009, Verg 12/09.
13 Vgl. OLG München, Beschl. v. 29.09.2009, Verg 12/09; OLG Dresden, Entscheidung v. 06.06.2002 WVerg 4/02 OLGR 2003, 325.
14 VK Hamburg, Beschl. v. 13.06.2014, Vgk FB 4/14.
15 Vgl. BKartA, Beschl. v. 24.04.2013, VK 3-20/13; OLG Rostock, 30.09.2010, 17 Verg 6/10; OLG München, Beschl. v. 07.08.2007, Verg 8/07; OLG Dresden, Beschl. v. 06.06.2002, WVerg 4/02.
16 Vgl. VK Südbayern, Beschl. v. 19.05.2014, Z3-3-3194-1-08-03/14.
17 Vgl. VK Lüneburg, Beschl. v. 26.08.2014, VgK-31/2014; OLG Rostock, 30.09.2010, 17 Verg 6/10; OLG München, Beschl. v. 07.08.2007, Verg 8/07; Vergabekammer Südbayern, Beschl. v. 19.02.2008, Z3–3-3194–1-02–01/08.
18 Vgl. Vergabekammer Südbayern, Beschl. v. 18.06.2008, Z3-3-3194–1-17–04/08.

kann sich auch nicht unter Berufung auf den Untersuchungsgrundsatz des § 163 Abs. 1 GWB (bisher: § 110 Abs. 1 GWB) seiner Darlegungslast entziehen. Die Amtsermittlungspflicht setzt einen zulässig gestellten Antrag voraus und dient nicht dazu, Vergabeverstöße erst zu recherchieren.[19]

25 Bei Mängeln der Begründung folgt jedoch aus dem Anspruch auf rechtliches Gehör die Verpflichtung, den Antragsteller auf Fehler hinzuweisen und Gelegenheit zur kurzfristigen Abhilfe einzuräumen.[20]

26 Die Vergabekammer kann einen ergänzenden Vortrag anregen. Fehlen die erforderlichen Angaben oder sind sie erkennbar unvollständig verfasst, obwohl dem Unternehmen Anderes möglich und zumutbar wäre, bleibt es bei der Unzulässigkeit des Antrages. Eine Bezugnahme auf einen vorangegangenen, jedoch zurückgenommenen Antrag ist zulässig,[21] nicht jedoch die alleinige **Bezugnahme** auf »vorprozessuale« Schriftsätze oder Anlagen. Es ist nicht die Aufgabe der Vergabekammer, einen relevanten Sachvortrag aus Anlagen zu ermitteln.

27 Die **Bezeichnung der verfügbaren Beweismittel**[22] ist Sache des Antragstellers. Auch hier dürfen die Anforderungen nicht überspannt werden. Es kann nicht außer Betracht bleiben, dass dem Unternehmer eigene Kenntnisse über aus der Sphäre der Vergabestelle herrührende Umstände oftmals nicht zur Verfügung stehen. Der Antragsteller wird die ihm bekannten Beweismittel bereits aus eigenem Interesse vollumfänglich darlegen und ihm vorliegende **Dokumente** seinem Antrag zumindest **in Kopie** beifügen. Die Vergabekammer ist trotz des Grundsatzes der Amtsermittlung nicht gehalten, allen nur denkbaren Möglichkeiten einer Rechtsverletzung nachzugehen.

28 Die Beweiserhebung erfolgt im Wege des **Freibeweises**. Im Nachprüfungsverfahren nach dem GWB kommen als »verfügbare Beweismittel« des Antragstellers insbesondere die Bekanntmachung des Auftraggebers in den Veröffentlichungsorganen, die Vergabeunterlagen mit den allgemeinen, zusätzlichen und besonderen Vertragsbedingungen, das Leistungsverzeichnis und die Leistungsbeschreibung (Aufgabenbeschreibung), das Angebot des Antragstellers sowie ein eventueller zusätzlicher Schriftverkehr zwischen dem Auftraggeber und dem Unternehmen in Betracht. Daneben können sich aus der Dokumentation des Vergabeverfahrens, soweit diese dem Antragsteller vorliegt, Beweismittel ergeben.

29 Als weitere Beweismittel kommen insbesondere **Zeugen, Sachverständige**, an dem Vergabeverfahren beteiligte andere Unternehmen sowie **Schriftstücke** und **Urkunden** in Betracht. Gleiches gilt für Gutachten, amtliche Auskünfte, Zeugenaussagen »vom Hören-Sagen«, Presseberichte, technische Normen und Richtlinien sowie schriftliche Erklärungen.[23]

30 **Antragsgegner** ist der öffentliche Auftraggeber (§§ 98, 99 GWB; bisher: § 98 GWB), wie er sich in der Bekanntmachung und/oder der Ausschreibung zu erkennen gegeben hat. Das gilt auch dann, wenn für den Auftraggeber ein **Beauftragter** das Ausschreibungsverfahren durchführt. Es ist darauf abzustellen, mit wem der Vertrag geschlossen werden soll.

31 Soweit der Antragsgegner durch Auslegung ermittelbar ist, ist der Nachprüfungsantrag nicht als unzulässig zu verwerfen. Denn eine Falschbezeichnung der Antragsgegnerseite ist nach allgemeinen verfahrensrechtlichen Grundsätzen dann unerheblich, wenn und soweit nach den Gesamtumständen im Wege der Auslegung erkennbar ist, gegen wen der Nachprüfungsantrag tatsächlich gerichtet wird. Dies kann dann der Fall sein, wenn sich der Antrag gegen den Vertreter anstatt gegen den Vertretenen richtet. Die Vergabekammer oder der Senat berichtigen dann von Amts wegen das Rubrum.[24]

19 Vgl. OLG München, Beschl. v. 07.08.2007, Verg 8/07 m.w.N.
20 Vgl. OLG Dresden, Beschl. v. 12.10.2010, WVerg 9/10.
21 Byok/Jaeger Vergaberecht 2. Aufl. § 108 Rn. 1002 m.w.N.
22 Vgl. VK Südbayern, Beschl. v. 11.02.2009, 73-3-3194-1-01-01/09.
23 Vgl. Kopp/Schenke VwGO § 98 Rn. 3 ff.
24 Vgl. OLG Frankfurt/Main, Beschl. 02.12.2014, 11 Verg 7/14; OLG München, Beschl. v. 31.05.2012, Verg 4/12; VK Hessen, Beschl. v. 12.08.2014; 69d VK-11/2014.

Gibt der Antrag für eine Auslegung keinen ausreichenden Anhalt, wird er, ggfs. wiederum nach **32** einem Hinweis der Vergabekammer und einer Fristsetzung zur Abhilfe, als unzulässig zu verwerfen sein.

Zu der Rechtsfrage, ob bei Ausschreibungen von Bauleistungen für Autobahnen bzw. Bundesfern- **33** straßen durch Behörden eines Landes richtiger Antragsgegner im Nachprüfungsverfahren das Land oder der Bund ist, werden in der Rechtsprechung unterschiedliche Meinungen vertreten. Eine Reihe von Oberlandesgerichten stützt sich auf verwaltungs- bzw. verfassungsrechtliche Erwägungen. Sie vertreten den Standpunkt, das Land führe im Rahmen der Bundesauftragsverwaltung die Ausschreibung in eigener Verantwortung durch (Prinzip des landeseigenen Vollzugs von Bundesgesetzen), weswegen sich auch der Nachprüfungsantrag gegen das Land zu richten hat.[25]

Demgegenüber hält das OLG München – zu Recht – die zivilrechtlichen Vertragsbeziehungen für **34** maßgeblich. Auch wenn das Vergaberecht für den öffentlichen Auftraggeber bei Beschaffungsvorgängen besondere Verpflichtungen und Regelungen statuiert, ist sowohl das vorvertragliche Schuldverhältnis als auch der Vertrag selbst, der durch den Zuschlag zustande kommt, dem Zivilrecht zuzuordnen. Werden im Rahmen der Vergabe des öffentlichen Auftrags Rechte des Bieters bzw. Bewerbers verletzt, begründet dies einen Anspruch aus § 280 Abs. 1 i.V.m. § 311 Abs. 2 BGB. Der Anspruch des Antragstellers richtet sich gegen den Rechtsträger, mit dem der öffentliche Auftrag zustande gekommen ist bzw. bei ordnungsgemäßer Vorgehensweise zustande gekommen wäre. Diesem ist das Handeln der Stellen zuzurechnen, die bei der Ausschreibung und Zuschlagsentscheidung für ihn tätig sind.[26]

Der Antragsgegner muss durch die Bezeichnung und durch Angabe der genauen Anschrift indi- **35** vidualisierbar sein, sodass es bei einem kommunalen Auftraggeber auch ausreicht, wenn nur das jeweilige Dezernat oder das jeweilige Amt angegeben werden. Es ist dem – insbesondere ausländischen – Unternehmen nicht zumutbar, **Ungewissheiten** hinsichtlich des öffentlichen Auftraggebers aufzuklären. Unklare oder widersprüchliche Angaben hierzu im Ausschreibungsverfahren gehen zu Lasten des Auftraggebers.

Der Bieter kann sich aus den genannten Gründen im Nachprüfungsantrag auch darauf beschrän- **36** ken, die – zweifelsfrei nicht passivlegitimierte – Vergabestelle[27] als Antragsgegner zu nennen.[28] Selbst bei anwaltlich vertretenen Bietern steht dies der Zulässigkeit des Verfahrens nicht entgegen, sofern sich aus der Antragsschrift bzw. den Anlagen zweifelsfrei ergibt, welcher konkrete Beschaffungsvorgang bzw. welche Ausschreibung zur Überprüfung gestellt wird. Die Vergabekammer oder der Senat berichtigen dann von Amts wegen das Rubrum.[29]

Beschaffen mehrere öffentliche Auftraggeber gemeinsam, so sind sie in dem Nachprüfungsantrag **37** im Einzelnen aufzuführen, um deren Beteiligung an dem Verfahren zu gewährleisten.[30]

Der Antragsteller sollte darlegen, dass die **Rüge** gem. § 160 Abs. 3 GWB (bisher: § 107 Abs. 3 **38** GWB) gegenüber dem Auftraggeber **erfolgt** ist.[31] Der Rechtsprechung des BGH zufolge macht die einen Ausnahmetatbestand regelnde Vorschrift des § 107 Abs. 3 S. 1 GWB a.F. (jetzt: § 160 Abs. 3 GWB) die Zulässigkeit eines Nachprüfungsantrags jedoch nicht von einer entsprechenden Darlegung durch den Antragsteller abhängig und verlangt von diesem auch nicht, einen etwaigen

---

25 Vgl. OLG Celle, v. 06.06.2011, 13 Verg 2/11; OLG Koblenz, v. 10.06.2010, 1 Verg 3/10; OLG Brandenburg, v. 19.02.2008, Verg W 22/07; OLG Düsseldorf, v. 14.09.2009, VII-Verg 20/09 und v. 25.11.2009, VII-Verg 27/09, Rn. 43, 44).
26 Vgl. OLG München, Beschl. v. 31.05.2012, Verg 4/12.
27 Vgl. OLG Düsseldorf, Beschl. v. 03.06.2009, VII Verg 7/09.
28 Vgl. BKartA, Beschl. v. 28.05.2014, VK 2-35/14; OLG München, Beschl. v. 31.05.2012, Verg 4/12.
29 Vgl. OLG München, Beschl. v. 31.05.2012, Verg 4/12; OLG Rostock, Beschl. v. 09.10.2013, 17 Verg 6/13.
30 Vgl. Kadenbach a.a.O., § 108 Rn. 26.
31 Vgl. Dicks in: Ziekow/Völlink, Vergaberecht 2. Aufl. 2013, § 108 Rn. 8 m.w.N.

Verdacht auszuräumen, verspätet gerügt zu haben; lediglich im Rahmen der Mitwirkungs- und Wahrheitspflicht, die jede Partei eines förmlichen Streitverfahrens trifft, hat der Antragsteller sich hierzu zu äußern. Die Unzulässigkeit eines ansonsten zulässigen Nachprüfungsantrags kann deshalb nur angenommen werden, wenn dem Antragsteller nachgewiesen ist, dass er den behaupteten Vergaberechtsverstoß erkannt und diesen gleichwohl nicht unverzüglich gerügt hat.[32]

39 Obwohl diese Auffassung nicht allseits geteilt wird,[33] ist ihr zu folgen. Die in § 160 Abs. 2 GWB (bisher: § 108 Abs. 2 GWB) genannten Anforderungen stellen Mitwirkungspflichten zur Beschleunigung des Verfahrens dar, eine unzureichende Mitwirkung des Antragstellers wird im Hinblick auf ihre materielle Unbestimmtheit nur in Ausnahmefällen zu einer Unzulässigkeit des Antrages führen.

40 Der Antragsteller kann, die Zulässigkeit seines Antrages vorausgesetzt, seinen Vortrag mit späteren Schriftsätzen ergänzen und vertiefen oder auch neue Vergabeverstöße, von denen er erst im Nachprüfungsverfahren erfahren hat, vortragen.[34]

II. Benennung der sonstigen Beteiligten

41 Nach § 161 Abs. 2 Halbsatz 2 GWB (bisher: § 108 Abs. 2 Halbsatz 2 GWB) soll der Antragsteller im Rahmen der Begründung – soweit ihm bekannt – die sonstigen Beteiligten benennen. Dies können die in der Wertung vorrangigen oder sonst von der Entscheidung der Vergabekammer berührten Mitbieter sein, nicht aber Subunternehmer und Lieferanten, da diese kein Interesse am Auftrag haben können. Dem Antragsteller werden hierzu oftmals keine eigenen Kenntnisse zukommen, deshalb dürfen die **Anforderungen hieran** nicht überspannt werden. Das Fehlen der entsprechenden Angaben berührt die Zulässigkeit des Nachprüfungsantrages nicht. Der Vergabekammer soll durch die geforderten Angaben ermöglicht werden, die Entscheidung über die Beiladung weiterer Verfahrensbeteiligter gem. § 162 (bisher: § 109 GWB) möglichst frühzeitig zu treffen. Eine Beiladung zu einem späteren Zeitpunkt kann das Nachprüfungsverfahren verzögern.

§ 162 Verfahrensbeteiligte, Beiladung

Verfahrensbeteiligte sind der Antragsteller, der Auftraggeber und die Unternehmen, deren Interessen durch die Entscheidung schwerwiegend berührt werden und die deswegen von der Vergabekammer beigeladen worden sind. Die Entscheidung über die Beiladung ist unanfechtbar.

A. Grundzüge

1 § 162 GWB legt abschließend fest, welche Personen am Nachprüfungsverfahren vor der Vergabekammer beteiligt sind: Antragsteller, Auftraggeber (als Antragsgegner) und Beigeladener. Weitere (etwa Verbände, Gewerkschaften, [Aufsichts-]Behörden) sind nicht am Nachprüfungsverfahren zu

---

32 BGH, Beschl. v. 01.02.2005, X ZB 27/04; OLG Düsseldorf u.a. VergabeR 2001, 419, 421; anders: OLG Koblenz, Beschl. v. 06.06.2006, 1 Verg 6/06.

33 Vgl. Weyandt, Vergaberecht, 3. Aufl. 2011, § 108 Rn. 3839 m.w.N.

34 Ebenso Weyandt, Vergaberecht, 3. Aufl. 2011, § 108 Rn. 3845.

beteiligen. Dasselbe gilt für die Beschwerdeinstanz (§ 174 GWB).[1] Außerdem enthält § 162 die Vorgaben, unter denen ein Unternehmen beizuladen ist.

Diese Vorschrift blieb seit ihrem Inkrafttreten am 01.01.1999 unverändert und wurde auch im 2 Gesetzgebungsverfahren nicht diskutiert. Vielmehr sollte § 162 GWB ausdrücklich dem bisherigen § 109 GWB a.F. entsprechen.[2]

Hintergrund dafür, den Kreis der zwingend am Nachprüfungsverfahren zu Beteiligenden ausdrück- 3 lich festzulegen, ist das Rechtsstaatsprinzip, das Gebot effektiven Rechtsschutzes (Art. 19 Abs. 4 GG) und der Anspruch auf rechtliches Gehör (Art. 103 Abs. 1 GG). Alle in § 162 GWB genannten Personen sind durch das Nachprüfungsverfahren so in ihren rechtlichen Interessen betroffen, dass diesen Gelegenheit eingeräumt werden muss, diese Interessen hinreichend zu wahren und ins Nachprüfungsverfahren einzubringen. Dies gilt insbesondere für den Beigeladenen, der zu dem für ihn fremden Streit zwischen dem Antragsteller und dem Antragsgegner hinzugezogen wird.

B. Verfahrensbeteiligte, § 162 S. 1 GWB

I. Kreis der Verfahrensbeteiligten

»**Antragsteller**« ist derjenige, der bei der Vergabekammer einen Antrag auf Nachprüfung gestellt und 4 so das Nachprüfungsverfahren eingeleitet hat. Antragsteller ist immer ein (oder mehrere) Unternehmen (das folgt aus § 160 Abs. 2 GWB). Die formellen Voraussetzungen des Nachprüfungsantrags ergeben sich insbesondere aus §§ 160, 161 GWB. Die Verfahrensbeteiligung des Antragstellers ergibt sich unmittelbar aus seinem Antrag bei einer Vergabekammer; § 162 GWB kommt insoweit ein rein deklaratorischer Charakter zu.

»**Auftraggeber**« und damit Antragsgegner ist der öffentliche Auftraggeber, der den öffentlichen 5 Auftrag, die Rahmenvereinbarung oder die Konzession vergibt (s. § 99 GWB) oder aus Sicht des Antragstellers rechtswidrig die Vergabe unterlassen hat (de facto-Vergabe). Die Verfahrensbeteiligung dieser Person(en) ergibt sich aus ihrer Bezeichnung im Nachprüfungsantrag des Antragstellers (§ 161 Abs. 2 GWB). § 162 GWB kommt insoweit ein rein klarstellender Charakter zu. Ob die im Nachprüfungsantrag genannte Person der »richtige Auftraggeber« ist (weil sie tatsächlich ein »öffentlicher Auftraggeber« i.S.d. §§ 98 ff. GWB ist und tatsächlich den verfahrensgegenständlichen öffentlichen Auftrag zu verantworten hat), ist eine Frage der Begründetheit des Nachprüfungsantrags, nicht jedoch eine Frage, ob derjenige tatsächlich verfahrensbeteiligt ist. In der Praxis wird der öffentliche Auftraggeber häufig von einer »Vergabestelle« unterstützt, die als Vertreter des Auftraggebers gegenüber den Bietern auftritt. Das Rubrum ist ggf. entsprechend zu berichtigen.

Wie der Antragsteller ist auch der »**Beigeladene**« regelmäßig ein (oder mehrere) Unternehmen, 6 das sich an der verfahrensgegenständlichen Vergabe beteiligt hat bzw. an der nach Auffassung des Antragstellers vergaberechtswidrig unterlassenen (de facto) Vergabe beteiligt war. Das OLG Düsseldorf vertritt über den Wortlaut des § 162 GWB hinaus die Auffassung, dass ggf. auch sonstige Dritte beizuladen sind, wenn deren Interessen »schwerwiegend durch die Entscheidung berührt« werden können.[3] Sofern eine solche Person/Behörde sonst seine/ihre Rechte nicht hinreichend wahrnehmen kann, ist dieser weiten Auslegung aus rechtsstaatlichen Gründen zu folgen (rechtliches Gehör). Anders als beim Antragsteller und Auftraggeber ergibt sich die Verfahrensbeteiligung des oder der Beigeladene/n nicht bereits aus dem Nachprüfungsantrag selbst (auch wenn der Antragsteller hierin die sonstigen Beteiligten, soweit bekannt, bereits benennen soll, § 161 Abs. 2

---

1   S. dazu, dass das Beschwerdegericht ggf. auch erstmals einen Dritten beiladen darf, der also nicht bereits am Verfahren vor der Vergabekammer beteiligt war, Rdn. 20.
2   Vgl. nur die Begründung zum Entwurf der Bundesregierung eines Vergaberechtsmodernisierungsgesetzes 2015, BT-Drucks. 18/6281, S. 135.
3   OLG Düsseldorf, Beschl. v. 13.02.2007- VII-Verg 2/07, für den Streit zwischen dem Erwerber eines Grundstücks und dem Bund als Veräußerer, in dem der Grundstückserwerber mit einer (daher beizuladenden) Kommune einen städtebaulichen Vertrag über die Nutzung dieses Grundstücks abschließen sollte.

a.E. GWB). Ein Beigeladener wird erst dadurch konstitutiv zum Verfahrensbeteiligten, dass ihn die Vergabekammer (oder das Beschwerdegericht, s. Rdn. 20) zum Nachprüfungsverfahren beilädt. Zu den Voraussetzungen der Beiladung s.u. unter Rdn. 8 ff.

II. Rechte und Pflichten der Verfahrensbeteiligten

7   Die Verfahrensbeteiligten haben Anspruch auf rechtliches Gehör, Akteneinsicht (§ 165 Abs. 1 GWB), schriftliche Stellungnahme, Stellung von Anträgen (auch auf Vorabgestattung des Zuschlags, § 169 Abs. 2 GWB, bzw. im Fall des Antragstellers auf vorläufige Maßnahmen der Vergabekammer bei Gefährdung sonstiger Rechte, § 169 Abs. 3 GWB), auf Teilnahme an der mündlichen Verhandlung (§ 166 Abs. 1 S. 2 GWB). Außerdem sind die Beteiligten im Verfahren vor der Vergabekammer ebenfalls am Beschwerdeverfahren beteiligt (§ 174 GWB). Da das Nachprüfungsverfahren die Vergabe so wenig wie nötig verzögern soll, unterliegen gemäß § 167 Abs. 2 GWB alle Verfahrensbeteiligten besonderen Verfahrensförderungs- und Beschleunigungspflichten: Sie müssen den raschen Abschluss des Verfahrens durch Aufklärung des Sachverhalts fördern und den Sachverhalt innerhalb etwaiger von der Vergabekammer gesetzten Fristen umfassend darlegen mit der Folge, dass weiterer Tatsachenvortrag nach Ablauf einer gesetzten Frist unbeachtet bleiben kann. S. zu etwaigen Besonderheiten beim Beigeladenen Rdn. 23 ff.

C. Voraussetzungen der Beiladung, § 162 S. 1 GWB

8   § 162 GWB nennt – gegenüber der bisherigen Rechtslage unverändert – zwei Voraussetzungen dafür, dass ein Dritter als Beigeladener Verfahrensbeteiligter wird: Die schwerwiegende Berührung seiner Interessen (dazu unter I.) und die Beiladungsentscheidung der Vergabekammer (oder des Beschwerdegerichts, Rdn. 20) (dazu unter II.). Ob der Nachprüfungsantrag ansonsten zulässig ist, spielt damit für die Beiladung keine Rolle. Anders als § 13 Abs. 2 VwVfG und § 65 VwGO differenziert § 162 GWB nicht zwischen der sog. einfachen und der notwendigen Beiladung.

I. Schwerwiegende Interessenberührung

9   Nicht jeder Dritte, der am streitgegenständlichen Vergabeverfahren beteiligt ist, kann auch beigeladen werden. § 162 GWB schreibt vor, dass nur diejenigen beizuladen sind, »deren Interessen durch die Entscheidung schwerwiegend berührt werden«. Diese Formulierung wurde absichtlich gewählt, um die Beiladung im Vergabenachprüfungsverfahren abzugrenzen von der Beteiligung an einem sonstigen Verfahren vor einer Kartellbehörde, für die ein Unternehmen »erheblich berührt« sein muss (vgl. § 54 Abs. 2 Nr. 3 GWB). Der Gesetzgeber wollte der Vergaberechtsprechung »den für den Einzelfall erforderlichen Spielraum« geben, um ggf. von der bereits gerichtlich geprägten Formulierung »erheblich betroffen« abweichen zu können.[4]

10   Ausreichend ist, dass die schwerwiegende Interessenberührung des Dritten **möglich** ist.[5] Ein Zuwarten darauf, dass seine (immerhin:) schwerwiegende Interessenberührung feststeht, dürfte den effektiven Rechtsschutz dieser Person regelmäßig zu weitgehend beschneiden und könnte die Einhaltung der 5-Wochen-Entscheidungsfrist der Vergabekammer (§ 167 Abs. 1 S. 1 GWB) gefährden.

11   Erstens kommt es also darauf an, dass ein Unternehmen »**durch die Entscheidung**« der Vergabekammer, also kausal durch die hierin getroffenen Feststellungen, betroffen werden muss. Es reicht also z.B. nicht aus, dass der Antragsteller in seinem Nachprüfungsantrag einen anderen Bieter angreift und diesen z.B. als ungeeignet ansieht, den ausgeschriebenen Auftrag durchzuführen. Erforderlich ist vielmehr, dass sich die Entscheidung der Vergabekammer über das Vorbringen des Antragstellers unmittelbar und kausal auf die Rechtsstellung des Beigeladenen nachteilig auswirkt

---

4   Vgl. nur die Begründung zum Entwurf der Bundesregierung zum identischen § 119 GWB-E im Vergaberechtsänderungsgesetz 1997, BT-Drucks. 13/9340, S. 18.
5   Horn in: Müller-Wrede, § 109 GWB Rn. 9 m.w.N.

kann, indem dieser bei Stattgabe des Nachprüfungsantrags z.B. aus seiner vorgesehenen Zuschlags-
position verdrängt werden kann.

Dieses Tatbestandsmerkmal geht dementsprechend in die zweite Voraussetzung für eine Beiladung 12
über, nämlich dass die Interessenberührung des Beigeladenen »**schwerwiegend**« sein muss. Damit
stellt § 162 GWB ausdrücklich strengere Maßstäbe auf als § 13 Abs. 2 VwVfG und § 65 VwGO,
die zwischen dem Fall der einfachen Beiladung, für die eine einfache Interessenberührung ausreicht, und der notwendigen Beiladung unterscheiden. Für die Auslegung der »schwerwiegenden«
Interessenberührung ist daher eher die Rechtsprechung zur notwendigen Beiladung heranzuziehen, wonach die Entscheidung unmittelbar und zwangsläufig rechtsgestaltende Wirkung für den
Dritten mit sich bringen muss[6] – hieraus folgt gleichermaßen, dass es sich bei einer Beiladung im
Nachprüfungsverfahren regelmäßig um eine **notwendige** handeln dürfte. Diese enge Auffassung
wird durch die Begründung zum Regierungsentwurf des (seitdem vom Wortlaut her unveränderten) § 119 GWB-E i.S.d. Vergaberechtsänderungsgesetzes 1998 bestätigt, wonach alle diejenigen
am Nachprüfungsverfahren zu beteiligen sind, »die durch eine für sie nachteilige Entscheidung der
Vergabekammer eine Verletzung ihrer eigenen Rechte erfahren«. Beispielhaft werden dort genannt
»die Unternehmen, deren Angebote in die engere Wahl kommen, insbesondere dann, wenn ihre
Angebote nach einer bereits vorliegenden Wertung des Auftraggebers dem Angebot des Antragstellers vorgehen«.[7] Beizuladen ist daher insbesondere der Zuschlagsdestinatär, wenn im Nachprüfungsverfahren die Wertung der Angebote bereits so weit fortgeschritten ist, dass der öffentliche
Auftraggeber abschließend ein bestimmtes Unternehmen für den Zuschlag vorgesehen (und die
Information nach § 134 GWB verschickt) hat. Hat der öffentliche Auftraggeber nach Auffassung
des Antragstellers zu Unrecht einen Vertrag abgeschlossen, ohne diesen vorher europaweit auszuschreiben (sog. de facto-Vergabe), ist dasjenige Unternehmen beizuladen, mit dem dieser Vertrag abgeschlossen wurde. Solange der öffentliche Auftraggeber über den Zuschlag jedoch noch
nicht abschließend entschieden hat (weil die Wertung noch nicht abgeschlossen ist oder seine entscheidenden Gremien noch nicht zugestimmt haben), hat sich die Position eines anderen Unternehmens regelmäßig noch nicht so verfestigt, dass dessen Interessen durch die Entscheidung der
Vergabekammer schwerwiegend berührt werden (abgesehen hiervon wäre ein solcher Bieter auch
nicht nachteilig durch die Entscheidung der Vergabekammer betroffen, s. Rdn. 13). D.h. in diesem Stadium des Vergabeverfahrens braucht grundsätzlich nicht beigeladen zu werden. Dasselbe
gilt, wenn sich das betreffende Vergabeverfahren erst im Teilnahmewettbewerb befindet sowie im
Verhandlungsverfahren, solange noch keine Zuschlagsentscheidung zugunsten eines bestimmten
Bieters getroffen wurde.[8] Ein zu großer Kreis an beigeladenen Dritten würde regelmäßig nicht
nur die 5-Wochen-Entscheidungsfrist der Vergabekammer sprengen, sondern auch sonst dem im
Nachprüfungsverfahren geltenden Beschleunigungsgebot widersprechen (§ 167 GWB). Sollten die
Interessen einzelner Dritter ausnahmsweise auch in diesen Fällen schwerwiegend beeinträchtigt
werden, geht der Rechtsstaatsgrundsatz (rechtliches Gehör und effektiver Rechtsschutz) aber dem
Beschleunigungsgrundsatz vor, s. Rdn. 19.

»Schwerwiegend« heißt »negativ«, also **nachteilig, betroffen**.[9] Andere Bieter, die am verfahrensge- 13
genständlichen Vergabeverfahren teilnehmen, aber nicht für den Zuschlag vorgesehen sind, sind
nicht beizuladen. Die Entscheidung der Vergabekammer kann deren Rechtsstellung im Ergebnis
nicht verändern. Dies gilt auch dann, wenn es um die Zurückversetzung des Vergabeverfahrens
geht. In diesem Fall wirkt sich die Vergabekammerentscheidung – abgesehen vom bisherigen
Zuschlagsdestinatär – allenfalls positiv auf die übrigen Bieter aus, wenn alle, so wie der Antrag-

---

6 Vgl. nur Schenke in: Kopp/Schenke, § 65 VwGO Rn. 14 ff. und Ramsauer in: Kopp/Ramsauer, § 13
   VwVfG Rn. 39, jeweils m.w.N.
7 Vgl. nur die Begründung zum Entwurf der Bundesregierung zum identischen § 119 GWB-E im Vergaberechtsänderungsgesetz 1997, BT-Drucks. 13/9340, S. 18.
8 A.A. Dicks in: Ziekow/Völlink, § 109 GWB Rn. 4; Horn in: Müller-Wrede, § 109 GWB Rn. 10.
9 Vgl. nur die Begründung zum Entwurf der Bundesregierung zum identischen § 119 GWB-E im Vergaberechtsänderungsgesetz 1997, BT-Drucks. 13/9340, S. 18.

steller, Gelegenheit erhalten, ein neues Angebot abzugeben und erneut eine Zuschlagschance zu erhalten. Demgegenüber wirkt sich die Entscheidung der Vergabekammer über einen Feststellungsantrag nach § 168 Abs. 2 S. 2 GWB nicht einmal auf den Zuschlagsdestinatär negativ aus. Denn selbst wenn dem Feststellungsantrag zu Lasten des Auftraggebers stattgegeben wird, hat dies keine rechtlichen Auswirkungen auf die Zuschlagsentscheidung oder die Rechtsstellung des Zuschlagsdestinatärs im Übrigen. Dieser ist also im Feststellungsverfahren nicht beizuladen.[10]

14 Was für **Interessen** schwerwiegend berührt sein müssen, um beigeladen zu werden, schränkt der Wortlaut der § 162 GWB nicht näher ein (anders z.B. § 65 Abs. 1 VwGO, der von »rechtlichen Interessen« spricht). Wegen § 156 Abs. 2 i.V.m. § 97 Abs. 6 GWB, nicht zuletzt aber auch wegen des allgemeinen Beschleunigungsgrundsatzes aus § 167 Abs. 1 GWB sind vor der Vergabekammer jedoch nur solche Rechte und damit auch Interessen relevant, die Bestimmungen über das Vergabeverfahren betreffen. Rein ideelle oder soziale Interessen reichen also für die Beiladung eines Dritten nicht aus.

15 Erforderlich ist stets die Berührung in **eigenen Interessen**. Ein Verband kann daher nicht für seine Mitgliedsunternehmen, ein Nachunternehmer nicht für den betreffenden Bieter oder ein Mitarbeiter nicht für das Unternehmen beigeladen werden, bei dem er beschäftigt ist.[11]

16 Weitere materielle Voraussetzungen an das beizuladende Unternehmen stellt § 162 GWB nicht auf. Es ist daher z.B. nicht zu prüfen, ob der Beigeladene selbst antragsbefugt i.S.d. § 160 Abs. 2 GWB oder sonst berechtigt wäre, einen eigenen Nachprüfungsantrag zu stellen.[12] Gerade der Zuschlagsdestinatär, der regelmäßig beizuladen ist (s. Rdn. 12), ist meistens nicht antragsbefugt.[13]

II. Beiladung

17 Die Beiladung erfolgt **von Amts wegen** durch die Vergabekammer (oder das Beschwerdegericht, s. Rdn. 20). Der **Antrag** eines Unternehmens, beigeladen zu werden, ist aber nicht per se unzulässig, sondern ebenfalls möglich,[14] wirkt aber eher wie eine Anregung an die Vergabekammer, die erforderliche Beiladung auszusprechen. Unabhängig davon, ob auf Antrag oder von Amts wegen beigeladen wird, maßgeblich sind – mangels anderslautender Regelungen – in beiden Fällen stets die oben unter C.I. genannten Voraussetzungen, d.h. beigeladen werden nur solche Unternehmen, »deren Interessen durch die Entscheidung« der Vergabekammer »schwerwiegend berührt werden«.[15] Die Beiladung ist in diesem Fall **zwingend**. Anders als in anderen Verfahrensordnungen (s. nur § 13 Abs. 2 VwVfG oder § 65 VwGO) gibt es im Vergabenachprüfungsrecht also nicht den Fall der einfachen, sondern nur den der notwendigen Beiladung. Zu begründen ist dies mit einem der wesentlichen Prinzipien des Nachprüfungsverfahrens, dem Beschleunigungsgrundsatz (§ 167 Abs. 1 GWB), der auch für die Festlegung des Kreises der Verfahrensbeteiligten gilt:[16] Je größer der Kreis der Verfahrensbeteiligten ist, desto mehr könnte sich das Vergabeverfahren verzögern, wenn

---

10 OLG Düsseldorf, Beschl. v. 08.02.2006 – VII-Verg 61/05.
11 OLG Düsseldorf, Beschl. v. 22.12.2010 – VII-Verg 43/10; Dicks in: Ziekow/Völlink, § 109 GWB Rn. 2. Vgl. auch BVerfG, Beschl. v. 23.04.2009 – 1 BvR 3424/08.
12 3. VK des Bundes, Beschl. v. 01.02.2011 – VK 3-126/10.
13 3. VK des Bundes, Beschl. v. 18.12.2007 – VK 3-139/07; 3. VK des Bundes, Beschl. v. 24.11.2006 – VK 3-129/06; vgl. auch EuGH, Urt. v. 15.10.2009 – C-275/08 (»Das Nachprüfungsverfahren dient dem Schutz der unberücksichtigten Bieter«). Anders nur BGH, Urt. v. 11.11.2014 – X ZR 32/14: Der öffentliche Auftraggeber verstößt gegen die ihm durch § 241 Abs. 2 BGB auferlegten Rücksichtnahmepflichten, wenn er einen Bieter an der Ausführung des Auftrags zu einem Preis festhalten will, der auf einem erheblichen Kalkulationsirrtum beruht.
14 So schon erwähnt in der Begründung zum Entwurf der Bundesregierung zum identischen § 119 GWB-E im Vergaberechtsänderungsgesetz 1997, BT-Drucks. 13/9340, S. 18.
15 Weiter wohl Horn in: Müller-Wrede, § 109 GWB Rn. 6.
16 Vgl. nur die Begründung zum Entwurf der Bundesregierung zum identischen § 119 GWB-E im Vergaberechtsänderungsgesetz 1997, BT-Drucks. 13/9340, S. 18.

Dittmann

die Vergabekammer ihre auf fünf Wochen beschränkte Entscheidungsfrist (§ 167 Abs. 1 S. 1 GWB) nicht einhalten kann. Sind die Voraussetzungen des § 162 S. 1 GWB nicht erfüllt, ist daher ein Beiladungsantrag durch die Vergabekammer abzulehnen (zur [Nicht-] Anfechtbarkeit einer solchen Entscheidung s. unten Rdn. 28).

Wie das Nachprüfungsverfahren insgesamt (§ 167 Abs. 1 GWB) unterliegt auch die Festlegung des **18** Kreises der Verfahrensbeteiligten, insbesondere also der erst durch Entscheidung der Vergabekammer als solche bestimmten Beigeladenen, dem Ziel der Beschleunigung; das Vergabeverfahren soll durch das Nachprüfungsverfahren so wenig wie möglich verzögert werden.[17] Aus Rechtsstaatlichkeitsgründen kann dies jedoch nicht grundsätzlich heißen, dass ein Unternehmen, dessen Interessen durch die Entscheidung der Vergabekammer schwerwiegend i.S.d. § 162 S. 1 GWB berührt werden, nicht beigeladen wird. Anderenfalls wird eine Person durch die von der Vergabekammer getroffene Entscheidung ggf. in ihren Rechten beeinträchtigt, ohne dass dieser zuvor rechtliches Gehör gewährt worden wäre. Beschleunigungserwägungen können daher allenfalls dann für die Vergabekammer entscheidend sein, wenn **mehrere Dritte** für eine Beiladung in Betracht kommen. Dies kann etwa dann der Fall sein, wenn eine verfahrensgegenständliche Rahmenvereinbarung mit einer großen Anzahl von Unternehmen abgeschlossen werden soll, die alle gleichermaßen von der Entscheidung der Vergabekammer berührt werden. Im Hinblick auf die bisherige Fallpraxis der Vergabekammern sind solche Massenverfahren jedoch eine seltene Ausnahme.

Aber auch hier geht aus Gründen der Rechtsstaatlichkeit der Grundsatz der Gewährung rechtlichen **19** Gehörs dem der Verfahrensbeschleunigung vor. Bei ihrer Entscheidung, ob sie ein Unternehmen beilädt oder nicht, hat die Vergabekammer zu beachten, dass sie diesem Unternehmen ggf. nicht nur seine Beteiligungsrechte in diesem Nachprüfungsverfahren nimmt, sondern auch dessen Möglichkeiten, in der Beschwerdeinstanz rechtliches Gehör zu erhalten. Bei einem Rahmenvertrag mit mehreren Unternehmen ist auch nicht stets davon auszugehen, dass diese alle dasselbe Interesse verfolgen und dieselben Tatsachen vortragen, die für die Entscheidungsfindung relevant sein könnten. Eine ggf. ausnahmsweise zulässige Auswahl, welche von mehreren betroffenen Dritten beigeladen werden, könnte z.B. danach getroffen werden, wer innerhalb eines bestimmten Zeitraums einen Antrag auf Beiladung gestellt hat.[18,19]

Die Entscheidung, ob ein Unternehmen beigeladen wird oder nicht, erfolgt ohne mündliche Ver- **20** handlung durch Verwaltungsakt der Vergabekammer, also durch **Beschluss** des Dreiergremiums Vorsitzender – hauptamtlicher Beisitzer – ehrenamtlicher Beisitzer (es sei denn, das Nachprüfungsverfahren ist insgesamt gemäß § 157 Abs. 3 GWB auf einen einzelnen Entscheider übertragen), § 168 Abs. 3 GWB. Das Nachprüfungsverfahren muss (noch) bei der Vergabekammer anhängig sein, also sich nicht bereits durch Rücknahme, Abhilfe oder sonst erledigt haben oder bestandskräftig entschieden sein. Auch das Beschwerdegericht darf beiladen; § 162 GWB ist auch in der Beschwerdeinstanz anwendbar, auch wenn § 175 Abs. 2 GWB hierauf nicht ausdrücklich verweist.[20] Der Beiladungsbeschluss ist allen Verfahrensbeteiligten zuzustellen (§ 168 Abs. 3 S. 3 i.V.m. § 61 GWB). Zur Anfechtbarkeit dieses Beschlusses s. Rdn. 27 ff.

Die Beiladung nach § 162 GWB ist stets eine notwendige (s. Rdn. 12) und damit **zwingend.** Die **21** a.A. (die Beiladung erfolgt nach pflichtgemäßem Ermessen der Vergabekammer)[21] berücksichtigt

---

17 Vgl. nur die Begründung zum Entwurf der Bundesregierung zum identischen § 119 GWB-E im Vergaberechtsänderungsgesetz 1997, BT-Drucks. 13/9340, S. 18.

18 Dieses Auswahlkriterium ist in § 65 VwGO ausdrücklich so zugelassen, allerdings mit der weiteren Einschränkung, dass anderenfalls mehr als fünfzig Personen beizuladen wären. Diese besonders engen Voraussetzungen zeigen, dass – gerade im Fall einer notwendigen Beiladung wie hier – grundsätzlich nicht von einer Beiladung abgesehen werden sollte.

19 Dicks in: Ziekow/Völlink, § 109 GWB Rn. 7.

20 OLG Düsseldorf, Beschl. v. 13.06.2007 – VII-Verg 2/07; OLG Karlsruhe, Beschl. v. 25.11.2008 – 15 Verg 13/08.

21 So: Dicks in: Ziekow/Völlink, § 109 GWB Rn. 6; Horn in: Müller-Wrede, § 109 GWB Rn. 11.

nicht, dass § 162 GWB anders als § 13 Abs. 2 VwVfG und § 65 VwGO nicht zwischen der einfachen und der notwendigen Beiladung unterscheidet.

22 Sofern die Voraussetzung einer Beiladung tatsächlich gar nicht vorlagen oder nachträglich wegfallen, weil z.B. der Auftraggeber die Angebotswertung im laufenden Nachprüfungsverfahren wiederholt und nunmehr ein anderes Unternehmen für den Zuschlag vorgesehen hat, ist die bisherige Beiladung von Amts wegen durch Beschluss aufzuheben.[22]

D. Rechtsfolge der Beiladung

23 Mit der Beiladung wird der Beigeladene zum Nachprüfungsverfahren hinzugezogen. Ihm stehen damit dieselben Verfahrensrechte zu wie den anderen Beteiligten. Vor allem hat der Beigeladene also Anspruch auf rechtliches Gehör, Akteneinsicht (§ 165 Abs. 1 GWB), schriftliche Stellungnahme, Stellung von Anträgen (auch auf Vorabgestattung des Zuschlags, § 169 Abs. 2 GWB), auf Teilnahme an der mündlichen Verhandlung (§ 166 Abs. 1 S. 2 GWB), der Beigeladene erhält außerdem (unter Wahrung von Betriebs- und Geschäftsgeheimnissen, § 165 Abs. 2 GWB) den vollständigen Schriftverkehr der übrigen Verfahrensbeteiligten und nimmt an einem etwaigen Beschwerdeverfahren teil (§ 174 GWB). Der Beigeladene ist jedoch nicht verpflichtet, diese Rechte auch wahrzunehmen. Ihm ist von der Vergabekammer hierzu lediglich angemessen Gelegenheit einzuräumen (durch die Beiladung an sich, Weiterleitung der Schriftsätze der übrigen Verfahrensbeteiligten, Ladung zur mündlichen Verhandlung etc.). Wie die übrigen Verfahrensbeteiligten, unterliegt der Beigeladene den Verfahrensförderungs- und Beschleunigungspflichten des § 167 Abs. 2 GWB. D.h. auch der Beigeladene muss den raschen Abschluss des Nachprüfungsverfahrens durch Aufklärung des Sachverhalts fördern und den Sachverhalt innerhalb etwaiger von der Vergabekammer gesetzten Fristen umfassend darlegen mit der Folge, dass weiterer Tatsachenvortrag nach Ablauf einer gesetzten Frist unbeachtet bleiben kann.

24 Anders als die Hauptbeteiligten (Antragsteller und Auftraggeber [Antragsgegner]) kann ein Beigeladener allerdings nicht über den Verfahrensgegenstand verfügen. D.h. entsprechende Verfügungen der Hauptbeteiligten wie Antragsrücknahme oder Erledigungserklärung muss der Beigeladene so hinnehmen.[23] Des Weiteren würde es dem Beschleunigungsgrundsatz (§ 167 Abs. 1 GWB) widersprechen, wenn ein Beigeladener über den vom Antragsteller eingebrachten Streitstoff hinaus eigene Ansprüche geltend machen könnte, für die er selbst ein Nachprüfungsverfahren einleiten könnte.[24]

25 Am Ende des Nachprüfungsverfahrens vor der Vergabekammer wird auch dem Beigeladenen der Beschluss zugestellt (§ 168 Abs. 3 S. 3 i.V.m. § 61 GWB), verbunden mit der anschließenden Möglichkeit, hiergegen (im Falle der eigenen Beschwer) sofortige Beschwerde beim zuständigen Oberlandesgericht einzulegen (§ 171 Abs. 1 S. 2 GWB). Sofern sich ein anderer Verfahrensbeteiligter beschwert, ist der von der Vergabekammer Beigeladene auch am Beschwerdeverfahren beteiligt (§ 174 GWB). Unter den Voraussetzungen der § 182 Abs. 3, 4 GWB kann ein Beigeladener einen Anspruch auf Erstattung seiner Kosten (einschließlich der Kosten seines notwendigen Verfahrensbevollmächtigten) haben, aber ggf. auch an den Kosten des Nachprüfungsverfahrens und der Aufwendungen der übrigen Verfahrensbeteiligten beteiligt werden. An das bestandskräftige Verfahrensergebnis ist der Beigeladene wie die übrigen Verfahrensbeteiligten gebunden.

26 Ein Anwaltszwang besteht im Verfahren vor der Vergabekammer auch für einen Beigeladenen nicht.

E. Anfechtbarkeit der Beiladung, § 162 S. 2 GWB

27 Die Entscheidung über die Beiladung kann gemäß § 162 S. 2 GWB ausdrücklich von keinem Verfahrensbeteiligten angefochten werden. Auch in dieser Hinsicht blieb diese Regelung seit ihrem erstmaligen Inkrafttreten am 01.01.1999 unverändert.

---

22 3. VK des Bundes, Beschl. v. 22.12.2006 – VK 3-150/06.
23 OLG Düsseldorf, Beschl. v. 20.12.2006 – VII-Verg 109/04; Dicks in: Ziekow/Völlink, § 109 GWB Rn. 1.
24 3. VK des Bundes, Beschl. v. 01.02.2011 – VK 3-126/10.

Hintergrund dieser Regelung ist die Beschleunigung des Nachprüfungs- und damit auch des Verga- 28
beverfahrens. Unanfechtbar ist daher nicht nur die Entscheidung, ob ein Unternehmen beigeladen
wird, sondern ggf. auch die negative Entscheidung der Vergabekammer, ein Unternehmen nicht
beizuladen, das einen Antrag auf Beiladung gestellt hat.[25]

Wenn ein Dritter sich dagegen wehren möchte, dass er von der Vergabekammer nicht beigeladen 29
wurde, kann er vor dem zuständigen Oberlandesgericht einen Antrag auf Beiladung stellen, falls
einer der übrigen Verfahrensbeteiligten sofortige Beschwerde einlegen sollte.[26] Das Beschwerdegericht kann einen Dritten auch dann beiladen, wenn dies nicht bereits durch die Vergabekammer
erfolgt ist (s. Rdn. 20). Außerdem könnte der Dritte einen eigenen Nachprüfungsantrag stellen,
wenn die Zulässigkeitsvoraussetzungen vorliegen (der Zuschlagsdestinatär ist allerdings regelmäßig
nicht antragsbefugt)[27].

§ 163 Untersuchungsgrundsatz

(1) Die Vergabekammer erforscht den Sachverhalt von Amts wegen. Sie kann sich dabei auf das
beschränken, was von den Beteiligten vorgebracht wird oder ihr sonst bekannt sein muss. Zu
einer umfassenden Rechtmäßigkeitskontrolle ist die Vergabekammer nicht verpflichtet. Sie ach-
tet bei ihrer gesamten Tätigkeit darauf, dass der Ablauf des Vergabeverfahrens nicht unangemessen beeinträchtigt wird.

(2) Die Vergabekammer prüft den Antrag darauf, ob er offensichtlich unzulässig oder unbegründet ist. Dabei berücksichtigt die Vergabekammer auch einen vorsorglich hinterlegten Schriftsatz (Schutzschrift) des Auftraggebers. Sofern der Antrag nicht offensichtlich unzulässig oder
unbegründet ist, übermittelt die Vergabekammer dem Auftraggeber eine Kopie des Antrags und
fordert bei ihm die Akten an, die das Vergabeverfahren dokumentieren (Vergabeakten). Der Auftraggeber hat die Vergabeakten der Kammer sofort zur Verfügung zu stellen. Die §§ 57 bis 59
Absatz 1 bis 5 sowie § 61 gelten entsprechend.

---

25 OLG Karlsruhe, Beschl. v. 25.11.2008 – 15 Verg 13/08; OLG Frankfurt, Beschl. v. 28.06.2005 – 11 Verg
    9/05; Dicks in: Ziekow/Völlink, § 109 GWB Rn. 8 m.w.N.
26 Weiter OLG Karlsruhe, Beschl. v. 25.11.2008 – 15 Verg 13/08, wonach auch der von der Vergabekam-
    mer zu Unrecht nicht Beigeladene selbst (entgegen dem Wortlaut des § 171 Abs. 1 S. 2 GWB) sofortige
    Beschwerde einlegen kann.
27 S.o. Fußnote 13.

A. Allgemeines

1   Die Regelung des § 163 GWB, die den Wortlaut des § 110 GWB a.F. unverändert übernommen hat,[1] beinhaltet zwei unterschiedliche Regelungsbereiche. Entsprechend der Überschrift regelt die Vorschrift die **Geltung des Untersuchungsgrundsatzes** in seiner besonderen Ausprägung im Nachprüfungsverfahren (vgl. § 163 Abs. 1 GWB) und die dazugehörigen Ermittlungsbefugnisse der Vergabekammer (vgl. § 163 Abs. 2 S. 5 GWB). Daneben normiert § 163 Abs. 2 GWB die **ersten Verfahrensschritte** im Nachprüfungsverfahren nach Antragseingang, nämlich die von der Vergabekammer vorzunehmende Vorabprüfung des Nachprüfungsantrags auf offensichtliche Unzulässigkeit oder Unbegründetheit und gegebenenfalls die anschließende Übermittlung einer Kopie des Nachprüfungsantrags an den Auftraggeber sowie die Anforderung der Vergabeakten,[2] die eine wichtige Erkenntnisquelle der Vergabekammer für die Ermittlung des Sachverhalts darstellen.

2   Der Regierungsentwurf zu § 110 GWB a.F. (§ 120 GWB-E), auf den die Überschrift »Untersuchungsgrundsatz« zurückgeht, sah zunächst noch keine Vorabprüfung eines Nachprüfungsantrags auf offensichtliche Unzulässigkeit oder Unbegründetheit vor;[3] diese wurde erst im weiteren Gesetzgebungsverfahren eingefügt.[4] Mit Inkrafttreten des Gesetzes zur Modernisierung des Vergaberechts vom 20.04.2009[5] wurde § 110 GWB a.F. neu gefasst.[6] Inhaltlich wurde Absatz 1 der Norm um die Sätze 2 und 3 erweitert. In Absatz 2 wurde die Berücksichtigung von Schutzschriften aufgenommen (§ 110 Abs. 2 S. 2 GWB a.F.), die Art der Übermittlung von Nachprüfungsanträgen geändert (§ 110 Abs. 2 S. 3 GWB a.F.) und die Übermittlung von Anträgen an Vergabeprüfstellen – wie jeder andere Bezug auf Vergabeprüfstellen in den §§ 97 ff. GWB a.F.[7] – gestrichen. Mit Gesetz zur Modernisierung des Vergaberechts vom 17.02.2016[8] erhielt § 110 GWB a.F. als § 163 GWB seinen neuen Standort im novellierten GWB.

B. Untersuchungsgrundsatz (§ 163 Abs. 1, Abs. 2 S. 5 GWB)

I. Allgemeines

3   Gemäß § 163 Abs. 1 S. 1 GWB erforscht die Vergabekammer den Sachverhalt von Amts wegen. Damit gilt im Nachprüfungsverfahren der **Untersuchungsgrundsatz**. Dies entspricht grundsätzlich der Regelung des **§ 24 VwVfG** für das allgemeine Verwaltungsverfahren und des **§ 57 Abs. 1 GWB** für das kartellbehördliche Verwaltungsverfahren (dementsprechend auch die Verweisung auf die kartellbehördlichen Ermittlungsbefugnisse gemäß § 163 Abs. 2 S. 5 GWB). Aufgrund des geltenden Untersuchungsgrundsatzes unterscheidet sich das Nachprüfungsverfahren wesentlich vom Zivilprozess mit dem dort geltenden Beibringungsgrundsatz und ist eher dem **verwaltungsgerichtlichen Verfahren** vergleichbar,[9] für das gemäß § 86 Abs. 1 VwGO ebenfalls die Sachverhaltserforschung von Amts wegen ohne Bindung an Vorbringen und Beweisanträge der Beteiligten vorgesehen ist.

4   Aus dem Untersuchungsgrundsatz resultiert die **Verpflichtung der Vergabekammer**, selbst (»von Amts wegen«) die notwendigen Sachverhaltsermittlungen vorzunehmen (zur Amtsermittlungspflicht s. Rdn. 9 ff.). Darüber hinaus verleiht der Untersuchungsgrundsatz der Vergabekammer jedoch auch die **Befugnis**, von sich aus – und damit grundsätzlich unabhängig vom Vorbringen

---

1   Vgl. Gesetzentwurf der Bundesregierung v. 08.10.2015, BT-Drucks. 18/6281, S. 135 (Zu § 163).
2   Vgl. auch zu Letzterem: Steiff in: Heuvels/Höß/Kuß/Wagner, § 110 GWB Rn. 16.
3   Vgl. Gesetzentwurf der Bundesregierung v. 03.12.1997, BT-Drucks. 13/9340, S. 7, § 120 GWB-E.
4   Vgl. Beschlussempfehlung des Ausschusses für Wirtschaft v. 01.04.1998, BT-Drucks. 13/10328, S. 11 (§ 120 GWB-E).
5   BGBl. I S. 790, in Kraft getreten am 24.04.2009.
6   Durch Art. 1 Nr. 14 des Gesetzes zur Modernisierung des Vergaberechts v. 20.04.2009 (s. Fn. 5).
7   Insbesondere Streichung des § 103 GWB a.F.; vgl. auch Gesetzentwurf der Bundesregierung v. 13.08.2008, BT-Drucks. 16/10117, S. 22, Zu Nummer 9 (§ 103).
8   BGBl. I S. 203.
9   Vgl. BGH Beschl. v. 19.12.2000, X ZB 14/00; Beschl. v. 09.02.2004, X ZB 44/03.

der Beteiligten[10] – den Sachverhalt zu erforschen und sich ein eigenes Bild von den tatsächlichen Umständen zu machen (zur Ermittlungsbefugnis s. Rdn. 23 ff.). Zur Sachverhaltserforschung stehen der Vergabekammer gemäß § 163 Abs. 2 S. 5 GWB mit Verweis auf die §§ 57 ff. GWB die Beweiserhebungs- und **Ermittlungsbefugnisse** zu, die auch der Kartellbehörde für ihre Ermittlungen zur Verfügung stehen (s.u. Rdn. 27 ff.). Der Untersuchungsgrundsatz gilt für das **gesamte Nachprüfungsverfahren**; insbesondere ist seine Anwendung auch nach dem Schluss der mündlichen Verhandlung noch möglich.[11]

Die Geltung des Untersuchungsgrundsatzes im Nachprüfungsverfahren wurde vom Gesetzgeber 5 zum einen mit Blick auf das **öffentliche Interesse an der Rechtmäßigkeit des Vergabeverfahrens** normiert.[12] Die Amtsermittlung ermöglicht es der Vergabekammer, unabhängig von dem Vorbringen der Beteiligten von sich aus alle entscheidungserheblichen Umstände zu ermitteln und auf einer umfassenden und zutreffenden Tatsachenbasis zu entscheiden. Zum anderen dient der Untersuchungsgrundsatz dazu, die Vergabekammer in die Lage zu versetzen, die **knappe Entscheidungsfrist** nach § 167 Abs. 1 GWB einzuhalten.[13] Insbesondere muss die Vergabekammer nicht mit Sachverhaltsermittlungen warten, bis entsprechendes Vorbringen oder die Benennung von Beweismitteln durch die Beteiligten erfolgt ist, sondern kann zügig alle notwendigen Sachverhaltsaufklärungen von sich aus vornehmen. Die Geltung des Untersuchungsgrundsatzes ist im Übrigen im Zusammenhang mit dem für die Anrufung der Vergabekammer **nicht bestehenden Anwaltszwang** zu sehen. Aufgrund der Amtsermittlungspflicht der Vergabekammer müssen auch mit der Spezialmaterie des Vergaberechts nicht näher vertraute Unternehmen, die als Bewerber oder Bieter an einem Vergabeverfahren teilnehmen, nicht zwangsläufig Nachteile aufgrund mangelnder Rechtskenntnis befürchten, wenn sie Rechtsschutz vor der Vergabekammer suchen.[14] Aufseiten des Auftraggebers führt der Amtsermittlungsgrundsatz im Hinblick auf die **Dokumentation** des Vergabeverfahrens dazu, dass er mit der Sichtung auch von rein internen Vorgängen und Dokumenten durch die Vergabekammer rechnen muss, die vom Antragsteller mangels Kenntnis ihrer Existenz selbst nicht zum Gegenstand seiner Rüge gemacht werden können.

Seine **besondere Ausgestaltung** erhält der im Nachprüfungsverfahren geltende Untersuchungs- 6 grundsatz zum einen durch den Umstand, dass das Nachprüfungsverfahren als **subjektives Rechtsschutzverfahren** konzipiert ist und der Beseitigung von Rechtsverletzungen des betroffenen Unternehmers (als Antragsteller) dient (vgl. §§ 160 Abs. 2 S. 1, 168 Abs. 1 S. 1 GWB). Dementsprechend sieht § 163 Abs. 1 S. 2 GWB vor, dass sich die Vergabekammer bei der Sachverhaltsermittlung auf das von den Beteiligten Vorgebrachte (neben dem, was der Kammer sonst bekannt sein muss) beschränken kann. Auf eine umfassende objektive Rechtmäßigkeit des Vergabeverfahrens in Bezug auf alle Bieter und sonstigen Teilnehmer – gegebenenfalls auch zulasten des Antragstellers – hat die Vergabekammer im Nachprüfungsverfahren hingegen nicht hinzuwirken.[15] Infolgedessen stellt § 163 Abs. 1 S. 3 GWB für die Amtsermittlungspflicht klar, dass die Vergabekammer zu einer umfassenden Rechtmäßigkeitskontrolle nicht verpflichtet ist.[16]

Zum anderen steht der Untersuchungsgrundsatz im Spannungsverhältnis mit dem für das Nach- 7 prüfungsverfahren ebenfalls geltenden **Beschleunigungsgrundsatz**, der gewährleisten soll, dass

10 Vgl. OLG München Beschl. v. 09.08.2010, Verg 13/10.
11 Vgl. OLG Düsseldorf Beschl. v. 16.12.2015, VII-Verg 24/15.
12 Vgl. Gesetzentwurf der Bundesregierung v. 03.12.1997, BT-Drucks. 13/9340, S. 18, Zu § 120 (§ 110 GWB a.F., jetzt § 163 GWB).
13 Vgl. Gesetzentwurf der Bundesregierung v. 03.12.1997, BT-Drucks. 13/9340, S. 18, Zu § 120).
14 Vgl. Maier NZBau 2004, 667, 668.
15 Vgl. z.B. OLG Celle Beschl. v. 12.01.2012, 13 Verg 8/11; OLG Koblenz Beschl. v. 04.02.2009, 1 Verg 4/08; OLG München Beschl. v. 10.12.2009, Verg 16/09; OLG Saarbrücken Beschl. v. 05.07.2006, 1 Verg 1/06; OLG Düsseldorf Beschl. v. 15.06.2005, VII-Verg 5/05.
16 Vgl. Gesetzentwurf der Bundesregierung v. 13.08.2008, BT-Drucks. 16/10117, S. 22, Zu Nummer 14 (§ 110).

Vergabeverfahren durch das Nachprüfungsverfahren nicht über Gebühr verzögert werden.[17] Zwar versetzt der Untersuchungsgrundsatz die Vergabekammer in die Lage, von sich aus die notwendigen Sachverhaltsermittlungen anzustellen; eine zu umfangreiche Aufklärungstätigkeit kann jedoch auch Verzögerungen mit sich bringen. Die Regelung des § 163 Abs. 1 S. 4 GWB sieht dementsprechend vor, dass das Vergabeverfahren – auch durch die Ermittlungstätigkeit der Vergabekammer – nicht unangemessen beeinträchtigt werden soll. Bei Verletzung der dem Beschleunigungsgrundsatz entspringenden Mitwirkungs- und Förderungspflicht nach § 167 Abs. 2 GWB durch die Beteiligten kann sich der Umfang der Amtsermittlungspflicht zudem vermindern (s.u. Rdn. 19).[18]

8   Im sofortigen **Beschwerdeverfahren** vor den Vergabesenaten der Oberlandesgerichte (vgl. §§ 171 ff. GWB) gilt der Untersuchungsgrundsatz gemäß § 175 Abs. 2 i.V.m. § 70 Abs. 1 GWB. Dabei ist § 163 Abs. 1 GWB zur Ausfüllung des Untersuchungsgrundsatzes – insbesondere für die Frage, welcher Sachverhalt dem Gericht bekannt sein muss (vgl. § 163 Abs. 1 S. 2 GWB, s.u. Rdn. 20) – auch in der Beschwerdeinstanz heranzuziehen.[19]

II. Amtsermittlungspflicht

9   Aus dem Untersuchungsgrundsatz nach § 163 Abs. 1 S. 1 GWB folgt die Pflicht der Vergabekammer, den Sachverhalt von Amts wegen zu erforschen. Diese Verpflichtung zur Amtsermittlung gilt jedoch nicht unbeschränkt. Zum einen ist nur der Sachverhalt zu ermitteln, der für die Entscheidung der Vergabekammer von Bedeutung ist (s.u. Rdn. 10 ff.). Zum anderen hat die Vergabekammer nicht umfassend in alle Richtungen zu ermitteln, ob ein Vergaberechtsverstoß vorliegt, und nicht zwangsläufig allen Aufklärungsmöglichkeiten nachzugehen (s.u. Rdn. 16 ff.); dies stellen insbesondere die Regelungen des § 163 Abs. 1 S. 2 und 3 GWB klar.

1. Zu ermittelnder Sachverhalt (§ 163 Abs. 1 S. 1 GWB)

10   Bei dem von der Vergabekammer zu erforschenden Sachverhalt handelt es sich nicht um alle tatsächlichen Einzelheiten des streitgegenständlichen Beschaffungsvorgangs, sondern nur um die Tatsachen, die für die zu treffende Entscheidung erforderlich sind.[20] Zu den **entscheidungserheblichen Tatsachen** gehören grundsätzlich diejenigen, die benötigt werden, um über die Sachentscheidungsvoraussetzungen (Statthaftigkeit und sonstige Zulässigkeitsvoraussetzungen) entscheiden zu können, und – soweit in der Sache zu entscheiden ist – diejenigen Umstände, die für die geltend gemachten oder im Übrigen zu berücksichtigenden Vergaberechtsverstöße relevant sind. Welches die entscheidungserheblichen Tatsachen sind, hängt somit davon ab, was die Vergabekammer zu prüfen hat und gegebenenfalls darüber hinaus aufgreifen darf. Insoweit besteht ein **enger Zusammenhang mit den Entscheidungsbefugnissen** der Vergabekammer nach § 168 Abs. 1 GWB. Danach ist die Kammer insbesondere an Anträge nicht gebunden und kann unabhängig davon auf die Rechtmäßigkeit des Vergabeverfahrens einwirken, § 168 Abs. 1 S. 2 GWB.

11   In jedem Fall – die Statthaftigkeit des Nachprüfungsverfahrens vorausgesetzt – hat sich die Vergabekammer mit den **vom Antragsteller geltend gemachten Vergaberechtsverstößen** auseinanderzusetzen und dazu den Sachverhalt aufzuklären. Da die Vergabekammer gemäß § 168 Abs. 1 S. 2 GWB an die Anträge nicht gebunden ist, hat sie – soweit dies von den eigentlichen Anträgen abweicht – das wirkliche Rechtsschutzbegehren des Antragstellers zu ergründen und die dafür entscheidungserheblichen Tatsachen zu ermitteln. Auch hier sind nur die Umstände zu erforschen, die für eine Entscheidung erforderlich sind. Soweit die Vergabekammer also zu dem Ergebnis kommt, dass ein

---

17   Vgl. auch Kommentierung zu § 167 Rdn. 1 ff.
18   Vgl. BGH Beschl. v. 19.12.2000, X ZB 14/00.
19   Vgl. OLG Düsseldorf Beschl. v. 12.06.2013, VII-Verg 7/13, sowie Beschl. v. 25.06.2014, VII-Verg 38/13; Beschl. v. 20.07.2015, VII-Verg 37/15; vgl. auch OLG Frankfurt Beschl. v. 11.06.2013, 11 Verg 3/13.
20   Vgl. auch Gesetzentwurf der Bundesregierung v. 13.08.2008, BT-Drucks. 16/10117, S. 22, Zu Nummer 14 (§ 110).

Nachprüfungsantrag **teilweise,** d.h. hinsichtlich einzelner geltend gemachter Vergaberechtsverstöße bereits **unzulässig** ist, etwa weil keine Verletzung in eigenen Rechten nach § 160 Abs. 2 S. 1 GWB vorgetragen wird oder der Antragsteller der Rügeobliegenheit nach § 160 Abs. 3 GWB nicht genügt hat, besteht seitens der Vergabekammer grundsätzlich[21] keine weitere Aufklärungspflicht, da die Kammer insoweit keine Entscheidung in der Sache mehr zu treffen hat.[22] Gleiches gilt, wenn die Vergabekammer bereits einen Vergaberechtsverstoß festgestellt hat und die Feststellung weiterer Vergaberechtsverstöße im fraglichen Fall für den Ausgang des Verfahrens nicht mehr von Bedeutung ist.

Dazu, inwieweit die Vergabekammer über die vom Antragsteller geltend gemachten Rechtsverlet- 12
zungen hinaus den Sachverhalt zu erforschen und **weiteren möglichen Vergaberechtsverstößen** nachzugehen hat, gehen die Auffassungen in der Praxis auseinander. Dies hängt im Wesentlichen mit dem jeweiligen Verständnis von § 168 Abs. 1 S. 2 GWB zusammen, wonach die Vergabekammer unabhängig von den Anträgen auf die Rechtmäßigkeit des Vergabeverfahrens einwirken darf, und daher insbesondere mit der Frage, inwieweit bzw. unter welchen Voraussetzungen die Vergabekammer losgelöst vom Rechtsschutzbegehren des Antragstellers darüber hinaus auf die objektive Rechtmäßigkeit des Vergabeverfahrens hinwirken darf.[23] Soweit die Vergabekammer nach § 168 Abs. 1 GWB zur Entscheidung über bestimmte Vergaberechtsverstöße nicht befugt ist, besteht jedenfalls auch keine Pflicht der Kammer zur Ermittlung des dazugehörigen Sachverhalts.

Zu trennen ist hiervon grundsätzlich die Frage, inwieweit die Vergabekammer ihre Befugnis zur 13
Sachverhaltserforschung restriktiv zu handhaben hat (s.u. Rdn. 24 f.). Allerdings können möglicherweise (zufällig) im Rahmen der Sachverhaltserforschung erlangte Erkenntnisse – wenn sie Anhaltspunkte für weitere Vergaberechtsverstöße darstellen – die Vergabekammer dazu verpflichten, den entsprechenden Verstoß aufzuklären und darüber zu entscheiden. Dementsprechend darf eine Vergabekammer (oder Beschwerdegericht) **Erkenntnisse, die sich** aus Anlass der Prüfung behaupteter Vergaberechtsverstöße oder anderweitig **aufdrängen,** nicht unberücksichtigt lassen;[24] dies gilt jedenfalls dann, wenn damit eine **Rechtsverletzung des Antragstellers** verbunden ist.[25] Zum Teil wird darüber hinaus angenommen, dass ein **besonders schwerwiegender Vergaberechtsverstoß** – auch ohne Rüge[26] und unabhängig von einer Verletzung subjektiver Rechte des Antragstellers[27] – aufzugreifen[28]

---

21 S. aber auch Rdn. 14.
22 Vgl. auch OLG Düsseldorf Beschl. v. 26.07.2002, Verg 22/02; OLG Saarbrücken Beschl. v. 29.10.2003, 1 Verg 2/03.
23 Vgl. nur OLG Düsseldorf Beschl. v. 15.06.2005, VII-Verg 5/05 (§ 114 Abs. 1 S. 2 GWB a.F. (jetzt § 168 Abs. 1 S. 2 GWB) ist anwendbar, wenn der Nachprüfungsantrag zulässig ist und soweit der Antragsteller in seinen Rechten verletzt ist); OLG München Beschl. v. 09.08.2010 und v. 09.09.2010, Verg 13/10 bzw. Verg 10/10 (das vom Antragsteller vorgegebene Rechtsschutzziel setzt den Rahmen für Sachverhaltserforschung und Rechtmäßigkeitskontrolle, es sei denn, ein besonders schwerer Verstoß liegt vor); OLG Schleswig Beschl. v. 15.04.2011, 1 Verg 10/10 (auch nicht [rechtzeitig] gerügte und damit präkludierte Verstöße können aufgegriffen werden); OLG Naumburg Beschl. v. 18.08.2011, 2 Verg 3/11 (mit Eintritt der Rügepräklusion ist ein Aufgreifen – wohl auch bei einem besonders schwerwiegenden Verstoß – nicht mehr möglich); OLG Dresden Beschl. v. 08.11.2002, WVerg 19/02 (Verstöße, bezüglich derer Rügepräklusion eingetreten ist bzw. die nicht die subjektiven Rechte des Antragstellers verletzen, dürfen nicht aufgegriffen werden).
24 Vgl. OLG Düsseldorf Beschl. v. 05.05.2008, VII-Verg 5/08; KG Beschl. v. 04.04.2002, KartVerg 5/02; auch OLG Brandenburg Beschl. v. 09.02.2010, Verg W 10/09 (»auf der Hand liegender« Verstoß durfte berücksichtigt werden); OLG Frankfurt Beschl. v. 05.05.2008, 11 Verg 1/08 (schwerer Verstoß, der aufgrund des zur Prüfung gestellten Sachverhalts offenkundig war, durfte aufgegriffen werden).
25 Vgl. OLG Düsseldorf Beschl. v. 05.05.2008, VII-Verg 5/08; auch OLG München Beschl. v. 09.08.2010, Verg 13/10; OLG Dresden Beschl. v. 08.11.2002, WVerg 19/02.
26 Vgl. OLG München Beschl. v. 09.09.2010, Verg 10/10.
27 Vgl. OLG München Beschl. v. 09.08.2010, Verg 13/10.
28 Vgl. Gegenäußerung der Bundesregierung, BT-Drucks. 13/9340, S. 50, Zu Nummer 24 (mit dem Hinweis, dass durch das Aufgreifen Verzögerungen des Vergabeverfahrens durch weitere Nachprüfungsanträge verhindert werden könnten).

und dann auch aufzuklären ist[29] und dass ein **zunächst unzulässiger Nachprüfungsantrag** nicht ohne weitere Ermittlungen verworfen werden darf, wenn sich aufdrängt, dass es im zwischenzeitlich fortgesetzten Vergabeverfahren zu Unregelmäßigkeiten gekommen sein könnte.[30] Gegebenenfalls sind auch sich **zulasten des Antragstellers** auswirkende Umstände wie etwa ein zwingender Ausschlussgrund aufzuklären, wenn sie sich der Vergabekammer aufdrängen.[31]

14   Ob über einen bestimmten Vergaberechtsverstoß in der Sache zu entscheiden ist und der dazugehörige Sachverhalt somit entscheidungserheblich und damit von der Amtsermittlungspflicht umfasst ist, hängt vielfach davon ab, ob insoweit eine **Rügepräklusion** nach § 160 Abs. 3 GWB vorliegt. Denn entgegen § 160 Abs. 3 GWB nicht rechtzeitig oder fehlerhaft überhaupt nicht vom Antragsteller gerügte Vergaberechtsverstöße sind grundsätzlich einer Entscheidung durch die Vergabekammer nicht mehr zugänglich.[32] Die Präklusion verbietet es den Nachprüfungsinstanzen, den etwaigen Vergaberechtsverstoß zum Anlass für Anordnungen in der Sache zu nehmen,[33] sodass sich auch eine diesbezügliche Sachverhaltsermittlung erübrigt. Eine Ausnahme wird zum Teil für **besonders schwerwiegende Verstöße** angenommen,[34] bei denen nicht nur das individuelle Interesse eines Bieters, sondern vornehmlich auch das öffentliche Interesse an einem fairen und ausschließlich wirtschaftliche Gesichtspunkte berücksichtigenden Vergabeverfahren betroffen ist.[35]

15   Die Vergabekammer hat zu den entscheidungserheblichen Umständen grundsätzlich so lange zu ermitteln bzw. weitere Erkenntnismöglichkeiten auszuschöpfen, bis sie **zur Überzeugung der Vergabekammer** feststehen,[36] d.h. die Kammer der Überzeugung ist, auf zutreffender Tatsachenbasis zu entscheiden. Dazu kann auch gehören, dass die Kammer Vorgebrachtes oder sonst zur Kenntnis Gelangtes verifiziert.

2. Begrenzung der Ermittlungspflicht (§ 163 Abs. 1 S. 2, 3 GWB)

16   Die Amtsermittlungspflicht der Vergabekammer gilt jedoch nicht uneingeschränkt. Die Kammer muss weder allen denkbaren Möglichkeiten der Sachverhaltsaufklärung nachgehen[37] noch in sämtliche Richtungen ermitteln, um mögliche Vergaberechtsverstöße aufzudecken.[38] Dies ist mit Einführung der Regelungen des § 163 Abs. 1 S. 2 und 3 GWB[39] kodifiziert bzw. klargestellt worden.

17   In **§ 163 Abs. 1 S. 3 GWB** ist nunmehr ausdrücklich geregelt, dass die Vergabekammer zu einer umfassenden bzw. allgemeinen Rechtmäßigkeitskontrolle nicht verpflichtet ist[40] und das Nachprüfungsverfahren nicht der Aufrechterhaltung oder Wiederherstellung der objektiven Rechtmäßigkeit des Vergabeverfahrens an sich dient.[41] Damit wird eigentlich – an dieser Stelle systematisch nicht ganz zutreffend – der von der Vergabekammer vorzunehmende rechtliche Prüfungsumfang

---

29 Vgl. auch OLG Celle Beschl. v. 12.01.2012, 13 Verg 8/11, m.w.N.; a.A. wohl OLG Naumburg Beschl. v. 18.08.2011, 2 Verg 3/11.

30 Vgl. KG Beschl. v. 04.04.2002, KartVerg 5/02.

31 Vgl. OLG Saarbrücken Beschl. v. 05.07.2006, 1 Verg 1/06; a.A. wohl OLG Frankfurt Beschl. v. 24.10.2006, 11 Verg 8/06, 9/06; OLG Rostock Beschl. v. 08.03.2006, 17 Verg 16/05.

32 Vgl. OLG Naumburg Beschl. v. 18.08.2011, 2 Verg 3/11; OLG Düsseldorf Beschl. v. 23.06.2010, VII-Verg 18/10; OLG Celle Beschl. v. 11.02.2010, 13 Verg 16/09; a.A. OLG Schleswig Beschl. v. 15.04.2011, 1 Verg 4/08.

33 Vgl. OLG Düsseldorf Beschl. v. 09.04.2003, VII-Verg 66/02; Beschl. v. 12.03.2003, VII-Verg 49/02.

34 Vgl. OLG München Beschl. v. 10.12.2009, Verg 16/09; OLG Celle Beschl. v. 11.02.2010, 13 Verg 16/09.

35 Vgl. KG Beschl. v. 15.04.2004, 2 Verg 22/03 – VergabeR 2004, 762, 767 f.

36 Vgl. auch Summa in: jurisPK-VergR, § 110 GWB Rn. 28.

37 Vgl. BGH Beschl. v. 19.12.2000, X ZB 14/00.

38 Vgl. OLG Düsseldorf Beschl. v. 23.02.2005, VII-Verg 92/04.

39 Durch Art. 1 Nr. 14 des Gesetzes zur Modernisierung des Vergaberechts v. 20.04.2009 (s. Fn. 5).

40 Vgl. Gesetzentwurf der Bundesregierung v. 13.08.2008, BT-Drucks. 16/10117, S. 22, Zu Nummer 14 (§ 110); s. auch OLG Koblenz Beschl. v. 04.02.2009, 1 Verg 4/08; OLG Düsseldorf Beschl. v. 15.06.2005, VII-Verg 5/05.

41 Vgl. OLG Koblenz Beschl. v. 04.02.2009, 1 Verg 4/08.

Ohlerich

bzw. dessen Begrenzung angesprochen, der grundsätzlich in § 168 Abs. 1 GWB geregelt ist. Für die in § 163 Abs. 1 GWB geregelte Pflicht zur Erforschung des der Entscheidung zugrunde liegenden Sachverhalts bedeutet dies jedoch auch, dass die Vergabekammer den Sachverhalt nicht zwangsläufig in alle Richtungen aufzuklären hat. Die Vergabekammer muss nicht von sich aus alle nur denkbaren Rechtsverstöße in Erwägung ziehen und in tatsächlicher und rechtlicher Hinsicht überprüfen.[42] Ausgangspunkt für die Sachverhaltsermittlungen sind insoweit die entsprechenden Entscheidungsbefugnisse (s. auch Rdn. 10 ff.).

Gemäß **§ 163 Abs. 1 S. 2 GWB** darf sich die Vergabekammer bei der Sachverhaltsermittlung auf   18
dasjenige beschränken, was von den Beteiligten vorgebracht wird oder ihr sonst bekannt sein muss. Mit der Regelung soll die Amtsermittlungspflicht der Vergabekammer dahingehend konkretisiert werden, inwieweit die Kammer Nachforschungen anzustellen hat.[43] Wie sich aus der Formulierung »kann« ergibt, ist damit **keine zwingende Begrenzung** der Amtsermittlungsbefugnisse verbunden. Insbesondere ist die Vergabekammer gesetzlich nicht darauf beschränkt, nur den Sachverhalt zu den vom Antragsteller geltend gemachten Rechtsverletzungen zu ermitteln.[44] Es soll der Vergabekammer lediglich ermöglichen, nach pflichtgemäßem Ermessen ihre Ermittlungen – auch mit Blick auf die Entscheidungsfrist nach § 167 Abs. 1 GWB – zu beschränken.

Ausgangspunkt für die Erforschung des Sachverhalts ist nach § 163 Abs. 1 S. 2 GWB zum einen   19
der **Vortrag der Beteiligten**.[45] Insbesondere sind dies die geltend gemachten Beanstandungen des Antragstellers.[46] Die Regelung des § 163 Abs. 1 S. 2 GWB trägt dabei der bereits zuvor von der Rechtsprechung anerkannten **Wechselwirkung** der Amtsermittlungspflicht **mit den Mitwirkungs- und Verfahrensförderungspflichten der Beteiligten** Rechnung.[47] Danach hat insbesondere der Antragsteller zu den sein Begehren rechtfertigenden Tatsachen vorzutragen und Beweismöglichkeiten aufzuzeigen (§ 161 Abs. 2 GWB).[48] Zudem haben alle Verfahrensbeteiligten an der Aufklärung des Sachverhalts mitzuwirken (§ 167 Abs. 2 S. 1 GWB).[49] Eine Verletzung der Obliegenheiten nach § 167 Abs. 2 GWB durch **verspäteten Vortrag** kann zu einer Reduzierung der Aufklärungspflicht der Nachprüfungsinstanzen führen.[50] Trägt etwa ein Verfahrensbeteiligter unter Missachtung seiner Obliegenheit zur Mitwirkung und Verfahrensförderung nach § 167 Abs. 2 S. 1 GWB derart spät zur Sache vor, dass den anderen Verfahrensbeteiligten bis zum Schluss der mündlichen Verhandlung, auf die die Entscheidung der Vergabekammer ergeht, eine Erwiderung unter zumutbaren Bedingungen nicht mehr möglich ist, so muss ein solches Vorbringen, weil es nicht zum Nachteil der anderen Verfahrensbeteiligten berücksichtigt werden darf, unberücksichtigt bleiben und löst daher auch keine Amtsermittlungspflicht der Vergabekammer aus.[51] Gleiches gilt unter Umständen für nicht fristgerechten Vortrag eines Beteiligten nach § 167 Abs. 2 S. 2 GWB,[52] den die Vergabe-

---

42 Vgl. OLG Düsseldorf Beschl. v. 23.02.2005, VII-Verg 92/04.

43 Vgl. Gesetzentwurf der Bundesregierung v. 13.08.2008, BT-Drucks. 16/10117, S. 22, Zu Nummer 14 (§ 110).

44 Eine entsprechende, vom Bundesrat vorgeschlagene Einschränkung von § 110 Abs. 1 S. 1 GWB a.F. – jetzt § 163 Abs. 1 S. 1 GWB – (»soweit dieses zur Prüfung der geltend gemachten Rechtsverletzung erforderlich ist«) wurde schon in die ursprüngliche Fassung von § 110 Abs. 1 GWB a.F. nicht aufgenommen, vgl. BT-Drucks. 13/9340, S. 40 (Nummer 24) und S. 50 (Gegenäußerung der Bundesregierung, Zu Nummer 24).

45 So auch schon (für den Vortrag des Antragstellers): Gesetzentwurf der Bundesregierung v. 03.12.1997, BT-Drucks. 13/9340, S. 18, Zu § 120 (jetzt § 163 GWB).

46 Vgl. Gesetzentwurf der Bundesregierung v. 03.12.1997, BT-Drucks. 13/9340, S. 18, Zu § 120 (jetzt § 163 GWB).

47 Vgl. BGH Beschl. v. 19.12.2000, X ZB 14/00; OLG Düsseldorf Beschl. v. 23.02.2005, VII-Verg 92/04.

48 Vgl. BGH Beschl. v. 19.12.2000, X ZB 14/00.

49 Vgl. Kommentierung zu § 167 Rdn. 30 ff.

50 Vgl. OLG Düsseldorf Beschl. v. 19.11.2003, VII-Verg 22/03; vgl. auch Kommentierung zu § 167 Rdn. 34.

51 Vgl. OLG Düsseldorf, Beschl. v. 19.11.2003, VII-Verg 22/03; Beschl. v. 28.06.2006, VII-Verg 18/06; OLG Frankfurt Beschl. v. 07.08.2007, 11 Verg 3/07, 4/07.

52 Vgl. BGH Beschl. v. 19.12.2000, X ZB 14/00.

kammer danach zurückweisen und unberücksichtigt lassen kann; auch hieraus würde dann keine weitere Pflicht zur Sachverhaltserforschung resultieren. Somit ist im Nachprüfungsverfahren nicht allen denkbaren Möglichkeiten zur Aufklärung des Sachverhalts von Amts wegen nachzugehen.[53]

20 Neben dem Vorbringen der Beteiligten hat die Vergabekammer auch alles das zu berücksichtigen, was ihr **sonst bekannt sein muss**. Neben Umständen, die der Kammer bereits tatsächlich bekannt sind, sind dies nach der Gesetzesbegründung auch Umstände, die dem sorgfältig ermittelnden Beamten zur Kenntnis gelangen (würden).[54] Dies gilt insbesondere für den Inhalt der **Vergabeakten**,[55] die die Vergabekammer beim Auftraggeber anfordert und in Bezug auf die zu prüfenden Verstöße zurate zu ziehen hat. Daneben nennt die Gesetzesbegründung beispielhaft Indizien wie Pressemeldungen darüber, dass etwa Nachverhandlungen geführt wurden, ohne dass diese zum Bestandteil der Vergabeakte wurden.[56] In der Beschwerdeinstanz ist auch der tatbestandliche Teil des angefochtenen Beschlusses Bestandteil des Sachverhalts, der dem Beschwerdegericht zwangsläufig bekannt sein muss.[57]

21 Gibt der Vortrag der Beteiligten oder der sonstige Tatsachenstoff hinreichend Anhaltspunkte für das Vorliegen eines Vergaberechtsverstoßes, so ist die Vergabekammer zur weiteren amtswegigen Ermittlung verpflichtet; einer weiteren Darlegung durch die Beteiligten bedarf es dann nicht.[58] Dies gilt insbesondere dann, wenn sich der Antragsteller aufgrund von konkreten Anhaltspunkten (kein sog. »Vortrag ins Blaue hinein«) auf Umstände beruft, die ihm – z.B. aus Gründen der Geheimhaltung – nicht im Einzelnen bekannt sein können und die von ihm deshalb auch nicht weiter konkretisierbar oder beweisbar sind.

3. Verletzung der Amtsermittlungspflicht

22 Verletzt die Vergabekammer ihre Pflicht zur Sachverhaltsaufklärung, indem sie ihrer Entscheidung einen nur unvollständig ermittelten Sachverhalt zugrunde legt, so ist dies **nicht eigenständig anfechtbar**. Die auf der unvollständigen Tatsachenbasis ergangene und deshalb eventuell fehlerhafte Entscheidung der Kammer ist gegebenenfalls im Wege der sofortigen Beschwerde anzufechten.[59]

III. Befugnis zur Amtsermittlung und ihre Grenzen (§ 163 Abs. 1 S. 4 GWB)

23 Nach § 163 Abs. 1 S. 1 GWB erforscht die Vergabekammer den Sachverhalt von Amts wegen. Damit ist sie grundsätzlich **berechtigt, den Sachverhalt von sich aus zu ermitteln**, ohne auf entsprechenden Tatsachenvortrag oder Benennung von Beweismittel durch die Verfahrensbeteiligten angewiesen zu sein. Sie ist also grundsätzlich befugt (und im Rahmen der Amtsermittlungspflicht verpflichtet), selbst die Initiative zu ergreifen. Die Vergabekammer ist gesetzlich auch **inhaltlich nicht** darauf **beschränkt**, die Sachverhaltsermittlung auf die vom Antragsteller geltend gemachten Rechtsverletzungen zu begrenzen.[60] Mit Ausnahme des Gebots, unangemessene Beeinträchtigun-

---

53 Vgl. BGH Beschl. v. 19.12.2000, X ZB 14/00; s. auch Gesetzentwurf der Bundesregierung v. 13.08.2008, BT-Drucks. 16/10117, S. 22, Zu Nummer 14 (§ 110).

54 Vgl. Gesetzentwurf der Bundesregierung v. 13.08.2008, BT-Drucks. 16/10117, S. 22, Zu Nummer 14 (§ 110).

55 Vgl. Dicks in: Ziekow/Völlink, § 110 GWB Rn. 3; z.B. für die Aufforderung zur Verhandlung: OLG Düsseldorf Beschl. v. 12.06.2013, VII-Verg 7/13.

56 Vgl. Gesetzentwurf der Bundesregierung v. 13.08.2008, BT-Drucks. 16/10117, S. 22, Zu Nummer 14 (§ 110).

57 Vgl. OLG Düsseldorf Beschl. v. 25.06.2014, VII-Verg 38/13.

58 Vgl. OLG Düsseldorf Beschl. v. 23.02.2005, VII-Verg 92/04.

59 Vgl. auch Reidt in: Reidt/Stickler/Glahs, § 110 GWB Rn. 16.

60 Eine entsprechende, vom Bundesrat vorgeschlagene Einschränkung von § 110 Abs. 1 S. 1 GWB a.F. – jetzt § 163 Abs. 1 S. 1 GWB – (»soweit dieses zur Prüfung der geltend gemachten Rechtsverletzung erforderlich ist«) wurde nicht aufgenommen, vgl. BT-Drucks. 13/9340, S. 40 (Nummer 24) und S. 50 (Gegenäußerung der Bundesregierung, Zu Nummer 24).

gen des Vergabeverfahrens zu verhindern, (s.u. Rdn. 24 f.) und des allgemein geltenden Verhältnismäßigkeitsgrundsatzes sind Beschränkungen der Amtsermittlung (nicht der Entscheidungsbefugnisse) nicht normiert.[61] Dies folgt indirekt auch aus den Regelungen des § 163 Abs. 1 S. 2, 3 GWB, die eine entsprechende Begrenzung nur ermöglichen, aber nicht vorschreiben. Dementsprechend zieht eine übermäßige Nutzung der Befugnis zur Sachverhaltsaufklärung durch die Vergabekammer mit Ausnahme, dass gegen einzelne Ermittlungsmaßnahmen im Wege der sofortigen Beschwerde vorgegangen werden kann (s.u. Rdn. 31), keine Sanktionen nach sich[62] – anders als die Überschreitung der Entscheidungsbefugnisse, die zur Aufhebung einer Entscheidung führen kann.[63]

Die Vergabekammer ist allerdings gemäß **§ 163 Abs. 1 S. 4 GWB** gehalten, den Ablauf des Ver   24
gabeverfahrens nicht unangemessen zu beeinträchtigen. Die Regelung dient der Verhinderung von unnötigen Verzögerungen von Beschaffungsvorgängen und damit dem **Beschleunigungsgrundsatz**. Sie macht aber auch deutlich, dass die Vergabekammer den **Grundsatz der Verhältnismäßigkeit** zu wahren hat. Dies betrifft im Rahmen der Amtsermittlung nicht nur die Wahl der Ermittlungsinstrumente (s.u. Rdn. 33), sondern auch den Umfang der Ermittlungen.[64]

Nach der Regelung des § 163 Abs. 1 S. 4 GWB steht dabei im Vordergrund, dass das jeweilige   25
Vergabeverfahren nicht in seinem Ablauf beeinträchtigt wird. Da das im Nachprüfungsverfahren bestehende Zuschlagsverbot nach § 169 Abs. 1 GWB regelmäßig die größte Beeinträchtigung des jeweiligen Vergabeverfahrens darstellt, ist die erforderliche Sachverhaltsaufklärung durch die Vergabekammer möglichst so zu betreiben, dass die Entscheidungsfrist nach § 167 Abs. 1 GWB eingehalten werden kann. Dies wird in der Regel erreicht, indem sich die Kammer auf die Ermittlung der entscheidungserheblichen Tatsachen – insbesondere mit Blick auf die vom Antragsteller geltend gemachten Vergaberechtsverstöße – beschränkt und dementsprechend möglichen Rechtsverstößen nur insoweit nachgeht, als sie anschließend auch zu einer Entscheidung in der Sache befugt ist. Dabei kann es allerdings angezeigt sein, parallel in verschiedene Richtungen zu ermitteln, um Zeitverluste zu vermeiden, wenn je nach Ermittlungsergebnis weitere Aufklärungen erforderlich sind. Ermittlungen, die lediglich zu einem Obiter Dictum führen können, sollten hingegen unterbleiben.[65] Auch sollte auf eine sog. »ungefragte Fehlersuche« verzichtet werden.[66] Darunter sind Sachverhaltsaufklärungen zu verstehen, die vorgenommen werden, ohne dass das Vorbringen des Antragstellers bzw. anderer Beteiligter oder Anhaltspunkte im Übrigen dazu Anlass geben, um damit letztlich eine allgemeine Rechtmäßigkeitskontrolle durchzuführen. Ein solches Vorgehen kann – auch wenn der Amtsermittlungsgrundsatz insoweit nicht beschränkt ist[67] – im Einzelfall sogar zu einer Konterkarierung des Rechtsschutzbegehrens des Antragstellers führen. Im Rahmen der Amtsermittlung sollte die Vergabekammer vielmehr versuchen, die richtige Balance zwischen dem Interesse an einer materiell richtigen Entscheidung, dem Rechtsschutzbegehren des Antragstellers und dem Beschleunigungsgrundsatz zu finden.[68]

---

61 A.a. wohl OLG München Beschl. v. 09.08.2010, Verg 13/10, und Beschl. v. 10.12.2009, Verg 16/09, wonach Antrag und Vorbringen des Antragstellers den Rahmen der Sachverhaltserforschung und der Rechtmäßigkeitskontrolle bilden, zu der die Vergabekammer befugt sei.

62 Vgl. auch Dicks in: Ziekow/Völlink, § 110 GWB Rn. 7 (kein Verwertungsverbot für Ermittlungsergebnisse, die aufgrund einer »ungefragten Fehlersuche« erlangt wurden).

63 Vgl. OLG Düsseldorf Beschl. v. 15.06.2005, VII-Verg 5/05; OLG München Beschl. v. 10.12.2009, Verg 16/09.

64 Vgl. auch (allerdings ohne ausdrückliche Bezugnahme auf § 110 Abs. 1 S. 2 GWB a.F., jetzt § 163 Abs. 1 S. 4 GWB n.F.) OLG Saarbrücken Beschl. v. 18.12.2003, 1 Verg 4/03, Rz. 44 nach juris.

65 Vgl. OLG München Beschl. v. 10.12.2009, Verg 16/09.

66 Vgl. Gröning VergabeR 2003, 638, 639 ff.; Dicks in: Ziekow/Völlink, § 110 GWB Rn. 7; Summa in: jurisPK-VergR, § 110 GWB Rn. 21.

67 Vgl. BVerwG Beschl. v. 04.10.2006, 4 BN 26/06; Beschl. v. 17.04.2002, 9 CN 1/01.

68 Dicks in: Ziekow/Völlink, § 110 GWB Rn. 7, mit Verweis auf BVerwG Beschl. v. 17.04.2002, 9 CN 1/01 (»eine Frage des Fingerspitzengefühls im Einzelfall«).

26   Die Regelung des § 163 Abs. 1 S. 4 GWB kann im Übrigen – da sie sich auf die »gesamte Tätigkeit« der Vergabekammer bezieht – auch außerhalb der Sachverhaltserforschung für die Tätigkeit der Vergabekammer Bedeutung erlangen, so etwa bei der Auslegung des materiellen Rechts und der daraufhin zu treffenden Anordnungen.[69] Das in § 163 Abs. 1 S. 4 GWB niedergelegte Gebot der nicht unangemessenen Beeinträchtigung des Vergabeverfahrens gilt entsprechend **auch für die Beschwerdeinstanz.**[70]

IV.   Ermittlungsbefugnisse (§ 163 Abs. 2 S. 5 GWB)

27   Korrespondierend zur Verpflichtung der Vergabekammer, gemäß § 163 Abs. 1 GWB den entscheidungserheblichen Sachverhalt zu ermitteln, gewährt ihr § 163 Abs. 2 S. 5 GWB mit Verweis auf die **§§ 57 bis 59 Abs. 1 bis 5 GWB** diverse Ermittlungsbefugnisse zur Beweiserhebung.[71] Dabei handelt es sich um diejenigen Befugnisse, die den **Kartellbehörden** in Verwaltungsverfahren zur Verfügung stehen. Die zu den kartellbehördlichen Ermittlungsbefugnissen ergangene Rechtsprechung und die entsprechenden Kommentierungen sind daher grundsätzlich auch für die **entsprechende Anwendung** der Vorschriften in Bezug auf die Ermittlungsbefugnisse der Vergabekammern heranzuziehen.[72]

28   Entsprechend § 57 Abs. 1 GWB kann die Vergabekammer grundsätzlich alle Ermittlungen führen und alle Beweise erheben, die erforderlich sind. Sie ist also nicht auf bestimmte Mittel der Erkenntnisgewinnung begrenzt, sondern kann grundsätzlich **sämtliche Erkenntnismittel oder -quellen** im Sinne eines **Freibeweises** nutzen.[73] Insbesondere ist die Vergabekammer nicht auf die in § 57 Abs. 2 GWB genannten Beweismittel im engeren Sinne (Augenschein, Zeugen, Sachverständige) als Erkenntnismittel beschränkt.[74]

29   Der Vergabekammer stehen nach § 163 Abs. 2 S. 5 i.V.m. § 57 Abs. 2 bis 6 GWB die Beweismittel des **Augenscheins, der Zeugenaussage und des Sachverständigengutachtens** zur Verfügung. Die diesbezüglichen Regelungen der ZPO werden hierfür gemäß § 57 Abs. 2 S. 1 GWB ganz überwiegend für sinngemäß anwendbar erklärt; nicht in Bezug genommen wird allerdings die Regelung des § 358 ZPO, sodass ein förmlicher Beweisbeschluss für die Beweiserhebung nicht erforderlich ist.[75] Aus Gründen der Vereinfachung und Beschleunigung kann die Kammer Zeugen und Sachverständige entsprechend §§ 377, 402 ZPO zur mündlichen Verhandlung laden und dort vernehmen. Auch die Beteiligten haben entsprechend § 397 ZPO ein Fragerecht. Zeugen und Sachverständigen stehen die üblichen Zeugnisverweigerungsrechte der ZPO zu (vgl. §§ 383 ff., 408 ZPO). Verweigert ein Zeuge oder Sachverständiger zu Unrecht die Aussage bzw. die Erstattung eines Gutachtens, so kann ihm ein Ordnungsgeld entsprechend §§ 380, 390 bzw. 409 ZPO angedroht und auferlegt werden; Ordnungshaft kann hingegen gemäß § 57 Abs. 2 S. 1 Hs. 2 GWB nicht verhängt werden. Die Förmlichkeiten bei der Zeugenvernehmung, etwa Ladung und Zeugenbelehrung, sind einzuhalten; ansonsten droht ein Formfehler, der zum Erfordernis einer Wiederholung der Beweiserhebung führen kann, soweit keine Heilung eingetreten ist.[76] Über eine Zeugenvernehmung ist eine

---

69   Vgl. BGH Beschl. v. 08.02.2011, X ZB 4/10 (zur Berücksichtigung von im Nachprüfungsverfahren nachgeschobener Dokumentation); vgl. auch zur Frage der Aussetzung des Nachprüfungsverfahrens zur höhergerichtlichen Klärung: VK Düsseldorf Beschl. v. 09.01.2013, VK-29/2012.

70   Vgl. BGH Beschl. v. 08.02.2011, X ZB 4/10.

71   Vgl. Gesetzentwurf der Bundesregierung v. 03.12.1997, BT-Drucks. 13/9340, S. 18, Zu § 120 (jetzt § 163 GWB).

72   Vgl. Reidt in: Reidt/Stickler/Glahs, § 110 GWB Rn. 48; Steiff in: Heuvels/Höß/Kuß/Wagner, § 110 GWB Rn. 49.

73   Vgl. Summa in: jurisPK-VergR, § 110 GWB Rn. 23; Dicks in: Ziekow/Völlink, § 110 GWB Rn. 2.

74   Vgl. Dicks in: Ziekow/Völlink, § 110 GWB Rn. 2.

75   Vgl. Summa in: jurisPK-VergR, § 110 GWB Rn. 24.

76   Vgl. OLG Frankfurt Beschl. v. 02.11.2004, 11 Verg 16/04.

Niederschrift zu fertigen, die dem Zeugen zur Genehmigung vorzulegen oder vorzulesen ist, § 57 Abs. 3, 4 GWB. Gleiches gilt nach § 57 Abs. 5 GWB für die Vernehmung eines Sachverständigen.

Im Rahmen ihrer Ermittlungsbefugnisse haben Vergabekammern die Möglichkeit, förmlich Aus- **30** künfte und die Herausgabe von Unterlagen zu verlangen sowie gegebenenfalls zu durchsuchen und zu beschlagnahmen, insbesondere gegenüber dem Auftraggeber.[77] Im Wege des förmlichen **Auskunftsverlangens** entsprechend § 59 Abs. 1 GWB kann die Vergabekammer die Erteilung von Auskünften und die Herausgabe von Unterlagen verlangen. Auch wenn die Verfahrensbeteiligten aufgrund ihrer Mitwirkungs- und Verfahrensförderungspflichten nach §§ 161 Abs. 2, 167 Abs. 2 GWB verpflichtet sind, von sich aus alle relevanten Tatsachen vorzutragen, kann es unter Umständen erforderlich sein, weitere Auskünfte oder Unterlagen zu verlangen, die aus Sicht der Vergabekammer für die Entscheidungsfindung erheblich sind. Entsprechend § 58 Abs. 1 GWB kann die Vergabekammer zudem Gegenstände beschlagnahmen, die als Beweismittel infrage kommen; gegebenenfalls ist eine gerichtliche Bestätigung erforderlich, § 58 Abs. 2 bis 4 GWB. So könnte, wenn sich der Auftraggeber weigern würde, Vergabeakten oder andere Unterlagen vorzulegen, die Vergabekammer die **Beschlagnahme** dieser Unterlagen anordnen. Zur Durchsetzung von Herausgabeverlangen oder Beschlagnahmen kann die Vergabekammer entsprechend § 59 Abs. 4 GWB – nach Erlass eines beim Amtsgericht zu beantragenden Durchsuchungsbeschlusses – **Durchsuchungen** vornehmen.

Eine zum Zwecke der Beweiserhebung ergehende Ermittlungsverfügung der Vergabekammer hat **31** die **formalen Voraussetzungen des § 61 GWB** einzuhalten; insbesondere ist sie zu begründen und mit einer Rechtsmittelbelehrung zuzustellen. Gegen sie ist die **sofortige Beschwerde** gemäß § 171 Abs. 1 S. 1 GWB zulässig.

Gegenüber der Beweiserhebung mithilfe von förmlichen Beweismitteln nach § 57 Abs. 2 GWB **32** bzw. förmlichen Ermittlungshandlungen nach §§ 58, 59 GWB sind in der Praxis **formlose Erkenntnismöglichkeiten** wie die Befragung der Verfahrensbeteiligten oder Recherchen im Internet[78] von größerer Bedeutung, da sie in der Regel schneller zu vergleichbaren Ermittlungsergebnissen führen. Soweit dazu eine Mitwirkung der Verfahrensbeteiligten erforderlich ist, erfolgt diese meist mit Blick auf die Mitwirkungs- und Verfahrensförderungspflichten der Beteiligten nach § 167 Abs. 2 GWB ohne Weiteres. Andernfalls bleibt der Vergabekammer immer noch die Möglichkeit, von den förmlichen Beweiserhebungsmöglichkeiten Gebrauch zu machen.

Den Gebrauch der Beweiserhebungs- bzw. Ermittlungsbefugnisse hat die Vergabekammer nach **33** **pflichtgemäßem Ermessen** auszuüben.[79] Dabei hat sie den **Grundsatz der Verhältnismäßigkeit** zu beachten.[80] So ist beispielsweise von einer Durchsuchung und Beschlagnahme von Unterlagen abzusehen, wenn ein einfaches Anfordern oder ein Herausgabeverlangen ebenso Erfolg versprechend ist.[81]

V. Beweiswürdigung und Beweislast

Für das Nachprüfungsverfahren gilt aufgrund des Untersuchungsgrundsatzes der Grundsatz der **34** **freien Beweiswürdigung**.[82] Es gelten somit keine Beweisregeln, sondern die Vergabekammer ist

---

77 Vgl. Gesetzentwurf der Bundesregierung v. 03.12.1997, BT-Drucks. 13/9340, S. 18, Zu § 120 (jetzt § 163 GWB).
78 Vgl. OLG Koblenz Beschl. v. 29.08.2003, 1 Verg 7/03.
79 Vgl. §§ 57 Abs. 1, 58 Abs. 1, 59 Abs. 1 GWB (»kann«).
80 Vgl. Gesetzentwurf der Bundesregierung v. 03.12.1997, BT-Drucks. 13/9340, S. 18, Zu § 120 (jetzt § 163 GWB); Bungenberg in: Pünder/Schellenberg, § 110 GWB Rn. 18.
81 Vgl. Byok in: Byok/Jaeger, § 110 GWB Rn. 13.
82 Vgl. Ramm VergabeR 2007, 739, 744 f.; Reidt in: Reidt/Stickler/Glahs, § 110 GWB Rn. 12; Dicks in: Ziekow/Völlink, § 110 GWB Rn. 2.

in der Bewertung und Würdigung der Tatsachen, die sie ihrer Entscheidung zugrunde legt, frei.[83] Der entscheidungserhebliche Sachverhalt muss letztlich zur Überzeugung der Vergabekammer feststehen.

35 Aufgrund der Geltung des Untersuchungsgrundsatzes gibt es im Nachprüfungsverfahren **keine formelle Darlegungs- oder Beweislast.**[84] Soweit sich der Sachverhalt in Bezug auf bestimmte Umstände auch von Amts wegen nicht aufklären lässt, greift jedoch eine **materielle Beweislast.** Danach wirkt sich ein nicht feststellbarer Umstand zulasten des Beteiligten aus, der sich darauf beruft bzw. zu dessen Gunsten sich dieser Umstand auswirken würde.[85]

C. Vorabprüfung und Übermittlung des Antrags (§ 163 Abs. 2 S. 1 bis 3 GWB)

36 In § 163 Abs. 2 S. 1 bis 3 GWB sind die ersten von der Vergabekammer im Nachprüfungsverfahren vorzunehmenden Handlungen geregelt. Nach Eingang des Nachprüfungsantrags hat die Vergabekammer den Antrag zunächst gemäß § 163 Abs. 2 S. 1 und 2 GWB – gegebenenfalls unter Berücksichtigung dazu eingegangener Schutzschriften – dahingehend zu prüfen, ob er offensichtlich unzulässig oder unbegründet ist (s.u. Rdn. 37 ff.). Wenn dies nicht der Fall ist, hat die Vergabekammer gemäß § 163 Abs. 2 S. 3 GWB dem Auftraggeber, dem Antragsgegner im Nachprüfungsverfahren, eine Kopie des Antrags zu übermitteln (s.u. Rdn. 53 ff.). Damit geht eine Information des Auftraggebers in Textform einher, die das Zuschlagsverbot gemäß § 169 Abs. 1 GWB auslöst. Die Vergabekammer fordert zudem die Vergabeakten beim Auftraggeber an (s.u. Rdn. 58 ff.).

I. Vorabprüfung des Nachprüfungsantrags

37 **Sinn und Zweck der Vorabprüfung** des Nachprüfungsantrags auf offensichtliche Unzulässigkeit bzw. Unbegründetheit ist es, Verzögerungen von Vergabeverfahren, die insbesondere aus dem Zuschlagsverbot nach § 169 Abs. 1 GWB resultieren können, in Fällen von offensichtlich erfolglosen oder sogar rechtsmissbräuchlichen Anträgen zu verhindern.[86] Dies ist Folge einer gesetzgeberischen Abwägung, nach der **ausnahmsweise** ein maximaler Bieterrechtsschutz hinter das Beschleunigungsinteresse zurücktritt.[87] Dem Interesse an einem ungestörten Ablauf des Vergabeverfahrens wird in diesen Fällen der Vorrang gegeben;[88] der Schutz des Antragstellers durch das Zuschlagsverbot tritt insoweit zurück.[89]

1. Offensichtliche Erfolglosigkeit des Nachprüfungsantrags (§ 163 Abs. 2 S. 1 GWB)

38 Nach Eingang eines Nachprüfungsantrags hat die Vergabekammer diesen gemäß § 163 Abs. 2 S. 1 GWB darauf hin zu prüfen, ob er nicht offensichtlich unzulässig oder unbegründet ist. Bei offensichtlicher Unzulässigkeit oder offensichtlicher Unbegründetheit übermittelt sie den Antrag nicht (vgl. § 163 Abs. 2 S. 3 GWB).

39 Maßgeblich für die Vorabprüfung ist dabei die **Offensichtlichkeit** der Unzulässigkeit bzw. Unbegründetheit. Der Begriff der Offensichtlichkeit bezieht sich dabei nicht nur auf das Merkmal der

---

83 Vgl. Reidt in: Reidt/Stickler/Glahs, § 110 GWB Rn. 12; vgl. auch OLG Saarbrücken Beschl. v. 18.12.2003, 1 Verg 4/03.

84 Vgl. Dicks in: Ziekow/Völlink, § 110 GWB Rn. 11; (mit Ausnahme der Erfüllung der Rügeobliegenheit:) Summa in: jurisPK-VergR, § 110 GWB Rn. 27.

85 Vgl. OLG Celle Beschl. v. 17.12.2014, 13 Verg 3/13; Reidt in: Reidt/Stickler/Glahs, § 110 GWB Rn. 12; Dicks in: Ziekow/Völlink, § 110 GWB Rn. 11.

86 Vgl. auch Steiff in: Heuvels/Höß/Kuß/Wagner, § 110 GWB Rn. 17; Bungenberg in: Pünder/Schellenberg, § 110 GWB Rn. 27.

87 Vgl. KG Beschl. v. 26.10.1999, KartVerg 8/99.

88 Vgl. Schweda in: Langen/Bunte, § 110 Rn. 10.

89 Vgl. Anlage zur Beschlussempfehlung des Ausschusses für Wirtschaft v. 01.04.1998, BT-Drucks. 13/10328, S. 29, Zu § 120 Abs. 2 (jetzt § 163 Abs. 2).

Unzulässigkeit, sondern auch auf das der Unbegründetheit.[90] Bei der Auslegung und Anwendung des Begriffs der Offensichtlichkeit ist zu beachten, dass bei offensichtlicher Unzulässigkeit bzw. Unbegründetheit des Nachprüfungsantrags dessen Übermittlung unterbleibt, ein Zuschlagsverbot nach § 169 Abs. 1 GWB nicht ausgelöst wird und der Antragsteller durch die dann mögliche Zuschlagserteilung seinen Primärrechtsschutz zu verlieren droht.[91] Grundsätzlich ist daher im Interesse eines effektiven Rechtsschutzes eine **restriktive Anwendung** von der Unterlassung der Übermittlung nach § 163 Abs. 2 S. 3 GWB erforderlich.[92] Zu beachten ist auch, dass der Vergabekammer regelmäßig nur sehr wenig Zeit für die Übermittlung des Nachprüfungsantrags zur Verfügung steht, bevor der Auftraggeber den Zuschlag erteilen darf und damit der Primärrechtsschutz endet; das Erfordernis der »Offensichtlichkeit« der Erfolglosigkeit macht dementsprechend deutlich, dass die Vergabekammer nicht in eine vertiefte, zeitraubende Prüfung einzusteigen hat, wie sie eine abschließende Entscheidung erfordert.

Nach der Entscheidungspraxis ist Offensichtlichkeit gegeben, wenn die Unzulässigkeit oder Unbe-   40
gründetheit **auf Anhieb erkennbar** ist[93] bzw. **sich aufdrängt**.[94] Die Zulässigkeits- oder Begründetheitsvoraussetzungen sind in diesem Fall erkennbar nicht gegeben, d.h. die Mängel sind für einen unvoreingenommenen, mit den Umständen vertrauten Beobachter **ohne Weiteres ersichtlich**.[95] Bestehen **Zweifel**, ist deshalb gerade eine offensichtliche Unzulässigkeit oder Unbegründetheit nicht gegeben.[96] Aus dem Begriff der Offensichtlichkeit wird zum Teil gefolgert, dass nur eine summarische[97] oder oberflächliche[98] Prüfung erforderlich ist.[99] In Anbetracht der gravierenden Folgen für den Primärrechtsschutz des Antragstellers reicht jedoch eine überschlägige Prüfung jedenfalls dann nicht aus, wenn diese zum Ergebnis der offensichtlichen Unzulässigkeit oder Unbegründetheit gelangt.[100] Vielmehr treffen die Vergabekammer insoweit **gesteigerte Prüfungspflichten**.[101]

In **tatsächlicher** Hinsicht bedeutet Offensichtlichkeit danach, dass die Unzulässigkeit oder Unbe-   41
gründetheit des Nachprüfungsantrags nach Lage der Akten (vgl. § 166 Abs. 1 S. 3 GWB) **ohne weitere Tatsachenaufklärung** feststellbar sein muss.[102] Grundlage für die Prüfung ist dementsprechend der Nachprüfungsantrag und gegebenenfalls eine dazu vorliegende Schutzschrift (s.u. Rdn. 47 ff.). Sind darüber hinaus noch Sachverhaltsermittlungen erforderlich, um über den Antrag entscheiden zu können, scheidet eine offensichtliche Erfolglosigkeit des Antrags im Sinne des § 163 Abs. 2 S. 1, 3 GWB aus.

---

90 Vgl. auch Byok in: Byok/Jaeger, § 110 GWB Rn. 25; Dreher in: Immenga/Mestmäcker, § 110 Rn. 29.
91 Vgl. auch KG Beschl. v. 04.04.2002, KartVerg 5/02.
92 Vgl. OLG Stuttgart Beschl. v. 04.11.2002, 2 Verg 4/02; vgl. auch Steiff in: Heuvels/Höß/Kuß/Wagner, § 110 GWB Rn. 24.
93 Vgl. Summa in: jurisPK-VergR, § 110 GWB Rn. 32; Steiff in: Heuvels/Höß/Kuß/Wagner, § 110 GWB Rn. 21; OLG Frankfurt Beschl. v. 02.10.2013, 11 Verg 10/13, m.w.N. (»Zulässigkeits- oder Begründungsmängel [...], die für den unvoreingenommenen Beobachter ohne nähere Prüfung auf Anhieb aus den vorliegenden Unterlagen erkennbar sind«).
94 Vgl. Dicks in: Ziekow/Völlink, § 110 GWB Rn. 12.
95 Vgl. OLG Stuttgart Beschl. v. 04.11.2002, 2 Verg 4/02; VK Bund Beschl. v. 01.09.2006, VK 2-113/06; VK Bund Beschl. v. 10.04.2003, VK 2-24/03; vgl. auch OLG Koblenz Beschl. v. 22.03.2001, Verg 9/00.
96 Vgl. Otting in: Bechtold, Kartellrecht (6. Aufl.), § 110 Rn. 7; Dicks in: Ziekow/Völlink, § 110 GWB Rn. 12; Reidt in: Reidt/Stickler/Glahs, § 110 GWB Rn. 20; Steiff in: Heuvels/Höß/Kuß/Wagner, § 110 GWB Rn. 22, 25.
97 Vgl. Byok in: Byok/Jaeger, § 110 GWB Rn. 25, m.w.N.
98 Vgl. Otting in: Bechtold, Kartellrecht (6. Aufl.), § 110 Rn. 7; auch (»ohne nähere Prüfung«) Summa in: jurisPK-VergR, § 110 GWB Rn. 32.
99 A.a. (im Sinne einer gegebenenfalls eingehenden Prüfung) Dicks in: Ziekow/Völlink, § 110 GWB Rn. 12.
100 Vgl. auch Bungenberg in: Pünder/Schellenberg, § 110 GWB Rn. 27.
101 Vgl. KG Beschl. v. 04.04.2002, KartVerg 5/02; Gröning VergabeR 2002, 435, 438.
102 Vgl. Dicks in: Ziekow/Völlink, § 110 GWB Rn. 12; vgl. auch Steiff in: Heuvels/Höß/Kuß/Wagner, § 110 GWB Rn. 20; Reidt in: Reidt/Stickler/Glahs, § 110 GWB Rn. 21.

42 Welche Anforderungen in **rechtlicher** Hinsicht an eine offensichtliche Unzulässigkeit oder Unbegründetheit zu stellen sind, wird nicht einheitlich beantwortet. Insbesondere wird zum Teil vertreten, dass gegebenenfalls eine eingehende rechtliche Prüfung zu erfolgen hat.[103] Dies erscheint jedoch in Bezug auf ungeklärte oder komplexe Rechtsfragen, deren Prüfung einige Zeit in Anspruch nehmen würde, vor dem Hintergrund der Gefährdung des Primärrechtsschutzes zu weitgehend. Dementsprechend kann jedenfalls dann nicht von einer offensichtlichen Unzulässigkeit oder Unbegründetheit ausgegangen werden, wenn Rechtsfragen, die im Rahmen der Entscheidung über den Nachprüfungsantrag von Bedeutung sind, **rechtlich umstritten** oder noch zu klären sind.[104]

43 Im Rahmen der Prüfung der **Zulässigkeit** sind von der Vergabekammer insbesondere das Vorliegen der **Antragsbefugnis** nach § 160 Abs. 2 GWB[105] und die Erfüllung der **Rügeobliegenheit** nach § 160 Abs. 3 GWB zu prüfen.[106] Korrespondierend dazu sind in § 160 Abs. 2 GWB bzw. § 161 Abs. 2 GWB entsprechende Darlegungspflichten des Antragstellers geregelt.[107] Fehlt es allerdings an einer den Anforderungen des § 161 Abs. 2 GWB genügenden Antragsbegründung, rechtfertigt dies jedenfalls dann nicht ohne Weiteres die Antragszurückweisung, wenn nach Sachlage nicht ausgeschlossen oder unwahrscheinlich ist, dass der formale Mangel umgehend behoben wird; in einem solchen Fall obliegt es der Vergabekammer, den Antragsteller auf diesen Mangel hinzuweisen und ihm Gelegenheit zur kurzfristigen Abhilfe zu geben.[108] Offensichtlich unzulässig ist ein Nachprüfungsantrag bei offensichtlich **fehlender Statthaftigkeit**, etwa weil kein öffentlicher Auftrag (oder keine Rahmenvereinbarung) im Sinne des § 103 GWB[109] oder keine Konzession nach § 105 GWB vorliegt oder der maßgebliche Schwellenwert ersichtlich nicht erreicht ist.[110] Ob der Zuschlag bereits wirksam erteilt wurde und ein Nachprüfungsantrag daher nach § 168 Abs. 2 S. 1 GWB nicht mehr statthaft ist, bedarf hingegen in der Regel einer genauen Prüfung der tatsächlichen Einzelheiten des möglichen Vertragsschlusses, wie inhaltliche Übereinstimmung von Angebot und Annahme sowie Zeitpunkt des Vertragsschlusses (vgl. §§ 134 Abs. 2, 135 Abs. 2, Abs. 3 S. 1 Nr. 3 GWB), und ist daher meist nicht offensichtlich. Auch kann ein Feststellungsantrag nach § 168 Abs. 2 S. 2 GWB noch statthaft sein.

44 **Offensichtlich unbegründet** ist ein Antrag, wenn erkennbar aus tatsächlichen oder materiell-rechtlichen Gründen die geltend gemachten Vergaberechtsverstöße oder eine Rechtsverletzung des Antragstellers nicht vorliegen können und auch andere Verstöße nicht auf der Hand liegen. Da bereits im Rahmen der Zulässigkeit und dort der Antragsbefugnis die grundsätzliche Möglichkeit einer Rechtsverletzung des Antragstellers zu prüfen ist, erlangt die offensichtliche Unbegründetheit in der Praxis kaum Relevanz.[111]

45 Unter gewissen Umständen kann die Vergabekammer aus prozessökonomischen Gründen durch entsprechende Nachfragen oder Hinweise beim Antragsteller darauf hinwirken, dass dieser sei-

---

103 Vgl. Dicks in: Ziekow/Völlink, § 110 GWB Rn. 12, dort insbesondere Fn. 33.

104 Vgl. OLG Karlsruhe Beschl. v. 19.11.2007, 17 Verg 11/07; vgl. auch ausführlich Reidt in: Reidt/Stickler/Glahs, § 110 GWB Rn. 25 f.

105 Vgl. zur offensichtlichen Unzulässigkeit wegen fehlender Antragsbefugnis z.B. OLG Frankfurt Beschl. v. 02.10.2013, 11 Verg 10/13; OLG Stuttgart Beschl. v. 04.11.2002, 2 Verg 4/02; VK Berlin Beschl. v. 15.11.2010, VK-B 2-25/10.

106 Vgl. OLG Jena Beschl. v. 23.01.2003, 6 Verg 11/02; OLG Koblenz Beschl. v. 10.08.2000, 1 Verg 2/00; VK Bund Beschl. v. 10.04.2003, VK 2-24/03.

107 Vgl. auch OLG Jena Beschl. v. 23.01.2003, 6 Verg 11/02.

108 Vgl. OLG Jena Beschl. v. 23.01.2003, 6 Verg 11/02.

109 Vgl. bei Vorliegen einer Dienstleistungskonzession (vor Geltung des Vierten Teils des GWB auch für Dienstleistungskonzessionen) OLG Stuttgart Beschl. v. 04.11.2002, 2 Verg 4/02; VK Sachsen Beschl. v. 30.09.2002, 1/SVK/087-02.

110 Vgl. VK Stuttgart Beschl. v. 07.08.2002, 1 VK 42/02; vgl. aber auch VK Bund Beschl. v. 10.07.2002, VK 2-24/02.

111 Vgl. Steiff in: Heuvels/Höß/Kuß/Wagner, § 110 GWB Rn. 23; zu Beispielen aus der Praxis s. ders., a.a.O., Rn. 25.

nem Antrag zur Übermittlungsreife verhilft.[112] Der Antragsteller hat dann die **Möglichkeit, seinen Antrag zu ergänzen** und Informationen nachzuliefern, um so eine erneute Prüfung durch die Kammer zu erreichen. Unzulässig wäre es, wenn die Vergabekammer, ohne den Antrag zu übermitteln, bei dem Auftraggeber Informationen über das gerügte Vergabeverfahren einholt, dadurch diesen auf ein drohendes Nachprüfungsverfahren aufmerksam macht und ihm so die Möglichkeit gibt, durch eine rasche Zuschlagserteilung das Vergabeverfahren zu beenden und die Möglichkeit des Primärrechtsschutzes zu beseitigen.[113]

Die Entscheidung darüber, ob ein Nachprüfungsantrag offensichtlich unzulässig oder unbegründet ist und damit nicht übermittlungsfähig ist, ist in der Regel nur einheitlich für den Streitgegenstand möglich. Eine aufgrund einer teilweisen offensichtlichen Unzulässigkeit oder Unbegründetheit **nur teilweise Übermittlungsfähigkeit** ist lediglich dann denkbar bzw. mit Blick auf das Zuschlagsverbot von Bedeutung, wenn ein (losweise) teilbarer Beschaffungsgegenstand streitgegenständlich ist und das Zuschlagsverbot daher auch nur isoliert in Bezug auf einzelne Beschaffungsteile ausgelöst werden kann.[114] 46

2. Berücksichtigung von Schutzschriften (§ 163 Abs. 2 S. 2 GWB)

Bei der Vorabprüfung eines Nachprüfungsantrags auf offensichtliche Unzulässigkeit oder Unbegründetheit sind **Schutzschriften** – soweit solche vom Auftraggeber bei der Vergabekammer vorab hinterlegt wurden – von dieser zu berücksichtigen. Die entsprechende Regelung in § 163 Abs. 2 S. 2 GWB wurde 2009 eingefügt[115] und soll absichern, dass Auftraggeber vor Anhängigkeit eines Nachprüfungsverfahrens der Vergabekammer tatsächliche und rechtliche Aspekte in Bezug auf einen möglichen Nachprüfungsantrag mitteilen können und diese Aspekte dann in eine Vorabprüfung auf offensichtliche Unzulässigkeit oder Unbegründetheit einfließen können.[116] Ziel einer solchen Schutzschrift ist es, die Vergabekammer von der offensichtlichen Unzulässigkeit oder Unbegründetheit eines Antrags zu überzeugen, damit diese den Antrag nicht an den Auftraggeber übermittelt und damit nicht den Suspensiveffekt nach § 169 Abs. 1 GWB auslöst.[117] Das im Bereich des gewerblichen Rechtsschutzes entwickelte Instrument der Schutzschrift[118] wurde auch schon vor Einführung des § 163 Abs. 2 S. 2 GWB genutzt und war von der Praxis anerkannt.[119] Neben den Auftraggebern können danach auch nach § 162 GWB **beizuladende Unternehmen**, vor allem Zuschlagsdestinatäre, eine Schutzschrift hinterlegen.[120] 47

Eine Schutzschrift kann – wie jeder Schriftsatz – sowohl Tatsachen- als auch Rechtsausführungen enthalten. Sie kann die Übermittlung eines Nachprüfungsantrags durch die Vergabekammer jedoch nur verhindern, wenn sie die offensichtliche Unzulässigkeit oder Unbegründetheit eines Antrags belegt; der Prüfungsmaßstab der Vorabprüfung ändert sich durch die Hinterlegung einer Schutzschrift nicht.[121] Daher sind Schutzschriften am ehesten dann geeignet, die Vorabprüfung der 48

---

112 Vgl. OLG Jena Beschl. v. 23.01.2003, 6 Verg 11/02; Byok in: Byok/Jaeger, § 110 GWB Rn. 25; Heuvels in: Loewenheim/Meessen/Riesenkampff, § 110 GWB Rn. 12; a.A. Dicks in: Ziekow/Völlink, § 110 GWB Rn. 13.
113 Vgl. auch Otting in: Bechtold, Kartellrecht (6. Aufl.), § 110 Rn. 6.
114 Vgl. aber auch Dicks in: Ziekow/Völlink, § 110 GWB Rn. 13, dort auch Fn. 37, m.w.N.
115 Art. 1 Nr. 14 des Gesetzes zur Modernisierung des Vergaberechts v. 20.04.2009 (s. Fn. 5).
116 Vgl. auch Gesetzentwurf der Bundesregierung v. 13.08.2008, BT-Drucks. 16/10117, S. 22, Zu Nummer 14 (§ 110); Dicks in: Ziekow/Völlink, § 110 GWB Rn. 15.
117 Vgl. Gesetzentwurf der Bundesregierung v. 13.08.2008, BT-Drucks. 16/10117, S. 22, Zu Nummer 14 (§ 110).
118 Vgl. Dicks in: Ziekow/Völlink, § 110 GWB Rn. 15, m.w.N.
119 Vgl. Brauer NZBau 2009, 297, 299; Reidt in: Reidt/Stickler/Glahs, § 110 GWB Rn. 28; Steiff in: Heuvels/Höß/Kuß/Wagner, § 110 GWB Rn. 26, jeweils m.w.N.
120 Vgl. Dicks in: Ziekow/Völlink, § 110 GWB Rn. 15; Reidt in: Reidt/Stickler/Glahs, § 110 GWB Rn. 28; Steiff in: Heuvels/Höß/Kuß/Wagner, § 110 GWB Rn. 26.
121 Vgl. Reidt in: Reidt/Stickler/Glahs, § 110 GWB Rn. 31.

Kammer zugunsten des Auftraggebers zu beeinflussen, wenn sie **substantiierten und belegten Tatsachenvortrag** enthalten, der die Unzulässigkeit oder Unbegründetheit eines (möglichen) Antrags klar erkennbar aufzeigt und der wahrscheinlich von einem Antragsteller selbst nicht vorgetragen würde. Solche Konstellationen sind jedoch naturgemäß selten. Stellt eine Schutzschrift den Vortrag eines Nachprüfungsantrags hingegen nur streitig und bleiben Zweifel bestehen, ist der Antrag wegen fehlender Offensichtlichkeit zu übermitteln.[122] In der Praxis haben Schutzschriften daher bisher nur wenig Bedeutung erlangt.

49 Beabsichtigt die Vergabekammer, aufgrund des Inhalts einer Schutzschrift von einer Übermittlung des Antrags wegen offensichtlicher Unzulässigkeit oder Unbegründetheit abzusehen, muss sie zuvor dem Antragsteller aus Gründen des rechtlichen Gehörs die Schutzschrift übersenden und ihm **Gelegenheit zur Stellungnahme** geben.[123] Berücksichtigt die Vergabekammer eine Schutzschrift im Rahmen der Vorabprüfung nach § 163 Abs. 2 S. 1, 3 GWB nicht zulasten des Antragstellers, ist sie diesem wie jeder andere Schriftsatz zu übersenden und als Vortrag des Auftraggebers zu berücksichtigen.[124]

3. Entscheidung durch die Vergabekammer

50 Die Vorabprüfung und Entscheidung über die Übermittlung ist von der Vergabekammer in der entsprechenden Besetzung vorzunehmen.[125] Da die Beurteilung der Übermittlungsfähigkeit des Nachprüfungsantrags eine **Kammerentscheidung** ist, ist es erforderlich, dass zumindest zwei der drei Kammermitglieder der Übermittlung an den Antragsgegner zustimmen, bevor diese vorgenommen werden kann. Die Vorabprüfung hat zudem – insbesondere soweit die Wartefrist nach § 134 Abs. 2 GWB abzulaufen und der Antragsteller seinen Primärrechtsschutz zu verlieren droht – **zügig** zu erfolgen. Der Vergabekammer steht bei der Entscheidung über die Übermittlung **kein Ermessen** zu; ob zu übermitteln ist oder nicht, hängt vielmehr allein von dem Ergebnis der Vorabprüfung ab.[126]

51 Die Entscheidung der Vergabekammer, einen Nachprüfungsantrag dem Auftraggeber zu übermitteln, ist als Zwischenentscheidung nicht selbständig anfechtbar; die sofortige Beschwerde gemäß § 171 Abs. 1 GWB ist nicht statthaft.[127]

52 Auch die (interne) **Entschließung** der Vergabekammer, den Nachprüfungsantrag **nicht zu übermitteln**, ist als Zwischenentscheidung nicht selbständig anfechtbar.[128] Mit der **sofortigen Beschwerde nach §§ 171 ff. GWB** anfechtbar ist jedoch die (abschließende) Entscheidung der Vergabekammer nach § 168 GWB, in dem sie den Nachprüfungsantrag als unzulässig verwirft oder unbegründet ablehnt; die Offensichtlichkeit der Unzulässigkeit oder Unbegründetheit ist dabei nicht gesondert zu prüfen. Eine solche **zurückweisende Entscheidung** sollte, wenn die Vergabekammer zu dem Ergebnis der offensichtlichen Erfolglosigkeit des Antrags kommt, zeitnah erfolgen,[129] damit der Antragsteller gegebenenfalls in der Beschwerdeinstanz Rechtsschutz suchen kann, bevor der Primärrechtsschutz

---

122 Vgl. Byok in: Byok/Jaeger, § 110 GWB, Rn. 26; Reidt in: Reidt/Stickler/Glahs, § 110 GWB Rn. 20; Steiff in: Heuvels/Höß/Kuß/Wagner, § 110 GWB Rn. 22.

123 Vgl. Dicks in: Ziekow/Völlink, § 110 GWB Rn. 16.

124 Vgl. Dicks in: Ziekow/Völlink, § 110 GWB Rn. 16.

125 Vgl. auch Dicks in: Ziekow/Völlink, § 110 GWB Rn. 12.

126 Vgl. OLG Frankfurt Beschl. v. 02.10.2013, 11 Verg 10/13; Summa in jurisPK-VergR, § 110 GWB Rn. 31.

127 Vgl. OLG Düsseldorf Beschl. v. 18.01.2000, Verg 2/00; Dicks in: Ziekow/Völlink, § 110 GWB Rn. 13; s. auch zur (Un-)Anfechtbarkeit von Zwischenentscheidungen allgemein: OLG Düsseldorf Beschl. v. 28.12.2007, VII-Verg 40/07.

128 Vgl. OLG Dresden Beschl. v. 04.07.2002, WVerg 11/02; Gröning VergabeR 2002, 435, 436; Byok in: Byok/Jaeger, § 110 GWB Rn. 31, m.w.N.; vgl. aber OLG Stuttgart Beschl. v. 04.11.2002, 2 Verg 4/02, wonach gegen die (allerdings als Bescheid) ergangene Entscheidung, den Nachprüfungsantrag wegen offensichtlicher Unzulässigkeit dem Antragsgegner nicht zuzustellen, die sofortige Beschwerde nach § 116 Abs. 1 GWB a.F. (jetzt § 171 Abs. 1 GWB) statthaft sei.

129 Vgl. Gröning VergabeR 2002, 435, 437.

wegen Zuschlagserteilung ausgeschlossen ist. Die Zurückweisungsentscheidung kann gemäß § 166 Abs. 1 S. 3 GWB ohne mündliche Verhandlung **nach Lage der Akten** erfolgen. Dem Antragsteller ist jedoch unter Umständen zuvor rechtliches Gehör zu gewähren, um eine Überraschungsentscheidung zu verhindern.[130] Soweit das **Beschwerdegericht** angerufen wird, kann es selbst entsprechend § 163 Abs. 2 S. 3 GWB die **Übermittlung** einer Kopie des Nachprüfungsantrags an den Auftraggeber und die entsprechende Information darüber **nachholen** mit der Folge, dass das Zuschlagsverbot entsprechend § 169 Abs. 1 GWB ausgelöst wird[131] und ein effektiver Rechtsschutz noch gewährleistet ist.[132] Die Auslösung des Zuschlagsverbot nach § 169 Abs. 1 GWB durch das Beschwerdegericht hat richtigerweise bereits dann zu erfolgen, wenn das Gericht zu dem Ergebnis gelangt, dass die Voraussetzungen für eine Verlängerung der aufschiebenden Wirkung nach § 173 Abs. 1 S. 3, Abs. 2 GWB vorliegen;[133] die Überzeugung des Gerichts, dass der Nachprüfungsantrag lediglich nicht offensichtlich unzulässig oder unbegründet ist, reicht hingegen nicht aus.[134]

II. Übermittlung des Nachprüfungsantrags

Kommt die Vergabekammer zu dem Schluss, dass der Nachprüfungsantrag nicht offensichtlich 53 unzulässig oder unbegründet ist, und ist auch die gegebenenfalls erforderliche Zahlung des Gebührenvorschusses nachgewiesen, übermittelt die Kammer eine Kopie des Antrags an den Auftraggeber (§ 163 Abs. 2 S. 3 GWB). **Mit der Übermittlung** einer Kopie des Antrags an den Auftraggeber geht die Information über den Antrag und das damit verbundene **Zuschlagsverbot nach § 169 Abs. 1 GWB** einher. Mit Erhalt der Kopie ist der Auftraggeber gehindert, den Zuschlag zu erteilen, kann im Übrigen jedoch das Vergabeverfahren grundsätzlich weiterbetreiben. Soll auch dies nach dem Willen des Antragstellers unterbleiben, hat er weitere vorläufige Maßnahmen der Vergabekammer nach § 169 Abs. 3 GWB zu beantragen.

1. Vorschuss als Übermittlungsvoraussetzung

Bevor die Vergabekammer den Antrag dem Antragsgegner übermittelt, hat der Antragsteller übli- 54 cherweise als Übermittlungsvoraussetzung einen **Kostenvorschuss** zu entrichten. Dies ergibt sich regelmäßig aus den Geschäftsordnungen der Vergabekammern des Bundes und der Länder.[135] Die Regelung einer solchen Übermittlungsvoraussetzung ist nach § 182 Abs. 1 S. 2 GWB i.V.m. § 16 VwKostG[136] zulässig.[137] Der Vorschuss richtet sich der Höhe nach regelmäßig nach der Mindestgebühr gemäß § 182 Abs. 2 S. 1 GWB, die derzeit 2.500 Euro beträgt. Wurde die Zahlung des Vorschusses, auf dessen Erforderlichkeit der Antragsteller bei Fehlen seitens der Vergabekammer hingewiesen wird, nicht gegenüber der Kammer nachgewiesen, etwa per Fax mittels eines (Online-)Zahlungsbelegs der Bank, kann gemäß § 16 VwKostG[138] von einer Übermittlung abgesehen werden.[139] Von der Vorlage eines Zahlungsnachweises vor Übermittlung des Antrags

---

130 Vgl. auch OLG Düsseldorf Beschl. v. 02.03.2005, VII-Verg 70/04.
131 Vgl. OLG Dresden Beschl. v. 04.07.2002, WVerg 11/02; OLG Koblenz Beschl. v. 25.03.2002, 1 Verg 1/02; OLG Düsseldorf Beschl. v. 13.11.2000, Verg 25/00; KG Beschl. v. 26.10.1999, KartVerg 8/99; Dicks in: Ziekow/Völlink, § 110 GWB Rn. 13.
132 Vgl. KG Beschl. v. 10.12.2002, KartVerg 16/02.
133 Vgl. KG Beschl. v. 10.12.2002, KartVerg 16/02.
134 Vgl. KG Beschl. v. 10.12.2002, KartVerg 16/02.
135 Vgl. z.B. Geschäftsordnung der Vergabekammern des Bundes v. 15.07.2005, Bundesanzeiger Nr. 151 v. 12.08.2005, S. 12296 f., dort § 4 Abs. 1.
136 Vom 23.06.1970 (BGBl. I S. 821) in der am 14.08.2013 geltenden Fassung (s. Art. 2 Abs. 78 des Gesetzes zur Strukturreform des Gebührenrechts des Bundes v. 07.08.2013, BGBl. I S. 3154; gemäß Art. 5 Abs. 1 des Gesetzes ist das Verwaltungskostengesetz selbst am 15.08.2013 außer Kraft getreten).
137 Vgl. OLG Düsseldorf Beschl. v. 18.02.2010, VII-Verg 18/10; Byok in: Byok/Jaeger, § 110 GWB Rn. 27.
138 Siehe Fn. 136.
139 Vgl. OLG Düsseldorf Beschl. v. 18.02.2010, VII-Verg 18/10; vgl. auch Dicks in: Ziekow/Völlink, § 110 GWB Rn. 12.

kann dann abgesehen werden, wenn der Verfahrensbevollmächtigte die Zahlung des Vorschusses anwaltlich versichert und dadurch Gesamtschuldner nach § 13 Abs. 1 Nr. 2, Abs. 2 VwKostG[140] i.V.m. §§ 29 Nr. 2, 31 Abs. 1 und 2 GKG analog wird, wobei auch bei Abgabe dieser Versicherung die Pflicht zur Zahlung analog § 18 GKG bestehen bleibt.

2. Übermittlung (§ 163 Abs. 2 S. 3 GWB)

55   Zu übermitteln ist eine **Kopie des Nachprüfungsantrags**. Eine Kopie der Antragsschrift – ohne Anlagen – ist für das Auslösen des Zuschlagsverbots ausreichend; § 169 Abs. 1 GWB erfordert lediglich eine Information über den Antrag selbst, [141] nicht auch über alle dazu vorgelegten Beweismittel und Belege, welche üblicherweise als Anlagen eingereicht werden. Die Anlagen sind dem Antragsgegner jedoch in jedem Fall – gegebenenfalls per Post – nachzureichen, wie auch im Übrigen die Schriftsätze eines Beteiligten nach Maßgabe des § 165 Abs. 2, 3 GWB an alle übrigen Beteiligten weiterzuleiten sind.

56   Da § 169 Abs. 1 GWB für den Suspensiveffekt die Information durch die Vergabekammer in Textform gemäß § 126b BGB vorsieht, reicht die schlichte Übersendung der Antragskopie ohne Anschreiben nicht aus.[142] Nach § 169 Abs. 1 GWB hat die Erklärung (hier die Information über den Antrag) von der Vergabekammer zu erfolgen; nach § 126b BGB muss der Erklärung die Person des Erklärenden entnommen werden können. Daher ist die Kopie des Nachprüfungsantrags zusammen mit einem **Anschreiben der Vergabekammer** zu übermitteln, in dem auf den Eingang des Nachprüfungsantrags und sinnvollerweise die damit verbundenen Rechtsfolgen nach § 169 Abs. 1 GWB hingewiesen wird. Damit verbunden werden kann (und wird regelmäßig) die Anforderung der Vergabeakten (s.u. Rdn. 58 ff.).

57   Für die **Übermittlung** der Antragskopie selbst sind – nachdem eine förmliche Zustellung wie noch nach § 110 Abs. 2 S. 3 GWB a.F. (vor dem 24.04.2009[143]) nicht mehr erforderlich ist – keine besonderen Formvorschriften vorgesehen.[144] Um das Zuschlagsverbot nach § 169 Abs. 1 GWB auszulösen, sind allerdings die danach erforderlichen Vorgaben der **Textform nach § 126b BGB** zu beachten. Danach muss die Erklärung in einer Urkunde oder auf andere zur dauerhaften Wiedergabe in Schriftzeichen geeignete Weise abgegeben werden; dies ist etwa auch durch Telefax, Computerfax oder E-Mail möglich.[145] Diese schnellen Übermittlungswege sind insbesondere dann zu nutzen, wenn die Wartefrist nach § 134 Abs. 2 GWB abzulaufen und der Antragsteller seinen Primärrechtsschutz zu verlieren droht. Aus Nachweisgründen empfiehlt es sich, die Rücksendung eines **Empfangsbekenntnisses** vom Antragsgegner zu fordern. Ein Sendeprotokoll kann zwar unter Umständen als Nachweis dafür ausreichen,[146] dass der Auftraggeber Information und Antragskopie erhalten hat. Da es hierbei jedoch im Zweifel um die Frage der Wirksamkeit eines erteilten Zuschlags und damit auch die Frage der Zulässigkeit des Nachprüfungsantrags geht, kommt dem Nachweis große Bedeutung zu.[147]

D. Anforderung der Vergabeakten (§ 163 Abs. 2 S. 3 und 4 GWB)

58   Mit der Übermittlung der Kopie des Nachprüfungsantrags fordert die Vergabekammer gemäß § 163 Abs. 2 S. 3 GWB beim Auftraggeber die Vorlage der Vergabeakten an. Diese stellen

---

140   Siehe Fn. 136.
141   Vgl. Dicks in: Ziekow/Völlink, § 110 GWB Rn. 12, dort Fn. 27.
142   Vgl. Dicks in: Ziekow/Völlink, § 110 GWB Rn. 12.
143   Siehe Fn. 5.
144   Vgl. Reidt in: Reidt/Stickler/Glahs, § 110 GWB Rn. 36; a.A. Byok in: Byok/Jaeger, § 110 GWB Rn. 16, der die Verweisung auf § 61 GWB in Abs. 2 S. 5 auch auf die Übermittlung bezieht.
145   Vgl. Dicks in: Ziekow/Völlink, § 110 GWB Rn. 12.
146   Vgl. BGH Beschl. v. 01.03.2016, VIII ZB 57/15 (speziell zur Übermittlung fristgebundener Schriftsätze), m.w.N.; BGH Urt. v. 19.02.2014, IV ZR 163/13 (zur Indizwirkung des Sendeprotokolls für den Zugang).
147   Vgl. auch Byok in: Byok/Jaeger, § 110 GWB Rn. 23.

regelmäßig eine **wesentliche Erkenntnisquelle** für die Vergabekammer dar, da in ihnen der bisherige Verlauf des Vergabeverfahrens dokumentiert sein soll (vgl. z.B. § 8 VgV, § 8 SektVO, § 43 VSVgV, § 6 KonzVgV);[148] auch lassen sich ihnen gegebenenfalls Dokumentationsmängel entnehmen.

Der Begriff der **Vergabeakten** ist umfassend zu verstehen; er bezeichnet nicht nur die Vergabeunter- 59 lagen, den offiziellen Schriftverkehr mit den (potenziellen) Bietern bzw. Bewerbern und den abschließenden Wertungsvermerk mit der beabsichtigten Zuschlagserteilung, sondern alle Vermerke, Aktennotizen und Unterlagen, die in irgendeinem Bezug zum konkreten Verfahren stehen und geeignet sind, dieses zu dokumentieren. Ob sie für das Nachprüfungsverfahren tatsächlich von Belang sind, entscheidet nicht die Vergabestelle, sondern die Vergabekammer; eine Filterung durch den Auftraggeber hat nicht zu erfolgen.[149]

Die Akten sind der Vergabekammer **im Original** vorzulegen.[150] Dies soll sicherstellen, dass bei- 60 spielsweise bei Urkunden die Echtheit der Unterschrift überprüfbar oder bei verbundenen Urkunden die Vollständigkeit erkennbar ist. Auch soll dadurch sichergestellt werden, dass nicht dokumentenechte, handschriftliche Eintragungen nicht im Kopiervorgang unleserlich werden oder verloren gehen.

Die Vorlage der Akten hat gemäß § 163 Abs. 2 S. 4 GWB **sofort** zu erfolgen. Die Verwendung 61 des Begriffes »sofort« – etwa gegenüber dem sonst gebräuchlichen »unverzüglich« im Sinne von »ohne schuldhaftes Zögern« (§ 121 Abs. 1 BGB) – macht deutlich, dass der Auftraggeber die Akten schnellstmöglich zur Verfügung zu stellen hat und es dabei nicht zu Verzögerungen kommen darf.[151] Auch dies dient der Beschleunigung im Nachprüfungsverfahren mit Blick auf die Entscheidungsfrist nach § 167 Abs. 1 GWB.[152] Zuzubilligen ist dem Auftraggeber allerdings die Zeit, die er benötigt, um sich für eigene Zwecke und für die Mitwirkung am Nachprüfungsverfahren Kopien von den Aktenbestandteilen zu machen.[153] Kommt die Vergabestelle ihrer Pflicht zur sofortigen Vorlage der Akten nicht nach, so kann dies dazu führen, dass sich die Sachverhaltsermittlung durch die Vergabekammer verzögert und daher aufgrund tatsächlicher Schwierigkeiten die Entscheidungsfrist nach § 167 Abs. 1 S. 2 GWB verlängert werden muss.

§ 164 Aufbewahrung vertraulicher Unterlagen

(1) Die Vergabekammer stellt die Vertraulichkeit von Verschlusssachen und anderen vertraulichen Informationen sicher, die in den von den Parteien übermittelten Unterlagen enthalten sind.

(2) Die Mitglieder der Vergabekammern sind zur Geheimhaltung verpflichtet; die Entscheidungsgründe dürfen Art und Inhalt der geheim gehaltenen Urkunden, Akten, elektronischen Dokumente und Auskünfte nicht erkennen lassen.

---

148 Vgl. Summa in: jurisPK-VergR, § 110 GWB Rn. 49.
149 Vgl. Dicks in: Ziekow/Völlink, § 110 GWB Rn. 14.
150 Vgl. Dicks in: Ziekow/Völlink, § 110 GWB Rn. 14.
151 In diesem Sinne auch Gesetzentwurf der Bundesregierung v. 03.12.1997, BT-Drucks. 13/9340, S. 18, Zu § 120 (jetzt § 163 GWB).
152 Vgl. Gesetzentwurf der Bundesregierung v. 03.12.1997, BT-Drucks. 13/9340, S. 18, Zu § 120 (jetzt § 163 GWB).
153 Vgl. Dicks in: Ziekow/Völlink, § 110 GWB Rn. 14, dort Fn. 43.

A. Allgemeines

1 § 164 GWB, der dem bisherigen § 110a GWB a.F. entspricht, ist durch Art. 1 Nr. 6 des Gesetzes zur Änderung des Vergaberechts für die Bereiche Verteidigung und Sicherheit neu in das GWB eingefügt worden.[1] Zweck der Regelung ist es, die Vertraulichkeit von Verschlusssachen während eines Nachprüfungsverfahrens sicherzustellen.[2]

B. Vertraulichkeit von Verschlusssachen (Abs. 1)

2 **Nach § 164 Abs. 1 GWB** hat die Kammer während des Nachprüfungsverfahrens die Vertraulichkeit von Verschlusssachen und anderen vertraulichen Informationen sicherzustellen, die in den von den Parteien (d.h. den Verfahrensbeteiligten) übermittelten Unterlagen enthalten sind. Die Vorschrift übernimmt inhaltlich Art. 56 Abs. 10, Satz 1 der Richtlinie 2009/81/EG.[3]

3 Verschlusssachen werden von § 4 Abs. 1 des Sicherheitsüberprüfungsgesetzes des Bundes (SÜG) definiert als »im öffentlichen Interesse geheimhaltungsbedürftige Tatsachen, Gegenstände oder Erkenntnisse, unabhängig von ihrer Darstellungsform.[4] Die Einstufung als Verschlusssache erfolgt entsprechend ihrer Schutzbedürftigkeit von einer amtlichen Stelle oder auf deren Veranlassung (§ 4 Abs. 1 Satz 2 SÜG). Die Geheimhaltungsgrade sind aufgelistet in § 4 Abs. 2 SÜG. Danach sind zu unterscheiden die Geheimhaltungsgrade in absteigender Reihenfolge »STRENG GEHEIM«, »GEHEIM«, »VS-VERTRAULICH« und »VS-NUR FÜR DEN DIENSTGEBRAUCH«.

4 Bei den ebenfalls in § 164 Abs. 1 GWB genannten »anderen vertraulichen Informationen« kann es sich z.B. um solche handeln, die von einem Verfahrensbeteiligten in das Verfahren eingeführt, bislang aber noch nicht nach dem SÜG klassifiziert worden sind.[5]

5 Gestützt auf die Ermächtigungsgrundlage in § 35 Abs. 1 SÜG hat das Bundesministerium des Innern eine Allgemeinen Verwaltungsvorschrift zum materiellen und organisatorischen Schutz von Verschlusssachen (VS-Anweisung) v. 31. März 2006 erlassen. Die VS-Anweisung regelt im Einzelnen, wie die Vertraulichkeit der schutzbedürftigen Unterlagen sicherzustellen ist. So ergibt sich bspw. aus § 10 Abs. 3 Satz 1 VS-Anweisung, dass eine Person erst dann Zugang zu VS-Vertraulich oder höher eingestuften Verschlusssachen erhält, wenn sie gemäß dem SÜG und den allgemeinen Verwaltungsvorschriften zur Durchführung von Sicherüberprüfungen überprüft und zum Zugang zu Verschlusssachen ermächtigt worden ist. Während § 2 Abs. 3 Nr. 2 SÜG ausdrücklich vorsieht, dass dieses Gesetz nicht für Richter gilt, soweit diese Aufgaben der Rechtsprechung wahrnehmen, gibt es keine vergleichbare Ausnahmebestimmung für Verfahrensbevollmächtigte. Daraus dürfte zu folgern sein, dass Rechtsanwälte nur dann Akteneinsicht in solche Unterlagen nehmen dürfen, wenn sie zuvor sicherheitsüberprüft worden sind.[6]

C. Verpflichtung zur Geheimhaltung (Abs. 2)

6 Die Mitglieder der Kammer sind zur Geheimhaltung verpflichtet; die Entscheidungsgründe dürfen Art und Inhalt der geheim gehaltenen Urkunden, Akten, elektronischen Dokumente und Auskünfte nicht erkennen lassen. Der Gesetzesbegründung zufolge übernimmt die Regelung die im verwaltungsgerichtlichen Verfahren geltende Vorschrift des § 99 Abs. 2 Satz 10 VwGO.[7]

---

1 BGBl. I 2011, 2570, 2574.
2 Entwurf der Bundesregierung für ein Gesetz zur Änderung des Vergaberechts für die Bereiche Verteidigung und Sicherheit v. 05.10.2011, BT-Drs. 17/7275, S. 18, re. Spalte.
3 Entwurf der Bundesregierung für ein Gesetz zur Änderung des Vergaberechts für die Bereiche Verteidigung und Sicherheit v. 05.10.2011, BT-Drs. 17/7275, S. 18, re. Spalte.
4 Dem § 4 SÜG entsprechende Regelungen gibt es auch in den Sicherheitsüberprüfungsgesetzen der Länder, wie z.B. § 5 SÜG NW, § 5 LSÜG RP.
5 Summa in: jurisPK-VergR, 4. Aufl. 2013, § 110a GWB a.F. Rdn. 6.
6 Summa in: jurisPK-VergR, 4. Aufl. 2013, § 110a GWB a.F. Rdn. 13 ff.
7 Entwurf der Bundesregierung für ein Gesetz zur Änderung des Vergaberechts für die Bereiche Verteidigung und Sicherheit v. 05.10.2011, BT-Drs. 17/7275, S. 18, re. Spalte.

§ 165 Akteneinsicht

(1) Die Beteiligten können die Akten bei der Vergabekammer einsehen und sich durch die Geschäftsstelle auf ihre Kosten Ausfertigungen, Auszüge oder Abschriften erteilen lassen.

(2) Die Vergabekammer hat die Einsicht in die Unterlagen zu versagen, soweit dies aus wichtigen Gründen, insbesondere des Geheimschutzes oder zur Wahrung von Betriebs- oder Geschäftsgeheimnissen geboten ist.

(3) Jeder Beteiligte hat mit Übersendung seiner Akten oder Stellungnahmen auf die in Absatz 2 genannten Geheimnisse hinzuweisen und diese in den Unterlagen entsprechend kenntlich zu machen. Erfolgt dies nicht, kann die Vergabekammer von seiner Zustimmung auf Einsicht ausgehen.

(4) Die Versagung der Akteneinsicht kann nur im Zusammenhang mit der sofortigen Beschwerde in der Hauptsache angegriffen werden.

A. Allgemeines

I. Zentrales Verfahrensrecht

§ 165 GWB entspricht exakt der früheren Regelung des § 111 GWB. § 165 regelt das grundsätzlich uneingeschränkte Recht auf Akteneinsicht, seine zu begründende Ausnahme sowie Rechtsmittel gegen die Versagung. **1**

Eine solche positiv-rechtliche Regelung des Akteneinsichtsrechts war im Hinblick auf die EG-Vorgaben und Gesetzesziele **notwendig**, um mit dem VgRÄG 1999 einen **effektiven Bieterrechtsschutz** einerseits und **transparente Vergabe- und Nachprüfungsverfahren** andererseits zu schaffen. Der **Gesetzgeber** hat ausdrücklich betont, dass »das Akteneinsichtsrecht für einen effektiven Rechtsschutz im öffentlichen Auftragswesen von **zentraler Bedeutung** ist. Es ist eine entscheidende Voraussetzung für die Verbesserung der Transparenz des Vergabeverfahrens. Gegenwärtig sind die das Vergabeverfahren betreffenden Unterlagen des Auftraggebers den Beteiligten in einem Vergabeverfahren grundsätzlich nicht bekannt. Die Vergabeakten sind ihnen nicht oder allenfalls eingeschränkt zugänglich.«[1] **2**

---

1 Begründung zu § 121 Abs. 1 GWB-E Regierungsentwurf; das Ziel der Transparenz ist in § 97 Abs. 1 GWB als wichtiger Grundsatz verankert; bereits die Rechtsmittelrichtlinie des Rates der EG v. 21.12.1989 (89/665/EWG) betonte schon die Notwendigkeit von Transparenz.

3 Diesen Stellenwert des Akteneinsichtsrechts hat der **EuGH** in seiner Entscheidung »Varec« aus dem Jahr 2008 betont.[2] Das Recht der Verfahrensbeteiligten beinhaltet die notwendige Kenntnis von den Beweismitteln und den beim Gericht eingereichten Erklärungen, wobei diese Offenlegungs- und Geheimschutzinteressen allerdings in einem **Spannungsverhältnis** zu dem Grundsatz des Schutzes von vertraulichen Informationen und Geschäftsgeheimnissen steht, was alles im Rahmen einer Abwägung nach den Erfordernissen eines **effektiven Rechtsschutzes** und dem Recht auf ein **faires** Verfahren ausgestaltet sein muss.[3]

4 Das **OLG München**[4] hat zutreffend auf die **verfassungsrechtliche Bedeutung** des Akteneinsichtsrechts nach § 165 GWB hingewiesen. Es dient der Gewährleistung des Anspruchs auf rechtliches Gehör nach Art. 103 Abs. 1 GG bzw. der Wahrung des Rechtsstaatsprinzips nach Art. 20 Abs. 3 GG, wonach ein Gericht oder eine gerichtsähnliche Institution wie die Vergabekammer seiner Entscheidung nicht Tatsachen oder Beweisergebnisse zugrunde legen darf, zu denen sich die Beteiligten nicht äußern konnten. Auch sichert das Akteneinsichtsrecht das Grundrecht auf **effektiven Rechtsschutz gem. Art. 19 Abs. 4 GG**.[5] Wegen dieses grundgesetzrechtlichen Hintergrundes steht die Gewährung von Akteneinsicht nicht im Ermessen der Vergabekammer, sondern haben die Beteiligten vielmehr einen **Rechtsanspruch auf Akteneinsicht**.

5 Vor der Gesetzesregelung hatten Bieter zB bei Vergaben von Bauleistungen nach § 22 Nr. 7 VOB/A a. F. nur die Einsichtsmöglichkeit in die Submissionsniederschrift sowie ihre Nachträge und konnten ferner die Namen der Mitbewerber, die Endbeträge, deren Angebot sowie die Zahl ihrer Änderungsvorschläge und Nebenangebote, nicht aber den Inhalt erfahren. Zu Zeiten des Nachprüfungsverfahrens der sog. »haushaltsrechtlichen Lösung«[6] handhabten die **Vergabeüberwachungsausschüsse** das Akteneinsichtsrecht auf Basis der VOB/A- oder VOL/A-Regelungen, die wie § 22 VOB/A a. F. Teilaussagen über Geheimschutz enthielten, unterschiedlich.[7] Eine positive Rechtsregelung der Akteneinsicht zur Flankierung des Bieterrechtsschutzes war daher dringend erforderlich.

II. Rechtsanwendung

6 Bei der **Auslegung** sind gemäß dem Standort des Vergaberechts **andere Bestimmungen des GWB** und die hierzu ergangene Rechtsprechung heranzuziehen, d.h. die Regelung des Akteneinsichtsrechts in **§ 72 Abs. 2 Satz 2 GWB**, die in § 165 GWB nachgebildet ist, sowie **§§ 29, 30 VwVfG**.[8] § 72 Abs. 2 Satz 2 GWB gilt für das Beschwerdeverfahren vor dem Vergabesenat über die Verweisungsnorm des § 175 Abs. 2 ausdrücklich. Für das Verfahren vor der Vergabekammer fehlt eine solche Verweisung, weshalb hier die Geltung des § 72 GWB umstritten ist.[9] Einzelheiten hierzu siehe Rdn. 40 ff.

---

2 EuGH v. 14.02.2008, C-450/06, VergabeR 2008, 487.

3 EuGH v. 14.02.2008, C-450/06, VergabeR 2008, 487, Ziff. 39, 44, 47.

4 OLG München v. 08.11.2010, Verg 20/10, VergabeR 2011, 228.

5 OLG München v. 08.11.2010, Verg 20/10, VergabeR 2011, 228; Vavra in: Kleine-Möller/Merl, Handbuch des Privaten Baurechts, 4. Aufl., § 7 Rn. 234.

6 Zweites Gesetz zur Änderung des Haushaltsgrundsätzegesetzes (§ 57 lit. a) bis c) HGrG) v. 26.11.1993, in Kraft getreten 01.01.1994, nebst u.a. einer Nachprüfungsverordnung.

7 Vgl. VüA Bund Beschl. v. 25.10.1995 1 VÜ 4/95 »Schleusenneubau« WuW 1996, 146 ff., sowie Beschl. v. 20.11.1995 1 VÜ 2/95 »Gepäckprüfanlagen« WuW 1996, 329 ff.; VüA Bayern Beschl. v. 22.09.1995 VÜA 7/95 »Rohbauarbeiten Ausstellungshallen« WuW 1996, 349 ff.

8 Der Rückgriff auf erprobte Begriffe und Verfahrensregelungen des Kartellrechts war einer der Gründe für den Gesetzgeber, kein eigenständiges Vergabegesetz zu schaffen, sondern das neue Vergaberecht in das GWB zu implantieren, vgl. Begründung zum Regierungsentwurf A 5; insofern ist neben § 29 VwVfG auch § 72 GWB analog und insbesondere die hierzu ergangene Rechtsprechung zu berücksichtigen, soweit identische Regelungsgehalte zu § 111 GWB bestehen, vgl. auch Erdl Der neue Vergaberechtsschutz Rn. 597; Gröning NZBau 2000, 366, 367; OLG Naumburg 11.10.1999 10 Verg 1/99 in: Fischer/Noch VII 2.14.1 S. 16 = NZBau 2000, 96; siehe weiter Rn. 33 ff.

9 Bejahend: Gröning NZBau 2000, 366, 367; Griem WuW 1999, 1182, 1187; OLG Jena Beschl. v. 26.10.1999 6 Verg 3/99 »Talsperre« NZBau 2000, 354; OLG Naumburg 11.10.1999 10 Verg 1/99 in: Fischer/Noch VII 2.14.1 S. 16 = NZBau 2000, 96; a.A. Dreher in: Immenga/Mestmäcker § 111 Rn. 16.

Ferner ist bei der Auslegung des § 165 GWB seine **Grundstruktur** zu berücksichtigen. 7

III. EU-Recht

Im früheren EU-Recht war zunächst in **Art. 6 VKR**[10] und in **Art. 13 SKR**[11] das Thema der **Vertrau-** 8
lichkeit geregelt. In beiden Vorschriften hieß es:

> *»Unbeschadet der Bestimmungen dieser Richtlinie – insbesondere der Art. 35 Abs. 4 und Art. 41 VKR* 9
> *(Anm.: bzw. Art. 43 und 49 SKR), die die Pflichten im Zusammenhang mit der Bekanntmachung*
> *vergebener Aufträge und der Unterrichtung der Bewerber und Bieter regeln- gibt ein Auftraggeber*
> *nach Maßgabe des innerstaatlichen Rechts, dem er unterliegt, keine ihm von den Wirtschaftsteil-*
> *nehmern übermittelten und von diesen als **vertraulich eingestuften Informationen** weiter, wozu*
> *insbesondere **technische und Betriebsgeheimnisse** sowie die **vertraulichen Aspekte der Angebote***
> *selbst gehören.«*

Diese identische Regelung in Art. 6 VKR und Abs. 2 des Art. 13 SKR wurde in Art. 13 in Abs. 1 10
wie folgt ergänzt:

> *»Die Auftraggeber können die Übermittlung technischer Spezifikationen an interessierte Wirtschafts-* 11
> *teilnehmer, die Prüfung und die Auswahl von Wirtschaftsteilnehmern und die Zuschlagserteilung*
> *mit Auflagen zum Schutz der Vertraulichkeit der von ihnen zur Verfügung gestellten Informationen*
> *verbinden.«*

Diese Vorschriften des materiellen EU-Vergaberichtlinienrechts finden sich ebenso im ab dem Jahr 12
2014 geltenden Vergaberichtlinienrecht, siehe z.B. Art 21 VR. [12] Sie regeln die Vertraulichkeit im
Vergabeverfahren selbst. Ihr Pendant finden sie im nationalen Vergaberecht beispielsweise in der
Vorschrift des § 5 VgV 2016 (früher z.B. in § 14 Abs. 8 VOB/A-EG a.F., § 17 Abs. 3 VOL/A-EG a.F.
und § 8 Abs. 3 VOF a.F.). Auf sie bzw. ihre Vorgängervorschriften (§ 22 Nr. 8 VOB/A a.F., § 22
Nr. 6 VOL/A a.F.) nahmen zur Begründung eines Akteneinsichtsrechts die Vergabeüberwachungsausschüsse zu Zeiten des Nachprüfungsverfahrens nach dem HGrG Rückgriff, s.o.

Aus der entsprechenden Vorgängervorschrift zur Vertraulichkeit des Art. 15 Abs. 2 LKR[13] i.V.m. 13
Art. 1 Abs. 1 der alten Rechtsmittelrichtlinie[14] hat der **EuGH** mangels eines in der Rechtsmittelrichtlinie konkret geregelten Akteneinsichtsrechts **Grundsätze** zur **Akteneinsicht** in seiner Entscheidung **»Varec«** niedergelegt.[15] Ausgangspunkt sei das Hauptziel der Gemeinschaftsvorschriften
über das öffentliche Auftragswesen, nämlich die Gewährleistung eines freien Dienstleistungsverkehrs und die Öffnung für einen unverfälschten Wettbewerb in allen Mitgliedstaaten. Um dieses
Ziel zu erreichen, dürfen die öffentlichen Auftraggeber keine das Vergabeverfahren betreffenden
Informationen preisgeben, deren Inhalt dazu verwendet werden könnte, den Wettbewerb entweder in einem laufenden Vergabeverfahren oder in späteren Vergabeverfahren zu verfälschen.[16] Die
praktische Wirksamkeit zur Gewährleistung der Hauptziele der Gemeinschaftsvorschriften würden
ernsthaft gefährdet werden, wenn im Rahmen einer Klage gegen eine Entscheidung des öffentlichen
Auftraggebers über ein Verfahren zur Vergabe eines öffentlichen Auftrages alle dieses Vergabeverfahren betreffenden Angaben dem Kläger oder sogar anderen Personen uneingeschränkt zur Verfügung

---

10 Richtlinie 2004/18/EG des Europäischen Parlaments und des Rates v. 31.03.2004 über die Koordinierung
    der Verfahren zur Vergabe öffentlicher Bauaufträge, Lieferaufträge und Dienstleistungsaufträge (kurz: Ver-
    gabekoordinierungsrichtlinie bzw. VKR), ABl. EV Nr. L 134 v. 30.04.2004.
11 Richtlinie 2004/17/EG v. 31.03.2004 zur Koordinierung der Zuschlagserteilung durch Auftraggeber im
    Bereich der Wasser-, Energie- und Verkehrsversorgung sowie der Postdienste (kurz Sektorenrichtlinie bzw.
    SKR), ABl. EV Nr. L 134 v. 30.04.2004.
12 Vergaberichtlinie 2014/24/EU.
13 Lieferkoordinierungsrichtlinie 93/36/EWG.
14 Richtlinie 89/665/EWG.
15 EuGH 14.02.2008, C 450/06, VergabeR 2008, 487 ff. mit Anm. Hölzl/Hoff.
16 EuGH 14.02.2008, C 450/06, VergabeR 2008, 487 ff. mit Anm. Hölzl/Hoff, Ziff. 34, 35.

gestellt werden müssten.[17] Andererseits sei ein Klageverfahren fair zu führen, und grundsätzlich öffentlich, sodass dessen Grundsatz des kontradiktorischen Verfahrens das Recht der Verfahrensbeteiligten beinhaltet, **Kenntnis** von den Beweismitteln und den beim Gericht eingereichten Erklärungen zu nehmen und diese zu erörtern.[18] Die Offenlegungs- und Geheimschutzinteressen stehen also in einem **Spannungsverhältnis.** Der EuGH führt hierzu aus, dass der Grundsatz des Schutzes von vertraulichen Informationen und Geschäftsgeheimnissen so ausgestaltet sein muss, dass er mit den Erfordernissen eines **effektiven** Rechtsschutzes und der Wahrung der Verteidigungsrechte der am Rechtsstreit Beteiligten im Einklang steht, und das **sichergestellt** ist, dass in dem Rechtsstreit insgesamt das Recht auf ein **faires** Verfahren beachtet werde. Hierzu müsse die Nachprüfungsinstanz über **sämtliche Informationen** verfügen können, die erforderlich seien, um in voller Kenntnis der Umstände entscheiden zu können, also **auch** über vertrauliche Informationen und Geschäftsgeheimnisse. Angesichts des außerordentlich schweren Schadens, der entstehen könne, wenn bestimmte Informationen zu Unrecht an einen Wettbewerber weitergeleitet werden, müsse die Nachprüfungsinstanz dem betroffenen Wirtschaftsteilnehmer allerdings die Möglichkeit geben, sich auf die Vertraulichkeit oder das **Geschäftsgeheimnis** zu berufen, **bevor** sie diese Informationen an einen am Rechtsstreit Beteiligten weitergibt. Es ist dann Sache der **Nachprüfungsinstanz**, zu entscheiden, **inwieweit und nach welchen Modalitäten** die Vertraulichkeit und die Geheimhaltung dieser Angaben im Hinblick auf die Erfordernisse eines wirksamen Rechtsschutzes und der Wahrung der Verteidigungsrechte der am Rechtsstreit Beteiligten zu gewährleisten sind, damit in dem Rechtsstreit insgesamt das Recht auf ein faires Verfahren beachtet wird.[19]

14 Nach zutreffender Auffassung **bestätigt** diese EuGH-Entscheidung, die sich erstmals mit dem Recht auf Akteneinsicht und seinem Spannungsverhältnis zum Geheimschutz beschäftigt, der Sache nach das **Regel-Ausnahme-Prinzip des § 165 GWB**, wonach im Regelfall ein Anspruch auf Akteneinsicht besteht, der jedoch in begründeten Ausnahmefällen eingeschränkt werden kann.[20] Denn auch der EuGH geht davon aus, dass **zunächst** das Recht auf Einsicht in die Verfahrensakten besteht. Er lässt allerdings offen, welchem Recht der höhere Stellenwert grundsätzlich einzuräumen wäre.

15 An dieser europäischen Rechtslage hat sich durch die **neue Rechtsmittelrichtlinie**[21] nichts geändert, da dort im Hinblick auf ein Akteneinsichtsrecht nichts Konkretes aufgenommen wurde, vielmehr die Rechtslage der alten Rechtsmittelrichtlinie beibehalten wurde.

16 **Zusammenfassend** bleibt damit festzuhalten, dass sich aus dem EU-Recht **keine Besonderheiten** für eine etwaige richtlinienkonforme Auslegung des § 165 GWB ergeben, bis auf die »Bestätigung« des o.g. **Regel-Ausnahme-Prinzips.**

IV. Andere Rechtsgrundlagen für Akteneinsicht

17 Ein Recht auf Akteneinsicht kann sich im Einzelfall auch aus den Vorschriften der §§ 809, 242 BGB; 29, 30 VwVfG sowie den **Informationszugangsgesetzen** auf Bundes- und Landesebene ergeben.[22] Da im GWB-Vergaberecht mit der Vorschrift des § 165 GWB aber eine **spezielle Regelung** ent-

---

17 EuGH 14.02.2008, C 450/06, VergabeR 2008, 487 ff. mit Anm. Hölzl/Hoff, Ziff. 39.

18 EuGH 14.02.2008, C 450/06, VergabeR 2008, 487 ff. mit Anm. Hölzl/Hoff, Ziff. 44, 47.

19 EuGH 14.02.2008, C 450/06, VergabeR 2008, 487 ff. mit Anm. Hölzl/Hoff, Ziff. 52–55.

20 Hölzl/Hoff Anm. zu EuGH »Varec«, VergabeR 2008, 493, 495; Glahs NZBau 2014, 75, 79.

21 Richtlinie 2007/66/EG des Europäischen Parlaments und des Rates v. 11.12.2007 zur Änderung der Richtlinien 89/665/EWG und 92/13/EWG des Rates im Hinblick auf die Verbesserung der Wirksamkeit der Nachprüfungsverfahren bezüglich der Vergabe öffentlicher Aufträge v. 11.12.2007, ABl. L 335/31 v. 20.12.2007.

22 Zu den Einzelheiten s. Losch, VergabeR 2008, 739 ff.; Glahs NZBau 2014, 75; Polenz NVwZ 2009, 883; Beckmann DVP 2003, 142, 145; Franßen in: Franßen/Seidel, InfG NRW, 2007, Rn. 532, 533; Troidl, Akteneinsicht im Verwaltungsrecht, 2013, Rn. 631 ff.; Holtfester NZBau 2002, 189 (193).

halten ist,[23] erlangen solche etwaigen Akteneinsichtsrechte nur außerhalb des GWB-Vergaberechts Bedeutung, also im nationalen Vergaberecht wie auch dem Vergaberecht, das sich aus den EG-Grundsätzen für den binnenmarktrelevanten Waren- und Dienstleistungsverkehr herleitet.[24] Anders das **VG Stuttgart,**[25] welches diese Akteneinsichtsrechte aus anderen Rechtsnormen für zusätzlich anwendbar hält, gerade auch für Auftragsvergaben unterhalb der Schwellenwerte.

Nach § 809 BGB kann derjenige, der gegen den Besitzer einer Sache einen Anspruch auf Ansehung 18
der Sache hat, oder sich Gewissheit verschaffen will, ob ihm ein solcher Anspruch zusteht, dann, wenn die Besichtigung der Sache aus diesem Grund für ihn von Interesse ist, verlangen, dass der Besitzer ihm die Sache zur Besichtigung vorlegt oder die Besichtigung gestattet. § 810 BGB erweitert diesen Anspruch dahin gehend, dass derjenige, der ein rechtliches Interesse daran hat, eine im fremden Besitz befindliche Urkunde einzusehen, von dem Besitzer die Gestattung der Einsicht verlangen kann, wenn die Urkunde in seinem Besitz errichtet oder in der Urkunde ein zwischen ihm und einem anderen bestehendes Rechtsverhältnis beurkundet ist, oder wenn die Urkunde Verhandlungen über ein Rechtsgeschäft enthält, die zwischen ihm und einem anderen oder zwischen einem von beiden und einem gemeinschaftlichen Vermittler geführt worden sind. Danach ist ein bestehender Anspruch hinsichtlich der Sache, deren Vorlage begehrt wird, nicht erforderlich. Nach diesen Vorschriften kann sich, wenn keine speziellen Regelungen wie zB Informationszugangsgesetze bestehen, ein Anspruch auf Einsicht in behördliche Unterlagen und insbesondere in den **Vergabevermerk** ergeben.[26] Flankierend kann sich der Anspruch auf Akteneinsicht (insbesondere bei nationalen Vergaben unterhalb der Schwellenwerte) auch aus dem Gebot der **Waffengleichheit gem. § 242 BGB** ergeben, wobei ein Gericht grundsätzlich in Fällen, in denen ein Bieter schlüssig und substanziiert ein Vergaberechtsverstoß behauptet, die gebotene Waffengleichheit durch eine Umkehr der Beweislast herbeiführen kann, ohne jedoch zwingend zu einer Pflicht der Vergabestelle zur Offenlegung des gesamten Vergabevermerks zu gelangen.[27] Der Bieter muss dann freilich einen Verstoß gegen den **Gleichbehandlungsgrundsatz** substanziiert vortragen.[28]

Der Bund und einige Länder haben Gesetze erlassen, die einen allgemeinen Anspruch auf **Zugang** 19
zu öffentlichen Informationen gewähren, und damit auch eine Einsichtnahme in die Akten der öffentlichen Stellen einräumen, z.B. das am 01.01.2006 in Kraft getretene Informationsfreiheitsgesetz des Bundes (IFG Bund) oder das Informationsfreiheitsgesetz NRW (IFG NRW).[29] Der Begriff der Informationen ist in allen Gesetzen weit gefasst und betrifft sämtliche Informationen und Unterlagen, die bei öffentlichen Stellen vorhanden sind. Der Anspruch wird durch Ausnahmetatbestände eingeschränkt.[30] Die Ansprüche nach den Informationsfreiheitsgesetzen sind nach herrschender Ansicht gegenüber den Vergabekammern im Rahmen von Vergabenachprüfungsverfahren ausgeschlossen, weil § 165 GWB eine abschließende Sonderregelung ist. Das gilt jedoch nur gegenüber der Vergabekammer selbst sowie nur bis zum Abschluss des Nachprüfungsverfahrens.[31]

---

23 Dreher in: Immenga/Mestmäcker, § 111, Rn. 8, mit Verweis auf die Nachrangigkeit der Informationszugangsgesetze, Glahs NZBau 2014, 75, 79, 80.

24 Zum Vergaberecht nach den EG-Primärrechtsgrundsätzen vgl. die Kommentierung zu § 155, Rdn. 18 ff.

25 VG Stuttgart v. 15.05.2011, 13 K 3505/09; ebenso VG Münster, 02.10.2009, K 2144/08.

26 Losch VergabeR 2008, 742.

27 Losch VergabeR 2008, 742; LG Oldenburg v. 18.06.2014, 5 S 610/13; OLG Düsseldorf v. 13.01.2010, VergabeR 2010, 531; OLG Schleswig v. 08.01.2013, ZfBR 2013, 308.

28 OLG Frankfurt am Main 05.06.2007, 11 U 74/06.

29 Informationsfreiheitsgesetz des Bundes vom 05.09.2002 (BGBl. I, 2722); Gesetz über die Freiheit des Zugangs zu Informationen für das Land Nordrhein-Westfalen v. 27.11.2001, GF.NRW.S. 806; geändert im Jahr 2005, NRWGV, S. 351, und im Jahr 2009, NRWGV, S. 764; dazu ausführlich Glahs NZBau 2014, 75 ff.

30 Losch a.a.O., 747 mit Verweis auf das **Informationsfreiheitsgesetz** des Bundes sowie entsprechender Gesetze der Länder Brandenburg, Berlin, Schleswig-Holstein, Nordrhein-Westfalen, Bremen, Mecklenburg-Vorpommern, Saarland und Sachsen-Anhalt.

31 Glahs NZBau 2014, 75, 79; Polenz NVwZ 2009, 883, 886; Dicks in: Ziekow/Völlink, GWB-Kommentar, § 111, Rn. 1; Heuvels in: Loewenheim/Meessen/Riesenkampff, GWB-Kommentar, § 111, Rn. 1.

Außerhalb oder nach einem Nachprüfungsverfahren greifen die Informationsgesetze jedoch, d.h. insbesondere in einem laufenden Vergabeverfahren. Die Ansprüche sind nur im Hinblick auf die Einsicht in die Angebote sowie in die Niederschrift über die Angebotsöffnung ausgeschlossen, weil insoweit vergaberechtliche Sondervorschriften bestehen. Im Übrigen kann die Information nur versagt werden, wenn sich aus den Informationsfreiheitsgesetzen selbst Ausnahmen ergeben, was zum Schutz von Betriebs- und Geschäftsgeheimnissen der Fall ist.[32]

B. Grundstruktur der Norm

20 Das Spannungsverhältnis zwischen (uneingeschränkter) Akteneinsicht und Geheimschutz des Akteninhalts ist in den ersten Jahren nach Inkrafttreten des Vergaberechtsänderungsgesetzes in Rechtsprechung und Literatur zum Teil völlig unterschiedlich verstanden und gehandhabt worden. Während beispielsweise das **Thüringer OLG**[33] grundsätzlich auch Einsicht in die Angebotsunterlagen der mitbietenden Konkurrenz gewährt, schützte die **VK Bund**[34] ohne große nähere Begründung und Abwägung der beteiligten, einzelfallbezogenen Interessen von vornherein jegliche Preisangaben von Wettbewerbern als Betriebsgeheimnisse. Weitere Entscheidungen blieben vielfach einzelfallbezogen. Erst das **OLG Düsseldorf**, das OLG München, das OLG Frankfurt, OLG Celle, OLG Brandenburg, OLG Jena sowie das OLG Naumburg haben sich jüngst wieder grundlegend mit dem Akteneinsichtsrecht befasst.[35] Bevor auf diese Rechtsprechung eingegangen wird, ist es notwendig, die **Grundstruktur der Norm** näher zu beleuchten sowie insbesondere die **Darlegungslasten** der Verfahrensbeteiligten einerseits sowie die **Begründungszwänge** der Nachprüfungsinstanzen andererseits herauszukristallisieren.

21 Das **Grundschema einer Norm** resultiert aus der Methode, das **Regel-Ausnahme-Prinzip**[36] zu bestimmen. Existiert ein solches Prinzip, so ist es auch für die Lösung im Gesetz nicht expressis verbis niedergelegter Einzelfragen maßgebend, beispielsweise für die in der Literatur und Rechtsprechung schon behandelte Frage, **inwieweit** die Nachprüfungsinstanzen die Befugnis haben, ihre eigene Wertung und Beurteilung über die Entscheidungsrelevanz der einzusehenden Aktenunterlagen an die Stelle desjenigen Beteiligten zu setzen, der Akteneinsicht begehrt.[37] Diese Frage berührt das **sog. In-Camera-Verfahren**, das im Ergebnis heute abgelehnt wird, siehe unten Rdn. 26, 43, 48 und 56.

22 Aus der Gesetzesformulierung, der semantischen Interpretation des Gesetzes sowie dem gesetzgeberischen Zweck folgt das **konkrete rechtliche Sollensurteil** des § 165 GWB, Akteneinsicht **grundsätzlich** vollumfänglich zu gewähren und nur **im Ausnahmefall** zu beschränken, wobei die Ausnahme als Eingriff in die Grundregel zu verstehen und demgemäß zu begründen ist.[38] Das bedeutet:

---

32 Glahs a.a.O.; VG Münster v. 02.10.2009, K 2144/08; VG Stuttgart vom 15.05.2011, 13 K 3505/09, für Auftragsvergaben unterhalb der Schwellenwerte; BVerfG NZBau 2006, 523.

33 OLG Jena Beschl. v. 26.10.1999 6 Verg 3/99 »Talsperre« NZBau 2000, 354 ff.

34 1. VK des Bundes beim Kartellamt Beschl. v. 20.12.1999 VK 1–29/99 »Lagerhaltung« NZBau 2000, 356 ff.

35 OLG Düsseldorf 28.12.2007, VII Verg 40/07, VergabeR 2008, 281 ff. mit Anm. Noch – »FH Aachen«; OLG München v. 08.11.2010, Verg 20/10, VergabeR 2011, 228; OLG Naumburg v. 01.06.2011, 2 Verg 3/11, VergabeR 2012, 250 – »Akteneinsicht«; OLG Frankfurt v. 12.12.2014, 11 Verg 8/14, NZBau 2015, 514; OLG Brandenburg v. 30.01.2014, Verg W 2/14, NZBau 2014, 525; OLG Celle v. 24.09.2014, 13 Verg 9/14, NZBau 2014, 784; OLG Jena v. 08.10.2015, 2 Verg 4/15 sowie v. 13.10.2015, 2 Verg 6/15.

36 So auch Düsterdiek NZBau 2004, 605, 606; Byok/Goodarzi VergabeR 2002, 83; Byok in: Byok/Jaeger 3. Aufl. § 111 Rn. 3; Glahs NZBau 2014, 75, 79; OLG Celle NZBau 2014, 784; OLG Brandenburg NZBau 2014, 525; OLG Frankfurt NZBau 2015, 514; a.A. Müller-Wrede in: Ingenstau/Korbion § 111 Rn. 5, allerdings ohne Begründung.

37 So hat das OLG Saarbrücken die weiter gehende Akteneinsicht mit der Begründung abgelehnt, der Senat selbst habe den Inhalt der Akten gesichtet und (selbst) erkannt, dass sie für die Entscheidung des Senats ohne Bedeutung seien, weshalb eine Akteneinsicht nicht in Betracht käme; wie der Senat aber im Einzelnen zu diesem Ergebnis kam, hat er nicht (nachvollziehbar) niedergelegt, Beschl. v. 24.11.1999 5 Verg 1/99 in: Fischer/Noch VII 2.12.2 S. 22.

38 Zur Herausarbeitung der formalen Struktur im Sinne auch einer subjektiv-teleologischen Auslegung vgl. Koch/Rüßmann Juristische Begründungslehre S. 215 ff., 218, 173; ferner Alexy Theorie der juristischen

Abs. 1 des § 165 GWB enthält die **Grundregel** der grundsätzlich vollständigen und uneingeschränk- 23 ten Akteneinsicht, **Abs.** 2 die Ausnahme, d.h. die Beschränkungsmöglichkeit. Das wird auch aus dem Wortlaut deutlich; das Einsichts**recht** des Abs. 1 besteht (sprachlich) uneingeschränkt, und dessen Einschränkungsmöglichkeit gem. Abs. 2 eben nur bei Vorliegen von wichtigen Gründen.[39] **Abs.** 3 enthält lediglich eine **Verfahrensregel**, die im Rahmen der Einschränkungsmöglichkeit des Abs. 2 eine Rolle spielt, mit dem Zweck, den Entscheidungsprozess der Vergabekammer über das Vorliegen der Ausnahme nach Abs. 2 zu erleichtern.[40]

Dieser logische Gesetzesaufbau entspricht dem **gesetzgeberischen Willen** einer grundsätzlich 24 uneingeschränkten Akteneinsicht mit Einschränkungen in Ausnahmefällen, und zwar gemäß der Gesetzesbegründung in **zweifelsfreien** Ausnahmefällen. Denn in der Gesetzesbegründung zu § 111 Abs. 2 a.F. GWB wird vorgegeben, dass »die Vergabekammer (…) Sensibilität und Schutzbedürftigkeit des vorgelegten Materials **zweifelsfrei** erkennen können (muss).«[41] Das bedeutet im Umkehrschluss, dass **in Zweifelsfällen** eine Akteneinsicht **nicht** versagt werden kann.[42]

C. Akteneinsichtsrecht (Abs. 1)

I. Umfang der Akteneinsicht

Nach der Grundstruktur besteht eine vollständige, uneingeschränkte Akteneinsicht. In der Litera- 25 tur und der Rechtsprechung der Vergabesenate ist es allerdings mittlerweile allgemeine Auffassung, dass das Recht auf Akteneinsicht »**von vornherein**« nur in dem Umfang besteht, in dem es zur Durchsetzung des subjektiven Rechts des betroffenen Verfahrensbeteiligten auch erforderlich ist.[43]

Argumentation 4. Aufl. S. 273 ff.; Larenz Methodenlehre der Rechtswissenschaft 6. Aufl. S. 139, 229, der von Rechtssätzen mit positiver und negativer Geltungsanordnung spricht.

39 So auch Glahs NZBau 2014, 75, 79; OLG Frankfurt NZBau 2015, 514; OLG Jena v. 08.10.2015, 2 Verg 4/15; Byok/Goodarzi, Anmerkung zu OLG Celle Beschl. v. 10.09.2001 13 Verg 12/01 »Sanierung A 39« VergabeR 2002, 82, 84; Düsterdiek NZBau 2004, 605, 606; Losch VergabeR 2008, 739, 744; Summa Juris PK § 111 Rn. 9 ff; Ramm VergabeR 2007, 739, 740; Hölzl/Hoff, Anm. zu EuGH »Varec« (Akteneinsichtsrecht), VergabeR 2008, 487, 493; Reidt in: Reidt u.a. § 111 Rn. 4; Schneevogl in: Müller-Wrede, GWB-Vergaberecht, § 111, Rn. 1, Byok in: Byok/Jaeger, § 111, Rn. 3.

40 Das Recht auf Akteneinsicht steht nicht im Ermessen der Vergabekammer, sondern es besteht ein grundsätzlicher Rechtsanspruch darauf, OLG München, VergabeR 2011, 228. Auch wenn die Vergabestelle ihren Mitwirkungsverpflichtung aus § 111 Abs. 3 GWB nicht nachkommt, muss die Vergabekammer unabhängig davon entscheiden und die Abwägung zwischen Akteneinsicht und Geheimschutz vornehmen, OLG Naumburg v. 23.04.2009, 1 Verg 7/08.

41 Begründung zu § 121 Abs. 2 GWB-E Regierungsentwurf.

42 So auch Ramm, VergabeR 2007, 739, 740; Tahal in: Willenbruch/Bischoff, § 111 Rn. 7.

43 OLG Brandenburg v. 30.01.2014, Verg W 2/14; NZBau 2014, 525; OLG Celle v. 24.09.2014, 13 Verg 9/14, NZBau 20 14, 784; OLG Brandenburg v. 10.11.2011, Verg W 13/11; OLG Naumburg, v. 01.06.2011, 2 Verg 3/11, VergabeR 2012, 250, 251; OLG München v. 08.10.2010, Verg 20/10, VergabeR 2011, 228; v. 02.09.2010, Verg 17/10; OLG Düsseldorf v. 04.03.2009, Verg 67/08, VergabeR 2009, 799 – »Bebauungsplan« mit Anmerkung Kus; OLG Celle v. 19.08.2009, 13 Verg 4/09; OLG Naumburg v. 15.07.2008, 1 Verg 5/08; OLG Jena v. 11.01.2007, 9 Verg 9/06; OLG Jena, Beschl. v. 06.12.2006, 9 Verg 8/06 – »Heiligenstadt«; v. 11.01.2007, 9 Verg 9/06 – »FH Jena«; Beschl. v. 12.12.2001 6 Verg 5/01 NZBau 2002, 294; Thüringer OLG Beschl. v. 16.12.2002 6 Verg 10/02 »Restabfallbehandlung Ostthüringen« VergabeR 2003, 248; OLG Stuttgart 12.04.2000 Verg 3/00, 12/13; OLG Dresden Beschl. v. 13.07.2000 WVerg 3/00 »Standardsoftware« WuW 2000, 1157, 1160; Beschl. v. 12.09.2005 WVerg 5/05 (keine Akteneinsicht bei verspäteter Rüge); OLG Naumburg 11.10.1999 10 Verg 1/99 in: Fischer/Noch VII 2.14.1 S. 15 = NZBau 2000, 96; OLG Düsseldorf 29.12.2001 Verg 22/01, 15 ff. = NZBau 2002, 578; BayObLG 19.12.2000 Verg 7/00 = NZBau 2002, 294; BayObLG Beschl. v. 10.10.2000 Verg 5/00 VergabeR 2001, 55; OLG Celle Beschl. v. 10.09.2001 13 Verg 12/01 VergabeR 2002, 82 mit Anm. Byok/Goodarzi; Jaeger NZBau 2001, 289, 297; Gröning NZBau 2000, 366, 369; ders. in: Beck'scher VOB-Kommentar § 111 Rn. 42; Griem WuW 1999, 1182, 1189; Dreher in: Immenga/Mestmäcker § 111 Rn. 14; Düsterdiek NZBau 2004, 605, 606; VK Düsseldorf 22.10.2003 VK – 29/2003 – L; Kus VergabeR 2003, 129, 131; a. A. Glahs NZBau 2014, 75, 79, die eine solche Einschränkung wegen des Wortlauts der Vorschrift ablehnt.

Dabei wird als Kriterium auf die **Entscheidungsrelevanz** der Akteneinsicht für die zu klärenden Fragen im Nachprüfungsverfahren abgestellt.

1. Teleologische Reduktion auf Entscheidungsrelevantes

a) Allgemeines

26 Das nach dem Wortlaut des § 111 Abs. 1 GWB vollkommen uneingeschränkt bestehende Akteneinsichtsrecht ist richtigerweise nach **Sinn und Zweck** der Akteneinsicht, den lediglich **entscheidungsrelevanten** Sachverhalt vollständig kennen zu müssen, **teleologisch reduziert:**

Das Akteneinsichtsrecht besteht vollständig »lediglich« (»von vornherein«) nur bezüglich aller entscheidungsrelevanten Aktenbestandteile.

27 Es kommt also auf die »**Themen**« an, die der Antragsteller des Nachprüfungsverfahrens in seiner Antragsschrift oder bei späteren, weiteren Kenntnissen[44] schriftsätzlich niedergelegt hat. Hat der Antragsteller beispielsweise die Auswahl der Zuschlagskriterien und deren Gewichtung nicht gerügt, wohl aber seinen Angebotsausschluss mit der Begründung einer falsch durchgeführten Wertung, so kann ihm nur ein Blick in die Vergabeakten bzw. den Vergabevermerk über die durchgeführte Wertung gewährt werden, nicht jedoch in diejenigen Teile der Vergabeakte bzw. des Vergabevermerks, die sich mit der Begründung der Auswahl der Zuschlagskriterien und deren Gewichtung befassen. Insofern deckt sich der Bereich der entscheidungsrelevanten Themen in gewisser Weise mit demjenigen der Rüge bzw. der **Zulässigkeit des Nachprüfungsantrages nach § 160 Abs. 3 GWB**. Denn nicht (rechtzeitig) Gerügtes führt zur Unzulässigkeit des Antrages und kann mangels durchzuführender Begründetheitsprüfung auch nicht entscheidungsrelevant werden.[45]

28 Treten die Erkenntnisse erst im Rahmen des Nachprüfungsverfahrens auf, so ist zwar keine Rüge erforderlich,[46] jedoch muss dann im Hinblick auf den Beschleunigungsgrundsatz des § 113 GWB und folgerichtig zur Vermeidung eines zurückzuweisenden, verspäteten Sachvortrages die Erkenntnis so rechtzeitig vorgetragen werden, dass keine Verzögerung des Nachprüfungsverfahrens eintritt.[47]

29 Entsprechend der Beschränkung auf die entscheidungsrelevanten Aktenbestandteile darf das Akteneinsichtsgesuch auch nicht zu unbestimmt gefasst werden, etwa dahin gehend, dass Akteneinsicht in die Vergabeakten beantragt wird, »soweit diese für die Beurteilung der Sach- und Rechtslage bedeutsam sein können.«[48] Auch besteht deshalb kein Anspruch auf eine »weitergehende Akteneinsicht« über die entscheidungsrelevanten Themen hinaus.[49] Denn die Akteneinsicht dient nicht dem Zweck, dem Antragsteller Aufklärung über etwaige weitere, ihn bislang jedoch völlig unbekannte Verstöße gegen Vergabevorschriften zu verschaffen.[50]

44 Keine Rüge bei Kenntnissen erst während des NP-Verfahrens; siehe hierzu OLG Frankfurt v. 21.02.2012, 11 Verg 11/11; v. 10.06.2011, 11 Verg 4/11; v. 13.12.2011, 11 Verg 8/11; OLG Celle 12.05.2005 13 Verg 5/05; OLG Düsseldorf 23.02.2005 Verg 92/04; OLG Frankfurt Beschl. v. 10.04.2001 11 Verg 1/01 VergabeR 2001, 299 = NZBau 2002, 161; KG Beschl. v. 15.04.2002 KartVerg 3/02 »Wasserwerk« VergabeR 2002, 398.
45 BVerfG, 1. Kammer des Zweiten Senats, Beschl. v. 29.07.2004 2 BvR 2248/03 (OLG Frankfurt a.M.) NZBau 2004, 564, 565.
46 Siehe die Nachweise in der vorletzten Fußnote.
47 OLG Frankfurt v. 13.12.2011, 11 Verg 8/11.
48 OLG Düsseldorf v. 15.08.2011, Verg 71/11.
49 OLG Düsseldorf v. 04.03.2009, VergabeR 2009, 799 – »Bebauungsplan« mit Anmerkung Kus; v. 02.08.2010, Verg 32/10; OLG Brandenburg v. 10.11.2011, Verg W 13/11; OLG München v. 02.09.2010, Verg 17/10; OLG Naumburg v. 01.06.2011, VergabeR 2012, 250, 251; OLG München v. 08.11.2010, VergabeR 2011, 228; v. 24.08.2010, Verg 15/10.
50 OLG Düsseldorf v. 02.08.2010, Verg 32/10.

b) Beschränkung auf Zulässigkeitsfragen

Bei einem **unzulässigen Nachprüfungsantrag** kann die Akteneinsicht versagt werden bzw. nur in 30 demjenigen Umfang bestehen, in dem die Vergabeakten zur Beantwortung der Zulässigkeitsfrage relevant sind.[51] Selbst wenn also die Vergabekammer im obigen Beispielsfall Fehler bei der Aufstellung der Zuschlagskriterien und deren Gewichtung feststellt, darf sie mangels Entscheidungsrelevanz keine Einsicht gewähren, um dem Antragsteller auf diesem Wege das zulässige, rügelose Aufgreifen von Verfahrensfehlern der Vergabestelle im Rahmen des Nachprüfungsverfahrens zu ermöglichen. Soweit reichen auch der Untersuchungsgrundsatz und die Entscheidungskompetenz nach § 168 Abs. 1 GWB nicht, anderenfalls würde der Sinn und Zweck der Rügepflicht, das Vergabeverfahren hinsichtlich nicht gerügter Vergaberechtsverstöße zu schützen, leer laufen. Das gilt insbesondere aufgrund der nur noch eingeschränkten Geltung des Untersuchungsgrundsatzes durch die Neufassung des § 162 Abs. 1 GWB, wonach die Vergabekammer zwar grundsätzlich den Sachverhalt von Amts wegen erforscht, sich dabei aber auf dasjenige beschränken kann, was von den Beteiligten vorgebracht wird oder ihr sonst bekannt sein muss. Zu einer umfassenden Rechtmäßigkeitskontrolle ist die Vergabekammer heute nicht mehr verpflichtet. Das kann **allerdings** nur Sachverhalte betreffen, die für den Antragsteller im Rahmen des Vergabeverfahrens auch **erkennbar** gewesen waren. Wenn also in der Bekanntmachung die Zuschlagskriterien ohne jede Gewichtung angegeben worden sind, die Vergabestelle indes vor der Bekanntmachung den einzelnen Zuschlagskriterien eine jeweils unterschiedliche Bedeutung zuerkannt hat, kann der Antragsteller diesen internen Vorgang der Vergabestelle zwangsläufig nicht kennen, sodass ihm bei der Entscheidungsrelevanz der Gewichtung der einzelnen Zuschlagskriterien und der daraus folgenden Falschwertung seines Angebots eine Akteneinsichtsmöglichkeit zu eröffnen ist, da die Vergabestelle verpflichtet ist, vor der Bekanntmachung offenzulegen.[52]

Dies folgt auch aus der Entscheidung des **OLG München**[53] wonach die Akteneinsicht bei einem 31 **strittigen Angebotsausschluss** dennoch zu erfolgen hat, auch wenn die Vergabekammer den Nachprüfungsantrag wegen eines Angebotsausschlusses **als unzulässig oder unbegründet** ansieht. Denn die Auffassung der Vergabekammer über eine Unzulässigkeit oder eine Unbegründetheit eines Nachprüfungsantrages wegen eines streitigen Angebotsausschlussgrundes kann nicht dazu führen, dem antragstellenden Unternehmen die erforderliche Akteneinsicht und damit die Prüfungsmöglichkeit zu nehmen. Soweit die Zulässigkeit des Nachprüfungsantrages nämlich von dem streitigen Angebotsausschluss abhängig ist, ist dies das entscheidungsrelevante »Thema«, hinsichtlich dessen das Akteneinsichtsrecht von vornherein besteht.[54] Die Beschränkung auf Zulässigkeitsfragen führt nur dazu, dass eine weiter gehende Akteneinsicht in andere Fragen, die die Begründetheit des Nachprüfungsantrages betreffen würden, nicht zu gewähren ist. Akteneinsicht ist in entscheidungsrelevante »Themen« also immer auch unabhängig von der Auffassung der Vergabekammer über die Unzulässigkeit oder Unbegründetheit eines Nachprüfungsantrages zu gewähren, und nur im Rahmen des § 165 Abs. 2, Abs. 3 GWB daraufhin abzuwägen, ob Geheimschutzbelange anderer Bieter oder

---

51 OLG München v. 02.09.2010, Verg 17/10; v. 08.11.2010, Verg 20/10, VergabeR 2011, 228; OLG Naumburg v. 01.06.2011, VergabeR 2012, 250, 251; Byok in: Byok/Jaeger § 111 Rn. 6; Gröning NZBau 2000, 366; OLG Jena Beschl. v. 12.12.2001 6 Verg 5/01 NZBau 2002, 294; OLG Celle Beschl. v. 16.01.2002 13 Verg 1/02 »Hochleistungsrechner I« VergabeR 2002, 299; VK Kiel 23.07.2004, VK-SH 21/04; VK Potsdam 22.03.2004, VK 6/04; OLG Brandenburg 20.08.2002, Verg W 4/02; VK Baden-Württemberg 17.01.2008, 1 VK 52/07; Tahal in: Willenbruch/Bischoff, Kompaktkommentar VergabeR, § 111 Rn. 5; Dreher in: Immenga/Mestmäcker § 111 Rn. 13; VK Thüringen 20.06.2002 216–4002.20–015/02; BayObLG 10.10.2000, Verg 5/00, VergabeR 2001, 55; Summa in: Juris PK, § 111 Rn. 5, 6; Düsterdiek NZBau 2004, 605, 606.

52 OLG Düsseldorf Beschl. v. 29.10.2003 Verg 43/03 »Freizeitbad Olpe« VergabeR 2004, 100 (VOF); Beschl. v. 16.02.2005 Verg 74/04 »Dienstpistolen« VergabeR 2005, 364.

53 OLG München v. 08.11.2010, Verg 20/10, VergabeR 2011, 228 – »Akteneinsicht«; OLG Frankfurt NZBau 2015, 514.

54 OLG München v. 08.11.2010, Verg 20/10, VergabeR 2011, 228 – »Akteneinsicht«.

der Vergabestelle dagegenstehen oder der Bieter »ins Blaue« hinein Fehler oder mögliche Verstöße rügt, um mithilfe der Akteneinsicht erst zusätzliche Informationen zur Untermauerung bloßer substanzloser Mutmaßungen zu erhalten.[55] Die (vorläufige) Auffassung der Vergabekammer über die Unbegründetheit oder die Unzulässigkeit des Antrages ist nicht entscheidend, wie der Wortlaut des § 165 GWB auch zeigt, der eine solche Einschränkung des Akteneinsichtsrechts – unzulässiger oder unbegründeter Nachprüfungsantrag – nicht erwähnt. Schließlich ist auch die Zurückweisung eines Nachprüfungsantrags als »offensichtlich unbegründet« durch die Vergabekammer dann nicht möglich, wenn die Offensichtlichkeit aus Sachverhaltselementen entnommen werden soll, zu denen im Nachprüfungsverfahren keine Akteneinsicht gewährt worden ist.[56] Dieses **Recht auf Akteneinsicht** selbst bei **Unzulässigkeit des Nachprüfungsantrages** ist deutlich vom **OLG Frankfurt** hervorgehoben worden. [57] Solange und soweit über die Zulässigkeit des Nachprüfungsverfahrens intensiv gestritten wird, und darüber nicht entschieden ist, bestehe keine Rechtfertigung, einen Antrag auf Akteneinsicht pauschal als unzulässig abzulehnen. Es gibt, so das OLG Frankfurt, insbesondere **keinen Automatismus, wonach bei Zweifeln an der Zulässigkeit** eines Nachprüfungsantrages **von vornherein keine Akteneinsicht gewährt werden darf.** Denn das Akteneinsichtsrecht nach § 165 Abs. 1 GWB besteht im Grundsatz unbeschränkt. Dass es anerkanntermaßen immanenten Begrenzungen unterliegt, bedeute nicht, dass Akteneinsicht von vornherein generell nicht in Betracht kommt, weil ein Nachprüfungsantrag möglicherweise unzulässig sein könnte. Zumindest besteht grundsätzlich ein Akteneinsichtsrecht in dem Umfang, in dem die Vergabeakte zur Beantwortung der die Statthaftigkeit oder die Zulässigkeit betreffenden Fragen erforderlich ist.[58]

32 **Weitere Beispiele:** Geht es nur um die Frage, ob die Vergabestelle im Offenen Verfahren hätte ausschreiben bzw. die Antragstellerin an einem Nichtoffenen Verfahren hätte beteiligen müssen, sind nur die insoweit aussagekräftigen Aktenbestandteile offenzulegen, und nicht diejenigen, die das Angebot konkurrierender Unternehmen betreffen.[59] Wird nur die Falschbewertung des eigenen Angebotes angegriffen und nicht die Bewertung von Konkurrenzangeboten, ist der Vergabevermerk über die Wertung der Konkurrenzangebote nicht offenzulegen.[60] Ebenso wenig hat die Wertung der verschiedenen Bieterangebote den Antragsteller des Nachprüfungsverfahrens zu interessieren, wenn es nur um die Zulässigkeit seines Antrages im Hinblick auf eine etwaige verspätete Stellung des Antrages nach bereits erfolgter, rechtswirksamer Beendigung des Vergabeverfahrens geht.[61]

c) Sonderfall Verfahrensaufhebung wegen allseitigem Angebotsausschluss

33 *In-Camera-Verfahren* Bestehen für das Angebot des Antragstellers im Nachprüfungsverfahren **Ausschlussgründe,** dann wird sein Hauptantrag, beispielsweise gerichtet auf die Verpflichtung der Vergabestelle, das für den Zuschlag vorgesehene Angebot der Beigeladenen nicht zu berücksichtigen und nach erneut durchgeführter Wertung dasjenige des Antragstellers zu berücksichtigen, keinen Erfolg haben, sodass auch einem Antrag auf weiter gehende Akteneinsicht in den Vergabevermerk über die Wertung in den weiteren Wertungsstufen (Eignung, Auskömmlichkeit und Wirtschaftlichkeit[62]) nicht stattzugeben ist. Das gilt allerdings dann nicht, wenn der Antragsteller **hilfsweise** **die Aufhebung des Vergabeverfahrens bzw. Zurückversetzung** in einen früheren Verfahrensstand mit dem Hinweis rügt, auch alle anderen Bieterangebote seien bei einem Vorliegen von jeweiligen

---

55 OLG München v. 08.11.2010, Verg 20/10, VergabeR 2011, 228 – »Akteneinsicht«.
56 OLG Schleswig v. 20.03.2008, 1 Verg 8/07.
57 OLG Frankfurt v. 12.12.2014, 11 Verg 8/14, NZBau 2015, 514.
58 Ebenso Dicks in: Ziekow/Völlink, GWB-Kommentar, § 111, Rn. 4.
59 OLG Jena Beschl. v. 12.12.2001 6 Verg 5/01 NZBau 2002, 294.
60 OLG Stuttgart 12.04.2000 Verg 3/00 S. 13.
61 BayObLG Beschl. v. 19.12.2000 Verg 7/00 NZBau 2002, 294; vgl. auch BayObLG Beschl. v. 10.10.2000 Verg 5/00 VergabeR 2001, 55; OLG Dresden Beschl. v. 13.07.2000 WVerg 3/00 »Standardsoftware« WuW 2000, 1157, 1160.
62 Siehe hierzu Kus/Verfürth, Einführung in die VOB/A, 4. Aufl. 2012 Rn. 244 ff.; OLG Jena, VergabeR 2002, 419 ff.; OLG Düsseldorf 12.10.2007, Verg 28/07.

Ausschlussgründen **ebenfalls** nicht zu berücksichtigen. Dann lebt sozusagen nur für dieses **Thema** das Akteneinsichtsrecht vollumfänglich auf. Dies resultiert aus der zutreffenden Entscheidung des **BGH** zu dem Recht des Antragstellers **auf Gleichbehandlung** nach § 97 Abs. 2 i.V.m. Abs. 6 **GWB**.[63] Unter Bezugnahme auf die Rechtsprechung des **EuGH**[64] hat der BGH den hierzu vorher vorhandenen Streit nämlich dahin gehend entschieden, dass der öffentliche Auftraggeber **in jedem** Stadium des Vergabeverfahrens den **Grundsatz der Gleichbehandlung** wahren muss. Deshalb kann ein Bieter, dessen Angebot zu Recht ausgeschlossen wird, dessen Angebot zu Recht ausgeschlossen werden kann oder dessen Angebot ausgeschlossen werden muss, in seinen Rechten nach § 97 Abs. 6 GWB verletzt sein, wenn ein anderes Angebot trotz Missachtung von Bestimmungen über das Vergabeverfahren nicht ausgeschlossen wird und den Zuschlag erhalten soll, oder wenn sich der beabsichtigte Zuschlag aus einem anderen Grund verbietet.[65] Aus diesem – grundlegenden – Recht auf Gleichbehandlung folgt konsequenterweise das **flankierende Recht auf Akteneinsicht** in die Wertung des Auftraggebers (regelmäßig niedergelegt im Vergabevermerk) und in die Angebote aller übrigen Bieter, wobei diese freilich insoweit in den für einen Angebotsausschluss nicht interessierenden Bestandteilen wie Preisen und Kalkulationsgrundlagen aus Gründen des Geheimschutzes zu schwärzen sind. Letztendlich entscheidend ist aber der **Einzelfall**. Der Antragsteller muss sich bei diesem Recht auf Akteneinsicht **nicht** auf eine eigene Beurteilung der Vergabekammer oder des Vergabesenates verweisen lassen, weil zutreffender Weise heute das sog. »In-Camera-Verfahren« abgelehnt wird.[66] Dies haben die neueren Entscheidungen des **OLG Naumburg** und **OLG München**, die sich noch einmal grundlegender mit dem Akteneinsichtsrecht des § 165 GWB befasst haben, bestätigt. Das Normverständnis des § 165 GWB bedeute auch im Sinne des Beschleunigungsgrundsatzes von vornherein nur eine beschränkte Akteneinsicht in die entscheidungsrelevanten Aktenbestandteile und demzufolge zur Wahrung der Interessen der Verfahrensbeteiligten die fehlende Möglichkeit der Vergabekammer, ihrer Entscheidung nicht zugänglich gemachte Akteninhalte zugrunde zu legen.[67] Ebenso wenig kann die Vergabekammer nur höchst verkürzt oder oberflächlich beispielsweise im Rahmen der mündlichen Verhandlung kurz eine Inaugenscheinnahme in lediglich einzelne Schriftstücke aus der Vergabeakte gewähren, weil es der Auffassung ist, der Nachprüfungsantrag sei sowieso unbegründet. Vielmehr besteht unabhängig von dieser Auffassung der Vergabekammer ein grundsätzlich uneingeschränktes und nur im Hinblick auf Geheimschutzbelange zurückzudrängendes Akteneinsichtsrecht, damit der Rechtsschutz suchende auch selbst prüfen und entsprechend vortragen bzw. argumentieren kann.[68]

In diesem Zusammenhang kann das Recht auf Akteneinsicht auch nicht mit dem Argument 34 zurückgewiesen werden, der Hinweis auf etwaige Angebotsausschlussgründe bei allen anderen Bieterangeboten würde eine »ins Blaue hinein« erhobene Behauptung sein, sodass die Akteneinsicht erst der Aufdeckung hypothetischer Vergaberechtsmängel diene. Diese Auffassung ist zwar grundsätzlich zutreffend,[69] greift in diesem Sonderfall jedoch wegen des überragenden Rechtes auf

63 BGH 26.09.2006, X ZB 14/06, NZBau 2006, 800 = VergabeR 2007, 59 ff.
64 EuGH 12.12.2002 C-470/99, NZBau 2002, 162, 167 – »Universale Bau AG«.
65 BGH 26.09.2006, X ZB 14/06, NZBau 2006, 800 = VergabeR 2007, 59 ff., siehe im Einzelnen die Kommentierung zu § 97 Abs. 2, Ziff. 3a »Angebotsausschluss: Absolute oder relative Gleichheit?«.
66 Grundlegend OLG Düsseldorf 28.12.2007, VergabeR 2008, 281 ff.; OLG München v. 08.11.2010, VergabeR 2011, 228; OLG Naumburg v. 11.10.1999, 10 Verg 1/99; OLG Naumburg v. 01.06.2011, VergabeR 2012, 250, 251, mit dem zutreffenden Hinweis, dass nicht zugänglich gemachte Akteninhalte der Entscheidung der Nachprüfungsinstanz auch nicht zugrunde gelegt werden dürfen; OLG München 11.05.2007, VergabeR 2007, 536; ferner BVerfG 14.03.2006, Ziff. 131, 112 mit Verweis auf BVerfGE 101, 106, 128; a.A. Dreher in: Immenga/Mestmäcker, § 111 Rn. 18; Byok in: Byok/Jaeger, § 111, Rn. 11.
67 OLG Naumburg v. 01.06.2011, VergabeR 2012, 250, 251.
68 OLG München v. 08.11.2010, VergabeR 2011, 228 – »Akteneinsicht«.
69 OLG München VergabeR 2011, 228; OLG Naumburg, VergabeR 2012, 250, 251; OLG Düsseldorf VergabeR 2009, 799 – »Bebauungsplan« mit Anmerkung Kus; v.. 10.11.2011, Verg W 13/11; OLG Jena 06.12.2006, 9 Verg 8/06; 11.01.2007, 9 Verg 9/06.

Gleichbehandlung aus § 97 Abs. 2 GWB nicht.[70] Hier geht es vielmehr um einen Sonderfall, in denen der Antragsteller, da er keine Kenntnis von den wesentlichen Vorgängen der Angebotslegung der konkurrierenden Mitbewerber haben kann, ohne Akteneinsicht schlechterdings keine substanziierten Rügen bezüglich deren etwaiger Angebotsausschlüsse erheben kann. In solchen Fällen muss wegen des Rechtes auf Gleichbehandlung und um einen **effektiven Rechtsschutz** zu gewährleisten, im zulässigen und erforderlichen Umfang Akteneinsicht gewährt werden.[71]

2. Darlegungslast und Begründungszwang

35   Was nun entscheidungserheblich ist und was nicht, entscheidet **nach § 165 Abs. 2** die Vergabekammer. Weil sie damit zugleich das Akteneinsichtsrecht einschränkt, ist diese Entscheidung **ausführlich zu begründen (Begründungszwang)**. Die vom Gesetzgeber richtigerweise aufgrund unliebsamer Erfahrungen aus der Vorzeit und natürlich auch aus Gründen des rechtlichen Gehörs und effektiven Bieterrechtsschutzes getroffene Entscheidung **für** Transparenz des Vergabeverfahrens setzt sich also in einer notwendigen Transparenz der »gerichtlichen« Entscheidung über den **konkreten Umfang der Akteneinsicht** fort. Eine bloße, nicht begründete und damit nicht nachvollziehbare Behauptung in den Beschlussgründen ist unzulässig und widerspricht dem Grundsatz des rechtlichen Gehörs und dem Rechtsstaatsprinzip.[72] Sinnvollerweise sollte die Vergabekammer eine **Zwischenentscheidung**[73] treffen, vgl. unten zu § 165 Abs. 4 GWB. Sie muss jedenfalls die Verfahrensbeteiligten zu ihrer Auffassung der Entscheidungsrelevanz **anhören**. Im Fall der Verletzung des **Anhörungsrechts** steht eine **Anhörungsrüge nach § 71a GWB** zur Verfügung, mit einem daraus folgenden **Anhörungsrügeverfahren** vor dem OLG.[74] Bei der Anhörung muss nicht notwendiger-

---

70 Zutreffend weist das OLG Düsseldorf darauf hin, dass für wahrscheinlich oder für möglich gehaltene Vergaberechtsverstöße gerügt werden können, VergabeR 2008, 285.

71 So zwar nicht für diesen Sonderfall, aber grundsätzlich Ramm, VergabeR 2007, 739, 740; a.A. Dreher in: Immenga/Mestmäcker, § 111 Rn. 17, der freilich auf das heute abgelehnte In-Camera-Verfahren verweist.

72 Dreher in: Immenga/Mestmäcker § 111 Rn. 20; unzureichend ist daher die Zurückweisung der Akteneinsicht mit den Worten »der Senat hat den Inhalt dieser Teile der Akten gesichtet, sie sind für die Entscheidung des Senates ohne Bedeutung«, weil der Antragsteller dies glauben muss, aber nicht nachvollziehen kann (so im Fall OLG Saarbrücken Beschl. v. 24.11.1999 5 Verg 1/99 in: Fischer/Noch VII 2.12.2 S. 22).

73 Siehe grundlegend hierzu und zur Anfechtbarkeit einer die Akteneinsicht gewährenden Entscheidung der Vergabekammer OLG Düsseldorf 28.12.2007, VII–Verg 40/07, VergabeR 2008, 281 ff. mit Anmerkung Noch – »FH Aachen«, sowie OLG Düsseldorf 05.03.2008, VII–Verg 12/08 – »Begründungszwang des Geheimschutzbegehrenden«; EuGH 14.02.2008, C – 450/06, VergabeR 2008, 487 – »Varec«.

74 BVerfG 26.02.2008, NZBau 2008, 456: »Zwar enthalten die Vorschriften der §§ 116 ff. GWB keine eigenständige Regelung zum Anhörungsrügeverfahren. Jedoch verweist § 120 Abs. 2 GWB auf eine Anzahl von Vorschriften zum Beschwerdeverfahren gegen Verfügungen der Kartellbehörde. In seiner durch das Anhörungsrügengesetz vom 09.12.2004, dort Art. 20 Nr. 3 geänderten Fassung verweist § 120 GWB auch auf § 71a GWB, der die Anhörungsrüge regelt. Diese Änderung von § 120 GWB ist im Bundesgesetzblatt Teil I vom 14.12.2004, S. 3220, 3229 f., bekannt gemacht worden. Allerdings veröffentlichte der Bundesminister für Wirtschaft und Arbeit im Bundesgesetzblatt Teil I vom 20.07.2005, S. 2114 ff., eine ›Bekanntmachung der Neufassung des Gesetzes gegen Wettbewerbsbeschränkungen‹. Ausweislich ihrer Präambel, dort Nr. 14, berücksichtigte diese Neubekanntmachung auch das Anhörungsrügengesetz. Jedoch **fehlte** in § 120 Abs. 2 dieser Neubekanntmachung die **Verweisung auf § 71a GWB**. Dieser Fehler hatte zur Folge, dass in den verbreiteten Gesetzestexten und auch in der Kommentarliteratur die Verweisung des § 120 GWB auf die Vorschrift über die Anhörungsrüge nicht enthalten ist.« Dieser Fehler führte nach der Entscheidung des BVerfG nicht dazu, dass im vergaberechtlichen Nachprüfungsverfahren der Rechtsbehelf der Anhörungsrüge nicht vorhanden sei. Außerdem hätte ansonsten aufgrund der überragenden Bedeutung des Grundsatzes des rechtlichen Gehörs der insoweit auch nicht als abschließend angesehene § 120 GWB im Wege der Analogie zur Anwendung des § 71a GWB führen müssen. § 120 enthält **jetzt** ausdrücklich den Verweis auf § 71 a GWB. Zur Anhörungsrüge s. jetzt zB OLG Düsseldorf 04.03.2009, Verg 67/08, NZBau 2009, 334 – »Bahnhof O.«; OLG Naumburg 02.04.2009, 1 Verg 10/08; OLG Düsseldorf 09.06.2008, Verg 46/07, IBR 2008, 1193; OLG Naumburg v. 30.08.2012, 2 Verg 3/12, VergabeR 2013, 135 – »Müllheizkraftwerk II«; OLG München v. 19.03.2012, Verg 14/11; v. 11.04.2012, Verg 2/12.

weise der vor der Akteneinsicht zu schützende Aktenbestandteil zugleich auch offengelegt werden. Wenn nämlich der die Akteneinsicht begehrende Verfahrensbeteiligte schon anhand der ihm vorliegenden Unterlagen selbst ermitteln kann, wo beispielsweise die wesentlichen Bewertungsdifferenzen zwischen verschiedenen Bieterangeboten liegen, hat **er konkret aufzuzeigen (Darlegungslast)**, dass und warum seine bisherige Kenntnislage nicht ausreichend ist.[75] Auch kann es für einen effektiven Rechtsschutz des Akteneinsicht Begehrenden ausreichend sein, nur einzelne Inhalte der Eignungsunterlagen und des Vergabevermerks in anonymisierter Form mitzuteilen, wenn dadurch gleichzeitig Geheimhaltungsinteressen der anderweitig Betroffenen gewahrt werden.[76]

II. Akten und Beteiligte

Die **Beteiligten** des Nachprüfungsverfahrens können die **Akten** bei der Vergabekammer einsehen und sich durch die Geschäftsstelle auf ihre Kosten Ausfertigungen, Auszüge oder Abschriften erteilen lassen. Ein Anspruch auf Aktenversendung besteht grundsätzlich nicht.[77] **Wie** die Vergabekammer der Gewährung der Akteneinsicht nachkommt, liegt in ihrem **Ermessen**. Das ergibt sich daraus, dass § 165 GWB lediglich den Umfang des Anspruchs auf Akteneinsicht regelt und es der Vergabekammer freisteht, in welcher Weise sie Akteneinsicht gewährt. Diesen Anspruch auf Akteneinsicht kann die Vergabekammer deshalb grundsätzlich auch durch **Übersendung von Fotokopien** erfüllen.[78] **Kostenschuldner** für die der Vergabekammer durch Anfertigen von Kopien zur Gewährung der Akteneinsicht entstandenen Auslagen ist derjenige, der die Akteneinsicht beantragt hat. Diese hat der Antragsgegner nur zu erstatten, soweit er nach § 182 Abs. 4 GWB verpflichtet ist, die Aufwendungen der Gegenpartei (des Antragstellers) zu erstatten.[79] 36

Beteiligte sind gem. § 162 GWB der Antragsteller, der Auftraggeber und die Unternehmen, deren Interessen durch die Entscheidung schwerwiegend berührt werden und die deswegen von der Vergabekammer **beigeladen** worden sind. Dritte, d.h. weitere am Vergabeverfahren Beteiligte, nicht jedoch zum Nachprüfungsverfahren Beigeladene, haben kein Einsichtsrecht.[80] 37

Akten sind alle Unterlagen der Vergabestelle, die mit dem Vergabeverfahren zu tun haben und es dokumentieren, ferner die Akten des Nachprüfungsverfahrens selbst, ggf. auch Akten des Landesrechnungshofs.[81] Aus der Vergabeakte der Vergabestelle sind dies insbesondere die **Vergabevermerke**, die zur Dokumentation der wesentlichen Entscheidungen und Verfahrensschritte der Vergabestelle zur Vermeidung der Aufhebung des Vergabeverfahrens zwingend verfasst werden müssen,[82] des Weiteren ggf. auch näher erläuternde Entwürfe oder Schriftwechsel mit Beratern der Vergabestelle (Planungsbüros etc.). Entscheidungsentwürfe der Mitglieder der Vergabekammer oder des Vergabesenats gehören allerdings nicht dazu.[83] Je detaillierter der Vergabevermerk gefasst ist, desto eher kann die Vergabestelle auf die Beifügung erläuternder Unterlagen verzichten. Der Aktenbegriff ist insoweit umfassend im Sinne des § 29 VwVfG zu verstehen, der von »die das Verfahren betreffenden Akten« spricht, womit nicht nur die eigentlichen Verfahrensakten, sondern **alle** 38

75 OLG Düsseldorf 29.12.2001 Verg 22/01, 15 ff. = NZBau 2002, 578; so im Ergebnis auch Gröning NZBau 2000, 366, 370.
76 OLG Naumburg v. 01.06.2011, VergabeR 2012, 250, 251.
77 VK Brandenburg v. 21.07.2004, VK 35/04, 38/04.
78 OLG Düsseldorf v. 07.08.2013, Verg 48/12.
79 OLG Düsseldorf vom 07.08.2013, Verg 48/12.
80 Schmidt in: Immenga/Mestmäcker § 72 Rn. 3; Bechtold § 111 Rn. 2; Byok in: Byok/Jaeger § 111, 1039; a.A. Erdl Rn. 595, die auch nicht am Nachprüfungsverfahren Beteiligte einbeziehen will, was aber dem Beteiligtenbegriff in § 109 GWB und den Gesetzesmaterialien (Begründung zu § 121 Abs. 3 und 4 GWB-E) widerspricht; Nolte DÖV 1999, 363.
81 OLG Jena v. 13.10.2015. 2 Verg 6/15.
82 OLG Düsseldorf Beschl. v. 17.03.2004 VII–Verg 1/04 NZBau 2004, 461; OLG Brandenburg Beschl. v. 03.08.1999 6 Verg 1/99 NZBau 2000, 39, 44/45; OLG Jena Beschl. v. 08.06.2000 6 Verg 2/00 NZBau 2001, 163 ff.
83 Ramm VergabeR 2007, 739.

Akten gemeint sind, die mit dem Gegenstand des Verfahrens in Zusammenhang stehen und für die Entscheidung von Bedeutung sein können, also auch beizuziehende Akten.[84] Folglich erstreckt sich das Akteneinsichtsrecht auf alle **materiellen** Bestandteile der Vergabeakten. Es erfasst damit sogar die **Kostenschätzung** des öffentlichen Auftraggebers nach der DIN 276.[85]

39 (Begründete) Mutmaßungen der Verfahrensbeteiligten, die von der Vergabestelle vorgelegte Vergabeakte sei nicht vollständig, führen nicht zu einer Vervollständigungspflicht,[86] da andererseits die Vergabestelle auch kein Recht zu einer möglicherweise verfälschenden Nachbesserung der Vergabeakte haben kann. Vielmehr ist einzig richtige Reaktion die **Aufhebung** des nicht dokumentierten Vergabeverfahrens[87] oder Teilaufhebung und Rückversetzung in den Stand, bis zu dem eine ausreichende Dokumentation der bisherigen Verfahrensschritte vorliegt.[88] Nur die Gewissheit einer solchen möglichen Sanktion schafft eine effektive und aussagekräftige Dokumentation.

40 Die Verfahrensbeteiligten können die Akten nur bei der Vergabekammer **einsehen**, ein Anspruch auf Aushändigung oder Aktenversendung besteht nicht, kann aber von der Vergabekammer gestattet werden,[89] weil die Einsichtnahme bei der Vergabekammer nicht zwingend ist. Ist das einzusehende Material nicht umfangreich, kann die Vergabekammer zur Verfahrensbeschleunigung sinnvollerweise Kopien (per Fax) versenden;[90] bei umfangreichen Aktenbeständen findet zweckmäßigerweise eine Abstimmung vor Ort bei der Vergabekammer statt.

41 Es sind auch nicht zwingend die Aktenbestandteile der Vergabestelle offenzulegen, wenn sich die notwendige Information auch aus anderen Quellen für den Rechtsschutz suchenden erschließen, die ihm dann zugänglich zu machen sind.[91]

III. Verwertungsverbot

42 Fraglich ist, ob nach einer erfolgten Akteneinsicht ein Verwertungsverbot für diejenigen Aktenbestandteile besteht, die vom Akteneinsichtsrecht nicht umfasst waren, dennoch aber eingesehen worden sind. So kann es vorkommen, dass nach der gewährten Akteneinsicht bei der Vergabekammer die bereitgehaltenen Vergabeakten eingesehen werden, und dabei (versehentlich) auch Vergabeakten mit dem Inhalt der Angebote konkurrierender Bieter. Wenn sich daraus Erkenntnisse zugunsten des einsehenden, antragstellenden Unternehmens und zulasten des für den Zuschlag beigeladenen Unternehmens beispielsweise ergeben, darf diese vom Akteneinsichtsrecht nicht umfasste, das heißt verbotene Einsichtnahme nicht zu einer Verwertung im Rahmen des Nachprüfungsverfahrens führen.[92] Denn werden hochsensible Daten wie insbesondere die Kalkulationsgrundlagen oder Preise der anderen Bieter des Vergabeverfahrens, insbesondere aber der beteiligten Bieter des Nachprüfungsverfahrens, eingesehen werden, und zwar außerhalb der gewährten Akteneinsicht, so stellt dies der Sache eine bereits von der Vergabestelle zu bekämpfende, unlautere und wettbewerbsschädliche Verhaltensweise im Sinne beispielsweise des § 2 Abs. 1 Nr. 2 VOB/A-EG a.F.,

---

84 Ramm VergabeR 2008, 739; KG Beschl. v. 19.08.1986 1 Kart. 9/86 »L'Air Liquide« WuW OLG 3908, 3910 = WuW 1987, 258, 260; vgl. auch Byok in: Byok/Jaeger § 111 Rn. 1038.

85 OLG Düsseldorf 28.12.2008, VII–Verg 40/07, VergabeR 2008, 281, 284 – »FH Aachen«. Die Kostenschätzung als Grundlage für die Finanzmittelbereitstellung für das Projekt war zu überprüfen, weil ausnahmslos wesentlich höhere Angebote eingegangen waren.

86 OLG Jena Beschl. v. 08.06.2000 6 Verg 2/00 NZBau 2001, 163 ff.

87 OLG Düsseldorf Beschl. v. 17.03.2004 VII–Verg 1/04 NZBau 2004, 461.

88 OLG Brandenburg Beschl. v. 03.08.1999 6 Verg 1/99 NZBau 2000, 39, 44.

89 Vgl. Hinz in: Müller-Henneberg u.a. Gemeinschaftskommentar zum GWB § 71 (a.F.) Rn. 2; Immenga/Mestmäcker § 71 (a.F.) Rn. 9; BGH Urt. v. 12.12.1960 III ZR 191/59 (Nürnberg) NJW 1961, 559, zur gleich lautenden Vorschrift des § 299 Abs. 1 ZPO, die ebenfalls nur ein Einsichtsrecht vorsieht; vgl. ferner Leinemann/Weihrauch Rn. 553.

90 Ramm VergabeR 2007, 739; OLG Düsseldorf, 07.08.2013, VII – Verg 48/12.

91 OLG Naumburg, VergabeR 2012, 250, 251.

92 OLG Frankfurt v. 21.02.2012, 11 Verg 11/11.

§ 97 Abs. 1 GWB dar.[93] Anders mag dies hingegen bei grundsätzlich nicht geheimschutzrelevanten Aktenbestandteilen sein.[94] Insbesondere die konkurrierenden Bieterangebote sind aber in der Regel geheimschutzbedürftig, und was geheimschutzbedürftig ist, und deshalb auch nicht zur gewährten Akteneinsicht führte, darf bei dennoch erfolgter Akteneinsicht im Nachprüfungsverfahren nicht verwertet werden.

So ist es beispielsweise wettbewerbsbeschränkend und unlauter, wenn ein Antragsteller im Nach- 43 prüfungsverfahren ihm zugespielte Teile des Angebots anderer Bieter in das Nachprüfungsverfahren einführt, weil er damit im Wettbewerb bewusst fremdes – möglicherweise sogar strafrechtlich relevantes – Fehlverhalten ausnutzt. Aus diesem Grunde dürfen auch objektive Vergabefehler, die auf diesem Wege bekannt werden, nicht berücksichtigt werden.[95] Die Vergabestelle, ein kommunaler Zweckverband, hatte die Betriebsführung der Wasserversorgung und Abwässerentsorgung ausgeschrieben. Ein Wasserversorgungsunternehmen, das sich um diesen Auftrag bewarb, belegte Rang 2. Es wird von der Vergabestelle informiert, dass die Vertragsverhandlungen im Verhandlungsverfahren mit dem anderen Unternehmen aufgenommen werden. Am gleichen Tag erhält es einen an seinen Geschäftsführer adressierten Umschlag ohne Absenderangaben, der Kopien eines Teils des überarbeiteten Angebots des auf Rang 1 platzierten Bieters enthält. Den Kopien können Angebotsausschlussgründe entnommen werden, die das auf Rang 2 liegende Unternehmen zunächst im Vergabeverfahren, dann im Nachprüfungsverfahren geltend machte. Das **OLG Brandenburg** sprach von nicht verwertbaren Unterlagen, die das Unternehmen entweder von einem Mitarbeiter des auf Rang 1 liegenden Unternehmens unter Verstoß gegen § 17 Abs. 1 UWG oder von einem Mitarbeiter des Auftraggebers unter Verstoß gegen § 17 Abs. 2 Nr. 1 und 2 UWG zugespielt erhalten hatte. Die Kenntnisnahme und Verwertung dieser zugespielten Angebotsunterlagen des Konkurrenten sei eine wettbewerbsbeschränkende und aus diesem Grund unlautere Verhaltensweise im Sinne des § 2 Nr. 1 Abs. 2 VOL/A a.F. (heute nur noch in § 97 Abs. 1 GWB enthalten), die zu bekämpfen sei, weshalb diese Informationen nicht verwertet werden dürften.[96] Die **VK Sachsen-Anhalt** geht sogar so weit, dass das Ausspähen von Inhalten der Konkurrenzangebote zu einem Angebotsausschluss wegen unlauteren, zu bekämpfenden Wettbewerbs führt.[97]

D. Versagung der Akteneinsicht (Abs. 2 und 3)

Das Akteneinsichtsrecht unterliegt **Ausnahmen**, die in § 165 Abs. 2 und 3 GWB geregelt sind. 44 Nach der Grundstruktur des § 165 GWB (siehe oben) ist die Versagung die Ausnahme. Sie ist nur möglich, wenn **wichtige Gründe** vorliegen, da die Vergabekammer nach dem Wortlaut die Einsicht in die Unterlagen (nur!) zu versagen **hat, soweit** wichtige Gründe vorliegen.[98]

I. Voraussetzungen der Versagung: Wichtige Gründe (Abs. 2)

Wichtige Gründe sind nach dem Gesetz insbesondere solche des Geheimschutzes oder zur Wah- 45 rung von Betriebs- oder Geschäftsgeheimnissen. Hier ist die Vorschrift im Wesentlichen § 72 Abs. 2 Satz 2 GWB nachgebildet.[99]

Insbesondere **die Angebotsunterlagen der mitbietenden Konkurrenz** sind im Nachprüfungsver- 46 fahren ein ständiges Thema, zB die Angebotskalkulation und häufig in Sondervorschlägen bzw. Nebenangeboten niedergelegtes **technisches Know-how**. Auch Kundenlisten, Bezugsquellen und

---

93 Anschaulich z.B. OLG Brandenburg v. 06.10.2005, Verg W 7/05, IBR 2006, 111; ohne diese Begründung im Ergebnis wegen des hochsensiblen Bereiches von Bieterkalkulationsgrundlagen OLG Frankfurt v. 21.02.2012, 11 Verg 11/11.

94 So Dreher in: Immenga/Mestmäcker, GWB-Kommentar, 4. Auflage, § 111 Rn. 21.

95 OLG Brandenburg v. 06.10.2005, Verg W 7/05, IBR 2006, 111.

96 OLG Brandenburg a.a.O.

97 VK Sachsen-Anhalt vom 06.10.2015 – 1 VK LSA 12/15.

98 Byok in: Byok/Jaeger § 111 Rn. 3; OLG Brandenburg, NZBau 2014, 525; OLG Celle, NZBau 2014, 784.

99 Gröning NZBau 2000, 366, 370.

Informationen zur Ertragslage des Unternehmens und zu dessen Marktstrategie fallen darunter.[100] Auch Umsätze, Geschäftsbücher, Konditionen, Marktstrategien, Unterlagen zur Kreditwürdigkeit, Patentanmeldungen sowie sonstige Entwicklungs- und Forschungsprojekte, durch welche die wirtschaftlichen Verhältnisse eines Betriebs maßgeblich bestimmt werden können, zählen dazu.[101] Ist es für die Angebotsgestaltung relevant, so sind vom Geheimschutz auch beispielsweise alle Möglichkeiten zur Unterbringung von Baggergut und von den diesbezüglich Fracht- sowie Vorhaltekosten und Kapazitäten umfasst.[102] Auch die Korrespondenz zwischen einem am Vergabeverfahren beteiligten Bieter und seines Anwalts ist aus Mandatsgeheimnisgründen geheimschutzbedürftig. Denn es muss einem Verfahrensbeteiligten möglich sein, sich anwaltlich beraten zu lassen, ohne den Inhalt der Beratung Dritten gegenüber offenbaren zu müssen. Die Vertraulichkeit des Mandatsverhältnisses stellt ein wichtiges Gut dar, das verfassungsrechtlich bereits geschützt ist.[103] So entscheidend auf der einen Seite ein Einsichtsrecht für die Verwirklichung von Vergabeverfahrenstransparenz ist, so wichtig ist auf der anderen Seite der Geheimschutz für die Realisierung von Bieterwettbewerb, da der nicht nur dem Bieter, sondern auch dem Auftraggeber-Projekt dienende Einsatz von speziellem Know-how oder besonderer Innovation unterbleiben würde, wenn die Gefahr der Bekanntgabe an die mitbietende Konkurrenz bestehen würde.[104] **Nebenangebote** sind wegen deren technischen Details grundsätzlich stets geheim zu halten, denn gerade in Nebenangeboten setzt ein Bieter seine besondere Kenntnis und sein besonderes Know-How ein, um dem Auftraggeber eine besonders (preis-) interessante Leistung bzw. Lösung seiner Beschaffungsaufgabe bieten zu können.[105] Das führt auch dazu, dass regelmäßig das selbst dann, wenn in Teile der Angebotsunterlagen der mitbietenden Konkurrenz (Beigeladenen) Akteneinsicht im Einzelfall gewährt wird,[106] in jedem Fall alle **Namen der am Vergabeverfahren teilnehmenden Bieter** immer zu schwärzen sind. Denn ein Antragsteller hat keinen Anspruch darauf, die Namen der am Vergabeverfahren teilnehmenden Wettbewerber zu erfahren.[107]

47   Wie dieses **Spannungsverhältnis zwischen Einsichtsrecht und Geheimschutz** zu lösen ist, welchen Einfluss also einerseits das Regel-Ausnahme-Schema hat und wer andererseits eine Darlegungslast trägt, ist umstritten. Der Streit wird daran aufgehängt, ob außer auf Satz 2 des § 72 Abs. 2 GWB auch auf die Sätze 2 bis 5 des § 72 Abs. 2 GWB Rückgriff zu nehmen ist.

1. Kartellrechtliche Vorgaben

48   Zur Bestimmung von Inhalt und Umfang der **Begriffe Betriebs- oder Geschäftsgeheimnisse**[108] kann zunächst auf die Rechtsprechung und Literatur zu § 72 GWB, der die gleichen Begriffe verwendet, verwiesen werden.[109] Der Begriff Geschäftsgeheimnisse wird im Allgemeinen als

---

100   Ramm VergabeR 2007, 742; Düsterdiek NZBau 2004, 605, 607.
101   BVerfG 14.03.2006, NZBau 2006, 523, Ziff. 87.
102   OLG Düsseldorf v. 15.08.2011, Verg 71/11.
103   OLG Düsseldorf, VergabeR 2009, 799 – »Bebauungsplan« m. Anm. Kus; mit Verweis auf BVerfG NJW 2008, 2422, Rn. 15; NJW 2009, 281.
104   Vgl. auch Noch Vergaberecht Kompakt S. 68; Dreher in: Immenga/Mestmäcker, § 111 Rn. 16.
105   VK Bund v. 02.10.2013, VK 2 – 80/13.
106   So z.B. im Fall OLG Naumburg v. 01.06.2011, VergabeR 2012, 250, 251.
107   OLG Brandenburg v. 12.01.2010, Verg W 5/09, m.Verw. auf §§ 22 Nr. 2 Abs. 3 Nr. 5, 27b Nr. 1 VOL/A; a.A. Glahs NZBau 2014, 75, 79, die selbst dann Akteneinsicht zulassen will.
108   Ursprünglich wurde auch auf Fabrikationsgeheimnisse in § 111 GWB abgestellt, dies aber gestrichen, da der Begriff keine eigenständige Bedeutung hat.
109   Schon zu Zeiten der haushaltsrechtlichen Lösung mit einer fehlenden Akteneinsichtsrechtsregelung zog der VüA Bayern richtigerweise statt der Bestimmungen der Verdingungsordnungen VOB/A bzw. VOL/A § 30 VwVfG bzw. § 71 Abs. 2 Satz 2 GWB (a.F.) heran und stellte auf die Begriffe Betriebs- oder Geschäftsgeheimnisse ab, VÜA Bayern Beschl. v. 22.09.1995 VÜA 7/95 »Rohbauarbeiten Ausstellungshallen« WuW 1996, 349, 354; so auch Erdl Rn. 597.

Oberbegriff angesehen.[110] In Abgrenzung zum Betriebsgeheimnis bezieht sich das Geschäftsgeheimnis auf Erkenntnisse aus dem kommerziellen, **kaufmännischen** Bereich, das Betriebsgeheimnis auf solche aus dem betrieblichen Bereich einschließlich technischer Erkenntnisse. Betriebsgeheimnisse betreffen also im Wesentlichen technisches Wissen, Geschäftsgeheimnisse kaufmännisches Wissen. Zu derartigen Geheimnissen werden etwa Umsätze, Ertragslagen, Geschäftsbücher, Kundenlisten, Bezugsquellen, Konditionen, Marktstrategien, Unterlagen zur Kreditwürdigkeit, Kalkulationsunterlagen, Patentanmeldungen und sonstige Entwicklungs- und Forschungsprojekte gezählt, durch welche die wirtschaftlichen Verhältnisse eines Betriebs maßgeblich bestimmt werden können.[111] Die Abgrenzung der Begriffe voneinander ist aber weniger relevant, entscheidend ist der **gemeinsame Grundtatbestand**, dass es sich bei Geschäfts- und Betriebsgeheimnissen jeweils um Tatsachen handeln muss, die **nach dem bekundeten oder erkennbaren Willen** des Inhabers geheim gehalten werden sollen,[112] nur einem begrenzten Personenkreis bekannt und **damit nicht offenkundig** sind[113] und für die Wettbewerbsfähigkeit des Inhabers **eine erhebliche Bedeutung** haben, weil ihre Offenbarung **konkrete nachteilige Folgen** für die Wettbewerbsfähigkeit des betroffenen Unternehmens oder wirtschaftliche Schäden erwarten lässt.[114] Anerkannt ist, dass namentlich im Zusammenhang mit Auftragsvergaben auch der **öffentliche Auftraggeber Träger von Betriebs- oder Geschäftsgeheimnissen** sein kann, also ebenfalls etwaige Geheimschutzbelange geltend machen kann.[115] Lässt die Offenlegung bei **objektiver Betrachtung** keine konkreten Nachteile befürchten, sind die Gründe **nicht wichtig** im Sinne des Abs. 2.[116]

So hat die kartellrechtliche Rechtsprechung Angaben über die Struktur der Lieferanten und der 49 mit ihnen verbundenen Unternehmen, über die Struktur der Herstellermärkte und die Abnehmer gewährten Konditionen, Marktanteile, Bezugsanteile oder Angebotsanteile geschützt.[117] Hinter dieser »kartellrechtlichen« Auffassung steht der **Schutz des Wettbewerbs als Institution.** Der Wettbewerb in seinem ordo-liberalen Verständnis ist unabhängig von subjektiven Interessen **objektiv** zu schützen, um seine eminente Bedeutung für eine ordo-liberale Wirtschaftsverfassung aufrechtzuerhalten.[118] Dies ist bei der **Handhabung der Akteneinsicht** nach § 165 GWB zu berücksichtigen, anderenfalls würde das gesetzgeberische Ziel, mit der Implantation des Vergaberechts in das Kartellrecht mit dem daraus folgenden Grundverständnis, die **Wettbewerbsordnung als solche** zu schützen, verfehlt werden.[119] Für das Spannungsverhältnis von Akteneinsicht und Versagung hat dies Bedeutung bei der Gewichtung der widerstreitenden Interessen sowie nach hiesiger Auffassung insbesondere hinsichtlich der Darlegungslasten und Begründungszwänge (siehe unten Rdn. 53 ff.).

---

110 Lieberknecht WuW 1988, 833, 836, mit Verweis darauf, dass trotz unterschiedlicher Formulierungen im kartellrechtlichen wie außerkartellrechtlichen Normenbereich, zB § 30 VwVfG, § 17 UWG a.F., § 90 HGB, § 93 Abs. 1 Aktiengesetz etc. grundsätzlich ein einheitliches Begriffsverständnis besteht.
111 BVerfG 14.03.2006, Ziff. 87 des Beschlusses, NZBau 2006, 523.
112 OLG Düsseldorf Beschl. v. 05.07.1977 Kart 2/77 »Anzeigenpreise« WuW OLG 1881, 1887 = WuW 1978, 83, 89.
113 OLG Düsseldorf Beschl. v. 05.07.1977 Kart 2/77 »Anzeigenpreise« WuW OLG 1881, 1887 = WuW 1978, 83, 89; VÜA Bayern Beschl. v. 22.09.1995 VÜA 7/95 »Rohbauarbeiten Ausstellungshallen« WuW 1996, 349, 354.
114 BVerfG 14.03.2006, Ziff. 87, NZBau 2006, 523; OLG Düsseldorf 28.12.2008, VergabeR 2008, 285; KG Beschl. v. 10.05.1985 Kart. 21/83 WuW OLG 3539, 3540 = WuW 1986, 51, 52; VÜA Bayern Beschl. v. 22.09.1995 VÜA 7/95 »Rohbauarbeiten Ausstellungshallen« WuW 1996, 349, 354, mit Verweis auf BGH 10.06.1995 1 StR 764/94 Eildienst Bundesgerichtliche Entscheidungen 1995, 218; Lieberknecht WuW 1988, 833, 836.
115 OLG Düsseldorf 28.12.2008, VergabeR 2008, 285; BGH, NJW 1995, 2301.
116 In Anlehnung an KG Beschl. v. 10.05.1985 Kart. 21/83 WuW OLG 3539, 3540 = WuW 1986, 51, 52.
117 KG Beschl. v. 18.11.1985 1 Kart. 32/85 »Coop-Wandmarker« WuW OLG 3721, 3724 = WuW 1986, 629, 632.
118 Vgl. nur Emmerich Kartellrecht § 1 Ziff. 1 und 2 e.
119 Vgl. hierzu Stockmann ZWeR 2003, 37, 49 ff.; im Ergebnis ebenso Dreher in: Immenga/Mestmäcker, § 111 Rn. 16.

2. Vergaberechtliche Rechtsprechung und Literatur

50   In der vergaberechtlichen Rechtsprechung und Literatur wird das Spannungsverhältnis zwischen Akteneinsicht und Geheimschutz unterschiedlich beurteilt, soweit man erst über die erste Stufe der Entscheidungsrelevanz hinaus ist.

51   Ein sehr weitreichendes Akteneinsichtsrecht befürwortete früh das **Thüringer OLG**. Im Interesse des subjektiven Rechtsschutzes der Verfahrensbeteiligten sei die Akteneinsicht erst dann zu versagen, wenn die Vergabekammer davon **überzeugt** ist, dass das fragliche Material dem betriebsbezogenen Vertraulichkeitsbereich eines Verfahrensbeteiligten angehört und dass wichtige Gründe des Geheimschutzes es gebieten, es der Kenntnisnahme Dritter vorzuenthalten. Da mit der Versagung von Akteneinsicht eine Schmälerung der Informationsgrundlagen eines Verfahrensbeteiligten verbunden sei, bewirke dieses graduelle Zurücknehmen von Rechtsschutz einen Schritt weg von der Gleichbehandlung der um den Zuschlag Konkurrierenden und eine Minderung der Transparenz der Auftragsvergabe. Deswegen müsse die im Rahmen des § 165 Abs. 2 GWB vorzunehmende Interessenabwägung, soll sie das Abweichen von tragenden Prinzipien des EG-rechtlich dominierten Vergabeverfahrens rechtfertigen, mit einem **eindeutigen Übergewicht zugunsten** des persönlichen oder betrieblichen **Geheimschutzes** desjenigen Mitbieters abschließen, in dessen Angebotsunterlagen die Einsicht verweigert wird. Dass bei der Akteneinsicht **Rückschlüsse auf die Kalkulation eines Mitbieters** und ggf. auch auf Betriebsinterna möglich werden, sei im Interesse der Offenheit der Vergabeprüfung und der Effektivität des Rechtsschutzes zugunsten der Vergabebeteiligten **grundsätzlich hinzunehmen**.[120]

52   Die **VK Bund** hat in einer ersten Entscheidung zum Akteneinsichtsrecht demgegenüber **generell** aktuelle Preisangaben von Wettbewerben als Betriebsgeheimnisse ausgenommen, weil ein Unternehmen aus aktuell geforderten Preisen oder Preisstrukturen eines Wettbewerbers auf schützenswerte Informationen schließen könne, und der schützenswerte Geheimwettbewerb zwischen den Bietern nicht ausgehöhlt werden dürfe.[121] Das ist speziell zu diesen hochsensiblen Daten heute unstreitig, vgl. Rdn. 37.

53   In einer neueren Entscheidung hat das **OLG Naumburg** diese Rechtsprechung bestätigt und **vertiefend** der Sache nach ausgeführt, dass das **In-Camera-Verfahren** nicht zulässig ist, des Weiteren das Spannungsverhältnis zwischen Akteneinsichtsrecht und Geheimschutz im Rahmen einer Abwägung entsprechend **§ 72 Abs. 2 Satz 4 GWB** zu erfolgen hat.[122] Ebenso wie zuvor schon das OLG Düsseldorf[123] sieht auch das OLG Naumburg jedoch keinen Vorrang des Einsichtsrechts gegenüber dem Geheimschutz oder umgekehrt. Im Einzelnen hat es ausgeführt, dass nach inzwischen einhelliger Auffassung in der Rechtsprechung die Vorschrift des § 111 Abs. 1 GWB dahin gehend auszulegen ist, dass der Anspruch auf Akteneinsicht von vornherein auf diejenigen Aktenbestandteile beschränkt ist, deren Inhalt gegebenenfalls dem **entscheidungserheblichen Sachverhalt** zuzuordnen ist. Im Nachprüfungsverfahren habe das Akteneinsichtsrecht eine dienende, zum Verfahrensgegenstand **akzessorische Funktion**. Es solle den Verfahrensbeteiligten die Wahrnehmung ihrer Verfahrensrechte ermöglichen und insbesondere **zur Gewährleistung eines umfassenden rechtlichen Gehörs zu allen entscheidungserheblichen Umständen** beitragen. Da der Gegenstand des Nachprüfungsverfahrens beschränkt sei durch die vom Antragsteller erhobenen konkreten Rügen und **allenfalls erweitert werde** durch die von einem beigeladenen Bieter erhobenen Rügen bzw. die von der Nachprüfungsinstanz von Amts wegen aufgegriffenen vermeintlichen Vergabe-

---

120   Thüringer OLG Beschl. v. 26.10.1999 6 Verg 3/99 NZBau 2000, 354; OLG Jena Beschl. v. 12.12.2001 6 Verg 5/01 NZBau 2002, 294; Thüringer OLG Beschl. v. 16.12.2002 6 Verg 10/02 »Restabfallbehandlung Ostthüringen« VergabeR 2003, 248; Thüringer OLG 06.12.2006, 9 Verg 8/06; 11.01.2007, 9 Verg 9/06 v. 08.10.2015, 2 Verg 4/15.

121   1. VK des Bundes beim Bundeskartellamt Beschl. v. 20.12.1999 VK 1–29/99 NZBau 2000, 356, 357; 2. VK Bund v. 04.09.2002, VK 2-58/0e.

122   OLG Naumburg v. 01.06.2011, 2 Verg 3/11, VergabeR 2012, 250, 251.

123   OLG Düsseldorf v. 28.12.2007, VergabeR 2008, 286 – »FH Jülich«, dazu unten Näheres.

verstöße, wirke sich die Beschränkung des Verfahrensstreitstoffes unmittelbar auf **den Umfang des prozessualen Akteneinsichtsrechts** aus. Durch ein **solches Normverständnis** werde auch dem im vergaberechtlichen Nachprüfungsverfahren im besonderen Maße bestehenden Beschleunigungs-bedarf Rechnung getragen, weil sich auch die nachfolgende Prüfung von Versagungsgründen im Sinne von § 165 Abs. 2 GWB auf die entscheidungserheblichen Aktenbestandteile beschränke. Die Interessen der Verfahrensbeteiligten seien dadurch gewahrt, dass **nicht zugänglich gemachte Akteninhalte der Entscheidung der Nachprüfungsinstanz nicht zugrunde gelegt werden dürfen** und dass jederzeit vor Abschluss des Nachprüfungsverfahrens die Möglichkeit bestehe, bei einer Änderung der Bewertung der Entscheidungserheblichkeit bestimmter Unterlagen durch die Nach-prüfungsinstanz die Akteneinsicht von Amts wegen zu gewähren. Dem Anspruch eines Verfahrens-beteiligten auf Akteneinsicht könne nach § 165 Abs. 2 GWB ein Anspruch auf Geheimhaltung einzelner Aktenbestandteile entgegenstehen. Liege eine Geheimhaltungsbedürftigkeit bestimmter Daten oder Unterlagen vor, in die der Antragsteller Einsicht begehrt, so sei eine **Abwägung ent-sprechend § 72 Abs. 2 Satz 4 GWB** vorzunehmen zwischen dem Interesse des Antragstellers an effektivem Individualrechtsschutz und dem gleichgerichteten Interesse der Allgemeinheit an der Einhaltung des materiellen Vergaberechts einerseits und dem Geheimhaltungsinteresse des von der Akteneinsicht Betroffenen andererseits. Im Rahmen dieser Abwägung sei auch zu berücksichtigen, **ob** ein effektiver Rechtsschutz des Akteneinsicht Begehrenden durch **andere**, das Geheimhaltungs-interesse des Betroffenen ganz oder zumindest teilweise wahrende **Art und Weise** gewährleistet werden könne. Nach diesen Maßstäben könne ein Bieter in anonymisierter Form auch über ein-zelne Inhalte der Angebotsunterlagen der **Beigeladenen** in Kenntnis gesetzt werden, ohne dass die Unterlagen komplett zugänglich zu machen wären.[124] Damit hat das OLG Naumburg zutreffend festgehalten, dass ein **In-Camera-Verfahren** ausscheidet, also die Nachprüfungsinstanz nur solche Akteninhalte ihrer Entscheidung zugrunde legen darf, hinsichtlich derer auch nach einer Abwägung zwischen Einsichtsrecht und Geheimschutz Akteneinsicht gewährt worden ist.

Das **OLG Naumburg** wiederum gewährt grundsätzlich Akteneinsicht nur in diejenigen Unterla-   54
gen, die nicht von der Vergabestelle als geheim gekennzeichnet worden sind, mit dem Hinweis, dass Mitbieter darauf Vertrauen könnten, dass der nach § 22 Nr. 8 VOB/A a.F. bzw. § 24 Nr. 1 Abs. 2 VOB/A a.F. gewährte Geheimschutz gewahrt werde. Die Einschränkungen des Grundsatzes der Geheimhaltung, die sich aus dem auch für das Vergabekammerverfahren maßgebenden § 72 Abs. 2 Satz 4 GWB ergäben, seien allerdings zu beachten, mit der Maßgabe, dass eine Verwertung von Aktenteilen nur zugrunde gelegt werden dürfe, **soweit ihr Inhalt vorgetragen ist.**[125]

Das **OLG Celle** löst das Spannungsverhältnis dahin, dass der **Geheimschutz nur gewährt** wird,   55
wenn diejenige Partei, die sich darauf beruft, **nachvollziehbar darlegt**, warum bestimmte, einzeln zu bezeichnende Unterlagen dem Mitbewerber nicht zugänglich gemacht werden dürfen.[126] Bei den Bestimmungen des Umfangs des Akteneinsichtsrechts ist das Geheimhaltungsinteresse der konkur-rierenden Bewerber gegenüber dem Rechtsschutzinteresse des um Akteneinsicht nachsuchenden Beteiligten unter Berücksichtigung des Transparenzgebotes im Vergabeverfahren und des **Grund-rechts der Verfahrensbeteiligten auf rechtliches Gehör** abzuwägen. Diese Abwägung führt dazu, dass Akteneinsicht in dem Umfang gewährt wird, indem dies zur Durchsetzung der subjektiven Rechte der Beteiligten – beschränkt auf den Gegenstand des Nachprüfungsverfahrens – erforder-lich ist und ein berechtigtes Geheimhaltungsinteresse nicht besteht. Das Verfahren wird dadurch nicht intransparent. Es ist Sache der Nachprüfungsinstanzen zu beurteilen, ob ein schützenswertes Betriebs- und Geschäftsgeheimnis vorliegt oder nicht, welches der begehrten Akteneinsicht unter

---

124 OLG Naumburg v. 01.06.2011, 2 Verg 3/11, VergabeR 2012, 250, 251.
125 OLG Naumburg 11.10.1999, 10 Verg 1/99 in: Fischer/Noch VII 2.14.1 S. 15/16 = NZBau 2000, 96;
      v. 01.06.2011, 2 Verg 3/11, VergabeR 2012, 250, 251.
126 OLG Celle Beschl. v. 10.09.2001 13 Verg 12/01 VergabeR 2002, 82, 83; ebenso OLG Jena
      Beschl. v. 12.12.2001 6 Verg 5/01 NZBau 2002, 294; Thüringer OLG Beschl. v. 16.12.2002 6 Verg
      10/02 »Restabfallbehandlung Ostthüringen« VergabeR 2003, 248.

Abwägung der Belange der Beteiligten entgegensteht. **Grundsätzlich ist das Geheimschutzbegehren** eines Bewerbers **konkret nachvollziehbar darzulegen und zu begründen**, soweit sich das Geheimhaltungsinteresse nicht von selbst erklärt.[127]

56 *Gröning* verweist auf den notwendigen Abwägungsvorgang nach den Kriterien des § 72 Abs. 2 Satz 4 GWB, wonach u.a. die Bedeutung der Sache für die Sicherung des Wettbewerbs das Interesse des Betroffenen an der Geheimhaltung überwiegen muss,[128] was jeweils nach den Umständen des Einzelfalles zu bemessen sei.

57 Das **OLG Düsseldorf** zieht den Abwägungsvorgang und die **Prüfungsmaßstäbe des § 72 Abs. 2 Satz 4 GWB** heran, weist aber letztlich keinem der widerstreitenden Offenlegungs- und Geheimschutzinteressen einen prinzipiellen Vorrang zu.[129] Entscheidend sei der Einzelfall, wobei der Vergabekammer ebenso wenig wie bei anderen nach dem Gesetz vorzunehmenden Interessenabwägungen im Rechtssinn ein Beurteilungsspielraum zustehe. Ein **In-Camera-Verfahren** scheide bei der Abwägung wegen der Sonderregelung des § 72 Abs. 2 Satz 3 GWB grundsätzlich aus.[130] Bei einer bloß pauschalen Behauptung von Betriebs- und Geschäftsgeheimnissen und zudem einem fehlenden Hinweis auf eine vorzunehmende Schwärzung von Kaufpreisangaben kann eine Einstufung als Geschäftsgeheimnis unterbleiben.[131]

---

127 OLG Celle v. 24.09.2014, 13 Verg 9/14, NZBau 2014, 784; OLG Brandenburg NZBau 2014, 525; EuGH, VergabeR 2008, 487 – »Varec«.

128 Gröning in: Beck'scher VOB-Kommentar § 111 Rn. 39–41; ders. NZBau 2000, 366, 368, wobei diese Grundsätze auch für die Vergabekammer gelten sollen; KG Beschl. v. 13.01.2005 2 Verg 26/04 »Berliner Postdienstleistungen« VergabeR 2005, 201, 202.

129 OLG Düsseldorf 28.12.2007, VergabeR 2008, 286 – »FH Jülich«.

130 OLG Düsseldorf a.a.O., 286, 287. Im Fall hatte der öffentliche Auftraggeber das Offene Vergabeverfahren aufgehoben, weil die drei eingegangenen Angebote die Kostenermittlung erheblich übertrafen. Zwei Angebote wurden dabei auch aus formalen Gründen ausgeschlossen, und das dritte Angebot nachträglich während des laufenden Nachprüfungsverfahrens. Es wurde in ein Verhandlungsverfahren mit Beteiligung der drei Unternehmen übergeleitet. Der Bieter mit dem im Offenen Verfahren mit Abstand am höchsten Angebot wandte sich im Nachprüfungsverfahren gegen die Aufhebungsentscheidung und begehrte Akteneinsicht in die Kostenermittlung des Antragsgegners, die nach der DIN 276 aufgestellt worden war. Die Vergabekammer gab dem Antrag statt, erließ insoweit aber eine Zwischenentscheidung, die der Antragsgegner mit einer isolierten Beschwerde angriff. Das OLG Düsseldorf erachtete die Beschwerde für zulässig, jedoch in der Sache für unbegründet. Das Argument des Antragsgegners, die Akteneinsicht in die Kostenermittlung sei nicht entscheidungserheblich, weil vorrangig der (nachträgliche) Angebotsausschluss des Bieters zu prüfen sei, wies das OLG Düsseldorf mit dem (zweifelhaften) Argument zurück, derartige Ausschließungsgründe seien in dem die Gewährung von Akteneinsicht betreffenden Beschwerdeverfahren von einer Prüfung ausgeschlossen, weil sich die Vergabekammer in der Sache mit den Ausschließungsgründen noch nicht befasst habe, und eine Beurteilung und Entscheidung durch das Beschwerdegericht daher die in erster Instanz der Vergabekammer obliegende Sachentscheidung vorweg nähme. Bei der Interessenabwägung wurde lediglich auf Geheimschutzbelange bezüglich künftiger Auftragsvergaben in **anderen** Vergabeverfahren des öffentlichen Auftraggebers abgestellt, und insoweit (noch zutreffend) Geheimschutz verneint. Auf die etwaigen, konkreten Auswirkungen im **gleichen Beschaffungsverfahren**, nämlich im eingeleiteten Verhandlungsverfahren des Antragsgegners, wurde bei der Interessenabwägung nicht eingegangen. Damit drohte bei Offenlegung der Kostenermittlung ein Wissensvorsprung des Antragstellers, zumal die anderen beiden Bieter im Nachprüfungsverfahren nicht beigeladen worden waren, und deshalb nicht ebenso eine Chance auf die Einsicht in die Kostenermittlung erhalten hätten. Geht es aber nicht um zukünftige, »abstrakte« Auftragsvergaben des gleichen öffentlichen Auftraggebers, sondern um das gleiche Beschaffungsvorhaben, so sind die Geheimschutzbelange schwerwiegend, anderenfalls bei unterschiedlicher Informationslage Wettbewerbsvorsprünge der an sich gleich zu behandelnder Bieter und damit Wettbewerbseinschränkungen bestehen können, vgl. auch Noch, Anm. zu OLG Düsseldorf VergabeR 2008, 290.

131 OLG Düsseldorf 05.03.2008, VII Verg 12/08.

Das **OLG München** betont die verfassungsrechtliche Bedeutung eines Akteneinsichtsrechts und 58
verneint der Sache nach ein **In-Camera-Verfahren**.[132] Deshalb besteht ein Anspruch auf Akteneinsicht auch dann, wenn ein Nachprüfungsantrag von der Vergabekammer im Ergebnis als unzulässig oder unbegründet gehalten wird. Denn es ist ein Gebot des fairen Verfahrens und des **Anspruches auf rechtliches Gehör**, dem Antragsteller angemessen Einsicht in die Unterlagen der Vergabestelle zu gewähren, die **zur Beurteilung** der Unzulässigkeit oder Unbegründetheit des Nachprüfungsantrags bedeutsam sein können.[133] Die Akteneinsicht ist **nur zu versagen**, soweit der Geheimschutz anderer Bieter dagegen steht oder der Bieter »ins Blaue« hinein Fehler oder mögliche Verstöße rügt, um mithilfe der Akteneinsicht zusätzliche Informationen zur Untermauerung bloßer substanzloser Mutmaßungen zu erhalten. Wegen des **grundgesetzrechtlichen Hintergrundes** steht die Gewährung von Akteneinsicht **nicht** im Ermessen der Vergabekammer, sondern haben die Beteiligten vielmehr einen **Rechtsanspruch auf Akteneinsicht**.[134] Zusammengefasst bedeutet dies, dass **in der Regel** generell einerseits Einsicht in den Vergabevermerk zu gewähren ist, andererseits generell das Angebot des Mitbieters und dessen Kalkulation zu schützen, das heißt **insoweit** grundsätzlich keine Einsicht zu gewähren ist. Im Einzelnen führt das OLG München näher aus, dass ausgehend von diesen Grundsätzen des Akteneinsichtsrechts die Vergabekammer der Antragstellerin weitaus umfangreicher Akteneinsicht hätte gewähren müssen, als dies tatsächlich geschehen ist. Das eingeschaltete Ingenieurbüro hatte mehrseitige, farbige Übersichten zu den wesentlichen Streitpunkten des Verfahrens zusammengestellt, nämlich welche Anforderungen im Leistungsverzeichnis an die vom Bieter ausgewählte Produkte festgelegt sind, und inwieweit und aus welchen Sachgründen die Angaben der Antragstellerin unzureichend waren. Auch lag ein ausführlicher Vergabevorschlag mit handschriftlichen Vermerken des zuständigen Mitarbeiters der Vergabestelle vor, sowie ein Aktenvermerk des Ingenieurbüros zum strittigen Telefonat. Auch wenn die Vergabekammer auf der Grundlage dieser Unterlagen den Nachprüfungsantrag der Antragstellerin als unbegründet erachtete, war sie gehalten, der Antragstellerin diese, für die Beurteilung der streitigen tatsächlichen und rechtlichen Fragen relevanten Dokumente in Kopie zur Verfügung zu stellen. Die Unterlagen waren für die Frage, ob das Angebot der Antragstellerin zu Recht ausgeschlossen wurde, **bedeutsam**. Sie betrafen auch ausschließlich das Angebot der Antragstellerin, weswegen berechtigte Interessen anderer Bieter der Akteneinsicht nicht entgegenstehen konnten. Unerheblich war, so das OLG München, welche Schlüsse die Vergabekammer aus den Dokumenten gezogen hatte oder ziehen wollte. Denn das Recht auf Akteneinsicht soll gerade sicherstellen, dass den Verfahrensbeteiligten angemessen Gelegenheit gegeben wird, Dokumente, die die entscheidenden Streitfragen betreffen, **selbst zu prüfen** und **Argumente zu ihren Gunsten vorbringen zu können** oder sich von der **Richtigkeit der vorläufigen Rechtsmeinung** zu überzeugen, die das Gericht bzw. die Vergabekammer auf der Grundlage dieser Unterlagen gefasst hat. Angesichts des Umfangs der Unterlagen war es auch nicht ausreichend, einzelne Schriftstücke in der mündlichen Verhandlung nur kurz in Augenschein nehmen zu lassen, so das OLG München abschließend. Damit schließt auch das OLG München zutreffend ein In-Camera-Verfahren ohne Anhörung der Verfahrensbeteiligten der Sache nach aus.[135] Die Vergabekammer Süd-Bayern hatte verkannt, dass Akteneinsicht nur in nicht entscheidungsrelevante Aktenbestandteile grundsätzlich zu versagen ist.[136]

---

132 OLG München v. 08.11.2010, Verg 20/10, VergabeR 2011, 228 – »Akteneinsicht«.

133 OLG München v. 08.11.2010, Verg 20/10, VergabeR 2011, 228 – »Akteneinsicht«, im Fall waren dies Erläuterungen des Ingenieurbüros aufseiten der Vergabestelle zum strittigen Ausschluss des Angebots des Antragstellers, und die Vergabekammer Süd-Bayern hatte der Antragstellerin lediglich kurz und oberflächlich im Rahmen der mündlichen Verhandlung Einblick in Teile der Vergabeakte gewährt, jedoch nicht umfassend und auch nicht zeitlich hinreichend.

134 OLG München v. 08.11.2010, Verg 20/10, VergabeR 2011, 228 – »Akteneinsicht«.; Vavra in: Kleine-Möller, Merl, Handbuch des Privaten Baurechts, 4. Auflage, Rn. 234 zu § 7.

135 So bereits OLG München 11.05.2007, VergabeR 2007, 536 – »Anwendungssoftware« mit Anmerkung Kus auf Seite 545, 546; OLG Düsseldorf VergabeR 2008, 287; OLG Schleswig v. 20.03.2008, 1 Verg 6/07; OLG Naumburg VergabeR 2012, 250, 251.

136 So auch KG v. 29.02.2012, Verg 8/11; v. 13.09.2012, Verg 4/12; v. 29.02.2012, Verg 10/12, IBR 2013, 41, mit dem ständigen Hinweis, dass ein Akteneinsichtsrecht unter anderem dann nicht besteht, wenn der

59   Dreher verneint eine solche **Abwägungsmöglichkeit nach § 72 Abs. 2 Satz 4 GWB** mit der Folge, dass bei Versagung der Akteneinsicht kein nach dieser Vorschrift evtl. doch bestehendes Akteneinsichtsrecht trotz begründeter Geheimnisbelange bestehe, sondern »entsprechend allgemeinen Grundsätzen und wie in § 72 Abs. 2 Satz 3 beispielhaft kodifiziert« die Unterlagen der Entscheidung nur insoweit zugrunde gelegt werden dürfen, als ihr Inhalt vorgetragen worden ist und zur Überzeugung der Vergabekammer feststeht.[137]

60   *Stockmann* betont aufgrund der Integration des Vergaberechts in das Kartellrecht den objektiven Schutz des Wettbewerbs als Institution, ordnet **§ 165 GWB als Spezialnorm** gegenüber § 72 GWB ein mit der Folge, dass widersprechende Folgerungen aus § 72 GWB ausgeschlossen bleiben, § 72 GWB aber insoweit Bedeutung hat, als er widerspruchsfrei ergänzende Folgen vorsieht. Er zieht daraus den Schluss, dass der Vergabesenat in Anwendung des § 72 Abs. 2 Satz 4 GWB dann, wenn die Offenlegung von Tatsachen oder Beweismitteln, deren Geheimhaltung aus wichtigen Gründen verlangt wird, notwendig ist, die Offenlegung nach Anhörung des von der Offenlegung Betroffenen durch Beschluss anordnen kann, soweit es für die Entscheidung auf diese Tatsachen und Beweismittel ankommt, andere Möglichkeiten der Sachaufklärung nicht bestehen und nach Abwägung aller Umstände des Einzelfalls die Bedeutung der Sache für die Sicherung des Wettbewerbs das Interesse des Betroffenen an der Geheimhaltung überwiegt.[138]

61   *Summa* verneint die **Anwendung des § 72 Abs. 2 Satz 4 GWB** mit dem Hinweis auf eine **eigenständige und abschließende** Regelung für die Akteneinsicht im Nachprüfungsverfahren nach § 165 GWB, woraus folge, dass Entscheidungen der Vergabesenate zum Umfang der Akteneinsicht im Beschwerdeverfahren nicht ohne Weiteres auf das Verfahren vor der Vergabekammer übertragbar seien.[139]

62   *Ramm* verweist auf den **Vorrang des § 165 GWB als lex specialis** gegenüber § 72 GWB, und hebt die verfassungsrechtliche Bedeutung der Grundsätze auf rechtliches Gehör und effektiven Rechtsschutz hervor, die im Zweifelsfall wohl eher die Gewährung von Akteneinsicht nahe lägen.[140]

63   *Glahs* verweist auf den **Wortlaut** des § 165 GWB, und teilt die ganz herrschende Ansicht nicht, wonach Akteneinsicht von vornherein nur beschränkt in dem Umfang besteht, wie es um die entscheidungserheblichen Tatsachen geht. Die Vergabekammer müsse deshalb Einsicht in alle Akten, einschließlich der Vergabeakten der Vergabestelle gewähren, es sei denn, der Nachprüfungsantrag oder Akteneinsichtsantrag sei **rechtsmissbräuchlich** gestellt. In diesem Sinne betont *Glahs*, dass das Einsichtsrecht nur bei einem wichtigen Grund im Sinne von § 165 GWB eingeschränkt sein

---

Vergabenachprüfungsantrag unzulässig ist und die zur Einsicht in Betracht kommenden Aktenbestandteile für die Beurteilung der Zulässigkeit des Vergabenachprüfungsantrages **unerheblich** sind: so auch OLG Dresden v. 12.09.2005, W Verg 5/05; Dicks in: Ziekow/Völlink, VergabeR 2011, § 111 GWB Rn. 4; Summa in: Heiermann u.a, Vergaberecht, 3. Auflage 2011, § 111 GWB Rn. 8.

137   Dreher in: Immenga/Mestmäcker § 111 Rn. 16, 17, 18.
138   Stockmann ZWeR 2003, 50.
139   Summa in: Juris PK § 111 Rn. 20.
140   Ramm VergabeR 2007, 741, 742. Das BVerfG hat sich in der Entscheidung v. 14.03.2006, Beschl. 1 BvR 2087/03, mit dem Verhältnis des Schutzes von Betriebs- und Geschäftsgeheimnissen einerseits und der Sicherung effektiven Rechtsschutzes andererseits im Rahmen eines Zwischenverfahrens nach § 99 Abs. 2 VwGO zu einem Verwaltungsrechtsstreit über die Genehmigung des Entgelts, das ein marktbeherrschendes Unternehmen für den Zugang Dritter zu seinem Telekommunikationsnetz fordert, beschäftigt. Es befasst sich auch mit dem Regel-Ausnahme-Prinzip nach der dortigen Gesetzeslage, wobei das BVerwG die Offenlegung als Regel und den Geheimschutz als Ausnahme angesehen hat, Rn. 106, 114, 120 des Beschlusses. Es verneint mit Verweis auf seine frühere Entscheidung BVerfGE 101, 106, 128 grundsätzlich ein In-Camera-Verfahren, Ziff. 131, 112 des Beschlusses. Letztendlich bedürfe es stets einer Abwägung im Einzelfall, ob Geheimschutz auch angesichts des Interesses an effektivem Rechtsschutz, insbesondere am rechtlichen Gehör, zu gewähren sei, NZBau 2006, 523.

kann, deshalb im Einzelfall gegebenenfalls auch Akteneinsicht in solche Unterlagen gewährt werden müsse, die Geschäftsgeheimnisse des Bieters enthalten.[141]

3. Abwägungsvorgang zwischen Offenlegungs- und Geheimhaltungsinteresse nach der Grundstruktur der Norm

Nach dem **Regel-Ausnahme-Schema** des § 165 GWB muss allerdings Folgendes gelten: **64**
- **Grundsätzlich** besteht vollumfängliches Akteneinsichtsrecht in alle entscheidungsrelevanten Aktenbestandteile. Die Entscheidungsrelevanz hat der die Akteneinsicht Begehrende konkret aufzuzeigen und die Nachprüfungsinstanz ihre Entscheidung darüber umfassend transparent darzulegen und zu begründen. Der Vergabekammer steht insoweit wegen des Rechtsanspruchs auf Akteneinsicht kein Ermessen zu.[142] Dies ist zugleich die **erste Stufe** der Prüfung, inwieweit »von vornherein« überhaupt grundsätzlich Akteneinsichtsrecht besteht.
- Der Versagungstatbestand des § 165 Abs. 2 GWB ist als **Ausnahmetatbestand** zu verstehen. Nur wenn wichtige Gründe bestehen, ist die Einsicht zu versagen. Die Ausgestaltung als Ausnahmetatbestand zeigt sogleich, dass dem Interesse auf Akteneinsicht **grundsätzlich der Vorrang** vor dem Interesse auf Geheimschutz gegeben wird. Die Offenheit und Transparenz des Vergabeverfahrens wiegen grundsätzlich schwerer als das einzelne Geheimschutzinteresse, was insbesondere auch in den Gesetzesbegründungen zu Abs. 1 und 2 des § 165 GWB zum Ausdruck gekommen ist. Erst wenn die Vergabekammer die Sensibilität und Schutzbedürftigkeit der Unterlagen »zweifelsfrei« erkennen kann, besteht Anlass für die Vergabekammer, einen wichtigen Versagungsgrund anzunehmen. Der systematische Aufbau des § 165 GWB und die Gesetzesbegründung machen also deutlich, dass die **wichtigen Geheimschutzgründe** schon **deutlich zweifelsfrei und erheblich** sein müssen. Sind Unterlagen schließlich zu schützen, so dürfen sie andererseits mangels Transparenz folgerichtig auch nicht Gegenstand der Entscheidung sein, § 72 Abs. 2 Satz 3 GWB.[143]
- *Geheimschutzkennzeichnungsrecht* Der **Abwägungsvorgang des § 72 Abs. 2 Satz 4 GWB** ist hingegen **nicht** heranzuziehen. Denn **§ 165 GWB** ist zum einen ein **Sondertatbestand** im Nachprüfungsverfahren, der § 72 GWB vorgeht, zum anderen aber auch **völlig anders als § 72 Abs. 2 GWB** aufgebaut. Im Nachprüfungsverfahren entscheidet die Vergabekammer über die Versagung, Beteiligte haben nur ein Geheimschutzkennzeichnungsrecht. Nach § 72 Abs. 2 GWB entscheiden aber die Akten führenden Stellen und die Kartellbehörde selbst, ob sie die Zustimmung erteilen oder nicht. Das Beschwerdegericht kann weder selbst noch anstelle der Behörde entscheiden, noch kann es entscheiden, ob eine Verweigerung der Zustimmung sachlich gerechtfertigt ist.[144] **Erst wenn die Zustimmung versagt wird** oder sie unzulässig ist, und das auch nur in dem Fall, in dem die Kartellbehörde mit ihren Akten betroffen ist, tritt das Beschwerdegericht in Aktion und nimmt die **Interessenabwägung nach Satz 4 des § 72 Abs. 2 GWB** vor, nach der **dann** von der Wertung her vorgegeben ist, dass die Bedeutung der Sache für die Sicherung des Wettbewerbs das Geheimschutzinteresse überwiegen muss (sog. Zwischenverfahren). Die Systematik des § 72 Abs. 2 GWB ist also völlig anders als diejenige des § 165 GWB. Nach der Systematik des § 72 Abs. 2 GWB hat die Verneinung berechtigter Geheimnisbelange einen Ausnahmecharakter.[145] Dies ist nach dem Regel-Ausnahme-Schema des § 165 GWB anders, nämlich genau umgekehrt, weshalb eine analoge Anwendung des § 72 Abs. 2 Satz 4 GWB auch ausscheiden muss.[146] Entsprechend ist der vollumfängliche Verweis in § 120 Abs. 2 GWB auf § 72 GWB auch jedenfalls im Hinblick auf Satz 4 des § 72 Abs. 2 GWB als Redaktionsversehen

---

141 Glahs NZBau 2014, 75, 79, 80, m.V.a. BVerfG NZBau 2006, 523 (für einen Verwaltungsrechtsstreit).
142 OLG München VergabeR 2012, 228 – »Akteneinsicht«.
143 OLG Naumburg 11.10.1999 10 Verg 1/99 in: Fischer/Noch VII 2.14.1 S. 16 = NZBau 2000, 96; VergabeR 2012, 250, 251; OLG München VergabeR 2011, 228; OLG Jena v. 08.10.2015, 2 Verg 4/15.
144 Schmidt in: Immenga/Mestmäcker § 72 Rn. 6.
145 So zu Recht Dreher in: Immenga/Mestmäcker § 111 Rn. 16.
146 So auch Dreher in: Immenga/Mestmäcker § 111 Rn. 16; Summa Juris Praxiskommentar § 111 Rn. 20.

zu verstehen.[147] Folglich bleibt es für § 165 Abs. 2 GWB dabei, dass von der Gewichtung her die **Interessen des Akteneinsichtsrecht Begehrenden grundsätzlich höher anzusetzen** sind, als diejenigen des Geheimschutz begehrenden, wobei der **Schutz des Wettbewerbs als Institution** freilich mit zu berücksichtigen ist.[148]

65 Anders das **OLG Düsseldorf** in einer rein das Akteneinsichtsrecht betreffenden Entscheidung.[149] Es wendet die Abwägungskriterien des § 72 Abs. 2 Satz 4 GWB entsprechend an, vertritt aber die Auffassung, dass bei der Abwägung keinem der widerstreitenden Interessen dabei ein prinzipieller Vorrang zukomme.[150] Diese Auffassung findet in der historischen, teleologischen und systematischen Auslegung der Norm keine Stütze. Nach dem **Willen des Gesetzgebers** galt es unbedingt zu vermeiden, dass ein **effektiver** Bieterrechtsschutz und eine **Transparenz** des Vergabeverfahrens durch Vorenthalten wichtiger Informationen aus dem Vergabeverfahren letztendlich ausgehöhlt werden. Das ging auf zweifelhafte Erfahrungen aus der Vorzeit vor Inkrafttreten des Vergaberechtsänderungsgesetzes am 01.01.1999 zurück. Der Gesetzgeber hat deshalb ausdrücklich betont, dass »das Akteneinsichtsrecht für einen **effektiven** Rechtsschutz im öffentlichen Auftragswesen von **zentraler Bedeutung** ist. Es ist eine **entscheidende** Voraussetzung für die Verbesserung der Transparenz des Vergabeverfahrens. Gegenwärtig sind die das Vergabeverfahren betreffenden Unterlagen des Auftraggebers den Beteiligten in einem Vergabeverfahren grundsätzlich **nicht** bekannt. Die Vergabeakten sind ihnen **nicht** oder **allenfalls eingeschränkt** zugänglich.«[151] Das war auch der Grund, weshalb eine **gesonderte positiv-rechtliche** Regelung des Akteneinsichtsrechts in das Nachprüfungsverfahren in den vierten Teil des GWB implantiert wurde, und nicht, was ebenso möglich gewesen wäre, per Verweisungsnorm a la § 175 Abs. 2 GWB auf die ja bereits vorhandene Vorschrift des § 72 Abs. 2 GWB verwiesen wurde, oder auf andere Regelungen des Akteneinsichtsrechts wie derjenigen der §§ 29, 30 VwVfG. Diese Betonung eines **grundsätzlich uneingeschränkten Akteneinsichtsrechts** wurde demgemäß auch von der Vergaberechtsprechung uneingeschränkt übernommen, freilich mit der Maßgabe, dass die Akteneinsicht richtigerweise lediglich auf entscheidungsrelevante Themen beschränkt ist, s. oben Rdn. 19. Entsprechend hat nach der **teleologischen Auslegung** die Norm auch die Bedeutung, im **Grundsatz** vollständige Akteneinsicht zu gewähren, die lediglich in der **Ausnahme** aus Geheimschutzgründen versagt werden kann, **wobei** die Geheimschutzgründe, wie das OLG Düsseldorf in einer nachfolgenden Entscheidung v. 05.03.2007 ausdrücklich auch betont hat,[152] nicht pauschal behauptet werden können, sondern detailliert dargelegt und begründet werden müssen. Dieser Sinn und Zweck der Norm findet auch in seinem **systematischen Aufbau** eine entsprechende Stütze, s. oben Rdn. 13 ff. Die Norm hat insoweit ein rechtliches »Eigenleben«, und dies ist zu berücksichtigen, wenn man im Hinblick auf **Abwägungskriterien** auf andere Vorschriften wie derjenigen des § 72 Abs. 2 Satz 4 GWB zurückgreifen möchte.[153] **Selbstverständlich hat eine Abwägung im Einzelfall** stattzufinden, und das geht auch nach dem richtigen Verständnis aus der Norm des § 111 GWB selbst hervor. Nur ist es im Ergebnis nicht so, dass diese Interessen grundsätzlich **gleich gewichtet** sind, oder aber nach der Regelung des § 72 Abs. 2 Satz 4 GWB die Geheimschutzbelange **Vorrang** vor dem Akteneinsichtsrecht haben. Der Gesetzgeber wollte das genaue Gegenteil erreichen. In diesem Sinne hat das

---

147 Ähnlich Griem WuW 1999, 1182, 1184.
148 So im Ergebnis auch OLG Jena NZBau 2000, 354; OLG Jena v. 08.10.2015, 2 Verg 4/15; OLG München, VergabeR 2011, 228; Summa Juris Praxiskommentar, § 111 Rn. 9 ff., 12; Losch VergabeR 2008, 739, 745; offen gelassen Ramm VergabeR 2007, 739, 741, der allerdings eine Versagung von Akteneinsicht nur in »eindeutig gelagerten Ausnahmefällen« für berechtigt ansieht, S. 740; a.A. Düsterdiek NZBau 2004, 605, 608.
149 OLG Düsseldorf 28.12.2007, VII-Verg 40/07, VergabeR 2008, 281 ff. – »FH Aachen«.
150 OLG Düsseldorf VergabeR 2008, 286.
151 Begründung zu § 121 Abs. 1 GWB-E Regierungsentwurf, s. oben Rdn. 1.
152 OLG Düsseldorf 05.03.2008, VII–Verg 12/08.
153 So auch Summa Juris PK § 111 Rn. 20; Ramm VergabeR 2007, 739, 742, § 111 GWB ist lex specialis zu § 72 GWB.

OLG Düsseldorf im Fall letztendlich auch entschieden, und hat dabei unter Aufgabe ihrer früheren Rechtsprechung zutreffend auch das sog. »In-Camera-Verfahren« abgelehnt.[154] Denn ein In-Camera-Verfahren verhindert zumindest teilweise die Offenlegung von Aktenbestandteilen, und vertraut auf objektive und richtige Einschätzungen des Gerichtes bzw. der Nachprüfungsinstanzen. Dem hat das OLG Düsseldorf aber eine deutliche Absage erteilt, und zwar gerade mit dem Hinweis auf den Anspruch des Antragstellers (Bieters) auf rechtliches Gehör nach Art. 103 Abs. 1 GG sowie dem Gebot, **wirksamen** Rechtsschutz zu gewähren.[155] Diese Ablehnung eines In-Camera-Verfahrens **stärkt** die Interessen der antragstellenden Bieter und entspricht dem Willen des Gesetzgebers und der Grundstruktur der Norm, grundsätzlich uneingeschränkt Akteneinsicht zu gewähren.

– Folge daraus ist, dass die Geheimschutz Begehrenden, wenn sie entweder am Nachprüfungsverfahren beteiligt sind oder von der Vergabekammer zu einer Stellungnahme über das Akteneinsichtsrecht in ihre Unterlagen aufgefordert werden,[156] gehalten sind, ihr Geheimschutzbegehren **konkret nachvollziehbar darzulegen und zu begründen**.[157] Zwar entscheidet die Vergabekammer selbst und auch unabhängig davon, ob die Beteiligten ihrer Kennzeichnungspflicht nach § 165 Abs. 3 GWB nachgekommen sind.[158] Wenn aber eine Kennzeichnung erfolgt, genügt nach § 165 Abs. 3 GWB nicht die bloße, begründungslose Behauptung, beispielsweise durch pure Schwärzung oder Gelbmarkierung, es sei denn, im Ausnahmefall erklärt sich der Geheimschutz quasi von selbst.[159] Der Geheimschutz ist die Ausnahme, muss als solches von der Vergabekammer eingehend begründet werden, weshalb auch die Kenntlichmachung nach Abs. 3 nicht geringere Voraussetzungen haben kann, sondern ebenfalls außer der Kennzeichnung der Aktenteile als solches eine Begründung erfordert, **warum** diese Aktenteile den anderen Beteiligten nicht zugänglich gemacht werden sollen. Es reicht deshalb nicht aus, wenn die Beigeladenen eines Nachprüfungsverfahrens, also diejenigen, die den Zuschlag erhalten sollen, ihre Daten geheim halten möchten und sie deshalb pauschal als Betriebsgeheimnis einstufen. Denn mit solchen pauschalen Erwägungen ist ein anerkennenswertes Geheimhaltungsinteresse nicht bereits dargetan. So sind z.B. die Angaben, welche im Rahmen einer **Eignungsprüfung** im Vergabeverfahren abverlangt werden, von **zentraler Bedeutung** für die Vergabeentscheidung und müssen deshalb zur Gewährleistung eines effektiven Nachprüfungsverfahrens **offengelegt** werden, da anderenfalls der Nachprüfungsrechtsschutz leerliefe. Damit muss jeder Teilnehmer an einem Vergabeverfahren rechnen, auch der Auftraggeber sowie die Beigeladenen. Mit allgemeinen Erwägungen, dass die Kenntnis von diesen Daten bei weiteren Ausschreibungen eine einfachere Beurteilung der Leistungsfähigkeit und Chancen der Mitbewerber ermögliche und Einfluss auf das abgegebene Angebot haben könne, lässt sich ein Vorrang des Geheimhaltungsinteresses vor dem Akteneinsichtsrecht nicht rechtfertigen.[160]

– Hat der Geheimschutz begehrende seiner **Darlegungslast** genügt, ist (erst) die **Voraussetzung für das Ingangsetzen des Abwägungsvorganges** zwischen den Interessen des Akteneinsichtsrechtsbegehrenden und denjenigen des Geheimschutz Begehrenden gegeben. Trotz der grundsätzlich höheren Gewichtung der Interessen auf Akteneinsicht (siehe oben) entfaltet aber der

66

---

154 OLG Düsseldorf VergabeR 2008, 287; ebenso OLG München 11.05.2007, VergabeR 2007, 536 – »Anwendungssoftware«; v. 08.11.2010, VergabeR 2011, 228 – »Akteneinsicht«; OLG Naumburg VergabeR 2012, 250, 251; VK Bund v. 22.06.2010, VK 2-44/10; OLG Schleswig 20.03.2008, 1 Verg 6/07; Losch VergabeR 2008, 739, 746; Ramm VergabeR 2007, 739, 741.

155 OLG Düsseldorf VergabeR 2008, 287.

156 Gröning NZBau 2000, 370; Dreher in: Immenga/Mestmäcker § 111 Rn. 20.

157 So auch OLG Celle Beschl. v. 10.09.2001 13 Verg 12/01 VergabeR 2002, 82, 83; OLG Jena Beschl. v. 12.12.2001 6 Verg 5/01 NZBau 2002, 294; OLG Jena v. 08.10.2015, 2 Verg 4/15; Düsterdiek NZBau 2004, 605, 607; Tachal in: Willenbruch/Bischoff § 111 Rn. 7; OLG Düsseldorf 05.03.2008, VII Verg 12/08.

158 OLG Naumburg v. 23.04.2009, 1 Verg 7/08.

159 OLG Düsseldorf 05.03.2008, VII Verg 12/08.

160 OLG Jena v. 08.10.2015, 2 Verg 4/15.

Schutz des Wettbewerbs als Institution eine **gewisse Sperrwirkung**, was im Einzelfall von der Vergabekammer genau geprüft und begründet werden muss.

67 Ein »**In-Camera-Verfahren**« findet bei diesem Abwägungsvorgang nach zutreffender Auffassung nicht statt.[161]

II. Hinweis- und Kennzeichnungspflicht (Abs. 3)

68 Ob ein wichtiger Versagungsgrund besteht, hat die Vergabekammer **stets** zu prüfen, und zwar auch dann, wenn die Verfahrensbeteiligten ihrer Kennzeichnungspflicht nach § 165 Abs. 3 GWB nicht nachgekommen sind.[162] Denn die **Kennzeichnungspflicht in Abs. 3** bezieht sich nur und ausschließlich auf die Akten oder Stellungnahmen, die der Beteiligte im Nachprüfungsverfahren an die Vergabekammer übersandt hat. Nur in diesem Fall kann die Vergabekammer zur Verfahrensbeschleunigung von der Zustimmung des Beteiligten auf Einsicht in seine Unterlagen ausgehen, wenn eine Kennzeichnung seiner übersandten Unterlagen unterblieben ist. Soweit Unterlagen sich aber bereits bei der Verfahrensakte befinden, insbesondere die Vergabeakte der Vergabestelle, greift Abs. 3 seinem Wortlaut nach nicht, und **muss** die Vergabekammer das Vorliegen von Versagungsgründen prüfen, sinnvollerweise zur Beschleunigung unter Befragung der betroffenen Verfahrensbeteiligten.[163]

69 Ob die Vergabekammer von der Zustimmungsfiktion Gebrauch macht, steht in ihrem **Ermessen** (»kann«). Sie kann deshalb selbst bei fehlender Kennzeichnung bei begründeten Anhaltspunkten Versagungsgründe im Sinne des § 165 Abs. 2 GWB annehmen, muss diese aber – wie generell die Versagungsentscheidung – plausibel und nachvollziehbar darlegen (siehe oben).

70 Der Hinweis und die Kennzeichnung müssen vom Verfahrensbeteiligten in der Weise erfolgen, dass **die Vergabekammer nachvollziehen** kann, ob tatsächlich ein wichtiger Versagungsgrund vorliegt. Der Beteiligte kann nicht von sich aus Teile seiner Unterlagen mit der bloßen und pauschalen Behauptung schwärzen, es handele sich um Betriebs- oder Geschäftsgeheimnisse.[164] Der Geheimschutz Begehrende muss also sein Interesse nachvollziehbar darlegen und begründen.[165] Unterlässt er dies, bzw. behauptet nur pauschal und nicht näher begründet einen (angeblichen) Geheimschutz bzgl. seines gesamten Angebots, sind nach zutreffender Auffassung des **OLG Düsseldorf** noch nicht einmal seine **Kaufpreisangaben** oder **Höhe der Sicherheitsleistungen** als

---

161 Grundlegend OLG Düsseldorf 28.12.2007, VergabeR 2008, 281, 287 – »FH Aachen«; OLG München 11.05.2007, VergabeR 2007, 536 – Anwendungssoftware; OLG München v. 08.11.2010, Verg 20/10, VergabeR 2011, 228 – »Akteneinsicht«; OLG Naumburg v. 01.06.2011, 2 Verg 3/11, VergabeR 2012, 250, 251; VK Bund v. 22.06.2010, VK 2-44/10; Summa in: Heiermann u.a., Vergaberecht, 3. Auflage 2011; OLG Schleswig 20.03.2008, 1 Verg 6/07, NZBau 2008, 472; Losch VergabeR 2008, 739, 746; Ramm VergabeR 2007, 739, 741. Siehe ferner die Entscheidung des BVerfG 14.03.2006, NZBau 2006, 523, in der unter Verweis auf BVerfGE 101, 106, 128 ein In-Camera-Verfahren grundsätzlich abgelehnt wird. A.A. Byok, GWB-Vergaberecht, § 111, Rn. 11.

162 Einhellige Meinung, vgl. OLG Naumburg v. 23.04.2009, 1 Verg 7/08; Bechtold § 111 Rn. 3; Griem WuW 1999, 1182, 1175; Gröning NZBau 2000, 367 ff.; Dreher in: Immenga/Mestmäcker § 111 Rn. 24; OLG Jena Beschl. v. 12.12.2001 6 Verg 5/01 NZBau 2002, 294; der Gesetzgeber hatte ausdrücklich festgehalten, dass Abs. 3 nur der Verfahrensbeschleunigung dient und demgemäß die Vorlage von Bieterangeboten durch die Vergabestelle ohne besonderen Hinweis die Kammer nicht von ihrer Obhutspflicht nach Abs. 2 befreit, vgl. Gegenäußerung der Bundesregierung zu Nr. 25 des Bundesratsvorschlages.

163 Dreher in: Immenga/Mestmäcker § 111 Rn. 16; a.A. offenbar OLG Naumburg 11.10.1999 10 Verg 1/99 in: Fischer/Noch VII 2.14.1 = NZBau 2000, 96, welches nur die Kennzeichnung der Vergabestelle als maßgebend ansieht. Das ist mit dem Recht auf Anhörung nicht vereinbar, siehe BVerfG 26.02.2008, NZBau 2008, 456 zur Anhörungsrüge nach §§ 120, 71a GWB.

164 Gröning NZBau 2000, 366, 369; ders. in: Beck'scher VOB-Kommentar § 111 Rn. 21; OLG Düsseldorf 05.03.2008, VII–Verg 12/08.

165 OLG Celle Beschl. v. 10.09.2001 13 Verg 12/01 VergabeR 2002, 82 ff.; OLG Jena Beschl. v. 12.12.2001 6 Verg 5/01 NZBau 2002, 294; Gröning in: Beck'scher VOB-Kommentar § 111 Rn. 29, 30.

Betriebs- oder Geschäftsgeheimnis geschützt.[166] Denn bei nur sehr allgemein gehaltenen Begründungen bzw. einem bloß pauschalen Hinweis auf Betriebs- und Geschäftsgeheimnisse des Angebots kann die Nachprüfungsstelle oft nicht beurteilen, ob schützenswerte Belange einer Akteneinsicht überhaupt entgegenstehen.[167] Zwar kann man »normalerweise« davon ausgehen, dass Bieter mindestens Preise (und deren Kalkulationsgrundlagen) als Betriebs- oder Geschäftsgeheimnis geschützt wissen wollen.[168] Wenn aber der Kaufpreis in den für eine etwaige Akteneinsicht in Betracht kommenden Unterlagen offengelegt ist, **und** der Geheimschutz Begehrende offen lässt, ob er diese Angabe »gesperrt« wissen will, dann **fehlt eine Kennzeichnung** im Sinne des § 165 Abs. 3 GWB, und muss mithin nach dem Grundsatz einer vollumfassenden Akteneinsicht, die die Norm des § 165 GWB gewährt, Akteneinsicht von der Vergabekammer gewährt werden.[169] Ein lediglich pauschaler Hinweis des Bieters, sein Angebot enthalte generell Geschäftsgeheimnisse, schützt also nicht. Vielmehr bedarf es einer detaillierten, konkreten Kennzeichnung der zu schützenden Angebotsbestandteile, **und** einer näheren Begründung hierzu.[170] Das entspricht der **Grundstruktur der Norm des § 165 GWB**, wonach im Regelfall die Akteneinsicht grundsätzlich vollumfänglich zu gewähren ist, und nur in einem zweifelsfreien Ausnahmefall zu beschränken ist, s. oben Rdn. 18 ff., 57.

Da die Angebotsunterlagen sich regelmäßig bereits in der Vergabeakte befinden werden, wenn das **71** Nachprüfungsverfahren eingeleitet wird, kommt die verfahrensbeschleunigende Zustimmungsfiktion des § 165 Abs. 3 GWB nicht zum Tragen, weshalb es sich für die Vergabekammer empfiehlt, gleichwohl zunächst einmal sämtliche Beteiligten zur – nachträglichen – Mitteilung über etwaige Geheimschutzgründe aufzufordern, so die Angebotsunterlagen für die zu klärenden Fragen im Nachprüfungsverfahren von Bedeutung sind.

E. Rechtsmittel gegen die Versagung der Akteneinsicht (Abs. 4)

Die Versagungsentscheidung kann **nicht isoliert** angegriffen werden, sondern nur im Zusammen- **72** hang mit der sofortigen Beschwerde in der Hauptsache, was eine Beschwer des Betroffenen nicht nur durch die Versagungsentscheidung, sondern auch im Übrigen durch eine weitere Entscheidung der Vergabekammer voraussetzt.[171] Das folgt aus § 172 Abs. 2 GWB. Diese Rechtsmitteleinschränkung dient der Vermeidung einer Zersplitterung und Verzögerung des Verfahrens.[172] Das **OLG Jena** hat jüngst klargestellt, dass die beiden Entscheidungen des **OLG Frankfurt** und des **OLG Düsseldorf**, die eine isolierte Zwischenentscheidung über die Akteneinsicht betreffen (dazu nachfolgend Rdn. 65), ausdrücklich nur den umgekehrten Fall behandeln, nämlich die Gewährung der Akteneinsicht. Nur in dem Fall, in dem die Vergabekammer eine Akteneinsicht gewähren möchte, und damit bei Akteneinsicht der Schaden irreparabel wäre, wenn die Akteneinsicht zu Unrecht erfolgt, ist (in analoger Anwendung des § 165 Abs. 4 GWB) eine sofortige Beschwerde gegen die Zwischenentscheidung zuzulassen. Geht es jedoch wie hier nach dem Gesetzestext um eine versagte bzw. nicht gewährte Akteneinsicht, kann eine solche Entscheidung im Rahmen der Hauptsachebeschwerde durch das OLG, wenn dieses anderer Auffassung als die Vergabekammer sein sollte, durchaus nachgeholt werden. Eine im Verfahren vor der Vergabekammer **bewilligte** Akteneinsicht kann im Rahmen der Beschwerde gegen die Endentscheidung der Vergabekammer nicht mehr rückgängig gemacht werden, weshalb **dagegen** eine isolierte Beschwerde sinnvoll

---

166 OLG Düsseldorf 05.03.2008, VII–Verg 12/08; so auch Düsterdiek NzBau 2004, 605, 608; Losch VergabeR 2008, 739, 745.
167 OLG Düsseldorf 05.03.2008, VII–Verg 12/08; so auch Düsterdiek NzBau 2004, 605, 608; Losch VergabeR 2008, 739, 745.
168 OLG Düsseldorf 05.03.2008, VII–Verg 12/08.
169 OLG Düsseldorf 05.03.2008, VII–Verg 12/08.
170 OLG Düsseldorf 05.03.2008, VII–Verg 12/08.
171 Zum Sonderfall Anhörungsrüge und Akteneinsichtsversagung vgl. OLG Düsseldorf 04.03.2009, Verg 67/08, NZBau 2009, 334 – »Bahnhof O.«; OLG Jena v. 13.10.2015, 2 Verg 6/15.
172 OLG Jena v. 13.10.2015, 2 Verg 6/15.

ist. Eine nicht gewährte Akteneinsicht durch die Vergabekammer kann hingegen im allgemeinen Hauptsachebeschwerdeverfahren durchaus nachgeholt werden.[173]

73 Im Beschwerdeverfahren kann die Verletzung des Akteneinsichtsrechts auch dann geltend gemacht werden, wenn die Vergabekammer nur eine Entscheidung in der Sache getroffen hat, ohne über den gestellten Antrag auf Akteneinsicht inhaltlich entschieden zu haben. Denn diesen Antrag hat sie zugleich in der Sachentscheidung negativ zurückgewiesen.[174] Gerade wegen der Relevanz der Akteneinsicht sollte die Nachprüfungsinstanz vor ihrer Entscheidung aber in jedem Fall sämtliche Beteiligten **anhören**, und zwar auch die nicht am Verfahren Beteiligten, wenn es um eine etwaige Einsicht in ihre Unterlagen, in der Regel Bieterangebote nicht Beigeladener, geht.[175]

F. Rechtsmittel gegen die Gewährung der Akteneinsicht

74 Will die Vergabekammer allerdings Akteneinsicht gewähren, so ist dies **isoliert** mit einer sofortigen Beschwerde anfechtbar.[176] Eine **analoge Anwendung** des § 165 Abs. 4 GWB auf den umgekehrten Fall der **Entscheidung zur Gewährung der Akteneinsicht trotz bestehender Versagungstatbestände** nach § 165 Abs. 2 GWB **oder** sogar **entgegen einer Kennzeichnung** von Akten oder Stellungnahmen als geheim ist **nicht** möglich.[177] Dagegen steht der Gesichtspunkt, dass ohne eine eigenständige Anfechtbarkeit während des Vergabekammerverfahrens die Beteiligten erst einmal Einsicht in die Geheimunterlagen nähmen und der Schaden damit irreparabel wäre.[178] Dies wäre ggf. ein schwerwiegender Eingriff in den Schutz des Wettbewerbs als Institution, weshalb jedenfalls in den Fällen, in denen ein Rechtsbehelf zusammen mit der Anfechtung der Hauptsacheentscheidung zu spät käme und dadurch ein Recht des Betroffenen vereitelt oder wesentlich erschwert würde, eine **isolierte Anfechtung** der Entscheidung zur Gewährung der Akteneinsicht möglich sein muss.[179] Diese **isolierte Anfechtungsmöglichkeit** einer die Akteneinsicht gewährenden **Zwischenentscheidung** der Vergabekammer hat das *OLG Düsseldorf* in seiner Grundsatzentscheidung v. 28.12.2007 **bestätigt**.[180] Das **OLG Frankfurt** und das **OLG Jena** haben sich dem angeschlossen,[181] und den **Prüfungsumfang** des Beschwerdesenats in solchen Fällen geklärt. Da ein gerichtliches Zwischenverfahren über das Ob und den Umfang der Akteneinsicht den Abschluss des Nachprüfungsverfahrens zwangsläufig verzögert, muss das Spannungsverhältnis zwischen Individualinteresse und Beschleunigungsgebot ausgeglichen werden. Im Interesse einer möglichst effizienten Wahrung des Beschleunigungsgebotes ist die selbstständige Anfechtung einer Zwischenentscheidung der Vergabekammer über die Gewährung von Akteneinsicht deshalb – jedenfalls soweit es sich nicht um einen ganz eindeutigen Fall handelt – auf den Einwand zu **beschränken**, dass und warum die beabsichtigte Einsicht in bestimmte Aktenteile aus Gründen des Geheimschutzes oder zur Wahrung von Betriebs- oder Geschäftsgeheimnissen zu

---

173 OLG Jena v. 13.10.2015, 2 Verg 6/15.
174 OLG Naumburg v. 11.10.1999, 10 Verg 1/09, NZBau 2000, 96; Schneevogl in: Müller-Wrede, GWB-Vergaberecht, § 111, Rn. 9.
175 Gröning in: Beck'scher VOB-Kommentar § 111 Rn. 28.
176 OLG Düsseldorf v. 28.12.2008, VergabeR 2008, 281 ff. – »FH Aachen«; v. 05.03.2008, VII-Verg 12/08; OLG Frankfurt NZBau 2015, 514; ebenso Byok, § 111 GWB, Rn. 18; Schneevogl in: Müller-Wrede, § 111 GWB, Rn. 9; Ramm, VergabeR 2007, 739; 743; Erdl, Rn. 599; Düsterdiek NZBau 2004, 605, 608; Summa in: Juris Praxiskommentar Vergaberecht, § 111, Rn. 44 ff. (Fassung 15.07.2005); a.A. OLG Hamburg 02.12.2004, 1 Verg 2/04, OLG Report Celle, Hamburg, Schleswig, Oldenburg, Braunschweig, Bremen 2005, 452 ff.
177 Vgl. auch Erdl Rn. 599.
178 Vgl. auch Byok in: Byok/Jaeger § 111, 18.
179 Vgl. Byok in: Byok/Jaeger § 111, 18, mit Verweis auf BVerwG Beschl. v. 21.03.1997 11 VR 2/97 NVwZ-RR 1997, 663; BVerfG Beschl. v. 14.10.1987 1 BvR 1244/87 NJW 1988, 403.; so jetzt ausdrücklich OLG Düsseldorf 28.12.2008, VergabeR 2008, 281, 282–283 – »FH Aachen«.
180 OLG Düsseldorf 28.12.2008, VergabeR 2008, 281 ff. – »FH Aachen«.
181 OLG Frankfurt NZBau 2015, 514; OLG Jena v. 08.10.2015, 2 Verg 4/15.

versagen ist. Das Beschwerdegericht prüft damit also nicht gleichsam als Vorfrage vollumfänglich die Zulässigkeit oder Begründetheit des Nachprüfungsantrages. Es prüft lediglich, ob tatsächlich durch die Offenlegung Betriebs- oder Geschäftsgeheimnisse verletzt würden und irreparable Nachteile drohen.[182]

Ist bereits in die Angebotspreise von vornherein die Einsicht ausdrücklich versagt worden, prüft 75 das Beschwerdegericht nur noch, ob sich in den übrigen Aktenbestandteilen noch geheimhaltungsbedürftige Geschäfts- oder Betriebsgeheimnisse befinden, deren Einsicht auch noch zusätzlich zu versagen wäre.[183]

Der **Streitwert** einer solchen isolierten Anfechtungsbeschwerde beträgt 1/10 des am Auftragswert 76 auszurichtenden Gegenstandswerts.[184]

Die richtige **Verfahrensweise** in solchen Fällen, gerade auch im Hinblick auf die einzuhaltende 77 Beschleunigung, sollte daher diejenige sein, sämtlichen Beteiligten **vor** einer Entscheidung der Vergabekammer **rechtliches Gehör zu gewähren, auch zur Vermeidung einer Anhörungsrüge nach §§ 175, 71a GWB,**[185] ihnen also eine ausreichende Gelegenheit zur Stellungnahme zu geben. Anschließend ist eine **Zwischenentscheidung** für ein etwaiges, **gesondertes Beschwerdeverfahren nach §§ 171 ff. GWB** zu treffen, wobei das Vergabeverfahren solange auszusetzen ist, bis der Vergabesenat über die positive Entscheidung der Vergabekammer, Akteneinsicht zu gewähren, abschließend entschieden hat.[186]

§ 166 Mündliche Verhandlung

(1) Die Vergabekammer entscheidet aufgrund einer mündlichen Verhandlung, die sich auf einen Termin beschränken soll. Alle Beteiligten haben Gelegenheit zur Stellungnahme. Mit Zustimmung der Beteiligten oder bei Unzulässigkeit oder bei offensichtlicher Unbegründetheit des Antrags kann nach Lage der Akten entschieden werden.

(2) Auch wenn die Beteiligten in dem Verhandlungstermin nicht erschienen oder nicht ordnungsgemäß vertreten sind, kann in der Sache verhandelt und entschieden werden.

---

182 OLG Frankfurt NZBau 2015, 514; Otting IBR 2015, 153.

183 OLG Jena v. 08.10.2015, 2 Verg 4/15.

184 OLG Düsseldorf VergabeR 2008, 288.

185 Siehe BVerfG NZBau 2008, 456.

186 So auch Gröning in: Beck'scher VOB-Kommentar § 111 Rn. 37 und jetzt OLG Düsseldorf VergabeR 2008, 281; 05.03.2008, VII–Verg 12/08; s. näher auch Ramm VergabeR 2007, 739, 743.

A. Allgemeines

1   § 166 GWB, der inhaltlich vollumfänglich dem bisherigen, seit seinem Inkrafttreten am 01.01.1999 zuvor unveränderten § 112 GWB a.F. entspricht,[1] regelt die **mündliche Verhandlung** im Nachprüfungsverfahren. Sie ist der **Regelfall** (s.u. Rdn. 3 ff.), während nur ausnahmsweise im schriftlichen Verfahren entschieden werden kann (s.u. Rdn. 15 ff.). Durch den Grundsatz der mündlichen Verhandlung hat der Gesetzgeber das Nachprüfungsverfahren dem gerichtlichen Verfahren angenähert.[2] Im Wege der mündlichen Verhandlung wird gewährleistet, dass die Beteiligten unter Beachtung des Beschleunigungsgrundsatzes[3] **rechtliches Gehör** erhalten (s.u. Rdn. 6) sowie der **entscheidungserhebliche Sachverhalt** unter Mitwirkung der Beteiligten und gegebenenfalls Durchführung einer Beweisaufnahme[4] durch die Vergabekammer ermittelt wird.[5]

2   Zur Ausgestaltung der mündlichen Verhandlung (s.u. Rdn. 7 ff.) finden sich in § 166 GWB mit Ausnahme der Vorschriften in Abs. 1 S. 1 Halbs. 2 und S. 2 keine weiteren Regelungen. Für die Durchführung der mündlichen Verhandlung ist in § 166 GWB beispielsweise offen gelassen, ob die Verhandlung öffentlich oder nicht-öffentlich stattfinden soll und wie zu laden ist. Soweit – wie hier – in den Vorschriften über das Nachprüfungsverfahren vor der Vergabekammer (§§ 160 ff. GWB) Verfahrensregelungen oder Normverweisungen auf Verfahrensvorschriften für das kartellbehördliche Verwaltungsverfahren (vgl. §§ 163 Abs. 2 S. 5, 168 Abs. 3 S. 3 GWB) nicht enthalten sind, stellt sich die Frage, welches Verfahrensrecht subsidiär Anwendung findet. Der Gesetzgeber hat im GWB keine ausdrückliche Verweisungsnorm etwa auf das Verwaltungsverfahrensrecht (VwVfG auf Bundes- bzw. Landesebene) oder auf die Verwaltungsgerichtsordnung aufgenommen. Allerdings hat er in der Gesetzesbegründung ausdrücklich auf das **Verwaltungsverfahrensrecht als subsidiär anzuwendende Regelung** verwiesen.[6] Da das Vergabekammerverfahren dem verwaltungsprozessualen Verfahren jedoch in bestimmten Punkten (z.B. Untersuchungsmaxime nach § 163 Abs. 1 GWB oder Entscheidungsfindung gemäß § 168 GWB) näher steht, ist teilweise eine **entsprechende Anwendung der Verwaltungsgerichtsordnung** angezeigt.[7]

B. Mündliche Verhandlung

I. Grundsatz der mündlichen Verhandlung (§ 166 Abs. 1 S. 1 GWB)

3   Für das Nachprüfungsverfahren vor der Vergabekammer gilt gemäß § 166 Abs. 1 S. 1 GWB der **Grundsatz der mündlichen Verhandlung**, d.h. dass – außer in den in § 166 Abs. 1 S. 3 GWB ausdrücklich normierten Ausnahmefällen (siehe dazu unten Rdn. 15 ff.) – vor **Entscheidung in der Hauptsache** zwingend eine mündliche Verhandlung vor der Vergabekammer stattzufinden hat. Für Zwischen- und Nebenentscheidungen ist die mündliche Verhandlung hingegen nicht Entscheidungsvoraussetzung.[8] Die mündliche Verhandlung bildet – wie sich auch der Formulierung

---

1   Vgl. Gesetzentwurf der Bundesregierung v. 08.10.2015, BT-Drucks. 18/6281, S. 135 (Zu § 166). § 166 GWB in seiner jetzigen Fassung eingefügt mit Art. Nr. 2 des Gesetzes zur Modernisierung des Vergaberechts v. 17.02.2016, BGBl. I S. 203.
2   Vgl. auch Dreher in: Immenga/Mestmäcker, § 112 GWB Rn. 2.
3   Siehe dazu Kommentierung zu § 167 GWB Rdn. 1.
4   Zur Erforderlichkeit einer Beweisaufnahme vgl. OLG Düsseldorf Beschl. v. 29.04.2009, VII-Verg 73/08; Summa in: jurisPK-Vergaberecht, § 112 GWB Rn. 5.
5   Vgl. auch Hölzl in: Münchener Kommentar, zum Europäischen und Deutschen Wettbewerbsrecht, Band 3 (Beihilfen- und Vergaberecht), § 112 GWB Rn. 6.
6   Vgl. Gesetzentwurf der Bundesregierung v. 03.12.1997, BT-Drucks. 13/9340, S. 18 (Zu § 120); vgl. dort auch § 137 Abs. 4 S. 2 GWB-E (S. 10; entspricht in etwa dem Verweis auf § 80 VwVfG im heutigen § 182 Abs. 4 S. 4 GWB); vgl. zum Ganzen auch BGH Beschl. v. 09.12.2003, X ZB 14/03.
7   So auch Frister in: Ziekow/Völlink, § 112 GWB Rn. 2; vgl. auch BGH Beschl. v. 25.10.2011, X ZB 5/10, wonach Entscheidungen der Vergabekammer funktional gerichtlichen Entscheidungen entsprechen.
8   Vgl. zu Zwischenentscheidungen: OLG Jena Beschl. v. 09.09.2002, 6 Verg 4/02; zu Nebenentscheidungen: OLG Düsseldorf Beschl. v. 26.09.2003, VII-Verg 31/03; vgl. auch Hölzl in: Münchener Kommentar (siehe Fn. 5), § 112 GWB Rn. 5.

»aufgrund einer mündlichen Verhandlung« entnehmen lässt – grundsätzlich den **Schlusspunkt** der Erörterung mit den Verfahrensbeteiligten und der Sachverhaltsermittlung im Nachprüfungsverfahren, so dass weiterer Tatsachenvortrag der Beteiligten nach dem Schluss der mündlichen Verhandlung von der Vergabekammer grundsätzlich nicht mehr berücksichtigt werden muss.[9] Entscheidet sich die Vergabekammer nach Schluss der mündlichen Verhandlung, mit den Beteiligten bisher nicht erörterte Sachverhaltsaspekte bzw. von diesen nicht erkannte Vergaberechtsverstöße, auf die bis zum Schluss der mündlichen Verhandlung nicht hingewiesen wurde, der Entscheidung zugrunde zu legen, hat sie die mündliche Verhandlung wiederzueröffnen.[10]

Führt die Vergabekammer entgegen § 166 Abs. 1 S. 1, 3 GWB keine mündliche Verhandlung 4 durch, kann die **Verletzung** dieser Vorschriften im Beschwerdeverfahren unter Umständen zur Folge haben, dass die Sache an die Vergabekammer zurückverwiesen wird.[11] Da es sich jedoch bei dem Beschwerdeverfahren um eine Tatsacheninstanz handelt, in der das den Beteiligten verwehrte rechtliche Gehör durch die mündliche Verhandlung vor dem Beschwerdegericht regelmäßig noch nachgeholt bzw. gewährt werden kann,[12] und zudem ein Zurückverweisungsgrund nach § 175 Abs. 2 i.V.m. § 73 Nr. 2 GWB, § 538 Abs. 2 ZPO erforderlich ist,[13] wird es in der Regel zu keiner **Zurückverweisung** kommen. Ein eigenständiger verfahrensrechtlicher Anspruch auf eine Verhandlung vor der Vergabekammer besteht nicht.[14] Eine Zurückverweisung ist ausgeschlossen, wenn die Hauptsache entscheidungsreif ist.[15]

Aus der Regelung des § 166 Abs. 1 S. 1 GWB, wonach die Vergabekammer »aufgrund einer münd- 5 lichen Verhandlung« entscheidet, folgt auch, dass die Vergabekammer nach dem **Grundsatz der Unmittelbarkeit** in der Besetzung zu entscheiden hat, in der sie mündlich verhandelt hat.[16]

II. Rechtliches Gehör (§ 166 Abs. 1 S. 2 GWB)

Alle Verfahrensbeteiligten im Sinne des § 162 GWB haben nach § 166 Abs. 1 S. 2 GWB **Gele-** 6 **genheit zur Stellungnahme**, und zwar – wie sich aus der systematischen Stellung der Regelung ergibt – auch in einer mündlichen Verhandlung. Dadurch wird der in Art. 103 Abs. 1 GG verfassungsrechtlich verankerte Grundsatz des rechtlichen Gehörs konkretisiert.[17] Ziel ist – neben einer eventuell erforderlichen Beweisaufnahme – eine umfassende **Erörterung des Streitstoffs** mit den Beteiligten. Daher sollte die Vergabekammer in der mündlichen Verhandlung umfassend Gelegenheit zur Stellungnahme geben und insbesondere die (möglicherweise) entscheidungserheblichen Tatsachen- und Rechtsfragen erörtern.[18] Die Vergabekammer kann den Beteiligten allerdings im Vorfeld der mündlichen Verhandlung gemäß § 167 Abs. 2 S. 2 GWB Fristen setzen, innerhalb derer der Vortrag bereits umfassend erfolgen muss. Bei Nichteinhaltung laufen die Beteiligten Gefahr, dass nachgereichter Vortrag von der Vergabekammer nicht mehr berücksichtigt wird.[19] Auch nach

---

9 Siehe auch Kommentierung zu § 167 GWB Rdn. 34.

10 Vgl. OLG Düsseldorf Beschl. v. 16.12.2015, VII-Verg 24/15, mit Verweis auf §§ 156 Abs. 2 Nr. 1, 139 ZPO.

11 Vgl. OLG Jena Beschl. v. 09.09.2002, 6 Verg 4/02; OLG Düsseldorf Beschl. v. 16.12.2015, VII-Verg 24/15; Frister in: Ziekow/Völlink, § 112 GWB Rn. 1.

12 Vgl. OLG Brandenburg Beschl. v. 12.01.2010, Verg W 5/09; Beschl. v. 30.04.2013, Verg W 3/13; Frister in: Ziekow/Völlink, § 112 GWB Rn. 1.

13 Vgl. OLG Düsseldorf Beschl. v. 16.12.2015, VII-Verg 24/15.

14 OLG Brandenburg Beschl. v. 12.01.2010, Verg W 5/09; Frister in: Ziekow/Völlink, § 112 GWB Rn. 1; vgl. auch Summa in: jurisPK-Vergaberecht, § 112 GWB Rn. 8.

15 Vgl. OLG Brandenburg Beschl. v. 12.01.2010, Verg W 5/09; Frister in: Ziekow/Völlink, § 112 GWB Rn. 1.

16 Vgl. BayObLG Beschl. v. 02.12.2002, Verg 24/02; OLG Düsseldorf Beschl. v. 05.10.2001, VII-Verg 18/01.

17 Vgl. OLG Koblenz Beschl. v. 22.03.2001, Verg 9/00; Summa in: jurisPK-Vergaberecht, § 112 GWB Rn. 4.

18 Vgl. OLG Jena Beschl. v. 17.03.2003, 6 Verg 2/03; vgl. auch Dreher in: Immenga/Mestmäcker, § 112 GWB Rn. 3.

19 Siehe Kommentierung zu § 167 GWB Rdn. 40 ff.

§ 167 Abs. 2 S. 1 GWB **verspäteter Vortrag** kann unter Umständen unberücksichtigt bleiben.[20] Sollte es im Einzelfall – insbesondere bei zu kurz bemessener Vorbereitungszeit für die mündliche Verhandlung – einem Beteiligten nicht möglich sein, umfassend zu einzelnen Punkten in der mündlichen Verhandlung vorzutragen, kann ihm insoweit Gelegenheit zur nachträglichen Stellungnahme im Wege des Schriftsatznachlasses gegeben werden.[21] Die Möglichkeit zu schriftsätzlichem Vortrag an sich ist ansonsten nicht schon geeignet, das rechtliche Gehör in einer mündlichen Verhandlung zu ersetzen.[22]

III. Ausgestaltung der mündlichen Verhandlung im Übrigen

7   Gemäß § 166 Abs. 1 S. 1 Halbs. 2 GWB soll sich die mündliche Verhandlung auf einen **einzigen Termin** beschränken. Dies dient dem für das Nachprüfungsverfahren geltenden Beschleunigungsgebot[23] und soll der Vergabekammer ermöglichen, die Entscheidung innerhalb der Fünf-Wochen-Frist des § 167 Abs. 1 S. 1 GWB zu treffen.[24] In komplexeren Fällen kann eine mündliche Verhandlung ausnahmsweise auch mehrere Termine umfassen.[25] Die mündliche Verhandlung sollte durch zuvor erfolgten Schriftsatzwechsel der Beteiligten – gegebenenfalls unter Fristsetzung durch die Vergabekammer nach § 167 Abs. 2 S. 2 GWB – gründlich vorbereitet sein,[26] um eine abschließende Erörterung zu ermöglichen.

8   Zur **Ladung** enthält § 166 GWB keine eigenen Regelungen. In analoger Anwendung von § 67 Abs. 1 S. 2 VwVfG, der für das förmliche Verwaltungsverfahren gilt,[27] sind die Beteiligten jedoch mit angemessener Frist **schriftlich** zu laden.[28] Zum Teil wird auch keinerlei Formzwang angenommen, so dass eine Terminmitteilung jeglicher Art ausreichen würde.[29] Mit Blick auf den Beschleunigungsgrundsatz und die kurze Entscheidungsfrist nach § 167 Abs. 1 GWB im Nachprüfungsverfahrens vor der Vergabekammer können die **Ladungsfristen** vergleichsweise **kurz** bemessen werden. Nach § 6 Abs. 2 der Geschäftsordnung der Vergabekammern des Bundes[30] ist eine Ladungsfrist von mindestens drei Tagen nach Eingang bei den Verfahrensbeteiligten vorgesehen. Wegen der Verkürzung des Anspruchs auf rechtliches Gehör sollte die Vergabekammer – auch wenn das GWB im Gegensatz zu § 102 Abs. 2 VwGO eine Hinweispflicht nicht ausdrücklich vorsieht – die Beteiligten in der Terminladung darauf hinweisen, dass auch ohne sie verhandelt werden kann (siehe auch Rdn. 11), um den Beteiligten die mögliche Konsequenz ihres Fernbleibens deutlich zu machen.[31]

9   Die mündliche Verhandlung wird **nicht-öffentlich** durchgeführt. Dies ergibt sich aus der analogen Anwendung der Vorschriften zum förmlichen Verwaltungsverfahren, hier § 68 Abs. 1 S. 1

20 Siehe Kommentierung zu § 167 GWB Rdn. 34.
21 Vgl. OLG Jena Beschl. v. 17.03.2003, 6 Verg 2/03; Dreher in: Immenga/Mestmäcker, § 112 GWB Rn. 4.
22 Vgl. OLG Düsseldorf Beschl. v. 16.12.2015, VII-Verg 24/15.
23 Vgl. auch Frister in: Ziekow/Völlink, § 112 GWB Rn. 1; Summa in: jurisPK-Vergaberecht, § 112 GWB Rn. 1; zum Beschleunigungsgrundsatz allgemein siehe auch Kommentierung zu § 167, dort Rdn. 1 ff.
24 Vgl. Gesetzentwurf der Bundesregierung v. 03.12.1997, BT-Drucks. 13/9340, S. 19 (Zu § 122).
25 Vgl. Gesetzentwurf der Bundesregierung v. 03.12.1997, BT-Drucks. 13/9340, S. 19 (Zu § 122).
26 Vgl. auch Gesetzentwurf der Bundesregierung v. 03.12.1997, BT-Drucks. 13/9340, S. 19 (Zu § 122).
27 Vgl. OLG Düsseldorf Beschl. v. 02.03.2005, VII-Verg 70/04, das in anderem Zusammenhang von einer entsprechenden Anwendung der Regelungen zum förmlichen Verwaltungsverfahren ausgeht.
28 So auch Frister in: Ziekow/Völlink, § 112 GWB Rn. 4.
29 So mit Verweis auf § 10 VwVfG Summa in: jurisPK-Vergaberecht, § 112 GWB Rn. 11; vgl. auch Dreher in: Immenga/Mestmäcker, § 112 GWB Rn. 5; vgl. ausführlich zum Streitstand insgesamt: Bork-Galle in: Heuvels/Höß/Kuß/Wagner, § 112 GWB Rn. 5, 7.
30 Geschäftsordnung der Vergabekammern des Bundes v. 15.07.2005, Bundesanzeiger Nr. 151 v. 12.08.2005, S. 12296 f.
31 So ständige Praxis der VK Bund; siehe auch – im Sinne einer Hinweispflicht – Boesen, § 112 Rn. 34; Bungenberg in: Pünder/Schellenberg, § 112 Rn. 22, mit Verweis auf BVerwG Urt. v. 13.12.1982, 9 C 894/80; weniger streng: Reidt in: Reidt/Stickler/Glahs, § 112 Rn. 8.

VwVfG.[32] Das förmliche Verwaltungsverfahren ergänzt die allgemeinen Vorschriften zum Verwaltungsverfahren in §§ 9 ff. VwVfG. Insbesondere ist dort eine obligatorische mündliche Verhandlung vorgesehen. § 68 Abs. 1 VwVfG sieht zum Schutz der persönlichen Sphäre und zur Wahrung der Objektivität der die Entscheidung treffenden Amtsträger eine beschränkte Öffentlichkeit vor, **sog. Beteiligtenöffentlichkeit.**[33] Aufgrund der Erforderlichkeit der Wahrung von Geschäfts- und Betriebsgeheimnissen ist der Grundsatz der sog. Beteiligtenöffentlichkeit auch auf die mündliche Verhandlung im Vergabenachprüfungsverfahren übertragbar. In der Geschäftsordnung der Vergabekammern des Bundes[34] ist in § 6 Abs. 1 die Nichtöffentlichkeit ausdrücklich niedergelegt.

Im Gegensatz zum Beschwerdeverfahren vor dem jeweils zuständigen Oberlandesgericht, für das 10 § 175 Abs. 1 S. 1 GWB, grundsätzlich anwaltliche Vertretung vorschreibt herrscht im Verfahren vor der Vergabekammer **kein Anwaltszwang,** sodass die Beteiligten selbst auftreten können.

IV. Abwesenheit von Beteiligten (§ 166 Abs. 2 GWB)

§ 166 Abs. 2 GWB regelt, dass selbst dann in der Sache verhandelt und entschieden werden kann, 11 wenn nicht alle Beteiligten (oder auch gar kein Beteiligter) im Sinne von § 162 S. 1 GWB im Verhandlungstermin erschienen oder ordnungsgemäß vertreten sind. Die Vorschrift dient der **Beschleunigung** im Nachprüfungsverfahren.[35] Durch sie wird klargestellt, dass es – genauso wie etwa im verwaltungsgerichtlichen Prozess[36] – **kein Versäumnisverfahren** gibt.[37]

Nichterscheinen bedeutet (physisches) Ausbleiben des Beteiligten oder seines bevollmächtigten 12 Vertreters in der mündlichen Verhandlung. **Nicht ordnungsgemäße Vertretung** meint sämtliche Fälle fehlender gesetzlicher oder rechtsgeschäftlicher Verfahrensvollmacht, was einem Nichterscheinen wegen der fehlenden Möglichkeit, wirksam Verfahrenshandlungen vorzunehmen, im Ergebnis gleichkommt. Eine anwaltliche Vertretung der Beteiligten ist allerdings nicht zwingend erforderlich; anders als nach § 175 Abs. 1 S. 1 GWB im Beschwerdeverfahren besteht im Nachprüfungsverfahren vor der Vergabekammer kein Anwaltszwang.

Die **Ursachen** für das Nichterscheinen oder den Vertretungsmangel sind grundsätzlich ohne 13 Belang.[38] Voraussetzung ist allerdings immer, dass alle Beteiligten **ordnungsgemäß geladen** waren,[39] insbesondere dass eine angemessene Ladungsfrist eingehalten worden ist.[40] In der Ladung sollte auf die Möglichkeit der Verhandlung in Abwesenheit hingewiesen werden.[41]

Verhandeln und Entscheiden in der Sache heißt, dass die Vergabekammer ihre Entscheidung auf 14 der Grundlage des mündlich Verhandelten der im Termin Anwesenden und des schriftsätzlich Vorgetragenen der nicht erschienenen oder nicht ordnungsgemäß vertretenen Beteiligten trifft. § 166 Abs. 2 GWB beseitigt nicht das Recht auf rechtliches Gehör, sondern stellt lediglich eine Ausprägung des Beschleunigungsgrundsatzes dar.

---

32 Vgl. Dreher in: Immenga/Mestmäcker, § 112 GWB Rn. 6; Horn in: Müller-Wrede GWB, § 112 Rn. 3; Reidt in: Reidt/Stickler/Glahs § 112 Rn. 9; Frister in: Ziekow/Völlink, § 112 GWB Rn. 6.

33 Kopp/Ramsauer VwVfG § 68 Rn. 3.

34 Geschäftsordnung der Vergabekammern des Bundes v. 15.07.2005, Bundesanzeiger Nr. 151 v. 12.08.2005, S. 12296 f.

35 Vgl. auch Summa in: jurisPK-Vergaberecht, § 112 GWB Rn. 23; Bungenberg in: Pünder/Schellenberg, § 112 Rn. 22.

36 Vgl. Kopp/Schenke VwGO, § 103 Rn. 3.

37 Auf Vorschlag des Bundesrates wurde die Vorschrift (damals als Abs. 2 des § 122 GWB-E) zur »Klarstellung zur Vermeidung von Missverständnissen« eingefügt, siehe Anlage 2 zum Gesetzentwurf der Bundesregierung v. 03.12.21997, BT-Drucks. 13/9340, S. 41 Nr. 26.

38 Vgl. Dreher in: Immenga/Mestmäcker, § 112 GWB Rn. 16.

39 Vgl. auch Byok in: Byok/Jaeger, § 112 GWB Rn. 9; Neun in: Gabriel/Krohn/Neun, Handbuch des Vergaberechts § 40 Rn. 11.

40 Siehe dazu oben Rdn. 8.

41 Siehe dazu oben Rdn. 8; Horn in: Müller-Wrede GWB, § 112 Rn. 8.

C. Entscheidung nach Lage der Akten (§ 166 Abs. 1 S. 3 GWB)

15 Die Vergabekammer hat nach § 166 Abs. 1 S. 3 GWB in drei Ausnahmefällen die Möglichkeit, nach Lage der Akten, d.h. im schriftlichen Verfahren und damit **ohne mündliche Verhandlung** zu entscheiden. Die Vorschrift stellt somit eine Ausnahme vom Grundsatz der mündlichen Verhandlung dar, und zwar für diejenigen Konstellationen, in denen der Gesetzgeber eine mündliche Verhandlung für grundsätzlich entbehrlich hält; dies sind zum einen Fälle, in denen ein Nachprüfungsantrag nach der Aktenlage eindeutig zurückzuweisen ist und sich insbesondere durch eine mündliche Verhandlung keine andere Bewertung ergeben könnte (s.u. Rdn. 20 f.), und zum anderen der Fall, in dem die Beteiligten selbst auf eine mündliche Verhandlung verzichten (s.u. Rdn. 17 ff.).[42] Auch § 166 Abs. 1 S. 3 GWB stellt eine Ausprägung des Beschleunigungsgrundsatzes dar.

16 Als »Kann«-Vorschrift stellt § 166 Abs. 1 S. 3 GWB es in das pflichtgemäße **Ermessen** der Vergabekammer, ob sie bei Vorliegen eines Ausnahmetatbestands nach Aktenlage entscheiden will oder doch einen Termin zur mündlichen Verhandlung anberaumt.[43] Hierfür wird die Vergabekammer zu berücksichtigen haben, ob von einer mündlichen Verhandlung neue Erkenntnisse zu erwarten wären, die zu einer anderen Beurteilung führen könnten.[44] Zu den Folgen, wenn die Vergabekammer zu Unrecht von einer mündlichen Verhandlung absieht, siehe oben Rdn. 4.

I. Zustimmung der Beteiligten

17 Die Verfahrensbeteiligten nach § 162 S. 1 GWB, also einschließlich eventueller Beigeladener, haben gemäß § 166 Abs. 1 S. 3 Alt. 1 GWB die Möglichkeit, einvernehmlich über ihren Anspruch auf Durchführung einer mündlichen Verhandlung zu disponieren. Erklärt aber auch nur einer der Beteiligten seinen Verzicht auf eine mündliche Verhandlung nicht, hat diese stattzufinden, es sei denn, eine der beiden weiteren Ausnahmen liegt vor (s.u. Rdn. 20 ff.). Verzichten alle Beteiligten auf ihre Gelegenheit, mit der Vergabekammer die Sach- und Rechtslage zu erörtern, besteht in der Regel kein Bedürfnis, dennoch eine Verhandlung durchzuführen. Das weitere Verfahren gestaltet sich dadurch weniger aufwendig, weil der mit der Durchführung der mündlichen Verhandlung verbundene zeitliche und bürokratische Aufwand verringert wird. Hinzu kommt in der Regel die entsprechende **Verringerung der Verfahrenskosten** für die Beteiligten. Ein Verzicht auf die mündliche Verhandlung bietet sich insbesondere dann an, wenn lediglich Rechtsfragen zwischen den Parteien streitig sind bzw. in der mündlichen Verhandlung keinerlei zusätzliche Sachverhaltsaufklärung zu erwarten ist.[45]

18 Nach dem Gesetzeswortlaut muss eine »Zustimmung« zur Entscheidung nach Lage der Akten erklärt werden. Die Formulierung steht im Gegensatz zu den einschlägigen prozessualen Vorschriften der VwGO, der ZPO oder des VwVfG, die einen »Verzicht« auf Durchführung der mündlichen Verhandlung vorsehen (§ 101 Abs. 2 VwGO, § 128 Abs. 2 ZPO, § 67 Abs. 2 Nr. 4 VwVfG). Allerdings hat der Gesetzgeber durch seinen Hinweis auf § 128 ZPO klargestellt, dass er eine Verzichtserklärung meint.[46] In der Praxis werden die Beteiligten von der Vergabekammer darauf hingewiesen, dass nach § 166 Abs. 1 S. 3 GWB mit Zustimmung der Beteiligten ohne mündliche Verhandlung nach Lage der Akten entschieden werden kann, und um Mitteilung gebeten, ob ohne mündliche Verhandlung entschieden werden kann.[47]

---

42 Vgl. Gesetzentwurf der Bundesregierung v. 03.12.1997, BT-Drucks. 13/9340, S. 19 (Zu § 122).
43 Vgl. auch BayObLG Beschl. v. 20.08.2001, Verg 11/01; Dreher in: Immenga/Mestmäcker, § 112 GWB Rn. 7, m.w.N.
44 Vgl. BayObLG Beschl. v. 20.08.2001, Verg 11/01; Frister in: Ziekow/Völlink, § 112 GWB Rn. 8.
45 Vgl. Bork-Galle in: Heuvels/Höß/Kuß/Wagner, § 112 GWB Rn. 17.
46 Vgl. Gesetzentwurf der Bundesregierung v. 03.12.1997, BT-Drucks. 13/9340, S. 19 (Zu § 122).
47 So regelmäßige Praxis der Vergabekammern des Bundes.

Als Verfahrenshandlung ist die Zustimmungserklärung wie eine **Prozesserklärung** bindend und muss deshalb klar, eindeutig und vorbehaltlos gegenüber der Vergabekammer erklärt werden.[48] Bloßes Stillschweigen auf eine entsprechende Anfrage der Vergabekammer reicht daher nicht aus. Dies ergibt sich schon aus dem Fehlen einer entsprechenden Regelung wie in § 67 Abs. 2 Nr. 3 VwVfG, wonach die Behörde den Beteiligten mitteilt, dass sie beabsichtige, ohne mündliche Verhandlung zu entscheiden, und kein Beteiligter innerhalb der hierfür gesetzten Frist Einwendungen dagegen erhoben hat. Schließlich lässt sich die Zustimmung der Beteiligten auch nicht dadurch ersetzen, dass den Beteiligten mit schriftlichem Hinweis der Vergabekammer rechtliches Gehör gewährt wird und die Beteiligten hiervon schriftsätzlich Gebrauch machen.[49] Die Zustimmungserklärung ist **in der Regel schriftlich** zu erklären,[50] um etwaigen Beweisproblemen aus dem Weg zu gehen. Die Zustimmung ist als Prozesshandlung **grundsätzlich unwiderruflich**, sobald die übrigen Beteiligten ebenfalls ihre Zustimmung abgegeben haben.[51] Sie ist zudem **bedingungsfeindlich**.[52] 19

II. Unzulässigkeit des Nachprüfungsantrags

Ist der Nachprüfungsantrag unzulässig, d.h. liegen die **Statthaftigkeitsvoraussetzungen** bzw. die sonstigen **Zulässigkeitsvoraussetzungen** der §§ 160, 161 GWB nicht vor, kann ebenfalls nach Aktenlage ohne mündliche Verhandlung entschieden werden, § 166 Abs. 1 S. 3 Alt. 2 GWB. Hier wie auch im Fall der offensichtlichen Unbegründetheit eines Nachprüfungsantrags (s.u. Rdn. 22) soll der Vergabekammer die Möglichkeit eröffnet werden, im schriftlichen Verfahren zu entscheiden, wenn der Nachprüfungsantrag nach ihrer freien Überzeugung aufgrund der Aktenlage eindeutig zurückzuweisen ist und sich durch eine mündliche Verhandlung keine andere Bewertung ergeben könnte.[53] Die Unzulässigkeit muss für den Nachprüfungsantrag insgesamt gelten. Werden beispielsweise mehrere Rügen erhoben, ist für jede dieser Rügen gesondert zu prüfen, ob sie zulässig ist. Nur wenn dies insgesamt bejaht werden kann, kann ohne mündliche Verhandlung entschieden werden.[54] Eine Teilabweisung im schriftlichen Verfahren ist jedoch möglich, wenn sich der Nachprüfungsantrag auf verschiedene Streitgegenstände (z.B. verschiedene Lose) bezieht und in Bezug auf einige dieser Streitgegenstände jeweils als unzulässig erweist.[55] 20

Die Unzulässigkeit braucht **nicht offensichtlich** zu sein wie bei der dritten Ausnahme (»offensichtliche Unbegründetheit«), sodass bei jeder Art von Unzulässigkeit ohne mündliche Verhandlung entschieden werden kann.[56] Die Vergabekammer kann also insbesondere auch dann nach Aktenlage 21

48 Vgl. Kopp/Ramsauer VwVfG, § 67 Rn. 16; Horn in: Müller-Wrede GWB, § 112 Rn. 6.
49 Vgl. OLG Düsseldorf Beschl. v. 16.12.2015, VII-Verg 24/15, zu dem Fall, dass die Vergabekammer den Beteiligten zu einem nach Schluss der mündlichen Verhandlung erteilten Hinweis Gelegenheit zur schriftsätzlichen Stellungnahme gegeben hatte.
50 Streitig, wie hier: Boesen, § 112 Rn. 21; Kopp/Schenke, VwGO § 101 Rn. 5; Baumbach/Lauterbach/Albers/Hartmann, § 128 ZPO Rn. 20; a.A. Reidt in: Reidt/Stickler/Glahs, § 112 Rn. 14; Otting in: Bechtold, Kartellrecht (6. Aufl.), § 112 Rn. 3; Kopp/Ramsauer VwVfG, § 67 Rn. 16.
51 Vgl. Boesen, § 112 Rn. 21; Reidt in: Reidt/Stickler/Glahs, § 112 Rn. 14; Baumbach/Lauterbach/Albers/Hartmann § 128 ZPO Rn. 23; Kopp/Schenke VwGO § 101 Rn. 6; schon mit Zugang an die anderen Beteiligten unabänderlich: Dreher in: Immenga/Mestmäcker, § 112 GWB Rn. 9; Bungenberg in: Pünder/Schellenberg, § 112 GWB Rn. 18; Frister in: Ziekow/Völlink, § 112 GWB Rn. 9; a.A. Kopp/Ramsauer VwVfG, § 67 Rn. 16: Widerruf möglich, solange die Behörde noch nicht entschieden hat, ob gleichwohl eine mündliche Verhandlung stattfinden soll.
52 Vgl. Reidt in: Reidt/Stickler/Glahs, § 112 Rn. 14; Frister in: Ziekow/Völlink, § 112 GWB Rn. 9; Dreher in: Immenga/Mestmäcker, § 112 GWB Rn. 9, mit Verweis auf § 69 Abs. 1 Halbs. 2 GWB als Parallelvorschrift.
53 Siehe Gesetzentwurf der Bundesregierung v. 03.12.1997, BT-Drucks. 13/9340, S. 19 (Zu § 122).
54 OLG Celle Beschl. v. 31.07.2008, 13 Verg 3/08.
55 Vgl. VK Bund Beschl. v. 19.12.2008, VK 1 – 174/08.
56 Vgl. OLG Brandenburg Beschl. v. 05.10.2004, Verg W 12/04.

entscheiden, wenn zur Feststellung der Unzulässigkeit vorherige Ermittlungen notwendig sind.[57] Die Vergabekammer wird allerdings in den Fällen, in denen die Vorabprüfung des Nachprüfungsantrags nach § 163 Abs. 2 S. 1, 2 GWB zu dem Ergebnis kommt, dass der Antrag offensichtlich unzulässig ist und daher nicht nach § 163 Abs. 2 S. 3 GWB an den Auftraggeber zu übermitteln ist, in der Regel im schriftlichen Verfahren entscheiden.[58]

III. Offensichtliche Unbegründetheit des Nachprüfungsantrags

22   Schließlich kann gemäß § 166 Abs. 1 S. 3 Alt. 3 GWB bei offensichtlicher Unbegründetheit des Nachprüfungsantrags ohne mündliche Verhandlung entschieden werden. Der Gesetzgeber will damit wie im Fall der Unzulässigkeit des Antrags der Vergabekammer hier die Möglichkeit geben, nach Lage der Akten zu entscheiden, wenn der Nachprüfungsantrag nach ihrer freien Überzeugung aufgrund der Aktenlage eindeutig (als unbegründet) zurückgewiesen werden muss und sich **durch eine mündliche Verhandlung keine andere Bewertung** ergeben könnte.[59] Dies ist bei der Auslegung des Begriffs der **offensichtlichen** Unbegründetheit nach § 166 Abs. 1 S. 3 Alt. 3 GWB zu berücksichtigen. Dementsprechend kann von einer offensichtlichen Unbegründetheit ausgegangen werden, wenn an der Richtigkeit der tatsächlichen Feststellungen vernünftigerweise kein Zweifel mehr bestehen kann, nach dem Vorbringen eines Antragstellers unter keinem Gesichtspunkt Erfolgsaussichten bestehen, insbesondere eine eindeutige Rechtslage in Bezug auf den erforderlichen Sachverhalt gegeben ist, und sich die Zurückweisung des Antrags damit geradezu aufdrängt.[60] Dies ist z.B. der Fall, wenn sich die Unbegründetheit des Nachprüfungsantrags unmittelbar durch Einsicht in das Angebot des Antragstellers ergibt.[61] Ergibt sich die »Offensichtlichkeit« hingegen aus Sachverhaltselementen, die dem Antragsteller mangels Akteneinsicht verborgen geblieben sind, ist eine mündliche Verhandlung durchzuführen.[62] Im Unterschied zur offensichtlichen Unbegründetheit im Rahmen der Vorabprüfung des Nachprüfungsantrags nach § 163 Abs. 2 S. 1 GWB, die schon die Nichtübermittlung des Antrags an den Auftraggeber zur Folge hat, kann sich die offensichtliche Unbegründetheit im Falle des § 166 Abs. 1 S. 3 GWB auch **erst aus den Vergabeakten** oder anderweitigen späteren Erkenntnissen im Nachprüfungsverfahren ergeben. In jedem Fall sollte die Nichtdurchführung der mündlichen Verhandlung wegen offensichtlicher Unbegründetheit auf den Ausnahmefall beschränkt bleiben.[63]

§ 167 Beschleunigung

(1) **Die Vergabekammer trifft und begründet ihre Entscheidung schriftlich innerhalb einer Frist von fünf Wochen ab Eingang des Antrags. Bei besonderen tatsächlichen oder rechtlichen Schwierigkeiten kann der Vorsitzende im Ausnahmefall die Frist durch Mitteilung an die Beteiligten um den erforderlichen Zeitraum verlängern. Dieser Zeitraum soll nicht länger als zwei Wochen dauern. Er begründet diese Verfügung schriftlich.**

---

57 Vgl. BayObLG Beschl. v. 20.08.2001, Verg 11/01; OLG Koblenz Beschl. v. 22.03.2001, Verg 9/00; VK Schleswig-Holstein Beschl. v. 23.07.2004, VK-SH 21/04.

58 Vgl. z. B. OLG Frankfurt Beschl. v. 02.10.2013, 11 Verg 10/13, vgl. auch Kommentierung zu § 163 Rdn. 52.

59 Siehe Gesetzentwurf der Bundesregierung v. 03.12.1997, BT-Drucks. 13/9340, S. 19 (Zu § 122).

60 Vgl. VK Schleswig-Holstein Beschl. v. 07.03.2005, VK-SH 3/05; Beschl. v. 17.03.2006, VK-SH 2/06; VK Bund Beschl. v. 06.10.2003, VK 1 – 94/03; Hölzl in: Münchener Kommentar (siehe Fn. 5), § 112 GWB Rn. 19; Boesen, § 112 Rn. 23; Reidt in: Reidt/Stickler/Glahs, § 112 Rn. 17.

61 Vgl. VK Bund Beschl. v. 18.11.2004, VK 2 – 169/04.

62 Siehe OLG Schleswig Beschl. v. 20.03.2008, 1 Verg 6/07.

63 So auch OLG Schleswig Beschl. v. 20.03.2008, 1 Verg 6/07, unter Hinweis darauf, dass bereits die Textlänge des Beschlusses der Vergabekammer die Annahme einer »offensichtlichen« Unbegründetheit des Nachprüfungsantrages zu widerlegen scheint; Maier NZBau 2004, 667, 669.

(2) Die Beteiligten haben an der Aufklärung des Sachverhalts mitzuwirken, wie es einem auf Förderung und raschen Abschluss des Verfahrens bedachten Vorgehen entspricht. Den Beteiligten können Fristen gesetzt werden, nach deren Ablauf weiterer Vortrag unbeachtet bleiben kann.

A. Allgemeines

§ 167 GWB, der den Wortlaut des § 113 GWB a.F. unverändert übernommen hat,[1] normiert – wie **1** die Überschrift »Beschleunigung« schon zum Ausdruck bringt – Konkretisierungen des das Nachprüfungsverfahren insgesamt bestimmenden **Beschleunigungsgrundsatzes**.[2] Denn mit dem durch das Nachprüfungsverfahren gewährleisteten Primärrechtsschutz für Bewerber und Bieter sind regelmäßig Verzögerungen des Vergabeverfahrens – jedenfalls was seinen Abschluss mit der Zuschlagserteilung betrifft (siehe § 169 Abs. 1 GWB) – und damit der öffentlichen Beschaffung verbunden. Diese Verzögerungen bzw. Investitionshemmnisse sollen – ohne den Primärrechtsschutz zu gefährden – so gering wie möglich gehalten werden.[3] Sich aus dem Beschleunigungsgrundsatz ergebende Verpflichtungen treffen sowohl die Vergabekammer als auch die Verfahrensbeteiligten.

In § 167 Abs. 1 GWB ist die **Vergabekammer** selbst Normadressat, indem ihr grundsätzlich eine **2** Frist von fünf Wochen zur Entscheidung und damit insgesamt zum Abschluss des Nachprüfungsverfahrens vorgegeben wird (s.u. Rdn. 6 ff.). Bei der Vorgabe einer **Entscheidungsfrist** handelt es sich um eine wesentliche, wenn nicht die zentrale Vorschrift innerhalb der Regelungen zum Nachprüfungsverfahren, die dem Beschleunigungsgrundsatz Rechnung tragen.[4] Der Regelung der Entscheidungsfrist nach § 167 Abs. 1 GWB wird dementsprechend eine generelle Verpflichtung zur beschleunigten Bearbeitung entnommen.[5] Daneben wird die Geltung des Beschleunigungsgrundsatzes für die Vergabekammer auch aus der in § 163 Abs. 1 S. 4 GWB normierten allgemeinen Verpflichtung der Vergabekammer, den Ablauf des Vergabeverfahrens nicht unangemessen zu beeinträchtigen, abgeleitet.[6] Um ein Nachprüfungsverfahren zügig durchführen zu können, eröffnet die Regelung des § 167 Abs. 2 S. 2 GWB der Vergabekammer die Möglichkeit, den Verfahrensbeteiligten **Stellungnahmefristen** zu setzen (s.u. Rdn. 36 ff.).

Korrespondierend dazu erlegt § 167 Abs. 2 S. 1 GWB den **Verfahrensbeteiligten** (vgl. § 162 **3** S. 1 GWB) generelle **Mitwirkungs- bzw. Verfahrensförderungspflichten** (s.u. Rdn. 30 ff.) auf.[7] Als

---

1 Vgl. Gesetzentwurf der Bundesregierung v. 08.10.2015, BT-Drucks. 18/6281, S. 135 (Zu § 167).
2 Vgl. nur BGH Beschl. v. 08.02.2011, X ZB 4/10; OLG Düsseldorf Beschl. v. 11.03.2002, Verg 43/01; OLG Jena Beschl. v. 16.07.2007, 9 Verg 4/07; vgl. auch BT-Drucks. 13/9340, S. 12, 19 (Zu § 123).
3 Vgl. auch BT-Drucks. 13/9340, S. 12.
4 Vgl. BT-Drucks. 13/9340, S. 19 (Zu § 123).
5 Vgl. BGH Beschl. v. 09.02.2004, X ZB 44/03, bezogen auf die Prüfung und Übermittlung des Nachprüfungsantrags nach § 110 Abs. 2 GWB a.F. (jetzt § 163 Abs. 2 GWB).
6 Vgl. VK Düsseldorf Beschl. v. 09.01.2013, VK-29/2012.
7 Vgl. BT-Drucks. 13/9340, S. 19 (Zu § 123).

Konkretisierung dessen sind die Beteiligten u.a. gemäß § 167 Abs. 2 S. 2 GWB bei entsprechender Fristsetzung durch die Vergabekammer zu **fristgemäßem Vortrag** verpflichtet, der andernfalls nicht berücksichtigt werden muss (s.u. Rdn. 36 ff.).

4   Über die Regelungen des § 167 GWB hinaus enthält das GWB **weitere Vorschriften**, die der Beschleunigung im Nachprüfungsverfahren dienen und dadurch die Vergabekammer in die Lage versetzen, eine Entscheidung innerhalb der Frist nach § 167 Abs. 1 GWB zu treffen, so etwa die Regelung der Anforderungen an die Antragsbegründung nach § 161 Abs. 2 GWB[8] und die Verpflichtung des Auftraggebers zur sofortigen Aktenübersendung nach § 163 Abs. 2 S. 4 GWB. Auch der im Nachprüfungsverfahren gemäß § 163 Abs. 1 GWB geltende Untersuchungsgrundsatz ermöglicht der Vergabekammer in Verbindung mit den ihr zustehenden Ermittlungsbefugnissen eine zügige Ermittlung des Sachverhalts als Basis für ihre Entscheidung. Im **Beschwerdeverfahren** nach §§ 171 ff. GWB setzt sich der Beschleunigungsgedanke fort, so etwa in § 172 Abs. 1 und 2 oder § 175 Abs. 2 i.V.m. § 167 Abs. 2 S. 1 GWB.

5   Die Vorschrift des § 167 GWB wurde seit ihrer Einführung als § 113 GWB a.F.[9] bisher nur einmal inhaltlich geändert, als 2009 der heutige Satz 3 des § 167 Abs. 1 GWB eingefügt wurde.[10] Mit Inkrafttreten des Vergaberechtsmodernisierungsgesetzes 2016[11] erhielt sie ihre jetzige Bezeichnung als § 167 GWB.

B. Entscheidungsfrist im Nachprüfungsverfahren (§ 167 Abs. 1 GWB)

I. Bedeutung für das Nachprüfungsverfahren

6   Gemäß § 167 Abs. 1 GWB trifft und begründet die Vergabekammer ihre Entscheidung schriftlich innerhalb einer Frist von fünf Wochen ab Eingang des Nachprüfungsantrags; eine Verlängerung dieser Frist soll nur im Ausnahmefall erfolgen. Mit der Regelung der Entscheidungsfrist wird der **äußere Zeitrahmen** für das Nachprüfungsverfahren und damit auch für eine mögliche nachprüfungsbedingte Verzögerung des Vergabeverfahrens gesetzt, die insbesondere infolge des Zuschlagsverbots gemäß § 169 Abs. 1 GWB eintreten kann. Mithilfe der zeitlichen Begrenzung des Nachprüfungsverfahrens soll zugleich die **zügige Durchführung** des Nachprüfungsverfahrens (einschließlich abschließender Entscheidung) gewährleistet[12] und einer Untätigkeit oder langsamen Bearbeitung durch die Vergabekammer vorgebeugt werden.[13]

7   Die beschleunigende Wirkung der Entscheidungsfrist ergibt sich auch aus dem Zusammenhang mit der in § 171 Abs. 2 GWB geregelten **Ablehnungsfiktion**. Danach gilt ein Nachprüfungsantrag als abgelehnt, wenn die Entscheidungsfrist abläuft, ohne dass eine Entscheidung der Vergabekammer ergangen ist (zu den Anforderungen im Einzelnen s.u. Rdn. 21 ff.). Diese Rechtsfolge tritt von Gesetzes wegen ein und entspricht in ihrer Wirkung einer rechtswirksam getroffenen ablehnenden Entscheidung der Vergabekammer. Die Vergabekammer hat keine Möglichkeit, durch eine nach Fristablauf ergehende Entscheidung die Ablehnungsfiktion rückgängig zu machen.[14] Gegen die Ablehnungsfiktion ist jedoch ebenso wie gegen eine Entscheidung der Vergabekammer die sofortige Beschwerde zulässig (§ 171 Abs. 2 GWB). Die Rechtsmittelfrist beginnt gemäß § 172 Abs. 1 GWB mit Ablauf der Entscheidungsfrist nach § 167 Abs. 1 GWB.

---

8   Vgl. OLG Jena Beschl. v. 23.01.2003, 6 Verg 11/02.
9   Mit Gesetz zur Änderung der Rechtsgrundlagen für die Vergabe öffentlicher Aufträge (Vergaberechtsänderungsgesetz) v. 26.08.1998, BGBl. I S. 2512, in der Fassung der Bekanntmachung v. 26.08.1998, BGBl. I S. 2546.
10 Vgl. Art. 1 Nr. 15 des Gesetzes zur Modernisierung des Vergaberechts v. 20.04.2009 (BGBl. I 2009, 790).
11 Gesetz zur Modernisierung des Vergaberechts v. 17.02.2016, BGBl. I S. 203, dort Art. 1 Nr. 2, in Kraft getreten gemäß Art. 3 am 18.04.2016.
12 Vgl. BT-Drucks. 13/9340, S. 19 (Zu § 123); BGH Beschl. v. 09.02.2004, X ZB 44/03.
13 Vgl. OLG Koblenz Beschl. v. 31.08.2001, 1 Verg 3/01.
14 Vgl. OLG Düsseldorf Beschl. v. 12.03.2003, VII-Verg 49/02.

II. Beginn und Ende der Fünf-Wochen-Frist

Die Frist, innerhalb der eine Entscheidung der Vergabekammer ergehen muss, **beginnt** gemäß 8
§ 167 Abs. 1 S. 1 GWB mit dem **Eingang des Nachprüfungsantrags** bei der Vergabekammer.
Nicht maßgeblich ist, wann die Vergabekammer erstmals tätig geworden oder der Antrag dem
Antragsgegner übermittelt worden ist.[15] Die Entscheidungsfrist beginnt somit zum frühestmöglichen
Zeitpunkt, und der Fristbeginn kann weder durch die Vergabekammer noch durch die Verfahrensbeteiligten
verschoben oder hinausgezögert werden. Mit Eingang des Nachprüfungsantrags bei
der Vergabekammer ist das Nachprüfungsverfahren im Übrigen auch **rechtshängig**.[16]

Eingegangen ist der Nachprüfungsantrag, der gemäß § 161 Abs. 1 S. 1 GWB schriftlich einzu- 9
reichen ist, wenn er in üblicher Form in die Verfügungsgewalt der in der Adresse angegebenen
Vergabekammer gelangt ist, wobei die Verfügungsgewalt der Behörde ausreicht, der die Vergabekammer angehört.[17] Bei per Fax übersandten Nachprüfungsanträgen ist dies der Zeitpunkt des
Faxeingangs.[18] Da ein Nachprüfungsantrag nach § 161 Abs. 1 S. 1 GWB nur »unverzüglich«, damit
aber nicht schon mit Einreichung begründet werden muss, setzt auch ein Nachprüfungsantrag
ohne Begründung mit seinem Eingang bei der Vergabekammer die Entscheidungsfrist des § 167
Abs. 1 GWB in Gang.

Die **Berechnung** der Fünf-Wochen-Frist richtet sich in Ermangelung spezieller Regelungen im 10
GWB nach den allgemeinen Vorschriften, d.h. nach § 31 VwVfG, §§ 187 ff. BGB. Die Zählung
beginnt – da der Antragseingang das maßgebliche Ereignis ist – gemäß § 31 Abs. 1 VwVfG i.V.m.
§ 187 Abs. 1 BGB am auf den Tag des Antragseingangs folgenden Tag[19] und endet gemäß § 31
Abs. 1 VwVfG i.V.m. § 188 Abs. 2 BGB mit Ablauf des letzten Tages von fünf Wochen. Fällt das so
bestimmte Fristende auf einen Samstag, Sonntag oder gesetzlichen Feiertag, endet die Frist gemäß
§ 31 Abs. 3 VwVfG, § 193 BGB erst mit Ablauf des nächsten Werktags.

III. Verlängerung der Fünf-Wochen-Frist

Nach § 167 Abs. 1 S. 2 GWB kann die Fünf-Wochen-Frist in Ausnahmefällen verlängert werden. 11
Dies erfolgt durch entsprechende Verfügung des Vorsitzenden und Mitteilung an die Verfahrensbeteiligten. Ist die Entscheidungsfrist rechtzeitig wirksam verlängert worden, tritt die Ablehnungsfiktion nach § 171 Abs. 2 GWB erst nach Ablauf der verlängerten Frist ein. Mehrfache Fristverlängerung ist möglich (s.u. Rdn. 20).

1. Verlängerungsgründe

Zulässige Gründe für eine Verlängerung können tatsächliche oder rechtliche Schwierigkeiten sein, 12
doch ist deren Vorliegen eng auszulegen. Denn eine Verlängerung der Entscheidungsfrist ist nach
§ 167 Abs. 1 S. 2 GWB nur »**im Ausnahmefall**« vorgesehen. Dass solche Gründe gegeben sind, die
eine Verlängerung rechtfertigen, ist zudem nur dann anzunehmen, wenn sie in engem sachlichen
Zusammenhang mit dem **konkret betroffenen Vergabeverfahren** stehen.

Tatsächliche Schwierigkeiten können in dem entscheidungserheblichen Sachverhalt liegen, etwa 13
wenn dieser bzw. die Vergabeakten sehr umfangreich sind oder im laufenden Nachprüfungsverfahren
kurzfristig neuer Sachverhalt zu berücksichtigen ist. Tatsächliche Schwierigkeiten können ferner aus
der Sphäre der Verfahrensbeteiligten herrühren, etwa wenn die Vergabeakten von dem Auftraggeber erst verspätet zugänglich gemacht werden. Schließlich können tatsächliche Schwierigkeiten nach

---

15 Vgl. BGH Beschl. v. 09.02.2004, X ZB 44/03.
16 Vgl. BGH Beschl. v. 09.02.2004, X ZB 44/03.
17 Bork-Galle in: Heuvels/Höß/Kuß/Wagner, Vergaberecht, § 113 GWB Rn. 6, mit Verweis auf BVerfG
    Urt. v. 03.10.1979, 1 BvR 726/78.
18 Vgl. BGH Beschl. v. 09.02.2004, X ZB 44/03; zur Erfüllung des Schriftformerfordernisses durch Telefax vgl.
    auch Gemeinsamer Senat der obersten Gerichtshöfe des Bundes Beschl. v. 05.04.2000, GmS-OGB 1/98.
19 Vgl. OLG Dresden Beschl. v. 17.06.2005, WVerg 8/05.

§ 167 Abs. 1 S. 2 GWB auch aufseiten der Vergabekammer auftreten, etwa wenn ein Kammermitglied wegen Ortsabwesenheit erst zu einem späteren Zeitpunkt zur abschließenden Beratung und Entscheidung zur Verfügung steht.[20] **Rechtliche Schwierigkeiten** sind etwa denkbar, wenn eine Vielzahl von Vergaberechtsverstößen geltend gemacht werden und von der Vergabekammer zu prüfen sind oder Vorfragen aus anderen Rechtsgebieten zu klären sind, die eine vertiefte Einarbeitung erfordern.

2. Verlängerungsverfügung

14 Die Fristverlängerung ergeht gemäß § 167 Abs. 1 S. 2 GWB durch **Verfügung des Vorsitzenden** der Vergabekammer. Die Fristverlängerung hat für einen genau zu bestimmenden Zeitraum (»den erforderlichen Zeitraum«) zu erfolgen;[21] dies ist am besten durch die Nennung eines **genauen** Datums als **Fristende** gewährleistet.[22]

15 Die Verfügung ist gemäß § 167 Abs. 1 S. 4 GWB mit einer **Begründung** zu versehen; diese ist **schriftlich** abzufassen. Zur Begründung sind Umstände anzuführen, die den Voraussetzungen für eine Fristverlängerung nach § 167 Abs. 1 S. 2 GWB entsprechen.[23] Die **Wirksamkeit** der Fristverlängerung (und damit das Nichteingreifen der Ablehnungsfiktion nach § 171 Abs. 2 GWB) **hängt** allerdings **nicht von ihrer materiellen Rechtmäßigkeit ab**, d.h. ob die Begründung den Anforderungen des § 167 Abs. 1 S. 2 GWB genügt.[24] Denn § 171 Abs. 2 GWB knüpft lediglich an die formale Bedingung der Fristüberschreitung an und nicht an eine materielle Unrichtigkeit der Verlängerung.[25] Diese Auslegung ist aus Gründen der Rechtssicherheit geboten. Andernfalls wäre eine zuverlässige Kalkulation der Rechtsmittelfristen unter Umständen nicht möglich, und ein Bieter müsste bei einer formal richtigen, aber inhaltlich zweifelhaften Verlängerungsverfügung noch während des anhängigen Nachprüfungsverfahrens vorsorglich sofortige Beschwerde einlegen, um einen Rechtsverlust zu vermeiden.[26] Dies würde gegebenenfalls auch zu Verzögerungen des Nachprüfungsverfahrens führen und damit den Sinn und Zweck der Entscheidungsfrist nach § 167 Abs. 1 GWB, das Verfahren vor der Vergabekammer zu beschleunigen, konterkarieren.[27] Art und Qualität der Begründung sind für die Rechtswirksamkeit der Fristverlängerung somit nicht von Bedeutung.[28]

16 Die **Fristverlängerung** muss **innerhalb der laufenden Entscheidungsfrist** nach § 167 Abs. 1 GWB erfolgen. Eine nachträgliche Verlängerung ist nicht möglich, da mit Fristablauf von Gesetzes wegen die Ablehnungsfiktion nach § 171 Abs. 2 GWB eingetreten ist; diese kann nicht mehr aufgehoben werden.[29] Für die Rechtzeitigkeit genügt es, dass die Verfügung über die Fristverlängerung

---

20 Vgl. OLG Düsseldorf Beschl. v. 02.01.2012, VII-Verg 70/11; nach OLG Brandenburg Beschl. v. 30.11.2004, Verg W 10/04, ist eine Verlängerung wegen urlaubsbedingter Abwesenheit eines Kammermitglieds und anderer vorrangig durchzuführender Verfahren hingegen nicht von § 113 Abs. 1 S. 2 GWB a.F. (jetzt § 167 Abs. 1 S. 2 GWB) gedeckt.

21 Vgl. BT-Drucks. 13/9340, S. 19 (Zu § 123); Frister in: Ziekow/Völlink, § 113 GWB Rn. 13.

22 Vgl. Summa in: jurisPK-VergR, § 113 GWB Rn. 42.

23 Vgl. BT-Drucks. 13/9340, S. 19 (Zu § 123).

24 Vgl. OLG Koblenz Beschl. v. 31.08.2001, 1 Verg 3/01; OLG Brandenburg Beschl. v. 09.09.2004, Verg W 9/04; OLG Naumburg Beschl. v. 13.08.2007, 1 Verg 8/07; OLG Düsseldorf Beschl. v. 02.01.2012, VII-Verg 70/11; KG Beschl. v. 19.04.2012, Verg 7/11; nach KG Beschl. v. 06.11.2003, 2 Verg 12/03 – VergabeR 2004, 253, 254, ist sogar das Fehlen einer Begründung für die Wirksamkeit der Verlängerungsverfügung ohne Bedeutung.

25 Vgl. OLG Koblenz Beschl. v. 31.08.2001, 1 Verg 3/01; OLG Brandenburg Beschl. v. 30.11.2004, Verg W 10/04.

26 Vgl. OLG Brandenburg Beschl. v. 30.11.2004, Verg W 10/04; OLG Naumburg Beschl. v. 13.08.2007, 1 Verg 8/07.

27 Vgl. OLG Koblenz Beschl. v. 31.08.2001, 1 Verg 3/01.

28 Vgl. OLG Düsseldorf Beschl. v. 02.01.2012, VII-Verg 70/11, m.w.N.

29 Vgl. OLG Celle Beschl. v. 20.04.2001, 13 Verg 7/01; Frister in: Ziekow/Völlink, § 113 GWB Rn. 14; Otting in: Bechtold, Kartellrecht (6. Aufl.), § 113 Rn. 5; implizit auch OLG Düsseldorf Beschl. v. 09.06.2010, VII-Verg 9/10; KG Beschl. v. 06.11.2003, 2 Verg 12/03 – VergabeR 2004, 253, 254.

· *Ohlerich*

vom Vorsitzenden der Vergabekammer vor Ablauf der Entscheidungsfrist unterzeichnet wurde und ordnungsgemäß in den Geschäftsgang gelangt ist,[30] um den Verfahrensbeteiligten anschließend mitgeteilt zu werden. Nicht erforderlich ist, dass die Verlängerungsmitteilung allen Verfahrensbeteiligten innerhalb der Frist zugeht.[31] Die gegenteilige Auffassung[32] würde dazu führen, dass die wichtige Frage, ob die Ablehnungsfiktion nach § 171 Abs. 2 GWB eingetreten ist und damit die zweiwöchige Beschwerdefrist nach § 172 Abs. 1 GWB läuft, je nach Rücklauf entsprechender Zugangsbestätigungen von der Vergabekammer erst mit Zeitverzögerung beantwortet werden kann und der Verfahrensstand für die Verfahrensbeteiligten bis dahin im Zweifel völlig unklar bleibt; dies führt insgesamt zu nicht hinnehmbaren Rechtsunsicherheiten.[33]

Die **Mitteilung** der Fristverlängerung an die Beteiligten ist **nicht formgebunden**. Es genügt die   17
Übermittlung der Verfügung. Insbesondere ist eine förmliche Zustellung nicht erforderlich; § 167 Abs. 1 S. 2 GWB spricht lediglich von »Mitteilung«.[34] **Adressaten** der Verfügung sind die Verfahrensbeteiligten (vgl. § 162 S. 1 GWB). Die Fristverlängerung muss **allen Beteiligten** mitgeteilt werden.

Verlängerungsverfügungen sind als unselbständige Zwischenentscheidungen **nicht** im Wege der   18
sofortigen Beschwerde nach §§ 171 ff. GWB **selbständig anfechtbar**.[35] Insbesondere findet eine inhaltliche Überprüfung der Verlängerungsverfügung auf ihre materielle Rechtmäßigkeit nicht statt (s.o. Rdn. 15).[36] Ob oder ob nicht eine Verlängerungsverfügung formal ordnungsgemäß und insbesondere rechtzeitig erfolgt ist, ist gegebenenfalls im Beschwerdeverfahren inzident zu prüfen, etwa wenn eine Entscheidung der Vergabekammer angefochten wird, die möglicherweise nicht rechtzeitig ergangen ist, oder auch eine Ablehnungsfiktion nach § 171 Abs. 2 GWB, die unter Umständen nicht eingetreten ist.[37]

3. Dauer der Verlängerung und weitere Verlängerungen

Nach § 167 Abs. 1 S. 2 GWB hat die Verlängerung nur für den »**erforderlichen Zeitraum**« zu erfol-   19
gen, d.h. der Verlängerungszeitraum ist entsprechend den individuellen Erfordernissen im fraglichen Nachprüfungsverfahren zu bemessen und zu begrenzen. Mit dem im Rahmen der Novellierung des Vergaberechts 2009 eingefügten[38] § 167 Abs. 1 S. 3 GWB, wonach der Verlängerungszeitraum **nicht länger als zwei Wochen** dauern soll, gibt der Gesetzgeber nun zudem vor, in welchem Rahmen sich Fristverlängerungen üblicherweise bewegen sollen. Damit wird dem Beschleunigungsge-

---

30 Vgl. KG Beschl. v. 06.11.2003, 2 Verg 12/03 – VergabeR 2004, 253, 254; OLG Düsseldorf Beschl. v. 09.06.2010, VII-Verg 9/10; wohl auch OLG Hamburg Beschl. v. 09.07.2010, 1 Verg 1/10.
31 Vgl. OLG Düsseldorf Beschl. v. 09.06.2010, VII-Verg 9/10; KG Beschl. v. 06.11.2003, 2 Verg 12/03 – VergabeR 2004, 253, 254; Dreher in: Immenga/Mestmäcker, § 113 GWB Rn. 10; Summa in: jurisPK-VergR, § 113 GWB Rn. 47; Frister in: Ziekow/Völlink, § 113 GWB Rn. 14.
32 Vgl. Maier in der 2. Auflage dieses Werks, § 113 Rn. 17, 20; Reidt in: Reidt/Stickler/Glahs, § 113 GWB Rn. 13, 17; Hölzl in: Münchener Kommentar zum Europäischen und Deutschen Wettbewerbsrecht, Band 3 (Beihilfen- und Vergaberecht), § 113 GWB Rn. 9.
33 Vgl. OLG Düsseldorf Beschl. v. 09.06.2010, VII-Verg 9/10; Bork-Galle in: Heuvels/Höß/Kuß/Wagner, § 113 GWB Rn. 11; vgl. auch den zugrunde liegenden Sachverhalt zu KG Beschl. v. 06.11.2003, 2 Verg 12/03 – VergabeR 2004, 253.
34 Vgl. OLG Düsseldorf Beschl. v. 09.06.2010, VII-Verg 9/10; KG Beschl. v. 06.11.2003, 2 Verg 12/03 – VergabeR 2004, 253, 254; Reidt in: Reidt/Stickler/Glahs, § 113 GWB Rn. 13, m.w.N.
35 Vgl. OLG Naumburg Beschl. v. 13.08.2007, 1 Verg 8/07; Dicks in: Ziekow/Völlink, § 116 GWB Rn. 7, m.w.N.; vgl. aber zu einem Sonderfall: KG Beschl. v. 06.11.2003, 2 Verg 12/03 – VergabeR 2004, 253, 254.
36 Vgl. OLG Brandenburg Beschl. v. 09.09.2004, Verg W 9/04.
37 Vgl. OLG Düsseldorf Beschl. v. 02.01.2012, VII-Verg 70/11; OLG Brandenburg Beschl. v. 09.09.2004, Verg W 9/04.
38 Mit Art. 1 Nr. 15 des Gesetzes zur Modernisierung des Vergaberechts v. 20.04.2009 (BGBl. I 2009, 790).

danken zusätzlich Rechnung getragen.[39] Da es sich bei § 167 Abs. 1 S. 3 GWB jedoch nur um eine **Sollvorschrift**[40] handelt, sind einzelfallbedingt auch längere Verlängerungen möglich.[41]

20 Sollte im Einzelfall eine einmalige Verlängerung der Entscheidungsfrist nicht ausreichen, sind auch **weitere Verlängerungen** zulässig.[42] Dem Wortlaut des § 167 Abs. 1 GWB lässt sich keine Beschränkung auf eine einzige Verlängerungsmöglichkeit entnehmen;[43] zudem darf es einer Vergabekammer nicht abgeschnitten werden, eine sachlich und rechtlich richtige, nachvollziehbare Entscheidung mit der gebotenen Sorgfalt treffen zu können.

IV. Fristwahrung durch Entscheidung

21 Zur Einhaltung der Frist nach § 167 Abs. 1 GWB hat die Vergabekammer vor Fristablauf schriftlich eine Entscheidung zu treffen und diese zu begründen, § 167 Abs. 1 S. 1 GWB. Gemeint ist hierbei die das Nachprüfungsverfahren **abschließende Entscheidung** der Kammer **über den Nachprüfungsantrag** durch Beschluss (§ 168 Abs. 1 GWB). Nicht ausreichend sind sonstige Entscheidungen der Kammer, die nicht zu einer Beendigung des Verfahrens führen. Neben dem Tenor ist die Entscheidung der Vergabekammer **mit Entscheidungsgründen** zu versehen, § 167 Abs. 1 S. 1, § 168 Abs. 3 S. 3 i.V.m. § 61 Abs. 1 S. 1 GWB. Für die Wahrung der Entscheidungsfrist ist zudem erforderlich, dass die Vergabekammer die Entscheidung **verfahrensordnungsgemäß getroffen** (s.u. Rdn. 22) und vollständig und mit Begründung (schriftlich) **abgesetzt** hat (s.u. Rdn. 23).[44] Beides muss innerhalb der Frist erfolgt sein (s.u. Rdn. 24).

22 Voraussetzung für eine ordnungsgemäß getroffene Entscheidung ist, dass die Entscheidung in der **ordnungsgemäßen Besetzung** der Vergabekammer erfolgt ist. Hier sind insbesondere die Vorgaben für die Regelbesetzung nach § 157 Abs. 2 S. 1 GWB bzw. gegebenenfalls Abweichungen davon nach § 157 Abs. 2 S. 5 GWB (Besetzung ohne ehrenamtlichen Beisitzer bei der Nachprüfung von verteidigungs- und sicherheitsspezifischen Aufträgen nach § 104 GWB) oder nach § 157 Abs. 3 GWB (Übertragung der Entscheidung auf den »Einzelrichter«) zu beachten. Soweit eine mündliche Verhandlung stattgefunden hat, sind – da die Entscheidung »aufgrund« einer mündlichen Verhandlung ergeht, § 166 Abs. 1 S. 1 GWB – nur die Mitglieder der Kammer, die an der Verhandlung teilgenommen haben, berechtigt, an der Entscheidung mitzuwirken.

23 Die Entscheidung hat zudem **schriftlich** zu ergehen. Daher hat die schriftlich abgefasste (mit Entscheidungsgründen versehene) Entscheidung die **notwendigen Unterschriften** zu tragen.[45] Das Schriftformerfordernis bedingt für sich jedoch nicht, dass grundsätzlich die Unterschriften aller beteiligten Kammermitglieder erforderlich sind.[46] Welche Mitglieder der Vergabekammer eine Entscheidung zu unterzeichnen haben, ist nicht im GWB vorgegeben, sondern ist dem Bereich der Organisation der Vergabekammern zuzuordnen[47] und richtet sich daher für die Vergabekammern

---

39 Vgl. auch Gesetzentwurf der Bundesregierung v. 13.08.2008 zum Gesetz zur Modernisierung des Vergaberechts, BT-Drucks. 16/10117, S. 23, Zu Nummer 15 (§ 113).

40 Vgl. auch Gegenäußerung der Bundesregierung zum Entwurf eines Gesetzes zur Modernisierung des Vergaberechts, BT-Drucks. 16/10117, S. 42 (Zu Nummer 21).

41 Vgl. auch Reidt in: Reidt/Stickler/Glahs, § 113 GWB Rn. 14; Bungenberg in: Pünder/Schellenberg, § 113 GWB Rn. 19; Frister in: Ziekow/Völlink, § 113 GWB Rn. 13.

42 Vgl. OLG Düsseldorf Beschl. v. 09.06.2010, VII-Verg 9/10; OLG Saarbrücken Beschl. v. 05.07.2006, 1 Verg 6/05; Bungenberg in: Pünder/Schellenberg, § 113 GWB Rn. 19; Summa in: jurisPK-VergR, § 113 GWB Rn. 43.

43 Vgl. OLG Saarbrücken Beschl. v. 05.07.2006, 1 Verg 6/05.

44 Vgl. OLG Düsseldorf Beschl. v. 08.05.2002, VII-Verg 8-15/01; OLG Naumburg Beschl. v. 13.10.2006, 1 Verg 7/06, m.w.N.

45 Vgl. Summa in: jurisPK-VergR, § 113 GWB Rn. 14; auch OLG Düsseldorf Beschl. v. 22.01.2001, Verg 24/00.

46 Vgl. BGH Beschl. v. 12.06.2001, X ZB 10/01.

47 Vgl. BGH Beschl. v. 12.06.2001, X ZB 10/01.

des Bundes nach deren nach § 158 Abs. 1 S. 4 GWB erlassener Geschäftsordnung[48] bzw. für die Vergabekammern der Länder nach deren **Geschäftsordnungen** oder gegebenenfalls anderweitig getroffenen Regelungen durch die nach Landesrecht zuständigen Stellen, § 158 Abs. 2 S. 1 GWB. Typischerweise ist nach diesen Regelungen die Unterschrift des ehrenamtlichen Beisitzers, der meist zur Unterschriftsleistung nicht vor Ort ist, entbehrlich.[49] Soweit ein Mitglied der Vergabekammer, dessen Unterschrift erforderlich ist, an der Unterschriftsleistung verhindert ist, ist dies anstelle dieser Unterschrift entsprechend § 173 VwGO i.V.m. § 315 Abs. 1 S. 2 ZPO unter Angabe des Verhinderungsgrundes von dem Vorsitzenden oder – bei Verhinderung des Vorsitzenden – vom hauptamtlichen Beisitzer unter der Entscheidung zu vermerken und zu unterschreiben.[50] Auch hier ist zu beachten, dass – soweit die Entscheidung aufgrund einer mündlichen Verhandlung getroffen wird, § 166 Abs. 1 S. 1 GWB – nur diejenigen Kammermitglieder unterzeichnen bzw. den Verhinderungsvermerk für ein anderes Kammermitglied vornehmen dürfen, die selbst an der mündlichen Verhandlung teilgenommen haben; nur diese sind rechtlich in der Lage zu bestätigen, dass die schriftlich abgefasste Entscheidung mit der aufgrund der mündlichen Verhandlung beratenen und getroffenen Entscheidung der Kammer übereinstimmt.[51] **Fehlen** einer Entscheidung **notwendige Unterschriften**, handelt es sich lediglich um einen für die Fristwahrung nach § 167 Abs. 1 S. 1 GWB nicht ausreichenden Beschlussentwurf.[52] Fehlende Unterschriften können nach Ablauf der Entscheidungsfrist nicht nachgeholt werden.[53]

Dass die Entscheidung **innerhalb der Frist** nach § 167 Abs. 1 GWB ergangen ist, ist zudem aus   24
Beweisgründen in geeigneter Weise zu **dokumentieren** bzw. aktenkundig zu machen. Dies kann etwa geschehen, indem die vollständig abgesetzte und unterschriebene Entscheidung mit Vermerk des Tages in der Akte niedergelegt und die Akte auf den Weg zur Geschäftsstelle der Vergabekammer gebracht wird oder indem die Entscheidung bei der Geschäftsstelle eingeht und der Eingang dort entsprechend vermerkt wird.[54] Eine entsprechende Dokumentation ist auch dadurch möglich, dass die Zustellung der Entscheidung an die Beteiligten bereits innerhalb der Frist veranlasst und dies in der Zustellungsverfügung vermerkt wird.[55] Ist die Entscheidung den Beteiligten innerhalb der Entscheidungsfrist ordnungsgemäß zugestellt worden, ist eine weiter gehende Dokumentation entbehrlich.[56]

Nicht erforderlich ist, dass die Entscheidung den Verfahrensbeteiligten bereits innerhalb der Frist   25
zugestellt oder bekannt gegeben wird.[57] Nach § 168 Abs. 3 S. 3 i.V.m. § 61 Abs. 1 S. 1 GWB ist die Entscheidung zwar zuzustellen. Es ist jedoch schon dem Wortlaut des § 167 Abs. 1 S. 1 GWB (»trifft und begründet«) nicht zu entnehmen, dass neben dem Absetzen der Entscheidung auch die anschließende und in § 167 Abs. 1 GWB selbst nicht erwähnte Zustellung innerhalb der knapp bemessenen Entscheidungsfrist zu erfolgen hat, zumal das GWB in einem anderen Zusammen-

---

48 Vgl. Geschäftsordnung der Vergabekammern des Bundes v. 15.07.2005, BAnz Nr. 151 v. 12.08.2005, S. 12296 f., dort § 8 Abs. 1 S. 4 a.E.

49 So nach § 8 Abs. 1 S. 4 der Geschäftsordnung der Vergabekammern des Bundes (Fn. 48); vgl. auch z.B. OLG Jena Beschl. v. 28.02.2001, 6 Verg 8/00; OLG Düsseldorf Beschl. v. 12.03.2003, VII-Verg 49/02.

50 Vgl. OLG Düsseldorf Beschl. v. 22.01.2001, Verg 24/00; Beschl. v. 12.03.2003, VII-Verg 49/02; Dicks in: Ziekow/Völlink, § 116 GWB Rn. 17.

51 Vgl. OLG Düsseldorf Beschl. v. 05.09.2001, Verg 18/01; Beschl. v. 12.03.2003, VII-Verg 49/02.

52 Vgl. OLG Düsseldorf Beschl. v. 05.09.2001, Verg 18/01; vgl. auch BGH Beschl. v. 12.06.2001, X ZB 10/01.

53 Vgl. OLG Düsseldorf Beschl. v. 12.03.2003, VII-Verg 49/02; Beschl. v. 05.09.2001, Verg 18/01.

54 Vgl. OLG Düsseldorf Beschl. v. 22.01.2001, Verg 24/00; OLG Saarbrücken Beschl. v. 29.04.2003, 5 Verg 4/02; OLG Naumburg Beschl. v. 13.10.2006, 1 Verg 7/06.

55 Vgl. Summa in: jurisPK-VergR, § 113 GWB Rn. 22.

56 Vgl. OLG Düsseldorf Beschl. v. 22.01.2001, Verg 24/00; Bungenberg in: Pünder/Schellenberg, § 113 GWB Rn. 9.

57 OLG Naumburg Beschl. v. 13.10.2006, 1 Verg 7/06; OLG Düsseldorf Beschl. v. 08.05.2002, VII-Verg 8-15/01; implizit: OLG Saarbrücken Beschl. v. 29.04.2003, 5 Verg 4/02; a.A.: Maier in der 2. Auflage dieses Werks, § 113 Rn. 2 f.; auch Reidt in: Reidt/Stickler/Glahs, § 113 GWB Rn. 5.

hang – der Freigabefiktion der Fusionskontrolle nach § 40 Abs. 2 S. 2 GWB – die Zustellung ausdrücklich erwähnt. Darüber hinaus ist eine Zustellung mit Unwägbarkeiten verbunden, die die Einhaltung der ohnehin kurzen Entscheidungsfrist nicht unerheblich belasten würden.[58] Die erfolgreiche Zustellung der Entscheidung liegt weitgehend außerhalb des Einflussbereichs der Vergabekammer, die jedoch zur Einhaltung der Entscheidungsfrist nach § 167 Abs. 1 GWB verpflichtet ist.[59]

26   Ist die Entscheidung einer Vergabekammer nicht ordnungsgemäß getroffen bzw. schriftlich abgesetzt worden, ist sie im Rechtssinne nicht existent, und es tritt nach Ablauf der Entscheidungsfrist die Ablehnungsfiktion gemäß § 171 Abs. 2 GWB ein.[60] Da eine solche Entscheidung jedoch den Rechtsschein einer wirksamen und im entsprechenden Vergabeverfahren zu beachtenden Entscheidung erweckt, ist sie im Interesse der Beteiligten an einer verbindlichen Klarstellung der tatsächlich geltenden Rechtslage mit der **sofortigen Beschwerde** anfechtbar.[61] Gleiches gilt, wenn die Entscheidung erst nach Ablauf der Frist des § 167 Abs. 1 GWB ergeht; auch hier setzt die (unwirksame) Entscheidung einen – eventuell zur Ablehnungsfiktion nach § 171 Abs. 2 GWB sogar gegenläufigen – Rechtsschein, der zu beseitigen ist.[62]

V. Ausnahme von § 167 Abs. 1 GWB

27   Die **Entscheidungsfrist** nach § 167 Abs. 1 GWB ist von der Vergabekammer **ausnahmsweise nicht einzuhalten**, wenn im Laufe eines Nachprüfungsverfahrens Erledigung eingetreten ist und nunmehr nur noch die Feststellung einer Rechtsverletzung nach § 168 Abs. 2 S. 2 GWB begehrt wird. Hier findet § 167 Abs. 1 GWB gemäß § 168 Abs. 2 S. 3 GWB keine Anwendung. Im Fall der Erledigung führt das Nachprüfungsverfahren regelmäßig zu keinen Verzögerungen des Vergabeverfahrens, sodass die mit der Entscheidungsfrist intendierte Beschleunigung des Nachprüfungsverfahrens nicht erforderlich ist.

C. Mitwirkungspflichten der Beteiligten (§ 167 Abs. 2 GWB)

I. Allgemeines

28   § 167 Abs. 2 GWB regelt **Pflichten der Verfahrensbeteiligten**, die der Beschleunigung im Nachprüfungsverfahren dienen. Die Beschleunigung wird dabei erzielt, indem den Beteiligten zum einen Mitwirkungspflichten zur **Aufklärung des Sachverhalts** auferlegt werden, denen sie zum anderen (**in zeitlicher Hinsicht**) zügig oder fristgerecht nachkommen müssen. So sieht § 167 Abs. 2 S. 1 GWB eine generelle Verpflichtung der Beteiligten zur zügigen Mitwirkung an der Sachverhaltsaufklärung vor. § 167 Abs. 2 S. 2 GWB regelt konkret die Möglichkeit der Fristsetzung für Vortrag der Beteiligten.

29   Weitere – ebenfalls der raschen Aufklärung des Sachverhalts dienende – Mitwirkungspflichten einzelner Beteiligten sind in § 161 Abs. 2 GWB und § 163 Abs. 2 S. 4 GWB sowie – für das Beschwerdeverfahren – in § 172 Abs. 2 Nr. 2 GWB geregelt.

II. Verfahrensförderungspflicht (§ 167 Abs. 2 S. 1 GWB)

30   Nach § 167 Abs. 2 S. 1 GWB sind die Verfahrensbeteiligten (vgl. § 162 S. 1 GWB) generell verpflichtet, das Nachprüfungsverfahren zu fördern, indem sie an der Aufklärung des Sachverhalts mitwirken.[63] Die Regelung **ergänzt** damit den **Untersuchungsgrundsatz**, wonach grundsätzlich

---

58 Vgl. OLG Düsseldorf Beschl. v. 08.05.2002, VII-Verg 8-15/01; OLG Naumburg Beschl. v. 13.10.2006, 1 Verg 7/06.
59 Vgl. Frister in: Ziekow/Völlink, § 113 GWB Rn. 9.
60 Vgl. OLG Düsseldorf Beschl. v. 12.03.2003, VII-Verg 49/02.
61 Vgl. OLG Düsseldorf Beschl. v. 12.03.2003, VII-Verg 49/02.
62 Vgl. OLG Düsseldorf Beschl. v. 12.03.2003, VII-Verg 49/02.
63 Vgl. auch BGH Beschl. v. 19.12.2000, X ZB 14/00.

die Vergabekammer den Sachverhalt von Amts wegen zu erforschen hat (§ 163 Abs. 1 S. 1 GWB). Die Verfahrensbeteiligten haben die Vergabekammer somit bei der Feststellung des dem Nachprüfungsverfahren zugrunde liegenden Sachverhalts zu unterstützen. Die Aufklärungspflichten der Vergabekammer beschränken sich umgekehrt auf das von den Beteiligten Vorgetragene und ihr sonst Bekannte (§ 163 Abs. 1 S. 2 GWB).[64] Insoweit besteht eine **Wechselwirkung** zwischen der Amtsermittlungspflicht der Vergabekammer und der Verfahrensförderungspflicht der Beteiligten.[65]

Die Pflicht zur Mitwirkung trifft die Beteiligten im **gesamten Nachprüfungsverfahren**, ohne dass 31 es jeweils einer Aufforderung der Vergabekammer bedürfte.[66] In Ermangelung einer entsprechenden Beschränkung gilt die Verfahrensförderungspflicht auch uneingeschränkt für das Feststellungsverfahren nach § 168 Abs. 2 S. 2 GWB.[67]

Zur Aufklärung des Sachverhalts ist es erforderlich, dass die Verfahrensbeteiligten sämtliche 32 Angriffs- und Verteidigungsmittel so umfassend wie möglich vortragen.[68] Dazu haben die Beteiligten die relevanten **Tatsachen** wie auch die möglichen **Beweismittel** zu benennen und gegebenenfalls vorzulegen.[69] Dies gilt insbesondere für den Antragsteller im Hinblick auf die sein Begehren rechtfertigenden Tatsachen und Beweismittel.[70] Gemäß § 161 Abs. 2 GWB hat er bereits in seinem Nachprüfungsantrag die vermeintlichen Vergaberechtsverstöße zu benennen und dafür möglichst umfassend den Sachverhalt darzustellen und Beweismittel aufzuzeigen. Gemäß § 167 Abs. 2 S. 1 GWB gilt dies jedoch auch für das Geltendmachen erst während des Nachprüfungsverfahrens erkannter Verstöße und den dazu erforderlichen Sachvortrag.[71] Ebenso haben auch die übrigen Beteiligten die für sie günstigen Umstände aufzuzeigen.[72] Von der Verfahrensförderungspflicht hingegen nicht umfasst ist Vortrag, der nur rechtliche Ausführungen enthält und daher nicht zur Sachverhaltsaufklärung beiträgt.[73]

Der Mitwirkungspflicht nach § 167 Abs. 2 S. 1 GWB haben die Beteiligten nachzukommen, »wie 33 es einem auf Förderung und raschen Abschluss des Verfahrens bedachten Vorgehen entspricht«. D.h. ein Beteiligter muss jeweils so **schnell wie möglich**[74] bzw. so umgehend tätig werden, dass sich das **Verfahren nicht verzögert**.[75] Es bedeutet auch, dass ein Beteiligter jeweils **von sich aus** – und nicht erst auf Aufforderung der Vergabekammer – Angriffs- bzw. Verteidigungsmittel vorzubringen oder anderweitig das Verfahren zu fördern hat.[76]

Für einen **Verstoß gegen die Verfahrensförderungspflicht** sieht § 167 Abs. 2 S. 1 GWB **Sanktionen** 34 nicht ausdrücklich vor. Der fragliche Beteiligte hat jedoch grundsätzlich die sich aus der Missach-

---

64 Vgl. OLG Düsseldorf Beschl. v. 23.02.2005, VII-Verg 92/04, m.w.N.

65 Vgl. OLG Düsseldorf Beschl. v. 19.11.2003, VII-Verg 22/03; vgl. auch BGH Beschl. v. 19.12.2000, X ZB 14/00.

66 Vgl. auch OLG Düsseldorf Beschl. v. 19.11.2003, VII-Verg 22/03.

67 Vgl. OLG Düsseldorf Beschl. v. 19.11.2003, VII-Verg 22/03.

68 Vgl. OLG Düsseldorf Beschl. v. 19.11.2003, VII-Verg 22/03; dies gilt allerdings nicht für sog. selbständige Angriffs- und Verteidigungsmittel wie etwa die Antragserweiterung in Bezug auf den Nachprüfungsgegenstand (vgl. OLG Düsseldorf Beschl. v. 29.12.2001, Verg 22/01), für die jedoch eine Präklusion nach § 160 Abs. 3 GWB eintreten kann.

69 Vgl. BGH Beschl. v. 19.12.2000, X ZB 14/00; OLG Düsseldorf Beschl. v. 28.08.2001, Verg 27/01.

70 Vgl. BGH Beschl. v. 19.12.2000, X ZB 14/00; OLG Düsseldorf Beschl. v. 18.07.2001, Verg 16/01.

71 Vgl. z.B. OLG Düsseldorf Beschl. v. 28.06.2006, VII-Verg 18/06; OLG Frankfurt Beschl. v. 13.12.2011, 11 Verg 8/11; OLG Brandenburg Beschl. v. 10.01.2012, Verg W 18/11.

72 Vgl. etwa OLG Frankfurt Beschl. v. 07.08.2007, 11 Verg 3/07, 4/07.

73 Vgl. zu § 113 Abs. 2 S. 2 GWB: Reidt in: Reidt/Stickler/Glahs, § 113 GWB Rn. 31; Summa in: jurisPK-VergR, § 113 GWB Rn. 64.

74 Vgl. OLG Düsseldorf Beschl. v. 19.11.2003, VII-Verg 22/03.

75 Vgl. OLG Frankfurt Beschl. v. 13.12.2011, 11 Verg 8/11.

76 Vgl. OLG Düsseldorf Beschl. v. 19.11.2003, VII-Verg 22/03; Bork-Galle in: Heuvels/Höß/Kuß/Wagner, § 113 GWB Rn. 21.

tung seiner Mitwirkungspflicht ergebenden **Verfahrensnachteile** zu tragen.[77] So reduziert sich bei fehlendem oder pauschalem Vortrag eines Beteiligten die Aufklärungspflicht der Vergabekammer entsprechend (s. auch § 163 Abs. 1 S. 2 GWB).[78] Zudem sind Verfahrensverzögerungen nicht hinzunehmen, die sich ergeben würden, wenn spätes Vorbringen eines Beteiligten noch für die Entscheidung berücksichtigt würde.[79] Trägt ein Beteiligter unter Missachtung seiner Verfahrensförderungspflicht derart spät zur Sache vor, dass den anderen Beteiligten bis zum Schluss der mündlichen Verhandlung, aufgrund derer die Entscheidung der Vergabekammer ergeht, eine Erwiderung unter zumutbaren Bedingungen nicht mehr möglich ist, so muss ein solches Vorbringen bei der Entscheidungsfindung unberücksichtigt bleiben und löst, da es nicht zum Nachteil der anderen Verfahrensbeteiligten verwertet werden darf, auch nicht die Amtsermittlungspflicht nach § 163 Abs. 1 GWB aus.[80] Dies gilt erst recht, wenn neuer, nicht nachgelassener Vortrag eines Beteiligten erst nach dem Schluss der mündlichen Verhandlung erfolgt.[81] Ebenso können angekündigte, aber letztlich nicht vorgebrachte Beweismittel unberücksichtigt bleiben, etwa wenn ein Beteiligter die Benennung von Zeugen ankündigt, dem jedoch bis zur mündlichen Verhandlung nicht nachkommt und der von dem Beteiligten dazu vorgetragene Sachverhalt nicht aufgeklärt werden kann.[82] Auch kann das erneute Geltendmachen eines bereits vorgebrachten Vergaberechtsverstoßes letztlich zu spät und damit unbeachtlich sein, wenn die Nachprüfungsinstanzen und die anderen Verfahrensbeteiligten zwischenzeitlich davon ausgehen mussten, dass der Antragsteller an der Beanstandung nicht mehr festhält.[83]

35   Die Verfahrensförderungspflichten nach § 167 Abs. 2 S. 1 GWB gelten gemäß § 175 Abs. 2 GWB auch **im Beschwerdeverfahren**.[84] Darüber hinaus wird teilweise vertreten, dass aufgrund eines Verstoßes gegen § 167 Abs. 2 S. 1 GWB im Nachprüfungsverfahren von der Vergabekammer zu Recht nicht berücksichtigter Vortrag eines Beteiligten auch im Beschwerdeverfahren nicht mehr zu berücksichtigen sei.[85] Ebenso soll Vortrag, der schon im Nachprüfungsverfahren hätte vorgebracht werden können, dort aber nicht eingeführt worden ist, unbeachtlich sein.[86] Dies findet jedoch im Gesetz keine Stütze.[87] Denn es fehlt an einer § 128a Abs. 2 VwGO bzw. § 531 Abs. 1 ZPO vergleichbaren Regelung, die die Unbeachtlichkeit in der Folgeinstanz regelt;[88] § 167 Abs. 2 S. 1 GWB sieht vielmehr für den Fall eines Verstoßes – anders als die Regelung des § 160 Abs. 3 S. 1 Nr. 1 GWB, die im Übrigen nicht analog anwendbar ist[89] – nicht per se die Unzulässigkeit (als

77 Vgl. OLG Düsseldorf Beschl. v. 19.11.2003, VII-Verg 22/03.
78 Vgl. OLG Düsseldorf Beschl. v. 19.11.2003, VII-Verg 22/03; Beschl. v. 28.06.2006, VII-Verg 18/06; BGH Beschl. v. 19.12.2000, X ZB 14/00.
79 Vgl. etwa OLG Düsseldorf Beschl. v. 26.11.2008, VII-Verg 54/08.
80 Vgl. OLG Düsseldorf Beschl. v. 19.11.2003, VII-Verg 22/03; Beschl. v. 28.06.2006, VII-Verg 18/06; OLG Frankfurt Beschl. v. 07.08.2007, 11 Verg 3/07, 4/07.
81 Vgl. OLG Frankfurt Beschl. v. 13.12.2011, 11 Verg 8/11; (im Beschwerdeverfahren, § 120 Abs. 2 GWB a.F. (jetzt § 175 Abs. 2 GWB)) Beschl. v. 07.08.2007, 11 Verg 3/07, 4/07; VK Bund Beschl. v. 29.07.2008, VK 1 – 81/08.
82 Vgl. BGH Beschl. v. 19.12.2000, X ZB 14/00.
83 Vgl. OLG Düsseldorf Beschl. v. 26.11.2008, VII-Verg 54/08.
84 Vgl. z.B. BGH Beschl. v. 19.12.2000, X ZB 14/00; OLG Brandenburg Beschl. v. 10.01.2012, Verg W 18/11; OLG Düsseldorf Beschl. v. 26.11.2008, VII-Verg 54/08; OLG Frankfurt Beschl. v. 07.08.2007, 11 Verg 3/07, 4/07.
85 Vgl. OLG Frankfurt Beschl. v. 13.12.2011, 11 Verg 8/11; a.A. (ohne weitere Begründung) OLG Düsseldorf Beschl. v. 07.08.2013, VII-Verg 15/13.
86 Vgl. OLG Brandenburg Beschl. v. 10.01.2012, Verg W 18/11; OLG Frankfurt Beschl. v. 11.05.2004, 11 Verg 8/04, 9/04 und 10/04.
87 Vgl. auch OLG Celle Beschl. v. 21.01.2016, 13 Verg 8/15, mit einem Überblick über den Streitstand in Rspr. und Lit.
88 Vgl. OLG Koblenz Beschl. v. 10.08.2000, 1 Verg 2/00.
89 Vgl. OLG Düsseldorf Beschl. v. 09.02.2009, VII-Verg 66/08, mit Verweis auf BGH Beschl. v. 26.09.2006, X ZB 14/06, sowie m.w.N.; OLG Schleswig Beschl. v. 20.03.2008, 1 Verg 6/07; zur a.A. vgl. OLG Celle Beschl. v. 10.01.2008, 13 Verg 11/07.

zwingende Folge für alle Nachprüfungsinstanzen) vor. Es soll lediglich Verzögerungen im Verfahren vor der jeweiligen Nachprüfungsinstanz entgegengewirkt werden. Wenn ein im Nachprüfungsverfahren vor der Vergabekammer nach § 167 Abs. 2 S. 1 GWB präkludierter Vortrag frühzeitig in das Beschwerdeverfahren eingebracht wird, führt dies in der Regel jedoch nicht dazu, dass Verzögerungen im Beschwerdeverfahren eintreten.

III. Fristsetzung (§ 167 Abs. 2 S. 2 GWB)

Zur beschleunigten Durchführung des Verfahrens können den Beteiligten ähnlich § 87b VwGO 36 bzw. den in § 296 ZPO genannten Regelungen gemäß § 167 Abs. 2 S. 2 GWB **Fristen zur Stellungnahme** gesetzt werden, nach deren Ablauf weiterer Vortrag unbeachtet bleiben kann. Damit gibt die Vorschrift der Vergabekammer ein Instrument an die Hand, um die Verfahrensbeteiligten (§ 162 S. 1 GWB) – über die allgemeine Verfahrensförderungspflicht nach § 167 Abs. 2 S. 1 GWB hinaus – zu **zügigem Vortrag** in der Sache anzuhalten. Zudem können durch die Sanktion der Nichtberücksichtigung **Verzögerungen** im Nachprüfungsverfahren **verhindert** werden, die ansonsten durch verspäteten Vortrag eintreten würden. Eine Verpflichtung zur Fristsetzung besteht nicht (»können«).

1. Ordnungsgemäße Fristsetzung

Wer seitens der Vergabekammer für die Fristsetzung zuständig ist, regelt § 167 Abs. 2 S. 2 GWB 37 nicht. Da eine Kammerentscheidung nicht ausdrücklich vorgesehen ist[90] und die Fristsetzung auch nicht dem Vorsitzenden der Kammer vorbehalten ist,[91] kann die Fristsetzung – wie es auch für den Verwaltungsprozess nach § 87b Abs. 1, 2 VwGO geregelt ist – durch den **Vorsitzenden oder** aber auch den **hauptamtlichen Beisitzer** als Berichterstatter erfolgen.[92]

Die gesetzte **Frist** muss der Dauer nach **angemessen** sein. Dabei sind auf der einen Seite der Arbeits- 38 und Zeitaufwand, der für die Erarbeitung einer Stellungnahme erforderlich ist, und auf der anderen Seite der Beschleunigungsgrundsatz – insbesondere mit Blick auf die Entscheidungsfrist nach § 167 Abs. 1 GWB – zu berücksichtigen.[93] In Anbetracht des Umstands, dass das Nachprüfungsverfahren grundsätzlich innerhalb von fünf Wochen abzuschließen ist, dürfte in der Regel bereits eine Frist von wenigen Tagen zumutbar sein. Die Frist muss zudem **eindeutig bestimmt** sein.[94] Soweit Vortrag zu bestimmten Gesichtspunkten erwartet wird, ist auch dieses deutlich zu machen.[95]

Darüber hinaus wird zum Teil vertreten, dass mit der Fristsetzung **auf die möglichen Rechtsfolgen** 39 einer Fristversäumung **hinzuweisen** ist (vgl. auch § 87b Abs. 3 Nr. 3 VwGO), da diese zu einer erheblich verschlechterten Verfahrensposition des betroffenen Beteiligten führen können; dabei wird auch auf den Umstand verwiesen, dass Beteiligte im Nachprüfungsverfahren nicht notwendig anwaltlich vertreten sind oder anderweitig juristisch beraten werden.[96] Gegebenenfalls ist eine fehlende Kenntnis der Rechtsfolgen auch im Rahmen der Entscheidung über die mögliche Nichtberücksichtigung eines verspäteten Vortrags zu berücksichtigen.

---

90 Die Begründung zum Gesetzentwurf, BT-Drucks. 13/9340, S. 19 (Zu § 123), spricht zwar von einer »durch die Kammer gesetzten Frist«; da § 113 Abs. 2 S. 2 GWB dies jedoch nicht aufgenommen hat, kann dem keine Regelung der internen Zuständigkeit entnommen werden.

91 Anders etwa die Fristverlängerung nach § 167 Abs. 1 S. 2 GWB.

92 Vgl. Bork-Galle in: Heuvels/Höß/Kuß/Wagner, § 113 GWB Rn. 24; a.A. (Fristsetzung darf nur durch den Vorsitzenden erfolgen): Frister in: Ziekow/Völlink, § 113 GWB Rn. 16; Summa in: jurisPK-VergR, § 113 GWB Rn. 62.

93 Vgl. Boesen, § 113 Rn. 49; Frister in: Ziekow/Völlink, § 113 GWB Rn. 17.

94 Vgl. auch Bork-Galle in: Heuvels/Höß/Kuß/Wagner, § 113 GWB Rn. 25; Reidt in: Reidt/Stickler/Glahs, § 113 GWB Rn. 29.

95 Vgl. auch Bork-Galle in: Heuvels/Höß/Kuß/Wagner, § 113 GWB Rn. 25.

96 Vgl. Boesen, § 113 Rn. 50; Frister in: Ziekow/Völlink, § 113 GWB Rn. 17; Summa in: jurisPK-VergR, § 113 GWB Rn. 64 (Belehrungspflicht nur gegenüber anwaltlich nicht vertretenen Beteiligten).

2. Nichtberücksichtigung

40   Geht der Vortrag eines Beteiligten nach Ablauf der ihm gesetzten Frist und damit verspätet bei der Vergabekammer ein, so steht es gemäß § 167 Abs. 2 S. 2 GWB (»kann«) **im Ermessen** der Kammer, ob sie den Vortrag zurückweist oder ihn dennoch berücksichtigt und ihrer Entscheidung zugrunde legt. Verspäteter Vortrag hat nicht zwingend unbeachtet zu bleiben.

41   Bei der Entscheidung über die Berücksichtigung bzw. Nichtberücksichtigung verspäteten Vortrags steht dem öffentlichen Interesse an einer sachgerechten Entscheidung der Vergabekammer das Interesse an einem raschen Abschluss des Nachprüfungsverfahrens aus § 167 Abs. 1 GWB (und damit einer möglichst geringen Verzögerung des Vergabeverfahrens) gegenüber. Im Rahmen der **pflichtgemäßen Ermessensausübung** ist daher durch die Kammer insbesondere zu beachten, ob eine Berücksichtigung des nicht fristgerechten Vortrags zu **Verzögerungen** des Nachprüfungsverfahrens führen und insbesondere den Verfahrensabschluss hinauszögern würde.[97] Eine Verzögerung kann dabei in der Regel nur angenommen werden, wenn das Verfahren bei fristgerechtem Vortrag hätte schneller entschieden werden können.[98] Zudem ist zu berücksichtigen, ob es dem Beteiligten möglich gewesen wäre, schon früher vorzutragen.[99]

42   Inwieweit »**weiterer Vortrag**« unbeachtet bleiben kann, richtet sich danach, worauf sich die Fristsetzung inhaltlich bezog, z.B. auf bestimmte Sachverhaltsaspekte oder Schriftsätze eines anderen Beteiligten. Lässt die Vergabekammer Vortrag unbeachtet, entscheidet sie so, als gäbe es diesen Vortrag nicht. Wird der verspätete Vortrag aber beispielsweise durch eine Erwiderung eines anderen Beteiligten mittelbar wieder in das Verfahren eingeführt, dann entfaltet die Verspätung keine Wirkung mehr und der Vortrag ist zu berücksichtigen.

43   Die Entscheidung der Vergabekammer, verspäteten Vortrag gemäß § 167 Abs. 2 S. 2 GWB nicht zu berücksichtigen, ist **nicht selbständig anfechtbar**.[100] Der betroffene Beteiligte kann nur gegen den Hauptsachebeschluss im Ganzen vorgehen.

44   Von der Vergabekammer nach § 167 Abs. 2 S. 2 GWB präkludiertes Vorbringen ist grundsätzlich **im Beschwerdeverfahren** zu berücksichtigen und kann vom Beschwerdegericht nicht allein wegen der Verspätung im Nachprüfungsverfahren vor der Vergabekammer zurückgewiesen werden;[101] es fehlt an einer § 128a Abs. 2 VwGO bzw. § 531 Abs. 1 ZPO vergleichbaren ausdrücklichen Regelung, die die Unbeachtlichkeit in der Folgeinstanz regelt.[102] Auch für das Beschwerdeverfahren selbst gilt § 167 Abs. 2 S. 2 GWB nicht; mangels eines entsprechenden Verweises in § 175 Abs. 2 GWB kann verspäteter Vortrag vor dem Beschwerdegericht nicht allein wegen dieser Verspätung zurückgewiesen werden.[103] Gemäß § 175 Abs. 2 i.V.m. § 70 Abs. 3 GWB kann das Beschwerdegericht den Beteiligten jedoch Fristen für Sachvortrag sowie die Bezeichnung oder Vorlage von Beweismitteln setzen und bei Fristversäumnis ohne Berücksichtigung der nicht beigebrachten Beweismittel entscheiden.[104] Zudem gilt für die Beteiligten auch hier die allgemeine Verfahrensförderungspflicht nach § 175 Abs. 2 i.V.m. § 167 Abs. 2 S. 1 GWB (s.o. Rdn. 35).

---

97   Vgl. Frister in: Ziekow/Völlink, § 113 GWB Rn. 18; Summa in: jurisPK-VergR, § 113 GWB Rn. 68.
98   Vgl. Boesen, § 113 Rn. 52, m.w.N.
99   Vgl. Frister in: Ziekow/Völlink, § 113 GWB Rn. 18; Reidt in: Reidt/Stickler/Glahs, § 113 GWB Rn. 30; Summa in: jurisPK-VergR, § 113 GWB Rn. 69.
100 Vgl. BT-Drucks. 13/9340, S. 19; Bungenberg in: Pünder/Schellenberg, § 113 GWB Rn. 28; Frister in: Ziekow/Völlink, § 113 GWB Rn. 19.
101 Vgl. OLG Koblenz Beschl. v. 10.08.2000, 1 Verg 2/00; Frister in: Ziekow/Völlink, § 113 GWB Rn. 19; Otting in: Bechtold, Kartellrecht (6. Aufl.), § 113 Rn. 8.
102 Vgl. OLG Koblenz Beschl. v. 10.08.2000, 1 Verg 2/00; Summa in: jurisPK-VergR, § 113 GWB Rn. 73.
103 Vgl. Otting in: Bechtold, Kartellrecht (6. Aufl.), § 113 Rn. 8.
104 Vgl. OLG Schleswig Beschl. v. 20.03.2008, 1 Verg 6/07.

§ 168 Entscheidung der Vergabekammer

(1) Die Vergabekammer entscheidet, ob der Antragsteller in seinen Rechten verletzt ist, und trifft die geeigneten Maßnahmen, um eine Rechtsverletzung zu beseitigen und eine Schädigung der betroffenen Interessen zu verhindern. Sie ist an die Anträge nicht gebunden und kann auch unabhängig davon auf die Rechtmäßigkeit des Vergabeverfahrens einwirken.

(2) Ein wirksam erteilter Zuschlag kann nicht aufgehoben werden. Hat sich das Nachprüfungsverfahren durch Erteilung des Zuschlags, durch Aufhebung oder durch Einstellung des Vergabeverfahrens oder in sonstiger Weise erledigt, stellt die Vergabekammer auf Antrag eines Beteiligten fest, ob eine Rechtsverletzung vorgelegen hat. § 167 Absatz 1 gilt in diesem Fall nicht.

(3) Die Entscheidung der Vergabekammer ergeht durch Verwaltungsakt. Die Vollstreckung richtet sich, auch gegen einen Hoheitsträger, nach den Verwaltungsvollstreckungsgesetzen des Bundes und der Länder. Die §§ 61 und 86a Satz 2 gelten entsprechend.

A. Allgemeines

§ 168 GWB, der den bisherigen § 114 GWB unverändert übernimmt, ist eine zentrale Norm des 1 erstinstanzlichen Vergaberechtsschutzes. Die Norm dient insbesondere der Umsetzung von Art. 1 und Art. 2 der Richtlinie 2007/66/EG[1], welche die Mitgliedstaaten dazu verpflichten, die erforderli-

---

1 ABl. EU Nr. L 335/31.

chen Maßnahmen zu ergreifen, um sicherzustellen, dass Entscheidungen der öffentlichen Auftraggeber wirksam und möglichst rasch auf Verstöße gegen Gemeinschaftsrecht oder das seiner Umsetzung dienende nationale Vergaberecht überprüft werden können.[2] Danach entscheidet die Kammer, ob ein Antragsteller in seinen Rechten im Sinne des § 97 Abs. 6 GWB verletzt ist und trifft die geeigneten Maßnahmen, um die Rechtsverletzung zu beseitigen und eine Schädigung der betroffenen Interessen des Antragstellers zu verhindern. Dabei ist die Kammer an Anträge des Antragstellers nicht gebunden und kann auch unabhängig davon auf die Rechtmäßigkeit des Vergabeverfahrens hinwirken. Allerdings ist die Kammer lediglich zu einer Rechtmäßigkeitskontrolle, nicht jedoch auch zu einer Zweckmäßigkeitskontrolle von Entscheidungen des öffentlichen Auftraggebers berufen. Die Entscheidung der Kammer ergeht in der Form eines Verwaltungsakts, der schriftlich zu begründen und mit einer Belehrung über das zulässige Rechtsmittel den Beteiligten nach den Vorschriften des Verwaltungszustellungsgesetzes zuzustellen ist (§ 168 Abs. 3 i.V.m. § 61 Abs. 1 Satz 1 GWB).

2 Primärrechtsschutz kann der Antragsteller allerdings nur dann erlangen, wenn der Zuschlag noch nicht erteilt worden ist. Ein wirksam erteilter Zuschlag kann nicht aufgehoben werden.[3] Hat sich das Nachprüfungsverfahren selbst, nachdem es zulässigerweise eingeleitet worden ist, durch die in § 168 Abs. 2 GWB genannten Geschehnisse erledigt, kann die Kammer auf Antrag eines Beteiligten feststellen, ob eine Rechtsverletzung vorgelegen hat und so in eingeschränkter Form Sekundärrechtsschutz gewähren. Voraussetzung hierfür ist das Vorliegen eines Feststellungsinteresses. Ein solches Feststellungsinteresse kann vorliegen, wenn der Antragsteller vorträgt, er beabsichtige, Schadensersatzansprüche geltend zu machen oder es bestehe Wiederholungsgefahr. Die Vollstreckung der Entscheidungen der Kammer richtet sich nach den Vollstreckungsgesetzen des Bundes bzw. der Länder, je nachdem, ob eine Entscheidung der VK Bund oder einer VK Land zu vollstrecken ist. Als vollstreckbare Entscheidungen kommen insbesondere die Hauptsacheentscheidung bzw. die Gebührenentscheidung (§ 182 GWB) in Betracht.

B. Die Sachentscheidung (§ 168 Abs. 1 GWB)

I. Feststellung einer Rechtsverletzung (§ 168 Abs. 1 S. 1 1. HS GWB)

3 § 168 GWB betrifft die Entscheidung der Kammer in der Sache selbst. Dies setzt voraus, dass überhaupt ein zulässiger Nachprüfungsantrag gestellt worden ist. Grundsätzlich sind die Zulässigkeit und Begründetheit für jeden geltend gemachten Vergaberechtsverstoß jeweils gesondert zu prüfen. Ist ein Nachprüfungsantrag in toto unzulässig, etwa weil der maßgebliche Schwellenwert nicht erreicht ist, verwirft die Vergabekammer den Nachprüfungsantrag als unzulässig. Die Kammer hat in einem solchen Fall keine Möglichkeit, auf die Rechtmäßigkeit des Vergabeverfahrens einzuwirken.

4 Ergibt sich die Unzulässigkeit des Nachprüfungsantrags daraus, dass die angerufene Vergabekammer unzuständig ist, kann die Vergabekammer, bei der das Nachprüfungsverfahren anhängig gemacht worden ist, das Verfahren an die zuständige Vergabekammer verweisen. Das GWB sieht für eine solche Verweisung zwar keine Rechtsgrundlage vor. Diese Lücke kann aber durch eine analoge Anwendung der § 83 VwGO, § 17a Abs. 2 GVG geschlossen werden.[4] Da § 17a Abs. 2 GVG Ausdruck eines allgemeinen Rechtsgedankens ist,[5] erscheint eine entsprechende Anwendung

---

2 Hölzl in: Münchener Kommentar, Band 3, 2011, § 114 (a.F.), Rn.2; Neun in: Gabriel/Krohn/Neun, Handbuch des Vergaberechts, 2014, S. 1007.

3 Zu den Ausnahmen vgl. die Kommentierung zu § 135 GWB.

4 Grundlegend OLG Bremen, Beschl. v. 17.08.2000, Verg 2/00; OLG Dresden, Beschl. v. 26.06.2012, Verg 0004/12, unter Hinweis auf OLG Thüringen, Beschl. v. 16.07.2007, 9 Verg 4/07 sowie OLG Düsseldorf, Beschl. v. 18.01.2005, VII-Verg 104/04; VK Baden-Württemberg, Beschl. v. 12.03.2015, 1 VK 9/15; VK Bund, Beschl. v. 25.02.2012, VK 3 – 54/12; Beschl. v. 04.11.2008, VK 3 – 143/08, VK 3 – 152/08 sowie VK 3 – 155/08.

5 OLG Bremen, a.a.O.

der Norm als sachgerecht. Die Verweisung ist für diejenige Vergabekammer, an die das Verfahren verwiesen wurde, grundsätzlich bindend (§ 17 Abs. 2 Satz 3 GVG analog).

Wenn die Zulässigkeit des Antrags bejaht wurde, entscheidet die Kammer gem. § 168 Abs. 1   5
S. 1 GWB darüber, ob der Antragsteller »in seinen Rechten verletzt« ist. Eine Rechtsverletzung in diesem Sinne liegt vor, wenn die Vergabestelle gegen solche Bestimmungen über das Vergabeverfahren verstoßen hat, auf deren Einhaltung der Antragsteller nach § 97 Abs. 6 GWB einen subjektiven Anspruch hat. Unternehmen haben einen Anspruch darauf, dass der öffentliche Auftraggeber die Bestimmungen über das Vergabeverfahren einhält. Die Rechtsverletzung muss zum Zeitpunkt der Entscheidung der Kammer vorliegen.[6] Diese subjektive Rechtsverletzung ist Grundlage und Voraussetzung für eine Entscheidung in der Sache. Die Feststellung der Rechtsverletzung schlägt sich im Hauptsacheverfahren nicht in einer expliziten Feststellung im Tenor nieder, sondern erfolgt lediglich implizit. Sie ist aber die unabdingbare Voraussetzung dafür, dass der Nachprüfungsantrag Erfolg hat. Erst wenn dies festgestellt wird, kann die Vergabekammer geeignete Maßnahmen ergreifen, um eine solche festgestellte Rechtsverletzung zu beseitigen und eine Schädigung der betroffenen Interessen zu verhindern.

Nach einer neueren Rechtsprechung ist ein Nachprüfungsantrag allerdings nur dann begründet,   6
wenn neben einer Rechtsverletzung zusätzlich eine zumindest nicht ausschließbare Beeinträchtigung der Auftragschancen festgestellt werden kann.[7] Kann sicher ausgeschlossen werden, dass sich ein festgestellter Vergabeverstoß auf die Auftragschancen des Antragstellers ursächlich ausgewirkt haben kann, bedarf es eines Eingreifens der Nachprüfungsinstanzen nicht.[8] Begründet wird diese Auffassung insbesondere mit Art. 2 d Abs. 1 lit. b Richtlinie 2007/66/EG sowie deren Erwägungsgrund Nr. 18.[9] Diesen gemeinschaftsrechtlichen Vorgaben zufolge soll ein Antragsteller Rechtsschutz gegen die Wirksamkeit eines unter Verstoß gegen Vergabevorschriften geschlossenen Vertrages nur erlangen können, wenn der Rechtsverstoß seine Aussichten auf Erteilung des Zuschlags beeinträchtigt hat. Hat ein Antragsteller ohnehin keine Aussicht auf Erhalt des Auftrags, sind die Vergabenachprüfungsinstanzen nicht befugt, in das Vergabeverfahren einzugreifen. Liegt bspw. das Angebot eines Bieters nach der Angebotswertung auf einem der hinteren Plätze, kann der Nachprüfungsantrag dann Erfolg haben, wenn die vorgehenden Angebote von der Wertung auszuschließen sind oder das Angebot des Antragstellers aus anderen Gründen auf einen der ersten Plätze vorrückt.[10]

II. Geeignete Maßnahmen (§ 168 Abs. 1 S. 1 2. HS, S. 2 GWB)

1. Konkrete Anordnung

Bejaht die Kammer eine Verletzung eigener Rechte des Antragstellers, so folgt hieraus ihre Befugnis   7
dazu, für diese Verletzung **Abhilfe** zu schaffen. Die dazu angeordneten Maßnahmen sollen zur Abhilfe »**geeignet**« sein, um eine konkret festgestellte Verletzung subjektiver Rechte des Antragstellers zu beseitigen und eine Schädigung der betroffenen Interessen zu verhindern. Nach § 168 Abs. 1 Satz 2 GWB ist sie an die Anträge nicht gebunden und kann auch unabhängig davon auf die Rechtmäßigkeit des Vergabeverfahrens einwirken. Den Anträgen der Verfahrensbeteiligten kommt

---

6 OLG Düsseldorf, Beschl. v. 15.12.2004, VII-Verg 47/04; Hölzl in: Münchener Kommentar, Band 3, § 114 (a.F.) Rn. 9 m.w.N.

7 OLG Düsseldorf, Beschl. v. 15.06.2010, VII-Verg 10/10, VergabeR 2011/84 ff. mit Anm. Herrmann; offen gelassen in OLG Karlsruhe, Beschl. v. 21.07.2010, 15 Verg 6/10, VergabeR 2011, 87 (93).

8 OLG Naumburg, Beschl. v. 12.04.2012, NZBau, 600 ff. unter Hinweis auf OLG Düsseldorf, Beschl. v. 03.08.2011, VII-Verg 6/11; OLG Koblenz, Beschl. v. 02.02.2011, 1 Verg 1/11; OLG Karlsruhe, Beschl. v. 20.07.2011, 15 Verg 6/11; OLG München, Beschl. v. 19.03.2009, Verg 2/09; offen gelassen in OLG Karlsruhe, Beschl. v. 21.07.2010, VergabeR 2011, 87 (93); vgl. auch OLG Düsseldorf, Beschl. v. 01.10.2012, Verg 34/12.

9 ABl. L 335 v. 20.12.2007, S. 31 ff.

10 OLG Düsseldorf, Beschl. v. 01.10.2012, Verg 34/12.

dementsprechend nicht dieselbe Funktion zu wie im gerichtlichen Verfahren. Zu einer allgemeinen Rechtmäßigkeitskontrolle ist die Kammer allerdings nicht berufen (vgl. auch § 163 Abs. 1 Satz 3 GWB). Vielmehr müssen die von der Kammer von Amts wegen zur Sicherstellung der Rechtmäßigkeit des Vergabeverfahrens aufgegriffenen Vergaberechtsverstöße zugleich den Antragsteller betreffen und ihn in seinen Rechten verletzen.[11]

8   Inhaltlich kann die Kammer der Vergabestelle – deren fortbestehende Beschaffungsabsicht vorausgesetzt – konkrete Anweisungen zum weiteren Vorgehen erteilen. Sind etwa die **Vergabeunterlagen** selbst vergaberechtswidrig, kann die Vergabekammer anordnen, dass die Vergabeunterlagen unter Berücksichtigung der Rechtsauffassung der Vergabekammer zu überarbeiten sind und den Bietern Gelegenheit zu einer erneuten Angebotsabgabe zu geben ist.[12]

9   Hat das Nachprüfungsverfahren ergeben, dass die **Wertung** fehlerhaft ist, kann die Vergabekammer anordnen, dass eine erneute Wertung der Angebote vorzunehmen ist, das Angebot des Antragstellers in der Wertung zu belassen ist, oder das Angebot eines anderen Bieters auszuschließen ist. Die Vergabekammer ist allerdings grundsätzlich gehalten, den Beurteilungsspielraum des öffentlichen Auftraggebers zu beachten. So obliegt die Beurteilung der Eignung alleine dem Auftraggeber. Ein Eingreifen der Nachprüfungsinstanzen ist nur zulässig, wenn die Entscheidung des Auftraggebers keine hinreichende Tatsachengrundlage hat oder sich außerhalb des dem Auftraggeber zuzubilligenden Beurteilungsspielraums bewegt.[13] Ein Beurteilungsfehler liegt vor, wenn die Bewertung auf einen unzutreffenden Sachverhalt gestützt wurde, allgemeingültige Bewertungsmaßstäbe unberücksichtigt gelassen hat, auf sachfremden Erwägungen beruht oder die Bieter ungleich bzw. willkürlich behandelt wurden. Diese Grundsätze gelten grundsätzlich entsprechend im Rahmen der Überprüfung der Wertung auf der vierten Stufe. Der Beurteilungsspielraum des Auftraggebers ist umso größer, desto besser die Bewertung des Angebots des Antragstellers ist.[14]

10   Eine **Verpflichtung zur Zuschlagserteilung** kommt nur in Ausnahmefällen in Betracht, nämlich dann, wenn der Zuschlag den einzigen rechtmäßigen Weg zur Beendigung des Vergabeverfahrens darstellt.[15] Die Begründung hierfür ist darin zu suchen, dass für die Vergabestelle kein Kontrahierungszwang besteht. Vielmehr ist der Vergabestelle die Wahlmöglichkeit einzuräumen, entweder den Auftrag zu erteilen oder von der Auftragsvergabe Abstand zu nehmen.[16]

11   Ein wirksam erteilter Zuschlag kann von der Kammer gem. § 168 Abs. 2 S. 1 GWB nicht aufgehoben werden. Die Anordnung, eine **Ausschreibung aufzuheben,** kommt als ultima ratio nur in Betracht, wenn die Ausschreibung von vornherein mit solch schwerwiegenden Fehlern behaftet war, dass diese nicht mehr im laufenden Verfahren heilbar sind, sodass beispielsweise die gesamten Verdingungsunterlagen zu überarbeiten wären, oder aber, wenn die Vergabekammer feststellt, dass alle Bieter zwingend aus dem Verfahren auszuschließen sind.[17] Im einen Fall könnte eine Umgestaltung und Änderung der Verdingungsunterlagen zu einer Veränderung der Kalkulationsgrundlagen sowie der Anforderungen an die vorzulegenden Unterlagen und Nachweise führen, die in einem laufenden Vergabeverfahren von den Bietern nicht mehr nachgereicht werden dürften, im zweiten

---

11 Vgl. OLG Karlsruhe, Beschl. v. 24.07.2007, 17 Verg 6/07 unter Hinweis auf OLG Düsseldorf, VergabeR 2005, 670 und OLG Rostock, OLGR 2007, 262.
12 Brauer in: Ziekow/Völlink, Vergaberecht, 2013, § 114 (a.F.), Rn. 17.
13 OLG Koblenz, Beschl. v. 19.01.2015, Verg 6/14; OLG Naumburg, Urt. v. 23.12.2014, 2 U 74/14.
14 OLG München, Beschl. v. 25. Sept. 2014, Verg 9/14.
15 OLG München, Beschl. v. 15.03.2012, Verg 2/12, unter Hinweis auf BayObLG NZBau 2003, 342.
16 OLG Celle, Beschl. v. 10.01.2008, 13 Verg 11/07 unter Hinweis auf Vergabekammer Schleswig-Holstein, Beschl. v. 14.09.2005 – VK-SH 12/05).
17 Vgl. BGH, Beschl. v. 26.09.2006, X ZB 14/06; OLG Koblenz, Beschl. v. 04.04.2012, NZBau 2012, 598 ff; OLG Schleswig, Beschl. v. 15.04.2011, 1 Verg 10/10; OLG Hamburg, Beschl. v. 14.12.2010, NZBau 2011/185 (188); OLG München, Beschl. v. 29.09.2009, Verg 12/09; OLG Koblenz, Beschl. v. 08.12.2008, 1 Verg 4/08; OLG Düsseldorf, Beschl. v. 30.04.2003, Verg 64/02; Brauer in: Ziekow/Völlink, Vergaberecht, 2013, § 114 a.F. Rn. 18 m.w.N.

Fall würde die Fortführung des Verfahrens ohne beteiligte Bieter sinnlos werden. Ein weiterer Fall, in dem eine Aufhebung der Ausschreibung geboten ist, liegt vor, wenn die Aufhebung das einzige oder einzig geeignete Mittel ist, um eine drohende oder bereits eingetretene Rechtsverletzung bei den Bietern zu beseitigen. Dies kann beispielsweise bei einer unzulässigen Doppelausschreibung angenommen werden, wenn die Zweitausschreibung für die nur einmal erbringbare Leistung nicht durchgeführt werden kann, ohne die Rechte der Bieter in der diesbezüglichen Erstausschreibung denknotwendig zu beeinträchtigen.[18]

Auf Antrag des Antragstellers kann ausnahmsweise auch die **Aufhebung der Aufhebung** angeord- 12 net werden. Ein auf die Aufhebung der Aufhebung gerichteter Nachprüfungsantrag ist grundsätzlich zulässig, denn die Aufhebung des Vergabeverfahrens beendet dieses nicht irreversibel. Dies ergibt sich mittelbar aus der Regelung in § 168 Abs. 2 Satz 1 GWB, wonach ein wirksam erteilter Zuschlag nicht mehr rückgängig gemacht werden kann, selbst nicht durch die Nachprüfungsinstanzen im Falle der Rechtswidrigkeit des Vergabeverfahrens. Da die Aufhebung des Vergabeverfahrens in § 168 Abs. 2 Satz 1 GWB nicht erwähnt ist, folgt daraus im Umkehrschluss, dass die Aufhebungsentscheidung reversibel sein muss.[19] Der Rechtsprechung des BGH zufolge müssen allerdings die Bieter die Aufhebung des Vergabeverfahrens, von engen Voraussetzungen abgesehen, nicht nur dann hinnehmen, wenn sie von einem der einschlägigen Aufhebungsgründe, wie z.B. § 17 Abs. 1 VOB/A-EU, gedeckt ist. Vielmehr bleibt es der Vergabestelle unbenommen, von einem Beschaffungsvorhaben Abstand zu nehmen, wenn sie dafür einen sachlichen Grund hat.[20] Ein Kontrahierungszwang besteht nur in Ausnahmefällen, was dann der Fall sein kann, wenn ein bestimmter Bieter durch eine Scheinaufhebung diskriminiert werden soll.[21] Eine Pflicht zur Fortsetzung des Vergabeverfahrens kann auch dann angenommen werden, wenn die Aufhebungsentscheidung ermessensfehlerhaft erfolgte.[22]

Die Entscheidung der Vergabekammer unterliegt dem **Gebot der Verhältnismäßigkeit**. Es dürfen 13 nur diejenigen Maßnahmen getroffen werden, die geeignet und erforderlich sind, um den festgestellten Vergaberechtsverstoß zu beseitigen und – soweit geboten – darüber hinaus die Rechtmäßigkeit des Vergabeverfahrens zu gewährleisten. Hat bspw. ein Antragsteller, der sich nur auf einzelne der ausgeschriebenen Lose beworben hat, die Vergaberechtswidrigkeit der Vergabeunterlagen geltend gemacht, kann eine stattgebende Entscheidung der Vergabekammer nur eine Rücksetzung des Vergabeverfahrens hinsichtlich der streitgegenständlichen Lose anordnen, nicht jedoch zugleich auch hinsichtlich der anderen, nicht angegriffenen Lose.[23] Die Vergaberechtsverstöße, die die Kammer zum Anlass nimmt, um von Amts wegen die allgemeine Rechtmäßigkeit des Verfahrens sicherzustellen, müssen zugleich den Antragsteller betreffen und in seinen Rechten verletzen.[24]

Kommen mehrere Möglichkeiten in Betracht, den Rechtsverstoß zu beseitigen, muss die Verga- 14 bekammer diejenige auswählen, welche die Interessen der Beteiligten am wenigsten beeinträchtigt.[25] Die Interessen der Beteiligten sind zum einen das Interesse der Bieter an einem rechtlich einwandfreien Ablauf des Vergabeverfahrens und einer Beseitigung der ihnen entstandenen Rechtsverletzung und zum anderen das Interesse der Vergabestelle und auch der Allgemeinheit an einem möglichst raschen Abschluss der Ausschreibung.

---

18 Vgl. OLG Naumburg, Beschl. v. 13.10.2006, 1 Verg 11/06.
19 BGH, Beschl. v. 18.02.2003, X ZB 43/02; OLG Düsseldorf, Beschl. v. 16.02.2005, Verg 72/04.
20 BGH, Beschl. v. 20.03.2014, X ZB 18/13, m.w.N.; OLG Düsseldorf, Beschl. v. 12.01.2015, VII-Verg 29/14.
21 BGH, Beschl. v. 18.02.2003, X ZB 43/02.
22 OLG München, Beschl. v. 31.10.2012, Verg 19/12; OLG München, Beschl. v. 06.12.2012, Verg 25/12; OLG Düsseldorf, Beschl. v. 26.01.2005, VII-Verg 45/04.
23 OLG Düsseldorf, Beschl. v. 07.05.2014, VII-Verg 46/13.
24 Vgl. OLG Karlsruhe, Beschl. v. 24.07.2007, 17 Verg 6/07.
25 Vgl. OLG Düsseldorf, Beschl. v. 15.11.2000, Verg 15/00.

2. Einschränkende Voraussetzungen

a) Verletzung subjektiver Rechte des Antragstellers

15   Die Kammer ist gem. § 168 Abs. 1 S. 2 GWB nicht an die Anträge gebunden, sondern entscheidet auf der Grundlage der umfassend durchgeführten Sachverhaltsermittlung nach § 163 GWB. Sie ist aber an die vom Antragsteller vorgetragene und bei ihm festgestellte Rechtsverletzung gebunden. Die Kammer kann nicht die im Wege der Sachverhaltsermittlung gemachten Feststellungen zum Anlass nehmen, um **Maßnahmen** zu treffen, die **keinen Bezug zur gerügten Verletzung** haben, also nur abstrakt die Rechtmäßigkeit des Vergabeverfahrens sichern. Sie ist an das Rechtsschutzziel des Antragstellers gebunden.[26] Insbesondere ist die Vergabekammer nicht befugt, ohne Rücksicht auf eine den Antragsteller konkret treffende Rechtsverletzung und hiervon gleichermaßen losgelöst Anordnungen in Bezug auf die Abwicklung des Vergabeverfahrens zu treffen und sich auf diese Weise zum Wahrer der Interessen am Nachprüfungsverfahren nicht beteiligter dritter Unternehmen zu bestellen. Anordnungen können nicht ohne die Feststellung einer Rechtsverletzung des Antragstellers ergehen.[27] Dies hat seinen Grund darin, dass das Nachprüfungsverfahren nicht der allgemeinen Rechtmäßigkeitskontrolle und der Aufrechterhaltung oder Wiederherstellung der objektiven Rechtmäßigkeit des Vergabeverfahrens an sich dient.[28]

16   In solchen Fällen ist die Vergabekammer zu einem Eingriff in das Vergabeverfahren nur befugt, wenn die vom Rechtsverstoß Betroffenen selbst einen Nachprüfungsantrag gestellt haben. Diese Auslegung von § 168 Abs. 1 Satz 2 GWB findet sich im Wortlaut der Norm bestätigt. Die Bestimmung löst die Befugnis der Vergabekammer, auf die Rechtmäßigkeit des Vergabeverfahrens einzuwirken, nämlich nicht von der Feststellung einer Rechtsverletzung des Antragstellers und von der Zweckbindung, die zur Beseitigung einer Rechtsverletzung geeigneten Maßnahmen zu ergreifen. Sie befreit die Vergabekammer ausdrücklich nur von der Bindung an die Sachanträge, mit der Folge, dass sie zum Beispiel bestimmte Maßnahmen auch anordnen darf, wenn der Antragsteller keinen konkreten Antrag gestellt oder die Anordnung anderer Maßnahmen beantragt hat.[29]

17   Hinsichtlich solcher Verstöße, die zwar zulässigerweise vorgebracht wurden, und die in der Sache auch vorliegen, die aber keine Verletzung subjektiver Rechte des Antragstellers darstellen, kann eine stattgebende Entscheidung der Kammer nicht ergehen. Dies kann beispielsweise dann der Fall sein, wenn der Antragsteller zu Recht Unklarheiten in den Vergabeunterlagen geltend macht, dieser Fehler sich aber nicht negativ auf seine Zuschlagschancen auswirkt.

18   Auch wenn sein Antrag damit aus anderen Gründen Erfolg hat, kann die Kammer aufgrund der fehlenden konkreten subjektiven Rechtsverletzung beim Antragsteller nicht auf die Abhilfe eines solchen Verstoßes hinwirken.

19   Ein Anspruch eines Antragstellers, dessen Angebot zwingend auszuschließen war, darauf, dass aus Gründen der **Gleichbehandlung** auch die Angebote eines Teils der anderen Bieter, die mit demselben Fehler behaftet sind, ausgeschlossen werden, besteht nicht. Er ist insoweit nicht antragsbefugt, da er durch die Wertung des Konkurrenzangebotes nicht in eigenen Rechten verletzt sein kann, soweit andere wertbare Angebote abgegeben wurden.[30]

20   Hätten dagegen nicht nur das Angebot des Antragstellers, sondern die Angebote aller anderen Bieter aus dem Vergabeverfahren ausgeschlossen werden müssen, dann kann der Antragsteller deshalb in seinen Rechten verletzt sein, weil er sich an einem unter Beachtung des Gleichbehandlungs-

---

26   Vgl. OLG Stuttgart, Beschl. v. 28.11.2002, 2 Verg 14/02.
27   Vgl. OLG Düsseldorf, Beschl. v. 16.03.2005, Verg 5/05.
28   Vgl. OLG Koblenz, Beschl. v. 04.02.2009, 1 Verg 4/08.
29   Vgl. OLG Düsseldorf, Beschl. v. 15.06.2005, Verg 5/05.
30   Vgl. OLG Koblenz, Beschl. v. 09.06.2004, 1 Verg 4/04.

grundsatzes erforderlich werdenden neuen Vergabeverfahren beteiligen und ein neues, erfolgreiches Angebot abgeben könnte.[31] Der Vergaberechtsverstoß, dass der Gleichbehandlungsgrundsatz verletzt wurde, führt in diesem Fall gem. § 97 Abs. 2 und 6 GWB zu einer Verletzung subjektiver Rechte des Antragstellers. Dabei muss es sich nicht um identische Mängel der auszuschließenden Angebote handeln, sondern nur um gleichartige Mängel.[32] Die Kammer trifft aber keine grundsätzliche Prüfungspflicht aller Angebote auf ihre Wertbarkeit, was dem Beschleunigungsgebot zuwider liefe, sondern geht dem nur auf der Grundlage eines schlüssigen Vortrages des Antragstellers nach.[33] Ist das Angebot eines Antragstellers ausgeschlossen worden, z.B. wegen fehlender Eignung, kommt es darauf, ob der Ausschluss zu Recht erfolgt ist, nicht mehr an, wenn die Vergabeunterlagen fehlerhaft sind die Vergabekammer – bei fortbestehender Beschaffungsabsicht – eine Zurückversetzung des Verfahrens anordnet; in diesen Fällen erhält der Antragsteller eine sog. »zweite Chance« auf Erteilung des Zuschlags.[34]

b) Keine Präklusion

Da die Kammer gem. § 168 Abs. 1 S. 2 GWB auch unabhängig von den Anträgen auf die Rechtmäßigkeit des Vergabeverfahrens einwirken kann, besteht grundsätzlich von Gesetzes wegen die Möglichkeit, dass die Kammer auch bei nicht gerügten Verstößen Abhilfe schaffen kann.[35] Eingeschränkt wird diese Möglichkeit allerdings insoweit, als hinsichtlich des festgestellten Verstoßes keine **Präklusion** eingetreten sein darf.[36]   21

Wurde ein Verstoß nicht gerügt und ist damit präkludiert, so kann die Kammer insoweit auch nicht mehr auf eine Abhilfe hinwirken,[37] da der Antragsteller durch den präkludierten Verstoß auch nicht in eigenen Rechten verletzt sein kann. Voraussetzung der Präklusion ist aber, dass überhaupt eine Rügeobliegenheit aus § 160 Abs. 3 Satz 1 GWB bestand. Ohne eine entsprechende Rügeobliegenheit tritt auch keine Präklusion ein. Eine Rügeobliegenheit besteht z.B. nicht im Fall des § 160 Abs. 3 Satz 2 GWB oder wenn dem Antragsteller – vor der im Nachprüfungsverfahren erfolgten Akteneinsicht – die Verletzung subjektiver Rechte schlichtweg unbekannt war.   22

Die Kammer kann festgestellte **Verstöße, die von den Beteiligten übersehen wurden,** aufgreifen und auf ihre Abhilfe hinwirken, wenn der Nachprüfungsantrag im Übrigen Erfolg hat. Dies ergibt sich aus dem **Amtsermittlungsgrundsatz** des § 163 GWB.[38] Wurde ein Verstoß vom Antragsteller nicht als solcher erkannt und daher nicht gerügt, so kann die Kammer diesen in das Verfahren einführen, den Beteiligten rechtliches Gehör gewähren und anschließend in ihrem Beschluss auf die Abhilfe dieses Verstoßes hinwirken.[39]   23

Sie braucht nicht darauf zu warten, bis einer der Beteiligten einen solchen übersehenen Rechtsverstoß aufgreift. Die Kammer darf also von Amts wegen auch andere nicht präkludierte, rechtswidrige   24

---

31 Vgl. OLG Düsseldorf, Beschl. v. 27.04.2005, Verg 23/05, OLG Frankfurt, Beschl. v. 21.04.2005, 11 Verg 1/05.

32 Vgl. OLG Frankfurt, Beschl. v. 21.04.2005, 11 Verg 1/05.

33 Vgl. entgegen OLG Düsseldorf die Argumentation des OLG Jena, Vorlagebeschl. v. 20.06.2005, 9 Verg 3/05, das die Schutzwirkung des § 97 Abs. 2 und 6 GWB auf Bieter, deren Angebot auszuschließen ist, verneint, dabei aber verkennt, dass auch diese Bieter »Teilnehmer an einem Vergabeverfahren« sind. Der Rechtsstreit vor dem BGH wurde aufgrund der Rücknahme des Nachprüfungsantrages gegenstandslos.

34 OLG Düsseldorf, Beschl. v. 20.07.2015, VII-Verg 37/15; Beschl. v. 16.12.2015, VII-Verg 25/15.

35 Vgl. EuGH, Urt. v. 19.06.2003, C-3315/01 »GAT«, in VergR 2003, 546 ff., 548, VK Nordbayern, Beschl. v. 08.09.2004, 31/04, unter Hinweis auf BayObLG, Beschl. v. 24.10.2000, Verg 6/00.

36 Vgl. OLG Celle, Beschl. v. 11.02.2010, 13 Verg 16/09, VergabeR 2010/669 ff.

37 Vgl. OLG Saarbrücken, Beschl. v. 29.10.2003, 1 Verg 2/03, in NZBau 2004, 117 f.

38 Vgl. OLG Düsseldorf, Beschl. v. 05.05.2008, Verg 5/08.

39 Vgl. EuGH, Urt. v. 19.06.2003, Rs. C-3315/01 »GAT«, in VergR 2003, 546 ff., 548.

Aspekte als die vom Antragsteller angefochtenen aufgreifen,[40] soweit der Antragsteller durch diese in seinen Rechten verletzt wurde.

25   **Bei besonders schwerwiegenden Verstößen** kann ausnahmsweise die Möglichkeit eines Einwirkens der Kammer auf das Vergabeverfahren auch dann bestehen, wenn bereits Präklusion eingetreten ist.[41] So kann die Kammer dann, wenn der Nachprüfungsantrag insgesamt unzulässig ist, die **Aufhebung** des Vergabeverfahrens anordnen,[42] wenn dieses insgesamt an einem so schwerwiegenden Mangel leidet, dass sich eine ordnungsgemäße, auf dem Boden des Vergaberechts sich bewegende Entscheidung nicht treffen lässt. Ein solcher Fall mag z.B. vorliegen, wenn die Ausschreibung zu vergabefremden Zwecken erfolgt und nicht die Vergabe von Aufträgen bezweckt war, sondern lediglich deren Inaussichtstellung. Ein vergleichbar schwerwiegender Verstoß liegt hingegen nicht vor, wenn der Antragsteller die fehlende Benennung von Mindestanforderungen für Nebenangebote angreift.[43, 44]

26   Eine solche Ausnahme im Einzelfall erscheint auch aus dem Gedanken der **Verfahrensökonomie** heraus zweckmäßig zu sein. Die Kammer hat aus § 163 Abs. 1 S. 4 GWB die prozessuale Vorgabe, bei ihrer gesamten Tätigkeit den Ablauf des Vergabeverfahrens nicht unangemessen zu beeinträchtigen. Dies bedeutet, dass sie darauf hinwirken soll, das Vergabeverfahren möglichst schnell zum Abschluss zu bringen.

27   Daher sollte beispielsweise nicht der Fall eintreten, dass eine Vergabestelle im Rahmen einer von der Kammer angeordneten Neuwertung Rechtsverstöße wiederholt, mit denen der Antragsteller im ursprünglichen Verfahren **präkludiert** war, die aber bei ihrer Wiederholung einen neuen, aktuellen Rechtsverstoß in subjektive Rechte des Antragstellers darstellen würden und so mit einer gewissen Wahrscheinlichkeit zu einem neuen und nun zulässigen Nachprüfungsverfahren führen könnten.

c) Ermessensentscheidungen

28   Ermessensentscheidungen der Vergabestelle sind gem. § 114 VwGO analog nur eingeschränkt auf mögliche Ermessensfehler überprüfbar. Hat die Vergabestelle einen Beurteilungsspielraum, so ist dieser nur innerhalb bestimmter Grenzen nachprüfbar.[45] Die Wertung der Vergabestelle ist von der Kammer nur daraufhin zu überprüfen, ob die Verfahrensregeln eingehalten wurden, ob ein zutreffend ermittelter Sachverhalt zugrunde gelegen hat, ob gültige Bewertungsmaßstäbe angewandt und keine sachfremden Erwägungen angestellt worden sind.

29   Nicht Aufgabe der Vergabekammer ist es, den tatsächlichen oder vermeintlichen Bedarf einer Vergabestelle zu ermitteln oder zu überprüfen. Dazu sind Aufsichtsbehörden und Rechnungshöfe berufen. Allein der Auftraggeber entscheidet, was er haben will und wie er es haben will. Von der Kammer zu prüfen ist daher **nicht die Zweckmäßigkeit, sondern allein die Rechtmäßigkeit** der Ausschreibung.[46]

III. Aussetzung des Nachprüfungsverfahrens

30   Besteht das Erfordernis der Klärung von **Vorfragen**, dann hat die Kammer diese Fragen selbst zu klären. Die Kammer ist nicht befugt, das Verfahren analog § 94 VwGO bzw. § 148 ZPO auszu-

---

40 Vgl. EuGH, Urt. v. 19.06.2003, Rs. C-3315/01 »GAT«, in VergR 5/2003, 547 ff., 554.
41 Vgl. KG Berlin, Beschl. v. 15.04.2004, 2 Verg 22/03; zweifelnd: OLG Celle, Beschl. v. 11.02.2010, 13 Verg 16/09, VergabeR 2010, 669 ff.
42 Vgl. VK Berlin, Beschl. v. 12.11.2004, VK–B 1–58/04 unter Verweis auf EuGH, Urt. v. 19.06.2003, C-315/01, VergR 2003, 546.
43 OLG Celle, Beschl. v. 11.02.2010, 13 Verg 16/09, VergabeR 2010, 669, 675.
44 Vgl. KG Berlin, Beschl. v. 15.04.2004, 2 Verg 22/03.
45 Vgl. OLG Düsseldorf, Beschl. v. 04.09.2002, Verg 37/02.
46 Vgl. OLG Koblenz, Beschl. v. 05.09.2002, 1 Verg 2/02, NZBau 2002, 699 ff.

setzen. Eine Aussetzung stünde grundsätzlich im Widerspruch zum Beschleunigungsgebot.[47] Die Vergabekammer ist kein Gericht im Sinne des Art. 92 GG.[48] Trotz seiner gerichtsähnlichen Ausgestaltung ist das Verfahren vor der Vergabekammer formal ein Verwaltungsverfahren, da die Kammer ihre Tätigkeit zwar unabhängig und in eigener Verantwortung ausübt, aber organisatorisch in die Verwaltung eingegliedert ist und durch Verwaltungsakt entscheidet, § 168 Abs. 3 Satz 1 GWB.[49] Da die Mitglieder der Kammer nicht Richter sind, scheidet die Möglichkeit einer Richtervorlage nach Art. 100 GG aus.

Die Vergabekammern sind jedoch Gericht im Sinne des Art. 267 Abs. 2 und 3 AEUV. Dies hat 31 der EuGH auf ein Vorlageersuchen der ehemaligen VK Arnsberg nunmehr klargestellt.[50] Bereits im Jahr 2003 war der EuGH auf ein Vorlageersuchen des österreichischen Bundesvergabeamts zu dem Ergebnis gelangt, dass es sich bei dieser Behörde um ein vorlageberechtigtes »Gericht« im Sinne des Art. 267 AEUV handelt.[51] Zur Begründung stellte der EuGH zum einen darauf ab, dass das Bundesvergabeamt für die Feststellung zuständig ist, dass der Zuschlag wegen eines Verstoßes gegen die einschlägige nationale Regelung nicht dem Bestbieter erteilt worden ist; zum anderen wies das Gericht darauf hin, dass die Feststellung auch für die Verfahrensbeteiligten vor dem Bundesvergabeamt und das für die Geltendmachung von Schadensersatz angerufene Zivilgericht bindend ist.

Bis zu der Entscheidung des EuGH vom 18.09.2014 war streitig, ob diese Erwägungen für die 32 Vergabekammern entsprechend gelten können.[52] Der Gerichtshof hob in der Entscheidung hervor, dass die Vergabekammern mehrere Merkmale erfüllen, die an ein »Gericht« im Sinne des Art. 267 AEUV zu stellen sind, wie z.B. die gesetzliche Grundlage der Einrichtung, der ständige Charakter, obligatorische Gerichtsbarkeit, streitiges Verfahren, Anwendung von Rechtsnormen durch die Einrichtung sowie deren Unabhängigkeit.[53] Sind somit die Kammern als Gericht im Sinne des Art. 267 AEUV zu qualifizieren, sind diese grundsätzlich befugt, das Verfahren bis zu einer Vorabentscheidung durch den EuGH auszusetzen. Eine Verpflichtung hierzu besteht allerdings nicht. Eine Vorlagepflicht besteht nur für das letztinstanzliche Gericht, d.h. für das Beschwerdegericht, ggf. für den BGH.[54]

Die Vergabekammer ist grundsätzlich zur Entscheidung über entscheidungserhebliche **Vorfragen**, 33 die anderen, nicht allein vergaberechtlichen Rechtsbereichen angehören, befugt, die für den Erfolg des Antrags von Bedeutung sein können, und ohne die eine Entscheidung der Kammer nicht möglich wäre.[55] Auch kann die Kammer als Nachprüfungsbehörde Entscheidungen der Vergabestellen, die rechtliche Vorfragen nicht vergaberechtlicher Art betreffen, auf ihre Richtigkeit überprüfen.[56]

Da die Entscheidung über diese Vorfragen sich normalerweise nicht in der Tenorierung des 34 Beschlusses der Kammer wiederfindet, erwächst sie nicht in Bestandskraft.

Sofern keine Anhaltspunkte dafür bestehen, dass eine **öffentlich-rechtliche Genehmigung** bei- 35 spielsweise für die Errichtung und den Betrieb einer Anlage nichtig oder offenkundig rechtswidrig sein könnte, muss die Kammer nicht der Frage nachgehen, ob diese Genehmigung rechtswidrig erteilt worden sein könnte. Öffentlich-rechtliche Genehmigungen für eine Anlage entfalten Tat-

---

47 Summa in: jurisPK-VergR, 4. Aufl. 2013, § 114 (a.F.), Rn. 46, 47.
48 Vgl. zuletzt BGH, Beschl. v. 25.10.2011, X ZB 5/10, NZBau, 2012, 186, 188.
49 Vgl. BGH, Beschl. v. 09.12.2003, X ZB 14/03.
50 EuGH, Urt. v. 18.09.2014, Rs. C-549/13.
51 EuGH, Urt. v. 19.06.2003, RS C-104/88.
52 Verneinend u.a. OLG München, Beschl. v. 18.10.2012, Verg 13/12.
53 EuGH; Urt. v. 18.09.2014, Rs. C-549/13.
54 Summa in: jurisPK-VergR, 4. Aufl. 2013, § 114 (a.F.) Rn. 46.
55 Vgl. BGH, Beschl. v. 18.06.2012, X ZB 9/11, NZBau 2012, 586, 588 m. Anmerkung Tugendreich; OLG Düsseldorf, Beschl. v. 17.02.2014, VII-Verg 2/14; OLG Naumburg, Beschl. v. 17.01.2014, 2 Verg 6/13.
56 Vgl. OLG Düsseldorf, Beschl. v. 21.02.2005, Verg 91/04.

bestandswirkung mit der Folge, dass die Anlagen- und Betriebszulassung weiterer Entscheidungen unbesehen zugrunde gelegt werden darf.[57] Die Genehmigung darf dann der Eignungsprüfung im Rahmen einer Vergabeentscheidung zugrunde gelegt werden.[58]

C. Rechtsschutz bei Erledigung (§ 168 Abs. 2 GWB)

I. Zuschlag (§ 168 Abs. 2 S. 1 GWB)

1. Erfordernisse zur Wirksamkeit des Zuschlags

36   Der Zuschlag ist nichts anderes als die Annahmeerklärung im allgemeinen bürgerlichen Vertragsrecht. Der rechtliche Vorgang der **Angebotsannahme** auf das vom Bieter vorgelegte Angebot wird im Vergaberecht mit dem Ausdruck des Zuschlags bezeichnet.[59] Unter den Begriff des Zuschlags fällt jeder zivilrechtlich wirksame Vertragsschluss, mit dem ein öffentlicher Auftrag vergeben wird, selbst wenn dies unter Verstoß gegen eine Vergabebestimmung wie beispielsweise der Ausschreibungspflicht, geschehen sollte,[60] sofern dieser Verstoß nicht zur Nichtigkeit führt.

37   Ein Zuschlag ist wirksam erteilt, wenn der Auftrag an einen Bieter erteilt wird und dieser **Beauftragung** das Angebot des Bieters **in unveränderter Form** zugrunde liegt. Maßgeblich ist der zivilrechtliche Vertragsschluss mit dem Bieter und nicht etwa eine im Vorfeld getroffene verwaltungsinterne Vergabeentscheidung der Vergabestelle.[61]

38   Aus dem zivilrechtlichen Charakter des Zuschlags folgt, dass Gegenstand und Inhalt des Vertrages derart bestimmt sein müssen, dass die Annahme eines Vertragsangebotes durch ein einfaches Ja erfolgen kann. Einer erneuten Annahme des Zuschlags durch den Bieter bedarf es nicht.

39   Der Zuschlag ist die Annahme des Angebots des Bieters und stellt als solche eine **empfangsbedürftige Willenserklärung** dar, die erst mit dem **Zugang** beim Bieter wirksam wird. Sie bedarf deshalb zu ihrer Wirksamkeit nach § 130 Abs. 1 BGB des Zugangs beim Bieter innerhalb der Zuschlagsfrist.[62] Fehlt es am Zugang, so ist der Zuschlag noch nicht wirksam erteilt. Wird das Ob oder Wann des Zugangs der Zuschlagserteilung bestritten, so ist die Vergabestelle bzw. das bezuschlagte Unternehmen nachweispflichtig.

40   Grundsätzlich unterliegt die Erteilung des Zuschlags keinem gesetzlichen **Formerfordernis**.[63] Der Zuschlag kann daher auch mündlich erklärt werden, erfolgt in der Regel aber aufgrund des formalisierten Charakters des Vergabeverfahrens schriftlich.

41   Enthält die Annahmeerklärung **Abänderungen** des Angebots des Bieters, so wie es sich nach Abschluss des Vergabeverfahrens darstellt, so liegt keine wirksame Auftragserteilung vor, sondern der Zuschlag ist in der Sache ein neues Angebot der Vergabestelle, das der Bieter annehmen kann, aber nicht muss,[64] da dann gem. § 150 Abs. 2 BGB die Bindung an das ursprüngliche Angebot entfällt.

42   Geht der Zuschlag dem dafür vorgesehenen Unternehmen erst **nach Ablauf der Zuschlagsfrist** zu, so bedarf es gem. § 18 Abs. 2 VOB/A-EU einer Annahme des Zuschlags durch den Bieter, der nicht mehr an sein Angebot gebunden ist, sodass die Zuschlagserteilung als Angebot der Vergabestelle zu bewerten ist. Maßgeblich für die Frage, ob wirksam Zuschlag erteilt wurde, ist dann der Zugang des Bestätigungsschreibens des bezuschlagten Bieters bei der Vergabestelle.

---

57 Vgl. OLG Rostock, Beschl. v. 30.05.2005, 17 Verg 4/05.
58 Vgl. Schleswig-Holsteinisches Oberlandesgericht, Beschl. v. 24.09.2004, 6 Verg 2/04.
59 Vgl. BGH, Beschl. v. 19.12.2000, X ZB 14/00.
60 Vgl. VK Schleswig-Holstein, Beschl. v. 26.07.2006, VK-SH 11/06.
61 Vgl. OLG Dresden, Beschl. v. 11.04.2005, WVerg 5/05.
62 Vgl. BGH, Beschl. v. 09.02.2004, X ZB 44/03.
63 Vgl. OLG Düsseldorf, Beschl. v. 23.05.2007, Verg 14/07.
64 Vgl. VK Sachsen, Beschl. v. 08.07.2003, 1/SVK/69–03.

Nach Ablauf der Zuschlags- und Bindefrist besteht eine Verpflichtung der Bieter, den verspäteten 43
Zuschlag auf ihr Angebot anzunehmen, angesichts der entfallenen Bindung an das Angebot von
Gesetzes wegen nicht mehr. Gleichwohl ist eine Zuschlagserteilung auf ein Angebot nach Ablauf
der Zuschlagsfrist nicht gänzlich ausgeschlossen. Die verspätete Annahme gilt als neues Angebot
des Auftraggebers.[65]

2. Folgen der Wirksamkeit des Zuschlags (§ 168 Abs. 2 S. 1 GWB)

Ein zum Zeitpunkt der Antragstellung bereits erteilter, **wirksamer Zuschlag** kann von der Kammer 44
nicht aufgehoben werden. Ein auf Aufhebung eines Zuschlags gerichteter Nachprüfungsantrag ist
unstatthaft und daher unzulässig, weil er sich gegen ein bei seiner Einreichung schon beendetes
Vergabeverfahren richtet.[66] § 168 Abs. 2 S. 1 GWB dient der Abgrenzung der Kompetenz der
zur Gewährung des Primärrechtsschutzes berufenen Vergabekammern und der Beschwerdegerichte
einerseits und der für die Entscheidungen über Schadensersatzklagen zuständigen Zivilgerichte
andererseits.[67]

Die Möglichkeit der Anrufung der Kammer ist auf die Zeit beschränkt, zu der noch auf die Recht- 45
mäßigkeit des Vergabeverfahrens eingewirkt werden kann.[68]

Der wirksam erteilte Zuschlag verhindert zugleich die Einleitung eines erneuten Nachprüfungs- 46
verfahrens in demselben Vergabeverfahren, da dieses mit Zuschlagserteilung abgeschlossen ist und
es daher den nicht berücksichtigten Bietern an der erforderlichen Antragsbefugnis fehlt. Zugleich
wird auch der Auftraggeber daran gehindert, in Neuverhandlungen über die Auftragsvergabe einzutreten, da er mit der Zuschlagserteilung den Auftrag wirksam an den betreffenden Bieter erteilt
hat. Die Wiederaufnahme eines durch wirksame Zuschlagserteilung bereits abgeschlossenen Vergabeverfahrens stellt nicht nur eine zivilrechtliche Erfüllungsverweigerung, sondern auch einen
Vergaberechtsverstoß dar.[69] Antragsbefugt ist in einem solchen Fall der bezuschlagte Bieter, dessen
Rechte aus dem Vertrag bedroht sind. Faktisch käme ein solches Verhalten des Auftraggebers einer
Neuvergabe ohne ordnungsgemäßes Vergabeverfahren gleich.

Im Nachprüfungsverfahren hat die Kammer zunächst die **Wirksamkeit der Zuschlagserteilung** zu 47
überprüfen. Die Antragstellung kann sich daher gezielt auf die Nachprüfung des Vertragsschlusses
hinsichtlich seiner Rechtswirksamkeit richten, der Antragsteller kann also implizit durch die Vergabekammer prüfen lassen, ob ein Zuschlag wirksam erteilt wurde oder nicht (§ 135 GWB). Denn
nur wenn sich der Vertragsschluss als nicht unwirksam erweist, ist der Nachprüfungsantrag des
Antragstellers unzulässig[70] und das Vergabeverfahren beendet, anderenfalls kann der Antragsteller
in dem noch laufenden, da noch nicht durch Zuschlagserteilung beendeten, Vergabeverfahren seine
Rechte geltend machen.

Das Erfordernis der Wirksamkeit des Zuschlags dient dem Ziel, die Rechtsfolge der Unwirksamkeit 48
nach § 135 GWB auf den Zuschlag zu erstrecken. Damit ist klargestellt, dass nicht nur der Vertrag
als solcher von Anfang an unwirksam ist, wenn der Auftraggeber gegen die Informations- und
Wartepflicht des § 134 GWB verstieß und dieser Verstoß durch die Kammer festgestellt wurde,
sondern auch der Zuschlag.

Bei der Frage der Wirksamkeit eines Zuschlags überprüft die Vergabekammer nicht dessen generelle 49
Rechtmäßigkeit. Selbst ein unter Missachtung der Vergaberegeln zustande gekommener und damit
rechtswidriger Vertrag wäre nicht nichtig bzw. unwirksam. Es kommt lediglich auf eine mögliche

---

65 Rechten in: Kulartz/Marx/Portz/Prieß, Kommentar zur VOL/A, 2. Aufl. (2011), § 10 VOL/A a.F.
   Rn. 56 m.w.N.
66 Vgl. OLG Düsseldorf, Beschl. v. 03.12.2003, Verg 37/03.
67 Vgl. BGH, Beschl. v. 09.02.2004, X ZB 44/03.
68 Vgl. BGH, Urt. v. 19.12.2000, X ZB 14/00, VergR 2001, 71.
69 Vgl. OLG Düsseldorf, Beschl. v. 05.04.2006, Verg 8/06.
70 Vgl. OLG Düsseldorf, Beschl. v. 25.01.2005, Verg 93/04.

Nichtigkeit des Vertrages an. Sonstige Gründe, die eine Rechtswidrigkeit eines Zuschlags begründen könnten, spielen hierbei keine Rolle.[71] Wurde also formal gesehen ein Zuschlag erteilt, so muss sich ein Nachprüfungsantrag in erster Linie darauf richten, dass die Wirksamkeit des Vertragsschlusses bestritten wird, um dann erst nach festgestellter Nichtigkeit des Zuschlags in die materielle Prüfung des Vergabeverfahrens eintreten zu können.

50   Ein **Unwirksamkeitsgrund** kann sich aus §§ 135 GWB ergeben.

51   Kein wirksamer Zuschlag liegt vor, wenn die Vergabestelle gegen die **Informations- und Wartepflicht** aus § 134 GWB verstoßen (§ 135 Abs. 1 Nr. 1 GWB) oder den Auftrag ohne vorherige Veröffentlichung einer Bekanntmachung im Amtsblatt der EU vergeben hat, ohne dass dies aufgrund eines Gesetzes gestattet war (§ 135 Abs. 1 Nr. 2 GWB) und die in § 135 Abs. 3 GWB genannten Voraussetzungen nicht erfüllt sind.

52   **Konstitutives Erfordernis der Unwirksamkeit** ist gem. § 135 Abs. 1 GWB, dass der Verstoß gegen die Informations- und Wartepflicht in einem Nachprüfungsverfahren innerhalb der Fristen des § 135 Abs. 2 GWB durch die Vergabekammer festgestellt wird.

53   Die Anwendung des § 134 GWB und ebenso die Unwirksamkeitsfolge des § 135 GWB ist **nicht abdingbar** und hängt nicht davon ab, ob vom Auftraggeber ein formelles Vergabeverfahren durchgeführt wurde, sondern richtet sich nach der materiellen Einordnung des Beschaffungsvorganges als öffentlichem Auftrag im Sinne des § 103 GWB.[72]

54   Der Informations- und Wartepflicht der Vergabestelle steht in prozessualer Hinsicht die Antragsbefugnis der Bieter gegenüber, die die eventuelle Unwirksamkeit des Zuschlags nur innerhalb der Ausschlussfristen des § 135 Abs. 2 GWB im Rahmen eines Nachprüfungsverfahrens vorbringen können.[73] Wurde der Feststellungsantrag somit rechtzeitig innerhalb der Fristen des § 135 Abs. 2 GWB eingereicht, so stellt die Kammer gegebenenfalls fest, dass ein Verstoß gegen § 134 GWB vorliegt mit der Folge, dass durch diese Feststellung der Vertrag von Anfang an unwirksam wird und das Vergabeverfahren im Sinne des § 168 Abs. 2 GWB noch nicht durch wirksame Zuschlagerteilung beendet ist.

55   Weiter bestimmt sich die Wirksamkeit des Zuschlags nach den **allgemeinen Wirksamkeitsregeln des BGB**, insbesondere § 134 BGB und § 138 BGB sind zu beachten.

56   Unwirksam gem. **§ 135 Abs. 1 GWB** ist ein Zuschlag dann, wenn er erteilt wird, nachdem die Vergabekammer den öffentlichen Auftraggeber in Textform über den Antrag auf Nachprüfung informierte.

57   Erfolgt demgegenüber die Zuschlagserteilung zwar nach Eingang des Nachprüfungsantrages bei der Vergabekammer, aber zeitlich vor der Information des Auftraggebers durch die Kammer gem. § 169 Abs. 1 GWB, so ist der Zuschlag wirksam und der Antragsteller kann seinen Antrag nur noch als zulässigen Feststellungsantrag im Sinne des § 168 Abs. 2 S. 2 GWB aufrechterhalten.

II. Erledigung des Nachprüfungsverfahrens (§ 168 Abs. 2 S. 2 1. HS GWB)

58   **Erledigung des Nachprüfungsverfahrens** tritt ein, wenn das Vergabeverfahren durch wirksame Zuschlagserteilung, durch Aufhebung der Ausschreibung, durch Einstellung des Vergabeverfahrens oder in sonstiger Weise beendet ist. In diesen Fällen tritt die Erledigung des Nachprüfungsverfahrens mit dem Eintritt des erledigenden Ereignisses von Gesetzes wegen ein. Einer Prüfung und Entscheidung durch die Kammer, dass tatsächlich Erledigung eingetreten ist, bedarf es dann

---

71 Vgl. VK Schleswig-Holstein, Beschl. v. 26.07.2006, VK-SH 11/06.
72 Vgl. Maier, Zur Nichtigkeit des Zuschlags bei fehlendem Mitteilungsschreiben nach § 13 VgV a.F. in einer De-facto-Vergabe, in: Kapellmann/Vygen, Jahrbuch Baurecht 2004.
73 Vgl. zu dieser Frist etwa OLG Düsseldorf, Beschl. v. 01.08.2012, VII-Verg 15/12.

nicht.[74] Ein daraufhin ergehender Einstellungsbeschluss der Kammer hat lediglich deklaratorische Wirkung.[75] Herrscht hingegen Streit darüber, ob Erledigung eintrat, muss die Kammer prüfen, ob tatsächlich Erledigung eingetreten ist.[76]

1. Aufhebung und Einstellung

Der Unterschied zwischen der Aufhebung und der Einstellung eines Vergabeverfahrens liegt in der 59 Sache darin, dass die **Aufhebung** eines Vergabeverfahrens nicht ausschließt, dass die Vergabestelle weiterhin an der Beschaffung der gegenständlichen Leistung interessiert ist, während die Vergabestelle bei einer **Einstellung** gänzlich von einer Beschaffung Abstand nimmt. Rechtlich handelt es sich in beiden Fällen um eine Aufhebung der Ausschreibung.

Eine Vergabestelle kann in einem laufenden Vergabeverfahren, sofern der Vergabewille fortbesteht, 60 nicht jederzeit und ohne nähere Begründung, sondern nur unter den Voraussetzungen der § 63 VgV bzw. § 17 VOB/A-EU die Ausschreibung aufheben. Allerdings ist eine **Aufhebung** eines Vergabeverfahrens auch dann **wirksam**, wenn die Voraussetzungen der genannten Vorschriften nicht erfüllt sind. Die Aufhebungsentscheidung mag zwar dann rechtswidrig sein, eine Nichtigkeit der Entscheidung hat ein Verstoß gegen § 17 VOB/A-EU jedoch nicht zur Folge.[77]

a) Aufhebung des Vergabeverfahrens durch den Auftraggeber

Die **Aufhebung** eines Vergabeverfahrens ist eine einseitige, nicht empfangsbedürftige Willenser- 61 klärung. Durch eine entsprechende Anordnung der Kammer kann die Aufhebung ausnahmsweise wieder aufgehoben werden mit der Folge, dass die Vergabestelle das Vergabeverfahren fortzuführen hat.[78]

b) Einstellung des Vergabeverfahrens

Nicht von der Kammer aufgehoben werden kann eine Aufhebung, wenn die Vergabestelle den 62 Beschaffungsvorgang gänzlich einstellt und nicht die Absicht hat, den ausgeschriebenen Gegenstand in absehbarer Zeit erneut auszuschreiben.

Dies hat seinen Grund darin, dass kein Kontrahierungszwang besteht, und dass, wie ausgeführt, 63 die Kammer zwar die Rechtmäßigkeit des Beschaffungsvorgangs prüft, nicht aber Sinn und Zweck der Beschaffung oder eben auch des Verzichts auf eine Beschaffung. Die dem Vergabeverfahren vorgelagerte Entscheidung über das Ob und Inhalt der Beschaffung obliegt alleine der Entscheidungsprärogative des öffentlichen Auftraggebers.

Eine vollständige **Einstellung** des Beschaffungsvorganges kann beispielsweise erfolgen, wenn der 64 Vergabestelle die nötigen finanziellen Mittel fehlen und daher eine weitere Beschaffung nicht mehr erfolgen kann.

Trifft die Vergabestelle am Wegfall des Vergabewillens allerdings ein Verschulden, etwa weil sie die 65 Ausschreibung nicht ordnungsgemäß vorbereitet hatte, so sind Ansprüche der Bieter auf Ersatz des ihnen entstandenen, negativen Schadens denkbar. Ein auf das positive Interesse gerichteter Schadensersatzanspruch eines Bieters kommt in Betracht, wenn dem Bieter bei ordnungsgemäßem

---

74 Summa in: jurisPK-VergR, 4. Aufl. 2013, § 114 (a.F.) Rn. 120; zu der Kostenentscheidung im Fall der übereinstimmenden Erledigungserklärung vgl. Kommentierung zu § 182 Abs. 3 und 4 GWB sowie BGH, Beschl. v. 25.01.2012, X ZB 3/11, NZBau 2012, 380ff.
75 Vgl. Kopp/Schenke, VwGO, § 92 Rn. 25, § 161 Rn. 15.
76 Summa in: jurisPK-VergR, 4. Aufl. 2013, § 114 (a.F.) Rn. 123.
77 Vgl. LG Düsseldorf, Urt. v. 29.10.2008, 14c 264/08.
78 Vgl. OLG Naumburg, Beschl. v. 13.10.2006, 1 Verg 7/06.

Verlauf des Vergabeverfahrens der Zuschlag hätte erteilt werden müssen und der ausgeschriebene oder ein diesem wirtschaftlich gleichzusetzender Auftrag vergeben worden ist.[79]

c) Primärrechtsschutz gegen die Aufhebung

66   Richtet sich ein **Nachprüfungsantrag** gezielt **gegen die Aufhebung** des Vergabeverfahrens durch die Vergabestelle, so wird das neue Nachprüfungsverfahren notwendigerweise erst nach der gerügten Aufhebung anhängig. Ein solcher, auf die Aufhebung der Aufhebung gerichteter Antrag, ist zulässig,[80] da gerade die Erledigung des Vergabeverfahrens bestritten wird.

67   Die Aufhebung des Vergabeverfahrens hat nicht zur Folge, dass ein Bieter nunmehr keine Feststellung einer Rechtsverletzung mehr beantragen könnte. Die Aufhebung beendet zwar das Vergabeverfahren, und zugleich erledigt sie das (auf primären Rechtschutz gerichtete) Nachprüfungsverfahren. In solchen Fällen ermöglicht § 168 Abs. 2 S. 2 GWB den Beteiligten aber den Antrag auf Feststellung einer Rechtsverletzung. Dies gilt unabhängig davon, ob ein Aufhebungsgrund nach § 63 VgV gegeben war. Der Feststellungsantrag ist darauf zu richten, »ob eine Rechtsverletzung vorgelegen hat«, also ungeachtet der Gründe und Umstände des erledigenden Ereignisses.[81]

68   Ist ein **fortbestehender Vergabewillen** der Vergabestelle gegeben, so kann die Kammer, wenn sie die Rechtswidrigkeit der Aufhebung feststellt, die Aufhebung der Aufhebung anordnen,[82] wodurch das ursprüngliche formelle Vergabeverfahren wieder auflebt und ex tunc als ununterbrochen fortbestehend anzusehen ist. Dies stellt in der Regel allerdings einen Ausnahmefall dar, da die Vergabestelle auch bei Fehlen eines Aufhebungsgrundes nicht zur Erteilung des Auftrags verpflichtet werden kann. Relevant wird die Aufhebung der Aufhebung daher vor allem in den Fällen, in denen die Aufhebung der Ausschreibung eine Maßnahme der Diskriminierung einzelner Bieter oder eine »Scheinaufhebung« war.[83]

69   Hebt die Vergabestelle aber die Ausschreibung auf und besteht **kein Vergabewillen** mehr, ohne dass ein Grund für eine rechtmäßige Aufhebung vorliegt, so kann die Vergabestelle nicht durch Beschluss der Kammer gezwungen werden, einen Vertrag abzuschließen, den sie eigentlich gar nicht mehr will.[84] Es besteht kein Kontrahierungszwang. Da die Aufhebung in diesem Fall sinnvollerweise nicht rückgängig gemacht werden kann, da es aufgrund des entfallenen Vergabewillens in der Sache an einem Beschaffungsvorgang fehlt, stellt die Kammer lediglich die wirksame Erledigung des Vergabeverfahrens fest, sodass der auf die Aufhebung der Aufhebung gerichtete Nachprüfungsantrag in der Hauptsache erfolglos ist. Allerdings hat der Antragsteller dann die Möglichkeit, im Wege eines Feststellungsantrags die Rechtswidrigkeit der Aufhebung feststellen zu lassen.[85]

70   Wurde ein Nachprüfungsantrag anhängig gemacht, und **hebt die Vergabestelle erst nach der Information gem. § 169 Abs. 1 GWB die Ausschreibung auf**, so kann der Antragsteller dies zum Gegenstand des laufenden Verfahrens machen. Die Aufhebung der Ausschreibung durch die Vergabestelle führt nicht zwangsläufig zur Erledigung des Nachprüfungsverfahrens.[86]

71   Stellt die Kammer fest, dass die Aufhebung rechtmäßig ist, so hat sich das Nachprüfungsverfahren gem. § 168 Abs. 2 S. 2 GWB erledigt, da durch die Aufhebung des Vergabeverfahrens auch die

---

79   Vgl. BGH, Urt. v. 20. 11.2012, X ZR 108/10, ZfBR 2013, 154, 156; BGH, Beschl. v. 05.11.2002, X ZR 232/00, NZBau 2003, 168 f.
80   Vgl. BGH, Beschl. v. 18.02.2003, X ZB 43/02, NZBau 2003, 293 ff., VergR 3/2003, 313 ff.
81   Vgl. OLG Düsseldorf, Beschl. v. 27.07.2005, Verg 108/04.
82   Vgl. VK Sachsen-Anhalt, Beschl. v. 23.05.2006, VK 2-LVwA LSA 17/06.
83   Vgl. OLG Düsseldorf, Beschl. v. 16.02.2005, Verg 72/04; OLG Düsseldorf, Beschl. v. 08.06.2011, VII-Verg 55/10; OLG Düsseldorf, Beschl. v. 27.06.2012, VII-Verg 6/12.
84   Vgl. BGH, Beschl. v. 18.02.2003, X ZB 43/02, NZBau 2003, 293 ff., VergR 3/2003, 313 ff.
85   Vgl. BGH, Beschl. v. 18.02.2003, X ZB 43/02, NZBau 2003, 293 ff., VergR 3/2003, 313 ff.
86   Vgl. BGH, Beschl. v. 18.02.2003, X ZB 43/02, NZBau 2003, 293 ff., VergR 3/2003, 313 ff.

darin erfolgten, behaupteten Rechtsverstöße gegenstandslos wurden, sodass der Antragsteller nur noch Feststellungsantrag stellen kann.

Kommt die Kammer dagegen zum Ergebnis, dass die Aufhebung rechtswidrig ist, so kann sie gem. § 168 Abs. 1 GWB deren Aufhebung anordnen. Es fehlt dann an einer Erledigung i.S.d. § 168 Abs. 2 GWB, sodass über die ursprünglichen Rügen entschieden werden kann. 72

Rügt der Antragsteller dagegen die Aufhebung nicht, so tritt Erledigung des Nachprüfungsverfahrens ein, und es besteht nur noch die Möglichkeit des Feststellungsantrags. 73

2. Antragsrücknahme

In sonstiger Weise erledigt sich das Nachprüfungsverfahren insbesondere im Fall der **Antragsrücknahme** durch den Antragsteller oder durch die **übereinstimmende Erledigungserklärung** der Beteiligten. Die Kammer spricht dann die Einstellung des Verfahrens aus, trifft eine Kostengrundentscheidung und setzt gem. § 182 GWB die Gebühren der Kammer fest. 74

Die Rücknahme des Nachprüfungsantrages ist grundsätzlich jederzeit möglich, solange noch keine bestandskräftige Entscheidung über den Nachprüfungsantrag vorliegt. Die Rücknahme kann folglich auch noch während des Beschwerdeverfahrens vor dem OLG zurückgenommen werden; in diesem Fall wird der Beschluss der Vergabekammer hinfällig und gegenstandslos.[87] Einer förmlichen Einwilligung des Antragsgegners gem. § 92 S. 2 VwGO analog bedarf es auch nach Stellung der Anträge in der mündlichen Verhandlung nicht.[88] Anders als im verwaltungsgerichtlichen Verfahren ist die Einwilligung zum einen mit Blick auf das Beschleunigungsgebot nicht zu fordern, da durch die Rücknahme die Fortführung des Vergabeverfahrens ermöglicht wird, und zum anderen wird durch die Rücknahme des Nachprüfungsantrags gerade das hauptsächliche Interesse des Antragsgegners erreicht, indem er das Vergabeverfahren wie begonnen fortsetzen kann. Die Einwilligung des Beigeladenen ist zur Antragsrücknahme ebenfalls nicht erforderlich.[89] Das Interesse des Antragsgegners oder auch des Beigeladenen auf Ersatz entstandener Aufwendungen (§ 182 Abs. 4 GWB) kann dann vor einem ordentlichen Gericht durchgesetzt werden. 75

Exakter Zeitpunkt, ab dem das Nachprüfungsverfahren endet, ist die Erklärung der Antragsrücknahme durch den Antragsteller gegenüber der Kammer, die dann lediglich deklaratorisch die Einstellung des Verfahrens ausspricht.[90] Mit der Rücknahme endet zugleich das Zuschlagverbot des § 169 Abs. 1 GWB.[91] 76

3. Vergleich

Die am Nachprüfungsverfahren Beteiligten haben die Möglichkeit, das Verfahren im Wege eines Vergleichs nach § 106 VwGO analog gütlich zu beenden und so die Erledigung herbeizuführen. Ein solcher **Vergleich** kann entweder außergerichtlich oder vor der Kammer geschlossen werden. 77

Der **Prozessvergleich vor der Kammer** beendet das Verfahren unmittelbar. Hierbei sind die allgemeinen Grundsätze anzulegen, so etwa, dass ein Vergleich nur die Beteiligten bindet, nicht aber Dritte.[92] Dies ist gerade im Nachprüfungsverfahren von Bedeutung, da eine Vereinbarung, die in die Rechte anderer Bieter im Vergabeverfahren oder deren Chancen auf Erhalt des Zuschlags 78

---

87 OLG Düsseldorf, Beschl. v. 09.11.2009, Verg 35/09.
88 OLG Düsseldorf, Beschl. v. 09.11.2009, Verg 35/09; OLG Frankfurt, Beschl. v. 10.04.2008, 11 Verg 10/07; OLG Naumburg, Beschl. v. 17.08.2007, 1 Verg 5/07; a.A. Sellmann/Augsberg, Beteiligteninduzierte Beendigung vergaberechtlicher Nachprüfungsverfahren, NVwZ 2005, 1255 -1261 (1256).
89 Vgl. Kopp/Schenke, VwGO, § 92 Rn. 12; Summa in: jurisPK-VergR, 4. Aufl. 2013, § 114 (a.F.) GWB Rn. 118, 123.
90 Vgl. Kopp/Schenke, VwGO, § 92 Rn. 25.
91 Herrmann in: Ziekow/Völlink, Vergaberecht, 2013, § 115 (a.F.) Rn. 10 m.w.N.
92 OLG Frankfurt, Beschl. v. 16.10.2012, 11 Verg 9/11.

eingreift, nicht wirksam abgeschlossen werden darf. Eine Kontrolle des konkreten Inhalts des abzuschließenden Vergleichs erfolgt mittelbar dadurch, dass der Beigeladene Kenntnis vom protokollierten Vergleich nimmt und daher direkt die Wahrung seiner Rechte mit prozessualen Mitteln bei einer möglichen Fortführung des Vergabeverfahrens durchsetzen kann. Eine erhöhte Aufmerksamkeit der Kammer, die auf die Rechtmäßigkeit des Vergabeverfahrens hinzuwirken hat, besteht von Amts wegen hinsichtlich der rechtlichen Stellung der übrigen, nicht am Verfahren beteiligten Bieter. Ein Vergleich, der deren Rechte unzulässig beeinträchtigt, darf von der Kammer nicht protokolliert werden.

79   Bei einem **außergerichtlich geschlossenen Vergleich**, der für sich genommen noch keine verfahrensleitende Wirkung hat, bedarf es einer verfahrensbeendenden Erklärung gegenüber der Kammer in Gestalt der Antragsrücknahme oder der übereinstimmenden Erledigungserklärung. Eine **übereinstimmende Erledigungserklärung** des Antragstellers und des Antragsgegners ist unproblematisch zu jedem Zeitpunkt des Verfahrens vor Eintritt der Bestandskraft der Entscheidung der Kammer zulässig, einer Einbeziehung des Beigeladenen bedarf es nicht.[93] Um einen außergerichtlichen Vergleich handelt es sich auch, wenn sich der Antragsteller in dem vor der Kammer geschlossenen Vergleich zur Rücknahme des Nachprüfungsantrags verpflichtet.[94] Daraufhin stellt die Kammer dann das Verfahren durch Beschluss mit der kostenrechtlichen Folge des § 182 Abs. 3 S. 4, 5 GWB ein. Diese Form der Erledigung führt naturgemäß dazu, dass es den Beteiligten an einem Feststellungsinteresse fehlt, sodass kein Feststellungsverfahren zulässig ist.

4. Erledigung durch Abhilfe der Vergabestelle

80   Die Vergabestelle ist grundsätzlich in jedem Stadium des Vergabeverfahrens,[95] auch während des laufenden Nachprüfungsverfahrens, berechtigt, dem gerügten Vergaberechtsverstoß abzuhelfen und so auch bei schwerwiegenden Verfahrensfehlern durch Nachholung oder Neuvornahme die **Abhilfe** des Verstoßes herbeizuführen. Die Vergabestelle braucht hierzu nicht eine Entscheidung der Kammer abzuwarten. Dies hat seinen Grund darin, dass die Vergabestelle auch nach Einleitung des Nachprüfungsverfahrens Herrin des Vergabeverfahrens bleibt und dieses unter der Einschränkung, dass sie keinen wirksamen Zuschlag erteilen kann, bis zur Zuschlagsreife fortführen kann.[96] Im Interesse der Beschleunigung kann sie daher die Abhilfe gerügter, aber auch erst im Nachprüfungsverfahren erkannter Fehler herbeiführen. Dadurch wird der Nachprüfungsantrag insoweit in der Hauptsache gegenstandslos und damit unbegründet. Der Antragsteller kann dann allenfalls die Feststellung der Rechtswidrigkeit der geheilten Verstöße begehren.

III. Das Feststellungsverfahren (§ 168 Abs. 2 S. 2 2. HS GWB)

81   Hat sich das Nachprüfungsverfahren i.S.d. § 168 Abs. 2 Satz 2 GWB erledigt, so stellt die Kammer auf Antrag eines Beteiligten fest, ob eine Rechtsverletzung vorgelegen hat. Zweck der Überleitung des Nachprüfungs- in ein Feststellungsverfahren ist es, bereits erarbeitete Ergebnisse zu erhalten und so eine nochmalige gerichtliche Überprüfung derselben Sach- und Rechtsfragen in einem neuen Verfahren zu vermeiden.

82   Gegenstand eines Feststellungsverfahrens ist daher allein die Feststellung, ob und inwieweit eine Verletzung subjektiver Rechte des Antragstellers durch ein Handeln der Vergabestelle vorliegt, nicht aber, konkret Schadensersatzansprüche zuzusprechen. Diese können allein vor einem ordentlichen Gericht geltend gemacht werden.

---

93   Vgl. Sellmann/Augsberg NVwZ 2005, 1255 (1259); Summa in: jurisPK-VergR, 4. Aufl. 2013, § 114 (a.F.). Rn. 122.
94   Vgl. Kopp/Schenke, VwGO, § 106 Rn. 20.
95   OLG Schleswig, Beschl. v. 25.01.2013, 1 Verg 6/12, NZBau 2013, 395, 399.
96   Vgl. OLG Koblenz, Beschl. v. 05.09.2002, 1 Verg 2/02, NZBau 2002, 699 ff.

1. Zulässigkeit des Feststellungsantrags

a) Zeitpunkt der Antragstellung

Damit der Feststellungsantrag Erfolg haben kann, müsste der ursprüngliche Nachprüfungsantrag, 83
wenn keine Erledigung eingetreten wäre, zulässig und begründet gewesen sein. Dies setzt voraus,
dass die Erledigung erst nach Eingang des Nachprüfungsverfahrens bei der Kammer gem. § 161
GWB eintrat. Auf den Zeitpunkt des Zugangs des Informationsschreibens nach § 169 Abs. 1 GWB
beim Antragsgegner kommt es insoweit nicht an. Wurde der Nachprüfungsantrag vor Zuschlagserteilung gestellt, aber erst nach Zuschlagserteilung der Vergabestelle übermittelt, so kann zwar die
Kammer den Zuschlag nicht mehr aufheben, aber dennoch auf Antrag des Antragstellers eventuelle Rechtsverstöße feststellen. Unzulässig ist ein Feststellungsantrag aber dann, wenn er erst nach
Zuschlagserteilung bei der Kammer eingereicht wird.

b) Besonderes Feststellungsinteresse

Ungeschriebene, weil selbstverständliche Zulässigkeitsvoraussetzung für einen Antrag nach § 168 84
Abs. 2 S. 2 GWB ist ein Feststellungsinteresse, das vom Antragsteller darzulegen ist.[97] Es muss also
ein **besonderes Feststellungsinteresse** bestehen.

Voraussetzung für das Feststellungsinteresse ist die nicht auszuschließende Möglichkeit eines Scha- 85
densersatzanspruchs des Antragstellers gegen die Vergabestelle für den Fall des konkreten Vergaberechtsverstoßes oder jedes nach Lage des Falles anzuerkennende Interesse rechtlicher, wirtschaftlicher oder ideeller Art, wobei die beantragte Feststellung geeignet sein muss, die Rechtsposition
des Antragstellers in einem der genannten Bereiche zu verbessern und eine Beeinträchtigung seiner Rechte auszugleichen oder wenigstens zu mildern.[98] So kommt ein Feststellungsinteresse in
Betracht, wenn ein Schadensersatzanspruch gegen die Vergabestelle bestehen kann,[99] weiter unter
dem Gesichtspunkt der Wiederholungsgefahr,[100] sowie wenn ein Rehabilitationsinteresse des von
einer Entscheidung der Vergabestelle betroffenen Bieters besteht.[101]

Zulässig ist ein Feststellungsantrag also grundsätzlich dann, wenn ein **Anspruch auf Schadensersatz** 86
möglich ist.

Potenzielle Ansprüche auf **Ersatz des positiven Schadens** aus §§ 241 Abs. 2, 280 Abs. 1, 311 87
Abs. 2 BGB bestehen dann, wenn der Antragsteller darlegen kann, dass er bei ordnungsgemäßer
Durchführung des Vergabeverfahrens den Zuschlag erhalten hätte.[102] Es genügt allerdings nicht,
wenn der Bieter nur geltend machen kann, bei ordnungsgemäßer Durchführung des Vergabeverfahrens bessere Chancen auf den Erhalt des Zuschlags gehabt zu haben. Ein Schadensersatzanspruch setzt voraus, dass in einem vergaberechtskonformen Verfahren eine echte Chance auf
den Zuschlag bestanden hätte. Dies ist nur der Fall, wenn das Angebot besonders qualifizierte
Aussichten auf die Zuschlagserteilung gehabt hätte; es genügt nicht, dass das Angebot in die engere
Wahl gelangt wäre.[103]

Voraussetzung eines Anspruchs aus § 311 Abs. 2 BGB ist, dass der Bieter sein Angebot tatsächlich 88
im Vertrauen darauf abgibt, dass die Vorschriften des Vergabeverfahrens eingehalten werden.

---

97 Vgl. OLG Düsseldorf, Beschl. v. 02.03.2005, Verg 70/04, OLG Koblenz, Beschl. v. 04.02.2009, 1 Verg
     4/08.
98 Vgl. OLG Frankfurt a.M., Beschl. v. 06.02.2003, NZBau 2004, 174.
99 Vgl. OLG Koblenz, Beschl. v. 04.02.2009, 1 Verg 4/08.
100 OLG Düsseldorf, Beschl. v. 22.05.2002, VII-Verg 6/02.
101 Nowak in: Pünder/Schellenberg, Vergaberecht, 1. Aufl. (2011), § 114 (a.F.) Rn. 39 m.w.N.
102 Vgl. BGH, Urt. v. 20.11.2012, X ZR 108/10, ZfBR 2013, 154, 156; OLG Düsseldorf, Urt. v. 31.01.2001,
     U (Kart) 9/00.
103 Vgl. BGH, Urt. v. 27.11.2007, X ZR 18/07.

89   An diesem **Vertrauenstatbestand** fehlt es beispielsweise dann, wenn dem Bieter bekannt ist, dass die Ausschreibung fehlerhaft ist. Er vertraut dann nicht berechtigterweise darauf, dass der mit der Erstellung des Angebots und der Teilnahme am Verfahren verbundene Aufwand nicht nutzlos ist. Erkennt der Bieter, dass die Leistung nicht ordnungsgemäß ausgeschrieben ist, so handelt er bei der Abgabe des Angebots nicht im Vertrauen darauf, dass das Vergabeverfahren insoweit nach den einschlägigen Vorschriften des Vergaberechts abgewickelt werden kann. Ein etwaiges Vertrauen darauf, dass gleichwohl sein Angebot Berücksichtigung finden könnte, ist jedenfalls nicht schutzwürdig.[104]

90   Gegenstand des Schadensersatzanspruchs des Bieters ist das **Erfüllungsinteresse**. Wurde einem Bieter zu Unrecht der Zuschlag nicht erteilt, so ist ihm das positive Interesse als Schadensersatz zuzusprechen, d.h. er ist so zu stellen, wie er gestanden hätte, wenn es das schädigende Ereignis, also die Nichterteilung des Auftrags, nicht gegeben hätte. Das positive Interesse des Bieters wird nicht allein durch entgangenen Gewinn i.S.d. § 252 BGB erfasst, sondern es schließt auch entgangene betriebswirtschaftliche Deckungsbeiträge des Bieters ein. Auch ein Auftrag, der für sich betrachtet zu Verlusten führt, erbringt Deckungsbeiträge für die Fixkosten des Betriebes, der Maschinen, Fahrzeuge und Geräte. Nur und erst dann, wenn die auftragsbezogenen Verluste höher sind als diese Fixkosten, wird kein Deckungsbeitrag erwirtschaftet, sodass ein Schadensersatzanspruch entfällt.[105]

91   Damit Schadensersatzansprüche bestehen können, muss der Auftrag auch tatsächlich erteilt worden sein.[106] Im Falle einer vergaberechtskonformen Aufhebung hätte der Antragsteller ohnehin keinen Zuschlag erhalten, sodass auch kein Erfüllungsinteresse bestehen kann.

92   Möchte dagegen der öffentliche Auftraggeber selbst Schadensersatzansprüche erheben, beispielsweise wegen wettbewerbswidrigen Preisabsprachen, so sind diese nicht vor der Vergabekammer, sondern vor den ordentlichen Gerichten geltend zu machen.[107]

93   Ein **Ersatz des negativen Schadens** ist dann denkbar, wenn der Bieter darlegen kann, dass ihm bei ordnungsgemäßer Durchführung des Verfahrens bestimmte Aufwendungen nicht entstanden wären, die über die ohnehin im Rahmen eines Vergabeverfahrens für die Bieter anfallenden Kosten hinausgehen. Die Kosten der Angebotserstellung oder Aufwendungen für die Teilnahme an einem Bietergespräch mit der Vergabestelle sind daher üblicherweise nicht erstattungsfähig, sodass sie auch kein Feststellungsinteresse begründen können. Auch müssen diese erhöhten Kosten kausal auf dem Vergaberechtsverstoß beruhen, was etwa dann der Fall ist, wenn ein Bieter zu Aufklärungsgesprächen eingeladen wird und ihm dadurch Kosten entstehen, obwohl der Vergabestelle zu diesem Zeitpunkt bereits klar ist, dass das Angebot dieses Bieters zwingend auszuschließen ist und er daher keinerlei Aussicht auf Erhalt des Zuschlags hat. Ebenfalls hierunter fallen Kosten der Angebotserstellung dann, wenn der Bieter das Angebot nicht erstellt hätte, wenn das Leistungsverzeichnis nicht Fehler und Unklarheiten enthalten hätte, der Bieter sich also in Kenntnis des tatsächlichen Ausschreibungsinhalts mit an Sicherheit grenzender Wahrscheinlichkeit nicht am Vergabeverfahren beteiligt hätte.

94   **Kein Feststellungsinteresse** besteht dann, wenn ein Schadensersatzprozess, dessen Vorbereitung das Feststellungsverfahren dienen soll, offensichtlich **aussichtslos** erscheint und auch sonst kein Interesse rechtlicher, wirtschaftlicher oder ideeller Art zu erkennen ist.[108]

95   Von geringerer praktischer Relevanz im Rahmen der Prüfung des Feststellungsinteresses ist das Vorliegen einer **Wiederholungsgefahr**,[109] die dann anzunehmen ist, wenn der Bieter befürchten muss, dass die Vergabestelle im streitgegenständlichen Vergabeverfahren einen Vergaberechtsverstoß, der

---

104 Vgl. BGH, Urt. v. 01.08.2006, X ZR 146/03.
105 Vgl. OLG Schleswig, Urt. v. 12.10.2004, 6 U 81/01.
106 Vgl. BGH, Urt. v. 16.12.2003, X ZR 282/02.
107 Vgl. OLG Frankfurt a.M., Urt. v. 07.11.2006, 11 U 53/03.
108 Vgl. OLG Koblenz, Beschl. v. 04.02.2009, 1 Verg 4/08; OLG Celle, Beschl. v. 08.12.2005, 13 Verg 2/05.
109 Vgl. OLG Düsseldorf, Beschl. v. 27.07.2005, Verg 108/04.

möglicherweise Rechte der Antragstellerin verletzte, ihr gegenüber erneut begehen wird und hierfür eine gewisse Wahrscheinlichkeit besteht. Die abstrakte Gefahr einer Wiederholung in einem anderen, zukünftigen Vergabeverfahren genügt hierfür nicht.

Ebenfalls von nur untergeordneter Bedeutung ist das **Rehabilitationsinteresse**, das bei einer schwerwiegenden Verletzung grundlegender Rechte des Antragstellers mit Wirkung nach außen gegeben sein kann, beispielsweise dann, wenn die Vergabestelle in öffentlichkeitswirksamer Weise die Unzuverlässigkeit eines Bieters annahm und so das Ansehen dieses Bieters im Geschäftsleben erheblich beschädigte.   96

Gemäß § 168 Abs. 2 Satz 2 GWB stellt die Kammer auf Antrag fest, ob eine Rechtsverletzung vorgelegen hat. Nur diese Feststellung ist zu treffen, und zwar mit der Angabe, durch welches Verhalten des Auftraggebers der Antragsteller in seinen Rechten verletzt wurde. Die Feststellung umfasst indes nicht die sich aus dem Vergaberechtsfehler ergebenden Rechtsfolgen, sodass einem auf die **Feststellung von Rechtsfolgen** gerichteter Antrag das Feststellungsinteresse fehlt.[110]   97

c) Formale Anforderungen

Als formale Voraussetzung muss eigens ein **Antrag auf Feststellung** gestellt werden. Eine Umdeutung des ursprünglichen Nachprüfungsantrages in einen Feststellungsantrag durch die Kammer erfolgt nicht von Amts wegen, es bedarf einer ausdrücklichen Antragsänderung. Es besteht hierfür das Schriftformerfordernis des § 161 GWB. Wird kein Feststellungsantrag gestellt, dann wird der ursprüngliche Nachprüfungsantrag angesichts der Erledigung in der Hauptsache wegen fehlender Erfolgsaussichten als unzulässig verworfen.   98

Der Feststellungsantrag kann nur von Verfahrensbeteiligten gestellt werden, also von Antragsteller, Antragsgegner und Beigeladenen, nicht aber von einem Bieter, der nicht förmlich beigeladen wurde.   99

d) Beschleunigungsfrist

Wird nach Erledigung des Nachprüfungsverfahrens Feststellungsantrag gestellt, so gilt die **Frist zur Beschleunigung** nach § 167 Abs. 1 GWB nicht. Dies ergibt sich aus § 168 Abs. 2 Satz 3 GWB. Nach Ablauf der fünf Wochen ab Antragseingang tritt also nicht die Ablehnungsfiktion des § 171 Abs. 2 GWB ein. Dies erschließt sich daraus, dass in jedem Fall der Erledigung, der zum Feststellungsantrag führen kann, kein wirtschaftliches Interesse der Vergabestelle an einer raschen Beendigung des Vergabeverfahrens durch Zuschlagserteilung mehr besteht, sei es, weil der Zuschlag bereits erteilt wurde, sei es, weil gar kein Zuschlag mehr erteilt werden soll. Die Kammer hat daher über die fünf Wochen hinaus Zeit, über den Feststellungsantrag zu entscheiden. Einer Fristverlängerung bedarf es daher nicht.   100

2. Feststellender Beschluss

Inhalt eines auf einen Feststellungsantrag ergehenden Beschlusses der Kammer ist, soweit der Antrag zulässig und begründet ist, die **Feststellung, dass der Antragsteller durch das Handeln der Vergabestelle in seinen Rechten verletzt wurde.**   101

Hat ein Unternehmen die **Aufhebung** des ausgeschriebenen Vergabeverfahrens zum Gegenstand einer Nachprüfung gemacht, ist die Kammer bei Vorliegen eines Feststellungsinteresses des Unternehmens auf dessen Antrag auch zur Feststellung der in der Aufhebung liegenden Rechtsverletzung befugt, wenn sich herausstellt, dass trotz des Vergabeverstoßes aufgrund des dem Auftraggeber zustehenden Entscheidungsspielraums eine auf die Fortsetzung des aufgehobenen Vergabeverfahrens gerichtete Anordnung nicht ergehen kann.[111] Wurde also der Nachprüfungsantrag mit dem Ziel gestellt, die Aufhebung eines Vergabeverfahrens aufzuheben und die Fortführung des Ver-   102

---

110 Vgl. OLG Celle, Beschl. v. 08.12.2005, 13 Verg 2/05.
111 Vgl. OLG Düsseldorf, Beschl. v. 08.03.2005, Verg 40/04.

fahrens zu erreichen, so kann die Kammer, wenn die Aufhebung zwar rechtswidrig, aber wirksam erfolgte, den Hauptantrag dadurch bescheiden, dass sie die Rechtswidrigkeit der Aufhebung feststellt, ohne zugleich die Fortführung des Vergabeverfahrens anzuordnen.

D. Entscheidung durch Verwaltungsakt (§ 168 Abs. 3 S. 1 GWB)

103 Die Entscheidung der Vergabekammer ergeht durch Beschluss, der gem. § 168 Abs. 3 S. 1 GWB rechtlich als **Verwaltungsakt** qualifiziert ist. Dieser wird, sofern nicht innerhalb von zwei Wochen sofortige Beschwerde nach §§ 171 GWB eingelegt wird, bestandskräftig und entfaltet in einem anschließenden Schadensersatzprozess vor einem ordentlichen Gericht Bindungswirkung gem. § 179 Abs. 1 GWB.

104 Mit der Wirksamkeit des Beschlusses wird er vollziehbar, mit der Bestandskraft vollstreckbar.

I. Wirksamkeit

1. Formale Voraussetzungen

105 Für die Wirksamkeit eines Beschlusses bestehen mehrere Voraussetzungen:

1.) Die Entscheidung muss gem. § 167 Abs. 1 S. 1 GWB i.V.m. § 61 GWB analog schriftlich getroffen und begründet sowie mit einer Belehrung über das zulässige Rechtsmittel versehen werden. **Form und Inhalt** des Beschlusses richten sich angesichts des gerichtsähnlichen Charakters und der erstinstanzlichen Situation des Nachprüfungsverfahrens nach § 117 VwGO.

2.) Der Beschluss muss gem. § 37 Abs. 3 VwVfG die **Kammer als erlassende Behörde erkennen** lassen, außerdem muss der Beschluss von der Kammer in der jeweiligen Besetzung[112] eigenhändig **unterschrieben** oder die Namenswiedergabe beglaubigt sein.[113] Die Unterzeichnung erfolgt durch die Mitglieder der Kammer, die an der mündlichen Verhandlung und an der Entscheidungsfindung mitgewirkt haben. Die Unterzeichnung muss zumindest durch den Vorsitzenden sowie einen der Beisitzer erfolgen; nicht erforderlich hingegen ist eine Unterzeichnung auch durch den ehrenamtlichen Beisitzer. Der Beschluss ist den Beteiligten nach dem einschlägigen Verwaltungszustellungsgesetz (VwZG) des Bundes oder der Länder zuzustellen. Nach § 5 Abs. 4 VwZG kann an Rechtsanwälte, Behörden, Körperschaften, Anstalten und Stiftungen des öffentlichen Rechts auch elektronisch gegen Empfangsbekenntnis zugestellt werden. Gemäß § 168 Abs. 3 Satz 3 i.V.m. § 61 Abs. 1 Satz 2 GWB kann die Verfügung der Kammer darüber hinaus auch an Unternehmen und Vereinigungen von Unternehmen gegen Empfangsbekenntnis zugestellt werden.

3.) Das Empfangsbekenntnis ist allerdings für die Wirksamkeit des Beschlusses nicht konstituierend. Entscheidend ist der faktische Zugang.

2. Abänderung

106 Rücknahme oder Widerruf des Beschlusses nach § 48 oder 49 VwVfG durch die Kammer selbst sind weder vor noch nach Eintritt der Bestandskraft möglich.[114] Die Kammer entscheidet einen Streit zwischen Dritten, ihre Entscheidung ähnelt somit einem gerichtlichen Urteil. Mit einer solchen streitentscheidenden Entscheidung wäre es unvereinbar, wenn die Kammer ihre Entscheidung auf Antrag oder von Amts wegen nach § 48 bzw. § 49 VwVfG aufheben könnte. Die Abänderung einer Entscheidung der Kammer kann daher nur im Beschwerdeweg (§ 171 GWB) erreicht werden.[115] Eine inhaltliche Korrektur und Abänderung des Beschlusses oder sogar des Tenors ist der

---

112 Vgl. Kommentierung zu § 157 GWB.
113 Vgl. Kopp/Ramsauer, VwVfG, § 37 Rn. 35.
114 OLG Düsseldorf, Beschl. v. 12.05.2011, VII-Verg 32/11.
115 OLG Düsseldorf, Beschl. v. 12.05.2011, VII-Verg 32/11; Summa in: jurisPK-VergR, 4. Aufl. 2013, § 114 (a.F.) Rn. 57.

Kammer nicht möglich und allein dem OLG vorbehalten. Die Kammer selbst kann zulässigerweise nur Berichtigungen wegen offensichtlicher Unrichtigkeit analog § 118 VwGO, § 319 ZPO,[116] Tatbestandsberichtigungen analog § 119 VwGO bzw. Beschlussergänzungen analog § 120 VwGO vornehmen.

Das Fehlen oder die Unrichtigkeit der **Rechtsmittelbelehrung** berührt die Wirksamkeit des Beschlusses nicht.[117] Eine versehentlich unterlassene Rechtsmittelbelehrung kann über § 118 VwGO nachgeholt, eine offenbar unrichtige korrigiert werden. Der Beschluss ist dann in der berichtigten Form erneut zuzustellen.[118] Die Frist zur sofortigen Beschwerde gemäß § 171 Abs. 1 GWB beginnt dann gem. § 58 VwGO analog erst mit der Zustellung des berichtigten Beschlusses zu laufen. Erfolgt keine Nachholung der Rechtsmittelbelehrung, so läuft die Beschwerdefrist nicht zwei Wochen, sondern gem. § 58 Abs. 2 VwGO ein Jahr ab Zustellung des unvollständigen Beschlusses. 107

3. Entfallen der Wirksamkeit

Die **Wirksamkeit des Beschlusses entfällt** mit der Aufhebung durch das Beschwerdegericht. Vor Ergehen einer Entscheidung des OLG bleibt der Beschluss der Kammer wirksam, er ist allerdings gem. § 80 Abs. 1 VwGO analog nicht vollziehbar. Wird der Nachprüfungsantrag im Verfahren vor dem OLG zurückgenommen, so wird der Beschluss der Kammer hinfällig und entfaltet keine Wirksamkeit mehr. 108

Die **Rücknahme des Nachprüfungsantrages** gegenüber der Kammer ist mit Zugang des Beschlusses beim Antragsteller nicht mehr möglich. Der wirksame Beschluss schließt das Verfahren vor der Vergabekammer ab, sodass prozessuale Erklärungen der Beteiligten, insbesondere aber die Erklärung der Antragsrücknahme durch den – unterliegenden – Antragsteller nicht mehr möglich sind. Der Antragsteller hat allerdings die Möglichkeit, noch im Beschwerdeverfahren den Nachprüfungsantrag zurück zu nehmen. 109

II. Vollziehbarkeit

Hat ein Beschluss Wirksamkeit erlangt, so wird er **vollziehbar**, d.h. die Vergabestelle kann auf der Grundlage des Beschlusses entsprechend den darin getroffenen Anordnungen das Vergabeverfahren fortsetzen. 110

Da die Vergabestelle aber Herrin des Vergabeverfahrens bleibt, hat sie faktisch die Möglichkeit, dem Beschluss zuwiderzuhandeln.[119] 111

Aus diesem Grund hat der Gesetzgeber wirksame Vollstreckungsmaßnahmen auch gegenüber Hoheitsträgern vorgesehen. Die Vorschrift des § 168 Abs. 3 Satz 3 GWB nimmt auf die Vollstreckungsregel des § 86a GWB Bezug. Danach beträgt die Höhe des Zwangsgeldes mindestens 1.000 Euro und höchstens 10 Mio. Euro. 112

III. Bestandskraft

Bestandskraft erlangt ein Beschluss mit Ablauf von zwei Wochen nach Zugang bei den Beteiligten, sofern diese nicht sofortige Beschwerde gem. §§ 171 ff. GWB eingelegt haben. Bestandskräftig[120] wird der Beschluss der Kammer auch dann, wenn die sofortige Beschwerde vom angerufenen 113

---

116 Summa in: jurisPK-VergR, 4. Aufl. 2013, § 114 (a.F.) Rn. 57, 58.
117 Vgl. Kopp/Schenke, VwGO, § 117 Rn. 18.
118 Vgl. Kopp/Schenke, VwGO, § 117 Rn. 4.
119 Vgl. hierzu Entwurf eines Gesetzes zur Modernisierung des Vergaberechts v. 13.08.2008, BT-Drs. 16/10117, Zu Nr. 16 (§ 114), Buchstabe b, Seite 23, li. Spalte.
120 Die Bezeichnung »Bestandskraft« ist angesichts der expliziten Benennung des § 179 Abs. 1 GWB dem Begriff »Rechtskraft« vorzuziehen.

OLG als unzulässig oder unbegründet zurückgewiesen wurde, oder wenn die sofortige Beschwerde vor dem OLG zurückgenommen wird.[121] Nachdem der Beschluss bestandskräftig wurde, scheidet eine Rücknahme des Nachprüfungsantrags aus.

114   Der bestandskräftige Beschluss entfaltet **materielle Rechtskraft**, sodass zurückgewiesene Rügen in einem späteren Nachprüfungsverfahren desselben Beteiligten hinsichtlich desselben Vergabeverfahrens grundsätzlich nicht mehr zu beachten sind.[122] Er entfaltet gem. § 179 Abs. 1 GWB Bindungswirkung, wenn vor einem ordentlichen Gericht in derselben Sache Schadensersatz geltend gemacht wird.

E. Vollstreckung (§ 168 Abs. 3 S. 2 und 3 GWB)

115   Die **Vollstreckung** der Beschlüsse der Vergabekammern richtet sich gem. § 168 Abs. 3 S. 2 und 3 GWB nach den Vollstreckungsgesetzen des Bundes (Verwaltungsvollstreckungsgesetz – VwVG) bzw. der Länder.

116   **Voraussetzung** für eine Vollstreckung ist die nach § 6 Abs. 1 VwVG grundsätzlich die Unanfechtbarkeit des Verwaltungsakts. Ist der Verwaltungsakt noch nicht bestandskräftig, kommt eine Einleitung der Vollstreckung in Betracht, wenn der sofortige Vollzug des Verwaltungsakts angeordnet wurde oder wenn dem Rechtsmittel keine aufschiebende Wirkung beigelegt wurde.[123] **Zuständig** ist gem. § 7 Abs. 1 VwVG die Kammer, die den Beschluss erlassen hat. Deren Zuständigkeit für Vollstreckungsmaßnahmen bleibt auch im Fall der Beschwerdeeinlegung unberührt.[124]

117   **Gegenstand** der Vollstreckung kann zum einen eine Geldforderung in Gestalt der gem. § 182 Abs. 1, 2 GWB festgesetzten Gebühr sein, zum anderen kann sich die Vollstreckung auch auf das im Hauptsachebeschluss angeordnete Tun oder Unterlassen beziehen.[125]

118   Bei der Vollstreckung von **Geldforderungen** kann sich die Kammer der Hilfe anderer Vollstreckungsbehörden, insbesondere der Zollverwaltung oder Gerichtsvollziehern, bedienen.

119   Für die **Erzwingung von Handlungen, Duldungen oder Unterlassungen** ist zuständige Vollstreckungsbehörde gem. § 7 Abs. 1 VwVG die **Kammer**, die den Beschluss erlassen hat.

120   **Vollstreckungsmittel** sind die Zwangsmittel des § 9 VwVG, mithin Ersatzvornahme, Zwangsgeld oder unmittelbarer Zwang. Das in der Praxis bedeutsamste Zwangsmittel dürfte allerdings das Zwangsgeld sein. Die Höhe des festzusetzenden Zwangsgelds kann gem. § 168 Abs. 3 Satz 3 i.V.m. § 86a S. 2 GWB zwischen 1.000 bis höchstens 10 Millionen Euro liegen. Angesichts der teils erheblichen Auftragssummen ist dies auch sachgerecht, um ein rechtskonformes Verhalten der Auftraggeber erzwingen zu können.

121   Beschlüsse des im Wege der **sofortigen Beschwerde** gegen eine Entscheidung der Vergabekammer angerufenen OLG vollstreckt gem. § 7 Abs. 1 VwVG ebenfalls die Vergabekammer.

I. Kammergebühr

122   Die Vollstreckung hinsichtlich der **Kammergebühr** richtet sich nach § 3 VwVG. Die Gebühr wird gem. § 17 VwKostG **fällig** mit Wirksamwerden des Beschlusses, also dann, wenn der Beschluss der Kammer dem Kostenschuldner wirksam übermittelt wurde.

---

121 Vgl. OLG Jena, Beschl. v. 22.08.2002, 6 Verg 3/02.
122 Vgl. OLG Celle, Beschl. v. 05.09.2003, 13 Verg 19/03.
123 Vgl. § 173 Abs. 1 und 3 GWB.
124 VK Bund, Beschl. v. 02.09.2011, VK 3-62/11 unter Hinweis auf Brauer in: Ziekow/Völlink, Vergaberecht, 2013, § 114 (a.F.) Rn. 59.
125 VK Bund, Beschl. v. 02.09.2011, VK 3- 62/11.

Gebührenschuldner im Sinne des § 13 VwKostG und damit auch Vollstreckungsschuldner nach 123 § 2 VwVG ist der, der im Beschluss als Gebührenschuldner festgesetzt wird, regelmäßig der unterliegende Verfahrensbeteiligte im Sinne des § 182 GWB.

Anordnungsbehörde als die Behörde, die den Anspruch geltend machen darf, ist die Kammer. Zur 124 Vollstreckung der Kammergebühr bedarf es keiner vollstreckbaren Ausfertigung des Beschlusses. Die Vollstreckung erfolgt im eigenen Interesse der Kammer und damit der den VA erlassenden Behörde und bedarf daher keines gesonderten Vollstreckungsantrages.

Voraussetzungen der Vollstreckung sind gem. § 3 VwVG das Ergehen eines Leistungsbescheides, 125 die Fälligkeit der Kostenschuld sowie der Ablauf der Frist von einer Woche seit Bekanntgabe des Leistungsbescheides.

Grundlage der Vollstreckung hinsichtlich der Kosten des Verfahrens ist gem. § 3 Abs. 2 lit. a VwVG 126 der **Leistungsbescheid**, durch den der Schuldner zur Leistung aufgefordert wird.

Dieser Leistungsbescheid im Sinne des § 3 VwVG ist im Schreiben zu erblicken, mit dem die 127 Kammer den die Kosten festsetzenden Beschluss an den Kostenschuldner übermittelt und auf der Grundlage dieses Beschlusses zur Zahlung der darin festgesetzten Gebühr auffordert. Eine Vollstreckung hinsichtlich der Kosten vor Bekanntgabe der Zahlungsaufforderung ist unzulässig.

Da der Leistungsbescheid üblicherweise gleichzeitig mit dem Beschluss zur Kostenfestsetzung dem 128 Gebührenschuldner, der im Beschluss bestimmt wird, zugeht, liegt Fälligkeit der Leistung vor. Da die Bekanntgabe des Leistungsbescheides und die Fälligkeit der Leistung dann zusammenfallen, wird der Kostenanspruch der Kammer damit vollstreckbar.

Nach Ablauf einer Woche ab Vollstreckbarkeit wird der Schuldner nach § 3 Abs. 3 VwVG mit einer 129 Zahlungsfrist von einer weiteren Woche **gemahnt**.

Nach Ablauf dieser weiteren Woche kann dann gem. § 3 Abs. 2 lit. c VwVG die Vollstreckung 130 eingeleitet werden.

Rechtsschutz gegen die Androhung eines Zwangsmittels ist nach § 18 Abs. 1 VwVG dasjenige 131 Rechtsmittel, das gegen den Verwaltungsakt zulässig ist, dessen Durchsetzung erzwungen werden soll. Dies ist die sofortige Beschwerde nach § 171 GWB.[126]

II. Anordnung eines Tuns oder Unterlassens

1. Voraussetzungen der Vollstreckung

Anordnungen der Kammer im Beschluss, die auf ein **Tun oder Unterlassen** eines Beteiligten 132 gerichtet sind, können mittels Verwaltungszwang gem. § 6 ff. VwVG durchgesetzt werden. Dem Beschluss kommt die Funktion eines vollstreckbaren Titels zu.

Vollstreckungsschuldner ist üblicherweise die Vergabestelle, der von der Kammer ein bestimmtes 133 Tun oder Unterlassen in der weiteren Durchführung des Vergabeverfahrens aufgegeben wird, und die so durch den Beschluss verpflichtet wird.

Voraussetzung der Vollstreckung ist gem. § 6 Abs. 1 VwVG, dass der Beschluss unanfechtbar wurde. 134 Dies ist der Fall, wenn der Beschluss bestandskräftig wurde. Wurde im Beschluss der Kammer – ausnahmsweise – der sofortige Vollzug angeordnet, so ist die Anordnung bereits vor Bestandskraft vollstreckbar. Weiter ist die Vollstreckung zulässig, wenn der Beschluss zwar noch nicht bestandskräftig wurde, weil sofortige Beschwerde eingelegt wurde, wenn aber die aufschiebende Wirkung der Beschwerde aus § 173 Abs. 1 S. 1 GWB nach Ablauf der Beschwerdefrist von zwei Wochen entfiel und das OLG diese aufschiebende Wirkung nicht gem. § 173 Abs. 1 S. 2 und 3 GWB verlängerte.

---

126 Brauer in: Ziekow/Völlink, Vergaberecht, 2013, § 114 (a.F.) Rn. 65; Dicks in: Ziekow/Völlink, a.a.O. § 116 (a.F.) Rn. 2 m.w.N.; Summa in: jurisPK-VergR, 4. Aufl., 2013, § 114 (a.F.) Rn. 73.

135   **Gegenstand der Vollstreckung** ist nicht allein das im Tenor Angeordnete, sondern es sind dies auch solche Verpflichtungen, die in den tragenden Beschlussgründen zur Herstellung eines vergaberechtlich ordnungsgemäßen Verfahrens miterfasst sind. Ordnet beispielsweise die Kammer an, dass die Vergabestelle eine Neuwertung der abgegebenen Angebote vorzunehmen hat, und führt sie in den Entscheidungsgründen aus, dass ein Nebenangebot des Antragstellers zu Unrecht nicht in der Wertung berücksichtigt wurde, so kann sich die Vollstreckung auch darauf richten, dass die Vergabestelle dieses Nebenangebot in der Neuwertung berücksichtigen muss. Wurde demgegenüber ein Nachprüfungsantrag als unzulässig verworfen und enthält der Beschluss Hinweise der Kammer in Form eines obiter dictums, so sind diese Hinweise nicht vollstreckbar.

2. Zwangsmittel

136   Als **Zwangsmittel** kann die Kammer – wie bereits vorstehend ausgeführt – gem. § 168 Abs. 3 S. 3 i.V.m. § 86a GWB ein Zwangsgeld von mindestens 1.000 Euro bis höchstens 10 Mio. Euro anordnen. Der **Grundsatz der Verhältnismäßigkeit** der Vollstreckung hinsichtlich der Auswahl des Zwangsmittels aus § 9 Abs. 2 VwVG ist zu beachten.

137   **Untaugliches Mittel** ist angesichts des Charakters des Nachprüfungsverfahrens als Parteienverfahren das Zwangsmittel der Ersatzvornahme ebenso wie das des unmittelbaren Zwangs gem. § 9 Abs. 1 lit. a) und c) VwVG. Die Kammer kann beispielsweise nicht eine eigene Wertung der eingegangenen Angebote vornehmen und diese an die Stelle der Wertung der Vergabestelle setzen.

138   Das Vollstreckungsmittel des Zwangsgeldes ist ein **Beugemittel** zur Erzwingung der angeordneten Maßnahme. Es kann gem. § 13 Abs. 2 VwVG im Tenor des Beschlusses schriftlich mit einem genau bestimmten Höchstbetrag angedroht werden, doch kann eine solche Androhung auch später erfolgen. Es soll dazu dienen, dass der Vollstreckungsschuldner dem angeordneten Tun oder Unterlassen Folge leistet. Geschieht dies nicht innerhalb der angeordneten Frist, so setzt die Kammer gem. § 14 VwVG das Zwangsgeld fest, das dann beigetrieben werden kann. Die Beitreibung unterbleibt, sobald der Vollstreckungsschuldner die gebotene Handlung ausführt und damit der Zweck des Zwangsmittels erreicht ist.

3. Durchführung der Vollstreckung

a) Vollstreckungsantrag

139   Die Vergabekammer wirkt nicht von Amts wegen auf die zwangsweise Durchsetzung ihres Beschlusses hin. Das **Antragserfordernis** resultiert daraus, dass die Kammer im Wege der Vollstreckung eines angeordneten Tuns oder Unterlassens nicht ein originäres Interesse des Staates verfolgt, wie dies der Intention des Verwaltungsvollstreckungsgesetzes zugrunde liegt, sondern die subjektiven Rechte der Bieter wahren will, indem sie eine Entscheidung im Sinne des § 168 Abs. 1 GWB trifft und die Bieterrechte auch als Ziel der Vollstreckung im Blick behält. Sieht sich also ein Beteiligter durch den Nichtvollzug der Anordnungen der Kammer in seinen subjektiven Rechten verletzt, so kann durch seinen Antrag auf Vollstreckung gegenüber der Kammer auf die Beseitigung dieser Rechtsverletzung hinwirken.[127]

140   Wird der **Antrag** auf Vollstreckung **zurückgenommen**, dann fehlt es an einer formellen Voraussetzung für die Fortführung des Vollstreckungsverfahrens. Dieses ist einzustellen. Eine ausgesprochene Zwangsgeldandrohung entfaltet dann keine Wirkung mehr.[128]

b) Prüfung der Kammer

141   Begehrt ein an einem Nachprüfungsverfahren Beteiligter die Vollstreckung des Beschlusses, nachdem der Beschluss der Kammer bestandskräftig wurde oder wenn die sonstigen Vollstreckungsvor-

---

127   Vgl. VK Magdeburg, Beschl. v. 03.02.2003, VK 5/02 MD.
128   Vgl. OLG Naumburg, Beschl. v. 27.04.2005, 1 Verg 3/05.

aussetzungen vorliegen, so kann er einen entsprechenden **Antrag auf Vollstreckung** an die Kammer richten.

Zuständig ist die Vollstreckungsbehörde, also die Kammer, die auch den Beschluss in der Haupt- 142
sache traf.

Diese prüft dann die Zulässigkeit und Begründetheit des Vollstreckungsantrages. Inhalt dieser **Prü-** 143
fung ist, ob und inwieweit der Vollstreckungsantragsteller durch die von ihm begehrte Vollstreckung begünstigt ist. Ausgangspunkt der Prüfung ist der Vollstreckungsantrag, Gegenstand der
Prüfung ist der bestandskräftige Beschluss der Vergabekammer. In eine erneute Prüfung in der
Sache tritt die Vollstreckungsbehörde nicht ein.

Der Antrag auf Vollstreckung muss den Erfordernissen des § 161 GWB genügen. Weiter muss der 144
Antragsteller Beteiligter im zugrunde liegenden Nachprüfungsverfahren gewesen sein. Maßstab der
Zulässigkeitsprüfung ist sodann insbesondere, ob der Antragsteller durch die Vollstreckung eine
Beseitigung der Verletzung subjektiver Rechte geltend macht, soweit eine solche im Beschluss der
Kammer festgestellt und auf deren Abhilfe hingewirkt worden ist. Ein Antrag auf Vollstreckung
zugunsten Dritter ist unzulässig.

Kommt die Vergabestelle Anordnungen der Kammer nicht nach, weiß dies der Bieter, der Rechte 145
aus dem bestandskräftigen Beschluss herleiten kann, und lässt dennoch einen unangemessen langen
Zeitraum verstreichen, bis er die Vollstreckung des Beschlusses beantragt, so kann nach § 242 BGB
analog im Einzelfall unter Würdigung der Umstände **Verwirkung** seines Rechts aus dem Beschluss
eintreten, sodass er seine Antragsbefugnis verliert. Dies wird aber nur im Ausnahmefall anzunehmen sein, wenn der Bieter gegenüber der Vergabestelle einen Vertrauenstatbestand dahin gehend
geschaffen hat, nicht aus dem Beschluss vorgehen zu wollen.

Begründet ist der Vollstreckungsantrag, wenn der Antragsteller tatsächlich aus dem bestandskräfti- 146
gen Beschluss die Beseitigung der Verletzung eigener Rechte herleiten kann. In den Blick genommen wird dabei nicht nur die Tenorierung, sondern der Beschluss als ganzer, allerdings nur insoweit,
als die Beschlussbegründung dem Sinn und Zweck der Tenorierung entspricht. Wird eine Vollstreckung begehrt, die zwar für sich genommen begründet wäre, ohne aber für den Antragsteller bei
Betrachtung der Gesamtumstände eine Verbesserung seiner Interessen als Bieter im Vergabeverfahren herzustellen, so ist dieser Antrag zwar zulässig, aber wegen des fehlenden Rechtsschutzbedürfnisses des Vollstreckungsgläubigers unbegründet.

Fehlt es an der Zulässigkeit oder Begründetheit des Vollstreckungsantrages, so lehnt die Kammer 147
die Vollstreckung ab.[129]

c) Vollstreckungsandrohung

Einer **Vollstreckungsanordnung** bedarf es nicht, da anordnende und vollstreckende Behörde in 148
Gestalt der Vergabekammer identisch sind.

Zuständig zur Androhung ist die Kammer. Die Entscheidung der Kammer auf Vollstreckung ergeht 149
entsprechend dem Beschluss in der Hauptsache durch Verwaltungsakt und hat denselben formalen
Voraussetzungen zu genügen.

Die Kammer droht im **Vollstreckungsbeschluss** die Vollstreckung gegenüber der Vergabestelle gem. 150
§ 13 VwVG an. Die Androhung muss dem Schriftformerfordernis des § 37 Abs. 3 VwVfG genügen. Die Androhung ist mit einer Frist zu versehen, innerhalb derer der Vollzug des Beschlusses
erfolgen muss. Der Betrag des Zwangsgeldes bei Nichtvollzug ist in konkret bestimmter Höhe
anzudrohen. Die Androhung ist der Vergabestelle zuzustellen. Die Kammer kann die Vergabestelle
dazu verpflichten, von sich aus die Erfüllung der bestandskräftigen Verpflichtung bis zu einem

---

129 Vgl. etwa VK Bund, Beschl. v. 02.09.2011, VK 3-62/11.

bestimmten Termin gegenüber der Kammer nachzuweisen. Die Androhung des Zwangsgeldes kann dann an den erfolgten Nachweis bis zu diesem Termin geknüpft werden.

151 Die Androhung stellt einen Verwaltungsakt dar.[130] Gegen diesen kann die Vergabestelle gem. § 18 VwVG **Rechtsschutz** im Wege der sofortigen Beschwerde beim OLG suchen, wenn sie die Androhung für rechtsfehlerhaft hält. Nicht mehr vorgehen kann sie gegen den der Androhung zugrunde liegenden bestandskräftigen Beschluss, der durch das Zwangsgeld vollstreckt werden soll. Die Beschwerde kann sich daher allein auf die Prüfung der Rechtmäßigkeit der Androhung des Zwangsmittels richten.

152 Hierzu bestehen dieselben Erfordernisse wie für die sofortige Beschwerde in der Hauptsache. Insbesondere ist die zweiwöchige Notfrist ab Zustellung der Androhung gem. § 171 Abs. 1 GWB zu beachten. Lässt die Vergabestelle diese Frist ungenutzt verstreichen, wird die Androhung bestandskräftig und die Vergabestelle hat keine Möglichkeit mehr, gegen die Vollstreckungsandrohung vorzugehen. Es bleibt dann nur noch das Vorgehen gegen die daraufhin erfolgende Festsetzung des Zwangsgeldes.

4. Festsetzung des Zwangsmittels

153 Hat die Kammer das Zwangsmittel gegenüber der Vergabestelle wirksam angedroht, so hat sie von Amts wegen den Vollzug ihres Beschlusses zu überwachen und bei Nichterfüllung der Verpflichtung gem. § 14 VwVG das Zwangsgeld festzusetzen. Eines erneuten Antrages des Vollstreckungsantragstellers auf Festsetzung bedarf es nicht.

154 Die **Festsetzung des Zwangsgeldes** erfolgt durch Verwaltungsakt in Gestalt eines **Leistungsbescheides**, der den Pflichtigen zur Zahlung eines genau zu beziffernden Zwangsgeldes verpflichtet und seinerseits nach den Vorschriften des Ersten Abschnittes des VwVG vollstreckt wird, wenn der Betroffene nicht freiwillig zahlt.[131] Voraussetzung der Festsetzung ist das ungenutzte Verstreichen der in der Androhung bestimmten Frist. In der Festsetzung wird daher festgestellt, dass das geforderte Tun oder Unterlassen nicht in der dafür gesetzten Frist erfolgte.

155 Der Festsetzungsbeschluss ist sofort vollziehbar, einer Mahnung bedarf es nicht.

156 Bei der Festsetzung des Zwangsgeldes handelt es sich um einen anfechtbaren Verwaltungsakt.[132] **Rechtsschutz** gegen die Zwangsgeldfestsetzung kann sich, wenn die Androhung bestandskräftig wurde, nicht mehr auf die Zulässigkeit der Festsetzung als solcher beziehen, nur noch zum einen auf die Angemessenheit der konkreten Höhe des Zwangsgeldes, sofern dieses nicht bereits in der Androhung genau beziffert war, und zum anderen auf die Feststellung der nicht fristgerechten Erfüllung der Verpflichtung, wenn die Vergabestelle der Ansicht ist, der ihr im Hauptsachebeschluss aufgegebenen Anordnung durchaus nachgekommen zu sein. Die Festsetzung ist im Wege der sofortigen Beschwerde nach § 171 Abs. 1 GWB innerhalb von zwei Wochen anfechtbar.

§ 169 Aussetzung des Vergabeverfahrens

(1) **Informiert die Vergabekammer den öffentlichen Auftraggeber in Textform über den Antrag auf Nachprüfung, darf dieser vor einer Entscheidung der Vergabekammer und dem Ablauf der Beschwerdefrist nach § 172 Absatz 1 den Zuschlag nicht erteilen.**

(2) **Die Vergabekammer kann dem Auftraggeber auf seinen Antrag oder auf Antrag des Unternehmens, das nach § 134 vom Auftraggeber als das Unternehmen benannt ist, das den Zuschlag erhalten soll, gestatten, den Zuschlag nach Ablauf von zwei Wochen seit Bekanntgabe dieser Entscheidung zu erteilen, wenn unter Berücksichtigung aller möglicherweise geschädigten Inte-**

---

130 Vgl. Engelhardt/App, VwVG – VwZG, § 18 Rn. 2 VwVG.
131 Vgl. Engelhardt/App, VwVG – VwZG, § 14 Rn. 2 VwVG.
132 Vgl. Engelhardt/App, VwVG – VwZG, § 18 Rn. 10 VwVG.

ressen sowie des Interesses der Allgemeinheit an einem raschen Abschluss des Vergabeverfahrens die nachteiligen Folgen einer Verzögerung der Vergabe bis zum Abschluss der Nachprüfung die damit verbundenen Vorteile überwiegen. Bei der Abwägung ist das Interesse der Allgemeinheit an einer wirtschaftlichen Erfüllung der Aufgaben des Auftraggebers zu berücksichtigen; bei verteidigungs- oder sicherheitsrelevanten Aufträgen im Sinne des § 104 sind zusätzlich besondere Verteidigungs- und Sicherheitsinteressen zu berücksichtigen. Die Vergabekammer berücksichtigt dabei auch die allgemeinen Aussichten des Antragstellers im Vergabeverfahren, den Auftrag zu erhalten. Die Erfolgsaussichten des Nachprüfungsantrags müssen nicht in jedem Falle Gegenstand der Abwägung sein. Das Beschwerdegericht kann auf Antrag das Verbot des Zuschlags nach Absatz 1 wiederherstellen; § 168 Absatz 2 Satz 1 bleibt unberührt. Wenn die Vergabekammer den Zuschlag nicht gestattet, kann das Beschwerdegericht auf Antrag des Auftraggebers unter den Voraussetzungen der Sätze 1 bis 4 den sofortigen Zuschlag gestatten. Für das Verfahren vor dem Beschwerdegericht gilt § 176 Absatz 2 Satz 1 und 2 und Absatz 3 entsprechend. Eine sofortige Beschwerde nach § 171 Absatz 1 ist gegen Entscheidungen der Vergabekammer nach diesem Absatz nicht zulässig.

(3) Sind Rechte des Antragstellers aus § 97 Absatz 6 im Vergabeverfahren auf andere Weise als durch den drohenden Zuschlag gefährdet, kann die Kammer auf besonderen Antrag mit weiteren vorläufigen Maßnahmen in das Vergabeverfahren eingreifen. Sie legt dabei den Beurteilungsmaßstab des Absatzes 2 Satz 1 zugrunde. Diese Entscheidung ist nicht selbständig anfechtbar. Die Vergabekammer kann die von ihr getroffenen weiteren vorläufigen Maßnahmen nach den Verwaltungsvollstreckungsgesetzen des Bundes und der Länder durchsetzen; die Maßnahmen sind sofort vollziehbar. § 86a Satz 2 gilt entsprechend.

(4) Macht der Auftraggeber das Vorliegen der Voraussetzungen nach § 117 Nummer 1 bis 3 oder § 150 Nummer 1 oder 6 geltend, entfällt das Verbot des Zuschlages nach Absatz 1 fünf Werktage nach Zustellung eines entsprechenden Schriftsatzes an den Antragsteller; die Zustellung ist durch die Vergabekammer unverzüglich nach Eingang des Schriftsatzes vorzunehmen. Auf Antrag kann das Beschwerdegericht das Verbot des Zuschlages wiederherstellen. § 176 Absatz 1 Satz 1, Absatz 2 Satz 1 sowie Absatz 3 und 4 finden entsprechende Anwendung.

A. Allgemeines

I. Einführung

1 § 169 GWB enthält ein **Kerninstrument** zur Realisierung eines **effektiven Primärrechtsschutzes**. Aufgrund der früher häufig anzutreffenden Vorgehensweise des Auftraggebers, mit der nicht mehr angreifbaren Zuschlagserteilung auch **während** eines **laufenden** Nachprüfungsverfahrens vollendete Tatsachen zu schaffen, richtete der Gesetzgeber ein **automatisches Zuschlagsverbot** in § 115 Abs. 1 GWB a. F. – die heutige Regelung des § 169 ist identisch – ein.[1] Das half zunächst allerdings nur bedingt, da der Auftraggeber nach wie vor noch die Möglichkeit hatte, den Zuschlag dann eben nicht erst während eines laufenden Nachprüfungsverfahrens, sondern bereits vorher wirksam zu erteilen. Dies verhinderte zunächst die Rechtsprechung,[2] sodann der Gesetzgeber durch die Vorabinformationspflicht nach § 13 VgV a. F. mit einem von der faktischen Wirkung her **vor** die Zuschlagserteilung vorgezogenem Zuschlagsverbot.[3] Die Vorabinformationspflicht ist 2009 als »Informations- und Wartepflicht« in § 101a a. F. ins GWB aufgenommen worden; § 13 VgV a. F. wurde gestrichen. Für Unterschwellenaufträge (nationale Vergabe) gilt dies nicht, also weder ein Zuschlagsverbot noch eine Vorabinformationspflicht.[4]

2 Seit Geltung der Vorschrift sind zahlreiche Entscheidungen zu § 169 GWB ergangen. Einige Fragen wie insbesondere diejenige der Berücksichtigung der Erfolgsaussichten bei der erstinstanzlichen Eilentscheidung oder Einzelfragen zur Interessenabwägung wurden damit geklärt. Die – grund-

---

1 Vgl. die Begründung zum Regierungsentwurf zu § 125 Abs. 1 GWB-E, Drucks. 13/9340: Abweichend von der jetzigen Rechtslage ist es dann dem Auftraggeber nicht mehr möglich, nach Einleitung der Nachprüfung durch schnelle Erteilung des Zuschlages vollendete Tatsachen zu schaffen.
2 VK Bund Beschl. v. 29.04.1999 VK 1–7/99 »Euro-Münzplättchen II« WuW 1999, 660 ff.; EuGH Urt. v. 28.10.1999 Rs. C-81/98 »Alcatel Austria AG u.a./Bundesministerium für Wissenschaft und Verkehr« NZBau 2000, 33; siehe hierzu ferner Dreher NZBau 2000, 178 ff.; Kus NJW 2000, 544 ff.
3 Vgl. Kus NZBau 2005, 96 ff.
4 OLG Dresden 25.04.2006, 20 U 467/06, VergabeR 2006, 774 = NZBau 2006, 529.

sätzliche! – Berücksichtigung der Erfolgsaussichten fand 2009 Eingang in das Gesetz durch die Neuaufnahme von zwei Sätzen in Abs. 2 des § 115 a F. Es gibt außerdem **zahlreiche weitere Neuregelungen** in der **jetzigen Fassung des § 169** (Fassung 2009, 2012 sowie 2016), die eine **erleichterte Vorabgestattung** der Zuschlagserteilung aus wirtschaftlichen Interessen oder im sicherheitsrelevanten Auftragsbereich ermöglichen sollen bzw. auf praktische Erfahrungen der Vergabesenate bei der zweifelhaften Durchsetzungsmöglichkeit von weiteren Maßnahmen im Sinne des § 169 Abs. 3 GWB in den Fällen der Baukonzessionsvergabe bei städtebaulichen Investorenprojekten der Kommunen zurückzuführen sind. Die Neuregelungen seit der Fassung 2009 betreffen im Einzelnen Folgendes:

– Erleichterte Herbeiführung des Zuschlagsverbots (textliche Information des Auftraggebers statt formaler Zustellung des Nachprüfungsantrages, § 169 Abs. 1 GWB).
– Eilantragsrecht auch des potenziellen Auftragnehmers (§ 169 Abs. 2 Satz 1 GWB).
– Betonung wirtschaftlicher Aspekte der Allgemeinheit bei der Interessenabwägung (§ 169 Abs. 2 Satz 2 GWB).
– Grundsätzliche Berücksichtigung der Erfolgsaussichten bei der Interessenabwägung (§ 169 Abs. 2 Satz 3 und 4 GWB).
– Vollstreckungsmöglichkeiten der Vergabekammer nebst einem effektiven Zwangsgeldrahmen (§ 169 Abs. 3 Satz 4 und 5 GWB).
– Leichter Entfall des Zuschlagsverbots bei Aufträgen im sicherheitsrelevanten Bereich (§ 169 Abs. 4 GWB).

In der Gesetzesdiskussion war insbesondere die zunächst sehr leichte und deswegen wohl auch europarechtswidrige Möglichkeit einer Vorabgestattung des Zuschlages heftig umstritten und wurde schließlich entschärft, siehe nachfolgendes Kapitel »Entstehungsgeschichte«. In der GWB Fassung 2012 wurden Besonderheiten im Verteidigungs- und Sicherheitsbereich berücksichtigt, dazu unten Näheres in Ziff. II.3. **3**

II. Entstehungsgeschichte

1. GWB Fassung 1999

In der Gesetzesdiskussion zur 1. Fassung des GWB, das am 01.01.1999 in Kraft getreten ist, sollte das Zuschlagsverbot zunächst während des gesamten Nachprüfungsverfahrens vor der Vergabekammer und anschließend dem Beschwerdegericht gelten, wurde dann aber im Zuge des Gesetzgebungsverfahrens auf die erste Instanz vor der Vergabekammer **beschränkt**.[5] **4**

Die **Beschränkung** des automatischen Zuschlagsverbots auf die erste Instanz war und ist auch heute noch so geregelt, dass das Zuschlagsverbot grundsätzlich mit dem Ablauf der 2-wöchigen Beschwerdefrist nach der Entscheidung der Vergabekammer endet, § 169 Abs. 1 GWB, und um zwei weitere Wochen verlängert wird, wenn Beschwerde eingelegt wird, § 173 Abs. 1 Satz 2 GWB, insgesamt also bis zu 4 **Wochen** nach der Vergabekammerentscheidung gilt.[6] Die Verlängerung des Zuschlagsverbotes um 2 Wochen bei Beschwerdeeinlegung sollte in der Neufassung des § 118 Fassung 2009 zwar zunächst auf 1 Woche verkürzt werden. Davon wurde aber zutreffender Weise Abstand genommen, weil die Vergabesenate ansonsten verstärkt mit einstweiligen Verlängerungsmaßnahmen hät- **5**

---

5 Der Referentenentwurf v. 20.04.1997 und noch der 1. Regierungsentwurf v. 03.09.1997 sahen auch für die zweite Instanz vor dem Beschwerdegericht noch ein automatisches Zuschlagsverbot vor, sodass der Auftraggeber auch in zweiter Instanz erst einen Antrag auf Zuschlagsgestattung zur Beseitigung des automatischen Zuschlagsverbots hätte stellen müssen, vgl. § 131 Abs. 1 GWB-E des 1. Regierungsentwurfes v. 03.09.1997.
6 Die gegenteilige Entscheidung des OLG Naumburg 02.06.1999 10 Verg. 1/99 NZBau 2000, 96 (bestätigt in der Entscheidung OLG Naumburg 16.07.2002 (Eilverfahren) und 16.01.2003 (Hauptsacheverfahren) 1 Verg 10/02 ZfBR 2003, 293), nach der das Zuschlagsverbot auf die ersten zwei Wochen des § 169 Abs. 1 GWB beschränkt und für die zweiten zwei Wochen nicht mehr uneingeschränkt, sondern nur in besonderen Fällen gelten soll, verkennt die Wirkung des § 171 Abs. 1 Satz 2 GWB; Näheres siehe Rdn. 29 ff.

ten arbeiten müssen, bis sie sich nach Einarbeitung in die Akten ein vernünftiges Bild zur Beurteilung der Sach- und Rechtslage hätten machen können.[7]

6   Auf die Grundentscheidung für ein automatisches Zuschlagsverbot (§ 169 Abs. 1 GWB) aufbauend hat der Gesetzgeber ein erstinstanzlich vor der Vergabekammer beginnendes **Eilverfahren** geregelt, welches die **Zuschlagsgestattung** auf Antrag des Auftraggebers beinhaltet, dem sich je nach Entscheidung der Vergabekammer ein **besonderes, eigenständiges Beschwerdeverfahren** vor dem OLG anschließt, welches streng von dem Beschwerdeverfahren gegen die Hauptsacheentscheidung der Vergabekammer zu trennen ist, vgl. § 115 Abs. 2 Satz 5 GWB a.F. Es ist je nachdem auf Wiederherstellung des Zuschlagsverbots oder (erstmalige) Zuschlagsgestattung durch das Beschwerdegericht gerichtet. Auch insoweit war zunächst bei Zuschlagsgestattung per Eilantrag keine aufschiebende Wirkung vorgesehen. Zur Verhinderung einer sofortigen Zuschlagserteilung vor einer möglichen, anderweitigen Beschwerdeentscheidung wurde davon jedoch seinerzeit richtigerweise Abstand genommen.

2. GWB Fassung 2009

7   In der Neufassung des GWB 2009 wurde § 115 a. F. wie oben in der Einführung bereits dargestellt **erheblich abgeändert**. Hintergrund ist im Wesentlichen eine vom Gesetzgeber gewollte, leichtere Möglichkeit der Vorabgestattung des Zuschlags, was nebst anderen Neuregelungen, beispielsweise zur Rügepflicht in § 107 GWB a. F., insgesamt einer erhöhten »Effizienz und Beschleunigung des Nachprüfungsverfahrens« dienen soll, so das angestrebte Gesamtziel des Gesetzgebers durch die Neufassung des GWB 2009, zur Umsetzung weiterer Regelungen der EG-Vergaberichtlinien 2004/17/EG (Sektorenrichtlinie) und 2004/18/EG (Vergabekoordinierungsrichtlinie) sowie der neuen Rechtsmittelrichtlinie 2007/66/EG.[8] Der Sache nach sind aber unter diesem Deckmantel eines »effizienteren Nachprüfungsverfahrens« zum Teil erhebliche Verkürzungen im Bieterprimärrechtsschutz vorgenommen worden, die in europarechtlicher Hinsicht Bedenken begegnen.[9]

8   Im **Zentrum der Gesetzesdiskussion** stand dabei ein ursprünglicher Satz, der im Rahmen der Interessenabwägung für die Vorabgestattung des Zuschlages das Zuschlagsverbot praktisch gänzlich ausgehöhlt hätte, und damit den europarechtlichen Grundsatz des effektiven Rechtsschutzes, der durch die neue Rechtsmittelrichtlinie 2007/66/EG v. 11.12.2007 noch gestärkt werden sollte, völlig konterkariert hätte. Er war in § 115 Abs. 2 a. F. vorgesehen und lautete:

9   *»Ein überwiegendes Interesse der Allgemeinheit liegt vor, wenn die wirtschaftliche Erfüllung der Aufgaben des Auftraggebers gefährdet ist.«*[10]

10 Die Vergabekammer und in zweiter Instanz auch der Vergabesenat sollten also bei ihrer Entscheidung über die Vorabgestattung des Zuschlages im Rahmen der zu erfolgenden Interessenabwägung immer dann schon ein überwiegendes Interesse der Allgemeinheit und damit auch des öffentlichen Auftraggebers annehmen, wenn bereits die wirtschaftliche Erfüllung der Aufgaben des Auftraggebers »gefährdet« sein sollte. Ebenso wie bei der jetzigen Neuregelung konnten die Erfolgsaussichten des Nachprüfungsantrages berücksichtigt werden, musste dies aber nicht in jedem Fall geschehen. Der

---

7   Siehe nur die Kritik des Vorsitzenden Richters des Vergabesenates am Oberlandesgericht Koblenz Hermann Summa in der Öffentlichen Anhörung im Ausschuss für Wirtschaft und Technologie v. 13.10.2008 zu dem Gesetzesentwurf der Bundesregierung, BT-Protokoll Nr. 16/71. Kritisch ebenfalls Wiedemann, VergabeR 2009, 312. Siehe dazu ferner die Möglichkeit einstweiliger Zuschlagsverbote durch die NP-Instanzen, OLG Düsseldorf v. 07.06.2010, VII-Verg 26/10 – »Flughafen Berlin-Brandenburg«.
8   Gesetzesbegründung Ziff. B »Lösung«, BT-Drucks. 16/10117 v. 13.08.2008.
9   Siehe nur die harsche Kritik von Stoye/v. Münchhausen zum Primärrechtsschutz in der GWB-Novelle (»Kleine Vergaberechtsreform mit großen Einschnitten im Rechtsschutz«), VergabeR 2008, 871 ff; des Weiteren die europarechtlichen Bedenken zum neuen § 115 Abs. 4 v. OLG Düsseldorf VergabeR 2011, 843 – »Elektr. Personalausweis« und v. OLG Koblenz NZBau 2010, 778 – Flughafen Frankfurt/Hahn.
10 BT-Drucks. 16/10117 v. 13.08.2008, § 15 Abs. 2 Satz 2 GWB-E.

Gesetzgeber hatte also den wirtschaftlichen Interessen des Auftraggebers den klaren **Vorrang** bei der Interessenabwägung gegeben, und es war nach dieser ursprünglichen Fassung bereits ausreichend, dass die wirtschaftliche Erfüllung der »Aufgaben« (?, gemeint war eher der konkrete Auftrag) bloß gefährdet ist. Da ein Nachprüfungsverfahren schlechterdings immer zu Zeitverzögerungen bei der Auftragsvergabe führt, und das zeitliche Risiko nach allgemeiner Auffassung der öffentliche Auftraggeber trägt, mit der Folge von Mehrvergütungsansprüchen des potenziellen Auftragnehmers nach Zuschlagserteilung,[11] hätte der öffentliche Auftraggeber praktisch **immer** eine Gefährdung seiner wirtschaftlichen Aufgabenerfüllung geltend machen können. Die Vergaberechtsprechung hätte den sehr generalklauselartigen Begriff der »Gefährdung wirtschaftlicher Aufgabenerfüllung des Auftraggebers« schon sehr restriktiv auslegen müssen, um einigermaßen den Bieterprimärrechtsschutzbelangen noch Rechnung tragen zu können, und nicht stets den Zuschlag vorab zu gestatten.[12]

Nachdem insbesondere der Vorsitzende Richter im Vergabesenat des Oberlandesgerichtes Koblenz 11 **Hermann Summa** in der Öffentlichen Anhörung zum Gesetzesentwurf der Bundesregierung im Ausschuss für Wirtschaft und Technologie[13] folgende erhebliche verfassungs- und europarechtliche Bedenken äußerte, wurde der ursprüngliche Text fallen gelassen und statt eines absoluten Vorranges der wirtschaftlichen Interessen des Auftraggebers lediglich noch dessen generelle Berücksichtigung bei der Interessenabwägung betont:

»Für die §§ 115, 118 und 121 die Abwägungskriterien, ich sehe da absolut keine Notwendigkeit für 12 *eine Änderung. Meiner Meinung nach haben diese Eilverfahren durch Rechtsprechung eine praktikable Anwendung gefunden, die beiden Seiten Rechnung trägt. Ich zumindest halte die vorgesehene Regelung des § 115 Abs. 2 mit der Rechtsprechung des Bundesverfassungsgerichts zu dem Verfahren des effektiven Rechtsschutzes für unvereinbar oder anders ausgedrückt: Diese Regelung halte ich für verfassungswidrig und ich gehe auch mal davon aus, dass das auch allgemein im Kollegenkreis so gesehen wird. Denn es gibt zahlreiche Entscheidungen des Bundesverfassungsgerichts, die sagen schlicht und einfach: Wenn es um Rechtsschutz zur Vermeidung drohender Nachteile gehe, dann muss der Rechtsschutz so ausgestaltet sein, dass nach Möglichkeit die Schaffung vollendeter Tatsachen verhindert wird. Diese Eilanträge nach § 115 Abs. 2 werden ja nach einem sehr frühen Stadium des Verfahrens gestellt. Möglicherweise hat die Vergabekammer erst angefangen, sich in die Sache einzuarbeiten, und wenn in einer solchen Situation der Rechtsschutz dadurch ausgehebelt werden soll, dass mit einer, wie ich das genannt habe, kryptisch oder orakelhaften Formulierung im Gesetz auf einmal wirtschaftliche Interessen des Auftraggebers Vorrang gegeben werden soll, dann ist das sicherlich nicht mit effektivem Rechtsschutz zu vereinbaren. Vielleicht dazu auch noch eine kurze Anmerkung. Es heißt ja in dem Gesetzesentwurf sinngemäß: »Wenn der Auftraggeber seine Aufgaben nicht wirtschaftlich erfüllen kann«. Die Begründung suggeriert, dass damit der konkrete Auftrag gemeint ist. Wenn das so gemeint ist, das vermute ich mal, dann sollte man das auch so in das Gesetz hineinschreiben, dann bekommt man allerdings auch ein Problem mit der Rechtsmittelrichtlinie. Wenn Aufgaben im weiteren Sinne gemeint sind, dann frage ich mich, was das sein soll, und dann fangen wir irgendwann im Nachprüfungsverfahren an, darüber nachzudenken. Ob wir dann einen Beschleunigungseffekt haben, das wage ich zu bezweifeln.«*[14]

Die ursprüngliche Fassung wurde daraufhin auf die heutige Fassung entschärft, wobei es in der 13 Gesetzesbegründung hierzu heißt:

»In der öffentlichen Anhörung wurde von den Sachverständigen vorgebracht, dass es bedenklich 14 *wäre, das Ergebnis der Interessenabwägung durch die Vergabekammer im Falle der Gefährdung der*

---

11 BGH 11.05.2009 VII ZR 11/08, IBR 2009, 310, 311 u. 312 – »Vergabeverfahrensrisiko«. Näheres in der Kommentierung zu § 97 Abs. 3, Kapitel »Zeitliche Gründe mit wirtschaftlichen Auswirkungen«, Fn. 193.
12 Siehe auch Stoye/v. Münchhausen VergabeR 2008, 876, die diese ursprüngliche Fassung als »Frontalangriff auf die Effektivität des Rechtsschutzes in Vergabesachen« bezeichneten; sehr kritisch auch Wiedemann VergabeR 2009, 316.
13 BT-Protokoll Nr. 16/71 zur Anhörung v. 13.10.2008.
14 Summa, a.a.O.

wirtschaftlichen Erfüllung der Aufgaben des Auftraggebers kraft Gesetzes vorwegzunehmen. Dem soll die Neufassung Rechnung tragen.«[15]

3. GWB Fassung 2012

15 Durch das Gesetz zur Änderung des Vergaberechts für die Bereiche Verteidigung und Sicherheit erfolgte auch eine notwendige Änderung in § 115.[16] **§ 115 Abs. 2 GWB** a. F. wurde dahin gehend ergänzt, dass bei Vergaben in den Bereichen Verteidigung und Sicherheit besondere Verteidigungs- und Sicherheitsinteressen in die Abwägung der Vergabekammer nach Satz 1 einfließen. Da auch der Ausnahmebereich im vormaligen § 100 Abs. 2 GWB a. F. neu strukturiert wurde, wurde in § 115 Abs. 4 GWB a. F. entsprechend die Bezugnahme von § 100 Abs. 2 d GWB a.F. auf § 100 Abs. 8 Nr. 1 – 3 GWB a. F. aktualisiert. Des Weiteren wurden im Zuge des Gesetzgebungsverfahrens mit Blick auf die zwischenzeitige Rechtsprechung der Vergabesenate die zuvor überaus kurze Frist von nur 2 Kalendertagen für die Einlegung eines Rechtsmittels gegen die Zuschlagsentscheidung auf 5 Werktage in § 115 Abs. 4 GWB a. F. verlängert. Damit wurde einem Anliegen des Bundesrates entsprochen, die Rechtsschutzmöglichkeiten zu stärken, wobei der Bundesrat zunächst auch vorgeschlagen hatte, § 115 Abs. 4 GWB a. F. insgesamt zu streichen.

III. Vorverlagerung der Zuschlagssperre durch Informations- und Wartepflicht (§ 134 GWB)

16 Bis zur Einführung der Vorabinformationspflicht nach § 13 VgV a. F. am 01.02.2001 bestand nach wie vor noch die gute Möglichkeit, den durch das Zuschlagsverbot gewollten Rechtsschutz zu unterlaufen. Denn da das Zuschlagsverbot erst ab einer wirksamen Zustellung des Nachprüfungsantrages durch die Vergabekammer beim Auftraggeber galt, konnte bis zu diesem Zeitpunkt der Zuschlag wirksam erteilt werden. Es hing vom **Zufall** ab, ob ein Bieter von der beabsichtigten Zuschlagsentscheidung der Vergabestelle Kenntnis erlangte, und zwar noch so rechtzeitig, dass er mit der Zustellung seines Nachprüfungsantrages der Zuschlagserteilung zuvorkam. Die Pflicht zur Vorabinformation nach § 13 VgV a. F. hatte diese Rechtsschutzlücke (im Wesentlichen) beseitigt, weil mit ihr vom Ergebnis her das Zuschlagsverbot **vor** die Auftragserteilung **vorverlagert** worden war.[17] Diese Pflicht hat nunmehr Gesetzesrang; § 13 VgV wurde gestrichen, und stattdessen eine Informations- und Wartepflicht in § 101a GWB a. F., heute § 134 GWB aufgenommen. Sie erstreckt die Informationspflicht nunmehr auch auf (nach Abschluss des vorgelagerten Teilnahmeverfahrens) nicht mehr berücksichtigte Bewerber, und verlängert die Wartefrist um einen Tag auf 15 Kalendertage nach Absendung der Vorabinformation, verkürzt sie aber auf 10 Kalendertage, sofern (wie üblich) die Vorabinformation per Fax oder auf elektronischem Wege (E-Mail) versendet wird.

IV. De-facto-Vergaben (§ 135 GWB)

1. Frühere Rechtslage

17 Mit dem Schlagwort der »De-facto-Vergabe« wird eine Auftragserteilung ohne vergaberechtlich an sich notwendige Durchführung eines Vergabeverfahrens bezeichnet. Hintergründe sind irrtümliche bis bewusste Fehleinschätzungen der Vergabestellen, die insbesondere in den Bereichen häufig anzutreffen sind, in denen die Anwendung des Vergaberechtsregimes zweifelhaft ist, wie z.B. beim sog. In-House-Geschäft,[18] der Dienstleistungskonzession oder der interkommunalen Zusammenar-

---

15 BT-Drucks. 16/11428 v. 17.02.2008 zu § 115 Abs. 2.

16 Ausgangspunkt ist die Richtlinie 2009/81/EG v. 13.07.2009 über die Koordinierung der Verfahren zur Vergabe bestimmter Bau-, Liefer- und Dienstleistungsverträge in den Bereichen Verteidigung und Sicherheit, Europäisches Amtsblatt 2009 L216, S. 76 mit seiner Umsetzungsfrist zum 21.08.2011 und das daraufhin im Jahr 2012 erlassene Gesetz zur Änderung des Vergaberechts für die Bereiche Verteidigung und Sicherheit und einer entsprechenden Vergabeverordnung Verteidigung und Sicherheit (VSVgV).

17 Vgl. Kus NZBau 2005, 96 ff.

18 Siehe mit Verweisen auf den Streitstand zuletzt nur Schimanek NZBau 2005, 304 ff.; EuGH, 1. Kammer, Urt. v. 11.01.2005 C-26/03 »Stadt Halle« NZBau 2005, 111 ff.

beit von Gemeinden.[19] Nachdem dies früher umstritten war,[20] hat der EuGH klargestellt, dass ein förmliches Vergabeverfahren nicht notwendig ist, sondern vielmehr jede Entscheidung des öffentlichen Auftraggebers im Zusammenhang mit einer Auftragsvergabe, also auch die Entscheidung, ein Vergabeverfahren **nicht** durchzuführen, **nachprüfbar** sein muss, es sei denn, es handelt sich um Handlungen, die eine bloße Vorstudie des Marktes darstellen oder die rein vorbereitend sind und sich im Rahmen bloßer interner Überlegungen abspielen.[21] Stellte sich sodann im Nachprüfungsverfahren die Vergaberechtspflichtigkeit heraus, fehlte es folglich bei einem bereits erteilten Auftrag an der Vorabinformation gem. § 13 VgV a. F. Eine Nichtigkeit des Vertrages nach § 13 Satz 6 VgV a. F. wurde dann jedoch nicht in jedem Fall angenommen, sondern (analog) nur dann, wenn Wettbewerb zwischen mehreren Unternehmen tatsächlich stattgefunden hat oder zumindest potenzielle Bieter mit einem Interesse am Auftrag der Vergabestelle bekannt gewesen waren, und der Auftraggeber dennoch mit nur einem Unternehmen verhandelt und ihm den Auftrag erteilt hat.[22] Wird – vergaberechtswidrig – nur mit einem Unternehmen der Auftrag verhandelt und geschlossen, ohne dass anderweitige potenzielle Bieter der Vergabestelle bekannt sind, ist der Zuschlag dennoch nach § 138 BGB nichtig, wenn der Auftraggeber in bewusster Missachtung des Vergaberechts handelt, er also entweder weiß, dass der betreffende Auftrag dem Kartellvergaberecht unterfällt, oder er sich einer solchen Kenntnis mutwillig verschließt, und er überdies **kollusiv mit dem Auftragnehmer zusammenwirkt**.[23]

2. Heutige Rechtslage seit 2009

Auch nach dieser Rechtsprechung blieben aber Lücken, da teilweise vertreten wurde, dass der krasseste Fall, nämlich »geheime« Verhandlungen des öffentlichen Auftraggebers mit nur einem einzigen Unternehmen, von der Nichtigkeitsfolge des § 13 VgV a. F. überhaupt nicht erfasst werde, weil dieser mindestens zwei potenzielle »Bieter« bzw. Interessenten voraussetze. Nachdem zur Vermeidung gerade auch dieser Rechtsschutzlücke die Rechtsmittelrichtlinie geändert wurde, regelte der Gesetzgeber schließlich diese Fälle der Auftragserteilung ohne an sich durchzuführendes Vergabeverfahren im GWB in § 101 b a. F., heute § 135 Abs. 1 und 2 GWB, ergänzt in der Fassung 2016 um einen dritten Absatz. In der 13. Begründungserwägung zur neuen Rechtsmittelrichtlinie 2007/66/EG v. 11.12.2007[24] heißt es, dass wirksame, verhältnismäßige und abschreckende Sanktionen vorgesehen werden sollten, um gegen die rechtswidrige Freihändige Vergabe von Aufträgen vorzugehen, die der Europäische Gerichtshof als schwerwiegendste Verletzung des Gemeinschaftsrechts im Bereich des öffentlichen Auftragswesens durch öffentliche Auftraggeber bezeichnet hat. Ein Vertrag, der aufgrund einer rechtswidrigen Freihändigen Vergabe zustande gekommen ist, sollte

18

---

19 Vgl. die Fälle des OLG Frankfurt a.M. Beschl. v. 07.09.2004 11 Verg 11/04 »PPK« NZBau 2004, 692; OLG Düsseldorf Beschl. v. 12.01.2004 VII–Verg 71/03 »PPK-Abfallverwertung« NZBau 2004, 343 sowie OLG Düsseldorf Beschl. v. 05.05.2004 VII–Verg 78–03 »Beschaffung zwischen Kommunen« NZBau 2004, 398.

20 Vgl. zuletzt nur Lotze VergabeR 2005, 278, 283 ff.; Jennert NZBau 2005, 131.

21 EuGH, 1. Kammer, Urt. v. 11.01.2005 C-26/03 »Stadt Halle« NZBau 2005, 111 ff. Ziff. 34/35; siehe zum Beginn eines materiellen Vergabeverfahrens jetzt OLG Düsseldorf 01.08.2012, VergabeR 2012, 846 – »Warnsystem«.

22 Vgl. BGH Beschl. v. 01.02.2005 X ZB 27/04 (OLG Düsseldorf) NZBau 2005, 290, 294, mit Verweis auf den Streitstand »Altpapierverkauf«; OLG Celle 14.09.2006, 13 Verg 3/06, VergabeR 2007, 86; Thüringer OLG Beschl. v. 09.09.2002 6 Verg 4/02 »Schwimmhalle Sonnenberg« VergabeR 2002, 631 m.Anm. Kus; OLG Düsseldorf 25.01.2005 Verg 93/04 »geographisches Informationssystem« VergabeR 2005, 343 m. Anm. Greb; 23.02.2005 Verg 78/04, Verg 85/04 sowie Verg 87/04; 24.02.2005 Verg 88/04.

23 OLG Düsseldorf 25.01.2005 Verg 93/04 »geographisches Informationssystem« VergabeR 2005, 343 m. Anm. Greb; 23.02.2005 Verg 78/04 Verg 85/04 sowie Verg 87/04; 24.02.2005 Verg 88/04; 03.12.2003 VII Verg 37/03 »Siedlungsabfälle« VergabeR 2004, 216 ff.; KG Beschl. v. 11.11.2004 2 Verg 16/04 »Hauswartserviceleistungen« VergabeR 2005, 236 ff.

24 Amtsblatt der Europäischen Union v. 20.12.2007, L 335/31.

daher grundsätzlich als unwirksam gelten, wobei die Unwirksamkeit nicht automatisch eintreten solle, sondern auf der Entscheidung einer unabhängigen Nachprüfungsstelle beruhen solle. Die Unwirksamkeit, so heißt es in der 14. Begründungserwägung, sei das beste Mittel, um den Wettbewerb wiederherzustellen und neue Geschäftsmöglichkeiten für die Wirtschaftsteilnehmer zu schaffen, denen rechtswidrig Wettbewerbsmöglichkeiten vorenthalten wurden. Nach § 135 GWB ist ein Vertrag generell von Anfang an unwirksam, wenn der Auftraggeber gegen die Informations- und Wartepflicht nach § 134 GWB verstoßen hat oder einen öffentlichen Auftrag unmittelbar an ein Unternehmen erteilt, ohne andere Unternehmen am Vergabeverfahren zu beteiligen und ohne dass dies aufgrund eines Gesetzes gestattet ist. Die Unwirksamkeit gilt allerdings nicht per se, sondern muss von der Vergabekammer festgestellt werden, wobei sie innerhalb von 30 Kalendertagen ab Kenntnis des Verstoßes, jedoch nicht später als 6 Monate nach Vertragsschluss geltend gemacht werden kann (Präklusionsfristen). Noch schneller kann die Wirksamkeit eines solches Vertragsabschlusses herbeigeführt werden, wenn der Auftraggeber die Auftragsvergabe im Amtsblatt der Europäischen Union bekannt macht. Denn dann endet die Frist zur Geltendmachung der Unwirksamkeit 30 Kalendertage nach Veröffentlichung der Bekanntmachung. Schließlich ist im GWB 2016 ein neuer, 3. Absatz in § 135 aufgenommen worden, wonach der Vertrag auch dann nicht unwirksam ist, wenn der Auftraggeber mindestens 10 Kalendertage nach der Bekanntmachung abgewartet hat, er der Auffassung ist, dass die Auftragsvergabe ohne vorherige Veröffentlichung einer Bekanntmachung im Amtsblatt der Europäischen Union zulässig ist, und er eine Bekanntmachung veröffentlicht hat, mit der er die Absicht bekundet hat, den Vertrag abzuschließen. Näheres siehe in der Kommentierung zu § 135 GWB.

V. Kosten

19   Ist ein Antrag nach § 169 Abs. 2 GWB auf Vorabgestattung des Zuschlages, letztlich erfolglos geblieben, hat der Auftraggeber selbst bei einer Rücknahme des Nachprüfungsantrages die im Gestattungsverfahren vor der Vergabekammer entstandenen Kosten und notwendigen Aufwendungen des antragstellenden Bieters zu tragen.[25] Im Übrigen siehe die Kommentierung zu § 182 GWB.

B. Verbot der Zuschlagserteilung – Automatischer Suspensiveffekt (Abs. 1)

20   Nach § 169 Abs. 1 GWB darf der Auftraggeber, nachdem ihn die Vergabekammer in Textform über einen Antrag auf Nachprüfung informiert hat, vor einer Entscheidung der Vergabekammer und dem Ablauf der Beschwerdefrist nach § 172 Abs. 1 GWB den Zuschlag nicht erteilen. In der vorherigen Fassung wurde eine Zustellung des Nachprüfungsantrages an den Auftraggeber verlangt. Dies wurde in einer frühen Phase des GWB Fassung 1999 noch dahin gehend verstanden, dass erst mit einer formal wirksamen Zustellung nach dem Verwaltungszustellungsgesetz das Zuschlagsverbot wirksam in Kraft trete.[26] Dieses Verständnis hätte aber den Bieterrechtsschutz praktisch auf Dauer ins Leere laufen lassen, sodass die Vergabekammern dazu übergingen, den Nachprüfungsantrag vorab per Fax mit Empfangsbekenntnis zuzustellen, was regelmäßig auch funktionierte, sprich zum Zuschlagsverbot führte, weil die Auftraggeber den Faxempfang jedenfalls nicht verneinten.[27] Die Neufassung des Absatzes 1 knüpft also lediglich an die bisherige Praxis an, und geht sogar noch darüber hinaus, weil es nun nicht mehr erforderlich ist, den Nachprüfungsantrag selbst per Fax zu übermitteln, sondern über einen solchen lediglich in Textform zu informieren.

21   Was **Textform** bedeutet, ist in § 126b BGB geregelt. Ist Textform wie hier in § 169 Abs. 1 GWB durch Gesetz vorgeschrieben, so muss nach § 126b BGB die Erklärung in einer Urkunde oder

---

25 OLG München v. 28.02.2011, Verg 23/10, VergabeR 2011, 642 – »Betonschutzwände B15«; v. 24.01.2012, Verg 16/11 (IBR-online).

26 OLG Schleswig 01.06.1999, NZBau 2000, 96 – »Schlüsselfertige Schule«.

27 Dieckmann VergabeR 2005, 10, 14, mit Hinweis auf das Negativbeispiel eines öffentlichen Auftraggebers im Fall der VK Darmstadt, 27.02.2003, bestätigt durch OLG Frankfurt a/M, VergabeR 2003, 581, was aber ein unrühmlicher Ausnahmefall blieb.

auf andere zur dauerhaften Wiedergabe in Schriftzeichen geeignete Weise abgegeben, die Person des Erklärenden genannt und der Abschluss der Erklärung durch Nachbildung der Namensunterschrift oder anders erkennbar gemacht werden. Damit ist die **einfachste Form** einer schriftlichen Erklärung ohne eigenhändige Unterschrift oder qualifizierte elektronische Signatur gemeint. Die Vorschrift ermöglicht den Einsatz neuer Techniken wie **Fax, Computerfax** oder **E-Mail**, wenn den herkömmlichen Formfunktionen eine abgeschwächte Bedeutung beizumessen ist, also die **Information und Dokumentation im Vordergrund** steht.[28] Danach muss die Vergabekammer den Auftraggeber also lediglich über den Antrag auf Nachprüfung schriftlich informieren, z.B. per E-Mail, **ohne** gleichzeitig den Nachprüfungsantrag auch zu übermitteln. Sinnvollerweise geschieht das aber gleichzeitig, mit den entsprechenden Fristen für die Übermittlung der Vergabeakte etc., s. § 163 Abs. 2 GWB. Es schadet nicht, wenn die Information des Auftraggebers über einen eingegangenen Nachprüfungsantrag durch eine unzuständige Vergabekammer erfolgt. Denn der Eintritt des Zuschlagsverbots ist, dem Wortlaut des § 169 Abs. 1 GWB nach, allein davon abhängig, **dass** eine Vergabekammer einen Nachprüfungsantrag zugestellt hat; anderenfalls bestünde eine unzumutbare Rechtsunklarheit und eine effektive Primärrechtsschutzlücke.[29]

Erfolgt die Information per **E-Mail**, muss der Absender, das heißt die Vergabekammer, aber den 22
Zugang nachweisen können, was regelmäßig nach der Rechtsprechung nur dann geschehen kann, wenn eine **Empfangsbestätigung** der E-Mail vorliegt, sodass die Vergabekammer ihr E-Mail-Programm mit einer automatisch abverlangten Empfangsbestätigung auch entsprechend einrichten sollte. Denn die Absendung einer E-Mail allein bietet keinerlei Gewähr dafür, dass die Nachricht den Erklärungsempfänger bzw. dessen Mailbox tatsächlich erreicht. Es ist nämlich nicht auszuschließen, dass die Nachricht etwa wegen Fehlern in der Datenleitung oder dem vom Absender verwendeten Programm tatsächlich nicht in die Mailbox des Empfängers gelangt. Das kann auch dann sein, wenn dessen Mailbox »voll« ist.[30] Besteht Streit darüber, ob ein mit einer E-Mail-Adresse auftretender Teilnehmer am geschäftlichen Verkehr eine bestimmte E-Mail erhalten hat, trägt immer der Absender die Beweislast des Empfangs.[31] Deshalb muss eine Empfangsbestätigung der E-Mail eingerichtet werden.

Die Voraussetzungen für ein Zuschlagsverbot liegen **zu dem Zeitpunkt** vor, an dem die Vergabe- 23
kammer in Textform über den Nachprüfungsantrag informiert hat. Dem steht bei einer **Faxbenachrichtigung** nicht entgegen, dass das fragliche Fax des Auftraggebers das Übermittlungsschreiben der Vergabekammer erst am übernächsten Tag ausdruckte, nachdem der Papiervorrat des Faxes erst dann wieder aufgefüllt wurde. Denn mit dem vollständigen Empfang des Datensatzes durch das fragliche Fax ist das Schreiben als zugegangen anzusehen, auch wenn der Ausdruck erst später erfolgt.[32] Dies ist auf die Information per E-Mail übertragbar. Für den Zugang der Information ist auf den Eingang beim Auftraggeber, nicht auf die Kenntnisnahme durch den zuständigen Mitarbeiter abzustellen.[33]

Damit hat die Information über einen Nachprüfungsantrag beim Auftraggeber die **Wirkung eines** 24
automatischen Suspensiveffektes; dem Auftraggeber ist **per Gesetz** der Zuschlag verboten, ohne

---

28 PWW-Ahrens, § 126b BGB, Rn. 1.
29 VK Bund v. 18.09.2008, VK 3-122/08 sowie VK 3-119/08.
30 OLG Köln v. 05.12.2006, 3 U 167/05.
31 OLG Düsseldorf v. 26.03.2009, MDR 2009, 974.
32 VK Bund v. 05.03.2010, VK 1-16/10, mit Verweis auf die ständige BGH-Rechtsprechung, wonach es für den fristgerechten Zugang von Faxen nur auf dessen vollständigen Empfang (Speicherung im fraglichen Faxgerät) ankommt. Dass für die Kenntnisnahme erst ein Ausdruck erforderlich ist, ist insoweit mit einer Übermittlung per Post vergleichbar, wo der Zugang nicht daran scheitert, dass bei Einwurf in den Briefkasten vor einer Kenntnisnahme das Schreiben auch erst aus dem Briefkasten herausgeholt und ggf. ein Umschlag geöffnet werden muss.
33 OLG Düsseldorf v. 27.03.2013, Verg 53/12, ZfBR 2015, 408.

dass es hierzu eines Antrages der Beteiligten des Vergabeverfahrens bedarf.[34] Die Rechtsfolge tritt unabhängig davon ein, ob der öffentliche Auftraggeber von einem gesetzlichen Zuschlagsverbot ausgeht oder nicht. [35] Das Zuschlagsverbot wird jedoch nicht dadurch ausgelöst, dass der Antragsteller selbst die Vergabestelle noch vor der Information durch die Vergabekammer über seinen Nachprüfungsantrag informiert. [36] Das sollte der Antragsteller also unterlassen, will er nicht Gefahr laufen, dass der Auftraggeber sofort den Zuschlag erteilt, bevor die Vergabekammer ihn über den Eingang des Nachprüfungsantrages informiert. Es ist nicht erforderlich, vor einem Antrag auf Nachprüfung eine Klage zur Hauptsache zu erheben.[37] Das automatische Zuschlagsverbot, welches durch das Abstellen auf die bloß textliche Information des Auftraggebers nunmehr noch früher eintritt, ist unabhängig davon und sichert die effektive Durchsetzung des Primärrechtsschutzes; ein dennoch geschlossener Vertrag ist nichtig.[38]

I. Beginn des Zuschlagsverbots

25 Gleichwohl das Nachprüfungsverfahren selbst bereits mit Zugang des Nachprüfungsantrages bei der Vergabekammer beginnt,[39] tritt das Zuschlagsverbot für den Auftraggeber erst mit **Information** in Textform über den **Nachprüfungsantrag** durch die Vergabekammer in Kraft.

26 Es ist also durchaus möglich, dass in dem Zeitraum zwischen Eingang des Nachprüfungsantrags bei der Vergabekammer und Information des Auftraggebers der Zuschlag erteilt wird, was dann wirksam und nicht mehr anfechtbar ist.[40] Dieser Fall wird allerdings erst dann relevant, wenn die »Wartefrist« des § 134 GWB (15 Kalendertage bzw. verkürzt 10 Kalendertage) für eine wirksame Zuschlagserteilung bereits abgelaufen ist. Es liegt deshalb grundsätzlich in der Hand des Antragstellers, diese Gefahr nicht eintreten zu lassen und den Nachprüfungsantrag noch innerhalb der »Wartefrist« so rechtzeitig zu stellen, dass die Vergabekammer noch vor Ablauf den Auftraggeber informieren kann. Der Antragsteller kann dabei nicht auf eine Zusage des Auftraggebers vertrauen, er werde den Zuschlag auch nach Ablauf der Wartefrist solange nicht erteilen, ggf. bis zu einer vom Auftraggeber selbst genannten Frist, wie er zur Prüfung der vergaberechtlichen Rüge des Bieters benötige. Denn diese Zusage hat allenfalls zivilrechtliche Wirkung, jedoch keine vergaberechtliche Wirkung dahin gehend, dass die gesetzliche Wartefrist des § 134 GWB **mit** dem daraus folgenden Zuschlagsverbot verlängert wird.[41]

27 Früher gab es in der **Praxis** noch erhebliche (Zeit-) Probleme für den antragstellenden Bieter. Die Wartefrist für die Auftragserteilung umfasste unabhängig von der Form der Vorabinformation des Auftraggebers an die nicht berücksichtigten Bieter stets 14 Kalendertage und galt bereits ab dem Tag der Absendung der Vorabinformation.[42] Wählte der Auftraggeber den Postweg, und lag ein Wochenende dazwischen, verlor der Bieter von vornherein unverschuldet einen Teil seiner wichtigen Reaktionszeit für eine etwaige Rüge und Einlegung eines Nachprüfungsverfahrens. Erschwerend hinzu kam der Eintritt des Zuschlagsverbots erst ab Zustellung des Nachprüfungsantrags durch die Vergabekammer, was zwar in der Praxis häufig per Telefax geschah, jedoch gesetzlich nicht vorgesehen war und zu Problemen bei Zustellungsnachweiserfordernissen hätte führen können.[43]

---

34 Brauer, NZBau 2009, 299.
35 OLG Düsseldorf v. 27.03.2013, ZfBR 2015, 408; OLG München v. 19.01.2010, Verg 1/10.
36 OLG Frankfurt v. 06.03.2013, 11 Verg 7/12.
37 EuGH v. 15.05.2003, C-214/00.
38 OLG München v. 19.01.2010, Verg 1/10; OLG Celle v. 21.03.2001, 13 Verg 4/01; Bayrisches Oberlandesgericht v. 13.08.2004, Verg 17/04.
39 Vgl. OLG Düsseldorf 13.04.1999, Verg 1–99 BauR 1999, 751, 757.
40 OLG Düsseldorf BauR 1999, 751 ff.
41 So VK Bund v. 17.08.2010, VK 1-70/10.
42 BGH NZBau 2004, 229, 232.
43 Vgl. im Einzelnen die Darstellung in der Kommentierung zur Vorauflage, § 115 Rn. 6. Ein unrühmliches Negativbeispiel zeigt der Fall VK Darmstadt 27.02.2003, 69d VK 70/2002 (bestätigt durch OLG Frankfurt a/M, VergabeR 2003, 581); hierzu Dieckmann, VergabeR 2005, 10, 14.

Dieses Zeitproblem ist nunmehr weitestgehend beseitigt, da die »Sperrfrist« bei Vorabinformation per Post auf 15 Kalendertage ausgeweitet wurde, und bei Information in Textform, beispielsweise per E-Mail, 10 Kalendertage ab Absendung beträgt, § 134 GWB. Außerdem reicht jetzt die Information per E-Mail durch die Vergabekammer an den Auftraggeber über den eingegangenen Nachprüfungsantrag aus. Dies entspricht auch den Vorgaben der neuen Rechtsmittelrichtlinie 2007/66/ EG v. 11.12.2007.[44] Es ist freilich zu konstatieren, dass jedenfalls bei Geltung der 10-tägigen Wartepflicht nach § 134 GWB der betroffene Bieter oder Bewerber schon sehr schnell reagieren muss, will er in dieser Zeit eine etwaige Verletzung seiner Bieterrechte nach § 97 Abs. 6 GWB prüfen und, was erforderlich ist, nach § 160 GWB rügen, die Reaktion des Auftraggebers abwarten, um sodann noch rechtzeitig den Nachprüfungsantrag bei der Vergabekammer einzureichen.[45] Je nach Einzelfall wird daher ggf. auf die Reaktion des Auftraggebers verzichtet werden müssen, und der Nachprüfungsantrag praktisch unmittelbar nach Absendung der Rüge eingereicht werden müssen, um das Zuschlagsverbot des § 169 Abs. 1 GWB noch erreichen zu können. In **Extremfällen** kann der Rückgriff auf die EuGH-Entscheidung »Universale Bau AG«[46] erfolgen, wonach die nationalen Gerichte von der Möglichkeit Gebrauch machen können, die nationalen Präklusionsvorschriften außer Anwendung zu lassen, wenn das **tatsächliche Verhalten** des Auftraggebers unter Berücksichtigung der konkreten Umstände des Einzelfalles die Ausübung der Rechte der Gemeinschaftsbürger **unmöglich** machen **oder** derart **übermäßig erschweren** kann. Darauf hat das **OLG Düsseldorf** abgehoben. Einem Auftraggeber ist es verwehrt, sich mit Erfolg auf eine Verletzung der Rügeobliegenheit nach § 160 GWB zu berufen, wenn er den Zeitpunkt der Vorabinformation nach § 134 GWB so wählt (z.B. Gründonnerstag 2014), dass sich die Frist für die Anbringung eines Nachprüfungsantrages **faktisch** von 10 auf 3 Tage reduziert, und deshalb eine vorherige Rüge vor Einleitung des Nachprüfungsverfahrens nicht mehr möglich ist, bzw. der effektive Rechtsschutz übermäßig erschwert oder gar unmöglich gemacht werden würde. Aus Gründen des effektiven Rechtsschutzes gilt die Wartefrist von 10 respektive 15 Kalendertagen ferner nicht, wenn der Auftraggeber nach der Vorabinformation und seiner ursprünglichen Entscheidung über den Zuschlag dem nicht berücksichtigten Bieter zunächst mitteilt, dass wegen einer Änderung in der Zusammensetzung des zu bezuschlagenden Unternehmens der Auftrag nicht erteilt wird, dann aber seine Meinung ändert. Trifft der AG nach Versendung der grundsätzlich fristauslösenden, ersten Vorabinformation eine neue wesentliche Entscheidung, so muss er **erneut** eine Vorabinformation mit einer erneut laufenden Wartefrist in Gang setzen.[47]

Nach der **früheren Gesetzeslage** war es zwingend so, dass das Zuschlagsverbot des § 169 Abs. 1 **28** GWB bei **offensichtlicher Unzulässigkeit oder Unbegründetheit** des Nachprüfungsantrages nicht in Kraft trat, weil die Vergabekammer nach der Altfassung des § 110 Abs. 2 GWB (heute § 163 Abs. 2) solche Nachprüfungsanträge dem Auftraggeber nicht zustellen durfte. Eine sofortige Beschwerde des Antragstellers gegen die Entscheidung der Vergabekammer, den Nachprüfungsantrag wegen offensichtlicher Unbegründetheit nicht zuzustellen, half nichts, da nach überwiegender Auffassung eine solche Zwischenentscheidung der Vergabekammer als nicht selbstständig mit der sofortigen Beschwerde anfechtbar angesehen wurde.[48] Nach der jetzigen Gesetzeslage kann die Ver-

44 Amtsblatt der Europäischen Union v. 20.12.2007, L 335/31.
45 Siehe hierzu Kus NJW 2000, 544 ff.; NZBau 2005, 96 ff.
46 EuGH 12.12.2002, Rs. C-470/99, NZBau 2003, 284 ff., Ziff. 53 ff.; siehe auch EuGH 27.02.2003, C-327/00 – »Santex Spa«, NZBau 2002, 284 ff., Ziff. 53 ff.; EuGH »Fritsch« NZBau 2003, 515; EuGH »Lämmerzahl« 11.10.2007, C-241/06, VergabeR 2008, 61 = NZBau 2007, 798; EuGH »Wartefrist« 03.04.2008, C-444/06, VergabeR 2008, 776 = NZBau 2008, 524; EuGH v. 13.03.2007, C-432/05 – »Unibet«; Prieß Handbuch d. europ. Vergaberechts, 313.
47 EuGH vom 08.05.2014, C-161/13.
48 Vgl. nur KG 29.03.2007, 2 Verg 6/07, mit Verweis auf OLG Düsseldorf WuW 5/2000 (S. 563 ff.), OLG Dresden VergabeR 2002, 544 mit zustimmender Anmerkung Gröning, VergabeR 2002, 435 ff.; Sura, in: Langen/Bunte, 10. Auflage § 116 GWB Rn. 3; Storr in: Loewenheim u.a. § 116 GWB Rn. 4; Byok in: Byok/Jaeger, § 110 GWB Rn. 1030; § 116 Rn. 1113; Reidt in: Reidt u.a. § 110 GWB Rn. 29a; Stockmann in: Immenga/Mestmäcker GWB 3. Auflage, § 116 Rn. 7.

gabekammer aber das Zuschlagsverbot zunächst durch eine Information des Auftraggebers über den Nachprüfungsantrag bewirken, und im Anschluss »in Ruhe« eine etwaige offensichtliche Unzulässigkeit oder Unbegründetheit des Nachprüfungsantrages unter Berücksichtigung einer etwaigen **Schutzschrift** des Auftraggebers, zu der der Antragsteller auch angehört werden muss[49] **und** ggf. zuvor sogar erst noch Akteneinsicht gewährt werden muss,[50] prüfen. Erst wenn die Prüfung keine offensichtliche Unzulässigkeit oder Unbegründetheit ergibt, übermittelt die Vergabekammer dem Auftraggeber eine Kopie des Antrages und fordert die Vergabeakten an, § 163 Abs. 2 GWB. Der Eintritt des Zuschlagsverbots hängt aufgrund der **Neufassung des § 169 Abs. 1 GWB** von dieser Übermittlung des Nachprüfungsantrages aber **nicht mehr ab**.

II. Ende des Zuschlagsverbots

29 Das automatische Zuschlagsverbot endet nach § 169 Abs. 1 GWB im Anschluss an eine Entscheidung der Vergabekammer mit **Ablauf der Beschwerdefrist** nach § 172 Abs. 1 GWB.

30 Mit der »Entscheidung« der Vergabekammer ist dabei die **Hauptsacheentscheidung** nach § 168 Abs. 1 GWB gemeint, wie die Gesetzessystematik durch den Vergleich mit dem in Abs. 2 geregelten **Eilverfahren** zeigt, im Rahmen dessen bei einer Eilentscheidung der Vergabekammer besondere Fristen für die Zuschlagsgestattung gelten. Insbesondere stellt auch § 169 Abs. 2 Satz 8 GWB insoweit klar, dass es sich bei dem Beschwerdeverfahren nach einer Eilentscheidung der Vergabekammer um ein **besonderes, eigenständiges** Beschwerdeverfahren handelt, welches von dem sofortigen Beschwerdeverfahren gegen die Hauptsacheentscheidung der Vergabekammer nach § 171 ff. GWB zu trennen ist.

31 Abhängig von der Entscheidung der Vergabekammer und dem weiteren Verlauf tritt das **Ende des Zuschlagsverbots** wie folgt ein:

1. Zurückweisung des NP-Antrages durch die VK

32 Bei Ablehnung des Nachprüfungsantrages endet das Zuschlagsverbot **grundsätzlich** mit dem Ablauf der Beschwerdefrist, also **zwei Wochen nach Zustellung der Entscheidung**, vgl. § 169 Abs. 1 i.V.m. § 172 Abs. 1 GWB. Das Risiko einer **nicht ordnungsgemäßen Zustellung der Nachprüfungsentscheidung** trägt allerdings der Auftraggeber. Denn in diesem Fall beginnt die Beschwerdefrist des § 172 Abs. 1 GWB nicht zu laufen, mit der Folge, dass das Zuschlagsverbot weiter besteht und ein etwaig von der Vergabestelle erteilter Zuschlag nichtig wäre.[51] Der Auffassung von **Reidt**, nach der die Beschwerdefrist dann allerdings nach der **2. Alternative** des § 172 Abs. 1 GWB ende, weil die Vergabekammer dann nicht innerhalb von 5 Wochen gem. § 167 Abs. 1 GWB entschieden habe,[52] ist nicht zu folgen. Denn wenn nur die Zustellung außerhalb der 5-Wochen-Frist liegt, liegt kein Fall des § 172 Abs. 1 Alternative 2 GWB vor. Trifft der Vorsitzende der Vergabekammer aber eine Verlängerungsverfügung nach § 167 Abs. 1 GWB, verlängert sich auch automatisch das Zuschlagsverbot. Dies kann der Auftraggeber (oder die Beigeladene, die für den Zuschlag vorgesehen ist) nur mit einem Eilantrag nach § 169 Abs. 2 GWB verhindern, nicht jedoch mit einer sofortigen Beschwerde allein gegen die Verlängerungsverfügung, da eine solche Zwischenentscheidung des Vorsitzenden nicht isoliert mit der sofortigen Beschwerde anfechtbar ist.[53]

2. Sofortige Beschwerde gegen die Zurückweisung

33 Legt der Antragsteller gegen die **ablehnende Entscheidung** der Vergabekammer sofortige Beschwerde ein, so **verlängert** sich das Zuschlagsverbot **um zwei Wochen** nach Ablauf der Beschwerdefrist, § 173 Abs. 1 Satz 2 GWB, beträgt also **insgesamt vier Wochen** nach Zustellung der Entscheidung

---

49 OLG Düsseldorf 20.05.2008, VII Verg 27/08.
50 Vgl. dazu OLG Schleswig v. 20.03.2008, 1 Verg 6/07.
51 Dreher in: Immenga/Mestmäcker § 115 Rn. 10 ff.
52 Reidt in: Reidt/Stickler/Glahs § 115 Rn. 18.
53 OLG Naumburg 13.08.2007, 1 Verg 8/07, VergabeR 2008, 290 ff.

der Vergabekammer. Der Beschwerdeführer kann dann die **Verlängerung** des Zuschlagsverbots nur durch einen **Antrag** nach § 173 Abs. 1 Satz 3 GWB erreichen, über den das Beschwerdegericht nach einer Interessenabwägung entscheidet, bei der es **auch die Erfolgsaussichten der Beschwerde** berücksichtigt, § 173 Abs. 2 GWB.[54]

Diese **Verlängerung** des Zuschlagsverbots um weitere 2 Wochen nach Einlegung einer sofortigen 34 Beschwerde wird entgegen der Auffassung des OLG Brandenburg auch nicht dadurch abgeschnitten, in dem die Vergabekammer gleichzeitig mit der den Nachprüfungsantrag ablehnenden Hauptsacheentscheidung eine Eilentscheidung zugunsten des Auftraggebers im Sinne des § 169 Abs. 2 GWB mit den Inhalt trifft, dass nach Ablauf der zweiwöchigen Beschwerdefrist der Zuschlag erteilt werden könne.[55] Im Fall hatte die Vergabekammer durch Beschl. v. 16.12.2004 die Anträge der Antragstellerin zurückgewiesen und der Auftraggeberin gleichzeitig gem. § 169 Abs. 2 Satz 1 GWB gestattet, den Zuschlag nach Ablauf von 2 Wochen seit Bekanntgabe der Vergabekammerentscheidung zu erteilen. Die Entscheidung wurde am 20.12.2004 der Antragstellerin zugestellt. Sie legte gerade noch fristgemäß am Montag, den 03.01.2005 um 21:29 Uhr sofortige Beschwerde ein. Die Auftraggeberin erteilte am 04.01.2005 der Beigeladenen den Zuschlag. Das OLG Brandenburg sah darin eine **wirksam** erfolgte Zuschlagserteilung im Sinne des § 168 Abs. 2 Satz 1 GWB, die sie nicht mehr rückgängig machen könne. Dieser Auffassung kann nicht gefolgt werden. Das OLG Brandenburg weist zunächst völlig zu Recht darauf hin, dass sich ein Eilantrag nach § 169 Abs. 2 Satz 1 GWB erledigt, wenn über ihn im Zeitpunkt des Erlasses der Hauptsacheentscheidung nach § 168 Abs. 1 GWB noch nicht entschieden ist.[56] Hinzu kommt vor allen Dingen aber, dass das Gesetz in § 173 Abs. 1 Satz 2 GWB eindeutig vorschreibt, dass die aufschiebende Wirkung, also das Zuschlagsverbot, erst 2 Wochen nach Ablauf der Beschwerdefrist entfällt. Es muss also nur (gerade noch) rechtzeitig sofortige Beschwerde nach § 172 GWB eingelegt werden. Dann kann der Auftraggeber zwar einen Zuschlag erteilen, jedoch **nicht wirksam** aufgrund dieser ausdrücklich das Zuschlagsverbot um 2 Wochen verlängernden Regelung des § 173 Abs. 1 Satz 2 GWB. Und nur ein **wirksam** erteilter Zuschlag ist entgegen der Auffassung des OLG Brandenburg, das dies verkennt, ein nicht mehr aufhebbarer Zuschlag im Sinne des § 168 Abs. 2 Satz 1 GWB.[57] Gilt jedoch das Zuschlagsverbot, so ist ein trotz dessen vom Auftraggeber erteilter Zuschlag gem. § 134 BGB nichtig.[58]

---

54 Vgl. im Einzelnen die Kommentierung von Hunger zu § 118.

55 OLG Brandenburg 17.01.2005 Verg W 1/05.

56 OLG Brandenburg a.a.O. mit Verweis auf BayObLG 16.07.2004 Verg 16/04, BauR 2005, 610; OLG Düsseldorf 22.09.2005, VII–Verg 50/05; Byok/Jaeger § 115 GWB Rn. 1103. Ist das erstinstanzliche Verfahren durch eine Hauptsacheentscheidung der Vergabekammer bereits abgeschlossen, ist ein Antrag nach § 115 Abs. 2 Satz 1 GWB unzulässig, OLG Naumburg 15.12.2000, NZBau 2001, 642; Opitz NZBau 2005, 213, 214.

57 Vgl. BGH 19.12.2000, VergabeR 2001, 71 – »ÖPNV«; 09.02.2004, VergabeR 2004, 201, 205 – »Wassernebellöschanlage II TU Cottbus«; 01.02.2005, VergabeR 2005, 328 = NZBau 2005, 290. In seiner Entscheidung »Wassernebellöschanlage II« weist der BGH ausdrücklich darauf hin, dass das geregelte Vergabeverfahren erst dann endet, wenn der Zuschlag zu einem **wirksamen** Auftrag an einen Bieter führt. Auch nach § 168 Abs. 2 Satz 1 GWB werde daher vorausgesetzt, dass es bei der Vergabe einzuhaltende Regeln darüber gäbe, ob und ggf. wann eine zwischen dem öffentlichen Auftraggeber und dem ausgewählten Bieter getroffene Übereinkunft diese Wirkung habe, VergabeR 2004, 205, rechte Spalte. Der Regelungsgehalt von § 168 Abs. 2 Satz 1 GWB werde verkannt, wenn angenommen werde, dass der Vertrag unabhängig von den Regeln zustande komme, die während eines Vergabeverfahrens einzuhalten sind. Dieser zutreffenden Auffassung hat die Fassung 2009 des § 114 Abs. 2 Satz 1 GWB dadurch Rechnung getragen, dass nunmehr ausdrücklich von einem »wirksam« erteilten Zuschlag die Rede ist, der nicht mehr aufgehoben werden könne.

58 Eingehend zur Nichtigkeit nach § 134 BGB bei Verbotsverstößen Dreher in: Immenga/Mestmäcker § 115 Rn. 10 ff.; OLG München v. 19.01.2010, Verg 1/10; OLG Celle v. 21.03.2001, 13 Verg 4/01; BayObLG v. 13.08.2004, Verg 17/04.

3. Stattgabe des NP-Antrages durch die VK

35 Hat die Vergabekammer dem Nachprüfungsantrag mit dem Inhalt **stattgegeben**, dass in dem laufenden Verfahren ein Zuschlag nicht erteilt werden darf, endet das Zuschlagsverbot erst **entweder** mit einer **Hauptsacheentscheidung des Beschwerdegerichts** nach § 178 GWB **oder** einer **Eilentscheidung des Beschwerdegerichts** über die Zuschlagsgestattung nach § 176 GWB, vgl. § 173 Abs. 3 GWB, **oder** (natürlich) bis die nach § 169 Abs. 1 Satz 1 GWB von der Vergabekammer angeordneten Maßnahmen durch die Vergabestelle vollzogen sind.[59]

36 Das Zuschlagsverbot gilt auch dann, wenn die Vergabekammer die Ausschreibung nicht gänzlich kassiert, sondern dem öff. Auftraggeber bloß eine **erneute Wertung** aufgegeben hat. Denn auch durch diesen Anspruch wird inzident die Erteilung des Zuschlags untersagt.[60] Das Zuschlagsverbot gilt allgemein und nicht nur bezogen auf das bislang von der Vergabestelle favorisierte und im NP-Verfahren beigeladene Unternehmen, sodass vorsorgliche, etwaige zweitinstanzliche Eilanträge auf Fortwirkung des Zuschlagsverbots durch die Beigeladene unnötig und unzulässig sind.[61] Hat der Antrag des Auftraggebers auf Vorabentscheidung über den Zuschlag nach § 176 GWB keinen Erfolg, **endet** das Vergabeverfahren **von Gesetzes wegen** nach der Vorschrift des § 177 GWB, wenn der Auftraggeber nicht innerhalb einer Frist von 10 Tagen die Maßnahmen zur Herstellung der Rechtmäßigkeit des Verfahrens ergreift, die sich aus der Entscheidung des Vergabesenats ergeben. Konsequenz der Beendigung des Vergabeverfahrens ist dann die Neuausschreibung, wenn der Auftraggeber an dem Projekt festhalten will. Der Antrag des Auftraggebers auf Vorabentscheidung über den Zuschlag ist also mit einem **besonderen Risiko** behaftet.[62]

37 Das **OLG Naumburg**[63] ist allerdings der Auffassung, dass im Fall einer ablehnenden Entscheidung der Vergabekammer das Zuschlagsverbot bei Einlegung einer sofortigen Beschwerde **nicht stets weitere zwei Wochen** nach § 173 Abs. 1 Satz 2 GWB, also insgesamt vier Wochen, gilt, sondern es nach Ablauf der zweiwöchigen Beschwerdefrist darauf ankommt, ob und inwieweit der Auftraggeber **Kenntnis** von dem eingelegten Rechtsmittel habe. Wenn der Auftraggeber keine Kenntnis habe, dürfe er den Zuschlag wirksam erteilen, weil es nach § 172 Abs. 4 GWB zwingende Aufgabe des Beschwerdeführers sei, dem Auftraggeber diese die Zuschlagserteilung verhindernde Kenntnis zu verschaffen.[64]

---

59 OLG Düsseldorf v. 29.11.2005, VII – Verg 82/05. Die Erfüllung der angeordneten Maßnahmen bringt das im Vergabekammerbeschluss enthaltene Zuschlagsverbot zum Erlöschen. Die Vergabestelle unterliegt seit diesem Zeitpunkt dem Zuschlagsverbot nicht mehr, sodass der Auftraggeber auch in zweiter Instanz keine Entscheidung zu einer etwaigen Vorabgestattung des Zuschlages mehr bedürfe.

60 OLG Düsseldorf 31.03.2004 VII – Verg 10/04; 12.07.2004 VII Verg 39/04, NZBau 2004, 520; 27.06.2006, VII Verg 32/06; 06.03.2008, VII Verg 15/08; OLG Koblenz VergabeR 2003, 699, 700; OLG Schleswig v. 04.05.2001, 6 Verg 2/2001; Dreher in: Immenga/Mestmäker § 115 Rn. 21.

61 OLG Düsseldorf 12.07.2004 VII – Verg 39/04.

62 Opitz NZBau 2005, 213, 215.

63 Beschl. v. 02.06.1999 10 Verg 1/99 (Eilverfahren) NZBau 2000, 96, und 10.11.1999 10 Verg 1/99 (Hauptsacheverfahren); der Vergabesenat hält trotz der gegenteiligen Literaturstimmen an seiner Auffassung fest, Beschl. v. 16.01.2003 1 Verg 10/02 ZfBR 2003, 293; wie die Literatur, z.B. Byok/Jaeger § 115 Rn. 756, Gröning in: Motzke/Pietzcker/Prieß § 117 Rn. 19, Dreher in: Immenga/Mestmäcker § 115 Rn. 17; jetzt auch OLG Dresden 17.06.2005 WVerg 8/05, NZBau 2006, 197; OLG Frankfurt 20.02.2003 11 Verg 1/02 VergabeR 2003, 724 ff.; OLG Düsseldorf, Vergabesenat, Beschl. v. 13.04.1999 Verg 1/99 BauR 1999, 751, 755; BayObLG Beschl. v. 22.01.2002 Verg 18/01 »Abfallzweckverband« VergabeR 2002, 244, 245; Thüringer OLG 20.06.2005 9 Verg 3/05 »Kläranlage Zella-Mehlis« VergabeR 2005, 492, 494.

64 OLG Naumburg Beschl. v. 02.06.1999 10 Verg 1/99 (Eilverfahren) NZBau 2000, 96: Die ablehnende Entscheidung der Vergabekammer wurde am 08.04.1999 zugestellt. Die Beschwerdeführerin legte 14 Tage später per Fax am 22.04.1999 rechtzeitig sofortige Beschwerde ein, der Auftraggeber erteilte am 28.04.1999 den Zuschlag und erhielt von der sofortigen Beschwerde am 29.04.1999 durch Faxschreiben des Senats Kenntnis. Anders die herrschende Literaturmeinung sowie das OLG Frankfurt 20.02.2003 11 Verg 1/02 VergabeR 2003, 724; siehe auch Terner ZfBR 2003, 295 m.w.N.

Dieser Auffassung ist nicht zu folgen. Schon der **Wortlaut** des Gesetzes in § 173 Abs. 1 GWB stellt, 38 wie das OLG Naumburg einräumt, nicht auf eine Kenntnis des Auftraggebers ab.[65]

Der **Gesetzesbegründung** ist zu entnehmen, dass durch die Vorschrift des § 173 GWB ein adäquater 39 Suspensiveffekt eingerichtet werden sollte, der sicherstellt, dass vor einer Entscheidung des OLG keine Entscheidung der Vergabestelle getroffen werden kann, die vollendete Tatsachen schafft und den gerichtlichen Rechtsschutz zu spät kommen lässt.[66] Diese Gesetzesbegründung bezog sich zwar noch auf die ursprünglich vorgesehene Fassung des § 173 GWB, nach der die aufschiebende Wirkung gegenüber der Entscheidung der Vergabekammer bis zur Hauptsacheentscheidung oder Eilentscheidung des Beschwerdegerichts über den Zuschlag gelten sollte, also auch für die zweite Instanz noch ein zeitlich umfassender automatischer Suspensiveffekt gewollt war.[67] Mit der Endfassung des § 173 Abs. 1 GWB wurde der automatische Suspensiveffekt aber **lediglich zeitlich** auf (weitere) zwei Wochen nach Ablauf der Beschwerdefrist verkürzt, **nicht** zugleich aber auch **inhaltlich beschränkt**, da der Gesetzgeber an seiner ursprünglichen, vorgenannten Gesetzesbegründung nichts änderte, vielmehr diese damit begründete, dass »der im Regierungsentwurf enthaltene automatische Suspensiveffekt als für den Auftraggeber zu belastend empfunden und zugunsten einer Regelung ersetzt wird, die beschleunigend wirkt und **dennoch** einen **effektiven Rechtsschutz** für die Unternehmen gewährt.«[68]

Die Auffassung des OLG Naumburg würde nicht zuletzt auch den **Sinn und Zweck der Beschwerde-** 40 **frist leer laufen** lassen. Denn der Beschwerdeführer müsste praktisch gesehen bereits spätestens Ende der ersten Beschwerdefristwoche die Beschwerde fertiggestellt haben, um mit ihrer Übermittlung an den Auftraggeber nach § 172 Abs. 4 GWB (per Einschreiben mit Rückschein oder noch sicherer durch Zustellung per Gerichtsvollzieher) die Kenntnis des Auftraggebers von seinem Rechtsmittel zu gewährleisten. Da erst für das Beschwerdeverfahren Anwaltszwang besteht, ferner die Beschwerde sogleich umfassend begründet und mit Beweismitteln etc. versehen werden muss, § 172 Abs. 2 und 3 GWB, ist der Beschwerdeführer auf die **Ausschöpfung der Zweiwochenfrist** voll und ganz angewiesen, sodass sie nicht auch noch unnötig verkürzt werden kann. Unnötig deshalb, weil der Gesetzgeber nur zwei weitere Wochen automatisches Zuschlagsverbot in § 173 Abs. 1 Satz 2 GWB vorgesehen hat, innerhalb derer den Beschwerdeführer den Verlängerungsantrag stellen **muss**, will er sich durch die Zuschlagserteilung nicht vor vollendete Tatsachen gestellt sehen. Gerade diese vollendeten Tatsachen wollte der Gesetzgeber aber vermeiden, siehe die obige Gesetzesbegründung zu § 173 GWB.

Schließlich hat das **OLG Düsseldorf** zu Recht darauf hingewiesen, dass § 172 Abs. 4 GWB schon 41 nicht die Bedeutung einer Zulässigkeitsvoraussetzung innehat, weil die Handlungsebene der Beschwerdeeinlegung (§ 172 Abs. 1 bis 3 GWB) von der Unterrichtungspflicht der anderen Verfahrensbeteiligten zu trennen ist und darüber hinaus die Unterrichtungspflicht nicht bezweckt, sicherzustellen, dass die anderen Beteiligten des Vergabekammerverfahrens überhaupt von dem Beschwerdeverfahren erfahren, weil das Gericht die Beschwerdeschrift ohnehin von Amts wegen zustellen muss.[69] Diese Erwägungen zugrunde gelegt kann der Vorschrift des **§ 172 Abs. 4 GWB keinesfalls die Bedeutung** zuerkannt werden, ihre **Nichteinhaltung habe Auswirkungen auf die aufschiebende Wirkung** nach § 173 Abs. 1 Satz 2 GWB. Hätte der Gesetzgeber die aufschiebende Wirkung von weiteren zwei Wochen nach Ablauf der Beschwerdefrist von einer Kenntnis des Auftraggebers von der Rechtsmitteleinlegung abhängig machen wollen, so hätte er dies ausdrücklich regeln müssen. In Ermangelung dessen muss es daher beim Gesetzeswortlaut verbleiben.

---

65 So auch Jaeger in: Kapellmann/Vygen Jahrbuch Baurecht 2000: Es kommt nur auf die objektive Rechtslage und nicht auf irgendeine Kenntnis oder Bösgläubigkeit des Auftraggebers an.

66 Vgl. die Begründung zum Gesetzesentwurf zu § 128 GWB-E, BT-Drucks. 13/9340.

67 Siehe BT-Drucks. 13/10328 S. 14/15.

68 BT-Drucks. 13/10328 Buchstabe r (§ 128 GWB-E); vgl. auch Gröning ZIP 1999, 181, 182; Jaeger in: Kapellmann/Vygen Jahrbuch Baurecht 2000.

69 Vgl. OLG Düsseldorf, Vergabesenat, Beschl. v. 13.04.1999 Verg 1/99 BauR 1999, 751, 754, 755; vgl. auch BayObLG Beschl. v. 22.01.2002 Verg 18/01 »Abfallzweckverband« VergabeR 2002, 244, 245; Thüringer OLG 20.06.2005 9 Verg 3/05.

4. Schriftsätzlicher Hinweis auf sicherheitsrelevanten Auftrag (§ 169 Abs. 4)

42   Höchst gefährlich wird es für das antragsstellende Unternehmen im Nachprüfungsverfahren, wenn der Auftraggeber per Schriftsatz einen Auftrag im sicherheitsrelevanten Bereich nach Maßgabe des § 169 Abs. 4 GWB geltend macht. Denn dann entfällt automatisch das Zuschlagsverbot 5 Werktage nach Zustellung des Schriftsatzes, dazu unten Näheres. Da bei diesem zeitlich erheblich verkürztem Zuschlagsverbot kaum Zeit für eine ausreichende vergaberechtliche Prüfung sowohl durch das antragstellende Unternehmen wie auch durch die Nachprüfungsinstanz verbleibt, besteht richtigerweise die Möglichkeit, zunächst durch die Vergabekammer ein **einstweiliges Zuschlagsverbot** auszusprechen, bis über den Eilantrag des antragsstellenden Unternehmens über die Wiederherstellung des Zuschlagsverbots nach § 169 Abs. 4 Satz 2 GWB entschieden ist.[70] Näheres siehe unter Ziff. E. zu § 169 Abs. 4 GWB.

5. Weitere Fallgestaltungen

43   Nimmt der Antragsteller den Nachprüfungsantrag **zurück**, entfällt das Zuschlagsverbot **rückwirkend**. Das gilt auch bei einer Rücknahme in der Beschwerdeinstanz, und zwar mit der Konsequenz, dass bereits ergangene, aber noch nicht bestandskräftige Vergabekammerbeschlüsse wirkungslos werden.[71]

44   Das Zuschlagsverbot endet ferner auch mit der **Erfüllung** der von den Nachprüfungsinstanzen nach § 168 Abs. 1 Satz 1 GWB angeordneten **Maßnahmen**.[72] Deshalb läuft ein Eilantrag des Auftraggebers nach § 176 Abs. 1 Satz 1 GWB ins Leere bzw. ist unzulässig, wenn der Auftraggeber die Vergabekammerentscheidung inhaltlich bereits umgesetzt und eine Neubewertung der Angebote durchgeführt hat, mit einer sich daran anknüpfenden, neuen Vergabeentscheidung. Wird hiergegen ein Nachprüfungsantrag gestellt, so löst dies ein **neues** Zuschlagsverbot aus, das der Auftraggeber mit einem Antrag gem. § 169 Abs. 2 GWB bekämpfen kann.

45   **Verwirft** die Vergabekammer den Nachprüfungsantrag ohne eine Information an den Antragsgegner als offensichtlich unzulässig, tritt erst gar kein Zuschlagsverbot ein, das in der Beschwerdeinstanz verlängert werden könnte. In diesen Fällen muss das Beschwerdegericht die Information an den Auftraggeber nachholen, was erst dann das Zuschlagsverbot gem. § 169 Abs. 1 GWB erstmals auslöst.[73] Wenn die Vergabekammer in diesem Stadium der Prüfung einer offensichtlichen Unzulässigkeit oder Unbegründetheit des Nachprüfungsantrages mit der textlichen Information an den Auftraggeber aber abwartet, also überhaupt nicht entscheidet, hilft dem antragsstellenden Unternehmen auch keine Anrufung des OLG aufgrund der »Untätigkeit« der Vergabekammer. Denn das OLG kann nicht unter Verzicht auf eine beschwerdefähige Entscheidung der Vergabekammer selbst entscheiden.[74]

46   Nach **Aufhebung** eines Vergabeverfahrens hat der Antragsteller kein Rechtschutzbedürfnis mehr hinsichtlich der Verlängerung der aufschiebenden Wirkung seiner sofortigen Beschwerde, und zwar auch dann nicht, wenn es darauf gerichtet ist, das Zuschlagsverbot in einem unmittelbar neuen Vergabeverfahren des gleichen Auftraggebers herbeizuführen. Denn wenn das Vergabeverfahren aufgehoben worden ist, besteht die Gefahr eines entsprechenden Zuschlages nicht mehr. Wird ein neues Vergabeverfahren eingeleitet, so kann hier gesondert die Zuschlagsentscheidung des Auftraggebers in einem Nachprüfungsverfahren angegriffen werden.[75]

---

70   So OLG Düsseldorf v. 07.06.2010, VII-Verg 26/10 – »Flughafen Berlin-Brandenburg«.
71   VK Münster 26.10.2007, VK 25/07; siehe auch OLG Naumburg 17.08.2007, 1 Verg 5/07, VergabeR 2008, 291, mit den Auswirkungen auf die Kosten des Verfahrens.
72   OLG Düsseldorf 29.11.2005, Verg 82/05, VergabeR 2006, 424; NZBau 2001, 582, 583; BayObLG 01.10.2001, VergabeR 2002, 63, 67.
73   OLG Koblenz v. 25.03.2002, 1 Verg 1/02.
74   OLG Dresden v. 04.07.2002, W Verg 11/02.
75   OLG Düsseldorf v. 14.03.2011, VII Verg 12/11.

III. Wirkung des Zuschlagsverbots

1. Nichtigkeit eines geschlossenen Vertrages

Das gesetzliche, automatische Zuschlagsverbot hat die **Wirkung**, dass ein trotz dessen vom Auftrag-   47
geber erteilter Zuschlag gem. **§ 134 BGB nichtig** ist.[76] § 173 Abs. 1 Satz 1 und 3 GWB verlängern die Sperrwirkung des § 169 Abs. 1 bis zur Entscheidung des Beschwerdegerichts.[77] *Reidt* hält
allerdings eine Annahmeerklärung des Auftraggebers unter der aufschiebenden Bedingung, dass
der gestellte Nachprüfungsantrag durch die Vergabekammer bzw. durch den Vergabesenat endgültig abgelehnt wird, für zulässig, sofern die Effektivität des Rechtsschutzes zugunsten des Bieters,
der einen Nachprüfungsantrag gestellt hat, in hinreichender Weise gewahrt bleibt.[78] Eine solche
bedingte Zuschlagserteilung hält die **VK Bund** für die Aufbürdung eines vergaberechtswidrigen,
ungewöhnlichen Wagnisses, wenn nämlich der Auftraggeber in den Ausschreibungsunterlagen eine
bedingte Zuschlagserteilung in der Weise vorsieht, dass der Zuschlag auf ein Los nur unter der
aufschiebenden Bedingung der Zuschlagserteilung der anderen Lose steht.[79]

Das Zuschlagsverbot gilt darüber hinaus auch dann, solange und soweit es sich aus einer **rechts-**   48
kräftigen Entscheidung der Vergabekammer oder des Beschwerdegerichts im Eilverfahren oder in
der Hauptsache ergibt. Das dürfte selbstverständlich sein, lässt sich für die **Hauptsacheentscheidung**
aber auch aus der Vorschrift des § 173 Abs. 3 GWB schließen.[80] Denn wenn schon die Rechtsmitteleinlegung gegen eine den Zuschlag untersagende Entscheidung der Vergabekammer dazu führt,
dass das Zuschlagsverbot bis zu einer Hauptsacheentscheidung des Beschwerdegerichts fortwirkt,[81]
dann bedeutet dies, dass der Zuschlag **erst recht** dann unterbleiben muss, wenn die Entscheidung der
Vergabekammer vom Auftraggeber nicht mehr angegriffen wird (argumentum e fortiori).[82] Ohnehin
haben aber, so der Sinn und Zweck des § 173 Abs. 3 GWB, die den Zuschlag verbietenden Entscheidungen der Vergabekammer oder des Beschwerdegerichts **insoweit** die **Bestätigung** des während des
Verfahrens automatisch bzw. ggf. auf Antrag geltenden Zuschlagsverbots zum Inhalt, sodass sich in der
Entscheidung das Verbot der Zuschlagserteilung lediglich **fortsetzt**,[83] mit der Folge der **Nichtigkeit**
eines dennoch erteilten Zuschlags nach § 134 BGB. Dies gilt nicht nur bei einem **generell** seitens
der Vergabekammer ausgesprochenem Zuschlagsverbot, sondern aus Gründen des effektiven Rechtsschutzes auch in den Fällen, in denen die Vergabekammer zur Beseitigung einer Rechtsverletzung des
Bieters nur gewisse Maßnahmen wie beispielsweise die Wiederholung der Wertung der Angebote
angeordnet hat, die Vergabestelle aber unter Missachtung dieser Anordnung den Zuschlag erteilt.[84]

---

76 Vgl. die Begründung zum Gesetzesentwurf zu § 125 Abs. 1 GWB-E, Drucks. 13/9340; allg. Auffassung,
vgl. nur Gröning ZIP 1999, 52, 56; Schnorbus BauR 1999, 77, 80; Gause in: Willenbruch/Bischoff § 115
GWB, Rn. 2; Dreher in: Immenga/Mestmäcker, § 115, Rn. 10 m.w.N. auf die Literatur und Rechtsprechung; OLG Frankfurt 20.02.2003, NZBau 2004, 173; 07.09.2004, NZBau 2004, 692; OLG Naumburg
11.10.1999, 10 Verg 1/99; a.A. nur Vill BauR 1999, 971.

77 OLG Naumburg 16.01.2003 Verg 10/02; zu Sonderfällen vgl. OLG Düsseldorf 31.03.2004 VII – Verg
10/04 und 12.07.2004 VII – Verg 39/04 und die weiteren Nachweist in Fn. 58.

78 Reidt in: Reidt/Stickler/Glahs § 115 Rn. 7; a.A. Byok in: Byok/Jaeger § 115 Rn. 15; Leinemann Die Vergabe öffentlicher Aufträge 3. Aufl. Rn. 174.

79 VK Bund 24.01.2008, VK 3–151/07, IBR 2008, 1050.

80 BayObLG Beschl. v. 01.10.2001 Verg 6/01 »Stiftungskrankenhaus« VergabeR 2002, 63, 67.

81 OLG Naumburg 16.01.2003 Verg 10/02.

82 Im Ergebnis auch Boesen EuZW 1998, 551, 558.

83 Vgl. Boesen EuZW 1998, 551, 558; BayObLG Beschl. v. 01.10.2001 Verg 6/01 VergabeR 2002, 63;
OLG Koblenz 25.03.2002 1 Verg 1/02; OLG Düsseldorf 13.11.2000 Verg 25/00; so im Ergebnis auch
Erdl Der neue Vergaberechtsschutz Rn. 553; a.A. Reidt in: Reidt/Stickler/Glahs § 115 Rn. 24.

84 BayObLG Beschl. v. 01.10.2001 Verg 6/01 VergabeR 2002, 63, 67; OLG Düsseldorf 31.03.2004 VII –
Verg 10/04 und 12.07.2004 VII – Verg 39/04; OLG Schleswig v. 04.05.2001, 6 Verg 2/2001; a.A. Reidt
in: Reidt/Stickler/Glahs § 115 Rn. 24, der für eine »Fortwirkung« eines aus einer Vergabekammerentscheidung resultierenden generellen oder auch nur eingeschränkten Zuschlagsverbots dessen wirksame Vollstreckung nach § 168 Abs. 3 GWB verlangt.

49 Für den **Sonderfall** der Ablehnung der Zuschlagsgestattung durch das Beschwerdegericht im zweitinstanzlichen Eilverfahren nach § 176 GWB bestimmt das Gesetz in **§ 177 GWB** außerdem ausdrücklich, dass das Vergabeverfahren 10 Tage nach Zustellung der Entscheidung automatisch endet und **nicht** fortgeführt werden darf, der Zuschlag also **per Gesetz** nicht mehr erteilt werden darf, was bei Zuwiderhandlung wiederum die Nichtigkeit nach § 134 BGB bedeutet.

50 **Umgekehrt** hat ein wirksam erteilter Zuschlag auch zugunsten des Bieters **Bestand**. Will sich der Auftraggeber davon lösen, d.h. den Auftrag zurücknehmen und anderweitig vergeben, so stellt dies die vergaberechtswidrige Wiederaufnahme eines durch wirksame Zuschlagserteilung bereits abgeschlossenen Vergabeverfahrens dar.[85] Dagegen kann der beauftragte Bieter erneut mit einem Nachprüfungsverfahren vorgehen.[86] Eine solche Antragsbefugnis hat der Bieter aber nicht in dem Fall, in dem der Auftraggeber die Bindungswirkung der Zuschlagserteilung nicht infrage stellt.[87]

51 Erteilt ein Vertreter des Auftraggebers ohne notwendige Vertretungsbefugnis den Zuschlag, so hindert das Zuschlagsverbot des § 169 Abs. 1 GWB den Auftraggeber an einer wirksamen, nachträglichen Genehmigung der Auftragserteilung.[88]

2. Verlängerung der Angebotsbindefrist

52 Wird ein Nachprüfungsverfahren eingelegt, kann die Situation eintreten, dass während des laufenden Nachprüfungsverfahrens die ursprünglichen **Angebotsbindefristen** der Bieter auslaufen. Das hätte zur Folge, dass der Auftraggeber kein Angebot mehr zur Verfügung hätte, auf das er den Auftrag erteilen könnte. Aufgrund des Gebotes zur sparsamen und effizienten Verwendung öffentlicher Mittel ist er dann nach einer (nicht unumstrittenen), weil nur für den **Sonderfall** einer fehlenden Angebotsfrist getroffenen Entscheidung des **BGH** verpflichtet, dem wirtschaftlichsten Angebot gem. § 150 Abs. 1 BGB die Auftragserteilung seinerseits anzubieten.[89] Wenn der Bieter dieses Gegenangebot jedoch ausschlägt, ist das Vergabeverfahren erfolglos beendet. Aus diesem Grunde arbeitet der Auftraggeber bei Zeitverzögerungen im Vergabeverfahren mit einer **Verlängerung** der Angebotsbindefrist und auch der Zuschlagsfrist. Bieter, die dieser Bitte nicht nachkommen, werden im weiteren Vergabeverfahren nicht mehr berücksichtigt. Aus Gründen des Wettbewerbs und der Gleichbehandlung muss der Auftraggeber grundsätzlich **allen** im Wettbewerb verbliebenen Bietern die Gelegenheit zur Angebotsbindefristverlängerung geben.[90] Richtigerweise kann der Auftraggeber sich dabei darauf beschränken, die Bindefrist nur mit denjenigen Bietern zu verlängern, die für eine Zuschlagserteilung noch in die engere Wahl kommen.[91] Der Auftraggeber muss also absichern, dass ihm während des laufenden Nachprüfungsverfahrens die Bieterangebote noch zur Verfügung stehen und nicht mangels Verlängerung der Bindefrist auslaufen. Denn eine gesetzliche Verlängerung der Bindefrist im Fall des Nachprüfungsverfahrens findet nicht statt.[92]

---

85 OLG Düsseldorf 05.04.2006, Verg 8/06, VergabeR 2006, 944.

86 OLG Düsseldorf a.a.O.

87 OLG Düsseldorf 05.03.2001, Verg 2/01, VergabeR 2001, 234, 235.

88 Dreher in: Immenga/Mestmäcker § 115 Rn. 12; im Ergebnis ebenso OLG Düsseldorf 14.03.2001, Verg 30/00, VergabeR 2001, 226. Soweit das OLG Düsseldorf die Genehmigungsmöglichkeit in entsprechender Anwendung des § 184 Abs. 2 BGB auf zivilrechtlichem Wege verneint, weist Dreher zutreffend darauf hin, dass eine solche Konstruktion bereits wegen der Ratio des § 169 Abs. 1 GWB nicht notwendig ist.

89 BGH VergabeR 2004, 190 – »Generalfachplanung«; ihm folgend OLG Düsseldorf 14.05.2008, Verg 17/08; 09.12.2008, Verg 70/08; dagegen unter Hinweis auf den Gleichbehandlungsgrundsatz zu Recht OLG Jena 30.10.2006, 9 Verg 4/06, IBR 2006, 694 = NZBau 2007, 195.

90 BayObLG NZBau 2000, 49; OLG Jena BauR 2000, 388; OLG Dresden BauR 2000, 1591.

91 OLG Naumburg 13.05.2003, NZBau 2004, 62; Dreher in: Immenga/Mestmäcker § 115 Rn. 14; Kratzenberg in: Ingenstau/Korbion § 19 VOB/A Rn. 20; Gesterkamp VergabeR 2002, 454, 459; Reith VergabeR 2003, 592.

92 Dreher in: Immenga/Mestmäcker § 115 Rn. 14 mit Verweis auf VK Bund, 30.06.1999, ZVgR 1999, 268.

Legt ein Bieter ein Nachprüfungsverfahren ein, so gilt dies gleichzeitig als **konkludente Angebots-** 53
bindefristverlängerungserklärung.[93] Die Bindefrist des Angebotes wird damit für die Dauer des
Nachprüfungs- und Beschwerdeverfahrens verlängert. Es ist also unschädlich, wenn der antragstellende Bieter versehentlich auf eine Bindefristverlängerungsanfrage des Auftraggebers nicht reagiert.
Nach einer Entscheidung des **OLG München**[94] liegt sogar bereits in dem **Rügeschreiben** des Bieters
die konkludente Angebotsbindefristverlängerungserklärung.

C. Eilverfahren vor der Vergabekammer im Hinblick auf den Zuschlag (Abs. 2)

§ 169 Abs. 2 GWB regelt das vor der Vergabekammer **beginnende** Eilverfahren der ersten Instanz; 54
beginnend deshalb, weil in der Vorschrift sogleich auch **abschließend** das **besondere, eigenständige**
Beschwerdeverfahren gegen die Eilentscheidung der Vergabekammer geregelt ist, also das zweitinstanzliche Verfahren.

Die Sätze 1–4 des § 169 Abs. 2 GWB beinhalten die Möglichkeit der **Zuschlagsgestattung durch** 55
die Vergabekammer, Satz 5 die Möglichkeit der Wiederherstellung durch das Beschwerdegericht
bei stattgebender Entscheidung der Vergabekammer, Satz 6 den umgekehrten Fall der erstmaligen
Zuschlagsgestattung durch das Beschwerdegericht bei ablehnender Vergabekammerentscheidung.

§ 169 Abs. 2 Satz 7 GWB verweist auf entsprechend anzuwendende Vorschriften aus dem sofor- 56
tigen Beschwerdeverfahren für das besondere Beschwerdeverfahren, Satz 8 dient der Klarstellung
(siehe unten).

I. Gestattung des Zuschlags durch die Vergabekammer (Abs. 2 Satz 1–4)

Nach der Vorschrift des § 169 Abs. 2 Satz 1 GWB kann die Vergabekammer dem **Auftraggeber** auf 57
seinen Antrag hin gestatten, den Zuschlag nach Ablauf von zwei Wochen seit Bekanntgabe dieser
Entscheidung zu erteilen, wenn unter Berücksichtigung aller möglicherweise geschädigten Interessen sowie des Interesses der Allgemeinheit an einem raschen Abschluss des Vergabeverfahrens die
nachteiligen Folgen einer Verzögerung der Vergabe bis zum Abschluss der Nachprüfung die damit
verbundenen Vorteile überwiegen. Diese Regelung hat den **Sinn**, im **Ausnahmefall** – das Zuschlagsverbot nach § 169 Abs. 1 GWB bildet die Regel[95] – den Zuschlag doch schon während des laufenden Nachprüfungsverfahrens zu gestatten, wenn das Interesse des Auftraggebers am Abschluss
des Vertrags **so stark** ist, dass nicht bis zur Entscheidung in der Hauptsache, die nach § 167 Abs. 1
GWB i.d.R. in spätestens 5 Wochen ergeht, zugewartet werden kann.[96] In der Neufassung 2009
des § 115 Abs. 2 sind neben dem bereits vorhandenen Satz 1 weitere Vorgaben für eine **Interessen-**
abwägung in den neuen Sätzen 2–4 aufgenommen worden.

Über einen Antrag nach § 169 Abs. 2 GWB kann sowohl die Vergabekammer wie auch das 58
Beschwerdegericht **ohne mündliche Verhandlung** im schriftlichen Verfahren entscheiden.[97] Es ist
zu betonen, dass die **neuere Vergaberechtsprechung** als **milderes Mittel** vor einer endgültigen fak-

---

93 OLG Schleswig 08.05.2007, 1 Verg 2/07, IBR 2007, 388.
94 OLG München 11.05.2007, Verg 4/07, VergabeR 2007, 536 mit Anmerkung Kus.
95 Vgl. nur OLG Düsseldorf v. 09.05.2011, VII – Verg 40/11; OLG Celle v. 31.01.2011, 13 Verg 21/10;
    Gause in: Willenbruch/Bischoff § 115 Rn. 1, 3; Dreher in: Immenga/Mestmäcker § 115 Rn. 31;
    OLG Dresden VergabeR 2001, 342; Boesen, § 115 Rn. 36; a.A. ohne nähere Begründung Erdmann
    VergabeR 2008, 908, 914. Allein der automatische Eintritt des Zuschlagsverbots nach § 169 Abs. 1
    zeigt allerdings schon die **Regel**, aus Primärrechtsschutzgründen mit der Auftragserteilung während des laufen-
    den Nachprüfungsverfahrens abwarten zu müssen. Folgerichtig muss bei der Interessenabwägung auch ein
    Überschuss von Nachteilen gegenüber Vorteilen bezogen auf die verzögerte Auftragsvergabe vorhanden
    sein, was den Ausnahmecharakter der vorzeitigen Zuschlagsgestattung ebenfalls zum Ausdruck bringt.
96 Vgl. die Begründung zum Regierungsentwurf zu § 125 Abs. 2 GWB-E, BT-Drucks. 13/9340.
97 OLG Düsseldorf v. 09.05.2011, VII – Verg 40/11; EuGH NZBau 2011, 117; Summa in Juris-Praxiskom-
    mentar – Vergaberecht, § 115, Rn. 25.

tenschaffenden Vorabgestattung des Zuschlages eine (befristete) Interimsvergabe favorisiert.[98] Zur Interimsvergabe siehe Rdn. 84.

1. Antrag des Auftraggebers oder des Unternehmens

59 Die Vergabekammer wird nicht nur wie in der vorherigen Fassung des § 169 Abs. 2 Satz 1 GWB auf Antrag des Auftraggebers tätig, sondern nunmehr auch auf Antrag des Unternehmens, das nach § 134 vom Auftraggeber als das Unternehmen benannt ist, das den Zuschlag erhalten soll. Im Nachprüfungsverfahren ist dies »die Beigeladene«, also das gem. § 162 GWB in der Regel beizuladende Unternehmen, dessen Interessen durch die Entscheidung immer schwerwiegend berührt werden, weil es schließlich um die Frage der vergaberechtlichen Durchführbarkeit der intern getroffenen Zuschlagsentscheidung an die Beigeladene geht. Dabei ist klarzustellen, dass das Gesetz nicht von einem Antrag »der Beigeladenen« im Sinne des § 162 GWB redet, sondern generell von dem für den Zuschlag vorgesehenen Unternehmen. Eine vorherige Beiladung ist für einen solchen Antrag des Unternehmens also nicht notwendig, gleichwohl wie vor beschrieben das Unternehmen nach § 162 GWB generell beizuladen ist.[99] Dieser Antrag des Auftraggebers oder des (beigeladenen) Unternehmens muss für die von der Vergabekammer vorzunehmende Interessenabwägung die Begründung enthalten, warum der Auftraggeber mit dem Zuschlag nicht bis zu einer Entscheidung der Vergabekammer in der Hauptsache abwarten kann. Gesetzlich ist die Begründungspflicht über § 169 Abs. 2 Satz 7 GWB ausdrücklich zwar nur für das Verfahren vor dem Beschwerdegericht geregelt. Da die Vergabekammer aber nur auf Antrag und nicht von Amts wegen die Interessenabwägung vornimmt, versteht sich von selbst, dass hier die entsprechenden Anhaltspunkte vom Auftraggeber dafür geliefert werden müssen, anderenfalls die Entscheidungsgrundlage fehlt.[100]

60 Den weiteren Verfahrensbeteiligten ist vor einer Entscheidung der Vergabekammer rechtliches Gehör zu gewähren.[101]

61 Das Rechtsschutzbedürfnis für einen Eilantrag fehlt allerdings grundsätzlich bei einem sehr späten Antrag.[102] Einem solchen Antrag dürfte in der Regel die Dringlichkeit fehlen. Dabei kommt es allerdings auf den Einzelfall an, und ist insoweit zu differenzieren, wie das OLG Celle zutreffend festgestellt hat:[103] Nur dann, wenn ein relativ kurzfristiges Ende des Nachprüfungsverfahrens abzusehen ist, besteht bei einem sehr späten Antrag der Vergabestelle auf vorzeitige Zuschlagsgestattung in der Regel kein Rechtsschutzbedürfnis mehr. Im Übrigen kommt es darauf an, ob zum Zeitpunkt der Antragstellung auf Vorabgestattung des Zuschlages deren Voraussetzungen nach § 169 Abs. 2 GWB (noch) vorliegen oder nicht. Dem Auftraggeber kann nicht generell entgegengehalten werden, er hätte den Antrag auch schon früher mit Erfolg stellen können, zumal in der Regel ein Antrag auf vorzeitige Zuschlagsgestattung erstmals erst dann gestellt werden kann, wenn sich

---

98 OLG Düsseldorf v. 20.07.2015, Verg 37/15.

99 Für den Antrag kommt es auf eine erfolgte, vorherige Beiladung des Unternehmens nicht an, Stoye/v. Münchhausen VergabeR 2008, 875. Nach der Gesetzesbegründung soll dieses neue Antragsrecht des Unternehmens »hilfreich« sein, BT-Drucks. 16/109117 v. 13.08.2008 zu Nr. 17 (§ 115), aa. Dies ist deshalb richtig, weil auch das zu bezuschlagende Unternehmen grundsätzlich ein Interesse an einer zeitgerechten Auftragserteilung haben kann, und dessen Interessen deshalb auch die »möglicherweise geschädigten Interessen« im Sinne des § 169 Abs. 2 Satz 1 sein können, siehe unten Rdn. 54. Entgegen der Auffassung von Stoye/v. Münchhausen wird hier ein privates Unternehmen also nicht lediglich zum Sachverwalter der Interessen des Auftraggebers bzw. des Allgemeininteresses, Stoye/v. Münchhausen a.a.O, 876.

100 Ähnlich Reidt in: Reidt/Stickler/Glahs § 115 Rn. 29.; OLG Celle v. 31.01.2011, 13 Verg 21/10.

101 Reidt in: Reidt/Stickler/Glahs § 115 Rn. 30.

102 OLG Naumburg 30.06.2000 1 Verg 4/00: Für einen erst 5 Wochen seit Verkündung der zurückweisenden Entscheidung der Vergabekammer gestellten Eilantrag im Beschwerdeverfahren; Gleiches muss auch für das Eilverfahren in erster Instanz gelten; in diesen Fällen dürfte sich der späte Antrag allerdings auch negativ auf die zu bewertenden Interessen der Vergabestelle im Rahmen der Interessengewichtung auswirken.

103 OLG Celle v. 31.01.2011, 13 Verg 21/10.

abzeichnet, dass das Nachprüfungsverfahren nicht innerhalb der Regelfrist des § 167 Abs. 1 GWB (5 Wochen) beendet werden wird.[104]

2. Rechtsschutzbedürfnis für erneuten Antrag

Für den (erstmaligen) Antrag bedarf es keines besonderen Rechtsschutzbedürfnisses. Dies ergibt sich   62
bereits aus dem Bestehen der für den Auftraggeber negativen Regelung des gesetzlichen Zuschlagsverbots in § 169 Abs. 1 GWB. Ist der Eilantrag allerdings rechtskräftig zurückgewiesen, so bedarf
es für einen **erneuten Eilantrag** der Darlegung eines besonderen **Rechtsschutzbedürfnisses**, weil
grundsätzlich die **Rechtskraft** der zurückweisenden Vergabekammerentscheidung über den ersten
Antrag entgegensteht. Dieses besondere Rechtsschutzbedürfnis kann sich z.B. dann ergeben, wenn
die Vergabekammer im Rahmen der Interessenabwägung nur die gesetzliche Hauptsacheverfahrens-
dauer von 5 Wochen berücksichtigen konnte, weil es zum Zeitpunkt der Interessenabwägung noch
keine Verlängerungsverfügung nach § 167 Abs. 1 Satz 2 GWB gab und für eine solche Verlängerung noch keine Anhaltspunkte ersichtlich waren. Die Rechtskraft der Eilentscheidung kann sich
dann auch nur auf den bei der Interessenabwägung betrachteten 5-Wochen-Zeitraum beziehen,
sodass bei einer sich erst im Anschluss daran ergebenden **Verlängerung** des Hauptsacheverfahrens
eine **neue Sachverhaltsgrundlage** für eine erneute Interessenabwägung entsteht mit der Folge eines
entsprechenden Rechtsschutzbedürfnisses des Auftraggebers. Dies ergibt sich aus der zutreffenden
Überlegung, dass es grundsätzlich stets auf das Vorliegen der objektiven Tatbestandsvoraussetzungen des § 169 Abs. 2 GWB **zum Zeitpunkt der Antragstellung** des Auftraggebers ankommt.[105]

3. Interessenabwägung

Die Vergabekammer hat für die Entscheidung eine **Interessenabwägung** vorzunehmen, und zwar   63
zwischen den **Nachteilen** einer Verzögerung der Vergabe bis zum Abschluss des Nachprüfungsverfahrens und den damit verbundenen **Vorteilen**. Dabei hat die Vergabekammer zu berücksichtigen:
– alle möglicherweise geschädigten Interessen sowie
– das Interesse der Allgemeinheit an einem raschen Abschluss des Vergabeverfahrens.

Als Interesse der Allgemeinheit betont der Gesetzgeber in der Neufassung die »wirtschaftliche Erfül-   64
lung der Aufgaben des Auftraggebers«. Außerdem müssen grundsätzlich auch die Erfolgsaussichten
des Antragstellers berücksichtigt werden.

a) Berücksichtigung der Erfolgsaussichten der Hauptsache (Abs. 2 Satz 3 und 4)

Nach der **Altfassung** waren die Erfolgsaussichten der Beschwerde bei der Interessenabwägung grund-   65
sätzlich nicht zu berücksichtigen. Nur dann, wenn die fehlenden Erfolgsaussichten des Antragstellers
aufgrund eines **eindeutigen und offen zutage liegenden Sachverhaltes** auch bei einer summarischen
Prüfung unschwer berücksichtigt werden konnten, war nach der herrschenden Meinung in Literatur
und Rechtsprechung auf die Erfolgsaussichten bei der Interessenabwägung abzustellen.[106]

---

104 OLG Celle, a.a.O. Denn wenn eine fristgerechte oder zumindest »**fristnahe**« Entscheidung der Vergabe-
     kammer zu erwarten ist – etwa weil die Sache einfach gelagert ist – besteht insbesondere dann, wenn dem
     Auftraggeber ein Verschulden bei einer etwaigen späten Auftragserteilung anzulasten ist, kein Bedürfnis,
     den Primärrechtsschutz des antragstellenden Unternehmens zu verkürzen. OLG Celle, a.a.O. Solche dem
     Auftraggeber anzulastenden Zeitverzögerungen müssen bei der Bewertung der Dauer des Nachprüfungs-
     verfahrens außer Betracht bleiben, **nicht** jedoch bei der Interessenabwägung für oder gegen eine vorzeitige
     Zuschlagsgestattung. Mithin ist zusammenfassend nur maßgebend, ob zum Zeitpunkt der Antragsstel-
     lung auf vorzeitige Zuschlagsgestattung die objektiven Voraussetzungen des § 115 Abs. 2 GWB noch
     vorliegen oder nicht. Zu den Einzelheiten der Interessenabwägung siehe unten.
105 OLG Celle v. 31.01.2011, 13 Verg 21/10.
106 Vgl. hierzu die Kommentierung in der Vorauflage, § 115 Rn. 26–28, sowie Thüringer OLG VergabeR
     2002, 165; OLG Dresden VergabeR 2001, 342; OLG Celle VergabeR 2001, 338; VergabeR 2003, 367;
     BayObLG VergabeR 2003, 368; Gröning, VergabeR 2003, 290, 293.

66 Diese Auffassung hat richtigerweise Eingang in das Gesetz gefunden. Nach § 169 Abs. 2 Satz 3 und 4 GWB berücksichtigt die Vergabekammer bei der Interessenabwägung auch die allgemeinen Aussichten des Antragstellers im Vergabeverfahren, den Auftrag zu erhalten. Die Erfolgsaussichten des Nachprüfungsantrages müssen dabei nicht in jedem Fall Gegenstand der Abwägung sein. **Satz 3** hat dabei die Platzierung und die Chance des antragstellenden Bieters, den Zuschlag zu erhalten, im Auge, wenn es um dessen allgemeine Aussichten für den **Auftragserhalt** geht.[107]

67 **Satz 4** hat die bisherige Rechtsprechung sowie auch die Tatsache umgesetzt, dass im Beschwerdeverfahren die Erfolgsaussichten bei der Interessenabwägung berücksichtigt werden. Gleichwohl wurde die Berücksichtigung der Erfolgsaussichten als **nicht zwingend** vorgegeben, weil eine summarische Prüfung der Erfolgsaussichten nach der Gesetzesbegründung die Erteilung des Vorabzuschlages auch ungebührlich verzögern könnte und damit dem überwiegenden Interesse der Allgemeinheit an einem raschen Abschluss des Vergabeverfahrens nicht ausreichend Rechnung getragen würde.[108] Wenn die Vergabekammer über einen Eilantrag zu entscheiden hat, sind die Erfolgsaussichten **regelmäßig** ein **wichtiges Indiz** für die Entscheidungsfindung. Gerade vor dem Hintergrund der möglichen **Aushöhlung des Primärrechtsschutzes** und subjektiven Rechtes des antragstellenden Bieters im Sinne des § 97 Abs. 6 GWB sollten die Erfolgsaussichten **grundsätzlich** bei der Interessenabwägung zunächst ins Blickfeld der Vergabekammer genommen werden. Erst wenn die Tatsachen- und/oder Rechtslage derart komplex ist, dass in vernünftiger Zeit keine einigermaßen im Hinblick auf die Hauptsacheentscheidung sichere Eilentscheidung getroffen werden kann, sollte von der Berücksichtigung der Erfolgsaussichten Abstand genommen werden. –

68 Entsprechend hat die Vergaberechtsprechung reagiert, und festgehalten, dass die Möglichkeit, nach § 169 Abs. 2 Satz 4 GWB auch ohne Berücksichtigung der Erfolgsaussichten zu entscheiden, dies nur auf Fallkonstellationen begrenzt ist, in denen einerseits eine Klärung der Erfolgsaussichten noch Zeit in Anspruch nimmt und zum anderen der Auftraggeber besonders dringlich auf die Leistung angewiesen ist.[109] Damit sind **heute grundsätzlich und regelmäßig die Erfolgsaussichten** des Nachprüfungsantrages bei der Eilentscheidung über die vorzeitige Zuschlagsgestattung zu berücksichtigen, und nur höchst ausnahmsweise von der Berücksichtigung der Erfolgsaussichten im Rahmen der Interessenabwägung abzusehen. Mithin können umgekehrt trotz der grundsätzlichen Zurückhaltung bei einer vorzeitigen Zuschlagsgestattung die Interessen des Antragstellers um so eher zurückgestellt werden, je genauer absehbar ist, dass ein Nachprüfungsantrag erfolglos bleiben wird.[110]

b) Alle möglicherweise geschädigten Interessen (Abs. 2 Satz 1)

69 Bei der Interessenabwägung sind zunächst **alle möglicherweise geschädigten Interessen** zu berücksichtigen.

70 Das Gesetz sagt nicht ausdrücklich, um wessen Interessen es dabei im Einzelnen gehen soll, zieht also **keine personelle Grenze**, sondern stellt vielmehr **rein sachlich** ohne Interesseninhaberdifferenzierung auf die **Möglichkeit** einer Interessenschädigung ab. Daher kommen nicht nur die Interessen des **Antragstellers** oder des **Auftraggebers** in Betracht, sondern mindestens auch die der **Beigeladenen**, zumal deren Verfahrensstatus nach § 162 GWB schon eine schwerwiegende Interessenberührung voraussetzt und daher auch ihre Möglichkeit einer Interessenschädigung bereits wahrscheinlich ist. Hier sind es insbesondere die Interessen des für den Zuschlag vorgesehenen Unternehmens. Der Gesetzgeber hat diesem Unternehmen in der Neufassung des § 169 Abs. 2 Satz 1 GWB nunmehr ein **eigenes Antragsrecht** für eine Vorabgestattung des Zuschlages eingeräumt. Das Unternehmen wird dabei auch seine eigenen geschädigten Interessen darzustellen haben. Diese können nach der derzeit allgemeinen Auffassung jedoch **nicht** in den finanziellen Auswirkungen der Zeitverzögerung

---

107 Gesetzesbegründung BT-Drucks. 16/10117 v. 13.08.2008, zu Nr. 17 (§ 115), bb.
108 Gesetzesbegründung BT-Drucks. 16/10117 v. 13.08.2008, zu Nr. 17 (§ 115), BB dritter Absatz.
109 OLG Düsseldorf v. 09.05.2011, VII-Verg 40/11.
110 OLG Düsseldorf, a.a.O.

durch ein Nachprüfungsverfahren zu sehen sein, denn dieses Risiko trägt der Auftraggeber, mit der Folge, dass das Unternehmen die durch eine spätere Zuschlagserteilung erlittenen Mehrkosten in analoger Anwendung des § 2 Abs. 5 VOB/B gegenüber dem Auftraggeber geltend machen kann.[111]

Darüber hinaus **können im Einzelfall auch Interessen sonstiger Vergabeverfahrensbeteiligter** zu berücksichtigen sein,[112] wobei freilich eine Vorentscheidung in diesem Sinne bereits durch die Beiladungsentscheidung nach § 162 GWB getroffen sein wird. **71**

Maßgebend sind die **konkreten Interessen im Einzelfall.** Aufseiten des **Antragstellers** ist dies in erster Linie das Interesse an einer **Erhaltung von Primärrechtsschutz**, d.h. sein in § 97 Abs. 6 GWB normierter subjektiver Anspruch auf Einhaltung der Vergabevorschriften, der bei einer Gestattung des Zuschlages irreversibel untergehen würde.[113] Hinzu können **wirtschaftliche Interessen** kommen, wenn es einerseits um ein Bauvorhaben von erheblicher Dimension geht,[114] andererseits aber auch dann, wenn das Unternehmen zur Erhaltung oder Schaffung von Arbeitsplätzen oder zur Vermeidung sonstiger betrieblicher Schäden auf die Auftragserteilung angewiesen ist.[115] **72**

Aufseiten des **Auftraggebers** steht auch sein, – nicht nur der Allgemeinheit – bestehendes Interesse an einem zügigen Abschluss des Vergabeverfahrens, das von der zeitlichen Planung her i.d.R. ohne Berücksichtigung von Zeitverlusten durch etwaige Nachprüfungsverfahren auf einen mehr oder weniger konkreten Fertigstellungstermin gerichtet ist. Auch **wirtschaftliche** Interessen des Auftraggebers sind zu berücksichtigen, etwa die Erfüllung nur gegenwärtig vorhandener finanzieller Möglichkeiten oder aber etwaige Ansprüche von mit der Durchführung der Ausschreibung beauftragten Planungsbüros, der nachweislich drohende Verlust von EU-Fördergeldern[116] etc. **73**

Das Argument einer möglichen **Angebotsbindefristüberschreitung** mit der Folge, dass ein oder mehrere Bieter aus dem Kreis der nach Submissionseröffnung günstigsten Bieter möglicherweise nicht mehr zur Verfügung stehen, kann allerdings nach der Entscheidung der **VK Bund** nicht angeführt werden. Denn zum einen führt ein Nachprüfungsverfahren regelmäßig zu einem Überschreiten der Bindefrist, sodass der Antrag gem. § 169 Abs. 2 GWB letztlich stets begründet wäre, wenn dieser Aspekt Eingang in die Interessenabwägung finden würde. Zum anderen werden in der Praxis nahezu ausnahmslos alle Bieter einer Verlängerung der Bindefrist zustimmen, da sie aus eigenem Interesse ihre Chance auf die Zuschlagserteilung werden wahren wollen.[117] Zu der **Gewichtung** der Interessen siehe unten Rdn. 62 ff. **74**

111 BGH 11.05.2009 VII ZR 11/08, IBR 2009, 310, 311 u. 312 – »Vergabeverfahrensrisiko«; BayObLG NZBau 2002, 689 und OLG Jena NZBau 2005, 341; OLG Hamm NZBau 2007, 312; LG Potsdam IBR 2006, 381; OLG Hamm 26.06.2008, 21 U 17/08, VergabeR 2009, 52; LG Köln 17.07.2007, 5 O 22/07; KG NZBau 2008, 180 ff.; LG Hannover 20.02.2008, 11 O 397/05; OLG Saarbrücken 13.05.2008, 4 U 500/07, VergabeR 2009, 43; OLG Celle 25.06.2008, 14 U 14/08; OLG Oldenburg 14.10.2008, 12 U 76/08; Kapellmann NZBau 2007, 401; Kapellmann/Messerschmidt/Planker, VOB-Kommentar A § 19 Rn. 21–25; Ingenstau/Korbion/Portz, VOB-Kommentar, A § 28 Rn. 16; Kniffka Online-Kommentar zum BGB § 31 Rn. 32–38; Palandt/Sprau § 31 Rn. 28; Leinemann, Die Vergabe öffentlicher Aufträge, 3. Auflage 2004, 191; Bitterich NZBau 2007, 354; Breyer/Burdinski, VergabeR 2007, 38; Behrendt BauR 2007, 784; Schlösser ZfBR 2005, 733; Würfele BauR 2005, 1253; Heilfort/Zipfel VergabeR 2005, 38; a.A. nur Dabringhausen VergabeR 2007, 176, nicht überzeugend.
112 BayObLG Beschl. v. 23.01.2003 Verg 2/03 »Altpapierentsorgung« VergabeR 2003, 368.
113 Vgl. VK des Bundes 30.06.1999 VK 2–14/99 S. 6; OLG Celle v. 31.01.2011, 13 Verg 21/10; OLG München v. 09.09.2010, Verg 16/10.
114 Vgl. VK des Bundes 30.06.1999 VK 2–14/99 S. 7.
115 Vgl. Korbion § 115 Rn. 3.
116 Erdmann VergabeR 2008, 908, 911.
117 Vgl. VK des Bundes 30.06.1999 VK 2–14/99 S. 8/9; Dreher in: Immenga/Mestmäcker § 115 zur Bindefristverlängerung siehe ferner BayObLG Beschl. v. 21.05.1999 Verg 1/99 »Trinkwasserstollen« WuW 1999, 1037, 1040 f. = WuW/E Verg 239, sowie oben Rdn. 42.

c) Interesse der Allgemeinheit an einem raschen Abschluss des Vergabeverfahrens (Abs. 2 Satz 1)

75   Bei der Interessenabwägung ist auch das Interesse der Allgemeinheit an einem raschen Abschluss des Vergabeverfahrens zu berücksichtigen. Diese im Gegensatz zur ersten Alternative (»alle möglicherweise geschädigten Interessen«) **besondere Benennung** des Interesses eines **besonderen Interesseninhabers** ist **nicht** dahin gehend zu verstehen, dass das Interesse in dieser allgemeinen Beschreibung **bereits per se** als **besonderes Gewicht** zugunsten einer vorzeitigen Zuschlagserteilung vor der Entscheidung der Vergabekammer in der Hauptsache bei der Interessenabwägung zugrunde zu legen ist. Denn eine solche generelle, abstrakte Betrachtung würde der **Grundentscheidung** des Gesetzgebers **für** eine **zeitliche Verzögerung** durch das automatische Zuschlagsverbot in § 169 Abs. 1 GWB widersprechen. Außerdem hat die Allgemeinheit **generell gesehen** selbstverständlich ebenso ein Interesse an einem **nur rechtsstaatlichen, vergaberechtsgemäßen** Handeln des öffentlichen Auftraggebers; ein Interesse, welches in dieser Allgemeinheit natürlich nicht für eine Interessenabwägung in ein Gesetz besonders aufgenommen und betont werden muss.[118]

76   Das gesetzlich benannte Interesse der Allgemeinheit ist also nicht per se hinzunehmen, sondern **konkret im Einzelfall näher zu verifizieren**.[119] Bloße, allgemein geltende Gründe ohne konkreten Einzelfallbezug wie das generelle öffentliche Interesse an der sparsamen Verwendung von Haushaltsmitteln oder etwa regional-, mittelstands-, beschäftigungspolitische und ökologische Aspekte wie auch überhaupt allgemeine gesamtwirtschaftliche Aspekte sind daher nicht heranzuziehen.[120] **Gründe** für das Interesse an einem raschen Abschluss des Vergabeverfahrens können neben der Verhinderung von Investitionsblockaden der **Schutz der (Volks) Gesundheit, der Aufrechterhaltung und Funktionsfähigkeit des Verkehrs, der Versorgung der Bevölkerung** etc. sein.[121]

d) Interesse der Allgemeinheit an einer wirtschaftlichen Erfüllung der Auftraggeberaufgaben (Abs. 2 Satz 2)

77   Der Gesetzgeber hat allerdings auch betont, und zwar in dem neuen Satz 2 des § 169 Abs. 2 GWB, dass bei der Abwägung das Interesse der Allgemeinheit an einer **wirtschaftlichen Erfüllung der Aufgaben des Auftraggebers** zu berücksichtigen sind. In der zunächst vorgeschlagenen Fassung hieß es noch, dass ein überwiegendes Interesse der Allgemeinheit vorliegt, wenn die wirtschaftliche Erfüllung der Aufgaben des Auftraggebers »gefährdet« ist. Diese vorherige Fassung begründete der Gesetzgeber damit, dass auf Gesetzesebene das Interesse des öffentlichen Auftraggebers an der Erfüllung seiner öffentlichen Aufgabe in wirtschaftlicher und verzögerungsfreier

---

118   Gause in: Willenbruch/Bischoff § 115 Rn. 4.

119   Dreher in: Immenga/Mestmäcker § 115 Rn. 30; Wiedemann VergabeR 2009, 316.

120   Dreher, a.a.O. Rn. 30; Boesen § 115 Rn. 30; Gröning, VergabeR 2003, 290, 295; a.A. wohl Goebel, Gesamtwirtschaftliche Aspekte im vorläufigen Vergaberechtsschutz, 2008, S. 72 ff.; Erdmann VergabeR 2008, 908, 911, 912, allerdings ebenfalls mit der richtigen Auffassung, dass ein abstrakt formuliertes Interesse der Allgemeinheit im Rahmen der Abwägung nicht gewichtet werden kann, S. 913. In diesem Sinne können auch »ganz außergewöhnliche wirtschaftliche Belastungen« eine Vorabgestattung entgegen der Auffassung des OLG Dresden VergabeR 2001, 342, nur rechtfertigen, wenn ein konkreter Auftragsbezug besteht.

121   So hat z.B. der EuGH in der Rechtssache C-45/87 »Kommission/Irland« Slg. 1987, 1369, Beschl. des Präsidenten des Gerichtshofs v. 13.03.1987, einer einstweiligen Anordnung allein deshalb stattgegeben, weil nach einer Interessenabwägung der Zweck des streitigen öffentlichen Bauauftrages, nämlich die Sicherstellung der Wasserversorgung der Einwohner von Dundalk und Umgebung bis spätestens 1990 und die Erhöhung der bestehenden Risiken für die Gesundheit und Sicherheit dieser Einwohner, bei einer Verzögerung der Vergabe dieses Bauauftrags zu der Feststellung führte, dass die Abwägung der fraglichen Interessen zugunsten Irlands ausfällt. Dabei wies der EuGH darauf hin, dass diese Beurteilung bei öffentlichen Bauaufträgen, mit denen andere Zwecke verfolgt werden und bei denen eine Verzögerung bei der Vergabe nicht zu derartigen Risiken für die Gesundheit und die Sicherheit der Bevölkerung führen würde, ganz anders ausfallen könnte; siehe Fischer Entscheidungssammlung Europäisches Vergaberecht I 6; vgl. auch Korbion § 115 Rn. 3.

Weise gestärkt werden solle. Gerade bei großen Bauvorhaben könnten Nachprüfungsverfahren zu Zeitverlusten führen, die das Vorhaben erheblich verteuern. Dann könne die Interessenabwägung ergeben, dass das Interesse des Bieters an der Verhinderung des Zuschlags und seiner Beauftragung gegenüber dem öffentlichen Interesse des Auftraggebers an der zügigen Fertigstellung unter Einhaltung des Kostenrahmens zurückstehen müsse.[122] Davon nahm der Gesetzgeber nach Kritik in der Sachverständigenanhörung und aufgrund europarechtlicher Bedenken Abstand, siehe oben Rdn. 8–11. Die **zwingende** Vorgabe, stets wirtschaftliche Interessen vorrangig bei der Interessenabwägung zu berücksichtigen, hätte in der Praxis im Ergebnis eine fast ständige Vorabgestattung des Zuschlags bedeutet. Der Gesetzgeber entschärfte die Regelung, und betont demgemäß heute nur noch mit der jetzigen Gesetzesfassung die **u.a.** vorzunehmende Berücksichtigung der wirtschaftlichen Aufgabenerfüllung des Auftraggebers bei der Interessenabwägung. Aufgrund dieser Entschärfung kann seine ursprüngliche Gesetzesbegründung nicht mehr gelten. Es stellt sich daher die Frage, welche nähere Bedeutung diese Vorgabe noch hat, zumal **unklar** ist, was im Einzelnen mit einer wirtschaftlichen Erfüllung der Auftraggeberaufgaben gemeint sein soll. Nach der Rechtsprechung trifft den Auftraggeber das Verzögerungsrisiko einer Auftragserteilung aufgrund von Nachprüfungsverfahren.[123] Wenn sich folglich aufgrund etwaiger Mehrvergütungsansprüche des für den Auftrag vorgesehenen Unternehmens die Investition verteuert, so ist dies **allein** jedenfalls kein Grund für eine Vorabgestattung des Zuschlages. Es müssen demgemäß schon darüber hinausgehende, **außergewöhnliche Umstände** sein, die auch **nicht in der Sphäre des Auftraggebers liegen**.[124] Es wird konkret darzulegen sein, warum durch eine Vorabgestattung des Zuschlages, d.h. einer maximal 7 Wochen früheren Beauftragung als bei Abwarten der Hauptsachentscheidung der Auftrag für den Auftraggeber **konkret wirtschaftlicher** wird, und zwar nicht nur in unwesentlichem Maße.

e) Besondere Verteidigungs- und Sicherheitsinteressen

Mit der Neufassung des § 115 Abs. 2 Satz 2 GWB im Jahr 2012 sind bei verteidigungs- oder sicherheitsrelevanten Aufträgen im Sinne des § 99 Abs. 7 GWB (heute § 104) zusätzlich (deren) besondere Verteidigungs- und Sicherheitsinteressen bei der Interessenabwägung zugunsten oder zuungunsten einer vorzeitigen Zuschlagsgestattung zu berücksichtigen. Es geht hier der Sache nach um die Lieferung von Militärausrüstung einschließlich dazugehöriger Teile, Bauteile oder Bausätze, oder der Lieferung von Ausrüstung, die im Rahmen eines Verschlusssachenauftrages vergeben wird, oder Bauleistungen, Lieferungen und Dienstleistungen, die damit in unmittelbaren Zusammenhang stehen,§ 104 GWB. Zu diesem besonderen Auftragsbereich vgl. die Kommentierung zu § 104. Auch hier muss der Auftraggeber seine besonderen Interessen an einer vorzeitigen Zuschlagsgestattung begründet geltend machen, und belegt nicht etwa bereits die zusätzliche Aufnahme dieser »besonderen Verteidigungs- und Sicherheitsinteressen« in § 169 Abs. 2 Satz 2 GWB bereits die Notwendigkeit einer vorzeitigen Zuschlagsgestattung. **78**

Es ist zu beachten, dass die verteidigungs- oder sicherheitsrelevanten Aufträge im Sinne des § 104 GWB **nicht** den sicherheitsrelevanten Bereich meinen, den § 169 Abs. 4 GWB regelt. Denn § 169 Abs. 4 GWB bezieht sich auf den sicherheitsrelevanten Bereich nach der Vorschrift des § 177 Nr. 1–3, § 150 NR. 1 oder 6 GWB, und diese Vorschriften meinen gerade nicht die Aufträge nach § 104 GWB, vgl. § 117 erster Halbsatz. Zu dem Anwendungsbereich des § 169 Abs. 4 GWB siehe unten Näheres. **79**

---

122 BT-Drucks. 16/10117 v. 13.08.2008, zu Nr. 17 (§ 115) b, bb.
123 BGH 11.05.2009 VII ZR 11/08, IBR 2009, 310, 311 u. 312 – »Vergabeverfahrensrisiko«; siehe im Übrigen die Rechtsprechungsangaben in Fn. 103.
124 Wiedemann VergabeR 2009, 316.

f) Interessengewichtung

80 Die nachteiligen Folgen einer Verzögerung der Vergabe bis zum Abschluss der Nachprüfung müssen die damit verbundenen Vorteile **überwiegen**, § 169 Abs. 2 Satz 1 GWB letzter Halbsatz. Für die hierfür erforderliche **Interessengewichtung** gilt folgende **Ausgangslage:**[125]

81 Der Gesetzgeber hat mit der Vorschrift des § 97 Abs. 6 GWB erstmals subjektive Bieterrechte positiv-rechtlich normiert, deren Schutz und Durchsetzung im Nachprüfungsverfahren durch das automatische Zuschlagsverbot nach § 169 Abs. 1 GWB effektiv flankiert wird. Weil einerseits eine Zuschlagsgestattung das **Primärrechtsschutzziel endgültig zunichte** machen würde, andererseits die zeitliche **Verzögerung** des Zuschlags im Normalfall des Vergabekammerverfahrens **höchstens 5 Wochen** betragen würde, vgl. § 167 Abs. 1 Satz 1 GWB, muss das Interesse an einer sofortigen Zuschlagserteilung **von besonderem Gewicht** sein.[126]

82 Die Möglichkeit der Verzögerung durch ein etwaiges **Beschwerdeverfahren** ist **nicht** zu berücksichtigen, da sie zum einen zum Zeitpunkt der Entscheidung über den Gestattungsantrag noch rein hypothetischer Natur ist, zum anderen im Beschwerdeverfahren das automatische Zuschlagsverbot nicht mehr grundsätzlich, sondern nur im Fall des Unterliegens des Auftraggebers vor der Vergabekammer gilt, vgl. § 173 Abs. 3 GWB, und auch in diesem Fall der Auftraggeber nach § 176 Abs. 1 GWB eine vorzeitige Zuschlagsgestattung beantragen kann, für die der dann bestehenden Situation ggf. auch ohne Berücksichtigung der Erfolgsaussichten der Beschwerde Rechnung getragen werden kann.[127]

83 **Anders** dürfte hingegen die **konkrete Möglichkeit einer Verlängerung des Vergabekammerverfahrens** nach § 167 Abs. 1 Satz 2 GWB zu beurteilen sein. Wenn sich eine solche Verlängerung zum Zeitpunkt der Entscheidung über den Gestattungsantrag nach § 169 Abs. 2 Satz 1 GWB bereits abzeichnet, ist diese Zeitverlängerung nicht mehr hypothetisch und damit zu berücksichtigen. Nach der Neufassung des § 167 Abs. 1 GWB soll der Verlängerungszeitraum nunmehr aber nicht länger als 2 Wochen dauern. Dies wurde aufgenommen, um eine noch schnellere Entscheidung der Vergabekammer herbeizuführen. Für eine etwaige Vorabgestattung des Zuschlages bedeutet dies deren stärkere Begrenzung, da nicht mit einer längeren Dauer des Vergabekammerverfahrens als 7 **Wochen** (5 Wochen + zwei Verlängerungswochen) argumentiert werden kann.

84 Bei dem zu bestimmenden **Umfang der Zuschlagsverzögerung** ist i.d.R. also nur der Zeitraum zwischen erlaubter Zuschlagserteilung (zwei Wochen nach Bekanntgabe der Eilentscheidung, § 169 Abs. 2 Satz 1 Halbsatz 1 GWB) und regulärem Vergabekammerverfahrensabschluss zu berücksichtigen (zwei Wochen nach Zustellung der Hauptsacheentscheidung). Das sind im Extremfall knapp 5, bei Verlängerung **höchstens 7** Wochen.

85 Angesichts dessen muss die vorzeitige Zuschlagsgestattung so wichtig sein, dass eine Überschreitung der vorgesehenen Zuschlagsfrist die Auftragsdurchführung – vergleichbar mit einem **Fixgeschäft** – unmöglich oder hinfällig machen würde.[128] Angesichts der Gesetzesthematik überwiegen nur solche Gründe, die den zu vergebenden Auftrag **so streng fristgebunden** erscheinen lassen, dass eine Überschreitung der bei der Ausschreibung vorgesehenen Zuschlagsfristen seine Durchführung unmöglich machen oder in unzumutbarer Weise verzögern würde. Das gilt auch, wenn die entstehende Verzögerung geeignet ist, die Funktionsfähigkeit und die wirtschaftliche Aufgabenerfüllung des Auftraggebers **spürbar** zu beeinträchtigen, wobei diese Beeinträchtigung mit hinreichender Wahrscheinlichkeit zu erwarten sein muss.[129] Immer ist zu beachten, dass die Möglichkeit einer

---

125 Vgl. VK des Bundes 30.06.1999 VK 2–14/99 S. 6 ff.
126 Vgl. VK des Bundes 30.06.1999 VK 2–14/99 S. 6/7; Wiedemann VergabeR 2009, 316; OLG Celle v. 31.01.2011, 13 Verg 21/10.
127 Vgl. VK des Bundes 30.06.1999 VK 2–14/99 S. 8; Thüringer OLG »Talsperren« NZBau 2005, 341 ff.; OLG Celle v. 31.01.2011, 13 Verg 21/10.
128 Vgl. VK des Bundes 30.06.1999 VK 2–14/99 S. 7.
129 VK Arnsberg v. 16.12.2013, VK 21/13.

Interimsvergabe als das mildere Mittel vor einer einen endgültigen Zustand schaffenden Vorabgestattung des Zuschlages zu bevorzugen ist.[130]

Bei dem Argument der **Verschiebung des Fertigstellungstermins** selbst ist die **Länge der Ausführungszeit** maßgebend, wobei allerdings einerseits eine Überschreitung des Fertigstellungstermins um wenige Wochen zu den üblichen Risiken gehört, die jedenfalls im Bausektor ein sorgfältiger Bauherr bei seiner Fristenplanung von vornherein berücksichtigen muss, andererseits je nach Länge der Ausführungszeit Möglichkeiten einer Bauzeitverkürzung durch Beschleunigungsarbeit ebenfalls zu berücksichtigen sind.[131] 86

Schließlich ist im Einzelfall auch entscheidend, wie das Vergabeverfahren bereits vor Einleitung des Nachprüfungsverfahrens im Einzelnen abgelaufen ist. Wenn sich aus den Vergabeakten konkrete Umstände dafür ergeben, dass durch **Verschulden** in der **Sphäre des Auftraggebers** das Vergabeverfahren bereits unnötig in die Länge gezogen wurde, kann der Auftraggeber nicht ausgerechnet im Nachprüfungsverfahren zulasten des Primärrechtsschutzes des Antragstellers und/oder der Beigeladenen die selbst versäumte Zeit per vorzeitiger Zuschlagsgestattung im Eilverfahren wieder aufholen wollen (**widersprüchliches Verhalten**). Bei einer solchen »**hausgemachten Zeitnot**« ist das überwiegende Interesse des Auftraggebers für eine vorzeitige Zuschlagserteilung grundsätzlich zurückzuweisen.[132] Deshalb werden Eilanträge zu Recht zurückgewiesen, wenn die Vergabestelle bei der Planung und Vorbereitung des Vergabeverfahrens die Möglichkeit von Nachprüfungsverfahren nicht einkalkuliert bzw. überhaupt den Zeitplan für die Durchführung des Vergabeverfahrens extrem knapp bemessen hat.[133] Letztendlich ist aber auch hier der **Einzelfall** entscheidend. Denn nur wenn die Entscheidung der Nachprüfungsinstanz in zeitlicher Hinsicht **absehbar** ist, »rächt« sich das Verschulden des Auftraggebers bei der Verzögerung des Vergabeverfahrens. Wenn aber **zum Zeitpunkt** der Antragstellung auf vorzeitige Zuschlagsgestattung das Ende des Nachprüfungsverfahrens noch gar nicht abzusehen ist, sind die zu dem Zeitpunkt vorliegenden objektiven Tatbestandsvoraussetzungen des § 169 Abs. 2 GWB maßgebend dafür, ob dem Antrag auf Zuschlagsgestattung (noch) stattzugeben ist oder nicht. Auf die vorherige Zeitverzögerung des Auftraggebers kommt es dann nicht an, und auch nicht darauf, ob der Auftraggeber den Eilantrag auf vorzeitige Zuschlagsgestattung schon früher hätte stellen können oder nicht.[134] 87

Insgesamt kommt es unter Maßgabe der vorgenannten Gesichtspunkte auf die **konkreten Umstände des Einzelfalles** an. Aus der Rechtsprechung seit Inkrafttreten des Vergaberechtsänderungsgesetzes ist festzustellen, dass in der Regel die Eilanträge zuungunsten des öffentlichen Auftraggebers ausfallen. Das ist deshalb nicht verwunderlich, weil die Eilbedürftigkeit grundsätzlich größer als die ohnehin schon recht kurze 5-Wochen-Entscheidungsfrist der Vergabekammer sein muss, darüber hinaus der Primärrechtsschutz richtigerweise eine extreme Bedeutung hat. So wurde selbst der aufgrund einer einjährigen Dauer des Vergabeverfahrens inkl. Nachprüfungsantrag eingetretene Zeitverlust nicht durch Vorabgestattung des Zuschlags teilweise kompensiert.[135] Es muss ferner unberücksichtigt bleiben, wenn aufgrund einer notwendigen Bindefristverlängerung der möglicherweise der Vergabestelle genehme Bieter dieser nicht zustimmt und daher für den Auftrag nicht mehr zur Verfügung steht.[136] Auch die dem Auftraggeber möglicherweise drohende Vertragsstrafe 88

---

130 OLG Düsseldorf v. 20.07.2015, VII – Verg 37/15.
131 Vgl. VK des Bundes 30.06.1999 VK 2–14/99 S. 9.
132 Gause in: Willenbruch/Bischoff § 115 Rn. 4; Wiedemann, VergabeR 2009, 316.
133 BayObLG Beschl. v. 23.01.2003 Verg 2/03 »Altpapierentsorgung« VergabeR 2003, 368; OLG Celle Beschl. v. 21.03.2001 13 Verg 4/01 VergabeR 2001, 338; OLG Celle 17.01.2003, 13 Verg 2/03, VergabeR 2003, 367, 368; OLG Dresden 14.06.2001 W Verg 0004/01 VergabeR 2001, 342; Thüringer OLG »Talsperren« NZBau 2005, 341 ff.
134 OLG Celle v. 31.01.2011, 13 Verg 21/10.
135 OLG Celle Beschl. v. 21.03.2001 13 Verg 4/01 VergabeR 2001, 338, 340.
136 OLG Celle Beschl. v. 21.03.2001 13 Verg 4/01 VergabeR 2001, 338, 340.

aufgrund einer verzögerten Betriebsaufnahme reicht nicht aus,[137] da der Gesetzgeber mit dem Primärrechtsschutz der Zuschlagssperre des § 169 Abs. 1 GWB solche Verzögerungen bewusst in Kauf genommen hat. Im Gegenteil, die Zeitverzögerungen gehen nach der Entscheidung des **Thüringer OLG** zulasten der Vergabestelle, die diese bei Vorliegen der Voraussetzungen analog der § 2 Abs. 5 VOB/B zu erstatten hat.[138] So verbleiben allenfalls gravierende und nicht anders abwendbare Notsituationen, beispielsweise für die Sicherheitslage in einem betreffenden Bundesland.[139] Der die Vorabgestattung Begehrende hat **darzulegen und nachzuweisen**, dass noch nicht einmal der maximale Zeitrahmen von 5 bzw. 7 Wochen bis zur Hauptsacheentscheidung der Vergabekammer abgewartet werden kann. Der Nachweis der **Eilbedürftigkeit** kann durch **konkrete eidesstattliche Erklärung** erbracht werden.[140] Die Interessen des Antragstellers können bei der Interessenabwägung umso eher zurückgestellt werden, je genauer absehbar ist, dass sein Nachprüfungsantrag **erfolglos** bleiben wird (grundsätzliche Berücksichtigung der Erfolgsaussichten).[141] Je **später** im Vergabekammerverfahren der Eilantrag auf Vorabgestattung gestellt wird, desto geringer dürften allerdings grundsätzlich dessen Erfolgsaussichten sein.

II. Besonderes, eigenständiges Beschwerdeverfahren

1. Besonderes Beschwerdeverfahren nach Eilentscheidung der Vergabekammer (Abs. 2 Satz 8)

89 Hat die Vergabekammer auf einen Zuschlagsgestattungsantrag nach § 169 Abs. 2 Satz 1 GWB hin entschieden, sei es positiv oder negativ, so stellt § 169 Abs. 2 Satz 8 GWB **klar**, dass gegen diese Entscheidung **nicht auch** eine sofortige Beschwerde nach § 171 Abs. 1 GWB zulässig ist, vielmehr die Anrufung des Beschwerdegerichts nach § 169 Abs. 2 Satz 5 oder Satz 6 GWB ein **besonderes, eigenständiges Beschwerdeverfahren** nach der Eilentscheidung der Vergabekammer darstellt.

90 Je nach Ausgang der Vergabekammer-Eilentscheidung ist das besondere, eigenständige Beschwerdeverfahren auf die Wiederherstellung des Zuschlagsverbots oder die (erstmalige) Gestattung der Zuschlagserteilung gerichtet.

2. Anzuwendende Vorschriften (Abs. 2 Satz 7)

a) § 176 Abs. 2 Satz 1 und 2 und Abs. 3 GWB

91 Für das Verfahren vor dem Beschwerdegericht, also sowohl im »Zuschlagswiederherstellungs-« als auch im »Zuschlagsgestattungsverfahren«, erklärt § 169 Abs. 2 Satz 7 GWB die Verfahrensvorschrift des § 176 Abs. 2 Satz 1 und 2 GWB aus dem sofortigen Beschwerdeverfahren der §§ 171 ff. GWB **ausdrücklich** für entsprechend anwendbar. Damit ist jedenfalls klargestellt, dass der Antrag vor dem Beschwerdegericht **schriftlich** zu stellen und **gleichzeitig** zu **begründen** ist, ferner die zur Begründung des Antrags vorzutragenden Tatsachen sowie der Grund für die Eilbedürftigkeit **glaubhaft** zu machen sind (vgl. § 176 Abs. 2 Satz 1 und 2 GWB), und zwar durch **konkrete eidesstattliche Erklärungen.**[142]

92 Mit der Ergänzung der Verweisung auch auf den § 176 Abs. 3 GWB wird eine Entscheidung des Beschwerdegerichts innerhalb von **5 Wochen** ebenso wie im Verfahren über die Vorabentscheidung über den Zuschlag nach § 176 GWB erreicht.[143] Damit gilt einheitlich eine 5-Wochen-Frist für das

---

137 OLG Celle Beschl. v. 21.03.2001 13 Verg 4/01 VergabeR 2001, 338, 340.

138 OLG Jena Urt. v. 22.03.2005 8 U 318/04 »Talsperren« NZBau 2005, 341 ff.

139 Thüringer OLG Beschl. v. 14.11.2001 6 Verg 6/01 »Polizeieinsatzleitsystem« VergabeR 2002, 165, 166 ff.

140 So instruktiv der Fall des OLG Celle v. 31.01.2011, 13 Verg 21/10, zur ausnahmsweise erlaubten, vorzeitigen Zuschlagsgestattung unter dem Aspekt der Aufrechterhaltung der öffentlichen Sicherheit im Bereich der allgemeinen polizeilichen Tätigkeit sowie des Brand- und Rettungsschutzes bei einem Auftrag zur Umstellung von analogen auf digitalen Polizeifunk.

141 OLG Düsseldorf v. 09.05.2011, VII – Verg 40/11.

142 OLG Celle v. 31.01.2011, 13 Verg 21/10.

143 Gesetzesbegründung BT-Drucks. 16/10117 v. 13.08.2008, zu Nr. 17 (§ 115), zu dd).

Beschwerdegericht, wenn dieses über eine vorzeitige Zuschlagsgestattung oder die Wiederherstellung des Zuschlagsverbots entscheiden soll, sei es durch erstmalige Anrufung im Rahmen des § 176 GWB, oder im besonderen, eigenständigen Beschwerdeverfahren nach einer Eilentscheidung der Vergabekammer.

b) Analoge Anwendung weiterer Vorschriften des Beschwerdeverfahrens

Es stellt sich die Frage, ob die ausdrückliche Verweisung **abschließenden Charakter** hat oder weitere Verfahrensvorschriften des Beschwerdegerichtsverfahrens analog anzuwenden sind. Die Tatsache, dass der Gesetzgeber das Thema der Anwendbarkeit von Verfahrensvorschriften aus dem Beschwerdeverfahren mit § 169 Abs. 2 Satz 7 GWB **ausdrücklich** geregelt hat, spricht im Wege des Umkehrschlusses gegen eine analoge Anwendung **weiterer** Vorschriften, des Weiteren Satz 8 des § 169 Abs. 2.[144]   **93**

Die Entstehungsgeschichte[145] zeigt, dass der Gesetzgeber ausdrücklich die Form- und Fristvorschrift des heutigen § 172 GWB nicht wollte und **stattdessen** auf die **Formvorschrift** des Eilverfahrens nach § 176 Abs. 2 Satz 1 und 7 GWB zurückgegriffen hat. Da die **Fristenregelung** in § 172 Abs. 1 GWB für das gesonderte Eil-Beschwerdeverfahren nach § 169 Abs. 2 GWB sowieso keinen Sinn macht,[146] lässt sich aus der Gesetzesentwicklung schließen, dass es dem Gesetzgeber mit der Anwendbarkeitsregelung in § 169 Abs. 2 Satz 4 GWB **nur darauf ankam**, die Frage nach der anzuwendenden **Formvorschrift** aus dem sofortigen Beschwerdeverfahren nach §§ 171 ff. GWB **klarzustellen**, nämlich sinnvollerweise die Formvorschrift des Eilverfahrens, § 176 Abs. 2 Satz 1 und 2 GWB, im Gegensatz zur Formvorschrift des Hauptsacheverfahrens, § 172 GWB, zu bestimmen.   **94**

Der Verzicht ist auf die Frist- und Formvorschriften des § 172 beschränkt. Im Übrigen sind die Verfahrensvorschriften der §§ 171 ff. analog anzuwenden.[147] Die analoge Anwendung bedeutet beispielsweise, dass die Eil-Beschwerdeentscheidung entsprechend § 176 Abs. 3 Satz 2 GWB – nach Anhörung – auch **ohne mündliche Verhandlung** ergehen kann[148] und sie entsprechend Satz 4 des § 176 Abs. 3 GWB zu begründen ist, ferner auf § 175 GWB mit seinen weiteren Verweisen auf Verfahrensvorschriften analog zurückzugreifen ist.[149]   **95**

c) Anwaltszwang

Ob der Gesetzgeber aufgrund der dargestellten Gesetzesentwicklung **auch** die Vorschrift des **§ 172 Abs. 3 GWB** über den **Rechtsanwaltszwang** vor dem Beschwerdegericht ausschließen wollte,[150] darf **bezweifelt** werden. Dafür spricht, dass der Gesetzgeber den Vorschlag des Bundesrates zur Anwendung des (ganzen) § 172 GWB zurückgewiesen hat, ferner der Umstand, dass generell im Verfahren vor der Vergabekammer kein Anwaltszwang besteht, und sich **nur** der Antragsteller des   **96**

---

144 Jaeger in: Byok/Jaeger § 118 Rn. 1166; Dreher in: Immenga/Mestmäker § 115 Rn. 41; Reidt in: Reidt/Stickler/Glahs § 115 Rn. 55.

145 Vgl. die Gegenüberstellung der verschiedenen Fassungen zu § 125 GWB-E in der Beschlussempfehlung des Ausschusses für Wirtschaft, Drucks. 13/10328 S. 13, die Stellungnahme des Bundesrates v. 07.11.1997, Drucks. 646/97 Ziff. 28a S. 16/17, sowie die Gegenäußerung der Bundesregierung zu Nr. 28, Drucks. 13/9340 S. 50.

146 Die Fristvorschrift des § 172 Abs. 1 mit ihrer Einräumung eines Zwei-Wochen-Zeitraums für Antrag und Begründung passt nicht auf das Eil-Beschwerdeverfahren nach § 169 Abs. 2 GWB, da allein im Fall des Wiederherstellungsantrages nach § 169 Abs. 2 Satz 2 GWB wegen der Zuschlagsmöglichkeit des Auftraggebers schon nach zwei Wochen seit Zuschlagsgestattung durch die Vergabekammer (§ 169 Abs. 2 Satz 1 GWB) die Ausschöpfung keinen Sinn macht und höchst gefährlich für den Antragsteller ist, weil bis zur Entscheidung des Beschwerdegerichts der Zuschlag erteilt werden könnte.

147 Vgl. im Ergebnis auch Tillmann WuW 1999, 342, 345.

148 OLG Düsseldorf v. 09.05.2011, VII – Verg 40/11.

149 Vgl. Tillmann WuW 1999, 342, 345.

150 So auch Jaeger in: Byok/Jaeger § 118 Rn. 1166.

»Zuschlagswiederherstellungsverfahrens« nach § 169 Abs. 2 Satz 2 GWB extra für dieses Eilverfahren einen Rechtsanwalt nehmen müsste, im Übrigen die gesamte erste Instanz ohne ihn führen könnte.[151] Dagegen spricht, dass der Gesetzgeber mit § 169 Abs. 3 GWB den auch gem. § 78 Abs. 1 ZPO vor den Oberlandesgerichten **üblichen Anwaltszwang** wahren wollte, und zwar zur entsprechenden rechtlichen Aufbereitung des Prozessstoffes.[152] So wird es in der Praxis auch gehandhabt.

3. Wiederherstellung des Zuschlagsverbots durch das Beschwerdegericht (Abs. 2 Satz 5)

97   Gestattet die Vergabekammer dem Auftraggeber nach § 169 Abs. 2 Satz 1 GWB den Zuschlag, so kann das Beschwerdegericht nach § 169 Abs. 2 Satz 5 GWB auf Antrag das Zuschlagsverbot wiederherstellen.

98   **Antragsberechtigt** sind neben dem **Antragsteller** des Nachprüfungsverfahrens **auch** die nach § 162 GWB Beigeladenen.[153] In der Gesetzesbegründung ist zwar nur der Antragsteller genannt,[154] jedoch kann auch den Beigeladenen, die für den Zuschlag nach der (angegriffenen) Zuschlagsentscheidung nicht vorgesehen sind, der vom Gesetzgeber erwähnte und zu vermeidende Rechtsverlust drohen, wenn die Vergabekammer die Zuschlagserteilung gestattet.[155] Dies wird auch deutlich durch das neue Recht des für den Zuschlag vorgesehenen (und in der Regel beigeladenen) Unternehmens, eine Vorabgestattung des Zuschlages zu beantragen. Das bedeutet umgekehrt auch die Möglichkeit der anderen Beigeladenen, sich dagegen wehren zu können.

99   Da das Beschwerdegericht die Vergabekammerentscheidung überprüft, nimmt es der Sache nach die **gleiche Interessenabwägung** wie die Vergabekammer nach § 169 Abs. 2 Satz 1–4 GWB vor.

100   Im zweiten Hs. des § 169 Abs. 2 Satz 2 GWB ist mit dem Hinweis auf § 168 Abs. 2 Satz 1 GWB ausdrücklich klargestellt, dass ein bereits erteilter Zuschlag nicht mehr vom Beschwerdegericht aufgehoben werden kann. Das bedeutet im Ergebnis, dass wegen der **Beendigung des Zuschlagsverbots zwei Wochen** nach Zuschlagsgestattung durch die Vergabekammer **das Beschwerdegericht** über den Wiederherstellungsantrag **innerhalb dieser zwei Wochen** bereits entschieden haben muss, soll der Primärrechtsschutz des Antragstellers nicht leer laufen.[156]

101   Angesichts dessen erscheint es sachgerecht, wenn das Beschwerdegericht unter Bezugnahme auf allgemeine verfahrensrechtliche Grundsätze das Zuschlagsverbot **zunächst einstweilen verlängert**, jedenfalls dann, wenn sich das Beschwerdegericht selbst nicht in der Lage sieht, selbst unter Berücksichtigung des im Eilverfahren geltenden, herabgesetzten Beweismaßes innerhalb der zwei Wochen über den Wiederherstellungsantrag abschließend zu entscheiden.[157] Dem Antragsteller kann es grundsätzlich nicht zum Nachteil gereichen, wenn er den Antrag erst gegen Ende der zweiwöchigen Frist stellt, es sei denn, es sind bereits Anhaltspunkte dafür ersichtlich, dass der Antrag unter Missbrauchs- oder ähnlichen Gesichtspunkten gestellt wird.[158] Dies gilt auch dann, wenn das Zuschlagsverbot bereits nicht mehr gilt und wiederherzustellen ist, sodass mithin ein **einstweiliges Zuschlagsverbot** bis zur Entscheidung über den Eilantrag möglich ist.[159] Diese Möglichkeit der

---

151   So Tillmann WuW 1999, 342, 344.
152   Vgl. die Begründung zum Regierungsentwurf zu § 127 Abs. 3 GWB-E, Drucks. 13/9340 S. 21.
153   Vgl. Tillmann WuW 1999, 342, 343.
154   Vgl. die Begründung zum Regierungsentwurf zu § 125 Abs. 2 GWB-E, Drucks. 13/9340.
155   Vgl. die Begründung zum Regierungsentwurf zu § 125 Abs. 2 GWB-E, Drucks. 13/9340; Korbion § 115 Rn. 6.
156   Vgl. auch Gröning ZIP 1999, 181, 184, der diese Regelung zu Recht als heimtückisch bezeichnet.
157   So im Ergebnis das KG Beschl. v. 06.07.1999 KartVerg. 4/99 S. 2 ff. zu dem Parallelfall des § 118 Abs. 1 Satz 2 und 3 GWB; OLG Düsseldorf 30.04.2008, VII–Verg 23/08, VergabeR 2008, 835, 839 – »Oberstolberg«; vgl. auch Tillmann WuW 1999, 342, 347; Jaeger in: Kapellmann/Vygen, Jahrbuch Baurecht 2000.
158   Vgl. KG Beschl. v. 06.07.1999 KartVerg. 4/99 S. 2 ff.
159   OLG Düsseldorf v. 07.06.2010, VII – Verg 26/10 – »Flughafen Berlin-Brandenburg« in einem Fall nach § 115 Abs. 4 Satz 2 GWB bzw. des entsprechenden Ablaufs des dortigen Zuschlagsverbots.

einstweiligen Verlängerung dürfte nicht zuletzt auch aus **rechtsstaatlichen Grundsätzen (Art. 19 Abs. 4 GG)** geboten sein, da es schon einen außergewöhnlichen Akt darstellt, wenn der Gesetzgeber eine Rechtsschutzmöglichkeit zwar zulässt, de facto diese aber **nahezu unmöglich ausgestaltet** wird, wenn nämlich beide, der Betroffene für seine formgemäße Antragstellung (schriftlich mit glaubhaft zu machender Begründung, gegebenenfalls noch mit zeitraubender Anwaltskonsultierung) **und** das Oberlandesgericht für seine Beweiswürdigung und Entscheidung, gegebenenfalls unter Anhörung des Beschwerdegegners, zusammen gerade einmal zwei Wochen inklusive Wochenende Zeit haben.[160] So wird es von der Praxis mittlerweile auch gehandhabt.[161]

4. Gestattung des Zuschlags durch das Beschwerdegericht (Abs. 2 Satz 6)

Wenn die Vergabekammer den Zuschlag nach § 169 Abs. 2 Satz 1 GWB nicht gestattet, kann das Beschwerdegericht auf Antrag des Auftraggebers den **sofortigen Zuschlag** gestatten, § 169 Abs. 2 Satz 6 GWB. **102**

Wegen der Bezugnahme auf die Voraussetzungen der Sätze 1–4 des § 169 Abs. 2 GWB hat das Beschwerdegericht die **gleiche Interessenabwägung** wie die Vergabekammer vorzunehmen.[162] **103**

Da gegen diese Entscheidung der zweiten Instanz **kein Rechtsmittel** mehr möglich ist, hat der Gesetzgeber folglich die Rechtsfolge der **sofortigen** Zuschlagsgestattung bestimmt. Die zweimalige Überprüfung des Zuschlagsgestattungsantrages durch Vergabekammer und Beschwerdegericht bilden insoweit auch ein ausreichendes Rechtsschutzverfahren, selbst wenn im Anschluss an die Eilentscheidung des Beschwerdegerichts die Vergabekammer in der Hauptsache zu einem anderen Ergebnis gelangen und einen Vergaberechtsverstoß feststellen sollte, und zwar bei einer vom Auftraggeber wahrgenommenen Zuschlagserteilung in dem dann zu beschreitenden Fortsetzungsfeststellungsverfahren nach § 168 Abs. 2 GWB. **104**

Der Antrag muss der Form des § 176 Abs. 2 Satz 1 und 2 GWB entsprechen. Für juristische Personen des öffentlichen Rechts besteht in jedem Fall kein Anwaltszwang (§ 172 Abs. 3 Satz 2 GWB). **105**

D. Eilverfahren vor der Vergabekammer für Maßnahmen außerhalb der Zuschlagserteilung (Abs. 3)

I. Antragsberechtigte

In § 169 Abs. 3 GWB ist schließlich die Möglichkeit geregelt, dass die Vergabekammer – und in analoger Anwendung auch das OLG[163] – im Eilverfahren auf besonderen Antrag hin auch **mit anderen vorläufigen Maßnahmen** als der Zuschlagserteilung nach § 169 Abs. 2 GWB in das Vergabeverfahren eingreifen kann. Es geht dabei um die Vermeidung einer Beeinträchtigung der **Rechte des Antragstellers**, sodass im Gegensatz zum Wiederherstellungsantrag nach § 169 Abs. 2 Satz 5 GWB **nur dieser** und nicht die auch nach § 162 GWB Beigeladenen **antragsberechtigt** sind.[164] Wenn **106**

---

160 Gröning spricht zu Recht von »Grenzen der legislatorischen Seriosität« ZIP 1999, 181, 183.

161 Siehe hierzu auch Dreher in: Immenga/Mestmäcker § 115 Rn. 41; Boesen VergabeR, § 115 Rn. 50; Prieß, Handbuch des Europäischen Vergaberechts, S. 390.

162 OLG Düsseldorf v. 09.05.2011, VII – Verg 40/11: Es wäre unsinnig, wenn Vergabekammer und Beschwerdegericht unterschiedliche Maßstäbe ansetzen würden.

163 OLG Celle 15.07.2004 13 Verg 11/04; OLG Brandenburg v. 10.01.2013, Verg W 8/12; VK Bund 12.12.2000, VK 2–38/00; KG 24.05.2007, 2 Verg 10/07; OLG Düsseldorf 30.04.2008, VII–Verg 23/08, NZBau 2008, 461 = VergabeR 2008, 835 – »Oberstolberg«; OLG Düsseldorf 14.05.2008, VII–Verg 27/08, VergabeR 2008, 661 – »Sporthalle«; OLG Brandenburg 06.10.2006, Verg W 6/06, VergabeR 2007, 529 – »Schienenanbindung«; OLG Naumburg 09.08.2006, 1 Verg 11/06, ZfBR 2006, 817; 31.07.2006, 1 Verg 6/06, NZBau 2007, 261; Byok/Goodarzi WuW 2004, 1024, 1026/1027; Dreher in: Immenga/Mestmäcker § 115 Rn. 53; OLG Düsseldorf 20.10.2008, Verg 46/08, VergabeR 2009, 173 – »Alpha-Blocker«.

164 So auch Reidt in: Reidt/Stickler/Glahs § 115 Rn. 71; Dreher in: Immenga/Mestmäcker § 115 Rn. 49; a.A. Boesen § 115 Rn. 58.

der Antragsteller **zur Sicherung** seiner Rechte einen **tieferen Eingriff** in den Ablauf des Vergabeverfahrens für notwendig hält, kann er solche entsprechenden weiteren sichernden Maßnahmen bis hin zu der Festlegung beantragen, der Auftraggeber müsse das **Verfahren vollkommen ruhen lassen**.[165] Wenn es nämlich beispielsweise darum geht, dass ein zusätzlicher Auftrag (»Nachtrag«), einen Forumskeller abzureißen, vollendete Tatsachen schaffen würde, so kann die Vergabekammer nach § 169 Abs. 3 GWB dem Auftragnehmer des Nachtrages untersagen, die bereits begonnenen Abrissleistungen fortzuführen.[166] Das gleiche gilt, wenn dem Auftraggeber infolge der Erörterungen vor dem Vergabesenat bewusst ist, dass die erteilten Aufträge an die Beigeladenen unwirksam sind und eine zumindest teilweise Wiederholung des Vergabeverfahrens notwendig ist, der Auftraggeber jedoch die bereits begonnenen Holzeinschlagsarbeiten fortführen lässt. Dann kann in analoger Anwendung des § 169 Abs. 3 GWB der Vergabesenat des OLG mit dem Erlass einer einstweiligen Anordnung arbeiten, und zwar selbst nach Schluss der mündlichen Verhandlung, wenn der Auftraggeber nämlich die Holzeinschlagsarbeiten fortsetzen lässt, so dass dem Antragsteller verwehrt ist, sich hinsichtlich der noch ausstehenden Restarbeiten erneut an der zu wiederholenden Vergabe mit einem Angebot beteiligen zu können.[167]

II. Maßnahmenanordnungsbefugnis des Beschwerdegerichts

107 Anträge bei der Vergabekammer nach § 169 Abs. 3 GWB können nach einer Entscheidung des VK Bund nur solange gestellt werden, wie das Nachprüfungsverfahren noch bei der Vergabekammer anhängig ist.[168] Das kann allerdings nur dann gelten, wenn das Nachprüfungsverfahren zwar vor der Vergabekammer abgeschlossen, jedoch in der Beschwerdeinstanz noch anhängig und nicht entschieden ist.[169] Denn dann hat nach der insoweit richtigen Auffassung des **VK Bund**[170] der Antragsteller die Möglichkeit, eine Eilentscheidung des Vergabesenates herbeizuführen. Wenn also wie im Fall des VK Bund der Vergabestelle durch Beschluss der Vergabekammer die Zuschlagserteilung an die Beigeladene untersagt worden ist, die Vergabestelle der Beigeladenen aber während des laufenden Beschwerdeverfahrens aufgegeben hat, die Bautätigkeit schon zu beginnen (faktische Vollziehung), dann ist, wie die Vorschriften des § 173 Abs. 2 und § 176 GWB zeigen, für solche selbstständigen Zwischenentscheidungen das Beschwerdegericht zuständig, auch wenn § 169 Abs. 3 GWB eine solche Entscheidung über weitere vorläufige Eilmaßnahmen der Vergabekammer zuordnet. Denn wenn die Hauptsache in II. Instanz anhängig ist, macht es auch aus verfahrensökonomischen Gründen keinen Sinn, nur aufgrund des Wortlautes des § 169 Abs. 3 GWB (»[...] kann die **Kammer** auf besonderen Antrag mit weiteren vorläufigen Maßnahmen in das Vergabeverfahren eingreifen«) die Vergabekammer (nochmals) einzuschalten, zumal deren Entscheidung nicht selbstständig anfechtbar ist (§ 169 Abs. 3 Satz 3 GWB), sondern einheitlich mit der – beim Beschwerdegericht bereits anhängigen – Beschwerde angegriffen werden müsste. Mittlerweile bejaht die Rechtsprechung auch eine Befugnis des **Beschwerdegerichtes** für die Anordnung von Maßnahmen außerhalb der Zuschlagserteilung, in analoger Anwendung des § 169 Abs. 3 GWB.[171]

III. Akzessorietät von Hauptsache- und Eilverfahren

108 Ist hingegen das Nachprüfungsverfahren bereits vollständig beendet, die Untersagung der Zuschlagserteilung also rechtskräftig, fehlt es für ein Eilverfahren nach § 169 Abs. 3 GWB an dem erforderlichen (»akzessorischen«) Hauptsacheverfahren. Dies wird ebenfalls aus § 169 Abs. 3 Satz 3

---

165 Vgl. die Begründung zum Regierungsentwurf zu § 125 Abs. 3 GWB-E, Drucks. 13/9340 S. 20; Byok in: Byok/Jaeger § 115 Rn. 1105.
166 VK Bund v. 07.07.2014, VK 2-47/14.
167 OLG Brandenburg v. 10.01.2013, Verg W 8/12.
168 VK Bund 12.12.2000 VK 2–38/00.
169 So der Fall des VK Bund 12.12.2000 VK 2–38/00.
170 VK Bund 12.12.2000 VK 2–38/00.
171 Siehe die Nachweise in Fn. 163; OLG Brandenburg v. 10.01.2013, Verg W 8/12; ferner Wiedemann VergabeR 2009, 316, der zu Recht einen entsprechenden, klarstellenden Hinweis im Gesetzestext vermisst.

GWB deutlich. Denn diese Vorschrift bedeutet im Umkehrschluss, dass die Entscheidung der Vergabekammer in jedem Fall mit der Beschwerde gegen die Hauptsache überprüft werden kann, was aber mangels eines Hauptsacheverfahrens schwerlich möglich wäre. Ohnedies ist der (ehemalige) Antragsteller aber nicht schutzlos gestellt. Denn wenn wie im Fall des VK Bund die Vergabestelle die verbotene bzw. erst nach Durchführung einer erneuten Wertung allenfalls mögliche Zuschlagserteilung faktisch durch Baubeginntätigkeiten der (ehemals) Beigeladenen vollziehen lässt, dürfte dem (ehemaligen) Antragsteller das **Vollstreckungsrecht** nach § 168 Abs. 3 Satz 2 GWB weiterhelfen. Nach dessen Neuregelung stehen den Vergabekammern zur effektiven Durchsetzung ihrer Anordnungen nunmehr auch die Zwangsmittel des § 86a GWB zur Verfügung. Das wurde geschaffen, weil vereinzelt öffentliche Auftraggeber die Anordnungen der Vergabekammern schlicht ignoriert hatten.[172] Nach § 168 Abs. 3 Satz 2 i.V.m. § 86a Satz 2 GWB kann ein Zwangsgeld zwischen 1.000,00 und 10 Mio. festgesetzt werden.

Die Vorschrift ist nur als **Erweiterung** des Antragstellerschutzes über das zu seinen Gunsten in § 169 Abs. 1 GWB bereits gesetzlich festgelegte **Zuschlagverbot hinaus** zu begreifen. Wird das gesetzliche Zuschlagverbot hingegen durch eine Eilentscheidung der Vergabekammer oder des Beschwerdegerichts nach § 169 Abs. 2 GWB aufgehoben, ist damit inzident natürlich auch das gesamte bisherige Vergabeverfahren für rechtmäßig erklärt, sodass es umgekehrt keine Maßnahmen nach § 169 Abs. 3 GWB mehr geben kann. Ein Vorgehen nach § 169 Abs. 3 GWB setzt also zwangsläufig das gesetzliche Zuschlagverbot voraus (Akzessorietät).[173] 109

IV. Zwischenverfügungen

Grundsätzlich ist es möglich, dass **vor** einer Anordnung von Maßnahmen nach § 169 Abs. 3 GWB in **besonders dringlichen Fällen** auch eine **Zwischenverfügung** (»Hängebeschluss«) durch die Vergabekammer oder das Beschwerdegericht getroffen wird.[174] Derartige Zwischenverfügungen sind in § 169 GWB zwar nicht ausdrücklich vorgesehen, sind aber dennoch zur Gewährleistung eines wirksamen Rechtsschutzes **statthaft**. Solche »Hängebeschlüsse« sind in Vergabenachprüfungsverfahren bereits in den Fallgestaltungen anerkannt, in denen ein Beschluss nach § 172 Abs. 1 Satz 3 GWB zur Wiederherstellung des Zuschlagverbotes noch nicht ergehen kann, weil sich das Beschwerdegericht schlichtweg aus Zeitgründen in die Sache noch nicht einarbeiten konnte.[175] Es müssen allerdings besondere Gründe vorliegen, die es rechtfertigen, nicht bis zu einer geregelten Entscheidung nach § 169 Abs. 3 GWB abwarten zu können.[176] 110

V. Beurteilungsmaßstab

Bei ihrer Entscheidung legt die Vergabekammer den Beurteilungsmaßstab des § 169 Abs. 2 Satz 1 GWB zugrunde. Im **Gegensatz** zur Interessenabwägung für die Eilentscheidungen nach § 169 Abs. 2 GWB finden hier bei der Anordnung etwaiger weiterer Maßnahmen außerhalb der Zuschlagserteilung nach dem **Wortlaut** nur Satz 1, die Sätze 2 bis 4 des § 169 Abs. 2 GWB aber keine Anwendung. Der Beurteilungsmaßstab umfasst also nicht die Berücksichtigung des Interesses der Allgemeinheit an einer wirtschaftlichen Erfüllung der Aufgaben des Auftraggebers. Ebenso wenig sind die etwaigen Erfolgsaussichten des Antragstellers oder seiner allgemeinen Aussichten, 111

---

172 Gesetzesbegründung BT-Drucks. 16/10117 v. 13.08.2008, zu Nr. 16 (§ 114), b; VK Bund 17.11.2004, VK-83/02.

173 OLG Düsseldorf 26.07.2005, VII-Verg 44/05, NZBau 2006, 267; OLG Naumburg 31.07.2006, 1 Verg 6/06, NZBau 2007, 261, im Fall einer sog. Doppelausschreibung.

174 OLG Düsseldorf 30.04.2008, VII–Verg 23/08 – »Oberstolberg«; OLG Naumburg 09.08.2006, 1 Verg 11/06, ZfBR 2006, 817 zur vorläufigen Anordnung einer Aussetzung des Submissionseröffnungstermins und Angebotsfristverlängerung.

175 OLG Düsseldorf 30.04.2008, VergabeR 2008, 835, 839; KG 06.07.1999, KartVerg 4/99; OLG Düsseldorf v. 07.06.2010, VII – Verg 26/10.

176 OLG Düsseldorf, VergabeR 2008, 839.

den Auftrag zu erhalten, zu berücksichtigen. Es dürfte sich hier allerdings um ein **Redaktionsversehen** des Gesetzgebers handeln. Denn wenn schon bei der Eilentscheidung nach § 169 Abs. 2 GWB der Beurteilungsmaßstab der Sätze 1 bis 4 gelten soll, und dies durch eine ergänzende Klarstellung in § 169 Abs. 2 Satz 6 GWB auch für das Beschwerdegericht gilt, dann ist nicht verständlich, warum dieser Beurteilungsmaßstab nicht auch für Maßnahmen gem. § 169 Abs. 3 GWB gelten soll. Auch hier sollten grundsätzlich die Erfolgsaussichten des Antragstellers etc. Berücksichtigung finden können. Denn wenn nach summarischer Prüfung keine Erfolgsaussichten für seinen Nachprüfungsantrag bestehen, wäre die Anordnung von vorläufigen Maßnahmen wie die Verhängung eines **Baustopps gegen einen vom öffentlichen Auftraggeber beauftragten Generalunternehmer**[177] mit verheerenden Folgen behaftet. Bei der Abwägung ist jedoch jedenfalls zu berücksichtigen, dass Abs. 3 das **Regel-Ausnahme-Verhältnis**, das Abs. 1 und Abs. 2 zugrunde liegt, umkehrt. Da sich der Gesetzgeber nicht für eine automatische Aussetzung des Vergabeverfahrens während des Nachprüfungsverfahrens entschieden hat, ist die Anordnung von Maßnahmen nach Abs. 3 die Ausnahme, und daher **besonders rechtfertigungsbedürftig**.[178]

112 Voraussetzung ist nach dem Wortlaut des Gesetzes eine Gefährdung der Rechte des Antragstellers aus **§ 97 Abs. 6 GWB**. Da der Antragsteller nicht nur in seinen Rechten aus § 97 Abs. 6 GWB verletzt sein kann, sondern auch eine Verletzung sonstiger Ansprüche gegen öffentliche Auftraggeber, die auf die Vornahme oder das Unterlassen einer Handlung in einem Vergabeverfahren gerichtet sind, denkbar ist, wie z.B. die Verletzung von kartell-, wettbewerbs- und zivilrechtlichen Anspruchsgrundlagen, dürfte der Tatbestand des § 169 Abs. 3 GWB dahin gehend **zu erweitern** sein, dass auch bei einer Verletzung von nur solchen anderen Anspruchsgrundlagen ein Antrag möglich ist. Denn wie an anderer Stelle bereits gezeigt sieht § 156 Abs. 2 Satz 1 GWB eine solche ausschließliche Prüfungskompetenz der Vergabekammer vor, und dürfte deshalb die Nichtnennung der sonstigen Ansprüche i.S.d. § 156 Abs. 2 Satz 1 GWB sowohl in § 160 Abs. 2 GWB wie auch in § 169 Abs. 3 GWB auf einem **Redaktionsversehen** des Gesetzgebers beruhen, zumal hinsichtlich der **Hauptsacheentscheidung** in § 168 Abs. 1 GWB auch insoweit keine Einschränkung auf die Rechte des § 97 Abs. 6 GWB existiert.

VI. Vorläufige Maßnahmen

113 **Weitere vorläufige Maßnahmen** sind sämtliche Maßnahmen außerhalb der Zuschlagserteilung, die darauf hinauslaufen, im Hinblick auf den Antragsteller **irreversible Fakten** für die spätere Zuschlagsentscheidung (an einen anderen Mitbewerber) zu schaffen, wie etwa die Durchführung der Wertung unter Verletzung der materiellrechtlichen Wertungsvorschriften, um auf diesem Wege das Angebot des Antragstellers aus dem Vergabeverfahren – während des laufenden Nachprüfungsverfahrens – ausschließen zu können. Auch kann dem öffentlichen Auftraggeber untersagt werden, an einer Erbringung von Leistungen des streitgegenständlichen Verfahrens durch die für den Auftrag vorgesehene Beigeladene **mitzuwirken** und/oder von Planungsleistungen der Beigeladenen **Gebrauch** zu machen.[179] Die vorläufige Maßnahme kann auch darin liegen, **direkt** gegenüber einem Bauunternehmer einen Baustopp anzuordnen, selbst wenn dieser (noch) nicht Beteiligter eines Vergabeverfahrens ist.[180] So hatte das **OLG Düsseldorf** in den sog. »Ahlhorn-Fällen« entschieden, also in Fällen, in denen ohne Durchführung eines Vergabeverfahrens von einer Kommune ein Grundstück mit einhergehender Bauverpflichtung an einen Investor veräußert worden war, und der Investor seinerseits bereits einen Generalunternehmer mit der Bauausführung beauftragt hatte.[181] Da die Vergabestelle mangels Rechtsgrundlage keine Möglichkeit habe, gegen den **Drit-**

---

177 Vgl. OLG Düsseldorf 30.04.2008, VII–Verg 23/08, VergabeR 2008, 835 ff. – »Oberstolberg«.
178 Dreher in: Immenga/Mestmäcker § 115 Rn. 50.
179 KG Berlin 24.05.2007, 2 Verg 10/07.
180 OLG Düsseldorf 30.04.2008, Verg 23/08, VergabeR 2008, 835 = NZBau 2008, 461 – »Oberstolberg«; 14.05.2008, Verg 27/08, VergabeR 2008, 661, 664 – »Sportarena«.
181 OLG Düsseldorf a.a.O. »Oberstolberg« und »Sportarena«.

ten (Generalunternehmer) selbst vorzugehen, müsse aus Gründen eines effektiven Rechtsschutzes die Möglichkeit seitens der Nachprüfungsinstanzen bestehen, Anordnungen nach § 169 Abs. 3 GWB auch direkt gegen am Vergabeverfahren (noch) nicht Beteiligte anzuordnen. Der Wortlaut des § 169 Abs. 3 GWB lasse solche Maßnahmen gegen Dritte auch zu. Außerdem sei dieser Verfahrensweg erheblich einfacher also die bloße Anordnung gegenüber der Vergabestelle, ihrerseits Maßnahmen gegen den Auftragnehmer zu ergreifen. Demgegenüber hat das **Kammergericht** entschieden, dass die Anordnung von vorläufigen Maßnahmen nur gegen die Antragsgegnerin (Vergabestelle) möglich ist.[182] Es ist grundsätzlich richtig, dass vorläufige Maßnahmen auch gegen Dritte erlassen werden können, wenn nur auf diese Art und Weise dem effektiven Rechtsschutzgedanken Rechnung getragen werden kann. Allerdings müssen diese Maßnahmen noch das **Vergabeverfahren** tangieren, da nach dem Wortlaut des § 169 Abs. 3 Satz 1 GWB nur die Befugnis besteht, mit vorläufigen Maßnahmen »**in das Vergabeverfahren**« einzugreifen. Die GU-Beauftragung durch den Investor, der seinerseits durch die Vergabestelle den im Nachprüfungsverfahren angegriffenen Auftrag erhalten hat, dürfte als **mittelbare Folge** des (angegriffenen) Ergebnisses des Vergabeverfahrens noch einen ausreichenden Bezug dazu haben. Geht es jedoch darum, dass ein potenzieller Investor sich Privatgrundstücke von privaten Dritten beschafft, die für die Durchführung eines von der Kommune beabsichtigten Investorenverfahrens (Übertragung eines öffentlichen Grundstückes mit einhergehender Bauverpflichtung) benötigt werden, dann dürften vorläufige Maßnahmen gegen diesen privaten Grundstückserwerb gegen solche Dritte nicht mehr vom Wortlaut des § 169 Abs. 3 Satz 1 GWB gedeckt sein. Denn der potenzielle Investor handelt insoweit »eigenmächtig« und (noch) nicht im Rahmen eines Vergabeverfahrens.

VII. Interimsaufträge

So kann eine **vorläufige Maßnahme** auch dahin gehen, eine im freihändigen Verfahren vorgenommene **übergangsweise** Auftragserteilung, die bis zur Entscheidung in der Hauptsache gelten soll, zu untersagen.[183] Schließlich würde durch einen solchen Übergangsauftrag das Eilantragsverfahren nach § 169 Abs. 2 GWB unterlaufen werden.   114

Ohnedies wären an einem solchen Verfahren zur Erteilung eines Interimsauftrages auch die Bieter zu beteiligen, die sich an einem vorangegangenen Vergabe- und Nachprüfungsverfahren beteiligt haben.[184] Auch in einem solchen Verfahren über die Vergabe von Interimsleistungen ist eine Vorabinformation nach § 13 VgV (heute § 134 GWB) notwendig, anderenfalls der Interimsauftrag nichtig ist.[185]   115

Eine Interimsbeauftragung kann aber nur dann einer Nachprüfung unterzogen werden, wenn ihr Auftragswert den Schwellenwert nach § 106 Abs. 1 GWB auch übersteigt.[186] Ferner stellt es keinen Interimsauftrag dar, wenn die ausgeschriebene Leistung nur teilweise zwischenzeitig vergeben wird, und die Interimsvergabe deshalb einen anderen Streitgegenstand hat als das durch den Nachprüfungsantrag angehaltene Vergabeverfahren.[187]   116

Die **Voraussetzungen sowie Art und Umfang von Interimsaufträgen** sind mittlerweile durch die Vergaberechtsprechung einer näheren Klärung zugeführt worden. So hat zunächst das OLG Düsseldorf zutreffend festgehalten, dass eine **Interimsvergabe** im Verhältnis zu einer vorzeitigen Zuschlagsgestattung das **mildere Mittel** darstellt, um den Beschaffungsbedarf des Auftraggebers jedenfalls   117

---

182 KG 24.05.2007, 2 Verg 10/07.

183 Vgl. insoweit OLG Celle 29.08.2003 13 Verg 15/03; OLG Celle 15.07.2004, 13 Verg 11/04; OLG Brandenburg 06.10.2006, Verg W 6/06, NZBau 2007, 329 – »Flughafen Berlin-Schönefeld I«; Gause in: Willenbruch/Bischoff § 115 Rn. 6.

184 OLG Hamburg 08.07.2008, 1 Verg 1/08, VergabeR 2009, 97 – »Schuldner- und Insolvenzberatung«.

185 OLG Hamburg a.a.O.

186 OLG Brandenburg v. 06.03.2012, Verg W 16/11.

187 OLG Brandenburg, a.a.O.

zunächst während eines **laufenden Vergabenachprüfungsverfahrens** befriedigen zu können.[188] In diesem Sinne kann sogar ein bereits ohne Vergabeverfahren erteilter Interimsauftrag wegen § 169 Abs. 1 i.V.m. § 134 GWB für unwirksam erklärt werden, zugleich aber dem Auftraggeber nach § 169 Abs. 2 S. 1 GWB gestattet werden, für eine gewisse Übergangszeit etwa von 2 Monaten mit einem befristeten Interimsauftrag zu arbeiten.[189]

118 Bei der Vergabe von Interimsaufträgen gilt zunächst der Grundsatz, dass Interimsvergaben nur in **Ausnahmefällen** zulässig sind, und sich auf einen **absolut notwendigen Zeitraum** zu beschränken haben, um einen vertragslosen Zustand zu vermeiden.[190] Eine zu kurz bemessene Befristung von Interimsaufträgen, nämlich auf kleinstmögliche Laufzeiten, würde allerdings zur Erhöhung des Prozessrisikos potentieller Bieter führen, und wäre rechtsmissbräuchlich, wenn der notwendige Interimsbedarf, also der Gesamtzeitraum, abschätzbar ist.[191] Nach mehrmaliger zeitlich begrenzter oder vorhersehbarer Interimsvergabe an den ehemaligen Leistungserbringer ist eine weitere Vergabe an diesen ohne förmliches Verfahren allerdings nicht mehr hinnehmbar.[192] Der Zeitraum der Befristung des Interimsauftrages darf sich an der Befristung des eingeleiteten Vergabeverfahrens orientieren. Das gilt auch dann, wenn zu erwarten ist, dass eine Ausschreibung in Zukunft erst angegriffen und sich dadurch die Vergabe verzögern wird.[193] Als nicht vorhersehbarer Umstand, wann ein Auftrag erteilt werden kann bzw. wie lange ein Interimsauftrag zu befristen ist, gilt auch eine außergewöhnlich hohe Arbeitsbelastung der Vergabekammer, nämlich in den Fällen, in denen eine völlig überlastete Vergabekammer vielfach die 5 Wochen Entscheidungsfrist verlängert, ohne eine mündliche Verhandlung zu terminieren.[194] Insgesamt stellt die Vergaberechtsprechung der Sache nach auf die **Umstände des Einzelfalles** ab, sowie auf eine **Zumutbarkeit** für den Wettbewerbsmarkt, ausnahmsweise ohne Vergabeverfahren einen Interimsauftrag zuzulassen, jedenfalls in dringenden Fällen für den Zeitraum des Nachprüfungsverfahrens.[195]

119 **Zutreffend** erscheint insoweit die Entscheidung der **VK Rheinland-Pfalz** vom 22.05.2014.[196] Danach orientiert sich die Dringlichkeit einer Interimsvergabe an dem Zeitraum, den der Auftraggeber für die Vorbereitung der Ausschreibung, die Prüfung und Wertung der Angebote sowie die Vorabinformation der beteiligten Bieter benötigt und an der Frist, die den Bietern für die Bearbeitung ihrer Angebote einzuräumen ist. Dem Auftraggeber sei regelmäßig ein Zeitraum von 3 Monaten zuzubilligen. Verzögerungen, die durch die Einleitung eines Nachprüfungsverfahrens entstehen, berechtigen insoweit zur befristeten **Interimsvergabe**. Dabei hat der Auftraggeber dem Wettbewerbsprinzip bei Interimsvergaben **stufenweise Geltung** zu verschaffen. Bei **Interimsvergaben bis zu 3 Monaten** kann der Bieterkreis auf ein Unternehmen beschränkt werden, bei Zeiträumen **bis zu einem Jahr** sind grundsätzlich mindestens drei Unternehmen zur Angebotsabgabe für den Interimsauftrag aufzufordern, und bei Zwischenvergaben von mehr als einem Jahr ist die Durchführung eines förmlichen Vergabeverfahrens erforderlich. Durch diese **stufenweise Erhöhung des Wettbewerbsprinzips** bei der Interimsvergabe wird den Belangen des Auftraggebers einerseits und den Belangen des Wettbewerbs andererseits adäquat Rechnung getragen. Der Auftraggeber hat sich dabei bei der Wahl seiner Interimsbeauftragung am notwendigerweise zu überbrückenden Zeitraum zum Zeitpunkt des **Eintritts der Dringlichkeit** zu orientieren. Es handelt sich dabei immer um eine **Prognoseentscheidung**, die in einem Vergabevermerk hinreichend zu dokumentieren ist.[197] Diese Differenzierung der VK

---

188 OLG Düsseldorf v. 20.07.2015, Verg 37/15.
189 OLG Düsseldorf v. 24.01.2014, Verg 3/14 im Fall einer zwingend notwendigen, ständigen Bewachung von Liegenschaften der Bundeswehr.
190 VK Sachsen-Anhalt v. 04.01.2012, 2 VK LSA 27/11.
191 VK Arnsberg v. 09.04.2014, VK 2/14.
192 VK Sachsen v. 31.08.2011, 1/SVK/30-11.
193 LG Düsseldorf v. 26.02.2014, 14 d O 86/13.
194 VK Hamburg v. 05.06.2014, VgK FB 6/14.
195 OLG Düsseldorf v. 25.09.2008, Verg 57/08.
196 VK Rheinland-Pfalz v. 22.05.2014, VK 1-7/14.
197 VK Rheinland-Pfalz v. 22.05.2014, VK 1-7/14.

Rheinland-Pfalz scheint zutreffend, und ist vorzugswürdig gegenüber der Vergaberechtsprechung, die den Maximalzeitraum für einen Interimsauftrag auf etwa **ein Jahr** bemisst.[198]

VIII. Rechtsmittel

Die Entscheidung über sonstige weitere vorläufige Maßnahmen ist nach § 169 Abs. 3 Satz 3 GWB **120** **nicht selbstständig anfechtbar.**[199] Der Gesetzgeber hat also nur für die besonders schwerwiegende, weil den Primärrechtsschutz endgültig vernichtende Maßnahme der Zuschlagserteilung ein zweitinstanzliches Eilentscheidungsverfahren in § 169 Abs. 2 GWB vorgesehen, begnügt sich bei den weniger schwerwiegenden, weil i.d.R. noch korrigierbaren Verhaltensweisen des Auftraggebers aber mit lediglich einer Überprüfungsinstanz. Das erscheint deshalb hinnehmbar, weil der Gesetzgeber nur auf eine weitere Überprüfungsinstanz **in einem Eilverfahren** verzichtet, selbstverständlich die Entscheidung aber im Rahmen der sofortigen Beschwerde gegen die Hauptsacheentscheidung mit angegriffen werden könnte.[200]

IX. Vollstreckung

Neu aufgenommen wurde in § 169 Abs. 3 der dritte Satz. Danach kann die Vergabekammer die von ihr **121** getroffenen weiteren vorläufigen Maßnahmen nach den Verwaltungsvollstreckungsgesetzen des Bundes und der Länder durchsetzen. Die Maßnahmen sind sofort vollziehbar. Die Vorschrift des § 86a Satz 2 GWB gilt entsprechend, was bedeutet, dass die Nachprüfungsinstanz zur effektiven Durchsetzung ihrer vorläufig angeordneten, weiteren Maßnahmen auch **Zwangsgelder** festsetzen kann.[201]

E. Aufträge im sicherheitsrelevanten Bereich (§ 169 Abs. 4)

Abs. 4 des § 169 GWB (damals § 115) wurde im Jahr 2009 neu in das Gesetz aufgenommen. Nach **122** der ursprünglichen Fassung entfiel das Zuschlagsverbot bereits **zwei Kalendertage** nach Zustellung eines entsprechenden Schriftsatzes an den Antragsteller, wobei die Zustellung durch die Vergabekammer unverzüglich nach Eingang des Schriftsatzes des Auftraggebers vorzunehmen ist.

Das wurde nach **erheblichen europarechtlichen Bedenken** gegen die erste Fassung des § 115 Abs. 4 **123** aus dem Jahr 2009[202] dahin gehend abgeändert, dass nun **5 Werktage** maßgebend sind. Ob damit die Bedenken ausgeräumt sind, darf bezweifelt werden, dazu unten Näheres.

Der Auftraggeber hat in dem **Schriftsatz** das Vorliegen der Voraussetzungen für die Ausnahme der **124** Anwendung des Vergaberechts nach § 117 Nr. 1–3 oder § 150 Nr. 1 oder 6 geltend zu machen. Auch hier kann auf Antrag das Beschwerdegericht das Verbot des Zuschlages wieder herstellen, wobei auch hier die Vorschriften des § 176 Abs. 1 Satz 1, Abs. 2 Satz 1 sowie Abs. 3 und 4 GWB entsprechende Anwendung finden.[203] Der Sache geht es um Aufträge im sicherheitsrelevanten

---

198 VK Sachsen-Anhalt v. 04.01.2012, 2 VK LSA 27/11.

199 Dies gilt auch für eine Kostenentscheidung, nach der der Antragsteller der Antragsgegnerin deren Aufwendungen für das Verfahren nach § 169 Abs. 3 GWB zu erstatten hat, OLG Frankfurt a/M 22.07.2008, 11 Verg 7/08.

200 A.A. Erdl Rn. 556, die mit Hinweis auf die Rechtsschutzgarantie des Art. 19 Abs. 4, 20 GG ein einstweiliges Verfügungsverfahren gem. § 935 ZPO vor den Zivilgerichten gegen die Entscheidung der Vergabekammer nach § 169 Abs. 3 GWB befürwortet.

201 Gesetzesbegründung BT-Drucks. 16/10117 v. 13.08.2008, zu Nr. 17 (§ 115), C.

202 Vgl. dazu nur OLG Koblenz v. 15.09.2010, 1 Verg 7/10, NZBau 2010, 778 – »Flughafen Frankfurt/Haan«; OLG Düsseldorf v. 08.06.2011, Verg 49/11, VergabeR 2011, 843 – »Elektronischer Personalausweis«.

203 Siehe dazu den Fall des OLG Düsseldorf v. 07.06.2010, VII – Verg 26/10 – »Flughafen Berlin-Brandenburg«, in dem das Gericht zunächst einmal ein **einstweiliges Zuschlagsverbot** bis zur Entscheidung über den Antrag nach § 169 Abs. 4 Satz 2 GWB auf (endgültige) Wiederherstellung des Zuschlagsverbots angeordnet hat – um in der Sache ausreichend Zeit für die notwendige Prüfung zu haben. Denn die seinerzeit noch geltenden zwei Tage für den Ablauf des Zuschlagsverbots waren natürlich alles andere als Primärschutz gewährend.

Bereich. Nach § 117 Nr. 1–3, § 150 Nr. 1, 6 GWB soll das GWB-Vergaberecht nicht für Aufträge gelten, die in Übereinstimmung mit den Rechts- und Verwaltungsvorschriften in der BRD für **geheim** erklärt werden, **oder** bei deren Ausführung besondere Sicherheitsmaßnahmen erforderlich sind **oder** bei denen die Nichtanwendung des Vergaberechts geboten ist zum Zweck des Einsatzes der Streitkräfte, zur Umsetzung von Maßnahmen der Terrorismusbekämpfung oder bei der Beschaffung von Informationstechnik oder Telekommunikationsanlagen zum Schutz wesentlicher **nationaler Sicherheitsinteressen**. In allen diesen drei geht es immer um solche Aufträge, die gerade **nicht** Aufträge des Verteidigungs- oder Sicherheitsbereiches nach § 104 GWB sind.[204] – In all diesen Fällen **genügt** es nach § 169 Abs. 4 GWB nun, wenn der öffentliche Auftraggeber in einem Schriftsatz, gerichtet an die Vergabekammer, das Vorliegen der Voraussetzungen solcher Ausnahmen lediglich »geltend« macht. Nach der **Gesetzesbegründung** kann das Vorliegen solcher vergaberechtsfreien Ausnahmen sogar streitig sein.[205] Denn das Zuschlagsverbot würde zu unangemessenen Zeitverzögerungen zulasten der wesentlichen Sicherheitsinteressen des Staates führen, sodass die Automatik des Suspensiveffektes nach § 169 Abs. 1 GWB zugunsten eines sofortigen Antragsrechts auf Wiederherstellung des Zuschlagsverbotes vor dem Beschwerdegericht entfallen müsse.[206]

125 Der Antragsteller hat bei einer solchen (streitigen) Geltendmachung der sog. Bereichsausnahme nach § 100 Abs. 2d GWB a.F. durch den Auftraggeber nach der ursprünglichen Fassung der Vorschrift gerade einmal zwei (!) Kalendertage, und nach der etwas nachgebesserten, heutigen Fassung auch nur **fünf Werktage** nach Zustellung des Schriftsatzes Zeit, einen etwaigen Antrag auf Wiederherstellung des Zuschlagsverbotes durch das Beschwerdegericht zu stellen. Das dürfte im Hinblick auf den Grundsatz, effektiven Rechtsschutz zu gewähren, höchst problematisch sein. Denn **im Einzelfall** kann damit der effektive Primärrechtsschutz praktisch unmöglich gemacht oder jedenfalls übermäßig erschwert werden. In einem solchen Fall können aber anerkanntermaßen nach der **EuGH-Rechtsprechung** die nationalen Gerichte von der Möglichkeit Gebrauch machen, die nationalen Präklusionsvorschriften außer Anwendung zu lassen.[207] Die Vergabestelle könnte beispielsweise an einem Freitagnachmittag einen entsprechenden Schriftsatz bei der Vergabekammer einreichen, der unmittelbar dem Bieter auch zugestellt wird. Bereits am Montagmorgen könnte der Auftraggeber – nach der ursprünglichen Frist von nur zwei Kalendertagen – den Zuschlag erteilen, ohne dass der Antragsteller irgendeine Chance hätte, das Beschwerdegericht anzurufen, und ohne dass das Beschwerdegericht irgendeine Chance hätte, die Sache zu prüfen und das Zuschlagsverbot wieder herzustellen, und sei es auch nur im Rahmen einer einstweiligen Verlängerung, bis das Beschwerdegericht die Frage des Vorliegens der Bereichsausnahme intensiver prüfen kann.[208] Nach der Neuregelung wäre dies erst am darauffolgenden Donnerstag möglich. (Der Samstag gilt als Werktag). Die Neuregelung begegnet damit **europarechtlichen Bedenken**, zumal die neue Rechtsmittelrichtlinie 2007/66/EG v. 11.12.2007[209] geradezu einer **Verbesserung** des Primärrechtsschutzes führen sollte, und solche erheblich abgekürzten Zuschlagsverbote gar nicht vorsieht.[210]

---

204 Vgl. im Einzelnen die Kommentierung zu § 100 Abs. 8 Nr. 1 – 3 GWB sowie zu § 99 Abs. 7 GWB.

205 Gesetzesbegründung BT-Drucks. 16/10117 v. 13.08.2008, zu Nr. 17 (§ 118), D.

206 Gesetzesbegründung a.a.O.

207 EuGH 12.12.2002, C-470/99, NZBau 2003, 284 ff., Ziff. 53 ff. – »Universale Bau AG«; 27.02.2003, C-327/00, NZBau 2002, 284 ff., Ziff. 53 ff. – »Santex Spa«; NZBau 2003, 515 – »Fritsch«; 11.10.2007, C-241/06, VergabeR 2008, 61 = NZBau 2007, 798 – »Lämmerzahl«; 03.04.2008, C-444/06, VergabeR 2008, 776 = NZBau 2008, 524 – »Wartefrist«; Prieß Handbuch des europäischen Vergaberechts, 313; Stoye/v. Münchhausen VergabeR 2008, 877/878; Wiedemann VergabeR 2009, 313.

208 Siehe Stoye/v. Münchhausen, a.a.O.

209 Amtsblatt der Europäischen Union L 335/31 v. 20.12.2007.

210 Siehe nur die Begründungserwägung 34 zur Rechtsmittelrichtlinie 2007/66/EG.

Das hat auch zu den entsprechenden Entscheidungen des **OLG Düsseldorf** sowie des **OLG Kob-** 126
lenz geführt.[211] Das OLG Düsseldorf hielt die Vorgängervorschrift des § 100 Abs. 2 d GWB als
engen Ausnahmetatbestand für nicht anwendbar und wies darauf hin, dass danach nur Fallgestaltungen mit **äußerst hohem Maß an Vertraulichkeit** in Betracht kämen, insbesondere für **Aufträge,
deren Existenz als solche** bereits geheimhaltungsbedürftig ist. Ebenso wie bereits das OLG Koblenz
ist das OLG Düsseldorf dabei der Auffassung, dass sich die Prüfung in einem Verfahren nach § 169
Abs. 4 GWB im Allgemeinen darauf beschränkt, ob die von dem Auftraggeber geltend gemachte
Ausnahmevorschrift des § 100 Abs. 2 d GWB a.F. eingreift oder nicht.[212] Zwar verweise § 169
Abs. 4 Satz 3 GWB auf 176 Abs. 1 Satz 1 GWB, der an sich eine **umfassende Abwägung** vorsehe,
sowie auch § 176 Abs. 3 Satz 3 GWB, der eine Erläuterung der Rechtmäßigkeit oder Rechtswidrigkeit des Vergabeverfahrens vorsähe. Diese Verweisung sei jedoch vor dem Hintergrund einer
Abgrenzung zu § 169 Abs. 2 GWB und den Besonderheiten des Verfahrens nach Abs. 4 auszulegen.
Weil nach dem Verfahren nach § 169 Abs. 4 dem Beschwerdegericht aber nur (seinerzeit zwei Tage)
und heute fünf Werktage nach Zustellung des Schriftsatzes für seine Entscheidung verbleiben, und
der Vergabesenat wegen des weiterlaufenden Nachprüfungsverfahrens vor der Vergabekammer auch
keine Akten anfordern kann, ferner das besondere Verfahren nach § 169 Abs. 4 GWB nur im Hinblick auf die geltend gemachten besonderen Sicherheitsinteressen des Staates gerechtfertigt ist, sind
andere Gesichtspunkte als die der in Bezug genommenen Ausnahmevorschrift des § 117 Nr. 1–3,
§ 150 Nr. 1 oder 6 GWB **nicht** heranzuziehen. Es ist also **nur zu klären**, ob die Ausnahmevorschrift
des § 100 Abs. 2 d GWB a.F. bzw. heute des § 117 Nr. 1–3, § 150 Nr. 1 oder 6 eingreift oder
nicht. Denn andere Gesichtspunkte kann das Beschwerdegericht in der höchst kurzen Prüfungsfrist
nicht klären.[213] Bei der Abwägung kommt es dann nur darauf an, ob die Sicherheitsinteressen des
Staates einerseits und die Belange der Bieter andererseits es gebieten, von einem Vergabeverfahren
Abstand zu nehmen. Dabei ist auch von Belang, ob der Auftraggeber bereits eine Verfahrensgestaltung gewählt hat, die diese beiden teilweise gegenläufigen Interessen wahrt, und ein wettbewerbliches Verfahren ermöglicht hat.[214]

Das **OLG Koblenz** hat ausgeführt, dass Sicherheitsmaßnahmen, die allein an die Eigenschaft des 127
Auftraggebers als Flughafenbetreiber anknüpfen, also nicht durch die Verfahrensweise bei einer
Auftragsvergabe veranlasst sind, oder die völlig unabhängig von einer Beschaffung ergriffen wer-
den müssen, keine besonderen Sicherheitsmaßnahmen im Sinne der Vorschrift des § 100 Abs. 2 d
GWB a.F. darstellen. Die bestimmten Sicherheitsmaßnahmen müssen deshalb notwendig werden,
weil der Flughafenbetreiber den Vertragspartner gerade nicht frei wählen darf.[215]

---

211 OLG Düsseldorf v. 08.06.2011, Verg 49/11, VergabeR 2011, 843 – »Elektronischer Personalausweis«;
     OLG Koblenz v. 15.09.2010, 1 Verg 7/10, NZBau 2010, 778 – »Flughafen Frankfurt-Hahn«.
212 OLG Koblenz NZBau 2010, 778; OLG Düsseldorf VergabeR 2011, 846.
213 OLG Düsseldorf a.a.O.
214 So im Fall des OLG Düsseldorf.
215 OLG Koblenz a.a.O. Das OLG Koblenz hat zutreffend darauf hingewiesen, dass dann, wenn die Voraus-
     setzungen der engen Ausnahmevorschrift des § 100 Abs. 2 d GWB a.F. vorliegen, der 4. Teil des GWB
     sowieso nicht anwendbar ist, sodass es im Ergebnis auch keiner Interessenabwägung bedürfe, weil das
     Zuschlagsverbot des § 169 Abs. 1 GWB von vornherein nicht gilt. Die Interessenabwägung kann also
     nur dann greifen, wenn im Eilverfahren nach § 169 Abs. 4 Satz 2 GWB offen bleibt, **ob** der 4. Teil
     GWB anwendbar ist oder nicht. Dem Antrag auf Wiederherstellung des Zuschlagsverbots kann dann
     möglicherweise der Erfolg versagt werden, wenn die Unanwendbarkeit eher wahrscheinlich, der Nach-
     prüfungsantrag also wahrscheinlich unzulässig ist, und der Auftrag **deshalb** aus objektiven Gründen sofort
     vergeben werden muss. Dies alles führt dazu, dass nicht nur oberflächlich. So OLG Koblenz a.a.O. son-
     dern aus Primärrechtsschutzgründen schon **intensiv** geprüft werden muss, ob nun der vom Auftraggeber
     in seinem Schriftsatz behauptete, enge Ausnahmebereich des § 100 Abs. 8 Nr. 1–3 a.F. GWB vorliegt
     oder nicht. Gegebenenfalls ist, wie der Fall **des OLG Düsseldorf** anschaulich zeigt, zunächst mit einem
     einstweiligen Zuschlagsverbot zu arbeiten. So OLG Düsseldorf v. 07.06.2010, VII-Verg 26/10.

§ 170 Ausschluss von abweichendem Landesrecht

Soweit dieser Unterabschnitt Regelungen zum Verwaltungsverfahren enthält, darf hiervon durch Landesrecht nicht abgewichen werden.

A. Allgemeines

1   § 170 GWB übernimmt den bisherigen § 115a GWB a.F. ohne Änderungen.[1]

2   Art. 84 Abs. 1 Satz 5 GG lässt es in Ausnahmefällen zu, dass der Bund wegen eines besonderen Bedürfnisses nach bundeseinheitlicher Regelung das Verwaltungsverfahren ohne Abweichungsmöglichkeit für die Länder regelt. Von dieser Möglichkeit hat der Gesetzgeber des Vergaberechtsmodernisierungsgesetzes (2009) durch den Erlass von § 115a GWB a.F. Gebrauch gemacht.[2] Der Gesetzesbegründung zufolge ist das besondere Bedürfnis für eine bundeseinheitliche Regelung des Verwaltungsverfahrens deshalb gegeben, weil es insbesondere für kleine und mittlere Unternehmen, die sich länderübergreifend an Ausschreibungen beteiligen möchten, eine erhebliche Belastung und eine faktische Behinderung ihrer Rechtsschutzmöglichkeiten darstellen würde, müssten diese sich mit einer Vielzahl unterschiedlicher landesrechtlicher Regelungen auseinandersetzen.

B. Anwendungsbereich

3   Das 2. Kapitel (Nachprüfungsverfahren), in dem § 170 GWB angesiedelt ist, besteht aus insgesamt drei Abschnitten, hat aber, anders als das 1. Kapitel, keine Unterabschnitte. Der Verweis in § 170 GWB auf die Regelungen zum Verwaltungsverfahren »in diesem Unterabschnitt« geht deshalb ins Leere. Trotz der etwas missglückten Formulierung ist der Anwendungsbereich der Norm gleichwohl nicht zweifelhaft. Denn nach der systematischen Stellung der Norm und ihrer ratio legis ist davon auszugehen, dass die Regelungen des 2. Abschnitts, mithin die §§ 160 GWB ff., in Bezug genommen werden.

4   Der Ausschluss abweichenden Landesrechts hat zur Folge, dass bspw. für die Beiladung (§ 162 GWB) oder die Akteneinsicht (§ 165 GWB) die jeweils einschlägigen Vorschriften des GWB maßgeblich sind, ggf. ergänzt um die subsidiär anwendbaren allgemeinen Vorschriften des VwVfG,[3] nicht jedoch etwaige landesrechtliche Bestimmungen zum Verwaltungsverfahren. Gleiches gilt hinsichtlich der Definition des Begriffs Verwaltungsakt (§ 168 Abs. 3 Satz 1 GWB), die sich unmittelbar aus § 35 VwVfG ergibt.

5   Raum für abweichendes Landesrecht lässt ausdrücklich § 168 Abs. 3 Satz 2 GWB zu. Danach richtet sich die Vollstreckung der Entscheidung der Vergabekammer nach den Vollstreckungsgesetzen des Bundes oder der Länder. Entsprechendes gilt nach § 169 Abs. 3 Satz 3 GWB für die zwangsweise Durchsetzung der von der Vergabekammer getroffenen weiteren vorläufigen Maßnahmen zum Schutz des Antragstellers vor einer Gefährdung seiner Rechte auf andere Weise als durch den drohenden Zuschlag. Obwohl nicht ausdrücklich geregelt, steht § 170 GWB dem Erlass einer Geschäftsordnung durch eine Ländervergabekammer ebenfalls nicht entgegen.[4]

---

1   Vgl. Kommentierung zu § 115a GWB a.F. von Kus in der 3. Aufl.
2   Gesetzentwurf der Bundesregierung v. 13.08.2008, BT-Drs. 16/10117, Art. 1, zu Nr. 27 (§ 132), S. 26, li. Spalte.
3   Herrmann in: Ziekow/Völlink, Vergaberecht, 2. Aufl., § 115a GWB a.F., Rn. 3.
4   Summa in: Heiermann/Zeiss, jurisPK-Vergaberecht, 4. Aufl., 2013, § 115a GWB a.F.

Abschnitt 3 Sofortige Beschwerde

§ 171 Zulässigkeit, Zuständigkeit

(1) Gegen Entscheidungen der Vergabekammer ist die sofortige Beschwerde zulässig. Sie steht den am Verfahren vor der Vergabekammer Beteiligten zu.

(2) Die sofortige Beschwerde ist auch zulässig, wenn die Vergabekammer über einen Antrag auf Nachprüfung nicht innerhalb der Frist des § 167 Absatz 1 entschieden hat; in diesem Fall gilt der Antrag als abgelehnt.

(3) Über die sofortige Beschwerde entscheidet ausschließlich das für den Sitz der Vergabekammer zuständige Oberlandesgericht. Bei den Oberlandesgerichten wird ein Vergabesenat gebildet.

(4) Rechtssachen nach den Absätzen 1 und 2 können von den Landesregierungen durch Rechtsverordnung anderen Oberlandesgerichten oder dem Obersten Landesgericht zugewiesen werden. Die Landesregierungen können die Ermächtigung auf die Landesjustizverwaltungen übertragen.

A. Einleitung §§ 171 – 179

I. systematische Stellung im Vergaberechtsschutz

Die §§ 171 – 179 sind durch das Vergaberechtsmodernisierungsgesetz (VergRModG) vom **1** 17.02.2016[1] in das GWB eingeführt worden und ersetzen nunmehr in inhaltlich unveränderter Form den bisherigen III. Teil des 2. Abschnitts (§§ 116 – 124) des Gesetzes. Sie eröffnen ein Rechtsmittel zu den Vergabesenaten der Oberlandesgerichte gegen die Entscheidungen der Vergabekammern. Sie ermöglichen die auf Anfechtung erfolgende Überprüfung der dort im ersten Rechtszug gem. §§ 155 – 170 ergangenen Entscheidungen. Dies gilt mit der aus den Eigenheiten des Vergabenachprüfungsverfahrens resultierenden Besonderheit, dass die zu überprüfenden Entscheidungen der Vergabekammern von einem Entscheidungsgremium stammen, dessen Mitglieder

---

1 BGBl. I, S. 203 ff.

zwar »im Rahmen der Gesetze unabhängig und in eigener Verantwortung«[2] entscheiden, aber dennoch als Teil der Exekutive und nicht in Ausübung der Rechtsprechung im Sinne von Art. 92 GG handeln[3]. Die Vergabekammer entscheidet also nicht als Gericht, sondern als Verwaltungsbehörde. Konsequenterweise ist ihre Entscheidung ein Verwaltungsakt (§ 168 Abs. 3 S. 1).

2 Eine weitere Besonderheit des im GWB geregelten Vergabenachprüfungsverfahrens – und damit auch der sofortigen Beschwerde – besteht darin, dass es sich um ein zweigliedriges Rechtsschutzsystem handelt: Auf die Entscheidung der Vergabekammer über den Nachprüfungsantrag folgt mit der sofortigen Beschwerde die abschließende Instanz. Eine Überprüfung der Entscheidung des Vergabesenats im Rahmen eines weiteren Rechtsmittels – wie z. B. der Rechtsbeschwerde gem. § 74 ff. GWB gegen Entscheidungen der Kartellsenate der Oberlandesgerichte – findet nicht statt. Die in § 179 Abs. 2 geregelte Divergenzvorlage ermöglicht es dem zuständigen Senat des Bundesgerichtshofs zwar ausdrücklich, sich nicht auf die Klärung der Divergenzfrage zu beschränken, sondern sieht vielmehr als Regelfall die abschließende Entscheidung des Bundesgerichtshofs vor. Darauf, ob der Fall dem Bundesgerichtshof vorgelegt wird, haben die Beteiligten jedoch keinen Einfluss, denn die Entscheidung des Vergabesenats, die Sache nicht gem. § 179 Abs. 2 vorzulegen, ist unanfechtbar[4]. Aufgrund des dargestellten Charakters der Vergabekammer als Verwaltungsbehörde bleibt es demnach bei einer einzigen gerichtlichen Instanz im Rechtsschutzsystem des Vergabekartellrechts.

3 Ebenso geht es maßgeblich auf die Absicht des Gesetzgebers, das Nachprüfungsverfahren weitestmöglich zu beschleunigen, zurück, dass die Zuständigkeit für die sofortige Beschwerde einem Senat des Oberlandesgerichts übertragen worden ist. Da es um die Überprüfung eines Verwaltungsakts geht, wäre auch eine Zuständigkeit der Oberverwaltungsgerichte nahe liegend gewesen[5]. Der Gesetzgeber hat sich aber nicht nur wegen des Beschleunigungsgrundsatzes gegen eine solche Lösung entschieden, sondern auch deshalb, weil sich die entsprechende Rechtswegzuweisung im Kartellrecht bereits bewährt hatte[6] und weil es sich bei der den materiellen Gegenstand der Überprüfung darstellenden Tätigkeit der Vergabestellen um eine zivilrechtliche Tätigkeit handele und die Geltendmachung von Schadensersatzansprüchen wegen fehlerhaften Handelns bei der Vergabe ohnehin in die Zuständigkeit der ordentlichen Gerichte falle[7].

II. Übersicht über die Normen des Abschnitts

4 § 171 ist die grundlegende Norm über das Verfahren der sofortigen Beschwerde innerhalb des Vergabenachprüfungsverfahrens mit Regelungen zur Statthaftigkeit und zur gerichtlichen Zuständigkeit. Weitere Zulässigkeitsfragen (Frist, Form und notwendiger Inhalt der Beschwerde sowie der Beschwerdebegründung) sind in § 172 Abs. 1 – 3 geregelt. Die Verfahrensvorschriften – soweit sie im Kapitel 2 und nicht in anderen Bereichen des GWB oder in anderen Gesetzen geregelt sind – befinden sich in § 172 Abs. 4 (Unterrichtung der anderen Verfahrensbeteiligten durch den Beschwerdeführer), § 174 (Festlegung der Verfahrensbeteiligten), § 175 Abs. 1 (Anwaltszwang), § 178 (Vorgaben für die Entscheidung des Vergabesenats) und § 179 Abs. 2 (Vorlagepflicht des Vergabesenats in Fällen der Divergenz zu Entscheidungen anderer Vergabesenate). Eine Sonderstellung innerhalb des Abschnitts nimmt § 179 Abs. 1 ein, der sich nicht mit Verfahrensregelungen für die sofortige Beschwerde beschäftigt, sondern mit der Bindungswirkung der Entscheidungen der Vergabesenate für anschließende Schadensersatzverfahren vor den Zivilgerichten.

5 Insgesamt ist das Verfahrensrecht für die sofortige Beschwerde im Vergabenachprüfungsverfahren – wie auch im Kartellbeschwerdeverfahren – fragmentarisch geregelt. Neben dem Verweis in § 175 Abs. 2 auf wesentliche Vorschriften des Kartellbeschwerdeverfahrens ergibt sich durch die »doppelte Verweisung« auf

---

2 Vgl. § 157 Abs. 1 GWB.
3 Reidt/Stickler/Glahs, § 105 Rn. 4.
4 Hänisch in diesem Kommentar zu § 179 Rdn. 18.
5 Die europarechtlichen Vorgaben hätten die Begründung einer solchen Zuständigkeit zugelassen. So ist die Zuständigkeit für die Überprüfung von Entscheidungen der ersten Vergabenachprüfungsinstanz in einigen Staaten der EU der Verwaltungs- und nicht der ordentlichen Gerichtsbarkeit übertragen worden, so z. B. in Italien.
6 BR-DrS 646/97, S. 9; Begründung zum Regierungsentwurf des VgRÄG, BT-DrS 13/9340, S. 20 f.
7 BT-DrS 13/9340 a.a.O.

Ulbrich

die Zivilprozessordnung und das Gerichtsverfassungsgesetz gem. § 175 Abs. 2 in Verbindung mit § 73 insgesamt eine unübersichtliche Lage. Dies wird noch dadurch verstärkt, dass auch bei Anwendung der genannten Vorschriften Lücken bleiben. Wie diese Lücken zu schließen sind, ist im Grundsatz streitig. Teilweise wird vertreten, dass wegen der größeren Sachnähe im Zweifel die Vorschriften der VwGO heranzuziehen seien[8]. Näherliegend erscheint die Gegenauffassung, dass in erster Linie auf die Vorschriften der ZPO zurückgegriffen werden sollte, weil es sich bei dem Beschwerdeverfahren um ein kontradiktorisches Verfahren vor einem ordentlichen Gericht handelt[9]. Dieser Grundsatzstreit ist allerdings nicht von großer Bedeutung, denn es besteht letztlich Einigkeit darüber, dass in jedem Einzelfall sorgfältig zu prüfen ist, welche Verfahrensordnung unter Beachtung der Sachdienlichkeit ergänzend herangezogen werden sollte. Hierbei ist zunächst zu prüfen, ob die vorgefundene Lücke im Regelwerk des GWB bzw. der in §§ 175 Abs. 2, 73 ausdrücklich genannten Vorschriften anderer Verfahrensordnungen überhaupt einer Ergänzung bedarf. Diese Prüfung kann bereits zu dem Ergebnis führen, dass überhaupt keine regelungsbedürftige Lücke besteht. So sind die Vorschriften des GWB zum Beispiel nicht ergänzungsbedürftig hinsichtlich der Notwendigkeit einer Einwilligung der Vergabestelle bei Rücknahme des Nachprüfungsantrags in der Beschwerdeinstanz. Die analoge Anwendung von § 269 Abs. 1 ZPO kommt insoweit nicht in Betracht[10]. Auch dann, wenn eine ausfüllungsbedürftige Lücke vorliegt, ist je nach der Interessenlage im Einzelfall zu klären, auf welche Weise sie zu füllen ist. Insoweit verbieten sich schematische Lösungen[11].

III. Zuständigkeit des Beschwerdegerichts

1. Beschwerdeverfahren gemäß §§ 171 ff.

Der dritte Abschnitt des 2. Kapitels regelt insgesamt fünf Konstellationen, in denen der Vergabese- 6
nat innerhalb des Beschwerdeverfahrens tätig wird.
– § 171 Abs. 1 eröffnet die sofortige Beschwerde gegen »Entscheidungen der Vergabekammer«. Das Beschwerdegericht entscheidet über die Beschwerde gemäß § 178.
– Hiervon zu unterscheiden ist die in § 171 Abs. 2 geregelte sofortige Beschwerde in Fällen, in denen die Vergabekammer nicht innerhalb der Frist des § 168 Abs. 1 entschieden hat. Da hierbei ausdrücklich der gesamte Abs. 1 in Bezug genommen wird, ist diese sofortige Beschwerde auch dann statthaft, wenn die Vergabekammer nicht innerhalb einer von ihr selbst gem. § 168 Abs. 1 S. 2 verlängerten Frist entschieden hat. Mit der ausdrücklichen Ermöglichung einer Beschwerde in Fällen der Untätigkeit der Vergabekammer durch Abs. 2 wird dem besonderen Eilcharakter des Vergabenachprüfungsverfahrens Rechnung getragen.
– Wenn die Vergabekammer den Antrag auf Nachprüfung abgelehnt hat, kann der Vergabesenat als Beschwerdegericht gem. § 173 Abs. 1 S. 3 auf Antrag des beschwerdeführenden Bieters die aufschiebende Wirkung der sofortigen Beschwerde[12] bis zur Entscheidung über die Beschwerde verlängern. Hierfür ergibt sich eine Notwendigkeit, weil bei ablehnender Entscheidung der Vergabekammer mit Ablauf der Beschwerdefrist die Zuschlagssperre des Nachprüfungsantrags gem. § 169 Abs. 1 entfällt. Zwar begründet die Einlegung der sofortigen Beschwerde ihrerseits eine aufschiebende Wirkung zu Gunsten des vor der Vergabekammer unterlegenen Bieters (§ 173 Abs. 1 S. 1). Diese ist jedoch gem. § 173 Abs. 1 S. 2 zeitlich eng begrenzt und endet kraft Gesetzes bereits zwei Wochen nach Ablauf der Beschwerdefrist[13]. Will der Bieter verhindern, dass der Auftraggeber nach Ablauf der gesetzlichen Frist den Zuschlag erteilt und (wegen § 168 Abs. 2 S. 1) unumkehrbare Tatsachen schafft, muss er vor dem Vergabesenat den Antrag gem. § 173 Abs. 1 S. 3 stellen[14].

---

8 OLG Düsseldorf v. 28.12.2007, VII Verg 40/07, Rn. 21; Stickler in: Reidt/Stickler/Glahs vor §§ 116 ff. Rn. 2.
9 Wiese in diesem Kommentar zu § 175 Rdn. 42.
10 OLG Naumburg v. 17.08.2007, 1 Verg 5/07, Rn. 8.
11 Wiese a.a.O., Stickler a.a.O.
12 Die Einlegung der sofortigen Beschwerde des Bieters entfaltet aufschiebende Wirkung gegenüber der Vergabestelle, die jedoch 2 Wochen nach Ablauf der Beschwerdefrist entfällt, vgl. § 173 Abs. 1 S. 1 und 2.
13 Der Grund hierfür liegt in einem durch den Gesetzgeber gesehenen Bedürfnis nach effektiver Beschleunigung des Vergabeverfahrens. Deshalb wurde von dem ursprünglichen Vorhaben abgesehen, die aufschiebende Wirkung bis zur abschließenden Entscheidung des Beschwerdegerichts auszudehnen.
14 Siehe im Einzelnen die Kommentierung zu § 173.

- Gemäß § 176 kann der Vergabesenat als Beschwerdegericht auf Antrag des Auftraggebers oder eines Beigeladenen den weiteren Fortgang des Vergabeverfahrens und den Zuschlag gestatten, wenn unter Berücksichtigung aller möglicherweise geschädigten Interessen die nachteiligen Folgen einer Verzögerung der Vergabe bis zur Entscheidung über die Beschwerde die damit verbundenen Vorteile überwiegen. Der in § 176 geregelte Antrag betrifft Fälle, in denen die Vergabekammer dem Auftraggeber die Erteilung des Zuschlags untersagt hat und damit das Zuschlagsverbot gemäß § 173 Abs. 3 in Kraft gesetzt hat. Der Antrag gemäß § 176 ist auf eine Vorabgestattung der Zuschlagserteilung noch vor Beendigung des Beschwerdeverfahrens gerichtet, mit der das Zuschlagsverbot gemäß § 173 Abs. 3 aufgehoben wird.

- In Entsprechung zu der in § 168 Abs. 2 für die Vergabekammer festgelegten Vorgehensweise eröffnet schließlich § 177 S. 3 die Möglichkeit der nachträglichen Feststellung einer Rechtsverletzung auf Antrag des Antragstellers, wenn sich das Nachprüfungsverfahren durch eine Erteilung des Zuschlags im Laufe des Beschwerdeverfahrens erledigt hat. Dieser Fall kann eintreten, wenn der Vergabesenat die aufschiebende Wirkung der sofortigen Beschwerde des Antragstellers nicht verlängert hat oder ein Auftraggeber oder Beigeladener erfolgreich die vorzeitige Gestattung des Zuschlags gem. § 176 erreicht hat. Der in § 177 S. 3 geregelte Antrag ist allerdings keine eigenständige Beschwerdeart, weil er das vorherige Einlegen eines der in § 171 geregelten Rechtsmittel zur Voraussetzung hat.

7   Die bisher dargestellten Anwendungsbereiche der sofortigen Beschwerde mit ihren Auswirkungen einschließlich der aufschiebenden Wirkung lassen sich im Überblick wie folgt darstellen:

Schaubild 1:   Vergabestelle/Auftraggeber gewinnt im Verfahren vor der Vergabekammer – Rechtsschutz vor dem Oberlandesgericht:

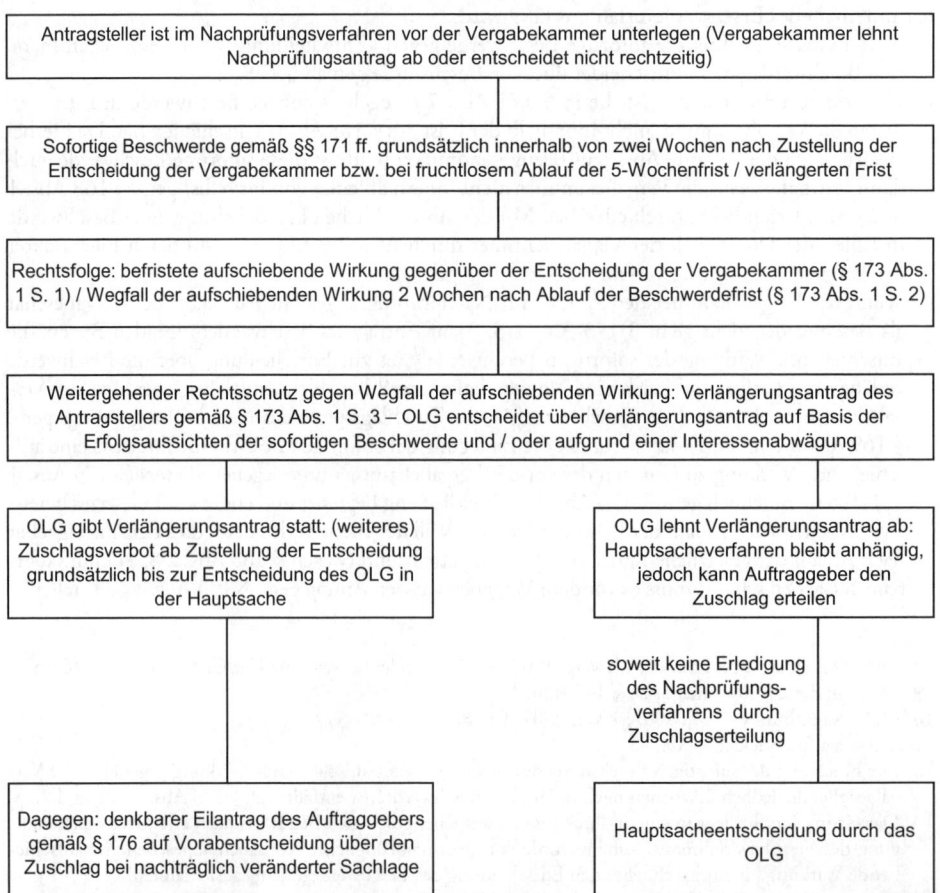

Schaubild 2: Vergabestelle/Auftraggeber unterliegt im Verfahren vor der Vergabekammer – Rechtsschutz vor dem Oberlandesgericht:

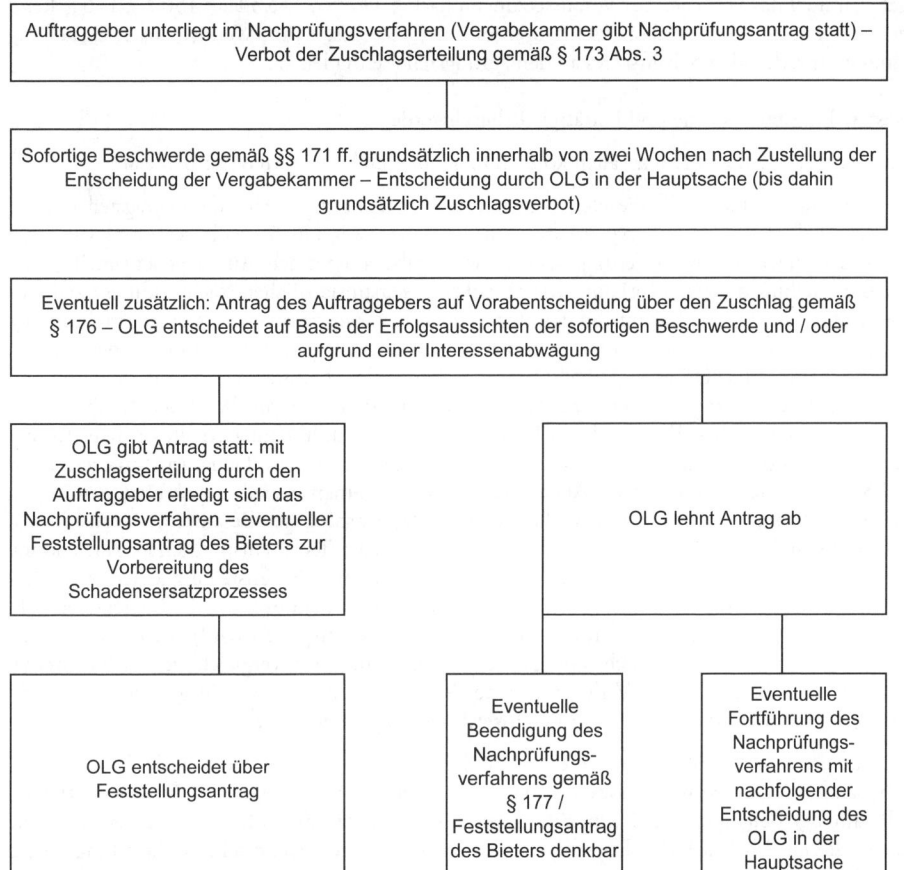

2. Weitere gesetzlich geregelte Zuständigkeiten

Neben den bisher dargestellten Anträgen wird der Vergabesenat innerhalb des Rechtsschutzsystems 8 des 2. Kapitels auch in drei anderen, sämtlich in § 169 geregelten Konstellationen außerhalb des Beschwerdeverfahrens tätig. Aus § 169 Abs. 2 S. 8 folgt, dass es sich hierbei nicht um sofortige Beschwerden im Sinne des § 171 handelt. Folgerichtig sind diese Verfahren auch nicht im dritten Abschnitt, sondern in den Vorschriften über das Verfahren vor den Vergabekammern geregelt. Es handelt sich um ein besonderes Beschwerdeverfahren eigener Art[15]. Das Verfahren steht in Zusammenhang mit der in § 169 Abs. 2 S. 1 geregelten Möglichkeit der Vergabekammer, auf Antrag des Auftraggebers oder eines Beigeladenen die Zuschlagssperre des § 169 Abs. 1 aufzuheben und dem Auftraggeber den Zuschlag zu gestatten.

– Der Vergabesenat kann als Beschwerdegericht gem. § 169 Abs. 2 S. 5 auf Antrag des Bieters das Verbot des Zuschlags nach § 169 Abs. 1 wiederherstellen.

– Andererseits kann das Beschwerdegericht – wenn die Vergabekammer einen entsprechenden Antrag des Auftraggebers oder des Beigeladenen abgelehnt hat – gem. § 169 Abs. 2 S. 6 den Zuschlag unter Außerkraftsetzung von § 169 Abs. 1 gestatten.

---

15 Ohlerich in diesem Kommentar zu § 169, Rdn. 89.

– Schließlich kann das Beschwerdegericht gemäß § 169 Abs. 4 S. 2 auf Antrag eines Bieters das Verbot des Zuschlages wiederherstellen, wenn der Auftraggeber zuvor im Verfahren vor der Vergabekammer das Vorliegen der Voraussetzungen nach § 117 Nr. 1–3 oder § 150 Nr. 1–6 geltend gemacht hat und deshalb das Zuschlagsverbot des § 169 Abs. 1 fünf Werktage nach Zustellung eines entsprechenden Schriftsatzes an den Antragsteller entfallen ist.

3. Feststellungsbeschwerde und Untätigkeitsbeschwerde

9   Neben den gesetzlich geregelten Fällen können folgende Beschwerdearten statthaft sein:

10   Ein Rechtsschutzbedürfnis für die Feststellung einer Verletzung der Rechte des Antragstellers kann sich – außerhalb des in § 177 S. 3 geregelten Falls – ergeben, wenn die Zuschlagserteilung vor Erhebung der sofortigen Beschwerde erfolgt ist. Hat die Vergabekammer dem Auftraggeber gemäß § 169 Abs. 2 die Erteilung des Zuschlags noch vor Abschluss des erstinstanzlichen Nachprüfungsverfahrens gestattet und danach den Nachprüfungsantrag – noch bevor es tatsächlich zu einer Erteilung des Zuschlags gekommen ist – abgelehnt, kann der Antragsteller hiergegen nur dann mit der Anfechtungsbeschwerde vorgehen, wenn es nicht bereits zwischen der erstinstanzlichen Entscheidung und der Erhebung der sofortigen Beschwerde zur Zuschlagserteilung kommt. Wird der Zuschlag zwar nach der erstinstanzlichen Entscheidung, jedoch vor Beschwerdeerhebung erteilt, ist dem Antragsteller die Anfechtungsbeschwerde verwehrt, weil der Vergabesenat nicht befugt ist, entgegen § 168 Abs. 2 S. 1 den Zuschlag aufzuheben. Andererseits kann der Antragsteller aber auch nicht den Antrag gemäß § 177 S. 3 stellen, weil dies die vorherige Erhebung der sofortigen Beschwerde voraussetzt. In diesem Fall besteht ein unabweisbares Bedürfnis, dem Antragsteller in entsprechender Anwendung von § 177 S. 3 eine sofortige Beschwerde zu ermöglichen, die auf die Feststellung gerichtet ist, dass der Antragsteller in seinen Rechten verletzt ist. Genauso, wie in dem in § 177 S. 3 geregelten Fall, kann der Antragsteller zur Vorbereitung eines Schadensersatzanspruches auf eine entsprechende Feststellung angewiesen sein. Auch sonst gibt es keinen Grund, ihn vergleichsweise schlechter zu stellen, als einen Bieter, der die Verletzung seiner Rechte wegen einer Zuschlagserteilung geltend macht, die erst während des laufenden Beschwerdeverfahrens erfolgt ist[16].

11   Außerhalb des in § 171 Abs. 2 geregelten Falles, der ja ebenfalls eine Untätigkeit der Vergabekammer behandelt[17], sind Konstellationen denkbar, in denen die Vergabekammer durch Untätigbleiben Rechte der Beteiligten des Nachprüfungsverfahrens verletzt. So läuft der Bieter Gefahr, seine Chance auf den Erhalt des Zuschlags unwiderruflich zu verlieren, wenn sein Nachprüfungsantrag durch die Vergabekammer ohne sachlichen Grund nicht an den Antragsgegner übermittelt wird. Der Auftraggeber kann auch einen Schaden dadurch erleiden, dass das Verfahren nach Übermittlung des Nachprüfungsantrags durch unangemessen lange oder häufige Verlängerungen der Frist des § 167 Abs. 1 S. 2 so in die Länge gezogen wird, dass er zum Beispiel Fristen für Fördermittel nicht einhalten kann. In diesen Fällen kommt, wenn die Verzögerung des Verfahrens ausnahmsweise so erheblich ist, dass sie einer Rechtsschutzverweigerung gleich kommt, eine Untätigkeitsbeschwerde in entsprechender Anwendung von §§ 567 ff. ZPO in Betracht[18].

12   Ein solcher Rechtsbehelf kann auch außerhalb des Geltungsbereiches von § 171 Abs. 2 in Betracht kommen, etwa im Fortsetzungsfeststellungsverfahren nach erfolgter Zuschlagserteilung oder bei der Bearbeitung von Kostenanträgen durch die Vergabekammer. In solchen Fällen ist die Statthaftigkeit der Untätigkeitsbeschwerde in der Rechtsprechung davon abhängig gemacht worden, dass zuvor alle Mittel – insbesondere die Einschaltung der Dienstaufsicht – ausgeschöpft worden sind, um die Vergabekammer zur Weiterführung des Verfahrens zu bewegen[19]. Diese Beschränkung ist aber nicht überzeugend. Die Voraussetzungen für die Untätigkeitsbeschwerde sind ohnehin eng auszulegen und ihre Anwendbarkeit auf Ausnahmefälle beschränkt. Die außerhalb der Verfahrensordnung

---

16   So auch Stickler in: Reidt/Stickler/Glahs, § 116 Rn. 20.
17   Zur Abgrenzung s. unten bei Rdn. 39.
18   S. im Einzelnen unten bei Rdn. 30.
19   OLG Bremen v. 12.03.2007, Verg 3/06, juris Rn. 12.

erfolgende Einschaltung der Dienstaufsicht kann nicht zur Prozessvoraussetzung für das förmliche Rechtsmittel der Beschwerde gemacht werden. Außerdem wird die Dienstaufsicht im Bereich der Vergabekammern wegen der in § 157 Abs. 4 garantierten Unabhängigkeit ihrer Mitglieder in der Regel ohnehin ein stumpfes Schwert sein.

B. Einführung und Inhaltsübersicht zu § 171

I. Entstehung

Die Vorschrift ersetzt in inhaltlich unveränderter Form den bisherigen § 116. Diese zum 01.01.1999   13
in Kraft getretene Vorschrift war durch das Gesetz zur Änderung der Rechtsgrundlagen für die Vergabe öffentlicher Aufträge[20] eingeführt worden. Inhaltlich entsprach sie zum Zeitpunkt des Inkrafttretens des Vergaberechtsmodernisierungsgesetzes (wieder) ihrer ursprünglichen Fassung. Die zwischenzeitlich in den Abs. 3 der Vorschrift eingefügte Verlagerung der Zuständigkeit für Streitigkeiten aus dem Bereich der gesetzlichen Krankenversicherung auf die Landessozialgerichte ist durch das Gesetz zur Neuordnung des Arzneimittelmarktes in der gesetzlichen Krankenversicherung[21] wieder rückgängig gemacht worden.

II. Inhaltsübersicht

Die Absätze 1 und 2 der Vorschrift regeln die Statthaftigkeit der sofortigen Beschwerde gegen Ent-   14
scheidungen der Vergabekammer sowie in Fällen, in denen die Vergabekammer über einen Nachprüfungsantrag nicht innerhalb der Frist des § 167 Abs. 1 entschieden hat. § 171 Abs. 1 S. 2 enthält auch eine Regelung zur Beschwerdeberechtigung. In Absatz 3 wird die ausschließliche Zuständigkeit des für den Sitz der jeweiligen Vergabekammer zuständigen Oberlandesgerichts festgelegt. Insoweit enthält Absatz 4 jedoch eine Ermächtigung zum Erlass von Rechtsverordnungen durch die Landesregierungen, mit denen die Zuständigkeit anderen Oberlandesgerichten zugewiesen werden kann.

C. Zulässigkeit der sofortigen Beschwerde, § 171 Abs. 1 und 2

I. Statthaftigkeit der sofortigen Beschwerde gegen Entscheidungen der Vergabekammer, § 171 Abs. 1

1. Endentscheidungen der Vergabekammer

Gemäß Absatz 1 S. 1 ist die sofortige Beschwerde gegen Entscheidungen der Vergabekammer zuläs-   15
sig. Das Gesetz enthält keine ausdrückliche Definition des Begriffs der »Entscheidung«, so dass sich eine Vielzahl von Zweifelsfällen ergibt:

a) Unstreitig fällt unter den Begriff der »Entscheidung« jedenfalls die Entscheidung der Vergabe-   16
kammer, mit der sie gem. § 168 Abs. 1 ein Vergabenachprüfungsverfahren erstinstanzlich abschließt. Dabei ist es gleichgültig, ob dem Nachprüfungsantrag – teilweise oder vollständig – stattgegeben oder ob er zurückgewiesen wird. Ebenso wenig spielt es eine Rolle, ob die Zurückweisung durch die Vergabekammer als unzulässig oder als unbegründet erfolgt. Das gilt auch für den in § 163 Abs. 2 geregelten Fall einer Zurückweisung des Nachprüfungsantrags ohne Übermittlung an den Antragsgegner als offensichtlich unzulässig. Auch gegen diese Entscheidung der Vergabekammer ist die sofortige Beschwerde statthaft. Es sind allerdings die allgemeinen Abgrenzungskriterien der ZPO zu beachten: Wenn die Vergabekammer lediglich unvollständig entschieden hat – etwa durch eine unvollständige Kostenentscheidung – ist dies kein Fall für eine sofortige Beschwerde, sondern es muss gem. § 321 ZPO die Ergänzung der Entscheidung beantragt werden[22].

b) Genauso wie die instanzabschließende Hauptsacheentscheidung mit der sofortigen Beschwerde   17
anfechtbar ist die Entscheidung der Vergabekammer, mit der gem. § 168 Abs. 2 über die Erledi-

---

20 VgRÄG v. 26.08.1998 – BGBl I 2512.
21 AMNOG v. 22.12.2010 – BGBl I 2262.
22 Raabe in: Willenbruch/Wieddekind, § 116 Rn. 16 m.w.N.

gung des Nachprüfungsverfahrens wegen eines zwischenzeitlich erfolgten Zuschlags entschieden wird, denn auch mit dieser Entscheidung wird das Vergabenachprüfungsverfahren in erster Instanz abgeschlossen[23].

18 c) Eine abschließende Entscheidung in diesem Sinne ist auch die Entscheidung der Vergabekammer, das Verfahren auszusetzen. Diese Entscheidung stellt zwar keine endgültige, wohl aber eine zeitweise Ablehnung vergaberechtlichen Rechtsschutzes dar und steht deshalb einer abschließenden Entscheidung näher, als einer – nicht ohne weiteres mit der sofortigen Beschwerde anfechtbaren – Zwischenentscheidung[24]. Maßgeblich für den Lauf der Beschwerdefrist ist in diesem Fall die Zustellung des Aussetzungsbeschlusses an die Beteiligten[25].

19 Für den Fall, dass die Vergabekammer das Verfahren aussetzt, um dem Europäischen Gerichtshof gem. Art. 267 AEUV eine Vorfrage zur Entscheidung vorzulegen, ist entschieden worden, dass diese Aussetzung nicht mit der sofortigen Beschwerde anfechtbar sei[26]. Diese Entscheidung ist – ohne den vorgenannten Grundsatz in Frage zu stellen – richtig, da sie zutreffend die im Zivilprozessrecht geltende Unanfechtbarkeit solcher Vorlagebeschlüsse auf das Vergabenachprüfungsverfahren überträgt. Eine Überprüfung durch das Beschwerdegericht würde die den Vergabekammern europarechtlich eingeräumte Befugnis zur Vorlage unzulässig beschneiden. Der Europäische Gerichtshof hat insoweit zwischenzeitlich ausdrücklich klargestellt, dass auch die Vergabekammern vorlageberechtigte Gerichte im Sinne von Art. 267 AEUV sind[27].

20 d) Eine mit der sofortigen Beschwerde gem. § 171 Abs. 1 anfechtbare Entscheidung liegt auch vor, wenn die Vergabekammer unzulässigerweise erst nach Ablauf der Frist des § 167 Abs. 1 über den Nachprüfungsantrag entschieden hat[28]. Dies gilt unabhängig davon, dass die Fristversäumung der Vergabekammer dem Antragsteller zwingenden Anlass gibt, fristgerecht im Wege der sofortigen Beschwerde gem. § 171 Abs. 2 gegen die fingierte Ablehnung des Nachprüfungsantrags vorzugehen. Denn eine sofortige Beschwerde, die – statthaft – gegen eine nach Ablauf der Frist des § 167 Abs. 1 ergangene Entscheidung der Vergabekammer erhoben worden ist, führt zwar zur Überprüfung und ggf. Beseitigung der von der angefochtenen Entscheidung ausgehenden Wirkung. Sie ist aber nicht geeignet, auch die Ablehnungsfiktion gem. § 171 Abs. 2, 2. Halbsatz zu beseitigen[29].

21 e) Ebenso sind die Entscheidungen der Vergabekammern mit der sofortigen Beschwerde anfechtbar, die im Rahmen der Zwangsvollstreckung gem. § 168 Abs. 3 S. 2 ergehen, da es sich auch insoweit um instanzabschließende Entscheidungen handelt[30].

---

23 OLG Jena v. 09.09.2002, 5 Verg 4/02, VergabeR 2002 631; Summa in: jurisPK § 116 GWB Rn. 13.
24 OLG Düsseldorf v. 11.03.2002, Verg 43/01, Rn. 23 ff.
25 Teilweise wird die Statthaftigkeit in diesem Fall auch aus § 171 Abs. 2 hergeleitet, vgl. Dieck-Bogatzke in: Pünder/Schellenberg, § 116 Rn. 37. Das hätte dann zur Folge, dass die Beschwerdefrist sich nicht nach der Zustellung des Aussetzungsbeschlusses richtet, sondern nach den allgemeinen Grundsätzen, die zur Beschwerdefrist für Fälle des § 171 Abs. 2 entwickelt worden sind (vgl. hierzu die Kommentierung zu § 172). Dieses Ergebnis erscheint aber nicht überzeugend, denn mit dem Aussetzungsbeschluss hat die Vergabekammer vor Ablauf der Frist des § 167 Abs. 1 klargestellt, dass sie in der Sache nicht innerhalb der Frist entscheiden wird. In diesem Fall widerspricht es dem Beschleunigungsgebot, die Beschwerdefrist erst bei Ablauf der Frist beginnen zu lassen.
26 OLG München v. 18.10.2012, Verg 13/12, juris Rn. 17; genauso: Summa in: jurisPK § 116 Rn. 40.
27 EuGH v. 18.09.2014, C-549/13, Rn. 23.
28 BayObLG v. 30.03.2001, Verg 3/01, juris Rn. 17; Jaeger in: Byok/Jaeger, § 116 Rn. 3.
29 OLG Dresden v. 17.06.2005, WVerg 8/05, juris Rn. 7; aA: OLG Rostock v. 17.10.2001, 17 W 18/00, juris Rn. 45: zu der dort zugrunde gelegten Argumentation, eine andere Sichtweise sei mangels Rechtsmittelbelehrung in der fingierten Ablehnungsentscheidung bedenklich vgl. auch die Kommentierung zu § 172.
30 OLG Düsseldorf v. 10.03.2014, VII-Verg 11/14, juris Rn. 6 für den Fall der sofortigen Beschwerde gegen die Anordnung einer Vollstreckungsmaßnahme sowie BGH v. 29.06.2010, X ZB 15/08 und OLG Düsseldorf v. 30.04.2008, VII Verg 3/08, juris Rn. 33 für die sofortige Beschwerde gegen die Ablehnung eines entsprechenden Antrags.

f) In die gleiche Kategorie fallen Entscheidungen der Vergabekammern über die Kosten des Nach- 22
prüfungsverfahrens. Auch gegen solche Entscheidungen ist die sofortige Beschwerde statthaft, unabhängig davon, um welche Art von Kostenentscheidung es sich handelt. Voraussetzung ist allerdings,
dass die Hauptsacheentscheidung, der die Kostenentscheidung zugeordnet ist, ihrerseits anfechtbar
ist. Diese Mindestvoraussetzung gilt unabhängig davon, ob Hauptsache- und Kostenentscheidung
in einem oder verschiedenen Beschlüssen der Vergabekammer ergangen sind[31].

Im Einzelnen gilt für die Anfechtbarkeit von Kostenentscheidungen folgendes: 23
– Die gem. § 182 Abs. 3 zu treffenden Kostengrundentscheidungen der Vergabekammer sind mit
  der sofortigen Beschwerde anfechtbar. Das gilt auch dann, wenn – wie etwa bei einer Antragsrücknahme – keine Entscheidung der Vergabekammer in der Hauptsache erfolgt ist. § 99 Abs. 1
  ZPO, der die isolierte Anfechtung der Kostenentscheidung im Zivilprozess ausschließt, gilt im
  Vergabenachprüfungsverfahren nicht[32]. Denn im Unterschied zum Zivilprozess hat mit der Vergabekammer in erster Instanz kein unabhängiger gerichtlicher Spruchkörper über die Kosten
  entschieden[33]. Das gilt auch dann, wenn die sofortige Beschwerde sich nur gegen einen Teil der
  Kostenentscheidung der Vergabekammer wendet, wie z. B. die Erklärung der Vergabekammer,
  dass die Herbeiziehung eines Prozessbevollmächtigten nötig gewesen ist[34].
– Das gleiche gilt für die Entscheidungen der Vergabekammern, mit denen gem. § 182 Abs. 4 über
  die Tragung der notwendigen Auslagen des jeweiligen Antragsgegners oder eines Beigeladenen
  entschieden wird.
– Auch die Entscheidungen, mit denen die Vergabekammer gem. § 182 Abs. 1 und 2 über die
  Erhebung der bei ihr anfallenden Gebühren entscheidet, sind mit der sofortigen Beschwerde
  anfechtbar. Das Gesetz enthält insoweit in § 182 Abs. 1 S. 2 den ausdrücklichen Verweis auf das
  Verwaltungskostengesetz in der am 14.08.2013 geltenden Fassung. Dieser Verweis beinhaltet
  die Geltung des zu dem genannten Datum in Kraft befindlichen § 22 Abs. 1 VwKostG, der die
  Möglichkeit der isolierten Anfechtung der Kostenentscheidung ausdrücklich festschreibt[35]. Bei
  diesen Entscheidungen liegt die Besonderheit vor, dass die Vergabekammer nicht als »neutraler
  Dritter« entscheidet, sondern durch die Erhebung der Gebühren gleichsam in eigener Sache
  tätig wird. Deshalb ist die Vergabekammer durch das Beschwerdegericht an dem Verfahren – in
  Abweichung von § 174 – zu beteiligen. Die Mitwirkung der übrigen Verfahrensbeteiligten ist
  nur notwendig, insoweit sie von der Gebührenentscheidung betroffen sind[36].
– Ein gesondertes Kostenfestsetzungsverfahren findet vor der Vergabekammer gemäß § 182 Abs. 4
  S. 5 nicht statt. Aufgrund dieser seit dem 24.04.2009 geltenden Rechtslage[37] können insoweit
  auch keine anfechtbaren Entscheidungen der Vergabekammer mehr ergehen. Eine ohne gesetzliche Grundlage getroffene Entscheidung der Vergabekammer wäre selbstverständlich mit der
  sofortigen Beschwerde anfechtbar[38]. Das gilt unabhängig davon, ob man einen solchen Bescheid
  als wirksam oder nichtig behandelt. Denn auch von einer nichtigen Entscheidung der Vergabekammer würde ein Rechtsschein ausgehen, zu dessen Beseitigung es ein Rechtsmittel geben muss.

2. Zwischen – und Nebenentscheidungen der Vergabekammer

Die Anfechtbarkeit von Zwischen- und Nebenentscheidungen, die die Vergabekammer während des 24
laufenden Nachprüfungsverfahrens erlässt, wird in § 171 nicht ausdrücklich angesprochen. Anders

31 OLG Frankfurt v. 22.07.2008, 11 Verg 7/08, juris Rn. 11.
32 OLG Düsseldorf v. 13.01.2014, VII Verg 11/13, juris Rn. 5.
33 OLG München v. 11.06.2008, Verg 6/08, juris Rn. 9.
34 OLG Düsseldorf v. 10.07.2013, VII Verg 40/12, juris Rn. 4; OLG Frankfurt v. 02.10.2013, 11 Verg
    10/13, juris Rn. 17; OLG Brandenburg v. 12.03.2013, Verg W 1/13, juris Rn. 9.
35 BGH v. 25.10.2011, X ZB 5/10, juris Rn. 9; OLG Celle v. 01.07.2014, 13 Verg 4/14, juris Rn. 4;
    OLG Brandenburg v. 12.03.2013, Verg W 1/13, juris Rn. 9.
36 OLG Düsseldorf v. 12.07.2010, VII Verg 17/10, juris Rn. 12.
37 VergRModG, BGBl. 2009 I, S. 790/796.
38 Raabe in: Willenbruch/Wieddekind, § 116 Rn. 9.

als Hauptsacheentscheidungen sind sie in aller Regel nicht mit der sofortigen Beschwerde anfechtbar. Grund hierfür ist das im Vergabenachprüfungsverfahren besonders ausgeprägte Beschleunigungsgebot[39]. Die Vergabekammer soll möglichst ohne Einschränkung in die Lage versetzt werden,
über den Nachprüfungsantrag innerhalb der ihr in § 167 Abs. 1 gesetzten engen Frist zu entscheiden. Wäre es möglich, verfahrensleitende oder sonstige Zwischenentscheidungen der Vergabekammer gesondert anzufechten, würde dieser Zweck verfehlt, denn das Verfahren vor der Vergabekammer wäre bis zur Entscheidung des Vergabesenats über die sofortige Beschwerde blockiert. Dem
Vergabesenat ist zur Entscheidung über sofortige Beschwerden – wenngleich der Beschleunigungsgrundsatz selbstredend auch hier gilt – auch kein so enges zeitliches Korsett gesetzlich vorgegeben,
wie der Vergabekammer. Außerdem würde die Anfechtbarkeit von Zwischenentscheidungen dazu
führen, dass bis zum Abschluss des Verfahrens vor der Vergabekammer sogar mehrere Beschwerden gegen verschiedene Zwischenentscheidungen erhoben werden könnten. Allgemein kann gesagt
werden, dass dieser Grundsatz nur in besonderen Einzelfällen unterbrochen werden kann, in denen
die Abwägung unter Berücksichtigung aller Umstände des Falles dazu führt, dass der Durchsetzung
des Beschleunigungsgrundsatzes eine höher zu gewichtende irreparable Rechtsverletzung entgegenstehen würde, die eine Verzögerung des Verfahrens rechtfertigt. Das wird nur dann der Fall sein,
wenn lediglich durch die Anrufung des Beschwerdegerichts ein erheblicher, irreparabler Schaden
bei einem der Beteiligten einzutreten droht. Die Statthaftigkeit einer sofortigen Beschwerde gegen
Zwischen- und Nebenentscheidungen ergibt sich auch nicht in Fällen, in denen die Vergabekammer
die betroffene Entscheidung fehlerhaft mit einer Rechtsbehelfsbelehrung versehen hat. Obwohl die
Entscheidungen der Vergabekammer Verwaltungsakte sind, kommt die Übertragung der im allgemeinen Verwaltungsverfahren geltenden Grundsätze über die Anfechtbarkeit von behördlichen
Maßnahmen, die keine Verwaltungsakte sind, insoweit nicht in Frage. Denn die Vorschriften in den
§§ 171 ff. GWB sind gesetzliche Sonderregelungen, deren Anwendbarkeit nicht von einer fehlerhaften Rechtsanwendung durch die Vergabekammern abhängig sein kann[40].

25   **a)** Der Gesetzgeber hat zur Durchsetzung des dargestellten Grundsatzes die Unanfechtbarkeit von
bestimmten Zwischen- und Nebenentscheidungen in den Vorschriften des GWB über die Vergabekammern ausdrücklich geregelt:
– Die Entscheidung der Vergabekammern, das Verfahren dem Vorsitzenden oder dem hauptamtlichen Beisitzer durch Beschluss ohne mündliche Verhandlung zu übertragen (§ 157 Abs. 3 S. 1);
– Die Entscheidung über die Beiladung Dritter (§ 162 Abs. 2);
– Die Ablehnung eines Antrags auf Akteneinsicht (§ 165 Abs. 4);
– Gemäß § 169 Abs. 2 S. 8 die Eilentscheidung der Vergabekammer (§ 169 Abs. 2), mit der diese
dem Auftraggeber (ausnahmsweise) auf Antrag gestattet, den Zuschlag in besonderen Fällen
vorab erteilen zu dürfen und die diesen Antrag ablehnende Entscheidung der Vergabekammer
(§ 169 Abs. 2 S. 5);
– Die Entscheidung über vorläufige Maßnahmen der Vergabekammer zum Schutz der Rechte des
Antragstellers (§ 169 Abs. 3 S. 3).

26   **b)** Die Regelung der genannten Fälle nicht anfechtbarer Zwischenentscheidungen durch den Gesetzgeber lässt nicht den Umkehrschluss zu, dass die anderen Entscheidungen, die die Vergabekammer
im Laufe des erstinstanzlichen Nachprüfungsverfahrens trifft, anfechtbar wären. Es ergeben sich aus
den Gesetzesmaterialien keine Hinweise darauf, dass die im Gesetz enthaltene Aufzählung abschließend sein soll. Vielmehr wird aus den besonderen Rechtsbehelfen, die der Gesetzgeber – außerhalb
des Beschwerdeverfahrens – in § 169 Abs. 2 und 4 geregelt hat, deutlich, dass er nicht ohne weiteres
von einer generellen Anfechtbarkeit nicht-verfahrensabschließender Entscheidungen der Vergabekammer ausgegangen ist. Hinsichtlich der Einzelfallentscheidung, ob die Anfechtbarkeit gegeben

---

39 OLG München v. 18.10.2012, Verg 13/12, juris Rn. 15; OLG Celle v. 25.05.2010, 13 Verg 7/10, juris
    Rn. 9.
40 OLG Frankfurt v. 22.07.2008, 11 Verg 7/08, juris Rn. 10; OLG Düsseldorf v. 23.01.2006, VII Verg
    96/05, juris Rn. 20.

ist, bedarf es – wie immer, wenn die gesetzliche Regelung nicht eindeutig ist – einer sorgfältigen Betrachtung des Einzelfalls[41]. Wegen der dargestellten Bedeutung des Beschleunigungsgrundsatzes ist aber ein sehr strenger Maßstab anzulegen. Zutreffend ist die durch das OLG Düsseldorf vertretene Anlehnung an § 44a VwGO und an die grundgesetzlich in Art. 19 Abs. 4 GG gewährleistete Garantie effektiven Rechtsschutzes. Eine Anfechtbarkeit von Verfahrens- oder Zwischenentscheidungen setzt demnach voraus, dass ausnahmsweise eine erhebliche irreparable Verletzung eines Beteiligten in seinen Rechten droht[42].

Davon ausgehend gilt für einzelne Fallgruppen von Zwischenentscheidungen das Folgende: 27

c) Die Anordnung der Übermittlung des Nachprüfungsantrags an den Auftraggeber ist nicht mit   28 der sofortigen Beschwerde anfechtbar[43]. Dieses Ergebnis ist eindeutig, denn mit der Entscheidung, den Nachprüfungsantrag zuzustellen, bringt die Vergabekammer zum Ausdruck, dass sie den Nachprüfungsantrag nicht für offensichtlich unbegründet hält (§ 163 Abs. 2). Das kann nicht zu einem irreparablen Schaden bei einem Beteiligten führen. Eine gesonderte Anfechtbarkeit würde das Verfahren aber unzumutbar verzögern. Das gleiche gilt für die Auflage, mit der die Vergabekammer die Übersendung der Vergabeakten bei der Vergabestelle gem. § 163 Abs. 2 anfordert. Auch diese Entscheidung ist nicht mit der sofortigen Beschwerde anfechtbar.

Andere Konstellationen in Zusammenhang mit der Zustellung des Nachprüfungsantrags sind jedoch   29 komplizierter. So hält die herrschende Meinung in Literatur und Rechtsprechung auch die Entscheidung der Vergabekammer, den Nachprüfungsantrag wegen offensichtlicher Unzulässigkeit oder Unbegründetheit nicht zu übermitteln, zu Recht für nicht mit der sofortigen Beschwerde anfechtbar, da es sich noch nicht um die instanzabschließende Ablehnung des Antrags gem. § 168 handelt[44]. Die Gegenauffassung[45] übersieht, dass es sich eben noch nicht um eine Entscheidung handelt, die zur Beendigung des Nachprüfungsverfahrens führt. Es ist zwar zuzugeben, dass das Unterbleiben der Zustellung den Eintritt der aufschiebenden Wirkung des Nachprüfungsantrags gem. § 169 Abs. 1 verhindert. Der Auftraggeber kann deshalb während des Zeitraums zwischen der Entscheidung der Vergabekammer, den Antrag nicht zu übermitteln und der möglichen Einlegung einer sofortigen Beschwerde gegen den Beschluss, mit dem der Nachprüfungsantrag endgültig abgelehnt wird, den Zuschlag erteilen. Dieses Risiko hat der Gesetzgeber durch die der Vergabekammer in § 168 Abs. 2 eingeräumte Möglichkeit dem Antragsteller aber gerade aufgebürdet, so dass für die außerordentliche Zulassung der sofortigen Beschwerde in diesem Fall kein zwingendes Bedürfnis besteht[46].

Zu einem anderen Ergebnis muss man jedoch kommen, wenn die Vergabekammer über die Über-   30 mittlung des Nachprüfungsantrags innerhalb der 5-Wochenfrist des § 167 Abs. 1 gar nicht entscheidet. In diesem Fall sind die Beteiligten nicht gehalten, den Ablauf der Frist abzuwarten, um dann die Beschwerde gem. § 171 Abs. 2 erheben zu können. Denn es handelt sich in diesem Fall um eine völlige Untätigkeit der Vergabekammer, bei der unter Würdigung aller Umstände des Einzelfalles zu prüfen ist, ob der hierbei eintretende Verfahrensstillstand einer Rechtsschutzverweigerung gleich kommt. Ist das der Fall, kann das ggf. in entsprechender Anwendung der §§ 567 ff. ZPO eine

---

41 Stickler in: Reidt/Stickler/Glahs, § 116 Rn. 8.
42 Grundlegend: OLG Düsseldorf v. 28.12.2007, VII Verg 40/07, juris Rn. 14 ff.; außerdem: OLG Düsseldorf v. 18.02.2010, VII Verg 18/10, juris Rn. 4.
43 OLG Düsseldorf v. 18.01.2000, Verg 2/00; juris Rn. 13; Jaeger in: Byok/Jaeger, § 116 Rn. 7.
44 KG v. 29.03.2007, 2 Verg 6/07, juris Rn. 3; OLG Dresden v. 04.07.2002, WVerg 11/02, juris Rn. 5; Dieck-Bogatzke in: Pünder/Schellenberg, § 116 Rn. 40; Raabe in: Willenbruch/Wieddekind, § 116 GWB Rn. 18; Jaeger in: Byok/Jaeger, § 116 Rn. 7.
45 Stickler in: Reidt/Stickler/Glahs § 116 Rn. 9 unter Verweis auf OLG Düsseldorf v. 18.01.2000, Verg 2/00; Soweit das OLG Schleswig mit Beschluss v. 07.10.2011, 1 Verg 1/11, juris Rn. 8, eine sofortige Beschwerde gegen den Beschluss, mit dem die Zustellung »endgültig« abgelehnt wurde, für statthaft gehalten hat, erscheint das nur dann richtig, wenn man der Formulierung in dem Beschluss der Vergabekammer die Bedeutung beimisst, dass es sich damit um die instanzabschließende Entscheidung handeln sollte.
46 OLG Dresden a.a.O.

außerordentliche (Untätigkeits-)Beschwerde rechtfertigen[47]. Zwar ist dieser vormals allgemein anerkannte Rechtsbehelf für den Bereich der ZPO und der anderen gerichtlichen Verfahrensordnungen
obsolet, seitdem der Bundesgesetzgeber mit dem Gesetz vom 24.11.2011[48] die §§ 198 ff. GVG
mit den dort geregelten Rechtsschutzmöglichkeiten gegen überlange Verfahrensdauern eingeführt
hat. Für das Verfahren vor der Vergabekammer, auf das die §§ 198 ff. GVG nicht anwendbar sind,
kann das aber keinen Einfluss haben. Es besteht auch sonst kein Grund, ausgerechnet für das Nachprüfungsverfahren mit der dort besonders ausgeprägten Geltung des Beschleunigungsgrundsatzes,
keinen Rechtsbehelf gegen eine überlange Verfahrensdauer zuzulassen.

31   Ein anderes Ergebnis ergibt sich in Fällen, in denen die Vergabekammer die Übermittlung des Nachprüfungsantrags von der Einzahlung eines bestimmten Kostenvorschusses abhängig macht. In dieser
Konstellation gibt die Vergabekammer eindeutig zu erkennen, dass eine Sachentscheidung ohne vorherige Einzahlung nicht erfolgen wird. Damit liegt eine abschließende Entscheidung der Vergabekammer vor, die den Antragsteller irreparabel in seinen Rechten zu verletzen droht und gegen die
die sofortige Beschwerde – und nicht die außerordentliche Untätigkeitsbeschwerde – statthaft ist[49].

32   **d)** Die Entscheidung der Vergabekammer über den Antrag auf Ablehnung eines Kammermitglieds[50]
oder eines von der Vergabekammer bestellten Sachverständigen[51] ist wegen der damit einhergehenden Beeinträchtigung des Beschleunigungsgrundsatzes nicht mit der sofortigen Beschwerde gem.
§ 171 ff. anfechtbar.

33   **e)** Das gleiche gilt für Entscheidungen der Vergabekammer, mit denen Beweise angeordnet werden
oder mit denen die Erhebung eines Beweises abgelehnt wird.

34   **f)** Der Beschluss des Vorsitzenden der Vergabekammer, die Entscheidungsfrist gem. § 167 Abs. 1
zu verlängern, ist nicht mit der sofortigen Beschwerde anfechtbar. Es handelt sich um eine bloße
verfahrensleitende Maßnahme, bei der neben der allgemeinen Geltung des Beschleunigungsgrundsatzes insbesondere gegen die Überprüfbarkeit durch den Vergabesenat spricht, dass der Antragsteller dann gezwungen wäre, vorsorglich für den Fall der Aufhebung der Verlängerungsverfügung
seinerseits die sofortige Beschwerde zu erheben, um der in § 172 Abs. 2 geregelten Ablehnungsfiktion Rechnung zu tragen[52]. Um trotzdem eine Möglichkeit gegen unangemessen großzügige Fristverlängerungen »in eigener Sache« durch die Vergabekammer zu eröffnen, wird teilweise vertreten,
dass die Möglichkeit der Untätigkeitsbeschwerde in entsprechender Anwendung von §§ 567 ff.
ZPO auch im Vergabenachprüfungsverfahren gegeben sein soll, wenn das Verfahren vor der Vergabekammer eine überlange Dauer in Anspruch nimmt[53]. Dies mag in besonderen Fällen völliger
Untätigkeit der Vergabekammer richtig sein[54]. Wenn die Vergabekammer jedoch die Frist verlän-

---

47   OLG Düsseldorf v. 07.03.2012, VII Verg 82/11, juris Rn. 16 unter Verweis auf die Entscheidung des
OLG Düsseldorf v. 23.09.2008, 5 W 46/08, juris Rn. 10; allgemein zur Untätigkeitsbeschwerde im Vergabenachprüfungsverfahren s. oben bei Rdn. 11.
48   BGBl. I Nr. 60, S. 2302 ff.
49   OLG Düsseldorf v. 18.02.2010, VII Verg 18/10, juris Rn. 4.
50   OLG Düsseldorf v. 28.04.2008, VII Verg 24/08, juris Rn. 8; OLG Düsseldorf v. 23.01.2006, VII Verg
96/05, juris Rn. 6.
51   OLG Celle v. 25.05.2010, 13 Verg 7/10, juris Rn. 9, wo allerdings zu Recht entschieden worden ist, dass
gegen die Entscheidung, mit der die Ablehnung eines Sachverständigen für unbegründet erklärt wird,
die sofortige Beschwerde gem. den damaligen §§ 110 Abs. 2 S. 5, 57 Abs. 2 (jetzt §§ Abs. 163 2 S. 5, 57
Abs. 2) GWB i. V. m. § 406 Abs. 5 ZPO statthaft ist. Insoweit ist der Gesetzeswortlaut eindeutig und die
hierdurch eintretende Verzögerung des Verfahrens hinzunehmen.
52   OLG Naumburg v. 13.08.2007, 1 Verg 8/07, juris Rn. 13; OLG Brandenburg v. 09.09.2004, 9 Verg W 9/04,
juris Rn. 18; Jaeger in: Byok/Jaeger, § 116 Rn. 7; im Ergebnis ebenso: Summa in: jurisPK § 116 Rn. 31.
53   OLG Düsseldorf v. 07.03.2012, VII Verg 82/11, juris Rn. 16; Raabe in: Willenbruch/Wieddekind, § 116
Rn. 21.
54   S. oben bei Rdn. 30 anders als in der dort beschriebenen Situation droht hier wegen der schon erfolgten Übermittlung des Nachprüfungsantrags kein Rechtsverlust des Antragstellers durch die Erteilung des
Zuschlags an einen anderen Bieter.

gert hat und es nur um deren Umfang geht, liegt keine völlige Untätigkeit der Vergabekammer vor. In der Regel muss daher der Ausgang des erstinstanzlichen Verfahrens abgewartet werden, bevor ein Rechtsmittel eingelegt werden kann. Der Antragsteller ist auf die Inanspruchnahme von sekundärem Rechtsschutz beschränkt.

Ebenso unanfechtbar ist es, wenn die Vergabekammer den Beteiligten Fristen setzt oder diese verlän- 35 gert bzw. entsprechende Anträge der Beteiligten ablehnt[55]. Solche Entscheidungen können, wenn sie fehlerhaft sind, eine Verletzung des Anspruchs auf rechtliches Gehör begründen, die jedoch im Rahmen eines Rechtsmittels gegen die Hauptsacheentscheidung der Vergabekammer anzufechten ist.

g) Die Entscheidung der Vergabekammer, einem Beteiligten Akteneinsicht in die Vergabeakte zu 36 gewähren ist grundsätzlich nicht isoliert anfechtbar. Es handelt sich um eine reine Zwischenentscheidung der Vergabekammer, für die die allgemeinen, oben dargestellten Grundsätze gelten, wonach der Beschleunigungsgrundsatz einer isolierten Anfechtbarkeit entgegensteht[56]. Allerdings kann die Durchführung der Akteneinsicht, insbesondere bei am Verfahren beteiligten Konkurrenten des Einsichtnehmenden, zu erheblichen und irreparablen Schäden führen, weil von der Akteneinsicht möglicherweise auch die in den Vergabeunterlagen befindlichen Betriebs- oder Geschäftsgeheimnisse des Bieters umfasst sind. Wenn ein Beteiligter des Nachprüfungsverfahrens eine solche (drohende) Rechtsverletzung darlegt und eine sofortige Beschwerde damit begründet, wird man sie ausnahmsweise als statthaft behandeln müssen[57]. Dieses Ergebnis wird in der Literatur auch mit der durch den Europäischen Gerichtshof hervorgehobenen europarechtlichen Bedeutung des Schutzes von Geschäftsgeheimnissen begründet[58]. In diesen Fällen wird es allerdings in der Regel nicht um die Gewährung der Akteneinsicht als solcher gehen, sondern darum, ob und ggf. welche Teile der Akte herausgegeben bzw. vor Herausgabe unkenntlich gemacht werden müssen.

h) Der Verweisungsbeschluss, mit dem die Vergabekammer das Verfahren an eine andere Verga- 37 bekammer abgibt, ist – entsprechend der Regelung in § 281 Abs. 2 S. 2 ZPO nicht anfechtbar[59]. Anderes gilt – wie auch in anderen Verfahrensordnungen – in Fällen nicht vertretbarer oder willkürlicher rechtlicher Überlegungen oder grundlegender Verfahrensfehler[60].

i) Wenn die Vergabekammer den Antrag eines Unternehmens auf Beiladung zum Nachprüfungs- 38 verfahren ablehnt, ist dieser Beschluss nicht mit der sofortigen Beschwerde anfechtbar[61]. Das ergibt sich aus dem klaren Wortlaut von § 162 S. 2 der nicht zwischen stattgebenden und ablehnenden Beschlüssen unterscheidet, so dass es für dieses Ergebnis nicht zwingend eines Rückgriffs auf den Beschleunigungsgrundsatz bedarf[62].

II. Statthaftigkeit der sofortigen Beschwerde gegen die fingierte Ablehnung des Nachprüfungsantrags, § 171 Abs. 2

Die in § 171 Abs. 2 geregelte Anfechtung der Ablehnungsfiktion ist eine besondere Ausprägung 39 des im Vergabenachprüfungsrecht so wichtigen Beschleunigungsgrundsatzes. Sie wird bisweilen als »Untätigkeitsbeschwerde« bezeichnet. Das ist zwar begrifflich nachvollziehbar, kann jedoch

---

55 Stickler in: Reidt/Stickler/Glahs, § 116 Rn. 11.
56 Anderer Ansicht: Stickler in: Reidt/Stickler/Glahs, § 116 Rn. 10; Summa in: jurisPK § 116 Rn. 22.
57 OLG Frankfurt v. 12.12.2014, 11 Verg 8/14, juris Rn. 33; OLG Düsseldorf v. 28.12.2007, VII Verg 40/07, juris Rn. 14 ff.
58 Raabe in: Willenbruch/Wieddekind, § 116 Rn. 15 und Jaeger in: Byok/Jaeger, § 116 Rn. 9 jeweils unter Hinweis auf EuGH v. 14.02.2008, C-450/06, Rn. 48 ff.; im Ergebnis genauso: Dieck-Bogatzke in: Pünder/Schellenberg, § 116 Rn. 46.
59 OLG Düsseldorf v. 18.01.2005, Verg 104/04, Rn. 4; das OLG Dresden, Beschl. v. 26.06.2012, Verg 3/12, juris Rn. 14, leitet das gleiche Ergebnis aus entsprechender Anwendung von §§ 83 S. 2 VwGO her.
60 OLG Dresden a.a.O.
61 OLG Frankfurt v. 28.06.2005, 11 Verg 9/05, juris Rn. 18.
62 Diesen zieht Dieck-Bogatzke in: Pünder/Schellenberg, § 116 Rn. 47, heran; a.A.: OLG Düsseldorf v. 09.06.2010, VII Verg 14/10, Rn. 35, allerdings ohne Begründung.

zu Missverständnissen führen. Denn mit dem allgemein als Untätigkeitsbeschwerde bezeichneten Rechtsbehelf des § 75 VwGO ist die Klage gem. §171 Abs. 2 nicht zu vergleichen. § 75 VwGO erlaubt es (nur), eine Verwaltungsbehörde bei Untätigkeit auf die Vornahme eines Verwaltungsaktes zu verklagen. Darüber geht der Regelungsgehalt des § 171 Abs. 2 deutlich hinaus: er begründet für den Fall der Untätigkeit der Vergabekammer innerhalb der in § 167 Abs. 1 genannten Frist die gesetzliche Fiktion einer Ablehnung des Nachprüfungsantrags. Daraus folgt, dass dem Antragsteller des Nachprüfungsverfahrens für den Fall der Untätigkeit der Vergabekammer die sofortige Beschwerde nicht nur eröffnet wird. Er ist vielmehr gezwungen, sie zu erheben, wenn er einen für ihn ungünstigen Ausgang des Nachprüfungsverfahrens vermeiden will.

40   Sinn der Ablehnungsfiktion ist es, eine Verzögerung des Vergabeverfahrens durch eine schleppende Bearbeitung eines Nachprüfungsantrags durch die Vergabekammer zu vermeiden.[63] Allerdings hat der Gesetzgeber gesehen, dass nicht jedes Vergabenachprüfungsverfahren innerhalb der 5-Wochen-frist abgeschlossen werden kann und hat es dem Vorsitzenden der Vergabekammer deshalb in § 167 Abs. 1 S. 2 erlaubt, bei besonderen tatsächlichen oder rechtlichen Schwierigkeiten im Ausnahmefall die Frist »um den erforderlichen Zeitraum«, der allerdings gem. S. 3 nicht länger als zwei Wochen dauern »soll«, zu verlängern. Die Durchsetzung des Beschleunigungsgrundsatzes erfährt hierdurch eine gewisse Abschwächung. Denn die Entscheidung des Vorsitzenden über die Verlängerung der Bearbeitungsfrist ist nicht gesondert anfechtbar[64]. Ebenso wenig erfolgt eine Überprüfung der Voraussetzungen für die Fristverlängerung, wenn die Vergabekammer innerhalb verlängerter Frist entschieden hat und gegen diese Entscheidung die sofortige Beschwerde erhoben wird: eine mate-riell-rechtlich fehlerhafte Verlängerungsverfügung des Vorsitzenden führt weder dazu, dass die spä-tere Entscheidung der Vergabekammer nichtig und deshalb als »Nicht-Entscheidung« im Sinne von § 171 Abs. 2 anzusehen ist, noch muss die Entscheidung der Vergabekammer in der Sache alleine wegen der fehlerhaften Fristverlängerung durch das Beschwerdegericht aufgehoben werden[65]. Das Beschwerdegericht überprüft also in keiner Konstellation, ob der konkrete Fall die in §167 Abs. 1 S. 2 genannten engen Voraussetzungen für eine Verlängerung der Frist erfüllt hat.

41   Da § 171 Abs. 1 Bezug auf den gesamten § 167 Abs. 1 nimmt, ist die sofortige Beschwerde auch statthaft, wenn die Vergabekammer die 5-Wochenfrist verlängert und nicht abschließend innerhalb der verlängerten Frist entschieden hat.

42   Im Einzelnen hat die Statthaftigkeit der sofortigen Beschwerde folgende Voraussetzungen:

1. Statthaftigkeit bei fehlender Entscheidung der Vergabekammer innerhalb der 5-Wochenfrist

43   Die Vergabekammer darf nicht innerhalb der Frist des § 167 Abs. 1 S. 1 oder innerhalb der gem. § 167 Abs. 1 S. 2 wirksam verlängerten Frist entschieden haben. Die Frist ist von der Vergabekam-mer gewahrt, wenn bis zu ihrem Ablauf eine formwirksame Entscheidung vorliegt.

44   a) Was die Abfassung der Entscheidung angeht, gibt es keine größeren Probleme: das Entschei-dungsdokument mit Beschlusstenor und den vollständigen Entscheidungsgründen muss von den zuständigen Mitgliedern der jeweiligen Vergabekammer eigenhändig unterschrieben sein. Es reicht für eine wirksame Entscheidung nicht aus, wenn die Entscheidung an Stelle des zuständigen Vor-sitzenden durch den stellvertretenden Vorsitzenden unterschrieben worden ist, der nicht an der mündlichen Verhandlung teilgenommen hat[66].

---

63 BT-DrS 13/9340 S. 20.
64 Siehe oben bei Rdn. 34.
65 OLG Naumburg v. 13.08.2007, 1 Verg 8/07, juris Rn. 13; KG v. 19.04.2012, Verg 7/11, juris Rn. 58; OLG Düsseldorf v. 07.03.2012, VII Verg 82/11, juris Rn. 16; zu den formalen Voraussetzungen für eine wirksame Fristverlängerung siehe im Einzelnen unten bei Rdn. 43 ff.
66 OLG Düsseldorf v. 05.09.2001, Verg 18/01, juris Rn. 33: bei der Frage, wer den Beschluss zuständigkeits-halber unterschreiben muss, ist auf die jeweiligen landesgesetzlichen Regelungen abzustellen.

b) Umstritten ist allerdings, ob das Erstellen der Entscheidung durch die Vergabekammer zur Ein- 45
haltung der Frist des § 167 Abs. 1 ausreicht, oder ob auch die Bekanntgabe der Entscheidung an
die Verfahrensbeteiligten eingeleitet bzw. abgeschlossen sein muss.

Die herrschende Ansicht setzt zu Recht nicht voraus, dass die Bekanntgabe der Entscheidung an 46
die Beteiligten erfolgt ist. Das wird vor allem damit begründet, dass die Frist des § 167 Abs. 1 für
die Vergabekammer äußerst knapp bemessen sei. Es sei angesichts der Kürze der Frist nicht zu
vertreten, die Einhaltung der Frist von Umständen abhängig zu machen, deren Eintreten unsicher
und von der Vergabekammer nicht zu beeinflussen ist, wie z. B. bei Problemen bei der Zustellung
durch manipulierte Empfangsbekenntnisse. Vielmehr sei nur auf das aktenkundig zu machende
Absetzen der Entscheidung abzustellen[67]. Hierin liegt zwar ein Abweichen von dem allgemeinen
in § 43 Abs. 1 VwVfG bzw. in den entsprechenden Landesgesetzen für Verwaltungsakte geregelten
Wirksamkeitserfordernis der Bekanntgabe. Das ist aber hinzunehmen, weil dem Adressaten der
Entscheidung durch die Einhaltung der Frist des § 167 Abs. 1 keine wesentlichen Rechte abgeschnitten werden: die Frist für die sofortige Beschwerde des § 171 Abs. 1, die der Adressat gegen
die Entscheidung der Vergabekammer erheben kann, beginnt schließlich erst mit der erfolgten
Bekanntgabe der Entscheidung. Aus dem gleichen Grund spricht es auch nicht gegen das Ergebnis
der herrschenden Meinung, dass die Fristeinhaltung von gerichtsinternen Sachverhalten abhängt,
die die Beteiligten nicht ohne weiteres erkennen können[68]. Im Übrigen können aktenkundige Vorgänge durch die Beteiligten jederzeit durch Akteneinsicht nachvollzogen werden.

Der herrschenden Meinung ist allerdings etwas anderes entgegenzuhalten: Wenngleich es nach dem 47
Vorgesagten nicht auf den Vollzug der Bekanntgabe der Entscheidung der Vergabekammer ankommen kann, ist es andererseits mit Blick auf den Beschleunigungsgrundsatz und um eine weitere
unnötige Verzögerung des Vergabenachprüfungsverfahrens zu vermeiden, nicht hinzunehmen, von
der Einhaltung der Frist des § 167 Abs. 1 auch dann auszugehen, wenn die Entscheidung der
Vergabekammer zwar formgerecht abgefasst und unterschrieben wurde, jedoch dann fehlerhaft die
Zustellung noch nicht einmal verfügt oder die entsprechende Verfügung – etwa durch ein Büro-
versehen – nicht abgearbeitet worden ist. In diesem Fall gibt es keinen überzeugenden Grund, in
Abweichung von § 43 Abs. 1 VwVfG von einer wirksamen Entscheidung auszugehen und die
Frist für die sofortige Beschwerde gem. § 171 Abs. 2 nicht in Gang zu setzen. Denn in diesem Fall
sind – genauso, als wenn man nur auf die Abfassung der Entscheidung abstellt – alle Umstände für
die Einhaltung der Frist in der Akte nachvollziehbar. Für die Einhaltung der Bearbeitungsfrist muss
deshalb neben der Abfassung und Unterzeichnung des Beschlusses der Vergabekammer auch gefordert werden, dass die Zustellung des Beschlusses verfügt wurde und die entsprechende Verfügung in
der Geschäftsstelle der Vergabekammer auch aktenkundig abgearbeitet worden ist.

c) Schwierigkeiten bereitet auch die Frage, ob die Vergabekammer nach Ablauf der Frist des § 167 48
Abs. 1 noch befugt ist, in der Sache zu entscheiden und wie sich eine solche Entscheidung auf die
Statthaftigkeit der sofortigen Beschwerde gem. § 171 Abs. 2 auswirkt. Ein vergleichbares Problem
entsteht, wenn der Vorsitzende der Vergabekammer erst nach Ablauf der Frist die Frist gem. § 167
Abs. 1 S. 2 verlängert.

Nach zutreffender und herrschender Auffassung ist eine Entscheidung der Vergabekammer, die 49
nach Ablauf der – ggf. wirksam verlängerten – Entscheidungsfrist ergeht, unzulässig. Begründet
wird das damit, dass die gem. § 171 Abs. 2, 2. HS fingierte Entscheidung – ebenso wie eine »echte«
Entscheidung der Vergabekammer – das erstinstanzliche Verfahren endgültig zum Abschluss bringt.
Das hat zur Folge, dass nur noch der Vergabesenat als Beschwerdegericht befugt ist, die einmal
getroffene Entscheidung wieder abzuändern. Eine entsprechende Befugnis steht der Vergabekam-

---

67 OLG Naumburg v. 13.10.2006, 1 Verg 7/06, juris Rn. 27 ff.; OLG Düsseldorf a.a.O.; Summa in: jurisPK
 § 113 Rn. 21; Jaeger in: Byok/Jaeger, § 116 Rn. 15.
68 So aber Stickler in: Reidt/Stickler/Glahs, § 116 Rn. 16.

mer nicht zu[69]. Von anderer Seite wird vertreten, dass die fingierte Entscheidung des § 171 Abs. 2, 2. HS nicht bezwecke, eine Ausschlussfrist für eine Entscheidung der Vergabekammer zu begründen. Der Ablauf der Frist mache eine Entscheidung durch die Vergabekammer nicht unzulässig. Die Vergabekammer sei deshalb auch nach Ablauf der Frist weiterhin berechtigt, in der Sache zu entscheiden[70]. Diese Argumentation ist aber nicht überzeugend. Denn den Wortlaut des Gesetzes kann man kaum anders verstehen, als dass die fingierte Ablehnung des Nachprüfungsantrags dieselben Rechtsfolgen nach sich ziehen soll, wie eine Entscheidung der Vergabekammer. Würde man es der Vergabekammer erlauben, noch nach Ablauf der Frist zu entscheiden, bestünde im Übrigen die Gefahr, dass dasselbe Nachprüfungsverfahren – nach Erhebung einer sofortigen Beschwerde gem. § 171 Abs. 2 durch den Antragsteller – parallel in zwei Instanzen läuft. Das wäre ein rechtsstaatlich problematisches und kaum handhabbares Ergebnis.

50   Sehr umstritten ist die Frage, welche Folgen es hat, wenn die Vergabekammer gegen das soeben hergeleitete Verbot verstößt und trotzdem nach Ablauf der Frist entscheidet. In diesem Fall stellt sich die Frage, ob eine solche Entscheidung der Vergabekammer zwar wirksam, aber anfechtbar oder ob sie von vornherein nichtig ist. Praktische Auswirkungen ergeben sich in Hinblick darauf, ob die Beteiligten gegen eine nach Fristablauf ergangene Entscheidung Rechtsmittel einlegen müssen oder nicht. Im Einzelnen gilt das Folgende:
–   Einigkeit besteht darüber, dass ein Rechtsmittel gegen die verspätete Entscheidung der Vergabekammer nicht eingelegt werden muss, wenn bzw. soweit mit der nach Fristablauf ergangenen Entscheidung die zuvor gesetzlich eingetretene Ablehnungsfiktion bestätigt worden ist. Der durch die Ablehnungsfiktion beschwerte Antragsteller muss – damit er mit seinem Nachprüfungsantrag Erfolg hat – hiergegen innerhalb der Frist des § 171 Abs. 2 i.V.m. § 172 Abs. 1, 2. Alt. sofortige Beschwerde erheben[71]. Wenn er dem rechtzeitig nachkommt, wird die (fiktive) ablehnende erstinstanzliche Entscheidung durch den Vergabesenat überprüft. In diesem Fall ist es ohne Folgen und daher unschädlich, wenn die Vergabekammer in einer nachgehenden Entscheidung nach Ablauf der Frist des § 167 Abs. 1 ihre bereits getroffene ablehnende Entscheidung noch einmal bestätigt. Denn der Vergabesenat überprüft und bescheidet im Rahmen der bereits eingeleiteten Beschwerde das Nachprüfungsverfahren umfassend und abschließend. Der Antragsteller muss in diesem Fall nicht noch eine zweite Beschwerde gegen die verspätete nochmalige Ablehnung seines Antrags erheben[72].
–   Eindeutig zu beurteilen ist auch die Konstellation, dass die Vergabekammer mit der nach Fristablauf ergangenen Entscheidung die zuvor eingetretene Ablehnungsfiktion bestätigt und der beschwerte Antragsteller nicht innerhalb der Beschwerdefrist gem. §§ 171 Abs. 2, 172 Abs. 1, 2. Alt. gegen die Ablehnungsfiktion sofortige Beschwerde erhoben hat: In diesem Fall ist die Ablehnung des Nachprüfungsantrags bestandskräftig und damit unabänderlich geworden. Eine Abänderung zugunsten des Antragstellers ist dann auch nicht mehr dadurch möglich, dass er gegen den späteren (nochmals) ablehnenden Beschluss der Vergabekammer fristgerecht sofortige Beschwerde einlegt. Denn die Bestandskraft der ersten Entscheidung ist bindend. Der Antragsteller erhält durch die fehlerhaft ergangene weitere Entscheidung der Vergabekammer keine »zweite Chance«, das bestandskräftige Ergebnis seines Nachprüfungsantrags anzufechten[73].
–   Problematischer sind Fälle, in denen die Vergabekammer nach eingetretener Ablehnungsfiktion unzulässigerweise entscheidet und dabei dem Nachprüfungsantrag ganz oder teilweise stattgibt.

---

69 OLG München v. 04.04.2008, Verg 4/08, juris Rn. 33; OLG Dresden v. 17.06.2005, WVerg 8/05, juris Rn. 7; Summa in: jurisPK § 113 Rn. 28 ff.; Raabe in: Willenbruch/Wieddekind, § 116 Rn. 32.
70 OLG Rostock v. 17.10.2001, 17 W 18/00, juris Rn. 45; KG v. 07.11.2001, KartVerg 8/01, VergabeR 2002, 95 ff.
71 OLG Düsseldorf v. 05.09.2001, Verg 18/01, juris Rn. 39; Dieck-Bogatzke in: Pünder/Schellenberg § 116 Rn. 55.
72 Summa in: jurisPK § 113 Rn. 35.
73 OLG Dresden v. 17.06.2005, WVerg 8/05, juris Rn. 7; OLG Düsseldorf v. 20.06.2001, Verg 3/01, juris Rn. 96; Dieck-Bogatzke a.a.O.; Summa a.a.O. Rn. 36; Raabe in: Willenbruch/Wieddekind, § 116 Rn. 31.

In diesen Fällen stellt sich die Frage, ob der hierdurch beschwerte Antragsgegner oder Beigeladene gegen die stattgebende Entscheidung die sofortige Beschwerde erheben muss, um das Ergebnis der zuvor eingetretenen Ablehnungsfiktion wieder herzustellen.

Nach richtiger, jedoch umstrittener Ansicht ist das erforderlich. Denn die Entscheidung, mit der 51 die Vergabekammer dem Nachprüfungsantrag ganz oder teilweise stattgegeben hat, ist ein Verwaltungsakt, der zwar rechtswidrig, aber dennoch wirksam ist[74]. Deshalb muss man ihn form- und fristgerecht anfechten, um ihn zu beseitigen.

Nichtig wäre die Entscheidung nur dann, wenn die Voraussetzungen erfüllt wären, nach denen 52 gem. § 44 VwVfG bzw. den entsprechenden Landesgesetzen von der Nichtigkeit eines Verwaltungsaktes auszugehen wäre. Das ist bei einer gemäß § 167 Abs. 1 verspäteten Entscheidung der Vergabekammer aber nicht der Fall. Nichtigkeit im Sinne des vorrangig zu prüfenden § 44 Abs. 2 VwVfG liegt nicht vor, da dessen Voraussetzungen offensichtlich nicht erfüllt sind. Ebenso wenig handelt es sich bei der verspäteten Entscheidung der Vergabekammer um einen besonders schwerwiegenden und bei Würdigung aller Umstände offensichtlichen Fehler gemäß § 44 Abs. 1 VwVfG. Ein offensichtlicher Fehler setzt nach allgemeiner Definition voraus, dass ein für die Rechtsordnung schlechthin unerträgliches Vorgehen vorliegt, das die an eine ordnungsgemäße Verwaltung zu stellenden Anforderungen in einem so hohen Maße verletzt, dass von niemandem erwartet werden kann, den betroffenen Verwaltungsakt als verbindlich anzuerkennen[75]. Ein solches Maß an Rechtsferne wird man der Vergabekammer bei der Missachtung der 5-Wochenfrist im Regelfall nicht vorwerfen können. Zwar ist die Vergabekammer nach Eintritt der Ablehnungsfiktion nicht mehr für die Entscheidung über den Nachprüfungsantrag zuständig, denn die weitere Entscheidung obliegt alleine dem Vergabesenat. Ein Verstoß gegen Zuständigkeitsvorschriften reicht aber für die Annahme der Nichtigkeit nicht aus, denn dies würde zusätzlich voraussetzen, dass die durch den Verwaltungsakt geregelte Angelegenheit unter keinem sachlichen Gesichtspunkt Bezug zum Aufgabenbereich der handelnden Behörde hat und dies auch offenkundig ist[76]. Dieses Erfordernis ist schon deshalb nicht erfüllt, weil es – wie schon dargestellt – ernst zu nehmende Stimmen gibt, die der Vergabekammer sogar ausdrücklich die Berechtigung zusprechen, nach Eintritt der Ablehnungsfiktion noch über den Nachprüfungsantrag zu entscheiden. Die insoweit getroffene Entscheidung der Vergabekammer erfüllt auch keines der sonstigen Kriterien, die im allgemeinen Verwaltungsrecht zur Annahme eines offensichtlichen Fehlers herausgearbeitet worden sind: es handelt sich weder um einen schweren und offensichtlichen Mangel der Willensbildung[77], noch um einen schweren formellen Mangel[78] oder eine völlige inhaltliche Unbestimmtheit[79]. Vielmehr ist es im allgemeinen Verwaltungsrecht anerkannt, dass etwa eine Entscheidung der Ausgangsbehörde über einen eingelegten Widerspruch[80] oder ein sonstiger Verstoß gegen den Instanzenzug[81] für die Annahme der Nichtigkeit des Verwaltungsaktes nicht ausreicht[82].

Eine Nichtigkeit der in Widerspruch zu der Ablehnungsfiktion stehenden Entscheidung der Ver- 53 gabekammer lässt sich auch nicht damit begründen, dass mit Eintritt der Ablehnungsfiktion der Vergabekammer die Entscheidungskompetenz entzogen und auf die Zivilgerichtsbarkeit übertragen worden ist, denn trotz der Verlagerung der Entscheidungskompetenz kann man nicht davon ausgehen, dass die Entscheidung keinen sachlichen Bezug mehr zur Aufgabe der Vergabekammer

---

74 OLG München v. 04.04.2008, Verg 4/08, juris Rn. 33; Dieck-Bogatzke a.a.O.; Jaeger in: Byok/Jaeger, § 116 Rn. 3.
75 Ramsauer in: Kopp/Ramsauer, 14. Aufl., § 44 VwVfG Rn. 8 m.w.N.
76 Ramsauer in: Kopp/Ramsauer, a. a. O. Rn. 15.
77 Ramsauer a.a.O. Rn. 19.
78 Ramsauer a.a.O. Rn. 24.
79 Ramsauer a.a.O. Rn. 26.
80 OVG Münster v. 16.02.2012, 1 A 2219/10, juris Rn. 13.
81 BVerwG v. 14.11.1975, IV C 2.74, BVerwGE 49, 365/371.
82 A.A.: Summa in jurisPK, § 113, Rn. 30; Raabe in: Willenbruch/Wiedekind, § 116 Rn. 33.

hat. Der Umstand, dass es sich um einen Verwaltungsakt handelt, der einem anderen, zuvor in demselben Verfahren ergangenen Verwaltungsakt widerspricht, reicht angesichts der dargestellten hohen Anforderungen an die Annahme der Nichtigkeit ebenfalls nicht aus[83]. Schließlich zwingt auch die besondere Bedeutung des Beschleunigungsgebots im Vergabenachprüfungsverfahren und speziell in § 171 Abs. 2 nicht zu einem anderen Ergebnis. Denn dem Bedürfnis nach einer zügigen Entscheidung des Nachprüfungsverfahrens und einer daraus abgeleiteten großzügigeren Auslegung der für die Nichtigkeit in des Verwaltungsaktes aufzustellenden Voraussetzungen steht hier der aus dem Rechtsstaatsprinzip folgende Gedanke der Rechtssicherheit entgegen, der in § 44 VwVfG gesetzlich ausgeprägt ist und der so lange Vorrang beanspruchen kann, bis die dort gesetzlich geregelten Voraussetzungen der Nichtigkeit vorliegen. Das ist hier nicht der Fall.

54   Unabhängig von dem dargestellten Meinungsstreit hat ein Antragsgegner oder Beigeladener, der durch eine nach Eintritt der Ablehnungsfiktion ergangene ganz oder teilweise stattgebende Entscheidung der Vergabekammer beschwert ist, das Recht, mit der sofortigen Beschwerde gegen die verspätete Entscheidung der Vergabekammer vorzugehen. Auch die Stimmen in der Literatur, die davon ausgehen, dass die verspätete Entscheidung der Vergabekammer nichtig ist, erkennen teilweise ein gerechtfertigtes Interesse des Antragsgegners oder des Beigeladenen an, den von dieser Entscheidung jedenfalls ausgehenden Rechtsschein zu beseitigen[84].

2. Statthaftigkeit bei fehlender Entscheidung der Vergabekammer innerhalb der verlängerten Frist

55   Die dargestellten Grundsätze gelten entsprechend, wenn der Vorsitzende der Vergabekammer die Entscheidungsfrist gem. § 167 Abs. 1 S. 2 wirksam verlängert hat und innerhalb der verlängerten Frist keine Entscheidung in der Hauptsache erfolgt ist. Auch dann ist die sofortige Beschwerde gem. § 171 Abs. 2 unter den aufgezeigten Voraussetzungen statthaft.

56   Wenn die Vergabekammer innerhalb der verlängerten Frist entschieden hat, kann sich die Frage stellen, ob die durch den Vorsitzenden der Vergabekammer ausgesprochene Fristverlängerung wirksam gewesen ist. Wie bereits dargestellt, kommt es nicht darauf an, ob die in § 167 Abs. 1 S. 2 geregelten materiellen Voraussetzungen für die Fristverlängerung vorgelegen haben. Denn diese werden nicht überprüft und eine alleine hierauf gerichtete sofortige Beschwerde wäre nicht statthaft[85]. Anders ist es aber, wenn es an formellen Voraussetzungen für die Fristverlängerung fehlt. In diesem Fall ist die Fristverlängerung nichtig, was zur Folge hat, dass die Vergabekammer nach Fristablauf und damit gem. § 171 Abs. 2 anfechtbar über den Nachprüfungsantrag entschieden hat. Für das Vorliegen einer formell wirksamen Fristverlängerung genügt es, entsprechend den Voraussetzungen an die Entscheidung der Vergabekammer in der Hauptsache, dass die schriftliche Verfügung des Vorsitzenden der Vergabekammer vor Ablauf der Entscheidungsfrist unterzeichnet wurde und in den Geschäftsgang gelangt ist[86], wobei nach der hier vertretenen Auffassung auch das Vorliegen einer abgearbeiteten Bekanntgabeverfügung erforderlich ist[87].

3. Keine Anwendbarkeit bei Kostenentscheidungen

57   Die Ablehnungsfiktion gem. § 171 Abs. 2 tritt nach allgemeiner und zutreffender Meinung nur dann ein, wenn die Vergabekammer an die in § 167 Abs. 1 geregelte Frist gebunden ist. Das ist nur im Hauptsacheverfahren über den Nachprüfungsantrag der Fall, nicht aber, wenn die Vergabekammer über Kostenanträge entscheidet. In diesem Fall ist schon der Wortlaut der Vorschrift nicht erfüllt, da es sich nicht um die Entscheidung über einen Nachprüfungsantrag handelt. Da es

---

83 So aber Summa a.a.O.
84 OLG Düsseldorf v. 22.01.2001, Verg 24/00, juris Rn. 35; anderer Ansicht: Summa a.a.O. Rn. 34.
85 S. oben bei Rdn. 34.
86 Vgl. im Einzelnen die Kommentierung von Ohlerich in diesem Kommentar zu § 167 Rdn. 16.
87 S. oben bei Rdn. 47.

auch für das besondere Beschleunigungsgebot des Nachprüfungsverfahrens, dessen Ausprägung die §§ 167 Abs. 1 und 171 Abs. 2 sind, bei der Entscheidung über einen Kostenantrag keinen Anlass gibt, entspricht dies auch dem Sinn und Zweck der Norm[88]. Das gleiche gilt für das Verfahren über den Feststellungsantrag gem. § 168 Abs. 2 S. 2. Da für dieses Verfahren die Geltung des § 167 Abs. 1 gesetzlich ausgeschlossen ist, tritt auch in diesem Verfahren die Ablehnungsfiktion nicht ein und gibt es für die hiergegen gerichtete sofortige Beschwerde keinen Anlass[89].

III. Beschwerdeberechtigung, § 171 Abs. 1 S. 2

1. Beteiligte am Verfahren

Die Berechtigung, eine sofortige Beschwerde gemäß den §§ 171 ff. zu erheben, steht nach dem Wortlaut von § 171 Abs. 1 S. 2 den »am Verfahren vor der Vergabekammer Beteiligten« zu. Dieser Begriff taucht in § 174 erneut auf, wo er den Kreis derjenigen beschreibt, die an dem Verfahren der sofortigen Beschwerde zu beteiligen sind. Um welchen Kreis es sich handelt, ergibt sich aus § 162 S. 1: demnach sind am Nachprüfungsverfahren der Antragsteller, der Auftraggeber und die Unternehmen, deren Interessen durch die Entscheidung schwerwiegend berührt werden und die deswegen von der Vergabekammer beigeladen worden sind zu beteiligen. Für die Beschwerdeberechtigung reicht die tatsächliche Beteiligung am Verfahren vor der Vergabekammer aus. Es ist nicht entscheidend, ob die Beteiligung – etwa wegen der unzulässigen Erhebung eines Nachprüfungsantrags oder einer fehlerhaften Beiladung – rechtswidrig gewesen ist[90]. 58

Umstritten ist, ob die Beschwerdeberechtigung auch dann gegeben sein kann, wenn keine Beteiligung am Verfahren vor der Vergabekammer stattgefunden hat. Die Frage stellt sich, wenn die Vergabekammer es bewusst unterlassen hat, eine Beiladung zu veranlassen oder auch dann, wenn sich erst nach Abschluss des erstinstanzlichen Nachprüfungsverfahrens herausstellt, dass ein Drittunternehmen durch die Entscheidung der Vergabekammer oder durch eine zu erwartende Entscheidung des Beschwerdegerichts in ihren Rechten betroffen sein kann. 59

Hierzu wird teilweise vertreten, dass eine Berechtigung zur Erhebung der sofortigen Beschwerde wegen des Wortlautes von §§ 171 Abs. 1 S. 2, 162 S. 1 ausgeschlossen sei[91]. Dem ist zuzugeben, dass der Wortlaut des Gesetzes (»die beigeladen worden sind«) insoweit tatsächlich klar erscheint. Dennoch greift die ablehnende Ansicht zu kurz: Sie kann dazu führen, dass einem Unternehmen, dessen Beiladung durch einen Rechtsverstoß der Vergabekammer unterblieben ist und dessen Rechte durch die abschließende Entscheidung der Vergabekammer in möglicherweise existenzbedrohender Weise beeinträchtigt werden, hiergegen keinerlei eigenen Rechtsbehelf einlegen kann. Dieses Ergebnis ist mit der grundgesetzlich verbürgten Rechtsweggarantie (Art. 19 Abs. 4 S. 1 GG) schlichtweg nicht zu vereinbaren. Das gilt auch dann, wenn man es dem Beschwerdegericht erlaubt, unter großzügiger Auslegung des Wortlauts von § 174 seinerseits Unternehmen beizuladen, deren Rechte betroffen sind, die jedoch im Verfahren vor der Vergabekammer noch nicht beigeladen gewesen sind[92]. Unabhängig davon, ob man dem Vergabesenat eine solche Befugnis zuspricht bzw. die Vergabekammer für berechtigt hält, noch nachträglich eine Beiladung auszusprechen, hängt die Wahrung der Rechte des betroffenen Unternehmens dann immer noch davon ab, ob einer der anderen Beteiligten mit der sofortigen Beschwerde gegen die Entscheidung der Vergabekammer vorgeht. Denn ohne das Vorliegen einer sofortigen Beschwerde kann der Vergabesenat von der in § 174 geregelten Möglichkeit keinen Gebrauch machen. Zudem wäre eine 60

---

88 OLG Dresden v. 14.03.2005, WVerg 3/05, juris Rn. 2; Wilke in: MüKo-KartR § 116 Rn. 6; Stickler in: Reidt/Stickler/Glahs, § 116 Rn. 16.

89 OLG Naumburg v. 04.09.2001, 1 Verg 8/01; Wilke a.a.O.; Stickler a.a.O.

90 OLG Naumburg v. 02.08.2012, 2 Verg 3/12, juris Rn. 29; OLG Saarbrücken v. 27.04.2011, 1 Verg 5/10, zit. nach ibr-online.

91 Wilke in: MüKo-KartR, § 116 Rn. 25; Jaeger in: Byok/Jaeger § 116 Rn. 30.

92 Dieck-Bogatzke in: Pünder/Schellenberg § 116 Rn. 64 und Vavra in: Beck'scher Vergaberechtskommentar, § 116 Rn. 38 halten dies für ausreichend.

Entscheidung, mit der die Vergabekammer nachträglich eine Beiladung ablehnt, gemäß § 162 S. 2 nicht gesondert anfechtbar. Deshalb muss dem in der ersten Instanz nicht beigeladenen Unternehmen – vorausgesetzt, dass es tatsächlich eine eigene materielle Beschwer darlegen kann – eine eigene Beschwerdebefugnis zustehen[93, 94]. Dogmatische Bedenken wegen des eigentlich entgegenstehenden Wortlautes des Gesetzes hat die höchstrichterliche Rechtsprechung bei Beurteilung der vergleichbaren Situation im allgemeinen Kartellrecht zu Recht mit einer ergänzenden Auslegung der in diesem Bereich geltenden Vorschriften überwunden[95].

2. Beschwer

61   § 171 Abs. 1 S. 2 beschreibt dem Wortlaut nach nur den Kreis derjenigen, die grundsätzlich das Beschwerdeverfahren einleiten können. Für das Vorliegen der Beschwerdeberechtigung ist es zusätzlich erforderlich, dass mit dem Rechtsmittel die Beseitigung einer Beschwer geltend gemacht wird, die sich aus der angefochtenen Entscheidung der Vergabekammer ergibt.

62   Für das Vorliegen der Beschwer gelten im Prinzip die allgemeinen, aus den anderen Verfahrensordnungen bekannten Voraussetzungen:

63   a) Sie setzt zunächst voraus, dass der Tenor der angefochtenen Entscheidung in belastender Weise von dem abweicht, was der Beschwerdeführer in der ersten Instanz beantragt hat (formelle Beschwer). Mit der Beschwerde muss das Ziel verfolgt werden, diese Beschwer zu beseitigen. Das setzt voraus, dass das vorinstanzliche Begehren mindestens zum Teil weiter verfolgt werden muss[96]. Es reicht auch im Bereich des Vergabenachprüfungsverfahrens nicht aus, wenn mit der Beschwerde nur die Begründung der angefochtenen Entscheidung beanstandet wird, obwohl das aus dem Tenor ersichtliche Ergebnis der Entscheidung inhaltlich dem entspricht, was der Beschwerdeführer im erstinstanzlichen Verfahren begehrt hat.

64   Allerdings ergibt sich aus § 168 Abs. 1 S. 2, dass die Vergabekammer bei ihrer Entscheidung nicht an die Anträge der Beteiligten gebunden ist und unabhängig davon auf die Rechtmäßigkeit des Vergabeverfahrens einwirken kann. Bei der Ermittlung der von ihrer Entscheidung ausgehenden formellen Beschwer darf man schon deshalb nicht starr von den Anträgen ausgehen, die der Beschwerdeführer vor der Vergabekammer gestellt hat. In jedem Fall ist unter Heranziehung des gesamten Vorbringens des Beteiligten zu prüfen, ob sich bei dem Vergleich des erstinstanzlich vorgebrachten Begehrens und der Entscheidung der Vergabekammer ein Unterschied ergibt, egal ob der an die Vergabekammer gerichtete Antrag sich auf die Nachprüfung eines Vergabeverfahrens bezieht oder auf ein anderes Begehren, wie z.B. eine Entscheidung über Kosten. Das gilt auch dann, wenn ein Beteiligter vor der Vergabekammer überhaupt keinen Antrag gestellt hat oder ein gestellter Antrag sich in allgemeiner Weise darauf beschränkt, eine nicht näher spezifizierte Rechtsverletzung zu beseitigen.

---

93   So auch OLG Karlsruhe v. 25.11.2008, 15 Verg 13/08, zit. nach ibr-online; Stickler in: Reidt/Stickler/Glahs, § 116 Rn. 23; Summa in: jurisPK § 116 Rn. 52; Raabe in: Willenbruch/Wieddekind, § 116 Rn. 43.

94   Damit kann im Beschwerdeverfahren auch eine Überprüfung der Entscheidung der Vergabekammer stattfinden, mit der ein Antrag auf Beiladung abgelehnt worden ist. Ein Verstoß gegen § 162 S. 2 liegt darin nicht, denn die Vorschrift verbietet zur Gewährleistung eines zügigen Verfahrens vor der Vergabekammer nur die isolierte Anfechtung der ablehnenden Entscheidung der Vergabekammer. Eine spätere Inzidentkontrolle durch das Beschwerdegericht ist damit nicht ausgeschlossen.

95   Raabe a.a.O. unter Verweis auf die Entscheidung des BGH v. 07.11.2006, KVR 37/05, juris Rn. 18 ff. Die Ausgangslage im allgemeinen Kartellrecht ist ähnlich, da die Beschwerdeberechtigung gem. §§ 63 Abs. 2, 54 Abs. 2 Nr. 3 – genauso wie im Vergaberecht – grundsätzlich davon abhängt, ob die Beiladung tatsächlich erfolgt ist.

96   Für den Bereich der ZPO: Heßler in: Zöller, 30. Aufl., vor § 511 ZPO, Rn. 10 und ebda. § 567 Rn. 5 jeweils m.w.N.; für das Vergabenachprüfungsverfahren: OLG Celle v. 10.06.2013, 13 Verg 6/13, juris Rn. 5.

Wenn es um die Frage geht, ob die formelle Beschwer bei einem Auftraggeber vorliegt, wird diese 65
Prüfung bei der üblichen Konstellation des Vergabeverfahrens in aller Regel keine größeren Probleme bereiten. Denn dessen erstinstanzliches Begehren wird immer auf eine vollständige Abweisung des Nachprüfungsantrags gerichtet sein. Eine formelle Beschwer ist immer dann gegeben, wenn durch die Entscheidung der Vergabekammer eine sofortige Erteilung des Zuschlags an das vom Antragsgegner gewünschte (und in der Regel beigeladene) Unternehmen verhindert wird oder wenn – bei Überprüfung einer de-facto-Vergabe oder aber im Fall des § 168 Abs. 2 – eine Rechtsverletzung festgestellt wird. Die formelle Beschwer ist nicht gegeben, wenn der Antragsgegner ausdrücklich die Verwerfung des Nachprüfungsantrags als unzulässig beantragt, die Vergabekammer ihn dann aber als unbegründet zurückgewiesen hat[97].

Diese Regeln gelten grundsätzlich auch dann, wenn ein Beigeladener die sofortige Beschwerde 66
einlegt. Auch dann ist zu prüfen, ob der Inhalt der angefochtenen Entscheidung von dem erstinstanzlich vorgebrachten Begehren abweicht. Ist dieses nicht feststellbar, weil der Beigeladene zulässigerweise keinen Antrag gestellt hat oder sich sonst nicht inhaltlich eingelassen hat, ist darauf abzustellen, ob er materiell beschwert ist, ob die angefochtene Entscheidung ihn also in seinen Rechten verletzt[98]. Ob man in diesen Fällen begrifflich darauf abstellt, dass das Vorliegen der materiellen Beschwer die Prüfung der formellen Beschwer obsolet macht oder aber, dass sich die formelle Beschwer daraus ergibt, dass der Beigeladene dem Vorbringen des Antragstellers nicht ausdrücklich zustimmt[99], ist nicht entscheidend. Jedenfalls kann die Beschwerdeberechtigung des Beigeladenen nicht mit dem Argument abgelehnt werden, dass er sein Begehren vor der Vergabekammer nicht durch einen Antrag oder sonst ausdrücklich zum Ausdruck gebracht hat.

Wenn es der Antragsteller ist, der sich gegen eine Entscheidung der Vergabekammer wehren 67
möchte, ist zu beachten, dass die Stattgabe des Nachprüfungsantrags zu unterschiedlichen Ergebnissen führen kann, da das Vergabeverfahren durch die Vergabekammer in verschiedene Stadien zurückversetzt werden kann. Die formelle Beschwer des Antragstellers ist auch dann gegeben, wenn durch die Entscheidung der Vergabekammer zwar die geplante Zuschlagserteilung verhindert wird, eine Zurückversetzung des Vergabeverfahrens jedoch weniger weitgehend erfolgt, als vom Antragsteller begehrt. Hierbei ist es nicht maßgeblich, ob die Vergabekammer den Nachprüfungsantrag im Tenor ausdrücklich im »Übrigen« zurückgewiesen hat.

b) Zusätzliche Voraussetzung für die Beschwerdeberechtigung ist das Vorliegen einer materiellen 68
Beschwer. Der Beschwerdeführer muss geltend machen, dass die angefochtene Entscheidung ihn in seinen Rechten verletzt. Wenn die formelle Beschwer vorliegt, ergeben sich hierbei meistens keine Probleme: Die Zurückweisung des Nachprüfungsantrags kann den Antragsteller dadurch in seinen Rechten verletzen, dass sie dem Antragsgegner die Erteilung des Zuschlags an ein anderes Unternehmen ermöglicht. Die teilweise oder vollständige Stattgabe des Antrags führt dazu, dass der Antragsgegner den Zuschlag nicht – wie gewünscht – an ein anderes Unternehmen erteilen kann, was ebenfalls zur Geltendmachung einer materiellen Rechtsverletzung ausreicht. In den Fällen, in denen der Beigeladene die sofortige Beschwerde erhebt, reicht es zur Geltendmachung der materiellen Beschwer aus, wenn die Abänderung des Vergabekammerbeschlusses begehrt wird, mit dem es dem Antragsgegner untersagt wird, den Zuschlag an ihn – den Beigeladenen – zu erteilen[100].

Das Vorliegen von formeller und materieller Beschwer kann allerdings auseinander fallen, wenn 69
die Entscheidung der Vergabekammer zwar dem Begehren des Antragstellers nicht vollständig nachkommt, es jedoch auch auf Grundlage des Beschwerdevorbringens von vornherein ausgeschlossen ist, dass diese Abweichung zu einer Rechtsverletzung auf Seiten des Antragstellers füh-

---

97 A.A.: Dieck-Bogatzke in: Pünder/Schellenberg, § 116 Rn. 68.
98 OLG Naumburg v. 18.08.2011, 2 Verg 3/11, juris Rn. 44; OLG München v. 21.05.2010, Verg 02/10, juris Rn. 84; Vavra in: Beck'scher Vergaberechtskommentar, § 116 Rn. 36.
99 So Stickler in: Reidt/Stickler/Glahs, § 116 Rn. 24.
100 Auch dann, wenn der Beigeladene vor der Vergabekammer keinen eigenen Antrag gestellt hat.

ren kann. Das ist etwa der Fall, wenn der Antragsteller als Drittplatzierter des Vergabeverfahrens mit seinem Vorbringen lediglich Gründe für den Ausschluss eines der beiden vor ihm platzierten Unternehmen vorbringt. Selbst, wenn er mit diesem Vorbringen durchdränge, würde dies wegen des verbleibenden besser platzierten Bieters nicht dazu führen, dass er selbst eine Chance auf den Zuschlag bekäme. Auch die von ihm dargelegte Rechtswidrigkeit der beabsichtigten Entscheidung des Antragsgegners könnte daher nicht zu einer Verletzung seiner Rechte führen. Insoweit ist die in § 160 Abs. 2 enthaltene Wertung, nach der es für die Zulässigkeit des Nachprüfungsverfahrens der Geltendmachung einer Verletzung eigener Rechte sowie eines drohenden Schadens bedarf, auf die Prüfung der Zulässigkeit der sofortigen Beschwerde zu übertragen. In diesem Fall fehlt es deshalb an der Beschwerdeberechtigung.

70 An einer von der angefochtenen Entscheidung ausgehenden materiellen Beschwer kann es auch fehlen, wenn die mit der sofortigen Beschwerde geltend gemachte Rechtsverletzung oder Teile von ihr bereits in Bestandskraft erwachsen sind und die Beschwerde deshalb zu deren Beseitigung nicht mehr geeignet ist. Insbesondere bei mehreren aufeinander folgenden Nachprüfungsverfahren, die sich auf ein und dasselbe Vergabeverfahren beziehen, ist im Rahmen der Prüfung der Beschwer genau zu unterscheiden, welche gerügten Vergabeverstöße durch das Fehlen einer rechtzeitigen sofortigen Beschwerde bereits in Bestandskraft erwachsen sind. Dieses Problem taucht auf, wenn es dem Antragsteller mit einem Nachprüfungsantrag gelingt, das Vergabeverfahren durch eine erfolgreiche Rüge in ein bestimmtes Stadium zurück zu versetzen, die Vergabekammer jedoch in demselben Beschluss hinsichtlich anderer Rügen festgestellt hat, dass insoweit keine Vergaberechtsverstöße vorgelegen haben, die z. B. zu einer Wiederholung des kompletten Vergabeverfahrens führen würden. In diesem Fall muss der Antragsteller trotz seines (Teil-)Erfolgs in der ersten Instanz die sofortige Beschwerde einlegen, um sich auch hinsichtlich der letztgenannten Rügen die Möglichkeit der rechtlichen Überprüfung durch das Beschwerdegericht offen zu halten. Da die Entscheidung der Vergabekammer auch hinsichtlich der nicht festgestellten Vergaberechtsverstöße in Bestandskraft erwächst, kann eine spätere Anfechtung der neuerlichen Vergabeentscheidung des Auftraggebers mit einem weiteren Nachprüfungsantrag nicht mehr auf die schon im ersten Verfahren erfolglos gerügten Rechtsverstöße gestützt werden. Auch die sofortige Beschwerde gegen die zweite Entscheidung der Vergabekammer kann dementsprechend in zulässiger Weise nur auf neue Einwände und Rügen gestützt werden. Ergibt sich wegen der zwischenzeitlich eingetretenen Bestandskraft hinsichtlich der alten Rügen, dass der Antragsteller im Ergebnis sein Begehren nicht mehr erreichen kann, fehlt es der sofortigen Beschwerde an der Geltendmachung einer materiellen Beschwer[101].

71 Ebenso umfasst die Bestandskraft auch etwaige Hinweise für das weitere Vergabeverfahren («Segelanweisungen»), die die Vergabekammer den Beteiligten im Rahmen ihrer Entscheidung erteilt. Auch wenn diese Anweisungen in der Regel nicht der Begründung des im Tenor zum Ausdruck kommenden Ergebnisses dienen, sind sie dennoch Bestandteil der Entscheidung und beeinflussen den weiteren Gang des Vergabeverfahrens maßgeblich. Sie nehmen deshalb an der Bestandskraft der Entscheidung teil und müssen ggf. mit der sofortigen Beschwerde angefochten werden[102]. Die Anfechtung im Rahmen eines weiteren Nachprüfungsverfahrens, nachdem der Auftraggeber sie tatsächlich umgesetzt hat, ist mangels Rechtsverletzung im Sinne von § 160 Abs. 2 nicht möglich. Ebenso fehlt es an der Beschwerdeberechtigung, wenn die geltend gemachte Rechtsverletzung auf solchen bestandskräftigen Hinweisen der Vergabekammer beruht. Für dieses Ergebnis spricht neben den allgemeinen Erwägungen zum Umfang der Bestandskraft auch der Beschleunigungsgrundsatz, denn es würde das Vergabeverfahren unangemessen verzögern, wenn es möglich wäre, zunächst die Umsetzung einer schon vorher durch die Vergabekammer klar geäußerten Vorgabe abzuwarten und diese dann erst später in einem weiteren – sonst unnötigen – Verfahren anzufechten.

---

101 OLG Celle v. 15.09.2003, 13 Verg 19/03, juris Rn. 14; Summa in: jurisPK § 114 Rn. 61.
102 Differenzierend: Jaeger in: Byok/Jaeger, § 116 Rn. 33.

IV. Anschlussbeschwerde

Das in den Geltungsbereichen von ZPO (§§ 524, 567 Abs. 3, 574 Abs. 4) und VwGO (§ 127) allge- 72
mein anerkannte Anschlussrechtsmittel gibt den Beteiligten die Möglichkeit, mit der Anfechtung der
erstinstanzlichen Entscheidung zunächst abzuwarten, ob die Gegenseite ihrerseits gegen die erstinstanzliche Entscheidung vorgeht. Dieses Instrument ist verfahrensökonomisch äußerst sinnvoll, da es
bei einer hinnehmbar erscheinenden Belastung durch die erstinstanzliche Entscheidung vermeidet,
dass ein Beteiligter nur deswegen innerhalb der gesetzlich geregelten Fristen ein Rechtsmittel einlegt,
weil er fürchten muss, dass die Gegenseite dies – mit der Gefahr einer weiteren Verschlechterung der
Entscheidung für ihn selbst – tut. Ihre Zulässigkeit ist auch für das sofortige Beschwerdeverfahren
der §§ 171 ff. GWB anerkannt, obwohl sie dort nicht ausdrücklich geregelt ist[103].

Eine Anschlussbeschwerde liegt vor, wenn die Beschwerde zu einem Zeitpunkt erhoben wird, in 73
dem die üblichen Rechtsmittelfristen, im Vergabenachprüfungsverfahren also diejenigen aus § 172,
abgelaufen sind. Zwingende Voraussetzung ist, dass zuvor eine – fristgerechte und auch sonst zulässige – sofortige Beschwerde eines anderen Verfahrensbeteiligten eingelegt worden ist[104]. Aus dieser
Abhängigkeit ergibt sich, dass die Anschlussbeschwerde gegenstandslos wird, sobald das zugrunde
liegende Rechtsmittel zurückgenommen oder als unzulässig verworfen wird. In diesem Fall bedarf
es keiner Entscheidung mehr über die Anschlussbeschwerde. Die durch die Anschlussbeschwerde
verursachten Kosten trägt in diesem Fall in der Regel der Beschwerdeführer[105]. Zwei weitere Voraussetzungen sind für die Anschlussbeschwerde prägend und für ihre Zulässigkeit erforderlich: Die
Anschlussbeschwerde muss sich erstens gegen dieselbe Entscheidung richten, wie die zuvor eingelegte sofortige Beschwerde[106]. Zweitens müssen mit der sofortigen Beschwerde einerseits und der
Anschlussbeschwerde andererseits gegenläufige Interessen vertreten werden[107].

Die eigentliche Anschlussbeschwerde wird oftmals als »unselbständig« bezeichnet, während es sich 74
um eine »selbständige« Anschlussbeschwerde handeln soll, wenn die Einlegung innerhalb der gesetzlichen Rechtsmittelfrist erfolgt. Diese Unterscheidung ist aber überflüssig, denn es besteht kein
praktischer Grund, das fristgemäß eingelegte Rechtsmittel als Anschlussbeschwerde zu bezeichnen.
Es handelt sich dann vielmehr um eine sofortige Beschwerde, die nach den allgemeinen Regeln
über das Beschwerdeverfahren zu behandeln ist. Daraus, dass zuvor ein anderer Beteiligter ebenfalls
ein Rechtsmittel gegen dieselbe erstinstanzliche Entscheidung eingelegt hat, ergeben sich für das
Verfahren keine praktischen Auswirkungen.

Die Anschlussbeschwerde ist auch im Verfahren über Neben-, insbesondere Kostenentscheidungen 75
zulässig[108]. Da die Anschlussbeschwerde kein Rechtsmittel im eigentlichen Sinne ist, sondern nur
ein Antrag innerhalb des vom Rechtsmittelführer eingeleiteten Verfahrens, kann sie auch bedingt für
den Fall, dass dem in erster Linie gestellten Antrag auf Zurückweisung der sofortigen Beschwerde
nicht entsprochen wird, erhoben werden[109].

---

103 Stickler in: Reidt/Stickler/Glahs, § 117 Rn. 8; Dieck-Bogatzke in: Pünder/Schellenberg § 116 Rn. 57;
Summa in: jurisPK § 116 Rn. 65; Raabe in: Willenbruch/Wieddekind, § 116 Rn. 36.
104 OLG Dresden v. 14.11.2012, 1 Verg 8/11, juris Tz. 9.
105 Dieck-Bogatzke in: Pünder/Schellenberg § 116 Rn. 57 unter Verweis auf die für den Bereich der ZPO
ergangene Entscheidung des BGH v. 07.02.2007, XII ZB 175/06, juris Rn. 14.
106 OLG Düsseldorf v. 05.09.2001, Verg 18/01, juris Rn. 37: abgelehnt für den Fall, dass sich ein Rechtsmittel gegen die fiktive Entscheidung des § 171 Abs. 2, das andere gegen einen Beschluss der Vergabekammer
richtet.
107 OLG München v. 21.05.2010, Verg 2/10, juris Rn. 78; OLG Celle v. 05.09.2007, 13 Verg 9/07, juris
Rn. 48.
108 BayObLG v. 06.02.2004, Verg 24/03, juris Rn. 7.
109 OLG München v. 09.08.2012, Verg 10/12, juris Rn. 84; OLG Schleswig v. 15.04.2011, 1 Verg 10/10,
juris Rn. 31; OLG Düsseldorf v. 23.12.2009, VII Verg 30/09, juris Rn. 66.

76 Jeder der in § 171 Abs. 1 S. 2 angesprochenen Beteiligten des Nachprüfungsverfahren kann die Anschlussbeschwerde einlegen. Sie ist sowohl im Verhältnis zwischen Antragsteller und Antragsgegner, als auch im Verhältnis eines Beigeladenen zum Antragsteller oder zum Antragsgegner zulässig. In diesem Zusammenhang ergibt sich keine Einschränkung daraus, dass Ansprüche auf ein rechtsfehlerfreies Vergabeverfahren im materiellen Vergaberecht nur gegen den Auftraggeber/ Antragsgegner bestehen, nicht aber gegen konkurrierende Unternehmen. Im Schrifttum wird die Auffassung vertreten, dass diese Anspruchsbeziehung dazu führe, dass die Anschlussbeschwerde nur im Verhältnis der anderen Beteiligten zum Auftraggeber/Antragsgegner, nicht aber im Verhältnis des Antragstellers zum Beigeladenen oder umgekehrt zulässig sei[110]. Dem steht jedoch entgegen, dass sich die Berechtigung zum Einlegen der Anschlussbeschwerde nicht aus dem materiellen Vergaberecht herleitet, sondern aus dem im Nachprüfungsverfahren bestehenden Prozessrechtsverhältnis der Beteiligten. Entscheidend ist (nur), ob die Beteiligten im Rahmen des zwischen ihnen bestehenden Prozessrechtsverhältnisses gegenläufige Rechtsschutzziele verfolgen, was zwischen Antragsteller und Beigeladenem regelmäßig der Fall ist. Das maßgebliche Interesse, aus dem heraus sich die Anschlussbeschwerde rechtfertigt, ist außerdem auch im Vergabenachprüfungsverfahren der Grundsatz der Verfahrensökonomie. Dieses Interesse kommt unabhängig davon zum Tragen, in welcher der genannten Verfahrenskonstellationen die Zulässigkeit der Anschlussbeschwerde zu prüfen ist. Auch dann, wenn der Antragsteller mit seinem Hauptvorbringen im Verfahren vor der Vergabekammer nicht vollständig, sondern nur teilweise durchgedrungen ist und der Beigeladene gegen die Entscheidung die sofortige Beschwerde einlegt, macht der Antragsteller, der sich in Folge der eingelegten Beschwerde für eine Anschlussbeschwerde entscheidet, weiterhin eine Verletzung vergaberechtlicher Bestimmungen im Sinne von § 97 Abs. 6 durch den Auftraggeber/Antragsgegner geltend. Es besteht kein überzeugender Grund, ihm dies nicht auch innerhalb des zwischen ihm und dem Beigeladenen bestehenden Prozessrechtsverhältnisses zu gestatten[111]. Für das verwaltungsgerichtliche Berufungsverfahren ist dieses Ergebnis in der entsprechenden Konstellation zwischen Kläger und Beigeladenem auch durch den Gesetzgeber in § 127 Abs. 1 VwGO anerkannt.

77 Mangels ausdrücklicher gesetzlicher Regelung ergibt sich hinsichtlich der Frist, die bei Einlegung der Anschlussbeschwerde zu beachten ist, Raum für verschiedene Auffassungen. Dass – anders als bei der Anschlussbeschwerde gem. § 567 Abs. 3 ZPO – überhaupt eine Frist zu beachten ist, ergibt sich für das Vergabenachprüfungsverfahren aus dem hier in besonderem Maße geltenden Beschleunigungsgrundsatz. Die Anschlussbeschwerde bringt in aller Regel eine Erweiterung des Verfahrens um komplexe, möglicherweise aufwändig »auszuermittelnde« Fragestellungen mit sich. Angesichts des im unterbrochenen Vergabeverfahren bestehenden Eilbedürfnisses ist es wichtig, zu einem klar definierten Zeitpunkt Sicherheit darüber zu haben, ob mit derartigen Weiterungen des Beschwerdeverfahrens noch zu rechnen ist. Deshalb ist eine Befristung erforderlich.

78 Aus dem dargestellten Erfordernis ergibt sich nicht nur, dass es einer Befristung bedarf, sondern auch, dass die Frist an eine eindeutige Regelung und für alle Fälle handhabbare Regelung anknüpfen muss. Was den Beginn des Fristlaufes angeht, besteht in Rechtsprechung und Schrifttum Einigkeit darüber, dass an die Zustellung der (mit einer Begründung versehenen) Beschwerdeschrift an den Beschwerdegegner bzw. Beigeladenen anzuknüpfen ist.

79 Umstritten ist allerdings, wie lange es ab diesem Zeitpunkt möglich ist, die Anschlussbeschwerde einzulegen. Soweit in der Rechtsprechung überwiegend vertreten wird, es komme in analoger

---

110 Jaeger in: Byok/Jaeger, § 116 Rn. 27.
111 So auch: OLG Celle v. 05.09.2007, 13 Verg 9/07, juris Rn. 48; OLG Jena v. 05.12.2001, 6 Verg 4/01, juris Rn. 23; Summa in: jurisPK, § 116 Rn. 66; Dieck-Bogatzke in: Pünder/Schellenberg, § 116 Rn. 59; Vavra in: Beck'scher Vergaberechtskommentar, § 116 Rn. 26.

Anwendung von § 524 Abs. 2 S. 2 ZPO auf die Dauer der Frist an, die dem Beschwerdegegner zur Stellungnahme auf die sofortige Beschwerde gesetzt worden ist[112], überzeugt dies nicht. Denn der Vergabesenat ist nicht verpflichtet, dem Beschwerdegegner – geschweige denn, dem Beigeladenen – überhaupt eine Erwiderungsfrist zu setzen. In der Praxis wird es gerade wegen der besonderen Eilbedürftigkeit durchaus vorkommen, dass z. B. mit Zustellung der Beschwerdeschrift bereits ein Termin angesetzt wird. Bei analoger Heranziehung von § 524 Abs. 2 S. 2 ZPO besteht deshalb die Gefahr, dass mangels Fristsetzung die Einlegung der Anschlussbeschwerde unbefristet, d. h. bis zur Beendigung des Beschwerdeverfahrens möglich bleibt. Dieses mit dem Beschleunigungsgebot nur schwer in Übereinklang zu bringende Ergebnis kann nur vermieden werden, wenn man die Möglichkeit der Anschlussbeschwerde entsprechend der Frist in § 172 Abs. 1 auf zwei Wochen, gerechnet ab der Zustellung der Beschwerdebegründung, befristet[113].

D. Zuständigkeit zur Entscheidung über die sofortige Beschwerde und Ermächtigung des Landesgesetzgebers, § 171 Abs. 3 und 4

§ 171 Abs. 3 regelt die gerichtliche Zuständigkeit für das Beschwerdeverfahren. In § 171 Abs. 4 **80** wird der Landesgesetzgeber ermächtigt, die Zuständigkeit für das Beschwerdeverfahren bei einem Oberlandesgericht des Landes zu konzentrieren und die entsprechende Ermächtigung auf die jeweiligen Landesjustizverwaltungen zu übertragen.

Die Regelung in § Abs. 3 S. 1 betrifft zunächst die sachliche Zuständigkeit. Das Oberlandesgericht **81** ist sachlich ausschließlich für die Entscheidung über die sofortigen Beschwerden gegen Entscheidungen der Vergabekammer zuständig. Eine speziell geregelte Zuständigkeit des Landessozialgerichts für Streitigkeiten über Entscheidungen der Vergabekammern, die Rechtsbeziehungen nach § 69 SGB V – also den Bereich der gesetzlichen Krankenkassen – betreffen, war durch das GKV-OrgWG[114] mit Wirkung zum 18.12.2008 als zweiter Halbsatz in das Gesetz eingefügt worden. Sie ist aber mit Wirkung zum 01.01.2011 durch das Arzneimittelmarktneuordnungsgesetz (AMNOG)[115] wieder aufgehoben worden, so dass jetzt wieder alleine die Oberlandesgerichte zuständig sind.

Da es sich bei den Entscheidungen der Vergabekammern um Verwaltungsakte und bei ihrer Anfech- **82** tung daher um öffentlich-rechtliche Streitigkeiten handelt, stellt die Zuweisung an die Oberlandesgerichte zugleich eine spezielle Rechtswegzuweisung im Sinne von § 40 Abs. 1 S. 1 VwGO dar.

Hinsichtlich der örtlichen Zuständigkeit kommt es gemäß § 171 Abs. 3 S. 1 darauf an, in welchem **83** Oberlandesgerichtsbezirk die Vergabekammer ihren Sitz hat, deren Entscheidung angefochten wird. Da es sich um eine ausschließliche Zuständigkeit handelt, sind Gerichtsstandsvereinbarungen nicht möglich. Allerdings haben alle Bundesländer, in denen sich mehr als ein Oberlandesgericht bzw. mehr als eine Vergabekammer befindet, von der in § 171 Abs. 4 eröffneten Möglichkeit Gebrauch gemacht und die landesweite Zuständigkeit für das Beschwerdeverfahren bei jeweils einem Oberlandesgericht konzentriert. Die örtliche Zuständigkeit des OLG Düsseldorf für Beschwerden gegen die Entscheidungen der Vergabekammer des Bundes ergibt sich demzufolge daraus, dass die Vergabekammer ihren Sitz in Bonn (Bezirk des Oberlandesgerichts Köln) hat und im Land Nordrhein-Westfalen die landesweite Zuständigkeit gemäß § 171 Abs. 4 dem OLG Düsseldorf zugewiesen ist[116].

---

112 OLG Düsseldorf v. 19.11.2014, VII Verg 30/14, juris Rn. 23; OLG Düsseldorf v. 22.12.2010, VII Verg 40/10, juris Rn. 108; OLG Dresden v. 04.07.2008, WVerg 3/08, juris Rn. 59; OLG Naumburg v. 26.02.2004, 1 Verg 17/03, juris Rn. 52; Jaeger in: Byok/Jaeger, § 116 Rn. 28; Vavra in: Beck'scher Vergaberechtskommentar, § 116 Rn. 25.
113 So auch OLG Schleswig v. 15.04.2011, 1 Verg 10/10, juris Rn. 31; Summa in jurisPK, § 116 Rn. 77.
114 BGBl. 2008 I, 2426.
115 BGBl. 2010 I, 2262/2271.
116 Konzentrationsverordnung v. 15.12.1998, GVBl. NRW 1998, 775.

84   Derzeit sind folgende Oberlandesgerichte örtlich für die jeweils benannten Bundesländer bzw. den Bund zuständig:

Bund:

Oberlandesgericht Düsseldorf
Cecilienallee 3
40474 Düsseldorf
Tel.: 0211/4971-0
Fax: 0211/4971-548

Baden-Württemberg:

Oberlandesgericht Karlsruhe
Hoffstr. 10
76133 Karlsruhe
Tel.: 0731/926-0
Fax: 0731/926-3972

Bayern:

Oberlandesgericht München
Prielmayerstr. 5
80335 München
Tel.: 089/559702
Fax: 089/5597-3570 und -2747

Berlin:

Kammergericht
Elßholzstr. 30 – 33
10781 Berlin
Tel.: 030/9015-0
Fax: 030/9015-2200

Brandenburg:

Oberlandesgericht Brandenburg
Gertrud-Piter-Platz 11
14770 Brandenburg/Havel
Tel.: 03381/39-90
Fax: 03381/39-9350 oder -9360

Bremen:

Hanseatisches Oberlandesgericht Bremen
Am Wall 198
28195 Bremen
Tel.: 0421/361-4522
Fax: 0421/361-4451

Hamburg:

Hanseatisches Oberlandesgericht Hamburg
Sievekingplatz 2
20355 Hamburg
Tel.: 040/428280
Fax: 040/428434097

Hessen:

Oberlandesgericht Frankfurt
Zeil 42
60313 Frankfurt/Main
Tel.: 069/1367-01
Fax: 069/1367-2976

Mecklenburg-Vorpommern:

Oberlandesgericht Rostock
Wallstr. 3
18055 Rostock
Tel.: 0381/331-0
Fax: 0381/4590-991

Niedersachsen:
Oberlandesgericht Celle
Schlossplatz 2
29221 Celle
Tel.: 05141/206-0
Fax: 05141/206-208

Nordrhein-Westfalen:

Oberlandesgericht Düsseldorf
Cecilienallee 3
40474 Düsseldorf
Tel.: 0211/4971-0
Fax: 0211/4971-548

Rheinland-Pfalz:

Oberlandesgericht Koblenz
Stresemannstr. 1
56068 Koblenz
Tel.: 0261/102-0
Fax: 0261/102-2900

Saarland:

Saarländisches Oberlandesgericht
Franz-Josef-Röder-Str. 15
66119 Saarbrücken
Tel.: 0681/501-05
Fax: 0681/501-5351

Sachsen:

Oberlandesgericht Dresden
Schlossplatz 1
01067 Dresden
Tel.: 0351/44 60
Fax: 0351/446-1529

Sachsen-Anhalt:

Oberlandesgericht Naumburg
Domplatz 10
06618 Naumburg

Tel.: 03445/28-0
Fax: 03445/28-2000

Schleswig-Holstein:

Schleswig-Holsteinisches Oberlandesgericht
Gottorfstr. 2
24837 Schleswig
Tel.: 04621/86-0
Fax: 04621/86-1372

Thüringen:

Thüringer Oberlandesgericht
Rathenaustr. 13
07745 Jena
Tel.: 03641/307-0
Fax: 03641/307-200

85   Die funktionale Zuständigkeit innerhalb des Oberlandesgerichts regelt § 171 Abs. 3 S. 2 in der Form, dass ein Vergabesenat zu bilden ist. Damit ist hervorgehoben, dass es sich bei den von den §§ 171 ff. umfassten Verfahren nicht um Zivilsachen, sondern um einen Verfahrenstyp eigener Art handelt. Die Mitglieder des Vergabesenats können selbstverständlich gleichzeitig Mitglieder anderer Spruchkörper des Oberlandesgerichts sein.

86   § 171 Abs. 4 enthält auch die Ermächtigung, durch entsprechende Staatsverträge eine länderübergreifende Kooperation bei der Einrichtung von Vergabesenaten einzurichten. Dieses Ergebnis lässt sich auch daraus herleiten, dass der Bund von der konkurrierenden Gesetzgebungskompetenz (Art. 72 Abs. 1 i. V. m. Art. 74 Abs. 1 Nr. 1 GG) bisher keinen Gebrauch gemacht hat[117].

§ 172   Frist, Form, Inhalt

(1) Die sofortige Beschwerde ist binnen einer Notfrist von zwei Wochen, die mit der Zustellung der Entscheidung, im Fall des § 171 Absatz 2 mit dem Ablauf der Frist beginnt, schriftlich bei dem Beschwerdegericht einzulegen.

(2) Die sofortige Beschwerde ist zugleich mit ihrer Einlegung zu begründen. Die Beschwerdebegründung muss enthalten:
1. die Erklärung, inwieweit die Entscheidung der Vergabekammer angefochten und eine abweichende Entscheidung beantragt wird,
2. die Angabe der Tatsachen und Beweismittel, auf die sich die Beschwerde stützt.

(3) Die Beschwerdeschrift muss durch einen Rechtsanwalt unterzeichnet sein. Dies gilt nicht für Beschwerden von juristischen Personen des öffentlichen Rechts.

(4) Mit der Einlegung der Beschwerde sind die anderen Beteiligten des Verfahrens vor der Vergabekammer vom Beschwerdeführer durch Übermittlung einer Ausfertigung der Beschwerdeschrift zu unterrichten.

---

117   Dieck-Bogatzke in: Pünder/Schellenberg, § 116 Rn. 91; a. A.: Raabe in: Willenbruch/Wieddekind, § 116 Rn. 55.

A. Einführung und Inhaltsübersicht zu § 172

I. Entstehung

Die Vorschrift ersetzt in inhaltlich unveränderter Form den bisherigen § 117. Dieser war aufgrund 1
des VergRÄndG zum 01.01.1999 in Kraft getreten und seither unverändert geblieben. Bei Schaffung der Vorschrift hat – wie sich aus der Gesetzesbegründung für alle vier Absätze ergibt[1] – in besonderem Maße das Ziel einer auch für das Beschwerdeverfahren angestrebten Beschleunigung des Vergabeverfahrens Pate gestanden.

II. Inhaltsübersicht

Absatz 1 der Vorschrift regelt die als Notfrist ausgestaltete Frist, innerhalb derer die sofortige 2
Beschwerden im Sinne von § 171 Abs. 1 und Abs. 2 einzulegen sind. In Absatz 2 wird als weiteres Zulässigkeitskriterium für die Beschwerde festgelegt, dass sie zeitgleich mit ihrer Einlegung begründet werden muss und festgelegt, welche Inhalte die Begründung zwingend enthalten muss. Gemäß Absatz 3 ist die Beschwerde – als weiteres formales Zulässigkeitserfordernis – grundsätzlich von einem Rechtsanwalt zu unterzeichnen. Schließlich regelt Absatz 4 die Obliegenheit des Beschwerdeführers, den anderen Verfahrensbeteiligten durch Übersendung einer Abschrift der Beschwerdeschrift von der Einlegung des Rechtsmittels Kenntnis zu geben. Anders als bei den Festlegungen in den vorangehenden Absätzen handelt es sich hierbei aber nicht um eine echte Zulässigkeitsvoraussetzung, sondern nur um eine Ordnungsvorschrift[2].

B. Frist und Form der sofortigen Beschwerde, § 172 Abs. 1

I. »Notfrist« und Grundsätze der Fristberechnung

Die in § 172 angeordnete Beschwerdefrist ist eine Notfrist. Mit diesem Begriff wird inhaltlich 3
auf § 224 ZPO Bezug genommen. Notfristen im Sinne der Vorschrift sind Fristen, die durch ein Gericht oder durch die Beteiligten weder verkürzt noch verlängert werden können.

---

1 BT-DrS 13/9340, S. 21.
2 Vgl. unten bei Rdn. 41.

4 Die Frist in § 172 Abs. 1 beträgt zwei Wochen. Die Grundsätze für die Berechnung der Fristdauer ergeben sich aus den §§ 186 ff. BGB, die über die Verweiskette der §§ 175 Abs. 2, 73 Nr. 2 in Verbindung mit § 222 Abs. 1 ZPO anwendbar sind[3]. Der Tag des den Fristbeginn auslösenden Ereignisses wird demnach bei der Berechnung nicht mitgerechnet (§ 187 Abs. 1 BGB), wenn die Frist (in den Fällen des § 171 Abs. 1) mit der Zustellung der erstinstanzlichen Entscheidung beginnt. Anders ist es in den Fällen des § 171 Abs. 2, in denen die Notfrist »mit dem Ablauf der (in §§ 167 Abs. 1, 171 Abs. 2 genannten) Frist« beginnt. In diesen Fällen gilt § 187 Abs. 2 BGB, denn der für den Fristbeginn maßgebende Zeitpunkt ist dann der Beginn des auf den Fristablauf folgenden Tages. Dieser Tag wird deshalb bei der Berechnung der Frist mitgerechnet. Die Frist endet nach Ablauf von zwei Wochen mit dem Ende des Tages, der dem Tag entspricht, an dem das fristauslösende Ereignis stattgefunden hat (§ 188 Abs. 2 BGB). Bei Fristbeginn am 02.07. (z. B. durch Zustellung der Entscheidung der Vergabekammer) endet die Frist demzufolge mit Ablauf des 16.07. Ist der Tag des Fristablaufs ein Sonn- oder Feiertag oder ein Samstag, endet die Frist mit Ablauf des nächsten darauffolgenden Werktags (§ 193 BGB). Zu Einzelfragen der Fristberechnung wird auf die Rechtsprechung und die Kommentierungen zu den genannten Vorschriften des BGB verwiesen.

5 Bei Versäumung der Frist ist aufgrund der gesetzlichen Verweisung in § 175 Abs. 2 i. V. m. § 73 Nr. 2 bei Vorliegen der in §§ 233 ff. ZPO geregelten Voraussetzungen auf Antrag eine Wiedereinsetzung in den vorigen Stand möglich. Hinsichtlich der Voraussetzungen ergeben sich im Vergleich zu anderen Prozessordnungen keine Besonderheiten, so dass auf Rechtsprechung und Kommentierungen zu den entsprechenden Vorschriften der ZPO Bezug genommen werden kann.

6 Schwierigkeiten bereitet allerdings die Frage, welche Rechtsfolgen sich aus einer bewilligten Wiedereinsetzung auf die in § 173 geregelte aufschiebende Wirkung der sofortigen Beschwerde ergeben[4]. Es besteht insoweit Einigkeit, dass die durch Versäumung der Beschwerdefrist zunächst beendete aufschiebende Wirkung mit Bewilligung der Wiedereinsetzung wieder auflebt, so dass ein Zuschlag, der danach noch erteilt wird, unwirksam ist. Nach umstrittener, aber richtiger Auffassung gilt das auch für einen Zuschlag, der in der Zeit zwischen dem Ablauf der Beschwerdefrist und der Bewilligung der Wiedereinsetzung erteilt worden ist[5].

7 Nach dem eindeutigen Wortlaut des Gesetzes in § 172 Abs. 1 muss die sofortige Beschwerde beim Beschwerdegericht eingelegt werden. Abweichend von anderen Verfahrensordnungen[6] reicht die Einlegung bei der Vergabekammer zur Einhaltung der Frist nicht aus. Wird hiergegen verstoßen, ist die Frist nur dann gewahrt, wenn die Beschwerdeschrift von der Vergabekammer an das Beschwerdegericht weitergeleitet wird und noch vor Fristablauf dort eingeht.

8 Die Beschwerdefrist gilt grundsätzlich für jeden, der die sofortige Beschwerde erhebt, sei es Antragsteller oder Antragsgegner des Nachprüfungsverfahrens oder ein Beigeladener. Ihr Lauf ist für jeden Beteiligten einzeln zu berechnen. Allerdings gilt die Frist im Verhältnis zwischen Antragsgegner und Beigeladenem auch dann als gewahrt, wenn einer der genannten Beteiligten die Beschwerde form- und fristgerecht eingelegt hat und der andere sich nach Ablauf der Beschwerdefrist mit demselben Rechtsschutzziel der eingelegten Beschwerde anschließt. Eine Anschlussbeschwerde[7] liegt dann nicht vor, weil es an einer Erweiterung des Beschwerdegegenstands fehlt und im Verhältnis von Antragsgegner und dem Beigeladenen keine entgegengesetzten Rechtsschutzziele verfolgt werden. In diesem Fall ist – entsprechend der für die streitgenössische Nebenintervention im Zivilprozess geltenden Grund-

---

3 Die Beschwerdefrist kann dem in § 175 gemeinten Verfahren vor dem Beschwerdegericht zugeordnet werden.
4 Vgl. allgemein zur aufschiebenden Wirkung die Kommentierung zu § 173, Rdn. 6 ff.
5 Vgl. hierzu im Einzelnen die Kommentierung zu § 173, Rdn. 18.
6 Vgl. § 569 Abs. 1 ZPO, § 147 VwGO sowie für die Beschwerde im Kartellverfahren § 66 Abs. 1 GWB.
7 Zu Definition und Zulässigkeitsvoraussetzungen der Anschlussbeschwerde vgl. die Kommentierung zu § 171, Rdn. 72 ff.

sätze – aber davon auszugehen, dass die rechtzeitige Einlegung der Beschwerde durch den einen für die Beschwerde des anderen Beteiligten mitwirkt, soweit derselbe Beschwerdegegenstand betroffen ist[8].

II. Fristbeginn in Fällen des § 171 Abs. 1

1. Wirksame Zustellung der Entscheidung der Vergabekammer

Wenn die sofortige Beschwerde sich gemäß § 171 Abs. 1 gegen eine Entscheidung der Vergabe- 9
kammer wendet, beginnt die Beschwerdefrist mit der wirksamen Zustellung der angefochtenen Entscheidung. Die Wirksamkeit der Zustellung setzt voraus, dass diese formgerecht erfolgt ist. Die hierfür geltenden Voraussetzungen ergeben sich aus den jeweiligen Landesgesetzen, in denen die förmliche Zustellung von Verwaltungsakten geregelt ist. Die Anwendbarkeit dieser Vorschriften beruht auf dem für die Zustellung der Entscheidung der Vergabekammer geltenden § 165 Abs. 3 S. 3 in Verbindung mit § 61 Abs. 1 S. 1[9].

Von Bedeutung ist die Heranziehung der genannten Vorschriften für die Frage der Heilung einer 10
fehlerhaften – und damit nicht wirksamen – Zustellung der Entscheidung. Für diesen Fall ergibt sich aus den Verwaltungszustellungsgesetzen aller Bundesländer (entsprechend der Regelung in § 8 VwZG des Bundes), dass von einer bewirkten Zustellung auszugehen ist, wenn der Beschluss der Vergabekammer dem richtigen Adressaten tatsächlich zugegangen ist[10]. Eine so bewirkte Zustellung setzt allerdings voraus, dass die tatsächlich erfolgte Bekanntgabe mit dem Willen der Zustellung erfolgt ist[11]. Ab dem Zeitpunkt der tatsächlichen Bekanntgabe läuft die Beschwerdefrist. Teilweise wird auch vertreten, dass in diesem Fall ungeachtet der tatsächlichen Kenntnisnahme von der Entscheidung alleine auf die in § 167 Abs. 1 geregelten Fünfwochenfrist abzustellen sei, nach deren Ablauf die Beschwerdefrist zu laufen beginne[12]. Diese Auffassung widerspricht aber der eindeutigen Bezugnahme des Gesetzes auf die Heilungsvorschriften des Zustellungsrechts, aus denen sich eindeutig ergibt, dass die durch Heilung zustande gekommene Zustellung genauso zu behandeln ist, wie eine unmittelbar wirksam erfolgte Zustellung.

Eine fingierte Entscheidung gemäß § 171 Abs. 2 in Verbindung mit § 167 Abs. 1 ist allerdings 11
dann gegeben, wenn die Heilung ausbleibt und die Zustellung nicht innerhalb der Fünfwochenfrist des § 167 Abs. 1 nachgeholt wird. Wenn die abgefasste und samt Zustellungsverfügung zur Geschäftsstelle gegebene Entscheidung von der Vergabekammer nicht zugestellt wird, liegt keine Entscheidung im Sinne von § 171 Abs. 1 vor. In diesem Fall ist nach Ablauf der Fünfwochenfrist die Beschwerde gemäß § 171 Abs. 2 statthaft[13]. Ob danach für die (zusätzliche) Anfechtung einer in Überschreitung der Fünfwochenfrist ergangenen bzw. zugestellten Entscheidung der Vergabekammer noch ein Bedürfnis bzw. die Statthaftigkeit gegeben ist, hängt von weiteren Faktoren, insbesondere von dem Inhalt der verspäteten Entscheidung ab[14]. Jedenfalls ist die Anfechtung der *fingierten*

8 OLG Naumburg v. 18.08.2011, 2 Verg 3/11, juris Rz. 46 f.; vgl. allgemein zum Verhältnis zwischen Beiladung und streitgenössischer Nebenintervention im Verwaltungs- und Zivilprozess: Vollkommer in: Zöller, 30. Aufl., vor § 64 ZPO, Rz. 2 sowie Redeker/v. Oertzen, 16. Aufl., § 66 VwGO, Rz. 1.
9 Teilweise werden auch die Vorschriften über die Zustellung im Zivilprozess (§§ 166 ff. ZPO) über § 175 Abs. 2 in Verbindung mit § 73 Nr. 2 herangezogen (vgl. Jaeger in: Byok/Jaeger, § 117 Rz. 6).
10 Geht man von der Anwendbarkeit der §§ 166 ff. ZPO aus, ergibt sich über den mit § 8 VwZG inhaltsgleichen § 189 ZPO dasselbe Ergebnis.
11 Vgl. Jaeger in: Byok/Jaeger, § 117 Rz. 6; Vavra in: Beck'scher Vergaberechtskommentar, § 117 Rz. 3; allgemein hinsichtlich § 189 ZPO auch Stöber in: Zöller, 30. Aufl., § 189 ZPO Rz. 2 m.w.N.
12 Stickler in: Reidt/Stickler/Glahs, § 117 Rz. 4.
13 Vgl. im einzelnen die Kommentierung zu § 171, Rdn. 43 ff.
14 Vgl. a.a.O. c).

Entscheidung der Vergabekammer dann an die Einhaltung der hierfür geltenden Beschwerdefrist[15] gebunden. Nach Ablauf der Frist ist die Anfechtung der fingierten Entscheidung ausgeschlossen[16].

2. »Vorab-Zustellung« per Fax

12   Einige Vergabekammern übersenden ihre Endentscheidung neben der förmlichen Zustellung gegen Zustellungsurkunde oder Empfangsbekenntnis aus Gründen der Verfahrensbeschleunigung zusätzlich auch per Telefax an die Beteiligten. Es kann sich dann die Frage stellen, welcher der beiden Zugangszeitpunkte als Zustellungs- und damit maßgeblicher Zeitpunkt für den Beginn der Beschwerdefrist anzusehen ist. Hierbei kommt es wiederum auf den in Zusammenhang mit der Heilung von Zustellungsfehlern schon angesprochenen erkennbaren Willen der die Zustellung veranlassenden Stelle an. Wenn – was der Regelfall sein dürfte – nur die postalische Übersendung unter Verwendung eines förmlichen Zustellungsnachweises erfolgt oder wenn die per Fax erfolgte Übersendung ausdrücklich mit dem Zusatz »vorab« versehen war, ist klar erkennbar, dass die Vergabekammer (nur) mit der postalisch erfolgten Übersendung die maßgebliche Zustellung bewirken wollte und die Vorab-Übersendung per Fax nur informatorischen Zwecken dienen sollte. In diesem Fall beginnt der Fristlauf erst mit der förmlichen Zustellung per Post[17]. Ist es allerdings ausgehend von dem Horizont des Empfängers nicht klar feststellbar, welche der beiden Übersendungen nach Vorstellung der Vergabekammer die maßgebliche sein sollte – etwa weil beide Übersendungen gegen Empfangsbekenntnis erfolgt sind –, liegt ein widersprüchliches Verhalten der Vergabekammer vor. Dieses darf nicht zu Lasten eines Beschwerdeführers gehen, so dass in diesem Fall die zeitlich spätere der beiden Zustellungen für den Fristbeginn maßgeblich ist[18]. Zur Vermeidung von unnötigen Verwirrungen hinsichtlich der Rechtsmittelfristen sollten die Vergabekammern – abgesehen von besonders dringlichen Fällen, die aber die Ausnahme darstellen dürften – von einer doppelten Übersendung ihrer Entscheidungen an die Beteiligten absehen.

3. Fehlende oder fehlerhafte Rechtsmittelbelehrung

13   Der Beginn der regulären Beschwerdefrist setzt voraus, dass die den Gegenstand der Beschwerde darstellende Entscheidung der Vergabekammer mit einer Rechtsmittelbelehrung versehen gewesen ist. Fehlt die Belehrung oder ist sie nicht ordnungsgemäß erfolgt – etwa weil ein Hinweis auf den Anwaltszwang im Verfahren vor dem Vergabesenat fehlt –, hat dies Auswirkungen auf die Beschwerdefrist[19], die allerdings im einzelnen streitig sind.

14   Nach richtiger Auffassung ist in analoger Anwendung von § 58 Abs. 2 VwGO davon auszugehen, dass es in diesen Fällen möglich ist, die Beschwerde innerhalb eines Jahres nach Zustellung der Entscheidung einzulegen[20]. Die Anwendbarkeit der Regelung aus der VwGO auf die Beschwerdefrist im Vergabenachprüfungsverfahren ergibt sich daraus, dass § 168 Abs. 3 i.V.m. § 61 Abs. 1 S. 1 die Erteilung einer Rechtsmittelbelehrung ausdrücklich anordnen und ein Verstoß gegen diese Anordnung nach allgemeinen Grundsätzen der Rechtsgewährungsgarantie nicht ohne Folgen für den Beginn der Beschwerdefrist sein kann. Da es hierzu an einer eigenständigen Regelung im GWB

---

15 Vgl. unten Rdn. 19 ff.

16 Insoweit zu Recht: Stickler a.a.O., wo allerdings nicht zwischen der Anfechtung der fingierten Entscheidung und einer (verspäteten) tatsächlichen Entscheidung der Vergabekammer differenziert wird.

17 BGH v. 10.11.2009, X ZB 8/09, juris Rz. 22; OLG Celle v. 17.07.2009, 13 Verg 3/09, juris Rz. 13 ff.; OLG Koblenz v. 15.05.2003, 1 Verg 3/03, juris Rz. 140; Jaeger in: Byok/Jaeger, § 117 Rz. 6; Summa in: jurisPK, § 117 Rz. 13; Stickler in: Reidt/Stickler/Glahs, § 117 Rz. 4; Dieck-Bogatzke in: Pünder/Schellenberg, § 117 Rz. 3; Raabe in: Willenbruch/Wieddekind, § 117 Rz. 8.

18 OLG Rostock v. 25.09.2013, 17 Verg 3/13, juris Rz. 89; Thüringer OLG v. 29.08.2008, 9 Verg 5/08, juris Rz. 27; Summa in: juris PK, § 117 Rz. 13.1.

19 OLG Celle v. 31.05.2007, 13 Verg 1/07, juris Rz. 19/21 ff.

20 OLG Düsseldorf v. 02.11.2011, VII Verg 76/11, juris Rz. 3; OLG Celle a.a.O.; Jaeger in: Byok/Jaeger, § 117 Rz. 7; Dieck-Bogatzke in: Pünder/Schellenberg, § 117 Rz. 2; Raabe in: Willenbruch/Wieddekind, § 117 Rz. 7.

fehlt, ist die sachnächste Regelung aus einer anderen Prozessordnung heranzuziehen. Ausgehend davon, dass es bei der Beschwerde gegen eine Entscheidung der Vergabekammer in der Sache um die Anfechtung eines Verwaltungsakts geht, kommt für eine Analogie deshalb nur § 58 Abs. 2 VwGO in Betracht.

Diesem Ergebnis wird teilweise entgegengehalten, es sei nicht mit dem im Vergabeverfahren gel- **15** tenden Beschleunigungsgrundsatz vereinbar. Es müsse davon ausgegangen werden, dass die ohne ordnungsgemäße Rechtsmittelbelehrung ergangene Entscheidung der Vergabekammer nicht ordnungsgemäß im Sinne von § 167 Abs. 1 ergangen sei. Deshalb werde die Entscheidung bestandskräftig, wenn der Auftraggeber nicht innerhalb der Frist des § 172 Abs. 1, 2. Alt. i.V.m. § 171 Abs. 2 dagegen die Beschwerde einlege[21]. Diese Auffassung kann jedoch nicht überzeugend begründet werden. Es ist zwar anzuerkennen, dass eine einjährige Dauer der Beschwerdefrist bzw. der aufschiebenden Wirkung angesichts des typischen Verlaufs des Vergabeverfahrens ein unbefriedigendes Ergebnis ist. Dennoch ist die Auffassung mit der Systematik des Gesetzes nicht in Übereinklang zu bringen. Denn eine Entscheidung, die nicht mit ordnungsgemäßer Rechtsmittelbelehrung versehen ist (und ansonsten keine nichtigkeitsbegründenden formalen Mängel aufweist), ist nicht mit einer »Nicht-Entscheidung« im Sinne von § 167 Abs. 1 zu vergleichen. Es ist Sinn und Zweck dieser Vorschrift, die ihrerseits eine Ausprägung des Beschleunigungsgrundsatzes ist, die Vergabekammer zu zügiger Beendigung des erstinstanzlichen Nachprüfungsverfahrens anzuhalten. Damit hat das Vorhandensein oder die Richtigkeit einer Rechtsmittelbelehrung nichts zu tun. Die Rechtsfolgen ihres Fehlens oder ihrer Fehlerhaftigkeit müssen an die Beeinträchtigung anknüpfen, die von diesem Mangel ausgeht. Diese besteht in der Gefahr einer unzulässigen Verkürzung des Rechtsschutzes desjenigen, der nicht in ausreichendem Maße über seine Anfechtungsmöglichkeiten unterrichtet worden ist und deshalb möglicherweise in seinen Rechten verletzt wird. Es ist auch in keiner anderen Verfahrensordnung so geregelt, dass aus einer fehlerhaften Rechtsmittelbelehrung auf eine Nichtigkeit der getroffenen Entscheidung rückgeschlossen wird.

Ebenso wenig überzeugend ist die teilweise vertretene Heranziehung der Grundsätze der Wiederein- **16** setzung in den vorigen Stand. Demnach soll es unter analoger Anwendung von § 234 Abs. 1 S. 2 ZPO möglich sein, innerhalb eines Monats nach Zustellung der Entscheidung die Beschwerde einzulegen, um die Wiedereinsetzung bewilligt zu bekommen[22]. Gegen diese Auffassung spricht jedoch bereits, dass die Vorschriften über die Wiedereinsetzung bei der Versäumung von Notfristen von einer nur zweiwöchigen Frist ausgehen, § 234 Abs. 1 S. 1 ZPO. Solange das der Einhaltung der Frist entgegenstehende Hindernis (hier: die fehlende Rechtsmittelbelehrung) nicht beseitigt ist, dürfte nach den Wiedereinsetzungsvorschriften (§ 234 Abs. 2) dogmatisch auch am ehesten die Jahresfrist in Betracht kommen. Vor diesem Hintergrund wirkt die Heranziehung der Monatsfrist willkürlich.

Insgesamt besteht auch unter Geltung des Beschleunigungsgrundsatzes kein zwingendes Bedürf- **17** nis, zur Vermeidung langer Verfahrensdauern von der naheliegenden Anwendung des § 58 Abs. 2 VwGO abzusehen. Denn es kommt zur Vermeidung einer für das Vergabeverfahren unzumutbar langen Dauer der aufschiebenden Wirkung auch in Betracht, dass die Vergabekammer nach »Entdeckung« des Mangels eine inhaltlich richtige Rechtsmittelbelehrung mit der Folge nachholen kann, dass die übliche Beschwerdefrist von dem Zeitpunkt der Zustellung der – nunmehr richtigen – Rechtsmittelbelehrung an läuft. Nach den heranzuziehenden Grundsätzen des allgemeinen Verwaltungsprozessrechts kann – allerdings beschränkt auf Ausnahmefälle – auch eine Verwirkung der Beschwerdeeinlegung vor Ablauf der Jahresfrist in Betracht kommen, wenn neben einem gewissen Zeitablauf weitere Umstände (wie zum Beispiel Dispositionen des Auftraggebers im Vertrauen auf die Bestandskraft der erstinstanzlichen Entscheidung) hinzugekommen sind, die das spätere Einlegen der Beschwerde treuwidrig erscheinen lassen[23].

---

21 Stickler in: Reidt/Stickler/Glahs, § 117 Rz. 5.
22 Vavra in: Beck'scher Vergaberechtskommentar, § 117 Rz. 6.
23 Zu den Voraussetzungen der Verwirkung des Beschwerderechts vor Ablauf der Jahresfrist im Bereich der VwGO vgl. Redeker/v. Oertzen, 16. Aufl., § 58 VwGO, Rz. 18a m.w.N.

4. Frist für die Beschwerde eines in erster Instanz nicht beteiligten Beigeladenen

18 In einem engen Zusammenhang mit dem vorgenannten Problem steht die Frage, welche Auswirkungen auf die Beschwerdefrist es hat, wenn die Beschwerde durch ein Unternehmen eingelegt wird, das durch die Vergabekammer trotz Vorliegens der Voraussetzungen des § 162 nicht beigeladen worden ist. Einem solchen Unternehmen kann nach richtiger – jedoch umstrittener – Auffassung bei Geltendmachung einer durch die Entscheidung der Vergabekammer begründeten eigenen Beschwer ein selbständiges Beschwerderecht zustehen[24]. Da das beschwerdeberechtigte Unternehmen die Entscheidung der Vergabekammer überhaupt nicht zugestellt bekommen hat, fehlt es für den Beginn der Beschwerdefrist an dem in § 172 Abs. 1, 1. Alt. genannten Anknüpfungspunkt. Vor dem Hintergrund der Gewährleistung effektiven Rechtsschutzes noch bedeutsamer ist der Umstand, dass das Unternehmen mangels Zustellung zunächst auch keine Kenntnis von der Entscheidung und keine Rechtsmittelbelehrung erhalten hat. Die Ausgangslage des betroffenen Unternehmens ist mit Blick auf die grundgesetzlich garantierte Rechtsweggarantie vergleichbar mit der Situation, in der ein Verfahrensbeteiligter die Entscheidung ohne Rechtsmittelbelehrung zugestellt bekommt. Eine Beschneidung von Rechten droht angesichts der fehlenden Zustellung sogar noch eher als in dem vorgenannten Fall. Deshalb unterliegt auch die Beschwerde des nicht berücksichtigten Beigeladenen in analoger Anwendung von § 58 Abs. 2 VwGO der Jahresfrist, wobei für den Beginn der Frist die zeitlich letzte Zustellung der Entscheidung an einen der Verfahrensbeteiligten heranzuziehen ist[25]. Bei Berücksichtigung der dargestellten Grundsätze hilft es in diesen Fällen auch nicht weiter, das betroffene Unternehmen grundsätzlich an die reguläre Beschwerdefrist des § 172 Abs. 1, 1. Alt. zu binden und auf die Möglichkeit der Wiedereinsetzung in den vorigen Stand zu verweisen[26]. Denn es gilt – genauso wie bei der vorgenannten Problematik, in der es einer an Verfahrensbeteiligte zugestellten Entscheidung an der Rechtsmittelbelehrung fehlt – der Grundsatz, dass ohne Beseitigung des den Fristlauf hemmenden Hindernisses auch die Frist für die Wiedereinsetzung nicht zu laufen beginnt und diese deshalb auch bis zum Ablauf von einem Jahr beantragt werden kann. Es gibt bei grundsätzlicher Anerkennung des Beschwerderechts auch keinen Grund, das in erster Instanz fehlerhaft nicht beteiligte Unternehmen hinsichtlich der Frist schlechter zu stellen, als Beteiligte, denen die Entscheidung nicht in fristauslösender Weise zugestellt worden ist. Deshalb können auch in dieser Konstellation die verfahrensverzögernden Auswirkungen des § 58 Abs. 2 VwGO nur dadurch vermieden werden, dass dem nicht beteiligten Unternehmen die ergangene Entscheidung zur Kenntnis gegeben wird, so dass der ggf. später erfolgenden Berufung auf die Jahresfrist der Einwand der Verwirkung entgegen gehalten werden kann.

III. Fristbeginn in Fällen des § 171 Abs. 2

19 Wenn die sofortige Beschwerde sich nicht gegen eine ergangene und zugestellte Entscheidung der Vergabekammer richtet, sondern gegen eine »Entscheidung«, die gemäß § 171 Abs. 2 fingiert wird, stellt sich das Problem, an welchem Ereignis der Beginn der Beschwerdefrist anknüpfen soll. Der Gesetzgeber hat sich dafür entschieden, hierfür die in §§ 167 Abs. 1, 171 Abs. 2 genannte Fünf-Wochen-Frist heranzuziehen, bei deren Ablauf die Notfrist zur Einlegung der Beschwerde beginnt. Um die Frist sicher berechnen zu können, muss der antragstellende Bieter sich darüber auf dem Laufenden halten, ob die Vergabekammer die Entscheidung innerhalb der Fünf-Wochen-Frist des § 167 Abs. 1 erlassen hat. Denn die Rechtzeitigkeit der Entscheidung wird nicht dadurch gehindert, dass sie den Beteiligten erst nach Ablauf der Frist zugestellt wird[27].

---

24 Vgl. hierzu im Einzelnen die Kommentierung zu § 171, Rdn. 59 f.

25 So auch Jaeger in: Byok/Jaeger, § 116 Rz. 31, der aufgrund dieses Ergebnisses allerdings – anders als die hier vertretene Auffassung – die eigenständige Beschwerdeberechtigung des nicht berücksichtigten Beigeladenen generell ablehnt.

26 So aber Stickler in: Reidt/Stickler/Glahs, § 116 Rz. 23; wohl auch Raabe in: Willenbruch/Wieddekind, § 116 Rz. 44.

27 Vgl. die Kommentierung zu § 171, Rdn. 45 ff.

Der Gesetzgeber hat bei Einführung der Vorschrift offenbar keine größeren Probleme hinsichtlich 20
der verfassungsmäßig garantierten Rechtsschutzgarantie gesehen und die Frist in der Begründung
kurz und bündig als »ausreichend« bezeichnet[28]. Das Problem liegt indes nicht in der Länge der Frist,
sondern darin, dass ihr Lauf durch einen Umstand in Gang gesetzt wird, von dem die Verfahrensbeteiligten nur dann Kenntnis haben, wenn sie das Gesetz – nämlich die in § 167 geregelte Pflicht
der Vergabekammer, innerhalb einer bestimmten Frist zu entscheiden – kennen, wovon insbesondere bei nicht anwaltlich vertretenen Unternehmen nicht ohne weiteres ausgegangen werden kann.
Es liegt überdies in der Natur der Sache, dass eine durch das Gesetz fingierte Entscheidung auch
keine Rechtsmittelbelehrung enthält. Die Verfahrensbeteiligten müssen also nicht nur hinsichtlich
der Auslösung der Beschwerdefrist das Gesetz kennen, um in zulässiger Weise ein Rechtsmittel einlegen zu können, sondern auch in Bezug auf die Dauer der Beschwerdefrist und darauf, bei welcher
Stelle das Rechtsmittel einzulegen und dass bzw. wie es zu begründen ist. Die besondere Problematik
hinsichtlich der Gewährleistung effektiven Rechtsschutzes ergibt sich daraus, dass das Gesetz den
Beteiligten die Beschwerde des § 171 Abs. 2 gegen die Entscheidungsfiktion nicht als zusätzliches
Recht zur Beschleunigung des Verfahrens zur Verfügung stellt, sondern der das Nachprüfungsverfahren betreibende Bieter die Beschwerde rechtzeitig erheben *muss*, um die Bestandskraft der sich durch
die Entscheidungsfiktion ergebenden Ablehnung des Nachprüfungsantrags zu verhindern[29]. All das
hat in Literatur und Rechtsprechung seit Einführung des § 172 Abs. 1 beträchtliches Unbehagen
ausgelöst, was die Vereinbarkeit der für die Fälle des § 171 Abs. 2 geregelten Beschwerdefrist mit dem
Gebot des effektiven Rechtsschutzes angeht[30]. Teilweise ist die Geltung der Vorschrift wegen solcher
Bedenken – insbesondere wegen der fehlenden Rechtsmittelbelehrung – abgelehnt worden mit der
Folge, dass die Zweiwochenfrist des § 171 Abs. 1 in diesen Fällen nicht abschließend sei, sondern der
Betroffene sich auf die Jahresfrist des § 58 Abs. 2 VwGO berufen könne[31].

Diese Bedenken sind nachvollziehbar. Ihnen ist allerdings mit dem Argument zu begegnen, dass die 21
Wirkungen der Ablehnungsfiktion sowie Dauer und Anknüpfungspunkt der Beschwerdefrist in den
Fällen des § 171 Abs. 2 auf einer ausdrücklichen Anordnung des Gesetzgebers in § 172 beruhen.
Anders als bei zuvor erörterten Fragen[32] liegt hier keine Unklarheit oder Lücke des Gesetzestextes vor,
die eine ergänzende Auslegung des Gesetzeswortlauts erlauben. Das Gesetz ordnet vielmehr die in
§ 172 Abs. 1, 2. Alt. genannte Frist unmissverständlich an, ohne dass sich aus der Gesetzesbegründung
oder aus sonstigen Quellen ableiten lässt, dass der Gesetzgeber sich hierbei irrtümlich nicht über die
Wirkungen der Ablehnungsfiktion oder die an anderer Stelle des Gesetzes geregelte Verpflichtung zur
Erteilung einer Rechtsmittelbelehrung im Klaren gewesen ist. Die hiermit verbundene Einschränkung
des effektiven Rechtsschutzes in Fällen der Ablehnungsfiktion ist als bewusste Entscheidung zu respektieren, die der Gesetzgeber mit dem Ziel der Durchsetzung des Beschleunigungsgebots getroffen
hat. Hierbei hat er offensichtlich den allgemeinen Grundsatz in seine Überlegungen einbezogen, dass

---

28 BT-Drucksache 13/9340 S. 21.

29 So wie das etwa im Fall der verwaltungsgerichtlichen Verpflichtungsklage oder Untätigkeitsbeschwerde der
Fall ist. Vgl. zu den sich durch § 171 Abs. 2 ergebenden komplizierten Problemen die Kommentierung zu
§ 171, Rdn. 39 ff.

30 OLG Rostock v. 17.10.2001, 17 W 18/00, juris Rz. 45; OLG Celle v. 20.04.2001, 13 Verg 7/01, juris
Rz. 12; Jaeger in: Byok/Jaeger, § 117 Rz. 10.

31 Vgl. Hunger in der Vorauflage dieses Kommentars zu § 117 Rz. 9 – 27, der ausführt, dass der Wortlaut der
Vorschrift lediglich den Beginn der Beschwerdefrist im Fall der Ablehnungsfiktion regele. Daraus ergebe
sich jedoch nichts hinsichtlich weiterer Sanktionen im Fall des Fehlens einer Rechtsmittelbelehrung. Auch
Sinn und Zweck der Vorschrift oder die Gesetzesbegründung führten nicht zu einem anderen Ergebnis.
Insbesondere ergebe sich aus Zweckmäßigkeits- und Gerechtigkeitserwägungen, dass das in der Versäu-
mung der Fünf-Wochen-Frist liegende nachlässige und rechtswidrige Verhalten der Vergabekammer die
Ursache dafür sei, dass der antragstellende Bieter den mit den Einschränkungen des effektiven Rechtsschut-
zes ausgesetzt sei, die mit der Ablehnungsfiktion einhergingen.

32 Vgl. z.B. die Begründung eines eigenständigen Beschwerderechts und die Anwendbarkeit von § 58 Abs. 2
auf die Beschwerdefrist bei rechtswidrig nicht beigeladenen Unternehmen oder in Fällen der fehlerhaften
Rechtsmittelbelehrung.

die Erteilung einer Rechtsmittelbelehrung im allgemeinen unterbleibt, wenn eine Rechtsfolge nicht durch behördliche oder gerichtliche Entscheidung, sondern – wie im Fall der Ablehnungsfiktion – unmittelbar durch das Gesetz angeordnet wird. Etwas zwingend anderes ergibt sich schließlich auch aus den §§ 168 Abs. 3 i.V.m. § 61 Abs. 1 S. 1 nicht, wo das Erfordernis der Rechtsmittelbelehrung für Verfügungen der Vergabekammer (an denen es hier ja gerade fehlt) aufgestellt wird[33].

IV. Schriftform

22 Die sofortige Beschwerde muss gemäß § 172 Abs. 1 schriftlich eingelegt werden. Hierfür gelten die aus anderen Prozessordnungen bekannten Voraussetzungen für Rechtsmittelschriften. Neben der »klassischen« Schriftform genügt daher auch eine Einlegung per Telegramm, Fax, Fernschreiben oder Computerfax mit eingescannter Unterschrift, um dem Erfordernis zu genügen[34]. Eine ausdrückliche Bezeichnung als sofortige Beschwerde ist entbehrlich, so lange sich das Schreiben eindeutig als solche darstellt[35].

C. Anforderungen an die Beschwerdebegründung, § 172 Abs. 2

23 § 172 Abs. 2 regelt die Anforderungen an die Beschwerdebegründung in zeitlicher und inhaltlicher Hinsicht. Die dort aufgestellten Erfordernisse sind Voraussetzungen für die Zulässigkeit der Beschwerde, so dass ihre Nichtbeachtung zur Verwerfung des Rechtsmittels als unzulässig führt. Für die Verwerfung bedarf es – in Anlehnung an die für die allgemeine kartellrechtliche Beschwerde entwickelte Analogie zu der Rechtslage im Berufungsrecht der ZPO – keiner mündlichen Verhandlung[36]. Bei Beschwerden, die sich gegen eine durch die Ablehnungsfiktion gemäß § 171 Abs. 2 zustande gekommene Zurückweisung des Nachprüfungsantrags richten, gelten die in § 172 Abs. 2 geregelten Voraussetzungen naturgemäß nur sehr eingeschränkt, da es an einer echten Entscheidung fehlt, mit der die Beschwerde sich inhaltlich auseinander setzen kann. Es ist dann ausreichend, wenn der Beschwerdeführer sich bei Einhaltung der sonstigen Formalia zur Begründung der Beschwerde auf sein Vorbringen vor der Vergabekammer bezieht[37]. Neben den ausdrücklich in der Vorschrift geregelten Voraussetzungen gelten die auch in anderen Prozessordnungen aufgestellten Anforderungen in Hinblick auf die konkrete und nachvollziehbare Benennung der Verfahrensbeteiligten in der Beschwerdeschrift und die Angabe des vorinstanzlichen Aktenzeichens. Bisweilen tauchen Probleme bei der Benennung des richtigen Verfahrens- bzw. Beschwerdegegners auf, wenn auf Seiten des Auftraggebers sowohl die Bundes- als auch eine Stelle der Landesverwaltung tätig ist, wie z. B. bei einem durch die Landesverwaltung als Bundesauftragsangelegenheit durchgeführten Bauprojekt. In diesen Fällen ist eine kleinliche Betrachtungsweise nicht angebracht. Solange klar erkennbar ist, um welches Vergabeverfahren es in Zusammenhang mit dem Nachprüfungsantrag oder der Beschwerde geht und die mit der Durchführung der Vergabe betraute Stelle richtig bezeichnet ist, ist eine nicht völlig zutreffende Bezeichnung des Beschwerdegegners unschädlich[38]. Für die Zulässigkeit der Beschwerde ist es mangels ausdrücklicher Regelung im Gesetz nicht erforderlich, dass der Beschwerdebegründung eine Abschrift der angefochtenen Entscheidung der Vergabekammer beigefügt wird[39]. Ansonsten kann wegen der über den ausdrücklichen Regelungsgehalt

---

33 Mit dem gleichen Ergebnis: OLG Düsseldorf v. 05.09.2001, Verg 18/01, juris Rz. 39; Jaeger in: Byok/Jaeger a.a.O., wo zur Vermeidung unbilliger Ergebnisse eine »nicht zu kleinliche« bzw. »tendenziell großzügige« Anwendung der §§ 233 ff. ZPO angeregt wird; Stickler in: Reidt/Stickler/Glahs, § 117 Rz. 6; Wilke in: MüKo-KartellR, § 117 Rz. 11.

34 Zur Einlegung per Telefax: BayObLG v. 19.12.2000, Verg 7/00, juris Rz. 19; ansonsten kann auf die Kommentierungen zu § 130 ZPO Bezug genommen werden.

35 OLG Saarbrücken v. 21.04.2004, 1 Verg 1/04, juris Rz. 30.

36 OLG Düsseldorf v. 18.01.2000, Verg 2/00, juris Rz. 18, wo allerdings zu Recht ausgeführt wird, dass die Verwerfung die vorherige Gewährung rechtlichen Gehörs voraussetzt.

37 OLG Düsseldorf v. 13.04.1999, Verg 1/99, juris Rz. 28.

38 OLG Rostock v. 09.10.2013, 17 Verg 6/13, juris Rz. 78.

39 BGH v. 18.05.2004, X ZB 7/04, juris Rz. 19.

von § 172 hinausgehenden allgemeinen formalen Anforderungen auf die einschlägigen Kommentierungen insbesondere zur ZPO Bezug genommen werden.

I. Begründung der Beschwerde »zugleich mit ihrer Einlegung«, § 172 Abs. 2 S. 1

Die sofortige Beschwerde ist zugleich mit ihrer Einlegung zu begründen. Diese Festlegung dient 24 der Beschleunigung des Verfahrens, denn das Beschwerdegericht soll durch die vollständige Aufarbeitung des Beschwerdestoffs in der Beschwerdeschrift in die Lage versetzt werden, möglichst zügig zu entscheiden[40]. Die Vorschrift ist jedoch in Ergänzung ihres Wortlauts so auszulegen, dass die Begründung der Beschwerde nicht zwingend in ein- und demselben Schriftsatz enthalten sein muss, mit dem die Beschwerde eingelegt wird. Da es dem Beschwerdeführer frei steht, die Notfrist zur Einlegung der Beschwerde bis zum letzten Tag auszuschöpfen, gibt nach rechtsstaatlichen Grundsätzen weder das Gesetz noch das Beschleunigungsgebot eine Handhabe dafür her, es ihm bei vor Fristablauf erfolgender Einlegung der (zunächst nicht mit einer Begründung versehenen) Beschwerdeschrift zu verwehren, die Beschwerdebegründung vor Ablauf der Beschwerdefrist in einem gesonderten Schriftsatz nachzuholen[41].

II. Erklärung zum Umfang der Anfechtung, § 172 Abs. 2 S. 2 Nr. 1

1. Auswirkungen auf die Zulässigkeit der Beschwerde

Die Beschwerdebegründung muss die Erklärung beinhalten, inwieweit die Entscheidung der Ver- 25 gabekammer angefochten und eine abweichende Entscheidung beantragt wird. Auch dies soll das Beschwerdegericht in die Lage versetzen, möglichst zügig und ohne entsprechende Aufklärungsmaßnahmen den Gegenstand der Beschwerde zu erfassen und entsprechend zu entscheiden. An den Inhalt dieser Erklärung sind aber keine allzu großen Anforderungen zu stellen. Insbesondere ist es zwar empfehlenswert, aber für die Zulässigkeit nicht zwingend erforderlich, dass mit der Beschwerdebegründung ein konkreter Antrag mit tenorierungsfähigem Inhalt gestellt wird[42]. Gegen ein solches Erfordernis spricht insbesondere der Wortlaut von § 172, der die Ankündigung eines Antrags nicht ausdrücklich vorschreibt. Insofern dürfen jedenfalls keine strengeren Maßstäbe gelten, als in anderen Verfahrensordnungen, die für vergleichbare Rechtsmittel die Stellung von Anträgen gesetzlich vorschreiben[43]. Auch in diesen Verfahrensordnungen ist anerkannt, dass keine übertrieben strengen Maßstäbe anzulegen sind und sich das Begehren des Rechtsmittelführers notfalls auch ohne Antrag aus der Begründungsschrift ergeben kann[44].

Mögliche Anträge, die ggf. sinnvollerweise innerhalb des Beschwerdeverfahrens gestellt werden, 26 können zum Beispiel (im Sinne einer nicht abschließenden Aufzählung) folgenden Inhalt haben:
– die Vergabestelle zu verpflichten, dem Antragsteller/Beschwerdeführer den Zuschlag zu erteilen;
– die Vergabestelle zu verpflichten, das Angebot des Antragstellers/Beschwerdeführers unter Einbeziehung näher bezeichneter Nebenangebote neu zu werten;
– die Vergabestelle zu verpflichten, das Verhandlungsverfahren ab einem bestimmten Zeitpunkt unter Einbeziehung des Antragstellers/Beschwerdeführers zu wiederholen/fortzusetzen;
– die Vergabestelle zu verpflichten, die Wertung der Angebote unter Ausschluss des Angebots eines bestimmten anderen Bieters (des Beigeladenen) zu wiederholen;
– die Vergabestelle zu verpflichten, die Wertung der Angebote unter Einbeziehung näher bezeichneter Bewertungsfaktoren/Maßgaben zu wiederholen;
– die Vergabestelle zu verpflichten, die den Gegenstand des Vergabeverfahrens bildenden Leistungen europaweit auszuschreiben;

---

40 BT-Drucksache 13/9340, S. 21.
41 Stickler in: Reidt/Stickler/Glahs, § 117 Rz. 11; Summa in: jurisPK, § 117 Rz. 34.
42 KG v. 28.09.2009, 2 Verg 8/09, juris Rz. 5; Jaeger in: Byok/Jaeger, § 117 Rz. 13; Dieck-Bogatzke in: Pünder/
    Schellenberg, § 117 Rz. 12; Summa in: jurisPK, § 117 Rz. 36.
43 Vgl. § 520 Abs. 3 Nr. 2 ZPO oder § 124a Abs. 3 S. 4 VwGO jeweils für das Berufungsverfahren.
44 Vgl. z.B. Heßler in: Zöller, 30. Aufl., § 520 ZPO Rz. 28.

- die Vergabestelle zu verpflichten, das Angebot des Antragstellers/Beschwerdeführers bei der Wertung zu berücksichtigen;
- die Entscheidung der Vergabekammer aufzuheben und die Vergabestelle zu verpflichten, unter Beachtung der Rechtsauffassung des Gerichts erneut zu entscheiden.

27   Werden Anträge gestellt, ist das Beschwerdegericht bei der abschließenden Tenorierung der Entscheidung hinsichtlich des Rechtsfolgenausspruchs hieran nicht gebunden[45]. Dennoch trifft das Beschwerdegericht im Laufe des gesamten Verfahrens gemäß § 175 Abs. 2 i. V. m. § 70 Abs. 2 die Pflicht, darauf hinzuwirken, dass Formfehler beseitigt, unklare Anträge erläutert und sachdienliche Anträge gestellt werden. Diese Verpflichtung lässt auch den allgemeinen Rückschluss darauf zu, dass die Anforderungen an die Erfüllung der formalen Erfordernisse des § 172 Abs. 2 Nr. 1 bei Eingang der Beschwerde nicht zu streng ausgelegt werden dürfen. Es sind nur wenige Konstellationen vorstellbar, in denen die immerhin durch einen Rechtsanwalt oder sonstigen Volljuristen gefertigte und dem Gericht vorgelegte Beschwerdebegründung dermaßen substanzlos ist, dass durch entsprechende Hinweise nicht ermittelt werden könnte, was der Gegenstand des Rechtsmittels sein soll. Allerdings trägt der Beschwerdeführer in diesem Fall das Risiko des Fristablaufs. Er ist darauf angewiesen, dass ein entsprechender Hinweis des Beschwerdegerichts innerhalb der zweiwöchigen Notfrist erteilt und seine Beschwerdebegründung entsprechend des Hinweises ergänzt werden kann. Gelingt dies nicht, etwa weil die Beschwerdefrist schon »im ersten Anlauf« nahezu ausgereizt worden ist, ist die Beschwerde unzulässig[46].

2. Auswirkung auf den Beschwerdegegenstand

28   Unabhängig davon, dass die Erklärung zum Umfang der Anfechtung ein Zulässigkeitserfordernis ist, stellt sich die Frage, ob und inwieweit sie inhaltlich den Gegenstand des Beschwerdeverfahrens konstitutiv eingrenzt. Insofern erscheint die Gesetzeslage auf den ersten Blick etwas unklar, weil es für das Verfahren vor dem Beschwerdegericht an einer klaren Äußerung dazu fehlt, ob bei der Entscheidung eine Bindung an die gestellten Anträge besteht. Für die Vergabekammer – aber eben nicht für das Beschwerdegericht – hat der Gesetzgeber eine solche Bindung in § 168 Abs. 1 S. 2 ausdrücklich abgelehnt. Aus dem Fehlen einer entsprechenden Regelung für das Beschwerdegericht wird teilweise abgeleitet, dass eine Bindung an das – durch Antrag oder Begründung – zum Ausdruck gebrachte Begehren des Beschwerdeführers besteht und eine Prüfung darüber hinausgehender möglicher Vergaberechtsverstöße unterbleiben muss. Tatsächlich kann kein Zweifel daran bestehen, dass es dem Beschwerdeführer möglich sein muss, den Gegenstand des Beschwerdeverfahrens durch entsprechende Prozesserklärungen – die dann für ihn im Laufe des weiteren Verfahrens allerdings auch bindend sind – sachlich zu beschränken[47]. Diese Berechtigung des Rechtsmittelführers, den Streitgegenstand festzulegen, ergibt sich – unabhängig davon, ob es für das Beschwerdeverfahren ausdrücklich im Gesetz festgelegt ist – bereits aus der für alle Prozessordnungen geltenden Dispositionsmaxime und ist im übrigen auch dort anerkannt, wo – genauso wie im Vergabenachprüfungsverfahren – der Amtsermittlungsgrundsatz gilt und eine Bindung des Gerichts an bestimmte Anträge nicht vorgesehen ist[48]. Der Beschwerdeführer kann sein Rechtsmittel deshalb durch aus-

---

45   OLG Düsseldorf v. 13.06.2007, VII Verg 2/07, juris Rz. 88.
46   Für den vergleichbaren Fall eines Fehlens von Angaben gemäß § 172 Abs. 2 Nr. 2: OLG Koblenz v. 05.04.2006, 1 Verg 1/06, juris Rz. 15.
47   OLG Koblenz v. 22.07.2014, 1 Verg 3/14, juris Rz. 10; OLG Brandenburg v. 21.06.2012, Verg W 4/12, juris Rz. 8.
48   Vgl. § 88 VwGO; problematisch ist daher die Entscheidung des OLG Celle v. 08.11.2001, 13 Verg 9/01, juris Rz. 84, wo unter Berufung auf eine fehlende Bindung des Gerichts an die Anträge bei gleichzeitiger Zurückweisung beider eingelegter Beschwerden und damit außerhalb des Streitgegenstandes der Vergabestelle bestimmte Auflagen erteilt worden sind. Hierbei wurde nach hiesiger Auffassung nicht hinreichend zwischen Dispositions- und Amtsermittlungsgrundsatz differenziert. Eine andere Frage ist es, ob bei uneingeschränkter Anfechtung des Beschlusses der Vergabekammer (also innerhalb des Streitgegenstands) im Beschwerdeverfahren auch neue, zuvor nicht gerügte Vergaberechtsverstöße überprüft bzw. neue Tatsachen

drückliche Anträge oder im Rahmen der Beschwerdebegründung auf bestimmte Teile der Entscheidung der Vergabekammer oder auch auf bestimmte von ihm gerügte Vergaberechtsverstöße beschränken. Diese Beschränkung ist dann für das Beschwerdegericht auch bindend.

III. Angabe der maßgeblichen Tatsachen und Beweismittel, § 172 Abs. 2 Nr. 2

1. Auswirkungen auf die Zulässigkeit der Beschwerde

Mit demselben Zweck wie die Erklärung in Abs. 2 Nr. 1 wird in Nr. 2 festgelegt, dass der Beschwer- 29 deführer in der Begründung seines Rechtsmittels die Tatsachen und Beweismittel angeben muss, auf die er sich stützt. Auch hier gilt, dass die Anforderungen nicht zu streng gehandhabt werden dürfen. Die Vorschrift ist zwar inhaltlich an die Regelungen für das Berufungsverfahren im Zivilprozess (§ 520 ZPO) angelehnt. Anders als dort ist jedoch im Vergabenachprüfungsverfahren auch für die sofortige Beschwerde die Geltung des Amtsermittlungsgrundsatzes[49] zu berücksichtigen, der eine uneingeschränkte Bindung des Gerichts an die in der Beschwerdebegründung vorgebrachten Tatsachen ohnehin ausschließt. Was für die Annahme der Zulässigkeit genau an Tatsachen in der Beschwerdebegründung enthalten sein muss, entzieht sich einer allgemeinen Festlegung und ist für jeden Einzelfall individuell zu betrachten. So kann z. B. für die Zulässigkeit der Beschwerde in den Fällen, in denen sich das Rechtsmittel ausschließlich auf die von derjenigen der Vergabekammer abweichende Rechtsauffassung des Beschwerdeführers begründet, überhaupt nicht verlangt werden, dass Tatsachen oder Beweismittel angegeben werden[50].

2. Zulässigkeit neuen Vorbringens im Beschwerdeverfahren

Hinsichtlich der Zulässigkeit neuen tatsächlichen Vorbringens im Beschwerdeverfahren ist zunächst 30 danach zu differenzieren, ob es sich um neue Tatsachen oder Beweismittel handelt, die sich auf bereits vor der Vergabekammer gerügte Vergaberechtsverstöße beziehen oder um die Behauptung völlig neuer, bisher nicht gerügter Verstöße.

a) Wenn ein Vergaberechtsverstoß schon Gegenstand des Verfahrens vor der Vergabekammer gewe- 31 sen ist, können zu seiner ergänzenden Begründung im Beschwerdeverfahren neue Tatsachen und Beweismittel vorgebracht werden, sofern sie nicht präkludiert sind. Im Beschwerdeverfahren der §§ 171 ff. gibt es zwar wegen der Geltung des Amtsermittlungsgrundsatzes keine grundsätzliche Präklusion, die derjenigen im zivilprozessualen Berufungsverfahren (§ 531 Abs. 2 ZPO) vergleichbar ist. Jedoch ergibt sich aus dem im Vergabenachprüfungsverfahren geltenden Beschleunigungsgrundsatz, dass tatsächliches Vorbringen soweit möglich schon im Verfahren vor der Vergabekammer vorzubringen ist, um möglichst frühzeitig eine umfassende Tatsachengrundlage für die rechtliche Bewertung des Nachprüfungsantrags zu schaffen. Hiermit wäre es nicht vereinbar, es den Beteiligten ohne weiteres zu erlauben, tatsächliches Vorbringen zunächst zurück zu halten, um es erst in der Beschwerdeinstanz einzuführen[51]. Das gleiche gilt, wenn sich eine Präklusion daraus ergibt, dass der Vortrag in der Instanz vor der Vergabekammer nach § 175 Abs. 2 i. V. m. § 70 Abs. 3 oder nach allgemeinen prozessrechtlichen Verspätungsregeln[52] oder wegen eines Verstoßes gegen die Verfahrensförderungspflicht nicht rechtzeitig erfolgt ist[53].

---

in die Bewertung eingebracht werden können. Das ist eine Frage der Anwendung des Amtsermittlungsgrundsatzes, vgl. hierzu unten Rdn. 30 ff.

49 Zu Umfang und Auswirkung des Amtsermittlungsgrundsatzes vgl. unten Rdn. 35 ff.

50 OLG Düsseldorf v. 11.01.2012, VII Verg 67/11, juris Rz. 48; KG v. 28.09.2009, 2 Verg 8/09, juris Rz. 8.

51 OLG Brandenburg v. 10.01.2012, Verg W 18/11, juris Rz. 36; OLG Frankfurt v. 11.05.2004, 11 Verg 8/04, juris Rz. 38.

52 Z.B. §§ 87b, 128a VwGO, §§ 296, 282 ZPO; a.A.: OLG Koblenz v. 10.08.2000, 1 Verg 2/00, juris Rz. 136; Raabe in: Willenbruch/Wieddekind, § 117 Rz. 31, wo aber übersehen wird, dass die Zulassung von nach allgemeinen Verspätungsregeln berechtigt durch die Vergabekammer zurückgewiesenem Vorbringen dem Beschleunigungsgrundsatz widerspräche.

53 OLG Düsseldorf v. 19.11.2003, VII Verg 22/03, juris Rz. 7 f.

32 Immer dann, wenn die genannten Präklusionsgründe nicht vorliegen, ist ein Einbringen neuer Tatsachen oder Beweismittel in das Beschwerdeverfahren aber möglich. Das gilt oftmals in Fällen, in denen dem Antragsteller erst durch eine (erstmals) durch das Beschwerdegericht gewährte Akteneinsicht neue Umstände bekannt werden, die die Begründung seiner gerügten Verstöße stützen und von denen er vorher keine Kenntnis haben konnte. Ähnliches gilt etwa, wenn ein Verfahrensbeteiligter angesichts der Entscheidung der Vergabekammer ein Sachverständigengutachten zur Klärung einer dort bewerteten tatsächlichen Frage einholt. Auch die hierdurch gewonnenen neuen Erkenntnisse kann er grundsätzlich in das Beschwerdeverfahren einführen. Auch die weitere Untermauerung des vor der Vergabekammer erfolgten Vortrags durch weitere ergänzende Tatsachen in der Beschwerdeinstanz ist – soweit die bisherige Zurückbehaltung in der ersten Instanz nicht im Widerspruch zu der Verfahrensförderungspflicht steht – möglich, da die Ermittlung solcher Ergänzungstatsachen ohnehin von dem geltenden Amtsermittlungsgrundsatz umfasst gewesen wäre.

33 b) Die dargestellten Grundsätze sind auch dann anwendbar, wenn es um die Rüge neuer Vergaberechtsverstöße in der Beschwerdeinstanz geht. Wird ein Vergaberechtsverstoß – bzw. die ihm zugrunde liegenden Tatsachen – ohne schuldhafte Verzögerung erst während des Beschwerdeverfahrens erkannt, muss es möglich sein, den Verstoß in das laufende Beschwerdeverfahren einzubringen. Würde man das ablehnen, müsste man dem Antragsteller zur Gewährleistung von dessen effektiven Rechtsschutz erlauben, hinsichtlich des neuen Vergaberechtsverstoßes ein neues Nachprüfungsverfahren einzuleiten, was aber den Grundsätzen der Effektivität und Beschleunigung des Vergabeverfahrens widerspräche[54]. Auch insoweit gelten allerdings die oben dargestellten allgemeinen Präklusionsbestimmungen. Soweit vertreten worden ist, das Nachschieben neuer Rügen sei wegen der den Streitgegenstand des Verfahrens bestimmenden Erklärungen gemäß § 172 Abs. 2 nach Ablauf der Beschwerdefrist nicht mehr möglich[55], ist dem in dieser Allgemeinheit nicht zu folgen. Allerdings kann sich die Unzulässigkeit aus einer Beschränkung des Streitgegenstands ergeben, die sich aus der insoweit abgegebenen Erklärung des Beschwerdeführers ergibt[56].

34 Zu berücksichtigen ist, dass das Nachschieben eines neuen Vergaberechtsverstoßes unzulässig ist, wenn der Verstoß bereits der speziellen Präklusion des § 160 Abs. 3 unterliegt[57]. Allerdings sind die Präklusionsvorschriften in § 160 Abs. 3 nicht auf Vergaberechtsverstöße anwendbar, die während des bereits laufenden Nachprüfungsverfahrens erkannt worden sind[58].

3. Amtswegige Prüfung von Vergaberechtsverstößen durch das Beschwerdegericht

35 Mit der dargestellten Berechtigung der Beteiligten, unter bestimmten Voraussetzungen neue Vergaberechtsverstöße in das Beschwerdeverfahren einzubringen steht die Frage in Zusammenhang, inwieweit es dem Vergabesenat aufgrund des im Beschwerdeverfahrens geltenden Amtsermittlungsgrundsatzes erlaubt ist, Vergaberechtsverstöße selbst zu ermitteln bzw. ob und in welchem Umfang er hierzu verpflichtet ist.

36 Die Geltung des Amtsermittlungsgrundsatzes für das Beschwerdeverfahren ist in § 175 Abs. 2 i. V. m. § 70 Abs. 1 eindeutig festgelegt[59]. Wie bereits dargelegt wurde, ändert der Amtsermittlungsgrundsatz nichts daran, dass es den Beteiligten im Rahmen der ebenfalls Wirkung entfaltenden Dispositionsmaxime frei steht, den Gegenstand der sofortigen Beschwerde zu beschränken. Ist das geschehen,

---

54 Jaeger in: Byok/Jaeger, § 117 Rz. 18.
55 OLG Karlsruhe v. 06.02.2007, 17 Verg 6/07, juris Rz. 48; Stickler in: Reidt/Stickler/Glahs, § 117 Rz. 18.
56 Hierzu s. Rdn. 28.
57 Wenngleich es sich hierbei streng genommen um ein Merkmal der (Un-)Begründetheit der Beschwerde handelt.
58 BGH v. 26.09.2006, X ZB 14/06, juris Rz. 37.
59 Allgemein zu Geltung und Umfang des Amtsermittlungsgrundsatzes im Beschwerdeverfahren der §§ 171 ff.: Wiese in diesem Kommentar zu § 175 Rdn. 16 ff.; zur Geltung im Verfahren vor der Vergabekammer: Ohlerich in diesem Kommentar zu § 163 Rdn. 9 ff.

bindet die Beschränkung auch das Beschwerdegericht[60]. Auch wenn es nicht zu einer Beschränkung des Rechtsmittels gekommen ist, besteht jedenfalls keine Verpflichtung des Beschwerdegerichts, den gesamten ihm vorgelegten Vergabevorgang im einzelnen unter jedem denkbaren Gesichtspunkt und ohne sich aus dem Vortrag der Beteiligten ergebende Hinweise auf etwaige Vergabeverstöße zu prüfen[61]. Insofern steht der Amtsermittlungsgrundsatz in einem Spannungsverhältnis mit der den Beteiligten obliegenden Verfahrensförderungspflicht. Es ist davon auszugehen, dass die – im Beschwerdeverfahren durch Volljuristen beratenen – Beteiligten in gewissem Maße in der Lage sind, den vorliegenden Sachverhalt jedenfalls nach erfolgter Akteneinsicht im wesentlichen auf das Vorliegen von Vergaberechtsfehlern zu untersuchen und vor dem Gericht entsprechend vorzutragen. Eindeutig von der im Rahmen des Amtsermittlungsgrundsatzes bestehenden Verpflichtung umfasst ist es hingegen, dass das Beschwerdegericht den Sachverhalt bei gerügten Vergaberechtsverstößen umfassend und unabhängig von Beweisanträgen der Beteiligten aufklären muss.

Die Verfahrensförderungspflicht der Beteiligten ist nicht betroffen, wenn das Beschwerdegericht bei   37
Sichtung des Vergabevorgangs auf Vergaberechtsverstöße aufmerksam wird, die die Beteiligten – mangels eigener Kenntnisnahme bzw. der Möglichkeit hierzu – bisher nicht gerügt haben. Ob das Beschwerdegericht solche Vergaberechtsverstöße in das Verfahren einführen darf, ist umstritten. Nach zutreffender Auffassung lässt es sich mit dem geltenden Amtsermittlungsgrundsatz und dem dahinter stehenden Interesse der Öffentlichkeit an einer rechtmäßigen Vergabeentscheidung[62] nicht vereinbaren, wenn das Gericht einen positiv festgestellten Vergaberechtsverstoß – soweit er vom Streitgegenstand umfasst ist – den Beteiligten »verschweigt« und sehenden Auges eine als fehlerhaft erkannte Vergabeentscheidung nicht beanstandet. Dieses Ergebnis wäre auch deswegen nicht zu vertreten, weil es eine Abkehr von den allgemein für die Amtsermittlung geltenden Grundsätzen und eine Hinwendung zu dem im Zivilprozess geltenden Beibringungsgrundsatz darstellte, die einer entsprechenden Klarstellung im Gesetz bedurft hätte[63]. Entgegen einer teilweise vertretenen Ansicht[64] liegt hierin kein Verstoß gegen die Dispositionsmaxime. Denn solange sich die Verfahrensbeteiligten, hier insbesondere der Antragsteller nicht entsprechend erklären, kann nicht von einer Beschränkung der Beschwerde auf die vorgebrachten Vergaberechtsverstöße ausgegangen werden, sondern es ist in aller Regel davon auszugehen, dass der Vergaberechtsverstoß dem Bieter nicht bekannt ist. Ist dies anders und will der Antragsteller einen bestimmten Verstoß bewusst nicht zum Gegenstand des Verfahrens machen, muss er dies auf entsprechenden Hinweis, den das Beschwerdegericht erteilen muss, klarstellen. Der Amtsermittlungsgrundsatz ändert im Übrigen nichts daran, dass das Beschwerdegericht keine Vergaberechtsverstöße berücksichtigen kann, die gemäß § 160 Abs. 3 präkludiert sind[65].

D. Unterschrift der Beschwerdeschrift durch einen Rechtsanwalt, § 172 Abs. 3

§ 172 Abs. 3 S. 1 regelt als besonderes Formerfordernis, dass die Beschwerdeschrift durch einen in   38
Deutschland zugelassenen Rechtsanwalt unterzeichnet sein muss. Die Zulassung des unterzeichnenden Rechtsanwalts muss im Zeitpunkt der Beschwerdeeinlegung bestehen. Nach Wegfall der

---

60 S. hierzu oben Rdn. 28.
61 OLG Düsseldorf v. 29.12.2001, Verg 22/01, juris Rz. 51.
62 BT-Drucksache 13/9340, S. 18.
63 Im Ergebnis genauso: OLG Düsseldorf v. 23.06.2010, VII Verg 18/10, juris Rz. 36; OLG Naumburg v. 07.03.2008, 1 Verg 1/08, juris Rz. 34.
64 Summa in: jurisPK, § 123 Rz. 8 ff.; im Ergebnis genauso: BayObLG v. 21.05.1999, Verg 1/99, NZBau 2000, 49/50; Thüringer OLG v. 13.10.1999, 6 Verg 1/99, juris Rz. 38; einschränkend: OLG Celle v. 17.11.2011, 13 Verg 6/11, juris Rz. 44; OLG München v. 10.12.2009, Verg 18/09, juris Rz. 42 und Wiese a.a.O. jeweils mit dem Ergebnis, dass die amtswegige Prüfung von nicht gerügten Vergaberechtsverstößen nicht schlechthin ausgeschlossen sei, jedoch nur bei besonders schweren bzw. »nicht hinnehmbaren« Verstößen in Betracht komme. Allerdings werden dort jeweils keine allgemeinen Abgrenzungskriterien für die Frage erforderlichen Schwere des Verstoßes aufgezeigt.
65 OLG Naumburg v. 18.08.2011, 2 Verg 3/11, juris Rz. 55.

Singularzulassung an Obergerichten hat sich die Frage erledigt, ob der Rechtsanwalt an einem (bestimmten) Oberlandesgericht zugelassen sein muss. Es reicht die Zulassung bei irgendeinem deutschen Gericht. Rechtsanwälte aus anderen europäischen Ländern sind unter den Voraussetzungen des Gesetzes zur Umsetzung europäischen Rechts auf dem Gebiet des Berufsrechts der Rechtsanwälte vom 09.03.2000[66] gleichgestellt. Hinsichtlich der Voraussetzung des Unterschreibens gelten die allgemeinen Grundsätze aus anderen Prozessordnungen. Demnach reicht zum Beispiel eine bloße Paraphe oder ein Faksimile-Stempel auf dem Beschwerdeschriftsatz nicht aus[67]. Im Übrigen wird auf die Kommentierungen zu § 130 Nr. 6 ZPO verwiesen.

39   Die einzige Ausnahme von dem Formerfordernis regelt das Gesetz in § 172 Abs. 3 S. 2. Das Erfordernis der Unterzeichnung durch einen Rechtsanwalt gilt nicht für Beschwerden, die von juristischen Personen des öffentlichen Rechts eingelegt werden. Die Gesetzesbegründung enthält keine Ausführungen zum Hintergrund dieser Ausnahme. Sie ist aber in Zusammenhang mit § 175 Abs. 1 zu sehen, der den Anwaltszwang und eine entsprechende Ausnahme für die Vertretung der Beteiligten vor dem Beschwerdegericht regelt. Zu der inhaltsgleichen Vorgängerregelung von § 175 Abs. 1 stellt die Gesetzesbegründung klar, dass für öffentliche Auftraggeber wie im verwaltungsgerichtlichen Verfahren kein Zwang bestehen soll, einen Anwalt zu beauftragen, da die insoweit geforderte Befähigung zum Richteramt denselben Zweck wie der Anwaltszwang erfülle[68].

40   Allerdings fehlt in § 172 Abs. 3 S. 2 – anders als in § 175 – die ausdrückliche Regelung, dass die Unterzeichnung der Beschwerdeschrift zumindest durch einen Beamten oder Angestellten mit der Befähigung zum Richteramt erfolgen muss. Deshalb wird teilweise vertreten, dass die Beschwerdeschrift einer juristischen Person des öffentlichen Rechts durch jeden hierfür zuständigen Mitarbeiter – ob Volljurist oder nicht – erfolgen könne[69]. Dem ist aber nicht zuzustimmen. Das Absehen von dem Erfordernis der Befähigung zum Richteramt (nur) bei Unterzeichnung der Beschwerdeschrift würde keinen erkennbaren Sinn ergeben. Es ist vielmehr davon auszugehen, dass der mit Abs. 3 S. 2 verfolgte Zweck[70] genauso wie im Rahmen von § 175 nach Auffassung des Gesetzgebers nur unter Einsatz juristischer Expertise hinreichend erfüllt werden kann. Das stellt die Gesetzesbegründung zu der Vorgängerregel von § 175 auch ausdrücklich klar[71]. Es ist kein Grund erkennbar, warum dies für den Bereich der Beschwerdeeinlegung – wo es in besonderem Maße darauf ankommt, den Streitstoff nach juristischen Kriterien zu strukturieren – nicht auch gelten soll[72]. Der Gegenauffassung ist zuzugeben, dass es bei Übertragung des Erfordernisses aus § 175 schwerfällt, in der Regelung des § 172 Abs. 3 einen eigenständigen Sinn zu erkennen[73]. Dies dürfte aber eher auf einer etwas ungeschickten Regelung der für das Beschwerdeverfahren geltenden Formerfordernisse durch den Gesetzgeber beruhen. Hätte er die inhaltsgleiche Vorgängerregel von § 172 Abs. 3 S. 2 – wie von der Gegenauffassung vertreten – nur zu dem Zweck schaffen wollen, um die ansonsten geltenden Formerfordernisse bei juristischen Personen des öffentlichen Rechts für die Einlegung der Beschwerde aufzuweichen, hätte jedenfalls eine andere Formulierung des Absatzes und ein ausdrücklicher Hinweis in der Gesetzesbegründung sehr nahe gelegen.

---

66 EuRAG, BGBl. I S. 182, zu den Voraussetzungen im Einzelnen: Vollkommer in: Zöller, 30. Aufl., vor § 78 ZPO Rz. 8.
67 OLG Bremen v. 09.10.2012, Verg 1/12, juris Rz. 96; Dieck-Bogatzke in: Pünder/Schellenberg, § 117 Rz. 7 m.w.N.
68 BT-Drucksache 13/9340, S. 21.
69 Jaeger in: Byok/Jaeger, § 117 Rz. 3; Dieck-Bogatzke in: Pünder/Schellenberg, § 117 Rz. 9.
70 Laut der Gesetzesbegründung: Aufbereitung des Streitstoffs in einer Weise, die eine schnelle Entscheidung ermöglicht, vgl. BT-Drucksache 13/9340 a.a.O.
71 A.a.O.: »Die insoweit geforderte Befähigung zum Richteramt erfüllt denselben Zweck wie der Anwaltszwang.«
72 Wie hier: Stickler in: Reidt/Stickler/Glahs, § 117 Rz. 23; Vavra in: Beck'scher Vergaberechtskommentar, § 117 Rz. 18; Summa in: jurisPK, § 117 Rz. 52.
73 So Jaeger a.a.O.

E. Unterrichtung der anderen Verfahrensbeteiligten, § 172 Abs. 4

§ 172 Abs. 4 erlegt dem Beschwerdeführer auf, mit Einlegung der Beschwerde die anderen Ver- 41 fahrensbeteiligten durch Übermittlung einer Ausfertigung der Beschwerdeschrift zu unterrichten. Nach der Gesetzesbegründung dient die Vorschrift der Beschleunigung und der Konzentration des Streitstoffes auf ein Verfahren.

Damit soll gleich zu Beginn des Verfahrens darauf hingewirkt werden, dass alle Verfahrensbeteilig- 42 ten frühzeitig ihre Interessen vertreten und sich zur Sach- und Rechtslage äußern[74]. Die Obliegenheit des Beschwerdeführers ändert nichts daran, dass das Beschwerdegericht zur Einleitung des Verfahrens die Beschwerdeschrift seinerseits von Amts wegen den übrigen Beteiligten zustellen muss, wie sich aus dem gemäß § 175 Abs. 2 i. V. m. § 73 Nr. 2 anzuwendenden § 521 Abs. 1 ZPO ergibt.

Hinsichtlich einer Sanktion für den Fall, dass der Beschwerdeführer die Unterrichtung unterlässt, 43 enthält das Gesetz keine Festlegung. Jedenfalls handelt es sich nach einhelliger und zutreffender Auffassung in Rechtsprechung und Schrifttum bei der Einhaltung der Obliegenheit nicht um ein Zulässigkeitserfordernis für die sofortige Beschwerde. Eine solche Bedeutung lässt sich dem Gesetzeswortlaut oder der Begründung nicht entnehmen. Das ergibt sich auch schon daraus, dass die Einhaltung der Verpflichtung im Zweifel nur durch eine Beweisaufnahme aufzuklären wäre, wofür angesichts des geltenden Beschleunigungsgrundsatzes im Beschwerdeverfahren die Zeit fehlt[75].

Eine Sanktionierung der in § 172 Abs. 4 geregelten Informationsobliegenheit findet nach zutreffen- 44 der herrschender Meinung auch nicht in der Form statt, dass im Falle der Nichteinhaltung durch den Beschwerdeführer die aufschiebende Wirkung gemäß § 173 Abs. 1 gar nicht oder verzögert eintritt[76]. Eine derartige Folge des Pflichtenverstoßes hätte der Gesetzgeber ausdrücklich regeln müssen. Hieran fehlt es[77].

Zu Recht wird allgemein auch eine Sekundärhaftung des Beschwerdeführers unter Gesichtspunk- 45 ten des Schadensersatzes bei schuldhafter Unterlassung der Unterrichtung abgelehnt, wenn durch eine Verzögerung der Bekanntgabe ein Schaden entstehen sollte. Denn § 172 Abs. 4 dient zwar der Verfahrensbeschleunigung. Die Vorschrift stellt aber keine Verpflichtung auf, die unmittelbar auf die Interessen der anderen Verfahrensbeteiligten bezogen ist[78].

§ 173 Wirkung

(1) Die sofortige Beschwerde hat aufschiebende Wirkung gegenüber der Entscheidung der Vergabekammer. Die aufschiebende Wirkung entfällt zwei Wochen nach Ablauf der Beschwerdefrist. Hat die Vergabekammer den Antrag auf Nachprüfung abgelehnt, so kann das Beschwerdegericht auf Antrag des Beschwerdeführers die aufschiebende Wirkung bis zur Entscheidung über die Beschwerde verlängern.

(2) Das Gericht lehnt den Antrag nach Absatz 1 Satz 3 ab, wenn unter Berücksichtigung aller möglicherweise geschädigten Interessen die nachteiligen Folgen einer Verzögerung der Vergabe bis zur Entscheidung über die Beschwerde die damit verbundenen Vorteile überwiegen. Bei der Abwägung ist das Interesse der Allgemeinheit an einer wirtschaftlichen Erfüllung der Aufgaben

---

74 BT-Drucksache 13/9340, S. 21.
75 Grundlegend hierzu: OLG Düsseldorf v. 13.04.1999, Verg 1/99, juris Rz. 29 ff.; aus jüngerer Zeit: OLG Brandenburg v. 30.04.2013, Verg (W) 3/13, juris Rz. 39; OLG Bremen v. 09.10.2012, Verg 1/12, juris Rz. 94; OLG Düsseldorf v. 05.07.2012, VII Verg 13/12, juris Rz. 3; außerdem Jaeger in: Byok/Jaeger, § 117 Rz. 20; Stickler in: Reidt/Stickler/Glahs, § 117 Rz. 26.
76 So aber OLG Naumburg v. 16.01.2003, 1 Verg 10/02, juris Rz. 30 ff.
77 OLG Brandenburg a.a.O. Rz. 41; OLG Saarbrücken v. 07.05.2008, 1 Verg 5/07, juris Rz. 40; OLG Dresden v. 17.06.2005, WVerg 8/05, juris Rz. 5; BayObLG v. 13.08.2004, Verg 17/04, juris Rz. 12; Stickler in: Reidt/Stickler/Glahs, § 118, Rz. 7; vgl. im Einzelnen die Kommentierung zu § 173, Rdn. 12.
78 Vgl. Jaeger in: Byok/Jaeger, § 117 Rz. 22 m.w.N.

des Auftraggebers zu berücksichtigen; bei verteidigungs- oder sicherheitsspezifischen Aufträgen im Sinne des § 104 sind zusätzlich besondere Verteidigungs- und Sicherheitsinteressen zu berücksichtigen. Das Gericht berücksichtigt bei seiner Entscheidung auch die Erfolgsaussichten der Beschwerde, die allgemeinen Aussichten des Antragstellers im Vergabeverfahren, den öffentlichen Auftrag oder die Konzession zu erhalten, und das Interesse der Allgemeinheit an einem raschen Abschluss des Vergabeverfahrens.

(3) Hat die Vergabekammer dem Antrag auf Nachprüfung durch Untersagung des Zuschlags stattgegeben, so unterbleibt dieser, solange nicht das Beschwerdegericht die Entscheidung der Vergabekammer nach § 176 oder § 178 aufhebt.

A. Einführung und Inhaltsübersicht zu § 173

I. Entstehung

Die Vorschrift ersetzt in inhaltlich unveränderter Form den bisherigen § 118. Dieser war zum   1
01.01.1999 in Kraft getreten. Absatz 2 der Vorschrift ist durch das zum 24.04.2009 in Kraft getretene Vergaberechtsmodernisierungsgesetz[1] wesentlich geändert worden. Hierzu wird im Einzelnen
auf die Kommentierung zu Absatz 2 Bezug genommen.

II. Inhaltsübersicht und Bedeutung

§ 173 beschäftigt sich in Absatz 1 und 2 mit der von der Einlegung der sofortigen Beschwerde   2
ausgehenden aufschiebenden Wirkung. Diese wird durch die gesetzliche Anordnung in Absatz 1
Satz 1 begründet. Die aufschiebende Wirkung bedeutet, dass es dem Auftraggeber während ihrer
Dauer untersagt ist, in dem von dem Nachprüfungsantrag betroffenen Vergabeverfahren den
Zuschlag zu erteilen. Sie setzt inhaltlich die für das Verfahren vor der Vergabekammer durch § 169
Abs. 1 begründete Zuschlagssperre fort. Die Durchsetzung dieses Verbots geschieht dadurch, dass
ein Zuschlag, der trotz entgegenstehender aufschiebender Wirkung erteilt worden ist, gegen ein
gesetzliches Verbot verstößt und deshalb nach § 134 BGB nichtig ist. Das ist zwar in § 173 nicht
ausdrücklich angeordnet, es ergibt sich jedoch aus der entsprechend anzuwenden Formulierung in
§ 169 Abs. 1. Da die aufschiebende Wirkung der Beschwerde eine Fortsetzung der Zuschlagssperre
ist, bezieht auch sie sich ausschließlich auf die Erteilung des Zuschlags. Etwaige sonstige Inhalte der
Entscheidung der Vergabekammer werden von der aufschiebenden Wirkung nicht umfasst[2]. Auch
einer Interimsvergabe, die der Auftraggeber angesichts der Dauer des Vergabeverfahrens anstrebt,
steht die aufschiebende Wirkung nicht im Weg, wenn die Interimsvergabe einen anderen Gegenstand hat als das durch den Nachprüfungsantrag angehaltene Vergabeverfahren. Das wird schon
wegen der typischerweise sehr eingeschränkten zeitlichen Dauer der interimsweise ausgeschriebenen Leistung in der Regel der Fall sein[3].

Gemäß Absatz 1 Satz 2 ist die aufschiebende Wirkung der Beschwerde auf den Zeitraum von zwei   3
Wochen nach Ablauf der Beschwerdefrist begrenzt. Die gesetzliche Anknüpfung an diesen Zeitpunkt ergibt sich daraus, dass die sich aus § 169 Abs. 1 ergebende Zuschlagssperre, die zum Schutz
des Antragstellers während des Verfahrens vor der Vergabekammer gilt, nach der ausdrücklichen
gesetzlichen Regelung bei Ablauf der Beschwerdefrist endet.

Ein Antragsteller, der vor der Vergabekammer ganz oder teilweise unterlegen ist, muss davor   4
geschützt werden, dass er angesichts dieser kurzen Dauer nicht durch eine nach Fristablauf, jedoch
noch während des Beschwerdeverfahrens erfolgende (wegen § 168 Abs. 2 S. 1 unwiderrufliche)
Zuschlagserteilung zwingend gerade derjenigen Rechte verlustig geht, die er mit der Beschwerdeeinlegung verfolgt. Deshalb ermöglicht ihm § 173 Abs. 1 S. 3, vor dem Beschwerdegericht die

---

1 BGBl. 2009 I S. 790/795.
2 OLG Naumburg v. 07.01.2014, 2 Verg 1/14, juris Rn. 20; a.A.: Raabe in: Willenbruch/Wieddekind, § 118
   Rn. 3, der auf den – diese Beschränkung nicht enthaltenden – Wortlaut von § 173 Abs. 1 abstellt, allerdings
   den ergänzend heranzuziehenden § 169 Abs. 1 nicht erwähnt; OLG Schleswig v. 01.12.2005, 6 Verg 9/05,
   ibr-online, wonach die aufschiebende Wirkung auch hinsichtlich anderer Entscheidungsinhalte eintrete
   und insoweit sogar unbefristet gelte, weil (nur) die zeitliche Begrenzung gemäß § 173 Abs. 1 S. 2 auf das
   Zuschlagsverbot beschränkt sei.
3 OLG Brandenburg v. 06.03.2012, Verg W 16/11, juris Rn. 35.

Verlängerung der aufschiebenden Wirkung bis zu einer endgültigen Entscheidung des Beschwerdegerichts zu beantragen. Die in Absatz 1 Satz 3 und Absatz 2 der Vorschrift geregelten Voraussetzungen der Zulässigkeit und Begründetheit solcher Anträge bilden in der Praxis und im Rahmen dieser Kommentierung den Schwerpunkt der Vorschrift. Ihre Anwendbarkeit setzt immer voraus, dass der Auftraggeber auf Grundlage der erstinstanzlichen Entscheidung der Vergabekammer – nach Ablauf der Beschwerdefrist – den Zuschlag erteilen dürfte.

5 Soweit es dagegen dem antragstellenden Bieter vor der Vergabekammer gelungen ist, eine Entscheidung zu erwirken, mit der dem Auftraggeber untersagt worden ist, den Zuschlag zu erteilen, bedarf er des in Absatz 1 und 2 geregelten Schutzes nicht. In diesem Fall folgt aus § 173 Abs. 3 kraft Gesetzes, dass ungeachtet der Beendigung der erstinstanzlichen Zuschlagssperre der Zuschlag bis zu einer entgegenstehenden Entscheidung des Beschwerdegerichts unterbleibt. Auch insoweit wäre ein verbotswidrig erteilter Zuschlag ein nichtiges Rechtsgeschäft gemäß § 134 BGB. Bei der in Absatz 3 angesprochenen Entscheidung des Beschwerdegerichts handelt es sich entweder (und zwar in aller Regel) um die instanzabschließende Entscheidung gemäß § 178 oder – auf besonderen Antrag des Auftraggebers oder eines Beigeladenen – um eine den Vorabzuschlag ausdrücklich gestattende Eilentscheidung des Beschwerdegerichts gemäß § 176.

B. Aufschiebende Wirkung, § 173 Abs. 1 S. 1 und 2

I. Entstehen der aufschiebenden Wirkung

6 Die beschriebenen Auswirkungen der aufschiebenden Wirkung treten im Normalfall ein, wenn eine Entscheidung der Vergabekammer und eine hiergegen gerichtete sofortige Beschwerde vorliegt.

1. Gesetzliche Ausnahmen vom Entstehen der aufschiebenden Wirkung

7 Eine Ausnahme hiervon ist im Gesetz geregelt: wenn der Auftraggeber im Verfahren vor der Vergabekammer das Vorliegen der Voraussetzungen nach § 117 Nr. 1 – 3 (Schutz wesentlicher Sicherheitsinteressen, geheimhaltungsbedürftige Aufträge) oder § 150 Nr. 1 – 6 (Konzessionen in den Bereichen Sicherheit und Verteidigung) geltend gemacht hat, folgt aus § 169 Abs. 4 S. 1, dass das erstinstanzliche Zuschlagsverbot nach Ablauf der dort geregelten kurzen Frist entfällt. In diesem Fall tritt die aufschiebende Wirkung nicht in Kraft, denn mit dem vorherigen Entfallen der Zuschlagssperre fehlt es an dem erforderlichen Anknüpfungspunkt für ihr Entstehen. Anders ist es nur, wenn das Beschwerdegericht auf Antrag des Antragstellers gemäß § 169 Abs. 4 S. 2 die Zuschlagssperre wieder hergestellt hat. Für die Fortdauer der so wiederhergestellten Zuschlagssperre gelten die allgemeinen Regeln: wenn die Vergabekammer den Nachprüfungsantrag ablehnt und der Antragsteller hiergegen die Beschwerde einlegt, setzt die Zuschlagssperre sich in der aufschiebenden Wirkung gemäß § 173 Abs. 1 S. 1 und 2 fort. Für eine weitere Verlängerung bedarf es auf entsprechenden Antrag einer Entscheidung gemäß § 173 Abs. 1 S. 3 und Abs. 2.

2. Aufschiebende Wirkung in Fällen der Ablehnung des Nachprüfungsantrags wegen offensichtlich fehlender Erfolgsaussichten

8 Ein weiterer Ausnahmefall, in dem die allgemeinen Voraussetzungen noch nicht zur Begründung des Suspensiveffekts ausreichen, tritt ein, wenn die Vergabekammer die Zustellung des Nachprüfungsantrags wegen offensichtlich fehlender Erfolgsaussichten gem. § 163 Abs. 2 ablehnt. In diesem Fall tritt die in § 169 Abs. 1 geregelte erstinstanzliche Zuschlagssperre – an die die aufschiebende Wirkung anknüpft – ebenfalls nicht in Kraft. Nach allgemeiner Auffassung führt die sofortige Beschwerde, die der Antragsteller in dieser Konstellation gegen die Entscheidung der Vergabekammer einlegt, mangels vorheriger Zuschlagssperre nicht zum Eintritt der aufschiebenden Wirkung. Vielmehr muss das Beschwerdegericht darüber entscheiden, ob es seinerseits die Voraussetzungen des § 163 Abs. 2 für gegeben hält und den Nachprüfungsantrag ggf. im Sinne der genannten Vorschrift dem Auftraggeber übermitteln. Der Prüfungsmaßstab ist dabei derselbe, den die Vergabekammer in erster Instanz zur Beurteilung dieser Frage anzulegen hat. Erst hierdurch entsteht

(erstmalig) die Zuschlagssperre[4]. Ein Zuschlag, der in der Zeit davor bereits erteilt worden ist, ist wirksam.

Nicht ganz eindeutig ist, wann die so entstandene Zuschlagssperre endet. Da sie dogmatisch derjenigen aus § 169 Abs. 1 entspricht, müsste die Sperre nach den allgemeinen Regeln eigentlich mit dem Ablauf der Beschwerdefrist enden. Das ist aber obsolet, weil die Sperre in diesen Fällen ja erst durch die Übermittlung des Nachprüfungsantrags durch das Beschwerdegericht – also möglicherweise nach Ablauf der Beschwerdefrist – entstanden ist. Teilweise wird davon ausgegangen, dass in diesen Fällen deshalb mit der Übermittlung des Nachprüfungsantrags bereits die Zweiwochenfrist des § 173 Abs. 1 S. 2 beginnt[5]. Damit würde man aber ohne Rechtfertigung davon abweichen, dass der Beginn der Zweiwochenfrist im Gesetz eindeutig auf den Zeitpunkt der Einlegung der Beschwerde festgelegt ist. Außerdem ist zwischen der Zuschlagssperre des § 169 Abs. 1 und der aufschiebenden Wirkung des § 173 Abs. 1 zu unterscheiden. Deshalb bleibt es dabei, dass die Zweiwochenfrist gemäß § 173 Abs. 1 S. 2 auch in diesen Fällen mit der Einlegung der Beschwerde beginnt. Will der Antragsteller darüber hinaus geschützt sein, muss er – wie üblich – durch den Antrag gemäß § 173 Abs. 1 S. 3 dafür Sorge tragen, dass das Beschwerdegericht rechtzeitig die aufschiebende Wirkung verlängern kann. Die durch die Übermittlung des Nachprüfungsantrags entstandene Zuschlagssperre endet – genauso wie die aufschiebende Wirkung der Beschwerde – zwei Wochen nach Ablauf der Beschwerdefrist[6]. 9

3. Aufschiebende Wirkung bei teilweiser Anfechtung der Entscheidung der Vergabekammer

Die aufschiebende Wirkung der Beschwerde tritt grundsätzlich auch dann ein und verbietet dem Auftraggeber die Erteilung des Zuschlags, wenn der Antragsteller die Entscheidung der Vergabekammer nicht in allen Punkten, sondern nur teilweise anficht. Unabhängig vom Umfang der Anfechtung ist maßgeblich, dass der Antragsteller mit dem Nachprüfungsantrag und dem anschließenden Einlegen des Rechtsmittels die Erteilung des Zuschlags an einen anderen Bieter verhindern will. Eine Aufteilung des Vergabeverfahrens in angefochtene und nicht angefochtene Teile mit der Folge, dass die aufschiebende Wirkung nicht in Kraft tritt, kommt nicht in Betracht. 10

Etwas anderes gilt nur dann, wenn sich aus dem Umfang der Anfechtung ergibt, dass eindeutig abgrenzbare Teile der Vergabeentscheidung ihr nicht unterliegen sollen. Das ist der Fall, wenn verschiedene Lose ausgeschrieben sind und sich die Beschwerde nur auf einen Teil der Lose bezieht, während die Entscheidung der Vergabekammer hinsichtlich anderer Lose durch den Antragsteller hingenommen wird. In diesem Fall bezieht sich die aufschiebende Wirkung nur auf die Zuschlagserteilung hinsichtlich der von der Beschwerde betroffenen Lose[7]. Dem entsprechend tritt eine aufschiebende Wirkung durch das Einlegen der Beschwerde überhaupt nicht ein, wenn die Beschwerde keinen Zusammenhang mit der vor der Vergabekammer streitigen Zuschlagserteilung hat, weil sie sich nur auf die Kosten- oder sonstige Nebenentscheidungen der Vergabekammer bezieht. 11

4. Aufschiebende Wirkung bei Unkenntnis des Auftraggebers von der Beschwerde

Die aufschiebende Wirkung tritt unabhängig davon ein, wann der Auftraggeber von der Einlegung der sofortigen Beschwerde durch den Antragsteller Kenntnis erlangt. Insbesondere wird sie nicht dadurch beeinträchtigt, dass der Antragsteller gegen seine Verpflichtung aus § 172 Abs. 4 verstößt, die anderen Beteiligten durch Übersendung der Beschwerdeschrift zu unterrichten. Der Eintritt der aufschiebenden Wirkung knüpft insoweit nur an das objektive Vorliegen der gesetzlich geregelten 12

---

4 BayObLG v. 09.09.2004, Verg 18/04, juris Rn. 11; OLG Koblenz v. 25.03.2002, 1 Verg 1/02, juris Rn. 14; Raabe in: Willenbruch/Wieddekind, § 118 Rn. 39; Stickler in: Reidt/Stickler/Glahs, § 118 Rn. 5; Jaeger in: Byok/Jaeger, § 118 Rn. 8.
5 So wohl Raabe in: Willenbruch/Wieddekind, § 118 Rn. 40.
6 Stickler in: Reidt/Stickler/Glahs, § 118 Rn. 5.
7 Stickler in: Reidt/Stickler/Glahs, § 118 Rn. 6; Raabe in: Willenbruch/Wieddekind, § 118 Rn. 5.

Voraussetzungen an. Die in § 172 Abs. 4 geregelte Informationspflicht ist nur eine formale Ordnungsvorschrift, deren Nichtbefolgung nicht geeignet ist, den Eintritt der aufschiebenden Wirkung
einzuschränken[8]. Das hiergegen vorgebrachte Argument, § 172 Abs. 4 enthalte eine Verantwor-
tungszuweisung hinsichtlich der Beendigung der Unsicherheit über das Einlegen oder Nichtein-
legen des Rechtsmittels, die den Antragsteller treffe und deren Missachtung es rechtfertige, die
aufschiebende Wirkung von einer Befolgung der in der Vorschrift genannten Pflicht abhängig zu
machen[9], überzeugt nicht. Denn auch wenn es die aus § 172 Abs. 4 hergeleitete Verpflichtung gibt,
hätte es aus Sicht des Gesetzgebers nahegelegen, eine entsprechende Sanktionierung im Rahmen
von § 173 zum Ausdruck zu bringen. Dies ist aber nicht geschehen. Auch aus der Gesetzesbegründung oder aus anderen Quellen lässt sich ein derartiges Ergebnis nicht ableiten[10].

5. Aufschiebende Wirkung bei unzulässiger oder unbegründeter Beschwerde

13 Ebenso wenig wird der Eintritt der aufschiebenden Wirkung davon beeinflusst, ob die eingelegte
sofortige Beschwerde begründet oder unbegründet bzw. zulässig oder unzulässig ist. Über diese
Frage muss erst innerhalb des Beschwerdeverfahrens durch das Beschwerdegericht entschieden
werden. Aus dem Gesetzeswortlaut ergibt sich eindeutig, dass eine entsprechende Einschätzung
erstmals im Rahmen der vorzunehmenden Interessenabwägung gemäß § 173 Abs. 2 vorgenommen
werden kann. Das gilt ohne Einschränkung auch für Fälle, in denen eine offensichtliche Unzulässigkeit oder Unbegründetheit der Beschwerde behauptet wird. Auch in diesen Fällen ist es deshalb nicht möglich, die Wirksamkeit eines Zuschlags, der trotz Vorliegens der Voraussetzungen des
§ 173 Abs. 1 S. 1 und 2 innerhalb der dort geregelten Frist erfolgt ist, nachträglich mit dem Argument zu begründen, die Beschwerde des Antragstellers habe offensichtlich keine Erfolgsaussichten
gehabt und deswegen sei die aufschiebende Wirkung der sofortigen Beschwerde nicht eingetreten.
Angesichts der Kürze der in Abs. 1 S. 2 geregelten Zweiwochenfrist besteht hierfür auch kein rechts-
politisches Bedürfnis[11].

14 Die Kürze der Zweiwochenfrist führt dazu, dass das Beschwerdegericht bis zu ihrem Ablauf in
aller Regel keine abschließende Entscheidung über die sofortige Beschwerde getroffen haben wird.
Geschieht dies doch – etwa in Fällen offensichtlicher Unzulässigkeit der Beschwerde – entfällt die aufschiebende Wirkung ab diesem Zeitpunkt, ohne dass dies gesondert ausgesprochen werden muss[12].

II. Dauer der aufschiebenden Wirkung

15 Die durch Einlegung der sofortigen Beschwerde begründete aufschiebende Wirkung entfällt nach
dem Wortlaut von Abs. 1 S. 2 zwei Wochen nach Ablauf der Beschwerdefrist. Der Beginn der Frist
knüpft demnach nicht an ein kalendermäßiges Datum oder ein tatsächliches Ereignis – wie zum
Beispiel das Einlegen der Beschwerde – an. Der in Bezug genommene »Ablauf der Beschwerdefrist«
ist vielmehr eine Rechtsfolge, die zunächst durch Subsumtion ermittelt werden muss. Hierfür gelten die allgemeinen Regeln der §§ 187 ff. BGB. Zu den Voraussetzungen wird im Einzelnen auf
die Kommentierung zu § 172 Abs. 1 Bezug genommen. Entscheidungserhebliche Besonderheiten
gelten in den folgenden Fällen:

---

8 OLG Saarbrücken v. 07.05.2008, 1 Verg 5/07, juris Rn. 40; OLG Dresden v. 17.06.2005, WVerg 8/05,
   juris Rn. 5; BayObLG v. 13.08.2004, Verg 17/04, juris Rn. 12; Stickler in: Reidt/Stickler/Glahs, § 118,
   Rn. 7.
9 OLG Naumburg v. 16.01.2003, 1 Verg 10/02, juris Rn. 30 ff.
10 Vgl. auch die Kommentierung zu § 172, Rdn. 41 ff.
11 Wie hier: Stickler in: Reidt/Stickler/Glahs, § 118 Rn. 7; Raabe in: Willenbruch/Wieddekind, § 118 Rz. 4;
   Jaeger in: Byok/Jaeger, § 118 Rn. 5.
12 Insoweit zutreffend: OLG Naumburg a.a.O.

1. Auswirkungen einer nicht ordnungsgemäßen Rechtsmittelbelehrung auf die Zweiwochenfrist

Umstände, die zu einer Verlängerung der Beschwerdefrist führen, haben unmittelbaren Einfluss auf 16 den Beginn der Zweiwochenfrist des § 173 Abs. 1 S. 2. So ist § 58 Abs. 2 VwGO nach herrschender und zutreffender Ansicht bei der Berechnung der Beschwerdefrist des § 172 Abs. 1 entsprechend anwendbar. In Fällen, in denen der Beschluss der Vergabekammer mit keiner oder nicht ordnungsgemäßer Rechtsmittelbelehrung versehen ist, läuft die Beschwerdefrist deshalb ab der Zustellung des Beschlusses für ein Jahr. Die Anwendbarkeit der Regelung aus der VwGO auf die Beschwerdefrist im Vergabenachprüfungsverfahren ist wegen der Bedeutung des Beschleunigungsgrundsatzes nicht unumstritten, ergibt sich nach richtiger Auffassung aber daraus, dass § 168 Abs. 3 i.V.m. § 61 Abs. 1 S. 1 die Erteilung einer Rechtsmittelbelehrung ausdrücklich anordnen. Da es an einer eigenständigen gesetzlichen Regelung im GWB dazu fehlt, welche Auswirkungen ein Verstoß hiergegen auf die Beschwerdefrist hat, liegt die Annahme einer Analogie zu § 58 Abs. 2 VwGO nahe[13].

Die Verlängerung der Beschwerdefrist wirkt sich unmittelbar auf die Dauer der aufschiebenden 17 Wirkung aus. Die erstinstanzliche Zuschlagssperre endet gemäß § 169 Abs. 1 erst mit Ablauf der Beschwerdefrist. Die Frist gemäß § 173 Abs. 1 S. 2 beginnt nach dem klaren Wortlaut der Vorschrift bei Ablauf der Beschwerdefrist und dauert zwei Wochen. Sie beginnt in dem Fall einer fehlenden oder fehlerhaften Rechtsmittelbelehrung deshalb erst ein Jahr nach Zustellung der Entscheidung der Vergabekammer zu laufen. Diesem Ergebnis wird teilweise entgegengehalten, es sei nicht mit dem im Vergabeverfahren geltenden Beschleunigungsgrundsatz vereinbar. Es müsse davon ausgegangen werden, dass die ohne ordnungsgemäße Rechtsmittelbelehrung ergangene Entscheidung der Vergabekammer nicht ordnungsgemäß im Sinne von § 167 Abs. 1 ergangen sei. Deshalb werde die Entscheidung bestandskräftig, wenn der Auftraggeber nicht innerhalb der Frist des § 172 Abs. 1, 2. Alt. i.V.m. § 171 Abs. 2 dagegen die Beschwerde einlege. Der Ablauf dieser Frist sei auch für den Beginn der zweiwöchigen Dauer der aufschiebenden Wirkung maßgeblich[14]. Diese Auffassung kann jedoch nicht überzeugend begründet werden. Es ist zwar anzuerkennen, dass eine einjährige Dauer der Beschwerdefrist bzw. der aufschiebenden Wirkung angesichts des typischen Verlaufs des Vergabeverfahrens ein unbefriedigendes Ergebnis ist. Ebenso hält die soeben erläuterte Auffassung insoweit den Wortlaut des Gesetzes ein, als das das dort ausdrücklich geregelte zeitliche Anknüpfen der aufschiebenden Wirkung an die Beschwerdefrist nicht übergangen wird. Dennoch ist die Auffassung mit der Systematik des Gesetzes nicht in Übereinklang zu bringen. Denn eine Entscheidung, die nicht mit ordnungsgemäßer Rechtsmittelbelehrung versehen ist (und ansonsten keine nichtigkeitsbegründenden formalen Mängel aufweist), ist nicht mit einer »Nicht-Entscheidung« im Sinne von § 167 Abs. 1 zu vergleichen. Es ist Sinn und Zweck dieser Vorschrift, die ihrerseits eine Ausprägung des Beschleunigungsgrundsatzes ist, die Vergabekammer zu zügiger Beendigung des erstinstanzlichen Nachprüfungsverfahrens anzuhalten. Damit hat das Vorhandensein oder die Richtigkeit einer Rechtsmittelbelehrung nichts zu tun. Die Rechtsfolgen ihres Fehlens oder ihrer Fehlerhaftigkeit müssen an die Beeinträchtigung anknüpfen, die von diesem Mangel ausgeht. Diese besteht in der Gefahr einer unzulässigen Verkürzung des Rechtsschutzes desjenigen, der nicht in ausreichendem Maße über seine Anfechtungsmöglichkeiten unterrichtet worden ist und deshalb möglicherweise in seinen Rechten verletzt wird. Es ist auch in keiner anderen Verfahrensordnung so geregelt, dass aus einer fehlerhaften Rechtsmittelbelehrung auf eine Nichtigkeit der getroffenen Entscheidung rückgeschlossen wird. Ein entsprechender Anlass ergibt sich auch nicht daraus, dass es sich bei der Ablehnungsfiktion des § 171 Abs. 2 um eine außerhalb des GWB nicht anzutreffende gesetzliche Konstruktion handelt. Schließlich kommt zur Vermeidung einer für das Vergabeverfahren unzumutbar langen Dauer der aufschiebenden Wirkung auch die Überlegung in Betracht, dass die Vergabekammer nach »Entdeckung« des Mangels eine inhaltlich richtige Rechtsmittelbelehrung

---

13 Zu den insoweit vertretenen Auffassungen vgl. OLG Celle v. 31.05.2007, 13 Verg 1/07, juris; vgl. hierzu ausführlich die Kommentierung zu § 172, Rdn. 14 ff.
14 Stickler in: Reidt/Stickler/Glahs, § 118 Rn. 9 f.

mit der Folge nachholen kann, dass die übliche Beschwerdefrist von dem Zeitpunkt der Zustellung der – nunmehr richtigen – Rechtsmittelbelehrung an läuft.

2. Auswirkungen einer Wiedereinsetzung in den vorigen Stand im Beschwerdeverfahren auf die aufschiebende Wirkung

18   Eine weitere Konstellation, in der die Grundsätze der Beschleunigung und der Rechtssicherheit gegen den mit der aufschiebenden Wirkung bezweckten Bieterschutz abgewogen werden müssen, liegt vor, wenn der Antragsteller gegen die ihn belastende Entscheidung der Vergabekammer nicht rechtzeitig die sofortige Beschwerde einlegt, das Beschwerdegericht ihm auf seinen Antrag jedoch die Wiedereinsetzung in den vorigen Stand gewährt.

19   Die Anwendbarkeit der zivilprozessualen Regeln über die Wiedereinsetzung (§§ 230 ff. ZPO) ergibt sich über § 175 Abs. 2 i.V.m. § 73 Nr. 2. Die Wiedereinsetzung beseitigt die der Partei durch Versäumung einer Frist entstandenen Rechtsnachteile. Durch sie wird fingiert, dass eine verspätete bzw. versäumte und nachgeholte Prozesshandlung rechtzeitig vorgenommen wurde. Wird die Wiedereinsetzung gegen die Versäumung einer Rechtsmittelfrist gewährt, so wird die zunächst eingetretene Rechtskraft des angefochtenen Urteils mit rückwirkender Kraft beseitigt, das angefochtene Urteil wird also als solches behandelt, dem von Anfang an die Endgültigkeit gefehlt hat[15]. Mit dieser Fiktion treten im Bereich der §§ 171 ff. nach allgemeiner Auffassung rückwirkend sämtliche Wirkungen der sofortigen Beschwerde einschließlich der aufschiebenden Wirkung ein[16]. Die Erteilung des Zuschlags ist also ab dem Zeitpunkt der Gewährung der Wiedereinsetzung nicht mehr möglich.

20   Teilweise wird in Rechtsprechung und Literatur allerdings davon ausgegangen, dass die rückwirkend in Kraft tretende aufschiebende Wirkung nicht auf einen Zuschlag durchgreife, der nach Ablauf der Beschwerdefrist, aber noch vor der stattgebenden Entscheidung über die Wiedereinsetzung erfolgt ist. Das wird damit begründet, dass der Zuschlag zum Zeitpunkt der Erteilung nicht gegen ein gesetzliches Verbot verstoßen habe, woran auch die spätere Wiedereinsetzung in den vorigen Stand nichts ändere[17]. Dieser Auffassung steht jedoch folgendes Argument entgegen: Wenn die Wirkung der Wiedereinsetzung in den vorigen Stand gerade darin besteht, dass die Rechtsfolgen der zunächst eingetretenen Rechtskraft mit rückwirkender Kraft entfallen[18], gilt das auch für die nach Beendigung der Beschwerdefrist eintretende Aufhebung der Zuschlagssperre des § 169 Abs. 1. Diese Aufhebung ist die unmittelbare, kraft Gesetzes eintretende Folge der Bestandskraft der Entscheidung der Vergabekammer. Hieran knüpft sich als weitere unmittelbare gesetzliche Folge die Aufhebung des gesetzlichen Verbotes (§ 134 BGB) der Zuschlagserteilung an. Durch den rückwirkenden Wegfall der Bestandskraft der Entscheidung der Vergabekammer infolge der dem Antragsteller/ Beschwerdeführer gewährten Wiedereinsetzung gilt die Aufhebung der Zuschlagssperre und damit des gesetzlichen Verbotes als nicht eingetreten. Außerdem wird durch die mit der Wiedereinsetzung einhergehende Fiktion der rechtzeitigen Beschwerdeeinlegung die aufschiebende Wirkung gemäß § 173 Abs. 1 begründet, so dass ein dennoch erteilter Zuschlag genauso als nichtig zu behandeln ist, als wenn die Beschwerde fristgemäß eingelegt worden wäre. Denn das gesetzliche Verbot (nämlich die gesetzliche Regelung in §§ 169 Abs. 1, 173 Abs. 1) bestand zur Zeit der Erteilung des Zuschlags und seine Voraussetzungen waren aufgrund der Rückwirkung der Wiedereinsetzung erfüllt[19].

---

15 BGH v. 08.10.1986, VIII ZB 41/86, juris Rn. 10.
16 BayObLG v. 13.08.2004, Verg 17/04, juris Rn. 10; Raabe in: Willenbruch/Wieddekind, § 118 Rn. 8.
17 BayObLG v. 10.09.2004, Verg 19/04; Raabe a.a.O.; Jaeger in: Byok/Jaeger, § 117 Rn. 9.
18 BGH a.a.O.
19 Im Ergebnis genauso: BayObLG v. 13.08.2004, Verg 17/04, juris Rn. 10; Summa in jurisPK, § 118 Rn. 25, der unter Verweis auf BGH v. 08.01.1953, IV ZR 125/52 zu Recht darauf hinweist, dass ein anderes Ergebnis auch nicht mit Aspekten der Rechtssicherheit begründet werden kann, da eine solche Einschränkung der Wirkungen der Wiedereinsetzung nur dann möglich ist, wenn das Gesetz – anders als im GWB – eine ausdrückliche Regelung zum Schutz desjenigen enthält, der sich auf den Rechtsschein der Rechtskraft der Entscheidung verlassen hat.

C. Antrag auf Verlängerung der aufschiebenden Wirkung, § 173 Abs. 1 S. 3

Der Antrag gemäß § 173 Abs. 1 S. 3 gibt dem Antragsteller die Möglichkeit, die bis zum Abschluss 21
des Beschwerdeverfahrens dauernde Verlängerung der zunächst auf zwei Wochen befristeten aufschiebenden Wirkung zu erwirken. Diese Verlängerung soll nach dem Willen des Gesetzgebers
nicht durch gesetzliche Anordnung erfolgen, sondern setzt eine Prüfung des Beschwerdegerichts
voraus, dessen Inhalt sich aus der Regelung in § 173 Abs. 2 ergibt[20]. Die dort geregelte materiell-rechtliche Interessenabwägung findet aber nur statt, wenn der Antrag zulässig ist.

I. Antragsbefugnis

Der Wortlaut von Absatz 1 Satz 3 legt die Vermutung nahe, dass nur derjenige, der den Nachprü- 22
fungsantrag gestellt hat und gegen eine diesen Antrag ablehnende Entscheidung der Vergabekammer die sofortige Beschwerde einlegt, befugt ist, den Antrag auf Verlängerung der aufschiebenden
Wirkung zu stellen. In der Tat ist eine solche Antragstellung durch den Auftraggeber nicht möglich,
denn es ist keine Konstellation denkbar, bei der ein entsprechendes Rechtsschutzbedürfnis gegeben
ist. Ein auf Eilrechtsschutz im Beschwerdeverfahren gerichtetes Bedürfnis des Auftraggebers besteht
nur im Rahmen von § 176 i. V. m. § 173 Abs. 3, wenn dem Nachprüfungsantrag in erster Instanz
stattgegeben worden ist[21].

Dagegen ist von der Befugnis eines Beigeladenen, die Verlängerung der aufschiebenden Wirkung 23
zu beantragen, grundsätzlich auszugehen. Der Wortlaut von § 173 Abs. 1 S. 3 lässt zwar nichts dergleichen erkennen. Denn wenn »die Vergabekammer den Antrag auf Nachprüfung abgelehnt« hat,
scheint ein Interesse des Beigeladenen an einer vorläufigen Untersagung des Zuschlags nicht ohne
weiteres ersichtlich. Der Gesetzgeber ist bei der Abfassung der Vorschrift offenbar von einem zwei-
poligen Prozessrechtsverhältnis, bestehend aus dem antragstellenden Bieter und dem Auftraggeber
ausgegangen und hat die Interessen von beigeladenen Unternehmen nicht im Blick gehabt. Je nach
Ergebnis des Verfahrens vor der Vergabekammer kann es aber auf Seiten des Beigeladenen ein Interesse an einer aufschiebenden Wirkung der eingelegten Beschwerde geben, das mit demjenigen des
Antragstellers vergleichbar ist. Deshalb kann die Antragsbefugnis des Beigeladenen im Grundsatz
nicht abgelehnt werden. Es stellen sich allerdings in diesem Zusammenhang schwierige Fragen in
Zusammenhang mit dem Rechtsschutzbedürfnis, die – was die Zulässigkeit des Antrags angeht – je
nach Einzelfall zu unterschiedlichen Ergebnissen führen können[22].

II. Rechtsschutzbedürfnis des Antragstellers

Der Antrag auf Verlängerung der aufschiebenden Wirkung ist nur zulässig, wenn derjenige, der den 24
Antrag stellt, hierfür ein rechtfertigendes Bedürfnis hat. Das kann in verschiedenen Fallkonstellationen fraglich sein.

1. Auswirkungen der zwischenzeitlichen Zuschlagserteilung

Das Rechtsschutzbedürfnis setzt zunächst voraus, dass der Beschwerdeführer, der die Verlängerung 25
der aufschiebenden Wirkung begehrt, überhaupt noch eine Chance auf Erlangung des Zuschlags
hat. Daran fehlt es, wenn es zwischenzeitlich bereits zur Erteilung eines wirksamen Zuschlags
gekommen ist, denn dieser ist gemäß § 168 Abs. 2 unwiderruflich[23].

Anders ist es allerdings – mit dem Ergebnis, dass das Rechtsschutzbedürfnis vorliegt – wenn es 26
gerade streitig ist, ob der erteilte Zuschlag wirksam ist oder nicht. Denn es bestünde sonst die

---

20 OLG Düsseldorf v. 16.11.2010, VII Verg 50/10, juris Rn. 1.
21 OLG Naumburg v. 07.01.2014, 2 Verg 1/14, juris Rn. 20.
22 Vgl. hierzu im Einzelnen die Kommentierung unten Rdn. 35 ff.
23 BayObLG v. 10.09.2004, Verg 19/04, juris Rn. 4; OLG Naumburg v. 16.07.2002, 1 Verg 10/02, juris
    Rn. 7.

Gefahr, dass die Vergabestelle durch Wiederholung des streitigen Zuschlags – ggf. unter Vermeidung eines zuvor gerügten Fehlers – einseitig vollendete Tatsachen schafft[24]. Dem wird entgegengehalten, dass die Verlängerung der aufschiebenden Wirkung in diesem Fall nicht benötigt werde, weil vor erneutem Vertragsschluss eine Information nach § 134 zu erfolgen habe, widrigenfalls der Antragsteller immer noch die Möglichkeit habe, erneut (in einem weiteren Verfahren) die Feststellung der Unwirksamkeit zu beantragen[25]. Der Verweis auf ein weiteres Nachprüfungsverfahren oder ein Feststellungsverfahren ist jedoch nicht nur wenig verfahrensökonomisch, sondern benachteiligt den Antragsteller ohne sachlichen Grund im Vergleich zu demjenigen, der die sofortige Beschwerde vor der streitigen Zuschlagserteilung eingelegt hat.

2. Kein Rechtsschutzbedürfnis bei Beschwerden gegen Kosten- oder Vollstreckungsentscheidungen

27 Demjenigen, der die Verlängerung der aufschiebenden Wirkung begehrt, muss es mit dem Antrag natürlich darum gehen, die Erteilung des Zuschlags an einen anderen Bieter abzuwenden. Das ist nicht der Fall – mit der Folge, dass das Rechtsschutzbedürfnis nicht vorliegt und der Antrag unzulässig ist –, wenn die zeitgleich eingelegte sofortige Beschwerde sich nur gegen die Kostenentscheidung der Vergabekammer[26] oder gegen eine Entscheidung der Vergabekammer im Rahmen der Vollstreckung[27] richtet.

3. »Ablehnung des Nachprüfungsantrags«

28 § 173 Abs. 1 S. 3 setzt dem Wortlaut nach voraus, dass die Vergabekammer den Nachprüfungsantrag abgelehnt hat. Es kommt nicht darauf an, ob es sich um eine ausdrückliche Ablehnung handelt oder ob diese sich aus der Fiktion gemäß § 171 Abs. 2 ergibt. Auch im letzteren Fall ist ein Rechtsschutzbedürfnis für die Verlängerung der aufschiebenden Wirkung gegeben[28]. Entscheidend ist nur, ob die Gefahr einer Zuschlagserteilung während des laufenden Beschwerdeverfahrens gegeben ist, die durch die Verlängerung der aufschiebenden Wirkung abgewendet werden kann.

29 In diesem Zusammenhang ist fraglich, ob das Rechtsschutzbedürfnis auch gegeben sein kann, wenn die Vergabekammer den Nachprüfungsantrag nicht abgelehnt, sondern der Vergabestelle lediglich aufgegeben hat, bestimmte Verfahrensschritte (z. B. Prüfung der Angebote oder deren Wertung) unter Beachtung ihrer Rechtsauffassung zu wiederholen, ohne jedoch die Erteilung des Zuschlags ausdrücklich zu untersagen. Die Beantwortung hängt davon ab, welche Reichweite man dem Zuschlagsverbot aus § 173 Abs. 3 zuspricht. Es ist nicht unumstritten, ob dieses Verbot auch die Fälle umfasst, in denen die Vergabekammer von einer ausdrücklichen Untersagung des Zuschlags abgesehen hat[29].

30 Wenn man die Erstreckung von § 173 Abs. 3 auf diese Fälle ablehnt, wäre eine entsprechende Anwendung von § 173 Abs. 1 S. 3 in Erwägung zu ziehen, um einen effektiven Rechtsschutz zugunsten des Antragstellers sicher zu stellen. Nach richtiger Auffassung ist dies zunächst jedoch nicht veranlasst, denn die Entscheidung der Vergabekammer, bestimmte Verfahrensschritte oder gar

---

24 Thüringer OLG v. 14.02.2005, 9 Verg 1/05, juris Rn. 20; Jaeger in: Byok/Jaeger, § 118 Rn. 9.
25 OLG Düsseldorf v. 30.05.2012, VII Verg 15/12, juris Rn. 1.
26 OLG Rostock v. 17.05.2000, 17 W 7/00, juris Rn. 1.
27 BayObLG v. 06.06.2002, Verg 12/02, juris Rn. 14.
28 KG v. 21.11.2014, Verg 22/13, juris Rn. 75.
29 Diese Auffassung wird im Wesentlichen vertreten, wenn es um die Frage geht, ob ein Beigeladener berechtigt ist, einen Verlängerungsantrag nach § 173 Abs. 1 S. 3 zu stellen: OLG Naumburg v. 03.04.2012, 2 Verg 3/12, juris Rn. 21; OLG Naumburg v. 07.03.2008, 1 Verg 1/08, juris Rn. 19; deutlicher: OLG Koblenz v. 29.08.2003, 1 Verg 7/03, juris Rn. 7; Thüringer OLG v. 30.10.2001, 6 Verg 3/01, juris Rn. 2. Wenn man ein solches Rechtsschutzbedürfnis für den Beigeladenen unter Verweis auf die nicht ausreichende Schutzwirkung von § 173 Abs. 3 herleitet, muss man dies konsequenterweise auch in Fällen tun, in denen der Antragsteller eine entsprechende Entscheidung bei der Vergabekammer erlangt hat und nun effektiven Rechtsschutz benötigt. Vgl. hierzu außerdem die Kommentierung zu § 173 Abs. 3, Rdn. 81 ff.

das ganze Vergabeverfahren zu wiederholen, enthält inzident auch das an die Vergabestelle gerichtete Verbot, den beabsichtigten Zuschlag zu erteilen. Der Antragsteller ist deshalb über § 173 Abs. 3 zunächst geschützt[30].

Ein Rechtsschutzbedürfnis für den Antrag nach § 173 Abs. 1 S. 3 kann allerdings trotzdem gegeben 31
sein, wenn der Auftraggeber – der Anweisung der Vergabekammer folgend – die aufgehobenen Wertungen oder sonstigen Verfahrensschritte wiederholt und die gemäß § 134 vorgeschriebenen Informationsschreiben an die aufgrund der neuen Wertung nicht berücksichtigten Bieter versandt hat und sich noch vor Ablauf des Beschwerdeverfahrens anschickt, nunmehr den Zuschlag zu erteilen. Der Schutz aus § 173 Abs. 3 bezieht sich auf diese Entscheidung nicht (mehr), denn es handelt sich nicht mehr um den Zuschlag, dessen Erteilung die Vergabekammer verboten hat[31]. Das Rechtsschutzbedürfnis für den Antrag nach § 173 Abs. 1 S. 3 ist deshalb nach richtiger Ansicht ab diesem Zeitpunkt gegeben.

4. Zwischenzeitliche Aufhebung des Vergabeverfahrens

Das Rechtsschutzbedürfnis fehlt in der Regel, wenn das den Gegenstand des Nachprüfungsverfah- 32
ren bildende Vergabeverfahren zwischenzeitlich von der Vergabestelle aufgehoben worden ist, denn dann kann ein Zuschlag nicht mehr erteilt werden und es kann kein Bedürfnis nach Verlängerung der aufschiebenden Wirkung mehr hergeleitet werden[32]. Allerdings sind Ausnahmen möglich, wenn Rechte des Antragstellers, die Gegenstand des noch laufenden Beschwerdeverfahrens sind, durch das weitere Vorgehen der Vergabestelle beeinträchtigt zu werden drohen. Das Rechtsschutzbedürfnis für die Verlängerung der aufschiebenden Wirkung ist deshalb gegeben, wenn die Aufhebung der Ausschreibung – sei sie freiwillig oder auf Anordnung der Vergabekammer erfolgt – dazu führt, dass die Vergabestelle denselben Auftrag nunmehr in einem neuen Vergabeverfahren möglicherweise freihändig ohne Beteiligung des beschwerdeführenden Bieters vergeben will. Die einzige Möglichkeit des betroffenen Bieters, sich hiergegen effektiv zu wehren, besteht in der Stellung eines Antrags gemäß § 173 Abs. 1 S. 3. Ihn auf die Möglichkeit zu verweisen, den drohenden Vertragsschluss mit einem erneuten Nachprüfungsverfahren anzugreifen, scheidet aus, weil mangels eines förmlichen Vergabeverfahrens überhaupt nicht sichergestellt wäre, dass er rechtzeitig von dem Vertragsschluss erfährt[33].

5. Ablehnung des Nachprüfungsantrags »in einem frühen Stadium des Vergabeverfahrens«

Das Rechtsschutzbedürfnis wird in der Rechtsprechung auch für Fälle in Frage gestellt, in denen die 33
in § 173 Abs. 1 S. 3 geforderte Ablehnung des Nachprüfungsantrags in einem frühen Stadium des Vergabeverfahrens (noch vor der Wertung der Angebote) erfolgt war. Ein Bedürfnis für die Verlängerung der aufschiebenden Wirkung wurde abgelehnt, weil auf absehbare Zeit keine Zuschlagserteilung zu erwarten gewesen sei[34]. Dieses Ergebnis ist fragwürdig. Die auf das Verbot der Zuschlagserteilung gerichtete und durch Gesetz eintretende aufschiebende Wirkung ist in solchen Fällen

---

30 OLG München v. 17.05.2005, Verg 9/05, juris Rn. 9; OLG Düsseldorf v. 12.07.2004, VII Verg 39/04, juris Rn. 2; Stickler in: Reidt/Stickler/Glahs, § 118 Rn. 32; Jaeger in: Byok/Jaeger, § 118 Rn. 34; Vavra in: Beck'scher Vergaberechtskommentar, § 118 Rn. 32; Raabe in: Willenbruch/Wieddekind, § 118 Rn. 66.
31 Vgl. auch die Kommentierung zu § 173 Abs. 3, Rdn. 81 ff.
32 OLG Naumburg v. 05.05.2011, 2 Verg 3/11, juris Rn. 3; OLG Düsseldorf v. 16.11.2010, VII Verg 50/10, juris Rn. 2.
33 OLG München v. 24.05.2006, Verg 12/06, juris Rn. 5 für den Fall, dass die Aufhebung auf Anweisung der Vergabekammer erfolgt ist.
34 OLG Celle v. 26.04.2010, 13 Verg 4/10, juris Rn. 11; OLG München v. 05.11.2007, Verg 12/07, juris Rn. 8; OLG Frankfurt v. 06.08.2015, 11 Verg 8/15, juris Rn. 24 in einem Extremfall, in dem die Zuschlagserteilung aus rechtlichen Gründen erst in fernerer Zukunft möglich war.

unzweifelhaft entstanden. Ihr Gegenstand ist – anders als bei einer Aufhebung des Vergabeverfahrens – auch nicht weggefallen. Deswegen kann es dem Antragsteller nicht verwehrt sein, vor Ablauf der Frist des § 173 Abs. 1 S. 2 ihre Verlängerung zu beantragen. Darauf, in welchem Stadium sich das Vergabeverfahren befindet, kommt es hierfür nicht an, solange es nicht auszuschließen ist, dass eine Zuschlagserteilung vor Abschluss des laufenden Beschwerdeverfahrens erfolgen kann.

34 Allerdings ist die Verlängerung der aufschiebenden Wirkung rechtlich nicht geeignet, die Vergabestelle davon abzuhalten, das Vergabeverfahren (z.B. mit der Wertung der Angebote) fortzusetzen. Denn Sinn und Zweck der aufschiebenden Wirkung ist es nur, einen irreversiblen Zuschlag während des noch laufenden Beschwerdeverfahrens zu vermeiden. Maßnahmen im Rahmen des Vergabeverfahrens bis zu dieser Schwelle, die nicht zu unumkehrbaren Ergebnissen führen, werden von diesem Schutzzweck nicht erfasst und werden bis zum Eintritt der Bestandskraft auch dann nicht durch das Bestehen einer erstinstanzlichen Entscheidung der Vergabekammer verboten, wenn diese dem Nachprüfungsantrag stattgibt. Außerhalb des unmittelbaren Wirkungsbereichs der gesetzlich geregelten Zuschlagssperre bzw. der aufschiebenden Wirkung gibt es keine Handhabe, den Auftraggeber an einer weiteren Fortführung des Vergabeverfahrens zu hindern. Wenn die Vergabestelle das wirtschaftliche Risiko eingeht, das Vergabeverfahren voranzutreiben, obwohl sich die hierfür eingeleiteten Schritte abhängig vom Ausgang der Beschwerde möglicherweise als überflüssig erweisen werden oder wiederholt werden müssen, wird ihr das rechtlich durch die Verlängerung der aufschiebenden Wirkung nicht verboten.

III. Rechtsschutzbedürfnis des Beigeladenen

35 In Rechtsprechung und Literatur herrscht im Ergebnis Einigkeit darüber, dass in bestimmten Verfahrenskonstellationen auch ein Beigeladener vor einem unwiderruflichen Rechtsverlust geschützt werden muss, der durch die Zuschlagserteilung an einen anderen Bieter vor Beendigung des Beschwerdeverfahrens eintreten kann. Voraussetzung dafür, dass ein entsprechendes Rechtsschutzbedürfnis überhaupt in Betracht gezogen werden kann, ist immer, dass der Beigeladene seinerseits sofortige Beschwerde gegen den Beschluss der Vergabekammer eingelegt hat. Wird die Entscheidung der Vergabekammer mangels Beschwerde insgesamt bestandskräftig oder wird die Beschwerde nur durch einen anderen Verfahrensbeteiligten mit Blick auf bestimmte Vergaberechtsverstöße erhoben, sind andere Vergaberechtsverstöße zu Lasten des Beigeladenen, die bereits Gegenstand des abgeschlossenen Verfahrens gewesen sind, präkludiert. Das gilt auch für eine Geltendmachung in nachfolgenden Nachprüfungsverfahren, die dieselbe Vergabeentscheidung betreffen. In diesem Fall kann deshalb kein Rechtsschutzbedürfnis mehr für einen Antrag des Beigeladenen auf Verlängerung der aufschiebenden Wirkung gegeben sein.

36 An welche darüber hinausgehenden Voraussetzungen ein Rechtsschutzbedürfnis des Beigeladenen geknüpft ist, ist allerdings genauso streitig, wie die Frage, wie der erforderliche Rechtsschutz zu erreichen ist:

1. Rechtsschutzbedürfnis des Beigeladenen, wenn die Vergabekammer dem Auftraggeber aufgegeben hat, den Zuschlag an einen bestimmten Bieter zu erteilen

37 Ein unmittelbares Schutzbedürfnis des Beigeladenen ist jedenfalls dann gegeben, wenn die Vergabekammer in ihrer Entscheidung über den Nachprüfungsantrag dem Auftraggeber aufgegeben hat, den Zuschlag an den Antragsteller zu erteilen. Das gleiche gilt, wenn die Vergabekammer dem Auftraggeber eine Neuwertung zwischen nur zwei Bietern aufgegeben und gleichzeitig einen der beiden Bieter (nämlich den Beigeladenen) ausgeschlossen hat. In beiden Fällen muss der Beigeladene befürchten, dass der Auftraggeber in Erfüllung der durch die Vergabekammer ausgesprochenen Verpflichtung den Zuschlag ohne weiteres an die Antragstellerin erteilt. Auf Seiten des Auftraggebers findet vor Zuschlagserteilung wegen der Eindeutigkeit der vorliegenden Entscheidung keine weitere Ermessensentscheidung mehr statt. Er muss die anderen Beteiligten auch nicht gemäß § 134 über die beabsichtigte Zuschlagserteilung informieren, sondern kann direkt den Zuschlag erteilen. Zwar entfällt die Informationspflicht in persönlicher Hinsicht grundsätzlich nur gegenüber Bietern,

deren Ausscheiden aus dem Vergabeverfahren unanfechtbar ist[35], was hinsichtlich des Beigeladenen in dieser Konstellation noch nicht der Fall ist. Wenn die Vergabestelle jedoch nur die Entscheidung der Vergabekammer vollzieht, ohne überhaupt eine eigene Wertung zu treffen, ist insoweit für ein erneutes Nachprüfungsverfahren kein Raum, so dass auch die Informationspflicht entfallen dürfte.

Bezogen auf den Schutz eines hiervon beeinträchtigten Beigeladenen, sind die Voraussetzungen des **38** § 173 Abs. 1 S. 3 dem Wortlaut nach nicht erfüllt, da die Vergabekammer den Nachprüfungsantrag nicht abgelehnt, sondern ihm – im Gegenteil – mit dem für den Antragsteller bestmöglichen Ergebnis stattgegeben hat. Auch über § 173 Abs. 3 ist der Beigeladene nicht geschützt, da dem Nachprüfungsantrag zwar stattgegeben worden ist, eine dort vorausgesetzte »Untersagung des Zuschlags« jedoch gerade nicht stattgefunden hat. In dieser Situation ist dem Beigeladenen ein Rechtsschutzbedürfnis zur Stellung eines Antrags auf Verlängerung der aufschiebenden Wirkung nicht abzusprechen, da dies seine einzige Möglichkeit ist, sich vor einem möglichen unwiderruflichen Rechtsverlust zu bewahren[36]. Für den Zeitraum bis zur Bescheidung des Antrags wird man davon ausgehen müssen, dass die Zuschlagssperre gemäß § 169 Abs. 1 – trotz des Obsiegens des Antragstellers vor der Vergabekammer – im Interesse des Beigeladenen bis zum Ablauf der Beschwerdefrist andauert und auch dessen sofortige Beschwerde in entsprechender Anwendung von § 173 Abs. 1 S. 1 und 2 die aufschiebende Wirkung begründet. Nur so ist ein lückenloser Schutz gewährleistet.

2. Rechtsschutzbedürfnis des Beigeladenen, wenn die Vergabekammer dem Auftraggeber aufgegeben hat, Teile des Vergabeverfahrens zu wiederholen

Eine schwierigere Konstellation ist gegeben, wenn die Vergabekammer dem Nachprüfungsantrag zwar **39** nicht vollständig stattgegeben hat, dem Auftraggeber aber aufgegeben worden ist, bestimmte Schritte des Vergabeverfahrens unter Beachtung der Auffassung der Vergabekammer zu wiederholen. Auch eine solche Entscheidung kann der Beigeladene mit der sofortigen Beschwerde anfechten, da sie ihn im Vergleich zu der ursprünglich vom Auftraggeber beabsichtigten Vergabeentscheidung schlechter stellt und möglicherweise in seinen Rechten verletzt. Bei den Verfahrensschritten, deren Wiederholung die Vergabekammer angeordnet hat, wird es sich typischerweise um solche handeln, die vor der erstinstanzlichen Entscheidung »zugunsten« des Beigeladenen ausgegangen waren. Auch in diesem Fall besteht im Grundsatz Einigkeit in Literatur und Rechtsprechung, dass es einen effektiven Rechtsschutz zugunsten des Beigeladenen geben muss, der eine gerichtliche Überprüfung der (neuen) Vergabeentscheidung des Auftraggebers gewährleistet. Der Weg zur Erreichung dieses Ziels ist aber umstritten.

Teilweise wird vertreten, dass für die entsprechende Anwendung des § 173 Abs. 1 S. 3 überhaupt **40** kein Bedürfnis besteht. Denn der Beigeladene sei in zweifacher Hinsicht hinreichend abgesichert: zum einen ergebe sich das aus § 173 Abs. 3, denn der Ausspruch der Vergabekammer beinhalte inzident auch die Untersagung des Zuschlags, so dass dieser vor Beendigung des Beschwerdeverfahrens bzw. vor einer Entscheidung des Beschwerdegerichts nach § 176 unterbleiben müsse. Zum anderen ergebe sich der Schutz des Beigeladenen auch daraus, dass der Auftraggeber vor Erteilung des Zuschlags ohnehin verpflichtet sei, die aufgrund der neuen Wertung zustande gekommene Zuschlagsentscheidung den anderen Bietern vorab gemäß § 134 bekannt zu geben, wobei eine Nichtbeachtung dieses gesetzlichen Gebots gemäß § 135 Abs. 1 Nr. 1 zur Nichtigkeit der dann ergehenden Zuschlagsentscheidung führe. Wenn eine entsprechende Mitteilung an den Beigeladenen erfolgt sei, habe dieser die Möglichkeit, gegen die nunmehr beabsichtigte Vergabe ein erneutes Nachprüfungsverfahren einzuleiten, womit er eine Erteilung des Zuschlags zunächst verhindern könne[37].

---

35 Kühnen in: Byok/Jäger, § 101a, Rn. 7.

36 OLG Düsseldorf v. 22.12.2010, VII Verg 57/10, juris Rn. 5; OLG Düsseldorf v. 09.03.2007, VII Verg 5/07. juris Rn. 6; Summa in: jurisPK § 118 Rn. 54.

37 OLG Celle v. 10.04.2007, 13 Verg 5/07, juris Rn. 6; OLG Düsseldorf v. 27.07.2006, VII Verg 33/06, juris Rn. 4; OLG Schleswig v. 01.12.2005, 6 Verg 9/05, ibr-online; OLG München, v. 17.05.2005, Verg 9/05, juris Rn. 9; OLG Düsseldorf v. 12.07.2004, VII Verg 39/04, juris Rn. 2; Stickler in: Reidt/Stickler/Glahs, § 118 Rn. 13; Raabe in: Willenbruch/Wieddekind, § 118 Rn. 29.

41 Diese Auffassung knüpft daran an, dass auch im Verhältnis zwischen Antragsteller und Auftrag-
    geber – jedenfalls nach richtiger Auffassung[38] – davon auszugehen ist, dass das Zuschlagsverbot
    gemäß § 173 Abs. 3 auch dann gilt, wenn es von der Vergabekammer nicht ausdrücklich ausgespro-
    chen wurde, sondern sich nur konkludent aus den von ihr getroffenen Anordnungen ergibt. Ausge-
    hend davon ist es dogmatisch konsequent, den Geltungsbereich von § 173 Abs. 3 in Angesicht des
    grundsätzlich unbestrittenen Bedürfnisses nach effektivem Rechtsschutz auch auf den Beigeladenen
    auszudehnen. Richtig ist auch, dass die in §§ 134, 135 geregelten Mechanismen geeignet sind, im
    Regelfall eine für den Beigeladenen unvermittelte Erteilung des Zuschlags zu verhindern.

42 Dagegen wird eingewandt, dass die Gewährleistung effektiven Rechtsschutzes durch die Nichtig-
    keitsanordnungen in §§ 134, 135 bzw. in § 173 Abs. 1 i.V.m. § 134 BGB mit unterschiedlichen
    Mitteln erfolge und teilweise – etwa durch die in § 134 Abs. 3 geregelten Ausnahmen – auch zu
    abweichenden Ergebnissen führen könne. Es sei auch im Grundsatz nicht einzusehen, dass der
    Beigeladene sich auf einen *materiell-rechtlich* begründeten Rechtsschutz verweisen lassen müsse, der
    weder zeitlich das gesamte Beschwerdeverfahren abdecke noch ansonsten einen Schutz gewähre,
    der mit dem weiterreichenden *prozessualen* Rechtsschutz des § 173 Abs. 1 vergleichbar sei, denn
    letzterer entlaste den Beigeladenen davon, ständig auf mögliche weitere Maßnahmen des Auftrag-
    gebers während des Vergabeverfahrens zu achten. Deswegen seien die Voraussetzungen für eine
    analoge Heranziehung der Antragsmöglichkeit des § 173 Abs. 1 S. 3 in dieser Konstellation für den
    Beigeladenen gegeben[39].

43 Diese von der letztgenannten Auffassung vorgebrachten Bedenken sind hinsichtlich der offensicht-
    lich unterschiedlichen Reichweiten der in §§ 134, 135 bzw. § 173 Abs. 1 geregelten Mechanismen
    nachvollziehbar. Es wird aber nicht überzeugend dargelegt, warum sich von Anfang an kein hin-
    reichend effektiver Rechtsschutz des Beigeladenen über § 173 Abs. 3 ergeben soll, dessen Wort-
    laut und erkennbarer Sinn und Zweck nicht danach unterscheiden, ob der gewährte Schutz dem
    Antragsteller oder dem durch die Entscheidung der Vergabekammer in eine schlechtere Position
    gekommenen Beigeladenen zugutekommen soll. Einer analogen Heranziehung von § 173 Abs. 1
    zugunsten des Beigeladenen lässt sich im Übrigen auch entgegenhalten, dass die auf dem zugunst-
    en des Antragstellers eingerichteten erstinstanzlichen Zuschlagsverbot beruhende aufschiebende
    Wirkung in das Gegenteil ihres ursprünglichen Sinnes verkehrt wird, wenn man sie auf den Beige-
    ladenen anwendet[40].

44 Entscheidend ist folgende Überlegung: mangels ausdrücklicher Regelung bedarf es zur Gewähr-
    leistung eines effektiven Rechtsschutzes des Beigeladenen einer – allerdings auf das erforderliche
    Minimum zu begrenzenden – Analogie. Hierfür bietet sich für den hier diskutierten Fall zunächst
    am ehesten § 173 Abs. 3 an, der – nach richtiger Auffassung – ohnehin auf Fälle anzuwenden ist,
    in denen die Vergabekammer die Wiederholung von Verfahrensschritten innerhalb des laufenden
    Vergabeverfahrens anordnet[41].

45 Allerdings ist dieser Schutz innerhalb des Beschwerdeverfahrens zeitlich nicht unbegrenzt. Wenn
    die Auflagen der Vergabekammer durch Wiederholung der Verfahrensschritte erfüllt sind und der
    Auftraggeber seinen Informationspflichten nach § 134 nachgekommen ist, gewährleistet § 173
    Abs. 3 keinen effektiven Rechtsschutz mehr, denn die dann entstehende Zuschlagsentscheidung ist
    nicht diejenige, die die Vergabekammer (inzident) untersagt hat, sondern eine neue[42]. Ab diesem
    Zeitpunkt ist der Beigeladene zwar weiterhin dadurch geschützt, dass er gegen die beabsichtigte und

---

38 Vgl. die Kommentierung zu § 173 Abs. 3, Rdn. 81 ff.
39 OLG Naumburg v. 03.04.2012, 2 Verg 3/12, juris Rn. 20; OLG Naumburg v. 07.03.2008, 1 Verg 1/08,
    juris Rn. 20; im Ergebnis genauso: Thüringer OLG v. 30.10.2001, 6 Verg 3/01, juris Rn. 3; Summa in:
    jurisPK, § 118 Rn. 56 ff.
40 Jaeger in: Byok/Jaeger, § 118 Rn. 14.
41 Vgl. die Kommentierung zu § 173 Abs. 3, Rdn. 81 ff.
42 Vgl. erneut die Kommentierung zu § 173 Abs. 3 und oben Rdn. 31.

ihm mitgeteilte Zuschlagsentscheidung ein neues Nachprüfungsverfahren einleiten kann[43]. Eine zusätzliche Berechtigung des Beigeladenen, den Antrag nach § 173 Abs. 1 S. 3 zu stellen, ergibt sich jedoch in diesem Stadium daraus, dass mit dem Beschleunigungsgrundsatz und der Verfahrensökonomie zwei der wesentlichsten Gedanken des Vergabeprozessrechts für die Einräumung dieser Möglichkeit sprechen. Denn die Einwände, die der Beigeladene vorbringt, wenden sich gegen die neue (Wertungs-)Entscheidung, die der Auftraggeber in Erfüllung der Auflagen der Vergabekammer getroffen hat. Es liegt im Interesse eines zügigen und einheitlichen Abschlusses des Vergabeverfahrens, wenn der Antragsteller die Überprüfung seiner die neue Entscheidung betreffenden Rügen in das noch laufende Beschwerdeverfahren einbringen kann, damit das Beschwerdegericht in einer Entscheidung abschließend über die Vergabeentscheidung beschließen kann. Hierzu – und um das Erfordernis eines separaten Nachprüfungsverfahrens zu vermeiden – muss ihm ermöglicht werden, die neuen Rügen im Wege der Verlängerung der aufschiebenden Wirkung in das bereits laufende Verfahren einzubringen. Das so hergeleitete Rechtsschutzbedürfnis besteht aber eben wegen des zuvor geltenden Schutzes aus § 173 Abs. 3 erst ab dem Zeitpunkt, ab dem die neue Vergabeentscheidung unmittelbar bevorsteht.

Ein anderer Fall liegt vor, wenn das Vergabeverfahren vor Abschluss des Beschwerdeverfahrens **46** komplett beendet wird. Rügen, die sich auf die Entscheidungen des Auftraggebers in einem dann komplett neu aufgelegten Vergabeverfahren betreffen, müssen zwingend durch einen neuen Nachprüfungsantrag geltend gemacht werden[44]. Eine zusätzliche Möglichkeit, den Antrag nach § 173 Abs. 1 S. 3 zu stellen, besteht dann nicht.

3. Kein Rechtsschutzbedürfnis des Beigeladenen, dessen Beschwerde auf Erlangung des Zuschlags gerichtet ist

An einem Rechtsschutzbedürfnis des Beigeladenen fehlt es, wenn es ihm mit seiner sofortigen **47** Beschwerde nicht darum geht, die Zuschlagserteilung an den Antragsteller zu verhindern, sondern die Vergabekammer dem Nachprüfungsantrag stattgegeben und er hiergegen sofortige Beschwerde eingelegt hat. Dem Beigeladenen geht es dann darum, entsprechend der ihm gemäß § 134 gemachten Mitteilung des Auftraggebers und entgegen der erstinstanzlichen Entscheidung der Vergabekammer selber den Zuschlag zu erlangen. Ihm ist dann zur Aufhebung des aus § 173 Abs. 3 folgenden Zuschlagsverbots in § 176 Abs. 1 ausdrücklich die Beantragung einer Vorabentscheidung über die Zuschlagserteilung erlaubt. Für einen Antrag gemäß § 173 Abs. 1 S. 3 gibt es kein Bedürfnis.

IV. Formale Voraussetzungen an den Antrag auf Verlängerung der aufschiebenden Wirkung

1. Form

Darüber, in welcher Form der Antrag nach § 173 Abs. 1 S. 3 zu stellen ist, enthält die Vorschrift **48** keine ausdrückliche Regelung. Unzweifelhaft gelten die Erfordernisse, die allgemein für das ganze Verfahren vor dem Beschwerdegericht aufgestellt sind. Deshalb herrscht für den Antrag nach § 173 Abs. 1 S. 2 Anwaltszwang, juristische Personen des öffentlichen Rechts können sich aber durch Beamte oder Angestellte mit Befähigung zum Richteramt vertreten lassen (vgl. § 175 Abs. 1). Ebenso gelten die über den Verweis in § 175 Abs. 2 für das Beschwerdeverfahren geltenden Vorschriften der ZPO. Darüber hinaus muss überhaupt klar erkennbar sein, dass der Antrag gestellt werden soll. Das Begehren nach Verlängerung der aufschiebenden Wirkung ergibt sich noch nicht automatisch aus dem Umstand, dass die Aufhebung der erstinstanzlichen Entscheidung begehrt wird und ebenso wenig aus einem Eilantrag, mit dem andere einstweilige Maßnahmen des Beschwerdege-

---

43 Sei es mit einem erneuten Verbotsantrag, wenn die erforderlichen Mitteilungen gemäß § 134 erfolgt sind oder – falls dies unterlassen wurde – mit einem Antrag auf Feststellung der Nichtigkeit des dann erteilten Zuschlags.

44 Im Ergebnis ähnlich: Jaeger in: Byok/Jaeger, § 118 Rn. 14.

richts begehrt werden. Insoweit ist das Beschwerdegericht in den üblichen Grenzen zur Auslegung des Antrags verpflichtet.

49 Darüberhinausgehende formale Voraussetzungen lassen sich aus dem Gesetz nicht herleiten. Das gilt auch für die drei formalen Erfordernisse, die in § 176 für den dort geregelten Antrag des Auftraggebers oder eines Beigeladenen auf Vorabgestattung des Zuschlags aufgestellt sind. Der dort geregelte Antrag muss in schriftlicher Form gestellt werden. Er muss außerdem begründet werden und die hierzu vorgetragenen Tatsachen sind glaubhaft zu machen. Weil die in § 173 Abs. 1 und in § 176 geregelten Verfahren Ähnlichkeiten aufweisen, wird teilweise vertreten, dass diese Erfordernisse analog auf den Antrag nach § 173 Abs. 1 S. 2 angewendet werden müssen[45]. Es ist aber nicht festzustellen, dass es sich bei dem Fehlen solcher Voraussetzungen in § 173 Abs. 1 um eine planwidrige Lücke im Gesetz handelt. Denn die in den beiden Verfahren materiell-rechtlich vorzunehmenden Interessenabwägungen haben zwar ähnliche Grundlagen. Der jeweils verfolgte Gesetzeszweck ist aber unterschiedlich: während § 176 auf ein endgültiges Ergebnis abzielt, da die dort ggf. gestattete Zuschlagserteilung das Vergabeverfahren endgültig abschließt, geht es bei der Verlängerung der aufschiebenden Wirkung nur um den vorläufigen Schutz des Antragstellers vor einer ihn belastenden irreversiblen Handlung des Auftraggebers. Mit Blick auf die insoweit größere Tragweite der Entscheidung gemäß § 176 lässt sich nicht ohne weiteres davon ausgehen, dass es aus – versehentlich nicht zum Ausdruck gebrachter – Sicht des Gesetzgebers in beiden Verfahrensarten keine Unterschiede bei den formalen Anforderungen geben sollte. Diese Unsicherheit hinsichtlich der Absichten des Gesetzgebers führt dazu, dass die Annahme einer Analogie unterbleiben muss[46].

2. Keine Frist für den Antrag auf Verlängerung der aufschiebenden Wirkung

50 Das Gesetz enthält keine ausdrückliche zeitliche Begrenzung für die Stellung des Antrags auf Verlängerung der aufschiebenden Wirkung.

51 Daraus, dass der Antrag nur durch den Beschwerdeführer gestellt werden kann und die aufschiebende Wirkung erst durch die Einlegung der Beschwerde entsteht, ergibt sich indirekt, dass der frühestmögliche Zeitpunkt für die Antragstellung die Einlegung der sofortigen Beschwerde ist. Im Interesse einer möglichst umfassenden Absicherung durch die ggf. zu verlängernde aufschiebende Wirkung kann einem Beschwerdeführer auch nur geraten werden, den Antrag tatsächlich zeitgleich mit der Beschwerde zu stellen.

52 Zu der Frage, wann der Antrag spätestens gestellt werden kann, gibt es unterschiedliche Auffassungen. Aus der im Gesetz gewählten Formulierung, dass das Beschwerdegericht auf Antrag des Beschwerdeführers die aufschiebende Wirkung bis zur Entscheidung über die Beschwerde verlängern könne, ergibt sich hinsichtlich zeitlicher Grenzen des Antrags keine eindeutige Festlegung. Teilweise wird vertreten, eine zeitliche Begrenzung ergebe sich daraus, dass das Gesetz dem Wortlaut nach nur die *Verlängerung*, nicht aber die *Wiederherstellung* der aufschiebenden Wirkung ermöglicht. Der spätestmögliche Zeitpunkt werde deshalb durch den Ablauf der Zweiwochenfrist des § 173 Abs. 1 S. 2 definiert. Wenn die Geltungsfrist der aufschiebenden Wirkung einmal abgelaufen sei, komme ein Antrag gemäß § 173 Abs. 1 S. 3 nicht mehr in Betracht[47].

---

45 Stickler in: Reidt/Stickler/Glahs, § 118 Rn. 15; Raabe in: Willenbruch/Wieddekind, § 118 Rn. 16; Dieck-Bogatzke in: Pünder/Schellenberg, § 118 Rn. 12.

46 Im Ergebnis genauso: Jaeger in: Byok/Jaeger, § 118 Rn. 17; Vavra in: Beck'scher Vergaberechtskommentar, § 118 Rn. 19.

47 OLG Naumburg v. 07.03.2008, 1 Verg 1/08, juris Rn. 19; OLG Schleswig v. 08.05.2007, 1 Verg 2/07, juris Rn. 16; Jaeger in: Byok/Jaeger, § 118 Rn. 16; Raabe in: Willenbruch/Wieddekind, § 118 Rn. 17; Vavra in: Beck'scher Vergaberechtskommentar, § 118 Rn. 20; in der Tendenz auch OLG Frankfurt v. 28.06.2005, 11 Verg 21/04, juris Rn. 61, allerdings hat das OLG Frankfurt mit Beschl. v. 06.08.2015, 11 Verg 7/15, juris Tz. 29 klargestellt, dass aus der vorgenannten Entscheidung nicht folge, dass grundsätzlich die Möglichkeit der Wiederherstellung der aufschiebenden Wirkung nach Ablauf der Frist des § 118 Abs. 1 S. 2 abgelehnt

Gegen diese Auffassung wird richtigerweise eingewandt, dass der Wortlaut des Gesetzes eine solche Einschränkung des Rechtsschutzes jedenfalls nicht zwingend gebietet. Würde man das Wortlautargument genau nehmen, dürfte das Beschwerdegericht über einen Antrag auch nicht mehr entscheiden, wenn die Zweiwochenfrist zwischen dessen Eingang und der gerichtlichen Entscheidung abliefe. Das wird aber richtigerweise nirgendwo vertreten. Aus der Gesetzesbegründung[48] ergibt sich auch kein Hinweis darauf, dass der Gesetzgeber das Wort »verlängern« eingefügt hat, weil ihm daran gelegen war, die Antragstellung zu befristen. Das für eine Befristung angeführte Argument, dass die zeitliche Begrenzung dem Antragsteller immer noch einen hinreichenden Zeitraum lasse, um effektiven Rechtsschutz zu gewähren[49], ist zwar im Normalfall richtig. Es greift aber in den Fällen nicht, in denen der Antragsteller zunächst während der Zweiwochenfrist keinen Anlass zur Stellung des Antrags gehabt hat. Das kann der Fall sein, wenn der Auftraggeber zunächst eine Erklärung abgegeben hatte, den Zuschlag nicht vor Beendigung des Beschwerdeverfahrens zu erteilen, dies jedoch – etwa wegen unvorhergesehener Dauer des Beschwerdeverfahrens – nicht aufrechterhält. In diesem Fall wird – dogmatisch inkonsequent – von einigen Vertretern der dargestellten Auffassung eingeräumt, dass ausnahmsweise die Zulässigkeit des Antrags trotz Überschreitens der Frist gegeben sein müsse[50]. Es ist aber überzeugender, den Antrag auf Verlängerung der aufschiebenden Wirkung in allen Fällen bis zu dem Zeitpunkt zuzulassen, in dem das Rechtsschutzbedürfnis nicht mehr gegeben ist, etwa weil der Zuschlag erteilt oder das komplette Vergabeverfahren aufgehoben worden ist oder das Beschwerdeverfahren sich erledigt hat[51].

3. Wiederholter Antrag auf Verlängerung der aufschiebenden Wirkung bei neuen Erkenntnissen

Die Entscheidung des Beschwerdegerichts, mit dem die Verlängerung der aufschiebenden Wirkung angeordnet oder abgelehnt wird, erwächst nicht in formelle Rechtskraft. Das ergibt sich schon daraus, dass sie durch eine instanzabschließende Entscheidung des Beschwerdegerichts ohne weiteres außer Kraft tritt. Wenn der Antrag abgelehnt worden ist, kann der Antragsteller deshalb innerhalb desselben Beschwerdeverfahrens einen erneuten Antrag stellen. Diese Möglichkeit kann von Interesse sein, wenn neue Erkenntnisse vorliegen, die ihn ein anderes – nunmehr für ihn positives – Ergebnis des Verfahrens erwarten lassen. Erforderlich ist aber, dass neue Erkenntnisse bekannt geworden sind, z. B. durch eine vorgenommene Akteneinsicht in die Vergabeakten, oder dass sich im Rahmen des Vergabeverfahrens eine Änderung der Rechtslage im Vergleich zur Zeit der vorherigen Antragstellung abzeichnet. Das Beschwerdegericht ist nicht verpflichtet, die gleiche Interessenabwägung auf Grundlage identischer Tatsachen noch einmal durchzuführen. Einem erneuten Antrag steht nicht entgegen, dass die bis dahin nicht verlängerte aufschiebende Wirkung bis zum Zeitpunkt der Einlegung dieses Antrags in der Regel abgelaufen sein wird. Denn nach hier vertretener Auffassung kommt nach Ablauf der Zweiwochenfrist auch ein erstmaliger Antrag auf Wiederherstellung der aufschiebenden Wirkung in Betracht[52].

53

---

werde, sofern besondere Umstände eine derartige Entscheidung unter Berücksichtigung der beiderseitigen Interessen stützten. Dies gelte jedenfalls dann, wenn ein Antrag zunächst unter Wahrung der Frist des § 118 Abs. 1 S. 2 gestellt und mangels Rechtsschutzbedürfnisses im Hinblick auf einen derzeit nicht drohenden Zuschlag abschlägig beschieden worden sei.

48 BT-DrS 13/9340, S. 20 f.
49 Jaeger a.a.O.
50 Jaeger a.a.O.; Raabe a.a.O.
51 OLG Stuttgart v. 11.07.2000, 2 Verg 5/00, juris Rn. 5; Dieck-Bogatzke in: Pünder/Schellenberg, § 118 Rn. 12; Stickler in: Reidt/Stickler/Glahs, § 118 Rn. 17; Summa in: jurisPK, § 118 Rn. 63.
52 Siehe oben Rdn. 50 ff.

D. Begründetheit des Antrags auf Verlängerung der aufschiebenden Wirkung/ Interessenabwägung, § 173 Abs. 2

I. Allgemeines und Entstehungsgeschichte der jetzigen Fassung

54 § 173 Abs. 2 gibt den Maßstab vor, der bei der Prüfung der Begründetheit eines Antrags auf Verlängerung der aufschiebenden Wirkung der sofortigen Beschwerde zu beachten ist. Er bildet deshalb das Kernstück der Vorschrift und ist (als ehemaliger § 118 Abs. 2) durch das Vergaberechtsmodernisierungsgesetz 2016 inhaltlich unverändert geblieben. Eine wesentliche inhaltliche Änderung war zuletzt durch das zum 24.04.2009 in Kraft getretene Vergaberechtsmodernisierungsgesetz[53] erfolgt. In der davor geltenden Fassung war die durch das Gericht einzuhaltende Prüfungsreihenfolge sprachlich eindeutig festgelegt: demnach kam es zunächst auf die Berücksichtigung der Erfolgsaussichten der sofortigen Beschwerde an (Abs. 2 S. 1 a.F.). In Abs. 2 S. 2 a.F. war festgelegt, dass der Antrag abzulehnen sei, wenn unter Berücksichtigung aller möglicherweise geschädigten Interessen sowie des Interesses der Allgemeinheit an einem raschen Abschluss des Vergabeverfahrens die nachteiligen Folgen einer Verzögerung der Vergabe bis zur Entscheidung über die Beschwerde die damit verbundenen Vorteile überwiegen würden. Damit war klargestellt, dass es primär auf die Erfolgsaussichten ankommen sollte. Nur dann, wenn (wenigstens mit überwiegender Wahrscheinlichkeit) von einem Erfolg der sofortigen Beschwerde auszugehen war, kam es auf den zweiten Satz an. Dieser war so zu verstehen, dass selbst bei überwiegender Erfolgsaussicht der sofortigen Beschwerde die vorzunehmende Interessenabwägung ausnahmsweise zu einer Ablehnung des Antrags auf Verlängerung der aufschiebenden Wirkung führen konnte. Für Fälle, in denen im Rahmen der ersten Prüfungsstufe das Fehlen der überwiegenden Erfolgsaussichten festgestellt wurde, ergab sich aus der sprachlichen Fassung der Vorschrift eindeutig, dass der Antrag auf Verlängerung der aufschiebenden Wirkung ohne weitere Interessenabwägung abzulehnen war.

55 Durch die Änderung im Zuge der 2009 erfolgten Gesetzesnovelle ist diese sprachliche Klarheit leider verloren gegangen, ohne dass die durch den Gesetzgeber mit der Novelle verfolgten Ziele maßgeblich befördert worden sind. Die Gesetzesänderung wird in der Literatur deshalb überwiegend mit Skepsis betrachtet[54]. Sie hat – insoweit ist festzustellen, dass der Gesetzgeber das mit ihr verfolgte Ziel offenbar nicht erreicht hat – nicht zu einer substantiellen Änderung in der Rechtsprechung der Vergabesenate geführt.

56 Ziel des Gesetzgebers – jedenfalls der Bundesregierung – ist es gewesen, die Voraussetzungen zu erleichtern, unter denen ein Antrag auf Verlängerung der aufschiebenden Wirkung abgelehnt werden kann, damit es in mehr Verfahren zu einer beschleunigten Erteilung des Zuschlags kommen kann[55]. In diesem Zusammenhang sollte eine engere sprachliche Anlehnung an die Regelung des damaligen § 115 Abs. 2 erfolgen[56]. Deswegen stellt die seitdem geltende Fassung der Vorschrift die Erfolgsaussichten der sofortigen Beschwerde nicht mehr an den Beginn einer zweistufigen Prüfung. Vielmehr findet eine Gesamtabwägung statt. Der Antrag soll abgelehnt werden, wenn unter Berücksichtigung aller möglicherweise geschädigten Interessen die nachteiligen Folgen einer Verzögerung der Vergabe bis zur Entscheidung über die Beschwerde die damit verbundenen Vorteile überwiegen. Die Faktoren, die innerhalb dieser Gesamtabwägung berücksichtigt werden sollen, werden in Satz 2 und 3 benannt: es sollen zunächst das Interesse der Allgemeinheit an einer wirtschaftlichen Erfüllung der Aufgabe (S. 2) und sodann («auch») die Erfolgsaussichten der Beschwerde, die allgemeinen Aussichten des Antragstellers im Vergabeverfahren, den Auftrag zu erhalten, und das Interesse der Allgemeinheit an einem raschen Abschluss des Vergabeverfahrens (S. 3) Berücksichtigung finden. Die sprachliche Anlehnung an § 115 Abs. 2 a.F. (jetzt § 169

---

53 BGBl. 2009 I, S. 790 ff.
54 Summa in: jurisPK, § 118 Rn. 38; Raabe in: Willenbruch/Wieddekind, § 118 Rn. 51.
55 BT-DrS 16/10117, 26 f.
56 A.a.O., 24.

Abs. 2) ist als nicht überzeugend kritisiert worden, weil die Verfahrensstadien, in denen § 115 Abs. 2 a.F. und § 118 Abs. 2 a.F. zur Anwendung kamen, nicht zu vergleichen seien und eine durch den Gesetzgeber bezweckte Gleichsetzung der in beiden Vorschriften genannten Anordnungsvoraussetzungen nicht überzeugend erscheine[57]. Bei dieser Kritik wird allerdings außer Acht gelassen, dass aus § 115 Abs. 2 a.F. die dortige Regelung, nach der die Erfolgsaussichten der sofortigen Beschwerde »nicht in jedem Fall« Gegenstand der Abwägung sein müssen, ausdrücklich nicht übernommen wurde, sondern die Erfolgsaussichten auch nach Änderung von § 118 Abs. 2 weiterhin zu berücksichtigen <u>sind</u>. Gerade der Vergleich beider Vorschriften in der jetzt geltenden Fassung erlaubt deshalb eine besondere Heraushebung der Erfolgsaussichten innerhalb der Abwägung[58].

Die überwiegende gerichtliche Praxis hat sich durch die gesetzliche Neuregelung dementsprechend auch nicht davon abhalten lassen, bei der Prüfung der Begründetheit eines Antrags auf Verlängerung der aufschiebenden Wirkung die Erfolgsaussichten der Beschwerde weiterhin in den Mittelpunkt der Abwägung zu stellen[59]. Diese Vorgehensweise ist prinzipiell auch nachvollziehbar. Allerdings darf der mit der im Jahr 2009 erfolgten Novelle zum Ausdruck kommende Wille des Gesetzgebers nicht ignoriert werden. Im Rahmen der Prüfung der Erfolgsaussichten hat der Senat die Zulässigkeit und die Begründetheit der Beschwerde zu prüfen. Zur Begründetheit der Beschwerde gehören auch die formellen Voraussetzungen, von denen die Zulässigkeit des Nachprüfungsantrags abhängt (Vorliegen eines öffentlichen Auftrags bzw. Auftraggebers, Erreichen der maßgeblichen Schwellenwerte, Präklusion). Denn diese Voraussetzungen hat das Beschwerdegericht von Amts wegen zu prüfen, unabhängig davon, ob und mit welchem Ergebnis die Vergabekammer sie problematisiert hat. 57

II. Durchführung der Interessenabwägung

Bei der vorzunehmenden Abwägung hat sich deshalb überwiegend – und richtigerweise – folgende Vorgehensweise durchgesetzt: 58

1. Fehlende Erfolgsaussichten der Beschwerde

Da der Wortlaut von § 173 Abs. 2 insoweit keine zwingende Aussage trifft, ist in Übereinstimmung mit der schon erwähnten Rechtsprechung weiterhin davon auszugehen, dass die Erfolgsaussichten der sofortigen Beschwerde innerhalb der Interessenabwägung in der Regel den breitesten Raum einnimmt. Deshalb sollte mit der Prüfung der Erfolgsaussichten begonnen werden. Die Erfolgsaussichten der Beschwerde beeinflussen – so das OLG Düsseldorf – maßgebend das bei der Interessenabwägung zu berücksichtigende Gewicht der Interessen des Beschwerdeführers, so dass die Abwägungsentscheidung auf keiner zureichend sicheren Grundlage ergeht, wenn das Beschwerdegericht zuvor nicht die Erfolgsaussichten der Beschwerde beurteilt hat. Dies führt dazu, dass der Verlängerungsantrag zurückzuweisen ist, wenn die sofortige Beschwerde im Zeitpunkt der Entscheidung nach dem Ergebnis der gebotenen summarischen Prüfung voraussichtlich keine Aussicht auf Erfolg hat. Eine Interessenabwägung ist in einem solchen Fall nicht (mehr) anzustellen[60]. 59

---

57 Summa in: jurisPK § 118 Rn. 40.
58 So auch Stickler in: Reidt/Stickler/Glahs, § 118 Rn. 24.
59 Vgl. z.B.: OLG Düsseldorf Beschlüsse v. 09.04.2014, VII Verg 8/14 und VII Verg 12/14, beide juris; KG v. 01.09.2014, Verg 18/13, juris; OLG Rostock v. 20.11.2013, 17 Verg 7/13, juris; OLG Celle v. 18.02.2013, 13 Verg 1/13, juris.
60 St. Rspr. des OLG Düsseldorf, vgl. die beiden in der vorigen Fußnote zitierten Entscheidungen; ähnlich: OLG Brandenburg v. 30.01.2014, Verg W 2/14, ibr-online; OLG Rostock v. 20.11.2013, 17 Verg 7/13, juris Rn. 33; OLG Naumburg v. 08.10.2009, 1 Verg 9/09, juris Rn. 19; Vavra in: Beck'scher Vergaberechtskommentar, § 118 Rn. 24.

2. Überwiegende Erfolgsaussichten der Beschwerde

60   Ebenso wenig wird es in der Regel auf sonstige Abwägungskriterien ankommen, wenn die Prüfung der Erfolgsaussichten durch den Vergabesenat ergibt, dass die sofortige Beschwerde mit großer oder an Sicherheit grenzender Wahrscheinlichkeit Erfolg haben wird und der Vergabesenat dem Auftraggeber mit der instanzabschließenden Entscheidung verbieten wird, den beabsichtigten Zuschlag zu erteilen[61]. Es sind kaum Konstellationen vorstellbar, in denen sonstige Abwägungskriterien es rechtfertigen könnten, dem Auftraggeber sehenden Auges zu gestatten, eine vergaberechtswidrige, andere Bieter in ihren Rechten verletzende Zuschlagsentscheidung zu treffen. Insoweit ist die in § 168 Abs. 2 statuierte Unwiderruflichkeit des Zuschlags selbstverständlich ebenso in die Abwägung einzubeziehen, wie der Umstand, dass auch die Durchsetzung des geltenden Vergaberechts bei Vergabeentscheidungen nicht nur den einzelnen Bieter betrifft, sondern ebenfalls ein wichtiges Interesse der Allgemeinheit darstellt[62]. Umstände, die in einer solchen Konstellation zu einer Ablehnung der Verlängerung der aufschiebenden Wirkung führen sollen, sind durch den Auftraggeber besonders sorgfältig und substantiiert vorzutragen. Keinesfalls reicht der Verweis auf eine drohende Verteuerung der zu beschaffenden Leistung oder auf eine Verzögerung bei der Lieferung oder Fertigstellung aus[63]. Wenn der Auftraggeber vorträgt, dass ein Interesse der Allgemeinheit an einem kurzfristigen Abschluss des Vergabeverfahrens gegeben sei, weil etwa ein Bauwerk oder eine zu vergebende Leistung zu einem bestimmten Zeitpunkt fertiggestellt sein bzw. bereit stehen muss, weil es um die Durchführung eines terminlich festgelegten Großereignisses geht oder weil ansonsten eine jahreszeitlich oder wetterbedingte weitere Verzögerung mit entsprechenden finanziellen oder organisatorischen Folgeschwierigkeiten droht, reicht dieser Vortrag – so schwierig die Lage auch sein mag – im Regelfall nicht aus. Denn es wird meistens so sein, dass der entstandene Termindruck durch frühzeitigere Maßnahmen des Auftraggebers hätte vermieden werden können. Die mit dieser Konstellation verbundene faktische Billigung eines Vergaberechtsverstoßes unter Verweis des Antragstellers auf den Sekundärrechtsschutz kommt aber bei Abwägung aller Interessen nicht in Betracht, wenn der Auftraggeber die eingetretene Situation selbst verursacht hat.

3. Offene Erfolgsaussichten der Beschwerde

61   Einer echten Interessenabwägung bedarf es regelmäßig in den Fällen, in denen die Erfolgsaussichten nicht eindeutig sind. Für diese Abwägung kann es naturgemäß keine starren Grundsätze geben. Als Richtschnur kann aber nach allgemeiner Meinung gelten, dass die vom Auftraggeber vorgetragenen Interessen der Allgemeinheit an einer zügigen Erteilung des Zuschlags umso gewichtiger sein müssen, je höher die Wahrscheinlichkeit eines Erfolgs der sofortigen Beschwerde ist[64]. Hierbei ist jeder Einzelfall unter Abwägung der dort vorgetragenen oder durch Amtsermittlung herauszuarbeitenden Umstände gesondert zu betrachten. Entgegen einer teilweise vertretenen Auffassung[65] ist nicht auf eine bestimmte prozentuale Wahrscheinlichkeit des Erfolgs der sofortigen Beschwerde abzustellen. Dies gilt schon deshalb, weil eine solche Abwägung nach prozentualen Anteilen in der gerichtlichen Entscheidung über einen Einzelfall überhaupt nicht durchführbar ist. Im Übrigen gibt auch der Wortlaut des § 173 Abs. 2 für eine solche Vorgehensweise weder zwingenden Anlass, noch legt er sie nahe[66].

62   Rechtlicher Ausgangspunkt der Interessenabwägung ist das europarechtliche Gebot eines effektiven Rechtsschutzes gegen Vergaberechtsverstöße. In Zusammenhang mit vorläufigen Anordnungen

---

61   So auch: KG v. 21.11.2014, Verg 22/13, juris Rn. 75; Vavra in: Beck'scher Vergaberechtskommentar, § 118 Rn. 25.

62   OLG Schleswig v. 30.05.2012, 1 Verg 2/12, juris Rn. 12; OLG Naumburg v. 03.04.2012, 2 Verg 3/12, juris Rn. 24.

63   OLG Düsseldorf v. 12.10.2011, VII Verg 74/11, juris Rn. 14.

64   Stickler in: Reidt/Stickler/Glahs, § 118 Rn. 26; Raabe in: Willenbruch/Wieddekind, § 118 Rn. 54.

65   Stickler in: Reidt/Stickler/Glahs, § 118 Rn. 24.

66   OLG Frankfurt v. 05.03.2012, 11 Verg 3/12, juris Rn. 6; Raabe in: Willenbruch/Wieddekind, § 118 Rn. 55.

im Rahmen des Vergabenachprüfungsverfahrens ist den nationalen Gesetzgebern fakultativ einge-räumt worden, diesen effektiven Rechtsschutz zu den in Art. 2 Abs. 5 der Richtlinie 2007/66/EG genannten Bedingungen einzuschränken. Die dort gewählte Formulierung ist zurückhaltend und lässt nicht erkennen, dass die Feststellung einer drohenden Verfestigung eines Vergaberechtsversto-ßes in der Regel nur dann sonstige Interessen der Allgemeinheit aufwiegen soll, wenn der Verga-berechtsverstoß sicher oder mit einer überwiegenden Wahrscheinlichkeit eintritt. Vielmehr liegt nach der Formulierung in der Richtlinie die »Darlegungslast« innerhalb der Abwägung eindeutig bei demjenigen, der sich auf die dort genannten allgemeinen Interessen berufen will. Auch wenn der deutsche Gesetzgeber bei der Novelle des § 118 Abs. 2 im Jahr 2009 das Ziel verfolgt hat, das Vergabenachprüfungsverfahren zu straffen und die Möglichkeit zu erschweren, bieterseits die Ertei-lung des Zuschlags zu verzögern, kann doch nicht davon ausgegangen werden, dass dabei entgegen der dargestellten europarechtlichen Wertung der effektive Rechtsschutz vor Vergaberechtsverstößen noch stärker geschwächt werden sollte. Deshalb kann nicht von einem Grundsatz ausgegangen wer-den, der besagt, dass eine Verlängerung der aufschiebenden Wirkung in der Regel voraussetzt, dass das Obsiegen des Antragstellers in der Beschwerdeinstanz wahrscheinlicher ist, als sein Unterliegen. Vielmehr muss wegen des drohenden endgültigen Rechtsverlusts des antragstellenden Bieters im Fall einer Ablehnung des Verlängerungsantrags bei unsicheren Erfolgsaussichten in der Regel davon ausgegangen werden, dass dem Verlängerungsantrag stattzugeben ist[67].

Die dargestellte Tendenz gilt unabhängig davon, ob sich die Unsicherheiten bei der Einschätzung der Erfolgsaussichten aus offenen Rechtsfragen oder aus dem Erfordernis einer Beweisaufnahme ergeben. Die dem Vergabesenat im Verfahren nach § 173 obliegende summarische Prüfung ent-bindet zwar nicht davon, dass auch innerhalb der kurzen für die Entscheidung zur Verfügung ste-henden Zeit eine sorgfältige Auseinandersetzung mit den sich aus dem Nachprüfungsverfahren ergebenden Rechtsfragen stattfinden muss. Dennoch ist anzuerkennen, dass es die Komplexität dieser Verfahren mit sich bringen kann, dass eine kurzfristige, das Ergebnis der Hauptsache faktisch vorwegnehmende Entscheidung ohne die durch das Hauptverfahren bedingten Verzögerungen (hinreichende Würdigung des binnen entsprechender Fristen vorgetragenen Streitstoffs, Durchfüh-rung einer mündlichen Verhandlung) nicht angemessen ist[68]. Auch wenn sich im Ergebnis der sum-marischen Prüfung ergibt, dass eine Beweisaufnahme erforderlich wird, kann nichts anderes gelten: in diesem Fall ist der Ausgang des Verfahrens naturgemäß völlig offen, ohne dass eine bestimmte Wahrscheinlichkeit für Erfolg oder Misserfolg der sofortigen Beschwerde eingeschätzt werden kann. In diesem Fall muss in der Regel die aufschiebende Wirkung der Beschwerde verlängert werden. 63

Dementsprechend muss auch dann, wenn der Vergabesenat zu der Auffassung gelangt, dass wegen der beabsichtigten Abweichung von der Rechtsprechung eines anderen Vergabesenats eine Diver-genzvorlage an den Bundesgerichtshof gemäß § 179 Abs. 2 erforderlich wird oder das Verfahren gem. Art. 267 AEUV dem Europäischen Gerichtshof vorzulegen ist, die aufschiebende Wirkung im Zweifel verlängert werden. Auch wenn eine Divergenzvorlage zu erheblicher Verzögerung des Vergabeverfahrens führt, kann daraus nicht die Regel abgeleitet werden, dass damit überwiegende Interessen gegen die Verlängerung der aufschiebenden Wirkung gegeben sind. Das mag zwar im Einzelfall so sein. Die entsprechenden besonderen Umstände muss der Auftraggeber aber – wie immer – im Einzelnen vortragen. Würden sie sich regelmäßig alleine schon aus der durch das Divergenzverfahren bedingten Verzögerung ergeben, würde man dieses Verfahren entwerten, da es 64

---

67 Mit dieser Tendenz z.B.: OLG Celle v. 05.02.2015, 13 Verg 1/15, ibr-online; KG v. 27.01.2015, Verg 9/14, juris Rn. 31; OLG Düsseldorf v. 25.04.2012, VII Verg 7/12, juris und v. 28.07.2011, VII Verg 38/11, juris; noch weitergehend OLG Schleswig v. 30.10.2012, 1 Verg 5/12, juris Rn. 10: »Nur für den Fall, dass der sofortigen Beschwerde – absehbar – eindeutig keine Erfolgsaussichten einzuräumen sind, kann der Ver-längerungsantrag abgelehnt werden«; vgl. auch Jaeger in: Byok/Jaeger, § 118 Rn. 25; Vavra in: Beck'scher Vergaberechtskommentar, § 118 Rn. 26.
68 OLG Düsseldorf v. 19.09.2012, VII Verg 31/12, ibr-online; OLG Düsseldorf v. 17.09.2012, VII Verg 33/12, ibr-online; OLG Düsseldorf v. 16.06.2011, VII Verg 34/11, juris.

sich dann durch zwischenzeitliche Zuschlagserteilung regelmäßig bereits erledigen würde, bevor es eingeleitet werden kann[69] [70].

4. Gewichtung der in der Interessenabwägung zu berücksichtigenden Umstände

65 In den Fällen, in denen es nach Prüfung der Erfolgsaussichten der Beschwerde des Vortrags besonderer, die Interessenabwägung beeinflussender Umstände bedarf, muss das Beschwerdegericht beurteilen, ob die Umstände, die der Auftraggeber vorgetragen und ggf. glaubhaft gemacht hat, schwerer wiegen, als das Risiko eines womöglich in rechtswidriger Weise erteilten Zuschlags. Denn die in § 173 Abs. 2 S. 1 angesprochenen »damit[71] verbundenen Vorteile« bestehen darin, dass ein solches Risiko vermieden wird.

66 Es können naturgemäß kaum feste Regeln dazu aufgestellt werden, welcher Art die vom Auftraggeber vorzutragenden Umstände sein müssen. Im Wesentlichen geht es um das in § 173 Abs. 2 S. 3 benannte Interesse der Allgemeinheit an einem raschen Abschluss des Vergabeverfahrens. Aus der Darlegung des Auftraggebers muss sich ergeben, dass er nicht selbst durch zögerliche oder verspätete Durchführung des Vergabeverfahrens zu der nun argumentativ ins Feld geführten Verzögerung beigetragen hat. Ein solcher Beitrag, der zu Lasten des Auftraggebers im Rahmen der Interessenabwägung zu berücksichtigen ist, kann natürlich mit der Art und Weise der Durchführung des Vergabeverfahrens selbst zusammenhängen. Es sind aber in der Rechtsprechung auch andere Konstellationen entsprechend behandelt worden, wenn etwa der Auftraggeber seinerseits Beschwerde gegen die Entscheidung der Vergabekammer eingelegt hatte und damit zum Ausdruck gebracht hat, dass ihm an zügiger Erledigung des Verfahrens nicht überwiegend gelegen ist[72] oder (vielleicht etwas weitergehend) wenn die auftraggebende Körperschaft gleichzeitig für die personelle Ausstattung der Vergabekammer verantwortlich ist und dort durch Unterbesetzung zu einer längeren Dauer des erstinstanzlichen Nachprüfungsverfahrens beigetragen hat[73]. Diese Ergebnisse werden grundsätzlich zu Recht damit begründet, dass der Auftraggeber es ansonsten selbst in der Hand hätte, durch zögerliche Vorgehensweise bei der Vergabe den effektiven Rechtsschutz der Bieter einzuschränken[74]. Generell muss dann, wenn der Auftraggeber verzögerungsbedingte Beschwernisse vorträgt, beachtet werden, dass solche Beschwernisse in gewissem Maße bei jeder Verzögerung durch ein Vergabenachprüfungsverfahren systemimmanent sind[75]. Hierdurch entstehende Mehrkosten können nach dem Wortlaut in § 173 Abs. 2 S. 2 nur dann zu einer Einschränkung des effektiven Rechtsschutzes der Bieter führen, wenn durch sie die wirtschaftliche Aufgabenerfüllung durch den Auftraggeber grundsätzlich in Frage gestellt ist.

67 In der Rechtsprechung haben beispielsweise folgende Interessenlagen auf Seiten der Auftraggeber dazu beigetragen, dass trotz bestehender oder wenigstens nicht ausgeschlossener Erfolgsaussichten der Beschwerde die Verlängerung der aufschiebenden Wirkung abgelehnt worden ist:

---

69 Im Ergebnis genauso: Raabe in: Willenbruch/Wieddekind, § 118 Rz. 58, der auf OLG Brandenburg v. 07.12.2010, Verg W 16/10, juris Rn. 28 verweist sowie darauf, dass die Entscheidung über die Verlängerung der aufschiebenden Wirkung gem. § 179 Abs. 2 S. 4 unabhängig von der Frage der Divergenzvorlage zu entscheiden ist.
70 Für den Fall der Vorlage an den Europäischen Gerichtshof (allerdings zur alten Rechtslage vor 2009) vgl. OLG Rostock v. 05.02.2003, 17 Verg 14/02, juris Rn. 107; Dadurch wird nicht ausgeschlossen, dass die durch das Vorlageverfahren eintretende Verzögerung im Rahmen der Gesamtabwägung aller Faktoren maßgeblich dazu beitragen kann, dass die aufschiebende Wirkung nicht verlängert wird, vgl. hierzu OLG Düsseldorf v. 30.11.2009, VII Verg 41/09, juris Rn. 73.
71 Gemeint sind die mit der Verlängerung der aufschiebenden Wirkung verbundenen Vorteile.
72 OLG Naumburg v. 03.04.2012, 2 Verg 3/12, juris Rn. 26.
73 KG v. 27.01.2015, Verg 9/14, juris Rn. 32.
74 OLG Düsseldorf v. 12.10.2011, VII Verg 74/11, juris Rn. 14; OLG Koblenz v. 23.11.2004, 1 Verg 6/04, juris Rn. 10.
75 OLG Düsseldorf v. 17.09.2012, VII Verg 33/12, ibr-online; OLG Naumburg v. 05.02.2007, 1 Verg 1/07, juris Rn. 18.

– das Entstehen umweltpolitischer sowie abfallrechtlicher Probleme im Fall des Scheiterns der Ausschreibung[76];

– das dringende Interesse an einer gesicherten und modernen Kommunikationsinfrastruktur[77];

– die Gewährleistung eines funktionierenden Rettungsdienstes, die ohne schnelle Erteilung des Zuschlags nicht gesichert wäre[78].

Handelt es sich um einen verteidigungs- oder sicherheitspolitisch relevanten Auftrag, sind gem. § 173 Abs. 2 S. 2, 2. Halbsatz zusätzlich besondere Verteidigungs- und Sicherheitsinteressen zu berücksichtigen. Auch hier gibt der Gesetzgeber nicht vor, mit welchem Gewicht die genannten Interessen in die Abwägung eingehen sollen. Ihre besondere Erwähnung im Gesetz macht aber deutlich, dass dann, wenn sie betroffen sind, die Bedeutung der Erfolgsaussichten der Beschwerde im Rahmen der Interessenabwägung weiter zurücktreten kann, als dies nach den allgemeinen Grundsätzen der Fall ist. **68**

Schließlich werden in § 173 Abs. 2 S. 3 auch die allgemeinen Aussichten des Antragstellers, den Auftrag zu erhalten, angesprochen. Selbstverständlich wird ein überwiegendes Interesse des Antragstellers an der Verlängerung der aufschiebenden Wirkung nicht herzuleiten sein, wenn die erfolgreiche Rüge von Verstößen gegen das Vergaberecht allenfalls dazu führen kann, dass der antragstellende/beschwerdeführende Bieter auf Platz 2 der Wertung vorrückt, während der Zuschlag im Ergebnis des Nachprüfungsverfahrens trotz festgestellter Vergaberechtsverstöße so erteilt werden kann, wie es der Auftraggeber beabsichtigt. In diesem Fall ist jedoch in der Regel bereits die Antragsbefugnis des antragstellenden Bieters für das Nachprüfungsverfahren (§ 160 Abs. 2) nicht gegeben, so dass es gleichzeitig an den Erfolgsaussichten der sofortigen Beschwerde fehlt. **69**

E. Verfahren und Wirkung einer Entscheidung über den Antrag auf Verlängerung der aufschiebenden Wirkung

I. Kein Suspensiveffekt des Verlängerungsantrags

Die Stellung des Antrags auf Verlängerung der aufschiebenden Wirkung bewirkt nicht schon selbst eine vorläufige Verlängerung bis zur Entscheidung des Beschwerdegerichts über den Antrag. Hierfür wäre eine gesetzliche Regelung erforderlich, an der es fehlt. Der Auftraggeber kann nach Ablauf der Zweiwochenfrist den Zuschlag also solange wirksam erteilen, bis das Beschwerdegericht auf den Verlängerungsantrag mit einer Entscheidung reagiert hat. Das gilt unabhängig davon, ob der Antrag vor oder nach Ablauf der Zweiwochenfrist gestellt worden ist. Ebenso hat es keine unmittelbaren rechtlichen Auswirkungen, ob der Antrag sofort mit Einlegen der Beschwerde oder etwa erst kurz vor Ablauf der Beschwerdefrist gestellt wird. In beiden Fällen hängt es alleine vom Zeitpunkt der Entscheidung des Beschwerdegerichts ab, ob die aufschiebende Wirkung lückenlos gewährt ist oder zwischen Ablauf der Zweiwochenfrist und der Entscheidung zunächst eine Phase eintritt, in der die Zuschlagssperre aufgehoben ist. **70**

Das damit einhergehende Risiko kann durch den Antragsteller durch eine möglichst frühe Antragstellung reduziert werden. Ein vermeidbarer Rechtsverlust droht insbesondere dadurch, dass das Beschwerdegericht sich veranlasst sieht, dem Auftraggeber vor Entscheidung über den Verlängerungsantrag rechtliches Gehör zu gewähren und deshalb nicht mehr innerhalb der Zweiwochenfrist entscheiden kann[79]. Diese Vorgehensweise des Beschwerdegerichts ist allerdings – wenngleich nicht durch das Gesetz verboten – aus zwei Gründen fehlerhaft: erstens, weil der Antragsteller nicht dafür bestraft werden kann, dass er die Beschwerdefrist ausgenutzt hat und – vor allen Dingen – zweitens, weil der mit der Zuschlagserteilung drohende Eintritt eines unwiderruflichen Rechtsverlusts auf Seiten des Antragstellers deutlich schwerwiegender ist, als die Beeinträchtigung, die auf der Auf- **71**

---

76 OLG Düsseldorf v. 26.01.2012, VII Verg 107/11, juris Rn. 21, wobei allerdings in diesem Fall dazukam, dass der Antragsteller keine realistische Aussicht hatte, den Zuschlag zu erhalten.

77 OLG Düsseldorf v. 11.04.2011, VII Verg 27/11, juris Rn. 21.

78 OLG Brandenburg v. 18.09.2008, Verg W 13/08, juris Rn. 78.

79 So das BayObLG v. 04.02.2002, Verg 1/02, juris Rn. 3.

traggeberseite dadurch entstehen würde, falls – wenngleich ohne vorheriges rechtliches Gehör – der Zuschlag zunächst unterbleiben müsste. Die hierdurch auf Seiten des Auftraggebers eintretende Beeinträchtigung kann dadurch begrenzt werden, dass eine vorläufige, zeitlich enger begrenzte Entscheidung getroffen wird, um den unmittelbar drohenden Schaden des Antragstellers abzuwenden. Auch wenn das Gesetz in den §§ 171 ff. eine solche Möglichkeit nicht ausdrücklich vorsieht, ist es anerkannt, dass das Beschwerdegericht die aufschiebende Wirkung – auch ohne rechtliches Gehör zu gewähren, falls dies aus zeitlichen Gründen erforderlich ist – zunächst durch einen »Schiebebeschluss« vorläufig bis zu einer endgültigen Entscheidung über den Verlängerungsantrag verlängern kann. Das ist auch aus dem weiteren Grund nötig, dass eine Entscheidung über den Verlängerungsantrag einschließlich angemessener Interessenabwägung innerhalb der Zweiwochenfrist in der Praxis der Vergabesenate auch oftmals schon deswegen kaum möglich ist, weil die von der Vergabekammer zu übersendenden Akten erst kurz vor oder nach Ablauf der Zweiwochenfrist vorliegen[80].

II. Verfahren und Entscheidung des Beschwerdegerichts

72   Das Beschwerdegericht entscheidet über den Verlängerungsantrag in aller Regel schriftlich durch Beschluss. Eine mündliche Verhandlung soll wegen der Eilbedürftigkeit und des Charakters einer vorläufigen Entscheidung gerade vermieden werden. Sie ist jedoch nicht ausgeschlossen. Wenn das Gericht es beispielsweise zu Erörterungszwecken für erforderlich hält, kann eine mündliche Verhandlung angesetzt werden. Anders als die Vergabekammer bei ihrer Entscheidung ist das Beschwerdegericht auch für die Entscheidung über den Antrag auf Verlängerung der aufschiebenden Wirkung nicht an eine gesetzlich geregelte zeitliche Vorgabe gebunden. Das Gericht wird jedoch in aller Regel bemüht sein, die Entscheidung so zeitnah zu fällen, dass nach Auslaufen der Zweiwochenfrist des § 173 Abs. 1 S. 2 keine Rechtsschutzlücke entsteht. Gesetzlich verpflichtet ist es hierzu aber nicht. Das ist in Fällen von Bedeutung, in denen der Antrag auf Verlängerung der aufschiebenden Wirkung erst sehr spät gestellt wird und eine Entscheidung – ggf. unter Wahrung des rechtlichen Gehörs für andere Verfahrensbeteiligte – vor Ablauf der Zweiwochenfrist nicht mehr möglich ist.

73   Eine Beweisaufnahme findet in aller Regel nicht statt. Allenfalls kommt die Erhebung bereits vorliegender oder aus der Vergabeakte heraus ersichtlicher Beweise in Betracht[81]. Wenn es auf sonstige Beweise ankommt, deren Erhebung zu einer Verzögerung des Verfahrens führen würde (und sei es nur durch das Erfordernis der Durchführung einer mündlichen Verhandlung), sind sie dem Hauptsacheverfahren vorzubehalten. Dabei ist zu beachten, dass bei einer Ablehnung des Verlängerungsantrags der Zuschlag in der Regel erteilt werden wird, bevor die Möglichkeit besteht, die Beweiserhebung durchzuführen. Diesem endgültigen Rechts(schutz)verlust auf Seiten des Antragstellers steht meistens kein vergleichbares Risiko des Auftraggebers für den Fall entgegen, dass die aufschiebende Wirkung verlängert wird. Ohne hierbei schematisch vorgehen zu können, kann es in der Interessenabwägung bei Vorliegen entscheidungserheblicher Beweisfragen deshalb geboten sein, im Zweifel vom streitigen Vortrag des Antragstellers auszugehen. Entsprechendes gilt für die im Verfahren zur Verlängerung der aufschiebenden Wirkung nur sehr eingeschränkt mögliche Amtsermittlung[82].

74   Das Verfahren gemäß § 173 Abs. 1 Nr. 3, Abs. 2 löst selbständige Gerichts- und Rechtsanwaltsgebühren aus. Dennoch enthält die Entscheidung, mit der das Beschwerdegericht über die Verlängerung der aufschiebenden Wirkung entscheidet, keine eigene Kostenentscheidung. Über die Kosten des Verfahrens wird im einheitlichen Kostentenor der Hauptsacheentscheidung mitentschieden. Das gilt auch für den Fall, dass sich die Kostentragungspflicht in Verlängerungs- und Hauptsache-

---

80 Ständige Übung in vielen Vergabesenaten, z.B.: OLG Rostock v. 13.07.2015, 17 Verg 3/15; OLG Düsseldorf v. 30.04.2008, VII Verg 23/08, juris Rn. 37 und v. 22.10.2004, VII Verg 79/04, juris Rn. 1; Stickler in: Reidt/Stickler/Glahs, § 118 Rn. 17; Raabe in: Willenbruch/Wieddekind, § 118 Rn. 19; Dieck-Bogatzke in: Pünder/Schellenberg, § 118 Rn. 12; Vavra in: Beck'scher Vergaberechtskommentar, § 118 Rn. 10; a.A.: Summa in: jurisPK, § 118 Rn. 32.

81 BayObLG v. 23.11.2000, Verg 12/00, juris Rn. 27.

82 Ähnlich Raabe in: Willenbruch/Wieddekind, § 118 Rn. 48.

verfahren unterschiedlich verteilt[83]. Ein eigener Gegenstandswert wird deshalb für das auf Verlängerung der aufschiebenden Wirkung gerichtete Verfahren ebenfalls nicht festgesetzt.

Die Entscheidung des Beschwerdegerichts, mit der über die Verlängerung der aufschiebenden Wirkung entschieden wird, braucht nicht förmlich zugestellt zu werden, um wirksam zu sein. Die Regelung in § 175 Abs. 2 i.V.m. § 71 Abs. 6 gilt dem eindeutigen Wortlaut nach für die unanfechtbare Entscheidung über den Verlängerungsantrag nicht[84]. **75**

Allerdings kann der Zugang der Entscheidung beim Auftraggeber in rechtlicher Hinsicht von Bedeutung sein. Zwar ist es für das Entstehen des Suspensiveffekts im Normalfall, wenn der Verlängerungsantrag rechtzeitig gestellt wurde und die Entscheidung des Beschwerdegerichts zu einem Zeitpunkt ergehen konnte, in dem die aufschiebende Wirkung gemäß § 173 Abs. 1 S. 2 noch nicht weggefallen war, ausreichend, dass das Gericht den entsprechenden Beschluss erlassen hat. Die Verlängerungswirkung tritt dann unabhängig davon ein, ob oder wann der Auftraggeber Kenntnis von dem Beschluss erhält. Denn insoweit gilt nichts anderes, als bei der Entstehung des Zuschlagsverbots gemäß § 169 Abs. 1 oder der aufschiebenden Wirkung gemäß § 173 Abs. 1 S. 1. Anders ist es jedoch in den Fällen, in denen die aufschiebende Wirkung vor Bescheidung des Verlängerungsantrags weggefallen war (z.B., weil der Antrag erst nach Ablauf der Zweiwochenfrist gestellt worden ist). In diesem Fall entsteht erst bei Zugang der bewilligenden Entscheidung des Beschwerdegerichts das (erneute) Zuschlagsverbot, denn die Sach- und Interessenlage ist derjenigen vergleichbar, wie sie bei der Einleitung des Nachprüfungsverfahrens durch den Antragsteller besteht[85]. **76**

Die Entscheidung über den Antrag auf Verlängerung der aufschiebenden Wirkung ist nicht anfechtbar. Allerdings können die Beteiligten nach den allgemeinen Grundsätzen (§ 321a ZPO) die Anhörungsrüge erheben, wenn sie sich durch die Entscheidung des Beschwerdegerichts in wesentlichen prozessualen Rechten verletzt sehen. Wenn der Antrag gemäß § 173 Abs. 1 S. 3 zurückgewiesen worden ist und der Antragsteller die Anhörungsrüge erhebt, muss das Gericht zunächst prüfen, ob die Rüge offensichtlich unzulässig oder unbegründet ist und deshalb sofort zurückzuweisen ist. Ist das nicht der Fall und muss der Gegenseite rechtliches Gehör gewährt werden, ist zu bedenken, dass die aufschiebende Wirkung wegen der Zurückweisung des Verlängerungsantrags zu diesem Zeitpunkt nicht mehr in Kraft ist. Die Erhebung der Anhörungsrüge hat keinen automatischen Suspensiveffekt zur Folge. Der Gesetzgeber hat in § 707 ZPO aber zum Ausdruck gebracht, dass das Gericht in die Lage versetzt sein soll, einem endgültigen Rechtsverlust desjenigen, der die Anhörungsrüge erhoben hat, bis zur Entscheidung über die Rüge vorzubeugen. Zur Vermeidung einer kurzfristigen Erteilung des Zuschlags vor der Entscheidung über die Anhörungsrüge kann es deshalb naheliegen, dass das Beschwerdegericht durch Beschluss die Wirkung des den Verlängerungsantrag zurückweisenden Beschlusses einstweilen bis zur Entscheidung über die Anhörungsrüge aussetzt. Das hat zur Folge, dass die aufschiebende Wirkung zunächst wieder auflebt[86]. Ist der Zuschlag vor Erlass des ex-nunc wirkenden Aussetzungsbeschlusses schon erteilt worden, ist er allerdings gültig. **77**

III. Auswirkungen der Verlängerungsentscheidung gemäß § 173 Abs. 1 S. 3, Abs. 2 auf Anträge gemäß § 176

Wenn das Beschwerdegericht die aufschiebende Wirkung auf den Antrag nach § 173 Abs. 1 S. 3 verlängert hat, entfällt die Möglichkeit des Auftraggebers oder eines Beigeladenen, seinerseits durch einen Antrag nach § 176 die Gestattung einer Zuschlagserteilung noch vor Abschluss des Beschwer- **78**

---

83 OLG Karlsruhe v. 07.05.2014, 15 Verg 4/13, juris Rn. 74; OLG Düsseldorf v. 05.02.2014, VII Verg 42/13, juris Rn. 16; OLG Celle v. 18.02.2013, 13 Verg 1/13, juris Rn. 25; OLG München v. 06.12.2012, Verg 29/12, juris Rn. 33; Jaeger in: Byok/Jaeger, § 118 Rn. 32; Vavra in: Beck'scher Vergaberechtskommentar, § 118 Rn. 31; a.A. (eigene Kostenentscheidung im Beschluss nach § 173): OLG Naumburg v. 05.07.2008, 1 Verg 5/08, juris Rn. 48; Stickler in: Reidt/Stickler/Glahs, § 118 Rn. 29.
84 Jaeger in: Byok/Jaeger, § 118 Rn. 29.
85 Ausführlich: Hunger in der Vorauflage dieses Kommentars, § 118 Rn. 39 ff.
86 OLG Rostock v. 21.06.2013, 17 Verg 2/13.

deverfahrens zu erwirken. Ein solcher Antrag ist dann grundsätzlich unzulässig, denn die Kriterien, die das Beschwerdegericht bei den gemäß § 173 Abs. 2 bzw. § 176 vorzunehmenden Interessenabwägungen vorzunehmen hat, sind vergleichbar. Würde man es ermöglichen, die Gestattung des Vorabzuschlags zu beantragen, obwohl bereits vorher die Verlängerung der aufschiebenden Wirkung angeordnet worden ist, würde man das Beschwerdegericht zwingen, noch einmal im Wesentlichen die gleiche Prüfung anzustellen. Das ist weder angemessen, noch erforderlich, da davon auszugehen ist, dass schon die erste Interessenabwägung erschöpfend gewesen ist und keiner Wiederholung bedarf.

79   Allerdings gibt es Ausnahmen von diesem Grundsatz. Die Sperre für einen Antrag nach § 176 gilt nur dann, wenn das Beschwerdegericht auch tatsächlich eine umfassende Interessenabwägung vornehmen konnte. Das ist noch nicht der Fall, wenn erst eine vorläufige Verlängerung der aufschiebenden Wirkung bis zur endgültigen Bescheidung des Antrags gem. § 173 Abs. 1 S. 3 («Schiebebeschluss») stattgefunden hat. Denn dieser beruht ja gerade darauf, dass eine echte Interessenabwägung aus Zeitgründen noch nicht stattfinden konnte. Außerdem kann der Antrag nach § 176 trotz schon erfolgter Verlängerung der aufschiebenden Wirkung zulässig sein, wenn zwischenzeitlich neue tatsächliche Umstände erkennbar geworden sind, die zum Zeitpunkt der bereits durchgeführten Interessenabwägung noch nicht berücksichtigt werden konnten[87]. Das kommt aber – entsprechend der Rechtslage in anderen Verfahrensordnungen (§ 927 ZPO, § 80 Abs. 7 VwGO) – nur in Betracht, wenn sich die Sachlage zwischenzeitlich tatsächlich verändert hat oder die unterbliebene Geltendmachung unverschuldet war. Ein Versäumnis, bestimmte Umstände so rechtzeitig vorzutragen, dass ihre Berücksichtigung in der ersten Interessenabwägung hätte erfolgen können, kann über § 176 nicht geheilt werden.

F. Verbot des Zuschlags durch den Auftraggeber, § 173 Abs. 3

I. Allgemeines

80   Auch § 173 Abs. 3 dient dem Schutz der am Beschwerdeverfahren beteiligten Bieter an einer unwiderruflichen Zuschlagsentscheidung im Laufe des Beschwerdeverfahrens. Anders als in Absatz 1 geht es hier um den Fall, dass die Vergabekammer dem Nachprüfungsantrag stattgegeben hat. Die in § 173 Abs. 1 S. 1 geregelte aufschiebende Wirkung ist für die Fälle konzipiert, in denen die Vergabekammer die Vergabeentscheidung des Auftraggebers gebilligt hat. Das ergibt sich zwar nicht unmittelbar aus dem Wortlaut der Vorschrift, es folgt jedoch aus deren Sinn und Zweck sowie daraus, dass die Verlängerung der aufschiebenden Wirkung auf Fälle begrenzt ist, in denen der Nachprüfungsantrag abgelehnt worden ist. Das Zuschlagsverbot knüpft also ebenfalls an die erstinstanzliche Zuschlagssperre gemäß § 169 Abs. 1 an und führt bei seiner Missachtung zu einer Nichtigkeit des Zuschlags bzw. des abgeschlossenen Vertrags gemäß § 134 BGB. Anders als die aufschiebende Wirkung nach § 173 Abs. 1 S. 1 gilt das Zuschlagsverbot in Absatz 3 kraft Gesetzes zeitlich unbefristet (auch über das Beschwerdeverfahren hinaus[88]). Es tritt auch dann in Kraft, wenn gar keine Beschwerde eingelegt wird. Der Antragsteller wird in dieser Hinsicht besser gestellt, weil sein Antrag bereits durch eine Instanz (die Vergabekammer) bestätigt worden ist. Er braucht sich deshalb für den Lauf des Beschwerdeverfahrens nicht um einen Antrag auf Verlängerung zu kümmern und ist umfassend geschützt. Dieser Schutz kann nur durch eine Entscheidung des Beschwerdegerichts aufgehoben werden. Neben der die Beschwerdeinstanz abschließenden Entscheidung gemäß § 178 kann dies auch die Entscheidung über einen Antrag sein, den der Auftraggeber oder ein Beigeladener nach § 176 gestellt hat. Die Zulassung der dort geregelten Vorabgestattung des Zuschlags durch das Beschwerdegericht unterliegt ähnlichen Überlegungen, wie die Interessenabwägung im Rahmen von § 173 Abs. 2. Allerdings obliegt es nunmehr dem Auftraggeber bzw. Beigeladenen, aktiv zu werden und zunächst die für die begehrte Gestattung sprechenden Umstände darzulegen.

---

87   OLG Naumburg v. 21.08.2003, 1 Verg 9/03, juris Rn. 18; Stickler in: Reidt/Stickler/Glahs, § 118 Rn. 39.
88   Jaeger in: Byok/Jaeger, § 118 Rn. 33.

II. Anwendungsbereich

Der Wortlaut des Absatzes 3 scheint den Anwendungsbereich der Vorschrift auf die Fälle zu begren- 81
zen, in denen die Vergabekammer die Erteilung des Zuschlags ausdrücklich untersagt hat. Es gibt
aber zahlreiche Fälle, in denen sich das Obsiegen des Antragstellers vor der Vergabekammer in einem
anders gestalteten Tenor ausdrückt, insbesondere dann, wenn die Vergabekammer das gesamte Vergabeverfahren aufgehoben hat oder wenn sie dem Auftraggeber innerhalb des Vergabeverfahrens unter
Zurücksetzung des Verfahrens in die entsprechende Phase die Wiederholung oder erstmalige Durchführung bestimmter Verfahrensschritte auferlegt hat (Beispiele sind die Wiederholung der Angebotswertung unter Beachtung einer bestimmten Rechtsauffassung der Vergabekammer bzw. unter
Berücksichtigung oder Nichtberücksichtigung eines bestimmten Nebenangebots). In diesen Fällen
ist die Interessenlage mit Blick auf einen effektiven Rechtsschutz vor einer Zuschlagserteilung vor
Beendigung des Beschwerdeverfahrens genauso, wie bei einem ausdrücklichen Verbot des Zuschlags.

Ob § 173 Abs. 3 auch auf diese Fälle anzuwenden ist, wird teilweise in Frage gestellt[89]. Die zutref- 82
fende, ganz herrschende Meinung geht jedoch von der Anwendbarkeit des § 173 Abs. 3 aus, da die
Entscheidung der Vergabekammer zumindest inzident beinhaltet, dass die Erteilung des bislang durch
die Vergabestelle beabsichtigten Zuschlags untersagt wird[90]. Dieser Auffassung ist schon deshalb zu folgen, weil die Vergabekammern in nicht wenigen Fällen neben der ausdrücklichen Auflage, bestimmte
Wertungsschritte zu wiederholen, zusätzlich aussprechen, dass die vom Auftraggeber begehrte Erteilung
des Zuschlags untersagt wird[91]. Die Anwendbarkeit des § 173 Abs. 3 kann aber nicht davon abhängen,
ob die Vergabekammer neben den in der Sache wesentlichen konkreten Auflagen an den Auftraggeber
noch deklaratorisch das hiermit ohnehin verbundene Zuschlagsverbot ausspricht oder nicht.

Wenn der Auftraggeber die Auflage der Vergabekammer erfüllt und die entsprechenden Verfahrens- 83
schritte wiederholt hat und nunmehr – noch während des laufenden Beschwerdeverfahrens – mit
dem Vergabeverfahren fortfahren will, liegt allerdings wieder eine andere Lage vor. Zunächst sind
die Bieter, die den Zuschlag nunmehr nicht erhalten sollen, dadurch geschützt, dass vor Erteilung
des Zuschlags die Information nach § 134 zu erfolgen hat. Verstößt der Auftraggeber hiergegen,
droht die Nichtigkeit des Zuschlags. Bei Befolgung des Informationsgebots steht es den Bietern
offen, gegen die beabsichtigte Entscheidung ein neues Nachprüfungsverfahren einzuleiten. Hinsichtlich des dann beabsichtigten Zuschlags gilt das Zuschlagsverbot gemäß § 173 Abs. 3 allerdings
nicht mehr, da das Vergabeverfahren zwar noch andauert, es sich jedoch nicht mehr um denjenigen
Zuschlag handelt, dessen Erteilung die Vergabekammer untersagt hatte. Der effektive Rechtsschutz
der Bieter ergibt sich in diesem Fall zum einen aus dem ggf. einzuleitenden neuen Nachprüfungsverfahren[92]. Aus Gründen der Effektivität und der Beschleunigung des Verfahrens ist ab dem Zeitpunkt
der Information über eine beabsichtigte neue Zuschlagsentscheidung zum anderen aber auch die
Stellung eines Antrags auf Verlängerung der aufschiebenden Wirkung durch den Antragsteller oder
einen in seinen Rechten bedrohten Beigeladenen möglich[93]. In jedem Fall hat das Beschwerdegericht
bei seiner abschließenden Entscheidung zu berücksichtigen, ob und wie der Auftraggeber in Vorbereitung der erneuten Zuschlagsentscheidung die Vorgaben der Vergabekammer berücksichtigt hat.

---

89 Diese Auffassung wird im Wesentlichen vertreten, wenn es um die Frage geht, ob ein Beigeladener berechtigt ist, einen Verlängerungsantrag nach § 173 Abs. 1 S. 3 zu stellen. Dabei liegt die Betonung eher darauf,
dass § 173 Abs. 3 in diesen Fällen nicht geeignet sei, ein Rechtsschutzbedürfnis des Beigeladenen für einen
Verlängerungsantrag abzulehnen: OLG Naumburg v. 03.04.2012, 2 Verg 3/12, juris Rn. 21; OLG Naumburg v. 07.03.2008, 1 Verg 1/08, juris Rn. 19; deutlicher: OLG Koblenz v. 29.08.2003, 1 Verg 7/03, juris
Rn. 7; Thüringer OLG v. 30.10.2001, 6 Verg 3/01, juris Rn. 2.
90 OLG München v. 17.05.2005, Verg 9/05, juris Rn. 9; OLG Düsseldorf v. 12.07.2004, VII Verg 39/04,
juris Rn. 2; Stickler in: Reidt/Stickler/Glahs, § 118 Rn. 32; Jaeger in: Byok/Jaeger, § 118 Rn. 34; Vavra in:
Beck'scher Vergaberechtskommentar, § 118 Rn. 32; Raabe in: Willenbruch/Wieddekind, § 118 Rn. 66.
91 Vgl. den Fall des OLG München a.a.O.
92 Ähnlich Stickler in: Reidt/Stickler/Glahs, § 118 Rn. 32.
93 Vgl. oben bei Rdn. 29 ff.

§ 174 Beteiligte am Beschwerdeverfahren

An dem Verfahren vor dem Beschwerdegericht beteiligt sind die an dem Verfahren vor der Vergabekammer Beteiligten.

A. Kontinuität der Verfahrensbeteiligung

1   Nach § 174 GWB, welcher § 109 GWB a.F. entspricht, sind alle Beteiligten am Verfahren vor der Vergabekammer automatisch auch an dem Verfahren vor dem Beschwerdegericht beteiligt (Grundsatz der Kontinuität der Verfahrensbeteiligung). Am Beschwerdeverfahren nehmen danach neben dem Antragsteller und der Vergabestelle (Antragsgegner) auch die Unternehmen teil, welche von der Vergabekammer gem. § 162 GWB beigeladen wurden. Die erstinstanzlich getroffene Beiladungsentscheidung wirkt fort, sodass eine erneute Beiladung durch das Beschwerdegericht nicht erforderlich ist. Insbesondere hängt die weitere Verfahrensbeteiligung eines Beigeladenen weder davon ab, dass er selbst ein Rechtsmittel eingelegt hat, noch davon, ob er sich überhaupt am Verfahren vor der Vergabekammer aktiv durch Schriftsätze und Anträge beteiligt hat.[1]

B. Beiladung durch das Beschwerdegericht

2   Ob das Beschwerdegericht befugt ist, den Kreis der Verfahrensbeteiligten zu erweitern, indem es ein Unternehmen unter den tatbestandlichen Voraussetzungen des § 162 GWB erstmals zum Verfahren beilädt, ist umstritten. Der Wortlaut des § 174 GWB streitet weder für noch gegen eine eigene **Beiladungsbefugnis des Beschwerdegerichts**. Dass neben dem Antragsteller und der Vergabestelle nur die Unternehmen am Beschwerdeverfahren zu beteiligen sind, die bereits in dem Verfahren vor der Vergabekammer beigeladen wurden, und das Beschwerdegericht nicht berechtigt sein soll, eine aus seiner Sicht notwendige Beiladung vorzunehmen, gibt der Gesetzeswortlaut nicht her.

3   Gleichwohl wird zum Teil die Auffassung vertreten, dass der Wortlaut der Vorschrift eine eigene Beiladungsbefugnis des Beschwerdegerichts ausschließe.[2] Begründet wird dies damit, dass sie bewusst der Regelung des § 67 Abs. 1 GWB nachgebildet sei und im Kartellverfahren eine Befugnis des Beschwerdegerichts, den Kreis der Verfahrensbeteiligten durch Beiladung zu erweitern, nach der h.M. nicht bestehe.

---

1   Wilke in: MüKo-KartellR Bd. III, § 119 GWB a.F. Rn. 6. Nach Auffassung von König in: Heuvels/Höß/Kuß/Wagner, § 119 GWB a.F. Rn. 6 soll der Vergabesenat allerdings die Beiladung unter bestimmten Voraussetzungen aufheben können.

2   Vgl. Stockmann in: Immenga/Mestmäcker, § 119 GWB a.F. Rn. 3. Stattdessen wird ein selbstständiges Recht zur sofortigen Beschwerde solcher Unternehmen angenommen, die im Verfahren vor der Vergabekammer nicht beigeladen wurden, aber durch die Entscheidung der Vergabekammer materiell beschwert sind. Dem stehen allerdings der eindeutige Wortlaut des § 116 Abs. 1 Satz 2 GWB a.F. bzw. nunmehr § 171 Abs. 1 Satz 2 GWB sowie der Umstand entgegen, dass das betroffene Unternehmen eine Beschwerde erst dann in Betracht ziehen kann, wenn es Kenntnis von der Entscheidung der Vergabekammer erlangt hat. Mangels Zustellung der Entscheidung müsste die Beschwerdefrist ein Jahr betragen, vgl. zutreffend Jaeger in: Byok/Jaeger, § 116 GWB a.F. Rn. 30 f. mit dem Hinweis, dass sich dann auch das gesetzliche Zuschlagsverbot entsprechend verlängern müsste. Nicht gelöst wäre außerdem der Fall, dass eine Beiladung erst im Verfahren vor dem Beschwerdegericht notwendig wird.

Zwar trifft es zu, dass in der Begründung des Gesetzentwurfs zu § 119 GWB a.F.[3] ein Vergleich mit   4
der Regelung des § 67 Abs. 1 Nr. 3 GWB erfolgt, nach der die durch die Kartellbehörde Beigeladenen auch an dem Verfahren vor dem Beschwerdegericht beteiligt sind. Dieser Vergleich bezieht
sich aber wohl nur darauf, dass es wie im Kartellverfahren auch im Vergabenachprüfungsverfahren
keiner Wiederholung der Beiladung bedürfen soll, sondern die erstinstanzliche Beiladung fortwirkt. Der Gesetzesbegründung lässt sich nicht entnehmen, dass eine eigene Beiladungsbefugnis
des Beschwerdegerichts ausgeschlossen sein soll.[4] Im Gegenteil: Der Hinweis, dass die Gründe für
die Beteiligung im Beschwerdeverfahren die gleichen seien wie im Verfahren vor der Vergabekammer, spricht jedenfalls für den Fall, dass erst im Verfahren vor dem Beschwerdegericht Gründe für
eine Beiladung auftauchen, eher für eine solche Befugnis. Außerdem weist § 119 GWB a.F. bzw.
nunmehr § 174 GWB einen von § 67 Abs. 1 Nr. 3 GWB abweichenden Wortlaut auf.[5] Bei der
systematischen Auslegung dieser Vorschrift bestehen daher nicht die gleichen interpretatorischen
Sachzwänge.[6]

Die Ablehnung einer eigenen Beiladungsbefugnis des Beschwerdegerichts würde dazu führen,   5
dass ein notwendig beizuladendes Unternehmen, das an dem Verfahren vor der Vergabekammer nicht beteiligt wurde, keine Möglichkeit hätte, zur Wahrung seiner subjektiven Rechte
auf das Nachprüfungsverfahren wenigstens noch in zweiter Instanz Einfluss zu nehmen: Hat
die Vergabekammer eine an sich gebotene Beiladung abgelehnt, könnte das gesamte Nachprüfungsverfahren an dem betroffenen Unternehmen, dessen Interessen durch die Entscheidung schwerwiegend berührt werden, vorbei laufen, da die Entscheidung der Vergabekammer
über die Beiladung gem. § 162 Satz 2 GWB unanfechtbar ist und mangels erstinstanzlicher
Verfahrensbeteiligung nach dem eindeutigen Wortlaut des § 171 Abs. 1 Satz 2 GWB auch
keine Beschwerdebefugnis besteht. Dieses Ergebnis wäre mit der verfassungsrechtlichen Rechtsschutzgarantie und insbesondere dem **Gebot eines effektiven Vergaberechtsschutzes** sowie dem
Anspruch auf rechtliches Gehör aus Art. 19 Abs. 4 GG[7] nicht vereinbar. Ebenso bedarf es einer
eigenen Beiladungsbefugnis des Beschwerdegerichts, wenn die Vergabekammer nur versehentlich von einer Beiladung abgesehen hat oder sich die Gründe für eine notwendige Beiladung
erst im Verfahren vor dem Beschwerdegericht ergeben (etwa wegen einer anderen Beurteilung
der Rechtslage): Sobald das Nachprüfungsverfahren vor dem Beschwerdegericht anhängig ist,
kann die Vergabekammer selbst keine Beiladung mehr vornehmen.[8] Abgesehen davon würde
ein umständlicher und zeitraubender »Umweg« über die Vergabekammer auch dem Interesse
des Auftraggebers sowie der Allgemeinheit an einem möglichst raschen Abschluss des Vergabeverfahrens widersprechen.[9]

---

3 BT-Drucks. 13/9340 S. 21 zu § 129 RegE VgRÄG: »Den Kreis der Beteiligten am Verfahren vor der Vergabekammer bestimmt § 119. Diese Beteiligten behalten ihre prozessuale Stellung wie auch im Beschwerdeverfahren nach § 66 Abs. 1 Nr. 3 auch in diesem Beschwerdeverfahren. Einer Wiederholung der Beiladung
   bedarf es nicht. Die Gründe für die Beteiligung sind im Beschwerdeverfahren die gleichen wie im Verfahren
   vor der Vergabekammer.«
4 So auch OLG Düsseldorf 13.11.2000 VergabeR 2001, 59, 60; Frister in: Ziekow/Völlink, § 119 GWB a.F.
   Rn. 3.
5 § 67 Abs. 1 Nr. 3 = § 66 Abs. 1 Nr. 3 GWB a.F. lautet: »An dem Verfahren vor dem Beschwerdegericht
   sind beteiligt (…) Personen und Personenvereinigungen, deren Interessen durch die Entscheidung erheblich
   berührt werden und die die Kartellbehörde auf ihren Antrag zu dem Verfahren beigeladen hat.«
6 Vgl. etwa Dieck-Bogatzke in: Pünder/Schellenberg, § 119 GWB a.F. Rn. 4.
7 KG 18.10.2012 Verg 8/11.
8 Vgl. Gröning in: Beck'scher VOB-Kommentar § 109 Rn. 47 f.; Reidt in: Reidt/Stickler/Glahs § 109
   GWB a.F. Rn. 27.
9 So auch OLG Düsseldorf 13.11.2000 VergabeR 2001, 59, 60; Jaeger in: Byok/Jaeger, § 119 GWB a.F.
   Rn. 3.

6 Wird ein nicht Beigeladener Bieter durch die Entscheidung der Vergabekammer erstmalig beschwert oder besteht die Möglichkeit, dass er durch die Beschwerdeentscheidung materiell beschwert wird, so muss ihm in einem förmlichen Verfahren rechtliches Gehör gewährt werden. Dies geht nur durch eine Beiladung im Beschwerdeverfahren.[10] Gleiches gilt aus den vorgenannten Gründen, wenn eine bereits erstinstanzlich gebotene Beiladung irrtümlich unterblieben oder von der Vergabekammer abgelehnt wurde. Zu Recht wird daher in der Rechtsprechung[11] offenbar einstimmig und in der Literatur[12] inzwischen ganz überwiegend die Auffassung vertreten, dass das Beschwerdegericht berechtigt und ggf. auch verpflichtet ist, ein Unternehmen zum Beschwerdeverfahren beizuladen, dessen Interessen durch die Entscheidung schwerwiegend[13] berührt werden. Über den Wortlaut der §§ 162, 174 GWB hinaus können ferner nicht nur »Unternehmen«, sondern auch sonstige Dritte beigeladen werden, welche das Vergabenachprüfungsverfahren schwerwiegend in ihren Interessen, unter Umständen sogar rechtsgestaltend, betrifft.[14] Sind Dritte durch die Entscheidung lediglich mittelbar betroffen (etwa Nachunternehmer, Zulieferer), reicht dies allein für eine Beiladung noch nicht.

7 Trifft ein Beschwerdegericht über die Beiladung eine Entscheidung, so ist dies ebenso wie bei der Vergabekammer (§ 162 S. 2 GWB) unanfechtbar.

C. Rechtsstellung der Verfahrensbeteiligten

8 Den am Beschwerdeverfahren Beteiligten stehen die gleichen prozessualen Rechte zu. Sie haben Anspruch auf rechtliches Gehör, Akteneinsicht gem. § 165 GWB und Teilnahme am gesamten Verfahrensfortgang (z.B. mündliche Verhandlung, Beweisaufnahme etc.). Ihnen sind alle Zwischen- und Endentscheidungen sowie sämtliche Prozess leitenden Verfügungen des Beschwerdegerichts zuzustellen.[15] Ein Beigeladener ist kostenrechtlich nur dann wie ein Antragsteller oder Antragsgegner zu behandeln, wenn er die durch die Beiladung begründete Stellung im Verfahren auch nutzt, indem er sich an dem Verfahren inhaltlich beteiligt.[16]

§ 175 Verfahrensvorschriften

(1) Vor dem Beschwerdegericht müssen sich die Beteiligten durch einen Rechtsanwalt als Bevollmächtigten vertreten lassen. Juristische Personen des öffentlichen Rechts können sich durch Beamte oder Angestellte mit Befähigung zum Richteramt vertreten lassen.

(2) Die §§ 69, 70 Absatz 1 bis 3, § 71 Absatz 1 und 6, §§ 71a, 72, 73 mit Ausnahme der Verweisung auf § 227 Absatz 3 der Zivilprozessordnung, die §§ 78, 165 und 167 Absatz 2 Satz 1 sind entsprechend anzuwenden.

---

10 Zutreffend OLG Koblenz 23.11.2004 1 Verg 6/04 n.v.
11 KG 18.10.2012 Verg 8/11; OLG Düsseldorf 26.06.2002 VergabeR 2002, 671, und 13.02.2007 VergabeR 2007, 406, 407; OLG Koblenz 03.11.2004 1 Verg 6/04 n.v.; OLG Naumburg 15.07.2008 1 Verg 5/08 n.v.; OLG Schleswig 24.09.2004 6 Verg 3/04 n.v.; VK Schleswig-Holstein 02.02.2005 VK-SH 01/05 n.v. m.w.N.
12 Jaeger in: Byok/Jaeger § 119 GWB a.F. Rn. 3; König in: Heuvels/Höß/Kuß/Wagner, § 119 GWB a.F. Rn. 5; Frister in: Ziekow/Völlink, § 119 GWB a.F. Rn. 2 ff.; Dieck-Bogatzke in: Pünder/Schellenberg, § 119 GWB a.F. Rn. 4 f.
13 Siehe hierzu § 162.
14 OLG Düsseldorf 13.02.2007 VergabeR 2007, 406, 407 zur Beiladung einer Gemeinde, die durch das Verfahren in ihrer Planungshoheit betroffen wird; Dieck-Bogatzke in: Pünder/Schellenberg, § 119 GWB a.F. Rn. 6 ff.
15 König in: Heuvels/Höß/Kuß/Wagner, § 119 GWB a.F. Rn. 9.
16 BGH 26.09.2006 VergabeR 2007, 59, 70; OLG Celle 27.08.2008 VergabeR 2009, 105.

A. Allgemeines

§ 175 GWB regelt einen Teil des Verfahrens vor dem Beschwerdegericht. Abs. 1 begründet für 1
die Beteiligten einen Anwaltszwang vor dem Vergabesenat. Ausgenommen davon sind juristische
Personen des öffentlichen Rechts. Die Vorschrift dient zusammen mit § 172 Abs. 3 GWB (Unterzeichnung der Beschwerdeschrift durch einen Rechtsanwalt) und mit §§ 175 Abs. 2, 73 Nr. 2 GWB
(Verweisung auf die ZPO-Vorschriften über Prozessbevollmächtigte) der Verwirklichung eines eingeschränkten Anwaltszwangs in der Beschwerdeinstanz. Abs. 2 trifft im Wege einer Verweisung
auf Vorschriften des kartellrechtlichen Beschwerdeverfahrens, des erstinstanzlichen Nachprüfungsverfahrens sowie – mittelbar über §§ 72 Abs. 1 Satz 2, 73 GWB – der Zivilprozessordnung und
des Gerichtsverfassungsgesetzes Regelungen über die mündliche Verhandlung, die Anwendung des
Untersuchungsgrundsatzes, die Beschwerdeentscheidung, die Akteneinsicht und weitere Bereiche des
Verfahrens. Der Gesetzgeber hat die Anwendbarkeit der Verfahrensgrundsätze des Kartellbeschwerdeverfahrens betont.[1] Insgesamt lässt § 175 GWB das Ziel erkennen, das Beschwerdeverfahren in
Kartellvergabesachen dem Beschwerdeverfahren in allgemeinen Kartellsachen ähnlich zu gestalten.[2]

B. Anwaltszwang

Nach § 175 Abs. 1 Satz 1 GWB müssen sich die Beteiligten, anders als im Verfahren vor der Ver- 2
gabekammer, durch einen bei einem deutschen Gericht zugelassenen Rechtsanwalt vertreten lassen.
Die Vorschrift entspricht § 68 Satz 1 GWB. Der Anwaltszwang dient einer effektiven und fachkundigen Aufbereitung des Verfahrensstoffes vor dem Hintergrund des Beschleunigungsinteresses im
Primärrechtsschutzverfahren.

§ 175 Abs. 1 Satz 1 GWB **gilt für alle** gem. § 174 GWB am Beschwerdeverfahren **Beteiligten**, also 3
auch für die Beigeladenen.

Der Rechtsanwalt muss bei einem deutschen Gericht zugelassen sein. Es genügt grundsätzlich die 4
Zulassung vor einem beliebigen Gericht.[3] Eine Beschränkung auf Anwälte mit Zulassung vor

---

1 BT-Drucks. 13/9340 S. 21 zu § 130 Abs. 2.
2 Stockmann in: Immenga/Mestmäcker § 120 Rn. 1.
3 Nach § 172 Abs. 1 BRAO dürfen die bei dem Bundesgerichtshof zugelassenen Rechtsanwälte nur vor dem
Bundesgerichtshof, den anderen obersten Gerichtshöfen des Bundes, dem Gemeinsamen Senat der obersten
Gerichtshöfe und dem Bundesverfassungsgericht auftreten. Diese Beschränkung gilt ganz allgemein für das
Auftreten vor anderen Gerichten jeder Art, also auch vor dem Vergabesenat. Jedoch sind durch einen beim
Bundesgerichtshof zugelassenen Rechtsanwalt vor dem Vergabesenat vorgenommene Handlungen nicht
ohne Weiteres prozessual unwirksam (Feuerich/Weyland § 172 Rn. 7). § 172 Abs. 1 BRAO ist nur eine
berufsrechtliche Regelung.

einem Oberlandesgericht wurde im Gesetzgebungsverfahren nicht für sinnvoll gehalten.[4] Anwälte aus anderen **EU-Mitgliedsstaaten** sind vertretungsberechtigt, sofern sie die Voraussetzungen des Gesetzes über die Tätigkeit europäischer Rechtsanwälte in Deutschland v. 09.03.2000 (EuRAG) erfüllen.[5]

5   Die am Beschwerdeverfahren beteiligten Unternehmen müssen beachten, dass nach § 46 Abs. 1 BRAO ein »Syndikusanwalt« vor Gerichten nicht in seiner Eigenschaft als Rechtsanwalt tätig werden darf. Nicht zulässig ist auch – anders als im Verwaltungsprozess – die Vertretung durch einen Rechtslehrer an einer deutschen Hochschule.[6] Das folgt aus dem Fehlen einer dem § 67 Abs. 2 Satz 1 VwGO vergleichbaren Regelung.

6   § 175 Abs. 1 Satz 1 GWB bewirkt, dass den Beteiligten selbst die **Postulationsfähigkeit** fehlt. Nur der jeweils beauftragte Rechtsanwalt kann prozessual wirksam handeln. Eine von den Beteiligten vorgenommene Prozesshandlung ist unwirksam, insbesondere können die Beteiligten selbst nicht schriftlich oder mündlich vortragen und keine Anträge stellen. Anwaltlich nicht vertretene Beteiligte verlieren indes nicht ihre Beteiligtenstellung, sodass ihnen die Schriftsätze, Verfügungen und Entscheidungen zugestellt werden müssen.[7] Sie sind selbstverständlich auch nicht von der Anwesenheit in der mündlichen Verhandlung im Beschwerdeverfahren ausgeschlossen. In geeigneten Fällen kann das Gericht sie informell befragen oder als Partei vernehmen.

7   Der **Anwaltszwang** besteht **nicht für juristische Personen des öffentlichen Rechts**. Juristische Personen des öffentlichen Rechts können sich nach § 175 Abs. 1 Satz 2 GWB durch Beamte oder Angestellte mit Befähigung zum Richteramt vertreten lassen. Die Voraussetzungen für die Befähigung zum Richteramt – Abschluss eines rechtswissenschaftlichen Studiums an einer Universität mit der ersten Staatsprüfung und eines anschließenden Vorbereitungsdienstes mit der zweiten Staatsprüfung – sind § 5 Abs. 1 DRiG zu entnehmen. Die Forderung der Befähigung zum Richteramt soll denselben Zweck wie der Anwaltszwang – effektive und fachkundige Aufbereitung des Verfahrensstoffes – erfüllen,[8] aber auch der Kostenersparnis dienen. Das Ziel der Kostenersparnis wird allerdings nur eingeschränkt erreicht, weil sich auch die juristischen Personen des öffentlichen Rechts im Beschwerdeverfahren meist durch einen Rechtsanwalt vertreten lassen.

8   Die Notwendigkeit, sich durch einen Bediensteten mit der Befähigung zum Richteramt oder einen Rechtsanwalt vertreten zu lassen, besteht für die juristischen Personen des öffentlichen Rechts im gesamten Beschwerdeverfahren. Auch die **Beschwerdeschrift** und sonstige Schriftsätze müssen daher entweder durch einen Rechtsanwalt oder von einem Beamten oder Angestellten mit Befähigung zum Richteramt unterzeichnet worden sein.[9] Etwas Gegenteiliges besagt § 172 Abs. 3 Satz 2 GWB nicht für Beschwerden von Personen des öffentlichen Rechts. Es wäre widersprüchlich, für Erklärungen in der mündlichen Verhandlung die Vertretung durch einen Volljuristen vorzuschreiben, für die – nicht weniger bedeutsame – eigenverantwortliche Prüfung und Unterzeichnung der Beschwerdeschrift jedoch geringere Anforderungen genügen zu lassen.

9   Soweit die §§ 172 Abs. 3, 175 Abs. 1 GWB keine weiteren Einzelheiten über die Vertretung durch einen Rechtsanwalt im Verfahren vor dem Vergabesenat regeln, sind nach §§ 175 Abs. 2, 73 Nr. 2 GWB die Vorschriften der **§§ 78 bis 89 ZPO** über Prozessbevollmächtigte **entsprechend** anzuwenden.

---

4   BT-Drucks. 13/9340 S. 21 zu § 130 Abs. 1.
5   BGBl. I S. 182.
6   Vgl. Stockmann in: Immenga/Mestmäcker § 120 Rn. 3.
7   Otting in: Bechtold GWB-Komm. § 120 Rn. 1.
8   BT-Drucks. 13/9340 S. 21 zu § 130 Abs. 1.
9   Otting in: Bechtold GWB-Komm. § 120 Rn. 2; Stockmann in: Immenga/Mestmäcker § 120 Rn. 3; Storr in: Loewenheim/Meesen/Riesenkampff, § 120 Rn. 4; Reidt in: Reidt/Stickler/Glahs § 117 Rn. 23.

C. Mündliche Verhandlung

I. Sachentscheidungen aufgrund mündlicher Verhandlung

Der Vergabesenat hat, wie sich aus der Verweisung in § 175 Abs. 2 GWB auf § 69 GWB[10] ergibt, **10** regelmäßig aufgrund mündlicher Verhandlung über die Beschwerde zu entscheiden.[11] Dies betrifft **Sachentscheidungen in der Hauptsache**, das heißt Entscheidungen über die Begründetheit der sofortigen Beschwerde.[12] Die mündliche Verhandlung ermöglicht eher als ein schriftliches Verfahren eine Aufklärung des Sachverhalts bei Wahrung des Beschleunigungsgebots und Sicherstellung des rechtlichen Gehörs.[13] Aus dem Grundsatz der Mündlichkeit folgt, dass das Gericht den Beteiligten Gelegenheit geben muss, sich zu den entscheidungserheblichen Gesichtspunkten zu äußern. Das Gericht darf die Entscheidung nur auf solche Tatsachen und Beweismittel stützten, bei denen dies der Fall gewesen ist (§§ 175 Abs. 2, 71 Abs. 1 Satz 2 GWB). Es muss den Verfahrensbeteiligten allerdings nicht vor seiner verfahrensabschließenden Entscheidung seine vorläufige Beweiswürdigung mitteilen; anders ist es nur, wenn ein Beteiligter ausnahmsweise prozessual darauf vertrauen darf, dass weiterer Vortrag zur Wahrung seiner Interessen nicht erforderlich ist.[14] Vorbringen nach Schluss der mündlichen Verhandlung darf das Gericht grundsätzlich nicht mehr berücksichtigen.[15]

Die Vorschriften der Zivilprozessordnung über Ladungen, Termine und Fristen (§§ 214 bis **11** 229 ZPO) mit Ausnahme der Verweisung auf § 227 Abs. 3 ZPO[16] finden gem. §§ 175 Abs. 2, 73 Nr. 2 GWB entsprechende Anwendung. Daraus ergibt sich u.a., dass die **Ladungsfrist mindestens eine Woche** beträgt (§ 217 ZPO) und auf Antrag abgekürzt werden kann (§ 226 ZPO). Die Verhandlung vor dem Vergabesenat und die Verkündung der Sachentscheidung ist **öffentlich** (§§ 175 Abs. 2, 73 Nr. 1 GWB, § 169 GVG). Das Gericht kann für die Verhandlung oder einen Teil davon die Öffentlichkeit aus den Gründen des § 172 GVG ausschließen. Das kommt insbesondere in Betracht, wenn ein wichtiges Geschäfts-, Betriebs- oder Erfindungsgeheimnis zur Sprache kommt, durch dessen öffentliche Erörterung überwiegend schutzwürdige Interessen verletzt werden.

II. Entscheidungen ohne obligatorische mündliche Verhandlung

In folgenden Fällen kann auch eine Entscheidung **ohne mündliche Verhandlung** ergehen: **12**
– Es liegt eine **unzulässige sofortige Beschwerde** vor.[17] In der Rechtsprechung zu § 69 GWB ist anerkannt, dass das Beschwerdegericht in Analogie zu § 522 Abs. 1 Satz 3 ZPO befugt ist, ohne vorherige mündliche Verhandlung über die Zulässigkeit der Beschwerde zu entscheiden. Es bestehen keine Bedenken, diese Ausnahme aus dem Beschwerderecht im Kartellverwaltungsverfahren auch im Vergabebeschwerdeverfahren anzuwenden.[18]

---

10 »§ 69 Mündliche Verhandlung: (1) Das Beschwerdegericht entscheidet über die Beschwerde auf Grund mündlicher Verhandlung; mit Einverständnis der Beteiligten kann ohne mündliche Verhandlung entschieden werden. (2) Sind die Beteiligten in dem Verhandlungstermin trotz rechtzeitiger Benachrichtigung nicht erschienen oder gehörig vertreten, so kann gleichwohl in der Sache verhandelt und entschieden werden.«.
11 Im Verfahren vor dem Bundesgerichtshof soll – obwohl dieser anstelle des Vergabesenats entscheidet § 124 Abs. 2 Satz 2 GWB – eine mündliche Verhandlung nur notwendig sein, wenn der Bundesgerichtshof es für notwendig erachtet, BGH 19.12.2000 X ZB 14/00.
12 OLG Stuttgart 19.07.2000 NZBau 2000, 543.
13 Vgl. BGH 24.02.2003 VergabeR 2003, 426.
14 KG 14.02.2014 Verg 10/13.
15 OLG München 15. 11 2007 VergabeR 2008, 114; OLG Frankfurt 07.08.2007 VergabeR 2007, 776; OLG Saarbrücken 06.04.2005 1 Verg 1/05; zu den Ausnahmen siehe Rdn. 11 ff.
16 § 227 Abs. 3 ZPO betrifft den Anspruch der Parteien auf Verlegung eines für die Zeit vom 1. Juli bis 31. August anberaumten Termins. Dass diese Vorschrift nicht entsprechend angewendet werden soll, ist eine Ausprägung des Beschleunigungsgebots im vergaberechtlichen Nachprüfungsverfahren.
17 OLG München 04.05.2012, Verg 5/12; OLG Koblenz 22.04.2002 1 Verg 1/02; OLG Düsseldorf 18.01.2000 NZBau 2000, 596.
18 OLG München 04.05.2012, Verg 05/12; OLG Düsseldorf 18.01.2000 NZBau 2000, 596.

- Es ist eine **Entscheidung im Vorfeld der Hauptsacheentscheidung** oder eine Nebenentscheidung zu treffen.[19] Dies betrifft beispielsweise Entscheidungen über einen Antrag auf Verlängerung der aufschiebenden Wirkung nach § 173 Abs. 1 Satz 3 GWB, Entscheidungen über einen Antrag auf Akteneinsicht[20] sowie Entscheidungen über die Beiladung. Ausdrücklich geregelt ist in § 176 Abs. 3 Satz 2 GWB die Möglichkeit, über einen Antrag auf Vorabentscheidung über den Zuschlag ohne mündliche Verhandlung zu entscheiden. Auch isolierte Kostenentscheidungen (beispielsweise nach Rücknahme der sofortigen Beschwerde) können ohne mündliche Verhandlung getroffen werden.[21]
- Die **Beteiligten haben zugestimmt**, ohne mündliche Verhandlung zu entscheiden (§§ 175 Abs. 2, 69 Abs. 1 GWB). Die Zustimmung muss grundsätzlich von allen Beteiligten erklärt worden sein, auch von den Beigeladenen. Ausnahmsweise genügt allerdings die Zustimmungserklärung des Beschwerdeführers, wenn das Gericht die Beteiligten nach Prüfung der Beschwerdebegründung darauf hingewiesen hat, dass die Beschwerde keinen Erfolg haben kann, und wenn es dementsprechend entscheiden will. Das Gericht sollte sich um ausdrückliche Erklärungen bemühen. Teilt das Gericht mit, dass beabsichtigt sei, ohne mündliche Verhandlung zu entscheiden, so kann sich die nicht ausdrücklich erklärte Zustimmung auch aus dem Zusammenhang der jeweiligen Stellungnahme ergeben.[22] Denn eine die Beschwerde zurückweisende Entscheidung kann dann die anderen Beteiligten nicht in ihren Verfahrensrechten verletzen.[23]
  Das Gericht ist, wie sich aus §§ 175 Abs. 2, 69 Abs. 1 GWB ergibt, an einen Verzicht der Beteiligten nicht gebunden (»kann ohne mündliche Verhandlung entschieden werden«). Das Gericht wird vor allem dann auf die mündliche Verhandlung bestehen, wenn es zur Aufklärung des Sachverhalts eine Erörterung mit den Beteiligten für erforderlich hält.
- Die Entscheidung betrifft ein **Rechtsmittel gegen Nebenentscheidungen** der Vergabekammer, insbesondere gegen Kostenentscheidungen (auch sofortige Beschwerde gegen Kostenfestsetzungsbeschluss).[24]
- Die Entscheidung des Vergabesenats betrifft einen **Antrag nach § 169 Abs. 2 Satz 5 GWB** auf Wiederherstellung des Zuschlagsverbots **oder** einen Antrag **nach § 169 Abs. 2 Satz 6 GWB** auf Gestattung des sofortigen Zuschlags.

III. Entscheidung trotz Fernbleiben eines Beteiligten

13   Gemäß §§ 175 Abs. 2, 69 Abs. 2 GWB kann der Vergabesenat aufgrund mündlicher Verhandlung auch dann verhandeln und entscheiden, wenn die Beteiligten in dem Verhandlungstermin trotz rechtzeitiger Benachrichtigung **nicht erschienen oder nicht ordnungsgemäß vertreten** sind. Die Vorschrift soll einer sonst möglichen Verfahrensverschleppung entgegenwirken. Sie greift sowohl dann ein, wenn einer oder mehrere der Beteiligten nicht vertreten sind, als auch dann, wenn trotz rechtzeitiger Benachrichtigung niemand erscheint.[25] Hinsichtlich der »rechtzeitigen Benachrichtigung« gilt die Wochenfrist des § 217 ZPO (§§ 175 Abs. 2, 73 Nr. 2 GWB).

14   §§ 175 Abs. 2, 69 Abs. 2 GWB sind einschränkend dahin auszulegen, dass das Gericht die mündliche Verhandlung vertagen muss, wenn ein Beteiligter **ohne** sein **Verschulden** am Erscheinen verhindert ist.[26] Rechtliches Gehör darf nicht aus Gründen verwehrt werden, die außerhalb des Verant-

---

19 OLG Düsseldorf 23.12 2014 VII Verg 37/13; OLG Frankfurt 12.12.2014 11 Verg 8/14; OLG München 10.09.2012, Verg 17/12; OLG Jena 08.06.2000 6 Verg 2/00.
20 OLG Jena 08.06.2000 6 Verg 2/00.
21 OLG Düsseldorf 20.07.2000 NZBau 2001, 165.
22 Vgl. BayObLG 01.10.2001 VergabeR 2002, 63.
23 OLG Düsseldorf 26.06.2002 Verg 32/02.
24 OLG München 29.06.2005 Verg 010/05; BayObLG 29.09.1999 NZBau 2000, 99; OLG Saarbrücken 17.08.2006 1 Verg 2/06; OLG Düsseldorf 26.09.2003 Verg 31/01; OLG Jena 04.04.2003 VergabeR 2003, 475.
25 Stockmann in: Immenga/Mestmäcker § 120 Rn. 7.
26 Stickler in: Reidt/Stickler/Glahs § 120 Rn. 9.

wortungsbereichs eines Beteiligten liegen.[27] Die insoweit bestehende Regelungslücke in §§ 171 ff. GWB ist durch eine entsprechende Anwendung der in der Rechtsprechung zu § 337 ZPO entwickelten Grundsätze zu schließen. Die nach §§ 176 Abs. 2, 73 Nr. 2 GWB im Beschwerdeverfahren geltenden Vorschriften der §§ 230 ff. ZPO über die Wiedereinsetzung in den vorigen Stand passen hier weniger gut, weil eine Wiedereinsetzung nach §§ 230 ff. ZPO nur auf eine Fristversäumung gestützt werden kann.[28] Das Gericht vertagt also die Verhandlung von Amts wegen, wenn es dafür hält, dass der Beteiligte ohne sein Verschulden am Erscheinen verhindert ist. Nach den Grundsätzen zu § 337 ZPO muss der in der mündlichen Verhandlung nicht erschienene Beteiligte den Grund für das unverschuldete Fernbleiben glaubhaft machen, sofern der Grund nicht offenkundig ist. Der Beteiligte darf die Entschuldigung auch noch nach der mündlichen Verhandlung bis zur Entscheidungsverkündung vortragen.

D. Untersuchungsgrundsatz und Dispositionsmaxime

I. Untersuchungsgrundsatz

Im Beschwerdeverfahren vor dem Vergabesenat gilt – wie gem. § 163 Abs. 1 GWB schon im erstinstanzlichen Nachprüfungsverfahren – der Untersuchungsgrundsatz. Dies folgt aus der Verweisung in § 175 Abs. 2 GWB auf § 70 Abs. 1 bis 3 GWB: 15

§ 70 GWB Untersuchungsgrundsatz   16

(1) Das Beschwerdegericht erforscht den Sachverhalt von Amts wegen.

(2) Der oder die Vorsitzende hat darauf hinzuwirken, dass Formfehler beseitigt, unklare Anträge erläutert, sachdienliche Anträge gestellt, ungenügende tatsächliche Angaben ergänzt, ferner alle für die Feststellung und Beurteilung des Sachverhalts wesentlichen Erklärungen abgegeben werden.

(3) Das Beschwerdegericht kann den Beteiligten aufgeben, sich innerhalb einer zu bestimmenden Frist über aufklärungsbedürftige Punkte zu äußern, Beweismittel zu bezeichnen und in ihren Händen befindliche Urkunden sowie andere Beweismittel vorzulegen. Bei Versäumung dieser Frist kann nach Lage der Sache ohne Berücksichtigung der nicht beigebrachten Beweismittel entschieden werden.

Nach Abs. 1 ist der maßgebliche **Sachverhalt** (Tatsachen und Beweismittel), mit dem die geltend gemachten Vergaberechtsverstöße begründet werden sollen, **von Amts wegen aufzuklären**.[29] Das gilt allerdings **wegen der Mitwirkungs- und Förderungspflichten** der Beteiligten **nur eingeschränkt**:   17

Antragsteller und der Beschwerdeführer haben ihr Begehren im Rahmen der Zumutbarkeit durch detaillierten Sachvortrag darzulegen und Beweismittel zu benennen (§§ 161 Abs. 2, 172 Abs. 2 Satz 2 Nr. 2 GWB und §§ 175 Abs. 2, 167 Abs. 2 Satz 1 GWB). Geschieht dies innerhalb einer vom Beschwerdegericht gesetzten Frist nicht, so kann das Gericht nach Lage der Sache ohne Berücksichtigung der nicht beigebrachten Beweismittel entscheiden (§§ 175 Abs. 2, 70 Abs. 3 GWB; § 167 Abs. 2 Satz 2 GWB).[30] Diese Regelungen zeigen, dass der Sachverhalt nicht von Amts wegen in jeder denkbaren Richtung aufzuklären ist.[31] Eine Aufklärungs- und Ermittlungspflicht des Gerichts besteht vielmehr nur insoweit, als das Vorbringen der Beteiligten bei verständiger Betrachtung dazu hinreichenden Anlass bietet. Kommt ein Beteiligter seiner Förderungspflicht nicht nach, indem er ausrei-   18

---

27 Stein/Jonas/Leipold Vorb. § 128 Rn. 17.
28 Für eine entsprechende Anwendung der §§ 230 ff. ZPO: Stockmann in: Immenga/Mestmäcker § 120 Rn. 8.
29 OLG Koblenz 10.04.2003 VergabeR 2003, 448.
30 Siehe Rdn. 24.
31 BGH 19.12.2000 VergabeR 2001, 71; KG 07.06.2000 NZBau 2000, 531.

chend konkreten Sachvortrag, die Vorlage von Urkunden oder die Benennung von Zeugen unterlässt, so reduziert sich zu seinen Lasten die Aufklärungspflicht des Vergabesenats.[32] Für das erstinstanzliche Nachprüfungsverfahren ist in § 163 Abs. 1 Satz 2 GWB ausdrücklich geregelt, dass sich die Vergabekammer auf das beschränken kann, was von den Beteiligten vorgebracht worden ist oder der Vergabekammer sonst bekannt sein muss. Dies ist im Verfahren vor dem Vergabesenat nicht anders.

19 In der Rechtsprechung der Oberlandesgerichte wird angenommen, bei bloßen Mutmaßungen (**Behauptungen** »ins Blaue«) greife die Ermittlungspflicht nicht ein.[33] Dabei ist zu berücksichtigen, dass die Bieter trotz der Informationspflicht des Auftraggebers (§ 134 Abs. 1 GWB) in entscheidende Bereiche des Vergabeverfahrens, insbesondere in die Wertung der Angebote, außerhalb des Nachprüfungsverfahrens kaum Einblick haben. Wenn einem Bieter detaillierter Sachvortrag nicht möglich ist, muss die Darlegung einigermaßen greifbarer Anhaltspunkte für die behauptete Vergaberechtsverletzung genügen. Bieter dürfen Vergaberechtsverstöße rügen, die sie aus ihrer Sicht für wahrscheinlich oder möglich halten. Demgegenüber ist ein ohne tatsächliche Anhaltspunkte gebrachter Vortrag unzulässig und löst die Amtsermittlungspflicht des Vergabesenats nicht aus.[34]

20 Das Gericht kann **unstreitigen Sachvortrag** seiner Entscheidung zugrunde legen, sofern es – unter Heranziehung der Vergabeakten – keine konkreten Anhaltspunkte für Zweifel gibt und das Gericht von der Richtigkeit überzeugt ist.[35] Meist lassen sich auf diese Weise ausreichende Feststellungen treffen. Im Übrigen kann das Gericht zur Aufklärung des Sachverhalts das **persönliche Erscheinen** der Beteiligten **anordnen** (§§ 175 Abs. 2, 73 Nr. 2 GWB i.V.m. § 141 ZPO) oder **Beweis erheben**. Der Untersuchungsgrundsatz erlaubt es dem Gericht, zur Aufklärung des Sachverhalts notwendige Beweise von Amts wegen zu erheben. An Beweisanträge ist das Gericht nicht gebunden. Es muss aber im Hinblick auf die Gewährung rechtlichen Gehörs etwaige Beweisanträge erörtern oder in der Sachentscheidung ausführen, weshalb es dem Beweisantrag nicht nachgegangen ist.[36] Wegen der Beweiserhebung verweist § 175 Abs. 2 i.V.m. § 73 Nr. 2 GWB auf die Vorschriften der Zivilprozessordnung über die Erledigung des Zeugen- und Sachverständigenbeweises (§§ 373 bis 414 ZPO) sowie über die sonstigen Arten des Beweisverfahrens (Beweis durch Augenschein, durch Urkunden, durch Parteivernehmung, §§ 371 bis 372a, 415 bis 444, 445 bis 455 ZPO). Es kann also auch ein Sachverständigengutachten eingeholt werden.[37] Das Gericht erhebt die Beweise in der mündlichen Verhandlung, sofern sie stattfindet. Die Beteiligten sind von der Beweiserhebung zu benachrichtigen und können an ihr teilnehmen.

II. Dispositionsmaxime

21 Von der Frage, welche Tatsachen und Beweismittel zu berücksichtigen sind, ist die den **Streitgegenstand** betreffende Frage zu unterscheiden, welche **Vergaberechtsverstöße** überhaupt Gegenstand des Beschwerdeverfahrens sind.[38] Insoweit gilt im Ausgangspunkt der **Dispositionsgrundsatz**: Der Beschwerdeführer bestimmt durch sein Beschwerdevorbringen, welche Vergaberechtsverstöße zu untersuchen sind.[39] Demgemäß muss gem. § 172 Abs. 2 Satz 2 Nr. 1 GWB die Beschwerdebegründung die Erklärung enthalten, inwieweit die Entscheidung der Vergabekammer angefochten und

---

32 OLG Düsseldorf 19.11.2003 VergabeR 2004, 248; 18.07.2001 VergabeR 2001, 419.
33 OLG Saarbrücken 02.04.2013 1 Verg 1/13; KG 20.02.2012 Verg 8/11; OLG Düsseldorf 20.12.2000 Verg 20/00; KG 12.04.2000 ZVgR 2000, 265.
34 BGH 26.09.2006 VergabeR 2007, 59; OLG Düsseldorf 28.12.2007 VergabeR 2008, 281; OLG München 07.08.2007 VergabeR 2007, 802.
35 Vgl. BGH 12.06.2001 VergabeR 2001, 286; K. Schmidt in: Immenga/Mestmäcker § 70 Rn. 5.
36 K. Schmidt in: Immenga/Mestmäcker § 70 Rn. 1.
37 OLG Celle 08.05.2002 13 Verg 5/02.
38 Streitgegenstand des Nachprüfungsverfahrens ist das gerügte vergaberechtswidrige Handeln des Auftraggebers, OLG Rostock 18.07.2002 VergabeE C-8–10/01k; OLG Düsseldorf 30.05.2001 VergabeE C-10–23/00.
39 OLG Schleswig 13.02.2001 VergabeR 2001, 214; BayObLG 12.09.2000 VergabeR 2001, 65; a.A. Stockmann in: Immenga/Mestmäcker § 120 Rn. 10: Der Vortrag der Beteiligten bewirke für das Gericht keine verbindliche Festlegung der zu prüfenden Rügen. Zur Rechtskraft der Vergabekammerentscheidung im Hinblick auf einzelne Rügen, OLG Celle 05.09.2003 ZfBR 2004, 94.

eine abweichende Entscheidung beantragt wird. Erfolgt nur eine teilweise Anfechtung, so ist der Beschwerdeführer hierauf nach Ablauf der Beschwerdefrist beschränkt.[40] Die Dispositionsmaxime zeigt sich auch darin, dass der Antragsteller den Nachprüfungsantrag und der Beschwerdeführer sein Rechtsmittel jederzeit ganz oder im Hinblick auf einzelne Vergaberechtsverstöße zurücknehmen kann.

Ist Beschwerdeführer der Antragsteller im Nachprüfungsverfahren, so hat das Beschwerdegericht 22 nur diejenigen behaupteten Rechtsverletzungen zu prüfen, auf die der Antragsteller sich in der Beschwerdebegründung beruft.[41] Das können entweder Vergaberechtsfehler sein, die der Antragsteller vor der Vergabekammer erfolglos geltend gemacht hat, oder Vergaberechtsfehler, von denen der Antragsteller erst so spät Kenntnis erlangt hat, dass er sie in erster Instanz nicht mehr vorbringen konnte. Bei einer Beschwerde des Auftraggebers oder des beigeladenen Unternehmens gilt jedenfalls im Grundsatz entsprechendes: Gegenstand des Beschwerdeverfahrens sind **die in der Beschwerdebegründung aufgegriffenen Vergaberechtsverstöße.** Dies wird allerdings nach teilweise vertretener Auffassung anderes gesehen, wenn der Antragsteller mehrere Vergaberechtsverstöße gerügt hat und die Vergabekammer eine oder mehrere der Rügen nicht hat durchgreifen lassen. Hat in einem solchen Fall nur der Auftraggeber Beschwerde eingelegt, so muss der Vergabesenat nach Ansicht des OLG Düsseldorf auch die vor der Vergabekammer nicht erfolgreiche(n) Rüge(n) prüfen; dies selbst dann, wenn der Antragsteller sich im Beschwerdeverfahren nicht förmlich auf diese Rüge(n) beruft.[42] Nach hier vertretener Auffassung erfordert der Untersuchungsgrundsatz nicht, dass der Vergabesenat sich auch mit Rügen befasst, die im Beschwerdeverfahren nicht mehr vorgetragen werden. Der Untersuchungsgrundsatz bezieht sich allein auf den Sachverhalt (§§ 175 Abs. 2, 70 Abs. 1 GWB), nicht also darauf, welche Vergaberechtsverstöße Gegenstand des Beschwerdeverfahrens sind.[43] Es kann von den Beteiligten im Rahmen ihrer Förderungspflicht erwartet werden, – ggf. unter Bezugnahme auf das erstinstanzliche Vorbringen – diejenigen der von der Vergabekammer abschlägig beschiedenen Rügen zu benennen, die vor dem Vergabesenat weiterverfolgt werden sollen. Geschieht dies, so ist das Vorbringen gegebenenfalls als Anschlussbeschwerde auszulegen.[44]

Es besteht weitgehend Einigkeit darüber, dass die Vergabekammer und der Vergabesenat nicht verpflichtet sind, von sich aus das Vergabeverfahren in jeder Hinsicht auf nicht geltend gemachte weitere Rechtsverstöße zu untersuchen.[45] Dies stellt § 163 Abs. 1 Satz 3 GWB für das Verfahren vor der Vergabekammer klar (*»Zu einer umfassenden Rechtmäßigkeitskontrolle ist die Vergabekammer nicht verpflichtet.«*). Problematisch ist allerdings, ob die Vergabekammer und der Vergabesenat zulässigerweise auch **nicht gerügte Vergaberechtsverstöße** aufgreifen dürfen.[46] M.E. ist das (nur)

---

40 Stickler in: Reidt/Stickler/Glahs § 117 Rn. 16.

41 BayObLG 21.05.1999 NZBau 2000, 49.

42 OLG Düsseldorf 18.07.2001 VergabeR 2001, 419; Jaeger in: Byok/Jaeger § 120 Rn. 1204; a.A. wohl BayObLG 12.09.2000 VergabeR 2001, 65. Verfahrensrechtlich anders liegt der der Entscheidung BayObLG 28.12.1999 NZBau 2000, 211, zugrunde liegende Fall, dass die Vergabekammer nur einen von mehreren Gründen für den Ausschluss des Angebots als tragend angesehen hat, und sich der Bieter dagegen mit der Beschwerde wendet. Gegenstand des Beschwerdeverfahrens ist hier die Rüge, dass der Ausschluss des Angebots vergaberechtswidrig gewesen sei. Dem Auftraggeber ist es als Beschwerdegegner nicht verwehrt, sich in der Beschwerdeinstanz erneut auf sämtliche Ausschlussgründe zu berufen. Insoweit geht es nur um die Frage, welcher Sachverhalt bei der Prüfung der Rüge zugrunde gelegt werden soll.

43 Reidt in: Reidt/Stickler/Glahs § 120 Rn. 11.

44 Zur Zulässigkeit einer (unselbstständigen) Anschlussbeschwerde siehe Rdn. 43 ff.

45 OLG München 11.04.2013 Verg 2/13; OLG Düsseldorf 29.12.2001 VergabeR 2002, 267; BayObLG 21.05.1999 NZBau 2000, 49.

46 Vgl. OLG Schleswig VergabeR 2011, 586: Die Vergabekammer darf gem. § 114 Abs. 1 Satz 2 GWB einem Vergabefehler dadurch abhelfen, dass sie auch nicht gerügte Umstände einbezieht; einschränkend OLG Rostock 05.07.2006, ZfBR 2007, 387; offen gelassen für die Rüge der Wahl der Vergabeart: BGH 10.11.2009, VergabeR 2010 210.

für Ausnahmefälle zu bejahen.[47] Im Gesetzgebungsverfahren wurde für das erstinstanzliche Verfahren von einer strikten Beschränkung der Prüfung auf die geltend gemachten Rügen mit der Begründung abgesehen; es solle der Vergabekammer nicht gesetzlich die Möglichkeit versperrt werden, auf **schwere Mängel**, die nicht gerügt worden sind, einzugehen.[48] Der Gesetzeswortlaut – auch in § 172 Abs. 2 Satz 2 Nr. 1 GWB – schließt ein Aufgreifen nicht gerügter Vergaberechtsfehler durch die Vergabekammer oder den Vergabesenat von Amts wegen nicht prinzipiell aus. Dementsprechend kann das Aufgreifen eines nicht gerügten Vergaberechtsfehlers **von Amts wegen** bei schwerwiegenden Verstößen ausnahmsweise zulässig sein.[49]

III. Verfahrensförderungspflicht der Beteiligten

24   Nach §§ 175 Abs. 2, 167 Abs. 2 Satz 1 GWB haben die Beteiligten an der Aufklärung des Sachverhalts **mitzuwirken**, wie es einem auf Förderung und raschen Abschluss des Verfahrens bedachten Vorgehen entspricht. Diese Regelung wird in §§ 175 Abs. 2, 70 Abs. 3 GWB dahin ergänzt, dass das Beschwerdegericht den Beteiligten aufgeben kann, sich innerhalb einer zu bestimmenden **Frist** über aufklärungsbedürftige Punkte zu äußern, Beweismittel zu bezeichnen und in ihren Händen befindliche Urkunden sowie andere Beweismittel vorzulegen. Bei Versäumung der Frist kann nach Lage der Sache ohne Berücksichtigung der nicht beigebrachten Beweismittel entschieden werden (§ 167 Abs. 2 Satz 2 GWB; §§ 175 Abs. 2, 70 Abs. 3 Satz 2 GWB). Damit erhält das Gericht die Möglichkeit, die Voraussetzungen für eine rasche Entscheidung zu schaffen. Auch wenn das Gericht keine Frist gesetzt hat, muss ein Beteiligter, der so spät zur Sache vorträgt, dass den anderen Verfahrensbeteiligten bis zum Schluss der mündlichen Verhandlung eine **Erwiderung** unter zumutbaren Bedingungen **nicht mehr möglich** ist, damit rechnen, dass das späte Vorbringen bei der Entscheidung unberücksichtigt bleibt. Das folgt daraus, dass die Beteiligten nach §§ 175 Abs. 2, 167 Abs. 2 Satz 1 GWB von sich aus sämtliche Angriffs- und Verteidigungsmittel so frühzeitig wie möglich vorzubringen haben. Geschieht dies nicht und trägt ein Beteiligter so spät vor, dass der Gegner sich dazu nicht mehr äußern kann, so würde die Berücksichtigung des späten Vorbringens eine Vertagung erforderlich machen. Denn die Entscheidung darf nur auf solches Vorbringen gestützt werden, zu dem der Gegner sich hat äußern können (§§ 175 Abs. 2, 71 Abs. 1 Satz 2 GWB). Eine Vertagung wegen eines unter Verstoß gegen die Förderungspflicht erfolgten Sachvortrags verbietet aber der vergaberechtliche Beschleunigungsgrundsatz.[50]

E. Akteneinsicht

25   Wegen der Akteneinsicht verweist § 175 Abs. 2 GWB gleichermaßen auf § 72 GWB (Akteneinsicht im Kartellbeschwerdeverfahren) und auf § 165 GWB (Akteneinsicht im Verfahren vor der Vergabekammer). Der Verweisung auf § 72 GWB kommt weniger praktische Bedeutung zu, sodass zunächst auf die Kommentierung zu § 165 GWB Bezug genommen werden kann.

26   Beide Vorschriften **entsprechen sich** inhaltlich **zum Teil**. Vor allem ist Einsicht in Beiakten – im Verfahren vor dem Vergabesenat insbesondere in Akten der Vergabestelle – sowohl nach § 72 GWB als auch nach § 165 GWB zu versagen, soweit dies aus wichtigen Gründen, insbesondere zur Wahrung von Fabrikations-, Betriebs- oder Geschäftsgeheimnissen geboten ist (§ 72 Abs. 2 Satz 2 GWB und § 165 Abs. 2 GWB).

---

47   Eine weiter gehende Berücksichtigung von Vergaberechtsfehlern bejahend: Hunger in Kulartz/Kus/Portz/ Pries, Kommentar zum Vergaberecht, 2. Aufl., § 117 Rn. 48 ff.; a.M. Stickler in: Reidt/Stickler/Glahs § 117 Rn. 15.
48   Vgl. BT-Drucks. 13/9340 S. 40, 50, jeweils zu Nr. 24.
49   Vgl. OLG Düsseldorf 20.07.2015 VII-Verg 37/15; OLG München 11.04.2013 Verg 2/13; OLG Celle 17.11.2011, 13 Verg 6/11, 11.02.2010, VergabeR 2010, 669, und 08.11.2001, VergabeR 2002, 154; KG 04.04.2002, VergabeR 2002, 235; OLG München, 10.12.2009, Verg 18/09 für den Fall eines »nicht hinnehmbaren Vergaberechtsverstoßes«; a.M. OLG Naumburg 18.08.2011, VergabeR 2012, 93.
50   OLG Düsseldorf 19.11.2003 VergabeR 2004, 248; Jaeger in: Byok/Jaeger § 120 Rn. 2103.

§ 72 GWB und § 165 GWB weisen andererseits **gravierende Unterschiede** auf: § 165 Abs. 1   27
GWB gibt den Beteiligten, somit auch den Beigeladenen (§ 162 GWB), im Grundsatz ein vollständiges – allerdings auf die entscheidungsrelevanten Aktenbestandteile beschränktes[51] – Einsichtsrecht. Dieses umfasst »die Akten«, also auch die beigezogenen Akten der Vergabestelle.[52] Nach dem
Regel-Ausnahmeverhältnis der Abs. 1 und 2 des § 165 GWB hat die Vergabekammer die Einsicht
in die Unterlagen nur unter den Voraussetzungen des § 165 Abs. 2 GWB zu versagen.[53] Das alles
ist im Beschwerdeverfahren in Kartellverwaltungssachen anders geregelt. § 72 GWB gewährt ein
unbeschränktes Einsichtsrecht nur in die Gerichtsakten (§ 72 Abs. 1 GWB). Einsicht in die Beiakten – das wären bei entsprechender Anwendung auf das Verfahren vor dem Vergabesenat neben
den Vergabekammerakten in erster Linie die Akten der Vergabestelle – ist nur mit Zustimmung der
Stellen zulässig, denen die Akten gehören, es sei denn, das Beschwerdegericht ordnet die Offenlegung der entsprechenden Tatsachen oder Beweismittel an (§ 72 Abs. 2 GWB). Das Einsichtsrecht
steht nur ausnahmsweise auch den Beigeladenen zu (§ 72 Abs. 3 GWB).

In den genannten Punkten, in denen beide Vorschriften voneinander abweichen, ist einer entspre-   28
chenden Anwendung des **§ 165 GWB Vorrang** vor einer entsprechenden Anwendung des res-
triktiveren § 72 GWB zu geben.[54] Es ist nicht zu erkennen, weshalb der im Verfahren vor der
Vergabekammer geltende § 165 Abs. 1 GWB, bei dem die volle Akteneinsicht die Regel und die
Beschränkung der Akteneinsicht die Ausnahme ist, nicht entsprechend auch im Beschwerdeverfahren anwendbar sein soll. Eine entsprechende Anwendung des § 72 GWB würde das Regel-Ausnahme-Verhältnis des § 165 GWB bezüglich des Rechts auf Einsicht in Vorakten, Beiakten usw.
zulasten des Rechtsschutz Suchenden umkehren obwohl es im Verfahren vor dem Vergabesenat
keine weitergehenden berechtigten Geheimhaltungsinteressen als im erstinstanzlichen Verfahren
gibt.[55] Es wäre auch nicht sachgerecht, zunächst den Auftraggeber darüber entscheiden zu lassen,
ob den Beteiligten Einsicht in die Vergabeakten zu gewähren ist (vgl. § 72 Abs. 2 Satz 1 GWB).
Die Entscheidung über eine Versagung der Einsicht in bestimmte Unterlagen muss vielmehr durch
das Gericht nach Maßgabe des § 165 Abs. 2, 3 GWB erfolgen. § 72 GWB passt ferner deshalb
für das Vergabenachprüfungsverfahren weniger gut, weil nach Abs. 2 Satz 4 die Anordnung der
Offenlegung voraussetzt, dass »die Bedeutung der Sache für die Sicherung des Wettbewerbs das
Interesse des Betroffenen an der Geheimhaltung überwiegt«. Im Vergabenachprüfungsverfahren
geht es jedoch in erster Linie um den Schutz der subjektiven Bieterrechte, sodass eine Abwägung des
Geheimhaltungsinteresses einerseits und des Rechtsschutzinteresses des die Akteneinsicht Beantragenden andererseits unter Berücksichtigung des Transparenzgebotes stattfinden hat.[56] Schließlich
spricht für einen Vorrang des § 165 GWB ganz allgemein, dass unterschiedlich weitgehende Akteneinsichtsrechte im erstinstanzlichen Nachprüfungsverfahren und im Beschwerdeverfahren unnötig
kompliziert und nicht sachgerecht wären.

Mögliche Bereiche für eine entsprechende Anwendung des § 72 GWB liegen dort, wo die Vorschrift   29
über § 165 GWB hinausgehende Regelungen der Akteneinsicht enthält, die im Verfahren vor dem
Vergabesenat sachgerecht sind. Insbesondere enthält § 165 GWB keine ausdrückliche Aussage
dazu, wann die Versagung der Akteneinsicht aus wichtigen Gründen »geboten« ist. Insoweit lässt
sich § 72 Abs. 2 Satz 4 GWB entnehmen, dass geprüft werden muss, ob es für die Entscheidung auf
die betreffenden Unterlagen ankommt, ob andere Möglichkeiten der Sachaufklärung bestehen, und
ob nach Abwägung aller Umstände des Einzelfalles die Bedeutung der Sache für die Sicherung des
Wettbewerbs das Interesse des Betroffenen an der Geheimhaltung überwiegt. Letzteres bedeutet bei
entsprechender Anwendung der Vorschrift auf das Nachprüfungsverfahren, dass das Gebot eines

51 OLG Dresden 03.11.2014 Verg W9/14; OLG Jena 11.01.2007 VergabeR 2007, 207.
52 Reidt in: Reidt/Stickler/Glahs § 111 Rn. 7.
53 Kus VergabeR 2003, 129, 134; vgl. OLG Celle 10.09.2001 VergabeR 2002, 82.
54 Ramm VergabeR 2007, 739, 742; vgl. Kus VergabeR 2003, 129, 135 »Redaktionsversehen des
    Gesetzgebers«.
55 Vgl. Kus VergabeR 2003, 129, 134.
56 OLG Jena 11.01.2007 VergabeR 2007, 207.

effektiven Rechtsschutzes gegen die auf dem Spiel stehenden Geheimhaltungsinteressen abzuwägen ist.[57] Eine sachgerechte Anwendungsmöglichkeit für § 72 GWB dürfte auch insoweit bestehen, als die **Beigeladenen** bei der Gewährung der Akteneinsicht anders als der Antragsteller und der Auftraggeber behandelt werden können (§ 72 Abs. 1 und 3 GWB).[58] Dies mag im Einzelfall gerechtfertigt sein. Die Differenzierungsmöglichkeit muss dann aber auch für die Akteneinsicht in erster Instanz entsprechend gelten. Im Nachprüfungsverfahren entsprechend anwendbar ist § 72 GWB insoweit, als er in Abs. 1 Satz 2 eine Bezugnahme § 299 Abs. 3 ZPO enthält (Akteneinsicht bei Vorliegen der Prozessakten als **elektronische Dokumente**). Soweit im Nachprüfungsverfahren elektronische Dokumente zur Akte genommen worden sind, hat die Geschäftsstelle Ausdrucke zu fertigen, in welche die Einsicht zu gewähren ist. Größere Anwendungsmöglichkeiten dürften sich ergeben, wenn zukünftig die elektronische Führung und Verwaltung der Prozessakten Praxis werden sollte.

30 In der Rechtsprechung der Oberlandesgerichte werden, soweit ersichtlich, aus der Verweisung in § 175 Abs. 2 GWB auf § 72 GWB keine inhaltlich von § 165 GWB abweichenden Konsequenzen gezogen. Teilweise nehmen die Entscheidungen nur auf §§ 175 Abs. 2, 165 GWB Bezug.[59]

31 Die entsprechende Anwendung der §§ 72, 165 GWB wird den vom EuGH im Urt. v. 14. Februar 2008[60] formulierten Vorgaben für die Gewährung von Akteneinsicht durch die Nachprüfungsinstanzen gerecht.

F. Wiedereinsetzung in den vorigen Stand

32 Im Verfahren vor dem Vergabesenat sind die **§ 233 ff. ZPO** entsprechend anwendbar (§§ 175 Abs. 2, 73 Nr.. 2 GWB).[61] Wiedereinsetzung in den vorigen Stand kann nach § 233 ZPO nur gegen die Versäumung von Notfristen oder Fristen zu Begründung von Rechtsmitteln gewährt werden. Die Möglichkeit zur Beantragung einer Wiedereinsetzung betrifft daher nur die Versäumung der Beschwerdefrist einschließlich des Falles, dass der Antragsteller die Einlegung der sofortigen Beschwerde gegen eine nach § 171 Abs. 2 GWB anzunehmende fiktive Entscheidung der Vergabekammer versäumt hat.[62] Nicht möglich ist dagegen eine Wiedereinsetzung in den vorigen Stand gegen die Versäumung des rechtzeitigen Antrags nach § 173 Abs. 1 Satz 3 GWB auf Verlängerung der aufschiebenden Wirkung.[63] Die Entscheidung des Vergabesenats über den Antrag auf Wiedereinsetzung ist unanfechtbar. Dies folgt für den Fall der stattgebenden Wiedereinsetzungsentscheidung aus des § 238 Abs. 3 ZPO entsprechend. Für den Fall der ablehnenden Wiedereinsetzungsentscheidung ergibt es sich daraus, dass die Oberlandesgerichte über die sofortigen Beschwerden der Vergabekammern abschließend entscheiden.[64]

G. Beschwerdeentscheidung

33 Die Tatsachenfeststellung erfolgt nach dem **Grundsatz der freien Beweiswürdigung** (§§ 175 Abs. 2, 71 Abs. 1 Satz 1 GWB). Das Gericht ist nicht an feste Beweisregeln gebunden. Maß des Bewiesenseins ist die richterliche Überzeugung, also ein »für das praktische Leben brauchbarer Grad von Gewissheit, der Zweifeln Schweigen gebietet, ohne sie völlig auszuschließen«.[65] Das Gericht

---

57 OLG Düsseldorf 28.12.2007 VergabeR 2008, 281.
58 Bechtold § 120 Rn. 3.
59 Vgl. OLG Jena 16.12.2002 VergabeR 2003, 248; 12.12.2001 VergabeR 2002, 305; BayObLG 02.12.2002 VergabeR 2003, 207; OLG Düsseldorf 29.12.2001 VergabeR 2002, 267; OLG Celle 16.01.2002 VergabeR 2002, 299.
60 EuGH 14.02.2008- Rs. C-450/06 »Varec«.
61 Vgl. OLG München 04.05.2012, Verg 5/12; OLG Frankfurt 16.02.2009, 11 Verg 17/08; BayObLG 02.12.2002 VergabeR 2003, 207; OLG Koblenz 22.04.2002 1 Verg 1/02.
62 OLG Düsseldorf 05.10.2001 VergabeR 2002, 89.
63 BayObLG 10.09.2004 VergabeR 2005, 143.
64 BGH 16.09.2003 VergabeR 2004, 62.
65 Zum entsprechenden § 286 Abs. 1 ZPO: BGH 14.01.1993 NJW 1993, 935.

entscheidet **durch Beschluss** (§§ 175 Abs. 2, 71 Abs. 1 Satz 1 GWB). Der Beschluss darf nach §§ 175 Abs. 2, 71 Abs. 1 Satz 2 GWB nur auf Tatsachen oder Beweismittel gestützt werden, zu denen die Beteiligten sich äußern konnten. Das Gericht kann hiervon (nur) gegenüber Beigeladenen abweichen, soweit ihnen aus wichtigen Gründen, insbesondere zur Wahrung von Fabrikations-, Betriebs- oder Geschäftsgeheimnissen, Akteneinsicht nicht gewährt und der Akteninhalt aus diesen Gründen auch nicht vorgetragen worden ist; diese Einschränkung des rechtlichen Gehörs gilt nach Satz 4 aber nicht für solche Beigeladene, die an dem streitigen Rechtsverhältnis derart beteiligt sind, dass die Entscheidung auch ihnen gegenüber nur einheitlich ergehen kann (§ 175 Abs. 2, 71 Abs. 1 Satz 3, 4 GWB). Um eine solche »notwendige Beiladung« handelt es sich, wenn der Verfahrensausgang für den Betroffenen rechtsgestaltende Wirkung hat. Dazu gehört beispielsweise der häufige Fall, dass durch die Entscheidung die rechtliche Chance des Beigeladenen auf den Zuschlag beeinträchtigt werden kann.[66]

Das Gericht kann in entsprechender Anwendung des § 73 Nr. 2 GWB und § 147 ZPO mehrere bei 34 ihm anhängige **Beschwerdeverfahren**, die dasselbe Vergabeverfahren betreffen, zur gemeinsamen Verhandlung und Entscheidung miteinander **verbinden** (§ 175 Abs. 2 GWB).[67]

Welchen Inhalt der **Beschlusstenor** haben kann, richtet sich nach § 178 GWB. 35

Der Beschluss des Vergabesenats ist gem. §§ 175 Abs. 2, 71 Abs. 6 GWB zu **begründen**. Soweit 36 § 71 Abs. 6 GWB auch eine **Rechtsmittelbelehrung** verlangt, geht die Verweisung in § 175 Abs. 2 GWB ins Leere. Es gibt kein Rechtsmittel gegen den Beschluss des Vergabesenats. Die Vorlage an den Bundesgerichtshof gem. § 179 Abs. 2 GWB erfolgt von Amts wegen, sodass kein Raum für eine Rechtsmittelbelehrung ist.

H. Kosten des Beschwerdeverfahrens

§ 175 Abs. 2 GWB bestimmt für das Beschwerdeverfahren, dass § 78 GWB entsprechend anwend- 37 bar ist. Die Vorschrift lautet:

> *»Im Beschwerdeverfahren und im Rechtsbeschwerdeverfahren kann das Gericht anordnen, dass die* 38 *Kosten, die zur zweckentsprechenden Erledigung der Angelegenheit notwendig waren, von einem Beteiligten ganz oder teilweise zu erstatten sind, wenn dies der Billigkeit entspricht. Hat ein Beteiligter Kosten durch ein unbegründetes Rechtsmittel oder durch grobes Verschulden veranlasst, so sind ihm die Kosten aufzuerlegen. Im Übrigen gelten die Vorschriften der Zivilprozessordnung über das Kostenfestsetzungsverfahren und die Zwangsvollstreckung aus Kostenfestsetzungsbeschlüssen entsprechend.«*

Wegen Einzelheiten siehe Kommentierung zu § 12 GWB. 39

I. Lücken

I. Allgemeines

Das Vergabebeschwerdeverfahren ist in den §§ 171 ff. GWB trotz der zahlreichen Verweisungen in 40 § 175 Abs. 2 GWB auf Vorschriften des Kartellbeschwerdeverfahrens, des erstinstanzlichen Nachprüfungsverfahrens, der ZPO und des GVG nur unvollständig geregelt. Die Frage nach der Schließung dieser Lücken muss für jede einzelne verfahrensrechtliche Frage gesondert geprüft werden.

Für eine entsprechende Anwendung kommen vor allem die Vorschriften der VwGO, der ZPO 41 und des kartellrechtlichen Beschwerdeverfahrens in Betracht. Nach herrschender Meinung liegt es nahe, die Lücken vornehmlich nach den Bestimmungen der VwGO zu schließen, da das Nach-

---

66 BayObLG 21.05.1999 Verg 1/99.
67 OLG Jena 02.08.2000 6 Verg 4 und 5/00.

prüfungsverfahren dem Kartellverwaltungsverfahren nachgebildet sei.[68] Stärkeres Gewicht hat nach hier vertretener Auffassung der Gesichtspunkt, dass es sich bei dem vergaberechtlichen Beschwerdeverfahren – anders als bei dem erstinstanzlichen Verfahren vor der Vergabekammer – um ein **streitiges Verfahren vor einem ordentlichen Gericht** handelt.[69] Das spricht dafür, in **erster Linie die ZPO-Bestimmungen** entsprechend anzuwenden. Einem schematischen Rückgriff auf die ZPO steht allerdings der Umstand entgegen, dass der Gesetzgeber sich offenbar differenzierte Überlegungen zur Anwendbarkeit von einzelnen zivilprozessualen Vorschriften gemacht hat. Es bedarf jeweils einer Prüfung, ob die infrage kommenden Bestimmungen absichtlich in § 175 Abs. 2 GWB und in den dort genannten Normen nicht in Bezug genommen worden sind.[70] Eine entsprechende Anwendung von Vorschriften sowohl der ZPO als auch anderer Verfahrensordnungen scheidet aus, soweit ihnen der vergaberechtliche Beschleunigungsgrundsatz entgegensteht.[71]

II. Einzelne Lücken

42 Folgende in den §§ 171 ff. GWB nicht geregelte Verfahrensfragen hat die Rechtsprechung durch eine entsprechende Anwendung von Vorschriften der ZPO oder der VwGO geschlossen:

1. Anschlussbeschwerde

43 Im Nachprüfungsverfahren ist die unselbstständige Anschlussbeschwerde zulässig. Das begründet die Rechtsprechung mit einer entsprechenden Anwendung der §§ 524, 567 Abs. 3 ZPO und des § 127 VwGO.[72] Die unselbstständige Anschlussbeschwerde ist von Bedeutung, wenn ein vor der Vergabekammer teilweise unterlegener Beteiligter die Vergabekammerentscheidung innerhalb der Beschwerdefrist nicht angefochten hat, nach der Beschwerde der Gegenseite jedoch auch seinerseits Beschwerde einlegen will. Es ist zulässig, die Anschlussbeschwerde auf die Kostenentscheidung im Vergabekammerbeschluss zu beschränken; in diesem Fall ist das Rechtsmittel allerdings unnötig, weil das Beschwerdegericht die Kostenentscheidung ohnehin von Amts wegen zu überprüfen hat.[73] Die Anschlussbeschwerde kann auch hilfsweise für den Fall eingelegt werden, dass dem in erster Linie gestellten Antrag auf Zurückweisung der sofortigen Beschwerde nicht entsprochen wird.[74]

44 Der Antragsteller kann sich der Beschwerde des Auftraggebers ebenso anschließen wie umgekehrt der Auftraggeber der Beschwerde des Antragstellers.[75] Außerdem ist die Anschlussbeschwerde im Verhältnis zwischen Beigeladenem und Auftraggeber sowie im Verhältnis zwischen Antragsteller und Beigeladenem zulässig.[76]

45 Nach der Rechtsprechung mehrerer Oberlandesgerichte muss die unselbstständige Anschlussbeschwerde in entsprechender Anwendung der §§ 524 Abs. 2 Satz 2 ZPO **innerhalb der** zur

---

68 OLG Düsseldorf 28.12.2007, VII-Verg 40/07; Jaeger in: Byok/Jaeger § 120 Rn. 1207; Stickler in: Reidt/ Stickler/Glahs § 120 Rn. 8, Vor §§ 116–124 Rn. 2; a.A. Stockmann in: Immenga/Mestmäcker § 120 Rn. 25: Schließung der Lücken in erster Linie durch einen Rückgriff auf das Verfahren vor der Vergabekammer und das Beschwerdeverfahren in allgemeinen Kartellverwaltungssachen.
69 Vgl. BGH 09.02.2004 VergabeR 2004, 201; 19.12.2000 NJW 2001, 1492.
70 Hunger in: Niebuhr/Kulartz/Kus/Portz § 120 Rn. 3.
71 Im Hinblick auf § 94 VwGO und § 148 ZPO (Aussetzung des Verfahrens): OLG Düsseldorf 11.03.2002 VergabeR 2002, 404.
72 OLG München 15.03.2005 Verg 002/05; BayObLG 05.11.2002 VergabeR 2003, 186; OLG Düsseldorf 08.05.2002 Verg 15/01.
73 OLG München 15.03.2005 Verg 002/05.
74 OLG Düsseldorf 23.12.2009, VII-Verg 30/09; BayObLG 09.08.2004 Verg 015/04.
75 OLG Naumburg 17.02.2004 VergabeR 2004, 634; BayObLG 05.11.2002 VergabeR 2003, 186; KG 07.11.2001 VergabeR 2002, 95.
76 Vgl. OLG Celle 05.09.2007, VergabeR 2007, 765; OLG Jena 05.12.2001 VergabeR 2002, 256.

Beschwerdeerwiderung **gesetzten Frist** eingelegt werden.[77] Andere Vergabesenate gehen davon aus, dass sie stets innerhalb von zwei Wochen nach Zustellung der Beschwerdebegründung eingelegt werden muss.[78]

Die unselbstständige Anschlussbeschwerde verliert ihre Wirkung, wenn die Beschwerde zurückge- 46
nommen oder als unzulässig verworfen wird (§ 524 Abs. 4 ZPO entsprechend).[79]

2. Unterschriften der Richter

Der Beschluss des Vergabesenats ist entsprechend § 315 Abs. 1 ZPO von den Richtern die bei der 47
Entscheidung mitgewirkt haben, zu unterschreiben. Im Fall der Verhinderung eines Richters, die
Unterschrift beizufügen, hat der Vorsitzende, im Fall seiner Verhinderung der älteste beisitzende
Richter die Unterschrift zu ersetzen.

3. Offenbare Unrichtigkeiten des Urteils, Tatbestandsberichtigung, Entscheidungslücken

Schreibfehler, Rechenfehler und ähnliche Unrichtigkeiten in dem Beschluss des Vergabesenats sind 48
entsprechend § 319 ZPO von Amts wegen oder auf Antrag zu berichtigen.[80] Nicht unter diese
Vorschrift fallende Unrichtigkeiten des Tatbestands sind auf Antrag entsprechend § 320 ZPO zu
berichtigen.[81] Eine lückenhafte Sachentscheidung des Gerichts ist entsprechend § 321 ZPO nachträglich zu ergänzen.[82] Eine Ergänzung kommt insbesondere beim Fehlen der Kostenentscheidung
oder eines Teils davon in Betracht.

4. Rücknahme der Beschwerde

Die Beschwerde kann in entsprechender Anwendung des § 516 Abs. 1, 2 ZPO ohne Einwilligung 49
der Gegenseite bis zur Verkündung der Beschwerdeentscheidung zurückgenommen werden.[83]

§ 176 Vorabentscheidung über den Zuschlag

**(1) Auf Antrag des Auftraggebers oder auf Antrag des Unternehmens, das nach § 134 vom Auf-
traggeber als das Unternehmen benannt ist, das den Zuschlag erhalten soll, kann das Gericht den
weiteren Fortgang des Vergabeverfahrens und den Zuschlag gestatten, wenn unter Berücksichtigung aller möglicherweise geschädigten Interessen die nachteiligen Folgen einer Verzögerung der
Vergabe bis zur Entscheidung über die Beschwerde die damit verbundenen Vorteile überwiegen.
Bei der Abwägung ist das Interesse der Allgemeinheit an einer wirtschaftlichen Erfüllung der Aufgaben des Auftraggebers zu berücksichtigen; bei verteidigungs- oder sicherheitsspezifischen Aufträgen im Sinne des § 104 sind zusätzlich besondere Verteidigungs- und Sicherheitsinteressen zu
berücksichtigen. Das Gericht berücksichtigt bei seiner Entscheidung auch die Erfolgsaussichten
der sofortigen Beschwerde, die allgemeinen Aussichten des Antragstellers im Vergabeverfahren,
den öffentlichen Auftrag oder die Konzession zu erhalten, und das Interesse der Allgemeinheit an
einem raschen Abschluss des Vergabeverfahrens.**

---

77 OLG Düsseldorf 19.11.2014 VergabeR 2015, 198, 21.07.2010 VergabeR 2010, 955;; OLG Dresden
   04.07.2008 VergabeR 2008, 809; OLG Hamburg 09.10.2012 Verg 1/12: »entsprechend § 524 Abs. 2
   Satz 2 ZPO maßgeblich, ist jedenfalls dann die im Beschwerdeverfahren gesetzte Erwiderungsfrist maßgeblich, wenn diese die Beschwerdefrist von 2 Wochen überschreitet«.
78 OLG Schleswig 15.04.2011 VergabeR 2011, 586; OLG Naumburg 04.09.2008 VergabeR 2009, 210;
   OLG Celle 05.09.2007 VergabeR 2007, 765.
79 OLG Naumburg 13.02.2012, 2 Verg 14/11.
80 OLG Bremen 22.04.2003 Verg 2/2002.
81 Vgl. OLG Bremen 11.12.2003 Verg 5/2003.
82 BayObLG 08.03.2001 Verg 5/00.
83 OLG Naumburg 13.02.2012, 2 Verg 14/11.

(2) Der Antrag ist schriftlich zu stellen und gleichzeitig zu begründen. Die zur Begründung des Antrags vorzutragenden Tatsachen sowie der Grund für die Eilbedürftigkeit sind glaubhaft zu machen. Bis zur Entscheidung über den Antrag kann das Verfahren über die Beschwerde ausgesetzt werden.

(3) Die Entscheidung ist unverzüglich, längstens innerhalb von fünf Wochen nach Eingang des Antrags zu treffen und zu begründen; bei besonderen tatsächlichen oder rechtlichen Schwierigkeiten kann der Vorsitzende im Ausnahmefall die Frist durch begründete Mitteilung an die Beteiligten um den erforderlichen Zeitraum verlängern. Die Entscheidung kann ohne mündliche Verhandlung ergehen. Ihre Begründung erläutert Rechtmäßigkeit oder Rechtswidrigkeit des Vergabeverfahrens. § 175 ist anzuwenden.

(4) Gegen eine Entscheidung nach dieser Vorschrift ist ein Rechtsmittel nicht zulässig.

A. Überblick und Normzweck

1 Die Vorschrift des § 176 GWB (die nach lediglich redaktionellen Anpassungen § 121 GWB a.F. entspricht) ermöglich es dem Beschwerdegericht, auf Antrag den weiteren Fortgang des Vergabeverfahrens und die **Erteilung des Zuschlags im** Rahmen eines **besonderen gerichtlichen Eilverfahrens** zu gestatten. Zweck der Vorabentscheidung über den Zuschlag ist es, während des laufenden Beschwerdeverfahrens dem Auftraggeber unter den im Gesetz genannten Voraussetzungen den Abschluss des Vergabeverfahrens durch Zuschlagserteilung zu ermöglichen, obwohl das Beschwerdeverfahren noch nicht zur Entscheidungsreife gelangt ist. Hat die Vergabekammer dem Antrag auf Nachprüfung stattgegeben und hat der Auftraggeber oder ein beteiligtes Unternehmen gegen die Entscheidung der Vergabekammer sofortige Beschwerde eingelegt, ist dem Auftraggeber eine Erteilung des Zuschlags grundsätzlich solange untersagt, bis das Beschwerdegericht die Entscheidung der Vergabekammer aufhebt (§ 173 Abs. 3 GWB). Mit der Möglichkeit der Vorabentscheidung über den Zuschlag räumt das Gesetz dem Interesse an einer möglichst raschen Umsetzung des Beschaffungsvorgangs im Einzelfall den Vorrang gegenüber der Durchsetzung des vergaberechtlichen Primärrechtsschutzes eines Unternehmens ein. Die gesetzliche Regelung zur Vorabentscheidung über den Zuschlag steht im Einklang mit dem europäischen Recht, mit der Ausgestaltung der Möglichkeit der Vorabgestattung des Zuschlags unter umfassender Interessenabwägung hat der deutsche Gesetzgeber den insoweit nach Art. 2 Abs. 5 der Rechtsmittelrichtlinie 2007/66/EG[1] und Art. 56 Abs. 5 der Vergaberichtlinie Verteidigung und Sicherheit 2009/81/EG[2] bestehenden Gestaltungsspielraum genutzt.[3]

---

1 Richtlinie 2007/66/EG v. 11.12.2007 zur Änderung der Richtlinien 89/665/EWG und 92/13/EWG des Rates im Hinblick auf die Verbesserung der Wirksamkeit der Nachprüfungsverfahren bezüglich der Vergabe öffentlicher Aufträge, ABl. L 335/31 v. 20.12.2007.

2 Art. 56 Abs. 5 Richtlinie 2009/81/EG v. 13.07.2009 über die Koordinierung der Verfahren zur Vergabe bestimmter Bau-, Liefer- und Dienstleistungsaufträge in den Bereichen Verteidigung und Sicherheit und zur Änderung der Richtlinien 2004/17/EG und 2004/18/EG, ABl. L 216/76 v. 20.08.2009.

3 OLG Celle 13.03.2002 13 Verg 4/02 IBR 2002, 324 zu § 121 a.F.; Vavra in: Dreher/Motzke § 121 a.F. Rn. 2; Raabe in: Willenbruch/Wieddekind § 121 a.F. Rn. 3.

Das Verfahren der Vorabentscheidung über den Zuschlag ist als **Zwischenverfahren** innerhalb 2
des Verfahrens der sofortigen Beschwerde ausgestaltet,[4] die Entscheidung obliegt dem Beschwerdegericht. Seinem Wesen nach sieht der Gesetzgeber die Vorabentscheidung über den Zuschlag
als vergleichbar mit den Verfahren auf Erlass einer einstweiligen Verfügung (§ 940 ZPO) bzw.
einer einstweiligen Anordnung (§ 123 VwGO) und dem Verfahren über die Wiederherstellung der
aufschiebenden Wirkung von Widerspruch und Anfechtungsklage (§ 80 Abs. 5 VwGO) an. Da
die Entscheidung über die Beschwerde auch unter Beachtung des Beschleunigungsgebots (§ 175
Abs. 2 i.V.m. § 167 Abs. 2 Satz 1 GWB) mehrere Monate in Anspruch nehmen kann, soll durch
die Möglichkeit der Vorabentscheidung über den Zuschlag verhindert werden, dass die Gewährung
gerichtlichen Rechtsschutzes zu »unerträglichen Verzögerung der Vergabeverfahren« führt.[5] Im
Unterschied zu anderen Verfahren des einstweiligen Rechtsschutzes sind die Wirkungen der Vorabentscheidung über den Zuschlag aber häufig nicht nur vorläufiger Art, vielmehr führt die Entscheidung regelmäßig unter **Vorwegnahme der Hauptsache** zu einer endgültigen Erledigung des
Nachprüfungsverfahrens.[6] Im Falle der Gestattung des Zuschlags durch Vorabentscheidung erledigt
sich das Nachprüfungsverfahren im Allgemeinen durch die dann erfolgende Zuschlagserteilung,
die grundsätzlich nicht mehr aufgehoben werden kann (§ 178 Satz 4 i.V.m. § 168 Abs. 2 Satz 1
GWB). Ist der Auftraggeber mit dem Antrag auf Vorabgestattung des Zuschlags unterlegen, tritt
die Erledigung des Nachprüfungsverfahrens entweder dadurch ein, dass der Auftraggeber die vom
Beschwerdegericht festgestellten Vergabefehler kurzfristig behebt, anderenfalls dadurch, dass er dies
unterlässt, mit der Folge einer Beendigung des Vergabeverfahrens kraft Gesetzes (§ 177 GWB).[7]

B. Statthaftigkeit des Antrags

Der Antrag auf Vorabentscheidung über den Zuschlag ist statthaft, wenn der Auftraggeber oder ein 3
Beteiligter gegen die Entscheidung der Vergabekammer **sofortige Beschwerde** eingelegt hat und der
Auftraggeber einem **Zuschlagsverbot** unterliegt.

Nicht statthaft ist der Antrag, bevor eine Entscheidung der Vergabekammer mit der sofortigen 4
Beschwerde angefochten wurde.[8] Zwar ist der Auftraggeber während der zweiwöchigen Beschwerdefrist aufgrund des gesetzlichen Verbots gem. § 169 Abs. 1 GWB an der Zuschlagserteilung gehindert. Die dadurch eintretende Verzögerung des Vergabeverfahrens kann nach § 176 GWB aber
nicht abgewendet werden. Das folgt bereits aus dem Wortlaut des § 176 Abs. 1 Satz 3 GWB,
wonach das Gericht bei seiner Entscheidung unter anderem »die Erfolgsaussichten der sofortigen
Beschwerde« berücksichtigt, was nur möglich ist, wenn tatsächlich ein Beschwerdeverfahren anhängig ist und das Beschwerdevorbringen einer Prüfung unterzogen werden kann. Der Gesetzgeber
hat demnach ein Zuwarten mit der Zuschlagserteilung bis zum Ablauf der Beschwerdefrist nicht
als eine solche Verzögerung angesehen, der durch Vorabentscheidung über den Zuschlag begegnet
werden kann.

Der **Regelfall**, in dem der Antrag auf Vorabentscheidung über den Zuschlag statthaft ist, liegt 5
vor, wenn der Auftraggeber oder ein beteiligtes Unternehmen **sofortige Beschwerde gegen** die
dem Nachprüfungsantrag durch **Untersagung des Zuschlags** stattgebende Entscheidung der
Vergabekammer erhoben hat. Der Auftraggeber unterliegt dann gem. § 173 Abs. 3 GWB dem
Zuschlagsverbot, solange nicht das Beschwerdegericht die Entscheidung der Vergabekammer auf-

---

4 Vgl. BGH 25.10.2005 X ZB 15/05 NZBau 2006, 392.
5 BT-Drucks. 13/9340 S. 21 zu § 131 RegE VgRÄG.
6 Das Verfahren der Vorabentscheidung über den Zuschlag wird daher auch als »sinnverkehrtes Eilverfahren« (Gröning ZIP 1998, 370, 375) oder »beschleunigtes Hauptsacheverfahren« (Boesen § 121 a.F. Rn. 1)
   bezeichnet.
7 Vgl. § 177 Rdn. 11.
8 Vgl. Hermann in: Ziekow/Völlink, § 121 a.F. Rn. 5; Summa in: jurisPK-VergR § 121 a.F. Rn. 2; a.A.
   König in: Heuvels/Höß/Kuß/Wagner § 121 a.F. Rn. 6 ff., 10, wonach der Antrag auch zur Abwendung des
   Zuschlagsverbots bis zum Ablauf der Beschwerdefrist zulässig sei.

hebt. Dasselbe gilt, wenn die Vergabekammer gegenüber dem Auftraggeber nach § 168 Abs. 1 GWB bestimmte verfahrensgestaltende Anordnungen erlassen hat, wie z.B. die Angebotsfrist angemessen zu verlängern, die Eignung des Antragstellers erneut zu prüfen oder zunächst darüber zu entscheiden, ob fehlende Unterlagen nachgefordert werden.[9] In diesen Fällen ist dem Auftraggeber die Erteilung des Zuschlags ohne vorherige Befolgung der Anordnungen untersagt.[10] Kommt der Auftraggeber allerdings den von der Vergabekammer angeordneten Maßnahmen – sei es auch im laufenden Beschwerdeverfahren – vollständig nach, entfällt das Zuschlagsverbot, so dass der Auftraggeber nach (erneuter) Vorabinformation gem. § 134 GWB den Zuschlag erteilen kann, ohne dass es einer Entscheidung nach § 176 GWB bedarf.[11]

6 Ein statthafter Antrag setzt aber nicht voraus, dass dem Nachprüfungsantrag stattgegeben wurde. Die Vorabgestattung des Zuschlags zur Überwindung eines aufgrund Inanspruchnahme gerichtlichen Rechtsschutzes bestehenden Zuschlagsverbots kommt auch dann in Betracht, wenn der **Nachprüfungsantrag zurückgewiesen** wurde oder mangels Sachentscheidung der Vergabekammer innerhalb der Frist des § 167 Abs. 1 GWB gem. § 171 Abs. 2 GWB als abgelehnt gilt und der Antragsteller dagegen sofortige Beschwerde erhoben hat. Die Erhebung der sofortigen Beschwerde hat gem. § 173 Abs. 1 Satz 1 und 2 GWB kraft Gesetzes aufschiebende Wirkung für den Zeitraum von zwei Wochen nach Ablauf der Beschwerdefrist. Um den Zuschlag bereits während dieses Zeitraums erteilen zu können, falls dies aufgrund außergewöhnlicher Dringlichkeit für erforderlich gehalten wird, ist die Möglichkeit der Vorabgestattung nach § 176 GWB eröffnet.[12] Zwar besteht, wenn der Beschwerdeführer noch keinen Antrag auf Verlängerung der aufschiebenden Wirkung nach § 173 Abs. 1 Satz 3 GWB gestellt hat oder über einen solchen Antrag noch nicht entschieden worden ist, die Möglichkeit, dass das Zuschlagsverbot mit Ablauf der Beschwerdefrist entfällt. Daraus folgt aber nicht, dass der Antrag auf Vorabentscheidung über den Zuschlag in diesem Verfahrensstadium unstatthaft wäre. Das aus der aufschiebenden Wirkung der sofortigen Beschwerde folgende Zuschlagsverbot bewirkt eine Verzögerung des Vergabeverfahrens aufgrund der Inanspruchnahme gerichtlichen Rechtsschutzes. Solchen Verzögerungen soll mit Möglichkeit der Vorabentscheidung über den Zuschlag entgegengewirkt werden können.[13] Soweit im Hinblick auf den kurzen Zeitraum von zwei Wochen nach Ablauf der Beschwerdefrist eine unzumutbare Verzögerung in den meisten Fällen nicht zu besorgen sein wird, ist dies keine Voraussetzung für die Statthaftigkeit des Antrages, sondern ein Gesichtspunkt, der im Rahmen der Beurteilung der Begründetheit des Antrages zu berücksichtigen ist. Erfolg wird ein Antrag auf Vorgestattung des Zuschlags während des Laufs der Frist des § 173 Abs. 1 Satz 2 GWB nur in Fällen extremer Dringlichkeit haben können. Schließlich muss der Antrag so rechtzeitig gestellt werden, dass dem Beschwerdegericht eine Vorabentscheidung über den Zuschlag nach Anhörung der übrigen Beteiligten vor Ablauf der Frist des § 173 Abs. 1 Satz 2 GWB überhaupt möglich ist.

7 Ebenfalls als **grundsätzlich statthaft** anzusehen ist der Antrag auf Vorabgestattung des Zuschlags dann, wenn das Beschwerdegericht auf Antrag des Beschwerdeführers nach § 173 Abs. 1 Satz 3 GWB die aufschiebende Wirkung der sofortigen Beschwerde bis zur Entscheidung über das Rechtsmittel verlängert hat oder aber die Verlängerung der aufschiebenden Wirkung einstweilen bis zur

---

9 Vgl. Summa in: jurisPK-VergR § 121 a.F. Rn. 4; Lux in: Müller-Wrede, § 121 a.F. Rn. 13; Opitz NZBau 2005, 213, 215.

10 BayObLG 01.10.2001 Verg 6/01 VergabeR 2002, 63; OLG Düsseldorf 29.11.2005 VII Verg 82/05 VergabeR 2006, 424.

11 Jaeger in: Byok/Jaeger § 121 a.F. Rn. 3.

12 Vgl. BayObLG 16.07.2004 Verg 16/04 VergabeR 2005, 141; Summa in: jurisPK-VergR § 121 a.F. Rn. 18 f.; König in: Heuvels/Höß/Kuß/Wagner § 121 a.F. Rn. 11; Raabe in: Willenbruch/Wieddekind § 121 a.F. Rn. 9 und Opitz NZBau 2005, 213, 215; a.A. Röwekamp in der Vorauflage § 121 a.F. Rn. 4 ff., wonach die Vorschrift nicht bezwecke, die Suspensivwirkung des § 118 Abs. 1 Satz 1 und 2 GWB a.F. (§ 173 n.F.) zu verkürzen; ebenso OLG Naumburg 15.12.2000 1 Verg 11/00 NZBau 2001, 642; Vavra in: Dreher/Motzke § 121 a.F. Rn. 7; Hermann in: Ziekow/Völlink § 121 a.F. Rn. 5.

13 BT-Drucks. 13/9340 S. 21 zu § 131 RegE VgRÄG.

Entscheidung über den Verlängerungsantrag angeordnet hat. Eine Selbstbindung des Beschwerdegerichts für das weitere Verfahren entfaltet die Eilentscheidung nach § 173 Abs. 1 Satz 3 GWB nicht. Im erstgenannten Fall sind allerdings besondere Anforderungen an das Rechtsschutzbedürfnis zu stellen[14], denn die Frage, ob die nachteiligen Folgen einer Verzögerung der Vergabe bis zur Entscheidung über die Beschwerde die damit verbundenen Vorteile unter Berücksichtigung aller möglicherweise geschädigten Interessen überwiegen, hat das Beschwerdegericht gem. § 173 Abs. 2 GWB bereits im Rahmen der Entscheidung über den Verlängerungsantrag nach § 173 Abs. 1 GWB geprüft.

Ist der Auftraggeber abweichend von der Vergabekammer der Auffassung, dass er das Vergabeverfahren bereits durch wirksame Beauftragung eines Bieters abgeschlossen hat, wird es in analoger Anwendung von § 176 Abs. 1 GWB als zulässig angesehen, zu beantragen, dass das Beschwerdegericht vorab, d.h. vor der Entscheidung über die sofortige Beschwerde, die wirksame Zuschlagserteilung feststellt.[15] Die Begründung, dass es dem Beschwerdegericht, welches zur Gestattung des Zuschlags mit konstitutiver Wirkung befugt ist, erst recht auch möglich sein müsse, (als Minus) deklaratorisch die Wirksamkeit eines in seinen Augen bereits erfolgten Zuschlags festzustellen,[16] ist – für sich – konsequent. Dennoch begegnet die analoge Anwendung Bedenken, denn – anders als die Frage, ob dem Auftraggeber die Voraberteilung des Zuschlags unter Berücksichtigung aller möglicherweise geschädigter Interessen zu gestatten ist – kann die Beurteilung, ob ein Zuschlag wirksam erteilt worden ist, nicht im Rahmen einer Interessenabwägung erfolgen. Abzulehnen ist eine analoge Anwendung von § 176 Abs. 1 GWB jedenfalls auf die Fälle, in denen die Vergabekammer gem. § 135 Abs. 2 GWB festgestellt hat, dass ein öffentlicher Auftrag wegen Verstoßes gegen die Informations- und Wartepflicht oder mangels vorheriger Veröffentlichung einer Bekanntmachung im EU-Amtsblatt bzw. als bloße De-facto-Vergabe nach § 135 Abs. 1 GWB von Anfang an unwirksam ist.[17] Wird gegen eine solche Entscheidung sofortige Beschwerde erhoben, kann die Ungewissheit, ob sich der geschlossene Vertrag im Ergebnis des Beschwerdeverfahrens als wirksam oder als von Anfang unwirksam darstellt, vom Beschwerdegericht nicht im Rahmen des Eilverfahrens nach § 176 GWB einer Feststellung zugeführt werden, denn die mit § 135 Abs. 1 GWB angeordnete gesetzliche Folge der Unwirksamkeit des Auftrages von Anfang an kann nicht durch gerichtliche Entscheidung im Eilverfahren außer Kraft gesetzt werden.[18] Die Annahme einer derartigen Befugnis legt ein zu weites Verständnis des Rechtsschutzes des Auftraggebers im Rahmen vorläufiger Maßnahmen zugrunde und steht nicht mehr im Einklang mit Art. 2d Abs. 1 der Rechtsmittelrichtlinie 2007/66/EG und Art. 60 Abs. 1 der Vergaberichtlinie Verteidigung und Sicherheit 2009/81/EG, welche insoweit ausdrücklich die Unwirksamkeit der Auftragserteilung vorsehen.

C. Zulässigkeit des Antrags

Die Zulässigkeitsvoraussetzungen für einen Antrag auf Vorabgestattung des Zuschlags ergeben sich zunächst aus §§ 176 Abs. 2 und Abs. 3 Satz 4, 175 GWB. Daneben ist erforderlich, dass der Antragsteller ein berechtigtes Interesse an einer Vorabentscheidung über den Zuschlag hat (Rechtsschutzinteresse).

I. Antragsberechtigung

Antragsberechtigt sind gem. § 176 Abs. 1 Satz 1 GWB der Auftraggeber und das Unternehmen, welches vom Auftraggeber nach § 134 GWB als das Unternehmen benannt ist, das den Zuschlag

---

14 Siehe dazu Rdn. 13.
15 OLG Dresden 11.07.2000 WVerg 5/00 und 25.09.2000 WVerg 4/00; Röwekamp in der Vorauflage § 121 a.F. Rn. 8; Jaeger in: Byok/Jaeger § 121 a. F. Rn. 5; Vavra in: Dreher/Motzke § 121 a.F. Rn. 9; Lux in: Müller-Wrede § 121 a.F. Rn. 14; a.A. OLG Frankfurt 10.07.2007 11 Verg 5/07 VergabeR 2008, 275.
16 So OLG Dresden a.a.O.
17 Hermann in: Ziekow/Völlink § 121 a.F. Rn. 5.
18 OLG Frankfurt 10.07.2007 11 Verg 5/07 VergabeR 2008, 275.

erhalten soll. Ob dieses Unternehmen im Verfahren vor der Vergabekammer tatsächlich beigeladen war, ist unerheblich.[19] Die Benennung als vorgesehener Auftragnehmer kann auch erst im Laufe des Vergabenachprüfungsverfahrens oder des Beschwerdeverfahrens erfolgt sein und begründet ein berechtigtes Interesse daran, dass ein aufgrund des Beschwerdeverfahrens bestehendes Zuschlagsverbot schnellstmöglich wegfällt. Die Antragsberechtigung hängt nicht davon ab, welcher Beteiligte die sofortige Beschwerde erhoben hat. Der Antragsteller muss nicht selbst Beschwerdeführer sein[20], er muss sich folglich, um antragsberechtigt zu sein, auch nicht einer sofortigen Beschwerde anschließen.

11   Die Person des Antragstellers hat aber entscheidende Bedeutung im Hinblick auf die Rechtsfolgen bei Zurückweisung des Antrags nach § 176 Abs. 1 GWB: Nur die Zurückweisung eines Antrags des Auftraggebers (durch eine Sachentscheidung)[21] hat unmittelbare Auswirkungen sowohl auf das Vergabeverfahren als auch auf das Nachprüfungsverfahren (vgl. § 177 GWB). Entweder ergreift der Auftraggeber innerhalb von zehn Tagen die Maßnahmen, die erforderlich sind, um die vom Beschwerdegericht festgestellten Vergabeverstöße zu korrigieren, oder das Vergabeverfahren endet kraft Gesetzes. In beiden Fällen erledigt sich das Nachprüfungsverfahren.[22] Wurde der Antrag nach § 176 Abs. 1 GWB hingegen allein von dem nach der Mitteilung gem. § 134 GWB für den Zuschlag vorgesehenen Unternehmen gestellt, hat dessen Zurückweisung keine Auswirkung auf das Nachprüfungsverfahren. § 177 GWB findet nach seinem Wortlaut keine Anwendung. Dies ist auch sachgerecht. Es erscheint nicht vertretbar, das Schicksal des Vergabeverfahrens vom prozessualen Verhalten des für die Beauftragung vorgesehenen Unternehmens abhängig zu machen.[23]

II. Rechtsschutzinteresse

12   Der Antrag auf Vorabgestattung der Zuschlagserteilung ist nur zulässig, wenn der Antragsteller ein schutzwürdiges Interesse an der begehrten Entscheidung hat. Ein dahingehendes Rechtsschutzbedürfnis besteht grundsätzlich, wenn der Auftraggeber einem Zuschlagsverbot unterliegt. Endet das Zuschlagsverbot im Laufe des Beschwerdeverfahrens, so entfällt das Rechtsschutzbedürfnis für den Antrag nach § 176 GWB, weil der Auftraggeber an der Erteilung des Zuschlags nicht (mehr) gehindert ist. Das ist bei Zurückweisung des Nachprüfungsantrages durch die Vergabekammer dann der Fall, wenn die nach § 173 Abs. 1 Satz 2 GWB kraft Gesetzes für den Zeitraum bis zwei Wochen nach Ablauf der Beschwerdefrist andauernde aufschiebende Wirkung der sofortigen Beschwerde geendet und das Beschwerdegericht die aufschiebende Wirkung nicht verlängert hat. Hat die Vergabekammer dem Nachprüfungsantrag stattgegeben und Maßnahmen i.S.v. § 168 Abs. 1 Satz 1 GWB angeordnet und damit implizit ein Zuschlagsverbot ausgesprochen, so endet das Zuschlagsverbot nach § 173 Abs. 3 GWB mit vollständiger Erfüllung der angeordneten Maßnahmen. Einem Antrag nach § 176 Abs. 1 GWB fehlt dann das Rechtsschutzinteresse.[24]

13   Besteht ein Zuschlagsverbot infolge Verlängerung der aufschiebenden Wirkung der sofortigen Beschwerde durch das Beschwerdegericht auf Antrag des Beschwerdeführers gem. § 173 Abs. 1 Satz 3 GWB für die Dauer des Beschwerdeverfahrens, so ist zu berücksichtigen, dass über die für eine Vorabgestattung des Zuschlags maßgeblichen Sach- und Rechtsfragen bereits entschieden worden ist.[25] Die in § 176 Abs. 1 GWB für die Vorabgestattung des Zuschlags aufgestellten Vor-

---

19 Vgl. Summa in: jurisPK-VergR § 121 a.F. Rn. 8.
20 OLG Düsseldorf 06.05.2011 VII Verg 26/11; OLG Frankfurt 05.03.2014 11 Verg 1/14, VergabeR 2014, 734.
21 Siehe § 177 Rdn. 3, 5.
22 Siehe § 177 Rdn. 11.
23 Vgl. dazu OLG Düsseldorf 13.01.2003, VII Verg 67/02 zu § 121 Abs. 1 GWB i.d.F. vor Inkrafttreten des VergModG 2009.
24 Vgl. OLG Düsseldorf 29.11.2005 VII Verg 82/05 VergabeR 2006, 424; Summa in: jurisPK-VergR § 121 a.F. Rn. 17.
25 So zutreffend: OLG Naumburg 21.08.2003 1 Verg 9/03.

aussetzungen entsprechen im Wesentlichen spiegelbildlich denen, die bei der Verlängerung der aufschiebenden Wirkung gem. 173 Abs. 2 GWB zu prüfen sind. Für einen Antrag auf Vorabgestattung des Zuschlags nach erfolgter Verlängerung der aufschiebenden Wirkung der sofortigen Beschwerde besteht ein Rechtsschutzbedürfnis deshalb regelmäßig nur dann, wenn neue Tatsachen auftreten bzw. der Vergabestelle bekannt werden[26] oder sich das Beschwerdeverfahren unvorhergesehen verzögert.[27] Hat das Beschwerdegericht hingegen die Verlängerung der aufschiebenden Wirkung einstweilen bis zur Entscheidung über den Verlängerungsantrag angeordnet, unterliegt der Auftraggeber einem Zuschlagsverbot auf unbestimmte Zeit, ohne dass eine Sachprüfung stattgefunden hat. Für diesen Fall hängt der Antrag nicht vom Vortrag neuer Tatsachen ab.[28]

Das Rechtsschutzinteresse ist nicht entfallen, wenn das Beschwerdegericht zuvor im besonderen **14** Beschwerdeverfahren nach Eilentscheidung der Vergabekammer gem. § 169 Abs. 2 Satz 5 GWB das Verbot des Zuschlags wiederhergestellt oder einen nach § 169 Abs. 2 Satz 6 GWB auf Gestattung des Zuschlags gerichteten Antrag zurückgewiesen hat.[29] Zwar hat sich das Beschwerdegericht auch in diesem Fall regelmäßig bereits mit den Erfolgsaussichten des Nachprüfungsantrags befasst und unter vergleichbarer Interessenabwägung entschieden. Im Rahmen des Antrages nach § 176 Abs. 1 GWB bezieht sich die Interessenabwägung aber erstmals auf die mit der sofortigen Beschwerde verbundene Verzögerung. Daher ist ein Rechtsschutzinteresse zu bejahen. Darauf, ob sich die Sach- und Rechtslage zwischenzeitlich geändert haben kann,[30] kommt es nicht an.

Nach einem erfolglosen Vorabgestattungsantrag ist eine erneute Antragstellung nur zulässig, wenn **15** der erste Antrag aufgrund eines behebbaren Mangels als unzulässig abgelehnt wurde oder wenn die Vorabgestattung des Zuschlags mangels Dringlichkeit versagt wurde und die Dringlichkeit der Zuschlagserteilung nunmehr auf neue Tatsachen gestützt werden kann. Das Rechtsschutzinteresse für einen Antrag auf Vorabgestattung des Zuschlags entfällt, sobald das Beschwerdegericht in der Hauptsache entscheidet oder der Nachprüfungsantrag oder die sofortige Beschwerde zurückgenommen oder übereinstimmend in der Hauptsache für erledigt erklärt wird. Ein bereits gestellter Antrag wird dann gegenstandslos.[31]

III. Form und Inhalt des Antrags

Der Antrag ist **nicht fristgebunden**, sondern kann jederzeit während des Beschwerdeverfahrens **16** gestellt werden. Er muss also insbesondere vom Beschwerdeführer nicht zeitgleich mit der sofortigen Beschwerde gestellt werden. Allerdings kann ein zu langes Zuwarten mit der Antragstellung Zweifel an der Eilbedürftigkeit der Zuschlagserteilung begründen.[32] Anderes kommt in Betracht, wenn gerade die Verfahrensgestaltung des Beschwerdegerichts z.B. durch vorläufige Verlängerung der aufschiebenden Wirkung bis zur Entscheidung über den Verlängerungsantrag oder durch hinausgeschobene Terminbestimmung oder Terminsverlegung die Eilbedürftigkeit begründet.

---

26 OLG Naumburg a.a.O.; OLG Düsseldorf 02.07.2008 VII Verg 43/08; Gröning ZIP 1999, 181, 183; Hermann in: Ziekow/Völlink § 121 a.F. Rn. 5; Wilke in: MüKo-KartellR Bd. III § 121 a.F. Rn. 9; Raabe in: Willenbruch/Wieddekind § 121 a.F. Rn. 14; Jaeger in: Byok/Jaeger § 121 a. F. Rn. 4.; König in: Heuvels/Höß/Kuß/Wagner § 121 a. F. Rn. 11 (ohne Einschränkung zulässig).

27 Summa in: jurisPK-VergR § 121 a.F. Rn. 22; Vavra in: Dreher/Motzke § 121 a.F. Rn. 10.

28 Vgl. auch BayObLG 23.03.2004 Verg 3/04 VergabeR 2004, 530; OLG Saarbrücken 30.07.2007 1 Verg 3/07 IBR 2007, 579; Hermann in: Ziekow/Völlink § 121 a.F. Rn. 5; Lux in: Müller-Wrede § 121 a.F. Rn. 12.

29 Ebenso Hermann in: Ziekow/Völlink § 121 a.F. Rn. 7; Jaeger in: Byok/Jaeger § 121 a. F. Rn. 9; a.A. Vavra in: Dreher/Motzke § 121 a.F. Rn. 11.

30 So Stockmann in: Immenga/Mestmäcker § 121 a.F. Rn. 11.

31 OLG Düsseldorf 17.07.2002 Verg VII 30/02; OLG Rostock 20.08.2003 17 Verg 9/03.

32 Vgl. Stickler in: Reidt/Stickler/Glahs § 121 a.F. Rn. 8; Stockmann in: Immenga/Mestmäcker § 121 a.F. Rn. 10.

17 Der Antrag unterliegt gem. § 176 Abs. 3 Satz 4 i.V.m. § 175 Abs. 1 GWB dem **Anwaltszwang**, wobei sich juristische Personen des öffentlichen Rechts durch Beamte oder Angestellte mit Befähigung zum Richteramt vertreten lassen können. Zwar enthält § 176 GWB im Unterschied zu der für die sofortige Beschwerde geltenden Vorschrift § 172 Abs. 3 GWB keine ausdrückliche Regelung, dass der Antrag durch einen Rechtsanwalt unterzeichnet sein muss. Das Erfordernis der anwaltlichen Vertretung schon bei der Antragstellung – und nicht erst in dem durch Antragstellung eingeleiteten Verfahren[33] – ergibt sich aber daraus, dass das Verfahren der Vorabentscheidung über den Zuschlag ein Zwischenverfahren innerhalb des gem. § 175 Abs. 1 GWB dem Anwaltszwang unterliegenden Beschwerdeverfahrens darstellt.

18 Gem. § 176 Abs. 2 Satz 1 GWB ist der Antrag **schriftlich zu stellen und gleichzeitig zu begründen**. Ein Antrag, der keine Begründung enthält, ist unzulässig.[34] Gegen die Zulassung einer nachträglichen Begründung des Antrags spricht nicht nur der eindeutige Gesetzeswortlaut (»gleichzeitig zu begründen«), sondern vor allem auch der mit der Entscheidungsfrist gem. 176 Abs. 3 Satz 1 GWB (»unverzüglich längstens innerhalb von fünf Wochen«) umgesetzte Beschleunigungsgrundsatz. Hinzu kommt die auch im Eilverfahren geltende Verpflichtung sämtlicher Verfahrensbeteiligter, an der Aufklärung des Sachverhalts mitzuwirken, wie es einem auf Förderung und raschen Abschluss des Verfahrens bedachten Vorgehen entspricht (vgl. §§ 176 Abs. 3 Satz 4, 175 Abs. 2 i.V.m. § 167 Abs. 2 Satz 1 GWB). Da der Antrag nicht fristgebunden ist und dem Auftraggeber bzw. dem nach § 134 GWB benannten Unternehmen daher eine ausreichende Überlegungs- und Vorbereitungszeit für die Antragstellung zur Verfügung steht, gibt es auch kein praktisches Bedürfnis dafür, ein Nachreichen der Antragsbegründung zu gestatten. Der Auftraggeber sollte im Hinblick auf die schwerwiegenden Rechtsfolgen eines unbegründeten Vorabgestattungsantrags (vgl. § 177 GWB) ohnehin sehr sorgfältig prüfen, ob sein Antrag konkrete Aussicht auf Erfolg hat. Das Erfordernis einer Begründung gleichzeitig mit dem Antrag schützt ihn vor einer voreiligen Antragstellung. Die Begründung des Antrages muss einen Sachvortrag enthalten, der es dem Beschwerdegericht ermöglicht, die Rechtmäßigkeit des Vergabeverfahrens sowie die Eilbedürftigkeit einer Zuschlagserteilung zu beurteilen. Eine mit dem Antrag eingereichte Antragsbegründung kann später noch ergänzt werden.

19 Anders als für die sofortige Beschwerde (vgl. § 172 Abs. 4 GWB) enthält das Gesetz keine ausdrückliche Verpflichtung, mit der Antragstellung zugleich die anderen Beteiligten über den Eilantrag zu unterrichten. Wird der Antrag nicht bereits zusammen mit der Einlegung der sofortigen Beschwerde (in der Beschwerdeschrift), sondern erst zu einem späteren Zeitpunkt gestellt, dient die gleichzeitige Übermittlung der Antragsschrift an die weiteren Verfahrensbeteiligten aber der gebotenen Förderung des Eilverfahrens, das grundsätzlich längstens fünf Wochen dauern soll (vgl. § 176 Abs. 3 Satz 1 GWB).

20 Die zur Begründung des Antrags vorzutragenden Tatsachen sowie der Grund für die Eilbedürftigkeit sind nach § 176 Abs. 2 Satz 2 GWB glaubhaft zu machen. Hierzu kann sich der Antragsteller aller präsenten Beweismittel bedienen, auch der Versicherung an Eides statt (vgl. § 294 ZPO). Das **Erfordernis der Glaubhaftmachung** besteht für alle entscheidungserheblichen Tatsachen einschließlich der Tatsachengrundlage der Eilbedürftigkeit, soweit solche Tatsachen nicht zwischen den Beteiligten unstreitig[35] oder gerichtsbekannt bzw. aktenkundig sind. In der Praxis kommen als geeignete Glaubhaftmachungsmittel regelmäßig nur die Vorlage von – dem Beschwerdegericht

---

33 So König in: Heuvels/Höß/Kuß/Wagner § 121 a.F. Rn. 16.
34 Vavra in: Dreher/Motzke § 121 a.F. Rn. 12; Jaeger in: Byok/Jaeger § 121 a.F. Rn. 9; Stickler in: Reidt/Stickler/Glahs § 121 a.F. Rn. 8; a.A. König in: Heuvels/Höß/Kuß/Wagner § 121 a.F. Rn. 13 f.
35 Vgl. Raabe in: Willenbruch/Wieddekind § 121 a.F. Rn. 18; a.A. Stockmann in: Immenga/Mestmäcker § 121 a.F. Rn. 12 wonach der Untersuchungsgrundsatz auch dahin wirkt, dass es grds. ohne Bedeutung ist, ob Tatsachen streitig oder unstreitig sind.

noch nicht vorliegenden – Urkunden und eidesstattlichen Versicherungen in Betracht.[36] Im Falle mündlicher Verhandlung über den Antrag können auch präsente Zeugen vernommen werden. Da die Glaubhaftmachung für den Antragsteller zugelassen ist, gilt dasselbe auch für die Widerlegung streitiger Tatsachen und sonstige Einwendungen der Antragsgegnerseite. Entbehrlich ist die Glaubhaftmachung, soweit zwischen den Beteiligten des Beschwerdeverfahrens nur über Rechtsfragen gestritten wird und der entscheidungserhebliche Sachverhalt einschließlich der Eilbedürftigkeit nicht streitig und damit auch nicht beweiserheblich ist.[37] Die notwendige Glaubhaftmachung durch Vorlage präsenter Beweismittel ist eine Zulässigkeitsvoraussetzung, deren Nichterfüllung trotz Aufforderung des Beschwerdegerichts (§§ 176 Abs. 3 Satz 4, 175 Abs. 2, 70 Abs. 2 GWB) dazu führt, dass der Antrag als unzulässig zurückzuweisen ist.[38] Ob die vorgelegten Glaubhaftmachungsmittel zur Glaubhaftmachung im Sinne überwiegender Wahrscheinlichkeit ausreichen, ist hingegen Frage der Begründetheit.

D. Ablauf des Eilverfahrens

I. Allgemeine Verfahrensregelungen

Mit Ausnahme der dem Eilcharakter Rechnung tragenden besonderen Verfahrensbestimmungen 21 zur Entscheidungsfrist (§ 176 Abs. 3 Satz 1 GWB) und zur Möglichkeit einer Entscheidung ohne mündliche Verhandlung (§ 176 Abs. 3 Satz 2 GWB) richten sich der Ablauf des Eilverfahrens bis zur Entscheidung über den Antrag sowie die Rechte und Pflichten der Verfahrensbeteiligten nach den Verfahrensgrundsätzen des Beschwerdeverfahrens (§§ 176 Abs. 3 Satz 4, 175 GWB).

Nach der Gesetzesbegründung hat das Beschwerdegericht eine »möglichst umfassende Klärung der 22 Sach- und Rechtslage mit dem Ziel einer verlässlichen Prognose der Aussichten des Rechtsstreits in der Hauptsache« vorzunehmen.[39] Der entscheidungserhebliche Sachverhalt ist unter Berücksichtigung der Mitwirkungspflicht der Beteiligten von Amts wegen zu ermitteln (§§ 176 Abs. 3 Satz 4, 175 Abs. 2 i.V.m. § 70 Abs. 1, 167 Abs. 2 Satz 1 GWB).[40] Der **Untersuchungsgrundsatz** im Verfahren nach § 176 GWB geht aber nicht so weit, »dass das Beschwerdegericht erhebliche Tatsachenumstände ohne jeden konkreten Anlass und Anhaltspunkt im Vortrag der Verfahrensbeteiligten von Amts wegen zu ermitteln hat.«[41] Bei einem zwischen den Verfahrensbeteiligten streitigen Sachverhalt sind der Beurteilung der Rechtslage die Tatsachen zugrunde zu legen, die dem Beschwerdegericht überwiegend wahrscheinlich erscheinen.[42] Eine volle Überzeugung des Beschwerdegerichts ist nicht erforderlich, wie sich aus § 176 Abs. 2 Satz 2 GWB ergibt, wonach die zur Begründung des Antrags vorzutragenden Tatsachen glaubhaft zu machen sind. Die Beurteilung, ob eine Tatsache glaubhaft gemacht ist, richtet sich nach den zu § 294 ZPO entwickelten Grundsätzen. Danach genügt ein geringerer Grad der richterlichen Überzeugungsbildung. An die Stelle des Vollbeweises tritt eine Wahrscheinlichkeitsfeststellung, die dem Grundsatz der freien Würdigung des gesamten Verfahrensstoffs unterliegt.[43] Eine Behauptung ist glaubhaft gemacht, sofern eine überwiegende Wahrscheinlichkeit dafür besteht, dass sie zutrifft.[44]

---

36 Summa in: jurisPK-VergR § 121 a.F. Rn. 25.
37 Jaeger in: Byok/Jaeger § 121 a.F. Rn. 9.
38 Zutreffend: Jaeger in: Byok/Jaeger § 121 a.F. Rn. 9; Dieck-Bogatzke in: Pünder/Schellenberg, § 121 a.F. Rn. 6; a.A. Stickler in: Reidt/Stickler/Glahs § 121 a.F. Rn. 8, der in der Glaubhaftmachung eine Begründetheitsvoraussetzung sieht.
39 BT-Drucks. 13/9340 S. 21 zu § 131 RegE VgRÄG, denn nach der Entscheidung über die Erteilung des Zuschlags sei später praktisch nichts mehr rückgängig zu machen.
40 Siehe dazu § 175 Rdn. 16 ff.
41 So OLG Düsseldorf 01.08.2005 VII Verg 41/05 m.w.N.
42 Ebenso Hermann in: Ziekow/Völlink § 121 a.F. Rn. 9; Vavra in: Dreher/Motzke § 121 a.F. Rn. 15.
43 Siehe hierzu Greger in: Zöller § 294 ZPO Rn. 6.
44 BGHZ 156, 139, 142.

II. Fakultative mündliche Verhandlung (Abs. 3 Satz 2)

23   Gem. § 176 Abs. 3 Satz 2 GWB kann die Entscheidung ohne mündliche Verhandlung ergehen. Die Durchführung einer mündlichen Verhandlung liegt also im Ermessen des Beschwerdegerichts (»kann«). Dadurch soll ein flexibles Vorgehen des Beschwerdegerichts ermöglicht und zugleich das Verfahren vereinfacht und beschleunigt werden. Nach der Gesetzesbegründung[45] wird sich eine Entscheidung ohne mündliche Verhandlung immer dann anbieten, wenn die Beschwerde unzulässig oder offensichtlich unbegründet ist und eine mündliche Verhandlung keine weitere Aufklärung oder Förderung des Verfahrens erwarten lässt. Im Hinblick auf die Folgen für den Primärrechtsschutz des Nachprüfungsantragstellers im Falle der Vorabgestattung des Zuschlags und die Rechtsfolgen des § 177 GWB bei Zurückweisung des Vorabgestattungsantrags des Auftraggebers sollte im Zweifel nicht auf die Durchführung einer mündlichen Verhandlung verzichtet werden.[46] Bestimmt das Beschwerdegericht Termin zur mündlichen Verhandlung, so eröffnet das dem Auftraggeber ggf. die Möglichkeit, auf Rechtsausführungen des Senats im Termin zu reagieren und einen aus Gründen des Vorliegens eines Vergabefehlers unbegründeten Antrag zur Vermeidung der Rechtsfolgen des § 177 GWB zurückzunehmen. Auch wenn keine mündliche Verhandlung stattfindet, ist den Beteiligten vor der Entscheidung rechtliches Gehör zu gewähren. Dies folgt nicht nur aus Art. 103 Abs. 1 GG, sondern auch aus der über §§ 176 Abs. 3 Satz 4, 175 Abs. 2 GWB angeordneten entsprechenden Anwendung von § 71 Abs. 1 Satz 2 GWB: »Der Beschluss darf nur auf Tatsachen und Beweismittel gestützt werden, zu denen die Beteiligten sich äußern konnten.«. Aufgrund des Eilcharakters des Verfahrens und insbesondere mit Blick auf die Entscheidungsfrist von fünf Wochen sind sehr kurze Anhörungsfristen zu setzen.

III. Aussetzung des Beschwerdeverfahrens (Abs. 2 Satz 3)

24   Bis zur Entscheidung über den Antrag kann das Verfahren über die Beschwerde ausgesetzt werden (§ 176 Abs. 2 Satz 3 GWB). Die Regelung dient der Prozessökonomie, indem dem Beschwerdegericht die Möglichkeit eingeräumt wird, sich zunächst ausschließlich auf das Eilverfahren zu konzentrieren, das grundsätzlich innerhalb von fünf Wochen abgeschlossen sein soll (vgl. § 176 Abs. 3 Satz 1 GWB) und im Fall einer Sachentscheidung regelmäßig die Erledigung des Nachprüfungsverfahrens zur Folge hat, wenn die Vorabgestattung des Zuschlags vom Auftraggeber beantragt wurde. Die Aussetzung erfolgt durch unanfechtbaren Beschluss von Amts wegen und ist der Sache nach eine »prozessleitende« Maßnahme.[47] Mit Blick auf den das gesamte Vergabenachprüfungsverfahren beherrschenden vergaberechtlichen Beschleunigungsgrundsatz ist die Aussetzung des Beschwerdeverfahrens auf Ausnahmefälle zu beschränken, im Regelfall werden beide Verfahren parallel zu betreiben sein.[48] Ist die Beschwerde bereits in der Sache entscheidungsreif, besteht für eine Aussetzung des Hauptsacheverfahrens kein Anlass. Das Beschwerdegericht kann dann prozessökonomisch sogleich über die sofortige Beschwerde entscheiden. Ergeht eine Hauptsacheentscheidung des Beschwerdegerichts in der Sache, ohne dass zuvor über den Vorabentscheidungsantrag nach § 176 GWB entschieden wurde, wird dieser Antrag gegenstandslos.[49]

IV. Entscheidungsfrist (Abs. 3 Satz 1)

25   Gem. § 176 Abs. 3 Satz 1 GWB ist die Entscheidung unverzüglich, längstens innerhalb von fünf Wochen nach Eingang des Antrags zu treffen und zu begründen. »Unverzüglich« bedeutet dabei nach der Legaldefinition des Begriffs in § 121 BGB »ohne schuldhaftes Zögern« bzw. sobald dem Beschwerdegericht eine Entscheidung den konkreten Umständen nach möglich ist. Nach dem

---

45 BT-Drucks. 13/9340 S. 22 zu § 131 RegE VgRÄG.
46 Stickler in: Reidt/Stickler/Glahs § 121 a.F. Rn. 12; Stockmann in: Immenga/Mestmäcker § 121 a.F. Rn. 31.
47 Stockmann in: Immenga/Mestmäcker § 121 a.F. Rn. 25.
48 Vavra in: Dreher/Motzke § 121 a.F. Rn. 15.
49 OLG Düsseldorf 17.07.2002 VII Verg 30/02 ; OLG Rostock 20.08.2003 17 Verg 9/03.

Gesetzeswortlaut ist für die Einhaltung der Frist der Zeitpunkt der Entscheidung, nicht aber der Zustellung an die Verfahrensbeteiligten maßgeblich.[50] Der Vorsitzende des Vergabesenats kann bei »besonderen tatsächlichen oder rechtlichen Schwierigkeiten« die Frist »im Ausnahmefall« durch begründete Mitteilung an die Beteiligten um den erforderlichen Zeitraum verlängern, § 176 Abs. 3 Satz 1 Halbsatz 2 GWB. Die zur Rechtfertigung einer Fristverlängerung erforderlichen Voraussetzungen entsprechen denen nach § 167 Abs. 1 Satz 2 GWB.[51] Eine bestimmte Form für die Mitteilung der Entscheidung einschließlich ihrer Begründung ist nicht vorgeschrieben, weshalb sie auch mündlich, telefonisch oder per Telefax erfolgen kann.[52] Für den Fall der Fristüberschreitung sieht das Gesetz (anders als § 171 Abs. 2 Halbsatz 2 GWB in Bezug auf die Fünf-Wochen-Frist für die Entscheidung der Vergabekammer nach § 167 Abs. 1 Satz 1 GWB) indes keine verfahrensrechtlichen Konsequenzen vor. Aus diesem Grund ist eine **Entscheidung trotz Ablaufs der Entscheidungsfrist wirksam**, ebenso bleibt eine Fristverlängerung ohne ausreichenden Grund sanktionslos.[53]

E. Vorabentscheidung über den Zuschlag

Gem. § 176 Abs. 1 Satz 1 GWB kann das Gericht den weiteren Fortgang des Vergabeverfahrens und **26** den Zuschlag gestatten, wenn unter Berücksichtigung aller möglicherweise geschädigten Interessen die nachteiligen Folgen einer Verzögerung der Vergabe bis zur Entscheidung über die Beschwerde die damit verbundenen Vorteile überwiegen. Das Beschwerdegericht kann die Zuschlagserteilung vor Abschluss des Beschwerdeverfahrens gestatten, ihm kommt also ein Ermessen zu. Stattgeben darf das Gericht dem Antrag nur, wenn es auf der Grundlage der Interessenabwägung zu dem Ergebnis gelangt, dass die aus einer weiteren Verzögerung des Vergabeverfahrens bis zur Hauptsachentscheidung im Beschwerdeverfahren resultierenden Folgen nachteiliger sind, als die Vorteile, die sich daraus ergeben, den weiteren Fortgang des Vergabeverfahrens einschließlich der Zuschlagserteilung vom Ausgang des Beschwerdeverfahrens abhängig zu machen. Die dabei gem. § 176 Abs. 1 Satz 2 und 3 GWB zu berücksichtigenden Abwägungskriterien entsprechen (seit Inkrafttreten des VergModG 2009) – ebenso wie diejenigen der Entscheidung über die Verlängerung der aufschiebenden Wirkung der sofortigen Beschwerde nach § 173 Abs. 2 GWB – inhaltlich denen des § 169 Abs. 2 GWB, denn nach Ansicht des Gesetzgebers gibt es keinen sachlichen Grund, die Kriterien für die Vorabentscheidung über den Zuschlag im Verfahren vor dem Beschwerdegericht abweichend von den Kriterien für die Entscheidung der Vergabekammer über die Gestattung der Zuschlagserteilung zu regeln.[54] Da sich der Art nach in allen Eilverfahren dieselben Interessen gegenüberstehen, kann für die vorzunehmende Interessenabwägung ergänzend auch auf die Kommentierung zu den §§ 169, 173 GWB verwiesen werden.

I. Interessenabwägung

§ 176 Abs. 1 Satz 3 GWB bestimmt die Beurteilung der **Erfolgsaussichten** der sofortigen Beschwerde **27** als ein Kriterium im Rahmen der Gesamtabwägung unter Berücksichtigung aller möglicherweise geschädigten Interessen. Mit Blick auf den Anspruch der Bieter auf effektiven Rechtsschutz im Vergabenachprüfungsverfahren (Art. 19 Abs. 4 GG, § 97 Abs. 6 GWB) sind die Erfolgsaussichten der Beschwerde aber gleichwohl das vorrangig zu prüfende Kriterium[55], dem das wesentliche Gewicht

---

50 Stockmann in: Immenga/Mestmäcker § 121 a.F. Rn. 27 hält nach dem Sinn und Zweck der Regelung auch die Zustellung für fristgebunden.
51 Zu den Verlängerungsgründen im Einzelnen vgl. § 167 Rdn. 12 f.
52 Stockmann in: Immenga/Mestmäcker § 121 a.F. Rn. 30; Wilke in: MüKo-KartellR Bd. III § 121 a.F. Rn. 21.
53 Stickler in: Reidt/Stickler/Glahs § 121 a.F. Rn. 17; Stockmann in: Immenga/Mestmäcker § 121 a.F. Rn. 30; König in: Heuvels/Höß/Kuß/Wagner § 121 a.F. Rn. 18.
54 BT-Drucks. 16/10117 S. 24.
55 Vavra in: Dreher/Motzke § 121 a.F. Rn. 15; Raabe in: Willenbruch/Wieddekind § 121 a.F. Rn. 27; Jaeger in: Byok/Jaeger § 121 a.F. Rn. 15.

bei der Gesamtabwägung zukommt.[56] Je größer die Wahrscheinlichkeit, für einen Erfolg der sofortigen Beschwerde des Auftraggebers oder des nach § 134 GWB benannten Unternehmens im Sinne einer Zurückweisung des Nachprüfungsantrags ist, umso höher ist in der Regel auch das Interesse an einem raschen Abschluss des Vergabeverfahrens zu gewichten und umgekehrt.[57] Entscheidend ist also – unabhängig davon, wer Beschwerdeführer ist – die Frage, ob dem Nachprüfungsantrag, wie er Gegenstand des Beschwerdeverfahrens ist, vor dem Beschwerdegericht voraussichtlich Erfolg beschieden ist oder nicht.

28 Aussicht auf Erfolg besteht, wenn ein solches Ergebnis überwiegend wahrscheinlich ist.[58] Je mehr die Erfolgsaussichten abschließend beurteilt werden können, was insbesondere davon abhängt, ob die Tatsachengrundlage unstreitig ist oder sich die hinsichtlich streitiger Tatsachen nach Glaubhaftmachung gewonnene richterliche Überzeugungsbildung auf einen hohen Grad der Wahrscheinlichkeit stützen lässt, umso größeres Gewicht kommt dem Erfolgskriterium zu. Kommt das Beschwerdegericht zu dem Ergebnis, dass eine dem Nachprüfungsantrag stattgebende Entscheidung der Vergabekammer im Beschwerdeverfahren mit hoher Wahrscheinlichkeit nicht aufrecht zu erhalten oder eine den Nachprüfungsantrag ablehnende Entscheidung der Vergabekammer mit hoher Wahrscheinlichkeit nicht abzuändern sein wird, so wird dem Antrag nach § 176 GWB in der Regel stattzugeben sein, wenn der Grund für die Eilbedürftigkeit feststeht oder glaubhaft gemacht worden ist.[59] Im Falle hoher Wahrscheinlichkeit der Erfolglosigkeit der gegen das Vergabeverfahren erhobenen Rügen, insbesondere bei feststehender Tatsachengrundlage, werden die nachteiligen Folgen einer weiteren Verzögerung einer beschleunigungsbedürftigen Vergabe bis zur Entscheidung über die Beschwerde die damit verbundenen Vorteile nur ausnahmsweise nicht überwiegen,[60] etwa dann, wenn die Verzögerung absehbar nur von so kurzer Dauer sein wird, dass demgegenüber das im konkreten Einzelfall bestehende Beschleunigungsinteresse in den Hintergrund tritt oder wenn der Auftraggeber bis zur abschließenden Entscheidung den Beschaffungsbedarf im Wege einer Interimsvergabe vorübergehend befriedigen kann.[61] Führt die Prüfung des Beschwerdegerichts hingegen dazu, dass der Nachprüfungsantrag im Beschwerdeverfahren mit hoher Wahrscheinlichkeit dahin Erfolg hat, dass die beabsichtigte Zuschlagserteilung oder unveränderte Fortsetzung des Vergabeverfahrens zu untersagen ist, so kann der Antrag auf Vorabgestattung des Zuschlags regelmäßig ohne weitere Interessenabwägung zurückgewiesen werden. Aus dem Gesichtspunkt des auf Primärrechtsschutz gerichteten subjektiven Anspruchs der Bieter auf Einhaltung der Bestimmungen über das Vergabeverfahren (§ 97 Abs. 6 GWB) folgt, dass die Gestattung der Erteilung des Zuschlags in einem nach dem Stand des Zwischenverfahrens als vergaberechtswidrig anzusehenden Verfahren vor Abschluss des Hauptsacheverfahrens grundsätzlich abzulehnen ist.[62] Anderes kommt allein »in außergewöhnlichen Fällen«[63] in Betracht, wenn aus besonders schwer wiegenden Gründen das Interesse der

---

56 OLG Celle 03.06.2010 13 Verg 6/10 VergabeR 2010, 1014; OLG Düsseldorf 09.07.2012 VII Verg 18/12.
57 Vgl. OLG Celle 13.03.2002, 13 Verg 4/02; Hermann in: Ziekow/Völlink § 121 a.F. Rn. 14.
58 Vavra in: Dreher/Motzke § 121 a.F. Rn. 16.
59 OLG Düsseldorf 09.07.2012 VII Verg 18/12; OLG Saarbrücken 02.04.29013 1 Verg 1/13 ZfBR 2013, 608; OLG Frankfurt 06.06.2013 11 Verg 8/13 VergabeR 2014, 62.
60 Die Ansicht, dass es einer Interessenabwägung nicht bedürfe, wenn das Beschwerdegericht von den Erfolgsaussichten der Beschwerde überzeugt – so Röwekamp in der Vorauflage § 121 a.F. Rn. 24 – oder diese mit hoher Wahrscheinlichkeit beurteilt – vgl. Stockmann in: Immenga/Mestmäcker § 121 a.F. Rn. 19; Wilke in: MüKo-KartellR Bd. III § 121 a.F. Rn. 29; Stickler in: Reidt/Stickler/Glahs § 121 a.F. Rn. 24 – ist angesichts des klaren Wortlauts der Vorschrift abzulehnen, soweit dem Antrag stattgegeben werden soll; vgl. auch Raabe in: Willenbruch/Wieddekind § 121 a.F. Rn. 26.
61 Zur Berücksichtigung einer Interimsbeschaffung OLG Düsseldorf 20.07.2015 VII Verg 37/15 VergabeR 2015, 797.
62 Vgl. Vavra in: Dreher/Motzke § 121 a.F. Rn. 18; OLG Naumburg 10.11.2003 1 Verg 14/03 NZBau 2001, 642: Bei offensichtlicher Begründetheit des Nachprüfungsantrags oder offensichtlicher Rechtswidrigkeit des Vergabeverfahrens kann in aller Regel eine vorzeitige Zuschlagserteilung nicht in Betracht kommen.
63 BT-Drucks. 13/9340 S. 22 zu § 131 RegE VgRÄG.

Allgemeinheit an einer schnellstmöglichen Auftragsvergabe deutlich überwiegt.[64] Im Hinblick auf die Bedeutung effektiven Primärrechtsschutzes für einen funktionierenden Wettbewerb sind hohe Anforderungen zu stellen, die jedenfalls bei gravierenden Vergabeverstößen zu verneinen sind.[65] Von Bedeutung kann ferner sein, mit welchem Grad von Wahrscheinlichkeit der Antragsteller in einem fehlerfreien Vergabeverfahren den Zuschlag erhalten müsste.[66]

Im Rahmen der Abwägung, ob die nachteiligen Folgen einer Verzögerung des Zuschlags bis zur **29** Entscheidung über die Beschwerde die damit verbundenen Vorteile überwiegen, sollen »alle möglicherweise geschädigten Interessen« berücksichtigt werden. Ausdrücklich nennt das Gesetz neben den Erfolgsaussichten der Beschwerde:

– das Interesse der Allgemeinheit an einer wirtschaftlichen Erfüllung der Aufgaben des Auftraggebers sowie bei verteidigungs- oder sicherheitsspezifischen Aufträgen i.S.d. § 104 GWB zusätzlich besondere Verteidigungs- und Sicherheitsinteressen,
– die allgemeinen Aussichten des Antragstellers im Vergabeverfahren, den Auftrag oder die Konzession zu erhalten und
– das Interesse der Allgemeinheit an einem raschen Abschluss des Vergabeverfahrens.

Die Aufzählung ist nicht abschließend. Soweit es um den betroffenen Personenkreis geht, gehören **30** zu den möglicherweise geschädigten Interessen nicht nur diejenigen des Auftraggebers und des ebenfalls antragsberechtigten Unternehmens, das nach § 134 vom Auftraggeber für den Zuschlag vorgesehen ist, sondern selbstverständlich auch die Interessen derjenigen übrigen Bieter, bei denen ein Grund zur Beiladung gem. § 162 Abs. 1 GWB besteht. Neben den genannten Interessen der Allgemeinheit an einem raschen Verfahrensabschluss und einer wirtschaftlichen Aufgabenerfüllung sind auch das öffentliche Interesse an einer rechtmäßigen Auftragsvergabe bzw. am Schutz des Wettbewerbs als Institution sowie der Aspekt eines effektiven Bieterrechtsschutzes in die Abwägung einzustellen.[67]

Die **Interessen der Allgemeinheit** an einem raschen Abschluss der Auftrags- oder Konzessions- **31** vergabe – und die sich damit im Wesentlichen deckenden Interessen des Auftraggebers – bestehen insbesondere dahin, die jeweilige öffentliche Aufgabe rechtzeitig zu erfüllen und dabei eine wirtschaftliche Erfüllung dieser Aufgabe zu gewährleisten. Auch wenn eine solche Interessenlage grundsätzlich jedem Beschaffungsvorgang eines öffentlichen Auftraggebers immanent ist, führt nicht jede Verzögerung zu beachtlichen Nachteilen für die Allgemeinheit oder den Auftraggeber. Im Rahmen eines Antrags auf Vorabgestattung des Zuschlags sind nur solche Risiken und Nachteile von Gewicht, deren Hinnahme dem Auftraggeber oder der Allgemeinheit nicht zugemutet werden können.[68] Ob und in welchem Maße solche Nachteile im Falle weiterer Verzögerung eintreten, ist immer anhand der konkreten Gegebenheiten des Einzelfalls darzulegen. Maßgebend sind die tatsächlich auf die weitere Verzögerung des Abschlusses des Vergabeverfahrens bis zur Entscheidung des Beschwerdegerichts in der Hauptsache zurückzuführenden Nachteile.[69] Hat der Auftraggeber

---

64 Herrmann in: Ziekow/Völlink § 121 a.F. Rn. 14; Vavra in: Dreher/Motzke § 121 a.F. Rn. 18; Summa in: jurisPK-VergR § 121 a.F. Rn. 25; a.A. Stockmann in: Immenga/Mestmäcker § 121 a.F. Rn. 19 sowie Storr in: Loewenheim/Meessen/Riesenkampff, § 121 a.F. Rn. 10.
65 Vgl. hierzu OLG Düsseldorf 20.07.2015 VII Verg 37/15 VergabeR 2015, 797 sowie 01.08.2005 VII Verg 41/05 »Das Allgemeininteresse an einem raschen Abschluss des Vergabeverfahrens kann sich gegenüber dem Bieterschutz nur in solchen Ausnahmefällen durchsetzen, in denen sein Gewicht dasjenige des festgestellten Vergabeverstoßes übertrifft, m.a.W. dann, wenn der Rechtsverstoß als nicht besonders schwerwiegend zu qualifizieren ist.«.
66 Vgl. auch Stockmann in: Immenga/Mestmäcker, § 121 a.F. in Fn. 50; Kullack/Schüttpelz in: Heiermann/Riedl/Rusam § 121 a.F. Rn. 11; Lux in: Müller-Wrede, § 121 a.F. Rn. 28.
67 Vgl. Erdmann VergabeR 2008, 908, 913 sowie Stockmann in: Immenga/Mestmäcker, § 121 a.F. Rn. 16.
68 So OLG München 09.09.2010 Verg 16/10.
69 OLG Frankfurt 05.03.2014 11 Verg 1/14 VergabeR 2014 734 (Hauptsachetermin in knapp zwei Wochen, wobei der durch einen vorzeitigen Zuschlag gewonnene zeitliche Vorsprung geringfügig wäre); OLG Düsseldorf 18.10.2010 VII Verg 39/10 VergabeR 2011, 604.

den Zeitplan extrem knapp ausgelegt oder das Vergabeverfahren selbst nicht mit der gebotenen Eile betrieben, kann ein dadurch verursachter Beschleunigungsbedarf in den Hintergrund treten; insbesondere kann in einem solchen Fall eine Vorabgestattung des Zuschlags nicht mit Fristüberschreitungen und in deren Folge eintretenden finanziellen Einbußen gerechtfertigt werden.[70] Eine bloße Verteuerung des Beschaffungsvorhabens durch verzögerungsbedingte Mehrvergütung oder etwa durch zusätzliche Kosten für Zwischenlösungen gibt auch sonst regelmäßig noch keinen Grund für eine Vorabgestattung des Zuschlags, und zwar insbesondere dann, wenn die Mehrkosten noch ungewiss sind.[71] Verzögerungen und Kostensteigerungen, die aufgrund der Inanspruchnahme gerichtlichen Rechtsschutzes eintreten, sind grundsätzlich auch dann hinzunehmen, wenn es um die Erfüllung der Aufgaben öffentlicher Auftraggeber geht. Es müssen besondere Umstände vorliegen, um einen unzumutbaren Nachteil für das in wirtschaftlicher Hinsicht bestehende Allgemeininteresse zu begründen. So kann der Verpflichtung zur Wirtschaftlichkeit erhebliches Gewicht zukommen, wenn die durch das fortbestehende Zuschlagsverbot entstehenden Verzögerungen erhebliche Kostensteigerungen verursachen und dadurch die Realisierung der öffentlichen Investition ggf. sogar – etwa auch wegen eines drohenden Verlustes von Fördergeldern – insgesamt infrage stellen.[72] Das Interesse der Allgemeinheit an einem raschen Abschluss des Vergabeverfahrens kann in erheblicher Weise geschädigt sein, wenn eine große Zahl von Arbeitsplätzen infolge einer weiteren Verzögerung gefährdet wäre. Besteht ausnahmsweise unaufschiebbarer Bedarf zur Erfüllung einer Aufgabe der Daseinsvorsorge oder der Gefahrenabwehr für die öffentliche Sicherheit und Ordnung, so ermöglicht die nach § 176 Abs. 1 GWB vorzunehmende Interessenabwägung die Erteilung des Zuschlags im Extremfall auch dann vorab zu gestatten, wenn die entgegenstehenden Interessen im Hinblick auf einen Vergabefehler ihrerseits ganz erheblich sind. Dass die Vergabe den Bereich der Daseinsvorsorge oder Gefahrenabwehr betrifft, begründet per se aber noch kein besonderes Beschleunigungsinteresse.[73]

32 Die ausdrückliche Regelung zur Berücksichtigung **besonderer Verteidigungs- und Sicherheitsinteressen** bei verteidigungs- oder sicherheitsspezifischen öffentlichen Aufträgen ist in Umsetzung der Richtlinie 2009/81EG[74] zur Klarstellung aufgenommen worden,[75] denn derartige Interessen gehören ohnedies zu den in die Abwägung einzustellenden möglicherweise geschädigten Interessen. Sofern ein besonderes Interesse an beschleunigter Beschaffung aus Gründen der Verteidigung und Sicherheit besteht, wie etwa in Krisenfällen, wird diesem Interesse bei der Abwägung, ob die nachteiligen Folgen einer Verzögerung des Zuschlags die damit verbundenen Vorteile überwiegen, entscheidendes Gewicht zukommen.

33 Die **allgemeinen Aussichten des Antragstellers** im Vergabeverfahren, den Auftrag oder die Konzession zu erhalten, bestimmen entscheidend das Maß der durch eine Vorabgestattung des Zuschlags drohenden Beeinträchtigung seiner individuellen Chancen auf den Zuschlag und seines Anspruchs, insoweit effektiven Primärrechtsschutz zu erlangen. Je größer sie einzuschätzen sind, desto schwerer wiegt ihr Verlust durch eine Vorabgestattung des Zuschlags. Dasselbe gilt für die mögliche Beeinträchtigung der Interessen eines **Beigeladenen**. Die Aussichten, den Auftrag oder die Konzession zu erhalten, können – neben den Erfolgsaussichten der Beschwerde – davon abhängig sein, inwieweit der Antragsteller bzw. Beigeladene eine unmittelbare Chance auf den Zuschlag hat, was sich etwa bei bereits erfolgter Wertung aus dem Wertungsrang ergeben kann. Hat ein Antragsteller objektiv keine realistische Chance auf die Erteilung des Zuschlags,

---

70 Vgl. Wilke in: MüKo-KartellR Bd. III § 121 a.F. Rn. 33 unter Hinweis auf OLG Celle 17.01.2003 13 Verg 2/03 VergabeR 2003, 367.
71 Wilke in: MüKo-KartellR Bd. III § 121 a.F. Rn. 33 m.w.N.
72 Vgl. Erdmann VergabeR 2008, 908, 911 m.w.N.
73 OLG Frankfurt 05.03.2014 11 Verg 1/14 VergabeR 2014.
74 RL 2009/81/EG vom 13.07.2009 über die Koordinierung der Verfahren zur Vergabe bestimmter Bau-, Liefer- und Dienstleitungsaufträge in den Bereichen Verteidigung und Sicherheit und zur Änderung der Richtlinien 2004/17/EG und 2004/18/EG.
75 BT-Drucks. 17/7275 S 18 zu § 115 und zu § 121 GWB.

kann dieser Umstand im Rahmen der Abwägung dazu führen, dass die Vorabgestattung des Zuschlags auch dann als gerechtfertigt anzusehen ist, wenn der Ausgang des Nachprüfungsverfahrens offen ist.[76]

Die **Interessenabwägung** hat immer anhand der konkreten Umstände des Einzelfalls stattzu-   34
finden. Überwiegen die Nachteile eines bis zur Hauptsacheentscheidung fortbestehenden Zuschlagsverbots und damit die Interessen an einer vorzeitigen Gestattung des Zuschlags, kann das Beschwerdegericht den Zuschlag gestatten. Führt die Abwägung nicht zu dem Ergebnis, dass die nachteiligen Folgen einer Verzögerung die damit verbundenen Vorteile überwiegen, ist der Antrag zurückzuweisen. Das gilt auch, wenn die Abwägung – aus welchem Grund auch immer – letztlich offen bleibt.[77] Lassen sich die Erfolgsaussichten der sofortigen Beschwerde im Eilverfahren nicht klären, so kommt eine Gestattung des Zuschlags nur in Ausnahmefällen in Betracht.[78] Ein solcher Ausnahmefall kann vorliegen, wenn eine **außergewöhnlich lange Verzögerung** zu berücksichtigen ist, etwa weil aufgrund eines Vorabentscheidungsersuchens an den EuGH nach Art. 267 AEUV in der Sache nicht kurzfristig entschieden werden kann.[79] Für eine Vorabgestattung des Zuschlags ist ein strenger Maßstab zu verlangen. Die Bieter haben ein gewichtiges Interesse daran, dass ihnen die Möglichkeit eingeräumt wird, ihre Rechte im Wege des Primärrechtsschutzes zu verfolgen und sie nicht auf den Sekundärrechtsschutz (Schadensersatz) verwiesen zu werden. Mit der Erteilung eines Auftrages festigt sich die Marktposition eines Unternehmens, was nicht selten zur Folge hat, dass dieses Unternehmen weitere Aufträge akquirieren kann, während das Unternehmen, das einen Auftrag nicht erhält, unabhängig von dem allenfalls im Schadensersatzprozess geltend zu machenden entgangenen Gewinn eine schadensersatzrechtlich kaum quali- und quantifizierbare Einbuße an seiner Marktposition erleidet.[80] Je nach Art des zu vergebenden Auftrags oder der zu vergebenden Konzession ist zu prüfen, ob den berechtigten Interessen an einer zügigen Realisierung des Beschaffungsbedarfs nicht auch durch eine Übergangsbeauftragung eines Unternehmens (**Interimsvergabe**) nur für den Zeitraum bis zum voraussichtlichen Abschluss des Beschwerdeverfahrens oder für einen sonst begrenzten Zeitraum Rechnung getragen werden kann.[81] In dem Fall wird sich eine Vorabgestattung des Zuschlags, die zu einem endgültigen Verlust der Auftragschance des Antragstellers führt, regelmäßig kaum rechtfertigen lassen.

II. Inhalt der Entscheidung

Die Vorabentscheidung ergeht durch **Beschluss** (§§ 176 Abs. 3 Satz 4, 175 Abs. 2 i.V.m. § 71 Abs. 1   35
Satz 1 GWB). Gibt das Beschwerdegericht dem Antrag statt, so gestattet es nach § 176 Abs. 1 Satz 1 den weiteren Fortgang des Vergabeverfahrens und die Erteilung des Zuschlags. Im Vordergrund steht dabei die Gestattung des Zuschlags, da dem Auftraggeber infolge des Nachprüfungsverfahrens eine Fortsetzung des Vergabeverfahrens (mit Ausnahme des Zuschlags) – genau genommen – gar nicht untersagt ist.[82] Mit der Gestattung des Zuschlags wird die dem Nachprüfungsantrag stattgebende Entscheidung der Vergabekammer aufgehoben (§ 173 Abs. 3 GWB).

---

76 Vgl. OLG Düsseldorf 26.01.2012 VII Verg 107/11 im Verfahren auf Verlängerung der aufschiebenden Wirkung der sofortigen Beschwerde betreffend den Fall einer Direktvergabe; siehe auch BT-Drucks. 13/9340 S. 22 zu § 131 RegE VgRÄG.
77 Jaeger in: Byok/Jaeger § 121 a.F. Rn. 17; Stockmann in: Immenga/Mestmäcker § 121 a.F. Rn. 21.
78 Vgl. OLG Frankfurt 05.03.2014 11 Verg 1/14 VergabeR 2014, 734.
79 OLG Naumburg 28.10.2002 1 Verg 9/02; OLG Düsseldorf 11.09.2000 Verg 7/00 WuW 12/2000 Verg 381; Wilke in: MüKo-KartellR Bd. III § 121 a.F. Rn. 34.
80 So zutreffend OLG München 09.09.2010 Verg 16/10.
81 Vgl. OLG Düsseldorf 20.07.2015 VII Verg 37/15 VergabeR 2015, 797; Jaeger in: Byok/Jaeger § 121 a.F. Rn. 20.
82 So zutreffend: Jaeger in: Byok/Jaeger § 121 a.F. Rn. 19.

36 Hält das Beschwerdegericht den Antrag für unzulässig oder unbegründet, so weist es ihn zurück. Erfolgt die Zurückweisung des Antrags durch eine **Sachentscheidung**, die entscheidungstragend auf Ausführungen zur Rechtmäßigkeit des Vergabeverfahrens beruht, hat der Auftraggeber – wenn er den Antrag gestellt hat – § 177 GWB zu beachten.[83] Danach gilt das Vergabeverfahren kraft Gesetzes als beendet, wenn der Auftraggeber nicht innerhalb von zehn Tagen nach Zustellung der Entscheidung die Maßnahmen zur Herstellung der Rechtmäßigkeit des Verfahrens ergreift, die sich aus der Entscheidung ergeben. Das Beschwerdegericht kann den Antragsgegner auffordern, ihm nach Ablauf dieser Frist die ergriffenen Maßnahmen anzuzeigen.[84]

37 § 176 GWB enthält keine Aussage zur Entscheidung über die **Kosten des Eilverfahrens.** Nach ganz überwiegender und zutreffender Auffassung ist im Verfahren nach § 176 GWB eine Kostenentscheidung nicht veranlasst, denn die Kosten des Zwischenverfahrens sind Teil der Kosten des Beschwerdeverfahrens, über die nicht gesondert, sondern einheitlich mit der Entscheidung über die Hauptsache zu befinden ist.[85] Im Verfahren nach § 176 GWB entstehen gesonderte gerichtliche und anwaltliche Gebühren (Nrn. 1630, 1631 KV GKG; Nrn. 3100, 3101 VV RVG i.V.m. Vorb. 3.2 Abs. 2 Satz 3 VV RVG). Wird der Antrag auf Vorabentscheidung über den Zuschlag zurückgenommen, so entspricht es regelmäßig der Billigkeit (§§ 176 Abs. 3 Satz 4, 175 Abs. 2 i.V.m. § 78 GWB), die Kosten dieses Verfahrens dem antragstellenden Auftraggeber oder Unternehmen aufzuerlegen, auch wenn der Nachprüfungsantrag später zurückgenommen wird.[86] Der Gegenstandswert im Verfahren nach § 176 GWB entspricht dem Gegenstandswert des Beschwerdeverfahrens (§ 50 Abs. 2 GKG).[87]

III. Begründung der Entscheidung (Abs. 3 Satz 3)

38 Die Entscheidung ist zu begründen (§§ 176 Abs. 3 Satz 4, § 175 Abs. 2 i.V.m. § 71 Abs. 6 GWB), die Begründung hat nach § 176 Abs. 3 Satz 3 GWB die Rechtmäßigkeit oder Rechtswidrigkeit des Vergabeverfahrens zu erläutern. Diese Anweisung ist im Zusammenhang mit § 177 GWB zu sehen, der den mit seinem Antrag nach § 176 GWB unterlegenen Auftraggeber dazu anhält, die vom Beschwerdegericht festgestellten Vergabeverstöße binnen 10-Tages-Frist zu korrigieren, wenn er eine Beendigung des Vergabeverfahrens kraft Gesetzes abwenden will. Das ist ihm nur möglich, wenn er der Entscheidung klar und eindeutig entnehmen kann, welche Maßnahmen er zur Herstellung der Rechtmäßigkeit des Vergabeverfahrens ergreifen muss.[88] Damit die im jeweiligen Einzelfall zur Herstellung der Rechtmäßigkeit des Vergabeverfahrens einzuleitenden Maßnahmen sicher bestimmt werden können, ist bei der Begründung der Entscheidung besonderes Gewicht auf eine unmissverständliche Darstellung der den Korrekturbedarf auslösenden Vergabefehler zu legen. Mit Blick auf den Zweck des § 176 Abs. 3 Satz 3 GWB kann das Beschwerdegericht abweichend vom Wortlaut der Vorschrift dann auf Erläuterungen zur Rechtmäßigkeit oder Rechtswidrigkeit des Vergabeverfahrens verzichten, wenn es den Antrag mangels Zulässigkeit zurückweist oder sich mit der Rechtmäßigkeit des Vergabeverfahrens überhaupt nicht beschäftigen muss, weil es entweder die sofortige Beschwerde oder den Nachprüfungsantrag für unzulässig hält. In diesen Fällen ist jeweils nur die Unzulässigkeit zu begründen.

---

83 Siehe dazu § 177 Rdn. 5 ff.
84 Vgl. OLG Düsseldorf 09.07.2012, VII Verg 18/12.
85 So u.a. OLG Düsseldorf 09.07.2012, VII Verg 18/12; OLG Frankfurt 05.03.2014 11 Verg 1/14 VergabeR 2014, 734; OLG Karlsruhe 04.05.2007, 17 Verg 5/07; BayObLG 13.08.2001 Verg 10/01 VergabeR 2001, 402, 405; OLG Celle 14.03.2000 13 Verg 2/00; Jaeger in: Byok/Jaeger § 121 a.F. Rn. 25; Wilke in: MüKo-KartellR Bd. III § 121 a.F. Rn. 39, a.A. KG Berlin, 26.09.2014 Verg 5/14, VergabeR 2015, 471; OLG Naumburg 15.12.2000 1 Verg 11/00 NZBau 2001, 642; OLG Bremen 20.08.2003, Verg 7/2003; Stickler in: Reidt/Stickler/Glahs § 121 a.F. Rn. 32 (für den Fall der Stattgabe des Antrags).
86 BGH 25.10.2005 X ZB 15/05 NZBau 2006, 392.
87 Vgl. OLG Brandenburg 16.05.2011 Verg W 2/11.
88 Vgl. Stockmann, in: Immenga/Mestmäcker, § 121 a.F. Rn. 23.

IV. Unanfechtbarkeit der Entscheidung; keine Vorlagepflicht

Gegen eine Entscheidung im Eilverfahren ist gem. § 176 Abs. 4 GWB ein Rechtsmittel nicht zuläs- **39** sig.[89] Der Beschluss braucht daher entgegen § 71 Abs. 6 GWB i.V.m. §§ 176 Abs. 3 Satz 4, 175 GWB auch keine Rechtsmittelbelehrung zu enthalten. Unanfechtbar sind auch die Entscheidung über die Verlängerung der Entscheidungsfrist nach Abs. 3 Satz 1 sowie die Entscheidung über die Aussetzung des Beschwerdeverfahrens nach Abs. 2 Satz 3. Eine Vorlage an den BGH ist im Verfahren nach § 176 GWB ebenfalls ausdrücklich ausgeschlossen, § 179 Abs. 2 Satz 4 GWB.

§ 177 Ende des Vergabeverfahrens nach Entscheidung des Beschwerdegerichts

Ist der Auftraggeber mit einem Antrag nach § 176 vor dem Beschwerdegericht unterlegen, gilt das Vergabeverfahren nach Ablauf von zehn Tagen nach Zustellung der Entscheidung als beendet, wenn der Auftraggeber nicht die Maßnahmen zur Herstellung der Rechtmäßigkeit des Verfahrens ergreift, die sich aus der Entscheidung ergeben; das Verfahren darf nicht fortgeführt werden.

A. Überblick und Normzweck

Die Vorschrift (entspricht § 122 GWB a.F.) steht in unmittelbarem Zusammenhang mit § 176 **1** GWB und regelt ausschließlich die Folgen einer den Antrag des Auftraggebers auf Vorabentscheidung über den Zuschlag zurückweisenden Entscheidung des Beschwerdegerichts. § 177 GWB bezweckt die beschleunigte Herstellung der Rechtmäßigkeit eines vom Beschwerdegericht im Rahmen der Sachprüfung auf einen Eilantrag des Auftraggebers als vergabefehlerhaft beurteilten Vergabeverfahrens, anderenfalls dessen Beendigung. Mit der gesetzlichen Folge der Beendigung des Vergabeverfahrens, falls der Auftraggeber die Maßnahmen zur Beseitigung eines festgestellten Vergabeverstoßes nicht binnen der Frist von 10 Tagen ergreift, soll rasch **Klarheit für das laufende Vergabeverfahren** geschaffen werden. In der Gesetzesbegründung[1] heißt es hierzu: »Es ist nach Prüfung durch die Vergabekammer und nach einer obergerichtlichen Entscheidung zuungunsten des Auftraggebers äußerst unwahrscheinlich, dass die zweite Entscheidung des Beschwerdegerichts anders ausfallen würde als die erste, zumal dasselbe Oberlandesgericht über die sofortige Beschwerde entscheiden würde, das dem Auftraggeber bereits in der Vorabentscheidung einen Fehler vorgehalten hat. Die Fortsetzung eines Gerichtsverfahrens ohne realistische Erfolgsaussicht soll zumindest bei weiterbestehendem Schwebezustand des Vergabeverfahrens vermieden werden.«.

Der Auftraggeber, der trotz Unterliegens mit seinem Antrag auf Vorabgestattung des Zuschlags **2** wegen eines Vergabefehlers an der Beschaffung festhalten will, ist also gezwungen, entweder der Auffassung des Beschwerdegerichts zu folgen oder ein neues Vergabeverfahren durchzuführen.[2]

Auch wenn der Antrag auf Vorabentscheidung über den Zuschlag nach § 176 Abs. 1 GWB nicht **3** nur vom Auftraggeber, sondern auch von dem Unternehmen gestellt werden kann, das nach § 134 vom Auftraggeber als das für den Zuschlag vorgesehene Unternehmen benannt ist, knüpft § 177 GWB ausschließlich an einen entsprechenden Antrag durch den Auftraggeber an. Das ist im Hin-

---

89 Zur Frage der Zulässigkeit einer Gegenvorstellung vgl. OLG Bremen 03.09.2003, Verg 7/03.
 1 BT-Drucks. 13/9340 S. 16 zu § 111 RegE VgRÄG; die Vorschrift war zunächst im Abschnitt über das Vergabeverfahren vorgesehen und wurde erst auf Antrag des Bundesrates (BT-Drucks. 13/9340 S. 43) in den Abschnitt über das Nachprüfungsverfahren aufgenommen.
 2 Vgl. BT-Drucks. 13/9340 S. 16 zu § 111 RegE VgRÄG.

blick auf die mit § 177 GWB für den Fall der Antragszurückweisung angeordneten schwerwiegenden Folgen auch sachgerecht. Es erscheint nicht vertretbar, das Schicksal des Vergabeverfahrens vom prozessualen Verhalten des für die Beauftragung vorgesehenen Unternehmens abhängig zu machen. Dies gilt unabhängig davon, ob der Auftraggeber den Antrag des nach § 134 GWB benannten Unternehmens mit eigenem Vortrag unterstützt, solange er keinen eigenen formellen Antrag nach § 176 GWB stellt.[3]

4   Die einschneidende Rechtsfolge der Beendigung des Vergabeverfahrens zulasten aller Beteiligter auf der Grundlage einer gerichtlichen Entscheidung im Eilverfahren wird zum Teil als »bedenklich« oder »rechtspolitisch verfehlt« bezeichnet.[4] In der gerichtlichen Praxis hat die Vorschrift indes bisher keine Rolle gespielt,[5] was dafür spricht, dass die 10-Tages-Frist zum Ergreifen von Maßnahmen zur Herstellung der Rechtmäßigkeit des Verfahrens regelmäßig ausreichend ist, aber auch daran liegen dürfte, dass Auftraggeber von Anträgen nach § 176 GWB häufig absehen, um bei möglichen Vergabefehlern nicht die Beendigung des Vergabeverfahrens zu riskieren.[6]

B. Tatbestandsvoraussetzungen

I. Unterliegen des Auftraggebers

5   Die Vorschrift setzt zunächst voraus, dass der **Auftraggeber** einen Antrag auf Gestattung des Zuschlags nach § 176 GWB gestellt hat und mit diesem Antrag unterlegen ist. Weiter ist erforderlich, dass die Zurückweisung des Antrags durch **Sachentscheidung des Beschwerdegerichts** erfolgt ist, in der die Erfolgsaussichten der sofortigen Beschwerde und damit die Rechtmäßigkeit des Vergabeverfahrens behandelt werden.[7] Dabei ist als tatbestandliche Voraussetzung zu verlangen, dass die Antragszurückweisung im Sinne einer die Entscheidung tragenden Begründung **auf Ausführungen zur Rechtmäßigkeit des Vergabeverfahrens beruht**,[8] mögen diese auch als vorläufiges oder Ergebnis einer summarischen Prüfung bezeichnet sein. Diese Auslegung steht im Einklang mit dem Gesetzeswortlaut und ist nach dem Sinn und Zweck der Vorschrift geboten. § 177 GWB ordnet die Rechtsfolge der Beendigung des Vergabeverfahrens für den Fall an, dass der mit seinem Antrag nach § 176 GWB unterlegene Auftraggeber nicht innerhalb der gesetzlichen Frist »die Maßnahmen zur Herstellung der Rechtmäßigkeit des Verfahrens ergreift, die sich aus der (seinen Antrag zurückweisenden) Entscheidung ergeben.« Maßnahmen zur Korrektur des Vergabeverfahrens, die sich aus der Antragszurückweisung ergeben, sind nur solche, die auf entscheidungsrelevante Vergabefehler zurückzuführen sind. Grundlage der Entscheidung über den Antrag auf Vorabgestattung des Zuschlags ist ein auf Durchsetzung des Primärrechtsschutzes gerichteter Nachprüfungsantrag, über den im Rahmen der sofortigen Beschwerde zu entscheiden ist. Mit der gesetzlichen Anordnung der Beendigung des Vergabeverfahrens bei unterlassener Fehlerkorrektur verwirklicht § 177 GWB das subjektive Recht des Nachprüfungsantragstellers auf Einhaltung der Bestimmungen über

---

3 Jaeger in: Byok/Jaeger § 122 a.F. Rn. 2.

4 Vgl. Tillmann WuW 1999, 342, 349; Vavra in: Dreher/Motzke § 122 a.F. Rn. 2 ff.; Jaeger in: Byok/Jaeger § 122 a.F. Rn. 7, 8 nach dessen Ansicht die Vorschrift außerdem eine zumindest teilweise unrichtige Umsetzung der EU-Rechtsmittelrichtlinie darstelle; ebenfalls kritisch Dieck-Bogatzke in: Pünder/Schellenberg § 122 a.F. Rn. 3; Stockmann in: Immenga/Mestmäcker § 122 a.F. Rn. 3.

5 Vgl. Jaeger in: Byok/Jaeger § 122 a.F. Fn. 20 dessen Befund, dass veröffentlichte Gerichtsentscheidungen, die sich mit der Rechtsfolge der Beendigung des Vergabeverfahrens befassen, nicht ersichtlich sind, weiter zutrifft.

6 Raabe in: Willenbruch/Wieddekind § 122 a.F. Rn. 2.

7 Ganz h.M.; vgl. etwa Dieck-Bogatzke in: Pünder/Schellenberg § 122 a.F. Rn. 4; Raabe in: Willenbruch/Wieddekind § 122 a.F. Rn. 4; Stockmann in: Immenga/Mestmäcker § 122 a.F. Rn. 4.

8 A.A. Jaeger in: Byok/Jaeger § 122 a.F. Rn. 6 mit der Begründung, dass das Gesetz – ausgenommen den Fall, dass der Antrag eindeutig als unzulässig verworfen worden ist – nach seinem »klaren« Wortlaut jeden Fall erfasse, in dem der Auftraggeber mit seinem Antrag auf Vorabgestattung des Zuschlags unterlegen sei und Rechtsunsicherheit entstehe, wenn man den Eintritt der Rechtsfolge von der Analyse der Entscheidungsgründe abhängig machte.

das Vergabeverfahren (§ 97 Abs. 6 GWB) mit der Folge, dass die übrigen Bieter ihre Auftragschancen im laufenden Verfahren verlieren. Das ist nur gerechtfertigt, soweit die sachliche Beurteilung zum Bestehen eines Vergabefehlers für die Entscheidung des Beschwerdegerichts im Zwischenverfahren nach § 176 GWB entscheidungserheblich war. Nach der Gesetzesbegründung liegt der Vorschrift des § 177 GWB zugrunde, dass die Beurteilung des Beschwerdegerichts, wenn es bei der Eilentscheidung im Zwischenverfahren dem Auftraggeber einen Vergabefehler vorgehalten hat, im Rahmen der späteren Entscheidung über die sofortige Beschwerde nicht anders ausfallen wird. An dieser vom Gesetzgeber angenommenen Rechtfertigung der strengen Rechtsfolge des § 177 GWB fehlt es, wenn der Antrag auf Vorabgestattung des Zuschlags vom Beschwerdegericht unabhängig von der Annahme eines Vergabefehlers zurückgewiesen worden ist.

Mithin greifen die Rechtsfolgen des § 177 GWB nicht ein, wenn der Auftraggeber allein aus for- 6
malen Gründen,[9] wegen fehlender Glaubhaftmachung[10] oder mangels Dringlichkeit der Zuschlagserteilung[11] oder sonst aus Gründen unterlegen ist, die sich nicht auf eine Feststellung der Rechtswidrigkeit des Vergabeverfahrens stützen. Letzteres ist insbesondere dann der Fall, wenn das Beschwerdegericht die Erfolgsaussichten der Beschwerde in der Sache als offen beurteilt und den Antrag unter Berücksichtigung dieses Umstandes oder unter Abwägung allein der übrigen möglicherweise geschädigten Interessen zurückgewiesen hat.[12]

II. Nichteingreifen von Maßnahmen in der Frist von 10 Tagen

Der Auftraggeber hat 10 Tage Zeit, die Maßnahmen zur Herstellung der Rechtmäßigkeit des Ver- 7
fahrens zu ergreifen. Die Frist ist nicht verlängerbar, sie beginnt mit der Zustellung der Entscheidung über den Antrag des Auftraggebers an den Auftraggeber. Die Berechnung der Frist richtet sich gem. §§ 175 Abs. 2, 73 Nr. 2 GWB nach § 222 ZPO, §§ 187 ff. BGB.

Das Vergabeverfahren gilt als beendet, wenn der Auftraggeber die Maßnahmen, die sich aus der Ent- 8
scheidung nach § 176 GWB ergeben, nicht innerhalb der Frist ergreift. Die im Einzelfall zu ergreifenden Maßnahmen sind, soweit sie nicht in der Entscheidungsformel des Beschlusses bezeichnet sind,[13] anhand der tragenden Entscheidungsgründe in Bezug auf die Rechtmäßigkeit des Vergabeverfahrens zu bestimmen.[14] Aus dem Wortlaut der Vorschrift (»ergreift«) folgt, dass es ausreicht, wenn der Auftraggeber die gebotenen Maßnahmen **fristgerecht einleitet**.[15] Hingegen ist nicht erforderlich, dass die Maßnahmen noch innerhalb der Frist zu dem bezweckten Erfolg, also einer vollständigen Korrektur der Vergabeverstöße führen.4[16] Die Korrekturmaßnahmen müssen **objektiv geeignet** sein, sämtliche vom Beschwerdegericht festgestellten Mängel des Vergabeverfahrens schnellstmöglich zu beseitigen.[17] Eine Anzeige der Korrekturmaßnahmen gegenüber dem Beschwerdegericht oder den Verfahrensbeteiligten innerhalb der 10-Tages-Frist oder danach ist grds. nicht

---

9 So allg. Ansicht.
10 Stockmann in: Immenga/Mestmäcker § 122 a.F. Rn. 4; König in: Heuvels/Höß/Kuß/Wagner § 122 a.F. Rn. 5; Vavra in: Dreher/Motzke § 122 a.F. Rn. 9.
11 Ebenso z.B.: Stickler in: Reidt/Stickler/Glahs § 122 a.F. Rn. 3; Wilke in: MüKo-KartellR Bd. III § 122 a.F. Rn. 5; Raabe in: Willenbruch/Wieddekind § 122 a.F. Rn. 4; Herrmann in: Ziekow/Völlink § 122 a.F. Rn. 3.
12 So zutreffend: Raabe in: Willenbruch/Wieddekind § 122 a.F. Rn. 5; ähnlich: Stickler in: Reidt/Stickler/Glahs § 122 a.F. Rn. 3.
13 Die Entscheidungsformel spricht regelmäßig allein die Zurückweisung des Antrags aus.
14 Vgl. auch Stickler in: Reidt/Stickler/Glahs § 122 a.F. Rn. 5; Raabe in: Willenbruch/Wieddekind § 122 a.F. Rn. 7.
15 Ebenso Stickler in: Reidt/Stickler/Glahs § 122 a.F. Rn. 10; Wilke in: MüKo-KartellR Bd. III § 122 a.F. Rn. 12.
16 Weitergehend Stockmann in: Immenga/Mestmäcker § 122 a.F. Rn. 7, der fordert, dass der Korrekturerfolg gesichert sein müsse, da sonst nicht der erforderliche Druck auf den Auftraggeber entstünde.
17 Summa in: jurisPK-VergR § 122 a.F. Rn. 10.

erforderlich,5[18] soweit der Auftraggeber hierzu vom Beschwerdegericht nicht ausdrücklich aufgefordert wurde.[19] Gegenüber den Verfahrensbeteiligten und hier insbesondere dem Antragsteller kann sie aber sinnvoll sein, um kurzfristig Klarheit darüber zu schaffen, ob die getroffenen Maßnahmen als ausreichend angesehen werden oder ggf. nochmals nachgebessert werden müssen. Die Einleitung der Korrekturmaßnahmen ist in den Vergabeakten zu dokumentieren, die Dokumentationspflicht ergibt sich aus den einzelnen Vergabeordnungen (z.B. § 20 VOB/A, § 20 EG VOB/A).

9   Besteht zwischen dem Auftraggeber und den weiteren Beteiligten Streit darüber, ob die erforderlichen Korrekturmaßnahmen fristgerecht eingeleitet wurden, ist die Frage, ob das Vergabeverfahren rechtzeitig geheilt oder gem. § 177 GWB kraft Gesetzes beendet ist, vom Beschwerdegericht innerhalb des noch anhängigen Hauptsacheverfahrens zu entscheiden.[20] Unterlaufen dem Auftraggeber im Rahmen der Maßnahmen zur Wiederherstellung der Rechtmäßigkeit neue Vergabefehler, so hat dies zur Folge, dass die betroffene Maßnahme nicht als zur Fehlerkorrektur geeignet angesehen werden kann und deshalb das Verfahren nach Ablauf der 10-Tages-Frist endet.[21] Nur ihrerseits fehlerfreie Maßnahmen können zur Herstellung eines rechtmäßigen Vergabeverfahrens führen. Anders verhält es sich, wenn die ergriffenen Maßnahmen fehlerfrei sind, der Auftraggeber aber in einem nächsten Schritt einen mit dem bisher festgestellten Verstoß nicht zusammenhängenden neuen Fehler begeht.[22] In einem solchen Fall sind die Bieter zur Wahrung ihrer Rechte auf eine rechtzeitige Rüge (§ 160 Abs. 3 Satz 1 GWB) und einen neuerlichen Nachprüfungsantrag angewiesen.

10   Sind die vom Beschwerdegericht festgestellten Vergabeverstöße so schwerwiegend, dass sie nicht durch die Wiederholung bestimmter Verfahrensschritte, sondern nur durch Neuausschreibung geheilt werden können, so tritt die Rechtsfolge des § 177 GWB sofort ein, da der 10-Tages-Frist zugrunde liegt, dass der Auftraggeber überhaupt in der Lage ist, die Rechtmäßigkeit des laufenden Vergabeverfahrens herzustellen.[23]

C. Rechtsfolgen für das Vergabeverfahren

11   Liegen die tatbestandlichen Voraussetzungen des § 177 GWB vor, hat es der Auftraggeber also versäumt, fristgerecht die Maßnahmen einzuleiten, die erforderlich und objektiv geeignet sind, um die vom Beschwerdegericht festgestellten Vergabefehler zu korrigieren, gilt das Vergabeverfahren kraft Gesetzes als beendet. Eine nachträgliche Heilung des Verfahrens ist nicht möglich. Die **Beendigung des Vergabeverfahrens** kraft Gesetzes gleicht in der Sache einer **Aufhebung** der Ausschreibung.[24] Der Auftraggeber muss deshalb neue Angebote einholen und dazu ein neues Vergabeverfahren einleiten, wenn er an seinem Beschaffungsvorhaben festhalten will. Das ursprüngliche, fehlerhafte Vergabeverfahren darf – so ausdrücklich der 2. Halbsatz des § 177 GWB – nicht fortgeführt werden. Es handelt sich hierbei um ein gesetzliches Verbot, dessen Nichtbeachtung gem. § 134 BGB die Nichtigkeit eines Vertragsschlusses zur Folge hat.[25] Der Auftraggeber hat die Bieter sowie auch das Amt für Veröffentlichungen der EU über die Beendigung des Vergabeverfahrens zu unterrichten.[26]

---

18   Stockmann in: Immenga/Mestmäcker § 122 a.F. Rn. 7.
19   Vgl. zu einem solchen Fall OLG Düsseldorf 09.07.2012, VII Verg 18/12.
20   Jaeger in: Byok/Jaeger § 122 a.F. Rn. 3; Wilke in: MüKo-KartellR Bd. III § 122 a.F. Rn. 14.
21   Zutreffend: Stockmann in: Immenga/Mestmäcker § 122 a.F. Rn. 8; a.A. noch Vorauflage Röwekamp § 122 a.F. Rn. 4; ebenso Jaeger in: Byok/Jaeger § 122 a.F. Rn. 3.
22   Vavra in: Dreher/Motzke § 122 a.F. Rn. 11.
23   Vgl. Stickler in: Reidt/Stickler/Glahs § 122 a.F. Rn. 9; Wilke in: MüKo-KartellR Bd. III § 122 a.F. Rn. 12; abweichend: Herrmann in: Ziekow/Völlink § 122 a.F. Rn. 5: 10-Tages-Frist gilt; a.A. Tillmann WuW 1999, 342, 349 wonach die Vorschrift bei irreparablen Vergabefehlern keine Anwendung finden soll. In dem Fall bliebe das Vergabeverfahren bei besonders schweren Vergabeverstößen bis zur Entscheidung in der Hauptsache in der Schwebe. Das jedoch widerspräche dem gesetzgeberischen Zweck, im Fall der Zurückweisung des Antrags nach § 176 GWB kurzfristig Klarheit für das laufende Vergabeverfahren zu schaffen.
24   Vgl. auch Stickler in: Reidt/Stickler/Glahs § 122 a.F. Rn. 11: Ausschreibung gilt als aufgehoben.
25   Stickler in: Reidt/Stickler/Glahs § 122 a.F. Rn. 11; Herrmann in: Ziekow/Völlink § 122 a.F. Rn. 6.
26   Wilke in: MüKo-KartellR Bd. III § 122 a.F. Rn. 17.

Grundsätzlich dürfen die am Vergabeverfahren beteiligten Bieter darauf vertrauen, dass das Ver- 12
gabeverfahren durch Zuschlagserteilung beendet wird, solange nicht ausnahmsweise Umstände
vorliegen, die den Auftraggeber zur Aufhebung/Einstellung des Vergabeverfahrens berechtigen.
Dementsprechend dürfen sie auch vom Auftraggeber erwarten, dass er nach Zurückweisung eines
Antrags nach § 176 GWB alles Erforderliche unternimmt, um die festgestellten Vergabeverstöße
zu heilen und so eine Beendigung des Vergabeverfahrens kraft Gesetzes abzuwenden. Durch das
Unterlassen entsprechender Korrekturmaßnahmen mit der Rechtsfolge des § 177 GWB macht
sich der Auftraggeber deshalb – ähnlich dem Fall einer unrechtmäßigen bzw. nicht durch einen der
in den Vergabeordnungen genannten Aufhebungsgründe gedeckten Aufhebung – unter Umständen **schadensersatzpflichtig** (181 Satz 1 GWB bzw. aus Verschulden bei Vertragsanbahnung gem.
§ 280 Abs. 1 i.V.m. § 241 Abs. 2, § 311 Abs. 2 und 3 BGB).[27] Der Schadensersatzanspruch ist
regelmäßig auf die Erstattung des negativen Interesses beschränkt, denn Bieter haben zwar einen
subjektiven Anspruch darauf, dass der Auftraggeber die Bestimmungen über das Vergabeverfahren
einhält, nicht aber darauf, dass er den Auftrag auch erteilt und demgemäß das Vergabeverfahren mit
der Erteilung des Zuschlags abschließt; anders verhält es sich nur, wenn die Aufhebung missbraucht
wird, um den Auftrag unter manipulativen Umständen zu vergeben.[28]

D. Rechtsfolgen für das Beschwerdeverfahren

Die Beendigung des Vergabeverfahrens kraft Gesetzes hat zur Folge, dass sich das dem Beschwer- 13
deverfahren zugrunde liegende Nachprüfungsverfahren erledigt hat, weil der ursprünglich auf Vornahme oder Unterlassung gerichtete Nachprüfungsantrag des Antragstellers gegenstandslos geworden ist. Damit ist regelmäßig auch das Beschwerdeverfahren **in der Hauptsache erledigt;**[29] das gilt
ausnahmsweise dann nicht, wenn zwischen den Beteiligten Streit besteht, ob ausreichende Korrekturmaßnahmen rechtzeitig ergriffen worden sind oder nicht.[30] Nach Beendigung des Vergabeverfahrens infolge Unterlassens rechtzeitiger Korrekturmaßnahmen sollte der Auftraggeber, sofern
er der Beschwerdeführer ist, die gegenstandslos und damit in der Sache unzulässig[31] gewordene
Beschwerde zurücknehmen oder in der Hauptsache für erledigt erklären. Ein zulässiger negativer
Fortsetzungsfeststellungsantrag nach §§ 178 Satz 3 GWB, 168 Abs. 2 Satz 2 GWB[32] verspricht,
da das Beschwerdegericht bei seiner Vorabentscheidung über den Zuschlag Vergabefehler angenommen hat, im Regelfall wenig Aussicht auf Erfolg. Der Antragsteller des Nachprüfungsverfahrens kann seinen bisherigen Sachantrag auf den Fortsetzungsfeststellungsantrag gem. §§ 178 Satz 3
GWB, 168 Abs. 2 Satz 2 GWB umstellen oder seinen Nachprüfungsantrag bzw. – falls er der
Beschwerdeführer ist – seine sofortige Beschwerde in der Hauptsache für erledigt erklären.

§ 178 GWB Beschwerdeentscheidung

**Hält das Gericht die Beschwerde für begründet, so hebt es die Entscheidung der Vergabekammer
auf. In diesem Fall entscheidet das Gericht in der Sache selbst oder spricht die Verpflichtung der
Vergabekammer aus, unter Berücksichtigung der Rechtsauffassung des Gerichts über die Sache
erneut zu entscheiden. Auf Antrag stellt es fest, ob das Unternehmen, das die Nachprüfung beantragt hat, durch den Auftraggeber in seinen Rechten verletzt ist. § 168 Abs. 2 gilt entsprechend.**

---

27 Vgl. Vavra in: Dreher/Motzke § 122 a.F. Rn. 13; König in: Heuvels/Höß/Kuß/Wagner § 122 a.F. Rn. 3.
28 BGH 20.03.2014 X ZB 18/13 VergabeR 2014, 538 m.w.N.
29 Stockmann in: Immenga/Mestmäcker § 122 a.F. Rn. 6; Vavra in: Dreher/Motzke § 122 a.F. Rn. 14.
30 Vgl. auch Vavra in: Dreher/Motzke § 122 a.F. Rn. 15.
31 Stickler in: Reidt/Stickler/Glahs § 122 a.F. Rn. 11: Beschwer ist entfallen; Dieck-Bogatzke in: Pünder/
    Schellenberg § 122 a.F. Rn. 9: Rechtsschutzbedürfnis fehlt.
32 So auch die Gesetzesbegründung (BT-Drucks. 13/9340 S. 16 zu § 111 RegE VgRÄG), wonach der Auf-
    traggeber ausdrücklich auf eine Fortsetzungsfeststellung verwiesen wird.

A. Einleitung

1   Die Art und Weise der **Entscheidung** des Beschwerdegerichts wird in § 178 GWB geregelt.

2   Diese Vorschrift entspricht wörtlich der Regelung des bisherigen § 123 GWB. Auf die Rechtsprechung und die Kommentarliteratur zu § 123 GWB (alt) kann daher uneingeschränkt verwiesen werden.

3   Die Vorschrift spricht nur einige Detailfragen der begründeten Beschwerde an, sie ist erkennbar unvollständig. Weitere Einzelheiten werden durch die Verweisungsnorm des § 168 Abs. 2 GWB (bisher: § 120 GWB) bestimmt, im Übrigen muss auf andere Verfahrensordnungen zurückgegriffen werden. Anders als im Vergabenachprüfungsverfahren vor der Vergabekammer handelt es sich beim Beschwerdeverfahren vor dem Oberlandesgericht um ein **gerichtliches Verfahren**, sodass eine entsprechende Anwendung der ZPO, aber auch der VwGO in Betracht kommt. Welche Verfahrensordnung im Einzelfall Anwendung finden kann, ist vor dem Hintergrund der spezifischen Interessenlage im vergaberechtlichen Nachprüfungsverfahren zu entscheiden. Die Zuweisung des Beschwerdeverfahrens zu den Oberlandesgerichten legt die entsprechende Anwendung der ZPO nahe.

B. Entscheidung des Beschwerdegerichts in der Hauptsache (Satz 1 und 2)

I. Die Prüfung des Beschwerdegerichts

4   Der Vergabesenat prüft zunächst die **Zulässigkeit der sofortigen Beschwerde** gem. § 172 GWB (alt: § 117 GWB). Wegen der Einzelheiten dieser Prüfung wird auf die Ausführungen zu § 172 GWB Bezug genommen. Verneint der Senat die Zulässigkeit der sofortigen Beschwerde, verwirft er sie ohne mündliche Verhandlung (§ 175 GWB (alt: § 120 Abs. 2) i.V.m. § 69 GWB).

5   Bejaht der Vergabesenat die Zulässigkeit der sofortigen Beschwerde, so ist die **mündliche Verhandlung** zwingend vorgeschrieben (§ 175 Abs. 2 i.V.m. § 69 GWB). Eine Ausnahme besteht allein dann, wenn sich die sofortige Beschwerde ausschließlich gegen eine **Kostenentscheidung** der Vergabekammer richtet. In diesem Fall kann auf eine mündliche Verhandlung verzichtet werden. Besteht einer der Verfahrensbeteiligten auf einer solchen, wird sie der Vorsitzende im Regelfall dennoch anberaumen.

6   Der Vergabesenat unterliegt, im Unterschied zu der Vergabekammer, bei seiner Entscheidungsfindung einer zwingenden **zeitlichen Vorgabe** nicht. § 175 Abs. 2 GWB (alt: § 120 Abs. 2 GWB) verweist ausschließlich auf § 167 Abs. 2 Satz 1 GWB (alt: § 113 Abs. 2 Satz 1 GWB). Die in § 167 Abs. 1 GWB enthaltene Fünf-Wochen-Frist, die eine Ausformung des Beschleunigungsgrundsatzes darstellt, ist damit für das Verfahren der sofortigen Beschwerde ausdrücklich nicht übernommen worden. Der Vergabesenat wird die **mündliche Verhandlung** jedoch so schnell, wie es die gesamten Umstände des Verfahrens (Terminierungssituation, Eingang der Vergabeakten bei Gericht usw.) zulassen, anberaumen. Ungeachtet dessen, dass er dem gesamten Vergabeverfahren zugrunde liegenden Grundsatz der Beschleunigung ebenfalls unterworfen ist, entsteht eine Beschleunigungsnotwendigkeit durch den zumeist zeitgleich eingelegten Antrag auf Verlängerung der aufschiebenden Wirkung der sofortigen Beschwerde bis zur Entscheidung über die Beschwerde § 173 Abs. 1 Satz 3 GWB) (alt: § 118 Abs. 1 S. 3 GWB) oder den Antrag auf Vorabentscheidung über den Zuschlag (§ 176 GWB) (alt: § 121 GWB).

Die der Beschleunigung des zivilprozessualen Verfahrens dienende Vorschrift des § 522 Abs. 2 ZPO 7
findet im Hinblick auf diese Ausgestaltung des Vergabenachprüfungsverfahrens keine – auch keine
entsprechende – Anwendung.

Umstritten ist, ob der Vergabesenat – ebenso wie die Vergabekammer – die Sach- und Rechtslage 8
von Amts wegen in vollem Umfang[1] oder aber nur **im Rahmen der gestellten Anträge bzw. des
Begehrens**[2] prüft.

Die Bestimmungen der §§ 175 Abs. 2 i.V.m. 70 Abs. 1 bis 3 GWB zugrunde gelegt prüft der Verga- 9
besenat die Sach- und Rechtslage **von Amts wegen** in vollem Umfang. Diese umfassende Prüfungs-
befugnis steht jedoch in einem Spannungsverhältnis zu dem Antrag des Beschwerdeführers, die sich
für ihn aus dem angefochtenen Beschluss der Vergabekammer ergebende Beschwer zu beseitigen.
Gemäß § 172 Abs. 2 Satz 1 GWB (alt: 117 Abs. 2 Satz 1 GWB) muss der Beschwerdeführer angeben, inwieweit die Entscheidung der Vergabekammer angefochten und eine abweichende Entscheidung beantragt wird. Hieraus wird gefolgert, dass der Beschwerdeführer einen Teil der Entscheidung
der Vergabekammer, sofern sie teilbar sei, unangefochten lassen kann. Dies entspreche dem Charakter des Nachprüfungsverfahrens als einem Rechtsschutzverfahren. Die Durchsetzung der Rechte
des § 97 Abs. 6 GWB stehe zur Disposition des Bieters.[3] Die Prüfung nur im Umfang der gestellten
Anträge lässt sich auch darauf stützen, dass § 178 Satz. 4 GWB (alt: § 123 Satz 4 GWB) nur § 168
Abs. 2 GWB (alt: § 114 Abs. 2 GWB), nicht aber dessen Abs. 1 für entsprechend anwendbar erklärt.[4]

Letzterer Auffassung tritt der Verfasser bei.[5] Die Entscheidung der Vergabekammer wird, soweit sie 10
teilbar ist und von einem der Beteiligten nicht angefochten wurde, **bestandskräftig**. Das Beschwerdegericht ist aus prozessualen Gründen gehindert, die Entscheidung der Vergabekammer in diesem
Punkt wieder aufzugreifen.[6] Die Bestimmung des § 308 ZPO findet entsprechende Anwendung.
Das Ergebnis, dass der Vergabesenat selbst **schwerwiegende Fehler** des Vergabeverfahrens, soweit sie
nicht Gegenstand der Anfechtung sind, nicht beheben kann, ist hinzunehmen, da das Vergabenachprüfungsverfahren dem Bieterschutz, nicht dem Interesse der Öffentlichkeit an einem ordnungsgemäßen Vergabeverfahren dient.

Der Antragsteller ist nicht gehindert, neue Rügen und Tatsachen, insbesondere solche, von denen er 11
nach Akteneinsicht im Beschwerdeverfahren (§ 165 Abs. 4 GWB) (alt: § 111 Abs. 4 GWB) erstmalig erfahren hat, vorzubringen.[7] Dies gebietet schon die Verfahrensökonomie, da der Antragsteller
sonst mit diesen in ein neues Nachprüfungsverfahren verwiesen werden müsste. Die Rügepräklusion und die Verspätungsregelung des § 167 Abs. 2 Satz 2 GWB (alt: § 113 Abs. 2 S. 2 GWB) sind
hierbei allerdings zu beachten.[8]

Die übrigen Beteiligten können sich gegen das Begehren des Beschwerdeführers mit allen Einwen- 12
dungen, auch solchen, die von der Vergabekammer als unbegründet erkannt wurden, verteidigen.

---

1 Vgl. Immenga/Mestmäcker, Wettbewerbsrecht GWB, 4. Aufl. 2007, § 123 Rn. 6 m.w.N.; Weyandt, Vergaberecht, 3. Aufl. 2011, § 123 Rn. 4784 ff. m.w.N.
2 Vgl. Bastius in: Müller-Wrede, GWB-Vergaberecht, 2. Aufl. 2014, § 123 Rn. 10; Raabe in: Willenbruch/
Wieddekind, Vergaberecht, 3. Aufl. 2014, § 123 Rn. 3 m.w.N.; Summa in: Heiermann/Zeiss/Kullack/
Blaufuß, jurisPK Vergaberecht, 2. Aufl. 2008, § 123 Rn. 1 ff.
3 Boesen § 123 Rn. 18; Summa in: Heiermann/Zeiss/Kullack/Blaufuß, jurisPK Vergaberecht, 2. Aufl. 2008,
§ 123 Rn. 1 ff.
4 Vgl. OLG Düsseldorf Beschl. v. 29.04.2009, VII Verg 73/08; Byok/Jaeger Vergaberecht 2. Aufl. § 123
Rn. 1231.
5 Vgl. auch OLG Düsseldorf Beschl. v. 29.04.2009, VII-Verg 73/08.
6 Raabe a.a.O., § 123 Rn. 4; OLG Rostock Beschl. v. 16.03.2005, 17 Verg 8/04; OLG Düsseldorf
Beschl. v. 27.04.2005 Verg 10/05; OLG Naumburg Beschl. v. 06.04.2005 1 Verg 2/05.
7 Vgl. Bastius a.a.O., § 123 Rn. 11; Raabe, a.a.O., § 123 Rn. 9 m.w.N.
8 Vgl. Raabe, a.a.O., § 123 Rn. 9 m.w.N.; Weyandt, Vergaberecht, 3. Aufl. 2011, § 123 Rn. 4784 m.w.N.;
teilweise a.A. Bastius, a.a.O., § 123 Rn. 11.

13 Richtet sich die sofortige Beschwerde des teilweise unterlegenen Antragstellers allein gegen die **Kostengrundentscheidung der Vergabekammer**, ist der Vergabesenat **insoweit** an die Feststellungen und die Entscheidung der Vergabekammer nicht gebunden. Die Kostengrundentscheidung kann mit der sofortigen Beschwerde isoliert angefochten werden, sie setzt eine Anfechtung der Hauptsache nicht voraus.[9] Dem Beschwerdeführer kann – inter partes – insofern eine günstigere Kostenquote zugesprochen werden als es die bereits teilweise rechtskräftige Entscheidung »in der Hauptsache« erlauben würde. Haben andere Verfahrensbeteiligte die Entscheidung der Vergabekammer nicht angefochten, bleibt deren Kostenquote unberührt.

II. Die äußere Form der Entscheidung des Vergabesenates

14 Die Entscheidung des Beschwerdegerichts ergeht grundsätzlich durch **Beschluss** (§ 175 Abs. 2 i.V.m. § 71 Abs. 1 GWB), dies gilt unabhängig von der Frage, ob eine mündliche Verhandlung stattgefunden hat oder nicht. Der Beschluss ist grundsätzlich zu begründen (§ 175 Abs. 2 i.V.m. § 71 Abs. 6 GWB). Auch und gerade weil die Entscheidung des Vergabesenates durch ein weiteres Rechtsmittel nicht mehr angreifbar ist, bedarf es einer **eingehenden Begründung**, die die Beteiligten des Vergabenachprüfungsverfahrens über den entschiedenen Sachverhalt und die wesentlichen Entscheidungsgründe unterrichtet. Einer **Rechtsbehelfsbelehrung** bedarf es entgegen § 175 Abs. 2 i.V.m. § 71 Abs. 6 GWB nicht, da ein Rechtsmittel grundsätzlich nicht mehr gegeben ist. Die genannte Regelung ist redaktionell fehlerhaft.

III. Der Inhalt der Entscheidung des Vergabesenates

15 Erachtet der Vergabesenat die **Entscheidung** der Vergabekammer, soweit sie angefochten wurde, für **richtig**, weist er die sofortige Beschwerde zurück. Dies gilt auch dann, wenn die Entscheidung der Vergabekammer nur im Ergebnis zutreffend ist, diese jedoch einer anderen tragenden Begründung bedarf.[10] Mit der Zurückweisung der sofortigen Beschwerde wird die Entscheidung der Vergabekammer rechtskräftig.

16 Erachtet der Vergabesenat die **sofortige Beschwerde** für **begründet**, hebt er die Entscheidung der Vergabekammer auf. Es versteht sich nach dem oben Gesagten von selbst, dass die Aufhebung nur soweit gehen kann, wie der Beschwerdeführer die Entscheidung der Vergabekammer angefochten hat. Das weitere Vorgehen wird durch § 178 GWB unmittelbar geregelt. Das Gericht entscheidet die Sache selbst oder spricht die **Verpflichtung** der Vergabekammer aus, unter Berücksichtigung der Rechtsauffassung des Gerichts über die Sache erneut zu entscheiden. Bei der Entscheidung in der Sache selbst hat das Gericht vielfältige Gestaltungsmöglichkeiten.[11]

17 Beide Alternativen stehen entgegen der Formulierung des Gesetzes nicht gleichberechtigt nebeneinander. Der Grundsatz der Beschleunigung des Vergabeverfahrens wird eine **Aufhebung** und **Zurückverweisung** nur in **seltenen Ausnahmefällen** zulassen.[12] Das Gericht sollte immer bemüht sein, die Angelegenheit selbst und damit abschließend zu entscheiden, um der Vergabestelle und den beteiligten Bietern möglichst kurzfristig Klarheit über das weitere Vorgehen zu verschaffen. Eine Aufhebung und Zurückverweisung kommt materiell der Durchführung eines neuen Nachprüfungsverfahrens gleich und führt zu einer nicht unerheblichen zeitlichen Verzögerung des meist drängenden Beschaffungsvorganges. Diese Verzögerung ist mit der Konzeption des Nachprüfungsverfahrens als einem Eilverfahren nur dann zu vereinbaren, wenn gewichtige Ausnahmegründe vorliegen.

---

9 Vgl. OLG Rostock Beschl. v. 16.03.2005, 17 Verg 8/04.
10 Vgl. Raabe a.a.O., § 123 Rn. 11; OLG Rostock Beschl. v. 06.06.2001, 17 W 6/01.
11 Vgl. Raabe a.a.O., § 123 Rn. 14 m.w.N.
12 Vgl. Bastius, a.a.O., § 123 Rn. 14; OLG Brandenburg Beschl. v. 12.01.2010, Verg W 5/09; OLG Celle Beschl. v. 03.12.2009, 13 Verg 14/09; OLG Schleswig Beschl. v. 30.06.2005, 6 Verg 5/05.

Dem Gericht steht dessen ungeachtet eine **Ermessensentscheidung** dahin gehend, ob es in der 18
Hauptsache selbst entscheidet oder die Sache zurückverweist, nur zu, soweit keine Entscheidungsreife besteht. Ist die Sache spruchreif, muss das Gericht selbst entscheiden.[13] Spruchreife liegt vor,
wenn nach völliger Aufklärung des Sachverhaltes und Erschöpfung der notwendigen Beweise
dem Antrag stattzugeben oder er zurückzuweisen ist. Hinsichtlich der Ermessensentscheidung des
Gerichts sind die Wertungsentscheidung des § 538 ZPO und die dort genannten Kriterien entsprechend heranzuziehen. Eine Aufhebung und Zurückverweisung wird daher am ehesten in Betracht
kommen, wenn die Vergabekammer den Nachprüfungsantrag zu Unrecht als »offensichtlich unzulässig« (§ 163 Abs. 2 GWB) (alt: § 110 Abs. 2 GWB) zurückgewiesen hat,[14] da in diesem Fall eine
inhaltliche Aufbereitung des Vergabeverfahrens weitgehend nicht stattgefunden haben wird.

Für den Fall der Aufhebung und Zurückverweisung hat dies zugleich die **Bindung** der Vergabekam- 19
mer an die im Beschluss dargelegte **Rechtsauffassung** des Gerichts zur Folge. Da sich die Rechtsauffassung nicht aus der Beschlussformel (Tenor) selbst entnehmen lässt, ergibt sich der Umfang
der materiellen Rechtskraft und damit der Bindungswirkung notwendigerweise aus den Entscheidungsgründen, die die nach dem Beschlusstenor zu beachtende Rechtsauffassung des Gerichts im
Einzelnen darlegen. Diese Bindungswirkung bei der erneuten Erarbeitung des Vorganges durch die
Vergabekammer entfällt entsprechend § 563 Abs. 2 ZPO lediglich dann, wenn sich die entscheidungserhebliche Sach- und Rechtslage nachträglich, d.h. nach mündlicher Verhandlung bzw. nach
Entscheidung des Beschwerdegerichts, geändert hat.[15]

Das Verfahren vor der Vergabekammer ist in dem Umfang neu durchzuführen, wie es sich aus 20
der zurückverweisenden Entscheidung ergibt. **Fehlerfrei durchgeführte Verfahrensschritte** können
regelmäßig verwertet werden, sind dann aber zum Gegenstand der mündlichen Verhandlung zu
machen. Ob eine durchgeführte Beweisaufnahme zu wiederholen ist, ist Frage des Einzelfalls. An
frühere eigene Feststellungen oder Feststellungen des Vergabesenats ist die Vergabekammer nicht
gebunden, neuer Vortrag kann neue Feststellungen gebieten. Die **Bindung** der Vergabekammer
erstreckt sich daher nur auf die für die Aufhebung der Entscheidung der Vergabekammer und die
Zurückverweisung **ursächliche rechtliche Beurteilung** einschließlich dessen, was diese Beurteilung
voraussetzt.

Entscheidet der Vergabesenat in der Sache selbst, lautet die von der Vergabestelle oder dem Bei- 21
geladenen begehrte Entscheidung regelmäßig auf Zurückweisung des Nachprüfungsantrages. Mit
Zustellung der Entscheidung kann der **Zuschlag** erfolgen.

Die vom Antragsteller begehrte Entscheidung lautet regelmäßig, dass dieser in im Einzelnen zu 22
benennenden Rechten verletzt ist. Die Vergabestelle wird sodann angewiesen, das Vergabeverfahren unter Beachtung der Rechtsauffassung des Gerichts fortzuführen oder aber die Ausschreibung
aufzuheben und eine neue Ausschreibung vorzunehmen. Ordnet der Senat einen Fortgang des
angefochtenen Verfahrens an, kann er z.B. fehlerhafte Ausschreibungsteile streichen oder aber auch
einen Bieter mit seinem Angebot von der Wertung ausschließen.[16] Die in einer solchen Entscheidung liegende Zuschlagsuntersagung macht einen hiernach ausgesprochenen Zuschlag, der unter
Missachtung der Vorgaben des Gerichts erfolgt, nichtig (§ 134 BGB).

Der Senat kann im Rahmen seiner nach § 178 Satz 1 und 2 GWB bestehenden Entscheidungsbe- 23
fugnis auch anordnen, dass eine Wiederholung der Wertung auf der Grundlage einer veränderten
Vorgabe in der Leistungsbeschreibung zu erfolgen habe, die für alle (noch) am Vergabeverfahren
teilnehmenden Bieter klarstellt, welche Anforderungen an die zu erbringende Leistung gelten sollen. Es ist Sache der Beschwerdegegnerin, die erforderliche Klarstellung in der der Leistungsbe-

---

13 Vgl. OLG Brandenburg Beschl. v. 12.01.2010, Verg W 5/09.
14 Vgl. Raabe a.a.O., § 123 Rn. 15 m.w.N.; OLG Brandenburg Beschl. v. 16.03.2010, Verg W 6/10.
15 Vgl. Zöller/Heßler, ZPO, 30. Aufl. 2014, § 572 Rn. 29 i.V.m. § 563 Rn. 3a; BGH VersR 1990, 1348.
16 Vgl. Raabe a.a.O., § 123 Rn. 14.

schreibung herbeizuführen. Die Angebotswertung kann damit auf der Grundlage der (bisher) vorliegenden Angebote des Beschwerdeführers nicht erfolgen.

24   Der Senat hat bei seiner Entscheidung nach § 178 GWB im Rahmen des Beschwerdegegenstandes und des Rechtsmittelziels die gleichen Befugnisse wie die Vergabekammer (vgl. § 168 Abs. 1 S. 2 GWB). Von der im allgemeinen Prozessrecht geltenden Regel, nicht über den Umfang des Antrags hinauszugehen («ne ultra petita», § 308 Abs. 1 Satz 1 ZPO), können im vergaberechtlichen Beschwerdeverfahren Ausnahmen zulässig sein, weil das Beschwerdegericht nicht strikt an den Beschwerdeantrag gebunden ist, doch kann eine – vom Antrag losgelöste und über dessen Wortlaut hinausgehende – Sachentscheidung nur ausnahmsweise in Betracht kommen. Es ist nicht Aufgabe der Nachprüfungsinstanzen, an Stelle der Vergabestelle eine abschließende Vergabeentscheidung zu treffen, es sei denn, dass nach Prüfung der Eignungs- und Leistungsanforderungen und der – darauf beruhenden – Angebotswertung – eindeutig – nur eine einzige Vergabeentscheidung in Betracht. Vorrangig ist insoweit die (Detail-) Prüfung der Vergabestelle.[17]

25   Nach der Klarstellung der Mindestanforderungen ist den noch am Vergabeverfahren teilnehmenden Bietern Gelegenheit zu geben, innerhalb einer angemessenen Frist ihre Angebote zu überprüfen und ggf. anzupassen oder zu erneuern. Auf dieser Grundlage ist die Angebotsprüfung und -wertung zu wiederholen.[18]

26   Ein Anspruch auf **Aufhebung** und Wiederholung des gesamten **Vergabeverfahrens** kommt als »ultima ratio« dann in Betracht, wenn das bisherige Verfahren mit derart gravierenden Mängeln behaftet ist, dass diese im Rahmen einer chancengleichen und wettbewerbsgerechten Eignungs- und Angebotsprüfung nicht mehr heilbar sind. Dies kann etwa der Fall sein bei **unklaren Leistungsbeschreibungen, Preisermittlungsgrundlagen** oder **Zuschlagskriterien**, auf die von vornherein kein sachgerechtes Angebot abgegeben werden kann, oder wenn eine **unrichtige Vergabeart** gewählt worden ist. Dabei ist allerdings der Verhältnismäßigkeitsgrundsatz strikt zu beachten; eine Aufhebung der Ausschreibung darf nur angeordnet werden, wenn keine mildere, gleich geeignete Maßnahme zur Verfügung steht.[19]

27   Eine **eigene Zuschlagsentscheidung** des Vergabesenats kommt regelmäßig, obwohl sie in nicht wenigen Fällen beantragt wird, nicht in Betracht. Die Vergabestelle hat im Vergabeverfahren auf verschiedenen Stufen Bewertungs- und Ermessensspielräume, die das Gericht nicht an deren Stelle ausüben darf. Eine Zuschlagsentscheidung des Vergabesenates wird daher nur dann in Betracht kommen, wenn die Vergabestelle an dem Vergabeverfahren festhält und wenn unter Beachtung aller bestehenden Wertungsspielräume der Vergabestelle die Erteilung des Zuschlages an einen bestimmten Bieter die einzig rechtmäßige Entscheidung ist bzw. lediglich eine Entscheidung, nämlich die auf Zuschlagserteilung an den Antragsteller, **ermessensfehlerfrei** wäre.[20]

28   Das Verfahren der sofortigen Beschwerde kann auch ohne eine Entscheidung des Senates in der Sache beendet werden. Eine Rücknahme der sofortigen Beschwerde ist jederzeit zulässig. Die Rücknahme der sofortigen Beschwerde beendet das Verfahren und lässt die Entscheidung der Vergabekammer bestandskräftig werden. Da hierbei schützenswerte Interessen des Antragsgegners nicht berührt werden, bedarf es dessen Zustimmung nicht, anders als im Falle des § 269 Abs. 1 ZPO auch nicht nach durchgeführter mündlicher Verhandlung. Der Beschwerdeführer hat die Kosten des Verfahrens gemäß § 175 Abs. 2, 78 GWB zu tragen.

29   Im Verfahren der sofortigen Beschwerde kann jedoch auch der Nachprüfungsantrag zurückgenommen werden. In Ermangelung eines Nachprüfungsantrages wird die Entscheidung der Vergabekam-

---

17 Vgl. Schleswig-Holst. OLG Beschl. V. 30.04.2015, 1 Verg 7/14.
18 Vgl. OLG Schleswig Beschl. v. 15.04.2011, 1 Verg 10/10.
19 Vgl. OLG Schleswig Beschl. v. 30.06.2005 6 Verg 5/05 m.w.N.
20 Vgl. Raabe a.a.O., § 123 Rn. 17; Bastius, a.a.O., § 123 Rn. 24; OLG Düsseldorf Beschl. v. 27.04.2005 Verg 10/05; BayObLG Beschl. v. 05.11.2002 Verg 22/02 NZBau 2003, 342.

mer wirkungslos. Die Beteiligten befinden sich dem zufolge wieder im Zustand nach Mitteilung des Auftraggebers über die beabsichtigte Auftragsvergabe bzw. im Zustand der De-Facto-Vergabe. Der frühere Antragsteller wird regelmäßig gemäß § 160 Abs. 3 Nr. 4 GWB an einer neuen Antragstellung gehindert sein, bei einer De-Facto-Vergabe wird ihn das fehlende Rechtsschutzbedürfnis an einer neuen Antragstellung hindern. Der Nachprüfungsantrag kann dem zufolge ohne Zustimmung der übrigen Beteiligten jederzeit **zurückgenommen** werden. § 269 Abs. 1 ZPO findet insoweit keine analoge Anwendung.[21] Das Gericht trifft in diesem Fall lediglich noch gemäß § 182 GWB (alt: § 128 GWB) die Kostenentscheidung.

Die Beteiligten des Verfahrens der sofortigen Beschwerde können das Beschwerdeverfahren auch 30 durch einen Vergleich beenden. Dies kann außergerichtlich oder vor dem Senat erfolgen. Außergerichtlich können die Beteiligten einen Vergleich, der das Verfahren beendet, ohne Einschränkung schließen. Da der Vergabesenat – der Dispositionsmaxime folgend – das Vergabeverfahren nur **im Rahmen der gestellten Anträge bzw. des Begehrens** (s.o.) einer Überprüfung unterzieht, wird er den gefundenen Vergleich zur Kenntnis nehmen.

Erfolgt der Vergleich in der mündlichen Verhandlung vor dem Senat oder wird er gemäß § 278 31 Abs. 6 ZPO analog zur Protokollierung eines außergerichtlichen Vergleichs aufgefordert, hat er zu berücksichtigen, dass das Vergabeverfahren nicht nur die Interessen der am Nachprüfungsverfahren Beteiligten, sondern auch die Interessen Dritter berührt. Einen erkennbar oder auch nur möglicherweise rechtswidrigen Vergleich wird der Senat ebenso wenig protokollieren wie einen Vergleich, der zwischen den Beteiligten zu Lasten in ihren Rechten betroffener Dritter abgeschlossen werden soll. Enthält ein protokollierter Vergleich eine Kostenregelung, so geht sie vor, anderenfalls trifft der Senat die Kostenentscheidung gemäß §§ 175, 78 GWB.

C. Feststellung der Rechtsverletzung (Satz 3 und 4)

Gemäß §§ 178 S. 3, 168 Abs. 2 GWB hat der Senat bei Erledigung des Nachprüfungsverfahrens in 32 der Hauptsache auf Antrag festzustellen, ob eine Rechtsverletzung vorgelegen hat. Die Beschwerde kann dann als Fortsetzungsfeststellungsbeschwerde fortgeführt werden.[22]

Auf die Frage, ob der ursprüngliche Nachprüfungsantrag zulässig und begründet ist, kommt es 33 hier – insoweit anders als in einem Zivilprozess – nicht an. Es reicht vielmehr aus, dass der auf Vornahme oder Unterlassung gerichtete Antrag des Antragstellers gegenstandslos geworden ist. Der Wortlaut des § 168 Abs. 2 S. 2, § 182 Abs. 3 S. 3 GWB geht erkennbar von diesem Verständnis aus. Läge eine Erledigung nur dann vor, wenn der Nachprüfungsantrag ursprünglich zulässig und begründet gewesen wäre, wäre der das Ergebnis offen lassende Wortlaut »ob eine Rechtsverletzung vorgelegen hat«, nicht verständlich, weil dann bei einer Erledigung immer eine Rechtsverletzung vorläge. Der Gesetzgeber hat sich dabei (sprachlich allerdings klarer) an § 71 Abs. 2 S. 4 GWB und § 113 Abs. 1 S. 4 VwGO orientiert.[23]

Von einer Erledigung ist dann auszugehen, wenn der auf Vornahme oder Unterlassung gerichtete 34 Antrag des Antragstellers durch ein Ereignis, das nach der Verfahrenseinleitung eingetreten ist, gegenstandslos wird und Primärrechtsschutz mithin nicht mehr stattfinden kann. Der über die im Gesetz ausdrücklich benannten Fälle hinausgehende Auffangtatbestand einer Erledigung »in sonstiger Weise« ist dabei insbesondere dann anzunehmen, wenn der öffentliche Auftraggeber die Entscheidung der Vergabekammer vor Beendigung des Nachprüfungsverfahrens umsetzt und den vom Antragsteller gerügten Vergabeverstoß mithin behebt, denn auch die Heilung eines Vergabefehlers durch den Auftraggeber kann den Nachprüfungsantrag gegenstandslos werden lassen, weil

---

21 Vgl. BGH Beschl. v. 24.03.2009, X ZB 29/08; OLG Naumburg Beschl. v. 17.08.2007, 1 Verg 5/07.
22 Vgl. OLG Rostock Beschl. v. 05.07.2011, 17 Verg 6/11; Reidt/Stickler/Glahs, Vergaberecht, 3. Aufl. § 123 Rn. 13.
23 Vgl. OLG Düsseldorf Beschl. v. 11.05.2011, VII-Verg 10/11; OLG Naumburg Beschl. v. 21.06.2010 – 1 Verg 12/09; Raabe a.a.O., § 123 Rn. 27 m.w.N.; Bastius a.a.O., § 123 Rn. 37.

das angestrebte Verfahrensziel bereits zwischenzeitlich erreicht worden ist und dem Antragsbegehren nicht mehr entsprochen werden kann.[24]

35   Eine Erledigung kann auch durch die Abhilfe des öffentlichen Auftraggebers eintreten, weil die Rechtsverletzung des antragstellenden Bieters durch eine solche Maßnahme beseitigt wird, seine Beschwer entfällt und sein Nachprüfungsantrag nachträglich gegenstandslos wird. [25]

36   Bei einer De-Facto-Vergabe kann die Abhilfe durch den öffentlichen Auftraggeber in der Durchführung eines Vergabeverfahrens liegen.[26]

37   Ausdrücklicher Erledigungserklärungen der Verfahrensbeteiligten im Nachprüfungs- oder Beschwerdeverfahren bedarf es nicht.[27]

38   Ginge es allein darum, dass das Beschwerdegericht auf Antrag eine Rechtsverletzung feststellen könnte, wenn sich das Vergabeverfahren durch Erteilung des Zuschlages, durch Aufhebung oder durch Einstellung des Vergabeverfahrens oder in sonstiger Weise erledigt hat, wäre die Regelung in § 178 Satz 4 GWB völlig ausreichend. Diese Fallgestaltungen sind durch Verweis auf § 168 Abs. 2 GWB für das Beschwerdeverfahren geregelt.

39   Umstritten ist, ob § 178 Satz 3 GWB eine hiervon unabhängige oder darüber hinausgehende Regelung enthält.

40   So wird die Auffassung vertreten, dass über die Voraussetzungen des § 168 Abs. 2 GWB (alt: § 114 Abs. 2 GWB) hinaus die Feststellung einer Rechtsverletzung begehrt werden kann, d.h. dass das Beschwerdegericht auch ohne eine Erledigung gem. § 168 Abs. 2 GWB verpflichtet ist, über einen Feststellungsantrag in Bezug auf das Vorliegen einer subjektiven Rechtsverletzung in der Sache zu entscheiden.[28] Es sei durchaus denkbar, dass der Antragsteller des Nachprüfungsverfahrens ebenso wie der Auftraggeber auch dann ein Interesse an der Feststellung haben kann, wenn das Vergabenachprüfungsverfahren noch nicht abgeschlossen sei und das Gericht neben der Feststellungs- auch eine Sachentscheidung treffe.[29] Begründet wird dies mit der Überlegung, das erforderliche Feststellungsinteresse ergebe sich aus der Bindungswirkung der Feststellung für einen späteren Schadensersatzprozess (§ 179 Abs. 1 GWB) (alt: § 124 Abs. 1 GWB), aber auch aus der Gefahr einer Wiederholung des beanstandeten Rechtsverstoßes.[30]

41   Dem ist nicht beizutreten. Für eine solche Zwischenfeststellung ergibt sich auch keine Notwendigkeit. § 178 Satz 4 GWB dient – redaktionell missglückt – allein der Regelung der Einzelheiten des Feststellungsverfahrens des § 178 Satz 3 GWB. § 168 Abs. 2 GWB ist im Zusammenhang mit § 181 GWB (alt: § 126 GWB) zu lesen. Die Feststellung einer Rechtsverletzung im Vergabenachprüfungsverfahren ist für einen nachfolgenden Schadensersatzprozess vor den Zivilgerichten bindend (§ 179 Abs. 1 GWB).[31] Voraussetzung einer solchen Feststellung ist die Erledigung des Nachprüfungsverfahrens. Es ist nicht erkennbar, dass das Beschwerdeverfahren dem Unternehmen oder der Vergabestelle einen über das Nachprüfungsverfahren vor der Vergabekammer hinausgehenden Rechtsschutz einräumen möchte. Für das Nachprüfungsverfahren ist das Feststellungsinteresse jedoch in § 168 Abs. 2 GWB abschließend geregelt. Einen Anspruch, mehr zu erhalten als eine

24 Vgl. OLG Naumburg Beschl. v. 21.06.2010, 1 Verg 12/09 m.w.N.; OLG Frankfurt NZBau 2001, 101 – 106; OLG Düsseldorf Beschl. v. 20.12.2006, VII-Verg 109/04.
25 Vgl. OLG Celle Beschl. v. 30.10.2014, 13 Verg 8/14; OLG München Beschl. v. 19. Juli 2012, Verg 8/12).
26 Vgl. OLG Celle Beschl. v. 30.10.2014, 13 Verg 8/14.
27 Vgl. OLG Düsseldorf Beschl. v. 24.09.2014, VII-Verg 19/14.
28 Vgl. Bastius a.a.O., § 123 Rn. 29; OLG Düsseldorf Beschl. v. 29.07.2009, Verg 18/09 m.w.N.; Beschl. v. 04.05.2009, VII-Verg 68/08.
29 Vgl. OLG Düsseldorf Beschl. v. 29.07.2009, Verg 18/09 m.w.N.; Beschl. v. 04.05.2009, VII-Verg 68/08.
30 Vgl. OLG Düsseldorf Beschl. v. 29.07.2009, Verg 18/09 m.w.N.; Beschl. v. 04.05.2009, VII-Verg 68/08.
31 Vgl. OLG Düsseldorf Beschl. v. 08.03.2005 Verg 40/04 BauR 2005, 238.

Berichtigung der fehlerhaften Entscheidung der Vergabekammer, räumt das Beschwerdeverfahren nicht ein.[32]

Eine vergaberechtswidrige Aufhebung hat zwar grundsätzlich keine Erledigungswirkung, jedoch 42
stellt eine gleichwohl erfolgte, wirksame Abstandsnahme vom Vergabeverfahren eine Erledigung »in sonstiger Weise« dar.[33]

Tatbestandliche Voraussetzung für das Obsiegen des Antragstellers im Nachprüfungsverfahren 43
ist das Vorliegen einer **subjektiven Rechtsverletzung** im Sinne des § 97 Abs. 6 GWB. Hebt das Beschwerdegericht zu seinen Gunsten die Entscheidung der Vergabekammer auf, wird sich das Gericht automatisch mit der Frage des Vorliegens dieser subjektiven Rechtsverletzung befassen müssen und hierzu auch Ausführungen machen. Ein Rechtsschutzbedürfnis zur Stellung eines weiter gehenden Feststellungsantrages ist jedenfalls für diese Fallgestaltung nicht ersichtlich, weil in der Hauptsacheentscheidung des Beschwerdegerichts über die Frage der subjektiven Rechtsverletzung automatisch mit entschieden wird.

Unterliegt der das Nachprüfungsverfahren einleitende Bieter im Beschwerdeverfahren, ist damit 44
auch festgestellt, dass keine subjektive Rechtsverletzung zu seinen Lasten vorliegt. Eine Entscheidung des Beschwerdegerichts über seinen Feststellungsantrag könnte folglich zu keinem anderen Ergebnis führen.

Die allein denkbare Fallgestaltung, dass zwar eine – geringe – subjektive Rechtsverletzung vorliegt, 45
diese aber nicht dazu führt, dass der Antragsteller mit seinem Leistungsbegehren durchdringen kann, wird auch zu entsprechenden Ausführungen des Beschwerdegerichts in der Beschwerdeentscheidung führen. Ein eigenes Feststellungsverfahren in der Beschwerdeinstanz rechtfertigt dies nicht.

Ein Feststellungsantrag nach § 168 Abs. 2 GWB bedarf als Sachentscheidungsvoraussetzung eines 46
Feststellungsinteresses, das vom Antragsteller darzulegen ist. Dieses rechtfertigt sich durch jedes nach vernünftigen Erwägungen und nach Lage des Falles anzuerkennendes Interesse rechtlicher, wirtschaftlicher oder auch ideeller Art, wobei die beantragte Feststellung geeignet sein muss, die Rechtsposition des Antragstellers in einem der genannten Bereiche zu verbessern und eine Beeinträchtigung seiner Rechte auszugleichen oder wenigstens zu mildern.[34] Ein Feststellungsantrag nach § 178 Satz 2 GWB lediglich zur Klärung abstrakter Rechtsfragen ist nicht zuzulassen. Das Feststellungsinteresse ist vom Antragsteller in jedem Fall auch zu begründen.[35]

Ein solches Feststellungsinteresse ist bei einem Rehabilitationsinteresse, zur Vorbereitung einer 47
Schadensersatzforderung und im Falle einer Wiederholungsgefahr zu bejahen.[36]
– Für die Annahme eines Rehabilitationsinteresses bedarf es einer schwerwiegenden Verletzung grundlegender Rechte des Antragstellers mit Wirkung nach außen. Dies ist allein wegen des Umstands der bisher unterlassenen Durchführung eines Vergabeverfahrens nicht anzunehmen.
– Ein Feststellungsinteresse kann insbesondere gegeben sein, wenn der Antrag der Vorbereitung einer **Schadenersatzforderung** dient.[37] Das Feststellungsinteresse resultiert aus der **Bindungswirkung** der getroffenen Feststellung für einen späteren Schadensersatzprozess. Ein Schadensersatzanspruch kommt nicht nur dann in Betracht, wenn dem übergangenen Bieter bei der Fortsetzung des Vergabeverfahrens der Zuschlag zwingend zu erteilen gewesen wäre. Dies ist nur Voraussetzung für die Zuerkennung des **positiven Schadensinteresses** eines Bieters, nicht

---

32 Ebenso: Raabe a.a.O., § 123 Rn. 22.
33 Vgl. OLG Düsseldorf Beschl. v. 16.02.2005, VII–Verg 72/04.
34 Vgl. OLG Celle Beschl. v. 30.10.2014, 13 Verg 8/14; OLG Koblenz Beschl. v. 04.02.2009, 1 Verg 4/08; OLG Düsseldorf Beschl. v. 02.03.2005, Verg 70/04; NZBau 2001, 155; NZBau 2002, 54.
35 Vgl. OLG Düsseldorf Beschl. v. 23.03.2005, VII–Verg 77/04.
36 Vgl. OLG Celle Beschl. v. 30.10.2014, 13 Verg 8/14.
37 Vgl. OLG Koblenz Beschl. v. 04.02.2009, 1 Verg 4/08.

aber für den Ersatz des **Vertrauensschadens.** Für diesen genügt das Bestehen einer »echten Zuschlagschance«[38] bzw. die Feststellung einer fehlerhaften Ausschreibung.

48 Ein Schadensersatzanspruch auf das positive Interesse setzt voraus, dass in einem vergaberechtskonformen Verfahren eine echte Chance auf den Zuschlag bestanden hätte. Dies ist nur der Fall, wenn das Angebot besonders qualifizierte Aussichten auf die Zuschlagserteilung gehabt hätte; es genügt nicht, dass das Angebot in die engere Wahl gelangt wäre[39]

49 Das OLG Koblenz verneint ein Feststellungsinteresse, wenn eine entsprechende Klage aussichtslos wäre.[40] Dem ist nur für den Fall zu folgen, dass sich die Aussichtslosigkeit der beabsichtigten Klage schon aus dem Vortrag des Antragstellers ergibt.

50 Bei einer behaupteten De-Facto-Vergabe ist ein Feststellungsinteresse nicht erkennbar. Der Antragsteller hat hier überhaupt kein Angebot abgegeben; ein Vergabeverfahren ist nicht durchgeführt worden. Grundlage für einen Schadensersatzanspruch ist aber, dass der Antragsteller ein Angebot eingereicht und damit eine echte Chance auf den Zuschlag gehabt hätte oder ihm gar der Auftrag zwingend hätte erteilt werden müssen. Der Mangel eines unter echten Wettbewerbsbedingungen unterbreiteten Angebots ist nicht nachträglich behebbar; eine Schadensersatzklage müsste mangels Feststellbarkeit an Schadensersatz abgewiesen werden.[41]

51 In geeigneten Fällen kann mit einem Feststellungsantrag der **Gefahr der Wiederholung** begegnet werden.[42] Es soll sichergestellt werden, dass dem Antragsteller die Früchte des von ihm angestrengten Nachprüfungsverfahrens auch für künftige Vergaben nicht verloren gehen.[43]

52 Ein Fortsetzungsfeststellungsverfahren ist zulässig, wenn eine hinreichend konkrete Wiederholungsgefahr besteht. [44] Zur Beseitigung der Wiederholungsgefahr reicht es aus, wenn die Vergabestelle erklärt, dass sie künftig keine vergleichbaren Leistungen in einem vergleichbaren Verfahren vergeben werde[45] Die abstrakte Gefahr einer Wiederholung in einem anderen, zukünftigen Verfahren genügt.

53 Das Gesetz lässt es damit in der Hauptsache mittelbar zu, dass auch für zukünftige Vergabeverfahren die Rechtslage geklärt wird. Dies erfolgt jedoch nicht in Form einer vorbeugenden Unterlassungsanordnung, sondern nur in Form einer Feststellung. Vorbeugende Unterlassungsanträge können im Rahmen eines Vergabenachprüfungsverfahrens nicht gestellt werden.[46]

D. Die Kostenentscheidung im Beschwerdeverfahren

54 Das Gesetz enthält, anders als für das Vergabenachprüfungsverfahren vor der Vergabekammer, keine ausdrückliche Regelung hinsichtlich der Kosten des Beschwerdeverfahrens. Mit dem Vergaberechtsmodernisierungsgesetz 2009 wurde jedoch in § 120 GWB (neu: § 175 GWB) der § 78 GWB für entsprechend anwendbar erklärt, gleichzeitig erfuhren die Absätze 3 und 4 des § 128 GWB (neu: § 182 GWB) eine Änderung.

55 Soweit der BGH (und die wohl überwiegende Anzahl der OLG) die **§§ 91 ff. ZPO** entsprechend angewendet haben, ist diese Rechtsprechung überholt. Die Kostenentscheidung im Beschwerdever-

---

38 Vgl. OLG Düsseldorf Beschl. v. 08.03.2005 Verg 40/04.
39 BGH Urt. v. 27.11.2007, X ZR 18/07, Urt. v. 20.11.2012, X ZR 108/10.
40 Vgl. OLG Koblenz Beschl. v. 04.02.2009, 1 Verg 4/08 unter Bezugnahme auf VK Sachsen Beschl. v. 17.01.2007, 1/SVK/002 – 05.
41 Vgl. OLG Celle Beschl. V. 30.10.2014, 13 Verg 8/14.
42 Vgl. OLG Koblenz Beschl. v. 04.02.2009, 1 Verg 4/08.
43 Vgl. OLG Düsseldorf Beschl. v. 08.03.2005 Verg 40/04.
44 Vgl. OLG Celle Beschl. v. 30.10.2014, 13 Verg 8/14.
45 Vgl. OLG Celle Beschl. v. 30.10.2014, 13 Verg 8/14; BKartA Bonn Beschl. v. 02.07.2012 VK 3 66/12, juris Rdn. 85.
46 Vgl. OLG Düsseldorf Beschl. v. 20.10.2008, VII-Verg 46/08 m.w.N.

fahren erfolgt nunmehr auf der Grundlage der §§ 175 Abs. 2 i.V.m. § 78 GWB. Auf die dortige Kommentierung wird verwiesen.

Die den **Wert** des Verfahrens der sofortigen Beschwerde regelnde Vorschrift findet sich in § 50 **56** Abs. 2 GKG. Der Streitwert beträgt hiernach 5 % der Bruttoauftragssumme. Der auf der Grundlage des § 12a Abs. 2 GKG a.F. geführte Streit, ob die Brutto- oder Nettoauftragssumme der Wertermittlung zugrunde zu legen ist, hat damit seine Erledigung gefunden.

Bei der Bestimmung der Bruttoauftragssumme ist darauf abzustellen, welche Bruttoauftragssumme **57** der den Nachprüfungsantrag stellende Bieter angeboten hatte. Hat der Antragsteller des Nachprüfungsverfahrens kein Angebot abgegeben oder aber enthält dieses keinen Gesamtpreis, muss die Bruttoauftragssumme von dem Vergabesenat unter Heranziehung der Umstände des Einzelfalles entsprechend § 3 ZPO geschätzt werden. Dabei ist es ermessensfehlerfrei, wenn der Vergabesenat bei seiner Schätzung den von der Vergabestelle geschätzten Auftragswert oder konkrete Angebote anderer Anbieter heranzieht.[47]

Nähere Bestimmungen zur Schätzung des Auftragswertes enthält § 3 VgV. Diese Bestimmungen **58** werden grundsätzlich auch zur Berechnung des Streitwertes herangezogen.[48]

§ 179 Bindungswirkung und Vorlagepflicht

(1) Wird wegen eines Verstoßes gegen Vergabevorschriften Schadensersatz begehrt und hat ein Verfahren vor der Vergabekammer stattgefunden, ist das ordentliche Gericht an die bestandskräftige Entscheidung der Vergabekammer und die Entscheidung des Oberlandesgerichts sowie gegebenenfalls des nach Absatz 2 angerufenen Bundesgerichtshofs über die Beschwerde gebunden.

(2) Will ein Oberlandesgericht von einer Entscheidung eines anderen Oberlandesgerichts oder des Bundesgerichtshofs abweichen, so legt es die Sache dem Bundesgerichtshof vor. Der Bundesgerichtshof entscheidet anstelle des Oberlandesgerichts. Der Bundesgerichtshof kann sich auf die Entscheidung der Divergenzfrage beschränken und dem Beschwerdegericht die Entscheidung in der Hauptsache übertragen, wenn dies nach dem Sach- und Streitstand des Beschwerdeverfahrens angezeigt scheint. Die Vorlagepflicht gilt nicht im Verfahren nach § 173 Absatz 1 Satz 3 und nach § 176.

A. Überblick und Normzweck

Die Vorschrift des § 179 GWB (entspricht § 124 GWB a.F.) bestimmt in Abs. 1 eine Bindungs- **1** wirkung der Entscheidungen der Vergabenachprüfungsinstanzen für einen nachfolgenden Schadensersatzersatzprozess vor den ordentlichen Gerichten und regelt in Abs. 2 eine Divergenzvorlagepflicht für das Beschwerdegericht im Vergabenachprüfungsverfahren. Die Bindungswirkung dient in erster Linie der Prozessökonomie, es soll eine nochmalige gerichtliche Prüfung derselben

---

47 OLG Rostock Beschl. v. 13.05.2009, 17 Verg 1/09; OLG Frankfurt Beschl. v. 04.04.2008, 11 Verg 9/07.
48 OLG Rostock Beschl. v. 13.05.2009, 17 Verg 1/09.

Sach- und Rechtsfragen vermieden werden.[1] Im Rahmen des Vergabenachprüfungsverfahrens obliegt es den Vergabekammern und den ihnen im Instanzenzug nachfolgenden Vergabesenaten, die Rechtmäßigkeit des Vergabeverfahrens zu prüfen und insbesondere die geeigneten Maßnahmen zu treffen, um eine bei der Nachprüfung festgestellte Rechtsverletzung zu beseitigen und die Schädigung der betroffenen Interessen zu verhindern (Primärrechtsschutz). Einen Anspruch auf Schadensersatz können die Bieter in diesem Verfahren nicht geltend machen. Die Entscheidung über ein Schadensersatzbegehren wegen der Verletzung von Bestimmungen über das Vergabeverfahren (Sekundärrechtsschutz) ist nicht den Vergabenachprüfungsinstanzen übertragen, sie ist ausschließlich den ordentlichen Gerichten zugewiesen (§ 13 GVG).[2] Soweit die Vergabekammer oder auf sofortige Beschwerde das OLG oder im Rahmen der Divergenzvorlage an dessen Stelle der BGH über die Rechtmäßigkeit des Vergabeverfahrens bestands- bzw. rechtskräftig entschieden hat, sollen die Zivilgerichte an diese Beurteilung ohne erneute Prüfung gebunden sein. Das vermeidet eine doppelte Prüfung und sichert auch, dass es nicht zu divergierenden Entscheidungen zu demselben Sachverhalt kommt. Dadurch wird das **Prozessrisiko** des Klägers nicht unerheblich verringert, zugleich wird die Vergleichsbereitschaft des Auftraggebers im Vorfeld einer gerichtlichen Auseinandersetzung gefördert.[3] Soweit vereinzelt verfassungsrechtliche Bedenken gegen die Bindungswirkung bestandskräftiger Entscheidungen der Vergabekammer als Teil der Verwaltung geäußert worden sind[4], wird dem von der ganz h.M. zu Recht entgegengehalten, dass es jedem durch eine Entscheidung der Vergabekammer beschwerten Verfahrensbeteiligten freisteht, mit der sofortigen Beschwerde ein Gericht (OLG) anzurufen, womit dem Rechtsstaatsprinzip und dem Justizgewährungsanspruch genüge getan ist.[5] Die in Abs. 2 der Vorschrift bestimmte Pflicht des Beschwerdegerichts, die Sache dem BGH vorzulegen, wenn es von einer Entscheidung eines anderen OLG oder des BGH abweichen will, soll eine bundeseinheitliche Rechtsprechung in Vergabesachen gewährleisten[6] und dient damit auch dem rechtsstaatlichen Prinzip der Rechtssicherheit.[7]

B. Bindungswirkung für Schadensersatzprozesse (Abs. 1)

2 Die Bindung der Zivilgerichte im Schadensersatzprozess wegen eines Verstoßes gegen Vergabevorschriften an die bestands- bzw. rechtskräftige Beurteilung der Rechtmäßigkeit des Vergabeverfahrens im Vergabenachprüfungsverfahren bedeutet nicht, dass die Durchsetzung eines Schadensersatzanspruchs von der vorherigen Durchführung eines Nachprüfungsverfahrens abhängig ist.[8] Eine dahingehende Prozessvoraussetzung stellt das Gesetz nicht auf. Soweit eine die Bindungswirkung gem. § 179 Abs. 1 GWB entfaltende Entscheidung der Vergabenachprüfungsinstanzen nicht vorliegt, hat das Zivilgericht über die Frage der Einhaltung der zu beachtenden Vergaberegeln in eigener Kompetenz mit den Mitteln des Zivilprozesses zu befinden, also namentlich ohne den im Rahmen der Vergabenachprüfung geltenden Grundsatz der Amtsermittlung (§§ 163 Abs. 1, 175 Abs. 2 i.V.m. § 70 Abs. 1 GWB).[9] Im Schadensersatzprozess kann es materiell-rechtlich eine Rolle spielen, ob der von einem Vergabefehler betroffene Bieter Primärrechtsschutz in Anspruch genommen hat. Einem Bieter, der wegen eines Vergabeverstoßes Schadensersatz beansprucht, kann ein Mitverschulden (§ 254 BGB) vorzuwerfen sein, wenn er es trotz Kenntnis vom Verstoß schuldhaft

---

1 Vgl. BT-Drucks. 13/9340 S. 22 zu § 133 RegE VgRÄG.
2 BGHZ 146, 202 = VergabeR 2001, 71.
3 Zutreffend: Boesen § 124 a.F. Rn. 4 und 6.
4 Dreher NZBau 2001, 244, 246 m.w.N; Bedenken auch bei Tillmann WuW 1999, 342, 348.
5 Vgl. etwa Jaeger in: Byok/Jaeger § 124 a.F. Rn. 3; Antweiler in: Dreher/Motzke § 124 a.F. Rn. 7; König in: Heuvels/Höß/Kuß/Wagner § 124 a.F. Rn. 9; Stickler in: Reidt/Stickler/Glahs § 124 a.F. Rn. 8; offen gelassen von Stockmann in: Immenga/Mestmäcker § 124 a.F. Rn. 4.
6 Vgl. BT-Drucks. 13/9340 S. 22 zu § 133 RegE VgRÄG.
7 Boesen § 124 a.F. Rn. 22.
8 Vgl. OLG Dresden 10.02.2004 20 U 1697/03; OLG Düsseldorf 15.03.2000 Verg 4/00 NZBau 2000, 306, 310; Stockmann in: Immenga/Mestmäcker § 124 a.F. Rn. 3; Stickler in: Reidt/Stickler/Glahs § 124 a.F. Rn. 4; Dicks in: Ziekow/Völlink § 124 a.F. Rn. 2.
9 Jaeger in: Byok/Jaeger § 124 a.F. Rn. 5.

Hänisch

unterlässt, Abhilfe mit den Mitteln des Primärrechtsschutzes zu erlangen.[10] Ist ein Vergabenachprüfungsverfahren anhängig aber noch nicht abgeschlossen, kann das mit einem Schadensersatzanspruch befasste Prozessgericht den Rechtsstreit wegen Vorgreiflichkeit der Entscheidung in Nachprüfungsverfahren gem. § 148 ZPO aussetzen.[11]

I. Voraussetzungen einer Bindungswirkung

§ 179 Abs. 1 GWB findet Anwendung, wenn vor einem Zivilgericht Schadenersatz wegen eines 3
Verstoßes gegen (bieterschützende) Vergabevorschriften begehrt wird und dieser Vergabeverstoß
zuvor bereits Gegenstand eines Nachprüfungsverfahrens war. In Betracht kommen Schadenersatzansprüche eines Bieters aus § 181 Satz 1 GWB (Anspruch auf Ersatz des Vertrauensschadens) sowie
aus Verschulden bei Vertragsanbahnung (§ 280 Abs. 1 i.V.m. § 241 Abs. 2, § 311 Abs. 2 und 3
BGB) oder aus unerlaubter Handlung (§ 823 Abs. 2 BGB).[12] Soweit ein Schadensersatzanspruch
wegen eines Vergabeverstoßes mit einer kartellrechtlichen Anspruchsgrundlage (§ 33 Abs. 3 GWB)
begründet wird, besteht auch für das Kartellgericht als Zivilgericht die Bindungswirkung gem.
§ 179 Abs. 1 GWB.[13] Entsprechend dem Zweck der Vorschrift, Doppelprüfungen desselben vergaberechtlichen Sachverhalts zu vermeiden, ist außerdem eine analoge Anwendung des § 179 Abs. 1
GWB auf den Fall gerechtfertigt, dass umgekehrt der Auftraggeber einen Bieter auf Schadensersatz
aus dem Gesichtspunkt rechtsmissbräuchlicher Ausübung des Antrags- oder Beschwerderechts in
Anspruch nimmt (§ 180 Abs. 1 GWB).[14] Die Bindungswirkung besteht dann in Bezug auf solche
Feststellungen, dass der Bieter im Hinblick auf die erhobenen Rügen nicht in seinen Rechten gem.
§ 97 Abs. 6 GWB verletzt ist.

Der Eintritt der Bindungswirkung setzt voraus, dass das dem Schadensersatzprozess vorausgegan- 4
gene Nachprüfungsverfahren durch eine **bestands- bzw. rechtskräftige Sachentscheidung** der
Vergabekammer bzw. des OLG als Beschwerdegericht oder des BGH – soweit er auf Vorlage des
Beschwerdegerichts an dessen Stelle in der Sache entschieden hat – abgeschlossen ist. Der Beschluss
der Vergabekammer ist als Verwaltungsakt bestandskräftig, wenn nicht innerhalb von zwei Wochen
sofortige Beschwerde eingelegt (§ 172 Abs. 1 GWB) oder die fristgerecht eingelegte Beschwerde
zurückgewiesen wurde. Die Entscheidungen des Beschwerdegerichts sowie des Bundesgerichtshofs
werden mangels weiterer Rechtsmittel mit ihrer Verkündung rechtskräftig.

Erforderlich ist eine **Entscheidung in der Sache**, die eine Feststellung darüber trifft, ob der Antrag- 5
steller in seinem Recht auf Einhaltung der Bestimmungen über das Vergabeverfahren verletzt ist
oder nicht. Dabei ist die Bindungswirkung nicht davon abhängig, dass die Rechtsverletzung in
der Entscheidungsformel ausdrücklich festgestellt oder verneint worden ist. Keine Bindungswirkung entfalten Entscheidungen, soweit sie den Nachprüfungsantrag – etwa wegen Verletzung der
Rügeobliegenheit (§ 160 Abs. 3 Nr. 1 – 3 GWB), wegen verspäteter Antragstellung (§ 160 Abs. 3
Nr. 4 GWB) oder mangels Antragsbefugnis (§ 160 Abs. 2 GWB) – als unzulässig zurückweisen und
deshalb keine Feststellungen zur Rechtmäßigkeit des Vergabeverfahrens treffen. An einer (Sach-)
Entscheidung fehlt es auch, wenn der Nachprüfungsantrag wegen Versäumung der Entscheidungsfrist des § 167 Abs. 1 GWB gem. § 171 Abs. 2 GWB als von der Vergabekammer abgelehnt gilt,

---

10 Vgl. Raabe in: Willenbruch/Wieddekind § 124 a.F. Rn. 3; zum Einwand des Mitverschuldens § 181
   Rdn. 34 f.
11 Vgl. Stickler in: Reidt/Stickler/Glahs § 124 a.F. Rn. 4.
12 Siehe hierzu § 181 Rdn. 40 ff.
13 Raabe in: Willenbruch/Wieddekind § 124 a.F. Rn. 10; Stickler in: Reidt/Stickler/Glahs § 124 a.F. Rn. 7;
   König in: Heuvels/Höß/Kuß/Wagner § 124 a.F. Rn. 8; a.A. Boesen § 124 a.F. Rn. 22.
14 Umstritten; wie hier z.B.: Bungenberg in: Loewenheim/Meessen/Riesenkampff § 124 a.F. Rn. 8; Stockmann
   in: Immenga/Mestmäcker § 124 a.F. Rn. 6; Stickler in: Reidt/Stickler/Glahs § 124 a.F. Rn. 7; Knauff in:
   Müller-Wrede § 124 a.F. Rn. 7; siehe auch § 180 Rdn. 49; dagegen z.B.: Raabe in: Willenbruch/Wieddekind § 124 a.F. Rn. 11; Summa in: jurisPK-VergR § 124 a.F. Rn. 12; Dicks in: Ziekow/Völlink § 124 a.F.
   Rn. 8; König in: Heuvels/Höß/Kuß/Wagner § 124 a.F. Rn. 8.

sodass eine Bindungswirkung insoweit nicht in Betracht kommt.[15] Entscheidungen, die in einem **Eilverfahren** nach §§ 169 Abs. 2, 173 Abs. 1 Satz 3 GWB oder § 176 GWB ergehen, behandeln lediglich die Frage, ob eine Zuschlagserteilung im laufenden Verfahren weiter unterbunden oder ausnahmsweise gestattet werden soll. Die dabei vorzunehmende Beurteilung der Erfolgsaussichten des Nachprüfungsantrages bzw. der sofortigen Beschwerde stellt noch keine abschließende Sachentscheidung über das Vorliegen oder Nichtvorliegen eines Vergabeverstoßes dar. Den Eilentscheidungen kommt deshalb keine Bindungswirkung zu.[16] An einer für den Eintritt der Bindungswirkung erforderlichen Sachentscheidung fehlt ebenso, wenn die Frage der Rechtsverletzung des Antragstellers durch einen Vergabeverstoß allein im Rahmen einer Kostenentscheidung z.B. nach übereinstimmender Erledigungserklärung oder Rücknahme des Nachprüfungsantrages bzw. der sofortigen Beschwerde behandelt wird.[17]

II. Inhalt und Umfang der Bindungswirkung

6   Die Entscheidung im Nachprüfungsverfahren wirkt nur **inter partes**, d.h. zwischen den an diesem Verfahren Beteiligten (§§ 174, 162 GWB), so dass eine Bindung der ordentlichen Gerichte an diese Entscheidung auch nur dann besteht, wenn die Prozessparteien des Schadenersatzprozesses am vorhergehenden Nachprüfungsverfahren beteiligt waren.[18] Nach zum Teil vertretener Auffassung soll eine Bindungswirkung nach § 179 Abs. 1 GWB nur hinsichtlich der etwaigen Verletzung von Rechten des Antragstellers, nicht jedoch für Beigeladene bestehen.[19] Der Wortlaut der Vorschrift »wird wegen eines Verstoßes gegen Vergabevorschriften Schadensersatz begehrt und hat ein Verfahren vor der Vergabekammer stattgefunden« zwingt zu einer solchen Einschränkung nicht. Die Einschränkung ist mit Blick auf den Zweck des § 179 Abs. 1 GWB, eine erneute Prüfung derselben Sach- und Rechtsfragen und widersprüchliche Entscheidungen zu vermeiden, auch nicht gerechtfertigt.[20] An der Bindungswirkung nimmt ein **Beigeladener** insoweit teil, als im Vergabenachprüfungsverfahren objektiv ein Verstoß gegen eine bieterschützende Vergabebestimmung festgestellt worden ist. Da sich die Feststellung hinsichtlich der Verletzung subjektiver Rechte allein auf den Antragsteller bezieht, entfaltet diese Beurteilung für einen Beigeladenen keine Bindungswirkung. Damit ist die Bindungswirkung für einen Beigeladenen aber nicht »nutzlos«. Die vergaberechtliche Frage, ob eine den Schutz der Bieter bezweckende Vergabebestimmung verletzt worden ist, ist für seinen Schadensersatzanspruch geklärt. Ob für den jeweiligen Bieter eine echte Chance auf den Zuschlag bestanden hat (§ 181 GWB) oder ob dem Bieter bei ordnungsgemäßem Verlauf des Vergabeverfahrens der Zuschlag hätte erteilt werden müssen, wird auch für den Antragsteller im Vergabenachprüfungsverfahren nicht mit Bindungswirkung für einen Schadensersatzprozess geklärt.[21]

7   Die Bindungswirkung bestimmt sich aus dem Entscheidungstenor und den diesen tragenden Entscheidungsgründen. Sie erstreckt sich auf die Entscheidung über den gerügten Verstoß gegen Vergabevorschriften und die Beurteilung der Verletzung des Antragstellers in seinen Rechten unter Einschluss der insoweit tragenden Erwägungen zur Rechtslage und den dazugehörigen Tatsachen-

---

15 Stickler in: Reidt/Stickler/Glahs § 124 a.F. Rn. 6; Stockmann in: Immenga/Mestmäcker § 124 a.F. Rn. 6.
16 Vgl. Dicks in: Ziekow/Völlink § 124 a.F. Rn. 5; Antweiler in: Dreher/Motzke § 124 a.F. Rn. 10; Stickler in: Reidt/Stickler/Glahs § 124 a.F. Rn. 6; Schweda in: Langen/Bunte § 124 a.F. Rn. 2.
17 OLG München 08.07.2015 Verg 4/15 VergabeR 2015, 846; Stockmann in: Immenga/Mestmäcker § 124 a.F. Rn. 6.
18 OLG Dresden 10.02.2004 20 U 1697/03; OLG Düsseldorf 15.12.2008 27 U 1/07 VergabeR 2009, 501; Stickler in: Reidt/Stickler/Glahs § 124 a.F. Rn. 5; Stockmann in: Immenga/Mestmäcker § 124 a.F. Rn. 7; Raabe in: Willenbruch/Wieddekind § 124 a.F. Rn. 9.
19 Dicks in: Ziekow/Völlink § 124 Rn. 8; Raabe in: Willenbruch/Wieddekind § 124 a.F. Rn. 7.
20 So auch Antweiler in: Dreher/Motzke § 124 a.F. 14; Knauff in: Müller-Wrede § 124 a.F. Rn. 11.
21 Siehe dazu Rdn. 7.

feststellungen.[22] Im Schadenersatzprozess bedarf es also in Bezug auf den Sachverhalt, der Gegenstand der Nachprüfung war, keiner Feststellungen und Beweiserhebung mehr zu der Frage, ob das Vergabeverfahren rechtswidrig war und der Antragsteller dadurch in seinen Rechten verletzt wurde.[23] Alle weiteren tatbestandlichen Voraussetzungen eines Schadensersatzanspruchs, namentlich die Frage, ob der Antragsteller eine echte Chance auf den Zuschlag hatte (§ 181 GWB) oder ob ihm – wie es ein auf das positive Interesse (Erfüllungsinteresse) gerichteter Schadensersatzanspruch voraussetzt – der Zuschlag bei ordnungsgemäßem Verlauf des Vergabeverfahrens hätte erteilt werden müssen[24], sind vom Zivilgericht autonom zu prüfen.[25] Das gilt auch, wenn die Entscheidung im Nachprüfungsverfahren hierzu Ausführungen enthält.[26]

Die Bindungswirkung besteht für und gegen die Beteiligten in positiver wie in negativer Hinsicht. Wurde im Nachprüfungsverfahren ein Verstoß gegen bieterschützende Vergabevorschriften bestands- bzw. rechtskräftig verneint, ist für das Zivilgericht bindend festgestellt, dass eine Pflichtverletzung des Auftraggebers aus den in der Entscheidung behandelten Gründen nicht vorliegt, sodass eine darauf gestützte Schadensersatzklage abzuweisen ist. Konkret bezieht sich die Bindungswirkung auf die Beurteilung solcher Handlungen oder Unterlassungen der Vergabestelle, über die bestands- bzw. rechtskräftig in der Sache entschieden wurde. Dabei ist es unerheblich, ob der Antragsteller sie zum Gegenstand des Verfahrens gemacht hat oder ob ein bestimmtes Verhalten des Auftraggebers im Rahmen der Amtsermittlung überprüft wurde.[27] Keine Bindungswirkung besteht bezüglich solcher Vergabeverstöße, die während des Nachprüfungsverfahrens unentdeckt geblieben sind oder wegen Verletzung der Rügeobliegenheit, wegen verspäteter Antragstellung oder mangels Antragsbefugnis einer Sachentscheidung nicht zugänglich waren. **8**

C. Divergenzvorlage (Abs. 2)

§ 179 Abs. 2 GWB verpflichtet den Vergabesenat des OLG, der im Vergabenachprüfungsverfahren grundsätzlich letztinstanzlich entscheidet, die Sache dem BGH[28] vorzulegen, wenn er von einer Entscheidung eines anderen OLG oder des BGH abweichen will (Divergenzvorlage). Dabei ist die Vorlage nur unter den in § 179 Abs. 2 GWB aufgestellten Voraussetzungen zulässig. Liegen die Voraussetzungen vor, hat das OLG die Sache dem BGH vorzulegen, ein Ermessen kommt dem Gericht insoweit nicht zu.[29] **9**

Aus der Vorlagepflicht kann nicht abgeleitet werden, dass den Parteien ein in den Verfahrensvorschriften nicht vorgesehenes Rechtsmittel gegen eine Beschwerdeentscheidung des Vergabesenats einzuräumen wäre.[30] In vergaberechtlichen Beschwerdeverfahren ist der Rechtsweg zum Bundesgerichtshof nach § 179 Abs. 2 GWB nur für den Fall einer Entscheidungsdivergenz eröffnet.[31] **10**

---

22 OLG Düsseldorf 15.12.2008 27 U 1/07 VergabeR 2009, 501; Antweiler in: Dreher/Motzke § 124 a.F. Rn. 12; Boesen § 124 a.F. Rn. 17; Stockmann in: Immenga/Mestmäcker § 124 a.F. Rn. 7.

23 BGHZ 146, 202 = VergabeR 2001, 71.

24 Vgl. dazu BGHZ 193, 259 = NJW 1998, 3636 sowie BGH 20.11.2012 X ZR 108/10 VergabeR 2013, 208 m.w.N.

25 Vgl. BayObLG 21.05.1999 Verg 1/99 NZBau 2000, 49, 53; Stockmann in: Immenga/Mestmäcker § 124 a.F. Rn. 7.

26 König in: Heuvels/Höß/Kuß/Wagner § 124 a.F. Rn. 7.

27 Zutreffend: Gröning in: Motzke/Pietzcker/Prieß VOB/A (2001) § 124 a.F. Rn. 5.

28 Zuständig ist nach dem Geschäftsverteilungsplan des BGH der X. Zivilsenat.

29 Dicks in: Ziekow/Völlink § 124 a.F. Rn. 9; Knauff in: Müller-Wrede § 124 a.F. Rn. 19.

30 So BGH 16.09.2003 X ZB 12/03 »Außerordentliche Beschwerde« VergabeR 2004, 62, mit der Begründung, dass eine solche Auslegung der Vorschrift gegen das aus dem Rechtsstaatsprinzip abgeleitete verfassungsrechtliche Gebot der Rechtsmittelklarheit verstoßen würde; vgl. auch OLG Düsseldorf 09.05.2003 VII Verg 42/01.

31 Vgl. BGH 21.10.2003 X ZB 10/03 VergabeR 2004, 255, 256.

I. Vorlagepflicht auslösende Entscheidungen

11   Die beabsichtigte Abweichung muss sich nach dem Wortlaut des § 179 Abs. 2 Satz 1 GWB auf eine Entscheidung eines anderen OLG oder des BGH beziehen, wobei nach Satz 4 der Vorschrift eine Divergenzvorlage in den Eilverfahren nach § 173 Absatz 1 Satz 3 und § 176 GWB nicht stattfindet. Die Vorlagepflicht gem. § 179 Abs. 2 GWB betrifft in erster Linie die Abweichung von einer im Vergabenachprüfungsverfahren ergangenen Entscheidung eines Vergabesenats eines anderen OLG oder einer auf Vorlage nach dieser Vorschrift ergangenen Entscheidung des BGH. Ob § 179 Abs. 2 GWB indes voraussetzt, dass diejenige Entscheidung, von der abgewichen werden soll, in einem Vergabenachprüfungsverfahren (§§ 171 ff. GWB) ergangen ist,[32] oder auch eine Vorlagepflicht besteht, wenn von einer Entscheidung eines OLG oder des BGH zu vergaberechtlichen Rechtsfragen abgewichen werden soll, die im Rahmen eines Schadenersatzprozesses wegen der Verletzung von Vergabebestimmungen ergangen ist,[33] wird unterschiedlich beurteilt. Der Zweck der Vorlagepflicht, eine »einheitliche Rechtsprechung in Vergabesachen« sicherzustellen, spricht für die letztgenannte Auffassung und weiter dafür, eine Divergenzvorlage über den Gesetzeswortlaut hinaus analog § 179 Abs. 2 GWB auch dann zuzulassen, wenn die Entscheidung, von der abgewichen werden soll, von einem Gericht eines anderen Gerichtszweiges getroffen wurde.[34] Zu denken ist hier etwa an verwaltungsgerichtliche Entscheidungen im Zusammenhang mit der Rückforderung von Zuwendungen aufgrund eines Vergaberechtsverstoßes.

12   Die Vorschrift des § 179 Abs. 2 GWB erfasst nicht nur im kontradiktorischen Nachprüfungsverfahren ergangene Entscheidungen in der Hauptsache, sondern ist nach ihrem Sinn und Zweck, eine bundeseinheitliche Rechtsprechung in Vergabesachen zu gewährleisten, **weit auszulegen**.[35] So ist durch die Rechtsprechung des BGH geklärt, dass die Vorlagepflicht auch die einheitliche Beurteilung von vergaberechtsbezogenen **Kosten- und Gebührenfragen**[36] sowie die Streitwertfestsetzung im Nachprüfungsverfahren einschließt.[37]Das gilt, wie die Entscheidung des BGH zur Streitwertfestsetzung zeigt, grundsätzlich unabhängig davon, ob die Entscheidung, mit der von einer anderen Entscheidung abgewichen werden soll, eine Entscheidung zur Hauptsache darstellt und ob es sich bei der Entscheidung, von der abgewichen werden soll, ihrerseits um eine Entscheidung zur Hauptsache handelt. Ferner ist § 179 Abs. 2 GWB auf Erinnerungen gegen Kostenfestsetzungsbeschlüsse des Rechtspflegers beim OLG entsprechend anzuwenden, um eine planwidrige Lücke im Anwendungsbereich zu vermeiden.[38]

13   Nach § 179 Abs. 2 Satz 4 GWB ausdrücklich von der Vorlagepflicht ausgenommen sind nur die Fälle, in denen in einem **Eilverfahren** nach § 173 Absatz 1 Satz 3 oder nach § 176 GWB entschieden wird. Für jene Eilverfahren werden Divergenzen hingenommen, da eine Vorlage an den BGH der bezweckten Beschleunigung entgegenstünde.[39] Dieselbe Konfliktlage zwischen Verfahrensbe-

---

32   So OLG Hamburg 04.11.2002 1 Verg 3/02 VergabeR 2003, 40, 44; Stickler in: Reidt/Stickler/Glahs § 124 a.F. Rn. 11; König in: Heuvels/Höß/Kuß/Wagner § 124 a.F. Rn. 14; Artweiler in: Dreher/Motzke § 124 a.F. Rn. 17; Dieck-Bogatzke in: Pünder/Schellenberg, § 124 a.F. Rn. 13.

33   So Summa in: jurisPK-VergR § 124 a.F. Rn. 20; Dicks in: Ziekow/Völlink § 124 a.F. Rn. 11; Jaeger in: Byok/Jaeger § 124 a.F. Rn. 8; Raabe in: Willenbruch/Wieddekind § 124 a.F. Rn. 21.

34   Vgl. in diesem Sinne OLG Düsseldorf 30.04.2008 VII Verg 57/07 VergabeR 2008, 686, 692 nachgehend BGH 15.07.2008 X ZB 17/08 VergabeR 2008, 787 (die Entscheidung enthält keine Ausführungen zur Zulässigkeit der Vorlage) sowie OLG Rostock 02.07.2008 17 Verg 4/07 VergabeR 2008, 793, 794; Dicks in: Ziekow/Völlink § 124 a.F. Rn. 12; a.A. OLG Brandenburg 07.08.2008 Verg W 12/08 VergabeR 2008, 804, 808; Jaeger in: Byok/Jaeger § 124 a.F. Rn. 11; Raabe in: Willenbruch/Wieddekind § 124 a.F. Rn. 14; Gröning in: jurisPK-WettbR 1/2009 Anm. 5.

35   BGH 18.03.2014 X ZB 12/13 VergabeR 2014, 545.

36   BGH 09.12.2003 X ZB 14/03 VergabeR 2004, 214; 23.09.2008 X ZB 19/07 VergabeR 2009, 39; 186; 24.03.2009 X ZB 29/08 VergabeR 2009, 607; 25.10.2011 X ZB 5/10 NZBau 2012.

37   BGH 18.03.2014 X ZB 12/13 VergabeR 2014, 545.

38   BGH 29.09.2009 X ZB 1/09 VergabeR 2010, 66.

39   BT-Drucks. 13/9340 S. 22 zu § 133 RegE VgRÄG.

schleunigung und Sicherung einer einheitlichen Rechtsprechung besteht bei Entscheidungen des Beschwerdegerichts im Verfahren nach Eilentscheidung der Vergabekammer gem. § 169 Abs. 2 Satz 5 und 6 GWB und im Verfahren auf Wiederherstellung des Zuschlagverbots gem. § 169 Abs. 4 Satz 2 GWB. Folglich ist auch insoweit in entsprechender Anwendung von § 179 Abs. 2 Satz 4 GWB die Vorlageflicht abzulehnen.[40] Bei einer Entscheidung über die Gewährung von Akteneinsicht im laufenden Nachprüfungsverfahren ist ein den Eilverfahren vergleichbares Beschleunigungsbedürfnis zu erkennen, sodass eine Vorlagepflicht nach § 179 Abs. 2 GWB ebenfalls verneint werden kann.[41] Umstritten ist die Vorlagepflicht, soweit von einer **in einem Eilverfahren ergangenen Entscheidung** abgewichen werden soll.[42] Gegen die Annahme einer Vorlagepflicht bei beabsichtigter Abweichung von einer Entscheidung im Eilverfahren spricht, dass jene Eilentscheidungen auf der Grundlage einer Interessenabwägung unter Einschluss des voraussichtlichen Ausgangs des Hauptsacheverfahrens allein darüber entscheiden, ob eine Zuschlagserteilung im laufenden Verfahren weiter unterbunden oder bei Bestehen eines Zuschlagsverbots ausnahmsweise gestattet werden soll.[43] Eine andere Beurteilung ist angezeigt, wenn die Divergenz eine Rechtsfrage betrifft, über die – wie bspw. die Frage der Statthaftigkeit des Verfahrens – nicht lediglich bei der Interessenabwägung entschieden worden ist.

II. Vorliegen einer Divergenz

Eine zur Vorlage gem. § 179 Abs. 2 GWB verpflichtende Divergenz besteht nach ständiger Rechtsprechung des BGH, wenn das Beschwerdegericht als tragende Begründung seiner Entscheidung einen Rechtssatz zugrunde legen will, der sich mit einem die Entscheidung eines anderen OLG oder des BGH tragenden Rechtssatz nicht in Einklang bringen lässt.[44] Voraussetzungen einer Vorlagepflicht sind danach erstens eine **Abweichung** von der Rechtsprechung des BGH oder (auch nur) *eines* anderen OLG sowie zweitens eine **Entscheidungserheblichkeit** der abweichenden Rechtsauffassung in dem Sinne, dass die Entscheidung von der unterschiedlichen Beurteilung der Rechtsfrage abhängt. Die Entscheidung, von der abgewichen werden soll, muss auf der anderen Beurteilung der Rechtsfrage beruhen. Hierfür genügt es allerdings, wenn die strittige Rechtsfrage in jener Entscheidung erörtert und beantwortet ist und das Ergebnis für die Entscheidung von Einfluss war.[45] Abgewichen werden kann von nur beiläufigen, nicht entscheidungserheblichen Bemerkungen eines anderen Gerichts (obiter dicta).[46]

Ob die Entscheidung, von der abgewichen werden soll, auf einem im Wesentlichen gleichen oder jedenfalls vergleichbaren Sachverhalt beruht, ist für sich gesehen unerheblich für die Vorlagepflicht. Ausschlaggebend ist, ob sich die Sachverhaltsdifferenz auf den anzuwendenden Rechtssatz entschei-

14

15

---

40 OLG Düsseldorf 09.02.2011 II Verg 45/11 VergabeR 2011, 884; Kullack/Schüttpelz in: Heiermann/Riedl/Rusam § 124 a.F. Rn. 13.

41 OLG Düsseldorf 28.12.2007 VII Verg 40/07 VergabeR 2008, 281; a.A. Stockmann in: Immenga/Mestmäcker § 124 a.F. Rn. 10.

42 Vorlagepflicht besteht: z.B. OLG Düsseldorf 30.04.2008 VII Verg 57/07 VergabeR 2008, 686, 692; Dicks in: Ziekow/Völlink § 124 a.F. Rn. 12; Raabe in: Willenbruch/Wieddekind § 124 a.F. Rn. 23; Stickler in: Reidt/Stickler/Glahs § 124 a.F. Rn. 11; Dieck-Bogatzke in: Pünder/Schellenberg § 124 a.F. Rn. 10; Vorlagepflicht besteht nicht: z.B. OLG Celle 01.07.2004 13 Verg 8/04 OLGR 2004, 593; OLG Schleswig 15.04.2011 1 Verg 10/10 VergabeR 2011, 586; OLG Jena 30.10.2006 9 Verg 4/06 VergabeR 2007, 118; Jaeger in: Byok/Jaeger § 124 a.F. Rn. 9; Stickler in: Reidt/Stickler/Glahs § 124 a.F. Rn. 10.

43 Vgl. OLG Schleswig 15.04.2011 1 Verg 10/10 VergabeR 2011, 586; Jaeger in: Byok/Jaeger § 124 a.F. Rn. 9.

44 Vgl. etwa BGHZ 199, 327 = VergabeR 2014, 149; BGHZ 188, 200 = VergabeR 2011, 452; BGH 20.03.2014 X ZB 18/13 VergabeR 2014, 538.

45 Vgl. BGH 10.12.2007 II ZB 13/07 NJW-RR 2008, 482 zur Zulässigkeit einer vergleichbaren Divergenzvorlage nach § 28 Abs. 2 FGG (außer Kraft seit 01.09.2009).

46 Allg. Meinung: vgl. nur KG 15.04.2002 KartVerg 3/02 VergabeR 2002, 398, 401; OLG Düsseldorf 23.01.2008 VII Verg 31/07; Stickler in: Reidt/Stickler/Glahs § 124 a.F. Rn. 13.

dungserheblich auswirkt oder nicht.[47]Von der Vorlage kann nur dann abgesehen werden, wenn allein der konkrete Unterschied im Sachverhalt den entscheidungserheblichen Ausschlag für die unterschiedliche Beantwortung der Rechtsfrage gibt.

16 Die Vorlagepflicht wird nicht davon berührt, ob ein anderes OLG bei seiner vorausgegangenen Entscheidung aufgrund einer Divergenz zur Entscheidung eines OLG zur Vorlage an den BGH verpflichtet gewesen wäre, dies aber unterlassen hat.[48] In einem solchen Falle fehlerhaft unterlassener Vorlage ist das erneut mit demselben tragenden Rechtssatz befasste OLG zur Vorlage unabhängig davon verpflichtet, von welcher der Beurteilungen es abweichen und welcher es folgen will. Keine Vorlagepflicht besteht aber dann, wenn die Rechtsfrage vom BGH entschieden ist und das Beschwerdegericht diese in Übereinstimmung mit dem BGH beurteilen will, auch wenn zeitlich nach dem BGH ein anderes OLG dieselbe Rechtsfrage unter Verletzung der Vorlagepflicht abweichend entschieden hat.[49] Hat ein OLG seine Rechtsprechung zu einer Rechtsfrage geändert, so wird die Vorlagepflicht allein bei einer Abweichung zur aktuellen Rechtsprechung begründet, nicht aber im Hinblick auf die frühere, nicht mehr aufrecht erhaltene Rechtsprechung. Ferner soll eine Vorlagepflicht auch dann nicht bestehen, wenn das OLG, von dessen Entscheidung abgewichen werden soll, auf Nachfrage erklärt, dass es an seiner bisherigen, abweichenden Rechtsprechung nicht festhalten will.[50] Das erscheint problematisch[51], weil nicht sichergestellt ist, dass jene Mitteilung auch von dritten Gerichten bei deren Prüfung derselben Rechtsfrage rechtzeitig zur Kenntnis genommen werden kann. Zu verlangen wäre jedenfalls eine Mitteilung durch Beschluss des OLG-Senats. Hat ein anderes Gericht bereits eine Sache wegen beabsichtigter abweichender Beurteilung eines Rechtssatzes nach § 179 Abs. 2 GWB dem BGH vorgelegt und hat der BGH noch nicht entschieden, so kann vor der Entscheidung des BGH über denselben Rechtssatz nicht ohne abermalige Vorlage an den BGH entschieden werden, weil nur auf diese Weise die mit der Vorlagepflicht bezweckte bundeseinheitliche Rechtsprechung in Vergabesachen verwirklicht werden kann.[52]

17 Eine Vorlagepflicht besteht nicht, wenn das Beschwerdegericht eine Vorschrift des Unionsrechts in gleichem Sinn auslegen will, wie es der EuGH bereits getan hat, obwohl ein anderes Oberlandesgericht diese Vorschrift anders ausgelegt hatte.[53] Dagegen kann das Beschwerdegericht nicht bereits deshalb von einer Vorlage absehen, weil es der Auffassung ist, dass die abweichende Rechtsauffassung eines anderen Oberlandesgerichts durch zwischenzeitlich ergangene Entscheidungen des EuGH überholt ist und das andere Oberlandesgericht daher nunmehr in seinem Sinne entscheiden würde.[54]

---

47 Zutreffend: Dicks in Ziekow/Völlink § 124 a.F. GWB Rn. 13; Summa in: jurisPK-VergR § 124 a.F. Rn. 16; vgl. dazu auch Jaeger in: Byok/Jaeger § 124 a.F. Rn. 7; Stockmann in: Immenga/Mestmäcker § 124 a.F. Rn. 11.

48 Vgl. OLG Jena 30.05.2002 6 Verg 3/02 VergabeR 2002, 488; Stickler in: Reidt/Stickler/Glahs § 124 a.F. Rn. 13; Raabe in: Willenbruch/Wieddekind § 124 a.F. Rn. 18.

49 OLG Dresden 10.07.2003 WVerg 16/02 VergabeR 2004, 92; Stickler in: Reidt/Stickler/Glahs § 124 a.F. Rn. 13.

50 Stickler in: Reidt/Stickler/Glahs § 124 a.F. Rn. 13 mit Hinweis auf BGH 14.02.1974 II ZB 2/73 NJW 1974, 702 zur Divergenzvorlage nach § 28 Abs. 2 FGG (außer Kraft seit 01.09.2009); a.A. Raabe in: Willenbruch/Wieddekind § 124 a.F. Rn. 18 wonach eine verfahrensrechtliche Grundlage fehlt.

51 A.A. noch Vorauflage Röwekamp § 124 a.F. Rn. 12;

52 A.A. OLG Brandenburg 25.08.2008 W Verg 12/08; Raabe in: Willenbruch/Wieddekind § 124 a.F. Rn. 24, wonach die Vorlagepflicht nicht bestehe, wenn sich das erkennende OLG der Entscheidung anschließen wolle, von der ein anderes OLG die Abweichung erst beabsichtige.

53 Summa in: jurisPK-VergR § 124 a.F. Rn. 26 mit Hinweis auf BGH 27.11.1984 1 StR 376/84 NJW 1985, 2904 zu § 121 Abs. 2 GVG.

54 Zutreffend: Summa in: jurisPK-VergR § 124 a.F. Rn. 25; a.A. OLG Düsseldorf 06.02.2008 VII Verg 37/07 VergabeR 2008, 229; Stickler in: Reidt/Stickler/Glahs § 124 a.F. Rn. 13; Jaeger in: Byok/Jaeger § 124 a.F. Rn. 10 wonach auf eine Divergenzvorlage allerdings nur nach strenger Prüfung und eindeutiger Klärung durch den EuGH verzichtet werden könne. Im Zweifel solle die Sache dem BGH vorgelegt werden.

III. Vorlageverfahren und Entscheidung des BGH

Die Vorlage erfolgt durch (nicht anfechtbaren) Beschluss, in dem das Beschwerdegericht die Ent- 18
scheidungserheblichkeit der streitigen Rechtsfrage und die beabsichtigte Abweichung von der
Rechtsprechung eines anderen OLG oder des BGH darlegen muss. Zur Sicherung des rechtlichen
Gehörs (Art. 103 Abs. 1 GG) ist den Verfahrensbeteiligten vorab im Rahmen einer mündlichen
Verhandlung oder in sonstiger geeigneter Weise Gelegenheit zur Stellungnahme zu geben, und zwar
insbesondere zur Entscheidungserheblichkeit einer Rechtsfrage und zum Vorhandensein einer Entscheidung, von der nach Meinung des Gerichts abgewichen werden soll. Anderenfalls ist die Vorlage
unzulässig.[55] Der Beschluss ist den Beteiligten bekannt zu machen.

Der BGH prüft selbständig, ob die Vorlage statthaft und auch sonst zulässig[56] ist. Die Prüfung 19
erstreckt sich insbesondere darauf, ob die Entscheidung, von der das vorlegende Gericht abzuweichen beabsichtigt, eine solche ist, welche die Vorlagepflicht auslöst und ob die Annahme einer
Abweichung in einem jene andere Entscheidung tragenden Rechtssatz berechtigt ist. Ist dies nicht
der Fall, gibt der BGH das Verfahren durch Beschluss an das vorlegende Gericht zur Entscheidung
in eigener Zuständigkeit zurück.[57] Ob die abweichende Rechtsauffassung des Beschwerdegerichts
für die Entscheidung in der vorgelegten Sache nach Beurteilung des BGH tatsächlich entscheidungserheblich ist, berührt die Zulässigkeit der Vorlage hingegen nicht,[58] denn dieser Punkt betrifft
allein die nach zulässiger Vorlage vorzunehmende Sachprüfung.

Die Vorlage an den BGH ist grundsätzlich auf den gesamten Streitstoff des Beschwerdeverfahrens 20
bezogen, denn nach § 179 Abs. 2 Satz 2 GWB entscheidet der BGH »anstelle« des OLG. Eine
Beschränkung der Divergenzvorlage auf einzelne Ausschnitte des Beschwerdeverfahrens ist nur in
den Grenzen zulässig, in denen im Zivilprozess Teilurteile zulässig sind und die Zulassung der
Revision wirksam beschränkt werden kann.[59] Eine unzulässige Beschränkung ist wirkungslos, dem
BGH ist dann der gesamte Streitstoff angefallen.

Ist die Vorlage zulässig, tritt der BGH gem. § 179 Abs. 2 Satz 2 GWB an die Stelle des vorlegenden 21
Beschwerdegerichts. Die Entscheidungskompetenz des BGH erstreckt sich danach nicht nur auf die
Divergenzfrage, die Grund der Vorlage ist, sondern grundsätzlich auf das gesamte Nachprüfungsverfahren.[60] Mithin entscheidet der BGH grundsätzlich in der Sache abschließend.[61] Der BGH
kann – wie das OLG im Beschwerdeverfahren – eigene Tatsachenfeststellungen treffen oder aber
die Vergabekammer verpflichten, unter Berücksichtigung seiner Rechtsauffassung über die Sache
erneut zu entscheiden (vgl. § 178 Satz 2 GWB).[62] Nach § 179 Abs. 2 Satz 3 GWB kann sich der
BGH aber auch auf die Entscheidung der Divergenzfrage beschränken und dem Beschwerdegericht die Entscheidung in der Hauptsache übertragen, wenn dies nach dem Sach- und Streitstand
des Beschwerdeverfahrens angezeigt scheint. Das kommt insbesondere dann in Betracht, wenn der
vorgelegte Fall nach Auffassung des BGH einer weiteren Sachverhaltsaufklärung bedarf.[63] Wird

---

55 BGHZ 154, 95 = VergabeR 2003, 426, 427.
56 Eine zulässige Vorlage setzt die Einhaltung der für das Beschwerdeverfahren geltenden Verfahrensgrund-
    sätze (insbesondere ausreichende Gewährung rechtlichen Gehörs) voraus: BGHZ a.a.O.
57 Stockmann in: Immenga/Mestmäcker § 124 a.F. Rn. 13.
58 Stickler in: Reidt/Stickler/Glahs § 124 a.F. Rn. 16; Stockmann in: Immenga/Mestmäcker § 124 a.F.
    Rn. 13; Knauff in Müller-Wrede § 124 a.F. Rn. 22.
59 BGH 20.03.2014 X ZB 18/13 VergabeR 2014, 538.
60 Vgl. BGH 25.10.2005 X ZB 15/05 NZBau 2006, 392.
61 BGHZ 146, 202 = VergabeR 2001,71: »Auch die Bindungswirkung für einen etwaigen Schadenersatzpro-
    zess, die der Entscheidung des BGH zukommt, verlangt und bestätigt, dass der auf zulässige Vorlage hin
    mit dem Nachprüfungsverfahren befasste Senat grundsätzlich in der Sache entscheidet.«.
62 A.A. Knauff in: Müller-Wrede § 124 a.F. Rn. 27.
63 Vgl. BGHZ 199, 327 = VergabeR 2014, 149; BT-Drucks. 16/10117 S. 24 zu § 124 Abs. 2 GWB a.F.
    (VergModG 2009).

ein Nachprüfungsantrag nach einer zulässigen Divergenzvorlage zurückgenommen, so obliegt die anstelle der Sachentscheidung zu treffende Kostenentscheidung ebenfalls dem BGH.[64]

22 Die Beteiligten brauchen nicht einen beim BGH zugelassenen Rechtsanwalt zu bestellen, um nach Vorlage durch das Beschwerdegericht vor dem BGH aufzutreten und ggf. zur Sach- und Rechtslage ergänzend vorzutragen. Da § 179 Abs. 2 GWB kein eigenständiges (Rechtsmittel-)Verfahren begründet, sondern der BGH als Beschwerdegericht entscheidet, gilt § 175 Abs. 1 GWB.[65] Eine mündliche Verhandlung vor dem BGH findet im Allgemeinen nicht statt.[66]

D. Vorlage an den EuGH

23 Nach Art. 267 AEUV (vormals Art. 234 EGV) entscheidet der EuGH im Wege der Vorabentscheidung über die Auslegung und Gültigkeit des primären und sekundären Unionsrechts. Das Vorabentscheidungsverfahren dient dem Zweck, die einheitliche Auslegung und Durchsetzung des Unionsrechts in den Mitgliedstaaten zur Sicherstellung dessen Vorrangs zu gewährleisten.[67] Dabei bestimmt Art. 267 AEUV in Abs. 2 für jedes nationale Gericht im Sinne des Unionsrechts[68] ein Recht zur Vorlage an den EuGH und ordnet in Abs. 3 für die nationalen **letztinstanzlichen Gerichte**, deren Entscheidungen selbst nicht mehr mit Rechtsmitteln des innerstaatlichen Rechts angefochten werden können, die **Vorlagepflicht** an. Nach der Rechtsprechung des EuGH muss ein nationales letztinstanzliches Gericht seiner durch Art. 267 Abs. 3 AEUV angeordneten Vorlagepflicht nachkommen, wenn sich in einem bei ihm schwebenden Verfahren eine entscheidungserhebliche Frage des Unionsrechts stellt, es sei denn, das nationale Gericht hat festgestellt, dass die betreffende unionsrechtliche Frage bereits Gegenstand einer Auslegung durch den EuGH war oder dass die richtige Anwendung des Unionsrechts derart offenkundig ist, dass für einen vernünftigen Zweifel keinerlei Raum bleibt.[69] Daraus folgt für das Beschwerdeverfahren nach §§ 171 ff. GWB: Wenn in einer entscheidungserheblichen Frage auf das Unionsrecht – sei es unmittelbar oder zur unionsrechtskonformen Auslegung des nationalen Vergaberechts – zurückgegriffen werden muss und unklar ist, wie einzelne Rechtssätze des Unionsrechts zu verstehen sind, ist das Beschwerdegericht (bzw. im Fall des § 179 Abs. 2 GWB der BGH) verpflichtet, die entsprechenden Auslegungsfragen dem EuGH zur Entscheidung vorzulegen. Die Missachtung der Vorlagepflicht kann eine Verletzung des grundrechtsgleichen Rechts auf den gesetzlichen Richter aus Art. 101 Abs. 1 Satz 2 GG darstellen, gegen die der Betroffene mit der Verfassungsbeschwerde vorgehen kann.[70] So verstößt eine Verletzung der unionsrechtlichen Vorlagepflicht zugleich gegen Art. 101 Abs. 1 Satz 2 GG, wenn die Auslegung und Anwendung der Zuständigkeitsregel des Art. 267 Abs. 3 AEUV bei verständiger Würdigung der das Grundgesetz bestimmenden Gedanken nicht mehr verständlich erscheint und offensichtlich unhaltbar ist. Das ist nach der Rechtsprechung des Bundesverfassungsgerichts[71] insbesondere dann der Fall, wenn das letztinstanzliche Gericht

---

64 BGH 25.10.2005 X ZB 15/05 NZBau 2006, 392.
65 Ebenso Jaeger in: Byok/Jaeger § 124 a.F. Rn. 12; Dicks in: Ziekow/Völlink § 124 a.F. Rn. 15.
66 Vgl. BGHZ 146, 202 = NZBau 2001, 151, 155 a.E. (in VergabeR 2001, 71 insoweit nicht abgedruckt); die Auffassung des BGH, eine mündliche Verhandlung sei für das Verfahren nach Vorlage nicht zwingend erforderlich, wird vielfach kritisiert: z.B. Dreher NZBau 2001, 244, 246, König in: Heuvels/Höß/Kuß/ Wagner § 124 a.F. Rn. 19; Stickler in: Reidt/Stickler/Glahs § 124 a.F. Rn. 17; Raabe in: Willenbruch/ Wieddekind § 124 a.F. Rn. 29; Dicks in: Ziekow/Völlink § 124 a.F. Rn. 15; Summa in: jurisPK-VergR § 124 a.F. Rn. 37 f.
67 EuGH 12.02.2008 C-2/06 EuZW 2008, 148 Rn. 41; EuGH 04.06.2015 C-5/14 EuGRZ 2015, 413 Rn. 35.
68 Dazu gehören auch die Vergabekammern, s. Rdn. 25.
69 EuGH 06.10.1982 C-283/81 Slg 1982, 3415 Rn. 21; BVerfG 02.02.2015 2 BvR 2437/14 NJW 2015, 1294 m.w.N.
70 BVerfG 06.12.2006 1 BvR 2085/03 NZBau 2007, 117; BVerfG 02.02.2015 1 BvR 2437/14 WM 2015, 514.
71 Vgl. BVerfG 02.02.2015 2 BvR 2437/14 WM 2015, 514 m.z.w.N.

a) trotz eigener Zweifel hinsichtlich der richtigen Beantwortung einer entscheidungserheblichen unionsrechtlichen Frage eine Vorlage dazu überhaupt nicht in Erwägung zieht (Verkennung der Vorlagepflicht),

b) bewusst von der Rechtsprechung des EuGH zu einer entscheidungserheblichen Frage abweicht oder

c) bei Unvollständigkeit der Rechtsprechung des EuGH zu einer entscheidungserheblichen Frage seinen Beurteilungsspielraum in unvertretbarer Weise überschreitet.

Hält das Beschwerdegericht die Auslegung des Unionsrechts in einer entscheidungserheblichen 24 Frage für zweifelhaft und will es insoweit von der Entscheidung eines anderen OLG abweichen, hat es die Sache dem EuGH vorzulegen. Eine Vorlage an den BGH nach § 179 Abs. 2 GWB kommt insoweit nicht in Betracht, denn das Bestehen einer nationalen Verfahrensvorschrift kann nicht das Recht der nationalen Gerichte in Frage stellen, dem EuGH ein Vorabentscheidungsersuchen vorzulegen, wenn sie Zweifel an der Auslegung des Unionsrechts haben.[72] Auch bei strittiger unionsrechtlicher und verfassungsrechtlicher Rechtslage greift der Vorrang des Unionsrechts dahin ein, dass die Vorlage an den EuGH nicht deshalb zurückgestellt werden kann, weil ein Verfahren der konkreten Normenkontrolle nach Art. 100 Abs. 1 GG eingeleitet worden ist. Der EuGH hat entschieden, dass ein innerstaatliches Gericht, bei dem ein das Unionsrecht betreffender Rechtsstreit anhängig ist und das die Auffassung vertritt, dass eine innerstaatliche Vorschrift nicht nur gegen das Unionsrecht verstößt, sondern darüber hinaus verfassungswidrig ist, auch dann, wenn zur Feststellung der Verfassungswidrigkeit einer innerstaatlichen Vorschrift die Anrufung eines Verfassungsgerichts zwingend vorgeschrieben ist, gemäß Art. 267 AEUV befugt bzw. verpflichtet ist, dem Gerichtshof Fragen nach der Auslegung oder der Gültigkeit des Unionsrechts vorzulegen.[73] Eine Entscheidung nach Zweckmäßigkeitserwägungen, ob das Gericht zunächst das Verfahren der konkreten Normenkontrolle nach Art. 100 Abs. 1 GG oder das Vorabentscheidungsersuchen einleitet,[74] ist damit obsolet.

Die Vergabekammer stellt zwar nach deutschem Recht kein Gericht dar, sie ist aber Gericht in dem 25 autonom unionsrechtlich anhand der Merkmale »gesetzliche Grundlage der Einrichtung, ständiger Charakter, obligatorische Gerichtsbarkeit, streitiges Verfahren, Anwendung von Rechtsnormen durch die Einrichtung sowie deren Unabhängigkeit« zu bestimmenden Sinne des Art. 267 AEUV.[75] Der Vorlagebeschluss der Vergabekammer und die damit verbundene Aussetzung des Verfahrens sind nicht mit der sofortigen Beschwerde angreifbar.[76] Einem vorlageberechtigten Gericht muss es zur Durchsetzung der praktischen Wirksamkeit von Art. 267 AEUV freistehen, dem EuGH jede für klärungsbedürftig gehaltene Frage zur Vorabentscheidung vorzulegen.

§ 180 Schadenersatz bei Rechtsmissbrauch

(1) Erweist sich der Antrag nach § 160 oder die sofortige Beschwerde nach § 171 als von Anfang an ungerechtfertigt, ist der Antragsteller oder der Beschwerdeführer verpflichtet, dem Gegner und den Beteiligten den Schaden zu ersetzen, der ihnen durch den Missbrauch des Antrags- oder Beschwerderechts entstanden ist.

---

72 EuGH 15.01.2013 C-416/10 EuGRZ 2013, 142 Rn. 67; 04.06.2015 C-5/14 EuGRZ 2015, 413 Rn. 37; vgl. auch BGHSt 36, 92 = NJW 1989, 1437 zum Verhältnis der Divergenzvorlagepflicht nach § 121 Abs. 2 GVG zur Vorlage an den EuGH.

73 EuGH 04.06.2015 C-5/14 EuGRZ 2015, 413 Rn. 34: »Mit den in der Natur des Unionsrechts liegenden Erfordernissen wäre jede Bestimmung einer nationalen Rechtsordnung – auch wenn sie Verfassungsrang hat – unvereinbar, die dadurch zu einer Schwächung der Wirksamkeit des Unionsrechts führen würde, dass dem für die Anwendung dieses Rechts zuständigen Gericht die Befugnis abgesprochen wird, bereits zum Zeitpunkt dieser Anwendung alles Erforderliche zu tun, um diejenigen innerstaatlichen Rechtsvorschriften auszuschalten, die unter Umständen ein Hindernis für die volle Wirksamkeit der Unionsnormen bilden.«.

74 So BVerfG 11.07.2006 1 BvL 4/00 NZBau 2007, 53.

75 EuGH 18.09.2014 C-549/13 VergabeR 2015, 28 betreffend VK Arnsberg.

76 OLG München 18.10.2012 Verg 13/12 VergabeR 2013, 514.

(2) Ein Missbrauch des Antrags- oder Beschwerderechts ist es insbesondere

1. die Aussetzung oder die weitere Aussetzung des Vergabeverfahrens durch vorsätzlich oder grob fahrlässig vorgetragene falsche Angaben zu erwirken;
2. die Überprüfung mit dem Ziel zu beantragen, das Vergabeverfahren zu behindern oder Konkurrenten zu schädigen;
3. einen Antrag in der Absicht zu stellen, ihn später gegen Geld oder andere Vorteile zurückzunehmen.

(3) Erweisen sich die von der Vergabekammer entsprechend einem besonderen Antrag nach § 169 Absatz 3 getroffenen vorläufigen Maßnahmen als von Anfang an ungerechtfertigt, hat der Antragsteller dem Auftraggeber den aus der Vollziehung der angeordneten Maßnahme entstandenen Schaden zu ersetzen.

A. Allgemeines

1 Nach § 180 Abs. 1 GWB kann sich jeder, der Nachprüfungsrechte missbräuchlich in Anspruch nimmt, d.h. von Anfang an ungerechtfertigte Nachprüfungsverfahren einleitet oder eine von Anfang an ungerechtfertigte sofortige Beschwerde gegen den Beschluss der Vergabekammer einleitet, schadenersatzpflichtig machen.

2 Nach der Gesetzesbegründung[1] soll damit der Gefahr des Missbrauchs der (seinerzeit neuen) Rechtsschutzmöglichkeiten wegen des vielfach hohen wirtschaftlichen Interesses der konkurrierenden Bieter an dem Auftrag durch eine besondere Schadenersatzpflicht entgegengewirkt werden. Unternehmen, welche die neuen Rechtsschutzmöglichkeiten missbräuchlich einsetzten, müssten danach mit hohen Schadenersatzforderungen rechnen. Das, so die Gesetzesbegründung, werde neben dem allgemeinen Kostenrisiko willkürlichen Beschwerden und Anträgen entgegen wirken.

3 Die ursprünglich in § 125 Abs. GWB enthaltene Regelung, wonach eine Schadenersatzpflicht bestand, wenn sich auf besonderen Antrag nach § 115 Abs. 3 GWB getroffene vorläufige Maßnahmen der Vergabekammer als von Anfang an ungerechtfertigt erweisen, ist mit der Neuregelung in § 180 GWB entfallen.

4 Die Begründung zu § 134 des damaligen Regierungsentwurfes[2] führt weiter aus, dass die neue Schadenersatzregelung in den Absätzen 1 und 2 eine spezielle Ausprägung der sittenwidrigen Schädigung nach § 826 BGB und des Prozessbetruges nach § 823 Abs. 2 BGB i.V.m. § 263 StGB darstelle.

---

1 BT-Drs. 13/9340 v. 03.12.1997, S. 22 zu § 134.
2 BT-Drs. 13/9340 a.a.O.

Rechtsdogmatisch wird die Vorschrift weder dem Primär- noch dem Sekundärrechtsschutz zugeordnet, sondern als eigenständige Kategorie im Vergaberechtsschutz betrachtet[3]. Dies ist zutreffend, denn weder kann mit der Norm die Zuschlagserteilung erreicht oder eine rechtswidrig beabsichtigte Zuschlagserteilung im Vergabeverfahren verhindert werden, noch kann Schadenersatz dafür erlangt werden, dass der öffentliche Auftraggeber einem Dritten den Zuschlag vergaberechtswidrig erteilt hat. Dennoch hat die Norm Berührungspunkte zur Ebene des Primärrechtsschutzes, denn die Schadenersatzverpflichtung setzt ein missbräuchliches Handeln des Schadenersatzverpflichteten auf der Ebene des Primärrechtsschutzes voraus. Rechtsfolge ist dann – ähnlich wie auf der Ebene des Sekundärrechtsschutzes – das Entstehen eines Schadenersatzanspruches.

Es ist fraglich, ob die Androhung des Schadenersatzes tatsächlich willkürlichen Beschwerden und 5 Anträgen entgegen wirkt und in der Vergangenheit entgegen gewirkt hat, denn in der Rechtsprechung hat diese Vorschrift bisher keine Rolle gespielt.[4] Es sind jedenfalls bislang keine Entscheidungen bekannt geworden, in denen Schadenersatzansprüche nach § 180 GWB (bisherige Fassungen: § 125 GWB) geltend gemacht oder zugesprochen wurden.[5] Dies, obschon z.B. im Jahr 2011 von insgesamt 989 deutschlandweit eingegangenen Nachprüfungsanträgen nur 181 Anträge im Ergebnis zugunsten des jeweiligen Antragstellers entschieden worden sind[6] und sich dem zur Folge die weitaus meisten Nachprüfungsverfahren als im Ergebnis ungerechtfertigt erwiesen haben.

Anspruchsverpflichtete eines Schadensersatzanspruchs nach § 180 sind der **Antragsteller** eines ver- 6 gaberechtlichen Nachprüfungsverfahrens oder der **Beschwerdeführer** eines sofortigen Beschwerdeverfahrens gegen die Entscheidung der Vergabekammer. Dies sind in der Regel am Vergabeverfahren beteiligte **Bieter**. Nur im Rahmen einer sofortigen Beschwerde gegen die Entscheidung der Vergabekammer kommt auch der **Auftraggeber** als Anspruchsverpflichteter in Betracht, weil auch er eine entsprechende sofortige Beschwerde einlegen kann. Ansonsten sind anspruchsverpflichtet die am Wettbewerb beteiligten Unternehmen, welche ihre (vermeintlichen) Rechte durch Inanspruchnahme der Vergabekammer oder des Beschwerdegerichts durchzusetzen suchen.

Anspruchsberechtigte sind in Fällen des § 180 Abs. 1, 1. Alt. der Antragsgegner des vergaberechtli- 7 chen Nachprüfungsverfahrens, also der Auftraggeber, sowie sonstige Beteiligte, also die zum Verfahren beigeladenen Unternehmen. Unternehmen, deren Interessen zwar durch die Entscheidung der Vergabekammer (schwerwiegend) berührt werden können, dennoch aber nicht beigeladen wurden, kommen nicht als Anspruchsberechtigte in Betracht.[7] Teilweise wird der Begriff des »Beteiligten« weiter gesehen, so dass auch solche Unternehmen »Beteiligte« sein können, die nicht zum Verfahren beigeladen wurden, deren Interessen aber dennoch durch das laufende Verfahren beeinträchtigt werden können[8]. Dies ist abzulehnen, denn den Begriff des »Beteiligten« verwendet das GWB synonym für »Verfahrensbeteiligte«, die nach 162 GWB zum Verfahren beigeladen worden sind. So haben die »Beteiligten« nach § 165 Abs. 1 GWB ein Akteneinsichtsrecht. Eine sofortige Beschwerde gegen den Beschluss der Vergabekammer steht den an dem Verfahren vor der Vergabekammer »Beteiligten« zu, § 171 Abs. 1 GWB. In beiden Fällen sind nur die nach § 162 GWB beigeladenen Verfahrensbeteiligten gemeint. Wenn das Gesetz dort mit der Bezeichnung als »Beteiligte« aber nur diejenigen meint, die zum Verfahren beigeladen wurden, dann muss auch für § 180 GWB dieselbe Bedeutung als Maßstab für die Anspruchsberechtigung eines etwaigen Schadenersatzanspruchs angelegt werden. Anderenfalls würden nicht hinnehmbare Rechtsunsicherheiten bei der unterschiedlichen Verwendung von Begrifflichkeiten entstehen. Die »Beteiligung« kann sich im

---

3 Deling in: Müller-Wrede, GWB Vergaberecht, § 125 GWB, Rn. 3.
4 Rudolf Weyand, IBR-Online Kommentar zum Vergaberecht, § 125 GWB, Rn. 3.
5 So schon: Reidt/Stickler/Glahs/Glahs, § 125 GWB, Rn. 3.
6 Quelle: Statistische Meldungen über Vergabenachprüfungsverfahren gem. § 129a GWB; veröffentlicht bei www.bmwi.de.
7 Willenbruch/Wieddekind/Scharen, § 125 GWB Rn. 3.
8 Deling in: Müller-Wrede, GWB Vergaberecht, § 125 GWB, Rn. 9; Stockmann in: Immenga/Mestmäcker, § 125 GWB, Rn. 4; Alexander in: Pünder/Schellenberg, Vergaberecht, § 125 GWB, Rn. 37; Franßen in: Byok/Jäger, § 125 GWB, Rn. 29.

Übrigen nur auf die Beteiligung an dem missbräuchlich durchgeführten Nachprüfungsverfahren oder sofortigen Beschwerdeverfahren beziehen und nicht auf eine Beteiligung an dem Vergabeverfahren an sich, denn nur durch das Nachprüfungsverfahren oder Beschwerdeverfahren entstandene Schäden sollen ersetzt werden.

8 Ein etwaiger Missbrauch des Nachprüfungsrechts kann materielle Schadensersatzansprüche begründen, aber keinen Anspruch auf eine dem Antragsteller nachteilige prozessuale Kosten- oder Auslagenentscheidung.[9]

B. Schadensersatz bei Missbrauch des Antrags- oder Beschwerderechts (Abs. 1)

I. Voraussetzungen des Schadenersatzanspruches

9 Der Antrag nach § 160 GWB, d.h. die Einleitung eines Nachprüfungsverfahrens, oder die sofortige Beschwerde (gegen die Entscheidung der Vergabekammer) nach § 168 GWB muss sich »als von Anfang an ungerechtfertigt« erweisen. Denklogisch setzt dies selbstverständlich zunächst einen entsprechenden Antrag oder eine sofortige Beschwerde des Antragstellers voraus. Der jeweilige Antragsteller muss also aktiv die Einleitung des Nachprüfungsverfahrens oder der sofortigen Beschwerde betrieben haben. Im Ergebnis muss sodann das Verfahren zu Lasten des Antragstellers entschieden worden sein, so dass sich der gestellte Antrag als ungerechtfertigt darstellt. Schließlich muss diese Ungerechtfertigtheit von Anfang an objektiv vorhanden gewesen sein. Später, d.h. nach Antragstellung hinzutretende Umstände, die zu einer Ungerechtfertigtheit geführt haben, erfüllen das Merkmal »von Anfang an« nicht. Darüber hinaus muss ein »Missbrauch« des Antrags- oder Beschwerderechts vorliegen. Fälle des Missbrauchs sind in Abs. 2 der Vorschrift beispielhaft aufgeführt. Schließlich muss durch diesen Missbrauch entweder dem Gegner oder sonstigen Beteiligten des Verfahrens kausal Schaden entstanden sein. Im Einzelnen:

II. Von Anfang an ungerechtfertigt

10 Objektiv »ungerechtfertigt« war der Antrag oder die sofortige Beschwerde, wenn am Ende des Verfahrens die Unzulässigkeit oder Unbegründetheit des gestellten Antrags auf Einleitung eines Nachprüfungsverfahrens oder der Sofortigen Beschwerde gegen den Beschluss der Vergabekammer feststeht. Wird also zu Lasten des Antragstellers der jeweils gestellte Antrag vollumfänglich zurück gewiesen, so ist das Tatbestandsmerkmal »ungerechtfertigter Antrag« oder »ungerechtfertigte Sofortige Beschwerde« erfüllt.

11 Fraglich ist, wie dies bei einem nur zum Teil erfolglosen Antrag oder einer nur teilweise erfolglosen sofortigen Beschwerde zu beurteilen ist. Wenn sich einzelne Teile des Antrags oder der sofortigen Beschwerde als unbegründet erweisen und insoweit von der Vergabekammer oder dem zur Entscheidung über die sofortige Beschwerde berufenen Oberlandesgericht zurückgewiesen werden, war der Antrag oder die sofortige Beschwerde zwar auch insoweit ungerechtfertigt; in einem anderen Teil war sie dann aber gerechtfertigt, so dass der Antragsteller oder Beschwerdeführer insoweit völlig zu Recht das Verfahren betrieben hat. Da mit der Vorschrift im Ergebnis willkürlichen Anträgen und sofortigen Beschwerden entgegen gewirkt werden soll, und schon ein teilweises obsiegen die Willkürlichkeit des eingeleiteten Verfahrens entfallen lässt, muss in Fällen eines nur zum Teil ungerechtfertigten Antrags oder sofortigen Beschwerdeverfahrens das Tatbestandsmerkmal eines »ungerechtfertigten Antrags« oder einer »ungerechtfertigten sofortigen Beschwerde« verneint werden.

12 »Von Anfang an« ungerechtfertigt kann der Antrag oder die sofortige Beschwerde nur dann sein, wenn Antrag oder Beschwerde schon **im Zeitpunkt der Einleitung** objektiv unzulässig oder unbegründet war.[10] Mit anderen Worten durften der Nachprüfungsantrag oder die sofortige Beschwerde gegen den Beschluss der Vergabekammer objektiv schon im Zeitpunkt der jeweiligen Einlegung

---

9 OLG Düsseldorf, 25.07.2006, Verg 91/05, IBR 2007, 155.
10 Reidt/Stickler/Glahs/Glahs, § 125 GWB, Rn. 5.

keine Erfolgsaussichten haben. Dies dürfte in der Regel immer dann der Fall sein, wenn sich der Nachprüfungsantrag oder die sofortige Beschwerde im Ergebnis als ungerechtfertigt erweisen. Anders kann es nur dann sein, wenn durch Umstände, die erst während des laufenden Verfahrens eingetreten sind, eine Ungerechtfertigtheit eingetreten ist. Wenn also zum Beispiel ein Bieter zu Unrecht vom Vergabeverfahren ausgeschlossen wurde und sich dagegen mit einem Nachprüfungsantrag zur Wehr setzt, bei diesem Bieter aber während des laufenden Verfahrens ein Ausschlussgrund hinzu kommt, der im Ergebnis den Ausschluss im Zeitpunkt der Entscheidung der Vergabekammer rechtfertigt, wie zum Beispiel die Einleitung eines Insolvenzverfahrens über das Vermögen des Bieters, dann liegt keine Ungerechtfertigtheit »von Anfang an« vor. Dann wäre ohne das hinzutretende Ereignis nämlich von einer Begründetheit des gestellten Antrags auszugehen gewesen.

Umstritten ist, ob zur Erfüllung des Tatbestandsmerkmales »von an ungerechtfertigt« eine »Offen- **13** sichtlichkeit« der Unzulässigkeit oder Unbegründetheit des Antrages oder der sofortigen Beschwerde notwendig ist.[11] Richtigerweise darf es auf eine »offensichtliche« Unzulässigkeit des Antrages oder der sofortigen Beschwerde nicht ankommen. Schon nach allgemeinem Sprachverständnis hat ein von Anfang unbegründeter Antrag nichts mit Offensichtlichkeit zu tun. Wenn sich etwas von Anfang an als ungerechtfertigt herausstellt, ist dies vielmehr Ausdruck einer objektiven[12] Rechtslage. Der Regelungszweck des Merkmals »von Anfang an« erfordert auch keine weiter gehende Einschränkung, denn es steht in unmittelbarem Zusammenhang mit dem weiteren Merkmal des Missbrauchs. Es ist letztlich Voraussetzung dafür, dass überhaupt ein Missbrauch gegeben sein kann, denn wäre der Antrag oder die sofortige Beschwerde zunächst erfolgversprechend gewesen, kann die Ausnutzung rechtlich zulässiger Möglichkeiten zur Erlangung von Rechtschutz nicht missbräuchlich sein. Als spezielle Ausprägung der sittenwidrigen Schädigung nach § 826 BGB und des Prozessbetruges nach § 823 Abs. 2 BGB i.V.m. § 263 StGB erfolgt beim Schadenersatzanspruch des § 180 Abs. 1 GWB die Einschränkung des grundsätzlich weiten Anwendungsbereichs somit erst beim Merkmal des Missbrauchs.[13]

III. Missbrauch

Ein Schadenersatzanspruch soll nur dann bestehen, wenn der Antrag von Anfang an ungerecht- **14** fertigt war und zusätzlich das Antrags- oder Beschwerderecht von dem Antragsteller **missbraucht** wurde. Ohne dieses Missbrauchselement wäre die Schadenersatzverpflichtung so weit gefasst, dass jeder, der ein Nachprüfungsverfahren einleitet oder aber sofortige Beschwerde gegen den Beschluss der Vergabekammer einlegt, mit gegen ihn gerichteten Schadenersatzansprüchen rechnen müsste, wenn sich der Antrag im Ergebnis als unbegründet oder gar unzulässig herausstellte. Eine derart weitreichende Fassung würde dazu führen, dass zahlreiche Unternehmen aus Furcht vor späteren Schadensersatzansprüchen von der Einleitung eines Nachprüfungsverfahren absehen würden, selbst wenn sie davon überzeugt wären, dass ihre Rechte im Vergabeverfahren verletzt worden sind. Das Gebot effektiven Rechtsschutzes wäre damit verletzt.

Mit dem Missbrauchselement beinhaltet die Vorschrift ein subjektives Tatbestandselement. Dieses **15** muss bei dem das Verfahren einleitenden und betreibenden Antragsteller geprüft und als vorhanden attestiert werden, um Schadenersatz dem Grunde nach zusprechen zu können. Innere Tatsachen lassen sich nur anhand von Indizien feststellen, so dass ein missbräuchliches Verhalten im Sinne des § 180 GWB aus objektiv feststellbaren Indizien abzuleiten ist.

Was als missbräuchliches Verhalten gilt, ist in § 180 Abs. 2 GWB beispielhaft aufgeführt (dazu **16** weiter unten). Darüber hinaus gibt es selbstverständlich weitere Verhaltensweisen, die als miss-

---

11 Für eine solche einschränkende Auslegung: Noch, S. 84; dagegen: Ingenstau/Korbion/Müller-Wrede, § 125 GWB, Rn. 3; Reidt/Stickler/Glahs/Glahs, § 125 GWB, Rn. 6; Franßen in: Byok/Jaegern, § 125 GWB, Rn. 13.
12 Ingenstau/Korbion/Müller-Wrede, § 125 GWB, Rn. 3.
13 Boesen, § 125 GWB, Rn. 9; Reidt/Stickler/Glahs/Glahs, § 125 GWB, Rn. 7.

bräuchlich einzustufen sind. Wann dies der Fall ist, ist einerseits in Anlehnung an die in Abs. 2 aufgeführten Beispiele, andererseits jedoch aus der Rechtsprechung zur Urteilserschleichung nach § 826 BGB und zum Prozessbetrug abzuleiten, denn genau diese Vorschrift des § 823 BGB bzw. 823 Abs. 2 BGB i.V.m. § 263 StGB standen »Pate« für § 180 Abs. 1 GWB.[14]

17   Ein Prozessbetrug wird dadurch begangen, dass ein Richter oder ein anderes Rechtspflegeorgan durch falsche Behauptungen zu einer das Vermögen des Prozessgegners schädigenden Entscheidung veranlasst wird. Die durch die falschen Behauptungen verursachte Täuschung des Gerichtes kann dabei ohne weiteres auch durch Unterlassen erfolgen.[15] Der Prozessbetrug setzt jedoch ebenso wie ein missbräuchliches Verhalten im Rahmen des § 180 Abs. 1 GWB stets ein **bewusstes Verhalten** des Antragstellenden voraus.

18   Eine sittenwidrige Schädigung nach § 826 BGB liegt vor, wenn eine Partei ein im Ergebnis unrichtiges Urteil durch rechts- oder sittenwidrige **Manipulationen** im **Bewusstsein der Unrichtigkeit** herbeiführt.[16] Die Urteilserschleichung kann dabei durch Täuschung des Gerichtes, durch Missbrauch prozessualer Möglichkeiten oder durch täuschende oder sonst rechts- oder sittenwidrige Maßnahmen gegenüber dem Gegner erfolgen.[17]

19   Das subjektiv geprägte Merkmal des Missbrauchs des Antrags- oder Beschwerderechts ist damit erfüllt, wenn der Antragsteller oder Beschwerdeführer seine ihm als solche formell zustehende Rechtsstellung **bewusst** und in rücksichtslosem Eigeninteresse ausnutzt, obwohl ihm bei objektiver Beurteilung von Anfang an keine Chance für seinen Antrag oder seine sofortige Beschwerde nach der jeweils gegebenen Sach- und Rechtslage zuzusprechen ist.[18] Dem zum Schadenersatz Verpflichteten muss also einerseits **objektives Fehlverhalten** vorgeworfen werden können, andererseits muss ihm aber auch ein **subjektiver Vorwurf** zu machen sein, er habe die rechtlichen Möglichkeiten bewusst in zweckwidriger Weise aus Eigeninteresse ausgeschöpft.[19] Wenn und soweit das Bewusstsein des Antragstellers vorliegt, dass der Antrag von Anfang an chancenlos ist, wird man das **rücksichtslose Eigeninteresse** unterstellen können, sodass der Antragsteller darlegen muss, warum die Antragstellung im Bewusstsein der Chancenlosigkeit nicht im rücksichtslosen Eigeninteresse erfolgt sein soll. Hier sind kaum Fallgestaltungen denkbar, bei denen trotz eines Bewusstseins der Chancenlosigkeit kein rücksichtsloses Eigeninteresse vorliegen soll, denn wer positiv Kenntnis darüber hat, dass sein Antrag ohne Aussichten auf Erfolg ist und dennoch den Antrag stellt, verfolgt immer Eigeninteressen, die nichts damit gemein haben, dass Rechtschutz zum Zweck der Erlangung rechtmäßigen Verhaltens des Antragsgegners eingeholt wird. Es werden dann immer Ziele verfolgt, die sachfremd sind und damit allein im missbilligenswerten Eigeninteresse des Antragstellers liegen.

20   Wenn ein Bieter nach erfolgter Rüge unmittelbar oder innerhalb der noch nicht abgelaufenen und der Vergabestelle auferlegten Frist zur Reaktion auf das Rügeschreiben bereits Nachprüfungsantrag an die Vergabekammer stellt, ist dies für sich betrachtet grundsätzlich nicht missbräuchlich, denn eine solche »Wartefrist« ist gesetzlich nicht vorgeschrieben.[20] Hat der betreffende Bieter aber zu diesem Zeitpunkt bereits das Bewusstsein, dass sein Antrag erfolglos bleiben wird, wird auch hier ein rücksichtsloses Eigeninteresse unterstellt werden können.

21   Der Zeitpunkt, zu dem das missbräuchliche Verhalten vorliegen muss, wird durch die jeweilige Antragstellung bestimmt und muss zum Zeitpunkt der jeweiligen Antragstellung (noch) vorliegen. Hat der Antragsteller den Nachprüfungsantrag mit der Vorstellung gestellt, das Verfahren recht-

---

14 BT-Drs. 13/9340.
15 Schönke/Schröder/Kramer, § 263 StGB, Rn. 69 ff.
16 Ständige Rechtsprechung: BGH, Urt. v. 27.03.1968 – VIII ZR 141/65 –, BGHZ 50, 115 ff. (117 ff.).
17 BGH, Urt. v. 30.09.1964 – VIII ZR 195/61 –, BGHZ 42, 194 ff. (204); Staudinger/Schäfer, § 826 BGB, Rn. 103.
18 Ingenstau/Korbion/Müller-Wrede, § 125 GWB, Rn. 4.
19 Reidt/Strickler/Glahs/Glahs, § 125 GWB, Rn. 8.
20 VK Düsseldorf, 13.03.2006, VK 08/2006.

mäßig zu betreiben und stellt er erst später fest, dass diese Einschätzung falsch war, so war kein missbräuchliches Verhalten im Spiel, selbst wenn dann später der Antrag nicht zurückgenommen, sondern aufrecht erhalten bleibt. Eine später hinzutretende Missbrauchsabsicht ist irrelevant[21]. Dies ergibt sich letztlich schon aus dem Wortlaut des § 180 Abs. 1 GWB, wonach nur derjenige Schaden zu ersetzen ist, der durch den Missbrauch des »Antrags- und Beschwerderechts«, und damit durch das missbräuchliche Stellen des jeweiligen Antrags selbst, entstanden ist.

C. Beispiele für missbräuchliches Verhalten (Abs. 2)

I. Vorsätzliche oder grob fahrlässig vorgetragene falsche Angaben

1. Anwendungsbereich

Nach § 180 Abs. 2 Nr. 1 GWB liegt ein Missbrauch vor, wenn der Handelnde die Aussetzung oder 22
die weitere Aussetzung des Vergabeverfahrens durch vorsätzlich oder grob fahrlässig vorgetragene falsche Angaben erwirkt. Dieses Beispiel für missbräuchliches Verhalten kann also immer dort auftreten und einschlägig sein, wo eine Aussetzung des Verfahrens erwirkt wird. Die Aussetzung des Verfahrens ist nach § 169 Abs. 1 GWB zwingende Folge der Zustellung des Antrages auf Nachprüfung an den Auftraggeber. Darüber hinaus kann im Rahmen der sofortigen Beschwerde auf Antrag eine aufschiebende Wirkung gegenüber der Entscheidung der Vergabekammer nach § 173 Abs. 1 Satz 3 GWB bewirkt werden. Schließlich ist § 180 Abs. 2 Nr. 1 GWB auch in den Fällen einschlägig, in denen nach § 169 Abs. 2 Satz 5 GWB das Beschwerdegericht auf Antrag das Verbot des Zuschlages wiederhergestellt hat, nachdem der Auftraggeber die Zuschlagserteilung trotz eingeleitetem Nachprüfungsverfahren nach § 169 Abs. 2 Satz 1 GWB zunächst erfolgreich beantragt hatte.

2. Falsche Angaben

Angaben des Antragstellers oder Beschwerdeführers sind falsch, wenn sie nicht der objektiven 23
Wahrheit entsprechen.[22]

3. Vorsatz oder grobe Fahrlässigkeit

Dabei muss der Vortrag falscher Tatsachen entweder vorsätzlich oder grob fahrlässig erfolgen. Für 24
Missbrauch ist also ein **erhöhtes Verschulden** erforderlich.

Vorsatz ist vereinfacht ausgedrückt das Wissen und Wollen des rechtswidrigen Erfolges.[23] Der 25
Antragsteller weiß also positiv, dass die von Ihm vorgetragenen Tatsachen objektiv unrichtig sind, dennoch trägt er diese vor, weil er mit diesen Angaben das von Ihm betriebene Verfahren in seinem Sinne beeinflussen möchte. Für Vorsatz genügt aber bereits das bloße bewusste billigende in Kauf nehmen des pflichtwidrigen Erfolges[24], so dass auch vorsätzliches Verhalten vorliegt, wenn der Antragsteller etwas vorträgt, von dem er positiv nicht weiß, ob dies den Tatsachen entspricht und bei dem er billigend in Kauf nimmt, dass sich diese Tatsachen später als falsch herausstellen werden.

---

21 A.A. aber: Deling in: Müller-Wrede, GWB Vergaberecht, § 125 GWB, Rn. 13; Franßen in: Byok/Jäger, § 125 Rn. 17; Stockmann in: Immenga/Mestmäcker, § 125 GWB, Rn. 6.
22 Motzke/Pietzcker/Prieß/Gröning, § 125 GWB, Rn. 10.
23 Palandt/Heinrichs, § 276 BGB, Rn. 10.
24 BGHZ 7, 313.

26 **Grobe Fahrlässigkeit** liegt vor, wenn die verkehrserforderliche Sorgfalt in besonders schwerem Maße verletzt wird, wenn schon einfachste, ganz naheliegende Überlegungen nicht angestellt werden und das nicht beachtet wird, was im gegebenen Fall jedem einleuchten musste.[25] Der Antragsteller trägt Sachverhalte vor, von denen er zwar glaubt, dass sie den Tatsachen entsprechen, bei denen er sich aber bewusst der naheliegenden Erkenntnis verschließt, dass die Tatsachen in Wahrheit falsch sind. Ohne weiteres grob fahrlässig und rechtsmissbräuchlich ist es, wenn der Antragsteller seine Rechtsposition mit Behauptungen »ins Blaue hinein« zu stützen versucht.[26]

4. Kausalzusammenhang

27 Darüber hinaus ist ein **Kausalzusammenhang** zwischen der Vornahme falscher Angaben und der Aussetzung oder weiteren Aussetzung des Vergabeverfahrens erforderlich. Die Aussetzung oder die weitere Aussetzung des Verfahrens muss nämlich gerade durch die falschen Angaben erwirkt worden sein. Die falschen Angaben hinweggedacht muss auch die Aussetzung oder weitere Aussetzung entfallen[27]. Der notwendige Kausalzusammenhang liegt dabei aber immer schon dann vor, wenn die falsch vorgetragenen Tatsachen und Angaben zumindest mittelbar die Aussetzung verursacht oder begünstigt haben. Wird z.B. ein Antrag zur weiteren Aussetzung des Verfahrens allein mit falschen Angaben begründet, so ist der Missbrauchstatbestand erfüllt, selbst wenn das Gericht den Antrag dann auf Basis anderer Erwägungen für den Antragsteller positiv beschließt. Zu berücksichtigen ist dabei nämlich, dass der Nachprüfungsantrag ja im Ergebnis, d.h. am Ende des Verfahrens, ungerechtfertigt sein muss. Beruht die Aussetzung oder weitere Aussetzung des Vergabeverfahrens dagegen auf anderen Erwägungen oder wäre es auch ohne den Vortrag falscher Tatsachen hierzu gekommen, so fehlt es an einem Missbrauch in dieser Form.[28] Letzteres wird dann möglich sein, wenn der Antragsteller neben falschen Angaben auch zutreffende Angaben gemacht hat und letztlich nur die zutreffenden Angaben die Aussetzung oder weitere Aussetzung des Verfahrens bewirkt haben. Der Nachweis der Kausalität muss vom Schadenersatzanspruchsteller geführt werden.

II. Behinderungs- oder Schädigungsabsicht

28 Nach § 180 Abs. 2 Nr. 2 GWB liegt ein missbräuchliches Verhalten ferner dann vor, wenn die »Überprüfung« mit dem **Ziel** beantragt wird, das Vergabeverfahren zu behindern oder Konkurrenten zu schädigen. Überprüfung meint damit sowohl die Stellung eines Nachprüfungsantrages als auch die Überprüfung des Beschlusses der Vergabekammer durch sofortige Beschwerde. Der Antragsteller oder Beschwerdeführer muss das Ziel haben, also subjektiv beabsichtigen, das Vergabeverfahren zu behindern oder aber Konkurrenten zu schädigen.

29 Zwingende Folge der Einleitung eines Nachprüfungsantrages sowie der Einlegung einer sofortigen Beschwerde gegen den Beschluss der Vergabekammer ist immer eine zeitliche Behinderung des Vergabeverfahrens, denn nach § 169 Abs. 1 GWB führt die Zustellung des Nachprüfungsantrags an den Auftraggeber zu einem Zuschlagsverbot, die sofortige Beschwerde hat nach § 173 Abs. 1 GWB zunächst aufschiebende Wirkung gegenüber der Entscheidung der Vergabekammer. Um den Missbrauchstatbestand hier zu erfüllen muss die Zielsetzung und damit die Absicht des Antragstellers bzw. Beschwerdeführers folglich über das mit jedem Antrag automatisch verbundene Zuschlagsverbot hinausgehen.[29] Es ist insoweit erforderlich, dass der Antragsteller bzw. Beschwerdeführer das Ziel der Behinderung des Vergabeverfahrens in den Vordergrund rückt. Ihm muss es **in erster Linie** hierauf ankommen. Die Behinderung des Vergabeverfahrens muss also für den Antragsteller derart im Vordergrund stehen, dass er alle anderen Ziele diesem Ziel unterordnet. Da bereits die

---

25 Ständige Rechtsprechung BGH, Urt. v. 15.11.2001 – I ZR 182/99 (Frankfurt a.M.), NJW-RR 2002, 1108 (1109) m.w.N.; Palandt/Heinrichs, § 277 BGB, Rn. 5.

26 BGH, 01.07.1999, VII ZR 202/98.

27 Deling in: Müller-Wrede, GWB Vergaberecht, § 125 GWB, Rn 26 m.w.N.

28 Ingenstau/Korbion/Müller-Wrede, § 125 GWB, Rn. 6.

29 Erdl, S. 319; Ingenstau/Korbion/Müller-Wrede, § 125 GWB, Rn. 7.

Überprüfung mit dem Ziel der Behinderung des Vergabeverfahrens beantragt werden muss, muss der Antragsteller oder Beschwerdeführer schon im Zeitpunkt der Antragstellung die entsprechende Absicht haben. Es kommt aber nicht darauf an, dass der Antragsteller eine Behinderung des Verfahrens beabsichtigt, die über das mit dem Antrag verbundene Zuschlagsverbot oder über die aufschiebende Wirkung der sofortigen Beschwerde hinausgeht.[30]

Missbräuchliche Absichten zur zeitlichen Behinderung oder zur Schädigung von Konkurrenten 30 können z.B. eine Rolle spielen, wenn Dienstleistungen (z.B. Wartungsleistungen) ausgeschrieben werden, die wegen eines auslaufenden Vertrages ab einem bestimmten Zeitpunkt neu vergeben werden müssen. Der bislang tätige Unternehmer könnte ein Interesse daran haben, den beabsichtigten Zuschlag an einen Konkurrenten zeitlich bis zum Abschluss eines im Ergebnis erfolglosen Nachprüfungsverfahrens zu verhindern, um so nach Auslaufen des Ursprungsauftrags zumindest noch eine Interimsbeauftragung an sich selbst erreichen zu können. Die Missbräuchlichkeit eines solchen Handelns liegt auf der Hand.

Die zweite Alternative, nämlich die **Schädigungsabsicht** eines Konkurrenten, ist vor allem dann 31 einschlägig, wenn zielgerichtet die Zuschlagserteilung im Vergabeverfahren an den Konkurrenten verhindert werden soll, ohne dass ein ernsthaftes eigenes Interesse des Antragstellers am Auftrag vorliegt. Es muss also auch hier die Schädigungsabsicht im Vordergrund des Interesses des Antragstellers oder Beschwerdeführers liegen. Andere Ziele dürfen also nur am Rande oder untergeordnet verfolgt werden.[31] Gerade dieses Merkmal wird sich aber regelmäßig nicht nachweisen lassen, denn das Interesse des Antragstellers am Auftrag ist regelmäßig Voraussetzung, um überhaupt antragsbefugt zu sein, § 107 Abs. 2 GWB. Hier können also nur Fälle erfasst werden, in denen der Antrag gerade wegen des fehlenden Interesses am Auftrag von Anfang an ungerechtfertigt war.

III. Rücknahmeabsicht aus pekuniären Motiven

Ein Missbrauch liegt nach § 180 Abs. 2 Nr. 3 GWB insbesondere auch dann vor, wenn der Antrag 32 bereits in der Absicht gestellt wird, ihn später gegen Geld oder andere Vorteile zurückzunehmen. Mit »einen Antrag« ist jede Antragstellung gemeint, die potenziell nachteilig für einen anderen am Verfahren Beteiligten sein kann. Damit sind nicht nur der Nachprüfungsantrag selbst,[32] sondern beispielsweise auch Anträge zur Einleitung der sofortigen Beschwerde sowie die im Eilverfahren gestellten Anträge nach § 169 Abs. 2 S. 4 und § 173 Abs. 1 Satz 3 zu verstehen.[33] Hierfür spricht zum einen der Wortlaut, der von »einen« Antrag spricht und damit offen lässt, um welchen Antrag es sich im Einzelnen handelt, zum anderen spricht hierfür aber auch der Sinn und Zweck des § 180 Abs. 2 GWB, der beispielhaft für alle Varianten des Abs. 1 aufführt, in welchen Fällen Missbrauch gegeben ist.

Selbstverständlich kann jeder Antrag, der potenziell nachteilig für einen Verfahrensbeteiligten ist, 33 theoretisch nur zu dem Zweck gestellt werden, ihn später gegen Geld oder andere Vorteile zurückzunehmen. Hierin liegt nämlich die rechtsmissbräuchliche Ausnutzung rechtlicher Möglichkeiten, die zunächst nur zum Zwecke der Erlangung von Rechtsschutz eröffnet wurden und nicht, um Geld oder andere Vorteile zu erlangen, die ohne den »Druck« auf den Verfahrensbeteiligten durch gesetzlich angeordnete Nachteile, wie beispielsweise das Zuschlagsverbot, in der Regel nicht gewährt werden würden.

Die tatsächliche Rücknahme des Antrages ist weder Voraussetzung, noch reicht sie für die Annahme 34 des Missbrauchs aus. Es kommt für die Absicht alleine auf die innere Zielrichtung des Antragstellers

---

30 AA aber: Ingenstau/Korbion/Müller-Wrede, § 125 GWB, Rn. 7; Erdl, Rn. 673.
31 Bechthold, § 125 GWB, Rn. 2; Stockmann in: Immenga/Mestmäcker, GWB, § 125, Rn. 8; Gröning in: Motzke/Pietzcker/Prieß, § 125 GWB, Rn. 17; Ingenstau/Korbion/Müller-Wrede, § 125 GWB, Rn. 7.
32 So aber: Stockmann in: Immenga/Mestmäcker, § 125 GWB, Rn. 9.
33 Bechthold, § 125 GWB, Rn. 2; Gröning in: Motzke/Pietzcker/Prieß, § 125 GWB, Rn. 18.

an,[34] wobei auch hier die Absicht der Vorteilserlangung vordergründiges Motiv für die Antragstellung sein muss. Dies wird sich nur schwer darstellen und nachweisen lassen.[35]

35   Macht der Antragsteller während des bereits laufenden Nachprüfungsverfahrens in Gesprächen mit dem Antragsgegner oder mit der Beigeladenen die Rücknahme des bereits gestellten Nachprüfungsantrages davon abhängig, dass ihm eine Entschädigungssumme zugesichert wird oder dass ihm andere materielle Vorteile eingeräumt werden, lässt dies ohne Weiteres darauf schließen, dass bereits bei Antragstellung eine entsprechende Absicht vorgelegen hat.[36] Dem Antragsteller obliegt es dann darzulegen und ggf. nachzuweisen, dass er bei Antragstellung lautere Absichten hatte. Allein die Tatsache aber, dass der Antragsteller vor Einleitung des Nachprüfungsverfahrens versucht haben mag, eine vergleichsweise Lösung anzustreben, führt noch nicht ohne weiteres zur Annahme dieser Missbrauchsabsicht.[37] Gleiches gilt, wenn im späteren Verlauf des Verfahrens solche einvernehmlichen Einigungsversuche unternommen werden. Daraus kann nicht per se abgeleitet werden, dass der betreffende Antragsteller schon im Zeitpunkt der Antragstellung die Absicht hatte, den Antrag nur zu dem Zwecke zu stellen, sich später die Rücknahme desselben versilbern zu lassen. Initiiert der Antragsteller aber solche Erörterungen, so kann dies ein Hinweis auf pekuniäre Motive sein, die auf Seiten des Antragstellers schon zum Zeitpunkt der Antragstellung vorhanden waren. Eine solche rechtsmissbräuchliche Motivation wird sich nur anhand von Indizien und unter Berücksichtigung aller Begleitumstände feststellen lassen.

D. Schaden

36   Nach § 180 Abs. 1 GWB ist dem Gegner und den Beteiligten der kausal durch den Missbrauch des Antrags- und Beschwerderechts entstandene **Schaden** zu ersetzen. Normativer Maßstab für die Bemessung und Ausgestaltung des Schadenersatzes sind die zivilrechtlichen Vorgaben aus den §§ 249 ff. BGB[38]. Eine Naturalrestitution im Sinne des § 249 Abs. 1 BGB scheidet in der Regel durch tatsächliche Gründe aus, weil insbesondere die zeitlichen Folgen des Nachprüfungs- oder Beschwerdeverfahrens nicht mehr korrigiert oder beseitigt werden können. **Schadenersatz in Geld** nach § 251 Abs. 1 BGB i.V.m. § 253 Abs. 1 BGB wird deshalb das naheliegende Instrument des Schadenersatzes sein. Dabei ist die nach Abschluss des Verfahrens vorhandene Vermögenslage mit der hypothetischen Vermögenslage zu vergleichen, die ohne missbräuchliche Nutzung des Antrags- und/oder Beschwerderechts beim jeweils Geschädigten bestanden hat.

37   Wie sonst im Schadenersatzrecht, sind auch hier die Grundsätze eines etwaigen **Mitverschuldens** nach § 254 BGB anspruchsmindernd zu berücksichtigen. Hat also der Geschädigte z.B. bei der Entstehung des Schadens vorwerfbar mitgewirkt, so mindert dies seinen Anspruch. Auch trifft den Geschädigten während der Dauer des Verfahrens eine Schadensminderungspflicht, d.h. er muss darauf achten, dass der durch die Verzögerung entstehende Schaden möglichst gering bleibt.

38   Als Schadenspositionen kommen in Betracht:
   –   Die Kosten der rechtlichen Vertretung in den Verfahren selbst, wobei diese im Falle eines endgültig erfolglosen Verfahrens (welches ja Voraussetzung für den Schadenersatzanspruch ist) ohnehin von dem unterlegenen Antragsteller zu erstatten sind.
   –   Die zusätzlichen Kosten der durch das Verfahren verzögerten Zuschlagsentscheidung. Gerade diese Kosten sind oftmals unübersehbar, denn nach der Rechtsprechung des BGH hat der öffentliche Auftraggeber dem Unternehmen, welches den Zuschlag erhalten hat, denjenigen Schaden

34   Boesen, § 125 GWB, Rn. 13.
35   Erdl, Rn. 674; vgl. aber die hierzu ergangenen Entscheidungen OLG Düsseldorf, 14.05.2008, VII Verg 27/08, VergabeR 2008, 661, und VK Brandenburg, 20.12.2005, 1 VK 75/05.
36   So wohl auch: OLG Düsseldorf, 14.05.2008, VII Verg 27/08.
37   Weyandt, IBR-Online Kommentar, § 125 GWB, Rn. 6.
38   Deling in: Müller-Wrede, GWB Vergaberecht, § 125 GWB, Rn. 39.

zu erstatten, den dieses durch die verzögerte Zuschlagsentscheidung und die damit verbundenen Verschiebung der ursprünglich vorgesehenen Leistungszeit erleidet.

– Die Kosten für die Durchführung eines neuen Ausschreibungsverfahrens, z.B. wenn keiner der Bieter im Ausgangsverfahren die notwendige Bindefristverlängerung erklärt hat und deshalb neu ausgeschrieben werden muss.

– Mehrkosten, die dadurch entstehen, dass für bestimmte Leistungen, z.B. Wartungsleistungen, nun mit erhöhtem Aufwand gegenüber einem im Rahmen des Ausschreibungsverfahrens erteilten Auftrags Interimsleistungen beauftragt werden müssen.

– Mehrkosten, die dadurch entstehen, dass das ursprünglich im Wettbewerb befindliche und für den Zuschlag zunächst vorgesehene Angebot trotz erfolgreicher Abwehr des Nachprüfungs- und ggf. sofortigen Beschwerdeverfahrens nicht mehr bezuschlagt werden konnte.

– Gestiegene Finanzierungskosten[39]

– Erhöhte Material- und Lohnkosten.

E. Schadenersatzpflicht bei ungerechtfertigter vorläufiger Entscheidung der Vergabekammer (Abs. 3)

Für die Fälle, in denen die Vergabekammer entsprechend einem besonderen Antrag nach § 169 Abs. 3 GWB mit vorläufigen Maßnahmen in das Vergabeverfahren eingegriffen hat, um solche Rechte des Antragstellers aus § 97 Abs. 6 GWB im Vergabeverfahren zu sichern, die auf andere Weise als den drohenden Zuschlag gefährdet sind, sieht § 180 Abs. 3 GWB Schadenersatz vor, wenn sich diese Maßnahmen als von Anfang an ungerechtfertigt erweisen. Der dem Auftraggeber aus der Vollziehung der angeordneten Maßnahme entstandene Schaden ist dann zu ersetzen, ohne dass es einer gesonderten Prüfung des Missbrauchs bedarf. Die Vorschrift ist § 945 ZPO nachgebildet.[40] Der Schadenersatz ist deshalb unabhängig von einem Verschulden zu leisten. Die heutige Fassung ist identisch zu der Fassung des § 125 Abs. 3 GWB a.F. **39**

I. Voraussetzungen des Schadenersatzes

Hauptmerkmal dieses Schadenersatzanspruches ist, dass sich die getroffenen vorläufigen Maß- nahmen als von Anfang an ungerechtfertigt erweisen müssen. Die von der Vergabekammer getroffenen vorläufigen Maßnahmen können sich nur dann als von Anfang an ungerechtfertigt erweisen, wenn bereits zum Zeitpunkt der Anordnung der Maßnahme die Voraussetzungen der vorläufigen Maßnahme objektiv nicht vorlagen.[41] Umstände, die nach Anordnung einer vorläu- figen Maßnahme eintreten, müssen für die Betrachtung, ob die Voraussetzung für den Erlass vorläufiger Maßnahmen zum Zeitpunkt des Erlasses objektiv vorlagen, außer Betracht bleiben.[42] Für die Beurteilung der Frage, ob die getroffene vorläufige Maßnahme von Anfang an ungerecht- fertigt war, kommt es auf den Standpunkt eines objektiven Betrachters an. Dies bedeutet, dass die Voraussetzungen für die Anordnung der beantragten vorläufigen Maßnahme rückschauend vom Standpunkt einer damals objektiv richtig entscheidenden Vergabekammer auch bereits im Zeitpunkt der Anordnung der vorläufigen Maßnahme tatsächlich oder rechtlich gefehlt haben müssen.[43] **40**

Eine von Anfang an ungerechtfertigte Maßnahme im Sinne des § 169 Abs. 3 GWB reicht nicht aus, Ansprüche nach § 180 Abs. 3 GWB zu begründen. Hinzukommen muss, dass die Maßnahme zu einem Schaden geführt hat. Dieser kann beispielsweise in einer kostenerhöhenden Verzögerung des **41**

---

39 Deling in: Müller-Wrede, GWB Vergaberecht, § 125 GWB, Rn. 40.

40 Erdl, Rn. 677; Ingenstau/Korbion/Müller-Wrede, § 125 GWB, Rn. 13.

41 Ingenstau/Korbion/Müller-Wrede, § 125 GWB, Rn. 14.

42 Vgl. zu § 945 ZPO: Münchener Kommentar zur Zivilprozessordnung/Heinze, § 945 ZPO, Rn. 19.

43 Für § 945 ZPO: BGH, Urt. v. 07.06.1988 – IX ZR 278/87 (Celle), JZ 1988, 979 = NJW 1988, 3268; Baumbach/Lauterbach/Albers/Hartmann, § 945 Rn. 7.

Vergabeverfahrens oder im Nutzungsausfall später als vorgesehen erstellter Bauwerke oder erbrachter Leistungen liegen.[44]

II. Inhalt und Umfang des Schadenersatzanspruche

42 § 180 Abs. 3 GWB nennt allein den Auftraggeber als Schadensersatzberechtigten. Deshalb stehen beispielsweise einem Beigeladenen keine derartigen Schadensersatzansprüche zu[45]. Dies ist auch sachgerecht, weil nur er die hier genannten angeordneten vorläufigen Maßnahmen beachten und insoweit von seinem ursprünglich geplanten Vorgehen Abstand nehmen musste. Dem Auftraggeber ist der »aus der Vollziehung der angeordneten Maßnahme entstandene« Schaden zu ersetzen, sodass der durch die Vollziehung der angeordneten Maßnahme adäquat kausal verursachte Schaden zu ersetzen ist. Für die Schadensberechnung ist demnach auf die Grundsätze der §§ 249 ff. BGB zurückzugreifen.[46]

43 Die Grundsätze der §§ 249 ff. BGB beruhen auf dem Ausgleichsgedanken, d.h. die Schadensersatzleistung soll die entstandenen Nachteile ausgleichen. Der Geschädigte ist so zu stellen, wie er gestanden hätte, wenn der zum Ersatz verpflichtende Umstand nicht eingetreten wäre. Es gilt das Prinzip der Totalreparation.[47]

44 Adäquat kausal entstanden ist ein Schaden dann, wenn das schädigende und zum Ersatz verpflichtende Ereignis nicht hinweggedacht werden kann, ohne dass der Schaden entfiele (conditio sine qua non) und das schadensbegründende Ereignis im Allgemeinen und nicht nur unter besonders eigenartigen, unwahrscheinlichen und nach dem gewöhnlichen Verlauf der Dinge außer Betracht zu lassenden Umständen geeignet war, einen Schadenserfolg der eingetretenen Art herbeizuführen.[48] Bei der Beurteilung der Adäquanz kommt es auf eine objektive nachträgliche Prognose an, wobei alle dem optimalen Betrachter zurzeit des Eintritts des Schadens erkennbaren Umstände zu berücksichtigen sind.[49]

45 Die Beantwortung der Frage, welche Schäden aus der Vollziehung der angeordneten Maßnahme entstehen können und entstanden sind, hängt naturgemäß von der angeordneten vorläufigen Maßnahme selbst ab. Nach § 169 Abs. 3 GWB können weitere sichernde Maßnahmen angeordnet werden, um eine Gefährdung der Rechte des Antragstellers aus § 97 Abs.6 GWB zu verhindern. Denkbar ist hier z.B. die Verletzung von kartell-, wettbewerbs- und zivilrechtlichen Ansprüchen, die im Rahmen des laufenden Vergabeverfahrens stattfinden können. Im Ergebnis kommen als weitere vorläufige Maßnahmen daher sämtliche Maßnahmen außerhalb der Zuschlagserteilung in Betracht, die darauf hinauslaufen, im Hinblick auf den Antragsteller irreversible Fakten für die spätere Zuschlagsentscheidung an einen anderen Mitbewerber zu schaffen, wie etwa die Durchführung der Wertung unter Verletzung der materialrechtlichen Wertungsvorschriften, um auf diesem Wege das Angebot des Antragstellers aus dem Vergabeverfahren – während des laufenden Nachprüfungsverfahrens – ausschließen zu können. Auch eine ungerechtfertigte Aufhebung der Ausschreibung kann mit Maßnahmen nach § 169 Abs. 3 GWB verhindert werden. Die Maßnahmen dürften regelmäßig auf Unterlassung durch den Auftraggeber gerichtet sein, sodass Schäden regelmäßig dann adäquat kausal entstehen dürften, wenn durch die angeordneten Maßnahmen Zeitverluste entstehen, die für den Auftraggeber zu höheren Kosten führen.

---

44 Immenga/Mestmäcker/Stockmann, § 125 GWB Rn. 10.
45 Scharen in: Willenbruch/Wieddekind, § 125 GWB Rn. 17.
46 Ingenstau/Korbion/Müller-Wrede, § 126 GWB, Rn. 15.
47 Palandt/Heinrichs, Vorb.v. § 249 BGB, Rn. 5.
48 BGH, Urt. v. 25.09.1952 – III ZR 322/51 (Schleswig), NJW 1953, 700; BGH, Urt. v. 09.10.1997 – III ZR 4/97 (Celle) –, NJW 1998, 138 (140).
49 Palandt/Heinrichs, Vorbem. v. § 249 BGB, Rn. 60 m.w.N.

F. Verfahrensfragen

I. Verjährung

Der Schadensersatzanspruch nach § 180 Abs. 1 GWB ist seiner Natur nach ein **deliktischer** 46
Anspruch, auf den jeweils ergänzend die §§ 823 ff. BGB anzuwenden sind.[50] Daraus folgt zunächst,
dass sich insbesondere auch die **Verjährung** nach dem Deliktsrecht richtet, sodass bis einschließlich
zum 31.12.2001 § 852 BGB eine Verjährungsfrist von 3 Jahren vorgab.[51] Seit dem 01.01.2002 gilt
mit dem Schuldrechtsmodernisierungsgesetz die regelmäßige Verjährungsfrist von 3 Jahren nach
den §§ 195, 199 BGB. Die Frist beginnt mit dem Schluss des Jahres, in dem der Anspruch entstanden ist und der Gläubiger von den Anspruch begründenden Umständen und der Person des
Schuldners Kenntnis erlangt oder ohne grobe Fahrlässigkeit erlangen müsste. Die Höchstfristen
nach § 199 Abs. 3 BGB sind zu beachten.

II. Zuständigkeit des Gerichts

Schadensersatzansprüche nach § 180 GWB müssen in einem separaten Prozess vor den Zivilge- 47
richten geltend gemacht werden.[52] Anlässlich des noch laufenden Vergabenachprüfungsverfahrens
gestellte Anträge auf Feststellung, dass dem Grunde nach eine Schadenersatzverpflichtung wegen
Missbrauchs des Antragsrechts bestehe, sind deshalb unstatthaft[53].

Die örtliche **Zuständigkeit** richtet sich in einem Zivilprozessverfahren nach den §§ 12 ff. ZPO, 48
sodass grundsätzlich das Gericht, bei dem der Beklagte, d.h. der in Anspruch genommene Antragsteller oder Beschwerdeführer, seinen Wohnsitz oder Sitz hat, örtlich zuständig ist. In den Fällen des
§ 180 Abs. 1 GWB, nicht jedoch in den Fällen des § 180 Abs. 3 GWB, greift auch der besondere
Gerichtsstand des § 32 ZPO ein. Diese Vorschrift begründet für Klagen aus unerlaubten Handlungen eine besondere Zuständigkeit des Gerichts, in dessen Bezirk die Handlung begangen wurde. In
Fällen des § 180 Abs. 1 GWB also dort, wo der entsprechende Antrag gestellt wurde. Den Begriff
der unerlaubten Handlung bestimmt das bürgerliche Recht. Er ist im weiteren Sinne zu verstehen und umfasst jeden rechtswidrigen Eingriff in fremde Rechtssphäre.[54] Die Haftung nach § 180
Abs. 3 GWB ist verschuldensunabhängig, der dort notwendige Antrag nach § 169 Abs. 3 GWB
regelmäßig rechtmäßig. Eine geringere Schutzwürdigkeit des Interesses des Deliktsschuldners, an
seinem allgemeinen Gerichtsstand verklagt zu werden, liegt damit nicht vor, sodass die in dem
Wahlgerichtsstand nach § 32 ZPO liegende Begünstigung des Klägers als Verletztem nicht gerechtfertigt ist.[55] Die sachliche Zuständigkeit richtet sich nach § 87 Abs. 1 S. 1 und 2 GWB, sodass die
Landgerichte ausschließlich zuständig sind.[56]

III. Darlegungs- und Beweislast

Nach allgemeinen Beweislastgrundsätzen liegt die **Darlegungs- und Beweislast** für das Vorliegen 49
der Voraussetzungen des Schadensersatzanspruches beim Anspruchsteller. Er muss die objektiven
und vor allen Dingen die subjektiven Voraussetzungen seines Anspruches, darüber hinaus auch die
Höhe des Schadens darlegen und beweisen. § 287 ZPO lässt im Zusammenhang mit der Darle-

50 Stockmann in: Immenga/Mestmäcker, § 125 GWB Rn. 13 u. 16; Ingenstau/Korbion/Müller-Wrede,
§ 125 GWB Rn. 12; Boesen, § 125 GWB Rn. 19 u. 39.
51 Stockmann in: Immenga/Mestmäcker, § 125 GWB, Rn. 16.
52 OLG Düsseldorf, v. 19.02.2002, Verg 33/01; OLG Sachsen-Anhalt, 14.03.2014, 2 Verg 1/14, VergabeR
2014, 787; Ingenstau/Korbion/Müller-Wrede, § 125 GWB Rn. 12; Stockmann in: Immenga/Mestmäcker,
§ 125 GWB, Rn. 13; Boesen, § 125 GWB, Rn. 20.
53 OLG Sachsen-Anhalt, a.a.O. Rn. 27.
54 BGH, Urt. v. 20.03.1956 – I ZR 162/55 (Köln) –, NJW 1956, 911.
55 Zöller/Voll, § 32 ZPO, Rn. 1.
56 LG Bonn, 24.06.2004, 1 O 112/04, VergabeR 2004, 665; a.A. aber: Reidt/Stickler/Glahs/Glahs, § 126
GWB, Rn. 11.

gung zur Höhe des Schadens eine Schätzung durch das Gericht zu, wenn die Grundlagen für eine sachgerechte Schätzung hinreichend dargelegt und nachgewiesen wurden. Gerade das Missbrauchselement ist regelmäßig äußerst schwer darzulegen und zu beweisen.[57] Zu der Frage, ob der Antrag nach § 160 GWB oder die sofortige Beschwerde von Anfang an ungerechtfertigt waren, können dem Schadensersatzberechtigten Erleichterungen zugutekommen, wenn das mit der Schadensersatzklage befasste Gericht an eine diesbezügliche bestandskräftige Feststellung der Vergabekammer oder des Vergabesenats beim OLG gebunden ist. Eine solche Bindung wird allgemein angenommen und mit einer analogen Anwendung der Vorschrift des § 179 Abs. 1 GWB begründet.[58] Dies ist auch sachgerecht, denn der Gesetzeszweck des § 179 Abs. 1 GWB, unnötige Doppelprüfungen zu vermeiden, lässt es als gerechtfertigt und geboten erscheinen, die Vorschrift auch für die hier in Rede stehenden Fälle analog anzuwenden. Darüber hinaus könnten anderenfalls widerstreitende Beschlüsse oder Urteile ergehen, was vor dem Hintergrund der Rechtsrichtigkeit und Rechtssicherheit bedenklich wäre.

50   Die Bindungswirkung ergibt sich aus dem Tenor der Entscheidung und den dazugehörigen, diesen tragenden Gründen.[59] Die Vergabekammer oder im Rahmen des Beschwerdeverfahrens das Oberlandesgericht entscheidet nach § 168 Abs. 1 Satz 1 Halbsatz 1 GWB darüber, ob der Antragsteller in seinen Rechten verletzt ist. Dabei entscheidet es regelmäßig über die Frage, ob beispielsweise der Antrag nach § 160 GWB unbegründet war. Die Frage aber, ob er »von Anfang an« unbegründet war oder, ob gar missbräuchliches Verhalten anzunehmen ist, wird regelmäßig nicht entschieden. Selbst wenn sich aus der Urteilsbegründung also im Rahmen eines obiter dictum ergeben sollte, dass der Antrag von Anfang an unbegründet war, kommt diesem Begründungsaspekt keine Bindungswirkung zu, weil er nicht Gegenstand des Verfahrens und nicht tragend für die Begründung der Entscheidung war.[60] Die bindende Wirkung beschränkt sich deshalb allein auf die Feststellungen zum Vergaberechtsverstoß selbst[61].

51   Die Bindung des für den Schadensersatzanspruch zuständigen Gerichts an die Entscheidung der Vergabekammer oder die Entscheidung des Beschwerdegerichts soll lediglich der nochmaligen gerichtlichen Überprüfung derselben Sach- und Rechtsfragen vorbeugen, nicht aber Fragen des Schadensersatzverfahrens in das Nachprüfungsverfahren verlagern.[62]

§ 181 Anspruch auf Ersatz des Vertrauensschadens

Hat der Auftraggeber gegen eine den Schutz von Unternehmen bezweckende Vorschrift verstoßen und hätte das Unternehmen ohne diesen Verstoß bei der Wertung der Angebote eine echte Chance gehabt, den Zuschlag zu erhalten, die aber durch den Rechtsverstoß beeinträchtigt wurde, so kann das Unternehmen Schadenersatz für die Kosten der Vorbereitung des Angebots oder der Teilnahme an einem Vergabeverfahren verlangen. Weiterreichende Ansprüche auf Schadenersatz bleiben unberührt.

---

57 BT-Drs. 13/9340, S. 43.
58 Boesen, Vergaberecht, § 125 GWB, Rn. 21; Ingenstau/Korbion/Müller-Wrede, § 125 GWB, Rn. 12; Stockmann in: Immenga/Mestmäcker, § 125 GWB, Rn. 13; Motzke in: Motzke/Pietzcker/Prieß, § 125 GWB, Rn. 21.
59 BayObLG, Beschl. v. 21.05.1999 – Verg 1/99 – WuW/E Verg 239, 248 = WuW 1999, 1037, 1046 – »Trinkwasserstollen«.
60 BayObLG a.a.O. (248); a.A. aber: Boesen, § 125 GWB Rn. 21.
61 OLG Sachsen-Anhalt, 14.03.2014, 2 Verg 1/14, VergabeR 2014, 787, Rn. 29.
62 BayObLG a.a.O.

A. Allgemeines

§ 181 Satz 1 stellt eine **eigenständige Anspruchsgrundlage**[1] des Unternehmers gegen den Auftrag- **1** geber zur Geltendmachung von Schadenersatzansprüchen dar. Die Norm ist damit auf der Ebene des sog. sekundären Rechtsschutzes angeordnet. Sie ist Art. 2 Abs. 7 der Sektorenüberwachungs- richtlinie (SRMR) nachgebildet, dessen Formulierungen zum Teil wörtlich übernommen wurden. Der Gesetzgeber hat jedoch bewusst den Schadenersatzanspruch auch auf öffentliche Auftraggeber ausgedehnt, die nicht Sektorenauftraggeber sind[2] und sich darüber hinaus bewusst für die Aus- gestaltung als Anspruchsgrundlage entschieden, während die SRMR lediglich als Kausalitätsregel formuliert ist.[3] Ursprünglich war die Regelung in § 126 GWB enthalten. Sie ist mit dem Ver- gaberechtsmodernisierungsgesetz ohne inhaltliche Veränderungen in § 181 GWB übernommen worden.

Anspruchsgegner der in Satz 1 geregelten Schadenersatzverpflichtung können sämtliche Auftragge- **2** ber im Sinne des § 98 GWB sein, **Anspruchsberechtigte** sind potenziell alle Unternehmen die den Zuschlag nicht erhalten haben.

Gemäß § 106 Abs. 1 gelten die Vorschriften des vierten Teils des GWB und damit auch § 181 **3** nur, wenn die Schwellenwerte der nach § 113 erlassenen Rechtsverordnung erreicht oder über- schritten sind und kein Ausnahmefall nach den §§ 107, 108 oder 109 GWB vorliegt. Unterhalb der Schwellenwerte findet § 181 keine Anwendung,[4] sodass es insoweit bei den herkömmlichen Anspruchsgrundlagen, insbesondere also des Anspruches aus Verschulden aus vorvertraglichem Schuldverhältnis gem. § 311 Abs. 2 BGB, § 241 Abs. 2 BGB, § 280 Abs. 1 BGB, verbleibt. Nicht

---

1 Byok/Jaeger/Franßen, § 126 GWB, Rn. 2; Ingenstau/Korbion/Müller-Wrede, § 126 GWB, Rn. 1; Vetter NVwZ 2001, 745 (759); Reidt/Stickler/Glahs/Glahs, § 126, Rn. 2.
2 Erdl, Rn. 687.
3 BT-Drucks. 13/9340, S. 44, 51; Byok/Jaeger/Franßen, § 126 GWB, Rn. 2; Reidt/Stickler/Glahs/Glahs, § 126 GWB, Rn. 8.
4 OLG Schleswig-Holstein 25.09.2009, 1 U 42/08, ZfBR 2010, 597.

erforderlich ist aber, dass der öffentliche Auftraggeber tatsächlich gemeinschaftsweit ausgeschrieben hat.[5] Es genügt die objektive Anwendbarkeit des Vierten Teils des GWB für die Anwendbarkeit des § 181 GWB, d.h. auch dann, wenn der öffentliche Auftraggeber das Verfahren versehentlich nur national bekannt gemacht und eingeleitet hat, stehen die Schadenersatzmöglichkeiten des § 181 GWB zur Verfügung.[6]

4   Der Schadensersatzanspruch nach § 181 S. 1 ist beschränkt auf die Kosten der Vorbereitung des Angebotes oder der Teilnahme an dem Vergabeverfahren. Damit wird hiernach das sog. **Vertrauensinteresse** oder **negative Interesse**[7] ersatzfähig.[8] § 181 S. 2 stellt aber insoweit klar, dass weiter gehende Ansprüche auf Schadensersatz unberührt bleiben, sodass im Ergebnis – freilich unter anderen Voraussetzungen – auch das positive Interesse[9] als ersatzfähiger Schaden in Betracht kommt. Eine Kumulation von negativem und positivem Interesse kommt aber nicht in Betracht,[10] denn mit dem Ersatz des positiven Interesses ist der entstandene Schaden immer vollständig abgegolten. Im Fall der Auftragserteilung hätte der benachteiligte Bieter nämlich auch die Kosten der Teilnahme am Verfahren mit dem erzielten Gewinn amortisiert.[11]

B. Schadenersatz für die Kosten des Angebots oder der Teilnahme an einem Vergabeverfahren (Satz 1)

I. Allgemeines

5   § 181 Satz 1 legt die Voraussetzung für einen Schadenersatzanspruch fest, wobei als Schadenersatz allein der **Vertrauensschaden**, somit das negative Interesse,[12] zuerkannt wird. Es können also nur tatsächlich entstandene Kosten, nicht jedoch der entgangene Gewinn, gefordert werden.[13]

6   Der Schadensersatzanspruch ist vor den ordentlichen Gerichten geltend zu machen,[14] wobei § 87 Abs. 1 S. 1 und 2 GWB eine ausschließliche Zuständigkeit des Landgerichts begründet.[15]

7   Ansprüche nach dieser Vorschrift verjähren, soweit sie nach dem 31.12.2001 entstanden sind, innerhalb der **regelmäßigen Verjährungsfrist** nach § 196 BGB, d.h. innerhalb von drei Jahren nach Entstehung.[16] Gemäß § 199 Abs. 1 BGB beginnt die Verjährung erst mit dem Schluss des Kalenderjahres zu laufen, in dem der Anspruch entstanden ist und der Gläubiger von den Anspruch begründenden Umständen und der Person des Schuldners Kenntnis erlangt oder zumindest ohne grobe Fahrlässigkeit hätte erlangen müssen. Ohne Rücksicht auf die Kenntnis oder grob fahrlässige Unkenntnis verjähren die Ansprüche gem. § 199 Abs. 3 Nr. 1 BGB in zehn Jahren von ihrer Entstehung an und ohne Rücksicht auf ihre Entstehung und die Kenntnis oder grob fahrlässige Unkenntnis gem. § 199 Abs. 3 Nr. 2 BGB in 30 Jahren von der Begehung der Handlung, der Pflichtverletzung oder dem sonstigen, den Schaden auslösenden Ereignis an. In Vergabeverfahren hat der Bieter stets Kenntnis von der Person des Schuldners und in der Regel spätestens mit der Information nach § 134 GWB auch Kenntnis von den Umständen, die ggf. einen Schadenersatzanspruch begründen können. In der Regel werden daher die Fälle des § 199 Abs. 3 BGB hier keine

---

5   BGH 27.11.2007, X ZR 18/07, VergabeR 2008, 219.
6   BGH 27.11.2007, X ZR 18/07, VergabeR 2008, 219.; vorgehend OLG Koblenz 15.01.2007, 12 U 1016/05.
7   OLG Naumburg, 26.10.2004, 1 U 30/04; Palandt/Grüneberg, Vorb v § 249, Rn. 17.
8   Reidt/Stickler/Glahs/Glahs, § 126 GWB, Rn. 2.
9   Palandt/Grüneberg, Vorb v § 249, Rn. 16.
10 OLG Thüringen, 27.02.2002, 6 U 360/01, VergabeR 2002, 419 (424); Weyand, § 126 GWB, Rn. 1766.
11 OLG Düsseldorf, 08.01.2002, 21 U 82/01, VergabeR 2002, 326.
12 Ingenstau/Korbion/Müller-Wrede, § 126 GWB, Rn. 1.
13 OLG Düsseldorf, 30.01.2003, 5 U 13/02, NZBau, 2003, 459 (461).
14 OLG Düsseldorf, 30.01.2003, 5 U 13/02, NZBau, 2003, 459 (461); OLG Sachsen-Anhalt, 27.11.2014, 2 U 152/13, VergabeR 2015, 489, Rn. 26; Heiermann/Riedl/Rusam/Kullack, § 126 GWB, Rn. 12.
15 LG Bonn, 24.06.2004, 1 O 112/04, VergabeR 2004, 665.
16 Reidt/Stickler/Glahs/Glahs, § 126 GWB, Rn. 38; Byok/Jaeger/Franßen, § 126 GWB, Rn. 36.

Rolle spielen. Für Altansprüche, d.h. solche, die vor dem 01.01.2002 entstanden sind, war streitig, ob sie entsprechend § 852 BGB a.F. innerhalb von drei Jahren, nach § 196 BGB a.F. als vertragsähnliche Ansprüche in zwei oder vier Jahren oder schließlich nach § 195 BGB a.F. in 30 Jahren der Verjährung unterlagen.[17] Dies hat sich heute insbesondere auch wegen der Übergangsvorschriften zum Verjährungsrecht[18] erledigt, weil danach alle Altansprüche, für die eine Hemmung, Ablaufhemmung oder ein Neubeginn der Verjährung bis zum 31.12.2004 nicht eingetreten ist, heute verjährt sein dürften.

II. Anspruchsvoraussetzungen

1. Verstoß gegen eine den Schutz von Unternehmen bezweckende Vorschrift

§ 181 Satz 1 GWB setzt zunächst einen Verstoß des Auftraggebers gegen eine »den Schutz von Unternehmen bezweckende Vorschrift« voraus. Auch wenn es im Wortlaut der Vorschrift nicht ausdrücklich erwähnt ist, bezieht sich der Rechtsverstoß ausschließlich auf Vorschriften des Vergaberechts.[19] In Betracht kommen demnach auf nationaler Ebene die Bestimmungen des vierten Teils des GWB und die nach § 113 GWB zu erlassenden Rechtsverordnungen. Auch die gem. § 113 GWB neu erlassene Vergabeverordnung[20] und damit die dort in Bezug genommenen Verdingungsordnungen stellen »Vorschriften« in diesem Sinne dar. Gleiches gilt für die Sektorenverordnung[21] und die Vergabeverordnung Verteidigung und Sicherheit.[22] Die Vergaberichtlinien des Gemeinschaftsrechts dienen ebenfalls generell dem Schutz der Bieter.[23] Sie kommen somit ebenfalls grundsätzlich als »Vorschriften« im Sinne des § 181 GWB in Betracht, insbesondere in Fällen, in denen sie mangels unzureichender Umsetzung in das nationale Recht direkte Anwendbarkeit erfahren.[24]

Hauptschwierigkeit bei Anwendung des § 181 Satz 1 ist die Beantwortung der Frage, wann »gegen eine den **Schutz von Unternehmen bezweckende**« Vorschrift verstoßen worden ist bzw. welche Normen als »**unternehmensschützend**« anzusehen sind. Die Meinungen hierüber gehen auseinander. Zum Teil wird angenommen, dass der Wortlaut »den Schutz von Unternehmen bezweckende« gedanklich für die praktische Rechtsanwendung des § 181 zu streichen sei, weil allein entscheidend sein müsse, ob der Verstoß gegen die Vergabebestimmung dazu geführt habe, also kausal dafür gewesen sei, dass das Unternehmen in seiner »echten Chance« auf Auftragserteilung beeinträchtigt wurde.[25] Nach dieser Auffassung ist damit praktisch jede Vorschrift des Vergaberechts auch unternehmensschützend. Zum Teil wird dieses Tatbestandsmerkmal in Anlehnung an § 97 Abs. 6 sehr weit gefasst, sodass alle Ansprüche, die im Zusammenhang mit einem Vergabeverfahren gem. § 160 Abs. 2 Satz 1 nur vor der Vergabekammer und den Vergabesenaten geltend gemacht werden dürfen, den Begriff des **Schutzgesetzes** im Sinne des § 181 Satz 1 zugeordnet werden können.[26] Überwiegend werden jedenfalls reine Ordnungsvorschriften als nicht unternehmensschützend beurteilt.[27] Oftmals wird positiv formuliert, dass eine unternehmensschützende Norm dann vorliege, wenn sie europarechtlich als unternehmensschützend vorgegeben sei oder als Ausfluss der in § 97 Abs. 1 bis 5

8

9

---

17 Boesen, § 126 GWB, Rn. 30; Byok/Jaeger/Franßen, § 126 GWB, Rn. 36; Reidt/Stickler/Glahs/Glahs, 2. Auflage, § 126 GWB, Rn. 25.

18 Art. 229 § 6 Abs. 3 und 4 EGBGB.

19 Ingenstau/Korbion/Müller-Wrede, § 126 GWB, Rn. 2.

20 VgV i.d.F. der Bekanntmachung v. 12.04.2016, BGBl. I 2016, 624.

21 SektVO v. 23.09.2009 (BGBl. I S. 3110), die zuletzt durch Artikel 2 des Gesetzes v. 07.12.2011 (BGBl. I S. 2570) geändert worden ist.

22 VSVgV v. 12.07.2012 (BGBl. I S. 1509).

23 BGH, 27.11.2007, X ZR 18/07, VergabeR 2008, 219.

24 Scharen in: Willenbruch/Wieddekind, § 126 GWB Rn. 7.

25 Schnorbus BauR 1999, 77 (95); ähnlich: Boesen, § 126 GWB, Rn. 12.

26 Immenga/Mestmäcker/Stockmann, § 126 GWB, Rn. 7.

27 BGH, 05.02.1980, VI ZR 169/79, NJW 1980, 1792; VK Sachsen, 13.02.2002, 1 SVK 002–02; Ingenstau/Korbion/Müller-Wrede, § 126 GWB, Rn. 2; Byok/Jaeger/Franßen § 126 GWB, Rn. 16; Erdl, Rn. 690; Motzke/Pietzcker/Prieß/Marx, § 126 GWB, Rn. 3; Reidt/Stickler/Glahs/Glahs, § 126 GWB, Rn. 16.

genannten Grundsätze zu beachten sei.[28] Es werden aber auch Formulierungen gebraucht wie: »Nur wenn die Regel, gegen die verstoßen wird, zum Schutze der berechtigten Interessen eines solchen Unternehmens an einem Auftrag besteht, ist der Tatbestand des § 181 erfüllt«,[29] oder: »Bieterschützend sind diejenigen Vorschriften, die – zumindest neben anderen Regelungszwecken – auch dem Gebot der Fairness, der Transparenz und der Gleichbehandlung dienen und nicht allein haushaltsrechtliche, ordnungsrechtliche oder gesamtwirtschaftliche Intentionen verfolgen«.[30]

10   Die Rechtsprechung hat sich mit dieser Thematik bislang regelmäßig nur punktuell befasst und einzelne Vorschriften des Vergaberechts (regelmäßig im Zusammenhang mit § 97 Abs. 6 oder § 823 Abs. 2 BGB) als unternehmensschützend angesehen. Die Vorschriften der VOB/A sind als Schutzgesetz i.S.d. § 823 Abs. 2 BGB und damit unternehmensschützend angesehen worden, weil sie – freilich nur oberhalb der Schwellenwerte – über die Inbezugnahme durch die Vergabeverordnung dieselbe **Rechtsnormqualität** erhalten hätten, wie die Verordnung selbst und den Zweck hätten, den Bieter vor der Willkür des öffentlichen Auftraggebers zu schützen.[31]

11   § 181 Satz 1 spricht von einer den Schutz von Unternehmern »bezweckende« Vorschrift. Ausgangspunkt der Überlegung, welche Vorschriften hiervon erfasst werden, muss also die Beantwortung der Frage sein, welchen **konkreten Zweck** eine bestimmte Vorschrift erfüllen soll.[32] Die sogenannte »Schutznormtheorie«[33] dient dazu, den Zweck einer Vorschrift zu ermitteln. Es wird danach gefragt, ob die betreffende Norm zumindest »auch« den Schutz eines Dritten bezweckt, um sie als Schutznorm zu erfassen. Ein Rückgriff auf die **Schutznormtheorie** wird für § 181 GWB aber überwiegend abgelehnt, weil Hintergrund für die Entwicklung der Schutznormtheorie, nämlich die Notwendigkeit, eine Popularklage auszuschließen, im Vergabeverfahren nicht gegeben sei.[34] Letzteres ist zwar richtig, diese Auffassung übersieht jedoch, dass auch in den Fällen, in denen eine Popularklage durch die Notwendigkeit der Verletzung einer drittschützenden Norm ausgeschlossen wird, letztlich der Anwendungsbereich einer sonst gegebenen Rechtsschutzmöglichkeit und damit der Anwendungsbereich einer Norm eingeschränkt wird und werden soll. Genau eine solche Einschränkung des Anwendungsbereiches einer Norm, hier § 181 Satz 1, soll durch das Merkmal »eine den Schutz von Unternehmen bezweckende« erreicht werden. Der Grund, warum diese Einschränkung notwendig ist, ist dabei weniger von Belang, sodass die Technik der Reduzierung, nämlich nur Verstöße gegen drittschützende Vorschriften als relevant anzusehen, durchaus auch in den hier gegebenen Fällen anwendbar ist. Zu fragen ist in diesem Zusammenhang also, ob die durch den Auftraggeber verletzte Vorschrift zumindest auch den Zweck hatte, Unternehmen zu schützen.[35] Zumindest eine von ggf. mehreren Zielrichtungen der Regelung muss deshalb den Schutz des Unternehmens im Blick gehabt haben. Richtigerweise sind als »Unternehmen« solche im kartellrechtlichen Sinne zu verstehen.[36]

12   Ordnungsvorschriften sind nicht unternehmensschützend, denn sie verfolgen ausschließlich Ordnungszwecke. Bei den anderen Regeln des Vergaberechts ist fast immer davon auszugehen, dass sie **auch** den Unternehmensinteressen zu dienen bestimmt sind und dienen sollen.[37] Dies lässt sich daraus ableiten, dass die Vorschriften des Vergaberechts den Bieter vor der Willkür des Auftraggebers schützen sollen. Die Einhaltung des Vergabeverfahrens dient dem fairen, transparenten und

---

28 Ingenstau/Korbion/Müller-Wrede, § 126 GWB, Rn. 2; Jebens DB 1999, 1741 (1743); wohl auch: Boesen, § 97, Rn. 197.
29 Motzke/Pietzcker/Prieß/Marx, § 126 GWB Rn. 3.
30 Byok/Jaeger/Franßen, § 126 GWB, Rn. 16.
31 Schleswig-Holsteinisches OLG BauR 2000, 1046 (1048); OLG Düsseldorf BauR 1999, 241 (246).
32 BGH, 27.11.2007, X ZR 18/07, VergabeR 2008, 219.
33 BVerfG, 17.12.1996, IV ZB 464/64, BVerfGE 27, 297 (307).
34 Ingenstau/Korbion/Müller-Wrede, § 126 GWB, Rn. 2.
35 So auch: Scharen in: Willenbruch/Wieddekind, § 126 GWB Rn. 8.
36 Motzke/Pietzcker/Prieß/Marx, § 126 GWB, Rn. 3.
37 Motzke/Pietzcker/Prieß/Marx, § 126 GWB, Rn. 3.

gleichbehandelnden Wettbewerb und damit zugleich jedem Unternehmen, welches sich an der konkreten Ausschreibung beteiligt.

2. Echte Chance auf den Zuschlag

Der Begriff der **echten Chance** auf Zuschlagserteilung wurde aus der Bestimmung des Art. 2 Abs. 7   **13** der Rechtsmittelsektorenrichtlinie (92/13/EWG) übernommen, in der es heißt, dass die schaden-ersatzfordernde Person lediglich nachzuweisen hat, dass ein Verstoß gegen die Gemeinschaftsvor-schriften für die Auftragsvergabe oder gegen einzelstaatliche Vorschriften zur Umsetzung dieser Vorschriften vorliegt und dass Sie eine echte Chance gehabt hätte, den Zuschlag zu erhalten, die aber durch den Rechtsverstoß beeinträchtigt wurde. Die Richtlinie ist also als reine **Nachweisregel** formuliert. Anders dagegen die Vorschrift des § 181 GWB: Sie ist als **Anspruchsgrundlage** aus-gestaltet. Anstelle des Begriffs der »echten Chance« sollte in der entsprechenden Stelle des Regie-rungsentwurfes zu § 126 GWB (a.F.) zunächst darauf abgestellt werden, dass der Anspruchsteller bei der Wertung der Angebote in die »engere Wahl« gekommen wäre.[38] Der Bundesrat hatte diese ursprüngliche Fassung aber als zu weitgehend abgelehnt, sodass dann im Anschluss der Begriff aus der Rechtsmittelsektorenrichtlinie ohne weiteres übernommen wurde.[39]

Wie der Begriff der »echten Chance« auszufüllen und zu begreifen ist, wird in der Literatur unter-   **14** schiedlich beantwortet. Dabei wird der Anwendungsbereich der Norm über dieses Tatbestands-merkmal zum Teil sehr weit ausgelegt und angenommen, bereits jedes formal zutreffende und daher nicht ausschließbare Angebot falle hierunter.[40] Dagegen spricht jedoch schon, dass die Formulie-rung »engere Wahl« als zu weitgehend abgelehnt und statt dessen der in der Richtlinie verwen-dete Begriff der »echten Chance« übernommen wurde, denn nicht jedes formal zutreffende und nicht ausschließbare Angebot kommt in die engere Wahl. Nach wohl überwiegender und insoweit herrschender Auffassung wird dieses Tatbestandsmerkmal daher richtigerweise sehr eingeschränkt. Hiernach liegt eine echte Chance erst dann vor, wenn das Angebot von der Vergabestelle innerhalb ihres Beurteilungs- und Ermessensspielraumes hätte bezuschlagt werden können, ohne dass dies ermessensfehlerhaft gewesen wäre.[41] Dazwischen finden sich vermittelnde Auffassungen, die z.B. ausreichen lassen wollen, wenn ein Angebot in die engere Wahl gekommen ist.[42]

Eine grundsätzliche Chance auf die Erteilung des Auftrages hat richtigerweise nur ein Angebot, dass   **15** zunächst sämtliche formalen Voraussetzungen erfüllt und somit nicht ausgeschlossen werden muss. Es muss also mit der neueren Rechtsprechung des BGH insbesondere auch alle geforderten oder zulässig nachgeforderten Angaben und Preise enthalten.[43] Erst dann kommt es nämlich in die letzte der vier Wertungsstufen, innerhalb derer zu entscheiden ist, ob es auch das wirtschaftlichste Ange-bot ist, das den Zuschlag erhalten soll. Eine »echte« Chance ist aber ersichtlich mehr, als nur eine generelle oder grundsätzliche Chance. Um von einer echten Chance sprechen zu können, muss der Bieter mit seinem Angebot so eng bei den anderen Angeboten liegen, dass die Bezuschlagung gerade seines Angebotes im Vergleich zu den übrigen Angeboten, gemessen an den Zuschlagskriterien des Auftraggebers, auch **konkret in Betracht** kam. Hierzu ist es notwendig, aber nicht ausreichend, wenn der Bieter mit seinem Angebot die vierte Wertungsstufe erreicht hat, denn hier können ohne Weiteres noch Angebote enthalten sein, die bei Prüfung der Zuschlagskriterien nicht den Hauch einer Chance im Vergleich zu den anderen verbliebenen Angeboten hätten. Zu sehr wäre das Tat-

---

38 BT-Drucks. 13/9340, S. 9.
39 BT-Drucks. 13/9340, S. 44.
40 Ipsen/Prieß, S. 81 (91).
41 Schnorbus Baur 1999, 77 (93); Boesen, § 126 GWB, Rn. 24; Immenga/Mestmäcker/Stockmann, § 126 GWB Rn. 14; Byok/Jaeger/Franßen, § 126 GWB, Rn. 19; Ingenstau/Korbion/Müller-Wrede, § 126 GWB, Rn. 4; Jebens DB 1999, 1741 (1744); Scharen in: Willenbruch/Wieddekind, § 126 GWB Rn. 18.
42 Reidt/Stickler/Glahs/Glahs, 2. Auflage, § 126 GWB Rn. 24; Motzke/Pietzcker/Prieß/Marx, § 126 GWB, Rn. 5; Erdl, Rn. 687; Horn NZBau 2000, 63.
43 Zuletzt: BGH, 07.06.2005, X ZR 19/02; BGH, 24.05.2005, X ZR 243/02, m.w.N.

bestandsmerkmal der echten Chance aber eingeschränkt, wenn allein bei dem wirtschaftlichsten Angebot von einer echten Chance gesprochen würde, denn dies käme dem Nachweis der fast sicheren Zuschlagserteilung gleich, was gerade im Rahmen des § 181 nicht gewollt war.

16 Das Angebot muss also vielmehr zu der Spitzengruppe der Angebote gehören. Wie aber definiert man rechtssicher, wann ein Angebot zur Spitzengruppe gehört, ohne willkürlich eine Grenze festzulegen?[44] Zum Beispiel die Festlegung auf die ersten drei Angebote erscheint willkürlich und wäre auch nicht sachgerecht, wenn beispielsweise nur zwei Angebote bei Auswertung der Zuschlagskriterien nahe beieinanderliegen, ein drittes Angebot aber einen viel zu hohen Preis beinhaltet und deshalb niemals ernsthaft für die Bezuschlagung in Betracht gekommen wäre. Richtig ist, also nur dann von einer echten Chance zu sprechen, wenn das Angebot des Antragstellers **ermessensfehlerfrei hätte bezuschlagt werden können**,[45] denn auf diese Weise werden unabhängig vom Einzelfall und damit abstrakt immer nur diejenigen Angebote und Bieter erfasst, die der Auftraggeber ohne Vergabefehler im konkreten Vergabeverfahren auswählen konnte. Bei dieser Beurteilung kommt es auf die ex ante Sicht des Auftraggebers im Zeitpunkt der Zuschlagserteilung an.[46]

17 Die Rechtsprechung hatte sich vor der Grundsatzentscheidung des BGH[47] mit diesem Tatbestandsmerkmal nur selten auseinandergesetzt. Zum Teil wurde das Merkmal negativ abgegrenzt und ausgeführt, eine echte Chance auf Erteilung des Zuschlags bestehe jedenfalls nicht, wenn kein Bieter eines rechtswidrigen Vergabeverfahrens tatsächlich einen rechtmäßigen Zuschlag hätte erhalten können, weil das Vergabeverfahren aufgehoben werden müsse.[48] Zum Teil wurde positiv formuliert, eine echte Chance sei erst gegeben, wenn der Anspruchsteller »zu der **engeren Spitzengruppe** der Bieter« gehöre und die Erteilung des Zuschlags innerhalb des Bewertungsspielraums des Auftraggebers liege.[49] Der BGH hat sodann zutreffend entschieden, dass eine echte Chance auf den Zuschlag nur dann zu bejahen sei, wenn eine besonders qualifizierte Aussicht auf die Zuschlagserteilung bestehe. Dies sei der Fall, wenn das Angebot nach dem dem Auftraggeber zustehenden Wertungsspielraum den Zuschlag hätte erhalten können.[50]

18 Diese Ermessensfehlerfreie Bezuschlagung ist, wenn beispielsweise nur der Preis das Zuschlagskriterium darstellt, nur auf das Angebot mit dem niedrigsten Preis möglich, denn hier gibt es keinen Beurteilungsspielraum. Ein Beurteilungsspielraum ist jedoch umso größer, desto mehr Zuschlagskriterien vorhanden sind und desto weniger konkrete Vorgaben der Auftraggeber bezüglich der Gewichtung einzelner Kriterien gemacht hat. Auftraggeber, die im Rahmen der Bekanntmachung oder in den Verdingungsunterlagen also vergaberechtswidrig[51] keine Gewichtung der Zuschlagskriterien oder gar eine Bewertungsmatrix vorgeben und die zahlreiche Zuschlagskriterien zur Anwendung kommen lassen wollen, riskieren also **mehrfach** auf Schadensersatz in Anspruch genommen werden zu können. Daraus folgt zugleich, dass im Einzelfall durchaus auch mehrere Unternehmen schadensersatzberechtigt sein können, auch wenn tatsächlich nur ein einziger Bieter den Zuschlag erhalten kann. Es können also Bieter in den Genuss der Rückerstattung ihrer Angebotsausarbeitungskosten kommen, deren Kosten sich auch bei völlig ordnungsgemäßem Verfahren nie amortisiert hätten. Dies ist hinzunehmen, denn der schadensersatzverpflichtete Auftraggeber hat es ein Stück weit selbst in der Hand, durch die konkrete und transparente Ausgestaltung seiner Zuschlagskriterien seinen eigenen Ermessensspielraum bei der Wertung der Angebote einzuschränken.

---

44 Vgl. schon: Niebuhr/Eschenbruch, Jahrbuch Baurecht 1998, 192 (226).
45 Dem hat sich der BGH ausdrücklich angeschlossen: BGH, 27.11.2007, X ZR 18/07, VergabeR 2008, 219, Rn. 27.
46 OLG Naumburg, 29.04.2003, 1 U 119/02; NJOZ 2004, 1366 (1370).
47 BGH, 27.11.2007, X ZR 18/07; VergabeR 2008, 219.
48 OLG Dresden, 10.02.2004, 20 U 1697/03.
49 KG, 14.08.2003, 27 U 264/02, NZBau 2004, 167.
50 BGH, 27.11.2007, X ZR 18/07; VergabeR 2008, 219.
51 OLG Düsseldorf, 21.05.2008, Verg 19/08.

Das Vorliegen einer echten Chance auf den Zuschlag lässt sich nur dann feststellen, wenn eine **Ver-** 19 **gleichbarkeit der Angebote** gegeben ist. Die Frage, ob die Erteilung des Zuschlags an den Schaden-ersatz begehrenden Bieter innerhalb des dem Auftraggeber zustehenden Wertungsspielraums gele-gen hätte, ist nämlich eine Frage des Einzelfalls und lässt sich nur unter Berücksichtigung der für die konkrete Auftragserteilung vorgesehenen Wertungskriterien und deren Gewichtung beantworten.[52] Leidet das Ausschreibungsverfahren an einem so gravierenden Fehler, dass eine Vergleichbarkeit der eingegangenen Angebote nicht möglich ist, beispielsweise bei einer unzureichenden Beschreibung von Art und Umfang der begehrten Leistung, scheiden Schadensersatzansprüche nach § 181 S. 1 folglich aus.[53] Gleiches gilt, wenn der Auftraggeber es unterlassen hat, überhaupt ein Vergabever-fahren durchzuführen.[54]

3. Beeinträchtigung der Chance durch den Verstoß

Durch den Verstoß gegen eine den Schutz des Unternehmens bezweckende Norm muss die echte 20 Chance des Anspruchstellers beeinträchtigt worden sein. Im Sinne einer **conditio sine qua non** muss also gerade der Verstoß des Auftraggebers gegen die Norm die Chance des Anspruchstellers in ihrer konkreten Ausgestaltung nachteilig verändert haben. Das Verhalten des Auftraggebers darf nicht hinweggedacht werden können, ohne dass die Beeinträchtigung entfiele.[55]

Es bedarf zu der Feststellung, ob die notwendige Kausalität zwischen dem Verstoß gegen eine 21 Schutznorm und der beeinträchtigten Zuschlagschance gegeben ist, also zunächst einer hypothe-tischen Ermittlung des Handlungsverlaufes, der sich ohne den Verstoß ergeben hätte.[56] Würde die Beeinträchtigung bei diesem hypothetischen Verlauf entfallen, war der Verstoß gegen Vergabevor-schriften kausal, anderenfalls nicht. So ist ein Verstoß gegen § 12 EG VOB/A z.B. nicht kausal für die Beeinträchtigung einer Zuschlagschance, wenn der betreffende Bieter trotz Verstoßes gegen diese Publizitätsvorschrift von der Ausschreibung Kenntnis erhalten und sich hieran beteiligt hat.[57]

Ungewöhnlich in dieser Konstellation des § 181 GWB ist, dass wegen des Merkmals »echte Chance« 22 gerade auch solche Unternehmen Anspruch auf Schadenersatz haben können, die den Zuschlag auch bei rechtmäßigem Verhalten des Auftraggebers nicht bekommen hätten. Insbesondere Unter-nehmen, die innerhalb des Ermessens- und Beurteilungsspielraums des Auftraggebers den Auftrag hätten bekommen können aber nicht hätten zwingend bekommen müssen, weil auch ein ande-res Unternehmen ermessensfehlerfrei bezuschlagt werden konnte, sind bei Vorliegen der übrigen Tatbestandsvoraussetzungen schadenersatzberechtigt. Auf die Zuschlagserteilung selbst kommt es nicht an. Die **Kausalität entfällt also** nicht zwingend, wenn das Anspruch stellende Unternehmen aus anderen Gründen rechtmäßig den Zuschlag nicht erhalten hätte.[58] Freilich ist das Merkmal echte Chance jedenfalls dann zu verneinen, wenn in Bezug auf das Angebot ein **zwingender Aus-schlussgrund** vorlag und es deshalb rechtmäßig den Zuschlag nicht erhalten durfte.

Beeinträchtigt ist die Chance, wenn sich die Position des Unternehmens gegenüber der ursprüng- 23 lichen Ausgangslage durch den Verstoß verschlechtert hat. *Jebens* sieht eine Beeinträchtigung schon dann als gegeben an, wenn die Ergebnisrelevanz des Verstoßes nicht ganz fernliegt und das Gleich-gewicht zwischen den Bietern für den Auftraggeber entscheidungspsychologisch verändert worden ist.[59] Dies ist zu weitgehend, denn das Merkmal der Beeinträchtigung setzt zwingend eine tatsäch-liche Verschlechterung der ursprünglichen Situation voraus. Für eine Beeinträchtigung reicht nicht

---

52 So auch: BGH 27.11.2007, X ZR 18/07; VergabeR 2008, 219.
53 KG, 14.08.2003, 27 U 264/02, NZBau 2004, 167 (168).
54 KG, 27.11.2003, 2 U 174/02, VergabeR 2004, 490.
55 Allgemeine Ansicht nach der Äquivalenztheorie; BGHZ 96,157; BGH 04.07.1994, II ZR 162/93, NJW 1995, 127.
56 BGH 27.11.2007, X ZR 18/07, VergabeR 2008, 219.
57 BGH 27.11.2007, X ZR 18/07, VergabeR 2008, 219.
58 So aber: Byok/Jaeger/Gronstedt, 2. Auflage, § 126 GWB Rn. 1297.
59 Jebens DB 1999, 1741 (1742).

aus, dass eine Verschlechterung der Lage (nur) nicht ganz fernliegt, also möglich ist. Die Situation muss sich also tatsächlich durch den Verstoß schon verändert haben.

24   Die **Beweislast** für die kausale Beeinträchtigung der Chance trägt das Anspruch stellende Unternehmen.[60] Auch wenn die beweis- und kausalitätserleichternde Funktion der Vorschrift oft hervorgehoben wird, wiegt diese Last sehr schwer. Es wird nur in Einzelfällen der Nachweis gelingen, dass eine zuvor gegebene echte Chance vorgelegen hat und durch den Verstoß beeinträchtigt worden ist. Das **Prozessrisiko** aufseiten des schadenersatzbegehrenden Anspruchstellers ist also aus tatsächlichen Gründen regelmäßig hoch.

4. Verschulden

25   Nach dem Wortlaut der Vorschrift ist ein **Verschulden** des Auftraggebers **nicht erforderlich**. Deshalb wird überwiegend auch zu Recht angenommen, dass der Schadensersatzanspruch ein Verschulden nicht voraussetzt.[61]

26   Die Gegenmeinung[62] argumentiert damit, Schadensersatzansprüche ohne Verschulden zuzusprechen sei dem deutschen Rechtssystem fremd.[63] Die Tatsache, dass ein Verschulden im Tatbestand nicht ausdrücklich gefordert werde, sei ein Redaktionsversehen des Gesetzgebers. Für ein Redaktionsversehen könnte der Gang des Gesetzgebungsverfahrens dieser Norm sprechen. So war der Regierungsentwurf[64] noch mit »Nachweis bei Schadensersatzverlangen« überschrieben. Im Rechtsausschuss ist die Norm dann als eigenständige Anspruchsgrundlage gesehen worden.[65] Die Überschrift wurde insoweit geändert. Eine Berücksichtigung der notwendigen dogmatischen Folgeänderungen, insbesondere die Aufnahme eines Verschuldenserfordernisses, erfolgte jedoch nicht.[66]

27   Auch im deutschen Recht gibt es aber die Ausgestaltung von Schadensersatzansprüchen, die unabhängig von einem Verschulden gewährt werden.[67] Eines besonderen Hinweises auf die Tatsache, dass ein Anspruch ohne Verschulden gewährt wird, bedarf es dabei nicht. Vielmehr hätte der Gesetzgeber, wenn er ein Verschuldenserfordernis zur Voraussetzung hätte haben wollen, dieses benennen müssen. Er hätte es auch ohne weiteres ergänzen können. Es mag in diesem Zusammenhang sein, dass der Gesetzgeber ausgehend von der Formulierung und Ausgestaltung in der Sektorenrechtsmittelrichtlinie von der ursprünglichen Ausgestaltung als Kausalitätsregel umgeschwenkt ist auf eine eigenständige Anspruchsgrundlage und er dabei einfach »vergessen« hat das Schulderfordernis ausdrücklich einzufügen. Das ist jedoch hinzunehmen. Es können nicht Tatbestandsmerkmale hinzugedacht werden, die weder einen Niederschlag im Wortlaut der Vorschrift noch in den Materialien gefunden haben. Es ist nirgends ersichtlich, dass der Gesetzgeber den Anspruch nur bei Verschulden gewähren wollte. Im Gegenteil: Das Vergaberecht hat bedingt durch die europäischen Vorgaben seit 1999 einen sehr hohen Stellenwert. Es soll von den Auftraggebern oberhalb der Schwellenwerte ohne Wenn und Aber umgesetzt und auch beachtet werden. Der öffentliche Auftraggeber hat durch geeignete Maßnahmen sicher zu stellen, dass ihm oder seinen Bediensteten bei der Anwendung keine Fehler unterlaufen. Hätte der Gesetzgeber vor diesem Hintergrund den Anspruch zusätzlich von einem Verschulden abhängig machen wollen, um dem Auftraggeber

---

60 Immenga/Mestmäcker/Stockmann, § 126 GWB Rn. 17.

61 Boesen, § 126 GWB Rn. 6 und 13; Heiermann/Riedl/Rusam/Kullack, § 126 GWB Rn. 3; Motzke/Pietzcker/Prieß/Marx, § 126 GWB Rn. 2; Ingenstau/Korbion/Müller-Wrede, § 126 GWB Rn. 3; offen gelassen: Reidt/Stickler/Glahs/Glahs, § 126 GWB Rn. 32; jetzt auch: BGH, 27.11.2007, X ZR 18/07, VergabeR 2008, 219.

62 Jebens DB 1999, 1741 (1743); Byok/Jaeger/Gronstedt, 2. Auflage, § 126 Rn. 1301; Immenga/Mestmäcker/Stockmann, § 126 GWB Rn. 10; Korbion, § 126 GWB, Rn. 2.

63 Byok/Jaeger/Gronstedt, 2. Auflage, § 126 Rn. 1301.

64 BR-Drucks. 646/96, S. 48.

65 BR-Drucks. 646/2/97, S. 34 ff.

66 Jebens DB 1999, 1741 (1743); Immenga/Mestmäcker/Stockmann, § 126 GWB Rn. 10.

67 Z.B. §§ 833, 701, 231 BGB; § 7 Abs. 1 StVG; § 1, 2 HPflG.

die Möglichkeit der Exkulpation zu verschaffen, so hätte dies ausdrücklichen Niederschlag in der Norm finden müssen. Da dies aber nicht erfolgt ist, **bedarf es keines Verschuldens.**[68]

Der bislang vertretenen Gegenmeinung dürfte jedenfalls mit der Entscheidung des EuGH 28 v. 30.09.2010 der Boden entzogen sein. Darin hat der EuGH festgestellt, dass die Richtlinie 89/665 zur Koordinierung der Rechts- und Verwaltungsvorschriften für die Anwendung der Nachprüfungsverfahren im Rahmen der Vergabe öffentlicher Liefer- und Bauaufträge in der durch die Richtlinie 92/50 geänderten Fassung dahin auszulegen sei, dass sie einer nationalen Regelung, die den Schadensersatzanspruch wegen Verstoßes eines öffentlichen Auftraggebers gegen Vergaberecht von der Schuldhaftigkeit des Verstoßes abhängig mache, auch dann entgegenstehe, wenn bei der Anwendung dieser Regelung ein Verschulden des öffentlichen Auftraggebers vermutet werde und er sich nicht auf das Fehlen individueller Fähigkeiten und damit auf mangelnde subjektive Vorwerfbarkeit des behaupteten Verstoßes berufen könne.[69] Europarechtskonform ist § 181 Abs. 1 GWB damit also aus Sicht des EuGH nur, wenn der Schadenersatzanspruch verschuldensunabhängig gewährt wird.[70]

5. Teilnahme am Vergabeverfahren?

Zum Teil wird eine **Teilnahme am Vergabeverfahren** für notwendig erachtet, denn nur so könnten 29 Kosten für die Teilnahme am Verfahren oder der Vorbereitung des Angebots entstanden sein.[71] Dem ist zu widersprechen. Zunächst können Kosten für die Vorbereitung des Angebots schon vor der nach außen erkennbar werdenden Teilnahme des Bieters am Verfahren entstehen, wenn z.B. das Angebot im Rahmen eines offenen Verfahrens weitestgehend erstellt, dann aber wegen eines Fehlers in den Verdingungsunterlagen doch nicht abgegeben wird.[72] Auch darf nicht ein Umstand auf der Rechtsfolgenseite dazu herangezogen werden, Tatbestandsmerkmale in die Vorschrift zu implementieren. Ferner wären bei Notwendigkeit dieses Tatbestandsmerkmals gerade die Sachverhalte nicht zu erfassen, in denen sich der Auftraggeber in besonderem Maße gesetzeswidrig verhält, weil er bestimmten Unternehmen schon nicht die Möglichkeit gibt, am Vergabeverfahren teilzunehmen.[73] Ein ungeschriebenes Tatbestandsmerkmal, wonach die Teilnahme am Vergabeverfahren Voraussetzung für die Zuerkennung eines Anspruchs nach § 181 GWB sein soll, ist daher abzulehnen. Freilich dürfte der Nachweis, durch den Vergaberechtsverstoß sei eine echte Chance auf den Zuschlag beeinträchtigt worden, ohne das Vorliegen eines Angebotes kaum jemals geführt werden können, sodass der Anspruch in derartigen Konstellationen regelmäßig an dem Merkmal der Beeinträchtigung einer echten Chance auf den Zuschlag scheitern dürfte.

6. Rechtmäßiges Alternativverhalten

Auch im Rahmen des § 181 GWB kann sich der Auftraggeber auf ein rechtmäßiges Alternativverhalten berufen.[74] Kann der Auftraggeber also vortragen und, da er insoweit nachweispflichtig ist,[75] auch nachweisen, dass das Anspruch stellende Unternehmen auch ohne den Vergaberechtsverstoß keine echte Chance auf den Zuschlag gehabt hätte, so haftet der Auftraggeber nicht auf Schadensersatz. Es entfällt dann das Merkmal »echte Chance« oder zumindest die Kausalität zwischen dem

---

68 BGH, 27.11.2007, X ZR 18/07, VergabeR 2008, 219.
69 EuGH 30.09.2010, C-314/09, NZBau 2010, 773, Rn. 45.
70 Meyer-Hofmann IBR 2010, 641.
71 Boesen, § 126 GWB, Rn. 9.
72 Motzke/Pietzcker/Prieß/Marx, § 126 GWB, Rn. 4.
73 Ingenstau/Korbion/Müller-Wrede, § 126 GWB Rn. 4.
74 BGH, 27.11.2007, X ZR 18/07, VergabeR 2008, m 219; OLG Düsseldorf, 30.01.2003, 5 U 13/02, NZBau 2004, 459 (461); Immenga/Mestmäcker/Stockmann, § 126 GWB, Rn. 20; Byok/Jaeger/Franßen, § 126 GWB Rn. 29; Heiermann/Riedl/Rusam/Kullack, § 126 GWB Rn. 4; a.A. aber: Jebens, DB 1999, 1741 (1744).
75 BGH, 25.11.1992, BGHZ 120, 281 (287); Heiermann/Riedl/Rusam/Kullack, § 126 GWB Rn. 4; Schnorbus, BauR 1999, 77 (101); Immenga/Mestmäcker/Stockmann, § 126 GWB, Rn. 20.

Verstoß gegen die den Schutz des Unternehmens bezweckende Vorschrift und der Beeinträchtigung der Chance.

31   Als ein solches **rechtmäßiges Alternativverhalten** kommt beispielsweise die Möglichkeit der rechtmäßigen Aufhebung des Vergabeverfahrens in Betracht.[76] Auch kann die Forderung nach bestimmten Eignungskriterien rechtmäßiges Alternativverhalten darstellen[77] oder auch die nachträglich eingetretene Möglichkeit das Angebotsausschlusses.[78] Als rechtmäßiges Alternativverhalten kommen grundsätzlich alle in dem konkreten Vergabeverfahren denkbaren **Handlungsalternativen** in Betracht, von denen der Auftraggeber rechtmäßiger Weise hätte Gebrauch machen können und die zur Folge gehabt hätten, dass eine ansonsten gegebene echte Chance des Bieters auf den Zuschlag beeinträchtigt worden wäre.

32   Nach zutreffender Auffassung ist die Berufung auf ein rechtmäßiges Alternativverhalten aber nur beachtlich, wenn der Schädiger bei pflichtgemäßem Verhalten denselben Erfolg auch **tatsächlich herbeigeführt** hätte. Dass er ihn lediglich hätte herbeiführen können, reicht hiernach regelmäßig nicht aus.[79] Überall dort, wo der in Anspruch genommene Auftraggeber sich also während des Vergabeverfahrens bereits mit einer konkreten Handlungsalternative auseinandergesetzt und sich unter denkbaren Varianten für eine konkrete Handlungsweise entschieden hatte, wird er in der Regel nicht mehr darlegen können, er hätte sich tatsächlich für eine andere Variante entschieden. Eine solche Darlegung wird nur dann nachvollziehbar sein, wenn gerade die nachträgliche Kenntnis um den begangenen Vergabeverstoß die andere Handlungsvariante bedingt oder ein Handeln nach ihr zumindest wahrscheinlicher gemacht hätte. Hatte der Auftraggeber sich also beispielsweise im Rahmen der Wertung nach Prüfung bereits dazu entschieden, einen Bieter als geeignet zu betrachten, kann er nicht mehr einwenden, er hätte in Kenntnis des Vergabeverstoßes diese Wertung anders vollzogen und diesen Bieter (nun doch) als ungeeignet beurteilt. Ohne hinzutretende weitere sachliche Argumente für eine solch abgewandelte Entscheidung muss angenommen werden, dass der Auftraggeber diese andere Handlungsvariante nur zu dem Zweck der Vermeidung einer Schadenersatzverpflichtung heranziehen möchte. Dies aber ist nicht zulässig.

7. Mitverschulden ohne vorheriges Nachprüfungsverfahren?

33   Zum Teil wird angenommen, es komme ein **Mitverschulden** des Bieters in Betracht, welches er sich im Sinne des § 254 BGB anrechnen lassen müsse, wenn er es schuldhaft unterlassen habe, im Wege des Primärrechtsschutzes die Rechtsverletzung zu beseitigen bzw. den drohenden Rechtsverstoß abzuwenden.[80] Begründet wird dies mit einer Analogie des Grundsatzes der Unzulässigkeit des »dulde und liquidiere« bei enteignungsgleichen Eingriffen.[81] Dies ist abzulehnen.[82] Schadensersatz nach § 181 Satz 1 GWB können, wie dargelegt, Bieter selbst dann geltend machen, wenn sie rechtmäßig keinen Zuschlag erhalten hätten, weil der Auftraggeber innerhalb seines Beurteilungsspielraums gerade dieses Angebot unberücksichtigt hätte lassen können. Um diesen Schadensersatz geltend zu machen, kann es dem Bieter aber nicht zugemutet werden, Kosten für ein im Prinzip aussichtsloses Nachprüfungsverfahren zu investieren. Dies widerspräche zudem dem Interesse des Gesetzgebers, die Zahl der Nachprüfungsverfahren möglichst gering zu halten. Ferner würde bei

---

76   BGH, 25.11.1992, VIII ZR 170/91, BauR 1993, 214; BGH, 26.10.1999, X ZR 30/98, NZBau 2000, 35; BGH, 12.06.2001, X ZR 150/99, VergabeR 2001, 293; OLG Düsseldorf, 31.01.2001, U 9/00; VergabeR 2001, 345.
77   OLG Düsseldorf, 31.01.2003, 5 U 13/02, NZBau 2003, 459.
78   OLG Düsseldorf, 08.03.2005, VII Verg 40/04.
79   BGH, 25.11.1992, VIII ZR 170/91, NJW 1993, 520 m.w.N.; OLG München, 18.05.2000, U (K) 5047/99, NZBau 2000, 590; Scharen in: Willenbruch/Wieddekind, § 126 GWB Rn. 24.
80   OLG Sachsen-Anhalt, 23.12.2014, 2 U 74/14, VergabeR 2015, 497, Rn. 33; Boesen, § 126 GWB, Rn. 29; Horn NZBau 2000, 63 (64); Byok/Jaeger/Gronstedt, 2. Auflage, § 126 GWB Rn. 1293; Reidt/Stickler/Glahs/Glahs, § 126 GWB, Rn. 36; Scharen in: Willenbruch/Wieddekind, § 126 GWB Rn. 25.
81   Horn NZBau 2000, 63 (64).
82   So auch: OLG Dresden, 10.02.2004, 20 U 1697/03, IBR 2004, 219.

diesem Erfordernis die Norm des § 179 Abs. 1 GWB praktisch leer laufen und der Anwendungsbereich sich nur noch auf positive Fortsetzungsfeststellungsentscheidungen der Nachprüfungsorgane reduzieren,[83] weil ein Bieter, der erfolgreich die Fortsetzung eines Vergabeverfahrens in seinem Rechtssinne erreichen konnte keine Beeinträchtigung seiner echten Chance zu beklagen hätte[84] und ein unterlegener Bieter im Nachprüfungsverfahren regelmäßig keinen Fehler der Vergabestelle darlegen könnte.

Es ist jedoch sachgerecht, auch bei dem hier gegebenen verschuldensunabhängigen Schadenser- 34 satzanspruch grundsätzlich ein Mitverschulden des Schadensersatzanspruchstellers anspruchsmindernd zu berücksichtigen. Wer nämlich die Entstehung des Schadens zu Teil selbst verursacht oder begünstigt hat, ist nicht in vollem Umfang schutzwürdig. Dies gilt selbstverständlich auch dann, wenn die andere Partei verschuldensunabhängig haftet,[85] denn dieser Umstand der verschuldensunabhängigen Haftung des Anspruchsverpflichteten soll dem Anspruchsteller nur die Geltendmachung seines Anspruchs erleichtern. Eine Befreiung von eigenem Verschulden ist damit aber regelmäßig nicht verbunden.

Ob anspruchsminderndes Mitverschulden vorliegt, ist anhand der Umstände des Einzelfalles zu 35 würdigen und kann nicht abstrakt beantwortet werden. Dem Anspruchsteller wird aber zuzumuten sein, erkannte Vergabeverstöße zu rügen. Damit führt er dem Auftraggeber sein vergaberechtswidriges Verhalten vor Augen und kann, wenn der Vergabeverstoß nicht irreparabel ist, noch eine Korrektur erreichen, die eine Entstehung des Schadens von vornherein abwenden kann. In diesem Zusammenhang weist das OLG Sachsen-Anhalt zu Recht darauf hin, dass Maßstab für die Beurteilung eines etwaigen Mitverschuldens nicht die Vorschriften des § 160 Abs. 3 GWB (früher § 107 Abs. 3 GWB) sind[86]. Auch ein im Sinne des § 160 Abs. 3 GWB verspätetes Rügevorbringen ist nämlich geeignet, dem Auftraggeber dessen vergaberechtliches Fehlverhalten vor Augen zu führen und ihn zum Umdenken zu bewegen. **Rügt der spätere Anspruchsteller nicht, fällt ihm ein Mitverschulden zur Last**, es sei denn er kann nachweisen, dass eine Rüge den Auftraggeber ohnehin nicht zu einem Umdenken bewegt hätte.[87] Letzteres wird nur dann der Fall sein, wenn beispielsweise bereits ein anderer Bieter denselben Verstoß erfolglos gerügt hat. Das Mitverschulden bei unterlassener Rüge und reparablen Vergabefehlern dürfte in der Regel mit 50 % zu bemessen sein, weil regelmäßig offen sein dürfte, ob die Rüge den Auftraggeber tatsächlich zu einem anderen Verhalten bewegt hätte. Hat der Bieter einen Vergabeverstoß nicht erkannt, obwohl er ihn bei gewöhnlichem Lauf der Dinge hätte erkennen müssen, weil sich der Vergabefehler sofort aufdrängt so ist das Mitverschulden erheblich niedriger zu bemessen, denn der Vorwurf an den Bieter kann nur darin liegen, er habe das vergaberechtswidrige Verhalten nicht erkannt oder sich dieser Erkenntnis sogar verschlossen (und deshalb folgerichtig nicht gerügt). Liegt lediglich ein nicht erkannter, aber nur erkennbarer Vergabefehler vor, bei dem sich die Fehlerhaftigkeit nicht sofort aufdrängt, tritt ein etwaiges Mitverschulden des Bieters hinter dem Verschulden des Auftraggebers vollständig zurück.

---

83 OLG Dresden, 10.02.2004, 20 U 1697/03, IBR 2004,219.
84 So z.B. LG Leipzig, 24.01.2007, 06HK O 1866/06, 06 HKO 1866/06, 6 HKO 1866/06, VergabeR 2007, 417.
85 BGH, 04.04.1960, III ZR 91/59, BGHZ 32, 150; Palandt/Grüneberg, § 254 BGB Rn. 2.
86 OLG Sachsen-Anhalt, 23.12.2014, 2 U 74/14, VergabeR 2015, 497, Rn. 33.
87 A.A. aber Scharen in: Willenbruch/Wieddekind, § 126 GWB Rn. 25 unter Berufung auf OLG München, 19.10.2000, U (K) 1864/00. Danach soll eine unterlassene Rüge oder ein unterlassener Nachprüfungsantrag nur dann den Schadensersatzanspruch mindern oder ausschließen, wenn festgestellt werden kann, dass bei rechtzeitigem Vorgehen die Chance auf den Zuschlag erhalten geblieben wäre. Diese Auffassung verkennt jedoch, dass eine Rüge den Auftraggeber dazu veranlasst, sein Handeln noch einmal in vergaberechtlicher Sicht zu überprüfen und dass bei unterlassener Rüge diese Prüfung von vornherein unterbleibt. Damit wird die Entstehung des späteren Schadens durch die unterlassene Rüge in jedem Fall begünstigt. Dies rechtfertigt es, nun dem Bieter die Beweislast in o.a. Sinne aufzuerlegen.

III. Höhe des Schadensersatzes

36 Die Formulierung des § 181 Satz 1 GWB ist der deutschen Fassung des Art. 2 Abs. 7 der Sektorenrechtsmittelrichtlinie entnommen. Nach seiner Überschrift soll der Vertrauensschaden ersetzt werden. Bei Ersatz des **Vertrauensschadens** ist der Geschädigte so zu stellen, als hätte er nie von der Ausschreibung erfahren oder als hätte er sich nie um den Auftrag bemüht.[88] Im Wesentlichen sind ihm durch die Teilnahme am Verfahren oder der Vorbereitung des Angebotes Kosten entstanden. Auch die Teilnahme an Aufklärungsgesprächen oder Verhandlungsgesprächen verursacht regelmäßig Kosten. Hätte er also nie von dem Ausschreibungsverfahren erfahren, oder hätte er sich nie um den Auftrag bemüht, so wären ihm diese Kosten erspart geblieben. Positiv benannt sind in § 181 GWB daher die **Kosten für die Vorbereitung des Angebots** oder die **Kosten der Teilnahme** an einem Vergabeverfahren. Zu diesen Kosten gehören nach verbreiteter Ansicht alle dieser Aktivität zuzurechnenden direkten Personal- und Sachkosten, sowie die anteiligen Gemeinkosten.[89] Das OLG Sachsen-Anhalt hat in diesem Zusammenhang entschieden, dass Personalkosten für fest angestellte Mitarbeiter nicht zum erstattungsfähigen Schaden gehören, wenn nicht ausnahmsweise geltend gemacht werden kann, dass wegen der Beteiligung an der Ausschreibung andere Erwerbsmöglichkeiten nicht wahr genommen werden konnten[90]. Personalkosten seien dem Anspruchsteller für fest angestellte Mitarbeiter auch dann entstanden, wenn der Anspruchsteller nicht an der vorliegenden Ausschreibung teilgenommen hätte. Richtig ist an dieser Betrachtung, dass für jede Kostenposition, die dem Anspruchsteller im Zusammenhang mit der Beteiligung am Ausschreibungsverfahren entstanden ist, eine Kausalität zwischen der Pflichtverletzung und dem entstandenen Schaden festgestellt werden muss. Diese entfällt aber regelmäßig dann, wenn der Schaden unabhängig von der Pflichtverletzung in gleicher Weise entstanden wäre. Dies ist bei Personalkosten in Form von Lohnzahlungen regelmäßig dann der Fall, wenn fest angestellte Mitarbeiter das Angebot erstellt haben, weil die Lohnkosten hierfür völlig unabhängig von der konkreten Tätigkeit entstehen.

37 Einigkeit besteht darüber, dass die Formulierung: »oder« nicht im Sinne einer Ausschließlichkeit zu verstehen ist und dass der schadensersatzberechtigte Bieter **beides**, also Kosten der Vorbereitung des Angebotes und Kosten der Teilnahme an dem Vergabeverfahren, **auch kumulativ** geltend machen kann.[91] Begründet wird dies auf unterschiedliche Weise. Zum Teil wird argumentiert, dies folge schon aus der Überschrift so wie aus Sinn und Zweck der Vorschrift. Der Wortlaut der Vorschrift sei aus Art 2 Abs. 7 der Sektorenrechtsmittelrichtlinie möglichst wortgetreu übernommen worden, obwohl § 181 GWB anders als die Richtlinie nicht lediglich eine Beweislastregel, sondern vielmehr eine eigene Anspruchsgrundlage enthalte.[92] Andere begründen dies richtigerweise mit der Tatsache, dass zu den Kosten der Teilnahme an einem Vergabeverfahren immer auch die Kosten für die Vorbereitung des Angebots gehören.[93]

38 Alle diese angeführten Gründe sprechen dafür, die Formulierung tatsächlich als redaktionelles Versehen des Gesetzgebers anzusehen und dem schadensersatzberechtigten Bieter tatsächlich gegebenenfalls auch beide Schadenspositionen kumulativ zu gewähren, wenn er erfolglos an einem Vergabeverfahren teilgenommen und ein Angebot abgegeben hat. Dabei sind aber kaum Fälle denkbar, in denen unabhängig voneinander beide Kostenpositionen nebeneinander einschlägig sein können. Hat der Bieter ein Angebot vorbereitet und gibt er dieses Angebot ab, so sind diese Kosten immer

---

88 Ingenstau/Korbion/Müller-Wrede, § 126 GWB, Rn. 5; Schnorbus BauR 1999, 77 (96).
89 Motzke/Pietzcker/Prieß/Marx, § 126 GWB, Rn. 5.
90 OLG Sachsen-Anhalt, 27.11.2014, 2 U 152/13, VergabeR 2015, 489, Rn. 44.
91 Jebens DB 1999, 1741 (1744); Schnorbus BauR 1999, 77 (96); Boesen, § 126 GWB, Rn. 16; Immenga/Mestmäcker/Stockmann, § 126 GWB, Rn. 16; Byok/Jaeger/Franßen, § 126 GWB, Rn. 33; Ingenstau/Korbion/Müller-Wrede, § 126 GWB, Rn. 5; Reidt/Stickler/Glahs/Glahs, § 126 GWB, Rn. 39.
92 Reidt/Stickler/Glahs/Glahs, § 126 GWB, Rn. 39.
93 Jebens DB 1999, 1741 (1744); Ingenstau/Korbion/Müller-Wrede, § 126 GWB, Rn. 5.

Verfürth

zugleich auch Kosten der Teilnahme am Vergabeverfahren, denn spätestens mit der Angebotsabgabe beteiligt sich ein Bieter am Vergabeverfahren. Gibt er es nicht ab, waren die Kosten der Vorbereitung des Angebots nicht zwangsläufige Kosten der Beteiligung am Vergabeverfahren. Dann können beide Schadenspositionen nebeneinander ausgleichspflichtig sein, wenn im Vorfeld der Angebotsvorbereitung bereits Kosten der Teilnahme am Vergabeverfahren, z.B. durch Erwerb der Verdingungsunterlagen, entstanden waren.

Die Höhe des entstandenen Schadens kann gegebenenfalls nach § 287 ZPO vom erkennenden 39 Gericht geschätzt werden.[94] Dies setzt aber voraus, dass hinreichende Grundlagen für eine entsprechende Schätzung durch das Gericht (z.B. Offenlegung der Kalkulationsgrundlagen) vorgetragen worden sind.[95]

C. Weitergehender Schadensersatz

I. Allgemeines

§ 181 Satz 2 GWB stellt klar, dass weiter gehende Ansprüche auf Schadensersatz auch oberhalb der 40 Schwellenwerte unberührt bleiben. Sie können daher für Verfahren oberhalb der Schwellenwerte kumulativ neben den Ansprüchen aus Satz 1 geltend gemacht werden.[96]

Weitergehende Ansprüche können dabei selbstverständlich auch das positive Interesse gewäh- 41 ren, sodass der schadensersatzberechtigte Bieter so gestellt wird, als wenn er den Auftrag tatsächlich bekommen hätte. Solche weiter gehenden Ansprüche bedürfen freilich einer gesonderten Anspruchsgrundlage. Es existieren diverse Anspruchsgrundlagen, die im Folgenden kurz dargestellt und deren Voraussetzungen aufgezeigt werden.

Während Schadenersatzansprüche nach § 181 Satz 1 GWB nur für Vergabeverfahren **oberhalb** 42 **der Schwellenwerte** in Betracht kommen, gelten nachstehende Anspruchsgrundlagen in gleicher Weise auch für Vergabeverfahren unterhalb der Schwellenwerte. Für Auftragsvergaben im Oberschwellenbereich ergibt sich dies klarstellend aus § 181 S. 2 GWB. Oberhalb der Schwellenwerte könnte man ansonsten meinen, dass § 181 S. 1 GWB eine abschließende Sonderregelung für die Geltendmachung von Schadenersatzansprüchen im Zusammenhang mit Vergabeverfahren darstellt, die zugleich andere Anspruchsgrundlagen aus anderen Gesetzen verdrängt. Für Auftragsvergaben im Unterschwellenbereich ergibt sich dies daraus, dass nachstehende Anspruchsgrundlagen weder im 4. Teil des GWB geregelt sind noch sonst einen Schwellenwert als Tatbestandsmerkmal aufweisen.

Es lassen sich vertragsähnliche, deliktsrechtliche und kartellrechtliche Schadensersatzansprüche 43 unterscheiden. Alle diese Ansprüche sind vor den Zivilgerichten geltend zu machen[97].

II. Vertragsähnliche Ansprüche (culpa in contrahendo, § 311 Abs. 2, 241 Abs. 2, 280 Abs. 1 BGB)

1. Einleitung

Mit der Schuldrechtsreform zum 01.01.2002 hat der Gesetzgeber das bis dahin anerkannte Rechts- 44 institut der »culpa in contrahendo« gesetzlich normiert. Die entsprechenden Regelungen finden

---

94 OLG Naumburg, v. 26.10.2004, 1 U 30/04, ZfBR 2005, 210.
95 BGH 13.07.2006, VII ZR 68/05, NZBau 2006, 637.
96 BGH 27.11.2007, X ZR 18/07; VergabeR 2008, 219; Byok/Jaeger/Franßen, § 126 GWB, Rn. 39; OLG Düsseldorf, 31.01.2003, 5 U 13/02, NZBau 2003, 459.
97 OLG Sachsen-Anhalt, 27.11.2014, 2 U 152/13, VergabeR 2015, 489, Rn. 26.

sich heute in § 311 Abs. 2,[98] § 241 Abs. 2[99] und § 280 Abs. 1 BGB.[100] Dieses in § 311 Abs. 2, 241 Abs. 2 und 280 Abs. 1 BGB normierte Rechtsinstitut der culpa in contrahendo, d.h. des Verschuldens bei Vertragsverhandlungen, ist die **wichtigste Anspruchsgrundlage** für Schadenersatzansprüche im Zusammenhang mit der vergaberechtswidrigen Vergabe von Aufträgen.

45   Nach dem zunächst allgemein anerkannten Verständnis zu den gesetzlichen Regelungen ergab sich durch die gesetzliche Normierung des Rechtsinstituts der culpa in contrahendo keinerlei Änderung zu dem bis dahin geltenden Rechtsverständnis.[101] Deshalb konnte nach bisherigem Verständnis die bis dahin ergangene Rechtsprechung zur culpa in contrahendo auch für die Beurteilung von Schadenersatzansprüchen nach §§ 311 Abs. 2 BGB, § 241 Abs. 2 BGB und § 280 Abs. 1 BGB herangezogen werden,[102] wobei insoweit für die Beurteilung von Schadenersatzansprüchen, die im Zusammenhang mit einem Vergabeverfahren geltend gemacht wurden, keine nennenswerten Besonderheiten galten. Der BGH hat mit seiner Entscheidung v. 09.06.2011[103] das bisherige Verständnis dieses Schadenersatzanspruchs nach §§ 311 Abs. 2 BGB, § 241 Abs. 2 BGB und § 280 Abs. 1 BGB aber grundlegend geändert, indem er ausgeführt hat, dass anders als nach dem Rechtsinstitut der culpa in contrahendo jedenfalls bei der Geltendmachung von Schadenersatzansprüchen im Zusammenhang mit Vergabeverfahren entgegen der bisherigen Rechtsprechung **nicht mehr erforderlich** sei, dass der klagende Bieter auf die Einhaltung der Vergabevorschriften **vertraut** habe. Vielmehr sei für die Gewährung von Schadenersatz allein auf die **Verletzung von Rücksichtnahmepflichten** durch Missachtung von Vergabevorschriften abzustellen. Dies erhöht die Möglichkeiten von Bietern, Schadenersatz bei Vergabeverstößen des öffentlichen Auftraggebers mit Erfolg geltend zu machen.

2. Allgemeines

46   Ganz allgemein verpflichtet das normierte Rechtsinstitut der culpa in contrahendo die (potenziellen) Vertragsparteien zur **gegenseitigen Rücksichtnahme** auf die Rechte, Rechtsgüter und Interessen des jeweils anderen Teils, § 311 Abs. 2 BGB in Verbindung mit § 241 Abs. 2 BGB. Diese Verhaltenspflicht entsteht schon zu einem sehr frühen Zeitpunkt, nämlich mit der Anbahnung eines Vertrages. Sie trifft beide (potenziellen) Vertragspartner in gleicher Weise, wobei die **Verhaltenspflichten** auf beiden Seiten durchaus unterschiedlich sein können.

47   Bei der Ausschreibung eines öffentlichen Auftrags handelt es sich der Sache nach um die – je nach einschlägiger Verfahrensart mehr oder minder streng formalisierte – Anbahnung eines Vertrages und die Aufnahme von Vertragsverhandlungen.[104] Im Rahmen einer solchen Ausschreibung bestehen neben den oben genannten allgemeinen Verhaltenspflichten **spezielle vergaberechtliche Verhalten-**

---

98   § 311 Abs. 2 BGB: Ein Schuldverhältnis mit Pflichten nach § 241 Abs. 2 entsteht auch durch
   1. die Aufnahme von Vertragsverhandlungen,
   2. die Anbahnung eines Vertrags, bei welcher der eine Teil im Hinblick auf eine etwaige rechtsgeschäftliche Beziehung dem anderen Teil die Möglichkeit zur Einwirkung auf seine Rechte, Rechtsgüter und Interessen gewährt oder ihm diese anvertraut, oder
   3. ähnliche geschäftliche Kontakte.
99   § 241 Abs. 2 BGB: Das Schuldverhältnis kann nach seinem Inhalt jeden Teil zur Rücksicht auf die Rechte, Rechtsgüter und Interessen des anderen Teils verpflichten.
100 § 280 Abs. BGB: Verletzt der Schuldner eine Pflicht aus dem Schuldverhältnis, so kann der Gläubiger Ersatz des hierdurch entstehenden Schadens verlangen. Dies gilt nicht, wenn der Schuldner die Pflichtverletzung nicht zu vertreten hat.
101 BGH 03.04.2007, X ZR 19/06, NZBau 2007, 523; OLG Dresden 10.02.2004, 20 U 1697/03; IBR 2004, 219; Palandt/Grüneberg, § 311 BGB, Rn. 11.
102 BGH 03.04.2007, X ZR 19/06, NZBau 2007, 523; Willenbruch/Wieddekind/Scharen, § 126 GWB, Rn. 31.
103 BGH »Rettungsdienstleistungen II«, 09.06.2011, X ZR 143/10, BGHZ 190, 89.
104 BGH, 27.06.2007, X ZR 34/04. NZBau 2007, 727; BGH »Rettungsdienstleistungen II«, 09.06.2011, X ZR 143/10, BGHZ 190, 89.

spflichten[105] aufseiten des Ausschreibenden, auf die der (potenzielle) Bieter grundsätzlich vertrauen darf[106] und bei deren Verletzung unter weiteren Voraussetzungen Schadenersatzverpflichtungen entstehen können. Als potenziell **anspruchsverpflichtet** kommen dabei öffentliche Auftraggeber ebenso in Betracht, wie Private, die sich im Rahmen einer Ausschreibung den Regelungen einer Verdingungsordnung (VOB/A, VOL/A oder VOF) unterstellt haben,[107] indem sie ausdrücklich angegeben haben, den Auftrag nach den Bestimmungen der entsprechenden Verdingungsordnung vergeben zu wollen.

Der schuldrechtliche Schadenersatzanspruch nach den §§ 311 Abs. 2, 241 Abs. 2, 280 Abs. 1 **48** BGB gilt, da es sich um einen allgemeingültigen Anspruch handelt, selbstverständlich **oberhalb wie unterhalb der Schwellenwerte** in gleicher Weise. Ein Schadensersatzverlangen ist auch oberhalb der Schwellenwerte nicht daran gebunden, dass der schadensersatzbegehrende Bieter zunächst versucht hat, den Eintritt seines Schadens durch ein **erfolgloses Nachprüfungsverfahren** zu verhindern.[108] Der benachteiligte Bieter könnte also die rechtswidrige Zuschlagserteilung an den begünstigten Bieter sehenden Auges abwarten und sodann dennoch Schadenersatz begehren. Er sollte jedoch durch eine unverzügliche Rüge dem Auftraggeber die Möglichkeit geben, den drohenden Vergabeverstoß abzuwenden, weil ansonsten ein Mitverschuldenseinwand zulasten des schadenersatzbegehrenden Bieters im Raume stehen kann.

Das Zivilgericht stellt die Voraussetzungen für das Vorliegen eines schuldrechtlichen Schadens- **49** ersatzanspruches selbst fest. Es ist nicht an Entscheidungen der Vergabeprüfstelle bzw. eines Vergabeüberwachungsausschusses oder der Aufsichtsbehörde des öffentlichen Auftraggebers gebunden.[109] Aus § 179 Abs. 1 GWB[110] ergibt sich freilich etwas anderes für bestandskräftige Entscheidungen der Vergabekammern bzw. für rechtskräftige Entscheidungen der Vergabesenate der Oberlandesgerichte oder des nach § 179 Abs. 2 GWB angerufenen Bundesgerichtshofs. Die Bindungswirkung erstreckt sich hierbei auf die entscheidungserheblichen Feststellungen des Gerichts zur Vergaberechtswidrigkeit oder Vergaberechtskonformität auftraggeberseitigen Verhaltens.

Schadenersatzansprüche nach §§ 311 Abs. 2 BGB, 241 Abs. 2 BGB und § 280 Abs. 1 BGB unter- **50** liegen der **regelmäßigen Verjährung** von Ansprüchen nach §§ 194 ff. BGB. Dies bedeutet, dass die Verjährung mit dem Schluss des Kalenderjahres beginnt, in dem der Anspruch entstanden ist und der schadenersatzbegehrende Bieter entweder positive Kenntnis von allen Umständen, die zur Begründung des Schadensersatzanspruches erforderlich sind, und der Person des Schuldners erhalten hat oder er hiervon grob fahrlässig keine Kenntnis hatte, § 199 Abs. 1 BGB. Die Verjährungsfrist beträgt drei Jahre, 195 BGB. Unabhängig von einer Kenntnis oder grob fahrlässigen Unkenntnis verjähren die Ansprüche binnen 10 Jahren vom Zeitpunkt der Entstehung an.

---

105 Dazu weiter unten.

106 Heute formuliert der BGH: »Die Bieter und Bewerber haben aber – in den Grenzen der von den Vergabe- und Vertragsordnungen anerkannten Tatbestände – ein von § 241 Abs. 2 BGB geschütztes Interesse daran, dass der öffentliche Auftraggeber das Verfahren so anlegt und durchführt, dass die genannten Aufwendungen der Bieter dem Wettbewerbszweck entsprechend tatsächlich verwendet werden können« (BGH »Rettungsdienstleistungen II«, 09.06.2011, X ZR 143/10, BGHZ 190, 89). Im Ergebnis schwingt hier der »Vertrauenstatbestand« immer noch mit, denn nur in dem Vertrauen auf das rechtlich geschützte Interesse trifft ein Bieter regelmäßig durch Beteiligung an dem Verfahren Vermögensdispositionen.

107 BGH 15.08.2008, X ZR 129/06, VergabeR 2008, 641 (642); BGHZ 139, 273; BGH 21.02.2006, X ZR 39/03.

108 OLG Dresden, 10.02.2004, 20 U 1697/03, IBR 2004, 219; Immenga/Mestmäcker/Stockmann, § 126 GWB, Rn. 5.

109 OLG Naumburg, v. 26.10.2004, 1 U 30/04, ZfBR 2005, 210.

110 Siehe die Kommentierung dort.

3. Voraussetzungen

a) Schuldverhältnis mit Rücksichtnahmepflichten

51 Nach § 311 Abs. 2 Nr. 1–3 BGB entsteht ein **Schuldverhältnis** mit Pflichten nach § 241 Abs. 2 BGB, das heißt insbesondere die **Pflicht zur Rücksichtnahme** auf die Rechte, Rechtsgüter und Interessen des anderen Teils, durch die Aufnahme von Vertragsverhandlungen, die Anbahnung eines Vertrages oder ähnliche geschäftliche Kontakte.

52 Die Teilnahme am Vergabeverfahren begründet zwischen dem Auftraggeber und den einzelnen Bietern jeweils ein **vorvertragliches Schuldverhältnis** gem. § 311 Abs. 2 i.V.m. § 241 Abs. 2 BGB.[111] Je nach gewählter Verfahrensart entsteht das auf eine mögliche Auftragserteilung gerichtete vorvertragliche Schuldverhältnis zwischen dem interessierten Bieter und dem Ausschreibenden zu unterschiedlichen Zeitpunkten. Im Offenen Verfahren sowie bei Öffentlicher Ausschreibung unterhalb der Schwellenwerte entsteht das vorvertragliche Schuldverhältnis **spätestens** mit der Anforderung der Ausschreibungsunterlagen durch den interessierten Bieter.[112] Im Rahmen eines Nichtoffenen Verfahrens, einer Beschränkten Ausschreibung, eines Verhandlungsverfahrens bzw. bei Freihändiger Vergabe entsteht das vorvertragliche Schuldverhältnis **spätestens** mit der Beteiligung eines interessierten Bieters am vorgeschalteten Teilnahmewettbewerb oder aber mit Übermittlung der Verdingungsunterlagen bzw. mit Aufnahme der eigentlichen Vertragsverhandlungen. Das notwendige vorvertragliche Schuldverhältnis kann aber jeweils auch bereits zu einem **früheren Zeitpunkt** beginnen. Ganz allgemein beginnt es schon dort, wo ein Dritter bedingt durch ein nach außen gerichtetes Verhalten des Auftraggebers Vermögensdispositionen mit Blick auf den späteren Auftrag vornimmt.

53 Fraglich ist, ob sich Ansprüche aus § 311 Abs. 2 BGB, § 241 Abs. 2 BGB, § 280 Abs. 1 BGB auch dann ergeben können, wenn entweder der öffentliche Auftraggeber unter Verstoß gegen Vergabevorschriften gar nicht ausschreibt oder aber ein Interessent aufgrund von Vergabefehlern von vornherein davon absieht, Kontakt aufzunehmen. Nach der bisherigen Rechtsprechung zur culpa in contrahendo, die auf die jetzt gesetzlich normierte Haftungsgrundlage des § 311 Abs. 2 BGB insoweit im Wesentlichen übertragbar ist,[113] genügt bereits eine **einseitige Maßnahme** eines Vertragsteils, die den Anderen zu einem Vertragsschluss veranlassen soll,[114] um ein entsprechendes vorvertragliches Schuldverhältnis zu begründen. Bezogen auf ein vergaberechtliches Verfahren ist es regelmäßig der Auftraggeber, der zunächst einseitig das Vergabeverfahren durch nach außen gerichtete Maßnahmen beginnt und damit (bewusst oder unbewusst) potenzielle Bieter in ein vorvertragliches Schuldverhältnis einbezieht.

54 Regelmäßig mit der Bekanntmachung einer öffentlichen Ausschreibung wendet sich der Auftraggeber an alle potenziellen Bieter, um diese zu einer Teilnahme am Vergabeverfahren zu bewegen. Diese potenziellen Bieter haben nach der Rechtsprechung des BGH ein rechtlich geschütztes Interesse daran, dass der Auftraggeber das Verfahren so anlegt und durchführt, dass die genannten Aufwendungen der Bieter dem Wettbewerbszweck entsprechend tatsächlich verwendet werden können[115]

---

111 BGH, 27.06.2007, X ZR 34/04, NZBau 2007, 727; BGH, 08.09.1998, X ZR 48/97, BauR 1998, 1232 (1233); BGH, 26.10.1999, X ZR 30/98, NJW 2000, 661 (662); BGH »Rettungsdienstleistungen II«, 09.06.2011, X ZR 143/10, BGHZ 190, 89; OLG Dresden, 10.02.2004, 20 U 1697/03, IBR 2004,219; Palandt/Grüneberg, § 311 BGB, Rn. 37.

112 BGH, 08.09.1998, X ZR 48/97, BauR 1998, 1232 (1233); OLG Koblenz, 26.09.2003, 10 U 893/02, VersR 2004, 872.

113 BGH, 03.04.2007, X ZR 19/06, NZBau 2007, 523; nach BGH »Rettungsdienstleistungen II«, 09.06.2011, X ZR 143/10, BGHZ 190, 89 ist anders als nach dem Rechtsinstitut der culpa in contrahendo jedenfalls bei Schadenersatzansprüchen im Zusammenhang mit Vergabeverfahren nicht mehr erforderlich, dass der klagende Bieter auf die Einhaltung der Vergabevorschriften vertraut hat.

114 BGH WM 1979, 548 (550); Soergel/Wiedemann, vor § 275 BGB, Rn. 244 m.w.N.; Palandt/Grüneberg, § 311 BGB, Rn. 23.

115 BGH »Rettungsdienstleistungen II«, 09.06.2011, X ZR 143/10, BGHZ 190, 89.

Verfürth

Bieter dürfen also vom Auftraggeber erwarten, dass dieser sich entsprechend den für das konkrete Verfahren geltenden Vergaberechtsregelungen verhalten und das Vergabeverfahren entsprechend abschließen wird. Nur im Vertrauen darauf, dass der Ausschreibende das Verfahren entsprechend den seiner Tätigkeit zugrunde liegenden Vergabevorschriften auch zu einem Abschluss bringen wird,[116] treffen potenzielle Bieter nun regelmäßig ihre jeweiligen Vermögensdispositionen, sodass das vorvertragliche Schuldverhältnis, dass den potenziellen Bieter zum Schadenersatz berechtigen kann, regelmäßig schon mit der öffentlichen Bekanntmachung beginnt.[117]

Schreibt der öffentliche Auftraggeber dagegen nicht aus, fehlt es folglich an der Aufnahme von 55 Vertragsverhandlungen durch ihn und es kann zwangsläufig kein Schuldverhältnis zu potenziellen Bietern mit Pflichten nach § 241 Abs. 2 BGB entstehen, sodass Schadensersatzansprüche insoweit von vorn herein ausscheiden.[118] Würde ohne Zutun des öffentlichen Auftraggebers ein Bieter mit Blick auf eine voraussichtliche Beschaffungsnotwendigkeit des öffentlichen Auftraggebers »Vertragsverhandlungen« mit diesem aufnehmen wollen und zu diesem Zweck in Kontakt mit dem Auftraggeber treten, können Verpflichtungen nach § 241 Abs. 2 BGB aufseiten des öffentlichen Auftraggebers aber entstehen, sobald er sich auf diese Verhandlungen einlässt.

b) Objektiver Verstoß gegen eine Verhaltenspflicht/Pflichtverletzung

Wie dargelegt, zwingt § 241 Abs. 2 BGB die an dem sich anbahnenden Vertrag beteiligten Par- 56 teien zu bestimmten allgemeinen Verhaltenspflichten in Bezug auf die Rechte, Rechtsgüter und Interessen des jeweils Anderen. Hierzu gehört vornehmlich z.B. die Pflicht zur Rücksichtnahme auf die Rechtsgüter und Vermögensinteressen des potenziellen Vertragspartners sowie die Pflicht zur gegenseitigen Loyalität.[119] Diese Verhaltenspflichten gelten unabhängig von vergaberechtlichen Bestimmungen und treffen alle potenziellen Vertragsbeteiligten in gleicher Weise.

Im Rahmen eines formalisierten Vergabeverfahrens hat der öffentliche Auftraggeber aber zudem 57 spezielle **vergaberechtliche Verhaltenspflichten**, an deren Einhaltung die potenziell andere Vertragspartner in diesem Zusammenhang ein rechtlich geschütztes Interesse hat.[120] So ist der öffentliche Auftraggeber verpflichtet, das Vergabeverfahren im Sinne der §§ 97, 98 GWB nach den einschlägigen Vorschriften des Vergaberechts abzuwickeln.[121] Gleiches gilt nach der Rechtsprechung des BGH auch dann, wenn der öffentliche Auftraggeber oder gar ein Privater, der an sich nicht Normadressat des Vergaberechts ist, ohne Einschränkung erklärt, dass er beispielsweise eine Ausschreibung nach der VOB/A durchführen werde. Daraus folgt seine Verpflichtung, bei der Vergabe des Auftrags insgesamt die Regeln z.B. der VOB/A einzuhalten.[122] Dem liegt der Gedanke zugrunde, dass ein Auftraggeber, der ein Vorhaben beispielsweise nach Maßgabe der Verdingungsordnung für Bauleistungen ausschreibt, damit zugleich **Kraft Selbstbindung** den rechtlichen Rahmen für das

---

116 OLG Dresden, 09.03.2004, 20 U 1544/03.
117 A.A. Boesen, § 126 GWB Rn. 44; offen gelassen: Scharen in: Willenbruch/Wieddekind, § 126 GWB Rn. 35.
118 Reidt/Stickler/Glahs/Glahs, § 126 GWB, Rn. 51; Dreher, ZIP 1995, 1869; Boesen, NJW 1997, 345 (349).
119 BGH, 27.06.2007, X ZR 34/04, NZBau 2007, 727 (729); OLG Düsseldorf, 05.03.1993, 22 U 220/92, NJW-RR 1993, 1046.
120 BGH »Rettungsdienstleistungen II«, 09.06.2011, X ZR 143/10, BGHZ 190, 89.
121 BGH, 08.09.1998, X ZR 99/96, BauR 1998, 1238 (1240); BGH, 16.12.2003, X ZR 282/02, NJW 2004, 2165 (2166); BGH, 03.06.2004, X ZR 30/03, VergabeR 2004, 604 (605); BGH »Rettungsdienstleistungen II«, 09.06.2011, X ZR 143/10, BGHZ 190, 89 (Rn. 15); OLG Düsseldorf, 08.01.2002, 21 U 82/01, BauR 2002, 808; BGH, 07.06.2005, X ZR 19/02; OLG Naumburg, 26.10.2004, 1 U 30/04, ZfBR 2005, 210.
122 BGH, 21.02.2006, X ZR 39/03; BGH, 15.04.2008, X ZR 129/06, VergabeR 2008, 641.

Ausschreibungsverfahren festlegt. Für öffentliche Auftraggeber hat der BGH angenommen, dass damit den Vorschriften für das Verhältnis zwischen dem Auftraggeber und den Teilnehmern in der Ausschreibung schon allein aus diesem Grunde Rechtssatzqualität zukomme.[123]

58 Auf das rechtlich geschützte Interesse der Bieter zur Einhaltung der vergaberechtlichen Regeln muss der Auftraggeber bei allen seinen Handlungen, Entscheidungen und sonstigen Verhaltensweisen Rücksicht nehmen. Die Vergaberechtsvorschriften determinieren insoweit die Rücksichtnahmepflichten des Auftraggebers gegenüber seinen potenziellen Vertragspartnern. Letztlich tätigen diese nämlich ihre Vermögensdispositionen in der berechtigten Erwartung, dass die Ausschreibung vergaberechtskonform durchgeführt und abgewickelt wird, sodass sich der Aufwand für die Angebotsbearbeitung im Wettbewerb durch die Zuschlagserteilung und anschließende Auftragsdurchführung amortisieren kann.

59 Um einen Schadenersatzanspruch zu begründen, muss ein **objektiver Pflichtenverstoß** gegen eine der jeweils obliegenden Verhaltenspflichten vorliegen. Die Möglichkeiten denkbarer Pflichtverletzungen sind in Abhängigkeit vom Einzelfall so groß, dass eine abschließende Aufzählung nicht möglich ist. Neben den allgemeinen Verhaltenspflichten stehen hier besonders vergaberechtliche Pflichtverletzungen, d.h. konkrete Verstöße gegen vergaberechtliche Pflichten, im Fokus.

60 Eine **Pflichtverletzung** begeht der Auftraggeber in diesem Zusammenhang also regelmäßig dann, wenn er das Vergabeverfahren unter Verstoß gegen die Vergabevorschriften führt.[124] So liegt eine **Pflichtverletzung** beispielsweise dann vor, wenn der Auftraggeber unter Überschreitung seines Beurteilungsspielraums einen anderen Bewerber aus unsachlichen Gründen bevorzugt, wenn er die Ausschreibung zu Unrecht aufgehoben oder nicht alle Bieter über Änderungen der Angebotsgrundlage informiert hat.[125] Es stellt eine Pflichtverletzung dar, wenn der Auftraggeber bei Bekanntmachung oder spätestens bei Übermittlung der Verdingungsunterlagen nicht darauf hingewiesen hat, dass das Projekt finanziell nicht gesichert ist,[126] wenn er einen Bewerber rechtswidrig vom Wettbewerb ausgeschlossen hat oder sogar dann, wenn der Auftraggeber eine gebotene Aufklärung unterlassen hat.[127] Pflichtwidrig ist das Aufstellen von Wertungskriterien, die eine vergaberechtskonforme Angebotswertung nicht zulassen und deshalb zu einer Aufhebung des Vergabeverfahrens zwingen.[128] Als Pflichtverletzung ist es auch zu werten, wenn die Vergabestelle aufgrund einer berechtigten Rüge das vergaberechtswidrige Verhalten nicht einstellt und den oder die gerügten Fehler nicht korrigiert.

61 Eine **Pflichtverletzung** stellt es aber selbstverständlich auch dar, wenn der Auftraggeber die Bieter nicht auf Umstände hinweist, die in seiner Sphäre entstanden sind, Risiken in Bezug zum Gegenstand der Vertragsverhandlungen aufweisen und geeignet sind, die Vermögensinteressen des anderen Teils zu berühren oder zu beeinträchtigen.[129] So muss der Auftraggeber auf erhaltene Rügen, die sich auf den weiteren Verlauf des Vergabeverfahrens beziehen, auch andere Bieter hinweisen.[130]

c) Schutzwürdigkeit des Bietervertrauens?

62 Bislang war es herrschende Auffassung, dass der Bieter, um Schadensersatzansprüche geltend machen zu können, in seinem Vertrauen schutzwürdig sein musste.[131] Schutzwürdig war er im All-

---

123 BGH, 08.09.1998, X ZR 48/97, BauR 1998, 1232 (1236); so auch Dreher, NZBau 2002, 419 (426).
124 BGH »Rettungsdienstleistungen II«, 09.06.2011, X ZR 143/10, BGHZ 190, 89 (Rn. 15).
125 OLG Düsseldorf, 16.12.1997, 23 U 118/94, BauR 1998, 540.
126 OLG Düsseldorf, 27.01.1976, 24 U 35/75, NJW 1977, 1064 (1065).
127 BGH, 26.03.1981, VII ZR 185,80, NJW 1981, 1673; OLG Düsseldorf, 27.01.1976, 24 U 35/75, NJW 1977, 1064.
128 BGH »Rettungsdienstleistungen II«, 09.06.2011, X ZR 143/10, BGHZ 190, 89.
129 BGH 27.06.2007, X ZR 34/04, NZBau 2007, 727.
130 BGH 27.06.2007, X ZR 34/04, NZBau 2007, 727.
131 BGH 03.06.2004, X ZR 30/03, VergabeR 2004, 604 (607); BGH, 27.06.2007, X ZR 34/04, NZBau 2007, 727; KG, 14.08.2003, 27 U 264/02, NZBau 2004, 167 (168).

gemeinen dann, wenn er redlicherweise darauf vertrauen konnte, dass der jeweils andere potenzielle Vertragspartner sich auch tatsächlich entsprechend seiner Verhaltenspflichten verhält. Mit der Entscheidung des BGH v. 09.06.2011[132] ist es nun zur Begründung eines Schadensersatzanspruches ausdrücklich nicht mehr erforderlich, dass der klagende Bieter darlegen und beweisen kann, auf die Einhaltung der Vergabevorschriften durch den öffentlichen Auftraggeber vertraut zu haben und insoweit schutzwürdig zu sein.

Das in Anspruch genommene Vertrauen des Bieters in die Rechtmäßigkeit des Verhaltens des **63** öffentlichen Auftraggebers und dessen Schutzwürdigkeit ist in Schadensersatzprozessen oftmals als Korrektiv für oder gegen die Gewährung von Schadenersatz im Einzelfall verwendet worden. So sollte die **Schutzwürdigkeit** des Vertrauens des Bieters auf die Einhaltung der vergaberechtlichen Bestimmungen z. Bsp. entfallen und somit ein Schadensersatzanspruch verneint werden, wenn der Bieter selbst ein zwingendes Erfordernis für ein faires Vergabeverfahren nicht eingehalten hatte.[133] Dies war zum Beispiel der Fall, wenn er ein nicht in jeder Hinsicht vergleichbares und damit auszuschließendes Angebot abgegeben[134] oder wenn er wettbewerbsbeschränkende Absprachen getroffen hatte.

Nach der Rechtsprechung des BGH sollte **die Schutzwürdigkeit** aber auch dann entfallen, wenn **64** der Bieter bei der ihm im jeweiligen Fall zumutbaren Prüfung erkannt hatte oder zumindest hätte erkennen müssen, dass der Auftraggeber von den für ihn geltenden Regelungen abweicht. Darüber hinaus verdiente sein Vertrauen aber auch dann keinen Schutz, wenn sich ihm die ernsthafte Gefahr eines Regelverstoßes des Auftraggebers aufdrängen musste, ohne dass die Abweichung schon sicher erschien.[135]

Nach einer Entscheidung des Kammergerichts entfiel die Schutzwürdigkeit des Vertrauens, wenn **65** der Bieter vor Angebotsabgabe einen Vergabeverstoß erkannt hatte.[136] Dort hatte der Bieter vor Angebotsabgabe gerügt, dass es auf der Grundlage der Verdingungsunterlagen nicht möglich sei, ein fundiertes Angebot abzugeben und eine Preiskalkulation vorzunehmen. Gleichwohl hatte er aber dann ein Angebot abgegeben und später im Nachprüfungsverfahren u.a. die Aufhebung des Verfahrens begehrt.

Der Versuch, Aussagen aus diesen Einzelfallentscheidungen zu verallgemeinern führte zu Wer- **66** tungswidersprüchen. So darf entgegen der oben dargestellten Auffassung des Kammergerichts die Schutzwürdigkeit nicht generell verloren gehen, wenn der Bieter das als vergabewidrig erkannte Verhalten der Vergabestelle erkannt und gerügt hat. Der Bieter muss Vergabeverstöße nach § 107 Abs. 3 GWB nämlich rügen, um sich die Möglichkeiten des Primärrechtsschutzes zu erhalten. Die **Rüge** soll den Auftraggeber darüber hinaus gerade dazu veranlassen, sein Verhalten zu überdenken und auf den rechtmäßigen Weg zurückzukehren.[137] Der Bieter muss also bei erfolgter Rüge grundsätzlich darauf vertrauen dürfen, dass die Vergabestelle seine Rüge ernst nimmt und im Sinne der Regelungen des Vergaberechts das vergaberechtswidrige Verhalten abstellt, ansonsten wäre der Sinn und Zweck der Rügeverpflichtung von vornherein verfehlt. Diese Wertungswidersprüche, die rund um die Thematik »Vertrauen des Bieters und dessen Schutzwürdigkeit« entstanden sind, sind mit der neuen Rechtsprechung des BGH nun obsolet, denn ein Schadenersatzanspruch des Bieters ist nun nach Auffassung des BGH gerade nicht mehr davon abhängig, ob der Bieter auf das vergaberechtskonforme Verhalten des Auftraggebers vertraut hat oder vertrauen durfte.[138]

---

132 BGH »Rettungsdienstleistungen II«, 09.06.2011, X ZR 143/10, BGHZ 190, 89.
133 BGH, 16.04.2002, X ZR 67/00, VergabeR 2002, 463 (465).
134 BGH, 08.09.1998, X ZR 85/97, NJW 1998, 3634; BGH, 01.08.2006, X ZR 115/04, NZBau 2006, 797; OLG Düsseldorf, 03.06.1982, 12 U 34/82, BauR 1983, 377.
135 BGH, 03.06.2004, X ZR 30/03, VergabeR 2004, 604 (607); bestätigt: BGH, 27.06.2007, X ZR 34/04, NZBau 2007, 727.
136 KG, 14.08.2003, 27 U 264/02, NZBau 2004, 167 (168).
137 BayObLG, 22.01.2002, Verg 18/01, VergabeR 2002, 244 (247).
138 BGH »Rettungsdienstleistungen II«, 09.06.2011, X ZR 143/10, BGHZ 190, 89.

67   Fälle, die bislang wegen fehlender Schutzwürdigkeit des Bieters zu einem Versagen des Schadenersatzanspruchs geführt haben, führen heute tatbestandlich ohne weiteres zu einem Schadenersatzanspruch. Es kann in diesen Fällen allenfalls noch unter dem Aspekt der **Kausalität** zwischen
Pflichtverletzung und Schaden eine Versagung von Ansprüchen begründet werden oder unter dem
Aspekt, dass sich die Geltendmachung von Schadenersatz im konkreten Einzelfall als **Treuwidrig-
keit** darstellt.

d) Verschulden

68   Nach derzeit wohl überwiegend vertretener Rechtsauffassung muss der Schuldner die von ihm
begangene Pflichtverletzung zu vertreten haben.[139] Dies folgt aus § 276 Abs. 1 S. 1 BGB. Zur
Beantwortung der Frage, was der Schuldner (regelmäßig der Auftraggeber[140]) zu vertreten hat, ist
der Haftungsmaßstab des § 276 BGB heranzuziehen, d.h. der Schuldner haftet für **Vorsatz** und
Fahrlässigkeit. Dabei muss er sich ein Verschulden seiner Erfüllungsgehilfen nach § 278 BGB
ebenso zurechnen lassen, wie das Verhalten seiner Organe, § 89 Abs. 1 BGB i.V.m. § 31 BGB. Im
Ergebnis müssen die Parteien sich also das Verhalten aller derjenigen Personen zurechnen lassen,
derer sie sich bei der Vertragsanbahnung bedienen.[141] Nach § 280 Abs. 1 S. 2 BGB wird das Verschulden zulasten des pflichtverletzenden Schuldners vermutet, denn dieser ist zur Vermeidung
eines gegen ihn gerichteten Schadenersatzanspruches gehalten, darzulegen und zu beweisen, dass
ihm die ihm unterlaufene Pflichtverletzung nicht anzulasten ist.[142] Er muss also nachweisen, dass
er die Pflichtverletzung nicht zu vertreten hat. Diese muss also für ihn unabwendbar und trotz
Einhaltung der erforderlichen Sorgfalt nicht vorhersehbar gewesen sein. Dabei muss sich der Ent-
lastungsnachweis auch auf ein etwaiges Verschulden seiner Erfüllungsgehilfen beziehen.[143]

69   Der EuGH hat allerdings in seiner Entscheidung v. 30.09.2010[144] ausgeführt, dass die Richtlinie
89/665 zur Koordinierung der Rechts- und Verwaltungsvorschriften für die Anwendung der Nachprüfungsverfahren im Rahmen der Vergabe öffentlicher Liefer- und Bauaufträge in der durch die
Richtlinie 92/50 geänderten Fassung dahin auszulegen sei, dass sie einer nationalen Regelung, die
den Schadensersatzanspruch wegen Verstoßes eines öffentlichen Auftraggebers gegen Vergaberecht
von der Schuldhaftigkeit des Verstoßes abhängig mache, auch dann entgegenstehe, wenn bei der
Anwendung dieser Regelung ein Verschulden des öffentlichen Auftraggebers vermutet werde und
er sich nicht auf das Fehlen individueller Fähigkeiten und damit auf mangelnde subjektive Vorwerfbarkeit des behaupteten Verstoßes berufen könne.[145] Fraglich ist, ob deshalb zukünftig aus
europarechtlichen Gründen für die Schadensersatzhaftung eines öffentlichen Auftraggebers nach
§§ 311 Abs. 2, 241 Abs. 2 und 280 Abs. 1 BGB wegen des Verstoßes gegen Vergabevorschriften auf
das Erfordernis eines Verschuldens verzichtet werden muss.[146]

70   Der Gerichtshof begründet seine Entscheidung damit, dass der Wortlaut der Art. 1 Abs. 1 und
Art. 2 Abs. 1, 5 und 6 sowie des sechsten Erwägungsgrundes der Richtlinie 89/665/EWG keinerlei
Hinweis darauf enthalte, dass der Verstoß gegen die Vergaberegelung, der einen Schadensersatzanspruch des Geschädigten begründen kann, besondere Merkmale aufweisen müsste, wie zum Beispiel dass er mit einem erwiesenen oder vermuteten Verschulden des öffentlichen Auftraggebers
verknüpft sei oder dass insoweit kein die Haftung ausschließender Grund vorliege.[147] Auch stelle

---

139 Reidt/Stickler/Glahs/Glahs, § 126 GWB, Rn. 54; Schnorbus BauR 1999, 77 (99); Boesen, NJW 1997,
     349; Ingenstau/Korbion/Müller-Wrede, § 126 GWB, Rn. 7.
140 Zur Haftung des Bieters aus culpa in contrahendo vgl. Wagner NZBau 2005, 436 ff.
141 Reidt/Stickler/Glahs/Glahs, § 126 GWB, Rn. 54.
142 Willenbruch/Wieddekind/Scharen, § 126 BGB, Rn. 50.
143 OLG Düsseldorf 14.07.2009, 1-20 U 108/08, MMR 2010, 208.
144 EuGH 30.09.2010, C-314/09, Vergaber 2011, 73.
145 EuGH 30.09.2010, C-314/09, Vergaber 2011, 73.
146 Offen gelassen: BGH »Rettungsdienstleistungen II«, 09.06.2011, X ZR 143/10, BGHZ 190, 89 (Rn. 13).
147 EuGH 30.09.2010, C-314/09, Rn. 35.

die in Art. 2 Absatz 1 lit. c der Richtlinie 89/665/EWG vorgesehene Rechtsschutzmöglichkeit zur Erlangung von Schadensersatz nur dann gegebenenfalls eine verfahrensmäßige Alternative dar, die mit dem Effektivitätsgrundsatz, der dem mit der Richtlinie verfolgten Ziel der Wirksamkeit der Nachprüfungsverfahren zugrunde liege,[148] vereinbar sei, wenn die Möglichkeit der Zuerkennung von Schadensersatz im Fall eines Verstoßes gegen Vergabevorschriften genauso wenig wie die anderen in Art. 2 Abs. 1 der Richtlinie vorgesehenen Rechtsschutzmöglichkeiten davon abhängig sei, dass ein Verschulden des öffentlichen Auftraggebers festgestellt werde.[149]

Die vom EuGH in Bezug genommenen Richtlinien beanspruchen für Vergaben oberhalb der **71** Schwellenwerte Gültigkeit, sodass sich die Frage, ob Schadenersatzansprüche von Bietern wegen Verstoßes gegen Vergabevorschriften Verschulden voraussetzen dürfen europarechtlich nur oberhalb der Schwellenwerte stellt. Unterhalb der Schwellenwerte kann die vom EuGH zur Begründung herangezogene Richtlinie das nach § 276 BGB geltende Recht nicht negieren.

Oberhalb der Schwellenwerte existiert mit § 126 Abs. 1 GWB bereits eine verschuldensunabhän- **72** gige Schadenersatznorm,[150] die dem Bieter im Fall von Vergaberechtsverstößen schnell und einfach Schadensersatzansprüche zubilligt. § 126 Abs. 1 GWB billigt dem Bieter aber nur das negative Interesse als Schadensersatz zu, während darüber hinausgehende Ansprüche nur über andere Rechtsgrundlagen erreichbar sind. Fraglich ist deshalb, ob es vor dem Hintergrund der Richtlinie 89/665/EWG ausreicht, wenn dem Bieter im Fall der Geltendmachung von Schadensersatzansprüchen nur das negative Interesse verschuldensunabhängig zugebilligt werden kann. Nach der Diktion des EuGH beinhaltet der Wortlaut der Art. 1 Abs. 1 und Art. 2 Abs. 1, 5 und 6 sowie des sechsten Erwägungsgrundes der Richtlinie 89/665/EWG keinerlei Hinweis darauf, ob dem Bieter bei der Verfolgung von Schadensersatzansprüchen nur Ansprüche auf das negative Interesse zugebilligt werden sollen. Vielmehr ist dort allgemein von »Schadensersatz« die Rede. Auch insoweit könnte also mit der Rechtsauffassung des EuGH eine den in Art. 2 Abs. 1 der Richtlinie 89/665/EWG sonst genannten Rechtsschutzmöglichkeiten vergleichbare, dem Effektivitätsgrundsatz genügende Rechtsschutzmöglichkeit nur dann vorliegen, wenn sämtliche denkbaren Schadensersatzansprüche verschuldensunabhängig gewährt werden.[151] Dafür spricht auch, dass das Vergaberecht auf Basis der europäischen Vorgaben seit 1999 einen sehr hohen Stellenwert genießt. Es soll von den Auftraggebern oberhalb der Schwellenwerte ohne Wenn und Aber umgesetzt und auch in jedem Fall beachtet werden. Der öffentliche Auftraggeber hat deshalb durch geeignete Maßnahmen sicher zu stellen, dass ihm oder seinen Bediensteten bei der Anwendung keine Fehler unterlaufen. Hat ein Bieter infolge eines Vergabeverstoßes den Zuschlag nicht erhalten, obschon er bei vergaberechtskonformer Ausgestaltung des Verfahrens den Zuschlag hätte erhalten müssen, ist diesem Bieter seine ansonsten bestehende Gewinnrealisierungsmöglichkeit rechtswidrig genommen worden. Es ist nicht ersichtlich, weshalb dieser Schaden rechtlich von anderen Voraussetzungen, nämlich einem zusätzlichen Verschuldenserfordernis, abhängig sein soll, als ein bloßer Ersatz der Angebotsausarbeitungskosten.

Für die Auffassung, dem Bieter diesen weiter gehenden Schadenersatz nur dann zusprechen zu wol- **73** len, wenn der Auftraggeber schuldhaft gehandelt hat, spricht zunächst, dass nach deutschem Recht Schadensersatzansprüche grundsätzlich ein Verschulden des Anspruchsverpflichteten voraussetzen und dass dies dem geltenden deutschen Recht zunächst einmal entspricht. Das darin enthaltene Argument »es war schon immer so« ist aber alleine nicht geeignet, sachlich zu rechtfertigen, warum weiter gehende Schadensersatzansprüche von einem zusätzlichen Verschuldenserfordernis abhängig sein sollen. Für ein solches Verschuldenserfordernis spricht aber weiter, dass durch eine verschuldensunabhängige Schadensersatzpflicht unkalkulierbare Haftungsrisiken für den Auftraggeber entstehen. Dies wird aber im Übrigen schon durch eine verschuldensunabhängige Haftung für die Gewährung des negativen Interesses konstatiert. Da sich gerade bei lukrativen und interessanten Aufträgen oft-

---

148 EuGH »Uniplex UK«, NZBau 2010, 183.
149 EuGH 30.09.2010, C-314/09, VergabeR 2011, 73, Rn. 39.
150 Siehe oben.
151 In diesem Sinne: Byok/Jaeger/Franßen, § 126 GWB, Rn. 60c.

mals viele Bewerber beteiligen und dort zum Teil sehr hohe Angebotsausarbeitungskosten entstehen, ist auch bereits hier das Risiko für den Auftraggeber im Einzelfall unabsehbar hoch.

74   Ob vorliegend der Anspruch auf Schadenersatz nach §§ 311 Abs. 2 BGB, § 241 Abs. 2 BGB, § 280 Abs. 1 BGB im Fall des Vorliegens von Verstößen gegen Vergaberecht von einem Verschulden abhängig gemacht werden darf, kann nur im Gesamtkontext der Regelungen zum Rechtschutz beantwortet werden. Die Richtlinie 89/665/EWG verfolgt das eindeutige Ziel, **effektiven Rechtschutz** zu gewähren, wobei dies sich sowohl auf den Primärrechtschutz als auch auf den Sekundärrechtschutz bezieht. Die Effektivität ist dabei einmal in sachlicher Hinsicht dahin gehend zu prüfen, ob Rechtschutzmöglichkeiten aufgrund der Ausgestaltung der Rechtsgrundlagen **Erfolg versprechend** sind und zudem ist in zeitlicher Hinsicht zu hinterfragen, ob Rechtschutzmöglichkeiten **zeitnah durchgesetzt** werden können. Der Primärrechtschutz ist in Deutschland effektiv ausgestaltet. Die Frage, ob § 107 Abs. 3 GWB (a.F.) wegen des Merkmals der »Unverzüglichkeit« europarechtskonform ausgestaltet war,[152] und wegen dieser Vorschrift eine Effektivität des Primärrechtschutzes beeinträchtigt sein könnte, hat sich mit der Neufassung des § 160 Abs. 3 GWB erledigt.

75   Sekundärrechtschutz wird nicht durch die Nachprüfungsinstanzen gewährt, wie es als Möglichkeit in der Richtlinie 89/665/EWG vorgesehen ist, sondern durch die Zivilgerichte. Nach dem sechsten Erwägungsgrund der Richtlinie 89/665/EWG bedarf es eines »geeigneten Verfahrens«. Anders als Primärrechtschutzmöglichkeiten bedarf es bei der Gewährung von nachgelagertem Schadenersatz keiner besonderen Beschleunigung des Verfahrens, um in geeigneter Weise die Ansprüche des Bieters zu erfüllen, denn eine Auftragserteilung kann der Bieter in einer solchen Situation ohnehin nicht mehr erlangen und eine vergleichbare wirtschaftliche Stellung kann er auch zeitlich später noch erlangen, ohne durch die Verzögerung weitere Nachteile zu erleiden. Die ihm unmittelbar erlangten Nachteile und Vermögensaufwendungen, die er im Zusammenhang mit der Ausschreibung getätigt hat, kann er über die Vorschrift des § 181 GWB sogar ohne Weiteres verschuldensunabhängig erhalten. Der Gewährung effektiven Rechtschutzes sowohl im Primärrechtschutz als auch im Sekundärrechtschutz steht damit nicht entgegen, wenn zur Erlangung des **positiven Interesses** bei der Verfolgung von Schadenersatzansprüchen die Haftung des Auftraggebers verschuldensabhängig ausgestaltet wird. Damit ist dem Erfordernis der Richtlinie 89/665/EWG insgesamt betrachtet immer noch in ausreichendem Maße Genüge getan, zumal es dem jeweiligen Mitgliedsstaat überlassen ist, inwieweit er die Rechtschutzmöglichkeiten im Übrigen ausgestaltet. Unter dem besonderen Aspekt der notwendigen und sicher zu stellenden Effektivität des Rechtschutzes bedarf es also keiner verschuldensunabhängigen Ausgestaltung der Schadenersatznormen zur Erlangung des positiven Interesses.

76   Es bleibt somit dabei, dass Ansprüche nach §§ 311 Abs. 2 BGB, § 241 Abs. 2 BGB, § 280 Abs. 1 BGB im Fall des Vorliegens von Verstößen gegen Vergaberecht von einem **Verschulden abhängig** sind, welches zulasten des Auftraggebers vermutet wird. Dies ist auch insoweit sachgerecht, als ansonsten für ein und dieselbe Rechtsgrundlage oberhalb und unterhalb der Schwellenwerte unterschiedliche Maßstäbe für die Gewährung von Schadenersatz anzulegen wären. Dies wäre auch mit dem Grundsatz der **Einheitlichkeit der Rechtsordnung** nicht vereinbar.

e) Schaden und Kausalität zwischen Pflichtverletzung und Schaden

77   Dem beteiligten Vertragspartner muss durch die Pflichtverletzung adäquat kausal ein **Schaden entstanden** sein. Grundsätzlich ist der Vertragspartner bei Vorliegen einer Pflichtverletzung so zu stellen, wie er gestanden hätte, wenn das schädigende Ereignis nicht eingetreten wäre.[153] Im Rahmen eines Ausschreibungsverfahrens kommen für den Bieter typischerweise die Kosten für die Teilnahme am Vergabeverfahren, etwaig notwendige Rechtsanwaltskosten zur Beurteilung des auf-

---

152 Hierzu: OLG Rostock 20.10.2010, 17 Verg 5/10 (bejahend), VergabeR 2011, 485, m.w.N. zu unterschiedlichen Rechtsauffassungen hierzu.
153 BGH, 26.03.1981, VII ZR 185,80, NJW 1981, 1673.

Verfürth

traggeberseitigen Verhaltens[154] sowie in besonderen Fällen der entgangene Gewinn aus einem nicht erteilten Auftrag als **Schadenspositionen** in Betracht.[155]

Nach der Rechtsprechung des BGH sind die Anforderungen für den Ersatz des negativen Interesses 78 niedriger, als bei begehrtem Ersatz des positiven Interesses.[156] Dies ist begründet in der erforderlichen Kausalität zwischen der Pflichtverletzung und dem Schaden.[157]

War die Pflichtverletzung nicht ursächlich für den Schaden, d.h. wäre der Schaden auch ohne die 79 Pflichtverletzung eingetreten, so kann Schadenersatz nicht verlangt werden. Ist also das Angebot des Bieters z.B. wegen Verstoßes gegen § 13 Abs. 1 Nr. 5 VOB/A zwingend von der Wertung auszuschließen, kommen Schadensersatzansprüche des Bieters schon nicht mehr in Betracht, denn es hätten sich dann seine Angebotsausarbeitungskosten auch bei rechtmäßig verlaufenem Vergabeverfahren (zwingender Ausschluss des Angebots) nicht amortisiert und er hätte folgerichtig auch keinen Gewinn realisieren können.[158] Anders wäre es nur, wenn der Bieter darlegen könnte, dass er sich ohne die Pflichtverletzung erst gar nicht an der Ausschreibung beteiligt hätte.

Bei rechtmäßigem Abschluss des Vergabeverfahrens, d.h. ohne Pflichtverletzung, hätte nur ein einzi- 80 ger Bieter (oder eine Bietergemeinschaft) den Zuschlag erhalten können und nur er hat die Möglichkeit den kalkulierten Gewinn aus dem zu vergebenden Auftrag zu realisieren. Deshalb kann nur bei diesem Bieter der kalkulierte Gewinn adäquat kausal durch die Pflichtverletzung des Auftraggebers entgangen sein. Nur dieser Bieter kann also für den Fall, dass er den Auftrag wegen einer Pflichtverletzung des Auftraggebers nicht erhalten hat, seinen entgangenen Gewinn, das positive Interesse, als Schaden liquidieren.[159] Soweit also der **entgangene Gewinn** verlangt wird, bedarf es deshalb neben den vorstehenden Voraussetzungen nach einhelliger Auffassung des weiteren Sachvortrages und Nachweises, dass der benachteiligte Bieter bei ordnungsgemäßer Durchführung des Vergabeverfahrens den **Zuschlag mit an Sicherheit grenzender Wahrscheinlichkeit** erhalten hätte.[160]

Gleiches gilt im Grundsatz, soweit nicht der entgangene Gewinn, sondern lediglich die nutzlosen 81 Aufwendungen für die Teilnahme am Verfahren, d.h. das so genannte negative Interesse, verlangt werden.[161] Auch diese Kosten und Aufwendungen können sich nämlich richtigerweise nur für einen einzigen Bieter amortisieren, denn nur ein einziger Bieter hat die Möglichkeit über die Vergütung für den zu erteilenden Auftrag die Teilnahmekosten zu verdienen, sodass nur bei diesem Bieter die nun fehlende Amortisation der aufgewendeten Kosten adäquat kausal auf die Pflichtverletzung des Auftraggebers zurückzuführen ist.

Kann der Bieter aber darlegen, dass er ohne die Pflichtverletzung erst gar nicht am Vergabeverfahren 82 teilgenommen hätte, so kann auch hier die Pflichtverletzung nicht hinweggedacht werden, ohne dass der Schaden mit Blick auf das negative Interesse entfiele. Um das negative Interesse verlangen zu können, bedarf es also nicht zwingend des Nachweises, dass der schadensersatzberechtigte Bieter den Zuschlag ohne die Pflichtverletzung hätte erhalten müssen, d.h. in Bezug auf das negative Interesse sind die Anforderungen etwas niedriger. Diese Fallkonstellation, dass der Bieter ohne die Pflichtverletzung nicht am Vergabeverfahren teilgenommen hätte, dürfte immer in den Fällen gegeben sein, in denen die Ausschreibung unzulässig wegen fehlender Finanzierung aufgehoben wird, obschon der Auftraggeber schon vor Beginn der Ausschreibung wusste, dass die Finanzierung nur bis zu einem

---

154 BGH »Rettungsdienstleistungen II«, 09.06.2011, X ZR 143/10, BGHZ 190, 89 (Rn. 17).
155 OLG Naumburg, 26.10.2004, 1 U 30/04, ZfBR 2005, 210; OLG Thüringen, 27.02.2002, 6 U 360/01, VergabeR 2002, 419 (421).
156 BGH, 07.06.2005, X ZR 19/02; BGH, 26.10.1999, X ZR 30/98, NJW 2000, 661 (663).
157 BGH, 12.07.1984, VII ZR 111/83, BauR 1984, 631 (632); Lampe-Helbig/Wörmann, Rn. 511.
158 BGH, 07.06.2005, X ZR 19/02; BGH, 16.14.2002, X ZR 67/00, NJW 2002, 2558.
159 BGH, 26.03.1981, VII ZR 185,80, NJW 1981, 1673; Dähne, NZBau 2003, 489.
160 OLG Naumburg, 26.10.2004, 1 U 30/04, ZfBR 2005, 210; OLG Koblenz, 26.09.2003, 10 U 893/02, VersR 2004, 872; Byok/Jaeger/Franßen, § 126 GWB, Rn. 61.
161 BGH, 25.11.1992, VIII ZR 170/91, NJW 1993, 520 (522).

bestimmten Betrag gesichert ist. Weist der Auftraggeber pflichtwidrig hierauf in der Ausschreibung nicht hin, spricht eine **Vermutung** dafür, dass ein Bieter, der ein Angebot oberhalb der Finanzierungsgrenze abgegeben hat, bei entsprechender Information kein Angebot abgegeben hätte.

83   Dem Vergaberecht ist ein **Anspruch auf** einen zu erteilenden **Auftrag** unbekannt.[162] Der öffentliche Auftraggeber ist demnach nicht gezwungen, den öffentlichen Auftrag tatsächlich zu erteilen.[163] **Mangels Kontrahierungszwangs**[164] kann er von einer Erteilung des Auftrags also selbst dann absehen, wenn ihm die Möglichkeiten der rechtmäßigen Aufhebung des Verfahrens, wie z.B. § 17 VOB/A, nicht eröffnet sind.[165] Bis zu der Entscheidung des BGH v. 09.06.2011 erhielt der Bieter in einer solchen Konstellation keinen Schadenersatz auf den entgangenen Gewinn. Der beteiligte Bieter durfte nämlich nicht in schutzwürdiger Weise darauf vertrauen, dass tatsächlich eine Auftragsvergabe des ausgeschriebenen Auftrags erfolgt, selbst wenn Vergabeverfahren regelmäßig mit einer Auftragserteilung enden sollen. Deshalb verlangte die Rechtsprechung zur Gewährung des positiven Interesses, dass der zunächst ausgeschriebene **Auftrag** auch **tatsächlich vergeben** wurde.[166] Tatsächlich vergeben war der Auftrag, wenn der ursprünglich ausgeschriebene Auftrag erteilt worden ist. Es handelt sich dann um den ursprünglich ausgeschriebenen Auftrag, wenn der später erteilte Auftrag **keine wesentlichen Änderungen** zu dem zunächst ausgeschriebenen Auftrag aufweist. Dies ist wirtschaftlich zu betrachten. Dabei haben Änderungen, die allein durch die spätere Ausführung der Arbeiten veranlasst sind, unberücksichtigt zu bleiben.[167] Keine wesentliche Änderung stellt es dar, wenn z.B. der ursprünglich als Generalunternehmerleistung ausgeschriebene Auftrag nach Aufhebung des Verfahrens nunmehr in Einzellosen vergeben werden soll, denn der Leistungsinhalt ändert sich bei wirtschaftlicher Betrachtungsweise nicht. Wirtschaftlich bleibt der Leistungsinhalt, oder besser: das wirtschaftliche Ergebnis des Beschaffungsvorganges, nämlich identisch.

84   Wenn aber mit der neuen Rechtsprechung des BGH[168] der »Vertrauenstatbestand« keine Rolle mehr spielt, bedeutet dies, dass nun entgangener Gewinn grundsätzlich auch dann verlangt werden kann, wenn der Auftraggeber vergaberechtswidrig von einer Auftragserteilung endgültig absieht. Der schuldhaft begangene objektive Pflichtenverstoß (Aufhebung ohne Aufhebungsgrund) hat dann nämlich adäquat kausal den Schaden (fehlende Gewinnrealisierung) bei dem Bieter verursacht, der ansonsten (ohne die Aufhebung des Verfahrens) den Zuschlag erhalten hätte.

85   Dies zeigt, dass die Möglichkeiten von Bietern, weitergehenden Schadenersatz bei Vergabeverstößen geltend zu machen und durchzusetzen, mit der neuen Rechtsprechung des BGH deutlich verbessert worden sind.

86   Die **Höhe** des entstandenen Schadens muss nötigenfalls vom Gericht nach § 287 ZPO geschätzt werden.[169] Dies setzt aber voraus, dass zumindest greifbare Anhaltspunkte für die Ausübung des freien richterlichen Ermessens zur Schadenshöhe gegeben sind.[170]

87   Der schadensersatzberechtigte Bieter muss für den Fall, dass er das positive Interesse begehrt, darlegen und erforderlichenfalls beweisen, dass vom Standpunkt eines nachträglichen Beurteilers eine Wahrscheinlichkeit dafür bestand, dass er bei Auftragserteilung einen Gewinn erzielt hätte. Der

---

162 BGH, 01.02.2005, X ZB 27/04; Reidt/Stickler/Glahs/Glahs, § 126 GWB, Rn. 59.
163 BGH, 08.09.1998, X ZR 48/97, BauR 1998, 1232 (1237).
164 BGH, 16.12.2003, X ZR 282/02, NJW 2004, 2165 (2166); Abel, VergabeR 2002, 329 (330).
165 BGH, 05.11.2002, X ZR 232/00, NZBau 2003, 168 (169).
166 BGH, 08.09.1998, X ZR 48/97, BauR 1998, 1232 (1236); BGH, 08.09.1998, X ZR 99/96, BauR 1998, 1238 (1245); BGH, 28.10.2003, X ZR 248/02, NZBau 2004, 166 (167); a.A. OLG Düsseldorf, VergabeR 2002, 326 (328); Schelle BauR 1999, 1233.
167 BGH 21.02.2006, X ZR 39/03.
168 BGH »Rettungsdienstleistungen II«, 09.06.2011, X ZR 143/10, BGHZ 190, 89.
169 OLG Naumburg, 26.10.2004, 1 U 30/04, ZfBR 2005, 210; BGH, 23.09.1982, III ZR 196/80, BauR 1983, 90 (93).
170 BGH, 16.03.1959, III ZR 20/58, BGHZ 29, 393 (400); BGH, 22.08.2012, VII ZR 2/11, BauR 2012, 1822.

Nachweis, dass tatsächlich Gewinn erzielt worden wäre, ist dagegen nicht erforderlich.[171] Dem Auftraggeber steht dagegen aber immer der Nachweis offen, dass sich der Vertrag für den übergangenen Bieter tatsächlich als Verlustgeschäft erwiesen hätte.[172] Zu beachten ist aber, dass richtigerweise auch eine entgangene Verlustminderung durch entgangene Deckungsbeiträge nach der Rechtsprechung des BGH einem entgangenen Gewinn nach § 252 BGB, § 287 ZPO gleichsteht.[173] Dies folgt aus dem vorzunehmenden Gesamtvermögensvergleich: Hätte sich der Gesamtverlust des Bieters durch eine Realisierung des tatsächlich vergaberechtswidrig entgangenen Auftrags gemindert (weil nämlich durch den erzielten Umsatz zumindest ansonsten verlorene Deckungsbeiträge erwirtschaftet worden wären), liegt auch hierin ein zu erstattender »entgangener Gewinn«.

f) Rechtmäßiges Alternativverhalten

Der öffentliche Auftraggeber kann sich durch den Vortrag rechtmäßigen Alternativverhaltens **88** grundsätzlich exkulpieren.[174] Dies setzt aber zweierlei Nachweis voraus: Der öffentliche Auftraggeber muss zunächst nachweisen, dass der Schaden auch dann eingetreten wäre, wenn er sich rechtmäßig verhalten hätte.[175] Er muss weiter nachweisen, dass er sich in der gegebenen Situation auch tatsächlich im Sinne der rechtmäßigen Alternative verhalten hätte.[176] Auf den Einwand rechtmäßigen Alternativverhaltens kann sich der Schädiger aber ausnahmsweise nicht berufen, wenn dies mit dem Schutzzweck der verletzten Norm nicht vereinbar wäre.[177] Für den Fall, dass der Auftraggeber eine fehlerhafte Wertungsmatrix erstellt hat, kann nach zutreffender Ansicht des BGH nicht im Wege einer fiktiven Alternativbetrachtung ein Vergabeverfahren mit vergaberechtlich unbedenklichen Wertungskriterien gegenübergestellt und eine hypothetische Prüfung daran angeschlossen werden, ob der Geschädigte auch in einem solchen Fall rechtsanwaltliche Hilfe zur Prüfung des Wertungsschemas in Anspruch genommen hätte.[178]

III. Deliktsrechtliche Ansprüche

Im Rahmen des Deliktsrechts stehen grundsätzlich mehrere Anspruchsgrundlagen zur Verfügung. **89** Die praktische Bedeutung ist jedoch verhältnismäßig gering.

1. § 823 Abs. 1 BGB

§ 823 Abs. 1 BGB gewährt Schadensersatzansprüche bei schuldhafter Verletzung der in § 823 **90** Abs. 1 BGB genannten Rechtsgüter und dient nicht dem Schutz des Vermögens eines am Vergabeverfahren Beteiligten.[179] Da eine Verletzung des Lebens, des Körpers, der Gesundheit, der Freiheit und des Eigentums im Rahmen eines Vergabeverfahrens nur ganz ausnahmsweise in Betracht kommen wird, stellt sich die Frage, ob innerhalb eines Vergabeverfahrens »sonstige Rechte« widerrechtlich verletzt werden, wenn und soweit Vergabefehler unterlaufen.

Möglich ist grundsätzlich die Verletzung des **Rechts am eingerichteten und ausgeübten Gewerbe-** **91** **betrieb** des Bieters, denn dieses Recht ist als sonstiges Recht im Sinne des § 823 BGB anerkannt.[180]

---

171 BGH, 17.12.1963, V ZR 186/61, NJW 1964, 661 (662).
172 BGH, 15.03.1990, I ZR 149/88, NJW 1990, 2543 (2544); OLG Köln, 08.11.1991, 19 U 50/91, BauR 1992, 98 (100).
173 BGH, 15.04.2008, X ZR 129/06, VergabeR 2008, 641 (645).
174 BGH, 26.10.1999, X ZR 30/98, NJW 2000, 661 (663); BGH, 24.04.1997, VII ZR 106/95, BauR 1997, 636 (637).
175 BGH, 25.11.1992, VIII ZR 170/91, NJW 1993, 520 (521); BGH 15.03.2005, VI ZR 313/03, NJW 2005, 1718.
176 BGH, 25.11.1992, VIII ZR 170/91, NJW 1993, 520 (521); OLG Koblenz, 26.09.2003, 10 U 893/02, VersR 2004, 872 (873).
177 BGH 24.10.1986, IX ZR 91/84, BGHZ 96,157.
178 BGH »Rettungsdienstleistungen II«, 09.06.2011, X ZR 143/10, BGHZ 190, 89 (Rn. 19).
179 OLG Düsseldorf, 31.01.2003, 5 U 13/02, NZBau 2003, 459.
180 Palandt/Sprau, § 823 BGB, Rn. 20; Immenga/Mestmäcker/Stockmann, § 126 GWB, Rn. 43.

Eine Verletzung dieses Rechts liegt indes nur dann vor, wenn der Eingriff **rechtswidrig** und zudem **betriebsbezogen** ist, d.h. die schädigende Handlung muss sich gerade gegen den Gewerbebetrieb als solchen richten und nicht lediglich gegen sonstige, vom Gewerbebetrieb ablösbare Rechte.[181] Rechtsverstöße innerhalb des Vergabeverfahrens richten sich aber nicht gegen das Unternehmen eines Bieters in seiner Gesamtheit, obschon sie ein Unternehmen erheblich beeinträchtigen können. Nach überwiegender Auffassung kann daher allenfalls eine **angeordnete Vergabesperre**, die sich direkt gegen ein Unternehmen richtet und den grundsätzlichen Ausschluss des Unternehmens von öffentlichen Aufträgen nach sich zieht, als ein solcher betriebsbezogener Eingriff angesehen werden.[182] Selbst dort ist aber zusätzlich die Rechtswidrigkeit des Eingriffs als weitere Voraussetzung vom beeinträchtigten Bieter darzulegen und zu beweisen.[183] § 823 Abs. 1 BGB hat daher im Vergabeverfahren wenig praktische Relevanz.[184]

2. § 823 Abs. 2 BGB in Verbindung mit dem Verstoß gegen ein Schutzgesetz

92   § 823 Abs. 2 BGB gewährt denselben Schadensersatz wie § 823 Abs. 1 BGB, wenn schuldhaft gegen ein den Schutz eines Anderen bezweckendes Gesetz verstoßen wird. Die Frage, ob Normen des Vergaberechts als Schutzgesetze zu qualifizieren sind, ist jedenfalls **oberhalb der Schwellenwerte** für die weitaus meisten vergaberechtlichen Vorschriften zu bejahen, denn sie bezwecken zumindest auch den Schutz jedes einzelnen am Vergabeverfahren Beteiligten.[185] Fraglich ist aber, ob dies alleine ausreicht, um Schadensersatzansprüche i.S.d. § 823 Abs. 2 BGB geltend machen zu können. Die Rechtsprechung hat für den Bereich des § 823 Abs. 2 BGB nämlich darauf abgestellt, ob die Geschädigten auf diese Norm angewiesen seien, um ihren Schaden geltend machen zu können. Es sei nur dann Raum für eine (zusätzliche) Sicherung nach § 823 Abs. 2 BGB, wenn das in Bezug genommene Gesetzeswerk, d.h. die zugrunde liegenden Schutznormen, keinen ausreichenden eigenständigen Schutz biete.[186]

93   Fraglich ist also, ob das Vergaberecht bereits einen ausreichenden eigenständigen Sekundärrechtsschutz begründet. Zum Teil wird dies mit Blick auf § 823 Abs. 2 BGB angenommen, weil § 126 Abs. 1 den Schadensersatz bei Verstößen gegen eine den Schutz des Unternehmens bezweckende Vorschrift regele. Es bestehe demnach kein Bedürfnis für die Anwendung des § 823 Abs. 2 BGB in Verbindung mit den Bestimmungen des Vergaberechts.[187] Dem ist zu widersprechen, denn, wie bereits dargelegt, lässt sich mit § 181 S. 1 GWB gerade dann kein Schadensersatzanspruch begründen, wenn der Auftraggeber besonders schwer gegen drittschützende Vergabevorschriften verstoßen hat. So lässt sich das Merkmal der »echten Chance auf den Zuschlag« gerade dann nicht begründen, wenn der Auftraggeber entweder überhaupt nicht ausgeschrieben hat, oder wenn die fehlerhaften Ausschreibungsunterlagen nicht die Abgabe vergleichbarer Angebote ermöglichen. Gerade hier besteht jedoch ein Bedürfnis sekundärer Rechtschutzmöglichkeiten. Von einer Anwendbarkeit des § 823 Abs. 2 BGB in Verbindung mit den Bestimmungen des Vergaberechts ist daher auszugehen.[188] Freilich ist gerade auch hier die Darstellung eines ersatzfähigen Schadens äußerst schwierig,

---

181 BGH, 15.11.1982, II ZR 206/81, BGHZ 86, 152 (156); Ingenstau/Korbion/Müller-Wrede, 15. Aufl., § 126 GWB, Rn. 11.

182 OLG Koblenz, 03.02.1988, 1 U 594,/87, VersR 1989, 372; OLG Frankfurt a.M., 03.12.1996, 11 U 64/95, WRP 1997, 203; Willenbruch/Wieddekind/Scharen, § 126 GWB, Rd. 69; Pietzcker NVwZ 1983, 121 (124); Ingenstau/Korbion/Müller-Wrede, 15. Aufl., § 126 GWB, Rn. 11; Immenga/Mestmäcker/Stockmann, § 126 GWB, Rn. 43; Boesen, Vergaberecht, § 126, Rn. 71; Byok/Jaeger/Franßen, § 126, Rn. 98; Reidt/Stickler/Glahs/Glahs, § 126 GWB, Rn. 79.

183 OLG Koblenz, 03.02.1988, 1 U 594,/87, VersR 1989, 372.

184 So auch: Willenbruch/Wieddekind/Scharen, § 126 GWB, Rd. 69.

185 Siehe oben Rdn. 7–9; Ingenstau/Korbion/Müller-Wrede, 15. Aufl., § 126 GWB, Rn. 11.

186 BGH, 05.02.1980, VI ZR 169/79, NJW 1980, 1792; BGH, 29.06.1982, VI ZR 33/81, BGHZ 84, 312 (314).

187 Byok/Jaeger/Gronstedt, 2. Auflage, § 126 GWB, Rn. 1324.

188 KG, 27.11.2004, 2 U 174/02, VergabeR 2004, 490; Ingenstau/Korbion/Müller-Wrede, 15. Aufl., § 126 GWB, Rn. 11; Reidt/Stickler/Glahs/Glahs, § 126 GWB, Rn. 73; Horn NZBau 2000, 63 (64); Willenbruch/Wieddekind/Scharen, § 126 GWB, Rn. 75.

weil regelmäßig nicht der hypothetische Verlauf des Verfahrens und die damit verbundenen Auswirkungen auf das Vermögen des Anspruchstellers dargestellt und erst recht nicht bewiesen werden können, sodass sich der Anwendungsbereich dieser Schadensersatznorm im Ergebnis auf Einzelfälle reduzieren dürfte.

Unterhalb der Schwellenwerte können die Regelungen des Vergaberechts dagegen schon nicht als **94** Schutzgesetze betrachtet werden;[189] sie haben dort keine Rechtsnormqualität. § 823 Abs. 2 BGB scheidet hier also von vornherein aus. Anders ist dies, soweit gegen gesetzlich normierte übergeordnete Rechtsgrundsätze verstoßen wird, wie z.B. gegen den Grundsatz des Willkürverbots, der durch Art. 3 GG gewährleistet wird.[190] In solchen Fällen kann ein etwaig entstandener Schadensersatzanspruch ggf. auch auf § 823 Abs. 2 BGB gestützt werden.

In diesem Sinne Rechtsnormqualität können unterhalb der Schwellenwerte auch die Grundregelungen des AEUV, wie z.B. das in Art. 18 AEUV niedergelegte Diskriminierungsverbot oder die **95** Grundsätze des freien Warenverkehrs (Art. 34 AEUV), der Niederlassungsfreiheit (Art. 49 AEUV) oder des freien Dienstleistungsverkehrs (Art. 56 AEUV) haben. Bei Aufträgen, die zwar unterhalb der Schwellenwerte liegen, aber dennoch sog. Binnenmarktrelevanz[191] aufweisen, d.h. auch für ausländische Unternehmen interessant sind, gelten diese Regelungen unmittelbar. Ein Verstoß hiergegen, sowie gegen das aus diesen Grundsätzen abgeleitete Transparenzgebot könnte dann Ansprüche nach § 823 Abs. 2 BGB i.V.m. diesen Rechtsgrundlagen auslösen.

3. § 826 BGB

Unter dem Aspekt einer **vorsätzlich sittenwidrigen Schädigung** gewährt § 826 BGB nur dann **96** einen Anspruch auf Schadensersatz im Vergabeverfahren, wenn der Auftraggeber vorsätzlich und sittenwidrig gegen eine Vergabevorschrift verstoßen hat, um den benachteiligten Bieter zu schädigen. Sittenwidrig sind im Allgemeinen solche Handlungen, die gegen das Anstandsgefühl aller billig und gerecht Denkenden verstößt und aus diesem Grunde als verwerflich anzusehen sind.[192] Abgesehen von dem Problem des konkreten Nachweises der Sittenwidrigkeit der Schadenszufügung im Einzelfall dürfte der Anwendungsbereich sich auf Fälle **kollusiven Zusammenwirkens** zwischen Auftraggeber und einem anderen Bieter,[193] auf Fälle der Bestechung[194] und auf Fälle bewusster Wettbewerbsmanipulationen zulasten eines bestimmten Unternehmens beschränken.

Die Sittenwidrigkeit eines Verhaltens kann sich aus dem eingesetzten Mittel, dem verfolgten Ziel, **97** der zutage tretenden Gesinnung oder den eintretenden Folgen ergeben.[195] Für die Annahme von Sittenwidrigkeit kann dabei genügen, dass das angewandte, unter anderen Umständen nicht zu beanstandende Mittel zu dem angestrebten, für sich billigenswerten Zweck unter Berücksichtigung aller Umstände des Einzelfalles[196] außer Verhältnis steht.[197] »Vorsätzlich« im Sinne des § 826 BGB ist das Verhalten, wenn der Betreffende mindestens grob leichtfertig handelt, d.h. wenn er sich einer Kenntnis der haftungsbegründenden Umstände bewusst verschließt.[198]

---

189 OLG Düsseldorf, 29.07.1998, U (Kart) 24/98, BauR 1999, 241 (246); Immenga/Mestmäcker/Stockmann, § 126 GWB, Rn. 44.
190 BVerfG 13.06.2006, 1 BvR 1160/03, VergabeR 2006, 871.
191 EuGH 13.04.2010, C 91/08.
192 Palandt/Ellenberger, § 138 BGB, Rn. 2 m.w.N.
193 Z.B: LG Köln, 17.11.2004, 28 O 449/04, BauR 2005, 1044.
194 Lötzsch/Bornheim NJW 1995, 2134 (2136).
195 BGH, 19.01.2001, V ZR 437, 99, NJW 2001, 1137; BGH, 29.06.2005, VIII ZR 299/04, NJW 2005, 2991.
196 Palandt/Sprau, § 826 Rn. 4.
197 LG Köln, 17.11.2004, 28 O 449/04, BauR 2005, 1044.
198 BGH, 27.01.1994, I ZR 326/91, NJW 1994, 2289.

4. § 839 BGB in Verbindung mit Art 34 GG

98   Der Schadensersatzanspruch nach § 839 BGB setzt die vorsätzliche oder fahrlässige Verletzung von Amtspflichten durch Beamte voraus. Damit sind nur Handlungen im hoheitlichen Verwaltungsbereich grundsätzlich geeignet, derartige Schadensersatzansprüche auszulösen. Im Vergabeverfahren handelt der öffentliche Auftraggeber aber nicht hoheitlich, sondern vielmehr im Bereich des Privatrechts.[199] Wenn aber die Amtspflicht zur Einhaltung der Vergabevorschriften in privatrechtlicher Funktion verletzt wird, ist der Anwendungsbereich des Art. 34 GG nicht eröffnet.[200] Schadensersatzansprüche gegen die Vergabestelle lassen sich bei Verletzung der Vergabevorschriften also nicht auf **Amtshaftungsansprüche** stützen.[201]

99   Anders als die Vergabestelle handelt die Vergabekammer aber in Ausübung hoheitlicher Gewalt. Wenn und soweit die Vergabekammer innerhalb eines Nachprüfungsverfahrens Amtspflichten verletzt, kommen also Amtshaftungsansprüche grundsätzlich in Betracht. Die Handlungen der Kammermitglieder unterfallen aber dem **Haftungsprivileg** des § 839 Abs. 2 BGB. Die Rechtsprechung legt das Tatbestandsmerkmal des § 839 Abs. 2 BGB, »bei dem Urteil«, nämlich sehr weit aus und erstreckt es auf alle richterlichen Entscheidungen, die ihrem Wesen nach Urteile sind und diesen in allen wesentlichen Voraussetzungen gleichzusetzen, also urteilsvertretende Erkenntnisse sind.[202] Die Beschlüsse der Vergabekammer sind der Rechtskraft fähig und beenden das Prozessrechtsverhältnis zwischen den Parteien mit bindender Wirkung. Sie sind also ihrem Wesen nach Urteile und lösen somit das Haftungsprivileg aus.

IV. Kartellrechtliche Ansprüche

100   Auch kartellrechtliche Ansprüche sind nur selten Gegenstand von Schadensersatzklagen wegen Verletzung vergaberechtlicher Vorschriften. § 20 Abs. 1 GWB verpflichtet **marktbeherrschende** oder zumindest **marktstarke** Unternehmen, ein anderes Unternehmen nicht unbillig zu behindern oder dieses gegenüber gleichartigen Unternehmen ohne sachlich gerechtfertigten Grund unterschiedlich zu behandeln. Verstößt ein zumindest marktstarkes Unternehmen hiergegen, kann das benachteiligte Unternehmen Schadensersatzansprüche geltend machen, **§ 33 GWB.**[203]

101   Das große Problem ist bei diesen Ansprüchen die Beantwortung der Frage, ob der Auftraggeber marktstark oder gar marktbeherrschend ist. Der öffentliche Auftraggeber ist immer in der Position des Nachfragers von Leistungen. Hier kann er nur dann marktstark oder gar marktbeherrschend sein, wenn er den größten Teil oder gar allein diese Art von Leistung benötigt. Dies wird angenommen bei Leistungen, die allein von der Bundesrepublik Deutschland nachgefragt werden, wie z.B. im Bereich des Militärs.[204] Immer erforderlich ist aber eine Abgrenzung des Marktes in sachlicher und in räumlicher Hinsicht. In der Regel lässt sich die Marktstärke des öffentlichen Auftraggebers nicht darstellen.

102   § 9 Abs. 1 UWG gewährt Schadensersatzansprüche **gegen Mitbewerber**, wenn diese gegen die Verpflichtung des § 3 UWG verstoßen haben, keine unlauteren Wettbewerbshandlungen zu unternehmen, die geeignet sind, den Wettbewerb zum Nachteil der Mitbewerber der Verbraucher oder der sonstigen Marktteilnehmer nicht nur unerheblich zu beeinträchtigen. Ansprüche gegen den Auftraggeber scheiden in diesem Zusammenhang von vornherein aus, weil der Auftraggeber niemals »Mitbewerber« ist, sondern immer in der Position des Nachfragers erscheint.[205]

---

199   BGH, 26.10.1961, KZR 1/61, BGHZ 36, 91 (96); BVerwG, 07.11.1957, BVerwG II C 109/55, NJW 1958, 394; Ingenstau/Korbion/Müller-Wrede, § 126 GWB, Rn. 12.

200   Maunz/Dürig/Papier, GG, Art. 34, Rn. 106.

201   Ingenstau/Korbion/Müller-Wrede, § 126 GWB, Rn. 12; Byok/Jaeger/Franßen, § 126 GWB, Rd. 102; Boesen, § 126 GWB, Rn. 87; a.A. aber: Byok/Jaeger/Gronstedt, 2. Auflage, § 126 GWB, Rn. 1328.

202   BGH, 21.05.1953, III ZR 272/51, BGHZ 10, 55 (60); BGH, 10.02.1969, III ZR 35/68, NJW 1969, 876 (877); a.A. aber: Ingenstau/Korbion/Müller-Wrede, 15. Aufl., § 126 GWB, Rn. 12.

203   LG Düsseldorf 29.10.2008, 14c O 264/08, NZBau 2009, 142.

204   OLG Frankfurt a.M., 26.07.1988, 6 U 53/87, BauR 1990, 91.

205   Willenbruch/Wieddekind/Scharen, § 126 GWB, Rn. 82.

§ 182 Kosten des Verfahrens vor der Vergabekammer

(1) Für Amtshandlungen der Vergabekammern werden Kosten (Gebühren und Auslagen) zur Deckung des Verwaltungsaufwandes erhoben. Das Verwaltungskostengesetz vom 23. Juni 1970 (BGBl. I S. 821) in der am 14. August 2013 geltenden Fassung ist anzuwenden.

(2) Die Gebühr beträgt mindestens 2 500 Euro; dieser Betrag kann aus Gründen der Billigkeit bis auf ein Zehntel ermäßigt werden. Die Gebühr soll den Betrag von 50 000 Euro nicht überschreiten; sie kann im Einzelfall, wenn der Aufwand oder die wirtschaftliche Bedeutung außergewöhnlich hoch ist, bis zu einem Betrag von 100 000 Euro erhöht werden.

(3) Soweit ein Beteiligter im Verfahren unterliegt, hat er die Kosten zu tragen. Mehrere Kostenschuldner haften als Gesamtschuldner. Kosten, die durch Verschulden eines Beteiligten entstanden sind, können diesem auferlegt werden. Hat sich der Antrag vor Entscheidung der Vergabekammer durch Rücknahme oder anderweitig erledigt, ist die Hälfte der Gebühr zu entrichten. Die Entscheidung, wer die Kosten zu tragen hat, erfolgt nach billigem Ermessen. Aus Gründen der Billigkeit kann von der Erhebung von Gebühren ganz oder teilweise abgesehen werden.

(4) Soweit ein Beteiligter im Nachprüfungsverfahren unterliegt, hat er die zur zweckentsprechenden Rechtsverfolgung oder Rechtsverteidigung notwendigen Aufwendungen des Antragsgegners zu tragen. Die Aufwendungen der Beigeladenen sind nur erstattungsfähig, soweit sie die Vergabekammer aus Billigkeit der unterlegenen Partei auferlegt. Hat sich der Antrag durch Rücknahme oder anderweitig erledigt, erfolgt die Entscheidung, wer die zur zweckentsprechenden Rechtsverfolgung oder Rechtsverteidigung notwendigen Aufwendungen anderer Beteiligter zu tragen hat, nach billigem Ermessen; in Bezug auf die Erstattung der Aufwendungen der Beigeladenen gilt im Übrigen Satz 2 entsprechend. § 80 Absatz 1, 2 und 3 Satz 2 des Verwaltungsverfahrensgesetzes und die entsprechenden Vorschriften der Verwaltungsverfahrensgesetze der Länder gelten entsprechend. Ein gesondertes Kostenfestsetzungsverfahren findet nicht statt.

A. Kosten des Verfahrens vor der Vergabekammer

I. Grundlagen der Kostenregelung

1 § 182 GWB, der im Wesentlichen dem bisherigen § 128 GWB a.F. entspricht,[1] sieht vor, dass für die Amtshandlungen der Vergabekammern zur **Deckung des Verwaltungsaufwandes** Kosten in Form von Gebühren und Auslagen erhoben werden. Der Satz 2 des § 182 Abs. 1 GWB erklärt das durch Art. 5 Abs. 1 Satz 2 des Gesetzes zur Strukturreform des Gebührenrechts des Bundes[2] mit Wirkung vom 15. August 2013 aufgehobene Verwaltungskostengesetz (VwKostG) in seiner am 14. August 2013 geltenden Fassung weiterhin für anwendbar. Mit der statischen Verweisung auf das VwKostG trägt der Gesetzgeber dem Umstand Rechnung, dass die individuell zurechenbaren öffentlichen Leistungen des Bundeskartellamts nach § 2 Abs. 2 Satz 2 Nr. 3 des Bundesgebühren-gesetzes nicht in den Anwendungsbereich dieses Gesetzes fallen.[3]

2 Den zulässigen **Gebührenrahmen** legt § 182 Abs. 2 GWB fest. Danach liegt die Mindestgebühr grundsätzlich bei 2.500 Euro, die Höchstgebühr grundsätzlich bei 50.000 Euro. Die Erstattung der **Auslagen**, also der geldwerten Aufwendungen der Vergabekammer, richtet sich nach dem **VwKostG**. Hierunter sind allerdings nur die gesondert erfassbaren Auslagen (wie die tatsäch-lich entstandenen, gesondert zurechenbaren Telefonkosten, Kopierkosten, Übersetzungskosten, Bekanntmachungskosten etc.) im Sinne von § 10 VwKostG zu verstehen, nicht jedoch der bereits bei der Gebührenhöhe berücksichtigte personelle und allgemeine sachliche Aufwand. Die Kosten der Vergabekammer werden **von Amts wegen festgesetzt** (§ 14 Abs. 1 Satz 1 VwKostG).

3 Aus den Regelungen in Abs. 3 ergibt sich, wer **Kostenschuldner** ist. Bund, Länder und Gemeinden sowie deren juristische Personen des öffentlichen Rechts sind allerdings, sofern sie im Einzelfall Gebührenschuldner sind, im Wesentlichen von den Gebühren für die Amtshandlungen der Verga-bekammer befreit (vgl. dazu § 8 VwKostG).[4] Bei einem Unterliegen gebührenbefreiter Vergabestel-len können zu ihren Lasten Kosten (Gebühren und Auslagen) nicht festgesetzt werden. Maßgeblich für die Kostenfreiheit ist die Rolle als Beteiligte im Nachprüfungsverfahren.[5]

4 Über die Erstattung der bei den **Beteiligten entstandenen Aufwendungen** zur zweckentsprechen-den Rechtsverfolgung oder Rechtsverteidigung entscheidet die Vergabekammer auf der Grundlage von Abs. 4.

II. Bemessung der Gebühren

1. Ermittlung der Basisgebühr

5 Das Gesetz lässt auch in der durch das VergRModG geänderten Fassung offen, wie im Einzelfall die Höhe der Gebühren der Vergabekammer zu bemessen ist. Es kann daher davon ausgegangen werden, dass nach den Gebührengrundsätzen des § 3 Satz 1 VwKostG weiterhin der personelle und sachliche Aufwand (als Ausdruck des sog. Kostendeckungsprinzips) sowie die wirtschaftliche Bedeutung des Gegenstands des Nachprüfungsverfahrens (und mit ihr das sog. Äquivalenzprinzip)

---

1 Vgl. Kommentierung zu § 128 GWB a.F. von Brauer in der 3. Aufl..
2 Gesetz zur Strukturreform des Gebührenrechts des Bundes, BGBl. I. S. 3154 ff.
3 Vgl. RegE eines Gesetzes zur Strukturreform des Gebührenrechts des Bundes, BT.-Drs. 17/10422 v. 02.08.2012, S. 138.
4 OLG Düsseldorf Beschl. v. 07.09.2012, VII-Verg 19/12, verneint Gebührenfreiheit einer gesetzlichen Kran-kenkasse nach § 8 Abs. 1 Nr. 1 VwKostG, weil deren Ausgaben nicht ganz oder teilweise auf Grund gesetzlicher Verpflichtung aus dem Haushalt des Bundes getragen werden; OLG Naumburg Beschl. v. 20.09.2012, 2, Verg 4/12, geht von der Anwendbarkeit des Landes-VwKostG aus. Danach ist in Sachsen-Anhalt keine Kostenbefreiung für Landesbehörden im vergaberechtlichen Nachprüfungsverfahren gegeben. Dieses sei kostenrechtlich mit einem Widerspruchsverfahren vergleichbar, § 2 Abs. 3 Nr. 3 VwKostG LSA.
5 OLG Frankfurt Beschl. v. 11.04.2012, 11, Verg 10/11: Auf die konkrete Passivlegitimation im Verfahren kommt es nicht an, nur auf die tatsächliche Antragsgegnerschaft.

zu berücksichtigen sind.[6] Der BGH hat diese Auffassung in einer Grundsatzentscheidung bestätigt.[7] Die Höhe der Gebühr für das Nachprüfungsverfahren vor der Vergabekammer ist danach unter Berücksichtigung des Aufwands und der wirtschaftlichen Bedeutung der Sache zu bestimmen. Dabei ist ebenso wie für die Gebühr gem. § 80 Abs. 2 GWB (für das Verfahren bei den Kartellbehörden) vom Wert des Verfahrensgegenstandes auszugehen. Zur Wahrung des Äquivalenzprinzips sieht es der BGH im konkreten Fall für erforderlich an, dass die Verwaltungsgebühr in einem angemessenen Verhältnis zum Wert der Behördenleistung steht.

Die Höhe der Gebühr beträgt nach der gesetzlichen Vorgabe **mindestens 2.500 Euro.** Die Mindestgebühr ist in einfach gelagerten Fällen festzusetzen, deren wirtschaftliche Bedeutung gering ist. **6**

Die Gebühren werden nach den Grundsätzen des § 3 Satz 1 VwKostG für den Einzelfall festgelegt. Danach sind die Gebührensätze so zu bemessen, dass zwischen der den Verwaltungsaufwand berücksichtigenden Höhe der Gebühr einerseits und der Bedeutung, dem wirtschaftlichen Wert oder dem sonstigen Nutzen der Amtshandlung andererseits ein angemessenes Verhältnis besteht. Der Vergabekammer steht bei der Festsetzung der Gebühren ein Ermessensspielraum zu. Es stellt keinen Ermessensfehlgebrauch dar, zum Zwecke der Gebührenbemessung auf eine **Gebührentabelle** zurückzugreifen, die auf den Wert des Auftrags abstellt, sofern die Tabelle nicht starr angewendet wird, sondern Raum bleibt, im Rahmen einer einzelfallbezogenen Ermessensausübung Abweichungen nach oben oder unten zuzulassen.[8] Das Bundeskartellamt hat für die Vergabekammern des Bundes eine (verwaltungsinterne) Gebührenstaffel erstellt, die von den Vergabekammern der Länder mehrheitlich entsprechend herangezogen wird.[9] Die Gebührentabelle knüpft an den **Auftragswert** an. Dieser Begriff ist in gleicher Weise wie der Begriff des Auftragswerts im Rahmen des § 50 Abs. 2 GKG zu bestimmen. Maßgeblich ist daher die Angebotssumme des Antragstellers.[10] Die Gebührentabelle ordnet der Mindestgebühr (2.500 Euro) einen Auftragswert von mind. 80.000 Euro zu. Der Höchstgebühr (50.000 Euro) werden Auftragswerten von mind. 70. Mio. Euro zugeordnet. Für die dazwischen liegenden Auftragswerte wird die Gebührenhöhe durch Interpolation ermittelt. **7**

Zur Berechnung kann grundsätzlich der für die Schätzung des Auftragswerts maßgebliche § 3 VgV herangezogen werden, soweit jedenfalls die Regelung im Einzelfall als geeignet erscheint. [11] Bei Dienstleistungsverträgen mit einer vorgesehenen festen Vertragslaufzeit ist der gesamte Vertragszeitraum zu berücksichtigen. [12] Hat der Antragsteller noch kein Angebot abgegeben, kann der Wert des Verfahrensgegenstandes geschätzt werden.[13] Als Grundlage für eine **Vergütungsschätzung** kann **8**

6 Zur Bedeutung des Äquivalenzprinzips: OLG Düsseldorf Beschl. v. 07.01.2004, VII-Verg 55/02; OLG Brandenburg Beschl. v. 07.05.2008, Verg W 2/08.
7 BGH Beschl. v. 25.10.2011 X ZB 5/10: Es ist nicht auf den im Einzelfall entstandenen personellen und sachlichen Aufwand abzustellen. Vilmehr soll nach dem Kostendeckungsprinzip die Gesamtheit der in einem bestimmten Zeitabschnitt für die Art der Behördenleistung erhobenen Gebühren dem in diesem Zeitabschnitt anfallenden personellen und sachlichen Verwaltungsaufwand entsprechen.
8 BGH Beschl. v. 25. 10 2011, X ZB 5/10; OLG Frankfurt Beschl. v. 29.08.2014, 11 Verg 3/14; OLG Celle Beschl. v. 01.07.2014, 13, Verg 4/14; OLG Brandenburg Beschl. v. 07.05.2008, Verg W 2/08; BayObLG Beschl. v. 13.04.2004, Verg 5/04; OLG Düsseldorf Beschl. v. 07.01.2004, VII-Verg 55/02; OLG Naumburg Beschl. v. 23.04.2003, 1 Verg 1/03.
9 Veröffentlicht in http://www.forum-vergabe.de/fileadmin/user_upload/Downloads/Bekanntmachung_-Rechtsschutz_bei_der_Vergabe_oeffentlicher_Auftraege.pdf; eine eigene Gebührentabelle verwendet die VK Thüringen vgl. Beschl. v. 21.05.2015 250-4004-2116/2015-E-022-EF.
10 OLG Frankfurt Beschl. v. 29.08.2014, 11 Verg 3/14.
11 BGH Beschl. v.18.03.2014, X ZB 12/13.
12 BGH Beschl. v. 18.03.2014, X ZB 12/13; OLG Celle Beschl. v.01.07.2014 13, Verg 4/14: Nach Ansicht des BGH und des OLG Celle kommt eine Begrenzung auf den vierfachen Jahresbetrag in entsprechender Anwendung des § 3 Abs. 4 Nr. 2 VgV a.F. nicht in Betracht.
13 BGH Beschl. v. 25.10.2011, X ZB 5/10, zu einer De-facto-Vergabe; OLG Celle Beschl. v. 01.07.2014, 13 Verg 4/14, unter Hinweis auf OLG Düsseldorf Beschl. v. 20. April 2004, Verg 9/04.

eine verantwortliche Schätzung des Auftraggebers dienen.[14] Lässt sich der öffentliche Auftraggeber ein Optionsrecht einräumen, ist auch dieses im Rahmen der Ermittlung des Auftragswerts zu
berücksichtigen. Der Ungewissheit darüber, ob der Auftraggeber von der Option Gebrauch machen
wird, ist mit einem angemessenen Abschlag vom vollen Auftragswert Rechnung zu tragen, der im
Regelfall bei 50 % liegen kann.[15]

2. Gebührenerhöhungen und -ermäßigungen

9   Die Gebühr soll **in der Regel** den Betrag von **50.000 Euro nicht überschreiten**, kann aber im
Einzelfall auf **bis zu 100.000 Euro erhöht** werden. Eine Gebührenerhöhung oder -herabsetzung
kommt in Betracht, wenn der Sach- und Personalaufwand oder die wirtschaftliche Bedeutung der
Sache oder beides zusammen aus dem Rahmen dessen fällt, was ein Nachprüfungsantrag der betreffenden Größenordnung und Bedeutung üblicherweise mit sich bringt.[16]

10   Die **Mindestgebühr** kann aus Gründen der Billigkeit **auf ein Zehntel**, also 250 Euro, herabgesetzt
werden (§ 182 Abs. 2 Satz 1, 2. Hs. GWB). Bei weitgehender Identität von Beanstandungen, die in
mehreren Nachprüfungsverfahren durch verschiedene Bieter erhoben wurden, ist dem geringeren
Sach- und Personalaufwand für die Vergabekammer gegenüber der Bearbeitung eines isolierten
Einzelfalles dadurch Rechnung zu tragen, dass für alle betreffenden Nachprüfungsverfahren die
aufgrund der Gebührenstaffel ermittelte Gebühr angemessen reduziert wird.[17] Nach dem Wortlaut
von § 182 Abs. 2 Satz 1, 2.Hs. GWB (»kann«) hat die Vergabekammer hierbei ein Ermessen.[18]

11   Im Anschluss an die Halbierung der Gebühr kann eine **weitere Herabsetzung der Gebühr** nur noch
aus Gründen der Billigkeit gem. § 182 Abs. 3 Satz 6 GWB erfolgen. Aus dem Zusammenhang mit
dem Ermäßigungstatbestand des § 182 Abs. 3 Satz 4 GWB ergibt sich, dass die hier (im Gegensatz zum Ermäßigungstatbestand in § 182 Abs. 2 Satz 1, 2. Hs GWB) eröffnete Möglichkeit der
Gebührenreduzierung grundsätzlich nur bei der vorzeitigen Erledigung bzw. Rücknahme des Nachprüfungsantrags in Betracht kommt.[19] Einzubeziehen sind hier allerdings nur Gesichtspunkte, die
nicht schon gem. § 182 Abs. 3 Satz 4 GWB zwingend zu beachten sind. Allein auf den Umstand,
dass die Vergabekammer infolge der Antragsrücknahme weder mündlich verhandeln noch eine
Sachentscheidung treffen musste, kann eine Gebührenermäßigung nicht gestützt werden, weil das
Gesetz in § 182 Abs. 3 Satz 4 GWB diesen Gesichtspunkten bereits durch die Halbierung der
Gebühr entsprochen hat. Es kann jedoch eine Rolle spielen, dass über den durch Rücknahme
bedingten typischerweise reduzierten Verwaltungsaufwand hinaus bei der Vergabekammer ein
erheblich unterdurchschnittlicher personeller und sachlicher Aufwand angefallen ist, etwa weil der
Antrag ersichtlich unzulässig war oder bereits in einem sehr frühen Verfahrensstadium zurückgenommen wurde.[20] Die Verwaltungsgebühr kann beispielsweise reduziert werden, wenn der personelle und sachliche Aufwand, der bei der Vergabekammer angefallen ist, wegen einer Verwerfung
des Antrags mangels Antragsbefugnis niedrig war.[21]

---

14 OLG Celle Beschl. v. 01.07.2014 13, Verg 4/14; OLG Naumburg Beschl. v. 23.08.2005, Verg 4/05.
15 BGH Beschl. v. 18.03.2014, X ZB 12/13.
16 OLG Brandenburg Beschl. v. 07.05.2008, Verg W 2/08; OLG Düsseldorf Beschl. v. 12.05.2004, VII-Verg
    23/04 bis VII-Verg 28/04.
17 OLG Düsseldorf Beschl. v. 12.05.2004, VII-Verg 23/04 bis Verg 28/04; einschränkend BayObLG
    Beschl. v. 13.04.2004 Verg 05/04: Gebührenreduzierung nur, wenn derselbe vergaberechtliche Verstoß
    gerügt.
18 OLG Düsseldorf Beschl. v. 07.01.2004, VII-Verg 55/02.
19 OLG Saarbrücken Beschl. v. 26.11.2004, 1 Verg 7/04.
20 BayObLG Beschl. v. 06.06.2002, Verg 12/02.
21 OLG Düsseldorf Beschl. v. 04.06.2003, VII-Verg 46/03.

Thiele

III. Kostentragung

Trifft die Vergabekammer eine Entscheidung in der Hauptsache, ist in dieser zugleich darüber zu 12 befinden, zu **welchen Anteilen** die Beteiligten an der Tragung der Kosten zu beteiligen sind (§ 182 Abs. 3 GWB). Nach § 14 Abs. 1 Satz 2 VwKostG soll die Kostenfestsetzungsentscheidung, soweit möglich, mit der Sachentscheidung erfolgen. Die Durchführung einer mündlichen Verhandlung ist insoweit entbehrlich.[22] Die Kostenfestsetzungsentscheidung kann eigenständig angefochten werden.[23]

Endet das Nachprüfungsverfahren ohne Entscheidung in der Hauptsache, etwa aufgrund einer 13 Rücknahme- oder einer Erledigungserklärung, ist durch gesonderten Beschluss über die Tragung der Kosten zu entscheiden. Der Vergabekammer kann zunächst eine Kostengrundentscheidung treffen und, daran anschließend, in einem weiteren Beschluss eine Entscheidung über die Höhe der Kosten (Gebühren und Auslagen) treffen. Es bleibt der Vergabekammer aber unbenommen, beide Entscheidungen uno actu zu treffen.

Die Vergabekammer kann die Kostenentscheidung nachträglich um einen zunächst unterbliebenen 14 Ausspruch über den Erstattungsanspruch eines Beteiligten und über die Notwendigkeit der Hinzuziehung eines Verfahrensbevollmächtigten ergänzen.[24] Die **Ergänzung** kann **von Amts wegen** erfolgen. Die im Rahmen des § 80 VwVfG zu treffenden Entscheidungen sind nachholbar, auch von Amts wegen und nicht erst auf fristgebundenen Antrag.[25]

1. Kostentragung bei Unterliegen

Ein Verfahrensbeteiligter hat die Kosten insoweit zu tragen, als er unterlegen ist (§ 182 Abs. 3 Satz 1 15 GWB).

Für die Beurteilung des Unterliegens (bzw. des Obsiegens des anderen Verfahrensbeteiligten) ist 16 nicht schematisch auf die im Verfahren gestellten Anträge abzustellen. Da die Vergabekammer gem. § 168 Abs. 1 Satz 2 GWB **nicht an die Anträge gebunden** ist und unabhängig davon auf die Rechtmäßigkeit des Vergabeverfahrens einwirken kann, haben die Anträge im Nachprüfungsverfahren nicht die Funktion, den Streitgegenstand oder den Umfang des Nachprüfungsverfahrens exakt mitzubestimmen. Es ist daher für die Beurteilung des Obsiegens in erster Linie auf das wirtschaftliche Begehren des Antragstellers abzustellen.[26] Eine teilweise Unbegründetheit einiger Rügen des Antragstellers führt nicht per se zu einem teilweisen Unterliegen. Haben sich durch die Entscheidung der Nachprüfungsinstanz die Bieterchancen gegenüber der ursprünglichen Entscheidung des Auftraggebers verbessert, wenn auch nicht aus allen vom Antragsteller geltend gemachten Vergaberechtsverstößen, kann gleichwohl die Annahme eine Obsiegens in Betracht kommen. Bei einer dem gestellten Sachantrag und den Intentionen des Antragstellers nicht entsprechenden Entscheidung der Vergabekammer wird ein Teilunterliegen der Antragstellerin in der Sache angenommen.[27] Eine Antragsumstellung im Beschwerdeverfahren kann als eine Teilrücknahme (zur Rücknahme siehe

---

22 BayObLG Beschl. v. 29.09.1999, Verg 5/99.
23 OLG München Beschl. v. 10.09.2012, Verg 17/12.
24 BayObLG Beschl. v. 15.04.2003, Verg 4/03.
25 OLG Düsseldorf Beschl. v. 25.02.2004, VII-Verg 9/02 und 11.09.2003 VII-Verg 35/01.
26 BGH Beschl. v. 08.02.2011, X ZB 4/10; OLG Düsseldorf Beschl. v. 12. Mai 2011, VII-Verg 32/11; OLG Düsseldorf Beschl. v. 04.04.2011, VII-Verg 19/11; OLG Düsseldorf Beschl. v. 03.08.2011, VII-Verg 16/11 und 06.04.2011, VII-Verg 19/11; OLG Naumburg Beschl. v. 23.04.2003, 1 Verg 1/03; OLG Thüringen Beschl. v. 30.01.2002, 6 Verg 9/01.
27 OLG Düsseldorf Beschl. v. 25.06.2008, VII-Verg 22/08; OLG Düsseldorf Beschl. v. 30.06.2004, VII-Verg 22/04; OLG Dresden Beschl. v. 25.01.2005, WVerg 14/04; OLG Celle Beschl. v. 14.07.2003, 13 Verg 12/03.

unten) bislang gestellter und angekündigter Anträge gewertet werden, wenn der Antragsteller mit seinem neuen Antrag sein ursprüngliches Ziel nicht erreicht.[28]

17   Bei teilweisem Obsiegen und Unterliegen werden die Kosten verhältnismäßig geteilt, wobei grundsätzlich das Verhältnis der Kostenteile der Verfahrenserfolge entscheidungserheblich ist, § 92 Abs. 1 ZPO analog. Verteilungsmaßstab ist der Kostenwert.

2. Kostentragung bei Rücknahme oder anderweitiger Erledigung

18   Der bisherige § 128 Abs. 3 Satz 4 GWB a.F. sah vor, dass der Antragsteller die **Hälfte der Gebühr** zu entrichten hat, wenn sich der Nachprüfungsantrag vor Entscheidung der Vergabekammer durch **Rücknahme oder anderweitig erledigt** hat. Das Gesetz ordnete also an, dass im Falle der Rücknahme oder anderweitigen Erledigung stets der Antragsteller der Kostenschuldner sein sollte. Abweichend hiervon ergab sich aus § 128 Abs. 3 Satz 5 GWB a.F., dass die Entscheidung darüber, wer die Kosten des Verfahrens zu tragen hat, nach billigem Ermessen erfolgen sollte.

19   In einer Grundsatzentscheidung vom 25.01.2012 befand der BGH, dass die widersprüchlichen Normbefehle in § 128 Abs. 3 Satz 4 und 5 GWB a.F. dahingehend aufzulösen sind, dass die Entscheidung, wer im Falle der Erledigung die Kosten zu tragen hat, alleine auf der Grundlage von § 128 Abs. 3 Satz 5 GWB zu erfolgen hat.[29] Der Entscheidung des BGH haben sich in der Folgezeit die Nachprüfungsinstanzen angeschlossen.[30]

20   Anknüpfend an diese Rechtsprechung sieht § 182 Abs. 3 Satz 4 in der durch das VergRmodG geänderten Fassung nunmehr vor, dass bei einer Rücknahme oder anderweitigen Erledigung die Hälfte der Gebühr zu entrichten ist. Die Frage, wer Kostenschuldner ist, ist auf der Grundlage von § 182 Abs. 3 Satz 5 GWB zu entscheiden, mithin nach **billigem Ermessen.**[31]

21   **Nimmt** ein Antragsteller seinen Nachprüfungsantrag **zurück**, kann im Rahmen der zu treffenden Billigkeitsentscheidung der aufgrund einer summarischen Prüfung voraussichtliche Ausgang des Nachprüfungsverfahrens Berücksichtigung finden.[32] Ist der Ausgang des Verfahrens offen, kommt regelmäßig eine Kostenteilung in Betracht.[33] Erklären Antragsteller und Auftraggeber das Verfahren übereinstimmend für **erledigt**, weil der Auftraggeber dem Begehr des Antragstellers abgeholfen hat, kann es der Billigkeit entsprechen, dem Auftraggeber die Kosten aufzuerlegen. Denn im Falle der Abhilfe hat der Antragsteller in einem materiellen Sinne obsiegt.

3. Berücksichtigung des Verschuldens eines Beteiligten

22   Kosten, die durch Verschulden eines Beteiligten entstanden sind, können diesem nach § 182 Abs. 3 Satz 3 GWB auferlegt werden. Ein Verschulden auf Seiten des Antragstellers kann vorliegen, wenn dieser ein Nachprüfungsverfahren »unnötig« eingeleitet hat, obwohl die Vergabestelle auf die entsprechende Rüge hin zur Abhilfe bereit war.[34] Andererseits kann zulasten einer Vergabestelle Berücksichtigung finden, wenn diese einen Bieter z.B. durch ungenügende Informationen oder eine verspätete Abhilfeentscheidung in ein Nachprüfungsverfahren »gedrängt« hat. Gleiches kann gelten, wenn der Auftraggeber fälschlicherweise den Rechtsschein eines dem GWB-Vergaberecht unterliegenden Vergabeverfahrens gesetzt und den Bieter dadurch veranlasst hat. Vergabeverstöße

28 OLG Düsseldorf Beschl. v. 24.02.2005, VII-Verg 88/04.
29 BGH, Beschl. v. 25.01.2012, X ZB 3/11.
30 OLG München, Beschl. v. 2. September 2015, Verg 6/15; OLG Frankfurt, Beschl. v. 15. Juli 2015, 11 Verg 1/15; OLG Düsseldorf, Beschl. v. 25. August 2014, VII-Verg 23/13.
31 RegE VergRmodG, BGBl. 18/6281, S. 136, Zu § 182 unter Hinweis auf BGH, Beschl. v. 25.01.2012, X ZB 3/11.
32 OLG München, Beschl. v. 02.09.2015, Verg 6/15; OLG Frankfurt, Beschl. v. 15.07.2015, 11 Verg 1/15; OLG Düsseldorf, Beschl. v. 13. Januar 2014, VII-Verg 11/13.
33 BGH, Beschl. v. 25.01.2012, X ZB 3/11.
34 OLG Düsseldorf, Beschl. v. 11.05.2011, VII-Verg 10/11.

vor der Vergabekammer geltend zu machen.[35] Allerdings tendiert die neuere Rechtsprechung dazu, entsprechende Sachverhalte im Rahmen der Billigkeitsentscheidung nach § 182 Abs. 3 Satz 5 GWB zu berücksichtigen.[36]

4. Kosten im Gestattungsverfahren

Die Vergabekammer kann dem Auftraggeber auf seinen Antrag nach § 169 Abs. 2 Satz 1 GWB hin **23** gestatten, den Zuschlag nach Ablauf von zwei Wochen seit der Gestattungsentscheidung zu erteilen. Da die Entscheidung im Verfahren nach § 169 Absatz 2 Satz 1 GWB nicht mit der Beschwerde angreifbar ist, sondern vor dem Oberlandesgericht ein (weiterer) Antrag auf Wiederherstellung des Zuschlagsverbots gestellt werden muss (§ 169 Abs. 2 Satz 5 GWB), ist über die Kosten des Gestattungsantrages mit der Entscheidung in der Hauptsache zu befinden.[37] Es ist dementsprechend eine einheitliche Gebühr festzusetzen, in der das Gestattungsverfahren als besonderer Aufwand berücksichtigt wird.[38] Das OLG München sieht im Einzelfall analog § 96 ZPO die Möglichkeit, dem Antragsgegner die Kosten eines erfolglosen Antrags auf vorzeitige Zuschlagsgestattung aufzuerlegen, auch wenn der Antragsteller seinen Nachprüfungsantrag zurückgenommen hat.[39]

5. Kosten im Vollstreckungsverfahren

Die Kostenregelung des § 182 GWB kommt nicht nur im eigentlichen Vergabenachprüfungsver- **24** fahren, sondern auch im nachfolgenden Vollstreckungsverfahren zur Anwendung.[40] Derjenige, der das Vollstreckungsverfahren »**veranlasst**« hat, hat die Kosten zu tragen.

Im Falle einer **Erledigung des Vollstreckungsantrages** ist nach Auffassung des OLG Naumburg **25** als »Veranlasser« eines Vollstreckungsverfahrens der Vollstreckungsschuldner jedenfalls dann anzusehen, wenn der Antragsteller zurzeit seiner Antragstellung von der Notwendigkeit eines Vollstreckungsverfahrens zur Durchsetzung der Entscheidung der Vergabekammer bzw. des Vergabesenates ausgehen durfte.[41] Da sich die Vollstreckung gem. § 168 Abs. 3 Satz 2 GWB für die Vergabekammern nach den Verwaltungsvollstreckungsgesetzen des Bundes und der Länder richtet, ist hinsichtlich der Kostentragung **§ 19 VwVG** anzuwenden, der auf § 337 der Abgabenordnung verweist. Danach fallen die Kosten der Vollstreckung dem **Vollstreckungsschuldner** zur Last.

6. Prozesskostenhilfe im Nachprüfungsverfahren

Nach Auffassung des OLG Düsseldorf kann vor der Vergabekammer Prozesskostenhilfe beantragt **26** werden, obwohl das GWB dies nicht ausdrücklich vorsieht.[42] Der Anspruch ergebe sich aus Art. 3 Abs. 1 i.V.m. Art. 20 Abs. 3 GG aufgrund der prozessualen Ausgestaltung des Vergabenachprüfungsverfahrens. Allerdings wird die Bewilligung von Prozesskostenhilfe nur ganz ausnahmsweise

---

35 OLG München, Beschl. v. 02.09.2015, Verg 6/15; OLG Düsseldorf, Beschl. v. 13. Januar 2014, VII-Verg 11/13.
36 vgl. vorangegangene Fn.
37 OLG Düsseldorf Beschl. v. 20. Juli 2015, VII-Verg 37/15 (vorgehend: VK Bund Beschl. v. 24.06.2015, VK 2-35/15).
38 Streitig; für gesonderte Kostenentscheidung: Noelle in: Byok/Jaeger § 128 a.F. Rn. 76; wie hier: Lausen NZBau 2005, 440, 442; VK Schleswig-Holstein Beschl. v. 12.07.2005, VK-SH 18/05 m.w.N.; VK Sachsen Beschl. v. 05.10.2004, 1/SVK/092–04: will für das Gestattungsverfahren die Hälfte der Gebühr in der Hauptsache erheben, weil sie das Gestattungsverfahren als rechtliches Minus gegenüber dem Hauptverfahren ansieht.
39 OLG München Beschl. v, 24.01.2012, Verg 16/11 und 28.02.2011 Verg 23/10.
40 OLG Naumburg. Beschl. v. 27.04.2005, 1 Verg 3/05; OLG Düsseldorf Beschl. v. 27.10.2003, VII-Verg 23/03.
41 OLG Naumburg Beschl. v. 27.04.2005, 1 Verg 3/05: im Hinblick auf Vollstreckungsmaßnahmen sei der Rechtsgedanke des § 788 ZPO, der gem. § 167 VwGO zur Anwendung komme, anzuwenden.
42 OLG Düsseldorf Beschl. v. 28.05.2008, VII-Verg 31/08.

in Betracht kommen. Unternehmen, die nicht in der Lage sind, die Kosten für ein Vergabenachprüfungsverfahren zu tragen, werden wohl in der Regel nicht die Anforderungen der finanziellen
Leistungsfähigkeit erfüllen und damit keine Aussicht auf den Zuschlag haben.[43]

IV. Erstattung der Aufwendungen

1. Allgemeines

27   Soweit ein Beteiligter **unterliegt**, hat er die zur zweckentsprechenden Rechtsverfolgung oder Rechtsverteidigung notwendigen Aufwendungen des Antragsgegners zu tragen (§ 182 Abs. 4 Satz 1 GWB).

28   Durch das VergModG neu geregelt wurden die Vorschriften über die Erstattung der Aufwendungen im Falle der **Rücknahme oder sonstigen Erledigung** des Nachprüfungsverfahrens. Bislang sah
§ 128 Abs. 4 Satz 3 GWB a.F. vor, dass der Antragsteller im Falle der Rücknahme die zur Rechtsverteidigung notwendigen Aufwendungen des Antragsgegners und des Beigeladenen zu tragen hat. Für
den Fall der Einstellung des Nachprüfungsverfahrens aufgrund übereinstimmender Erledigungserklärung enthielt das Gesetz keine Grundlage dafür, die notwendigen Aufwendungen einem anderen
Beteiligten aufzuerlegen. Folge davon war, dass jeder Beteiligte seine Aufwendungen selbst zu tragen
hat. Der BGH lehnte es in seiner Entscheidung vom 25.01.2012 auch ausdrücklich ab, die Billig-
keitsregelung in § 128 Abs. 3 Satz 5 GWB insoweit für entsprechend anwendbar zu erklären.[44] Zur
Begründung wies das Gericht auf die Gesetzessystematik hin, die seit jeher zwischen den Kosten
des Nachprüfungsverfahrens und den Aufwendungen der Verfahrensbeteiligten differenziert habe.

29   Der mangelnde Gleichlauf der Regelungen in § 128 Abs. 3 GWB a.F. einerseits und § 128 Abs. 4
GWB a.F. andererseits im Falle der Erledigung in sonstiger Weise wurde allgemein als unbefriedi-
gend empfunden.[45] Der Gesetzgeber hat im VergModG die Gelegenheit genutzt, die Regelung in
§ 182 Abs. 4 Satz 3 GWB an § 182 Abs. 3 Satz 5 GWB anzugleichen. Zukünftig ist somit auch
bei der Entscheidung über den Aufwendungsersatz nach **billigem Ermessen** darüber zu befinden,
welcher Verfahrensbeteiligter im Falle einer Rücknahme oder sonstigen Erledigung die notwendigen Aufwendungen eines anderen Verfahrensbeteiligten zu erstatten hat. Die Vorschrift lässt es zu,
materielles Unterliegen unter dem Gesichtspunkt der Billigkeit zu berücksichtigen.[46]

30   Der Begriff der notwendigen Aufwendungen entspricht § 162 Abs. 1 VwGO. Aufwendungen zur
zweckentsprechenden Rechtsverfolgung (oder Rechtsverteidigung) sind die persönlichen Auslagen
der Beteiligten und die Gebühren und Auslagen eines Bevollmächtigten.[47] Maßgebend ist, dass die
Aufwendungen im Rahmen der Verfahrensführung nach allgemeiner Verkehrsauffassung sachge-
mäß erscheinen. Hierbei sind die Umstände des Einzelfalls und die Pflicht zur Geringhaltung der
Verfahrenskosten zu beachten.[48] Was zur zweckentsprechenden Rechtsverfolgung und Rechtsver-
digung vor der Vergabekammer erforderlich war, richtet sich nach den objektiv anzuerkennenden
Erfordernissen im jeweiligen Einzelfall und ist auf der Grundlage einer prognostischen Sichtweise
(ex ante) anhand der Umstände des einzelnen Falls zu entscheiden.[49]

2. Kosten der Hinzuziehung eines Rechtsbeistands

31   Die Gebühren und Auslagen eines Rechtsanwalts oder eines sonstigen Bevollmächtigten sind nach
§ 182 Abs. 4 Satz 4 GWB i.V.m. § 80 Abs. 2 VwVfG erstattungsfähig, wenn die Zuziehung eines

---

43 OLG Düsseldorf, a.a.O.
44 BGH Beschl. v. 25.01.2012, X ZB 3/11.
45 OLG München Beschl. v. 14.06.2013, Verg 6/13, charakterisiert die bisherige Rechtslage als in sich wider-
     sprüchlich und zu absurden Ergebnissen führend.
46 RegE VergRModG, BT-Drs. 18/6281, S. 136, 137.
47 Kallerhoff in: Stelkens/Bonk/Sachs VwVfG 8. Aufl. § 80 Rn. 58, 59.
48 Kallerhoff in: Stelkens/Bonk/Sachs VwVfG 8. Aufl. § 80 Rn. 60.
49 OLG Naumburg Beschl. v. 28.06.2004, 1 Verg 8/04.

Bevollmächtigten notwendig war. Die Prüfung bewegt sich im **Spannungsfeld** zwischen der restriktiven Auslegung des § 80 Abs. 2 VwVfG im Verwaltungsverfahren und der pauschalen Annahme, im Vergabenachprüfungsverfahren sei die Hinzuziehung eines anwaltlichen Bevollmächtigten in der Regel notwendig.[50] Durch seinen Charakter als gerichtsähnlich ausgestaltetem Verfahren unterscheidet sich das Vergabenachprüfungsverfahren vor der Vergabekammer in der Tat grundlegend von dem Widerspruchsverfahren nach VwVfG, sodass für die Bieter, d.h. Antragsteller und Beigeladene, im Regelfall die Hinzuziehung eines Rechtsbeistands als notwendig anzuerkennen ist.[51] Aus Gründen der Waffengleichheit kann dies insbesondere dann gelten, wenn der Auftraggeber seinerseits einen Rechtsanwalt hinzugezogen hat.[52] Eine Ausnahme kann vorliegen, sofern sich die zu behandelnde Materie auf einen **einfach gelagerten Sachverhalt** beschränkt, sodass der Antragsteller seine Interessen auch ohne die Einschaltung eines Bevollmächtigten ausreichend und umfassend hätte wahrnehmen können.[53]

Für die Hinzuziehung eines **Rechtsanwaltes durch die Vergabestelle** gilt: Ob die Hinzuziehung 32 eines Verfahrensbevollmächtigten auf Seiten des öffentlichen Auftraggebers notwendig war, kann nach ständiger Rechtsprechung stets nur auf der Grundlage einer differenzierenden Betrachtung im Einzelfall entschieden werden.[54] Hat das Nachprüfungsverfahren schwerpunktmäßig **auftragsbezogene Sach- und Rechtsfragen** zum Gegenstand, besteht für den Auftraggeber im Regelfall **keine Notwendigkeit**, anwaltlichen Beistand hinzuzuziehen. Denn in seinem originären Aufgabenbereich muss der Auftraggeber sich die notwendigen Sach- und Rechtskenntnisse grundsätzlich selbst verschaffen.[55] Kommen weitere Rechtsfragen nicht lediglich einfacher Natur – also solche des Nachprüfungsverfahrens oder des materiellen Vergaberechts – hinzu, wird die Notwendigkeit der Hinzuziehung es anwaltlichen Vertreters hingegen angenommen. Dies ist beispielsweise der Fall, wenn die verschiedenen im Vergaberecht ineinandergreifenden Rechtsebenen (Gemeinschaftsrecht, GWB, VgV) im Verfahren eine Rolle spielen.[56] Die anwaltliche Vertretung wird in der Regel auch als erforderlich angesehen, wenn die Komplexität der Rechtsmaterie, die regelmäßig gebotene Eile der Schriftsatzerstellung sowie die Herstellung der »Waffengleichheit« vor der Vergabekammer es gebieten, der Vergabestelle eine sachgerechte Vertretung zu ermöglichen.[57]

3. Sonstige Aufwendungen

Die **Reisekosten für die Teilnahme an der mündlichen Verhandlung** sind erstattungsfähige 33 Aufwendungen. Dies gilt auch dann, wenn wie regelmäßig das persönliche Erscheinen nicht ausdrücklich angeordnet worden ist. Die Teilnahme der Beteiligten an mündlichen Verhand-

50 Vgl. OLG Düsseldorf Beschl. v. 14.04.2004, VII-Verg 65/03, VII–Verg 66/03, VII-Verg 68/03.
51 Keine Erstattung, wenn die Antragsteller selbst auf Vergaberecht spezialisierte Rechtsanwälte sind: OLG Frankfurt Beschl. v. 08.05.2012, 11, Verg 2/12; VK Lüneburg Beschl. v. 11.01.2005, 203-VgK-55/2004.
52 Zum Aspekt der »Waffengleichheit« etwa OLG Frankfurt Beschl. v. 04.03.2015, 11 Verg 2/14; VK Schleswig-Holstein Beschl. v. 01.09.2015, VK-SH 9/15; VK Saarland Beschl. v. 18.12.2009, 3 VK 02/2009.
53 OLG Düsseldorf Beschl. v. 14.04.2004 VII–Verg 65/03 sowie 29.10.2003 VII-Verg 1/03.
54 OLG Düsseldorf Beschl. v. 04.03 2013, VII-Verg 49/12, unter Hinweis auf BGH Beschl. v. 26.09.2006, X ZB 14/06; OLG Düsseldorf Beschl. v. 03.01.2012, VII-Verg 42/10; Beschl. v. 28.01.2011, VII-Verg 60/10; Beschl. v. 26.09.2003, VII-Verg 31/03; OLG Frankfurt Beschl. v. 30.03.2010, 11 Verg 3/2010; OLG Koblenz Beschl. v. 08.06.2006, 1 Verg 4 und 5/06.
55 OLG Düsseldorf, Beschl. v. 23.12.2014, VII-Verg 37/13; v. 13.01.2014, VII-Verg 11/13; v. 04.03.2013, VII-Verg 49/12; v. 10.07.2013, Verg 40/12; OLG Karlsruhe Beschl. v. 11.07.2011; VK Schleswig-Holstein Beschl. v. 01.09.2015, VK-SH 9/15.
56 OLG Düsseldorf Beschl. v. 16.04.2007, VII-Verg 55/06; OLG München Beschl. v. 11.06.2008, Verg 6/08; OLG Rostock Beschl. v. 29.12.2003, 17 Verg 11/03; VK Bund Beschl. v. 06.05.2008, VK 3–53/08.
57 OLG München Beschl. v. 24.01.2012, Verg 16/11 und 28.02.2011, Verg 23/10: nach objektiv anzuerkennenden Erfordernissen im jeweiligen Einzelfall nach einer ex-ante-Prognose; OLG Naumburg Beschl. v. 06.10.2004, 1 Verg 12/04; OLG Saarland Beschl. v. 29.09.2004, 1 Verg 5/04; OLG Schleswig Beschl. v. 15.07.2003, Verg 6/03; BayObLG Beschl. v. 19.09.2003, Verg 11/03.

lungen im Vergabenachprüfungsverfahren ist sinnvoll und geboten, weil regelmäßig komplexe und zudem unter erheblichem Zeitdruck aufklärungsbedürftige Sachverhalte zur Erörterung im Termin anstehen.[58]

34   Auslagen für **Post-, Telefon- und Telegrammgebühren, Abschriften und Fotokopien** sind erstattungsfähig, soweit sie im Einzelfall notwendig und nachgewiesen sind. Fotokopier- und Versendungskosten der Vergabeakten sind grundsätzlich als notwendige Auslagen für die Zweck entsprechende Rechtsverfolgung gem. § 80 VwVfG anzuerkennen. Dies ergibt sich daraus, dass die Vergabestelle zur Übermittlung der Akten an die Vergabekammer nach § 163 Abs. 2 GWB gesetzlich verpflichtet ist, aber für die Bearbeitung des Nachprüfungsverfahrens die Kenntnis der Vergabeakten benötigt. Nach anderer Ansicht reicht die Argumentation der Vergabestelle, dass es zwingend erforderlich gewesen sei, sämtliche Unterlagen zu kopieren, um in dem Verfahren Schriftsätze bzw. Erwiderungen fertigen zu können, weil die Unterlagen im Original der Kammer zur Verfügung gestellt werden mussten, nicht aus, um die Notwendigkeit der Ablichtung zu begründen. Die Kopier- und Versendungskosten sind danach nur erstattungsfähig, wenn es auf die präzise bildliche Darstellung der fotokopierten Vorlage ankommt.[59]

35   **Allgemeine Personalkosten**, die bei einem Beteiligten angefallen sind, sind nicht erstattungsfähig. Voraussetzung für einen Aufwendungsersatz ist ein durch das Vergabenachprüfungsverfahren konkret verursachtes Vermögensopfer. Für den Verlust an Zeit für die Abfassung und Begründung von Schreiben im Zusammenhang mit dem Verfahren kann ein Beteiligter keinen Ersatz verlangen, weil die allgemeinen Personalkosten für einen Mitarbeiter keinen konkreten Bezug zu einem bestimmten Nachprüfungsverfahren haben.[60]

36   Die Erstattungsfähigkeit von Sachverständigenkosten, die z.B. durch die Hinzuziehung eines **Projektsteuerungsbüros** entstanden sind, wird grundsätzlich abgelehnt, es sei denn, die Vergabestelle selbst ist zu der Tätigkeit nicht in der Lage.[61] Der Entschluss der Vergabestelle, die ihr an sich zustehende und von ihr zu erfüllende Aufgabe der Projektsteuerung auf ein privates Unternehmen zu übertragen, darf nicht zulasten der Beteiligten gehen. Als nicht erstattungsfähig wird ferner die begleitende Tätigkeit eines Sachverständigen in der mündlichen Verhandlung angesehen, wenn diese keine gesondert zu vergütende Leistung darstellt, sondern nur der Klärung seiner bisherigen Tätigkeit für die Vergabestelle dient.[62]

V. Kostentragung des Beigeladenen

37   Kostenschuldner ist gem. § 182 Abs. 3 Satz 1 GWB der Beteiligte, der im Verfahren unterliegt. Da der Beigeladene gem. § 162 Satz 1 GWB ebenfalls Beteiligter am Verfahren ist, muss darüber entschieden werden, ob es der **Billigkeit** entspricht (§ 182 Abs. 3 Satz 5 GWB), den Beigeladenen an der Tragung der Kosten zu beteiligen.

38   Die Billigkeit richtet sich in erster Linie nach der **Mitwirkung** des Beigeladenen am Nachprüfungsverfahren. Hat der Beigeladene sich durch schriftsätzlichen und mündlichen Vortrag aktiv am Nachprüfungsverfahren beteiligt und damit ein Prozesskostenrisiko auf sich genommen, entspricht es der Billigkeit, den Beigeladenen im Unterliegensfalle an der Tragung der Kosten zu beteiligen.[63] Teilweise wird von den Nachprüfungsinstanzen als weitere Voraussetzung für eine Beteiligung des

---

58 Vgl. OLG Düsseldorf 12.01.2005 VII-Verg 96/04.
59 VK Schleswig-Holstein 23.02.2005 VK-SH 05/04.
60 OLG München 08.06.2005 Verg 3/05; BayObLG 09.04.2002 Verg 4/02.
61 OLG Düsseldorf 25.02.2004 VII-Verg 9/02; BayObLG 09.04.2002 Verg 4/02.
62 OLG Jena 14.10.2003 6 Verg 8/03.
63 OLG Düsseldorf Beschl. v. 23. Juni 2014, VII-Verg 41/13.

unterlegenen Beigeladenen an der Tragung der Kosten verlangt, dass der Antragsteller sich mit seinem Nachprüfungsantrag ausdrücklich, bewusst und gewollt in einen **Interessengegensatz zum Beigeladenen** gestellt hat.[64]

Für die Kosten der Vergabekammer sieht § 182 Abs. 3 Satz 2 GWB eine **gesamtschuldnerische** 39 **Haftung der Kostenschuldner** vor. Die Anordnung einer gesamtschuldnerischen Haftung kommt allerdings im Regelfall nur im Verhältnis zwischen dem Antragsgegner und dem Beigeladenen in Betracht, nicht jedoch im Verhältnis zwischen dem Antragsteller auf der einen und dem Antragsgegner bzw. dem Beigeladenen auf der anderen Seite. Haben also nach der Kostengrundentscheidung der Antragsteller einerseits und der Antragsgegner und der Beigeladenen andererseits die Kosten des Verfahrens jeweils zur Hälfte zu tragen, ist nur für die beiden Letztgenannten eine gesamtschuldnerische Haftung anzuordnen.

Nach § 182 Abs. 4 Satz 2 GWB sind die **Aufwendungen** des Beigeladenen nur erstattungsfähig, 40 soweit sie die Vergabekammer aus Gründen der Billigkeit dem Unterliegenden auferlegt. Dem neu in das Gesetz eingefügten § 182 Abs. 4 Satz 3 letzter Hs. GWB zufolge gilt Satz 2 entsprechend bei einer Antragsrücknahme oder sonstigen Erledigung des Nachprüfungsverfahrens. Die Erstattungsfähigkeit der Aufwendungen des Beigeladenen wird dann zu bejahen sein, wenn dieser sich aktiv am Verfahren beteiligt hat.[65] Eine bloße anwaltliche Vertretungsanzeige genügt insoweit nicht.[66]

Für die zur zweckentsprechenden Rechtsverfolgung notwendigen Auslagen des obsiegenden Betei- 41 ligten sieht § 182 Abs. 4 GWB keine gesamtschuldnerische Haftung vor. Deshalb haften die Unterliegenden mangels ausdrücklicher Regelung in § 128 Abs. 4 GWB analog § 159 VwGO i.V.m. § 100 Abs. 1 ZPO für die Kostenerstattung nach Kopfteilen, also in der Regel je zur Hälfte, wenn keine erhebliche Verschiedenheit der Beteiligung am Verfahren vorliegt.[67]

VI. Kostenvorschuss

Die Vergabekammern des Bundes und einige Vergabekammern der Länder machen gem. §§ 182 42 Abs. 1 Satz 2, 16 VwKostG von der Möglichkeit Gebrauch, vor der Übermittlung des Nachprüfungsantrags die Zahlung eines Kostenvorschusses zu verlangen (§ 4 Abs. 1 der Geschäftsordnung der Vergabekammern des Bundes; erhoben wird die **Mindestgebühr** von derzeit 2.500 Euro). Als Zahlungsnachweis genügt die Übersendung des Zahlungsbelegs, auch per Telefax oder eine anwaltliche Versicherung.

VII. Kein gesondertes Kostenfestsetzungsverfahren vor der Vergabekammer

Ein Kostenfestsetzungsverfahren in entsprechender Anwendung des § 80 Abs. 3 Satz 1 VwVfG 43 findet hinsichtlich der Aufwendungen der Verfahrensbeteiligten vor der Vergabekammer nicht mehr statt, § 182 Abs. 4 Satz 5 GWB. Damit müssen sowohl öffentlicher Auftraggeber als auch Antragsteller und Beigeladene für den Fall, dass der Erstattungspflichtige die geltend gemachten Aufwendungen nicht akzeptiert, zur Eintreibung ihrer Kostenforderung einen Vollstreckungstitel vor dem Zivilgericht einholen.

---

64 OLG Düsseldorf Beschl. v. 02.05.2011, VII-Verg 18/11: Erstattung der notwendigen Aufwendungen eines Beigeladenen kann aber auch zulasten des unterlegenen Antragsgegners angeordnet werden, wenn sich der Beigeladene eindeutig den Rügen des Antragstellers angeschlossen hat.
65 OLG Naumburg Beschl. v. 23.12.2014, 2 Verg 14/11; OLG Düsseldorf Beschl. v. 23.06.2014, VII-Verg 41/13.
66 OLG Düsseldorf Beschl. v. 30.06.2014, VII-Verg 40/13.
67 VK Bund Beschl. v. 26.10.2004, VK 1 – 177/04.

B. Kosten des Beschwerdeverfahrens

I. Gerichtskosten

44   Im Verfahren vor dem Vergabesenat werden Gerichtskosten (Gebühren und Auslagen) nach dem Gerichtskostengesetz erhoben (§ 1 Abs. 1 Nr. 9 GKG). Die Gebührenhöhe richtet sich nach dem Streitwert[68] (§§ 3 Abs. 1, 34 GKG), der Gebührensatz ergibt sich aus dem Kostenverzeichnis (KV) der Anlage 1 zum GKG. Dort ist das Verfahren vor dem Vergabesenat einem Berufungsverfahren gleichgestellt (Vorbemerkung 1.2.2 Nr. 1 KV):

45   Nach Nr. 1220 KV fallen im Hauptsacheverfahren der sofortigen Beschwerde **4,0 Gebühren** an. Wird die Beschwerde oder der Nachprüfungsantrag vor dem Schluss der mündlichen Verhandlung zurückgenommen oder wird das Verfahren durch Erledigungserklärungen beendet und liegen die in Nr. 1222 KV genannten Voraussetzungen vor, so ermäßigt sich die Gebühr 1220 auf 2,0 (Nr. 1222 KV).

46   Bei einem **Eilantrag** entstehen **zusätzliche 3,0 Gebühren**. Das ist gem. Nr. 1630 KV der Fall, wenn der Antragsteller nach § 173 Abs. 1 Satz 3 GWB die Verlängerung der aufschiebenden Wirkung oder der Auftraggeber nach § 176 GWB eine Vorabentscheidung über den Zuschlag beantragt. Das Beschwerdeverfahren mit einem Eilantrag kostet somit regelmäßig 7,0 Gebühren, im Fall der Rücknahme der Beschwerde 5,0 Gebühren. Nr. 1630 KV sieht eine 3-fache Gebühr auch für das Verfahren vor dem Vergabesenat über einen Antrag auf Wiederherstellung des Zuschlagsverbots nach § 169 Abs. 2 Satz 5 GWB oder über einen Antrag auf vorzeitige Gestattung des Zuschlags nach § 169 Abs. 2 Satz 6 GWB vor. Diese Anträge sind regelmäßig nicht mit einem Beschwerdeverfahren verbunden. Wird der nach §§ 169 Abs. 2 Satz 5 und 6, 173 Abs. 1 Satz 3 oder § 176 GWB gestellte Eilantrag zurückgenommen, so ermäßigt sich die Gebühr Nr. 1630 KV auf 1,0 (Nr. 1631 KV).

II. Außergerichtliche Kosten

47   Die außergerichtlichen Kosten eines Beteiligten im Verfahren vor dem Vergabesenat beinhalten vor allem seine Rechtsanwaltskosten. Die Anwaltsvergütung (Gebühren und Auslagen) richtet sich nach den Vorschriften des Rechtsanwaltsvergütungsgesetzes (RVG).[69] Die Gebührenhöhe wird nach dem Gegenstandswert[70] berechnet (§§ 2 Abs. 1, 13 RVG). Der Gebührensatz ergibt sich nach § 2 Abs. 2 RVG aus dem Vergütungsverzeichnis (VV) der Anlage 1 zum RVG. Im Vergütungsverzeichnis ist das Verfahren vor dem Vergabesenat einem Berufungsverfahren gleichgestellt (Vorbemerkung 3.2.1 Nr. 2e VV). Daraus folgt:

48   Gemäß Nr. 3200 VV entsteht im **Hauptsacheverfahren** der sofortigen Beschwerde eine **1,6 Verfahrensgebühr**. Damit ist das Betreiben des Geschäfts einschließlich der Information abgegolten (Vorbemerkung 3 Abs. 2 VV). Bei einer vorzeitigen Beendigung des Auftrags im Sinne von Nr. 3201 VV beträgt die Verfahrensgebühr nur 1,1. Außer der Verfahrensgebühr fällt nach Nr. 3202 VV eine **1,2 Terminsgebühr** für die Vertretung im Termin an. Die Terminsgebühr entsteht bereits bei einer Mitwirkung des Rechtsanwalts an auf die Vermeidung des Verfahrens gerichteten Besprechungen mit anderen Beteiligten als dem Auftraggeber des Rechtsanwalts, vgl. Vorbemerkung 3 Abs. 3 VV. Die Terminsgebühr entsteht auch dann, wenn das Gericht im Einverständnis mit den Parteien ohne mündliche Verhandlung entscheidet. Dies ergibt sich aus der Bezugnahme in Abs. 1 der Anmerkungen zu Nr. 3202 VV auf die Anmerkung zu Nr. 3104 VV (dort Abs. 1 Nr. 1).

49   Die Geschäftsgebühr, die der Rechtsanwalt für seine Tätigkeit im Nachprüfungsverfahren vor der Vergabekammer erhält, ist gemäß Vorbemerkung 3 Abs. 4 VV auf die Verfahrensgebühr des

---

68   Zum Streitwert Rdn. 51 ff.

69   Eine abweichende Honorarvereinbarung kann nach Maßgabe des § 3a ff. RVG getroffen werden; erstattungsfähig ist aber nur die gesetzliche Vergütung, es sei denn, der Gegner hat sich vertraglich zur Übernahme des höheren vereinbarten Honorars bereit erklärt.

70   Zum Gegenstandswert Rdn. 51 ff.

Beschwerdeverfahrens anzurechnen.[71] Nach dieser Vorschrift wird, soweit wegen desselben Gegenstands eine Geschäftsgebühr nach den Nummern 2300 bis 2303 entsteht, diese Gebühr zur Hälfte, jedoch höchstens mit einem Gebührensatz von 0,75, auf die Verfahrensgebühr des gerichtlichen Verfahrens angerechnet. Im Verfahren vor der Vergabekammer verdient der Rechtsanwalt eine Geschäftsgebühr nach Teil 2 Abschnitt 3 VV. Somit entsteht die Verfahrensgebühr nur in der um den Anrechnungsbetrag verminderten Höhe.[72]

Wird im Beschwerdeverfahren ein **Eilantrag** gestellt, so steht den Rechtsanwälten für dieses Verfahren eine **1,3-fache Gebühr** zu. Das ergibt sich aus Abs. 2 der Vorbemerkung 3.2, wonach in Verfahren über einen Antrag nach § 169 Abs. 2 Satz 2 und 3, 173 Abs. 1 Satz 3 oder nach § 176 GWB sich die Gebühren nach Abschnitt 1 des Vergütungsverzeichnisses – dort Nr. 3100 – entsprechend bestimmen. 50

III. Streitwert (Gegenstandswert)

Der Vergabesenat setzt den Streitwert für die Gerichtsgebühren nach § 63 Abs. 2 Satz 1 GKG fest, 51 sobald die Hauptsacheentscheidung über die sofortige Beschwerde ergeht oder sich das Verfahren auf andere Weise erledigt.[73] Die gerichtliche Wertfestsetzung für die Gerichtsgebühren ist auch für die Gebühren des Rechtsanwalts maßgebend, § 23 Abs. 1 Satz 1 RVG.[74] Der Rechtsanwalt kann die Festsetzung aus eigenem Recht beantragen oder Rechtsmittel gegen die Festsetzung einlegen (§ 32 Abs. 2 RVG).

Die Streitwertfestsetzung durch den Vergabesenat ist nicht anfechtbar.[75] Gegebenenfalls können die 52 Beteiligten aber im Wege einer Gegenvorstellung eine Korrektur erreichen. Das Gericht kann die Festsetzung auf eine Gegenvorstellung/Anregung hin oder auch von Amts wegen unter den Voraussetzungen des § 63 Abs. 3 GKG ändern.

Gemäß § 50 Abs. 2 GKG beträgt der Streitwert im Verfahren über die Beschwerde gegen die 53 Entscheidung der Vergabekammer einschließlich der Verfahren über die Wiederherstellung des Zuschlagsverbots oder die Gestattung des sofortigen Zuschlags nach § 169 Abs. 2 GWB und die Entscheidungen über die Verlängerung der aufschiebenden Wirkung nach 173 Abs. 1 Satz 3 GWB oder auf Gestattung des Zuschlages im Beschwerdeverfahren nach § 176 GWB **5 % der Bruttoauftragssumme**.[76] Was ist unter »Bruttoauftragssumme« im Sinne von § 50 Abs. 2 GKG zu verstehen? Im Stadium des Nachprüfungsverfahrens ist der Auftrag regelmäßig noch nicht erteilt worden, sodass auf eine feststehende Auftragssumme nicht zurückgegriffen werden kann. Deshalb kommt es für den Streitwert – in beiden Rechtszügen – auf das **Interesse des Antragstellers** an, das er mit seinem Nachprüfungsantrag geltend macht, also das Interesse, die Zuschlagschance zu wahren und im Fall der Zuschlagserteilung den erwarteten Gewinn (und den Beitrag zur Deckung der laufenden Geschäftskosten) zu erzielen.[77] Dieses Interesse hat der Gesetzgeber aus Gründen der Verein-

---

71 BGH 29.09.2009, X ZB 1/09; anders Vorauflage Rn. 52 m.w.N.

72 BGH 29.09.2009, X ZB 1/09.

73 Die Vergabekammer ist mangels einer gesetzlichen Grundlage nicht befugt, den Gegenstandswert für die Rechtsanwaltsgebühren mit verbindlicher Wirkung isoliert festzusetzen. Sie legt bei der Entscheidung über einen Kostenfestsetzungsantrag den Gegenstandswert nur als Berechnungselement zur Bestimmung der notwendigen Anwaltsgebühren fest, BayObLG 06.02.2004 Verg 25/03; OLG Düsseldorf 13.08.2004 Verg 12/02 m.w.N.

74 OLG Düsseldorf 24.10.2005 VII-Verg 30/05; Rojahn VergabeR 2004, 454.

75 BGH 21.10.2003 VergabeR 2004, 255.

76 Auch bei einem Feststellungsantrag ist der Streitwert mit 5 % der Bruttoauftragssumme festzusetzen; im Gegensatz zu anderen Verfahren sieht § 50 Abs. 2 GKG eine Differenzierung dahin, dass zur Festsetzung des Werts von Feststellungsanträgen nur das Feststellungsinteresse heranzuziehen ist, nicht vor, BayObLG 08.12.2004 Verg 019/04.

77 OLG Celle 10.01.2008 13 Verg 11/07; OLG Düsseldorf 03.07.2003 Verg 29/00; 18.10.2002 Verg 23/00; zum Beschwerdeverfahren: OLG München 05.07.2005 Verg 009/05.

fachung pauschalierend mit 5 % »der Bruttoauftragssumme« bewertet.[78] Abzustellen ist – solange kein Auftrag erteilt wurde – auf den Betrag, für den der Antragsteller den Zuschlag erhalten will.[79] Hat der Antragsteller noch gar kein mit Preisen versehenes Angebot abgegeben, kann der vom Auftraggeber vorab geschätzte Auftragswert herangezogen werden.[80] Liegt auch keine ordnungsgemäße Schätzung des Auftraggebers vor, so ist auf den voraussichtlichen objektiven Wert des zu vergebenden Auftrags abzustellen.[81] Dieser Wert kann sich in dem vom Auftraggeber mit dem ausersehenen Geschäftspartner ausgehandelten Preis widerspiegeln.[82] Falls der Nachprüfungsantrag oder die sofortige Beschwerde nur einen Teil des Auftrags – beispielsweise ein Los – betrifft oder falls der Nachprüfungsantrag auf die Vornahme einer kleineren Losaufteilung gerichtet ist, darf nur dieser Teil bei der Feststellung der Bruttoauftragssumme berücksichtigt werden.[83] Will der Antragsteller die Nichtigerklärung eines im Wege der De-facto-Vergabe geschlossenen Vertrages und die losweise Vergabe des Gegenstands dieses Vertrages erreichen, so bemisst sich der Streitwert nach dem Wert der Lose, an deren Erbringung der Auftraggeber interessiert ist.[84] Soll nach den Vergabeunterlagen eine Dienstleistung für einen festgelegten Zeitraum erbracht und der Vergabestelle eine Verlängerungsoption eingeräumt werden, so beträgt der Streitwert 5 % der auf die feste Laufzeit entfallenen Vergütung und 5 % der auf den optionalen Zeitraum entfallenden Vergütung abzüglich eine wegen der Ungewissheit der Vertragsverlängerung vorzunehmenden Abschlags von regelmäßig 50 %.[85]

54 Im Beschwerdeverfahren gegen eine **Kostenentscheidung** der Vergabekammer (Kostengrundentscheidung oder den Kostenfestsetzungsbeschluss) ist der Streitwert entsprechend § 3 ZPO nach dem vermögenswerten Interesse des Beschwerdeführers an der Abänderung der Kostenentscheidung festzusetzen.[86]

55 Die Höchstgrenze des Streitwerts liegt für die Gerichtsgebühren bei 30 Mio. Euro. Für die Anwaltsgebühren gilt, dass der Wert höchstens 30 Mio. Euro, bei mehreren Mandanten in derselben Angelegenheit höchstens 30 Mio. Euro je Mandant, insgesamt jedoch nicht mehr als 100 Mio. Euro beträgt (§ 39 Abs. 2 GKG, § 22 Abs. 2 RVG). Diese Regelung ist im Innenverhältnis zwischen dem Verfahrensbeteiligten und seinem Anwalt abdingbar.

56 Die Mehrzahl der Oberlandesgerichte setzt im Fall eines **Eilantrags** nach § 173 Abs. 1 Satz 3 GWB oder nach § 176 GWB keinen gesonderten Streitwert fest. Da sie über die Kosten des Eilantrags einheitlich im Rahmen der Hauptsache entscheiden, benötigen sie nur einen Streitwert für das

78 Vgl. BT-Drucks. 13/9340 S. 23 zu Art. 2 Abs. 1 Nr. 3; OLG Düsseldorf 03.07.2003 Verg 29/00; OLG Naumburg 30.12.2002 1 Verg 11/02.
79 BGH 18.03.2014 X ZB 12/13; vgl. 25.10.2005 X ZB 15/05; OLG Jena 05.03.2010, 9 Verg 2/08; OLG Düsseldorf 03.07.2003 Verg 29/00; OLG Schleswig 04.05.2001 6 Verg 2/01; OLG Dresden 05.04.2001 WVerg 0008/00; OLG Jena 19.10.2000 6 Verg 3/00; OLG Koblenz 11.09.2000 1 Verg 1/99; BayObLG 19.02.2003 VergabeR 2003, 371: »Wert der Auftragssumme, hilfsweise der Angebotssumme, ... also ... demjenigen Betrag, für den der Bieter den Zuschlag erhalten hat oder erhalten will«; a.A. OLG Naumburg 18.07.2005 1 Verg 5/05 und OLG Rostock 10.05.2000 17 W 4/00: Es sei der Auftragswert des Angebots der Beigeladenen, die den Zuschlag erhalten solle, zugrunde zu legen.
80 OLG Düsseldorf 20.04.2004 VII-Verg 9/04.
81 OLG Naumburg 30.12.2002 NZBau 2003, 464 (L); OLG Jena 13.09.2001 VergabeR 2002, 202; beispielsweise kann bei der Vergabe von Verkehrsdienstleistungen ein Bruchteil der voraussichtlichen Fahrentgelte während der Vertragslaufzeit in Ansatz zu bringen sein, OLG Düsseldorf 20.07.2005 NZBau 2005, 654.
82 OLG Düsseldorf 20.04.2004 VII-Verg 9/04.
83 OLG Koblenz 31.05.2012, 1 Verg 2/11; OLG Düsseldorf VergabeR 2011, 718 und 17.03.2004 VII-Verg 1/04.
84 BGH 19.07.2011, X ZB 4/10.
85 BGH VergabeR 2014, 545.
86 OLG München 01.04.2008 VergabeR 2008, 716 und 29.06.2005 VergabeR 2005, 818; OLG Dresden 14.03.2005 WVerg 0003/05; OLG Naumburg 04.01.2005 VergabeR 2005, 547; OLG Düsseldorf 20.04.2004 VII-Verg 9/04; BayObLG 30.11.2004 Verg 024/04; 19.02.2003 VergabeR 2003, 371.

Verfahren über die sofortige Beschwerde und den Eilantrag. Nach anderer Meinung beträgt der Streitwert des Verfahrens über den Eilantrag nur einen Bruchteil des Werts der Hauptsache.[87]

Bei **Dienstleistungsaufträgen** mit einer Laufzeit von bis zu 48 Monaten ist die »Bruttoauftrags- 57 summe« im Sinne des § 50 Abs. 2 GKG nach dem Gesamtauftragswert für die volle Laufzeit des Vertrages zu bemessen.[88] Im Fall einer dem Bieter eingeräumten Verlängerungsoption ist auch der Verlängerungszeitraum einzubeziehen (§ 3 Abs. 6 VgV analog).[89] Bei Dienstleistungsaufträgen ist die Auftragssumme nach h.M. nach der gesamten Vertragslaufzeit einschließlich einer etwaigen Verlängerungsoption zu bestimmen.[90] Hierfür spricht, dass der Gesetzgeber in § 50 Abs. 2 GKG für die Streitwertberechnung auf den allgemeinen Grundsatz des wirtschaftlichen Interesses des Antragstellers abgestellt hat. Das wirtschaftliche Interesse des Antragstellers liegt darin, den Auftrag für die gesamte Laufzeit zu erhalten. Allerdings hat der BGH angenommen, bei Dienstleistungsaufträgen, für die kein Gesamtpreis angegeben werden kann und die eine unbestimmte Laufzeit bzw. eine Laufzeit über 48 Monate haben, biete sich in Anlehnung an § 3 Abs. 4 Nr. 2 VgV an, auf den 48-fachen Monatswert abzustellen.[91]

Der Wert für die Beschaffung der Dienstleistung durch den öffentlichen Auftraggeber – und nicht 58 der Wert der Geschäftsanteile – ist auch dann maßgeblich, wenn ein Auftraggeber, der für die Durchführung der Dienstleistung einen eigenen Betrieb gegründet hat, im Vergabeverfahren seine **Geschäftsanteile** an dem Betrieb veräußert und dies mit dem Abschluss eines befristeten Dienstleistungsauftrags an den Betrieb verknüpft.[92]

Ist Gegenstand des Auftrags die Beschaffung eines Grundstücks sowie die Finanzierung und Errich- 59 tung eines Gebäudes, das der Auftraggeber nach Ablauf einer bestimmten Mietzeit entsprechend einer ihm eingeräumten Option zu Eigentum übernehmen kann (**Mietkaufmodell**), so richtet sich die Bruttoauftragssumme nach den Mietkaufraten zuzüglich des Restkaufpreises abzüglich des Betrags, den der Auftragnehmer zur Vorfinanzierung seiner Leistung aufzubringen hat.[93]

IV. Pflicht der Beteiligten zur Kostentragung

Der Vergabesenat trifft die Kostengrundentscheidung **von Amts wegen**, also auch ohne besonde- 60 ren Kostenantrag.[94] Kommt es zu einer Hauptsacheentscheidung über die sofortige Beschwerde, nimmt der Vergabesenat die Kostengrundentscheidung in sie auf. Andernfalls entscheidet er durch gesonderten Beschluss darüber, wer die Kosten des Beschwerdeverfahrens (und gegebenenfalls des erstinstanzlichen Nachprüfungsverfahrens) zu tragen hat.

1. Ausgangslage

Das Vergaberechtsänderungsgesetz v. 26.08.1998 enthielt keine Regelung für die Kostengrun- 61 dentscheidung im vergaberechtlichen Beschwerdeverfahren. Anfänglich bestanden Meinungsver-schiedenheiten, auf welche Vorschriften zur Schließung dieser Gesetzeslücke zurückzugreifen sei. Mehrere Entscheidungen des Bundesgerichtshofs führten eine einheitliche Rechtsprechung dahin

---

87 OLG Stuttgart 15.01.2003 2 Verg 17/02.
88 OLG Düsseldorf 15.06.2005 VII-Verg 5/05; OLG Rostock 15.06.2005 17 Verg 3/05; OLG Naumburg 10.01.2002 1 Verg 13/01.
89 OLG Düsseldorf 15.06.2005 VII-Verg 5/05; 23.02.2005 VII-Verg 86/04; BayObLG 09.03.2004 Verg 20/03.
90 OLG Jena 05.03.2010, 9 Verg 2/08; OLG Naumburg 13.02.2012, 2 Verg 14/11 und 06.04.2005 VergabeR 2005, 676; BayObLG 09.10.2003 VergabeR 2004, 121; OLG Düsseldorf 03.07.2003 Verg 29/00; 30.12.2002 NZBau 2003, 175; a.A. OLG München 12.08.2008, Verg 6/08.
91 BGH 19.07.2011, X ZB 4/10; vgl. auch OLG Düsseldorf 07.01.2010, VII-Verg 40/09.
92 OLG Celle 25.08.2005 13 Verg 8/05.
93 BayObLG 18.11.2004 Verg 022/04.
94 Vgl. Stockmann in: Immenga/Mestmäcker § 78 Rn. 15.

herbei, dass die §§ 91 ff. ZPO entsprechend anzuwenden seien.[95] Der Gesetzgeber hat die Gesetzeslücke durch das am 23.04.2009 in Kraft getretene Gesetz zur Modernisierung des Vergaberechts geschlossen. Gemäß dem neu gefassten § 120 Abs. 2 GWB ist im vergaberechtlichen Beschwerdeverfahren § 78 GWB entsprechend anzuwenden, welcher die Kostenverteilung unter den Beteiligten bei Beschwerden und Rechtsbeschwerden in Kartellverwaltungssachen regelt. Die Vorschrift des § 78 GWB lautet:

62   *§ 78 GWB*

Kostentragung und -festsetzung

Im Beschwerdeverfahren und im Rechtsbeschwerdeverfahren kann das Gericht anordnen, dass die Kosten, die zur zweckentsprechenden Erledigung der Angelegenheit notwendig waren, von einem Beteiligten ganz oder teilweise zu erstatten sind, wenn dies der Billigkeit entspricht. Hat ein Beteiligter Kosten durch ein unbegründetes Rechtsmittel oder durch grobes Verschulden veranlasst, so sind ihm die Kosten aufzuerlegen. Im Übrigen gelten die Vorschriften der Zivilprozessordnung über das Kostenfestsetzungsverfahren und die Zwangsvollstreckung aus Kostenfestsetzungsbeschlüssen entsprechend.

63   § 78 GWB regelt, anders als es der Wortlaut zunächst nahe legt, nicht nur die Tragung der den Beteiligten entstandenen außergerichtlichen Kosten, sondern auch die der Gerichtskosten.[96]

2. Kostenverteilung

a) Erfolglose sofortige Beschwerde

64   Legt der Antragsteller, der Auftraggeber oder ein Beigeladener sofortige Beschwerde ein und ist diese unzulässig oder unbegründet, so kommt eine Kostenverteilung nach § 78 Satz 1 GWB oder nach § 78 Satz 2 GWB in Betracht. Nach hier vertretener Auffassung sind die **Gerichtskosten sowie die notwendigen Auslagen des Beschwerdegegners** dem unterliegenden Beschwerdeführer **gemäß § 78 Satz 2 GWB** aufzuerlegen, sodass sich ergibt im Ergebnis sich keine Änderung gegenüber der früheren Rechtslage – entsprechende Anwendung des § 97 Abs. 1 ZPO – ergibt. Allerdings wird für Kartellverwaltungssachen die Auffassung vertreten, § 78 Satz 2 GWB greife nur in Rechtsbeschwerdeverfahren, nicht in Beschwerdeverfahren ein.[97] Das dafür in erster Linie angeführte Argument, die Beschwerde sei kein »Rechtsmittel« im Sinn von Satz 2, weil sie sich gegen Verfügungen der Kartellbehörde richte, somit das gerichtliche Verfahren erst eröffne, ist aber für die sofortige Beschwerde gegen eine Entscheidung der Vergabekammer wenig überzeugend. Denn die Vergabekammer entscheidet als »gerichtsähnliche Instanz«.[98] Praktische Auswirkung dürfte die Streitfrage im Verfahren vor dem Vergabesenat indes kaum haben. Auch eine Billigkeitsentscheidung entsprechend Satz 1 würde in aller Regel dazu führen, dass dem unterlegenen Beschwerdeführer die außergerichtlichen Kosten des obsiegenden Beschwerdegegners aufzuerlegen sind.[99]

---

95 BGH 26.09.2006 VergabeR 2007, 59; 25.10.2005 NZBau 2006, 375; 19.12.2000 BGHZ 146, 202 mit dem Hinweis, die Gesetzeslücke könne nicht durch die für das Kartellbeschwerdeverfahren geltende Regelung des § 78 GWB geschlossen werden, weil diese Vorschrift in § 120 Abs. 2 GWB gerade für nicht anwendbar erklärt worden sei.
96 BGH VergabeR 2011, 452; Stockmann in: Immenga/Mestmäcker § 78 Rn. 2; Bunte in: Langen/Bunte § 78 Rn. 3 jeweils m.w.N; Frister in: Ziewokw/Völlink, Vergaberecht, 2. Aufl., § 120 GWB Rn. 17.
97 KG 30.06.1976 Kart 45/74; OLG Düsseldorf 08.10.1959 WuW/E OLG 348; a.M. OLG Düsseldorf 05.07.2000 Kart 1/00 (V), Kart 1/00; Stockmann in: Immenga/Mestmäcker § 78 Rn. 12.
98 BT-Drucks. 13/9340, S. 20.
99 Vgl. auch BGH VergabeR 2011, 452.

Notwendige Auslagen einer Bietergemeinschaft sind regelmäßig nur die Aufwendungen für *einen* 65
Rechtsanwalt, weil es regelmäßig ausreichend und den Mitgliedern der Bietergemeinschaft auch
zumutbar ist, sich von einem Rechtsanwalt einheitlich vertreten zu lassen.[100]

Im Hinblick auf die **außergerichtlichen Kosten eines Beigeladenen** besteht für das Kartellver- 66
waltungsverfahren Einigkeit, dass sich die Erstattung dieser Kosten auch im Fall einer erfolglosen
(Rechts) Beschwerde nach **§ 78 Satz 1 GWB entsprechend** richtet;[101] es kommt also für die Frage,
ob der Beschwerdeführer auch die außergerichtlichen Kosten des Beigeladenen zu tragen hat, nicht
ausschließlich auf den Prozessausgang an.[102] Diese Sichtweise trifft m.E. auch für das Beschwerdeverfahren nach §§ 171 ff. GWB zu, wollte der Gesetzgeber doch mit der Verweisung auf § 78
GWB in § 175 GWB n.F. gerade ermöglichen, dass die Kostenentscheidung des Vergabesenats
nicht ausschließlich nach dem Verfahrensausgang getroffen wird, sondern die Kosten nach Billigkeit verteilt werden.[103] Allerdings sollte bei der Billigkeitsprüfung der Prozessausgang – anders als
im Kartellverwaltungsverfahren[104] – im Regelfall das wichtigste Kriterium sein. Darüber hinaus ist
der Grad der Mitwirkung des Beigeladenen am Beschwerdeverfahren – Förderung des Verfahrens
durch Sachanträge und/oder substanzielles Vorbringen – zu berücksichtigen.[105] Regelmäßig wird
die Erstattung der Kosten eines Beigeladenen nicht gerechtfertigt sein, wenn er sich nicht aktiv an
dem Beschwerdeverfahren beteiligt[106] oder in der mündlichen Verhandlung vor dem Vergabesenat
auf Nachfrage im Hinblick auf das Kostenrisiko ausdrücklich erklärt, selbst keinen Antrag stellen zu
wollen.[107] Ferner ist das Interesse des Beigeladenen zu berücksichtigen, auf das Beschwerdeverfahren Einfluss zu nehmen. Bei einem Beigeladenen, der von der Beschwerdeentscheidung unmittelbar
betroffen ist, etwa weil der Auftraggeber sein Angebot für den Zuschlag vorgesehen hat, wird die
Erstattung seiner außergerichtlichen Kosten eher der Billigkeit entsprechen, als bei einem Beigeladenen der an dem Beschwerdeverfahren teilgenommen hat, obwohl er nur geringe Chancen auf
den Zuschlag hat. Bei der Abwägung kann durchaus auch die Erwägung eine Rolle spielen, dass
der Zugang zur Beschwerdeinstanz wegen des Kostenrisikos erschwert wird, wenn der Beschwerdeführer befürchten muss, im Fall seines Unterliegens automatisch auch die Kosten aller Beigeladener
tragen zu müssen. Dies kann insbesondere dann von Bedeutung sein, wenn mehrere Unternehmen
beigeladen wurden und am Beschwerdeverfahren teilgenommen haben.[108]

b) Erfolgreiche sofortige Beschwerde

Für die Verteilung der Gerichtskosten und der außergerichtlichen Kosten bei einer **erfolgreichen** 67
sofortigen Beschwerde ist § 78 Satz 1 GWB entsprechend heranzuziehen. Entscheidend ist somit,
ob die vollständige oder teilweise Kostenerstattung der Billigkeit entspricht.

Nach der früheren Rechtsprechung zum Kartellverwaltungsrecht spielte bei der Billigkeitsprüfung 68
der Prozessausgang nur insoweit eine Rolle, als es um die Gerichtskosten ging. Dem Beschwerdeführer waren regelmäßig seine Kosten auch dann nicht zu erstatten, wenn er gewann.[109] Dieser
Praxis ist das Bundesverfassungsgericht entgegengetreten.[110] Es hat es als mit dem Gleichheitssatz
und dem Rechtsstaatsprinzip unvereinbar angesehen, § 77 Satz 1 GWB (jetzt: § 78 Satz 1 GWB)

---

100 OLG Naumburg 29.07.2011 2 Verg 9/11.
101 BGH 14.03.1990 BGHZ 110, 371; Bechtold § 78 Rn. 9; Stockmann in: Immenga/Mestmäcker § 78 Rn. 10.
102 Vgl. BGH 14.03.1990 BGHZ 110, 371.
103 BT-Drucks. 16/10117, S. 28 f.
104 Stockmann in: Immenga/Mestmäcker § 78 Rn. 10; Bunte in: Langen/Bunte § 78 Rn. 15 jew. m.Nachw.
105 OLG Jena VergabeR 2015, 783; OLG Celle VergabeR 2015, 244.
106 Vgl. OLG Celle 29.06.2010 13 Verg 4/10; OLG Düsseldorf 19.10.2015 VII-Verg 30/13.
107 OLG Naumburg VergabeR 2015, 486.
108 Für das Kartellverwaltungsverfahren: BGH 14.03.1990 BGHZ 110, 371.
109 BGH 29.06.1982 BGHZ 84, 320.
110 BVerfG 03.12.1986 NJW 1987, 2569; 05.10.1988 1 BvR 427/87, 1 BvR 428/87.

dahin auszulegen, dass einem obsiegenden Beschwerdeführer im Normalfall ein Kostenerstattungs-
anspruch versagt sei. Eine solche Auslegung führe dazu, dass die aus dem einseitigen Anwaltszwang
herrührende ungleiche Kostenbelastung für den obsiegenden Beschwerdeführer in aller Regel bestehen bliebe. Damit wäre dem aus dem Gleichheitssatz und dem Rechtsstaatsgebot folgenden Grundsatz, dass das Kostenrisiko gleichmäßig verteilt werden solle, nicht genügt. Seit den betreffenden
Entscheidungen des Bundesverfassungsgerichts entspricht es für das Kartellverwaltungsverfahren
allgemeiner Auffassung, dass bei der Billigkeitsprüfung nach § 78 Satz 1 GWB **alle Umstände des
konkreten Einzelfalls einschließlich des Verfahrensausgangs abzuwägen** sind.[111] Bei der Prüfung,
welche Kostenverteilung in Beschwerdeverfahren nach §§ 116 ff. GWB »billig« ist, kann die bisherige Rechtsprechung des BGH und der Vergabesenate (oben Rdn. 64) Anhaltspunkte bieten, nicht
aber unbesehen übernommen werden. Denn das gesetzgeberische Ziel der Verweisung in § 175
GWB n.F. auf § 78 GWB ist es, die notwendigen Kosten – anders als bei der bisher praktizierten
Kostenentscheidung nach §§ 91 ff. ZPO – einem Beteiligten ggf. nach Billigkeitsgesichtspunkten
aufzuerlegen.[112]

69 Bei einer erfolgreichen sofortigen Beschwerde entspricht es der Billigkeit, **den obsiegenden
Beschwerdeführer nicht mit den Gerichtskosten zu belasten.** Ihm werden auch meist seine **außergerichtlichen Kosten zu erstatten** sein. Etwas anderes kommt nur in Ausnahmefällen in Betracht.
Ist beispielsweise die sofortige Beschwerde eines Auftraggebers erfolgreich, weil der Vergabesenat
eine bislang ungeklärte Rechtsfrage von grundsätzlicher Bedeutung zu seinen Gunsten entschieden
hat, so entspricht es unter Umständen nicht der Billigkeit, seine außergerichtlichen Kosten dem
unterliegenden Antragsteller aufzuerlegen, wenn der Auftraggeber an der Entscheidung der Grund-
satzfrage ein besonderes Interesse gehabt hat.[113]

70 Damit ist noch nicht beantwortet, wer im Fall einer erfolgreichen sofortigen Beschwerde die die
Gerichtskosten und ggf. die außergerichtlichen Kosten des Beschwerdeführers zu tragen hat. Nur
der Beschwerdegegner oder auch **der Beigeladene?** Im Kartellverwaltungsverfahren wird § 78 GWB
dahin ausgelegt, dass der Beigeladene die Belastung mit weiteren Kosten außer seinen eigenen nur
zu befürchten hat, wenn er Beschwerdeführer ist.[114] Dieser Grundsatz sollte für das Verfahren vor
dem Vergabesenat nicht uneingeschränkt übernommen werden. Hat sich ein Beigeladener, der am
Ausgang des Beschwerdeverfahrens ein starkes Interesse hat, auf der Seite des Auftraggebers am
Beschwerdeverfahren beteiligt, so muss – ebenso wie der Beigeladene bei einem Obsiegen des Auftraggebers nach Billigkeitserwägungen seine außergerichtlichen Kosten erstattet bekommen kann –
im Fall eines Unterliegens des Auftraggebers die Möglichkeit bestehen, den Beigeladenen ggf. zur
Tragung der Gerichtskosten und den außergerichtlichen Kosten des Antragstellers mit heranzuziehen. Regelmäßig wird also ein an der Seite des Auftraggebers unterliegender aktiver Beigeladener
(als Gesamtschuldner, §§ 31 Abs. 1, 32 GKG) an den Verfahrenskosten und entsprechend § 100
Abs. 1 ZPO nach Kopfteilen an den Auslagen des Antragstellers zu beteiligen sein.[115] Ist mangels
inhaltlicher Beteiligung in dem Beschwerdeverfahren nicht erkennbar, welches Ziel der Beigeladene
in der Sache verfolgt, kommt eine ihm auferlegte Kostenhaftung nicht in Betracht.[116]

71 § 78 Satz 2 GWB sieht die Möglichkeit vor, einem Beteiligten die Kosten aufzuerlegen, wenn er
Kosten durch **grobes Verschulden** veranlasst hat. Hierbei handelt es sich um einen besonderen
Aspekt der Billigkeit, der bereits für sich genommen eine Kostenentscheidung zulasten des Betei-
ligten rechtfertigen kann. Der Anwendungsbereich der Vorschrift ist gering, da bereits nach § 78
Satz 1 GWB alle Umstände des konkreten Einzelfalls zu berücksichtigen sind. Ein grobes Verschul-
den im Sinn der Vorschrift ist nur dann gegeben, wenn ein Beteiligter auf besonders grobe Weise

---

111 Stockmann in: Immenga/Mestmäcker § 78 Rn. 7; Bechtold § 78 Rn. 7 jew. mit Nachw.
112 BT-Drucks. 16/10117, S. 28 f.
113 Vgl. BGH 11.03.1997 BGHZ 135, 74.
114 Bechtold § 78 Rn. 9.
115 Summa in: jurisPK-VergR 4. Aufl. 2013, § 120 GWB Rn. 78; OLG München 15.03.2012 Verg 2/12.
116 OLG Celle VergabeR 2009, 105.

die im konkreten Fall gebotene prozessuale Sorgfalt außer Acht lässt.[117] Das grobe Verschulden kann sich beispielsweise auf ein lückenhaftes Vorbringen oder auf die Versäumung gesetzter Fristen beziehen.

c) Teilobsiegen

Ob im Fall eines mehr als nur unerheblichen Teilobsiegens eine Kostenverteilung entsprechend dem Verfahrensausgang geboten ist, ist eine Frage des Einzelfalls. Meist wird das so sein.[118] Prinzipiell ist aber auch insoweit eine Billigkeitsentscheidung zu treffen, bei der alle Umstände (einschließlich des Verfahrensausgangs) abgewogen werden müssen.[119]   72

d) Erledigung der Hauptsache

Bei der übereinstimmenden Erledigungserklärung ist entsprechend §§ 175, 78 GWB i.V.m. § 161 Abs. 2 Satz 1 VwGO, 91a Abs. 1 Satz 1 ZPO über die Kostenverteilung nach billigem Ermessen unter Berücksichtigung des bisherigen Sach- und Streitstandes zu entscheiden, und zwar einschließlich der außergerichtlichen Kosten der Verfahrensbeteiligten.[120] Dabei genügt eine summarische Prüfung der Erfolgsaussicht in rechtlicher und tatsächlicher Hinsicht.[121] Aus Gründen der Prozessökonomie ist der Verfahrensausgang nur dann entscheidend, wenn ohne weitere Aufklärung eindeutig erkennbar ist, ob die Beschwerde ohne das erledigende Ereignis Erfolg gehabt hätte.[122] Ist dies nicht der Fall, so kommt eine Kostenentscheidung dahin in Betracht, dass die Gerichtskosten hälftig geteilt und die außergerichtlichen Kosten nicht erstattet werden.[123]   73

e) Rücknahme

Nach den für das Kartellverwaltungssachen entwickelten Grundsätzen, die auch im Vergabebeschwerdeverfahren Anwendung finden sollten, sind im Fall der Rücknahme der Beschwerde – wie bei einer Erledigung der Hauptsache – nach § 78 GWB die **Gerichtskosten** demjenigen aufzuerlegen, der in der Hauptsache unterlegen ist oder ohne die Rücknahme unterlegen wäre. Endet das Beschwerdeverfahren, bevor das Gericht in eine Sachprüfung eingetreten ist, ist es nicht verpflichtet, eine solche Sachprüfung für die Kostenentscheidung vorzunehmen.[124] Nur Umstände, die für das Beschwerdegericht bereits ohne Sachprüfung hervorgetreten sind, können die Kostenentscheidung unter Billigkeitsgesichtspunkten beeinflussen.[125] Bei offenem Verfahrensausgang sind die Gerichtskosten regelmäßig dem Beschwerdeführer aufzuerlegen, weil er sich in die Rolle des Unterlegenen begeben hat.[126] Das OLG München entscheidet über die Pflicht zur Tragung der Gerichtskosten nach Beschwerderücknahme entsprechend § 516 Abs. 3 ZPO und wendet die §§ 175 Abs. 2, 78 Satz 1 GWB nur bei der Entscheidung über die Erstattung der notwendigen Auslagen an.[127] Im Regelfall der Rücknahme mangels Erfolgsaussicht läuft das auf dasselbe hinaus (Belastung des Beschwerdeführers mit den Gerichtskosten).   74

Ob im Fall der Rücknahme **außergerichtliche Kosten** zu erstatten sind, beurteilt sich gem. § 78 Satz 1 GWB nach Billigkeitserwägungen, wobei die Umstände des Falles einschließlich des Verfah-   75

---

117 Stockmann in: Immenga/Mestmäcker § 78 Rn. 15 m.w.N.
118 Z.B. BGH 25.01.2012, X ZB 3/11.
119 Vgl. BGH 04.03.2008 WuW/E DE-R 2361.
120 OLG Düsseldorf 31.10.2012 VII-Verg 14/12.
121 Vgl. BGH 29.04.2008 KVZ 45/07; 13.11.2007 KVR 4/07.
122 Vgl. Stockmann in: Immenga/Mestmäcker § 78 Rn. 8; Bechtold § 78 Rn. 8.
123 Vgl. BGH 11.07.2006 – KVR 38/04; 16.11.1999 WuW/E DE-R 420; OLG Frankfurt VergabeR 2015 841; Stockmann in: Immenga/Mestmäcker § 78 Rn. 8; Bechtold § 78 Rn. 8.
124 BGH 07.11.2006 – KVR 19/06.
125 BGH 19.06.2007 – KVZ 9/07; KG 11.03.1994 Kart 7/93.
126 BGH 25.09.2007 KVZ 22/07; 07.11.2006 – KVR 19/06.
127 OLG München 26.10.2012 Verg 20/12 und 16.07.2012 Verg 6/12.

rensausgangs abzuwägen sind. Danach sind die außergerichtlichen Auslagen des Gegners jedenfalls dann zu erstatten, wenn durch das Gericht noch keine Sachprüfung erfolgt ist und keine
Gesichtspunkte hervortreten, die im Rahmen von Billigkeitserwägungen eine abweichende Kostenverteilung rechtfertigen können.[128] Liegen die Gründe für die Rücknahme allein in der Sphäre des
Beschwerdeführers, so besteht kein Grund, diesen zu entlasten.[129]

3. Notwendigkeit der Kosten

76 Erstattungsfähig sind nur die Kosten, die zur zweckentsprechenden Erledigung der Angelegenheit notwendig waren (§ 175 GWB i.V.m. § 78 Satz 1 GWB entspr.). Diese Voraussetzung entspricht der Regelung in § 91 Abs. 1 ZPO und § 162 Abs. 1 VwGO. Die dem Antragsteller oder
dem Beigeladenen im Vergabebeschwerdeverfahren entstandenen, nach dem RVG abgerechneten
Anwaltskosten sind grundsätzlich als notwendig anzusehen, weil für den Antragsteller und den
Beigeladenen Anwaltszwang besteht, § 175 Abs. 1 Satz 1 GWB. Die Erstattungsfähigkeit gilt nicht
für Anwaltskosten aufgrund einer Honorarvereinbarung, die den gesetzlichen Vergütungsanspruch
übersteigen. **Anwaltskosten des Auftraggebers** sind nicht generell erstattungsfähig, denn juris-
tische Personen des öffentlichen Rechts müssen sich im Beschwerdeverfahren nicht durch einen
Rechtsanwalt vertreten lassen, § 175 Abs. 1 Satz 2 GWB. Maßgeblich sind jeweils die Umstände
des Einzelfalls,[130] insbesondere die Schwierigkeit der anstehenden Rechtsfragen und die Sach- und
Rechtskundigkeit des Personals des Auftraggebers.[131] Im Ergebnis werden im Verfahren vor dem
Vergabesenat meist auch die Anwaltskosten des Auftraggebers als erstattungsfähig angesehen.[132]
Reisekosten eines auswärtigen Rechtsanwalts sind nicht erstattungsfähig, wenn der Beteiligte des
Nachprüfungsverfahrens am Ort des Gerichts seinen Sitz hat und dort auf eine große Zahl spezialisierter Anwälte zurückgreifen kann.[133] Erstattungsfähig sind demgegenüber die Kosten eines
auswärtigen Verfahrensbeteiligten, der mit seiner Rechtsvertretung vor dem Vergabesenat einen
mit seinen Angelegenheiten vertrauten Rechtsanwalt beauftragt hat, dessen Ortsnähe eine unmittelbare Unterrichtung von entscheidungserheblichen Sachverhalten und eine schnelle Reaktion auf
kurzfristige Verfahrensentwicklungen ermöglicht. In diesem Fall kann der auswärtige Beteiligte
nicht darauf verwiesen werden, dass er einen Rechtsanwalt am Ort des Gerichts hätte beauftragen
müssen.[134]

4. Kostengrundentscheidung bei Eilanträgen

77 Wenn der Vergabesenat über einen Antrag nach § 173 Abs. 1 Satz 3 GWB oder nach § 176 GWB
entscheidet, stellt sich die Frage, ob der Beschluss mit einer eigenen Kostenentscheidung versehen
werden muss oder ob über die Kosten einheitlich im Rahmen der Hauptsache zu entschieden ist.
Nachdem die Vergabesenate anfänglich hierzu unterschiedliche Auffassungen vertraten, hat sich
inzwischen die Auffassung durchgesetzt, dass die Kosten des Eilantrags als Kosten des Beschwerde-

---

128 BGH 25.09.2007 KVZ 22/07; 07.11.2006 – KVR 19/06.
129 Stockmann in: Immenga/Mestmäcker § 78 Rn. 9.
130 OLG Celle 08.09.2011 13 Verg 4/11 und VergabeR 2011, 646 m.w.N.; für das Verfahren vor der Verga-
     bekammer: OLG München VergabeR 2012, 525.
131 OLG Celle VergabeR 2014, 582.
132 KG 13.01.2005 2 Verg 26/04; 23.01.2001 KartVerg 17/00; OLG Naumburg 06.10.2004 1 Verg 12/04;
     vgl. BayObLG 19.09.2003 Verg 11/03; differenzierend mit eher restriktiver Tendenz: OLG Düsseldorf
     VergabeR 2015, 484; für die regelmäßige Erstattungsfähigkeit unter Hinweis auf das Gebot der Waf-
     fengleichheit: Losch in: Hattig/Maibaum, PK Kartellvergaberecht, § 128 GWB Rn. 42.
133 BayObLG 16.02.2005 VergabeR 2005, 406; vgl. BayObLG 20.01.2003 Verg 28/02.
134 OLG Dresden 03.09.2001 VergabeR 2002, 205.

verfahrens zu behandeln sind, über die einheitlich im Rahmen der Entscheidung über die Hauptsache zu befinden ist.[135] Die Kosten des Verfahrens über den Eilantrag werden regelmäßig gemäß der in der Hauptsache zu treffenden Beschwerdeentscheidung verteilt.[136]

Bei Anträgen auf Wiederherstellung des Zuschlagsverbots oder auf Gestattung des sofortigen 78 Zuschlags gem. § 169 Abs. 2 Satz 5, 6 GWB ergeht in dem Beschluss des Vergabesenats eine Kostenentscheidung.[137]

5. Gebührenfreiheit

Der Bund und die Länder sowie die nach den Haushaltsplänen des Bundes und der Länder ver- 79 walteten öffentlichen Anstalten und Kassen sind gem. § 2 GKG von der Zahlung der Gerichtskosten im Beschwerdeverfahren befreit. Außergerichtliche Kosten der Gegner müssen sie im Fall des Unterliegens wie die anderen Beteiligten tragen.

V. Kostenfestsetzungsverfahren und Zwangsvollstreckung aus Kostenfestsetzungsbeschlüssen

Für das Kostenfestsetzungsverfahren nach Durchführung eines Beschwerdeverfahrens und für die 80 Zwangsvollstreckung aus Kostenfestsetzungsbeschlüssen gelten die Vorschriften der ZPO entsprechend (§ 175 GWB i.V.m. § 78 Satz 3 GWB).

Der Kostenfestsetzungsantrag ist bei der Geschäftsstelle des Vergabesenats einzureichen. Beim 81 Beschwerdegericht zuständig ist der Rechtspfleger (§§ 103 ff. ZPO, 21 RpflG). Dieser entscheidet auf der Grundlage der rechtskräftig gewordenen Kostengrundentscheidung des Oberlandesgerichts. Wurde mit der Beschwerde die Entscheidung der Vergabekammer in der Hauptsache angegriffen, so ist der Rechtspfleger des Oberlandesgerichts für die Kostenfestsetzung in beiden Instanzen zuständig.[138] Sein Kostenfestsetzungsbeschluss kann gem. § 11 Abs. 2 Satz 1 RPflG mit der Erinnerung angefochten werden.[139]

Aus dem Kostenfestsetzungsbeschluss findet die Zwangsvollstreckung statt (§ 175 GWB i.V.m. 82 §§ 78 Satz 3 GWB, 794 Abs. 1 Nr. 2 ZPO entsprechend). Auf die Zwangsvollstreckung sind die Vorschriften der §§ 724 bis 793, 798 ZPO entsprechend anzuwenden (§ 795 ZPO).

§ 183 Korrekturmechanismus der Kommission

(1) Erhält die Bundesregierung im Verlaufe eines Vergabeverfahrens vor Abschluss des Vertrags eine Mitteilung der Europäischen Kommission, dass diese der Auffassung ist, es liege ein schwerer Verstoß gegen das Recht der Europäischen Union zur Vergabe öffentlicher Aufträge oder zur Vergabe von Konzessionen vor, der zu beseitigen sei, teilt das Bundesministerium für Wirtschaft und Energie dies dem Auftraggeber mit.

---

135 OLG Koblenz 08.11.2008 1 Verg 3/08; OLG Karlsruhe 25.07.2014 15 Verg 5/14, 15.10.2008 15 Verg 9/06; OLG München 21.08.2008 Verg 13/08; 04.07.2006 VergabeR 2006, 525; OLG Düsseldorf 05.02.2014 VII Verg 42/13, 25.06.2008 Verg 22/08; OLG Jena 04.05.2005 9 Verg 3/05; OLG Brandenburg VergabeR 2015, 467; BayObLG 10.09.2004 VergabeR 2005, 143; 13.08.2001 VergabeR 2001, 402; OLG Dresden 31.03.2004 WVerg 0002/04; OLG Naumburg 17.01.2014 2 Verg 6/13; OLG Rostock 20.11.2013 17 Verg 7/13; OLG Schleswig 20.11.2012 1 Verg 7/12; OLG Hamburg 02.10.2012 1 Verf 2/12.
136 Vgl. OLG Celle 11.06.2015 13 Verg 4/15; 12.05.2005 13 Verg 6/05; OLG Düsseldorf 27.04.2005 VII-Verg 10/05.
137 OLG München 09.09.2010 Verg 16/10.
138 Vgl. OLG Celle 31.10.2012, 13 Verg 9/11; OLG München 22.09.2011, Verg 5/11; OLG Düsseldorf 20.10.2004 VII-Verg 51/04; 05.02.2001 Verg 26/00; nach OLG München 30.12.2011, Verg 9/11 ist der Rechtspfleger allerdings nicht verpflichtet, die Kosten des Verfahrens vor der Vergabekammer festzusetzen; a.M. OLG Düsseldorf 30.05.2012, VII-Verg 1/11.
139 OLG Celle 31.10.2012, 13 Verg 9/11; OLG Naumburg 29.08.2008 1 Verg 1/08; OLG Karlsruhe 25.07.2007 17 Verg 2/06; OLG Brandenburg 08.08.2006 Verg W 7/05.

(2) Der Auftraggeber ist verpflichtet innerhalb von 14 Kalendertagen nach Eingang dieser Mitteilung dem Bundesministerium für Wirtschaft und Energie eine umfassende Darstellung des Sachverhaltes zu geben und darzulegen, ob der behauptete Verstoß beseitigt wurde, oder zu begründen, warum er nicht beseitigt wurde, ob das Vergabeverfahren Gegenstand eines Nachprüfungsverfahrens ist oder aus sonstigen Gründen ausgesetzt wurde.

(3) Ist das Vergabeverfahren Gegenstand eines Nachprüfungsverfahrens oder wurde es ausgesetzt, so ist der Auftraggeber verpflichtet, das Bundesministerium für Wirtschaft und Energie unverzüglich über den Ausgang des Verfahrens zu informieren.

A. Allgemeines

1 Die früher in § 21 VgV enthaltene Regelung zum Korrekturmechanismus der Kommission ist mit einer leichten Änderung 2009 in § 129 GWB übernommen worden[1]. Sie beruht ursprünglich auf den Rechtsmittelrichtlinien des europäischen Vergaberechts.[2] Bei dem schon in Art. 3 der Richtlinie 89/665/EWG des Rates vom 21. Dezember 1989 zur Koordinierung der Rechts- und Verwaltungsvorschriften für die Anwendung der Nachprüfungsverfahren im Rahmen der Vergabe öffentlicher Liefer- und Bauaufträge vorgesehenen Korrekturmechanismus handelt es sich um ein rein bilaterales Verfahren zwischen der Kommission und dem betreffenden Mitgliedstaat[3].

2 Mit dem Vergaberechtsmodernisierungsgesetz 2015 ist die Vorschrift des ehemaligen § 129 GWB a. F. nunmehr in § 183 GWB übernommen worden. Systematisch findet sich die Norm nunmehr in Kapitel 2 »Nachprüfungsverfahren«, Abschnitt 3 »Sofortige Beschwerde« des GWB, was unzutreffend ist, weil der Korrekturmechanismus der Kommission selbstverständlich vollkommen unabhängig von einem etwaigen sofortigen Beschwerdeverfahren ist und auch sonst keinerlei Bezug zu einem solchen Verfahren besteht. Offensichtlich wollte der Gesetzgeber für diese Vorschrift, ebenso wie für die Vorschriften der §§ 180 und 181 GWB, die etwaigen Schadenersatz regeln und auch systematisch fehlerhaft in diesem 3. Abschnitt geregelt sind, keinen separaten Abschnitt mehr in das GWB aufnehmen. Dies kann nur als Redaktionsversehen betrachtet werden.

3 Sprachlich ist Abs. 1 der Vorschrift mit der Überführung in § 183 GWB lediglich dahingehend angepasst worden, dass statt »im Bereich der öffentlichen Aufträge« nunmehr »zur Vergabe öffentlicher Aufträge oder zur Vergabe von Konzessionen« formuliert wurde. Nach der Gesetzesbegründung ist damit entsprechend Artikel 46 Abs. 7 und Artikel 47 Abs. 7 der Richtlinie 2014/23/EU der Prüfungsmaßstab für den schweren Verstoß des Rechts der Europäischen Union zur Vergabe von Konzessionen ergänzt worden.[4]

4 Ziel der Vorschrift ist es, den Mitgliedsstaaten Gelegenheit zu geben, absehbare Vergaberechtsverstöße noch vor dem Abschluss des Vertrages durch Zuschlagserteilung zu beheben, um in rechtlich eindeutigen Fällen Vertragsverletzungsverfahren nach Art. 258 AEUV zu vermeiden[5]. Angestoßen

---

1 Kadenbach in: Willenbruch/Wieddekind, § 129 GWB, Rn. 1.
2 Artikel 3 Abs. 1 der Richtlinien 89/665/EWG sowie Artikel 8 Abs. 1 der Richtlinie 92/13/EWG in der Fassung der Richtlinie 2007/66/EG des europäischen Parlaments und des Rates vom 11.12.2007 zur Änderung der Richtlinie 89/665/EWG und 92/13/EWG des Rates im Hinblick auf die Verbesserung der Wirksamkeit der Nachprüfungsverfahren bzgl. der Vergabe öffentlicher Aufträge, ABl. L 335/31 v. 20.12.2007.
3 EuGH 03.04.2009, Rs. C 387/08 P.
4 Vergleiche Gesetzesbegründung zum Regierungsentwurf, S. 171 Entwurf eines Gesetztes zur Modernisierung des Vergaberechts (Vergaberechtsmodernisierungsgesetz – VergRModG).
5 GA beim EuGH Trstenjak, Schlussanträge v. 23.03.2007, Rs. C- 503/04.

wird die beabsichtigte Korrektur des Vergaberechtsverstoßes durch die Kommission der Europäischen Gemeinschaften, die sich insoweit an die Bundesregierung wendet. § 183 GWB beinhaltet aber nicht die Fragen, unter welchen Voraussetzungen und in Welcher Form die Kommission gegenüber der Bundesregierung tätig wird, sondern vielmehr den sich an eine entsprechende Mitteilung der Kommission anschließenden Verfahrensablauf innerhalb der beteiligten Behörden und gegenüber dem betroffenen Auftraggeber.

B. Gang des Verfahrens

I. Verfahrensschritte

Der als Korrekturmechanismus der Kommission bezeichnete Verfahrenslauf beginnt damit, dass **5** die Kommission der Europäischen Gemeinschaften eine Mitteilung verfasst innerhalb derer die Kommission darlegt, aus welchen Gründen sie einen **schweren Verstoß** gegen Europäisches Vergaberecht als gegeben ansieht. Diese Mitteilung übermittelt die Kommission an die Bundesregierung und fordert diese gleichzeitig auf, den Verstoß zu beseitigen.

Nach dem Zeitpunkt der Unterrichtung der Bundesregierung hat die Bundesregierung diese Mit- **6** teilung der Kommission nebst Aufforderung Abhilfe zu schaffen **unverzüglich** an das Bundesministerium für Wirtschaft und Technologie zu übermitteln, welches sodann ebenfalls **unverzüglich** den Auftraggeber zu unterrichten hat. Die Vorschrift selbst gibt allerdings keine Frist vor, innerhalb derer die Bearbeitung innerhalb der Bundesregierung oder innerhalb des zuständigen Ministeriums zu erfolgen hat. Die Notwendigkeit des unverzüglichen Handelns ergibt sich aber aus dem Zweck der Vorschrift, schweren Verstößen gegen Europäisches Vergaberecht möglichst noch während des laufenden Vergabeverfahrens zu begegnen, so dass etwaige Fehler noch rechtzeitig vor dem Zeitpunkt einer rechtswidrigen Zuschlagsentscheidung korrigiert werden können.

Der Auftraggeber muss sich nun innerhalb von **14 Tagen** nach Eingang der Mitteilung des Bun- **7** desministeriums für Wirtschaft und Technologie über die Auffassung der Kommission, es liege ein schwerer Verstoß gegen das Gemeinschaftsrecht vor, erklären. Diese Erklärung hat er ebenfalls dem Ministerium für Wirtschaft und Technologie zu übermitteln. Die 14- Tages-Frist ist eine Kalendertags- Frist, so dass bei der Berechnung auch Sonn- und Feiertage mit zu berechnen sind.

Im Anschluss an die Mitteilung des Auftraggebers an das Bundesministerium für Wirtschaft und **8** Entwicklung ist die Bundesregierung verpflichtet, der Kommission innerhalb von weiteren **21 Tagen** zu antworten.[6] Auch hier liegt eine Kalendertage-Frist vor.

II. Zeitpunkt der Verfahrenseinleitung

Das Verfahren kann nur während eines **laufenden Vergabeverfahrens** angestoßen oder durchge- **9** führt werden, denn nur dann, wenn die Bundesregierung noch während des laufenden Verfahrens vor Abschluss des Vertrages eine Mitteilung der Kommission erhält, muss sie das Bundesministerium für Wirtschaft und Energie informieren und dieses muss sodann den Auftraggeber über die Mitteilung der Kommission unterrichten. Dies erklärt sich ohne weiteres aus dem Sinn und Zweck der Vorschrift absehbare Vergaberechtsverstöße noch vor dem Abschluss des Verfahrens durch Zuschlagserteilung zu beheben. Wäre das Verfahren bereits durch Zuschlagserteilung abgeschlossen, könnte dieses Ziel denklogisch nicht mehr erreicht werden. Gleiches gilt, wenn das Verfahren bereits aus anderen Gründen, beispielsweise durch Aufhebung, beendet worden wäre.

In der Praxis wird die Bundesregierung und auch das zuständige Ministerium ohne Rückinforma- **10** tion des Auftraggebers keine Kenntnis darüber haben wie der aktuelle Stand des Vergabeverfahrens ist und ob es noch läuft oder bereits abgeschlossen ist. Deshalb wird unabhängig vom tatsächlichen Verfahrensstand in jedem Falle die Mitteilung der Kommission zunächst an den Auftraggeber weiter zu leiten sein, der sich sodann entsprechend zu erklären hat.

---

6 Artikel 3 Abs. 3 bzw. Artikel 8 Abs. 3 der Rechtsmittelrichtlinie in der Fassung der Richtlinie 2007/66/EG.

III. Initiative zum Verfahren

11 Das Verfahren zur Korrektur fehlerhafter Vergabeverfahren kann direkt auf Initiative der Kommission selbst begonnen werden. Diese Aktivitäten der Kommission, der Bundesregierung und des Bundesministeriums für Wirtschaft und Technologie entwickeln keinen »**Drittschutz**« im Sinne des deutschen Verwaltungsrechts[7]. Dies bedeutet, dass kein beteiligter Bieter diesen Korrekturmechanismus rechtlich erzwingen kann.

12 Oftmals ist es aber so, dass die Initiative zur Einleitung dieses Verfahrens zunächst von einem Bewerber oder Bieter ausgeht, dessen rechtliche Interessen durch die Fehlerhaftigkeit beeinträchtigt scheinen und der sodann die Kommission entsprechend unterrichtet. Die Kommission dürfte dabei regelmäßig auch auf Hinweise von dritter Seite angewiesen sein, um auf etwaige Vergabefehler aufmerksam zu werden.

13 Spezielle Zulässigkeitsvoraussetzungen für die Einleitung oder den Beginn eines solchen Verfahrens bestehen nicht[8].

14 Die Kommission wird ein entsprechendes Verfahren aber nur bei einem » **schweren Verstoß**« gegen das Gemeinschaftsrecht einleiten, denn nur dann, wenn die Kommission der Auffassung ist, es liege ein schwerer Verstoß gegen das Gemeinschaftsrecht im Bereich der öffentlichen Aufträge vor, der zu beseitigen ist, erfolgt eine Mitteilung an das Bundesministerium für Wirtschaft und Technologie. Die Beurteilung, wann ein Verstoß gegen Vergabevorschriften als schwer einzustufen ist, obliegt allein der Kommission. § 183 GWB, der nur das auf die Mitteilung der Kommission nachfolgende Verfahren der Deutschen Behörden regelt, beinhaltet dazu keinerlei Vorgaben.

IV. Reaktionsmöglichkeiten des Auftraggebers

15 Der Auftraggeber hat sich innerhalb der 14-Tägigen Kalendertagsfrist gegenüber dem zuständigen Ministerium über den Stand des von der Kommission beanstandeten Vergabeverfahrens zu erklären. Die Erklärung hat eine **umfassende Darstellung des Sachverhaltes** zu erhalten und die Darlegung des Auftraggebers, ob der behauptete Verstoß beseitigt wurde. Falls er nicht beseitigt worden ist, hat er zu begründen, warum der behauptete Verstoß nicht beseitigt wurde. Ferner ist zu erklären, ob das Vergabeverfahren bereits Gegenstand eines Nachprüfungsverfahrens ist oder ob das Vergabeverfahren aus sonstigen Gründen ausgesetzt wurde.

16 Die Regelung in § 183 Abs. 2 GWB ist unvollkommen.

17 Die Regelung geht davon aus, dass die Einschätzung der Europäischen Kommission, es liege ein schwerer Verstoß gegen das Recht der Europäischen Union vor, in jedem Falle rechtlich zutreffend ist. Es kann sich aber ergeben, dass auf Basis der Sachverhaltsinformationen, welche der Kommission für die Einschätzung vorgelegen haben, die rechtliche Würdigung fehlerhaft ist, sodass bei richtiger Betrachtung des vollständigen Sachverhalts ein vergaberechtskonformes Verhalten des Auftraggebers vorliegt. In diesem Falle hat der Auftraggeber im Rahmen seiner Begründung, warum der behauptete Verstoß nicht beseitigt wurde, darzulegen, aus welchem Grund in seinen Augen unter Berücksichtigung des zutreffenden Sachverhalts kein schwerer Verstoß gegen das Recht der Europäischen Union vorliegt.

18 Vor diesem Hintergrund wird dann doch die Frage relevant, wann ein Vergabeverstoß als »schwer« einzustufen ist.

V. Rechtsfolgen

19 Reagiert der Auftraggeber nicht, oder nicht innerhalb der vorgegebenen Frist, so knüpft das Gesetz hieran keine Sanktion. Ein Verstoß bliebe deshalb für den Auftraggeber zunächst folgenlos. Die

---

7 Kadenbach in: Willenbruch/Wieddekind, § 129 GWB Rn. 4 und 9, mit Hinweis auf EuG Beschl. v. 25. 06. 2008, Rs. T-185/08 EuG.
8 Müller in: Byok/Jäger, Kommentar zum Vergaberecht, 3. Auflage, § 129 GWB Rn. 6.

Kommission[9] oder auch das Wirtschaftsministerium haben keinerlei unmittelbare Eingriffsrechte in das Vergabeverfahren.

Die Vorschrift ist nicht drittschützend[10]. Sie verfolgt nämlich nicht den Zweck, die Interessen eines 20
durch den Verstoß ggf. beeinträchtigten Bieters zu schützen oder sonst zu fördern. Sinn und Zweck
der Vorschrift ist es vielmehr, der Kommission die Möglichkeit zu geben, außerhalb eines förmlichen Vertragsverletzungsverfahrens nach Art. 258 AEUV schwere vergaberechtliche Verstöße gegen
Gemeinschaftsrecht vergleichsweise wenig formal und unbürokratisch wirksam geltend machen
und eine Reaktion des verstoßenden Auftraggebers noch innerhalb des laufenden Vergabeverfahrens erreichen zu können.

Die Vorschrift zeigt, dass die Europäische Kommission im Rahmen des Korrekturmechanismus 21
nicht unmittelbar gegenüber dem öffentlichen Auftraggeber tätig wird. Sie wendet sich vielmehr
über die Bundesregierung an den betroffenen Mitgliedstaat, dieser wird über das Bundesministerium für Wirtschaft und Technologie gegenüber dem Auftraggeber tätig, welcher sich innerhalb von
14 Kalendertagen nach Eingang erklären muss. Über die gewählte Form der Abwicklung besteht die
Gefahr, dass ein von der Kommission rechtzeitig vor Zuschlagserteilung erkannter schwerer Verstoß
nicht mehr vor Zuschlagserteilung korrigiert wird.

Ist das Vergabeverfahren dagegen bereits Gegenstand eines Nachprüfungsverfahrens oder wurde 22
es ausgesetzt, so muss der Auftraggeber das Bundesministerium für Wirtschaft und Technologie
unverzüglich über den Ausgang des Nachprüfungsverfahrens informieren. Im Falle der Aussetzung
des Verfahrens wird der Auftraggeber das Bundesministerium für Wirtschaft und Technologie im
Anschluss an die Aussetzung darüber zu informieren haben, welche Änderungen er am Verfahren
vorgenommen hat, sodass der behauptete Verstoß beseitigt wurde oder aber er hat zu begründen,
warum er trotz Aussetzung des Verfahrens am Ende den Verstoß nicht beseitigt hat.

§ 184 Unterrichtungspflichten der Nachprüfungsinstanzen

**Die Vergabekammern und die Oberlandesgerichte unterrichten das Bundesministerium für Wirt-
schaft und Energie bis zum 31. Januar eines jeden Jahres über die Anzahl der Nachprüfungsverfahren des Vorjahres und deren Ergebnisse.**

§ 184 GWB übernimmt unverändert den bisherigen § 129a GWB a.F.[1] 1

Die Mitgliedstaaten sind auf Verlangen der Kommission nach Art. 4 Abs. 1 der Richtlinie 89/665/ 2
EWG sowie Art. 12 Abs. 1 Richtlinie 92/13/EWG in der Fassung der Richtlinie 2007/66/EWG
verpflichtet, dieser Informationen über das Funktionieren der innerstaatlichen Nachprüfungsverfahren zur Verfügung zu stellen. Um den sich daraus ergebenden gemeinschaftsrechtlichen
Berichtspflichten nachkommen zu können, verpflichtet § 184 GWB die Vergabekammern und
Oberlandesgerichte zur Übermittlung der Informationen bis zum 31. Januar eines jeden Jahres an
das Bundesministerium für Wirtschaft und Energie. Zu den zu machenden Angaben gehören die
Anzahl der Nachprüfungsverfahren des Vorjahres und deren Ergebnisse. Die entsprechenden Statis-
tiken veröffentlicht das Bundesministerium für Wirtschaft – getrennt nach Vergabekammern und
Oberlandesgerichten – insbesondere auf seiner Homepage.[2]

Die Pflichten der Auftraggeber zur Übermittlung von Daten an das Bundesministerium für Wirt- 3
schaft und Energie werden in der Vergabestatistikverordnung geregelt.

---

9 Müller in: Byok/Jäger, Kommentar zum Vergaberecht, 3. Auflage, § 129 GWB Rn.8.
10 Müller in: Byok/Jäger, Kommentar zum Vergaberecht, 3. Auflage, § 129 GWB Rn. 6; Kadenbach in:
   Willenbruch/Wieddekind, § 129 GWB Rn. 4 und 9; EuGH 03.04.2009, Rs. C 387/08 P.
 1 Zu § 129a GWB a.F. vgl. Kommentierung von Brauer in der 3. Auflage.
 2 http://www.bmwi.de/DE/Themen/Wirtschaft/Oeffentliche-Auftraege-und-Vergabe/vergabestatistik.html.

Teil 5   Anwendungsbereich des Ersten bis Dritten Teils dieses Gesetzes

§ 185   Unternehmen der öffentlichen Hand, Geltungsbereich

(1) Die Vorschriften des Ersten bis Dritten Teils dieses Gesetzes sind auch auf Unternehmen anzuwenden, die ganz oder teilweise im Eigentum der öffentlichen Hand stehen oder die von ihr verwaltet oder betrieben werden. Die §§ 19, 20 und 31b Absatz 5 sind nicht anzuwenden auf öffentlich-rechtliche Gebühren oder Beiträge. Die Vorschriften des Ersten bis Dritten Teils dieses Gesetzes sind nicht auf die Deutsche Bundesbank und die Kreditanstalt für Wiederaufbau anzuwenden.

(2) Die Vorschriften des Ersten bis Dritten Teils dieses Gesetzes sind auf alle Wettbewerbsbeschränkungen anzuwenden, die sich im Geltungsbereich dieses Gesetzes auswirken, auch wenn sie außerhalb des Geltungsbereichs dieses Gesetzes veranlasst werden.

(3) Die Vorschriften des Energiewirtschaftsgesetzes stehen der Anwendung der §§ 19, 20 und 29 nicht entgegen, soweit in § 111 des Energiewirtschaftsgesetzes keine andere Regelung getroffen ist.

1   § 185 Abs. 1 GWB ergänzt den persönlichen Geltungsbereich des GWB für dessen Ersten bis Dritten Teil, also der kartellrechtlichen Vorschriften in den §§ 1 bis 96 GWB, und bezieht auch Unternehmen ein, die ganz oder teilweise im Eigentum der öffentlichen Hand stehen oder die von ihr verwaltet oder betrieben werden.[1] Es ist also die wirtschaftliche Betätigung der öffentlichen Hand vom Kartellrecht des GWB erfasst.[2] Lediglich für öffentlich-rechtliche Gebühren oder Beiträge[3] sind die Vorgaben der § 19 GWB (Verbotenes Verhalten von marktbeherrschenden Unternehmen), § 20 GWB (Verbotenes Verhalten von Unternehmen mit relativer oder überlegener Marktmacht) sowie § 31b Abs. 5 GWB (Wasserversorgungsunternehmen mit einer marktbeherrschenden Stellung) nicht anzuwenden. Der Anwendungsbereich für öffentlich-rechtliche Unternehmen wird in § 185 GWB – anders als in der Vorgängerfassung des § 130 GWB a.F. – nicht mehr explizit auf den Vierten Teil erstreckt. Dies ist gesetzessystematisch aber auch nicht erforderlich, da sich der persönliche Anwendungsbereich des Vergaberechts aus den Vorschriften des Vierten Teils, also der §§ 98 – 101 GWB ergibt.

2   Die Vorschriften des Ersten bis Dritten Teils des GWB sind gemäß § 185 Abs. 1 S. 3 GWB ausdrücklich nicht auf die Deutsche Bundesbank und die Kreditanstalt für Wiederaufbau anzuwenden. Vergaberechtlich sind beide hingegen als öffentliche Auftraggeber gemäß §§ 98, 99 Nr. 2 GWB anzusehen und unterliegen damit der Ausschreibungspflicht des Vierten Teils des GWB.

3   Im Übrigen sind die einzelnen Vorschriften ohne vergaberechtliche Relevanz: Nach § 185 Abs. 2 GWB können die kartellrechtlichen Vorschriften auch bei allen Wettbewerbsbeschränkungen zur Prüfung herangezogen werden, die sich im Geltungsbereich des GWB auswirken, auch wenn sie außerhalb des Geltungsbereichs des GWB, also in einem anderen Staat, veranlasst werden (sog. Auswirkungsprinzip). Diese Vorschrift gilt damit auch für ausländische Unternehmen, sofern sie eine im Inland beherrschende Stellung ausnutzen oder eine Marktbeherrschung im Ausland auf dem deutschen Markt missbrauchen.[4] Eine Einschränkung auf Unternehmen der öffentlichen Hand ist hiermit nicht verbunden.

---

1   Vgl. anschaulich am Beispiel der Berliner Wasserbetriebe OLG Düsseldorf Beschl. v. 24.02.2014 – VI-2 Kart 4/12 (V); ausführlich Bechtold/Bosch, GWB, 8. Aufl., § 130 Rn. 4 ff.

2   OLG Stuttgart Beschl. v. 07.11.2013 – 201 Kart 1/13.

3   Vgl. hierzu in Abgrenzung zu privatrechtlichen Entgelte OLG Düsseldorf Beschl. v. 24.02.2014 – VI-2 Kart 4/12 (V); Bechtold/Bosch, GWB, 8. Aufl., § 130 Rn. 12 f.

4   Immenga in: Münchener Kommentar zum BGB, 6. Aufl. 2015, Internationales Wettbewerbs- und Kartellrecht, Rn. 37.

Nach § 185 Abs. 3 GWB stehen schließlich die Vorschriften des EnWG der Anwendung der § 19   4
GWB (Verbotenes Verhalten von marktbeherrschenden Unternehmen), § 20 GWB (Verbotenes
Verhalten von Unternehmen mit relativer oder überlegener Marktmacht) sowie § 29 GWB (Missbräuchliche Ausnutzung einer marktbeherrschenden Stellung im Bereich der Energiewirtschaft)
nicht entgegen, soweit § 111 EnWG nicht Abweichendes vorgibt.

Teil 6 Übergangs- und Schlussbestimmungen

§ 186 Übergangsbestimmungen

(1) § 29 ist nach dem 31. Dezember 2017 nicht mehr anzuwenden.

**(2) Vergabeverfahren, die vor dem 18.04.2016 begonnen haben, einschließlich der sich an
diese anschließenden Nachprüfungsverfahren sowie am 18.04.2016 anhängige Nachprüfungsverfahren werden nach dem Recht zu Ende geführt, das zum Zeitpunkt der Einleitung des
Verfahrens galt.**

A. Einführung

Die in § 186 Abs. 2 GWB kodifizierten Übergangsbestimmungen sollen die durch den Wechsel der   1
gesetzlichen Vorgaben entstehenden Unsicherheiten beseitigen. Diejenigen, die den vergaberechtlichen Vorgaben des GWB unterworfen sind, sollen rechtsicher bestimmen können, anhand welcher
Normen ihre Ausschreibungen gemessen werden. Die Vorschrift enthält sowohl eine Vorgabe für
Vergabeverfahren als auch etwaige Nachprüfungsverfahren. Der leitende Gedanke lautet, dass stets
die rechtlichen Bestimmungen einschlägig sind, die bei Beginn des Vergabe- bzw. Nachprüfungsverfahren galten. Hierdurch wird vermieden, dass insbesondere Auftraggeber laufende Verfahren
ändern müssen, um einer geänderten Gesetzeslage gerecht zu werden.[1] Bei den in § 186 Abs. 2
GWB niedergelegten Regeln handelt es sich um allgemeine Grundsätze des Vergaberechts, die
sinngemäß auch in anderen Gesetzen mit Bezug zu Vergabeverfahren angewendet werden können,
sofern dort nichts Abweichendes geregelt ist. Der erste Absatz von § 186 GWB hat hingegen keine
vergaberechtliche Relevanz.

Als maßgebliches Datum hat der Gesetzgeber den Tag des Inkrafttretens des GWB in seiner aktuel-   2
len Fassung, also den 18.04.2016 gewählt. Dabei korrespondiert die Vorschrift mit dem Zeitpunkt,
zu dem die neuen EU-Vergaberichtlinien umzusetzen sind. Dieses Datum wurde erst im Rahmen
der Ausschussberatung aufgenommen. Im ursprünglichen Entwurf war geplant, dass das Gesetz am
Tag nach der Verkündung in Kraft tritt. Dieses Vorgehen ist anwenderfreundlich, ermöglicht es den
Vergabestellen und Bietern doch, sich möglichst frühzeitig auf eine verlässliche Gesetzesgrundlage
einzustellen.

---

1 a.A. Ziekow in: Ziekow/Völlink, § 131 GWB Rn. 9, der mit Blick auf den allgemeinen Grundsatz des intertemporalen Verfahrensrechts alle ab dem Stichtag vorgenommenen Verfahrenshandlungen im Rahmen einer
unionsrechtskonformen Auslegung an dem neuen Recht prüfen will.

B. Zeitpunkt der Einleitung des Verfahrens

3 § 186 Abs. 2 GWB stellt für die Frage, welcher Gesetzesstand anzuwenden ist, auf den Beginn des Vergabeverfahrens ab, ohne zu definieren, wann ein Vergabeverfahren beginnt. Es bietet sich an, hier im Einzelnen zu differenzieren.

I. Verfahren mit Bekanntmachung

4 Verfahren mit Bekanntmachung (offenes Verfahren, Verfahren mit vorgeschaltetem Teilnahmewettbewerb) werden mit der Bekanntmachung eingeleitet. Abzustellen ist auf den zu dokumentierenden Versand der Bekanntmachung, nicht auf die Veröffentlichung der Bekanntmachung. Denn nur der Zeitpunkt des Versandes liegt in der Organisationssphäre des öffentlichen Auftraggebers, nicht die spätere Veröffentlichung im Bekanntmachungsmedium. Demgegenüber werden **bloße Vorbereitungshandlungen** wie Marktsondierungen, Machbarkeitsstudien und interne Beratungen dem rein internen Bereich des Auftraggebers zugeordnet. Solche Maßnahmen, die einem ordentlich vorbereiteten Vergabeverfahren vorgehen und zeitlich vorgelagert sind, bleiben für die Bestimmung des anwendbaren Rechtsregimes außer Betracht.[2]

5 Ebenso als verfahrenseinleitend zu qualifizieren ist die **Mitteilung über die Beschaffungsabsicht** wegen bestehender **Binnenmarktrelevanz**.[3] Gelangt ein Auftraggeber zu dem Ergebnis, dass ein Auftrag für Unternehmen aus anderen Mitgliedstaaten potentiell interessant sein könnte, so hat er seine Beschaffungsabsicht bekannt zu machen. Dies folgt aus dem europäischen Primärrecht und ist vereinzelt kodifiziert (z.B. Tariftreue- und Vergabegesetz NRW). Diese Mitteilung bewirkt, dass interessierte Unternehmen aus dem In- und Ausland ihr Interesse an dem Auftrag kundtun können. Bei wertender Betrachtung leitet die Mitteilung bei Binnenmarktrelevanz also einen offenen Bewerberauswahlwettbewerb ein, der vergleichbar zu einem förmlichen Teilnahmewettbewerb die Grundlage für die spätere Aufforderung zur Angebotsabgabe bildet.

6 Der Bekanntmachung einer **Vorinformation** oder vergleichbarer Ankündigungen im Vorfeld der eigentlichen Verfahren kommt noch keine verfahrenseinleitende Wirkung im Sinne dieser Vorschrift zu.[4] Dies folgt bereits aus dem Wortlaut, wonach es sich bei der Vorinformation um eine dem Beginn des Vergabeverfahrens vorgelagerte Maßnahme handelt. Eine Bindung – etwa bezüglich des zeitlich avisierten Korridors oder der inhaltlichen Beschreibung des Auftragsumfangs – ist mit einer Vorinformation nicht verbunden. Verfahrenseinleitende Wirkung wird einer Vorinformation auch dann nicht zuzuschreiben sein, wenn sich der Auftraggeber vorbehält, unter Berufung auf die Vorinformation die Bekanntmachungsfristen zu verkürzen.[5] Denn dann wäre nicht bereits zum Zeitpunkt der Verfahrenseinleitung ersichtlich, welchem Recht das Verfahren unterliegt.

7 Anders ist dies im Zusammenhang mit einer Veröffentlichung einer **Vorabbekanntmachung** nach Art. 7 Abs. 2 VO 1370 bzw. § 8a Abs. 2 PBefG zu sehen, mit der eine Direktvergabe im Verkehrsbereich angekündigt wird.[6] Denn diese leitet das Verfahren zur Direktvergabe bereits ein und soll Konkurrenten ermöglichen, gegen die beabsichtigte Direktvergabe vorzugehen.

---

2 OLG Schleswig Beschl. v. 01.04.2010 – 1 Verg 5/09; OLG Düsseldorf Beschl. v. 20.06.2001 – Verg 3/01; OLG Naumburg Beschl. v. 08.10.2009 – 1 Verg 9/09.

3 Vgl. ausführlich hierzu Röwekamp/Fandrey, Die Binnenmarktrelevanz öffentlicher Auftragsvergaben, passim.

4 OLG Düsseldorf Beschl. v. 17.07.2013 – VII-Verg 10/13; OLG München Beschl. v. 12.11.2010 – Verg 21/10; OLG Naumburg Beschl. v. 08.10.2009 – 1 Verg 9/09.

5 a.A. VK Saarland Beschl. v. 23.04.2007 – 3 VK 02/2007, 3 VK 03/2007.

6 OLG Düsseldorf Beschl. v. 02.03.2011, VII-Verg 48/10; dem folgend VK Südbayern Vorlagebeschl. v. 05.06.2015 – Z3-3-3194-1-20-03/15.

II. Verfahren ohne Bekanntmachung

Nicht alle Verfahren werden mit einer förmlichen Bekanntmachung eingeleitet. Zu denken ist bei- 8
spielsweise an nicht offene Verfahren ohne Teilnahmewettbewerb und Verhandlungsverfahren ohne
Teilnahmewettbewerb. Unabhängig von der Frage, ob der Auftraggeber zu dieser Vorgehensweise
berechtigt ist, stellt sich auch hier die Frage, anhand welchen Zeitpunkts sich bestimmt, welche
gesetzlichen Regelungen zur Bewertung einschlägig sind. Auch bei diesen Verfahren wird nicht auf
den Vertragsschluss abgestellt, sondern auf den Beginn des Verfahrens. Ebenso wie bei Verfahren
mit Bekanntmachungen gelten bloße Vorbereitungshandlungen[7] noch nicht als Verfahrensbeginn.
Maßgeblich ist der Moment, in dem der Auftraggeber zwischen mehreren Wirtschaftsteilnehmern
den Wettbewerb eröffnet, indem er etwa die Vergabeunterlagen versendet. Es ist also darauf abzustellen, wann er bereits **nach außen wahrnehmbar** auftritt, um einen Wirtschaftsteilnehmer für den
Vertragsabschluss auszuwählen.[8]

Da hier aber – anders als bei Verfahren mit förmlicher Bekanntmachung – kein transparenter Nach- 9
weis über die Einleitung vorliegt, kann es im Einzelfall hier schwieriger sein, den Beginn eindeutig
zu bestimmen. Insoweit wird dies einer Nachprüfungsinstanz nur möglich sein, wenn der Auftraggeber hierzu Auskünfte erteilt. Eine entsprechende Auskunftsobliegenheit wird bei einem Auftraggeber aber sachgerecht verortet werden können.

Schwieriger zu bewerten ist der Fall, in dem ein Auftraggeber **auf jedweden Wettbewerb verzichtet** 10
und nur mit einem Wirtschaftsteilnehmer verhandelt. Zwar tritt er hier mit der Anfrage zu Verhandlungen – jedenfalls gegenüber dem einen Wirtschaftsteilnehmer – nach außen wahrnehmbar
auf. Sein Handeln ist aber nicht auf die Eröffnung von Wettbewerb gerichtet. Entsprechend hatte
der Bundesgerichtshof[9] dies 2011 im Zusammenhang mit einem Vergleichsvertrag dahingehend
näher konkretisiert, dass Vergleichsverhandlungen zur Beilegung von Streitigkeiten aus einem
Verkehrsvertrag nicht als Vergabeverfahren im Sinne der Übergangsvorschrift (vergleichbar § 186
GWB) anzusehen sind, da der Auftraggeber kein konzeptionell auf die wettbewerbliche Auswahl
eines Vertragspartners ausgerichtetes Verfahren in die Wege geleitet hatte. Die Vergleichsverhandlungen begannen zwar vor dem Stichtag, maßgeblich war nach dem Beschluss des Bundesgerichtshofs aber der Abschluss der Vergleichsverhandlungen. Dieser Gedanke ist auf alle Konstellationen
übertragbar, bei denen nur mit einem Unternehmen verhandelt wird, unabhängig von der Frage, ob
dieses Vorgehen vergaberechtlich gerechtfertigt werden kann. Denn der Auftraggeber hat es hier in
der Hand, die Länge der Verhandlungen und den Zeitpunkt des Vertragsschlusses zu steuern. Hier
ist also auf den spätestmöglichen Zeitpunkt abzustellen, also auf den eigentlichen Vertragsschluss.[10]

C. Auswirkung auf Nachprüfungsverfahren

Bei Inkrafttreten des novellierten GWB anhängige Nachprüfungsverfahren werden nach dem Recht 11
zu Ende geführt, das zum Zeitpunkt der Einleitung des Verfahrens galt. Die Einleitung eines Nachprüfungsverfahrens erfolgt mit Eingang des Antrages gemäß § 160 GWB bei der Vergabekammer.
Diese Vorgabe ist konsequent angesichts der Vorgabe zum Verfahrensrecht und stellt sicher, dass
auch laufende Verfahren nicht nach einer geänderten Rechtslage entschieden werden. Diese Regelung gilt gleichermaßen auch für Vorlageverfahren an den BGH sowie Vorabentscheidungsverfahren beim EuGH, die im Rahmen eines Nachprüfungsverfahrens erfolgen.

---

7 Dazu oben Rdn. 4.
8 OLG Düsseldorf Vorlagebeschl. v. 21.07.2010 – VII-Verg 19/10, NZBau 2010, 582 (583 m. w. N.);
   OLG Schleswig Beschl. v. 01.04.2010 – 1 Verg 5/09; H.-M. Müller in: Byok/Jaeger, § 131 GWB Rn. 8.
9 BGH Beschl. v. 08.02.2011 – X ZB 4/10.
10 a. A. Ziekow in: Ziekow/Völlink, § 131 GWB Rn. 3: maßgeblich ist Datum der Kontaktaufnahme.

12   Davon zu unterscheiden sind Konstellationen, in denen das europäische Recht ggf. auch in Gestalt der Umsetzung im GWB Vorwirkung entfaltet. So ist durchaus zu erwarten, dass Nachprüfungsinstanzen auch nach Inkrafttreten des neuen GWB bei der Bewertung älterer Verfahren, die nach dem alten Gesetzesstand zu entscheiden sind, auf Wertungen zurückgreifen, die sich im neuen GWB bzw. in den Vergaberichtlinien finden. Maßgebliche Voraussetzung für eine Vorwirkung ist, dass die Vorgabe in der Richtlinie bestimmt ist und dem Gesetzgeber keinen Spielraum bei der Umsetzung lässt. Diese Bestimmung hat in diesem Falle Vorwirkung für die Gerichte und für nationale Stellen wie die Vergabekammern.

D. Umgehungstatbestände

13   Bei größeren Änderungen der Gesetzeslage auf Bundes- und Landesebene lässt sich regelmäßig beobachten, dass Auftraggeber noch kurz vor Inkrafttreten der neuen Rechtslage die Verfahren einleiten. Dies ist grundsätzlich hinzunehmen. Es liegt in der Beurteilung des Auftraggebers, wann er ein Verfahren einleitet. Auch wenn dies nur einen Tag vor dem Inkrafttreten der neuen Gesetzeslage erfolgt, so kann hierin keine sachwidrige Entscheidung erkannt werden.

14   Auch ein großer zeitlicher Vorlauf vor der Leistungserbringung ist nicht per se als Umgehung zu missbilligen. Von Nachprüfungsinstanzen wird in der Praxis regelmäßig den Auftraggebern vorgehalten, dass diese keinen Zeitpuffer für ein Nachprüfungsverfahren eingeplant haben. Wenn diese Auftraggeber nunmehr dazu übergehen, einen größeren Zeitpuffer zwischen Auftragsvergabe und Leistungsaufnahme einzuplanen, ist dies sachlich angemessen und daher hinzunehmen.

E. Folgeverfahren und zurückversetzte Verfahren

15   Kann ein durchgeführtes Vergabeverfahren mangels wertungsfähiger oder wirtschaftlicher Angebote nicht erfolgreich durch Zuschlag beendet werden, so haben Auftraggeber die Möglichkeit, auf privilegierte Verfahrensarten wie etwa das Verhandlungsverfahren ohne vorherige Bekanntmachung zurück zu greifen. Auch wenn ein solches Folgeverfahren an das Ursprungsverfahren anknüpft, handelt es sich hierbei um ein eigenständiges Verfahren. Maßgeblich für die Gesetzeslage ist, wann dieses **Folgeverfahren** eingeleitet wird. Sofern hier keine Bekanntmachung erfolgt, ist auf die erste »nach außen« gerichtete Erklärung abzustellen (dazu oben Rdn. 8).

16   Ebenfalls ungeregelt ist die Konstellation, in der ein Auftraggeber ein Vergabeverfahren in den Stand vor Bekanntmachung **zurückversetzt** und eine neue Bekanntmachung veröffentlicht. Aus formaler Sicht führt er das ursprüngliche Verfahren zwar fort. Es erscheint aber eine funktionale Betrachtungsweise geboten. Faktisch setzt ein Auftraggeber bei einer erneuten Bekanntmachung alle Entscheidungen im Verfahren »auf Null«. Dies kommt einer vollständigen Neuausschreibung gleich. Ein schützenswertes Interesse des Auftraggebers, nach Rückversetzung die zwischenzeitlich außer Kraft getretenen Vergabevorschriften beachten zu dürfen, ist nicht erkennbar. Denn die Rückversetzung wird regelmäßig in der Verantwortungssphäre des Auftraggebers liegen. Demgegenüber werden mit dem novellierten Vergaberecht europäische Richtlinien umgesetzt werden, die von den Mitgliedstaaten eine wirksame Umsetzung verlangen. Mit diesem Ziel wäre es unvereinbar, wenn Auftraggeber es mit dem Instrument der Rückversetzungen in der Hand hätten, sich den Zugriff auf eine ältere Rechtslage zu sichern.[11] Vergleichbar sind die Konstellationen zu bewerten, in denen in Verfahren ohne vorgeschalteten Teilnahmewettbewerb in den Stand vor Angebotsabgabe zurückversetzt wird. Bleibt hingegen das Ergebnis eines Teilnahmewettbewerbs unangetastet, darf auch bei erneuter Angebotseinholung auf die alte Rechtslage verwiesen werden.

---

11   In dem Zusammenhang ist auf die Ausführungen von Ziekow in: Ziekow/Völlink, § 131 GWB Rn. 9 zu verweisen, der mit Blick auf den allgemeinen Grundsatz des intertemporalen Verfahrensrechts alle ab dem Stichtag vorgenommenen Verfahrenshandlungen nach neuem Recht beurteilt wissen will.

Fandrey

F. Änderung laufender Verträge

Die **Änderung eines laufenden Vertrages** ist nach nunmehr geschriebener Gesetzeslage an den Vor-   17
gaben des § 132 GWB zu messen: Wesentliche Änderungen eines öffentlichen Auftrags während
der Vertragslaufzeit erfordern ein neues Vergabeverfahren. Dies gilt ohne Einschränkung für alle
laufenden Verträge, auch wenn diese noch nach alter Gesetzeslage (oder auch gar nicht) ausgeschrieben wurden.

Fraglich ist aber, ob auch die Möglichkeit der **Kündigung wegen wesentlicher Änderung** gemäß   18
§ 133 GWB auf Bestandsverträge übertragen werden kann, die vor Inkrafttreten der Vorschrift
geschlossen wurden. Bereits dem Sinn nach stehen hier nur solche Verträge zur Disposition, aus
denen sich fortdauernde Pflichten ergeben. Denn wenn sich die vertraglichen Beziehungen in
einem einmaligen Austausch von Leistung und Gegenleistung erschöpft haben, so ist der Vertrag
im Sinne von § 362 BGB erfüllt; für eine Kündigung wäre dann kein Raum mehr. Für Bestandsverträge mit laufendem Leistungsaustausch bietet sich eine Differenzierung an. Denn es gilt zu
beachten, dass dieses gesetzliche Kündigungsrecht bislang nicht normiert war und Auftragnehmer
daher ein – unter Umständen schützenswertes – Interesse daran haben könnten, dass der Vertrag
erfüllt wird.

Soweit § 133 Abs. 1 Nr. 3 GWB auf Verstöße gegen Verpflichtungen aus dem AUEV oder dem   19
GWB abstellt, die bereits vom EuGH in einem Vertragsverletzungsverfahren festgestellt wurden,
gilt bereits nach bisheriger Rechtslage, dass der öffentliche Auftraggeber verpflichtet ist, diesen
unionsrechtswidrig zu Stande gekommenen, noch laufenden Vertrag zu beenden.[12] Soweit dies
erforderlich ist, kann der öffentliche Auftraggeber daher bereits jetzt einen laufenden Vertrag kündigen, um ein ansonsten drohendes Vertragsverletzungsverfahren der Europäischen Kommission
zu verhindern. § 133 Abs. 1 Nr. 2 GWB ermächtigt hingegen zur Kündigung, wenn zum Zeitpunkt der Zuschlagserteilung ein zwingender Ausschlussgrund nach § 123 Abs. 1 bis Abs. 4 GWB
vorlag. Solche Konstellationen sollten bei Altverträgen aus Gründen des Vertrauensschutzes einzig
am allgemeinen Maßstab des außerordentlichen Kündigungsrechts gemessen werden. Schließlich
bleibt noch die wesentliche Änderung als Kündigungsgrund nach § 133 Abs. 1 Nr. 1 GWB. Da
für die Änderung der Verträge im Regelfall sowohl Auftraggeber als auch Auftragnehmer einvernehmlich handeln müssen, hat es der Auftragnehmer selbst mit in der Hand, den Eintritt der
Voraussetzungen des Kündigungsrechts zu verhindern. Entsprechend tritt sein Interesse am Bestand
des (geänderten) Vertrages hinter der in § 132 GWB kodifizierten, vergaberechtlichen Leitidee –
Ausschreibungspflicht bei wesentlichen Änderungen – zurück. Eine Kündigung eines Altvertrages
nach § 133 Abs. 1 Nr. 1 GWB rückt damit in greifbare Nähe, wenn der Vertrag wesentlich geändert
wird.

---

12 EuGH Urt. v. 18.07.2007 – C-503/04.

Stichwortverzeichnis

Halbfett gedruckte Ziffern verweisen auf den Paragraph und mager gedruckte Ziffern auf die Randnummer der Kommentierung.